U0644138

"十二五"普通高等教育本科国家级规划教材

国家卫生和计划生育委员会"十二五"规划教材
全国高等医药教材建设研究会"十二五"规划教材
全国高等学校教材

供 8 年制及 7 年制（"5+3"一体化）临床医学等专业用

内科学（上册）

Medicine

第 3 版

主　　审　王吉耀　廖二元

主　　编　王　辰　王建安

副 主 编　黄从新　徐永健　钱家鸣　余学清

分篇负责人

呼吸系统疾病　康健

心血管系统疾病　王建安

消化系统疾病　钱家鸣

泌尿系统疾病　余学清

血液和造血系统疾病　胡豫

内分泌和代谢疾病　宁光

风湿性疾病　曾小峰

理化因素引起的疾病　徐永健

学术秘书

代华平　张鹏俊

人民卫生出版社

图书在版编目（CIP）数据

内科学（全 2 册）/王辰,王建安主编. —3 版. —北京：
人民卫生出版社，2015

ISBN 978-7-117-20754-6

Ⅰ.①内… Ⅱ.①王…②王… Ⅲ.①内科学–医学
院校–教材 Ⅳ.①R5

中国版本图书馆 CIP 数据核字(2015)第 094684 号

| 人卫社官网　www. pmph. com | 出版物查询，在线购书 |
| 人卫医学网　www. ipmph. com | 医学考试辅导，医学数据库服务，医学教育资源，大众健康资讯 |

内　科　学
第 3 版
（上、下册）

主　　编：王　辰　王建安
出版发行：人民卫生出版社（中继线 010-59780011）
地　　址：北京市朝阳区潘家园南里 19 号
邮　　编：100021
E – mail：pmph @ pmph. com
购书热线：010-59787592　010-59787584　010-65264830
印　　刷：人卫印务（北京）有限公司
经　　销：新华书店
开　　本：850×1168　1/16　总印张：85　总插页：4
总 字 数：2339 千字
版　　次：2005 年 8 月第 1 版　　2015 年 9 月第 3 版
　　　　　2025 年 2 月第 3 版第 16 次印刷（总第 31 次印刷）
标准书号：ISBN 978-7-117-20754-6/R·20755
定价（上、下册）：148. 00 元

打击盗版举报电话：010-59787491　E-mail：WQ @ pmph. com
（凡属印装质量问题请与本社市场营销中心联系退换）

丁小强(复旦大学附属中山医院)

王　辰(中日友好医院)

王吉耀(复旦大学附属中山医院)

王江滨(吉林大学中日联谊医院)

王建安(浙江大学医学院附属第二医院)

方　全(中国医学科学院北京协和医院)

古洁若(中山大学附属第三医院)

代华平(中日友好医院)

宁　光(上海交通大学医学院附属瑞金医院)

邢小平(中国医学科学院北京协和医院)

刘文忠(上海交通大学医学院附属仁济医院)

李　强(哈尔滨医科大学附属第二医院)

李启富(重庆医科大学附属第一医院)

李雪梅(中国医学科学院北京协和医院)

杨杰孚(北京医院)

吴德沛(苏州大学附属第一医院)

余学清(中山大学附属第一医院)

沈华浩(浙江大学医学院附属第二医院)

张志毅(哈尔滨医科大学附属第一医院)

陈　楠(上海交通大学医学院附属瑞金医院)

陈江华(浙江大学医学院附属第一医院)

陈旻湖(中山大学附属第一医院)

陈香美(中国人民解放军总医院)

陈璐璐(华中科技大学同济医学院附属协和医院)

郑　毅(首都医科大学附属北京朝阳医院)

单忠艳(中国医科大学附属第一医院)

赵维莅(上海交通大学医学院附属瑞金医院)

胡　豫(华中科技大学同济医学院附属协和医院)

胡建达(福建医科大学附属协和医院)

侯　明(山东大学齐鲁医院)

侯晓华(华中科技大学同济医学院附属协和医院)

姜林娣(复旦大学附属中山医院)

柴艳芬(天津医科大学总医院)

钱家鸣(中国医学科学院北京协和医院)

徐永健(华中科技大学同济医学院附属同济医院)

黄从新(武汉大学人民医院)

黄晓军(北京大学人民医院)

黄德嘉(四川大学华西医院)

康　健(中国医科大学附属第一医院)

葛均波(复旦大学附属中山医院)

董　玲(复旦大学附属中山医院)

童南伟(四川大学华西医院)

曾小峰(中国医学科学院北京协和医院)

谢灿茂(中山大学附属第一医院)

廖二元(中南大学湘雅二医院)

廖玉华(华中科技大学同济医学院附属协和医院)

霍　勇(北京大学第一医院)

瞿介明(上海交通大学医学院附属瑞金医院)

修 订 说 明

为了贯彻教育部教高函[2004-9号]文,在教育部、原卫生部的领导和支持下,在吴阶平、裘法祖、吴孟超、陈灏珠、刘德培等院士和知名专家的亲切关怀下,全国高等医药教材建设研究会以原有七年制教材为基础,组织编写了八年制临床医学规划教材。从第一轮的出版到第三轮的付梓,该套教材已经走过了十余个春秋。

在前两轮的编写过程中,数千名专家的笔耕不辍,使得这套教材成为了国内医药教材建设的一面旗帜,并得到了行业主管部门的认可(参与申报的教材全部被评选为"十二五"国家级规划教材),读者和社会的推崇(被视为实践的权威指南、司法的有效依据)。为了进一步适应我国卫生计生体制改革和医学教育改革全方位深入推进,以及医学科学不断发展的需要,全国高等医药教材建设研究会在深入调研、广泛论证的基础上,于2014年全面启动了第三轮的修订改版工作。

本次修订始终不渝地坚持了"精品战略,质量第一"的编写宗旨。以继承与发展为指导思想:对于主干教材,从精英教育的特点、医学模式的转变、信息社会的发展、国内外教材的对比等角度出发,在注重"三基"、"五性"的基础上,在内容、形式、装帧设计等方面力求"更新、更深、更精",即在前一版的基础上进一步"优化"。同时,围绕主干教材加强了"立体化"建设,即在主干教材的基础上,配套编写了"学习指导及习题集"、"实验指导/实习指导",以及数字化、富媒体的在线增值服务(如多媒体课件、在线课程)。另外,经专家提议,教材编写委员会讨论通过,本次修订新增了《皮肤性病学》。

本次修订一如既往地得到了广大医药院校的大力支持,国内所有开办临床医学专业八年制及七年制("5+3"一体化)的院校都推荐出了本单位具有丰富临床、教学、科研和写作经验的优秀专家。最终参与修订的编写队伍很好地体现了权威性,代表性和广泛性。

修订后的第三轮教材仍以全国高等学校临床医学专业八年制及七年制("5+3"一体化)师生为主要目标读者,并可作为研究生、住院医师等相关人员的参考用书。

全套教材共38种,将于2015年7月前全部出版。

全国高等学校八年制临床医学专业国家卫生和计划生育委员会规划教材编写委员会

教材目录

	学科名称	主审	主编	副主编
1	细胞生物学(第3版)	杨恬	左伋 刘艳平	刘佳 周天华 陈誉华
2	系统解剖学(第3版)	柏树令 应大君	丁文龙 王海杰	崔慧先 孙晋浩 黄文华 欧阳宏伟
3	局部解剖学(第3版)	王怀经	张绍祥 张雅芳	刘树伟 刘仁刚 徐飞
4	组织学与胚胎学(第3版)	高英茂	李和 李继承	曾园山 周作民 肖岚
5	生物化学与分子生物学(第3版)	贾弘禔	冯作化 药立波	方定志 焦炳华 周春燕
6	生理学(第3版)	姚泰	王庭槐	闫剑群 郑煜 祁金顺
7	医学微生物学(第3版)	贾文祥	李明远 徐志凯	江丽芳 黄敏 彭宜红 郭德银
8	人体寄生虫学(第3版)	詹希美	吴忠道 诸欣平	刘佩梅 苏川 曾庆仁
9	医学遗传学(第3版)		陈竺	傅松滨 张灼华 顾鸣敏
10	医学免疫学(第3版)		曹雪涛 何维	熊思东 张利宁 吴玉章
11	病理学(第3版)	李甘地	陈杰 周桥	来茂德 卞修武 王国平
12	病理生理学(第3版)	李桂源	王建枝 钱睿哲	贾玉杰 王学江 高钰琪
13	药理学(第3版)	杨世杰	杨宝峰 陈建国	颜光美 臧伟进 魏敏杰 孙国平
14	临床诊断学(第3版)	欧阳钦	万学红 陈红	吴汉妮 刘成玉 胡申江
15	实验诊断学(第3版)	王鸿利 张丽霞 洪秀华	尚红 王兰兰	尹一兵 胡丽华 王前 王建中
16	医学影像学(第3版)	刘玉清	金征宇 龚启勇	冯晓源 胡道予 申宝忠
17	内科学(第3版)	王吉耀 廖二元	王辰 王建安	黄从新 徐永健 钱家鸣 余学清
18	外科学(第3版)		赵玉沛 陈孝平	杨连粤 秦新裕 张英泽 李虹
19	妇产科学(第3版)	丰有吉	沈铿 马丁	狄文 孔北华 李力 赵霞

6

	学科名称	主审	主编	副主编
20	儿科学(第3版)		桂永浩 薛辛东	杜立中 母得志 罗小平 姜玉武
21	感染病学(第3版)		李兰娟 王宇明	宁 琴 李 刚 张文宏
22	神经病学(第3版)	饶明俐	吴 江 贾建平	崔丽英 陈生弟 张杰文 罗本燕
23	精神病学(第3版)	江开达	李凌江 陆 林	王高华 许 毅 刘金同 李 涛
24	眼科学(第3版)		葛 坚 王宁利	黎晓新 姚 克 孙兴怀
25	耳鼻咽喉头颈外科学(第3版)		孔维佳 周 梁	王斌全 唐安洲 张 罗
26	核医学(第3版)	张永学	安 锐 黄 钢	匡安仁 李亚明 王荣福
27	预防医学(第3版)	孙贵范	凌文华 孙志伟	姚 华 吴小南 陈 杰
28	医学心理学(第3版)	姜乾金	马 辛 赵旭东	张 宁 洪 炜
29	医学统计学(第3版)		颜 虹 徐勇勇	赵耐青 杨土保 王 彤
30	循证医学(第3版)	王家良	康德英 许能锋	陈世耀 时景璞 李晓枫
31	医学文献信息检索(第3版)		罗爱静 于双成	马 路 王虹菲 周晓政
32	临床流行病学(第2版)	李立明	詹思延	谭红专 孙业桓
33	肿瘤学(第2版)	郝希山	魏于全 赫 捷	周云峰 张清媛
34	生物信息学(第2版)		李 霞 雷健波	李亦学 李劲松
35	实验动物学(第2版)		秦 川 魏 泓	谭 毅 张连峰 顾为望
36	医学科学研究导论(第2版)		詹启敏 王 杉	刘 强 李宗芳 钟晓妮
37	医学伦理学(第2版)	郭照江 任家顺	王明旭 尹 梅	严金海 王卫东 边 林
38	皮肤性病学	陈洪铎 廖万清	张建中 高兴华	郑 敏 郑 捷 高天文

第三版序言

经过再次打磨,备受关爱期待,八年制临床医学教材第三版面世了。怀纳前两版之精华而愈加求精,汇聚众学者之智慧而更显系统。正如医学精英人才之学识与气质,在继承中发展,新生方可更加传神;切时代之脉搏,创新始能永领潮头。

经过十年考验,本套教材的前两版在广大读者中有口皆碑。这套教材将医学科学向纵深发展且多学科交叉渗透融于一体,同时切合了环境 - 社会 - 心理 - 工程 - 生物这个新的医学模式,体现了严谨性与系统性,诠释了以人为本、协调发展的思想。

医学科学道路的复杂与简约,众多科学家的心血与精神,在这里汇集、凝结并升华。众多医学生汲取养分而成长,万千家庭从中受益而促进健康。第三版教材以更加丰富的内涵、更加旺盛的生命力,成就卓越医学人才对医学誓言的践行。

坚持符合医学精英教育的需求,"精英出精品,精品育精英"仍是第三版教材在修订之初就一直恪守的理念。主编、副主编与编委们均是各个领域内的权威知名专家学者,不仅著作立身,更是德高为范。在教材的编写过程中,他们将从医执教中积累的宝贵经验和医学精英的特质潜移默化地融入到教材中。同时,人民卫生出版社完善的教材策划机制和经验丰富的编辑队伍保障了教材"三高"(高标准、高起点、高要求)、"三严"(严肃的态度、严谨的要求、严密的方法)、"三基"(基础理论、基本知识、基本技能)、"五性"(思想性、科学性、先进性、启发性、适用性)的修订原则。

坚持以人为本、继承发展的精神,强调内容的精简、创新意识,为第三版教材的一大特色。"简洁、精练"是广大读者对教科书反馈的共同期望。本次修订过程中编者们努力做到:确定系统结构,落实详略有方;详述学科三基,概述相关要点;精选创新成果,简述发现过程;逻辑环环紧扣,语句精简凝练。关于如何在医学生阶段培养创新素质,本教材力争达到:介绍重要意义的医学成果,适当阐述创新发现过程,激发学生创新意识、创新思维,引导学生批判地看待事物、辩证地对待知识、创造性地预见未来,踏实地践行创新。

坚持学科内涵的延伸与发展,兼顾学科的交叉与融合,并构建立体化配套、数字化的格局,为第三版教材的一大亮点。此次修订在第二版的基础上新增了《皮肤性病学》。本套教材通过编写委员会的顶层设计、主编负责制下的文责自负、相关学科的协调与蹉商、同一学科内部的专家互审等机制和措施,努力做到其内容上"更新、更深、更精",并与国际紧密接轨,以实现培养高层次的具有综合素质和发展潜能人才的目标。大部分教材配套有"学习指导及习题集"、"实验指导 / 实习指导"以及"在线增值服务(多媒体课件与在线课程等)",以满足广大医学院校师生对教学资源多样化、数字化的需求。

本版教材也特别注意与五年制教材、研究生教材、住院医师规范化培训教材的区别与联系。①五年制教

材的培养目标:理论基础扎实、专业技能熟练、掌握现代医学科学理论和技术、临床思维良好的通用型高级医学人才。②八年制教材的培养目标:科学基础宽厚、专业技能扎实、创新能力强、发展潜力大的临床医学高层次专门人才。③研究生教材的培养目标:具有创新能力的科研型和临床型研究生。其突出特点:授之以渔、评述结合、启示创新、回顾历史、剖析现状、展望未来。④住院医师规范化培训教材的培养目标:具有胜任力的合格医生。其突出特点:结合理论,注重实践,掌握临床诊疗常规,注重预防。

以吴孟超、陈灏珠为代表的老一辈医学教育家和科学家们对本版教材寄予了殷切的期望,教育部、国家卫生和计划生育委员会、国家新闻出版广电总局等领导关怀备至,使修订出版工作得以顺利进行。在这里,衷心感谢所有关心这套教材的人们! 正是你们的关爱,广大师生手中才会捧上这样一套融贯中西、汇纳百家的精品之作。

八学制医学教材的第一版是我国医学教育史上的重要创举,相信第三版仍将担负我国医学教育改革的使命和重任,为我国医疗卫生改革,提高全民族的健康水平,作出应有的贡献。诚然,修订过程中,虽力求完美,仍难尽人意,尤其值得强调的是,医学科学发展突飞猛进,人们健康需求与日俱增,教学模式更新层出不穷,给医学教育和教材撰写提出新的更高的要求。深信全国广大医药院校师生在使用过程中能够审视理解,深入剖析,多提宝贵意见,反馈使用信息,以便这套教材能够与时俱进,不断获得新生。

愿读者由此书山拾级,会当智海扬帆!

是为序。

中国工程院院士
中国医科科学院原院长　　刘德培
北京协和医学院原院长

二〇一五年四月

王吉耀,女,1944 年 12 月生于上海。内科学二级教授、博导。消化病、肝病和临床流行病学专家。1967 年毕业于上海医科大学医学系。1981 年和1986 年分别获上海医科大学医学硕士和加拿大 McMaster 大学临床流行病学科学硕士学位。曾任复旦大学中山医院内科教研室兼消化科主任。现任复旦大学校学术委员会委员、上海医学院内科学系主任、复旦大学临床流行病学培训中心/循证医学中心主任、上海市肝病研究所学术委员会副主任、中华医学会临床流行病学会前任主任委员、中国临床流行病学工作网主席、国际临床流行病学工作网(INCLEN)常务理事、专家委员会候任主席、美国消化学会资深委员(AGAF)及"Frontiers of Medicine"、复旦大学学报(医学版)、"胃肠病和肝病学"三本杂志副主编。发表在 Lancet、Hepatology 等国内外期刊论文 200 多篇、主编国家规划教材10 余部。获得国家科技进步二等奖、上海市医学科技一等奖等 10 余项以及多项教材奖、发明专利三项。先后获得上海市三八红旗手、上海市高校教学名师、上海市高尚医德奖等荣誉。

王吉耀

廖二元,男,1948 年 12 月生于湖南。内分泌与代谢病学专家,中南大学湘雅二医院教授,主任医师,中华医学会骨质疏松与骨矿盐疾病分会主任委员,曾任中南大学湘雅二医院院长兼内分泌科主任,中华医学会内分泌学分会副主任委员。获国家科技进步二等奖 1 项(2008,排名第一)、国家科技进步三等奖 1 项(1992,排名第三)等。主持国家和省部级科研课题23 项;主编专著和全国教材 15 部,发表论文 587 篇,其中 SCI 论文 138 篇,累计 IF 473.186;最高影响因子 Nat Med 28.054。论文和论著被引用 7999 次,其中被 SCI 论文引用 1886 次,国内论文被引用 2756 次。推动了学科发展,使我国的骨代谢研究在国际上占有一席之地,开创性地提出血管生成-破骨-成骨三元偶联学说,颠覆了传统观念,受到国际学术界的广泛关注。教书育人,培养新生力量。培养研究生 86名,获全国优秀博士论文奖 1 篇,省级优博论文 3 篇。主编《内分泌学》《代谢性骨病学》成为内分泌医生案头书。副主编的《内科学》(全国 7/8 年制规划教材)为我国医疗培训新鲜血液。被评为"湘雅名医",长期扎根临床一线,践行转化医学理念,将基础和临床的代谢性骨病研究成果应用于临床,诊治了省内外大量的疑难病例。

廖二元

王　辰

王辰,男,1962年8月生于北京。呼吸病学与危重症医学专家。中国工程院院士。中日医院院长,国家呼吸疾病临床研究中心主任,国家呼吸病学重点学科带头人,科技部呼吸与肺循环疾病创新团队带头人,中华医学会呼吸病学分会主任委员,英国伦敦帝国理工学院医学部荣授院士。

长期从事肺栓塞与肺动脉高压、呼吸衰竭与呼吸支持技术、新发呼吸道传染病、慢性阻塞性肺疾病、烟草病学领域的医教研工作。取得肺栓塞半量溶栓疗法、序贯机械通气疗法等多项重要创新并进入国际诊疗指南。大力推动国家控制吸烟工作。承担多项国家重点科研课题和国际研究项目。任英国医学杂志(*BMJ*)编辑指导委员会委员,*Chest* 编委,*Clinical Respiratory Journal* 主编,*Chinses Medical Journal* 主编。在《新英格兰医学杂志》《柳叶刀》等国际权威医学期刊发表论著100余篇。获国家科技进步奖一等奖1项,国家科技进步奖二等奖3项。获世界卫生组织控烟杰出贡献奖,何梁何利基金科学与技术进步奖。

具有朝阳医院、北京医院和中日医院三家大型综合医院的领导和管理工作经验,在学科建设和医院发展上取得显著业绩。曾主持原卫生部和国家卫生计生委科技教育司工作,推动建立国家住院医师规范化培训制度和专科医师规范化培训制度,倡导国家临床医学研究体系和能力建设。

王建安

王建安,男,1961年11月生于浙江。我国著名心血管病专家、干细胞领域科学家。全国"白求恩"奖章获得者,国家重大科学研究计划项目(973)首席科学家、中华医学会心血管病学分会副主任委员、《中华心血管病杂志》副总编辑、《中华急诊医学》总编,美国加州大学洛杉矶分校(UCLA)里根医学中心客座教授、浙江省特级专家。现任浙江大学医学院附属第二医院院长、心脏中心主任。

长期致力于心血管复杂疑难疾病的诊治,同时围绕临床关键问题潜心开展从基础、转化到临床的系统性研究。在国内领先开展以冠脉功能评估指导支架植入的临床实践以及经导管主动脉瓣置换术和二尖瓣夹闭术等高难度手术。国内领先开展骨髓间充质干细胞治疗心力衰竭的临床研究。国际上首先提出并制定了低氧预处理骨髓间充质干细胞技术方案,并深入揭示分子机制。以第一发明人获国家发明专利5项,转让1项。主编专著、规划教材8部。作为第一完成人获国家科技进步奖二等奖1项、省科学技术奖一等奖2项、二等奖2项。近年来发表研究论文216篇,其中在 *Stem Cells* 等杂志发表SCI论文84篇。

黄从新,男,1951 年 6 月生于湖北。武汉大学心血管病研究所所长、心血管内科教授(二级)、主任医师、心血管病湖北省重点实验室主任、湖北省心血管病医学临床研究中心主任、湖北省心血管疾病介入诊疗技术质量控制中心主任。国家百千万人才工程第一、二层次入选者、国家有突出贡献专家、湖北省医学领军人才。现任国务院学位委员会学科评议组成员,国务院学位委员会全国医学专业学位研究生教学指导委员会委员,教育部高等学校临床医学教学指导委员会委员,国家心血管病专家委员会副主任委员,中华医学会心电生理和起搏分会主任委员,美国心律学会(HRS)Fellow,欧洲心律协会(EHRA)Fellow,美国心脏学院(ACC)Fellow,欧洲心脏病学会(ESC)Fellow,亚太心律学会(APHRS)执委,《中华心律失常学杂志》副总编辑、《中国心脏起搏与心电生理杂志》总编辑、《武汉大学学报(医学版)》总编辑、*Journal of Cardiovascular Electrophysiology*(中文版)副主编、《中华心血管病杂志》编委等。

从事心血管病学临床、科研、教学工作 30 余年,致力于介入心脏病学及心律失常基础与临床研究,发表学术论文 500 余篇(SCI 收录 176 篇),主编及参编专著 30 余本,先后承担国家科技支撑计划、国家重点基础研究发展计划(973 计划)、国家自然科学基金、卫生部卫生行业专项基金等项目 29 项;取得科研成果 26 项,包括国家科技进步二等奖 3 项、省科技一等奖 7 项、湖北省十大科技转化成果奖 1 项等。组织/参与了国内 20 多个心血管病诊疗指南的撰写。因长期致力于心血管病介入诊疗的基础研究与技术推广应用以及在心房颤动防治领域突出贡献,被中华医学会等授予"中国介入心脏病学杰出贡献奖""心房颤动基础与临床研究杰出贡献奖"。培养研究生多名,其中部分已成为本领域学科带头人。

徐永健,男,1956 年 5 月生于云南。教授,主任医师,博士生导师,中共党员。1988 年同济医科大学呼吸内科学专业博士毕业并获医学博士学位,同年起在华中科技大学同济医学院附属同济医院工作至今,目前为华中科技大学同济医学院附属同济医院院长。1992 年晋升教授,主任医师,1996 年担任博士生导师。现任教育部重点学科"内科学(呼吸系统)"学科带头人,卫生部呼吸疾病重点实验室主任,曾任中华医学会呼吸病专科学会副主任委员,中华医学会湖北省分会呼吸病专科学会主任委员,《中华结核和呼吸杂志》等数家期刊的副总编辑。一直从事呼吸内科的临床医疗、教学和科研工作,教学效果好,受到同学们的欢迎。主编全国高等学校教材第 8 版《内科学》教材,担任教育部精品课程《内科学》的负责人。科研方向为哮喘、低氧性肺动脉高压和 COPD 等呼吸系统疾病的基础与临床研究。先后承担国家自然科学基金面上项目 9 项,国家"十五"重点攻关项目 1 项,国家重点科技攻关课题分题共 7 项;开展过多项省部级课题和自选课题的研究工作。获 5 项省部级科研成果奖。获多种国家级、省部级荣誉称号。

钱家鸣

钱家鸣,女,1957 年 9 月生于北京。消化病学专家,北京协和医院消化内科主任、教授、主任医师,医学博士、博士生导师;兼任中国医师协会消化专业委员会会长和北京消化疾病专业委员会主任委员。

钱家鸣一直从事临床工作,毕业于北京大学医学部(原北京医科大学),并在北京协和医院接受过严格系统的医学教育训练,特别是对胰腺疾病、炎症性肠病以及消化内科各种疑难病症有较深的临床造诣。主编《北京协和医院消化疑难 111 例》获得北京市教学精品教材;在 2014 年首届京城好医生活动中,荣获"金牌好医生"称号。自 2000 年以来是多部统编教材的编委,是全国消化研究生教材主编。主译消化论著 3 本,主编 4 部消化科普书籍。担任《中华消化杂志》中英文版、《中华医学》英文版等多本杂志的副主编,《中华内科学》等 10 种杂志的编委。医学参考报《消化频道》主编。并承担了 10 余项国家级科研项目,发表论著 200 篇;获得 5 项省部级奖项,获得卫生部颁发的"教书育人先进个人奖"和北京市教育局颁发的"舒而美恩师奖"。

余学清

余学清,男,1964 年 3 月生于江西。肾脏病学专家,教育部长江学者特聘教授。中山大学肾脏研究所所长,卫计委和广东省肾脏病重点实验室主任,中华医学会肾脏病学分会主任委员,国际腹膜透析学会(ISPD)理事兼会员委员会主席,亚太肾脏病学会(APSN)常务理事。

长期从事肾脏病医疗和教研工作,研究领域包括慢性肾脏病流行病学、遗传发病机制及综合防治。现任美国肾脏病学杂志(AJKD)副主编,亚太肾脏病学杂志(Nephrology)主题编委,《中华肾脏病杂志》常务副总编辑。承担国家级科研课题 20 余项,包括国家自然科学基金杰出青年基金和重点项目等;取得多项创新性研究成果,在 Natural Genetic,JASN 等国际期刊发表论文 150 多篇。主编专著、规划教材等 9 部。获得省部级及以上科技进步奖 8 项,其中国家科技进步奖二等奖 1 项。获美国肾脏基金会(NKF)国际杰出研究者奖,国家"百千万人才工程"有突出贡献中青年专家等称号。

前　言

　　为适应我国高层次医学教育新模式发展的需要,全国高等医药教材建设研究会和原卫生部教材办公室组织编写出版了一套适用于临床医学八年制教学的教材。2005 年,《内科学》第 1 版问世;经修订,2010 年出版第 2 版;本教材为经再次修订后的第 3 版。八年制临床医学教育旨在培养未来的医学精英,有别于一般五年制医学生的培养要求。尽管培养目标有所不同,但八年制医学生依然是本科生,因此,编写仍须体现教材的“三基”和“五性”:即基本知识、基本理论、基本技能,思想性、科学性、先进性、启发性、适用性。本版《内科学》以第 2 版为基础,参考五年制《内科学》第 8 版、《Cecil 内科学》和《Harrison's 内科学原理》进行修订。教材内容的增减与更新以严谨、稳健为首要原则,保证教材在传承中提高。全体编委竭尽心力,努力编写出更加符合学理,能够体现现代医学理念,富于启发性和知识拓展性,适于天资较为聪颖,又是刚入医学大门的八年制医学生的内科学教材。

　　为配合双语教学和培养学生自学能力,本书书末附有中英文索引,每篇总论末列举了一些优秀的英文参考书、学术期刊和网站,每章末附有推荐阅读文献。本版教材还将配套出版在线增值服务(多媒体课件与在线课堂),以图文并茂的形式,帮助学生理解教学内容,供带教老师参考。

　　本版《内科学》教材不仅适用于八年制医学生,也适用于攻读临床医学专业硕士、博士学位的医师、接受住院医师和专科医师规范化培训者使用。

　　由于患者个体差异和现代医药的迅速发展,治疗方法和药物剂量不断变化。因此,本书提供的资料仅供临床参考,不承担医疗法律责任。

　　本教材编委由来自全国承担八年制临床医学教育的院校,具有丰富临床、教学和科研经验的教授担任,感谢他们辛勤的劳动。感谢各位副主编及分篇负责人康健、王建安、钱家鸣、余学清、胡豫、宁光、曾小峰、徐永健教授在全书定位、各篇纲目及内容审核中做出的贡献。感谢主审王吉耀教授和廖二元教授对本书的指导和对内容的细致审核。感谢学术秘书代华平教授和张鹏俊博士在本书编写过程中所做的大量细致、艰辛的工作。本版是在第 2 版的基础上修订完成的,衷心感谢第 2 版的主编、副主编、编委做出的基础性贡献。

　　由于编者水平有限,加之编写时间短促,书中一定会有未尽完善之处,祈读者指正。

王　辰　王建安

2015 年 4 月 2 日

目　录

上　册

第三篇　心血管系统疾病

第四篇　消化系统疾病

下　册

第五篇　泌尿系统疾病

第六篇　血液和造血系统疾病

第七篇　内分泌和代谢疾病

第九篇　理化因素引起的疾病

第一篇 绪 论

第一节　内科学在医学中的定位与主要内容

内科学是医学,特别是临床医学中的基本与核心学科。英文 Medicine 同作医学、医药、内科学解,可见内科学在医学中至为持重的地位。

医学包括临床医学(clinical medicine)、预防医学(preventive medicine)和基础医学(basic medical sciences)三大方面。临床医学研究人体疾病的发病机制、诊断、治疗和预防,以科技方法和人文精神关怀照护(care)人的健康和生命。广义的临床医学亦包括预防医学。

医学起源于临床医学。临床医学发展的初期,其主体即内科学。之后,由于手术方法的出现和发展,分化出外科学;由于对不同年龄、不同部位人体认识的加深,进一步衍生出妇产科学、儿科学、耳鼻咽喉科学、眼科学等。尽管医学已经有了不同的专业划分,但内科学始终是临床医学,乃至医学中最为基本、最为核心、最为综合、最具普遍性、内容最为广博深厚的部分。可以说,内科学是医学之母,是临床医学各专业的基石。学习内科学,是学习临床医学的基础。

临床医学之下,设有若干专业(specialty),如上述内科学、外科学、妇产科学、儿科学、耳鼻咽喉科学、眼科学等;专业之下,依照系统、病因与发病机制等学理因素再进一步深度划分为亚专业(sub-specialty),亦称专科。内科学作为临床医学的一个专业,其下包括呼吸与危重症、心血管、消化、泌尿、血液、内分泌和代谢、风湿、感染、肿瘤、老年、变态反应、睡眠等专科。

内科学的主要内容包括:疾病的定义,致病原因,发病机理,自然病史,流行病学,症状,体征,实验室检查,影像学检查,鉴别诊断,诊断,治疗,预后,康复等。内科学的诊断方法多样,包括询问病史,查体,床旁监测,实验室检查与医学影像学检查等,可据之在众多的鉴别诊断中排除可能性较低者,获得最有可能的诊断。除已知病种和诊断外,还需要注意发现新的疾病现象和疾病。内科治疗主要采用非手术方法,药物是其代表性手段,其他还包括氧疗、输血、营养支持,利用医疗设备或器械治疗,如脏器支持或替代治疗、通过导管或内镜施行介入治疗等。

第二节　医学模式与现代医学的发展

一、医学模式的衍变与现代医学模式

医学模式(medical model),即医学观,是医学的基本观念、基本思维和基本方法,是指用何种思想方法来看待、研究和处理健康与疾病问题,是对人类健康、疾病、死亡等重要医学问题的总体观。医学模式是关于医学的哲学思想,是我们在学习、实践和传授医学中贯穿始终的世界观和方法论,对于认识、诊断、治疗和预防人类疾病与维护人类健康具有根本性的指导作用。医学模式对一定时期医学活动的思维及行为方式会产生深刻影响,使之明显表现出该模式所带有的倾向性、习惯化的风格和特征。

从古至今,医学模式经历了从古代神灵主义医学模式、自然哲学医学模式,演变到机械唯物论的医学模式,近现代的生物医学模式,直至现代的生物-心理-社会医学模式。医学模式逐步从唯心主义向唯物主义迈进,标志着医学在科学性上的巨大进步。一般认为,现代医学起源于生物医学模式,成熟于生物-心理-社会医学模式。前者以生物学因素和效应为出发点,研究疾病的病因及防治策略和方法。但是,对于有着活跃心理活动和作为社会成员的人,其健康和所患疾病亦深受个人心理、社会因素影响。因此,1977 年美国罗切斯特(Rochester)大学内科学教授恩格尔(Engel)提出了生物-心理-社会医学模式。新的医学模式认为除生物学因素之外,心理和社会因素在人类健康和疾病中具有重要作用。这一模式强调医学目标的整体性,即从局部到全身,从对病到对人,从个人到群体,从生物医学扩及社会医学。因此,我们在医学实践中除关注生物学因素外,还要特别重视和研究心理、社会因素(如酒精、吸烟、毒品、暴力、自杀、过度紧张、

经济、政治、宗教、文化、生活习俗等)对发病、预防和诊治的影响。医学模式由生物医学模式向生物-心理-社会医学模式的转型是当代医学最重要的特点。应当看到,自然环境(天文、地理、气候、空气、土壤、水、植物、微生物等)与人体的健康和疾病发生亦密切相关,特别是随着人类生产力的巨大增长,导致诸多环境变化、失衡与污染,成为新的致病因素。因此,生物-心理-社会-环境医学模式或许能够更为全面地体现医学的整体观和现代观。

成功实现医学模式转变的关键在于医生人文素养的提高。人文素养是成为优秀医生的必备条件。只有当医生兼具较高的科技和人文素养时,才能在疾病防治中既对患者的生物学因素进行干预,同时考虑其心理状态和相关社会因素并着力帮助改善,从而取得更好的防治效果。

二、现代医学发展的科技模式

从科技进步的角度看,医学发展经历了经验医学、实验医学和现代系统医学发展阶段。在现代系统医学发展时期,循证医学、转化医学和精准医学成为最富时代特征的医学科技模式。

(一)循证医学(evidence-based medicine)

随着医学的发展,人们越来越认识到:动物实验不能取代人体试验,因为人体与动物体迥异,有着难于跨越的比较生物学鸿沟,而且人体特殊地受到语言、文化、思维、心理和经济、政治等社会因素的影响,因此,不能简单地根据动物实验结果来防治人体疾病;仅依据对疾病基础知识的理解来诊治患者,难于把握疾病的具体情况、多元因素和个体差异,更带有相当的不确定性甚至臆断性;临床经验以及分散、个别的观察性研究或总结缺乏代表性,极易产生偏差,难于推及一般规律及群体。经过长期的发展,临床医学在远离了古代经验型医学范式,经历了近代实验医学的发展后,逐渐形成了以循证医学为重要基础的现代临床医学体系。

循证医学是指充分应用当前所能获得的高质量临床研究证据,结合医生和专家的临床经验与技能、患者的实际状况及意愿,制订出适宜的医疗方案、临床指南和卫生政策。循证医学并非要取代临床经验、临床技能和医学专业知识,而是强调任何医疗决策都应尽可能建立在科学研究证据的基础上。循证医学所依靠的临床研究证据主要来自大样本的随机对照试验(randomized controlled trial,RCT)、系统性评价(systematic review)和荟萃分析(meta-analysis)。证据是循证医学的基石,遵循证据是循证医学的原则。临床研究者应尽可能提供最可靠的临床研究证据,应用者则应尽可能科学适宜地应用这些证据。国际上对临床决策所依据的临床研究质量和可靠程度,有若干种证据质量和推荐意见评级系统。传统的有五级分类,其证据可靠级别依次降低(一级:针对特定病种采用的特定疗法,收集所有质量可靠的RCT分析后所得出的系统性评价或荟萃分析结果;二级:单个有足够样本量的RCT结果;三级:设有对照组但未用随机方法分组的研究;四级:无对照的系列病例观察;五级:专家意见)。目前比较受推崇的证据质量和推荐意见评级系统是牛津大学标准和GRADE(Grading of Recommendations Assessment,Development,and Evaluation)标准,而GRADE标准似乎更为常用。牛津标准亦基于科研设计的角度来评价证据级别。该标准引入了分类的概念,把临床问题分成治疗、预防、病因、诊断、预后、危害和经济学七个方面,结合当前可得到的证据类型和分类标准进行调整和细化,针对性和适用性较强。GRADE标准,即推荐分级的评估、制定与评价标准。该标准突破了单从研究设计角度考虑证据质量的局限性,主要依据未来的研究是否可能改变对目前疗效评价的信心和改变可能性的大小,将证据质量分为高、中、低、极低4个级别,以此指导对证据的采信。

循证医学注重将大量高水平的临床研究结果进行甄选、系统性分析或荟萃分析,指导治疗决策,最终可据以形成指南、诊疗规范,用于指导与规范医学界的临床实践。在基于循证医学证据的诊疗指南中,对某一治疗措施,若有多个大规模前瞻性双盲对照研究得出一致性结论,则证据水平最高,常被列为强烈推荐;如尚无循证医学证据,仅为逻辑推理,但已被临床实践接受,则证据级别水平为最低,常被列为专家共识或仅供临床诊治参考。在制订临床指南或治疗方案时,应尽可能采用高级别的证据,但在没有较高级别证据的情况下,可使用相对低级别的证据作为参考依据,一旦以后出现更高级别的证据时就应当尽快采用。需要强调的是,循证医学研究的结论或者诊疗指南的推荐,都只能给临床医生提供重要的参考依据,不能作为临床医疗决策的唯一根据,更不能忽视临床医生对每一个具体患者的个体化分析。循证医学保障了临床医疗决策基于临床试验数据的支持,很大程度上避免了过去仅依据对疾病的基础知识和医生自身经验来进行医疗决策时所可能发生的偏见和失误。循证医学在临床实践中已经成为越来越广受遵循的基本原则。

(二) 转化医学(translational medicine)

随着总体医学模式的转型,现代医学研究和发展的模式也正在发生深刻的变化,其主要表现就是转化医学研究模式的形成和实践。转化医学是医学研究的一种现代观念和行为模式,其特点是由传统的相对单独领域、学科的研究模式向强调多领域、多学科互动交融,协同发展,着眼于并力求为解决实际防治问题提供"全套解决方案"(total solution)和方法的医学研究模式转型。转化医学的诞生在很大程度上颠覆了以往基础研究、临床实践、药物与器械研发等方面相对分离、各行其道、缺乏互动的状况,将过去基础研究主要以揭示自然规律为导向转变为以针对性地解决疾病防治中的现实问题为导向,注重基础研究、临床防治、产品研发、社会推广的互动转化,并将以上几方面在目标和过程上有机地结合起来。转化医学的宗旨或目标,即所谓"本",是真正地解决疾病防治中的实际问题,改善防治实践,而不是仅仅满足于获取"科学认识",究其"科学规律";转化医学的方法与路径,即所谓"道",是通过促进基础医学、临床医学、预防医学、药学、生物医学工程学等学科之间的积极沟通、协同交融、紧密衔接,共同为疾病防治寻求、提供全套解决方案,提高疾病防治的实际能力与水平。

临床工作、临床研究与转化医学关系密切。临床医生,特别是临床科学家(physician scientist)务求对转化医学有深刻理解并切实实践之。临床医生要善于依照转化医学研究模式的要求,在研究体系与结构建设、人才队伍建设、多学科协同等方面为实施转化医学研究奠定基础、设立机制。如在医院的建设与发展中,要为基础研究、药物研发、器械研发设立相应的空间、设施、团队条件与机制;为跨越比较生物学的鸿沟,直接发现人体疾病规律,在符合伦理要求的前提下,特别注重应用临床人体标本进行研究;在研究方案的设计与执行过程中要力行转化医学研究模式,善于与基础研究结合,及时将基础研究成果转化为药物、器械并应用于临床;临床医生更要善于在临床实践中发现问题并据此为基础研究、药物与器械产品研发提出命题、引导方向。切实将转化医学研究模式由理念转化为实践,并产出现实防治成果,这是每一个临床医生面临的重大命题与任务,其意义和影响深远。

(三) 精准医学(precision medicine)

精准医学是以个体化医疗为基础,随着基因组测序技术快速进步、生物信息与大数据科学的交叉应用而发展起来的新型医学概念与医疗模式。广义的精准医学是指以基因组、蛋白质组、表型组和其他前沿技术为基础,对大样本人群与特定疾病进行生物标志物的分析、验证与应用,确定疾病原因和治疗靶点,对疾病的不同状态和过程进行精确亚分类,最终实现对特定患者的个体化精准医疗。狭义的精准医学是指根据个体的基因特征,结合对环境和生活方式等因素的评估,从药物基因组学的角度明确药物的适应证(如肿瘤的分子靶向治疗)、禁忌证(如卡马西平)和调整剂量(如华法林),对个体实施精准的药物治疗或干预,以提高治疗的安全性、有效性和经济性。从发展过程看,药物基因组、个体化医学和精准医学一脉相承。

精准医学是因人因病因疗法而异的、更加精确的个体化医疗。精准医学的理念和实践是医学重要的发展趋势,代表了临床防治实践发展的方向。与以往相比,其进步之处是将以基因为代表的人体内因与对疾病机制的认识、药物等治疗方法以及生物大数据和信息科学相交叉,精确进行疾病分类及诊断,为患者提供更具针对性和有效性的防治措施。使疗效最大化、损害最小化、资源最优化是精准医学的核心目的。

第三节 内科学的学习要领

内科学是临床医学的基本学科,与其他临床学科联系密切。学习内科学是学习临床医学的基础。内科学的内容博大精深,其学习要领重在"博学,实践,善思"。

一、复习基础医学知识,学习应用技术,注重多学科交融,构建坚实的内科学知识体系

1. 注意复习和追踪、更新基础医学知识及理论 基础医学是研究人的生命和疾病现象的本质及其规律的自然科学,主要包括人体解剖学、组织胚胎学、生理学、生物化学、微生物学、免疫学、病理解剖学、病理生理学、药理学、分子生物学等。基础医学的知识与理论体系是认识临床医学中问题的重要科学基础。临床医学是以基础医学的知识和理论为元素,增加诊断学、治疗学等临床应用技术和方案,依照临床实际防治需要而重新组合构建的实用学术与技术体系。换言之,将基础医学各学科的知识和理论体系"打散"为"元素",加入临床应用性内容,再依照临床防治需要重新组合而成临床医学。因此,学好基础医学,才能理解健康、疾病与生命的本质以及对其认识、干预的科学道理,对于临床问题,也才能既"知其然",又知其"所以然"。内科学由于具有知识性、理论性突出的特点,在临床医学各学科中与基础医学关系尤为密切。因此,在学习内科学的过程中,要注意对应相应的临床内容,及时复习之前所学习过的基础医学相关学科的知识,有时还要进行追踪更新,才能在学习中对于疾病的发病和处理原则知其要义,得其要领,融会贯通。

在学习内科学中某系统疾病时,应回顾该系统器官的解剖学、生理学特点;在学习发病机制时,应联系病理生理学、病理解剖学、医学微生物学、寄生虫学、免疫学、分子生物学、医学遗传学等学科的相关知识;在学习临床表现时,应结合病理生理学和病理解剖学加以理解和记忆;在学习药物治疗时,应复习药理学、微生物学与肿瘤生物学等知识。再次强调,只有通过对基础医学知识和理论的系统学习,才能更深入地领会和掌握内科学,科学防治疾病,将来也才能更好地实践转化医学研究模式。

2. 注意学习和运用临床应用技术体系 为解决疾病的临床诊断、治疗和预防的技术方法问题,医学在发展中逐步形成了较为系统的临床应用技术体系,包括诊断学、放射医学、核医学、临床病理学、检验医学、临床药学、介入治疗学、呼吸治疗学、生物医学工程学、生物医学信息学等,这些技术体系与认识和处理疾病密切相关,是临床诊疗的有力技术支撑,应结合各系统疾病关注学习,努力掌握。

3. 注重培养多学科立体的知识体系与临床能力 临床学科的各个专业、专科之间有着天然的、密不可分的联系,彼此交叉融合,某种疾病的发生与发展常伴随多学科、多方面的影响,对疾病的诊疗和预防也往往需要多学科的协同或联合。因此,除要学好内科学本身的知识外,还要学习与之相关的其他临床学科,包括外科学、妇产科学、儿科学、耳鼻喉科学、预防医学等,关注这些学科与内科学的交汇点及在防治中的协同作用。在内科学范畴内,各系统疾病之间更是常常相互依存、相互影响,而非孤立存在,要特别注意其内在联系和彼此影响,加强系统分析和整体处理。内科学作为临床医学中涉及面最广、内容最综合的学科,尤其需要培养一批具有多学科立体的知识、思维和能力的医生。

当今高速发展的互联网以及大数据时代的到来,深刻影响着医学信息的交流、存储和分析方式。现代医学生要善于运用网络和国内外数据库获取知识和信息。不仅要学习国内外经典教科书、权威的防治指南,还要善于及时从多元化信息资源中获取相关循证医学证据、精准医学方法应用于临床,不断指导和改善临床实践。

二、积极投身临床实践,在实践中领悟验证理论知识,进而融会贯通

临床医学高度强调知行合一。理论知识指导临床实践,临床实践进一步促进理解、丰富和

Notes

提高理论知识。书本中总结的理论知识是基于目前医学水平所认识到的疾病普遍规律,即共性。临床实践中遇到的个体则因人、因病而呈个性化表现,同时,每个患者身上都可能还存在着目前尚不知晓的医学规律。因此,在掌握理论知识的同时,要极为重视临床实践,在临床实践中"睁大眼睛"客观敏锐地感知患者情况,了解其特点,掌握其规律,尽可能地使我们的主观认识与客观情况相一致,据此科学地开展诊疗与预防实践。

接诊患者并营造融洽交流氛围,采集完整的病史,完成全面的体格检查;在此基础上,通过综合分析判断,初步发现问题,选择辅助检查进一步发现和明确疾病征象,作出临床特征分析,进行鉴别诊断,进而确定诊断或作出初步诊断;与患者和家属沟通交流(包括诊断、自然病程、患者的特殊情况、风险、拟采取的医疗措施、可能的预后、经济负担等),结合社会-心理因素作出治疗决策;实施治疗并动态监测病情,与患者及家属交流沟通治疗反应,必要时依据相关情况酌予调整。以上为内科学临床实践的基本内容和过程。完成这些工作需要良好的临床技能,这些技能也是内科学实践的基本功。基本功是在临床实践中培养出来的,必须用心、用脑,反复训练、不断积淀提高。与患者交谈技巧不好,不能取得患者的信任,病史采集不完整。望、触、叩、听的手法不正确,遗漏检查项目都可以导致诊断的方向性错误。只有取得全面可靠的第一手资料,做出正确诊断,才可能制定出科学的诊治方案。随着科技的发展,产生了许多先进的检查手段,这一方面提高了医生的诊断能力,另一方面也增加了有些临床医生对辅助检查的依赖性,容易忽视对患者的问诊和体检。必须知道,绝大多数诊断均是以病史采集和体格检查为基础的,正确的病史采集和体检可以缩小辅助检查的范围,提高诊断效率,减少患者的痛苦和经济负担,节约医疗资源。北美医学家威廉·奥斯勒(William Osler)曾经讲过:"倾听你的患者,他正在告诉你诊断"("Listen to your patient, he is telling you the diagnosis")。同时,病史采集和体检的过程有助于建立良好的医患关系,获得患者的理解、信任、支持与配合,达到良好的医疗效果。

三、培养严谨、科学的临床思维,努力实现主观判断与临床实际的统一

临床思维(clinical thinking)是指临床医生在诊治疾病过程中,对病例进行信息获取、分析推理、判断决策、处理治疗、评估疗效的思维活动方式与过程。医生与患者的沟通、病史和患者体征的获取、医生对患者病情的分析判断与诊断、根据循证医学证据和临床指南制订治疗方案、治疗效果的评价、诊疗方案的调整等环节构成临床的诊疗循环周期,临床思维即主要体现在上述环节中。

临床医学具有兼具科学性和艺术性的突出特点。临床思维是科学、经验与"悟性"相结合的一种"实践性智慧"(practical wisdom),其形成集知识、经验、直觉等于一体,是决定临床成效的关键因素。如何从纷繁复杂的临床信息中找到关键性的线索及主要矛盾,总结概括出疾病的主线和本质规律是培养临床思维的关键所在。培养正确的临床思维是医学生成长为一名合格医生的必由之路,对于以分析见长,靠智慧取胜的内科学,尤其强调临床思维,这也是内科医生最重要的能力。

正确的临床思维是在已有较为充实的医学理论知识和一定的实践经验,并努力较全面地掌握患者客观状况的基础上,针对纷繁的临床信息,认真思考分析患者的临床征象,揭示能够反映其疾病本质与规律的特征,据以形成临床诊断思路并得出正确结论,进而作出适于患者情况的临床治疗决策的过程。由此可见,掌握医学知识、积累临床经验、了解患者客观状况和具有较强分析推论能力是医生形成临床思维并得出正确结论的四个要素,前两者是作出思考的背景条件,患者状况是据以分析判断的素材,分析推理能力则是医生的智力水平与思维方式方法的体现。临床思维水平的提高需要医生在不断学习理论知识,积累丰富实践经验,准确细致全面获取患者临床信息的基础上,勤于思考领悟,反复对比印证自己的分析判断与患者客观实际的差

别,善于学习借鉴其他医生和文献中展示的临床思维方法,认真总结经验和教训,努力使自己的主观判断符合客观实际,锻炼出善于透过现象看本质的能力。从医学生阶段即重视并开始锻炼临床思维能力,培养这种"实践性智慧",将会终生受益。

第四节 重视临床研究,改善临床实践

临床研究是以患者或人群为研究对象,以疾病的诊断、治疗、预后、病因和预防为主要研究内容,以医疗卫生机构为主要研究基地,由多学科人员共同参与设计实施的科学研究活动。临床研究以人体为研究对象,可以跨越动物实验所难以逾越的比较生物学鸿沟,直接反映人体的疾病规律,解决防治相关问题。依照转化医学研究模式,临床研究与实验研究、药物和器械研发、卫生政策等相协同,可以为疾病防治提供全套解决方案。临床研究在疾病防治研究中具有特殊的、不可替代的、关键性与枢纽性作用,是临床医生应当从事的主要研究工作。

医生获取经验和知识的方式包括间接和直接两种方式。间接经验和知识从书本或别人那里获得,构成医生经验和知识体系的大部分。直接经验和知识由医生亲身参加临床实践获得。临床医学是实践性很强的科学,医生在临床实践中取得的直接经验至为宝贵,对于指导临床实践具有特别重要的意义。但必须意识到,医生单纯依靠在临床上"摸爬滚打"积累的临床经验,只是直接经验的一部分,而且这种直接经验的获得方法是基于一般感受或感悟,并非通过严格科学的方法获得,亦未经科学验证,因此,难于保证其正确性和可重复性,是属于较低层次的直接经验,不能作为普遍规律用于指导医学界的实践。另一种直接经验则来自医生所从事的临床研究。临床研究是医生针对临床工作所存在的问题,运用创新的思维和科学的方法,在临床上设计实施科学研究,发现新的规律,发明或评估新的技术或诊疗方案,补充工作中的不足或纠正存在的谬误,从而改善诊疗实践。由于临床研究是基于科学方法得出的结论,具有可重复性和可验证性,因而可以指导和改善整个医学界的临床实践,是制订临床指南的重要科学依据。可见,从事临床研究才是医生获取高层次直接临床经验和知识的方式和途径。

从学术能力的角度,一般可把医生分为三类:第一类是临床行医者(clinician 或 practitioner,有时被谑称为"医匠"),这类医生接受过一定的医学经验或知识的传授,但主要的临床经验和能力是基于自己的临床实践积累起来的,是一种经验型的行医者,具有一定看病和解决问题的能力,但在科学素养上有所不足。第二类是科学行医者(physician 或 scientific physician,称为"医师"),此类医生经过正规的医学院校和毕业后教育训练,较好地掌握现代医学知识,能按照现代医学原理、规范和诊疗指南从事临床工作,目前医院中的医生大部分都属这种类型。第三类医生是临床科学家(physician scientist,可谓之"医帅"),这些人既是临床医生也是科学家,善于针对防治疾病的实践中所遇到的问题进行科学研究,特别是临床医学研究,其研究产出新的医学知识,推动改善临床实践。临床科学家是医学发展的思想源和动力源,推动、引领现代医学,特别是临床医学的发展。八年制医学生应当以临床科学家为努力方向。

医生作为知识分子,为人类进行知识创造是其必然属性,而知识创造的方式主要就是研究工作。医生天然就是一个研究者,临床研究和医疗工作天然一体、高度统一,不可或缺。临床医生是否做基础研究可以选择,但必须做临床研究。不做临床研究,无以造就优秀医生。即便是一名普通的乡村医生,也应当进行质朴的研究,对临床中所遇到的问题进行思考,总结规律,不断探索改进防治工作。在临床工作中,对于每个病例都要用研究的态度去对待,因为每个病例身上都可能蕴含着科学奥秘、隐含着医学上的突破。要使临床与研究有机融合,同步提升。开展研究工作,才可以发现昨天的不足,进行今天的研究,改善明天的实践。只有那些自觉从事临床研究工作的优秀医生,才能成为临床医学发展的推动和引领者,站到医学的巅峰。

Notes

临床研究是医生的天职天命,是获取高层次直接经验的必由途径,是临床医学新知识的源泉,是转化医学研究模式的关键节点,临床医生必须对此有充分认识并当勉力为之。

第五节　人文素养是成为优秀医务人员的必备条件

提高医生的人文素养,是实现医学模式转型和实现对患者全方位照护的关键。威廉·奥斯勒指出:"行医是一种以科学为基础的艺术,是一种专业,而非一种交易;是一种使命,而非一种行业。从本质上讲,医学是一种使命,一种社会使命,一种人性和情感的表达。这项使命所要求的,是要用心如同用脑。"医学的宗旨不但是要避免或减少疾病所致的死亡,更重要的是要改善人类的生活质量和对生命的感受。医学所提供的,不仅是防治疾病的科技,而是对人的健康与生命的全方位关怀。临床医学不是一门纯粹的自然科学,而是涉及自然科学、社会科学、艺术、宗教的一门综合的学问和技能。除科学原理和内容外,医学还包涵着大量人类伦理、社会道德、生命观念、人道主义以及法律、职业准则等内容。因此,临床医学不仅具有科学性和艺术性,还具有突出的道德性和伦理、法律要求。医生既应是掌握健康与疾病的自然规律和科技之道的自然科学家,又要对相关的人文知识与社会规律积极学习、领悟和掌握。多读些书,特别是关于文学、历史、宗教、哲学、艺术、法律的人文书籍,会有助于使自己心灵丰满,灵魂高尚,行为高贵。只有当医务人员具备崇高的人文素养时,才能处理好当前较为复杂的医患关系,并在这种关系中居于主动。

一、以深切的同情与悲悯之心照护患者

医务工作的本质是照护、关怀和关爱(care),从来就不是简单的"服务"(service),尤其不是商业涵义上的服务。医疗的过程是医务人员深怀对身受病痛折磨的患者的同情与悲悯之心,代表人类以当今现实可及的方式对之施予照护关爱的过程,是一种内涵与境界远高于"服务"之上的人类行为。医疗照护包括"硬"和"软"两个方面,所谓"硬"的方面,是我们过去一直重视的技术性工作,可以说,其成效显著;而"软"的方面,是指对人的感受产生影响和情感效应的人文关怀,在这一点上,我们做得还远远不够。医务工作一定要"软硬兼施"。医务人员不但要了解疾病,还需要了解患者,了解患者与家庭、社会的关系,体察其情感;不仅要治病,更重要的,是要治人和助人。

二、善于沟通,明察病情,理解患者,给予人文关怀

医生治病有三大法宝:语言、药物和刀械,有人称此三者为治病的"三剑客"。药物和刀械的作用人所共知,而从古至今,无论如何不能忽视的是语言的沟通作用及其承载的人文关怀。

语言是医患沟通的桥梁,是建立良好医患关系的基石。患者是否信任医生,是否接受和配合治疗,医患关系是否和谐,不单取决于医生技术是否精湛,诊治是否正确,很重要的是双方在相处中的沟通是否融洽。医生的一言一行无不影响到患者,患者对医生的判断和态度在很大程度上是根据医生的谈吐和气质产生的。医生在与患者交流时,应兼具同情关怀的态度与冷静理性的判断,以艺术的语言了解患者的躯体和心理状况,为患者提供符合事实的可能信息,帮助患者了解疾病,正确对待疾病,树立达观的生命态度。由此,可望取得良好的医疗效果。

医疗实践是一项专业性和人文性都很强的活动。融洽、有效的医患沟通是一种能力和一门艺术,是医患双方利益所在。掌握和运用好这种能力和艺术,是医务人员需要长期学习与实践的课题。

三、医学界同道间要真诚地相互尊重和维护:"医赞医,医学兴",患者得益,社会和谐

医生与医生之间必须相互尊重,这既应是一种行业规范,更应意识到这是代表医患双方的共同利益、促进医学发展和卫生事业兴旺的基本职业执守与道德。目前,中国医学界较普遍存

在一种不正常和极为错误的现象,就是有些医生常面对患者、患者家属或亲友"评论"或指责曾诊治过该患者的医生之"过",以此显示自己的"高明"。其实,病情是复杂多变的,临床工作是难于尽善的,医学是缺乏"绝对真理"的,某医生自认为正确的诊疗方法未必就是正确的,即便恰是正确的,"事后诸葛亮"也于事无补,却造成了患者的心理负担,损伤了本是善意的同道。如此做法不但不能抬高自己,反而是作为医生的素养与境界不高的体现,但此现象若有普遍性,广而久之,却造成对医务界整体的极大损伤,会深刻影响医务界的社会形象和地位。其实,一名高素养的医生在遇到与以前诊治的医生有不同看法时,可能会这样对患者说:"某某医生以前那样做,是有他的考虑和道理的,现在情况有变化,我们能不能试一下这种办法?"如此,既维护了前面的医生,又实行了自己的治疗意见。没有医生会去害患者,只是可能有水平高低与判断标准的不同。医生的内心中必须有强烈的尊重、维护同道的意识,遇到有不同意见时,可以进行交流讨论,但绝不可以在患者面前否定乃至诋毁同道,中国的医务界已经备尝此番恶果。医生们必须从自身做起,医学生在学医阶段就必须树立这一基本的职业与道德意识。医界谨记:"医赞医,医学兴",患者因此得益,社会由是和谐。

四、从医生决定、知情同意到医患共同决策:医疗决策模式的衍变

医疗决策,过去主要采取由医生决定、患者接受的单方面决策模式;之后,在医疗实践中要求让患者知情同意;随着医学模式的衍化,医患共同决策(shared clinical decision making)作为一种新的医疗决策模式应运而生,并逐步获得推行。

医患共同决策即在以往知情同意的基础上,更进一步动员患者在决策中的主动性,体现其位置和作用,充分尊重和发挥患者的主观体验、思维和社会决策力。医患共同决策的过程,是双方有依据、理性地取得理解和共识,共同作为的过程。

之所以要实行共同决策,是因为医生方面虽有专业知识,也只能掌握疾病规律的一部分而非全部,因此,医疗结果具有不确定性,即医生很难精确预计疾病转归,不足以完全把握医疗效果;患者方面有自己的人格情感特征、对病痛的敏感度及耐受度、生命态度、价值取向、经济资源及其应用态度等。在医患的角色和定位中,医生是一个有医疗知识和能力的建议者和施予者,其思考较偏于"病";而患者则有自己的心态和各方考虑,是医疗的接受者与承受者,其思考较偏于"人"。在这种情境下,由医患双方充分沟通信息,讨论商议医疗方案,共同决策,共同推动实施,共享医疗成果和共担风险,成为现代医疗中一种较能体现医患共同利益和科学定位的新型医疗决策模式。

实施共同决策,需要医患双方均具有较高的素养。医生必须要有坦荡开放的心态,有良好的乃至崇高的专业水平,优良的人文素养,清晰、艺术的语言表达能力,对患者的病情、心理、相关社会情况等的洞悉与分析能力;患者要有较好的思维能力和表达能力,坦然、理性、达观的心态。

医患共同决策是一种顺应时代发展的新的医疗决策模式,是一种新的医疗文化,也是一种新的社会行为模式。推进医患共同决策是一个渐进的过程,其进程速缓取决于社会环境和医患双方的素质。希望这一新的医疗决策模式有助于成就医生的事业和患者人生的圆满。

(王 辰)

推荐阅读资料

1. Goldman's Cecil Medicine,Goldman L and Schafer AI(eds),24th Ed. New York:Elsevier Saunders,2012

2. Harrison's Principles of Internal Medicine. Longo DL,Fauci AS,Kasper DL,et al(eds). 18th Ed,New York:McGraw-Hill,2012

3. Sung JY,Wang JY,Shen T. Essential Internal Medicine. 北京:人民卫生出版社,2009

4. Mark H Beers. 默克诊疗手册. 第 18 版. 王卫平主译. 北京:人民卫生出版社,2009

5. Kumar P,Clark M. Clinical Medicine. 7th ed. London：Saunders Elsevier,UK,2009

6. 葛钧波,徐永健. 内科学. 第 8 版. 北京：人民卫生出版社,2013

7. http：//www. pubmed. gov

8. http：//www. cochrane. org

9. 王吉耀. 内科学. 第 2 版. 北京：人民卫生出版社,2010

10. 王德炳. 内科学. 北京：北京大学医学出版社,2012

Notes

第二篇　呼吸系统疾病

第一章 总 论

要点：

1. 呼吸系统疾病构成对人类和我国人民健康的重大危害。呼吸疾病所致死亡高居城乡人口死亡专率的 1~4 位。

2. 空气污染、人群吸烟、人口老龄化、新发呼吸道传染病等改变着呼吸系统疾病的流行病学和病谱分布，使临床医师不断面临着新的挑战。

3. 呼吸系统疾病诊断除了病史、症状和体征外，胸片、胸部 CT、肺功能、纤维支气管镜检查等技术也非常重要，可以根据病情需要酌情选用。

4. 慢阻肺、哮喘、肺栓塞、肺癌等常见的慢性呼吸系统疾病是可防可治的。

5. 呼吸病学与危重症医学捆绑式发展是当代呼吸病学的发展模式与趋势。

2011 年原卫生部对全国部分城市和农村主要死因调查显示，呼吸系统疾病（respiratory disease）（未包括肺癌、肺结核和肺源性心脏病）在农村和城市均位居第四位，粗死亡率分别为 84.97/10 万和 65.47/10 万。危害人类数千年的结核病在我国虽然得到了成功的控制，但 2010 年第五次全国结核病流行病学抽样调查结果表明，我国 15 岁及以上人群活动性肺结核的患病率为 459/10 万，仍属世界高流行地区。生态环境恶化和大气污染加重、吸烟等不良生活习惯的滋长、社会人群结构的老龄化等多种因素正在逐渐地改变着呼吸系统疾病的流行病学和病谱分布。慢性阻塞性肺疾病的患病率在全球呈逐年上升趋势，我国肺癌发病的年递增率居各种恶性肿瘤的首位，过去较为少见的弥漫性肺间质疾病也明显增多。严重急性呼吸综合征（severe acute respiratory syndrome，SARS）、人感染高致病性禽流感、新型甲型 H_1N_1 流感、H_7N_9 禽流感等新发呼吸系统传染性疾病的出现；艾滋病和糖皮质激素/免疫抑制剂使用的增加导致肺部机会性感染相应增多；更应引起注意的是虽然各种新的抗菌药物不断问世，但肺部感染的发病率和死亡率仍有增无减。上述种种现状使得临床医生在呼吸系统疾病的诊治中面临着新的挑战。

呼吸系统疾病不仅发病率高，而且许多疾病呈慢性病程，肺功能逐渐损害，最终使患者致残甚至危及生命。由此可见，呼吸系统疾病对人类健康的危害依然严重。呼吸系统疾病的研究应将临床医学和预防医学、康复医学紧密结合，采取综合措施，才能更有效地达到防病治病的目的。

第一节 呼吸系统疾病患者的诊查

疾病的临床诊断是建立在医学知识和临床经验的基础上，并通过对患者进行必要的医学科学的检查，对疾病的表现进行辩证逻辑思维所作出的结论。在对病人进行诊查时，既不能仅凭医生个人的临床经验主观判断，也不该片面依靠某些实验室检验和现代化检测手段，只有将两者完美地结合起来才能去伪存真、由表及里地获得客观正确的结论，减少漏诊和误诊。

一、病史采集

认真询问病史对某些呼吸系统疾病的诊断是非常重要的。对于主诉呼吸困难、双肺表现为弥漫性病变的患者,对其职业史、个人史必须详细询问,是否长期接触无机、有机粉尘,以确定是否为尘肺;表现为咳嗽、咯血、肺部浸润影,末梢血嗜酸细胞增高者,应注意有无生食蝲蛄或河蟹而感染肺吸虫的可能;对于反复发生两肺下叶背段和后基底段肺炎者,应考虑吸入性的可能性大,要问清是否经常醉酒,有没有饮水呛咳和反流性食管炎史。此外,还应注意抗心律失常药物胺碘酮、抗肿瘤药物博来霉素等能引起肺纤维化,血管紧张素转换酶抑制剂类抗高血压药物可致刺激性咳嗽,女性长期使用避孕药可能引起静脉血栓进而导致肺栓塞,长期吸烟会增加肺癌患病的危险性。某些呼吸系统疾病还与家族或遗传因素有一定的关系,如支气管哮喘、肺泡微结石症以及 α_1-抗胰蛋白酶缺乏症等,应注意家族史的问诊。上述情况均应在相关疾病的问诊中予以足够的重视。

二、症状

呼吸系统感染性疾病与一般感染性疾病相同,可有畏寒、发热、衰竭、乏力等全身性症状。肺肿瘤引起的全身表现往往较晚,但更应警惕早期症状,如不明原因的咯血或阻塞性肺炎表现。与局部症状相比,上述全身症状特异性较差。呼吸系统的局部症状主要有咳嗽(cough)、咳痰(expectoration)、咯血(hemoptysis)、胸痛(chest pain)和呼吸困难(dyspnea)等,对它们进行周密地分析观察,常可从中获取诊断和鉴别诊断的线索。

1. 咳嗽　咳嗽是呼吸系统疾病最常见的症状,是机体清除外界侵入呼吸道的异物和气道内分泌物,以消除呼吸道刺激因子,抵御感染的一种保护性功能。急性发生的刺激性干咳常系呼吸道的炎症引起,尤其当伴有发热、声嘶,常提示急性病毒性咽、喉、气管、支气管炎。咳嗽伴吸气性喘鸣,提示上呼吸道梗阻。支气管肺癌的早期表现为干咳,当肿瘤增大阻塞气道时可出现高调金属音性质的咳嗽。晨起时咳嗽多见于上呼吸道慢性炎症、慢性支气管炎及支气管扩张症;夜间咳嗽则多发生在肺结核及心力衰竭患者。肺脓肿和支气管扩张患者因支气管内壁破坏,大量痰液潴留,当体位改变时,由于分泌物流动刺激支气管黏膜可使咳嗽加剧。长期接触有害粉尘且久咳不愈者应注意相应的尘肺。阵发性咳嗽者应注意咳嗽变异性哮喘。

2. 咳痰　咳痰是机体通过支气管黏膜上皮细胞的纤毛运动、支气管平滑肌的收缩及咳嗽时气流的冲动,将呼吸道分泌物从口腔排出的协同动作。观察痰的颜色、气味、量和性状常可提示诊断的依据。无色透明或灰白色黏液痰见于正常人或支气管黏膜轻度炎症时。慢性支气管炎患者咳白色泡沫或黏液痰。化脓性炎症时痰带黄色。肺癌、肺结核、肺梗死等痰内含有血液或血红蛋白时痰为红色或棕红色,急性肺水肿时呈粉红色或血色泡沫痰。肺阿米巴病可见血脓混合的巧克力样痰,典型的肺炎球菌肺炎表现为铁锈色痰,克雷伯菌肺炎的痰呈红棕色胶冻样。烂桃样或果酱样痰是由肺组织坏死分解而成,提示肺吸虫。绿色痰常因含胆汁、变性血红蛋白或绿脓素所致,见于黄疸、吸收缓慢的大叶性肺炎和肺部铜绿假单胞菌感染。痰量增多一般反映支气管和肺的化脓性炎症进展;痰量减少提示病情好转,但在支气管发生阻塞时,虽然表现为痰量减少,实际上病情仍在恶化,中毒症状因而也加重。表现为咳大量脓性痰的疾病主要有支气管扩张症、肺脓肿、支气管胸膜瘘,肺水肿和细支气管肺泡癌等则呈大量浆液性痰。

3. 咯血　咯血是指喉及喉以下呼吸道的血管、毛细血管破裂或渗透性增高导致的出血经咳嗽动作从口腔排出。血量可以从痰中带血到致死性大咯血。本症主要由呼吸系统疾病引起,也可发生于循环及其他系统疾病。在我国,肺结核、支气管扩张症、支气管肺癌占咯血病因的前三位。

首先,要确定是咯血而不是口鼻腔出血或上消化道出血。青壮年咯血伴低热等症状者应首先考虑肺结核。长期反复咳嗽、咳脓痰的患者如出现间断咯血要注意支气管扩张症。对 40 岁以上、长期吸烟者出现干咳和痰中带血(数周时)应警惕支气管肺癌。突发性胸痛、呼吸困难,而后出现咯血者有发生肺栓塞的可能。此外,对有流行病区食生河蟹或蝲蛄史者要注意肺吸虫;对合并肾炎者应考虑肺出血-肾炎综合征;对咯血与月经关系密切的女性患者要想到子宫内膜异位症。

4. **胸痛**　外伤、炎症、肿瘤等因素刺激肋间神经、膈神经、脊神经后根和迷走神经分布在支气管、心脏及主动脉的神经末梢,都可能引起胸痛。胸膜炎、肺部炎症、肿瘤和肺梗死是呼吸系统疾病引起胸痛最常见的病因。自发性气胸由于胸膜粘连处撕裂产生突发性胸痛。肋间神经痛、肋软骨炎、带状疱疹、柯萨奇病毒感染引起的流行性胸痛常表现为胸壁表浅部位的疼痛。非呼吸系统疾病引起的胸痛中,最重要的是心绞痛和心肌梗死,其特点是胸骨后或左前胸部位的呈压迫感的疼痛且放射至左肩。此外,还应注意鉴别夹层动脉瘤、心包炎、胆石症和急性胰腺炎等疾病所表现的不同部位的胸痛。

5. **呼吸困难**　是指患者感到空气不足而用力呼吸,并使呼吸肌及辅助呼吸肌均参与呼吸运动,出现呼吸频率、深度和节律改变的主观感觉和表现,它既是症状又是体征。许多系统的疾病均可能引起呼吸困难。

按症状发生的快慢可将呼吸困难分为急性、慢性和反复发作性。突发胸痛后出现气急应考虑气胸,若再有咯血则要警惕肺栓塞,夜间发作性端坐呼吸困难提示左心功能衰竭或支气管哮喘发作。数日或数周内出现的渐进性呼吸困难且伴有一侧胸闷,要注意大量胸腔积液。慢性进行性呼吸困难多见于慢性阻塞性肺疾病和弥漫性肺纤维化。反复发作性呼吸困难主要见于支气管哮喘。在分析呼吸困难时还应注意是吸气性还是呼气性,前者可见于肿瘤或异物引起的大气道狭窄、喉头水肿、喉-气管炎症等;后者主要见于支气管哮喘和慢性支气管炎、肺气肿等。大量气胸、大量胸腔积液及胸廓限制性疾病则表现为混合性呼吸困难。

三、体格检查

虽然各种先进的科学仪器不断地应用于临床,大大地提高了呼吸系统疾病的诊断水平,但仍不能完全代替体格检查,诸如哮鸣音、湿性啰音、语颤改变、胸膜摩擦音等病理现象都需体格检查才能获得,也是医生每日观察病情变化的主要依据。

呼吸科医生对体检应克服两种不良倾向:其一,重 X 线检查而轻检体;其二,只查胸部而不查身体的其他部位。不同疾病或疾病的不同阶段由于病变的性质和范围的不同,胸部体征可以完全正常或明显异常。早期较小而位深的病变可无明显异常体征。支气管病变以干、湿啰音为主。肺部炎变可有呼吸音性质、音调和强度的改变,大面积炎变可呈实变体征。肺纤维化时可听到特征性的 Velcro 啰音。胸膜炎症的体征可有胸膜摩擦感和摩擦音。当出现气胸、胸腔积液和肺不张时,可触摸到气管移位和听诊患侧的呼吸音消失。呼吸系统疾病亦可有肺外表现,如支气管肺癌、支气管—肺和胸膜慢性化脓性病变及特发性肺纤维化等可引起杵状指(趾)。结节病可出现皮疹、表浅淋巴结肿大。肺上沟癌(pancoast's tumor)因侵及下颈交感神经节,表现患侧眼球内陷、眼睑下垂、瞳孔缩小、眼裂变窄和同侧额面部无汗的 Horner 综合征。肺癌伴有异位内分泌时还可出现相应的体征。

四、实验室和辅助检查

1. **血液检查**　血常规检查仅能了解一般情况,如白细胞总数和(或)中性粒细胞比例增高提示感染,特别是细菌性感染;嗜酸性粒细胞增加提示过敏反应或寄生虫感染的可能。血清学特异性抗体和抗原的检测对诊断病毒、结核菌、真菌、支原体、衣原体、军团菌等病原微生物引起的呼吸系统感染很有帮助;此外,癌胚抗原(CEA)对肺癌,血清血管紧张素转换酶(SACE)对结节病,抗中性粒细胞胞浆抗体(ANCA)对肉芽肿性多血管炎(亦称"wegener 肉芽肿")的诊断有意义。

2. 痰液检查　鳞癌和小细胞未分化肺癌以中心型为多,细胞易脱落排出,癌阳检率为70%～80%;腺癌多呈周边型,阳检率偏低,约40%～50%。痰中查到抗酸杆菌是确诊肺结核最可靠的证据。肺部感染时,在分析痰菌涂片结果的同时,进行痰菌培养并进行药物敏感试验,对判定病因和指导用药很有价值。下呼吸道感染进行痰菌培养时应注意排除口腔内寄殖微生物对痰的污染。充分漱口后咳出深部的痰,涂片在低倍镜视野里上皮细胞<10个,白细胞>25个或白细胞/上皮细胞>2.5为合格的痰标本,定量培养菌量≥10^7cfu/ml可判定为致病菌。经环甲膜穿刺气管吸引或经纤支镜防污染双套管毛刷采样所获痰标本得到的结果可信度更高。除培养外,有针对性地对呼吸道分泌物进行病原微生物的抗原检测也很有价值。

3. 抗原皮肤试验　对支气管哮喘患者进行皮肤过敏原试验有助于了解过敏原的种类;结核菌素试验对判断是否感染过结核和诊断结节病有一定的帮助。

4. 胸液检查　胸液的生化、免疫和细胞学检查对判定胸腔积液的性质乃至病因至关重要。常规胸液检查可明确是渗出液还是漏出液。胸液中细胞明显增加且以中性粒细胞为主,提示急性细菌性炎症;若出现大量嗜酸性粒细胞提示过敏性或寄生虫性疾病;查到恶性肿瘤细胞则应认真追查原发灶;脂类含量过高时提示"乳糜胸",应注意相关疾病对淋巴管的侵袭;淀粉酶升高明显时要警惕胰源性胸腔积液。

5. 影像学检查　在现代呼吸系统疾病诊断中占有重要地位。尤其是X线检查,由于胸部的自然对比较好,可以清晰地显示许多病变。胸部影像学检查步骤应遵循自简单和经济的方法开始,对复杂和费用较高的检查应遵循严格地、有针对性进行的原则。

(1)胸部X线检查:有透视、常规摄影、高千伏摄影、体层摄影、支气管和肺血管造影等。上述检查均各有所长。透视能动态地观察病变,常规和高千伏摄影能满足临床大部分呼吸系统疾病诊断的要求并能清楚、全貌地显示病变。体层摄影是气道肿物和支气管肺癌诊断的有用方法。血管造影技术对肺血管疾病的诊断和肺出血部位的判定及治疗均有重要价值。

(2)胸部CT检查:对于发现肺内微小病变,纵隔、胸膜以及心脏后部等隐蔽区域的病变优于常规X线。高分辨CT(HRCT)对于诊断早期间质性肺疾病很有价值。造影增强CT对淋巴结肿大、肺栓塞、肺内占位性病变均有重要的诊断和鉴别诊断意义。

(3)胸部磁共振成像(MRI):主要用于胸部血管、锁骨上窝区、纵隔、胸膜及胸壁病变的诊断,尤其在鉴别淋巴结和血管、诊断较大的肺栓塞上作用较大,对肺野病变的诊断价值有限。

(4)胸部超声检查:主要用于胸腔积液的诊断和穿刺定位。对胸膜疾病和贴近胸壁的肺部病变,判定其内是液性还是实体较有价值。多普勒超声心动图检查还可用于肺动脉压的估测。

6. 支气管镜　有硬质支气管镜和纤维支气管镜。纤维支气管镜能够弯曲自如、深入到亚段支气管,给患者带来的痛苦少,因此广泛应用于临床。纤支镜除可以直视病变外,还能进行黏膜刷检和活检、经支气管肺活检(TBLB)。经纤支镜进行支气管肺泡灌洗(BAL),对回收的灌洗液进行检查分析,有助于明确疾病的诊断。纤支镜还能发挥治疗作用,如取异物、吸痰和止血,用高频电刀、激光、微波治疗良、恶性肿瘤,还可借助纤支镜在气道内置入支架治疗器质性狭窄。

7. 呼吸功能检查　通过测定呼吸功能的不同项目可以了解从呼吸中枢的呼吸驱动到肺脏功能受损的性质及其程度。慢性阻塞性肺病主要表现为阻塞性通气功能障碍,而胸廓畸形、胸膜疾病和肺纤维化等疾病则呈现限制性通气功能障碍的特征(表2-1-1)。流量-容积曲线能较直观地反映不同类型肺功能损害的特点(图2-1-1)。急性呼吸窘迫综合征(ARDS)、肺纤维化等疾病的肺功能出现弥散功能(DLCO)降低。测定阻断气流后吸气开始0.1秒时的口腔压力,即口腔闭合压($P_{0.1}$)可反映呼吸中枢驱动力的高低。呼吸肌疲劳导致呼吸泵衰竭时,最大吸气压(MIP)和最大呼气压(MEP)均下降。支气管激发试验和改善率的检测,有助于支气管哮喘的诊断。呼吸系统疾病的运动负荷试验对发现"潜在"的疾病及鉴别呼吸困难属肺源性或心源性有意义。动脉血气分析在临床上有重要价值,尤其是在呼吸衰竭的诊断和治疗监测上是不可缺少的。

表 2-1-1   阻塞性和限制性通气功能障碍的主要肺功能特点

项目	阻塞性	限制性
VC	正常或减低	减低
RV	增加	减低
TLC	正常或增加	减低
RV/TLC	明显增加	正常或略增
FEV_1/FVC	减低	正常或增加
MMFR	减低	正常或减低

注:VC:肺活量;RV:残气量;TLC:肺总量;FEV_1:第一秒用力呼吸出气量;FVC:用力肺活量;MMFR:最大呼气中期流速

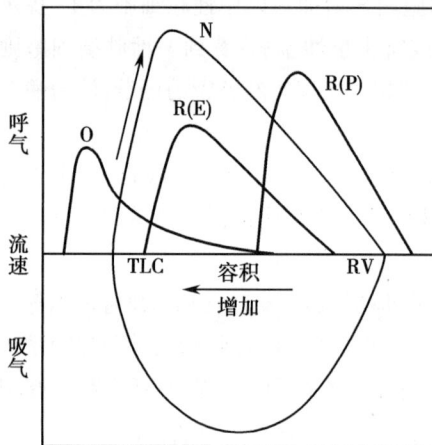

图 2-1-1   流量-容积曲线

注:O:阻塞性肺疾病;R(P):肺限制性疾病;
R(E):肺外限制性疾病;N:正常

8. 支气管肺泡灌洗液(BALF)检查   是对经纤支镜进行支气管肺泡灌洗后回收的灌洗液进行细胞、病原学和免疫学的分析,对间质性肺疾病的病因、肺泡蛋白沉积症、细支气管肺泡癌等疾病的诊断很有价值,其"液态的肺活检"之称说明了它的有用性。

健康非吸烟者 BALF 细胞总数为$(5 \sim 10) \times 10^6$个/ml,其中肺泡巨噬细胞占85%以上,淋巴细胞低于12%。特发性肺纤维化、风湿病性肺损伤主要表现为中性粒细胞增高;过敏性肺炎、结节病则为淋巴细胞增高,在增高的 T 淋巴细胞中,前者主要是 CD_8^+,后者以 CD_4^+ 增高为主。如 BALF 呈牛乳样,富含 PAS 染色阳性的蛋白类物质,是肺泡蛋白沉积症的证据。找到癌细胞或抗酸杆菌、卡氏肺孢子菌即可做出相应的诊断。

9. 放射性核素的临床应用   肺通气显像/肺灌注显像不匹配且主要表现为灌注缺损时提示肺栓塞。核素检查对肺栓塞和肺血管疾病的诊断价值较高,对肺部肿瘤及其骨转移、弥漫性肺部病变的诊断也有较高的参考价值。正电子发射计算机体层扫描(positron emission tomography,PET)技术可以较准确地对<1cm 的肺部阴影和肺癌纵隔淋巴结有无转移进行鉴别诊断。

10. 活组织检查   是确诊疾病的方法。获取活组织标本的方法主要有以下几种:①经纤维支气管镜、胸腔镜或纵隔镜等内镜的方法,适用于病变位于肺深部和纵隔者;②在 X 线、CT 或超声引导下进行经皮肺活检,适用于病变部位靠近胸膜者;③开胸肺活检,适用于经其他方法检查未能确诊又有很强指征者。

上述临床技能是对疾病诊断所需的基本功,应熟练掌握。只有这样,才能在临床工作中根据患者的主要症状选择合适的检查进行鉴别,最终得出正确的诊断。

呼吸系统疾病患者最初的主诉大都是前述的主要呼吸疾病症状。疾病的诊查常都是从对这些主要症状的鉴别入手的。咳痰带血或咯血是呼吸疾病的一个常见症状,患者对此症状也很重视,常因此就诊。本症既可见于轻症患者,也可见于恶性肿瘤,应认真对待。对咯血主诉的患者,可按图 2-1-2 的诊断思路进行。

临床上建立一个疾病的诊断,有时很简单,有时却十分复杂,特别是由于医生的知识水平不同、临床经验丰富程度的差异等多种原因,很难将诊断思路像计算机一样程序化为固定的模式。

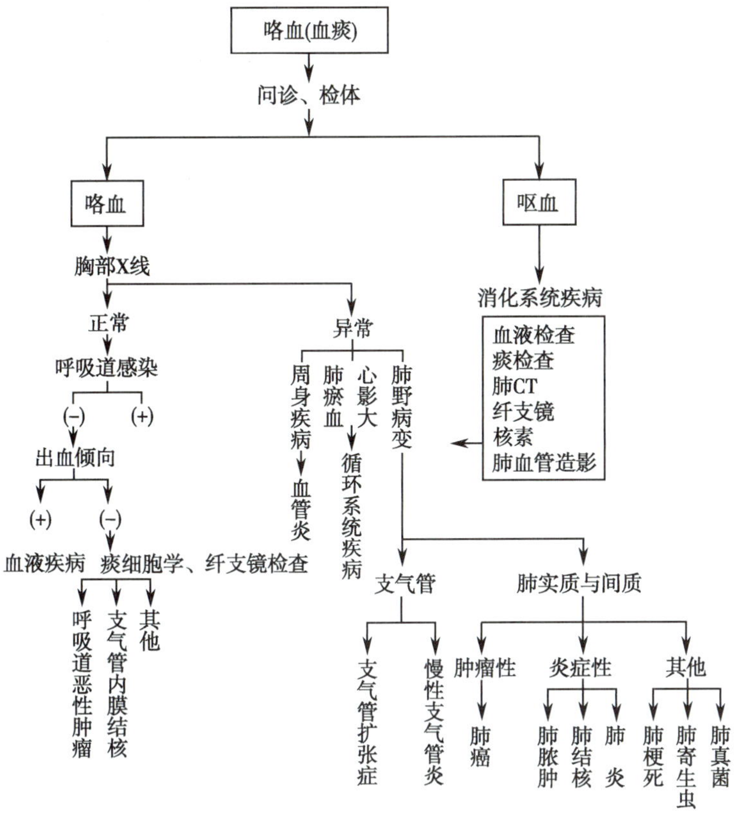

图 2-1-2　咯血的诊断思路

每位医生都是在实践中不断修正、完善自己的思路,以提高自己诊断的正确性。然而,不论是刚刚从医疗工作的年轻医生还是经验丰富的医师,面对病人,诊断思路的原则应该是一致的:第一,虽然现代化检查仪器日新月异,但最基础、最重要的诊断步骤仍然是采集好病人的病史;第二,通过体格检查、实验室检查、特殊检查,必要时采用诊断性治疗等方法获取证据,去证实你的假设疾病诊断。

第二节　呼吸系统疾病的防治

新中国成立以来,我国广大医务工作者针对呼吸系统疾病的特点,将预防和治疗结合起来,取得了显著成绩。如大力开展结核病的防治工作,广泛推行卡介苗接种,使结核病的患病率和病死率大幅度降低;对接尘(包括无机和有机粉尘、化学性气体)工人开展定期检查,改善作业环境,尘肺的患病率也呈下降趋势;对慢性支气管炎、阻塞性肺气肿、支气管哮喘、肺源性心脏病和支气管肺癌,已在流行病学调查、病因及免疫呼吸生理研究等方面取得了一定的成果。然而,在取得成绩的同时也应该清醒地认识到,吸烟造成的危害在我国并未引起真正的重视,医务工作者有责任和义务不吸烟并宣传戒烟;综合治理大气污染,减少给人类带来的疾病,是医务工作者应该积极参加的工作;对我国目前日益增多的私人小煤矿、私家采石场等不达标的接尘工作场所,要呼吁有关部门严加管控,防止尘肺发病率的上扬。

呼吸系统疾病的治疗主要包括内科和外科的治疗方法,近年来介入性治疗方法也发挥了一定的作用。以下仅对内科的主要措施进行概述。

一、呼吸系统感染的抗菌药物治疗

各种感染性疾病仍然是威胁人类健康的主要杀手,呼吸系统感染位居感染性疾病谱的榜

Notes

首。因此,治疗呼吸系统感染一直是医务人员最常面对、有时又很棘手的问题。病人基础状态的不同、病原微生物的变迁、对新型抗菌药物耐药菌的产生等原因,更使问题复杂化。对此,应该把握以下原则:

1. 重视病原学诊断　是否为细菌性感染,属于何种细菌？在使用抗菌药物之前应留取合格的痰标本,进行细菌定量培养和药敏试验。在细菌学检查尚无确定性结果时,应根据临床资料有理有据地推测可能致病菌,并尽早地进行经验性治疗。待细菌学结果回报后,再结合临床疗效,确定是否更换药物,力争"有的放矢,防止滥用"。

2. 结合患者的基础状态　患者的感染是社区获得性还是医院获得性,基础状态情况及免疫能力的好坏等因素均与治疗效果密切相关。因此,在充分重视感染病原学的基础上,结合患者的机体状态选择合适的抗菌药物。对病情重或威胁生命者,在病原确定前即应选择杀菌力强的广谱抗菌药物,以免延误治疗时机。

3. 掌握抗菌药物的特点及适应证　对所选用抗菌药物的抗菌谱、药代动力学、用法及副作用等应熟悉。了解药物的抗菌作用是属于时间依赖性还是浓度依赖性以及在肺组织及痰液中的浓度、血药浓度与 MIC 的比值。根据患者病情轻、中、重和特殊情况,采用口服、肌注、静脉等不同的给药途径。

4. 联合用药和药物相互作用　一般性细菌感染用一种抗菌药物能够控制,不需联合用药。即使是较重症的感染,如能选择抗菌谱合适的药物并足量应用亦应取得很好的疗效。但在一些复合性(如细菌合并真菌)感染、或对某些抗菌药物(如头孢类)禁忌病情又严重者,采取联合用药可起到协同作用,增强疗效。但应注意的是药物间的配伍禁忌和药效的拮抗作用。如红霉素有酶抑制作用,可使口服降糖药、抗凝剂、茶碱类作用增强;环丙沙星能使血中茶碱浓度增高等,应予避免。

5. 注意抗菌药物的毒副作用　任何抗菌药物均有其毒副作用,对此必须像熟悉药物的抗菌谱一样熟知。长期应用广谱抗生素,常会导致二重感染,也应予足够重视。

呼吸系统感染及抗菌药物的应用是一个古老而依然新鲜且富有挑战性的话题。对它的认识需在临床实践中不断丰富和深化。我国对此也制订了建议性的指南(草案)并根据我国感染性疾病原谱及其耐药性变化的循证医学资料定期修订,对临床医生很有帮助。

二、糖皮质激素的应用

该类药物在呼吸系统疾病的药物治疗上占有重要的地位。①支气管哮喘/慢性阻塞性肺疾病:全身给药主要用于治疗急性严重发作,缓解期则采用气道吸入性制剂,以减少副作用;②过敏性肺炎:通过抑制变态反应治疗本病;③结节病:虽然大多数结节病可自行缓解,但仍有近30%患者的病变长期不能消失,有的甚至进行性恶化。对有适应证的患者,糖皮质激素可取得较好的疗效;④风湿病引起的肺损伤即胶原血管病-间质性肺病(CVD-ILD);⑤部分特发性间质性肺炎(隐源性机化性肺炎、非特异性间质性肺炎等)和特发性肺纤维化急性加重;⑥结核性胸膜炎:对胸腔积液量较大、胸水蛋白含量高、结核中毒症状明显者,在抗结核的同时可短期、适量应用糖皮质激素;⑦其他:如肺嗜酸细胞浸润、Wegener 肉芽肿、变态反应性支气管肺曲菌病、部分药物性肺病等,对糖皮质激素治疗均呈较好的疗效。

三、呼吸机的应用

呼吸机经过长期的临床应用,已从原始的负压"胸甲"式发展到目前计算机控制智能化多功能型,性能日趋完善,使用安全性也越来越高,在现代医学中占有十分重要的位置,在呼吸系统危重疾病的抢救中,常能起到"起死回生"的作用。通过呼吸机的治疗可以达到以下目的:①维持适当的通气量,使肺泡通气量满足于机体需要;②改善气体交换功能;③减少呼吸肌的作功,防治呼吸肌疲劳;④预防性机械通气,避免重病患者发生呼吸衰竭。此外,持续性气道正压(continuous positive airway pressure, CPAP) 通气可治疗阻塞性睡眠呼吸暂停低通气综合征 (obstructive sleep apnea-hypopnea syndrome, OSAHS)。使用呼吸机还可进行肺内雾化治疗。正确地选用呼吸机类型和通气方式,合理地调节参数,有效地达到呼吸机治疗的预期目的,最大限度地减少并发症的发生等一系列问题都需要医务人员在实践中学习,逐步掌握。

四、氧气疗法

通过增加吸入氧浓度,提高肺泡氧分压,加大肺泡膜两侧分压差,促进氧的弥散,从而提高动脉血氧分压和血氧饱和度,达到改善、纠正组织缺氧的目的。在选择氧疗方法时,要根据病人不同的病理生理状态来选择不同的方式。如对慢性阻塞性肺疾病病人应选用低浓度持续性吸入;而对肺纤维化、ARDS 的患者则适于中或高浓度吸氧,但持续高浓度吸氧要警惕氧中毒。对因一氧化碳中毒,血红蛋白失去携氧能力的患者则需进行高压氧疗。长期氧疗能改善慢性阻塞性肺疾病患者的预后。要充分认识到氧疗在其治疗作用的同时,使用不当会发生氧中毒。

五、呼吸道的湿化及雾化疗法

湿化治疗是通过装置产生水蒸气,提高吸入气中的水蒸气含量,使气道湿化、稀释分泌物,使其易于排出,从而达到治疗目的。雾化治疗则是将药物或水分散成雾粒或微粒悬浮于气体中,雾化量较大的雾化器也可用于湿化治疗。通过雾化吸入药物到气道和肺泡,可提高呼吸器官的局部药物浓度,发挥更好的疗效,同时减少全身其他系统的副作用。最常用的雾化吸入药物有平喘药、糖皮质激素类和黏液溶解剂等祛痰药。

六、其他治疗

近年来,经纤支镜对呼吸系统疾病的治疗及血管内介入性治疗均有一定的进展。如大容量全肺灌洗治疗肺泡蛋白沉积症、内窥镜激光治疗呼吸道肿瘤、管腔内近距离放射治疗气管及支气管肿瘤、经纤支镜局部注射化疗药物治疗中心型肺癌、经纤支镜放置支架治疗气道狭窄、支气管动脉栓塞术治疗大咯血、内科胸腔镜等技术已经成熟或日臻成熟。除上述介入性治疗手段外,体外膜氧合 (extra-corporeal membrane oxygenation, ECMO) 救治重度呼吸衰竭等技术在呼吸疾病的治疗上发挥越来越重要的作用。

第三节　进展和展望

一、慢性阻塞性肺疾病防治的近况及未来

2007 年发表的我国慢性阻塞性肺疾病流行病学资料显示,≥40 岁的人群的患病率为8.2%,说明该病是严重危害人民健康的主要疾病,其防治工作任重而道远。近年来,慢性阻塞性肺疾病临床研究关注的重点集中在关于病人病情严重程度的综合评估、临床表型的认识、疾病对全身系统的影响、与支气管哮喘的关系以及支气管舒张剂联合治疗等问题上。

过去对慢性阻塞性肺疾病的分级主要依据肺功能检测的气流受限程度,目前更提倡根据肺功能分级、急性加重风险评估、呼吸困难症状评估等多因素对疾病的严重程度进行分级,这种方法更能准确地反映患者的实际病情,有利于临床管理。虽然都诊断为慢性阻塞性肺疾病,但在个体上却存在着不同的特点,因此提出了疾病的不同表型问题。未来对表型进行更深入的研究将会为本病的个体化治疗提供更扎实的依据。慢性阻塞性肺疾病的合并症及其与支气管哮喘的关系是偶然还是必然等问题也是近年受到关注的热点话题,相信越来越多的基础研究和循证医学成果将不断完善正确的认识,从而提高诊治水平。

二、呼吸重症监护医学的进展

呼吸衰竭的救治和呼吸支持技术是呼吸病学的最重要组成部分,也是危重症医学 (critical

Notes

care medicine)最常面临的临床问题和治疗技术。因此在呼吸病学与危重症医学捆绑式发展的今天,呼吸科医生应发挥主导性作用。近年来,机械通气的新概念、新策略、新模式、新技术不断应用于临床,或日臻成熟或面临新的挑战,如无创性通气、压力限制通气、闭合环通气、"允许性高碳酸血症策略"、"肺开放"策略等等。此外,在机械通气辅助手段上,近年也进行了多种尝试,如体外CO_2去除技术、俯卧位通气、血管内氧合技术、氦氧混合技术、吸入肺表面活性物质或一氧化氮等都有助于改善通气和氧合。这些技术有的已应用于临床,或处于实验或临床小范围应用阶段,但已显示出较好的应用前景。

三、呼吸系统感染面临的新挑战

呼吸系统感染性疾病在世界范围内其发病率和严重程度均有增无减。在我国农村,呼吸疾病仍是第一杀手,而呼吸系统感染首当其冲。造成这种严重局面的原因是多方面的,新病原体(如 SARS 冠状病毒)的出现、病原体变异(人感染禽流感病毒)、新型甲型 H_1N_1 流感等因素不容忽视,但核心问题还是病原菌的耐药性。随着抗菌药物应用种类和数量的增多,细菌以多种机制产生耐药的能力也越来越强。尤其是近年备受关注的多重耐药菌(multi drug resistant,MDR),如屎肠球菌、金黄色葡萄球菌、肺炎克雷伯菌、鲍曼不动杆菌、铜绿假单胞杆菌、肠杆菌,加之并不罕见的泛耐药菌(extensively drug resistant,XDR)、耐药菌(pan drug resistant,PDR)等,常常使呼吸系统感染性疾病,特别是医院获得性肺炎的治疗陷入困境。针对细菌的耐药问题,一方面期望不断有高效、新型抗菌药物问世,另一方面很多国家(包括我国)制订了肺部感染诊治的指南,旨在扼制滥用抗菌药物。这些指南还将根据情况变化进行修订,如广大医务工作者能遵循指南的原则,相信若干年后难治性肺部感染的严峻局面会大大改观。

四、分子生物学对呼吸病学的影响

呼吸系统疾病有单基因病和多基因病。属于前者的如囊性纤维化跨膜调节基因变异所致的囊性肺纤维化、α_1-抗胰蛋白酶基因变异所致的肺气肿、肺表面活性物质 SP-B 基因突变所致的婴儿呼吸窘迫综合征等。近年的研究还证实,粒-巨噬细胞集落刺激因子(GM-CSF)基因缺陷与肺泡蛋白沉积症的发生密切相关。肺癌和支气管哮喘则属于多基因疾病。目前,此方面的研究十分活跃,并在前癌基因的活化、抑癌基因的失活与肺癌的发病及生物学行为关系等研究上取得了令人瞩目的进展。在基因治疗方面,囊性纤维化、肺气肿和婴儿呼吸窘迫综合征等导入外源基因治疗的动物实验和临床试验显示了初步的疗效;抑癌基因、反义癌基因、免疫和共刺激基因、自杀基因、多药耐药基因和血管生成抑制基因等单独或联合试验,也取得了一定的成果。虽然目前基因治疗还存在不少的问题,尚未达到临床应用和推广的成熟阶段,但不容怀疑的是,随着基因组计划的不断发展和技术进步,基因治疗会在未来呼吸系统疾病治疗中发挥重要作用。

五、介入呼吸病学的前景广阔

近 20 年来,已将涉及呼吸疾病的侵入性诊断和治疗操作的医学科学定义为介入呼吸病学(interventional pulmonology)。传统的内容主要包括经硬质支气管镜、纤维支气管镜和内科胸腔镜等设备,直接或在腔内超声、荧光的引导下获取组织标本,用激光、高频电凝、冷冻、气囊扩张、支架植入等手段治疗气道内的病变。随着生物工程技术、材料科学、影像技术的发展,现代呼吸疾病的介入治疗技术涉及的领域更广,如支气管镜肺减容术治疗重度肺气肿、支气管镜热成形术治疗支气管哮喘等新的治疗方法的应用,显示了呼吸疾病的介入性治疗手段未来的广阔前景,将会明显提高呼吸系统疾病的诊治水平。

(康　健)

Notes

推荐阅读文献

1. Fishman's Pulmonary Diseases and Disorders. Fishman AP,4th ED,New York:McGraw-Hill,2008
2. Murray and Nadel's Textbook of Respiratory Medicine. Mason R J, Murray J F, Courtney Broaddus V, et al (eds),5th ed. Saunders. 2010
3. 王辰,陈荣昌. 呼吸病学. 第 2 版. 北京:人民卫生出版社. 2014

第二章　急性上呼吸道感染及急性气管-支气管炎

> **要点：**
> 1. 急性上呼吸道感染是鼻腔、咽或喉部急性炎症的总称，70%～80% 由病毒引起。
> 2. 根据病史、流行情况、鼻咽部的卡他和炎症症状以及体征，结合外周血象和胸部 X 线检查结果等，可作出本病的临床诊断。
> 3. 急性上呼吸道感染的治疗以对症和中医治疗为主，细菌性急性气管和支气管炎应及时应用抗感染药物。

第一节　急性上呼吸道感染

急性上呼吸道感染(acute upper respiratory tract infection，AURTI)，简称上感，是鼻腔、咽或喉部急性炎症的总称。常见病原体为病毒，仅少数由细菌引起。本病患者不分年龄、性别、职业和地区，通常病情较轻、可自愈，预后良好。某些病种具有传染性，有时可引起严重的并发症。

【流行病学】　本病全年均可发病，但冬春季节好发。主要通过含有病毒的飞沫传播，也可通过被污染的手和用具传染。多数为散发性，在气候突然变化时可引起局部或大范围的流行。病原体可由人传染人，在发病前 24 小时到发病后 2 天传染性最强。由于病毒表面抗原易于发生变异，产生新的亚型，不同亚型之间无交叉免疫，因此不仅同一个人可在 1 年内多次罹患本病，而且间隔数年后易于引起较大范围的流行。

【病因和发病机制】

1. **病因**　急性上呼吸道感染约有 70%～80% 由病毒引起。其中主要包括流感病毒(甲、乙、丙)、副流感病毒、呼吸道合胞病毒、腺病毒、鼻病毒、埃可病毒、柯萨奇病毒、麻疹病毒和风疹病毒等。细菌感染约占 20%～30%，以溶血性链球菌最为多见，其次为流感嗜血杆菌、肺炎链球菌和葡萄球菌等，偶见革兰阴性杆菌。

2. **诱因**　各种可导致全身或呼吸道局部防御功能降低的原因，如受凉、淋雨、过度紧张或疲劳等均可诱发本病。

3. **发病机制**　当机体或呼吸道局部防御功能降低时，原先存在于上呼吸道或从外界侵入的病毒和细菌迅速繁殖，引起本病。年老体弱者和儿童易患本病。

【病理】　可无明显病理学改变，也可出现上皮细胞破坏和少量单核细胞浸润。鼻腔和咽黏膜充血、水肿，有较多量浆液性及黏液性炎性渗出。继发细菌感染后，有中性粒细胞浸润和脓性分泌物。

【临床表现】

(一) 普通感冒(common cold)

俗称"伤风"，又称急性鼻炎，以鼻咽部卡他症状为主要临床表现。成人多数由鼻病毒引起，也可由副流感病毒、呼吸道合胞病毒、埃可病毒、柯萨奇病毒等引起。

本病起病较急，初期有咽部干、痒或烧灼感，可有打喷嚏、鼻塞、流清水样鼻涕等症状。2～3 天后，鼻涕变稠，常伴咽痛、流泪、听力减退、味觉迟钝、咳嗽、声音嘶哑和呼吸不畅等上呼吸道症状。

通常无全身症状和发热,有时可出现低热、轻度畏寒和头痛。体检时可见鼻黏膜充血、水肿,有分泌物,咽部轻度充血等。普通感冒大多为自限性,一般5~7天痊愈,有并发症者可致病程迁延。

(二)急性病毒性咽炎、喉炎

1. 急性病毒性咽炎　多数由鼻病毒、腺病毒、流感病毒、副流感病毒、肠病毒或呼吸道合胞病毒等引起。临床主要表现为咽部发痒和灼热感,咳嗽少见。流感病毒和腺病毒感染时可有发热和乏力,咽部明显充血、水肿,颌下淋巴结肿痛;腺病毒感染时常常合并眼结膜炎;当有吞咽疼痛时,提示链球菌感染。

2. 急性病毒性喉炎　常由鼻病毒、甲型流感病毒、副流感病毒或腺病毒等引起。临床特征为声音嘶哑、说话困难、咳嗽伴咽喉疼痛及发热等。体检时可见喉部水肿、充血、局部淋巴结轻度肿大伴触痛,有时可闻及喘鸣音。

(三)疱疹性咽峡炎

主要由柯萨奇病毒引起。临床表现为明显咽痛、发热,体检时可见咽部充血,软腭、悬雍垂、咽部和扁桃体表面有灰白色疱疹和浅表溃疡,周围有红晕。病程为1周左右。夏季好发,儿童多见,偶见于成人。

(四)急性咽结膜炎

主要由腺病毒和柯萨奇病毒等引起。临床表现为发热、咽痛、畏光、流泪等;体检时可见咽部和结膜充血明显。病程为4~6天。夏季好发,儿童多见,游泳者中易于传播。

(五)急性咽-扁桃体炎

主要由溶血性链球菌引起,也可由流感嗜血杆菌、肺炎链球菌、葡萄球菌等致病菌引起。临床特点为起病急、咽痛明显、畏寒、发热(体温可达39℃以上)等。体检时可见咽部充血明显,扁桃体肿大、充血,表面有脓性分泌物,颌下淋巴结肿大、压痛,肺部检查无异常发现。

【并发症】　部分患者并发急性鼻窦炎、中耳炎、气管-支气管炎或肺炎。少数患者可并发风湿病、肾小球肾炎和病毒性心肌炎等。

【实验室和辅助检查】

1. 血液常规检查　病毒性感染时白细胞计数正常或偏低,淋巴细胞比例升高;细菌感染时,白细胞总数和中性粒细胞比例增多,可出现核左移现象。

2. 病原学检查　一般情况下可不做。必要时可用免疫荧光法、酶联免疫吸附检测法、血清学诊断法或病毒分离和鉴定方法确定病毒的类型;细菌培养和药物敏感试验有助于细菌感染的诊断和治疗。

【诊断和鉴别诊断】

(一)诊断

1. 临床诊断　根据患者的病史、流行情况、鼻咽部的卡他和炎症症状以及体征,结合外周血象和胸部X线检查结果等,可作出本病的临床诊断。

2. 病因学诊断　借助于病毒分离、细菌培养,或病毒血清学检查、免疫荧光法、酶联免疫吸附检测法和血凝抑制试验等,可确定病因学诊断。

(二)鉴别诊断

本病应与下列疾病相鉴别:

1. 流行性感冒(influenza)　患者可有上呼吸道感染表现,但具有下列特点:①传染性强,常有较大范围的流行;②起病急,全身症状较重,有高热、全身酸痛和眼结膜炎;③鼻咽部炎症症状和体征较轻;④致病原是流感病毒,检测呼吸道标本(咽拭子、鼻咽或器官抽取物)的流感病毒核酸可明确诊断。

2. 过敏性鼻炎(allergic rhinitis)　临床症状与本病相似,易于混淆。鉴别要点包括:①起病急骤,可在数分钟内突然发生,亦可在数分钟至2小时内症状消失;②鼻腔发痒、连续打喷嚏、流出多量清水样鼻涕;③发作与气温突变或与接触周围环境中的变应原有关;④鼻腔黏膜苍白、水肿,鼻分泌物涂片可见多量嗜酸性粒细胞。

3. 急性传染病 麻疹、脊髓灰质炎、脑炎等急性传染病的早期常有上呼吸道症状,易与本病混淆。为了防止误诊和漏诊,对于在上述传染病流行季节和流行地区有上呼吸道感染症状的患者,应密切观察,进行必要的实验室检查。

【治疗】 对于呼吸道病毒感染目前尚无特效抗病毒药物,故本病的治疗以对症治疗为主。

(一)对症治疗

1. 休息 发热、病情较重或年老体弱的患者应卧床休息,多饮水,保持室内空气流通,防止受寒。

2. 解热镇痛 有头痛、发热、周身肌肉酸痛症状者,可酌情应用解热镇痛药如对乙酰氨基酚、阿司匹林、布洛芬等。小儿感冒忌用阿司匹林,以防 Reye 综合征。

3. 抗鼻塞 有鼻塞,鼻黏膜充血、水肿,咽痛等症状者,可应用盐酸伪麻黄碱等选择性收缩上呼吸道黏膜血管的药物滴鼻。

4. 抗过敏 有频繁喷嚏、多量流涕等症状的患者,可酌情选用马来酸氯苯那敏或苯海拉明等抗过敏药物。为了减轻这类药物引起的头晕、嗜睡等不良反应,宜在临睡前服用。

5. 镇咳 对于咳嗽症状较为明显者,可给予右美沙芬、喷托维林等镇咳药。

鉴于本病患者常常同时存在上述多种症状,有人主张应用由上述数种药物组成的复方制剂,以方便服用,还可抵消其中有些药物的不良反应。为了避免抗过敏药物引起的嗜睡作用对白天工作和学习的影响,有一些复方抗感冒药物分为白片和夜片,仅在夜片中加入抗过敏药。

(二)病因治疗

1. 抗病毒治疗 对于无发热、免疫功能正常的患者无需应用,对免疫缺陷患者,应及早使用。可酌情选用抗病毒药利巴韦林(ribavirin)或奥司他韦(oseltamivir)等。

2. 抗细菌治疗 如有细菌感染证据如白细胞及 C 反应蛋白升高、咽部脓苔、咳黄痰等,可酌情选用抗感染药物,如青霉素类、头孢菌素类、大环内酯类,在高水平青霉素耐药肺炎链球菌感染时可使用呼吸氟喹诺酮类(左氧氟沙星、莫西沙星、吉米沙星)等。对于单纯病毒感染者不应用抗菌药物。

(三)中医治疗

根据中医辨证施治的原则,应用中药治疗本病有一定疗效。正柴胡饮、小柴胡冲剂和板蓝根冲剂等在临床应用较为广泛。

【预后和预防】

(一)预后

多数上呼吸道感染的患者预后良好,但极少数年老体弱、有严重并发症的患者预后不良。

(二)预防

增强机体抵抗力是预防本病的主要方法。

1. 避免发病诱因 包括避免与感冒患者的接触;避免受凉、淋雨;避免过度疲劳等。

2. 增强体质 坚持有规律的、适度的运动;坚持耐寒锻炼等。

对于经常、反复发生上呼吸道感染的患者,可酌情应用卡介苗素、细菌溶解物等,有适应证者可注射呼吸道多价菌苗。

【附】 流行性感冒

流行性感冒(influenza)是由流感病毒引起的急性呼吸道传染病。传染性强,主要通过接触及飞沫在人际间传播,在全球已引起数次暴发流行,危害极大。过去300年至少有6次流感大流行,包括20世纪的4次大流行,其中3次均起源于我国。流感起病急,全身症状较重,有高热、头痛、乏力、全身酸痛和眼结膜炎,但呼吸道卡他症状较轻。

人感染高致病性禽流感 A/H5N1(简称"人禽流感")是人类在接触该病毒感染的病/死禽或暴露于 A/H5N1 污染环境后发生的感染。自 2003 年多个国家暴发家禽和野生禽类的 A/H5N1 病毒感染,其中有 15 个国家出现人禽流感病例。如果对禽流感监测不力,则有可能在人-人间形成感染链,暴发流感大流行。

【病原体】　流感病毒属于正黏病毒科,为 RNA 病毒,根据核蛋白及基质蛋白分为甲、乙、丙 3 型。甲型流感病毒极易发生变异,根据其表面的血凝素 H 和神经氨酸酶 N 抗原性的差异又可分成多种亚型,H 有 16 种亚型(H1~16),N 有 9 种亚型(N1~9)。所有 16 个亚型的血凝素和 9 个亚型的神经氨酸酶均可在禽类中检出,但只有 H1、H2、H3、H5、H7、H9、N1、N2、N3、N7,可能还有 N8 引起人类流感流行。人感染高致病性禽流感由甲型流感病毒 A/H5N1 所致。流感病毒容易被紫外线、加热(通常 56℃,30min)灭活,且对离子和非离子清洁剂、氯化剂和有机溶剂敏感。

【发病机制和病理】　流感病毒进入呼吸道后入侵气道上皮细胞进行复制,借助神经氨酸酶、血凝素的作用从细胞释放并侵入其他上皮细胞。病理变化为呼吸道纤毛上皮细胞呈簇状脱落,上皮细胞化生,固有层黏膜充血、水肿伴有单核细胞浸润。并发重症流感病毒性肺炎的病理改变表现为出血、纤毛上皮细胞脱落、纤维蛋白渗出、炎性细胞浸润、透明膜形成、间质性肺水肿等。

【临床表现】　分为单纯型、胃肠型、肺炎型、中毒型。单纯型最常见,急性起病,高热,体温可达 39~40℃,可有畏寒、寒战,伴头痛、头晕、全身酸痛、乏力、食欲减退等中毒症状,鼻咽部症状较轻,多于发病后 3~4 天体温恢复正常。胃肠型者除发热外,腹痛、腹胀、呕吐和腹泻等消化道症状突出,儿童多于成人,2~3 天即可恢复。肺炎型者表现为肺炎,甚至呼吸衰竭。中毒型者极少见,表现为高热、休克、弥散性血管内凝血,病死率极高。

【实验室检查】　外周血白细胞总数不高或减低,淋巴细胞相对增加。疾病初期和恢复期双份血清抗流感病毒抗体滴度有 4 倍或以上增高有助于回顾性诊断。病毒分离培养为实验室检测的"金标准"。病毒核酸检测广泛用于病例的早期诊断。采用 Real-time PCR 检测呼吸道标本(咽拭子、鼻咽或器官抽取物)的流感病毒核酸,其特异度及灵敏度最好。

【诊断】

流感和人禽流感的诊断主要依据流行病学资料,并结合典型临床表现而确定。但在流行初期,对散发或轻症的病例做出诊断比较困难,尤其是人禽流感病人。对散发病例,确诊需实验室病毒分离、病毒特异性抗原、病毒核酸或血清特异性抗体等检测结果支持。

【治疗】

（一）一般治疗

应对疑似和确诊患者进行隔离,保持房间通风,充分休息,多饮水。适当应用解热药及止咳祛痰药物,避免盲目使用抗菌药物。

（二）抗病毒治疗

流感和人禽流感抗病毒治疗措施基本一致。应在发病 48h 内尽早开始抗病毒治疗。神经氨酸酶抑制剂可阻止病毒由被感染细胞释放和入侵邻近细胞,减少病毒在体内的复制,对甲、乙型流感均具活性,是目前治疗流感最好药物。奥司他韦成人剂量每次 75mg,每日 2 次,连用 5 天。扎那米韦(zanimivir)每次 5mg,每日 2 次,连用 5 天,可用于成人患者及 12 岁以上青少年患者。此外,M2 离子通道阻滞剂金刚烷胺(amantadine)和金刚乙胺(rimantadine)对甲型流感病毒有抑制作用。目前我国分离的 A/H5N1 病毒株对金刚烷胺和金刚乙胺敏感,可在发病时给予相应治疗。

第二节　急性气管-支气管炎

急性气管-支气管炎(acute tracheobronchitis)是由感染、物理、化学刺激或过敏因素引起的气管-支气管黏膜的急性炎症。临床主要症状为咳嗽和咳痰。常发生于寒冷季节或气温突然变冷时。

Notes

【病因和发病机制】

1. **微生物**　病毒感染是急性气管-支气管炎的常见病因,包括腺病毒、鼻病毒、流感病毒、呼吸道合胞病毒和副流感病毒等。细菌可从少部分患者分离,常为流感嗜血杆菌、肺炎链球菌、卡他莫拉菌等。近年来,因支原体和衣原体引起的急性气管-支气管炎也趋多见。本病多数发生于受凉、淋雨、过度疲劳等诱因导致机体气管-支气管防御功能受损时,往往在病毒感染的基础上继发细菌感染。

2. **物理、化学刺激**　冷空气、粉尘、刺激性气体或烟雾(如二氧化硫、二氧化氮、氨气、氯气、臭氧等)的吸入,均可引起气管-支气管黏膜的急性损伤和炎症。

3. **过敏反应**　多种过敏原均可引起气管和支气管的变态反应,常见者包括花粉、有机粉尘、真菌孢子等的吸入,钩虫、蛔虫的幼虫在肺内移行及细菌蛋白质引起机体的过敏等。

【病理】　气管、支气管黏膜充血、水肿,有淋巴细胞和中性粒细胞浸润;纤毛细胞损伤、脱落;黏液腺体增生、肥大,分泌物增加。病变一般仅限于气管及近端支气管。炎症消退后,气道黏膜的结构和功能可恢复正常。

【临床表现】

(一) 症状

起病较急,常先有上呼吸道感染症状,继之出现干咳或伴少量黏痰,痰量逐渐增多、咳嗽症状加剧,偶可痰中带血。如果伴有支气管痉挛,可出现程度不同的胸闷、气喘。全身症状一般较轻,可有低到中度发热,多在3～5天后降至正常。咳嗽和咳痰可延续2～3周才消失。伴有气管炎可表现为呼吸及咳嗽时胸骨后剧烈疼痛感。

(二) 体征

体检时两肺呼吸音多粗糙,可闻及散在湿性啰音,啰音部位常常不固定,咳嗽后可减少或消失。支气管痉挛时可闻及哮鸣音。

【实验室和辅助检查】

1. **血液常规检查**　多数病例的白细胞计数和分类无明显改变,细菌感染时白细胞总数和中性粒细胞可增多。

2. **痰液检查**　痰液涂片和培养可发现致病菌。

3. **胸部 X 线**　多数表现为肺纹理增粗,少数病例无异常表现。

【诊断和鉴别诊断】

(一) 诊断

根据上述病史,咳嗽和咳痰等临床症状,两肺闻及散在干、湿性啰音,结合外周血象和胸部 X 线检查结果,可对本病作出临床诊断。痰液涂片和培养等检查有助于病因诊断。

(二) 鉴别诊断

需与本病相鉴别的疾病包括:

1. **流行性感冒**　常有流行病史;起病急骤,全身中毒症状重,可出现高热、全身肌肉酸痛、头痛、乏力等症状,但呼吸道症状较轻;根据病毒分离和血清学检查结果可确定诊断。

2. **急性上呼吸道感染**　鼻咽部症状明显;一般无显著的咳嗽、咳痰;肺部无异常体征;胸部 X 线正常。

3. **其他疾病**　支气管肺炎、肺结核、支气管哮喘(包括咳嗽变异性哮喘)、肺脓肿、麻疹、百日咳等多种疾病,均可能出现类似急性气管-支气管炎的临床症状,应根据这些疾病的临床特点逐一加以鉴别。

【治疗】

(一) 一般治疗

适当休息、注意保暖、多饮水,避免吸入粉尘和刺激性气体。

（二）对症治疗

1. **镇咳**　可酌情应用右美沙芬、喷托维林或苯丙哌林等镇咳剂。但对于有痰的患者不宜给予可待因等强力镇咳药，以免影响痰液排出。兼顾镇咳与祛痰的复方制剂在临床应用较为广泛。若咳嗽持续不缓解，可考虑应用吸入糖皮质激素缓解症状。

2. **祛痰**　除了复方氯化铵、溴己新、N-乙酰-L-半胱氨酸（NAC）和鲜竹沥等常用祛痰药外，近年来，溴己新的衍生物盐酸氨溴索（ambroxol）和从桃金娘科植物中提取的标准桃金娘油（gelomyrtol）也在临床广泛应用。

3. **解痉、抗过敏**　对于发生支气管痉挛的患者，可给予解痉平喘和抗过敏药物，如支气管扩张剂氨茶碱、沙丁胺醇和马来酸氯苯那敏等。

（三）抗菌药物治疗

仅在有细菌感染证据时使用。一般可选用青霉素类、头孢菌素、大环内酯类（红霉素、罗红霉素、阿奇霉素等）或呼吸喹诺酮类抗菌药物。

【预后和预防】

1. **预后**　多数患者的预后良好，但少数治疗延误或不当、反复发作的患者，可因病情迁延发展为慢性支气管炎。

2. **预防**　避免受凉、劳累，防治上呼吸道感染，避免吸入环境中的过敏原，净化环境，防止空气污染，可预防本病的发生；参加适当的体育锻炼，增强体质，提高呼吸道的抵抗力。

（沈华浩）

推荐阅读文献

1. 葛均波, 徐永健. 内科学. 第 8 版. 北京：人民卫生出版社, 2013
2. 卫生部流行性感冒临床诊断和治疗指南编撰专家组. 流行性感冒临床诊断和治疗指南. 2011 年版. 中华结核和呼吸杂志, 2011, 34（10）: 25-733

第三章　慢性阻塞性肺疾病

要点：

　　1. 慢性支气管炎(慢支)和阻塞性肺气肿(肺气肿)是引起慢性阻塞性肺疾病(慢阻肺)的最常见的疾病。

　　2. 慢阻肺最突出的特征是呈进行性发展的不完全可逆的气流受限,在吸入支气管舒张剂后肺功能指标第一秒用力呼气容积占用力肺活量百分比(FEV$_1$/FVC%)<70%。

　　3. 吸烟是导致慢支、肺气肿和慢阻肺的最重要的环境因素,戒烟是现有可延缓慢支、肺气肿和慢阻肺病情进展的最有效的措施。

　　4. 慢阻肺稳定期患者的综合治疗措施包括以戒烟宣教为重点的教育和管理,应用支气管舒张剂、祛痰药和吸入糖皮质激素等药物,长期家庭氧疗,康复治疗以及流感疫苗接种等。可按病情轻重进行分级治疗。

　　5. 慢阻肺急性加重期患者的综合治疗措施包括控制性氧疗,应用抗生素、支气管舒张剂、祛痰药和静脉或口服糖皮质激素等药物,机械通气,维持内环境稳定,加强营养支持,处理并发症等。

　　6. 继发于慢阻肺的肺心病,其失代偿期治疗的重点在于控制慢阻肺急性加重和呼吸衰竭,直接针对右心功能衰竭的药物疗效有限。

　　慢性阻塞性肺疾病(chronic obstructive pulmonary disease)简称慢阻肺(COPD),是一种可防治的常见疾病,其特征为持续存在的气流受限。气流受限呈进行性发展,伴有气道和肺对有害颗粒或气体所致慢性炎症反应增加,急性加重和合并症影响整体疾病的严重程度。慢阻肺主要累及肺脏,但也可引起全身(或称肺外)的不良反应。

　　慢阻肺与慢性支气管炎和肺气肿有密切关系。慢性支气管炎(chronic bronchitis)是指支气管的慢性非特异性炎症,临床上以慢性咳嗽、咳痰或伴有喘息为特征。肺气肿(emphysema)指肺部终末细支气管远端气腔出现异常持久的扩张,并伴有肺泡壁和细支气管正常结构的破坏,而无明显的肺组织纤维化。虽然慢性支气管炎和肺气肿是两种不同的疾病,但两者常可发生于同一患者。在慢性支气管炎或(和)肺气肿的早期,大多数患者虽有慢性咳嗽、咳痰症状,但肺功能检查尚无气流受限,此时不能诊断为慢阻肺,当患者病情严重到一定程度,肺功能检查出现气流受限并且不能完全可逆时,即应诊断为慢阻肺。在临床上,慢性支气管炎和肺气肿是导致慢阻肺的最常见的疾病。

　　支气管哮喘(哮喘)不是慢阻肺。虽然哮喘与慢阻肺都是慢性气道炎症性疾病,但两者的发病机制不同,临床表现以及对治疗的反应性也有明显差异。大多数哮喘患者的气流受限具有显著的可逆性,是其不同于慢阻肺的一个关键特征,但是,部分哮喘患者随着病程延长,可出现较明显的气道重建,导致气流受限的可逆性明显减小,临床上很难与慢阻肺相鉴别。慢阻肺和哮喘可以发生于同一位患者,而且,由于两者都是常见病、多发病,这种概率并不低。此外,一些已知病因或具有特征病理表现的气流受限疾病,如支气管扩张症、肺结核纤维化病变、肺囊性纤维化、弥漫性泛细支气管炎以及闭塞性细支气管炎等均不属于慢阻肺。

　　慢性支气管炎、肺气肿和慢阻肺是呼吸系统疾病中的常见病和多发病,尤以老年人多见,男性患病率一般高于女性。1992 年在我国北部和中部地区对 102 230 例农村人群进行调查,结果慢阻肺患病率占 15 岁以上人群的 3%,2003 年对我国 7 个地区城市和农村 20 245 例成年人群进行调查,慢阻肺患病率占 40 岁以上人群的 8.2%,其患病率之高是十分惊人的。慢阻肺患者因肺功能进行性减退,严重影响其劳动力和生活质量。慢阻肺的死亡率也比较高,世界卫生组织资料显示,慢阻肺的死亡率居人群所有死因的第四位,且有逐年增加之趋势。以美国为例,从 1965～1998 年 30 年间,冠心病、高血压脑卒中的死亡率分别下降了 59% 和 64%,而慢阻肺却增加了 163%。慢阻肺造成巨大的社会和经济负担,根据世界银行和世界卫生组织发表的研究,至 2020 年慢阻肺将占世界疾病经济负担的第五位。在我国,慢阻肺是导致慢性呼吸衰竭和慢性肺源性心脏病最常见的病因,约占全部病例的 80%。

第一节　慢性支气管炎

　　慢性支气管炎(慢支)是指气管、支气管黏膜及其周围组织的慢性非特异性炎症。临床上以咳嗽、咳痰或伴有喘息为主要症状,呈反复发作的慢性过程。随病情进展,常并发阻塞性肺气肿,进而发生肺动脉高压、肺源性心脏病。它是一种严重危害人民健康的常见病。

　　【病因和发病机制】　慢支的病因较复杂,迄今尚未明了。

(一) 吸烟

　　吸烟与慢支的发生密切相关。吸烟开始的年龄越早,吸烟时间越长,每天吸烟量越多,患病率越高。减少吸烟或戒烟后,可使症状减轻或消失,病情缓解。长期吸烟者易引起支气管黏膜鳞状上皮化生;吸烟能使支气管上皮纤毛变短、不规则,使纤毛运动受抑制;支气管杯状细胞增生,黏膜腺体增生、肥大,分泌增多;使支气管净化能力减弱;支气管黏膜充血、水肿、黏液积聚,肺泡中吞噬细胞功能减弱;吸烟还可使支气管痉挛。这些均可促使支气管产生非特异性炎症,并有利于病原微生物的侵袭。

(二) 大气污染

　　大气中的刺激性烟雾、有害气体如二氧化硫、二氧化氮、氯气、臭氧等对支气管黏膜造成损伤,纤毛清除功能下降,分泌增加,为细菌入侵创造条件。

(三) 感染

　　感染是促使慢支发展的重要因素,主要病因多为病毒和细菌。病毒有鼻病毒、流感病毒、副流感病毒、腺病毒和呼吸道合胞病毒等。常见细菌有肺炎链球菌、流感嗜血杆菌、甲型链球菌和奈瑟球菌。感染虽与慢支的发生、发展有密切关系,但尚无足够证据说明感染是慢支的首发病因,一般认为感染是慢支病变加剧发展的重要因素。

(四) 气候寒冷

　　寒冷常为慢支急性发作的重要诱因。慢支患病率北方高于南方,高原高于平原。慢支发病及急性加重常见于冬季。寒冷空气刺激呼吸道,除可减弱呼吸道黏膜防御功能外,还可通过反射引起支气管平滑肌收缩、黏膜血液循环障碍和分泌物排出障碍,有利于继发感染。

(五) 机体内在因素

　　多种机体内在因素可能参与慢支的发病和病变进展,但具体机制尚不够清楚。

　　1. 过敏因素　伴有喘息症状的慢支患者常有过敏史,对多种抗原激发的皮肤试验阳性率高于对照组,在患者痰液中嗜酸性粒细胞数量与组胺含量都有增高。过敏反应可使支气管收缩或痉挛、组织损害并出现炎症反应,继而发生慢支。

　　2. 自主神经功能失调　主要表现为副交感神经功能亢进,气道反应性比正常人高,对正常人不起作用的微弱刺激可引起支气管收缩或痉挛、分泌物增多,产生咳嗽、咳痰、气喘等症状。

3. 年龄因素　老年人由于呼吸道防御功能下降,喉头反射减弱,单核-吞噬细胞系统功能减弱,慢支的发病率增加。

4. 营养因素　维生素 C、维生素 A 的缺乏,使支气管黏膜上皮修复受影响,溶菌活力受影响,易罹患慢支。

5. 遗传因素　也可能是慢支的易患因素,但具体影响及其机制尚待研究。

【病理】　早期表现为上皮细胞的纤毛发生粘连、倒伏、脱失,上皮细胞空泡变性、坏死、增生和鳞状上皮化生;杯状细胞增多和黏液腺肥大、增生、分泌旺盛,大量黏液潴留;黏膜和黏膜下层充血,浆细胞、淋巴细胞浸润及轻度纤维增生。急性发作时可见大量中性粒细胞浸润及黏膜上皮细胞坏死、脱落。病情较重而病程较久者,炎症由支气管壁向其周围组织扩散,黏膜下层平滑肌束断裂和萎缩。病变发展至晚期,黏膜有萎缩性病变,支气管周围组织增生,支气管壁中的软骨可发生不同程度萎缩变性,造成管腔僵硬或塌陷。病变蔓延至细支气管和肺泡壁,形成肺组织结构破坏或纤维组织增生。电镜观察可见 I 型肺泡上皮细胞肿胀变厚,Ⅱ 型肺泡上皮细胞增生;毛细血管基底膜增厚,内皮细胞损伤,血栓形成和管腔纤维化、闭塞;肺泡壁纤维组织弥漫性增生。

【病理生理】　早期一般没有明显病理生理改变,少数患者可以检出小气道(直径小于 2mm 的气道)功能异常。随着病情加重,逐渐出现气道狭窄、阻力增加和气流受限,其特点是可逆性较小。如采用常规肺功能仪能够检出气流受限,且不完全可逆,即可诊断为慢阻肺。

【临床表现】

(一) 症状

多为潜隐缓慢起病,开始时症状较轻,多未受到患者重视;也有少数患者于急性上呼吸道感染后症状迁延不愈而起病。病程漫长、反复急性发作、逐渐加重。主要症状为慢性咳嗽、咳痰,部分患者可有喘息。

1. 咳嗽　长期、反复、逐渐加重的咳嗽是慢支的一个主要特点。开始时仅在冬春气候变化剧烈时或接触有害气体(如吸烟)后发病,夏季或停止接触有害气体(如戒烟)后咳嗽减轻或消失。病情缓慢发展后,可表现为一年四季均咳嗽,而冬春季加重。一般晨间咳嗽较重,白天较轻,临睡前有阵咳或排痰,黏痰咳出后即感胸部舒畅,咳嗽减轻。分泌物积聚、吸入刺激性气体(如厨房烟尘)均可诱发咳嗽。

2. 咳痰　一般为白色黏液或浆液泡沫状痰,合并感染时,痰液转为黏液脓性或黄色脓痰,且咳嗽加重,痰量随之明显增多,偶带血。常以清晨排痰较多,其原因为夜间睡眠后管腔内蓄积痰液,加以副交感神经相对兴奋,支气管分泌物增加,因此起床后或体位变动时可出现刺激性排痰。晚期患者支气管黏膜腺体萎缩,咳痰量可以减少,且黏稠不易咳出,给患者带来很大痛苦。

3. 喘息或气短　部分患者有支气管痉挛,可引起喘息,常伴哮鸣音,可因吸入刺激性气体而诱发。早期常无气短;反复发作,并发慢阻肺时,可伴有轻重程度不等的气短。

(二) 体征

早期轻症慢支可无任何异常体征。在急性发作期可有散在干、湿啰音,特点为多在背部及肺底部,咳嗽后可减少或消失,啰音多少和部位不固定。伴喘息症状者可听到哮鸣音。并发肺气肿者可有肺气肿体征。出现气流受限而发生慢阻肺者听诊呼吸音的呼气期延长,一般气道阻塞越严重,呼气期越长。

(三) 临床分型、分期

目前国内仍根据 1979 年全国支气管炎临床专业会议制定的标准对慢支分型和分期。

1. 分型　可分为单纯型和喘息型。单纯型患者表现咳嗽、咳痰两项症状;喘息型慢支除咳嗽、咳痰外,尚有喘息症状,并经常或多次出现哮鸣音。有人认为喘息型慢支实际上是慢支与哮喘并存于同一患者。

2. **分期**　按病情进展分为 3 期。

（1）急性发作期:指在 1 周内出现脓性或黏液脓性痰,痰量明显增加,或伴有发热、白细胞计数增高等炎症表现,或 1 周内咳嗽、咳痰、喘息中任何一项症状明显加剧。急性发作期患者按其病情严重程度又分为:①轻度急性发作,指患者有气短、痰量增多和脓性痰 3 项表现中的任意 1 项;②中度急性发作:指患者有气短、痰量增多和脓性痰 3 项表现中的任意 2 项;③重度急性发作,指患者有气短、痰量增多和脓性痰全部 3 项表现。

（2）慢性迁延期:指不同程度的咳嗽、咳痰或喘息症状迁延不愈达 1 个月以上者。

（3）临床缓解期:指经治疗后或自然缓解,症状基本消失,或偶有轻微咳嗽和少量咳痰,保持两个月以上者。

【实验室和辅助检查】

（一）X 线检查

早期无异常表现。随病情反复发作,支气管壁增厚,细支气管或肺泡间质炎性细胞浸润或纤维化,可见两肺纹理增粗、紊乱,呈网状或条索状、斑点状阴影,或出现双轨影和袖套征,以双下肺野较明显。

（二）呼吸功能检查

早期无异常。如有小气道阻塞时,最大呼气流速-容量曲线(MEFV 曲线)在末期容量时流量明显降低,闭合气量和闭合容量明显增高。发展成慢阻肺时,就可出现典型的阻塞性通气功能障碍的肺功能表现,如第一秒用力呼气量占用力肺活量的比值减少,最大通气量减少,MEFV 曲线降低更明显。

（三）血液检查

慢支急性发作期或并发肺部感染时,可见血白细胞计数及中性粒细胞增多。喘息型患者可见嗜酸性粒细胞增多。缓解期白细胞多无明显变化。

（四）痰液检查

痰涂片可见革兰阳性菌和革兰阴性菌,痰培养可见病原菌生长,如肺炎链球菌、流感嗜血杆菌、甲型链球菌和奈瑟球菌等。近年来革兰阴性菌感染有明显增多趋势,特别是多见于院内感染的老年患者。痰涂片中可见大量中性粒细胞,喘息型者可见较多嗜酸性粒细胞。

【诊断和鉴别诊断】

（一）诊断

多数患者主要依据临床症状作出诊断。根据咳嗽、咳痰或伴喘息,每年发病持续 3 个月,并连续两年或以上,排除其他心、肺疾患(例如肺结核、尘肺、支气管哮喘、支气管扩张、肺癌、肺脓肿、心功能不全等)之后,即可作出慢支诊断。如每年发病持续时间虽不足 3 个月,但有明确的客观检查依据(如 X 线检查)支持,亦可诊断。

（二）鉴别诊断

慢支的诊断属排他性诊断,作出诊断前必须首先排除其他可以引起慢性咳嗽、咳痰或喘息的心、肺疾患,常见者如:

1. **支气管哮喘**　单纯型慢支与支气管哮喘的鉴别比较容易,支气管哮喘在没有发展到具有不可逆性气道狭窄之前,其临床特点比较鲜明(常于幼年和青年突然起病,一般无慢性咳嗽、咳痰史,喘息呈发作性,发作时两肺布满哮鸣音,缓解后可毫无症状,常有个人或家族过敏性疾病史等),不难与慢支区别。但喘息型慢支与已经具有一定程度不可逆性气道阻塞的支气管哮喘的鉴别有时十分困难,有人认为喘息型慢支就是慢支与哮喘并存于同一患者,因而不需要对两者再进行鉴别,而且此时两者在治疗上有很多相同之处。对咳嗽变异型哮喘须注意与慢支鉴别,前者多为阵发性干咳、无痰、夜间症状较重,X 线胸片无异常改变,支气管激发试验阳性。

2. **支气管扩张症** 与慢支相似,也有慢性反复咳嗽、咳痰,但痰量常较慢支多,痰性质多为脓性,合并感染时可有发热、大量脓痰,常反复咯血。肺部听诊以湿性啰音为主,部位与病灶位置吻合,较固定。病程长的患者可见消瘦、杵状指(趾)。X线检查常见病变部位纹理粗乱,严重者呈卷发状或蜂窝状,受累肺叶常见容积缩小,易合并肺炎。胸部 CT 检查(尤其是高分辨率 CT)多可以明确诊断。

3. **肺结核** 肺结核患者多有发热、乏力、盗汗及消瘦、咯血等症状,X线胸片发现肺部病灶,其形态明显不同于慢支的 X 线胸片表现。痰抗酸杆菌阳性或结核杆菌培养阳性者可确诊,阴性者需结合各种临床资料以及患者对治疗的反应等进行综合判断。

4. **间质性肺疾病(ILD)** ILD 病因很多,详尽询问病史可为寻找病因提供重要线索,例如准确、翔实的粉尘作业史对于尘肺病的诊断非常关键;临床表现多样,早期可只有咳嗽、咳痰,偶感气短;体检时仔细听诊,在肺下后侧可闻爆裂音(Velcro 啰音),可逐渐发生杵状指;典型肺功能改变呈限制性通气功能障碍,动脉血氧分压降低;X线胸片和胸部 CT 见间质性结节影和(或)间质性网格影等,且肺内总的含气量不增加,甚至明显减少。均有助于鉴别。

5. **肺癌** 肺癌起病隐袭,早期没有特异性临床表现,如医生认识不足很容易误诊为慢支。对慢性咳嗽、咳痰者,都应注意排除肺癌。肺癌患者可有多年吸烟史,咳嗽可为刺激性,可有痰中带血。对于以往已经明确诊断为慢支的患者,并不能据此即除外罹患肺癌的可能性,仍应定期行胸部 X 线检查,以免漏诊。对慢支患者慢性咳嗽性质发生改变,或胸部 X 线检查发现有块状阴影或结节状阴影,或肺炎经抗生素治疗未能完全消散,尤其应提高警惕。胸部 CT、支气管镜、痰脱落细胞学等检查有助于明确诊断。

【治疗】 治疗目的在于减轻或消除症状,防止肺功能损伤,促进康复。在急性发作期和慢性迁延期应以控制感染和祛痰、止咳为主;伴发喘息时,应给予解痉平喘治疗。在缓解期以加强锻炼、增强体质、提高机体抵抗力、预防复发为主。

(一)急性发作期的治疗

1. **控制感染** 开始时一般根据临床经验和本地区病原菌的耐药性流行病学监测结果选用抗生素,同时积极进行痰病原菌培养和药敏试验;对病原菌诊断明确者应依据抗菌谱选用抗生素。轻者可口服,较重者可用静脉滴注抗生素,常用有青霉素类、大环内酯类、氟喹诺酮类和头孢菌素类等抗生素。

2. **止咳祛痰** 保持体液平衡可以使痰液变稀薄,有利于黏痰的排除,是最有效的祛痰措施。化痰和祛痰药物种类繁多,但疗效并不确实。对急性发作期患者在抗感染治疗的同时可酌情选用化痰和祛痰药物,常用溴己新、乙酰半胱氨酸、盐酸氨溴索等。对老年体弱无力咳痰或痰量较多者,应以祛痰为主,不宜选用强镇咳剂如可待因等,以免抑制呼吸中枢及加重呼吸道阻塞,导致病情恶化。

3. **解痉平喘** 对于喘息型慢支,常选用支气管舒张剂。具体见本章第三节慢性阻塞性肺病。

4. **雾化治疗** 可选用抗生素、祛痰药、解痉平喘药等进行雾化吸入治疗,以加强局部消炎及稀释痰液作用,对部分患者可能有一定疗效。

(二)缓解期治疗

应注意避免各种致病因素,吸烟者需戒烟。加强锻炼,增强体质,提高机体抵抗力。依据中医辨证施治原则酌情使用扶正固本方药,可能有一定效果。

【预后】 慢性支气管炎如无并发症,消除诱发因素(如吸烟、寒冷、粉尘等),并积极进行治疗、防止复发,则预后良好。如病因持续存在,尤其是不能戒烟者,症状可迁延不愈或反复发作,使病情不断发展,易并发阻塞性肺气肿、慢阻肺,甚至肺心病,最终因发生严重呼吸衰竭而危及生命。

Notes

【预防】　主要措施包括戒烟,加强耐寒锻炼,增强体质,提高抗病能力。在气候骤变时及寒冷季节,应注意保暖,避免受凉,预防感冒。改善环境卫生,做好防尘、防大气污染工作。加强个人劳动保护,避免烟雾、粉尘及刺激性气体对呼吸道的影响。

第二节　阻塞性肺气肿

阻塞性肺气肿(obstructive pulmonary emphysema)简称肺气肿,是由于吸烟、感染、大气污染等有害因素刺激,引起终末细支气管远端(呼吸性细支气管、肺泡管、肺泡囊和肺泡)的组织弹性减退,过度膨胀、充气,肺容量增大,并伴有肺泡壁和细支气管的破坏,而无明显纤维化病变。阻塞性肺气肿常与慢支并存,一般病程较长,发展缓慢;当发生可逆性不大的气道阻塞和气流受限时即诊断为慢阻肺;可并发慢性肺源性心脏病。除阻塞性肺气肿外,临床还可见其他原因引起的肺气肿,本节不予重点叙述。

【病因】　阻塞性肺气肿的病因不清,一般认为是多种因素协同作用形成的。引起慢支的各种环境因素如吸烟、呼吸道感染、大气污染、职业性粉尘和有害气体的长期吸入等,均可参与阻塞性肺气肿的发病,其中吸烟是已知的最重要的环境因素。多种机体内因也可参与其发病。

【发病机制】　阻塞性肺气肿的发病机制至今尚未完全阐明。蛋白酶与抗蛋白酶失平衡学说受到重视。该学说认为人体内存在着蛋白酶(如弹性蛋白酶和基质金属蛋白酶)和蛋白酶抑制因子[主要为 α_1-抗胰蛋白酶(α_1-AT),其他如 α_2-巨球蛋白、抗白细胞蛋白酶、基质金属蛋白酶抑制物等]。蛋白酶能够分解肺组织,如弹性蛋白酶可以分解肺组织弹力纤维,造成肺气肿病变。但在正常情况下,蛋白酶抑制因子可以抑制蛋白酶的活力,避免肺气肿发生。如果蛋白酶增多或蛋白酶抑制因子减少,发生不平衡状态,即可引起肺气肿。感染、吸烟、大气污染、职业性粉尘和有害气体吸入等因素,都可以通过促使中性粒细胞等炎性细胞在肺组织内聚集,释放弹性蛋白酶,增加肺组织的蛋白酶负荷;在造成肺部感染的病原菌中,有些也可以释放外源性蛋白酶;有的致病因素同时还可以有降低蛋白酶抑制因子的作用。肺气肿的发生还与遗传因素有关。α_1-AT 缺乏性肺气肿是由于先天性遗传缺乏 α_1-AT 所致,其中 ZZ 纯合子发病年龄较轻,进展较快,多见于双肺下叶基底部,常并发肺大疱,常为全小叶性肺气肿,患者血中 α_1-AT 的浓度可接近零。国内尚未发现 ZZ 纯合子病例。

慢支病程较长者常并发阻塞性肺气肿,其促进阻塞性肺气肿形成的具体机制包括:①由于支气管的慢性炎症,使管腔狭窄,形成不完全阻塞,吸气时气体容易进入肺泡,呼气时由于胸膜腔内压增加使气管闭塞,残留在肺泡内的气体过多,使肺泡充气过度;②慢性炎症破坏小支气管壁软骨,支气管失去正常的支架结构,吸气时支气管舒张,气体尚能进入肺泡,但呼气时支气管过度缩小、陷闭,阻碍气体排出,肺泡内积聚多量的气体,使肺泡明显膨胀和压力升高;③支气管慢性炎症使白细胞和巨噬细胞释放的蛋白分解酶增加,损害肺组织和肺泡壁,致多个肺泡融合成肺大疱或气肿;④肺泡壁的毛细血管受压,血液供应减少,肺组织营养障碍,也引起肺泡壁弹力减退,参与阻塞性肺气肿发生;⑤肺泡壁破坏和弹性减低又可使细小支气管失去对管壁的外向牵拉力,在呼气时管腔更加容易提前关闭,加重气体闭陷。

【病理】　大体检查见气肿肺体积显著膨大,边缘钝圆,表面可见多个大小不等的大疱,剖胸后肺脏回缩较差。镜下可见终末细支气管以远肺组织(包括呼吸性细支气管、肺泡管、肺泡囊、肺泡等)扩张,肺泡壁变薄,肺泡间隔变窄或断裂,肺泡孔扩大,扩张破裂的肺泡相互融合形成较大的囊腔,肺毛细血管明显减少。细小支气管壁病变与慢支者相同。

阻塞性肺气肿按其累及二级肺小叶的部位可分为 3 类:①小叶中央型(图 2-3-1),是由于终末细支气管炎症导致管腔狭窄,其远端的呼吸性细支气管呈囊状扩张,其特点是囊状扩张的呼吸性细支气管位于二级肺小叶的中央区。②全小叶型(图 2-3-1),是呼吸性细支气管所属终末肺组织,即肺泡管、肺泡囊及肺泡的扩张,其特点是气肿囊腔较小,遍布于二级肺小叶内,均匀影响全部肺泡,在肺下部明显。在 ZZ 纯合子抗胰蛋白酶缺乏症见到的即是典型的全小叶型肺气肿。③混合型,有时小叶中央型与全小叶型肺气肿同时存在于一个肺内,即称混合型肺气肿。

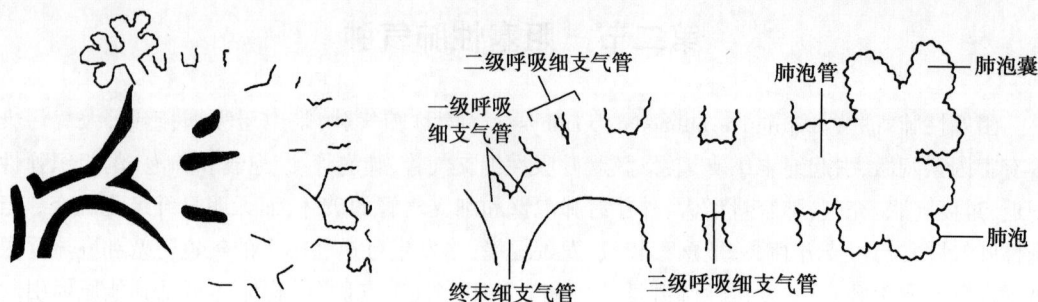

图 2-3-1　小叶中央型(左)全小叶型(右)肺气肿

【病理生理】　阻塞性肺气肿患者肺组织弹性回缩力明显降低,肺泡持续扩大,回缩障碍,功能残气量、残气量和肺总量都增加,残气量占肺总量的百分比增加。肺组织弹性回缩力降低是导致最大呼气流速下降的一个重要原因,与慢支气道病变一起引起气道阻塞和气流受限,形成慢阻肺。

【临床表现】

(一)症状

阻塞性肺气肿早期可无明显症状。典型症状是劳力性气促,多在原有咳嗽、咳痰等慢支症状的基础上出现逐渐加重的呼吸困难,此时患者多已发生慢阻肺。

(二)体征

早期体征不明显。随着病情的发展,视诊可见胸廓前后径增大,剑突下胸骨下角增宽(桶状胸),呼吸运动减弱,部分患者呼吸变浅、频率增快,严重者可有缩唇呼吸等;触觉语颤减弱或消失;叩诊呈过清音,心浊音界缩小或不易叩出,肺下界和肝浊音界下移,肺下界活动度减小;听诊呼吸音普遍减弱,呼气延长,心音遥远。出现上述典型体征者一般已经并发慢阻肺。

【实验室和辅助检查】

(一)X 线检查

后前位 X 线胸片见胸廓扩张,肋间隙增宽,后肋呈水平状。横膈降低,膈面变平。纵隔变窄,心脏常呈垂直位,心影狭长。两肺野的透亮度增加。有时可见局限性透亮度增高,为局限性肺气肿或肺大疱的表现。肺血管纹理外带纤细、稀疏、变直,而内带的血管纹理可增粗和紊乱。胸部 CT 检查(特别是高分辨率 CT)对明确肺气肿病变比普通胸片更具敏感性与特异性,它可以估计肺气肿的严重程度,了解小叶中央型和全小叶型等病变,确定肺大疱的大小和数量,了解肺气肿病变分布的均匀程度。

(二)心电图检查

可见肢体导联普遍低电压。

(三)肺功能检查

肺功能检查对肺气肿具有确诊意义,其特征性改变是功能残气量、残气量和肺总量都增高,残气量与肺总量之比值增大(>40%)。病变发展形成慢阻肺时,最大用力呼气流速等反映气道阻塞和气流受限的指标均下降。

(四)动脉血气分析

早期可无变化。随着病情发展至慢阻肺后,可见动脉血氧分压(PaO_2)降低,进一步发展出现动脉血二氧化碳分压($PaCO_2$)升高,并可出现呼吸性酸中毒,pH 降低。

【并发症】

（一）自发性气胸

自发性气胸是阻塞性肺气肿的常见并发症,其典型临床表现为突然加剧的呼吸困难,可伴有明显的胸痛、发绀,叩诊患侧胸部呈鼓音,听诊呼吸音减弱或消失。阻塞性肺气肿并发局限性气胸时体征不典型,不易与肺气肿本身的体征相鉴别,极容易误诊,应特别注意。通过胸部 X 线检查可明确诊断。

（二）呼吸衰竭

阻塞性肺气肿进展形成慢阻肺后,在肺功能严重损害基础上,可以由于呼吸道感染、痰液引流不畅和其他多种诱因使病情急性加重,导致呼吸衰竭。

（三）慢性肺源性心脏病

参阅本章第四节。

【诊断与鉴别诊断】 阻塞性肺气肿的诊断要根据病史、临床症状、体征、实验室检查等综合分析。要重视体格检查在肺气肿诊断中的价值。肺功能检查和胸部 X 线检查(特别是胸部 CT 检查)对肺气肿诊断有重要意义。阻塞性肺气肿应注意与以下疾病相鉴别:

（一）其他类型的肺气肿

（1）老年性肺气肿:由于肺组织生理性退行性改变所引起,不属病理性。

（2）间质性肺气肿:由于肺泡壁和呼吸细支气管破裂,气体进入肺间质,严格地讲不属肺气肿范畴,可产生皮下气肿。

（3）代偿性肺气肿:由于肺不张、胸廓畸形或肺叶切除术后等原因引起部分肺组织失去呼吸功能,致使健康肺组织代偿性膨胀而发生。

（4）瘢痕性肺气肿(灶性肺气肿):由于肺组织病变纤维化收缩,对其周围组织产生牵拉作用,在病灶旁发生瘢痕性肺气肿。依据病史、体征、X 线影像学资料多可作出鉴别。

（二）心脏疾病

多种心脏疾病(如冠心病、高血压性心脏病)在发生左心功能不良时都可以引起劳力性气促,应注意与阻塞性肺气肿相鉴别。详细询问病史,仔细进行体格检查,结合各种检查资料,多可作出鉴别。由于阻塞性肺气肿和冠心病、高血压性心脏病都多见于老年人,两者可以伴发于同一患者,临床应予以注意。

【治疗】 目前对于已经形成的肺气肿病变尚无治疗方法可以使其逆转,各种治疗的目的在于延缓肺气肿病变的发展,改善呼吸功能,提高患者工作、生活能力。对于阻塞性肺气肿早期无明显症状者治疗重点在于避免致病因素(如戒烟、改善厨房通风),并注意适当锻炼,增强体质。对于有慢支症状者按慢支治疗(见本章第一节)。对于已经出现不完全可逆性气道阻塞而诊断慢阻肺者按慢阻肺治疗(见本章第三节)。

【预后】 与病情的程度及合理治疗有关。个体间生存年限的差异相当大。

【预防】 同慢支,参见本章第一节。

第三节　慢性阻塞性肺疾病

慢性阻塞性肺疾病(慢阻肺)最突出的特征是具有进行性发展的不完全可逆的气流受限,其确切的病因还不十分清楚,但认为与肺部对香烟烟雾等有害气体或有害颗粒的异常炎症反应有关。肺功能检查对确定气流受限有重要意义。在吸入支气管舒张剂后,第一秒用力呼气容积(FEV_1)占用力肺活量(FVC)之比值(FEV_1/FVC)降低(<70%)是临床确定患者存在气流受限且不能完全逆转的主要依据。慢性咳嗽、咳痰症状常先于气流受限许多年,但不是全部有咳嗽、咳痰症状的患者均会发展为慢阻肺;相反,少数慢阻肺患者仅有不完全可逆性气流受限改变,但没

有慢性咳嗽、咳痰症状。慢支和阻塞性肺气肿是导致慢阻肺最常见的疾病。

【病因】　慢阻肺的确切病因尚不清楚,所有与慢支和阻塞性肺气肿发生有关的因素都可能参与慢阻肺的发病。已经发现的危险因素可以分为外因(即环境因素)与内因(即个体易患因素)两类。

(一)外因

1. 吸烟　吸烟是目前公认的慢阻肺已知危险因素中最重要者。国外较多流行病学研究结果表明,与不吸烟人群相比,吸烟人群肺功能异常的发生率明显升高,出现呼吸道症状的人数明显增多,肺功能检查中反映气道是否有阻塞的核心指标第一秒用力呼气容积(FEV$_1$)的年下降幅度明显增快;而且,经过长期观察,目前已经明确吸烟量与FEV$_1$的下降速率之间存在剂量-效应关系,即吸烟量越大,FEV$_1$下降越快。对于已经患有慢阻肺者,吸烟的患者其病死率明显高于不吸烟的患者。在吸烟斗或吸雪茄的人群中慢阻肺的发病率虽然比吸香烟的人群要低一些,但仍然显著高于不吸烟人群。国内研究结果与国外相似。一项十万人群的研究结果表明,慢阻肺患者中,其发病与吸烟有关者占71.6%,虽然略低于国外80%左右的数据,但吸烟仍然是慢阻肺发病最重要的危险因素。被动吸烟也可能导致呼吸道症状以及慢阻肺的发生,孕妇吸烟可能会影响胎儿肺脏的生长。实验室研究结果表明,吸烟可以从多个环节上促进慢阻肺的发病,如能使支气管上皮纤毛变短,排列不规则,使纤毛运动发生障碍,降低气道局部的抵抗力;可以削弱肺泡吞噬细胞的吞噬功能;还可以引起支气管痉挛,增加气道阻力。尽管吸烟是引起慢阻肺的最重要的环境因素,但是,并不是所有吸烟者都会发生慢阻肺,事实上,吸烟人群中只有一部分人最终发生慢阻肺,提示个体易患性在慢阻肺的发病中具有十分重要的作用。

2. 吸入职业粉尘和化学物质　纵向研究资料证明,煤矿工人、开凿硬岩石的工人、隧道施工工人和水泥生产工人的FEV$_1$年下降率因其职业粉尘接触而增大,粉尘接触严重的工人,其对肺功能的影响超过吸烟者。吸入烟尘、刺激性气体、某些颗粒性物质、棉尘和其他有机粉尘等也可以促进慢阻肺的发病。动物试验也已经证明,矿物质粉尘、二氧化硫、煤尘等都可以在动物模型上引起与人类慢阻肺相类似的病变。

3. 空气污染　长期生活在室外空气受到污染的区域可能是导致慢阻肺发病的一个重要因素。对于已经患有慢阻肺的患者,严重的城市空气污染可以使病情加重。室内空气污染在慢阻肺发病中的作用颇受重视;国内已有流行病学研究资料表明,居室环境与慢阻肺易患性之间存在联系。

4. 生物燃料　近年来国内、外研究证明,在厨房通风条件不好的情况下,使用木柴、农作物秸秆以及煤等生物燃料作为生活燃料,可以增加慢阻肺的患病风险。

5. 呼吸道感染　对于已经罹患慢阻肺者,呼吸道感染是导致疾病急性发作的一个重要因素,可以加剧病情进展。但是,目前尚不清楚感染是否可以直接导致慢阻肺发病。

6. 社会经济地位　社会经济地位与慢阻肺的发病之间具有密切关系,社会经济地位较低的人群发生慢阻肺的概率较大,可能与室内和室外空气污染、居室拥挤、营养较差以及其他与社会经济地位较低相关联的因素有关。

(二)内因

尽管吸烟是已知的最重要的慢阻肺发病危险因素,但在吸烟人群中只有一部分人发生慢阻肺,说明吸烟人群中慢阻肺的易患性存在着明显的个体差异。导致这种差异的原因还不清楚,但已明确下列内因(即个体易患性)具有重要意义:

1. 遗传因素　流行病学研究结果提示慢阻肺易患性与基因有关,但慢阻肺肯定不是一种单基因疾病,其易患性涉及多个基因。目前唯一比较肯定的是不同程度的α$_1$-抗胰蛋白酶缺乏(见本章第二节)可以增加慢阻肺的发病风险。其他如谷胱甘肽S转移酶基因、基质金属蛋白酶组织抑制物-2基因、血红素氧合酶-1基因、肿瘤坏死因子-α基因、白介素(IL)-13基因、IL-10基因

Notes

等可能与慢阻肺发病也有一定关系。

2. 气道高反应性　国内和国外的流行病学研究结果均表明,气道反应性增高者其慢阻肺的发病率也明显增高,二者关系密切。

3. 肺脏发育、生长不良　在怀孕期、新生儿期、婴儿期或儿童期由各种原因导致肺脏发育或生长不良的个体在成人后容易罹患慢阻肺。

【发病机制】

（一）炎症机制

气道、肺实质及肺血管的慢性炎症是慢阻肺的特征性改变,中性粒细胞、巨噬细胞、T 淋巴细胞等炎症细胞均参与了慢阻肺发病过程。中性粒细胞的活化和聚集是慢阻肺炎症过程的一个重要环节,通过释放中性粒细胞弹性蛋白酶等多种生物活性物质引起慢性黏液高分泌状态并破坏肺实质。

（二）蛋白酶-抗蛋白酶失衡机制

蛋白水解酶对组织有损伤、破坏作用;抗蛋白酶对弹性蛋白酶等多种蛋白酶具有抑制功能,其中 α_1-抗胰蛋白酶（α_1-AT）是活性最强的一种。蛋白酶增多或抗蛋白酶不足均可导致组织结构破坏,产生肺气肿。吸入有害气体和有害物质可以导致蛋白酶产生增多或活性增强,而抗蛋白酶产生减少或灭活加快;同时氧化应激、吸烟等危险因素也可以降低抗蛋白酶的活性。先天性 α_1-抗胰蛋白酶缺乏多见北欧血统的个体,我国尚未见正式报道。

（三）氧化应激机制

有许多研究表明慢阻肺患者的氧化应激增加。氧化物主要有超氧阴离子、氢氧根、次氯酸、过氧化氢和一氧化氮等。氧化物可直接作用并破坏许多生化大分子如蛋白质、脂质和核酸等,导致细胞功能障碍或细胞死亡,还可以破坏细胞外基质;引起蛋白酶-抗蛋白酶失衡;促进炎症反应,如激活转录因子 NF-κB,参与多种炎症因子的转录,如 IL-8、TNF-α、NO 诱导合成酶和环氧化物诱导酶等。

（四）其他

如自主神经功能失调、营养不良、气温变化等都有可能参与慢阻肺的发生、发展。

上述炎症机制、蛋白酶-抗蛋白酶失衡机制、氧化应激机制以及自主神经功能失调等共同作用,产生两种重要病变:第一,小气道病变,包括小气道炎症,小气道纤维组织形成,小气道管腔黏液栓等,使小气道阻力明显升高。第二,肺气肿病变,使肺泡对小气道的正常牵拉力减小,小气道较易塌陷;同时,肺气肿使肺泡弹性回缩力明显降低。这种小气道病变与肺气肿病变共同作用,造成慢阻肺特征性的持续气流受限（图 2-3-2）。

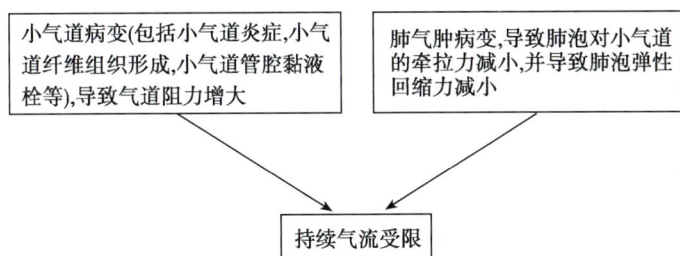

图 2-3-2　慢阻肺持续气流受限的发病机制

【病理】　慢阻肺的病理改变主要表现为慢支及阻塞性肺气肿的病理变化。见本章第一节和第二节。

【病理生理】　气道阻塞和气流受限是慢阻肺最重要的病理生理改变,引起阻塞性通气功能障碍。患者还有肺总量、残气容积和功能残气量增多等肺气肿的病理生理改变。大量肺泡壁的断裂导致肺泡毛细血管破坏,剩余的毛细血管受肺泡膨胀的挤压而退化,致使肺毛细血管大量减少。此时肺区虽有通气,但肺泡壁无血液灌流,导致生理无效腔气量增大;也有部分肺区虽有血液灌流,但肺泡通气不良,不能参与气体交换,导致血液分流。这些改变产生通气与血流比例失调,肺内气体交换效率明显下降。加之肺泡及毛细血管大量丧失,弥散面积减少,进一步使换气功能发生障碍。通气和换气功能障碍可引起缺氧和二氧化碳潴留,发生不同程度的低氧血症和高碳酸血症,最终出现呼吸衰竭,继发慢性肺源性心脏病。

慢阻肺主要累及肺脏,但也可引起全身(或称肺外)的不良效应,主要包括全身炎症和骨骼肌功能不良。全身炎症表现为全身氧化负荷异常增高、循环血液中细胞因子浓度异常增高以及炎性细胞异常活化等;骨骼肌功能不良表现为骨骼肌重量逐渐减轻等。慢阻肺的全身不良效应具有重要的临床意义,它可加剧患者的活动能力受限,使其生活质量下降,预后变差。

【临床表现】

(一)症状

起病缓慢、病程较长。一般均有慢性咳嗽、咳痰等慢支的症状,但也有少数病例虽有明显气流受限,却无咳嗽症状。慢阻肺的标志性症状是气短或呼吸困难,最初仅在劳动、上楼或爬坡时有气促,休息后气促可以缓解。随着病变的发展,在平地活动时也可出现气促。晚期患者进行穿衣、洗漱、进食等日常生活活动时即可发生气促,甚至在静息时也感气促。急性加重期支气管分泌物增多,进一步加重通气功能障碍,使胸闷、气促加剧。严重时可出现呼吸衰竭的症状,如发绀、头痛、嗜睡、神志恍惚等。部分患者特别是重度患者或急性加重期患者可出现喘息。晚期患者常见体重下降、食欲减退、营养不良等。

(二)体征

早期可无异常体征,随疾病进展出现阻塞性肺气肿的体征(见本章第三节)。听诊呼气延长常提示有明显的气道阻塞和气流受限,与肺功能检测结果之间有一定相关性。并发感染时肺部可有湿啰音。合并哮喘者可闻哮鸣音。如剑突下出现心脏搏动,其心音较心尖部明显增强,提示并发早期肺源性心脏病。

【实验室及辅助检查】

(一)肺功能检查

肺功能检查是判断气道阻塞和气流受限的主要客观指标,对慢阻肺诊断、严重程度评价、疾病进展状况、预后及治疗反应判断等都有重要意义。气道阻塞和气流受限是以第一秒用力呼气容积占预计值百分比(FEV_1%预计值)和第一秒用力呼气容积占用力肺活量百分比(FEV_1/FVC)的降低来确定的。FEV_1/FVC 是慢阻肺的一项敏感指标,可检出轻度气流受限。FEV_1%预计值是中、重度气流受限的良好指标,它变异性小,易于操作,应作为慢阻肺肺功能检查的基本项目。吸入支气管舒张剂后 FEV_1/FVC<70%者,可确定为不能完全可逆的气道阻塞和气流受限。

肺总量(TLC)、功能残气量(FRC)和残气容积(RV)增高,肺活量(VC)减低,RV/TLC 增高,均为阻塞性肺气肿的特征性变化。

(二)胸部 X 线检查

慢阻肺早期胸片可无异常变化。以后可出现慢支和肺气肿的影像学改变。虽然 X 线胸片改变对慢阻肺的诊断特异性不高,但作为确定肺部并发症以及与其他肺脏疾病进行鉴别的一项重要检查,应该常规使用。CT 检查不作为慢阻肺的常规检查项目,但对有疑问病例的鉴别诊断有较高价值;高分辨率 CT 对辨别小叶中心型或全小叶型肺气肿以及确定肺大疱的大小和数量,有很高的敏感性和特异性,对预测肺大疱切除或外科减容手术等效果有一定价值。

(三)胸部 CT 检查

CT 检查可见慢阻肺小气道病变的表现、肺气肿的表现以及并发症的表现,但其主要临床意义在于排除其他具有相似症状的呼吸系统疾病。

(四) 血气检查

慢阻肺晚期患者可发生低氧血症、高碳酸血症、酸碱平衡失调以及呼吸衰竭等改变,血气分析对判断具有重要价值。

(五) 其他

慢阻肺合并细菌感染时,血白细胞增高、核左移,血 C-反应蛋白浓度可增高。痰培养可能检出病原菌,常见病原菌为肺炎链球菌、流感嗜血杆菌、卡他莫拉菌、肺炎克雷伯菌等,对于指导抗生素的选用具有一定意义。

【诊断与稳定期病情严重程度评估】　主要根据吸烟等高危因素史、临床症状、体征及肺功能检查等,并排除可以引起类似症状和肺功能改变的其他疾病,综合分析确定。肺功能检查见持续气流受限是慢阻肺诊断的必备条件,吸入支气管扩张剂后 $FEV_1/FVC<0.70$ 为确定存在持续气流受限的界限。

目前多主张对稳定期慢阻肺采用综合指标体系进行病情严重程度评估。

1. 症状评估　可采用改良版英国医学研究委员会呼吸困难问卷(mMRC 问卷)进行评估(表 2-3-1)。

表 2-3-1　mMRC 问卷

mMRC 分级	呼吸困难症状
0 级	剧烈活动时出现呼吸困难
1 级	平地快步行走或爬缓坡时出现呼吸困难
2 级	由于呼吸困难,平地行走时比同龄人慢或需要停下来休息
3 级	平地行走 100 米左右或数分钟后即需要停下来喘气
4 级	因严重呼吸困难而不能离开家,或在穿衣脱衣时即出现呼吸困难

2. 肺功能评估　可使用 GOLD 分级:慢阻肺患者吸入支气管扩张剂后 FEV1/FVC<0.70;再依据其 FEV_1 下降程度进行气流受限的严重程度分级,见表 2-3-2。

表 2-3-2　慢阻肺患者气流受限严重程度的肺功能分级

肺功能分级	患者肺功能 FEV_1 占预计值的百分比($FEV_1\%$ pred)
GOLD 1 级:轻度	$FEV_1\%$ pred$\geqslant$80%
GOLD 2 级:中度	50% $\leqslant FEV_1\%$ pred<80%
GOLD 3 级:重度	30% $\leqslant FEV_1\%$ pred<50%
GOLD 4 级:极重度	$FEV_1\%$ pred<30%

3. 急性加重风险评估　上一年发生 2 次或以上急性加重,或 $FEV_1\%$ pred<50%,均提示今后急性加重的风险增加。

依据上述症状、肺功能改变和急性加重风险等,即可对稳定期慢阻肺患者的病情严重程度做出综合性评估(图 2-3-3),并依据该评估结果选择稳定期的主要治疗药物(表 2-3-3)。

在对慢阻肺患者进行病情严重程度的综合评估时,尚应注意慢阻肺患者的各种全身合并疾病,如心血管疾病、骨质疏松、焦虑和抑郁、肺癌、感染、代谢综合征和糖尿病等,治疗时应予兼顾。

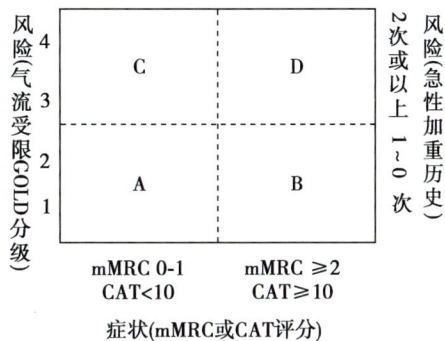

图 2-3-3　慢性阻塞性肺疾病的综合评估

Notes

表2-3-3　稳定期慢阻肺患者病情严重程度的综合性评估及其主要治疗药物

患者综合评估分组	特　征	肺功能分级	上一年急性加重次数	mMRC分级	首选治疗药物
A组	低风险,症状少	GOLD 1～2级	≤1次	0～1级	SAMA 或 SABA,必要时
B组	低风险,症状多	GOLD 1～2级	≤1次	≥2级	LAMA 或 LABA
C组	高风险,症状少	GOLD 3～4级	≥2次	0～1级	ICS 加 LABA,或 LAMA
D组	高风险,症状多	GOLD 3～4级	≥2次	≥2级	ICS 加 LABA,或 LAMA

注:SABA:短效 β_2 激动剂;SAMA:短效抗胆碱能药物;LABA:长效 β_2 激动剂;LAMA:长效抗胆碱能药物;ICS:吸入糖皮质激素

【鉴别诊断】　与慢支和肺气肿需要进行的鉴别诊断相似,见本章第一节和第三节。特别要注意排除其他一些已知病因或具有特征病理表现的气道阻塞和气流受限疾病,如支气管扩张症、肺结核病、间质性肺疾病、弥漫性泛细支气管炎以及闭塞性细支气管炎等。

慢阻肺与哮喘的关系比较复杂,多数患者临床鉴别诊断不难,但确有部分病例很难区分。主要鉴别点包括:①慢阻肺多于中年后起病,哮喘则多在儿童或青少年期起病;②慢阻肺症状缓慢进展,逐渐加重,哮喘则症状起伏大;③慢阻肺多有长期吸烟史和(或)有害气体接触史,哮喘则常伴过敏体质、过敏性鼻炎和(或)湿疹等,部分患者有哮喘家族史;④肺功能气道舒张试验检测时,慢阻肺气道阻塞和气流受限的可逆性比较小,哮喘的可逆性比较大。然而,部分病程长的哮喘患者已发生气道重塑,气流受限的可逆性减小;而少数慢阻肺患者伴有气道高反应性,气流受限可具有相当的可逆性,两者的鉴别诊断比较困难。此时应根据临床及实验室所见全面分析,进行鉴别。也有学者认为对这部分患者不必强调两者的鉴别诊断,因为此时两者的治疗手段是一致的。在少部分患者中这两种疾病可以重叠存在。

【并发症】　与阻塞性肺气肿的并发症相同,见本章第二节。

【治疗】

(一)稳定期治疗

1. 教育与管理　其中最重要的是劝导吸烟的患者戒烟,这是减慢肺功能损害最有效的措施,但也是最难落实的措施。正常成年人的 FEV_1 随年龄增加而逐年下降,吸烟人群中的慢阻肺易患者其下降速率明显增快;戒烟后,FEV_1 的下降速率可以恢复至与正常人相似的水平,从而延缓气短症状出现的时间,减轻呼吸困难。医务人员自己首先应该不吸烟。对吸烟的患者采用多种宣教措施,有条件者可以考虑使用辅助药物。因职业或环境粉尘、刺激性气体所致者,应脱离粉尘环境。

2. 支气管舒张药　慢阻肺的气道阻塞和气流受限在很大程度上是不可逆性的,因此,支气管舒张药的疗效不如哮喘患者明显;然而,大多数慢阻肺患者的气道阻塞和气流受限还不是完全不可逆性的,尽管支气管舒张药的疗效不够显著,但气道阻塞很小程度的减轻有时就可以使患者的气短症状明显缓解,生活质量明显提高。因此,支气管舒张药是慢阻肺稳定期患者最主要的治疗药物。部分患者使用支气管舒张药后,虽然 $FEV_1\%$ 预计值和 FEV_1/FVC 等肺功能指标没有好转,但患者生活质量仍有显著改善。可依据患者病情严重程度参照表2-3-3选用。

(1) β_2 肾上腺素受体激动剂:短效制剂如沙丁胺醇(salbutamol)气雾剂,每次 $100～200\mu g$ (1～2喷),定量吸入,疗效持续4～5小时,每24小时不超过8～12喷。特布他林(terbutaline)气雾剂亦有同样作用。长效 β_2 肾上腺素受体激动剂有沙美特罗(salmeterol)、福莫特罗(formoterol)等,每日仅需吸入2次。

(2) 抗胆碱能药:短效制剂如异丙托溴铵(ipratropium)气雾剂,定量吸入,起效较沙丁胺醇慢,持续6～8小时,每次 $40～80\mu g$,每天3～4次。长效抗胆碱药有噻托溴铵(tiotropium

bromide)，选择性作用于 M1、M3 受体，每次吸入 18μg，每天一次。

（3）茶碱类：茶碱缓释或控释片，0.2g，每 12 小时 1 次；氨茶碱，0.1g，每日 3 次。

3. 糖皮质激素　对高风险患者（C 组和 D 组患者），有研究显示长期吸入糖皮质激素与长效 β₂ 肾上腺素受体激动剂的联合制剂可增加运动耐量、减少急性加重发作频率、提高生活质量。目前常用剂型有沙美特罗加氟替卡松、福莫特罗加布地奈德。

4. 祛痰药　对痰不易咳出者可应用。常用药物有盐酸氨溴索，30mg，每日 3 次；N-乙酰半胱氨酸 0.6g，每日 1 次；或羧甲司坦 0.5g，每日 3 次。

5. 长期家庭氧疗（LTOT）　对慢阻肺并发慢性呼吸衰竭者可提高生活质量和生存率，对血流动力学、运动能力和精神状态均会产生有益的影响。LTOT 的使用指征为：

（1）$PaO_2 \leqslant 55mmHg$ 或 $SaO_2 \leqslant 88\%$，有或没有高碳酸血症。

（2）PaO_2 55~70mmHg，或 $SaO_2 < 89\%$，并有肺动脉高压、右心衰竭或红细胞增多症（血细胞比容>0.55）。一般用鼻导管吸氧，氧流量为 1.0~2.0L/min，吸氧时间>15h/d。目的是使患者在海平面、静息状态下，达到 $PaO_2 \geqslant 60mmHg$ 和（或）SaO_2 升至 90%。

6. 康复治疗　可以使因进行性气流受限、严重呼吸困难而很少活动的患者改善活动能力、提高生活质量，是慢阻肺患者在稳定期重要的治疗手段，具体包括呼吸生理治疗、肌肉训练、营养支持、精神治疗与教育等多方面措施。

7. 免疫调节治疗　应按时接种流感病毒疫苗。多价肺炎球菌疫苗可能有用。有人推荐按照表 2-3-2 方案对稳定期慢阻肺患者进行分级治疗，可供临床参考。

（二）急性加重期治疗

首先应确定导致病情急性加重的原因，最常见者是细菌或病毒感染，使气道炎症加重，气流受限加重，患者自觉症状加重，严重时并发呼吸衰竭和右心衰竭。应根据患者病情严重程度决定门诊或住院治疗。

1. 控制性氧疗　氧疗是慢阻肺加重期住院患者的基础治疗。无严重并发症的慢阻肺加重期患者氧疗后较容易达到满意的氧合水平（$PaO_2 > 60mmHg$ 或 $SaO_2 > 90\%$），但有可能发生潜在的 CO_2 潴留。给氧途径包括鼻导管或文丘里（venturi）面罩。鼻导管给氧时，吸入的氧浓度与给氧流量有关，估算公式为吸入氧浓度（%）＝ 21+4×氧流量（L/min）。一般吸入氧浓度为 28%~30%，吸入氧浓度过高时引起 CO_2 潴留的风险加大。应注意复查动脉血气以确定氧合满意而未引起 CO_2 潴留或酸中毒。

2. 抗生素　由于多数慢阻肺急性加重由细菌感染诱发，故抗生素在慢阻肺急性加重的治疗中具有重要地位。慢阻肺急性加重并有脓性痰是应用抗生素的指征。开始时应根据患者所在地常见病原菌类型经验性地选用抗生素，如给予 β 内酰胺类或 β 内酰胺酶抑制剂、大环内酯类或喹诺酮类。若对最初选择的抗生素反应欠佳，应及时根据痰培养及抗生素敏感试验结果调整药物。长期应用广谱抗生素和激素者易继发真菌感染，宜采取预防措施。

3. 支气管舒张药　药物同稳定期所使用者。有严重喘息症状者可给予较大剂量雾化吸入治疗，如应用沙丁胺醇 2500μg 或异丙托溴铵 500μg，或沙丁胺醇 1000μg 加异丙托溴铵 250~500μg，通过小型雾化吸入器给患者吸入治疗以缓解症状。对喘息症状较重者常给予静滴茶碱，应注意控制给药剂量和速度，以免发生中毒，有条件者可监测茶碱的血药浓度。

4. 糖皮质激素　慢阻肺急性加重期住院患者宜在应用支气管舒张剂基础上口服或静脉使用糖皮质激素。可口服泼尼松龙 30~40mg/d，有效后即逐渐减量，一般疗程为 10~14 天。也可静脉给予甲泼尼龙，一般 40mg/d，3~5 天，有效后可改为口服并逐渐减量。

5. 机械通气　对于并发较严重呼吸衰竭的患者可使用机械通气治疗，具体见本篇第十四章。

6. 其他治疗　合理补充液体和电解质以保持身体水电解质平衡。注意补充营养，根据患者胃肠功能状况调节饮食,保证热量和蛋白质、维生素等营养素的摄入,必要时可以选用肠外营养治疗。积极排痰治疗,最有效的措施是保持机体有足够体液,使痰液变稀薄;其他措施有刺激咳嗽、叩击胸部、体位引流等方法,并可酌情选用祛痰药。积极处理伴随疾病(如冠心病、糖尿病等)及并发症(如自发性气胸、休克、弥散性血管内凝血、上消化道出血、肾功能不全等)。

对于并发肺源性心脏病、右心功能竭的患者,治疗方法可参阅本章第四节。

(三)外科治疗

慢阻肺主要依赖内科方法进行治疗,外科方法只适用于少数有特殊指征的患者,病例选择恰当时可以取得一定疗效,使患者肺功能有所改善,呼吸困难有所减轻,生活质量有所提高。由于手术风险较大而获益有限,且费用较昂贵,故对于决定进行手术治疗应十分慎重。术前必须进行胸部 CT 检查、肺功能测定和动脉血气分析,全面评价呼吸功能。手术方式包括肺大疱切除术和肺减容手术。肺移植术为终末期慢阻肺患者提供了一种新的治疗选择,但存在着技术要求高、供体资源非常有限、手术风险大及费用昂贵等诸多问题。

【预后】　慢阻肺是慢性进行性疾病,目前尚无法使其病变完全逆转;但积极采用综合性治疗措施可以延缓病变进展。晚期常继发慢性肺源性心脏病。

【预防】　同慢支,参见本章第一节。

(徐永健)

推荐阅读文献

1. 中华医学会呼吸病学分会慢性阻塞性肺疾病学组. 慢性阻塞性肺疾病诊治指南. 2013 年修订版. 中华结核和呼吸杂志,2013,36(4)
2. Niewoehner NE:Chronic Obstructive Pulmonary Disease. In Goldman's Cecil Medicine,Goldman L and Schafer AI(eds),24th Ed. New York:Elsevier Saunders,2012

推荐网站

GOLD:http://www.goldcopd.org/

第四章　支气管哮喘

要点：
1. 哮喘的主要特征包括气道慢性炎症、气道高反应性、可逆性气流受限及气道重构。
2. 遗传和环境因素是主要致病因素。
3. 根据发作性喘息、气急、胸闷或咳嗽症状和可逆性气流受限可作出诊断。
4. 哮喘治疗药物包括控制气道炎症药物和缓解症状药物两大类。
5. 达到并维持哮喘控制，降低未来发作的风险是本病的治疗目标。

【概述】　支气管哮喘（bronchial asthma，简称哮喘）是由多种细胞包括气道的炎性细胞（如嗜酸粒细胞、肥大细胞、T淋巴细胞、中性粒细胞）和结构细胞（如平滑肌细胞、气道上皮细胞等）以及细胞组分参与的气道慢性炎症性疾病。主要特征包括气道慢性炎症，气道对多种刺激因素呈现的高反应性，广泛多变的可逆性气流受限，以及随病程延长而导致的一系列气道结构的改变，即气道重构。临床表现为反复发作的喘息、气急、胸闷或咳嗽等症状，常在夜间及凌晨发作或加重，多数患者可自行缓解或经治疗后缓解。哮喘临床症状在不同时间及发作时的严重程度均表现为多变性。根据全球和我国哮喘防治指南提供的资料，经过长期规范化治疗和管理，80%以上的患者可以达到哮喘的临床控制。

哮喘是常见的慢性呼吸道疾病之一，全球约有3亿哮喘患者。各国哮喘患病率从1%～16%不等，我国约为1.24%，且呈逐年上升趋势，世界卫生组织估计到2025年全球哮喘患者将增加1亿人。一般认为儿童患病率高于青壮年，男性儿童患病率为女性儿童2倍，成人男女患病率大致相同，发达国家高于发展中国家，城市高于农村，但随着发展中国家城市化进程的加快，哮喘患病率近年来显著上升。哮喘病死率在(1.6～36.7)/10万，目前全世界大约每年由于哮喘死亡350 000人，多与哮喘长期控制不佳、最后一次发作时治疗不及时有关，其中大部分是可预防的。目前我国已成为全球哮喘病死率最高的国家之一。

【病因和发病机制】

（一）病因

哮喘与多基因遗传有关，同时受遗传因素和环境因素的双重影响。常见的哮喘危险因素及促发因素包括：

1. **内源性因素**　包括哮喘易感基因、过敏体质等。传统的遗传易感基因研究从病例和家系入手，通过连锁分析或关联分析方法发现了多种哮喘相关基因，最具代表性的为决定哮喘特征性气道炎症的细胞因子基因 $5q^{31-33}$。近年来，点阵单核苷酸多态性基因分型技术，也称全基因组关联研究（GWAS）的发展给哮喘的易感基因研究带来了革命性的突破。目前采用GWAS鉴定了多个哮喘易感基因位点，如 $5q^{12,22,23}$，$17q^{12-17}$，$9q^{24}$ 等。过敏体质是哮喘的主要危险因素，哮喘患者通常合并其他过敏性疾病如过敏性鼻炎、湿疹等。

2. **环境因素**　包括室内变应原（尘螨、家养宠物、蟑螂）、室外变应原（花粉、草粉）、职业暴露（油漆、饲料、活性染料）、食物（鱼、虾、蟹、蛋类、牛奶）、被动吸烟、大气污染、呼吸道感染等。

3. 促发因素 运动、冷空气、二氧化硫、药物(β_2受体阻滞剂、阿司匹林)、精神及心理因素等。

(二)发病机制

哮喘的发病机制非常复杂,目前可概括为气道免疫-炎症机制、神经调节机制及其相互作用。T 淋巴细胞(即 T 细胞)介导的免疫调节的失衡与慢性气道炎症的发生是最重要的哮喘发病机制。气道重构与慢性炎症和上皮损伤修复相关,并越来越受到重视。气道慢性炎症与气道重构共同导致气道高反应性的发生。

1. 气道免疫-炎症机制

(1) 气道炎症形成机制:气道慢性炎症反应是由多种炎症细胞、炎症介质和细胞因子共同参与、相互作用的结果。

外源性变应原通过吸入、食入或接触等途径进入机体后被抗原递呈细胞(如树突状细胞、巨噬细胞、嗜酸粒细胞)内吞并激活 T 细胞。一方面,活化的辅助性 Th2 细胞产生白介素(interleukin,IL)如 IL-4、IL-5 和 IL-13 等激活 B 淋巴细胞,使之合成特异性 IgE,后者结合于肥大细胞和嗜碱粒细胞等表面的 IgE 受体。若变应原再次进入体内,可与结合在细胞表面的 IgE 交联,使该细胞合成并释放多种活性介质导致气道平滑肌收缩、黏液分泌增加和炎症细胞浸润,产生哮喘的临床症状,这是一个典型的变态反应过程。另一方面,活化的辅助性 Th2 细胞分泌的 IL 等细胞因子可直接激活肥大细胞、嗜酸粒细胞及肺泡巨噬细胞等,并使之聚集在气道。这些细胞进一步分泌多种炎症因子,如组胺、白三烯、前列腺素、活性神经肽、血小板活化因子、嗜酸粒细胞趋化因子、转化生长因子(transforming growth factor,TGF)等,构成了一个与炎症细胞相互作用的复杂网络,导致气道慢性炎症。Th17 细胞是 Th 家族的新成员,主要产生 IL-17A/F 和 IL-22,目前认为 Th17 型淋巴细胞在部分以中性粒细胞浸润为主的激素耐受型哮喘和重症哮喘中起重要作用。

根据变应原吸入后哮喘发病的时间,可分为早发型哮喘反应、迟发型哮喘反应和双相型哮喘反应。早发型哮喘反应几乎在吸入变应原的同时立即发生,15 ~ 30 分钟达高峰,2 小时后逐渐恢复正常。迟发型哮喘反应约 6 小时左右发生,持续时间长,可达数天,约半数以上患者出现迟发哮喘反应。

(2) 气道高反应性(airway hyperresponsiveness,AHR):是指气道对各种刺激因子如变应原、理化因素、运动、药物等呈现的高度敏感状态,表现为患者接触这些刺激因子时气道出现过强或过早的收缩反应。AHR 是哮喘的基本特征,可通过支气管激发试验来量化和评估,有症状的哮喘患者几乎都存在 AHR,然而,出现 AHR 者并非都是哮喘,如长期吸烟、接触臭氧、病毒性上呼吸道感染、慢性阻塞性肺疾病等也可出现 AHR,但程度相对较轻。因此,支气管激发试验阴性对未接受过 ICS 治疗的患者可排除哮喘诊断,但阳性并非一定诊断为哮喘。AHR 的发生与气道炎症、气道重构和神经调节的异常相关。

(3) 气道重构(airway remodeling):是哮喘的重要病理特征,表现为气道上皮细胞黏液化生、网状基底膜增厚、平滑肌肥大/增生、上皮下胶原沉积和纤维化、血管增生等,多出现在反复发作、长期没有得到良好控制的哮喘患者。气道重构使哮喘患者对吸入激素的敏感性降低,出现不可逆气流受限以及持续存在的 AHR。气道重构的发生主要与持续存在的气道炎症和反复的气道上皮损伤/修复有关。多种炎症介质参与哮喘的气道重构过程,其中最主要的有:TGF-β、血管内皮生长因子(VEGF)、白三烯、基质金属蛋白酶-9(MMP-9)、解聚素和金属蛋白酶-33(AD-AM-33)。

2. 神经调节机制 神经因素是哮喘发病的重要环节之一。支气管受复杂的自主神经支配,除肾上腺素能神经、胆碱能神经外,还有非肾上腺素能非胆碱能(NANC)神经系统。肾上腺素能神经系统包括交感神经、循环儿茶酚胺、α 受体和 β 受体,任何一方面的缺陷或损伤均可导致气道高反应性,并引起哮喘发病。从大气道直到终末细支气管,β受体的密度随气道管径变小而逐渐增高,β受体激动剂是支气管和细支气管的强力扩张剂。β受体功能低下是哮喘发病的一个重要环节。胆碱能神经系统是引起人类支气管痉挛和黏液分泌的主要神经,包括胆碱能神经(迷走神经),神经递质乙酰胆碱(Ach),胆碱受体。当胆碱能神经受刺激其末梢释放Ach,后者与M受体结合引起气道痉挛和黏液分泌增加。从大气道到终末细支气管,随着气道变小,胆碱能神经纤维的分布也越来越稀疏。胆碱能神经对大气道的作用显著大于对小气道的作用,同样抗胆碱药物对大、中气道的扩张作用亦明显大于对小气道的作用。哮喘患者对吸入组胺和乙酰甲胆碱反应性显著增高,其刺激阈值明显低于正常人,提示可能存在一种胆碱能神经张力的增加。NANC能释放舒张支气管平滑肌的神经介质如血管活性肠肽、一氧化氮及收缩支气管平滑肌的介质如P物质、神经激肽,两者平衡失调,则可引起支气管平滑肌收缩。此外,从感觉神经末梢释放的P物质、降钙素基因相关肽、神经激肽A等导致血管扩张、血管通透性增加和炎症渗出,此即为神经源性炎症。神经源性炎症能通过局部轴突反射释放感觉神经肽而引起哮喘发作。

有关哮喘发病机制总结于图2-4-1。

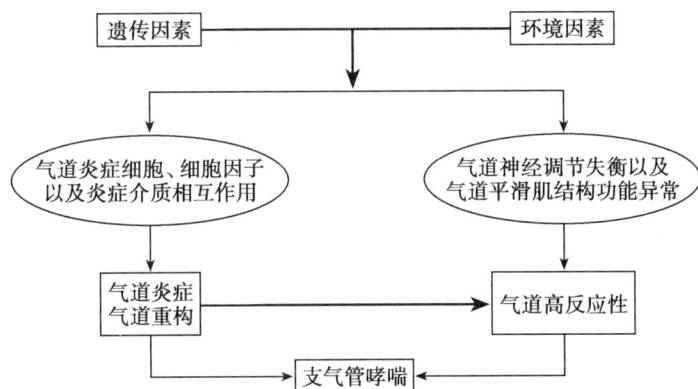

图2-4-1　哮喘发病机制示意图

【病理】　气道慢性炎症作为哮喘的基本特征,存在于所有的哮喘患者,表现为纤毛上皮细胞脱落、杯状细胞增殖及气道分泌物增加、气道上皮下肥大细胞、嗜酸粒细胞、巨噬细胞、淋巴细胞及中性粒细胞等的浸润,以及气道黏膜下组织水肿、微血管通透性增加、支气管平滑肌痉挛等病理改变。若哮喘长期反复发作,可见上皮下基底膜增厚、支气管平滑肌肥大/增生、气道上皮细胞黏液化生、上皮下胶原沉积和纤维化、血管增生等气道重构的表现。

疾病早期,肉眼观解剖学上很少见器质性改变。随着疾病发展,病理学变化逐渐明显。肉眼可见肺膨胀及肺气肿,支气管及细支气管内含有主要由糖蛋白组成的黏稠痰液及黏液栓,尤其在致命性的重症哮喘患者可见大量黏液栓导致气道广泛阻塞。

【临床表现】

(一)典型哮喘的表现

典型哮喘表现为反复发作性的喘息,可伴有气促、胸闷或咳嗽。多与接触变应原、冷空气、理化刺激、病毒性上呼吸道感染、运动等有关。哮喘症状在不同时间及发作时的严重程度均表现为多变性。夜间及凌晨发作和加重常是哮喘的特征之一。症状可在数分钟内发作,经数小时至数天,用支气管舒张药后缓解或自行缓解,也有少部分不缓解而呈持续状态。

不典型者可表现为咳嗽或胸闷。所谓咳嗽变异性哮喘(cough variant asthma,CVA)指以咳嗽为唯一的表现,常于夜间及凌晨发作,运动、冷空气等诱发加重,气道反应性增高,使用支气管舒张剂或吸入糖皮质激素治疗有效。

(二) 特殊类型哮喘的临床表现

1. **运动性哮喘** 有些青少年患者,其哮喘症状表现为运动时、尤其同时伴有遭遇冷空气时出现胸闷、咳嗽和呼吸困难,其症状通常在运动结束之后而不是运动过程中出现。

2. **阿司匹林哮喘** 常具备哮喘、鼻息肉及阿司匹林不耐受三联征,也称阿司匹林综合征,其发病率占所有哮喘患者的 2%~3%,占重症哮喘患者的 20%,其治疗较难,常出现激素治疗抵抗,发病机制与过多的白三烯生成及肥大细胞过度活化有关。

3. **哮喘-慢性阻塞性肺疾病(COPD)重叠综合征(asthma-COPD overlap syndrome, ACOS)** 指存在持续性的气流受限并同时具备哮喘和慢阻肺的多项临床特征,起病年龄常>40岁,但在儿童或青少年时期即存在相关症状。重叠综合征常有哮喘家族史或既往曾诊断为哮喘;存在持续性的活动后呼吸困难,但症状多变性更明显;肺功能检查显示气流受限不完全可逆,但存在广泛多变性。

(三) 体征

典型哮喘的体征是呼气相哮鸣音,呼气音延长。但非常严重的哮喘发作,由于气道极度收缩加上黏液栓阻塞,气流反而减弱,这时哮鸣音减弱,甚至完全消失,表现为"沉默肺",这是病情危重的表现。非发作期体检可无异常发现,故如未闻及哮鸣音,不能排除哮喘。哮喘发作时还出现肺过度充气体征,如桶状胸,叩诊过清音,呼吸音减弱等。

【实验室和辅助检查】

(一) 血液常规检查

过敏性哮喘患者可有血嗜酸粒细胞增高。

(二) 痰液检查

可见较多嗜酸粒细胞。通过诱导痰液中细胞因子和炎性介质含量的测定,有助于哮喘的诊断和病情严重度的判断。

(三) 肺功能检查

肺功能检查在哮喘诊断、病情严重程度分级及治疗效果评估方面具有关键作用,主要包括:

1. **通气功能检测** 哮喘发作时呈阻塞性通气功能障碍表现,用力肺活量(FVC)正常或下降,1 秒钟用力呼气容积(FEV_1)、FEV_1 占预计值百分率(FEV_1%)、1 秒率(FEV_1/FVC%)、最大呼气中期流速(MMFR)以及最高呼气流量(PEF)均下降。以 FEV_1/FVC% <70% 或 FEV_1% <80% 为判断气流受限的最重要指标。缓解期上述通气功能指标可逐渐恢复。病变迁延、反复发作者,其通气功能可逐渐下降。

2. **支气管激发试验(bronchial provocation test,BPT)** 用以测定气道反应性。常用吸入激发剂为乙酰甲胆碱和组胺,其他激发剂包括变应原、单磷酸腺苷、甘露糖醇、高渗盐水等,也有用物理激发因素如运动、冷空气等作为激发剂。观察指标包括 FEV_1、PEF 等。结果判断与采用的激发剂有关,通常以使 FEV_1 下降 20% 所需吸入乙酰甲胆碱或组胺累积剂量($PD20-FEV_1$)或浓度($PC20-FEV_1$)来表示,如 FEV_1 下降≥20%,判断结果为阳性,提示存在气道高反应性。BPT 适用于非哮喘发作期、FEV_1 在正常预计值 70% 以上患者的检查。

3. **支气管舒张试验(bronchial dilation test,BDT)** 用以测定气道可逆性。支气管舒张药可使哮喘发作时的气道痉挛得到改善,肺功能指标好转。常用的吸入型支气管舒张剂有沙丁胺醇、特布他林。舒张试验阳性诊断标准:①FEV_1 较用药前增加 12% 或以上,且其绝对值增加 200ml 或以上;②PEF 较治疗前增加 60L/min 或增加≥20%。

4. **呼气峰流速(PEF)及其变异率测定** 由于哮喘有通气功能随时间节律变化的特点,常见夜间或凌晨症状发作或加重,通气功能下降。监测 PEF 日间、周间变异率有助于哮喘的诊断和病情评估。若昼夜 PEF 波动率≥20%,提示存在气道可逆性的改变。PEF 可采用微型峰流速仪测定,操作方便,适用于患者自我病情监测与评估。

(四) 特异性过敏原检查

外周血变应原特异性 IgE 增高结合病史有助于病因诊断,血清总 IgE 测定对哮喘诊断价值不大,但其增高的程度可作为重症哮喘使用抗 IgE 抗体治疗及调整剂量的依据。皮肤过敏原测试用于指导避免过敏原接触和脱敏治疗,临床较为常用。需根据病史和当地生活环境选择可疑的过敏原进行检查,可通过皮肤点刺等方法进行,皮试阳性提示患者对该变应原过敏。

(五) 胸部 X 线/CT 检查

哮喘发作早期可见两肺透亮度增加,呈过度充气状态,在缓解期多无明显异常。部分患者胸部 CT 可见支气管壁增厚、黏液阻塞。

(六) 动脉血气分析

轻度哮喘发作时,PaO_2 和 $PaCO_2$ 正常或轻度下降;中度哮喘发作时,PaO_2 下降而 $PaCO_2$ 正常;重度哮喘发作时,PaO_2 明显下降而 $PaCO_2$ 超过正常,出现呼吸性酸中毒和(或)代谢性酸中毒。

【诊断和鉴别诊断】

(一) 诊断标准

1. 反复发作喘息、气急、胸闷或咳嗽,多与接触变应原、冷空气、物理、化学性刺激以及病毒性上呼吸道感染、运动等有关。

2. 发作时在双肺可闻及散在或弥漫性,以呼气相为主的哮鸣音,呼气相延长。

3. 上述症状和体征可经治疗缓解或自行缓解。

4. 除外其他疾病所引起的喘息、气急、胸闷和咳嗽。

5. 临床表现不典型者(如无明显喘息或体征),应至少具备以下一项试验阳性:①支气管激发试验或运动激发试验阳性;②支气管舒张试验阳性;③昼夜 PEF 变异率≥20%。

符合 1~4 条或 4、5 条者,可以诊断为支气管哮喘。

(二) 哮喘的分期

哮喘可分为急性发作期、非急性发作期。

1. **急性发作期**　指喘息、气急、胸闷或咳嗽等症状突然发生或加重,伴有呼气流量降低,常因接触变应原等刺激物或治疗不当所致。哮喘急性发作时其程度轻重不一,病情加重可在数小时或数天内出现,偶尔可在数分钟内即危及生命,故应对病情做出正确评估并及时治疗。急性发作时严重程度可分为轻度、中度、重度和危重 4 级。

轻度:步行或上楼时气短,可有焦虑,呼吸频率轻度增加,闻及散在哮鸣音,肺通气功能和血气检查正常。

中度:稍事活动感气短,讲话常有中断,时有焦虑,呼吸频率增加,可有三凹征,闻及响亮、弥漫的哮鸣音,心率增快,可出现奇脉,使用支气管舒张剂后 PEF 占预计值 60%~80%,SaO_2 91%~95%。

重度:休息时感气短,端坐呼吸,只能发单字表达,常有焦虑和烦躁,大汗淋漓,呼吸频率>30 次/分,常有三凹征,闻及响亮、弥漫的哮鸣音,心率增快常>120 次/分,奇脉,使用支气管舒张剂后 PEF 占预计值<60% 或绝对值<100L/min 或作用时间<2 小时,PaO_2<60mmHg,$PaCO_2$>45mmHg,SaO_2≤90%,pH 可降低。

危重:患者不能讲话,嗜睡或意识模糊,胸腹矛盾运动,哮鸣音减弱甚至消失,脉率变慢或不规则,严重低氧血症和高二氧化碳血症,pH 降低。

2. **非急性发作期**　亦称慢性持续期,指患者虽然没有哮喘急性发作,但在相当长的时间内仍有不同频度和不同程度的喘息、咳嗽、胸闷等症状,可伴有肺通气功能下降。可根据白天、夜间哮喘症状出现的频率和肺功能检查结果,将慢性持续期哮喘病情严重程度分为间歇性、轻度持续、中度持续和重度持续 4 级,但这种分级方法在日常工作中已少采用,主要用于临床研究。

（三）哮喘控制水平的分级

目前最常用的非急性发作期哮喘严重性评估方法为哮喘控制水平，这种评估方法包括了目前临床控制评估和未来风险评估，临床控制又可分为控制、部分控制和未控制3个等级，这种分级方法更容易被临床医师掌握，有助于指导临床治疗，以取得更好的哮喘控制。具体指标见表2-4-1。

表2-4-1 非急性发作期哮喘控制水平的分级

目前临床症状控制评估（过去四周内）			
临床特征	控制 （满足以下所有条件）	部分控制 （出现以下任何1~2项临床特征）	未控制
白天症状	≤2次/周	>2次/周	出现3~4项哮喘部分控制的表现*+
活动受限	无	有	
夜间症状/憋醒	无	有	
需要使用缓解药或急救治疗	≤2次/周	>2次/周	

未来风险评估（急性发作风险，形成固定性气流受限及药物不良反应风险）
在哮喘诊断初始即应进行未来风险评估，随后予以周期性评估。

*患者出现急性发作后都必须对维持治疗方案进行分析回顾，以确保治疗方案的合理性。
+依照定义，任何1周出现1次哮喘急性发作，表明这周的哮喘没有得到控制。

（四）鉴别诊断

应除外其他各种可能引起气喘或呼吸困难的疾病，方可作出支气管哮喘的诊断（表2-4-2）。

表2-4-2 其他可能引起气喘的疾病

常见病	少见病
急性细支气管炎	肿块阻塞气道
（感染因素、化学因素）	外压：中央型胸内肿瘤、上腔静脉压迫综合征、胸腺瘤
异物吸入	气道内：原发性肺癌、气管肿瘤、转移性乳腺癌
支气管狭窄	类癌综合征
慢性支气管炎	肺栓塞
心力衰竭	囊性肺纤维化（CF）
嗜酸性粒细胞肺浸润症	全身血管炎（结节性多动脉炎）

1. 左心衰竭引起的呼吸困难 过去称为心源性哮喘，发作时的症状与哮喘相似，但其发病机制与病变本质则与哮喘截然不同，为避免混淆，目前已不再使用"心源性哮喘"一词。患者多有高血压、冠状动脉粥样硬化性心脏病、风心病二尖瓣狭窄等病史和体征，常咳出粉红色泡沫样痰，两肺可闻及广泛的水泡音和哮鸣音。左心界扩大，心率增快，心尖部可闻及奔马律。胸部X线检查可见心脏增大，肺淤血征。若一时难以鉴别，可雾化吸入短效β₂-受体激动剂或静脉注射氨茶碱缓解症状后进一步检查。忌用肾上腺素或吗啡。

2. 慢性阻塞性肺疾病 多见于中老年人，临床主要表现为进行性加重的活动后气急。患者多有长期吸烟或接触有害气体的病史。有肺气肿体征，两肺或可闻及湿啰音。对中老年患者严格将慢阻肺和哮喘区分有时十分困难，肺功能检查及支气管激发试验或舒张试验有助于鉴别。如患者同时具有哮喘和慢阻肺的特征，可以诊断ACOS。

3. 上气道阻塞 可见于中央型支气管肺癌、气管支气管结核、复发性多软骨炎等气道疾病或异物气管吸入,导致支气管狭窄或伴发感染时,可出现喘鸣或类似哮喘样呼吸困难、肺部可闻及哮鸣音。但根据临床病史,特别是出现吸气性呼吸困难,以及痰液细胞学或细菌学检查,胸部X线摄片、CT或MRI检查和支气管镜检查等,常可明确诊断。

4. 变态反应性支气管肺曲菌病(allergic bronchopulmonary aspergillosis,ABPA)　常以反复哮喘发作为特征,伴咳嗽、咳痰,痰多为黏液脓性,有时伴血丝,可分离出棕黄色痰栓,常有低热,肺部可闻及哮鸣音或干啰音,X线检查可见浸润性阴影,段性肺不张,牙膏征或指套征(支气管黏液栓塞),外周血嗜酸性粒细胞明显增高,曲菌抗原皮肤试验呈双相反应,曲菌抗原特异性沉淀抗体(IgG)测定阳性,血清总IgE显著升高。

【并发症】　严重发作时可并发气胸、纵隔气肿、肺不张;长期反复发作或感染可致慢性并发症,如慢阻肺、支气管扩张、间质性肺炎和肺源性心脏病。

【治疗】　虽然目前哮喘不能根治,但长期规范化治疗可使大多数患者达到良好或完全的临床控制。哮喘治疗的目标是长期控制症状、预防未来风险的发生,维持肺功能水平接近正常,避免因哮喘药物治疗导致的不良反应,在使用最小有效剂量药物治疗的基础上或不用药物,能使患者与正常人一样生活、学习和工作。

(一) 确定并减少危险因素接触

部分患者能找到引起哮喘发作的变应原或其他非特异刺激因素,使患者脱离并长期避免接触这些危险因素是防治哮喘最有效的方法。早期确定职业性致敏因素,并防止患者进一步接触,是职业性哮喘管理的重要组成部分。

(二) 常用治疗哮喘药物

治疗哮喘的药物可分为控制性药物和缓解性药物两大类:

控制性药物:是指需要长期每天使用的药物。这些药物主要通过抗炎作用使哮喘维持临床控制,其中包括吸入型糖皮质激素(ICS)、白三烯调节剂、长效 β_2 受体激动剂(LABA,不单独使用)、缓释茶碱、色苷酸钠、抗IgE抗体、联合药物(如ICS/LABA)及其他有助于减少全身激素剂量的药物等。

缓解性药物:是指按需使用的药物。这些药物通过迅速解除支气管痉挛从而缓解哮喘症状,其中包括短效吸入 β_2 受体激动剂(SABA)、全身用糖皮质激素、短效吸入抗胆碱药物(SAMA)、短效茶碱。

1. 糖皮质激素　简称激素,是最有效的哮喘治疗药物。激素通过作用于气道炎症形成过程中的诸多环节,如抑制嗜酸粒细胞等炎症细胞在气道的聚集、抑制炎症因子的生成和介质释放、增强平滑肌细胞 β_2 受体的反应性等,有效抑制气道炎症。给药途径包括吸入、口服和静脉注射,吸入为首选途径。

(1) 吸入给药:ICS的局部抗炎作用强,通过吸气药物直接作用于呼吸道,所需剂量较小。通过消化道和呼吸道进入血液后大部分药物被肝脏灭活,因此全身性不良反应较少,已成为目前哮喘长期治疗的首选药物。ICS可有效减轻哮喘症状、提高生活质量、改善肺功能、降低气道高反应性、减少哮喘发作频率和减轻发作时的严重程度,降低病死率。

常用吸入激素药物有倍氯米松(beclomethasone)、布地奈德(budesonide)、氟替卡松(fluticasone)、环索奈德(ciclesonide)、莫米松(momethasone)等。通常需规律吸入1~2周以上方能起效。根据哮喘病情选择吸入不同ICS剂量,以布地奈德为例,低剂量为 $200\sim400\mu g/d$,中剂量 $400\sim800\mu g/d$,高剂量 $>800\mu g/d$。由于吸烟可以降低ICS的效果,故吸烟患者须戒烟并给予较高剂量的ICS。少数患者吸入ICS可出现口咽念珠菌感染、声音嘶哑,吸药后用清水漱口可减轻局部反应。长期高剂量吸入ICS可能出现全身副作用,包括皮肤淤斑、肾上腺功能抑制和骨密度降低等,应注意预防。伴有活动性肺结核的哮喘患者,可以在抗结核治疗的同时给予ICS治疗。为减少吸入大剂量激素的不良反应,可采用低、中剂量ICS与长效 β_2 受体激动剂、白三烯调节剂或缓释茶碱联合使用。布地奈德还有雾化用混悬液制剂,经以压缩空气为动力的射流装置雾化吸入,起效快,与短效 β_2 受体激动剂联用适用于轻、中度哮喘急性发作的治疗。

(2) 口服给药:适用于轻、中度哮喘发作,慢性持续哮喘大剂量 ICS 联合治疗无效的患者,或作为静脉应用激素治疗后的序贯治疗。一般使用半衰期较短的激素,如泼尼松、泼尼松龙或甲泼尼龙等。起始 30~60mg/d,症状缓解后逐渐减量至≤10mg/d,然后停用或改用吸入剂。长期口服激素可以引起骨质疏松症、高血压、糖尿病、下丘脑-垂体-肾上腺轴的抑制、肥胖症等,不主张长期使用。对伴有结核病、骨质疏松、糖尿病、严重忧郁或消化性溃疡的哮喘患者,全身给予糖皮质激素治疗时应慎重,并应密切随访。

(3) 静脉用药:严重哮喘发作时,应经静脉及时给予琥珀酸氢化可的松或甲泼尼龙。地塞米松因在体内半衰期较长、不良反应较多,宜慎用。无激素依赖倾向者,可在短期(3~5 天)内停药;有激素依赖倾向者应延长给药时间,控制哮喘症状后改为口服给药,并逐步减少激素用量。

2. β_2 受体激动剂　通过对气道平滑肌和肥大细胞等细胞膜表面的 β_2 受体的作用舒张气道平滑肌,增加气道上皮纤毛的摆动,缓解哮喘症状。此类药物较多,可分为短效(SABA,作用维持 4~6 小时)和长效(LABA,维持≥12 小时)。LABA 又可分为速效(数分钟起效)和缓慢起效(≥半小时起效)两种。

(1) 短效 β_2 受体激动剂(SABA):常用的药物如沙丁胺醇(salbutamol)和特布他林(terbutalin)等。有吸入、口服和静脉三种制剂,首选吸入给药。①吸入:吸入 SABA 通常在数分钟内起效,疗效可维持数小时,是缓解轻度至中度急性哮喘症状的首选药物,也可用于运动性哮喘。有定量气雾剂(MDI)、干粉吸入剂和雾化溶液三种剂型。对轻度或中度哮喘发作,可吸入沙丁胺醇 100~200μg/次或特布他林 250~500μg/次,必要时 20 分钟重复 1 次。SABA 溶液(如沙丁胺醇、特布他林、非诺特罗及其复方制剂)经雾化泵吸入适用于轻度至重度哮喘发作。②口服:如沙丁胺醇、特布他林、丙卡特罗片等,通常在服药后 15~30 分钟起效,疗效维持 4~6 小时。使用虽较方便,但心悸、骨骼肌震颤等不良反应比吸入给药时明显。缓释剂型和控释剂型的平喘作用维持时间可达 8~12 小时,适用于夜间哮喘患者的预防和治疗。SABA 应按需间歇使用,不能单一、长期应用 SABA 治疗哮喘。③注射:虽然平喘作用较为迅速,但因全身不良反应的发生率较高,临床较少使用。

(2) 长效 β_2 受体激动剂(LABA):吸入型 LABA 有两种:①沙美特罗(salmeterol):30 分钟起效,平喘作用维持 12 小时以上;②福莫特罗(formoterol):给药后 3~5 分钟起效,平喘作用维持 8~12 小时以上。LABA 不推荐长期单独使用。

目前多采用联合吸入 ICS 和 LABA 的联合吸入制剂治疗哮喘,包括布地奈德/福莫特罗、丙酸氟替卡松/沙美特罗、丙酸倍氯米松/福莫特罗等。含福莫特罗的联合制剂可同时作为维持和缓解治疗的药物。联合治疗适合于中度至重度持续哮喘患者的长期治疗。

3. 白三烯调节剂　包括半胱氨酰白三烯受体拮抗剂和 5-脂氧化酶抑制剂。目前临床上主要应用的是半胱氨酰白三烯受体拮抗剂。它通过对气道平滑肌和其他细胞表面白三烯(CysLT1)受体的拮抗,抑制肥大细胞和嗜酸性粒细胞释放出的半胱氨酰白三烯的致喘和致炎作用,产生轻度支气管舒张和减轻变应原、运动和二氧化硫(SO_2)诱发的支气管痉挛等作用,并具有一定程度的抗炎作用。本品可减轻哮喘症状、改善肺功能、减少哮喘的恶化。本品可作为轻度哮喘的一线治疗药物,联合应用可减少中度至重度哮喘患者 ICS 的剂量。服用方便,安全性较好,尤适用于伴有过敏性鼻炎哮喘患者、阿司匹林哮喘、运动性哮喘的治疗。常用白三烯受体拮抗剂孟鲁司特 10mg,每天 1 次。扎鲁司特、异丁司特较少应用。

4. 茶碱　具有舒张支气管平滑肌和强心、利尿、扩张冠状动脉、兴奋呼吸中枢、呼吸肌等作用。低浓度茶碱具有抗炎和免疫调节作用。作为症状缓解药,尽管现在临床上在治疗重症哮喘时仍然静脉使用茶碱,但短效茶碱治疗哮喘发作或恶化还存在争议。因为它在舒张支气管,与足量使用的速效 β_2 受体激动剂对比,没有优势,但是它可改善呼吸驱动力。不推荐已经长期服用缓释型茶碱的患者使用短效茶碱,除非该患者的血清中茶碱浓度较低或者可以进行血清茶碱浓度监测时。

（1）口服给药:包括氨茶碱和控(缓)释型茶碱。用于轻度至中度哮喘发作和维持治疗。一般剂量为每天 $6\sim10mg/kg$。口服控(缓)释型茶碱后昼夜血药浓度平稳,平喘作用可维持 $12\sim24$ 小时,尤适用于夜间哮喘症状的控制。联合应用茶碱、激素和抗胆碱药物具有协同作用。但本品与 β_2 受体激动剂联合应用时,易出现心率增快和心律失常,应慎用并适当减少剂量。

（2）静脉给药:氨茶碱加入葡萄糖溶液中,缓慢静脉注射,速度不宜超过 $0.25mg/(kg\cdot min)$ 或静脉滴注,适用于哮喘急性发作且近 24 小时内未用过茶碱类药物的患者。负荷剂量为 $4\sim6mg/kg$,维持剂量为 $0.6\sim0.8mg/(kg\cdot h)$。由于茶碱的"治疗窗"窄,以及茶碱代谢存在较大的个体差异,可引起心律失常、血压下降甚至死亡,在有条件的情况下应监测其血药浓度,及时调整浓度和滴速。茶碱有效、安全的血药浓度范围在 $6\sim15mg/L$。

影响茶碱代谢的因素较多,如发热性疾病、妊娠,应用抗结核药物可降低茶碱的血药浓度;而肝脏疾患、充血性心力衰竭以及合用西咪替丁或喹诺酮类、大环内酯类等药物均可影响茶碱代谢,而使其排泄减慢、增加茶碱的毒性作用,应引起临床医师的重视并酌情调整剂量。多索茶碱的作用与氨茶碱相同,但不良反应相对较轻。双羟丙茶碱的作用较弱,不良反应也较少。

5. 抗胆碱药物　通过阻断节后迷走神经通路,降低迷走神经张力而起到舒张支气管、减少黏液分泌的作用,但其舒张支气管的作用比 β_2 受体激动剂弱,起效也较慢,但长期应用不易产生耐药。抗胆碱药物分为短效抗胆碱药 SAMA(维持 $4\sim6$ 小时)和长效抗胆碱药(LAMA,维持 24 小时)。常用的 SAMA 异丙托溴铵(ipratropine bromide)有 MDI 和雾化溶液两种剂型。SAMA 主要用于哮喘急性发作的治疗,多与 β_2 受体激动剂联合应用。少数患者可有口苦或口干感等不良反应。常用的 LAMA 噻托溴铵(tiotropium bromide)是选择性 M1、M3 受体拮抗剂,作用更强,持续时间更久(可达 24 小时),目前只有干粉吸入剂。LAMA 主要用于哮喘合并慢阻肺以及慢阻肺患者的长期治疗,对妊娠早期妇女和患有青光眼或前列腺肥大的患者应慎用。

6. 抗 IgE 治疗　抗 IgE 单克隆抗体(omalizumab)是一种人源化的重组鼠抗人抗 IgE 单克隆抗体,具有阻断游离 IgE 与 IgE 效应细胞表面受体结合的作用,但不会诱导效应细胞的脱颗粒反应。主要用于经吸入 ICS 和 LABA 联合治疗后症状仍未控制、且血清 IgE 水平增高的重症哮喘患者。使用方法为每 2 周皮下注射 1 次,至少 $3\sim6$ 个月。但因该药临床使用的时间尚短,其远期疗效与安全性有待进一步观察。价格昂贵也使其临床应用受到限制。

7. 变应原特异性免疫疗法（SIT）　通过给予常见吸入变应原提取液(如尘螨、猫毛、豚草等),可减轻哮喘症状和降低气道高反应性,适用于过敏原明确但难以避免的哮喘患者。其远期疗效和安全性尚待进一步研究与评价。哮喘患者用此疗法应严格在医师指导下进行。可选择皮下注射或舌下含服方法进行 SIT 治疗。

8. 其他治疗哮喘药物

（1）抗组胺药物:口服第二代抗组胺药物(H1 受体拮抗剂)如酮替芬、氯雷他定、阿司咪唑、氮斯汀、特非那定等具有抗变态反应作用,在哮喘治疗中的作用较弱。可用于伴有变应性鼻炎哮喘患者的治疗。这类药物的不良反应主要是嗜睡。阿司咪唑和特非那定可引起严重的心血管不良反应,应谨慎使用。

（2）其他口服抗变态反应药物:如曲尼司特(tranilast)、瑞吡司特(repirinast)等可应用于轻度至中度哮喘的治疗。其主要不良反应是嗜睡。

（3）可能减少口服激素剂量的药物:包括口服免疫调节剂(甲氨蝶呤、环孢素、金制剂等)、某些大环内酯类抗生素和静脉应用免疫球蛋白等。其疗效尚待进一步研究。

（4）中医中药：采用辨证施治，有助于慢性缓解期哮喘的治疗。有必要对临床疗效较为确切的中（成）药或方剂开展多中心随机双盲的临床研究。

9. 新的治疗药物和方法

（1）生物制剂：①抗 IL-5 治疗：IL-5 是促进嗜酸粒细胞增多、在肺内聚集和活化的重要细胞因子。抗 IL-5 单抗（mepolizumab）治疗哮喘，可以减少患者体内嗜酸粒细胞浸润，减少哮喘急性加重和改善患者生命质量，对于高嗜酸粒细胞血症的哮喘患者效果好。该药目前已处于临床研究阶段。②IL-4Rα 亚基治疗：Dupilumab 是一种全人源化单克隆抗体，通过阻断 IL-4Rα 亚基以调节 Th2 免疫应答中驱动子 IL-13 和 IL-4 的信号通路。前期临床研究显示该抗体可显著减少中重度持续性哮喘的发作。

（2）支气管热成形术（bronchial thermoplasty）：平滑肌增生肥大是哮喘气道重构的重要组成部分之一。支气管热成形术是经支气管镜射频消融气道平滑肌治疗哮喘的技术。该治疗方法可减少哮喘患者的支气管平滑肌数量，降低支气管收缩能力和降低气道高反应性。支气管热形成术的近期疗效较好，但远期疗效还需要更大样本量的临床研究。

（三）急性发作期的治疗

哮喘急性发作的治疗取决于发作的严重程度以及对治疗的反应。治疗的目的在于尽快缓解症状、解除气流受限和改善低氧血症，同时还需要制定长期治疗方案以预防再次急性发作。

对于具有哮喘相关死亡高危因素的患者，需要给予高度重视。高危患者包括：①曾经有过气管插管和机械通气的濒于致死性哮喘的病史；②在过去 1 年中因为哮喘而住院或看急诊；③正在使用或最近刚刚停用口服激素；④目前未使用吸入激素；⑤过分依赖速效 β_2 受体激动剂，特别是每月使用沙丁胺醇（或等效药物）超过 1 支的患者；⑥有心理疾病或社会心理问题，包括使用镇静剂；⑦有对哮喘治疗计划不依从的历史。

（1）轻度：经 MDI 吸入 SABA，在第 1 小时内每 20 分钟吸入 1～2 喷。随后可调整为每 3～4h 吸入 1～2 喷。效果不佳时可加缓释茶碱片，或加用短效抗胆碱药气雾剂吸入。

（2）中度：吸入 SABA（常用雾化吸入），第 1 小时内可持续雾化吸入。联合应用雾化吸入短效抗胆碱药、激素混悬液。也可联合静脉给予茶碱类药物。如果治疗效果欠佳，尤其是在控制性药物治疗的基础上发生的急性发作，应尽早口服激素，推荐用法：泼尼松龙 30～50mg/d 或等效的其他激素。

（3）重度至危重度：持续雾化吸入 SABA，联合雾化吸入短效抗胆碱药、激素混悬液以及静脉给予茶碱类药物。吸氧。尽早静脉应用激素，待病情得到控制和缓解后改为口服给药。静脉激素用量：甲泼尼龙 80～160mg/d 或氢化可的松 400～1000mg/d。地塞米松因半衰期较长，对肾上腺皮质功能抑制作用较强，一般不推荐使用。静脉给药和口服给药的序贯疗法有可能减少激素用量和不良反应，如静脉使用激素 2～3 天，继之以口服激素 3～5 天。不推荐常规使用镁制剂。经过上述治疗，临床症状和肺功能无改善甚至继续恶化，应及时给予机械通气治疗，其指征主要包括：呼吸肌疲劳、$PaCO_2 \geqslant 45mmHg$、意识改变（需进行有创机械通气）。

对重度哮喘发作的治疗，需重视补液，纠正酸中毒及电解质紊乱，并发症的处理。不推荐常规使用抗生素，但如存在呼吸道和肺部感染的证据应酌情选用广谱抗生素。由于部分哮喘患者属于特应症，对多种药物过敏，应防止药物变态反应的发生。

（四）慢性持续期的治疗

哮喘的治疗应以患者的病情严重程度为基础，根据其控制水平选择适当的治疗方案。哮喘药物的选择既要考虑药物的疗效及其安全性，也要考虑患者的实际状况，如经济收入和当地的医疗资源等。要为每个初诊患者制定个体化的治疗计划，定期随访、监测，改善患者的依从性，并根据患者病情变化及时修订治疗方案。哮喘患者长期治疗方案分为 5 级，见表 2-4-3。

Notes

表 2-4-3 根据哮喘控制水平确定和调整治疗方案

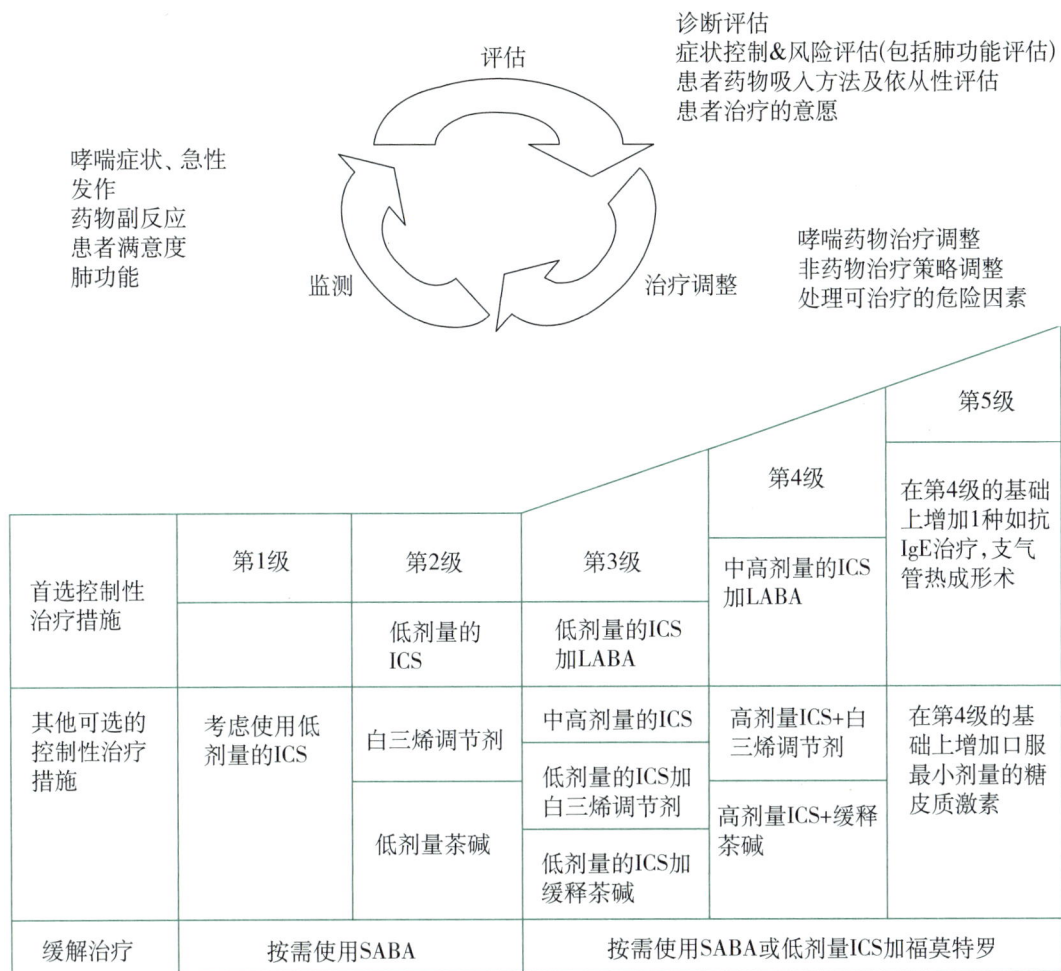

评估
诊断评估
症状控制&风险评估(包括肺功能评估)
患者药物吸入方法及依从性评估
患者治疗的意愿

哮喘症状、急性发作
药物副反应
患者满意度
肺功能

哮喘药物治疗调整
非药物治疗策略调整
处理可治疗的危险因素

监测

治疗调整

	第1级	第2级	第3级	第4级	第5级
首选控制性治疗措施		低剂量的ICS	低剂量的ICS加LABA	中高剂量的ICS加LABA	在第4级的基础上增加1种如抗IgE治疗,支气管热成形术
其他可选的控制性治疗措施	考虑使用低剂量的ICS	白三烯调节剂	中高剂量的ICS	高剂量ICS+白三烯调节剂	在第4级的基础上增加口服最小剂量的糖皮质激素
		低剂量茶碱	低剂量的ICS加白三烯调节剂	高剂量ICS+缓释茶碱	
			低剂量的ICS加缓释茶碱		
缓解治疗	按需使用SABA		按需使用SABA或低剂量ICS加福莫特罗		

注:注重哮喘教育及环境控制;处理可治疗的危险因素,治疗合并症(如吸烟、肥胖、焦虑);建议患者接受非药物治疗措施:身体锻炼、减肥、避免过敏原接触;升级治疗前需要排除:患者药物吸入方法错误,患者治疗依从性差,哮喘诊断错误;当患者症状控制达到 3 个月以上且未来发作的风险低可考虑降级治疗;不推荐停用 ICS

对以往未经规范治疗的初诊轻症哮喘患者可选择第 2 级治疗方案;如哮喘患者症状明显,应直接选择第 3 级治疗方案。从第 2 级到第 5 级的治疗方案中都有不同的哮喘控制药物可供选择。而在每一级中都应按需使用缓解药物,以迅速缓解哮喘症状。

如果使用该级治疗方案不能够使哮喘得到控制,治疗方案应该升级直至达到哮喘控制为止。当达到哮喘控制并维持至少 3 个月后,治疗方案可考虑降级。GINA 和我国哮喘防治指南的建议减量方案如下:①单独使用中至高剂量吸入激素的患者,将吸入激素剂量减少50%;②单独使用低剂量激素的患者,可改为每日 1 次用药;③联合吸入激素和 LABA 的患者,将吸入激素剂量减少约 50%,仍继续使用 LABA 联合治疗。当达到低剂量联合治疗时,可选择改为每日 1 次联合用药或停用 LABA,单用吸入激素。若患者使用最低剂量控制药物达到哮喘控制 1 年,并且哮喘症状不再发作,可考虑停用药物治疗。上述减量方案尚待进一步验证。

通常情况下,患者在初诊后 2～4 周回访,以后每 1～3 个月随访 1 次。出现哮喘发作时应及时就诊,哮喘发作后 2 周～1 个月内进行回访。

咳嗽变异性哮喘的治疗原则与典型哮喘治疗相同。大多数患者吸入低剂量 ICS 联合支气管舒张剂(β_2受体激动剂或缓释茶碱)即可,或用两者的联合制剂如布地奈德/福莫特罗、氟替卡松/沙美特罗,必要时可短期口服小剂量糖皮质激素治疗。疗程则可以短于典型哮喘。CVA 治疗不及时可以发展为典型哮喘。

难治性哮喘,指采用包括吸入 ICS 和 LABA 两种或更多种的控制药物,规范治疗至少 6 个月仍不能达到良好控制的哮喘。治疗包括:①首先排除患者治疗依从性不佳,并排除诱发加重或使哮喘难以控制的因素;②给予高剂量 ICS 联合/不联合口服激素,加用白三烯调节剂、抗 IgE 抗体联合治疗;③其他可选择的治疗包括免疫抑制剂,支气管热成形术等。

(五) 免疫疗法

分为特异性和非特异性两种。特异性免疫治疗是指将诱发哮喘发作的特异性变应原(如螨、花粉、猫毛等)配制成各种不同浓度的提取液通过皮下注射、舌下含服或其他途径给予对该变应原过敏的患者,使其对此种变应原的耐受性增高,当再次接触此变应原时,不再诱发哮喘发作,或发作程度减轻,此法又称脱敏疗法或减敏疗法。一般需治疗 1~2 年,若治疗反应良好,可坚持 3~5 年。非特异性免疫治疗,如注射卡介苗及其衍生物、转移因子、疫苗等,有一定辅助的疗效。

(六) 哮喘合并症的治疗

哮喘,尤其是难治性哮喘常存在多种合并症,包括肥胖、胃食管反流病、焦虑及抑郁、食物过敏、鼻炎、鼻窦炎及鼻息肉。合并肥胖的哮喘更难治疗,易并发阻塞性睡眠呼吸暂停低通气综合征及胃食管反流病病。治疗上仍以吸入激素治疗为主,减肥锻炼甚至减肥手术可改善哮喘控制;合并胃食管反流病(GERD)的哮喘患者,可予以质子泵抑制剂、胃动力剂治疗。焦虑及抑郁会增加哮喘急性发作,药物及认知-行为疗法可改善哮喘控制。哮喘合并食物过敏的患者常表现为致命性哮喘发作,该类患者需常备肾上腺素自动注射装置,并注意避免进食过敏的食物。经鼻吸入激素治疗合并过敏性鼻炎、鼻窦炎的哮喘患者,可显著降低哮喘住院率。

(七) 哮喘合并妊娠的治疗

无论是原有哮喘合并妊娠,还是妊娠期出现哮喘,妊娠对哮喘以及哮喘对孕妇和胎儿均有一定程度的相互影响。妊娠期哮喘的发生率约为 1%~4%,哮喘患者在妊娠期约 1/3 病情加重、1/3 减轻、1/3 病情无变化。哮喘反复发作对妊娠可产生不良影响,它对胎儿可致早产、胎儿发育不良、过期产、低体重等,对孕妇可引起先兆子痫、妊娠高血压、难产等,严重者对母亲和婴儿的生命构成威胁。因此哮喘未控制好的妇女应接受以吸入 ICS 为主的规范治疗使哮喘达到临床控制后才受孕,产前咨询非常重要。

为了达到哮喘的控制,妊娠期间哮喘患者可以继续原来吸入的 ICS(推荐布地奈德定量气雾剂或干粉剂),以控制症状的最小剂量维持。若出现哮喘症状但没有进行规范化治疗,应给予规则吸入 ICS。出现急性发作时应及时吸入速效 β_2 受体激动剂以尽快控制症状,同时吸氧,必要时短期加用全身激素。妊娠期间慎用的药物包括吸入长效 β_2 受体激动剂、肾上腺素、色甘酸钠等。分娩期哮喘发作较少,对平时规则使用激素或妊娠期经常使用激素者,为了应急之需和防止哮喘发作,可以补充全身激素。如果哮喘得到良好的控制,就不会增加围产期及分娩的危险,也不会对胎儿产生不良后果。

(八) 哮喘患者的管理

1. 患者教育   教育患者建立医患之间的合作关系是实现有效的哮喘管理的首要措施。患者教育的目标是增加理解、增强技能、增加满意度、增强自信心、增加依从性和自我管理能力,增进健康,减少卫生保健资源使用。教育内容包括:①通过长期规范治疗能够有效控制哮喘;②避免触发、诱发因素的方法;③哮喘的本质、发病机制;④哮喘长期治疗方法;⑤药物吸入装置及使用方法;⑥自我监测:如何测定、记录、解释哮喘日记内容:症状评分、应用药物、PEF,哮喘控制测试(ACT)变化;⑦哮喘先兆、哮喘发作征象和相应自我处理方法,如何、何时就医;⑧哮喘防治药物知识;⑨如何根据自我监测结果,判定控制水平、选择治疗;⑩心理因素在哮喘发病中的作用。哮喘教育是一个长期、持续过程。

2. 新的哮喘管理模式——评估、治疗和监测   哮喘患者的起始治疗及调整是以患者的哮喘控制水平为依据,包括评估哮喘控制、治疗以达到控制,以及监测以维持控制这样一个持续循环过程,评估、治疗和监测哮喘治疗的目标是达到并维持哮喘控制(图2-4-2)。

【预后】　多数哮喘患者通过合理使用现有的防治哮喘药物,可以控制哮喘症状,避免急性发作。约一半的哮喘儿童在发育期中哮喘症状可自行缓解,其中约半数在数年、十几年或数十年后哮喘复发。近年来有人报道,年龄和症状较轻、血IgE较低并且治疗及时正确的成年哮喘患者也可临床治愈。相反,未经合理治疗的哮喘患者,反复发作,病情逐渐加重,可并发肺气肿、肺源性心脏病,预后较差。

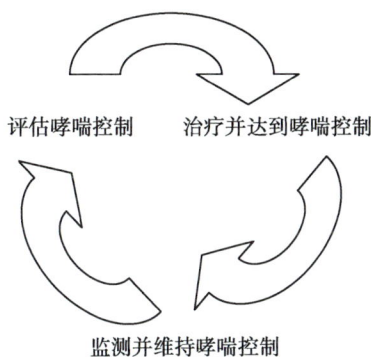

图2-4-2　哮喘长期管理的模式图

(沈华浩)

推荐阅读文献

1. 葛均波,徐永健.内科学.第8版.北京:人民卫生出版社,2013
2. 钟南山,刘又宁.呼吸病学.第2版.北京:人民卫生出版社,2012
3. 沈华浩.哮喘手册.第2版.北京:人民卫生出版社,2009
4. Longo DL,Fauci AS,Kasper DL,et al. Harrison's Principles of Internal Medicine. 18th Ed,New York:McGraw-Hill,2012

推荐网站

1. http://www.ginasthma.org/
2. http://chinaasthma.net/

第五章　支气管扩张症

> **要点：**
>
> 1. 支气管扩张症主要指反复的气道感染与炎症所导致的支气管与细支气管的不可逆性扩张，以慢性咳嗽、咳大量脓痰和（或）反复咯血为主要表现。
> 2. 胸部 HRCT 可以敏感而特异地显示支气管扩张的病变特点和累及部位，是诊断的金标准。
> 3. 治疗目的是减轻症状，改善生活质量，减少急性加重，预防进展，防止肺功能下降。治疗的关键是控制感染，促进痰液引流。

支气管扩张症（bronchiectasis）主要指反复的气道感染与炎症所导致的支气管与细支气管的不可逆性扩张。典型症状为慢性咳嗽、咳大量脓痰和反复咯血。随着人民生活与卫生条件的改善，麻疹、百日咳疫苗的预防接种以及抗生素的应用等，发病率明显降低，但仍然是造成社会经济负担的常见公共健康问题，尤其在发展中国家。

【病因与发病机制】　许多感染或非感染因素都可引起不可逆的支气管扩张（表 2-5-1）。临床上以支气管-肺感染所致的支气管扩张（感染后支气管扩张）为最常见，尤其在欠发达国家，包括我国。发病机制没有完全阐明，目前认为关键环节为支气管-肺感染与支气管阻塞，二者相互影响，形成恶性循环，导致进行性支气管壁破坏和支气管扩张。支气管外部纤维的牵拉也可引起支气管扩张。

表 2-5-1　支气管扩张的主要原因

病因类别	病因举例
支气管-肺感染	病毒：麻疹、腺病毒等 细菌：百日咳、流感嗜血杆菌、铜绿假单胞菌、卡他莫拉菌、肺炎链球菌、肺炎克雷伯菌及金黄色葡萄球菌 分枝杆菌：结核分枝杆菌和非结核分枝杆菌
支气管阻塞	支气管异物、肿瘤，淋巴结压迫
解剖异常	吞咽或食管功能异常（慢性吸入）、巨大气管-支气管症，黄甲综合征（淋巴管异常）
遗传性疾病	纤毛缺陷：原发性纤毛不动征与 Kartagener 综合征 α1 抗胰蛋白酶缺乏 囊性纤维化
免疫缺陷	原发性：低免疫球蛋白血症（如 IgG 亚群的缺陷） 获得性：HIV 感染、长期接受免疫抑制剂治疗
免疫和自身免疫性疾病	变应性支气管肺曲霉病 类风湿性关节炎、干燥综合征、炎症性肠道疾病
慢性支气管-肺疾病	慢性气道疾病：慢阻肺、哮喘、弥漫性泛细支气管炎 间质性肺疾病：特发性肺纤维化或其他原因所致肺纤维化
特发原因	排除其他原因

（一）支气管-肺感染

约 1/3 的支气管扩张发生于支气管-肺感染后。婴幼儿时期严重的病毒（如麻疹病毒）或细菌（如百日咳杆菌）感染引起支气管炎和支气管肺炎，或成人慢性支气管-肺感染，导致支气管管壁破坏并黏液高分泌与黏液纤毛清除能力下降，黏液栓形成与气道阻塞，后者又进一步诱发感染，形成恶性循环，最终导致支气管管壁破坏和支气管扩张，甚至肺实质破坏（图2-5-1）。

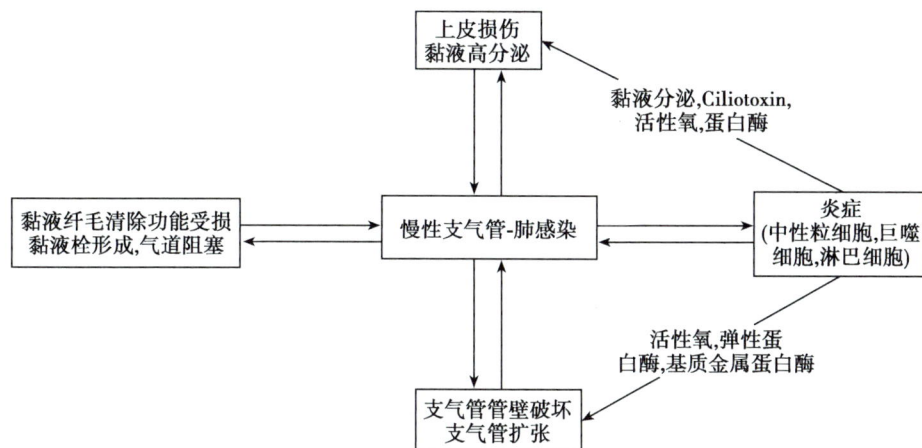

图 2-5-1　慢性感染致支气管扩张的机制示意图

（二）支气管阻塞

支气管因肿瘤、异物或淋巴结压迫等造成部分阻塞，阻塞部位以下的支气管内压逐渐增高，造成管腔扩张。同时部分阻塞使得引流不畅，易引起继发感染而破坏管壁，形成支气管扩张。由于左下叶支气管较细长，且受心脏血管的压迫而引流不畅，容易招致继发感染，故左下叶支气管扩张多于右下叶。舌叶支气管开口接近下叶背段，易受下叶感染的影响发生支气管扩张。右中叶支气管较细长，周围有内、外、前 3 组淋巴结围绕，易引起肺不张及继发感染，反复发作也可发生支气管扩张。

（三）支气管外部的牵拉作用

肺组织的慢性感染或结核病灶愈合后的纤维组织牵拉，也可形成支气管扩张。特发性肺纤维化或其他原因所致肺纤维化因肺脏扭曲变形引起牵拉性支气管扩张（traction bronchiectasis）。肺结构破坏和支气管扭曲、变形使得分泌物不易被清除，容易继发感染、加重肺脏损害。

（四）遗传因素

原发性纤毛运动障碍（primary ciliary dyskinesia）由于纤毛细胞发育不全阻碍正常纤毛摆动，导致呼吸道纤毛-黏液清除功能降低，故易发生支气管扩张、鼻窦炎、中耳炎、支气管炎和肺炎等。由于胚胎发育早期纤毛功能异常，使内脏不能进行正常转位，从而形成右位心和其他内脏反位，并发鼻窦炎和支气管扩张，即为卡特金纳综合征（Kartagener syndrome）。囊性纤维化（cystic fibrosis）是引起支扩的常见原因，在白种人较常见，而我国罕见病例报道。

（五）其他

先天性或获得性免疫缺陷、慢性吸入及其他慢性呼吸道疾病等都可以因宿主免疫功能低下和肺脏防御机制受损导致反复支气管-肺感染，进而发生支气管扩张。免疫介导的炎症反应可能涉及自身免疫疾病相关的支气管扩张。变应性支气管肺曲霉病（allergic broncho pulmonary aspergillosis，ABPA）因免疫反应性炎症和黏液痰栓导致中心支气管扩张。

【病理】　支气管扩张累及肺脏或局灶或弥漫。病理主要所见为段或亚段支气管扩张与管壁破坏，管壁弹性组织、平滑肌和软骨消失，被纤维组织替代，形成三种不同表现。分别为：①柱状扩张;②囊状扩张;③不规则扩张。小气道管壁增厚,伴炎症、水肿及黏液腺增生,黏膜溃疡、化脓,黏膜纤毛上皮细胞破坏,鳞状上皮化生。相邻肺实质可有纤维化、肺气肿、支气管肺炎和肺萎陷。炎症可致支气管壁血管增多,并伴相应支气管动脉扩张及支气管动脉和肺动脉吻合,有的毛细血管扩张形成血管瘤,以致患者常有咯血。

【临床表现】

(一)症状

1. 慢性咳嗽、咳大量脓痰　是最常见症状,每天痰量可达数百毫升,若有厌氧菌混合感染则有臭味。无明显诱因者常隐匿起病,无症状,或仅轻微咳嗽。病变累及范围广或肺功能障碍者可有呼吸困难。

2. 咯血　多数患者有反复咯血,血量不等,可为痰中带血或小量咯血,亦可表现为大咯血。部分病例以咯血为唯一表现,称干性支扩。咯血通常与感染加重有关。

3. 反复肺部感染　因扩张的支气管发生扭曲、变形,痰引流不畅,常反复加重或于同一肺段反复发生肺炎,表现上述症状加重,或伴发热、胸痛,尤其铜绿假单胞菌长期定植者。

(二)体征

早期或轻度支气管扩张可无异常体征。病变严重或继发感染可在病变部位闻及固定而持久的局限性湿啰音。出现慢性缺氧、肺心病者可有发绀、杵状指(趾)等体征。

【实验室和辅助检查】

(一)影像学检查

1. X线胸片　典型表现为轨道征,不规则环状透光阴影,或呈蜂窝状(所谓卷发影),甚至有液平面(图 2-5-2)。

2. 胸部 CT　CT 尤其 HRCT 可以清楚显示支气管扩张的各种征象,明确病变累及的部位、范围和性质,已经取代了支气管碘油造影而成为确诊支气管扩张的金标准。柱状扩张表现为双轨征,并延伸至肺的周边;囊状扩张表现为成串或成簇囊样病变,可含气液面;扩张的支气管与伴行的支气管动脉在横截面上表现为印戒征(图 2-5-3);常伴支气管管壁增厚,树芽征。

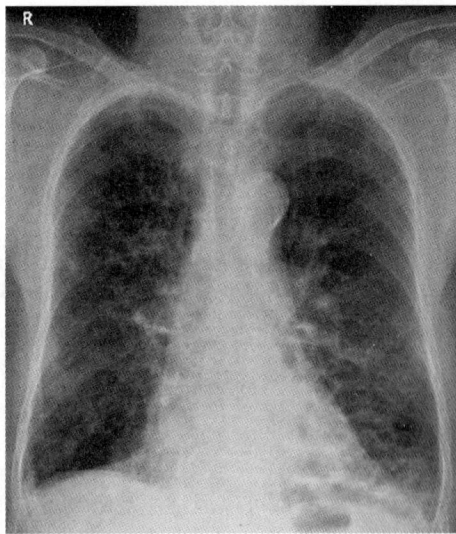

图 2-5-2　支气管扩张的 X 线胸片表现

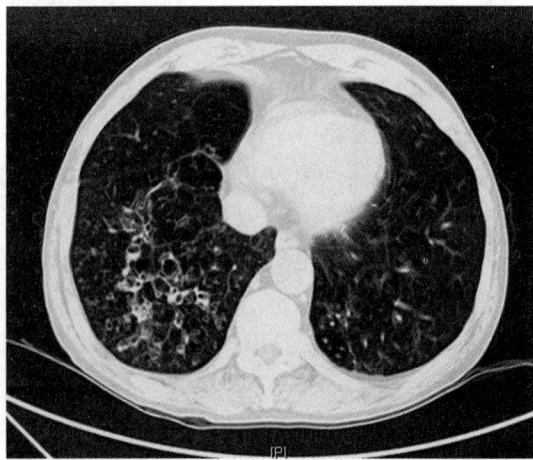

图 2-5-3　支气管扩张的 HRCT 表现

(二)纤维支气管镜(纤支镜)检查

对一些因阻塞引起的局限性支气管扩张,纤支镜可以发现阻塞的原因和部位,取出异物。对于某些需明确感染病原者,可以考虑经纤支镜取下呼吸道分泌物检查。

（三）肺功能检查

支气管扩张的肺功能改变与病变的范围及性质有密切关系。病变局限者,肺功能一般无明显改变。病变严重者肺功能的损害多表现为阻塞性通气功能障碍,或伴弥散量降低,动脉血氧分压降低及动脉血氧饱和度下降。

（四）血液化验

急性加重或继发感染时血白细胞计数和中性粒细胞比例多增高,C-反应蛋白增高,血沉增快。

（五）痰微生物检查

痰涂片可发现革兰阴性及革兰阳性细菌;培养可检出致病菌,多见流感嗜血杆菌和铜绿假单胞菌等;药物敏感试验对于临床正确选用抗生素具有指导价值。

（六）其他

检测血清 IgG、IgA、IgM,了解免疫功能状况。对怀疑 ABPA 者检测血嗜酸粒细胞和 IgE 等;怀疑其他原因者应进行相应检查,以了解其基础疾病。

【诊断与鉴别诊断】

（一）诊断

根据慢性咳嗽、咳大量脓痰、反复咯血及肺部感染等病史,肺部听诊闻及固定而持久的局限性湿啰音,结合胸部 X 线,尤其 HRCT 显示的支气管扩张改变即可作出诊断。

对于明确诊断支气管扩张者还要注意了解其基础疾病。CT 显示的支气管扩张部位对于病因判断有一定提示。感染后性支气管扩张多见于下叶基底段支气管的分支。结核后性支气管扩张多位于肺上叶,下叶背段,特别多见于上叶尖、后段支气管及其分支。非结核分枝杆菌感染引起的支气管扩张明显增多,多累及右中叶和左舌叶,常伴细支气管感染呈树芽征。ABPA 多为中心性支气管扩张,伴指套征。

（二）鉴别诊断

1. **慢性支气管炎**　多发生于 40 岁以上的患者,有吸烟史,咳嗽、咳痰症状以冬、春季节为主,痰为白色泡沫样黏痰,感染急性发作时可呈脓性,痰量较少,且无反复咯血史。

2. **肺脓肿**　急性起病,咳嗽、咳大量脓臭痰,伴高热,胸部 X 线或 CT 检查可发现脓肿伴空洞液平。

3. **肺结核**　慢性咳嗽、咳痰,但常有午后低热、盗汗、消瘦等结核中毒症状。病变多位于上叶。胸部 X 线或 CT 结合痰抗酸杆菌检查可作出诊断。

4. **支气管肺癌**　多发生于 40 岁以上的男性吸烟患者,可有咳嗽、咳痰、咯血等表现。行胸部 X 线或 CT、纤维支气管镜检查、痰细胞学检查等可作出鉴别。

5. **弥漫性泛细支气管炎**　慢性咳嗽、咳痰伴气短,慢性鼻窦炎,胸部 HRCT 显示双肺弥漫分布的小结节影,大环内酯类抗生素治疗有效。

6. **先天性肺囊肿**　X 线和胸部 CT 可见边缘整齐光滑、圆形或卵圆形,有时可有液平,周围肺组织无炎症浸润。

【治疗】　治疗目的是减轻症状,改善生活质量,减少急性加重,预防进展,防止肺功能下降。治疗关键是控制感染,促进痰液引流,降低气道微生物负荷和反复感染或急性加重的风险。

1. **基础疾病治疗**　有基础疾病者需进行治疗,低免疫球蛋白血症者给予替代治疗,ABPA 需予激素抗炎治疗。

2. **控制感染**　急性加重必须根据感染病原给予针对性抗生素治疗。常见病原菌是流感嗜血杆菌、铜绿假单胞菌等,在无病原学结果时,需根据病情经验性选择抗生素,再根据疗效和痰培养结果选择特异和敏感的抗生素。病情较轻者可口服抗生素(如阿莫西林、克拉霉素、喹诺酮类药),病情较重者需静脉给予抗生素,铜绿假单胞菌感染通常予以哌拉西林/他唑巴坦或三代头孢菌素,或联合氨基糖苷类或环丙沙星治疗,疗程常需要 2 周。对于频繁急性加重或铜绿假单胞菌长期定植的患者,可试用经气道吸入妥布霉素或庆大霉素进行治疗。

3. 清除气道分泌物

(1) 体位引流和理疗:可促进脓痰排出,应根据病变部位采用相应体位。一般要求病变部位肺处于高位,引流支气管开口向下。采用手拍或机械振动等方法,使振动波从胸壁传导到支气管,松动分泌物,以利排出。每天 2 次,每次 30 分钟。能耐受者可适当增加引流时间或次数。

(2) 雾化吸入:可稀释分泌物,使其易于排出,促进引流,有利于控制感染。可选用生理盐水、β2 受体激动剂等进行雾化吸入,每天 2～3 次。物理排痰前雾化吸入可增强其效果。

(3) 药物治疗:祛痰药物如溴己新(必漱平)、盐酸氨溴索、N-乙酰半胱氨酸等可促进痰液排出。

4. 改善气流受限　支气管舒张剂可改善气流受限,帮助清除分泌物,伴有气道高反应及可逆性气流受限的患者常有明显疗效。目前尚无循证医学证据支持常规应用吸入激素进行抗炎治疗。

5. 咯血治疗　如果咯血量少,可以对症治疗或口服卡巴克络、云南白药。若出血量中等,可静脉给予垂体后叶素或酚妥拉明;若为大咯血,经内科治疗无效,可考虑介入栓塞治疗或手术治疗。同时,必须保持气道通畅,维持氧合,保持血流动力学稳定。

6. 外科治疗　对于支扩局限而内科治疗仍顽固反复者或大咯血可考虑手术治疗。终末期患者有条件者可以考虑肺移植。

【预后】　取决于基础病因、支气管扩张范围和有无并发症。严重肺功能障碍与慢性铜绿假单胞菌感染者预后差。

【预防】　应用流感疫苗和肺炎疫苗预防或减少急性加重,进行教育与康复训练,劝导戒烟,加强营养,调节免疫,对于减少加重、减轻症状、改善生活质量可能有一定帮助。积极防治呼吸道感染,尤其是幼年时期的鼻窦炎、支气管肺炎、肺结核,对预防支气管扩张症的发生具有重要意义。

(代华平)

推荐阅读文献

1. O'Donnell AE:Bronchiectasis,Atelectasis,Cysts,and Localized Lung Disorders. In:Goldman's Cecil Medicine, Goldman L and Schafer AI(eds),24th Ed. New York:Elsevier Saunders,2012

2. Baron RM/Bartlett JG:Bronchiectasis and Lung Abscess. In:Harrison's Principles of Internal Medicine. Longo DL,Fauci AS,Kasper DL,et al(eds). 18th Ed,New York:McGraw-Hill,2012

3. Barker AF & Ahmed SY:Bronchiectasis. In:Fishman's Pulmonary Diseases and Disorders. Fishman AP,4th ED, New York:McGraw-Hill,2008

4. Iseman MD,Chan ED. Bronchiectasis. In:Murray and Nadel's Textbook of Respiratory Medicine. Mason R J, Murray J F,Courtney Broaddus V,et al(eds),5th ed. Saunders. 2010

5. Pasteur M C,Bilton D,Hill A T,on behalf of the British Thoracic Society. Bronchiectasis (non-CF) Guideline Group. British Thoracic Society guideline for non-CF bronchiectasis. Thorax 2010;65:i1-i58

Notes

第六章 肺 炎

第一节 概 述

要点:

1. 通常根据发病场所和宿主状态对肺炎进行分类,不同类型肺炎的病原体分布各具特点,了解这些有助于经验性抗菌治疗的选择。

2. 社区获得性肺炎的病原体以肺炎链球菌最为常见,近年来非典型病原体增加。宿主状态及其相关因素影响病原体分布。需要评估宿主状态和病情严重程度,区别情况,分类处理。

3. 医院获得性肺炎包括呼吸机相关肺炎,根据发病时间分为早发性和晚发性两组,前者类似社区获得性肺炎,后者则以多重耐药菌(MDR)为主。应当参考发病时间和 MDR 危险因素选择抗菌药物治疗。预防医院内肺炎发生显得尤为重要。

4. 免疫功能低下宿主肺炎常因免疫受损类型的不同出现病原体分布差异。急性威胁生命的感染应当及时给予经验性抗感染治疗,并同时积极获取病原学诊断;亚急性感染患者尽可能在抗感染治疗前开展各种相关病原学采样检测力争获取明确病原学诊断,从而选择针对病原学的目标治疗。

5. 不同病原体所致肺炎在临床上具有一定的特点,熟悉这些特点有助于推测可能的致病微生物,作为抗微生物治疗的参考。

肺炎(pneumonia)是指肺泡、远端气道和肺间质的感染性炎症。临床上通常以发热、寒战、胸痛、咳嗽和咳脓痰为其特征;X 线胸片上至少见一处不透光阴影或 CT 见类似改变,有别于细支气管以近的气道感染。

【分类】

(一)根据解剖学或影像学分类

1. **大叶性肺炎** 病变起始于肺泡,经肺泡间孔(Cohn 孔)蔓延至邻近肺泡,直至整个肺叶或肺段。影像学表现为肺渗出性阴影,通常不累及细支气管。当大量肺泡或肺腺泡充满炎性渗出物变得密实无气时,唯含气支气管清晰可见,称为支气管充气征。典型的大叶性肺炎呈整叶肺实变。由于抗菌药物广泛应用,典型大叶性肺炎已少见,而多数仅表现肺段或亚肺段的渗出和实变。

2. **小叶性肺炎** 也称支气管肺炎。病变常起于支气管或细支气管,继而累及肺腺泡或肺泡。影像学特征是沿肺纹理分布的小片状或斑片阴影,密度不均匀,边缘淡薄而模糊,以两下肺、内中带多见。病灶亦可融合成片状或大片状,密度深浅不一,且不受肺叶或肺段限制。

3. **间质性肺炎** 病变位于肺泡壁及其支持组织,影像学上表现为弥漫性、不规则条索状及网织状阴影,其间可散布有密度增高的小点状阴影。近年来有人进一步划分出粟粒状肺炎,指来自血源播散性感染形成肺内无数类似粟粒的微结节状阴影。

（二）根据病程分类

可分为急性、亚急性和慢性，因其时间界定并不很明确，故应用较少。但慢性肺炎在临床上每有所见，乃指预期病变吸收时间内，影像学上病变持续存在，且临床症状体征没有消退。其重要性在于必须进一步进行病原（因）学诊断，需要警惕某些特殊病原体或酷似感染性肺炎的非感染性肺浸润。

（三）根据病原体分类

在抗感染化学治疗时代，病原学诊断对于肺炎的治疗具有决定性意义，在分类上更强调根据病原学分类。根据病原生物学的通常分类将肺炎分为：

1. **细菌性肺炎**   常见细菌有肺炎链球菌、流感嗜血杆菌、卡他莫拉菌、金黄色葡萄球菌、肺炎克雷伯菌、铜绿假单胞菌等。此外，分类学上不属于细菌、但某些特征类似于细菌的肺炎支原体（mycoplasma pneumoniae）、肺炎衣原体（chlamydia pneumoniae）以及分类学上属于细菌的细胞内病原体军团菌（legionella）常被统称作"非典型病原体"，也是肺炎的常见病原体。结核分枝杆菌所致肺结核病虽然有时被称作为结核性肺炎，但通常作为特殊类型独立分出。

2. **病毒性肺炎**   以儿童最常见，主要有流感病毒、腺病毒、呼吸道合胞病毒、麻疹病毒等呼吸道病毒。流感病毒（包括1997年出现的H_5N_1禽流感病毒、2009年新出现的变异株甲型H_1N_1流感病毒、2013年出现的H_7N_9禽流感病毒）和副流感病毒均可以引起肺炎，除病毒本身所致肺炎外，更常见者为继发性细菌性肺炎。免疫抑制宿主易罹患巨细胞病毒和其他疱疹病毒肺炎。1993年在美国出现的汉坦病毒（hantavirus）肺炎（肺出血综合征）、2002年在我国出现的严重急性呼吸综合征冠状病毒（severe acute respiratory syndrome coronavirus，SARS-CoV）肺炎和2012年出现在中东的类SARS（新型冠状）病毒肺炎是新的、具备不同程度流行性的、病死率极高的病毒性肺炎。

3. **真菌性肺炎**   亦称肺真菌病，病原体除了我国很少的地方性致病性真菌，大多为条件致病性真菌，主要有念珠菌、曲霉、隐球菌和毛霉。真菌性肺炎大多为继发性的，有时也发生于无危险因素的健康人。肺孢子虫在分类学上倾向于归为真菌，现称为肺孢子菌，是免疫抑制宿主肺炎的常见病原体之一。

4. **寄生虫性肺炎（肺寄生虫病）**   阿米巴原虫、弓形体、肺吸虫和棘球绦虫、血吸虫等均可以引起或主要引起肺部感染。某些寄生虫病如肺吸虫病、绦虫病具有地域性（疫区）特点，但现在人口流动性增加，在非疫区也应予警惕。

（四）根据发病场所和宿主状态分类

虽然根据病原学诊断是一种理想的分类，但是迄今肺炎的病原学诊断仍有很多技术及其实施上的困难，而在不同环境或场所以及不同宿主所发生的肺炎，其病原学分布和临床表现等方面各有特点，临床处理和预后亦多差异。因此近年来关于肺炎分类倾向于根据发病场所和宿主状态进行划分：

1. **社区获得性肺炎（community acquired pneumonia，CAP）**   最为常见，临床病情轻重不一。80%患者可以在门诊治疗；20%患者需要住院治疗，其中占总数1%～2%的患者为重症肺炎，需要入住重症监护病房（ICU）治疗。

2. **医院获得性肺炎（hospital acquired pneumonia，HAP）**   患病人数与CAP相比约为1:4。HAP在医院感染中常居第一、第二位。因其高发病率、高病死率和高医疗资源消耗，目前受到很大关注。

3. **健康护理相关肺炎（health-care associated pneumonia，HCAP）**   随着社会老年人口和病残人员增加，在发达国家老年护理院以及慢性病护理院大批建立。在护理院生活者肺炎发病率高，其临床特征和病原学分布介于CAP和HAP之间，被单列为护理院获得性肺炎（nursing home acquired pneumonia，NHAP）。近年来美国疾病预防控制中心主张将NHAP改称健康护理相关肺炎(health-care associated pneumonia,HCAP)。2005 年美国胸科学会(ATS)/美国感染病学会(IDSA)在 HAP 处理指南中规定 HCAP 包括下列人群所患肺炎:①近 90 天内曾住院≥2 次;②长期居住在护理院或慢性病护理机构;③近 30 天内接受过静脉治疗(抗生素、化学药物)、伤口处理;④在医院或血液透析门诊部接受透析治疗。但是,HCAP 的界定和涵盖范围仍有较大争议,近年对于 HCAP 是否有着独特的病原学特点并影响临床治疗讨论尤多,HCAP 概念可能会导致广谱抗生素的过度使用和滥用,近年来根据研究结果更倾向用耐药病原体危险因素评估模型来调整 HCAP 标准,因此本书不予单列。建议参照发病场所和其他相关危险因素进行病情评估和初始经验性治疗,如果其后确定病原学诊断和获得药敏测试结果,则结合临床再作决策。

4. 免疫低下宿主肺炎(immunocompromised host pneumonia,ICHP) 由于 HIV/AIDS 流行,肿瘤放、化疗,器官移植和接受免疫抑制剂治疗者增多,免疫低下宿主作为一组特殊人群对病原微生物极度易感,肺是最常见的感染靶器官。免疫低下宿主肺炎既可以是 HAP 亦可以是CAP,但因其诊治的特殊性,有必要单独列为一种类型。

其他尚可根据年龄分出老年人肺炎、儿童肺炎等类型。

【诊断】

(一) 病史和体格检查

详细采集病史和体检是诊断肺炎的临床基础。病史必须回答"5W":Who、When、Where、Why 和 How。"Who"就是要了解患者的基本情况,如年龄、职业、嗜好(吸烟、酗酒、吸毒)、免疫状态、性生活史(多个性伴侣或同性恋)、职业或不良环境接触史、合并症等。"When"即暴露和发病时间、是否处于某种疾病的流行期。"Where"首先要区分社区感染还是医院感染,有无疫区居留或旅游史。"Why"和"How"则要求询问患者可能的发病原因和发病方式、自觉症状及其特征。体检必须全面、细致,除详细胸部体检外,要特别注意全身状况和肺外体征,当怀疑血源性感染或对于免疫低下患者更不能忽略系统性检查。

(二) 影像学检查

X 线检查是诊断肺炎的重要依据。患者临床表现为发热和咳嗽、咳痰,X 线检查如果未显示肺内炎症浸润,往往提示急性气管-支气管炎,多数为病毒感染,没有使用抗菌药物的指征。X 线上病变范围是病情严重程度评价的重要参考指标。形态特征(叶段实变、斑片状浸润、从粟粒至大小不等的结节影、空洞形成、间质性病变等)虽然对病原学诊断并无特异性,但结合病史对推测病原(因)诊断仍有重要参考意义,可以缩小鉴别诊断的范围。CT 对揭示病变性质、隐匿部位病变和其他伴随改变(胸腔积液、纵隔和肺内淋巴结肿大)很有帮助,适用于需要鉴别诊断时。B 超用于探测胸腔积液和贴近胸壁的肺实质病灶,并可指导穿刺抽液和经胸壁穿刺活检。

(三) 病原学检查

显微镜镜检与病原体培养是传统的,但迄今仍是最基本和最重要的病原学诊断技术。痰或下呼吸道采样标本涂片革兰染色镜检适用于普通细菌的检查,而特殊病原体常需借助特种染色(如姜-尼抗酸染色、吉姆萨染色等)。培养需按不同病原体(如病毒、细菌、真菌)采用相应培养技术。细菌培养根据形态和生化反应等特征可将其鉴定至种,并可进行抗菌药物敏感性测定。肺炎病原学诊断的标本质量及其采集是影响诊断特异性和敏感性的重要环节。应注意在抗菌药物使用之前采集标本。此外,口咽部存在大量定植菌,经口咳痰标本易遭污染,其培养结果很难判断其临床意义。因此为消除或防止污染,提倡或有选择性使用以下方法。

1. 痰标本 ①细胞学筛选:必须指导或辅助患者从深部咳痰,并及时运送至实验室。接种前应确定痰标本质量是否合格。非粒细胞减少或者下呼吸道感染的合格痰标本应是含脓细胞和支气管柱状上皮细胞较多,而受唾液严重污染的不合格标本则有较多来自颊黏膜的扁平鳞状上皮细胞。通用的标准是直接涂片镜检每个低倍视野白细胞>25 个或鳞状上皮细胞<10 个;或鳞状上皮细胞:白细胞<1:2.5。丢弃不合格标本,并要求临床重送标本。合格痰液标本接种培养,可减少培养结果解释上的混乱。②定量或半定量培养:感染性体液或渗出液(包括痰液)细菌浓度高于污染菌。痰定量培养每毫升分离的致病菌或条件致病菌浓度≥10^7菌落形成单位(cfu/ml)或半定量培养(4 区划线法)4+,可以认为是肺炎的致病菌。

2. **下呼吸道标本**　直接采样环甲膜穿刺经气管吸引(transtracheal aspiration,TTA)、经人工气道或纤维支气管镜气管内吸引(endotracheal aspiration,ETA)、防污染样本毛刷(protected specimen brush,PSB)、支气管肺泡灌洗(bronchial alveolar lavage,BAL)、经胸壁穿刺肺吸引(lung aspiration,LA)等方法,属创伤性技术,仅在重症疑难以及免疫低下合并肺部感染患者选择性采用。目前应用较多的是经支气管镜 BAL,并结合定量培养。

3. **血和胸液培养**　部分肺炎患者合并菌血症或胸腔积液,而血液和胸液属无污染体液标本,虽然培养阳性率不高,但特异性很高。凡住院 CAP 和 HAP 患者均应同时两处静脉抽取血培养,有胸腔积液者尽可能诊断性胸腔穿刺抽液进行涂片、培养和相关检查。

4. **免疫学检测**　用已知抗原或抗体与待测标本的抗体或抗原发生反应,借助肉眼、荧光或核素标记技术进行定性或定量测定。优点是快速、简便、不受抗菌治疗的影响。测定感染微生物的特异性抗体目前应用较多,IgM 抗体通常在感染后 7~10 天达到高峰,有一定临床诊断参考价值;而 IgG 抗体于感染后 4~6 周才达到高峰,仅适用于回顾性诊断和流行病学调查。特定病原体的特异性抗原检测是一种理想的诊断技术,但目前多数尚处于研究阶段。

5. **分子生物学技术**　又称基因诊断,有 DNA 探针和体外扩增法。前者操作复杂、费用昂贵,后者常用聚合酶链反应(PCR)法,适合临床实验室使用,新近研发的多重 PCR 技术能够同时检测多个病原体。随着商业化试剂盒的问世,PCR 检测的质量控制有了很大提高,但在实验室检测中仍要注意污染等问题。

近年来,基质辅助激光解吸/电离飞行时间质谱分析(matrix-assisted laser desorption/ionization time-of-flight mass spectrometry,MALDI-TOF-MS)在临床微生物中的应用可以说是一场技术革命,该方法检测细菌的核糖体蛋白,大大地缩短了微生物鉴定所需要的时间,随着研究的进一步深入,这项技术可能应用于细菌的耐药性检测、毒力因子的检测等领域。

除体液和分泌物标本外,对有指征的患者应采集肺或肺外组织活检标本,同时作病理组织学和微生物学检查,特别是当怀疑特殊病原体感染时。临床应根据可能的病原体确定检测目标,选择适合的标本和适当的检测方法,参考表 2-6-1。

表 2-6-1　肺炎常见病原体及其检测

病原体	常用检测方法					
	标本	涂片	培养	病理	免疫	基因
细菌						
需氧/兼性厌氧菌	痰液,PLRTS,胸腔积液,血清	革兰染色	+		±	
厌氧菌	PLRTS,胸腔积液	革兰染色	+		±	±
军团菌	痰液,PLRTS,胸腔积液,血清	荧光染色等	+		+	+
结核/其他分枝杆菌	痰液,组织,胸腔积液,血清	抗酸或荧光	+	+	±	+
真菌						
念珠菌和曲霉等	PLRTS,组织	湿片,HE,银染	+	+	±	±

病原体	常用检测方法					
	标本	涂片	培养	病理	免疫	基因
组织胞浆菌	PLRTS,组织,血清	湿片,HE,银染	+	+	+	
肺孢子菌	组织,咳(导)痰,PLRTS	吉姆萨,银染		+		+
衣原体	血清,痰液,组织				+	+
支原体	痰液,鼻咽拭子,血清		+		+	+
病毒						
流感,腺病毒等	咽拭子,组织,血清	荧光,电镜	+	±	+	+
巨细胞病毒	咽拭子,组织,血清	荧光,电镜	+	+	+	+
原虫						
肺吸虫	血清,痰液,组织	直接/相差显微镜			+	+

注:+:临床常用方法;±:部分病原体中应用或较少应用;PLRTS:防污染下呼吸道标本。

【治疗】

(一) 抗微生物化学治疗的一般原则和合理应用

1. 抗菌药物经验性治疗和靶向治疗(目标治疗)的结合与统一 根据病原微生物学诊断选择相应抗微生物化学治疗是肺炎现代治疗的原则。但是微生物学诊断包括从标本采集到病原体的分离鉴定需要时间,而且诊断的敏感性和特异性不高,为等待病原学诊断而延迟初始抗微生物治疗会贻误治疗时机,明显影响预后。另一方面,肺炎以细菌性感染最为常见,抗菌药物的发展使抗菌治疗足以覆盖可能的病原菌,获得治疗成功。有鉴于此,细菌性肺炎应在获得病原学诊断前尽早(4～8 小时内)开始经验性抗菌治疗。经验性治疗不是凭个人的狭隘经验,而应当参考不同类型肺炎病原谱的流行病学资料,结合具体患者感染某种病原体的危险因素、临床与影像特征,估计最可能的病原菌。依据抗菌药物的基本理论知识,并尽量寻找和参考不同抗菌治疗方案的循证医学证据,从而选择药物和制订治疗方案。在 48～72 小时后对病情再次评价,根据治疗反应和病原学检查结果,确定下一步处理。如果病原学检查结果无肯定临床意义,而初始经验性治疗有效,则继续原方案治疗。倘若获得特异性病原学诊断结果,而初始经验治疗方案明显不足或错误,或者治疗无反应,则应根据病原学诊断结合药敏测试结果,选择敏感抗菌药物,重新拟定治疗方案,此即靶向(目标)治疗。所以经验性治疗与靶向治疗是整个治疗过程的两个阶段,是有机的统一。不应片面强调靶向治疗而贻误时机;经验性治疗也应在治疗前留取诊断标本,尽可能获取特异性病原学诊断并转为特异性病原学治疗,不应仅仅停留在经验性水平。凡抗菌治疗无反应(non-response)的肺炎患者都应该努力确立特异性病原(因)学诊断,而不是凭个人经验频繁更换抗菌药物。

2. 熟悉和掌握抗菌药物的基本药理学知识是合理抗菌治疗的基础 每种抗菌药物的抗菌谱、抗菌活性、药动学和药效学参数、组织穿透力及其在肺泡上皮衬液以及呼吸道分泌物中浓度、不良反应,以及药物经济学评价是正确选择药物和安排治疗方案的基础,必须熟悉和准确掌握。近年来关于药动学(pharmacokinetics)/药效学(pharmacodynatics)(PK/PD)的理论对于抗菌药物的临床合理应用有重要指导意义。β-内酰胺类和大环内酯类(除外阿奇霉素)抗菌药物属时间依赖性杀菌作用,要求血药浓度高于最低抑菌浓度的时间占给药间歇时间(T>MIC%)至少达到40%～50%,此类药物大多半衰期较短,且抗生素后效应时间很短或没有,因此必须按半衰期所折算的给药间歇时间每天多次规则给药,不能任意减少给药次数,必要时应增加给药次数或延长滴注时间。氨基糖苷类和喹诺酮类药物则属浓度依赖性杀菌作用,前者要求血药峰值浓

Notes

度与最低抑菌浓度之比(Cmax/MIC)达到 8 ~ 10 倍;后者要求 Cmax/MIC 达到 10 ~ 12 倍,或给药 24 小时曲线下面积(AUC0-24)与最低抑菌浓度之比(AUC0-24/MIC,即 AUIC0-24)在 G$^+$球菌(如肺炎链球菌)达到 25 ~ 35、G$^-$杆菌达到 100 ~ 125 以上,才能取得预期临床疗效,并避免耐药性产生。目前主张,过去常用的氨基糖苷类每天 2 次给药方案在多数情况下可以改为两次剂量集中 1 天 1 次使用;喹诺酮药物如环丙沙星治疗严重 G$^-$杆菌或铜绿假单胞菌肺部感染至少 400mg,每天 2 次给药。

3. **参考指南、结合本地区耐药情况选择药物**　目前包括中国在内许多国家都制订了社区和医院获得性肺炎诊治指南,提供了初始经验性治疗的抗菌药物推荐意见。不少推荐意见都有循证医学的支持证据,是肺炎抗菌治疗的基本参考。但不同国家或一国之内不同地区细菌耐药情况不尽相同,肺炎经验性抗菌治疗的药物选择还应当结合本国或本地区的耐药监测资料。

(二) 问题和展望

1. **病原学诊断**　肺炎的病原学诊断十分重要,但目前技术水平远远不能满足临床需求。迫切需要研究和发展新技术(包括采样和实验室处理),以提高临床抗微生物化学治疗的针对性。

2. **细菌耐药**　细菌耐药是抗菌药物治疗的重大难题,甚至是一场灾难。耐药问题需要综合治理,而合理用药是避免和减少耐药的关键,临床医师负有重大责任。据美国资料,抗生素处方中 3/4 系用于呼吸系统感染,其中大约一半属不合理用药。合理用药需要从教育和管理多方面入手,科学治理。

3. **新出现病原体**　新出现的病原微生物和感染,如 SARS、高致病性禽流感(H_5N_1、H_7N_9)所致肺炎及其高病死率、甲型 H_1N_1 流感的高传播力,给医学研究提出了许多新的重大课题。需要加强公共卫生体系建设,增加科学研究的投入与推动。

4. **特殊人群**　特殊人群如老年人和免疫低下患者肺炎的患病率和病死率很高,基础和临床研究亟待加强。

第二节　社区获得性肺炎

社区获得性肺炎(community-acquired pneumonia,CAP)亦称院外肺炎,是指在社区环境中机体受微生物感染而发生的肺炎,包括在社区感染,尚在潜伏期,因其他原因住院后而发病的肺炎,并排除在医院内感染而于出院后发病的肺炎。

【病原学】　细菌、真菌、衣原体、支原体、病毒和寄生虫均可引起 CAP,其中以细菌最为常见,肺炎链球菌居首位;在我国衣原体、支原体等非典型病原体并不少见,部分为混合性感染;近年来病毒性肺炎日益受到重视,例如流感病毒肺炎等,此外,幼年时的呼吸道合胞病毒可能和哮喘发病有关。由于地理位置的差异、研究人群的不同、采用的微生物诊断技术及方法各异等原因,CAP 病原体分布或构成比不尽一致。不同病情严重程度和治疗场所 CAP 的主要病原体分布亦有差异:①门诊治疗患者,依次是肺炎链球菌、肺炎支原体、嗜血流感杆菌、肺炎衣原体、呼吸道病毒(流感病毒、腺病毒、呼吸道合胞病毒和副流感病毒);②住院患者,依次为肺炎链球菌、肺炎衣原体、军团菌,以及吸入性病原体(含口咽部菌群特别是厌氧菌);③入住 ICU 患者,依次为肺炎链球菌、金黄色葡萄球菌、G$^-$杆菌和嗜血流感杆菌。宿主状态及其相关状况是影响 CAP 病原体分布的重要因素(表 2-6-2),是经验性治疗估计可能病原体的参考的要点之一。

作为 CAP 的首位病原体,肺炎链球菌的耐药情况总体呈上升趋势。如果存在以下危险因素,需考虑到耐药病原体感染:在 90 天之内使用抗生素或住院超过 48 小时、长期卧床、胃肠营养、免疫抑制状态、使用制酸剂。

表 2-6-2　影响 CAP 病原体的宿主因素

因素或状态	常见病原体
酒精中毒	肺炎链球菌（包括耐药株）、厌氧菌、G⁻杆菌、结核杆菌
近期抗菌药物治疗	耐药肺炎链球菌、铜绿假单胞菌
COPD 或吸烟	肺炎链球菌、流感嗜血杆菌、卡他莫拉菌
口腔卫生不良	厌氧菌
居住在护理院	肺炎链球菌、流感嗜血杆菌、厌氧菌、G⁻杆菌、金黄色葡萄球菌、结核杆菌
流感	金黄色葡萄球菌、肺炎链球菌、流感嗜血杆菌
结构性肺病	铜绿假单胞菌、洋葱伯克霍尔德菌、金黄色葡萄球菌
接触鸟或动物	鹦鹉热衣原体、考克斯体、新生隐球菌
流感流行	肺炎链球菌、流感嗜血杆菌、金黄色葡萄球菌
吸入	厌氧菌
毒瘾	金黄色葡萄球菌、厌氧菌

【流行病学】　虽然强杀菌、超广谱抗菌药物不断问世,CAP 仍然是威胁人类健康的重要疾病,其患病率约占人群的 12‰。根据 2012 年世界卫生组织的统计,全球人口死亡顺位中肺炎居第四位,每年有 310 万人因此死亡。在美国,每年因肺炎的直接医疗费用和间接劳动力损失约 200 亿美元。我国尚缺乏可靠的 CAP 流行病学资料,据估计每年我国有 250 万 CAP 患者,死于 CAP 者超过 12 万人,上述数字显然被低估。年龄、社会地位、居住环境、基础疾病和免疫状态、季节等诸多因素可影响 CAP 的发病与预后(表 2-6-3)。

表 2-6-3　CAP 发病和死亡相关因素

与发病直接相关的因素	与病死率显著相关的因素
年龄	男性
酒精中毒	胸膜性胸痛
支气管哮喘	呼吸频率≥30 次/分
免疫抑制剂治疗	收缩压<100mmHg
心脏病	低体温(<37℃)
近 1 个月内上呼吸道感染	白细胞减少($<1.0×10^9$/L)
先前肺炎史(X 线片确认)	多肺叶浸润
慢性支气管炎或 COPD 急性发作	菌血症
体重超重	糖尿病
职业性尘埃暴露	肿瘤
单身状态	神经系统疾病
失业	
类固醇和支气管舒张剂治疗	
吸烟	

在北半球 1~3 月份是肺炎链球菌、金黄色葡萄球菌、卡他莫拉菌和甲型流感病毒呼吸道感染和肺炎的好发季节;乙型流感自 1 月份起,高峰在 3 月份,延续至 4 月份;4~6 月份可出现立克次体感染(Q 热),7~8 月份肠道病毒,8~10 月份军团菌和副流感 3 型病毒;而 11 月至翌年 2

月份则是流感嗜血杆菌、呼吸道合胞病毒以及副流感病毒 1 型和 2 型的好发季节。肺炎支原体每 3 ~ 6 年出现流行,持续 2 ~ 3 个冬季;肺炎衣原体感染亦有散发和流行交替出现的特点,流行期持续 2 ~ 3 年,而散发期则持续 3 ~ 4 年,没有季节性;军团菌肺炎虽然好发在夏季,但散发病例一年四季均有所见。

【病理学】

(一) 大叶性病变

以叶间胸膜为界,病变局限叶、段。炎症过程分 4 期,即充血期、红色肝变期、灰色肝变期和消散期。这 4 期有时并不完全按时序出现,可以在同一病肺有 2 ~ 3 期病变同时存在。典型的大叶性肺炎主要见于肺炎链球菌,而肺炎克雷伯菌、流感嗜血杆菌、金黄色葡萄球菌、军团菌和其他链球菌肺炎也可呈大叶性改变。

(二) 小叶性病变

表现为一个或多个肺小叶实变。因为渗出物(分泌物)重力作用,病变通常在肺底部或后部。病变界限不清楚,呈现较干的颗粒状,灰红色或黄色。有时病变影响整个肺小叶,而间隔的另一侧肺组织完全正常。组织学上见化脓性中性粒细胞渗出物充满支气管、细支气管和毗邻肺泡。常见病原体为葡萄球菌、链球菌、流感嗜血杆菌、铜绿假单胞菌和大肠杆菌。

(三) 间质性病变

病灶呈斑片状或弥漫性,单侧或双侧性分布。肉眼观肺实质呈现红色和充血,无明显实变。胸膜光滑,很少出现胸膜炎或胸腔渗液。镜下炎症过程累及肺间质(包括肺泡壁和支气管血管周围的结缔组织)。肺间隔见单核细胞(淋巴细胞、浆细胞、组织细胞)浸润。没有明显的肺泡渗出,但不少病例在肺泡腔内见有蛋白样物质。常见病原体包括肺炎支原体、病毒(呼吸道病毒、带状疱疹病毒)、衣原体、考克斯体以及肺孢子菌等。

(四) 混合性病变

病毒性肺炎并发细菌二重感染时,间质和肺泡的病变同时存在,导致纤维脓性气腔炎症反应,有单核细胞间质性炎症和细支气管上皮坏死。

(五) 粟粒性病变

除血行播散性肺结核外,粟粒性病变亦可见于疱疹病毒、难治性组织胞浆菌、球孢子菌等所致肺炎。其组织学表现从干酪性肉芽肿到灶性坏死、纤维素渗出、急性坏死性出血灶各不相同,但共同特点是细胞反应甚少。

【临床表现】

(一) 起病

CAP 大多呈急性起病,但可以因病原体、宿主免疫状态和并发症、年龄等不同而有差异。

(二) 胸部症状

咳嗽是最常见症状,见于 80% ~ 90% 的患者,大多(64% 左右)伴有咳痰,呼吸困难占 66% ~ 75%,此 3 种症状频率在成年人和老年人各年龄段的分布上无甚差别。胸痛的发生率随年龄增长而减少(从 60% 左右降至 30% 左右)。而呼吸增速的发生率随增龄呈现增加(从 36% 增至 65%)。咯血在 CAP 并不少见(10% ~ 20%)。

(三) 全身症状和肺外症状

绝大多数有发热和寒战。高热见于超过 30% 的患者,随增龄而略减。乏力很常见(90% 左右)。其他常见(>60%)症状为出汗、头痛、肌肉酸痛、厌食,老年组发生率低于青壮年组。相对少见症状(<50%)有咽痛、不能进食、恶心、呕吐、腹泻等,不同年龄段差别不大。有研究认为老人肺炎临床表现常不典型,呼吸道症状少,而精神不振、神志改变、活动能力下降和心血管方面改变较多。

(四) 体征

患者常呈热性病容,重者有呼吸急促、发绀。胸部检查可有患侧呼吸运动减弱、触觉语颤增强、叩诊浊音、听诊闻及支气管呼吸音或支气管肺泡呼吸音,可有湿啰音。如果病变累及胸膜可闻及胸膜摩擦音,出现胸腔积液则有相应体征。胸部体征随病变范围、实变程度、累及胸膜与否等情况而异。心率通常加快,如并发中毒性心肌病变,可出现心音低钝、奔马律、心律失常和周围循环衰竭。老年人心动过速可以比较常见。相对缓脉见于军团菌病、Q 热和鹦鹉热支原体肺炎,有诊断参考价值。

【实验室和辅助检查】

(一) 血细胞计数

中、重症细菌性肺炎常见外周血白细胞升高,伴菌血症者的白细胞总数大多超过 $10\times10^9/L$。部分患者白细胞减少。出现白细胞减少、酗酒和肺炎链球菌感染"三联征"是年轻 CAP 患者不良预后的重要征兆。一般来说,非典型病原体支原体和衣原体所导致的肺炎白细胞很少升高,军团菌肺炎白细胞计数超过 $10\times10^9/L$ 的比率亦低于肺炎链球菌肺炎(分别为 60% 和 85%)。但各家报道并不完全一致。

(二) C-反应蛋白

C-反应蛋白(C-reactive protein,CRP)是一种机体对感染或非感染性炎症刺激产生应答的急性期蛋白,由肝脏合成。它是细菌性感染很敏感的生物反应标志物,感染后数小时即见升高,在肺炎患者大多超过 100mg/L,而急性支气管炎和慢性阻塞性肺疾病急性加重(AECOPD)患者的 CRP 虽亦升高,但数值较低;病毒性肺炎 CRP 通常较低。抗菌药物治疗后 CRP 迅速下降,而持续高水平或继续升高则提示抗菌治疗失败或出现感染性并发症(静脉炎、二重感染、肺炎旁渗液等)。

(三) 降钙素原

降钙素原(procalcitonin,PCT)是降钙素的前肽物,可能代表一种继发性介质,对感染的炎症反应具有放大效应,本身并不启动炎症反应。对入住 ICU 的 CAP 患者研究发现,细菌性感染血浆 PCT 升高是病毒性感染的 2 倍,是正常人的 5 倍;以 PCT>0.1μg/L 为界,PCT 诊断细菌性感染的敏感性特异性分别在 64.4% 和 79.6%。连续监测 PCT 水平可以作为评估 CAP(也包括 HAP/VAP)严重程度和预测预后的指标,并且可以指导临床抗菌治疗,减少不必要的抗菌药物使用和早期停药。

(四) 血氧

脉氧仪测定血氧饱和度被不少 CAP 指南列为常规,包括门诊 CAP 初诊患者。入院的 ICU 患者则需行动脉血气分析,以了解动脉血氧分压(PaO_2)和酸碱状态。氧合状态是肺炎严重程度的基本评价参数,也是估计预后的重要参考。

(五) 血生化

血清电解质、肝肾功能是住院患者包括 ICU 患者的基本检测项目。低钠血症在 CAP 颇常见,低钠血症和低磷血症是军团菌肺炎诊断的重要参考。尿素氮是 CAP 严重程度的评价参数之一,肝肾功能是选择抗菌药物的基本考虑因素。

(六) 影像学检查

1. 胸部 X 线检查 是确立肺炎(实质)还是气道感染(传导性)的基本检查,也是评估病情严重程度的必要资料。

2. 胸部 CT 扫描 CT 特别是薄层 CT 或高分辨率 CT(HRCT)的敏感性更高,在显示气腔病变、腺泡水平的细小结节、磨玻璃样阴影、支气管充气征以及病灶分布等方面远较普通 X 线胸片为优,而在肺间质病变的发现和病变特征的揭示上更是普通 X 线胸片所不能达到的。此外 CT 对于了解肺炎并发症(类肺炎性胸腔积液等)、发现掩蔽部位肺炎(心脏后、纵隔)等非常有帮助。对于普通胸片上病灶显示不清、怀疑掩蔽部位病变、结节性肺炎、弥漫性肺炎、病灶需要鉴别诊断、重症肺炎而需要更进一步评估、免疫抑制宿主肺炎、抗菌治疗无反应性肺炎等患者胸部 CT 检查是必要的。

Notes

3. **超声检查** 肺炎患者的超声检查目的在于探测肺炎旁胸腔积液和贴近胸膜病灶的引导经皮穿刺肺活检。超声检查可以显示胸液是否分隔,用以指导胸腔穿刺;缺点是不能显示叶间积液、纵隔胸膜积液以及被肩胛遮盖的包裹性积液。超声引导经皮肺活检较 CT 定位方便且可实时监测,不足之处是显像分辨率不高。

【诊断】

(一) 临床诊断

诊断标准:①新出现或进展性肺部浸润性病变;②发热≥38℃;③新出现的咳嗽、咳痰、或原有呼吸道疾病症状加重,并出现脓性痰;伴或不伴胸痛;④肺实变体征和(或)湿性啰音;⑤白细胞>10×10^9/L 或<4×10^9/L 伴或不伴核左移。以上①+②~⑤中任何一项,并除外肺结核、肺部肿瘤、非感染性肺间质病、肺水肿、肺不张、肺栓塞、肺嗜酸性粒细胞浸润和肺血管炎等,CAP 的临床诊断即可确立。

(二) 病原学诊断

门诊治疗患者病原学检查可以不列为常规,但对怀疑有抗菌治疗方案通常不能覆盖的病原体感染(如结核)或初始经验性抗菌治疗无反应者,需要进一步做病原学检查。住院患者应做血培养(2 次)、痰涂片与培养。经验性抗菌治疗无效者、免疫低下者、怀疑特殊感染而咳痰标本无法获得或缺少特异性者、需要鉴别诊断者,可选择性通过纤维支气管镜下呼吸道防污染样本毛刷采样或 BAL 采样做细菌或其他病原体检测。重症 CAP 应作军团菌有关检测。

(三) 病情评估

需要通过病情严重程度的评估对 CAP 患者治疗作出安排(门诊还是住院),并预估其预后。评估内容包括年龄、生活状况、基础疾病(免疫低下,酒精中毒,慢性心、肝、肾疾病,糖尿病,肿瘤,贫血等)、体检发现(意识和神志、呼吸频率、心率、血压等)、动脉血气和血液生化检测等。现行 CAP 病情评估方法有多种,为应用方便,目前大多推荐英国胸科学会制定的 CURB-65 计分法(表 2-6-4)。重症肺炎患者需要入住 ICU,病死率高,医疗资源消耗显著增加,因此有主张重症肺炎诊断需要更多参数和更严格的标准。美国感染病学会/美国胸科学会(IDSA/ATS)提出的重症肺炎诊断标准包括:主要标准:①有创机械通气;②脓毒性休克需要血管加压素。次要标准:①呼吸频率≥30 次/分;②PaO_2/FiO_2≤250;③多肺叶浸润;④意识模糊、定向力障碍;⑤高尿素血症(尿素氮≥20mg/dl);⑥感染致白细胞减少(周围血白细胞<4×10^9/L);⑦血小板减少(血小板计数<100×10^9/L);⑧低体温(肛温<36℃);⑨低血压(收缩压<90mmHg)需要积极的液体复苏。诊断必须符合 1 项主要标准或 3 项次要标准。近年来,低氧血症、低二氧化碳血症、酸中毒也被认为是重症的重要指标。

表 2-6-4 CAP 病情评估的 CURB-65 计分法

指 标	计分
新出现的意识障碍(confusion)	1
尿素血症(ureamia):BUN>7mmol/L,即 20mg/dl	1
呼吸频率>30 次/分(respiratory)	1
血压(blood pressure):舒张压<60mmHg 或收缩压<90mmHg	1
年龄≥65 岁	1

解释:1 组:积分 0 或 1 分,病死率 1.5%,适合居家治疗;2 组:积分 2 分,病死率 9.2%,住院治疗;3 组:积分≥3 分,病死率 22%,可能需要住 ICU

【治疗】

(一) 抗感染治疗

按不同病情和治疗场所,参考影响病原体的宿主因素、所在地区和医院抗菌药物敏感性监测资料,在留取病原学检测标本时,指南建议立即(距就诊不超过 4 小时)开始经验性抗菌治疗。但近来有研究显示并非所有 CAP 患者都需要在 4 小时内应用抗菌药物,严格按照这一原则可能造成 CAP 诊断的不准确及抗菌药物应用的不合理。中华医学会呼吸病学会推荐方案见表 2-6-5。

表 2-6-5 不同人群 CAP 的初始经验性抗感染治疗的建议

		常见病原体	初始经验性治疗的抗菌药物选择
青壮年、无基础疾病的患者		肺炎链球菌、肺炎支原体、流感嗜血杆菌、肺炎衣原体等	①青霉素类(青霉素、阿莫西林等);②多西环素(强力霉素);③大环内酯类;④第一代或第二代头孢菌素;⑤呼吸喹诺酮类(如左氧氟沙星、莫西沙星等)
老年人或有基础疾病的患者		肺炎链球菌、流感嗜血杆菌、需氧革兰阴性杆菌、金黄色葡萄球菌、卡他莫拉菌等	①第二代头孢菌素(头孢呋辛、头孢丙烯、头孢克洛等)单用或联合大环内酯类;②β-内酰胺类/β-内酰胺酶抑制剂(如阿莫西林/克拉维酸、氨苄西林/舒巴坦)单用或联合大环内酯类;③呼吸喹诺酮类
需入院治疗但不必收住 ICU 的患者		肺炎链球菌、流感嗜血杆菌、混合感染(包括厌氧菌)、需氧革兰阴性杆菌、金黄色葡萄球菌、肺炎支原体、肺炎衣原体、呼吸道病毒等	①静脉注射第二代头孢菌素单用或联合静脉注射大环内酯类;②静脉注射呼吸喹诺酮类;③静脉注射 β-内酰胺类/β-内酰胺酶抑制剂(如阿莫西林/克拉维酸、氨苄西林/舒巴坦)单用或联合静脉注射大环内酯类;④头孢噻肟、头孢曲松单用或联合静脉注射大环内酯类
需入住 ICU 的重症患者	A 组:无铜绿假单胞菌感染危险因素	肺炎链球菌、需氧革兰阴性杆菌、嗜肺军团菌、肺炎支原体、流感嗜血杆菌、金黄色葡萄球菌等	①头孢曲松或头孢噻肟联合静脉注射大环内酯类;②静脉注射呼吸喹诺酮类联合氨基糖苷类;③静脉注射 β-内酰胺类/β-内酰胺酶抑制剂(如阿莫西林/克拉维酸、氨苄西林/舒巴坦)联合静脉注射大环内酯类;④厄他培南联合静脉注射大环内酯类
	B 组:有铜绿假单胞菌感染危险因素	A 组常见病原体+铜绿假单胞菌	①具有抗假单胞菌活性的 β-内酰胺类抗生素(如头孢他啶、头孢吡肟、哌拉西林/他唑巴坦、头孢哌酮/舒巴坦、亚胺培南、美罗培南等)联合静脉注射大环内酯类,必要时还可同时联用氨基糖苷类;②具有抗假单胞菌活性的 β-内酰胺类抗生素联合静脉注射喹诺酮类;③静脉注射环丙沙星或左氧氟沙星联合氨基糖苷类

与 IDSA/ATS 2007 年 CAP 指南比较,我国指南根据成人 CAP 中肺炎链球菌对青霉素耐药率不高的特点,以及我国幅员辽阔、经济社会发展不平衡的现状,青霉素类(青霉素 G、阿莫西林)和第一、二代头孢菌素仍作为重要选择。其次是呼吸喹诺酮类在青壮年、无基础疾病组也作为推荐用药,是考虑到可能部分患者近期或患病以来已应用抗菌药物和 β-内酰胺类过敏等情况的需要。在我国肺炎链球菌对大环内酯类的耐药率较美国明显为高,不推荐单独使用。针

Notes

对病毒性肺炎,冬季流感季节的重症肺炎患者可以考虑经验性抗病毒治疗。抗感染治疗一般可于热退和主要呼吸道症状明显改善后 3～5 天停药,但疗程视不同病原体、病情严重程度而异。初始治疗后 48～72 小时应对病情和诊断进行评价。病情稳定后可转换成口服抗菌药物序贯治疗。

(二)并发症的处理

1. 类肺炎性胸腔积液(parapneumonic effusion) 是指肺炎、肺脓肿和支气管扩张等感染引起的胸腔积液。肺炎时其发生率约 40%,病死率远高于单纯性肺炎,双侧性者更高于单侧性者。类肺炎性胸腔积液的发生分为 3 个阶段,即渗出期、纤维脓性期和机化期。初始经验性抗生素治疗药物选择和剂量并不影响积液的出现,影响类肺炎性胸腔积液和脓胸预后的因素包括:脓胸、细菌涂片和培养阳性、胸液葡萄糖<2.2mmol/L(40mg/dl)、胸液 pH<7.0、胸液 LDH>血清 LDH 正常上限、胸液局限化。临床处理的关键在于早期发现,如果游离积液且宽度(经侧卧位 X 线摄片评估)>10mm,必须诊断性胸穿采样,以了解胸液的性质和对预后的影响。凡胸液 pH<7.0 和(或)葡萄糖<2.2mmol/L 和(或)革兰染色和培养阳性,无局限化,即使外观呈非明显脓性,也需要胸腔置管引流。

2. 呼吸衰竭、脓毒性休克、多器官衰竭 60%～85% 重症 CAP 出现需要机械通气的呼吸衰竭,其低氧血症纠正颇为困难,早期实施无创机械通气可以避免部分患者的有创机械通气。约 5% 的重症肺炎可发展为 ARDS,病死率达 70%。其治疗参考相关指南和教材。

【预防】

1. 戒烟、避免酗酒 有助于预防肺炎的发生。

2. 接种疫苗 多价肺炎链球菌疫苗是从多种血清型中提取的多糖荚膜抗原,可以有效预防侵袭性肺炎链球菌的感染。建议接种肺炎链球菌疫苗的人员包括:体弱的儿童和成年人,60 岁以上老年人,反复发生上呼吸道感染(包括鼻窦炎、中耳炎)的儿童和成年人,具有肺脏、心脏、肝脏或肾脏慢性基础疾病者,糖尿病患者,癌症患者,镰状细胞贫血患者,霍奇金病患者,免疫系统功能紊乱者,脾切除者,需要接受免疫抑制治疗者,长期居住在养老院或其他长期护理机构者。流感疫苗可以保护易感人群,减少流感及其并发症肺炎的发生,接种的范围可以较肺炎链球菌疫苗更广。接种人员包括:60 岁以上老年人,慢性病患者及体弱多病者,医疗卫生机构工作人员特别是临床一线工作人员,小学生和幼儿园儿童,养老院、老年人护理中心、托幼机构的工作人员,出租车司机,民航、铁路、公路交通的司乘人员,商业及旅游服务的从业人员等以及经常出差或到国内外旅行的人员。

第三节 医院获得性肺炎

医院获得性肺炎(Hospital-acquired pneumonia,HAP)简称医院内肺炎(nosocomial pneumonia,NP),是指患者入院时不存在、也不处于感染潜伏期,而是入院≥48 小时在医院内发生的肺炎,包括在医院内获得感染而于出院后 48 小时内发病的肺炎。其中以呼吸机相关肺炎(ventilator-associated pneumonia,VAP)最为常见,它是指建立人工气道(气管插管/切开)和接受机械通气(mechanical ventilation,MV)48 小时后发生的肺炎。美国胸科协会(ATS)曾提出医疗保健相关性肺炎(healthcare-associated pneumonia,HCAP)的概念,近来研究发现该分类不仅不能改善患者生存率,而且还会增加抗生素不合理应用的风险。

【病原学】 细菌是 HAP/VAP 最常见的病原体,约占 90%,其中 1/3 为复数菌感染。常见病原体构成见表 2-6-6。不同发病时间、基础状况、病情严重程度,甚至不同地区、医院和部门,HAP/VAP 的病原谱存在明显差异。轻、中度和早发性(入院后或接受 MV<5 天发生)HAP/VAP,以肺炎链球菌(5%～20%)、流感嗜血杆菌(5%～15%)、甲氧西林敏感金黄色葡萄球菌

（MSSA）和抗生素敏感肠杆菌科细菌为常见；重症、晚发性和免疫低下宿主的 HAP/VAP，则以多耐药的革兰阴性杆菌（20%～60%）如铜绿假单胞菌、不动杆菌、肠杆菌科细菌以及革兰阳性球菌（20%～40%）如甲氧西林耐药金黄色葡萄球菌（methicillin-resistance staphylococcus aureus，MRSA）多见。由于第三代头孢菌素的广泛应用，产超广谱 β-内酰胺酶（ESBLs）菌株，特别是肺炎克雷伯菌和大肠杆菌已在国内许多地区和医院流行，并成为晚发性 HAP 的重要病原。沙雷菌可污染呼吸器械导致 HAP/VAP 暴发流行，军团菌肺炎亦可呈暴发流行。厌氧菌所致的 HAP 报道少见，多见于容易出现误吸的基础疾病如脑中风患者。真菌感染特别是急性侵袭性肺曲霉病（IPA）的发病率近年来有上升趋势，值得重视。巨细胞病毒（CMV）肺炎，多见于免疫低下宿主。呼吸道合胞病毒（RSV）和流感病毒可引起 HAP 暴发流行，多见于婴幼儿病房。SARS-CoV 作为具有高度传染性的重要病原体，其医院感染主要发生在与 SARS 患者密切接触且缺乏严格防护的医务人员、陪护人员以及同居室的其他患者。

表 2-6-6　医院内肺炎病原体的构成比

病　原　体	构成比（%）
革兰阴性杆菌（铜绿假单胞菌，不动杆菌，肠杆菌科）	50～70
金黄色葡萄球菌	15～30
厌氧菌	10～30
流感嗜血杆菌	10～20
肺炎链球菌	10～20
军团菌	4
病毒（CMV、流感、RSV、SARS-CoV）	10～20
真菌	<1

【流行病学】　根据全国医院感染监测资料，HAP 是我国居首位的医院感染类型，在欧美等发达国家则居第二至第四位。全球范围内 HAP 的发病率为 0.5%～5.0%。教学医院 HAP 发病率是非教学医院的 2 倍；ICU 是普通病房的数倍至数十倍；胸腹部手术患者是其他手术患者的38 倍；MV 患者是非 MV 患者的 7～21 倍。HAP 病死率为 20%～50%，明显高于 CAP 的 5%～6.3%。MV 患者中，VAP 累积发病率为 18%～60%。按呼吸机日（ventilator-days，VDs）计，内外科 ICU 成年患者 VAP 发病率为 15～20 例次/1000VDs；ARDS 患者 VAP 发病率高达 42 例次/1000VDs。VAP 患者病死率 25%～76%，归因病死率 24%～54%。荟萃分析显示，我国 HAP 总体发病率为 2.33%。在不同人群发病率差异很大，老年、ICU 和 MV 患者 HAP 发病率分别为普通住院患者的 5 倍、13 倍和 43 倍。病死率为 24.08%。上海市调查资料显示，因 HAP 造成住院期延长 31 天，每例平均增加直接医疗费用 1.8 万元。

【感染来源和途径】

（一）误吸（aspiration）

口咽部定植菌吸入是 HAP 的最主要感染来源和感染途径。50%～70% 的健康人睡眠时可有口咽部分泌物吸入下呼吸道。吞咽和咳嗽反射减弱或消失者如老年、意识障碍、食管疾患、气管插管、留置鼻胃管、胃排空延迟及张力降低者更易发生误吸。正常成人口咽部 G⁻杆菌分离率低于 5%，住院后致病性 G⁻杆菌定植明显增加。口咽部 G⁻杆菌定植增加的相关因素还有抗生素应用、胃液反流、大手术、基础疾病，以及内环境紊乱如慢性支气管肺疾病、糖尿病、酒精中毒、白细胞减少或增高、低血压、缺氧、酸中毒、氮质血症等。胃内细菌可能是口咽部定植致病菌的来源之一。正常情况下，胃液 pH 为 1.0 左右，胃内极少有细菌。胃液酸度下降、老年、酗酒、各种胃肠道疾病、营养不良和接受鼻饲、应用制酸剂或 H₂ 受体阻滞剂，可使胃内细菌定植大量增加。

胃液 pH>4.0 时细菌检出率为59%,pH<4.0 时细菌检出率仅为14%。胃内定植菌引起 HAP 的机制可能为直接误吸胃液,也可能为细菌先逆向定植于口咽部,再经吸入而引发肺炎。

（二）气溶胶吸入(inhalation)

是 HAP 的另一发病机制。曾有报道雾化器污染导致 HAP 暴发流行。呼吸机雾化器、氧气湿化瓶水污染是引发 HAP 的重要来源。儿科病房的医院获得性病毒性肺炎大多通过气溶胶传播。SARS 的传播途径主要为近距离飞沫传播,部分可由接触污染分泌物经黏膜感染。受军团菌污染的淋浴水和空调冷凝水可产生气溶胶引起 HAP。经空气或气溶胶感染的 HAP 其病原体以呼吸道病毒、结核杆菌、军团菌、曲霉菌等为多见。

（三）其他

吸痰过程中交叉污染和细菌直接种植是医院感染管理和控制不力的 ICU 发生 VAP 的重要原因。血道播散引起的 HAP 较少,见于机体免疫低下、严重腹腔感染、大面积皮肤烧伤等易于发生菌血症的患者。

【病理】 HAP/VAP 的病理形态学改变是各种各样的,取决于病原体、感染发生至组织取样的时间、宿主的基础免疫状态以及抗菌治疗等。从各个不同角度进行的病理学描述和界定如下。

（一）病理学分级

1. 细支气管炎 细支气管腔内多形核白细胞大量聚集和增殖,伴脓性黏液栓和支气管壁的改变。

2. 灶性支气管肺炎 终末细支气管和肺泡周围中性粒细胞散在性浸润。

3. 融合性支气管肺炎 上述改变扩展至若干毗邻的肺小叶。

4. 肺脓肿支气管肺炎 融合并伴随组织坏死,正常肺结构破坏。

（二）病理严重性分度

1. 轻度 终末细支气管及某些周围肺泡散在中性粒细胞浸润。

2. 中度 毗邻小叶间病变大片融合,细支气管内出现脓性黏液栓。

3. 重度 炎症广泛融合,偶见组织坏死。

（三）病理学分期

1. 早期(0~2 天) 毛细血管充血伴多形核白细胞数量增加,肺泡腔可见纤维素渗出。

2. 中期(3~4 天) 肺泡腔内出现纤维素,少量红细胞和若干多形核白细胞。

3. 后期(5~7 天) 大多数肺泡内充满多形核白细胞、巨噬细胞、吞噬细胞脱屑。

4. 消散期(>7 天) 由于单核-巨噬细胞的吞噬作用,使炎性渗出消散。

对于 HAP/VAP 病理学的研究,有助于对本病的理解和认识。但由于方法学的限制和影响因素众多,病理和临床相关性很难确定,如 VAP 患者死后研究表明,VAP 病理上的炎症程度与细菌负荷之间并不平行;而病理上 VAP 的早期病变在临床上很难发现和诊断。

【临床表现】 HAP 多为急性起病,但不少情况下被基础疾病掩盖,或因免疫功能差、机体反应削弱致使起病隐匿。常见呼吸道症状有咳嗽、咳脓痰,部分患者因咳嗽反射抑制使咳嗽轻微甚至无咳嗽;有的仅表现为精神萎靡或呼吸频率增加。在 MV 患者,常表现为需要加大吸氧浓度或出现气道阻力上升。发热为最常见的全身症状,少数患者体温正常,甚至体温不升。重症 HAP 可并发急性肺损伤和 ARDS、左心衰竭、肺栓塞等。查体可有肺部湿性啰音甚至实变体征,视病变范围和类型而定。

【辅助检查】 胸部 X 线可呈现新的或进展性肺泡浸润和实变,范围大小不等,严重者可出现组织坏死和多个小脓腔形成。在 VAP,可以因为 MV 肺泡过度充气使浸润和实变阴影变得不清晰,也可以因为合并肺损伤、肺水肿或肺不张等发生鉴别困难。粒细胞缺乏、严重脱水患者并发 HAP 时,X 线检查可以阴性。

【诊断】

（一）临床诊断

一般采用的 HAP/VAP 临床诊断标准是：发热、白细胞增高和脓痰气道分泌物 3 项中具备 2 项，另加上 X 线影像学出现肺部新的或进展性的浸润病变。此标准敏感性高但特异性很低。即使临床 3 项和 X 线异常同时存在，其特异性仍低于 50%。美国医院感染监测系统（NNIS）提倡下列诊断标准（表 2-6-7），美国疾病控制中心（CDC）新近提出用呼吸机相关事件（VAE）代替 VAP 的定义，但其临床应用还有待更多研究。

表 2-6-7　美国医院感染监测系统规定的 HAP/VAP 诊断标准

X 线	≥2 次连续性胸部 X 线片显示新的或进展性的和持续性的肺部浸润、空洞或实变（无心肺基础疾病患者 1 次胸片即可）
临床	下列条款之一： （1）发热>38℃而无其他明确原因 （2）WBC 计数<$4×10^9$/L 或>$12×10^9$/L （3）对于≥70 岁老年人，出现意识状态改变而无其他明确原因 另加下列条款≥2 条： （1）新出现脓痰或痰的性状改变，或呼吸道分泌物增加或需吸引次数增加 （2）新出现或加重的咳嗽，呼吸困难或呼吸频率增加 （3）肺部啰音或支气管呼吸音 （4）气体交换恶化，吸 O_2 需要增加或需要通气支持
微生物学（任选）	阳性培养（1 种）：血液（无其他相关原因）、胸液、BALF 或 PSB 定量培养、BALF 含胞内菌细胞数≥5%

早期诊断有赖于对 HAP/VAP 的高度警惕性。高危人群如昏迷、免疫低下、胸腹部手术、人工气道机械通气者，凡出现原因不明发热或热型改变、咳嗽咳痰症状加重、痰量增加或脓性痰、所需吸氧浓度增加或机械通气者所需每分钟通气量增加，均应怀疑 HAP/VAP 可能，及时进行 X 线检查，必要时行 CT 检查。

（二）病原学诊断

某些基础疾病和危险因素有助于对感染病原体的估计，如昏迷、头部创伤、近期流感病毒感染、糖尿病、肾衰竭患者容易并发金黄色葡萄球菌肺炎；长期住 ICU、长期应用糖皮质激素、广谱抗生素、支气管扩张症、粒细胞缺乏、晚期 AIDS 患者易感染铜绿假单胞菌；军团菌感染的危险因素包括应用糖皮质激素、地方性或流行性因素；有腹部手术和吸入史者，则要考虑厌氧菌感染。由于 HAP 病原谱复杂、多变，而且多重耐药菌频发，应特别强调开展病原学诊断。HAP 特别是 VAP 应当常规做血培养。痰标本病原学检查存在的问题主要是假阳性，普通咳痰标本分离到的表皮葡萄球菌、除诺卡菌外的其他 G+ 杆菌、除流感嗜血杆菌外的嗜血杆菌属细菌、微球菌、肠球菌、念珠菌属和厌氧菌，没有或很少有临床意义。应当根据临床需要和病情，衡量利弊，选择侵袭性技术如 PSB 和 BAL 采样，进行病原学检查。

（三）病情和耐多药（multiple drug resistance，MDR）菌感染危险因素的评估

1. **病情严重程度评估**　缺少前瞻性研究，可以参考 CAP。

2. **MDR 危险因素**　MDR 菌在 HAP/VAP 患者很常见，而且呈上升趋势，给治疗增加了很大难度。因此，近年来强调对感染 MDR 菌的危险因素进行收集和评估，其重要性超过对病情严重程度的评估。这些危险因素包括：①近 90 天内接受过抗菌药物治疗或住院；②本次住院≥5 天，或 MV≥7 天；③定期到医院静脉滴注药物或透析治疗；④居住在护理院或长期护理机构；⑤免疫抑制性疾病或免疫抑制剂治疗；⑥所在社区或 ICU 存在高频率耐药菌。

【治疗】　综合治疗包括：抗感染治疗、呼吸治疗（吸氧和 MV）、支持治疗以及痰液引流等，以抗感染治疗最重要。

（一）早发、轻中症、无 MDR 危险因素的 HAP/VAP

以肺炎链球菌、肠杆菌科细菌、流感嗜血杆菌、MSSA 等常见,抗菌药物可选择第二、三代头孢菌素(不必包括具有抗假单胞菌活性者)、β 内酰胺类/β 内酰胺酶抑制剂。青霉素过敏者选用氟喹诺酮类如环丙沙星、左氧氟沙星或莫西沙星。

（二）晚发、重症、具有 MDR 危险因素的 HAP/VAP

以铜绿假单胞菌、不动杆菌、产 ESBLs 肠杆菌科细菌、MRSA 等多见,抗感染药物应选择左氧氟沙星/环丙沙星或氨基糖苷类联合下列药物之一:①抗假单胞菌 β 内酰胺类如头孢吡肟、头孢他啶、哌拉西林或头孢哌酮;②广谱 β 内酰胺类/β 内酰胺酶抑制剂如哌拉西林/他唑巴坦、头孢哌酮/舒巴坦,替卡西林/克拉维酸对嗜麦芽窄食单胞菌活性较强,但铜绿假单胞菌耐药率较高;③亚胺培南、美罗培南或比阿培南。在晚发、重症 HAP/VAP 病原体中,MRSA 的构成比占 20% ~ 30%,感染的主要危险因素有:入住 ICU>7 天、先期抗菌治疗、>65 岁、金黄色葡萄球菌携带者、呼吸道分泌物涂片见到 G⁺球菌、严重脓毒症/脓毒症休克,当危险因素 ≥2 项时,应联合利奈唑胺或糖肽类抗菌药物。

重症 HAP 或 VAP 的最初经验性抗生素治疗不恰当(覆盖不足和不及时)会增加病死率,是影响预后最重要的独立危险因素之一。近来有多项研究发现,针对革兰阴性菌的经验性联合用药并不能改善预后,反而会增加患者病死率。病原学诊断的重要价值在于证实诊断和为其后更改治疗特别是改用窄谱抗感染治疗提供可靠依据。对重症 HAP 的最初经验性治疗应覆盖铜绿假单胞菌、不动杆菌和 MRSA 等高耐药菌。48 ~ 72 小时后进行再评估,按下列情况分别处理:①临床和(或)微生物学证实诊断,继续抗感染治疗。如果微生物学诊断结果特异性较高(血、胸液、防污染下呼吸道直接采集标本培养和涂片),则减少联合用药,保留或选用针对性强的 1 ~ 2 种敏感药物。②临床诊断可能而微生物学诊断的临床意义不确定,无脓毒症或休克,继续抗感染治疗针对性不强,且会增加抗生素选择性压力,不用抗感染治疗亦可能对预后不利,决策颇为困难,但从临床角度出发,通常继续抗感染治疗,可按原方案用药或略作调整。③出现肺外感染或不能解释的严重脓毒症或脓毒症休克,根据感染类型和(或)培养结果强化抗感染治疗。④临床诊断不符合,同时培养结果无意义或防污染下呼吸道标本培养阴性,或已肯定其他非感染原因,无严重脓毒症和休克,应停用抗感染治疗。

抗感染治疗的疗程应在遵循普遍规律的同时提倡个体化,取决于感染的病原体、严重程度、基础疾病及临床治疗反应等,生物标记物如降钙素原(PCT)的动态监测有助于缩短抗生素疗程。根据近年临床研究结果,除铜绿假单胞菌等葡萄糖非发酵菌和 MRSA 外,多数情况下有效的抗感染治疗的疗程可从传统的 14 ~ 21 天缩短至 7 ~ 8 天。葡萄糖非发酵菌或 MRSA 感染、出现肺脓肿或伴有免疫功能损害者,应延长其疗程。

【预防与控制】

1. **防止吸入**　患者采取半卧位(头部抬高 30° ~ 45°)可以有效减少吸入和 HAP/VAP 的发病。尽量避免使用可以抑制呼吸中枢的镇静药、止咳药。对昏迷患者要定时吸引口腔分泌物。

2. **呼吸治疗器械严格消毒、灭菌**　直接或间接接触下呼吸道黏膜的物品须经灭菌或高水平消毒(76℃,30 分钟加热,或适合的化学消毒剂如 2% 戊二醛溶液浸泡 20 分钟)。化学消毒后的物品应避免再次污染。

3. **优选通气技术**　COPD 患者优选无创通气;需要有创通气患者只要无反指征,优先采用经口(非经鼻)气管插管。使用可吸引气管插管持续声门下吸引,可减少 VAP 发生。对同一患者使用的呼吸机,其呼吸回路管道,包括接管、呼气活瓣以及湿化器,不要过于频繁(<48 小时)更换消毒,除非有肉眼可见的分泌物污染;呼吸机在不同患者之间使用时,则要经过高水平消毒。湿化器水要用无菌水,连接呼吸机管道上的冷凝水收集瓶要及时倾倒,操作时要避免冷凝水流向患者侧。

4. **手卫生**　手部清洁是预防 HAP 或 VAP 简便而有效的措施。严格执行洗手规则,可减少

ICU 内 HAP 至少 20% ~30% 。不论是否戴手套,接触黏膜、呼吸道分泌物及其污染的物品之后,或接触气管插管或气管切开患者前后,或接触患者正在使用的呼吸治疗设施前后,或接触同一患者不同的污染部位后,均应洗手。

5. 疫苗 肺炎链球菌肺炎疫苗对易感人群如老年、慢性心肺疾病、糖尿病等患者有一定预防作用。

第四节 免疫低下宿主肺炎

免疫低下宿主(immunocompromised host,ICH)按其起因分为先天性和获得性。按免疫防御机制分为特异性和非特异性。前者又区分为 B 细胞介导免疫损害和 T 细胞介导免疫损害;后者主要有中性粒细胞数量减少或功能异常、补体缺乏和物理屏障破坏(如体内留置导管、气管插管或切开等)。而临床上通常按其病因粗略区分为 HIV/AIDS 和非 HIV-ICH,本节主要讨论非 HIV-ICH 的肺炎,关于 HIV 或 AIDS 请参考传染病学教科书。

【病原体】 虽然 ICH 对各类病原微生物感染的易感性均增高,但不同类型免疫损害的感染在病原体分布上存在显著差异(表 2-6-8)。当然 ICH 肺部感染病原体的流行病学分布还受到其他多种因素制约,例如同样是以细胞免疫抑制为主,不同原因或基础疾病及免疫受损的不同病期其病原体分布会有很大差异。实体器官移植后的早期(术后第 1 个月)细菌性肺炎多系强毒力致病菌,G⁻杆菌、肺炎链球菌、金黄色葡萄球菌居前三位,合计占 80% 以上。术后 3 ~4 周内的肺炎很少是机会性致病菌,除了部分真菌感染。6 个月以后倘无附加危险因素(如排异反应需要强化免疫抑制剂治疗),致命性肺炎和其他严重感染比较少见,病原体则近似通常人群的社区感染。实体器官移植受者巨细胞病毒(cytomegalovirus,CMV)感染多见于术后 1 ~4 个月,而 CMV 肺炎发病高峰在第 4 个月;PCP 大多发生在术后 2 ~6 个月,未见有短于 6 周者;真菌感染多在术后 2 ~3 周,肝移植受者可以早在第 1 周。与实体器官移植不同,骨髓移植后早期(<1 个月)感染主要为血流感染,肺部感染相对少见。

表 2-6-8 免疫损害类型与易感病原体

类型/疾病或状态	病原体			
	细菌	真菌	病毒	寄生虫
T 细胞介导免疫低下或 HIV、器官移植、淋巴瘤等	李斯特菌、诺卡菌、沙门菌(除伤寒外)、分枝杆菌、军团菌	新生隐球菌、组织胞浆菌、球孢子菌、芽生菌、毛霉、肺孢子菌	巨细胞病毒、带状疱疹病毒、单纯疱疹病毒	弓浆虫、粪类圆线虫
B 细胞介导免疫低下或先天性、骨髓瘤、慢性淋巴细胞白血病	肺炎链球菌、流感嗜血杆菌			
粒细胞缺乏(<0.5×10⁹/L)或功能异常或肿瘤化疗、药物反应、慢性肉芽肿病、髓过氧化酶缺乏	铜绿假单胞菌、肠道 G⁻杆菌、金黄色葡萄球菌	曲霉、毛霉		
无脾/器质性或功能性	肺炎链球菌、流感嗜血杆菌、大肠杆菌、金黄色葡萄球菌、脑膜炎奈瑟菌			

Notes

续表

类型/疾病或状态	病原体			
	细菌	真菌	病毒	寄生虫
补体减少或先天性	肺炎链球菌、流感嗜血杆菌、奈瑟菌			
激素、细胞毒药物（或两者联合）	金黄色葡萄球菌、李斯特菌、分枝杆菌、铜绿假单胞菌、诺卡菌、其他 G⁻杆菌	曲霉、组织胞浆菌、接合真菌、新生隐球菌、肺孢子菌、球孢子菌	巨细胞病毒、带状疱疹病毒、单纯疱疹病毒	弓形体、粪类圆线虫
屏障破坏或静脉留置导管、气管插管或切开	葡萄球菌、铜绿假单胞菌、毗邻部位的细菌			

　　G⁺和 G⁻杆菌细菌和白念珠菌是主要病原体，近年来凝固酶阴性葡萄球菌有增加趋势。中期（1~3 个月）虽然细菌和真菌感染仍有发生，但以 CMV 肺炎最常见，其次是 PCP。后期（>3 个月）则以 CMV 以外的疱疹病毒最常见，但很少侵犯内脏；肺部感染仍以细菌性为主特别是肺炎链球菌、金黄色葡萄球菌，据认为与移植后期的体液免疫缺陷有关。未经化疗的白血病和淋巴瘤其感染病原体与免疫损害类型有一定相关性，如粒细胞白血病容易发生化脓菌感染，而淋巴瘤易罹患结核和真菌感染。但在接受化疗的患者这种相关性大多不复存在。接受化疗者在最初诱导阶段以敏感菌多见如葡萄球菌、大肠杆菌；由于反复应用抗生素，其后感染则多为耐药 G⁻杆菌和真菌。激素对淋巴细胞白血病和淋巴瘤的良好疗效将减少感染危险，但强化阶段长时间应用激素可以发生 PCP、真菌和其他机会性感染。未达到缓解或疾病复发，在白细胞计数偏低条件下继续化疗易导致耐药 G⁻杆菌和真菌菌血症及肺炎。总体上说，血液系统肿瘤患者不论全身或局部感染均以细菌为主，但在肺部感染中真菌等特殊病原体比例增高。在自身免疫性疾病如系统性红斑狼疮，无活动性者若发生感染以 G⁺细菌多见，而累及两个以上器官的活动性患者多为 G⁻杆菌感染；当激素和环磷酰胺治疗进一步加重免疫抑制时，则机会性病原体如曲霉、诺卡菌、新生隐球菌、肺孢子菌、CMV 等感染增加。需要强调指出，在我国结核菌感染率高，任何原因的免疫抑制患者潜伏结核的激发和复燃相当常见，应当警惕。

　　【临床表现】　肺炎作为一种微生物学现象，在 ICH 与免疫机制健全者并无本质不同。但宿主免疫炎症反应削弱可以显著改变肺部感染的临床和影像学表现，而激素和其他免疫抑制药物亦可以干扰或掩盖感染的症状及临床经过。概括起来，ICH 肺炎有下列特点：①起病大多隐匿，不易察觉，临床一经发现，病情常急剧进展，呈暴发性经过，迅速发展至极期，甚至呼吸衰竭。②高热很常见，有时患者继续接受糖皮质激素治疗，体温亦不能降至正常；G⁻杆菌肺炎虽有高热，但很少寒战。而免疫健全者 G⁻杆菌肺炎寒战被认为是一种颇为特征性的症状。③咳嗽咳痰相对少见，对接受强化化疗肿瘤患者并发 G⁻杆菌肺炎的观察发现，咳嗽发生率仅 41%，多属干咳，咳痰不足 1/5，胸痛亦不常见。④病变大多为双侧性，体征和影像学上实变征象少见（仅约 50%）。在粒细胞缺乏者肺部炎症反应轻微，肺不张可以是感染的一种早期或唯一征象，随着粒细胞恢复，炎症反应加剧，影像学上病变反见增加。⑤即使同属细胞免疫损害，在 AIDS 与非 AIDS 免疫损害患者的 PCP 表现可以有很大差异。与后者相比，前者起病隐潜而治疗反应慢，菌量负荷低，导痰诊断比较容易，临床治疗效果不与菌体消灭相关联，复发率高，应用 SMZco 治疗过敏反应发生率高，而喷他脒治疗毒副作用相对较少。⑥真菌性感染的炎症反应通常较细菌性感染为弱，在 ICH 犹然，如侵袭性肺曲菌病的肺部症状很轻，有时以脑或其他脏器迁徙性病变为首发表现。ICH 并发肺结核与非 ICH 亦有显著不同，如播散广、病灶分布的叶段差异不明显、伴有纵隔或肺门淋巴结肿大和胸膜炎较多、合并其他感染的概率高。

Notes

【诊断】

(一) 肺部病变的早期发现和病因鉴别

早期发现和确诊直接影响预后,如肾移植受者的发热和肺浸润在 5 天内发现并确诊者存活率为 79%,而延误超过 5 天者仅 35%。应加强临床观察,不放松任何细微的症状和体征。PaO_2 对移植受者肺部疾病的早期发现和诊断有一定帮助,约 80% 的细菌性肺炎和 70% 肺栓塞患者 $PaO_2 < 8.6kPa(65mmHg)$,而病毒、肺孢子菌、真菌或诺卡菌肺炎,仅有 8% 的患者 PaO_2 低于此限。X 线检查对诊断虽非特异性,但仍是有帮助的。局限性病变常见于细菌、真菌、军团杆菌和分枝杆菌等感染以及肺出血、肺栓塞,有时也见于早期 PCP;结节或空洞性病变常为隐球菌、诺卡菌、曲霉、分枝杆菌等感染,肺脓肿(包括迁徙性)和肿瘤;弥漫性间质/腺泡浸润性病变多由于 PCP、病毒、弓浆虫、曲霉(少见)、分枝杆菌等感染,以及肺水肿(包括 ARDS)、放射线或药物或癌性淋巴管炎等引起。核素肺扫描对 PCP 筛选和诊断有一定意义。CT 对隐蔽部位如心脏移植后肺底部病变的发现和诊断很有价值。ICH 发热伴肺浸润的病因颇多,准确的病因(原)诊断常常需要病原学或组织学证据。

(二) 病原学诊断

1. **标本采集** 除尽量收集各种可能有意义的肺外标本如体液、分泌物以及肿大淋巴结、体表肿物活检标本外,呼吸道标本仍是最基本和最重要的。痰液需经筛选、洗涤或定量培养等处理,以减少污染和减少结果解释上的困难。为避免污染以及在无痰患者则需从下呼吸道直接采样。

2. **微生物学检查** 应当强调:①标本必须新鲜,应及时送检和处理;②检测项目尽可能齐全,涂片和培养(除外培养不能生长的病原体)都应进行。因为 PSB 和活检标本少(小),仅供细菌和条件性真菌的培养。抗酸杆菌和原虫等检测只需吸引物或咳出物。故标本应合理分配检查项目。此外对严重免疫抑制如器官移植、粒细胞缺乏患者应常规进行口咽部、肛周及会阴部皮肤等处的微生物学监测。

3. **免疫学诊断和基因诊断技术** 抗体检测可能因宿主免疫抑制影响其价值。抗原和基因检测迄今仅限于极少数特殊病原体的诊断研究。

(三) 组织学诊断

组织学上,坏死性肺炎见于化脓菌、真菌及 CMV 等感染。前者多无病原特异性,但若见到"假单胞菌血管炎"则对铜绿假单胞菌感染有诊断意义。如果细菌和真菌阴性、而炎症病灶中有较多单核细胞,则应考虑军团菌肺炎的可能。银染或 PAS 染色对真菌诊断有决定性意义。CMV 肺炎在常规组织学上不易发现包涵体,需要应用组织化学及原位杂交方法揭示其抗原或 DNA。并发于 ICH 的肺结核其组织学改变可以很不典型或呈现"无反应性结核",应常规加做抗酸染色。PCP 在 HE 染色时见肺泡内大量嗜伊红泡沫样渗出物,借助哥氏银染可见浓染成黑色的菌体包囊壁;在印片和涂片标本中检查肺孢子菌需采用 Giemsa 或 Wright-Giemsa 染色,可以发现染成红或暗红色的囊内小体。

【治疗】

(一) 抗微生物治疗

ICH 肺炎按病情可以分为两类①急性感染:需要紧急经验抗生素治疗,如患者有发热伴寒战或体温不升、低血压、高乳酸血症、酸中毒等,应立即进行临床和实验室检查与评估,在留取各种微生物检验标本后尽快静脉应用抗生素经验性治疗;②亚急性感染:病情允许,可进行详细的病原学诊断检查包括活组织检查,然后选择相应的敏感抗微生物药物治疗。药物治疗分为 3 种形式:第一种为靶向/目标治疗,针对确定的病原体选择敏感的抗微生物药物。第二种为预防用药,在高危患者应用安全性高的抗微生物药物以预防常见和重要的微生物,如在移植患者常规应用 SMZ-TMP 预防肺孢子菌感染便是成功的实例。第三种为经验性或先发(pre-emptive)治疗。

在实验室监测和临床观察基础上对某些具有严重感染高危指征、而预计抗微生物药物干预可以取得最大益处的患者亚群进行治疗。在粒细胞缺乏和器官移植早期感染患者 G⁻杆菌感染最常见，经验性抗生素治疗应覆盖包括铜绿假单胞菌在内的联合治疗方案。鉴于目前产 ESBLs 和产Ⅰ型酶耐药菌株增加，在危重患者可选择性地应用碳青霉烯类、哌拉西林或他唑巴坦、头孢哌酮或舒巴坦、第四代头孢菌素联合氨基糖苷类作为第一线用药。在体液免疫缺陷患者或 X 线上呈现局限性炎症且临床显示急性感染征象者应该选择针对肺炎链球菌的抗感染治疗。所谓先发治疗是造血干细胞移植患者抗真菌治疗中提出的治疗策略，指没有组织学或其他特异性方法（如血培养）确诊、而具有提示真菌感染的实验室阳性证据时实施抗真菌治疗，其针对性增强，但仍属于经验性治疗。总之，应当根据免疫损害类型、临床和 X 线表现、病情严重和紧迫程度、本地区（医院）耐药率分布、治疗史、疾病前景和耗费-效益等，全面综合评价，慎作定夺。免疫抑制并发肺部感染抗微生物治疗受到微生物负荷、免疫抑制程度与所用药物、感染累及器官和组织以及机体全身状态等许多因素的影响，许多感染的自然病程与免疫健全宿主可能存在很大差异，故抗微生物治疗药物的剂量需要足够，疗程需要充分。

（二）免疫重建

尽可能停用或减量使用免疫抑制药物。集落刺激因子（G-CSF 或 GM-CSF）可增加白细胞数和吞噬功能，在白细胞减少患者有肯定应用指征，而在非白细胞减少者其应用价值尚难评价。先天性 IgG 减少和重症患者补充 IgG 或与抗生素联用具有肯定价值。其他免疫调节剂的临床价值不能肯定。

（三）支持治疗

营养、心肺功能和心理支持都十分重要。在有指征者应给予人工气道和 MV，并有助于经人工气道，从下呼吸道采样进行病原学诊断。

第五节　按病原学分类常见肺炎的临床要点

（一）细菌性肺炎

1. 肺炎链球菌肺炎

（1）病原体：肺炎链球菌（*Streptococcus pneumoniae*）为链球菌科、链球菌属细菌，革兰染色阳性，成双排列或短链状排列，在血平板上呈 α 溶血。它不产生内、外毒素，其致病性主要是荚膜的侵袭作用。根据荚膜抗原性，肺炎链球菌已分出 90 多个血清型，成人致病菌以 1~9 型居多，其中第 3 型毒力最强，而儿童多为 6、14、19 及 23 型。

（2）临床表现：肺炎链球菌肺炎患者发病前常有淋雨受凉、过度疲劳、醉酒、上呼吸道病毒感染史。典型临床表现为急性起病，高热、寒战、咳嗽、咳痰、呼吸急促和胸痛。体温升高前可有寒战，随之高热达 39~40℃，呈稽留热型，伴头痛、衰弱、全身肌肉酸痛。脉率相应增速。咳嗽始为干咳，之后出现脓痰，部分患者有痰中带血或咳铁锈色痰。气促与病变范围较广、高热以及基础肺功能减退有关。胸痛相当常见，在深呼吸或咳嗽时加重，下叶肺炎刺激膈胸膜，疼痛放射至肩部或下腹部，后者易误诊为急腹症。体检患者呈急性病容，气急、鼻翼扇动，发绀，口角可出现疱疹。胸部体征视病变范围而异，大叶病变时有典型肺实变体征。累及胸膜时可有胸膜摩擦音。患者基础状况不同，肺炎链球菌肺炎的表现有很大差异。老年人病情常较隐匿，呼吸道症状偏少，而神经、循环和消化系统症状相对多见。脾切除者罹患肺炎链球菌肺炎病情常呈激进型，可在 12~18 小时内死亡。

（3）诊断：肺炎链球菌肺炎的诊断参考社区发病、典型临床表现、X 线呈叶段实变、实验室检查白细胞总数及中性粒细胞增高、C-反应蛋白升高等可大致建立临床诊断。标准的病原学诊断依据是血液、胸液和防污染下呼吸道标本培养分离到本菌。合格痰标本涂片见到典型的成对或短链状排列的 G⁺球菌有重要诊断价值。尿液肺炎链球菌抗原检测特异性达90%。

（4）治疗和预防：肺炎链球菌治疗上一个重要的考虑是其耐药问题。自20世纪90年代以来，肺炎链球菌对青霉素、大环内酯类、SMZco等耐药日渐增加，现已成为全球性威胁。在我国其耐药率近年来增长亦很快，但在成人 CAP 肺炎链球菌对青霉素的耐药率尚不高。肺炎链球菌耐药与其临床预后关系的研究表明，仅在高水平耐药（青霉素 MIC≥4μg/ml）时才影响预后。因此，目前推荐凡青霉素 MIC<2μg/ml 的敏感菌株感染，仍可选择高剂量青霉素 G、阿莫西林、氨苄西林，或头孢菌素中的头孢丙烯、头孢呋辛、头孢曲松、头孢噻肟以及头孢泊肟等对肺炎链球菌有良好抗感染活性的口服第二、三代头孢菌素。在近3个月内应用过β-内酰胺类的患者，可选用喹诺酮类。高水平耐药株感染应选用莫西沙星、吉米沙星或万古霉素或利奈唑胺。疗程持续至体温正常后3~5天，不必使用过长疗程，但总疗程不短于5天。在重症肺炎患者，应给予有效的呼吸循环支持。推荐65岁以上老人、脾切除者、免疫抑制人群以及慢性疾病患者接种多价肺炎链球菌疫苗预防感染。

2. 流感嗜血杆菌肺炎

（1）病原体和病理：流感嗜血杆菌（*Hemophilus influenzae*）为革兰阴性小杆菌。1892年 Pfeiffer 首次从流行性感冒患者鼻咽部分泌物中分离到本菌，被误认为流感的病原体而定名，一直沿用至今。流感嗜血杆菌营养要求较高，需要含 X 和 V 因子的巧克力培养基。部分菌株有多糖荚膜，按其抗原性分6个型，其中以第6型致病性最强。但无荚膜型菌株亦具致病力，是慢性阻塞性肺病急性加重的重要病原体之一。流感嗜血杆菌大量地寄居于正常人上呼吸道，仅在呼吸道局部或全身免疫防御机制损害时才入侵下呼吸道导致肺炎，甚至发生败血症、脑膜炎。在婴幼儿初始常为气管-支气管炎，以后发展为细支气管炎和肺炎。成人多呈支气管肺炎，大叶性分布亦不少见，甚至可见两叶或两叶以上肺受累。病变融合引起组织坏死、出现空洞，形成肺脓肿或并发脓胸。

（2）临床表现：流感嗜血杆菌肺炎多见于慢性肺部疾病（COPD、囊性肺纤维化）、糖尿病、慢性肾病、γ-球蛋白缺乏症、酒精中毒等患者。起病前常有上呼吸道感染症状。婴幼儿起病多急骤，有寒战、高热、咳脓痰、呼吸急促，迅速出现呼吸循环衰竭。在有慢性疾病的成人，其起病较缓慢，发热，咳嗽加剧，咳脓性痰或痰中带血，严重者出现呼吸困难和肺功能衰竭。在免疫低下患者本病亦多急性起病，临床表现类似肺炎链球菌肺炎，但更易并发脓胸。

（3）诊断和防治：流感嗜血杆菌肺炎的诊断有赖于合格痰标本，特别是从防污染下呼吸道标本分离到本菌。治疗可选用第二、三代头孢菌素、β-内酰胺类或β-内酰胺酶抑制剂、氟喹诺酮类抗菌药物。预后与年龄、基础疾病和并发症有关。预防可应用流感嗜血杆菌疫苗。

3. 非典型病原体所致肺炎

（1）简介：肺炎支原体（*Mycoplasma pneumoniae*）、肺炎衣原体（*Chlamydia pneumoniae*）和军团菌（*Legionella*）被认为是非典型病原体中代表性的致病微生物，都是细胞内病原体。1938年 Reimann 报道一组临床表现较典型大叶性肺炎（肺炎链球菌肺炎）症状明显为轻、实变体征甚少的肺炎，首先应用"非典型肺炎"的名称。后来陆续证明这类肺炎的主要病原体是肺炎支原体和肺炎衣原体，而军团菌肺炎亦因其肺外症状显著而有别于典型肺炎被归入"非典型肺炎"。近年来认为，"非典型肺炎"概念混乱且不具备诊断或分类学的意义，主张废弃"非典型肺炎"一词，但考虑历史原因，暂且保留非典型病原体的名称。军团菌为 G⁻杆菌，而支原体和衣原体在分类上另成一类，但它们能独立生活，能在无细胞培养基上生长，以二分裂繁殖，对大环内酯类和喹诺酮类抗生素敏感，因而有人将它们称为"类细菌"。这里为方便起见，一并在细菌性肺炎中叙述。

（2）肺炎支原体肺炎

1）病原体和病理：支原体是已知最小的自由生活的微生物，属于原核生物，仅包被一层细胞膜。肺炎支原体经飞沫由呼吸道吸入感染,儿童和青少年易感。肺炎支原体肺炎近年来增加,在 CAP 的病原体构成比中占 15% ~20% 或更高。病变常先累及气道,产生气管、支气管和细支气管炎,黏膜充血、水肿,管腔内充满中性粒细胞和巨噬细胞。黏膜下层和支气管周围亦可出现淋巴细胞和浆细胞浸润。炎症累及肺泡则引起以单核细胞为主的肺泡渗出,并可产生灶性肺不张、肺实变,重者可见弥漫性肺泡坏死。感染支原体后多数患者出现咽炎、气管-支气管炎等,约 10% 患者产生肺炎。

2) 临床表现:支原体肺炎临床起病较缓,发热一般在 38℃ 左右,偶可高热。干咳为本病最突出症状,呈阵发性剧咳,如有痰,常为白色或带有血丝。胸部体征很少,有时可闻及干、湿性啰音。X 线表现多样,早期呈间质性改变,随后可呈支气管肺炎,或从肺门向肺野外周伸展的扇形阴影,偶见肺门淋巴结肿大和少量胸腔积液。支原体肺炎病情一般呈良性经过,但发热可持续 1~3 周,咳嗽可长达 6 周。少数病例呈重症肺炎或出现肺外并发症,可致死。

3) 诊断:有赖于呼吸道标本培养,但技术要求较高,费时需 3 周。血清冷凝集试验 ≥1:40 或血清抗体检测可作为临床诊断参考,但特异性很低。PCR 检测支原体 DNA 敏感性和特异性均较高,可用于早期诊断,但尚未批准用于临床。

4) 治疗:肺炎支原体对 β-内酰胺类不敏感,而大环内酯类、四环素类或喹诺酮类药物治疗有效,疗程 10~14 天。近年来肺炎支原体对大环内酯类药物敏感性下降,需引起重视。

(3) 肺炎衣原体肺炎:肺炎衣原体为 20 世纪 80 年代确定的新种衣原体。儿童和青年为易感人群,但新近发现老年人感染亦在增加。经呼吸道分泌物传播。血清流行病学调查表明成人中至少有 40% 感染过衣原体。在 CAP 中肺炎衣原体肺炎占 10% ~15%,可以单一感染,亦可与细菌(如肺炎链球菌)一起形成混合感染,并使病情加重。儿童衣原体肺炎症状较轻微,而成人则较严重。发热、咽痛、咳嗽,痰可呈脓性;常有呼吸困难,甚至呼吸衰竭;肺部可闻啰音,但实变体征较少;X 线上多呈小片状浸润,重症患者有大叶实变;少部分患者可并发心肌炎、心内膜炎和脑膜炎、吉兰-巴雷综合征及甲状腺炎等。肺炎衣原体培养较为困难,目前血清学诊断标准是:微量免疫荧光法(MIF)测定急性期双份血清抗体效价升高 ≥4 倍,或单次血清 IgM ≥1:16 和(或)单次血清 IgG ≥1:512;既往有感染史者 IgG ≥1:512,但 IgM ≥1:16 提示现患感染;衣原体补体结合试验(CF)抗体效价升高 4 倍以上或 ≥1:64 有诊断意义。治疗选用大环内酯类、四环素类或喹诺酮类药物,疗程 10~14 天。

(4) 军团菌肺炎:军团菌为需氧 G⁻ 杆菌,引起人类疾病的主要是嗜肺军团菌,有 15 个血清型;其他有米克戴军团菌、波兹曼军团菌、长滩军团菌等。它广泛存在于自然界,特别是水体中。某些自由生活的阿米巴可摄入军团菌,使之在其体内繁殖和保护它免受不利环境和消毒剂的作用。人可通过吸入含菌气溶胶或尘土感染军团菌。军团菌的外膜蛋白、脂多糖和多种蛋白酶造成肺组织损伤。细菌成分或产物可经淋巴和血行播散至肺外器官,引起多系统性病变和症状。

1) 临床表现:军团菌在人体引起的疾病包括军团菌肺炎(或称军团菌病)及庞提阿克热(Pontiac fever)。军团菌肺炎在 CAP 中占 1% ~16%,平均 5%;在 HAP 中占 2% ~15%。老年人、慢性病以及免疫低下是本病高危人群。起病初感乏力、肌痛、头痛,24~48 小时后体温升高至 39~40℃,呈稽留热型,伴反复寒战。咳嗽有少量黏痰,有时见脓痰或血痰。部分患者有胸痛、呼吸困难,或有恶心、呕吐、水样腹泻和消化道出血。重症患者出现呼吸、循环或肾衰竭。患者呈急性病容、出汗、呼吸急促、发绀,肺部湿啰音或实变体征;X 线表现为斑片状影或肺段实变,偶有空洞形成和胸腔积液。庞提阿克热临床表现为发热,部分患者伴头痛、寒战、全身不适、腹泻和神经系统症状,也可以有干咳、呼吸困难,但无肺炎的 X 线证据,病程呈自限性,1 周内完全康复。

2) 诊断:军团菌肺炎诊断在于提高临床上的识别能力,凡肺炎患者肺外症状明显、相对缓脉、低钠血症和低磷血症以及 β-内酰类抗生素治疗无效都应警惕本病。培养分离到军团菌是确诊本病的可靠依据,但需要特殊培养基(BCYE),生长缓慢。目前血清学检测双份血清抗体滴度升高≥4 倍,和尿抗原(嗜肺军团菌 1 型)检测为最常用的方法。

3)治疗:红霉素 1.0g 静脉滴注,每 6 小时 1 次,若治疗反应较好,2 天后改为口服 0.5g,每 6 小时 1 次,疗程 3 周。重症患者加用利福平。目前推荐新大环内酯类和喹诺酮类治疗军团菌病,疗效确切,不良反应少,疗程可适当缩短。

4. 葡萄球菌肺炎

(1)病原体:葡萄球菌肺炎为 G^+ 小球菌,在涂片上细菌常呈葡萄串状排列。营养要求低。目前至少有 32 个菌种,临床标本经常分离到的有金黄色葡萄球菌(*Staphylococcus aureus*,简称金葡菌)、表皮葡萄球菌(*S. epidermidis*)和腐生葡萄球菌(*S. saprophyticus*)。按细菌产血浆凝固酶与否通常将葡萄球菌分为凝固酶阳性葡萄球菌(coagulase positive staphylococcus)和凝固酶阴性葡萄球菌(coagulase negative staphylococcus,CoNS)。前者不论是否产溶血素或金黄色素,如来自人类标本,皆可确定为金黄色葡萄球菌;后者包括除金葡菌以外的所有葡萄球菌,以表皮葡萄球菌最常见。目前绝大多数金葡菌包括社区获得性菌株因产青霉素酶而对青霉素耐药,而甲氧西林耐药金葡菌(methicillin resistance staphylococcus aureus,MRSA)的比例显著增加。我国城市大医院医院感染相关 MRSA(HA-MRSA)占金黄色葡萄球菌株数的比例大多在 50% 或更高;美国和部分西方国家近年来流行社区 MRSA(CA-MRSA)感染,以皮肤软组织感染最常见,亦可引起坏死性肺炎,病死率极高。CA-MRSA 与 HA-MRSA 的主要区别在于前者能产生杀白细胞毒素 PVL(panton-valentine leukocidin),而大部分 HA-MRSA 不产生此毒素。

(2)发病机制和病理:葡萄球菌的致病性与其产酶和毒素有关。当机体免疫防御机制受损时,一旦大量吸入定植于鼻咽部和口咽部的葡萄球菌,或吸入经呼吸道交叉污染的葡萄球菌,便引起细菌在支气管-肺部繁殖,产生炎症坏死。此种原发吸入性感染是葡萄球菌肺炎的最常见感染途径和临床类型,其他尚有血源播散性,系继发于葡萄球菌败血症,相对少见。肺炎病原体以金葡菌最常见,在免疫低下和机械通气患者偶尔可见 CoNS 医院获得性肺炎。

(3)临床表现:葡萄球菌肺炎起病急骤,病情发展迅速。寒战、高热(39～40℃),呈稽留热型,常有大汗淋漓。病初咳嗽多较轻微,以后出现黏稠黄脓痰或脓血痰。胸痛、呼吸困难和发绀亦较常见。全身毒血症状除高热外,尚有精神萎靡、神志模糊、体质衰弱、脉搏速弱,常并发循环衰竭。并发脓胸或脓气胸时胸痛和呼吸困难加重。病程早期可无胸部体征,常与严重中毒症状和呼吸道症状不平行。随着病变进展可闻及散在湿性啰音,病变融合则有肺实变体征。并发脓胸或脓气胸则有相应体征。

葡萄球菌肺炎的 X 线征象视类型不同而异。吸入型早期仅有肺纹理增生或小片状浸润,病情迅速进展而出现叶段性浸润,以两下肺野多见。随后出现病灶内坏死,并进一步发展为肺脓肿,见空腔和液平。由于小支气管渗出液或脓液形成活瓣样阻塞,导致局限性肺气肿或囊肿样空腔,称为肺气囊肿,其囊壁为炎性肉芽肿,外周尚有不张的肺组织。在 X 线上肺气囊肿壁甚薄或伴小液平,大小、数目和分布变化很快,甚至一日数变。葡萄球菌的组织破坏力极强,肺炎极易合并脓胸或脓气胸。血源性葡萄球菌肺炎显示两肺周边部位多发性大小不等斑片状或团块样阴影,类似转移性肿瘤,随病变发展,周围出现肺气囊肿,并迅速发展为肺脓肿。肺浸润、肺脓肿、肺气囊肿和脓(气)胸是葡萄球菌尤其是金葡菌肺炎的四大 X 线特征,在不同类型和病期以不同的组合出现。

(4)诊断:根据临床表现和 X 线典型特征,合格痰标本或防污染下呼吸道标本或脓性胸液培养到葡萄球菌,即可确诊。咳痰标本或机械通气患者气管吸引物定性培养到葡萄球菌,通常不能诊断葡萄球菌肺炎;但是,如果胸部影像学显示肺炎伴有坏死,则有病原学诊断意义。

(5)治疗:按分离菌株对甲氧西林是否耐药而定。MSSA 可选择甲氧西林、苯唑西林、氯唑西林或双氯西林、第一代头孢菌素如头孢唑林。MRSA 治疗需使用糖肽类抗生素(万古霉素、去

Notes

甲万古霉素、替考拉宁），必要时联合利福平或呋地西酸。利奈唑胺穿透力强，肺组织浓度很高，推荐用于 MRSA 所致 HAP/VAP 的治疗。

5. 肺炎克雷伯菌肺炎

（1）病原体和病理：肺炎克雷伯菌（*Klebsiellapneumoniae*）又称肺炎杆菌或 Friedlander 杆菌，是最早被认识的、可以引起肺炎的 G⁻杆菌，也是当今 CAP 和 HAP 中很常见的 G⁻杆菌之一。肺炎克雷伯菌主要为内源性感染，即口咽部定植菌随分泌物误吸。其口咽部定植菌可以是患者自身原发性的，也可以是源自其他患者或医护人员交叉感染所致继发性的。雾化器等吸入治疗器械污染导致肺炎杆菌气溶胶吸入，虽然少见，但常呈聚集性发病。病变呈大叶或小叶分布或两者兼有。首先为渗出和实变，继而血管栓塞致组织坏死，有空洞或多发性脓肿形成。胸膜表面常有纤维蛋白渗出物覆盖，可并发脓胸，少数可并发心包炎和脑膜炎。与肺炎球菌肺炎不同，肺炎杆菌肺炎临床治愈后常遗留纤维增生、残余性小化脓灶、支气管扩张和肺气肿等。

（2）临床表现：肺炎杆菌肺炎起病突然。部分患者有上呼吸道感染前驱症状。酗酒是最重要的发病危险因素。主要症状为寒战、发热、咳嗽、咳痰和呼吸困难等。早期常见患者全身衰弱等毒血症表现。痰液无臭、黏稠，痰量中等，由血液和黏液混合而呈现砖红色，被认为本菌肺炎的特征，但临床上比较少见；也有的患者咳铁锈色痰，或痰带血丝或伴明显咯血。体检见患者呈急性病容，呼吸困难或伴发绀，更严重者有全身衰竭、休克、黄疸。病变呈大叶性者可有肺实变特征。X 线征象表现为大叶实变或小叶浸润和脓肿形成。若病灶为右上叶实变，因其渗出物稠厚且比重高，常使水平叶间裂呈弧形下坠，有病原学提示和诊断价值。半数患者病变累及多个肺叶，16% ~ 50% 伴肺脓肿形成。

（3）诊断：临床症状和 X 线征象无诊断特异性。病原学确诊需要从下呼吸道防污染标本、血液或胸液标本培养到本菌。合格痰标本培养本菌生长并达到 $\geq 10^6$ cfu/ml，有诊断参考意义。

（4）治疗：抗感染治疗可选择 β-内酰胺类，重症患者联合氨基糖苷类或喹诺酮类。在抗生素使用频度较低，耐菌率很低的地区，或药敏试验证明敏感，可以选用第一至第三代头孢菌素或广谱青霉素；相反，在第三代头孢菌素广泛使用的地区，肺炎克雷伯菌产 ESBLs 株流行，常呈多耐药，需要应用碳青霉烯类抗生素。

6. 铜绿假单胞菌肺炎

（1）病原体和病理：铜绿假单胞菌（*Pseudomonas aeruginosa*）通常称绿脓杆菌，革兰染色阴性，需氧生长，营养要求很低。本菌广泛分布于自然界，特别是医院环境中，是 HAP 的常见病原菌。吸入性铜绿假单胞菌肺炎的病理改变为弥漫性浸润和小脓肿形成。败血症性出血性肺炎区别于吸入性肺炎的病理特征是尚有血管炎改变（假单胞菌血管炎）。

（2）临床表现：铜绿假单胞菌肺炎临床中毒症状明显，高热，多呈弛张热型，心率相对缓慢，可伴有精神、神经症状。呼吸道症状有咳嗽、咳痰，痰呈翠绿色或黄脓性。呼吸困难、发绀常见，严重者导致呼吸衰竭。合并败血症时皮肤可见中央坏死性出血疹，有特征性。X 线胸片显示支气管肺炎型、实变型和肺脓肿型等不同类型。体检肺部闻及啰音，大片实变或肺脓肿形成时可有实变体征。因为痰培养铜绿假单胞菌分离率甚高，临床意义难以肯定。合格痰标本多次纯培养且浓度 $\geq 10^6$ cfu/ml，有参考价值。防污染下呼吸道分泌物或血液、胸液培养阳性生长是诊断铜绿假单胞菌肺炎的依据。

（3）治疗：铜绿假单胞菌肺炎的经验性抗感染治疗，通常采用抗假单胞 β-内酰胺类（包括不典型 β-内酰胺类）如替卡西林、哌拉西林、阿洛西林、美洛西林、头孢哌酮、头孢他啶、头孢吡肟、头孢吡肟、氨曲南、亚胺培南、美罗培南，或含酶抑制剂的复方制剂如替卡西林/克拉维酸、哌拉西林/他唑巴坦、头孢哌酮/舒巴坦联合抗单胞菌氨基糖苷类（阿米卡星、妥布霉素）或喹诺酮类（环丙沙星、左氧氟沙星）。由于耐药率高，在获得培养和药敏结果后，尚应根据临床治疗反应和药敏调整抗生素治疗，疗程 2 ~ 3 周。

（二）病毒性肺炎

1. **病原体** 病毒性肺炎的病原体大体可分为两类：呼吸道病毒（流感病毒、副流感病毒、高致病性禽流感病毒（H5N1,H7N9）、麻疹病毒、腺病毒、呼吸道合胞病毒、SARS-CoV 等）和疱疹病毒（水痘-带状疱疹病毒、单纯疱疹病毒和巨细胞病毒）。前者经呼吸道传播具有较强传染性和一定季节性，多见于儿童（SARS-CoV 尚无儿童发病者）；后者在水痘-带状疱疹病毒（简称水痘病毒）经呼吸道传播、传染性较强，其余者传染性相对较弱，多为接触传播，常见于免疫低下宿主。其他尚有致肺出血综合征的汉坦病毒，主要在美洲，欧洲亦有发病，亚洲尚未见报道。

2. **病理** 病毒性肺炎在病理上多数为间质性肺炎，肺泡隔有大量单核细胞，肺泡水肿，表面覆盖含蛋白及纤维素的透明膜，肺泡弥散距离增宽。病变范围或局限或弥漫。随着病情进展导致肺实变。吸收后可留有纤维化。

3. **临床表现** 病毒性肺炎的临床表现和病情严重程度差异很大。大多急性起病。全身症状有发热、头痛、全身肌肉酸痛、乏力等。呼吸道症状有咳嗽，以干咳为主，偶有痰血或咯血。常有呼吸困难，呼吸道合胞病毒肺炎有明显喘息。儿童、老年人、免疫低下者病毒性肺炎以及某些病毒如巨细胞病毒、SARS-CoV、汉坦病毒等所致肺炎病情重笃常导致心肺功能衰竭。X 线上病毒性肺炎多为间质性浸润，呈磨玻璃状；随着病情发展可出现肺泡实变和融合，呈小片浸润乃至大片致密影如"白肺"。

4. **诊断** 病毒病原学检测的方法主要包括病毒培养分离、快速抗原检测、血清学抗体检测、病毒核酸扩增及组织病理上见到病毒包涵体。快速抗原检测可用于筛选流感患者，但具有较高的假阴性率，确证及分型需要逆转录病毒核酸扩增及病毒培养。

5. **治疗** 抗病毒治疗特异性较强的药物有：流感病毒可早期（48h 内）选用金刚烷胺、金刚乙胺、神经氨酸酶抑制剂奥司他韦（oseltamivir）和扎那米韦（zanamivir），前两者仅作用于甲型流感病毒，后两者对甲、乙型均有效。目前不推荐单独使用金刚烷胺和金刚乙胺治疗甲型流感。使用奥司他韦治疗高致病性禽流感时，常需加大剂量（150mg 口服，一天两次）以获得更大的临床效益。呼吸道合胞病毒可选用利巴韦林，该药亦被试用于 SARS 和汉坦肺出血综合征。

（三）真菌性肺炎（肺真菌病）

1. **肺念珠菌病** 肺念珠菌病源于误吸或经血行播散（继发于念珠菌菌血症）。前者很少见，后者见于粒细胞缺乏、中心静脉留置导管、腹部大手术、激素和抗生素治疗、糖尿病、肾功能不全、器官移植等高危人群。临床症状有持续发热，呼吸道症状起初不明显，随病情进展，咳嗽、咳痰增加，白色黏液痰，相当黏稠或有胶冻样小块物，偶带血丝，亦可见脓痰。血行播散型常出现迅速进展的循环和呼吸衰竭。肺部可闻湿啰音。X 线呈支气管肺炎改变或片状浸润及融合，可有空洞形成。确诊应从肺组织标本同时获得组织学和微生物证据。血培养念珠菌阳性是念珠菌菌血症可靠的诊断证据；在念珠菌菌血症高危人群连续微生物学监测呼吸道和其他部位标本，若 2 个或 2 个以上部位多次分离到念珠菌，结合临床表现，可以有诊断参考价值。经血行播散的肺念珠菌病治疗时常需拔除留置的血管导管并使用抗真菌药物。当患者临床较为稳定时可使用棘白霉素类（卡泊芬净、米卡芬净和阿尼芬净），氟康唑。当患者病情较重时，可使用两性霉素 B、两性霉素 B 脂质体和伏立康唑。

2. **肺曲霉病** 是由曲霉菌引起的一组肺部病变的合称，包括过敏性支气管肺曲霉病（allergic bronchopulmonary aspergillosis，ABPA）、肺曲霉球（aspergilloma）和急性侵袭性肺曲霉病（invasive pulmonary aspergillosis，IPA），曲霉肺部感染在尸检统计资料中是第 1 位的真菌性肺炎。ABPA 的特征性表现为反复发作的喘息、咯血、影像学示中心性支气管扩张或黏液嵌塞、周围血嗜酸性粒细胞增高、血清总 IgE 及特异性 IgE 和 IgG 升高。激素治疗缓解症状，并可预防支气管扩张、不可逆性气道阻塞和肺纤维化的发生。抗真菌药物治疗可有助于急性症状消退，但仍可反复发作。曲霉球的临床主要症状是咯血，影像学特征是圆形致密阴影伴半月形透光区。咯血反复发作且量较多时应予手术切除治疗。IPA 见于真菌感染高危人群,有发热、咳嗽和胸痛,咯血相当常见,严重者出现呼吸衰竭。临床诊断困难,但 CT 显示浸润性肺部阴影边缘有晕影(halo sign)和空气半月征(air-crescent sign)有重要提示诊断意义。血清检测曲霉抗原半乳糖甘露聚糖敏感性和特异性均较高,有重要诊断意义。侵袭性肺曲霉菌首选伏立康唑治疗,病情稳定后可口服序贯治疗。其他可选药物有两性霉素 B、两性霉素 B 脂质体、卡泊芬净、米卡芬净、泊沙康唑和伊曲康唑。

3. 肺隐球菌病 肺隐球菌病常见于免疫抑制宿主,特别是 HIV 或 AIDS,亦见于免疫机制无损害者。临床症状轻重不一,可以有发热、干咳,偶有少量咯血、乏力、体重减轻。重症患者有气急和低氧血症。影像学表现多样,较为特征的征象为单发或多发结节,常有空洞形成,多位于周围肺野;HIV 或 AIDS 并发肺隐球菌病患者可呈弥漫性粟粒状改变。诊断需要组织学和微生物学证据。隐球菌荚膜多糖抗原检测特异性高、快速、灵敏;合并脑膜炎者脑脊液墨汁染色涂片镜检发现隐球菌有助于诊断。治疗选用氟康唑或两性霉素 B。

4. 肺毛霉菌病 肺毛霉菌病见于严重基础疾病和免疫低下患者。临床表现高热、咳嗽、咳痰、胸痛和呼吸困难等,偶尔病变累及肺动脉导致致命性大咯血。胸部 X 线显示迅速融合的肺实变,常有空洞形成或肺梗死征象。治疗用两性霉素 B。预后大多不佳。

5. 肺孢子菌肺炎 肺孢子菌主要有卡氏肺孢子菌(*Pneumocystis carinii*,PC)和伊氏肺孢子菌(*Pneumocystis Jirveci*,PJ)两个种,主要感染类型是肺炎。现已确定 PC 仅感染鼠类,只有 PJ 才是人类感染的菌种,故将过去的卡氏肺孢子菌肺炎(*Pneumocystis Carinii* pneumonia,PCP)改为肺孢子菌肺炎(pneumocystis pneumonia)删去 Carinii,但缩写仍为 PCP,也可用伊氏肺孢子菌(*Pneumocystis Jirveci* pneumonia,PJP)。本病绝大多数见于 AIDS 和其他原因的细胞免疫抑制患者。发热、干咳和渐进性呼吸困难是 PCP 的主要临床症状。即使肺内出现大片炎症改变,但体征很少。影像学上早期呈弥漫性肺泡和间质浸润性阴影,迅速融合而成为广泛肺实变,可见支气管充气征。一般不累及肺尖、肺底和肺外带。少见改变有局限性结节状阴影、空洞或囊腔形成、胸腔积液、肺门淋巴结肿大等。咳痰、导痰、BAL 标本或肺活检标本检出肺孢子菌是本病的确诊依据,血清中 S-腺苷甲硫氨酸降低和 1,3-β-D-葡聚糖升高可提供 PCP 的间接证据,当病原学检查阴性时可对诊断提供一定帮助。治疗的主要药物是 SMZ-TMP,重症患者加糖皮质激素。

(四) 肺寄生虫病

肺部致病性寄生虫有原虫(阿米巴、弓浆虫)、蠕虫(圆形线虫-蛔虫、钩虫、粪类圆线虫、旋毛虫、丝虫、比翼线虫;扁形线虫-肺吸虫、棘球幼虫、囊尾幼虫、后睾吸虫、血吸虫)、节肢动物五口吸虫和螨。其致病或为直接侵犯,或为过敏反应。前者可以是原发性肺部感染如肺吸虫病,亦可以是继发于邻近器官病变的扩散如胸膜肺阿米巴病;后者表现为各种类型(单纯性、迁延性、热带性)的肺嗜酸性粒细胞浸润,大多伴随于蠕虫移行症。有些寄生虫病如肺吸虫病常有地域性流行特征,但现在流动人口增加,非流行区医生亦需掌握有关知识,防止误诊和漏诊。此外,由于免疫低下宿主增加,对于某些易感寄生虫病如弓浆虫病、粪类圆形线虫等尤须提高警惕。

(瞿介明)

推荐阅读文献

1. Limper AH. Chapter 97. Overview of pneumonia. In:Cecil textbook of medicine. 24th edition. P587-596

2. Fauci BH. Chapter 257. Pneumonia. In:Harrison's principles of internal medicine. 18th edition. P1620-1628

3. Mandell LA, Wunderink RG, Anzueto A, et al. Infectious Diseases Society of America/American Thoracic Society consensus guidelines on the management of community-acquired pneumonia in adults. Clin Infect Dis, 2007,44:S27

Notes

4. Woodhead M,Blasi F,Ewig S,et al. Guidelines for the management of adult lower respiratory tract infections: summary. Clin Microbiol Infect,2011,17:1

5. American Thoracic Society,Infectious Diseases Society of America. Guidelines for the management of adults with hospital-acquired, ventilator-associated, and healthcare-associated pneumonia. Am J Respir Crit Care Med, 2005,171:388

第七章　肺　脓　肿

要点：
1. 肺脓肿是指以厌氧菌为主的多种病原菌所引起的肺组织坏死和脓腔形成。
2. 误吸和气道防御清除功能降低是吸入性肺脓肿发生的重要原因。
3. 急性肺脓肿治疗原则包括有效抗感染和痰液引流,慢性肺脓肿需要手术治疗。

肺脓肿(lung abscess)是肺组织坏死形成的脓腔。急性吸入和(或)气道阻塞导致微生物清除障碍,大量微生物导致感染肺组织坏死、液化,形成脓腔。如形成多个小脓肿(直径小于2cm)则称为坏死性肺炎。临床特征为高热、咳嗽和咳大量脓臭痰,胸部X线显示一个或多发的含气液平的空洞。本病可见于任何年龄,以青壮年较多见,男多于女。自抗生素广泛使用以来,发病率已明显降低。

【病因和发病机制】　急性肺脓肿的感染细菌与口腔、上呼吸道正常存在的菌群相一致,多为混合性感染,包括厌氧菌、需氧菌和兼性厌氧菌感染,其中厌氧菌占主要地位。常见的厌氧菌主要为核粒梭形杆菌、核色素类杆菌、中间类杆菌、微需氧链球菌、螺旋体、消化球菌等。需氧菌和兼性厌氧菌主要为金黄色葡萄球菌、溶血性链球菌、肺炎克雷伯菌、铜绿假单胞菌、大肠埃希菌和流感嗜血杆菌。其他少见的病原体有星形奴卡菌、卫氏并殖吸虫、军团菌、类鼻疽伯霍尔德杆菌、结核分枝杆菌、曲霉和隐球菌、溶组织内阿米巴等。

根据感染途径,肺脓肿可分为以下类型:

(一)原发性肺脓肿

也称吸入性肺脓肿,主要由于吸入口、鼻、咽部病原菌(主要是厌氧菌)引起。误吸和气道防御清除功能降低是其发生的重要原因(表2-7-1)。脓肿常为单发,其部位与支气管解剖和体位有关。由于右主支气管较陡直,且管径较粗大,吸入物易进入右肺。仰卧位时,好发于上叶后段或下叶背段;坐位时好发于下叶后基底段;右侧卧位时,则好发于右上叶前段或后段。

(二)继发性肺脓肿

一些基础疾病(如支气管阻塞、支气管扩张、支气管囊肿、支气管肺癌、肺结核空洞等)继发感染可导致继发性肺脓肿。肺部邻近器官化脓性病变,如膈下脓肿、肾周围脓肿、脊柱脓肿或食管穿孔等波及肺也可引起肺脓肿。阿米巴肝脓肿好发于右肝顶部,易穿破膈肌至右肺下叶,形成阿米巴肺脓肿。

(三)血源性肺脓肿

因皮肤、软组织感染、感染性心内膜炎或注射毒品等所致的菌血症所致,菌栓经血行播散到肺,引起小血管栓塞、炎症和坏死而形成肺脓肿。常为两肺外野的多发性脓肿。致病菌以金黄色葡萄球菌、表皮葡萄球菌及链球菌为常见。

【病理】　吸入细菌引起肺炎,阻塞细支气管,进而出现小血管炎性栓塞,导致肺组织坏死,肺脓肿形成,继而坏死组织液化破溃到支气管,脓液部分排出,形成有气液平的脓腔,空洞壁表面常见残留坏死组织。病变有向周围扩展的倾向。若脓肿靠近胸膜,可发生局限性纤维蛋白性胸膜炎,发生胸膜粘连;如为张力性脓肿,破溃到胸膜腔,则可形成脓胸、脓气胸或支气管胸膜瘘。肺脓肿可完全吸收或仅剩少量纤维瘢痕。

表2-7-1 吸入性肺炎和肺脓肿的易患因素

神经系统因素	酒精中毒
	违禁药品滥用
	镇静剂过量
	癫痫发作
	意识障碍
	脑血管疾病
	咽部神经功能障碍
	全麻
消化系统因素	胃食管反流性疾病
	食管运动减弱综合征
	食管狭窄或阻塞
	吞咽困难
	呕吐
	鼻饲
	气管食管瘘
其他	高龄
	运动失能、长期仰卧体位
	齿龈疾病或口腔不洁,副鼻窦炎、口鼻腔手术
	受寒、极度疲劳

急性肺脓肿通常不超过4~6周。如果治疗不彻底,或支气管引流不畅,导致大量坏死组织残留脓腔,炎症迁延3个月以上则称为慢性肺脓肿。脓腔壁成纤维细胞增生,肉芽组织使脓腔壁增厚,并可累及周围细支气管,致其变形或扩张。

【临床表现】

(一)症状

急性肺脓肿起病急骤,患者有畏寒、高热,体温可达39℃~40℃,伴有咳嗽、咳黏液痰或黏液脓痰。炎症累及胸膜可引起胸痛。病变范围较广泛时,可出现气急。同时还伴有精神不振、全身乏力、食欲下降等全身症状。约有90%的肺脓肿患者存在明显的齿龈疾病、口腔不洁或误吸的危险因素,如手术、醉酒、劳累、受凉和脑血管病等病史。单纯厌氧菌感染所致的肺脓肿可以起病隐匿。如感染不能及时控制,约1~2周后咳嗽加剧,咳出大量脓臭痰及坏死组织,每天可达300~500ml,静置后可分成3层。臭痰多为厌氧菌感染所致。约有1/3患者有痰血或小量咯血,偶有中、大量咯血。如治疗及时,一般在咳出大量脓痰后体温明显下降,全身毒性症状随之减轻,数周后一般情况逐渐恢复正常,获得治愈。如机体抵抗力下降和病变发展迅速时,脓肿可破溃到胸膜腔,出现突发性胸痛、气急等脓气胸症状。

急性阶段如未能及时有效治疗,支气管引流不畅,抗菌治疗效果不佳、不充分、不彻底,迁延3个月以上即为慢性肺脓肿。患者常有慢性咳嗽、咳脓痰、不规则发热、反复咯血、消瘦、贫血等慢性毒性症状。

血源性肺脓肿多常有肺外感染史,先有原发病灶引起的畏寒、高热等全身脓毒血症的症状。经数日至两周后才出现咳嗽、咳痰、痰量不多,极少咯血。

(二)体征

体征与肺脓肿大小和部位有关。疾病早期病变较小或于肺深部病变,肺部可无异常体征,或于患侧出现湿性啰音。病变继续发展、病变较大时,可出现肺炎实变体征,即叩诊浊音或实音,可闻及支气管呼吸音。肺脓腔增大时,可有空瓮音。病变累及胸膜可闻及胸膜摩擦音或出现胸腔积液体征。产生脓胸或脓气胸时则出现相应体征。慢性肺脓肿常伴有杵状指(趾)。血源性肺脓肿大多无异常体征。

【实验室和其他检查】 急性肺脓肿血白细胞总数达$(20 \sim 30) \times 10^9$/L,中性粒细胞在90%以上,核明显左移,常有毒性颗粒。慢性患者的血白细胞可稍升高或正常,红细胞和血红蛋白减少。

(一)细菌学检查

痰涂片革兰染色,痰、胸腔积液和血培养包括需氧和厌氧培养,以及抗菌药物敏感试验,有助于确定病原体和选择有效的抗生素治疗。尤其是胸腔积液和血培养阳性时对病原体的诊断价值更大。

(二)胸部影像检查

正侧位胸片是诊断肺脓肿最常用的手段。典型征象为肺实质炎性浸润性阴影,其间可见一个或多个空腔,空腔内可见气液平(图2-7-1)。肺脓肿的胸部影像表现可因类型、病期、支气管引流是否通畅以及有无胸膜并发症有所不同。

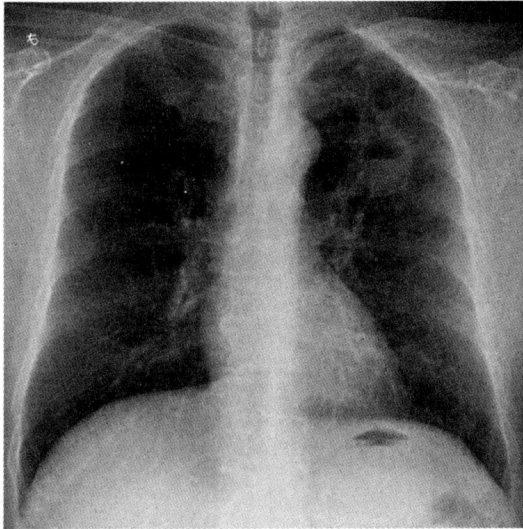

图2-7-1 肺脓肿的X线胸片表现

吸入性肺脓肿在早期化脓性炎症阶段,X线表现为大片浓密模糊浸润阴影,边缘不清,或为团片状浓密阴影,分布在一个或数个肺段。在肺组织坏死、肺脓肿形成后,脓液经支气管排出,脓腔出现圆形透亮区及气液平面,其四周被浓密炎症浸润所环绕。脓腔内壁光整或略有不规则。经脓液引流和抗生素治疗后,肺脓肿周围炎症吸收,脓腔缩小甚至消失,最后仅残留纤维条索阴影。慢性肺脓肿以厚壁空洞为主要表现,脓腔壁增厚,内壁不规则,有时呈多房性,伴有纤维组织增生及邻近胸膜增厚,并有程度不等的肺叶萎缩,纵隔可向患侧移位。并发脓胸时,患侧胸部呈大片浓密阴影。若伴发气胸可见气液平面。血源性肺脓肿表现为单侧或双侧肺周边部有多发的斑片或边缘整齐的球形或椭圆形致密阴影,大小不一,其中可见小脓腔及液平。炎症吸收后可呈现局灶性纤维化或小气囊。

胸部CT检查能更准确地定位和发现体积较小的脓肿,对肺脓肿的诊断、鉴别诊断和确定治疗原则有重要意义(图2-7-2)。

(三)纤维支气管镜检查

纤维支气管镜检查有助于明确病因、病原学诊断及治疗。如见异物可取出以解除阻塞,使气道引流恢复通畅;如疑为肿瘤,可通过组织活检做病理明确诊断;经纤维支气管镜用保护性支

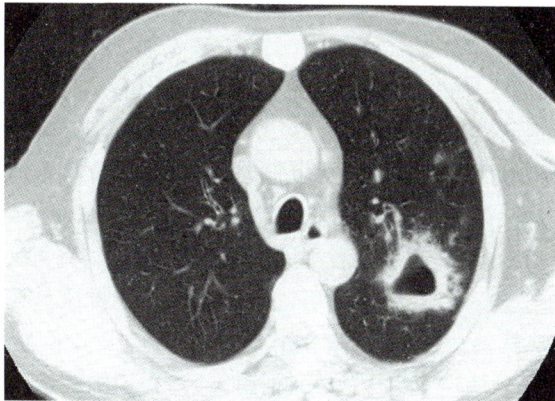

图 2-7-2 肺脓肿的 CT 表现

气管针刺和保护性防感染毛刷采样,做需氧及厌氧菌培养,可明确病原;借助纤维支气管镜吸引脓液和病变部位注入抗生素,可促进支气管引流和脓腔愈合。

【诊断和鉴别诊断】

(一) 诊断

1. 急性吸入性肺脓肿诊断依据 ①有误吸危险因素或误吸病史;②急性发作的畏寒、高热、咳嗽和咳大量脓臭痰的临床表现;③外周血白细胞总数和中性粒细胞显著增高;④胸部影像显示肺部大片浓密炎性阴影中有脓腔和(或)液平。气道分泌物、血培养,包括需氧与厌氧菌培养,以及抗菌药物敏感试验,对确定病原和抗菌药物的选用有重要价值。

2. 血源性肺脓肿诊断依据 ①有皮肤、软组织等肺外感染;②出现发热不退、咳嗽、咳痰症状;③胸部影像显示两肺多发肺脓肿;④血培养有利于明确病原。

(二) 鉴别诊断

1. 细菌性肺炎 早期肺脓肿与细菌性肺炎在症状和 X 线胸片表现很相似。常见的肺炎链球菌肺炎多伴有口唇疱疹、铁锈色痰而无大量脓臭痰,X 线胸片示肺叶或肺段实变或呈片状淡薄炎症病变,边缘模糊不清,没有空洞形成。当肺炎用抗生素治疗后高热不退,咳嗽、咳痰加剧并咳出大量脓痰时应考虑肺脓肿可能。

2. 空洞型肺结核 肺结核起病缓慢、病程长,常有午后低热、乏力、盗汗、长期咳嗽、食欲减退、反复咯血等症状。胸部 X 线检查示空洞壁较厚,一般无液平面,其周围的炎性病变较少,可有不规则条索状斑点、结节状病灶和钙化斑点,有时可伴有同侧或对侧结核播散灶。痰中可找到结核杆菌。继发感染时,亦可有急性感染症状和大量黄色脓痰。应结合既往史,在治疗继发感染同时,反复查痰则可确诊。

3. 支气管肺癌 支气管肺癌阻塞支气管可引起阻塞性肺炎及肺化脓性感染,形成肺脓肿。其病程相对较长,脓痰量较少。由于支气管引流不畅,抗生素治疗效果差。因此对于 40 岁以上、出现肺局部反复感染且抗生素疗效差的患者,要考虑有支气管肺癌所致阻塞性感染的可能,应常规作纤维支气管镜检查以明确诊断。肺鳞癌病变本身可发生坏死液化,形成空洞,即"癌性空洞",但一般无急性感染症状,胸部 X 线片显示空洞壁较厚,多呈偏心空洞,残留的肿瘤组织使空洞内壁凹凸不平,空洞周围亦较少有炎症浸润,可有肺门淋巴结肿大。故不难与肺脓肿鉴别,经纤维支气管镜检查或痰中找到癌细胞,则可确定诊断。

4. 肺囊肿继发感染 肺囊肿继发感染时,囊肿内可见气液平,周围炎症反应轻,无明显中毒症状和脓性痰。如有以往的 X 线胸片作对照,更容易鉴别。

【治疗】 急性肺脓肿的治疗原则是抗感染和痰液引流。

(一) 一般治疗

肺脓肿患者一般多有消耗性表现,特别是体质差者应加强营养治疗,如补液、高营养、高维生素治疗;有缺氧表现时可以吸氧。

(二) 抗感染治疗

在应用抗生素之前,应送痰、血和胸液等标本做需氧和厌氧菌培养和药物敏感试验,根据药敏结果选用和调整抗生素的应用。

吸入性肺脓肿是以厌氧菌感染为主的混合性感染,一般对青霉素敏感,仅脆弱拟杆菌对青霉素不敏感,但对林可霉素、克林霉素和甲硝唑敏感。经验治疗通常首选青霉素。根据病情,每天剂量为 240 万 ~ 1000 万单位,严重感染者可用 2000 万 U/d,分 3 ~ 4 次静脉滴注。

对厌氧菌感染除应用青霉素外,尚可选用或联合应用其他抗厌氧菌感染治疗,如林可霉素 1.2 ~ 1.8g/d,分 2 ~ 3 次静脉滴注,克林霉素 0.6 ~ 1.8g/d,分 2 ~ 3 次肌注或静脉滴注;甲硝唑 1.0 ~ 1.5g/d,分 2 ~ 3 次静脉滴注。当疗效不佳时,应注意根据细菌培养的药物敏感试验结果选用合适的抗生素。

血源性肺脓肿多为金黄色葡萄球菌感染,可选用耐青霉素酶的半合成青霉素如苯唑西林钠 6 ~ 12g/d,分次静脉滴注,亦可加用氨基糖苷类或第二代头孢菌素;耐甲氧西林金黄色葡萄球菌 (MRSA) 应首选万古霉素或替考拉宁或利奈唑胺;革兰阴性杆菌感染时,常用第二、三代头孢菌素加氨基糖苷类抗生素。如为阿米巴原虫感染,则用甲硝唑治疗。

抗生素治疗的疗程一般为 8 ~ 12 周,直到临床症状完全消失,胸部 X 线片显示脓腔及炎性病变完全消失,仅残留少量条索状纤维阴影。在有效抗生素治疗下,约 3 ~ 7 天时体温可下降,7 ~ 14 天可降至正常;3 ~ 10 天内痰恶臭味消失。临床症状改善后,抗生素静脉滴注可改用肌注或口服。

(三) 痰液引流

有效的引流排痰可以缩短病程、提高疗效。①可选用祛痰药鲜竹沥 10 ~ 15ml 或氨溴索 30 ~ 60mg,每天 3 次口服,使痰液易咳出;②痰液浓、黏稠者,可用气道湿化如蒸气吸入、超声雾化吸入生理盐水等,以利痰液的引流;③对身体状况较好、发热不高的患者,可采取体位引流排脓液,使脓肿部位处于最高位置,轻拍患部,每天 2 ~ 3 次;④痰液引流不畅者,可经纤维支气管镜冲洗及吸引,并可将抗生素直接滴注到病变部位,每周 1 ~ 2 次。

(四) 外科治疗

急性肺脓肿经有效的抗生素治疗后,大多数患者可治愈。少数疗效不佳患者,在全身状况和肺功能允许情况下,可考虑外科手术治疗。其手术适应证为:①慢性肺脓肿经内科治疗 3 个月以上脓腔仍不缩小,感染不能控制或反复发作或脓腔过大(5cm 以上)估计不易闭合者;②并发支气管胸膜瘘或脓胸,经抽吸冲洗脓液疗效不佳者;③大咯血经内科治疗无效或危及生命时;④支气管阻塞疑为支气管肺癌致引流不畅的肺脓肿。

【预防】 要重视口腔、上呼吸道慢性感染病灶的治疗。口腔和胸腹手术前应注意保持口腔清洁,手术中注意清除口腔和上呼吸道血块和分泌物,鼓励患者咳嗽,及时取出呼吸道异物,保持呼吸道引流通畅。昏迷患者更要注意口腔清洁。

【预后】 自抗生素广泛应用以来,肺脓肿的病死率已明显下降,约为 5% ~ 10%。下述情况提示预后较差:①肺脓肿脓腔较大,特别是脓腔直径大于 6cm 者;②以相邻肺段内多发性小脓肿为特征的坏死性肺炎;③年龄较大、免疫功能受损和衰弱者;④支气管阻塞性肺脓肿;⑤需氧菌(包括金黄色葡萄球菌和革兰阴性杆菌)所致的肺脓肿;⑥治疗延误,尤其是有症状时间超过 6 周者。早期、及时、有效的治疗,可以提高治愈率,降低病死率。

(代华平)

推荐阅读文献

1. O'Donnell AE:Bronchiectasis,Atelectasis,Cysts,and Localized Lung Disorders. In:Goldman's Cecil Medicine,

Goldman L and Schafer AI(eds),24th Ed. New York:Elsevier Saunders,2012

2. Baron RM/Bartlett JG:Bronchiectasis and Lung Abscess. In:Harrison's Principles of Internal Medicine. Longo DL,Fauci AS,Kasper DL,et al(eds). 18th Ed,New York:McGraw-Hill,2012

3. *Fishman JA*:Lung Abscess. In:Fishman's Pulmonary Diseases and Disorders. Fishman AP,4th ED,New York:McGraw-Hill,2008

4. Torres A, Menendez R and Wunderink R:Pyogenic Bacterial Pneumonia and Lung Abscess. In:Murray and Nadel's Textbook of Respiratory Medicine. Mason R J,Murray J F,Courtney Broaddus V,et al(eds),5th ed. Saunders. 2010.

第八章 肺结核病

要点:

1. 肺结核病目前疫情仍然严重,需要高度重视。

2. 结核杆菌的生物学特征、宿主反应在结核病发生发展中的重要作用和结核病的病理学特点,决定了结核病临床过程和治疗不同于常见的细菌感染。肺结核的诊断和鉴别诊断需要区分肺非结核分枝杆菌感染。理解和掌握结核病化学治疗的基本原则是防治工作的基础和关键。

3. DOTS 是结核病控制最为有效的策略,并上升为战略,需要在各个层面落实和推进。

肺结核病(pulmonary tuberculosis)是结核分枝杆菌(mycobacterium tuberculosis)(简称结核杆菌或结核菌)引起的慢性肺部感染性疾病,占各器官结核病总数的 80% ~ 90%,其中痰中排菌者称为传染性肺结核病。这是一个非常古老而迄今仍然威胁人类健康的重要疾病和重大公共卫生问题。

【病原学】 结核菌在分类学上属于放线菌目、分枝杆菌科、分枝杆菌属,分人型、牛型、非洲型和鼠型 4 型。对人类致病的主要为人型结核菌,牛型菌很少,非洲分枝杆菌见于赤道非洲,是一种过渡类型,西非国家分离菌株倾向于牛型分枝杆菌,而东非国家分离株更类似于人型分枝杆菌。田鼠分枝杆菌偶见人类感染报道。结核菌细长而稍弯,约 $0.4\mu m \times 4.0\mu m$,两端微钝,不能运动,无荚膜、鞭毛或芽孢;严格需氧;不易染色,但经品红加热染色后不能被酸性乙醇脱色,故称抗酸杆菌。结核菌对不利环境和某些理化因子有抵抗力。在阴湿处能生存 5 个月以上,干燥痰标本内可存活 6 ~ 8 个月,-6℃ ~ -8℃ 下能存活 4 ~ 5 个月。结核菌不耐热,对紫外线亦甚敏感,故常采用加热或紫外线进行消毒,而高压蒸汽(120℃)持续 30 分钟是最佳的灭菌方法。结核菌培养的营养要求较高,生长缓慢,人型菌的增殖周期约 15 ~ 20 小时,至少需要 2 ~ 4 周才有可见菌落。菌落多呈粗糙型,光滑型菌落大多表示毒力减低。结核菌细胞壁富含脂质,约占细胞壁的 60%,是抗酸着色反应的主要物质基础,具有介导肉芽肿形成和促进细菌在吞噬细胞内存活的作用。细胞壁中尚含脂多糖,其中脂阿拉伯甘露聚糖(lipoarabanmannan,LAM)具有广泛的免疫原性,生长中的结核菌能大量产生,是血清学诊断中应用较多的一类抗原物质。结核菌的菌体主要是蛋白质,占菌体干重的 50%。依据蛋白抗原定位结核蛋白可区分为分泌蛋白、胞壁蛋白和热休克蛋白。结核蛋白被认为是变态反应的反应原,已鉴定出数十个蛋白抗原,部分已用于免疫血清学诊断,但迄今尚缺少特异性很高的蛋白抗原。目前结核菌标准菌株 H37RV全染色体测序已经完成,全基因组约由 4 411 532 个碱基对组成,鸟嘌呤和胞嘧啶之和(G+C)高达 65.6%,约含 4000 个基因,但病原性的分子基础即病原性基因及其编码的致病因子(蛋白质表型)尚不清楚。

【流行病学】

(一) 流行环节

1. 传染源 肺结核患者排菌是人型结核菌传播的主要来源。带菌牛乳曾是牛型结核菌重要传染源,现已很少见。但我国牧区仍需重视牛乳的卫生消毒和管理。

2. 传播途径　主要为患者与健康人之间经飞沫传播。排菌量愈多,接触时间愈长,危害愈大;直径1~5μm大小的飞沫最易在肺泡沉积,情绪激昂的讲话、用力咳嗽,特别是打喷嚏所产生的飞沫直径小、影响大。患者随地吐痰,痰液干燥后结核菌随尘埃飞扬,亦可造成吸入感染。经消化道、胎盘、皮肤伤口感染均属罕见。

3. 易感人群　生活贫困、居住拥挤、营养不良等是经济不发达社会中人群结核病高发的原因。婴幼儿、青春后期和成人早期尤其是该年龄段的女性以及老年人结核病发病率较高,可能与免疫功能不全或改变有关。某些疾病如糖尿病、矽肺、胃大部分切除后、麻疹、百日咳等常易诱发结核病;免疫抑制者,尤其好发结核病。

(二)流行现状和控制目标

1990年WHO调查结果表明,全球大约有1/3人口感染结核菌,现患病人约2000万,年新发病例800万~900万人,其中半数以上为传染性肺结核,每年约有300万人死于结核病,占各种原因死亡数的7%,占各类传染病死亡数的19%。1993年WHO确定2000年全球结核病控制目标为:发现70%的涂阳结核病人,85%的病人得到WHO正式推荐的直接督导下短程化疗方案(directly observed treatment short-course,DOTS)。但至1999年全球仅有16%的活动性肺结核病接受了推荐的标准化疗。2000年WHO又召开22个结核病高负担国家"结核病控制与可持续发展部长会议",号召大家共同努力,争取2005年达到上述目标。到2004年,全球实行DOTS策略地区,除了非洲撒哈拉地区和东欧外,绝大部分国家结核性的死亡率均有所下降,发病率逐渐下降和趋于稳定,全球新涂阳病人的治疗成功率达到82%。2006年WHO又发起"到2015年前遏制结核病蔓延"的千年发展目标。通过使用DOTS和世卫组织推荐的控制结核战略,2012年WHO报告,有860万人罹患结核病,130万人死于结核病,1990年至2012年间,结核病死亡率下降了45%。结核病发病率也在不断下降,虽然降幅很小,但意味着全球正在按计划实现"到2015年遏制结核病蔓延"的千年发展目标。2014年5月WHO又提出2015年以后的结核控制目标,与2015年比,2025年结核病死亡率减少75%,结核发病率减少50%;2035年结核病死亡率减少95%,结核发病率减少90%;最终实现结束结核病流行的目标。虽然我国结核病控制取得很大成绩,但仍然是世界结核病的高负担国家。目前我国正面临HIV/AIDS流行,与结核病形成双重夹击的严重威胁,加之在管理方面还存在不足,形势非常严峻。我国政府正履行承诺,运用现代控制技术,并实施治疗费用的减免政策,推进全国防治工作。

【发病机制】

(一)结核菌感染的宿主反应及其生物学过程

结核菌入侵宿主体内,从感染、发病到转归均与多数细菌性疾病有显著不同,宿主反应具有特殊意义。结核菌感染引起的宿主反应分为4期:①起始期:入侵呼吸道的结核菌被肺泡巨噬细胞吞噬,因菌量、毒力和巨噬细胞非特异性杀菌能力的不同,被吞噬结核菌的命运各异,若在出现有意义的细菌增殖和宿主细胞反应之前结核菌即被非特异性防御机制清除或杀灭,则不留任何痕迹或感染证据,如果细菌在肺泡巨噬细胞内存活和复制,便扩散至邻近非活化的肺泡巨噬细胞,形成早期感染灶。②T细胞反应期:由T细胞介导的细胞免疫(cell mediated immunity,CMI)和迟发型过敏反应(delayed type hypersensitivity,DTH)在此期形成,从而对结核病发病、演变及转归产生决定性影响。③共生期:生活在流行区的多数感染者发展至T细胞反应期,仅少数发生原发性结核病,大部分感染者结核菌可以持续存活,结核菌与宿主处于共生状态,纤维包裹的坏死灶干酪样中央部位被认为是结核杆菌持续存在的主要场所,低氧、低pH和抑制性脂肪酸的存在使细菌不能增殖。宿主的免疫机制亦是抑制细菌增殖的重要因素,倘若免疫受到损害便可引起受抑制结核菌的重新活动和增殖。④细胞外增殖和传播期:固体干酪灶中包含具有生长能力但不繁殖的结核菌,干酪灶一旦液化便给细菌增殖提供了理想环境,即使免疫功能健全的宿主,从液化干酪灶释放的大量结核杆菌亦足以突破局部免疫防御机制,引起播散。

（二）CMI 和 DTH

CMI 是宿主获得性抗结核保护作用的最主要机制。结核杆菌经 C3 调理作用而被巨噬细胞吞噬,在细胞内酸性环境下其抗原大部分被降解,一部分则与胞体内的 Ⅰa 分子耦联成复合物而被溶酶体酶消化,并被转移至细胞膜和递呈给 Th 细胞,作为第一信号。在这一过程中伴随产生的淋巴细胞激活因子(LAF)即 IL-1 成为第二信号,两者共同启动 T 细胞应答反应。CMI 以 CD4$^+$ 细胞最重要,它产生和释放多种细胞因子放大免疫反应。CD8$^+$ 参与 Th1/Th2 调节。与 CMI 相伴的 DTH 是结核病免疫反应另一种形式,长期以来认为两者密不可分,只是表现形式不同。近年来大量的研究表明,DTH 和 CMI 虽然有些过程和现象相似,但两者本质不同:①刺激两种反应的抗原不同:结核菌核糖体 RNA 能激发 CMI,但无 DTH;结核蛋白及脂质 D 仅引起 DTH,而不产生 CMI;②介导两种反应的 T 细胞亚群不同:DTH 是由 TDTH 细胞介导的,而介导 CMI 的主要是 Th 细胞,Tc(细胞毒 T 细胞)在两种反应都可以参与作用;③菌量或抗原负荷差异和 Th1/Th2 偏移:感染结核菌后机体同时产生 Th1+Th2 介导的免疫反应,在菌量少、毒力低或感染早期 Th1 型反应起主导作用,表现为 CMI 为主;而菌量大、毒力强或感染后期,则向 Th2 型反应方向偏移,出现以 DTH 为主的反应;④起调节作用的细胞因子(cytokines,CKs)不同:调节 CMI 效应的 CKs 很多,而 DTH 引起组织坏死的主要是 TNF;⑤对结核菌的作用方式不同:CMI 通过激活巨噬细胞来杀灭细胞内吞噬的结核菌,而 DTH 则通过杀死含菌而未被激活的巨噬细胞及其邻近的细胞组织,以消除十分有利于细菌生长的细胞内环境。关于 DTH 是否对抗结核保护反应负责或参与作用,在很大程度上取决于 DTH 反应的程度。轻度 DTH 可以动员和活化免疫活性细胞,并能直接杀伤靶细胞,使感染有结核菌的宿主细胞死亡而达到杀菌功效。比较剧烈的 DTH 则造成组织溃烂、坏死液化和空洞形成,已被吞噬的结核菌释放至细胞外,取得养料,从而进行复制和增殖,并引起播散。总体上 DTH 的免疫损伤超过免疫保护作用。

【病理】

（一）渗出型病变

表现为组织充血、水肿,随之有中性粒细胞、淋巴细胞、单核细胞浸润和纤维蛋白渗出,可有少量类上皮细胞和多核巨细胞,抗酸染色可见到结核菌。其发展演变取决于 DTH 和 CMI,剧烈 DTH 可导致病变坏死,进而液化,若 CMI 强或经有效治疗,病变可完全吸收,不留痕迹或残留纤维化,或演变为增生型病变。

（二）增生型病变

典型表现为结核结节,其中央为巨噬细胞衍生而来的朗罕巨细胞,周围由巨噬细胞转化来的类上皮细胞成层排列包绕。在类上皮细胞外围还有淋巴细胞和浆细胞散在分布与覆盖。增生型病变另一种表现是结核性肉芽肿,多见于空洞壁、窦道及其周围以及干酪坏死灶周围,由类上皮细胞和新生毛细血管构成,其中散布有朗罕巨细胞、淋巴细胞及少量中性粒细胞。

（三）干酪样坏死

为病变恶化的表现。干酪样坏死灶可以多年不变,坏死病变中结核菌很少。倘若局部组织过敏反应剧烈,干酪样坏死组织发生液化,经支气管排出即形成空洞,其内壁含有大量代谢活跃、生长旺盛的细胞外结核菌,成为支气管播散的来源。在有效化疗作用下,空洞内结核菌的消灭和病灶的吸收使空洞壁变薄并逐渐缩小,最后空洞完全闭合。有些空洞不能完全关闭,但结核的特异性病变均告消失,支气管上皮细胞向洞壁内伸展,成为净化空洞,亦是空洞愈合的良好形式。有时空洞引流支气管阻塞,其中坏死物浓缩,空气被吸收,周围逐渐为纤维组织所包绕,形成结核球,病灶较前缩小并可以保持稳定,但一旦支气管再通,空洞出现,病灶重新活动。

由于机体反应性、免疫状态、局部组织抵抗力的不同,入侵菌量、毒力、类型和感染方式的差别,以及治疗措施的影响,上述 3 种基本病理改变可以互相转化、交错存在,很少单一病变独立存在,而以某一种改变为主。

【临床表现】

(一) 发病过程和临床类型

1. **原发型肺结核** 指初次感染即发病的肺结核,又称初染结核。典型病变包括肺部原发灶、引流淋巴管和肺门或纵隔淋巴结的结核性炎症,三者联合称为原发综合征。有时 X 线上仅显示肺门或纵隔淋巴结肿大,也称支气管淋巴结结核。多见于儿童,偶尔见于未受感染的成年人。原发性病灶多好发于胸膜下通气良好的肺区如上叶下部和下叶上部。其时机体尚未形成特异性免疫力,病菌沿所属淋巴管到肺门淋巴结,进而可出现早期菌血症。大约 4~6 周后免疫力形成,原发灶和肺门淋巴结炎消退,90% 以上不治自愈。倘若原发感染机体不能建立足够免疫力或过敏反应强烈,则发展为临床原发性肺结核。少数严重者肺内原发灶可成为干酪性肺炎;淋巴结干酪样坏死破入支气管引起支气管结核和沿支气管的播散;肿大淋巴结压迫或大量坏死物破入和阻塞支气管可出现肺不张;早期菌血症或干酪性病变蚀及血管可演变为血行播散性结核病。

2. **血行播散型肺结核** 大多伴随于原发性肺结核,儿童较多见。在成人,原发感染后隐潜性病灶中的结核菌破溃进入血行,偶尔由于肺或其他脏器继发性活动性结核病灶侵蚀邻近淋巴血道而引起。本型肺结核发生于免疫力极度低下者。急性血行播散型肺结核常伴有结核性脑膜炎和其他脏器结核。

3. **继发型肺结核** 由于初染后体内潜伏病灶中的结核菌重新活动和释放而发病,少数可以为外源性再感染,特别是 HIV/AIDS 时。本型是成人肺结核的最常见类型。常呈慢性起病和经过,但也有呈急性发病和急性临床过程者。由于免疫和过敏反应的相互关系及治疗措施等因素影响,继发型肺结核在病理和 X 线形态上又有渗出浸润型肺结核、增生型肺结核、纤维干酪型肺结核、干酪型肺炎、空洞型肺结核、结核球(瘤)、慢性纤维空洞型肺结核等区分。继发型肺结核好发于两肺上叶尖后段及下叶背段,肺门淋巴结很少肿大,病灶趋于局限,但易有干酪坏死和空洞形成,排菌较多,在流行病学上更具重要性。

(二) 症状和体征

1. **全身症状** 发热为肺结核最常见的全身性毒性症状,多数为长期低热,每于午后或傍晚开始,次晨降至正常,可伴有倦怠、乏力、夜间盗汗。当病灶急剧进展扩散时则出现高热,呈稽留热或弛张热型,可以有畏寒,但很少寒战。其他全身症状有食欲减退、体重减轻、妇女月经不调、易激惹、心悸、面颊潮红等轻度毒性和自主神经功能紊乱症状。

2. **呼吸系统症状**

(1) 咳嗽、咳痰:浸润性病灶咳嗽轻微,干咳或仅有少量黏液痰。有空洞形成时痰量增加,若伴继发感染,痰呈脓性。合并支气管结核时则咳嗽加剧,可出现刺激性呛咳,伴局限性哮鸣或喘鸣。

(2) 咯血:约 1/3~1/2 患者在不同病期有咯血。结核性炎症使毛细血管通透性增高,常表现血痰;病变损伤小血管则血量增加;若空洞壁的动脉瘤破裂则引起大咯血,出血可以源自肺动脉,亦可来自支气管动脉。凡合并慢性气道疾患、心肺功能损害、年迈、咳嗽反射抑制、全身衰竭等,使气道清除能力减弱,咯血容易导致窒息。咯血易引起结核播散,特别是中大量咯血时,咯血后的持续高热常是有力提示。

(3) 胸痛:部位不定的隐痛为神经反射引起。固定性针刺样痛随呼吸和咳嗽加重,而患侧卧位症状减轻,常是胸膜受累的缘故。

(4) 气急:重度毒血症状和高热可引起呼吸频率增加。真正气急仅见于广泛肺组织破坏、胸膜增厚和肺气肿,特别是并发肺心病和心肺功能不全时。

3. **体征** 取决于病变性质、部位、范围或程度。病灶以渗出型病变为主的肺实变且范围较

Notes

广或干酪性肺炎时,叩诊浊音,听诊闻及支气管呼吸音和细湿啰音。继发型肺结核好发于上叶尖后段,于肩胛间区闻及细湿啰音,极大提示有诊断价值。空洞性病变位置浅表而引流支气管通畅时,有支气管呼吸音或伴湿啰音;巨大空洞可出现带金属调的空瓮音,现已很少见。慢性纤维空洞性肺结核的体征有患侧胸廓塌陷、气管和纵隔向患侧移位、叩诊音浊、听诊呼吸音降低或闻及湿啰音,以及肺气肿征象。支气管结核有局限性哮鸣音,特别是于呼气或咳嗽末。

4. 特殊表现

(1) 过敏反应:多见于青少年女性。临床表现类似风湿热,故有人称其为结核性风湿症。多发性关节痛或关节炎,以四肢大关节较常受累。皮肤损害表现为结节性红斑及环形红斑,前者多见,好发于四肢尤其是四肢伸侧面及踝关节附近,此起彼伏,间歇性地出现。常伴有长期低热。水杨酸制剂治疗无效。其他过敏反应表现有类白塞病、滤泡性结膜角膜炎等。

(2) 无反应性结核:是一种严重的单核-吞噬细胞系统结核病,亦称结核性败血症。肝、脾、淋巴结或骨髓以及肺、肾等呈严重干酪样坏死,其中有大量成簇结核菌,而缺乏类上皮细胞和巨细胞反应,渗出性反应亦极轻微,见于极度免疫抑制的患者。临床表现为持续高热、骨髓抑制或见类白血病反应。呼吸道症状和胸部 X 线表现往往很不明显或者缺如。无反应性结核病易误诊为败血症、白血病、伤寒、结缔组织疾病等。

【实验室和辅助检查】

(一) 病原学检查

1. 痰涂片显微镜检查　痰标本涂片萋-尼染色找抗酸杆菌具有快速、简便等优点。厚涂片可提高检测阳性率。荧光染色检查不需油镜,视野范围广、敏感性高,但容易有假阳性。抗酸染色直接镜检不能区分结核和非结核分枝杆菌(nontuberculous mycobacteria, NTM),但在我国非结核分枝杆菌病相对较少,涂片找到抗酸杆菌绝大多数为结核杆菌,可以提示诊断。

2. 结核菌培养　敏感性和特异性高。培养后可进行药敏测试,随着耐多药结核菌增多,药敏愈显重要。结核菌培养传统方法至少 1 个月,近来应用 Bactec TB 系统进行培养和早期鉴定,可以缩短至两周左右,药敏通常在培养阳性后的 4~6 天即可完成。

3. 分子生物学检测　聚合酶链反应(PCR)技术可以将标本中微量的结核菌 DNA 加以扩增。一般镜检仅能检测每毫升 $10^4~10^5$ 条菌,而 PCR 可检出 1~100fg 结核菌 DNA(相当于每毫升 1~20 条菌)。Xpert MTB/RIF 快速核酸检测试剂盒依据自动实时荧光定量 PCR 的原理,能直接从病人新鲜痰液里同时检测结核菌及其是否对利福平耐药,整个检测时间约 1 个半小时,检测敏感性和特异性都高于现有的其他检测方法,世卫组织批准并在全球推广该方法用于诊断结核病。在非结核分枝杆菌病高发地区涂片抗酸杆菌阳性病例,PCR 检测还可快速区分结核与非结核分枝杆菌。

4. 结核菌抗原和抗体检测　采用 ELISA 方法检测痰标本中结核菌抗原的结果差异甚大,可能与痰标本中结核菌抗原分布不甚均匀有关。采用不同的抗原(如 A60、LAM 等)检测肺结核患者血标本中结核菌 IgG 的诊断价值尚不肯定。

5. γ-干扰素释放试验(interferon-gamma release assays, IGRA)　采用结核杆菌比较特异性抗原(卡介苗和绝大多数非结核分枝杆菌所不具有),包括早期分泌性抗原靶6(ESAT-6)和培养滤过蛋白-10(CFP-10),在体外刺激血液单核细胞释放 γ-干扰素,对后者加以测定。操作过程很少受干扰,报告结果快(24 小时)。IGRA 敏感性 70% 左右,虽然尚欠理想,但特异性大多在 95% 以上。

(二) 影像学检查

后前位普通 X 线胸片是诊断肺结核十分有用的辅助方法。它对了解病变部位、范围、性质及其演变有帮助,典型 X 线改变有重要诊断参考价值。X 线胸片诊断肺结核缺乏特异性,尤其病变在非好发部位及形态不典型时更是如此。胸部 CT 检查有助于微小或隐蔽性肺结核病灶的发现和结节性病灶的鉴别诊断。耐多药肺结核病考虑外科手术治疗时,需要比较精确地了解病变累及范围,可考虑胸部 CT 检查。

(三) 结核菌素(简称结素)皮肤试验(tuberculin skin test,TST)

结素是结核菌的代谢产物,从长出结核菌的液体培养基提炼而成,主要成分为结核蛋白,目前国内均采用国产结素纯蛋白衍生物(purified protein derivative,PPD)。我国推广的试验方法是国际通用的皮内注射法(Mantoux 法)。将 PPD 5 IU(0.1ml)注入左前臂内侧上中 1/3 交界处皮内,使局部形成皮丘。48 ~ 96 小时(一般为 72 小时)观察局部硬结大小。判断标准为:硬结直径<5mm 为阴性反应,5 ~ 9mm 为一般阳性反应,10 ~ 19mm 为中度阳性反应,≥20mm 或不足 20mm 但有水疱或坏死为强阳性反应。美国则根据不同年龄、免疫状态、本土居民还是移民(来自何地)等对 TST 判断有不同标准。结核菌素试验的主要用途有:①社区结核菌感染的流行病学调查或接触者的随访;②监测阳转者,适用于儿童和易感高危对象;③协助诊断。目前所用结素(抗原)并非高度特异。许多因素可以影响反应结果,如急性病毒感染或疫苗注射、免疫抑制性疾病或药物、营养不良、结节病、肿瘤、其他难治性感染、老年人迟发过敏反应衰退者,可以出现假阴性。尚有少数患者已证明活动性结核病,并无前述因素影响,但结素反应阴性,即"无反应性"(anergy)。尽管结核菌素试验在理论和解释上尚存在困惑,但在流行病学和临床上仍是有用的。阳性反应表示感染,在 3 岁以下婴幼儿提示活动性结核病;成人强阳性反应提示活动性结核病可能,应进一步检查;阴性反应特别是较高浓度试验仍阴性则可排除结核病;菌阴肺结核诊断除典型 X 线征象外,必须辅以结核菌素试验阳性以佐证。

(四) 纤维支气管镜检查

经纤支镜对支气管或肺内病灶钳取活组织作病理学检查,同时采取刷检、冲洗或吸引标本用于结核菌涂片和培养,有利于提高肺结核的诊断敏感性和特异性,尤其适用于痰涂阴性等诊断困难患者。纤支镜对于支气管结核的诊断和鉴别诊断尤其具有价值。

【诊断与鉴别诊断】

(一) 病史和临床表现

轻症肺结核病例可以无症状而仅在 X 线检查时发现,即使出现症状亦大多缺少特异性,但病史和临床表现仍是诊断的基础,凡遇下列情况者应高度警惕结核病的可能性:①反复发作或迁延不愈的咳嗽咳痰,或呼吸道感染经抗生素治疗 3 ~ 4 周仍无改善;②痰中带血或咯血;③长期低热或所谓"发热待查";④体检肩胛间区有湿啰音或局限性哮鸣音;⑤有结核病诱因或好发因素,尤其是糖尿病、免疫抑制性疾病和接受激素或免疫抑制剂治疗者;⑥有关节疼痛和皮肤结节性红斑、滤泡性结膜角膜炎等过敏反应性表现;⑦有渗出性胸膜炎、肛瘘、长期淋巴结肿大既往史以及婴幼儿和儿童有家庭开放性肺结核密切接触史者。

(二) 诊断依据

1. 细菌学确诊肺结核 生物标本经涂片镜检、培养或世卫组织批准的快速诊断试剂(如 Xpert MTB/RIF)检验为阳性者,并具有相应临床和 X 线表现,不论其是否已开始结核病治疗,均按确诊肺结核报告。

2. 临床诊断肺结核 不符合细菌学确诊标准,但根据影像学、组织学等其他临床结果考虑为活动性肺结核病并决定给予全疗程结核病治疗的病例。

(三) 活动性判定

确定肺结核有无活动性对治疗和管理十分重要,是诊断的一个重要内容。活动性判断应综合临床、X 线表现和痰菌决定,而主要依据是痰菌和 X 线。痰菌阳性肯定属活动性。X 线胸片上凡渗出型和渗出增生型病灶、干酪型肺炎、干酪灶和空洞(除净化空洞外)都是活动性的征象;增生型病灶、纤维包裹紧密的干酪硬结灶和纤维钙化灶属非活动性病变。由于肺结核病变多为混合性,在未达到完全性增生或纤维钙化时仍属活动性。在 X 线上非活动性应使病变达到最大限度吸收,这就需要有旧片对比或经随访观察才能确定。初次胸片不能肯定活动性的病例可作为"活动性未定",给予动态观察。

(四) 分类和记录程序

为适应我国目前结核病控制和临床工作的实际,中华医学会结核病学分会《结核病新分类法》将结核病分为原发型肺结核、血行播散型肺结核、继发型肺结核、结核性胸膜炎和其他肺外结核5型。在诊断时应按分类书写诊断,并注明范围(左侧、右侧、双侧)、痰菌和初治、复治情况。

世界卫生组织2014年发表的《结核病定义和报告框架-2013年修订版》按解剖部位分类:①肺结核:任何累及肺实质或气管支气管树的细菌学确诊或临床诊断结核病例。粟粒性结核病因存在肺病变被归入肺结核类。肺部影像学无异常的胸内淋巴结核(纵隔和/或肺门)和结核性胸腔积液归为肺外结核。同时患有肺及肺外结核者应归为肺结核病例。②肺外结核:任何发生在肺部以外器官的细菌学确诊或临床诊断结核病例,如胸膜、淋巴结、腹部、泌尿生殖系、皮肤、骨关节、脑膜等。

按既往结核病治疗史分类:①新患者:从未接受过抗结核治疗,或使用抗结核药物少于1个月的患者;②曾接受过治疗的患者:过去使用过1个月或更长时间抗结核药物的患者。

按最近治疗转归分类:①复发患者:曾接受过抗结核治疗,且最近疗程结束时被宣布为"治愈"或"完成治疗",但现在又被诊断为结核病复发(真的复发或者由再度感染引起的新发结核病);②治疗失败患者:接受过抗结核治疗,但最近疗程结束时"治疗失败"的患者;③失访后返回患者:接受过抗结核治疗,但最近疗程结束时被宣布为"失访"的患者;④其他以前接受过治疗的患者:接受过抗结核治疗,但最近疗程结果不详或未记录的患者;⑤既往结核病治疗史不详的患者:不符合上述各类别定义的患者。结核病新病例和复发病例均为新发结核病例。

按艾滋病毒感染情况分类:①艾滋病毒阳性结核病人:任何诊断为结核病时艾滋病毒检测结果为阳性或其他有记录证据表明接受抗艾滋病毒相关服务(如登记接受抗反转录病毒治疗或治疗开始后进入接受抗反转录病毒治疗人员名册)的细菌学确诊或临床诊断结核病例。②艾滋病毒阴性结核病人:任何诊断为结核病时艾滋病毒检测结果为阴性的细菌学确诊或临床诊断结核病例。如随后发现这些病人出现艾滋病毒阳性,应相应修改其分类。③艾滋病毒感染情况不详结核病人:任何没有艾滋病毒检测结果也没有其他有记录证明表明其接受抗艾滋病毒相关服务的细菌学确诊或临床诊断结核病例。

按耐药情况分类,以确认为结核分歧杆菌临床分离株的药敏试验结果为基础分为以下几类:①单耐药:仅对一种一线抗结核药物耐药;②多耐药:对一种以上一线抗结核药物耐药(不包括同时对异烟肼和利福平耐药的情况);③耐多药(multiple drug resistant,MDR):至少对异烟肼和利福平同时耐药;④广泛耐药:除对异烟肼和利福平耐药之外,同时对任意1种氟喹诺酮类药物及对3种二线抗结核药物注射剂(卷曲霉素、卡那霉素和阿米卡星)中的至少1种耐药。

(五) 鉴别诊断

肺结核临床和X线表现可以酷似许多疾病,必须详细搜集临床及实验室和辅助检查资料,综合分析,并根据需要选择侵袭性诊断措施如纤维支气管镜采集微生物标本和活组织检查。不同类型和X线表现的肺结核需要鉴别的疾病不同。

1. **肺癌**　中央型肺癌常有痰中带血,肺门附近有阴影,与肺门淋巴结结核相似。周围型肺癌可呈球状、分叶状块影,需与结核球鉴别。肺癌多见于40岁以上嗜烟男性,常无明显毒性症状,多有刺激性咳嗽、胸痛及进行性消瘦。在X线胸片上结核球周围可有卫星灶、钙化,而肺癌病灶边缘常有切迹、毛刺。胸部CT扫描对鉴别诊断常有帮助。结合痰结核菌、脱落细胞检查及通过纤支镜检查与活检等,常能及时鉴别。肺癌与肺结核可以并存,亦需注意发现。

2. **肺炎**　原发综合征的肺门淋巴结结核不明显或原发灶周围存在大片渗出,病变波及整个肺叶并将肺门掩盖时,以及继发型肺结核主要表现为渗出性病变或干酪性肺炎时,需与肺炎特别是肺炎链球菌肺炎鉴别。细菌性肺炎起病急骤、高热、寒战、胸痛伴气急,X线上病变常局限于一个肺叶或肺段,血白细胞总数及中性粒细胞增多,抗菌药物治疗有效,可资鉴别;肺结核尚需注意与其他病原体肺炎进行鉴别,关键是病原学检测有阳性证据。

3. 肺脓肿　肺脓肿空洞多见于肺下叶,脓肿周围的炎症浸润较严重,空洞内常有液平面。肺结核空洞则多发生在肺上叶,空洞壁较薄,洞内很少有液平面或仅见浅液平。此外,肺脓肿起病较急、高热、大量脓痰,痰中无结核菌,但有多种其他细菌,血白细胞总数及中性粒细胞增多,抗生素治疗有效。慢性纤维空洞合并感染时易与慢性肺脓肿混淆,后者痰结核菌阴性。

4. 支气管扩张　有慢性咳嗽、咳脓痰及反复咯血史,需与继发型肺结核鉴别。X线胸片多无异常发现或仅见局部肺纹理增粗或卷发状阴影,CT有助确诊。应当警惕的是化脓性支气管扩张症可以并发结核感染,在细菌学检测时应予顾及。

5. 慢性支气管炎　症状酷似继发型肺结核。近年来老年人肺结核的发病率增高,与慢性支气管炎的高发年龄趋近,需认真鉴别,及时X线检查和痰检有助确诊。

6. 非结核分枝杆菌肺病　非结核分枝杆菌(nontuberculous mycobacteria,NTM)指结核和麻风分枝杆菌以外的所有分枝杆菌,可引起各组织器官病变,其中NTM肺病临床和X线表现类似肺结核。鉴别诊断依据菌种鉴定。

7. 其他发热性疾病　伤寒、败血症、白血病、纵隔淋巴瘤等与结核病有诸多相似之处。伤寒有高热、血白细胞计数减少及肝脾大等临床表现,易与急性血行播散型肺结核混淆。但伤寒热型常呈稽留热,有相对缓脉,皮肤玫瑰疹,血清肥达试验阳性,血、粪便培养伤寒杆菌生长。败血症起病急,有寒战及弛张热型,白细胞及中性粒细胞增多,常有近期皮肤感染,疖疮挤压史或尿路、胆道等感染史,皮肤常见淤点,病程中出现迁徙病灶或感染性休克,血或骨髓培养可发现致病菌。结核病偶见血象呈类白血病反应或单核细胞异常增多,需与白血病鉴别。后者多有明显出血倾向,骨髓涂片及动态X线胸片随访有助确立诊断。支气管淋巴结结核表现为发热及肺门淋巴结肿大,应与结节病、纵隔淋巴瘤等鉴别。结节病患者结核菌素试验阴性,肺门淋巴结肿大常呈对称性,状如"土豆";而淋巴瘤发展迅速,常有肝脾及浅表淋巴结肿大,确诊需组织活检。

【治疗】

(一)抗结核化学治疗

1. 化疗药物

(1)异烟肼(isoniazid,INH):具有强杀菌作用、价格低廉、副反应少、可口服等特点,是治疗肺结核病的基本药物之一。INH抑制结核菌叶酸合成,包括3个环节:①INH被结核菌摄取;②INH被结核菌内触酶-过氧化酶活化;③活化的INH阻止结核菌叶酸合成。它对于胞内和胞外代谢活跃、持续繁殖或近乎静止的结核菌均有杀菌作用。INH可渗入全身各组织中,容易通过血-脑脊液屏障,胸腔积液、干酪样病灶中药物浓度很高。成人剂量每天300mg(或每天4~8mg/kg),一次口服;儿童每天5~10mg/kg(每天不超过300mg)。急性血行播散型肺结核和结核性脑膜炎,剂量可以加倍。主要不良反应有周围神经炎、中枢神经系统中毒,采用维生素B_6能缓解或消除中毒症状。但维生素B_6可影响INH疗效;常规剂量时神经系统不良反应很少,故无需服用维生素B_6。肝脏损害(血清ALT升高等)与药物的代谢毒性有关,如果ALT高于正常值上限3倍则需停药。通常每月随访一次肝功能,对于肝功能已有异常者应增加随访次数,且需与病毒性肝炎相鉴别。

(2)利福平(rifampin,RFP):对胞内和胞外代谢旺盛、偶尔繁殖的结核菌均有杀菌作用。它属于利福霉素的半合成衍生物,通过抑制RNA聚合酶,阻止RNA合成发挥杀菌活性。RFP主要在肝脏代谢,胆汁排泄。仅有30%通过肾脏排泄,肾功能损害一般不需减量。RFP能穿透干酪样病灶和进入巨噬细胞内。在正常情况下不通过血-脑脊液屏障,而脑膜炎症可增加其渗透能力。RFP 在组织中浓度高,在尿、泪、汗和其他体液中均可检测到。成人剂量空腹 450～600mg,每天 1 次。主要不良反应有胃肠道不适、肝功能损害(ALT 升高、黄疸等)、皮疹和发热等。间歇疗法应用高剂量(600～1200mg/d)易产生免疫介导的流感样反应、溶血性贫血、进行肾衰竭和血小板减少症,一旦发生,应予以停药。

(3) 吡嗪酰胺(pyrazinamide,PZA):类似于 INH 的烟酸衍生物,但与 INH 之间无交叉耐药性。PZA 能杀灭巨噬细胞内尤其酸性环境中的结核菌,已成为结核病短程化疗中不可缺少的主要药物。胃肠道吸收好,全身各部位均可到达,包括中枢神经系统。PZA 由肾脏排泄。最常见的副反应为肝毒性反应(ALT 升高和黄疸等)、高尿酸血症,皮疹和胃肠道症状少见。

(4) 链霉素(streptomycin,SM)和其他氨基糖苷类:通过抑制蛋白质合成来杀灭结核菌。对于空洞内胞外结核菌作用强,pH 中性时起效。尽管链霉素具有很强的组织穿透力,而对于血-脑脊液屏障仅在脑膜炎时才能透入。主要不良反应为不可逆的第Ⅷ对脑神经损害,包括共济失调、眩晕、耳鸣、耳聋等。与其他氨基糖苷类相似,可引起肾脏毒性反应。过敏反应少见。成人每天 15～20mg/kg,或每天 0.75～1.0g(50 岁以上或肾功能减退者可用 0.5～0.75g),分 1～2 次肌注。目前已经少用,仅用于怀疑 INH 初始耐药者。其他氨基糖苷类如阿米卡星(AMK)、卡那霉素(KM)也有一定抗结核作用,但不用作一线药物。

(5) 乙胺丁醇(ethambutol,EMB):通过抑制结核菌 RNA 合成发挥抗菌作用,与其他抗结核药物无交叉耐药性,且产生耐药性较为缓慢。成人与儿童剂量均为每天 15～25mg/kg,开始时可以每天 25mg/kg,2 个月后减至每天 15mg/kg。可与 INH、RFP 同时一次顿服。常见不良反应有球后视神经炎、过敏反应、药物性皮疹、皮肤黏膜损伤等。球后视神经炎可用大剂量维生素 B_1 和血管扩张药物治疗,必要时可采用烟酰胺球后注射治疗,大多能在 6 个月内恢复。

(6) 对氨基水杨酸(para-aminosalicylic acid,PAS):对结核菌抑菌作用较弱,仅作为辅助抗结核治疗药物。可能通过与对氨苯甲酸竞争影响叶酸合成,或干扰结核菌生长素合成,使之丧失摄取铁的作用而达到抑菌作用。成人 8～12g/d,分 2～3 次口服。静脉给药一般用 8～12g,溶于 5% 葡萄糖液 500ml 中滴注。本药需新鲜配制和避光静滴。肾功能不全患者慎用。主要不良反应有胃肠道刺激、肝功能损害、溶血性贫血及过敏反应(皮疹、剥脱性皮炎)等。

(7) 其他:氨硫脲(thiosemicarbazone,TB1)、卷曲霉素(capreomycin,CPM)、环丝霉素(cycloserinum,CS)、乙硫异烟胺(ethionamade,1314Th)和丙硫异烟胺(prothionamide,1321Th)为第二线抗结核药物,作用相对较弱,不良反应多,故目前仅用于 MDR-TB。氟喹诺酮类抗菌药物(FQs)对结核杆菌有良好的抑制作用。这些药物仅用于 MDR-TB 的治疗。

2. 化疗的基本原则和理论基础　结核化疗的原则是早期、联合、规则、适量、全程,其中以联合和规则用药最为重要。为保证这些原则的有效贯彻,在管理上必须实行督导下化疗。

结核化疗的现代化疗的目标不仅是杀菌和防止耐药性产生,而且在于最终灭菌,防止和杜绝复发。结核菌的代谢状态及其同药物的相互作用是影响化疗的重要因素。结核病灶中存在 4 种不同代谢状态菌群。A 群(快速繁殖菌)细菌处于生长繁殖、代谢旺盛期,主要见于 pH 中性的结核空洞壁和空洞内。INH 对快速生长的细菌作用最强,RFP 其次。B 群为酸性环境中半休眠状态的菌群,PZA 能作用于此类菌群,有利于最终消灭细胞内静止菌。由于急性炎症伴缺氧以及二氧化碳、乳酸蓄积,pH 可降至 5.0～5.5,PZA 对这种环境下的细胞外菌亦有作用。C 群是半休眠状态但偶有突发性或短期内旺盛生长的细菌,RFP 对此最为有效。D 群则为完全休眠菌,药物不起作用,须靠机体免疫机制加以消除。联合用药不仅防止耐药,而且有希望达到灭菌和彻底治愈。结核区别于其他病原菌的重要生物学特性,是它可以长期处于代谢低落的静止或者半休眠状态(B、C 组菌群),一定条件下又重新生长繁殖。因此,药物治疗除联合外尚必须长时间维持相对稳定的血药浓度,使未被杀灭的静止菌在重新转为生长繁殖菌时即暴露在有效药物的控制下,这就需要规则用药并完成全疗程。用药不规则或未完成疗程是化疗失败的最重要原因。从结核病的病理组织学特点来看,以渗出为主的早期病变,血运丰富,药物易于渗入病灶内。而这类病灶中细菌大多处于代谢活跃状态,药物最易发挥作用。相反在纤维干酪样病灶特别是厚壁空洞,药物作用明显削弱。结核病组织学改变的可逆性,或者一定程度上也就是对抗结核药物的治疗反应依渗出、早期干酪灶、包裹性干酪灶和纤维空洞的顺序而递减。虽然现代化疗是一种严格的抗感染治疗,而不以组织复原为主要目标,但不同组织学改变对化疗的反应依然是影响化疗疗效的重要因素,早期治疗无疑事半而功倍。因此,结核病的化疗显著区别于通常细菌性感染的化疗,必须根据其特有规律,掌握正确原则。

3. 标准化治疗方案

(1) 初治:肺结核(包括肺外结核)必须采用标准化治疗方案。对于新病例其方案分两个阶段,即2个月强化(初始)期和4~6个月的巩固期。强化期通常联合用3~4个杀菌药,约在2周之内传染性患者经治疗转为非传染性,症状得以改善。巩固期药物减少,但仍需灭菌药,以清除残余菌并防止复发。

WHO推荐的治疗方案是:初治标准化疗方案:2HRZ/4HR(异烟肼、利福平、吡嗪酰胺2个月强化期/异烟肼、利福平4个月巩固期)。衍生方案:全程督导化疗:①2HRZ/4H₃R₃(下角阿拉伯数字表示每周服药次数,后同);②2HRZ/4H₂R₂;③2E₃H₃R₃Z₃/4H₃R₃;④2S₃H₃R₃Z₃/4H₃R₃。用于高初始耐药地区方案:①2EHRZ/4HR;②2SHRZ/4HR。

我国国家卫生计生委推荐的化疗方案是:初治菌阳肺结核(含初治菌阴空洞肺结核或粟粒型肺结核):①2HRZE(S)/4HR;②2HRZE(S)/4H₃R₃;③2H₃R₃Z₃(S₃)/4H₃R₃。如果第二个月末痰菌仍阳性,则延长1个月强化期,相应缩短1个月巩固期。初治菌阴肺结核(除外有空洞、粟粒型肺结核):①2HRZ/4HR;②2HRZ/4H₃R₃;③2H₃R₃Z₃/4H₃R₃。

(2) 复治:有下列情况之一者为复治:①初治失败的患者;②规则用药满疗程后痰菌又转阳的患者;③不规则化疗超过1个月的患者;④慢性排菌患者。获得性耐药是复治中的难题,推荐强化期5药和巩固期3药的联合方案。强化期能够至少有2个仍然有效的药物,疗程亦需适当延长。

(3) 耐多药结核(Multi-drug resistant TB,MDR-TB)的治疗:MDR-TB是被WHO认定的全球结核病疫情回升的第三个主要原因。治疗有赖于通过药敏测定筛选敏感药物。疑有多耐药而无药敏试验条件时可以分析用药史进行估计。强化期选用4~5种药物,其中至少包括3种从未使用过的药物或仍然敏感的药物如PZA、KM、CPM、1321Th、PAS(静脉)、FQs,推荐的药物尚有CS、氯苯酚嗪(clofazimine)等。强化期治疗至少3个月。巩固期减至2~3种药物,至少应用18~21个月。

(二)手术治疗

化疗的发展使外科治疗在肺结核治疗中的比重和地位显著降低。但对药物治疗失败或威胁生命的单侧肺结核病特别是局限性病变,外科治疗仍是可选择的重要治疗方法。其指征是:①化疗尤其是经过规则的强有力化疗药物治疗9~12个月,痰菌仍阳性的干酪样病灶、厚壁空洞、阻塞型空洞;②一侧毁损肺、支气管结核管腔狭窄伴远端肺不张或肺化脓症;③结核脓胸或伴支气管胸膜瘘;④不能控制的大咯血;⑤疑似肺癌或并发肺癌可能。这些患者大多病情严重、有过反复播散、病变范围广泛,因此是否适宜手术尚须参考心肺功能、播散灶控制与否等,就手术效果、风险程度及康复诸方面全面衡量,以作出合理选择。

(三)症状治疗

1. 发热　随着有效抗结核治疗,肺结核患者的发热大多在1周内消退,少数发热不退者可应用小剂量非类固醇类退热剂。急性血行播散型肺结核和浆膜渗出性结核伴有高热等严重毒性症状或高热持续时,激素可能有助于改善症状,亦可促进渗液吸收、减少粘连,但必须在充分有效抗结核药物保护下早期应用,疗程1个月左右即应逐步撤停。

2. **大咯血**   大咯血是肺结核患者的重要威胁,应特别警惕和尽早发现窒息先兆征象,如咯血过程突然中断,出现呼吸急促、发绀、烦躁不安、精神极度紧张、有濒死感或口中有血块等。抢救窒息的主要措施是畅通气道(体位引流、支气管镜吸引、气管插管)。止血药物治疗可以应用垂体后叶素。对于药物难以控制而肺结核病变本身具备手术指征且心肺功能可胜任者,手术治疗可以显著降低大咯血病死率。对于不能耐受手术和病变不适宜手术的大咯血,可选择支气管动脉栓塞止血。

【预防】

(一) DOTS 战略

WHO 结核病对策部总结近 20 余年来的经验,将 DOTS 上升为一种保证结核病控制对策获得成功的战略,主要是:①政府的支持和承诺;②通过对因症就诊患者进行痰涂片镜检发现病例;③对涂阳患者给予标准短程化疗(6~8 个月)并至少初治两个月在直接督视下服药;④保证抗结核药物供应;⑤可以用来评估治疗效果和全部规划实施的标准化病例登记和报告系统。DOTS 是当今降低和防止结核菌感染、结核病死亡、控制耐多药结核病最有效、最可能实施的战略。DOTS 的核心是规则、全程治疗。目标是有效地治疗患者,大幅度降低传染源密度,从而有效降低感染率和减少发病,防治结合,"寓预防于治疗"。

(二) 卡介苗接种

机体获得性特异性免疫只产生在活菌感染之后。卡介苗(bacillus calmette-guérin,BCG)是一种无毒牛型结核菌活菌疫苗,接种后机体反应与低毒结核菌原发感染相同,产生过敏反应同时获得免疫力。目前比较普遍的看法是 BCG 尚不足以预防感染,但可以显著降低儿童发病及其严重性,特别是结核性脑膜炎等严重结核病减少,并可减少此后内源性恶化的可能性。WHO 已将 BCG 列入儿童扩大免疫计划。我国推行 BCG 接种仍规定新生儿出生时即接种 BCG,每隔 5 年左右对结素转阴者补种,直至 15 岁。

(三) 治疗潜伏结核感染(化学预防)

任何年龄结素新近转阳者第一年发病危险性是 3.3%,5 年内为 5%~15%。业已证明 INH 可以有效预防感染者的发病。在低感染率的发达国家主张对潜伏结核感染进行 INH 化学预防。方法为 INH 300mg/d,持续 9 个月,适用于所有潜伏结核感染,包括 HIV 感染者和孕妇;INH 900mg,每周 2 次,疗程 9 个月;以及 RFP 600mg/d,持续 4 个月方案,在选择性对象亦可使用,但前者需要督导,后者不够经济。INH 联合 PZA 方案可缩短疗程至 2 个月,因不良反应发生率高,不予推荐。

(瞿介明)

推荐阅读文献

1. WHO. Definitions and reporting framework for tuberculosis-2013 revision. Geneva, World Health Organization, 2014. Report no. WHO/HTM/TB/2013. 2. http://apps. who. int/iris/bitstream/10665/79199/1/9789241505345_eng. pdf

2. WHO. Global tuberculosis report 2013. Geneva, World Health Organization;2013. Report no. WHO/HTM/TB/2013. 11. http://www. who. int/tb/publications/global_report/en

3. American Thoracic SocietyCenters for Disease Control and Prevention,Infectious Diseases Society of America. American Thoracic Society/Centers for Disease Control and Prevention/Infectious Diseases Society of America: Controlling tuberculosis in the United States. Am J Respir Crit Care Med,2005,172:1169-1227

第九章　间质性肺疾病

要点：

1. ILD 是以肺泡壁为主并包括肺泡周围组织及其相邻支撑结构病变的一组非肿瘤、非感染性疾病群。目前多采用 2002 年 ATS/ERS 发表的专家共识所推荐的 ILD 分类方法。

2. IIP 是一组原因不明的间质性肺炎，2013 年修订的 IIP 国际多学科新分类标准，结合了疾病进展特点或临床行为，更具有临床指导意义。

3. IPF 是最常见的 IIP，可以根据 HRCT 的普通型间质性肺炎改变进行诊断，尽管有一些新药问世，但仍然缺乏有效治疗方法。

4. 结节病是一种病因未明、多器官受累的肉芽肿性疾病，90% 以上累及肺脏。非干酪样坏死性肉芽肿是结节病的特征性病理改变。结节病多具有自限性，糖皮质激素治疗效果较好，但易复发。

第一节　概　述

间质性肺疾病（interstitial lung disease，ILD）是以肺泡壁为主并包括肺泡周围组织及其相邻支撑结构病变的一组非肿瘤、非感染性疾病群。病变可波及细支气管和肺泡实质，因此亦称为弥漫性实质性肺疾病（diffuse parenchymal lung disease，DPLD）。由于细支气管领域和肺泡壁纤维化使肺顺应性降低，导致肺容量减少和限制性通气障碍。此外，细支气管炎变以及肺小血管闭塞引起通气/血流比例失调和弥散能力降低，最终发生低氧血症和呼吸衰竭。

引起 ILD 的病因很多，可达 180 种以上。整理 2002 年 ATS/ERS 发表的专家共识所推荐的 ILD 分类方法和 2013 年修订的 IIP 国际多学科新分类标准，该组疾病的分类如表 2-9-1 所示。

表 2-9-1　ILD/DPLD 分类

分　类	疾　病
一、已知病因 ILD	职业性肺病（尘肺） 药物性肺病 结缔组织疾病相关性 ILD（CTD-ILD）
二、特发性间质性肺炎（idiopathic interstitial pneumonia，IIP）	主要特发性间质性肺炎 　特发性肺纤维化 　特发性非特异性间质性肺炎 　呼吸性细支气管炎-间质性肺疾病 　脱屑性间质性肺炎 　隐源性机化性肺炎 　急性间质性肺炎 罕见特发性间质性肺炎 　特发性淋巴细胞间质性肺炎 　特发性胸膜肺实质弹力纤维增生症 　不能分类的特发性间质性肺炎*

续表

分　类	疾　病
三、肉芽肿性 ILD	结节病 过敏性肺炎 肉芽肿性多血管炎（Wegener 肉芽肿）
四、少见性 ILD	肺泡蛋白沉积症 肺出血-肾炎综合征 肺淋巴管平滑肌瘤病 朗格汉斯细胞组织细胞增生症 特发性肺含铁血黄素沉着症 慢性嗜酸细胞性肺炎等

* 不能分类的特发性间质性肺炎原因包括：（1）临床资料、影像学资料，或者病理学资料不足；（2）临床表现，影像学资料和病理学发现不一致，可见于以下情况：(a)先前的治疗导致影像学或组织学表现发生巨大变化（比如，激素治疗后的脱屑性间质性肺炎行肺活检只显示残余的非特异性间质性肺炎）；(b)新的类型，或已知类型的特殊变异不能以现行的 ATS/ERS 分类标准来具体归类（比如，机化性肺炎合并肺纤维化）；（3）多种类型的高分辨率 CT 表现和/或病理学类型，可能发生在同一个 IIP 病人身上，而难以来确定其具体类型

对于上述特发性间质性肺炎（IIP）中的主要特发性间质性肺炎，还有根据疾病进展特点或临床行为进行分类的建议（表 2-9-2）。

表 2-9-2　根据疾病进展特点的 IIP 分类

分　类	临床-影像-病理诊断	影像和/或病理形态学类型
慢性致纤维化性 IP	特发性肺纤维化（IPF）	普通型间质性肺炎（UIP）
	特发性非特异性间质性肺炎（NSIP）	非特异性间质性肺炎（NSIP）
吸烟相关性 IP*	呼吸性细支气管炎-间质性肺疾病（RB-ILD）	呼吸性细支气管炎（RB）
	脱屑性间质性肺炎（DIP）	脱屑性间质性肺炎（DIP）
急性/亚急性 IP	隐源性机化性肺炎（COP）	机化性肺炎（OP）
	急性间质性肺炎（AIP）	弥漫性肺泡损伤（DAD）

IP：间质性肺炎
* 脱屑性间质性肺炎也可见于非吸烟者

上表所示的不同 IIP 除可表现为差异性病程进展外，其对药物治疗的反应也有很大的区别。因此，为使临床医生更好地明确治疗目的、制定好监测策略，最新提出的根据疾病临床行为的 IIP 分类更有利于临床的实际工作（表 2-9-3）。

表 2-9-3　根据疾病的临床行为的 IIP 分类

临床行为	治疗目的	监测策略
可逆性或自限性（如大多 RB-ILD 患者）	去除可能的原因	短期（3~6 个月）观察以判断疾病进展
伴有进展因素的可逆性疾病（如富细胞型 NSIP 和某些纤维化型 NSIP，DIP，COP）	取得初始效果后合理的长期治疗	短期观察证实治疗有效长期观察保证治疗效果稳定
伴有部分残留的稳定病变（如某些纤维化型 NSIP）	维持目前状态	长期观察评估疾病进程
具有潜在稳定，但可能进展的不可逆的疾病，（如某些纤维化型 NSIP）	预防进展	长期观察评估疾病进程
即使积极治疗，仍呈不可逆进行性进展的疾病（如 IPF，某些纤维化型 NSIP）	延缓疾病进展	长期观察评估疾病进程，判定肺移植或有效的辅助治疗方法

第二节　特发性肺纤维化

特发性肺纤维化(idiopathic pulmonary fibrosis,IPF)是原因不明的慢性间质性肺疾病中较为常见的代表性疾病,归属特发性间质性肺炎的分类中,病理表现为普通型间质性肺炎(usual interstitial pneumonia,UIP)。本病老年易患,临床上多表现为进行性呼吸困难伴有刺激性干咳,双肺可闻及 Velcro 啰音,常有杵状指(趾);胸部 X 线主要表现为双肺底和周边分布的弥漫性网格状、蜂窝状阴影,伴或不伴牵拉性支气管扩张;肺功能为限制性通气障碍;病情一般进行性发展,最终因呼吸衰竭导致死亡。

2011 年,美国胸科学会/欧洲呼吸学会/日本呼吸学会/拉丁美洲胸科协会(ATS/ERS/JRS/ALAT)联合发表的报告对本病的定义如下:IPF 是病因未明的慢性进展性致纤维化性间质性肺炎的一种特殊类型,主要在老年发病,病变局限于肺部,组织病理学和/或影像学所见具有 UIP 特征。诊断 IPF 需要排除其他各种间质性肺病,包括其他类型的特发性间质性肺炎和与环境暴露、药物或系统性疾病相关的间质性肺疾病。

【病因和发病机制】　尽管 IPF 被冠以"特发性",即病因不明,但诸多证据表明本病的发生与一些危险因素有关。

1. **遗传因素**　以下事实提示遗传因素或先天性易感因子可能与本病的发病有关:①家族性肺纤维化的病例在国内外均有报道,且数量不断增加,这种病例多见于嫡亲和单卵双胞胎;②某些已知遗传疾病患者的肺纤维化发病率很高;③同样暴露于已知可引起肺纤维化的环境中,但仅有少数发病;④动物实验发现,特定的鼠系对发生肺纤维化有遗传易感性。

2. **吸烟**　虽然约三分之一的 IPF 发生在终生不吸烟者,但多数的临床研究证实吸烟增加 IPF 发生的危险性,其暴露程度与 IPF 的发生率呈正相关,尤其是吸烟大于 20 包/年者。

3. **环境暴露**　暴露于某些金属粉尘(黄铜、铅及钢铁)和木质粉尘(松木)者的患病风险显著增加。其他粉尘暴露,如理发业、鸟类饲养、石材切割和抛光等也可能与 IPF 的发生有关。IPF 患者尸体解剖发现肺部淋巴结内可见无机物颗粒,也支持 IPF 环境学病因。

4. **病毒感染**　某些病毒在 IPF 发生中是否发挥了重要作用一直受到学者们的关注。目前支持病毒感染与 IPF 发病机制之间存在联系的主要证据是流行病学研究结果。有资料表明,高达97% 的 IPF 患者肺中可以检测到 EB 病毒、巨细胞病毒、丙型肝炎病毒和人疱疹病毒中的一种或多种。因此推测,慢性病毒感染作为一种免疫刺激剂,造成慢性增殖性或炎性环境,导致肺纤维化的发生。但也有不支持这一观点的流行病学资料。关于病毒感染的病因假说仍存不少争议。

5. **胃食管反流**　动物实验和临床研究均发现长期反复的胃内容物吸入可导致肺纤维化的发生,因此胃食管反流(GER)与 IPF 的关系受到重视。也有人认为,IPF 患者减低的肺顺应性导致胸膜腔压力在吸气时较正常人更低,导致食管和食管下段括约肌功能不全,故而发生了 GER,即其可能是 IPF 的结果,而非病因。

目前认为肺泡损伤修复中抗纤维化和致纤维化之间的平衡紊乱是 IPF 的主要发病机制。该认识依据的主要事实是:IPF 的病理改变多源于肺泡上皮细胞受损和修复异常;损伤修复的主要部位常可见到大量的成纤维细胞灶;肺泡上皮损伤可使成纤维细胞增殖并向肌成纤维细胞转化等。肺泡损伤修复障碍机制十分复杂,现仅归纳其主要机制并简述如下:①在不明病因作用下肺泡上皮细胞受损,②氧化-抗氧化、Th1/Th2、凝血与抗凝、纤维细胞和炎症细胞等途径被激活,③由此引起抗纤维化介质和致纤维化介质的失衡,④导致肺泡上皮细胞向基质转化和分化、血管内皮细胞和成纤维细胞增殖及细胞外基质的产生,⑤终因过多的细胞外基质沉积而出现纤维化。

Notes

【病理】 大体病理:肺容积缩小,质地偏韧、硬,脏层胸膜可见局限性瘢痕。切面观,弥漫性实变区和相对正常的肺结构相间存在,依疾病轻重不同其比例各异,严重受累处可见蜂窝肺。

组织病理学表现为 UIP,成纤维细胞灶是其重要的特征性所见。

1. **典型 UIP** 满足以下 4 个条件:①明显的结构破坏和纤维化伴或不伴胸膜下蜂窝肺;②肺实质可见斑片状纤维化;③成纤维细胞灶;④无不符合 UIP 诊断的特征。

2. **很可能 UIP** 满足以下 3 个条件:①明显的结构破坏和纤维化伴或不伴胸膜下蜂窝肺;②仅有斑片状纤维化和成纤维细胞灶所见之一者;③无不符合 UIP 诊断的特征。

3. **可能 UIP** 满足以下 3 个条件:①斑片或弥漫的肺实质纤维化,伴或不伴肺间质炎症;②缺乏 UIP 其他诊断条件;③无不符合 UIP 诊断的特征。

4. **不符合 UIP** 诊断的组织病理学所见主要有:①透明膜形成、②机化性肺炎、③多见肉芽肿病变、④远离蜂窝区明显的炎性细胞浸润、⑤病变以气道为中心分布为主、⑥其他提示另一种诊断的特征。

部分活检标本表现为不符合上述 UIP 诊断标准的纤维化类型。这些标本可称为"不可分类的纤维化"。

【临床表现】 男性患病率略高于女性。本病好发于 50 岁以后,年龄大于 60 岁者占 2/3。起病隐袭,进行性呼吸困难是最突出的症状,尤其是活动后呼吸困难更为常见。部分病人有不同程度的咳嗽,主要为干咳或有少许白色黏液痰。可出现食欲减退、体重减轻、消瘦、无力等症状。疾病早期,可能查不到肺部体征。随着病情进展可出现呼吸浅快,吸气时双肺中下野可闻及 Velcro 啰音。杵状指(趾)多见。疾病晚期可出现发绀,部分患者发展为肺心病,可见相应的临床表现。

本病病程多呈慢性,少数患者可出现急性加重(acute exacerbation)。

【实验室和辅助检查】

(一)实验室检查

IPF 患者的血液检查结果缺乏特异性。部分患者可见血沉增快,丙种球蛋白、乳酸脱氢酶(LDH)水平升高。还可出现某些抗体阳性或滴度增高,如抗核抗体(ANA)和类风湿因子(RF)等可呈弱阳性反应。

(二)肺功能检查

表现为限制性通气功能障碍。肺活量、肺总量减少,弥散功能降低,$P(A-a)O_2$ 增大。动脉血气分析为低氧血症,常伴有二氧化碳分压降低,后者由低氧引起的肺泡过度通气所致。

(三)胸部 X 线影像学

仔细观察 IPF 患者的 X 线胸片,绝大多数可发现异常。最常见的影像学异常是双侧弥漫分布、相对对称的网状或网状结节影,多位于基底部、周边部或胸膜下区,多伴肺容积缩小。随疾病进展,可出现直径多在 3~15mm 大小的多发性囊状透光影(蜂窝肺)。

高分辨率 CT(HRCT)呈 UIP 所见,是诊断 IPF 的重要依据。典型 UIP 型符合以下 4 项条件:①病变主要位于胸膜下和肺基底部;②异常的网格状阴影;③蜂窝样改变,伴或不伴牵张性支气管扩张;④无不符合 UIP 型的任何一项。可能 UIP 型符合以下 3 项条件:①病变主要位于胸膜下和肺基底部;②异常的网格状阴影;③无不符合 UIP 型的任何一项。不符合 UIP 型的所见有 7 项(符合其中任何 1 项):①病变主要分布于上、中肺野;②病变主要沿支气管血管束分布;③广泛磨玻璃样影(范围超过网格样影);④大量微结节(双侧,上肺野分布为主);⑤散在囊状病变(多发,双侧,远离蜂窝肺区域);⑥弥漫性马赛克征/气体陷闭(双侧,三叶或多肺叶受累);⑦支气管肺段/肺叶实变影。

(四)肺组织活检

采用外科性肺活检或电视胸腔镜肺活检(video assisted thoracoscopic lung biopsy,VATS)获取

组织标本进行组织病理学分析,对于肺 HRCT 不表现为典型 UIP 型患者的最终诊断具有重要意义。但由于这是一种创伤性检查,会给病人带来不同程度的痛苦,因此,对年老体弱、呼吸功能很差而不适合或拒绝做活检,以及 HRCT 呈典型 UIP 所见者不推荐此项检查。

【诊断】　通过有丰富间质性肺疾病诊断经验的呼吸内科医生、放射影像科医生和病理科医生之间多学科的讨论,仔细排除其他可能的病因,是获得准确诊断最为重要的环节。在多学科讨论不可行的情况下,建议将患者推荐给对间质性肺疾病有丰富经验的临床专家咨询。

诊断 IPF 需要符合以下标准:①排除其他已知的 ILD 病因(如家庭和职业环境暴露、结缔组织病和药物性肺损伤等);②未行外科肺活检的患者,HRCT 呈现典型 UIP 型所见;③进行外科肺活检的患者,HRCT 和肺活检组织病理类型符合特定的组合(表 2-9-4)。

表 2-9-4　HRCT 和组织病理学所见相结合的 IPF 诊断标准

HRCT 类型	外科肺活检组织病理类型	是否诊断 IPF
典型 UIP	典型 UIP	是
	很可能 UIP	
	可能 UIP	
	不可分类的纤维化	
	不符合 UIP	否
可能 UIP	典型 UIP	是
	很可能 UIP	
	可能 UIP	很可能
	不可分类的纤维化	
	不符合 UIP	否
不符合 UIP	典型 UIP	可能
	很可能 UIP	否
	可能 UIP	
	不可分类的纤维化	
	不符合 UIP	

【鉴别诊断】　详细地询问病史和仔细地进行体格检查是鉴别诊断的基础,要特别注意基础疾病、用药情况、环境暴露和家族史等情况的调查。由于慢性过敏性肺炎的表现有时与 IPF 相似,需要彻底评估患者是否可能患有慢性过敏性肺炎。临床中即使通过彻底的筛查,仍有部分患者的过敏原无法确定,若支气管肺泡灌洗液(bronchoalveolar lavage fluid,BALF)显示淋巴细胞增多(达 40% 或更多)则提示该病的存在,应支持进一步调查环境暴露因素,并可能需要外科肺活检。应注意目前尚无临床或血清学特征性表现的年轻患者,尤其是年轻女性,可能在以后逐渐表现出结缔组织病的临床特征。因此,对于较年轻(小于 50 岁)的患者,不能排除结缔组织病的可能。

【治疗】　目前,IPF 治疗除肺移植外尚缺乏令人满意的方法。药物治疗虽以抗纤维化为目的,但目前尚无任何一个治疗方案能改变或逆转 IPF 的纤维化性病变。因此,所有对 IPF 药物治疗的临床意义有限。

（一）药物治疗

1. 根据患者具体病情和意愿,可以采用的药物和方案:①吡非尼酮(pirfenidone)治疗;②N-乙酰半胱氨酸单药治疗。

Notes

吡非尼酮主要通过拮抗 TGF-β1 来抑制胶原纤维的形成。临床资料表明,每日服用 1800 毫克的吡非尼酮可降低 IPF 患者肺功能下降的速度并减少急性加重事件的发生。

N-乙酰半胱氨酸(N-Acetylcystein,NAC)是谷胱甘肽的前体,后者为氧自由基清除剂。有循证医学资料表明,长期服用大剂量 NAC(600mg,3 次/日)可延缓 FVC 和 DLco 的下降。但晚近亦有阴性的临床研究结果。

近年证实,酪氨酸激酶抑制剂(Tyrosine Kinase Inhibitor,TKI)对 IPF 治疗有益,已在一些国家获批上市。

2. IPF 急性加重时可用糖皮质激素治疗。现普遍应用甲泼尼龙,起始剂量为 500 ~ 1000mg/d,静脉滴注;连续三天后改为 1 ~ 2mg(kg·d),通常为每日 120mg,分次静注,以后改为每日泼尼松 40 ~ 60mg 或甲泼尼龙 32 ~ 48mg 口服,4 ~ 8 周后逐渐减至维持量。具体量以及调整的速度应根据患者的病情及疗效而定。环孢素 A 或环磷酰胺/硫唑嘌呤等免疫抑制剂治疗 IPF 急性加重的效果尚不能肯定,但在糖皮质激素治疗无效的情况下可考虑试用。

3. 合并症的治疗　一般认为,对 IPF 患者合并的无症状胃食管反流进行治疗可能有益于 IPF 病情的稳定,因此多推荐治疗;已有的资料表明,多数 IPF 相关性肺动脉高压患者并未从针对肺动脉高压的治疗中明显获益,所以总体不推荐 IPF 患者的此项治疗。

（二）非药物治疗

非药物治疗的原则:①对临床出现明显静息性低氧血症的 IPF 患者应给予长期氧疗;②对因病情持续进展而致呼吸衰竭的 IPF 患者一般不建议使用机械通气;③多数 IPF 患者应该进行肺康复治疗;④肺移植是目前治疗 IPF 最有效的手段。在充分评估患者预期寿命的基础上,对有条件者应积极推荐本项治疗方法。

【预后】　IPF 没有自然缓解倾向,诊断后平均存活时间 3 ~ 5 年。IPF 最常见的死因是呼吸衰竭,其他还包括心衰、缺血性心脏病、感染和肺栓塞等。

第三节　结　节　病

结节病(sarcoidosis)是一种病因未明、多器官受累的肉芽肿性疾病。任何器官均可受累,但以肺脏和胸内淋巴结受累最常见。本病特征性的病理所见为淋巴细胞和单核-巨噬细胞集聚及非干酪性类上皮肉芽肿形成。

结节病多见于中、青年人,女性患病率略高于男性,寒冷地区和国家较多,热带地区较少。美国年发病率为(11 ~ 40)/10 万,北欧地区年发病率为(17.6 ~ 20)/10 万,日本为 20/10 万左右。该病在我国并不少见,但目前尚无确切的流行病学资料。结节病多呈自限性,大多预后良好,当可能出现器官衰竭危险或病变呈慢性进展时,糖皮质激素是主要治疗手段。

【病因和发病机制】　病因尚不清楚。家系研究表明,结节病具有遗传易感性,但遗传方式不明确,说明易感性可能是多基因的,且与环境因素有关。许多学者认为本病为感染性病原体所致,但至今尚无令人信服的原发感染因素的证据。目前多认为结节病是在不明病因的作用下 T 辅助细胞 1/T 辅助细胞 2(Th1/Th2)出现自身免疫反应的结果。其基本病理过程可分为三个阶段:①在未明抗原的刺激下,肺泡内巨噬细胞和 CD_4^+T 淋巴细胞被激活,通过释放多种细胞因子使单核细胞和巨噬细胞不断在肺泡内集聚,形成结节病的早期病理变化——肺泡炎;②随着病变进展,肺泡炎的细胞成分不断减少,而由单核细胞及巨噬细胞转变的类上皮细胞逐渐增多,在促进肉芽肿形成的多种细胞因子作用下,典型的非干酪性坏死肉芽肿逐渐形成;③在巨噬细胞及肉芽肿局部生成并释放的致纤维化性细胞因子等作用下,大量成纤维细胞增殖并与细胞外基质黏附,最终形成纤维化。

很多结节病患者肉芽肿炎症可以完全消散,主要是由于 Th1 免疫反应有效地消除了未明抗原。在肉芽肿中还可见细胞凋亡的小体,提示凋亡也是肉芽肿消散的机制之一。总之,结节病是未明抗原与机体免疫相互作用的结果,如果免疫反应不能有效地消除抗原,细胞因子产生失控,病变持续;如消除抗原,细胞因子平衡,则病变得到修复、消退。

【病理】　初发阶段为单核细胞、巨噬细胞和淋巴细胞广泛浸润的肺泡炎,累及肺泡壁和间质。结节病肉芽肿无干酪样病变,可见上皮样细胞聚集,其中有多核巨噬细胞,周围有淋巴细胞。在巨噬细胞的胞浆中可见有包涵体,如卵圆形的舒曼(Schaumann)小体,双折光的结晶和星状小体(Asteroid)。在慢性阶段,肉芽肿周围的成纤维细胞胶原化和玻璃样变,成为非特异性纤维化。

【临床表现】　结节病是一种多系统性疾病,临床表现与受累脏器有关。急性者少见,临床以隐匿的亚急性或慢性起病者常见。结节病缺乏特异性临床表现,约2/3病人无任何症状,而在健康体检时发现。全身症状可能有发热、乏力、消瘦、盗汗等。

1. **肺结节病**　肺门、纵隔淋巴结及肺实质受累最为常见,约占90%以上。可表现为咳嗽、咳痰、胸闷、血痰等。发展成广泛肺纤维化时,可有活动后气短,甚至发绀。广泛肺气肿可并发自发性气胸。

2. **肺外结节病**　结节病累及其他系统及其临床表现见表2-9-5。

表2-9-5　结节病累及肺外系统及其临床表现

器官/系统	发生率(%)	主要临床表现
眼	20~25	虹膜睫状体炎,角膜、结膜炎,急性色素层炎
皮肤	20~25	结节性红斑、冻疮样狼疮、斑疹、丘疹
表浅淋巴结	20~30	多为轻度肿大,活动佳,无触痛
肝脾	10~20	肝大、脾大
神经系统	<10	颅神经麻痹,神经肌病,脑肿瘤,脑膜炎
骨关节	5~10	多发性关节炎、指骨囊性变
心脏	<5	心律失常
内分泌系统	2~10	高钙血症

【实验室和辅助检查】

1. **血液检查**　活动进展期可有白细胞减少,贫血、血沉增快。近半数患者血清球蛋白(γ和β)增加、白蛋白减少。血钙增高,血清碱性磷酸酶增高。血尿酸增高反映肾功能减退。血清血管紧张素转换酶(SACE)增高(正常值为17.6~34u/ml)对本病诊断有一定价值。

2. **结核菌素试验**　约2/3的结节病患者对5IU的PPD皮肤试验无反应或呈弱反应。

3. **Kveim抗原试验**　以急性结节病患者的脾或淋巴结的生理盐水悬液作抗原,取0.1~0.2ml作皮内注射,4~6周局部形成结节。再将结节组织作切片检查,发现无干酪坏死性的肉芽肿即可作出诊断,阳性率75%~85%。因无标准抗原,应用受限。

4. **支气管肺泡灌洗液检查**　在肺泡炎阶段,BALF中细胞总数增加,以T淋巴细胞增加为主,且CD_4^+、CD_4^+/CD_8^+比值明显增加。当淋巴细胞分数大于28%时,提示病变活动。

5. **活体组织检查**　取皮肤病灶、淋巴结和经纤维支气管镜进行肺活检作病理检查,可获得诊断。

6. **X线检查**　胸部X线是诊断肺结节病最常见、最重要的方法。根据胸部X线所见,可将结节病分期(型)如下:

0期:肺部X线检查正常,但常出现肺外表现。本期约占5%~10%。

Ⅰ期:两侧肺门和(或)纵隔淋巴结肿大,常伴右气管旁淋巴结肿大,约占51%。

Ⅱ期:肺门淋巴结肿大,伴肺浸润,约占 25%。浸润病变常广泛对称地分布于两侧,呈 1 ~ 3mm 的结节状、点状或絮状阴影。少数病例可分布在一侧肺或某些肺段。病灶可在 1 ~ 2 年内逐渐吸收,或发展成肺间质纤维化。

Ⅲ期:仅见肺部浸润或纤维化,而无肺门淋巴结肿大,约占 15%。

Ⅳ期:表现为广泛纤维囊性变和瘢痕化,肺容积缩小并可见蜂窝变。

7. ^{67}Ga 肺扫描 ^{67}Ga 扫描是诊断活动性结节病较为敏感的指标之一。^{67}Ga 能被活化的巨噬细胞摄取,因此,其聚集程度能反映病变的活动性和范围,但无特异性。

8. ^{18}FDG-PET ^{18}氟脱氧葡萄糖正电子发射断层扫描是近年来发展起来的新技术,肉芽肿组织可以摄取^{18}FDG 而显影,可以帮助估计结节病器官受累的程度和进行病理活检的定位。

【诊断与鉴别诊断】

一、诊断

(一) 有病理活检资料,确诊结节病须符合以下条件:

1. X 线胸片示双侧肺门及纵隔对称性淋巴结肿大,伴有或不伴有肺内网状、片状阴影。

2. 组织病理学所见符合结节病。

3. 除外结核病、淋巴系统肿瘤或其他类似肉芽肿性疾病。

(二) 无病理活检资料,临床诊断结节病须符合以下条件:

1. 主要条件

(1) X 线胸片示双侧肺门及纵隔对称性淋巴结肿大,伴有或不伴有肺内阴影。

(2) 经支气管肺活检或支气管肺泡灌洗液检查不支持其他疾病的诊断。

(3) 临床表现不符合结核病、淋巴系统肿瘤或其他类似肉芽肿性疾病的特点。

2. 次要条件

(1) 支气管肺泡灌洗液中 T 淋巴细胞比例和/或 CD_4^+/CD_8^+T 细胞亚群比值升高。

(2) 血清 ACE 活性升高。

(3) 结核菌素纯蛋白衍生物(PPD)皮肤试验为阴性或弱阳性反应。

(4) ^{18}FDG-PET 或^{67}Ga 放射性核素扫描符合结节病表现。

(5) 高钙血症或尿钙增多。

如果符合上述所有主要条件,并具备 5 项次要条件中的 3 项,可以做出结节病的临床诊断。

二、鉴别诊断

1. 肺门淋巴结结核 患者较年轻,常有结核中毒症状,结核菌素试验阳性,肺门淋巴结肿大多为单侧性,可见钙化。肺部可见原发结核病灶。

2. 淋巴瘤 常见发热、贫血、消瘦等全身症状,胸内肿大淋巴结多为单侧或双侧不对称性,有时可出现纵隔压迫症状。淋巴结活检可资鉴别。

3. 肺门转移性肿瘤 肺门淋巴结肿大多为单侧或双侧不对称性,有原发肿瘤的临床表现。

4. 其他 矽肺、外源性过敏性肺泡炎、铍肺等能引起肺部肉芽肿性病变的疾病,均应结合临床和检查资料与结节病进行鉴别。

【治疗】 由于大多数病人可自行缓解,因此对病情稳定、无症状者不需治疗。出现下列情况需要进行治疗:①累及眼(局部用药无效)、神经、肾脏或心脏的结节病;②有症状的Ⅱ期(包括Ⅱ期)以上的结节病;③肺功能进行性下降者;④恶性高钙血症等。

全身糖皮质激素应用是治疗结节病的首选方法。最初剂量一般为泼尼松 30 ~ 40mg/d,2 个月内逐渐减至 20mg/d,再于 1 个月内减至 15mg/d,并以此作为维持量治疗 6 ~ 9 个月。以后每 2 ~ 4 周减 2.5mg/d,总疗程一年或更长。对重要器官受累者,初始剂量可采用泼尼松 40 ~ 60mg/d,每 4 周减 10mg/d,减至 20mg/d 后的治疗方案同上述。长期服用糖皮质激素应注意其副作用。对于糖皮质激素治疗效果不佳者可使用免疫抑制剂或细胞毒药物,如硫唑嘌呤、甲氨蝶呤等。

Notes

【预后】　伴结节性红斑的急性结节病(Löfgren 综合征)一般可在数周到数月内自行缓解，预后良好。69%~80%的 I 期结节病患者亦可自行缓解，Ⅱ期的自然缓解率为 50%~60%，Ⅲ期和Ⅳ期则较少能自然缓解。慢性进行性结节病可侵犯心、脑重要器官，引起广泛肺纤维化导致患者死亡。本病的病死率低于 5%。

第四节　其他弥漫性间质性肺疾病

一、过敏性肺炎(hypersensitivity pneumonitis,HP)

本病也称为外源性过敏性肺泡炎(extrinsic allergic alveolitis,EAA)，是指易感个体反复吸入外界有机粉尘抗原所引起的过敏性肺泡炎。发病机制主要涉及 Ⅲ 型和Ⅳ型变态反应，组织学特征为肺泡炎和慢性间质性肺炎，伴非干酪性肉芽肿，有时累及终末细支气管。

急性型的主要临床表现：吸入抗原后 4~8 小时，出现全身倦怠、恶寒、发热，同时伴有干咳和呼吸困难。查体两肺可闻及捻发音。重症可有发绀。脱离抗原后 12 小时左右，大部分病例的上述症状开始缓解。有的病例症状可持续一周以上。慢性型是长期暴露于低强度抗原所致，因此发病较隐袭，轻度咳嗽，可有少量痰液，多数病例常被诊为急、慢性支气管炎。由于不断地吸入抗原，气短逐渐加重，甚至不能参加劳动。慢性型病例多因不能及时得到诊治和长期未能脱离作业环境而发展为肺纤维化，此时双肺可闻及 Velcro 啰音。杵状指(趾)少见。

胸部 X 线影像学改变较临床症状出现晚些，大多数病例可见弥漫分布的磨玻璃样，甚至粟粒样阴影，表现为间质性病变的影像。急性发作时很似肺水肿的 X 线改变，两侧出现多数腺泡状、边缘模糊的小圆形影像，全肺野可见到微小的点状或条状影。上述 X 线所见在临床症状得到改善后 2~3 周逐渐消散。慢性经过或反复发作病例则出现弥漫性肺间质纤维化的 X 线特征，甚至出现蜂窝样阴影。

肺功能检查表现为弥散功能降低和限制性通气功能障碍。支气管肺泡灌洗液检查细胞总数增加，可达正常的 3~5 倍；淋巴细胞增高为主，主要是 T 淋巴细胞；在 T 淋巴细胞中多数为抑制性 T 细胞(CD_8^+)，故 CD_4^+/CD_8^+ 常小于 1。

本病诊断要点如下：①有吸入有机粉尘的病史；②发热、咳嗽、呼吸困难、两肺底部闻及捻发音；③胸部 X 线呈磨玻璃样及微细颗粒状阴影、弥漫性网织或小结节影；④以弥散功能障碍为主合并限制性通气功能障碍；⑤血清沉淀反应阳性；⑥支气管肺泡灌洗液中淋巴细胞明显增高，$CD_4/CD_8<1$。本病急性型、慢性型应分别与支气管哮喘、IPF 进行鉴别。

急性病例在脱离工作环境后数日症状可自行消失，肺功能恢复。重症和亚急性肺泡炎伴明显症状和肺功能损害的病例，除脱离工作环境、避免再吸入抗原外，可应用糖皮质激素治疗。

二、肉芽肿性血管炎(granulomatosis with polyangiitis,GPA)

亦称为韦格纳肉芽肿(Wegener's granulomatosis,WG)，是一种坏死性肉芽肿的病变伴有血管炎。典型者表现为上呼吸道和(或)下呼吸道受累、全身坏死性血管炎和肾小球肾炎的"三联征"，无肾脏改变者称为局限型。本病发病机制不明，但研究证实这种肉芽肿、血管炎的病理改变是一种超敏反应。好发于中年男性，多起病缓慢。常累及上呼吸道，轻重不一，易继发感染。约 75%~95%的患者肺部受损。肾脏受累时尿液可出现相应的改变。本病由于存在周身性血管炎，故还可侵犯眼、皮肤、神经系统、心脏等。血清抗中性粒细胞胞浆抗体(c-ANCA)阳性对诊断有意义。胸部 X 线可表现为肺内多发浸润影或结节影，呈多变性，其内可出现空洞，继发感染可形成肺脓肿。治疗的主要方法是应用糖皮质激素和免疫抑制剂，后者疗效更佳。免疫抑制剂首选环磷酰胺，用量为每日 1mg/kg，1~2 月后改为隔日一次，疗程 6~12 个月。对鼻、咽、口等处肉芽肿性病变可加用局部放疗。本病不伴肾脏受累者病程较长，预后较肾脏受累者佳。

三、肺泡蛋白沉积症(pulmonary alveolar proteinosis,PAP)

指特发性肺泡蛋白沉积症，是一种以肺泡内沉积含有过碘酸雪夫(PAS)染色阳性的脂蛋白物质为特征的临床少见病。近年有资料表明,本病与粒-巨噬细胞集落刺激因子(GM-CSF)缺乏所导致的肺表面活性物质代谢异常有关。多见于成年男性。起病隐袭,咳嗽,少量黏痰,活动后气短并逐渐加重。进行性进展的病例可出现咯血、胸痛、乏力,较少发热。肺部体征不明显,后期可能有发绀及杵状指。BALF 呈牛乳状,可找到 PAS 染色阳性物质。肺功能呈限制性通气功能障碍,弥散功能下降。胸部 X 线所见常与临床表现不平行。多数病例双侧肺门呈对称性放射状斑片状浸润,形成蝶形阴影,酷似肺水肿;HRCT 呈铺路石样所见。进展时肺泡浸润融合成结节或实变影,晚期可发展成蜂窝肺。本病诊断主要依靠胸部影像学和支气管肺泡灌洗液的检查。糖皮质激素治疗无效,且易引起继发感染,不应采用。全肺支气管肺泡灌洗是治疗本病的有效方法。近年,对 GM-CSF 基因缺乏的患者,吸入粒-巨噬细胞集落刺激因子的治疗也获得了较好的疗效。

四、朗格汉斯细胞组织细胞增生症(Langerhans' cell histiocytosis)

过去曾认为是由于组织细胞增殖引起的肺、骨骼和其他脏器的病变。现已明确,是由树突细胞转化而成的朗格汉斯细胞形成肉芽肿,侵及肺、骨骼等部位引起此病。本病与吸烟相关,20~40 岁男性患者多见。部分患者可见骨骼(长骨、脊柱、颅骨、下颌骨)的灶状破坏。常并发气胸,少数合并尿崩症。发病于 5 岁以下儿童,有骨损害、突眼、尿崩症三联症者被称为 Hand-Schuler-Christian 病;幼儿急性发病则称为 Letterer-Siwe 病。胸部 X 线可见肺野内边缘模糊的网状、片状密度增高影,其间有泡性肺气肿所致的小透亮区。也可见弥漫性散在结节影。病情进展表现为蜂窝肺、肺囊肿和肺纤维化。本病幼年发病型预后差。成年发病者部分不治自愈,但累及多脏器者预后不佳。多数患者发展成弥漫性肺纤维化,最后死于呼吸衰竭。糖皮质激素和细胞毒药物治疗效果欠佳。

(康　健)

■ 推荐阅读文献

1. ATS/ERS. American Thoracic Society/European Respiratory Society international multidisciplinary consensus classification of the idiopathic interstitial pneumonias. Am J Respir Crit Care Med,2002,165:277-304

2. American Thoracic Society. Statement on Sarcoidosis. Am J Respir Crit Care Med,1999,160:736-755

3. Travis WD,Costabel U,Hansell DM,et al. An official American Thoracic Society/European Respiratory Society statement:Update of the international multidisciplinary classification of the idiopathic interstitial pneumonias. Am J Respir Crit Care Med. 2013,188(6):733-748

第十章　肺血栓栓塞症

要点：

1. 肺血栓栓塞症是来自静脉系统或右心的血栓阻塞肺动脉或其分支所致的疾病。

2. 肺血栓栓塞症的临床表现不具备特异性，诊断 PTE 的关键是提高意识。

3. 肺血栓栓塞症的诊断一般按疑诊、确诊、求因三个步骤进行，CT 肺动脉造影是首选的确诊手段。

4. 高危（大面积）肺血栓栓塞症是溶栓治疗的适应证，对中危（次大面积）肺血栓栓塞症是否进行溶栓治疗应做个体化决定，对低危（非大面积）肺血栓栓塞症不应进行溶栓治疗。

5. 抗凝治疗是肺血栓栓塞症的基础性治疗方法，只要没有禁忌证，都应该使用。

6. 应采取各种措施积极预防肺血栓栓塞症，例如对住院患者评估血栓形成的风险，对风险较高者预防性使用抗凝药物。

肺栓塞（pulmonary embolism，PE）是以各种栓子阻塞肺动脉系统为其发病原因的一组疾病或临床综合征的总称，包括肺血栓栓塞症（pulmonary thromboembolism，PTE）、脂肪栓塞综合征、羊水栓塞、空气栓塞等。肺血栓栓塞症为来自静脉系统或右心的血栓阻塞肺动脉或其分支所致的疾病，为肺栓塞中最常见的类型，占肺栓塞中的绝大多数，通常所称的肺栓塞即指肺血栓栓塞症。栓塞后如肺组织产生严重的血供障碍，可发生坏死，即称为肺梗死（pulmonary infarction，PI）。引起肺血栓栓塞症的血栓主要来源于深静脉血栓形成（deep venous thrombosis，DVT），最常见于下肢静脉及盆腔静脉。深静脉血栓形成与肺血栓栓塞症实质上为一种疾病过程在不同部位、不同阶段的表现，两者合称为静脉血栓栓塞症（venous thromboembolism，VTE）。急性肺血栓栓塞症为内科急症之一，病情凶险。慢性肺血栓栓塞症主要由反复发生的较小范围的肺栓塞所致，早期常无明显的临床表现，但经过数月至数年可引起严重的肺动脉高压。

本病的发病率很高，美国估计每年约有 60 万~70 万新发肺栓塞患者，是第三位常见的心血管疾病，其发病率仅次于冠心病和高血压病；未经治疗的肺血栓栓塞症病死率高达 25%~30%，在临床死因中仅次于肿瘤、心肌梗死而居于第三位。国内尚无确切的流行病学资料，近年来报道病例数有增多的趋势，可能反映了该病发病率升高，也有可能反映了我国临床工作者对该病的认识水平提高、临床诊断水平提高、漏诊病例数减少。由于肺血栓栓塞症的发病过程和临床症状呈多样性表现，无明显特异性，确诊需特殊的检查技术，使其临床检出率偏低，漏诊病例较多，是影响预后的重要因素。肺血栓栓塞症患者如果能及时得到诊断并进行正确治疗，其病死率可以降低至 7% 左右。因此，早期正确诊断肺血栓栓塞症是临床医师特别需要关注的问题。

【危险因素】　大多数肺血栓栓塞症患者都可能存在着危险因素。静脉血液淤滞、静脉系统内皮损伤和血液高凝状态，是导致静脉内血栓形成的 3 个主要因素。表 2-10-1 中列举的多种疾病可以通过这 3 种因素而增加深静脉血栓形成的风险，从而增加肺血栓栓塞症的发病风险。

表2-10-1　静脉血栓栓塞症的危险因素(括号内数字为该人群中发生 VTE 的百分率)

原发性(遗传性)	继发性(获得性)	
抗凝血酶缺乏	创伤/骨折	血小板异常
先天性异常纤维蛋白原血症	髋部骨折(50%～75%)	克罗恩病(Crohn disease)
血栓调节蛋白(thrombomodulin)异常	脊髓损伤(50%～100%)	充血性心力衰竭(12%)
高同型半胱氨酸血症	外科手术后	急性心肌梗死(5%～35%)
抗心磷脂抗体综合征(anticardiolipin antibodys syndrome)	疝修补术(5%)	恶性肿瘤
纤溶酶原激活物抑制因子过量	腹部大手术(15%～30%)	肿瘤静脉内化疗
凝血酶原 20210A 基因变异(罕见)	冠脉搭桥术(3%～9%)	肥胖
XII因子缺乏	脑卒中(30%～60%)	因各种原因的制动/长期卧床
V因子 Leiden 突变(活性蛋白 C 抵抗)	肾病综合征	长途航空或乘车旅行
纤溶酶原缺乏	中心静脉插管	口服避孕药
纤溶酶原不良血症	慢性静脉功能不全	真性红细胞增多症
蛋白 S 缺乏	吸烟	巨球蛋白血症
蛋白 C 缺乏	妊娠/产褥期	植入人工假体
	血液黏滞度增高	高龄

【病理】　肺血栓栓塞症可发生于单侧,也可发生于双侧,后者多于前者,右肺多于左肺,下肺多于上肺,发生于肺动脉主干者较少(不到10%)。栓塞之所以多发生于下肺叶可能与该处血流较多有关。肺内可见新鲜血栓和陈旧血栓,大小不等。可见血栓机化和血管内膜偏心性纤维化,也可见血管腔内纤维间隔形成,隧道样再通。肺血管中层多正常,或见轻度增厚。当肺动脉主要分支受阻时,肺动脉扩张,右心室急剧扩大,静脉回流受阻,产生右心衰竭的病理表现。无心肺基础疾病的患者发生肺栓塞后,很少产生肺梗死,这主要是因为肺组织的氧供除来自肺动脉系统外,尚可来自支气管动脉系统及局部肺泡内气体。肺梗死的组织学特征为肺泡出血和肺泡壁坏死,邻近肺组织水肿和不张,病变常累及邻近胸膜,可有血性或浆液性胸腔渗液。梗死处的坏死组织可以逐渐被吸收,常不遗留瘢痕,或只遗留少量条索状瘢痕。慢性患者在梗死区或机化的血栓栓塞部位可以通过扩张的毛细血管形成支气管动脉-肺动脉侧支吻合。若急性肺血栓栓塞症患者肺动脉内血栓未完全溶解或反复发生急性肺血栓栓塞,则可能形成慢性血栓栓塞性肺动脉高压(chronic thromboembolic pulmonary hypertension,CTEPH),继而出现慢性肺源性心脏病。病理检查见右心代偿性肥厚。

【病理生理】　肺血栓栓塞症所致病理生理改变及其严重程度受多种因素影响,包括栓子的大小和数量、多次栓塞的间隔时间、是否同时存在其他心肺疾病、个体反应的差异及血栓溶解的快慢等。轻者几乎可以无任何异常改变,重者肺循环阻力突然增加,肺动脉压突然升高,心脏排血量急剧下降,患者出现休克、脑血管和冠状血管供血不足,导致晕厥甚至死亡。

(一)呼吸生理的变化

较大的肺血栓栓塞可引起反射性支气管痉挛;同时,由于血栓可以引起多种生物活性物质的释放,也可促使气道收缩,增加气道阻力,引起呼吸困难。栓塞后肺泡表面活性物质分泌减少(24 小时内最明显),肺泡表面张力明显增大,肺泡不能维持开放而萎陷,肺脏顺应性下降;肺泡表面活性物质减少还可促进肺泡上皮通透性增加,引起局部或弥漫性肺水肿,损伤肺换气功能。

被栓塞的肺叶或肺段失去肺动脉的血液灌注,而通气仍然存在,形成无效腔通气;同时,未发生栓塞的肺组织内肺血流量增加,形成功能性分流,肺不张及肺浸润也可引起肺内分流,导致严重的通气/血流比值失调。上述变化是导致低氧血症的重要原因。

(二)血流动力学改变

血栓进入肺动脉分支后,通过机械阻塞使肺动脉阻力明显增加。此外,较大的血栓栓塞还可引起神经反射和生物活性物质释放,使肺血管阻力进一步增大,引起肺动脉高压,急性右心衰竭。同时,由于血液不能顺利通过肺循环进入左心,左心排出量骤然降低,出现心率加快、血压下降等,严重者可导致休克、晕厥。

(三)神经体液介质的变化

新鲜血栓在肺血管内移动时,引起其表面覆盖的血小板脱颗粒,释放各种生物活性物质,如腺嘌呤、肾上腺素、组胺、5-羟色胺、缓激肽、前列腺素及纤维蛋白降解产物(FDP)等。它们可以刺激肺的各种神经受体以及肺血管和气道的受体,加重肺动脉高压、血管通透性增加等病变,加重呼吸困难、咳嗽、心率加快等临床表现。

【临床表现】　肺血栓栓塞症的临床表现多样,轻的基本无症状,重的可以发生休克,甚至发生猝死。

(一)症状

1. 呼吸困难及气促　为肺血栓栓塞症最常见的症状。常于活动后出现或加重,静息时可缓解或消失。患者有时主诉大便后、上楼梯时出现胸部"憋闷",很容易与劳力性"心绞痛"相混淆,尤须注意鉴别。特别要重视仅表现轻度呼吸困难的患者。

2. 胸痛　可见于大多数肺血栓栓塞症患者,包括胸膜炎样胸痛和心绞痛样疼痛。胸膜炎样胸痛较多见,其特点为深呼吸或咳嗽时疼痛明显加重,它提示应注意有无肺梗死存在。心绞痛样胸痛仅见于少数患者,为胸骨后较剧烈的挤压痛,患者难以忍受,向肩部和胸部放射,酷似心绞痛发作。

3. 咯血　见于约1/3的患者,是提示肺梗死的症状,多发生于肺梗死后24小时之内,常为小量咯血,大咯血少见。

4. 烦躁不安、惊恐甚至濒死感　见于约半数患者,发生机制不明,可能与胸痛或低氧血症有关。

5. 咳嗽　见于约1/3的患者,多为干咳或有少量白痰。

6. 晕厥　可为肺血栓栓塞症的唯一或首发症状,其主要原因是大块肺血栓栓塞阻塞50%以上的肺血管,使心排血量明显减少,引起脑供血不足。

7. 腹痛　肺血栓栓塞症患者有时主诉腹痛,可能与膈肌受刺激或肠出血有关。偶见主诉腰痛者。

各病例可出现以上症状的不同组合。临床上有时出现所谓"肺梗死三联征",即同时出现呼吸困难、胸痛及咯血,但仅见于约20%的患者。

(二)体征

1. 呼吸系统体征　呼吸急促最常见;发绀;肺部有时可闻及哮鸣音和(或)细湿啰音,肺野偶可闻及血管杂音;合并肺不张和胸腔积液时出现相应的体征。

2. 循环系统体征　主要是急性肺动脉高压和右心功能不全的体征以及左心心搏量急剧减少的体征。常见窦性心动过速,并可见心律失常如期前收缩、室上性心动过速、心房扑动和心房纤颤等。半数以上患者可闻及肺动脉瓣区第二心音(P_2)亢进或分裂,少数患者可闻及收缩期喷射性杂音;颈静脉充盈或异常搏动,存在三尖瓣反流时三尖瓣区可闻收缩期杂音,可闻右心奔马律,并可见肝脏增大、肝颈静脉反流征和下肢肿胀等右心衰竭的体征。少数患者可有心包摩擦音。病情严重的患者可出现血压下降甚至休克,通常提示为大面积肺血栓栓塞。

Notes

3. 其他 可伴发热,多为低热,少数患者有38℃以上的发热。可由肺梗死、肺出血、肺不张继发肺部感染等引起,也可由下肢血栓性静脉炎引起。

(三)深静脉血栓形成的临床表现

由于绝大多数肺血栓栓塞症的血栓来源于深静脉血栓形成,深静脉血栓形成被认为是肺血栓栓塞症的标志。因此,在怀疑肺血栓栓塞症诊断时,必须注意是否存在深静脉血栓形成的症状和体征,特别是下肢深静脉血栓形成的症状和体征。可见患肢肿胀、周径变粗、疼痛或压痛、皮肤色素沉着,行走后患肢易疲劳或肿胀加重,特别是两下肢不对称性肿胀应引起重视。应测量双侧下肢的周径来评价其差别。进行大、小腿周径的测量点分别为髌骨上缘以上15cm处,髌骨下缘以下10cm处。双侧相差>1cm即考虑有临床意义。但是,约半数以上的下肢深静脉血栓形成患者无自觉症状和明显体征。

【诊断】 诊断肺血栓栓塞症的关键是提高意识,诊断一般按疑诊、确诊、求因三个步骤进行。

(一)根据临床情况疑诊PTE(疑诊)

如患者出现上述临床症状、体征,特别是存在前述危险因素的病例出现不明原因的呼吸困难、胸痛、晕厥、休克,或伴有单侧或双侧不对称性下肢肿胀、疼痛等,应进行如下检查。

1. 血浆D-二聚体(D-dimer) D-二聚体是交联纤维蛋白在纤溶系统作用下产生的可溶性降解产物,为一个特异性的纤维蛋白溶解过程标记物。通常采用酶联免疫吸附法(ELISA)测定,D-二聚体界值为500μg/L。血浆D-二聚体升高见于急性肺血栓栓塞症,但也见于手术、肿瘤、炎症、感染、组织坏死以及其他多种全身疾病,因此虽然敏感性高达92%~100%,但因特异性低,仅为40%~43%,临床上主要用其阴性作为排除诊断的指标。若其含量低于500μg/L,且临床表现不典型者,可基本除外急性肺血栓栓塞症。

2. 动脉血气分析 肺血管床阻塞15%以上就可以出现低氧血症,大多数急性肺血栓栓塞症患者PaO_2<80mmHg;大多数患者有过度通气,造成低碳酸血症,$PaCO_2$下降;肺泡-动脉血氧分压差增大。但部分患者上述检查结果可以正常。

3. 心电图 心电图异常多无特异性,较为多见的表现包括V_1~V_4的T波改变和ST段异常;部分病例可出现$S_IQ_{III}T_{III}$征(即Ⅰ导联S波加深,Ⅲ导联出现Q/q波及T波倒置);其他心电图改变包括完全或不完全右束支传导阻滞、肺型P波、电轴右偏、顺钟向转位等。上述心电图改变也可出现于其他心脏病患者,特别是冠心病患者,必须动态观察心电图的演变,并结合其他临床资料仔细分析鉴别。

4. 胸部X线平片 约80%的患者可见异常表现。常见的异常影像学变化包括:区域性肺血管纹理变细、稀疏或消失,肺野透亮度增加,这是较大肺动脉分支被堵塞使血流减少的结果;肺野局部浸润性阴影,常为尖端指向肺门、底面朝向胸膜的楔形阴影,也可呈带状、球状、半球状或不规则阴影,常提示有肺梗死、肺不张或膨胀不全;右下肺动脉干增宽或伴截断征,肺动脉段膨隆;右心室增大;患侧横膈抬高,还可见气管和纵隔向患侧移位;约1/3的患者可见胸腔积液征。上述X线平片征象都不是特异性的,也可出现于其他疾病。

5. 超声心动图 对提示PTE和除外其他心血管疾患,以及急性PTE危险分层方面有重要价值。超声检查符合下述两项指标时即可诊断右心室功能障碍(right ventricular dysfunction),提示或高度怀疑PTE:①右心室扩张;②右室壁运动幅度减低;③吸气时下腔静脉不萎陷;④三尖瓣反流压差>30mmHg。而右心室壁增厚(>5mm)对于提示是否存在CTEPH有重要意义。偶尔,因发现肺动脉近端血栓或右心血栓(直接征象)而确定诊断。经食管超声心动图发现肺动脉血栓的阳性率高于经胸壁超声心动图。

(二)对疑诊病例进一步明确诊断(确诊)

在临床表现和初步检查提示PTE的情况下,应安排PTE的确诊检查,包括以下4项,其中1

项阳性即可明确诊断。

1. **CT 肺血管造影**　采用特殊操作技术进行 CT 肺动脉造影(CTPA),能够准确发现段以上肺动脉内的血栓。最新的多排 CT 甚至可以显示第六级肺动脉分支内的微小血栓。直接征象有肺血管半月形或环形充盈缺损、完全梗阻、轨道征等。间接征象包括肺野楔形密度增高影、条带状的高密度区或盘状肺不张、中心肺动脉扩张及远端血管分支减少或消失、胸腔积液等。CT 扫描还可以同时显示肺及肺外的其他胸部疾患,有助于进行鉴别诊断。CTPA 除了诊断质量较高外,还有无创伤性、迅速、简便等许多优点,是 PTE 的一线确诊手段,已逐步取代肺动脉造影而成为 PTE 诊断的"金标准"。其局限性在于对碘造影剂过敏者不能进行该项检查。

2. **磁共振成像(MRI)**　对段以上肺动脉内栓子诊断的敏感性和特异性均较高,避免了注射碘造影剂的缺点,适用于碘造影剂过敏、肾功能严重受损或孕妇患者。MRI 具有潜在的识别新旧血栓的能力,有可能为将来确定溶栓方案提供依据。MRI 的缺点是:现有机器成像时间较长,病情严重的患者难以耐受;而且图像质量易受心脏搏动和呼吸运动的影响,图像的空间分辨率和密度分辨率均不如多排 CT。

3. **核素肺通气/灌注(V/Q)显像**　以往是临床怀疑肺血栓栓塞症患者首选的确诊检查,现对多数患者已经被多排 CT 肺血管造影所取代,仅适用于患者对 CT 造影剂过敏等特殊情况。核素肺通气/灌注扫描的结果判定较为复杂,需密切结合临床进行判读。一般可将扫描结果分为 3 类:①高度可能:其征象为至少一个或更多肺叶段的局部灌注缺损,而该部位通气良好或 X 线胸片无异常;②正常或接近正常:肺灌注扫描完全正常;③非诊断性异常:肺通气扫描和灌注扫描均有缺损,可见于肺血栓栓塞症,但也可见于其他多种肺部疾病。

4. **肺动脉造影(pulmonary angiography)**　为 PTE 诊断的经典与参比方法。其敏感性约为98%,特异性为 95% ~98%。直接征象有肺动脉内造影剂充盈缺损,伴或不伴轨道征的血流阻断;间接征象有肺动脉造影剂流动缓慢,局部低灌注,静脉回流延迟或消失等。该检查的缺点是具有创伤性,有发生致命性或严重并发症的可能,应严格掌握其适应证。

(三) 寻找 PTE 的成因和危险因素(求因)

1. **明确有无 DVT**　对某一病例只要疑诊 PTE,无论其是否有 DVT 症状,均应明确有无 DVT 及栓子的来源。下肢是 DVT 最多发部位,下肢深静脉加压超声是诊断 DVT 最简便的方法。另外,CT 静脉造影(CTV)、放射性核素、MRI 等检查对于明确是否存在 DVT 亦具有重要价值。

2. **寻找发生 DVT 和 PTE 的诱发因素**　如制动、创伤、肿瘤、长期口服避孕药等。同时要注意患者有无易栓倾向,尤其是对于年龄小于 40 岁,复发性 PTE 或有突出 VTE 家族史的患者,应考虑易栓症的可能性,应进行相关原发性危险因素的检查。对不明原因的 PTE 患者,应对隐源性肿瘤进行筛查。

(四) PTE 的临床分型

临床上,常根据临床表现、血流动力学状态、心脏超声检查和生化标志等进行如下分型,以指导治疗。

1. 急性肺血栓栓塞症

1) 高危(大面积)PTE:临床上以休克和低血压为主要表现,即体循环动脉收缩压<90mmHg,或较基础值下降幅度≥40mmHg,持续 15 分钟以上。须除外新发生的心律失常、低血容量或感染中毒症所致的血压下降。此型患者病情变化快,预后差,临床病死率>15%,需要积极予以治疗。

2) 中危(次大面积)PTE:血流动力学稳定,但存在右心功能不全和(或)心肌损伤。右心功能不全的诊断标准:临床上出现右心功能不全的表现,超声心动图提示存在右心室功能障碍,或脑钠肽(BNP)升高(>90pg/mL)或 N 末端脑钠肽前体(NT-proBNP)升高(>500pg/mL)。心肌损伤:心电图 ST 段升高或压低,或 T 波倒置,cTNI 升高(>0.4ng/mL)或 cTNT 升高(>0.1ng/mL)。

此型患者可能出现病情恶化,临床病死率为 3%～15%,故需密切监测病情变化。

3)低危(非大面积)PTE:血流动力学稳定,无右心功能不全和心肌损伤。临床病死率 <1%。

2. 慢性血栓栓塞性肺动脉高压　多可追溯到呈慢性、进行性发展的肺动脉高压的相关临床表现,如进行性加重的呼吸困难、乏力、运动耐量下降,后期出现右心衰竭;影像学检查证实肺动脉阻塞,经常呈多部位、较广泛的阻塞,可见肺动脉内贴血管壁、环绕或偏心分布、有钙化倾向的团块状物等慢性栓塞征象;常可发现 DVT 的存在;右心导管检查示静息肺动脉平均压>25mmHg;超声心动图检查示右心室壁增厚,符合慢性肺源性心脏病的诊断标准。

【鉴别诊断】

1. 冠状动脉粥样硬化性心脏病(冠心病)　一部分 PTE 患者因血流动力学变化,可出现冠状动脉供血不足,心肌缺氧,表现为胸闷、心绞痛样胸痛,心电图有心肌缺血样改变,易误诊为冠心病所致心绞痛或心肌梗死。冠心病有其自身发病特点,心电图和心肌酶水平的动态变化,冠脉造影可以确诊。但 PTE 可以合并冠心病。

2. 肺炎　当 PTE 有咳嗽、咯血、呼吸困难、胸膜炎样胸痛,出现肺不张、肺部阴影,尤其同时合并发热时,易被误诊为肺炎。肺炎多有咳脓痰伴寒战、高热,外周血白细胞和中性粒细胞比例增加等,抗生素治疗有效。

3. 主动脉夹层　PTE 可表现胸痛,需与主动脉夹层相鉴别。后者多有高血压,疼痛较剧烈,胸片常显示纵隔增宽,心血管超声和胸部 CT 造影检查可见主动脉夹层征象。

4. 表现为胸腔积液的鉴别　PTE 患者可出现胸膜炎样胸痛,合并胸腔积液,需与结核、肺炎、肿瘤、心脏衰竭等其他原因所致的胸腔积液相鉴别。

5. 表现为晕厥的鉴别　PTE 有晕厥时,需与迷走反射性、脑血管性晕厥及心律失常等其他原因所致的晕厥相鉴别。

6. 表现为休克的鉴别　PTE 所致的休克属心外梗阻性休克,表现为动脉血压低而静脉压升高,需与心源性、低血容量性、血容量重新分布性休克等相鉴别。

7. 慢性血栓栓塞性肺动脉高压的鉴别　CTEPH 有肺动脉压力高,伴右心肥厚和右心衰竭,需与特发性肺动脉高压等相鉴别。

【治疗】

(一)一般治疗

对高度疑诊或确诊 PTE 的患者,应进行严密监护,监测呼吸、心率、血压、心电图及血气的变化。卧床休息,保持大便通畅,避免用力,以免促进深静脉血栓脱落;可适当使用镇静、止痛、镇咳等相应的对症治疗。酌情采用经鼻导管或面罩吸氧,以纠正低氧血症;注射阿托品降低迷走神经张力,防止肺血管和冠状动脉反射性痉挛;应用多巴酚丁胺和多巴胺及去甲肾上腺素等以纠正右心功能不全并血压下降。

(二)抗凝治疗

抗凝治疗是肺血栓栓塞症的基础性治疗方法,可以显著提高患者的生存率,降低血栓栓塞的复发率。

1. 适应证　对血压正常且无右心室功能不全的低危(非大面积)PTE 患者,应给予抗凝治疗;对有血压下降和右心室功能不全的高危(大面积)PTE 患者,应先行溶栓治疗,随后使用抗凝治疗;对血压正常而右心室功能不全的中危(次大面积)PTE 患者,无论是否溶栓,都应该进行抗凝治疗。

2. 禁忌证和并发症　禁忌证包括活动性出血、凝血功能障碍、未予控制的严重高血压等,在急性肺血栓栓塞症时多不是绝对禁忌证。主要并发症是出血。

3. 常用治疗方案

(1) 普通肝素:3000～5000IU 或按 80IU/kg 静注,继之以 18IU/(kg·h)持续静滴。在开始治疗后的最初 24 小时内每 4～6 小时测定 APTT,根据 APTT 调整剂量,尽快使 APTT 达到并维持于正常值的 1.5～2.5 倍。达稳定治疗水平后,改为每天测定 APTT 一次。

(2) 低分子肝素:现有多种制剂供临床选用,一般根据体重决定给药剂量,不需监测 APTT 和调整剂量,使用较普通肝素方便,疗效不低于普通肝素。肝素应用期间,应注意监测血小板,以防出现肝素诱导的血小板减少症(heparin-induced thrombocytopenia,HIT)。若出现血小板迅速或持续降低达 30% 以上,或血小板计数<$100×10^9$/L,应停用肝素。

(3) 磺达肝癸钠:是一种小分子的合成戊糖,通过与抗凝血酶特异结合,介导对 X a 因子的抑制作用,无 HIT 作用。可用于 VTE 的初始治疗,也可替代肝素用于出现 HIT 患者的抗凝治疗。应用方法:5mg(体重<50kg)、7.5mg(体重 50～100kg)、10mg(体重>100kg),皮下注射,每日一次。

(4) 华法林:是最常用的口服抗凝药,竞争性对抗维生素 K 的作用,抑制凝血因子合成,但对于已有的凝血因子没有作用,故起效较慢,需要数天时间才能充分发挥作用。其药代动力学的个体差异性较大,且受多种因素影响,使用时需要定期监测国际标准化比率(INR),以免引起严重的出血。在给予肝素治疗时即可开始应用华法林,初始剂量为 3.0～5.0mg,与肝素需至少重叠应用 4～5 天,当连续两天测定的 INR 达到 2.5(2.0～3.0)时,或 PT 延长至正常值的 1.5～2.5 倍时,即可停止使用肝素,单独口服华法林治疗。应根据 INR 或 PT 调节华法林的剂量。华法林的主要并发症是出血,可用维生素 K 拮抗。

(5) 新型抗凝药物:包括直接凝血酶抑制剂阿加曲班(argatroban)、达吡加群酯(dabigatran)以及直接 X a 因子抑制剂利伐沙班(rivaroxaban)、阿哌沙班(apixaban)等。

抗凝治疗的持续时间因人而异。若危险因素(如手术、外伤等)短期可以消除,疗程可能为 3 个月即可;对于栓子来源不明的首发病例,需至少给予 6 个月的抗凝;对复发性 VTE、或危险因素长期存在者,抗凝治疗的时间应更为延长,达 12 个月或以上,甚至终生抗凝。

(三) 溶栓治疗

主要适用于高危(大面积)PTE 病例(有明显呼吸困难、胸痛、低氧血症等)。对于部分中危(次大面积)PTE,若无禁忌证可考虑溶栓,次大面积 PTE 的溶栓适应证仍有待确定。

该疗法使用药物直接或间接将血浆纤维蛋白溶酶原(纤溶酶原)转变为纤维蛋白溶酶(纤溶酶),迅速破坏纤维蛋白,溶解血栓;同时通过清除和灭活凝血因子 Ⅱ、Ⅴ 和 Ⅷ,阻碍凝血过程,发挥抗凝效应。溶栓治疗可迅速溶解部分或全部肺动脉分支内的血栓,恢复肺组织再灌注,减小肺动脉阻力,降低肺动脉压,改善右室功能,减少严重肺血栓栓塞症患者的病死率和复发率,因而是治疗严重肺血栓栓塞症最重要的方法,使用得当时可以迅速缓解患者症状,挽救生命。溶栓的时间窗一般定为 14 天以内,但鉴于可能存在血栓的动态形成过程,这一时间窗的规定并不是绝对的。溶栓治疗应尽可能在肺血栓栓塞症确诊的前提下慎重进行。对有溶栓指征的病例宜尽早开始溶栓。

1. 适应证　目前公认的溶栓治疗适应证为高危(大面积)PTE,其特征为右心室功能不全,伴低血压或心源性休克。对此类患者只要没有溶栓治疗的禁忌证,就应该积极、迅速地给予溶栓治疗。对于中危(次大面积)PTE(其特点为血压正常,但出现右心室功能不全)是否应作为溶栓治疗的适应证,目前尚无一致意见,应根据每例患者的具体情况,仔细权衡溶栓治疗的效益和风险,做出个体化的决定。对低危(非大面积)PTE(其特征为血压正常,无右心室功能不全),目前一致认为不应进行溶栓治疗。

2. **禁忌证**   溶栓治疗的绝对禁忌证有活动性内出血和近期自发性颅内出血。相对禁忌证有:2 周内的大手术、分娩、器官活检或不能压迫止血部位的血管穿刺;2 个月内的缺血性脑卒中;10 天内的胃肠道出血;15 天内的严重创伤;1 个月内的神经外科或眼科手术;难以控制的重度高血压(收缩压>180mmHg,舒张压>110mmHg);近期曾行心肺复苏;血小板计数<$100×10^9$/L;妊娠;细菌性心内膜炎;严重肝、肾功能不全;糖尿病出血性视网膜病变等。对于致命性高危(大面积)PTE,上述绝对禁忌证亦应被视为相对禁忌证。

3. **常用治疗方案**

(1) 尿激酶:负荷量 4400IU/kg,静注 10 分钟,随后以 2200IU/(kg·h)持续静滴 12 小时。也可使用尿激酶 2 小时溶栓方案:按 20 000IU/kg 剂量,持续静滴 2 小时。

(2) 链激酶:负荷量 250 000IU,静注 30 分钟,随后以 100 000IU/h 持续静滴 24 小时。链激酶具有抗原性,故用药前需肌注苯海拉明或地塞米松,以防止过敏反应。链激酶 6 个月内不宜再次使用。

(3) 重组组织型纤溶酶原激活剂(rt-PA):50mg 持续静脉滴注 2 小时。

使用尿激酶、链激酶溶栓期间不同时使用肝素治疗;但以 rt-PA 溶栓时,在 rt-PA 注射结束后即可使用肝素。

溶栓治疗结束后,应每 2～4 小时测定一次凝血酶原时间(PT)或活化部分凝血活酶时间(APTT),当其水平降至正常值的 2 倍时,即应开始规范的肝素抗凝治疗。

4. **溶栓治疗的并发症**   溶栓治疗最重要的并发症是出血,发生率约为 5%,其中致死性出血发生率约为 1%。为减少并发症的发生,应认真选择治疗病例;治疗前查血型、配血;治疗中规范操作,密切监测。溶栓治疗的其他副作用还可能有发热、过敏反应(多见于使用链激酶者)、低血压、恶心、呕吐、肌痛、头痛等。

(四) **其他治疗**

肺血栓栓塞症除上述内科药物治疗方法外,还有多种其他治疗方法,包括外科肺动脉血栓摘除术、使用介入技术经肺动脉导管碎解和抽吸血栓、放置腔静脉滤器等,各有其优、缺点,一般用于经内科药物治疗效果不佳的患者。

对慢性栓塞性肺动脉高压患者应进行长期抗凝治疗。若阻塞部位处于手术可及的肺动脉近端,有手术指征者,可考虑行肺动脉血栓内膜剥脱术。

由于绝大多数肺动脉血栓栓塞症的栓子来源于深静脉血栓形成,因此应重视其处理。治疗原则为卧床、患肢抬高、抗凝、消炎等,溶栓治疗尚不成熟。

【预防】   识别危险因素并早期进行预防,如积极医治脚部感染,防治下肢静脉曲张,鼓励手术后患者早期下床活动。对存在发生 DVT-PTE 危险因素的病例,应根据病情轻重、年龄、是否合并其他危险因素等来评估发生 DVT-PTE 的危险性以及出血的风险,给予相应的预防措施。主要方法有:①机械预防措施,包括梯度加压弹力袜、间歇充气压缩泵和静脉足泵等;②药物预防措施,包括低分子肝素、低剂量普通肝素、华法林等。

(徐永健)

推荐阅读文献

1. 陆慰萱,王辰.肺栓塞.北京:人民卫生出版社,2007

2. Tapson VF. Acute pulmonary embolism. New England Journal of Medicine,2008(358):1037-1052

3. Jaff MR, et al. Management of massive and submassive pulmonary embolism, iliofemoral deep vein thrombosis, and chronic thromboembolic pulmonary hypertension: a scientific statement from the American Heart Association. Circulation. 2011, 123(16): 1788-1830

4. Kearon C, Akl EA, Comerota AJ, et al. Antithrombotic therapy for VTE disease: AntithromboticTherapy and Prevention of Thrombosis, 9th ed: American College of Chest Physicians Evidence-Based Clinical Practice Guidelines. Chest. 2012, 141: e419S-94S

5. Konstantinides SV, et al. 2014 ESC Guidelines on the diagnosis and management of acute pulmonary embolism. Eur Heart J. 2014, 35(43): 3033-3069

Notes

第十一章　肺动脉高压与慢性肺源性心脏病

要点：

1. 肺动脉高压共分5大类：①动脉性肺动脉高压；②左心疾病所致肺动脉高压；③肺部疾病和(或)低氧所致肺动脉高压；④慢性血栓栓塞性肺动脉高压；⑤未知多因素机制所致肺动脉高压。

2. 特发性肺动脉高压是一种不明原因的肺动脉高压，诊断需排除其他所有已知病因，治疗主要针对血管收缩、血管重构、血栓形成及心功能不全等方面进行，旨在降低肺动脉压，改善心功能，提高生活质量。

3. 慢性肺源性心脏病主要由慢阻肺等慢性支气管、肺和胸膜疾病所致。这些疾病出现低氧血症，诱发肺血管功能性收缩和肺血管重构，导致肺动脉高压，右心室肥厚、扩大，甚至发生右心衰竭。

4. 慢性肺源性心脏病的治疗原则为积极控制感染，通畅气道，改善呼吸功能，纠正缺氧与二氧化碳潴留，控制呼吸衰竭和心力衰竭，处理并发症。

肺动脉高压(pulmonary hypertension)是由多种已知或未知原因引起的肺动脉压异常升高的一种病理生理状态，血流动力学诊断标准为：在海平面、静息状态下，右心导管测量平均肺动脉压(mean pulmonary artery pressure，mPAP)≥25mmHg(1mmHg=0.133kPa)。

第一节　肺动脉高压的分类

以往将肺动脉高压分为"原发性"和"继发性"两类，随着认识的逐步深入，肺动脉高压的分类也在不断完善。2008年世界卫生组织(WHO)第四届肺动脉高压会议重新修订了肺动脉高压分类，共分为5大类：①动脉性肺动脉高压；②左心疾病所致肺动脉高压；③肺部疾病和(或)低氧所致肺动脉高压；④慢性血栓栓塞性肺动脉高压；⑤未知多因素机制所致肺动脉高压(表2-11-1)。该分类考虑了病因或发病机制、病理与病理生理学特点，对于制订患者的治疗方案具有重要的指导意义。

表2-11-1　2008年WHO第四届肺动脉高压会议修订的肺动脉高压分类

1.　动脉性肺动脉高压(pulmonary arterial hypertension，PAH)

1.1　特发性(idiopathic)

1.2　遗传性(heritable)

1.2.1　骨形成蛋白受体2(bone morphogenetic protein receptor type 2，BMPR2)

1.2.2　激活素受体样激酶1(activin receptor-like kinase type 1，ALKI)，内皮因子(伴或不伴遗传性出血性毛细血管扩张症)[endoglin(with or without hereditary hemorrhagic telangiectasia)]

1.2.3　未知遗传因素(unknown)

1.3　药物所致和毒物所致肺动脉高压(drug-and toxin-induced)

续表

1.4　疾病相关性肺动脉高压(associated with)

1.4.1　结缔组织疾病(connective tissue diseases)

1.4.2　HIV 感染(human immunodeficiency virus infection)

1.4.3　门静脉高压(portal hypertension)

1.4.4　先天性心脏病(congenital heart diseases)

1.4.5　血吸虫病(schistosomiasis)

1.4.6　慢性溶血性贫血(chronic hemolytic anemia)

1.5　新生儿持续性肺动脉高压(persistent pulmonary hypertension of the newborn)

1'肺静脉闭塞病和(或)肺毛细血管瘤样增生症［pulmonary veno-occlusive disease(PVOD) and/or pulmonary capillary hemangiomatosis(PCH)］

2.　左心疾病所致肺动脉高压(pulmonary hypertension owing to left heart disease)

2.1　收缩性心功能不全(systolic dysfunction)

2.2　舒张性心功能不全(diastolic dysfunction)

2.3　心脏瓣膜病(valvular disease)

3.　肺部疾病和(或)低氧所致肺动脉高压(pulmonary hypertension owing to lung diseases and/or hypoxia)

3.1　慢性阻塞性肺疾病(chronic obstructive pulmonary disease)

3.2　间质性肺疾病(interstitial lung disease)

3.3　其他限制性与阻塞性通气障碍并存的肺部疾病(other pulmonary diseases with mixed restrictive and obstructive pattern)

3.4　睡眠呼吸障碍(sleep-disordered breathing)

3.5　肺泡低通气(alveolar hypoventilation disorders)

3.6　长期居住高原环境(chronic exposure to high altitude)

3.7　肺发育异常(developmental abnormalities)

4.　慢性血栓栓塞性肺动脉高压(chronic thromboembolic pulmonary hypertension,CTEPH)

5.　未明多因素机制所致肺动脉高压(pulmonary hypertension with unclear multifactorial mechanisms)

5.1　血液系统疾病(hematologic disorders):骨髓增生异常(myeloproliferative disorders),脾切除(splenectomy)

5.2　系统性疾病(systemic disorders):结节病(sarcoidosis),肺朗格汉斯细胞组织细胞增多症(pulmonary Langerhans cell histiocytosis),淋巴管平滑肌瘤病(lymphangioleiomyomatosis),神经纤维瘤(neurofibromatosis),血管炎(vasculitis)

5.3　代谢性疾病(metabolic disorders):糖原贮积症(glycogen storage disease),戈谢病(Gaucher disease),甲状腺疾病(thyroid disorders)

5.4　其他(others):肿瘤阻塞(tumoral obstruction),纤维素性纵隔炎(fibrosing mediastinitis),接受透析治疗的慢性肾功能不全(chronic renal failure on dialysis)

　　动脉性肺动脉高压、肺部疾病或低氧所致肺动脉高压、CTEPH 及未知多因素机制所致肺动脉高压都属于毛细血管前性肺动脉高压,血流动力学特征为 mPAP≥25mmHg,肺毛细血管楔压(pulmonary capillary wedge pressure,PCWP)或左心室舒张末压<15mmHg。左心疾病所致肺动脉高压属于毛细血管后性肺动脉高压,血流动力学特征为 mPAP≥25mmHg,PCWP 或左心室舒张末压>15mmHg。肺动脉高压的严重程度可根据静息状态下 mPAP 水平分为"轻"(26～35mmHg)、"中"(36～45mmHg)、"重"(>45mmHg)三度。

　　【诊断】　由于 PH 临床分类复杂,对疑诊患者应按照标准诊断流程进行评价(图2-11-1),尤其特发性 PAH 需排除所有已知病因方可诊断。

症状/体征/提示PH的病史

非侵入性检查支持PH吗？ → 否 → 寻找其他原因和(或)再次检查确认

是

考虑PH的常见原因

病史,症状,体征,心电图,胸片,经胸超声,肺功能,高分辨率CT

确诊为第2、3类PH

是,且肺动脉压力与病情严重程度成比例 → 治疗基础疾病并观察治疗效果

否

是,但肺动脉压力升高程度与病情严重程度不成比例

肺通气灌注扫描

肺节段性灌注缺损

否

CTEPH ← 是 ← 考虑其他少见原因 → 寻找其他原因

PVOD/PCH

否

行右心导管术 → mPAP≥25mmHg PWP≤15mmHg

是

特异性检查

体征,HRCT → PVOD/PCH
ANA → 结缔组织病
病史 → 药物毒物
HIV检查 → HIV
体检、超声、肝功
经胸心脏超声、食道心脏超声、心脏核磁共振 → 先心病
体检,实验室检查 → 血吸虫或第5类
实验室检查 → 溶血性贫血
门脉高压性肺动脉高压

特发性或可遗传性PAH → BMPR-2,ALK1,Endoglin(HHT),家族史

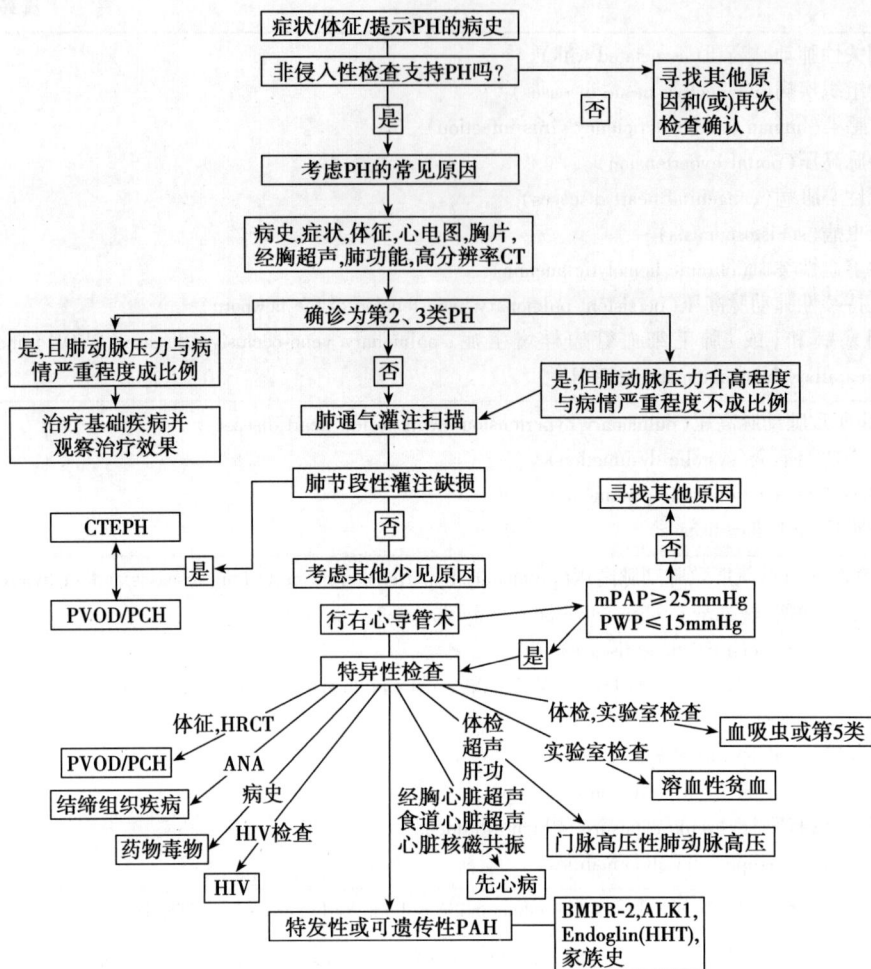

图 2-11-1　肺动脉高压诊断流程

第二节　特发性肺动脉高压

特发性肺动脉高压(idiopathic pulmonary arterial hypertension,IPAH)是一种不明原因的肺动脉高压,过去被称为原发性肺动脉高压(primary pulmonary hypertension)。病理上主要表现为"致丛性肺动脉病(plexogenic pulmonary arteriopathy)",即由动脉中层肥厚、向心或偏心性内膜增生及丛状损害和坏死性动脉炎等构成的疾病。

【流行病学】　新近欧洲资料显示成年人 IPAH 的患病率约为 5.9/100 万人。目前我国尚无发病率的确切统计资料。IPAH 可发生于任何年龄,多见于育龄妇女,平均患病年龄为 36 岁。

【病因与发病机制】　特发性肺动脉高压至今病因不明,目前认为其发病与遗传因素、自身免疫及肺血管内皮、平滑肌功能障碍等因素有关。

(一) 遗传因素

11%～40% 的散发 IPAH 存在骨形成蛋白受体 2(BMPR2)基因变异。目前研究证实,编码 BMPR2 的基因是 PAH 最重要的遗传易感基因。骨形成蛋白 2 型受体属于转化生长因子 β 超家族成员,主要参与血管壁细胞增殖调控。另外,有些病例存在激活素受体样激酶 1(ALK 1)基因变异。

(二) 免疫和炎症反应

免疫调节作用可能参与 IPAH 的病理过程。有 29% 的 IPAH 患者抗核抗体水平明显升高,但缺乏结缔组织疾病的特异性抗体。IPAH 患者丛状病变内可见巨噬细胞、T 淋巴细胞和 B 淋巴

Notes

细胞浸润,提示炎症细胞参与了 IPAH 的发生与发展。

(三)肺血管内皮功能障碍

肺血管收缩和舒张由肺血管内皮分泌的收缩和舒张因子共同调控,前者主要为血栓素 A2(TXA2)和内皮素-1(ET-1),后者主要是前列环素和一氧化氮(NO)。上述因子表达的不平衡,导致肺血管平滑肌收缩,从而引起肺动脉高压。

(四)血管平滑肌细胞钾通道缺陷

可见血管平滑肌增生肥大,电压依赖性钾(K^+)通道(Kv)功能缺陷,K^+外流减少,细胞膜处于除极状态,使 Ca^{2+} 进入细胞内,从而导致血管收缩。

【临床表现】

(一)症状

IPAH 的症状缺乏特异性,早期通常无症状,仅在剧烈活动时感到不适;随着肺动脉压力的升高,可逐渐出现全身症状。

1. **呼吸困难**　是最常见的症状,多为首发症状,主要表现为活动后的呼吸困难,进行性加重,以致在静息状态下即感到呼吸困难,与心排出量减少、肺通气/血流比例失衡等因素有关。

2. **胸痛**　由于右心后负荷增加、耗氧量增多和冠状动脉供血减少等引起心肌缺血所致,常于活动和情绪激动时发生。

3. **头晕和昏厥**　由于心排量减少,脑组织供血突然减少所致。常在活动时出现。

4. **咯血**　通常为小量咯血,有时也可以出现大咯血而致死亡。

5. **其他症状**　包括疲乏、无力,往往容易被忽视。10%的患者出现雷诺现象,增粗的肺动脉压迫返喉神经可引起声音嘶哑(Ortner 综合征)。

(二)体征

IPAH 的体征均与肺动脉高压和右心室负荷增加有关(请参考本章第三节)。

【辅助检查】

1. **血液检查**　血红蛋白可增高,与长期缺氧代偿有关;脑钠肽可有不同程度升高,与疾病严重程度及患者预后具有一定相关性。血液检查可包括肝功能试验和 HIV 抗体检测及血清学检查,以除外肝硬化、HIV 感染和隐匿的结缔组织病。

2. **心电图**　心电图不能直接反映肺动脉压升高,但能提示右心增大和肥厚。根据我国开展的心电图对 PAH 的诊断价值探讨初步研究结果,I 导联 S 波振幅>0.21mV 诊断 PAH 的敏感性和特异性分别为89%和81%。

3. **胸部 X 线检查**　提示肺动脉高压的 X 线征象见本章第三节。

4. **超声心动图和多普勒超声检查**　是筛查肺动脉高压最重要的无创性检查方法,超声心动图提示 PAH 的征象有:三尖瓣反流速度增加、肺动脉瓣反流速度增加、右室射血到肺动脉加速时间缩短、右房室扩大、室间隔形状及功能异常、右室壁增厚及主肺动脉扩张等。多普勒超声心动图估测三尖瓣峰值流速>3.4m/s 或肺动脉收缩压>50mmHg 将被诊断为肺动脉高压。

5. **肺功能测定**　可有轻到中度限制性通气障碍和弥散功能降低,部分重症患者可出现残气量增加及最大通气量降低。肺功能检测可以发现潜在的气道或肺实质疾病。

6. **血气分析**　几乎所有的患者均存在呼吸性碱中毒。早期血氧分压可以正常,随着病程延长多数患者有轻、中度低氧血症,重度低氧血症与心排出量下降、合并肺动脉血栓或卵圆孔开放有关。

7. **放射性核素肺通气/灌注显像**　IPAH 患者可呈弥漫性稀疏或基本正常,也是排除慢性栓塞性肺动脉高压的重要手段。

8. **右心导管检查**　右心漂浮导管检查可直接测量肺动脉压力,测定心排出量,计算肺血管阻力,确定有无左向右分流等,既是确诊 PAH 的金标准,也是指导制订科学治疗方案必不可少的

Notes

手段。

9. **急性血管反应试验**(acute vasoreactivity test)   是评价肺血管对短效血管扩张剂的反应性,目的是筛选出对口服钙通道阻滞剂可能有效的患者。对肺血管扩张剂有良好反应的IPAH患者预后明显好于无反应患者。用于该试验的药物有静脉用前列环素(依前列醇)、腺苷和吸入NO。急性肺血管反应试验阳性标准为mPAP下降≥10mmHg,且mPAP绝对值下降到≤40mmHg,同时心排出量增加或保持不变。一般而言,仅有10%~15%的IAPH患者可达到此标准。

【诊断与鉴别诊断】 临床表现、心电图、胸部X线或CT征象对于提示或诊断肺动脉高压具有重要价值。多普勒超声心动图估测肺动脉收缩压>50mmHg,结合临床可以诊断肺动脉高压。肺动脉高压的确诊标准是右心导管检查测定平均肺动脉压≥25mmHg。

IPAH属于排除性诊断,必须在除外各种引起肺动脉高压的病因后方可作出诊断,凡能引起肺动脉高压的疾病均应与IPAH进行鉴别(图2-11-1)。

【治疗】 因特发性肺动脉高压的病因不明,目前治疗主要针对血管收缩、内膜损伤及肺血管重构、血栓形成及心功能不全等方面进行,旨在恢复肺血管的张力、阻力和压力,改善心功能,增加心排出量,提高生活质量。

(一)氧疗

低氧刺激可引起肺血管收缩、红细胞增多而血液黏稠、肺小动脉重构加速IPAH的进展。伴有低氧血症的IPAH患者应给予氧疗以保持其动脉血氧饱和度持续大于90%,建议吸氧每日>15小时。

(二)药物治疗

1. **血管舒张药**

(1)钙通道阻滞剂(CCBs):只有急性肺血管扩张试验结果阳性的患者才能从CCBs治疗中获益。所以钙通道阻滞剂仅对大约10%~15%的IPAH患者有效,使用剂量通常较大,如硝苯地平每日剂量应达150mg,应用时要特别注意药物的不良反应。急性血管反应试验结果阳性是应用钙通道阻滞剂治疗的指征。

(2)前列环素:不仅能扩张血管降低肺动脉压,长期应用尚可逆转肺血管重构。常用的前列环素如依前列醇(epoprostenol)半衰期很短,须持续静脉滴注。现在已有半衰期长且能皮下注射的曲前列尼尔(treprostinil),口服的贝前列素(beraprost)和吸入的伊诺前列素(iloprost)。

(3)一氧化氮(NO):NO吸入是一种仅选择性地扩张肺动脉而不作用于体循环的治疗方法。但是由于NO的作用时间短,加上外源性NO的毒性问题,从而限制了其在临床的使用。

(4)内皮素受体拮抗剂:多项临床试验结果都证实了该药可改善肺动脉高压患者的临床症状和血液流动力学指标,提高运动耐量,改善生活质量和存活率,常用非选择性内皮素受体拮抗剂波生坦(bosenten)62.5~125mg,每天两次。选择性内皮素受体拮抗剂安立生坦(ambrisentan)5~10mg,每天一次。

(5)磷酸二酯酶-5抑制剂:磷酸二酯酶-5抑制剂可以特异性地抑制磷酸二酯酶,使cGMP降解减少,从而增加细胞内的cGMP。cGMP激活cGMP激酶,钾通道开放,引起血管舒张。西地那非(sildenafil)是一种强效、高选择性的磷酸二酯酶-5抑制剂,推荐剂量为20mg,每天三次。

2. **抗凝治疗** 特发性PAH易合并远端小肺动脉原位血栓形成,心力衰竭和活动减少也易导致静脉血栓形成,因此建议对无抗凝禁忌的IPAH患者给予华法林抗凝治疗。抗凝治疗并不能改善患者的症状,但可延缓疾病的进程,从而改善患者的预后。

3. **纠正心衰** 心输出量(CO)低于4L/min或心指数低于2.5L/(min·m²)是应用地高辛的首选指征;另外,右心室扩张、基础心率大于100次/分、心室率偏快的心房颤动等也均是应用地高辛指征。当出现右心衰竭、肝淤血及腹水时,可酌情使用利尿药治疗。治疗期间应密切监测血钾和肾功能,防止低钾血症和肾前性肾衰的发生。

4. 肺或心肺移植 疾病晚期可以进行肺或心肺移植治疗。

5. 健康指导 对 IPAH 患者进行生活指导,加强相关卫生知识的宣传教育,增强患者战胜疾病的信心。预防肺部感染,育龄期妇女注意避孕。运动应以不引起明显的气短、眩晕、胸痛为宜,康复训练应在专业人员指导下进行。适度的运动和康复训练有助于提高患者的运动耐量。

第三节 慢性肺源性心脏病

慢性肺源性心脏病(chronic pulmonary heart disease, chronic cor pulmonale)(简称慢性肺心病)是由慢性支气管-肺疾病、胸廓疾病或肺血管疾病引起肺循环阻力增加、肺动脉高压,进而引起右心室肥厚、扩大,甚至发生右心衰竭的心脏病。由先天性心脏病和左心疾病引起的右心室肥厚、扩大或右心衰竭不属于肺心病。本节主要论述继发于慢性支气管-肺疾病(特别是慢阻肺)的慢性肺源性心脏病。

【流行病学】 慢性肺心病是我国的常见病、多发病。我国 20 世纪 70 年代全国各省、市、自治区 40 岁以上 5 254 822 人群的抽样调查表明,>14 岁人群慢性肺心病的患病率为 4.8‰。1992 年在北京、湖北、辽宁农村调查 102 230 例居民的慢性肺心病患病率为 4.4‰,其中 ≥15 岁人群的患病率为 6.7‰。慢性肺心病的患病率存在地区差异,北方地区高于南方地区,高原地区高于平原地区,农村高于城市,并随年龄增高而增加。吸烟者比不吸烟者患病率明显增多,男女无明显差异。冬、春季节和气候骤然变化时,易出现急性发作,急性呼吸道感染常为急性发作的诱因。

【病因】 按原发病变发生部位一般可分为 4 大类。

(一)慢性支气管-肺疾病

最常见。我国慢性肺心病中继发于慢性阻塞性肺疾病患者约占 80% ~ 90%,其次为支气管哮喘、肺结核、支气管扩张、间质性肺疾病等。

(二)胸廓运动障碍性疾病

如严重的脊椎后、侧凸,脊椎结核,类风湿性脊柱炎,广泛胸膜增厚粘连和胸廓成形术后造成的严重的胸廓或脊柱畸形等,以及神经肌肉疾患如脊髓灰质炎,均可引起胸廓运动受限、肺组织受压、支气管扭曲或变形,气道引流不畅,肺部反复感染,并发肺气肿或纤维化,最终引起慢性肺心病。

(三)肺血管疾病

IPAH、CTEPH 和肺小动脉炎均可引起肺血管阻力增加、肺动脉压升高和右心室负荷加重,发展成慢性肺心病。

(四)其他

原发性肺泡通气不足及先天性口咽畸形、睡眠呼吸暂停低通气综合征等均可产生低氧血症,引起肺血管收缩,导致肺动脉高压,发展成慢性肺心病。

【病理】

(一)肺部基础疾病病变

尽管导致慢性肺心病的病因多种多样,但我国慢性肺心病的基础疾病大多数为慢阻肺,其主要病理变化详见本篇第三章。

(二)肺血管病变

在继发于慢阻肺的慢性肺心病常可观察到:

1. 肺血管重构(remodeling) 是发生慢性缺氧性肺动脉高压最重要的原因。主要见肺动脉内膜增厚,内膜弹力纤维增多,内膜下出现纵行肌束,弹力纤维和胶原纤维性基质增多,使血

Notes

管变硬,阻力增加;中膜平滑肌细胞增生、肥大,导致中膜肥厚;小于 $60\mu m$ 的无肌层肺小动脉出现明显的肌层。

2. 肺小动脉炎症 慢阻肺的慢性气道炎症,可累及邻近肺小动脉,引起血管炎,管壁增厚、管腔狭窄或纤维化,甚至完全闭塞。

3. 毛细血管网床受压、破坏和减少 肺气肿时肺泡含气量过多,肺广泛纤维化时瘢痕组织收缩,均可压迫肺血管使其变形、扭曲;肺气肿病变使肺泡间隔断裂,肺泡融合,造成肺泡壁内的毛细血管网毁损,毛细血管床减小,当减损超过70%时肺循环阻力增大。

4. 肺微小动脉原位血栓形成 部分慢性肺心病急性发作期患者存在多发性肺微小动脉原位血栓形成,引起肺血管阻力增加,加重肺动脉高压。

（三）心脏病变

慢性肺心病时,心脏的主要病变表现为心脏重量增加,右心肥大,右心室心肌增厚,心室腔扩大,肺动脉圆锥膨隆,心尖圆钝。光镜下观察,常见心肌纤维呈不同程度的肥大性变化,表现为心肌纤维增粗,核大深染,呈不规则形、方形或长方形。心肌纤维出现灶性肌浆溶解、灶性心肌纤维坏死或纤维化,心肌间质水肿,炎细胞浸润,房室束纤维化,小片状脂肪浸润,小血管扩张,传导束纤维减少。急性病变还可见到广泛的心肌组织水肿、充血、灶性或点状出血、多发性坏死灶。电镜下可见心肌细胞线粒体肿胀、内质网扩张、肌节溶解或长短不一,糖原减少或消失等。

【发病机制】 各种支气管肺组织和胸廓疾病导致肺心病的发病机制虽然不完全相同,但共同点是这些疾病均可造成患者呼吸系统功能和结构的明显改变,发生低氧血症,进而引起肺动脉高压。肺动脉高压使右心室负荷加重,再加上其他因素共同作用,最终引起右心室扩大、肥厚,甚至发生右心功能衰竭。

（一）肺动脉高压

由慢阻肺等慢性呼吸系统疾病所致的肺动脉高压,其主要发病机制包括:

1. 肺血管功能性改变 慢阻肺和其他慢性呼吸系统疾患发展到一定阶段,可以出现肺泡低氧和动脉血低氧血症。肺泡气氧分压(PaO_2)下降可引起局部肺血管收缩和支气管舒张,以利于调整通气/血流比例,并保证肺静脉血的氧合作用,这是机体的一种正常保护性反应。但长期缺氧引起肺血管持续收缩,即可导致肺血管病理性改变,产生肺动脉高压。这是目前研究最为广泛而深入的机制,主要可概括为以下几个方面:

（1）体液因素:正常时,肺循环是一个低阻、低压系统,适度的肺动脉张力是由多种收缩血管物质和舒张血管物质共同维持的。缺氧可以使肺组织中多种生物活性物质的含量发生变化,其中包括具有收缩血管作用的物质,如内皮素、组胺、5-羟色胺(5-HT)、血管紧张素Ⅱ(AT-Ⅱ)、白三烯、血栓素(TXA2)、前列腺素F2(PGF2),也包括具有舒张血管作用的物质,如一氧化氮、前列环素I2(PGI2)及前列腺素E1(PGE1)等。肺血管对低氧的收缩反应是上述多种物质共同变化的结果。缺氧使收缩血管物质与舒张血管物质之间正常的比例发生改变,收缩血管物质的作用占优势,从而导致肺血管收缩。

（2）神经因素:缺氧和高碳酸血症可刺激颈动脉窦和主动脉体化学感受器,反射性地引起交感神经兴奋,儿茶酚胺分泌增加,使肺动脉收缩。缺氧后存在肺血管肾上腺素能受体失衡,使肺血管的收缩占优势,也有助于肺动脉高压的形成。

（3）缺氧对肺血管的直接作用:缺氧可直接使肺血管平滑肌细胞膜对 Ca^{2+} 的通透性增高,使 Ca^{2+} 内流增加,肌肉兴奋-收缩耦联效应增强,引起肺血管收缩。

2. 肺血管器质性改变 慢性缺氧除了可以引起肺动脉收缩外,还可以导致肺血管重构。其具体机制尚不清楚,可能涉及肺脏内、外多种生长因子表达的改变以及由此产生的一系列生物学变化,如血小板衍生生长因子、胰岛素样生长因子、表皮生长因子等。其他各种伴随慢性胸肺疾病而产生的肺血管病理学改变也都可以参与肺动脉高压的发病。

3. 血液黏稠度增加和血容量增多　慢阻肺长期慢性缺氧,导致促红细胞生长素分泌增加,继发性红细胞生成增多,血液黏滞性增高,肺血流阻力增高。缺氧可使醛固酮增加,使水、钠潴留;缺氧使肾小动脉收缩,肾血流减少也加重水、钠潴留,血容量增多。慢阻肺患者还存在肺毛细血管床面积减少和肺血管顺应性下降等因素,血管容积的代偿性扩大明显受限,因而肺血流量增加时,可引起肺动脉高压。

4. 血栓形成　尸检发现,部分慢性肺心病急性发作期患者存在多发性肺微小动脉原位血栓形成,引起肺血管阻力增加,加重肺动脉高压。此外,肺血管疾病、间质性肺疾病、神经肌肉疾病等皆可引起肺血管的病理改变,使血管腔狭窄、闭塞,肺血管阻力增加,发展成肺动脉高压。

(二) 心脏病变和心力衰竭

慢性胸肺疾患影响右心功能的机制主要为肺动脉高压引起右心后负荷增加,右室后负荷增加后,右心室壁张力增加,心肌耗氧量增加;右心冠状动脉阻力增加,右室心肌血流减少,心肌供氧量减少;低氧血症和呼吸道反复感染时的细菌毒素对心肌可以产生直接损害。这些因素长期作用,最终造成右心室肥厚、扩大。当呼吸道发生感染、缺氧加重或其他原因使肺动脉压进一步增高而超过右心室负担时,右心室排出血量就不完全,收缩末期存留的残余血液过多,使右室舒张末期压增高,右心室扩张加重,最后导致右心衰竭。少数情况下,由于缺氧、高碳酸血症、酸中毒、相对血流量增多等因素,使左心负荷加重,左心室肥厚,甚至左心衰竭。

(三) 其他重要器官的损害

各种慢性肺胸疾患所导致的缺氧、高碳酸血症和酸碱平衡紊乱除影响心脏外,尚可使其他重要器官如脑、肝、肾、胃肠及内分泌系统、血液系统等发生病理改变,引起多个器官的功能损害。

【临床表现】　本病发展缓慢,临床上除原有肺、胸疾病的各种症状和体征外,主要是逐步出现的肺、心功能不全以及其他器官受损的征象,往往表现为急性发作期与缓解期交替出现,肺、心功能不全亦随之进一步恶化,急性发作次数愈多,肺、心功能损害亦愈重。下面按其功能代偿期与失代偿期分别加以阐述。

(一) 肺、心功能代偿期

1. 症状　表现肺、胸基础疾病的症状,如慢阻肺患者可有咳嗽、咳痰、气促,活动后可有心悸、呼吸困难、乏力和劳动耐力下降。急性感染可使上述症状加重。

2. 体征　除可见肺、胸疾病的体征外,尚可见肺动脉高压和右室扩大的体征,如 $P_2 > A_2$,三尖瓣区出现收缩期杂音,剑突下心脏搏动增强。部分患者因肺气肿使胸腔内压升高,阻碍腔静脉回流,可有颈静脉充盈,呼气期尤为明显,吸气期充盈减轻;此期肝下界下移是由膈肌下降所致,不要误认为是右心衰竭的表现。

(二) 肺、心功能失代偿期

1. 呼吸衰竭　详见第十五章"呼吸衰竭"。

(1) 症状:呼吸困难加重,夜间为甚,常有头痛、失眠、食欲下降,但白天嗜睡,甚至出现表情淡漠、神志恍惚、谵妄等肺性脑病的表现。

(2) 体征:明显发绀,球结膜充血、水肿,严重时可有视网膜血管扩张、视神经乳头水肿等颅内压升高的表现。腱反射减弱或消失,出现病理反射。因高碳酸血症可出现周围血管扩张的表现,如皮肤潮红、多汗。

2. 右心衰竭

(1) 症状:除肺、胸疾患的症状更明显外,尚可见心悸、食欲下降、腹胀、恶心等右心衰竭的表现。

(2) 体征:发绀更明显、颈静脉怒张、心率增快,可出现心律失常,剑突下可闻及收缩期杂音,甚至出现舒张期杂音。肝大且有压痛,肝颈静脉回流征阳性,下肢水肿,重者可有腹水。

【实验室和辅助检查】

(一) X 线检查

除有肺、胸基础疾病及急性肺部感染的特征外,尚有肺动脉高压和右心增大征象,其中 X 线诊断标准如下:①右下肺动脉干扩张,横径≥15mm 或右下肺动脉横径与气管横径比值≥1.07,或经动态观察右下肺动脉干增宽 2mm 以上;②肺动脉段明显突出或其高度≥3mm;③中心肺动脉扩张和外周分支纤细,形成“残根”征;④圆锥部显著凸出(右前斜位 45°)或其高度≥7mm;⑤右心室增大。具有上述五项中的一项可以诊断。

(二) 心电图检查

心电图对肺心病诊断的阳性率约为 60.1% ~88.2%。肺心病心电图诊断标准如下:

1. 主要条件　①额面平均电轴≥+90°;②V_1 R/S≥1;③重度顺时针方向转位(V_5R/S≤1);④$R_{v1}+S_{v5}>1.05mV$;⑤aVR R/S 或 R/Q≥1;⑥$V_{1~3}$呈 QS、Qr 或 qr(需除外心肌梗死);⑦肺型 P 波。

2. 次要条件　①肢导联低电压;②右束支传导阻滞(不完全性或完全性)。

具有一条主要条件的即可诊断,两条次要条件的为可疑肺心病的心电图表现。

(三) 超声心动图检查

诊断阳性率为 60.6% ~87%,较心电图和 X 线检查的敏感性高。典型表现为出现肺动脉高压征象,右心房增大,右心室肥厚、增大。肺心病超声心动图诊断标准如下:

1. 主要条件　①右室流出道内径≥30mm;②右心室内径≥20mm;③右心室前壁厚度≥5mm,或前壁搏动幅度增强;④左/右心室内径比值<2;⑤右肺动脉内径≥18mm,或肺动脉干≥20mm;⑥右室流出道/左房内径比值>1.4;⑦肺动脉瓣曲线出现肺高压征象者(a 波低平或<2mm,或有收缩中期关闭征等)。

2. 参考条件　①室间隔厚度≥12mm,搏幅<5mm 或呈矛盾运动征象;②右心房增大,≥25mm(剑突下区探查);③三尖瓣前叶曲线 DF、EF 速度增快,E 峰呈尖高型,或有 AC 间期延长者;④二尖瓣前叶曲线幅度低,CE<18mm,CD 段上升缓慢、延长,呈水平位或有 EF 下降速度减慢,<90mm/s。

凡有肺胸疾病的患者,具有上述两项条件(其中必具一项主要条件)均可诊断肺心病(上述标准仅适用于心前区探测部位)。

(四) 心向量图检查

阳性率可达 80% ~95%,较心电图敏感,主要表现为右心增大图形。随右心室肥大的厚度加重,QRS 环方位由正常的左下前或后逐渐演变为向右、再向下、最后转向右前,但终末部分仍在右后。QRS 环自逆时针方向运行或“8”字形发展至重度时之顺时针方向运行。P 环多狭窄,左侧与前额面 P 环振幅增大,最大向量向前下、左或右。一般来说,右心室肥大越明显,则 P 环向量越向右。

(五) 动脉血气分析

用以判断有无缺氧、CO_2潴留和酸碱平衡紊乱及其严重程度,对于指导肺心病急性发作期的治疗具有重要意义。

(六) 血液检查

血液流变学检查可了解红细胞变形等变化;凝血功能检查有助于了解有无血液高凝状态;血电解质测定可了解电解质紊乱;血常规检查可见红细胞、血红蛋白升高,合并感染时,白细胞总数升高,中性粒细胞升高。

【诊断与鉴别诊断】　根据患者有严重慢阻肺或其他胸肺疾病史,并有 $P_2>A_2$、剑突下心音增强、颈静脉怒张、肝大及压痛、肝颈静脉反流征阳性、下肢水肿及体静脉压升高等肺动脉高压、右心室增大或右心功能不全的表现,结合心电图、X 线胸片、超声心动图、心电向量图有肺动脉高压和右心室肥厚、扩大的征象,可以作出诊断。

肺心病应与以下疾病进行鉴别:

(一) 冠状动脉粥样硬化性心脏病(冠心病)

冠心病患者可发生全心衰竭,并出现肝大、下肢水肿及发绀,这些表现均与肺心病相似,且肺心病患者心电图 $V_{1~3}$ 可呈 QS 型,酷似心肌梗死的心电图改变,故两者易于混淆。但冠心病患者多有心绞痛或心肌梗死病史,心脏增大主要为左心室大,心尖区可闻及收缩期杂音。X 线检查显示心左缘向左下扩大。心电图显示缺血型图形,或出现异常 Q 波。冠心病出现心律失常者多为持久性,而肺心病患者出现的心律失常多为短暂性,随着呼吸衰竭和右心衰竭的好转心律失常可以好转或消失,有助于两者之鉴别。值得注意的是,由于肺心病和冠心病都多发于老年人,两者伴发存在于同一患者临床并非少见,使诊断和鉴别诊断十分困难。应详细询问病史,认真进行体格检查,结合有关的心、肺功能检查,加以鉴别。

(二) 原发性心肌病

原发性心肌病右心衰竭引起肝大、肝颈静脉反流征阳性、下肢水肿和腹水,与肺心病相似。尤其是伴有呼吸道感染者,可出现咳嗽、咳痰、肺部啰音、明显的呼吸困难及发绀,容易误诊为肺心病。但原发性心肌病多见于中青年,无明显慢性呼吸道疾病史,无明显肺气肿体征,无突出的肺动脉高压征,心电图无明显顺钟向转位及电轴右偏,而以心肌广泛损害多见。心脏大多呈普遍性增大。超声心动图检查可见各心室腔明显增大,室间隔和左室后壁运动幅度减低,可资鉴别。

(三) 风湿性心脏病

慢性肺心病时右心室肥大,心脏呈顺钟向转位,三尖瓣左移,可出现由三尖瓣相对狭窄和相对关闭不全引起的舒张中期杂音和(或)收缩期杂音,有时可酷似风湿性二尖瓣狭窄并关闭不全时的双期杂音,仅凭心脏听诊进行鉴别较为困难。但风湿性心脏病多见于青少年,有风湿活动史,X 线表现为左心房扩大为主。其他瓣膜如主动脉瓣常有病变。而慢性肺心病好发于 40 岁以上患者,常有慢性肺、胸疾患史和右心室肥厚体征,X 线检查左心房不大。心电图在 Ⅱ、Ⅲ、aVF 导联上常出现肺型 P 波。心脏彩超检查可明确诊断。

(四) 发绀型先天性心脏病

这类患者常有右心增大、肺动脉高压及发绀等表现,有时可与慢性肺心病相混淆。先天性心脏病患者多于儿童和青年时发病,但也有少数到老年时才出现比较明显的临床表现;体检无肺气肿体征;心脏听诊可闻及特征性杂音。对诊断有疑问者应行心脏彩超检查,对个别鉴别诊断特别困难者可行心导管及心脏造影检查。

【治疗】

(一) 肺、心功能代偿期

采用中西医结合的综合措施,增强患者的免疫功能,延缓肺、胸基础疾病的进展,去除急性发作的诱发因素,减少或避免急性加重期的发生,希望使肺、心功能得到部分恢复。继发于慢阻肺者的具体治疗方法参见本篇第三章第三节慢阻肺稳定期治疗措施。

(二) 肺、心功能失代偿期

治疗原则为积极控制感染,通畅气道,改善呼吸功能,纠正缺氧与二氧化碳潴留,控制呼吸衰竭和心力衰竭,处理并发症。

1. 呼吸衰竭的治疗　参考痰细菌培养及药物敏感试验,选择有效的抗菌药物,控制支气管、肺部感染;在没有细菌学培养结果前,可先进行经验性治疗。使用支气管舒张药和祛痰药,吸痰、通畅呼吸道。合理给氧以纠正缺氧,积极纠正二氧化碳潴留。纠正酸碱失衡及电解质紊乱。详见本篇第三章第三节慢阻肺急性加重期治疗措施和本篇第十五章"呼吸衰竭"。

2. 右心衰竭的治疗　对慢性肺心病出现右心衰竭的患者,一般经过氧疗、控制呼吸道感染、改善呼吸功能、纠正低氧和解除二氧化碳潴留后,心力衰竭症状可减轻或消失,患者尿量增多,水肿消退,肿大的肝缩小、压痛消失,不需常规使用利尿剂和强心剂。病情较重者或上述治疗无效者,可酌情选用利尿剂和强心剂。

(1) 利尿剂:通过抑制肾脏钠、水重吸收而增加尿量,消除水肿,减少循环血容量,减轻右心前负荷,纠正右心衰竭。但是利尿剂使用过多、利尿过猛,对慢性肺心病患者也有其不利的一面。包括:①大量利尿后可以使痰液变黏稠、不易咳出;②可导致低钾、低钠、低氯等电解质紊乱;③可使血液黏滞性进一步升高。因此,其使用原则为小剂量、联合使用排钾和保钾利尿剂,疗程宜短,间歇用药。一般可用氢氯噻嗪(双氢克尿塞)25mg,每天1~3次,联合螺内酯20~40mg,每天1~2次。重度而急需行利尿的患者可用呋塞米(furosemide)20mg,肌注或口服,使用过程中注意补充钾盐和其他电解质。

(2) 强心剂:对使用洋地黄治疗肺心病右心衰竭的评价不一,主要是因为肺心病缺氧而使得心脏对洋地黄的敏感性增高,易致中毒而出现心律失常,甚至猝死。因此,对肺心病右心衰竭使用洋地黄应持慎重态度。然而,对肺心病右心衰竭一概反对使用洋地黄亦是不合适的。在下列情况仍应考虑使用洋地黄:①感染已控制,呼吸功能已改善,经利尿剂治疗右心功能仍未能改善者;②合并室上性快速心律失常,如室上性心动过速、心房颤动(心室率>100次/分)者;③以右心衰竭为主要表现而无明显急性感染的患者;④合并急性左心衰竭者。其用药原则是选用作用快、排泄快的强心剂,小剂量(常规剂量的1/2~1/3)给药,常用毛花苷丙0.2~0.4mg或毒毛花苷K0.125~0.25mg加入10%葡萄糖液内缓慢静脉注射。应注意纠正低氧和低钾血症,不宜依据心率快慢作为观察疗效的指标,因为低氧和低钾血症均可引起心率增快。

(3) 血管扩张剂:从理论上推测,血管扩张剂可使肺动脉扩张,降低肺动脉高压,以减轻右心负荷,改善右心功能,但实际应用效果并不理想。而且,许多血管扩张剂在降低肺动脉压的同时也能引起体循环动脉血压下降,导致冠状动脉血流减少等不良效应;此外,肺血管扩张后常可影响肺内通气/血流的比例,加重低氧血症。临床试用过的药物很多,如硝酸甘油、酚妥拉明、硝苯地平、卡托普利等,疗效均不确实。近年来新开发的治疗肺动脉高压的药物包括前列环素(依前列醇)、内皮素受体拮抗剂(波生坦)、磷酸二酯酶抑制剂(西地那非)等,对特发性肺动脉高压等具有一定临床疗效,但对继发于慢阻肺等支气管肺疾患的肺动脉高压无效。

(三) 并发症的治疗

慢性肺心病除肺脏和心脏功能严重损伤外,全身其他器官均可受累及,出现多种并发症,须及时发现并积极治疗,方可降低病死率。

(1) 肺性脑病:是由于呼吸衰竭所致缺氧、二氧化碳潴留而引起的神经精神障碍综合征,常继发于COPD。诊断肺性脑病必须除外脑血管疾病、感染中毒性脑病、严重电解质紊乱等。治疗参见本篇第十五章呼吸衰竭。

(2) 酸碱失衡及电解质紊乱:慢性肺心病失代偿期常合并各种类型的酸碱失衡及电解质紊乱。呼吸性酸中毒以通畅气道,纠正缺氧和解除二氧化碳潴留为主。呼吸性酸中毒并代谢性酸中毒通常需要补碱治疗,尤其当pH<7.2时,先补充5%碳酸氢钠100ml,然后根据血气分析结果酌情处理。呼吸性酸中毒并代谢性碱中毒常合并低钠、低钾、低氯等电解质紊乱,应根据具体情况进行补充。低钾、低氯引起的代谢性碱中毒多是医源性的,应注意预防。

(3) 心律失常:多表现为房性期前收缩及阵发性室上性心动过速,其中以紊乱性房性心动过速最具特征性。也可有心房扑动及心房颤动。少数病例由于急性严重心肌缺氧,可出现心室颤动以至心脏骤停。应注意与洋地黄中毒等引起的心律失常相鉴别。一般的心律失常经过控制感染、纠正缺氧、酸碱失衡和电解质紊乱后,心律失常可自行消失。如果持续存在,可根据心律失常的类型选用药物。详见第三篇第三章。

（4）休克：慢性肺心病休克并不多见，一旦发生，预后不良。发生原因有严重感染、失血（多由上消化道出血所致）和严重心力衰竭或心律失常。

（5）消化道出血：慢性肺心病由于感染，呼吸衰竭致缺氧和二氧化碳潴留，心脏衰竭致胃肠道淤血，以及应用糖皮质激素等，常常并发消化道出血。因此，除了针对消化道出血的治疗外，还需病因治疗和预防治疗。

（6）弥散性血管内凝血（DIC）：详见第六篇。

（7）深静脉血栓形成：应用普通肝素或低分子肝素可预防肺微小动脉原位血栓形成及深静脉血栓形成。

（四）护理

肺心病心、肺功能失代偿期，存在多脏器功能衰竭，全面正确评估病情，制订详尽的护理计划，并正确有效实施是配合抢救成功的关键。

【预后】　慢性肺心病常反复急性加重，随肺功能的损害病情逐渐加重，多数预后不良，病死率约在 10% ~ 15% 左右，但经积极治疗可以延长寿命，提高患者生活质量。

【预防】　主要是防治支气管、肺和肺血管等基础疾病，预防肺动脉高压、慢性肺心病的发生发展。具体措施：①积极采取各种措施提倡戒烟；②积极防治原发病的诱发因素，如呼吸道感染、各种过敏原，有害气体的吸入等；③注意防寒保暖，选择合适的体育锻炼方法，如打太极拳、散步等。

（徐永健）

推荐阅读文献

1. West JB. Global strategy for the diagnosis, management, and prevention of chronic obstructive pulmonary disease：GOLD Executive Summary. Am J Respir Crit Care Med. 2013 Dec 1,188(11)：1366-1367

2. Galie N,HoepeMM,HumberM,et al. Guideline for diagnosis and treatment of pulmonary hypertension：the Task Force for the Diagnosis and T treatment of Pulmonary Hypertension of ESC and ERS,ISHLT. Eur Heart J,2009, 30：2493-2537

第十二章　原发性支气管肺癌

> **要点：**
> 1. 肺癌是起源于支气管黏膜或腺体的最常见的恶性肿瘤。
> 2. 主要分为小细胞肺癌和非小细胞肺癌两大类。
> 3. 临床表现与肺癌的发生部位、类型、大小、有无转移和并发症等有关。
> 4. 根据临床表现和各种检查方法的合理应用，70%～95%的肺癌患者可以得到明确诊断。
> 5. 非小细胞肺癌首选手术治疗，辅以化疗、分子靶向治疗和放疗；小细胞肺癌应选用化疗加放疗，必要时辅以手术治疗。

原发性支气管肺癌（primary bronchopulmonary carcinoma）或称原发性支气管癌（primary bronchogenic carcinoma），简称肺癌（lung cancer），起源于支气管黏膜或腺体，是最常见的肺部原发性恶性肿瘤。临床症状隐匿，以咳嗽、咳痰、咯血、消瘦等为主要表现，X线影像主要表现为肺部结节、肿块影等。本病男性多于女性，男女比约为2.1∶1。尽管目前新的诊断方法和治疗手段不断涌现，由于约75%患者就诊时已是肺癌晚期，因此，要进一步提高患者的生存率就必须重视早期诊断和规范治疗，尤其是个体化治疗。

根据世界卫生组织（WHO）发布的数据（GLOBOCAN），2012年全球新发肺癌数182.5万，占所有肿瘤发病率13.0%，肺癌死亡数159万，占所有肿瘤死亡率19.4%，无论发病率和死亡率肺癌均居首位。我国肺癌的发病率也呈上升趋势，在主要城市中已位列恶性肿瘤之首。其中，非小细胞肺癌（non-small lung cancer，NSCLC）约占肺癌总发病率的80%。

【病因和发病机制】　肺癌的发病机制迄今未完全明确，但有证据显示与下列因素有关：

（一）吸烟

吸烟是引起肺癌的主要原因，80%～90%以上的肺癌是由于主动吸烟或被动吸烟所致。美国的资料显示，吸烟者罹患肺癌的风险比从不吸烟者高20倍。吸烟者肺癌死亡率比不吸烟者高4～10倍，而且开始吸烟的年龄越小、吸烟时间越长、吸烟量越大，肺癌的死亡率就越高。戒烟者罹患肺癌的危险性随着戒烟时间的延长而逐渐降低。

吸二手烟者每天从空气中所吸入的有害物质并不少于吸烟者，而且其对烟草中有害物质的刺激反应比吸烟者更强烈。与吸烟者共同生活者肺癌发生风险增加20%～30%。美国的一项研究结果认为，约有20%的非吸烟人群发生肺癌归因于环境中的烟草烟雾。烟草烟雾中含有多种致癌物质，如苯并芘、烟碱、亚硝胺及微量砷等。烟草已被列为A级致癌物。研究结果显示，所有4种病理类型的肺癌均与吸烟相关。近50年来，肺癌病理类型的变化被认为与香烟的改变有关。

许多国家已发起了广泛的劝阻吸烟运动，甚至制定了法律，禁止在公共场所吸烟。在戒烟活动搞得好的地区，肺癌发病率上升的趋势已经得到初步遏制。

我国是生产烟草大国，也是烟民最多的国家，令人担忧的是年轻人（包括中小学生）中吸烟人数也在增多。因此,积极地劝阻和控制吸烟已成为我国防治肺癌综合措施中的关键。

(二) 空气污染

1. 室外大环境污染　城市中的工业废气、汽车尾气、公路沥青都有致癌物质,如苯并芘、甲基胆蒽类环烃化合物、SO_2、NO 和飘尘等。有统计资料显示,城市肺癌发病率明显高于农村。

2. 室内小环境污染　女性肺癌与厨房内空气污染有关,如煤焦油、煤烟、烹调时的油烟(菜油和豆油高温加热后产生的油烟凝聚物)等均为女性肺癌的危险因素。一项长达 5 年的肺癌流行病学调查发现,中国女性肺癌患者中超过 60% 有长期接触厨房油烟史,经常接触厨房和经常吸烟两者患肺癌的概率几乎相等。最新研究结果显示,室内氡污染也是诱发肺癌的一个不可忽视的因素,而建筑材料是室内氡的最主要来源。

(三) 职业致癌因子

某些职业的劳动环境中存在许多致癌物质。目前已确认的致癌物质有氡气、石棉、铬、镍、砷、铍、煤烟、煤焦油、芥子气、异丙油、双氯甲基乙醚等。氡气是肺癌发病的第二大原因。约有 3% ~4% 的肺癌发病是由于暴露于石棉,接触石棉的吸烟者的肺癌死亡率是对照组的 8 倍。由于肺癌的形成是一个漫长的过程,可达 20 年之久,不少患者在已停止接触上述物质很长时间后才发生肺癌。

(四) 电离辐射

电离辐射可以是职业性的,也可以是非职业性的,有来自体外的电离辐射,也有因吸入放射性粉尘和气体而引起的体内照射。美国 1978 年报道,一般人群中电离辐射有 49.6% 来自自然界,44.6% 为医疗照射,来自 X 线诊断的占 36.7%。

(五) 饮食与体力活动

食物中天然维生素 A 类、维甲类、β 胡萝卜素和微量元素(锌、硒)的摄入量与以后癌症(特别是肺癌)的发生呈负相关。维生素 E、维生素 B_2 的缺乏和不足在肺癌患者中较为突出。此外,有研究发现,中、高强度的体力活动伴随 13% ~30% 肺癌发病风险的下降,但其生物学机制并不明确。

(六) 遗传因素

遗传因素与肺癌的相关性受到重视。一级亲属中有肺癌史的个体罹患肺癌的风险增加(RR 为 1.8)。许多基因与肺癌易感性有关,正常细胞发生癌变前期常有一系列的基因改变,包括原癌基因的活化、抑癌基因的失活、自反馈分泌环的活化和细胞凋亡的抑制,从而导致细胞生长的失控。这些基因改变是长时间内多步骤、随机地产生的。许多基因发生癌变的机制还不清楚,与肺癌关系密切的癌基因主要有 ras 和 myc 基因家族、c-erbB-2、bcl-2、c-fos 及 c-jun 基因等;相关抑癌基因包括 p53、Rb、CDKN2、FHIT 基因等;与肺癌发生、发展相关的分子改变还包括错配修复基因如 hMSH2 及 hPMS1 的异常、端粒酶的表达等。

遗传因素还影响药物疗效或预后,已经有多个基因突变标志物被证实,其中表皮生长因子受体(EGFR)突变可预测 EGFR 酪氨酸激酶抑制剂的疗效,而 EGFR T790M 等突变、cMET 扩增、IGF-1R 通路活化能够预测 EGFR 酪氨酸激酶抑制剂的耐药发生。KRAS 突变是肺腺癌患者生存不良的预后因子,也是早期辅助化疗不能获益的预测因子。而 EML4-ALK 融合基因检测有助于预测 ALK 抑制剂的疗效。因此,在制订肺癌治疗方案时应考虑肿瘤遗传因素的影响。

(七) 其他因素

病毒感染(如 HIV 感染)、某些慢性肺部疾病(如慢性阻塞性肺疾病、肺结核、结节病、特发性肺纤维化和硬皮病等),与肺癌的发生也可能有一定关系。

【分类】

(一) 按解剖学部位分类

1. 中央型肺癌　发生在段及段以上支气管的肺癌,约占 3/4,以鳞状上皮细胞癌和小细胞肺癌较多见。

2. 周围型肺癌   发生于段以下支气管的肺癌,约占1/4,以腺癌较多见。

(二)按组织病理学分类

根据肺癌的分化程度、形态特征和生物学特点,目前将肺癌分为两大类,即小细胞肺癌(small cell lung cancer,SCLC)和非小细胞肺癌(non-small lung cancer,NSCLC),后者包括鳞状细胞癌、腺癌、大细胞癌等。

1. 小细胞肺癌   包括燕麦细胞型、中间细胞型和复合燕麦细胞型。癌细胞呈类圆形或梭形,胞浆少,类似于淋巴细胞,但典型的燕麦细胞体积约为淋巴细胞的 2~4 倍。胞质内含有神经内分泌颗粒,具有内分泌和化学受体功能,能分泌 5-羟色胺、儿茶酚胺、组胺和激肽等物质,可引起类癌综合征(carcinoid syndrome)。小细胞肺癌的特征是增殖快和早期广泛转移。大部分小细胞肺癌患者表现为明显的血行转移,在初次确诊时 60%~88% 的患者已有脑、肝、骨、肾上腺等全身转移。而只有约 1/3 的小细胞肺癌患者表现为局限于胸内。患者最初的典型表现为由增大的肺门肿块和巨大的纵隔淋巴结引起的咳嗽和呼吸困难。SCLC 对放疗和化疗较敏感。

2. 非小细胞肺癌

(1) 鳞状细胞癌(简称鳞癌):包括乳头状型、透明细胞型、小细胞型和基底细胞样型。鳞癌细胞大、呈多形性、胞浆丰富、有角化倾向,细胞间桥多见,常呈鳞状上皮样排列。电镜见癌细胞间有桥粒连接,张力微丝附着。常见于老年男性,与吸烟关系密切。多起源于段和亚段的支气管黏膜,倾向于管腔内生长,常早期引起支气管狭窄,导致肺不张或阻塞性肺炎,癌组织易发生坏死和形成空洞。鳞癌一般生长较慢,转移晚,手术切除机会较多,5 年生存率较高,但对放疗和化疗的敏感性不如小细胞癌。

(2) 腺癌:目前分为:①原位腺癌,旧称细支气管肺泡癌(BAC);②微侵袭性腺癌;③侵袭性腺癌(包括旧称的非黏液性细支气管肺泡癌);④其他侵袭性腺癌(包括旧称的黏液性细支气管肺泡癌)。建议不再使用细支气管肺泡癌或混合亚型腺癌的名称。典型的腺癌为腺管或乳头状结构。腺癌细胞为立方形或柱状、细胞较不规则、核仁明显、胞浆丰富,常含有黏液,在纤维基质支持下形成腺体状。电镜显示癌细胞间有微腔、连接复合体及指突状连接,胞质内高尔基复合体较为发达,有分泌颗粒、黏液颗粒及微腔存在。

腺癌发病率增加明显,目前已成为肺癌最常见的类型。女性多见,主要起源于支气管黏液腺,可发生于细小支气管或中央气道,临床多表现为周围型。腺癌可在气管外生长,也可循肺泡壁蔓延,常在肺边缘部形成直径 2~4cm 结节或肿块。由于腺癌富含血管,局部浸润和血行转移较早,易累及胸膜引起胸腔积液。

(3) 大细胞肺癌:为高度恶性的上皮肿瘤,多发生于周边肺实质,占肺癌的 2.2%~8.6%。癌细胞大、分化差、形态多样、核大、核仁显著、胞质丰富,有黏液形成。常见大片出血性坏死。细胞呈双向分化或间变,约 80% 呈腺样分化,10% 呈鳞状分化,因此难以与鳞癌和腺癌区分。有两种病理类型:①透明细胞癌:胞体较大,胞浆呈透明状,应与来自肾、甲状腺转移性透明细胞癌相鉴别;②巨细胞癌:单核或多核巨瘤细胞占 30% 以上,癌细胞弥漫分布,电镜显示有神经内分泌细胞的特点。大细胞癌转移较小细胞癌晚,手术切除机会较大。

(4) 其他:腺鳞癌、肉瘤样癌、类癌、唾液腺肿瘤等。

【临床表现】   肺癌可无明显症状,当病情发展到一定程度才出现症状,目前多数肺癌患者在就诊时已有症状,仅 5%~15% 的患者发现肺癌时无症状。其临床表现与肺癌的发生部位、类型、大小、有无转移和并发症等有关。当呼吸道症状超过两周,经治疗不能缓解,尤其是痰中带血、刺激性干咳,或原有的呼吸道症状加重,要高度警惕肺癌存在的可能性。

(一)由原发肿瘤引起的症状和体征

1. 咳嗽   早期出现的症状。由于肿瘤生长部位、方式和速度不同,咳嗽表现不尽相同:瘤细胞生长在较大气道时,为阵发性刺激性呛咳,无痰或少许泡沫痰。当有继发感染时,痰量增多呈黏液脓性。

2. **痰血或咯血**　以中央型肺癌多见,多为痰中带血或间断血痰,偶有大咯血。

3. **喘鸣**　肿瘤引起支气管狭窄,造成部分阻塞,可产生局限性喘鸣音。

4. **胸闷、气急**　肿瘤引起支气管狭窄,或压迫大气道,或转移至胸膜引起大量胸腔积液和转移至心包发生心包积液,或者膈肌麻痹、上腔静脉阻塞以及肺部广泛侵犯时,均可引起胸闷、气急。

5. **胸痛**　可以是原发病灶损害的表现,没有直接的肿物侵犯胸壁胸膜也可以有这一症状,原因不明。

6. **发热**　肿瘤压迫或阻塞支气管引起肺炎、肺不张时,常伴有发热和相应体征,抗生素治疗可暂时有效;如由肿瘤坏死引起的发热,抗菌治疗无效。

(二)肿瘤局部扩展引起的症状和体征

1. **胸痛**　肿瘤侵犯胸膜或胸壁时,可表现为隐痛、钝痛,随呼吸、咳嗽时加重。侵犯肋骨、脊柱时,疼痛持续而明显,且与呼吸、咳嗽无关。肩部或胸背部持续疼痛常提示上肺叶内侧近纵隔处有肺癌外侵可能。

2. **呼吸困难**　肿瘤压迫大气道,可出现吸气性呼吸困难和三凹征。

3. **吞咽困难**　为肿瘤侵犯或压迫食道所致。如出现支气管-食管瘘,可引起肺部感染。

4. **声音嘶哑**　肿瘤直接压迫,或转移至纵隔淋巴结后压迫喉返神经(多见左侧)使声带麻痹,可导致声音嘶哑。

5. **上腔静脉阻塞综合征**　肿瘤直接侵犯纵隔或转移的肿大淋巴结压迫上腔静脉,可使上腔静脉回流受阻,产生胸壁静脉曲张和上肢、颈面部水肿。严重者皮肤呈暗紫色,眼结膜充血、视力模糊,头晕、头痛。

6. **Horner 综合征**　肺上沟瘤(Pancost tumor)是一种位于肺尖部的肺癌。癌肿侵犯或压迫颈交感神经,引起患侧眼睑下垂、瞳孔缩小、眼球内陷,同侧额部与胸壁无汗或少汗,感觉异常,即 Horner 综合征。

7. **臂丛神经压迫征**　肿瘤压迫臂丛神经可致同侧自腋下向上肢内侧放射性、烧灼样疼痛。

(三)由肿瘤远处转移引起的症状和体征

见于 3%～10% 的肺癌患者,以小细胞肺癌居多,也可见于未分化大细胞肺癌、腺癌和鳞癌等。

1. **脑、中枢神经系统转移**　常有颅内压增高的征象如头痛、呕吐等,还可表现眩晕、共济失调、复视、性格改变、癫痫发作,或一侧肢体无力甚至半身不遂等神经系统症状。出现背痛、下肢无力、膀胱或肠道功能失调,应高度怀疑脊髓束受压迫。

2. **肝转移**　可表现食欲减退、肝区疼痛、肝大、黄疸和腹水等。

3. **骨转移**　表现为局部疼痛及压痛,常见骨转移部位包括肋骨、脊椎骨、骨盆及四肢长骨。

4. **肾上腺转移**　视其激素分泌情况而出现相应症状和体征,如 Cushing 综合征等。

此外,皮下可出现转移性结节,多位于躯干或头部。肺癌在浅表部主要是颈部淋巴结的转移,多见于锁骨上窝及胸锁乳突肌附着处的后下方,可以逐渐增大、增多、融合(患者可以毫无症状),淋巴结大小不一定反映病程的早晚。

(四)肺癌的肺外表现

有些肺癌患者可出现一些少见的症状或体征,这些症状体征表现于胸外脏器,不是肿瘤直接作用或转移引起的。它可以出现于肺癌发现前、后,称之为副癌综合征(paraneoplastic syndrome),又称肺癌的肺外表现,发生率约为 10%。

1. **异位内分泌综合征**　系指肿瘤细胞分泌一些具有生物活性的多肽或胺类物质,如促肾上腺皮质激素、甲状旁腺素、降钙素、5-羟色胺、胰岛素原样物质、抗利尿激素、生长激素释放因子、血管活性多肽等,而使肺癌患者表现出内分泌异常及其相应的临床表现。

(1) 抗利尿激素分泌异常综合征:在 SCLC 患者中的发生率约为 7%～12%。常表现为低钠血症和低渗透压血症,可出现倦睡、易激动、定向障碍、癫痫样发作或昏迷。诊断依据:低钠血症,低渗透压血症,尿钠排出持续增加,水负荷试验显示摄入水量等于排出水量,尿渗透压增高,血中肾素活性正常,肾功能和肾上腺皮质功能正常。治疗:主要是限制水的摄入。必要时输入 3% 高渗盐水,肌注醋酸去氧皮质酮(DOCA)或口服 9-氟可的松。

(2) 异位 ACTH 综合征:约 70% 肺癌患者的血浆中 ACTH 增高,但文献报道有异位 ACTH 综合征者仅 1%～3%,且多数为不典型的库欣(Cushing)综合征表现(如色素沉着、水肿、肌萎缩、低钾血症、代谢性碱中毒、高血糖或高血压等),向心性肥胖和紫纹非常罕见。大剂量地塞米松抑制试验阳性。若肿瘤不能切除,为抑制肾上腺皮质激素,可静脉滴注人工合成生长抑素衍生物奥曲肽,或口服氨鲁米特或米托坦。

(3) 神经肌肉综合征:为非转移性神经肌肉病变,可发生于肺癌出现前数月甚至数年,发生原因不明。常见为多发性周围神经炎、重症肌无力和肌病、小脑变性等,它可发生于各型肺癌,但多见于小细胞癌。

(4) 高钙血症:常见于鳞癌。肿瘤细胞分泌甲状旁腺样激素,其与受体结合后可激活破骨细胞活性和前列腺素 E2,而引起高钙血症。轻症者表现为口渴和多尿;重症者可有恶心、呕吐、便秘、嗜睡和昏迷等症状。治疗方法包括加强水化;口服二磷酸盐(diphosphonate);肾上腺皮质激素和抗肿瘤治疗。

(5) 其他:分泌促性腺激素可引起男性乳房发育,常伴有肥大性肺性骨关节病。因 5-羟色胺分泌过多引起的类癌综合征,表现为哮鸣样支气管痉挛,皮肤潮红、水样腹泻、阵发性心动过速等,多见于燕麦细胞癌及腺癌。

2. 其他肺外表现　约 15% 的肺癌患者出现非转移性神经肌肉病变,可发生于肺癌确诊前数月。发生机制尚不明了,推测与肿瘤产生的体液物质有关。

(1) 多发性周围神经炎:常伴有混合性感觉和运动障碍。

(2) 肌无力样综合征(Lambert-Eaton syndrome):多见于 SCLC,与神经末梢乙酰胆碱释放缺陷有关。临床上表现为类似肌无力的症状,即随意肌力减退;早期侵犯骨盆带肌群及下肢近端肌群;反复运动后肌力可得到暂时性改善;70% 以上的病例对新斯的明试验反应欠佳;肌电图低频反复刺激显示动作电位波幅递减,而高频刺激时可引起暂时性波幅增高,该特点可与真正的肌无力相区别。

(3) 肥大性肺性骨关节病:常见于肺癌,也见于胸膜间皮瘤和肺转移瘤,表现为杵状指及肥大性骨关节病变,受累关节肿胀、压痛、长骨远端骨干的 X 线显示骨膜增厚、新骨形成,γ-骨显像病变部位有核素浓聚。多见于非小细胞癌。肿瘤切除后,症状可减轻或消失,肿瘤复发又可出现。

【实验室和辅助检查】

(一) 影像学检查

1. 胸部 X 线检查　本检查是发现肺癌的最基本的方法,但分辨率低,不易检出肺脏隐蔽部位的病灶和微小病灶,如脊柱旁和膈上病灶,在早期肺癌的检出应用方面有一定局限性。因此,采用 X 线胸片加痰细胞学检查不推荐作为肺癌筛查的手段。常见的肺癌胸片 X 线表现见图 2-12-1、2-12-2。

(1) 中心型肺癌的 X 线特征:肿瘤发生于主支气管、叶和段支气管。

1) 直接 X 线征象:多为一侧肺门类圆形阴影,边缘毛糙,可有分叶或切迹等表现,肿块与肺不张、阻塞性肺炎并存时,可呈现"S"形 X 线征象。

2) 间接 X 线征象:由于肿块在气管内生长,可使支气管完全或部分阻塞,可形成局限性肺气肿、肺不张、阻塞性肺炎和继发性肺脓肿等征象。

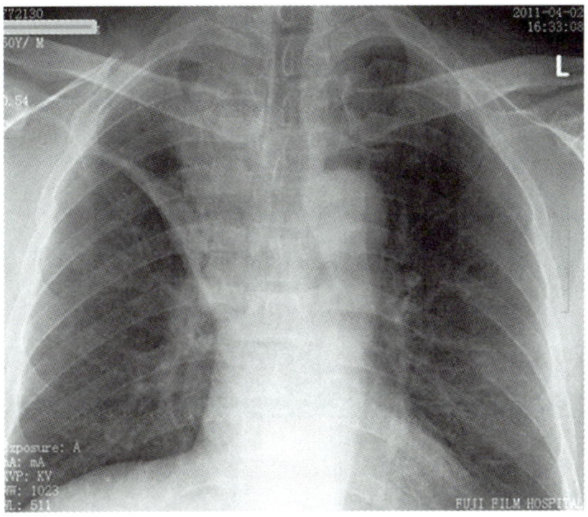

图 2-12-1　中央型肺癌的 X 线表现
男性,60 岁。右上肺中央型肺癌并阻塞性
肺不张、阻塞性肺炎。病理为鳞癌

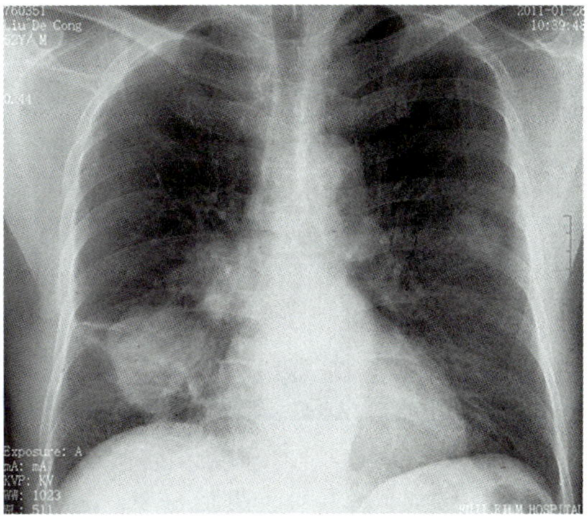

图 2-12-2　周围型肺癌的 X 线表现
男性,52 岁。右下肺周围型肺癌并右肺门淋
巴结、双肺转移。病理为肺高分化腺癌

（2）周围型肺癌的 X 线特征:肿瘤发生于段以下支气管。早期常呈现局限性小斑片状阴影,也可呈结节状、球状或网状阴影。肿块周边可有毛刺、切迹和分叶,常有胸膜被牵拽,也称胸膜皱缩征。动态观察可见肿块逐渐增大,引流的肺门淋巴结肿大、胸腔积液、肋骨被侵犯等。如发生癌性空洞,多呈偏心性,内壁不规则,凹凸不平,可作为与肺脓肿和肺结核空洞鉴别的参考。

（3）原位腺癌(细支气管肺泡癌)的 X 线特征:可表现为肺部孤立结节阴影、肺炎型或双肺弥漫性小结节型,后者颇似血行播散型肺结核。部分病灶发展缓慢,可经历数年无变化,易于被误诊为浸润型或血行播散型肺结核、肺炎和间质性肺炎。

2. 电子计算机体层扫描(CT)　胸部 CT 具有更高的分辨能力,可发现细小的和普通 X 线摄片难以显示部位(如位于心脏后、脊柱旁、肺尖、近膈面及肋骨头部位等)的病灶,能显示肺门及纵隔淋巴结的肿大,有助于肺癌的临床分期。螺旋式 CT 连续性扫描速度快,对比介质容积小,可更好地进行图像三维重建,可显示直径小于 5mm 的小结节、中央气管内和第 6～7 级支气管及小血管,明确病灶与周围气道和血管的关系。低剂量螺旋胸部 CT(LDCT)可以有效发现早期肺癌,已经逐步取代 X 线胸片成为较敏感的肺结节评估工具。当高度怀疑或明确诊断为肺癌时,仍需进行胸部增强 CT 检查。CT 引导下经皮肺病灶穿刺活检是重要的获取细胞学和组织学诊断的技术。应用 CT 模拟成像功能,可以引导支气管镜在气道内或经支气管壁进行病灶的活检。常见肺癌胸部 CT 表现见图 2-12-3～图 2-12-5。

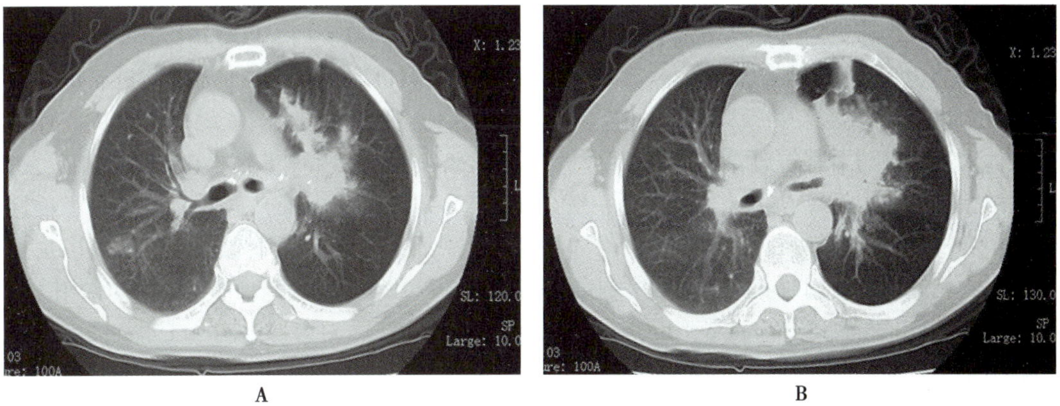

A　　　　　　　　　　　　　　　B

图 2-12-3　左肺中央型肺癌的 CT 表现
男性,59 岁。左肺中央型肺癌,累及左主支气管和上下叶支气管,左肺阻塞性肺炎,肺内多发转移灶。
支气管镜病理活检为小细胞肺癌

Notes

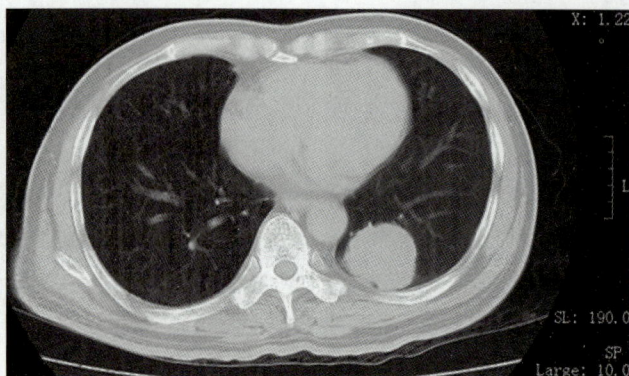

图 2-12-4　左下肺周围型肺癌的 CT 表现
男性,61 岁。左下肺周围型肺癌,病理为腺癌

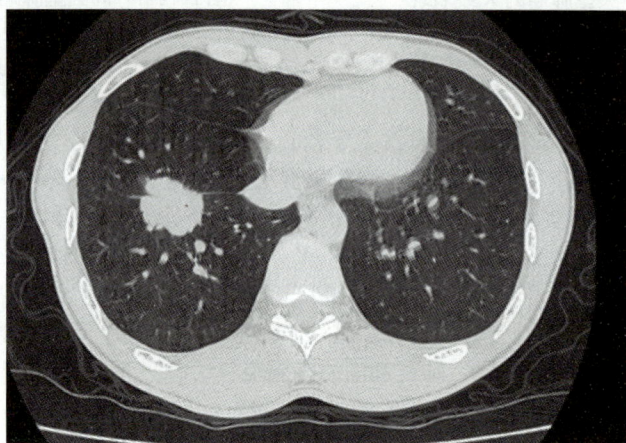

图 2-12-5　右下肺周围型肺癌的 CT 表现
男性,32 岁。右下肺周围型肺癌,病理为腺癌

3. 磁共振成像(MRI)　MRI 在明确肿瘤与大血管之间关系、发现脑实质或脑膜转移、分辨肺门淋巴结或血管阴影方面优于 CT,而在发现小病灶(<5mm)方面则不如 CT 敏感。

4. 核素闪烁显像

(1) 骨 γ 闪烁显像:可以了解有无骨转移,其敏感性、特异性和准确性分别为 91%、88% 和 89%。若采用核素标记促生长素抑制素类似物(somatostatin analogues)显像则更有助于 SCLC 的分期诊断。核素标记的抗 CEA 抗体静脉注射后的显像,可提高胸腔内淋巴结转移的检出率。

(2) 正电子发射断层显像(positron emission tomography,PET) 和 PET-CT:通过跟踪正电子核素标记的化合物在体内的转移与转变,显示代谢物质在体内的生理变化,能无创性地从体外显示人体内部组织与器官的功能,并可定量分析。PET-CT 是将 PET 和 CT 整合在一台仪器上,组成一个完整的显像系统,被称作 PET-CT 系统(integrated PET-CT system),患者在检查时经过快速的全身扫描,可以同时获得 CT 解剖图像和 PET 功能代谢图像,两种图像优势互补,使医生在了解生物代谢信息的同时获得精准的解剖定位,从而对疾病做出全面、准确的判断。如采用 18F 脱氧葡萄糖(fluorine-18-fluorodeoxyglucose,18F-FDG) 为示踪元素,对肺部>1.0cm 的恶性肿瘤,其诊断敏感性和特异性分别为 93.6% 和 80%。

(二) 获得病理学诊断的检查

1. 痰脱落细胞学检查　当怀疑肺癌时,除胸部 X 线检查外,痰脱落细胞检查为一重要诊断方法。要提高痰检阳性率,必须得到气管深部咳出的痰,及时送检,保持标本新鲜。送检次数 6 次以上,痰脱落细胞学检查的阳性率可达 80% 左右,中央型肺癌检出率较高。如果配合免疫组化检查,其阳性率可进一步提高。

2. 胸腔积液细胞学检查 有胸腔积液的患者,可进行胸腔穿刺抽取积液找癌细胞,检出率40%~90%。必须注意的是,临床病理有时易把反应性胸膜间皮细胞误认为是恶性肿瘤细胞。如有大量的间皮细胞团,且胞核有明显异型性时提示恶性间皮瘤。间皮细胞与转移性上皮源性肿瘤鉴别时,通常联合2种或以上间皮阳性标记物及2种或以上阴性上皮标记物。最常用的间皮标记物包括CK5/6,钙视网膜蛋白(calretinin,CR)和Wilms肿瘤-1(Wilms tumor gene-1,WT-1);上皮标志包括CK7、CEA(单克隆性)、CD15(Leu-M1)、Ber EP4、B72.3、MOC31和甲状腺转录因子1(thyroid transcription factor 1,TTF-1)。其中,CK7、CEA、Ber EP4、B72.3和TTF-1多在腺癌中表达阳性。

3. 呼吸内镜检查

(1)纤维支气管镜检查:是诊断肺癌的主要方法之一。对于中央型肺癌,细胞刷检加组织活检的阳性率可达90%左右。对周围型肺癌,可在X线透视引导下行经纤支镜肺活检或肺泡灌洗等检查。自荧光支气管镜可分辨出支气管黏膜的原位癌和癌前期病变,以便进行活检,可提高早期诊断的阳性率,也有助于更好地选择手术切除范围。超声支气管镜引导下透壁淋巴结针吸活检术有助于明确纵隔淋巴结、大气道管壁浸润性病变和腔外占位性病变的性质,同时也为肺癌TNM分期的精确N分期提供有效帮助。外周超声支气管镜检查可采用小超声探头观察肺外周病变,并在支气管超声引导下行肺活检术,比传统在X线透视引导下行经纤支镜肺活检技术定位更精确,尤其是对于外围肺小结节病变,可进一步提高活检的阳性率。

(2)经胸腔镜、纵隔镜下活检:胸腔镜可用于经支气管镜和经皮肺内病灶穿刺针吸活检术等方法无法取得病理标本或合并胸膜病变的肺癌的诊断。纵隔镜可作为确诊肺癌和评估淋巴结分期的方法,是目前临床评价肺癌纵隔淋巴结状态的金标准。

4. 针刺活检

(1)经胸壁细针穿刺肺活检:在透视、胸部CT或B超引导下采用细针经胸壁穿刺进行肺部病灶针吸活检或切割活检。创伤小、操作简便,可迅速获得结果,尤其适用于病灶紧贴胸膜或距胸壁较近的病灶。

(2)浅表肿大淋巴结活检:锁骨上和腋窝等部位肿大淋巴结可直接针刺活检,可在门诊进行,操作简便。也可手术直接淋巴结活检或切除进行病理检查。

(3)闭式胸膜针刺活检:对胸膜结节或并有胸腔积液的患者,胸膜针刺活检也可得到病理诊断。

5. 开胸手术探查 若经上述多项检查仍未能明确诊断,而又高度怀疑肺癌时,可考虑开胸手术探查。

(三)肿瘤标志物的检测

迄今尚无任何一种血清肿瘤标志物对诊断肺癌具有理想的特异性。目前临床上用于NSCLC诊断的癌标志物包括组织多肽抗原(TPA)、癌胚抗原(CEA)、鳞癌抗原(SCC-Ag)和细胞角蛋白19片段抗原(CYFRA21-1)等;用于SCLC诊断的癌标志物包括神经元特异性烯醇化酶(NSE)、蛙皮素(BN)、肌酸磷酸同工酶BB(CPK-BB)和胃泌肽(GRP)等。如果联合采用上述多项指标同时检测可提高其诊断的敏感性和(或)特异性。临床常用的肺癌肿瘤标志物测定的临床意义参见表2-12-1。

(四)肺癌的基因诊断

肺癌的发生认为是由于原癌基因的激活和抑癌基因的缺失所致,因此癌基因产物如*c-myc*基因扩增,*ras*基因突变,抑癌基因*Rb*、*p53*异常等有助于诊断早期肺癌。文献报道肺癌患者出现临床症状前1~13个月的痰脱落细胞中即可检出原癌基因和抑癌基因的突变。肿瘤细胞以非

Notes

整倍染色体或四倍体为主。通过 DNA 定量分析仪对支气管镜活检标本、胸腔积液进行 DNA 定量分析,可作为肺癌的辅助诊断手段。同时,为了给个体化治疗奠定基础,建议尽可能做到分子病理诊断,如 NSCLC 患者同时进行 EGFR 基因突变检测、间变性淋巴瘤激酶(ALK)融合基因和 ROSl 融合基因检测。其中 EGFR 基因突变的检测方法多种多样,包括 PCR 直接测序法、PCR-TaqMan 法、变性高效液相色谱法、蝎形探针扩增阻滞突变系统法、聚合酶链式反应-单链构象多态性法、酶切富集 PCR 法、聚合酶链式反应连接的限制性片段长度多态性分析法以及扩增突变阻滞系统(ARMS)法,直接测序法是目前检测的金标准。

表 2-12-1   临床常用的肺癌肿瘤标志物及临床意义

名称(英文缩写)	分子基础	临床意义
癌胚抗原(CEA)	胚胎性致癌抗原,属于细胞表面糖蛋白相关的大家族,是免疫球蛋白基因超家族的一部分	血清 CEA 水平与 NSCLC 肿瘤大小明显相关,与肺癌组织学类型有关(腺癌最高,鳞癌次之,小细胞癌最低)。敏感性不高,特异性较高,可用于诊断、疗效、复发与预后的评价
神经元特异性烯醇化酶(NSE)	催化糖原酵解途径中甘油分解后的最后的酶,为烯醇化催化 2-磷酸甘油酸烯醇式丙酮酸转化的糖酵解酶	在 SCLC 患者中明显增高,有较好的敏感性与特异性,在恶化和转移的 SCLC 均有升高
细胞角蛋白 19 片段抗原(CYFRA21-1)	细胞体中间丝	在 NSCLC 中明显增高,随临床分期上升和病情进展而明显增高,可用于疗效评价和预后监测
胃泌素释放肽前体(Pro-GRP)	相对稳定的激素胃泌素释放肽的前体	诊断 SCLC 的敏感性和特异性均优于 NSE
鳞状细胞癌相关抗原(SCC-Ag)	肿瘤抗原 TA-4 的一个组分	敏感性低于 CEA,但特异性(尤其是肺鳞癌)高于 CEA。增高与 TNM 分期无关。可用于早期手术疗效和病情变化的判断
组织多态特异性抗原(TPS)	一种由细胞角蛋白 18 抗体所识别的组织抗原的可溶性片段	对肺癌的敏感性低但特异性较高;血清中 TPS 测定值愈高,提示肺癌的病期愈晚;有助于疗效和预后的判断
癌抗原 CA242	唾液酸化的新型黏蛋白类的糖类肿瘤抗原	敏感性较低而对肺癌转移的特异性较高
组织多肽抗原(TPA)	由细胞角蛋白 8、18 和 19 组成,由处于增殖期的细胞产生并释放	治疗前患者血清 TPA 浓度与肺癌的 TNM 期呈正相关;治疗后随患者对治疗的反应性增加而下降,TPA 水平愈高,患者的生存期愈短

【诊断与鉴别诊断】

(一) 诊断

肺癌的治疗效果与预后取决于肺癌能否早期诊断。要做到早期诊断肺癌取决于两方面的重要因素:①患者对肺癌防治知识的了解,一旦出现任何可能与肺癌有关的症状应及时就诊;②医务人员对肺癌早期征象的警惕性,应避免漏诊、误诊。尤其在肺癌与某些肺部疾病共存,或其影像学的表现与某些疾病相类似时,应及时进行鉴别,以利早期诊断。

当出现以下临床表现时应警惕肺癌的可能:①持续性无痰或少痰的刺激性咳嗽;②痰血或咯血;③气短或喘鸣,听诊时可发现局限或固定性哮鸣音;④发热,抗生素治疗效果不佳;⑤体重下降;⑥出现原因不明、久治不愈的肺外征象,如杵状指(趾)、非游走性肺性关节疼痛、男性乳腺增生、皮肤黝黑或皮肌炎、共济失调;⑦出现局部侵犯及转移的体征,如声带麻痹、上腔静脉阻塞综合征、Horner 征及锁骨上窝淋巴结肿大等。

对具有以下肺癌高危因素的人群,不但在有症状时应该密切检查,还建议年度体检筛查早期肺癌:年龄 55~80 岁;吸烟指数≥400 年支(或 20 包年);高危职业接触史;有恶性肿瘤病史或肺癌家族史;有慢阻肺、弥漫性肺纤维化和肺结核病史。

(二)鉴别诊断

需与肺癌鉴别的常见疾病有:

1. **肺结核** 肺癌和肺结核的许多临床表现相似,容易混淆。肺门淋巴结结核,锁骨下浸润病灶、肺不张、结核球、空洞形成、粟粒样病变、胸腔积液等各种结核病变,都可酷似肺癌。肺门淋巴结结核,易与中央型肺癌相混淆。

(1)肺门淋巴结结核:多见于儿童或青年,常伴有低热、盗汗等结核中毒症状,结核菌素试验多呈强阳性,抗结核治疗有效。

(2)肺结核球:需与周围型肺癌相鉴别(表 2-12-2)。

表 2-12-2 结核球与周围型肺癌的鉴别

	结核球	周围型肺癌
分叶特征	略呈波浪状分叶,但分叶较浅,无明显切迹	分叶有 3 个弧度以上,并有明显切迹,典型者呈脐样切迹(肿瘤向肺门方向的凹陷)
边缘毛刺	边缘光滑,少有毛刺	周边轮廓模糊毛糙,伴有 3~5mm 长的短毛刺,有时呈放射冠状
肿块大小	<3cm,有完整纤维包膜	>5cm
部位	上叶尖后段、下叶背段	部位不定,可发生于任何部位
密度	较高,不均匀,可有钙化	不如结核球,密度比较均匀
洞壁	较厚(2~5mm),内壁光滑,空洞外壁清楚、光滑	洞壁厚薄不一、凹凸不平,有癌嵴
空泡征	少见	见于局限性肺泡细胞癌
胸膜牵拉征	少见	有,伴胸膜肥厚
周围卫星灶	常有(78%~91%)	常无

(3)急性粟粒性肺结核:需与原位腺癌(旧称细支气管肺泡癌)相鉴别。粟粒性肺结核胸片上表现为病灶大小相等和分布均匀的粟粒结节,常伴有发热等全身中毒症状,而肺泡癌则两肺多为大小不等,分布不均的结节状播散病灶,且有进行性呼吸困难。

2. **肺炎** 癌性阻塞性肺炎表现常与肺炎相似。但一般肺炎抗菌药物治疗多有效,病灶吸收快而完全,而癌性阻塞性肺炎吸收较缓慢,或炎症吸收后出现块状阴影,可通过支气管镜检查和痰脱落细胞学检查等加以鉴别。

3. **肺脓肿** 原发性肺脓肿起病急,中毒症状明显。胸片上空洞壁厚,内有液平,周围有炎症改变。癌性空洞多无明显中毒症状,胸片上空洞呈偏心性,壁厚,内壁凹凸不平,支气管镜检查和痰脱落细胞检查有助于鉴别。

4. **结核性渗出性胸膜炎** 应与癌性胸水相鉴别。参见本书"胸腔积液"章节。

【临床分期】 肺癌的临床分期可以比较准确地估计病情,对制订合理的治疗方案和估计预后有很大帮助。国际上已制定了统一的肺癌分期,近年来陆续进行了修订,2009 年 7 月国际肺癌研究学会(IASLC)公布了第 7 版肺癌 TNM 分期系统(表 2-12-3、2-12-4)。TNM 分期系统同时

Notes

适用于非小细胞肺癌和小细胞肺癌,但由于大多数小细胞肺癌的文献根据美国退伍军人医疗中心专家小组定义将患者分为局限期和广泛期,该分期也经常用于小细胞肺癌的临床决策。一般来说,对于接受非手术的患者采用局限期和广泛期分期方法,对于接受外科手术的患者采用IASLC 第 7 版分期标准。

表 2-12-3 肺癌的 TNM 分期

原发肿瘤(T)	T_x:原发肿瘤大小无法测量;或痰脱落细胞、或支气管冲洗液中找到癌细胞,但影像学检查和支气管镜检查未发现原发肿瘤
	T_0:没有原发肿瘤的证据
	Tis:原位癌
	T_{1a}:原发肿瘤最大径<2cm,局限于肺和脏层胸膜内,镜下肿瘤没有累及叶支气管以上(即没有累及主支气管);或局限于气管壁的肿瘤,无论大小,无论是否累及主支气管
	T_{1b}:肿瘤最大径>2cm,≤3cm
	T_{2a}:肿瘤大小或范围符合以下任何一项: • 肿瘤最大径>3cm,≤5cm • 累及主支气管,但距隆突≥2cm • 累及脏层胸膜 • 扩展到肺门的肺不张或阻塞性肺炎,但未累及全肺
	T_{2b}:肿瘤最大径>5cm,≤7cm
	T_3:任何大小的肿瘤已直接侵犯下述结构之一者:原发肿瘤最大径>7cm,累及胸壁(上沟癌)、膈肌、纵隔胸膜或心包;肿瘤位于距隆突 2cm 以内的主支气管但尚未累及隆突;全肺的不张或阻塞性肺炎;原发肿瘤同一肺叶出现卫星结节
	T_4:任何大小的肿瘤已直接侵犯下述结构之一者:纵隔、心脏、大血管、气管、食管、椎体、隆突;原发肿瘤同侧不同肺叶出现卫星结节
区域淋巴结(N)	N_x:区域淋巴结不能评价
	N_0:没有区域淋巴结转移
	N_1:转移至同侧支气管旁淋巴结和(或)同侧肺门淋巴结,和原发肿瘤直接侵犯肺内淋巴结
	N_2:转移至同侧纵隔和(或)隆突下淋巴结
	N_3:转移至对侧纵隔和(或)对侧肺门淋巴结和(或)同侧或对侧斜角肌或锁骨上淋巴结
远处转移(M)	M_x:远处转移不能评估
	M_0:无远处转移
	M_{1a}:原发肿瘤对侧肺叶出现卫星结节;胸膜播散(恶性胸腔积液*、心包积液或胸膜结节)
	M_{1b}:有远处转移(肺/胸膜除外)

注:*大部分肺癌患者的胸腔积液是由肿瘤所引起的,但如果胸水的多次细胞学检查未能找到癌细胞,胸水又是非血性和渗出性的,临床判断该胸水与肿瘤无关,这种类型的胸水不影响分期。

Notes

表 2-12-4 TNM 与临床分期的关系

临床分期	TNM 分期
隐性癌	$T_x N_0 M_0$
0 期	$TisN_0 M_0$
Ⅰa 期	$T_1 N_0 M_0$
Ⅰb 期	$T_{2a} N_0 M_0$
Ⅱa 期	$T_1 N_1 M_0, T_{2b} N_0 M_0, T_{2a} N_1 M_0$
Ⅱb 期	$T_{2b} N_1 M_0, T_3 N_0 M_0$
Ⅲa 期	$T_{1\sim2} N_2 M_0, T_3 N_{1\sim2} M_0, T_4 N_{0\sim1} M_0$
Ⅲb 期	$T_4 N_2 M_0, T_{1\sim4} N_3 M_0$
Ⅳ期	$T_{1\sim4} N_{0\sim3} M_1$

【治疗】 肺癌的治疗手段有多种,应当根据患者的机体状况,肿瘤的细胞学、病理学类型(包括分子病理诊断)、侵及范围(临床分期)和发展趋向,采取多学科综合治疗(MDT)模式,强调个体化治疗。有计划、合理地应用手术、化疗、放疗和生物靶向等治疗手段,以期达到根治或最大限度控制肿瘤,提高治愈率,改善患者的生活质量,延长患者生存期的目的。目前肺癌的治疗仍以手术治疗、放射治疗和药物治疗为主。

(一) 手术治疗

外科治疗是早期肺癌的最佳治疗方法。肺癌手术分为根治性手术与姑息性手术,应当力争根治性切除,以期达到最佳、彻底的切除肿瘤,减少肿瘤转移和复发,并且进行最终的病理 TNM 分期,指导术后综合治疗。电视辅助胸腔镜外科手术是近年来发展较快的微创手术技术,主要适用于Ⅰ期肺癌患者。有研究显示,该技术比标准胸廓切开术(或胸膜切开术)具有一定的优势。

1. NSCLC 手术治疗 对于Ⅰ期及Ⅱ期非小细胞肺癌,手术切除仍为最基本的治疗手段,首先推荐手术治疗。当病灶局限,未侵袭对侧及高位纵隔淋巴结时,可行肺叶、肺段、楔形、双肺叶及袖状切除术。术后根据患者最终病理 TNM 分期、切缘情况,选择再次手术、术后辅助化疗或放疗。$T_3 N_1$ 的Ⅲa 期患者仍首选手术治疗联合术后辅助化疗。但对于 N_2 期的Ⅲa 期患者,手术切除是有争议的,建议多学科综合团队讨论制订治疗方案,可考虑诱导化疗联合手术治疗,但不建议单独的手术治疗或放射治疗,而且一般不推荐优先选择手术治疗联合术后辅助化疗。对不能耐受手术的Ⅰ期患者,立体定向放射治疗或者楔形切除术也可能优于不手术者。

2. SCLC 的手术治疗 小细胞肺癌90%以上就诊时已有胸内或远处转移。因此,国内多数学者主张先化疗后手术。其外科治疗一直存在争议,目前认为 $T_{1\sim2} N_{0\sim1}$ 的患者,推荐肺叶切除和淋巴结清扫,并术后用含铂的两药化疗方案。

(二) 药物治疗

肺癌的药物治疗包括化学药物治疗(化疗)和分子靶向药物治疗。

化疗分为姑息化疗、辅助化疗和新辅助化疗(术前化疗),应当严格掌握临床适应证,充分考虑患者疾病分期、体力状况、不良反应、生活质量及患者意愿,避免治疗过度或治疗不足。患者行为状态评分≤2 分,重要脏器功能可耐受者可给予化疗。常用的药物包括铂类(顺铂、卡铂)、吉西他滨、培美曲塞、紫杉类(紫杉醇、多西他赛)、长春瑞滨、依托泊苷和喜树碱类似物(伊立替康)等。目前一线化疗推荐治疗方案为含铂的两药方案,二线化疗方案多推荐多西他赛或培美

Notes

曲塞单药治疗。新辅助化疗可使原先不能手术的患者降期而可以手术。一般治疗2个周期后及时评估化疗疗效,密切监测及防治不良反应,并酌情调整药物和(或)剂量。

分子靶向治疗是以肿瘤组织或细胞中所具有的特异性分子为靶点,利用分子靶向药物特异性阻断该靶点的生物学功能,选择性从分子水平逆转肿瘤细胞的恶性生物学行为,从而达到抑制肿瘤生长甚至使肿瘤消退的目的。例如以表皮生长因子受体(EGFR)为靶点的吉非替尼(gefitinib)、厄洛替尼(erlotinib)和以肿瘤血管生成为靶点的贝伐单抗(rhuMAb-VEGF)等药物能提高化疗治疗晚期NSCLC的疗效;克唑替尼(crizotinib)用于治疗间变性淋巴瘤激酶(ALK)阳性的局部晚期和转移的NSCLC有显著的治疗活性,并可延长患者的生存期。靶向治疗成功的关键是选择特异性的标靶人群,可明显增加生存率。

1. **NSCLC的药物治疗**　非小细胞肺癌对化疗的反应较差,对于晚期NSCLC患者联合化疗可增加生存率、缓解症状及提高生活质量,可达30%~40%的部分缓解率,近5%的完全缓解率,中位生存期9~10个月,1年生存率为30%~40%。目前一线化疗推荐含铂两药联合化疗,如卡铂/紫杉醇、顺铂/紫杉醇、顺铂/长春瑞滨、吉西他滨/顺铂、顺铂/培美曲塞和多西他赛/顺铂等,治疗4~6个周期。对于EGFR突变阳性的Ⅳ期NSCLC,一线给予EGFR-TKI(吉非替尼、厄洛替尼)治疗较一线含铂的两药化疗方案,其治疗反应、无进展生存率(PFS)更具优势,并且毒性反应更低。对于EML4-ALK融合基因阳性的患者可选择克唑替尼治疗。对于Ⅳ期非鳞状细胞癌的NSCLC,若患者无咯血及脑转移,可考虑在化疗基础上可联合抗肿瘤血管药物。对于4~6个周期化疗之后肿瘤缓解或疾病稳定而没有发生进展的患者,可给予维持治疗。一线治疗失败者,多推荐多西他赛或培美曲赛单药治疗作二线化疗,以及吉非替尼或厄洛替尼二线或三线口服治疗。

2. **SCLC的药物治疗**　小细胞肺癌对化疗非常敏感,对于所有SCLC患者,化疗是治疗的基本方案。一线化疗药物包括依托泊苷、伊立替康联合顺铂或卡铂,共4~6个周期。手术切除的病人推荐辅助化疗。对于局限期SCLC(Ⅱ~Ⅲ期)推荐放、化疗为主的综合治疗。对于广泛期病人则以化疗为主的综合治疗,广泛期和脑转移病人,取决于病人是否有神经系统症状,可在全脑放疗之前或之后给予化疗。大多数局限期和几乎所有的广泛期SCLC都将会复发。复发SCLC患者根据复发类型选择二线化疗方案或一线方案的再次使用。

(三)放射治疗(简称放疗)

放射线对癌细胞有杀伤作用。放疗可分为根治性放疗、姑息放疗、辅助放疗和预防性放疗等。根治性放疗用于病灶局限、因解剖原因不便手术或其他原因不能手术者,若辅以化疗,可提高疗效;姑息性放疗目的在于抑制肿瘤的发展,延迟肿瘤扩散和缓解症状,对肺癌引起的顽固性咳嗽、咯血、肺不张、上腔静脉阻塞综合征有肯定疗效,也可缓解骨转移性疼痛和脑转移引起的症状。辅助放疗适应于术前放疗、术后切缘阳性的患者。预防性放疗适用于全身治疗有效的小细胞肺癌患者全脑放疗。

放疗通常联合化疗治疗肺癌,因分期、治疗目的和患者一般情况的不同,联合方案可选择同步放化疗、序贯放化疗。同步放化疗方案为依托泊苷/顺铂和含紫杉类方案。接受放化疗的患者,潜在毒副反应会增大,应当注意对肺、心脏、食管和脊髓的保护;治疗过程中应当尽可能避免因毒副反应处理不当导致的放疗非计划性中断。

肺癌对放疗的敏感性,以小细胞癌为最高,其次为鳞癌和腺癌,故照射剂量以小细胞癌最小,腺癌最大。一般40~70Gy(4000~7000rad)为宜,分5~7周照射,常用的放射线有^{60}钴γ线,电子束β线和中子加速器等。应注意减少和防止白细胞减少、放射性肺炎、放射性肺纤维化和放射性食管炎等放疗反应。对全身情况太差,有严重心、肺、肝、肾功能不全者应列为禁忌。三维适形放疗技术(3DCRT)和调强放疗技术(IMRT)是目前最先进的放疗技术。

1. **NSCLC的放疗**　用于因身体原因不能手术治疗的早期NSCLC患者的根治性治疗,可手

Notes

术患者的术前、术后辅助治疗,局部晚期病灶无法切除患者的局部治疗以及晚期不可治愈患者的重要姑息治疗方式。

2. SCLC 的放疗　局限期 SCLC 经全身化疗后部分患者可以达到完全缓解,但是如果不加用胸部放疗,胸内复发的风险很高,加用胸部放疗不仅可以显著降低局部复发率,而且死亡风险也显著降低。广泛期 SCLC 患者,远处转移病灶经过化疗控制后加用胸部放疗也可以提高肿瘤控制率,延长生存期。小细胞肺癌的放射治疗应当尽早开始,可以考虑与化疗同步进行。

(四) 肺癌介入性治疗

1. 支气管动脉灌注化疗　适用于失去手术指征,全身化疗无效的晚期癌患。此方法毒副作用小,可缓解症状,减轻患者痛苦。

2. 经支气管镜介导治疗

(1) 血卟啉染料激光治疗和 YAG 激光切除治疗:可解除肿瘤引起的气道阻塞和控制出血。

(2) 经支气管镜行腔内放疗:可缓解肿瘤引起的阻塞和咯血症状。

(3) 超声引导下的介入治疗:可直接将抗癌药物等注入肿瘤。

(五) 生物反应调节剂(biological response modifier,BRM)治疗

免疫生物治疗已成为肿瘤治疗的重要部分,如干扰素、白细胞介素 2(IL-2)、肿瘤坏死因子(TNF)、集落刺激因子(CSF)等在小细胞肺癌的治疗中能增加机体对化疗、放疗的耐受性,提高疗效。

(六) 中医药治疗

祖国医学有许多单方、验方,与西药协同治疗肺癌,可减少患者化疗、放疗时的不良反应,促进机体抵抗力的恢复。

【预后和预防】

(一) 预后

从总体上说肺癌的预后仍然很差,美国的资料显示,2001 年到 2007 年肺癌的总体 5 年相对生存率仅为 16.3%。肺癌患者的预后取决于能否早期诊断、及时合理治疗。隐性肺癌早期治疗可获痊愈。接受外科手术治疗的 I 期 NSCLC 患者,其 5 年生存率可达 45%～65%。局灶、局部转移、远处转移的 5 年相对生存率分别是 52%、24% 及 4%。一般而言,鳞癌的预后较好,腺癌次之,未分化小细胞癌的预后较差。近年来,通过以药物治疗和放疗为主的综合治疗,未分化小细胞肺癌的预后有了显著的改善。长期存活的 SCLC 和 NSCLC 患者都有发生第二种原发性肺癌的危险。其发生率每年约为 3%～5%。

(二) 预防

主要的预防措施包括以下几个方面:

1. 减少或避免含有致癌物质污染的空气和粉尘的吸入,广泛宣传吸烟的危害、大力提倡戒烟、公共场所禁止吸烟,以及通过增加对香烟制品的收税来减少烟民等,是已经被许多国家和地区证明行之有效的预防肺癌的措施。大约 30% 的烟民的戒烟取得了成功,戒烟门诊和医师的引导发挥了重要的作用。

2. 加强劳动保护,积极开展防癌宣传教育。

3. 对高危人群进行重点普查,早期发现、早期诊断和早期治疗肺癌患者。

4. 关于视黄酸衍生物、类胡萝卜素、维生素 E、硒及 N-乙酰半胱胺酸预防肺癌的临床试验得出了阴性甚至是有害的结论,目前并没有哪种药物或食物被推荐用于肺癌的化学预防。

(谢灿茂)

■ 推荐阅读文献

1. 钟南山,刘又宁. 呼吸病学. 北京:人民卫生出版社,2012

Notes

2. 中国卫生部. 原发性肺癌诊疗规范. 2011 年版

3. 中华医学会呼吸病学分会肺癌学组,中国肺癌防治联盟. 原发性支气管肺癌早期诊断中国专家共识(草案). 中华结核和呼吸杂志,2014,37:172-176

4. Detterbeck FC,Boffa DJ,Tanoue LT. The new lung cancer staging system. Chest,2009,136:260-271

5. Ford DW,Koch KA,Ray DE,et al. Diagnosis and management of lung cancer. 3rd ed:American College of Chest Physicians evidence-based clinical practice guidelines. Chest,2013,143(5 Suppl):7S-37S

6. NCCN. org. NCCN Guidelines:Small Cell Lung Cancer,Version 2. 2014

7. NCCN. org. NCCN Guidelines:Non-Small Cell Lung Cancer,Version 4. 2014

Notes

第十三章 胸 膜 疾 病

第一节 胸 腔 积 液

要点:

1. 胸腔积液症状与积液量多少有关,主要表现为胸痛、呼吸困难和干咳。

2. 胸腔积液的病因繁多,诊断应先确定是否有胸腔积液,然后区分漏出液和渗出液,最后寻找病因。

3. 胸腔积液常规、生化检查和炎症及肿瘤标志物测定结果的分析有助于病因的诊断。细胞学检查、经皮胸膜针刺活检和胸腔镜可提供病理诊断。

4. 胸腔积液的治疗包括胸腔积液引流和病因治疗。

胸膜由一层间皮细胞组成,外观平滑、半透明状,由结缔组织、纤维弹性组织、淋巴及血管的网状结构所支撑。壁层胸膜覆盖于胸壁、膈肌和纵隔的表面,它的血供来源于体循环并含有感觉神经。脏层胸膜覆盖于肺表面包括叶间裂,它的血供来源于支气管动脉和肺循环但不含感觉神经。胸膜的脏层和壁层之间有一个潜在腔隙,称之为胸膜腔。正常人胸腔内约有 5~15ml 液体将两层胸膜分开,在呼吸运动时起润滑作用。胸腔液体量并非固定不变,正常人每 24 小时有 500~1000ml 液体滤出与再吸收,两者处于平衡状态。任何因素造成滤出增多和(或)再吸收减少,出现胸膜腔内液体增多即称为胸腔积液(pleural effusion,简称胸水)。引起胸腔积液的疾病至少有 50 种以上。

【胸腔液体转运机制】 正常情况下,胸腔液体主要由壁层胸膜的毛细血管进入胸膜腔,再由脏层胸膜的毛细血管和淋巴管重吸收。胸腔液体经胸膜毛细血管和胸膜腔的移动遵循 Staling 定律,即

$$F = K[(Pcap-Ppl)-O(\pi cap-\pi pl)]$$

F 为胸液转运量,K 为胸膜滤过系数,Pcap 代表胸膜毛细血管流体静水压,Ppl 代表胸膜腔内压力,O 为反流系数,πcap 代表毛细血管胶体渗透压,πpl 代表胸液中胶体渗透压。

胸膜和胸膜腔中均有胸液滤出和再吸收的因素,其中胸膜毛细血管静水压、胸膜腔内负压、胸膜腔液胶体渗透压为胸液滤出因素。正常健康人胸膜腔为负压约为-5cmH$_2$O;胸液内含有少量蛋白质,胶体渗透压为 5cmH$_2$O;壁层胸膜毛细血管流体静水压 30cmH$_2$O;脏层胸膜毛细血管流体静水压约为 24cmH$_2$O;而壁层和脏层毛细血管的胶体渗透压均为 34cmH$_2$O。因此,在壁层胸膜液体滤出到胸腔的压力是毛细血管内流体静水压+胸腔内负压+胸腔内胶体渗透压,而阻止滤出的压力为毛细血管内胶体渗透压,故其压力梯度为 30+5+5-34=6cmH$_2$O,液体从壁层胸膜向胸腔内滤出。脏层胸膜液体向胸膜腔内移动的压力梯度为静水压+胸腔内压+胸腔内胶体渗透压,阻止向胸腔内移动的压力是毛细血管内胶体渗透压,故其压力梯度为 24+5+5-34=0cmH$_2$O,压力梯度为 0。因此,脏层胸膜在正常胸液的循环中作用很小(图2-13-1)。那么,没有压力梯度胸液是如何吸收呢?

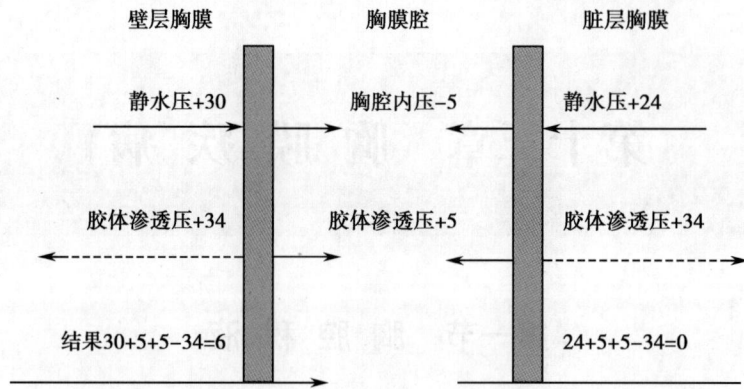

图 2-13-1　正常情况下胸腔内液体循环的压力对比示意图

注：压力单位 cmH_2O

20 世纪 80 年代，在厚胸膜动物（人胸膜也是厚胸膜）发现壁层胸膜存在淋巴管微孔（stomas），壁层胸膜的血供来自体循环，而脏层胸膜的血供来自体循环的支气管动脉和肺循环，改变了以往脏层胸膜由肺循环供血的观点。该观点来自对薄胸膜动物的研究，认为脏层胸膜由肺循环供血，其压力低，胸液从体循环供血的壁层胸膜进入胸腔，然后由于压力梯度从肺循环供血的脏层胸膜吸收。因此，目前认为胸液循环是从壁层和脏层胸膜的体循环血管由于压力梯度通过有渗漏性的胸膜进入胸膜腔，然后通过壁层胸膜的淋巴管微孔经淋巴管回吸收（图 2-13-2）。任何因素的影响均可致胸腔积液的发生。

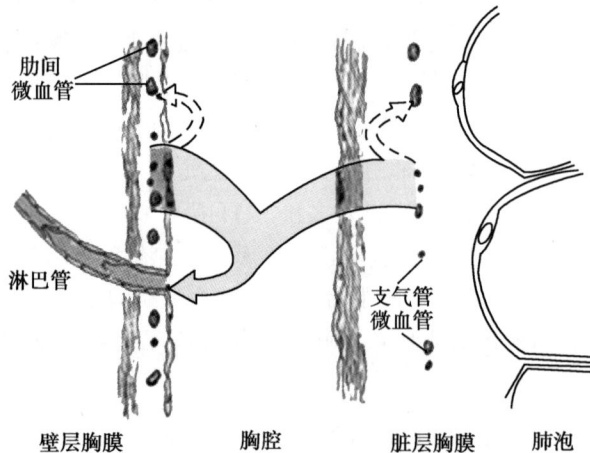

图 2-13-2　正常胸液滤出和回吸收示意图

【病因和发病机制】

（一）胸膜毛细血管流体静水压增高

胸膜毛细血管流体静水压增高是形成胸腔积液的重要因素，如充血性心力衰竭、缩窄性心包炎等疾病可使体循环和（或）肺循环的静水压增加，胸腔液体渗出增多，形成胸腔积液。此类胸腔积液多属漏出液。

（二）胸膜毛细血管通透性增加

胸膜炎症（结核、肺炎累及胸膜）、结缔组织疾病（系统性红斑狼疮等）、胸膜肿瘤（恶性肿瘤胸膜转移、间皮瘤）、肺栓塞、膈下炎症性疾病（膈下脓肿、肝脓肿、急性胰腺炎）等累及胸膜，均可使胸膜毛细血管通透性增加，毛细血管内细胞、蛋白及液体等大量渗入胸膜腔；胸水中蛋白质含量升高、胸水胶体渗透压升高，进一步促进胸腔液增多。此类胸腔积液为渗出液。

Notes

（三）胸膜毛细血管内胶体渗透压降低

肾病综合征、低蛋白血症、肝硬化、急性肾小球肾炎和黏液性水肿等疾病均存在血浆白蛋白减少,血浆胶体渗透压降低,胸膜毛细血管液体滤出增加导致胸腔积液。此类胸腔积液为漏出液。

（四）壁层胸膜淋巴回流障碍

壁层胸膜淋巴回流在胸水再吸收中起重要作用。癌性淋巴管阻塞、先天性发育异常致淋巴管引流异常、外伤所致淋巴回流受阻等,均可引起富含蛋白质的胸腔渗出液。

（五）损伤

外伤(如食管破裂、胸导管破裂)或疾病(如胸主动脉瘤破裂)等原因,胸腔内出现血性、脓性(感染)、乳糜性胸腔积液,此类积液为渗出液。

（六）医源性

药物(如甲氨蝶呤、胺碘酮、苯妥英、β-受体拮抗剂等)、放射治疗、消化内镜检查和治疗、支气管动脉栓塞术、冠脉搭桥手术或冠脉内支架植入术、骨髓移植、卵巢过度刺激综合征、液体负荷过大、中心静脉置管穿破和腹膜透析等,均可引起胸腔渗出液或漏出液。

【临床表现】

（一）症状

1. 原有基础疾病的相应症状　胸腔积液的病因较多,涉及的基础疾病也较多,包括肺、胸膜、心血管、肾脏、肝脏及全身性疾病等。不同疾病可有不同症状,因此仔细询问病史和观察患者症状,对于胸腔积液的病因诊断十分重要。

2. 胸腔积液引起的症状　少量胸腔积液可无明显症状或仅有胸痛,并随呼吸运动疼痛加剧;胸腔积液 300~500ml 以上时,可感胸闷或轻度气急;随着胸腔积液增多,胸闷、气急逐渐加剧;大量胸腔积液时,可出现呼吸困难和心悸,但胸痛缓解或消失。多数患者伴有咳嗽。

（二）体征

胸腔积液体征与胸腔积液量的多少有关。少量胸腔积液时,可无明显体征或仅因胸痛所致患侧胸部运动受限,胸式呼吸减弱,患侧可闻及胸膜摩擦音及呼吸音减弱;中等量以上胸腔积液时,患侧叩诊浊音、呼吸音减弱、触觉语颤减弱;大量胸腔积液尚可伴有气管向健侧移位。

【实验室和辅助检查】

（一）确定胸腔积液的检查

1. 胸部 X 线检查　较少量胸腔积液时胸部 X 线检查不易发现。当胸腔积液量达 300~500ml 时,胸部 X 线检查显示肋膈角变钝,有时难以与胸膜增厚鉴别,常需要在 X 线透视下缓慢倾斜变换体位加以区别。随着胸腔积液增多,肋膈角消失,显示一凹面向上、外侧高内侧低的弧形积液影,平卧位时积液散开,使整个肺野透亮度降低。大量胸腔积液时,整个患侧胸部呈致密影,纵隔和气管被推向健侧。局限包裹性积液可发生于胸腔任何部位,常见有叶间积液,呈梭形,不随体位改变而变动,边缘光滑饱满。肺底积液时显示一侧膈肌明显升高或胃底气泡影与肺下缘影之间明显加宽。液气胸时积液有液平面。在胸部 X 线片上胸腔积液量判断:胸腔积液在第 4 前肋间以下称为少量胸腔积液;第 4 前肋与第 2 前肋之间属于中等量胸腔积液;积液位于第 2 前肋以上为大量胸腔积液。见图 2-13-3~2-13-5。

胸部 CT 对胸腔积液诊断有其特殊优点,适用于:①胸部 X 线片难以显示的少量胸腔积液;②通过病灶密度观察,可将局限包裹性积液与肺实质病变加以鉴别;③显示胸腔积液同时可了解肺组织受压和肺实质是否存在病变;④可显示纵隔、气管与淋巴结情况。见图 2-13-6、2-13-7。

2. 超声检查　目前多采用 B 型超声诊断仪检查。超声检查对确定有无胸腔积液以及积液量、部位、胸腔穿刺的定位均有重要价值。超声引导下胸腔穿刺可用于局限性胸腔积液或粘连分隔胸腔积液。

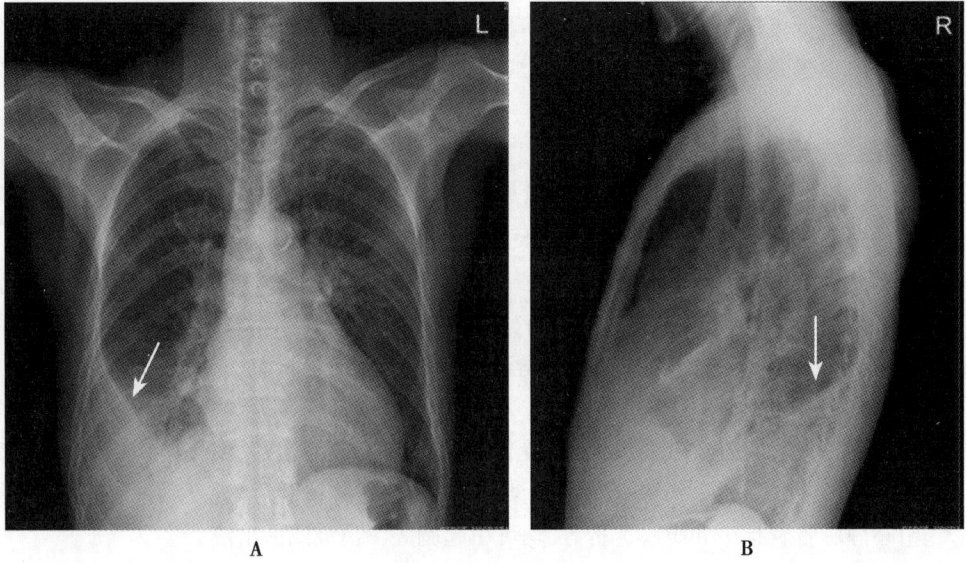

图 2-13-3　右胸少量胸腔积液

A. 后前位胸片见右侧膈上见弧线向外向上阴影；B. 侧位片可见前后肋膈角弧形阴影

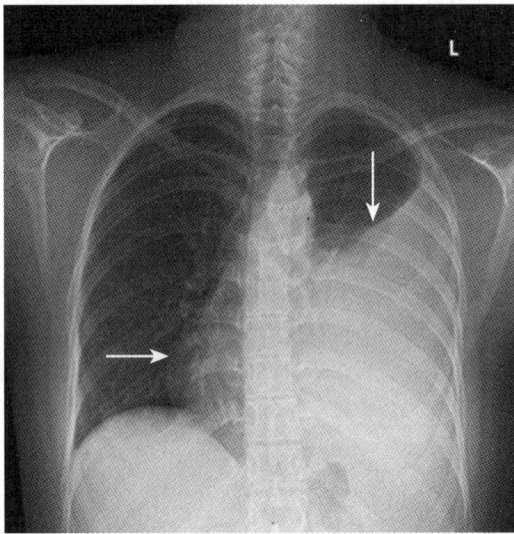

图 2-13-4　左侧胸腔大量积液(纵隔向健侧移位)　　　图 2-13-5　右侧胸腔积液并叶间积液

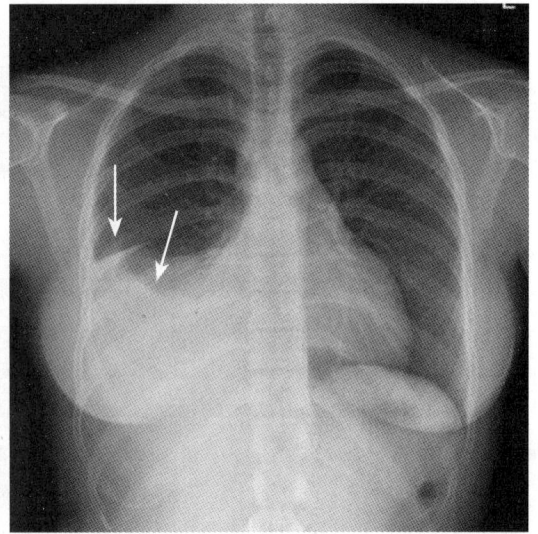

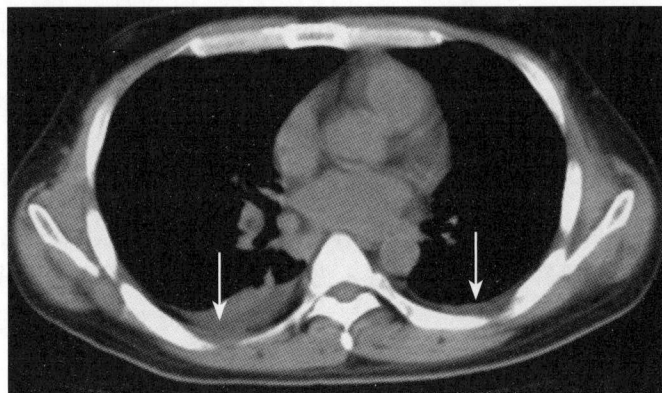

图 2-13-6　双侧少量胸腔积液

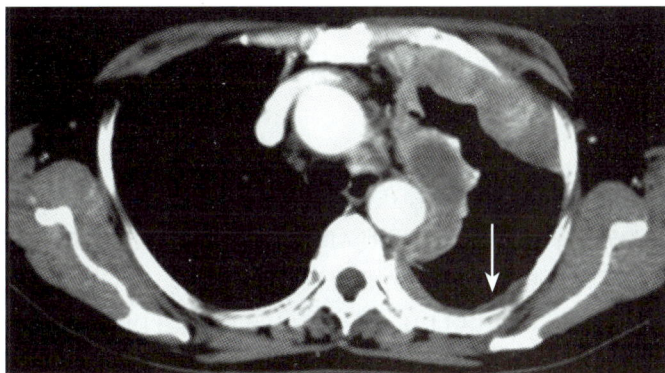

图 2-13-7　左胸膜间皮瘤并少量胸腔积液

(二) 胸腔穿刺术和胸水检查

胸腔穿刺术既可用于诊断,又可作为一种治疗手段,抽出胸腔液体以缓解胸腔积液引起的呼吸困难和加快胸水的吸收等。胸腔穿刺抽出液体做下列检查,对明确积液性质及病因诊断均至关重要。

1. 常规检查

(1) 外观和气味:漏出液常呈透明清亮,多为淡黄色,静置后不凝固,比重<1.016~1.018。渗出液可因病因不同颜色有所不同,混浊,比重>1.018。结核性胸腔积液多呈草黄色或深黄色,少数为淡红色;血性胸腔积液可因出血程度不同呈淡红血性、洗肉水样、肉眼全血(静脉血)样;脓性积液呈黄脓性,厌氧菌感染有恶臭味;阿米巴肝脓肿破溃入胸腔引起的胸腔积液呈巧克力色;乳白色胸腔积液为乳糜胸水;曲霉感染的胸腔积液可为黑色。

(2) 细胞计数与分类:正常胸水中有少量间皮细胞或淋巴细胞。胸膜炎症时,胸水中可见各种细胞以及增生与退化的间皮细胞。漏出液有核细胞数较少,常少于 $100×10^6/L$,以淋巴细胞和间皮细胞为主。渗出液的细胞数较多,有核细胞常多于 $500×10^6/L$,以白细胞为主。肺炎并胸腔积液、脓胸时胸水细胞数可达 $10×10^9/L$ 以上。红细胞超过 $5×10^9/L$ 时,胸水可呈淡红色;红细胞为 $10×10^{10}/L$ 以上时,呈肉眼血性胸水,主要见于外伤、肿瘤、肺栓塞,但尚需与胸膜穿刺损伤所致的血性胸腔积液相鉴别。

胸水中以中性粒细胞为主,提示细菌性肺炎、胰腺炎等急性胸膜炎症;结核性胸膜炎或肿瘤所致胸水则以淋巴细胞为主;嗜酸性粒细胞增多,主要见于寄生虫感染、真菌感染和结缔组织疾病;恶性胸膜间皮瘤或恶性肿瘤累及胸膜时,胸水中间皮细胞增多,常可超过 5%;系统性红斑狼疮伴胸腔积液时胸水中可找到狼疮细胞。

2. 生化检查

(1) pH:结核性胸腔积液、肺炎并发胸腔积液、类风湿关节炎胸腔积液、血胸和脓胸时胸水 pH<7.30;系统性红斑狼疮及恶性胸腔积液时通常 pH>7.35。

(2) 葡萄糖:正常胸腔积液中葡萄糖含量与血糖相近。漏出液内葡萄糖含量常正常(>3.35mmol/L)。恶性肿瘤所致的胸腔积液葡萄糖液也多正常。葡萄糖含量下降主要见于类风湿关节炎并发胸腔积液、化脓性胸腔积液、结核性胸腔积液、少数恶性胸腔积液,而其中脓性胸腔积液和类风湿关节炎并发胸腔积液的葡萄糖可低于 1.10mmol/L。

(3) 蛋白质:漏出液蛋白含量低,<30g/L,以白蛋白为主,胸水蛋白量/血清蛋白量比值<0.5,黏蛋白试验(Rivalta 试验)阴性。渗出液中蛋白含量高,>30g/L,胸水蛋白量/血清蛋白量比值>0.5,Rivalta 试验阳性。

(4) 类脂:乳糜性胸腔积液中含较多甘油三酯(含量>1.24mmol/L),且其成分改变与饮食

Notes

内容相关,主要见于肿瘤、寄生虫或外伤等原因导致胸导管压迫或破裂,胸水苏丹Ⅲ染色呈红色,而胆固醇含量正常。在假性乳糜性胸腔积液中胆固醇含量高(>5.18mmol/L),主要由于胆固醇积聚所致,见于陈旧性结核性胸腔积液、类风湿关节炎性胸腔积液、癌性胸腔积液、肝硬化等,通常胸水甘油三酯正常,苏丹Ⅲ染色阴性。

3. **酶学测定**

(1) 腺苷脱氨酶(ADA):ADA广泛存在于机体的组织细胞中,其中淋巴细胞及单核细胞内含量高。以>45U/L为升高。结核性胸腔积液ADA常明显升高,可高达100U/L。感染性积液如肺炎并发胸腔积液、化脓性胸腔积液等ADA也升高(>45U/L)。非结核性胸腔积液ADA正常。

(2) 乳酸脱氢酶(LDH):胸水中LDH含量>200U/L,胸水LDH/血清LDH的比值>0.6,则可诊断为渗出液,反之考虑为漏出液。在化脓性胸腔积液或恶性胸腔积液时LDH可明显增高,可达正常血清的10~30倍,其中恶性胸腔积液LDH与患者自身血清中LDH的比值达35以上。

(3) 淀粉酶:急性胰腺炎、食管破裂、恶性肿瘤并发胸腔积液时,胸水淀粉酶可升高。胰腺炎患者约10%可并发胸腔积液,淀粉酶逸出进入胸水中,甚至高于血清淀粉酶水平。

(4) 其他:结核性胸腔积液中,血管紧张素转化酶(ACE)明显升高(≥25U/L)。通常结核性胸腔积液的溶菌酶活性>80μg/ml,而恶性胸腔积液溶菌酶<65μg/ml。前列腺癌胸膜转移的胸腔积液酸性磷酸酶升高。

4. **肿瘤标志物**　癌胚抗原(CEA)为多种肿瘤相关的标志物,恶性胸腔积液中CEA含量也增高,可作为恶性胸腔积液的鉴别诊断标志之一。CEA>10~15μg/L或胸水/血清CEA比值>1,常提示恶性胸腔积液,而CEA>20μg/L,胸水/血清CEA>1诊断恶性胸腔积液的敏感性和特异性均超过90%。胸水CEA对于腺癌尤其是分泌CEA的胃肠道肿瘤、肺腺癌、乳腺癌所致胸腔积液的诊断价值更高。其他的肿瘤标志物包括糖类抗原CA 15-3,19-9,72-4,癌抗原CA 125,细胞角蛋白19片断(CYFRA 21-1),组织多肽抗原(TPA-M),鳞状细胞抗原(SCC),神经元特异烯醇酶(NSE)等,对诊断也有所帮助。

5. **免疫学检查**　结核性和恶性胸腔积液中淋巴细胞均见升高,前者以CD4$^+$辅助淋巴细胞为主(约65%),而后者CD4$^+$细胞数量及CD4$^+$/CD8$^+$比值较前者低。肿瘤性胸腔积液胸水IL-β、IL-2、sIL-2R(可溶性IL-2受体)、IL-6、IL-8、PDGF(血小板衍生的生长因子)、IFN-γ(γ-干扰素)、TNF(肿瘤坏死因子)常下降,且低于结核性胸腔积液。细菌性肺炎、结核病、癌症、类风湿关节炎伴有胸腔积液时,胸水中类风湿因子滴度常可升高,大于1:160以上。系统性红斑狼疮、类风湿关节炎胸水中补体成分(CH50、C3、C4)降低;相反胸水中免疫复合物含量升高,其胸水含量/血清含量比值常大于1。

6. **细胞学检查**　恶性胸腔积液约40%~80%患者可检出恶性细胞,反复多次检查有助于提高检测阳性率。

7. **病原学检测**　胸水涂片查找细菌及培养,对于病原诊断与鉴别诊断有一定帮助。

(三) **胸膜活检**

经皮闭式针刺胸膜活检对胸腔积液病因诊断有重要意义,可发现肿瘤、结核和其他胸膜肉芽肿性病变。胸膜针刺活检具有简单、易行、损伤性较小的优点,阳性诊断率为40%~75%。CT或B超引导下活检可提高成功率。脓胸或有出血倾向者不宜作胸膜活检。如活检证实为恶性胸膜间皮瘤,1月内应对活检部位行放射治疗。

(四) **胸腔镜或开胸活检**

对上述检查不能确诊者,必要时可经胸腔镜或剖胸直视下活检。由于胸膜转移性肿瘤87%在脏层,47%在壁层,故此项检查有积极的意义。胸腔镜检查对恶性胸腔积液的病因诊断率最高,可达70%~100%,为拟定治疗方案提供依据。临床上有少数胸腔积液的病因虽经上述诸种检查仍难以确定,如无特殊禁忌,可考虑剖胸探查。

（五）支气管镜

对咯血或疑有气道阻塞者可行此项检查。

【诊断与鉴别诊断】

（一）确定有无胸腔积液

根据胸闷、气促等症状，患侧呼吸音低或消失、叩诊浊音等体征，结合胸部 X 线胸片、B 超等辅助检查，不难确定胸腔积液。

（二）区分漏出液和渗出液

一旦确定存在胸腔积液，则首先明确积液的性质，即漏出液或渗出液。目前仍以 Light 标准作为判断的金标准：胸水蛋白量/血清蛋白量>0.5，胸水中 LDH 含量大于血清 LDH 正常值上限的 2/3，胸水 LDH/血清 LDH 比值>0.6，符合以上 3 条标准中任何 1 条考虑渗出液，反之为漏出液。血清或胸腔积液的 N 末端前脑利钠肽（NT-proBNP）升高对心力衰竭所致胸腔积液有很好的诊断价值。

（三）明确胸腔积液的病因

1. 漏出性胸腔积液　漏出液的病因诊断较简单，结合病史不难做出诊断。漏出液的主要病因有：①充血性心力衰竭：是最常见的病因，常因胸腔毛细血管静水压增高所致，也可见于左心衰竭时肺间质间隙的液体量部分经过脏层胸膜到达胸腔。积液常为双侧胸腔，而且右侧胸腔较多。②肾病综合征：该病由于低蛋白症，胶体渗透压降低和静水压增高，常发生于双侧胸腔，它随着蛋白丢失的纠正而改善。③肝硬化：由于低蛋白血症，腹水通过膈肌上小孔或淋巴管进入胸腔，胸水大多在右胸腔。④其他：如急性肾小球肾炎、缩窄性心包炎、腹膜透析、黏液性水肿、药物过敏和放射反应等。

2. 渗出性胸腔积液　渗出液的病因较多。国外以细菌性肺炎、恶性肿瘤、病毒感染和肺栓塞多见，而我国以结核性胸膜炎最常见，其次为恶性肿瘤和细菌感染，而肺栓塞相对较少。

结核性胸膜炎是机体感染结核杆菌后引起胸膜发生充血、渗出、坏死、增生及纤维化等炎症病理变化过程。渗出期以胸腔积液为主，称结核性渗出性胸膜炎。常见症状有发热、胸痛、干咳、夜间盗汗，胸水呈草黄色，以淋巴细胞为主，pH<7.30，ADA>45U/L，CEA 正常，PPD 试验阳性。

类肺炎性胸腔积液是肺炎、肺脓肿和支气管扩张等感染引起的胸腔积液，患者一般先有肺炎、肺脓肿、支气管扩张等临床表现，如发热、咳嗽、咳痰等症状，当炎症涉及胸膜时出现胸痛。一般情况下胸腔积液量不多，胸水呈草黄色或脓性，血白细胞升高、中性粒细胞增多，伴有核左移，诊断不难。如积液呈脓性则称为脓胸，脓胸是指各种病原微生物引起胸膜腔感染性炎症，脓液积聚在胸膜腔内。常见感染病原体为金黄色葡萄球菌、肺炎球菌、化脓性链球菌、大肠埃希菌、肺炎克雷伯菌和假单胞菌等；若为肺脓肿或支气管扩张并发脓胸，多为以厌氧菌为主的混合感染。急性脓胸常表现为高热、胸痛，胸水呈脓性、黏稠，涂片革兰染色找到细菌或胸水细菌培养阳性。

恶性肿瘤侵犯胸膜引起的胸腔积液，称为恶性胸腔积液（malignant pleural effusion）。常可在胸水中发现恶性肿瘤细胞或胸膜活检组织中发现恶性肿瘤细胞。常见病因为恶性肿瘤胸膜转移，主要为肺癌、乳腺癌和淋巴瘤，其次为胸膜间皮瘤。胸水多呈血性、增长迅速、量大、LDH>500U/L，肿瘤标志物水平升高。结合病史、胸水脱落细胞检查、胸膜活检、纤维支气管镜检及胸腔镜直观下胸膜活检，常可做出明确诊断。临床上对于结核性胸膜炎和恶性胸腔积液这两种临床最常见胸腔积液，需认真加以鉴别，这对于指导临床治疗和判断预后是十分重要的。

【治疗】　胸腔积液是胸部或全身疾病的一部分，其病因治疗尤为重要。临床治疗包括胸腔积液消除和病因治疗。漏出液常在纠正病因后吸收，不需要抽液。渗出性胸腔积液根据不同病因而处理有所差异。下面简要介绍结核性胸膜炎、恶性胸腔积液和化脓性胸腔积液 3 种常见的渗出性胸膜炎的治疗。

(一) 结核性胸膜炎

1. 抗结核药物治疗 应给予规范抗结核治疗(详见本篇第八章)。

2. 胸腔穿刺抽液 少量胸腔积液一般不需行胸腔穿刺抽液治疗。中等量以上胸腔积液可适当胸腔穿刺抽液,以减轻或解除胸腔积液对心肺的压迫症状,减少纤维蛋白沉着和减轻胸膜增厚,减轻结核中毒症状。抽液每次不宜超过1000ml,不宜过快,以免胸腔压力骤降引起休克及复张后肺水肿(同胸腔抽气后复张肺水肿,详见本章第二节)。抽液过程中患者出现头晕、面色苍白、出汗、心悸、四肢发凉,则考虑"胸膜反应",应立即停止抽液,使患者平卧,必要时皮下注射0.1%肾上腺素0.5ml,密切观察病情、血压变化。

3. 糖皮质激素 糖皮质激素可降低炎症反应,减轻结核中毒症状,加速胸水吸收,减少胸膜粘连和增厚。结核性渗出性胸膜炎全身毒性症状严重,胸水较多者,可在抗结核治疗同时加用糖皮质激素。常用泼尼松20~30mg/d,待体温正常,全身结核中毒症状减轻或消失,胸水明显较少时,即应逐渐减量以至停药,一般疗程为4~6周。

(二) 类肺炎性胸腔积液和脓胸

类肺炎性胸腔积液主要是抗生素治疗,经有效抗生素治疗积液可自行吸收。如胸腔积液量较多可抽液,胸液 pH<7.2 应肋间插管引流。

脓胸的治疗原则是:控制感染,引流胸腔积液,并使肺复张,恢复肺功能。针对脓胸的病原菌,尽早应用强有力的抗感染治疗(全身和局部胸腔治疗)。应积极引流胸腔脓液,可反复胸穿抽脓或肋间切开闭式引流。可用2%碳酸氢钠液或生理盐水反复冲洗胸腔,然后注入适量抗生素和链激酶或尿激酶,使脓液变稀便于引流。对于支气管胸膜瘘者不宜行胸腔冲洗,以免引起窒息和细菌播散。慢性脓胸有广泛胸膜增厚、胸廓塌陷、肺不能膨胀,伴有慢性消耗征象如杵状指(趾),应考虑作胸膜剥脱术或胸廓改形术。同时应加强支持疗法,给予高蛋白、高维生素和高能量食物,注意纠正水电解质紊乱和维持酸碱平衡。

(三) 恶性胸腔积液

恶性胸腔积液的最常见病因是肺癌、乳腺癌和淋巴瘤的胸膜转移,是晚期恶性肿瘤常见并发症。此种恶性胸腔积液生长迅速且持续存在,治疗效果较差,预后不良,需要包括病因治疗、胸腔穿刺抽液、胸腔局部治疗、生物治疗等综合治疗。其目的是缓解症状、减轻痛苦,提高生存质量,延长生命。

1. 病因治疗 针对不同肿瘤采取相应治疗。恶性胸腔积液一旦确诊,已属晚期,不是手术根治的适应证。对于全身性化疗较敏感的恶性肿瘤如小细胞肺癌、淋巴瘤、乳腺癌,可考虑行全身性化疗。

2. 胸腔穿刺抽液 恶性胸腔积液生长迅速、量大,对心肺压迫症状重,大量胸腔积液的压迫可引起严重呼吸困难,甚至导致死亡,故需反复胸腔穿刺抽液。但反复抽液可使大量蛋白丢失,加速患者衰竭。因此对于此类患者抽液,应结合患者情况综合考虑。必要时可行胸腔插细管引流。

3. 胸腔局部治疗

(1) 胸腔内注入抗肿瘤药物:在胸腔穿刺抽液后,根据肿瘤细胞类型选择合适的抗肿瘤药物行胸腔内注射。常用抗肿瘤药物有:顺铂40~80mg、阿霉素30mg、丝裂霉素10~20mg、博来霉素60mg、氟尿嘧啶750~1000mg 等。此疗法既有杀伤肿瘤细胞作用,又可缓解胸水的产生,并可引起胸膜粘连。

(2) 胸腔内注入生物免疫抑制剂:如短小棒状杆菌疫苗、胞必佳、IL-2、干扰素、淋巴细胞因子激活的杀伤细胞(LAK 细胞)、肿瘤浸润性淋巴细胞(TIL)等。此疗法可抑制恶性肿瘤细胞,增强淋巴细胞局部浸润及活性,减少胸水生成并使胸膜粘连。

Notes

（3）胸膜固定术：常用四环素、滑石粉、多西环素等硬化剂，使胸膜粘连，闭锁胸膜腔，减少胸腔液体生成。

胸腔局部治疗时应注意：①注射药物前应先抽液，减少胸水，以利提高治疗效果；②注射药物同时可注入少量利多卡因，可减轻局部胸痛及发热症状；③嘱患者在注药后 24 小时内卧床休息并定时不断更换体位，以便药物能与胸膜或病灶广泛接触，达到最佳治疗效果。

第二节 气 胸

要点：
1. 气胸分为自发性、创伤性和医源性三大类。
2. 自发性气胸是最常见的类型，多由胸膜下肺大疱和气肿性肺大疱破裂引起。
3. 症状轻重与有无肺的基础疾病及功能状态、气胸发生的速度、胸膜腔内积气量及其压力大小三个因素有关。
4. 自发性气胸的治疗包括排除胸腔气体、促进患肺复张的同时，兼顾基础疾病的治疗。

胸膜腔是不含有空气的密闭的潜在腔隙，一旦胸膜腔内有气体积聚，即称为气胸（pneumothorax）。气胸可分为自发性气胸、创伤性气胸和医源性气胸三大类。自发性气胸（spontaneous pneumothorax）是自行发生，并无胸部外伤史，又根据是否有肺部基础病分为原发性和继发性；创伤性气胸是由于外伤引起，如胸壁贯通伤等；医源性气胸是医疗操作或治疗目的引起，如经胸壁肺活检、胸腔穿刺、中心静脉置管以及人工气胸等。气胸是常见的内外科急症，男性多于女性，原发性自发性气胸的发病率男性为（18～28）/10 万人口，女性为（1.2～6）/10 万人口。发生气胸后，胸膜腔内负压可变成正压，致使静脉回心血流受阻，产生程度不同的心、肺功能障碍。本节主要叙述自发性气胸。

【病因和发病机制】 正常情况下胸膜腔内没有气体，这是因为毛细血管血中各种气体分压的总和仅为 706mmHg，比大气压低 54mmHg。呼吸周期胸腔内压均为负压，系胸廓向外扩张，肺向内弹性回缩对抗产生的。胸腔内出现气体仅在三种情况下发生：①肺泡与胸腔之间产生破口，气体将从肺泡进入胸腔直到压力差消失或破口闭合。②胸壁创伤产生与胸腔的交通。③胸腔内有产气的微生物。临床上主要见于前两种情况。气胸时失去了负压对肺的牵引作用，甚至因正压对肺产生压迫，肺不能膨胀，表现为肺容积缩小、肺活量减低、最大通气量降低的限制性通气功能障碍。由于肺容积缩小，初期血流量并不减少，产生通气/血流比率减少，导致动静脉分流，出现低氧血症。大量气胸时，由于吸引静脉血回心的负压消失，甚至胸膜腔内正压对血管和心脏的压迫，使心脏充盈减少，心搏出量降低，引起心率加快、血压降低，甚至休克。张力性气胸可引起纵隔移位，循环障碍，甚或窒息死亡。

原发性自发性气胸（primary spontaneous pneumothorax）是指常规胸部 X 线检查未发现肺有明显病变者所发生的气胸，通常是由位于脏层胸膜下肺大疱（blebs）或小气囊肿破裂引起，多见在肺尖部（图 2-13-8/文末彩图 2-13-8）。此型气胸好发于 20～40 岁、体型瘦长男性，右侧多见，并且易复发（30% 见于同侧复发，10% 发生于对侧）。吸烟可增加原发性自发性气胸的危险度。

继发性自发性气胸（secondary spontaneous pneumothorax）是在原有肺部疾病基础上发生的气胸，最常见病因为慢性阻塞性肺疾病和肺结核。肺囊性纤维化、支气管哮喘、间质性肺部疾病、肺癌、尘肺、急性细菌性肺炎（金黄色葡萄球菌性肺炎）等均可引起继发性自发性气胸。其发病

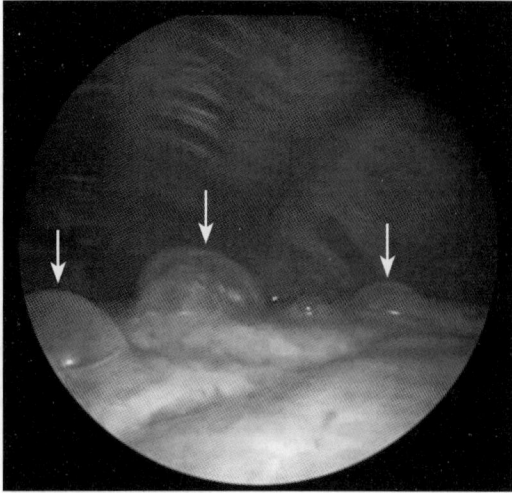

图 2-13-8 胸腔镜见肺表面胸膜下肺大疱

机制是在原有肺部疾病基础上形成肺气肿、气肿性肺大疱（emphysematous bulla）破裂或直接胸膜损伤所致。此型气胸患者肺通气储备功能较差，一旦发生气胸症状重，影响心肺功能明显，危险性大。偶因胸膜上有异位子宫内膜，在经期可以破裂而发生气胸，称为月经性气胸 catamenial pneumothorax）。

【临床表现】

（一）症状

常突然发生胸痛，多局限于患侧，呈针刺样或刀割样疼痛，时有向患侧肩部放射。可伴有不同程度胸闷、呼吸困难，其严重程度与患者的肺基础疾病及肺储备功能状况、发生速度、肺压缩程度和气胸类型有关。如基础疾病严重、肺储备功能差、气胸发生速度快、肺压缩面积大，则出现严重呼吸困难。青壮年即使一侧肺被压缩面积>90%，由于基础肺功能好，可无明显呼吸困难；而对于基础肺功能较差患者，即使一侧肺被压缩面积为 10% ~ 20%，亦可见明显呼吸困难。张力性气胸胸膜腔内压力骤然升高、肺被压缩重、纵隔移位，对循环功能影响大，可出现严重呼吸困难、大汗淋漓、心悸、血压下降甚至休克。

自发性气胸可于持重物、屏气、剧烈运动后诱发，但多数人无明显诱因，偶尔在睡眠中突发气胸。

（二）体征

常见体征有患侧胸廓饱满、呼吸运动减弱；叩诊呈鼓音，肝肺浊音消失；听诊患侧呼吸音减弱甚至消失。气胸量大或张力性气胸时纵隔可向健侧移位，可伴有心率增快、呼吸增快、血压下降和发绀。少量气胸（肺压缩<20%）时，患者通常缺乏阳性体征，或仅有轻度呼吸音减弱，特别是当存在肺气肿时更难以发现气胸的阳性体征。

【辅助检查】

（一）胸部 X 线检查

1. 常规胸片　是诊断气胸最准确、可靠的方法，可显示肺压缩的程度、肺内病变情况、是否存在纵隔移位、胸腔积液和胸膜粘连。气胸的典型表现为患侧肺有外凸弧形的细线条形阴影，称为气胸线，线外透亮度增高，无肺纹理，线内为压缩的肺组织。大量气胸时，肺脏向肺门回缩，呈圆球形阴影。大量气胸或张力性气胸常显示纵隔及心脏移向健侧。合并纵隔气肿在纵隔旁和心缘旁可见透光带。局限性气胸须在 X 线透视下转动体位观察。当胸膜粘连存在时，肺脏压缩形态可呈不规则分隔。如同时合并有胸腔积液时则可见气液平面。如发生气胸的同时出现气液平面，应高度警惕血气胸的可能。血气胸在气胸中约占 2% ~ 3%，多为胸膜粘连带的血管破裂所致。见图 2-13-9。

2. 胸部 CT 检查　气胸的影像是胸膜腔存在无纹理的低密度影（气体）。胸部 CT 检查的优势是：①可

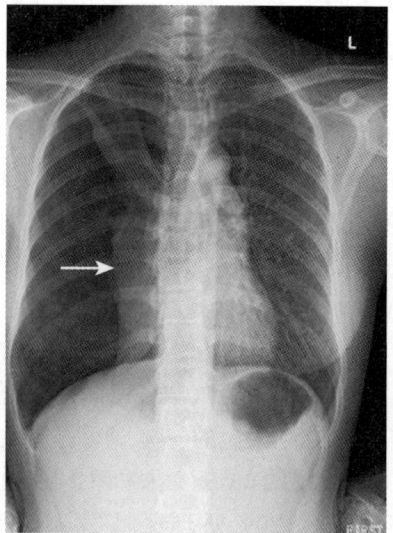

图 2-13-9 右侧气胸的 X 线表现

右侧气胸，上肺粘连，小量胸腔积液，箭头为气胸线

显示少量气胸或某些普通正位胸片上因受组织重叠而显示不清的气胸;②对于局限性气胸可确定部位、程度、形态;③可预测气胸的复发,发现肺内有大的肺大疱或多个肺大疱,则复发机会明显增加。见图 2-13-10、2-13-11。

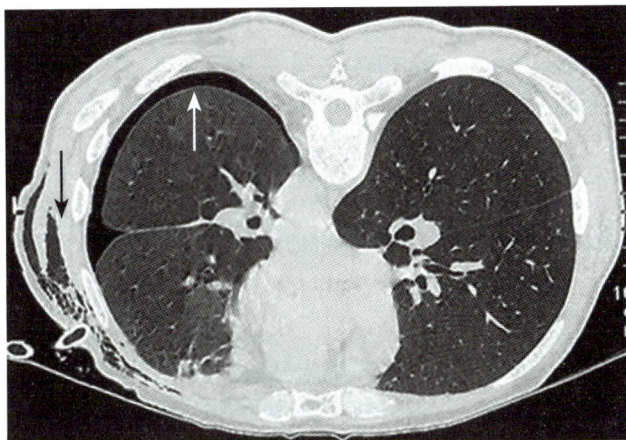

图 2-13-10　小量气胸(白箭头)和皮下气肿(黑箭头)
注:患者为俯卧位

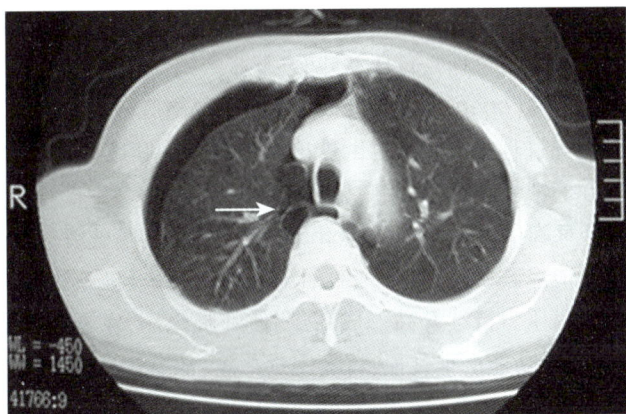

图 2-13-11　小量气胸和肺大疱(箭头)

3. 气胸容量测定　气胸容量的大小可依据 X 线胸片判断。由于气胸容量近似于肺直径立方和单侧胸腔直径立方的比率[(单侧胸腔直径^3−肺直径^3)/单侧胸腔直径^3]。如单侧胸腔直径为 10cm,在肺门水平侧胸壁至肺边缘的距离(b)为 1cm 时,根据公式$(10^3-9^3)/10^3=1000-729/1000=0.27$,即约占单侧胸腔容量的 27% 左右,2cm 时约 50%。故从侧胸壁与肺边缘的距离≥2cm 为大量气胸,<2cm 为小量气胸。如从肺尖气胸线至胸腔顶部估计气胸大小(a),距离≥3cm 为大量气胸,<3cm 为小量气胸(图 2-13-12)。由于目前大多数医院已使用影像归档与通信系统(picture-archiving communication systems,PACS),故在测量气胸容量时可使用其辅助功能,对测定气胸容量的大小可能更准确。

(二)胸腔镜

可发现胸膜下肺大疱(图 2-13-8)或气肿性大疱,靠近壁层胸膜的病变,以及胸腔积液的性质。

【诊断与鉴别诊断】

(一)诊断

根据临床症状、体征及胸部 X 线表现,典型的自发性气胸的诊断通常并不困难。突发一侧

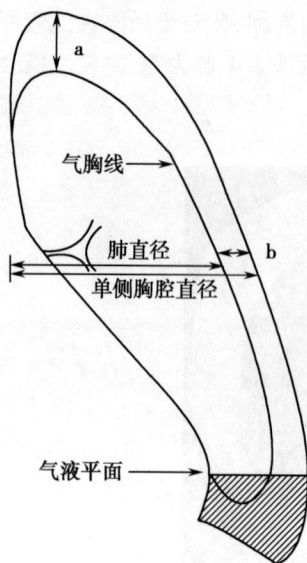

图 2-13-12　气胸容量测定法

胸痛伴有呼吸困难，并有气胸体征，则可作出气胸的初步诊断。胸部 X 线检查显示的气胸影像学特征是确诊依据。但对于有慢性阻塞性肺疾病等基础疾病的患者，特别是有肺大疱的患者，气胸的症状往往被基础疾病所掩盖或与之重叠，但并发气胸时，症状突然加重是一重要特点。因此临床上对于不能用其他原因解释或经处理症状无改善的呼吸困难，一定要想到气胸的可能。应详细地询问病史，全面仔细地查体，并及时行胸部 X 线检查，以尽快明确诊断。对于病情危重及不宜搬动做胸部 X 线检查而高度怀疑气胸者，可在胸腔积气体征最明显处进行诊断性穿刺，测压抽气，如为正压且抽出气体，表明有气胸存在，即应抽出气体或必要时行胸腔闭式引流排气治疗。

（二）临床分型

根据脏层胸膜破裂口的情况以及胸膜腔内压力变化可将自发性气胸分为以下 3 种类型：

1. **闭合性（单纯性）气胸**（closed pneumothorax）　胸膜破裂口较小，气胸发生后脏层胸膜的破口自行闭合，在呼气和吸气过程中，不再有空气进入胸膜腔。胸膜腔内压力略有增高，抽气后压力下降且留针 5～10 分钟观察压力不再回升，表明脏层胸膜破口不再漏气。此型气胸胸膜腔内残余气体可自行吸收，压力可恢复负压，肺随之复张。

2. **开放性（交通性）气胸**（open pneumothorax）　脏层胸膜破裂口较大（或支气管胸膜瘘）且持续存在，在呼气和吸气过程中空气可自由进出胸膜腔。胸膜腔内压力在 0cmH$_2$O 左右上下波动，抽气后留针 5～10 分钟，观察压力无变化。

3. **张力性（高压性）气胸**（tension pneumothorax）　脏层胸膜破裂口呈单向活瓣，呼气时活瓣关闭，胸膜腔内气体不能经破口排出；吸气时活瓣开启，空气经破口进入胸膜腔，致使胸膜腔内空气越积越多，胸膜腔内压力持续升高形成高压，使肺脏受压，纵隔向健侧移位，影响心脏血液回流，心排出量下降，通气功能严重受损，呼吸困难严重，故有生命危险，应紧急排气治疗。胸膜腔测压显示压力明显增高，呈正压，抽气后压力可以轻微下降，观察数分钟后胸膜腔压力又迅速复升至正压。

为了便于临床观察和处理，根据临床表现把自发性气胸分成稳定型和不稳定型，符合下列所有表现者为稳定型，否则为不稳定型：呼吸频率<24 次/分；心率 60～120 次/分；血压正常；呼吸室内空气时 SaO$_2$>90%；两次呼吸间隔说话成句。

（三）鉴别诊断

自发性气胸尤其是老年人和原有心肺基础疾病者，临床表现酷似其他心肺疾患，应注意鉴别。

1. **慢性阻塞性肺疾病**　此病有心悸、气促，急性发作时有明显呼吸困难，体征有过清音、呼吸音降低，一般情况下鉴别不困难。如慢性阻塞性肺疾病患者突发心悸、严重呼吸困难时，应注意同时合并气胸可能，胸部 X 线检查可加以鉴别。

2. **支气管哮喘**　支气管哮喘急性发作可表现为突然发生的呼吸困难，与气胸相似。但支气管哮喘常有反复发作的病史，听诊双肺有哮鸣音，呼气明显延长。一旦体检发现两肺哮鸣音明显不对称，则应考虑合并气胸可能，应及时行胸部 X 线检查加以鉴别。

3. **急性心肌梗死**　患者有突然发作胸痛、胸闷，甚至呼吸困难、休克等临床表现，酷似气胸。而气胸患者心电图改变偶可呈酷似心肌梗死的表现。根据病史、体征、心电图、X 线检查、血清酶学检查，可予以鉴别。

Notes

4. 肺大疱 位于肺周边部位较大的肺大疱,在胸部 X 线上有时不易与气胸相鉴别。肺大疱的病史较长,症状进展缓慢,X 线多轴透视可见肺大疱在某一方位上可呈圆形或卵圆形阴影;肺大疱边沿看不到发丝状气胸线,泡内可见有细丝状肺纹理,为肺血管或肺小叶遗留物;肺大疱向周围膨胀,可将肺压向肺尖区、肋膈角及心膈角,而气胸则呈胸外侧透明带,其中无肺纹理可见;肺大疱内压与大气压大致相等,抽气后肺大疱容积无明显变化。

5. 急性肺栓塞 此病多表现为突然发生的呼吸困难、胸痛和发绀,酷似自发性气胸。但患者常伴有咯血、发热,有下肢或盆腔深静脉炎或血栓形成、骨折、心房纤颤或长期卧床史。详细询问病史、查体和胸部 X 线检查、螺旋 CT 肺动脉造影、MRI 肺动脉造影、放射性核素肺通气/血流灌注扫描有助于鉴别。

【治疗】 自发性气胸治疗的原则是:排除胸腔气体、闭合漏口、促进患肺复张、消除病因及减少复发。具体治疗方案应根据患者的临床表现、气胸类型、肺压缩程度、气胸原因、有无并发症、复发的可能性等综合判断加以选择。主要包括保守治疗、排气治疗、外科手术治疗、胸膜粘连术和并发症处理。

(一) 保守治疗

对于肺被压缩面积<20%、首次发病、稳定型的闭合性气胸,可采用保守治疗,包括休息、保持大便通畅、酌情使用镇静剂和止咳剂,一般可在 7 ~ 14 天自行吸收。由于胸腔内气体分压和肺毛细血管内气体分压存在压力差,每日可自行吸收胸腔内气体容积(胸片的气胸面积)的 1.25% ~2.20%。高浓度吸氧可加快胸腔内气体的吸收,经鼻导管或面罩吸入 10L/min 的氧,可达到比较满意的疗效。

对于有基础肺部疾患的气胸患者,应注意积极治疗基础疾病。对于慢性阻塞性肺疾病并发气胸患者,即使气胸量较少,也不主张采取保守疗法。

(二) 排气治疗

1. 胸腔穿刺抽气 适用于稳定型小量气胸,呼吸困难症状较轻者,可予以胸腔穿刺抽气治疗。胸腔穿刺的部位通常选择在患侧胸部锁骨中线第 2 肋间处,而对局限性气胸则应根据胸片定位,选择最佳的穿刺点。每次抽气不宜超过 1000ml。应用气胸箱抽气可在抽气同时检测胸腔压力变化,有助于判断气胸类型并了解抽气情况。原发性闭合性气胸胸腔穿刺抽气治疗的成功率较高,约为 60%,而继发性气胸的成功率较低,约为 30%。胸腔穿刺抽气效果不佳者,可改用胸腔闭式引流治疗。如病情危重又缺少抽气设备时,可选用粗的输液针,消毒后直接刺入胸膜腔,使胸膜腔与外界相通,以暂时减轻胸膜腔内压力。或在其尾部扎上橡皮指套,指套末端剪一小裂缝,此时高压气体从小裂缝排出,待胸腔内压减至负压时,套囊即行塌陷,小裂缝关闭,外界空气即不能进入胸膜腔。

2. 胸腔闭式引流 胸腔闭式引流是治疗自发性气胸的常用方法,适用于胸腔穿刺抽气效果不佳的开放性气胸、张力性气胸和部分心肺功能较差而症状较重的闭合性气胸患者。对于反复发作的气胸也应考虑用胸腔闭式引流。插管部位通常选择在患侧胸部锁骨中线第 2 肋间或腋前线第 4、5 肋间。如果为局限性气胸则需经 X 线检查定位后选择最佳插管部位。对于合并胸腔积液较多的气胸,插管的部位应选择在腋前线,健侧卧位时排气,患侧卧位时排液。水封瓶的玻璃管置于水面下 1 ~ 2cm,将胸膜腔压力维持在-1 ~ 2cmH$_2$O 以下,若胸膜腔压力高于此压力时气体从引流管逸出。引流成功的标志是胸腔内气体排出后,水封瓶玻璃管内水柱波动而无气泡逸出,水柱越高说明胸腔内负压越高;如水柱不动,则可能由于肺复张后引流管的侧孔被肺或胸壁贴住,或引流管分泌物阻塞所致,后者需要临床排除和处理。单纯胸腔闭式水封瓶引流对于大多数闭合性气胸、部分交通性气胸是有效的。如果单纯负压排气无效或慢性气胸,可应用持续负压引流,其负压范围维持在-10 ~ -20cmH$_2$O。

(三) 胸膜固定术

对于复发性气胸或交通性气胸经胸腔闭式引流及负压吸引治疗失败者,双侧气胸且心肺功能差,不能耐受外科手术者,可用胸膜固定术。此方法是通过物理或化学方法刺激胸膜表面,使之产生无菌性炎症反应并继之粘连,气胸漏口处脏层与壁层胸膜粘连闭合,使气胸消失,并可减少气胸复发。常用化学硬化剂有滑石粉、四环素或多西环素,加入生理盐水 60 ~ 100ml 稀释,可通过胸腔引流管注入胸膜腔,夹管 1 ~ 2 小时后重新引流。胸腔注入硬化剂前,尽可能使肺完全复张。为避免药物引起的局部剧痛,先注入适量利多卡因(标准剂量 200mg),让患者转动体位,充分麻醉胸膜,15 ~ 20 分钟后注入硬化剂。若一次无效,可重复注药。观察 1 ~ 3 天,经 X 线胸片证实气胸已吸收,可拔除引流管。也可用胸腔镜或纤维支气管镜直视下对准漏气口喷雾或注入纤维蛋白胶、滑石粉等粘连剂或激光烧灼凝固方法,封闭气胸漏口。此法成功率高,主要不良反应为胸痛,发热,滑石粉可引起急性呼吸窘迫综合征,应用时应予注意。

(四)支气管内封堵术(endobronchial blockers)

一般用于顽固性气胸的治疗。采用球囊或栓子堵塞支气管,导致远端肺不张,以达到肺大疱气漏处裂口闭合的目的。无论球囊或栓子封堵,患者一般应在肋间插管引流下进行。置入微球囊(如硅酮球囊)后观察水封瓶气泡溢出情况,如气泡不再溢出,说明封堵位置正确,可观察数天后释放气囊观察气泡情况,如不再有气泡溢出说明气漏处已闭合。支气管内栓塞可用支气管内硅酮栓子(endobronchial Watanabe spigot,EWS)、纤维蛋白胶密封法(thoracographic fibrin glue sealing method,TGF),自体血密封法等。支气管封堵术的部位尽可能位于远端的相应支气管内,避免堵塞大的支气管导致大面积的肺不张而影响肺功能。

(五)外科手术治疗

外科手术仅适用于内科保守治疗失败者或复发性气胸、双侧气胸、血气胸和合并有巨大肺大疱者。外科手术治疗自发性气胸效果好,且能降低复发率。手术可以发现破口部位,切除肺大疱。对于有基础病患者如结核病灶破溃、支气管胸膜瘘,则可以同时切除病灶。目前胸腔镜直视下行气胸的外科手术治疗取得了好的疗效,并扩大了外科手术适应证。

【并发症】

(一)皮下气肿和纵隔气肿

引起皮下气肿和纵隔气肿的常见原因:①由于肺泡破裂逸出的气体进入肺间质,形成间质性肺气肿。肺间质内气体沿血管鞘进入纵隔,甚至进入颈部、脸部、胸部及腹部皮下组织,导致皮下气肿。②张力性气胸或胸腔闭式引流置管后,气体可沿着针孔或切口皮下进入皮下组织,出现皮下气肿。皮下气肿一般不需要特殊处理能自行吸收,但须预防感染。吸入高浓度氧气可促进皮下气肿的吸收消散。纵隔气肿张力过高时可作锁骨上窝切开或穿刺排气治疗。

(二)复张后肺水肿

当胸腔抽气过多或过快时,肺的迅速复张可能发生复张后肺水肿。其机制为气胸时肺被压缩,出现缺血、缺氧,对肺毛细血管造成直接损伤,再加上一旦肺复张时血液迅速灌注,导致氧自由基释放,也可损伤肺毛细血管,引起肺毛细血管通透性增加,大量血管内液体进入肺间质及肺泡,引起肺水肿。临床表现为抽气或排气后出现持续性咳嗽、胸闷,如不及时处理,可出现咳大量白色泡沫痰或泡沫血痰,听诊双肺可闻及较多的湿性啰音,PaO$_2$ 下降,胸部 X 线显示肺水肿。及时处理包括患者取半卧位或坐位,吸氧,应用利尿剂治疗,控制静脉补液量,一般情况下效果较好。若处理不及时,24 ~ 48 小时症状持续加重,则病死率高达 20%。

(三)血气胸

自发性血气胸常由于胸膜粘连带内血管破裂所致。肺复张后,出血多能自行停止。处理原则是尽快胸腔置管以观察出血量。若继续出血不止,或补足血容量后休克仍然难以纠正者,处理原则是开胸或经胸腔镜下结扎止血。

(四)脓气胸(purulent pneumothorax)

由金黄色葡萄球菌、肺炎克雷伯菌、铜绿假单胞菌、结核分枝杆菌以及多种厌氧菌引起的坏死性肺炎、肺脓肿以及干酪样肺炎可并发脓气胸,也可因胸穿或肋间插管引流医源性感染所致。病情多危重,常有支气管胸膜瘘形成。脓液中可查到病原菌。除积极使用抗生素外,应插管引流,胸腔内生理盐水冲洗,必要时应根据具体情况考虑手术。

(谢灿茂)

推荐阅读文献

1. 钟南山,刘又宁. 呼吸病学. 第 2 版. 北京:人民卫生出版社,2012
2. Hooper C,Gary Lee YC,Maskell N. Investigation of a unilateral pleural effusion in adults:British Thoracic Society pleural disease guideline 2010. Thorax,2010,65:ii4-ii17
3. MacDuff A,Arnold A,Harvey J. Management of spontaneous pneumothorax:British Thoracic Society pleural disease guideline 2010. Thorax,2010,65: ii18-ii31
4. Baumann M H,Strange C,Heffner J E,et al. Management of spontaneous pneumothorax :an American College of Chest Physicians Delphi consensus statement. Chest,2001,119:590-602
5. Mason R J,Murray J F,Courtney Broaddus V,et al. Murray and Nadel's Textbook of Respiratory Medicine. 5th ed. Philadelphia:SAUDERS,2010
6. Light R W. Pleural Diseases. 6th ed. Philadelphia:Lippincott Williams & Wilkins,2013

第十四章 睡眠呼吸暂停综合征

要点：

1. 睡眠呼吸暂停系指睡眠中口和鼻气流均停止 10 秒以上，根据多导生理记录仪的描记结果，将睡眠时的呼吸暂停分为阻塞型、中枢型和混合型三种，阻塞型睡眠呼吸暂停最常见。

2. 睡眠呼吸暂停综合征是指 7 小时睡眠中呼吸暂停及低通气反复发作在 30 次以上，或呼吸紊乱指数大于或等于 5 次/小时。

3. 睡眠中出现反复的呼吸停止会导致低氧血症、高碳酸血症及睡眠质量低下，后者主要是慢波睡眠减少或消失及唤醒反应所致睡眠断片化，从而引起呼吸、心血管、精神神经、血液、内分泌等多系统的病理生理变化。

4. 确诊需进行多导睡眠图检查。

5. 无创气道正压通气是治疗本病的主要方法。

人的一生大约有三分之一的时间是在睡眠中度过的。睡眠中，机体处于低代谢状态，使体力和精力得以恢复，然而，有些疾病却在睡眠中发生，睡眠呼吸暂停综合征（sleep apnea syndrome，SAS）就是其一。1956 年，Burwell 等人首先报告了具有肥胖、嗜睡、周期性呼吸等主征的 Pickwickian 综合征，提出了肥胖性低通气综合征的概念。此后，Gastaut 根据多导生理记录仪的描记结果，将睡眠时的呼吸暂停分为阻塞型、中枢型和混合型三种。此间，各学者对睡眠中发生呼吸障碍这一病态的命名颇多，直至 1976 年 Guilleminault 提出了"睡眠呼吸暂停综合征"的概念及其诊断标准，被众多学者接受并沿用至今。

20 世纪 70 年代后期开始，睡眠呼吸暂停综合征引起了全球医学界的重视。随着睡眠多导记录仪的开发、完善和普及，对本病的认识逐步深入，治疗上也取得了长足的进展。国外的流行病学资料表明，本病发病率约为 2%～4%。研究显示，本病不但降低生活质量，还可引起多种并发症，严重者可危及生命，必须给以足够的重视。

【定义和分类】 睡眠呼吸暂停系指睡眠中口和鼻气流均停止 10 秒以上；低通气则是指睡眠中呼吸气流幅度较基础水平降低 50% 以上并伴有血氧饱和度下降≥3%，持续时间≥10s，或呼吸气流幅度较基础水平降低≥30% 并伴血氧饱和度下降≥4%，持续时间≥10s。睡眠呼吸暂停综合征是指 7 小时睡眠中呼吸暂停及低通气反复发作在 30 次以上，或呼吸紊乱指数（respiratory disturbance index，RDI）即睡眠呼吸暂停+低通气指数（apnea-hypopnea index，AHI，即平均每小时睡眠中的呼吸暂停+低通气次数）大于或等于 5 次/小时。

睡眠呼吸暂停综合征分三型：①阻塞型睡眠呼吸暂停低通气综合征（obstructive sleep apnea-hypopnea syndrome，OSAHS）：睡眠时口和鼻气流停止或减低，但胸、腹式呼吸仍存在。临床上主要是此类病人；②中枢型睡眠呼吸暂停综合征（central sleep apnea syndrome，CSAS）：睡眠时口、鼻气流和胸、腹式呼吸运动同时停止，膈肌和肋间肌也都停止活动；③混合型：指一次呼吸暂停过程中开始时出现中枢型呼吸暂停,继之出现阻塞型呼吸暂停。

【病因】

(一)阻塞型睡眠呼吸暂停低通气综合征

1. 解剖学因素　肥胖者上气道狭窄、鼻部结构的异常、鼻息肉、咽壁肥厚、软腭松弛、悬雍垂过长、扁桃体肥大、肢端肥大症、巨舌、先天性小颌畸形、咽部和喉的结构异常等。

2. 功能性因素　饮酒、服用安眠药、妇女绝经后、甲状腺功能减低、老年等。

(二)中枢型睡眠呼吸暂停综合征

主要由呼吸调节紊乱所致。下列疾病均可出现呼吸调节异常:脑血管意外、神经系统的病变、脊髓前侧切断术、血管栓塞或变性病变引起的脊髓病变、家族性自主神经异常、与胰岛素相关的糖尿病、脑炎、肌肉疾患、枕骨大孔发育畸形、脊髓灰质炎、充血性心力衰竭等。

以下仅介绍临床常见的阻塞型睡眠呼吸暂停低通气综合征。

【发病机制和病理生理】　入睡后咽舌部肌群松弛使咽部狭窄、舌根后坠,吸气时在胸腔负压的作用下,软腭、舌坠入咽腔紧贴咽后壁,造成上气道阻塞、呼吸暂停。呼吸停止后体内二氧化碳潴留、氧分压降低,它们刺激呼吸感受器,使中枢呼吸驱动增加,同时大脑出现唤醒反应,咽、舌部肌群收缩。当气道压力足以冲破上气道机械性阻塞时,上气道重新开放,呼吸恢复,体内二氧化碳排出,氧分压上升,患者再度入睡。此后进入下一次呼吸暂停。需要指出的是,伴随呼吸暂停出现的唤醒反应主要是脑电波的反应,患者行为可能仍处睡眠状态。

OSAHS 患者由于肥胖及睡眠中出现反复的呼吸暂停会导致低氧血症、高碳酸血症及睡眠质量低下,后者主要表现为慢波睡眠减少或消失及反复微觉醒所致睡眠片断化。上述结果能引起呼吸、心血管、精神神经、血液、内分泌等多系统的病理生理变化。

1. 呼吸系统　OSAHS 患者多为肥胖者,易出现限制性通气功能障碍,比单纯肥胖者气体交换障碍严重,仰卧位时通气/血流失衡加重,易引起血氧降低。睡眠呼吸暂停的发生会加重低氧血症。在清醒状态下,部分患者动脉血气可出现不同程度的血氧降低和二氧化碳升高。动脉血气的异常除可能与夜间呼吸暂停的频度和程度有关外,还受肺功能水平和呼吸调节系统敏感性高低的影响。

2. 循环系统　正常人睡眠时血压降低,但大多数 OSAHS 患者伴随呼吸暂停可出现不同程度的一过性血压升高,这可能与睡眠时反复发作的低氧血症和高碳酸血症、显著的胸内压变化、频繁的微觉醒和睡眠结构紊乱有关。综合国内外的流行病学资料,有 40% 左右的 OSAHS 患者合并持续性高血压。

一些 OSAHS 患者伴有不同程度的心律失常。在呼吸暂停时一般表现为副交感神经兴奋,心律失常多以窦缓、窦性停搏、房室传导阻滞为主;在恢复呼吸时则表现为交感神经兴奋性增高,常出现心率加快。此外较严重的低氧血症可使心脏兴奋性增高,出现房性和室性期前收缩。严重的心律失常可引起睡眠中的猝死。

睡眠时伴随呼吸暂停引起的低氧可使肺动脉压反复升高。近 20% 的 OSAHS 患者出现清醒时的肺动脉高压,持久的肺动脉高压能引起肺心病。

3. 其他系统　除呼吸和循环系统出现上述病理生理变化外,长期低氧还可引起继发性红细胞增多和血糖增高;睡眠时反复的微觉醒和深睡眠减少、睡眠的片断化会对脑有一定的损害,出现相应的精神神经和行为方面的异常表现。

【临床表现】　本病主要为男性,肥胖者较多,随年龄增长其发病率也增高。部分患者存在上气道解剖异常,在体格检查时应以重视,如:鼻腔阻塞、扁桃体肥大、软腭松弛、悬雍垂过长、舌体肥大、下颌后缩、小颌畸形等。几乎所有的患者均有不同程度的打鼾,并多有睡眠中憋醒的经历,多因此而就诊。由于睡眠质量差,醒来自觉头痛、不解乏,并出现明显的白天嗜睡。可有记忆力减退、注意力不集中等智能方面的障碍。有的患者还可出现性功能减退、遗尿等临床表现。

OSAHS 患者出现高血压、冠心病、肺心病、糖尿病、继发性红细胞增多症等并发症时还可有相应的症状和体征。

【实验室和辅助检查】

1. **实验室检查**   部分患者可出现红细胞和血红蛋白增高,亦可见血糖增高。动脉血气分析可有不同程度的低氧血症和二氧化碳分压增高。

2. **心电图**   可出现心律失常。如有高血压、冠心病、肺动脉高压,则有相应所见。

3. **肺功能**   部分可表现为限制性通气功能障碍。

4. **多导睡眠图(polysomnography,PSG)**   是确诊本病的检查手段。该项检查同步记录患者睡眠时的脑电图、肌电图、口鼻气流、胸腹呼吸运动、动脉血氧饱和度、心电图等多项指标,可准确地了解患者睡眠时呼吸暂停及低通气的情况。阻塞型睡眠呼吸暂停低通气的特点主要为口鼻气流停止或减低,而胸腹呼吸运动仍存在。本病的病情分度如表 2-14-1 所示。

表 2-14-1   睡眠呼吸暂停低通气综合征的病情分度

病情分度	AHI(次/小时)	夜间最低 SaO$_2$(%)
轻度	5 ~ 15	85 ~ 90
中度	15 ~ 30	80 ~ 85
重度	>30	<80

【诊断】   一般根据有打鼾、白天嗜睡等病史(包括向同住者询问患者睡眠中的情况),在检查体征后对可疑者可先用可携带式简便仪器进行初筛检查,即监测患者睡眠时的口、鼻气流和血氧饱和度。此仪器可携带回家,以便在更自然的睡眠条件下进行。但为确定诊断并分型,了解患者病情程度和确定治疗方案及评价治疗效果,则需进行多导睡眠图的整夜监测,才能作出准确的判断。

【治疗】   研究表明,AHI 大于 20 的 OSAHS 患者的病死率明显高于小于 20 者。经治疗的 OSAHS 患者预后明显好于不治疗者。因此,应该充分地认识到,对 OSAHS 患者进行积极的治疗,不但能够提高其生活质量,并能防止并发症的发生,改善预后。

1. **一般治疗**   对许多能够引起上气道阻塞的原发疾病进行治疗,还应戒烟、戒酒,避免服用安眠药,以减少危险因素。改变仰卧位睡眠为侧卧位睡眠。简单做法可在患者腰背部固定一适当大小的硬球,仰卧位睡眠时因腰背置球部位不适而转为侧卧睡眠。

2. **减肥治疗**   大多数患者的体块指数(body mass index,BMI)超过正常。肥胖对 OSAHS 的发生起着相当重要的作用,尤其是颈部肥胖和咽部脂肪过度沉积者。减肥可减少咽部脂肪沉积,增加咽腔的横截面积,降低咽部萎陷指数,使 OSAHS 得到改善。减肥能明显降低呼吸暂停和低通气的发生,提高患者的功能残气量,提高血氧饱和度,减少睡眠的中断,改善 OSAHS 患者的症状。

3. **药物治疗**   对鼻塞的患者睡前用血管收缩剂滴鼻,有利于增加上气道开放;有上呼吸道感染者则应及时控制上呼吸道感染,以减低上呼吸道阻力及吸气时咽部负压,改善症状。随着对 OSAHS 发病机理的认识不断加深,许多治疗本病的药物已试用于临床,但疗效尚不确定。如呼吸兴奋剂甲羟孕酮、乙酰唑胺等;改变睡眠结构的普罗替林、氯西咪嗪等。

4. **无创气道正压通气**   ①经鼻持续气道正压(continuous positive airway pressue,CPAP)通气:是目前临床最常用的治疗方法。此法自 80 年代初 Sullivan 等人报道以来已广泛用于临床,积累了丰富的经验,获得了较好的近期和远期疗效。对中、重度 OSAHS 是一个有效的治疗方法,也可用于不适合手术和经手术、减肥等治疗效果不佳的患者。其原理系使用一个空气泵,空气经滤过、湿化后经鼻面罩与患者相连,输送范围为 2 ~ 20cmH$_2$O 的正压空气。由于一定正压的空气进入呼吸道,可使患者功能残气增加,减少上气道阻力,增加上气道张力,用其"空气支架"的作用阻止睡眠时上气道塌陷,使患者保持上气道开放如醒觉状态时一样的口径。选择合适的压力可完全消除睡眠中的呼吸暂停,使血氧饱和度上升,睡眠结构改善,从而提高生活质量。由于 nCPAP 呼吸机体积小、携带方便,适于回家长期治疗,甚至可用于出差和旅游中。②双相气道正压(BiPAP)通气:在 CPAP 机的基础上发展起来的一种小型、可携型、使用简便的人工呼吸机。除 CPAP 外有 S(同步辅助呼吸)、S/T(呼吸同步+时间切换)、T(时间切换)3 种工作模式。吸气、呼气正压可分别调节,同步性能好,较 CPAP 治疗病人易于接受,可用于辅助通气,也可用于控制通气,但价格较 CPAP 呼吸机昂贵。③自动调压智能化(auto-CPAP)呼吸机治疗:根据患者睡眠时气道阻塞所致血氧饱和度降低程度不同,呼吸机送气压力自行随时调节。患者耐受性好,但价格昂贵。气道正压通气的适应证:OSAHS,特别是 AHI 在 20 次/小时以上者;轻度OSAHS 但症状明显,有并发症;其他方法治疗不佳的 OSAHS;OSAHS 合并慢性阻塞性肺疾病者,即"重叠综合征";OSAHS 合并夜间哮喘。禁忌证:昏迷、休克、咯血、气胸和肺大疱等。

　　5. **外科手术治疗**　①悬雍垂软腭咽成形术(uvulopalatopharyngoplasty UPPP):是临床上目前常用的治疗方法,此法经口摘除扁桃体,切除部分扁桃体的前后弓、部分软腭和悬雍垂。上气道口咽型塌陷、咽腔黏膜肥厚致咽腔狭小、悬雍垂肥大、无心功能障碍和其他器质性疾病的患者,适用此法治疗。②下颌骨前移或舌骨悬吊术:少数 OSAHS 患者有不同程度的下颌畸形。对阻塞部位在舌根、存在小颌和下颌后缩畸形、咽成形术失败者行此手术可取得明显的效果。但因手术复杂,不易为病人所接受。③气管切开造口术:对严重的 OSAHS 伴严重低氧血症,导致昏迷、肺心病心衰或心律失常者,实行气管切开保留导管术,是防止上气道阻塞,解除窒息最有效的救命措施。

　　6. **口腔矫治器**　口腔矫治器是近年来发展起来治疗 OSAHS 的新技术,通过手术或戴舌形或下颌形牙假体将下颌拉向前,保持舌回位,使下咽腔开放,以此减轻阻塞程度。口腔矫治器还能改变上气道的顺应性和软腭的位置及功能。应用口腔矫治器可使睡眠时的呼吸暂停或低通气有一定程度的减少,改善血氧饱和度并提高睡眠质量。

(康　健)

阅读文献

1. American Thoracic Society/American Sleep Disorders Association. Statement on the health outcomes research in sleep apnea. Am J Respir Crit Care Med,1998,157:335-341

2. Loube DI,Gay PC,Strohl KP,et al. Indications for positive airway pressure treatment of adult obstructive sleep apnea patients:a consensus statement. Chest,1999,115:863-866

3. 中华医学会呼吸病学分会睡眠呼吸障碍学组. 阻塞性睡眠呼吸暂停低通气综合征诊治指南(修订版). 中华结核和呼吸杂志,2012,35(1):9-12

4. 中华医学会呼吸病学分会睡眠呼吸障碍学组 阻塞性睡眠呼吸暂停低通气综合征患者持续气道正压通气临床应用专家共识(草案),中华结核和呼吸杂志,2012,35(1):13-18

第十五章 呼吸衰竭与呼吸支持技术

> **要点：**
>
> 1. 呼吸衰竭是因通气和（或）换气障碍导致严重缺氧（PaO_2<60mmHg）伴或不伴二氧化碳潴留（$PaCO_2$>50mmHg）引起的临床综合征，呼吸衰竭的诊断依靠动脉血气分析，但必须明确原因。
>
> 2. ARDS是指短时间内（1周内），由严重感染、创伤、休克等各种肺内外致病因素所导致的以肺泡毛细血管损伤为主要表现的临床综合征，表现为急性呼吸衰竭、双肺弥漫渗出、PaO_2/FiO_2≤300mmHg。主要治疗措施包括：积极氧疗、机械通气、治疗原发病和调节液体平衡等。
>
> 3. 机械通气是ARDS治疗的重要措施，机械通气的关键在于：复张萎陷的肺泡并使其维持开放状态，以增加肺容积和改善氧合，同时避免肺泡过度扩张和反复开闭所造成的损伤。目前推荐采用肺保护性通气策略，主要措施包括合适水平的PEEP和小潮气量。
>
> 4. 呼吸衰竭的治疗原则　为畅通气道，纠正缺氧和改善通气，治疗原发病，加强脏器功能的监测与支持。呼吸支持技术是救治呼吸衰竭的有效手段。

呼吸衰竭（respiratory failure）是指各种原因引起的严重肺脏通气和（或）换气功能障碍，以致不能进行有效气体交换，导致缺氧伴（或不伴）二氧化碳潴留，从而引起一系列生理功能和代谢紊乱的临床综合征。其标准为海平面静息状态呼吸空气的条件下，动脉血气氧分压（PaO_2）<60mmHg，伴或不伴有动脉血二氧化碳分压（$PaCO_2$）>50mmHg。

临床上呼吸衰竭有几种分类方法：①根据其病理生理和动脉血气分析结果分为两个类型，Ⅰ型呼吸衰竭：PaO_2<60mmHg，$PaCO_2$正常或下降；Ⅱ型呼吸衰竭：PaO_2<60mmHg，$PaCO_2$>50mmHg。临床上常可见到Ⅱ型呼吸衰竭患者在吸氧条件下，$PaCO_2$>50mmHg，同时PaO_2>60mmHg。这并非是一特异的病理生理过程，而是医源性所致，仍应将此类型归为吸氧条件下Ⅱ型呼吸衰竭。②按病变部位可分为中枢性和周围性呼吸衰竭。③根据呼吸功能障碍起因的急缓、病程的长短，又可分为急性和慢性呼吸衰竭两型。但两者之间并无确切的时间界限，一般而言，急性呼吸衰竭在数小时或数天内迅速发生，病情危重，需及时抢救才能挽救患者的生命；慢性呼吸衰竭是在数周或更长的时间内缓慢发展，机体可产生一系列代偿反应，主要是由血浆HCO_3^-代偿性升高。

第一节 急性呼吸衰竭

急性呼吸衰竭（acute respiratory failure）指原有呼吸功能正常，由于各种原因引起突发的肺通气和（或）换气功能严重障碍，以致不能进行有效的气体交换，导致缺氧伴（或不伴）二氧化碳潴留，从而引起一系列生理功能和代谢紊乱的临床综合征。

【病因】　完整的呼吸过程由相互衔接且同时进行的外呼吸、气体运输和内呼吸三个环节组成。参与外呼吸(即肺通气和肺换气)任何一个环节的严重病变都可导致呼吸衰竭。

(一) 急性Ⅰ型呼吸衰竭

主要由各种导致急性换气功能障碍的疾病所致。

1. 急性重症肺炎　可由细菌、病毒、真菌等因素引起,也可因误吸所致。

2. 肺水肿

(1) 心源性肺水肿:各种严重心脏病、心力衰竭所引起。

(2) 非心源性肺水肿:最为常见的是急性呼吸窘迫综合征,其他尚有复张性肺水肿、急性高原病等。此类疾病常可引起严重的低氧血症。

3. 肺血管疾患　肺栓塞是引起急性呼吸衰竭的常见病因。

4. 胸壁和胸膜疾患　大量胸腔积液、自发性气胸、胸壁外伤、胸部手术损伤等,可影响胸廓运动和肺脏扩张,导致通气量减少和(或)吸入气体分布不均,损害通气和(或)换气功能,临床上常见为Ⅰ型呼吸衰竭,但严重者也可为Ⅱ型呼吸衰竭。

(二) 急性Ⅱ型呼吸衰竭

由导致急性通气功能障碍的疾病所致。

1. 气道阻塞　呼吸道感染、呼吸道烧伤、异物、喉头水肿引起上呼吸道急性阻塞是引起急性Ⅱ型呼吸衰竭的常见病因。

2. 神经肌肉疾患　由于呼吸中枢调控受损或呼吸肌功能减退造成肺泡通气不足,引起Ⅱ型呼吸衰竭。脑血管意外、颅脑外伤、脑炎、一氧化碳中毒、安眠药中毒致呼吸中枢受抑制,重症肌无力、有机磷中毒、多发性肌炎、低钾血症、周期性瘫痪等致呼吸肌受累。

Ⅰ型呼吸衰竭晚期严重阶段可出现Ⅱ型呼吸衰竭,而Ⅱ型呼吸衰竭经治疗好转后,可经Ⅰ型呼吸衰竭阶段后最终治愈。

【临床表现】

症状和体征

1. 呼吸困难　呼吸困难是呼吸衰竭最早出现的症状。多数患者有明显的呼吸困难,可表现为频率、节律和幅度的改变。较早表现为呼吸频率增快,病情加重时出现辅助呼吸肌活动加强,如三凹征。中枢性疾病或中枢神经抑制性药物所致的呼吸衰竭,表现为呼吸节律改变,如潮式呼吸、比奥呼吸等。

2. 发绀　发绀是缺氧的典型表现,当动脉血氧饱和度低90%时,可在口唇、指甲等处出现发绀。另应注意,因发绀的程度与还原型血红蛋白含量相关,所以红细胞增多者发绀更明显,贫血者则不明显或不出现发绀。因严重休克等引起末梢循环障碍的患者,即使动脉血氧分压尚正常,也可出现发绀,称作外周性发绀;而真正由于动脉血氧饱和度降低引起的发绀,称作中央性发绀。发绀还受皮肤色素及心功能的影响。

3. 精神神经症状　急性缺氧可出现精神错乱、躁狂、昏迷、抽搐等症状。如合并急性 CO_2 潴留,可出现嗜睡、淡漠、扑翼样震颤,甚至呼吸骤停。

4. 循环系统表现　多数患者有心动过速;严重低氧血症和酸中毒可导致心肌损害,亦可引起周围循环衰竭、血压下降、心律失常、心搏停止。

5. 消化和泌尿系统表现　严重呼吸衰竭对肝、肾功能都有影响,部分病例可出现丙氨酸氨基转移酶与血浆尿素氮升高,个别病例尿中可出现蛋白、红细胞和管型。因胃肠道黏膜屏障功能受损,导致胃肠道黏膜充血水肿、糜烂渗血或发生应激性溃疡,引起上消化道出血。

【辅助检查】　除原发疾病、低氧血症及 CO_2 潴留所致的临床表现外,呼吸衰竭的诊断主要依靠血气分析。而结合肺功能、胸部影像学和纤维支气管镜等检查对于明确呼吸衰竭的原因至关重要。

(一) 动脉血液气体分析

对判断呼吸衰竭和酸碱失衡的严重程度及指导治疗均具有重要意义。pH 可反映机体的代偿状况,有助于鉴别急性或慢性呼吸衰竭。当 $PaCO_2$ 升高、pH 正常时,称为代偿性呼吸性酸中毒;若 $PaCO_2$ 升高、pH<7.35,则称为失代偿性呼吸性酸中毒。需要指出,由于血气受年龄、海拔高度、氧疗等多种因素影响,具体分析时一定要结合临床情况。

(二) 肺功能检测

可能通过肺功能判断通气功能障碍的性质(阻塞性、限制性或混合性)及是否合并换气功能障碍,并对通气和换气功能障碍的严重程度进行判断。呼吸肌功能测试能够提示呼吸肌无力的原因和严重程度。

(三) 胸部影像学检查

包括 X 线平片、CT、放射性核素通气/灌注扫描和肺血管造影等,用于辅助诊断导致呼吸衰竭的病因。

(四) 纤维支气管镜检查

用于明确大气道内状况,取得下呼吸道分泌物或病理标本。

【诊断原则】

1. **确诊呼吸衰竭** 动脉血气分析是急性呼吸衰竭的确诊指标。

2. **判断呼吸衰竭原因** 根据临床症状、体征和辅助检查结果,综合分析判断导致急性呼吸衰竭的原因。

【并发症】 缺氧、二氧化碳潴留可导致多系统损害,常见的有:

1. **循环系统** 心动过速、心律失常、循环衰竭、心搏停止等。

2. **消化系统** 肝脏损害导致转氨酶升高,胃肠黏膜损害导致应激性溃疡出血等。

3. **泌尿系统** 肾脏损害导致红细胞尿、蛋白尿、肾衰竭等。

4. **内环境** 二氧化碳潴留导致呼吸性酸中毒,缺氧导致机体无氧酵解增加出现代谢性酸中毒,电解质紊乱等。

5. **出凝血系统** 血液处于高凝状态,血管内皮细胞损伤,易出现血栓。

【治疗】 呼吸衰竭的总体治疗原则是:加强呼吸支持,包括保持呼吸道通畅、纠正缺氧和改善通气等;呼吸衰竭病因和诱因的治疗;加强一般支持治疗以及对其他重要脏器功能的监测与支持。

(一) 保持呼吸道通畅

对任何类型的呼吸衰竭,保持呼吸道通畅是最基本、最重要的治疗措施。气道不畅使呼吸阻力增加,呼吸功耗增多,会加重呼吸肌疲劳;气道阻塞致分泌物排出困难将加重感染,同时也可能发生肺不张,使气体交换面积减少;气道如发生急性完全阻塞,会发生窒息,短时间内致患者死亡。

保持气道通畅的方法主要有:①若患者昏迷应使其处于仰卧位,头后仰,托起下颌并将口打开;②清除气道内分泌物及异物;③若以上方法不能奏效,必要时应建立人工气道。人工气道的建立一般有三种方法,即简便人工气道、气管插管及气管切开,后两者属气管内导管。简便人工气道主要有口咽通气道、鼻咽通气道和喉罩,是气管内导管的临时替代方式,在病情危重不具备插管条件时应用,待病情允许后再行气管插管或气管切开。气管内导管是重建呼吸通道最可靠的方法。

若患者有支气管痉挛,需积极使用支气管扩张药物,可选用 β_2 肾上腺素受体激动剂、抗胆碱药、糖皮质激素或茶碱类药物等。在急性呼吸衰竭时,主要经静脉给药。

(二) 氧疗

通过增加吸入氧浓度来纠正患者缺氧状态的治疗方法即为氧疗。对于急性呼吸衰竭患者应给予氧疗。

1. **吸氧浓度** 确定吸氧浓度的原则是在保证 PaO_2 迅速提高到 60mmHg 或脉搏容积血氧饱和度(SpO_2)达 90% 以上的前提下,尽量降低吸氧浓度。

Ⅰ型呼吸衰竭的主要问题为氧合功能障碍而通气功能基本正常,较高浓度(>35%)给氧可以迅速缓解低氧血症而不会引起 CO_2 潴留。对于伴有高碳酸血症的急性呼吸衰竭,往往需要将给氧浓度设定为达到上述氧合目标的最低值。

2. 吸氧装置

(1) 鼻导管或鼻塞:主要优点为简单、方便,不影响患者咳痰、进食;缺点为氧浓度不恒定,易受患者呼吸的影响。高流量时对局部鼻黏膜有刺激,氧流量不能大于 7L/min。吸入氧浓度与氧流量的关系:吸入氧浓度(%)= 21+4×氧流量(L/min)。

(2) 面罩:主要包括简单面罩、带储气囊无重复呼吸面罩和文丘里(Venturi)面罩。主要优点为吸氧浓度相对稳定,可按需调节,且对鼻黏膜刺激小;缺点为在一定程度上影响患者咳痰、进食。

(三) 增加通气量、改善 CO_2 潴留

1. 呼吸兴奋剂　呼吸兴奋剂的使用原则:必须保持气道通畅,否则会促发呼吸肌疲劳,加重 CO_2 潴留;脑缺氧、脑水肿未纠正而出现频繁抽搐者慎用;患者的呼吸肌功能应基本正常;不可突然停药。主要适用于以中枢抑制为主、通气量不足引起的呼吸衰竭,不宜用于以肺换气功能障碍为主所致的呼吸衰竭。常用的药物有尼可刹米和洛贝林,用量过大可引起不良反应。近年来这两种药物在西方国家几乎已被淘汰,取而代之的有多沙普仑(doxapram),该药对于镇静催眠药过量引起的呼吸抑制和慢阻肺并发急性呼吸衰竭者均有显著的呼吸兴奋效果。

2. 机械通气　当机体出现严重的通气和(或)换气功能障碍时,以人工辅助通气装置(有创或无创呼吸机)来改善通气和(或)换气功能,即为机械通气。呼吸衰竭时应用机械通气的主要目的包括:增加肺泡通气量,降低 $PaCO_2$;改善肺的气体交换效能;减少呼吸功耗,使呼吸肌得以休息。

气管插管的指征因病而异。当急性呼吸衰竭患者昏迷逐渐加深,呼吸不规则或出现暂停,呼吸道分泌物增多,咳嗽和吞咽反射明显减弱甚至消失时,应行气管插管使用机械通气。机械通气过程中应根据血气分析和临床资料调整呼吸机参数。机械通气的主要并发症包括:通气过度,造成呼吸性碱中毒;通气不足,加重原有的呼吸性酸中毒和低氧血症;血压下降、心输出量下降、脉搏增快等循环功能障碍;气道压力过高或潮气量过大导致气压伤,如气胸、纵隔气肿或间质性气肿;人工气道长期存在可并发呼吸机相关肺炎(ventilator associated pneumonia,VAP)。

近年来,无创正压通气(non-invasive positive pressure ventilation,NIPPV)用于急性呼吸衰竭的治疗取得了良好效果。经鼻/面罩行无创正压通气,无需建立有创人工气道,简便易行,与机械通气相关的严重并发症发生率低。但患者应具备以下基本条件:①清醒能够合作;②血流动力学稳定;③不需要气管插管保护(即患者无误吸、严重消化道出血、气道分泌物过多且排痰不利等情况);④无影响使用鼻/面罩的面部创伤;⑤能够耐受鼻/面罩。

(四) 病因治疗

如前所述,引起急性呼吸衰竭的原发疾病多种多样,在解决呼吸衰竭本身所致危害的前提下,针对不同病因采取适当的治疗措施十分必要,也是治疗呼吸衰竭的根本所在。

(五) 一般支持疗法

电解质紊乱和酸碱平衡失调的存在,可以进一步加重呼吸系统乃至其他系统脏器的功能障碍,并干扰呼吸衰竭的治疗效果,因此应及时加以纠正。加强液体管理,防止血容量不足和液体负荷过大,保证血细胞比容在一定水平,对于维持氧输送能力和防止肺水过多具有重要意义。呼吸衰竭患者由于摄入不足或代谢失衡,往往存在营养不良,需保证充足的营养及热量供给。

(六) 其他重要脏器功能的监测与支持

呼吸衰竭往往会累及其他重要脏器,因此应及时将重症患者转入 ICU,加强对重要脏器功能的监测与支持,预防和治疗肺动脉高压、肺源性心脏病、肺性脑病、肾功能不全、消化道功能障碍

和弥散性血管内凝血(DIC)等。特别要注意防治多脏器功能障碍综合征。

第二节　急性呼吸窘迫综合征

急性呼吸窘迫综合征(acute respiratory distress syndrome,ARDS)是指短时间内(1周内),由严重感染、创伤、休克等各种肺内外致病因素所导致的以肺泡毛细血管损伤为主要表现的临床综合征。主要病理特征是肺微血管通透性增高,肺泡腔渗出富含蛋白质的液体,进而导致肺水肿及透明膜形成,常伴有肺泡出血。主要病理生理改变是肺容积减少、肺顺应性降低和严重通气/血流比例失调。临床表现为呼吸窘迫、顽固性低氧血症和呼吸衰竭,肺部影像学表现为双肺弥漫渗出性病变。

为了强调ARDS是一动态发病过程,以便早期干预、提高临床疗效,1994年的美欧ARDS共识会议(AECC)同时提出了急性肺损伤(acute lung injury,ALI)/ARDS的概念。ALI和ARDS为同一疾病过程的两个阶段,ALI代表早期和病情相对较轻的阶段,而ARDS代表后期病情较严重的阶段,55%的ALI会在3天内进展为ARDS。鉴于用不同名称区分严重程度可能给临床和研究带来困惑,2012年重新修订的ARDS柏林定义取消了ALI命名,统一称为ARDS,原ALI基本相当于现在的轻症ARDS。

【病因和发病机制】

(一)病因

临床上多种因素可造成ARDS的发生。根据对肺损伤作用途径的不同,可将ARDS的病因分为直接肺损伤因素(肺源性ARDS)和间接肺损伤因素(肺外源性ARDS),前者指对肺的直接损伤,后者指肺外疾病或损伤通过激活全身炎症反应所产生的肺损伤。直接肺损伤因素主要包括:①严重肺部感染,包括细菌、真菌、病毒及肺囊虫感染等;②误吸,包括胃内容物、烟雾及毒气等误吸;③肺挫伤;④淹溺;⑤肺栓塞,包括脂肪、羊水、血栓栓塞等;⑥放射性肺损伤;⑦氧中毒等。间接肺损伤因素主要包括:①严重肺外感染及感染性休克;②严重非肺部创伤;③急性重症胰腺炎;④体外循环;⑤大量输血;⑥大面积烧伤;⑦弥散性血管内凝血;⑧神经源性(见于脑干或下丘脑)损伤等。

(二)发病机制

ARDS的发病机制尚未完全阐明。尽管有些致病因素可以对肺泡膜造成直接损伤,但是ARDS的本质是多种炎症细胞(巨噬细胞、中性粒细胞、血管内皮细胞、血小板)及其释放的炎性介质和细胞因子间接介导的肺脏炎症反应。ARDS是系统性炎症反应综合征(systemic inflammatory response syndrome,SIRS)的肺部表现。SIRS即指机体失控的自我持续放大和自我破坏的炎症瀑布反应;机体与SIRS同时启动的一系列内源性抗炎介质和抗炎性内分泌激素引起的抗炎反应称为代偿性抗炎症反应综合征(compensatory anti-inflammatory response syndrome,CARS)。如果SIRS和CARS在病变发展过程中出现平衡失调,则会导致多器官功能障碍综合征(multiple organ dysfunction syndrome,MODS)。ARDS是MODS发生时最早受累或最常出现的脏器功能障碍表现。

炎症细胞和炎症介质是启动早期炎症反应与维持炎症反应的两个主要因素,在ARDS的发生发展中起关键作用。炎症细胞产生多种炎症介质和细胞因子,最重要的是肿瘤坏死因子(TNF)和白细胞介素-1(interleukin-1,IL-1),导致大量中性粒细胞在肺内聚集、激活,并通过"呼吸爆发"释放氧自由基、蛋白酶和炎性介质,引起靶细胞损害,表现为肺毛细血管内皮细胞和肺泡上皮细胞损伤,肺微血管通透性增高和微血栓形成,大量富含蛋白质和纤维蛋白的液体渗出至肺间质和肺泡,形成非心源性肺水肿,透明膜形成,进一步导致肺间质纤维化。

【病理】　ARDS的病理改变为弥漫性肺泡损伤(diffuse alveolar damage,DAD),主要表现为肺广泛性充血水肿和肺泡腔内透明膜形成。病理过程可分为三个阶段:渗出期、增生期和纤维化期,三个阶段常重叠存在。ARDS 肺脏大体表现为暗红色或暗紫红色的肝样变,重量明显增加,可见水肿、出血,切面有液体渗出,故有"湿肺"之称。显微镜下可见肺微血管充血、出血、微血栓形成,肺间质和肺泡腔内有富含蛋白质的水肿液及炎症细胞浸润。经过约 72 小时后,由凝结的血浆蛋白、细胞碎片、纤维素及残余的肺表面活性物质混合形成透明膜,伴灶性或大面积肺泡萎陷。可见 Ⅰ 型肺泡上皮细胞受损坏死。经 1～3 周以后,逐渐过渡到增生期和纤维化期。可见 Ⅱ 型肺泡上皮细胞、成纤维细胞增生和胶原沉积。部分肺泡的透明膜经吸收消散而修复,亦可有部分形成纤维化。ARDS 患者容易合并或继发肺部感染,可形成肺小脓肿等炎症改变。

【病理生理】　由于肺毛细血管内皮细胞和肺泡上皮细胞损伤,肺泡膜通透性增加,引起肺间质和肺泡水肿;肺表面活性物质减少,导致小气道陷闭和肺泡萎陷不张。通过 CT 观察发现,ARDS 肺形态改变具有两个特点,一是肺水肿和肺不张在肺内呈"不均一"分布,即在重力依赖区(dependent regions)(仰卧位时靠近背部的肺区)以肺水肿和肺不张为主,通气功能极差,而在非重力依赖区(non-dependent regions)(仰卧位时靠近前胸壁的肺区)的肺泡通气功能基本正常;二是由于肺水肿和肺泡萎陷,使功能残气量和有效参与气体交换的肺泡数量减少,因而称 ARDS 患者的肺为"婴儿肺(baby lung)"或"小肺(small lung)"。上述病理和肺形态改变可引起严重通气/血流比例失调、肺内分流和弥散障碍,造成顽固性低氧血症和呼吸窘迫。呼吸窘迫的发生机制主要有:①低氧血症刺激颈动脉体和主动脉体化学感受器,反射性刺激呼吸中枢,产生过度通气;②肺充血、水肿刺激毛细血管旁 J 感受器,反射性使呼吸加深、加快,导致呼吸窘迫。由于呼吸的代偿,$PaCO_2$ 最初可以降低或正常。极端严重者,由于肺通气量减少以及呼吸窘迫加重呼吸肌疲劳,可发生高碳酸血症。

【临床表现】　ARDS 大多数于原发病起病后 72 小时内发生,一般不超过 7 天。除原发病的相应症状和体征外,最早出现的症状是呼吸增快,呼吸频率通常大于 28 次/分,并呈进行性加重的呼吸困难、发绀,常伴有烦躁、焦虑、出汗、心率增快等。其呼吸困难的特点是呼吸深快、费力,患者常感到胸廓紧束、严重憋气,即呼吸窘迫,不能用通常的吸氧疗法改善,亦不能用其他原发心肺疾病(如气胸、肺气肿、肺不张、肺炎、心脏衰竭)解释。早期体征可无异常,或仅在双肺闻及少量细湿啰音;后期多可闻及水泡音,可有管状呼吸音。

【影像及实验室检查】

(一) X 线胸片

早期可无异常,或呈轻度间质改变,表现为边缘模糊的肺纹理增多,继之出现斑片状以至融合成大片状的磨玻璃或实变浸润影(图 2-15-1)。其演变过程符合肺水肿的特点,快速多变;后期可出现肺间质纤维化的改变。

(二) 动脉血气分析

典型的改变为 PaO_2 降低,$PaCO_2$ 降低,pH 升高。根据动脉血气分析和吸入氧浓度可计算肺氧合功能指标,如肺泡-动脉氧分压差 $[P_{(A-a)}O_2]$、肺内分流(Q_S/Q_T)、呼吸指数 $[P_{(A-a)}O_2/PaO_2]$、氧合指数(PaO_2/FiO_2)等指标,对建立诊断、严重性分级和疗效评价等均有重要意义。

目前在临床上以 PaO_2/FiO_2 最为常用,PaO_2 的单位采用 mmHg,FiO_2 为吸入氧的分数值,如某位患者在吸入 40% 氧气(吸入氧比例为 0.4)的条件下,PaO_2 为 80mmHg,则 $PaO_2/$

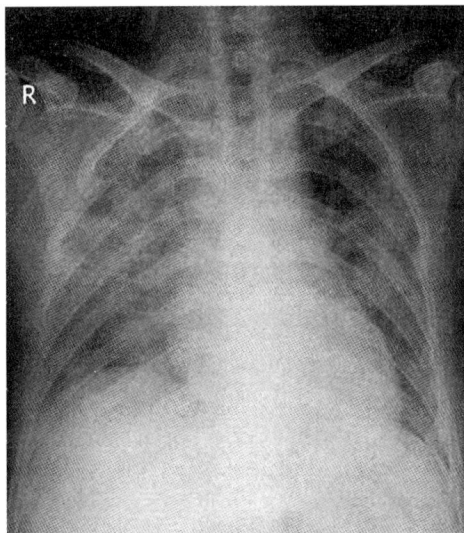

图 2-15-1　ARDS 患者的 X 线胸片
显示两肺弥漫性渗出影

FiO_2 为 $80/0.4=200mmHg$。PaO_2/FiO_2 正常值为 $400\sim500mmHg$，$\leqslant300mmHg$ 是诊断 ARDS 的必要条件。考虑到 ARDS 的病理生理特点，新的 ARDS 柏林定义对监测 PaO_2/FiO_2 时患者的呼吸支持形式进行了限制，规定在监测动脉血气分析时患者应用的呼气末正压(PEEP)/持续气道内正压(CPAP)不低于 $5cmH_2O$。

早期由于过度通气而出现呼碱，pH 可高于正常，$PaCO_2$ 低于正常。后期若出现呼吸肌疲劳或合并代酸，则 pH 可低于正常，甚至出现 $PaCO_2$ 高于正常。

（三）床边呼吸功能监测

ARDS 时血管外肺水增加、肺顺应性降低、出现明显的肺内右向左分流，但无呼吸气流受限。上述改变对 ARDS 疾病严重性评价和疗效判断有一定的意义。

（四）心脏超声和 Swan-Ganz 导管检查

有助于明确心脏情况和指导治疗。通过置入 Swan-Ganz 导管可测定肺动脉楔压(PAWP)，这是反映左心房压较为可靠的指标。PAWP 一般 $<12mmHg$，若 $>18mmHg$ 则支持左心衰竭的诊断。考虑到心源性肺水肿和 ARDS 有合并存在的可能性，目前认为 PAWP$>18mmHg$ 并非 ARDS 的排除标准，如果呼吸衰竭的临床表现不能完全用左心衰竭解释时，应考虑 ARDS 诊断。

【诊断】　根据 ARDS 柏林定义，满足如下 4 项条件方可诊断 ARDS。

1. 急性呼吸困难　明确诱因下 1 周内出现的急性或进展性呼吸困难。

2. 双肺弥漫浸润　胸部 X 线平片/胸部 CT 显示双肺浸润影，不能完全用胸腔积液、肺叶/全肺不张和结节影解释。

3. 排除心脏原因　呼吸衰竭不能完全用心脏衰竭和液体负荷过重解释。如果临床没有危险因素，需要用客观检查(如超声心动图)来评价心源性肺水肿。

4. 低氧血症　根据 PaO_2/FiO_2 确立 ARDS 诊断，并将其按严重程度分为轻度、中度和重度 3 种。需要注意的是上述氧合指数中 PaO_2 的监测都是在机械通气参数 PEEP/CPAP 不低于 $5cmH_2O$ 的条件下测得；所在地海拔超过 1000 米时，需对 PaO_2/FiO_2 进行校正，校正后的 PaO_2/FiO_2 = (PaO_2/FiO_2)×(所在地大气压值/760)。

轻度：$200mmHg<PaO_2/FiO_2\leqslant300mmHg$

中度：$100mmHg<PaO_2/FiO_2\leqslant200mmHg$

重度：$PaO_2/FiO_2\leqslant100mmHg$

【鉴别诊断】　上述 ARDS 的诊断标准是非特异的，建立诊断时必须排除大面积肺不张、心源性肺水肿、弥漫性肺泡出血等，通常能通过详细询问病史、体检和 X 线胸片、心脏超声及血液化验等做出鉴别。心源性肺水肿患者卧位时呼吸困难加重，咳粉红色泡沫样痰，肺湿啰音多在肺底部，对强心、利尿等治疗反应较好；鉴别困难时，可通过测定 BNP、超声心动图等做出判断并指导治疗。

【治疗】　治疗原则与一般急性呼吸衰竭相同。主要治疗措施包括：积极治疗原发病、氧疗、机械通气以及调节液体平衡等。

（一）原发病的治疗

是治疗 ARDS 的基础，应积极寻找原发病并予以彻底治疗。感染是 ARDS 的常见原因，也是 ARDS 的首位高危因素，而 ARDS 又易并发感染，所以对所有患者都应怀疑感染的可能，除非有明确的其他导致 ARDS 的原因存在。治疗上宜选择广谱抗生素。

（二）纠正缺氧

采取有效措施尽快提高 PaO_2。一般需高浓度给氧，使 $PaO_2\geqslant60mmHg$ 或 $SaO_2\geqslant90\%$。轻症者可使用面罩给氧，但多数患者需使用机械通气。

（三）机械通气

尽管 ARDS 机械通气的指征尚无统一标准，多数学者认为一旦诊断为 ARDS，应尽早进行机械通气。轻度 ARDS 患者可试用无创正压通气(NIPPV),无效或病情加重时尽快气管插管行有创机械通气。但对于合并免疫功能低下的 ARDS 患者应尽可能应用 NPPV,可有效降低气管插管率和病死率。机械通气的目的是维持充分的通气和氧合,以支持脏器功能。由于 ARDS 肺病变具有"不均一性"和"小肺"的特点,当采用较大潮气量通气时,气体容易进入顺应性较好、位于非重力依赖区的肺泡,使这些肺泡过度扩张,造成肺泡上皮和血管内皮损伤,加重肺损伤;而萎陷的肺泡在通气过程中仍维持于萎陷状态,在局部扩张肺泡和萎陷肺泡之间产生剪切力,也可引起严重肺损伤。因此 ARDS 机械通气的关键在于:复张萎陷的肺泡并使其维持开放状态,以增加肺容积和改善氧合,同时避免肺泡过度扩张和反复开闭所造成的损伤。目前,ARDS 的机械通气推荐采用肺保护性通气策略,主要措施包括合适水平的 PEEP 和小潮气量。

1. **PEEP 的调节**　适当水平的 PEEP 可使萎陷的小气道和肺泡再开放,防止肺泡随呼吸周期反复开闭,使呼气末肺容量增加,并可减轻肺损伤和肺泡水肿,从而改善肺泡弥散功能和通气/血流比例,减少肺内分流,达到改善氧合和肺顺应性的目的。但 PEEP 可增加胸内正压,减少回心血量,并有加重肺损伤的潜在危险。因此在应用 PEEP 时应注意:①对血容量不足的患者,应补充足够的血容量以代偿回心血量的不足;同时不能过量,以免加重肺水肿。②从低水平开始,先用 $5cmH_2O$,逐渐增加至合适的水平,争取维持 PaO_2 大于 60mmHg 而 FiO_2 小于 0.6。一般 PEEP 水平为 8～18cmH_2O。

2. **小潮气量**　ARDS 机械通气采用小潮气量,即 6～8ml/kg,旨在将吸气平台压控制在 30～35cmH_2O 以下,防止肺泡过度扩张。为保证小潮气量,可允许一定程度的 CO_2 潴留和呼吸性酸中毒(pH 7.25～7.30),即允许性高碳酸血症。合并代谢性酸中毒时需适当补碱。

迄今为止,对 ARDS 患者机械通气时如何选择通气模式尚无统一标准。压力控制通气可以保证气道吸气压不超过预设水平,具有更好的肺内气体分布及人机协调性,因而较容量控制通气更常用。其他可选的通气模式包括双相气道正压通气(BIPAP)、气道压力释放通气(APRV)等。对于病情较重的患者,可使用肺复张法(recruitment maneuver)、俯卧位通气、高频振荡通气(HFOV)等进一步改善氧合。对于上述措施仍难以维持氧合与通气,或合并严重气压伤者,可考虑体外膜肺氧合(ECMO)支持治疗。

(四)液体管理

对于存在血流动力学不稳定的 ARDS 患者,早期积极的液体复苏能够改善预后。为减轻肺水肿,应合理限制液体入量,以可允许的较低循环容量来维持有效循环,保持肺脏处于相对"干"的状态。在血压稳定和保证脏器组织灌注前提下,液体出入量宜轻度负平衡,可使用利尿药促进水肿的消退。关于补液性质尚存在争议,由于毛细血管通透性增加,胶体物质可能渗至肺间质,所以在 ARDS 早期,除非有严重的低蛋白血症,不宜输注较多胶体液。对于创伤出血多者,最好输新鲜血。

(五)营养支持与监护

ARDS 时机体处于高代谢状态,应补充足够的营养。静脉营养可引起感染和血栓形成等并发症,应提倡全胃肠营养,不仅可避免静脉营养的不足,而且能够保护胃肠黏膜,防止肠道菌群异位。ARDS 患者应入住 ICU,动态监测呼吸、循环、水电解质、酸碱平衡及其他重要脏器的功能,以便及时调整治疗方案。

(六)其他治疗

糖皮质激素、$β_2$-肾上腺素受体激动剂、他汀类药物、肺泡表面活性物质、鱼油、吸入一氧化氮、抗凝治疗等在 ARDS 中的治疗价值尚不确定。

【预后】　文献系统综述提示 ARDS 的病死率为 36%～44%。预后与原发病和疾病严重程度明显相关。继发于感染中毒或免疫功能低下并发条件致病菌引起的肺炎患者预后极差。ARDS 单纯死于呼吸衰竭者仅占 16%,49% 的患者死于 MODS。另外,老年患者(年龄超过 60

岁)预后不佳。有效的治疗策略和措施是降低病死率改善预后的关键因素。ARDS协作网在1997年至2009年期间开展的临床试验显示ARDS的病死率呈现明显的下降,这可能与采取的允许性高碳酸血症和保护性肺通气策略、早期应用抗生素、预防溃疡和血栓形成、良好的液体管理、营养支持和其他脏器支持等措施有关。ARDS存活者大部分肺脏能完全恢复,部分遗留肺纤维化,但多不影响生活质量。

第三节   慢性呼吸衰竭

慢性呼吸衰竭(chronic respiratory failure)主因慢性疾病进展,肺功能不断下降所致。早期虽有低氧血症或伴高碳酸血症,但机体通过代偿适应,生理功能障碍和代谢紊乱较轻,仍保持一定的活动能力,动脉血气分析pH在正常范围(7.35~7.45)。另一种临床较常见的情况是在慢性呼吸衰竭的基础上,因合并呼吸系统感染、气道痉挛或并发气胸等情况,病情急性加重,在短时间内出现PaO_2显著下降和(或)$PaCO_2$显著升高,称为慢性呼吸衰竭急性加重,其病理生理学改变和临床表现兼有慢性和急性呼吸衰竭的特点。

【病因】

(一)气道阻塞性病变

气管-支气管的炎症、痉挛、肿瘤、异物、纤维化瘢痕等均可引起气道阻塞。如慢阻肺、哮喘急性加重时可引起气道痉挛、炎性水肿、分泌物阻塞气道等,导致肺通气不足或通气/血流比例失调,发生缺氧和(或)CO_2潴留,甚至呼吸衰竭。

(二)肺组织病变

各种累及肺泡和(或)肺间质的病变,如慢性肺炎、肺气肿、严重肺结核、弥漫性肺纤维化、硅沉着病等,均可使有效弥散面积减少、肺顺应性降低、通气/血流比例失调,导致缺氧或合并CO_2潴留。

(三)肺血管疾病

慢性肺栓塞、肺血管炎等可引起通气/血流比例失调,或部分静脉血未经氧合直接流入肺静脉,导致呼吸衰竭。

(四)心脏疾病

各种缺血性心脏疾病、严重心瓣膜疾病、心肌病、心包疾病、严重心律失常等均可导致通气和换气功能障碍,从而导致缺氧和(或)CO_2潴留。

(五)胸廓与胸膜病变

胸部外伤所致的连枷胸、严重的自发性或外伤性气胸、严重的脊柱畸形、大量胸腔积液、胸膜肥厚与粘连、强直性脊柱炎等,均可限制胸廓活动和肺扩张,导致通气不足及吸入气体分布不均,从而发生呼吸衰竭。

(六)神经肌肉疾病

脑血管疾病、颅脑外伤、脑炎以及镇静催眠剂中毒可直接或间接抑制呼吸中枢。脊髓颈段或高位胸段损伤(肿瘤或外伤)、脊髓灰质炎、多发性神经炎、重症肌无力、有机磷中毒、破伤风以及严重的钾代谢紊乱等均可累及呼吸肌,造成呼吸肌无力、疲劳、麻痹,因呼吸动力下降而发生肺通气不足。

【发病机制和病理生理】

(一)低氧血症和高碳酸血症的发生机制

各种病因通过肺通气不足、弥散障碍、通气/血流比例失调、肺内动-静脉解剖分流增加、氧耗量增加五个主要机制,使通气和(或)换气过程发生障碍,导致呼吸衰竭。临床上单一机制引起的呼吸衰竭很少见,往往是多种机制并存或随着病情的发展先后参与发挥作用。

1. **肺通气不足(hypoventilation)**　　正常成人在静息状态下有效肺泡通气量约为 4L/min,才能维持正常的肺泡氧分压(P_AO_2)和肺泡二氧化碳分压(P_ACO_2)。肺通气量减少会引起 P_AO_2 下降和 P_ACO_2 上升,从而发生缺氧和 CO_2 潴留。呼吸空气条件下,P_ACO_2 与肺泡通气量(V_A)和 CO_2 产生量(VCO_2)的关系可用下列公式反映:$P_ACO_2 = 0.863 \times VCO_2 / V_A$。若 VCO_2 是常数,V_A 与 P_ACO_2 成反比关系。V_A 和 P_ACO_2 与肺泡通气量的关系请见图 2-15-2。

(1) 限制性通气不足(restrictive hypoventilation):指吸气时肺泡的扩张受限所引起的肺泡通气不足,其主要涉及呼吸肌、胸廓、呼吸中枢和肺的顺应性,前三者的障碍可统称为呼吸泵衰竭。后者主要见于各种间质性肺疾病。限制性通气不足的肺功能特点是肺总量(TLC)和肺活量(VC)下降。

(2) 阻塞性通气不足(obstructive hypoventilation):由于气道狭窄或阻塞引起的气道阻力增高而导致通气障碍称为阻塞性通气不足。肺功能特点为 RV/TLC 增加,FEV_1 和 FEV_1/FVC 下降。

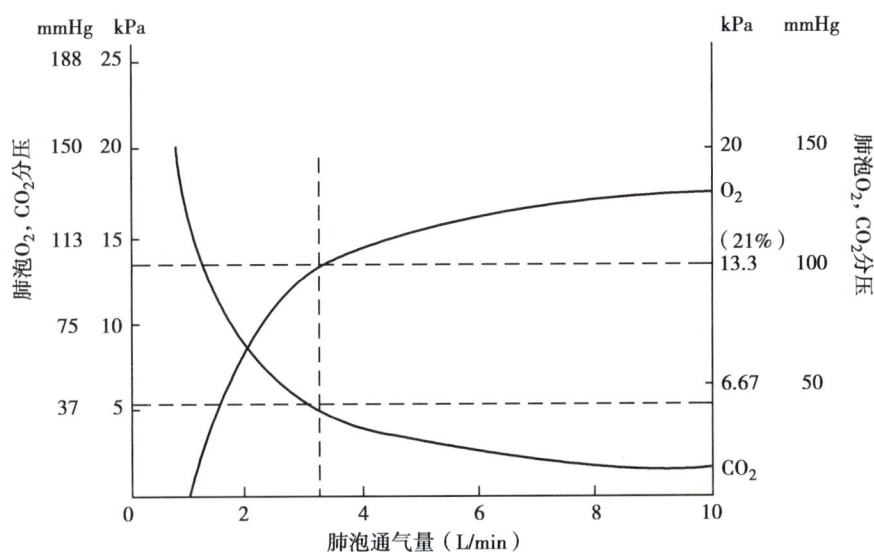

图 2-15-2　肺泡氧分压和二氧化碳分压与肺泡通气量的关系

2. **弥散障碍(diffusion abnormality)**　　系指 O_2、CO_2 等气体通过肺泡膜进行交换的物理弥散过程发生障碍。气体弥散的速度取决于肺泡膜两侧气体分压差、气体弥散系数、肺泡膜的弥散面积、厚度和通透性,同时气体弥散量还受血液与肺泡接触时间以及心排血量、血红蛋白含量、通气/血流比例的影响。静息状态时,流经肺泡壁毛细血管的血液与肺泡的接触时间约为 0.72 秒,而 O_2 完成气体交换的时间为 0.25 ~ 0.3 秒,CO_2 则只需 0.13 秒,并且 O_2 的弥散能力仅为 CO_2 的 1/20,故弥散障碍时常以低氧血症为主。

3. **通气/血流比例失调(ventilation-perfusion mismatch)**　　血液流经肺泡时能否保证血液动脉化,即得到充足的 O_2 并充分排出 CO_2,除需有正常的肺通气功能和良好的肺泡膜弥散功能外,还取决于肺泡通气量与血流量之间的正常比例。正常成人静息状态下,通气/血流比值约为 0.8。肺泡通气/血流比例失调有两种主要形式:①部分肺泡通气不足:肺部病变如肺泡萎陷、肺炎、肺不张、肺水肿等引起病变部位的肺泡通气不足,通气/血流比值变小,部分未经氧合或未经充分氧合的静脉血(肺动脉血)通过肺泡的毛细血管或短路流入动脉血(肺静脉血)中,故又称肺动-静脉样分流或功能性分流(functional shunt)。②部分肺泡血流不足:肺血管病变如肺栓塞引起栓塞部位血流减少,通气/血流比值增大,肺泡通气不能被充分利用,又称为无效腔样通气(dead space-like ventilation)。通气/血流比例失调通常仅导致低氧血症,而无 CO_2 潴留。其原因

Notes

主要是:①动脉与混合静脉血的氧分压差为59mmHg,比CO_2分压差5.9mmHg大10倍;②氧解离曲线呈S形,正常肺泡毛细血管的血氧饱和度已处于曲线的平台段,无法携带更多的氧以代偿低PaO_2区的血氧含量下降。而CO_2解离曲线在生理范围内呈直线,有利于通气良好区对通气不足区的代偿,排出足够的CO_2,不至于出现CO_2潴留。然而,严重的通气/血流比例失调亦可导致CO_2潴留。

4. 肺内动-静脉解剖分流增加   肺动脉内的静脉血未经氧合直接流入肺静脉,导致PaO_2降低,是通气/血流比例失调的特例,常见于肺动-静脉瘘。这种情况下,提高吸氧浓度并不能提高分流静脉血的血氧分压。分流量越大,吸氧后提高动脉血氧分压的效果越差;若分流量超过30%,吸氧并不能明显提高PaO_2。

5. 氧耗量增加   发热、寒战、呼吸困难和抽搐均增加氧耗量。寒战时耗氧量可达500ml/min;严重哮喘时,呼吸肌做功增加,氧耗量可达正常的十几倍。氧耗量增加导致肺泡氧分压下降时,正常人可通过增加通气量来防止缺氧的发生。所以,若氧耗量增加的患者同时伴有通气功能障碍,则会出现严重的低氧血症。

(二) 低氧血症和高碳酸血症对机体的影响

低氧血症和高碳酸血症能够影响全身各系统脏器的代谢、功能甚至使组织结构发生变化。在呼吸衰竭的初始阶段,各系统脏器的功能和代谢可发生一系列代偿性反应,以改善组织供氧,调节酸碱平衡、适应内环境的变化。当呼吸衰竭进入严重阶段时,则出现代偿不全,表现为各系统脏器严重的功能和代谢紊乱直至衰竭。

1. 对中枢神经系统的影响   脑组织的耗氧量很大,约占全身耗氧量的$1/5 \sim 1/4$。大脑皮质的神经元细胞对缺氧最为敏感,通常完全停止供氧$4 \sim 5$分钟即可引起不可逆性脑损害。低氧对中枢神经系统影响的程度与缺氧发生的速度和程度有关。当PaO_2降至60mmHg时,可出现注意力不集中、智力和视力轻度减退;当PaO_2迅速降至$40 \sim 50$mmHg以下时,会引起一系列神经精神症状,如头痛、不安、定向力与记忆力障碍、精神错乱、嗜睡;低于30mmHg时,出现神志丧失乃至昏迷;PaO_2低于20mmHg时,只需数分钟即可造成神经细胞不可逆性损伤。

CO_2潴留使脑脊液H^+浓度增加,影响脑细胞代谢,降低脑细胞兴奋性,抑制皮质活动;但轻度的CO_2增加,对皮质下层刺激加强,可间接引起皮质兴奋。CO_2潴留可引起头痛、头晕、烦躁不安、言语不清、精神错乱、扑翼样震颤、嗜睡、昏迷、抽搐和呼吸抑制等表现,这种由缺氧和CO_2潴留所致的神经精神障碍症候群称为肺性脑病(pulmonary encephalopathy),又称CO_2麻醉(carbon dioxide narcosis)。肺性脑病早期,患者往往有失眠、兴奋、烦躁不安等症状。除上述神经精神症状外,还可表现为木僵、视力障碍、球结膜水肿及发绀等。肺性脑病的发病机制尚未完全阐明,但目前认为低氧血症、CO_2潴留和酸中毒三个因素共同损伤脑血管和脑细胞是最根本的发病机制。

缺氧和CO_2潴留均会使脑血管扩张、血流阻力降低、血流量增加以代偿脑缺氧。缺氧和酸中毒还能损伤血管内皮细胞使其通透性增高,导致脑间质水肿;缺氧使红细胞ATP生成减少,造成Na^+-K^+泵功能障碍,引起细胞内Na^+及水分增多,形成脑细胞水肿。以上情况均可引起脑组织充血、水肿和颅内压增高,压迫脑血管,进一步加重脑缺血、缺氧,形成恶性循环,严重时出现脑疝。另外,神经细胞内的酸中毒可引起抑制性神经递质 γ-氨基丁酸生成增多,加重中枢神经系统的功能和代谢障碍,也成为肺性脑病以及缺氧、休克等病理生理改变难以恢复的原因。

2. 对循环系统的影响   一定程度的PaO_2降低和$PaCO_2$升高,可使心率反射性增快、心肌收缩力增强、心排血量增加;缺氧和CO_2潴留时,交感神经兴奋使皮肤和腹腔脏器血管收缩,而冠脉血管由于主要受局部代谢产物的影响发生扩张,其血流量是增加的。严重的缺氧和CO_2潴留可直接抑制心血管中枢,造成心脏活动抑制和血管扩张、血压下降、心律失常等严重后果。心肌对缺氧十分敏感,早期轻度缺氧即可有心电图的异常表现。急性严重缺氧可导致心室颤动或心脏骤停。长期慢性缺氧可导致心肌纤维化、心肌硬化。在呼吸衰竭的发病过程中,缺氧、肺动脉高压以及心肌受损等多种病理变化共同作用,最终导致肺源性心脏病(cor pulmonale)。

3. 对呼吸系统的影响　呼吸衰竭患者的呼吸变化受到 PaO_2 降低和 $PaCO_2$ 升高所引起的反射活动及原发疾病的影响,因此实际的呼吸活动需要视诸多因素综合而定。

低氧血症对呼吸的影响远小于 CO_2 潴留。低 PaO_2($<60mmHg$)作用于颈动脉体和主动脉体的化学感受器,可反射性兴奋呼吸中枢,增强呼吸运动,使呼吸频率增快甚至出现呼吸窘迫。当缺氧程度缓慢加重时,这种反射性兴奋呼吸中枢的作用将变得迟钝。缺氧对呼吸中枢的直接作用是抑制作用,当 $PaO_2<30mmHg$ 时,此作用可大于反射性兴奋作用而使呼吸抑制。

CO_2 是强有力的呼吸中枢兴奋剂。当 $PaCO_2$ 急骤升高时,呼吸加深加快;长时间严重的 CO_2 潴留,会造成中枢化学感受器对 CO_2 的刺激作用发生适应;当 $PaCO_2>80mmHg$ 时,会对呼吸中枢产生抑制和麻醉效应,此时呼吸运动主要靠低 PaO_2 对外周化学感受器的刺激作用来维持。因此对这种患者进行氧疗时,如吸入高浓度氧,由于解除了低氧对呼吸中枢的刺激作用,可造成呼吸抑制,应注意避免。

4. 对肾功能的影响　呼吸衰竭的患者常常合并肾功能不全,若及时治疗,随着外呼吸功能的好转,肾功能可以恢复。

5. 对消化系统的影响　呼吸衰竭的患者常合并消化道功能障碍,表现为消化不良、食欲缺乏,甚至出现胃肠黏膜糜烂、坏死、溃疡和出血。缺氧可直接或间接损害肝细胞,使丙氨酸氨基转移酶升高,若缺氧能够得到及时纠正,肝功能可逐渐恢复正常。

6. 呼吸性酸中毒及电解质紊乱　呼吸功能障碍导致血 $PaCO_2$ 增高($>45mmHg$)、pH 下降(<7.35)、H^+ 浓度升高($>45mmol/L$),发生呼吸性酸中毒。早期可出现血压增高,中枢神经系统受累,表现为躁动、嗜睡、精神错乱、扑翼样震颤等。由于 pH 值取决于 HCO_3^- 与 H_2CO_3 的比值,前者靠肾脏调节(需 1~3 天),而后者靠呼吸调节(仅需数小时),因此急性呼吸衰竭时 CO_2 潴留可使 pH 迅速下降。在持续或严重缺氧的患者体内,组织细胞能量代谢的中间过程,如三羧酸循环、氧化磷酸化和有关酶的活性受到抑制,使能量生成减少,体内乳酸和无机磷产生增多,导致代谢性酸中毒(实际碳酸氢盐 AB$<22mmol/L$)。此时患者表现为呼吸性酸中毒合并代谢性酸中毒,可出现意识障碍、血压下降、心律失常甚至心脏骤停。由于能量不足,体内转运离子的钠泵功能障碍,使细胞内 K^+ 转移至血液,而 Na^+ 和 H^+ 进入细胞内,造成细胞内酸中毒和高钾血症。

慢性呼吸衰竭时因 CO_2 潴留发展缓慢,肾脏可通过减少 HCO_3^- 的排出来维持 pH 恒定。但当体内 CO_2 长期增高时,HCO_3^- 也持续维持在较高水平,导致呼吸性酸中毒合并代谢性碱中毒,此时 pH 可处于正常范围,称为代偿性呼吸性酸中毒合并代谢性碱中毒。因血中主要阴离子 HCO_3^- 和 Cl^- 之和相对恒定(电中性原理),当 HCO_3^- 持续增加时血中 Cl^- 相应降低,产生低氯血症。当呼吸衰竭恶化,CO_2 潴留进一步加重时,HCO_3^- 已不能代偿,pH 低于正常范围(<7.35),则呈现失代偿性呼吸性酸中毒合并代谢性碱中毒。

(三)其他重要脏器功能的监测与支持

呼吸衰竭往往会累及其他重要脏器,因此应及时将重症患者转入 ICU,加强对重要脏器功能的监测与支持,预防和治疗肺动脉高压、肺源性心脏病、肺性脑病、肾功能不全、消化道功能障碍和弥散性血管内凝血(DIC)等。特别要注意防治多脏器功能障碍综合征。

【临床表现】　慢性呼吸衰竭的临床表现与急性呼吸衰竭大致相似,但以下几个方面有所不同。

(一)呼吸困难

慢阻肺所致的呼吸困难,病情较轻时表现为呼吸费力伴呼气延长,严重时发展成浅快呼吸。若并发 CO_2 潴留,$PaCO_2$ 升高过快或显著升高以致发生 CO_2 麻醉时,患者可由呼吸过速转为浅慢呼吸或潮式呼吸。

（二）神经症状

慢性呼吸衰竭伴 CO_2 潴留时,随 $PaCO_2$ 升高可表现为先兴奋后抑制现象。兴奋症状包括失眠、烦躁、躁动、夜间失眠而白天嗜睡(昼夜颠倒现象)等,但此时切忌应用镇静或催眠药,以免加重 CO_2 潴留,诱发肺性脑病。肺性脑病主要表现为神志淡漠、肌肉震颤或扑翼样震颤、间歇抽搐、昏睡甚至昏迷等,亦可出现腱反射减弱或消失,锥体束征阳性等。此时应与合并脑部病变作鉴别。

（三）循环系统表现

CO_2 潴留使外周体表静脉充盈、皮肤充血、温暖多汗、血压升高、心排血量增多而致脉搏洪大;多数患者心率增快;因脑血管扩张产生搏动性头痛。

（四）其他

随着缺氧和二氧化碳潴留的程度不同有不同程度的消化系统症状和并发症,肾脏并发症及酸碱失衡和电解质紊乱。

【诊断】　慢性呼吸衰竭的血气分析诊断标准参见急性呼吸衰竭,但在临床上Ⅱ型呼吸衰竭患者还常见于另一种情况,即吸氧治疗后,$PaO_2 > 60mmHg$,但 $PaCO_2$ 仍高于正常水平。

【治疗】　治疗原发病、去除诱因、保持气道通畅、纠正缺氧、解除二氧化碳潴留、治疗与防止缺氧和二氧化碳潴留所引起的各种症状。

（一）氧疗

慢阻肺是导致慢性呼吸衰竭的常见呼吸系统疾病,患者常伴有 CO_2 潴留,氧疗时需注意保持低浓度吸氧,防止血氧含量过高。CO_2 潴留是通气功能不良的结果。慢性高碳酸血症患者呼吸中枢的化学感受器对 CO_2 反应性差,呼吸主要靠低氧血症对颈动脉体、主动脉体化学感受器的刺激来维持。若吸入高浓度氧,使血氧迅速上升,解除了低氧对外周化学感受器的刺激,便会抑制患者呼吸,造成通气状况进一步恶化,导致 CO_2 上升,严重时陷入 CO_2 麻醉状态。

（二）机械通气

根据病情选用无创机械通气或有创机械通气。慢阻肺急性加重早期及时应用无创机械通气可以防止呼吸功能不全加重,缓解呼吸肌疲劳,减少后期气管插管率,改善预后。

（三）抗感染

慢性呼吸衰竭急性加重的常见诱因是感染,一些非感染因素诱发的呼吸衰竭也容易继发感染。抗感染治疗抗生素的选择可以参考相关章节。

（四）呼吸兴奋剂

慢性呼吸衰竭患者在病情需要时可服用呼吸兴奋剂都可喜(almitrine)50~100mg,2 次/日。该药通过刺激颈动脉体和主动脉体的化学感受器兴奋呼吸中枢,增加通气量。

（五）纠正酸碱平衡失调

慢性呼吸衰竭常有 CO_2 潴留,导致呼吸性酸中毒。呼吸性酸中毒的发生多为慢性过程,机体常通过增加碱储备来代偿,以维持 pH 于相对正常水平。当以机械通气等方法较为迅速地纠正呼吸性酸中毒时,原已增加的碱储备会使 pH 升高,对机体造成严重危害,故在纠正呼吸性酸中毒时,应注意同时纠正潜在的代谢性碱中毒,通常给予患者盐酸精氨酸和补充氯化钾。

慢性呼吸衰竭的其他治疗方面与急性呼吸衰竭和 ARDS 有类同之处,不再复述。

第四节　呼吸支持技术

呼吸支持技术是救治呼吸衰竭的有效手段。临床上常针对呼吸衰竭的不同程度采用不同呼吸支持方法。

Notes

(一) 氧疗

通过增加吸入氧浓度来纠正患者缺氧状态的治疗方法即为氧气疗法(简称氧疗)。合理的氧疗能使体内可利用氧明显增加,并减少呼吸做功,降低缺氧性肺动脉高压。

1. **适应证**　一般而言,只要 PaO_2 低于正常即可氧疗,但临床实践中往往采用更严格的标准。对于成年患者,特别是慢性呼吸衰竭者,$PaO_2<60mmHg$ 是比较公认的氧疗指征。而对于急性呼吸衰竭患者,氧疗指征应适当放宽。

(1) 不伴 CO_2 潴留的低氧血症:此时患者的主要问题为氧合功能障碍,而通气功能基本正常。可予较高浓度吸氧($\geqslant 35\%$),使 PaO_2 提高到 $60mmHg$ 以上或 SaO_2 达 90% 以上。

(2) 伴明显 CO_2 潴留的低氧血症:对低氧血症伴有明显 CO_2 潴留者,应予低浓度($<35\%$)持续吸氧,控制 PaO_2 于 $60mmHg$ 或 SaO_2 于 90% 或略高。

2. **吸氧装置**　详见本章第一节。

其他氧疗方式还有机械通气氧疗、高压氧疗等。

3. **注意事项**　①避免长时间高浓度吸氧($FiO_2>0.6$),防止氧中毒;②注意吸入气体的温化和湿化;③吸氧装置需定期消毒;④注意防火。

(二) 人工气道的建立与管理

在危重症急救治疗工作中,保持呼吸道通畅,保证充分的通气和换气,防止呼吸道并发症及呼吸功能不全,是关系到重要脏器功能保障和救治能否成功的重要环节。

1. **建立人工气道的目的**　①解除气道梗阻;②及时清除呼吸道内分泌物;③防止误吸;④严重低氧血症和高碳酸血症时实行正压通气治疗。

2. **建立人工气道的方法**

(1) 气道紧急处理:紧急情况下应首先保证患者有足够的通气及氧供,而不是一味强求气管插管。在某些情况下,一些简单的方法能起到重要作用,甚至能避免紧急气管插管,如迅速清除呼吸道和口咽部的分泌物或异物,头后仰,托起下颌,放置口咽通气道,用简易呼吸器经面罩加压给氧等。

(2) 人工气道建立方式的选择:气道的建立分为喉上途径和喉下途径。喉上途径主要指经口或经鼻气管插管,喉下途径指环甲膜穿刺或气管切开。

(3) 插管前的准备:喉镜、简易呼吸器、气管导管、负压吸引等设备。应先与家属交代清楚可能发生的意外,使其理解插管的必要性和危险性,取得一致认识。

(4) 插管操作方法:有经口腔和鼻腔的插管术,具体操作方法见《麻醉学》。

(5) 插管过程的监测:监测基础生命体征:如呼吸状况、血压、心电图、SpO_2 及呼气末二氧化碳($ETCO_2$),$ETCO_2$ 对判断气管导管是否插入气管内有重要价值。

3. **气管插管的并发症**

(1) 动作粗暴可致牙齿脱落或损伤口鼻腔和咽喉部黏膜,引起出血或造成下颌关节脱位。

(2) 浅麻醉下进行气管插管,可引起剧烈咳嗽或喉、支气管痉挛;有时由于迷走神经过度兴奋而产生心动过缓、心律失常甚至心脏骤停;有时也会引起血压剧升。

(3) 导管过细使呼吸阻力增加,甚至因压迫、扭曲而使导管堵塞;导管过粗则容易引起喉头水肿。

(4) 导管插入过深误入一侧支气管内,可引起另一侧肺不张。

4. **人工气道的管理**　固定好插管,防止脱落移位。详细记录插管的日期和时间、插管型号、插管外露的长度、气囊的最佳充气量等。在拔管及气囊放气前必须清除气囊上滞留物,以防止误吸、呛咳及窒息。对长期机械通气患者,需注意观察气囊有无漏气现象。每日定时口腔护理,以预防口腔病原菌所致的呼吸道感染。做好胸部物理治疗,注意环境消毒隔离。

(三) 机械通气

机械通气是在患者自然通气和(或)氧合功能出现障碍时,运用器械(主要是呼吸机)使患

Notes

者恢复有效通气并改善氧合的技术方法。

1. 适应证　①通气功能障碍为主的疾病：包括阻塞性通气功能障碍（如慢阻肺急性加重、哮喘急性发作等）和限制性通气功能障碍（如神经肌肉疾病、间质性肺疾病、胸廓畸形等）；②换气功能障碍为主的疾病：如 ARDS、重症肺炎等。

2. 禁忌证　随着机械通气技术的进步，现代机械通气已无绝对禁忌证，相对禁忌证仅为严重气胸及纵隔气肿未行引流者。

3. 常用通气模式及参数　控制通气适用于无自主呼吸或自主呼吸极微弱的患者，辅助通气模式适用于有一定自主呼吸但尚不能满足需要的患者。常用的通气模式包括控制通气（CMV）、辅助通气（AMV）、辅助-控制通气（A-CV）、同步间歇指令通气（SIMV）、压力支持通气（PSV）、持续气道正压通气（CPAP）、呼吸末正压（PEEP）、双相气道正压（BIPAP）等。

4. 并发症　机械通气的并发症主要与正压通气和人工气道有关。

（1）呼吸机相关肺损伤（ventilator associated lung injury，VALI）：包括气压-容积伤、剪切伤和生物伤。

（2）血流动力学影响：胸腔内压力升高，心输出量减少，血压下降。

（3）呼吸机相关肺炎（VAP）。

（4）气囊压迫导致气管-食管瘘。

5. 撤机　由机械通气状态恢复到完全自主呼吸需要一个过渡阶段，此阶段即为撤机。撤机前应基本去除呼吸衰竭的病因，改善重要脏器的功能，纠正水电解质酸碱失衡。可以采用 T 型管、PSV、有创-无创序贯通气等方式逐渐撤机。

6. 无创机械通气　近年来，无创正压通气已从传统的主要治疗阻塞型睡眠呼吸暂停低通气综合征（OSAHS）扩展为治疗多种急、慢性呼吸衰竭，其在慢阻肺急性加重早期、急性心源性肺水肿、免疫力低下患者、术后预防呼吸衰竭以及家庭康复（home care）等方面均有良好的治疗效果。另外，有创-无创序贯通气治疗明显改善慢阻肺急性加重期并呼吸衰竭的治疗效果，已经成为临床常规措施。具有双水平气道正压（BiPAP）功能的无创呼吸机性能可靠、操作简单，临床应用较多。

7. 其他通气技术　高频通气（HFV）、液体通气（LV）、ECMO 等技术，亦可应用于急性呼吸衰竭的治疗。

（代华平　王辰）

推荐阅读文献

1. Goldman's Cecil medicine. Goldman L and Schafer AI（eds）. 24th Ed. New York：Elsevier Saunders，2012

2. Harrison's Principle of Internal Medicine. Longo，Fauci，Kaspre，Hauser，Jameson，Loscalzo（eds）. 18th Ed，New York：McGraw-Hill，2012

3. ARDS Definition Task Force，Ranieri VM，Rubenfeld GD，Thompson BT，Ferguson ND，Caldwell E，Fan E，Camporota L，Slutsky AS. Acute respiratory distress syndrome：the Berlin Definition. JAMA. 2012；307（23）：2526-2533

Notes

第十六章 危重症医学概要

要点：

1. 危重症医学是主要研究危重症患者脏器功能障碍或衰竭的发病机制、诊断、监测和治疗方法的一门临床学科，其临床基地为重症监护治疗病房（ICU），核心技术为脏器功能监测与脏器支持技术。

2. 呼吸病学和危重症医学关系密切，呼吸病学与危重症医学的捆绑式、交融式发展成为现代呼吸病学的主要特征。

危重症医学（critical care medicine）是主要研究危重症患者脏器功能障碍或衰竭的发病机制、诊断、监测和治疗方法的一门临床学科。其临床处理对象为危重但经救治后有可能好转或痊愈的患者，临床基地为重症监护治疗病房（intensive care unit，ICU），核心技术为脏器功能监测与脏器支持技术。ICU 内有专门接受过危重症医学训练的医务人员，配备较为完备的医疗设施，对患者进行比在普通病房更为强化的监测和治疗。

现代意义上的重症监护治疗始于 20 世纪 50 年代。1952 年丹麦流行脊髓灰质炎，床旁监护和机械通气的使用使病死率显著降低。20 世纪 50 年代美国建立了较为规范的 ICU。此后，危重症医学在欧美国家迅速发展，充分发挥了其在危重症患者救治中的特殊作用。

我国自 1970 年以后开始在一些大型医疗机构建立 ICU，近 20 余年来发展尤为迅速。

呼吸病学和危重症医学的关系密切，二者互相渗透，互相促进，从业人员亦多有交叉。危重症医学是现代医学不可或缺的组成部分。

一、重症监护治疗病房

重症监护治疗病房是为适应危重症患者的强化医疗需要而集中必要的人员和设备所形成的医疗组织。它包括四个要素，即危重症患者、受过专门训练和富有经验的医护技术人员、完备的临床病理生理监测和抢救治疗设施，以及严格科学的管理，其最终目的是尽可能排除人员和设备因素对治疗的限制，最大限度地体现当代医学的治疗水平，使危重症患者的预后得以改善。

ICU 可分为综合型 ICU 或专科 ICU，如内科 ICU、外科 ICU、呼吸 ICU 等，以适应不同医疗机构、不同专科危重症患者的救治需要。冠心监护病房（coronary care unit，CCU）或心脏监护病房（cardiac care unit）是 ICU 中的特例，主要用于治疗患有急性冠脉综合征、急性心脏衰竭、严重心律失常等严重心血管系统疾病的患者。当心脏病患者出现多个系统和器官功能障碍时，一般转收至其他 ICU。

（一）ICU 的工作目的和收治范围

ICU 的工作目的包括医疗、科研和教学三方面，其中医疗是工作的核心内容，科研是促进专业学术水平发展的基础，教学是培养临床医学人才和不断提高医护人员专业技术素养的保证。

ICU 的收治对象主要是病情危重，出现一个或多个脏器急性功能不全或衰竭并呈进行性发展，经强化治疗后有可能好转或痊愈的患者。

常见的收治病症主要有：严重感染、严重创伤、大手术术后、慢阻肺急性加重并发严重呼吸衰竭,严重哮喘发作,大面积肺栓塞等。常见的脏器功能不全和衰竭包括:ARDS、急性肾损伤、休克、心力衰竭、凝血纤溶系统功能异常、意识障碍等。

(二) ICU 的主要监测与治疗手段

对病情的连续监测是 ICU 工作的重要特点。医务人员借助现代化的方法进行细致的床旁观察。床旁监护系统包括心电、呼吸、无创血压、脉搏容积血氧饱和度、无创/有创血流动力学监测、氧代谢监测、呼吸力学、呼出二氧化碳浓度等监测装置。目前 ICU 的监测设备多采用组合式监护系统(component monitoring system)。

脏器支持治疗是 ICU 工作的重点内容。氧疗、人工气道的建立与管理、机械通气等呼吸支持技术是治疗急性呼吸衰竭最主要的手段;血管活性药物、主动脉内球囊反搏术、人工心室辅助泵、电转复和起搏器的应用是循环支持的重要方法;体外膜式氧合技术是极为危重的呼吸和/或循环衰竭患者的终极支持手段;床旁血液净化技术是纠正严重内环境紊乱的有效措施,用于急性肾、肝功能衰竭和其他严重代谢异常;维持水、电解质和酸碱平衡,精确的输液控制,合理的营养支持和血糖控制等也是强化治疗的重要组成部分。

(三) ICU 的人员建制和组织管理

良好的人员素质和充足的人员配备,是保证 ICU 工作顺利进行和水平不断提高最重要的因素。医务人员必须接受严格的危重症医学培训,方可胜任 ICU 的工作。ICU 医生全面负责监护病房的医疗工作。为保证治疗的高效性,主任医师/副主任医师和主治医师应当相对固定,住院医师可以轮转,但轮转周期不宜短于半年。护理工作在 ICU 中占有极其重要的地位,ICU 护士的工作质量将更为直接地影响救治成功率。

完善的组织管理是 ICU 工作协调运转、最大限度地提高工作质量和效率的必要保证。务必使 ICU 进入程序化的工作状态,对新收治患者的处理、各班工作内容、交接班、上级医师查房、仪器管理、科研教学工作等,在组织管理上均应制度化。

(四) 危重症医学中的伦理学

ICU 除了其他医疗场所面临的常见医学伦理学问题外,由于其特定的环境和患者,相关的医学伦理学问题更为突出,并有其特别之处,经常直接影响诊疗决策。

当面临伦理学问题时,在处理上应遵循如下原则:①将患者利益置于首位,充分尊重患者意见;②进行治疗决策时听取患者亲属的意见,兼顾他们的利益;③注意医疗资源的合理分配;④保护医务人员的正当权益。

二、系统性炎症反应综合征与多器官功能障碍综合征

(一) 系统性炎症反应综合征(systemic inflammatory response syndrome,SIRS)

系统性炎症反应综合征是指机体对不同原因的严重损伤所产生的系统性炎症反应,并至少具有以下临床表现中的 2 项:①体温>38℃或<36℃;②心率>90 次/分钟;③呼吸急促、频率>20 次/分钟,或过度通气、$PaCO_2$<32mmHg;④血白细胞计数>$12×10^9$/L 或<$4×10^9$/L,或未成熟(杆状核)中性粒细胞比例>10%。

诱发 SIRS 的因素有感染性和非感染性,其中常见的是感染性因素。

(二) 感染中毒症(sepsis)

感染中毒症是指感染所引起的 SIRS。感染中毒症的发病率及病死率高,且近年有持续增长的趋势。满足 SIRS 诊断标准中的项目越多,病死率越高。

(三) 严重感染中毒症(severe sepsis)

伴有器官功能障碍的感染中毒症。

(四) 感染中毒性休克(septic shock)

感染中毒性休克为严重感染中毒症的一个亚型,是指虽然进行了充分的液体复苏治疗,但仍存在持续的低血压和组织灌注下降。在经过正性肌力药或缩血管药治疗后,患者可不表现低

血压,但组织低灌注或器官功能障碍仍持续存在。

(五) 多器官功能障碍综合征(multiple organ disfunction syndrome, MODS)

MODS是SIRS进一步发展的严重阶段,指机体在遭受急性严重感染、严重创伤、大面积烧伤等突然打击后,同时或先后出现2个或2个以上器官功能障碍,以至在无干预治疗的情况下不能维持内环境稳定的综合征。肺为这一病理生理过程中最易受累的器官,表现为ARDS。MODS不包含慢性疾病终末期发生的多个器官功能障碍或衰竭。

(六) 休克(shock)

休克是由一种或多种原因诱发的组织灌注不足所导致的临床综合征。灌注不足使组织缺氧和营养物质供应障碍,导致细胞功能受损,诱发炎症因子的产生和释放,引起微循环的功能和结构发生改变,进一步加重灌注障碍,形成恶性循环,最终导致器官功能衰竭。

休克按照血流动力学改变特点分为:

(1) 低血容量性休克(hypovolemic shock):其基本机制为循环血容量的丢失,如失血性休克。

(2) 心源性休克(cardiogenic shock):其基本机制为心脏泵功能衰竭,如急性大面积心肌梗死所致休克。

(3) 分布性休克(distributive shock):其基本机制为血管收缩、舒张调节功能异常,血容量重新分布导致相对性循环血容量不足,体循环阻力可降低、正常或增高。感染中毒性休克、神经性休克、过敏性休克均属于此类。

(4) 梗阻性休克(obstructive shock):其基本机制为血流受到机械性阻塞,如肺血栓栓塞症所致休克。

(王 辰)

推荐阅读文献

1. Goldman's Cecil Medicine. Goldman L and Schafer AI(eds). 24th Ed. New York:Elsevier Saunders,2012
2. Harrison's Principle of Internal Medicine. Longo,Fauci,Kaspre,Hauser,Jameson,Loscalzo(eds). 18th Ed,New York:McGraw-Hill,2012

第十七章 烟草病学概要

> **要点：**
>
> 1. 吸烟及二手烟暴露危害健康已是 20 世纪不争的医学结论。烟草病学是一门研究吸食烟草对健康影响的医学学科。
>
> 2. 吸烟可以成瘾，称为烟草依赖。烟草依赖是一种慢性高复发性疾病[国际疾病分类（ICD-10）编码为 F17.2]。
>
> 3. 戒烟是已被证实的减轻吸烟危害的唯一方法。医务人员应将戒烟干预整合到日常临床工作中。

吸烟（smoking）是一种常见的行为，是当今世界上最严重的公共卫生与医疗保健问题之一。虽然我国大部分民众对吸烟的危害有所知晓，但通常只是将吸烟当做一种可自愿选择的不良行为习惯，而对吸烟的高度成瘾性、危害的多样性和严重性缺乏深入认识，以至于我国的吸烟率居高不下，对人民健康造成极为严重的危害。基于坚实的科学证据，深刻地认识吸烟之害，掌握科学的戒烟方法，积极地投身于控制吸烟工作，是当代医学生的历史使命与责任。

【概念】 烟草病学（tobacco medicine）是一门研究吸食烟草对健康影响的医学学科。吸烟危害健康已是 20 世纪不争的医学结论。进入 21 世纪，关于吸烟危害健康的新的科学证据仍不断地被揭示出来。控制吸烟，包括防治吸烟和促使吸烟者戒烟，已经成为人群疾病预防和个体保健的重要与可行措施。如同在对感染性疾病和职业性疾病的防治中产生了感染病学与职业病学一样，在对吸烟危害健康的研究与防治实践中，已逐步形成烟草病学这样一个专门的医学体系，其学科框架主要包括烟草及吸烟行为、烟草依赖、吸烟及二手烟暴露的流行状况、吸烟对健康的危害、二手烟暴露对健康的危害、戒烟的健康益处、戒烟及烟草依赖的治疗等内容。

【烟草及吸烟行为】 烟草种植、贸易与吸烟是一种全球性的不良生产、经济与生活行为，对人类的健康和社会发展造成了严重的损害。世界上有多种烟草制品，其中大部分为可燃吸烟草制品，即以点燃后吸入烟草燃烧所产生的烟雾为吸食方式的烟草制品，卷烟是其最常见的形式。

烟草燃烧后产生的气体混合物称为烟草烟雾。吸烟者除了自己吸入烟草烟雾外，还会将烟雾向空气中播散，形成二手烟。吸入或接触二手烟称为二手烟暴露。烟草烟雾的化学成分复杂，已发现含有 7000 余种化学成分，其中数百种物质可对健康造成危害。有害物质中至少包括 69 种已知的致癌物（如苯并芘等稠环芳香烃类、N-亚硝基胺类、芳香胺类、甲醛、1,3-丁二烯等），可对呼吸系统造成危害的有害气体（如一氧化碳、一氧化氮、硫化氢及氨等）以及具有很强成瘾性的尼古丁。"烟焦油"是燃吸烟草过程中，有机质在缺氧条件下不完全燃烧的产物，为众多烃类及烃的氧化物、硫化物及氮化物的复杂混合物。烟草公司推出"低焦油卷烟"和"中草药卷烟"以促进消费，但研究证实，这些烟草产品并不能降低吸烟对健康的危害，反而容易诱导吸烟，影响吸烟者戒烟。

【烟草依赖】 吸烟可以成瘾，称为烟草依赖，这是造成吸烟者持久吸烟并难以戒烟的重要原因。烟草中导致成瘾的物质是尼古丁，其药理学及行为学过程与其他成瘾性物质（如海洛因和可卡因等)类似,故烟草依赖又称尼古丁依赖。烟草依赖是一种慢性高复发性疾病[国际疾病分类(ICD-10)编码为F17.2],许多吸烟者存在不同程度的烟草依赖。烟草依赖者停止吸烟达一定时间后,可出现吸烟渴求、焦虑、抑郁、头痛等一系列戒断症状,会追求再度吸烟,导致戒烟困难。实际上,许多吸烟者并非享受吸烟所带来的愉悦感,而是以吸烟来去除戒断症状。对吸烟者应作出是否患有烟草依赖及其严重程度的评估。烟草依赖患者戒烟常需依靠专业化的戒烟治疗。

【吸烟及二手烟暴露的流行状况】　世界卫生组织(WHO)的统计数字显示,全世界每年因吸烟死亡的人数高达600万,每6秒钟即有1人死于吸烟相关疾病,现在吸烟者中将会有一半因吸烟提早死亡;因二手烟暴露所造成的非吸烟者年死亡人数约为60万。如果全球吸烟流行趋势得不到有效控制,到2030年每年因吸烟死亡人数将达800万,其中80%发生在发展中国家。由于认识到吸烟的危害,近几十年来,发达国家卷烟产量增长缓慢,世界上多个国家的吸烟流行状况逐渐得到控制。目前,我国在烟草问题上居三个"世界之最":最大的烟草生产国,卷烟产销量约占全球的40%;最大的烟草消费国,吸烟人群逾3亿,15岁以上人群吸烟率为28.1%,成年男性吸烟率高达52.9%,另有约7.4亿不吸烟人群暴露于二手烟;最大的烟草受害国,每年因吸烟相关疾病所致的死亡人数超过100万,如对吸烟流行状况不加以控制,至2050年将突破300万。

【吸烟对健康的危害】　烟草烟雾中所含有的数百种有害物质有些是以其原型损害人体,有些则是在体内外与其他物质发生化学反应,衍化出新的有害物质后损伤人体。吸烟与二手烟暴露有时作为主要因素致病(如已知的69种致癌物质可以直接导致癌症),有时则与其他因素复合致病或通过增加吸烟者对某些疾病的易感性致病(如吸烟增加呼吸道感染的风险即是通过降低呼吸道的抗病能力,使病原微生物易于侵入和感染而发病),有时则兼以前述多种方式致病。

由于吸烟对人体的危害主要是一个长期、慢性的过程,且常常作为多病因之一复合致病,同时与人体的易感性密切相关,因此,研究吸烟与二手烟暴露对人体危害的最科学、最有效、最主要的方法是基于人群的流行病学研究,包括横断面研究、病例对照研究、队列研究和meta分析、系统评价以及人群干预研究等。鉴于人群调查是揭示人类病因的最高等级证据来源,医学上确凿证明吸烟危害健康所采用的科学证据即主要为基于人群调查的研究数据,辅以实验研究证据。

1964年《美国卫生总监报告》首次对吸烟危害健康进行了明确阐述,此后以系列报告的形式动态发布吸烟危害健康的新的科学结论。2012年卫生部发布的《中国吸烟危害健康报告》是我国第一部针对吸烟及二手烟暴露对健康所造成危害的国家报告。该报告对大量国内外研究文献,特别是注重对华人与亚裔人群研究进行收集、整理,在科学、系统的证据评估与评价基础上撰写完成。以下即主要基于这两部报告内容,对吸烟的健康危害进行结论性概要阐述。

大量科学证据表明,吸烟可导致多部位恶性肿瘤、其他慢性疾病、生殖与发育异常,还与其他一些疾病及健康问题的发生密切相关。

(一)吸烟与恶性肿瘤

烟草烟雾中含有69种已知的致癌物,这些致癌物会引发机体内关键基因突变,正常生长控制机制失调,最终导致细胞癌变和恶性肿瘤的发生。有充分证据说明吸烟可以导致肺癌、口腔和鼻咽部恶性肿瘤、喉癌、食管癌、胃癌、肝癌、胰腺癌、肾癌、膀胱癌和宫颈癌,而戒烟可以明显降低这些癌症的发病风险。此外,有证据提示吸烟还可以导致结肠直肠癌、乳腺癌和急性白血病。

(二)吸烟与呼吸系统疾病

吸烟对呼吸道免疫功能、肺部结构和肺功能均会产生影响,引起多种呼吸系统疾病。有充分证据说明吸烟可以导致慢性阻塞性肺疾病(慢阻肺)和青少年哮喘,增加肺结核和其他呼吸道感染的发病风险。戒烟可以明显降低上述疾病的发病风险,并改善疾病预后。

(三) 吸烟与心脑血管疾病

吸烟会损伤血管内皮功能,可以导致动脉粥样硬化的发生,使动脉血管腔变窄,动脉血流受阻,引发多种心脑血管疾病。有充分证据说明吸烟可以导致冠心病、脑卒中和外周动脉疾病,而戒烟可以显著降低这些疾病的发病和死亡风险。

(四) 吸烟与生殖和发育异常

烟草烟雾中含有多种可以影响人体生殖及发育功能的有害物质。吸烟会损伤遗传物质,对内分泌系统、输卵管功能、胎盘功能、免疫功能、孕妇及胎儿心血管系统及胎儿组织器官发育造成不良影响。有充分证据说明女性吸烟可以降低受孕概率,导致前置胎盘、胎盘早剥、胎儿生长受限、新生儿低出生体重以及婴儿猝死综合征。此外,有证据提示吸烟还可以导致勃起功能障碍、异位妊娠和自然流产。

(五) 吸烟与糖尿病

有证据提示,吸烟可以导致 2 型糖尿病,并且可以增加糖尿病患者发生大血管和微血管并发症的风险,影响疾病预后。

(六) 吸烟与其他健康问题

有充分证据说明吸烟可以导致髋部骨折、牙周炎、白内障、手术伤口愈合不良及手术后呼吸系统并发症、皮肤老化和医疗费用增加,幽门螺旋杆菌感染者吸烟可以导致消化道溃疡。此外,有证据提示吸烟还可以导致痴呆。

【二手烟暴露对健康的危害】　二手烟中含有大量有害物质及致癌物,不吸烟者暴露于二手烟同样会增加多种吸烟相关疾病的发病风险。有充分的证据说明二手烟暴露可以导致肺癌、烟味反感、鼻部刺激症状和冠心病。此外,有证据提示二手烟暴露还可以导致乳腺癌、鼻窦癌、成人呼吸道症状、肺功能下降、支气管哮喘、慢性阻塞性肺疾病、脑卒中和动脉粥样硬化。二手烟暴露对孕妇及儿童健康造成的危害尤为严重。有充分证据说明孕妇暴露于二手烟可以导致婴儿猝死综合征和胎儿出生体重降低。此外,有证据提示孕妇暴露于二手烟还可以导致早产、新生儿神经管畸形和唇腭裂。有充分的证据说明儿童暴露于二手烟会导致呼吸道感染、支气管哮喘、肺功能下降、急性中耳炎、复发性中耳炎及慢性中耳积液等疾病。此外,有证据提示儿童暴露于二手烟还会导致多种儿童癌症,加重哮喘患儿的病情,影响哮喘的治疗效果,而母亲戒烟可以降低儿童发生呼吸道疾病的风险。

【戒烟的健康益处】　吸烟会对人体健康造成严重危害,而戒烟是已被证实的减轻吸烟危害的唯一方法。吸烟者戒烟后可获得巨大的健康益处,包括延长寿命、降低吸烟相关疾病的发病及死亡风险、改善多种吸烟相关疾病的预后等。吸烟者减少吸烟量并不能降低其发病和死亡风险。任何年龄戒烟均可获益。早戒比晚戒好,戒比不戒好。与持续吸烟者相比,戒烟者的生存时间更长。

【戒烟及烟草依赖的治疗】　在充分认识到吸烟对健康的危害及戒烟的健康获益后,许多吸烟者都会产生戒烟的意愿。对于没有成瘾或烟草依赖程度较低的吸烟者,可以凭毅力戒烟,但经常需要给予强烈的戒烟建议,激发其戒烟动机;对于烟草依赖程度较高者,往往需要给予更强的戒烟干预才能最终成功戒烟。医务人员应主动询问就医者的吸烟情况,对所有吸烟者进行戒烟劝诫,提供戒烟咨询,对其中的烟草依赖者劝导其接受专业化戒烟治疗。目前采用的一线戒烟药物包括尼古丁替代制剂、安非他酮和伐尼克兰。戒烟门诊是对烟草依赖者进行强化治疗的有效方式。医务人员应将戒烟干预整合到日常临床工作中,使每位吸烟者都能够在就诊时获得有效的戒烟帮助。

Notes

(王　辰)

推荐阅读文献

1. 中华人民共和国卫生部. 中国吸烟危害健康报告. 北京：人民卫生出版社,2012
2. U. S. Department of Health and Human Service. How Tobacco Smoke Causes Disease：The Biology and Behavioral Basis for Smoking-Attributable Disease：A Report of the Surgeon General. Washington,DC：Superintendent of Document,U. S. Government Printing Office,2010

第三篇　心血管系统疾病

第一章　总　论

要点：

1. 心血管系统疾病是现代社会严重威胁人类健康，引起死亡的主要疾病。我国心血管病现患人数约2.9亿。高血压、吸烟、高胆固醇血症、肥胖和糖尿病等是我国心血管病的主要危险因素。

2. 心血管系统疾病诊断除了病史、症状和体征外，心电图、超声心动图、放射性核素检查、心导管术、心血管造影、心肌标志物检查等技术也非常重要，可以根据病情需要酌情选用。

3. 心血管疾病完整的诊断包括：①病因诊断，如风湿性心脏病、冠状动脉粥样硬化性心脏病等；②病理解剖诊断，如二尖瓣狭窄、室间隔缺损等；③病理生理方面的诊断，包括心功能状况、心律等。

4. 心血管系统疾病的常用治疗方法：①心理和行为治疗；②药物治疗；③电治疗；④介入治疗；⑤外科手术治疗。

心血管系统疾病包括心脏和血管疾病，是现代社会严重威胁人类健康，引起死亡的主要疾病。20世纪30年代以后，发达国家的心血管疾病在死亡病因构成比中已居首位。根据美国的统计资料，1950年心脏病死亡人数超过肿瘤、结核和肺炎的死亡总和。如何降低心血管病，特别是冠状动脉性心脏病（冠心病）和高血压病的发病率、致残率和死亡率已成为社会、政府关注的焦点。开始于1949年的美国Framingham心脏研究是国际上最著名的心血管疾病流行病学研究。Framingham的研究者根据他们的研究结果于1962年提出了冠心病危险因素的概念。现已证实，通过恰当预防和干预这些危险因素，如吸烟、高血压、高胆固醇血症及糖尿病等，可降低冠心病的发病率和死亡率。经过努力，美国冠心病和脑卒中死亡率从1975年开始出现逐步下降的趋势。与1950年相比，1995年的冠心病死亡率下降了近50%，脑卒中死亡率下降70%。据美国2014年公布的数据，2010年冠心病死亡率为113.6/10万，与2000年比较下降26.3%。2010年，美国所有心血管疾病死亡为236.6/10万，直接和间接经济损失达3154亿美元。

根据国家心血管病中心2013年《中国心血管病报告》，估计我国心血管病现患人数约2.9亿，其中高血压2.7亿，脑卒中至少700万，心肌梗死250万，心力衰竭450万，肺源性心脏病500万，风湿性心脏病250万，先天性心脏病200万。每5个成人中有1人患心血管疾病。我国心血管疾病总死亡率从2004年的240.03/10万升至2010年的268.92/10万，已超过美国。该趋势主要因冠心病死亡上升所致，每年上升5.05%。从2009年起，这一上升速度趋缓。2012年我国心血管病死亡率为255/10万，较2010年略为降低，但仍高于肿瘤和其他疾病，居中国人群死亡原因的首位。每10秒钟就有1人死于心血管疾病。2012年急性心肌梗死和脑卒中住院总费用为495.12亿元人民币。从2009年起，农村心血管疾病死亡率超过并持续高于城市水平。2011年，脑血管病死亡率城市为125.37/10万，农村为136.68/10万；急性心肌梗死死亡率，城市为47.36/10万，农村为48.53/10万。流行病学资料显示，高血压、吸烟、高胆固醇血症、肥胖和糖尿病等是我国心血管病的主要危险因素。据患病率增加趋势估算,2012 年我国 15 岁以上人群高血压患病率为 24%,但是高血压的知晓率、治疗率和控制率仅分别为 32.7%、27.5% 和 11.6%,仍处于较低水平。我国现有吸烟人数约 3.56 亿。15~24 岁青少年及女性吸烟人数上升。我国成人血脂异常者约 2 亿,患病率 18.6%,而知晓率、治疗率和控制率仍处于很低水平。我国成人超重率为 30.6%,肥胖率为 12.0%。经常参加体育锻炼的成年人仅有 11.9%。

近 20 多年来,高血压和冠心病发病率的增长和心血管疾病谱的变迁,预示在未来几十年间我国将面临心血管疾病发病率和死亡率仍居高不下的严峻形势,这将给人民健康造成严重威胁并给社会带来沉重负担。根据我国国情,积极开展心血管疾病的预防和治疗,对保护人民健康,维持经济发展十分重要。

第一节 心血管系统结构与功能特点

心血管系统由心脏和血管,包括大血管及其分支和毛细血管网所组成。它们构成循环的管道系统,毛细血管网分布在全身各部位的器官和组织中。在神经、体液等因素的调节下,血液在这一管道系统内循环流动,将氧、营养物质、激素等运送到组织,又将组织的代谢产物运走,从而保证机体的新陈代谢,维持生命活动。

一、心脏的收缩功能

心脏收缩功能由前负荷、后负荷、心肌收缩力、心率和心律决定。

(一)前负荷

心室舒张末容量或压力反映整体心脏的前负荷。根据 Frank-Starling 定律,在一定范围内,增加前负荷将增加心排出量。一般情况下,右房平均压代表右室充盈压,反映右心室前负荷。因此,通过目测颈静脉压,可了解右心室的前负荷状态。左室前负荷状态对维持一定的心排出量和动脉血压具有更重要的意义。采用漂浮导管测量肺毛细血管楔压,可了解左室前负荷状态。

(二)后负荷

后负荷指心室射血时所面对的负荷。对整体心脏而言,动脉收缩压反映心室的后负荷。此外,它与心脏大小和室壁厚度有关。当动脉收缩压升高时,心搏量倾向于下降,因为心室收缩射出同样血量时需要克服较大的射血阻力。对正常心脏,当动脉收缩压升高,心搏量下降时,心室收缩末容量增加,结果使舒张末容量,即前负荷增加。通过 Frank-Starling 定律,心搏量增至正常。

(三)心肌收缩力

如前、后负荷固定不变,离体心肌收缩时缩短的幅度和速度反映其收缩力。在体心脏收缩期心室腔内压力上升的最大速度(dp/dt_{max})是反映心室收缩力的指标。

(四)心率和心律

心排出量=心率×心搏量。在一定范围内增加心率,将增加心排出量。心率增快,使舒张期缩短,可影响心室的充盈而导致心搏量减少。当心率过快(如成人>180 次/分时),可由于心搏量显著下降而导致心排出量降低。不同心脏疾病和心功能状态的患者,其适宜的心率范围并不完全相同。心脏房室按正常顺序收缩和心室各部分协调收缩对维持正常心功能和心脏做功的效率具有重要意义。心房颤动、室性心动过速、房室传导阻滞及心室内传导阻滞时,可发生机械收缩顺序的改变,影响心脏收缩的协调性和同步性,从而降低心功能。

二、心脏的舒张特性

心脏的舒张特性主要取决于舒张期心肌纤维的主动舒张能力、心室壁内在的僵硬度和心室腔的特性。心室壁肥厚或纤维化使心室的僵硬度增加(顺应性下降),在充盈时不容易被扩张,进而使充盈阻力增大,充盈压升高。其结果是心房代偿性肥大,收缩增强,以克服升高的心室充盈阻力,保证心室在舒张期获得足够的充盈。左心室顺应性降低时,左心室舒张压和左心房压力升高,患者可出现因肺淤血而引起的呼吸困难等心功能不全的症状,临床上称为舒张功能不全。

三、心肌氧耗量

心肌氧耗量显著高于其他器官组织。休息时,正常左心室每分钟耗氧为 6~8 毫升/100 克心肌。氧耗量取决于身体基础代谢状态、左心室收缩压(或室壁应力)、心率和心肌收缩力。收缩压和心率与心肌氧耗量成正比。通常用收缩压和心率的乘积来估计氧耗量的大小。

四、冠状动脉血流量的调节

为保证心肌高氧耗的需求,冠状动脉的血流量很大。休息时,正常成人左室每分钟血流量为 60~90 毫升/100 克心肌。冠状动脉血流量取决于以下五个因素:①心肌氧耗量;②冠状动脉灌注压;③心脏收缩时,心室壁对穿行于室壁内的冠状动脉的压迫作用;④舒张期长短;⑤内源性或外源性血管活性物质对冠状动脉舒张、收缩状态的调节。

五、全身血液循环的调节

心脏泵出的血液分别进入肺循环和体循环。全身血管阻力主要由小动脉舒缩状态决定。静脉系统容纳了循环血容量的 75%~80%。身体各部分器官的血流量差异很大。肾脏的血流量为心排出量的 20%,以保证其滤过功能的完成,但氧摄取率很低。冠状动脉循环对氧的摄取率很高,可达 60%~70%。大动脉的血流速度快,主动脉血流速度约为 31cm/s。毛细血管内血流速度仅为 0.05cm/s,以保证组织内代谢产物的充分交换。每个器官根据其代谢需要通过调节局部血管阻力来获得适量的血液供给。全身血管阻力则受神经反射、体液因素的调节。例如,突然站立或直立倾斜时,静脉回流量和心排出量均下降,通过神经反射使全身血管总阻力增加,以防止动脉血压明显降低。

六、血容量的调节

全身血容量是影响心脏、血管系统功能的重要因素,对血压的长期调控也具有重要意义。饮水和摄入食盐后,血容量的增加使心室舒张末容量增加,心排出量随之增加。肾脏动脉血管壁上对牵拉敏感的受体被激活,引起血管扩张,肾血流量增加,滤过增多。同时,通过中枢神经系统反射性地使抗利尿激素(antidiuretic hormone,ADH)分泌减少。上述两种机制导致尿量增加,肾脏排钠增多,使血容量恢复到基线水平。如果有效血容量减少,上述机制将从相反方向调节,使血容量增加。肾素-血管紧张素-醛固酮系统(renin-angiotensin-aldosterone system,RAAS)在调节血容量方面具有重要作用。此外,心房利钠肽(atrial natriuretic peptide,ANP)也参与血容量的调节。慢性充血性心力衰竭患者通常合并血容量增加和水钠潴留,这与血中醛固酮水平升高、肾灌注血量减少、RAAS 激活有关。阻断 RAAS 的药物可以对抗或部分逆转这一病理生理过程。

七、受体和受体后信号转导系统的调节

受体和受体后信号转导系统在心血管系统功能调节中具有重要意义。在细胞膜上存在多种受体。细胞外信号,如激素、神经递质等与受体结合,通过信号转导系统,调节细胞的功能。在这个过程中,许多蛋白激素与 G 蛋白耦联受体结合后,将信号传递给效应蛋白,形成信号的逐级放大。心脏和血管的受体主要有 α 和 β 肾上腺素受体、多巴胺受体、前列腺素受体、血管紧张素受体、内皮素受体等,它们都参与了心血管系统功能的调节。

第二节　心血管系统疾病的诊断和检查

Notes

在心血管疾病诊断和治疗新技术大量应用的今天,获取充分、详细的病史及仔细、全面的体

格检查对疾病的正确诊断和治疗仍十分重要。根据病史、体征、心电图、心脏X线检查及其他实验室检查结果,综合分析各类信息,才能对疾病状况作出全面的评估,获得正确诊断或找出诊断中尚未确定的问题,为进一步收集临床资料,获得完整、准确的诊断提供思路和方向。忽视病史采集和体格检查在临床实践中的意义,过分依赖实验室检查结果,而对实验室诊断技术的准确性和诸多影响因素不甚了解,可能导致误诊和漏诊。

心血管疾病完整的诊断应包括以下几方面内容:①病因诊断,如风湿性心脏病、冠状动脉粥样硬化性心脏病等(对原因不明的疾病,通常在病名前加上"原发性"或"特发性",如原发性扩张型心肌病);②病理解剖诊断,如二尖瓣狭窄、室间隔缺损、心肌梗死等;③病理生理方面的诊断,包括心功能状况、心律等。通常采用美国纽约心脏协会(NYHA)分级法评价心功能。

【病史和症状】 获取完整、准确的病史对心血管疾病的诊断十分重要。有的疾病,如冠心病心绞痛、阵发性室上性心动过速等,患者一般在疾病发作间歇期就诊,此时,可以完全无症状和阳性体征。常规心电图、心脏X线及超声心动图检查也可能无异常发现。典型的病史可为疾病的诊断提供线索。例如,根据胸痛的发作方式、性质、部位、持续时间、诱发和缓解因素,可初步判断患者患冠心病心绞痛的可能性有多大。正确的询问方法建立需要掌握系统的临床医学知识,具有与不同文化、社会背景的患者进行沟通的能力,并需临床实践和训练。

在主诉和现病史的询问中,除常见心血管疾病的症状外,应注意询问患者的运动耐量,有无黑矇、晕厥等情况。大多数心血管疾病的中晚期都可伴有心功能不全、心律失常及栓塞等并发症。这些信息对判断疾病的严重程度和预后具有重要意义。有时,主诉并不能提示疾病的本质,例如,少数急性心肌梗死患者以恶心、呕吐、上腹疼痛起病,而胸痛不明显。因此,应注意询问相关症状、发作方式和特点。从相关症状中,一般可以找到提示心血管疾病的线索。在病史询问中,还应注意询问有无拔牙、外伤、病毒感染、静脉使用毒品的历史。这些可能与感染性心内膜炎、心肌炎、心包炎等的发病有关。冠心病危险因素的询问,如吸烟、糖尿病、高血压、高脂血症等,对诊断和治疗均具有重要意义。应尽可能获得患者近期用药和治疗等情况,包括药名、剂量和用法。有的药物(如三环类抗抑郁药、茶碱类或拟交感胺类支气管扩张剂,洋地黄类等)可能引起心律失常及其相关症状。此外,其他系统、器官的疾病(如内分泌疾病、尿毒症、严重贫血等)也可伴发心血管系统的症状,在问诊中应注意获取有助于鉴别诊断的信息。

心血管疾病的常见症状包括胸痛、呼吸困难、晕厥、心悸、咯血、发绀及水肿等。

【体格检查】 体格检查的重点是心血管系统,但全面的体格检查十分重要,因为不少心血管疾病有全身性表现。例如,肺部啰音可见于左心衰竭的患者,肝大、腹水和下肢水肿常见于慢性右心功能不全和缩窄性心包炎患者。全身表现不仅反映了心脏病的严重程度,而且常可提示并发症和伴发疾病的存在。

【实验室及辅助检查】

(一) 心电图(electrocardiogram,ECG)

1. **常规心电图** 12导联常规心电图对诊断各种类型的心律失常、心脏传导障碍、心肌梗死和缺血、房室肥大、心肌和心包疾病、血清电解质紊乱,观察药物(如洋地黄、抗心律失常药等)对心脏的作用具有重要意义。有些心电图改变具有很高的诊断价值,如出现符合急性心肌梗死的典型心电图波形和演变过程,对该病具有确定诊断的意义。有的改变不具有诊断的特异性,如某些导联T波异常倒置或ST段下移可见于心室肥厚、心肌缺血、心肌或心包疾病、血清电解质紊乱或某些药物对心脏的作用等。此时,应结合其他临床资料判断心电图异常改变的临床意义。不少心血管病患者的心电图可能正常;而少数正常人可能出现某些心电图改变,如左心室电压增高可见于胸壁较薄的正常青少年男性。同一种心电图改变的临床意义可能相差很大。例如,完全性左束支传导阻滞可出现于临床上无器质性心脏病证据的患者,但当它发生于急性心肌梗死时,则提示左冠状动脉前降支近端闭塞,大部分左室心肌将濒临坏死,属急性心肌梗死中的高危类型。此外,新近出现的心电图异常与长期持续存在的异常改变,其临床意义也迥然不同。因此应根据不同的临床情况,综合其他资料,分析和判断心电图异常的可能原因和临床意义。

2. **动态心电图**　又称 Holter 监测。它采用长时间(24~72 小时)连续记录心电图的方法,能获得比常规心电图更多的信息。在心律失常、心肌缺血的诊断及药物疗效评价方面有较大价值。动态心电图可提供以下信息:①心率,包括 24 小时平均心率、最快和最慢心率;②心律失常的类型、发作时间和方式;③心脏停搏的时间、次数;④心电图波形的改变,如 ST 段的上抬和下移;⑤心电图改变发生的时间,患者当时的活动状况及伴随症状。根据动态心电图资料,可了解临床症状(如心悸、眩晕、晕厥、胸痛)与心电图改变的关系,有助于分析和寻找这些症状的原因。此外,对心律失常潜在危险性分析、心肌缺血程度的估计,及抗心律失常药物和抗心绞痛药物疗效的评价也具有一定意义。

3. **运动试验**　是使受检者接受适量运动,观察其症状、心率、血压、心电图及其他指标变化情况,并据此辅助诊断心脏疾病或对预后作出判断的方法。目前常用平板和踏车运动试验。在运动过程中,心电图 ST 段出现水平或斜向下下移,或者发生典型心绞痛,对冠心病的诊断有较大价值,但也有一定比例的假阳性和假阴性。例如,围绝经期女性的假阳性较多。运动试验对冠心病严重程度的估计和预后判断也有一定价值。此外,它还用于评价与运动有关的心律失常及慢性心力衰竭患者的运动耐量及药物(如抗心绞痛药和治疗心力衰竭药)的疗效。

4. **心室晚电位(ventricular late potential)**　心室晚电位是出现于 QRS 波终末部的高频、低振幅碎裂电活动。在心肌梗死、缺血、心肌疾病或严重心力衰竭时,病变的心肌组织中可能存在岛状存活的正常心肌细胞。这些心肌细胞与纤维组织混杂交织。心肌电活动沿着分隔的心肌纤维束所形成的曲折、迂回径路缓慢、不同步传导,在心电图上表现为延迟出现的高频、低振幅的碎裂电位。由于碎裂电位的存在,在周围心肌细胞脱离不应期能被激动时,岛状心肌细胞可能与之形成折返环路,从而导致心动过速的发生。在记录体表心电图基础上,利用信号叠加技术和高分辨性能的记录器,可记录和分析心室晚电位。它有多种分析方法,其中以时域和频域法较常用。心室晚电位阳性者发生室性心动过速和心脏性猝死的危险性较大。

5. **心率变异性(heart rate variability,HRV)**　心率的快慢受交感神经和迷走神经张力的影响。正常人 24 小时窦性频率的快慢随时间有一定程度的变化,称为心率变异性。这种变异的大小是反映交感神经和迷走神经张力的重要指标。通常采用 24 小时动态心电图,以连续窦性心搏的 R-R 间期为基础来计算心率变异性指标,用时域法或频域法进行分析计算。心肌梗死、慢性心力衰竭、糖尿病患者心率变异性降低。

6. **T 波交替(T wave alternans,TWA)**　T 波交替指在规整心律时,T 波形态、电压和极性随着心搏而变化的特性,通常呈交替性改变。它反映心肌在复极过程中,细胞和分子水平电活动的不均一性。这种不均一性可使不同区域心肌复极的差异性增大,而导致心律失常。在冠心病、心肌病和心力衰竭患者,T 波交替变化的幅度增大。T 波交替对预测这些患者发生严重室性心律失常和心脏性猝死的危险性具有一定的意义。T 波交替变化的幅度一般在几个微伏之内,常规心电图仪不能检测这种细微的变化,需要采用特殊仪器和计算机技术检测和分析。

(二)心脏 X 线检查

1. **常规 X 线检查**　可显示心脏、大血管及肺血管影像。通常采用正位、侧位或斜位投照,以评价心脏各房室的形态和大小。根据心脏和大血管形态、大小的改变,结合肺血管影像,可推断心脏病的病因或提供辅助诊断资料。左侧房室扩大较易从常规 X 线检查中获得诊断,而对轻度右侧房室扩大,却难于根据常规 X 线的影像确定。透视时,可根据钙化影出现的解剖部位(如二尖瓣、心包、主动脉瓣、大血管壁、冠状动脉等)判断其临床意义。肺血管影像对先天性心脏病、心内分流、肺动脉高压、肺淤血和肺水肿的诊断可提供影像学依据。

2. **心脏 X 线计算机断层扫描（computerized tomography，CT）和磁共振显像（magnetic resonance imaging，MRI）** 心脏 CT 检查包括常规 CT 扫描，超高速 CT 及多排螺旋 CT 扫描。后两种扫描方式在扫描速度和时间分辨率方面均优于常规 CT，可用于心脏、大血管三维图像重建。目前，CT 检查主要用于心包疾病、心脏肿瘤和肺动脉栓塞的诊断，对冠状动脉疾病的诊断也有一定意义。与 CT 比较，MRI 具有软组织分辨率高、直接多平面成像、能观察心脏功能和心肌延迟显像增强等优点，对心肌病、心肌纤维化、心包疾病、心脏肿瘤、主动脉瘤、主动脉夹层及大动脉炎的诊断具有较大价值。

（三）超声心动图（echocardiography）

超声波技术可显示心脏和血管的结构和运动，测量血流速度。常用检查方法有以下几种。

1. **M 型超声心动图** 一维声束探测心脏和大血管的各层结构主要用于测量心脏、血管腔径的大小、心壁的厚度，观察各层结构的运动状态。

2. **二维和三维超声心动图** 可从二维平面或三维立体显示心脏、大血管不同方位的断层结构与毗邻关系。常规经胸二维超声心动图可从不同方位显示心脏各房室的形态、大小及运动，观察心脏瓣膜的形态、开放和关闭状况，心脏室壁、间隔的厚度、完整性及运动、主动脉、肺动脉的位置与心室的解剖关系等。根据心脏解剖结构、形态、大小、运动状况和毗邻关系的改变，可对心瓣膜病、心肌病、先天性心脏病、心脏肿瘤及心包疾病做出诊断。对冠心病、高血压病、慢性心力衰竭、急性肺栓塞、心律失常等也可观察到相应的解剖、功能或运动状态的改变，提供有价值的诊断资料。

3. **多普勒超声心动图** 是一种将声波在传递过程中的多普勒效应用于检测心脏和大血管内的血流速度和血流方式（如层流、湍流、涡流等）的技术。彩色多普勒血流显像对瓣膜狭窄和反流以及心内分流的诊断与定量分析具有重要意义。脉冲多普勒和连续多普勒超声心动图常用来测量和估计左、右心室射血速度、舒张期心室血流充盈速度和方式、狭窄瓣口的跨瓣压差及瓣口反流的严重程度等。组织型多普勒成像技术将多普勒信号中的血流信号删去，留下速度较低的心肌运动信号进行彩色编码，用以分析心肌壁的运动速度和加速度，评价心壁运动状态和收缩的同步性，区别失去收缩活动的心肌和正常心肌。

4. **经食管超声心动图** 食管位于心脏后方，紧邻心脏和大血管。将超声探头经食管插入，距心脏近，不受胸壁和肺组织的影响，可获得清晰图像，弥补经胸超声检查的不足。经食管超声检查包括二维、三维、M 型和多普勒等多种常规超声诊断技术。它对左心房血栓、主动脉和主动脉瓣病变，先天性心脏病的诊断及人工心脏瓣膜状况的评价有较大价值。此外，在心脏外科手术和结构性心脏病介入治疗过程中，用于监测或评估手术效果。

5. **负荷超声心动图** 患者在运动（如踏车、握力）或药物（如多巴酚丁胺）作用下，心肌氧耗量增加，可诱发心肌缺血。实时记录室壁运动及血流动力学改变，对心脏病变程度和缺血区域的范围作出定量评价。目前主要用于冠心病的诊断、心肌缺血严重程度的估计、存活心肌的检测及疗效评价。

6. **心脏声学造影** 经血管注射含有或可产生微小气泡的声学造影剂后，心腔或心肌组织内出现云雾状造影剂回声。根据造影剂回声出现的解剖部位、时间，可获得具有诊断价值的信息。用于观察心房、心室和大血管水平的心内分流。心肌灌注声学造影，用以评价心肌血流灌注状况。对估计心肌缺血的程度和范围，观察治疗后血液灌注恢复情况有重要价值。

7. **血管内超声成像和超声多普勒** 经外周血管将特制的带微型超声探头的导管放至大血管、心腔或冠状动脉，可直接获取相应部位的超声图像，并可测量局部血流速度。冠状动脉内超声可显示血管壁内膜、中膜和外膜分层，以及粥样硬化斑块的性质（大小、位置、有无钙化、纤维化程度、脂质含量等），用于辅助选择介入治疗的方式和评价介入治疗的结果。

（四）动态血压监测

动态血压监测，采用特殊血压测量和记录装置，在一定时间间隔测量并记录 24 小时的血压,以了解不同生理状态下血压的动态变化。正常人 24 小时血压白昼高,夜间低,血压值分布趋势图呈杓形。部分高血压患者的血压趋势图呈非杓型或反杓型。动态血压监测对轻型高血压、阵发性高血压和假性高血压的检测具有重要意义。此外,还用来评价抗高血压药的降压疗效。观察最大降压作用(峰作用)和最小作用(谷作用)出现的时间和谷峰作用强度的比值,这些指标有助于选择药物的合理剂量和用法,以维持平稳的降压效应。

(五) 放射性核素检查技术

放射性核素检查技术主要包括心肌灌注显像、心血池显像、心室功能测定、核素心血管造影和正电子发射断层显像(positron emission tomography,PET)等,目前临床应用较多的是心肌灌注显像和正电子发射断层显像。心肌细胞对某些放射性阳离子有选择摄取功能。各部位放射性物质聚集的多少与该部位冠状动脉血液灌注量呈正相关。局部心肌缺血、细胞坏死及瘢痕形成表现为放射性稀疏区或缺损。通过运动或药物负荷(如双嘧达莫)可增加正常与病变冠状动脉血流供给区的放射性对比,提高诊断的敏感性。心肌灌注显像和正电子发射断层显像主要用于评价心肌缺血的范围和严重程度,了解冠状动脉血流和侧支循环情况,检测存活心肌,观察外科冠状动脉旁路移植术和介入治疗后心肌血液灌注改善和恢复情况。

(六) 心导管术(catheterization)和心血管造影(angiography)

采用经皮穿刺技术,在 X 线透视下,经周围血管(如股静脉或股动脉)将特制的导管送入右心或左心系统或分支血管内,测量不同部位的压力、血氧饱和度,记录心内局部电活动或注射造影剂显示心脏和血管图像,可获得有价值的诊断资料。

1. **左、右心导管术**　右心导管术通常经股静脉、锁骨下静脉、颈静脉或肘前静脉穿刺,将导管送至右心系统各部,直至肺小动脉。左心导管术穿刺周围动脉(股动脉、桡动脉、腋动脉、肱动脉),将导管送至主动脉和左心室,或经股静脉、下腔静脉到达右心房,然后在卵圆窝处穿刺房间隔,将导管送达左心房和左心室。心导管术可提供以下方面的资料:①根据左、右心各部位的压力值和压力波形的改变诊断疾病,估计病变严重程度。例如,肺动脉瓣狭窄时,右心室压力升高,右室与肺动脉之间收缩期存在压力阶差。压力阶差的大小反映肺动脉瓣口狭窄的严重程度。②根据导管异常径路诊断疾病,如先天性心脏病动脉导管未闭,导管可从肺动脉经未闭的动脉导管直接进入降主动脉。③根据血氧饱和度或氧含量异常诊断疾病。正常情况下,右心系统各部血氧饱和度相差很小。如果右心房的血氧饱和度明显高于腔静脉(二者之差>7%),说明心房水平由左向右分流,即有房间隔缺损的可能。④根据患者氧耗量和心内血氧含量,可计算出循环血量及心内分流量。结合心腔内压力和心排出量,可计算出心脏房室瓣或半月瓣口的面积。⑤心功能测定:根据心室压力曲线,可计算出收缩期压力上升的最大速度(dp/dt_{max}),该指标反映心室的收缩力。舒张期压力下降的最大速度($-dp/dt_{max}$)和下降时间反映心室的舒张功能。此外,还可测量心搏量和心排出量。⑥血流动力学监测,经周围静脉(通常采用右颈内静脉)将漂浮导管(Swan-Ganz 导管),在床旁插入患者右心系统,用于监测右心房和肺动脉压及肺毛细血管楔嵌压(pulmonary capillary wedge pressure,PCWP)。同时,还可采用热稀释法测量心排出量。血流动力学监测可用于血流动力学状态不稳定的严重心力衰竭、急性心肌梗死及心源性休克患者。

2. **心脏和血管造影**　把造影导管放入心腔或血管内,注入造影剂,用电影方式记录图像。右室造影可显示心室水平右向左分流、三尖瓣畸形、肺动脉瓣或右室流出道狭窄。左室造影可显示心室水平左向右分流、主动脉瓣、二尖瓣病变、室壁瘤、心肌病等疾病的特征。根据左心室腔显影区收缩末和舒张末面积之差,可推算出左心室射血分数。这是目前临床常用的左心室收缩功能指标。肺动脉造影常用于诊断肺血管疾病。造影剂随血流进入左心房后,也可显示左房的病变,如左房黏液瘤等。主动脉造影可显示主动脉瘤、主动脉夹层、主动脉缩窄、畸形等病变。冠状动脉造影是诊断冠心病的一种常规检查,可了解冠状动脉病变的解剖部位和严重程度,以选择恰当的治疗方案,估计预后。造影显示冠状动脉内径狭窄≥70%时,一般有供血不足的临床表现。如果狭窄程度<50%,未合并血管痉挛或血栓形成,一般无心肌缺血的临床症状。左冠状动脉主干或左前降支、回旋支及右冠状动脉三支血管近端均有严重病变者,预后差,猝死危险性大。

3. 临床电生理检查 用于心律失常的诊断。心内电生理检查时,根据检查目的,可将电极导管放至心房、心室及冠状窦内,记录心脏不同部位的电活动。通过心内快速或期前程序电刺激及心内膜电标测等技术可确定心动过速的类型和机制,如房室折返性心动过速、房室结折返性心动过速、房性心动过速、室性心动过速等。在心内膜标测定位的基础上,可采用射频消融术(radiofrequency ablation)治疗多种类型的心动过速。此外,它有助于确定房室传导阻滞的部位。

(七)血清心肌标志物检测

心肌细胞损伤坏死时,心肌标志物或某些蛋白将被释放入血液循环,可通过常规实验室方法检测。在病程不同阶段,释放入血的标志物的量与病程和病变严重程度有关。检测血循环中心肌生化标志物的浓度,并观察其动态变化,具有较大诊断价值。常用于急性心肌梗死、不稳定性心绞痛及急性心肌炎的诊断鉴别和预后判断。肌酸激酶(creatine kinase,CK)及其同工酶(creatine kinase isoenzyme MB,CK-MB)和肌钙蛋白(cardiac troponin,cTn)I及T诊断的特异性和敏感性高,已成为常规检测项目。其他标志物,如天门冬酰胺氨基转移酶(Aspartate aminotransferase,AST)、乳酸脱氢酶(lactate dehydrogenase,LDH)等由于特异性差,目前已较少用于对心肌细胞损伤坏死的检测。

(八)炎性标记物检测

血清炎性标记物水平增高反映体内有活动性炎症(如风湿热、感染性心内膜炎等)或粥样硬化病灶的炎性活动增强。对预测心血管疾病的危险性及发生严重心血管事件(如急性心肌梗死、心绞痛和脑卒中等)具有较大价值。这些炎性标记物包括高敏C反应蛋白(high-sensitivity C-reactive protein,hs-CRP)、白介素、肿瘤坏死因子α以及细胞黏附分子等。目前,C反应蛋白临床应用较广泛。

(九)脑钠肽(brain natriuretic peptide,BNP)

BNP是一种由32个氨基酸组成的多肽。当心功能不全、心室壁受到过度牵张时,BNP分泌增加。BNP具有利钠、利尿、扩张血管和抑制RAAS的作用,可用于心力衰竭的辅助诊断和鉴别诊断及心力衰竭、急性冠状动脉综合征和急性肺动脉栓塞患者病情危险程度的估计。

(十)检查项目的选择

在仔细询问病史和查体的基础上,选择合适的实验室检查项目,对确定诊断,判断疾病的严重程度和预后,选择恰当的治疗方案具有重要意义。在选择时应遵循以下原则:①选择检查项目时,应有明确目的,首先选择最具诊断或鉴别诊断意义的项目。例如,当怀疑为急性心肌梗死时,首先应选择常规心电图和血清心肌标志物检测。如果需要鉴别心瓣膜病和心肌病,应首选超声心动图。表3-1-1比较了几种常用影像学检查技术在评价心脏解剖形态和心功能及不同类型心脏疾病诊断中的价值。②了解每项检查在诊断某一疾病时,出现假阳性和假阴性的比例,正确评价检查结果。例如,对围绝经期女性患者,用心电图运动实验诊断冠心病时,出现假阳性的比例较高。采用常规心电图诊断左心室肥厚时假阴性率较高。③注意所选项目的适应证和禁忌证。例如,不稳定性心绞痛、严重主动脉瓣狭窄、肥厚性梗阻型心肌病患者等均不宜选择运动试验。在剧烈运动过程中,可能发生严重并发症,甚至猝死。④在疾病诊断已经明确后,所选检查项目对疾病严重程度和预后判断及治疗方案选择应具有价值。例如,对风湿性心脏病二尖瓣狭窄,超声心动图检查对确定采用经皮二尖瓣球囊扩张术或外科手术治疗,具有重要的意义。

表 3-1-1　常用诊断技术临床应用价值比较

应用目的		常规 X 线	心导管术和心血管造影	超声心动图	心肌灌注显像
观察心脏解剖形态	心脏大小	+	+++	+++	+
	室壁厚度	0	+	+++	+
	心脏瓣膜	0	++	++++	0
	心包	+	++	+++	0
	冠状动脉	0	++++	+	0
评价心功能	心室收缩功能	+	+++	+++	+
	心室舒张功能	0	+++	+++	0
	心肌血流灌注	0	+	+	+++
诊断心脏疾病	冠心病	+	++++	++	++
	心瓣膜病	++	+++	++++	0
	先天性心脏病	++	++++	++++	0
	心肌疾病	++	+++	++++	+
	心包疾病	+	++	+++	0

注:0,无诊断价值;+到++++,诊断价值逐步增大

第三节　心血管系统疾病的防治

自 20 世纪 80 年代以来,围绕高血压、冠心病、充血性心力衰竭和心律失常的防治,进行了一系列大规模多中心临床试验。这些临床试验的结果及在此基础上由权威机构发布的临床诊疗指南已成为指导我们临床实践的重要依据和准则。

【预防】　心血管病的预防包括一级预防和二级预防。一级预防是预防疾病本身的发生。例如,对冠心病来说,一级预防的目的在于降低冠心病的发病率。二级预防目前主要针对临床已确诊为冠心病和动脉粥样硬化的患者,通过适当的干预治疗措施,以降低心血管临床事件,如心肌梗死、心力衰竭、心脏性猝死、脑卒中等的发生率和总死亡率,达到改善患者远期预后和生活质量的目的。

危险因素是指与某一疾病发病率增高有关的因素。根据对动脉粥样硬化机制的研究和大量流行病学资料,冠心病的危险因素包括吸烟、高血压、高脂血症、肥胖、糖尿病、体力活动过少等。大量临床试验表明,对这些危险因素进行干预,在一级预防中可降低冠心病的发病率和死亡率。得克萨斯空军冠状动脉粥样硬化预防试验观察了洛伐他汀降脂治疗对冠心病的预防作用。对无心血管病史的 5608 名男性和 997 名女性,平均随访观察 5.2 年。与安慰剂比较,降脂治疗组的急性心肌梗死、不稳定性心绞痛和心脏性猝死的发生率降低 37.6%。另一一级预防试验是西苏格兰冠心病预防试验。该试验对 6596 例男性高胆固醇血症患者平均随访了 4.9 年。结果显示,降脂治疗使非致命性心肌梗死发生率降低 31%,心血管病死亡率降低 32%。美国的资料显示,2010 年冠心病死亡率为 113.6/10 万,与 2000 年比较下降 26.3%。美国的一项研究显示,危险因素干预和生活方式改善在死亡率下降中具有十分重要的作用。其中降低血清总胆固醇(total cholesterol,TC)的贡献率为 24%,控制血压的贡献率为 20%,吸烟率下降的贡献率为 12%,增加体力活动的贡献率为 5%。在青少年人群中,改善生活居住条件,用青霉素治疗和预防链球菌感染,对风湿热和风湿性心脏病的一级预防具有重要意义。在一级预防中,对全社会进行广泛、持久的健康教育非常重要。据调查,在我国现有的 2.7 亿高血压病患者中,67.3% 不

Notes

知道自己患有高血压,72.5% 未治疗,88.4% 血压未控制到目标水平。近年来,由于政府主管部门的重视和积极的健康教育,这一状况已得到一定程度的改善。

在冠心病的二级预防中,也应重视和加强对冠心病危险因素的控制和干预。根据我国血脂异常防治对策专题组的建议和美国胆固醇教育方案,在二级预防中,应将 TC 和低密度脂蛋白胆固醇(low density lipoprotein cholesterol,LDLC)降到更低的水平。临床试验证实,强化降脂治疗对具有多重危险因素的高危患者可进一步降低心血管事件的发生率和总死亡率。近年来,一系列多中心临床试验结果显示,长期服用阿司匹林、他汀类降脂药、β-受体阻滞剂及血管紧张素转换酶抑制剂或血管紧张素受体拮抗剂,在冠心病的二级预防中具有重要价值。

【治疗】 疾病治疗的基本目的在于消除或缓解症状、改善生活质量和远期预后、降低各种临床事件的发生率和死亡率。

（一）常用治疗方法

1. **心理和行为治疗** 行为、性格类型和精神紧张可能与高血压、冠心病的发病有一定关系。心血管病患者过度紧张、兴奋、焦虑可能诱发心律失常、心绞痛、心肌梗死、脑卒中、动脉瘤破裂,甚至猝死等严重后果。由于疾病带来的痛苦,或者由于对疾病性质、预后或诊断、治疗方式的误解,可使患者处于紧张和焦虑之中。医师对疾病的不恰当处理或对预后的错误解释常加重患者的心理负担,使症状加重。例如,对室性期前收缩而无器质性心脏病证据的患者,如果被轻易诊断为"心肌炎"或"冠心病",并进行过分的干预治疗,可加重患者的心理负担,使本身无症状或症状很轻的室性期前收缩患者症状加重或出现新的症状。无器质性心脏病的室性期前收缩绝大多数预后良好,一般不需要特殊药物治疗。心理治疗的目的在于帮助患者正确认识疾病,消除心理负担,并积极配合治疗。

2. **药物治疗** 要正确掌握心血管药物的临床应用,应熟悉每一种药物的药效学、药代动力学、剂量、用法、适应证、禁忌证和不良反应等基本知识。个体对药物反应的差异很大。例如,不同患者使用 β-受体阻滞剂或血管扩张剂达到同样临床疗效,所用剂量可能相差几倍甚至 10 倍以上。因此在用药过程中,应密切观察患者的反应,并调整剂量。选用抗心律失常药物时,不仅要考虑心律失常的类型,而且还要注意患者基础心脏病的种类及心功能状况。如果忽略后者,所选的药物虽然能控制心律失常,却可能使死亡率增加。有的药物治疗剂量与中毒剂量接近,掌握不当时可产生致命的毒副作用。这些因素增加了正确使用心血管药物的难度。联合用药有时可增强疗效,减轻不良反应。如在高血压的治疗中,常采用降压药联合使用。在联合用药时,应注意药物的相互作用。例如,某些降脂药和抗心律失常药可增加口服抗凝药的抗凝作用,导致出血并发症。

3. **电治疗** 除颤器用于心室颤动的紧急电除颤,是医院必备的急救设备。电除颤器还用于阵发性室性和室上性心动过速,心房扑动及心房颤动,将其转复为窦性心律。植入式心脏复律除颤器(implantable cardioverter defibrillator,ICD)可自动识别和终止室性心动过速和心室颤动,用于心脏性猝死的预防。人工心脏起搏器按设置的频率有规律地发放电脉冲激动心脏,主要用于治疗各种原因引起的严重心动过缓和心脏停搏,也用于 QRS 波增宽的心力衰竭患者的同步化治疗。

4. **介入治疗** 介入治疗是在心导管术基础上发展起来的一种治疗技术,其创伤小,疗效确切。目前主要用于冠心病、先天性心脏病、心瓣膜病及快速性心律失常的治疗。

5. **外科手术治疗** 对先天性心脏病、心瓣膜病、大血管疾病、冠心病及心脏肿瘤和心包疾病,外科手术是重要的治疗方式之一。手术方式和时机的选择,围术期的处理常常需要内科医师参与。

（二）治疗的一般原则

1. **高效、快速的急救体系是降低死亡率的重要保证** 心血管疾病大多数发病急、死亡率高,

Notes

其中心脏骤停和猝死是最严重的表现形式,甚至也可能是首次发病的表现形式。成功的心肺复苏是抢救的关键。在公共场所配备供非专业人员使用的心脏电除颤器,组织有效的院前急救体系,可挽救部分猝死患者。在急性心肌梗死再灌注治疗中,时间就是心肌,时间就是生命。根据急性心肌梗死治疗指南,溶栓治疗应争取在医务人员接诊患者后 30 分钟内开始。介入治疗应在 60～90 分钟内开通梗死相关动脉。在治疗中的任何延误都将给患者带来难以挽回的损失。在急性左心功能不全、心源性休克、高血压危象、主动脉夹层、肺栓塞、急性心包压塞及血流动力学状态不稳定的严重心律失常等急症抢救中,也应争分夺秒。

2. **对患者进行危险分层是选择正确治疗方案的重要前提**　危险分层是根据疾病人群研究和临床试验的大量资料,依据患者的临床表现和实验室检查结果,对疾病的严重程度和预后作出判断的一种方法。例如:用于高血压患者危险分层的因素包括血压升高的程度(分为 1、2、3级)、动脉粥样硬化的其他危险因素(如年龄、性别、吸烟、血清总胆固醇升高、糖尿病、肥胖、早发冠心病家族史等)和无症状的靶器官损害及伴发疾病(如脑血管疾病、冠心病、心力衰竭、肾衰竭等)。如血压升高的程度虽为 1 级(收缩压 140～159mmHg 或舒张压 90～99mmHg),但合并糖尿病则属高危患者,即发生心血管临床事件和死亡的危险性较大。这类患者,应在改善生活方式(如减肥、戒烟、参加体育运动、限制钠盐摄入等)的基础上,一开始就应使用降压药物严格控制血压。若未合并糖尿病,无靶器官损害,且无伴发疾病,则为低危患者。可首先采用改善生活方式干预,观察数周后,再考虑使用降压药物。对 3 级高血压的病人(收缩压≥180mmHg 或舒张压≥110mmHg),一开始就应在改善生活方式的基础上使用降压药。这样,在确定治疗方案时,不仅根据血压升高的程度,而且要考虑到决定患者预后的多种因素,其合理性显而易见。对冠心病、心房颤动等,目前都有一些为临床广泛采用的危险分层方法。例如,对非瓣膜病心房颤动病人,目前广泛采用 $CHA_2DS_2-VAS_c$ 评分系统评估脑卒中的风险。这个评分系统包括:充血性心力衰竭(C,1 分),高血压(H,1 分),年龄≥75 岁(A,2 分),糖尿病(D,1 分),卒中或血栓栓塞史(S,2 分),血管疾病(V,1 分),年龄 65～74 岁(A,1 分)及女性(S_c,1 分)等项目,最高累计评分为 9 分。评分愈高,发生脑卒中的风险也越大。对评分≥2 的病人,应给予口服抗凝药治疗,以预防脑卒中。

3. **治疗的个体化原则**　在制订治疗方案时,除考虑到疾病的性质和严重程度外,还应考虑到是否需要长期用药,药物毒副作用及个体反应差异,患者的年龄、性别、职业、社会、文化背景,以及对治疗的依从性等诸多因素。这些因素的差异决定了治疗的个体化原则。例如,对一位依从性差而需要长期服药的高血压病患者,最好选用每天只服一次的长效降压药。

4. **循证医学原则**　循证医学是近年来倡导的一种临床医学模式,要求临床医师在诊断、治疗患者时,应参照大规模临床试验所提供的循证医学证据。如果只凭个人的临床经验和临床医学的理论知识,可能做出错误决策。心律失常抑制试验(cardiac arrhythmia suppression trial,CAST)的结果充分证明了循证医学原则的重要性。在心肌梗死存活患者中,严重室性心律失常所引起的猝死较为常见,是死亡的重要原因。根据推理和当时学术界的共识,治疗无症状或伴有轻度症状的室性心律失常(以室性期前收缩为主),可能预防严重室性心律失常的发生,达到降低死亡率的目的。CAST 试验将氟卡尼、恩卡尼和莫雷西嗪三种抗心律失常药与安慰剂对比。结果显示,这三种药虽可有效控制室性心律失常,但死亡率却明显高于安慰剂组。随访 10 个月,氟卡尼/恩卡尼组死亡率为 7.7%,而安慰剂组为 3.0%。莫雷西嗪组在治疗初期死亡率超过安慰剂组。CAST 试验的结果以充分的证据否定了当时的共识和推论,从根本上改变了对冠心病患者室性心律失常的处理对策。氟卡尼、莫雷西嗪这类抗心律失常药不宜用于冠心病患者已成为今天的共识。目前,国内、外权威学术机构在制定心血管疾病治疗指南时都严格遵循了循证医学的原则。

第四节　进展和展望

近30多年来,心脏病学取得了令人瞩目的进展。不少疾病的发病机制和危险因素被逐步阐明。新的诊断技术、药物和治疗方法被采用。介入心脏病学技术的广泛应用,从根本上改变了心血管内科传统的治疗模式。随着社会、环境等因素的变化,心血管疾病的疾病谱、发病率和转归也发生了很大变化。

一、冠心病

急性冠状动脉综合征(acute coronary syndrome,ACS)概念的提出体现了近年来在冠心病认识方面的进展。冠状动脉粥样硬化斑块的状态发生改变(如斑块破裂、血栓形成等)可导致冠状动脉血流阻塞程度急剧加重,根据阻塞的部位、程度和持续时间的不同,临床上可表现为不稳定性心绞痛、急性心肌梗死或猝死,这是急性冠状动脉综合征的病理生理学基础。早在20世纪60年代就提出了恶化型心绞痛、梗死前心绞痛及急性冠状动脉供血不足的临床和病理生理学概念,主张将心绞痛与急性心肌梗死作为同一病理生理过程的不同阶段和不同临床表现形式来看。急性冠状动脉综合征这一概念揭示了不稳定性心绞痛和急性心肌梗死这两类最常见的冠心病急性临床表现形式的共同病理生理学基础,是制定治疗对策的重要理论依据。

近年来急性冠脉综合征的治疗进展包括以下几个方面:①抗血栓治疗,尽早使用抗血小板药物,如阿司匹林、氯吡格雷、血小板 GP Ⅱ b/ Ⅲ a 受体拮抗剂等可降低死亡率。在此基础上,使用肝素或低分子肝素抗凝可使心血管临床事件的发生率和死亡率进一步降低。在抗栓治疗的同时,应注意评估出血并发症的风险,预防严重出血与充分抗栓治疗同样重要。②对 ST 段抬高的急性心肌梗死,尽早开通梗死相关动脉,恢复并维持有效的血液再灌注是治疗的关键。时间就是生命,时间就是心肌,应尽可能选择介入治疗。从病人就诊到介入治疗开通梗死相关动脉的时间已成为评价 ST 段抬高的急性心肌梗死抢救治疗质量的关键性指标。这个时间愈短,病人的最终治疗结果愈好。在政府、医院和社会各方面共同努力下,这个时间正在逐步缩短。对非 ST 段抬高的急性冠状动脉综合征,在抗血栓和抗缺血治疗基础上,根据患者临床特点、心电图改变、肌钙蛋白、C 反应蛋白及 BNP 等指标的变化,进行危险分层。对高危患者,应采取早期介入治疗的策略。③稳定斑块的治疗,在急性期采用他汀类调脂药及针对内皮细胞功能紊乱的治疗,有助于稳定斑块,阻止病变恶化。④保护心肌细胞的治疗,其目的在于干预和阻断细胞从缺血发展到坏死这一过程,在细胞水平提高血液灌注的效率。其措施包括:使用针对炎性介质的单克隆抗体;阻断血小板和白细胞之间的相互作用;防止远端血管由血栓碎片或血小板聚集引起的微栓塞;对抗血管痉挛和收缩;降低血中自由脂肪酸浓度,并抑制其氧化;增强葡萄糖的利用和糖原分解;改善心肌细胞的代谢等。

近年来,冠心病的治疗取得了很大进展,但目前仍是威胁人类生命健康的主要疾病。在今后几十年,如果能解决以下问题,冠心病的治疗将获得重大突破:①开发新的无创伤性检查技术,用于及时发现容易破裂的斑块,在破裂前干预,以防止其破裂;采用无创伤性检查方法和基因筛查,在发病前,预测患者发生动脉粥样硬化和急性冠状动脉综合征的危险性。②采用基因治疗技术,干预或阻断动脉粥样硬化的进程。③开发有效而安全的促进血管生长的治疗技术。④对介入治疗技术和器械不断改进和创新,药物洗脱支架不断的技术改进和生物可吸收支架的应用将进一步减少治疗后的血管再狭窄率和支架内血栓形成,维持长期的治疗效果。⑤开发微创外科技术或借助于机器人,完成更为复杂的心脏外科手术。⑥有效预防冠心病的严重并发症——猝死和心力衰竭。⑦采用干细胞技术,再造心脏和血管,用于移植或者采用组织工程技术,使动物心脏、组织、细胞移植到人体后,不受排斥。⑧研制临床实用的人工心脏,用于晚期心力衰竭的治疗。

Notes

二、高血压

高血压是最常见的心血管疾病。我国有2.7亿人患高血压。在美国,高血压直接导致的死亡率为18.8/10万。此外,高血压是冠心病、脑卒中及周围血管疾病的重要危险因素。因此,有效控制高血压在心、脑血管疾病的预防中占有十分重要的地位。目前,我国高血压病人血压控制率为11.6%,美国为50.1%,这说明大部分高血压病人血压并未得到有效控制。采用传统的生物医学模式方法,并不能有效地解决这一严峻的问题。社会制度、医疗体制、经济状况、文化背景、生活和劳动条件以及行为生活方式等对高血压病人长期治疗的依从性和血压控制的达标率都有着十分重要的影响。高血压病人的管理已从传统的生物医学模式向生物-心理-社会医学模式转变。通过卫生政策及相关政策(如烟草税收)的调整、卫生资源的调节和重新分配、病人行为的干预及有效的社区病人管理等综合性措施,才能从根本上改变这一现状。目前,我国不少地区正在将这种生物-心理-社会医学模式的方法用于高血压病人的社区管理,探索适合我国国情的高血压防治模式。

血压达标是目前高血压治疗中广泛采用的治疗目标。以净获益为基础的个体化治疗(benefit-based tailored treatment)的目的是精细化管理病人,获得更好治疗结果。根据流行病学和人群研究所获得的数据,可以估计每个病人今后10年患心血管疾病的风险,病人采用的治疗方案可降低这种风险。降低风险的程度减去治疗本身可能带来的不良事件所产生的效应,即为净获益。每个病人的情况不一样,不同的治疗方案降低风险的程度及带来的不良事件均有差异,因此,以净获益为基础的个体化治疗将为每个病人制订最佳的治疗方案。

大多数原发性高血压涉及多个基因或多个基因调控网络。不同家族所涉及的基因网络,可能不同。通过基因测序,分析不同DNA序列与血压的关系,可了解原发性高血压相关基因的位置和突变的性质。这将有助于从遗传学角度阐明发病机制,筛查患者及干预治疗。高血压患者靶器官损害受到基因调控,有3类基因与靶器官损害有关。第一类基因不影响血压,但参与靶器官损害过程的调控。第二类通过升高血压而引起靶器官损害。第三类既可使血压升高,又直接参与靶器官损害进程的调控。降压药的吸收、分布、清除和代谢是一个受基因调控的复杂过程。它是决定药物个体反应性的主要因素之一。控制肾小管对钠重吸收的基因可影响利尿药的降压效果。在大鼠第二号染色体,发现了能影响二氢吡啶类钙通道阻滞剂降压效应的基因。

三、心力衰竭

近几十年来,心力衰竭的病因和治疗方式均发生了很大变化。在我国20世纪50年代,心瓣膜病是导致心力衰竭的主要疾病。今天,冠心病、心肌病和高血压已成为心力衰竭最常见的病因,而瓣膜病已位于其后。近年来,高血压的治疗率和控制率明显增高,脑卒中减少,冠心病的死亡率也有下降的趋势。但是,心力衰竭的发病率却呈逐年上升的趋势。其原因在于:①积极治疗和控制高血压后,使很多患者不至于过早地死于脑出血,这部分患者以后可发生左心室肥厚和心力衰竭。②急性心肌梗死的死亡率降低,存活患者增加,最终他们也可能发生心力衰竭。③随着年龄增加,心肌细胞数量将减少,再加上心肌缺血、血压升高、糖尿病等对心脏的长期作用使老年人群中心力衰竭的发病率明显增高。可以预见,随着人口的老龄化,今后,心力衰竭的发病率还将继续增高。

传统的治疗从增加心肌收缩力和减轻心脏负荷着手,包括休息、限制钠盐摄入、使用正性肌力药物、利尿剂和血管扩张剂等。这些治疗虽可改善症状,但并不能降低死亡率。近年来发现,由于神经体液系统被过度激活,体内儿茶酚胺、血管紧张素、内皮素、醛固酮、氧自由基、肿瘤坏死因子等增加。这种过度的代偿反应将加重心力衰竭患者的心肌损害,使临床过程恶化。血管紧张素转换酶抑制剂或血管紧张素受体拮抗剂、β-受体阻滞剂及醛固酮受体拮抗剂可部分阻断过度激活的细胞信号传递通路。大规模临床试验证实,这几类药物可改善预后,降低死亡率。对合并完全性左束支传导阻滞的患者,心脏同步化治疗,即双心室起搏可纠正由于电传导障碍而引起的心脏收缩不协调,恢复心脏同步收缩性能,改善心功能,降低死亡率。

今后几十年,心力衰竭治疗对策的重点应包括:①增加高血压患者血压控制率,预防冠状动脉粥样硬化,降低冠心病的发病率,从病因上控制逐年上升的心力衰竭发病率。②开发新药,脑啡肽酶抑制剂 sacubitril 可抑制血管活性物质(利钠肽、缓激肽等)的降解,最近研究发现,其能在现有的最佳药物治疗基础上进一步降低心力衰竭病人的死亡率和心衰住院率。③研制可长期使用的左心辅助装置和可植入的人工心脏,开展异种心脏移植。④应用基因治疗和细胞移植技术。

四、心律失常

近年来,对心律失常机制的研究已从临床电生理深入到离子通道和基因水平。已证实编码离子通道蛋白的基因发生遗传性缺陷后,可导致心律失常。目前研究得最充分的是先天性长 QT 综合征(long QT syndrome,LQTS)。根据缺陷基因的位置不同,发现至少有 12 种类型。常见的有三种(LQT1,2,3),其临床表现有较大差异。LQT1 患者容易在情绪激动或体力活动时发生猝死,尤其是在游泳时;LQT2 患者可在休息或运动时发生猝死;LQT3 患者容易在睡眠时发生猝死。

在临床方面,动态心电图、体外电复律和除颤、植入心脏起搏器和 ICD、射频消融术、三维电解剖标测指导下经导管消融治疗心房颤动及其他复杂房性或室性心律失常等新技术的广泛应用,对心律失常的诊断、治疗和抢救都具有重要意义,是近几十年来的重大进展。对猝死高危患者,如心力衰竭患者(左心室射血分数≤35%),植入 ICD 能有效预防心脏性猝死,这已为多中心临床试验所证实。CAST 试验的结果从根本上改变了过去抗心律失常药物的使用原则,即在选择抗心律失常药物治疗时,不仅要看心律失常的类型和严重程度,而且要考虑基础心脏病的性质和心功能状态。这已成为今天使用抗心律失常药物的一个重要原则。

五、介入治疗技术的应用和发展

1977 年,Gruentzig 在瑞士苏黎世大学医院成功地完成了世界上第一例经皮冠状动脉腔内成形术(percutaneous transluminal coronary angioplasty,PTCA)。1980 年以后,这项技术快速发展,成为冠心病血运重建治疗的重要方法。从而结束了只有采用外科手术才能进行血运重建的历史。1986 年 3 月,Puel 在法国首次成功地将金属支架置入患者的冠状动脉,这是冠心病介入治疗的一个重要进展。20 世纪末,开始使用药物洗脱支架,它极大地降低了介入治疗后血管再狭窄率,是冠心病介入治疗进程中的一大突破。目前,介入治疗已成为冠心病血运重建治疗的主要方式。经导管介入治疗还用于治疗二尖瓣和肺动脉瓣狭窄、先天性心脏病房间隔缺损、室间隔缺损、动脉导管未闭、大血管和周围血管疾病等传统上依赖外科手术治疗的心血管疾病。经导管修补关闭不全的二尖瓣及经导管置换主动脉瓣等新的介入治疗技术已开始用于临床。随着介入治疗技术和器械的不断改进和创新,它在心血管疾病治疗中将发挥更重要的作用。

六、分子生物学技术的应用

在心血管病学领域内,现代分子生物学技术的应用主要包括四个方面:①研究疾病与基因的关系,查明致病基因并确定其位置和致病机制;②应用基因工程技术,获取药用蛋白质或多肽,用于治疗心血管疾病;③基因治疗;④研究不同基因类型患者对药物治疗反应程度差异的机制,即基因药理学,以指导合理用药,减少药物的不良反应。

关于疾病与基因关系的研究,首先从临床诊断入手积累流行病学资料。从这些资料的综合分析中推断出疾病与某一或某些基因可能存在的相关性,即推断出候选基因。继之运用分子生物学技术,如多态性分析、基因探针、PCR 以及基因克隆和 DNA 序列分析确定候选基因与疾病的相关性。近年来,对 LQTS、某些特殊类型的高血压、家族性肥厚型心肌病、致心律失常性右室心肌病、Brugada 综合征等疾病与相关基因的联系已有较深入的了解。对 LQTS 的研究最为充分。有的疾病,如原发性高血压、冠心病等可能涉及多个基因及基因调控网络。要彻底查明每一具体疾病与基因的全部关系,仍将是一个长期探索的过程。人类基因组研究的结果将对此做出巨大贡献。

基因工程应用 DNA 重组技术,研制药用蛋白质或多肽。目前用于心血管疾病的基因工程多肽类药物有组织纤溶酶原激活剂(tissue plasminogen activator,tPA)及其衍生物、链激酶、尿激酶原、葡激酶等溶血栓药物、水蛭素及其衍生物、血小板 GP Ⅱ b/Ⅲ a 受体拮抗剂等。

基因治疗还处于探索阶段。当基因治疗中的诸多技术难点被攻克之后,它将作为一种重要的治疗方式,显示出其独特的优越性。

(黄德嘉)

推荐阅读文献

1. Mann DL,Zipes DP,Libby P,et al. Braunwald's Heart Disease:A Textbook of Cardiovascular Medicine,10th ed,2015 W. Saunders Elsevier
2. Moscucci M. Grossman & Baim's Cardiac Catheterization,Angiography and Intervention,8th ed,2013 Lippincott Williams and Wilkins

推荐网站

1. http://www. heart. org
2. http://www. escardio. org

Notes

第二章 心力衰竭

要点:

1. 心力衰竭是心血管疾病严重阶段的临床综合征,临床诊断应包括心脏病的病因、病理解剖、病理生理、心律及心功能分级。

2. 心力衰竭的诊断以典型症状、体征和心脏结构功能的客观证据如心脏扩大、超声检查心功能异常、血浆脑钠肽升高等为依据。

3. 心力衰竭的治疗需要血流动力学药物治疗改善症状,更强调延缓心室重构药物治疗改善预后,推荐长期应用神经激素拮抗剂如 ACEI/ARB、β 受体阻滞剂、醛固酮拮抗剂。

4. 急性心衰需要紧急救治,死亡率较高。

心力衰竭(heart failure,简称心衰)是由心脏结构或功能异常所导致的一种临床综合征。由于各种原因的初始心肌损害(如心肌梗死、心肌炎、心肌病、血流动力负荷过重等)引起心室充盈和射血能力受损,导致心室泵血功能降低,患者主要表现为呼吸困难、疲乏和液体潴留。心力衰竭是一种进展性疾病,表现为渐进性心室重构(ventricular remodeling);心力衰竭是一种症状性疾病,表现为血流动力学障碍(hemodynamics disorder),心室腔压力高于正常[左室舒张末期压>18mmHg(2.4kPa),右室舒张末期压>10mmHg(1.3kPa)]即为心功能不全(cardiac insu-fficiency);心力衰竭是心血管疾病的最严重阶段,死亡率高,预后不良。

随着心力衰竭病理生理机制的研究进展,促进了心力衰竭治疗学的进步。针对液体潴留应用利尿剂和针对血流动力学异常应用扩血管药和强心剂,改善了心衰患者症状;针对神经-内分泌异常激活应用神经激素拮抗剂,改善了心衰患者预后;针对炎症免疫异常激活,探索心衰患者的免疫调节治疗。依据心衰发生速度分为急性心力衰竭和慢性心力衰竭。

第一节 慢性心力衰竭

慢性心力衰竭(chronic heart failure,简称慢性心衰)是不同病因引起器质性心血管病的临床综合征,是临床常见的危重症。我国对 35～74 岁城乡居民共 15 518 人随机抽样调查的结果:心力衰竭患病率为 0.9%,估计我国心力衰竭患者有 400 万,其中男性为 0.7%,女性为 1.0%,女性高于男性(P<0.05),不同于西方国家的男性高于女性,主要是由于引起心力衰竭病因构成存在差异。随着年龄增高,心力衰竭的患病率显著上升。据我国部分地区 42 家医院,在 1980 年、1990 年、2000 年 3 个全年段,对心力衰竭住院病例共 10 714 例所作的回顾性调查,冠心病在病因中所占比例由 1980 年 36.8% 上升至 2000 年 45.6%,居各种病因之首;高血压病由 8.0% 上升至 12.9%;而风湿性心瓣膜病则由 34.4% 下降至 18.6%。心力衰竭患者的死亡原因依次为:泵衰竭(59%)、心律失常(13%)和猝死(13%)。

【病因】

（一）基本病因

1. 心肌病变

（1）原发性心肌损害：冠状动脉疾病导致缺血性心肌损害如心肌梗死、慢性心肌缺血。炎症和免疫性心肌损害如心肌炎、扩张型心肌病。遗传性心肌病如家族性扩张型心肌病、肥厚型心肌病、右室心肌病、心室肌致密化不全、线粒体心肌病。

（2）继发性心肌损害：代谢内分泌性疾病（如糖尿病、甲状腺疾病）、结缔组织病、心脏毒性药物和系统性浸润性疾病（如心肌淀粉样变性）等并发的心肌损害，酒精性心肌病和围产期心肌病也是常见病因。

（3）心脏舒张受限：常见于心室舒张期顺应性减低（如冠心病心肌缺血、高血压心肌肥厚、肥厚型心肌病）、限制型心肌病和缩窄性心包炎。二尖瓣狭窄和三尖瓣狭窄限制心室充盈，导致心房衰竭。

2. 心脏负荷过度

（1）压力负荷过度：又称后负荷过度，是心脏收缩时承受的阻力负荷增加。左心室压力负荷过度见于高血压、主动脉流出道受阻（主动脉瓣狭窄、主动脉缩窄）；右心室压力负荷过度见于肺动脉高压、肺动脉瓣狭窄、肺阻塞性疾病和肺栓塞等。

（2）容量负荷过度：又称前负荷过度，是心脏舒张时承受的容量负荷过重。左心室容量负荷过度见于主动脉瓣、二尖瓣关闭不全，先天性心脏病右向左或左向右分流；右心室容量负荷过度见于房间隔缺损、肺动脉瓣或三尖瓣关闭不全等；双心室容量负荷过度见于严重贫血、甲状腺功能亢进、脚气性心脏病、动静脉瘘等。

（二）诱因

1. 感染   感染是常见诱因，以呼吸道感染占首位，感染后加重肺淤血，使心力衰竭诱发或加重。

2. 心律失常   快速心房颤动时心排血量降低，心动过速增加心肌耗氧，加重心肌缺血，诱发或加重心力衰竭。严重心动过缓降低心排血量，也可诱发心力衰竭。

3. 肺栓塞   心力衰竭病人长期卧床容易产生深部静脉血栓，发生肺栓塞，增加右心室负荷，加重右心力衰竭。

4. 劳力过度   体力活动、情绪激动和气候突变、进食过度或摄盐过多均可以引发血流动力学变化，诱发心力衰竭。

5. 妊娠和分娩   有基础心脏病或围产期心肌病患者，妊娠分娩加重心脏负荷可以诱发心力衰竭。

6. 贫血与出血   慢性贫血病人表现为高排血量性心力衰竭。大量出血引发低心排血量和反射性心率加快，诱发心力衰竭。

7. 其他   输液过多过快可以引起急性肺水肿；电解质紊乱诱发和加重心力衰竭，常见于低血钠、低血钾、低血镁等。

【病理生理】   心脏做功维持机体血液循环，生理状态下受到神经介质和体液因子的调节。当心肌受到损害时，心肌会发生适应性的代偿，维持心脏做功，机体通过神经-体液-细胞因子的相互作用，使心脏代偿维持机体血液循环；由于神经-体液-细胞因子过度激活，使心室重构从适应性代偿到失代偿，最终发生心力衰竭。

（一）慢性心力衰竭的细胞和分子机制

心肌损伤后，心肌细胞发生能量代谢、细胞结构和调节蛋白的变化，以适应心力衰竭的代偿机制。

1. 心脏收缩障碍   心肌收缩力减低的发生机制包括收缩蛋白改变、调节蛋白异常、兴奋-收缩耦联障碍与钙运转失常。

（1）心肌收缩蛋白的改变：心力衰竭时，各种原因引起心肌细胞数量减少，收缩蛋白大量丧失，心肌收缩过程减弱，心输出量减少。心肌细胞数量减少主要因为心肌细胞坏死、凋亡和自噬所致，目前认为其主要机制与儿茶酚胺、血管紧张素Ⅱ、活性氧簇、炎症细胞因子等因素有关。心力衰竭时心肌收缩蛋白（如肌凝蛋白重链、肌纤蛋白）由正常成人型向胚胎型转化，导致ATP酶活性降低，心肌收缩功能受损。

（2）心肌调节蛋白异常：在机械应力增加和人类心力衰竭患者的心房和心室肌中，可以观察到肌钙蛋白亚型（T_2）表达增加，其表达水平与心力衰竭严重性相关，而正常心肌组织以肌钙蛋白T亚型（T_1）为主。

（3）兴奋-收缩耦联障碍与钙运转失常：钙在心肌收缩过程中起到关键作用。心力衰竭时，①肌浆网摄取钙的量减少：细胞外Ca^{2+}内流可以激发肌浆网释放Ca^{2+}，由于衰竭心肌细胞Ca^{2+}-ATP酶活性降低，肌浆网摄取和储存Ca^{2+}的量减少，影响心肌复极化，可能是心肌收缩性降低的重要原因；②肌浆网释放钙障碍：Ca^{2+}内流受阻或肌浆网摄取Ca^{2+}障碍时，都可以影响肌浆网释放Ca^{2+}，从而妨碍心肌收缩；③心肌细胞内cAMP生成减少：已经证实人体衰竭心肌腺苷酸环化酶活性降低，cAMP净生成降低约50%，引起钙内流和肌浆网摄取钙的量减少，导致兴奋-收缩耦联障碍。

2. 心肌能量代谢障碍 心肌能量代谢过程大致分为三个阶段，能量产生、能量储存和运送、能量利用，任何一个环节发生障碍，均可以引起心力衰竭。

（1）心肌能量产生障碍：心肌能量几乎全部来自有氧氧化。当心肌缺血时，严重影响三羧酸循环和氧化磷酸化的正常进行，从而导致心肌能量产生障碍。心力衰竭时线粒体呼吸链功能明显降低，表现在线粒体的耗氧率和磷/氧比值减少，此时线粒体对Ca^{2+}的转运能力发生障碍，影响心肌舒缩和离子泵的运转，促使心力衰竭的发生发展。

（2）能量储存和转运障碍：心力衰竭时心肌中的ATP含量无明显减少，但肌酸磷酸（CP）含量却显著减少，并与心肌舒缩功能障碍呈正相关，一旦恢复CP的含量，心肌的舒缩功能也随之改善。可见心力衰竭早期心脏舒缩功能障碍不是由于ATP的产生和储存障碍所致，而是与ATP的转运和CP的形成障碍有关。

（3）能量利用障碍：心力衰竭时，心肌利用ATP化学能作机械功的过程出现障碍，即心肌能量利用发生障碍。随着心脏负荷过重而发生心肌肥大，肌凝蛋白头部ATP酶活性降低，致使ATP分解发生障碍，因而影响心肌舒缩功能。

（二）慢性心力衰竭的病理生理机制

当心肌收缩力减弱时，为了保证正常的心排血量，机体通过多种机制进行代偿以维持其泵功能。代偿能力有一定限度，长期维持时将出现失代偿，发生心力衰竭。

1. Frank-Starling机制 主要通过调节心脏前负荷维持正常心排血量。中度收缩性心力衰竭，通过Frank-Starling机制的调节，心肌舒张末期容量即前负荷增加，静息时心排出量和心室做功可以维持在正常水平。

2. 心室重构 原发性心肌损害和心脏负荷过重使心脏功能受损，导致心室肥厚或心室扩大等代偿性变化，即心室重构，它包括心脏的几何形态、心肌细胞及其间质成分、心肌细胞的表型发生一系列改变的病理及病理生理现象。心室重构是心力衰竭发生发展的基本机制，具有三个主要特征：①伴有胚胎基因再表达的病理性心肌细胞肥大，②心肌细胞死亡，③心肌细胞外基质过度纤维化或降解增加。心室重构初期是对血流动力学等因素改变的适应性机制，目的是为了维持心输出量；在持久病理性情况下，这种心脏结构的改变最终导致失代偿性心力衰竭（图3-2-1）。影响心室重构的主要因素：①心肌机械张力，②交感神经系统，③肾素-血管紧张素系统，④醛固酮，⑤基质金属蛋白酶系统，⑥细胞因子，⑦内皮源性激素，⑧氧化应激。

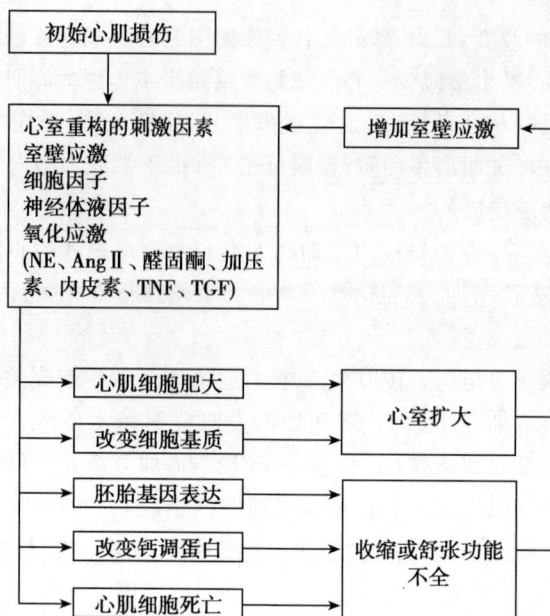

图 3-2-1　心室重构的病理生理机制

3. 神经-体液-细胞因子的病理生理机制　当心脏排血量不足,心腔内压力升高时,机体全面启动神经-体液-免疫机制进行代偿,三大系统之间发生相互作用,促使心肌重构渐进性进展。

（1）神经介质

1）交感神经兴奋性增强:心力衰竭早期,通过颈动脉和主动脉压力感受器和化学感受器的调控引起交感神经兴奋性增强,大量肾上腺素（epinephrine,E）和去甲肾上腺素（norepinephrine,NE）释放入血中,维持心输出量。心力衰竭患者血中 NE 和 E 显著升高,但心肌组织中 NE 含量显著减少。血浆儿茶酚胺增高的范围与患者存活率的降低呈现强烈相关性,即心功能越差,血中儿茶酚胺含量越高。

2）副交感神经功能障碍:心力衰竭时,副交感神经对窦房结自律性的控制显著减低;在静息状态下,心力衰竭患者迷走神经张力降低,对动脉血压升高所致心率减慢的控制作用显著减弱。因此,心力衰竭时交感神经兴奋占主导,为应用 β_1-受体阻滞剂治疗心衰提供了理论依据。

（2）体液因子

1）肾素-血管紧张素-醛固酮系统（RAAS）失衡:急性心衰,低心输出量引起低肾脏灌注,刺激肾小球旁体的 β_1-受体,这是急性心力衰竭引起 RAAS 激活的主要机理。慢性心衰,严格限钠和利尿剂的使用引起低血钠,低钠激活致密斑感受器,使 RAAS 异常激活;ACE-AngII-AT1 受体轴异常活跃,ACE2-Ang（1-7）-Mas 受体轴削弱,RAAS 系统失衡,引起水钠潴留、心肌重构,加重心肌损伤和心功能恶化,渐进性激活神经体液机制,形成恶性循环。

2）精氨酸加压素:精氨酸加压素（arginine vasopressin,AVP,又称抗利尿激素）是一个脑垂体激素,具有血管收缩作用和抑制利尿作用。AVP 有两种受体亚型即 V_1 和 V_2 受体,AVP 与 V_1 受体结合导致血管收缩,与肾脏集合管 V_2 受体结合导致水通道蛋白增加,促进水回吸收,增加液体潴留。心力衰竭时心房牵张受体的敏感性下降,使 AVP 的释放不能受到相应的抑制,导致血浆 AVP 水平升高。心力衰竭早期 AVP 效应有一定的代偿作用;长期 AVP 增加将使心力衰竭进一步恶化。

3）利钠肽类:已经证实人类有三种利钠肽:心钠肽（atrial natriuretic peptide,ANP）主要储存于右心房、脑钠肽（brain natriuretic peptide,BNP）主要储存于心室肌和 C-利钠肽（type C natriuretic peptide,CNP）主要存在于血管系统。压力负荷增加和牵拉机制激活引起利钠肽的分泌,生理作用是扩张血管、增加排钠、对抗肾上腺素、RAAS 的水钠潴留效应。心力衰竭时循环中脑钠肽水平升高,其增高程度与心力衰竭的严重程度呈正相关,可以作为评定心力衰竭进程和预后的指标。

4) 内皮素:内皮素(endothelin,ET)是由循环系统内皮细胞释放的强力血管收缩肽。至少发现两种 ET 受体亚型,ET-A 和 ET-B。心力衰竭时,血浆 ET 水平升高,直接与肺动脉压力升高相关。急性心肌梗死时,血浆 ET 水平与泵功能的 Killip 分级平行。临床应用 ET 受体拮抗剂可以改善心力衰竭患者的血流动力学效应。

(3) 细胞因子:急性心肌损伤后,机体免疫系统被激活,表现为 Th 亚群(Th_1/Th_2、Th_{17}/Treg)功能失衡,通过产生大量细胞因子介导心室重构;细胞因子还可以由局部组织细胞产生,近年我们发现缺血心肌细胞自分泌 TNF-α,以自分泌、旁分泌方式作用于靶细胞介导心肌细胞凋亡。慢性心力衰竭患者循环中促炎细胞因子(proinflammation cytokine)水平增高,包括肿瘤坏死因子-α(tumor necrosis factor-α,TNF-α)、白细胞介素(interleukin,IL)-1β、IL-17 和 IL-6 等,抗炎细胞因子如 IL-10 水平降低,转化生长因子-β(transforming growth factor-β,TGF-β)水平增加,这些细胞因子水平改变与心力衰竭发生发展相关。在左室肥厚发展过程中,$TGF-β_1$ 促进左室肥厚发展,$TGF-β_3$ 抑制左室肥厚。心源性恶病质(cardiac cachexia)时 TNF-α 水平显著增高。

(4) 心力衰竭时神经-体液-细胞因子的相互作用

1) TGF-β 与血管紧张素Ⅱ(angiotensin,AngⅡ)在心脏重构中的作用:心脏受超压力负荷刺激,产生 AngⅡ,增加了 $TGF-β_1$ 在心肌细胞表达,一方面导致 c-fos、c-jun 等原癌基因表达,致心脏收缩蛋白胚胎型 β-肌球蛋白重链、心房肽表达;另一方面通过与膜受体结合,激活细胞生长信号传递的第二信使如蛋白激酶 C、有丝分裂蛋白激酶,诱导 RNA 和蛋白质合成,而致心肌肥厚。

2) TNF-α 和 AngⅡ 在心力衰竭中的作用:在心脏限制性过度表达 TNF-α 的转基因小鼠模型中,心肌 RAAS 系统被选择性的激活,小鼠心脏向心性肥厚和心肌纤维化,提示持续的 TNF-α 信号刺激可以引起 RAAS 系统选择性激活,激活的 RAAS 系统可以诱导心肌肥厚。病理生理状态下 AngⅡ 的浓度足够通过 NF-κB 途径激活成年心脏中 TNF-α mRNA 和蛋白的合成。AngⅡ 和 TNF-α 可以通过共同信号途径-丝裂原活化蛋白激酶(mitogen activated protein kinase,MAPK)激活心肌细胞内 ERK、JNK 和 p38,诱导氧化应激,引起心肌细胞肥大和凋亡。

3) 交感神经系统和细胞因子在心力衰竭中的作用:慢性心衰过程中,交感神经系统慢性激活,通过儿茶酚胺与 β 肾上腺素能受体作用,诱导心肌细胞因子(TNF-α、IL-1β 和 IL-6)表达,用 β 受体阻滞剂治疗能改善 T 细胞亚群功能失衡,逆转交感神经引起的自然杀伤细胞、抑制性 T 细胞、细胞毒性细胞的变化以及丝裂原增殖和 IL-2 表达,从而使左心室功能改善。

总之,心力衰竭时机体神经-体液-细胞因子的激活及其相互作用,导致心室重构,使心力衰竭不断进展,发生心脏恶病质。

(三) 舒张性心力衰竭

1. 心肌舒张的分子基础 当肌浆中的 Ca^{2+} 浓度从 10^{-5}mol 降至 10^{-7}mol 时,Ca^{2+} 与肌钙蛋白解离,使肌钙蛋白-原肌凝蛋白的构型恢复原位,肌纤蛋白向肌节外滑行,肌节延长;ATP 的充分供应是心肌舒张的基础。当任何原因使心肌肌浆中的 Ca^{2+} 不能及时转移或使 ATP 供应障碍时,均可导致心脏的舒张异常和充盈受限,从而发生心力衰竭。

2. 心肌舒张异常的机制

(1) 肌浆网对钙的摄取发生障碍:当心肌缺血时,cAMP 缺乏、钙调素不足或酸中毒,由于钙泵活性降低,或由于能量供应不足都可以因 Ca^{2+} 的转运障碍,使肌浆中的 Ca^{2+} 不能迅速移去,造成心脏早期舒张异常。

(2) 心室舒张顺应性降低和充盈障碍:心室顺应性是指单位压力变化下所能引起的容积改变(dv/dp),顺应性的倒数称为心室僵硬度,即在单位容积变化下所能引起的压力改变(dp/dv)。

Notes

心肌僵硬度的进行性增加是代偿性舒张功能不全向舒张性心力衰竭发展的重要因素。肌联蛋白(titin)的含量及其亚型 N2B 表达的增加和间质胶原重构,分别从心肌细胞本身和细胞间结构的改变两方面影响心肌僵硬度。Ⅰ型胶原和Ⅲ型胶原是细胞外基质的主要结构蛋白,成纤维细胞表达Ⅰ型胶原和Ⅲ型胶原。舒张性心力衰竭时存在以巨噬细胞为主的炎症因子激活,巨噬细胞分泌基质金属蛋白酶(MMPs)降解基质胶原蛋白,继发的纤维增生修复促进间质胶原重构,心肌僵硬度增加,舒张功能发生障碍。

3. 心肌肥厚　心肌肥厚是心脏对后负荷增加的主要代偿机制。肥大心肌细胞数量不增多,而以心肌纤维增多为主。心肌肥厚引起的早期变化是线粒体增加,为心肌提供能量;到后期,线粒体增大增多的幅度落后于心肌纤维的增多,心肌从整体上显得能源不足,进而逐渐发展为心肌细胞死亡。心肌肥厚使心室顺应性降低,心室舒张受限,导致心室舒张末期压力升高,引起舒张性心力衰竭。肥厚型心肌病、主动脉狭窄、高血压病以及可逆心肌缺血均存在心肌舒张功能异常,其机制是心脏舒张功能的损害和心室舒张末期压力-容积曲线左移,继而导致的心室充盈障碍。

【临床表现】　各种心脏病有各自的临床表现。心力衰竭的临床表现主要描述体循环、肺循环淤血和心排血量降低引起的症状和体征。

(一) 左心力衰竭

1. 症状　主要表现为肺循环淤血和心排血量降低所致的临床综合征。

(1) 呼吸困难:呼吸困难是左心力衰竭的主要症状,由于肺循环淤血,肺顺应性降低,患者表现为不同程度的呼吸困难。

1) 劳力性呼吸困难:呼吸困难发生在重体力活动时,休息后可自行缓解。不同程度运动量引发的呼吸困难,预示心力衰竭的程度不同。

2) 夜间阵发性呼吸困难:阵发性呼吸困难发生在夜间,病人突然憋醒,感到窒息和恐怖,并迅速坐起,需要 30 分钟或更长时间方能缓解。其发生机制与平卧睡眠后回心血量增加、迷走神经张力增高使小支气管痉挛、膈肌抬高、肺活量减少等因素有关。

3) 端坐呼吸:平卧几分钟后出现呼吸困难,需要坐位,仍然气喘。其发生机制是左心室舒张末期压力增高,使肺静脉和肺毛细血管压进一步增高,引起间质性肺水肿,增加气道阻力,降低肺顺应性,加重呼吸困难。

4) 急性肺水肿:气喘伴哮鸣,是呼吸困难最严重状态,是急性心力衰竭的表现。

(2) 咳嗽、咳痰和咯血:咳嗽是较早发生的症状,是肺淤血时气道受刺激的反应,常发生在夜间,坐位或立位时咳嗽缓解。咳痰通常为白色泡沫样、痰带血丝、或粉红色泡沫样痰。肺毛细血管压很高时肺泡出现浆液性分泌物,痰带血丝提示肺微血管破损,血浆渗入肺泡时出现粉红色泡沫样痰。

(3) 体力下降、乏力和虚弱:左心室排血量降低不能满足外周组织器官灌注,引起乏力,老年人还可出现意识模糊、记忆力减退、焦虑、失眠等精神症状。

(4) 泌尿系统症状:夜尿增多,见于左心力衰竭早期血流再分布。尿量减少、少尿或血肌酐升高,见于严重心力衰竭时心排血量下降,肾血流减少,甚至发生肾前性肾功能不全。

2. 体征　左心力衰竭程度的变化可表现出相应的体征。

(1) 肺部体征:肺部湿性啰音是左心力衰竭的主要体征。劳力性呼吸困难时可闻及肺底少许湿性啰音,夜间阵发性呼吸困难时两肺较多湿性啰音、可伴哮鸣音及干啰音,急性肺水肿时两肺满布湿啰音、常伴哮鸣音。间质性肺水肿时,呼吸音减低,肺部可无干湿性啰音。约 1/4 左心力衰竭患者发生胸腔积液征。

(2) 心脏体征:心尖搏动点左下移位,提示左心室扩大。心率加快、舒张早期奔马律(或病理性 S_3 心音)、P_2 亢进,心功能改善后 P_2 变弱,见于急性心肌损害,如急性重症心肌炎、急性心肌梗死、急性心力衰竭发作时。心尖部可闻及收缩期杂音,见于左心室扩大引起相对性二尖瓣关闭不全、瓣膜或腱索断裂引起二尖瓣关闭不全。交替脉见于左室射血分数增加引起的心力衰竭,如高血压、主动脉瓣狭窄、冠心病。

(3) 一般体征:严重呼吸困难病人可出现口唇发绀、黄疸、颧部潮红、脉压减小、动脉收缩压下降,脉率加快。外周血管收缩表现为四肢末梢苍白、发冷、指趾发绀、窦性心动过速、心律失常等交感神经活性增高的伴随征象。

(二) 右心力衰竭

1. 症状 主要表现为体循环淤血为主的临床综合征。

(1) 消化系统症状:食欲缺乏、腹胀、恶心、呕吐、便秘、上腹痛等症状由长期胃肠道淤血引起。右上腹饱胀、肝区疼痛由肝淤血肿大,肝包膜被牵拉所致。长期肝淤血可导致心源性肝硬化。

(2) 泌尿系统症状:白天少尿、夜间多尿见于肾脏淤血引起肾功能减退,可出现少量蛋白尿、透明或颗粒管型、红细胞、血尿素氮升高。

(3) 呼吸困难:单纯右心力衰竭可表现轻度气喘,主要由于右心室扩大限制左室充盈,肺淤血所致。二尖瓣狭窄发生右心力衰竭时,可出现轻度呼吸困难,因存在肺淤血。

2. 体征 右心力衰竭可表现出体循环淤血的体征。

(1) 颈外静脉体征:肝颈静脉反流征是指轻度右心力衰竭时,按压右上腹,使回心血量增加,出现颈外静脉充盈。颈外静脉充盈是右心力衰竭最早征象,有助于与其他原因引起的肝大相区别。

(2) 肝大和压痛:淤血性肝大和压痛常发生在皮下水肿之前,右心力衰竭短时间迅速加重,肝脏急剧增大,肝包膜被牵拉可出现压痛、黄疸、转氨酶升高。

(3) 水肿:水肿是右心力衰竭的典型体征,发生于颈外静脉充盈和肝大之后。首先出现足、踝、胫骨前水肿,向上蔓延及全身,发展缓慢。早期白天站立后出现水肿,平卧休息后消失;晚期出现全身性凹陷性水肿,长期卧床患者表现为腰骶部和下肢水肿。伴有血浆白蛋白过低时,出现颜面水肿,提示预后不良。

(4) 胸水和腹水:一般双侧胸水多见,常以右侧为甚,主要与体静脉和肺静脉压同时升高、胸膜毛细血管通透性增加有关。腹水见于病程晚期,与心源性肝硬化有关。

(5) 心脏体征:心率加快,胸骨左缘或剑突下可见明显搏动,提示右心室肥厚和右心室扩大。三尖瓣听诊区可闻及右室舒张期奔马律、收缩期杂音,提示心肌损害,相对性三尖瓣关闭不全。右心力衰竭多由左心力衰竭引起,可见全心扩大征象。

(6) 其他:发绀多为外周性,严重持久的右心力衰竭可有心包积液、脉压降低或奇脉等体征。

(三) 全心力衰竭

全心力衰竭见于心脏病晚期,病情危重。同时具有左、右心力衰竭的临床表现,由左心力衰竭并发右心力衰竭患者,左心力衰竭症状和体征有所减轻。

【实验室和辅助检查】

1. 常规化验检查 有助于对心力衰竭的诱因、诊断与鉴别诊断提供依据。

(1) 血常规:血红蛋白降低,贫血为心力衰竭加重因素。白细胞增加、中性粒细胞增多提示感染诱因。

(2) 尿常规和肾功能检查:少量蛋白尿、透明或颗粒管型、红细胞,血尿素氮和肌酐升高,有助于与肾脏疾病和肾病性水肿鉴别。心力衰竭合并肾功能不全时要注意洋地黄的合理使用。

(3) 电解质和酸碱平衡检查:低钾、低钠血症和代谢性酸中毒是难治性心力衰竭的诱因,电解质要根据检查结果补充。

（4）肝功能检查：谷丙转氨酶（ALT）、谷氨酰胺转肽酶（γ-GT）和总胆红素轻度升高，有助于与非心源性水肿鉴别，低蛋白血症也见于右心力衰竭晚期。

（5）内分泌功能：心力衰竭晚期可见甲状腺功能减退，皮质醇减低，是心力衰竭诱发加重和难治的原因。

2. 生物学标记物检查

（1）血浆脑钠肽（BNP）和氨基末端脑钠肽前体（NT-proBNP）测定：有助于心力衰竭诊断和预后判断。NT-proBNP 是 BNP 激素原分裂后没有活性的 N-末端片段，血浆半衰期 NT-proBNP 约 60～120 分钟，而 BNP 约 18 分钟，前者更稳定、更能反映 BNP 通路的激活。NT-proBNP<125ng/L，BNP<35ng/L 时不支持慢性心衰诊断，其诊断敏感性和特异性低于急性心衰诊断。NT-proBNP 和（或）BNP 显著升高、或降幅<30%，均预示心衰预后不良。

（2）心肌损伤标记物：心脏肌钙蛋白（cTn）升高提示心肌损伤。

（3）细胞因子：TNF-α 水平升高与心衰预后不良有关。

3. 超声心动图检查　是心力衰竭诊断中最有价值的检查方法，简便、价廉、便于床旁检查及重复检查。可用于：

（1）诊断心包、心肌或瓣膜疾病。

（2）定量或定性房室内径、心脏几何形状、室壁厚度、室壁运动，测量左心室射血分数（left ventricular ejection fraction，LVEF）、左室舒张末期容积（left ventricular end-diastolic volume，LVEDV）和左室收缩末期容量（left ventricular end-systolic volume，LVESV）。推荐采用 2DE 的改良 Simpson 法测量左室容量及 LVEF。

（3）区别舒张功能不全和收缩功能不全，左室舒张功能不全超声心动图有 3 种主要表现形式：①早期松弛受损型：表现为 E 峰下降和 A 峰增高，E/A 减小；②晚期限制型充盈异常：表现为 E 峰升高，E 峰减速时间缩短，E/A 显著增大；③中期假性正常化充盈：介于以上二者之间，表现为 E/A 和减速时间正常；松弛功能受损、假性正常化充盈和限制性充盈分别代表轻、中、重度舒张功能异常。

（4）估测肺动脉压。

（5）为评价治疗效果提供客观指标。

4. 心电图检查　提供既往 MI、左室肥厚、广泛心肌损害及心律失常信息。有心律失常时应作 24 小时动态心电图记录。

5. X 线胸片检查　提供心脏增大、肺淤血、肺水肿及原有肺部疾病的信息。

6. 核素心室造影及核素心肌灌注显像检查　前者可准确测定左室容量、LVEF 及室壁运动。后者可诊断心肌缺血和 MI，对鉴别扩张型心肌病或缺血性心肌病有一定帮助。

7. 其他检查　冠状动脉造影适用于缺血性心肌病的病因诊断，心内膜心肌活检适用于心肌疾病的病因诊断，心导管检查不作为心力衰竭的常规检查。

【诊断和鉴别诊断】

（一）诊断

根据：①心力衰竭的症状：休息或活动时呼吸困难、劳累、踝部水肿；②心力衰竭的体征：心动过速、呼吸急促、肺部啰音、颈静脉充盈、周围性水肿、肝大；③静息时心脏结构和功能的客观证据：心脏扩大、超声检查心功能异常、血浆脑钠肽升高，诊断慢性收缩性心力衰竭并不困难。临床诊断应包括心脏病的病因、病理解剖、病理生理、心律及心功能分级等诊断。

1. 心功能的评估

（1）美国纽约心脏病协会（NYHA）心功能分级：Ⅰ级，日常活动无心力衰竭症状；Ⅱ级，日常活动出现心力衰竭症状（呼吸困难、乏力）；Ⅲ级，低于日常活动出现心力衰竭症状；Ⅳ级，在休息时出现心力衰竭症状。NYHA 心功能分级使用最广,与反映左室收缩功能的 LVEF 并非完全一致。

（2） 6 分钟步行试验:用于评定慢性心力衰竭患者的运动耐力。要求患者在平直走廊里尽可能快地行走,测定 6 分钟步行距离,6 分钟步行距离<150m 为重度心衰,150～450m 为中重度心衰,>450m 为轻度心衰。

（3） 液体潴留的判断:液体潴留对决定利尿剂治疗十分重要。心衰患者自行测量记录体重,如果在 3 日内体重突然增加 2 公斤以上,应考虑隐性水肿。最可靠的容量超载体征是颈静脉怒张,肺部啰音只反映心力衰竭进展迅速而不能说明容量超载的程度。

2. 心力衰竭的临床分类　临床分类是为了指导心力衰竭的评估和治疗。依据左心室射血分数,心力衰竭可分为:①收缩性心力衰竭(systolic heart failure),临床特点源于心排血量不足、收缩末期容积增大、射血分数降低和心脏扩大,即左心室射血分数降低性心衰(heart failure with reduced left ventricular ejection fraction,HF-REF);②舒张性心力衰竭(diastolic heart failure),因心室顺应性下降导致左室舒张末期压增高而发生心力衰竭,代表收缩功能的射血分数正常,临床描述为左心室射血分数保留性心衰(heart failure with preserved left ventricular ejection fraction,HF-PEF);收缩性心力衰竭和舒张性心力衰竭可以并存。

3. 舒张性心力衰竭的诊断　①有典型心衰的症状和体征;②LVEF 正常或轻度降低(≥45%),左心室腔大小可以正常;③超声心动图有左室舒张功能异常的证据(左室松弛异常或舒张僵硬);④超声心动图检查无心瓣膜病,并可排除心包疾病、肥厚型心肌病、限制性(浸润性)心肌病等。

（二）鉴别诊断

1. 左心衰的鉴别诊断　左心衰以呼吸困难为主要表现,应与肺部疾病引起的呼吸困难相鉴别。慢性阻塞性肺疾病发生呼吸困难常有咳嗽咳痰症状,肺部湿性啰音部位固定,可伴哮鸣音,咳痰后喘息减轻;急性心源性哮喘患者通常要端坐呼吸、咳粉红色泡沫痰、肺底部布满水泡音,既往有心脏病史也有助于鉴别。支气管哮喘以两肺哮鸣音为主、可有少许湿性啰音;而心源性哮喘出现哮鸣音是由于严重左心衰伴发的支气管痉挛,患者同时合并有出汗、面色青灰、濒死等征象,端坐位不能减轻呼吸困难症状。床边检测血浆脑钠肽显著升高有助于鉴别诊断。

2. 右心衰的鉴别诊断　右心衰和/或全心衰引起外周水肿、肝大、腹水和胸水应与急性心包炎或慢性缩窄性心包炎、肾源性水肿、门脉性肝硬化引起的水肿相鉴别。肾源性水肿和门脉性肝硬化并非静脉压升高,通常没有颈静脉怒张或肝颈静脉回流征的表现,既往病史和辅助检查有助于鉴别。急性心包炎或慢性缩窄性心包炎,与右心衰竭外周水肿鉴别时,前者心影扩大呈烧瓶样,心界范围随体位变化,超声检查容易鉴别;后者心影通常不大,超声检查心包增厚、右心室不扩大有助于鉴别。甲状腺功能减退可伴有水肿呈非凹陷性,有水肿者在鉴别诊断时甲状腺功能检查也是必要的。老年人单纯下肢水肿需要注意下肢深部静脉瓣疾病,平卧时没有颈静脉怒张,需要超声检查下肢静脉。

【治疗】　心力衰竭的治疗目标是降低发病率和死亡率,改善患者的预后。对有症状患者应当缓解心力衰竭症状、改善生活质量和减少心衰住院;对无症状患者应当预防心肌损伤的发生和发展、延缓心脏疾病进展。心力衰竭的治疗策略包括短期应用改善血流动力学药物治疗,改善心衰症状;长期应用延缓心室重构药物治疗,改善衰竭心脏的生物学功能,减少心衰住院和降低死亡率。心力衰竭的治疗原则包括病因治疗,去除心力衰竭的基本病因;调整代偿机制,降低神经体液细胞因子活性,防止和延缓心室重构;缓解症状,改善患者的心功能状态。

（一）病因治疗

1. 病因治疗　冠心病通过经皮冠状动脉介入治疗或旁路手术改善心肌缺血,心脏瓣膜病行瓣膜置换手术,先天性心血管畸形行矫正手术,治疗心肌炎和心肌病,治疗高血压及其靶器官损害,控制糖尿病和血脂异常等。

2. 去除诱因　针对常见心衰诱因如感染、心律失常、肺梗死、贫血和电解质紊乱的治疗。

(二)一般治疗

1. 监测体重　在3天内体重突然增加2公斤以上,要考虑患者有液体潴留,需要利尿或调整利尿剂的剂量。

2. 调整生活方式

(1)限钠:轻度心衰患者钠摄入控制在2~3g/d(钠1g相当于氯化钠2.5g),中-重度心衰患者<2g/d。应用强效利尿剂患者限钠不必过严,避免发生低钠血症。

(2)限水:总液体摄入量每日1.5~2.0L为宜。重度心衰合并低钠血症者(血钠<130mmol/L)应严格限制水摄入量。

(3)营养和饮食:宜低脂饮食,肥胖者应减轻体重,戒烟限酒。严重心衰伴明显消瘦(心脏恶病质)者,应给予营养支持,包括给予血清白蛋白。

(4)休息和适度运动:失代偿期需卧床休息,多做被动运动,预防深部静脉血栓形成。稳定的慢性心衰患者可步行每日多次,每次5~10分钟,并酌情逐步延长步行时间。

3. 氧气治疗　氧气用于治疗急性心衰,对慢性心衰并无指征。无肺水肿的心衰患者,给氧可导致血流动力学恶化。心衰伴睡眠呼吸障碍者,无创通气加低流量给氧可改善睡眠时低氧血症。

4. 心理和精神治疗　心衰患者容易出现抑郁、焦虑、孤独,影响心衰患者预后。综合性情感干预包括心理疏导可改善心功能,必要时酌情应用抗焦虑或抑郁药。

(三)药物治疗

1. 改善血流动力学的治疗

(1)利尿剂的应用

1)利尿剂的作用:通过抑制肾小管特定部位钠或氯的重吸收,遏制心衰时钠潴留,减少静脉回流和降低前负荷,从而减轻肺淤血、腹水、外周水肿和体重,提高运动耐量。利尿剂是控制心衰患者液体潴留的药物,是标准治疗的必要组成部分。

2)利尿剂的合理使用:①适应证:有液体潴留的心衰患者,均应给予利尿剂,且应早期应用;无液体潴留的心衰患者,不需应用利尿剂。②选择原则:轻中度心衰可选噻嗪类利尿剂;重度心衰选用襻利尿剂;急性心衰或肺水肿首选襻利尿剂静脉注射,伴发心源性休克时不宜使用;伴低钠血症心衰患者可选血管加压素拮抗剂托伐普坦,排水不利钠。③使用方法:通常从小剂量开始,如每日口服氢氯噻嗪25mg、呋塞米20mg或托拉塞米10mg,逐渐增加剂量直至尿量增加,体重每日减轻0.5~1.0kg,呋塞米的剂量与利尿效应呈线性关系;口服托伐普坦7.5~15mg,qd。④纠正水、电解质紊乱:应用利尿剂有效者应同时补钾,尿量过多时不要限制饮食钠盐,特别注意纠正低钾、低镁和低钠血症。⑤间断使用:液体潴留纠正后可短期停用利尿剂,可以避免利尿剂抵抗和电解质紊乱。⑥启动心室重构治疗:心衰症状得到控制,应开始应用ACEI、β受体阻滞剂和醛固酮拮抗剂。⑦利尿剂抵抗:当心衰进展恶化时常需加大利尿剂用量,最终增加剂量也无反应,即出现利尿剂抵抗。此时,可用以下方法克服:呋塞米静脉注射40mg,继以持续静脉滴注(10~40mg/h);2种或2种以上利尿剂联合使用,短期应用小剂量多巴胺100~250μg/min增加肾血流量。⑧不良反应:电解质丢失如低钾、低镁血症诱发心律失常,神经内分泌的激活,低血压和氮质血症是心衰恶化和外周有效灌注不足的反映。

(2)洋地黄的应用

1)洋地黄的作用:洋地黄通过抑制衰竭心肌细胞膜Na^+/K^+-ATP酶,使细胞内Na^+水平升高,促进Na^+-Ca^{2+}交换,提高细胞内Ca^{2+}水平,从而发挥正性肌力作用。副交感传入神经的Na^+/K^+-ATP酶受抑制,提高左室、左房与右房入口处、主动脉弓和颈动脉窦的压力感受器的敏感性,抑制传入冲动的数量增加,进而使中枢神经系统下达的交感兴奋性减弱。肾脏的 Na^+/K^+-ATP 酶受抑制,可减少肾小管对钠的重吸收,增加钠向远曲小管的转移,降低肾脏分泌肾素。DIG 试验结果地高辛对总死亡率的影响为中性。

2)临床应用:①适应证:有症状的慢性收缩性心衰患者,心衰伴有快速心室率的房颤患者,不推荐应用于 NYHA 心功能 I 级的患者。②禁忌证和慎用的情况:禁用于窦房传导阻滞、二度或高度房室阻滞患者和急性心肌梗死患者,与抑制窦房结或房室结功能的药物(如胺碘酮、β 受体阻滞剂)合用时必须谨慎。③应用方法:地高辛 0.125～0.25mg/d 口服,服用后经小肠吸收,2～3 小时血清浓度达高峰,4～8 小时获最大效应,85% 由肾脏排出,半衰期为 36 小时,连续口服相同剂量经 5 个半衰期(约 7 天后)血清浓度可达稳态;控制房颤心室率,可与 β 受体阻滞剂联合使用,不推荐增加地高辛剂量。④不良反应:主要见于大剂量应用,洋地黄中毒的临床表现包括:心律失常(期前收缩、自主性心律失常和传导阻滞),胃肠道症状(厌食、恶心和呕吐),神经精神症状(视觉异常、定向力障碍、昏睡及精神错乱)。这些不良反应常出现在血清地高辛浓度>2.0ng/ml 时,也可见于地高辛水平较低时,特别在低血钾、低血镁、甲状腺功能低下患者。

3)洋地黄中毒的治疗:①早期诊断立即停用洋地黄是关键;②有低钾低镁者需要补充钾盐和镁盐;③快速性室性心律失常可用 50～100mg 利多卡因溶于葡萄糖液 40ml 中,缓慢静脉推注,同时纠正低钾低镁血症,电复律治疗一般属禁忌;④缓慢型心律失常,如果心室率不低于 40 次/分可以观察等待,心率过缓可用阿托品 0.5～1mg 静脉注射,伴发血流动力学障碍者可安置临时起搏器;⑤胃肠道症状和神经精神症状随着洋地黄排泄可以逐渐消失。

(3)正性肌力药物的静脉应用:①药物种类:正性肌力药物有两类,环腺苷酸依赖性正性肌力药 β 肾上腺素能激动剂如多巴胺、多巴酚丁胺和磷酸二酯酶抑制剂如米力农;②临床应用建议:慢性心衰进行性加重阶段、难治性终末期心衰患者、心脏手术后心肌抑制所致急性心力衰竭患者,可以短期应用正性肌力药物,以缓解心衰危重状态,临床试验证明正性肌力药物长期应用增加心衰死亡率;③应用方法:多巴酚丁胺 100～250μg/min,多巴胺 250～500μg/min,米力农 20～40μg/min,均予静脉滴注,疗程 3～5 天。

(4)血管扩张剂的应用:硝酸酯类常被合用以缓解心绞痛或呼吸困难的症状。A-HeFT 试验报告硝酸酯类和肼屈嗪两者合用对非洲裔美国人有益。ACEI 类药物具有良好的扩血管作用。

2. 延缓心室重构的治疗 初始心肌损害,室壁应激、神经体液-细胞因子和氧化应激等刺激因子参与心室重构的发生与发展,临床试验证明神经-体液拮抗剂能够降低心衰患者的死亡率,这些药物不仅抑制神经-体液因子的活性,还能够调节细胞因子和氧化应激活性,改善衰竭心脏的生物学功能,从而延缓心室重构。因此,延缓心室重构是慢性心衰长期治疗的基本方法,应当尽早应用。

(1)血管紧张素转换酶抑制剂(angiotensin converting enzyme inhibitor,ACEI)

1)ACEI 的作用:ACEI 能够缓解慢性心衰症状,降低病人死亡率。ACEI 已经在 39 个安慰剂对照临床试验的 8308 例心衰患者中评估,使死亡风险下降 24%。亚组分析表明,ACEI 能延缓心室重构,防止心室扩大,降低神经体液和细胞因子水平,从而奠定了 ACEI 作为治疗心衰的基石。主要机制:①抑制血管紧张素转换酶(ACE)活性,降低循环和组织的血管紧张素(Ang)II 水平,增加 ACE2 活性,升高 Ang1-7 水平,通过对 RAAS 的 ACE-Ang II -AT_1 受体轴和 ACE2-Ang(1-7)-Mas 受体轴的调节,发挥扩张血管和抗增生作用;②作用于激肽酶 II,抑制缓激肽的降解,提高缓激肽水平,通过缓激肽-前列腺素-NO 通路而发挥有益作用。

2)临床应用:①适应证:所有慢性心衰患者,只要没有禁忌证或不能耐受,均需终身应用 ACEI。②禁忌证和慎用:应用 ACEI 曾引起血管性水肿导致的喉头水肿、无尿性肾衰竭或妊娠妇女绝对禁用;以下情况慎用:双侧肾动脉狭窄,血肌酐显著升高[>265.2μmol/L(3mg/dl)],高钾血症(>5.5mmol/L),有症状性低血压(收缩压<90mmHg),左室流出道梗阻的患者如主动脉瓣狭窄、梗阻性肥厚型心肌病。③应用方法:尽早使用,从小剂量开始,逐渐增加至最大耐受量,见表3-2-1。④不良反应:ACEI 与 Ang Ⅱ 抑制有关的不良反应包括低血压、肾功能恶化、钾潴留,与缓激肽积聚有关的不良反应如咳嗽和血管性水肿。

表 3-2-1   治疗慢性心衰常用 RAAS 抑制剂和 β 受体阻滞剂参考剂量

		起始剂量	目标剂量
血管紧张素转换酶抑制剂	卡托普利	6.25mg,tid	50mg,tid
	依那普利	2.5mg,bid	10mg,bid
	培哚普利	2mg,qd	4~8mg,qd
	福辛普利	5mg,qd	20~30mg,qd
	赖诺普利	5mg,qd	20~30mg,qd
	喹那普利	5mg,bid	20mg,bid
	雷米普利	2.5mg,qd	10mg,qd
	贝那普利	2.5mg,qd	10~20mg,qd
β 受体阻滞剂	琥珀酸美托洛尔	11.875~23.75mg,qd	190mg,qd
	酒石酸美托洛尔	6.25mg,bid	100mg,bid
	比索洛尔	1.25mg,qd	10mg,qd
	卡维地洛	3.125mg,bid	25mg,bid
醛固酮受体拮抗剂	螺内酯	10mg,qd	20mg,qd
	依普利酮	25mg,qd	50mg,qd
血管紧张素受体阻滞剂	坎地沙坦	4mg,qd	32mg,qd
	缬沙坦	40mg,qd	160mg,bid
	氯沙坦	25mg,qd	50~100mg,qd
	厄贝沙坦	75mg,qd	300mg,qd
	替米沙坦	40mg,qd	80mg,qd
	奥美沙坦	10mg,qd	20~40mg,qd

(2)β 受体阻滞剂

1)β 受体阻滞剂的作用:慢性心衰患者由于持续性交感神经系统异常激活,心脏中去甲肾上腺素的浓度足以引起心肌细胞损伤,介导心肌重构,β_1 受体介导效应明显大于 β_2、α_1 受体,这就是应用 β 受体阻滞剂治疗慢性心衰的理论基础。治疗初期 β 受体阻滞剂具有负性肌力作用,长期应用 β 受体阻滞剂具有改善内源性心肌功能的"生物学效应"。20 个以上安慰剂对照随机试验 2 万例心衰患者应用 β 受体阻滞剂,结果一致显示长期治疗能降低死亡率和心衰住院率,降低猝死率 41%~44%。39 个应用 ACEI 的临床试验死亡风险下降 24%(95% CI 13%~33%),而 ACEI 联用 β 受体阻滞剂使死亡风险下降 34%(95% CI 25%~45%)。临床应用从小剂量开始,缓慢递增剂量,可以避免 β 受体阻滞剂的负性肌力作用。

2)临床应用:①适应证:所有慢性心衰 NYHA Ⅱ、Ⅲ级病情稳定患者应尽早开始应用 β 受体阻滞剂,需终身使用,除非有禁忌证或不能耐受;NYHA Ⅳ级心衰患者需待病情稳定后,在严密监护下应用。②禁忌证:支气管痉挛性疾病、心动过缓(心率<60 次/分)、二度及以上房室阻滞(除非已安装起搏器)均不能应用;心衰患者有明显液体潴留时,应先利尿达到干体重后再开

始应用。③应用方法:无液体潴留患者,β受体阻滞剂可以从小剂量开始,每2~4周剂量加倍,逐渐达到目标剂量,清晨静息心率55~60次/分即为β受体阻滞剂达到目标剂量或最大耐受量的指征,见表3-2-1。④不良反应:低血压:一般在首剂或加量的24~48小时内发生,首先停用不必要的扩血管剂;液体潴留:起始治疗前应确认患者已达到干体重状态,3天内体重增加>2kg者应加大利尿剂用量;心衰恶化:可将β受体阻滞剂暂时减量或逐渐停用,每2~4天减一次量,2周内减完,应避免突然撤药,病情稳定后需继续应用β受体阻滞剂,否则将增加死亡率;心动过缓:如心率<55次/分或伴有眩晕等症状,应将β受体阻滞剂减量;房室传导阻滞:出现二、三度房室传导阻滞者,应当停用β受体阻滞剂。

伊伐布雷定是窦房结起搏电流(If)特异性抑制剂,减慢心率。SHIFT研究提示伊伐布雷定应用在心衰基础治疗后心率70次/分以上的患者,能够降低复合终点风险18%。伊伐布雷定2.5~7.5mg,bid,不良反应:心动过缓、光幻症、视力模糊、心悸、胃肠道反应等。

(3) 醛固酮受体拮抗剂

1) 醛固酮受体拮抗剂的作用:醛固酮在心肌细胞外基质重塑中起重要作用,人体衰竭心脏中心室醛固酮生成及活性增加,且与心衰严重程度成正比。心衰患者长期应用ACEI,常出现“醛固酮逃逸现象”,即循环醛固酮水平不能保持稳定持续的降低。因此,在ACEI基础上加用醛固酮受体拮抗剂,进一步抑制醛固酮的有害作用。RALES和EPHESUS试验证明醛固酮受体拮抗剂螺内酯和依普利酮治疗心衰患者,能够降低心血管死亡风险24%和心衰住院风险42%。

2) 临床应用:①适应证:适用于中、重度心衰,NYHA Ⅲ、Ⅳ级患者;AMI后并发心衰,且LVEF<40%的患者亦可应用。②禁忌证和慎用:高钾血症和肾功能异常列为禁忌,有发生这两种状况潜在危险的应慎用。③应用方法:螺内酯起始剂量10mg/d,最大剂量20mg/d;依普利酮国外推荐起始剂量为25mg/d,逐渐加量至50mg/d(表3-2-1)。④不良反应及注意事项:高钾血症:开始治疗后3天和1周要监测血钾和肾功能,前3个月每月监测1次,以后每3个月1次,如血钾>5.5mmol/L,即应停用或减量;一般停止使用补钾制剂,除非有明确的低钾血症。男性乳房增生:为可逆性,停药后消失。

(4) 血管紧张素Ⅱ受体阻滞剂(Angiotensin Ⅱ receptor blocker,ARB):ARB阻断经ACE和非ACE途径产生的AngⅡ与血管紧张素Ⅱ受体Ⅰ型(AT$_1$)结合,理论上其阻断AngⅡ作用更完全,在心衰发生发展中起重要作用。临床试验证明ARB治疗心衰有效(图3-2-2),其效应与ACEI作用基本相当。目前,心力衰竭仍以ACEI为首选,不能耐受ACEI患者应用ARB,ARB应用注意事项与ACEI相同,小剂量起用,在患者耐受的基础上逐步将剂量增至推荐的最大剂量,见表3-2-1。

3. **抗凝和抗血小板治疗** 心衰时由于扩大且低动力的心腔内血液淤滞、局部室壁运动异常,以及促凝因子活性升高,有血栓栓塞事件发生风险,其每年的发生率约为1%~3%。心衰时抗凝和抗血小板药物的应用建议:①抗血小板治疗:心衰伴有冠心病、糖尿病和脑卒中,有二级预防适应证的患者,必须应用阿司匹林75~150mg/d;②抗凝治疗:心衰伴房颤患者应长期应用华法林抗凝治疗,并调整剂量使国际标准化比率在2~2.5之间;窦性心律患者不推荐常规抗凝治疗,有心腔附壁血栓患者应行抗凝治疗。

(四) 非药物治疗

1. **心脏再同步化治疗(CRT)** 房室激动顺序异常表现为心电图中P-R间期延长,使左室充盈减少;左右心室间不同步激动表现为左束支传导阻滞,使右室收缩早于左室;室内传导阻滞在心电图上表现为QRS时限延长(>120ms)。心衰患者的左右心室及左心室内收缩不同步时,可致心室充盈减少、左室收缩力或压力的上升速度降低、时间延长,加重二尖瓣反流及室壁逆向运动,使心室排血效率下降。CRT治疗可恢复正常的左右心室及心室内的同步激动,减轻二尖瓣反流,从

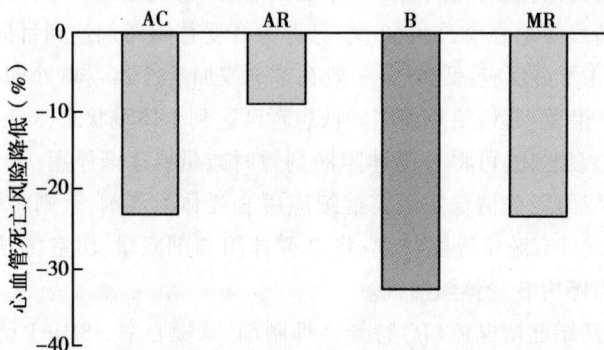

图 3-2-2　神经激素拮抗剂治疗心力衰竭降低心血管死亡风险

注：根据 SOLVD-T，CHARM，COPERNICUS，MERIT-HF，CIBIS Ⅱ，RALES 和 EMPHASIS-HF 等临床试验荟萃。缩写：ACEI：血管紧张素转换酶抑制剂，ARB：血管紧张素受体阻滞剂，BB：β 受体阻滞剂，MRA：醛固酮受体拮抗剂

而增加心输出量。临床试验证明，心功能Ⅱ～Ⅳ级心衰伴左右心室激动不同步（QRS≥150ms）患者加用 CRT 比单纯采用优化内科治疗能显著改善生活质量和运动耐量，降低住院率和总死亡率。

2. **心脏移植**　心脏移植可作为终末期心衰的一种治疗方式，主要适用于无其他可选择治疗方法的重度心衰患者。除了供体心脏短缺外，心脏移植的主要问题是移植排斥。近年的研究结果显示，联合应用 3 种免疫抑制治疗，术后患者 5 年存活率显著提高，可达70%～80%。

（五）心衰伴随疾病的治疗

1. **心衰伴有高血压**　在心衰常规药物治疗基础上，血压仍然不能控制者，可加用钙拮抗剂如氨氯地平、非洛地平缓释片。

2. **心衰伴有糖尿病和血脂异常**　β 受体阻滞剂可以使用，尽管认为它对糖脂代谢有一定影响，但它对心衰病人全面保护的临床获益远远大于负面效应，心衰严重患者血胆固醇水平通常偏低，因心衰时肝脏合成能力已经降低。

3. **心衰伴有冠心病**　他汀不是心衰治疗药物，可作为冠心病二级预防。心绞痛患者应选择硝酸盐和 β 受体阻滞剂，加用改善心肌能量代谢药物如曲美他嗪，应用 β 受体阻滞剂窦性心律的心率控制不佳者可加用伊伐布雷定。心肌梗死患者应用 ACEI、β 受体阻滞剂和醛固酮拮抗剂可以降低死亡风险。心肌衰竭患者进行血运重建术，对于心衰患者预后没有改善的证据。

4. **心衰伴有心律失常**　无症状的室性心律失常不主张用抗心律失常药物治疗。心衰伴有室上性心律失常的基本治疗是控制心室率和预防血栓事件。室性心律失常可用 β 受体阻滞剂长期治疗，可以降低心衰猝死和心衰死亡率。反复发作致命性室性心律失常可用胺碘酮，有猝死、室颤风险的心衰患者建议植入心脏转复除颤器。

5. **心衰伴有肾功能不全**　动脉粥样硬化性疾病伴心衰患者容易合并肾功能损害，肾功能不全患者应慎用 ACEI，血肌酐>5mg/ml（442μmol/L）时应做血液透析。

（六）难治性心力衰竭的治疗要点

慢性心力衰竭患者经过合理的最佳方案治疗后，仍不能改善症状或持续恶化，称为难治性心力衰竭（refractory heart failure）。

1. **难治性心力衰竭的原因**　①重新评价心脏病因：基础心脏病发展到晚期，心肌功能衰竭是导致心衰难治的主要原因，缩窄性心包炎也导致液体潴留；②重新评价心衰类型：单纯舒张性心力衰竭按收缩性心力衰竭治疗，病情不能改善；③重新评价心衰诊断是否正确：如肝源性水肿、肾源性水肿、心包积液或心包缩窄误诊为心力衰竭；④寻找心衰潜在的诱因；⑤评价心衰治疗是否合理。

Notes

2. 难治性心力衰竭的治疗要点

（1）调整心衰治疗的药物：此类患者对 ACEI 和 β 受体阻滞剂耐受性差，宜减少剂量，心衰稳定后从极小剂量开始恢复使用。如收缩压<80mmHg，则二药均不宜应用。如有显著液体潴留，近期内曾应用静脉滴注正性肌力药者，不宜用 β 受体阻滞剂。醛固酮受体拮抗剂的临床试验证据仅限于肾功能正常的人群，对肾功能受损的患者则可引起危险的高钾血症。地高辛不能耐受时短期改用非洋地黄类正性肌力药物。加强利尿剂的使用。

（2）低钠血症的处理：低钠血症时常常合并低血压，肾脏血流灌注不足，利尿效果差。心衰患者血钠低于 135mmol/L 者饮食中不必过分限盐；血钠低于 130mmol/L 者应通过饮食适当补充钠盐，如加食榨菜；血钠低于 120mmol/L 者需要静脉补充氯化钠，10% 氯化钠注射液 50～80ml/d 通过微泵 3～10ml/h 静脉注入，低血钠纠正后停用。临床试验证明难治性心力衰竭合并低钠血症者补钠后利尿比单纯利尿能够显著降低患者的死亡率。托伐普坦用于心衰低钠血症的治疗，该药排水不排钠。

（3）顽固性水肿的处理：患者尿少，治疗应严格限制入水量，记录 24 小时进出液体量，每天静脉补液量少于 800ml，尿量超过液体摄入量 800ml 以上。可用大剂量呋塞米 80～120mg/d 静注或托拉塞米 20～40mg/d 静注，也可应用利尿合剂：呋塞米 80～200mg 和多巴胺 40mg 溶于 50ml 生理盐水中以 3～10ml/h 微泵静注，使尿量达到 1500～3000ml，同时注意补充钠、钾和镁，保持电解质正常。如果肾功能不全严重，可应用超滤法或血液透析，患者有可能恢复对利尿剂的反应。

（4）静脉应用正性肌力药和血管扩张剂：静脉滴注正性肌力药如多巴酚丁胺、米力农和血管扩张剂如硝酸甘油、硝普钠，可作为姑息疗法，短期（1～3 天）应用以缓解症状。一旦情况稳定，即应改换为口服方案。

（5）机械和外科治疗：左室辅助装置可考虑应用于内科治疗无效、预期一年存活率<50%，且不适于心脏移植的患者。心脏移植适用于有严重心功能损害，或依赖静脉正性肌力药的患者。

（七）舒张性心力衰竭的治疗要点

1. **纠正液体潴留**　利尿剂可缓解肺淤血和外周水肿症状，但不宜过度，以免前负荷过度降低而致低血压。

2. **逆转左室肥厚**　ACEI、ARB、β 受体阻滞剂等治疗，可以逆转左室肥厚，改善心室舒张功能。β 受体阻滞剂、钙拮抗剂可以松弛心肌，维拉帕米或地尔硫䓬有益于肥厚型心肌病治疗。HF-PEF 临床试验未能证实 ACEI、ARB 和 β 受体阻滞剂等治疗改善 HF-PEF 患者预后和降低心血管死亡率。

3. **积极控制血压**　舒张性心衰患者血压控制目标为<130/80mmHg。

4. **血运重建治疗**　由于心肌缺血可以损害心室的舒张功能，冠心病患者若有症状性或可证实的心肌缺血，应考虑冠脉血运重建。

5. **控制房颤心率和节律**　心动过速时舒张期充盈时间缩短，心搏量降低。建议：①慢性房颤应控制心室率；②房颤转复并维持窦性心律可能有益。

6. **其他**　不宜使用地高辛，同时合并有收缩性心衰，则以治疗后者为主。

【预防和预后】　积极治疗基础心脏病，可以延缓心室重构发生发展，早期控制心衰危险因素，可以预防心衰，降低慢性心衰患者的死亡率和住院率。神经激素拮抗剂不仅抑制心衰患者神经激素活性，而且降低心衰患者细胞因子水平。应用 ACEI 治疗慢性心衰，可以降低心衰死亡风险 24%，联合 β 受体阻滞剂治疗可以降低心衰死亡风险 34%。需要对心衰患者随访管理，加强对患者的教育，及时根据心衰病情变化调整治疗药物，减少再住院率，提高患者生活质量。

Notes

第二节 急性心力衰竭

急性心力衰竭(acute heart failure,简称急性心衰)是发生在原发性心脏病或非心脏病基础上的急性血流动力学异常,导致以急性肺水肿、心源性休克为主要表现的临床综合征。急性心衰通常危及患者的生命,必须紧急实施抢救和治疗。对于慢性心功能不全基础上加重的急性心衰,若治疗后症状稳定,不应再称为急性心衰。

【病因与病理生理】 急性心力衰竭通常由一定的诱因引起急性血流动力学变化,常见病因可分为:

1. 心源性急性心衰 ①急性弥漫性心肌损害:如急性心肌梗死(约占15%)、急性心肌损害(急性重症心肌炎和产后心肌病),由于急性左心室心肌损害引发泵衰竭,心输出量减少,导致肺静脉压增高和肺淤血,引起急性肺水肿;由于急性心肌梗死的机械并发症,引起急性血流动力学变化,产生急性肺充血;急性大面积右心室心肌梗死后出现低右室心输出量,颈静脉不怒张和低左室灌注压为特征的急性肺充血。②急性心脏后负荷过重:如突然动脉压显著升高或高血压危象、原有瓣膜狭窄(主动脉瓣、二尖瓣)或左室流出道梗阻者突然过度体力活动、急性心律失常并发急性心衰(快速性房颤或房扑、室性心动过速),由于后负荷过重导致心室舒张末期压力突然升高,导致肺静脉压显著增高,发生急性肺水肿,迅速降低后负荷可以缓解症状。③急性容量负荷过重:如新发心脏瓣膜反流(急性缺血性乳头肌功能不全、感染性心内膜炎伴发瓣膜腱索损害)、慢性心衰急性失代偿(约占70%),由于前负荷过重导致心室舒张末期容积显著增加,导致肺静脉压显著增高,引起急性肺水肿。④心源性休克:严重的急性心力衰竭,由于心衰导致的组织低灌注,通常表现为血压下降(收缩压<90mmHg,或平均动脉压下降>30mmHg)和少尿(尿量<17ml/h)。

2. 非心源性急性心衰 无心脏病患者由于高心排血量状态(甲亢危象、贫血、感染败血症)、急性肺静脉压显著增高(药物治疗缺乏依从性、容量负荷过重、大手术后、急性肾功能减退、吸毒、酗酒、哮喘、急性肺栓塞),引起急性肺水肿。

【临床表现】

1. 症状 发病急剧,病人突然出现严重呼吸困难、端坐呼吸,烦躁不安,呼吸频率达30~40次/分,频繁咳嗽,严重时咳白色泡沫状痰或粉红色泡沫痰,患者有恐惧和濒死感。

2. 体征 患者面色灰白、发绀、大汗、皮肤湿冷。心率增快、心尖部第一心音减弱、舒张期奔马律(S_3)、P_2亢进。开始肺部可无啰音,继之双肺满布湿啰音和哮鸣音。基础心脏病的相关体征。心源性休克时血压下降(收缩压<90mmHg,或平均压下降>30mmHg)、少尿(尿量<17ml/h)、神志模糊。

急性右心衰竭主要表现为低心血量综合征,右心循环负荷增加,颈静脉怒张、肝脏肿大、低血压。

【实验室和辅助检查】

1. 心电图 主要了解有无急性心肌缺血、心肌梗死和心律失常,可提供急性心衰病因诊断依据。

2. X线胸片 急性心衰患者可显示肺门血管影模糊、蝶形肺门,重者弥漫性肺内大片阴影等肺淤血征。

3. 超声心动图 床边超声心动图有助于评价急性心肌梗死的机械并发症、室壁运动失调,心脏的结构与功能评估,心脏收缩/舒张功能的相关数据,了解心包填塞。

4. 利钠肽检测 有助于急性心衰快速诊断与鉴别,NT-proBNP<300ng/L、BNP<100ng/L为排除 AHF 的切点。诊断急性心衰的参考值与年龄:50 岁以下 NT-proBNP>450ng/L,50 岁以上>

900ng/L,75 岁以上>1800ng/L。

5. **心肌损伤标记物检测**　心肌肌钙蛋白(cTNT 或 cTNI)和 CK-MB 异常有助于诊断急性冠脉综合征。

6. **有创的导管检查**　安置 SWAN-GANZ 漂浮导管进行血流动力学监测,有助于指导急性心衰的治疗(见 Forrester 分级)。急性冠脉综合征的患者酌情可行冠脉造影及血管重建治疗。

7. **其他实验室检查**　①动脉血气分析:急性心衰时常有低氧血症,酸中毒与组织灌注不足可有二氧化碳潴留。②常规检查:血常规、电解质、肝肾功能、血糖、高敏 C 反应蛋白(hs-CRP)。

【诊断和鉴别诊断】

(一) 诊断

根据急性呼吸困难的典型症状和体征、NT-proBNP 升高,一般诊断并不困难。进一步检查明确病因诊断,有助于进行针对性治疗。临床常用的急性心衰严重程度分级有两种:

1. **Killip 分级**　用于急性心肌梗死心功能损害的评价。

Ⅰ级:无心衰;

Ⅱ级:有心衰,肺部中下野湿性啰音(肺野下 1/2),可闻奔马律,X 片肺淤血;

Ⅲ级:严重的心衰,有肺水肿,满布湿啰音(超过肺野下 1/2);

Ⅳ级:心源性休克、低血压(收缩压≤90mmHg),发绀、少尿,出汗。

2. **Forrester 分级**　根据临床表现和血流动力学状态分级,主要用于急性心肌梗死患者,也可用于其他原因急性心衰评价。血流动力学分级根据肺毛细血管楔嵌压(PCWP)和心脏指数(CI)。

Ⅰ级:PCWP≤18mmHg,CI>2.2L/min/m²,无肺淤血及周围灌注不良;

Ⅱ级:PCWP>18mmHg,CI>2.2L/min/m²,有肺淤血;

Ⅲ级:PCWP<18mmHg,CI≤2.2L/min/m²,周围组织灌注不良;

Ⅳ级:PCWP>18mmHg,CI≤2.2L/min/m²,有肺淤血和组织灌注不良。

(二) 鉴别诊断

急性心力衰竭常需与重度支气管哮喘鉴别,后者表现为反复发作性喘息,两肺满布高音调哮鸣音,以呼气期为主,可伴少许湿啰音。还需与非心源性肺水肿相鉴别。根据临床表现及相关的辅助检查,BNP 或 NT-proBNP 的检测可以进行鉴别诊断,做出正确的判断(表 3-2-2)。

表 3-2-2　心源性肺水肿与非心源性肺水肿的鉴别诊断

参数		心源性肺水肿	非心源性肺水肿
病史		急性心脏病发作	近期没有心脏病史
潜在非心脏疾病		通常缺乏	存在
体格检查	S₃ 奔马律	存在	无,脉搏有力
	心输出量状态	低心排血量:皮肤湿冷	高心排血量:皮肤温暖
	颈静脉怒张	存在	无
	肺部啰音	湿性啰音	干性啰音
	实验室检查		
	心电图	心肌缺血/心肌梗死	正常
	NT-proBNP	>300ng/L	<100ng/L
	心肌损伤标志物	增高	正常
	胸片	肺门影扩大,可呈蝴蝶状	肺周边阴影
	肺毛细血管楔嵌压(PCWP)	≥18mmHg	<18mmHg

【治疗】 急性心力衰竭治疗目的是立即纠正血流动力学异常、去除诱发急性心衰的诱因、尽早针对引发急性心衰的病因治疗,最大限度地挽救生命,降低病死率。

（一）抢救措施

减轻心脏前后负荷,纠正血流动力学异常,急性心衰的治疗流程见图3-2-3。

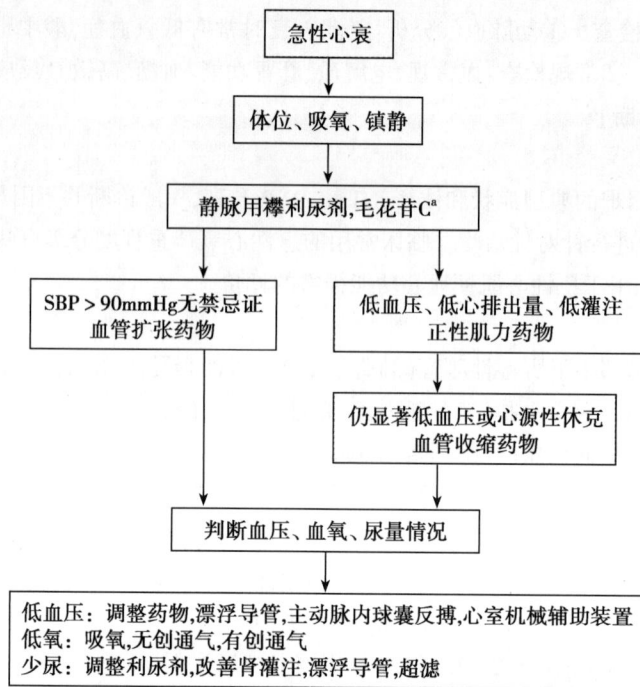

```
                        ┌──────────────┐
                        │   急性心衰    │
                        └──────┬───────┘
                               ↓
                        ┌──────────────┐
                        │ 体位、吸氧、镇静 │
                        └──────┬───────┘
                               ↓
                    ┌────────────────────┐
                    │ 静脉用襻利尿剂,毛花苷Cª │
                    └──────┬──────────────┘
              ┌────────────┴────────────┐
              ↓                         ↓
    ┌──────────────────┐      ┌──────────────────┐
    │ SBP > 90mmHg无禁忌证 │      │ 低血压、低心排出量、低灌注 │
    │    血管扩张药物      │      │    正性肌力药物      │
    └──────────────────┘      └──────┬───────────┘
                                     ↓
                          ┌──────────────────┐
                          │ 仍显著低血压或心源性休克 │
                          │    血管收缩药物      │
                          └──────┬───────────┘
              ┌────────────────────┘
              ↓
    ┌──────────────────┐
    │ 判断血压、血氧、尿量情况 │
    └──────────────────┘
```

低血压:调整药物,漂浮导管,主动脉内球囊反搏,心室机械辅助装置
低氧:吸氧,无创通气,有创通气
少尿:调整利尿剂,改善肾灌注,漂浮导管,超滤

图3-2-3 急性心衰处理流程（引自2014年中国心力衰竭诊断和治疗指南）
ª:适用于房颤伴快速心室率患者、严重收缩性心衰患者

1. **体位** 取坐位,双脚下垂,减少静脉回心血量,减轻心脏前负荷。

2. **吸氧** 开始氧流量为2~3L/min,也可高流量给氧6~8L/min,需要时予以面罩加压给氧或正压呼吸。应用酒精吸氧（即氧气流经50%~70%酒精湿化瓶）,或有机硅消泡剂,使泡沫表面张力降低而破裂,有利于肺泡通气的改善。吸氧后保持血氧饱和度（SaO_2）在95%~98%。

3. **镇静** 吗啡是治疗急性肺水肿极为有效的药物。吗啡通过抑制中枢性交感神经,反射性降低外周静脉和小动脉张力,减轻心脏前负荷;降低呼吸中枢和咳嗽中枢兴奋性,减慢呼吸和镇咳,松弛支气管平滑肌,改善通气功能;中枢镇静作用能减轻或消除焦虑、紧张、恐惧等反应。用法:吗啡3~5mg静脉注射,必要时每隔15分钟重复1次,共2~3次,或5~10mg皮下注射。低血压或休克、慢性阻塞性肺部疾病、支气管哮喘、神志障碍及伴有呼吸抑制危重患者禁用吗啡。不良反应:常见恶心,如症状明显,可给予止吐剂。

4. **快速利尿** 强效襻利尿剂可大量迅速利尿,降低心脏容量负荷,缓解肺淤血。呋塞米（furosemide）20~40mg或托拉塞米（torasemide）10~20mg,布美他尼（bumetanide）0.5~1mg静脉注射,根据反应调整剂量。适应证:急性心衰和失代偿心衰急性发作,伴有继发肺充血或体液潴留情况。不良反应:最常见的有低K^+、低Mg^{2+}、低Cl^-性碱中毒,可导致严重心律失常,过度利尿导致血容量不足引起低血压,产生肾毒性反应及加重肾衰竭。观察和记录每日出入量:对肺淤血水肿明显和体循环淤血水肿明显者应保持出入量负平衡,约500ml/24h,严重肺水肿者可负平衡1000~2000ml/24h,有时可达3000~5000ml/24h,患者症状方可缓解。

5. **扩张血管** 大多数急性心衰患者血压正常存在低灌注状态,或有淤血体征且尿量减少。硝普钠和硝酸甘油在体内转化为一氧化氮,后者对动脉和静脉平滑肌作用,扩张外周静脉和小动脉,减轻心脏前后负荷,缓解肺淤血。①硝普钠:对于严重心衰患者和原有后负荷增加者(如:高血压心衰或二尖瓣反流),推荐硝普钠从 $0.3\mu g/(kg\cdot min)$ 静脉滴注仔细加量至 $1\mu g/(kg\cdot min)$ 再到 $5\mu g/(kg\cdot min)$,静脉滴注过程中需要密切监测血压,长期应用可引起硫氰酸盐毒性,本药适宜短期使用。②硝酸甘油:静脉给予硝酸甘油 $20\mu g/min$,密切监测血压,静脉滴注的剂量应防止血压过度下降,保持平均动脉血压降低 10mmHg 左右。如果收缩压降至 90~100mmHg 以下,硝酸盐应减量。③重组人脑钠肽(rhBNP,奈西立肽):rhBNP 是基因重组高纯度冻干制剂,由32 个氨基酸构成,与内源性脑钠肽具有相同的氨基酸排序和生物活性,它通过血管环鸟苷一磷酸(cGMP)受体通路介导血管扩张,利钠利尿、降低肺毛细血管楔嵌压和肺动脉压,能够适度抑制交感神经系统、醛固酮和内皮素等血管收缩神经激素,对于纠正急性心衰时血流动力学异常具有较好作用,已积累大量临床试验证据,各国指南均推荐用于急性心力衰竭的治疗。用法:负荷量 $1.5\mu g/kg$ 静脉注射,维持剂量 $0.0075\mu g/(kg\cdot min)$ 静脉滴注 24 小时。rhBNP 最常见不良反应为低血压。

6. 正性肌力药物 适用于低心排综合征(如症状性低血压),或心排出量减低伴有淤血的患者,可减轻低灌注所致的症状,保证重要脏器的血供。

(1)多巴酚丁胺:在急性心衰中短期应用,主要是缓解症状。用法:起始剂量为 $2~3\mu g/(kg\cdot min)$,不需要负荷剂量。最大剂量可达 $20\mu g/(kg\cdot min)$,约 $100~250\mu g/min$。滴注速度可以根据患者的症状、对利尿剂的反应或者患者临床状态进行调整。停药前可逐渐减量,停止滴注后,多巴酚丁胺很快被清除。不良反应:室性或房性心律失常、心动过速,可触发冠心病患者胸痛,加重心肌缺血。

(2)多巴胺:小剂量多巴胺($<3\mu g/(kg\cdot min)$)可激活多巴胺受体,降低外周血管阻力,增加肾、冠脉和脑血流。中等剂量$[3~5\mu g/(kg\cdot min)]$刺激 β 受体,直接或间接增加心肌收缩力及心排出量。大剂量$[>5\mu g/(kg\cdot min)]$可作用于 α 受体导致血管收缩和系统血管阻力增加,用于维持伴有低血压心衰患者的收缩压,但是有心动过速、心律失常的危险。

(3)磷酸二酯酶抑制剂(PDEIs):常用药物为米力农,首剂为 $25\mu g/kg$,稀释后,15~20 分钟静脉注射,继之 $0.375~0.75\mu g/(kg\cdot min)$ 维持静脉点滴。临床也可以直接采用静滴,特别对低充盈压患者可避免低血压的风险。

(4)毛花苷丙:成年人常用量:首剂 0.4mg,用 5% 葡萄糖注射液稀释后缓慢注射,以后每2~4 小时可再给 0.2~0.4mg,总量 1~1.2mg。适应证:①低心排量心衰效果比高心排量心衰好;②快速心室率房颤引发的心衰。禁忌证:洋地黄类中毒。注意事项:急性心肌梗死(尤其发病 24 小时内)、急性心肌炎、低钾血症、房室传导阻滞(≥二度者)、甲状腺功能低下患者也应禁用。

7. 支气管解痉 地塞米松 10mg 静脉注射可以解除支气管痉挛。可用氨茶碱 0.25g 加入5% 葡萄糖液 40ml 中缓慢静脉注射解痉,但急性心肌梗死时氨茶碱慎用。

8. 主动脉内球囊反搏治疗 是一种有效的改善心肌灌注且同时降低心肌耗氧量,增加搏出量的治疗手段,适用于心源性休克、血流动力学障碍的严重冠心病(急性心肌梗死合并机械并发症)、顽固性肺水肿。

9. 机械通气治疗 急性心衰时由于肺淤血/水肿,心功能损害组织灌注不良,患者会出现不同程度的低氧血症和组织缺氧,机械通气维持 SaO_2 在 95%~98%,可以有效防止外周脏器和多器官功能衰竭。①无创通气治疗是一种无须气管插管、自主呼吸触发的机械通气治疗,包括两种方法:持续气道正压通气和双水平气道正压通气,可进一步减少呼吸做功和提高全身代谢需求。②气管插管机械通气治疗,有创性机械通气主要用于病情危重,伴随发生 Ⅰ 型或 Ⅱ 型呼吸衰竭者,对 NIV 无反应的患者,以及继发于 ST 段抬高型急性冠脉综合征所致的肺水肿。

(二)针对病因治疗

1. 急性冠脉综合征并发急性心衰 冠状动脉造影证实为严重左主干及多支血管病变,尽早行急诊 PCI 或溶栓治疗,进行血运重建可以明显改善心衰。

2. 急性心脏机械并发症并发急性心衰　急性心肌梗死后并发心室游离壁破裂、室间隔穿孔、重度二尖瓣关闭不全;瓣膜疾病如黏液性腱索断裂、心内膜炎、创伤等引起的急性二尖瓣关闭不全,主动脉瓣或二尖瓣的严重狭窄以及联合瓣膜病的心功能急性失代偿期,需要尽快外科手术。

3. 去除病因和诱因　应用静脉降压药控制高血压;治疗各种影响血流动力学的快速和缓慢心律失常;应用硝酸酯类药物改善心肌缺血;应用抗生素控制感染;输压积红细胞纠正严重贫血;围术期患者避免过快过多输液等。

（三）急性心衰稳定后的处理

先前有心力衰竭的患者,处理方案与慢性心衰治疗方案相同。收缩性心力衰竭应用 ACEI/ARBs、β-受体阻滞剂、醛固酮拮抗剂、利尿剂和地高辛治疗。射血分数储备心力衰竭患者 ACEI 或 ARBs 联合应用 β-受体阻滞剂治疗。高血压患者血压未控制时可以加用钙拮抗剂,不推荐使用正性肌力药物。

【预防和预后】　慢性心衰和非心源性急性心衰患者避免诱发因素可以预防急性心衰发作,急性心肌损害尽早针对病因治疗可以减轻急性心衰的发生发展。急性心衰的住院病死率约 3%~4%,严重者达 20%;急性心衰患者出院后 60 天内因心血管事件导致的再住院率达到 30%~50%。因此,在急性发作阶段改善患者症状,病情稳定后进行综合治疗措施,可以降低病死率。

（廖玉华）

推荐阅读文献

1. 王吉耀. 内科学. 第 2 版. 人民卫生出版社,2010:P189-207
2. Lee Goldman,Dennis Ausiello. GOLDMAN'S CECIL MEDICINE,24TH Edition. 2012 by Elsevier Inc. P359-367 Charter 58 Heartfailure: pathophysiology and diagnosis;P368-383 Charter 59 Heartfailure: management and prognosis
3. 龚非力. 医学免疫学. 第 4 版. 科学出版社,2014:P383-387
4. 中华医学会心血管病分会. 中国心力衰竭诊断和治疗指南 2014. 中华心血管病杂志,2014,42(2):98-122

第三章　心律失常

第一节　概　　述

要点：

1. 心律失常是心脏冲动起源和冲动传导异常引起的心脏节律紊乱，可表现为心动过速、心动过缓、心律不齐或心脏骤停。

2. 心律失常的临床表现取决于节律和频率异常对血流动力学的影响，轻者出现心慌、心悸和运动耐量降低，重者可诱发或加重心功能不全，心脏骤停可引起晕厥或心脏性猝死。

3. 心律失常的心电图表现是主要的诊断依据，复杂心律失常应进行心脏电生理检查。

4. 心律失常的治疗原则为在重视消除病因或诱因的基础上恢复心脏节律或控制心室率。抗心律失常药物、心脏电复律、心脏起搏和射频导管消融是心律失常的主要治疗方法。

心律失常（cardiac arrhythmia）是指心脏起搏和传导功能紊乱而发生的心脏节律、频率或激动顺序异常，主要表现为心动过速、心动过缓、心律不齐和停搏。心室停搏或颤动是心脏骤停的主要表现形式，是心脏性猝死的重要原因。

【病因和发病机制】

（一）诱因与病因

1. **生理因素**　某些生理因素如紧张、焦虑或饮用浓茶、咖啡、酒精性饮料等，常是快速性心律失常的诱发因素。运动员或长期体力劳动者常伴有明显的窦性心动过缓。夜间睡眠或其他迷走神经高张力状态可发生窦性心动过缓或停搏、一度或二度Ⅰ型房室传导阻滞。

2. **心脏疾病**　器质性心脏病引起的心脏结构和功能异常是产生心律失常的重要原因或病理基质。心肌缺血、损伤或坏死，急性或慢性心肌炎症，原发或继发性心室肥厚、扩张，急性或慢性心包疾病，均可引起各种类型的心律失常。急性心肌缺血、重症心肌炎、充血性心衰或心源性休克等易发生严重室性心律失常或高度房室传导阻滞，可导致心脏骤停或心脏性猝死。

3. **心外疾病**

（1）循环系统之外的各系统疾病：均可引起心律失常，如慢性阻塞性肺病、甲状腺功能亢进、严重贫血、急性脑血管病、重症胰腺炎、严重胆道感染、妊娠高血压综合征、系统性红斑狼疮等。引起心律失常的原因为病原微生物及其毒素对心肌的损伤，免疫复合物沉积的毒性作用，继发性心肌缺血引起的心电生理不稳定，血流动力学异常引起的心脏扩大等。

（2）电解质紊乱和酸碱平衡失调：各种原因引起血电解质异常，尤其是高钾和低钾血症，或酸、碱中毒均可导致心肌细胞电生理异常而发生各种心律失常。

（3）理化因素和中毒：物理因素如电（雷）击伤、化学毒物（如有机溶剂）、农药或动植物毒素中毒均可引起心律失常，严重者直接导致患者死亡，如电击引起心室颤动或心脏骤停。

（4）医源性因素：多与诊疗性操作和药物治疗有关。心血管介入诊疗过程中因导管对心脏的直接刺激或冠状动脉注入对比剂可引起一过性心律失常、严重者可发生心室颤动。急性心肌梗死再灌注治疗可发生再灌注性心律失常。抗心律失常药物具有致心律失常作用。作用于心血管受体的药物可引起心动过速（如肾上腺素）或心动过缓（β-受体阻断剂）。洋地黄药物过量常诱发室性心律失常。杀虫剂（如锑剂）、抗肿瘤药物（如阿霉素），某些抗生素（如红霉素）等均可引起心律失常。

4. 遗传因素 目前已有研究表明某些心脏结构和功能正常者发生的"特发性心律失常"与遗传因素有关，如原发性心脏离子通道疾病是 LQTS、Brugada 综合征、特发性心室颤动等的重要原因，心脏发育过程中遗留的异常传导束可引起预激综合征，肺静脉前庭和近心房段的心肌袖可引起阵发性心房颤动或其他房性心律失常，主、肺动脉根部不适当的肌束分布可引起室性或房性心律失常。

（二）发病机制

1. 冲动形成异常（abnormal impulse initiation）

（1）正常节律点自律性异常（abnormal automaticity）：正常情况下窦房结为心脏的最高节律点，形成正常的窦性心律，其频率为 60～100 次/分，且随运动和代谢需求而增加。窦房结的自律性异常增加或降低可引起窦性心动过速、过缓或停搏。位于房室交界区和心室的次级节律点其自律性低于窦房结，正常情况下不显现，其自律性增加且超过窦房结时可发生非阵发性房室交界区心动过速或加速性室性自主心律，若自律性降低，则在窦性停搏或房室传导阻滞时出现心室停搏。

（2）异位节律点形成（ectopic automaticity）：致病因素（如缺血、炎症、心肌肥厚或扩张等）作用下使心肌具有了自律性，形成异位节律点，其异常冲动可控制心脏而形成期前收缩或心动过速。

（3）触发激动（triggered activity）：触发激动不同于自律性异常，由发生于动作电位 3 相和 4 相的异常除极所致，分别为早期后除极（early after-depolarization，EAD）和延迟后除极（delayed after-deplorization，DAD），EAD 和 DAD 达到阈电位则引发一次新的动作电位，即触发激动。单一触发激动和连续触发激动则引起期前收缩和心动过速（图 3-3-1）。

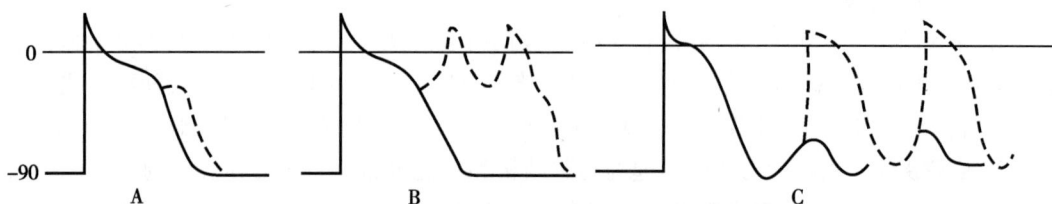

图 3-3-1   EDA 和 DAD 与触发激动示意图
A、B 的虚线分别代表 EAD，A 和 B 为 EAD 达阈电位引起触发激动；C 为 DAD
达阈电位引起触发激动（虚线）

2. 冲动传导异常（abnormal impulse conduction）

（1）传导途径异常：房室旁道是最常见的异常传导途径，窦性或房性冲动经房室旁道传导均可引起心室预激，房室旁道和正常房室传导途径（房室结-希氏束）之间折返可形成房室折返性心动过速。

（2）传导延迟或阻滞：冲动抵达部位的心肌处于有效不应期，不能发生可传导的兴奋，即冲动传导完全阻滞，若抵达部位的心肌处于相对不应期，则冲动传导可发生延迟或不完全阻滞。传导阻滞可为生理性，如冲动提前抵达尚未脱离不应期的心肌，称为生理性或功能性传导阻滞。

发生病理性不应期延长则称为病理性传导阻滞。

（3）折返激动（reentrant activity）：冲动传导至某一部位，该部位存在病理性或功能性的两条或以上的途径，冲动循环往返于多条径路之间，即形成折返激动。形成折返激动必须具备三个条件：①折返环，即两条或以上的相互分离的解剖或功能性的传导径路，且相互连接成"环路"；②冲动抵达折返环时，其中一条径路发生单向阻滞，另一径路多需传导延迟；③冲动在折返环运行一周所需时间大于折返环任一部位组织的有效不应期。折返激动是多种快速性心律失常的发生机制（图3-3-2）。

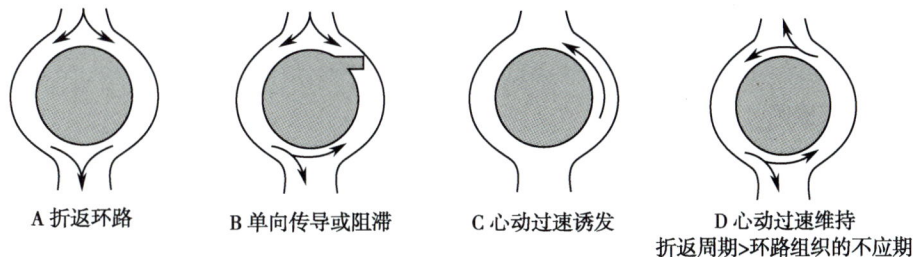

图 3-3-2　折返激动引起心动过速

A 折返环路　B 单向传导或阻滞　C 心动过速诱发　D 心动过速维持 折返周期>环路组织的不应期

【分类】　临床上常根据心律失常的起源或发生部位、心律失常的发生机制、心律失常的频率快慢而进行分类。表3-3-1为心律失常的综合性分类。

表 3-3-1　心律失常的分类

起源部位	过速	过缓	逸搏
窦性心律失常	窦性心动过速 阵发性 非阵发性	窦性心动过缓 窦性停搏 窦房阻滞	逸搏及逸搏心律 房性 房室交界性 室性
房性心律失常	房性期前收缩 房性心动过速 心房扑动或颤动		
房室交界性心律失常	房室交界性期前收缩 房室交界性心动过速 阵发性 非阵发性	房室传导阻滞（希氏束分叉以上）	逸搏及逸搏心律 房室交界性 室性
室性心律失常	室性期前收缩 室性心动过速 心室扑动或颤动	房室传导阻滞（希氏束分叉以下） 室内传导阻滞	逸搏及逸搏心律 室性
综合征	预激综合征 Brugada 综合征 LQTS	病窦综合征	
其他	起搏相关心律失常		

【诊断】　心律失常的诊断应依据患者的病史，体格检查和必要的心电生理检查。

（一）病史

病史采集应涉及与心律失常相关的症状及发作的特点，如发作方式、频度、持续时间、终止方式以及对血流动力学的影响，如是否伴有重要器官供血不足（黑矇或晕厥）、诱发或加重心功能不全等。详细了解可能与心律失常病因或诱因相关的资料，如既往有无心脏病，有无甲状腺功能异常等。

（二）体格检查

系统检查的基础上对心脏进行重点检查，注意心率（律）改变，心音强度，有无杂音及附加音，心率与脉搏的关系，血压高低等。

（三）心电生理检查

心电生理检查是诊断心律失常的重要手段，主要包括常规心电图、动态心电图、食管电生理检查、心腔电生理检查。心电图检查适合心律失常发作期的诊断。电生理检查可主动诱发心律失常以协助诊断并能明确其发生机制和起源部位，检查中加用药物诱发或抑制试验，对指导药物和非药物治疗有重要的意义。

【治疗】

（一）治疗原则

1. 治疗诱因和病因　消除或避免一些诱因，如焦虑、紧张、失眠、刺激性食物或饮料可避免或减少心律失常发作。治疗与心律失常相关的心源性或非心源性疾病有利于心律失常的转复和减少心律失常的复发。

2. 控制心率和恢复节律　是心律失常发作期的重要治疗原则。一部分心动过速或心脏期前收缩，终止心动过速或消除期前收缩以恢复正常的窦性心律，不仅可有效地消除患者的症状，而且可避免诱发或加重心功能不全或恶化为更严重的心律失常。严重心动过缓或心脏停搏，恢复正常心率或消除停搏可改善重要器官供血。对于一些导致心脏功能性停搏的严重室性心律失常，如尖端扭转性室性心动过速、心室颤动等迅速有效地终止心动过速或颤动是心脏复苏的关键。对于一些难以终止的快速性心律失常，如心房颤动，可以通过控制心室率以缓解患者的症状和改善心功能。

3. 预防复发　一些阵发性心动过速由于病因不能有效治愈或心脏存在病理性基质，如室壁瘤、房室旁道等，心律失常可反复发作，适当的药物治疗可减少发作，可使用 β 受体阻滞剂和 ACEI 类药物。抗心律失常药物（胺碘酮除外）长期使用可增加死亡率，应慎用。非药物治疗可根治阵发性心动过速（如射频导管消融）或预防心脏性猝死（如植入 ICD）。

（二）治疗方法

1. 抗心律失常药物治疗

（1）抗快速性心律失常药物治疗：该类药物主要用于心脏期前收缩，心动过速和心脏扑动或颤动的治疗。按照改良的 Vanghan Williams 分类，该类药物分为：

1）Ⅰ类：I_{Na} 阻滞剂。根据对动作电位时程和 QT 间期的不同影响分为三个亚类。Ⅰa 类，明显延长动作电位时程和 QT 间期，代表药物有奎尼丁、丙吡胺和普鲁卡因胺，对室性和室上性心律失常均有一定的疗效，长期使用有致心律失常作用，不提高生存率。Ⅰb 类，缩短动作电位时程，不延长 QT 间期，代表药物有利多卡因，美西律和苯妥英钠，对室性心律失常有较好的疗效，尤其是与急性心肌缺血相关的室性心律失常疗效显著。Ⅰc 类，延长动作电位时程，不明显延长 QT 间期，代表药物有普罗帕酮，氟卡尼，莫雷西嗪，对室性和室上性心律失常均有良好的疗效。长期使用有致心律失常作用，不提高生存率。

2）Ⅱ类：β 受体阻滞剂。美托洛尔、阿替洛尔和艾司洛尔等为选择性 β1 受体阻滞剂。普萘洛尔，钠多洛尔等为非选择性 β1、β2 受体阻滞剂。该类药物主要针对室上性心律失常，晚近研究表明 β 受体阻滞剂可有效地治疗室性心律失常，长期使用可提高生存率。

3）Ⅲ类：I_K 阻滞剂。明显延长动作电位时程和 QT 间期。代表药物有胺碘酮，决奈达隆、索他洛尔、多非利特、伊布利特和溴苄胺等。对室性和室上性心律失常均有一定疗效。胺碘酮是目前广泛使用的抗心律失常药物。

4）Ⅳ类：I_{Ca} 阻滞剂。对窦房结功能和房室传导功能有明显抑制作用。代表药物有维拉帕米(verapamil)和地尔硫䓬(diltiazem),主要治疗室上性心律失常,对左室特发性室性心动过速有良好的治疗作用。

5)其他药物:腺苷经快速静脉注射可作用于腺苷受体产生短暂且较强拟迷走神经效应,抑制房室结传导功能,可快速有效终止室上性心动过速。洋地黄类药物对房室结也有较强的抑制作用,适用于伴有心功能不全的室上性心动过速的治疗。由于 ACEI 和 ARB 等非抗心律失常药物具有逆转心室重塑和改善心功能的作用,故适用于心衰患者发生的室性心律失常。

(2)抗缓慢性心律失常药物:该类药物主要通过增强或兴奋窦房结、房室交界区和心室的次级节律点的自律性,改善房室传导功能,以提高心室率而达到治疗缓慢性心律失常的目的。

1)M-胆碱受体阻滞剂:通过阻断 M 受体消除迷走神经对窦房结起搏功能和房室传导功能的抑制。代表药物有阿托品、山莨菪碱等,适用于窦性心动过缓、窦性停搏、窦房阻滞以及部分房室传导阻滞的患者。

2)β肾上腺素能受体兴奋剂:兴奋β受体和α受体,有强烈兴奋心脏起搏与传导系统的作用,并有增强心肌收缩力和扩张支气管平滑肌等作用。代表药物有肾上腺素、异丙肾上腺素、麻黄碱等。对严重窦性缓慢性心律失常,高度或完全性房室传导阻滞有提高心室率的作用,该类药物也是心脏骤停复苏的重要药物。

3)其他:包括糖皮质激素、烟酰胺、氨茶碱、硝苯地平、甲状腺素等。通过非特异性兴奋窦房结和改善房室传导功能。

2. 心律失常的非药物治疗 非药物治疗可安全、有效地预防、控制或根治某些心律失常,主要适用于严重的缓慢性和快速性心律失常,是抗心律失常药物治疗的重要补充。有些治疗作用是药物治疗无法获得或难以替代的,心脏起搏、心脏电复律、射频导管消融和外科手术是主要非药物治疗方法。

(1)心脏电复律:心脏电复律(cardioversion)是利用高能直流电终止多种快速异位性心律失常并使之恢复窦性心律的电学治疗方法。通过体表、心外膜或心内膜给予瞬间高电压强电流,使心房和心室心肌细胞同时除极,心动过速或颤动也被同时消除,心脏的起搏与传导功能经过短时间抑制即可苏醒而控制心脏,恢复窦性心律。

1)心脏电复律方法:需 R 波触发放电的复律方式称为同步心脏电复律,用于心室扑动或颤动之外的快速性心律失常。不需 R 波触发放电的复律方式称为非同步心脏电复律亦称为心脏电除颤(difibrillation),用于心室扑动或颤动。经胸壁体表电复律是最常用的心脏电复律方法,适用多种快速性心律失常的急诊和择期复律治疗。经心外膜电复律主要用于外科开胸手术中,经心内膜电复律主要用于 ICD,是预防心脏性猝死的有效方法。

2)胸壁心脏电复律的适应证:主要包括:①心室扑动或颤动;②药物治疗无效、有明显血流动力学障碍的室性或室上性心动过速;③病因得到控制,药物不能复律的心房扑动或颤动。

3)胸壁心脏电复律的禁忌证:心室扑动或颤动的紧急复律无禁忌证。择期复律的禁忌证有:①快速性心律失常伴有心腔内附壁血栓或三个月内发生过栓塞事件者;②快慢综合征、心房颤动伴高度或完全性房室传导阻滞者;③洋地黄中毒、电解质紊乱、风湿活动等所导致的快速性心律失常。

4)胸壁心脏电复律的并发症:主要有:①一过性心律失常,如房性和室性期前收缩,窦性停搏伴逸搏,偶见室性心动过速或心室颤动;②心肌损伤,表现为一过性 ST 段异常和心肌标志物升高;③栓塞事件、急性肺水肿等;④胸壁皮肤灼伤。

(2)射频导管消融:射频导管消融(radiofrequency catheter ablation,RFCA)是利用导管进行心腔电生理检查和心内膜标测以明确心动过速的部位或病灶及机制,然后通过导管对该部位(靶点)发放射频电流(radiofrequency current energy),使直接与裸露电极接触的心肌组织因电流热效应脱水干涸、甚至凝固、炭化,从而阻断心动过速维持的必须环节或直接消除产生心动过速的病灶,达到治愈心动过速的目的。适用于药物难治性或不愿服用药物治疗的心动过速患者。

1）适应证:①预激综合征合并阵发性心房颤动、房室折返性心动过速;②房室结折返性心动过速、房性心动过速、典型心房扑动和特发性室性心动过速反复发作者;③非典型心房扑动发作频繁、心室率不易控制者;④非瓣膜病性心房颤动药物治疗无效者。

2）并发症:①血管损伤:股动(静)脉穿刺部位出血、血肿、动脉夹层、动静脉瘘和假性动脉瘤,锁骨下静脉穿刺可引起血气胸和纵隔血肿;②心脏损伤:导管穿破心腔、冠状静脉窦引起心脏压塞,逆股动脉插管损伤主动脉瓣引起关闭不全;③心脏传导系统损伤:房室结折返性心动过速慢径消融和间隔旁路消融可引起房室传导阻滞;④死亡:射频导管消融引起死亡的发生率约0.1%左右,导致死亡的原因有心脏压塞、肺栓塞、损伤左冠状动脉主干、完全性房室传导阻滞、心室颤动等。

3）疗效:射频导管消融治疗快速性心律失常的疗效较好,国内注册资料显示手术成功率为96.6%,复发率和并发症分别为2.8%和0.9%。

（3）外科手术治疗:随着射频导管消融治疗快速性心律失常的广泛应用,目前较少采用外科手术治疗心律失常。

第二节　窦性心律失常

要点:

1. 窦性心律失常主要表现为窦性心动过速、窦性心动过缓、窦性停搏和窦房阻滞。

2. 严重的窦性心动过缓、窦性停搏或窦房阻滞引起重要器官供血不足而产生症状者称为病态窦房结综合征。

3. 窦性心律失常的治疗要针对病因,病态窦房结综合征药物治疗无效者应进行心脏起搏治疗。

窦性心律失常(sinus arrhythmia)是一组以窦房结自律性异常和窦房传导障碍为病理基础的快速性和缓慢性心律失常,前者表现为窦性心动过速,后者表现为窦性心动过缓、窦性停搏、窦房传导阻滞。

一、窦性心动过速

窦性心动过速(sinus tachycardia)指窦性心律的频率超过100次/分。

【病因】　生理因素是引起窦性心动过速的常见原因,如紧张、焦虑、运动或饮用浓茶、咖啡或过量饮酒。非心源性疾病也常引起窦性心动过速,如发热、贫血、休克、甲状腺功能亢进等。心肌炎,心包积液以及各种原因引起的心功能不全均可发生窦性心动过速。

窦房折返性心动过速(sinus nodal reentrant tachycardia)是一种少见的阵发性心动过速,与多种原因引起的右房扩大、缺血、纤维化有关。持续无休止性窦性心动过速是一种极少见的窦性心律失常,称为不适当的窦性心动过速(inappropriate sinus tachycardia),其病理机制尚不清楚,可能与交感神经张力异常增高有关。

【临床表现】　生理因素引起者多无特殊的症状,各种疾病引起的窦性心动过速除有原发疾病的症状外,心慌、乏力、运动耐量下降是常见表现,部分患者可诱发心绞痛,引起或加重心功能不全等。窦房折返性心动过速多为阵发性心悸,可表现为突然发作和突然终止。不适当的窦性心动过速其心率多持续超过120次/分,休息、夜间也常超过100次/分,部分患者可发生心动过速依赖性心肌病而诱发心功能不全。

【心电图特点】　窦性 P 波的频率>100 次/分,伴有房室传导或室内传导异常者,P-R 间期可延长或 QRS 波群宽大畸形。

【诊断】　有心悸症状,体检心率>100 次/分,心电图表现符合窦性心动过速的特点。持续性窦性心动过速,无明确原因可寻,动态心电图 24 小时窦性心动过速超过 15 万次,夜间心率超过 100 次/分者应考虑不适当的窦性心动过速。窦房折返性心动过速表现为突然发作和突然终止,应与阵发性室上性心动过速鉴别,心动过速的 P 波形态与心动过速终止后的窦性 P 波形态一致是诊断的重要依据。

【治疗】　控制病因和消除诱因后仍然有症状者可应用 β 受体阻滞剂或钙通道阻滞剂。

【预后】　病因可控制者预后良好。不适当窦性心动过速可诱发心动过速性心肌病,表现为心脏扩大和心功能不全,有效控制心率可使心脏扩大逆转,心功能可恢复正常。

二、窦性心动过缓

窦性心动过缓(sinus bradycardia)指窦性心律的频率慢于 60 次/分。

【病因】　生理性因素是引起窦性心动过缓的常见原因,如运动员或体力劳动者、睡眠状态、老年人等。一些心外疾病也可引起窦性心动过缓,如颅内压增高、黏液性水肿、重症黄疸、血管神经性晕厥等。

【临床表现】　生理因素引起者多无明显症状,运动或代谢增强时窦性心率可增加至正常。各种疾病所伴随的窦性心动过缓其临床表现与原发病相关。体格检查时心率慢于 60 次/分,部分患者伴有窦性心律不齐而出现心律不规则。

【心电图特点】　窦性 P 波的频率<60 次/分,伴有窦性心律不齐时,P-P 间期不规则,但各 P-P 间期之差小于 0.20 秒。运动心电图表现为随体力负荷的增加。而窦性心率可逐渐增加并超过 90 次/分。静脉注射阿托品(0.02mg/kg)可使窦性心率超过 90 次/分。

【诊断】　静息状态下心率慢于 60 次/分,心电图符合心动过缓的特点。

【治疗】　生理因素引起者多不需治疗。疾病引起者应有效治疗原发病,可适当使用 M 受体阻滞剂、β 受体兴奋剂等提高心率,以辅助原发病治疗。

【预后】　原发病控制后预后良好。

三、病态窦房结综合征

病态窦房结综合征(sick sinus syndrome,SSS)是一种因窦房结冲动形成或窦房结传导障碍而引起的严重窦性心动过缓、窦性停搏或/和窦房阻滞,致使重要器官供血不足的临床综合征。

【病因】　病态窦房结综合征多为窦房结不明原因的硬化性退行性病变引起。冠心病、心肌病、心肌炎和心包炎引起窦房结急、慢性缺血、炎症浸润等损害是病态窦房结综合征的重要原因。风湿性心脏病、先天性心脏病、高血压性心脏病、结缔组织病、恶性肿瘤和家族遗传性疾病等是病态窦房结综合征的少见病因。

【临床表现】　病态窦房结综合征一般起病隐匿,进展缓慢,早期多无明显症状。当病程进展到严重窦性心动过缓、窦性停搏和窦房阻滞时,可出现心、脑、肾等重要器官供血不足的症状。轻者表现为心悸、记忆力减退、乏力和运动耐量下降,重者引起心绞痛、少尿、黑矇、晕厥,晚期可出现心衰、阿-斯综合征甚至因心脏停搏或继发心室颤动而导致患者死亡。

【心电图特点】

1. **体表心电图**　可表现为窦性心动过缓、窦性停搏和窦房阻滞。部分患者可并发房性心动过速、心房扑动或颤动,当这些心律失常终止时可记录到较长的窦性停搏(>3 秒)继之严重的窦性心动过缓,临床上称为慢-快综合征。少数严重患者并存不同类型的房室传导阻滞,即"双结病变"型病态窦房结综合征(图 3-3-3)。

2. **动态心电图**　体表心电图仅在疾病发作期才能记录到特征性的表现,而动态心电图可连续记录心电变化,较体表心电图更易发现上述心电图异常。此外动态心电图可表现为 24 小时

Notes

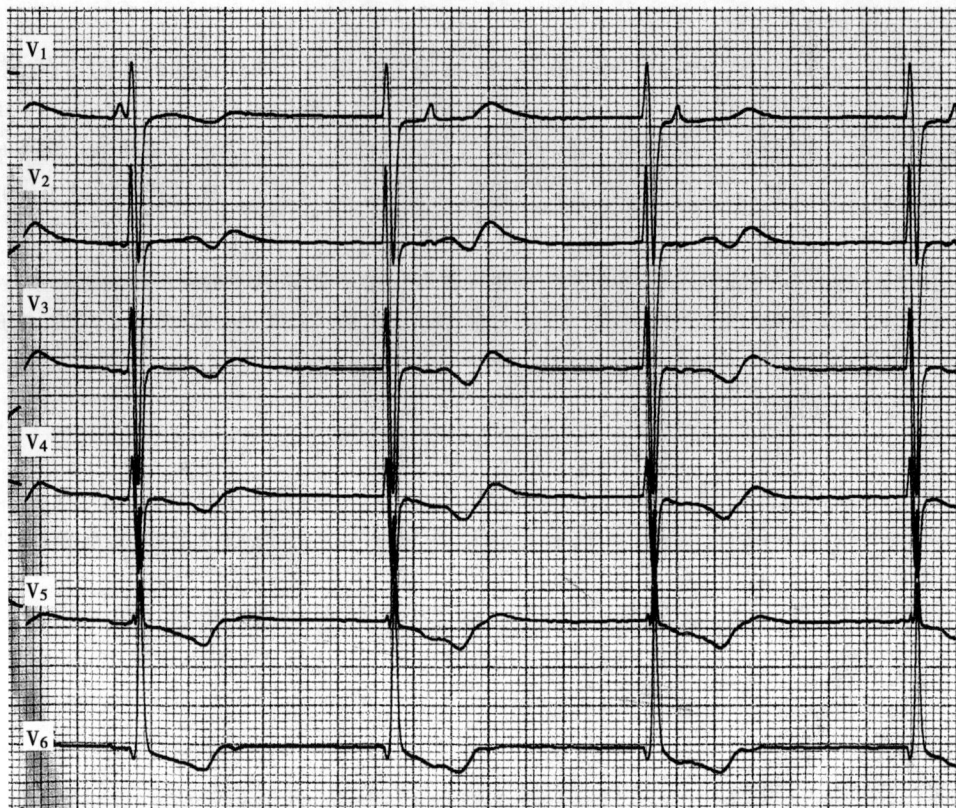

图 3-3-3　病态窦房结综合征

$V_1 \sim V_6$ 体表心电图显示严重窦性心动过缓(窦性心率为 35 ~ 48 次/分),房室交界性

逸搏心律(心室率约为 45 次/分),房室分离提示并存房室传导阻滞

总心跳次数低于 8 万次(严重者低于 5 万次),反复出现大于 2 秒的长间歇,快速房性心律失常终止时长时间的窦性停搏或严重窦性心动过缓(图 3-3-4)。

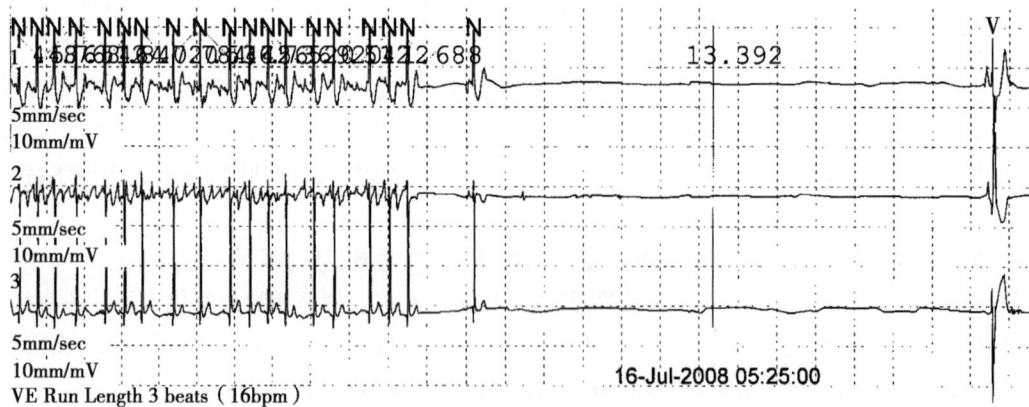

图 3-3-4　病态窦房结综合征

动态心电图记录到阵发性心房颤动终止时出现 13.392 秒的严重窦性停搏

3. **食管心电图**　经鼻插入导管电极至食管中下段邻近左心房部位可记录到食管心电图,经导管电极刺激左心房可评价窦房结的起搏功能和窦房传导功能。病态窦房结综合征患者其反映窦房结起搏功能的窦房结恢复时间(sinus node recovery time,SNRT)≥1400ms,校正的 SNRT≥550ms;反映窦房传导功能的窦房传导时间(sinoatrial conduction time,SACT)>120ms。

【诊断】　病态窦房结综合征的诊断应依据窦性缓慢性心律失常所引起重要器官供血不足的症状和特征性的心电图表现,并排除生理因素(运动员出现的窦性心动过缓),药物作用(β受体阻滞剂)和其他疾病(阻塞性黄疸、甲状腺功能减退、高钾血症)对窦房结功能的影响,可诊断病态窦房结综合征。

【治疗】

1. 控制病因　停用对窦房结功能有抑制作用的药物可减轻或避免临床症状的加重。

2. 药物治疗　提高心率的药物常常缺乏长期有效的治疗作用,短时间应用可适当提高心率,为心脏起搏治疗争取时间,可选择 M 受体阻滞剂(阿托品、山莨菪碱)或 β 肾上腺素能受体兴奋剂(异丙肾上腺素)。

3. 心脏起搏治疗　药物治疗无效、症状发作严重(如晕厥等)、或伴有快速房性心律失常者,宜选择心脏起搏治疗。

【预后】　无症状发作的患者可临床追踪观察,接受心脏起搏器治疗的患者远期预后良好。

第三节　房性心律失常

要点:

1. 房性期前收缩、房性心动过速、心房扑动和心房颤动是常见的房性心律失常。

2. 房性期前收缩为提前出现的 1～2 个异位心房激动,房性心动过速为连续 3 个或以上的快速心房激动,频率多为 120～220 次/分,而心房扑动和心房颤动为更快的心房异位激动,其频率前者达 250～350 次/分,后者达 350～600 次/分。

3. 房性心律失常的异位心房激动可传导至心室,也可阻滞于房室交界区,房性心动过速多 1:1 传导至心室,心房扑动多 2:1 传导至心室,而心房颤动则以不等比传导至心室,致使心室律绝对不规整。

4. 心房扑动和心房颤动引起心房功能丧失,可形成心房附壁血栓,引起血栓栓塞。

5. 房性期前收缩多为良性心律失常,多不需特殊治疗;房性心动过速、心房扑动和心房颤动对血流动力学有明显的影响,控制心室率和转复窦性心律是主要的治疗原则,持续性心房颤动需预防血栓栓塞。

房性心律失常主要包括房性期前收缩、房性心动过速、心房扑动和心房颤动,是常见的快速性心律失常。

一、房性期前收缩

房性期前收缩(atrial premature beats;简称房早)是早于基础心律(多为窦性心律)而提前出现的房性异位搏动,亦称为房性期前收缩(atrial premature contractions)。

【病因】　心脏结构和功能异常是房早的常见原因,如心脏瓣膜病、高血压性心脏病、冠心病和肺源性心脏病,甲状腺功能亢进者也常发生房早。部分房早见于心脏正常者,易发生在紧张、焦虑或饮酒后。

【临床表现】　心悸、心跳停顿是房早的常见症状,部分患者可无任何不适,心脏听诊可闻心律不齐,提前出现的心搏伴有第一心音增强,之后出现较长的间歇。

【心电图特点】　房早的 P'波提前出现(图 3-3-5),与其前窦性心律的 P 波形成配对间期,其长短代表房早的提前程度。P'波形态取决于房早出现的心房部位,但不同于窦性 P 波。P'-R 间期可正常,也可延长或不能传导至心室(称为未下传的房早),易发生在配对间期较短,或并存房室传导障碍的患者。房早引起的 QRS 波群其形态和时相多正常,也可因遇上左或右束支的功能不应期而发生功能性左或右束支传导阻滞,出现 QRS 波群宽大畸形。房早之后的长间歇(称为代偿间歇)与配对间期之和多短于两倍窦性 P-P 间期(代偿间歇不完全)。

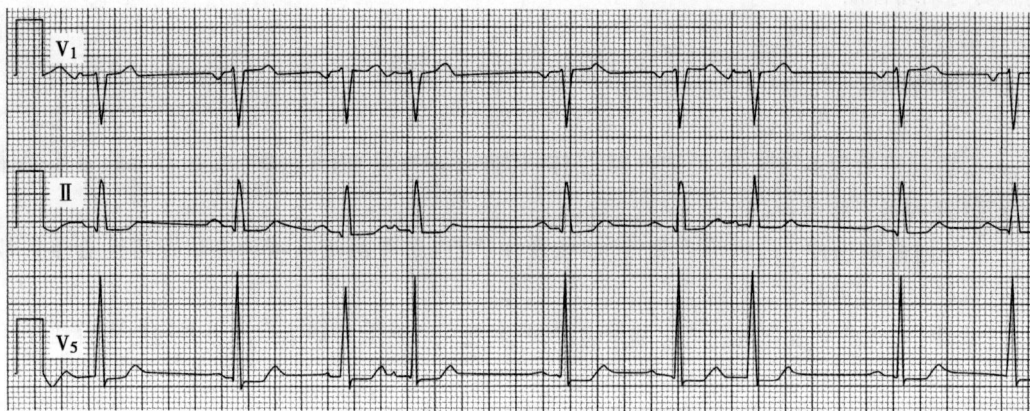

图 3-3-5　房性期前收缩
同步记录 V₁、Ⅱ、V₅ 导联心电图,第 1、4、7 为房性期前收缩

【诊断】　心悸伴有心跳停顿者应疑诊为房早,心电图表现是确诊房早的可靠方法。

【治疗】　房早应重视病因治疗和消除诱因。偶发房早或症状不明显者,不必使用抗心律失常药物。症状明显,房早较多或诱发房性心动过速、甚至心房颤动者,可使用 Ⅰ 类或 Ⅲ 类抗心律失常药物治疗。

【预后】　房早为良性心律失常,不引起严重的血流动力学障碍,其预后取决于原发疾病。

二、房性心动过速

房性心动过速(atrial tachycardia)为连续发生的 3 个或以上的快速心房激动,其频率多为 120~220 次/分,简称房速。房速的发生机制多为房内折返、自律性和触发活动,房速起源部位涉及病变心房肌、特殊解剖部位(如心耳、肺静脉口部)、手术疤痕或补片。

【病因】　器质性心脏病是房速的常见病因。心脏瓣膜病、冠心病、高血压性心脏病、心肌病、心肌炎、慢性心包炎、肺源性心脏病等导致心脏高压、扩大、慢性缺血和炎性瘢痕是房速发生的重要基质。外科手术中心房切开或补片,是术后房速发生的重要原因。部分房速发生于心脏结构和功能正常者,房速常位于心房的特殊部位,如肺静脉口部、心耳和冠状静脉窦,病因尚不完全清楚。

【临床表现】　房速的临床表现取决于心动过速的心室率,持续时间以及是否并存器质性心脏病。短阵发作者,多表现为阵发性心悸、胸闷,持续发作、心室率快或并存束支阻滞者,有明显的血流动力学影响。除心慌、胸闷、血压下降外,重者可引起心绞痛,诱发或加重心功能不全,持续无休止发作的房速可引起心动过速依赖性心肌病,表现为心脏扩大、射血分数下降和慢性充血性心功能不全。

【心电图特点】　房速的 P' 波的形态异于窦性 P 波,频率多为 120~220 次/分(图 3-3-6)。单源性房速其 P' 波形态类同,Ⅰ 和 aVL 导联 P' 负向,提示房速起源于左房,V1 导联 P' 负向,提示房速起源于右房,Ⅱ、Ⅲ、aVF 导联的 P' 波正或负向提示房速起源于心房上部或下部。多源性房速其 P' 波形态有 2 种或以上,各型 P' 波频率或间期不同,当 P' 形态有 3 种或以上时,又称为紊乱性房速(图 3-3-7)。

房速的 P'-R 间期≥0.12 秒,房速频率较快、或并存房室传导障碍时,P'-R 间期≥0.20 秒或出现不同比例的房室传导阻滞(图 3-3-8)。

房速引起的 QRS 波群其形态和时限多正常,少数患者可并发功能性束支阻滞而出现 QRS

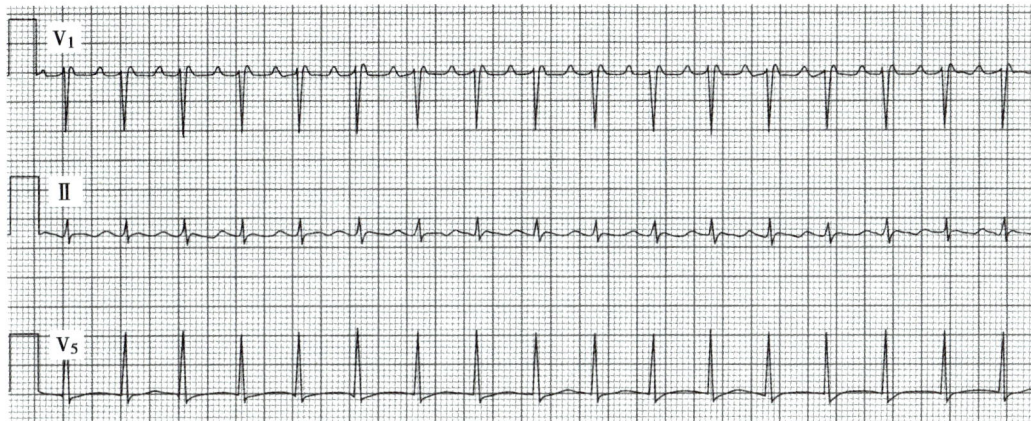

图 3-3-6　房性心动过速

V_1、Ⅱ、V_5 导联同步记录,P'波频率148 次/分,P'-R 间期为0.16 秒

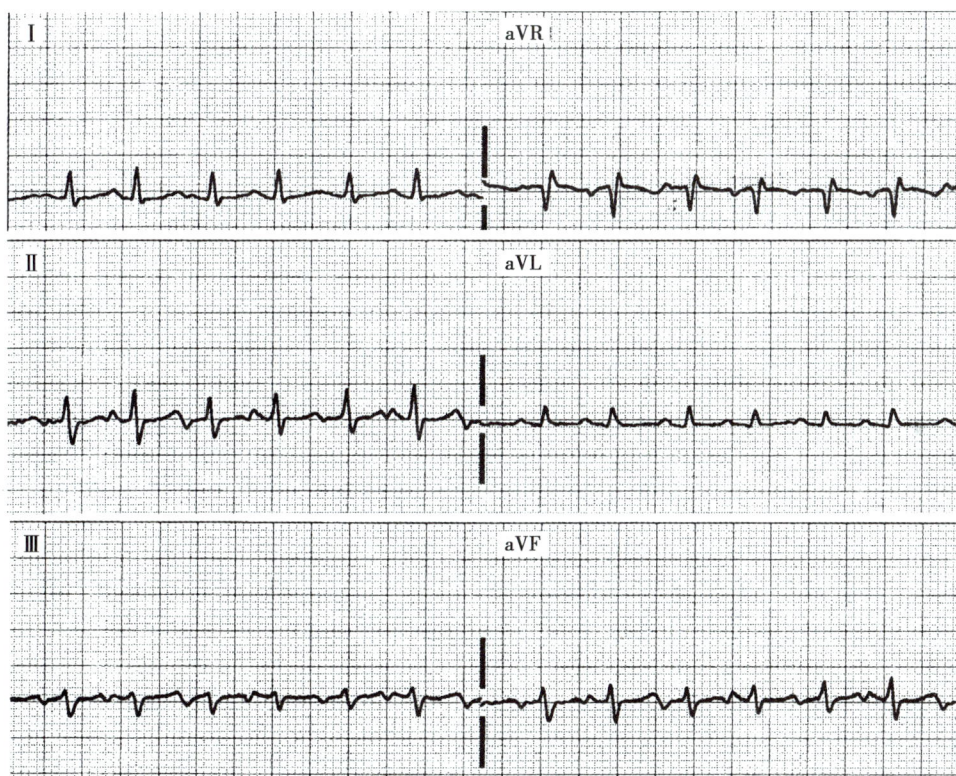

图 3-3-7　多源性房性心动过速

Ⅱ导联的 P'波呈多种形态,第1 和第5 个 P'波类同,第2、4、6 个 P'波类同,第3 个 P'为另一种形态

波群宽大畸形,类同左或右束支阻滞。

【诊断】　根据房速的临床表现和心电图特点可明确诊断。部分房速频率较快或并存心功能性束支阻滞,P'波可重叠于 T 波或 QRS 波群中,此时应与其他室上性心动过速或室性心动过速鉴别(参见本章第六节)。通过记录食管心电图可清楚显示 P'波或静脉注射 ATP 或腺苷,如出现房室传导阻滞而心动过速不终止,则可诊断房速。

【治疗】

1. 房速发作期的治疗　对于心脏结构和功能正常的患者,可选择胺碘酮(150mg)或普罗帕酮(70mg)静脉注射,继之静脉滴注维持治疗,多数房速可在频率减慢的基础上恢复窦性心律。

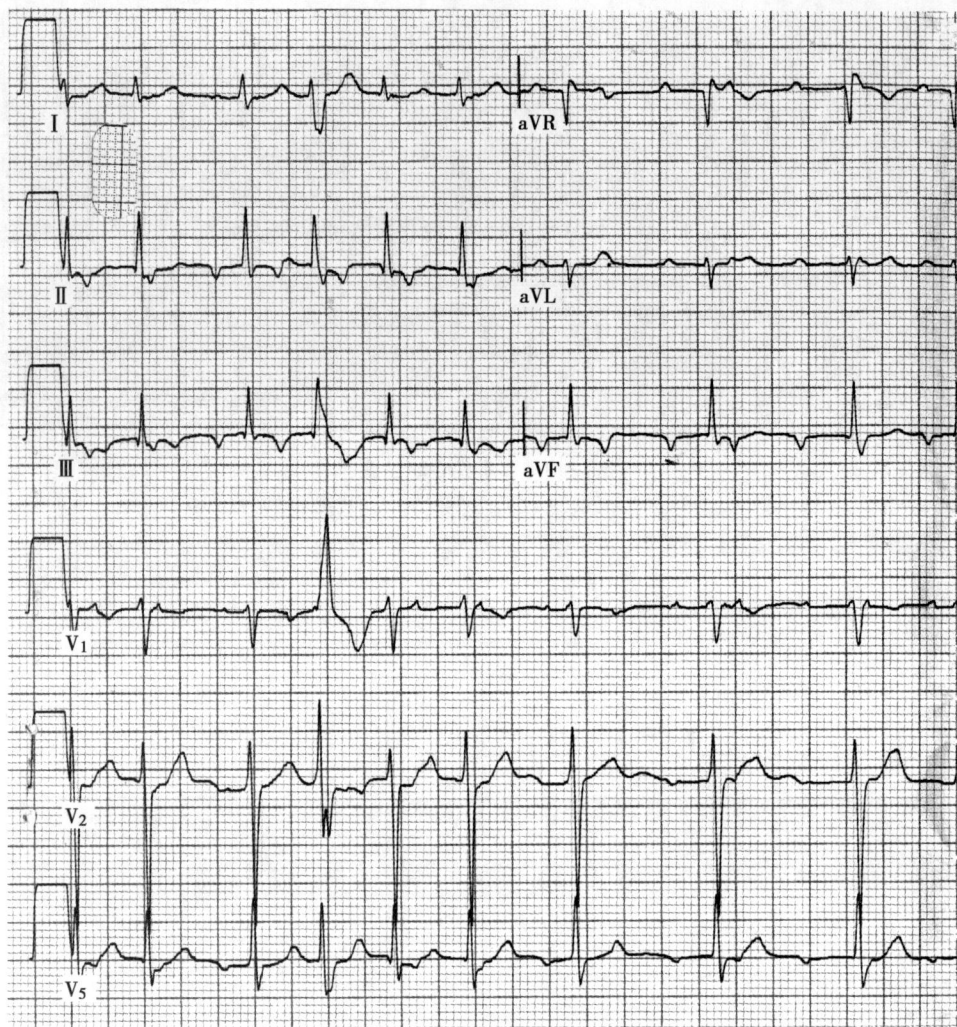

图 3-3-8 房性心动过速并不同比例的房室传导阻滞

也可选择维拉帕米或地尔硫䓬静脉注射,抑制房室传导而使房速频率减慢,终止部分触发活动引起的房速而转为窦性心律。伴有心功能不全的房速或多源性房速应选择胺碘酮或洋地黄类药物静脉注射,以减慢心室率或转复为窦性心律。

2. **预防房速复发** 在病因治疗和消除诱因的基础上,对房速发作频繁的患者,可选择Ⅰa、Ⅰc类、Ⅲ类或Ⅳ类抗心律失常药物口服治疗,以预防房速复发。长期口服抗心律失常药物,尤其是Ⅰ类、Ⅲ类,有致心律失常作用,临床应用中应慎重。

3. **射频消融治疗** 单源性房速频繁发作或持续无休止发作者,射频消融可作为一线治疗,达到根治房速的目的。

【预后】 无器质性心肌病的房速预后良好。器质性心脏病伴有心脏扩大和心功能不全的房速,预后较差,且取决于原发病和心功能状态。

三、心房扑动

心房扑动(atrial flutter,简称房扑)是一种心房激动频率达 250～350 次/分的快速房性心律失常。房扑可表现为阵发性和持续性发作,部分患者房扑和心房颤动交替出现。

【病因】 持续性房扑尤其是不纯性房扑常发生于器质性心脏病,如心脏瓣膜病、高血压性心脏病、冠心病、甲状腺功能亢进性心脏病、先天性心脏病(如房间隔缺损修补术后)、心肌病、肺源性心脏病等。阵发性房扑可发生于心脏结构正常的患者,心脏外科手术后等也常发生阵发性房扑。

房扑常发生于心房的特殊部位,折返激动是主要的发生机制。围绕三尖瓣环逆钟向或顺钟向折返的房扑临床上最常见,也称为典型房扑,因三尖瓣环与下腔静脉之间的右心房狭部是折返环的关键部位,故又称为狭部依赖性房扑;围绕上腔静脉、界嵴、肺静脉前庭以及二尖瓣环折返的房扑较少见,称为非典型房扑。

【临床表现】 房扑的临床表现取决于房扑持续时间和心室率快慢,以及是否存在器质性心脏病。阵发性房扑其症状较轻,多为阵发性心悸或胸闷,但如果房扑室率快(如房扑1:1传导或并存预激综合征)、并存器质性心脏病(如二尖瓣狭窄)则可诱发心源性休克或急性肺水肿。持续性房扑心室率不快时症状也较轻,因运动时心室率成倍增加,故多数患者有运动耐量降低。并存器质性心脏病,尤其是有心脏扩大或心功能不全的患者,持续性房扑可诱发或加重心功能不全。持续性房扑偶可形成附壁血栓,引起血栓栓塞。

【心电图特点】

1. **典型房扑** 窦性P波消失,代之以振幅、间期较恒定的房扑波,频率为250~350次/分,多数患者为300次/分左右,房扑波首尾相连,呈锯齿状,房扑波之间无等电位线。典型房扑围绕三尖瓣环折返有两种运行方向,逆钟向折返最常见,房扑波在Ⅱ、Ⅲ、aVF导联为负向波,V₁导联为正向波(图3-3-9);顺钟向折返较少见,房扑波在Ⅱ、Ⅲ、aVF导联为正向波,V₁导联为负向波(图3-3-10)。房扑波常以2:1的比例传导至心室,心室率多为150次/分;也可以4:1或不等比例传导致心室引起心室律不规整;极少房扑波1:1下传至心室,可引起300次/分或以上的心室率。房扑引起的QRS波群多为正常,当并存功能性束支阻滞或心室预激时,QRS波群可宽大畸形。

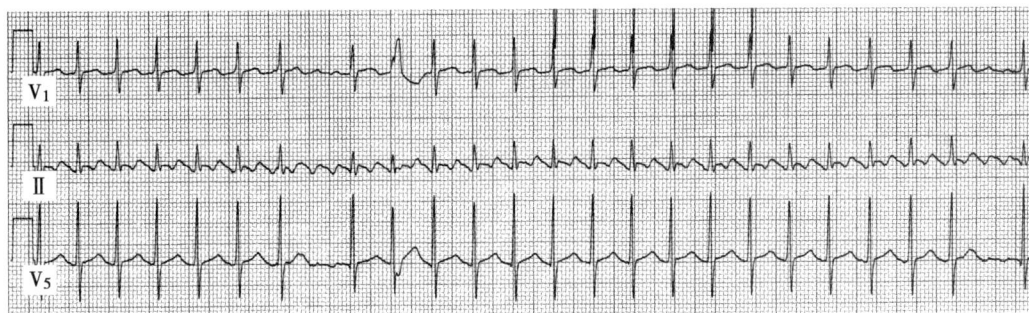

图3-3-9 典型心房扑动
心房扑动波频率约为300次/分,Ⅱ导联为负向,V₁导联为正向。房扑波多为2:1传导,间断4:1传导至心室,此时房扑波显现清楚

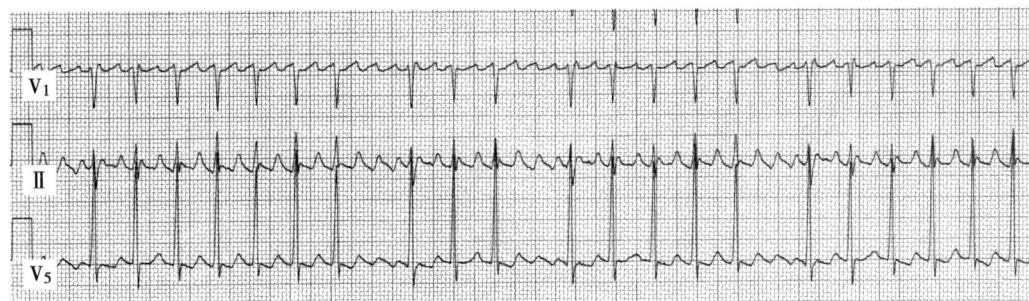

图3-3-10 非典型心房扑动
心房扑动波频率约为300次/分,Ⅱ导联为正向,V₁导联为负向。房扑波多为2:1传导,间断4:1传导至心室,此时房扑波显现清楚

2. 非典型房扑   折返环多位三尖瓣环之外的心房特殊部位,房扑波频率为 250~350 次/分,形态恒定,但不同于典型房扑。不纯性房扑其房扑波频率较快,多为 350 次/分以上,房室传导比例不固定,心室率不规整,短时间内可转化为心房颤动。

【诊断】   房扑的诊断应根据临床表现和心电图特点。部分短阵发作者需行动态心电图记录以协助诊断。当房扑 2:1 传导,且传导比例固定时,应与阵发性室上性心动过速鉴别,并存功能性束支阻滞或心室预激时,应与室性心动过速鉴别,参见本章第六节。

【治疗】

1. 控制心室率   房扑急性发作或持续性发作其心室率较快,引起症状明显者宜选择房室交界区阻滞剂,如非二氢吡啶类钙通道阻滞剂(首选维拉帕米)或 β 受体阻滞剂,以减慢心室率,缓解症状。对并发心功能不全的患者应选择洋地黄类药物来控制心室率和改善心功能。

2. 转复窦性心律   病情稳定或房扑心室率得到有效控制的患者,可选择静脉或口服Ⅲ类、Ⅰa 类和Ⅰc 类药物来转复窦性心律,其中Ⅲ类药物胺碘酮最常用,而静脉注射伊布利特转复为窦性心律的成功率较高。对于房扑 1:1 传导或并存心室预激者,心室率极快,易引起急性肺水肿或心源性休克而危及患者生命,此时首选体外同步心脏电复律,其成功率几近 100%。

3. 射频消融治疗   复发的阵发性房扑和持续性房扑,药物治疗无效或不能耐受药物的毒副作用,可选择射频消融治疗,狭部依赖性房扑消融的成功率可高达 95%。

4. 预防血栓栓塞   可选择口服阿司匹林或华法林预防。

【预后】   心脏结构和功能正常的患者预后良好。与器质性心脏病相关或并存的房扑,其预后取决于病因和心功能状态。

四、心房颤动

心房颤动(atrial fibrillation;简称房颤)是一种心房激动频率达 350~600 次/分的快速性心律失常。根据房颤的发作特点分为阵发性(反复发作,可自行终止,持续时间小于 7 天)、持续性(发作持续时间大于 7 天,经过治疗可转复窦性心律)、长期持续性(持续一年以上)和永久性(患者和医生共同决定不再试图恢复/维持窦性心律)房颤。

【病因】   器质性心脏病是房颤的常见病因,尤其是影响心房并使其扩大时。一些引起心脏容量和压力升高、急慢性缺血、炎症浸润的心脏病易发生房颤,如心脏瓣膜病、高血压心肌病、心肌病、冠心病、慢性心包炎。甲状腺功能异常、酒精性心肌损害也可引起房颤。部分房颤原因不明,称为特发性房颤。

房颤的发生机制十分复杂,涉及心房的特殊结构(如肺静脉前庭和近心房段)、心房自主神经节的功能,以及心房电重构和结构重构等。心房或其特殊部位的异常电活动触发或驱动心房是阵发性房颤的主要机制,心房内复杂的多发子波折返(multiple wavelet reentry)是房颤的维持机制。

【临床表现】   房颤的临床表现与其发作的类型,心室率快慢,心脏结构和功能状态,以及是否形成心房附壁血栓有关。心室率快者,心悸、胸闷等症状明显,并存器质性心脏病者,可诱发或加重心功能不全,甚至诱发急性肺水肿(如二尖瓣狭窄患者)。心室率不快者症状常较轻微,可有心悸、胸闷、运动耐量下降;并存器质性心脏病者,可诱发或加重心功能不全。房颤易形成左房附壁血栓,血栓栓塞,尤其是脑栓塞是重要的致残和致死的原因。心脏听诊可发现心率快慢不一,心音强弱不等,节律绝对不规整,心率快于脉率(脉搏短绌)。

【心电图特点】

1. 窦性 P 波消失,可见快速而不规则的房波,称为房颤波或 f 波,频率达 350~600 次/分,V_1 导联较为清楚(图 3-3-11)。有些房颤其 f 波较为粗大,甚至表现为"不纯性扑动或颤动"。

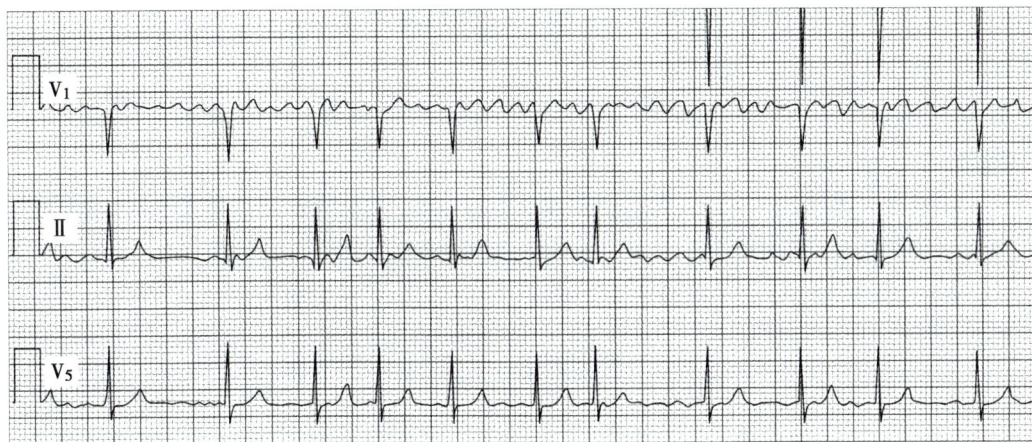

图 3-3-11　心房颤动
心房颤动波频率为 400 ~ 500 次/分,QRS 波群节律绝对不规则

2. QRS 波群节律不规则,致使 R-R 间期绝对不等。QRS 波群形态多正常,但当发生功能性束支阻滞(或称室内差异传导)也可使 QRS 波群宽大畸形。

3. 动态心电图可发现房颤患者夜间心室率较慢,甚至出现长达 2 秒以上的心室停搏。

【诊断】　根据房颤的症状和心脏听诊可以拟诊房颤,心电图表现是确诊的依据。部分阵发性房颤,体表心电图不易捕捉其发作,动态心电图记录有助于诊断。

【治疗】　控制相关疾病和改善心功能的基础上,控制心室率,转复和维持窦性心律,预防血栓栓塞是房颤的治疗原则。

1. 控制心室率(室率控制)　房颤心室率过快时,控制心室率是缓解症状,改善心功能的重要措施。一些房颤随着心室率减慢,血流动力学改善,可转变为窦性心律。特发性房颤或心功能正常者,可首选非二氢吡啶类钙通道阻滞剂,如维拉帕米,静脉注射之后可口服维拉帕米、地尔硫䓬、β 受体阻滞剂维持。慢性房颤可将室率控制在 60 ~ 70 次/分,轻微活动不超过 90 次/分。房颤并发心功能不全者,宜选用洋地黄类药物。

2. 转复和维持窦性心律(节律控制)　阵发性房颤反复发作者,可选用 Ⅰa、Ⅰc 和 Ⅲ 类药物口服维持窦性心律,其中胺碘酮疗效最好,但长期使用有明显的毒副作用,如甲状腺损害等。持续性房颤,病史短于 1 年,左心房增大不明显(≤45mm),无心房附壁血栓者,可考虑复律和维持窦性心律治疗。复律治疗可选择 Ⅰa、Ⅰc 和 Ⅲ 类药物。药物复律无效者可选择体外同步复律。复律成功后应口服 Ⅰa、Ⅰc 和 Ⅲ 类药物维持窦性心律。

3. 射频消融治疗　在电解剖标测指导下的射频消融术治疗阵发性房颤的成功率达 70% ~ 90%,慢性房颤的成功率达 60% ~ 70%。

4. 防治血栓栓塞　慢性房颤采用室律控制或复律治疗(前三周)和转复为窦性心律后 4 周内,均需预防血栓栓塞,常用药物有阿司匹林 300mg,每天口服一次,主要适合低危患者,对于高危患者,尤其是有血栓栓塞病史、左心房有附壁血栓、心衰、并存糖尿病等,宜选用华法林治疗。所用剂量应将凝血酶原时间国际标准化比值(international normalized ratio,INR)维持在 2.0 ~ 3.0之间。由于房颤时血栓栓子主要来源于左心耳,对于华法林治疗难以达到有效 INR 区间或有出血并发症者,可考虑经导管封堵左心耳或外科切除左心耳。

【预后】　器质性心脏病,尤其是心衰者,持续性房颤是独立的危险因素,可增加心源性或全因死亡率。心脏结构和功能正常者,持续性房颤引起的血栓栓塞是主要的致残和致死原因。特发性房颤,尤其是阵发性房颤预后良好。

Notes

第四节　房室交界区心律失常

> **要点:**
>
> 1. 房室交界性心律失常包括房室交界性期前收缩、房室交界性逸搏或逸搏心律、非阵发性房室交界性心动过速和房室结折返性心动过速。
>
> 2. 交界性期前收缩表现为提前出现的 P′-QRS 波群,P′可出现在 QRS 波群之前、QRS 波群之中或 QRS 波群之后。
>
> 3. 房室交界性逸搏或逸搏心律多为严重心动过缓或心脏停搏的替代反应,常不独立出现。
>
> 4. 非阵发性房室交界性心动过速的频率多为 70~130 次/分,QRS 波群呈室上性,其前或其后可伴逆行 P 波,或窦性 P 波的频率慢于心室率,形成房室分离。
>
> 5. 房室结折返性心动过速是房室结双径路引起的折返性心动过速,QRS 波群为室上性,频率 150~250 次/分,P′波多重叠在 QRS 波群内不易辨认(常见型)或位于 QRS 波群之后(少见型)。房室结折返性心动过速发作时症状明显,静脉注射腺苷、维拉帕米或普罗帕酮可有效终止其发作,射频消融是有效的根治方法。

　　房室交界区心律失常包括房室交界性期前收缩、房室交界性逸搏和逸搏心律、非阵发性房室交界性心动过速、房室结折返性心动过速。

一、房室交界性期前收缩

　　房室交界性期前收缩(atrioventricular junctional premature beats;简称交界性期前收缩)是早于基础心律(多为窦性心律)而提前出现的房室交界区的异位搏动,亦称为房室交界性期前收缩(atrioventricular junctional premature contractions)。

　　【病因】　交界性期前收缩较少见。可发生于心脏病患者,如缺血性心脏病、风湿性心脏病、心衰患者发生洋地黄中毒、低血钾等。无器质性心脏病表现的患者也可发生交界性期前收缩。

　　【临床表现】　除原发病相关的表现外,交界性期前收缩一般无明显症状,偶尔有心悸。

　　【心电图特点】　交界性期前收缩可逆行向上传导至心房和顺行向下传导至心室,其传导速度不同,心电图可表现为提前出现逆行 P′波并可引起 QRS 波群,形态与正常窦性 P 波引起的 QRS 波群相似,此时 P′-R 间期<0.12 秒;也可表现为提前出现 QRS 波群,逆行 P′波重叠在 QRS 波群之中或出现在 QRS 波群之后,此时 R-P′间期<0.20 秒。交界性期前收缩的代偿间歇完全(图 3-3-12)。

　　【诊断】　交界性期前收缩主要通过心电图诊断。

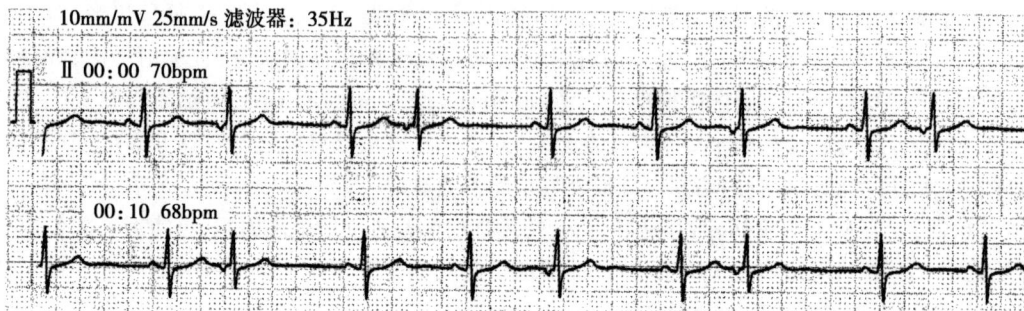

图 3-3-12　交界性期前收缩

【治疗】 交界性期前收缩的治疗主要是针对病因或诱因,对于期前收缩频发且症状明显者,可口服 β 受体阻滞剂或钙通道阻滞剂治疗。

【预后】 交界性期前收缩的预后良好。

二、房室交界性逸搏和逸搏心律

房室交界性逸搏(AV junctional escape beats)或逸搏心律(AV junctional escape rhythm)是严重缓慢性心律失常(窦性心动过缓和高度或完全性房室传导阻滞)时出现的延迟搏动或缓慢性心律,是房室交界区次级节律点对心动过缓或停搏的替代反应,常不独立存在。

【病因】 类同病态窦房结综合征和高度房室传导阻滞。

【临床表现】 患者可有心动过缓的相关症状和体征。

【心电图特征】 房室交界性逸搏多表现为窦性停搏或阻滞的长间歇后出现一个正常的 QRS 波群,P 波可以缺如或有逆行性 P 波,位于 QRS 波群之前或之后。房室交界性逸搏心律的频率一般为 40 ~ 60 次/分,QRS 波群形态正常,其前后可有逆行 P 波,或窦性 P 的频率慢于心室率,形成房室分离。

【治疗】 针对病因和原发的缓慢性心律失常。

【预后】 取决于病因和原发的缓慢性心律失常。

三、非阵发性房室交界性心动过速

非阵发性房室交界性心动过速(nonparoxysmal atrioventricular junctional tachycardia)是由于房室交界区的自律性增加或形成触发活动而引起的一种呈短阵或持续发作的心动过速。

【病因】 洋地黄中毒是最常见的病因,也常发生于一些器质性心脏病,如急性心肌梗死、心肌炎、急性风湿热或心脏外科手术后,亦可偶见于正常人。

【临床表现】 心动过速发作时心率逐渐增快,终止时心率逐渐减慢,不同于阵发性心动过速。心率 70 ~ 130 次/分,节律相对规则,心率快慢受自主神经张力变化的影响明显。心动过速很少引起明显的血流动力学改变,患者多无症状,少数人可有心悸表现。

【心电图特点】 心率在 70 ~ 130 次/分之间,节律规整,QRS 波群形态正常,逆行 P′波可出现在 QRS 波群之前,此时 P′-R 间期<0.12 秒,但多重叠在 QRS 波群之中(图 3-3-13)或出现在 QRS 波群之后,此时 R-P′间期<0.20 秒。当心动过速频率与窦性心律接近时,由于心室的激动可受到交界区或窦房结心律的交替控制,可发生干扰性房室分离。

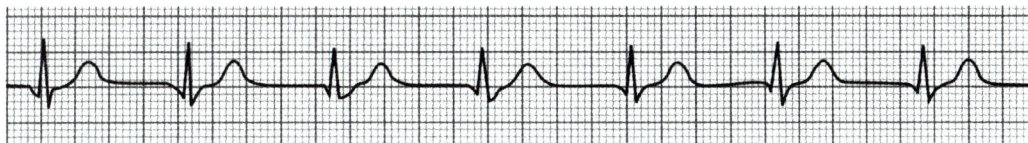

图 3-3-13 非阵发性房室交界性心动过速

【诊断】 洋地黄中毒或器质性心脏病患者结合临床表现和心电图特点可作出诊断。

【治疗】 由于不会引起明显的血流动力学异常且通常能自行终止,非阵发性房室交界性心动过速本身不需要特殊处理,治疗上主要是针对基本病因。洋地黄中毒引起者,应立即停用洋地黄药物,同时给予氯化钾。

【预后】 预后取决于病因,心动过速本身为良性。

四、房室结折返性心动过速

房室结折返性心动过速(atrioventricular nodal reentrant tachycardia,AVNRT)是指发生在房室结及其周围区域的折返性心动过速,是最常见的阵发性室上性心动过速。房室交界区存在解剖性或功能性的两条或多条传导速度和不应期不同的传导径路是 AVNRT 发生的电生理基础。传导速度快但有效不应期长的一条径路被称为快径路,传导速度慢但有效不应期短的一条径路被

Notes

称为慢径路,快、慢径路及其周围组织构成 AVNRT 的折返环。正常情况下窦性冲动沿快径路下传,P-R 间期正常。当适时的房早下传时遇到快径路不应期,只能改由慢径路下传。由于慢径路传导缓慢,当激动传到两条径路的共同下端时,原先处于不应期的快径路已有足够的时间恢复兴奋性,激动遂通过快径路逆传回心房,产生心房回波。此时,慢径路亦脱离了不应期恢复了应激性,能够使激动再次下传,如此反复折返便产生了心动过速(图 3-3-14),其折返方向为慢径路前传,快径路逆传,因此也称为慢快型或常见型 AVNRT。如果折返方向相反则称为快慢型 AVN-RT,少数 AVNRT 其两条折返径路均为慢径,称为慢慢型 AVNRT。后两型也称为少见型 AVN-RT。

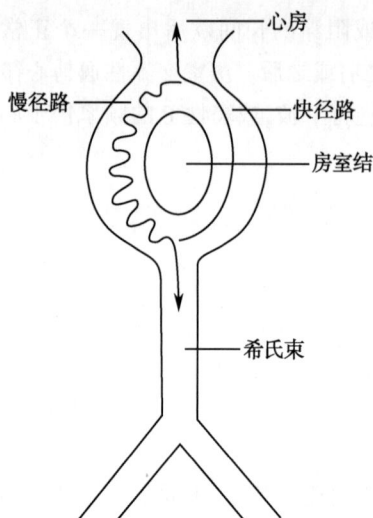

图 3-3-14   房室结折返性心动过速的发生机制

【病因】   AVNRT 多发生于无器质性心脏病的正常人,女性多于男性,青少年至 30 岁之间多见。情绪激动、焦虑、紧张、体力劳动、吸烟、饮酒或喝茶过多是常见的诱因。部分女性与月经周期有关。

【临床表现】   心动过速呈有规律的突发突止的特点,持续时间长短不一。症状的严重程度取决于发作时的心室率及持续时间,以及有无器质性心脏病。阵发性心悸是主要的临床症状,其他症状包括胸闷、无力、头晕、恶心、呼吸困难等。心脏听诊时第一心音强弱恒定,心律绝对规整。

【心电图特点】   心电图表现为:①心动过速多由房性或交界性期前收缩诱发,其下传的 P-R 间期显著延长,随之引起心动过速。②R-R 周期规则,心室率在 150～250 次/分之间。③QRS 波群形态和时限多正常,少数因发生功能性束支传导阻滞而使 QRS 波群宽大畸形。④P′波呈逆行性(Ⅱ、Ⅲ、aVF 导联倒置),慢快型 AVNRT 其 P′多埋藏在 QRS 波群中无法辨认,少数位于 QRS 波群终末部分,P′波与 QRS 波关系固定,R-P′间期<70ms,R-P′间期<P′-R 间期(图 3-3-15);快慢型 AVNRT 其 P′位于下一 QRS 波群之前,R-P′间期>P′-R 间期(图 3-3-16);慢慢型 AVNRT 其 P′位于 QRS 波群之后,R-P′间期<P′-R 间期,但 R-P′间期>70ms。⑤迷走神经刺激可使心动过速终止。

【诊断】   临床表现为阵发性心悸发作,且突发突止时应考虑有 AVNRT 的可能,心电图检查

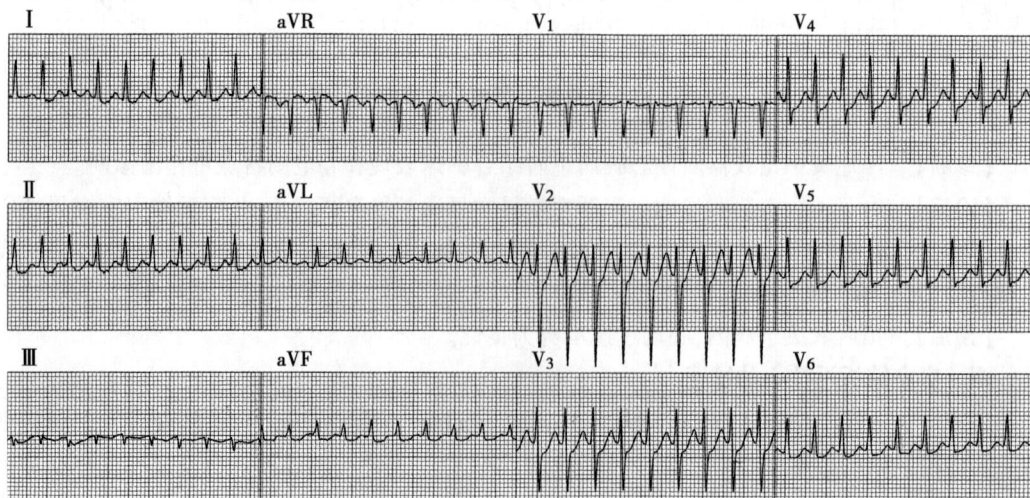

图 3-3-15   慢快型房室结折返性心动过速

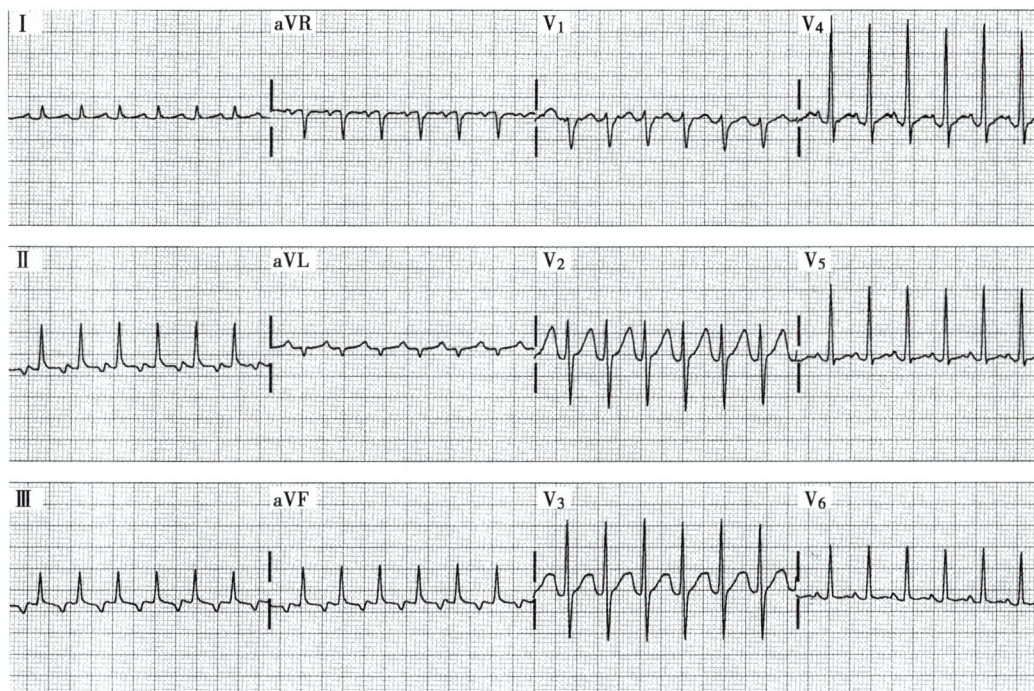

图 3-3-16　快慢型房室结折返性心动过速

帮助明确诊断。对于发作短暂而常规心电图难以捕捉者应行 24 小时动态心电图检查已明确诊断。部分患者需进行食管心脏电生理检查,其诊断依据为:①经食管心房刺激可诱发和终止心动过速;②S$_1$-S$_2$ 期前收缩刺激可显示"房室结双径传导";③诱发的心动过速符合 AVNRT 的心电图特点。

【治疗】

(一) 复律治疗

急性发作期的处理主要是恢复窦性心律,缓解患者症状。应根据患者的基础心脏状况、年龄、既往发作情况及对心动过速的耐受程度作出适当的处理。

对于心功能和血压正常的患者,可以首先尝试迷走神经刺激的方法。颈动脉窦按摩(患者取仰卧位,先按摩右侧,无效再按摩左侧,每次 5 ~ 10 秒,切勿同时按摩双侧)、按压眼球、Valsaval 动作(深吸气后屏住呼吸、再用力作呼气动作)、咽喉刺激诱导恶心、将面部浸于冷水中等可终止心动过速或影响房室传导。初次尝试若无效可以在血流动力学稳定的前提下选用静脉抗心律失常药。对血流动力学不稳定的患者,可以直接进行电复律。

1. 腺苷和钙通道阻滞剂　腺苷为首选治疗药物(6 ~ 12mg 静脉注射),其起效快,半衰期短(小于 6 秒),不良反应有头晕、恶心、呼吸困难、面部潮红、窦性心动过缓、房室传导阻滞等,通常很快消失。腺苷无效可静脉注射维拉帕米(首次 5mg,无效时间隔 10 分钟再静脉注射 5mg)或地尔硫草(0. 25 ~ 0. 35mg/kg)。上述药物的疗效可达 90% 以上。

2. 洋地黄和 β 受体阻滞剂　静脉注射洋地黄可终止心动过速发作,如静注毛花苷 C,首次 0. 4 ~ 0. 8mg,以后每 2 ~ 4 小时增加 0. 2 ~ 0. 4mg,24 小时总量不超过 1. 6mg。目前洋地黄已较少应用,但对伴有心功能不全者仍作首选。

β 受体阻滞剂也能终止心动过速,宜选用短效药物如艾司洛尔 50 ~ 200μg/(kg·min)。心衰、支气管哮喘患者应避免使用。

3. 普罗帕酮　1 ~ 2mg/kg 静脉注射。

4. 其他药物　合并低血压者可应用升压药物如去氧肾上腺素、甲氧明或间羟胺,通过反射

Notes

性兴奋迷走神经终止心动过速。但老年患者、高血压、急性心肌梗死等应禁用。

5. 经食管心房调搏术常能有效终止心动过速。

（二）预防复发

患者本人应学会几种兴奋迷走神经而终止心动过速的方法如 Valsaval 动作、咽喉刺激诱发恶心、冷水浸脸等。药物预防可选用长效钙通道阻滞剂或 β 受体阻滞剂，如缓释维拉帕米 240mg/d、长效地尔硫䓬或缓释美托洛尔。也可应用普罗帕酮 100 ~ 200mg，每日 3 次。

（三）根治治疗

射频消融术治疗 AVNRT 安全、有效且能根治心动过速，应作为药物无效患者的一线治疗。

【预后】　AVNRT 患者心动过速控制后预后良好。

第五节　预激综合征

要点：

1. 预激综合征的病理基础是心房和心室之间存在房室旁路，心室预激、房室折返性心动过速、房扑和房颤是最常并发的快速性心律失常；

2. 房室折返性心动过速是房室旁路和房室结-希浦系之间发生的折返性心动过速，分为顺向型和逆向型，前者类同 AVNRT，后者类同室性心动过速；

3. 预激综合征并发房扑和房颤，心房激动可经房室旁路快速传导引起极快的心室率，尤其房室旁路前传能力强时可蜕变为心室颤动；

4. 射频消融可根治预激综合征，是心动过速发作频繁、症状明显患者的一线治疗。

预激综合征（preexcitation syndrome）又称 Wolf-Parkinson-White 综合征（WPW 综合征），是指起源于窦房结或心房的激动在经正常的房室传导系统下传激动心室的同时快速通过房室之间的异常通路提前激动一部分或全部心室，引起特殊心电图改变并易伴发快速性心律失常的一种临床综合征。心房和心室之间存在异常传导束或房室旁路（accessory atrioventricular pathways）是预激综合征的病理基础。

【病因】　预激综合征是一种先天性心脏发育异常，发病率约为 0.15%，男性多于女性。多数患者心脏结构和功能正常，部分患者合并二尖瓣脱垂、心肌病、先天性心脏结构异常如 Ebstein 畸形、大血管转位、法洛四联征等。心脏发育过程中除正常房室传导束即房室结-希浦系（atrial ventricular node His purkinje system，AVN-HPS）外，在心房和心室之间形成异常传导束或房室旁路，房室旁路既可双向传导（显性房室旁路），也可仅有逆向传导（隐匿性房室旁路）；与 AVN-HPS 不同，房室旁路的传导速度快，且无递减传导性能。因此，AVN-HPS 之间构成折返环可发生房室折返性心动过速（atrial ventricular reentrant tachycardia，AVRT）；当发生房性快速性心律失常时，心房激动可经房室旁路传导至心室，引起极快的心室率。

【临床表现】　不发生心动过速时无特殊症状。发作 AVRT 时临床表现类同 AVNRT 和其他阵发性室上性心动过速。并发快速性房性心律失常，尤其是房扑或房颤，心室率极快（常达 200 次/分以上），可诱发心功能不全、心源性晕厥、甚至蜕变为心室颤动而危及患者的生命。

【心电图特点】

1. **心室预激**　显性房室旁道可引起心室预激，心电图表现为：①窦性心律的 P-R 间期 <0.12秒；②QRS 波群增宽，起始部粗钝或有挫折，称为 delta 波（又称预激波），QRS 波群时限

>0.11 秒；③P 波至 J 波的间期正常；④心室预激明显时伴有继发性 ST-T 波改变,ST 段向预激波的相反方向偏移,T 波低平或与 QRS 波主波方向相反；⑤根据预激波在胸前导联的方向将其分为 A、B 两型,A 型其预激波和主波在 V₁ 至 V₆ 导联均为正向(图 3-3-17);B 型其预激波和主波在 V₁、V₂ 或 V₃ 导联为负向(图 3-3-18)。

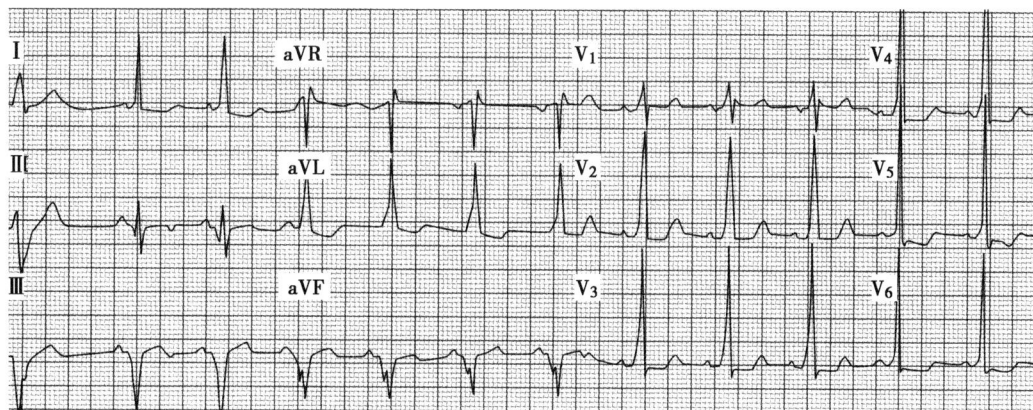

图 3-3-17 A 型预激综合征的心电图特点

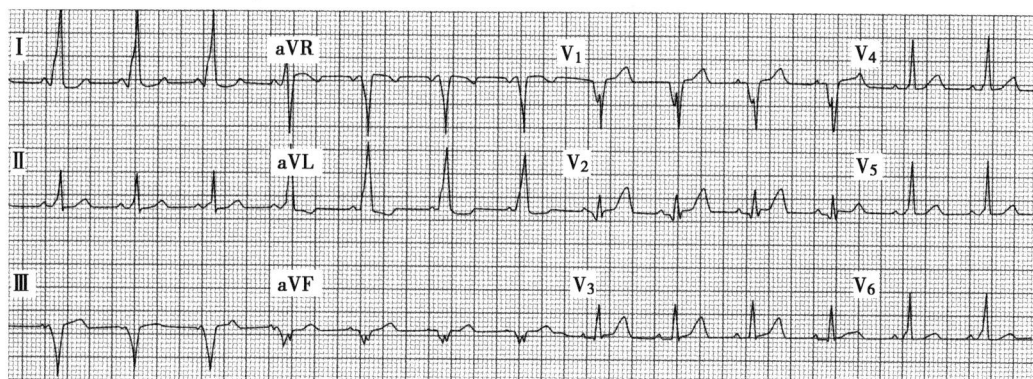

图 3-3-18 B 型预激综合征的心电图特点

2. **AVRT** 是预激综合征最常并发的心动过速,根据折返方向不同分为顺向型 AVRT(O-AVRT)和逆向型 AVRT(A-AVRT),前者占 AVRT 的 90%(图 3-3-19)。O-AVRT 的折返冲动经 AVN-HPS 下传激动心室,然后经房室旁路逆传激动心房,心电图表现为:①心动过速多由房性或室性期前收缩诱发,频率多为 150~250 次/分,节律规则;②QRS 波群形态和时限多正常,少数因发生功能性束支传导阻滞而使 QRS 波群宽大畸形;③P′波位于 QRS 波群之后,绝对不与 QRS 波群重叠,R-P′间期>70ms,R-P′间期<P′R 间期(图 3-3-20),P′波与 QRS 波群关系固定为 1:1,否则心动过速终止;④迷走神经刺激可使心动过速终止。A-AVRT 的折返冲动经房室旁路下传激动心室,然后经 AVN-HPS 或另一房室旁路逆传激动心房,心电图表现为:①心动过速多由房性或室性期前收缩诱发,频率在 200 次/分以上,节律规则;②QRS 波群形态类同窦性心律,但更加宽大畸形,时限多达 0.16 秒(图 3-3-21);③P′波位于 QRS 波群之后,绝对不与 QRS 波群重叠,且 P′波与 QRS 波群关系固定为 1:1,否则心动过速终止;④迷走神经刺激常不能使心动过速终止。

3. **房扑和房颤** 显性房室旁路并发房扑和房颤时,冲动除经过正常房室传导系统激动心室外,可经由旁路下传心室,产生复杂的心电图表现:①具有房扑和房颤的基本心电图特点;②房扑多为 2:1 房室传导,QRS 波群形态类同窦性心律,但更加宽大畸形,极少数患者可出现 1:1 房

Notes

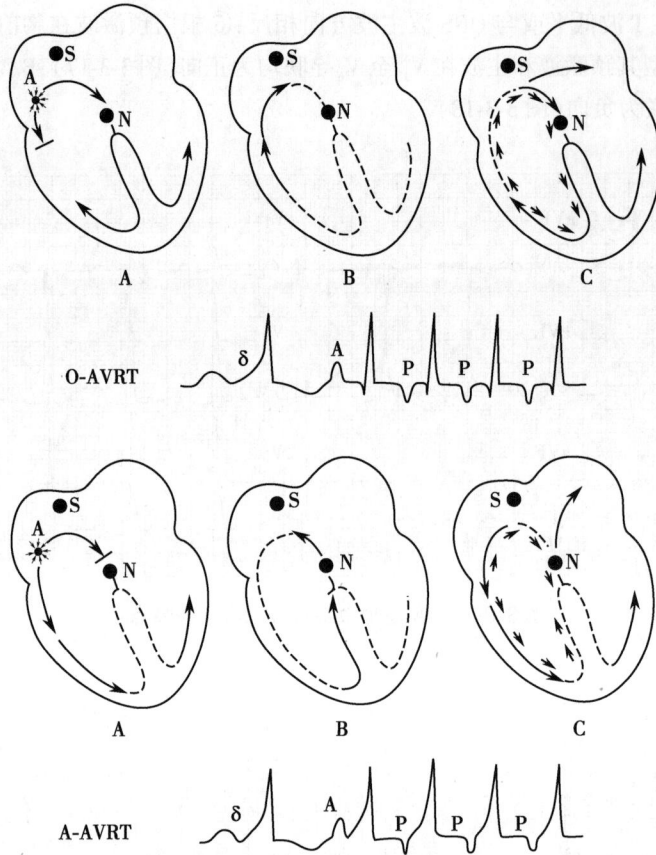

图 3-3-19   两种房室折返性心动过速的机制

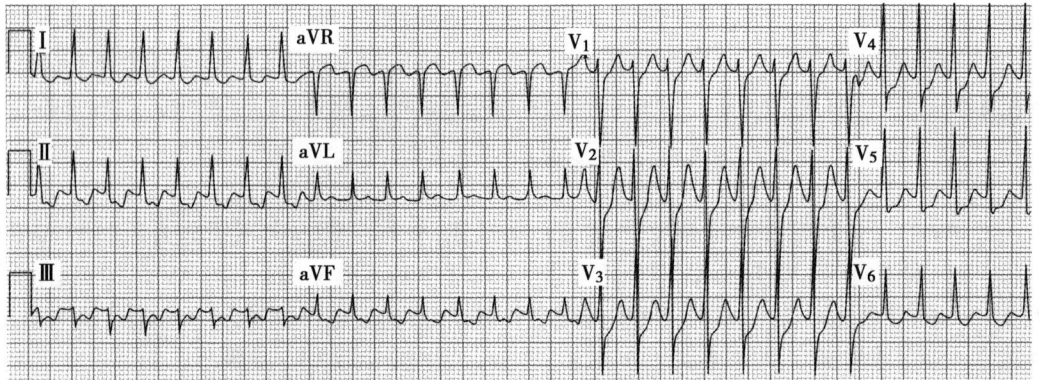

图 3-3-20   顺向型房室折返性心动过速

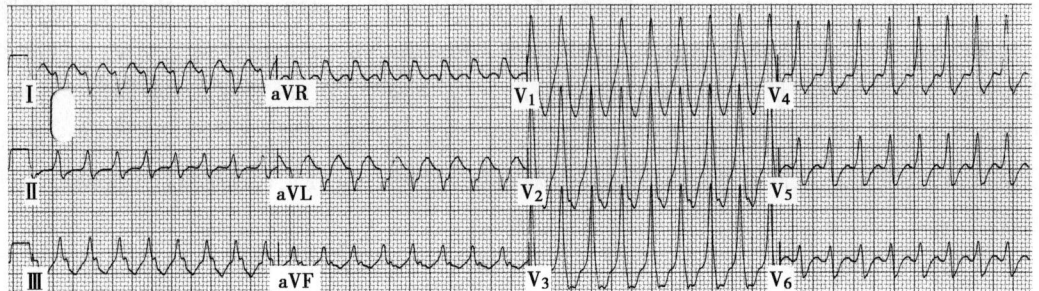

图 3-3-21   逆向型房室折返性心动过速

The REN MIN Hospital of WH University

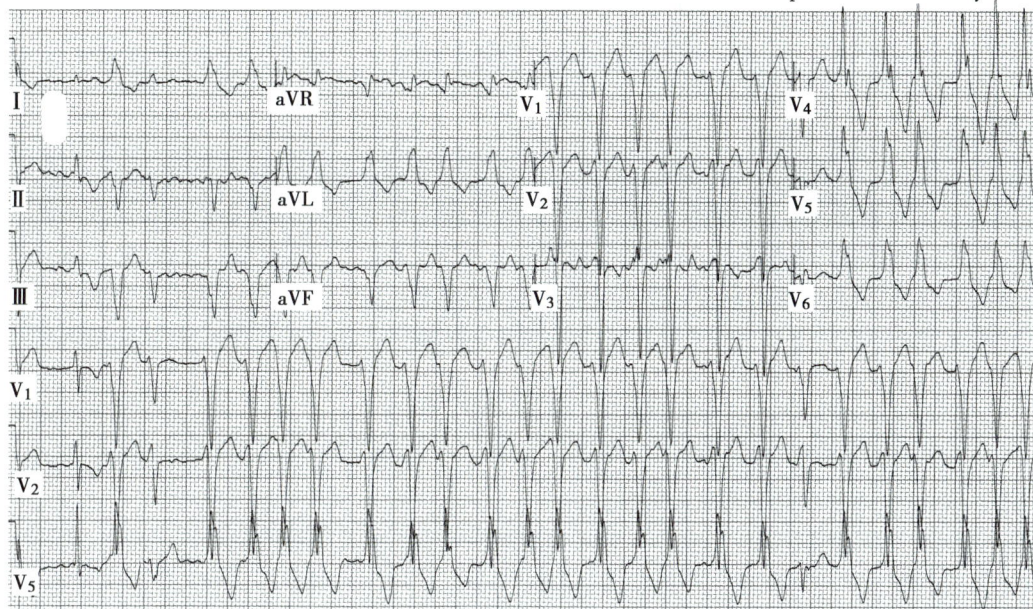

图 3-3-22　预激综合征并发房颤

室传导,心室率达 300 次/分;③房颤时 QRS 波群节律明显不等,出现正常 QRS 波群与不同程度预激的宽大畸形的 QRS 波群并存或交替(图 3-3-22),部分房室旁路传导能力强,心室率可以极快,甚至蜕变为心室颤动。

【诊断】　预激综合征的诊断应根据临床和心电图(发作和非发作心律失常)表现来确定。O-AVRT,尤其是无心室预激的心电图表现(隐匿性房室旁路),应与 AVNRT 鉴别,食管心脏电生理检查有助于明确诊断:①经食管心房刺激可诱发和终止心动过速;②S_1-S_2 期前收缩刺激无"房室结双径传导";③诱发的心动过速符合 O-AVRT 的心电图特点。O-AVRT 并发功能性束支阻滞、A-AVRT、显性房室旁路并发房扑或房颤时,均表现为宽 QRS 波群心动过速,需与室性心动过速鉴别。

【治疗】　仅有心室预激的心电图表现而从未有心律失常发作及猝死家族史的患者,无须特殊治疗。

1. **心动过速发作期的治疗**　O-AVRT 的治疗类同 AVNRT。A-AVRT 可选用静脉注射普罗帕酮或胺碘酮,如无效宜及时选用同步电复律。显性房室旁路并发房扑或房颤,如果血流动力学状态稳定,可选用静脉注射普罗帕酮或胺碘酮;如果无效或血流动力学状态不稳定,宜及时选用同步电复律。洋地黄、维拉帕米等抑制 AVN-HPS 途径的药物,会加速房扑或房颤时的心室率,应避免使用。

2. **射频消融治疗**　是根治预激综合征的有效方法,其成功率高、并发症少、复发率低,已成为预激综合征的一线治疗方法。适用于心动过速发作频繁、症状明显的患者。

【预后】　仅有 O-AVRT 发作或经射频消融治疗的患者预后良好。少数未经有效治疗,且房室旁道传导能力强、既往有房扑或房颤发作的患者,有猝死的潜在危险。

Notes

第六节　室性心律失常

要点：

1. 室性心律失常主要有室性期前收缩、室性心动过速、心室扑动和心室颤动。

2. 室性期前收缩表现为提前发生的宽大畸形的 QRS 波群，恶性室性期前收缩可触发室性心动过速并能增加病死率；室性心动过速是连续 3 个或以上的快速心室激动，可短阵或持续发作，产生明显的血流动力学影响和严重的临床症状，器质性心脏病并发的室性心动过速常是心脏性猝死的高危因素；心室扑动和心室颤动是致死性心律失常，是心脏性猝死的直接原因。

3. 室性心律失常的治疗原则是终止心律失常和预防心脏性猝死。抗心律失常药物仅适合急性期终止室性心动过速，治疗室性期前收缩以预防诱发室性心动过速、心室扑动和心室颤动，长期治疗不能提高生存率。

4. 射频消融是特发性和部分心肌梗死后单形性室性心动过速的有效治疗方法；体外电复律和除颤是治疗血流动力学不稳定室性心动过速、心室扑动和心室颤动的首选措施，植入型心律转复除颤器是治疗恶性室性心律失常预防心脏性猝死的有效方法。

室性心律失常（ventricular arrhythmia）主要表现为快速性心律失常，包括室性期前收缩、室性心动过速、心室扑动和心室颤动。缓慢性室性心律失常不独立发生，如室性逸搏或室性逸搏心律，主要并存于严重窦性心动过缓或停搏，以及高度或完全性房室传导阻滞。

一、室性期前收缩

室性期前收缩（premature ventricular beats，简称室早）是早于基础心律（多为窦性心律）提前出现的室性冲动，可单独出现，也可呈对出现。室早是最常见的室性心律失常，可触发室性心动过速和室性扑动或颤动。

【病因】

1. 各种器质性心脏病　如冠心病急性心肌缺血或陈旧性心肌梗死、心脏瓣膜病引起的心室扩张或肥厚、心肌炎和心肌病、高血压性心室肥厚、先天性心脏病外科修补术后，各种原因引起的心衰。

2. 心脏结构和功能正常的患者　也常发生室早，常起源于右心室流出道、左心室流出道或主动脉窦、左心室间隔部，紧张、焦虑、疲劳、饮酒是常见的诱因。

3. 药物作用　如抗心律失常药物的致心律失常作用，三环类抗抑郁药物的毒副作用，某些抗生素（如红霉素）也可引起室早。

4. 电解质紊乱　如严重低钾或低镁血症。

【临床表现】　部分偶发性室早没有明显不适或仅有原发疾病的症状。频发室早多有心悸、心跳停顿、咽喉牵拉不适等。长期频发室早可引起心脏扩大和心功能不全的临床表现。心脏听诊可闻及提前出现的心搏，第一心音增强，之后出现长间歇。室早引起桡动脉搏动减弱或消失。

【心电图特点】

（一）体表心电图

1. 室早的典型特征为提前出现的宽大畸形的 QRS 波群，时限多超过 0.12 秒，其前没有相关的 P 波，ST 段和 T 波常与 QRS 波群主波方向相反，代偿间歇完全（图 3-3-23）。

2. 频发室早常呈现联律出现，最多见的表现为二联律，即每个窦性心搏后出现一个室早，也可为三联律或四联律，即表现二个或三个窦性心搏后出现一个室早。室早可单个出现，也可连

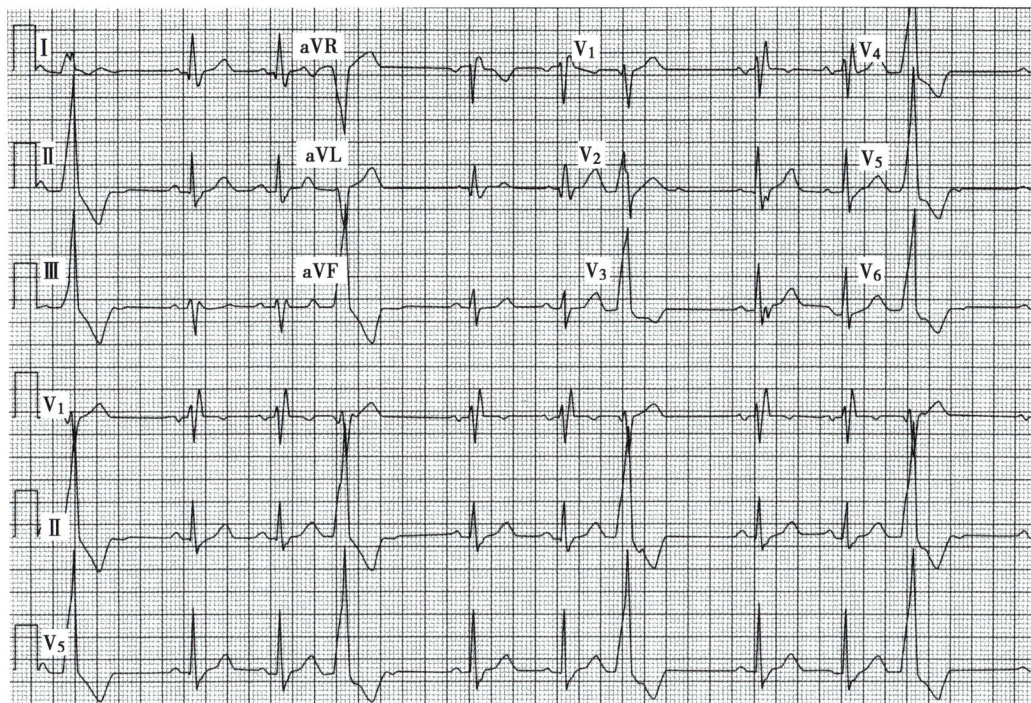

图 3-3-23　室性期前收缩三联律
单源性室性期前收缩,同一导联室性期前收缩形态相同

续二个出现,称为呈对或连发室早。室早出现在二个窦性心搏之间,其后无代偿间歇,则称为插入性或间位性室早。起源于相同部位的室早在同一导联上形态相同,称为单形性或单源性室早,同一导联形态不同者提示室早为多源性,或称为多形性室早。

3. 单源性室早的配对间期常相同,配对间期很短(≤300 毫秒)或发生在前一心搏的 T 波之上(R on T 现象),尤其是伴有急性心肌缺血时易触发恶性心动过速或心室颤动。

4. 室早可触发室性心动过速或心室颤动,这类室早常称为恶性室早,易发生在急性心肌缺血、严重心功能不全、严重电解质紊乱(低钾、低镁)、心脏骤停复苏后等危重情况下,多表现为成对、成串或短阵室性心动过速,或频发、多源室早(图 3-3-24)。

(二)动态心电图

动态心电图可客观评价室早的数量,表现形式,是否触发心动过速,以及与患者临床症状的关系。

【诊断】　根据症状和心脏听诊可拟诊室早,心电图表现是确诊依据。部分偶发或间断发作的室早,需记录动态心电图以协助诊断。

【治疗】　室早的治疗应在控制病因和消除诱因的基础上,根据不同的临床情况采取下列治疗方法。

1. **无器质性心脏病患者**　若发生的室早为偶发或单源性,且症状不明显者,多不宜使用抗心律失常药物治疗,或给予 β 受体阻滞剂治疗。频繁室早伴有明显症状者,可考虑口服普罗帕酮,美西律等,也可使用胺碘酮治疗,但应注意副作用。

2. **器质性心脏病患者**　如冠心病陈旧性心肌梗死、心肌炎等,尤其是并发左室射血分数降低和慢性充血性心衰者,室早是这类患者心脏性猝死的独立危险因素,而长期使用 I 类抗心律失常药物并不能降低死亡率,应避免使用。胺碘酮对这类患者有良好的治疗效果,但长期服用其副作用发生率高。已有的研究表明长期使用 β 受体阻滞剂、ACEI 或 ARB 类药物,通过改善心功能而减少或抑制室早,可明显减少心源性死亡率。

Notes

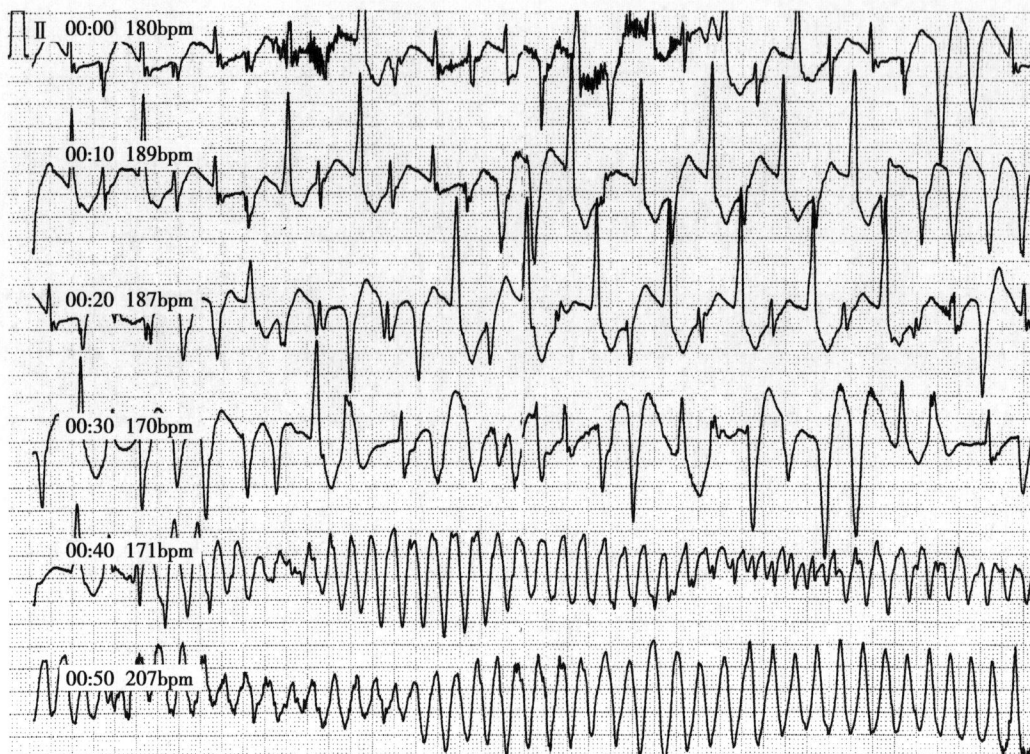

图3-3-24　恶性室性期前收缩

不同时间记录Ⅱ导联心电图,可见频发,多源性室性期前收缩,00:40触发心室颤动

3. **急性心肌缺血或梗死患者**　易发生恶性室早,目前不主张预防使用抗心律失常药物,应尽早实施再灌注治疗。如果在实施再灌注治疗前已发生频发、多源性室早,或心室颤动除颤后仍然有频发室早,此时应静脉注射胺碘酮150mg,继之静脉滴注(1mg/min)维持,同时应注意补钾、补镁和尽早使用β受体阻滞剂。

4. **起源于特殊部位的室早**　如右心室流出道、主动脉窦部、左心室间隔部等,症状明显且药物治疗效果不好者,可考虑射频消融治疗。心肌梗死后或扩张性心肌病发生的室早,尤其是左室射血分数明显降低(≤35%),心脏性猝死发生率高,应植入ICD或实施具有转复除颤功能的心室同步起搏器(CRT-D)治疗,可有效提高生存率。

【预后】　偶发单源性室早其预后取决于原发心脏疾病。无器质性心脏病的频发室早,尤其是超过2万次/24小时,可引起心脏扩大,控制室早后心脏结构可恢复正常。器质性心脏病伴有心功能不全者,室早是心脏性猝死的危险因素。

二、室性心动过速

室性心动过速(ventricular tachycardia,简称室速)是起源于希氏束分叉以下的连续3个或以上的快速心室激动,频率多为100~250次/分。自然发作后30秒内自行终止者称为短阵室速,超过30秒或需药物、电复律终止者称为持续性室速。

【病因】　室速的病因类同于室早。冠心病急性冠脉综合征、陈旧性心肌梗死、原发性心肌病和致心律失常右室心肌病等是最常见的原因。部分室速发生于心脏结构和功能正常者,称为特发性室速,多起源于右心室流出道(右室特发性室速)、左心室间隔部(左室特发性室速)和主动脉窦部。少部分室速与遗传有关,也称心肌离子通道疾病,如长QT综合征,Brugada综合征等。一些特殊药物或毒物也可引起室速如洋地黄中毒,抗心律失常药物的致心律失常作用,严重低血钾引起继发性QT间期延长等。

【临床表现】　室速的临床表现取决于心动过速的频率、发作持续的时间、是否存在器质性

Notes

心脏病和心功能不全。非持续性室速症状较轻,类同于室早。持续性室速其频率不快(≤160次/分),或持续时间不长,且心功能正常者,其症状多类同于阵发性室上性心动过速。当室速频率快、持续时间长,或并存心室扩大和心功能不全者,常有严重的血流动力学影响,可诱发或加重心功能不全,急性肺水肿,心源性休克。部分多形性室速,尖端扭转性室速,发作后很快蜕变为心室颤动,可导致心源性昏厥、心脏骤停、甚至引起心源性猝死。心脏听诊可闻及心率快、心音低钝,偶可闻及第一、二心音分裂(房室分离所致)和强弱不等。

【心电图特点】

(一)典型特征

室速频率多为 100 ~ 250 次/分,节律规则或轻度不齐。QRS 波群宽大畸形,时限≥0.12秒,ST 段和 T 波常融为一体不易分辨,T 波多与 QRS 波群主波相反。QRS 波群可为单一形态(单形性室速)或多种形态(多形性室速),P 波重叠在 QRS 波群和 ST-T 波之中,如能分辨 P波,则多与 QRS 波群无关而呈现室房分离(图 3-3-25)。此时 P 波偶可传导至心室而引起正常的 QRS 波群,称为心室夺获,或夺获心室波与室速波共同形成一个介于二者之间的 QRS 波群,称为心室融合。

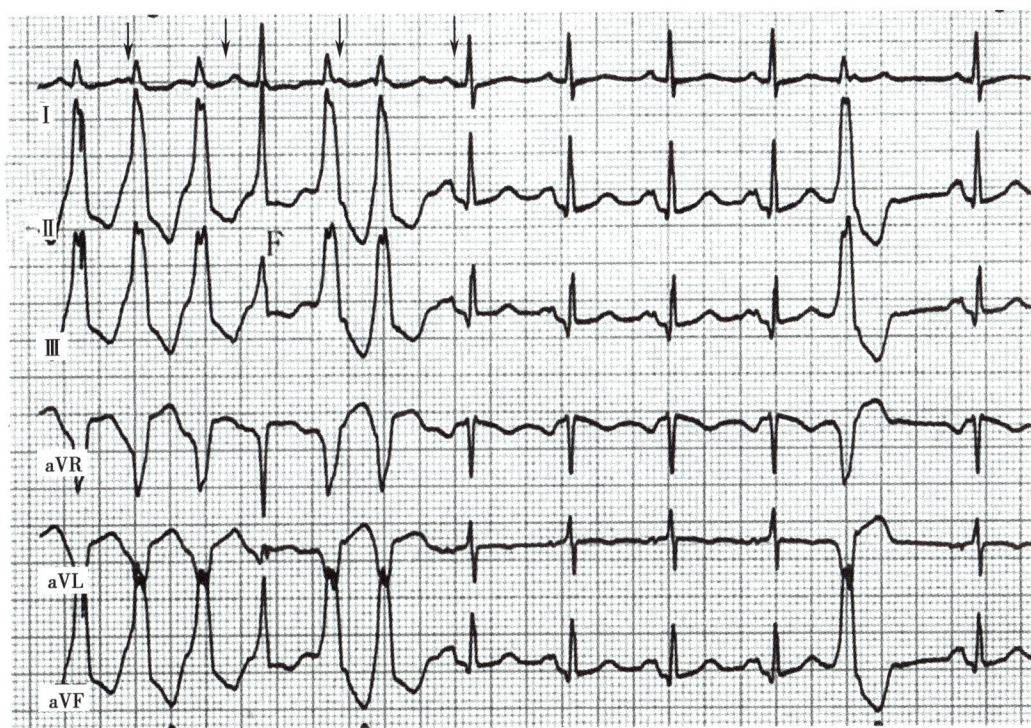

图 3-3-25 室性心动过速
箭头指示隐匿在室速中的 P 波,显示室房分离,第四个 QRS 波群为心室融合波

(二)特殊类型室速的心电图特点

1. 左心室特发性室速 室速起源于左心室间隔部,QRS 波群呈右束支阻滞型,时限多在0.11 ~ 0.14 秒,电轴左或右偏,V_1 至 V_6 的 S 波逐渐加深。该型室速可被维拉帕米终止,又称为维拉帕米敏感性室速(图 3-3-26)。

2. 流出道特发性室速 室速起源于左心室流出道(多为主动脉窦部)或右心室流出道,QRS波型呈左束支阻滞型,时限>0.12 秒,Ⅱ、Ⅲ、aVF 导联 QRS 波群呈高大的 R 型,右心室流出道特发性室速其 V_1、V_2 导联为 rS 型,移行区在 V_3 或 V_4 导联(图 3-3-27),而左心室流出道特发性室速,V_1 导联 R 波较高,时限较宽(>QRS 波群的 50%),移行区多在 V_2 导联(图 3-3-28)。

Notes

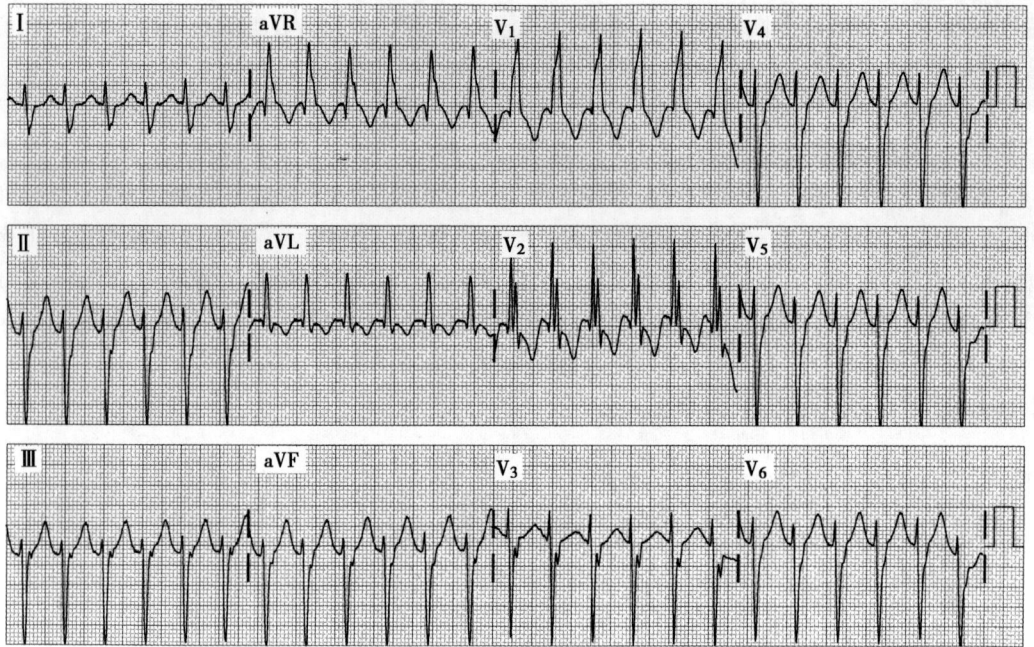

图 3-3-26 左心室特发性室性心动过速

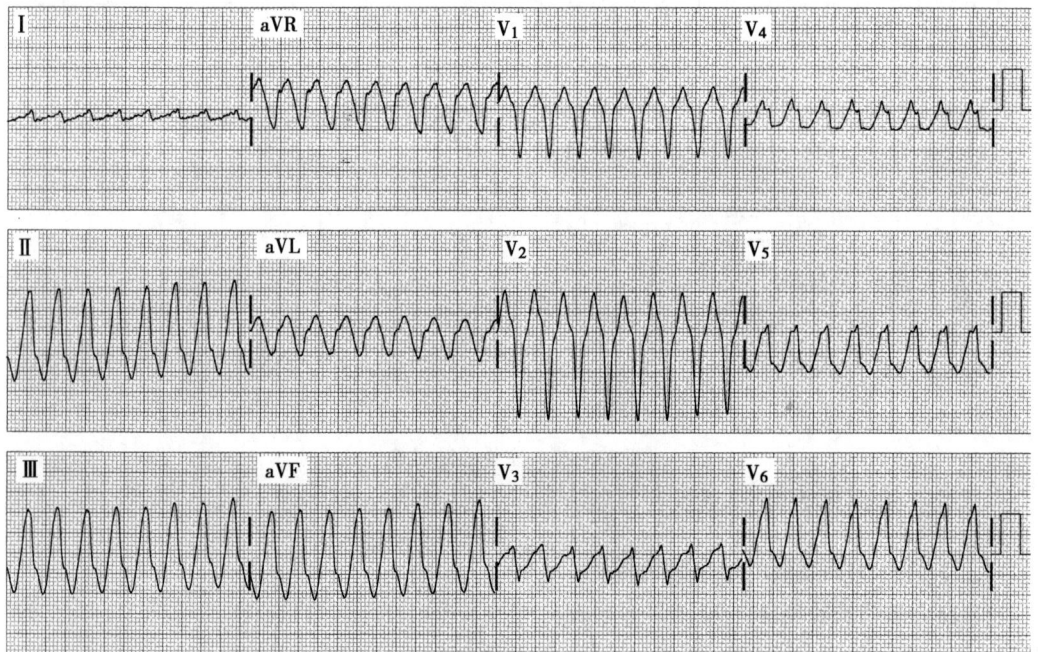

图 3-3-27 右心室流出道特发性室性心动过速

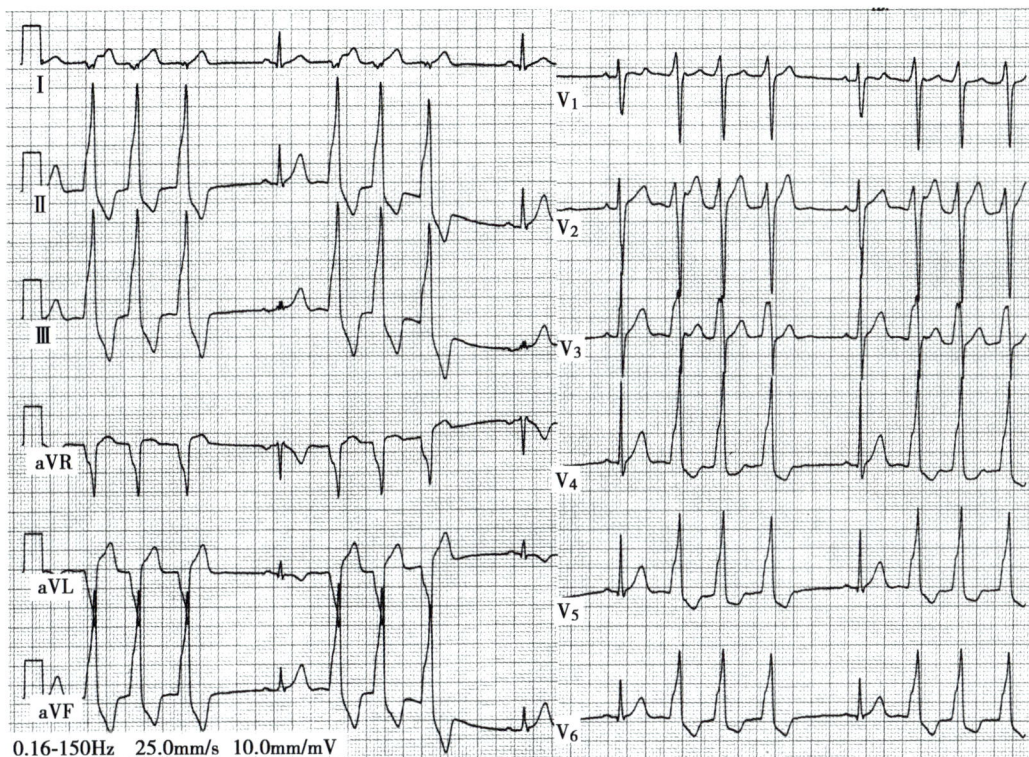

图 3-3-28　左心室流出道特发性室速

3. **尖端扭转性室速**（torsades de points；TDP）　该型室速多发生在先天性和继发性 QT 间期延长的基础上，是多形性室速的一种特殊类型，室速发作前有心动过缓，QT 间期延长和高大的 U 波，落在 T 波终末部的室早易诱发室速，频率多在 200 次/分以上，QRS 波群和 T 波相融而不易分辨，其振幅和波群呈周期性改变，围绕基线连续扭转（图 3-3-29）。每次发作持续数秒至 10 秒后自行终止，极易反复发作。

【诊断】　根据室速的临床表现和心电图特点部分患者易于明确诊断，不少情况下需与宽 QRS 波群型室上速的心电图鉴别。虽然 QRS 波群宽大、畸形是室速的重要特征，但室上性心动过速如 AVNRT、O-AVRT 伴功能性束支阻滞，经房室旁路前传的 A-AVRT 和房速、房扑或房颤等均可表现为宽 QRS 波群心动过速，心电图表现是鉴别这类心动过速的重要方法，必要时需记录

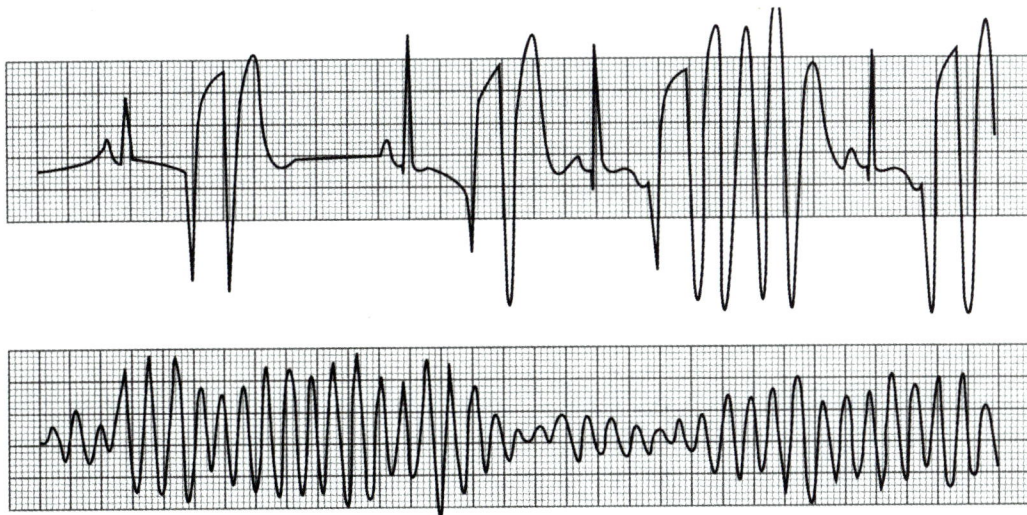

图 3-3-29　尖端扭转性室性心动过速

食管心电图以辅助诊断。支持室速的心电图特征有:室房分离、心室夺获或室性融合波、胸导联同向性(即胸导联 QRS 波群全部向下呈 QS 形态,或全部向上呈 R 波形态)。支持室上性心动过速伴功能性束支阻滞的心电图特征有:心动过速由房早诱发、P 波与 QRS 波群关系肯定且并存二度 I 型或 II 型房室传导阻滞、QRS 波群呈典型左或右束支传导阻滞图形,迷走神经刺激可终止心动过速则支持 AVNRT 或 O-AVRT 的诊断。Verckei 等认为心动过速时 aVR 导联 QRS 波群形态对室速的诊断具有良好的特异性和敏感性(图 3-3-30)。

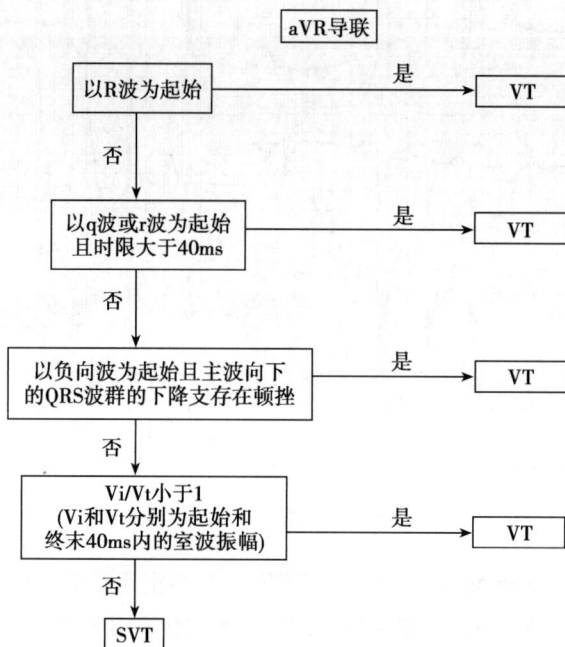

图 3-3-30　aVR 导联 QRS 波群形态鉴别室性心动过速

【治疗】　终止室速并转复窦性心律、预防室速复发和防治心脏性猝死是室速治疗的重要原则。

(一)控制心室率和终止室速

1. 稳定的持续性室速　对于血流动力学稳定的室速首先考虑抗心律失常药物控制心室率和终止心动过速。与器质性心脏病有关的室速,可静脉注射胺碘酮 150mg,然后 1mg/min 静脉滴注维持 6 小时,然后 0.5mg/min 静脉滴注维持 24～48 小时;利多卡因 50～100mg 静脉推注,如无效 10 分钟后可重复 50～100mg,负荷量<300mg,有效后 1～4mg/min 静脉维持。与洋地黄类药物中毒有关的室速,停用洋地黄、补充钾和镁盐的同时,静脉注射苯妥英钠 100mg,如无效 5～10 分钟后重复,负荷量<300mg/h;左室特发性室速可静脉注射维拉帕米 5～10mg,流出道特发性室速可静脉注射普罗帕酮 1.5～2.0mg/kg,如无效 15～20 分钟后可追加 35mg,总量<280mg,有效后可 0.5～1mg/min 静脉滴注维持。

2. 不稳定的持续性室速　血流动力学不稳定的室速首先考虑同步电复律,100～200 焦耳同步电复律的即刻成功率超过 95%。复律成功后可静脉应用胺碘酮、利多卡因等抗心律失常药以防止室速短时间内复发。

3. 尖端扭转性室速　继发性长 QT 综合征并发的尖端扭转性室速,在病因治疗的同时提高基础心率、静脉注射硫酸镁等可终止和预防短时间内复发。先天性长 QT 综合征并发的尖端扭转性室速,可选择 β 受体阻滞剂治疗。

(二)预防室速复发

1. 治疗原发病和改善心功能,去除诱因。

2. 非持续性室速患者,如心脏结构和功能正常且无临床症状时,大多数不需要治疗;器质性心脏病合并的非持续性室速,症状明显者可选择 β 受体阻滞剂、ACEI 治疗。

3. 稳定的持续性室速,尤其是单形性室速或特发性室速,可选择射频消融治疗。

(三) 预防心脏性猝死

已有的临床多中心试验研究证实长期口服 I 类抗心律失常药物不能有效预防室性心律失常患者的心脏性猝死。治疗原发病和改善心功能 ACEI、β 受体阻滞剂、胺碘酮可降低室速患者的心脏性猝死率,ICD(implantabe cardioverter defibrillator)是预防心脏性猝死最有效的方法。

【预后】　无器质性心脏病且室速得到有效控制,预后良好。器质性心脏病患者室速的预后较差。

三、心室扑动和心室颤动

心室扑动(ventricular flutter)和心室颤动(vengtricular fibrillation)简称室扑和室颤,是指心室发生快速无序的激动,致使心室规律有序的激动和舒缩功能消失,均为功能性的心脏停搏,是致死性心律失常。

【病因】　室扑和室颤是心脏性猝死的常见原因(约占 80%),多见于器质性心脏病患者,如冠心病、心肌病、心肌炎,其他器质性心脏病,尤其并发心功能不全时也可发生。先天性离子通道疾病如长 QT 综合征、Brugada 综合征、短 QT 综合征等常发生室扑和室颤。严重缺血缺氧、预激综合征合并发房颤伴有快速心室率、电击伤、洋地黄中毒、抗心律失常药物的致心律失常作用、酸碱失衡和水电解质紊乱等均可导致室扑和室颤。少数患者原因不清楚,称为特发性室颤。

室扑和室颤的发生机制尚不清楚,室早、室速是触发因素,心脏电生理和解剖异常,如心肌梗死、心室肥厚及各种心肌病变等,是室扑和室颤形成和维持的基质。大多数研究支持室扑和室颤的电生理机制是折返激动,折返环路的大小激动方向和部位不断改变是其电生理特点。

【临床表现】　发病突然,表现为意识丧失、抽搐、呼吸停顿,直至死亡。体检无心音、无大动脉搏动、血压测不出。明显发绀和瞳孔散大等。

【心电图检查】　室扑和室颤是短时间内可致死性心律失常,临床上难以记录全导联心电图,心电监护导联表现为 P 波、QRS 波群、ST 段和 T 波无法分辨,仅见相对规则、振幅相等的正弦样波,称为室扑波,频率 200~250 次/分;持续时间较短,多于数秒内蜕变成形态、振幅和间隔绝对不规则的震颤波,称为室颤波,频率在 250~500 次/分;持续时间较短,如不及时抢救,一般心电活动在数分钟内迅速消失。

动态心电图和连续心电监测发现室扑和室颤多为室速蜕变或室早诱发(图 3-3-31),诱发室扑和室颤的室早被称为触发子,有效治疗这种室速和室早可减少室扑和室颤的发作。

【诊断】　根据临床表现即可诊断室扑和室颤,并立即实施救治。心电图是确诊依据。

【治疗】

1. 对于院外患者,目击者应立即实施徒手心肺复苏;对于住院患者,应立即体外非同步电击

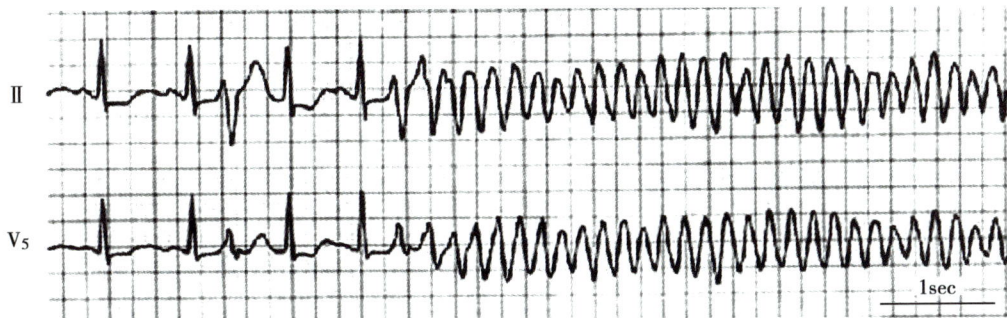

图 3-3-31　室性心动过速触发心室扑动和心室颤动

除颤和心肺复苏治疗(参见"心脏性猝死")。

2. 对于心肺复苏成功的患者,应积极治疗原发病和改善心功能,并考虑植入 ICD 以预防心脏性猝死的发生。

【预后】　室扑和室颤是最严重的心脏事件,绝大多数患者发病后不能自行终止,其生存依赖于及时有效的心肺复苏。因此在院外发生的室扑和室颤仅有30%可能幸存,幸存者中约50%在院期间发生死亡,另30%在随访3年中会发生死亡。但随着 ICD 的普遍使用,已经明显改善了幸存者的生存率。

第七节　心脏传导阻滞

要点:

1. 窦房传导阻滞、房室和室内传导阻滞是较为常见和具有临床意义的心脏阻滞。

2. 房室传导阻滞的阻滞程度可分为一度(时间延迟)、二度(部分冲动传导中断)和三度(全部冲动传导中断),一度和二度为不完全性房室传导阻滞,三度为完全性房室传导阻滞。

3. 室内阻滞是发生在希氏束分叉以下部位的传导阻滞,表现为右束支、左束支、左前分支和左后分支阻滞。

4. 单一的束支或分支阻滞仅有心电异常,常无明显的临床症状。二度Ⅱ型和三度房室传导阻滞常需心脏起搏治疗。

心脏传导阻滞可发生在心脏传导系统的任何水平,临床上以窦房传导阻滞(参见窦性心律失常)、房室传导阻滞和室内传导阻滞较为常见和具有临床意义。

一、房室传导阻滞

房室传导阻滞(atrioventricular block)是指冲动从心房传导至心室的过程中出现异常延迟或不能抵达心室,其阻滞程度可分为一度(时间延迟)、二度(部分冲动传导中断)和三度(全部冲动传导中断),一度和二度为不完全性房室传导阻滞,三度为完全性房室传导阻滞。房室传导阻滞的部位可以是房室结、希氏束或左、右束支。

【病因】　部分正常人或运动员可发生一度或二度Ⅰ型房室传导阻滞,多与迷走神经张力升高有关,通常发生在夜间。引起房室传导阻滞的常见原因:

1. **先天性房室传导阻滞**　包括孤立性先天性房室传导阻滞、合并其他心脏畸形的先天性房室传导阻滞、Kearnes-Shyre 综合征(线粒体 DNA 发生突变所致的一种线粒体脑肌病)。

2. **原发性房室传导阻滞**　包括 Lev 病(心脏纤维支架的钙化与硬化)和 Lenegre 病(传导系统本身的原发性硬化变性疾病)。

3. **继发性房室传导阻滞**　继发性因素包括急性心肌梗死、冠状动脉痉挛、心肌炎、心肌病、急性风湿热、心内膜炎、主动脉瓣狭窄伴钙化、心脏肿瘤(特别是心包间皮瘤)、高血压病、先天性心脏病外科手术损伤、射频消融损伤、电解质紊乱、药物(如洋地黄、奎尼丁、普鲁卡因胺等)作用、Chagas 病(原虫感染性心肌炎)、Lyme 病(螺旋体感染性心肌炎)、黏液性水肿等。

【临床表现】　一度房室传导阻滞通常无症状。二度房室传导阻滞可引起心搏脱漏,患者可有心悸症状。三度房室传导阻滞其症状的严重程度取决于心室率的快慢,常见的症状有疲倦、乏力、头晕、晕厥、心绞痛、心衰等。当一、二度房室传导阻滞突然进展为三度房室传导阻滞,因心室率过慢或出现长停搏(>3 秒)可导致脑缺血而出现暂时性意识丧失、晕厥、甚至 Adams-

Strokes 综合征发作,严重者可发生猝死。

心脏听诊时,一度房室传导阻滞因 P-R 间期延长,第一心音强度减弱。二度 I 型房室传导阻滞因 P-R 间期逐渐延长,第一心音强度逐渐减弱并有心搏脱漏。二度 Ⅱ 型房室传导阻滞 P-R 间期正常,第一心音强度恒定,但有间歇性心搏脱漏。三度房室传导阻滞因房室分离,第一心音强度不等,偶尔听到响亮亢进的第一心音(大炮音)。第二心音可呈正常或反常分裂。当心房与心室同时收缩时,颈静脉可出现巨大的 a 波(大炮波)。

【心电图特点】

(一)一度房室传导阻滞

P-R 间期大于 0.20 秒,每个 P 波后都有一个下传的 QRS 波群(图 3-3-32),QRS 波群形态和时限正常,则发生传导延缓的部位多在房室结;若 QRS 波群表现为束支传导阻滞图形,则发生传导延缓的部位可能在房室结和(或)希氏束及束支。

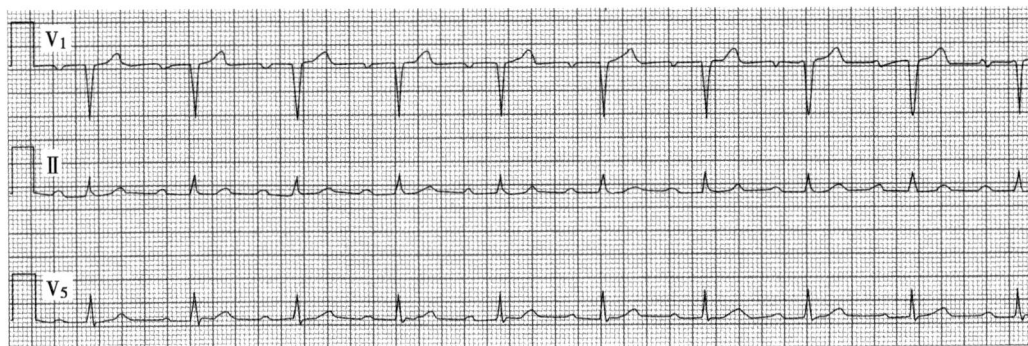

图 3-3-32 一度房室传导阻滞

(二)二度房室传导阻滞

二度房室传导阻滞可分为 I 型和 Ⅱ 型。

1. 二度 I 型 又称为莫氏 I 型或文氏型(Wenchebach block)房室传导阻滞。心电图表现为:①P-R 间期进行性延长直至 P 波受阻不能下传心室,这种现象周而复始,称为文氏周期(图 3-3-33);②由于 P-R 间期延长的增量逐渐减少,导致心搏脱落前的 R-R 间期逐渐缩短;③包含受阻 P 波在内的 R-R 间期小于正常窦性 P-P 间期的两倍。二度 I 型房室传导阻滞的房室传导比例多为 3:2 和 5:4,阻滞部位几乎都发生在房室结水平,很少进展为三度房室传导阻滞。

2. 二度 Ⅱ 型 又称莫氏 Ⅱ 型房室传导阻滞。心电图表现为:①P-R 间期固定,时限多正常或延长;②QRS 波群间歇性脱漏,传导比多为 2:1、3:1、或不等比阻滞;③下传的 QRS 波群形态正常或呈束支阻滞图形。二度 Ⅱ 型房室传导阻滞的部位多在房室结以下,即希氏束内或希氏束

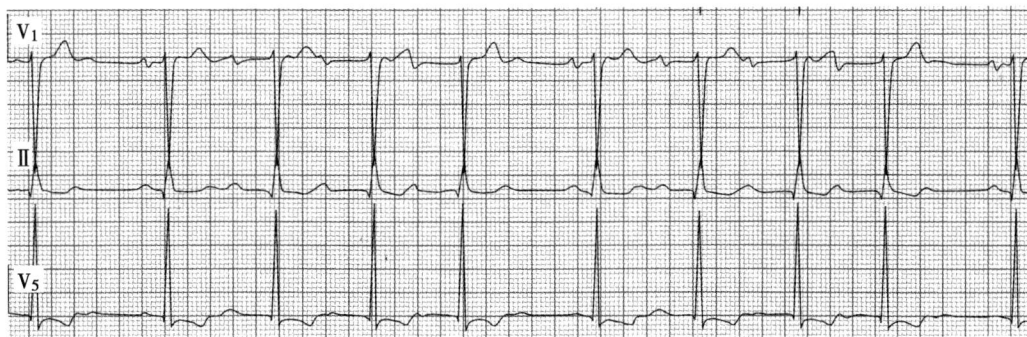

图 3-3-33 二度 I 型房室传导阻滞

以下。二度房室传导阻滞中,连续三个或以上的 P 波不能下传者常称为高度房室传导阻滞(图 3-3-34)。高度房室传导阻滞是介于二度和三度房室传导阻滞之间的一种过渡类型。

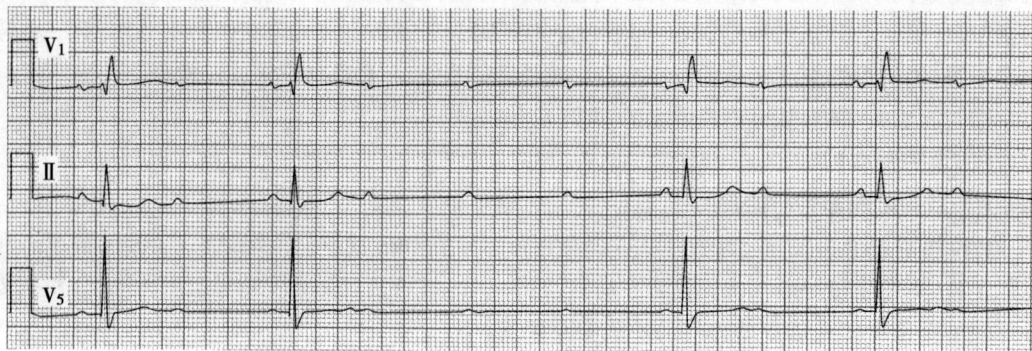

图 3-3-34 高度房室传导阻滞

(三)三度房室传导阻滞

又称完全性房室传导阻滞,心房冲动全部受阻而不能传导到心室。心电图表现为:①P 波与 QRS 波群相互各自独立、互不相关,即房室分离;②心房率快于心室率,心房冲动来自窦房结或异常心房节律,如房速、房扑或房颤;③心室节律由交界区或心室异位起搏点维持。若心室起搏点位于希氏束及其近端,QRS 波群正常,心室率为 40~60 次/分,节律较稳定(图 3-3-35);若心室起搏点位于室内传导系统的远端,QRS 波群增宽,心室率多低于 40 次/分,节律常不稳定。

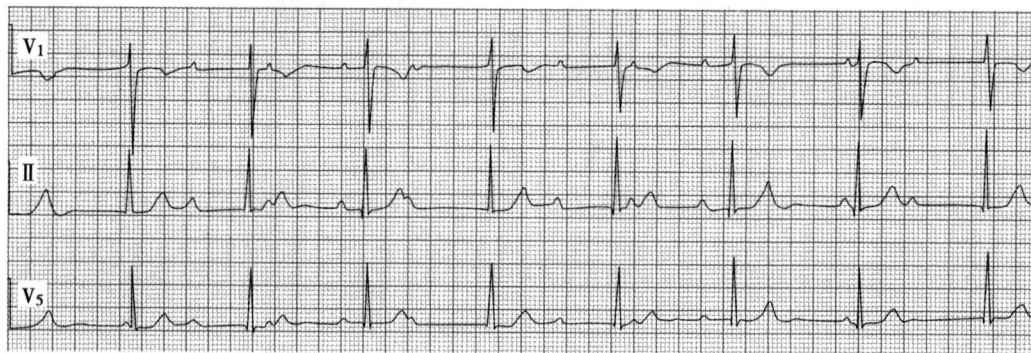

图 3-3-35 三度房室传导阻滞

【诊断】 根据临床表现和心电图特点可明确诊断。动态心电图检查有助于间歇性房室传导阻滞的诊断。

【治疗】 在针对病因及诱因治疗的基础上,根据房室传导阻滞发生的原因、病程、阻滞的程度以及伴随的症状选择治疗方法。一度和二度 I 型房室传导阻滞多无须特殊治疗。二度 II 型和三度房室传导阻滞心室率缓慢或心室停搏,病情紧急时可用心脏临时起搏,包括床边临时起搏,无心脏起搏条件时可应用阿托品(0.5~2.0mg,静脉注射)、异丙肾上腺素(1~4μg/min 静脉滴注)以提高心室率,以利尽早给予永久性心脏起搏治疗。

【预后】 绝大多数一度和二度 I 型房室传导阻滞预后良好,少数发生在希氏束远端阻滞的患者预后较差,应注意随访观察。二度 II 型和三度房室传导阻滞多数发生在希氏束远端,常为广泛的不可逆性病变所致,预后均较差,应积极实施人工心脏起搏治疗。

二、室内传导阻滞

室内传导阻滞(intraventricular block)又称室内阻滞,是指发生在希氏束分叉以下传导系统的传导阻滞。室内传导系统由左、右束支,左前分支和左后分支组成。单支传导阻滞中右束支

Notes

阻滞最为常见,其次为左前分支阻滞。有时传导阻滞可波及双支或三支,多为严重心脏病变所致。

【病因】 右束支阻滞多见于右心负荷过重的心脏病患者,如风湿性心脏病二尖瓣狭窄、房间隔缺损、急慢性肺源性心脏病,亦可见于高血压性心脏病、冠心病、心肌病、先天性心脏病等。

左束支阻滞多见于左心室受累的心脏病患者,如充血性心衰、急性心肌梗死、高血压性心脏病、主动脉瓣狭窄、心肌病,亦可见于急性感染、奎尼丁与普鲁卡因胺中毒、风湿性心脏病、冠心病与梅毒性心脏病等。

此外,先天性心脏病、心脏手术和血钾过高也可引起室内阻滞。

【临床表现】 单支和双支阻滞通常无临床症状,偶可闻及第一、第二心音分裂。三分支阻滞的临床表现与三度房室传导阻滞相同。

【心电图特点】

（一）右束支阻滞(right bundle branch block,RBBB)

心电图表现为:①$V_{1~2}$导联呈 rsR 型或宽大而有切迹的 R 波;②$V_{5~6}$导联呈 qRs 或 Rs 型;③Ⅰ导联有明显增宽的 S 波,aVR 导联有宽 R 波;④T 波与 QRS 波群主波方向相反;⑤QRS 波群电轴轻度右偏。QRS 波群时限大于或等于 0.12 秒为完全性右束支阻滞(图 3-3-36),QRS 波群时限小于 0.12 秒为不完全性右束支阻滞。

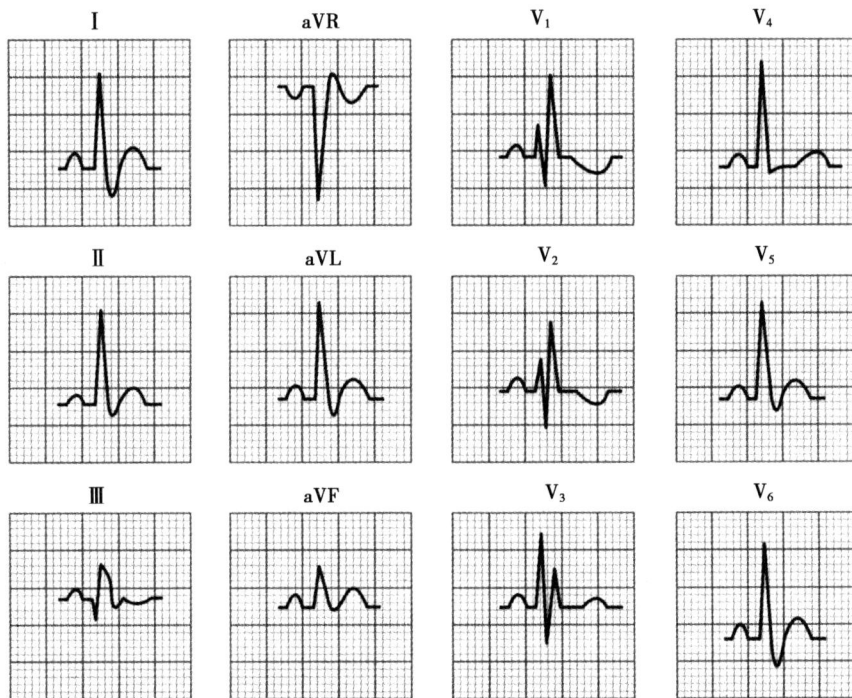

图 3-3-36 完全性右束支阻滞

（二）左束支阻滞(left bundle branch block,LBBB)

心电图表现为:①$V_{5~6}$导联 R 波宽大、顶端平坦或有切迹(M 型 R 波),其前无 q 波;②$V_{1~2}$导联呈 QS 或 rS 型,S 波宽大;③Ⅰ导联 R 波宽大或有切迹;④T 波与 QRS 波群主波方向相反;⑤QRS波群电轴轻度左偏。QRS 波群时限大于或等于 0.12 秒为完全性左束支阻滞(图 3-3-37),QRS 波群时限小于 0.12 秒为不完全性左束支阻滞。

（三）左前分支阻滞(left anterior fascicular block)

心电图表现为:①额面 QRS 波群电轴左偏达 -45° ~ -90°;②Ⅰ、aVL 导联呈 qR 型,R 波在

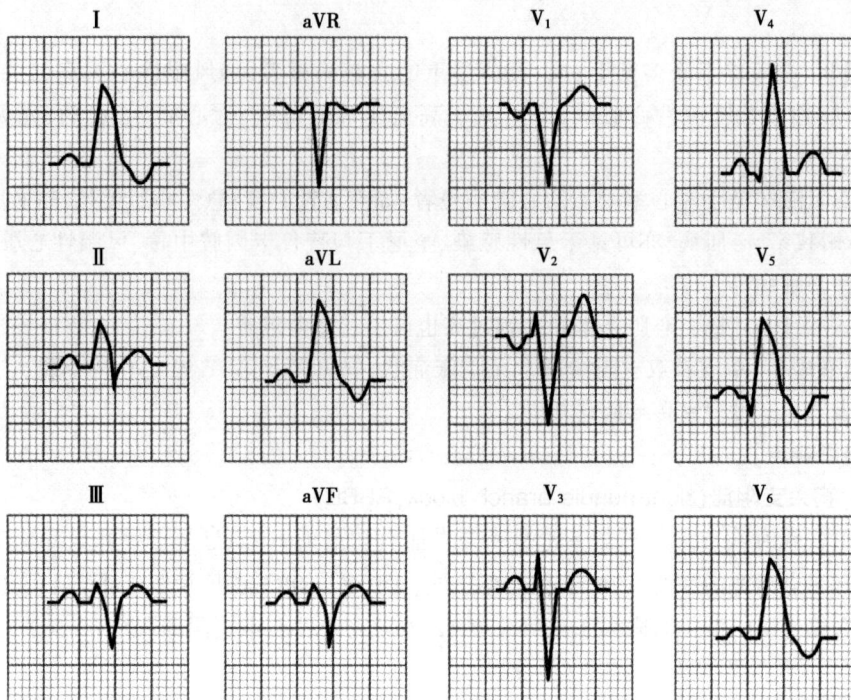

图 3-3-37 完全性左束支阻滞

aVL 导联大于 I 导联;③ II、III、aVF 导联呈 rS 型,S 波在 III 导联大于 II 导联;④QRS 波群时限小于 0.12 秒(图 3-3-38)。

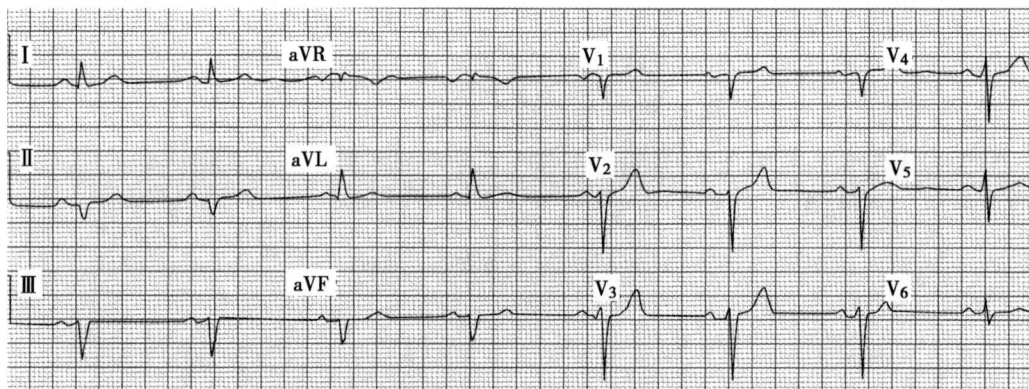

图 3-3-38 左前分支阻滞

(四) 左后分支阻滞(left posterior fascicular block)

心电图表现为:①额面 QRS 波群电轴右偏达+90° ~ +140°;② I、aVL 导联呈 rS 型;③ II、III、aVF 导联呈 qR 型,R 波在 III 导联大于 II 导联;④QRS 波群时限小于 0.12 秒(图 3-3-39)。

【诊断】 室内传导阻滞的诊断主要依靠心电图。右束支传导阻滞可有第二心音分裂,吸气时更为显著。左束支传导阻滞时可有第二心音的反常分裂(吸气时分裂减轻,呼气时加重)或收缩期前奔马律。

【治疗】 单纯右束支传导阻滞或左束支传导阻滞本身无需特殊治疗,主要针对病因治疗。左前分支阻滞若无合并其他传导阻滞或器质性心脏病也无须治疗。左后分支阻滞往往表示有较广泛而严重的心肌损害,常与不同程度的右束支阻滞和左前分支阻滞合并存在,容易进展为完全性房室传导阻滞,需临床追踪观察。

Notes

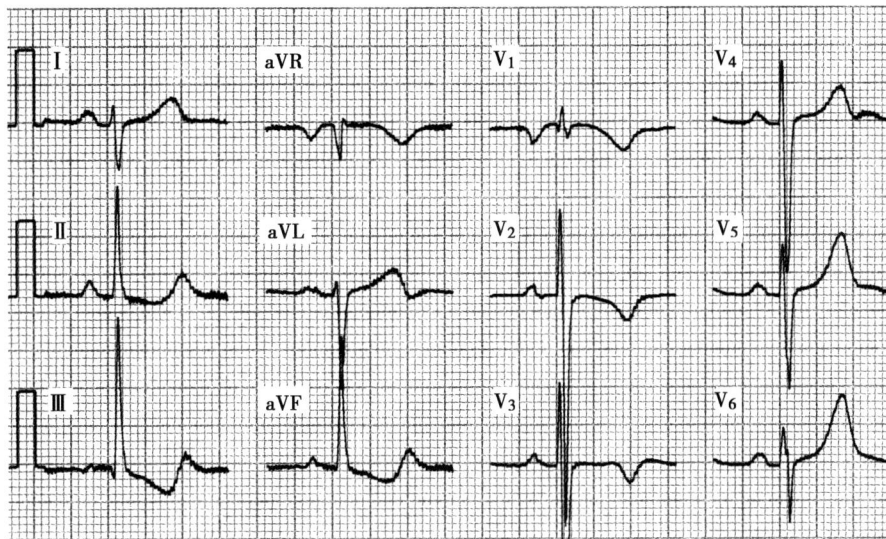

图 3-3-39　左后分支阻滞

【预后】　室内阻滞的预后取决于原有心脏病的严重程度,无器质性心脏病患者预后良好。

（黄从新）

推荐阅读文献

1. Libby P,Bonow RO,Mann DL,et al. Braunwald's Heart Disease. 10th ed. A Textbook of Cardiovascular Medicine Part V Arrhythmias,sudden death,and syncope. Philadelphia:Elsevier Saunders,2014
2. 陈新. 黄宛临床心电图学. 第 6 版. 北京:人民卫生出版社,2009
3. 黄从新,张澍,马长生,等. 心房颤动:目前的认识和治疗的建议. 中华心律失常学杂志,2012,16(4): 246-289

第四章　心脏性猝死

> **要点：**
> 1. 心脏性猝死是指由心脏原因引起的急性发作后 1 小时内的自然死亡。
> 2. 器质性心脏病，尤其是冠心病是心脏性猝死最常见的病因。
> 3. 恶性室性心律失常（室速、室颤）是发生心脏性猝死最常见的机制。
> 4. 心脏性猝死通常不可预测，对心脏性猝死危险分层的目的是识别高危人群，而无创检查是最常用的危险分层技术。
> 5. 预防心脏性猝死的抗心律失常药物中，β 受体阻滞剂是唯一证实能降低死亡率的药物。
> 6. 心脏复律除颤器是预防心脏性猝死最有效的措施。

心脏性猝死（sudden cardiac death，SCD）是指由各种心脏原因引起的、急性症状发作后 1 小时内所致的自然死亡。绝大多数 SCD 发生在院外、急诊室或者在运往医院途中，发生时间和形式通常不可预知。患者可以有或无已知的心脏病及其临床症状。其定义中最重要的内容是"自然"、"快速"、"不可预测性"。SCD 是不可逆的生物学死亡，是心搏骤停（cardiac arrest）的直接后果。心搏骤停是指心脏突然丧失泵血功能，如及时处理有可能逆转，否则将导致猝死。心搏骤停救治是否有效与其发生机制、临床情况、是否立即恢复有效循环有关。

【流行病学】　猝死占总死亡的 10% ~ 25%，SCD 是猝死的最常见原因，占 70% 以上。全球院外心搏骤停的发生率为 20 ~ 140 例/10 万人，存活率只有 2% ~ 11%。美国每年约 30 万 ~ 40 万人发生 SCD，总体发生率为 0.1% ~ 0.2%，约占全部心血管病死亡人数的 50%。我国多中心前瞻性研究显示，SCD 人数占总死亡人数的 9.5%，SCD 年发生率为 41.84/10 万，若以 13 亿人口推算，我国 SCD 的总人数约为 54.4 万/年。SCD 发生率随年龄增加而升高，SCD 在猝死中所占的比例也随年龄升高而上升，在 1 ~ 13 岁人群中为 1/5，14 ~ 21 岁人群中为 30%，中老年人群中为 88%。在青年和中年人群中，男性 SCD 的发生率是女性的 4 ~ 7 倍，绝经后女性 SCD 发生率增加，逐渐与男性持平。有心脏疾病的患者发生 SCD 的风险增加 6 ~ 10 倍，存在冠心病危险因素（年龄、男性、高血压、吸烟、血脂异常、糖尿病、早发冠心病家族史）的患者发生 SCD 的风险增加 2 ~ 4 倍。与遗传有关的疾病，如肥厚型心肌病（hypertrophic cardiomyopathy）、致心律失常性右室心肌病（arrhythmogenic right ventricular dysplasia/cardiomyopathy）、长 QT 综合征（long QT syndrome，LQTS）、Brugada 综合征（Brugada syndrome）等，发生室性心律失常和 SCD 的概率明显增加。随着人口老龄化、冠心病发病率增加以及其他慢性心血管病患病人数的递增，我国 SCD 的总人数将显著增加。

【病因】

（一）器质性心脏病

器质性心脏病是发生 SCD 最常见的病因，各类器质性心脏病均可引起 SCD，常见的心脏病如下：

1. **冠心病** 冠心病是 SCD 最常见的病因,占 SCD 总人群的80%。50%的冠心病患者死于 SCD,20%~25%的冠心病患者以 SCD 为首发表现。引起 SCD 的冠状动脉多为三支病变,常存在不稳定斑块和血栓形成。发生急性冠脉综合征时,缺血可直接导致多形性室性心动过速(ventricular tachycardia,VT)或室颤(ventricular fibrillation,VF)。急性心肌梗死48小时内 SCD 的风险高达15%,其后3天至6周内发生持续性室速或室颤的患者1年内死亡率大于25%,其中半数为 SCD。SCD 人群中75%有陈旧性心肌梗死史,心肌梗死后心室重构,尤其是存在室壁瘤及顽固性心力衰竭时,更容易诱发恶性室性心律失常而导致 SCD。近年来资料显示,家族性 SCD 倾向是冠心病的一种特殊类型。

引起 SCD 的冠状动脉病变还有一些少见的原因,如先天性冠状动脉畸形、冠状动脉栓塞、冠状动脉炎、冠状动脉痉挛。尸检中冠脉畸形的检出率为0.3%,是年轻人 SCD 的常见原因之一。

2. **心肌病** 心肌病是 SCD 的第二大病因,占 SCD 总人群的10%~15%,是小于35岁人群中 SCD 的主要原因,主要是扩张型心肌病和肥厚型心脏病,发生 SCD 的风险与心脏病变的严重程度、合并室性心律失常、晕厥史有关。心肌病合并心力衰竭患者中1/3死于 SCD。肥厚型心肌是常染色体显性遗传病,是年轻运动员 SCD 的最常见原因,SCD 的发生率在成人患者中约2%~4%,儿童患者达6%。致心律失常性右室心肌病的病理特点为右心室心肌局灶性或弥漫性被脂肪和纤维组织所代替,有明显家族遗传倾向,虽然少见,但猝死发生率较高,约30%的患者以猝死为首发表现。

3. **心肌炎** 心肌炎在1岁以上儿童和青少年中多见,是年轻人 SCD 的主要原因之一,炎症多累及传导系统。

4. **瓣膜性心脏病** 见于主动脉瓣狭窄及关闭不全、二尖瓣狭窄及关闭不全、二尖瓣脱垂、机械瓣膜功能失调等,以主动脉瓣狭窄引起 SCD 最常见。

（二）非器质性心脏病

此类患者通过常规及特殊检查未发现明显的心脏结构及功能异常。无器质性心脏病的 SCD 患者中,遗传性心律失常综合征是最常见的病因。

1. **遗传性心律失常综合征(inherited primary arrhythmia syndromes)** 遗传性心律失常综合征是一组存在潜在恶性心律失常致晕厥或猝死风险的遗传性疾病,大部分由参与调控心脏动作电位的离子通道基因突变引起。心脏结构大多正常,具有猝死高风险,是 SCD 少见的病因,但在小于45岁 SCD 人群中有较高的比例,占10%~12%。

（1）长 QT 综合征:由于编码心肌细胞钾通道和钠通道的基因变异导致心室复极延长,心电图有 QT 间期延长(QT_C>500m)、T 波和(或)U 波异常,常引起尖端扭转型室速及室颤,导致晕厥,甚至猝死。QT_C>600ms 的 LQTS 为 SCD 的极高危人群。

（2）Brugada 综合征:由于编码心肌细胞钠通道的基因突变导致心肌细胞复极时离子流发生紊乱,心电图出现胸前导联 ST 段抬高(下斜型或马鞍型)的特征性表现,常染色体显性遗传。据估计,该病约占心脏结构正常猝死病例的20%。多见于东南亚,患者大多是青年男性(男女比为4:1),常在夜间或休息时发病。

（3）儿茶酚胺敏感性多形性室速(catecholaminergic polymorphic ventricular tachycardia):由于细胞内钙超载导致延迟后除极的产生是其发生机制。常见于青年男性,通常在运动或情绪激动时,诱发出双向性室速或多形性室速,可自行恢复或恶化为室颤,导致晕厥和猝死。

（4）其他:短 QT 综合征(short QT syndrome):常染色体显性遗传,由于基因突变导致复极缩短。QT 间期缩短(QT_C≤330ms),伴有恶性心律失常、晕厥,SCD 发生率高。

早期复极综合征(early repolarization syndrome):诊断标准为:①原因不明的室颤/多形性室速,心电图有≥2个连续下壁和(或)侧壁导联 J 点抬高≥1mm;②SCD;③尸检阴性。

Notes

特发性室颤:心搏骤停幸存者,排除已知心脏、呼吸、代谢和毒理学病因,有室颤心电图记录者可诊断特发性室颤。

2. **预激综合征**　猝死的危险性与旁路的传导性有关,当预激综合征合并房颤时可以导致快速的心室率,当 R-R 间期<250ms 如不及时处理容易恶化为室颤导致猝死。

3. **先天性传导系统疾病**　常见于先天性完全性房室传导阻滞。

(三) 触发因素

结构性心脏病及心脏电活动异常是发生 SCD 的基础,当在某些特殊环境下可触发严重心律失常而导致猝死。

1. **严重心肌缺血**　心肌缺血是常见的触发因素,缺血可以直接影响心脏传导及电活动异常,缺血心肌再灌注也可引起一过性的电生理异常和心律失常。

2. **心排血量下降**　无论心脏基础疾病如何,一旦出现心力衰竭(急性或慢性心力衰竭),SCD 的风险明显增加。半数以上的心力衰竭患者死于 SCD。纽约心功能 Ⅱ 级及 Ⅲ 级患者较心功能 Ⅳ 级患者更容易发生 SCD,后者的主要死因是泵衰竭。

3. **自主神经功能紊乱**　过度劳累、暴饮暴食、短时间大量吸烟或饮酒、精神过度紧张或过度兴奋,过度焦虑或气愤等,可以引起交感神经过度兴奋而诱发严重心律失常。

4. **代谢紊乱及低氧血症**　严重酸碱平衡失调、电解质紊乱及低氧血症可引起心肌离子通道异常而触发心律失常,导致 SCD。利尿剂导致的低钾、低镁可延长复极,有可能诱发尖端扭转型室速。

5. **药物的毒副作用**　抗心律失常药物以及其他药物的致心律失常药物作用(如可卡因,洋地黄中毒)等可以诱发 SCD。

【病理生理机制】　心脏器质性病变、心电活动异常及功能性触发因素是发生 SCD 三要素,这三大要素可独立引起 SCD,也能相互结合、相互影响而引发 SCD。心电活动异常包括心脏除极和复极的异常。心脏除极异常包括 QRS 波增宽、碎裂波、心室晚电位。复极异常包括 QT_c 延长、T 波电交替、病理性 T 波。各种心血管疾病或原发心电疾病导致的 SCD 的过程中,最后几乎都通过致命性心律失常而引发猝死。心搏骤停最常见的电生理机制是室颤,占心搏骤停的 50%~80%。因室颤猝死的患者常先有室性心动过速,随即迅速蜕变为室颤。严重缓慢性心律失常、心脏停搏、无脉性电活动(pulseless electrical activity,PEA)约占 SCD 总人群的 20%~30%。PEA 以往也称电-机械分离(electromechanical dissociation),是指心脏有持续的电活动,但没有有效的机械收缩功能。

【危险分层】　根据 SCD 的危险分层可以筛查出高危人群,并可由此制定相应的预防措施,最终降低 SCD 的发生率。危险分层的主要目的是识别可能发生恶性心律失常患者。检查方法包括无创及有创二种,以前者最常用。

(一) 无创技术

1. **左心室射血分数(left ventricular ejection fraction,LVEF)**　LVEF 是心力衰竭患者总死亡率及 SCD 最强有力和最常用的预测指标。LVEF≤35% 常是识别高危患者的分界线,LVEF<35% 患者的总死亡率及 SCD 发生率明显增加。但 LVEF 预测 SCD 的敏感性不高,因此存在一定的局限性。

2. **常规心电图**　常规心电图是常用而简单的方法,可以通过检测 QRS 波宽度、QT 间期及 QT 离散度等对恶性室性心律失常的风险作出一定的预测。

(1) QRS 波宽度(QRS duration):是反映心室内和心室间传导障碍的稳定指标。室内传导减慢,尤其伴心室复极离散度增加时,可直接促发室性心律失常。流行病学研究证实,心力衰竭患者 QRS 波宽>120ms 的人群 SCD 的风险增高。

(2) QT 间期和 QT 离散度(QT interval and QT dispersion):QT 间期延长、QT 离散度增加表

明心脏复极异常,易导致室速和室颤,与 SCD 风险的增加相关。但它对 SCD 的预测价值存有争议。

3. **动态心电图**

(1) 室性期前收缩(ventricular ectopy)及非持续性室速:在心搏骤停幸存者、心肌梗死后或严重心力衰竭患者中,动态心电图检测若记录到频发、复杂室性期前收缩和(或)非持续性室速,则发生 SCD 的概率明显增加。心肌梗死后患者中,当室性期前收缩>10 次/小时或出现非持续性室速时,对 SCD 的阳性预测值为 5%～15%,阴性预测值大于 90%。心肌梗死后 LVEF<40% 的患者合并室性心律失常时,SCD 的风险明显增加。但是在心脏结构及 LVEF 正常的患者中,动态心电图记录到室性期前收缩及非持续性室速,对 SCD 没有预测价值。

(2) 心率变异性(heart rate variability,HRV):心率变异性异常、自主神经张力和心律失常三者间存在关联。研究表明心率变异性降低是总死亡率增加的预测因子,但预测 SCD 的价值有限。

4. **信号平均心电图(signal-averaged ECG,SAECG)**　心肌梗死后患者中,信号平均心电图记录的心室晚电位预测发生 SCD 或心律失常事件的敏感性为 30%～76%,特异性 63%～96%,其阴性预测值高,超过 95%,对识别低危患者非常有效。但目前常规使用其来识别 SCD 高危患者的证据尚不充分。

5. **运动试验(exercise test)**　对已知或怀疑运动诱发室性心律失常的患者可以行运动试验。运动试验可评价心肌缺血情况。运动后心率恢复时间和恢复期间的室性期前收缩对死亡有一定的预测作用。运动停止后 1 分钟内心率下降≤12 次/分,或者运动后恢复期最初 5 分钟内出现频发或严重室性期前收缩,则与死亡率的增加显著相关。它是预测 SCD 的新指标,但在 SCD 危险分层中的价值尚未证实。

6. **T 波电交替(T-wave alternans)**　T 波电交替是预测 SCD 高危患者的重要指标,可利用动态心电图记录或者运动试验进行检测。心率<110 次/分时,T 波出现≥1.9μV 的交替为阳性。T 波电交替的阳性预测值为 76%,阴性预测值为 88%。多数研究认为 T 波电交替是 SCD 的独立预测指标。

(二) 有创技术

心内电生理检查曾经是筛查高危人群的常用方法。通过记录心内电活动,并应用程序电刺激和快速起搏心房或心室,测定心脏不同组织的电生理功能,发现持续性室速的电生理基础,诱发室性心律失常,评估发生恶性心律失常和 SCD 的风险。ICD 的临床试验表明心内电生理检查对室性心律失常和 SCD 的预测价值有限。心内电生理检查也可用于评估晕厥和心律失常的关系以及宽 QRS 波心动过速的鉴别诊断。当患者发生过晕厥而无心电图记录证据,但临床高度怀疑晕厥由心律失常引起时,可行心内电生理检查。但电生理检查阳性(诱发出持续性室速)的患者 SCD 发生率约 33%,而阴性患者 SCD 的发生率为 4%。因此,敏感性和特异性均不高,而且为有创性检查,因此限制了它的应用。

回顾性研究显示,发生 SCD 的患者中 1/3 在生前被确定为猝死的高危人群,1/3 在生前被认定为猝死的低危或中危人群,还有 1/3 是首发临床事件。总之,目前尚缺乏敏感性高及特异性强的预测 SCD 高危人群的相关检查,因此,寻找更灵敏和特异的预测方法是未来的研究方向。

(三) 肥厚型心肌病猝死的危险分层

部分肥厚型心肌病以 SCD 为首发表现。初次确诊的肥厚型心肌病患者须进行 SCD 风险评估,其高危因素包括:①有心搏骤停或持续性室速病史;②有 SCD 家族史;③有不明原因的晕厥;④动态心电图记录到≥120 次/分的非持续性室速,特别是小于 30 岁的患者或运动诱发者;⑤最大左心室壁厚度≥30mm;⑥运动时血压反应异常者(收缩压增加≤20mmHg 或用力时下降≥20mmHg)。

【心搏骤停的处理和预后】　心肺复苏(cardiopulmonary resuscitation,CPR)是指对心搏骤停所采取的旨在提高生存机会的一系列及时、规范、有效的抢救措施,主要包括:基础生命支持(basic life support,BLS)和高级生命支持(advanced cardiovascular life support,ACLS)。由于心搏骤停事件的突发性,成功的 CPR 需要一整套协调的措施,各个环节紧密衔接,即组成 5 环生存链(chain of survival),即:①立即识别心搏骤停并启动急救系统;②强调胸外按压的早期 CPR,其步骤依次为人工胸外按压(Circulation)、开通气道(Airway)、人工呼吸(Breathing)(C-A-B);③快速除颤;④有效的高级生命支持;⑤综合的心搏骤停后管理。心肺复苏的质量非常重要,成功的关键是尽早进行心肺复苏和尽早复律治疗。

心搏骤停的预后取决于 CPR 是否及时、心搏骤停的机制、病因及发病前的临床情况。急性心肌梗死时发生心搏骤停分为原发性(心搏骤停之前无血流动力学不稳定)和继发性(之前有明显血流动力学异常)。在有心电监护情况下的原发性心搏骤停,复苏成功率极高;而继发性心搏骤停的患者 70% 立即死亡或在住院期间死亡。继发于左室功能显著下降患者复苏成功率低。严重非心脏病变引起心搏骤停,如恶性肿瘤、败血症、多器官功能衰竭、终末期肺部疾病和严重中枢神经系统疾病等致命性或终末期疾病,复苏成功率极低,预后不良。由于可逆性原因导致的心搏骤停,如急性中毒、电解质紊乱、代谢紊乱、酸中毒、低氧血症等,如能及早纠正促发因素,则预后较佳。

【SCD 的预防】 由于 SCD 发生的时间及方式通常不可预测,因此对 SCD 的预防重点是干预高危人群。根据 SCD 危险分层筛查出高危患者,采取积极、有效的措施控制危险因素,从而降低 SCD 的发生率。SCD 的预防包括一级及二级预防。一级预防是指对未发生过但可能发生 SCD 的高危人群,采取积极有效的措施,以预防及减少 SCD 的发生。二级预防是针对心搏骤停幸存者或者有症状的持续性室速患者采取措施,防止心搏骤停再次发生。有 SCD 高危疾病的患者,发生不明原因的晕厥,很可能是由于室性心律失常所致,也属于二级预防。

(一)一般措施

对高危人群进行医学知识的普及教育,保持健康的生活方式和饮食习惯,规律地进行运动,避免过度劳累、暴饮暴食,戒烟限酒,避免精神过度紧张或过度兴奋,保持良好的心境。开展 SCD 预防和急救知识的教育和普及,加强家庭、社区、公共场所心肺复苏培训。

(二)积极预防和治疗心血管疾病

对于普通人群,通过生活方式干预和药物治疗,积极控制心血管疾病的危险因素,如治疗高血压病、糖尿病、高胆固醇血症,能有效地预防冠心病和心血管事件。避免各种导致心搏骤停的触发因素,如低血容量、低氧、酸中毒、高钾/低钾血症、体温过高或过低、中毒等。

SCD 最常见于冠心病患者,尤其是心肌梗死后合并左室功能障碍及室性心律失常时,猝死风险明显增加。治疗的重点是改善心肌缺血,包括药物和血管重建治疗。抗血小板药、β 受体阻滞剂、血管紧张素转化酶抑制剂、他汀类能减少心血管事件的发生,其中 β 受体阻滞剂能降低心肌梗死后 SCD 发生率。对冠状动脉严重病变(尤其左主干、前降支近端狭窄)合并室性心律失常者,冠脉血管重建治疗是降低室性心律失常发生率的重要手段。当心搏骤停的原因为急性 ST 段抬高性心肌梗死或怀疑急性冠脉综合征时,建议行急诊冠脉血管造影,并对梗死相关血管行血运重建。

积极治疗引起心力衰竭的病因和诱因,血管紧张素转化酶抑制剂、β 受体阻滞剂、醛固酮受体拮抗剂、心脏再同步化治疗(cardiac resynchronization therapy,CRT)可改善射血分数降低性心力衰竭患者预后,降低死亡率,其中 β 受体阻滞剂和醛固酮受体拮抗剂可降低 SCD 风险。CRT 治疗使射血分数降低性心力衰竭总体死亡率下降,但不减少心律失常导致的死亡。

射频消融技术可以根治预激综合征和部分室速(如儿茶酚胺敏感性室速),从而预防 SCD。缓慢性心律失常合并晕厥等严重症状者,安装永久性起搏器是唯一有效的治疗及预防 SCD 的方法。先天性 LQTS 患者,有 ICD 禁忌证或拒绝该治疗和(或)β 受体阻滞剂无效或不能耐受、或禁忌时,应接受左侧颈胸交感神经切断术。

(三) 抗心律失常药物

1. β受体阻滞剂　目前降低SCD证据最充分的药物是β受体阻滞剂,其降低交感神经活性,有抗心律失常、抗心肌缺血、改善心功能、减少心梗发生的作用。临床试验证实,β受体阻滞剂是目前唯一能降低总体死亡率、心血管病病死率、心脏性猝死以及心力衰竭恶化引起死亡的药物。适用于有器质性心脏病(如冠心病、射血分数降低性心力衰竭)、室性心律失常、部分遗传性心律失常综合征(长QT综合征、儿茶酚胺敏感性多形性室速)。

2. 胺碘酮　胺碘酮具有良好的抑制室性快速性心律失常的作用,常用于心肌梗死后或心肌病室性心律失常的治疗,但能否降低死亡率,临床试验的结果并不一致。在室速或室颤造成心搏骤停时,经常规心肺复苏、应用肾上腺素、血管加压素和电复律无效的患者,应首选静脉注射胺碘酮,然后再次电复律,这能提高除颤的成功率。胺碘酮还可预防心肺复苏后室性心律失常复发。胺碘酮合用β受体阻滞剂是治疗电风暴(指持续室速或室颤、24h内发作≥2次,通常需要电转复)最有效的药物。

发生于器质性心脏病患者的非持续性室速,如果患者有明显左心功能不全或电生理检查诱发出伴有血流动力学障碍的持续性室速或室颤,在没有条件置入ICD作为一级预防时,可用药物治疗,首选胺碘酮。心脏性猝死的二级预防,在无条件或无法置入ICD时,应该使用胺碘酮。

其他抗心律失常药物,如Ⅰ类(奎尼丁、普罗帕酮等)不适用于有器质性心脏病患者,尤其是心力衰竭及冠心病患者,临床试验显示这些患者长期使用Ⅰ类抗心律失常药物,虽然心律失常发生率减少,但死亡率增加。

(四) 心脏复律除颤器

1. 体外自动除颤器(automated external defibrillator,AED)　由于SCD大多发生在院外,应用AED使在心搏骤停发生现场早期电除颤成为可能。该设备应用过程高度自动化,使用方法简单,是专为医院外现场抢救设计的医疗设备,可以让非医务人员通过短期的培训后在第一时间实施现场医疗急救,使用AED可减少院外猝死发生率。

2. 置入式心脏复律除颤器(implantable cardiovertor defibrillator,ICD)　ICD具有起搏、抗心动过速、低能量电转复和高能量电除颤作用,自20世纪80年代ICD问世后,它对SCD的预防产生了深远的影响。一系列大规模临床研究均证实,ICD疗效明显优于抗心律失常药物。ICD能有效降低高危患者的SCD发生率和总死亡率,死亡率降低幅度取决于试验纳入患者的危险程度,越高危者获益越大。目前不论是一级预防还是二级预防,ICD均已成为预防SCD的首选策略。

ICD的适应证:①非可逆性原因引起的室颤或室速导致的心搏骤停幸存者;②伴有器质性心脏病的持续性室速;③不明原因的晕厥,但心脏电生理检查能够诱发出临床相关的、具有明显血流动力学障碍的持续性室速或者室颤;④心肌梗死后40天以上,LVEF≤35%,NYHA心功能Ⅱ级或Ⅲ级;⑤LVEF≤35%,NYHAⅡ级或Ⅲ级的非缺血性心肌病患者;⑥心肌梗死后40天以上,LVEF≤30%,NYHAⅠ级的患者;⑦陈旧性心肌梗死所致非持续性室速,LVEF≤40%,电生理检查诱发出室颤或者持续性室速。适应证的掌握主要根据心脏性猝死的危险分层、患者的整体状况和预后,ICD用于心力衰竭患者的一级预防还要求先给予长期优化药物治疗(至少3个月以上),预期生存期>1年,且状态良好。

在心力衰竭合并左右心室或室内明显不同步的患者中,CRT在标准药物治疗基础上进一步改善心力衰竭的预后,是近年来心力衰竭治疗的重要进展之一。近年来CRT和ICD结合,即CRT-D在临床上的应用逐渐增多。临床研究显示与单独CRT比较,CRT-D可进一步降低心力衰竭患者的死亡率。猝死的高危人群,尤其为心肌梗死后或缺血性心肌病患者,符合CRT适应证时,应尽量置入CRT-D。

ICD植入后仍然需应用β受体阻断剂或胺碘酮等抗心律失常药物及其他治疗心脏原发病的

药物,一方面可以减少室速、室颤的发作,另一方面可使室速的频率减慢或使室颤变为室速,从而减少放电次数,并充分发挥 ICD 的抗心动过速起搏作用。

(杨杰孚)

推荐阅读文献

1. Bonow RO, Mann DL, Zipes DP, Libby P, et al. Braunwald's Heart Disease A Textbook of Cardiovascular Medicine, 9th ed. Philadelphia: Elsevier Saunders, 2015

2. Longo D L, Kasper D L, Jameson J L, et al. Harrison's principles of internal medicine. 18th ed. New York: McGraw-Hill Companies, 2012

3. Goldberger JJ, Cain ME, Hohnloser SH, et al. American Heart Association/American College of Cardiology Foundation/Heart Rhythm Society Scientific Statement on Noninvasive Risk Stratification Techniques for Identifying Patients at Risk for Sudden Cardiac Death, J Am Coll Cardiol, 2008, 52: 1179-1199

4. Epstein AE, DiMarco JP, Ellenbogen KA, et al. 2012 ACCF/AHA/HRS focused update incorporated into the ACCF/AHA/HRS 2008 guidelines for device-based therapy of cardiac rhythm abnormalities: a report of the American College of Cardiology Foundation/American Heart Association Task Force on Practice Guidelines and the Heart Rhythm Society, J Am Coll Cardiol, 2013, 61(3): e6-75

5. Russo AM, Stainback RF, Bailey SR, et al. ACCF/HRS/AHA/ASE/HFSA/SCAI/SCCT/SCMR 2013 appropriate use criteria for implantable cardioverter-defibrillators and cardiac resynchronization therapy. J Am Coll Cardiol. 2013, 61(12): 1318-1368

第五章 晕 厥

要点：

1. 晕厥是大脑血流短暂低灌注引起的一过性意识丧失。
2. 其特征为突发、短暂、一过性晕厥，而后自发完全恢复。
3. 临床常见病因包括神经介导性、体位性和心脏性。
4. 处理关键是治疗基础疾病、阻断晕厥机制、识别高危人群和预防发生意外。

晕厥（Syncope）临床常见。不同年龄与性别患者的晕厥原因差异较大。年轻女性多见反射性晕厥，中、老年患者的晕厥病因则以心血管病较多。有研究预计，一个人一生中发生晕厥的概率高达40%以上。

【定义和分类】

（一）定义

晕厥是指大脑短暂低灌注引起的一过性意识丧失（Transient loss of consciousness），其特征为突发、短暂、一过性和自发完全恢复。非大脑低灌注引起的短暂意识丧失不属于晕厥范畴。

（二）分类

晕厥有多种分类方法，其中较多采用根据病因的分类将晕厥分为三大类：

1. 神经介导性（反射性） 临床最常见。女性多于男性，青少年和老年好发。

（1）血管迷走性（Vasovagal syncope，VVS）：多见于瘦弱型体格的青少年。诱因包括长时间站立、情绪激动、恐慌、恐血、疼痛和器械操作等。尤其容易发生在闷热的车厢、浴室等场所。

（2）情景性：多见于咳嗽、喷嚏、胃肠道刺激、排尿、运动后、餐后、大笑、铜管乐演奏、举重等。

（3）颈动脉窦过敏性：多见于40岁以上的男性。发作诱因常为衣领过紧、突然转动颈部、按压颈动脉窦区域（如剃须）等。也可以有自发性发作。

2. 体位性（直立性） 体位改变（直立）引起血压下降时，因自主神经功能不全或衰竭（伴或不伴有效血容量不足）而无法做出适应性反射，导致血压过低和晕厥。自主神经功能不全或衰竭包括三类，即原发性、继发性和药物性。前两者属于器质性，药物性属于功能性。

（1）原发性：属于神经退行性变疾病。如单纯自主神经衰竭、多系统萎缩和帕金森病等。患者早期可出现阳痿和排尿紊乱。

（2）继发性：见于糖尿病、淀粉样变性、脊柱损伤和容量不足（如出血、腹泻、呕吐）等。

（3）药物性：是最常见的类型。常见药物包括降压药、利尿剂、三环抗抑郁药、吩噻嗪类药和酒精等。

3. 心脏性

（1）各种心律失常：①各种原因引起的严重心动过缓：包括窦性停搏和窦房阻滞、房室阻滞；②各种原因造成的心动过速：包括房颤、房扑伴过快的心室反应；室性心动过速；遗传相关心律失常等;③其他:如药物引起的尖端扭转型室速;心脏起搏或除颤装置故障。

（2）心脏结构异常:①心脏瓣膜病、人工瓣膜功能异常;②心肌梗死、肥厚型心肌病、主动脉夹层、冠状动脉先天异常;③心脏占位(如心房黏液瘤)、心包压塞;④肺栓塞、肺动脉高压。

【病理生理】　研究显示,人直立时由于重力作用约500～1000ml血液将灌入下肢,造成回心血量下降、心输出量下降和血压下降。血压下降经颈动脉窦和主动脉弓的压力感受器触发代偿性反射机制,使交感神经兴奋性增加、迷走神经兴奋性降低,导致外周阻力增加、静脉回流增加和心输出量增加避免了血压下降。如果这一反射机制受损,就可能发生晕厥。

大脑缺血超过6秒钟就可以造成晕厥。临床直立倾斜检查过程中收缩压降至60mmHg以下就可以出现晕厥。由于晕厥的病因繁多,不同病因引起晕厥的病理生理机制各有其特点。从血压产生机制讲,心脏收缩和总外周血管阻力是关键,其中任何一项出现问题都可以影响血压,而临床上更多见的是两者兼有。

（一）神经介导性

异常神经反射可能导致一系列病理生理改变。包括心率减慢、血管张力下降及容量血管扩张。不同促发因素可以经共同机制产生效应。如排尿、恐血、颈动脉窦过敏等。

（二）体位性低血压或体位不耐受

自主神经衰竭时血管的反射性收缩作用减弱。当体位改变时,在重力的作用下血液下沉到躯体膈肌以下,造成回心血量不足和心输出量下降。脱水或者某些药物造成的容量血管扩张可以加重或导致体位性晕厥。

（三）心脏性

包括心律失常、心脏结构异常和肺栓塞。心律失常造成心脏输出量快速下降,心脏结构异常和肺栓塞直接导致的血流阻断或锐减,它们都可以造成短暂脑供血不足而产生晕厥。

【诊断】　晕厥诊断主要根据病史、发作特点、详细查体及必要的辅助检查。诊断过程通常包括初步评估和进一步检查确诊。

（一）初步评估

一过性意识丧失的初步评估包括:详细病史、查体(包括卧、立位血压)、ECG。详细采集病史非常重要,部分典型病例可以由此做出诊断。如VVS多见于年轻女性,长时间站立位、处于闷热的环境易诱发。晕厥前可以有胸闷、心悸、全身发热感、腹部不适、便意、视物模糊和哈欠等。排尿晕厥多发生在排尿中或排尿后即刻,男性多见。疼痛等引起的情境性晕厥都在明确情景下发生。心脏性晕厥通常发生突然,容易致外伤和二便失禁。

三类不同原因晕厥各有其发作特点:

1. **神经介导性晕厥**　无基础心脏病史;病程长,反复发作;晕厥发生前有不愉快的视觉、声音、气味或疼痛刺激;长时间站立或处于拥挤、闷热环境;进食或餐后;转头或颈动脉窦受压(如衣领太紧);用力后。

2. **体位性晕厥**　从卧位或坐位起立后;启用或调整血管抑制药物剂量后;有自主神经病变或帕金森病;用力后站立。

3. **心脏性晕厥**　存在明确结构性心脏病;家属中有SCD或离子通道病;用力时或卧位时发病;突发心悸后立刻晕厥。ECG提示心脏性晕厥的线索,包括:双束支阻滞(LBBB或RBBB伴左前分支/左后分支阻滞);其他室内阻滞,QRS波时限≥0.12秒;二度Ⅰ型AVB;无特殊用药而出现无症状的不适当窦性心动过缓(<50bpm)、窦房阻滞或窦性停搏≥3秒;非持续室速;QRS有预激波;长QT或短QT;早复极;RBBB伴V1～V3导联ST抬高(Brugada综合征);右胸导联T波倒置,epsilon波和心室晚电位阳性(ARVC);异常Q波提示陈旧心肌梗死病史。

（二）进一步检查和确诊

经过初步评估未能明确晕厥诊断的患者需要进一步检查以确认诊断。常用方法如下:

1. **颈动脉窦按摩（CSM）** 年龄>40岁,原因不明晕厥。心脏停搏>3秒,或者收缩压下降>50mmHg为阳性。3个月内有TIA发作或者脑卒中史、颈动脉听诊有杂音的患者不能接受此检查。

2. **体位激发试验** 其原理是患者从平卧变为直立时脑部血流减少,若机体反射机制不完善将可能出现晕厥。方法包括:①主动站立(active standing)试验;②直立倾斜试验(Tilt Table Test, TTT)。

主动站立激发试验的阳性标准是:从卧位主动起立,站立3分钟内SBP下降≥20mmHg或者DBP下降≥10mmHg,或者SBP下降至90mmHg以下,伴或不伴晕厥。

TTT是让受试者以60~70度倾斜站立20~40分钟,同时观察血压和心率变化。采用异丙肾上腺素(静脉1~3μg/min起始,使基础心率增加20%~25%)或硝酸甘油(舌下300~400μg)激发,试验时间可以缩短并提高阳性检出率。检查前需要静卧准备至少5分钟,有静脉通路者需要20分钟。血压测定应该采用人工测定而不是自动测定。因为后者无法做到及时测量,且血压下降过程中的测定时间间隔过大,无法对迅速下降的血压进行精细测量。

检查阳性结果包括心脏抑制型、血管抑制型和混合型。患者在心率和/或血压下降的同时出现晕厥。阴性结果不能除外反射性晕厥。该试验用于评估治疗效果价值不大。

对于临床诊断明确、很少发作且无外伤等后果的患者一般不需要进行TTT。但是对于诊断不明确、或者虽然偶发但后果严重(如致外伤)、或者某些特殊职业(如飞行员)的患者就应该检查。冠心病、肥厚梗阻型心肌病、严重主动脉瓣狭窄、无法控制的危重高血压等情况属禁忌。

3. **心电监测** 包括院内(卧床或床旁)心电监测、Holter(动态心电记录)和植入式闭环记录器(ILR)。心电监测发现心律失常晕厥的敏感性低,但特异性高。

院内记录用于留院观察的高危患者,虽然检出率不高,但是能避免某些病例的严重后果。多数Holter设备能记录24小时心电活动,目前有长程记录可达到7天以上。ILR是一种类似日常使用移动闪存盘(USB)大小的记录器,在局麻下植入胸壁皮下,有效使用时间一般是1~1.5年。当发生心律失常或有晕厥先兆时可以自动或手动激活记录器。最大优点是,能在相当长时间内有效记录高保真度的心电信号。但其缺点是需要小手术;有时无法对心律失常类型(室上性或室性)进行辨识;且费用较高。

诊断心律失常晕厥的金标准是:出现晕厥的同时记录到心律失常。提示心律失常性晕厥的标准是:①心脏停搏≥3s;②快速室上性心动过速(≥160bpm,持续超过32个心搏);③室性心动过速。晕厥发作时无心律失常可以排除心律失常导致的晕厥。

4. **心脏电生理检查** 采用心内电极记录心电信号,并通过刺激心脏不同部位评估自律性、传导功能和心脏电稳定性。但是随着无创检查方法的发展,近年来心内电生理检查应用明显减少。本检查可以测定心脏窦房结功能,了解是否存在房室传导异常及所在部位。可以采用不同刺激程序了解心律失常的发生风险,如诱发室速室颤。

5. **心脏彩超（ECHO）和其他心脏影像检查** ECHO、TEE、CT、CMR可用于了解心脏结构和功能,了解是否存在可能造成晕厥的原因,对少数晕厥病因诊断具有重要价值。如主动脉瓣狭窄、心房黏液瘤、心脏压塞、肥厚性梗阻型心肌病、主动脉夹层与血肿、肺栓塞、冠状动脉先天性异常等。

6. **运动试验** 对于运动或用力后晕厥的患者有必要进行运动试验。运动中或运动后短时间内发生晕厥并伴有心电图异常和严重低血压可以确诊。若发生二度Ⅱ型房室阻滞或三度房室阻滞,即使无晕厥,诊断也能成立。

7. **心脏导管检查** 冠脉造影可用于了解是否存在冠状动脉病变及其程度,正常可以除外缺血引起的心律失常和晕厥。

（三）诊断程序

对于短暂意识丧失(T-LOC)的患者,可以通过下述诊断流程(图3-5-1)逐步推进、明确

T-LOC：可疑晕厥

晕厥 — T-LOC 非晕厥

明确诊断 启动治疗 — 诊断不明确

经特殊检查或 专科医师确诊

危险分层

高危：心脏结构 异常或ECG异常 — 低危,但反 复晕厥 — 低危,偶发或 一次晕厥

尽早评估 和治疗 — 心脏检查 和TTT — 不再评估

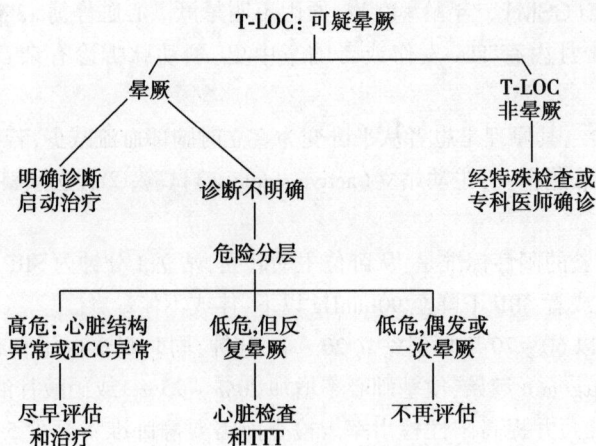

图 3-5-1 晕厥的诊断流程

诊断。

【鉴别诊断】 容易误诊为晕厥而需要鉴别的临床情况主要分为两类：

（一）部分或完全意识丧失,但不是由大脑低灌注引起的情况

1. 癫痫 其特征为肌强直和肌阵挛（tonic-clonic movements）,癫痫大发作的意识丧失通常超过 5 分钟,定向障碍时间长。可有舌咬伤和大小便失禁。晕厥可伴尿失禁,但是大便失禁少见。癫痫发作后乏力、头痛、肌肉痛多见。

2. 某些代谢紊乱 如低血氧、低血糖、中毒都可以造成晕厥样发作。低血糖晕厥样发作多见于糖尿病使用胰岛素治疗的患者,发作时有躯体震颤、心悸、焦虑、出汗、饥饿感和感觉异常。

3. 椎基动脉短暂缺血（TIA） 可能造成短暂意识丧失。

（二）貌似晕厥（Apparent loss of consciousness）而意识清楚的情况

1. 假性晕厥和假性癫痫 两者都表现为呼之不应,而躯体肌张力正常。①假性晕厥发作时无肢体运动,患者貌似晕厥而"心里明白"。血压不低,心率不慢。②假性癫痫发作时无癫痫样脑电活动,但肢体有癫痫样发作的运动。脑电图对鉴别诊断有关键价值。

2. 猝倒症（Cataplexy） 是突发短暂肌无力发作,意识清醒,患者常常有发作性睡眠症（narcolepsy）。与调节清醒状态的神经递质下丘脑泌素减少有关。

3. 摔倒（Fall） 其原因包括前庭功能障碍、小脑疾病、锥体外系功能异常导致的步态紊乱等。

4. 颈动脉源性的一过性脑缺血发作 此也可以造成眩晕等症状,混淆临床诊断。

此外,精神病治疗用药可以造成低血压或 QT 延长引起尖端扭转室性心律失常而发生晕厥。

【治疗】 治疗总原则是延长生存、减少发作、避免外伤。针对不同病因,治疗的主要目标不同。例如,陈旧性心肌梗死后室速治疗的主要目标是预防猝死,而神经介导性晕厥的主要目标则是减少发作和避免外伤。

（一）风险评估

对于明确晕厥诊断的患者首先需要进行风险评估,以免疏漏造成不良后果。以下情况提示患者属于高危,需要立刻住院并积极寻找病因。

1. 有严重结构性心脏病或冠心病,包括严重心衰、LVEF 下降、心肌梗死。

2. 临床或心电图显示患者可能为心律失常高危的病例（见心脏性晕厥部分）。

3. 有严重合并症,包括贫血、电解质紊乱。

（二）神经介导性晕厥的治疗

近年来最重要的治疗进展是强调患者教育。具体包括：认识疾病的良性过程以避免恐慌;

避免导致晕厥的触发因素;认识晕厥的先兆症状,晕厥前采用保护性措施。

对于发作频繁影响生活质量;先兆症状不明显发作突然;从事特殊职业如驾驶、飞行、职业运动的患者需要进一步治疗。具体方法包括:

1. 物理负压训练 等长运动可以提高血压并降低反射性晕厥的发生率。常用方法如两腿交叉和双手握拳上肢绷紧。

2. 倾斜训练 采用逐渐延长直立位锻炼时间可望增强患者耐受,减少体位性晕厥的发生。此法较为适合反复发作体位性晕厥的年轻患者。但是由于患者不易坚持此项锻炼,效果不如预期。

3. 药物 某些药物治疗晕厥可能有效,包括β受体阻滞剂、丙吡胺、茶碱、麻黄碱、依替福林(etilefrine)、可乐定、5羟色胺摄取抑制剂等。但是仅有少数药物在与安慰剂对照研究中显示一定疗效。α受体激动剂米多君(midodrine)可以试用于物理治疗和锻炼无效的儿童。因为可能引起排尿困难,故老年人不宜使用。氟氢可的松临床常用,但是尚无临床试验证实其疗效。β受体阻滞剂通过减弱反射性晕厥时的心室收缩,减轻心室机械受体激活。但是β受体阻滞剂可能进一步减慢颈动脉窦反射时的心率而加重晕厥。帕罗西汀(Paroxetine)可以减轻晕厥患者的焦虑,但是无心理障碍的患者不能使用。

4. 起搏器 起搏治疗对于因心脏停搏造成的反射性晕厥有效。研究显示,ILR有助于发现这些病例,而TTT诊断的患者不能保证从起搏治疗中获益。

5. 特殊关注 对于不同类型反射性晕厥的治疗有不同特点。VVS的重点是对患者进行相关教育。需要使患者认识疾病的良性过程和先兆症状,加强物理负压训练,必要时进行倾斜训练。对于情景性晕厥,应尽量避免触发晕厥的情景,若无法避免则应该采用保护性姿势,避免突然跌倒。对于颈动脉窦过敏者,采用心脏双腔起搏器治疗可以有效减少和预防晕厥的发生。

(三)体位性低血压的治疗

教育和生活方式调整是体位性低血压治疗的基石。血压是否获得改善可以通过动态血压监测获悉。轻度血压提高可能显著改善功能。对于老年体位性低血压的患者,使用弹力袜和腹带可以改善状况。当感觉低血压头昏时,应该采取下肢交叉和蹲坐动作。

对药物引起的低血压,应该避免使用相关药物。体液容量补充很重要。对于无高血压的患者需要补充足够食盐和水分。目标值每日补充食盐10克,水2~3升。饮用凉水能迅速缓解体位性不耐受和餐后低血压。睡眠时头位抬高10°可以减少夜尿、平衡体液分布、避免夜间体位性低血压。

米多君5~20mg一天3次对部分慢性自主神经衰竭患者非常有效。能提高卧位和直立位血压,缓解临床症状。氟氢可的松是一种盐皮质激素,能刺激肾脏保钠储水。研究显示,0.1~0.3mg每天一次可望改善血流动力学,缓解症状和升高血压。

夜尿增多、贫血、餐后低血压可以分别使用去氨加压素、促红细胞生成素等。使用拐棍、少吃多餐、锻炼下肢和腹部肌肉,以及游泳等运动有助于改善低血压。

(四)心脏性晕厥的治疗

心脏性晕厥的病因包括心律失常和心脏结构异常引起的机械性障碍。治疗旨在减少发作、避免意外、改善生活质量、延长寿命。

1. 心律失常晕厥 治疗包括预防心脏停搏,控制室上性心律失常的心室率、消除快速室性心律失常、消除起搏器和ICD故障、预防猝死。

(1)对于病态窦房结综合征和房室传导障碍引起的严重心动过缓和心脏停搏,起搏治疗是关键。

(2)对于快速心律失常治疗主要采用射频消融术或植入心脏转复除颤器(ICD)治疗。射频消融术尤其适合室上性心动过速和心脏结构正常者的室性心动过速。心脏结构异常和心功能减低患者的室速通常需要 ICD 植入治疗。

（3）房颤快速心室率而晕厥的患者，需要除外房颤转复窦律时的长时间停搏，此类患者需要考虑起搏器植入。部分患者适合射频消融。

（4）遗传相关心肌病患者的晕厥病因：包括肥厚型心肌病、致心律失常右心室发育不良心肌病（ARVC）、长 QT 综合征和 Brugada 综合征。这些患者需要在药物综合治疗的同时植入 ICD 预防心脏猝死。

（5）心脏起搏器和除颤器故障也是晕厥的常见原因：包括电池耗竭、导线故障、ICD 除颤放电过迟都可能造成晕厥。更换起搏器、ICD、导线以及重新程控 ICD 可望消除相应的故障，避免晕厥发生。

2. **结构性心脏病晕厥** 治疗需要针对造成晕厥的基础疾病。

（1）主动脉瓣狭窄、心房黏液瘤：需要手术解除相应问题。

（2）急诊情况：包括肺栓塞、心肌梗死、心包压塞，需要积极有针对性的治疗。

（3）原发性肺动脉高压和限制型心肌病晕厥的处理常常无有效措施。

（4）晕厥的其他少见原因：包括二尖瓣狭窄和肺动脉狭窄，处理在于解除狭窄。

【特殊人群晕厥】

（一）老年人晕厥

老年人晕厥的最常见原因为体位性低血压、反射性晕厥和心律失常。部分老年患者由于服用某种药物容易造成体位性低血压和晕厥。

老年低血压晕厥临床不易复制，需要反复检查。清晨检查或者晕厥发生后尽早检查的阳性检出率较高。即使临床只表现为非特异性的颈动脉窦过敏而非晕厥，颈动脉窦按摩试验对老年晕厥患者也很重要。TTT 对老年患者的安全性与年轻人接近，可以接受。对于血压不稳的晕厥患者，有必要检查 24 小时动态血压。老年人晕厥中有较多由心律失常引起，可疑者有必要植入 ILR 检查。

（二）儿童晕厥

儿童晕厥以反射性最多见。由于 TTT 对儿童晕厥的假阳性和假阴性都比较高，诊断价值有限。少数患者存在潜在致命心律失常或结构性心脏病。

如果有晕厥发作家族史，首先需要考虑遗传相关心脏疾病。引起儿童晕厥的心脏原因包括：长 QT 综合征、Brugada 综合征、儿茶酚胺敏感性室速、肥厚型心肌病、ARVC、Kearns-Sayre 综合征、肺动脉高压、心肌炎、先心病手术后心律失常、冠状动脉先天性异常等等。

需要提及两种特殊类型婴幼儿晕厥。其中婴儿反射性晕厥发作主要由于不愉快刺激引起。另一种是所谓的发绀性屏气发作，如发生在婴儿哭泣时。其特征是呼气暂停导致发绀和一过性意识丧失。儿童晕厥鉴别需要除外癫痫发作和心理性假性晕厥。

（三）开车与晕厥

有晕厥病史的患者是否应该允许驾车一直存在争议。研究显示有晕厥史患者开车时再发晕厥的概率并不高，车祸的发生率也不高。因此，如果详细检查无明显异常发现、或者考虑为神经介导晕厥，或者晕厥前有先兆，这些患者似乎应该允许自驾车。

（四）起搏器植入患者晕厥

植入起搏器的患者因起搏器或电极故障可以引起晕厥，但是起搏器植入患者晕厥更常见由其他原因引起。ICD 植入病人的晕厥可能由于机器故障或程控不恰当造成，例如室速或室颤发生后未能及时放电。

此外，晕厥是一个涉及多学科的疾病，全科医师应该是处理晕厥的重要一环。发生晕厥或晕厥有外伤的患者常常会到急诊室就诊，因此急诊医师对患者的诊断、危险分层和进一步正确处理也很关键。

(方 全)

推荐阅读文献

1. Harrisons's Principles of Internal Medicine. 18th Ed. McGraw-Hill International Enterprises, Inc. 2012

2. Braunwarld's Heart Disease: A Textbook of Cardiovascular Medicine. Philadelphia. 9th Ed. Elsevier Saunders, 2012

3. Moya A, Sutton R, Ammirati R, et al. Guidelines for Diagnosis and Management of Syncope(Version 2009). Eur Heart J 2009; 30: 2631-2671

4. Brignole M and Hamdan MH. New Concept in the Assessment of Syncope. J Am Coll Cardiol 2012; 59: 1583-1591

第六章　高　血　压

要点：

1. 高血压是一种遗传因素和环境因素交互作用所导致的心血管综合征，是心血管疾病最主要的危险因素。我国成人高血压的患病率为 18.8%，然而高血压的知晓率、治疗率和控制率依然很低。

2. 根据诊室血压水平可作出分类：<120/80mmHg 为正常血压，≥140/90mmHg 为高血压，介于两者之间为正常高值血压。高血压患者又可以根据血压水平分为 1 级、2 级和 3 级高血压。应该结合 24 小时动态血压及家庭自测血压评估患者血压水平。

3. 所有高血压患者均应根据血压水平、合并的心血管危险因素、靶器官损害和并存的临床情况作出危险分层，分为低危、中危、高危和很高危。

4. 高血压患者的降压目标为<140/90mmHg，伴有不同临床情况的特殊人群降压目标有所不同。在降压治疗同时，应该做好心血管危险因素的全面控制。

5. 基本降压药物有 5 类：利尿剂、β 受体阻滞剂、钙通道阻滞剂、ACEI 和 ARB。降压药物的使用原则为小剂量开始，优先选择长效制剂，联合用药及个体化。

第一节　原发性高血压

原发性高血压（essential hypertension）是以体循环动脉压升高为主要临床表现的心血管综合征，通常简称为高血压。高血压是导致心脑血管疾病的最重要的危险因素，常与其他心血管危险因素共存，可损伤重要脏器，如心、脑、肾的结构和功能，最终导致这些器官的功能衰竭。

【血压分类和定义】　人群中血压呈连续性正态分布，高血压的标准是根据临床及流行病学资料界定的。根据《中国高血压防治指南 2010》，我国目前采用的血压分类和标准见表 3-6-1。高血压定义为未使用降压药物的情况下诊室收缩压≥140mmHg 和（或）舒张压≥90mmHg。根据血压升高水平，进一步将高血压分为 1~3 级。

表 3-6-1　血压水平分类和定义

分　类	收缩压（mmHg）		舒张压（mmHg）
正常血压	<120	和	<80
正常高值血压	120~139	和（或）	80~89
高血压	≥140	和（或）	≥90
1 级高血压（轻度）	140~159	和（或）	90~99
2 级高血压（中度）	160~179	和（或）	100~109
3 级高血压（重度）	≥180	和（或）	≥110
单纯收缩期高血压	≥140	和	<90

注：当收缩压和舒张压分属于不同分级时，以较高的级别作为标准。以上标准适用于任何年龄的成年男性和女性。

【流行病学】 高血压患病率和发病率在不同国家、地区或种族之间有差别,工业化国家较发展中国家高,美国黑人约为白人的 2 倍。高血压患病率、发病率及血压水平随年龄增加而升高。高血压在老年人较为常见,尤以单纯收缩期高血压为多。

我国自 20 世纪 50 年代以来进行了 4 次(1959 年、1979 年、1991 年和 2002 年)较大规模的成人血压普查,高血压患病率分别为 5.11%、7.73%、13.58% 和 18.80%,总体呈明显上升趋势。然而依据 2002 年的调查,我国人群高血压知晓率、治疗率和控制率分别为 30.2%、24.7% 和 6.1%,依然很低。

我国高血压患病率和流行存在地区、城乡和民族差别,随年龄增长而升高。北方高于南方,华北和东北属于高发区;沿海高于内地;城市高于农村;高原少数民族地区患病率较高。男、女性高血压总体患病率差别不大,青年期男性略高于女性,中年后女性稍高于男性。

【病因和发病机制】 原发性高血压的病因为多因素,尤其是遗传和环境因素交互作用的结果。但是遗传与环境因素具体通过何种途径升高血压,尚不明确。基础和临床研究表明,高血压不是一种同质性疾病,不同个体间病因和发病机制不尽相同;其次,高血压病程较长,进展一般较缓慢,不同阶段始动、维持和加速机制不同,各种发病机制间也存在交互作用。因此,高血压是多因素、多环节、多阶段和个体差异性较大的疾病。

(一) 与高血压发病有关的因素

1. 遗传因素 高血压具有明显的家族聚集性。父母均有高血压,子女发病概率高达 46%。约 60% 高血压患者有高血压家族史。高血压的遗传可能存在主要基因显性遗传和多基因关联遗传两种方式。在遗传表型上,不仅高血压发生率体现遗传性,而且在血压高度、并发症发生以及其他有关因素如肥胖等也有遗传性。近年来有关高血压的基因研究报道很多,但尚无突破性进展。关于高血压的基因定位,在全世界进行的 20 多个高血压全基因组扫描研究中,共有 30 多个可能有关的染色体区段。

2. 环境因素

(1) 饮食:不同地区人群血压水平和高血压患病率与钠盐平均摄入量显著正相关,但同一地区人群中个体间血压水平与摄盐量并不相关,摄盐过多导致血压升高主要见于对盐敏感的人群。钾摄入量与血压呈负相关。高蛋白质摄入属于升压因素。饮食中饱和脂肪酸或饱和脂肪酸/多不饱和脂肪酸比值较高也属于升压因素。饮酒量与血压水平呈线性相关,尤其与收缩压相关性更强。

(2) 精神应激:城市脑力劳动者高血压患病率超过体力劳动者,从事精神紧张度高的职业者发生高血压的可能性较大,长期生活在噪声环境中听力敏感性减退者高血压也较多。此类高血压患者经休息后症状和血压可获得一定改善。

(3) 吸烟:吸烟可使交感神经末梢释放去甲肾上腺素增加而使血压增高,同时可以通过氧化应激损害一氧化氮(NO)介导的血管舒张引起血压增高。

3. 其他因素

(1) 体重:体重增加是血压升高的重要危险因素。肥胖类型与高血压发生关系密切,腹型肥胖者容易发生高血压。

(2) 药物:服避孕药妇女血压升高发生率及程度与服药时间长短有关。口服避孕药引起的高血压一般为轻度,并且可逆转,在终止服药后 3～6 个月血压恢复正常。其他如麻黄碱、肾上腺皮质激素、非甾体抗炎药、甘草等也可使血压增高。

(3) 睡眠呼吸暂停低通气综合征:是指睡眠期间反复发作性呼吸暂停。有中枢性和阻塞性之分。患者 50% 有高血压,血压升高程度与 SAHS 病程和严重程度有关。

(二) 高血压的发病机制

1. 激素机制(肾素-血管紧张素-醛固酮系统(RAAS)激活) 经典的 RAAS 包括:肾小球入

Notes

球动脉的球旁细胞分泌肾素,激活从肝脏产生的血管紧张素原(AGT),生成血管紧张素Ⅰ(AⅠ),然后经肺循环的转换酶(ACE)生成血管紧张素Ⅱ(AⅡ)。AⅡ是RAAS的主要效应物质,作用于血管紧张素Ⅱ受体1(AT1),使小动脉平滑肌收缩,刺激肾上腺皮质球状带分泌醛固酮,通过交感神经末梢突触前膜的正反馈使去甲肾上腺素分泌增加,这些作用均可使血压升高。近年来发现很多组织,例如血管壁、心脏、中枢神经、肾脏及肾上腺,也有RAAS各种组成成分。组织RAAS对心脏、血管的功能和结构所起的作用,可能在高血压发生和维持中有更大影响。另有研究表明AⅠ和AⅡ可以通过多条途径产生血管紧张素1-7(A1-7),A1-7通过与G蛋白耦联的MAS受体发挥扩血管以及抑制血管平滑肌细胞增殖作用,起到降压和心血管系统保护作用,使我们更全面理解RAAS系统的心血管作用。

2. **肾脏机制**　现代高盐饮食加上遗传性或获得性肾脏排钠能力的下降是许多高血压患者的基本病生理异常。摄入钠盐后平均动脉压显著上升者为盐敏感性高血压。肾性钠潴留通过增加血容量,启动全身血流自身调节机制和增加排钠激素(例如内源性类洋地黄物质等),从而使外周血管阻力和血压升高。钠潴留以后还可以通过多种机制,例如:亢进的交感活性使肾血管阻力增加;血管紧张素介导的中枢神经系统效应;血管平滑肌细胞收缩;增加肾脏局部AT1表达等使血压增加。血压增高启动压力-利尿钠(pressure-natriuresis)机制将潴留的水钠排泄出去,因此有多种机制导致压力-利尿钠曲线再设定从而将血压升高作为维持体内水钠平衡的一种代偿方式。一个患者是盐敏感还是盐耐受是由遗传因素以及肾内或肾外多种机制决定的。出生低体重幼儿由于肾单位减少也可以通过肾脏机制导致高血压。

3. **神经机制**　各种原因使大脑皮质下神经中枢功能发生变化,各种神经递质浓度与活性异常,包括去甲肾上腺素、肾上腺素、多巴胺、神经肽Y、5-羟色胺、血管加压素、脑啡肽、脑钠肽和中枢肾素-血管紧张素系统,最终使交感神经系统活性亢进。交感神经兴奋性增高作用于心脏,可导致心率增快,心肌收缩力加强和心输出量增加;作用于血管α受体可使小动脉收缩,外周血管阻力增加和血压升高。肾交感神经活性增强可增加近端肾小管的α1受体介导的钠水重吸收、使肾血管收缩导致肾血流量减少,还可激活β1受体使肾素释放致AⅡ生成,AⅡ可使血管收缩、去甲肾上腺素释放增多和钠盐重吸收增强,还可作用于延髓头端腹外侧核引起肾交感神经的激活产生正反馈作用,这些因素均可增加心排血量及外周阻力使血压增高。

4. **血管机制**　大动脉和小动脉结构和功能的变化在高血压发病中发挥着重要作用。内皮功能异常是高血压发生的重要机制。随着年龄增长以及各种心血管危险因素,例如血脂异常、血糖升高、吸烟、高同型半胱氨酸血症等,导致血管内皮细胞功能异常,内皮产生舒张因子减少(前列腺素类物质、一氧化氮、缓激肽、心钠素和降钙素基因相关肽等)及收缩因子增加(内皮素、血管收缩因子、AⅡ),造成血压升高。血压高时血管对这些物质的反应亦发生改变。血管壁对缩血管物质反应性增强,对扩血管物质反应减弱,这也是血管持续收缩、张力增加的原因。

内皮功能异常、神经内分泌系统激活以及高血压本身导致的血管重塑可以加重高血压。血管重塑表现为血管壁增厚和壁/腔比值增加等。由于血管平滑肌细胞肥大、增殖和细胞基质合成增多,血管壁增厚,特别是中层增厚,导致血管阻力增高,血管壁反应性增强。阻力血管纤维化及管壁增厚和壁/腔比值增加,使血管口径减小;血管口径变小使切应力增大易致内皮损伤,推动动脉粥样硬化的形成与发展。

5. **胰岛素抵抗**　胰岛素抵抗(insulin resistance,IR)是指必须以高于正常的血胰岛素释放水平来维持正常的糖耐量,表示机体组织对胰岛素处理葡萄糖的能力减退。约50%原发性高血压患者存在不同程度IR,在肥胖、血甘油三酯升高、高血压及糖耐量减退同时并存的四联症患者中最为明显。近年来认为IR是2型糖尿病和高血压发生的共同病理生理基础,但IR是如何导致血压升高,尚未获得肯定解释。多数认为是IR造成继发性高胰岛素血症引起的,继发性高胰岛素血症使肾脏水钠重吸收增强,交感神经系统活性亢进,刺激H-Na交换,使细胞内Na^+、Ca^{2+}增加,增强血管平滑肌对血管加压物质(如去甲肾上腺素、血管紧张素Ⅱ)和血容量扩张的敏感性,促进血压升高。此外还可以促使血管壁增厚,血管腔变窄,使外周血管阻力增加而导致血压升高。在一定意义上,胰岛素抵抗所致交感活性亢进使机体产热增加,是对肥胖的一种负反馈调节,这种调节以血压升高和血脂代谢障碍为代价。

(三) 我国人群高血压的特点

高钠、低钾膳食是我国大多数高血压患者发病的主要危险因素之一。我国大部分地区人均每天盐摄入量 12 ~ 15 克以上。在盐与血压的国际协作研究中,反映膳食钠/钾量的 24 小时尿钠/钾比值,我国人群在 6 以上,而西方人群仅为 2 ~ 3。超重和肥胖将成为我国高血压患病率增长的又一重要危险因素。在高血压与心血管风险方面,我国人群监测数据显示,心脑血管死亡占总死亡人数的 40% 以上,其中高血压是首位危险因素。我国脑卒中的年发病率为 250/10 万,冠心病事件的年发病率为 50/10 万,脑卒中发病率是冠心病事件发病率的 5 倍。在临床治疗试验中,脑卒中/心肌梗死发病比值,在我国高血压人群约(5 ~ 8):1,而在西方高血压人群约 1:1。另外我国人群叶酸普遍缺乏,导致血浆同型半胱氨酸水平增高,与高血压发病正相关,尤其增加高血压引起脑卒中的风险。这提示脑卒中是我国高血压人群最主要的心血管风险,对于制订更有效的减少我国人群心血管风险的防治策略有重要意义。

【病理生理和病理】　从血流动力学角度,血压主要决定于心输出量和体循环周围血管阻力,平均动脉血压(MBP) = 心输出量(CO)×总外周血管阻力(PR)。随年龄增加常可呈现不同血流动力学特征:

1. 对于年轻人(一般 17 ~ 25 岁)而言,血流动力学主要改变为心输出量增加和主动脉硬化,体现了交感神经系统的过度激活,一般发生于男性。

2. 对于中年(一般 30 ~ 50 岁)而言,主要表现为舒张压增高,伴或不伴收缩压增高。单纯舒张期高血压常见于中年男性,伴随体重增加和代谢综合征。血流动力学主要特点为周围血管阻力增加而心输出量并不增加。

3. 对于老年而言,单纯收缩期高血压是最常见的类型。流行病学显示人群收缩压随年龄增长而增高,而舒张压增长至 55 岁后逐渐下降。脉压的增加提示中心动脉的硬化以及周围动脉回波速度的增快导致收缩压增加。单纯收缩期高血压常见于老年和妇女,也是舒张性心力衰竭的主要危险因素之一。

心脏和血管是高血压作用的主要靶器官,早期可无明显病理改变。长期高血压引起的心脏改变主要是左心室肥厚和扩大。而全身小动脉病变则主要是壁/腔比值增加和管腔内径缩小,导致重要靶器官如心、脑、肾组织缺血。长期高血压及伴随的危险因素可促进动脉粥样硬化的形成及发展。

1. 心脏　长期压力负荷增高,儿茶酚胺与血管紧张素Ⅱ等生长因子都可刺激心肌细胞肥大和间质纤维化引起左心室肥厚和扩张,称为高血压性心脏病。左心室肥厚可以使冠状动脉血流储备下降,特别是在氧耗量增加时,导致心内膜下心肌缺血。高血压性心脏病常可合并冠状动脉粥样硬化和微血管病变。

2. 脑　长期高血压使脑血管发生缺血与变性,形成微动脉瘤,一旦破裂可发生脑出血。高血压促使脑动脉粥样硬化,粥样斑块破裂可并发脑血栓形成。脑小动脉闭塞性病变,引起针尖样小范围梗死病灶,称为腔隙性脑梗死。高血压的脑血管病变部位,特别容易发生在大脑中动脉的豆纹动脉、基底动脉的旁正中动脉和小脑齿状核动脉。这些血管直接来自压力较高的大动脉,血管细长而且垂直穿透,容易形成微动脉瘤或闭塞性病变。因此脑卒中通常累及壳核、丘脑、尾状核、内囊等部位。

3. 肾脏　长期持续高血压使肾小球内囊压力升高,肾小球纤维化、萎缩,肾动脉硬化,导致肾实质缺血和肾单位不断减少。慢性肾衰竭是长期高血压的严重后果之一,尤其在合并糖尿病时。恶性高血压时,入球小动脉及小叶间动脉发生增殖性内膜炎及纤维素样坏死,可在短期内出现肾衰竭。

4. 视网膜   视网膜小动脉早期发生痉挛,随着病程进展出现硬化。血压急骤升高可引起视网膜渗出和出血。眼底检查有助于对高血压严重程度的了解,目前采用 Keith-Wagener 眼底分级法:Ⅰ级,视网膜动脉变细、反光增强;Ⅱ级,视网膜动脉狭窄、动静脉交叉压迫;Ⅲ级,在上述病变基础上有眼底出血及棉絮状渗出;Ⅳ级,上述基础上又出现视神经盘水肿。

【临床表现及并发症】

(一) 症状

大多数起病缓慢,缺乏特殊临床表现,导致诊断延迟,仅在测量血压时或发生心、脑、肾等并发症时才被发现。常见症状有头晕、头痛、颈项板紧、疲劳、心悸等,也可出现视力模糊、鼻出血等较重症状,典型的高血压头痛在血压下降后即可消失。高血压患者可以同时合并其他原因的头痛,往往与血压水平无关,例如精神焦虑性头痛、偏头痛、青光眼等。如果突然发生严重头晕与眩晕,要注意可能是脑血管病或者降压过度、直立性低血压。高血压患者还可以出现受累器官的症状,如胸闷、气短、心绞痛、多尿等。另外,有些症状可能是降压药的不良反应所致。

(二) 体征

高血压体征一般较少。周围血管搏动、血管杂音、心脏杂音等是重点检查的项目。常见的并应重视的部位是颈部、背部两侧肋脊角、上腹部脐两侧、腰部肋脊处的血管杂音。心脏听诊可有主动脉瓣区第二心音亢进、轻微收缩期杂音或偶有收缩早期喀喇音。

有些体征常提示继发性高血压可能,例如腰部肿块提示多囊肾或嗜铬细胞瘤;股动脉搏动延迟出现或缺如,下肢血压明显低于上肢,提示主动脉缩窄;向心性肥胖、紫纹与多毛,提示皮质醇增多症。

【并发症】

1. 脑血管病   包括脑出血、脑血栓形成、腔隙性脑梗死、短暂性脑缺血发作,参阅神经科教材。

2. 心力衰竭和冠心病   参阅本书相关章节。

3. 慢性肾衰竭   参阅本书相关章节。

4. 主动脉夹层   参阅本书相关章节。

【实验室检查】

(一) 基本项目

血液生化(钾、空腹血糖、总胆固醇、甘油三酯、高密度脂蛋白胆固醇、低密度脂蛋白胆固醇和尿酸、肌酐);全血细胞计数、血红蛋白和红细胞比积;尿液分析(蛋白、糖和尿沉渣镜检);心电图。

(二) 推荐项目

24 小时动态血压监测、超声心动图、颈动脉超声、餐后 2h 血糖、血同型半胱氨酸、尿白蛋白定量、尿蛋白定量、眼底、胸部 X 线检查、脉搏波传导速度以及踝臂血压指数等。

动态血压监测(ambulatory blood pressure monitoring,ABPM)是由仪器自动定时测量血压,每隔 15～30 分钟自动测压,连续 24 小时或更长时间。正常人血压呈明显的昼夜节律,表现为双峰一谷,在上午 6～10 时及下午 4～8 时各有一高峰,而夜间血压明显降低。目前认为动态血压的正常参考范围为:24 小时平均血压<130/80mmHg,白天均值<135/85mmHg,夜间均值<120/70mmHg。动态血压监测可诊断白大衣高血压,发现隐蔽性高血压,检查难治性高血压的原因,评估血压升高程度、短时变异和昼夜节律以及治疗效果等。

(三) 选择项目

对怀疑为继发性高血压患者,根据需要可以分别选择以下检查项目:血浆肾素活性、血和尿醛固酮、血和尿皮质醇、血肾上腺素及去甲肾上腺素、血和尿儿茶酚胺、动脉造影、肾和肾上腺超声、CT 或 MRI、睡眠呼吸监测等。对有合并症的高血压患者,进行相应的脑功能、心功能和肾功能检查。

【诊断和鉴别诊断】 高血压诊断主要根据诊室血压值,采用经核准的汞柱式或电子血压计,测量安静休息坐位时上臂肱动脉部位血压,一般需非同日测量三次血压值收缩压均≥140mmHg 和(或)舒张压均≥90mmHg 可诊断高血压。患者既往有高血压史,正在使用降压药物,血压虽然正常,也诊断为高血压。也可参考家庭自测血压收缩压≥135 和(或)舒张压≥85mmHg 和 24 动态血压收缩压平均值≥130 和(或)舒张压≥80mmHg,白天收缩压平均值≥135 和(或)舒张压平均值≥85mmHg,夜间收缩压平均值≥120 和(或)舒张压平均值≥70mmHg 进一步评估血压状态。一般来说,左、右上臂的血压相差<1.33 ~ 2.66kPa(10 ~ 20mmHg),右侧>左侧。如果左、右上臂血压相差较大,要考虑一侧锁骨下动脉及远端有阻塞性病变。如疑似直立性低血压的患者还应测量平卧位和站立位血压。是否血压升高,不能仅凭 1 次或 2 次诊室血压测量值,需要经过一段时间的随访,进一步观察血压变化和总体水平。

根据 WHO 减少汞污染的倡议,于 2020 年全面废除汞柱式血压计的使用,电子血压计将是未来主要的血压测量工具。随着科学技术的发展,血压测量的准确性和便捷性将进一步改进,实现血压的远程监测和无创每搏血压的测量。

一旦诊断高血压,必须鉴别是原发性还是继发性。继发性高血压的诊断与治疗参见第二节和本书有关篇章。

【危险评估和预后】 高血压患者的预后不仅与血压水平有关,而且与是否合并其他心血管危险因素以及靶器官损害程度有关。因此从指导治疗和判断预后的角度,应对高血压患者进行心血管危险分层,将高血压患者分为低危、中危、高危和很高危。具体分层标准根据血压升高水平(1、2、3 级)、其他心血管危险因素、糖尿病、靶器官损害以及并发症情况,见表 3-6-2。用于分层的其他心血管危险因素、靶器官损害和并发症见表 3-6-3。

表 3-6-2　高血压患者心血管危险分层标准

其他危险因素和病史	高 血 压		
	1 级	2 级	3 级
无	低危	中危	高危
1~2 个其他危险因素	中危	中危	很高危
≥3 个其他危险因素或靶器官损害	高危	高危	很高危
临床合并症或合并糖尿病	很高危	很高危	很高危

高血压与动脉粥样硬化密不可分。高血压患者动脉粥样硬化的严重程度与高血压的治疗和预后密切相关。现有动脉粥样硬化评估指标对高血压的诊断、治疗和预后评估起着重要作用,进一步明确高血压与动脉粥样硬化的关系以及更加准确的判断动脉粥样硬化程度对高血压发生发展以及危险评估具有重要意义。

【治疗】

(一)目的与原则

原发性高血压目前尚无根治方法。临床证据表明收缩压下降 10 ~ 20mmHg 或舒张压下降 5 ~ 6mmHg,3 ~ 5 年内脑卒中、冠心病与心脑血管病死亡率事件分别减少 38%、16% 与 20%,心力衰竭减少 50% 以上,高危患者获益更为明显。降压治疗的最终目的是减少高血压患者心、脑血管病的发生率和死亡率。

Notes

表 3-6-3　影响高血压患者心血管预后的重要因素

心血管危险因素	靶器官损害	伴随临床疾患
<ul><li>高血压（1~3级）</li><li>年龄>55（男性）；>65（女性）</li><li>吸烟</li><li>糖耐量受损和（或）空腹血糖升高</li><li>血脂异常 TC≥5.7mmol/L（220mg/dl）或LDL-C>3.3mmol/L（130mg/dl）或 HDL-C<1.0mmol/L（40mg/dl）</li><li>早发心血管病家族史（一级亲属发病年龄男性<55岁，女性<65岁）</li><li>腹型肥胖（腰围男性≥90cm，女性≥85cm 或肥胖（BMI≥28kg/m²）</li><li>血同型半胱氨酸升高（≥10μmol/L）</li></ul>	<ul><li>左心室肥厚 心电图： Sokolow 电压标准：$R_{V_5}+S_{V_1}>$ 4.0mV（男性）或 >3.5mV（女性） Cornell 电压标准：$R_{avl}+S_{V_3}>$ 2.8mV（男性）或 >2.0mV（女性） 超声心动 LVMI 男性≥125g/m²，女性≥120g/m²</li><li>颈动脉超声 IMT≥0.9mm 或动脉粥样硬化斑块</li><li>颈股动脉 PWV≥12m/s</li><li>ABI<0.9</li><li>eGFR<60ml/min·1.73m² 或血肌酐轻度升高115~133μmol/L（1.3~1.5mg/dl，男性）107~124μmol/L（1.2~1.4mg/dl，女性）</li><li>尿微量白蛋白 30~300mg/24 小时或白蛋白/肌酐≥30mg/g</li></ul>	<ul><li>脑血管病 脑出血，缺血性脑卒中，短暂性脑缺血发作</li><li>心脏疾病 心肌梗死，心绞痛，冠状动脉血运重建，慢性心力衰竭</li><li>肾脏疾病 糖尿病性肾病，肾功能受损，肌酐≥133μmol/L（1.5mg/dl，男性），≥124μmol/L（1.4mg/dl，女性）尿蛋白≥300mg/24h</li><li>周围血管病</li><li>视网膜病变 出血或渗出，视神经盘水肿</li><li>糖尿病</li></ul>

注：TC：总胆固醇；LDL-C：低密度脂蛋白胆固醇；HDL-C：高密度脂蛋白胆固醇；BMI：体质量指数；LVMI：左心室质量指数；IMT：内膜中层厚度；ABI：踝臂指数；PWV：脉搏波传导速度；eGFR：估测的肾小球滤过率

高血压治疗原则如下：

1. **治疗性生活方式干预**　适用于所有高血压患者。主要包括：①减轻体重：将体质量指数（BMI）尽可能控制在<24kg/m²。体重降低对改善胰岛素抵抗、糖尿病、高脂血症和左心室肥厚均有益；②减少钠盐摄入：膳食中约80%钠盐来自烹调用盐和各种腌制品，所以应减少烹调用盐，每人每日食盐量以不超过6g为宜；③补充钾盐：每日吃新鲜蔬菜和水果；④减少脂肪摄入：减少食用油摄入，少吃或不吃肥肉和动物内脏；⑤戒烟限酒；⑥增加运动：运动有利于减轻体重和改善胰岛素抵抗，提高心血管调节适应能力，稳定血压水平；⑦减轻精神压力，保持心态平衡；⑧必要时补充叶酸制剂。

2. **降压药物治疗对象**　①高血压2级或以上患者；②高血压合并糖尿病，或者已经有心、脑、肾靶器官损害或并发症患者；③凡血压持续升高，改善生活方式后血压仍未获得有效控制者。从心血管危险分层的角度，高危和很高危患者必须使用降压药物强化治疗。

3. **血压控制目标值**　目前一般主张血压控制目标值应<140/90mmHg。对于老年收缩期高血压患者，收缩压控制于150mmHg以下，如果能够耐受可降至140mmHg以下。应尽早将血压降低到上述目标血压水平，但并非越快越好。大多数高血压患者，应根据病情在数周至数月内将血压逐渐降至目标水平。年轻、病程较短的高血压患者，可较快达标。但老年人、病程较长或已有靶器官损害或并发症的患者，降压速度宜适度缓慢。

4. **多重心血管危险因素协同控制**　大部分高血压患者合并其他心血管危险因素。降压治疗后尽管血压控制在正常范围，其他危险因素依然对预后产生重要影响，因此降压治疗时应同时兼顾其他心血管危险因素控制。降压治疗方案除了必须有效控制血压，还应兼顾对糖代谢、脂代谢、尿酸代谢等多重危险因素的控制。

国际大规模临床研究表明，对中高危险的高血压患者在降压治疗同时给予他汀类药物，可进一步减少心脑血管事件。针对我国高血压人群普遍伴存高同型半胱氨酸血症的特点，在降压同时，补充叶酸，降低血浆同型半胱氨酸，对我国脑卒中的防治有重要意义。

（二）降压药物治疗

1. 降压药物应用基本原则　使用降压药物应遵循以下 4 项原则,即小剂量开始,优先选择长效制剂,联合用药及个体化。

（1）小剂量:初始治疗时通常应采用较小的有效治疗剂量,根据需要逐步增加剂量。

（2）优先选择长效制剂:尽可能使用每天给药 1 次而有持续 24 小时降压作用的长效药物,从而有效控制夜间血压与晨峰血压,更有效预防心脑血管并发症。如使用中、短效制剂,则需给药每天 2～3 次,以达到平稳控制血压的目的。

（3）联合用药:可增加降压效果又不增加不良反应,在低剂量单药治疗效果不满意时,可以采用两种或两种以上降压药物联合治疗。事实上,2 级以上高血压为达到目标血压常需联合治疗。对血压≥160/100mmHg 或高于目标血压 20/10mmHg 或高危及以上患者,起始即可采用小剂量两种药物联合治疗或用固定复方制剂。

（4）个体化:根据患者具体情况、药物有效性和耐受性,兼顾患者经济条件及个人意愿,选择适合患者的降压药物。

2. 降压药物种类　目前常用降压药物可归纳为五大类,即利尿剂、β 受体阻滞剂、钙通道阻滞剂（CCB）、血管紧张素转换酶抑制剂（ACEI）和血管紧张素 Ⅱ 受体阻滞剂（ARB）,详见表 3-6-4。

表 3-6-4　常用降压药物名称、剂量及用法

药物分类	药物名称	单次剂量	用法（每日）
利尿药	氢氯噻嗪（hydrochlorothiazide）	12.5mg	1～2 次
	氨苯蝶啶（triamterene）	50mg	1～2 次
	阿米洛利（amiloride）	5～10mg	1 次
	呋塞米（furosemide）	20～40mg	1～2 次
	吲达帕胺（indapamide）	1.25～2.5mg	1 次
β 受体阻滞剂	美托洛尔（metoprolol）	25～50mg	2 次
	阿替洛尔（atenolol）	50～100mg	1 次
	比索洛尔（bisoprolol）	5～10mg	1 次
	卡维地洛（carvedilol）	12.5～25mg	1～2 次
	拉贝洛尔（labetalol）	100mg	2～3 次
钙通道阻滞剂	硝苯地平控释剂（nifedipine GITS）	30～60mg	1 次
	尼卡地平（nicardipine）	40mg	2 次
	尼群地平（nitredipine）	10mg	2 次
	非洛地平缓释剂（felodipine SR）	5～10mg	1 次
	氨氯地平（amlodipine）	5～10mg	1 次
	左旋氨氯地平（Levamlodipine）	1.25～5mg	1 次
	拉西地平（lacidipine）	4～6mg	1 次
	乐卡地平（lercanidipine）	10～20mg	1 次
	维拉帕米缓释剂（verapamil SR）	240mg	1 次
	地尔硫䓬缓释剂（diltiazem SR）	90～180mg	1 次
	贝尼地平（benidipine）	2～8mg	1 次

续表

药物分类	药物名称	单次剂量	用法(每日)
血管紧张素转换酶抑制剂	卡托普利(captopril)	12.5~50mg	2~3次
	依那普利(enalapril)	10~20mg	2次
	贝那普利(benazepril)	10~20mg	1次
	赖诺普利(lisinopril)	10~20mg	1次
	雷米普利(ramipril)	2.5~10mg	1次
	福辛普利(fosinopril)	10~20mg	1次
	西拉普利(cilazapril)	2.5~5mg	1次
	培哚普利(perindopril)	4~8mg	1次
血管紧张素Ⅱ受体阻滞剂	氯沙坦(losartan)	50~100mg	1次
	缬沙坦(valsartan)	80~160mg	1次
	厄贝沙坦(irbesartan)	150~300mg	1次
	替米沙坦(telmisartan)	40~80mg	1次
	奥美沙坦(olmesartan)	20~40mg	1次
	坎地沙坦(candesartan)	8~12mg	1次
	阿利沙坦(Allisartan)	240mg	1次

注:具体使用剂量及注意事项请参照药物使用说明书

3. 各类降压药物作用特点

(1) 利尿剂:有噻嗪类、袢利尿剂和保钾利尿剂三类。噻嗪类使用最多,常用的有氢氯噻嗪。降压作用主要通过排钠,减少细胞外容量,降低外周血管阻力。降压起效较平稳、缓慢,持续时间相对较长,作用持久。适用于轻、中度高血压,对单纯收缩期高血压、盐敏感性高血压、合并肥胖或糖尿病、更年期女性、合并心力衰竭和老年人高血压有较强的降压效应。利尿剂可增强其他降压药的疗效。主要不良反应是低血钾症和影响血脂、血糖、血尿酸代谢,往往发生在大剂量时,因此推荐使用小剂量。其他还包括乏力、尿量增多等,痛风患者禁用。保钾利尿剂可引起高血钾,不宜与 ACEI、ARB 合用,肾功能不全者慎用。袢利尿剂主要用于合并肾功能不全的高血压患者。

(2) β受体阻滞剂:有选择性(β1)、非选择性(β1 与 β2)和兼有 α 受体阻滞三类。该类药物可通过抑制中枢和周围 RAAS,抑制心肌收缩力和减慢心率发挥降压作用。降压起效较强而且迅速,不同 β 受体阻滞剂降压作用持续时间不同。适用于不同程度高血压患者,尤其是心率较快的中、青年患者或合并心绞痛和慢性心力衰竭者,对老年高血压疗效相对较差。各种 β 受体阻滞剂的药理学和药代动力学情况相差较大,临床上治疗高血压宜使用选择性 β1 受体阻滞剂或者兼有 α 受体阻滞作用的 β 受体阻滞剂,达到能有效减慢心率的较高剂量。β 受体阻滞剂不仅降低静息血压,而且能抑制应激和运动状态下血压急剧升高。使用的主要障碍是心动过缓和一些影响生活质量的不良反应,较高剂量治疗时突然停药可导致撤药综合征。虽然糖尿病不是使用 β 受体阻滞剂的禁忌证,但它增加胰岛素抵抗,还可能掩盖和延长低血糖反应,使用时应加以注意。不良反应主要有心动过缓、乏力、四肢发冷。β 受体阻滞剂对心肌收缩力、窦房结及房室结功能均有抑制作用,并可增加气道阻力。急性心力衰竭、病态窦房结综合征、房室传导阻滞患者禁用。

(3) 钙通道阻滞剂:根据药物核心分子结构和作用于 L 型钙通道不同的亚单位,钙通道阻滞剂分为二氢吡啶类和非二氢吡啶类,前者以硝苯地平为代表,后者有维拉帕米和地尔硫䓬。

根据药物作用持续时间,钙通道阻滞剂又可分为短效和长效。长效包括长半衰期药物,例如氨氯地平、左旋氨氯地平;脂溶性膜控型药物,例如拉西地平和乐卡地平;缓释或控释制剂,例如非洛地平缓释片、硝苯地平控释片。降压作用主要通过阻滞电压依赖 L 型钙通道减少细胞外钙离子进入血管平滑肌细胞内,减弱兴奋-收缩耦联,降低阻力血管的收缩反应。钙通道阻滞剂还能减轻血管紧张素Ⅱ(AⅡ)和 α1 肾上腺素能受体的缩血管效应,减少肾小管钠重吸收。钙通道阻滞剂降压起效迅速,降压疗效和幅度相对较强,疗效的个体差异性较小,与其他类型降压药物联合治疗能明显增强降压作用。钙通道阻滞剂对血脂、血糖等无明显影响,服药依从性较好。相对于其他降压药物,钙通道阻滞剂还具有以下优势:对老年患者有较好降压疗效;高钠摄入和非甾体类抗炎症药物不影响降压疗效;对嗜酒患者也有显著降压作用;可用于合并糖尿病、冠心病或外周血管病患者;长期治疗还具有抗动脉粥样硬化作用。主要缺点是开始治疗时有反射性交感活性增强,引起心率增快、面部潮红、头痛、下肢水肿等,尤其使用短效制剂时。非二氢吡啶类抑制心肌收缩和传导功能,不宜在心力衰竭、窦房结功能低下或心脏传导阻滞患者中应用。

(4)血管紧张素转换酶抑制剂:降压作用主要通过抑制循环和组织 ACE,使血管紧张素Ⅱ生成减少,同时抑制激肽酶使缓激肽降解减少。降压起效缓慢,3~4 周时达最大作用,限制钠盐摄入或联合使用利尿剂可使起效迅速和作用增强。ACEI 具有改善胰岛素抵抗和减少尿蛋白作用,对肥胖、糖尿病和心脏、肾脏靶器官受损的高血压患者具有相对较好的疗效,特别适用于伴有心力衰竭、心肌梗死、心房颤动、蛋白尿、糖耐量减退或糖尿病肾病的高血压患者。不良反应主要是刺激性干咳和血管性水肿。干咳发生率约 10%~20%,可能与体内缓激肽增多有关,停用后可消失。高钾血症、妊娠妇女和双侧肾动脉狭窄患者禁用。血肌酐超过 3mg/dl 患者使用时需谨慎,应定期监测血肌酐及血钾水平。

(5)血管紧张素Ⅱ受体阻滞剂(ARB):降压作用主要通过阻滞组织血管紧张素Ⅱ受体亚型 AT1,更充分有效地阻断血管紧张素Ⅱ的血管收缩、水钠潴留与重构作用。近年来的研究表明阻滞 AT1 负反馈引起血管紧张素Ⅱ增加,可激活另一受体亚型 AT2,能进一步拮抗 AT1 的生物学效应。降压作用起效缓慢,但持久而平稳。低盐饮食或与利尿剂联合使用能明显增强疗效。多数 ARB 随剂量增大降压作用增强,治疗剂量窗较宽。最大的特点是直接与药物有关的不良反应较少,一般不引起刺激性干咳,持续治疗依从性高。治疗对象和禁忌证与 ACEI 相同。

除上述五大类主要的降压药物外,在降压药发展历史中还有一些药物,包括交感神经抑制剂,例如利血平(reserpine)、可乐定(clonidine);直接血管扩张剂,例如肼屈嗪(hydrazine);α₁ 受体阻滞剂,例如哌唑嗪(prazosin)、特拉唑嗪(terazosin)、多沙唑嗪(doxazosin),曾多年用于临床并有一定的降压疗效,但因副作用较多,目前不主张单独使用,但可用于复方制剂或联合治疗。

4. 降压治疗方案 大多数无并发症或合并症患者可单独或联合使用噻嗪类利尿剂、β 阻滞剂、CCB、ACEI 和 ARB,治疗应从小剂量开始。临床实际使用时,患者心血管危险因素状况、靶器官损害、并发症、合并症、降压疗效、不良反应以及药物费用等,都可能影响降压药的具体选择。目前认为,2 级高血压患者在开始时就可以采用两种降压药物联合治疗,联合治疗有利于血压较快达到目标值,也利于减少不良反应。

联合治疗应采用不同降压机制的药物,我国临床主要推荐应用优化联合治疗方案是:ACEI/ARB+二氢吡啶类 CCB;ARB/ACEI+噻嗪类利尿剂;二氢吡啶类 CCB+噻嗪类利尿剂;二氢吡啶类 CCB+β 受体阻滞剂。次要推荐使用的联合治疗方案是:利尿剂+β 受体阻滞剂;α 受体阻滞剂+β 受体阻滞剂;二氢吡啶类 CCB+保钾利尿剂;噻嗪类利尿剂+保钾利尿剂。三种降压药联合治疗一般必须包含利尿剂。采用合理的治疗方案和良好的治疗依从性,一般可使患者在治疗 3~6 个月内达到血压控制目标值。对于有并发症或合并症患者,降压药和治疗方案选择应该个体化。

降压治疗的益处主要是通过长期控制血压而获得,所以高血压患者需要长期降压治疗,尤其是

Notes

高危和很高危患者。在每个患者确立有效治疗方案血压控制后,仍应继续治疗,不应随意停止治疗或频繁改变治疗方案,停降压药后多数患者在半年内又回复到原来的血压水平。由于降压治疗的长期性,因此患者的治疗依从性十分重要。采取以下措施可以提高患者治疗依从性:医师与患者之间保持经常性的良好沟通;让患者和家属参与制订治疗计划;鼓励患者家中自测血压。

【特殊类型高血压的处理】

(一)老年高血压

我国流行病学调查显示60岁以上人群高血压患病率为49%。老年人容易合并多种临床疾病,并发症较多,其高血压的特点是收缩压增高、舒张压下降,脉压增大;血压波动性大,容易出现体位性低血压及餐后低血压;血压昼夜节律异常、白大衣高血压和假性高血压相对常见。老年高血压患者的血压应降至150/90mmHg以下。老年高血压降压治疗应强调收缩压达标,同时应避免过度降低血压;在能耐受降压治疗前提下,逐步降压达标,应避免过快降压。CCB、ACEI、ARB、利尿剂或β受体阻滞剂都可以考虑选用。

(二)儿童青少年高血压

儿童青少年高血压以原发性高血压为主,表现为轻、中度血压升高,通常没有明显的临床症状,与肥胖密切相关,近一半儿童高血压患者可发展为成人高血压,左心室肥厚是最常见的靶器官受累。儿童青少年血压明显升高者多为继发性高血压,肾性高血压是首位病因。目前国际上统一采用不同年龄性别血压的90、95和99百分位数作为诊断"正常高值血压"、"高血压"和"严重高血压"的标准。未合并靶器官损害的儿童与青少年高血压应将血压降至95百分位数以下;合并肾脏疾病、糖尿病或出现高血压靶器官损害时,应将血压降至90百分位数以下。绝大多数儿童与青少年高血压患者通过非药物治疗即可达到血压控制目标。但如果生活方式治疗无效,出现高血压临床症状、靶器官损害,合并糖尿病、继发性高血压等情况应考虑药物治疗。ACEI或ARB和CCB在标准剂量下较少发生不良反应,通常作为首选的儿科抗高血压药物;利尿剂通常作为二线抗高血压药物或与其他类型药物联合使用;其他种类药物如α受体阻滞剂和β受体阻滞剂,因为不良反应的限制多用于儿童青少年严重高血压患者的联合用药。

(三)妊娠高血压

参见妇产科教材。

(四)顽固性高血压

顽固性高血压或难治性高血压是指尽管使用了三种以上合适剂量降压药联合治疗(一般应该包括利尿剂),血压仍未能达到目标水平。使用四种或四种以上降压药物血压达标也应考虑为顽固性高血压。对于顽固性高血压,部分患者存在遗传学和药物遗传学方面的因素,多数患者还应该寻找原因,针对具体原因进行治疗,常见原因如下:

1. **假性难治性高血压**　由血压测量错误、"白大衣现象"或治疗依从性差等导致。如:袖带气囊不合适(气囊太短或太容易致血压读数偏高);袖带置于有弹性阻力的衣服(毛线衣)外面;放气速度过快;听诊器的胸件置于袖带之内(致使听诊头向下压力较大而压力增高);听诊器上向下压力较大。假性难治性高血压可发生在广泛动脉粥样硬化和钙化的老年人,测量肱动脉血压时需要比硬化的动脉腔内压更高的袖带压力方能阻断血流。以下情况应怀疑假性高血压:血压明显升高而无靶器官损害;降压治疗后在无血压过度下降时产生明显的头晕、乏力等低血压症状;肱动脉处有钙化证据;肱动脉血压高于下肢动脉血压;重度单纯收缩期高血压。患者治疗依从性差,也可以导致顽固性高血压。

2. **生活方式未获得有效改善**　比如体重、食盐摄入未得到有效控制,过量饮酒、未戒烟等。

3. **降压治疗方案不合理**　如:采用了不合理的联合治疗方案;采用了对某些患者有明显不良反应的降压药,导致无法增加剂量提高疗效和依从性;在多种药物联合方案中未包括利尿剂(包括醛固酮拮抗剂)。

4. 其他药物干扰降压作用 同时服用干扰降压作用的药物是血压难以控制的一个较隐蔽的原因。非甾体抗炎药(NSAIDs)引起水钠潴留,增强对升压激素的血管收缩反应,可抵消钙通道阻滞剂外各种降压药的作用。拟交感胺类药物具有激动 α 肾上腺素能活性作用,例如某些滴鼻液、抑制食欲的减肥药,长期使用可升高血压或干扰降压药物作用。三环类抗抑郁药阻止交感神经末梢摄取利血平、可乐定等降压药。环孢素刺激内皮素释放,增加肾血管阻力,减少水钠排泄。重组人促红细胞生成素可直接作用于血管,升高周围血管阻力。口服避孕药和糖皮质激素也可拮抗降压药的作用。

5. 容量超负荷 饮食钠摄入过多抵消降压药作用。肥胖、糖尿病、肾脏损害和慢性肾功能不全时通常有容量超负荷。在一些联合治疗依然未能控制血压的患者中,常发现未使用利尿剂,或者利尿剂的选择和剂量不合理。可以采用短期强化利尿治疗试验来判断,联合服用长作用的噻嗪类利尿剂和短作用的袢利尿剂观察治疗效应。

6. 胰岛素抵抗 胰岛素抵抗是肥胖和糖尿病患者发生顽固性高血压的主要原因。在降压药治疗基础上联合使用胰岛素增敏剂,可以明显改善血压控制。肥胖者减轻体重 5kg 就可显著降低血压或减少降压药数量。

7. 继发性高血压 见本章第二节,其中睡眠呼吸暂停低通气综合征、肾动脉狭窄和原发性醛固酮增多症是最常见的原因。

顽固性高血压的处理应该建立在对上述可能原因评估的基础上,进行有效生活方式干预,合理制订降压方案,除外继发性高血压,增加患者依从性,大多数患者血压可以得到控制。

(五) 高血压急症和亚急症

高血压急症(hypertensive emergiencies)是指原发性或继发性高血压患者,在某些诱因作用下,血压突然和明显升高(一般超过 180/120mmHg),伴有进行性心、脑、肾等重要靶器官功能不全的表现。高血压急症包括高血压脑病、颅内出血(脑出血和蛛网膜下腔出血)、脑梗死、急性左心衰竭、急性冠状动脉综合征(不稳定型心绞痛、急性非 ST 段抬高型和 ST 段抬高型心肌梗死)、主动脉夹层、子痫、急进性肾小球肾炎、胶原血管病所致肾功能危象、嗜铬细胞瘤危象及围术期严重高血压等。少数患者病情急骤发展,舒张压持续≥130mmHg,并有头痛、视力模糊、眼底出血、渗出和乳头水肿,肾脏损害突出,持续蛋白尿、血尿与管型尿,称为恶性高血压。应注意血压水平的高低与急性靶器官损害的程度并非呈正比,通常需要使用静脉降压药物。高血压亚急症(hypertensive urgencies)是指血压明显升高但不伴严重临床症状及进行性靶器官损害。患者可以有血压明显升高造成的症状,如头痛,胸闷,鼻出血和烦躁不安等。血压升高的程度不是区别高血压急症与亚急症的标准,区别两者的唯一标准是有无新近发生的急性进行性靶器官损害。

及时正确处理高血压急症十分重要,可在短时间内使病情缓解,预防进行性或不可逆性靶器官损害,降低死亡率。高血压急症和亚急症降压治疗的紧迫程度不同,前者需要迅速降低血压,采用静脉途径给药;后者需要在 24 到 48 小时内降低血压,可使用快速起效的口服降压药。

1. 治疗原则

(1) 迅速降低血压:对于高血压急症选择适宜有效的降压药物,静脉滴注给药,同时监测血压。如果情况允许,及早开始口服降压药治疗。

(2) 控制性降压:高血压急症时短时间内血压急骤下降,有可能使重要器官的血流灌注明显减少,应采取逐步控制性降压,一般情况下,初始阶段(数分钟到 1h 内)血压控制的目标为平均动脉压的降低幅度不超过治疗前水平的 25%。在随后的 2~6h 内将血压降至较安全水平,一般为 160/100mmHg 左右,如果可耐受,临床情况稳定,在随后 24~48h 逐步降至正常水平。如果降压后发现有重要器官缺血表现,血压降低幅度应更小。在随后的 1~2 周内,再将血压逐步降到正常水平。

(3) 合理选择降压药:处理高血压急症的药物,要求起效迅速,短时间内达到最大作用;作用持续时间短,停药后作用消失较快;不良反应较小。另外,最好在降压过程中不明显影响心率、心输出量和脑血流量。

(4) 避免使用的药物:应注意有些降压药不适宜用于高血压急症,甚至有害。利舍平肌内注射的降压作用起效较慢,如果短时间内反复注射可导致难以预测的蓄积效应,发生严重低血压,引起明显嗜睡反应,干扰对神志的判断。治疗开始时也不宜使用强力的利尿药,除非有心力衰竭或明显的体液容量负荷过重,因为多数高血压急症时交感神经系统和 RAAS 过度激活,外周血管阻力明显升高,体循环血容量减少,对强力利尿存在风险。

2. 降压药选择与应用

(1) 硝普钠(sodium nitroprusside):同时直接扩张静脉和动脉,降低前、后负荷。开始以 10μg/min 静滴,逐渐增加剂量以达到降压作用,一般临床常用最大剂量为 200μg/min。使用硝普钠必须密切监测血压,根据血压水平仔细调节滴注速率。停止滴注后,作用仅维持 3 ~ 5 分钟。硝普钠可用于各种高血压急症。在通常剂量下不良反应轻微,可有恶心、呕吐、肌肉颤动等。硝普钠在体内红细胞中代谢产生氰化物,长期或大剂量使用应注意可能发生硫氰酸中毒,尤其肾功能损害者更容易发生。

(2) 硝酸甘油(nitroglycerin):扩张静脉和选择性扩张冠状动脉与大动脉,降低动脉压作用不及硝普钠。开始时以 5 ~ 10μg/min 速率静滴。降压起效迅速,停药后数分钟作用消失,可用至 100 ~ 200μg/min。硝酸甘油主要用于高血压急症伴急性心力衰竭或急性冠脉综合征。不良反应有心动过速、面部潮红,头痛和呕吐等。

(3) 尼卡地平(nicardipine):二氢吡啶类钙通道阻滞剂,作用迅速,持续时间较短,降压同时改善脑血流量。开始时从 0.5μg/(kg·min)静脉滴注,可逐步增加剂量到 10μg/(kg·min)。主要用于高血压急症合并急性脑血管病或其他高血压急症。不良反应有心动过速、面部潮红等。

(4) 拉贝洛尔(labetalol):兼有 α 受体阻滞作用的 β 受体阻滞剂,起效较迅速(5 ~ 10 分钟),持续时间较长(3 ~ 6 小时)。开始时缓慢静脉注射 20 ~ 100mg,以 0.5 ~ 2mg/min 速率静脉滴注,总剂量不超过 300mg。拉贝洛尔主要用于高血压急症合并妊娠或肾功能不全患者。不良反应有头晕、直立性低血压、心脏传导阻滞等。

(六) 高血压合并其他临床情况

高血压可以合并脑血管病、冠心病、心力衰竭、慢性肾功能不全和糖尿病等。急性脑卒中的血压处理尚未完全达成共识。对于稳定期患者,降压治疗目的是减少脑卒中再发。对老年患者、双侧或颅内动脉严重狭窄者及严重体位性低血压患者应该慎重进行降压治疗,降压过程应该缓慢、平稳,最好不减少脑血流量。对于心肌梗死和心力衰竭患者合并高血压,首先考虑选择 ACEI 或 ARB 和 β 受体阻滞剂。慢性肾功能不全合并高血压者,降压治疗的目的主要是延缓肾功能恶化,预防心、脑血管病发生。ACEI 或 ARB 在高血压早、中期能延缓肾功能恶化,但要注意在低血容量或病情晚期(肌酐清除率<30ml/min 或血肌酐超过 265μmol/L,即 3.0mg/dl)有可能反而使肾功能恶化。1 型糖尿病在出现蛋白尿或肾功能减退前通常血压正常,高血压是肾病的一种表现;2 型糖尿病往往较早就与高血压并存。多数糖尿病合并高血压患者往往同时有肥胖、血脂代谢紊乱和较严重的靶器官损害,属于心血管疾病高危群体。因此应该积极降压治疗,为达到目标水平,通常在改善生活方式基础上需要 2 种以上降压药物联合治疗。ACEI 或 ARB 能有效减轻和延缓糖尿病肾病的进展。

第二节　继发性高血压

继发性高血压是指由某些确定的疾病或病因引起的血压升高,约占所有高血压的 5%。继发性高血压尽管所占比例并不高,但绝对人数仍相当多,而且某些继发性高血压,如原发性醛固酮增多症、嗜铬细胞瘤、肾血管性高血压、肾素分泌瘤等,可通过手术得到根治或改善。因此,及早明确诊断能明显提高治愈率及阻止病情进展。

临床上凡遇到以下情况时,要进行全面详尽的筛选检查:①中、重度血压升高的年轻患者;②症状、体征或实验室检查有怀疑线索,例如肢体脉搏搏动不对称性减弱或缺失,腹部听到粗糙的血管杂音等;③药物联合治疗效果差,或者治疗过程中血压曾经控制良好但近期又明显升高;④恶性高血压患者。继发性高血压的主要疾病和病因见表3-6-5。

表 3-6-5 继发性高血压的主要疾病和病因

肾脏疾病	肾小球肾炎
	慢性肾盂肾炎
	先天性肾脏病变(多囊肾)
	继发性肾脏病变(结缔组织病,糖尿病肾病,肾淀粉样变等)
	肾动脉狭窄
	肾肿瘤
内分泌疾病	Cushing 综合征(皮质醇增多症)
	嗜铬细胞瘤
	原发性醛固酮增多症
	肾上腺性变态综合征
	甲状腺功能亢进
	甲状腺功能减退
	甲状旁腺功能亢进
	腺垂体功能亢进
	绝经期综合征
心血管病变	主动脉瓣关闭不全
	完全性房室传导阻滞
	主动脉缩窄
	多发性大动脉炎
颅脑病变	脑肿瘤
	脑外伤
	脑干感染
其他	妊娠高血压综合征
	红细胞增多症
	药物(糖皮质激素,拟交感神经药,甘草)

(一) 肾实质性高血压

包括急、慢性肾小球肾炎,糖尿病肾病、慢性肾盂肾炎,多囊肾和肾移植后等多种肾脏病变引起的高血压,是最常见的继发性高血压,终末期肾病80% ~90%合并高血压。肾实质性高血压的发生主要是由于肾单位大量丢失,导致水钠潴留和细胞外容量增加,以及肾脏 RAAS 激活与排钠减少。高血压又进一步升高肾小球内囊压力,形成恶性循环,加重肾脏病变。

临床上有时难以将肾实质性高血压与原发性高血压伴肾脏损害完全区别开来。一般而言,除恶性高血压,原发性高血压很少出现明显蛋白尿,血尿不明显,肾功能减退首先从肾小管浓缩功能开始,肾小球滤过功能仍长期保持正常或增强,直到最后阶段才有肾小球滤过降低,血肌酐上升;肾实质性高血压往往在发现血压升高时已有蛋白尿、血尿和贫血,肾小球滤过功能减退,肌酐清除率下降。如果条件允许,肾穿刺组织学检查有助于确立诊断。

肾实质性高血压必须严格限制钠盐摄入,每天<3g;通常需要联合使用降压药物治疗;如果不存在使用禁忌证,联合治疗方案中一般应包括 ACEI 或 ARB,有利于减少尿蛋白,延缓肾功能

恶化。

(二) 肾血管性高血压

肾血管性高血压是单侧或双侧肾动脉主干或分支狭窄引起的高血压。常见病因有多发性大动脉炎,肾动脉纤维肌性发育不良和动脉粥样硬化,前两者主要见于青少年,后者主要见于老年人。肾血管性高血压的发生是由于肾血管狭窄,导致肾脏缺血,激活 RAAS。早期解除狭窄,可使血压恢复正常;长期或高血压基础上的肾动脉狭窄,解除狭窄后血压一般也不能完全恢复正常,持久严重的肾动脉狭窄会导致患侧甚至整体肾功能的损害。

凡进展迅速或突然加重的高血压,均应怀疑本症。体检时在上腹部或背部肋脊角处可闻及血管杂音。肾动脉彩超、放射性核素肾图、肾动脉 CT 及 MRI 检查有助于诊断,肾动脉造影可明确诊断和狭窄部位。

治疗方法可根据病情和条件选择经皮肾动脉成形术,手术和药物治疗。治疗的目的不仅是降低血压,还在于保护肾功能。经皮肾动脉成形及支架植入术较简便,对单侧非开口处局限性狭窄效果较好。手术治疗包括血运重建术,肾移植术和肾切除术,适用于不宜经皮肾动脉成形术患者。不适宜上述治疗的患者,可采用降压药物联合治疗。需要注意,双侧肾动脉狭窄、肾功能已受损或非狭窄侧肾功能较差患者禁忌使用 ACEI 或 ARB,因为这类药物解除了缺血肾脏出球小动脉的收缩作用,使肾小球内囊压力下降,肾功能恶化。

(三) 原发性醛固酮增多症

本症是肾上腺皮质增生或肿瘤分泌过多醛固酮所致。临床上以长期高血压伴低血钾为特征,亦有部分患者血钾正常,临床上常因此忽视了对本症的进一步检查。由于电解质代谢障碍,本症可有肌无力、周期性瘫痪、烦渴、多尿等症状。血压大多为轻、中度升高,约 1/3 表现为顽固性高血压。实验室检查有低血钾、高血钠、代谢性碱中毒、血浆肾素活性降低、血浆和尿醛固酮增多。血浆醛固酮/血浆肾素活性比值增大有较高诊断敏感性和特异性。超声、放射性核素、CT、MRI 可确立病变性质和部位。选择性双侧肾上腺静脉血激素测定,对诊断确有困难者,有较高的诊断价值。

如果本症是肾上腺皮质腺瘤或癌所致,手术切除是最好的治疗方法。如果是肾上腺皮质增生,也可作肾上腺大部切除术,但效果相对较差,一般仍需使用降压药物治疗,选择醛固酮拮抗剂螺内酯和长效钙通道阻滞剂。

(四) 嗜铬细胞瘤

嗜铬细胞瘤起源于肾上腺髓质、交感神经节和体内其他部位嗜铬组织,肿瘤间歇或持续释放过多肾上腺素、去甲肾上腺素与多巴胺。临床表现变化多端,典型的发作表现为阵发性血压升高伴心动过速、头痛、出汗、面色苍白。在发作期间可测定血或尿儿茶酚胺或其代谢产物 3-甲氧基-4-羟基苦杏仁酸(VMA),如有显著增高,提示嗜铬细胞瘤。超声、放射性核素、CT 或 MRI 可作定位诊断。

嗜铬细胞瘤大多为良性,约 10% 嗜铬细胞瘤为恶性,手术切除效果好。手术前或恶性病变已有多处转移无法手术者,选择 α 和 β 受体阻滞剂联合降压治疗。

(五) 皮质醇增多症

皮质醇增多症主要是由于促肾上腺皮质激素(ACTH)分泌过多导致肾上腺皮质增生或者肾上腺皮质腺瘤,引起糖皮质激素过多所致。80% 患者有高血压,同时有向心性肥胖、满月脸、水牛背、皮肤紫纹、毛发增多、血糖增高等表现。24 小时尿 17-羟和 17-酮类固醇增多,地塞米松抑制试验和肾上腺皮质激素兴奋试验有助于诊断。颅内蝶鞍 X 线检查,肾上腺 CT,放射性核素肾上腺扫描可确定病变部位。治疗主要采用手术、放射和药物方法根治病变本身,降压治疗可采用利尿剂或与其他降压药物联合应用。

(六) 主动脉缩窄

主动脉缩窄多为先天性,少数是多发性大动脉炎所致。临床表现为上臂血压增高,而下肢血压不高或降低。在肩胛间区、胸骨旁、腋部有侧支循环的动脉搏动和杂音,腹部听诊有血管杂音。胸部 X 线检查可见肋骨受侧支动脉侵蚀引起的切迹。主动脉造影可确定诊断。治疗主要采用介入扩张支架植入或外科手术。

(霍　勇)

推荐阅读文献

1. 王吉耀. 内科学. 第 2 版. 北京:人民卫生出版社,2010

2. Robert O. Bonow,Douglas L. Mann,Douglas P. Zipes,et al. Braunwald's Heart Disease:A Textbook of Cardiovascular Medicine. 9th ed. Philadelphia:Elsevier Saunders,2011.

3. LEE GOLDMAN, ANDREW I. SCHAFER. Goldman's Cecil Medicine. 24th ed. Philadelphia:Elsevier Saunders,2011

第七章　冠状动脉粥样硬化性心脏病

要点：

1. 动脉粥样硬化是最常见的致死和致残原因，主要危险因素包括高血脂、高血压、糖尿病、吸烟等。

2. 冠心病的主要病因为动脉粥样硬化斑块使管腔狭窄或阻塞，部分合并冠状动脉痉挛，致心肌缺血、缺氧。心肌供氧和需氧之间的失平衡是心肌缺氧的发生机制。

3. 冠心病的主要临床类型包括慢性稳定型心绞痛和急性冠脉综合征（ACS）。

4. ACS 是冠心病中的危重类型，其主要发生机制是动脉粥样硬化斑块破裂或糜烂，继发血栓形成和（或）血管痉挛导致急性的心肌供血减少，可伴或不伴心肌坏死。

5. 急性心肌梗死指急性心肌缺血性坏死。尽早进行再灌注治疗是急性 ST 段抬高型心肌梗死治疗的关键。

冠状动脉粥样硬化性心脏病（coronary atherosclerotic heart disease）是指冠状动脉粥样硬化使管腔狭窄或阻塞，导致心肌缺血、缺氧而引起的心脏病，它和冠状动脉功能性改变即冠状动脉痉挛一起，统称为冠状动脉性心脏病（coronary heart disease，CHD），简称冠心病，亦称缺血性心脏病（ischemic heart disease，IHD）。导致心肌缺血和缺氧的病因除冠状动脉粥样硬化外，还包括炎症（风湿性、梅毒性、川崎病和血管闭塞性脉管炎等）、栓塞、痉挛、结缔组织疾病、创伤和先天性畸形等，由于冠状动脉粥样硬化是其最主要的病因（占 95%～99%），因此临床上常用冠心病一词来代替冠状动脉粥样硬化性心脏病。

冠心病是严重威胁人类健康的疾病，在西方发达国家，其年死亡数可占到总死亡数的 1/3 左右，占心脏病死亡数的 50%～75%。尽管得益于对危险因素的强力干预措施和有效的二级预防，自 1968 年后冠心病死亡率开始下降，但据 WHO 统计，冠心病目前仍是世界上最常见的死亡原因，超过所有肿瘤的总和，列死因的首位。本病多发生于 40 岁以上，男性多于女性，且以脑力劳动者居多，女性常在绝经期后表现症状。本病的发病率有很大的地域差异，于 20 世纪 90 年代结束的 WHO 监测 47 国心脑血管疾病的 MONICA 研究显示，35～64 岁年龄段冠状动脉事件发病率，男性最高为芬兰的 915/10 万，我国北京处于倒数第二，为 76/10 万，日本男性列末位。在我国，本病不如欧美多见，但其发病率和死亡率近 30 年来正迅速增高，也存在北方省市高于南方省市的地域差异。1984～1988 年，我国城市冠心病实际死亡率增长 13.5%，达 41.88/10 万，农村增长 22.8%，达 19.17/10 万，而到 1996 年城市冠心病死亡率增至 64.25/10 万，8 年内又增长 53.8%，农村则增至 26.92/10 万，增长 40.4%。而 1998 年至 2008 年间，中国男性冠心病发病率增加 26%，女性增加 19%。

【发病机制和临床类型】

（一）发病机制

冠状动脉分左、右两支，分别起源于左、右冠状动脉窦，其中左冠状窦发出的左主干又分成左前降支和左回旋支两个主要分支。动脉粥样硬化可累及这 4 支主要冠状动脉中的任何一支或多支,其中以左前降支受累最为多见,病变也最重,然后依次为右冠状动脉、左回旋支和左主干。病变累及冠状动脉的近端多于远端,主支多于分支,易分布在分叉的开口处,且常偏于管壁的一侧。

在正常情况下,通过神经和体液的调节,心肌的需氧和冠状动脉的供氧两者保持着动态平衡。由于静息状态下,心肌从冠状动脉血液内摄取氧的比例已达到最大,因此当心肌需氧量增加时,只能通过增加冠状动脉的血流量来增加供氧量。当冠状动脉管腔狭窄达50%～75%之间,安静时尚能代偿,而运动、心动过速、情绪激动等造成心肌需氧量增加时,可导致短暂的心肌供氧和需氧间的不平衡,称为"需氧增加性心肌缺血"(demand ischemia),这是引起大多数慢性稳定型心绞痛发病的机制。另一些情况下,由于粥样硬化斑块的破裂或出血、表面溃疡或糜烂,继而引发血小板聚集、不同程度的血栓形成和远端血管栓塞,或发生痉挛等导致管腔狭窄程度急剧加重(不完全或完全性阻塞),可使心肌氧供明显减少,代谢产物的清除也发生障碍,虽心肌需氧量未增加,但心肌严重缺氧,称之为"供氧减少性心肌缺血"(supply ischemia),这是引起大多数心肌梗死(myocardial infarction,MI)和不稳定型心绞痛发生的原因。但在许多情况下,心肌缺血是需氧量增加和供氧量减少两者共同作用的结果。心肌因缺氧致高能磷酸化合物产生和储备降低,细胞功能随之发生改变。短暂的反复缺血发作可使心肌对随后发生的缺血产生保护作用以减少心肌坏死范围或延缓心肌细胞死亡,称为"心肌预适应"(myocardial preconditioning)。而短暂的重度缺血后,虽然心肌的血流灌注和供氧量已恢复,但仍存在心肌功能异常伴收缩力的恢复延缓,称为"心肌顿抑"(myocardial stunning)。而心肌长期慢性缺血状态下,心肌功能下调以减少能量消耗,以维持心肌细胞的存活,避免心肌坏死的发生;当供血恢复后,心肌功能可完全恢复正常(尽管可能有延迟),此现象称为"心肌冬眠"(myocardial hibernation),属心肌的自身保护机制。持续而严重的心肌缺血则可导致不可逆的细胞损伤和心肌坏死。

(二)临床类型

根据冠状动脉病变的部位、供血范围、血管阻塞程度以及心肌供血不足的发展速度不同,本病可有不同的临床特点。1979年WHO发表了"缺血性心脏病"的命名和诊断标准,将本病分为5型,包括:①隐匿型或无症状性冠心病:患者有心肌缺血的客观证据,但无相关症状,也称无症状性心肌缺血;②心绞痛:一过性心肌供血不足所致,有发作性胸骨后疼痛,发作时无心肌坏死;③心肌梗死:严重而持续的心肌缺血导致心肌坏死,属危重的冠心病临床类型;④缺血性心肌病:表现为心脏增大、心力衰竭和心律失常,为长期心肌缺血导致心肌纤维化引起;⑤猝死:为缺血心肌局部发生电生理紊乱,引起严重的室性心律失常所致。近年来,从提高诊治效果和降低死亡率出发,根据心肌缺血的发生机制、发展速度和预后的不同,临床上将冠心病的临床类型分为慢性稳定型心绞痛和急性冠状动脉综合征两大类。

1. 稳定型心绞痛　是慢性心肌缺血症候群中最常见临床类型,,主要发病机制为需氧增加性心肌缺血。隐匿型冠心病和缺血性心肌病也包括在内。

2. 急性冠状动脉综合征(acute coronary syndrome,ACS)　广义的ACS包括不稳定型心绞痛(unstable angina,UA)、急性心肌梗死(acute myocardial infarction,AMI)和冠心病性猝死,但后者的诊断常为推测性或事后诊断,故临床上所称ACS主要指前两者。根据发病早期ECG的ST段变化,ACS可分为:①非ST段抬高型ACS和②ST段抬高型ACS两大类,前者包括UA、非ST段抬高型心肌梗死(non-ST-segment elevation myocardial infarction,NSTEMI),两者的鉴别取决于急性期是否能检测到心肌损伤标志物的升高,后者主要是ST段抬高型心肌梗死(ST-segment elevation myocardial infarction,STEMI)(图3-7-1)。

本章将主要论述动脉粥样硬化和冠心病的两大类综合征。

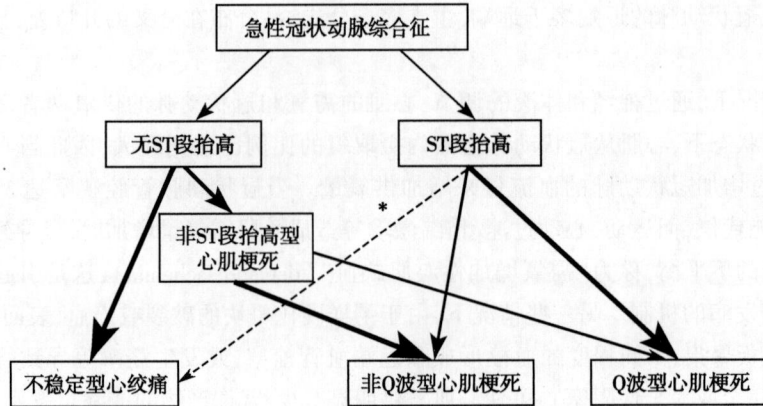

图 3-7-1　急性冠状动脉综合征命名

（箭头粗细代表发展的可能性大小，*极少部分为变异型心绞痛）

第一节　动脉粥样硬化

动脉粥样硬化（atherosclerosis）是西方发达国家的流行性疾病，随着我国人民生活水平提高和饮食习惯的改变，该病亦成为我国的主要死亡原因。动脉粥样硬化始发于儿童时代并持续进展，通常在中年或中老年出现临床症状。由于动脉粥样硬化斑块表现为脂质和坏死组织的聚集，因此以往被认为是一种退行性病变。目前认为本病变是多因素共同作用的结果，首先是血管平滑肌细胞、巨噬细胞及 T 淋巴细胞聚集；其次是胶原、弹力纤维及蛋白多糖等结缔组织基质增生；再者是脂质积聚，其主要含胆固醇结晶及游离胆固醇。粥样硬化斑块中脂质及结缔组织的含量决定斑块的稳定性以及是否容易导致急性缺血事件的发生。

【病因与发病机制】　本病的病因尚不完全清楚，大量的研究表明本病是多因素作用所致，这些因素称为危险因素。

（一）危险因素

1. 血脂异常　血脂在血液循环中以脂蛋白形式转运，脂蛋白分为乳糜微粒、极低密度脂蛋白（very low density lipoprotein，VLDL）、低密度脂蛋白（LDL）、中等密度脂蛋白（intermediate density lipoprotein，IDL）及高密度脂蛋白（high density lipoprotein，HDL）。各种脂蛋白导致粥样硬化的危险程度不同：富含甘油三酯（triglyceride，TG）的脂蛋白如乳糜微粒和 VLDL 被认为不具有致粥样硬化的作用，但它们脂解后的残粒如乳糜微粒残粒和 IDL 能导致粥样硬化。现已明确 VLDL 代谢终末产物 LDL 以及脂蛋白（a）[Lp（a）] 能导致粥样硬化，而 HDL 则有心脏保护作用。

血脂异常是指循环血液中的脂质或脂蛋白的组成成分浓度异常，可由遗传基因和（或）环境条件引起，使循环血浆中脂蛋白的形成、分解和清除发生改变，血液中的脂质主要包括总胆固醇（totalcholesterol，TC）和 TG。采用 3-羟甲基戊二酰辅酶 A（HMG-CoA）还原酶抑制剂（他汀类）降低血脂，可以使各种心脑血管事件（包括非致命性 MI、全因死亡、脑血管意外等）的危险性降低 30%。其中 MI 危险性下降 60% 左右。调整血脂治疗后还可能使部分粥样硬化病灶减轻或消退。

2. 高血压　无论地区或人种，血压和心脑血管事件危险性之间的关系连续一致、持续存在并独立于其他危险因素。年龄在 40～70 岁之间，血压在 115/75mmHg～185/115mmHg 的个体，收缩压每增加 20mmHg，舒张压每增加 10mmHg，其心血管事件的危险性增加一倍，临床研究发现，降压治疗能减少 35%～45% 的脑卒中和 20%～25% 的 MI。

血压增高常伴有其他危险因素，如胰岛素抵抗综合征（或称代谢性 X 综合征），其表现有肥胖、糖耐量减退、高胰岛素血症、高血压、高 TG、HDL-C 降低;患者对胰岛素介导的葡萄糖摄取有抵抗性,可能还有微血管性心绞痛、高尿酸血症和纤溶酶原激活剂抑制物-1(plasminogen activator inhibitor type-1,PAI-1)浓度增高。

3. **糖尿病**　胰岛素依赖型和非胰岛素依赖型糖尿病是冠心病的重要危险因素,在随访观察 14 年的 Rancho Bernardo 研究中,与无糖尿病患者相比,非胰岛素依赖型糖尿病患者的冠心病死亡相对危险比在男性为 1.9,女性为 3.3。糖尿病患者中粥样硬化发生较早并更为常见,大血管疾病也是糖尿病患者的主要死亡原因,冠心病、脑血管疾病和周围血管疾病在成年糖尿病患者的死亡原因中占 75% ~ 80%。

4. **吸烟**　Framingham 心脏研究结果显示,平均每天吸烟 10 支,能使男性心血管死亡率增加 18%,女性心血管死亡率增加 31%。此外,对有其他易患因素的人来说,吸烟对冠心病的死亡率和致残率有协同作用。

5. **遗传因素**　动脉粥样硬化有家族聚集发生的倾向,家族史是较强的独立危险因素。冠心病患者的亲属比对照组的亲属患冠心病的危险增大 2.0 ~ 3.9 倍,双亲中有 70 岁前患 MI 的男性发生 MI 的相对危险性是 2.2。阳性家族史伴随的危险性增加,可能是基因对其他易患因素介导而起作用,如肥胖、高血压、血脂异常和糖尿病等。

6. **体力活动减少**　定期体育活动可减少冠心病事件的危险,通过对不同职业发病率的回顾性研究表明,与积极活动的职业相比,久坐的职业人员冠心病的相对危险增加 1.9。从事中等度体育活动者,冠心病死亡率比活动少的人降低 1/3。

7. **年龄和性别**　病理研究显示,动脉粥样硬化是从婴儿期开始的缓慢发展的过程;出现临床症状多见于 40 岁以上的中、老年人,49 岁以后进展较快;致死性 MI 患者中约 4/5 是 65 岁以上的老年人;高胆固醇血症引起的冠心病死亡率随年龄增加而增高。

本病多见于男性,男性的冠心病死亡率为女性的 2 倍,男性较女性发病年龄平均早 10 岁,但绝经期后女性的发病率迅速增加。糖尿病对女性产生的危险较大,HDL-C 降低和 TG 增高对女性的危险也较大。

8. **酒精摄入**　大量观察表明,适量饮酒可以降低冠心病的死亡率。这种保护作用被认为与酒精对血脂及凝血因子的作用有关,适量饮酒可以升高 HDL 及载脂蛋白(Apo)A1 并降低纤维蛋白原浓度,此外还可抑制血小板聚集。以上都与延缓动脉粥样硬化发展、降低心脑血管死亡率有关。但是大量酒精摄入可导致高血压及出血性脑卒中的发生。

9. **其他因素**　其他的一些危险因素包括:①肥胖(以腹部脂肪过多为特征的腹型肥胖)及不良饮食方式(摄入含高热量、较多动物性脂肪、胆固醇和糖等);②A 型性格(性情急躁、进取心和竞争性强、强迫自己为成就而奋斗);③微量元素铬、锰、锌、钒、硒等的摄取减少,铅、镉、钴的摄取增加;④存在缺氧、抗原-抗体复合物沉积、维生素 C 缺乏、动脉壁内酶的活性降低等增加血管通透性的因素;⑤一些凝血因子增高,如凝血因子Ⅶ的增加与总胆固醇浓度直接相关;⑥血液中同型半胱氨酸增高、PAI-1 和尿酸升高;⑦血管紧张素转换酶基因的过度表达;⑧高纤维蛋白原血症;⑨血液中抗氧化物浓度低。

(二)发病机制

曾有多种学说从不同角度来阐述该病的发病机制。最早提出的是脂肪浸润学说,认为血中增高的脂质(包括 LDL、VLDL 或其残粒)侵入动脉壁,堆积在平滑肌细胞、胶原和弹性纤维之间,引起平滑肌细胞增生,其与来自血液的单核细胞一样可吞噬大量脂质成为泡沫细胞并释放出胆固醇和胆固醇酯,LDL-C 还和动脉壁的蛋白多糖结合产生不溶性沉淀,均可刺激纤维组织增生,所有这些成分共同组成粥样斑块;其后又提出血小板聚集和血栓形成学说以及平滑肌细胞克隆学说,前者强调血小板活化因子(PAF)增多,使血小板黏附和聚集在内膜上,释放血栓素 A2(thromboxane A2,TXA$_2$)、血小板源生长因子(platelet derived growth factor,PDGF),成纤维细胞生长因子(fibroblast growth factor，FGF)、第Ⅷ因子、血小板第 4 因子(platelet factor 4，PF4)、PAI-1
(plasminogen activator inhibitor-1)等，促使内皮细胞损伤、LDL 侵入、单核细胞聚集、平滑肌细胞
增生迁移、成纤维细胞增生、血管收缩和纤溶受抑制等，均利于粥样硬化形成。后者强调平滑肌
细胞的单克隆性增殖，使之不断增生并吞噬脂质，形成动脉粥样硬化。

随着近年来新资料的不断出现，1973 年提出的动脉粥样硬化形成的损伤-反应学说
(response to injury)也不断得到修改。此学说的内容涵盖了上述 3 种学说的一些论点，目前多数
学者支持这种学说。该学说的关键是认为内皮细胞的损伤是发生动脉粥样硬化的始动因素，而
粥样斑块的形成是动脉对内皮损伤作出反应的结果。可导致本病的各种危险因素最终都损伤
动脉内皮细胞，另外还可能包括病毒(如疱疹病毒)以及其他可能的微生物(如在斑块中已见到
的衣原体)，但微生物与本病的因果关系尚未确立。

内皮损伤后可表现为多种形式的功能紊乱，如内皮的渗透屏障作用发生改变，渗透性增加；
内皮表面抗血栓形成的特性发生改变，促凝性增加；内皮来源的血管收缩因子和扩张因子的平
衡发生改变，血管易发生痉挛。正常情况下内皮细胞维持内膜表面的连贯性和低转换率，对维
持内皮自身稳定状态非常重要，一旦内皮转换加快，就可能导致内皮功能发生一系列改变，包括
由内皮细胞合成和分泌的物质如血管活性物质、脂解酶和生长因子等的变化。因此，内皮损伤
可引起内皮细胞功能的改变，进而引起严重的细胞间相互作用并逐渐形成动脉粥样硬化病变。
图 3-7-2 演示了动脉粥样硬化斑块的形成。

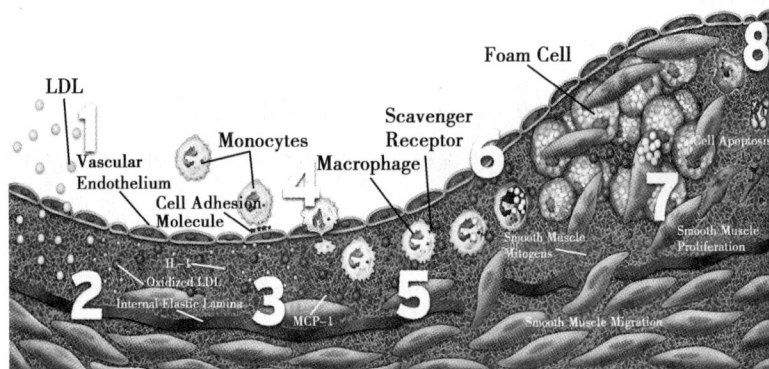

图 3-7-2　动脉粥样硬化演变过程(引自 Braunwald E. Heart Disease.)
注：Vascular Endothelium 血管内皮；Monocytes 单核细胞；Cell Adhesion Molecule 细胞黏附分
子；IL-1 白介素-1；Internal Elastic Lamina 内弹力层；Macrophage 巨噬细胞；Scavenger Receptor
清道夫受体；Smooth Muscle Mitogens 平滑肌分裂素；Smooth Muscle Migration 平滑肌迁移；
Smooth Muscle Proliferation 平滑肌增殖；Cell Apoptosis 细胞凋亡；Foam Cell 泡沫细胞；LDL 低
密度脂蛋白；Oxidized LDL 氧化低密度脂蛋白

在长期高脂血症情况下，增高的脂蛋白主要是氧化低密度脂蛋白(ox-LDL)胆固醇，对动脉
内皮细胞产生功能性损伤，使内皮细胞和白细胞表面特性发生改变，增加单核细胞对内皮细胞
的黏附力，单核细胞黏附在内皮细胞的数量增多，通过趋化吸引，内皮细胞间迁移进入内膜后单
核细胞转化成有清道夫样作用的巨噬细胞，通过清道夫受体吞噬脂质，主要为内皮下大量沉积
的 ox-LDL 胆固醇，巨噬细胞吞噬大量脂质后成为泡沫细胞并形成脂质条纹，巨噬细胞在内膜下
积聚，导致内膜进一步发生改变。ox-LDL 对内皮细胞及微环境中的其他细胞均有毒性作用。

正常情况下，巨噬细胞合成和分泌的大量物质能杀灭吞入的微生物和灭活毒性物质。而异
常情况下，巨噬细胞能分泌大量氧化代谢物，如 ox-LDL 和超氧化离子，这些物质能进一步损伤
覆盖在其上方的内皮细胞。巨噬细胞的另一重要作用是分泌生长调节因子，已证实，活化的巨
噬细胞至少能合成和分泌 4 种重要的生长因子：PDGF、FGF、内皮细胞生长因子样因子和 TGF-

β。PDGF 是一种强有力的促平滑肌细胞有丝分裂的物质,在某些情况下,FGF 有类似的作用。这些生长因子协同作用,强烈刺激成纤维细胞的迁移和增生,也可能刺激平滑肌细胞的迁移和增生,并刺激这些细胞形成新的结缔组织。

TGF-β 不仅是结缔组织合成的强刺激剂,并且还是迄今所发现的最强的平滑肌增殖抑制剂。大多数细胞能合成 TGF-β,但其最丰富的来源为血小板和活化的巨噬细胞,细胞分泌的 TGF-β 大多数呈无活性状态,在 pH 值降低或蛋白质水解分裂后才有活性。增生抑制剂如 TGF-β 和增生刺激剂如 PDGF 之间的平衡决定了平滑肌的增生情况及随之而引起的粥样病变。因此,泡沫细胞分泌生长因子趋化吸引平滑肌细胞向内膜迁移,导致内膜下纤维肌性增生病变。内膜中的平滑肌细胞也能吞噬 ox-LDL,成为泡沫细胞的另一重要来源。巨噬细胞在粥样硬化形成过程中对诱发和维持平滑肌细胞增生起关键作用,约 20% 的巨噬细胞中存在含有 PDGF-β 链的蛋白,PDGF-β 是最强的生长因子,能刺激平滑肌细胞的迁移、趋化和增生。另外,斑块富含淋巴细胞提示炎症和免疫应答在动脉粥样硬化的发生发展过程中起重要作用。如反复出现内皮细胞损伤与巨噬细胞积聚和刺激的循环,可持续导致病变进展。

损伤反应学说还提供了第三种细胞——血小板作用的机会。内皮损伤后内皮细胞与细胞的连接受到影响,引起细胞之间的分离、内皮下泡沫细胞或(和)结缔组织的暴露,血小板发生黏附、聚集并形成附壁血栓。此时,血小板成为生长因子的第三种来源,可分泌巨噬细胞分泌的相同的 4 种生长因子,在平滑肌细胞增生和纤维组织形成中起非常重要的作用。

【病理解剖】 动脉粥样硬化是累及体循环系统从大型肌弹力型(如主动脉)到中型肌弹力型(如冠状动脉)动脉内膜的疾病。其特征是动脉内膜散在的斑块形成,严重时这些斑块也可融合。每个斑块的组成成分不同,脂质是基本成分。内膜增厚严格地说不属于粥样硬化斑块而是血管内膜对机械损伤的一种适应性反应。

正常动脉壁由内膜、中膜和外膜 3 层构成,动脉粥样硬化斑块大体解剖上有的呈扁平的黄斑或线状(脂质条纹),有的呈高起内膜表面的白色或黄色椭圆形丘(纤维脂质性斑块)。前者(脂质条纹)见于 5~10 岁的儿童,后者(纤维脂质性斑块)始见于 20 岁以后,在脂质条纹基础上形成。

根据病理解剖,可将粥样硬化斑块进程分为 6 期:①第 I 期(初始病变,initial lesion):单核细胞黏附在内皮细胞表面,并从血管腔面迁移到内皮下。②第 II 期(脂质条纹期,fatty streak):主要由含脂质的巨噬细胞(泡沫细胞)在内皮细胞下聚集而成。③第 III 期(粥样斑块前期,pre-atheroma):II 期病变基础上出现细胞外脂质池。④第 IV 期(粥样斑块期,atheroma):两个特征是病变处内皮细胞下出现平滑肌细胞,以及细胞外脂质池融合成脂核。⑤第 V 期(纤维斑块期,fibroatheroma):在病变处脂核表面有明显结缔组织沉着形成斑块的纤维帽。有明显脂核和纤维帽的斑块为 Va 型病变(图 3-7-3);有明显钙盐沉着的斑块为 Vb 型病变;主要由胶原和平滑肌细胞组成的病变为 Vc 型病变。⑥第 VI 期(复杂病变期,complicated lesions):此期又分为 3 个亚型:VIa 型病变为斑块破裂或溃疡,主要由 IV 期和 Va 型病变破溃而形成;VIb 型病变为壁内血肿,是由于斑块内出血所致;VIc 型病变指伴血栓形成的病变(图 3-7-4),多由于在 VIa 型病变的基础上并发血栓形成,可导致管腔完全或不完全堵塞。

【临床表现】 根据粥样硬化斑块的进程可将其临床过程分为 4 期,但其是非线性发展的临床过程:

(一)无症状期或隐匿期
其过程长短不一,对应于 I~III 期病变及大部分 IV 期和 Va 型病变,粥样硬化斑块已形成,但尚无管腔明显狭窄,因此无组织或器官缺血的临床表现。

(二)缺血期
由于动脉粥样硬化斑块导致管腔狭窄、器官缺血所产生。对应于 Vb 和 Vc 及部分 Va 型病

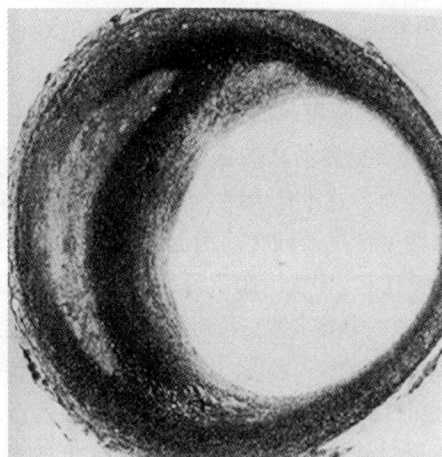

图 3-7-3　动脉粥样硬化Ⅴa 型病变
（可见薄纤维帽和较大的脂核）

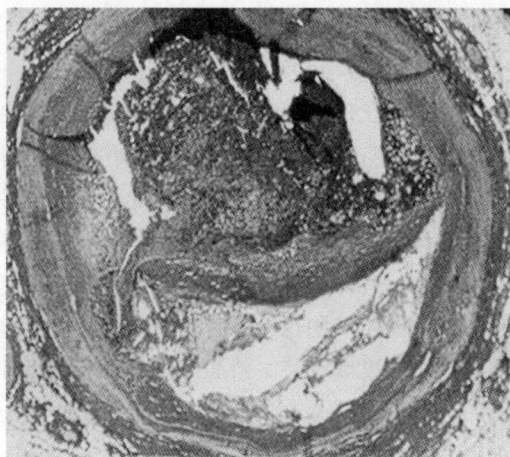

图 3-7-4　动脉粥样硬化Ⅵc 型病变
（斑块破裂引发血栓形成）

变。根据管腔狭窄程度及所累及的靶器官不同,所产生的临床表现也有所不同。冠状动脉狭窄导致急性心肌缺血可表现为心绞痛,长期缺血可导致心肌冬眠及纤维化。肾动脉狭窄可引起顽固性高血压和肾功能不全。在四肢动脉粥样硬化中以下肢较为多见,尤其是下肢动脉。由于血供障碍,引起下肢发凉、麻木和间歇性跛行,即行走时发生腓肠肌麻木、疼痛以至痉挛,休息后消失,再走时又出现,严重时可持续性疼痛,下肢动脉尤其是足背动脉搏动减弱或消失。其他内脏器官血管狭窄可产生靶器官缺血的相应症状。

（三）坏死期

由于动脉管腔急性堵塞或血管腔内急性血栓形成而产生靶器官组织坏死的一系列症状。冠状动脉闭塞表现为 AMI。下肢动脉闭塞可表现为肢体坏疽。

（四）纤维化期

组织坏死后可经纤维化愈合,但不少患者因长期缺血可不经坏死期而直接进入纤维化期,而在纤维化期的患者也可发生缺血期的表现。靶器官组织纤维化、萎缩而引起症状。心脏长期缺血纤维化,可导致心脏扩大、心功能不全、心律失常等(图 3-7-5)。长期肾脏缺血、纤维化可导致肾萎缩并发展为肾衰竭。

主动脉粥样硬化大多数无特异症状,叩诊时可发现胸骨柄后主动脉浊音区增宽,主动脉瓣区第二心音亢进而带金属音调,并有收缩期杂音。收缩期血压升高,脉压增宽。X 线检查可见主动脉结向左上方凸出,主动脉影增宽和扭曲,有时可见片状或弧状钙质沉着阴影。

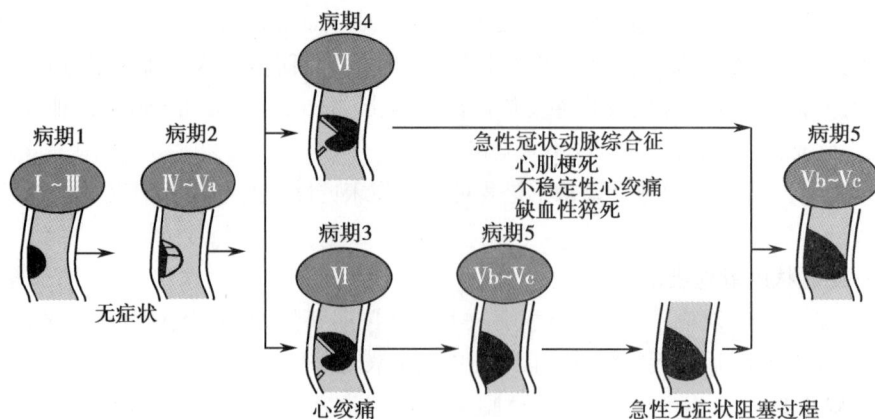

图 3-7-5　冠状动脉粥样硬化临床表现与病理生理学进展的病期和病变形态学

主动脉粥样硬化还可形成主动脉瘤,以发生在肾动脉开口以下的腹主动脉处最为多见,其次在主动脉弓和降主动脉。腹主动脉瘤多在体检查见腹部有搏动性肿块而诊断,腹壁相应部位可闻及杂音,股动脉搏动可减弱。胸主动脉瘤可引起胸痛、气急、吞咽困难、咯血、喉返神经受压导致的声音嘶哑、气管移位或受压、上腔静脉或肺动脉受压等表现。X线检查可见相应部位血管影增大,二维超声、多排螺旋CT或磁共振成像可显示瘤样主动脉扩张,主动脉瘤一旦破裂,可因急性大量内出血,迅速致命。动脉粥样硬化也可形成动脉夹层分离,但较少见。

【实验室检查】

（一）实验室检查

本病尚缺乏敏感而又特异的早期实验室诊断方法。血液检查有助于危险因素如脂质或糖代谢异常的检出,其中脂质代谢异常主要表现为TC增高、LDL-C增高、HDL-C降低、TG增高、Apo-A降低、Apo-B和Lp(a)增高。部分动脉病变(如颈动脉、下肢动脉、肾动脉等)可经体表超声检测到。X线平片检查可发现主动脉粥样硬化所导致的血管影增宽和钙化等表现。

（二）特殊检查

CT或磁共振成像有助于判断脑动脉的功能情况以及脑组织的病变情况。电子束CT根据钙化情况来评价冠状动脉病变。随着技术的进步,多排螺旋CT血管造影技术因其无创伤性而被广泛用于评价动脉病变情况,包括冠状动脉。静息和负荷状态下放射性核素心脏检查、超声心动图、ECG以及磁共振检查,有助于诊断冠状动脉粥样硬化所导致的心肌缺血。数字减影血管造影(DSA)可显示管腔狭窄或动脉瘤样病变以及病变所在部位、范围和程度,有助于确定介入治疗或外科治疗的适应证及手术方式的选择。

血管内超声显像(intravascular ultrasound,IVUS)和光学相干断层扫描(optical coherence tomography,OCT)为侵入性检查方法,可直接观察粥样硬化病变,了解病变的性质、组成、分布和管腔狭窄程度,因而对病变的检出更为敏感和准确。血管镜检查在识别粥样病变基础上的血栓形成方面有独特的作用。

【诊断和鉴别诊断】　本病的早期诊断相当困难。当粥样硬化病变发展到引起管腔狭窄甚至闭塞或血栓形成,从而导致靶器官出现明显病变时,诊断并不困难。年长患者有血脂异常,且动脉造影发现血管狭窄性病变,应首先考虑诊断本病。

主动脉粥样硬化引起的主动脉病变和主动脉瘤,需与梅毒性主动脉炎和主动脉瘤鉴别,胸片发现主动脉影增宽还应与纵隔肿瘤相鉴别。其他靶器官的缺血或坏死表现需与其他原因的动脉病变所引起者相鉴别。冠状动脉粥样硬化引起的心绞痛和心肌梗死,需与其他原因引起的冠状动脉病变如冠状动脉夹层、冠状动脉炎、冠状动脉畸形、冠状动脉栓塞等相鉴别。心肌纤维化需与其他心脏病特别是原发性扩张型心肌病相鉴别。肾动脉粥样硬化所引起的高血压,需与其他原因的高血压相鉴别;肾动脉血栓形成需与肾结石相鉴别。四肢动脉粥样硬化所产生的症状,需与多发性动脉炎等其他可能导致动脉病变的原因鉴别。

【防治和预后】　首先应积极预防其发生,如已发生应积极治疗,防止病变发展并争取逆转。已发生器官功能障碍者,应及时治疗,防止其恶化,延长患者寿命。血运重建治疗可恢复器官的血供,其效果取决于可逆性缺血的范围和残存的器官功能。

（一）一般预防措施

1. 发挥患者的主观能动性配合治疗　经过防治,本病病情可得到控制,病变可能部分消退,患者可维持一定的生活和工作能力。此外,病变本身又可促使动脉侧支循环的形成,使病情得到改善。因此说服患者耐心接受长期的防治措施至关重要。

2. 合理的膳食

(1) 膳食总热量不宜过高,以维持正常体重为度,40岁以上者尤应预防超重或肥胖。

(2) 超过正常标准体重者,应减少每天饮食的总热量,食用低脂(脂肪摄入量不超过总热量的30%，其中动物性脂肪不超过10%）、低胆固醇(每天不超过300mg)膳食,并限制蔗糖及含糖食物摄入。

（3）年过40岁者即使血脂正常,也应避免经常食用过多的动物性脂肪和含胆固醇较高的食物,如:肥肉、肝、脑、肾、肺等内脏、鱿鱼、墨鱼、鳗鱼、骨髓、猪油、蛋黄、蟹黄、鱼子、奶油及其制品、椰子油、可可油等。如血TC、TG等增高,应食用低胆固醇、低动物性脂肪食物,如鱼肉、鸡肉、各种瘦肉、蛋白、豆制品等。

（4）已确诊有冠状动脉粥样硬化者,严禁暴饮暴食,以免诱发心绞痛或心肌梗死。合并有高血压或心衰者,应同时限制盐的摄入。

（5）提倡饮食清淡,多食富含维生素C(如新鲜蔬菜、瓜果)和植物蛋白(如豆类及其制品)的食物,在可能条件下,尽量以豆油、菜籽油、麻油、玉米油、茶油、米糠油、红花油等为食用油。

3. 适当的体力劳动和体育锻炼 一定的体力劳动和体育活动对预防肥胖、锻炼循环系统的功能和调整血脂代谢均有益,是预防本病的积极措施。体力活动量应根据个体的身体情况、体力活动习惯和心脏功能状态来衡量,以不过多增加心脏负荷和不引起不适感为原则。体育活动要循序渐进,不宜勉强做剧烈活动;对老年人提倡散步(每天1小时,分次进行)、做保健体操、打太极拳等。

4. 合理安排工作和生活 生活要有规律,保持乐观、愉快的情绪,避免过度劳累和情绪激动,注意劳逸结合,保证充分睡眠。

5. 提倡不吸烟,不饮烈性酒

6. 积极治疗与本病相关的疾病 包括高血压、肥胖症、高脂血症、痛风、糖尿病、肝病、肾病综合征和有关的内分泌疾病等。

不少学者认为,本病的预防措施应从儿童期开始,即儿童也应避免摄食过量高胆固醇、高动物性脂肪的饮食,防止肥胖。

（二）药物治疗

1. 降血脂药 降血脂药又称调脂药物,血脂异常的患者,经上述饮食调节和进行体力活动后仍未正常者,可按血脂具体情况选用下列调脂药物:

（1）HMG-CoA还原酶抑制剂(他汀类药物):HMG-CoA还原酶是胆固醇合成过程中的限速酶,他汀类药物部分结构与HMG-CoA结构相似,可和HMG-CoA竞争与酶的活性部位相结合,阻碍HMG-CoA还原酶的作用,抑制胆固醇的合成,从而降低血胆固醇水平。细胞内胆固醇含量减少又可刺激细胞表面LDL受体合成增加,促进LDL、VLDL通过受体途径代谢而降低血清LDL含量。常见的不良反应有乏力、胃肠道症状、头痛和皮疹等,少数病例可出现肝功能损害和骨骼肌肌病的严重不良反应,也有横纹肌溶解症致死的个别报道,长期用药要注意监测肝、肾功能和肌酸激酶。常用制剂有洛伐他汀(lovastatin)20～40mg,普伐他汀(pravastatin)20～40mg,辛伐他汀(simvastatin)10～40mg,氟伐他汀(fluvastatin)40～80mg,阿托伐他汀(atorvastatin)10～40mg,瑞舒伐他汀(rosuvastatin)5～20mg,均为每晚1次口服。他汀类药物的安全性高、耐受性好,其疗效获益远远大于不良反应风险,但对高龄、低体重、基础肾功能不全及严重心功能不全者应密切监测。

（2）氯贝丁酯类(clofibrate):又称贝丁酸或纤维酸类。其降血TG的作用强于降总胆固醇,并使HDL-C增高,且可减少组织胆固醇沉积。可选用以下药物:非诺贝特(fenofibrate)100mg,3次/天,其微粒型制剂200mg,1次/天;吉非贝齐(gemfibrozil,吉非罗齐)600mg,2次/天;苯扎贝特(bezafibrate)200mg,2～3次/天;环丙贝特(ciprofibrate)50～100mg,1次/天等。这类药物有降低血小板黏附性、增加纤维蛋白溶解活性和减低纤维蛋白原浓度、削弱凝血的作用。少数患者有胃肠道反应、皮肤发痒和荨麻疹、一过性血清转氨酶增高和肾功能改变。宜定期检查肝、肾功能。尽量避免吉非贝齐与他汀类合用。与抗凝药合用时,要注意抗凝药的用量。

（3）烟酸类（nicotinic acid）：烟酸口服 3 次/天，每次剂量从 0.1g 逐渐增加到最大量 1.0g。有降低血甘油三酯和总胆固醇、增高 HDL-C 以及扩张周围血管的作用。可引起皮肤潮红和发痒、胃部不适等不良反应，故不易耐受；长期应用还要注意检查肝功能。同类药物有阿昔莫司（acipimox，吡莫酸），口服 250mg，3 次/天，不良反应较烟酸少，适用于血 TG 水平明显升高、HDL-C 水平明显低者。

（4）胆酸螯合树脂类（bile acid sequestering resin）：为阴离子交换树脂，服后吸附肠内胆酸，阻断胆酸的肠肝循环，加速肝中胆固醇分解为胆酸，与肠内胆酸一起排出体外而使血 TC 下降。有考来烯胺（cholestyramine，消胆胺）4～5g，3 次/天；考来替泊（colestipol）4～5g，3～4 次/天等。可引起腹胀、便秘等胃肠反应，近年采用微粒型制剂，不良反应减少，患者较易耐受。

（5）胆固醇吸收抑制剂（cholesterol absorption inhibitor）：可选择性抑制小肠黏膜刷状缘的一种特殊转运蛋白 NPC1L1 的活性，减少肠道内胆固醇的吸收，降低血浆胆固醇水平以及肝脏胆固醇储量。药物有依折麦布，口服 10mg，1 次/天。

（6）其他调节血脂药：①普罗布考（probucol）0.5g，2 次/天，有抗氧化作用并可降低胆固醇，但 HDL-C 也降低，主要的不良反应包括胃肠道反应和 QT 间期延长；②不饱和脂肪酸（unsaturated fatty acid）类，包括从植物油提取的亚油酸、亚油酸乙酯等和从鱼油中提取的多价 4 不饱和脂肪酸如 20-碳 5-烯酸（EPA）和 22-碳 6-烯酸（DHA），后两者用量为 3～4g/d；③维生素类，包括维生素 C（口服至少 1g/d）、维生素 B6（口服 50mg，3 次/天）、泛酸的衍生物泛硫乙胺（pantethine，口服 200mg，3 次/天）、维生素 E（口服 100mg，3 次/天）等，其降脂作用较弱。

以上调节血脂药多需长期服用，但应注意掌握好用药剂量和不良反应。

2. 抗血小板药物　抗血小板黏附和聚集的药物，可防止血栓形成，有助于防止血管阻塞性病变的发展。可选用：①阿司匹林：主要抑制 TXA2 的生成，较少影响前列环素的产生，建议剂量 50～300mg/d；②氯吡格雷（clopidogrel）、替格瑞洛（ticagrelor）：通过拮抗 ADP 受体抑制血小板内 Ca^{2+} 活性，并抑制血小板之间纤维蛋白原桥的形成，氯吡格雷 75mg/d，替格瑞洛 90mg，2 次/天；③血小板糖蛋白 Ⅱb/Ⅲa（GP Ⅱb/Ⅲa）受体阻滞剂，能通过抑制血小板 GP Ⅱb/Ⅲa 受体与纤维蛋白原的结合而抑制血小板聚集和功能，静脉注射制剂有阿昔单抗（abciximab，或称 ReoPro）、替罗非班（tirofiban）等，主要用于 ACS 患者，口服制剂的疗效不肯定；④双嘧达莫（dipyridamole，潘生丁）50mg，3 次/天，可使血小板内环磷酸腺苷增高，抑制 Ca^{2+} 活性，可与阿司匹林合用；⑤西洛他唑（cilostazol）是磷酸二酯酶抑制剂，50～100mg，2 次/天。

3. 其他治疗手段　包括扩张血管药物及血运重建术（经皮介入治疗和外科治疗）。

（三）预后

本病的预后随病变部位、程度、血管狭窄发展速度、受累器官受损情况和有无并发症而不同。重要器官如脑、心、肾动脉病变导致脑卒中、心肌梗死或肾衰竭者，预后不佳。

第二节　稳定型心绞痛

稳定型心绞痛是慢性心肌缺血症候群中最常见和最具代表性的临床类型，隐匿型冠心病和缺血性心肌病也在本节中作概述。

一、稳定型心绞痛

心绞痛（angina pectoris）是因冠状动脉供血不足，心肌发生急剧的、暂时的缺血与缺氧所引起的临床综合征，可伴心功能障碍，但无心肌坏死。其特点为阵发性的前胸压榨性或窒息样疼痛感觉，主要位于胸骨后，可放射至心前区与左上肢尺侧面，也可放射至右臂和两臂的外侧面或颈部与下颌部，持续数分钟，往往经休息或舌下含化硝酸甘油后迅速消失。

Braunwald 根据发作状况和机制将心绞痛分为稳定型、不稳定型和变异型心绞痛 3 种,而 WHO 根据心绞痛的发作性质进行分型如下:

1. **劳力性心绞痛**　是由运动或其他心肌需氧量增加等情况所诱发的心绞痛。包括 3 种类型:①稳定型劳力性心绞痛,1~3 个月内心绞痛的发作频率、持续时间、诱发胸痛的劳力程度及含服硝酸酯类后症状缓解的时间保持稳定;②初发型劳力性心绞痛,1~2 个月内初发;③恶化型劳力性心绞痛,一段时间内心绞痛的发作频率增加,症状持续时间延长,含服硝酸甘油后症状缓解所需时间延长或需要更多的药物,或诱发症状的活动量降低。

2. **静息性心绞痛**　与劳力性心绞痛相比,疼痛持续时间一般较长,程度较重,且不易为硝酸甘油所缓解。包括 4 种类型:①卧位型心绞痛(angina decubitus);②变异型心绞痛;③中间综合征;④梗死后心绞痛(postinfarction angina)。目前,临床上很少应用①,③分型。

3. **混合性心绞痛(mixed type angina pectoris)**　劳力性和静息性心绞痛同时并存。可以看出,WHO 分型中除了稳定型劳力性心绞痛外,其余均为不稳定型心绞痛,此广义不稳定型心绞痛除去变异型心绞痛即为 Braunwald 分型的不稳定型心绞痛。

临床上所指的稳定型心绞痛(stable angina pectoris)即指稳定型劳力性心绞痛,常发生于劳力或情绪激动时,持续数分钟,休息或用硝酸酯制剂后消失。本病多见于男性,多数患者在 40 岁以上,劳力、情绪激动、饱餐、受寒、阴雨天气、急性循环衰竭等为常见诱因。本病多为冠状动脉粥样硬化引起,还可由主动脉瓣狭窄或关闭不全、梅毒性主动脉炎、风湿性冠状动脉炎、肥厚型心肌病、先天性冠状动脉畸形、心肌桥等引起。

【发病机制】　机械性刺激心脏并不引起疼痛,但心肌缺血、缺氧则引起疼痛。当冠状动脉的供血和供氧与心肌的需氧之间发生矛盾(图 3-7-6),冠状动脉血流量不能满足心肌代谢的需要,引起心肌急剧的、暂时的缺血缺氧时,即产生心绞痛。

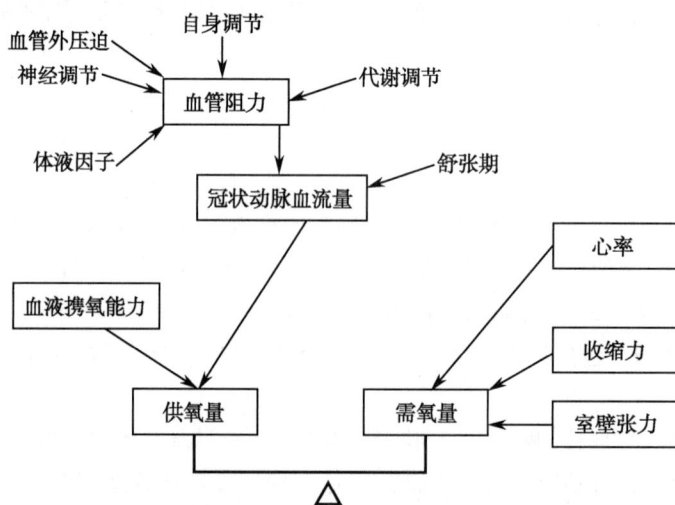

图 3-7-6　影响心肌供氧量和需氧量的各种因素

心肌耗氧量的多少由心肌张力、心肌收缩力和心率所决定,故常用"心率×收缩压"(即二重乘积)作为估计心肌耗氧的指标。心肌能量的产生要求大量的氧供,心肌细胞摄取血液氧含量的 65%~75%,而身体其他组织则摄取 10%~25%。因此心肌平时对血液中氧的摄取比例已接近于最大血含氧量,若需氧量再增大时,只能依靠增加冠状动脉的血流量来提供。在正常情况下,冠状循环有很大的储备力量,其血流量可随身体的生理情况而有显著的变化:在剧烈体力活动时,冠状动脉适当地扩张,血流量可增加到休息时的 6~7 倍;缺氧时,冠状动脉也扩张,能使血流量增加4~5 倍;动脉粥样硬化而致冠状动脉狭窄或部分分支闭塞时,其扩张性能减弱、血流量减少,且对心肌的供血量相对比较固定。如心肌的血液供应减低但尚能应付心脏平时的需要,则休息时可无症状。一旦心脏负荷突然增加,如劳力、激动、左心衰等,使心肌张力增加(心腔容积增加、心室舒张末期压力增高)、心肌收缩力增加(收缩压增高、心室压力曲线的最大压力随时间变化率增加)和心率增快等致心肌耗氧量增加时,心肌对血液的需求增加;或当冠状动脉发生痉挛(吸烟过度或神经体液调节障碍,如肾上腺素能神经兴奋、TXA2或内皮素增多)或因暂时性血小板聚集、一过性血栓形成等,使冠状动脉血流量进一步减少;或突然发生循环血流量减少(如休克、极度心动过速等),冠状动脉血流灌注量骤降,心肌血液供求之间矛盾加深,心肌血液供给不足,遂引起心绞痛。严重贫血的患者,在心肌供血量虽未减少的情况下,可因血液携氧量不足而引起心绞痛。慢性稳定型心绞痛心肌缺血的主要发生机制是在心肌因冠状动脉狭窄而供血固定性减少的情况下发生耗氧量的增加。

在多数情况下,劳力诱发的心绞痛常在同一"心率×收缩压"的水平上发生。产生疼痛感觉的直接因素,可能是在缺血缺氧的情况下,心肌内积聚过多的代谢产物如乳酸、丙酮酸、磷酸等酸性物质,或类似激肽的多肽类物质,刺激心脏内自主神经的传入纤维末梢,经1~5胸交感神经节和相应的脊髓段,传至大脑,产生疼痛感觉。这种痛觉反映在与自主神经进入水平相同脊髓段的脊神经所分布的区域,即胸骨后及两臂的前内侧与小指,尤其是在左侧,而多不在心脏部位。有人认为,在缺血区内富有神经供应的冠状血管的异常牵拉或收缩,可以直接产生疼痛冲动。

【病理和病理生理】　稳定型心绞痛患者冠状动脉粥样硬化的病理变化对应于上一节中提到的斑块Ⅴb型和Ⅴc型,但也有部分为Ⅳ型和Ⅴa型。一般来说,至少一支冠状动脉狭窄程度>70%才会导致心肌缺血。在稳定型心绞痛的患者中,造影显示有1、2或3支冠状动脉狭窄>70%的病变者,分别各有25%左右,5%~10%的患者有左冠状动脉主干狭窄,其余约15%的患者无显著狭窄,可因微血管功能不全或严重的心肌桥所致的压迫导致心肌缺血。

(一) 心肌缺血、缺氧时的代谢与心肌改变

1. 对能量代谢的影响　缺血引起的心肌代谢异常主要是缺氧的结果。在缺氧状态下,有氧代谢受限,从三磷酸腺苷(ATP)、肌酸磷酸(CP)或无氧糖酵解产生的高能磷酸键减少,导致依赖能源活动的心肌收缩和膜内外离子平衡发生障碍。缺氧时无氧糖酵解增强,除了产生的ATP明显减少外,乳酸和丙酮酸不能进入三羧酸循环进行氧化,生成增加,冠状静脉窦乳酸含量增高;而乳酸在短期内骤增,可限制无氧糖酵解的进行,使心肌能源的产生进一步减少,乳酸及其他酸性代谢产物积聚,可导致乳酸性酸中毒,降低心肌收缩力。

2. 心肌细胞离子转运的改变及其对心肌收缩性的影响　正常心肌细胞受激动而除极时,细胞质内释出钙离子,钙离子与原肌凝蛋白上的肌钙蛋白C结合后,解除了对肌钙蛋白I的抑制作用,促使肌动蛋白和肌浆球蛋白合成肌动球蛋白,引起心肌收缩,这就是所谓兴奋-收缩耦联作用。当心肌细胞受缺血、缺氧损害时,细胞膜对钠离子的渗透性异常增高,钠离子在细胞内积聚过多;加上酸度(氢离子)的增加,减少钙离子从肌浆网释放,使细胞内钙离子浓度降低并可妨碍钙离子对肌钙蛋白的结合作用,使心肌收缩功能发生障碍,因而心肌缺血后可迅速(1分钟左右)出现收缩力减退。缺氧也使心肌松弛发生障碍,可能因细胞膜上钠-钙离子交换系统的功能障碍及部分肌浆网钙泵对钙离子的主动摄取减少,室壁变得比较僵硬,左室顺应性减低,充盈阻力增加。

3. 心肌电生理的改变　心肌细胞在缺血性损伤时,细胞膜上的钠-钾泵功能受影响,钠离子在细胞内积聚而钾离子向细胞外漏出,使细胞膜在静止期处于低极化(或部分除极化)状态,在激动时又不能完全除极,产生所谓损伤电流。在体表心电图(electrocardiogram, ECG)上表现为ST段的偏移。心室壁内的收缩期压力在靠心内膜的内半层最高,而同时由于冠状动脉的分支从心外膜向心内膜深入,心肌血流量在室壁的内层较外层为低。因此,在血流供不应求的情况下,

Notes

心内膜下层的心肌容易发生急性缺血。受到急性缺血性损伤的心内膜下心肌,其电位在心室肌静止期较外层为高(低极化),而在心肌除极后其电位则较低(除极受阻),因此,左心室表面所记录的 ECG 出现 ST 段压低。在少数病例,心绞痛发作时急性缺血可累及心外膜下心肌,则 ECG 上可见相反的 ST 段抬高。

(二) 左心室功能及血流动力学改变

由于粥样硬化狭窄性病变在各个冠状动脉分支的分布并不均匀,因此,心肌的缺血性代谢改变及其所引起的收缩功能障碍也常为区域性的。缺血部位心室壁的收缩功能,尤其在心绞痛发作时,可以明显减弱甚至暂时完全丧失,以致呈现收缩期膨出,正常心肌代偿性收缩增强。如涉及范围较大,可影响整个左心室的排血功能,心室充盈阻力也增加。心室的收缩及舒张障碍都可导致左室舒张期终末压增高,最后出现肺淤血症状。

以上各种心肌代谢和功能障碍常为暂时性和可逆性的,随着血液供应平衡的恢复,可以减轻或者消失。有时严重的暂时性缺血虽不引起心肌坏死,但可造成心肌顿抑,心功能障碍可持续 1 周以上,心肌收缩、高能磷酸键储备及超微结构均异常。

【临床表现】

(一) 症状

心绞痛以发作性胸痛为主要临床表现,疼痛的特点为:

1. **部位**　主要在胸骨体上段或中下段之后,可波及心前区,有手掌大小范围,甚至横贯前胸,界限不很清楚。常放射至左肩、左臂内侧达无名指和小指,或至颈、咽或下颌部(图 3-7-7)。

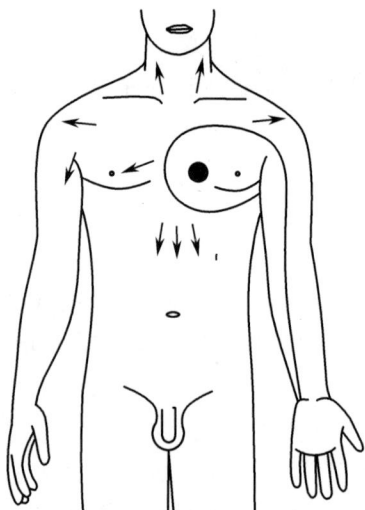

2. **性质**　胸痛常为压迫、发闷或紧缩感,也可有烧灼感,但不尖锐,不像针刺或刀扎样痛,偶伴濒死的恐惧感。发作时,患者往往不自觉地停止原来的活动,直至症状缓解。

3. **诱因**　发作常由体力劳动或情绪激动(如愤怒、焦急、过度兴奋等)所激发,饱食、寒冷、吸烟、心动过速、休克等亦可诱发。疼痛发生于劳力或激动的当时,而不是在一天劳累之后。典型的稳定型心绞痛常在相似的条件下发生。但有时同样的劳力只在早晨引起心绞痛,提示与晨间痛阈较低有关。

4. **持续时间和缓解方式**　疼痛出现后常逐步加重,然后在 3～5 分钟内逐渐消失,一般在原来诱发症状的活动停止后即缓解。舌下含用硝酸甘油也能在几分钟内使之缓解。可数天或数星期发作一次,亦可一日内发作多次。

图 3-7-7　心绞痛发作时的疼痛放射范围

稳定型劳力性心绞痛发作的性质在 1～3 个月内并无改变,即每天和每周疼痛发作次数大致相同,诱发疼痛的劳力和情绪激动程度相同,每次发作疼痛的性质和部位无改变,疼痛时限相仿(3～5 分钟),用硝酸甘油后,也在相同时间内起效。

根据心绞痛的严重程度及其对体力活动的影响,加拿大心血管学会将稳定型心绞痛分为Ⅳ级(表 3-7-1):

(二) 体征

胸痛发作间隙期体检通常无特殊异常发现,但仔细体检能提供有用的诊断线索,可排除某些引起心绞痛的非冠状动脉疾病如瓣膜病、心肌病等,并确定患者的冠心病危险因素。胸痛发作期间体检,有助于发现有无因心肌缺血而产生的暂时性左心室功能障碍,心绞痛发作时常见心率增快、血压升高、表情焦虑、皮肤冷或出汗,有时出现第四或第三心音奔马律。缺血发作时,

表 3-7-1　稳定型心绞痛的加拿大心血管学会(CCS)分级

分级	心绞痛的严重程度及其对体力活动的影响
Ⅰ级	一般体力活动如步行或上楼不引起心绞痛,但可发生于费力或长时间用力后
Ⅱ级	体力活动轻度受限。心绞痛发生于快速步行或上楼、餐后步行或上楼,或者在寒冷、顶风逆行、情绪激动时。平地行走两个街区(200~400m),或以常速上行相当于 3 楼以上的高度或坡度时,能诱发心绞痛
Ⅲ级	日常体力活动明显受限。在正常情况下以一般速度平地步行 100~200m 或登 1 层楼梯时可发作心绞痛。可发生于平地行走 1~2 个街区,或以常速上行 3 楼以下的高度
Ⅳ级	轻微活动或休息时即可出现心绞痛症状

可有暂时性心尖部收缩期杂音,由乳头肌缺血、功能失调引起的二尖瓣关闭不全所致;可有第二心音逆分裂或出现交替脉;部分患者可出现肺部啰音。

【辅助检查】

(一) 心电图(ECG)

ECG 是发现心肌缺血、诊断心绞痛最常用的检查方法。

1. 无症状时 ECG 检查　稳定型心绞痛患者无症状,ECG 一般是正常的,所以 ECG 正常并不能除外严重的冠心病。最常见的 ECG 异常是 ST-T 改变,包括 ST 段压低(水平型或下斜型)、T 波低平或倒置以 ST 段改变更具特异性。少数可伴有陈旧性 MI 的表现,可有多种传导障碍,最常见的是左束支传导阻滞和左前分支传导阻滞。不过,无症状 ECG 上 ST-T 改变在普通人群常见,在 Framingham 心脏研究中,8.5% 的男性和 7.7% 的女性有 ECG 的 ST-T 改变,并且检出率随年龄而增加;在高血压、糖尿病、吸烟者和女性中,ST-T 改变的检出率也增加。其他可造成 ST-T 异常的疾病包括左心室肥厚和扩张、电解质异常、神经因素和抗心律失常药物等。然而在冠心病患者中,出现无症状时 ECG 的 ST-T 异常可能与基础心脏病的严重程度有关,包括病变血管的支数和左心室功能障碍。心肌缺血可增加各种心律失常的可能。

2. 心绞痛发作时 ECG 检查　据估计,将近 95% 病例的心绞痛发作时出现明显的、有相当特征的 ECG 改变,主要为暂时性心肌缺血所引起的 ST 段移位。心内膜下心肌容易缺血,故常见 ST 段压低 0.1mV 以上,有时出现 T 波倒置,症状缓解后 ST-T 改变可恢复正常,动态变化的 ST-T 对诊断心绞痛的参考价值较大。静息 ECG 上 ST 段压低(水平型或下斜型)或 T 波倒置的患者,发作时可变为无压低或直立的所谓"假性正常化",也支持心肌缺血的诊断。T 波改变虽然对反映心肌缺血的特异性不如 ST 段,但如与平时 ECG 比较有动态变化,也有助于诊断。

3. ECG 负荷试验　ECG 负荷试验是对疑有冠心病的患者增加心脏负荷(运动或药物)而激发心肌缺血的 ECG 检查。ECG 负荷试验的指征为:临床上怀疑冠心病;对有冠心病危险因素患者的筛选;冠状动脉搭桥及心脏介入治疗前后的评估;陈旧性 MI 患者对非梗死部位心肌缺血的监测。禁忌证包括:AMI;高危的 UA;急性心肌、心包炎;严重高血压(收缩压≥200mmHg 和(或)舒张压≥110mmHg);心功能不全;严重主动脉瓣狭窄;肥厚性梗阻型心肌病;静息状态下有严重心律失常;主动脉夹层。静息状态下 ECG 即有明显 ST 段改变的患者如完全性左束支或右束支传导阻滞,或心肌肥厚继发 ST 段压低等也不适合行 ECG 负荷试验。负荷试验终止的指标:ST-T 降低或抬高≥0.2mV、心绞痛发作、收缩压超过 220mmHg、血压较负荷前下降、室性心律失常(多源性、连续 3 个室早和持续性室速)。

运动负荷试验为最常用的方法,敏感性可达到约 70%,特异性 70%~90%。有典型心绞痛并且负荷 ECG 阳性者,诊断冠心病的准确率达 95% 以上。运动方式主要为分级踏板或蹬车,其运动强度可逐步分期升级,以前者较为常用。常用的负荷目标是达到按年龄预计的最大心率或 85%~90% 的最大心率,前者称为极量运动试验,后者称为次极量运动试验。运动中应持续监测 ECG 改变,运动前和运动中每当运动负荷量增加一级均应记录 ECG,运动终止后即刻和此后每 2 分钟均应重复 ECG 记录,直至心率恢复运动前水平。记录 ECG 时应同步测定血压。最常用的阳性标准为运动中或运动后 ST 段水平型或下斜型压低 0.1mV(J 点后 60~80ms),持续超过 2 分钟,如运动前心电图只有 ST 段下移,则运动后 ST 段在原水平上再下移≥0.1mV,亦属阳性。

4. 动态 ECG 连续记录 24 小时或 24 小时以上的 ECG,可从中发现 ST-T 改变和各种心律失常,可将出现 ECG 改变的时间与患者的活动和症状相对照分析判断。ECG 上显示缺血性 ST-T 改变而患者当时并无心绞痛症状者,称为无痛性心肌缺血。

(二) 超声心动图

超声心动图可以观察心室腔的大小、心室壁的厚度以及心肌舒缩状态;另外,还可以观察到陈旧性 MI 时梗死区域的运动消失及室壁瘤形成。稳定型心绞痛患者的静息超声心动图大部分无异常表现,与静息 ECG 一样。负荷超声心动图可以帮助识别心肌缺血的范围和程度,包括药物负荷(多巴酚丁胺常用)、运动负荷、心房调搏负荷以及冷加压负荷。

(三) 放射性核素检查

1. 静息和负荷心肌灌注显像 心肌灌注显像常用 201Tl 或 99mTc-MIBI 静脉注射使正常心肌显影而缺血区不显影的"冷点"显像法,结合运动或药物(双嘧达莫、腺苷或多巴酚丁胺)负荷试验,可查出静息时心肌无明显缺血的患者。

2. 放射性核素心腔造影 用 113mIn、99mTc 标记红细胞或白蛋白行心室血池显影有助于了解室壁运动,可测定 LVEF 及显示室壁局部运动障碍。

(四) 磁共振成像

可同时获得心脏解剖、心肌灌注与代谢、心室功能及冠状动脉成像的信息。

(五) 心脏 X 线检查

可无异常发现或见主动脉增宽、心影增大、肺淤血等。

(六) CT 检查

电子束 CT(EBCT)可用于检测冠状动脉的钙化、预测冠状动脉狭窄的存在。近年发展迅速的多排螺旋 CT 冠状动脉造影,能建立冠状动脉三维成像以显示其主要分支,并可用于显示管壁上的斑块。随硬件设备和软件的进步,诊断的准确性得到很大提高,已被广泛用于无创性诊断冠状动脉病变(图 3-7-8A)。

(七) 左心导管检查

主要包括冠状动脉造影术(coronary angiography)和左心室造影术,是有创性检查方法。选择性冠状动脉造影术目前仍是诊断冠状动脉病变并指导治疗方案选择,尤其是血运重建术方案的最常用方法,常采用穿刺股动脉或桡动脉的方法,选择性地将导管送入左、右冠状动脉口,注射造影剂使冠状动脉主支及其分支显影,可以准确地反映冠状动脉狭窄的程度和部位(图 3-7-8B)。而左心室造影术是将导管送入左心室,用高压注射器将 30~40ml 造影剂以 12~15ml/s 的速度注入左心室,以评价左心室整体功能及局部室壁运动状况。

根据冠状动脉的灌注范围,将冠状动脉供血类型分为:右冠状动脉优势型、左冠状动脉优势型和均衡型("优势型"的命名是以供应左室间隔后半部分和左室后壁的冠状动脉为标准)。85% 为右冠状动脉优势型;7% 为右冠状动脉和左冠状动脉回旋支共同支配,即均衡型;8% 为左冠状动脉优势型。85% 的稳定型劳力性心绞痛患者至少有一支冠状动脉主要分支或左主干存在高度狭窄(>70%)或闭塞。

(八) 其他有创性检查技术

由于冠状动脉造影只是通过造影剂充填的管腔轮廓反映冠状动脉病变,因此在定性和定量判断管壁上的病变方面存在局限性。而 IVUS 成像是将微型超声探头送入冠状动脉,显示血管的横断面,可同时了解管腔的狭窄程度和管壁上的病变情况,根据病变的回声特性了解病变性

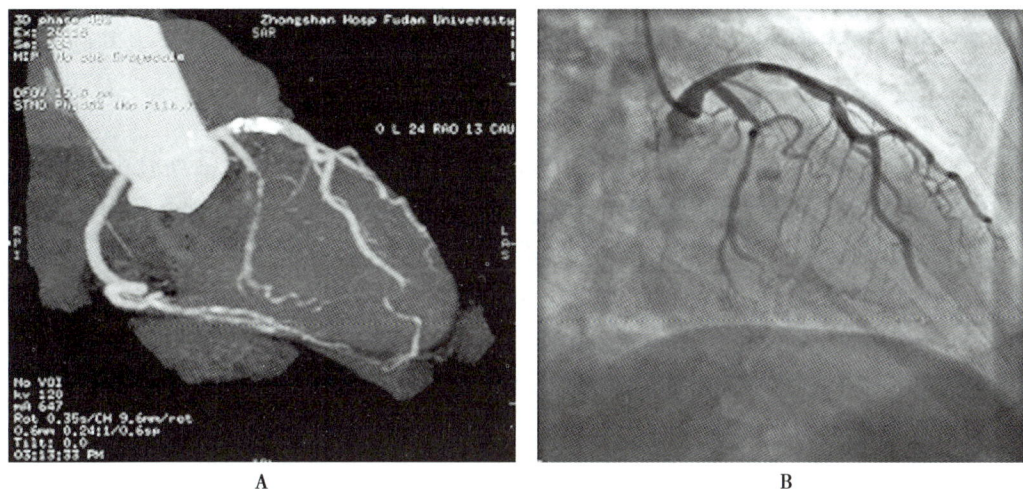

图 3-7-8　冠状动脉造影

同一患者的 64 排螺旋 CT 冠状动脉造影(A)和经导管冠状动脉造影图像(B)A 图显示 3 支主要冠状动脉,左前降支近端明显钙化,回旋支近段狭窄;B 图示前降支和回旋支近段均可见狭窄病变

质。OCT 的成像原理与 IVUS 相似,但分辨率更高,不过穿透力较低。血管镜在显示血栓性病变方面有独特的应用价值。血管内多普勒血流速度测定技术能测定冠状动脉血流速度及血流储备,评价微循环功能。冠状动脉内压力测定技术得到的血流储备分数可评价狭窄病变导致的机械性梗阻程度。上述有创的技术对冠状动脉病变的形态和冠状动脉循环的功能评价能提供更多有价值的信息。

【诊断和鉴别诊断】　根据典型的发作特点和体征,休息或含用硝酸甘油后缓解,结合年龄和存在的冠心病危险因素,除外其他疾病所致的心绞痛,即可建立诊断。发作不典型者,诊断要依靠观察硝酸甘油的疗效和发作时 ECG 的变化。未记录到症状发作时 ECG 者,可行 ECG 负荷试验或动态 ECG 监测,如负荷试验出现 ECG 阳性变化或诱发心绞痛时亦有助于诊断。诊断困难者,可行放射性核素检查、冠状动脉 CTA 或选择性冠状动脉造影检查。考虑介入治疗或外科手术者,必须行选择性冠状动脉造影。

胸痛患者需考虑多种疾病,见表 3-7-2。稳定型心绞痛尤其需要与以下疾病进行鉴别:

表 3-7-2　需与稳定型心绞痛相鉴别的疾病

心源性胸痛	胸部疾患	消化道疾病	神经肌肉疾病	精神性疾病
主动脉夹层	胸膜炎	胃-食管反流	肋间神经痛	焦虑性疾病
心包炎	肺栓塞	食管痉挛	肋骨肋软骨病	情感性疾病(如抑郁症)
心肌病	肺炎	食管失弛缓综合征	带状疱疹	躯体性精神病
重度主动脉瓣狭窄	纵隔肿瘤	食管裂孔疝		思维型精神病
心脏神经症	气胸	消化性溃疡		
心肌梗死		胰腺炎 胆囊炎 胆囊结石		

(一) 心脏神经症

本病患者常诉胸痛,但为短暂(几秒钟)的刺痛或持久(几小时)的隐痛,患者常喜欢不时地吸一大口气或作叹息性呼吸。胸痛部位多在左胸乳房下心尖部附近,或经常变动。症状多在疲劳之后出现,而不在疲劳的当时,作轻度体力活动反觉舒适,有时可耐受较重的体力活动而不发生胸痛或胸闷。含用硝酸甘油无效或在10多分钟后才"见效",常伴有心悸、疲乏及其他神经衰弱的症状。

（二）不稳定型心绞痛和急性心肌梗死

与稳定型劳力性心绞痛不同,UA包括初发型心绞痛、恶化型心绞痛及静息型心绞痛,仔细病史询问有助鉴别。AMI临床表现更严重,有心肌坏死的证据。下一节将详细介绍。

（三）其他疾病引起的心绞痛

包括主动脉瓣严重狭窄或关闭不全、冠状动脉炎引起的冠状动脉口狭窄或闭塞、肥厚型心肌病、X综合征等疾病均可引起心绞痛,要根据其他临床表现来鉴别。其中X综合征多见于女性,ECG负荷试验常阳性,但冠状动脉造影阴性且无冠状动脉痉挛,预后良好,与微血管功能不全有关。

（四）肋间神经痛

疼痛常累及1~2个肋间,但并不一定局限在胸前,为刺痛或灼痛,多为持续性而非发作性,咳嗽、用力呼吸和身体转动可使疼痛加剧,沿肋间神经行走分布处可有压痛,手臂上举活动时局部有牵拉疼痛,故与心绞痛不同。

（五）不典型疼痛

还需与包括胃-食管反流、食管动力障碍、食管裂孔疝等食管疾病以及消化性溃疡、颈椎病等鉴别。

【治疗】　有两个主要目的:一是预防MI和猝死,改善预后,延长患者的生存期;二是减少缺血发作和缓解症状,提高生活质量。

（一）一般治疗

发作时立刻休息,一般在停止活动后症状即可消除;平时应尽量避免各种已知的诱发因素,如过度的体力活动、情绪激动、饱餐等,冬天注意保暖;调节饮食,一次进食不宜过饱,避免油腻饮食,戒烟限酒;调整日常生活与工作量;减轻精神负担;保持适当的体力活动,以不发生疼痛症状为度;治疗高血压、糖尿病、贫血、甲状腺功能亢进等相关疾病。

（二）药物治疗

药物治疗首先考虑预防MI和死亡,其次是减少缺血、缓解症状及改善生活质量。

1. 抗心绞痛和抗缺血治疗

（1）硝酸酯类药物（nitrates）:能降低心肌需氧,同时增加心肌供氧,从而缓解心绞痛。除扩张冠状动脉、降低阻力、增加冠状循环的血流量外,还通过对周围容量血管的扩张作用,减少静脉回流心脏的血流量,降低心室容量、心腔内压和心室壁张力,降低心脏前负荷;对动脉系统也有轻度扩张作用,减低心脏后负荷和心脏的需氧。

1）硝酸甘油（nitroglycerin）:需即刻缓解心绞痛发作,可使用作用较快的硝酸甘油舌下含片,1~2片（0.5~1.0mg）,舌下含化,迅速为唾液所溶解而吸收,1~2分钟开始起作用,约半小时后作用消失。延迟见效或完全无效者,首先要考虑药物是否过期或未溶解,如属后者可嘱患者轻轻嚼碎后继续含化。用2%硝酸甘油油膏或橡皮膏贴片（含5~10mg）涂或贴在胸前或上臂皮肤而缓慢吸收,适用于预防夜间心绞痛发作。

2）硝酸异山梨酯（isosorbide dinitrate,消心痛）,口服3次/天,每次5~20mg,服后半小时起作用,持续3~5小时,缓释制剂药效可维持12小时,可用20mg,2次/天。本药舌下含化后2~5分钟见效,作用维持2~3小时,每次可用5~10mg。

以上两种药物还有供喷雾吸入用的气雾制剂。

3）5-单硝酸异山梨酯（isosorbide 5-mononitrate）:多为长效制剂,每天20~50mg,1~2次。

硝酸酯药物长期应用的主要问题是耐药性,其机制尚未明确,可能与疏基利用度下降、RAAS激活等有关。防止发生耐药的最有效方法是每天保持足够长（8~10小时）的无药期。硝酸酯药物的不良反应有头晕、头胀痛、头部跳动感、面红、心悸等,偶有血压下降。

（2）β受体阻滞剂:机制是阻断拟交感胺类对心率和心肌收缩力的刺激作用,减慢心率、降低血压、减低心肌收缩力和氧耗量,从而缓解心绞痛的发作;此外,还减少运动时血流动力的反应,使同一运动量水平上心肌氧耗量减少;使不缺血的心肌区小动脉(阻力血管)缩小,从而使更多的血液通过极度扩张的侧支循环(输送血管)流入缺血区。不良反应有心室射血时间延长和心脏容积增加,虽然可能使心肌缺血加重或引起心肌收缩力降低,但其使心肌耗氧量减少的作用远超过其不良反应。常用的制剂是美托洛尔(metoprolol)25～100mg,2～3次/天,其缓释制剂每天仅需口服1次;阿替洛尔(atenolol)12.5～50mg,1～2次/天;比索洛尔(bisoprolol)5～10mg,1次/天。

本药常与硝酸酯药物联合应用,比单独应用效果好。但要注意:①与硝酸酯制剂有协同作用,因而剂量应偏小,开始剂量尤其要注意减少,以免引起低血压等不良反应;②停用本药时应逐步减量,如突然停用有诱发MI的可能;③支气管哮喘以及心动过缓、高度房室传导阻滞者不用为宜;④部分患者对本药比较敏感,可能难以耐受大剂量。

（3）钙通道阻断剂(CCB):机制是抑制钙离子进入心肌内,也抑制心肌细胞兴奋-收缩耦联中钙离子的作用,因而抑制心肌收缩,减少心肌氧耗;扩张冠状动脉,解除冠状动脉痉挛,改善心内膜下心肌的供血;扩张周围血管,降低动脉压,减轻心脏负荷;还降低血黏度,抗血小板聚集,改善心肌的微循环。常用制剂包括:①二氢吡啶类:硝苯地平(nifedipine)10～20mg,3次/天,亦可舌下含用,其缓释制剂20～40mg,1～2次/天。非洛地平(felodipine)、氨氯地平(amlodipine)为新一代具有血管选择性的二氢吡啶类。同类制剂有尼群地平(nitredipine)、尼索地平(nisoldipine)、尼卡地平(nicardipine)、贝尼地平(benidipine)、尼鲁地平(niludipine)、伊拉地平(isradipine)等;②维拉帕米:40～80mg,3次/天,或缓释剂120～480mg/d,同类制剂有噻帕米(tiapamil)等;③地尔硫䓬(硫氮䓬酮):30～90mg,3次/天,其缓释制剂45～90mg,1～2次/天。

对于需要长期用药的患者,目前推荐使用控释、缓释或长效剂型。低血压、心功能减退和心衰加重可以发生在长期使用该药期间。该药的不良反应包括周围性水肿和便秘,还有头痛、面色潮红、嗜睡、心动过缓或过速和房室传导阻滞等。

CCB对于减轻心绞痛大体上与β受体阻滞剂效果相当。本类药可与硝酸酯联合使用,其中二氢吡啶类尚可与β受体阻滞剂同服,但维拉帕米和地尔硫䓬与β受体阻滞剂合用时则有过度抑制心脏的危险。变异型心绞痛首选CCB治疗。

（4）代谢类药物:曲美他嗪通过抑制脂肪酸氧化、增加葡萄糖代谢而增加缺氧状态下高能磷酸键的合成,治疗心肌缺血,无血流动力学影响,可与其他药物合用。可作为传统治疗不能耐受或控制不佳时的补充或替代治疗。口服60mg/d,每次20mg,3次/天。

（5）窦房结抑制剂——伊伐布雷定(ivabradine):该药是目前唯一的高选择If离子通道抑制剂,通过阻断窦房结起搏电流If通道、降低心率,发挥抗心绞痛的作用,对房室传导功能无影响。该药适用于对β受体阻滞剂和CCB不能耐受、无效或禁忌又需要控制窦性心率的患者。

2. 预防心肌梗死和死亡的药物治疗

（1）抗血小板治疗(antiplatelet therapy):稳定型心绞痛患者至少需要服用一种抗血小板药物。常用药物包括:①阿司匹林:通过抑制血小板环氧化酶和TXA2,抑制血小板在动脉粥样硬化斑块上的聚集,防止血栓形成,同时也抑制TXA2导致的血管痉挛,能使稳定型心绞痛的心血管事件危险性平均降低33%。对所有急性或慢性缺血性心脏病的患者,无论有否症状,只要没有禁忌证,就应每天常规应用阿司匹林75～100mg。不良反应主要是胃肠道症状和出血,并与剂量有关,使用肠溶剂或缓释剂、抗酸剂可以减少对胃肠道的不良作用。禁忌证包括过敏、严重未控制的高血压、活动性消化性溃疡、局部出血和出血体质。②氯吡格雷、替格瑞洛:通过拮抗二磷酸腺苷(ADP)受体抑制血小板内Ca²⁺活性,并抑制血小板之间纤维蛋白原桥的形成。氯吡格

Notes

雷的剂量为 75mg,每天 1 次;替格瑞洛为 90mg,2 次/天。替格瑞洛起效更快,个体差异性小,但要注意呼吸困难和心动过缓的不良反应。③其他的抗血小板制剂:西洛他唑是磷酸二酯酶抑制剂,50～100mg,2 次/天。④普拉格雷:为新型抗血小板药物 ADP 受体拮抗剂,推荐应用于 PCI 治疗的患者。

(2) 降脂药物(lipid-lowering agents):降脂(或称调脂)药物在治疗冠状动脉粥样硬化中起重要作用,LDL-C 的降低与冠心病死亡率和总死亡率降低有明显关系。他汀类药物可以进一步改善内皮细胞的功能,抑制炎症、稳定斑块,使部分动脉粥样硬化斑块消退,显著延缓病变进展。慢性稳定型心绞痛患者即使只是出现轻到中度 LDL-C 升高,也建议采用他汀类治疗,建议目标是将 LDL-C 水平降到<80mg/dl。药物和用法详见"动脉粥样硬化"节。

(3) 血管紧张素转换酶抑制剂(ACEI):ACEI 并非控制心绞痛的药物,但可降低缺血性事件的发生。ACEI 能逆转左室肥厚及血管壁增厚,延缓动脉粥样硬化进展,能减少斑块破裂和血栓形成;另外,有利于心肌氧供/氧耗平衡和心脏血流动力学,并降低交感神经活性。可应用于冠心病患者的二级预防,尤其是合并糖尿病患者。收缩压<90mmHg、肾衰竭、双侧肾动脉狭窄和过敏者禁用。不良反应主要包括干咳、低血压和罕见的血管性水肿。常用药物包括培哚普利 4～8mg,1 次/天;福辛普利 10～20mg,1 次/天;贝那普利 10～20mg,1 次/天;雷米普利 5～10mg,1 次/天;赖诺普利 10～20mg,1 次/天;依那普利 5～10mg,2 次/天;卡托普利 12.5～25mg,3 次/天。

3. 中医中药治疗   以"活血化瘀"法(常用丹参、红花、川芎、蒲黄、郁金、丹参滴丸或脑心通等)、"芳香温通"法(常用苏合香丸、苏冰滴丸、宽胸丸、保心丸、麝香保心丸等)和"祛痰通络"法(通心络等)最为常用。

(三) 经皮冠状动脉介入术(percutaneous coronary intervention,PCI)

PCI 已成为冠心病治疗的重要手段,介入治疗的手术数量已超过外科旁路手术(图 3-7-9)。与内科药物保守疗法相比,能使患者的生活质量明显提高(活动耐量增加),但是总体的 MI 发生和死亡率无显著差异。随着新技术的出现,尤其是新型药物洗脱支架、新型抗血小板药物、腔内影像技术和生理功能检测等应用,PCI 不仅可以改善生活质量,而且对存在大面积心肌缺血的高危患者可明显降低其 MI 的发生率和死亡率。PCI 的适应证也从早期的简单单支病变扩展为更复杂的病变,如多支血管病变、慢性完全闭塞病变及左主干病变等(参见本篇第十四章)。

(四) 冠状动脉旁路手术(coronary artery bypass graft,CABG)

使用患者自身的大隐静脉或游离内乳动脉或桡动脉作为旁路移植材料,一端吻合在主动脉,另一端吻合在有病变的冠状动脉段的远端,引主动脉的血流以改善该病变冠状动脉所供心肌的血流供应。CABG 术在冠心病发病率高的国家已成为最普通的择期性心脏外科手术,对缓解心绞痛和改善患者生存有较好效果。最近的微创冠状动脉旁路手术,采用心脏不停跳的方式进行 CABG,并发症少、患者恢复快。手术适应证:①冠状动脉多支血管病变,尤其是合并糖尿病的患者;②复杂冠状动脉左主干病变;③不适合行介入治疗的患者;④MI 后合并室壁瘤,需要切除室壁瘤的患者;⑤闭塞段的远段管腔通畅,血管供应区有存活心肌。

(五) 运动锻炼疗法

谨慎安排进度适宜的运动锻炼,有助于促进侧支循环的发展,提高体力活动的耐受量而改善症状。

【预后】   心绞痛患者大多数能生存很多年,但有发生 AMI 或猝死的危险,有室性心律失常或传导阻滞者预后较差,但决定预后的主要因素为冠状动脉病变范围和心功能。左冠状动脉主干病变最为严重,左主干狭窄患者第一年的生存率为 70%,三支血管病变及心功能减退(LVEF<25%)患者的生存率与左主干狭窄相同,左前降支近段病变较其他两支的病变严重。患者应积极治疗和预防,二级预防的主要措施可总结为所谓的 ABCDE 方案:A. 阿司匹林和 ACEI;B. β 受

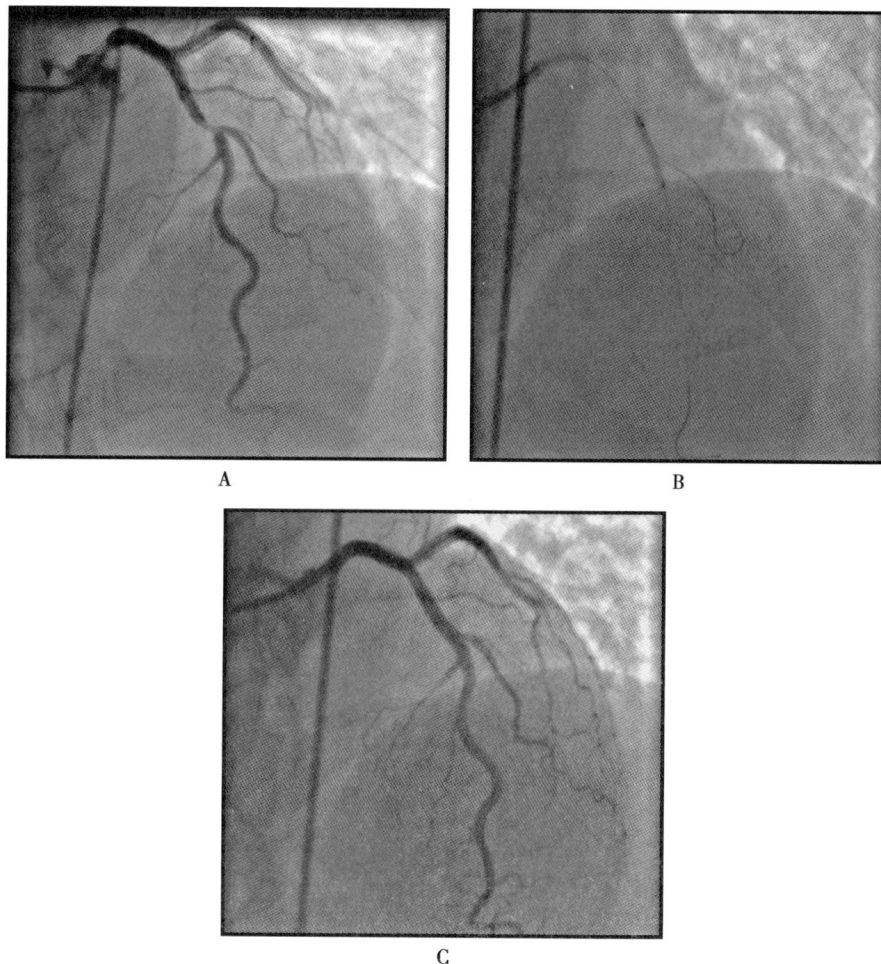

图 3-7-9　冠状动脉介入治疗
左前降支近段狭窄术前(A),球囊扩张中(B),支架植入后(C)

体阻滞剂和控制血压;C. 控制胆固醇和吸烟;D. 控制饮食和糖尿病;E. 健康教育和运动。

二、隐匿型冠心病

隐匿型冠心病(latent coronary heart disease)亦称无症状性冠心病,指无临床症状,但有心肌缺血客观证据(ECG、心肌血流灌注及心肌代谢等异常)的冠心病。其心肌缺血的 ECG 表现可见于静息时,或在负荷状态下才出现,常为动态 ECG 记录所发现,又称为无症状性心肌缺血。这些患者经过冠状动脉造影或尸检,几乎均证实冠状动脉有明显狭窄病变。

【临床表现】　本病有 3 种临床类型:①患者有因冠状动脉狭窄引起心肌缺血的客观证据,但从无心肌缺血的症状;②患者曾患 MI,现有心肌缺血但无心绞痛症状;③患者有心肌缺血发作,但有些有症状,有些则无症状,此类患者临床最多见。心肌缺血而无症状的发生机制尚不清楚,可能与下列因素有关:①生理情况下,血浆或脑脊液中内源性阿片类物质(内啡肽)水平的变化,可能导致痛阈的改变;②心肌缺血较轻或有较好的侧支循环;③糖尿病性神经病变、冠状动脉旁路移植术后、MI 后感觉传入径路中断所引起的损伤,以及患者的精神状态等,均可导致痛阈的改变。隐匿性冠心病患者可转为各种有症状的冠心病临床类型,包括心绞痛或 MI,亦可能逐渐演变为缺血性心肌病,个别患者发生猝死。及时发现这类患者,可为他们提供及早治疗的机会。

【诊断和鉴别诊断】　诊断主要根据静息、动态或负荷试验的 ECG 检查、放射性核素心肌显像,发现患者有心肌缺血的改变,而无其他原因解释,又伴有动脉粥样硬化的危险因素。能确定

Notes

冠状动脉存在病变的影像学检查(包括多排螺旋 CT 造影、有创性冠状动脉造影或 IVUS 等检查),有重要诊断价值。

鉴别诊断要考虑能引起 ST 段和 T 波改变的其他疾病,如各种器质性心脏病,尤其是心肌炎、心肌病、心包病,电解质失调,内分泌病和药物作用等情况,都可引起 ST 段和 T 波改变,诊断时要注意鉴别。根据这些疾病和情况的临床特点,不难作出鉴别。心脏神经症患者可因肾上腺素能 β 受体兴奋性增高而在 ECG 上出现 ST 段和 T 波变化,也应予鉴别。

【防治】　采用防治动脉粥样硬化的各种措施,应用硝酸酯类、β 受体阻滞剂和 CCB 可减少或消除无症状性心肌缺血的发作,联合用药效果更好。建议行冠状动脉造影以明确病变的严重程度,并考虑是否需血运重建手术治疗。

【预后】　与冠状动脉病变的范围、程度相关,而与有无症状无关。总缺血负荷,即有症状与无症状缺血之和,可作为预测冠心病患者预后的指标。

三、缺血性心肌病

缺血性心肌病(ischemic cardiomyopathy)为冠状动脉粥样硬化病变使心肌长期缺血、缺氧而导致心肌细胞减少、坏死、心肌纤维化、心肌瘢痕形成的疾病。其临床特点是心脏变得僵硬、逐渐扩大,发生心律失常和心力衰竭,因此也称为心律失常和心衰型冠心病或心肌硬化型冠心病。

【病理解剖和病理生理】　缺血性心肌病主要由冠状动脉粥样硬化性狭窄、闭塞、痉挛和毛细血管网的病变所引起。心肌细胞的减少和坏死可以是 MI 的直接后果,也可因长期慢性心肌缺血累积而造成。心肌细胞坏死,残存的心肌细胞肥大、纤维化或瘢痕形成以及心肌间质胶原沉积增加等均可发生,可导致室壁张力增加及室壁硬度异常、心脏扩大及心衰等。主要累及左心室肌和乳头肌,也累及特殊心肌传导系统。心室壁上既可有块状成片的坏死区,也可有非连续性多发的灶性心肌损害。

心肌细胞凋亡是缺血性心肌病的重要细胞学基础。细胞凋亡与坏死共同形成了细胞生命过程中两种不同的死亡机制。心肌坏死是细胞受到严重和突然缺血后所发生的死亡,而心肌细胞凋亡是指程序式死亡,可以由严重的心肌缺血、再灌注损伤、MI 和心脏负荷增加等诱发。此外,内皮功能紊乱可以促进患者发生心肌缺血,从而影响左心室功能。

【临床表现】

(一) 心脏增大

患者有心绞痛或心肌梗死的病史,常伴有高血压。心脏逐渐增大,以左心室增大为主,可先心肌肥厚,以后心脏扩大,后期则两侧心脏均扩大。部分患者可无明显的心绞痛或 MI 史,由隐匿性冠心病发展而来。

(二) 心力衰竭

心衰的表现多逐渐发生,大多先出现左心衰。在心肌肥厚阶段,心脏顺应性降低,引起舒张功能不全。随着病情的发展,收缩功能也衰竭,然后发生右心衰竭,出现相应的症状和体征。

(三) 心律失常

可出现各种心律失常,一旦出现常持续存在,其中以期前收缩(室性或房性)、房颤、病态窦房结综合征、房室传导阻滞和束支传导阻滞为多见,阵发性心动过速亦时有发现。有些患者在心脏还未明显增大前已发生心律失常。

【诊断和鉴别诊断】　诊断主要依靠冠状动脉粥样硬化的证据,并且除外可引起心脏扩大、心衰和心律失常的其他器质性心脏病。ECG 检查可见心律失常和冠状动脉缺血的变化,包括 ST 段压低、T 波平坦或倒置、QT 间期延长、QRS 波低电压等;放射性核素检查见心肌缺血;超声心动图可显示室壁的异常运动。如以往有心绞痛或 MI 病史史,有助于诊断。冠状动脉造影可确立诊断。

鉴别诊断要考虑与心肌病(特别是特发性扩张型心肌病)、心肌炎、高血压性心脏病、内分泌病性心脏病等鉴别。

【防治】 早期的内科防治甚为重要,有助于延缓充血性心衰的发生发展。积极控制冠心病危险因素,治疗各种原因所致的心肌缺血,对缺血区域有存活心肌者,血运重建术可显著改善心肌功能。治疗心衰以应用利尿剂和 ACEI(或 ARB)为主。β 受体阻滞剂长期应用可改善心功能、降低病死率。能阻滞 β1、β2 和 α1 受体的新一代 β 受体阻滞剂卡维地洛 12.5~100mg/d,效果较好。正性肌力药可作为辅助治疗,但强心苷宜选用作用和排泄快速的制剂,如毒毛花苷 K、毛花苷 C、地高辛等。曲美他嗪可改善缺血,解除残留的心绞痛症状并减少对其他辅助治疗的需要。对既往有血栓栓塞史、心脏明显扩大、房颤或超声心动图证实有附壁血栓者应给予抗凝治疗。病态窦房结综合征和房室传导阻滞出现阿-斯综合征发作者,宜及早安置永久性人工心脏起搏器;有房颤的患者,如考虑转复窦性心律,应警惕同时存在病态窦房结综合征的可能,避免转复窦性心律后心率极为缓慢,或窦性停搏对患者反而不利。晚期患者是人工心脏或心脏移植手术的主要对象。

近年来,新的治疗技术如干细胞移植、基因治疗已试用于临床,为缺血性心肌病治疗带来新的希望。

【预后】 本病预后不佳,5 年病死率约 50%~84%。心脏显著扩大特别是进行性心脏增大、严重心律失常和射血分数明显降低,为预后不佳的预测因素。死亡原因主要是进行性充血性心衰、MI 和严重心律失常。

第三节 急性冠状动脉综合征

急性冠状动脉综合征(ACS)指冠心病中急性发病的临床类型,包括不稳定型心绞痛(UA)、非 ST 段抬高型心肌梗死(NSTEMI)和 ST 段抬高型心肌梗死(STEMI)。近年又将前两者合称为非 ST 段抬高型 ACS,约占 3/4,后者称为 ST 段抬高型 ACS,约占 1/4(包括小部分变异型心绞痛,往往一过性 ST 段抬高)。它们主要涵盖了以往分类中的 Q 波型急性心肌梗死(AMI)、非 Q 波型 AMI 和 UA,由于 Q 波的形成发生于心肌缺血发生后数小时,因此无助于早期诊断和治疗方案的选择。故为了指导早期治疗方案(主要是再灌注策略)的制定,目前临床上更常用 ST 段抬高型和非 ST 段抬高型 ACS 的分类。ACS 有共同的病理生理机制,视心肌缺血程度、范围和侧支循环形成速度的不同,临床上出现不同的表现。需要指出的是,ACS 是由危险程度和预后不同的一系列不同临床表现组成,也可能是疾病进展的不同阶段,其中 UA 和 NSTEMI 若未及时治疗,可能进展成 STEMI。

一、不稳定型心绞痛和非 ST 段抬高型心肌梗死

不稳定型心绞痛(UA)指介于稳定型心绞痛和 AMI 之间的临床状态,包括除稳定型劳力性心绞痛以外的初发型、恶化型劳力性心绞痛和各型自发性心绞痛。它是 ACS 中的常见类型。若 UA 伴有血清心肌标志物明显升高,即可确立非 ST 段抬高型心肌梗死(NSTEMI)的诊断。

【发病机制】 ACS 有着共同的病理生理学基础,即在冠状动脉粥样硬化的基础上,发生斑块破裂或糜烂、溃疡,并发血栓形成、血管收缩、微血管栓塞等导致急性或亚急性的心肌供氧减少(图 3-7-10)。

(一) 斑块破裂(plaque rupture)和糜烂(plaque erosion)

突发和不可预见的心绞痛发生通常与斑块破溃有关,易损性斑块的形态学特征包括纤维帽较薄、脂核大、平滑肌细胞密度低、富含单核巨噬细胞和组织因子(图 3-7-11)。在泡沫细胞死亡后,基质金属蛋白酶(matrixmetalloproteinase,MMP)主动溶解胶原形成脂核,而不是单纯的脂质被动积聚。不稳定斑块常含有高浓度的胆固醇结晶和多不饱和脂肪酸,边缘位置的不饱和脂肪

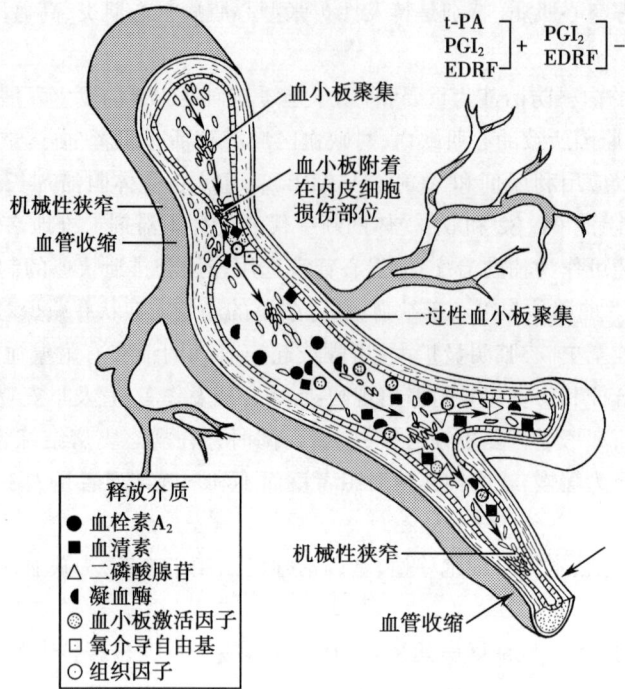

$$\left.\begin{array}{l} \text{t-PA} \\ \text{PGI}_2 \\ \text{EDRF} \end{array}\right] + \left.\begin{array}{l} \text{PGI}_2 \\ \text{EDRF} \end{array}\right] -$$

图 3-7-10 急性冠状动脉综合征发病机制

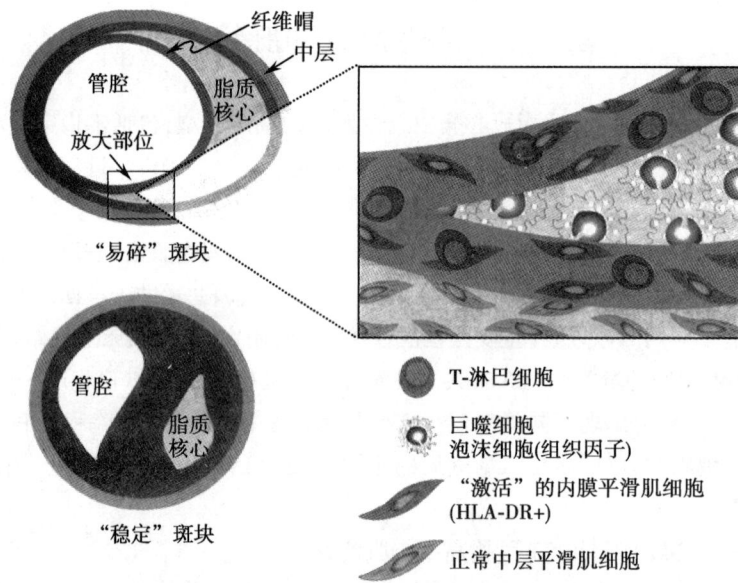

图 3-7-11 易损性斑块的形态学特征
典型的易损性斑块由大脂核和薄纤维帽组成,后者分隔血液和斑块成分,易损性斑块内富含巨噬细胞等炎性细胞,可分泌组织因子和蛋白酶溶解纤维帽,平滑肌细胞也可被激活

酸含量比中心部位更低。

斑块破溃的方式包括斑块破裂(主动破裂、被动破裂)和斑块糜烂。主动破裂的主要原因是由于单核巨噬细胞或肥大细胞分泌的 MMP(如胶原酶、凝胶酶、基质溶解酶等)消化纤维帽引起;斑块内 T 淋巴细胞通过合成 γ-干扰素(IFN-γ)而抑制平滑肌细胞分泌间质胶原,使斑块纤维帽结构变薄弱。而被动破裂常与外力作用于纤维帽上最薄弱的部位(通常为纤维帽最薄处或斑块与"正常"血管壁交界处)有关,冠状动脉管腔内压力升高、冠状动脉血管痉挛、心动过速时,心

室过度收缩和扩张所产生的剪切力以及斑块滋养血管破裂均可诱发与正常管壁交界处的斑块破裂。由于收缩压、心率、血液黏滞度、内源性组织纤溶酶原激活剂(tPA)活性、血浆肾上腺素和皮质激素水平的昼夜节律性变化一致,使每天晨起后 6~11 时最易诱发冠状动脉斑块破裂和血栓形成,由此产生了凌晨和上午 MI 高发的规律。斑块糜烂似乎更多见于女性、糖尿病和高血压患者,易发生在高度狭窄和右冠状动脉病变中。斑块糜烂时血栓黏附在斑块表面,而斑块破裂后血栓可进入到斑块的脂核内,并导致斑块的迅速生长。易损性斑块内炎性细胞如巨噬细胞、肥大细胞和激活的 T 淋巴细胞等的含量显著增高,提示炎症过程在斑块破裂中起重要作用。

(二) 血小板聚集和血栓形成

不稳定型心绞痛的血栓富含血小板,血小板聚集既可能是原发现象,也可能是血管内斑块破裂或裂缝的继发表现。斑块破裂后脂核暴露于管腔,而脂核是高度致血栓形成物质,并且富含组织因子。血栓形成通常发生在斑块破裂或糜烂处,从而导致管腔狭窄程度的急剧变化。血小板产生的 TXA2 是一种促血小板聚集和血管收缩的物质,进一步导致管腔的不完全性或完全性闭塞。另外,高脂血症、纤维蛋白原、纤溶机制的损害和感染可参与血栓的形成。脱落的血栓碎片或斑块成分可沿血流到远端引起微血管栓塞,导致微小心肌坏死。

(三) 血管收缩

富含血小板的血栓可释放诸如血清素、TXA2 等缩血管物质,引起局部及远端血管、微血管收缩。冠状动脉造影显示,血管收缩反应一般局限于有粥样斑块病变的部位。内皮功能障碍促进血管释放收缩介质(如内皮素-1)或抑制血管释放舒张因子(如前列环素和内皮衍生的舒张因子),导致血管收缩。由这些因素引起的血管收缩作用,在变异型心绞痛发病中占主导地位。

【病理解剖】 冠状动脉病理检查可发现前述的斑块破裂、糜烂、溃疡和继发血栓等表现,不同于 STEMI 患者,非 ST 段抬高性 ACS 患者的附壁血栓多为白血栓,冠状动脉管腔往往未完全闭塞,即使管腔完全闭塞者也往往已有良好的侧支循环形成。

病变血管供应的心肌是否有坏死,取决于冠状动脉阻塞程度、持续时间以及侧支循环的开放程度。如果冠状动脉阻塞时间短、累计心肌缺血<20 分钟、组织学上既无心肌坏死也无心肌标志物的释出,ECG 呈一过性心肌缺血改变,临床上就表现为 UA;如果冠状动脉严重阻塞时间较长、累计心肌缺血>20 分钟、组织学上有心肌坏死、血清心肌标志物异常升高、ECG 呈持续性心肌缺血改变而无 ST 段抬高和病理性 Q 波出现,临床上即可诊断为 NSTEMI 或非 Q 波型 MI。NSTEMI 虽然心肌坏死面积不大且常为非透壁性,但心肌缺血范围往往不小,临床上依然很高危。这可以是冠状动脉血栓性闭塞已有早期再通,或痉挛性闭塞反复发作,或在严重狭窄基础上急性闭塞后已有充分的侧支循环建立的结果,也有可能是斑块成分或血小板血栓栓塞远端血管所致。

【临床表现和辅助检查】

(一) 临床表现

1. **症状** UA 和 NSTEMI 胸部不适的部位及性质与典型的稳定型心绞痛相似,但通常程度更重,持续时间更长,可达 30 分钟,胸痛可在休息发生。UA 和 NSTEMI 的临床表现一般具有以下 3 个特征之一:①静息时或夜间发生心绞痛,常持续 20 分钟以上;②新近发生的心绞痛(病程在 2 个月内)且程度严重;③近期心绞痛逐渐加重(包括发作的频度、持续时间、严重程度)和疼痛放射到新的部位。发作时可有出汗、恶心、呕吐、心悸或呼吸困难等表现;而原来可以缓解心绞痛的措施此时变得无效或不完全有效。老年、女性、糖尿病患者症状可不典型。

2. **体征** 无特异性,胸痛发作时患者可出现脸色苍白、皮肤湿冷;体检可发现一过性的第三心音或第四心音,以及由二尖瓣反流引起的一过性收缩期杂音,为乳头肌功能不全所致;少见低血压、休克等表现。详细的体格检查可以发现潜在的加重心肌缺血的因素,并能为判断预后提供非常重要的线索。

(二)辅助检查

1. 心电图 症状发作时的 ECG 有重要诊断意义,如有以往 ECG 作比较,可提高诊断准确率。应在症状出现 10 分钟内记录 ECG。大多数患者胸痛发作时 ECG 有一过性 ST 段偏移和(或)T 波倒置,个别表现为 U 波倒置;除变异型心绞痛患者症状发作时 ECG 表现为一过性 ST 段抬高外,UA 患者症状发作时主要表现为 ST 段压低,其 ECG 变化随症状缓解而完全或部分消失,如 ECG 变化持续 12 小时以上,则提示发生 NSTEMI。NSTEMI 时一般不出现病理性 Q 波,但多数导联有持续性 ST 段压低 $\geq 0.1 mV$(aVR 导联,有时还有 V_1 导联则 ST 段抬高)或伴对称性 T 波倒置及相应导联的 R 波电压进行性降低。连续的心电检测可发现无症状或心绞痛发作时的 ST 段变化。

2. 心肌标志物检查 心肌血清标志物是鉴别 UA 和 NSTEMI 的主要标准。cTnT 及 cTnI 较传统的 CK 和 CK-MB 更敏感、更可靠。UA 时,心肌标志物一般无异常增高,cTnT 及 cTnI 升高表明心肌损害,cTnT 及 cTnI 峰值超过正常对照值的 99 百分位,可考虑 NSTEMI 的诊断。血清心肌标志物是否升高,也是非 ST 段抬高型 ACS 危险性分层的重要参考,肌钙蛋白 T 或 I 升高提示预后较差。CRP 升高也是预后差的指标。

3. 冠状动脉造影和其他侵入性检查 考虑行血运重建术的患者,尤其是经积极药物治疗症状控制不佳或高危患者,应尽早行冠状动脉造影明确病变情况以帮助评价预后和指导治疗。在长期稳定型心绞痛基础上出现的 UA 患者常有多支冠状动脉病变,而新发作的静息心绞痛患者可能只有单支冠状动脉病变,病变常呈偏心性狭窄、表面毛糙或充盈缺损。冠状动脉造影正常或无阻塞性病变者,可能 UA 的诊断有误,但也可能是冠状动脉内血栓自发性溶解、微循环灌注障碍、病变遗漏或冠状动脉痉挛等,IVUS、血管镜或 OCT 可提高病变的诊断率。

4. 其他 对于低危患者,在早期药物治疗控制症状后,也要根据无创性负荷试验(ECG、超声心动图和放射性核素等)的检查结果评价预后并指导下一步治疗;若有大面积心肌缺血者应建议进一步行冠状动脉造影。多排螺旋 CT 造影技术被越来越多地用于无创诊断冠状动脉病变。

【诊断和鉴别诊断】 根据上述典型的胸痛症状和辅助检查尤其是 ECG 改变,结合冠心病危险因素,非 ST 段抬高型 ACS 的诊断不难建立。UA 与 NSTEMI 的鉴别主要参考 ECG 上 ST-T 改变的持续时间和血清心肌标志物检测结果。尽管 ACS 的发病机制相似,但 UA/NSTEMI 和 STEMI 两者的治疗原则有所不同,因此需进行鉴别诊别。与其他疾病的鉴别诊断参见稳定型心绞痛和 STEMI 节。

(一)UA 或 NSTEMI 的分级

Braunwald 分级根据 UA 发生的严重程度将之分为 Ⅰ、Ⅱ、Ⅲ级,而根据其发生的临床环境将之分为 A、B、C 级(表 3-7-3):

(二)危险分层

由于不同类型非 ST 段抬高型 ACS 的近、远期预后有较大的差别,因此正确识别 ACS 的高危人群并给予及时、有效的治疗可明显改善其预后,具有重要的临床意义。对于 ACS 的危险性评估遵循以下原则:首先是明确诊断,然后进行临床分类和危险分层(表 3-7-4),最终确定治疗方案。危险性分层的主要参考指标是症状、血流动力学状况、ECG 表现和血清心肌标志物。CRP、高敏 CRP(hs-CRP)、BNP、NT-Pro-BNP 和纤维蛋白原水平,对预后也有重要参考价值。

Notes

表 3-7-3　不稳定型心绞痛严重度分级（Braunwald 分级）

严重程度	定　义	1 年内死亡或心肌梗死
Ⅰ级	严重的初发型或恶化型心绞痛，无静息时疼痛	7.3%
Ⅱ级	亚急性静息型心绞痛（在就诊前 1 个月内发生），但近 48 小时内无发作	10.3%
Ⅲ级	急性静息型心绞痛，在 48 小时内有发作	10.8%
临床环境		
A 型（继发性心绞痛）	在冠状动脉狭窄的基础上，存在加重心肌缺血的冠状动脉以外的诱发因素：①增加心肌氧耗的因素：感染、甲状腺功能亢进或快速性心律失常；②减少冠状动脉血流的因素：低血压；③血液携氧能力下降：贫血和低氧血症	14.1%
B 型（原发性心绞痛）	无加剧心肌缺血的冠状动脉以外的疾病	8.5%
C 型（心肌梗死后心绞痛）	急性心肌梗死后两周内发生的不稳定型心绞痛	18.5%

表 3-7-4　美国心脏病学会/美国心脏病协会（ACC/AHA）非 ST 段抬高型 ACS 危险性分层评判标准

特点	高风险（至少具备下列一条）	中度风险（无高风险特征但具备下列任一条）	低风险（无高、中度风险特征但具备下列任一条）
病史	48h 内缺血症状恶化	既往心肌梗死，脑血管疾病，冠脉旁路移植术或使用阿司匹林	
胸痛特点	长时间（>20min）静息时胸痛	长时间（>20min）静息时胸痛但目前缓解，有高或中度冠心病可能，静息时胸痛（<20min）或因休息或含服硝酸甘油后缓解	过去 2 周内新发 CCS Ⅱ~Ⅳ级心绞痛，但无长时间（>20min）静息时胸痛、中或高度冠心病可能
临床表现	缺血引起肺水肿，新出现二尖瓣关闭不全杂音或原杂音加重，第三心音或新出现啰音或原啰音加重，低血压、心动过速，年龄>75 岁	年龄>70 岁	
心电图	静息时胸痛伴一过性 ST 段改变（>0.05mV），aVR 导联 ST 段抬高>0.1mV，新出现束支传导阻滞或持续性心动过速	T 波倒置>0.2mV，病理性 Q 波	胸痛时心电图正常或无变化
心脏损伤标志物	明显增高（即 cTnT>0.1μg/L）	轻度增高（即 cTnT>0.01μg/L，但<0.1μg/L）	正常

注：NSTE-ACS 患者短期死亡和非致死性心脏缺血事件的风险评估是一个牵涉多因素的复杂过程，该表仅提供总的原则和解释，并非一成不变的教条，标准不一致时以最高为准。

【治疗】　ACS 是内科急症，治疗结局主要受是否迅速诊断和治疗的影响。因此应及早发现、及早住院，并加强住院前的就地处理；应连续监测 ECG，以发现缺血和心律失常；多次测定血清心肌标志物。具体方案见以下流程图（图 3-7-12）。UA 或 NSTEMI 的治疗目标是稳定斑块、治疗残余心肌缺血、进行长期的二级预防。

```
┌─────────────┐      ┌─────────────┐      ┌─────────────┐
│ 临床怀疑急性冠状 │─────→│ 持续性ST段抬高  │─────→│ 溶栓治疗或紧   │
│ 动脉综合征      │      └─────────────┘      │ 急血运重建术   │
│ 体格检查       │                          └─────────────┘
│ ECG          │
│ 血样采集       │
└─────────────┘
       │
       ↓
┌─────────────┐
│ 无持续性ST段抬高 │
└─────────────┘
       │                ┌──────────────┐      ┌──────────────┐
       │          ┌────→│ 肌钙蛋白升高     │─────→│ GPⅡb/Ⅲa受体阻滞剂冠状│
       │          │     │ 反复发生心肌缺血   │      │ 动脉造影        │
       ↓          │     │ 血流动力学/心脏节律不稳定│    └──────────────┘
┌─────────────┐  │     │ MI后不稳定型心绞痛 │
│ 阿司匹林       │──┤     └──────────────┘
│ 硝酸酯制剂      │  │
│ β受体阻滞剂     │  │     ┌──────────────┐      ┌──────────────┐
│ 肝素         │  └────→│ 入院时及入院12小时后肌钙│──→│ 出院前或出院后负荷试验│
└─────────────┘        │ 蛋白正常        │      └──────────────┘
                       └──────────────┘
```

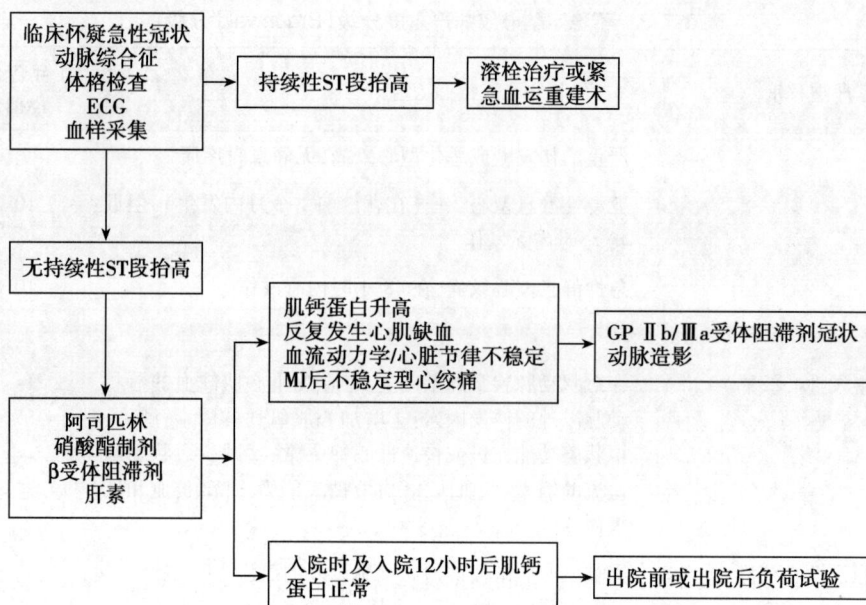

图 3-7-12   急性胸痛疑诊急性冠状动脉综合征患者的诊治流程

(一)监护和一般治疗

UA 或 NSTEMI 患者应住冠心病监护病室,患者应立即卧床休息至少 12～24 小时,给予持续心电监护。保持环境安静,应尽量对患者进行必要的解释和鼓励,使其能积极配合治疗而又解除焦虑和紧张,可以应用小剂量的镇静剂和抗焦虑药物,使患者得到充分休息和减轻心脏负担。有明确低氧血症(动脉血氧饱和度低于 92%)或存在左心室功能衰竭时才需补充氧气。病情稳定或血运重建后症状控制,应鼓励早期活动,活动量的增加应循序渐进。下肢作被动运动可防止静脉血栓形成。在最初 2～3 天饮食应以流质为主,以后随着症状减轻而逐渐增加易消化的半流质,宜少量多餐,钠盐和液体的摄入量应根据汗量、尿量、呕吐量及有无心衰而作适当调节。保持大便通畅,便时避免用力,如便秘可给予缓泻剂。

(二)抗栓治疗

UA/NSTEMI 患者应给予积极地抗栓治疗而非溶栓治疗。抗栓治疗可预防冠状动脉内进一步血栓形成、促进内源性纤溶活性溶解血栓和减少冠状动脉狭窄程度,从而可减少事件进展的风险和预防冠状动脉完全阻塞的进程。抗栓治疗包括抗血小板和抗凝两部分。

1. 抗血小板治疗

(1)阿司匹林:阿司匹林通过抑制血小板环氧化酶,可降低 ACS 患者的短期和长期死亡率。若无禁忌证,所有 ACS 患者应尽早接受阿司匹林治疗,起始负荷剂量为 300mg,使用非肠溶制剂或嚼服肠溶制剂,以加快其吸收、迅速抑制血小板激活状态,以后改用长期服用小剂量 75～100mg/d 维持。主要不良反应是胃肠道反应和上消化道出血。

(2)二磷酸腺苷(ADP)受体拮抗剂:包括氯吡格雷、替格瑞洛能拮抗血小板 ADP 受体,从而抑制血小板聚集。应早期给予氯吡格雷负荷剂量 300mg,若采用早期介入治疗方案,未服用过氯吡咯雷者,术前可给以 600mg 负荷剂量,以后 75mg/d 维持;已服用过氯吡咯雷的 NSTE-ACS 患者,可考虑术前再给予氯吡咯雷 300～600mg 负荷剂量;或口服替格瑞洛负荷剂量 180mg,维持剂量 90mg,2 次/日。对于非 ST 段抬高型 ACS 患者不论是否行介入治疗,小剂量阿司匹林和氯吡格雷联合应用为常规治疗,早期保守治疗的 NSTE-ACS 联合应用至少 1 月,如能延长到 12 个月更好,植入药物洗脱支架或裸支架的 NSTE-ACS 患者则至少联合应用 12 个月。对于植入药物洗脱支架的患者这种联合治疗时间可更长。对阿司匹林不能耐受的患者,氯吡格雷可替代阿司匹林作为长期的抗血小板治疗。

Notes

（3）血小板膜糖蛋白Ⅱb/Ⅲa（GPⅡb/Ⅲa）受体拮抗剂：激活的GPⅡb/Ⅲa受体与纤维蛋白原结合，形成在激活血小板之间的桥梁，导致血小板血栓形成。GPⅡb/Ⅲa受体拮抗剂能有效地与血小板表面的GPⅡb/Ⅲa受体结合，迅速抑制血小板的聚集。阿昔单抗为单克隆抗体，常规使用方法是先静注冲击量0.25mg/kg，然后10μg/（kg·h）静滴。合成的该类药物还包括替罗非班（tiro. ban）和依替巴肽（epti. batide）。以上3种GPⅡb/Ⅲa受体拮抗剂静脉制剂均适用于ACS患者急诊PCI，可明显降低急性和亚急性血栓形成的发生率；如果在PCI前6小时内开始应用该类药物，疗效更好。若未行PCI，GPⅡb/Ⅲa受体拮抗剂可用于高危患者，尤其是心肌标志物升高，或尽管接受合适的药物治疗症状仍持续存在或两者兼有的患者。GPⅡb/Ⅲa受体拮抗剂应持续应用24~36小时。不推荐常规联合应用GPⅡb/Ⅲa受体拮抗剂和溶栓药。口服制剂的剂量、生物利用度和安全性方面，尚需进一步研究。

（4）磷酸二酯酶抑制剂：对阿司匹林不能耐受或禁忌者，也可选用西洛他唑替代阿司匹林，与氯吡格雷联用。

2. 抗凝治疗　除非有禁忌证（如活动性出血或已应用链激酶或复合纤溶酶链激酶），所有患者应在抗血小板治疗的基础上常规接受抗凝治疗，抗凝药物选择应根据治疗策略以及缺血和出血的风险。常用的抗凝药包括普通肝素（UFH）、低分子肝素（LMWH）、磺达肝癸钠（fondaparinux sodium）和比伐卢定（bivalirudin）。需紧急介入治疗者，应立即开始使用UFH或LWMH或比伐卢定。对选择保守治疗且出血风险高的患者，应优先选择磺达肝癸钠。

（1）UFH和LMWH：UFH的推荐剂量是先给予80U/kg静注，然后以18U/（kg·h）的速度静脉滴注维持，起始用药或调整剂量后每6小时测定部分激活凝血酶时间（APTT），再根据APTT调整用量，使APTT控制在45~70秒。但是，UFH对富含血小板的血栓作用较小，且UFH的作用可由于结合血浆蛋白而受影响。未口服阿司匹林的患者停用UFH后可能使胸痛加重，与停用UFH后引起继发性凝血酶活性增高有关。因此，UFH以逐渐停用为宜。与UFH相比，LMWH具有更合理的抗Xa因子及Ⅱa因子活性比例的作用，可以皮下应用，不需要实验室监测。临床观察表明，LMWH较UFH有疗效肯定、使用方便的优点。使用LMWH的参考剂量：依诺肝素（enoxaparin）40mg、那曲肝素（fraxiparin或nadroparin）0.4ml或达肝素（dalteparin）5000~7500IU，皮下注射，每12小时一次，通常在急性期用5~6天。对肾功能不全者，LMWH易蓄积，需谨慎应用或调节剂量。肝素应用期间应监测血小板计数以早期检出肝素诱导的血小板减少症。

磺达肝癸钠是Xa因子抑制剂，最近有研究表明，在降低非ST段抬高型ACS缺血事件方面的效果与LMWH相当，但出血并发症明显减少，因此安全性较好，但不能单独用于PCI治疗中。

（2）直接抗凝血酶的药物：在接受介入治疗的非ST段抬高型ACS人群中，用直接抗凝血酶药物比伐卢定较联合应用UFH/LMWH和GPⅡb/Ⅲa受体拮抗剂的出血并发症少、安全性更好、临床效益相当，但其远期效果尚缺乏随机双盲的对照研究，目前处于争议中。

（三）抗心肌缺血治疗

1. 硝酸酯类药物　硝酸酯类药物可选择口服、舌下含服、经皮肤或经静脉给药。硝酸甘油为短效硝酸酯类，对有持续性胸部不适、高血压、急性左心衰的患者，在最初24~48小时的治疗中，静脉内应用有利于控制心肌缺血发作。先给予舌下含服0.3~0.6mg，继以静脉点滴，开始5~10μg/min，每5~10分钟增加5~10μg，直至症状缓解或平均压降低10%，但收缩压不低于90mmHg。目前推荐，静脉应用硝酸甘油的患者在症状消失24小时后，改用口服制剂或应用皮肤贴剂。药物耐受现象可能在持续静脉应用硝酸甘油24~48小时内出现。由于在NSTEMI患者中未观察到硝酸酯类药物具有减少死亡率的临床益处，因此在长期治疗中此类药物应逐渐减量至停用。

2. 镇痛剂　如硝酸酯类药物不能使疼痛迅速缓解，应立即给予吗啡，10mg稀释成10ml，每次2~3ml静脉注射。哌替啶（度冷丁）50~100mg肌内注射，必要时1~2小时后再注射1次，以后每 4~6 小时可重复应用,注意呼吸功能的抑制。给予吗啡后如出现低血压,可平卧或静脉滴注生理盐水来维持血压,很少需要用升压药。如出现呼吸抑制,应给予纳洛酮 0.4~0.8mg。有使用吗啡禁忌证(低血压和既往过敏史)者,可选用哌替啶替代。疼痛较轻者可用罂粟碱,30~60mg 肌内注射或口服。

3. β受体阻滞剂   β受体阻滞剂用于所有无禁忌证(如心动过缓、心脏传导阻滞、低血压或哮喘)的 UA/NSTEMI 患者,可减少心肌缺血发作和心肌梗死的发展。首选具有心脏选择性的药物如阿替洛尔、美托洛尔和比索洛尔。首先排除有心衰、低血压(收缩压低于 90mmHg)、心动过缓(心率低于 60 次/分)或有房室传导阻滞的患者。主要采用口服给药的方法,从小剂量开始逐渐增加剂量,剂量应个体化,可调整到患者安静时心率 50~60 次/分。对需要尽早控制心室率者,也可静脉推注美托洛尔,每次 5mg,每次推注后观察 2~5 分钟,如果心率低于 60 次/分或收缩压低于 100mmHg,则停止给药,总量不超过 15mg。艾司洛尔是一种快速作用的β受体阻滞剂,静脉应用,安全而有效,甚至可用于左心功能减退的患者,停 20 分钟内作用消失。

4. 钙通道阻滞剂(CCB)   CCB 与β受体阻滞剂一样能有效地减轻症状,但所有的大规模临床试验表明,CCB 应用于 UA,不能预防 AMI 的发生或降低病死率,目前仅推荐用于全量硝酸酯和β受体阻滞剂之后仍有持续性心肌缺血的患者,或对β受体阻滞剂有禁忌的患者。若确定为冠状动脉痉挛所致的变异型心绞痛,治疗首选 CCB。对心功能不全的患者,应用β受体阻滞剂后再加用 CCB 应特别谨慎。

(四)其他药物治疗

下列药物能保护心脏功能并预防缺血性心脏事件的再次发生,对改善患者的预后有益。

1. ACEI   近年来一些临床研究显示,对 UA 和 NSTEMI 患者,短期应用 ACEI 并不能获得更多的临床益处,但长期应用对预防再发缺血事件和死亡有益。因此除非有禁忌证(如低血压、肾衰竭、双侧肾动脉狭窄和已知的过敏反应),所有 UA 和 NSTEMI 患者都可选用 ACEI。

2. 调脂药物   所有 ACS 患者应在入院 24 小时之内评估空腹血脂谱。他汀类药物除了对血脂的调节作用外,还可以稳定斑块、改善内皮细胞功能,因此如无禁忌证,无论血基线 LDL-C 水平和饮食控制情况如何,均建议早期应用他汀类药物,使 LDL-C 水平降至 <80mg/dl。常用的他汀类药物有辛伐他汀 20~40mg/d、普伐他汀 10~40mg/d、氟伐他汀 40~80mg/d、阿托伐他汀 10~80mg/d 或瑞舒伐他汀 10~20mg/d。

(五)血运重建治疗

针对 UA/NSTEMI 有"早期保守治疗"(early conservative strategy)和"早期侵入性治疗"(early invasive strategy)两种治疗策略。前者指早期采用强化药物治疗,对强化药物治疗后仍然有心绞痛复发或负荷试验强阳性的患者进行冠状动脉造影,而后者指临床上只要没有血运重建的禁忌证,在强化药物治疗的同时,早期常规作冠状动脉造影,根据造影结果,选用 PCI 或 CABG 的血运重建策略。研究显示,中、高危的 UA/NSTEMI 患者能从早期侵入性策略及 PCI 或 CABG 治疗中获益。

1. PCI   UA 和 NSTEMI 的高危患者,尤其是经积极药物治疗后仍有顽固性或反复发作心绞痛发生,并伴 ECG 上 ST 段压低(>0.2mV),心衰或进展性的血流的动力学不稳定,或危及生命的心律失常者,应紧急(120 分钟内)进行冠状动脉造影和血运重建术。对具有其他中高危特征并有持续性心肌缺血者,应早期行血管造影术和 PCI(入院 48~72 小时内)。PCI 能改善预后,尤其是同时应用 GP Ⅱb/Ⅲa 受体拮抗剂时,对伴有低血压和心功能不全者,可在主动脉内球囊反搏(intra-aortic balloon pump, IABP)辅助下施行 PCI。但对低危患者,不建议常规的介入性治疗。

2. CABG   多支血管病变且有左心室功能不全(LVEF<50%)或伴有糖尿病者,建议行 CABG 术;对合并严重左主干病变者,CABG 术也是首选。不过,与稳定型心绞痛相比,UA/

NSTEMI 患者行 CABG 术的围术期死亡率和心肌梗死发生率增加 2 倍以上,最大的获益者往往为有多支血管严重病变和左心室功能不全的患者。

【预后】 约 30% 的 UA 患者在发病 3 个月内发生 MI,猝死较少见;其近期死亡率低于 NSTEMI 或 STEMI,但 UA 或 NSTEMI 的远期死亡率和非致死性事件的发生率高于 STEMI。因此,随访 1 年 UA/NSTEMI 和 STEMI 的生存率相似,这可能与其冠状动脉病变更严重有关。患者应坚持长期治疗,积极控制危险因素。

二、急性 ST 段抬高型心肌梗死

心肌梗死(myocardial infarction,MI)是指心肌的缺血性坏死。急性心肌梗死(AMI)是在冠状动脉粥样病变的基础上,发生冠状动脉血供急剧减少或中断,使相应的心肌严重而持久地缺血所致部分心肌急性坏死。临床表现为胸痛、急性循环功能障碍,反映心肌急性缺血、损伤和坏死的一系列特征性 ECG 演变以及血清心肌标志物的升高。NSTEMI 前已述及,本部分阐述急性 ST 段抬高型心肌梗死(STEMI)。其他非动脉粥样硬化的原因如冠状动脉栓塞、主动脉夹层累及冠状动脉开口、冠状动脉炎、冠状动脉先天性畸形等所导致的 MI 在此不作介绍。

本病在欧美常见,美国 35～84 岁人群中年发病率男性为 71‰,女性为 22‰;每年约有 150 万人发病(大约每 20 秒发生一例),45 万人发生再次 MI。虽然最近 10 年 AMI 的死亡率下降近 30%,但是此病对于 1/3 左右的患者仍然是致命的。50% 的死亡发生在发病后的 1 小时内,其原因为心律失常,最多见为室颤。AMI 急性期死亡率下降得益于冠心病监护病房的设立、再灌注治疗及药物治疗的进展。我国缺乏 AMI 死亡率的全国性统计资料,北京首都钢铁公司职工和家属区 1974—1981 年内,在平均 7 万余人中,AMI 的年发病率为 28.9/10 万人口(如包括复发病例为 31.8);死亡率为 7.1/10 万人口;冠心病猝死的发生率是 9.1/10 万人口。北京 1984—1991 年 35～74 岁人群急性冠心病事件死亡率,男性由 84/10 万上升至 98/10 万,女性由 43/10 万上升至 67/10 万。1993 年比 1984 年男性发病率增长了 36.3%,女性增长了 65.5%。

【病理解剖】 尸解资料表明,AMI 患者 75% 以上有一支以上的冠状动脉严重狭窄;1/3～1/2 患者所有三支冠状动脉均存在有临床意义的狭窄,梗死相关冠状动脉内血栓既有白血栓(富含血小板),又有红血栓(富含纤维蛋白和红细胞)。STEMI 的闭塞性血栓是白、红血栓的混合物,从堵塞处向近端延伸部分为红血栓。STEMI 发生后数小时所作的冠状动脉造影显示,90% 以上的 MI 相关动脉发生完全闭塞。少数 AMI 患者冠状动脉无狭窄,可能为血管腔内血栓的自溶、血小板一过性聚集造成闭塞或严重的持续性冠状动脉痉挛使冠状动脉血流急骤减少所致。左冠状动脉前降支闭塞最多见,可引起左心室前壁、心尖部、下侧壁、前间隔和前内乳头肌梗死;左冠状动脉回旋支闭塞可引起左心室高侧壁、膈面及左心房梗死,并可累及房室结;右冠状动脉闭塞可引起左心室膈面、后间隔及右心室梗死,并可累及窦房结和房室结。右心室及左、右心房梗死较少见。左冠状动脉主干闭塞则引起左心室壁广泛梗死。

心肌血供完全停止后,所供区域心室壁心肌透壁性坏死,临床上表现为典型的 STEMI,即传统的 Q 波型 MI。在冠状动脉闭塞后 20～30 分钟,受其供血的心肌即有少数坏死,开始了 AMI 的病理过程。1～2 小时后绝大部分心肌呈凝固性坏死,心肌间质则充血、水肿,伴多量炎性细胞浸润。以后,坏死的心肌纤维逐渐溶解,形成肌溶灶,随后渐有肉芽组织形成。坏死组织约 1～2 周后开始吸收,并逐渐纤维化,在 6～8 周后进入慢性期形成瘢痕而愈合,称为陈旧性或愈合性 MI。瘢痕大者可逐渐向外凸出而形成室壁膨胀瘤。梗死附近心肌的血供随侧支循环的建立而逐渐恢复。病变可波及心包出现反应性心包炎,波及心内膜可导致附壁血栓形成。在心腔内压力的作用下,坏死的心壁可破裂(心脏破裂),破裂可发生在心室游离壁、间隔处、乳头肌及腱索断裂。

病理学上,MI 可分为透壁性和非透壁性(或心内膜下)。前者坏死累及心室壁全层,多由冠状动脉持续闭塞所致;后者坏死仅累及心内膜下或心室壁内,未达心外膜,多是冠状动脉短暂闭

塞后持续开通的结果。不规则片状非透壁 MI 多见于 STEMI 在未形成透壁 MI 前早期再灌注(溶栓或 PCI 治疗)成功的患者。

【病理生理】 ACS 具有共同的病理生理基础(详见"不稳定型心绞痛和非 ST 段抬高型心肌梗死"部分)。STEMI 的病理生理特征是由于心肌丧失收缩功能所产生的左心室收缩功能降低、血流动力学异常和左心室重构所致。

(一) 左心室功能

冠状动脉急性闭塞时相关心肌依次发生 4 种异常收缩形式:①室壁运动同步失调,即相邻心肌节段收缩时相不一致;②收缩减弱,即心肌缩短幅度减小;③无收缩;④反常收缩,即矛盾运动,收缩期膨出。于梗死部位发生功能异常同时,受交感神经系统活力增加和 Frank-Starling 机制的影响,非梗死节段正常心肌在早期出现代偿性收缩运动增强,对维持左室整体收缩功能的稳定有重要意义。梗死面积大者,左心室泵功能受到损害,心排出量、每搏排出量、血压和 dp/dt 峰值降低,收缩末期容积增加。收缩末期容积增加的程度是 AMI 后死亡率的重要预测指标。在梗死后的数周时间内,舒张末期容积增加,舒张末期压力开始下降而趋于正常。

(二) 心室重构

MI 发生后,左室腔大小、形态和厚度发生变化,总称为心室重构,从而影响患者的左室功能和预后。重构是左室扩张和非梗死心肌肥厚等因素的综合结果,使心室变形(球形变)。除梗死范围外,另两个影响左室扩张的重要因素是左室负荷状态和梗死相关动脉的通畅程度。左室压力升高有导致室壁张力增加和梗死扩展的危险,而通畅的梗死区相关动脉可加快瘢痕形成,加速梗死区组织的修复,减少梗死扩展和心室扩张的危险。

1. **梗死扩展** 是指梗死心肌节段随后发生的面积扩大,而无梗死心肌量的增加。导致梗死扩展的原因有:①心肌束之间的滑动,致使单位容积内心肌细胞减少;②正常心肌细胞碎裂;③坏死区内组织丧失。梗死扩展的特征为梗死区不成比例的变薄和扩张。心尖部是心室最薄的部位,也是最容易受到梗死扩展损伤的区域。梗死扩展后,心衰和室壁瘤等致命性并发症发生率增高,严重者可发生心室破裂。

2. **心室扩大** 心室心肌存活部分的扩大也与重构有重要关联。心室重构在梗死发生后立即开始,并持续数月甚至数年。在大面积梗死的情况下,为维持心搏量,有功能的心肌增加了额外负荷,可能会发生代偿性肥厚,这种适应性肥厚虽能代偿梗死所致的心功能障碍,但存活的心肌最终也受损,导致心室的进一步扩张、心脏整体功能障碍,最后发生心衰。心室的扩张程度与梗死范围、梗死相关动脉的开放迟早和心室非梗死区的局部 RAAS 的激活程度有关。心室扩大以及不同部位的心肌电生理特性的不一致,使患者有发生致命性心律失常的危险。

【临床表现】 与梗死的面积大小、部位、冠状动脉侧支血管情况密切有关。

(一) 诱因

大约有 1/2 的 AMI 患者有诱因和前驱症状,如剧烈运动、创伤、情绪波动、急性失血、出血性或感染性休克、主动脉瓣狭窄、发热、心动过速等引起心肌耗氧增加的因素,都可能是心肌梗死的诱因。其他诱因还有呼吸道感染、各种原因引起的低氧血症、肺栓塞、低血糖、服用麦角制剂、应用可卡因和拟交感药、血清病、过敏以及少见的黄蜂叮咬等。在变异性心绞痛患者中,反复发作的冠状动脉痉挛也可进展为 AMI。

(二) 先兆

半数以上患者在发病前数日有乏力、胸部不适、活动时心悸、气急、烦躁、心绞痛等前驱症状,其中初发型心绞痛和恶化型心绞痛为最突出。心绞痛发作较以往频繁、性质较剧烈、持续较长及硝酸甘油疗效差等。多无明显诱发因素。疼痛时伴有恶心、呕吐、大汗和心动过速,或伴有心功能不全、严重心律失常、血压大幅度波动等,同时 ECG 示 ST 段一过性明显抬高(变异性心绞痛)或压低,T波倒置在演变过程中,一过性恢复到正常状态(异常心电图伪改善),应警惕近期内发生MI的可能。发现先兆及时住院处理,可使部分患者避免发生MI。

(三)症状

1. **疼痛** 为最先出现的症状,疼痛强度轻重不一。对于原有心绞痛的患者,疼痛发生的部位和性质常类似于心绞痛,但多无明显诱因,且程度较重、持续时间较长,可达数小时或数天,休息和含服硝酸甘油片多不能缓解。患者常烦躁不安、出汗、恐惧或有濒死感。少数患者无明显疼痛,一开始即表现为休克或急性心衰,在老年人和糖尿病患者多见。部分患者疼痛位于上腹部,被误认为胃穿孔或急性胰腺炎等急腹症,部分患者疼痛放射至下颌、背部上方,被误认为骨关节痛。

2. **全身症状** 有发热、心动过速、白细胞增高和血沉增快等,由坏死物质吸收所引起,一般在疼痛发生24～48小时出现,程度与梗死范围常呈正相关,体温一般在38℃左右,很少超过39℃,持续约1周。

3. **胃肠道症状** 可伴有频繁的恶心、呕吐和上腹胀痛,这与迷走神经受坏死心肌刺激和心排出量降低、组织灌注不足等张力增高有关。多见于下壁心肌梗死。

4. **心律失常** 见于75%～95%的患者,多发生在起病1～2周内,而以24小时内最多见,可伴乏力、头晕、晕厥等症状。以室性心律失常最多,尤其是室早,如室早频发(每分钟5次以上)、成对出现或短阵室速,多源性或落在前一心搏的易损期(R on T现象)需严密观察并处理。房室传导阻滞和束支传导阻滞也较多见。完全性房室传导阻滞多见于下壁MI。前壁MI如发生房室或(和)室内传导阻滞表明梗死范围广泛。室上性心律失常则较少,多发生在MI合并心衰患者中。

5. **心力衰竭** 主要是急性左心衰,可在起病最初几天内发生,或在疼痛、休克好转阶段出现,为梗死后心脏舒缩力显著减弱或不协调所致,发生率约为32%～48%。出现呼吸困难、咳嗽、发绀、烦躁等症状,严重者可发生肺水肿,随后可发生颈静脉怒张、肝大、水肿等右心衰表现。右心室MI开始即出现右心衰表现,伴血压下降。

6. **低血压和休克** 疼痛期中血压下降常见,未必是休克。如疼痛缓解而收缩压仍低于80mmHg,有烦躁不安、面色苍白、皮肤湿冷、脉细而快、大汗淋漓、尿量减少(<20ml/h)、神志淡漠等则为休克表现。休克多在起病后数小时至1周内发生,见于约20%的患者,主要是心源性,为心肌广泛(40%以上)坏死、心排出量急骤下降所致,神经反射引起的周围血管扩张属次要,有些患者尚有血容量不足的因素参与。

根据有无心衰表现及其相应的血流动力学改变严重程度,按Killip分级法(表3-7-5)将AMI的心功能分为4级。

表3-7-5 急性心肌梗死后心衰的Killip分级

分级	分级依据
Ⅰ级	无明显心功能损害证据
Ⅱ级	轻、中度心衰,主要表现为肺底啰音(<50%的肺野)、第三心音及X线胸片上肺淤血的表现
Ⅲ级	重度心衰(肺水肿)——啰音>50%的肺野
Ⅳ级	心源性休克

AMI时,重度左室衰竭或肺水肿与心源性休克同样由左心室排血功能障碍所引起,两者可以不同程度合并存在,常统称为心脏泵功能衰竭或泵衰竭。在血流动力学上,肺水肿是以左心室舒张末期压及左房与肺毛细血管压力的增高为主,而休克则以心排出量和动脉压的降低更为突出。心源性休克是较左心室衰竭更重的泵衰竭,一定水平的左室充盈后,心排血指数比左心室衰竭时更低,亦即心排血指数与充盈压之间关系的曲线更为平坦而下移。

Forrester 等对上述血流动力学分级作了调整,并与临床进行对照,分为四类(表 3-7-6),Ⅰ ~ Ⅳ类的死亡率依次分别为 3%、9%、23%、51%。

表 3-7-6 Forrester 等对血流动力学分类

分类	分 类 依 据
Ⅰ类	无肺淤血和周围灌注不足;肺毛细血管压力(PCWP)和心排血指数(CI)正常
Ⅱ类	单有肺淤血;PCWP 增高(>18mmHg),CI 正常[>2.2L/(min·m²)]
Ⅲ类	单有周围灌注不足;PCWP 正常(<18mmHg),CI 降低[<2.2L/(min·m²)],主要与血容量不足或心动过缓有关
Ⅳ类	合并有肺淤血和周围灌注不足;PCWP>18mmHg,CI<2.2L/(min·m²)

在以上两种分级或分类中,都是第Ⅳ类最为严重。

（四）体征

AMI 时心脏体征可在正常范围内,体征异常者大多数无特征性:心脏可有轻度至中度增大;心率增快或减慢;心尖区第一心音减弱,可出现第三或第四心音奔马律,反映左室舒张压和舒张期容积增高,常表示有左心室衰竭。前壁 MI 的早期,可能在心尖区和胸骨左缘之间扪及迟缓的收缩期膨出,是由心室壁反常运动所致,常在几天至几周内消失。约 10% ~20% 的患者在发病后 2~3 天出现心包摩擦音,多在 1~2 天内消失,少数持续 1 周以上。急性二尖瓣乳头肌功能失调者,心尖区可出现粗糙的收缩期杂音;心室间隔穿孔者,胸骨左下缘出现响亮的收缩期杂音,常伴收缩期震颤。右室梗死较重者可出现颈静脉怒张,深吸气时更为明显。除发病极早期可出现一过性血压增高外,几乎所有患者在病程中都会有血压降低;起病前有高血压者,血压可降至正常;起病前无高血压者,血压可降至正常以下,且可能不再恢复到起病之前的水平。

【并发症】 MI 的并发症可分为机械性、缺血性、栓塞性和炎症性。主要的并发症包括:

（一）乳头肌功能失调或断裂(dysfunction or rupture of papillary muscle)

总发生率可高达 50%,二尖瓣乳头肌因缺血、坏死等使收缩功能发生障碍,造成不同程度的二尖瓣脱垂或关闭不全,心尖区出现收缩中晚期喀喇音和吹风样收缩期杂音,第一心音可不减弱,可引起心衰。轻症者可以恢复,其杂音可消失。乳头肌整体断裂极少见,多发生在二尖瓣后乳头肌,多见于下壁 MI,心衰明显,可迅速发生肺水肿,约 1/3 的患者迅速死亡。

（二）心室游离壁破裂

3% 的 MI 患者可发生心室游离壁破裂,是心脏破裂最常见的一种,占 MI 患者死亡的 10%。心室游离壁破裂常在发病 1 周内出现,早高峰在 MI 后 24 小时内,晚高峰在 MI 后 3~5 天。心室游离壁破裂的典型表现包括持续性心前区疼痛,可迅速发生循环衰竭、急性心包压塞而猝死,ECG 呈电机械分离。心室游离壁破裂偶可为亚急性,形成包裹性心包积液或假性室壁瘤,患者能存活数月。

（三）室间隔穿孔

较心室游离壁破裂少见,约有 0.5% ~2% 的 MI 患者会发生室间隔穿孔,常发生于 AMI 后 3~7 天。胸骨左缘突然出现粗糙的全收缩期杂音或可触及收缩期震颤,或伴有心源性休克和心衰者应高度怀疑室间隔穿孔,超声心动图检查可确诊。

（四）心室壁瘤(cardiac aneurysm)

主要见于左心室,发生率 5% ~20%,体格检查可见左侧心界扩大、心脏搏动较广泛,可有收缩期杂音。瘤内发生附壁血栓时心音减弱。ECG 上 ST 段持续抬高,X 线透视、摄影、超声心动图、放射性核素心脏血池显像以及左心室造影可见局部心缘突出、搏动减弱或有反常搏动。很少发生破裂,但易出现快速室性心律失常和心衰。

（五）栓塞(embolism)

发生率1%～3%，见于起病后1～2周，如为左心室附壁血栓脱落所致，可引起脑、肾、脾或四肢等动脉栓塞。如下肢静脉血栓形成、部分脱落，可导致肺动脉栓塞。

（六）心肌梗死后综合征(post-infarction syndrome，Dressler综合征)

为炎症性并发症，发生率约10%，于心肌梗死后数周至数月内出现，可反复发生，表现为心包炎、胸膜炎或肺炎，有发热、胸痛、白细胞增多和血沉增快等症状，可能为机体对坏死物质的过敏反应。

【辅助检查】

（一）ECG

大部分AMI患者作系列ECG检查时，都能记录到典型的ECG动态变化，但是许多因素限制了ECG对心肌梗死的诊断和定位能力，这些因素有：心肌损伤的范围、梗死的时间及其位置、束支传导阻滞、陈旧性MI、急性心包炎、电解质浓度异常及一些药物等。不过，标准12导联ECG的系列观察，仍是临床进行MI检出和定位的有用方法。

1. **特征性改变** 有Q波MI者，在面向透壁心肌坏死区的导联上出现以下特征性改变（图3-7-13、3-7-14）：①宽而深的Q波（病理性Q波）；②ST段抬高呈弓背向上型；③T波倒置，往往宽而深，两肢对称。在背向梗死区的导联上则出现相反的改变，即R波增高、ST段压低、T波直立并增高。

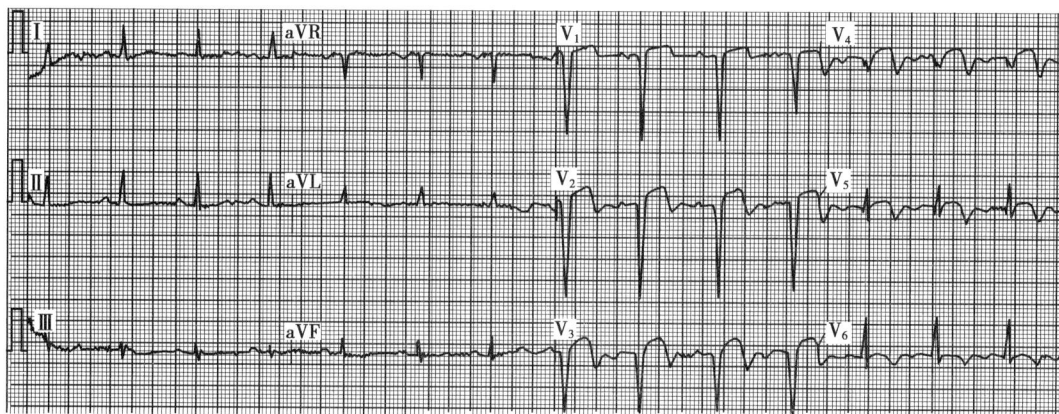

图3-7-13 急性前壁心肌梗死的心电图

V_1～V_4导联QRS波群呈QS型，V_5导联QRS波群呈qRs型，R波减小；V_1～V_5
导联ST段明显抬高，V_1～V_6导联T波倒置

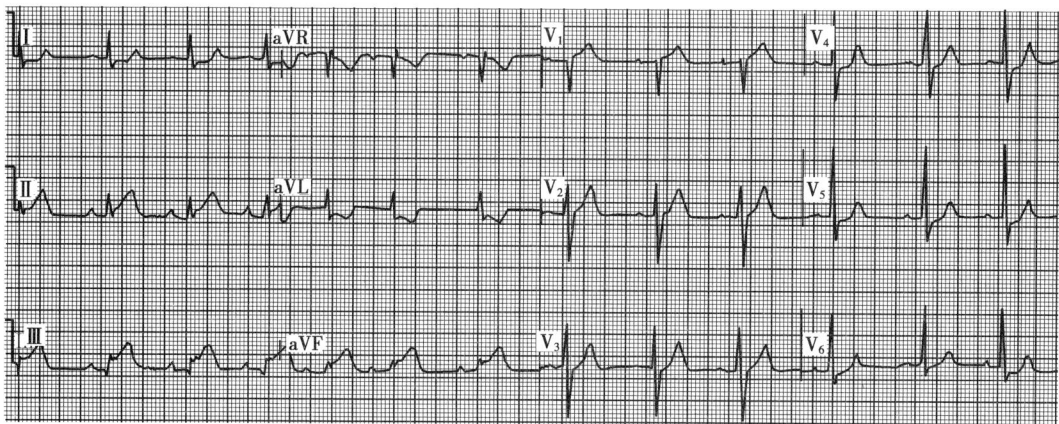

图3-7-14 急性下壁心肌梗死的心电图

Ⅱ，Ⅲ，aVF导联QRS波群尚未形成深、宽Q波，但ST段显著抬高，Ⅰ、aVL导联ST段压低

2. **动态性改变**　STEMI 者的 ECG 动态改变包括：①起病数小时内可无异常，或出现异常高大、两肢不对称的 T 波，为超急性期改变；②数小时后，ST 段明显抬高、弓背向上，与直立的 T 波连接，形成单相曲线；数小时到 2 天内出现病理性 Q 波，同时 R 波减低，为急性期改变；③Q 波在 3~4 天内稳定不变，以后 70%~80% 永久存在，如不进行治疗干预，ST 段抬高持续数日至 2 周左右，逐渐回到基线水平，T 波则变为平坦或倒置，是为亚急性期改变；④数周至数月以后，T 波呈 V 形倒置、两肢对称、波谷尖锐，为慢性期改变，T 波倒置可永久存在，也可在数月到数年内逐渐恢复。

3. **定位和定范围**　有 Q 波心肌梗死者，可根据出现特征性和动态性改变的导联数来判断心肌梗死的部位和范围（表 3-7-7）。

表 3-7-7　心肌梗死的心电图定位诊断

导联	前间隔	局限前壁	前侧壁	广泛前壁	下壁①	下间壁	下侧壁	高侧壁②	正后壁③
V$_1$	+			+		+			
V$_2$	+			+		+			
V$_3$	+	+		+		+			
V$_4$		+		+					
V$_5$		+	+					+	
V$_6$			+						
V$_7$			+					+	+
V$_8$									+
aVR									
aVL		±	+	±	−			+	
aVF					+	+	+	−	
I		±	+	±	−	−	−	+	
II					+	+	+		
III					+	+	+		

注：①即膈面。右心室心肌梗死不易从心电图得到诊断，但 V4R 导联的 ST 段抬高，可作为下壁合并右心室心肌梗死的参考指标；
②在 V$_5$、V$_6$、V$_7$ 导联高 1、2 肋处有正面改变；
③在 V$_1$、V$_2$、V$_3$ 导联 R 波高，同理，在前侧壁梗死时，V$_1$、V$_2$ 导联 R 波也增高。
注："+"为正面改变，表示典型 Q 波、ST 段上抬和 T 波变化。"−"为反面改变，表示 QRS 主波向上，ST 段下降及与"+"部位 T 波方向相反的 T 波；"±"为可能有正面改变

（二）血清心肌标志物检查

1. **肌钙蛋白（cTn）**　cTnT 或 cTnI 的出现和增高是反映急性坏死的指标。cTnT 在 AMI 后 3~4 小时开始升高，2~5 天达到峰值，持续 10~14 天；其动态变化过程与 MI 时间、梗死范围大小、溶栓治疗及再灌注情况有密切关系。cTnI 在 AMI 后 4~6 小时或更早即可升高，24 小时后达到峰值，约 1 周后降至正常。血清 cTnT 或 cTnI 均有高度敏感性和良好重复性。

2. **其他血清心肌标志物**　以往用于临床诊断 MI 的血清酶学指标包括：肌酸磷酸激酶（CK 或 CPK）及其同工酶 CK-MB、天冬氨酸氨基转移酶（AST，曾称 GOT）、乳酸脱氢酶（LDH）及其同工酶。但因 AST 和 LDH 分布于全身许多器官，对 MI 的诊断特异性较差，目前临床已不推荐应用。CK-MB 诊断 AMI 的敏感性和特异性均极高，分别达到 100% 和 99%。CK/CK-MB 在 AMI 起病后 4~6 小时内增高，16~24 小时达高峰，3~4 天恢复正常。STEMI 静脉内溶栓治疗时若冠状动脉再通，则 CK/CK-MB 的高峰距 STEMI 发病时间提早出现。

3. 血肌红蛋白　增高出现最早而恢复也快,但特异性差。

在以上所有指标中(图3-7-15),cTnT 或 cTnI 是最特异和敏感的心肌坏死的指标。

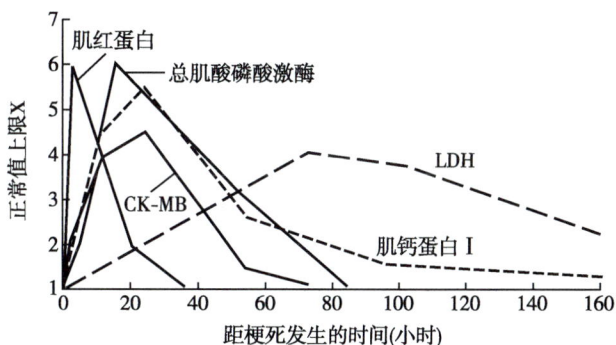

图 3-7-15　急性心肌梗死发生后血清心肌标志物升高的时间过程

(三)放射性核素检查

利用坏死心肌细胞中的钙离子能结合放射性锝-焦磷酸盐或坏死心肌细胞的肌凝蛋白,可与其特异性抗体结合的特点,静脉注射^{99m}Tc-焦磷酸盐或^{111}In-抗肌凝蛋白单克隆抗体进行"热点"扫描或照相;利用坏死心肌血供断绝和瘢痕组织中无血管,以致^{201}Tl 或^{99m}Tc-MIBI 不能进入细胞的特点,静脉注射这些放射性核素进行"冷点"扫描或照相;两者均可显示心肌梗死的部位和范围。前者主要用于急性期,后者用于慢性期。用门电路闪烁照相法进行放射性核素心腔造影(常用^{99m}Tc 标记的红细胞或白蛋白),可观察心室壁的运动和左心室的射血分数,有助于判断心室功能,判断梗死后造成的室壁运动失调和室壁瘤。目前多用单光子发射计算机断层扫描(SPECT)来检查。新的方法正电子发射计算机断层扫描(PET)可观察心肌的代谢变化,判断是否有存活心肌。

(四)超声心动图

根据超声心动图上所见的室壁运动异常可对心肌缺血区域作出判断,在评价有胸痛而无特征性 ECG 变化时,超声心动图可以帮助除外主动脉夹层。此外,该技术的早期使用可以评估心脏整体和局部功能、乳头肌功能不全和室间隔穿孔的发生。

(五)磁共振成像

磁共振成像对心肌显像具有时间与空间分辨率方面的优势,可评价室壁厚度、左室整体和节段性室壁运动。梗死区域心肌表现为厚度变薄,收缩活动减弱至消失或出现矛盾运动。结合药物(多巴酚丁胺)负荷则可精确评估心肌收缩储备能力,利用顺磁特性对比剂钆螯合剂(Gd-DTPA)的延迟增强显像,还可评价心肌灌注缺损、微血管床堵塞以及心肌瘢痕或纤维化。磁共振成像有取代 PET 而成为评估心肌活力标准方法的趋势。

(六)心向量图

有 QRS 环的改变,ST 向量的出现和 T 环的变化,目前临床已极少应用。

(七)其他实验室检查

在起病 24~48 小时后,白细胞可增至(10~20)$\times 10^9$/L,中性粒细胞增多,嗜酸性粒细胞减少或消失,血沉加快,均可持续 1~3 周。起病数小时至 2 日血中游离脂肪酸增高。CRP 的增高与预后不良有关,BNP 或 NT-pro-BNP 的升高提示心室壁张力的升高,反映心功能不全。

(八)选择性冠状动脉造影

冠状动脉造影可明确冠状动脉闭塞的部位,用于考虑行介入治疗者。

【诊断和鉴别诊断】　WHO 的 AMI 诊断标准:依据典型的临床表现、特征性的 ECG 改变、血清心肌标志物水平动态改变。3 项中具备 2 项,特别是后 2 项即可确诊,一般并不困难。无症状

Notes

的患者,诊断较困难。凡年老患者突然发生休克、严重心律失常、心衰、上腹胀痛或呕吐等表现而原因未明者,或原有高血压而血压突然降低且无原因可循者,都应考虑 AMI 的可能。此外,有较重而持续较久的胸闷或胸痛者,即使 ECG 无特征性改变,也应考虑本病的可能,都宜先按 AMI 处理,并在短期内反复进行 ECG 观察和血清心肌标志物等测定,以确定诊断。当存在左束支传导阻滞图形时,MI 的 ECG 诊断较困难,因它与 STEMI 的 ECG 变化相类似。当左束支传导阻滞图形伴有下列 ST 段变化时强烈提示急性心肌梗死:①当 ST 段抬高 ≥1mm,且抬高方向与 QRS 波群主波一致;②ST 段在 V_1、V_2 或者 V_3 导联出现压低 ≥1mm(即 ST 段在这些导联出现协调性压低);③ST 段抬高 ≥5mm,并且 ST 段变化方向与 QRS 波群不一致。一般来说,有疑似症状并新出现的左束支传导阻滞,应按 STEMI 来治疗。对无病理性 Q 波的 MI 和小的透壁性或非透壁性或微型 MI,血清肌钙蛋白和 CK-MB 测定的诊断价值更大,参见"不稳定型心绞痛和非 ST 段抬高型心肌梗死"部分。

可将 MI 分为急性进展性和陈旧性两类。

急性进展性 MI 定义为:心肌标志物典型的升高和降低,至少伴有下述情况之一:①心肌缺血症状;②ECG 病理性 Q 波形成;③ST 段改变提示心肌缺血;④已行冠状动脉介入治疗。

陈旧性 MI 定义为:①系列 ECG 检查提示新出现的病理性 Q 波,患者可有或可不记得有任何症状,心肌标志物已降至正常。②病理发现已经或正在愈合的 MI。

然后将 MI 再分为 5 种临床类型。Ⅰ型:自发性 MI,与原发的冠状动脉事件如斑块糜烂、破裂、夹层形成等引起的心肌缺血相关;Ⅱ型:MI 继发于心肌的供氧和耗氧不平衡所导致的心肌缺血,如冠状动脉痉挛、冠状动脉栓塞、贫血、心律失常、高血压或低血压;Ⅲ型:心脏性猝死,有心肌缺血的症状和新出现的 ST 段抬高或新的左束支传导阻滞,造影或尸检证实冠状动脉内有新鲜血栓,但未及采集血样之前或血液中心肌标志物升高之前患者就已死亡;Ⅳa 型:MI 与 PCI 相关;Ⅳb 型:MI 与支架内血栓有关,经造影或尸检证实;Ⅴ型:MI 与 CABG 相关。

STEMI 的患者具有以下任何一项者可被确定为高危患者:①年龄 >70 岁;②前壁 MI;③多部位 MI(指 2 个部位以上);④伴有血流动力学不稳定如低血压、窦性心动过速、严重室性心律失常、快速房颤、肺水肿或心源性休克等;⑤左、右束支传导阻滞源于 AMI;⑥既往有 MI 病史史;⑦合并糖尿病和未控制的高血压。

STEMI 需要与下列疾病鉴别:

(一)心绞痛

尤其是不稳定型心绞痛。鉴别要点见表 3-7-8。此外,还需与变异型心绞痛相鉴别(具体见本章第四节)。

(二)急性肺栓塞

可出现胸痛、咯血、呼吸困难、低氧血症和休克等症状。但有右心负荷急剧增加的表现如发绀、肺动脉瓣区第二心音亢进、颈静脉充盈、肝大、下肢水肿等。ECG 示 Ⅰ 导联 S 波加深,Ⅲ 导联 Q 波显著、T 波倒置,胸导联 R 波过渡区左移,右胸导联 T 波倒置等改变。超声心动图检查可发现肺动脉高压、右心扩大和右心负荷增加的表现。肺动脉 CTA 检查对较大分支肺动脉的栓塞的诊断价值较大。D-二聚体正常可排除。

(三)主动脉夹层

胸痛一开始即达高峰,常放射到背、肋、腹、腰和下肢,两上肢的血压和脉搏可有明显差别,可有下肢暂时性瘫痪、偏瘫和主动脉瓣关闭不全的表现等可资鉴别。经食管超声心动图检查、X 线、增强 CT 或磁共振成像有助于诊断。部分可累及冠脉开口致 MI。

(四)急性心包炎

尤其是急性非特异性心包炎可有较剧烈而持久的心前区疼痛。但心包炎的疼痛与发热同时出现,呼吸和咳嗽时加重,早期即有心包摩擦音,后者和疼痛在心包腔出现渗液时均消失;全

表 3-7-8　心绞痛和心肌梗死的鉴别诊断要点

鉴别诊断项目	心绞痛	急性心肌梗死
一、疼痛		
1. 部位	胸骨上、中段之后	相同,但可在较低位置或上腹部
2. 性质	压榨性或窒息性	相似,但更剧烈
3. 诱因	劳力、情绪激动、受寒、饱食	不如前者常有
4. 时限	短,1~5min 或 15min 以内	长,数小时或 1~2 天
5. 频率	频繁发作	不频繁
6. 硝酸甘油疗效	显著缓解	作用较差
二、气喘或肺水肿	极少	常有
三、血压	升高或无显著改变	常降低,甚至发生休克
四、心包摩擦音	无	可有
五、坏死物质吸收的表现		
1. 发热	无	常有
2. 血白细胞增加(嗜酸性粒细胞减少)	无	常有
3. 血沉增快	无	常有
4. 血清心肌标志物增高	无	有
六、心电图变化	无变化或暂时性 ST 段和 T 波变化	有特征性和动态性变化

身症状一般不如 AMI 严重;ECG 除 aVR 外,其余导联均有 ST 段弓背向下的抬高,T 波倒置,无异常 Q 波出现。

（五）急腹症

急性胰腺炎、消化性溃疡穿孔、急性胆囊炎、胆石症等,均有上腹部疼痛,可伴休克。仔细询问病史、体格检查、ECG 检查和血清心肌标志物测定可协助鉴别。

【治疗】　STEMI 是冠心病最危重的临床类型,宜及早发现、及早住院,并加强住院前的就地处理。治疗原则是:保护和维持心脏功能,挽救濒死的心肌,防止梗死面积的扩大,缩小心肌缺血范围,及时处理严重心律失常、泵衰竭和各种并发症,防止猝死,使患者不但能度过急性期,且康复后还能保持尽可能多的有功能的心肌。

（一）院前急救

院前急救的基本任务是帮助 AMI 患者安全、迅速地转运到医院,以便尽早开始再灌注治疗;重点是缩短患者就诊时间和院前检查、处理、转运所需的时间。尽早识别 AMI 的高危患者,直接送至有条件进行冠状动脉血管重建术的医院。送达医院急诊室后,力争在 10~20 分钟内完成病史采集、体检和 ECG 检查和血样采集。对明确的 STEMI,应尽早开始再灌注治疗,在典型临床表现和 ECG 上 ST 段抬高已能确诊为 AMI 时,绝不能因等待血清心肌标志物检查结果而延误再灌注治疗。

（二）住院治疗

及早开通闭塞的冠状动脉,使心肌得到再灌注,是 STEMI 治疗最为关键的措施,可挽救濒死心肌、缩小心肌梗死的范围,从而显著改善患者预后,它还可极有效地解除疼痛。

影响再灌注治疗效果的主要因素是发病至治疗开始的时间,对 STEMI 来说,时间就是心肌,时间就是生命,因此医疗机构应优化流程、分秒必争,尽量缩短患者入院至再灌注治疗开始的时间,对溶栓治疗,要求入院至开始溶栓治疗(Door to Needle)的时间小于 30 分钟,而对急诊直接 PCI 术,患

Notes

者入院至球囊扩张(Door to Balloon)时间应小于90分钟。部分治疗措施从急诊室开始实施。

1. 抗血小板治疗   所有ACS患者均应使用抗血小板治疗,药物种类和用法参见"不稳定型心绞痛和非ST段抬高型心肌梗死"段。急诊直接PCI术者,氯吡格雷负荷量可选用300~600mg或口服替格瑞洛负荷剂量180mg。GP Ⅱb/Ⅲa受体拮抗剂主要辅助PCI介入治疗,尤其是对血栓负荷重者,可改善患者的预后。

2. 抗凝治疗(anticoagulation therapy)   凝血酶使纤维蛋白原转变为纤维蛋白是最终形成血栓的关键环节,因此抑制凝血酶至关重要。无论是否采用再灌注治疗,均应给予抗凝治疗,药物的选择视再灌注治疗方案而异(见下文)。

3. 再灌注治疗   包括药物溶栓治疗和机械性再灌注治疗—直接PCI,后者疗效更佳。

(1) 溶栓治疗:纤维蛋白溶解(纤溶)药物被证明能减少冠状动脉内血栓,早期静脉应用溶栓药物能提高STEMI患者的生存率。而对于非ST段抬高型ACS,溶栓治疗不仅无益反而有增加MI的倾向,因此溶栓治疗目前仅用于急性STEMI患者。

1) 溶栓治疗的适应证和禁忌证:见表3-7-9,严重出血(尤其是致命性颅内出血)是限制溶栓使用的主要因素,应衡量患者溶栓治疗的益处和出现出血等并发症的风险,来决定是否采用溶栓治疗。如对于年龄>75岁的AMI患者,溶栓治疗会增加脑出血的并发症,是否溶栓治疗需权衡利弊。如患者为广泛前壁AMI,具有很高的心源性休克和死亡的发生率,在无条件行急诊介入治疗的情况下仍应进行溶栓治疗;反之,如患者为下壁AMI,血流动力学稳定可不进行溶栓治疗。

表3-7-9   STEMI静脉溶栓治疗的适应证和禁忌证

适应证	禁忌证	
	绝对禁忌证	相对禁忌证
(1) 胸痛符合AMI (2) 相邻两个或更多导联ST段抬高在胸导联>0.2mV、在肢体导联>0.1mV,或新出现的左束支传导阻滞 (3) 发病6小时以内者,最佳的时间是3小时内。若6~24小时,患者仍有严重胸痛,并且ST段抬高导联有R波者,可以考虑溶栓治疗 (4) 年龄<75岁	(1) 有出血性脑血管意外史,或半年内有缺血性脑血管意外(包括TIA)史者 (2) 已知的颅内肿瘤 (3) 活动性内脏出血(月经除外) (4) 可疑主动脉夹层	(1) 近期(2~4周内)作过外科手术或活体组织检查,心肺复苏术后(体外心脏按压、心内注射、气管插管),或有外伤史者 (2) 不能实施压迫的血管穿刺 (3) 未控制的严重高血压(>180/110mmHg) (4) 对扩容和升压药无反应的休克 (5) 妊娠 (6) 感染性心内膜炎 (7) 二尖瓣病变合并房颤且高度怀疑左心房内有血栓者 (8) 糖尿病合并视网膜病变者 (9) 出血性疾病或有出血倾向者,已在抗凝治疗中 (10) 近期(2~4周内)有内脏出血,或活动性消化性溃疡

2) 溶栓前准备:①检查血常规、血小板计数、出凝血时间、APTT及血型,配血备用;②即刻口服阿司匹林300mg。

3) 溶栓药物:①非特异性溶栓剂,对血栓部位或循环中纤溶系统均有作用的尿激酶(UK或rUK)和链激酶(SK或rSK);②选择性作用于血栓部位纤维蛋白的药物,包括组织型纤维蛋白溶酶原激活剂(tPA)、重组型组织纤维蛋白溶酶原激活剂(r-tPA);③单链尿激酶型纤溶酶原激活剂(SCUPA)、甲氧苯基化纤溶酶原链激酶激活剂复合物(APSAC);④新的溶栓剂还有 TNK-组织型纤溶酶原激活剂(TNK-tPA)、瑞替普酶(reteplase,rPA)、拉诺普酶(lanoteplase,nPA)、葡激酶(staphylokinase,SAK)等。

　　4)给药方案:多选静脉注射给药,冠状动脉内给药只用于介入性诊治过程中并发的冠状动脉内血栓栓塞,剂量常用全身静脉给药量的一半。①UK:30 分钟内静脉滴注 100 万～150 万单位;冠状动脉内用药剂量减半;②SK:150 万单位静脉滴注,60 分钟内滴完;对链激酶过敏者,宜于治疗前半小时用异丙嗪(非那根)25mg 肌内注射,地塞米松(2.5～5mg)同时滴注,可防止其引起的寒战、发热不良反应;③r-tPA:100mg 在 90 分钟内静脉给予,先静注 15mg,继而 30 分钟内静脉滴注 50mg,其后 60 分钟内再给予 35mg(国内有报道,用上述剂量的一半也能奏效);④TNK-tPA:40mg 静脉一次性注入,无须静脉滴注。溶栓药应用期间密切注意出血倾向,并需监测 APTT 或活化凝血时间(ACT)。

　　5)溶栓治疗期间的辅助抗凝治疗:UK 和 SK 为非选择性的溶栓剂,故在溶栓治疗后短时间内(6～12 小时内)不存在再次血栓形成的可能,对于溶栓有效的 AMI 患者,可于溶栓治疗 6～12 小时后开始给予 LMWH 皮下注射。对于溶栓治疗失败者,辅助抗凝治疗无明显临床益处。r-tPA 和葡激酶等为选择性的溶栓剂,故溶栓使血管再通后仍有再次血栓形成的可能,因此在溶栓治疗前后均应给予充分的肝素治疗。溶栓前先给予 5000IU 肝素冲击量,然后以 700～1000IU/h 的肝素持续静脉滴注 24～48 小时,以出血时间延长 2 倍为基准,调整肝素用量。亦可选择 LMWH 替代 UFH 治疗,其临床疗效相同,如依诺肝素(enoxaparin),首先静脉推注 30mg,然后以 1mg/kg 的剂量皮下注射,每 12 小时 1 次,用 3～5 天为宜。

　　6)溶栓再通的判断指标:直接指征:冠状动脉造影观察血管再通和血流情况。通常采用 TIMI(thrombolysis in myocardial infarction)分级:①TIMI 0 级:梗死相关冠状动脉完全闭塞,远端无造影剂通过;②TIMI 1 级:少量造影剂通过血管阻塞处,但远端动脉不显影;③TIMI 2 级:梗死相关冠状动脉完全显影,但与正常血管相比血流较缓慢;④TIMI 3 级:梗死相关冠状动脉完全显影且血流正常。根据 TIMI 分级达到 2、3 级者表明血管再通,但 2 级者通而不畅。

　　间接指征:①抬高的 ST 段于 2 小时内回降>50%;②胸痛于 2 小时内基本消失;③2 小时内出现再灌注性心律失常(短暂的加速性室性自主节律,房室或束支传导阻滞突然消失,或下后壁心肌梗死的患者出现一过性窦性心动过缓、窦房传导阻滞)或低血压状态;④血清 CK-MB 峰值提前出现在发病 14 小时内。具备上述 4 项中 2 项或 2 项以上者,考虑再通;但第②和③两项组合不能被判定为再通。

　　(2)急诊介入治疗:直接 PCI 术(未经溶栓治疗直接进行 PCI 术)在心脏导管室实施,已被公认为首选的最安全有效的恢复心肌再灌注的治疗手段,梗死相关血管的开通率高于药物溶栓治疗。尽早应用可恢复心肌再灌注,降低近远期病死率和和心衰发生,尤其对来院时发病时间已超过 3 小时或对溶栓治疗有禁忌的患者。施行 PCI 的适应证还包括:血流动力学不稳定、恶性心律失常、需要安装经静脉临时起搏或需要反复电复律以及年龄>75 岁者。溶栓治疗失败者,应考虑做补救性 PCI(rescue PCI)。GP Ⅱb/Ⅲa 受体拮抗剂辅助治疗可改善预后。STEMI 成功行介入治疗后,无须常规使用肝素抗凝。对术后卧床时间延长者,抗凝治疗能预防深静脉血栓形成和肺栓塞。

　　STEMI 再灌注策略的选择,需要根据发病时间、施行直接 PCI 的能力(包括时间间隔)、患者的危险性(包括出血并发症)等综合考虑。优选溶栓的情况一般包括:①就诊早,发病≤3 小时内,且不能及时进行 PCI;②介入治疗不可行,如导管室被占用、动脉穿刺困难或不能转运到达有经验的导管室;③介入治疗不能及时进行,如就诊至球囊扩张时间>90 分钟。优选急诊介入治疗的情况包括:①就诊晚,发病>3 小时;②有经验丰富的导管室,就诊至球囊扩张时间<90 分钟,

就诊至球囊扩张时间较就诊至溶栓时间延长<60分钟;③高危患者,如心源性休克,Killip分级≥Ⅲ级;④有溶栓禁忌证,包括出血风险增加及颅内出血;⑤诊断有疑问。

（3）CABG:下列患者可考虑进行急诊 CABG:①实行了溶栓治疗或 PCI 后仍有持续的或反复的胸痛;②冠状动脉造影显示高危冠状动脉病变(左冠状动脉主干病变);③有 MI 并发症如室间隔穿孔或乳头肌功能不全所引起的严重二尖瓣反流。

4. **监护和一般治疗**　参见"不稳定型心绞痛和非 ST 段抬高型心肌梗死"部分。

5. **解除疼痛**　心肌再灌注治疗开通梗死相关血管、恢复缺血心肌的供血是解除疼痛最有效的方法。但再灌注治疗前后也联合应用下列药物尽快解除疼痛。

（1）吗啡或哌替啶(度冷丁):吗啡 2~4mg 静脉注射,必要时 5~10 分钟后重复,可减轻患者交感神经过度兴奋和濒死感,注意低血压和呼吸功能抑制的不良反应,但很少发生。或哌替啶 50~100mg 肌内注射。

（2）硝酸酯类药物:大多数 AMI 患者有应用硝酸酯药物指征,但在下壁心肌梗死、可疑右室梗死或明显低血压的患者(收缩压低于 90mmHg),尤其合并心动过缓时,不应使用硝酸酯类。

（3）β受体阻滞剂:β受体阻滞剂能降低 AMI 患者室颤的发生率。在 AMI 最初几小时,使用β受体阻滞剂可以限制梗死面积,并能缓解疼痛,减少镇静剂的应用。无禁忌证的情况下应尽早常规应用,常用口服制剂,高危患者也可静脉使用β受体阻滞剂。口服β受体阻滞剂可用于 AMI 后的二级预防,降低死亡率。使用方案参见"不稳定型心绞痛和非 ST 段抬高型心肌梗死"部分。

6. **其他药物治疗**

（1）ACEI:大规模临床研究发现,ACEI 如卡托普利、雷米普利、群多普利等有助于改善恢复期心室重构、减少病死率和心衰,特别在前壁 MI、心衰或心动过速的患者。除非有禁忌证,所有 STEMI 患者应选用 ACEI。从小剂量开始,逐渐增加至目标剂量。由于 ACEI 具有持续的临床益处,应长期应用。对于不能耐受 ACEI 的患者(如咳嗽反应),血管紧张素Ⅱ受体拮抗剂可能也是一种有效的选择,但目前不是改善 MI 预后的一线治疗。

（2）调脂药物:所有 ACS 患者均能从他汀类药物调脂治疗中获益,且宜尽早应用,除了对 LDL-C 降低带来的益处外,他汀类药物还通过抗炎、改善内皮功能和稳定斑块等作用而达到二级预防作用,常用药物及用法参见"不稳定型心绞痛和非 ST 段抬高型心肌梗死"部分。

（3）CCB:除了能控制室上性心律失常外,非二氢吡啶类 CCB 维拉帕米或地尔硫䓬对减少梗死范围或心血管事件并无益处,因此不建议常规应用。但可用于硝酸酯和β受体阻滞剂之后仍有持续性心肌缺血或房颤伴心室率过快的患者。血流动力学表现在 Killip Ⅱ级以上的 MI 患者应避免应用非二氢吡啶类 CCB。

7. **抗心律失常治疗**(参见本篇第三章)

（1）室性心律失常:寻找和纠正导致室性心律失常的基本原因和诱发因素。纠正低钾血症,在 MI 早期静脉注射β受体阻滞剂继以口服维持,可降低室性心律失常(包括室颤)发生率。预防性应用其他药物(如利多卡因)会增加死亡危险,故不推荐应用。

室性异位搏动在 MI 后较常见,不需做特殊处理。非持续性(<30 秒)室速在最初 24~48 小时内常不需要治疗。多形性室速、持续性(≥30 秒)单形室速或任何伴有血流动力学不稳定(如心衰、低血压、胸痛)症状的室速都应给予同步心脏电复律。血流动力学稳定的室速可给予静脉注射利多卡因、普鲁卡因酰胺或胺碘酮等药物治疗:①利多卡因,50~100mg 静脉注射(如无效,5~10 分钟后可重复);控制后静脉滴注,1~3mg/min 维持(利多卡因 100mg 加入 5% 葡萄糖液 100ml 中滴注,1~3ml/min)。②胺碘酮,静脉注射首剂 75~150mg 稀释于 20ml 生理盐水中,于 10 分钟内注入;如有效继以 1.0mg/min 维持,静脉滴注 6 小时后改为 0.5mg/min,总量<1200mg/d;静脉用药 2~3 天后改为口服,口服负荷量为 600~800mg/d,7 天后酌情改为维持量 100~

400mg/d。发生室颤时,应立即进行非同步直流电除颤,用最合适的能量(一般300J),争取一次除颤成功,并立即施行心肺复苏处理。

如急性期后仍有复杂性室性心律失常或非持续性室速,尤其是伴有显著左心室收缩功能不全者,应考虑安装 ICD 以预防猝死。加速的心室自主心律一般无须处理,但如由于心房输送血液入心室的作用未能发挥而引起血流动力学失调,则可用阿托品加快窦性心律,偶然需要人工心脏起搏,或用抑制异位心律的药物来治疗。

(2) 缓慢的窦性心律失常:除非存在低血压或心率<50 次/分,一般不需要治疗。对于伴有低血压的心动过缓(可能减少心肌灌注),可静脉注射阿托品 0.5~1mg,如疗效不明显,几分钟后可重复注射。虽然静脉滴注异丙肾上腺素也有效,但由于它会增加心肌的氧需要量和心律失常的危险,因此不推荐使用。药物无效或发生明显不良反应时,也可考虑应用人工心脏起搏器。

(3) 房室传导阻滞:二度Ⅰ型和Ⅱ型房室传导阻滞、QRS 波不宽者以及并发于下壁 MI 的三度房室传导阻滞心率>50 次/分且 QRS 波不宽者,无须处理,但应严密监护。下列情况是安置临时起搏器的指征:①二度Ⅱ型或三度房室传导阻滞、QRS 波增宽者;②二度或三度房室传导阻滞出现过心室停搏;③三度房室传导阻滞心率<50 次/分,伴有明显低血压或心衰,经药物治疗效果差;④二度或三度房室传导阻滞合并频发室性心律失常。AMI 后 2~3 周进展为三度房室传导阻滞或阻滞部位在希氏束以下者,应植入埋藏式起搏器。

(4) 室上性快速心律失常:如窦性心动过速、频发房性期前收缩、阵发性室上性心动过速、房扑和房颤等,可选用 β 受体阻滞剂、洋地黄类、维拉帕米、胺碘酮等药物治疗。对后三者治疗无效时,可考虑应用同步直流电复律器或人工心脏起搏器复律,尽量缩短快速心律失常持续的时间。

(5) 心脏停搏:立即施行心肺复苏。

8. 纠正低血压和心源性休克治疗 对持续性心肌缺血、顽固性室性心律失常、血流动力学不稳定或休克的患者如存在合适的冠状动脉解剖学病变,应尽早作选择性冠状动脉造影,随即施行 PCI 或 CABG,可挽救部分患者的生命。主动脉内球囊反搏(IABP)以增高舒张期动脉压而不增加左心室收缩期负荷,并有助于增加冠状动脉灌流,使患者获得短期的循环支持。其他左室辅助泵包括 Impella 等均有一定疗效,降低死亡率。

根据休克纯属心源性,抑或尚有周围血管舒缩障碍,或血容量不足等因素存在而分别药物处理如下。

(1) 补充血容量:约20%的患者由于呕吐、出汗、发热、使用利尿剂和不进饮食等原因而有血容量不足,但又要防止补充过多而引起心衰。可根据血流动力学监测结果来决定输液量,如中心静脉压低,在 5~10cmH$_2$O 之间,肺楔压在 6~12mmHg 以下,提示心排出量低、血容量不足,可静脉滴注低分子右旋糖酐或 5%~10% 葡萄糖液,输液后如中心静脉压上升>18cmH$_2$O,肺楔压>15~18mmHg,则应停止。右心室梗死时,中心静脉压的升高未必是补充血容量的禁忌。

(2) 应用升压药:补充血容量,血压仍不升,而肺楔压和心排出量正常时,提示周围血管张力不足,可选用血管收缩药。①多巴胺:10~30mg 加入 5% 葡萄糖液 100ml 中静脉滴注,也可和间羟胺同时滴注;②多巴酚丁胺:20~25mg 溶于 5% 葡萄糖液 100ml 中,以 2.5~10μg/(kg·min)的剂量静脉滴注,其作用与多巴胺相类似,但增加心排出量的作用较强,增快心率的作用较轻,无明显扩张肾血管的作用;③间羟胺(阿拉明):10~30mg 加入 5% 葡萄糖液 100ml 中静脉滴注,或 5~10mg 肌肉注射;④去甲肾上腺素:作用与间羟胺相同,但较快、较强而较短,0.5~1mg(1~2mg 重酒石酸盐)加入 5% 葡萄糖液 100ml 中静脉滴注。渗出血管外易引起局部损伤及坏死,如同时加入 2.5~5mg 酚妥拉明可减轻局部血管收缩的作用。

(3) 应用血管扩张剂:经上述处理,血压仍不升,而肺楔压增高,心排出量低,或周围血管显著收缩,以致四肢厥冷并有发绀时,可用血管扩张药以减低周围循环阻力和心脏的后负荷、降低左心室射血阻力、增强收缩功能,从而增加心排出量、改善休克状态。血管扩张药要在血流动力学严密监测下谨慎应用,硝酸酯类、硝普钠、酚妥拉明均可使用。

(4) 治疗休克的其他措施:包括纠正酸中毒及电解质紊乱、避免脑缺血、保护肾功能,必要时应用糖皮质激素和洋地黄制剂。

(5) 中医中药治疗:祖国医学用于"回阳救逆"的四逆汤(熟附子、干姜、炙甘草)、独参汤或参附汤,对治疗本病伴血压降低或休克者有一定疗效。患者如兼有阴虚表现时可用生脉散(人参、五味子、麦冬)。这些方剂均已制成注射剂,紧急使用也较方便。

9. 心衰治疗 主要是治疗左心室衰竭,病情较轻者,给予襻利尿剂(如静脉注射呋塞米20～40mg,每天1次或2次),可降低左心室充盈压。病情严重者,可应用血管扩张剂(如静脉注射硝酸甘油)以降低心脏前、后负荷。血流动力学监测对危重患者的治疗有指导作用。只要体动脉收缩压持续>100mmHg,即可用 ACEI。开始治疗最好给予小剂量的短效 ACEI(如口服卡托普利3.125～6.25mg,每4～6小时1次;如能耐受,则逐渐增加剂量),一旦达到最大剂量(卡托普利的最大剂量为50mg,每天3次),即用长效 ACEI(如福辛普利、赖诺普利、雷米普利)取代作为长期应用。如心衰持续在 NYHA 心功能分级Ⅱ级或Ⅱ级以上,应加用醛固酮拮抗剂(如依普利酮、螺内酯)。严重心衰者给予 IABP 可提供短期的血流动力学支持。若血管重建或外科手术修复不可行时,应考虑心脏移植。永久性左心室或双心室植入式辅助装置可用作心脏移植前的过渡;如不可能做心脏移植,左心室辅助装置有时可作为一种永久性治疗。研究显示干细胞治疗对改善心肌梗死后的心功能有效。

10. 并发症治疗 有附壁血栓形成者,抗凝治疗可减少栓塞的危险,如无禁忌证,治疗开始应用足量肝素或低分子肝素,随后给予华法林3～6个月,使 INR 维持在2～3之间。当左心室扩张伴弥漫性收缩活动减弱、存在室壁膨胀瘤或慢性房颤时,应长期应用抗凝药和阿司匹林。室壁膨胀瘤形成伴左心室衰竭或心律失常时可行外科切除术。AMI 时 ACEI 的应用可减轻左心室重构和降低室壁膨胀瘤的发生率。并发心室间隔穿孔、急性二尖瓣关闭不全都可导致严重的血流动力学改变或心律失常,宜积极采用手术治疗,但手术应延迟至 AMI 后6周以上。如血流动力学不稳定持续存在,尽管手术死亡危险很高,也宜早期进行。假性室壁瘤是左心室游离壁的不完全破裂,可通过外科手术修补。心肌梗死后综合征严重病例必须用其他非甾体抗炎药(NSAIDs)或皮质类固醇短程冲击治疗,但大剂量 NSAIDs 或皮质类固醇的应用不宜超过数天,因它们可能干扰 AMI 后心室肌的早期愈合。肩手综合征可用理疗或体疗。

11. 右室心肌梗死的处理 治疗措施与左心室 MI 略有不同,右室 MI 时常表现为下壁 MI 伴休克或低血压而无左心衰的表现,其血流动力学检查常显示中心静脉压、右心房和右心室充盈压增高,而肺楔压、左心室充盈压正常甚至下降。治疗宜补充血容量,从而增高心排出量和动脉压。在血流动力学监测下,静脉滴注输液,直到低血压得到纠治,24小时内可给以3～6L 液体,直到低血压得到纠正。如肺楔压达15mmHg,即应停止。如此时低血压未能纠正,可用正性肌力药物。不能用硝酸酯类药和利尿剂,它们可降低前负荷(从而减少心排出量),引起严重的低血压。伴有房室传导阻滞时,可予以临时起搏。

12. 康复和出院后治疗 出院后最初3～6周体力活动应逐渐增加。鼓励患者恢复中等量的体力活动(步行、体操、太极拳等)。如 AMI 后6周仍能保持较好的心功能,则绝大多数患者都能恢复其所有的正常活动。与生活方式、年龄和心脏状况相适应的有规律的运动计划,可降低缺血事件发生的风险,增强总体健康状况。对患者的生活方式提出建议,进一步控制危险因素,可改善患者的预后。ABCDE 方案对于指导治疗及二级预防有帮助。

【预后】 预后与梗死范围的大小、侧支循环产生的情况以及治疗是否及时有关。急性期住院死亡率过去一般为30%左右;采用监护治疗后,降至15%左右;再灌注时代(阿司匹林、药物溶栓治疗及介入治疗)后进一步降至6.5%左右。死亡多在第一周内,尤其是在数小时内,发生严重心律失常、休克或心衰者,病死率尤高。影响 MI 患者远期预后的主要是心功能不全和心律失常。

第四节　冠状动脉疾病的其他表现形式

一、变异型心绞痛

变异型心绞痛(variant angina pectoris)是 1959 年由 Prinzmetal 首先描述的、以静息性心绞痛伴心电图一过性 ST 段抬高为主要临床特点的一种特殊类型的心绞痛,又称为 Prinzmetal 心绞痛。变异性心绞痛在发病机制、危险因素、临床表现、心电图表现、治疗方法、预后等方面均与劳力性心绞痛有着显著不同。

(1) 发病机制:变异型心绞痛的发病基础是冠状动脉痉挛,而不是冠状动脉固定性狭窄。冠状动脉痉挛可以用麦角新碱或乙酰胆碱等药物激发。痉挛可以仅累及一支冠状动脉的一个节段,也可以单支血管弥漫性收缩,甚至多支血管同时或相继性收缩。正常血管或粥样硬化病变部位均可发生痉挛,冠状动脉的狭窄程度与其临床表现严重程度并不具有相关性。

(2) 危险因素:变异型心绞痛患者较年轻,除吸烟较多外,大多数患者无冠心病经典易患因素。吸烟是变异型心绞痛的最重要诱发因素。

(3) 临床表现:变异型心绞痛多在静息时发生,无体力劳动或情绪激动等诱因。发病时间集中在午夜至上午 8 点之间,动态 ECG 发现,ECG 异常多为无症状性。患者常因心律失常伴发晕厥,如长时间冠状动脉痉挛则导致急性心肌梗死、恶性室性心律失常甚至猝死。

(4) 心电图:典型的变异性心绞痛表现为胸痛发作时心电图表现为 ST 段抬高,而不是一般心绞痛发作时的 ST 段压低。后来研究发现,冠脉痉挛并非均表现为 ST 段抬高,非完全闭塞性痉挛表现为 ST 段压低或 T 波改变,只有严重的闭塞性痉挛才表现为 ST 段抬高。

(5) 治疗:在戒烟基础上,钙通道阻滞剂(CCB)和硝酸酯类药物合用是治疗变异型心绞痛的主要手段。贝尼地平对控制冠脉痉挛、改善变异型心绞痛患者的预后有较好效果。β 受体阻滞剂可能会加重或诱发变异型心绞痛;但对有固定狭窄的变异型心绞痛患者,β 受体阻滞剂并非绝对禁忌。

(6) 预后:变异型心绞痛如无显著冠状动脉固定性狭窄,一般预后良好,5 年生存率可高达 89% ~97%。提示多支血管或左主干痉挛的弥漫性 ST 段抬高患者预后不良。

二、冠状动脉造影结果正常的胸痛——X 综合征

X 综合征(syndrome X)通常指患者具有心绞痛或类似于心绞痛的胸痛,平板运动时出现 ST 段下移,而冠状动脉造影无异常发现。本病的预后通常良好,但由于临床症状的存在,常迫使患者反复就医,导致各种检查措施过度应用和药品消耗,以及生活质量下降,日常工作受影响。这些患者占因胸痛而行冠状动脉影检查患者总数的 10% ~30%。本病的病因尚不清楚,其中一部分患者在运动负荷试验或心房调搏术时心肌乳酸产生增多,提示心肌缺血。另外,微血管灌注功能障碍、交感神经占主导地位的交感和迷走神经平衡失调、患者痛觉阈降低,均可导致本病的发生。血管内超声及多普勒血流测定可显示有冠状动脉内膜增厚,早期动脉粥样硬化斑块形成及冠状动脉血流储备降低(图 3-7-16)。

本病以绝经期前女性为多见。ECG 可以正常,也可以有非特异性的 ST-T 改变,近 20% 的患者运动试验阳性。本病无特异疗法,β 受体阻滞剂和 CCB 均能减少胸痛发作次数,硝酸甘油不能提高大部分患者的运动耐受量,但可以改善部分患者的症状,可试用。

三、心肌桥

冠状动脉通常行走于心外膜下的结缔组织中,如果一段冠状动脉行走于心肌内,这束心肌纤维被称为心肌桥(myocardial bridging),行走于心肌桥下的冠状动脉被称为壁冠状动脉。

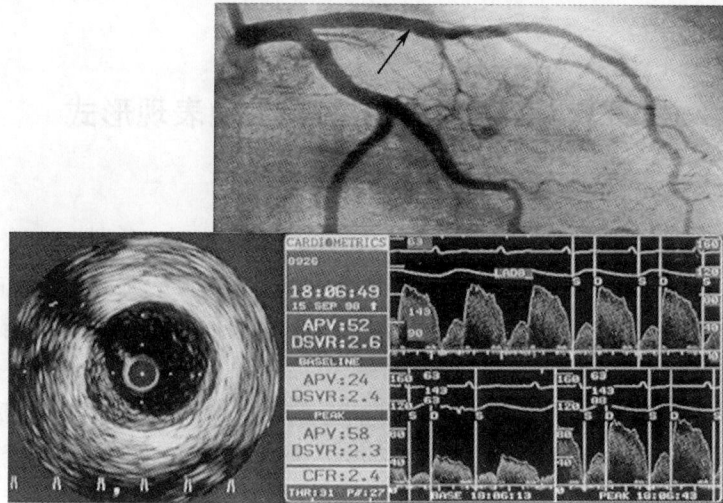

图3-7-16   冠状动脉造影正常患者的血管内超声和多普勒血流速度测定
左下图从3点到10点之间内膜增厚，早期斑块形成；右下图示血管内
多普勒血流测定的结果，血流储备（CFR）为2.4，低于正常

由于壁冠状动脉在每一个心动周期中的收缩期被挤压，而产生远端心肌缺血，临床上可表现为类似心绞痛的胸痛、心律失常，偶可引起心肌梗死或猝死。冠状动脉造影患者中的检出率为0.51%～16%，尸体解剖的检出率为15%～85%，说明大部分心肌桥没有临床意义。

由于心肌桥存在，导致心肌桥近端的收缩期前向血流逆转，而损伤该处的血管内膜，所以该处容易有动脉粥样硬化斑块形成，冠状动脉造影显示该节段收缩期血管腔被挤压，舒张期又恢复正常，被称为挤奶现象（milking effect）。本病无特异性治疗，β受体阻滞剂等降低心肌收缩力的药物可缓解症状，不宜采用支架治疗，因为血管穿孔、支架内再狭窄的发生率显著升高。手术分离壁冠状动脉曾被视为根治本病的方法，但也有再复发的病例。一旦诊断本病，除非绝对需要，应避免使用硝酸酯药物及多巴胺等正性肌力药物。

（葛均波）

推荐阅读文献

1. 陈灏珠，钱菊英，李清. 冠状动脉粥样硬化性心脏病. 实用内科学. 第14版. 北京：人民卫生出版社，2013
2. Longo DL，Fauci AS，Kasper DL，et al. Harrison's Principles of Internal Medicine. 18th Ed，New York：McGraw-Hill，2012
3. Bonow RO，Mann DL，Zipes DP and Libby P. Braunwald's Heart Disease：A Textbook of Cardiovascular Medicine. 9th Ed. Philadelphia：Elsevier Saunders，2012

Notes

第八章　心脏瓣膜病

> **要点**:
>
> 1. 心脏瓣膜病是由多种原因引起的瓣口狭窄和(或)关闭不全所致的心脏疾病,风湿性因素在我国很常见,但近年来由退行性改变引起的心脏瓣膜病有逐年增多的趋势。
>
> 2. 风湿性心脏病以二尖瓣受累最为常见,其次为二尖瓣合并主动脉瓣病变,单纯主动脉瓣、三尖瓣和肺动脉瓣病变者少见。
>
> 3. 根据临床症状、体征并结合病史,诊断多无困难。超声心动图检查有助于明确病变部位并评价病变严重程度。
>
> 4. 外科手术是治疗瓣膜病的重要方法,瓣膜病手术治疗应注意选择手术时机。
>
> 5. 随着介入技术的快速发展和临床证据的不断积累,经导管心脏瓣膜置换/修复技术在心脏瓣膜病的治疗中前景广阔。

心脏瓣膜病(valvular heart disease,VHD)是由于炎症、黏液样变性、退行性改变、先天性畸形、缺血性坏死和创伤等原因引起的心脏瓣膜结构或功能异常,导致瓣口狭窄和(或)关闭不全所致的心脏疾病。我国心脏瓣膜病的主要原因既往长期为风湿性心脏病(rheumatic heart disease,RHD),风湿性炎症过程所致的瓣膜损害主要累及 40 岁以下人群,二尖瓣受累约为 70%,二尖瓣并主动脉瓣病变者为 20%~30%,单纯主动脉瓣病变为 2%~5%,三尖瓣和肺动脉瓣病变者少见。随着生活方式的改变和人口老龄化进程的加速,老年钙化性瓣膜病在我国有逐年增多的趋势。

心脏瓣膜病的主要病因如表 3-8-1 所示。

表 3-8-1　心脏瓣膜病的主要病因

主动脉瓣狭窄	主动脉瓣反流	二尖瓣狭窄	二尖瓣反流		三尖瓣反流
			慢性	急性	
主动脉瓣畸形	主动脉瓣畸形	风湿性	二尖瓣脱垂	心内膜炎	功能性
风湿性	心内膜炎		左心室扩张	乳头肌功能障碍	三尖瓣脱垂
退行性变	主动脉根部扩张		风湿性	乳头肌或腱索断裂	心内膜炎
	风湿性		心内膜炎	人工瓣膜功能障碍	

第一节　风　湿　热

风湿热(rheumatic fever,RF)是一种由于咽喉部感染 A 组乙型溶血性链球菌后反复发作的急性或慢性全身结缔组织炎症,主要侵犯心脏和关节,其他器官如脑、皮肤、浆膜、血管等均可受累,临床表现以心脏损害最为严重且多见。本病好发年龄为 5~15 岁,3 岁以下少见;一年四季均可发病,以冬春季多见,寒冷和潮湿是重要的诱因;无性别差异。风湿热的流行病学规律在发生改变,20世纪中期世界各国尤其是发达国家风湿热发病率明显下降,但近20年风湿热发病率开始回升,且城市中产阶级、比较富裕家庭的儿童发病率增高。风湿热的临床表现也发生变异,暴发型少,隐匿型发病较多,轻度或不典型病例增多。

【病因和发病机制】　风湿热是A组乙型溶血性链球菌感染后引起的自身免疫性疾病。约0.3%~3%的患儿因该菌引起咽峡炎,1~4周后发生风湿热。其发病机制与A组乙型溶血性链球菌的特殊结构成分和细胞外产物有关。

（一）链球菌抗原分子

多种A组乙型溶血性链球菌的抗原与发病有关:其荚膜透明质酸酶与人体关节、滑膜有共同抗原;其细胞壁外层蛋白质中M蛋白和M相关蛋白、中层多糖中N-乙酰葡糖胺和鼠李糖均与人体心肌、心瓣膜糖蛋白有共同抗原;其细胞膜的脂蛋白与人体心肌纤维膜和丘脑下核、尾状核之间有共同抗原。链球菌感染后机体产生抗链球菌抗体,可与人体组织产生免疫交叉反应而导致器官损害。

（二）免疫复合物致病

链球菌抗原与抗链球菌抗体可形成循环免疫复合物,沉积于人体关节滑膜、心肌、心瓣膜,激活补体成分产生炎性病变。

（三）细胞免疫损伤

1. 外周血淋巴细胞对链球菌抗原的增殖反应增强,患者的T淋巴细胞具有对心肌细胞的细胞毒作用。

2. 患者外周血对链球菌抗原诱导的白细胞移动抑制试验增强,淋巴细胞母细胞化和增殖反应降低,自然杀伤细胞功能增加。

3. 患者扁桃体单核细胞对链球菌抗原的免疫反应异常。

（四）遗传机制

在风湿热患者家庭中,其发病率较无风湿热史的家庭为高。有研究发现 HLA-B_{35}、HLA-DR_2、HLA-DR_4、HLA-DRB_1和淋巴细胞表面标记 D8/17[+]等与发病有关。

此外A组链球菌产生的外毒素和一些酶,如链球菌溶血素O和链激酶等,可直接造成人体组织器官的损害。

【病理】

（一）特征性的病理改变

病变主要发生于结缔组织胶原纤维,全身各器官均可受累,以心脏、血管及浆膜等处改变最为明显,特征性的病理改变为 Aschoff 小体。病理过程可分为渗出、增生和硬化3期,但各期改变可同时存在。

（1）渗出期:风湿热的急性期出现结缔组织渗出性炎症改变,基质水肿伴淋巴细胞和浆细胞浸润,主要累及心脏、关节及周围组织、皮肤等。持续3~4周后恢复或进入增生期。

（2）增生期:表现为以 Aschoff 小体为特征的增生样改变,风湿性肉芽肿形成。Aschoff 小体为位于血管周围的局灶性胶原纤维素样坏死,外周为巨大的多核细胞(风湿细胞)及少量淋巴细胞、浆细胞浸润。风湿细胞呈圆形或椭圆形,胞浆丰富、呈嗜碱性,胞核为单核或多核、核仁明显。Aschoff 小体主要见于心肌、心瓣膜、心外膜。本期可维持3~4个月。

（3）硬化期:炎性细胞减少,Aschoff 小体中央变性和坏死物质被吸收,纤维组织增生,瘢痕形成。受累的心瓣膜增厚,瘢痕形成,可导致瓣膜的狭窄和关闭不全。本期改变形成持续2~3个月。

（二）各器官的病理改变

1. 心脏　急性风湿性心肌炎中心内膜、心肌、心包等均可被累及,形成全心炎。典型的风湿病理变化主要分布在心肌血管旁的结缔组织中。心内膜炎主要侵及心瓣膜,二尖瓣最常受损害,其次为主动脉瓣,三尖瓣及肺动脉瓣受累少见,也可同时侵及乳头肌和腱索。累及的瓣膜充血、肿胀及增厚,表面出现赘生物;在瓣叶闭合处纤维蛋白的沉着可使瓣叶发生粘连;瓣膜的改变加上腱索和乳头肌的粘连缩短,使心瓣膜变形,可产生瓣口狭窄。心包腔内可产生纤维蛋白性或浆液纤维蛋白性渗出物,但极少引起缩窄性心包炎。

2. 关节 关节滑膜及周围组织水肿,滑膜下结缔组织中有黏液性变,纤维素样变及炎性细胞浸润。渗出液中纤维素通常不多,易被吸收,一般不引起粘连。活动期过后并不产生关节畸形等后遗症。

3. 皮肤 多在关节附近形成皮下结节,附着于肌腱及骨膜,为提示风湿活动的重要体征,但仅在10%的患者中见到,常于数周至数月内消失。

4. 动脉 可累及动脉壁各层,促使动脉壁增厚,易导致血栓形成。多见于冠状动脉和肾、胰、肠系膜、肺和脑等部位的动脉。

5. 胸膜和肺部 肺部病变少见,表现为肺间质及肺泡内有炎性细胞渗出,病灶分布多在小血管周围。当胸膜受累时可出现无菌性浆液、纤维素性渗出液。

6. 脑部病变 脑膜、脑实质血管扩张、出血,淋巴细胞、浆细胞等浸润,可形成不典型的Aschoff小体,分布于纹状体、黑质及大脑皮质等处。在纹状体病变显著时,临床上可有舞蹈病的表现。

【临床表现】

(一)前驱症状

在典型症状出现前1~6周,常有咽喉炎或扁桃体炎等上呼吸道链球菌感染表现,如发热、咽痛、颌下淋巴结肿大和咳嗽等症状,多呈急性起病,亦可为隐匿性进程。50%~70%患者的热型多不规则,中度发热常见,亦可有高热。

(二)典型表现

1. 关节炎 特点为游走性及多发性,以膝、踝、腕、肘等大关节为主,局部出现红、肿、热、痛,活动受限。一般在数周消失,不遗留畸形。

2. 心肌炎 以心肌炎、心内膜炎最多见,亦可发生全心炎,为小儿风湿热的最主要表现,年龄越小,心脏受累的机会越多。轻者可无明显症状,严重者可导致心衰。

(1) 心肌炎:轻者可无症状,重者可伴不同程度的心衰。安静时心动过速,与体温升高不成比例;心脏扩大,心尖搏动弥散;心音低钝,可闻奔马律;心尖部轻度收缩期吹风样杂音,75%的初发患儿主动脉瓣区可闻舒张中期杂音。X线检查心脏扩大,心脏搏动减弱;心电图示P-R间期延长,伴有T波低平和ST段异常,或有心律失常。

(2) 心内膜炎:主要侵犯二尖瓣,其次为主动脉瓣,造成关闭不全。二尖瓣关闭不全表现为心尖部2~3/6级吹风样全收缩期杂音,向腋下传导,有时可闻二尖瓣相对狭窄所致舒张中期杂音。主动脉瓣关闭不全时胸骨左缘第3肋间可闻高音调舒张期叹气样杂音;急性期瓣膜损害多为充血、水肿,恢复期逐渐消失。多次复发可造成心瓣膜永久性瘢痕形成,导致风湿性心瓣膜病。

(3) 心包炎:心包炎多与心肌炎、心内膜炎同时存在。积液量很少时,临床上难以发现;可有心前区疼痛,有时于心底部听到心包摩擦音。积液量多时心前区搏动消失,心音遥远,有颈静脉怒张、肝大等心脏压塞表现。X线检查心影扩大呈烧瓶形;心电图示低电压,早期ST段抬高,随后ST段回到等电线,并出现T波改变;超声心动图可确诊心包积液(图3-8-1)。

3. 环形红斑 出现率6%~25%,呈环形或半环形、边界明显的淡色红斑,大小不等、边缘隆起、中心苍白,无痛、痒感。多出现于躯干和四肢屈侧,呈一过性或时隐时现,持续数周。

4. 皮下结节 发生率2%~16%,呈圆形、坚硬、无痛结节,与皮肤不粘连,直径0.1~1cm,

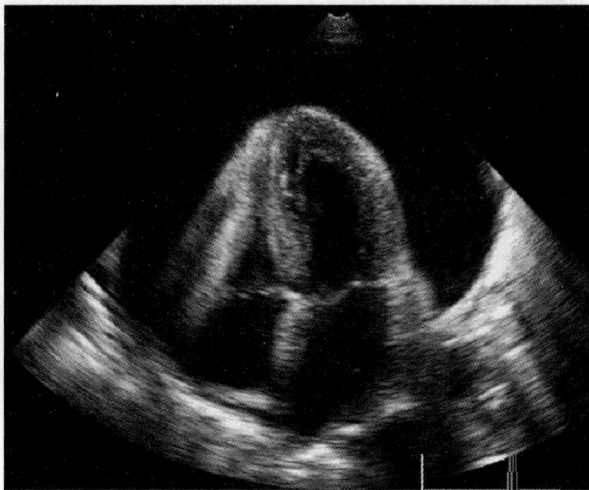

图 3-8-1　心包积液超声心动图表现
二维超声心动图心尖四腔心切面显示大量心包积液

出现于肘、膝、腕、踝等关节伸面,或枕部、前额头皮以及胸、腰椎脊突的突起部位,约 2~4 周自行消失。

5. 舞蹈病　常在链球菌感染后 1~6 个月出现,占风湿热患儿的 3% 左右,也称 Sydenham 舞蹈病,常发生于 4~7 岁的儿童。表现为无目的、不自主的躯干或肢体快速运动,如伸舌歪嘴、挤眉弄眼、耸肩缩颈,肢体表现为伸直和屈曲、内收和外展、旋前和旋后等无节律的交替动作,兴奋或注意力集中时加剧,入睡后即消失。

【实验室检查】

(一) 链球菌感染的证据

咽拭子培养可发现 A 组乙型溶血性链球菌,但仅 1/3 患者为阳性;抗链球菌溶血素 O(anti-streptolysin O, ASO) 阳性,在感染后 2 周左右出现,以往急性风湿热阳性率在 75% 以上,但由于近年来抗生素的广泛应用及因临床表现不典型而导致取材延误,ASO 阳性率已低至 50% 左右;其他如抗链激酶、抗透明质酸酶、抗链球菌脱氧核糖核酸酶 β、抗链球菌二磷酸吡啶核苷酸酶、抗 M 蛋白抗体等滴度均可升高。

(二) 风湿热活动性指标

血白细胞总数和中性粒细胞增高、核左移、贫血、血沉增快、C 反应蛋白(CRP) 升高、α_2 球蛋白及黏蛋白增高等,均提示风湿热活动,但均为非特异性指标。有心肌炎者,肌酸磷酸激酶(CK) 及其同工酶(CK-MB)、肌钙蛋白 I、肌钙蛋白 T 可升高。

【诊断和鉴别诊断】　目前采用 1992 年修订的 Jones 诊断标准。在确定链球菌感染证据的前提下,有两个主要表现或者一个主要表现及两个次要表现,即可诊断急性风湿热。主要表现包括心肌炎(胸膜炎似的胸痛、心包摩擦音、心衰、二尖瓣反流)、多关节炎、舞蹈病、边缘性红斑、皮下结节。次要表现有发热,关节痛以及过去的风湿热病史或已知的风湿性心脏病病史(表 3-8-2)。

本病应与下列疾病鉴别:①类风湿关节炎:关节炎呈持续性伴晨僵,类风湿因子效价升高,骨及关节损害明显;②系统性红斑狼疮:有特殊的皮疹如蝶形红斑,高效价的抗核抗体、抗 dsDNA 及抗 sm 抗体阳性,可有肾脏及血液系统的损害;③强直性脊柱炎:有明显骶髂关节炎和肌腱端炎表现,HLA-B27 阳性,有家族发病倾向;④亚急性感染性心内膜炎:有进行性贫血、淤斑、脾大、栓塞、血培养阳性;⑤病毒性心肌炎:有鼻塞、流涕、流泪等病毒感染的前驱症状,病毒中和试验、抗体效价明显增高,有明显及顽固的心律失常。

表 3-8-2　修订的 Jones 标准

主要表现	次要表现	链球菌感染证据
1. 心肌炎	1. 临床表现	1. 近期猩红热病史
（1）杂音	（1）既往风湿热病史	2. 咽拭子培养阳性或快速链球菌抗
（2）心脏增大	（2）关节痛	原试验阳性
（3）心包炎	（3）发热	3. 抗链球菌抗体滴度升高
（4）充血性心力衰竭		
2. 多发性关节炎	2. 实验室检查	
3. 舞蹈症	（1）ESR 增快，CRP 阳性	
4. 环形红斑	白细胞增多，贫血	
5. 皮下结节	（2）心电图：P-R 间期延长，Q-T 间期	
	延长	

注：主要表现为关节炎者，关节痛不再作为次要表现；主要表现为心肌炎者，P-R 间期延长不再作为次要表现。

【治疗】　治疗目标：清除链球菌感染，去除诱发风湿热的病因；控制临床症状，缓解心肌炎、关节炎、舞蹈病及其他症状；处理各种并发症和合并症，提高生活质量，延长寿命。

（一）一般治疗

注意保暖，避免潮湿和受寒，急性期应卧床休息，有心肌炎者待体温正常、心动过速控制、心电图改善后，继续卧床 3～4 周后恢复活动。有关节炎者，卧床至血沉、体温正常可开始活动。

（二）控制链球菌感染

肌注青霉素 40 万～60 万单位，每天 2 次，疗程 2～3 周。或一次肌肉注射苄星青霉素 60 万单位（27kg 以下）或 120 万单位（27kg 以上）。如青霉素过敏，可使用红霉素、罗红霉素、林可霉素、头孢类或喹诺酮类。

（三）抗风湿治疗

单纯关节受累者，首选非甾体抗炎药，常用阿司匹林，小儿 80～100mg/（kg·d），分 3～4 次口服；成人 3～4g/d。2 周后开始减量，疗程 4～8 周。心肌炎患者宜早期使用肾上腺皮质激素，常用泼尼松，成人开始剂量 30～40mg/d，小儿 1.5～2mg/（kg·d），分 3～4 次口服，2～4 周后开始减量，疗程 8～12 周。停用激素前 2 周加用阿司匹林，以防止停用激素后出现反跳现象。

【预防和预后】

（一）一级预防

即预防"危险因子"，包括改善社会经济状况、改善居住环境、预防营养不良、开展体育锻炼增强体质、防寒防潮、积极预防上呼吸道感染、对儿童和青少年进行链球菌性咽喉炎和风湿热相关性的卫生宣教等。在定期进行高发和易感人群普查的同时，应用 1 种有效的抗链球菌疫苗是必需的。

（二）二级预防

是预防风湿热复发或继发性风湿性心脏病。每 3～4 周肌内注射苄星青霉素 120 万单位，预防注射期限至少 5 年，最好持续至 25 岁，有风湿性心脏病者，预防期限最少 10 年或至 40 岁，甚至终身预防。对青霉素过敏者可改用红霉素类药物口服，每月口服 6～7 天，持续时间同前。舞蹈病预后良好，4～10 周后可自然痊愈，少数遗留有神经精神症状。

（三）预后

风湿热预后主要取决于心肌炎的严重程度，首次发作是否得到正确治疗以及是否采取预防风湿热复发的措施。约 70% 的急性风湿热患者可在 2～3 月内恢复。急性期 65% 左右的患者心脏受累，如不及时合理治疗，70% 可发生心脏瓣膜病。

Notes

第二节　二尖瓣疾病

一、二尖瓣狭窄

【病因】　二尖瓣狭窄(mitral stenosis,MS)的主要病因为风湿热,多见于 20~40 岁青壮年,约 70% 的患者为女性,约 50% 的患者无急性风湿热史,但多有反复链球菌感染所致的上呼吸道感染病史。急性风湿热后,至少需要 2 年或更长的时间才可能形成明显的二尖瓣狭窄,多次反复发作的急性风湿热比仅有一次发作出现瓣口狭窄的病理改变要早。单纯二尖瓣狭窄者约占风湿性心脏病的 25%,二尖瓣狭窄伴有二尖瓣关闭不全者约占 40%,主动脉瓣常常同时受累。

二尖瓣狭窄的少见病因有先天性发育异常、瓣环钙化,如老年人常见的退行性变、结缔组织病(如类风湿关节炎、系统性红斑狼疮、硬皮病)等。

【病理】　风湿性二尖瓣狭窄的病理改变有瓣叶及闭合缘的纤维增厚、钙化,瓣叶交界处的融合、增厚、纤维化,以及腱索的增粗、缩短和融合。狭窄的二尖瓣形状如同漏斗,瓣口常呈鱼嘴样改变。若以腱索的挛缩和粘连为主,则主要表现为二尖瓣关闭不全。慢性二尖瓣狭窄可导致左心房扩大及其所致的左主支气管升高、左心房壁钙化、左心房附壁血栓形成、肺血管壁增厚、右室肥厚和扩张等病变。

【病理生理】　正常成人二尖瓣口的面积(mitral valve area,MVA)为 4.0~6.0cm²,瓣口缩小至 1.5~2cm² 时为轻度狭窄,1~1.5cm² 为中度狭窄,小于 1cm² 为重度狭窄。随着二尖瓣狭窄加重,跨二尖瓣压力亦相应增加才能使血流通过狭窄的瓣口充盈左室,以维持正常的心排出量。

二尖瓣狭窄最早出现的血流动力学改变是由于舒张期血流流入左心室受阻而导致左心房压力升高。这种压力的改变可以传导到肺静脉系统造成肺淤血,严重时可导致大量咯血。开始时,左心房压力的增高仅在心率增加时出现,如运动、激动、感染、妊娠以及房颤伴快速心室率时。这时舒张期缩短,左心房压力也就更高。随着狭窄的加重,甚至在静息状态下正常心率时,左心房压力也持续增高,并出现劳力性呼吸困难等肺静脉压力增高的相关症状,慢性肺静脉高压可致肺血管阻力增加,肺动脉压力增加。如果二尖瓣狭窄未被纠正,肺的血管系统将会发生不可逆的改变,严重的肺动脉高压可导致右心室扩张和右心衰,继发三尖瓣关闭不全和肺动脉瓣关闭不全,此时肺淤血症状反而减轻,但是体循环淤血症状和体征明显加重。慢性二尖瓣狭窄导致左房扩大引起房颤,快速心室率使舒张期充盈时间减少而加重血流动力学异常,导致肺循环压力进一步加重。

【临床表现】

（一）症状

二尖瓣狭窄的发展呈渐进性发展,早期为 20~40 年的缓慢发展期,临床症状隐匿或不明显,晚期进展迅速,一旦症状出现,10 年左右即可丧失活动能力。

1. 呼吸困难　发生较早,早期表现为劳力性呼吸困难,晚期静息状态下亦出现呼吸困难,以致端坐呼吸和阵发性夜间呼吸困难。若有房颤伴快速心室率、感染、发热、妊娠或分娩、运动、输液过多过快等因素,可以诱发急性肺水肿。

2. 咯血　有以下几种情况:①扩张的支气管静脉破裂致突然咯大量鲜血,见于早期肺血管弹性功能尚好时;②阵发性夜间呼吸困难或咳嗽时,可出现痰中带血或血痰;③急性肺水肿时,咳出大量粉红色泡沫状痰;④体静脉血栓或右房内血栓脱落致肺梗死而咯血,是二尖瓣狭窄伴有心衰的少见并发症。

3. 咳嗽　常常发生,可能为支气管黏膜淤血、水肿造成支气管炎或因左心房增大压迫左主支气管所致。

4. 声嘶 严重扩张的左心房和肺动脉压迫左侧喉返神经,可导致声音嘶哑。

(二)体征

重度二尖瓣狭窄患者常常伴有特殊的"二尖瓣面容",双颧呈绀红色。

二尖瓣狭窄的典型体征是:心尖区闻及低调的舒张中晚期隆隆样杂音,局限不传导,左侧卧位时心尖部听得最清楚,常可触及舒张期震颤。二尖瓣狭窄患者若心尖区闻及第一心音(S_1)亢进和开瓣音,提示瓣叶柔顺、活动度好。第一心音亢进是由于瓣叶在舒张期位置较低、收缩期快速闭合所致,呈拍击样;开瓣音紧随第二心音(S_2),是由于二尖瓣的突然开放式发生震颤所致,呼气时明显,为二尖瓣狭窄听诊的特征性改变,上述两种征象代表瓣膜弹性较好。如瓣叶钙化僵硬、活动性明显下降,则第一心音减弱,开瓣音消失。

当出现肺动脉高压时,胸骨左下缘可扪及右心室收缩期抬举样搏动,肺动脉瓣区第二心音(P_2)亢进或伴分裂。由于肺动脉扩张导致相对性肺动脉瓣关闭不全时,在胸骨左缘第2~4肋间可闻及递减型吹风样的舒张早期杂音(Graham-Steell 杂音),需要和主动脉瓣关闭不全杂音鉴别。右心室扩大伴三尖瓣关闭不全时,胸骨左缘第4、5肋间可闻及全收缩期吹风样杂音,吸气时增强。

【实验室和辅助检查】

(一)X 线检查

后前位见左心缘变直,右心缘见双心房影,左心房增大,肺动脉段隆起,主动脉结缩小,间质性肺水肿(如 Kerley B 线);左前斜位可见左心房增大使左主支气管上抬,右前斜位见左房压迫使食管下段后移。严重者左房、右室扩张明显,心影呈"梨形心"。

(二)心电图

重度二尖瓣狭窄患者可出现"二尖瓣型 P 波",P 波宽度>0.12 秒,伴有切迹,PV_1 终末负性

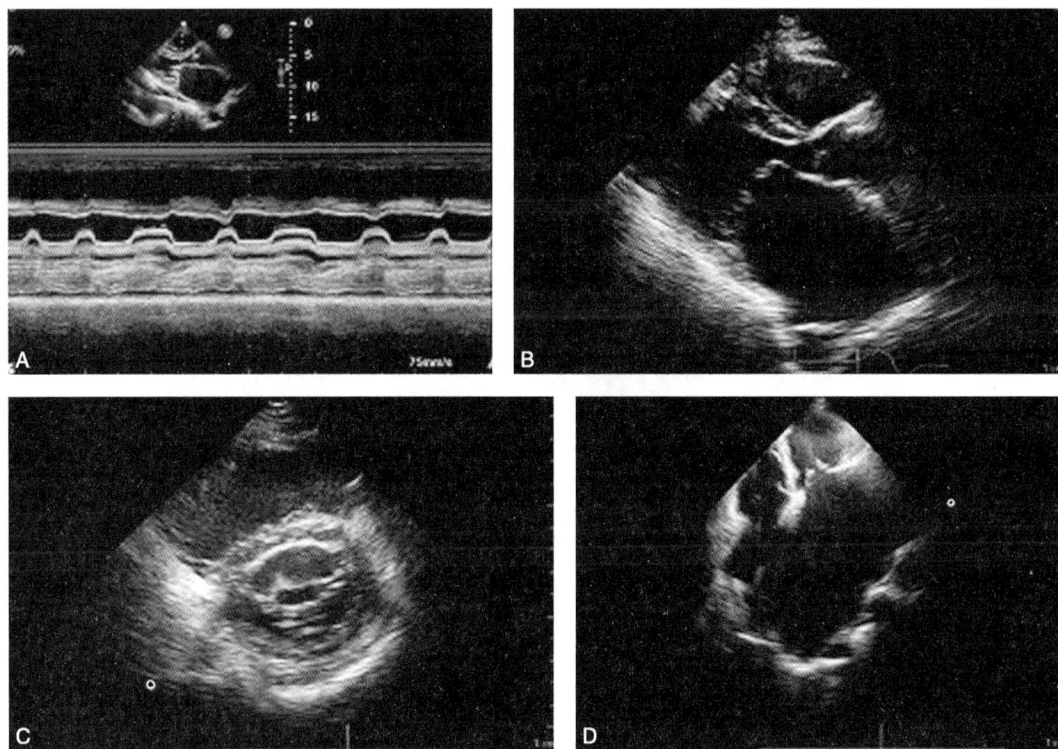

图 3-8-2 风湿性心脏病二尖瓣狭窄超声心动图表现

A. M 型超声心动图显示二尖瓣前后叶回声增强,同向运动,前叶曲线"城墙样"改变;B. 二维超声心动图左室长轴切面显示二尖瓣前叶瓣尖回声增强,于舒张期开放受限,呈"鱼钩样"改变,左心房增大;C. 二维超声心动图左室短轴切面显示二尖瓣瓣缘回声增强,于舒张期开放受限,瓣口面积缩小呈"鱼嘴样";D. 二维超声心动图心尖四腔心切面显示二尖瓣叶增厚,开放受限,巨大左心房

向量增大；QRS 波群示电轴右偏和右心室肥厚表现。

（三）超声心动图

对评估二尖瓣的病理改变及狭窄的严重程度极有价值。M 型超声心动图显示二尖瓣叶回声增强，前叶曲线呈"城墙样"改变，EF 斜率降低，前后叶同向运动（图 3-8-2A）。二维超声心动图显示舒张期前叶呈"鱼钩样"（图 3-8-2B），后叶活动度减少，交界处粘连融合，瓣叶增厚，瓣口面积缩小呈"鱼嘴样"（图 3-8-2C）；左房右室大（图 3-8-2D），左房内可有血栓回声（图 3-8-3A/文末彩图 3-8-3A），严重狭窄者呈巨大左心房。彩色多普勒血流显像和连续多普勒分别于左室内探及源于二尖瓣口的全舒张期红彩射流信号（图 3-8-3B/文末彩图 3-8-3B）及高速正向湍流频谱（图 3-8-3C/文末彩图 3-8-3C）。经食管超声有利于左心耳和左心房附壁血栓的检出。超声心动图还可对房室大小、室壁厚度和运动、心室功能、肺动脉压、其他瓣膜异常和先天性畸形等方面提供信息。

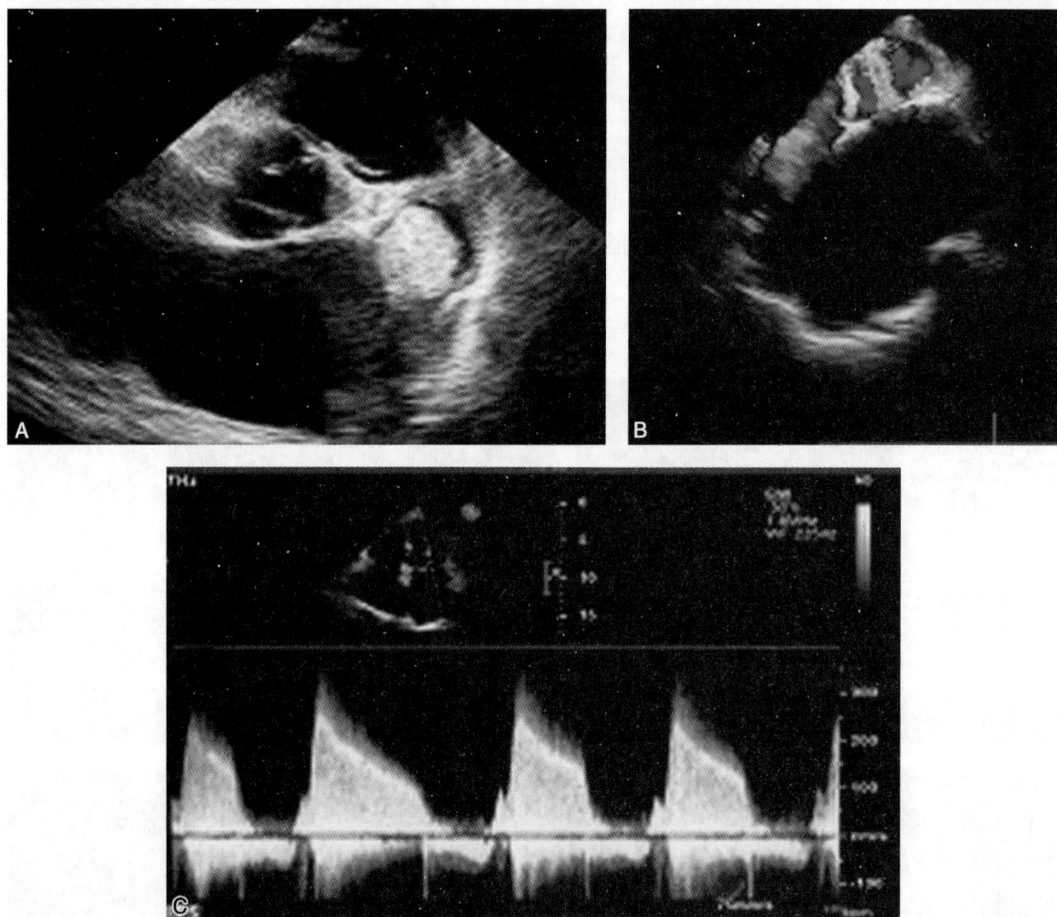

图 3-8-3　风湿性心脏病二尖瓣狭窄超声心动图表现

（四）心导管检查

在考虑介入或手术治疗时，可经心导管检查同步测定肺毛细血管压和左心室压，以确定跨瓣压差和计算瓣口面积，正确判断狭窄程度。

【诊断和鉴别诊断】　典型的心脏杂音以及超声心动图表现可明确诊断。超声心动图有助于鉴别各种原因导致的功能性二尖瓣狭窄、左房黏液瘤、三尖瓣狭窄和原发性肺动脉高压等。

【并发症】

（一）房颤

常见，可为首次呼吸困难发作的诱因和患者体力活动明显受限的开始。常先有房性期前收缩,继而阵发性心房扑动和颤动,之后转为慢性房颤。房颤发作可使心排出量降低20%左右,诱发或加重心力衰竭,甚至急性肺水肿,因此应尽快控制房颤的心室率或恢复窦性心律。

（二）急性肺水肿

患者突然出现重度呼吸困难和发绀、不能平卧、咳粉红色泡沫状痰、双肺满布干湿性啰音。如不及时救治,可能致死,是重度二尖瓣狭窄的严重并发症。多见于剧烈体育运动、情绪激动、感染、突发快速性心律失常、妊娠和分娩时。

（三）血栓栓塞

20%的患者可发生体循环栓塞。80%的体循环栓塞患者有房颤,2/3的体循环栓塞为脑动脉栓塞,其余依次为外周动脉和内脏(脾、肾和肠系膜)动脉栓塞。偶尔左心房带蒂球状血栓或游离漂浮球状血栓可突然阻塞二尖瓣口,导致猝死。房颤和右心衰时,可在右心房形成附壁血栓,导致肺栓塞。

（四）右心衰

为晚期常见的并发症。右心衰时,右心排出量明显减少,肺循环血量减少,左心房压下降,加之肺泡和肺毛细血管壁增厚,呼吸困难可有所减轻,发生急性肺水肿和大咯血的危险减少,但其代价是心排出量的降低。临床表现为右心衰的症状和体征。

（五）肺部感染

常见,肺静脉压增高和肺淤血易导致肺部感染的发生,可诱发心力衰竭。

（六）感染性心内膜炎

少见,特别是在瓣叶明显钙化或房颤的患者更少发生。

【治疗】

（一）一般治疗

避免过度体力劳动和剧烈运动,定期随访。无症状的重度二尖瓣狭窄和成功实施经皮球囊二尖瓣扩张术(percutaneous balloon mitral commissurotomy,PBMC)的患者应每年进行临床随访和超声心动图检查,一旦症状出现应尽早考虑介入/外科手术治疗。对轻中度狭窄的患者,随访间隔时间可延长到每2~3年一次。

（二）药物治疗

有风湿活动者应给予抗风湿治疗,预防风湿热复发,应长期甚至终生应用苄星青霉素;利尿剂和硝酸酯类药物可暂时缓解呼吸困难;β受体阻滞剂和非二氢吡啶类CCB能够改善运动耐量;房颤患者应进行抗凝治疗,INR目标值为2~3;窦性心律患者,如既往有血栓栓塞病史、左房存在血栓、左房内径>50mm或容积>60ml/m²、经食管超声心动图提示左房有自发显影时也建议抗凝治疗。

（三）介入治疗

经皮球囊二尖瓣扩张术(PBMC)的适应证为:中、重度单纯二尖瓣狭窄(MVA≤1.5cm²);瓣叶柔软活动好,无明显钙化和瓣下结构无明显增厚(Wilkins超声评分<8分);心腔内无血栓;不合并二尖瓣关闭不全及其他瓣膜病变;无风湿活动;有明确临床症状,心功能Ⅱ、Ⅲ级。如伴有二尖瓣关闭不全,仅限于轻度且无左室增大者。对高龄、伴有严重冠心病,因其他严重的肺、肾、肿瘤等疾病不宜手术或拒绝手术,妊娠伴严重呼吸困难,以及外科分离术后再狭窄的患者,也可选择该疗法。对于有血栓或慢性房颤的患者,应在术前充分用华法林抗凝。PBMC的禁忌证是:瓣膜条件差不适合PBMC;左房血栓;有风湿活动的证据;未控制的感染性心内膜炎;伴有中度以上的二尖瓣关闭不全、主动脉瓣关闭不全和狭窄。术前可应用经食管超声除外左房血栓,特别是除外左房赘生物。一旦发现有血栓,应当进行3个月的华法林抗凝。PBMC手术成功率95.2%~99.3%,术后症状和血流动力学可立即改善,主要并发症包括死亡(0.12%)、中度以上二尖瓣反流(1.41%)、心脏压塞(0.81%)和血栓栓塞(0.48%)。

（四）外科手术治疗

1. 直视分离术 适用于伴有中、重度二尖瓣关闭不全(MVA≤1.5cm²),瓣膜严重钙化或腱

Notes

索重度融合缩短,以及左房内有血栓或再狭窄者。在体外循环下,直视分离融合的交界处、腱索和乳头肌,去除瓣叶的钙化斑,清除左心房内血栓。术后血流动力学改善好,手术死亡率低,术后并发症少,无须终生抗凝。由于手术复发率高,这项手术已逐步淘汰。

2. 人工瓣膜置换术　对严重的二尖瓣狭窄不适合行瓣膜切开术和球囊扩张术的患者,可以进行二尖瓣置换术。手术应在有症状而无肺动脉高压时考虑。严重肺动脉高压增加手术风险,但非手术禁忌,术后多有肺动脉高压减轻。人工瓣膜置换术手术死亡率和术后并发症均高于分离术。术后存活者心功能可恢复较好。

【预后】　二尖瓣狭窄出现症状,以及发生房颤、慢性心衰伴心脏扩大及有栓塞史者,预后不良。在未开展手术治疗的年代,本病10年存活率在无症状被确诊后的患者为84%,症状轻者为42%,中、重度者为15%。从发生症状到完全致残的平均时间为7.3年。手术治疗提高了患者的生活质量和存活率。

二、二尖瓣关闭不全

【病因和病理】　收缩期二尖瓣关闭依赖二尖瓣瓣叶、瓣环、腱索、乳头肌和左心室结构和功能的完整性,其中任何部分的异常均可致二尖瓣关闭不全(mitral regurgitation,MR)。

(一)瓣叶

约30%的二尖瓣关闭不全为风湿性损害。风湿性病变使瓣膜僵硬、变性、瓣叶边缘卷缩、连接处融合以及腱索融合缩短。其他病因可见感染性心内膜炎引起的瓣叶穿孔、赘生物附着,影响瓣膜关闭。二尖瓣原发性黏液性变性使瓣叶宽松膨大或伴腱索过长致使二尖瓣脱垂,当心脏收缩时瓣叶突入左房可致二尖瓣关闭不全。二尖瓣脱垂亦可见于遗传性结缔组织病如 Marfan 综合征。肥厚性梗阻型心肌病收缩期二尖瓣前叶前向运动可导致二尖瓣关闭不全。先天性心脏病心内膜垫缺损常合并二尖瓣前叶裂,导致关闭不全。

(二)瓣环扩大

任何病因引起的左心室扩大、二尖瓣环的退行性变和钙化,都可造成二尖瓣环扩大而导致二尖瓣关闭不全。

(三)腱索

先天性或获得性的腱索病变,如腱索过长、断裂、缩短或融合。

(四)乳头肌

乳头肌功能失调可致其对腱索和瓣叶的牵制作用减弱而引起二尖瓣关闭不全。

【病理生理】　急性二尖瓣反流可致左心房及左心室压力骤然上升,导致肺淤血甚至肺水肿。此外,搏出量及心排出量的减低会导致全身血管阻力的上升,更加重了二尖瓣反流的严重程度。患者通常表现为突发的肺水肿及心源性休克。

慢性二尖瓣反流时,反流的血液于舒张期再经二尖瓣充盈左心室,导致左心室容量负荷增大,早期通过左心室扩大和离心性肥厚代偿。根据 Frank-Starling 机制使左心室心搏量增加以维持正常的前向心搏量。慢性二尖瓣反流时左房顺应性增加,左房扩大和左室于较长时间内适应容量负荷的增加,使左房压和左室舒张末压不致明显上升,故在相当长时期内不出现肺淤血且无临床症状。但持续、严重的过度负荷,终至左室心肌功能衰竭,左室舒张末压和左房压明显上升,出现肺淤血,最终出现肺动脉高压和右心衰。

【临床表现】

(一)症状

1. 急性　轻度二尖瓣反流仅有轻微劳力性呼吸困难;严重反流时(如腱索乳头肌断裂)则很快发生急性左心衰,甚至出现急性肺水肿或心源性休克。

2. 慢性　轻度代偿期二尖瓣关闭不全患者通常没有症状,重度关闭不全一般6～10年后出现左室功能异常或症状,一旦发生心力衰竭,则进展迅速。常见的症状包括:劳力性呼吸困难、疲乏无力、活动耐力下降等,晚期可出现右心衰竭的表现。

（1）风湿性心脏病:从首次风湿热到出现二尖瓣关闭不全的症状常超过 20 年,一旦出现明显症状时,多已有不可逆的左室功能不全。急性肺水肿、咯血和体循环栓塞较二尖瓣狭窄少见。

（2）二尖瓣脱垂:一般二尖瓣关闭不全较轻,多数无症状,或仅有心悸、乏力、体位性晕厥等。严重二尖瓣反流晚期出现左心衰。

（二）体征

1. **急性**　心尖搏动呈高动力型。肺动脉瓣第二心音亢进,可见左心房强有力收缩所致的心尖区第四心音。心尖区反流性杂音于第二心音前终止,杂音低调、呈递减型,不如慢性者响。严重反流也可出现心尖区第三心音和短促的舒张期隆隆样杂音。

2. **慢性**　心尖搏动呈抬举样,并向左下移位。重度关闭不全时,第一心音减弱或不能闻及。二尖瓣脱垂和冠心病所致关闭不全时第一心音多正常。由于左心室射血时间缩短、第二心音提前,心音分裂增宽。典型的二尖瓣反流杂音为心尖部全收缩期吹风样杂音,在心尖区最响,可伴有震颤,前叶损害为主时杂音向左腋部、左肩胛下区及背部传导,后叶损害为主时杂音向心底部传导。杂音的强度与左心室收缩力的强弱有关,而与关闭不全的程度不一定成正比。因风湿性心脏病导致的二尖瓣反流,多合并典型的二尖瓣狭窄杂音。二尖瓣脱垂时可有收缩中期喀喇音。腱索断裂时杂音可似海鸥鸣或音乐性。

【实验室和辅助检查】

（一）X 线检查

急性者心影正常,或左心房轻度增大伴明显肺淤血,甚至肺水肿征。慢性重度反流可见左心房、左心室增大,左心衰时可见肺淤血和间质性肺水肿征。二尖瓣环钙化在左侧位或右前斜位可见致密而粗的 C 形阴影。

（二）心电图

急性者正常,多表现为窦性心动过速。慢性重度二尖瓣关闭不全可见 P 波增宽且呈双峰,提示左心房增大;部分有左心室肥厚和非特异性 ST-T 改变;少数有右心室肥厚征;常有房颤。

（三）超声心动图

M 型超声示前叶曲线 EF 斜率加快,左房、左室及右室增大。二维超声可显示二尖瓣的形态特征,如瓣叶和瓣下结构增厚、融合、缩短和钙化、瓣叶冗长脱垂（图 3-8-4A）、连枷样瓣叶、瓣环扩大或钙化、赘生物（图 3-8-4B）、左室扩大和室壁矛盾运动等,有助于明确病因。

脉冲或连续波多普勒超声和彩色多普勒血流显像可于二尖瓣心房侧和左心房内探及收缩期反流束及反流频谱（图 3-8-5/文末彩图 3-8-5）,其诊断二尖瓣关闭不全的敏感性可近 100%。反流束可半定量反流程度,若反流血流束局限于二尖瓣环附近为轻度,达左房腔中部为中度,直

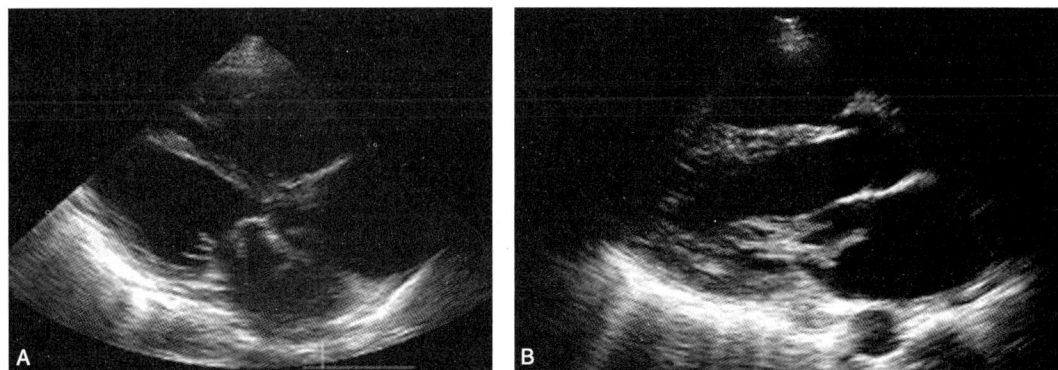

图 3-8-4　二尖瓣关闭不全超声心动图表现

A. 二尖瓣前叶脱垂,二维超声心动图胸骨旁左室长轴切面显示二尖瓣前叶腱索断裂,瓣膜脱垂;

B. 二尖瓣后叶赘生物,二维超声心动图胸骨旁左室长轴切面显示二尖瓣后叶赘生物

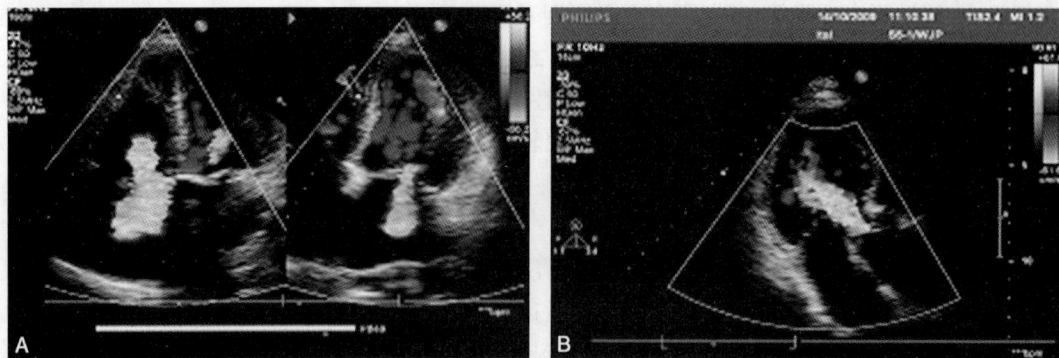

图 3-8-5　二尖瓣关闭不全反流频谱

达心房顶部、贯通整个心房为重度。定量诊断标准为：轻度是指射流面积<4cm²、反流容积<30ml、反流分数<30%；中度是指射流面积<4~8cm²、反流容积30~59ml、反流分数30%~49%；重度是指射流面积>8cm²、反流容积>60ml、反流分数>50%。

【诊断与鉴别诊断】　诊断主要根据典型的心尖区收缩期吹风样杂音以及超声心动图表现。超声心动图有助于鉴别生理性杂音、三尖瓣关闭不全、室间隔缺损、左或右心室流出道梗阻等。

【并发症】　常有房颤；感染性心内膜炎较二尖瓣狭窄常见；体循环栓塞较二尖瓣狭窄少见；心衰在急性者早期出现，慢性者晚期发生；急性患者可出现急性左心衰甚至急性肺水肿。

【治疗】

（一）急性

治疗目的是降低肺静脉压，增加心排出量和纠正病因。内科治疗一般为术前过渡措施，尽可能在床旁应用 Swan-Ganz 导管血流动力学监测指导下进行。静滴硝普钠扩张小动静脉，降低心脏前后负荷、减轻肺淤血、减少反流、增加心排出量。外科治疗为根本措施，视病因、病变性质、反流程度和对药物治疗的反应，进行紧急、择期人工瓣膜置换术或修复术。部分患者经药物治疗后症状完全控制，进入慢性代偿期。

（二）慢性

1. 一般治疗　在很长时间内可无症状，无须特殊治疗，主要是预防风湿热和感染性心内膜炎的发生，需定期随访。无症状、心功能正常的轻度 MR 不需常规随访超声心动图；心功能正常的无症状中度 MR 患者，可每年临床随访 1 次，每 2 年复查超声心动图；心功能正常的无症状重度 MR 患者，应每 6 个月临床随访 1 次，每年复查超声心动图；若病情出现明显变化、出现新发房颤、肺动脉压力升高、左室射血分数降低时，应避免剧烈运动，并根据需要增加随访频率，必要时给予药物、介入或外科手术治疗。

2. 药物治疗　对于有症状的 MR 患者，药物治疗主要是对症治疗。对没有心衰的慢性 MR 患者，尚无证据支持使用包括 ACEI 在内的血管扩张剂对患者有益。伴有心衰者，应限制钠盐摄入，可使用血管紧张素转换酶抑制剂、β-受体阻滞剂、利尿剂和洋地黄等。慢性房颤、有体循环栓塞史、左心房有血栓者，应长期抗凝治疗。

3. 介入治疗　近年来，随着微创介入理念、技术和材料的快速发展，经导管二尖瓣修复成为可能，包括：经导管二尖瓣夹合术（MitraClip 术）、瓣环成形术、人工腱索置入术以及瓣膜置入术等。MitraClip 手术是所有经导管二尖瓣修复术中相对成熟、也是目前应用最多的一种介入治疗方法，EVEREST 系列研究以及欧洲、美国等许多注册研究已证实 MitraClip 手术是安全、有效的，但仍需进一步的大样本、长时间随访的随机对照研究。其他技术均处于临床研究当中。

4. 外科手术治疗　外科治疗是恢复瓣膜功能的根本措施。手术适应证：①重度二尖瓣关闭不全伴有临床症状；②伴有肺动脉高压（肺动脉平均压>50mmHg）、新发心房颤动或左心功能障碍(LVEF≤60%或LVESD≥45mm)的无症状重度二尖瓣关闭不全患者。手术前应行心导管检查和心血管造影检查,以了解血流动力学情况、二尖瓣关闭不全的程度及冠状动脉病变,便于指导手术治疗。手术方法有人工瓣膜置换术和二尖瓣修复术,后者用于非风湿性、非感染性和非缺血性病因者,如二尖瓣脱垂、腱索断裂和瓣环扩张等。二尖瓣脱垂是单纯重度二尖瓣关闭不全最常见原因,反流症状严重且不易控制者应及时行二尖瓣修补术。

【预后】　由各种乳头肌、腱索及瓣叶异常造成的急性严重二尖瓣反流伴血流动力学不稳定者,如不及时手术干预,死亡率极高。慢性重度二尖瓣关闭不全确诊后,内科治疗5年存活率80%、10年存活率60%。单纯二尖瓣脱垂无明显反流,大多预后良好;年龄>50岁,有明显收缩期杂音和二尖瓣反流,瓣叶冗长增厚,左心房、左心室增大者,预后较差。

第三节　主动脉瓣疾病

一、主动脉瓣狭窄

【病因和病理】　主动脉瓣狭窄(aortic stenosis,AS)最常见的病因是风湿性主动脉瓣狭窄、先天性主动脉瓣畸形和老年性主动脉瓣钙化,我国以风湿性多见,欧美以后两者为主。如合并多瓣膜损害,多为风湿性心脏病。单纯主动脉瓣狭窄,年龄<15岁者,以单叶式主动脉瓣畸形多见;16~65岁者,以先天性二叶瓣钙化可能性大;>65岁者,以退行性老年钙化病变多见。

(一) 风湿性心脏病

风湿性炎症导致的瓣膜交界处粘连融合、瓣叶纤维化、僵硬、钙化和挛缩畸形,致使瓣口狭窄。单纯的风湿性主动脉瓣狭窄极少见,多合并主动脉瓣关闭不全和二尖瓣病变。

(二) 先天性畸形

正常的主动脉瓣有三个瓣膜,最常见的先天性畸形为二叶式主动脉瓣,普通人群发生率1%~2%,先天性单叶式或四叶式主动脉瓣少见。由于瓣叶结构异常,长期受到血流的不断冲击,易引起瓣膜增厚、钙化、僵硬、纤维化,最终导致瓣膜狭窄。我国二瓣化畸形导致的主动脉瓣狭窄发生率高,而国外则较少见。

(三) 老年钙化性瓣膜病

由瓣膜退行性变所致,是老年人单纯性主动脉瓣狭窄的常见原因,近年来发生率呈上升趋势。病理表现为瓣膜体部的钙化,很少累及瓣膜交界处,通常伴有二尖瓣环的钙化。

【病理生理】　正常成人主动脉瓣口面积在 $3.0~4.0cm^2$,主动脉瓣口面积只有降到正常的1/4以下时,才会出现血流动力学异常。当瓣口 $≤1.0cm^2$ 时,左心室收缩压明显升高,主要通过进行性室壁向心性肥厚代偿,从而产生并保持一个高的跨瓣压力阶差,以维持正常收缩期室壁应力和左心室心排出量。左心室肥厚也导致舒张期室壁僵硬、顺应性降低,相继发生左心房扩大、左心房压力增高,最终引起肺静脉压、肺毛细血管楔嵌压、肺动脉压均相继升高的一系列左心功能不全的表现。

严重主动脉瓣狭窄可致心肌缺血。左心室壁肥厚、心室收缩压升高和射血时间延长,增加心肌氧耗量,同时左心室肥厚使心肌毛细血管密度相对减少。舒张期心腔内压力增高压迫心内膜下冠状动脉,以及左心室舒张末压升高导致的舒张期主动脉至左心室的压差降低,均可使冠状动脉灌注压下降、冠状动脉血流减少。运动可致心率加快、心肌耗氧量增加,使心肌缺血加重。

【临床表现】

(一) 症状

主动脉瓣狭窄可经历相当长的无症状期,一旦出现则进展迅速,若不及时手术干预,2年的生存率仅20%~50%,典型的症状为劳力性呼吸困难、心绞痛和晕厥的三联征。早期症状多不典型,易被忽视。

1. **呼吸困难**　劳力性呼吸困难为病变晚期肺淤血引起的常见首发症状,约90%的有症状患者可发生,进而可发生阵发性夜间呼吸困难、端坐呼吸和急性肺水肿。

2. **心绞痛**　约60%的有症状患者可发生。常由运动诱发,休息后可缓解。主要是由于左心室壁肥厚造成需氧量增加,左心室舒张期压力增高造成冠状动脉血流减少,致使心肌缺血所致;极少数可由瓣膜的钙质栓塞冠状动脉引起。部分患者同时患冠心病,进一步加重心肌缺血。

3. **晕厥或接近晕厥**　见于约30%的有症状患者。大多发生于直立、运动中或运动后即刻,亦有少数患者在休息时发生。运动时外周血管扩张,狭窄的主动脉瓣口输出的血流不足以维持动脉血压;休息时晕厥可由于心律失常(房颤、房室传导阻滞或室颤)导致心排出量骤减所致。以上均引起体循环动脉压下降、脑循环灌注压降低,发生脑缺血。

(二)体征

1. **心脏听诊**　胸骨右缘第2肋间可闻及粗糙、响亮的收缩期喷射样杂音,呈递增-递减型,第一心音后出现,收缩中期达到最强后逐渐减弱,终止于第二心音之前,在主动脉瓣听诊区最响,向颈动脉、胸骨下缘和心尖部传导,常伴有收缩期震颤。狭窄越重,杂音越长,杂音的高峰在收缩期内越晚出现。杂音的强度随着搏出量的减少而降低,并随每搏量的不同而改变。先天性主动脉瓣狭窄或瓣叶活动度正常者,可在主动脉瓣听诊区和心尖部听到主动脉瓣喷射音,如瓣叶钙化僵硬则喷射音消失。瓣膜活动受限或钙化明显时,第二心音主动脉瓣成分可以减弱或缺如,严重者第二心音呈逆分裂。常可在心尖区闻及第四心音,左心室扩大和衰竭时可出现第三心音(舒张期奔马律)。

2. **其他**　心脏浊音界可正常,心力衰竭时向左扩大。心尖区可触及收缩期抬举样搏动。脉搏细小,收缩压及舒张压均降低,脉压缩小。老年人常伴有主动脉硬化,收缩压降低不明显。

【实验室和辅助检查】

1. **X线检查**　轻度狭窄心影可正常;中、重度狭窄左心室向左下扩大,左心房轻度增大,狭窄后的升主动脉根部扩张。侧位透视下可见主动脉瓣钙化。晚期可有肺淤血征象。

2. **心电图**　可见左心室肥厚、劳损,常有左心房增大。可有房室传导阻滞、室内传导阻滞(左束支传导阻滞或左前分支阻滞)、房颤或室性心律失常。

3. **超声心动图**　是主动脉瓣狭窄首选的评价手段。M型和二维超声心动图有助于显示心脏结构和功能,如二叶式主动脉瓣瓣缘回声增强、瓣叶变形、僵硬、瓣叶开放幅度或瓣口面积减小(图3-8-6)、左室增大、室壁增厚等,有助于明确狭窄的病因。多普勒超声心动图有助于显示

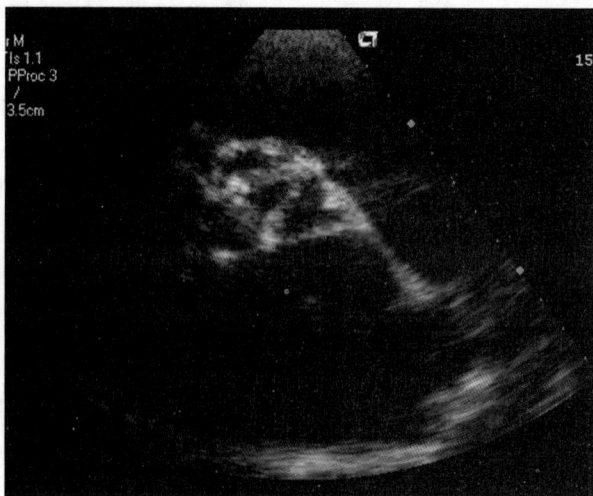

图3-8-6　主动脉瓣狭窄超声心动图表现
二维超声心动图胸骨旁大动脉短轴切面显示主动脉瓣
瓣缘增厚、开放受限

心脏血流,连续多普勒于狭窄的主动脉瓣口探及收缩期高速单峰血流频谱,频谱充填,通过测定主动脉瓣的最大血流速度,可计算出平均和峰跨膜压差以及瓣口面积。

应用超声心动图可定量评估主动脉瓣狭窄的程度(表3-8-3),但应结合瓣膜钙化程度和活动度进行综合判断,并考虑心功能、高动力状态、心腔大小、高血压、主动脉瓣反流、二尖瓣疾病、升主动脉内径等。

表3-8-3　主动脉瓣狭窄严重程度分级

	轻	中	重
最大跨瓣流速(m/s)	2.0~2.9	3.0~3.9	≥4.0
平均跨瓣压差(mmHg)	<20	20~39	≥40
瓣口面积(cm²)	1.5~2.0	1.0~1.5	≤1.0
瓣口面积/体表面积(cm²/m²)	/	/	≤0.6

4. 心导管检查　左心导管检查和造影可测到主动脉瓣口面积、狭窄程度及主动脉与左心室之间的压力阶差。心血管造影还可判断主动脉瓣狭窄类型,即瓣下、瓣膜部和瓣上狭窄。对年龄较大者,应于换瓣术前行冠状动脉造影检查,确定是否并存冠状动脉病变,以决定手术策略。

【诊断和鉴别诊断】　诊断主要根据典型的心底部收缩期喷射样杂音以及超声心动图表现。超声心动图有助于鉴别其他左心室流出道梗阻疾病,如先天性主动脉瓣上/瓣下狭窄、梗阻性肥厚型心肌病等,以及其他可产生收缩期杂音的病变如主动脉扩张、二尖瓣关闭不全、三尖瓣关闭不全等。

【并发症】

1. 心律失常　部分患者可发生房颤,使左心房压升高和心排出量明显减少,致严重低血压、晕厥或肺水肿。主动脉瓣钙化侵及传导系统可致房室传导阻滞;左心室肥厚、心内膜下心肌缺血或冠状动脉栓塞可致室性心律失常。

2. 猝死　多发生于先前有症状者。

3. 感染性心内膜炎　少见,年轻人的瓣膜畸形所致狭窄较老年人的钙化性瓣膜狭窄发生感染性心内膜炎的可能性大。

4. 体循环栓塞　少见,栓子可来自钙化性狭窄瓣膜的钙质或增厚的二叶瓣的微血栓,以脑栓塞最常见。

5. 心衰　50%~70%的患者死于充血性心力衰竭。左心衰后自然病程明显缩短,因此终末期右心衰少见。

6. 胃肠道出血　15%~25%的患者有胃肠道血管发育不良,多见于老年患者,出血多为隐匿和慢性。人工瓣膜置换术后出血停止。

【治疗】

1. 一般治疗　避免过度的体力劳动和剧烈运动。定期随访对决定介入或外科手术干预的时机至关重要,应教育患者一旦出现症状立即就诊,对症状可疑者,运动负荷超声心动图有助于判断。对无症状的重度主动脉瓣患者,至少每6个月应重新评估一次;对轻、中度患者,如存在明显钙化的每年评估一次,如无明显钙化的可延长到2~3年一次。

2. 药物治疗　无特异性药物治疗,疗效不明显,主要为对症支持治疗。包括:预防感染性心内膜炎;风湿性心脏病患者应预防风湿热;积极控制血压;心绞痛患者可使用硝酸酯类和CCB药物;心衰患者应限制钠盐摄入,可用利尿剂、地高辛、ACEI或ARB等治疗,但应避免强利尿剂及血管扩张剂;积极治疗易导致血流动力学不稳定的心律失常,除非伴有房颤和冠心病,尽量避免使用β受体阻滞剂;他汀类药物对主动脉瓣狭窄的进展无明确的防治作用。

3. **介入治疗**　经导管主动脉瓣置入术(transcatheter aortic valve implantation,TAVI)治疗主动脉瓣狭窄是近年来心血管病介入诊疗领域的重大进展。PARTNER 和 CoreValve US Pivotal 随机对照研究以及许多注册研究均证实了 TAVI 的安全性和有效性。TAVI 已成为外科手术高危的症状性重度主动脉瓣狭窄患者外科手术的替代治疗,是不能耐受手术患者的标准治疗。但是,TAVI 必须在拥有实力强的心脏团队(内科、介入、外科、超声、影像、麻醉和护理等)的中心进行,术前进行充分评估,选择最优的干预方式。禁忌证包括:①无心脏团队,没有开展心脏外科手术能力;②患者预期寿命小于 1 年;③因为合并症,TAVI 手术不能改善症状;④解剖学结构不合适等。

经皮球囊主动脉瓣成形术(percutaneous balloon aortic valvuloplasty,PBAV)适用于单纯先天性非钙化性主动脉瓣狭窄的婴儿、青少年患者。因再狭窄的发生率高,且不能降低死亡率,不适用于有严重钙化的老年患者。对于血流动力学不稳定、外科手术风险高或需要紧急非心脏手术的症状性重度主动脉瓣狭窄患者,PBAV 可作为手术或 TAVI 的一种过渡治疗。

4. **外科手术治疗**　人工瓣膜置换术是治疗成人主动脉瓣狭窄的主要方法。手术指征:①重度主动脉瓣狭窄伴有症状;②无症状的重度狭窄患者,伴有 LVEF<50%、接受其他心脏外科手术、运动耐量下降或运动后血压下降、疾病进展快且手术低风险、$V_{max} \geq 5m/s$ 且手术低风险;③接受其他心外科手术的中度狭窄患者。合并冠心病者,需同时行冠状动脉旁路移植术。

【预后】　可多年无症状,无症状患者的猝死率很低。但大部分患者的狭窄进行性加重,一旦出现症状、病情恶化,除非施行外科手术或介入干预,否则预后都很不好。从出现症状起,平均生存期在心衰患者为 2 年,晕厥患者为 3 年,心绞痛患者为 5 年,死亡原因为左心衰(70%)、猝死(15%)和感染性心内膜炎(5%)。退行性钙化性狭窄较先天性病变和风湿性病变发展迅速。未手术治疗的有症状患者,预后较二尖瓣病变或主动脉瓣关闭不全者差。人工瓣膜置换术后的患者预后明显改善,手术存活者的生活质量和远期存活率,均显著优于内科治疗的患者。

二、主动脉瓣关闭不全

【病因和病理】

(一) 慢性主动脉瓣关闭不全(chronic aortic regurgitation,AR)

1. **主动脉瓣疾病**

(1) 风湿性心脏病:系风湿性主动脉瓣炎反复发作,使瓣叶纤维化、增厚、缩短,影响舒张期瓣叶边缘对合所致,是主动脉瓣关闭不全最主要的病因。在我国约占 60%~80%,常伴有不同程度的主动脉瓣狭窄和二尖瓣病变。

(2) 感染性心内膜炎:感染性赘生物致瓣叶破损或穿孔,瓣叶因支持结构受损而脱垂,赘生物也影响瓣膜尖的闭合。即使感染已被控制,瓣叶纤维化和挛缩可继续。视损害进展的快慢不同,可表现为急性、亚急性或慢性关闭不全,为单纯性主动脉瓣关闭不全的常见病因。

(3) 先天性畸形:二叶式主动脉瓣占临床单纯性主动脉瓣关闭不全的1/4,儿童期出现关闭不全多由于一叶边缘有缺口或大而冗长的一叶脱垂入左心室,成人期多由于进行性瓣叶纤维化挛缩或继发于感染性心内膜炎而引起关闭不全。

(4) 主动脉瓣脱垂:系主动脉瓣黏液样变性致瓣叶舒张期脱垂入左心室,偶尔合并主动脉根部中层囊性坏死,可能为先天性原因。

(5) 强直性脊柱炎:瓣叶基底部和远端边缘增厚伴瓣叶缩短。

(6) 退行性主动脉瓣病变:已成为老年人主动脉瓣关闭不全主要原因之一。

2. **主动脉根部扩张引起瓣环扩大、瓣叶舒张期不能对合**

(1) 梅毒性主动脉炎:主动脉炎致主动脉根部扩张,30% 发生主动脉瓣关闭不全。

(2) 马凡综合征(Marfan syndrome):为遗传性结缔组织病,通常累及骨、关节、眼、心脏和血管。典型者四肢细长、韧带和关节过伸、晶体脱位和升主动脉呈梭形瘤样扩张。后者由于中层囊性坏死所致,即中层弹力纤维变性或缺如,由黏液样物质囊性沉着。

(3) 强直性脊柱炎:升主动脉弥漫性扩张。

(4) 严重高血压和(或)动脉粥样硬化:导致升主动脉瘤。

(二) 急性主动脉瓣关闭不全(acute aortic regurgitation)

(1) 感染性心内膜炎:致主动脉瓣瓣膜穿孔或瓣周脓肿。

(2) 创伤:致升主动脉根部、瓣叶支持结构和瓣叶破损或瓣叶急性脱垂。

(3) 主动脉夹层:夹层血肿使主动脉瓣环扩大,瓣环或瓣叶被夹层血肿撕裂而发生关闭不全。

(4) 瓣膜置换术后:瓣周漏及瓣膜损伤。

【病理生理】 舒张期时左室内压力大大低于主动脉内压力,大量血流反流入左心室,左心室舒张末容量负荷增加,早期左心室代偿性增大伴心肌肥厚,心腔顺应性增加,使左心室总心搏量增加;左心室扩张,不至于因容量负荷过度而明显增加左心室舒张末压;心室重量大大增加使左心室壁厚度与心腔半径的比例不变,室壁应力维持正常。因上述因素使左心室能较长期维持正常心排出量和肺静脉压无明显升高。随着病情进展,反流量增多,左心室进一步扩张,心肌肥厚,左心室舒张末期容量和压力显著增加,直至发生左心衰。晚期左心室舒张末期压力升高,可导致左心房、肺静脉和肺毛细血管压力升高,出现肺淤血、肺水肿。左心室心肌重量增加使心肌氧耗增多,主动脉舒张压低使冠状动脉血流减少,二者引起心肌缺血,促使左心功能恶化。

急性主动脉瓣关闭不全时,左心室反流量突然大量增加,心搏量不能相应增加,左心室舒张末压迅速显著升高,可引起急性左心功能不全,导致左心房压增高和肺淤血,甚至肺水肿。

【临床表现】

(一) 症状

1. **慢性主动脉瓣关闭不全** 左心室的代偿性改变可使慢性严重的主动脉瓣反流患者在很长一段时间内没有症状。症状的产生主要和左心室充盈压的上升有关,主要为左心衰表现,包括活动后气促、端坐呼吸、夜间阵发性呼吸困难等。许多患者都有胸部或头部强烈的搏动感,是由于高动力循环所造成。若有效心排出量降低,患者的主要症状为疲劳、乏力、体位性头晕,重度主动脉瓣反流可引起晕厥甚至猝死。若同时合并主动脉瓣狭窄,心绞痛可发生于没有冠状动脉病变的主动脉瓣反流患者,这是由于左室充盈压升高以及冠状动脉灌注压降低所造成的。

2. **急性主动脉瓣关闭不全** 主要与反流的严重程度有关,轻者可无症状,重者可出现急性左心衰或肺水肿、心源性休克,心肌缺血表现,甚至猝死。

(二) 体征

1. **慢性主动脉瓣关闭不全**

(1) 周围血管征:严重主动脉瓣反流患者收缩压升高、舒张压降低、脉压增大。周围血管征常见,包括随心脏搏动的点头征(De Musset 征)、颈动脉和桡动脉扪及水冲脉(快速冲击又快速回落)、股动脉枪击音(Traube 征)、听诊器轻压股动脉闻及双期杂音(Duroziez 征)和毛细血管搏动征等。

(2) 心尖搏动:由于高血流动力学,心脏搏动显著并向左下移位,常弥散而有力,呈抬举性搏动。

(3) 心音:第一心音减弱,由于收缩期前二尖瓣部分关闭引起。第二心音主动脉瓣成分减弱或缺如,可出现单一心音;但梅毒性主动脉炎时常亢进。由于左心排出量增加,心底部可闻及收缩期喷射音;由于舒张早期左心室快速充盈增加,心尖区常有第三心音,出现心衰症状时,可有第三心音奔马律。

（4）心脏杂音：主动脉瓣反流的杂音为与第二心音同时开始的高调叹气样递减型舒张早期杂音，坐位前倾和深呼吸时最清楚。杂音为音乐性时，提示瓣叶脱垂、撕裂或穿孔。主动脉瓣损害所致者，杂音在胸骨左中下缘明显；升主动脉扩张引起者，杂音在胸骨右上缘更清楚，向胸骨左缘传导。老年人的杂音有时在心尖区最响。主动脉瓣关闭不全越严重，杂音持续时间越长、越响。心底部常有主动脉瓣收缩期喷射性杂音，较粗糙，强度2/6～4/6级，向颈部传导，可伴有震颤，与左心室心搏量增加和主动脉根部扩大有关。重度反流者，常在心尖区听到舒张中晚期隆隆样杂音（Austin-Flint杂音），可能是由于左室舒张压快速升高，导致二尖瓣处于半关闭状态而形成相对性的二尖瓣狭窄。

2. 急性主动脉瓣关闭不全　常缺乏典型的体征和杂音，无明显周围血管征。心尖搏动正常，心动过速常见。二尖瓣舒张期提前部分关闭，致第一心音减低。肺动脉瓣第二心音增强、第三心音出现提示肺动脉高压。急性主动脉瓣反流的舒张期杂音呈低调且持续时间短，这是由于舒张期主动脉和左室之间的压力很快即达到平衡所致。

【实验室和辅助检查】

1. X线检查　急性者心脏大小正常，常有肺淤血或肺水肿征。慢性者左心室增大，可有左房增大，升主动脉扩张较明显，并可累及整个主动脉弓。严重的瘤样扩张提示为Marfan综合征或中层囊性坏死。左心衰时有肺淤血征。

2. 心电图　急性者常有窦性心动过速和非特异性ST-T改变。慢性者常有左心室肥厚及劳损。

3. 超声心动图　对于主动脉瓣关闭不全的诊断、定量、监测疾病进展、掌握手术时机极为价值。M型显示，舒张期二尖瓣前叶或室间隔高频扑动为主动脉瓣关闭不全的特征性表现。二维超声心动图可见主动脉瓣增厚、舒张期关闭对合不佳、左室增大、升主动脉增宽。彩色多普勒血流显像可见左室流出道舒张期反流信号（彩图3-8-5B）。经食管超声心动图有利于主动脉夹层和感染性心内膜炎的诊断。

4. 心导管检查　当无创技术不能确定反流程度、考虑外科手术治疗以及需要评价冠状动脉情况时，可行心导管检查。

【诊断和鉴别诊断】　诊断主要根据典型的舒张期杂音伴周围血管征和超声心动图表现。超声心动图有助于肺动脉瓣关闭不全、乏氏窦瘤破裂、冠状动脉瘘等其他舒张期杂音的疾病鉴别。急性主动脉瓣反流由于常常没有相应的体征而被低估，应引起注意。

【并发症】　感染性心内膜炎、室性心律失常及心衰较常见；心脏性猝死和栓塞事件少见。

【治疗】

（一）急性主动脉瓣关闭不全

急性主动脉瓣反流死亡率极高，外科治疗（人工瓣膜置换术或主动脉瓣修复术）为根本措施。内科治疗一般仅为术前准备的过渡措施，目的在于降低肺静脉压、增加心排出量、稳定血流动力学，应尽量在Swan-Ganz导管床旁血流动力学监测下进行。可以使用血管扩张剂以降低前后负荷、改善肺淤血、减少反流量和增加排出量。血流动力学不稳定者，酌情经静脉使用利尿剂、正性肌力药物和升压药物，尽快手术。主动脉内气囊反搏术为禁忌。主动脉夹层即使仅伴轻度或中度反流，也需要紧急手术。创伤或人工瓣膜功能障碍者，根据病情采取紧急或择期手术。活动性感染性心内膜炎所致者尽可能争取在7～10天强有力抗生素治疗后手术。真菌性心内膜炎所致者无论反流轻重，均需早日手术。极少数患者若药物可完全控制病情且心功能代偿良好，手术可延缓。

（二）慢性主动脉瓣关闭不全

1. 内科治疗　主要包括：①慢性主动脉瓣关闭不全患者应避免重体力活动和剧烈运动；②无症状的轻度或中度反流者，每1～2年随访1次，重度者每半年随访一次；③预防感染性心内膜炎,如为风湿性心脏病应预防风湿热;④梅毒性主动脉炎应予全疗程青霉素治疗;⑤合并高血压者应积极控制血压;⑥ACEI 类药物用于合并心衰但有手术禁忌的患者、心衰患者术前过渡治疗以及术后持续心功能异常者。

2. **外科治疗**　手术指征包括:①伴有症状的重度二尖瓣关闭不全患者,无论左心功能正常与否;②无症状的重度患者,LVEF<50%、接受其他心脏外科手术、LVEF≥50%但合并左室扩张(LVESD>50mm 或 LVEDD>70mm);③中度患者,接受其他心脏外科手术时。手术禁忌证为 LVEF≤15%～20%,LVEDD≥80mm 或 LVEDVI≥300ml/m²。原发性主动脉瓣关闭不全,主要采用主动脉瓣置换术;继发性主动脉瓣关闭不全,可采用主动脉瓣成形术;部分病例(如创伤、感染性心内膜炎所致瓣叶穿孔)可行瓣膜修复术。主动脉瓣置换术后应当进行严密的随访来判断瓣膜功能和左室功能,术后存活者大部分临床症状有明显改善,心脏大小和左心室重量减少,左心室功能有所恢复,但恢复程度不如主动脉瓣狭窄者大,术后远期存活率也低于后者。

【**预后**】　急性重度主动脉瓣关闭不全如不及时手术治疗,常死于左心衰。慢性者无症状期长;重度者经确诊后内科治疗 5 年存活率 75%,10 年存活率 50%。症状出现后,病情迅速恶化,心绞痛者 5 年内死亡率约 50%,严重心衰患者 2 年内死亡率约 50%。

第四节　三尖瓣和肺动脉瓣疾病

一、三尖瓣狭窄

三尖瓣狭窄(tricuspid stenosis,TS)最常见病因为风湿性心脏病,通常合并二尖瓣疾病和(或)主动脉瓣疾病。其他一些少见原因有类癌综合征、先天性瓣膜畸形、瓣叶的肿瘤或赘生物等。三尖瓣狭窄血流动力学表现为舒张期跨三尖瓣压差在运动和吸气时升高,呼气时降低。右心室心排出量减少,不随运动而增加,右心室容量正常或减少。

患者通常表现为右心衰的症状及体征,如疲劳、体循环水肿,可并发房颤和肺栓塞。体征有颈静脉怒张;胸骨左下缘有三尖瓣开瓣音;胸骨左缘第 4、5 肋间或剑突附近有紧随开瓣音后舒张期隆隆样杂音,杂音时间短且在吸气时增强,伴舒张期震颤;肝大伴与心房收缩同时出现的收缩期前搏动、腹水和全身水肿。

X 线检查示心影明显增大,右心房增大明显,无肺动脉扩张。超声心动图示三尖瓣叶增厚、开放受限、瓣口缩小;右房大,下腔静脉宽。彩色多普勒血流显像于三尖瓣口及右室内分别探及源于三尖瓣口的全舒张期五彩射流信号及湍流频谱。心导管检查可同步测定右心房和右心室压,以了解跨瓣压差。

典型听诊表现和体循环静脉淤血而不伴肺淤血,可诊断三尖瓣狭窄。超声心动图可确诊。患者应限制钠盐摄入,必要时应用利尿剂,控制房颤的心室率。当跨三尖瓣压差>5mmHg 或瓣口面积<2.0cm²时,可行瓣膜分离术或人工瓣膜置换术。

二、三尖瓣关闭不全

三尖瓣关闭不全(tricuspid regurgitation,TR)多见,通常继发于右心室收缩压增高或肺动脉高压所致的右心室和三尖瓣环的扩张,如风湿性二尖瓣疾病、先天性心血管病(肺动脉瓣狭窄、艾森门格综合征)和肺源性心脏病等。常伴有各种原因引起的右心衰。器质性三尖瓣关闭不全少见,包括三尖瓣下移畸形(Ebstein 畸形)、风湿性心脏病、三尖瓣脱垂、感染性心内膜炎、冠心病、类癌综合征、心内膜心肌纤维化等。

若无肺动脉高压,能很好地耐受三尖瓣反流。严重的三尖瓣关闭不全的血流动力学特征为体循环静脉高压和运动时右心室心搏量相应增加的能力受限,晚期出现右心衰。并发症有房颤和肺栓塞。

　　查体可见颈静脉怒张伴明显的收缩期搏动,吸气时增强,反流严重者伴颈静脉收缩期震颤。右心室搏动呈高动力冲击感。重度反流时,胸骨左下缘有第三心音,吸气时增强。沿胸骨左缘可清楚闻及高调、吹风样全收缩期杂音,在胸骨左下缘或剑突区最响,右心室显著扩大占据心尖区时,在心尖区最明显。三尖瓣脱垂有收缩期咯喇音。肝淤血很常见,且经常伴随收缩期搏动。右心衰者有体循环淤血征。

　　X 线检查可见右心房明显增大,右心室、上腔静脉和奇静脉扩大;可有胸腔积液。心电图常见右心房增大、不完全性右束支传导阻滞和房颤。超声心动图可明确诊断。彩色多普勒血流显像及多普勒超声可判断反流程度和肺动脉高压(文末彩图 3-8-5B)。右心室造影有助于确定三尖瓣反流及其程度。

　　肺动脉高压及右心功能障碍相关的三尖瓣反流,可通过治疗潜在病因而得到显著改善。有严重二尖瓣狭窄和肺动脉高压的患者,如果出现右室扩张和三尖瓣反流,治疗二尖瓣狭窄可以缓解继发的肺动脉高压和改善三尖瓣反流程度。无肺动脉高压的三尖瓣关闭不全,不需手术治疗。右心衰者应限制钠盐摄入,用利尿剂、洋地黄类药物和血管扩张药,控制房颤的心室率。症状持续发作者,中度反流可行瓣环成形术;重者行瓣环成形术或人工瓣膜置换术。原发瓣叶疾病的患者需要行三尖瓣置换术。

三、肺动脉瓣狭窄和关闭不全

　　肺动脉瓣狭窄(pulmonary stenosis,PS)多是由于先天性疾病所致,风湿性极少见,通常不伴有严重的血流动力学梗阻。长期严重梗阻会导致呼吸困难和疲劳,这是由于活动时心排出量不能随之增加所致。可有运动性晕厥和轻度头昏,猝死少见。晚期出现三尖瓣反流和右心衰。成人的单纯性先天性肺动脉瓣狭窄治疗主要是经皮球囊肺动脉瓣成形术或直视下瓣膜切开术;合并漏斗部狭窄的患者可行跨瓣右室流出道补片;合并肺动脉瓣环及肺动脉主干发育不良的患者可行同种异体肺动脉移植术。

　　肺动脉瓣关闭不全(pulmonary regurgitation,PR)常见于继发肺动脉高压的肺动脉干根部扩张引起的瓣环扩大,如风湿性二尖瓣狭窄、艾森门格综合征等。多数情况下因原发性疾病症状严重,而掩盖了肺动脉瓣关闭不全的临床表现。胸骨左缘第 2 肋间扪及肺动脉收缩期搏动,可伴收缩或舒张期震颤。胸骨左下缘扪及右心室高动力性收缩期搏动。肺动脉高压时,第二心音肺动脉瓣成分增强。右心室心搏量增多,射血时间延长,第二心音呈宽分裂。右心搏量增多使已扩大的肺动脉突然扩张产生收缩期喷射音,在胸骨左缘第 2 肋间最明显。胸骨左缘第 4 肋间常有第三和第四心音,吸气时增强。继发于肺动脉高压者,胸骨左缘第 2～4 肋间有第二心音后立即开始的舒张早期叹气样高调递减型杂音,吸气时增强,称为 Graham Steell 杂音。若无肺动脉高压,杂音呈舒张晚期低调杂音。X 线检查示右心室和肺动脉干扩大,心电图可有右心室肥厚征。超声心动图可确诊。治疗多针对引起肺动脉高压的潜在原因。原发性的重度肺动脉瓣关闭不全或右心衰难以纠正时,可考虑人工瓣膜置换术。

　　经皮肺动脉瓣置入术已有成功的报道,相关的临床试验正在进行中。

第五节　多　瓣　膜　病

　　多瓣膜病(multiple valve diseases)很常见,一种疾病可导致多个瓣膜损害,特别是在风湿性心脏病中。一个瓣膜损害可导致多个瓣膜受损,如三尖瓣关闭不全和肺动脉关闭不全多是其他瓣膜损害的结果。损害程度严重的瓣膜所致的临床表现和血流动力学异常明显,常掩盖损害轻的瓣膜引起的表现。多瓣膜病变导致的血流动力学异常比单瓣膜严重。当损害程度相同时,近端瓣膜对临床表现和血流动力学影响较大。最常见的多瓣膜病类型为二尖瓣狭窄伴主动脉瓣关闭不全,为风湿性心脏病的常见组合,其他还包括二尖瓣狭窄伴主动脉瓣狭窄、主动脉瓣狭窄伴二尖瓣关闭不全、主动脉瓣关闭不全伴二尖瓣关闭不全,3 个瓣膜均有病变少见。从临床上很难评估出每个瓣膜损害的严重程度,有必要在任何择期手术前行超声心动图检查,必要时行左心及右心导管术,以仔细评估瓣膜功能。不能纠正所有显著的瓣膜损伤会造成临床预后很差。双瓣膜置换术较单瓣膜置换术有较高的手术死亡率及远期死亡率。

（王建安）

■ 推荐阅读文献

1. Vahanian A, Alfieri O, Andreotti F, et al. Guidelines on the management of valvular heart disease (version 2012). Eur Heart J,2012,33(19):2451-96
2. Nishimura RA, Otto CM, Bonow RO, et al. 2014 AHA/ACC Guideline for the Management of Patients With Valvular Heart Disease:a report of the American College of Cardiology/American Heart Association Task Force on Practice Guidelines. Circulation,2014,129(23):e521-643
3. 中华医学会风湿病学分会. 风湿热诊断和治疗指南. 中华风湿病学杂志,2011,15(7):483-486
4. 葛均波,周达新,潘文志. 经导管心脏瓣膜治疗术. 上海:上海科学技术出版社,2013
5. 王建安. 心脏瓣膜病学. 浙江:浙江大学出版社,2000

Notes

第九章　感染性心内膜炎

> **要点：**
>
> 1. 感染性心内膜炎是由病原微生物循血行途径引起的心内膜、心瓣膜或邻近大动脉内膜的感染，并伴赘生物的形成。常见病原体为链球菌，近几年葡萄球菌(尤其金黄色葡萄球菌)和肠球菌呈增多趋势。
>
> 2. 本病大多数发生于伴器质性心脏病患者，半数以上为风湿性心脏病，其次为先天性心脏病、心肌病、肺源性心脏病和人工心脏瓣膜置换术后。无器质性心脏病发生本病约10%，近几年有增多趋势。
>
> 3. 本病主要临床表现有：全身感染(发热最常见)、心脏受累、血管损害，以及免疫反应。在实验室检查中血培养和超声心动图尤为重要。
>
> 4. 诊断主要采用修订的 Duke 标准，重点查找有无血培养阳性及心内膜受累证据，结合临床表现和超声检查共同诊断。治疗主要是选择应用适当的抗生素，其原则为用药要早、剂量要足、疗程宜长、选用杀菌剂、监测血清杀菌滴度调整药物剂量和联合用药。

感染性心内膜炎(infective endocarditis,IE)是指由病原微生物经血行途径引起的心内膜、心瓣膜、邻近大动脉内膜的感染并伴赘生物的形成。感染性心内膜炎被认为"致命的感染性疾病综合征"之一，位于尿路感染、肺炎、腹腔感染之后，居第4位，属危重病。根据病程分为急性和亚急性，并可分为自体瓣膜，人工瓣膜和静脉药瘾者的心内膜炎。天然瓣和人工瓣感染性心内膜炎总死亡率为20%~25%，由于非法静脉用药所致死亡率为10%。

大多数感染性心内膜炎发生于有器质性心脏病的患者，据我国资料显示，感染性心内膜炎患者中半数以上有风湿性心脏病，8%~15%有先天性心脏病，其他如心肌病、肺源性心脏病、甲亢性心脏病以及二尖瓣脱垂症等占10%，无器质性心脏病者发生感染性心内膜炎近几年呈明显增加趋势，约占10%，可能与各种内镜检查和经血管的有创检查以及静脉吸毒有关。

【流行病学】　感染性心内膜炎的发病率相对较低，研究表明年发病率为 1.7/10 万~6.2/10 万，亚洲人发病率更高些，约为 7.6/10 万；病死率一直稳定在 16%~25%。近年来，感染性心内膜炎的流行病学呈现一定的变化：平均年龄增大；风湿性瓣膜病比例降低；人工瓣膜、老年退行性变、经静脉吸毒、无器质性心脏病患者明显增多；医源性获得性感染性心内膜炎更为常见；超声检出赘生物明显提高；因脑梗死、急性左心衰死亡者增加；初发性感染性心内膜炎存活率较以前提高。感染性心内膜炎致病菌有所变化：草绿色链球菌感染减少，而金黄色葡萄球菌感染增加。

随着静脉药瘾者的增加，金黄色葡萄球菌已经取代草绿色链球菌成为感染性心内膜炎的主要致病菌；随着经皮、血管内、胃肠道、泌尿生殖道的手术操作明显增多，以及需长期透析的慢性肾衰病人的增多都使口腔链球菌的感染比例下降，而金黄色葡萄球菌、凝固酶阴性葡萄球菌、肠球菌、牛链球菌感染比例升高。院内感染所致的感染性心内膜炎与社区获得性感染性心内膜炎的致病菌明显不同：社区获得性感染性心内膜炎仍以链球菌为主，院内感染感染性心内膜炎以金黄色葡萄球菌和肠球菌为主。

【分类】 传统的分类依据病情和病程将感染性心内膜炎分为急性感染性心内膜炎(acute infective endocarditis,AIE)和亚急性感染性心内膜炎(subacute infective endocarditis,SIE),前者由毒力强的病原体所致,病情重,有全身中毒症状,未经治疗往往数天至数周内死亡;后者病原体毒力低,病情较轻,病程较长,中毒症状少。

传统分类依据瓣膜类型分为自体瓣膜心内膜炎(NVE)和人工瓣膜心内膜炎(PVE)。也有依据感染的病原体和受累部位分为金黄色葡萄球菌性心内膜炎、真菌性心内膜炎以及右心瓣膜感染性心内膜炎。

目前临床中已经摒弃了沿用多年的急性、亚急性和慢性心内膜炎分类方法,提出按照感染部位及是否存在心内异物将感染性心内膜炎分为四类。

感染性心内膜炎的分类:

(1) 左心自体瓣膜感染性心内膜炎。

(2) 左心人工瓣膜心内膜炎(瓣膜置换术后<1年发生称为早期人工瓣膜心内膜炎,术后>1年发生称为晚期人工瓣膜心内膜炎)。

(3) 右心感染性心内膜炎。

(4) 器械相关性感染性心内膜炎(包括发生在起搏器或除颤器导线上的感染性心内膜炎,可伴或不伴有瓣膜受累)。

【病因】 感染性心内膜炎的病因主要包括基础心血管病变以及病原微生物两方面。此外血流动力学因素、切应力及其他机械因素造成的损伤、非细菌性血栓性心内膜炎、暂时性菌血症以及血液中致病微生物的数量、毒力、侵袭力和黏附能力均与感染性心内膜炎的发生有关。

1. 心脏病因学 60%~80%的病人都有原发瓣膜病变,如二尖瓣脱垂、主动脉瓣与二尖瓣的退行性变、先天性心脏病、风湿性心脏病。由于心瓣膜病损伤处存在着一定的血液压力阶差,容易引起局部心内膜的内皮受损,可形成非细菌性血栓性心内膜炎,涡流可使细菌沉淀于低压腔室的近端、血压异常流出处受损的心内膜上,使之转为感染性心内膜炎。

2. 病原微生物 过去认为草绿色链球菌是感染性心内膜炎、尤其是亚急性感染性心内膜炎的最主要致病菌,但随着静脉药成瘾者的增加,金黄色葡萄球菌已经成为IE的主要致病菌。需要注意的是,几乎所有已知的致病微生物都可以引起本病;且同种病原体既可引起急性病程,也可表现为亚急性病程。

【病理】 心内膜上形成赘生物是感染性心内膜炎的基本病理过程(图3-9-1/文末彩图3-9-1)。

赘生物形成受累的瓣膜往往不止一个,以主动脉瓣和二尖瓣多见,可造成瓣叶破坏、穿孔、腱索断裂及心肌脓肿;赘生物碎片脱落致周围血管栓塞;病原体血行播种在远隔部位形成转移

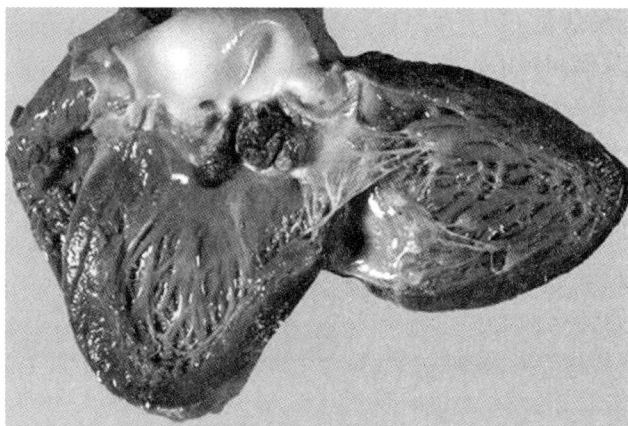

图3-9-1 二尖瓣赘生物

性脓肿;激活免疫系统,导致肾小球肾炎、肝脾肿大、关节炎、腱鞘炎、心包、心肌炎。

【发病机制】　感染性心内膜炎的发病机理是三方面共同作用的结果。

1. 心内膜自身病变　心内膜自身病变或者修复延迟为细菌定植提供了场所。心脏器质性病变存在时,血流由正常的层流变为涡流和喷射,从高压腔室分流至低压腔室,形成明显的压力差,冲击血管内膜使其受损,内层胶原暴露,血小板、红细胞、白细胞、纤维蛋白积聚。

2. 菌血症　致病菌所致的菌血症为必要条件,而反复发生的菌血症使机体产生抗体,介导病原体与损伤部位黏附形成赘生物,进一步将细菌包裹于赘生物中不受机体免疫系统作用。

3. 免疫功能异常　自身免疫力异常,未能及时清除致病菌。

以上三方面共同作用,使得细菌得以在心内膜定植并形成赘生物,当赘生物不断增大并破裂时易形成栓塞,其内细菌产生菌血症或脓毒血症并形成转移性播种病灶。

【血流动力学】　常与原发的心脏病变及所侵犯的瓣膜有关。赘生物可导致或加重瓣膜的狭窄和关闭不全;瓣叶穿孔,乳头肌及腱索的缩短或断裂,亦可导致或加重瓣膜关闭不全,而引起相应的血流动力学改变。此外,发热、贫血可增加心肌的耗氧和损害,从而诱发或加剧心功能不全。

【临床表现及体征】

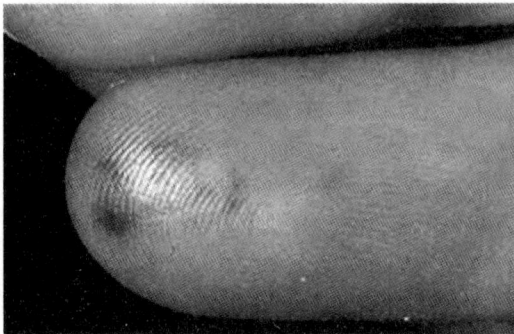

图 3-9-2　皮肤瘀点
感染性心内膜炎患者的手指皮肤瘀点

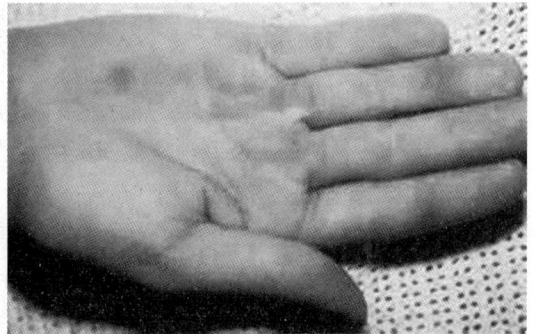

图 3-9-3　Osler 小结
手掌小鱼际肌侧、示指均可见 Osler 小结,
红紫色、微隆起、有压痛

1. 发热　见于95%以上患者,为弛张热。但部分病人热型不典型,甚至没有超过38.5℃的发热。

2. 心脏杂音　见于90%患者,且杂音易变,最具特征的是新出现的病理性杂音或原有杂音的改变。根据致病菌侵犯的瓣膜不同可以出现不同的杂音。

3. 皮肤及其附属器和眼的五大表现　皮肤瘀点,Osler 小结,Janeway 斑,Roth 斑,甲下线状出血(图 3-9-2 ~ 3-9-4/文末彩图 3-9-2 ~ 3-9-4)。

4. 脾大　约 30% 患者可以出现脾肿大,与病程有关,慢性病程者常见。

5. 贫血　为轻、中度 Osler 小结呈紫或红色,稍高于皮面,直径小至 1 ~ 2mm,大者可达 5 ~ 15mm,多发生于手指或足趾末端的掌面,大小鱼际或足底可有压痛,常持续 4 ~ 5 天才消退。需要注意的是 Osler 小结并不

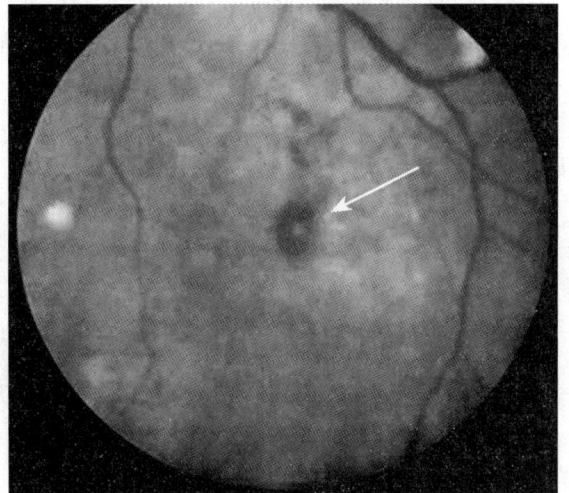

图 3-9-4　Roth 氏斑
Roth 氏斑又称中心白点网膜出血,常见于感染性
心内膜炎的免疫复合物堵塞造成的

是感染性心内膜炎所特有,在系统性红斑狼疮、伤寒、淋巴瘤等疾病中亦可出现。Janeway 损害是指出现在手掌和足底的直径 1~4mm 无痛性出血性或红斑性损害,为化脓性栓塞所致。少数病人可有视网膜病变,表现为椭圆形黄斑出血伴中央发白,有时眼底仅可见圆形白点成为 Roth 斑。

【并发症】

1. **心脏**　心力衰竭(首位死亡原因),心肌脓肿,心包炎,心肌炎。

2. **动脉栓塞**　约 5%~30%,可见于任何器官组织。

3. **细菌性动脉瘤**　较少见,约 3%~5%。

4. **转移性感染**　可在任何部位形成(金葡菌及念珠菌常见)。

5. **神经系统**　约 30%;脑栓塞,脑膜炎,脑出血,细菌性动脉瘤,脑脓肿,癫痫样发作。

6. **肾脏**　肾动脉栓塞,肾炎,肾脓肿。

【诊断】　感染性心内膜炎临床表现缺乏特异性,不同患者间差异很大,老年或免疫受损的患者甚至无明确发热病史。感染性心内膜炎及时被检出在一定程度上依靠临床医师的诊断警觉性。

超声心动图和血培养是诊断感染性心内膜炎的两块基石。目前临床诊断主要参考 Duck 标准(表 3-9-1、3-9-2)。

表 3-9-1　感染性心内膜炎 Duke 诊断标准

明确的感染性心内膜炎	病理学标准:有赘生物、或栓塞性赘生物或心内脓肿进行培养或组织学证实有细菌或病理改变;组织病理证实赘生物或心内脓肿有活动性心内膜炎改变 临床标准(表 3-9-2):2 项主要标准,或 1 项主要标准加 3 项次要标准,或 5 项次要标准
可疑的感染性心内膜炎	有心内膜炎的表现,但不明确,且又不能排除
非感染性心内膜炎	肯定的其他诊断可解释患者临床表现者,或 抗生素治疗≤4 天而"心内膜炎"症状完全消失者,或 抗生素治疗≤4 天手术或尸解没有发现感染性心内膜炎证据者

表 3-9-2　感染性心内膜炎 Duke 临床标准

主要标准
1. 感染性心内膜炎血培养阳性
(1) 2 次不同血培养标本出现典型的致感染性心内膜炎病原微生物草绿色链球菌*,牛链球菌,HACEK 属或社区获得性金黄色葡萄球菌或肠球菌而无原发感染灶
(2) 与感染性心内膜炎相一致的微生物血培养持续阳性包括血培养抽血间隔>12 小时,血培养≥2 次,或所有 3 次,或≥4 次血培养中的大多数(首次和末次血至少间隔 1 小时)
2. 心内膜受累的证据
(1) 感染性心内膜炎超声心动图阳性证据包括:
在瓣膜或其支持结构上,或瓣膜反流路径上,或在医源性装置上出现可移动的物质而不能用其他解剖上的原因解释
脓肿
人工瓣膜的新的部分裂开
(2) 新出现瓣膜反流(增强或改变了原来不明确的杂音)

次要标准
1. 易患因素　既往有心脏病史或静脉药物成瘾者
2. 发热　体温≥38℃
3. 血管表现　主要动脉栓塞,脓毒性肺梗死,真菌性动脉瘤,颅内出血,Janeway 损害
4. 免疫系统表现　肾小球肾炎,Osler 小结,Roth 斑,类风湿因子等阳性
5. 微生物学依据　血培养阳性但不符合上述主要标准(不包括凝固酶阴性葡萄球菌和不引起心内膜炎细菌的一次培养阳性者),或与感染性心内膜炎相符的致病菌的血清学检查
6. 超声心动图表现　发现符合感染性心内膜炎表现但不具备上述主要标准

*包括营养变异菌株
在血培养阴性、感染累及人工瓣膜或起搏器导线、右心感染性心内膜炎等情况下,杜克标准敏感性下降,主要依靠临床判断

Notes

超声心动图有经胸超声心动图(Transthoracic echocardiography,TTE)和经食管超声心动图(transesophageal echocardiography,TEE)两种,对于感染性心内膜炎的诊断、处理以及随访均有重大价值。TTE 诊断感染性心内膜炎的敏感性为 40%～63%,TEE 为 90%～100%,TEE 的敏感性和特异性均高于 TTE,有助于检出脓肿和准确测量赘生物的大小(图3-9-5)。

TTE/TEE 的适应证:

(1) 一旦怀疑患者有感染性心内膜炎可能,首选 TTE,应尽早检查。

(2) 高度怀疑感染性心内膜炎而 TTE 正常时,推荐 TEE。

(3) TTE/TEE 阴性但临床仍高度怀疑感染性心内膜炎者,应在 7～10 天后再行 TTE/TEE 检查。

(4) 感染性心内膜炎治疗中一旦怀疑出现

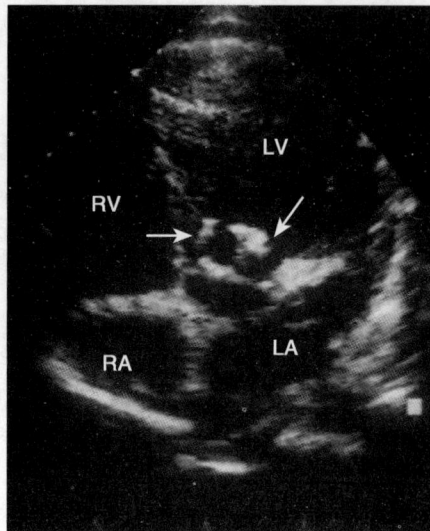

图 3-9-5   经胸超声提示主动脉瓣赘生物

新并发症(新杂音、栓塞、持续发热、心力衰竭、脓肿、房室传导阻滞),应立即重复 TTE/TEE 检查。

(5) 抗生素治疗结束时,推荐 TTE 检查以评价心脏和瓣膜的形态学及功能。

TTE/TEE 结果阴性不能完全排除感染性心内膜炎,因为在有严重瓣膜病变(二尖瓣脱垂、退行性钙化、人工瓣膜)、赘生物很小(<2mm)、赘生物已脱落或未形成赘生物者中,超声不易或不能检出赘生物。超声心动图也可能误诊感染性心内膜炎,因为有多种疾病可显示类似赘生物的图像,如风湿性瓣膜病、瓣膜黏液样变性、瓣膜血栓、腱索断裂、系统性红斑狼疮患者的利-萨病变(Libman-Sacks lesions,一种非细菌性心内膜炎,常累及二尖瓣)、心腔内小肿瘤(如纤维弹性组织瘤)等。此外,如何诊断局限于心腔内器械表面的感染性心内膜炎以及如何早期准确检出小型脓肿,也是较棘手的难题。

【鉴别诊断】   本病的临床表现涉及全身多脏器,故而,需要鉴别的疾病较多。亚急性病程患者应与急性风湿热、系统性红斑狼疮、左房黏液瘤、淋巴瘤腹腔内感染、结核病等鉴别。急性病程者应与金黄色葡萄球菌、淋球菌、肺炎球菌和革兰氏阴性杆菌败血症鉴别。

【治疗】

(一) 药物治疗

抗生素治疗的原则:高血药浓度;静脉给药;长疗程;首选杀菌抗生素;联合用药;早期治疗。感染性心内膜炎患者自身抵抗能力极弱,战胜疾病主要依靠有效的抗菌药物。抗感染治疗的总体原则应首先选择杀菌抗生素。抗生素应用病程要足够长,一般为 4～6 周,如血培养持续阳性,有并发症者疗程可延长至 8 周以上。通常维持的抗生素血清浓度应在杀菌水平的 8 倍以上。以血培养和药敏结果指导选用抗生素,如结果未报或不能确定致病菌时可行经验给药。

(1) 经验治疗:在连续送血培养后,对于病情较重的患者立即经静脉给予青霉素每日 600 万～1800 万 U,并与庆大霉素合用,每日 12 万～24 万 U 静脉滴注。如疗效欠佳宜改用其他抗生素,如苯唑西林、羟氨苄西林、哌拉西林等,每日 6～12g,静脉滴注。需注意大剂量青霉素可产生神经毒性表现,如肌阵挛、反射亢进、抽搐和昏迷。此时需要注意与本病的神经系统表现相鉴别,一面误诊为本病的进一步发展而增加抗生素剂量。

（2）已知致病微生物的治疗

1）对青霉素敏感的细菌（最低抑菌浓度,minimal inhibitory concentration,MIC 0.1mg/L）:草绿色链球菌、牛链球菌、肺炎球菌等多属此类。首选青霉素,400万U每6小时静脉缓注或滴注,一般可有效控制病情;对青霉素过敏者可选红霉素、万古霉素或第一代头孢菌素。需注意的是有青霉素严重过敏者,忌用头孢菌素类。所有病例均至少用药4周。

2）对青霉素的敏感性不确定者（0.1mg/L<MIC<1.0mg/L）:上列细菌或其他细菌对青霉素敏感试验测定为I时,青霉菌用药量应加大为400万U,每4小时一次,同时加用氨基糖甙类抗生素,如庆大霉素,每日12万~24万U静脉滴注。前者用药4周以上,后者一般用药不超过2周。青霉素为细胞壁抑制类药,与氨基糖甙类药物合用,可增强后者进入细胞的能力,从而提高疗效。

3）对青霉素耐药的细菌（MIC≥1.0mg/L）:如肠球菌、粪链球菌等多对青霉素不敏感,青霉素用量需高达1800万~3000万U,持续静滴;或用氨苄西林2g,每4小时静注或静滴,加用庆大霉素160~240mg/d,用药4~6周。治疗过程中酌减或撤除庆大霉素,预防其毒副作用。上述治疗效果不佳或患者不能耐受者也可改用万古霉素1g,每12小时静滴。对于高度耐药的链球菌应选万古霉素。

4）金黄色葡萄球菌和表皮葡萄球菌:①萘夫西林或苯唑西林2g,每4小时一次,静注或静滴,用药4~6周。②如用青霉素后延迟出现皮疹,用头孢噻吩2g,每4小时一次,或头孢唑林2g,每6小时一次,静注或静滴,用药4~6周。③如对青霉素和头孢菌素过敏或耐甲氧西林菌株（MRSA）致病者,用万古霉素4~6周。如有严重感染播散,每一方案的初始3~5天加用庆大霉素。④对万古霉素中度耐药的金黄色葡萄球菌和凝固酶阴性葡萄球菌已经广泛出现。它的作用机制是由于染色体基因突变影响了细菌细胞壁的合成。新喹诺酮对该细菌多耐药,研制新的治疗耐万古霉素的葡萄球菌药物是当务之急。

5）其他细菌:用青霉素、头孢菌素或万古霉素,用药4~6周。革兰氏阴性杆菌感染科根据药敏选用三代头孢,如用头孢哌酮4~8g/d,头孢噻肟6~12g/d,也可用氨苄西林合并氨基糖甙类抗生素。对于多耐药性的肠球菌,这类细菌对绝大多数药物都耐药,甚至包括万古霉素,治疗这种细菌就要依靠多种抗生素联合用药及经验性用药。治疗时要依赖确切的药敏试验和测定杀菌、抑菌浓度,测定血药浓度,虽然这类肠球菌对氨基糖甙类经常耐药,但加用氨基糖甙类对其他抑制细菌细胞壁的药物有协同作用。链霉素是一个值得试验的药物,因为当其他氨基糖甙类对肠球菌耐药时,它仍然有杀菌作用。

6）真菌感染:真菌感染性心内膜炎病死率高达80%~100%,药物治疗效果有限,应在抗真菌治疗期间早期手术切除受累的瓣膜组织,术后应继续抗真菌治疗才有可能有治愈的机会。药物治疗以用静脉滴注两性霉素B为首选,首日1mg,之后每日递增3~5mg,直到25~30mg/d。应注意两性霉素B的毒副作用,如发热、头痛、显著的胃肠道反应、局部的血栓性静脉炎和肾功能损害,神经系统和精神系统的损害。氟康唑和氟胞嘧啶是两种毒性较低的抗真菌药物,单独使用只有抑菌效果,而与两性霉素B合并使用可增强疗效,减少两性霉素B的用量。两性霉素B用够疗程后口服氟胞嘧啶100~150mg/（kg·d）,每6小时一次,用药数月。

抗生素剂量应考虑赘生物大小以及抗生素的MIC,一般应达到最大非中毒血浓度。人工瓣膜心内膜炎的赘生物一般较自体瓣膜心内膜炎者为大,抗生素疗程应长于自体瓣膜心内膜炎。由凝固酶阴性葡萄球菌导致的PVE中,由于病原微生物与人工瓣膜之间存在着复杂的相互作用,使得抗生素杀菌过程变得极为困难。应用包括利福平在内的三联疗法,将万古霉素和利福平联合应用至少6周,并在该疗程的最初2周辅以庆大霉素协同治疗。

（二）手术治疗

对于抗生素治疗预期疗效不佳的高危患者,应考虑早期手术干预(表3-9-3、3-9-4)。约半数感染性心内膜炎患者须接受手术治疗。早期手术旨在通过切除感染物、引流脓肿和修复受损组织,避免心衰进行性恶化和不可逆性结构破坏,预防栓塞事件。但在疾病活动期进行手术的风险很大,因此须掌握适应证,尽早请心外科医师会诊,为患者确定最佳治疗方案。

表3-9-3　自身瓣膜心内膜炎手术适应证	表3-9-4　置换瓣膜心内膜炎的手术适应证
主要适应证 1. 由瓣膜功能衰竭引起的心力衰竭 2. 抗生素治疗后的持续败血症 3. 再发栓塞	主要适应证 1. 由瓣膜功能衰竭引起的心力衰竭 2. 真菌性心内膜炎 3. 再发的脓毒性血栓 4. 心内脓肿或窦道形成 5. 持续败血症(应用3种抗生素) 6. 抗生素治疗后无效,瓣膜功能受累
次要适应证 1. 心内脓肿或窦道形成 2. Valsalva窦瘤破裂 3. 抗生素治疗后仍病原不明 4. 真菌性心内膜炎 5. 伴有心衰的左侧急性金葡菌感染的感染性心内膜炎 6. 血培养阴性,足够抗生素治疗,持续发热10天以上的再发	次要适应证 1. 非链球菌感染的病原体 2. 抗生素治疗后再发 发热大于10天,血培养阴性

感染性心内膜炎患者早期手术的三大适应证是心衰、感染不能控制、预防栓塞。早期手术按其实施的时间可分为急诊(24小时内)、次急诊(几天内)和择期手术(抗生素治疗1~2周后)。术后继续抗感染治疗,一般根据血培养情况,联合应用大量有效抗生素4~6周,以防止复发。

【治愈与复发】　临床治愈标准:应用抗生素4~6周后体温和血沉恢复正常;自觉症状改善和消失;脾缩小;红细胞、血红蛋白上升;尿常规转阴;停药后第1、2、6周作血培养阴性复发,首次发病后<6个月由同一微生物(经血培养证实)引起感染性心内膜炎再次发作;再感染,不同微生物引起的感染,或首次发病后>6个月由同一微生物引起感染性心内膜炎再次发作。

复发高危患者包括:人工瓣膜及瓣膜修复采用人工材料的患者;既往有感染性心内膜炎病史者;先天性心脏病患者等。高危患者仅在牙科操作下列情况考虑使用抗生素预防:涉及牙龈或牙根尖周围组织的手术或需要口腔黏膜穿孔的手术。

【结语】　对感染性心内膜炎的诊断、病原学和治疗都有新的进展。感染性心内膜炎的诊断标准依赖于具体的病人,重点是心脏超声帮助诊断和检测感染性心内膜炎。金黄色葡萄球菌正在成为感染性心内膜炎主要的病原体,院内感染性心内膜炎的病原体正在改变,新的技术正用于诊断血培养阴性的感染性心内膜炎病人。

(王建安)

推荐阅读文献

1. Byrne JG, Rezai K, Sanchez JA, et al. Surgical management of endocarditis: the Society of Thoracic Surgeons clinical practice guideline. Ann Thorac Surg. 2011,91:2012-2019
2. Habib G, Hoen B, Tornos P, et al. Guidelines on the prevention, diagnosis, and treatment of infective endocarditis (new version 2009): the Task Force on the Prevention, Diagnosis, and Treatment of Infective Endocarditis of the European Society of Cardiology (ESC). Endorsed by the European Society of Clinical Microbiology and Infectious Diseases (ESCMID) and the International Society of Chemotherapy (ISC) for Infection and Cancer. Eur Heart J. 2009,30:2369-2413

Notes

3. Baddour LM, Wilson WR, Bayer AS, et al. Infective Endocarditis：Diagnosis, Antimicrobial Therapy, and Management of Complications；A Statement for Healthcare Professionals From the Committee on Rheumatic Fever, Endocarditis, and Kawasaki Disease, Council on Cardiovascular Disease in the Young, and the Councils on Clinical Cardiology, Stroke, and Cardiovascular Surgery and Anesthesia, American Heart Association-Executive Summary：endorsed by the Infectious Disease Society of America. Circulation, 2005, 111（23）：3167-3184

4. 陈灏珠. 实用内科学. 第 12 版. 北京：人民卫生出版社, 2005

5. 王建安. 心脏瓣膜病学. 浙江：浙江大学出版社, 2000

Notes

第十章　心肌疾病

要点：

1. 心肌病是一组异质性的心肌疾病，病因多与遗传有关。临床主要表现为心肌肥厚、心脏扩大、心力衰竭、心律失常与猝死。

2. 心肌病诊断主要依据心力衰竭临床表现和心脏形态学检查异常。心脏超声是最常用的检查方法，近年来心脏磁共振应用受重视，基因检测有助于遗传相关病因的诊断。

3. 药物治疗是心肌病治疗的基础，心室同步化治疗可望改善部分患者心功能并提高生存率。心脏转复除颤器可明显减少心脏猝死发生。

4. 心肌炎是心肌的炎症性疾病，最常见病因为病毒感染。临床表现可以轻微，或也可以表现为心力衰竭、心律失常甚至猝死。病情多数自限，也可能进展成心肌病。

【定义与分类】　心肌病是一组异质性心肌疾病，由不同病因（遗传性病因较多见）引起。病变可局限于心脏本身，即原发性心肌病；亦可为全身系统性疾病伴心脏受累，即继发性心肌病。由其他心血管疾病继发的心肌病理性改变不属于心肌病范畴，如心脏瓣膜病、先天性心脏病、冠心病和高血压等所致的心肌病变。

2006 年美国心脏协会（AHA）首次以是否存在遗传异常对原发性心肌病分类。将引起心脏传导异常的离子通道病等归入了心肌病的范畴。遗传性心肌病是由于遗传基因突变所致，主要包括：肥厚型心肌病，右心室发育不良心肌病，左心室致密化不全，糖原累积症，先天性传导阻滞，线粒体肌病，离子通道病（包括长 QT 综合征，Brugada 综合征，短 QT 综合征，儿茶酚胺敏感室速等）。部分病例由遗传和其他原因共同导致，即所谓混合性，主要包括：扩张型心肌病，限制型心肌病。非遗传原因造成的心肌病即获得性心肌病，主要包括：感染性心肌病，心动过速心肌病，心肌气球样变，围产期心肌病。由于许多归类为原发性心肌病病例同时存在其他脏器严重受累（如糖原累积症等），因此也归类为继发性心肌病，分类常存在主观性。

2008 年欧洲心脏学会（ESC）的分类仍然主要依据形态学改变，包括：扩张型心肌病、肥厚型心肌病、限制型心肌病、致心律失常右室发育不良心肌病（ARVC）和未定型心肌病。这几类心肌病都包含着家族/遗传性和非家族/非遗传性病因。临床常见心肌病特征比较如下表（表 3-10-1）。

心肌病相关遗传缺陷累及广泛，从肌小节（sarcomere）到桥粒蛋白（desmosome）都可能受累。部分患者仅表现心脏受累，另一部分患者同时有其他脏器受累。多为常染色体显性遗传，少数为隐性遗传和累及 X 染色体性联遗传。

表 3-10-1　3 种临床常见心肌病比较表

	DCM	RCM	HCM
超声心动图			
EF 值	症状明显时，<30%	25%～50%	>60%
LVEDd	≥60mm	<60mm	缩小
心室壁厚度	变薄	正常或增加	明显增厚

续表

	DCM	RCM	HCM
LA	增大	增大,甚至巨大	增大
瓣膜反流	先二尖瓣,后三尖瓣	有,一般不严重	二尖瓣反流
常见首发症状	耐力下降	耐力下降,水肿	耐力下降,可有胸疼
心衰症状	左心衰先于右心衰	右心衰显著	晚期出现左心衰
常见心律失常	VT,传导阻滞,AF	传导阻滞和 AF	VT,AF

EF:射血分数;LVEDd:左室舒张末内径;LA:左心房
VT:室性心动过速;AF:心房颤动

第一节 扩张型心肌病

扩张型心肌病(Dilated cardiomyopathy,DCM)是一类以左心室或双心室扩大伴收缩功能障碍为特征的心肌病。该病较为常见,我国发病率为 13/10 万～84/10 万。病因多样,约半数病因不详。临床表现为心脏扩大、心力衰竭、心律失常、血栓栓塞及猝死。以往采用强心利尿为基础的治疗方案时本病预后差。近年来采用 β 阻滞剂、ACEI/ARB、醛固酮类拮抗剂、左心室起搏等治疗使许多患者的预后明显改善。病因是否去除对预后具有重要意义。

【病因和发病机制】 多数扩张型心肌病的原因不清。已知病因包括感染、非感染的炎症、中毒(包括酒精等)、内分泌和代谢紊乱、遗传、精神创伤(stress)等。随着近年来基因检测技术的开展,发现越来越多患者有家族/遗传性。

1. **感染** 病原体直接侵袭和由此引发的慢性炎症和免疫反应是造成心肌损害的主要机制。以病毒感染最常见。尤其是 RNA 家族中的小核糖核酸病毒,包括柯萨奇病毒 B、ECHO 病毒、小儿麻痹症病毒、流感病毒、腺病毒、巨细胞病毒、人类免疫缺陷病毒等。

部分细菌、真菌、立克次体和寄生虫等也可引起心肌炎并发展为扩张型心肌病。如 Chagas 病(南美锥虫病),其病原为克氏锥虫,通常经猎蝽虫叮咬传播。

2. **炎症** 肉芽肿性心肌炎(Granulomatous myocarditis)见于结节病和巨细胞性心肌炎,也可见于过敏性心肌炎。心肌活检有淋巴细胞、单核细胞和大量嗜酸性细胞浸润。此外,肌炎和皮肌炎亦可以伴发心肌炎。多种结缔组织病及血管炎均可直接或间接累及心肌,引起获得性扩张型心肌病。

3. **中毒、内分泌和代谢异常** 嗜酒是我国扩张型心肌病的常见病因。化疗药物和某些心肌毒性药物和化学品,如阿霉素等蒽环类抗癌药物、锂制剂、依米丁等。某些维生素和微量元素如硒的缺乏(克山病,为我国特有的地方性疾病)也能导致扩张型心肌病。嗜铬细胞瘤、甲状腺疾病等内分泌疾病也可以是扩张型心肌病的病因。血色病累及心肌通常归类为限制型心肌病,但晚期临床表现常常为扩张型。

4. **遗传** 25%～50% 的扩张型心肌病有基因突变或家族遗传背景,遗传方式主要为常染色体显性遗传,X 染色体连锁隐性遗传及线粒体遗传较为少见。目前已发现超过 30 个染色体位点与常染色体显性遗传的扩张型心肌病有关,2/3 的致病基因位于这些位点,这些致病基因负责编码多种蛋白合成,它们的异常将造成心肌不同部位结构和功能异常,包括:心肌细胞肌节(Sarcomere)、闰盘和细胞骨架(Z-disk and Cytoskeleton)、核膜(Nuclear Membrane)、激动-收缩耦联(Excitation-Contraction Coupling)、细胞代谢、线粒体、心肌纤维膜(Sarcolemmal Membrane)及桥粒等。致心律失常右室心肌病(ARVC)主要累及右心室;左室致密化不全(LVNC)则主要累及左心室致密层。

5. **其他** 许多扩张型心肌病的病因并非单一。一般认为围产期心肌病是获得性心肌病,但

Notes

多见于某些种族和区域。神经肌肉疾病如 Duchenne 型肌营养不良、Becker 型肌营养不良等也可以伴发扩张型心肌病。有些扩张型心肌病和限制型心肌病存在重叠,如"轻微扩张型心肌病"、血色病、心肌淀粉样变、肥厚型心肌病(终末期)。

【病理解剖和病理生理】   以心腔扩大为主,肉眼可见心室腔扩张,室壁变薄伴纤维瘢痕形成,且常有附壁血栓。瓣膜、冠状动脉多无改变。组织学为非特异性心肌细胞肥大、变性,特别是程度不同的纤维化等病变混合存在。

左心室扩大伴射血分数下降是 DCM 的特征。心肌细胞在遭受第一次打击时损失部分心肌,而其余心肌可能逐渐凋亡。病变的心肌收缩力减弱将触发神经-体液机制,产生水钠潴留、加快心率、收缩血管以维持有效循环。但是这一代偿机制将使病变的心肌雪上加霜,进一步加重心肌损害,造成心脏重构。心腔扩大、瓣膜结构变形造成反流使心衰加重。部分病例在使用 β 阻滞剂和 ACEI/ARB 后心功能明显改善甚至接近正常,说明阻断和改善心肌重构的重要意义。

【临床表现】   本病不同患者临床表现差异大。心脏扩大、心力衰竭、心律失常、栓塞和猝死是 DCM 的主要表现。不同病因造成的 DCM 有其病史特点。家族史、饮酒史、药物和放射治疗史、打鼾等对临床诊断具有重要价值。

(一)症状

本病多数起病隐匿,早期可无症状。临床主要表现为活动时呼吸困难和活动耐量下降。随着病情加重可以出现夜间阵发性呼吸困难和端坐呼吸等左心功能不全症状。并逐渐出现食欲下降、腹胀及下肢水肿等右心功能不全症状。合并心律失常时可表现心悸,头昏、黑矇甚至猝死。持续顽固低血压往往是扩张型心肌病终末期的表现。发生栓塞可以有受累相应脏器疼痛等表现。

(二)体征

主要体征为心界扩大,听诊心音减弱,常可闻及第三或第四心音,心率快时呈奔马律,有时可于心尖部闻及收缩期杂音。肺部听诊可闻及湿啰音,可以仅局限于两肺底,随着心力衰竭加重和出现急性左心衰时湿啰音可以遍布两肺或伴哮鸣音。颈静脉怒张、肝脏肿大及外周水肿等液体潴留体征也较为常见。长期肝淤血可以导致肝硬化、胆汁淤积和黄疸。心力衰竭控制不好的患者还常常出现皮肤湿冷。

【辅助检查】   心电图、胸片和心脏超声是可疑患者的基础检查。进一步检查可能对病因诊断有帮助。

1. 胸部 X 线检查(图 3-10-1)   心影通常增大,心胸比例>50%。可出现肺淤血、肺水肿及肺动脉压力增高的 X 线表现,有时可见胸腔积液。

2. 心电图   缺乏诊断特异性,但很重要。患者或多或少可有心电图改变。可以为 R 波进展不良、室内传导阻滞或左束支传导阻滞。QRS 波增宽常提示预后不良。严重的左心室纤维化还可出现病理性 Q 波,需除外心肌梗死。常见 ST 段压低和 T 波倒置。可见各类期前收缩、非持续性室速、房颤、传导阻滞等多种心律失常同时存在。

3. 超声心动图   超声心动图是诊断及评估扩张型心肌病最常用的重要手段。疾病早期可仅表现为左心室轻度扩大,后期各心腔均扩大,以左心室

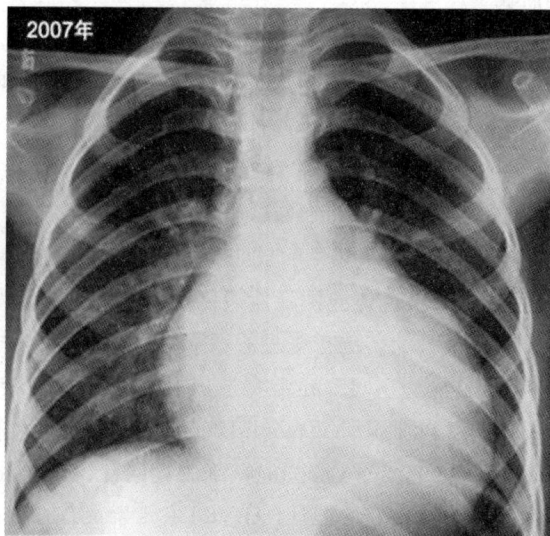

图 3-10-1   扩张型心肌病的胸部 X 线
显示心影增大,心胸比例>50%

扩大为著(图 3-10-2/文末彩图 3-10-2)。室壁运动普遍减弱,心肌收缩功能下降,左心室射血分数显著降低。二尖瓣、三尖瓣本身虽无病变,但由于心腔明显扩大,导致瓣膜在收缩期不能退至瓣环水平而关闭不全。彩色血流多普勒可显示二、三尖瓣反流(图 3-10-3/文末彩图 3-10-3)。

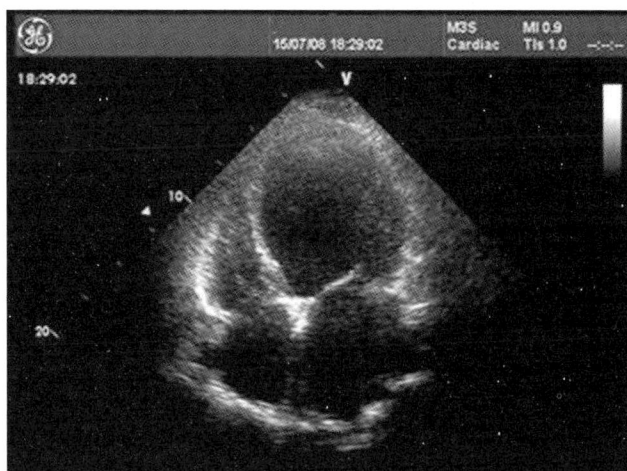

图 3-10-2 扩张型心肌病超声心动图表现
左心室明显扩大,左心房也有所增大

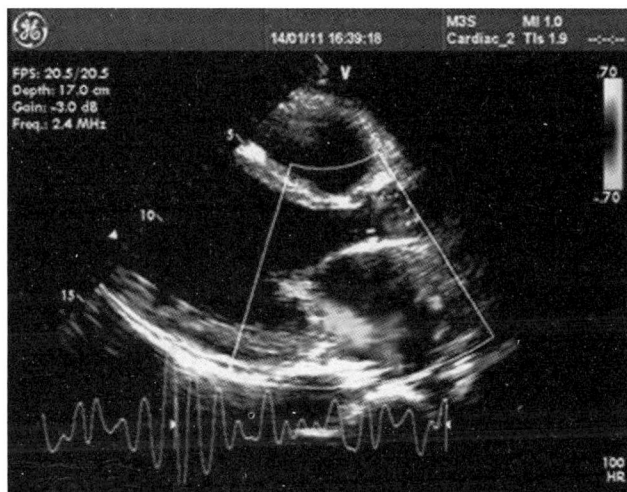

图 3-10-3 扩张型心肌病彩色血流多普勒表现(较大蓝色
反流束为血液反流入左心房)

4. **心脏磁共振(Cardiac magnetic resonance,CMR)** CMR 对于心肌病诊断、鉴别诊断及预后评估均有很高价值。有助于鉴别浸润性心肌病、致心律失常右心室心肌病、心肌致密化不全、心肌炎、结节病等疾病。CMR 显像提示心肌纤维化常常预示心电不稳定。

5. **心肌核素显像** 运动或药物负荷心肌显像可用于除外冠状动脉疾病引起的缺血性心肌病。核素血池扫描可见舒张末期和收缩末期左心室容积增大,左心室射血分数降低,但一般不用于心功能评价。

6. **冠状动脉 CT 检查** 通过静脉输入造影剂同时进行冠状动脉 CT 检查,可以发现或除外冠状动脉明显狭窄,有助于鉴别因冠状动脉狭窄造成的心肌缺血、坏死和缺血性心肌病。

7. **血液和血清学检查** 扩张型心肌病可出现脑钠肽(BNP)或 N 末端脑钠肽(NT-proBNP)升高,此有助于鉴别呼吸困难的原因。部分患者也可出现 cTnI 轻度升高,但缺乏诊断特异性。

血常规、电解质、肝肾功能等常规检查有助于明确有无贫血、电解质失衡、肝硬化及肾功能

Notes

不全等疾病,这些检查虽然对扩心病的诊断无特异性,但有助于对患者总体病情评价和判断预后。临床尚需要根据患者的合并情况选择性进行一些相关检查,如内分泌功能、炎症及免疫指标、病原学、血清铁和转铁蛋白饱和度等。

8. 冠状动脉造影和心导管检查　冠状动脉造影无明显狭窄有助于除外冠状动脉性心脏病。心导管检查不是扩张型心肌病诊断的常用和关键检查。在疾病早期大致正常,在出现心力衰竭时可见左、右心室舒张末期压、左心房压和肺毛细血管楔压增高,心搏量和心脏指数减低。

9. 心内膜心肌活检(EMB)　主要适应证包括:近期出现的突发严重心力衰竭、伴有严重心律失常、药物治疗反应差、原因不明,尤其对怀疑爆发性淋巴细胞心肌炎的病例,因为这些病人通过血流动力学支持治疗后预后很好。心肌活检可以明确是否为巨噬细胞心肌炎,有助于启动免疫抑制治疗。此检查也有助于决定患者应该尽早心脏移植还是先用心室辅助泵。

【诊断及鉴别诊断】　对于有慢性心力衰竭临床表现,心脏超声检查有心腔扩大和心脏收缩功能减低的病例,即应考虑扩张型心肌病诊断。

鉴别诊断主要应该除外引起心脏扩大、收缩功能减低的其他继发原因,包括心脏瓣膜病、高血压、冠心病、先天性心脏病等。可通过病史、查体及超声心动图、心肌核素显像、CMR、冠状动脉 CT 检查、冠脉造影等检查进行鉴别诊断。必要时做心内膜心肌活检。

诊断家族性扩张型心肌病首先应除外各种继发性及获得性心肌病。依据是在一个家系中(包括先证者在内)有两个或两个以上扩张型心肌病患者,或在患者的一级亲属中有不明原因 35 岁以下猝死者。仔细询问家族史对诊断极为重要。家庭成员基因筛查有助于确诊。

【治疗】　治疗旨在阻止基础病因导致的心肌损害,阻断造成心力衰竭加重的神经体液机制,控制心律失常和预防猝死,预防栓塞,提高生活质量和延长生存期。

(一)病因治疗

应积极寻找病因,给予相应的治疗。包括控制感染;严格限酒或戒酒、戒烟;避免对心脏有害药物;治疗高血压、高脂血症、内分泌疾病或自身免疫病;纠正肥胖(尤其心衰分级 A 时)、电解质紊乱;改善营养失衡等。

(二)针对心力衰竭的药物治疗

一旦出现心脏扩大、收缩功能损害,即使尚无心力衰竭的临床表现(心衰分级 B),也应积极地进行药物干预治疗,包括 β 受体阻滞剂、血管紧张素转换酶抑制剂或血管紧张素受体拮抗剂,以期减缓心室重构及心肌进一步损伤,延缓病变发展。

随病程进展,心室收缩功能进一步减低,并出现心力衰竭临床表现(心衰分级 C)。此阶段治疗应该包括适当限盐(<3g/d),规律活动。药物治疗包括:

1. 血管紧张素转换酶抑制剂(ACEI)或血管紧张素受体拮抗剂(ARB)的应用　所有左心室射血分数<40%的心力衰竭患者若无禁忌证均应使用 ACEI,从小剂量开始,逐渐递增,直至达到目标剂量。滴定剂量和过程需个体化。对于部分由于 ACEI 不能耐受(如咳嗽)的患者可以考虑使用 ARB。两药不能合用。

2. β 受体阻滞剂　所有左心室射血分数<40%的患者若无禁忌都应使用 β 阻滞剂。包括卡维地洛、美托洛尔和比索洛尔。应在 ACEI 和利尿剂的基础上加用,需从小剂量开始,逐步加量。以达到目标剂量或最大耐受剂量。

3. 盐皮质激素受体拮抗剂(Mineralocorticoid receptor antagonist,MRA)　包括依普利酮(Eplerenone)和螺内酯。为保钾利尿剂。对于在 ACEI 和 β 阻滞剂基础上仍有症状且无肾功能严重受损(肌酐清除率>30mL/min)的患者应该使用。应密切监测电解质水平(K⁺<5.0mEq/dL)。螺内酯可引起少数男性患者乳房发育。

4. 肼屈嗪和二硝酸异山梨醇　此二药合用可以作为 ACEI 和 ARB 不能耐受患者的替代。也可用于那些使用 ACEI、β 阻滞剂和 MRA 后仍有心力衰竭症状的患者。

5. **伊伐布雷定(Ivabradine)** 是 If 通道阻滞剂,它能减慢窦性心率,但并不减慢房颤时的心室率。对于不能耐受 β 阻滞剂,心率≥70/min 的患者可使用。

6. **利尿剂的应用** 能有效改善胸闷、气短和水肿等症状。通常从小剂量开始,如呋塞米每日 20mg 或氢氯噻嗪每日 25mg,根据尿量及体重变化调整剂量。

7. **洋地黄** 主要用于 ACEI(ARB)、β 阻滞剂、MRA 治疗后仍有症状,或者不能耐受 β 阻滞剂的患者。能有效改善症状,尤其用于减慢房颤心力衰竭患者的心室率,但可能对生存不利。

上述药物中 ACEI、β 阻滞剂和 MRA 对改善预后有明确的疗效。而其他药物对远期生存的影响尚缺乏充分证据,但能有效改善症状。值得指出的是临床上一般不宜将 ACEI、ARB、MRA 三者合用。噻唑烷二酮(Thiazolidinediones)、格列酮类(Glitazones)可能加重心力衰竭,应该避免使用。NASAIDs 和 COX2 可能造成水钠潴留,也应该避免使用。

(三)心力衰竭的心脏再同步化治疗(Cardiac resynchronization therapy,CRT)

CRT 是通过置入带有左心室电极的起搏器,同步起搏左、右心室使心室的收缩同步化。这一治疗对部分心力衰竭病人有显著疗效。患者需要在药物治疗的基础上选用。

对于经充分药物治疗后纽约心功能分级(NYHA)为Ⅲ或非卧床Ⅳ级的患者,CRT 治疗的适应证为:左心室射血分数(LVEF)≤35%;左束支阻滞 QRS 波≥120ms,非左束支阻滞的患者 QRS 波≥150ms;预期有质量的寿命在 1 年以上。本治疗可缓解症状,改善心功能,降低死亡率。

对于经充分药物治疗后 NYHA 为Ⅱ级的患者,CRT 治疗的适应证为:左心室射血分数(LVEF)≤35%;左束支阻滞 QRS 波≥130ms,非左束支阻滞的患者 QRS 波≥150ms。预期有质量的寿命在 1 年以上。

(四)晚期或难治性心衰患者(心衰分级 D)治疗

对于晚期心衰患者治疗,除上述介绍的药物外还需要包括:①限制进水,一般每日进水量为在 1.5~2L 内。②静脉使用强心药物以维持重要脏器灌注和功能,常用药物包括多巴胺、多巴酚丁胺、米力农(Milrinone)。③心脏机械循环支持(MCS,Mechanical Circulatory Support)通常作为过渡到心脏移植的一种方式。④严重心力衰竭内科治疗无效的病例可考虑心脏移植。也有试行左心室成形术者,通过切除部分扩大的左心室同时置换二尖瓣,以减轻反流、改善心功能,但疗效尚不确定。⑤临终关怀和关闭植入型心脏复律除颤器(Implantable cardioverter-defibrillator,ICD)功能以减少患者痛苦。

(五)抗凝治疗

血栓栓塞是常见的并发症,对于有房颤或已经有附壁血栓形成或有血栓栓塞病史的患者须长期华法林等抗凝治疗。

(六)心律失常和心脏猝死的防治

对于房颤的治疗可参考心律失常相关章节。心衰患者 ICD 预防心脏猝死的适应证包括:①持续性室速史;②室速、室颤导致的心跳骤停史;③左心室射血分数<35%,纽约心功能分级(NYHA)为Ⅱ~Ⅲ级,预期生存时间>1 年,且有一定生活质量。

【以心脏扩大为表现的特殊类型心肌病】 扩张型心肌病中部分病因比较明确,具有很独特的临床特点,值得专门介绍。其中我国北方曾经流行的、与食物中缺硒有关的克山病几乎绝迹,故不赘述。

(一)酒精性心肌病(Alcoholic cardiomyopathy)

长期大量饮酒可能导致酒精性心肌病。其诊断依据包括:有符合扩张型心肌病的临床表现;有长期过量饮酒史(WHO 标准:女性>40g/d,男性>80g/d,饮酒 5 年以上);既往无其他心脏病病史。若能早期戒酒,多数患者心脏病情能逐渐改善或恢复。

(二)围产(生)期心肌病(Peripartum cardiomyopathy)

既往无心脏病的女性于妊娠最后 1 个月至产后 6 个月内发生心力衰竭,临床表现符合扩张型心肌病特点可以诊断本病。其发生率约为 1/1300～4000 次分娩。发病具有明显的种族特点，以非洲黑人发病最高。高龄和营养不良、近期出现妊高征、双胎妊娠及宫缩制剂治疗与本病发生有一定关系。通常预后良好，但再次妊娠常引起疾病复发。

（三）心动过速性心肌病（Tachycardia Induced cardiomyopathy）

多见于房颤或室上性心动过速。临床表现符合扩张型心肌病特点。有效控制心室率是治疗关键。同时需要采用包括阻断神经-体液激活的药物，包括 ACEI、β 阻滞剂和 MRA 等。

（四）致心律失常右室心肌病（Arrhythmogenic right ventricular cardiomyopathy，ARVC）

又称为致心律失常右心室发育不良（Arrhythmogenic right ventricular dysplasia，ARVD），是一种遗传性心肌病，以右心室心肌逐渐被脂肪及纤维组织替代为病理特征，左心室亦可受累。青少年发病，临床以室性心动过速、右心室扩大和右心衰竭等为特点。心电图 V_1 和 V_2 导联可见特殊的 epsilon 波。心室晚电位阳性患者易猝死。

（五）心肌致密化不全（Ventricular non-compaction）

属于遗传性心肌病。患者胚胎发育过程中心外膜到心内膜致密化过程提前终止。临床表现为左心衰和心脏扩大。心脏超声检查左心室疏松层与致密层比例大于 2（图 3-10-4）。CMR 是另一有效诊断工具。临床处理主要是针对心力衰竭治疗。有左束支阻滞的患者置入 CRT 可望获得良好效果。

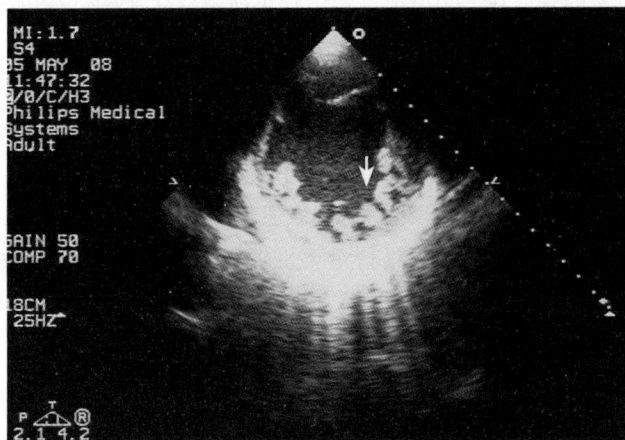

图 3-10-4　左室致密化不全的超声心动图
左室短轴切面，可见到有较多的疏松肌小梁（箭头），在
收缩期，左心室疏松层与致密层之比大于 2

（六）心脏气球样变（Takotsubo cardiomyopathy）

本病少见。发生与过度情绪激动或精神打击等因素有关，如亲人过世、地震等。故又称"伤心综合征（Brocken Heart）"或"应急综合征"（Stress）。临床表现为突发胸骨后疼痛伴心电图 ST 段抬高和或 T 波倒置。冠状动脉相对正常。左心室功能受损，心室造影或心脏超声显示心室中部和心尖部膨出。临床过程呈一过性。精神支持和心理安慰是主要的治疗。B 阻滞剂治疗可望减少心脏破裂的发生。

（七）缺血性心肌病（Ischemic cardiomyopathy）

冠状动脉粥样硬化多支病变造成的弥漫性心脏扩大和心力衰竭称为缺血性心肌病，又称缺血性心脏病。虽然欧美指南中都把冠状动脉疾病排除在心肌病的病因之外，但是文献中通常接受这一定义。

第二节　肥厚型心肌病

肥厚型心肌病（Hypertrophic cardiomyopathy，HCM）是一种遗传性心肌病，以室间隔非对称性肥厚为解剖特点。根据左心室流出道有无梗阻又可分为梗阻性和非梗阻性肥厚型心肌病。人群患病率约为200/10万。

本病预后差异很大。是青少年和运动猝死的最主要原因之一。少数进展为终末期心衰。另有少部分出现房颤和栓塞。不少患者症状轻微，预期寿命可以接近常人。

【病因与分子遗传学】　肥厚型心肌病为常染色体显性遗传。目前已发现至少18个疾病基因和500种以上变异，约一半病例可以检出致病基因。其中最常见的基因突变为β-肌球蛋白重链及肌球蛋白结合蛋白C的编码基因。肥厚型心肌病的表型呈多样性，与致病的突变基因、基因修饰及不同的环境因子有关。

【病理生理】　在梗阻性患者，左心室收缩时快速血流通过狭窄的流出道产生负压，引起二尖瓣前叶前向运动(systolic anterior motion,SAM)，加重梗阻。此作用在收缩中、后期较明显。有些患者静息时梗阻不明显，运动后变为明显。静息或运动负荷超声显示左心室流出道压力阶差≥30mmHg者，属梗阻性肥厚型心肌病，约占70%。

HCM患者胸闷气短等症状的出现与左心室流出道梗阻、左心室舒张功能下降、小血管病变造成心肌缺血等因素有关。其中舒张功能下降常常出现很早，甚至在室间隔肥厚发生之前，此时静息状态射血分数和心输出量可以正常，然而运动峰值心输出量由于心率快时心室充盈不良而下降。

【病理改变】　大体解剖主要为心室肥厚，尤其是室间隔肥厚，部分病人的肥厚部位不典型，可以是左心室靠近心尖部位。组织学病理改变有3大特点：心肌细胞排列紊乱；小血管病变；间质纤维瘢痕形成。

【临床表现】

(一) 症状

最常见的症状是劳力性呼吸困难和乏力，其中前者可达90%以上。夜间阵发性呼吸困难较少见。1/3的患者可有劳力性胸痛。最常见的持续性心律失常是房颤。部分患者有晕厥，常于运动时出现，与室性快速心律失常有关。该病是青少年和运动员猝死的主要原因。

(二) 体征

体格检查可见心脏大致正常或轻度增大，可能闻及第四心音。流出道梗阻的患者可于胸骨左缘第3~4肋间闻及较粗糙的喷射性收缩期杂音。心尖部也常可听到收缩期杂音，这是因为二尖瓣前叶移向室间隔导致二尖瓣关闭不全所致。增加心肌收缩力或减轻心脏后负荷的措施，如含服硝酸甘油、应用强心药、作Valsalva动作或取站立位等均可使杂音增强；相反凡减弱心肌收缩力或增加心脏后负荷的因素，如使用β受体阻滞剂、取蹲位等均可使杂音减弱。

【辅助检查】

(一) 胸部X线检查

普通胸部X线心影大小可以正常或左心室增大。

(二) 心电图(图3-10-5)

变化多端。主要表现为QRS波左心室高电压、ST段压低和T波倒置、异常Q波。ST压低和T波倒置多见于Ⅰ、aVL、V_4~V_6导联。少数患者可有深而不宽的病理性Q波。见于导联Ⅱ、Ⅲ、aVF，和某些胸导联。此外，ECG可有室内传导阻滞和其他各类心律失常。

(三) 超声心动图

是HCM最主要的诊断手段。室间隔不对称肥厚而无心室腔增大为其特征。舒张期室间隔厚度≥15mm或与后壁厚度之比≥1.3需考虑诊断(图3-10-6)。伴有流出道梗阻的病例可见室间隔流出道部分向左心室内突出、二尖瓣前叶在收缩期前移(Systolic anterior motion,SAM)、左心室顺应性降低等。值得强调的是，由于不同病例严重程度可以存在较大差异，静息状态下室间隔厚度未达上述标准不能完全除外本病诊断。静息状态下无流出道梗阻者需要评估激发状态下的情况。

Notes

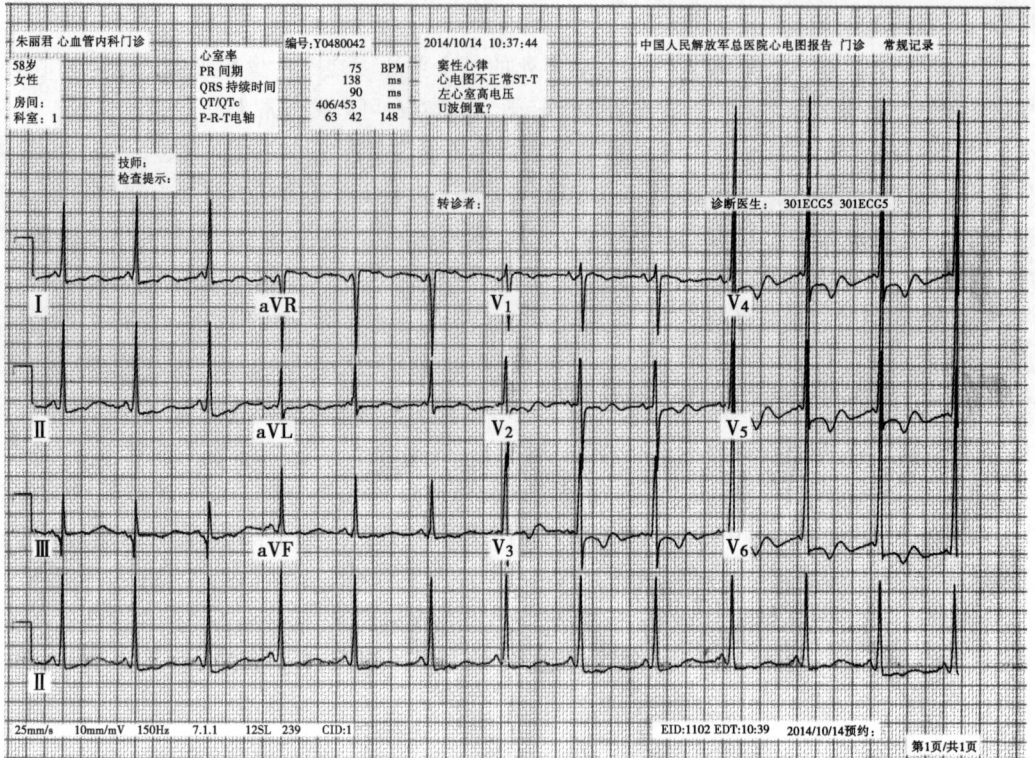

图 3-10-5   肥厚型心肌病的心电图表现

患者,女性,58 岁,体检发现心电图异常 20 年,近 10 年时有心悸。心脏超声显示室间隔厚度达 18mm。
ECG 显示左心室高电压、ST 段压低和 T 波倒置与双向

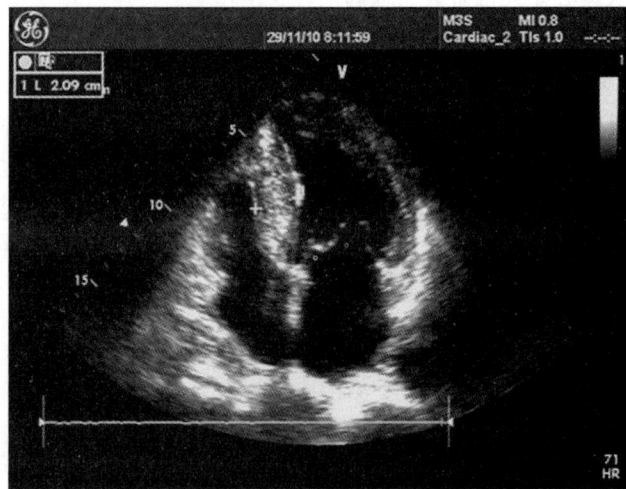

图 3-10-6   肥厚型心肌病心脏超声图表现
(室间隔厚度达 21mm)

部分患者心肌肥厚局限于心尖部,尤以前侧壁心尖部为明显,如不仔细检查,容易漏诊。

(四)心脏磁共振(CMR)

心脏磁共振有很高的诊断和鉴别诊断价值,尤其是心脏超声检查不能明确诊断时(由于声窗不良无法清晰显示者),或者需要与其他原因引起的心肌肥厚(如心脏淀粉样变、Fabry 病、LAMP2 心肌病)进行鉴别时。CMR 能清晰显示心室壁和(或)室间隔局限性或普遍性增厚。梗阻性 HCM 在 CMR 上可见左心室流出道狭窄,SAM 征和二尖瓣关闭不全。心尖肥厚病例可见左

心室腔呈铁铲样改变伴心尖闭塞。同位素钆延迟增强(LGE)扫描可以发现和评估心肌纤维化及其程度,帮助进行危险分层。CMR 也可用于室间隔切除术或消融术的术前和术后评估肥厚和纤维化程度。

（五）核素显像

核素显像,尤其是99mTc-DPD 可用于心肌淀粉样变与肥厚型心肌病的鉴别,前者呈阳性。具有以下特征的患者应该考虑进行此项检查:年龄>65 岁;有双侧腕管综合征病史;无肥厚型心肌病家族史;有心电图和心肌影像特征。

（六）心脏 CT

适合心脏超声图像不清楚且有 CMR 禁忌证的患者,如严重肺气肿并植入了心脏起搏器或ICD 的患者。

（七）心导管检查和冠状动脉造影

心导管检查可显示左心室舒张末期压力增高。有左心室流出道狭窄者在心室腔与流出道之间存在收缩期压力阶差。心室造影显示左心室变形,可呈香蕉状、犬舌状或纺锤状(心尖部肥厚时)。

HCM 患者冠状动脉造影多无异常,但对那些有疑似心绞痛症状和心电图 ST-T 改变的患者有重要鉴别价值。对于不稳定心绞痛、心脏猝死复苏和持续室速患者应该检查。

（八）心内膜心肌活检

一般不用于 HCM 诊断。心肌活检对除外浸润性和储积性心肌病有重要价值,用于高度怀疑而其他方法无法确诊的淀粉样变、糖原贮积症等。

【诊断与鉴别诊断】

（一）诊断标准

根据病史及体格检查,超声心动图显示舒张期室间隔厚度≥15mm 或与后壁厚度之比≥1.3。近年来 CMR 越来越多用于诊断。阳性家族史(猝死、心肌肥厚等)有助于诊断。基因检查有助于明确遗传学异常。

2014 年欧洲心脏学会指南对基因筛查用于先证者、儿童患者、患者亲属等都有详细说明。

（二）鉴别诊断

鉴别诊断需要除外左心室负荷增加引起的心室肥厚,包括高血压、主动脉瓣狭窄、先天性心脏病、运动员心脏肥厚等。这些情况的心肌肥厚多呈对称性。

此外,还需要除外异常物质沉积引起的心肌肥厚,包括淀粉样变、糖原贮积症等。其他相对少见的全身疾病如嗜铬细胞瘤、Fabry 病、血色病、心面综合征、线粒体肌病、Danon 病、遗传性共济失调及某些遗传代谢性疾病也可引起心肌肥厚,但常伴有其他系统受累表现有助鉴别。心脏超声提示心肌储积性疾病或浸润性疾病的征象包括:心肌呈毛玻璃样、颗粒状;房间隔增厚;房室瓣结节样增厚;收缩功能轻度降低伴舒张期功能障碍以及少量心包积液。

HCM 晕厥患者需要进行 12 导联 ECG、直立运动试验、静息和运动多普勒心脏超声、48 小时Holter 检查。对于 SCD 低危的晕厥患者应该考虑植入性循环记录器(insertable loop recorder,ILR)。

【HCM 的处理】 肥厚型心肌病的治疗旨在改善症状、减少合并症和预防猝死。其方法是减轻流出道梗阻、改善心室顺应性、防治血栓栓塞事件和识别高危猝死患者。治疗需要个体化。

（一）药物治疗

药物治疗是基础。针对流出道梗阻的药物主要有 β 受体阻滞剂和非二氢吡啶类钙拮抗剂。当出现充血性心力衰竭时需要采用针对性处理。对房颤病人需要抗凝治疗。值得指出的是,对病因不清楚的胸闷不适患者使用硝酸酯类药物时需要注意除外梗阻性 HCM,以免使用后加重梗阻。

1. **减轻左心室流出道梗阻、改善舒张功能**　β受体阻滞剂是梗阻性肥厚型心肌病的一线治疗用药,可改善心室松弛,增加心室舒张期充盈时间,减少室性及室上性心动过速。非二氢吡啶类钙离子拮抗剂也具有负性变时和减弱心肌收缩力作用,可改善心室舒张功能,对减轻左心室流出道梗阻也有一定治疗效果,可用于那些不能耐受β受体阻滞剂的患者。由于担心β受体阻滞剂与钙离子拮抗剂联合治疗出现心率过缓和低血压,一般不建议合用。此外,丙吡胺能减轻左心室流出道梗阻,也是候选药物,但心脏外副作用相对多见。

2. **针对心力衰竭的治疗**　疾病后期可出现左心室扩大伴收缩功能减低和慢性心功能不全的临床表现。治疗药物选择与其他原因引起的心力衰竭相同。包括ACEI、ARB、β受体阻滞剂、利尿剂、螺内酯甚至地高辛。

3. **针对房颤**　肥厚型心肌病最常见的心律失常是房颤,发生率达20%。胺碘酮能减少阵发性房颤发作。对持续性房颤,可予β受体阻滞剂控制心室率。除非禁忌,一般需考虑口服抗凝药治疗。

（二）非药物治疗

1. **手术治疗**　对于药物治疗无效、心功能不全(NYHA Ⅲ～Ⅳ级)患者,若存在严重流出道梗阻(静息或运动时流出道压力阶差大于50mmHg),需要考虑行室间隔切除术。目前美国和欧洲共识将手术列入合适病人的首选治疗。

2. **酒精室间隔消融术**　经冠状动脉间隔支注入无水酒精造成该供血区域室间隔坏死,此法可望减轻部分患者左心室流出道梗阻及二尖瓣反流,改善症状。其适应证大致同室间隔切除术。缺点包括:消融范围的不确定性;部分病人需要重复消融;长期预后尚不清楚。目前欧美指南将此列入为手术替代方法,主要针对那些年龄过大、手术耐受差、合并症多以及缺乏技术精良手术医师的情况。

3. **起搏治疗**　对于其他病因有双腔起搏置入适应证的患者,选择右心室尖起搏可望减轻左心室流出道梗阻。对于药物治疗效果差而又不太适合手术或消融的流出道梗阻患者可以选择双腔起搏。

（三）猝死的风险评估和ICD预防

肥厚型心肌病是青年和运动员心源性猝死最常见的病因。预测猝死高危风险的因素包括:曾经发生过心跳骤停;一级亲属中有1个或多个HCM猝死发生;左心室严重肥厚(≥30mm);Holter检查发现反复非持续室性心动过速;运动时出现低血压;不明原因晕厥,尤其是发生在运动时。未植入ICD的患者每1～2年需要进行风险评估。

ICD植入预防猝死必须与患者/家属充分沟通并共同决定。以下情况有ICD植入适应证:①SCD病史;②有VF或VT病史;③一级亲属猝死病例;④心室厚度≥30mm;⑤近期有1次或多次晕厥史;⑥有非持续室速,年龄小于30岁;⑦运动低血压并有其他高危因素;⑧儿童不明原因晕厥、LV严重肥厚、家庭成员SCD史。儿童ICD植入时需要顾及手术的高并发症风险。

（四）HCM孕妇的特殊关注

必须重视HCM孕妇的宣教和处理。怀孕前就应该对男、女双方就疾病遗传问题给予咨询。怀孕前已使用β阻滞剂的患者应该继续使用。怀孕期间出现症状的患者应该启用β阻滞剂。使用β阻滞剂的孕妇应该监测胎儿和新生儿生长。β阻滞剂中最好选择美托洛尔。阴道分娩应该作为多数孕妇的首选分娩方式。房颤患者应该根据情况选用低分子肝素或华法林(孕第4～6个月)抗凝。持续房颤应该考虑电复律。

（五）随访

对所有HCM患者都应该进行随访。建议对病情稳定者每12～24个月检查12导联心电图、48小时动态心电图和心脏超声。出现症状或加重时随时进行12导联心电图、动态心电图和心脏超声检查。另外,根据患者病情选择CMR和运动试验。

第三节 限制型心肌病

限制型心肌病(restrictive cardiomyopathy,RCM)是以心室壁僵硬度增加、舒张功能降低、充盈受限而产生临床右心衰症状为特征的一类心肌病。患者心房明显扩张,早期左心室不扩张,收缩功能多正常,室壁不增厚或仅轻度增厚。随着病情进展左心室收缩功能受损加重,心腔可以扩张。发病率不详,可能是3种类型心肌病中最少见的。除了少数有特殊治疗方法的疾病外,大多数RCM确诊后5年生存期仅约30%。

【病因与发病机制】 限制型心肌病多属于混合性心肌病。病因包括特发性,家族/遗传性和由全身疾病引起的特殊类型。家族/遗传性多为常染色体显性遗传,其中部分累及肌钙蛋白I基因,也可以累及肌间线蛋白(desmin)基因。少数为常染色体隐性遗传或X性联遗传。由全身疾病引起的最多为淀粉样变(包括原发轻链、甲状腺素转运蛋白异常、老年性),其余为结节病、类癌、硬皮病和蒽环类抗生素毒性等。

本病根据病变可以分为以下4类:①浸润性:细胞内或细胞间有异常物质或代谢产物堆积,包括淀粉样变性、结节病、高雪氏病;②非浸润性:包括特发性限制型心肌病,部分可能属于和其他类型心肌病重叠的情况如轻微扩张型心肌病、肥厚型/假性肥厚型心肌病,病理改变以纤维化为特征的硬皮病、糖尿病心肌病等;③储积性:包括血色病、Fabry病、糖原贮积症;④心内膜病变为主:如心内膜纤维化、心内膜弹力纤维增生症(幼年发病,可能与腮腺炎病毒感染有关)、高嗜酸细胞综合征、放射性、蒽环类抗生素等药物引起,以及类癌样心脏病和转移性癌等。

【病理改变与病理生理】 主要病理改变为心肌纤维化、炎性细胞浸润和心内膜面瘢痕形成。这些病理改变使心室壁僵硬、充盈受限,心室舒张功能减低。心房后负荷增加使心房逐渐增大,静脉回流受阻,静脉压升高,导致临床右心衰表现。

【临床表现】 右心衰较重为本病临床特点。早期表现为活动耐量下降、乏力、呼吸困难。随病程进展逐渐出现肝大、腹腔积液、全身水肿。

体格检查可见颈静脉怒张,Kussmaul征。心脏听诊常可闻及奔马律,窦性心律时容易听到第四心音。血压低提示预后不良。可有肝大、移动性浊音阳性、下肢可凹性水肿。

【辅助检查】

(一)实验室检查

继发性患者可能伴随相应原发病的实验室异常,如淀粉样变性患者可能有尿本周氏蛋白。BNP在限制性心肌病人明显增高,此有助于鉴别其他原因引起的呼吸困难,包括缩窄性心包炎。

(二)心电图

心肌淀粉样变患者常常为QRS波低电压。QRS波异常和ST-T改变在限制性心肌病较缩窄性心包炎明显。

(三)心脏超声

双心房明显扩大和心室仅轻度肥厚有助于限制型心肌病诊断。心肌呈毛玻璃样改变常常是心肌淀粉样变的特点(图3-10-7/文末彩图3-10-7)。

(四)X线片、冠状动脉CT、CMR

心影无明显增大(有心包积液时例外),可以有胸腔积液。胸片中见心包钙化,CT和CMR见心包增厚提示缩窄性心包炎可能。冠状动脉CT见严重、多支冠状动脉狭窄提示缺血是心肌损害的可能原因。CMR检查对某些心肌病有重要价值,如心肌内呈颗粒样的钆延迟显像(LGE)见于心肌淀粉样变性。

(五)心导管检查

有助于鉴别缩窄性心包炎。限制型心肌病患者右心室收缩压明显增高(常常>50mmHg),尤

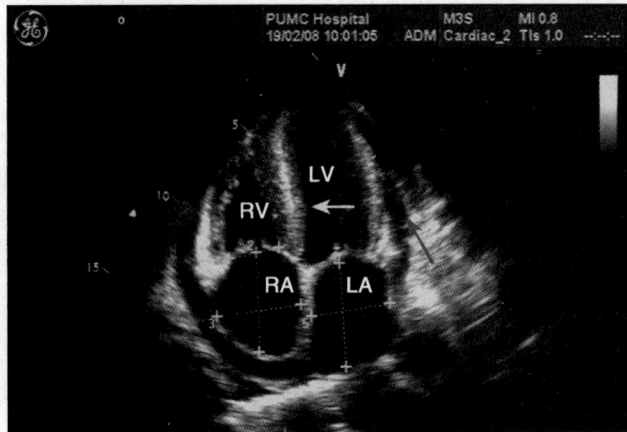

图 3-10-7 心肌淀粉样变的超声心动图表现
心尖四腔心切面,可以看到左室肥厚,特别是室间隔(黄色箭头),呈
毛玻璃样;通常会伴有心包积液(红色箭头指示 LV 旁的液性暗区);
由于导致心肌限制性舒张功能障碍,会有左房或者双房的增大。
LV:左心室;RV:右心室;LA:左心房;RA:右心房

其是呼气末。而缩窄性心包炎患者呼气末右心室压力相对较低。(参见"缩窄性心包炎"相关章节)

(六) 心肌活检

对于心肌淀粉样变性和高嗜酸细胞综合征等具有确诊的价值。心肌淀粉样变在刚果红染色后表现为无定型、均匀、淡染的红色物质(图 3-10-8A/文末彩图 3-10-8A),在偏光镜下显示为苹果绿(图 3-10-8B/文末彩图 3-10-8B)。

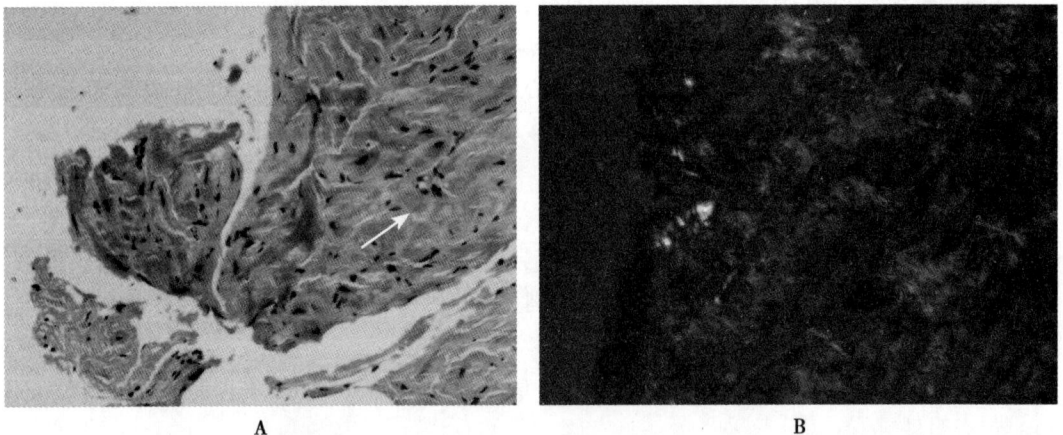

图 3-10-8 心肌淀粉样变时心内膜心肌活检病理表现
A:刚果红染色光镜下可以看到在心肌细胞的间质内有较多的无定型、均匀、淡染为红色的
物质(箭头),即淀粉样物质;B:这些淀粉样物质在偏光显微镜下呈典型的苹果绿色

【诊断与鉴别诊断】 根据运动耐力下降、水肿病史及右心衰表现需要怀疑限制型心肌病。如果患者心电图肢导联低电压、超声心动图见双房增大、室壁不厚或轻度增厚、左心室不扩大而充盈受限,应考虑限制型心肌病。

心肌淀粉样变的心脏超声显示心室壁呈磨玻璃样改变。其他引起限制型心肌病的全身疾病具有相应的临床特征。这些疾病包括:血色病、结节病、高嗜酸细胞综合征、系统性硬化症等。病史中需要询问放射、放疗史,药物使用史等。

鉴别诊断应除外缩窄性心包炎,两者的临床表现及血流动力学改变十分相似。缩窄性心包炎患者以往可有活动性心包炎或心包积液病史。查体心尖搏动消失、可有奇脉、心包叩击音。胸部 X 线有时可见心包钙化。超声心动图有时可见心包增厚、室间隔抖动征。而限制型心肌病常有双心房明显增大、室壁可增厚。CMR 在限制型心肌病有室壁钆延迟强化,而缩窄性心包炎则可见心包增厚。

心导管压力测定有助于疑难病例的鉴别。心内膜心肌活检有助于发现限制型心肌病的某些病因(如淀粉样变性、糖原贮积病)。

【治疗】 原发性限制型心肌病无特异性治疗手段。治疗重点为避免劳累和预防呼吸道感染等可能加重心力衰竭的诱因。该病引起的心力衰竭对常规治疗反应不佳,往往成为难治性心力衰竭。对于继发性限制型心肌病,部分疾病有针对病因的特异性治疗。

第四节 心 肌 炎

心肌炎(myocarditis)是心肌的炎症性疾病。最常见病因为病毒感染。细菌、真菌、螺旋体、立克次体、原虫、蠕虫等感染也可引起心肌炎,但相对少见。非感染性心肌炎的病因包括药物、毒物、放射、结缔组织病、血管炎、巨细胞性、结节病等。心肌炎起病急缓不定,少数呈爆发性导致急性泵衰竭或猝死。病程多有自限性,但也可进展为扩张型心肌病。本节重点叙述病毒性心肌炎。

【病因和发病机制】 多种病毒都可能引起心肌炎,包括肠病毒、腺病毒、流感病毒、人类疱疹病毒-6、Epstein-Barr 病毒、巨细胞病毒、丙肝病毒、细小病毒 B19 等。有认为近年来细小病毒 B19(PVB19)和人类腺病毒 6 的致病率增加。对于心肌活检未能找到病毒,同时除外其他原因而诊断为淋巴细胞和巨细胞心肌炎的病例,可能属于自身免疫或特发性心肌炎。

病毒性心肌炎的发病机制包括:①病毒直接侵犯机体;②病毒与机体免疫反应共同作用。直接侵犯造成心肌直接损害,而病毒介导的免疫损伤,主要是由 T 淋巴细胞介导。此外还有多种细胞因子和一氧化氮等介导的心肌损害和微血管损伤。这些变化均可损害心肌组织结构和功能。心肌炎症长期不愈,体内抗体与心肌自身抗原(如肌红蛋白)作用,最终可以导致扩张型心肌病。

【临床表现】 本病见于任何年龄,以青少年多见。症状轻重不一,患者可以无症状而在因其他意外死亡后尸体解剖时发现。

(一)症状

病毒性心肌炎患者临床表现取决于病变的广泛程度与部位,轻者可完全没有症状,重者甚至出现心源性休克及猝死。多数患者发病前 1~3 周有病毒感染前驱症状,如发热、全身倦怠感和肌肉酸痛,或恶心、呕吐等消化道症状。随后可以有心悸、胸痛、呼吸困难、水肿,甚至晕厥、猝死。临床诊断的病毒性心肌炎绝大部分是以心律失常为主诉或首见症状,其中少数可因此发生昏厥或阿-斯综合征。

(二)体征

查体常有心律失常,以房性与室性期前收缩及房室传导阻滞最为多见。心率可增快且与体温不相称。听诊可闻及第三、第四心音或奔马律,部分患者可在心尖部闻及收缩期吹风样杂音。心衰患者可有颈静脉怒张、肺部湿啰音、肝大等体征。重症可出现低血压、四肢湿冷等心源性休克体征。

(三)临床类型

患者因心肌受累部位和程度不同可以表现为 4 个不同临床类型。

1. **急性冠脉综合征样表现** 患者发病前 1~4 周有呼吸道或消化道感染;胸痛同时有心电图改变(ST 抬高/压低,T 波倒置),但冠脉造影并未能显示有相应的血管病变;心脏超声或 CMR 检查显示有或者没有心肌收缩功能障碍;可以伴或不伴 cTnT/cTnI 升高,变化类似心梗或表现为持续升高较长时间(大于 1 周)。

2. **新发心衰或心衰加重**　近 2 周至 3 个月出现心衰或心衰加重。心脏超声或 CMR 检查无室壁增厚或心室扩张。无冠心病和其他原因。发病前有消化道或呼吸道感染,或者为围产期。ECG 无特异性改变,可有束支阻滞、房室阻滞和/或室性心律失常。

3. **慢性心衰**　心衰超过 3 个月,无冠心病和其他原因。心脏超声或 CMR 显示心室功能受损,提示扩张型心肌病或非缺血性心肌病。ECG 显示束支阻滞、房室阻滞和/或室性心律失常。

4. **病情危重**　无冠心病或其他心衰原因。表现为严重室性心律失常或心脏猝死;左室功能严重受损、心源性休克。

【辅助检查】

(一) 胸部 X 线检查

可见心影扩大,有心包积液时可呈烧瓶样改变。

(二) 心电图

改变常见但多非特异。包括 ST 段轻度移位和 T 波倒置。合并急性心包炎的患者可有除了 aVR 导联以外广泛导联 ST 段抬高。少数可出现病理性 Q 波。可出现各种心律失常,特别是室性心律失常和房室传导阻滞等。

(三) 红细胞沉降率(ESR)和超敏 C 反应蛋白升高

属于非特异性炎症指标,升高也可以见于心包炎等病人。

(四) 肌钙蛋白、CK-MB 和脑钠肽

前两者心肌受损时升高,肌钙蛋白比 CK-MB 敏感,但都不属于心肌炎特异性指标,正常也不能除外心肌炎。脑钠肽升高见于心衰病例,对心肌炎的诊断也不具有特异性。

(五) 病毒血清学检测

对病毒性心肌炎诊断价值有限。因为非心肌炎人群的血液中 IgG 抗体阳性率较高。而非心肌炎病毒感染造成抗体滴度升高的比例也不低。近来有研究显示血清学病毒抗体阳性与心肌活检结果的相关性较差。

(六) 超声心动图检查

可正常,也可显示左心室增大,室壁运动减低,左心室收缩功能减低,附壁血栓形成等。合并心包炎者可有心包积液。

(七) 心脏磁共振(CMR)

对心肌炎诊断有较大价值。典型表现为钆延迟增强显像(LGE),可见心肌片状强化(图 3-10-9/文末彩图 3-10-9)。

(八) 心内膜心肌活检

是心肌炎诊断的金标准。心内膜和心肌内检出病毒、病毒抗原、病毒基因片段或病毒蛋白可以确立诊断。此检查除了用于诊断,还有助于病情及预后的判断。因为属有创,本检查只用于病情急重、治疗反应差、原因不清的患者,对于轻症患者不作为常规检查。

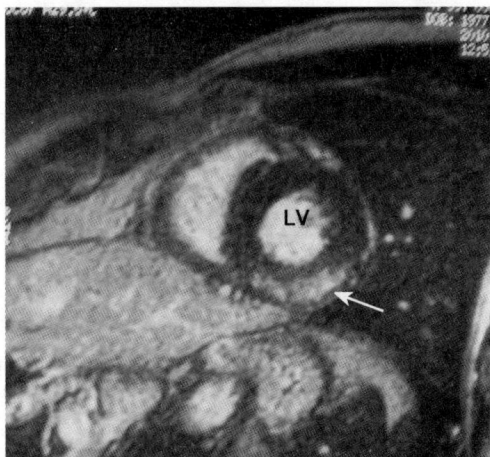

图 3-10-9　心肌炎的核磁表现

左室短轴切面,钆延迟显像(LGE)时可在侧后壁处心肌内、心外膜下有片状增强(箭头)。LV:左心室

【诊断与鉴别诊断】

(一) 诊断

病毒性心肌炎的诊断主要依据临床。包括典型的前驱感染史;心衰和/或心律失常相应的症状及体征;心电图、心肌酶学检查改变;超声心动图、心脏磁共振显示的心肌损伤证据。确诊有赖于心肌活检。

最近发表的欧洲心肌炎诊断标准包括:①临床表现:胸痛;急性或慢性心衰加重;心悸、心律失常、晕厥、猝死幸存;不明原因心源性休克。②辅助检查:ECG/Holter 显示严重心律失常;心肌损害标记物(TnT/TnI)升高;心脏影像/功能异常(ECHO/CMR/造影);CMR 心肌水肿和 LGE 有片状强化。

（二）鉴别诊断

所有患者必须除外冠心病、高血压所致和其他心脏外的非炎症性疾病。应注意排除甲状腺功能亢进、二尖瓣脱垂综合征以及影响心肌的其他疾患,如结缔组织病、血管炎、药物及毒物等。必要时可采用心内膜心肌活检来明确诊断。

【治疗和预后】　怀疑病毒性心肌炎的患者需要入院监护,因为该病变化无常、发展迅速。患者切忌进行运动试验,必须限制活动。

本病目前尚无特异性治疗,对心力衰竭但血流动力学尚可的患者需要使用利尿剂、血管扩张剂、ACEI/ARB,必要时加用醛固酮拮抗剂。对于有心包炎的患者可以使用非激素类抗炎药物阿司匹林,但对预后的影响不确定。出现快速心律失常者,可以用抗心律失常药物。高度房室传导阻滞或窦房结功能损害而出现晕厥或明显低血压时可考虑使用临时心脏起搏器。急性期病人不推荐 ICD 治疗。

对血流动力学不稳定的患者应该收入 ICU,并给予呼吸支持和必要的机械循环支持。后者主要方法有左心室辅助装置(LVAD)和体外膜肺(ECMO),设法过渡到心脏移植或好转。

近期有研究显示,对慢性和病毒阴性心肌炎患者使用免疫抑制和免疫调节剂治疗可望改善预后,但这些研究结果尚需要随机、对照临床研究确认。糖皮质激素的疗效并不肯定,不主张常规使用。但对其他治疗效果不佳者,仍可考虑在发病 10 天至 1 个月之间使用。此外,临床上还可应用促进心肌代谢的药物如三磷酸腺苷、辅酶 A、环磷腺苷等。

【预后】　预后取决于病因、临床表现和开始治疗时疾病所处阶段。约一半病例在 2~4 周后好转,约25%患者发展为持续心功能不全,另有少数病情恶化而死亡或进展为扩张型心肌病最终需要心脏移植。资料显示,病变累及双心室预后不良。暴发性心肌炎在儿童和婴儿多见,预后差。不明原因巨细胞心肌炎预后也差。所有心肌炎患者需要长期随访,对心肌酶持续升高的患者随访中有必要进行心肌活检。

（方　全）

推荐阅读文献

1. Gersh BJ. 2011 ACCF/AHA Guideline for the Diagnosis and Treatment of Hypertrophic Cardiomyopathy. A Report of the American College of Cardiology Foundation/American Heart Association Task Force on Practice Guidelines. Circulation. 2011;124:e783-e831

2. Yancy CW. 2013 ACCF/AHA Guideline for the Management of Heart Failure:A Report of the American College of Cardiology Foundation/American Heart Association Task Force on Practice Guidelines. Circulation. published online June 5,2013

3. Maron BJ. Contemporary Definitions and Classification of the Cardiomyopathies:An American Heart Association Scientific Statement From the Council on Clinical Cardiology,Heart Failure and Transplantation Committee;Quality of Care and Outcomes Research and Functional Genomics and Translational Biology Interdisciplinary Working Groups;and Council on Epidemiology and Prevention. Circulation. 2006;113:1807-1816

4. Elliott P. Classification of the Cardiomyopathies:a Position Statement from the European Society of Cardiology Working Group on Myocardial and Pericardial Diseases. Eur Heart J 2008;29:270-276

5. Longo DL,Fauci AS,Kasper DL,et al. Harrison's Principles of Internal Medicine. 18th Ed,New York:McGraw-Hill,2012

6. Bonow RO,Mann DL,Zipes DP,et al. Braunwald's Heart Disease:A Textbook of Cardiovascular Medicine. 9th Ed. Philadelphia:Elsevier Saunders,2012

7. Caforio APL,Pankuweit S,Arbustini E,et al. Current State of Knowledge on Aetiology,Diagnosis,Management,

and Therapy of Myocarditis：a Position Statement of the European Society of Cardiology Working Group on Myocardial and Pericardial Diseases. Eur Heart J doi：10. 1093/eurheartj/eht210

8. Kindermann I，Barth B，Mahfoud F，et al. Update on Myocarditis. J Am Coll Cardiol 2012；59：779-92

9. 2014 ESC Guidelines on Diagnosis and Management of Hypertrophic Cardiomyopathy：The Task Force for the Diagnosis and Management of Hypertrophic Cardiomyopathy of the European Society of Cardiology（ESC）. Eur Heart J 2014；35：2733-2779

第十一章 心 包 疾 病

> **要点:**
> 1. 心包疾病的病因众多,可以是病毒或其他感染,或是全身疾病的一部分,或由邻近病变蔓延所致,病因不清者称为特发性。
> 2. 临床主要表现有急性心包炎、心包渗出和心包填塞或慢性心包缩窄。
> 3. 多数病例根据临床表现、胸部 X 线检查、心电图及超声心动图检查可以诊断。
> 4. 治疗主要针对病因、缓解症状、解除填塞与缩窄。必要时需外科干预。

心包为双层囊袋结构。心包由浆膜层和纤维层两部分组成。浆膜层分为壁层和脏层部分,壁层贴附于纤维层内面,脏层紧贴于心脏表面,两者在心底部大血管处相连续。壁层心包由浆膜层壁层和纤维层组成,脏层心包即浆膜层脏层。壁层和脏层心包间的间隙为心包腔,有 15 ~ 50ml 浆膜液起润滑作用。心包对心脏解剖位置起固定作用,并能缓冲由于心脏收缩对周围血管的冲击。心包也能防止由于运动和血容量增加而导致的心腔迅速扩张。心包对肺部和胸腔感染的扩散起到阻止作用。然而心包先天缺如或手术切除通常并不产生临床严重后果。

心包疾病可以由感染、肿瘤、代谢性疾病、尿毒症、自身免疫病、外伤等引起,然而多数为病因不清的特发性。临床上主要可以表现为急性心包炎、心包渗出和心包填塞及慢性缩窄性心包炎。以下主要根据病因进行分类。

1. **特发性** 最常见。当临床常规检查未能明确病因时的归类。一般认为,其中多数由病毒感染引起,但常规检查往往无法明确何种病毒。

2. **感染性** 病毒性、细菌性(化脓性)、结核性、真菌性、其他病原微生物感染。

3. **非感染性** 急性心肌梗死、尿毒症、肿瘤、黏液腺瘤、胆固醇、乳糜性、外伤、主动脉夹层、放射性、结节病等。

4. **过敏性或免疫性** 风湿性、血管炎性、药物、心肌心包损伤后(包括手术)。

本教材将重点介绍临床常见心包疾病,包括急性心包炎、心包渗出和心包填塞、缩窄性心包炎。

第一节 急性心包炎

急性心包炎(acute pericarditis)为心包脏层和壁层的急性炎症性疾病。可以单独存在,也可以是某种全身疾病累及心包的表现。

【**病因**】 最常见病因为特发性,一般认为占 80% ~ 90%。其他包括病毒、细菌、自身免疫病、肿瘤侵犯心包、尿毒症、急性心肌梗死后心包炎、主动脉夹层、胸壁外伤及心脏手术后。经常规检查仍无法明确病因称为特发性急性心包炎或急性非特异性心包炎,其实不少可能属于病毒感染。约1/4 患者可复发。少数甚至反复发作。

【**临床表现**】 病毒感染者多有呼吸道或消化道感染前驱症状,同时有乏力、肌肉酸痛、发热等。约 10~12 天后出现胸痛等症状。部分病人可伴有肺炎和胸膜炎临床表现。症状持续通常不超过 2 周。

（一）症状

胸骨后、心前区疼痛为急性心包炎的特征,常见于炎症变化的纤维蛋白渗出期。疼痛可放射到颈部、左肩、左臂,也可达上腹部。疼痛性质尖锐,与呼吸运动相关,常因咳嗽、深呼吸、变换体位或吞咽而加重。部分患者可因心包填塞出现呼吸困难、水肿。感染性心包炎可伴发热。

（二）体征

急性心包炎最具诊断价值的体征为心包摩擦音,呈抓刮样、粗糙的高频音。多位于心前区,以胸骨左缘第 3、4 肋间最为明显。典型的摩擦音可听到与心房收缩、心室收缩和心室舒张相一致的三个成分,称为三相摩擦音。身体前倾坐位、深吸气或将听诊器胸件加压后可能听到摩擦音增强。约 85% 患者病程中可以出现心包摩擦音,持续时间数小时、数天甚至数周当心包脏层和壁层炎症改善心包摩擦音减轻或消失。或当积液增多将二层心包分开时,摩擦音即消失。

【辅助检查】

（一）血清学检查

取决于原发病,如感染性心包炎常有白细胞计数及中性粒细胞增加、红细胞沉降率增快等炎症反应,自身免疫病可有免疫指标阳性,尿毒症患者可见肌酐明显升高等。部分病人肌钙蛋白 T($cTnT$) 或肌钙蛋白 I($cTnI$) 轻度升高,此与预后无明确关系。但少数患者 $cTnT/cTnI$ 明显升高提示可能心肌同时受累,属于心肌心包炎。

（二）胸部 X 线检查

可无异常发现,如心包积液较多,则可见心影增大。当心包腔内液体量成人少于 250ml、儿童少于 150ml 时,X 线难以检出。

（三）心电图

主要表现为:①除 aVR 和 V_1 导联以外的其他所有常规导联可能出现 ST 段呈弓背向下型抬高,aVR 及 V_1 导联 ST 段压低。这些改变可于数小时至数日后恢复。②一天至数天后,随着 ST 段回到基线,T 波逐渐出现低平及倒置。此改变可于数周至数月后恢复正常,也可长期存在。③常有窦性心动过速。积液量较大时可以出现 QRS 波或伴 ST-T 电交替。

（四）超声心动图及心脏磁共振（CMR）

超声心动图可明确有无心包积液,并判断积液量。协助判断临床血流动力学改变是否由心包填塞所致。超声引导下行心包穿刺引流可以增加操作的成功率和安全性。

CMR 能清晰显示心包积液量和分布情况,帮助分辨积液的性质。可测量心包厚度。心包延迟增强强化对诊断心包炎较敏感。对于急性心肌心包炎,CMR 还有助于判断心肌受累情况。

（五）心包穿刺和引流液检查

心包穿刺的主要指征是心包填塞。对积液性质和病因诊断也有一定帮助。可以对心包积液进行常规、生化、病原学（细菌、真菌等）、细胞学相关检查。

【诊断与鉴别诊断】

（一）诊断

诊断根据急性起病、典型胸痛、心包摩擦音、特征性的心电图表现。超声心动图检查可以明确心包积液并判断积液量。CMR 不但可以诊断心包炎并有助于判断心肌受累情况。结合病史和全身表现特点,以及相应的辅助检查有助于病因诊断。

（二）鉴别诊断

诊断急性心包炎应注意与其他可引起急性胸痛的疾病相鉴别。

1. **急性心肌梗死**   抬高的 ST 段呈弓背向上,ST-T 演变迅速,在数小时内;ECG 改变导联与梗死部位相对应,范围通常不如心包炎时广泛。心肌酶常常明显增高,且其动态改变特点与心包炎不符合。

2. 夹层动脉瘤破裂 患者常有高血压史。疼痛为撕裂样,程度较剧烈,多位于胸骨后或背部,可向下肢放射。破口入心包腔可出现急性心包炎的心电图改变。超声心动图常可以观察到剥脱的动脉内膜片而明确诊断。增强 CT 有助于揭示破口所在。

3. 肺栓塞 可以出现胸痛、胸闷、咯血、发绀、甚至晕厥等表现。心电图典型表现为 $S_I Q_{III} T_{III}$,也可见 ST-T 改变。D-二聚体通常升高,确诊需增强肺动脉 CT。

(三)重症病例的识别

并非所有急性心包炎患者都需要入院治疗,但对于病情较重、有以下征象的需要收治:发热 >38℃;血白细胞增高;大量心包积液(超声检查示舒张期液性暗区宽度>20mm);心包填塞;急性外伤;非固醇类激素治疗失败;肌钙蛋白增高;复发性心包炎。

【治疗和预后】 治疗应该包括病因治疗、解除心包填塞和对症、支持治疗。

患者宜卧床休息至胸痛消失和发热消退。疼痛时可以给予非甾体抗炎药如阿司匹林(2~4g/d),效果不佳可以给布洛芬(400~600mg,一日 3 次),或吲哚美辛(25~50mg,一日 3 次)。

秋水仙碱(Colchicine)能有效缓解疼痛并减少复发。前述药物治疗 1 周无效时可使用。常见副作用为腹泻。其他副作用有肝脏毒性、心肌毒性和骨髓抑制。肾功能不全患者秋水仙碱浓度增加是副作用增加的重要原因。经肝脏 CYP3A4 代谢的其他药物也可以影响本药代谢而增加副作用。对疼痛不缓解的患者必要时可使用吗啡类药物。

糖皮质激素治疗(泼尼松 40~80mg/d)能有效改善病情,但是可能增加复发。因此,只有对前述抗炎药物和秋水仙碱治疗无效并除外某些病因以后才使用。使用 2~4 周且症状消失、C 反应蛋白正常后,应该缓慢递减剂量至停药。

心包渗液多而引起急性心包填塞时需立即行心包穿刺引流。顽固性复发性心包炎病程超过 2 年、激素无法控制、或伴严重胸痛时可考虑外科心包切除术治疗。

部分病例在初发急性心包炎治疗好转后复发,又称复发性心包炎(Relapsing pericarditis)。激素治疗患者心包炎复发率高于其他患者。有认为这类患者可能属于自身免疫异常,部分病例为病毒感染、心包损伤或心肌梗死后。而结核性、化脓性和肿瘤并不是复发性心包炎的病因。复发性心包炎的治疗困难,严重影响生活质量。因此,缓解症状和预防复发是治疗主要目的。激素缓慢减量然后撤除是减少复发的关键。顽固复发病人行心包切除术多有效。

第二节 心包渗出和心包填塞

心包疾患或其他病因累及心包可以造成心包渗出(Pericardial effusion),即心包积液,当积液迅速积聚或积液量达到一定程度时,可造成心脏输出量和回心血量明显下降而产生相应临床表现,即心包填塞(Cardiac Tamponade),又称心脏压塞。

【病因】 各种病因心包炎均可能伴有心包积液。最常见的原因是特发性心包炎、肿瘤和肾衰竭。严重体循环淤血也可产生漏出性心包积液。穿刺伤、心室破裂等可造成血性心包积液。迅速积聚或大量的心包积液可引起心包填塞。

【病理生理】 正常时心包腔平均压力接近于零或低于大气压,吸气时呈轻度负压,呼气时近于正压。心包内少量积液一般不影响血流动力学。但如果液体迅速增多,即使仅达 200ml 也可以因心包无法迅速伸展而使心包内压力急剧上升,引起心脏受压和心室舒张期充盈受阻,周围静脉压升高。同时使心排血量显著降低,血压下降,产生急性心包填塞的临床表现。慢性心包积液时由于心包逐渐伸展适应,临床表现常常不重,部分病例积液量可达 2000ml 以上。

【临床表现】 心包填塞的临床特征为 Beck's 三联征:血压低;心音弱;颈静脉怒张。

Notes

（一）症状

呼吸困难是心包积液时最突出的症状,可能与支气管、肺、大血管受压引起肺淤血有关。呼吸困难严重时,患者可呈端坐呼吸,身体前倾、呼吸浅速、面色苍白,可有发绀。也可因气管、食管受压而产生干咳、声音嘶哑及吞咽困难。还可出现上腹部疼痛、肝脏肿大、全身水肿、胸腔积液或腹腔积液,重症患者可出现休克。

（二）体征

心尖搏动微弱,位于心浊音界左缘的内侧或不能扪及。心脏叩诊浊音界向两侧增大,皆为绝对浊音区。心音低而遥远。积液量大时可于左肩胛骨下出现叩浊音,听诊闻及支气管呼吸音,称心包积液征(Ewart 征),此乃肺组织受压所致。少数病例可于胸骨左缘第3、4 肋间闻及心包叩击音(见缩窄性心包炎)。大量心包积液可使收缩压降低,而舒张压变化不大,故脉压变小。依心包填塞程度,脉搏可减弱或出现奇脉。大量心包积液影响静脉回流,出现体循环淤血表现,如颈静脉怒张、肝大、肝颈静脉回流征、腹腔积液及下肢水肿等。

（三）心包填塞

短期内出现大量心包积液可引起急性心包填塞。表现为窦性心动过速、血压下降、脉压变小和静脉压明显升高。如果心排血量显著下降,可造成急性循环衰竭和休克。如果液体积聚较慢,则出现亚急性或慢性心包填塞,产生体循环静脉淤血征象。表现为颈静脉怒张和 Kussmaul 征。后者即吸气时颈静脉充盈更明显。患者还可出现奇脉(也称吸停脉),表现为桡动脉搏动呈吸气性显著减弱或消失,呼气时恢复。奇脉也可通过血压测量来诊断,即吸气时动脉收缩压较吸气前下降 10mmHg 或更多。

【辅助检查】

（一）X 线检查

可见心影向两侧增大呈烧瓶状,心脏搏动减弱或消失。特别是肺野清晰而心影显著增大常是心包积液的有力证据,有助于鉴别心力衰竭,后者表现为心影大而肺部淤血。

（二）心电图

心包积液时可见肢体导联 QRS 低电压,大量渗液时可见 P 波、QRS 波、T 波电交替,常伴窦性心动过速。

（三）超声心动图

对诊断心包积液简单易行,迅速可靠。(图 3-11-1)心包填塞时的特征为:舒张末期右心房塌陷及舒张早期右心室游离壁塌陷。此外,还可观察到吸气时右心室内径增大,左心室内径减少,室间隔左移等。超声心动图还可用于引导心包穿刺引流。

（四）心包穿刺

主要目的为迅速缓解心包填塞,同时可以对心包积液进行相关检查,但对病因诊断价值有限。有认为对心包积液超过 1 个月、超声检查舒张早期右心室塌陷、心包腔积液超过20mm 的患者应该进行心包穿刺引流。

【诊断与鉴别诊断】

（一）诊断标准

对于呼吸困难的患者,如查体发现颈静脉怒张、奇脉、心浊音界扩大、心音遥远等典型体征,应考虑此诊断。超声心动图见心包

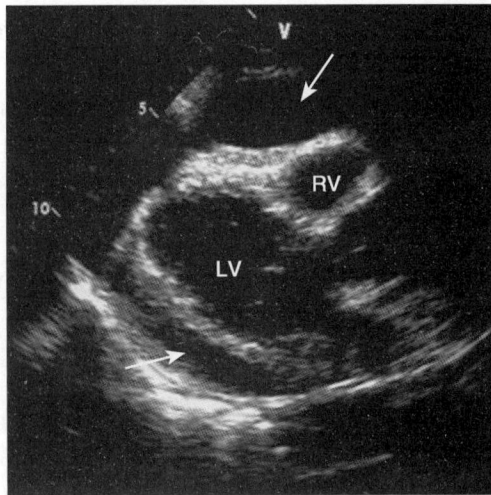

图 3-11-1　二维超声心动图示大量心包积液(箭头所示为液性暗区)

积液可确诊。心包积液病因诊断需要根据临床表现、实验室检查、心包穿刺液检查,以及是否存在其他疾病综合分析判断。部分患者可能需要根据诊断性治疗才能知晓诊断,结核性心包炎即为典型例证。

(二) 鉴别诊断

心包渗出和心包填塞主要应该与引起呼吸困难的其他临床情况鉴别,尤其是与心力衰竭鉴别。根据患者原有的基础心脏疾病如冠心病、高血压、瓣膜病、先天性心脏病或心肌病等病史,查体闻及肺部湿啰音,并根据心音、心脏杂音和有无心包摩擦音进行判断,心脏超声检查有助于明确诊断。

【治疗】　心包穿刺引流是解除心包填塞最简单有效的手段。对所有血流动力学不稳定的急性心包填塞,均应紧急行心包穿刺或外科心包开窗引流,解除心包填塞。对伴休克患者,需扩容治疗增加右心房及左室舒张末期压力。对于血流动力学稳定的心包积液患者应设法明确病因。针对原发病进行治疗同时应注意血流动力学情况。心包引流减压同时应该将引流液送实验室检查。

第三节　缩窄性心包炎

缩窄性心包炎(Constrictive pericarditis)是指心脏被致密增厚的纤维化或钙化心包所包裹,导致心室舒张期充盈受限而产生一系列循环障碍的疾病。缩窄性心包炎多为慢性。

【病因】　我国缩窄性心包炎的病因以结核性最为常见,其次为急性特发性心包炎、化脓性心包炎或创伤性心包炎。近年来放射性心包炎和心脏手术后引起者逐渐增多。其他少见的病因包括自身免疫性疾病、恶性肿瘤、尿毒症、某些药物等。

【病理生理】　心包缩窄使心室舒张期扩张受阻、充盈减少、心搏量下降。为维持有效心排血量心率必然代偿性增快。由于回流受阻造成静脉压升高、颈静脉怒张、肝大、腹腔积液、下肢水肿等。由于吸气时周围静脉回流增多,而缩窄的心包限制心室适应性扩张,致使吸气时颈静脉压进一步升高,颈静脉扩张更明显,称 Kussmaul 征。多数患者心包明显增厚和钙化,少数患者可能因为心包缩窄局限于下腔静脉入口而不易被发现。

【临床表现】

(一) 症状

患者既往常有急性心包炎、复发性心包炎或心包积液等病史。主要症状与心输出量下降和体循环淤血有关。表现为劳力性呼吸困难、活动耐量下降、疲乏,以及肝大、腹腔积液、胸腔积液和周围水肿等。

(二) 体征

心尖搏动减弱或消失,多数患者收缩期心尖呈负性搏动,心浊音界可不增大或稍增大,心音轻而遥远,通常无杂音,可闻及心包叩击音。后者系发生在第二心音 0.1 秒后、短促的拍击样额外音。因舒张期血流突然涌入舒张受阻的心室引起心室壁振动所致。患者心率常较快,为窦性或心房颤动、心房扑动,或有期前收缩。可有 Kussmaul 征。

可见颈静脉怒张、肝大、腹腔积液、下肢水肿。缩窄性心包炎的腹腔积液常较下肢水肿出现得早且程度重。此与一般的心力衰竭患者不同,机理不清楚。

【辅助检查】

(一) 胸部 X 线检查

心影可以偏小、正常或轻度增大。左右心缘变直,主动脉弓小或难以辨认。上腔静脉常扩张,多数患者可见心包钙化。

(二) 心电图

可见 QRS 低电压、T 波低平或倒置。有时可见心房颤动等心律失常,尤其在久病和高龄患

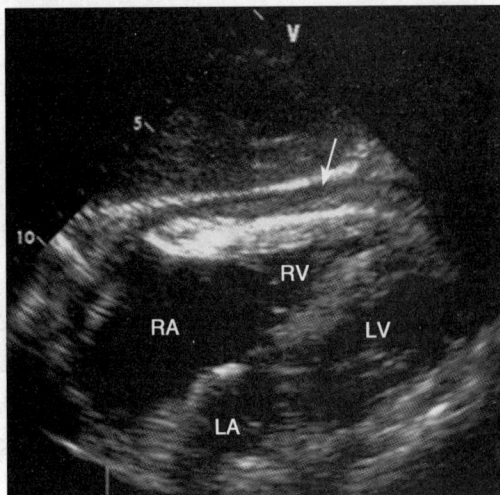

图 3-11-2　二维超声心动图示缩窄性心包炎
心包明显增厚（箭头所示）

（三）超声心动图

超声心动图诊断缩窄性心包炎的敏感性较低。二维或 M 型超声心动图典型表现有心包增厚（图 3-11-2）；心脏变形；心房增大；室壁活动减弱，室间隔呈异常运动，即室间隔抖动征（图 3-11-3）；下腔静脉增宽且不随呼吸变化。多普勒超声示吸气时二尖瓣血流频谱舒张早期 E 峰幅度下降大于 25%。

（四）CT 和 CMR

CT 和 CMR 对慢性缩窄性心包炎的诊断价值优于心脏超声。CT 和 CMR 可以定量心包增厚部位和程度（>4mm）；显示右心室变形、室间隔扭曲；了解是否存在心包肿瘤。心脏搏动过程中直接贴靠的周围肺部组织无活动，强烈提示心包增厚。

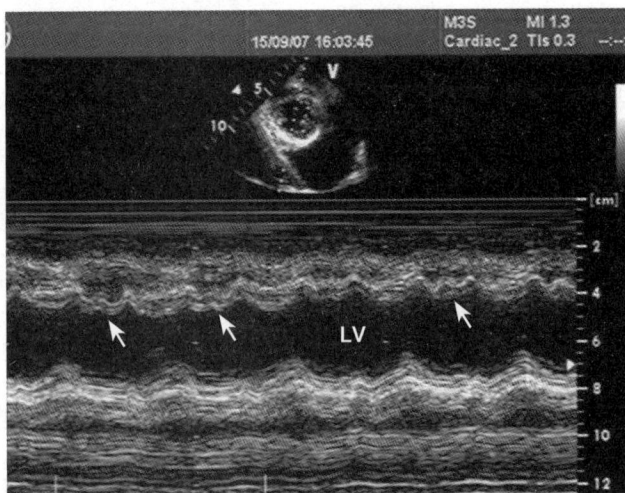

图 3-11-3　M 型超声显示缩窄性心包炎前室间隔运动异常
前室间隔在舒张早期突然后向运动，且室间隔随呼吸而
偏移（箭头），为两心室间依赖性增加的结果

（五）心导管检查和左、右心室压力图

右心导管检查可以显示如下特征：

1）右心房压增高。

2）肺毛细血管压、肺动脉舒张末压、右心室舒张末压、右心房压和下腔静脉压在心脏舒张末趋于同一水平。

3）右心室舒张末压明显升高，≥1/3 收缩压。

4）右心室压力曲线呈"平方根征"（square-root sign），即舒张早期压力下陷，然后迅速升高到高原平台（dip and plateau），然而此特征亦可见于限制型心肌病患者。

一个较特异的诊断方法是同步测定左、右心室压力，观察呼吸时左右心室压力的相互影响。此测定也可以用多普勒超声检查。在心包正常的限制型心肌病患者，呼吸时左、右心室压力曲线变化呈一致性。而缩窄性心包炎时，由于心脏舒张受僵硬的心包限制，当吸气末右心室压力

Notes

达舒张期的最高点时左心室压力达最低点。因此,呼吸时左、右心室压力曲线变化呈矛盾性(图3-11-4/文末彩图3-11-4)。

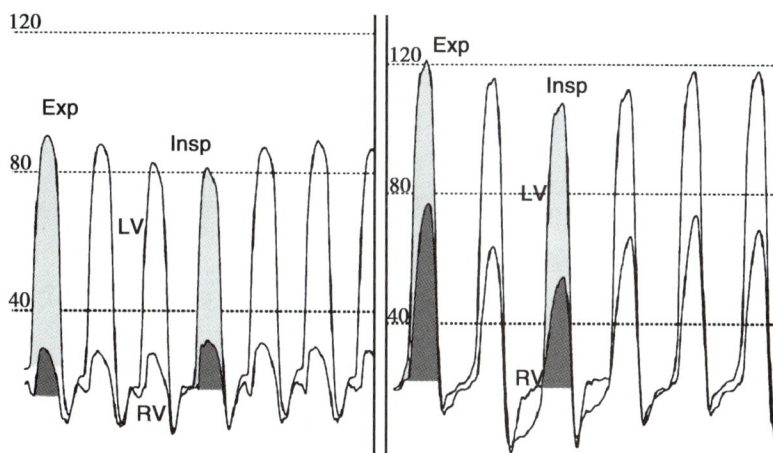

图3-11-4 心室压力曲线图

左图为缩窄性心包炎心室压力记录。与呼气时(Exp)相比,吸气时(Insp)左室(LV)压力曲线面积下降(灰色部分),而右室(RV)压力曲线面积(橙色部分)增加(矛盾性)。右图为限制型心肌病心室压力记录。吸气时RV压力曲线面积下降,而LV曲线面积未变(一致性)

【诊断与鉴别诊断】 典型缩窄性心包炎多可以根据典型的临床表现及辅助检查诊断,但是少数患者的鉴别非常困难。

主要应该与限制型心肌病鉴别,前述心脏影像学检查和血脑钠肽检查有助于鉴别。少数患者需要借助左、右心室压力测定鉴别。此外,还应该与心力衰竭相鉴别。心力衰竭常有心界扩大、双下肺湿啰音等体征;胸部X线可见心影增大、肺淤血。脑钠肽测定和心脏超声可以帮助明确诊断。当本病以腹腔积液为主要表现时,应注意与肝硬化、结核性腹膜炎等相鉴别。

【治疗】 缩窄性心包炎为进展性疾病,大多数患者会发展为慢性缩窄性心包炎。此时,心包切除术是唯一有效的治疗方法。由于心包切除术死亡率高达6%~12%。对于近期诊断的病例手术需要慎重。除非患者有恶病质、房颤、肝功能损害、心包明显钙化,应该给予2~3个月非手术治疗观察。手术治疗应该在有经验的中心进行。对于晚期患者、病因为放射性、有严重肾功能不全或心功能不全患者手术尤其需要慎重。对于感染性病例通常在心包感染控制后立刻手术。对于结核患者应在术后继续抗结核治疗1年。

(方 全)

推荐参考文献

1. Longo DL,Fauci AS,Kasper DL,et al. Harrison's Principles of Internal Medicine. 18th Ed,New York:McGraw-Hill,2012

2. Bonow RO,Mann DL,Zipes DP and Libby P. Braunwald's Heart Disease:A Textbook of Cardiovascular Medicine. 9th Ed. Philadelphia:Elsevier Saunders,2012

3. Khandaker MH,Espinosa RE,Nishimura RA,et al. Pericardial Disease:Diagnosis and Management. Mayo Clinic Proceedings. 2010;85:572-593

Notes

第十二章　成人先天性心脏病

要点:

1. 随着外科手术和经导管介入治疗技术的发展,能存活至成人期的先天性心脏病患者近年来显著增加。

2. 根据是否存在体、肺循环之间的分流,先天性心脏病分为无分流;左向右分流和右向左分流三大类。

3. 随着年龄的增长,在原有畸形的基础上,某些病变可发展、变化,使病情加重或临床表现改变。

4. 先天性心脏病的常见临床表现有心衰,发绀,心律失常,心脏杂音等。其患感染性心内膜炎的危险性增加,应注意预防。成人先天性心脏病患者可合并其他心血管疾病,高血压,冠心病和心瓣膜病较为常见。合并存在的疾病可使原有先天性心脏病的病理生理和临床表现发生改变。

5. 成人常见先天性心脏病有:房间隔缺损、室间隔缺损、动脉导管未闭、肺动脉口狭窄、主动脉口狭窄、法洛四联症、三尖瓣下移畸形等。

第一节　概　　述

先天性心脏病(congenital heart disease)指出生时就存在的心血管结构或功能的异常,是胎儿时期心血管系统发育异常或发育障碍以及出生后应当退化的组织未能退化所造成的心血管畸形。据统计,在1000个活婴中,大约5～10人有先天性心血管畸形。未经手术矫治者,部分患儿在婴儿期或儿童期死亡。随着外科手术和经导管介入治疗技术的发展,能存活至成人期的患者已显著增加,约85%可存活至成年期,据估计美国现有80万成人先天性心脏病。先天性心脏病主要在儿科学中讲述。本章将简述常见成人先天性心脏病的临床特点和处理原则。

【病因】　先天性心脏病有明显遗传倾向,不少单基因或多基因遗传性疾病伴有心血管畸形。母亲妊娠早期患病毒感染性疾病、宫内缺氧、服用有致畸作用的药物,或母体患有糖尿病、红斑狼疮、饮酒、接受放射线辐射等,均可导致胎儿心脏血管发生畸形。

【分类】

1. 无分流的先天性心脏病　常见有单纯肺动脉口狭窄、主动脉缩窄、主动脉口狭窄、右位心等。

2. 左向右分流的先天性心脏病　常见类型有心房间隔缺损、部分性肺静脉畸形引流、心室间隔缺损、动脉导管未闭、心内膜垫缺损等。少见类型有主动脉窦瘤破入右心、左心室-右心房沟通、主动脉-肺动脉间隔缺损、冠状动静脉瘘等。

3. 右向左分流的先天性心脏病　常见类型有法洛四联症及三联症、三尖瓣下移畸形伴异常房间交通、完全性大血管转位、完全性肺静脉畸形引流、艾森曼格综合征等。少见类型有永存动脉干、单心室、右室双出口、左心发育不良综合征、肺动静脉瘘等。

【自然病程和转归】　在儿童期接受了成功的姑息性或根治性外科手术治疗者,大多可进入成人期。未接受手术治疗者,部分在进入成人期之前死亡,部分可进入成人期(表3-12-1)。未接受手术治疗者可分为三种情况:①畸形轻,不需要手术治疗;②畸形复杂,病情严重,除采用心脏移植或心肺联合移植手术外,其他常规手术难以纠治;③因非医学的其他原因而未接受手术治疗。患者的转归受下列因素的影响:①病变轻者可长期存活而无症状;②随着年龄增长,在原有畸形的基础上,某些病变可发展、变化,使病情加重或临床表现发生改变。例如,二叶式主动脉瓣畸形,在40岁以前,瓣膜大多可维持正常开放和关闭功能。随着瓣叶纤维化和钙化,在40~50岁以后,才发生主动脉瓣狭窄或关闭不全。单纯性肺动脉瓣狭窄患者,随着年龄增长右心室肥厚加重,右室舒张压和右房压升高。当右心房压力显著升高超过左心房压力时,可发生右向左分流,患者出现发绀。③在儿童期接受手术治疗的患者,其转归和预后与手术矫治的程度有关。外科手术在心脏遗留的瘢痕,可形成折返性心律失常的病理基础。患者可在手术数月或数年之后发生与心脏手术瘢痕有关的心律失常。如房间隔缺损修补术后患者可发生心房扑动和颤动,法洛四联症根治术后患者可发生室速。

表3-12-1　未经手术或介入治疗可存活至成人期的先天性心脏病

常见类型	少见类型
房间隔缺损	右位心
室间隔缺损	先天性完全性房室传导阻滞
动脉导管未闭	纠正性大血管转位
肺动脉瓣狭窄	三尖瓣下移畸形
二叶式主动脉瓣畸形	主动脉缩窄
Marfan综合征	肺动、静脉瘘
法洛四联症	冠状动、静脉瘘
Eisenmenger综合征	原发性肺动脉扩张
	轻度主动脉瓣上或瓣下狭窄

【临床表现】

(一)心力衰竭

对未经手术或介入治疗的患者,由于长期容量或压力负荷过重,可使心脏扩大,心室壁肥厚和纤维化,心肌收缩力降低。心衰是死亡的主要原因。对手术治疗的患者,如果手术时间较晚,术前已形成的心肌损伤和肺血管病变术后并不能完全逆转。随着年龄增长,也可能发生心功能不全。对有些复合畸形,手术并不能使体循环和肺循环的解剖完全恢复正常。例如,采用Mustard和Senning手术治疗大血管错位后,解剖的右心室仍在体循环系统内。承担体循环泵功能的解剖右心室以后可能发生收缩功能障碍。心衰的治疗原则与其他病因所致心衰相同。在使用利尿剂的基础上,可使用ACEI和β-受体阻滞剂,以改善心室重构过程,阻断被过度激活的神经体液通路。

(二)发绀

在未经手术治疗的左向右分流先天性心脏病,肺动脉压力将随着年龄增长而升高。到成人期后,可由左向右分流变为右向左分流而出现发绀,称为艾森曼格综合征(Eisenmenger syndrome)。长期发绀导致红细胞增多,血黏滞度增大。当血红蛋白>200g/L时,可出现头痛、眩晕、疲乏等症状,并有血栓栓塞的危险性。发绀患者因合并血小板和纤溶系统功能异常而具有出血倾向。进行性脊柱侧凸在发绀患者较常见,严重时可影响肺功能。其他并发症有高尿酸血症、肾功能损害、反常性栓塞、脑脓肿等。

（三）感染性心内膜炎

先天性心脏病患者有患感染性心内膜炎的危险。法洛四联症,未修补或未封堵的室间隔缺损,动脉导管未闭,二叶式主动脉瓣畸形合并狭窄或关闭不全较易患感染性心内膜炎。在拔牙、皮肤感染或介入治疗,心导管术及外科手术前,均应预防性使用抗生素。

（四）心律失常

在未经手术或介入治疗的患者,心脏房室扩大,心肌肥厚和纤维化是发生心律失常的病理基础,可导致缓慢性或快速性心律失常。在已接受手术治疗者,手术对窦房结和房室结的损伤以及在心房或心室遗留的手术瘢痕是发生心律失常的基础。对严重的心动过缓,应安置心脏起搏器。房性心律失常,如心房扑动和颤动常见于房间隔缺损修补术后,大血管转位的 Mustard 或 Senning 术后,法洛四联症根治术后及采用 Fontan 手术治疗的患者。室性心律失常见于法洛四联症根治术后。对无症状的房性或室性心律失常,不必治疗。对心房扑动和颤动及室速,可采用经射频导管消融术或药物治疗。

（五）妊娠

先天性心脏病患者怀孕时,应考虑到妊娠对母体和胎儿的影响。一般说来,患有左向右分流或瓣膜反流性先天性心脏病的孕妇,对妊娠引起的血流动力学改变耐受相对较好;而患有右向左分流或瓣膜狭窄的先天性心脏病孕妇,则较难耐受。在轻度左向右分流,肺动脉压正常的青年女性,妊娠和分娩过程大多正常。分流量较大时,妊娠过程中容易发生心衰。发绀型先天性心脏病的孕妇,容易发生流产,胎儿畸形或死胎。这与母体血氧饱和度降低有关。艾森曼格综合征患者妊娠期间的死亡率可高达 50%。此外,Marfan 综合征、主动脉瓣狭窄和主动脉缩窄的患者,妊娠过程中危险性也明显增加。

（六）合并其他心血管疾病

先天性心脏病患者进入成人期后,可能患其他心血管疾病,以原发性高血压、冠心病和心瓣膜病较为常见。合并存在的疾病可使原有先天性心脏病的病理生理和临床表现发生改变而复杂。在继发孔型房间隔缺损,高血压或冠心病所引起的左心室舒张功能障碍及左心房压力升高,将使左向右分流量增加。在法洛四联症,血压升高将同时增加左、右心室的后负荷。

第二节　常见成人先天性心脏病

一、房间隔缺损

房间隔缺损(atrial septal defect, ASD) 在成人先天性心脏病中约占30%, 男女比例为 1:2。分为继发孔(第二孔)和原发孔(第一孔)型。继发孔型常见。左心房血液经缺损流入右心房,肺血流量增加。发生肺动脉高压后,左向右分流减少,并可出现右向左分流。

【临床特点】

1. 未经手术治疗者,一般可存活至成人期。20 岁以前很少死亡,40 岁以后死亡率增至约每年 6%。

2. 长期右心室容量负荷过重可导致右心衰。30 岁以后,肺动脉压和肺血管阻力随年龄进行性增高。

3. 合并冠心病或高血压时,由于左心室舒张功能障碍,左房压力升高,可使左向右分流量增加。

4. 并发症有肺动脉高压、右心衰、房性心律失常、感染性心内膜炎、肺动脉栓塞及反常性栓塞等。

【诊断要点】

1. 胸骨左缘第 2 肋间第 2 心音增强并有固定分裂,可伴有Ⅱ～Ⅲ级收缩期杂音。当发生肺动脉高压后第 2 心音亢进,分裂变窄。合并二尖瓣脱垂的患者可有收缩期喀喇音。

2. X 线检查示肺血流增多,心电图可有右室肥厚、右束支传导阻滞表现。二维超声心动图显示房间隔回声失落、右心室容量负荷过重。多普勒超声心动图可显示分流。心导管检查可发现右心房血氧饱和度显著高于上腔静脉。

3. 发生肺动脉高压后,心房水平可出现双向或右向左分流。患者在休息或运动时,可出现发绀。

4. 须与肺动脉瓣狭窄、部分性肺静脉畸形引流、原发性肺动脉扩张、原发性肺动脉高压相鉴别。

【治疗】 只要未发生严重肺动脉高压,均应考虑外科手术或经导管封堵术治疗。手术或介入治疗的时间选择在 20 岁之前为好。外科手术后远期可发生房性心律失常,以心房扑动和颤动较为常见。

二、心室间隔缺损

室间隔缺损(ventricular septal defect,VSD)在成人先天性心脏病中约占 10%。根据缺损部位可分为室上嵴上型、室上嵴下型(又称为膜部缺损,最常见)、隔瓣后型和肌部缺损。左心室血液经缺损流入右心室。

【临床特点】

1. 缺损小者,预后较好。缺损较大者,若未经手术治疗,多在 30 岁之前死亡。一般死于心衰、严重心律失常、反常性栓塞或感染性心内膜炎。

2. 肺血管阻力和肺动脉压呈进行性增高,一般在 20 岁之前可发生艾森曼格综合征。

3. 合并主动脉瓣脱垂和关闭不全的患者,其主动脉瓣关闭不全的程度随年龄增长进行性加重。

【诊断要点】

1. 胸骨左缘第 3、4 肋间有响亮而粗糙的全收缩期反流性杂音,可伴有收缩期震颤。肺动脉瓣区第 2 心音增强并分裂。

2. X 线示肺血流增多,肺动脉段凸起。心电图示左室或双室肥厚。超声心动图可显示缺损部位和心室水平的分流。心导管术可显示右心室和肺动脉压力增高,右心室血氧饱和度显著高于右心房。左心室造影可显示左向右分流。

3. 发生肺动脉高压,形成艾森曼格综合征后可出现发绀、收缩期杂音减弱或消失、肺动脉瓣区第 2 心音亢进。

4. 须与房间隔缺损、肺动脉口狭窄、肥厚性梗阻型心肌病相鉴别。

【治疗】 可采用外科手术修补缺损或经导管封堵。对肺动脉压正常的小缺损,可不治疗。但若合并主动脉瓣脱垂和关闭不全时,即使分流量很小,也应手术。修补缺损后可防止主动脉瓣反流进行性加重。发生肺动脉高压后,治疗效果欠佳。10 岁以前手术者,30 年存活率明显高于 10 岁以后手术的患者。少数患者术后远期可发生室性心律失常,猝死极少见。

三、动脉导管未闭

动脉导管未闭(patent ductus arteriosus,PDA),是由于胎儿期连接肺动脉主干与降主动脉的动脉导管于出生后未闭塞所致。在成人中,比房间隔缺损和室间隔缺损少见。未闭的动脉导管有管型、窗型和漏斗型。主动脉血液经未闭的动脉导管流入肺动脉,肺血流量增加。

【临床特点】

1. 分流量较小者无症状。分流量较大时,在婴儿期可发生心衰。一岁以后,由于肺动脉压升高,分流量减少,心衰症状减轻或消失。存活至成人期的患者多伴有肺动脉高压和发绀。

2. 30 岁以后,多数患者发生心衰。

3. 患感染性心内膜炎的危险性较大。

【诊断要点】

1. 胸骨左缘第 2 肋间连续性机器样杂音,多伴有震颤。舒张压低、脉压增宽、可有水冲脉、毛细血管搏动征和周围动脉枪击音。

2. X 线示肺血流增多,心电图可有左室肥厚或双室肥厚的表现。超声心动图可显示未闭的动脉导管和血液分流,心导管检查时,导管可从肺动脉主干经未闭的动脉导管直接进入降主动脉。升主动脉造影可显示未闭的动脉导管。

3. 发生肺动脉高压和艾森曼格综合征后,有发绀和杵状指(趾)。典型的连续性杂音可变为单纯收缩期杂音或杂音消失。肺动脉瓣区第 2 心音亢进。

4. 应与主动脉窦瘤破入右心、主、肺动脉间隔缺损、室间隔缺损伴主动脉瓣关闭不全、冠状动静脉瘘等相鉴别。

【治疗】 在出现以右向左分流为主之前,可采用经导管封堵或手术结扎未闭的动脉导管。

四、主动脉缩窄

主动脉缩窄(coarctation of aorta)是一种较为少见的先天畸形。95% 以上患者的缩窄部位在左锁骨下动脉开口的远端,缩窄段近心端血压升高,头部及上半身血供正常。缩窄段远端血压降低,下半身供血减少。缩窄段上、下动脉分支间有侧支循环形成,在锁骨下动脉分支与降主动脉分支间有广泛的侧支循环建立。

【临床特点】

1. 严重缩窄或合并其他畸形者,在新生儿期即可发生心衰,难以存活至成人期。缩窄较轻者在青春期前,一般无症状。

2. 25% ~30% 的患者合并二叶式主动脉瓣畸形。随着年龄增长,二叶式主动脉瓣可发生纤维化和钙化而导致主动脉瓣狭窄和关闭不全。

3. 由于侧支循环的广泛建立,少数成人患者休息时上肢血压并不高,而活动时血压显著升高。

4. 未手术者,半数以上在 30 岁之前死亡,75% 在 50 岁之前死亡。死因包括如脑卒中、主动脉夹层、主动脉瘤破裂及感染性心内膜炎、心衰等。

【诊断要点】

1. 缩窄所致收缩期杂音于肩胛间区易于听到,常传导至心前区、心尖区、左腋下及胸骨上窝。

2. 上肢血压高于下肢。在肩胛间区、腋部、胸骨旁和中上腹可见侧支循环动脉曲张,搏动明显,可伴有震颤。

3. X 线检查可见升主动脉扩大,搏动明显。心电图多为左室肥厚伴劳损。超声心动图胸骨上窝探查可发现缩窄部位,连续波多普勒超声可测量缩窄段前后的压力阶差。左心导管检查可发现缩窄段近端主动脉腔内压力增高,脉压增大,远端主动脉腔内压力降低,脉压减小。造影可显示缩窄段。磁共振显像可了解缩窄的部位和形态。

4. 须与多发性大动脉炎和其他类型高血压相鉴别。

【治疗】 较早手术者,预后较好。手术治疗后平均存活年龄约为 40 岁。10 岁以前手术者,30 年存活率在 90% 以上,明显高于 30 岁以后接受手术治疗的患者。术后远期死亡的原因包括心衰、脑卒中、主动脉瘤破裂等。外科手术后再缩窄可采用球囊扩张术或支架术治疗。术后长期随访中应注意监测血压及采用磁共振显像观察主动脉的形态。

五、肺动脉口狭窄

肺动脉口狭窄(pulmonic stenosis),可单独存在,也可合并其他心脏畸形。有三种类型:①瓣膜狭窄型,约占75%;②漏斗部型,右室流出道肥厚或有隔膜,造成流出道狭窄;③肺动脉型,肺动脉主干狭窄,可合并分支狭窄。单纯性肺动脉瓣狭窄在成人先天性心脏病中较为常见。由于右心室排血受阻,右室压力增高,可出现右室肥厚,肺动脉压力降低。

【临床特点】

1. 未经手术或介入治疗的患者,一般可活到成人期。在出现右心衰前多无症状。

2. 成人轻、中度瓣膜狭窄患者,其狭窄程度并不随年龄增长而加重。

3. 严重狭窄者,随着年龄增长,右心室肥厚加重,右室舒张压和右房压升高,可经卵圆形孔发生右向左分流,出现发绀。

【诊断要点】

1. 胸骨左缘第2肋间,响亮、粗糙的收缩期喷射性杂音。多伴有震颤。第2心音分裂,肺动脉瓣成分减弱。可有来自肺动脉的收缩早期喷射音。

2. X线检查示右心室扩大,肺血流减少。心电图典型改变为右室肥厚伴劳损。超声心动图可显示狭窄病变的解剖位置和形态,并可估计跨瓣口压力阶差。右心导管检查可测量跨狭窄部位压力阶差,右室造影可显示狭窄病变的特征。

3. 应与房间隔缺损、室间隔缺损、原发性肺动脉扩张相鉴别。

【治疗】　对瓣膜型狭窄者,如果右心室与肺动脉之间收缩期压力阶差>40mmHg者,应考虑采用经导管球囊扩张术或外科手术治疗。这两种治疗方式的近、远期效果均好。术后远期存活率与正常人群相近。

六、主动脉口狭窄

主动脉口狭窄(aortic stenosis)包括瓣膜型、瓣下型和瓣上型,成人以瓣膜型常见。瓣膜型半数以上为二叶式主动脉瓣畸形,该畸形在成人中的患病率约为1%。男女之比为(3~4):1。瓣叶增厚、钙化、粘连或融合而造成狭窄。由于左室排血受阻,左心室压力升高,主动脉压力降低,左心室肥厚并逐渐扩大。

【临床特点】

1. 瓣上型狭窄者通常合并其他畸形,难以存活到成人期,瓣下型狭窄者,到青春期前大多已形成严重左室流出道梗阻。瓣膜型狭窄者在成年期前一般无症状。

2. 二叶式主动脉瓣畸形者,出生后其瓣膜开放、关闭功能大多正常。瓣叶随年龄增长而逐渐纤维化和钙化。40~50岁时,半数左右的患者可发生不同程度的狭窄。狭窄程度随年龄增长进行性加重。

3. 临床主要表现为心绞痛、心功能不全、晕厥和猝死。

【诊断要点】

1. 主动脉瓣区收缩期喷射性杂音,向颈部传导。第2心音减弱。颈动脉可扪及收缩期震颤。

2. X线可显示左室增大。心电图典型改变为左室肥厚伴劳损。超声心动图、左心导管及左室造影可显示狭窄病变的特征,测量跨瓣口压力阶差,可估计狭窄的程度。

3. 应与风湿性心脏病主动脉瓣狭窄及肥厚性梗阻型心肌病等相鉴别。

【治疗】　对有症状(心绞痛、晕厥、呼吸困难)者,或虽无症状但跨主动脉瓣口压差>50~70mmHg的患者,应考虑外科手术或经导管介入治疗。如系瓣膜型狭窄,且瓣叶无钙化,可采用经导管球囊扩张术或外科主动脉瓣分离术治疗。术后瓣叶可发生钙化,引起再狭窄或合并明显关闭不全。在术后 20~25 年,35%~45%的患者需要再次手术置换主动脉瓣。对瓣下型狭窄,一般采用外科手术治疗。

七、法洛四联症

法洛四联症(tetralogy of Fallot)是成人最常见的发绀型先天性心脏病。包括肺动脉口狭窄、室间隔缺损、主动脉骑跨、右心室肥厚等四种畸形或病变。其中肺动脉口狭窄和室间隔缺损为基本病变。若无主动脉骑跨则属于广义或不典型的四联症。如果四联症合并房间隔缺损,又可称为五联症;肺动脉瓣狭窄合并房间隔缺损或卵圆孔未闭称三联症。由于肺动脉口狭窄,右心室排血受阻,右心室压升高,并造成右室肥厚。右心室的血液经室间隔缺损射入主动脉,使体循环动脉血氧饱和度明显下降,患者出现发绀。

【临床特点】

1. 未经手术治疗的患者,其自然病程主要取决于肺动脉口狭窄的严重程度。严重狭窄者很难存活至成人期。大约25%的患者可活到 10 岁,11%可活到 20 岁,6%可活到 30 岁,仅 3%的患者能活到 40 岁以后。

2. 成人患者的临床表现与儿童相似,但缺氧发作较为少见。

3. 成年后若合并原发性高血压,将同时增加左、右心室的后负荷。由于体循环阻力增加,肺血流灌注将获得改善,但可导致右心衰。若合并慢性阻塞性肺病,症状将明显加重。

4. 常见并发症有脑卒中、脑脓肿、缺氧发作、鼻出血、咯血、感染性心内膜炎及心衰。成人患者死亡的主要原因是心衰和心律失常。

【诊断要点】

1. 发绀是本病突出表现,大部分病例出生后数月出现青紫。活动时喜蹲踞也是本病的特征之一。剧烈运动时,可有缺氧发作,表现为突发呼吸困难、青紫加重、神志障碍,严重时可出现晕厥、抽搐。

2. 胸骨左缘第 2、3 肋间收缩期喷射性杂音,以第 3 肋间最响。可见杵状指(趾)。

3. X 线检查示肺血减少,肺动脉段凹陷。主动脉影增宽,心尖上翘,构成典型"靴形心"。心电图改变有右室肥厚伴劳损,电轴右偏。超声心动图和右心室造影可显示本病的解剖畸形,右心导管检查可发现右心室压力增高,与肺动脉之间存在明显压力阶差。

4. 应与法洛三联症、艾森曼格综合征、三尖瓣下移畸形、永存动脉干、右室双出口等先天性心脏病相鉴别。

【治疗】

1. **内科治疗**　患者因继发性红细胞增多,血黏滞度高,血流变慢,易加重组织缺氧及引起栓塞。因此当腹泻、呕吐、高热时应及时补液,以防脱水。缺氧发作时,应立即给予吸氧、补液、镇静、取屈膝位。静脉注射 β-受体阻滞剂和碳酸氢钠,以解除右室流出道痉挛。

2. **外科手术治疗**　主张早期手术,由于姑息性手术后再作根治性手术死亡率比一次完成根治性手术高,故应尽早争取一次完成根治性手术。早期手术治疗者,30 年存活率可达 77%~86%,术后远期死亡的原因主要有心衰和严重心律失常。

八、三尖瓣下移畸形

三尖瓣下移畸形亦称爱勃斯坦畸形(Ebstein's anomaly),少见,男女患病率相近。三尖瓣后叶和隔叶下移至右心室,部分右室房化,右心房扩大。合并房间隔缺损或卵圆孔未闭时,右心房血液分流至左心房,可出现发绀。

【临床特点】

1. 若未合并其他畸形,大多数患者可活到成人期。在青春期前,一般无症状。

2. 临床表现主要包括发绀、呼吸困难和心衰。发绀和心衰是决定预后的重要因素。在 50 岁以上成人患者中,大约一半有发绀。

3. 25%～30%患者合并预激综合征,房室旁路通常位于右侧。可反复发作室上性心动过速,严重者可能引起猝死。

【诊断要点】

1. 三尖瓣区收缩期杂音,第 1,2 心音分裂。

2. X 线检查示巨大右心房,心电图可有右房肥大表现。超声心动图可显示三尖瓣附着位置下移,右房扩大,三尖瓣反流。右心导管检查可发现右房压力升高。

3. 有发绀者应与三尖瓣闭锁和其他发绀型先天性心脏病鉴别。无发绀者应与扩张型心肌病和心包积液相鉴别。

【治疗】

1. **外科手术治疗的时间**　一般选择在 15 岁之后尽早施行。对合并房室旁路并伴有反复发作室上性心动过速者,应采用外科手术或经射频导管消融术阻断旁路的传导功能。

2. **轻型预后良好**　若三尖瓣下移畸形重,心脏进行性扩大,发绀和充血性心衰出现早及反复发作心动过速者预后差。

(黄德嘉)

推荐阅读文献

1. Warnes CA,Williams RG,Bashore TM et al. ACC/AHA 2008 guidelines for the management of adult with congenital heart disease Circulation 2008,118:e714-e883

2. Feltes TF,Bacha E,Beekman ⅢRH et al. Indication for cardiac catheterization and intervention in pediatric cardiac disease:a scientific statement from American Heart Association Circulation 2011,123:2607-2652

第十三章 血管疾病

本章主要介绍主动脉夹层、周围血管疾病和静脉疾病,大动脉炎详见第八篇风湿性疾病第五章第一节。

第一节 主动脉夹层

要点:

1. 主动脉夹层是由于血液通过内膜破口进入主动脉壁中层形成夹层血肿,并延伸剥离而引起的严重心血管急症。

2. 高血压、动脉粥样硬化以及一些遗传性血管病变是罹患主动脉夹层最重要的危险因素。

3. 突发剧烈刀割样、撕裂样胸痛是主动脉夹层最常见且特征性的症状。

4. 由于急性期死亡率高,早期确诊尤为重要。结合临床表现、超声心动图、多排螺旋CT和MRI等影像学技术多可以确诊本病。须注意与急性心肌梗死、急腹症等疾患相鉴别。

5. A型主动脉夹层患者则往往需要外科手术治疗。B型主动脉夹层患者通常以药物治疗为主,首选β受体阻滞剂联合硝普钠;非急性期患者还可接受EVAR术。

主动脉夹层(aortic dissection)又称主动脉夹层动脉瘤,是由于血液通过主动脉管壁内膜破口进入动脉壁中层形成夹层血肿,并延伸剥离而引起的严重心血管急症。该病年发病率约为2.6~3.5/10万,患者中约2/3为男性,好发年龄为50~70岁。近年来临床上还将主动脉夹层与主动脉管壁内血肿(intramural hematoma,IMH)以及透壁性动脉粥样硬化溃疡(penetrating atherosclerotic ulcer,PAU)统称为急性主动脉综合征(acute aortic syndrome,AAS)(图3-13-1/文末彩图3-13-1)。相关疾病在临床虽不甚常见,但死亡率高,预后差,需要高度重视。

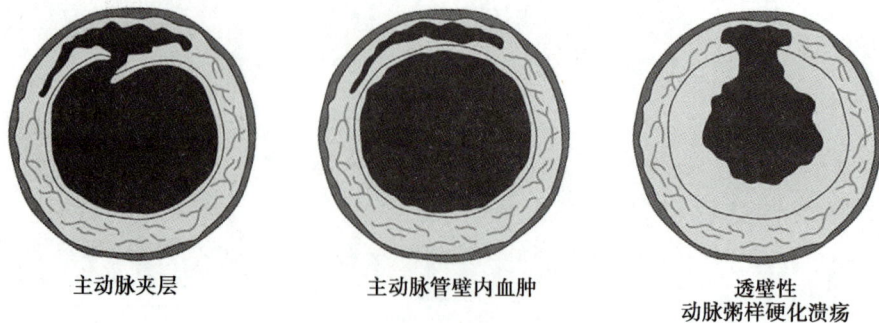

主动脉夹层　　　　主动脉管壁内血肿　　　　透壁性
　　　　　　　　　　　　　　　　　　动脉粥样硬化溃疡

图 3-13-1　急性主动脉综合征分型示意图

【危险因素】

(一) 高血压与高龄

高血压是发生主动脉夹层最重要的危险因素,超过70%的主动脉夹层患者合并高血压。在急进型或恶性高血压以及药物控制不佳的顽固性高血压患者中,本病的发生率明显增加。此外,随着年龄的增加,其发病率逐步升高。

(二) 动脉粥样硬化

主动脉动脉粥样硬化斑块内膜的破溃易导致夹层,在合并长期吸烟、血脂异常以及糖尿病的患者中尤为多见。

(三) 遗传性血管病变

合并 Marfan 综合征、血管型 Ehler-Danlos 综合征、Loeys-Dietz 综合征、主动脉瓣二瓣畸形以及先天性主动脉缩窄等遗传性血管病变者主动脉夹层发生风险显著升高。

(四) 血管炎

如:巨细胞动脉炎、Takayasu 动脉炎、白塞氏病及梅毒等。

(五) 主动脉局部感染或外伤

如:主动脉周围组织感染、人工主动脉瓣置换相关感染性心内膜炎、车祸或坠落伤等。也包括医源性损伤,如:介入治疗、心脏瓣膜及大动脉手术以及主动脉气囊反搏等引起的主动脉损伤。

(六) 妊娠

有高达50%的<40岁的女性主动脉夹层患者发病于妊娠后期或产后,合并 Marfan 综合征或主动脉根部扩张者的危险尤其高。

【发病机制及病理生理】 正常人的主动脉可以承受很大的压力。长期高血压作用于主动脉可引起内膜增厚、纤维化,并导致平滑肌细胞肥大缺血、血管中层变性坏死,最终导致内膜的撕裂,血液进入到血管中层形成夹层血肿。

遗传性结缔组织疾病、血管炎或主动脉创伤患者,由于主动脉中层胶原和纤维组织变性、血管平滑肌细胞分化障碍等缺陷,易出现主动脉内膜层的撕裂并形成主动脉夹层。

目前多认为主动脉夹层的发生是多种易感因素共同作用的结果,这些因素在不同程度上导致主动脉壁结构和(或)血流动力学改变。血流动力学异常是启动和促进因素,血管壁的病变是基本因素。当血液进入中层后,将内膜与中层分隔开,如果血压继续增高或夹层内的压力不断增大时,血肿不断向近心端或远心端蔓延扩展。升主动脉夹层向近心端蔓延可引起低灌注综合征、心包填塞、主动脉瓣关闭不全及急性心肌缺血等严重并发症;向远心端蔓延可波及无名动脉,左颈总及左锁骨下动脉,并引起相应血管缺血的症状。降主动脉夹层延展可引起肾脏、消化系统及下肢缺血。

【分型】 通常依据病程进行临床分型,或依据起病位置以及病变累及范围进行解剖分型。

(一) 临床分型

按照病程长短分为急性期(<3天)、亚急性期(3天~2月)和慢性期(>2月)。

(二) 解剖分型

依据起病位置以及病变累及范围可分为:DeBakey 分型和 Stanford 分型(图 3-13-2/文末彩图 3-13-2、表 3-13-1)。Stanford A 型包括 DeBakey Ⅰ型及 DeBakey Ⅱ型,约占全部病变的 2/3;Stanford B 型则与 DeBakey Ⅲ型相同。

(三) 不典型变异

1. 主动脉管壁内血肿(intramural hematoma,IMH) 即由于管壁内滋养动脉破裂致主动脉管壁内局灶性出血发生,可占主动脉夹层患者总数的4%~8%,其与"经典"的主动脉夹层病变的区别在于无主动脉内膜破口(图3-13-1)。IMH可继发主动脉夹层,两者自然病程相仿,治疗原则也基本相似。

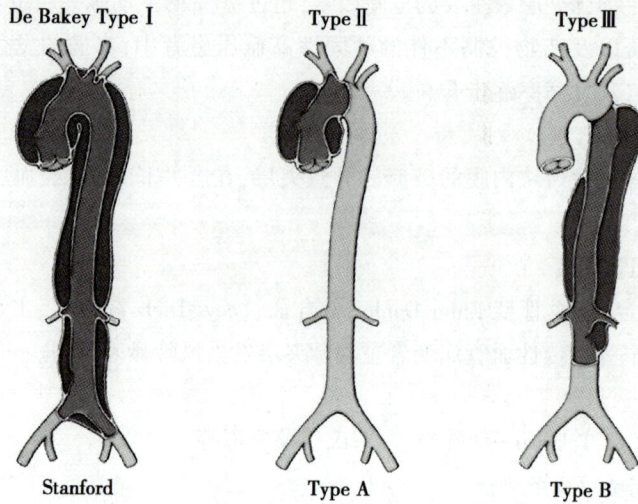

De Bakey Type Ⅰ   Type Ⅱ   Type Ⅲ

Stanford   Type A   Type B

图3-13-2 主动脉夹层的 DeBakey 分型和 Stanford 分型

表3-13-1 主动脉夹层临床分型

分　　型	描　　述
Stanford 分型	
A 型	夹层病变累及升主动脉,而不论其起病位置,也称"近端型"
B 型	不累及升主动脉的主动脉夹层病变,也称"远端型"
DeBakey 分型	
Ⅰ 型	夹层源于升主动脉,病变延展超过主动脉弓至降主动脉,此型最常见
Ⅱ 型	夹层源于升主动脉,而病变仅局限于升主动脉内
Ⅲ 型	夹层源于降主动脉并向下延展至胸/腹主动脉,少数情况下病变也可反向延展至主动脉弓和升主动脉

2. 透壁性动脉粥样硬化溃疡(penetrating atherosclerotic ulcer,PAU) 其由动脉粥样硬化过程的侵蚀致主动脉内膜层的溃疡破损浸润至中膜层引起,是一种位于主动脉管腔内膜表面的局灶病损(图3-13-1)。PAU 的自然病程多变,可以毫无症状,也可表现为症状性的 IMH,易继发主动脉夹层或主动脉穿孔。

【临床表现】 本病临床表现多变,病情复杂,高龄患者症状则多不典型。

(一)突发剧烈胸痛

超过80%的患者以急起的剧烈胸痛为主诉。疼痛的特点:

1)性质:多为刀割样、撕裂样或针刺样。

2)程度:剧烈,难以忍受,可出现烦躁、大汗、恶心、呕吐等症状,伴濒死感。

3)部位:多位于胸骨区,可向肩胛部及后背部扩展。疼痛的部位往往与夹层病变的起源部位密切相关,以前胸痛为主要表现提示夹层病变累及近端升主动脉,而肩胛间区疼痛则提示降主动脉夹层,颈、咽及下颌部疼痛往往提示夹层累及升主动脉或主动脉弓,而后背、腹部及下肢痛则强烈提示腹主动脉夹层形成。

4)持续时间长,即使阿片类药物治疗效果亦不佳。

(二)其他表现

部分患者表现为面色苍白、出汗、四肢皮肤湿冷等类似休克表现,但真正发生休克者不多。主动脉夹层患者可出现晕厥(约16%),部分患者甚至以晕厥为首发表现。晕厥和(或)严重低血压(约14%)往往继发于心脏压塞、急性左心衰及严重主动脉瓣关闭不全等严重并发症。此外Stanford A型病变易合并严重主动脉瓣关闭不全并导致急性左心衰(5%~6%);夹层病变逆行累及冠状动脉开口时可致急性心肌梗死(约7%);夹层血肿破入心包则可致急性心脏压塞(5%~10%)。夹层累及无名动脉及颈总动脉患者可以有头晕、嗜睡、失语、定向力障碍及对侧截瘫(2%)等表现。反复发作的腹痛、恶心、呕吐及黑便等症状通常提示夹层病变延展至腹主动脉主干或肠系膜动脉。病变累及肾动脉时则常引起腰痛、血尿、少尿、无尿甚至急性肾衰竭。

【辅助检查】

(一)超声心动图

经胸超声心动图检查(transthoracic echocardiography,TTE)可发现患者主动脉根部扩张,夹层处主动脉壁假腔形成;并排查其是否合并主动脉瓣关闭不全和心脏压塞等并发症。经食管超声心动图检查(transesophageal echocardiography,TEE)对于主动脉夹层诊断的敏感性和特异性更高(均>95%),可有效发现位于升主动脉末端、主动脉弓及降主动脉的夹层病变,并显示内膜破口位置和真假腔血流(图3-13-3)。

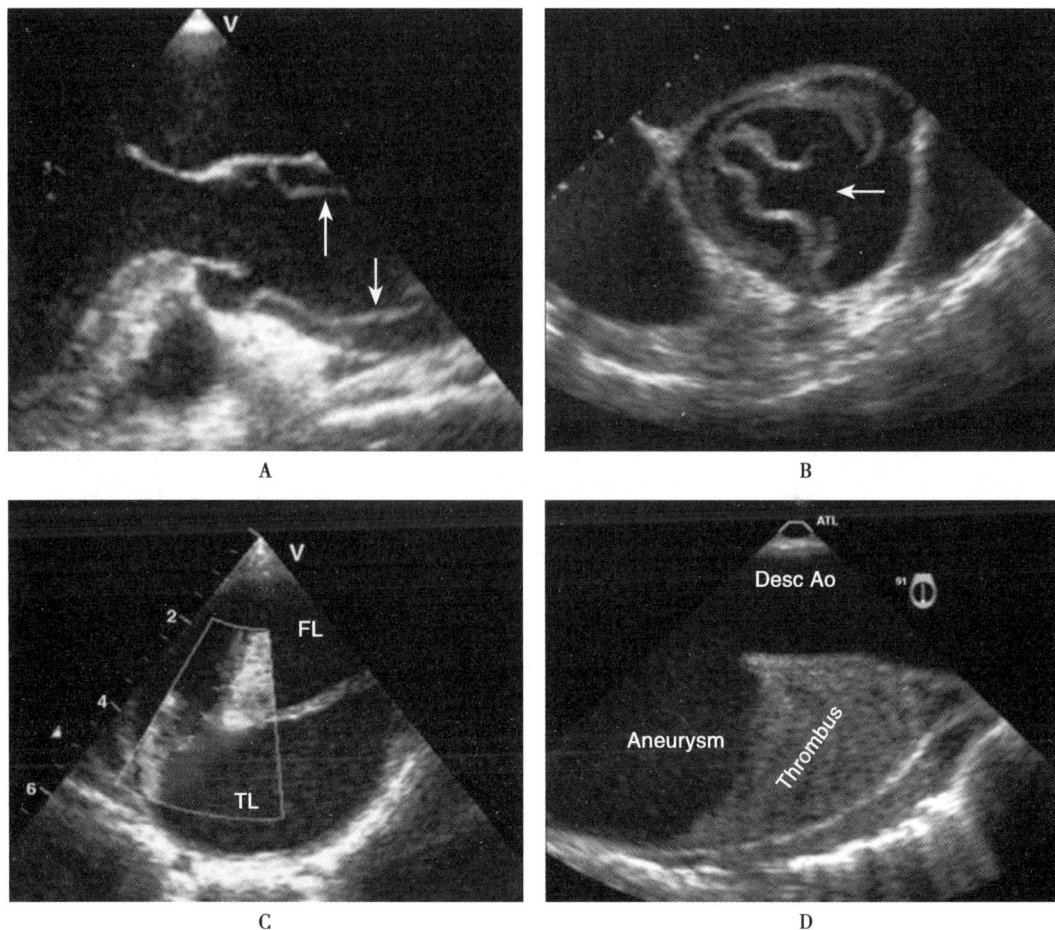

图3-13-3 经食管超声心动图检查(TEE)评估主动脉夹层病变
(A.长短轴图像示A型夹层病变,箭头示夹层片段;B.内膜撕裂非常靠近主动脉瓣叶;C.多普勒超声提示有血流进入B型夹层病变的假腔;D.慢性B型夹层病变假腔内部分血栓形成。FL假腔;TL真腔)

(二) 计算机断层扫描

计算机断层扫描血管造影(computed tomographic angiography,CTA)已广泛应用于主动脉夹层的诊断,该检查可清晰显示游离的内膜片段和主动脉夹层的真假两腔征(图3-13-4),具有极高的敏感性和特异性(均>95%)。CT 扫描最大的优点在于扫描可以迅速完成,适用于许多危重患者。但对碘对比剂过敏者禁忌该检查。

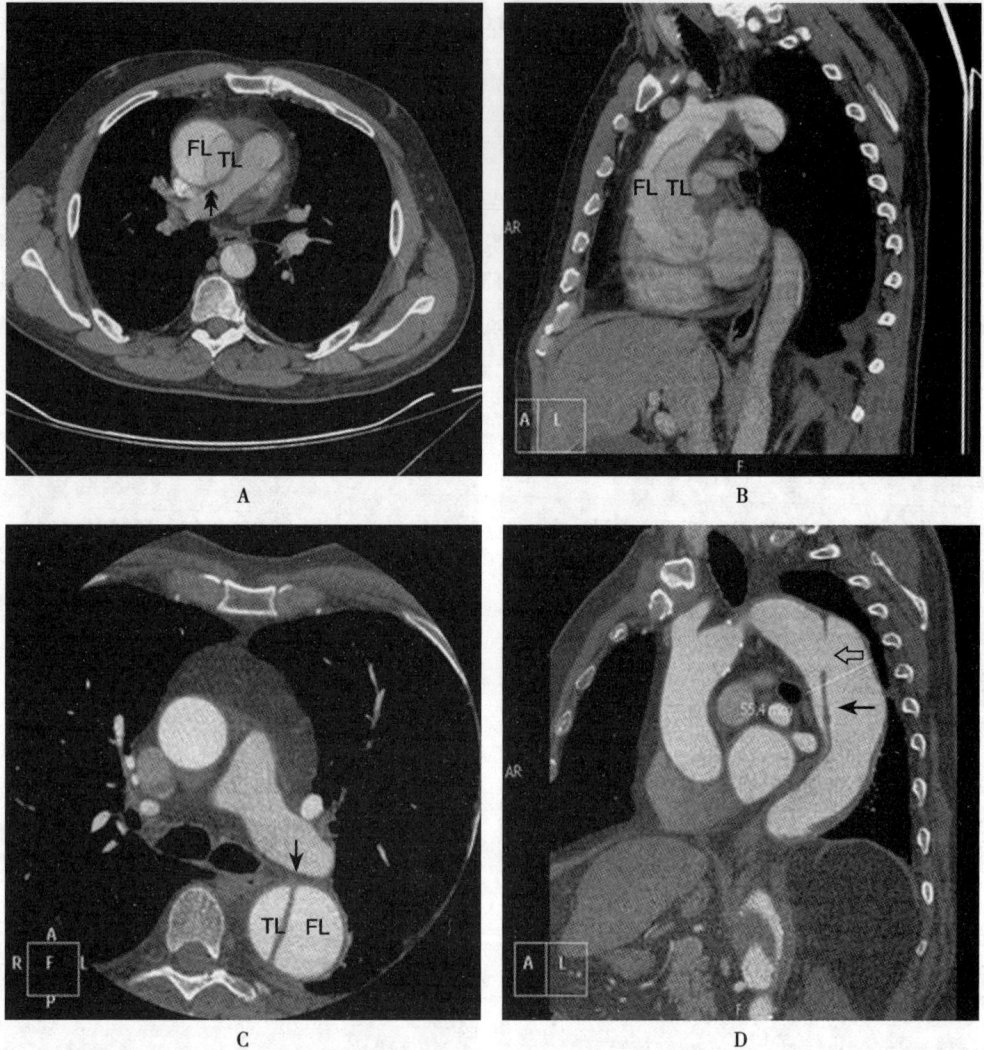

图3-13-4 计算机断层扫描血管造影(CTA)评估主动脉夹层病变
(A. A 型夹层病变轴向影像,箭头示"鸟喙征";B. A 型夹层病变矢状位影像;C. B 型夹层病变
轴向影像,箭头示"鸟喙征";D. B 型夹层病变矢状位影像。FL 假腔;TL 真腔)

(三) 核磁共振

核磁共振(magnetic resonance imagining,MRI)检查可提供多平面的有关主动脉的影像,其对于急性主动脉夹层的诊断准确率与 CT 扫描相当(>90%),此外其还可以很好地鉴别 IMH 和 PAU,并提供诸多与主动脉瓣及左室收缩功能相关的信息(图 3-13-5)。磁共振血管造影 (magnetic resonance angiography,MRA)利用特有的钆-DTPA 增强和"黑血"技术,可以准确地评估主动脉及其分支的解剖、形态及夹层病变累及的范围和严重程度。但由于扫描时间较长,该检查不适于血流动力学不稳定的患者,且大多数接受心内植入器械植入的患者亦禁忌接受 MRI 检查。

Notes

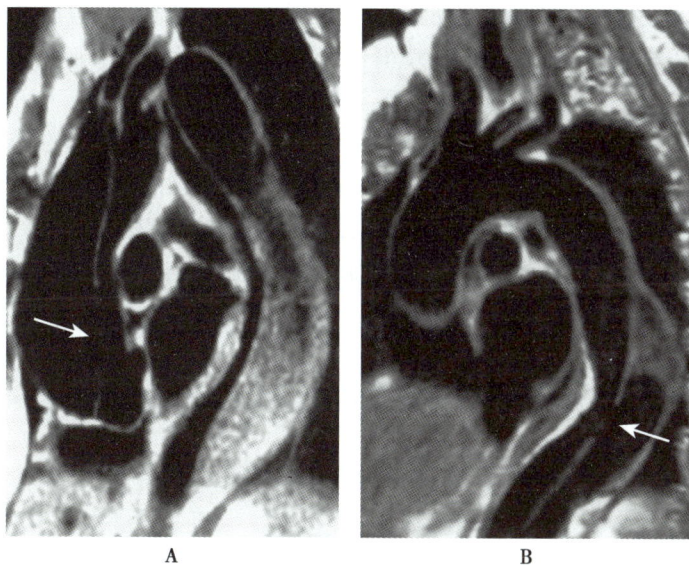

图 3-13-5 核磁共振(MRI)评估主动脉夹层病变
(箭头示夹层破口处)

(四)主动脉造影

是诊断主动脉夹层的重要手段,包括选择性动脉造影和数字减影血管造影术,诊断准确率>95%。可显示内膜撕裂的部位、范围、出口、入口以及主动脉分支及主动脉瓣受累情况。

(五)X 线胸片

可出现主动脉影增宽,主动脉外轮廓不规则、增宽甚至扭曲,主动脉内膜钙化影移位等。但有少数患者其 X 线胸片检查完全正常。

(六)心电图

患者心电图检查多表现为非特异性 ST-T 改变,近 1/3 患者的心电图完全正常。主动脉夹层累及冠状动脉时(约 7%),亦可出现心肌缺血甚至心肌梗死图形,应注意与急性冠脉综合征(特别是急性 ST 段抬高型心肌梗死)相鉴别。

【诊断和鉴别诊断】

(一)诊断

急性主动脉夹层病情进展迅速,早期死亡率高,因此快速诊断意义重大。诊断时应尽可能明确主动脉夹层病变程度,判断是否累及升主动脉和(或)降主动脉,内膜破口位置,是否合并主动脉瓣关闭不全,是否合并心包积液/心脏压塞以及是否累及冠状动脉等。

由于患者合并基础疾病、病变起始部位和累及范围的不同,且临床表现各异,因此该疾病早期准确诊断难度较大,目前确诊有赖于超声心动图、多排螺旋 CT、MRI 和主动脉造影等影像学技术。

(二)鉴别诊断

急性主动脉夹层还需与下列疾病相鉴别:

1. **急性心肌梗死** 主要的鉴别要点:①疼痛的表现:心肌梗死的疼痛通常逐渐加重,多位于胸骨后或心前区,可向左上肢及左侧肩背部放射。②心电图及心肌酶:急性心肌梗死通常有典型的心电图及心肌标志物改变。③部分主动脉夹层及急性心肌梗死患者均可出现面色苍白、出汗、四肢皮肤湿冷等类似休克的症状,但前者合并上述症状时,血压一般不低,而后者通常有低血压。

超声心动图和螺旋 CT 等影像学检查有助于主动脉夹层的确诊。

2. 急腹症　主动脉夹层累及腹主动脉及其大分支时可引起各种急腹症样临床表现,易被误诊为急性胰腺炎、急性胆囊炎、缺血性肠病、肾绞痛、消化性溃疡穿孔和肠梗阻等。如注意本病疼痛特点及血压和脉搏异常,结合超声心动图等影像学检查可资鉴别。

3. 其他原因引起的急性主动脉瓣关闭不全　如感染性心内膜炎引起的主动脉瓣瓣膜穿孔、主动脉窦瘤破裂均可引起突发主动脉瓣关闭不全伴急性左心功能不全。但上述疾病无剧烈胸痛,亦无夹层累及其他分支血管的征象,结合影像学相关检查可资鉴别。

此外,主动脉夹层亦需与急性心包炎、急性肺栓塞、气胸和脑卒中等疾患相鉴别。

【治疗】

（一）紧急处置

1. 高度怀疑主动脉夹层者,应当迅速将患者送入心脏监护病房,绝对卧床休息,避免用力,保持大便通畅。严密监测生命体征,给予吸氧。

2. 止痛药物　应给予足量的止痛剂（如:吗啡、哌替啶等）缓解疼痛,并解除患者的焦虑情绪。

3. 血流动力学参数不稳定的患者需做好气管插管准备。

4. 通过降压治疗和降低左室收缩力来降低主动脉管壁张力,预防夹层血肿的延展（收缩压控制目标为110~120mmHg或者为患者能够耐受的最低血压水平,心率宜<70次/分）。

降压治疗通常首选硝普钠,通常初始剂量为0.25μg/（kg·min）,根据需要可逐步增量至10μg/（kg·min）,其优点在于起效迅速、降压效应强并可预测、停药后药效迅速消失且极少致过敏反应。为在降压同时进一步降低心肌收缩力及心率,临床常将静脉β受体阻滞剂与硝普钠联用。如:美托洛尔2.5~5mg静脉缓注（>2分钟）,必要时可以间隔5分钟再重复给药两次直至患者心率达标;也可使用半衰期更短、起效更为迅速的艾司洛尔,50~300μg/（kg·min）。对于不能耐受β受体阻滞剂患者,可以静注非二氢吡啶类钙通道拮抗剂（如:地尔硫䓬,2.5~15mg/h）作为替代。

（二）经过上述紧急处置后,患者应尽快明确主动脉夹层诊断及分型

血流动力学参数不稳定者,首选床旁TEE/TTE检查,而血流动力学参数稳定者可以选择CT、MRI或TEE检查。

（三）依据夹层病变分型选择治疗策略

1. 无合并症的B型（Ⅲ型）主动脉夹层　该型患者通常以药物治疗为主,相关患者院内死亡率较低,5年生存率可达60%~80%。

对于剧烈疼痛和/或高血压不能控制、合并低灌注综合征、夹层病变扩展及急性胸（腹）主动脉扩张等严重合并症的B型主动脉夹层患者,首选手术治疗。常用的术式为胸腹主动脉移植术。

经皮血管内主动脉修补（endovascular aortic repair,EVAR）术即通过微创技术将支架置于主动脉内膜动脉夹层病变处,封闭夹层开口,进而促使假腔闭合。该手术适用于处于亚急性期或者慢性期的B型主动脉夹层患者。对于非急性期的患者,支架植入治疗的成功率高（>90%）,超过75%的主动脉夹层假腔病变实现闭合,围术期的并发症发生率及死亡率均较低。

2. A型（Ⅰ型和Ⅱ型）主动脉夹层　该型患者往往需要手术治疗,手术的目的是预防主动脉破裂、心脏压塞并矫治主动脉瓣关闭不全以减少患者死亡。

常用的术式包括:Bentall术（适用于Marfan综合征合并A型主动脉夹层者）、Wheat术（适用于非Marfan综合征合并A型主动脉夹层伴主动脉瓣关闭不全者）、升主动脉移植术（适用于主动脉瓣正常的A型主动脉夹层患者）和次全主动脉弓移植术（适用于Ⅰ型主动脉夹层伴主动脉弓部分支狭窄患者）等。

在进行紧急手术前应通过TEE检查充分评估患者夹层病变是否累及冠状动脉（尤其是右冠

状动脉)开口以及主动脉瓣的结构和功能情况,辅助判断联合实施 CABG 术的必要性以及选择纠正主动脉瓣关闭不全的术式(主动脉瓣修补术或置换术)。

不建议罹患 A 型主动脉夹层患者常规接受经皮 EVAR 术或杂交手术(即:经皮 EVAR 术联合外科手术)治疗。

【预后和预防】 未接受治疗的主动脉夹层患者的死亡率极高,其中25%的患者在夹层起病后 24 小时内死亡,超过 50% 的患者在其后的一周内死亡,发病 1 月和 1 年时的死亡率甚至可以超过 75% 和 90%。近年来,随着各项影像学检查技术的进展,如超声心动图、CT 及 MRI 等大大提高了早期诊断率,药物、外科手术及介入治疗的进步也明显降低了本病的死亡率,目前主动脉夹层患者 10 年的生存率约 50%,A 型与 B 型夹层患者的预后相近。

几乎所有患者都应终身接受降压治疗,收缩压控制目标<130mmHg。β 受体阻滞剂仍是首选药物,相当比例的患者需要联合其他降压药物。此外患者还应避免剧烈的体力活动。

患者若无临床症状,建议患者在出院后第 3、6 和 12 个月分别行 CT 或 MRI 评估病变进展,其后至少每 1~2 年应行例行相关影像学随访。

第二节 周围血管疾病

要点:
1. 外周动脉疾病通常特指下肢动脉的动脉粥样硬化性闭塞症,是冠心病的等危症。二者病因及发病机制一致,危险因素也相似。
2. 特征性的临床表现是间歇性跛行。
3. 踝臂指数检测、脉搏-流量监测及多普勒超声、MRA 等影像学检查对明确诊断以及评估疾病严重程度具有重要意义。
4. 治疗的核心是控制动脉粥样硬化相关危险因素,而血运重建术可以更好地缓解患者临床症状及保护患肢。

一、外周动脉疾病

外周动脉泛指除心脑动脉以外的血管,因此广义的外周动脉疾病(peripheral arterial disease,PAD)应包括除心脑动脉以外的动脉疾病。但通常外周动脉疾病特指下肢动脉的动脉硬化性闭塞症,也称间歇跛行综合征或 Charcot 综合征。外周动脉疾病是冠心病的等危症,患者不仅易出现行走能力受损,而且有近 1/3 到 1/2 的 PAD 患者同时合并冠心病,患者的心源性死亡风险较常人高 6 倍。

【病因及发病机制】 动脉粥样硬化是 PAD 最主要的病因,其传统危险因素包括:年龄、吸烟、糖尿病、高血压、高血脂和家族史等。少数 PAD 则由于肌纤维发育不良(fibromusculardysplasia,FMD)累及下肢动脉所引起。

【临床表现及分级】
(一)症状
本病好发于 50 岁以上的男性,主要病变是下肢动脉。多数患者起病时可无任何症状,或仅表现为肢体发凉、发麻等不适。随着病情的进展有 30%~40% 的患者可出现典型的间歇性跛行,表现为行走一段距离后出现一侧或双侧下肢酸胀、乏力、烧灼感、痉挛或疼痛,休息后可缓解。疾病进一步进展,即使休息状态,可出现下肢疼痛、组织溃疡甚至坏疽等严重肢端缺血症状。临床分级以 Fontaine 分级(表 3-13-2)最常用。

Notes

表 3-13-2　外周动脉疾病的 Fontaine 临床分级

分级	临床表现
Ⅰ级	无症状
Ⅱ级	间歇跛行症状
Ⅱa级	轻度间歇跛行（步行>200 米无疼痛发作）
Ⅱb级	中到重度间歇跛行（步行>200 米疼痛发作）
Ⅲ级	缺血性下肢静息痛或夜间痛
Ⅳ级	溃疡、坏死或坏疽

（二）体征

患肢闭塞病变远端动脉搏动减弱或消失，双侧肢体血压差别>20mmHg；病变部位可闻及收缩期或连续性血管杂音；患肢还可出现皮肤冰冷、干燥、苍白或青紫、毛发脱落、肌肉萎缩及趾甲增厚甚至坏死，如：脚或足趾的溃疡或坏疽等。

【实验室及辅助检查】　血清学检查常发现许多炎性指标，如：C-反应蛋白、纤维蛋白原、白介素-6 等升高。

踝臂指数（Ankle-brachial index，ABI）检测是一种简便而准确的评价外周动脉灌注以及血管狭窄/闭塞严重程度的方法，ABI 正常值应>1.0，若<0.9 即为异常；当患者出现间歇跛行症状时，其 ABI 值往往在 0.4~0.9 之间；ABI 值<0.4 时患者通常合并下肢缺血症状。

脉搏-流量监测（Pulse-volume recordings，PVRs）、多普勒超声、磁共振血管造影、CT 血管造影以及经导管-动脉造影等也常用于评估外周动脉狭窄/闭塞病变的位置、程度及范围等。

【诊断和鉴别诊断】　有动脉粥样化相关危险因素者，如出现间歇跛行或劳力性下肢痛伴下肢脉搏减弱、消失及双侧不对称；ABI 值<0.9；PVRs、多普勒超声、磁共振血管造影以及 X 线血管造影等影像学检查发现外周动脉狭窄/闭塞病变即可明确诊断。

本病主要需与其他闭塞性外周动脉疾病，如多发性大动脉炎、血栓栓塞性脉管炎和动脉栓塞症等相鉴别（表 3-13-3）。

表 3-13-3　常见闭塞性动脉疾病鉴别

	多发性大动脉炎	外周动脉疾病	血栓闭塞性脉管炎
发病年龄	青年，多<40 岁	中老年，多>50 岁	青壮年，20~40 岁
性别	多为女性	多为男性	多为男性
吸烟	多无	多有	可有
高血压	累及肾动脉时可出现	常有	多无
血脂异常、2 型糖尿病	多无	常有	多无
常见血管病变位置	主动脉及其主要分支	髂、股和腘动脉	上下肢远端小动脉及静脉
其他部位动脉硬化	无	常有	无
受累动脉 X 线钙化症	无	可有	无
血管造影结果	主动脉主要分支开口处狭窄或闭塞	受累动脉呈广泛不规则狭窄，可伴扩张、扭曲	受累动脉呈节段性狭窄或闭塞，病变上下段血管光滑

【治疗】

(一) 控制动脉粥样硬化相关危险因素

积极控制糖尿病、高血压和高血脂等危险因素,尤其是要戒烟,因为其为外周动脉疾病最重要的危险因素。此外患者还需格外注意保护下肢及脚部皮肤,避免外伤。

(二) 抗血小板治疗

所有 PAD 患者均应接受阿司匹林(75～325mg/日)抗血小板治疗以预防心肌梗死、缺血性卒中及其他血栓栓塞事件。对阿司匹林过敏者可换用氯吡格雷。

(三) 对症治疗

治疗症状性外周动脉疾病的药物不多,包括:己酮可可碱、西洛他唑等可以不同程度地改善患者的无痛步行距离。此外应积极倡导患肢的康复训练,特别是自我步行运动疗法。

(四) 血运重建术

合并间歇跛行、静息痛以及缺血性溃疡或坏疽且内科治疗疗效不佳的患者,需考虑血运重建术。对于病变相对局限的患者首选经皮血管腔内成形术(percutaneous transluminal angioplasty, PTA)及支架植入术治疗。对于病变复杂且合并 Fontaine Ⅲ、Ⅳ级症状的患者则往往需要接受自体或人工血管动脉旁路移植术。

(五) 对出现肢端坏疽的患者,需要进行截肢手术

【预后】　外周动脉疾病患者的远期预后不良,10 年存活率为 50% 左右。患者真正需要截肢者不多,死亡主要原因是心肌梗死和脑卒中。

二、血栓闭塞性脉管炎

血栓闭塞性脉管炎(thromboangiitis obliterans,TAO)是一种累及上、下肢体远端中小型动脉、静脉和神经的非动脉粥样硬化性、节段性血管炎,也称 Buerger 病(Buerger disease)。

【危险因素及发病机制】　病因不明,目前认为吸烟是血栓闭塞性脉管炎发生最重要的危险因素。此外厌氧菌牙周感染、吸食大麻以及激素紊乱等也与其发病密切相关。发病机制可能与遗传及自身免疫因有关。

【病理】　主要累及下肢的胫前、后动脉、腓动脉和上肢的桡动脉、尺动脉和指动脉等。特征性病理改变是血管全层非动脉粥样硬化、非化脓性炎症,但血管管壁结构完整,病变呈节段性分布。起病早期血管内即有血栓形成,后期血栓机化可致管腔闭塞。

【临床表现】　本病多见于 40～45 岁以下的男性吸烟者,女性少见。其临床特点为患肢缺血、疼痛、间歇跛行、受累动脉搏动减弱或消失伴有游走性血栓性浅表静脉炎,严重者可有肢端溃疡甚至坏死。多在寒冷季节发病,病程迁延,病变常从下肢肢端开始,以后逐渐向足部及小腿发展。约 40% 患者还可以合并无症状的雷诺氏现象。

【实验室及辅助检查】　应对所有患者进行仔细全面的肢体血管及神经检查。对于下肢受累的患者,须测算踝臂指数(Ankle-brachial index,ABI);而上肢受累的患者,则可测算腕臂指数(wrist-brachial index)。目前尚无特异性的血清学检查,但全面的血清学检查(包括:血常规、血糖、CRP、抗核抗体、类风湿因子、补体、抗着丝点抗体、Scl-70 以及抗磷脂抗体等)有助于与其他易致阻塞性外周血管疾病的糖尿病、硬皮病、混合型结缔组织病、CREST 综合征以及等疾病相鉴别。多普勒血管超声和 X 线血管造影常用于评估外周动脉狭窄/闭塞病变的位置、程度及范围等。

【诊断和鉴别诊断】　青壮年男性、有长期大量吸烟史,存在不同程度的肢体远端慢性缺血表现,并可出现反复发作的游走性血栓性浅静脉炎,根据以上特点可以诊断本病。需与其他闭塞性外周动脉疾病相鉴别(表 3-13-3)。

【治疗】

(一) 一般治疗

戒烟,避免久居于寒冷潮湿的环境,注意患肢的保暖并预防外伤。此外患肢的康复运动训

练有助于促进患肢侧支循环建立。

（二）药物治疗

1. **血管扩张剂**　伊洛前列素、己酮可可碱和钙拮抗剂等具有解除动脉痉挛，扩张血管的作用。

2. **阿片类止痛药**　吗啡、哌替啶等适用于合并剧烈患肢疼痛患者。

3. **高压氧治疗**　能够提高血氧含量，增加肢体供氧量，从而减轻患肢疼痛，促进溃疡愈合。

（三）外科治疗

包括交感神经节切除术、动脉血栓内膜剥离术及动脉旁路移植术等，单纯手术治疗往往不能控制病情进展。出现足部坏疽继发感染并出现全身中毒症状或肢体剧痛难忍影响工作生活，经各种治疗难以控制或足部坏疽达足跟、踝关节以上且界限清楚者可行截肢术。

第三节　静 脉 疾 病

> **要点：**
>
> 1. 血栓性静脉炎是一种常见的血管内血栓性疾病，包括血栓性浅静脉炎和深静脉血栓形成。
> 2. 血流淤滞、血管损伤及高凝状态是静脉血栓形成的重要因素。
> 3. 主要临床表现是血栓远端肢体肿痛，而血栓脱落导致肺栓塞是最危险的并发症。
> 4. 根据临床表现结合多普勒血管超声检查可以确诊本病。
> 5. 血栓性浅静脉炎以对症治疗为主，而抗凝治疗是深静脉血栓形成最重要的治疗手段。

一、血栓性静脉炎

血栓性静脉炎（thrombophlebitis）是静脉血管腔内急性非化脓性炎症伴血栓形成，是一种常见的血管内血栓性疾病。病变主要累及下肢浅静脉和深静脉，上肢或颈静脉亦可受累。包括血栓性浅静脉炎（superficial thrombophlebitis）和深部静脉血栓形成（deep venous thrombosis）。

【病因及危险因素】　静脉血栓形成主要的影响因素包括：静脉血流淤滞、血管损伤及高凝状态，这些危险因素（表3-13-4）均可导致静脉血栓形成。

表3-13-4　与静脉血栓形成相关的危险因素

长期制动：急性心肌梗死、脑卒中、大型手术后致卧床；长途飞行等
手术：特别是骨科、胸腔、腹腔及泌尿生殖系手术
外伤：特别是脊柱、骨盆及下肢骨折；烧伤
肿瘤：胰腺、肺、生殖腺、乳腺及泌尿系统恶性肿瘤
长期服用避孕药和雌激素
家族性或其他凝血异常：抗凝血酶Ⅲ、C蛋白或S蛋白缺乏症；抗磷脂综合征；骨髓增生性疾病、真性红细胞增多症及异常纤维蛋白血症等
妊娠
医源性因素：介入治疗相关的静脉损伤；留置中心静脉导管

【病理】 血栓性浅静脉炎的病理特点是静脉壁存在不同程度的炎症反应,血管内膜增生、增厚,血管腔内血栓形成。血栓多与静脉壁紧密粘连,不易脱落。

深静脉血栓大部分由红细胞伴有少量纤维蛋白和血小板组成,血栓的远端与血管壁仅有轻度粘连,致使血栓容易脱落而导致肺栓塞。静脉血栓形成后可产生肢体静脉回流障碍,出现浅表静脉曲张和肢体肿胀。

【临床表现与分级】

(一)血栓性浅静脉炎

多发生于四肢表浅静脉,如大、小隐静脉,头静脉或贵要静脉等。急性期患肢局部出现疼痛、肿胀,沿受累静脉走行可扪及有压痛的条索状物,其周围皮肤温度增高、稍红肿。患者多无全身症状。约 1~3 周后静脉炎症逐渐消退,局部遗留有硬条索状物和皮肤色素沉着。

(二)深静脉血栓形成

其症状轻重不一,取决于受累静脉的部位、阻塞的程度和范围。有些患者可全无症状,而以大块肺栓塞表现成为第一症状;血栓最易发生于下肢小腿静脉或腘静脉内,局部疼痛,行走时加重。轻者仅有局部沉重感、站立时明显。患肢肿胀,小腿肌肉、腘窝、腹股沟内侧等处有压痛。此外,可见阻塞远端静脉压增高所致的浅静脉曲张。发生于左侧者比右侧多 2~3 倍。

【实验室及辅助检查】

1. 静脉压测定 患肢阻塞远端静脉压升高。

2. 多普勒血管超声 可发现大静脉内的血栓,并测算静脉内血流速度。该检查对近端深静脉血栓形成的诊断阳性率达 95%。

3. 深静脉造影 可以很好地显示静脉充盈缺损,作出静脉梗阻部位、程度和范围的判断,并明确侧支循环的情况。

4. 其他影像 放射性核素检查、阻抗容积描记法和静脉血流描记法对于深静脉血栓形成也具有很高的诊断价值。

5. 血清 D-dimer 检测 <400U,对于深静脉血栓形成的阴性预测值>96%。

【诊断】 血栓性浅静脉炎依据静脉壁损伤病史及典型临床表现,诊断很容易明确。对于骨科手术后、长期卧床或合并恶性肿瘤等危险因素的患者,当其出现一侧肢体肿胀和/或突发呼吸困难时,应考虑深静脉血栓形成,多普勒血管超声检查可确诊本病。

【治疗】

(一)血栓性浅静脉炎

主要采取保守支持疗法,如:休息、患肢抬高、热敷等;非甾体抗炎药(如:双氯芬酸等)可止痛并可防止血栓发展。对合并自发性血栓性浅静脉炎或累及股静脉的大隐静脉血栓的患者,应考虑抗凝治疗。

(二)深静脉血栓形成

1. 一般治疗 急性期应卧床 3~5 天,抬高患肢改善静脉回流,待局部肿痛症状缓解后可逐步恢复床旁活动。

2. 抗凝治疗 是最重要的治疗,可以抑制血栓蔓延并降低肺栓塞发生率和病死率。抗凝治疗应尽早开始,疗程至少 3 个月,高危患者需延长至 6~12 个月,甚至终生抗凝。目前抗凝治疗早期多采用肝素/低分子肝素或磺达肝癸钠;长期治疗则多以维生素 K 拮抗剂(华法林)治疗为主,维持国际标准化值(international normalized ratio,INR)在 2.0~3.0 之间。近年来新型口服抗凝药(如:直接凝血酶原抑制剂——达比加群酯,X a 因子拮抗剂——利伐沙班、阿派沙班等)在血栓性静脉炎患者中应用也取得了令人满意的疗效,并逐步成为标准治疗。目前一般不主张静脉全身溶栓治疗,也不建议常规应用外科取栓术(surgical thrombectomy)或经皮器械栓术(percu-taneous mechanical thrombectomy)。对于合并抗凝治疗禁忌证或并发症,或者在充分抗凝治疗情况下仍反复血栓栓塞事件或者肺栓塞合并肺动脉高压的深静脉血栓形成患者,需行下腔静脉滤器植入术(inferior vena caval filter placement)。

二、上腔静脉综合征

上腔静脉综合征(superior vena cava syndrome,SVCS)是由于上腔静脉发生部分或完全性阻塞导致头部、胸部和上肢静脉回流障碍而引起的呼吸困难、面部水肿和淤血、多血质以及胸壁和颈部浅表静脉曲张等一系列临床症候群。

【病因】 约60%的上腔静脉综合征是由于恶性肿瘤压迫所致,以肺癌(尤其是非小细胞肺癌)及淋巴瘤(以非霍奇金氏淋巴瘤为主)最常见。此外,与介入检查或治疗(如:植入心脏起搏器、上腔静脉留置导管等)相关的中心静脉内血栓形成或中心静脉狭窄也日益成为引发上腔静脉综合征的另一种常见原因(约占35%)。其他少见的病因包括:升主动脉瘤、心包填塞、纤维纵隔炎和纵隔淋巴结炎等。

【临床表现】 临床表现取决于起病缓急、梗阻部位、阻塞程度和侧支循环形成的情况等。大部分患者隐匿起病,病史超过2~4周,主要表现为进行性加重的面部、颈部、上胸部以及上肢的淤血、水肿、呼吸困难、眶周水肿,结合膜充血,可伴有眼球突出、严重者甚至出现脑水肿与颅内高压,引起头痛、眩晕、惊厥和视觉与意识障碍。体检发现颈静脉充盈,胸部和上腹部浅表侧支静脉曲张、皮肤发绀等。

【诊断】 根据典型的临床表现基本可以做出诊断。可疑病人可测上腔静脉压,当压力>30cmH$_2$O;一分钟连续握拳运动30次,其后肘静脉压较运动前上升>10cmH$_2$O;吸气时上肢静脉压升高呼气时下降,且下肢静脉压正常(≤19cmH$_2$O)等均支持上腔静脉综合征诊断。胸部增强CT或MRI等检查可鉴别上腔静脉内血栓、狭窄与外源性腔静脉受压梗阻,并明确梗阻部位、范围及程度,并有助于发现原发病因。

【治疗】 治疗的整体原则是缓解症状并治疗潜在病因。

(一) 一般治疗

患者宜取抬头位、吸氧、限盐,避免经上肢静脉输液;同时可予利尿剂或脱水剂,对于缓解局部水肿和临床症状有效。存在上腔静脉血栓形成的患者需给予抗凝(肝素、低分子肝素及磺达肝癸钠等)治疗。

(二) 血管内介入治疗

近年来静脉内支架植入术(endovenous stenting)已广泛应用于病情急进加重(如:合并气道梗阻、喉头水肿,甚至脑水肿)、内科治疗和放化疗疗效不佳或复发以及无手术指征的良恶性疾病所致的上腔静脉综合征患者。与外科手术或姑息性放疗相比,介入治疗创伤小、恢复快且并发症少。

(三) 放疗

对于罹患放疗敏感性肿瘤的患者,放疗可以有效减低肿瘤负荷并改善肿瘤压迫梗阻症状。

(四) 外科手术治疗

包括肿瘤切除术、上腔静脉病变段切除重建/成形术、各种旁路分流术(如:上腔静脉-右心房旁路分流术、大隐静脉-颈外/内静脉吻合术、颈内静脉-大网膜静脉转流术等)以及静脉内血栓摘除术等。

(杨杰孚)

推荐阅读文献

1. Mann DL,Zipes DP,Libby P,Bonow RO,et al. *Braunwald's Heart Disease:A Textbook of Cardiovascular Medicine*(10th ed.). Philadelphia,PA;Elsevier/Saunders;2015

Notes

2. Antman EM, Sabatine MS. Cardiovascular Therapeutics: A Companion to Braunwald's Heart Disease (4th ed.). Philadelphia, PA: Elsevier/Saunders; 2013

3. Peterson MD, Diethrich EB, Rudakewich G. Aortic Diseases: Clinical Diagnostic Imaging Atlas (1st ed.). Philadelphia, PA: Elsevier/Saunders; 2009

4. Longo DL, Fauci AS, Kasper DL, et al. *Harrison's principles of internal medicine* (18th ed.). New York: McGraw-Hill Medical Publishing Division; 2012

第十四章　心血管疾病介入治疗

要点：

1. 常用心血管介入技术包括人工心脏起搏植入术、冠状动脉介入术、射频消融治疗、先天性心血管病封堵术和经导管心脏瓣膜成形或置换术等。

2. 心脏起搏分为临时和埋藏式两种，可治疗心电性疾病（心动过缓或心动过速）和非心电性疾病（心力衰竭）。

3. 导管消融治疗（主要为射频消融）可适用于大多数的快速性心律失常。

4. 冠状动脉介入术治疗血管狭窄，显著减少心绞痛的发生并提高高危患者的生存率。

5. 先天性心脏病的导管封堵术很大程度上取代开胸手术，成为主要的治疗手段。

6. 经导管瓣膜成形或置换术已成为部分主动脉狭窄或二尖瓣关闭不全而开胸手术高危患者的理想选择。

心血管疾病介入治疗指采用心导管技术将各种治疗用的器械送入心脏或血管等部位来施行治疗。介入治疗在心血管疾病治疗中占非常重要的地位。经静脉心内膜人工心脏起搏术是应用最早的一种心血管病介入治疗，其他常用的还有经皮冠状动脉介入术、心律失常的经导管消融治疗、经皮心脏瓣膜成形术、先天性心血管病的介入治疗、经导管心肌化学消融术和周围血管疾病的介入治疗等，近年经导管瓣膜介入治疗如主动脉瓣置换术的技术发展迅速，成为外科手术高危者的另一选择。

第一节　心脏起搏、埋藏式心律转复除颤器和心脏再同步治疗

心脏起搏术是用低能量电脉冲暂时或长期地刺激心脏产生动作电位，达到心脏收缩的治疗方法。自 1958 年世界首次植入埋藏式人工心脏起搏器以来，心脏起搏不断得到发展。我国 1964 年开展了第一例经心外膜起搏治疗，1973 年成功植入了第一台经静脉心脏起搏器。心脏起搏术主要用于治疗缓慢型心律失常；起搏器也可以通过快速起搏的方法终止除颤动以外的快速心律失常（抗心动过速起搏）；近年来，随着心脏起搏技术的不断发展以及心律失常机制研究的不断深入，心脏起搏治疗的适应证也不断开拓，开始用于治疗非心动过缓疾病，如预防颈动脉窦晕厥，肥厚梗阻型心肌病、先天性长 Q-T 综合征以及慢性心力衰竭。

心脏起搏分为临时和埋藏式两种。临时心脏起搏是一种暂时性人工心脏起搏术，起搏电极放置时间一般不超过 2 周，脉冲发生器均置于体外，待达到诊断和治疗目的后，随即撤出电极。如仍需继续起搏治疗，则应植入埋藏式心脏起搏器。埋藏式心脏转复除颤器（implantable cardioverter defibrillator, ICD）可以通过体内释放电能来终止致命性心律失常而恢复窦性或起搏心律，是防治心脏性猝死和持续性室性心律失常的治疗选择。心脏再同步化治疗（cardiac resynchronization therapy,CRT)是在传统起搏基础上增加了左心室起搏,通过协调左右心室间、左心室内收缩,改善心室收缩功能,调节房室间期,增加舒张期充盈时间,提高患者生活质量,减低死亡率和改善预后。

一、人工心脏起搏器的原理及组成

(一)人工心脏起搏的原理

脉冲发生器定时发放一定频率的脉冲电流,通过导线和电极传输到心房或心室心肌细胞,使局部心肌细胞受到刺激而兴奋;通过心肌细胞的传导性将兴奋向周围心肌扩散传布,导致整个心房或心室兴奋并收缩。因此,心肌必须在具备兴奋、传导和收缩功能时,人工心脏起搏才能发挥其作用。

(二)起搏系统基本组成

主要包括两部分:脉冲发生器和电极导线。常将前者单独称为起搏器。

1. 脉冲发生器　由电源和电子线路构成,能产生和输出电脉冲,并感知心肌本身的电活动。其外壳多由钛铸制,具有组织相容性优良、密封性好、不受体液腐蚀、压铸容易等优点,并可作为单极起搏的参照电极。起搏器的电路包括输出电路、感知电路、计时器电路、程控和遥测电路、微处理器、感受器电路、除颤保护和双腔起搏逻辑等。电池主要使用锂-碘电池,电池的寿命取决于起搏器类型、起搏形式等。一旦发生电池耗竭,就应该及时更换起搏器。

2. 电极导线　主要由电极、导线体、导线连接端三部分组成。随着科学技术的不断发展,电极导线也在不断完善,从粗重向细小,从高起搏阈值到低起搏阈值等方面不断进步,以适应现代心脏起搏治疗的需要。

(1) 电极:有单极和双极两种。单极电极导线仅有一个极,即位于电极导线顶端的阴极,电流自阴极流过心脏后回流到起搏器的外壳(阳极)构成回路。双极电极导线上同时具有阴极和阳极,阴极位于导线顶端,或称端电极。距端电极1~2cm处的环状电极为阳极,此时电流的回路几乎局限在心腔内。另外,根据电极导线的固定装置,电极又分被动固定电极和主动固定电极两种。被动固定装置主要为翼状固定,在电极导线远端设有倒叉状装置,植入心内膜后可嵌入肌小梁中起到固定作用。主动固定装置是在电极头端设有螺旋固定装置,通过操纵螺旋钢丝将螺旋装置拧入心内膜起到固定作用。它适用于被动电极导线反复脱位及一些特殊部位,如房间隔、室间隔部位的起搏。

(2) 导线体:是外有绝缘层包裹的导电金属线。通过与心内膜接触的电极将起搏器的电脉冲传递到心脏,并将心脏的腔内心电图传输到起搏器的感知线路。单极电极导线只需一根导电金属线,而双极电极导线需要两根相互绝缘的导电金属线。

(3) 导线连接端:位于电极导线的近端,用于连接电极导线和起搏器的插孔。目前所有起搏电极导线均使用国际标准的IS-1连接器,为3.2mm直径的标准接头。

二、起搏器编码与分类

(一)起搏器编码

为使各种类型的起搏器命名统一,2002年心脏病学会国际委员会(ICHD)/北美心脏起搏电生理学会(NASPE)/英国心脏起搏与电生理学组(BPEG)共同制定了NBG起搏器代码命名(表3-14-1)。

(二)起搏器分类

1. 根据起搏心腔分为　①单腔起搏器:如AAIR、VVIR等,起搏电极导线单独植入心房或心室;②双腔起搏器:如DDDR,起搏电极导线分别植入心房和心室;③多腔起搏:如三腔(双心房单心室或单心房双心室)或四腔起搏(双心房+双心室)(主要用于肥厚型梗阻性心肌病及顽固性心衰),此时,起搏电极导线除常规植入右心房和右心室外,通常尚需通过心脏静脉植入电极导线分别起搏左心房和(或)左心室。

Notes

表 3-14-1　NASPE/BPEG 起搏器代码

位置	I	II	III	IV	V
	起搏心腔	感知心腔	反应方式	程控和频率适应功能	抗心动过速功能
代码字母	O=无	O=无	O=无	O=无	O=无
	A=心房	A=心房	T=触发	P=简单程控功能	P=抗心动过速起搏
	V=心室	V=心室	I=抑制	M=多程控功能	—
	D=双腔(A+V)	D=双腔(A+V)	D=兼有(A+V)	C=遥测	S=电转复
	—	—	—	R=频率适应	D=兼有(P+S)
制造商专用	S=单腔(A 或 V)	S=单腔(A 或 V)	—	—	—

2. 根据起搏生理效应分为　①非生理性起搏,如 VVI 起搏器,只是保证心室按需起搏,而房室电机械活动不同步;②生理性起搏,即尽可能模拟窦房结及房室传导系统的生理功能,提供与静息及活动相适应的心率并保持房室同步,如 AAIR 和(或)DDDR。但实际上,起搏治疗都不可能是完全生理的。如 DDDR 及 AAIR 起搏器,虽然房室同步,但无论心房起搏或心室起搏都存在左、右心房间或左、右心室间的不同步问题。

3. 根据是否具有频率适应功能分为　①频率适应性起搏器:如常用的 AAIR、VVIR 和 DDDR;②非频率适应性起搏器:如常用的 AAI、VVI 和 DDD。

三、人工心脏起搏器的适应证

(一) 临时心脏起搏器(temporary cardiac pacemaker)

作为临时性或暂时性的起搏技术,适合于任何症状性或引起血流动力学变化的心动过缓患者,起搏电极导线放置时间一般不超过 2 周,起搏器均置于体外,待达到诊断、治疗和预防目的后,随即撤出心内起搏电极导线。如病因未能去除而仍需继续起搏治疗者,则应考虑置入埋藏式心脏起搏器。临时心脏起搏的目的通常分为治疗、诊断和预防。

1. 治疗方面

(1) 阿-斯综合征发作:各种原因(急性心肌梗死、急性心肌炎、洋地黄或抗心律失常药物等引起的中毒、电解质紊乱等)引起的窦房结或房室传导功能障碍而导致的心脏停搏并出现阿-斯综合征发作,都是紧急临时心脏起搏的绝对指征。

(2) 射频消融术及心脏直视手术引起的一过性三度房室传导阻滞(AVB)。

(3) 药物治疗无效的由心动过缓诱发的尖端扭转型和(或)持续性室速。

(4) 心律不稳定的患者在安置埋藏式心脏起搏器之前的过渡。

2. 诊断方面　作为电生理检查的辅助手段,常用经临时起搏导管采用程序刺激的方法,用于判断:①窦房结功能;②房室结功能;③预激综合征类型;④折返性心律失常;⑤抗心律失常药物的效果。

3. 预防方面

(1) 预期将出现明显心动过缓的高危患者:如①心脏传导系统功能不全的患者拟施行大手术及心脏介入性手术;②疑有窦房结功能障碍的快速心律失常患者进行心律转复治疗;③原先存在左束支阻滞的患者进行右心导管检查时。

(2) 起搏器依赖的患者在更换新心脏起搏器时的过渡。

(二) 埋藏式心脏起搏器(permanent cardiac pacemaker)常规适应证

随着起搏工程学的完善,起搏治疗的适应证逐渐扩大,I 类适应证(即公认的适应证)主要包括：

1. 窦房结功能不良
（1）已证实的症状性心动过缓和窦房传导阻滞，包括频发窦性停搏引起的症状性窦房结功能不良。（证据等级 C）

（2）有症状的变时性功能不良。（证据等级 C）

（3）治疗其他疾病所必需的药物所致的症状性窦性心动过缓。（证据等级 C）

2. 成人获得性房室传导阻滞
（1）慢性症状性三度或二度房室传导阻滞。（证据等级 C）

（2）伴有三度或二度房室传导阻滞神经肌肉疾病（即牵制性肌肉营养不良、Kearn-Sayre 综合征等。（证据等级 B）

（3）房室交界区导管消融术后发生或在瓣膜手术后发生的三度或二度房室传导阻滞，并且预计无法恢复。（证据等级 C）

（4）任何解剖部位的三度和高二度无症状的窦性心律房室传导阻滞患者，在清醒状态下已证实心室停搏≥3 秒，或任何<40 次/分的逸搏心律，或出现房室结以下的逸搏心律。（证据等级 C）

（5）任何解剖部位的三度和高二度无症状的心房颤动房室传导阻滞患者，清醒状态下出现的至少 1 次 5 秒长间歇。（证据等级 C）

3. 慢性双分支和三分支传导阻滞
（1）高度房室传导阻滞或间歇三度房室传导阻滞患者。（证据等级 B）

（2）二度Ⅱ型房室传导阻滞患者。（证据等级 B）

（3）交替性束支传导阻滞患者。（证据等级 C）

4. 心肌梗死急性期后
（1）ST 段抬高心肌梗死后发生希氏束-浦肯野纤维系统内的伴交替性束支传导阻滞的持续二度房室传导阻滞，或希氏束-浦肯野纤维系统内或之下发生的三度房室传导阻滞患者。（证据等级 B）

（2）房室结下短暂的高二或三度房室传导阻滞患者，合并束支传导阻滞。如果阻滞部位不明确，应行电生理检查。（证据等级 B）

（3）持续的症状性二或三度房室传导阻滞患者。（证据等级 C）

四、起搏器植入方法
起搏器的植入需要在导管室 X 线的引导下进行，局部麻醉下就可完成。

（一）临时心脏起搏
起搏电极送入的途径包括经皮、经食管、经胸壁穿刺、开胸心外膜和经静脉 5 种，后者是最主要的方法。

通常选用股静脉、锁骨下静脉或颈内静脉穿刺送入临时起搏电极导线至右室的心尖部。经静脉临时起搏电极导线电极头端呈柱状，没有固定装置，故发生电极导线移位的情况较埋藏式心脏起搏常见。应加强术后心电监护，及时发现早期的起搏阈值升高、感知灵敏度改变及电极导线脱位等，尤其是起搏器依赖者。另外，由于电极导线通过穿刺点与外界相通，因此要注意局部清洁、避免感染，尤其是放置时间较长者。另外，经股静脉临时起搏后患者应保持平卧位，静脉穿刺侧下肢制动。若使用带漂浮球囊的起搏电极导线，则可在不需要 X 线引导的情况下送入电极，可用于无法运送患者至导管室的紧急情况。

（二）埋藏式人工心脏起搏
目前绝大多数使用心内膜电极导线。技术要点包括静脉选择、导线电极固定和起搏器的埋置 3 个方面。

1. 静脉选择　多选择切开习惯用手对侧的头静脉或锁骨下静脉穿刺。前者较细、变异多，锁骨下静脉穿刺方便快捷，但可能导致锁骨下动脉损伤、气胸、空气栓塞、损伤臂丛神经等。如需插入两条导线(心房和心室)，可采用同一静脉或分别通过不同静脉(如头静脉和锁骨下静脉)。

2. 导线电极固定

(1) 右室电极：用弯钢丝或回撤直钢丝的方法将导线通过三尖瓣口固定于右室心尖部肌小梁中，也可使用主动电极固定于右室流出道间隔部，要避免误入冠状静脉窦。各项参数需符合要求，如 R 波振幅≥5mV，起搏阈值≤1mV，斜率≥0.75V/s，阻抗在 500~1000。腔内心电图呈 rS 形、ST 段抬高，说明电极部位固定良好。

(2) 心房电极：常用"J"形电极。固定于右心耳，电极头随心房收缩左右移动，随呼吸上下移动。操作时避免钩住心室导线。要求电极 P 波振幅≥2mV，起搏阈值≤1.5mV，斜率≥0.5V/s，阻抗在 500~1000。腔内心电图 P 波高大、R 波很小、P-R 段抬高。如固定困难，可采用主动螺旋固定电极。

3. 起搏器的埋藏　在植入导线电极同侧胸大肌筋膜层做一囊袋并将已连接起搏导线的起搏器植入。囊袋可与静脉插管电极为同一切口亦可另外选一个切口。要注意止血，避免埋于筋膜下而刺激肌肉抽动。注意皮下剩余导线要盘绕后置于起搏器下面。要用缝线固定起搏器，尤其在老年肥胖女性，以免日后发生起搏器下坠。

五、术前准备和术后处理及随访

(一) 术前准备

包括：①收集临床资料(胸片、心电图、动态心电图、心超、血液检查等)；②患者家属签署安置心脏起搏器知情同意书(风险、益处和起搏模式选择)；③口服华法林者，术前至少停用 3 天，INR<1.5；④术前 6~8 小时禁食；⑤手术区域备皮；⑥建立静脉通道。

(二) 术后处理

包括：①观察心率、心律、血压、局部及全身反应，记录 12 导联心电图；②平卧 24~48 小时，心房起搏者适当延长卧床时间；③可预防应用抗生素至伤口及囊袋愈合；④可起床活动后拍摄后前位和侧位胸片；⑤伤口护理。

(三) 随访

包括：①随访时间：一般在植入后 1、3、6 个月各随访 1 次，以后每半年随访 1 次；②随访内容：包括病史、体检、心电图、动态心电图和 X 线胸片等，并利用相应程控器对起搏器进行遥测和程控。

(四) 起搏器程控

1. 目的　充分发挥起搏器最大生理功能，最大限度提供最佳血流动力学效应，节省起搏器能源。

2. 常用程控参数

(1) 频率：①降低起搏频率：如为充分发挥自身心律、存在心绞痛等；②增加起搏频率：如有心功能不全及存在慢频率依赖性快速心律失常等。

(2) 输出能量：①降低输出：多在植入后 2~3 个月将输出调低至起搏阈值的 2 倍，以节约电能。②提高输出：阈值增高、电极微脱位或电池耗竭前提高输出以夺获心肌，作为进一步处理的临时过渡。

(3) 感知灵敏度：①降低感知灵敏度：在过感知时可提高感知值(降低灵敏度)；②提高感知灵敏度：在感知不足时可降低感知值(提高灵敏度)。

(4) 其他：起搏参数尚包括滞后、不应期、起搏方式、极性等。另外，双腔起搏器参数的程控比较复杂，可参考相关专著。

六、术后常见并发症及处理

(一) 与植入手术有关的并发症及处理

1. 感染可仅累及起搏器囊袋或整个系统,后者可引起危及生命的脓毒血症。更换脉冲发生器的感染发生率高。处理:局部有脓肿形成者保守治疗愈合的机会极少,应尽早切开排脓、清创,拔除创口内电极导线,取出起搏器,并应用足量抗生素。择期另取新的植入途径,用新的起搏器和起搏电极重新植入起搏器系统。

2. 局部出血通常是由于囊袋内小静脉渗血引起,也可能来自动脉或来自沿起搏导线逆行溢出的静脉血液。处理:小量出血可以采用加压包扎、沙袋压迫措施,停用抗血小板或抗凝药物。有血肿形成时,可在严格无菌条件下加压挤出积血(困难时也可拆除缝线一针)。出血量较大且经上述处理无效时,需要重新拆开切口手术探查。

3. 锁骨下静脉穿刺并发症及处理 ①气胸、血胸:少量气胸不需干预治疗,气胸>30%需抽气,甚至闭式引流;血胸可视量的多少而酌情处理。②误入锁骨下动脉时应拔除针头或导引钢丝并局部加压,切勿插入扩张管;如已插入扩张管,应使用动脉闭合器或由胸外科医师至手术室处理,切忌自行拔出。

(二) 与脉冲发生器有关的并发症及处理

1. **局部肌肉跳动其处理方法** 确认脉冲发生器正面朝上,降低输出能量。1个月后如仍不消失,可重新手术将脉冲发生器套上绝缘袋。若脉冲发生器与导线连接处绝缘不良、脉冲发生器上固定导线的塑料螺帽脱落等,导致漏电而引起局部肌肉跳动,需重新手术。

2. **起搏感知功能不良** 螺丝钉松脱、导线尾端未插到起搏器插孔的最远端等原因不能构成电源回路,因而导致不起搏、间歇起搏及感知不良。处理:重新手术。

3. **电池提前耗竭** 在起搏器正常使用寿命期出现起搏频率比原先设定频率降低10%、脉宽增加10%、无脉冲输出、双腔起搏变为VVI方式等,提示电池耗竭。处理:更换起搏器。

(三) 与电极导线有关的并发症及处理

1. **脱位与微脱位** 常见于术后早期,表现为间歇起搏或不起搏及起搏阈值升高。X线透视可见微脱位者电极头仍在原处,但与心内膜接触不良。处理:重新安置起搏电极。

2. **心脏穿孔** 临时起搏导线质硬、埋藏式起搏导线带着指引钢丝操作不慎可致穿孔,可引起心包积液或心包填塞。当患者在植入起搏器后出现胸痛、心包摩擦音或低血压时应考虑穿孔可能。胸部X线检查可能会发现心影增大或电极头在心影外。膈肌刺激、心室起搏电图的改变,尤其是出现右束支阻滞图形时提示心室电极移位。处理:透视下将穿透心肌的导线缓慢回退至心内膜,往往需要重置电极。心包填塞时需紧急心包穿刺放液。

3. **膈肌刺激** 右心室心尖部起搏,尤其是在高输出时可能会刺激左侧膈肌。在放置心房电极时可能会刺激右侧膈神经而使右侧膈肌收缩。处理:降低起搏器输出,若症状持续存在,应重新调整电极位置。

4. **导线折断或绝缘层破裂** 通常发生在经常屈曲处,如三尖瓣及锁骨下,也可发生在缝线结扎处或术中误损伤。表现为起搏感知不良、局部肌肉刺激、导线阻抗改变等。处理:多需重新植入新的导线。

(四) 与起搏系统有关的并发症及处理

1. **起搏器综合征VVI** 起搏由于心房和心室不能同步收缩引起。可出现头晕、乏力、胸闷及心功能不全表现。少数情况下也可发生在DDD起搏伴房间传导阻滞时。处理:将VVI改用生理性起搏方式;DDD(R)发生起搏器综合征时可用左右心房同步(一个电极放置在右心耳,一个电极放置在冠状静脉)加右心室起搏方式(三腔起搏)。

2. **起搏器介导的心动过速(pacemaker mediated tachycardia,PMT)** 是双腔起搏器主动持续参与引起的起搏心动过速。常呈现宽QRS(起搏电图)心动过速因而易误认为是室速,尤其是双极起搏电极的刺激信号不易辨认时。PMT 最常见形式为环形回路性心动过速,为连续感知逆传的心房活动并触发心室起搏所致,也可为房性快速心律失常时起搏器跟踪快速心房率导致快速心室起搏,过感知心房腔的信号如肌电位也可导致 PMT。

处理:①应用磁铁临时终止 PMT;②延长心室后心房不应期(PVARP),使逆传的心房除极落在 PVARP 内;③改 DDD 起搏模式为 DVI,因无心房感知而不再发作 PMT;④启用某些起搏器具有的预防或终止 PMT 的自动识别和终止程序;⑤降低最大跟踪频率;一旦发生 PMT,心室率不至于过快。

七、植入起搏器后注意事项

1. **活动影响** 通常建议患者植入起搏器的一侧上肢避免举重物或剧烈的活动(尤其是剧烈的外展动作)。

2. **医院内电磁干扰** ①磁共振成像(MRI):通常起搏器患者应避免接触 MRI,除非认为绝对必需。②放射线:诊断性放射剂量对心脏起搏器无影响;而对胸部如乳腺和肺肿瘤的放射治疗则可能会干扰起搏器功能或对起搏器造成累积性损伤。在接受放疗前后都应对起搏器进行检测;应屏蔽起搏器或必要时移到其他位置。③心脏复律或除颤:采取前后位置放置电击板,后者应尽量远离脉冲发生器,至少>10cm,在电复律或除颤后要对起搏器进行检查。④电烙:应采用双极方式,离起搏系统>15cm,应尽量缩短时间。术前程控起搏器为 VOO 或 DOO 方式;术后检查起搏器功能。⑤射频:射频消融可使起搏器产生频率奔放,应将起搏器程控至 VOO、AOO 或 DOO 模式,准备临时起搏。⑥体外电波碎石术:应尽量使碎石波束远离起搏器,将起搏器程控至 VOO 或 DOO 模式。

3. **医院外的电磁干扰** ①移动电话:不要将手机靠近起搏器(即衬衫口袋),在使用手机时用植入起搏器对侧的耳朵;②微波炉及其他家用电器:对起搏器均无影响;③金属探测器、电子监视装置:多不会影响起搏器正常功能;④电焊机、高电压线和变电所:近距离会影响起搏器功能,应尽量远离这些设备。

八、植入式心脏复律除颤器(ICD)

ICD 是一种能终止致命性心律失常的一个多功能、多程控参数的电子装置,通过置于心内膜的电极感知室速或室颤,发放抗心动过速起搏(anti-tachycardia pacing,ATP)或 20~30J 的除颤能量以终止快速室性心律失常。目前临床上所应用的 ICD 具有 ATP、心脏除颤及治疗心动过缓的多种处理能力,适用于可能会由于室性心律失常引起心源性猝死的高危患者。

ICD 的植入方法、并发症等基本同一般埋藏式起搏器,由于脉冲发生器的外壳通常被作为除颤电极的阳极,故 ICD 系统通常都放置在左侧,以使除颤电流更合理地通过心脏,术中需测定除颤阈值。

目前认为 ICD 是治疗致命性恶性室性心律失常的首选、最有效的方法。随着一些大规模临床研究结果的公布,对 ICD 治疗有了新的认识。ICD 的适应证也不断拓宽,美国心血管病学会/美国心脏协会/美国心律学会(ACC/AHA/HRS)2008 年心脏节律异常器械治疗指南最新修订了植入 ICD 的指南,其中 I 类适应证包括:

1. 非一过性或可逆性原因引起的室颤或血流动力学不稳定的室速所致的心脏骤停(证据水平:A)。

2. 伴有器质性心脏病的自发的持续性室速,无论血流动力学是否稳定(证据水平:B)。

3. 原因不明的晕厥,在电生理检查时能诱发有血流动力学紊乱临床表现的持续性室速或室颤(证据水平:B)。

4. NYHA 心功能 II 或 III 级,LVEF≤35% 的非缺血性心肌病患者(证据水平:B)。

5. 心肌梗死 40 天以上,LVEF<35%,且 NYHA 心功能 II 或 III 级,或 LVEF<30% 的 NYHA 心功能 I 级患者(证据水平:A)。

6. 心肌梗死所致非持续性室速,LVEF<40%,且电生理检查能诱发出室颤或持续性室速(证据水平:B)。

除了以上明确有效的二级预防或一级预防适应证外,一些有高危心脏性猝死(SCD)的其他情况植入 ICD 也常可减少猝死的发生。Ⅱa 类适应证包括:①原因不明的晕厥,伴有明显左室功能障碍的非缺血性扩张型心肌病(证据水平:C);②心室功能正常或接近正常的持续性室速(证据水平:C);③肥厚型心肌病,有一项以上主要 SCD 危险因素(证据水平:C);④致心律失常性右室心肌病,有一项以上主要 SCD 危险(证据水平:C);⑤服用 β 受体阻滞剂期间发生晕厥和(或)室速的 LQTS(证据水平:B);⑥在院外等待心脏移植的患者(证据水平:C);⑦Brugada 综合征患者,有晕厥史,或有明确的室速记录(证据水平:C);⑧儿茶酚胺敏感性室速,服用 β 受体阻滞剂后仍出现晕厥和(或)室速(证据水平:C);⑨心脏结节病、巨细胞性心肌炎或 Chagas 病(证据水平:C)。

ICD 价格昂贵,是限制我国患者应用的主要原因。因此应对患者进行独立的危险因素评估和危险分层,评估其预期寿命,并充分考虑患者自己的意愿。下列情况不应植入 ICD:①预期寿命短于 1 年;②无休止的室速或室颤;③存在明显精神疾病可能被器械植入加重或不能进行系统随访者;④药物难以控制的 NYHA Ⅳ级心衰且无条件行心脏移植;⑤原因不明的晕厥,无器质性心脏病且无可诱发的室性快速性心律失常;⑥可经导管消融治愈的心律失常,如合并预激综合征的房性心律失常、右室或左室流出道室速、特发性室速或无器质性心脏病的分支相关性室速等;⑦无器质性心脏病且病因可逆(如电解质紊乱、药物或创伤)的室性快速性心律失常。

九、心脏再同步化治疗(CRT)

充血性心衰充血性心衰患者常合并房间、房室间和室内传导阻滞(如完全左束支传导阻滞),导致房室、左右心室间及左室内电-机械活动不协调,加重并恶化心功能。CRT 是利用三腔起搏器使房室同步激动的同时,达到左、右心室及左心室内的同步激动,实现心脏电-机械再同步。CRT 可改善心功能、增加心排出量、减轻二尖瓣反流、提高生活质量、减少住院率、降低死亡率。

(一) CRT 的植入技术

在右房、右室导线植入基础上增加了左心室导线的植入,最常用的左心室导线的植入方法是用特制的左室电极递送系统经冠状静脉窦至心脏静脉。左心室导线操作的主要步骤包括:冠状静脉窦插管、冠状静脉窦及心脏静脉的逆行造影、选择合适的心脏静脉并定位左心室导线于靶静脉。目前推荐尽量将导线植入至心脏侧后静脉、侧静脉或者超声心动图提示激动最延迟部位,避免将左心室导线置于心尖部,到位后按常规方法行起搏阈值、阻抗和感知性能测试,各项参数满意且 5V 起搏不引起膈神经刺激视为定位成功。可接受的左心室导线参数如下:起搏阈值≤3.5V 或比起搏器的最大输出电压低 2V 且不会因电压过高引发膈神经刺激;阻抗 300~1000 欧姆。如左心室导线定位失败,有条件时可以行外科手术植入左心室心外膜导线。

(二) 植入操作相关的并发症及处理

作为 CRT 治疗的关键环节,植入左心室导线操作复杂、技术难度大,加之植入对象为严重器质性心脏病患者,手术风险明显高于普通起搏器手术。除了 DDD 起搏器植入术常见并发症外,CRT 独特的并发症主要与左心室导线定位过程有关。

1. 冠状静脉夹层、心肌穿孔、心脏压塞　冠状静脉窦夹层和穿孔的后果通常不会很严重,仍可成功植入 CRT。如夹层已严重影像冠状静脉窦血液回流,应及时终止手术并采取相应措施,一旦发生心脏压塞症状立即行心包穿刺和引流,必要时外科处理。

2. 严重室性心律失常　围术期恶性心律失常高发可能与患者属于"易损心肌"、手术耗时较长一过性加重心力衰竭和多条电极定位操作激惹心肌、冠状窦造影和左心室导线植入引起部分心肌水肿等有关。

3. 慢性心力衰竭急性加重   可能原因为术前心力衰竭纠治不满意,术中患者高度紧张焦虑、平卧时间过长、受到憋尿、闷热、疼痛等不良刺激,或发生直接或间接损害心功能的严重并发症,如冠状窦造影时球囊堵闭、静脉回流时间过长和冠状窦夹层引发心肌水肿等。表现为逐渐加重的胸闷、胸痛、呼吸急促、烦躁、大汗、要求坐起、咳嗽咳痰增多、血压下降、心率明显增快、肺部啰音进行性增多、意识障碍甚至昏迷。一旦发生急性左心衰,立即积极采取抢救措施,待症状缓解后继续手术。

4. 左室电极导线脱位   左心室导线脱位发生率6%,可能原因为起搏导线选择不当、靶静脉太粗、太浅或太直致电极稳固性差、为消除膈肌刺激而回撤导线、右心房内预留弧度过长或过短、连接起搏器和埋入囊袋时心内导线被意外牵拉、术后病人过早下床或剧烈咳嗽等。心电图可见起搏/感知不良、阈值升高、交叉感知、心室起搏图形由双侧变为单侧等。X线胸透发现电极离开初始位置(微脱位不易看出),患者自觉症状重新加重、膈肌跳动或其他不适。处理:电极重置。

5. 左心室阈值升高   可能原因为局部组织受机械-电刺激引发炎症、水肿、极化电解质释放(对纤维组织包裹固定电极有利)和电极微脱位。心电图证实起搏器部分或完全失夺获伴有不同程度感知障碍。除外导线脱位后可将起搏输出能力提高,以保证100%夺获心肌。

6. 交叉感知   CRT植入术后房室间或左右心室间心电和/或起搏信号可导致交叉感知,交叉感知可能导致某一心腔的起搏脉冲被抑制,使起搏器部分或完全失去同步功能,处理为程控降低过感知电极导线的感知灵敏度、将感知极性改为双极、适当延长空白期或AV间期等。

7. 造影剂肾病   CRT植入时需要注射造影剂进行冠状静脉造影,增加了肾功能不全的发生率。预防:术前估算肾小球滤过率、肌酐清除率,对eGFR<30ml/min,慎用或不用造影剂,或选择等渗非离子型造影剂,术中造影剂稀释使用,术后给予水化,监测肾功能。

(三)术后参数优化

术后优化AV和VV间期对血流动力学和心室功能的影响会即刻发生。AV和/或VV间期不恰当将削弱CRT疗效,而这些参数的优化可使CRT发挥最大疗效。

1. AV间期优化   最佳AV延迟(delay)是指在最可能短的AV间期内实现最充分的心室充盈,从而最大化每搏量,最小化二尖瓣反流,最大限度改善心脏功能。

2. VV间期优化   通常在AV间期优化后再进行VV间期的优化,包括设置提前激动的心室及提前激动的时差。不同型号起搏器的VV间期可程控值跨度不同。

(四)心脏再同步化治疗适应证

中国心脏再同步治疗慢性心力衰竭的建议(2013年修订版)包括Ⅰ类适应证:

1. LVEF≤0.35,窦性心律,LBBB且QRS时限≥120ms,指南推荐的药物治疗基础上心功能Ⅲ级或不必卧床的Ⅳ级患者可植入有/无ICD功能的CRT。(证据级别:A)

2. LVEF≤0.35,窦性心律,LBBB且QRS时限≥150ms,指南推荐的药物治疗基础上心功能Ⅱ级可植入有/无ICD功能的CRT。(证据级别:B)

第二节   心导管消融治疗

心导管消融(catheter ablation)是通过心脏电生理技术在心内标测定位后,将导管电极置于引起心律失常的病灶处或异常传导径路区域,应用高能电流、射频电流和冷冻等方法,使该区域心肌坏死或损坏,达到治疗顽固性心律失常的目的。

【心导管消融的能源】

（一）射频电消融

射频电流是能转换为电能量的许多电流形式之一。用于射频电消融的是一种电手术干燥效应的电流。以高频低功率双极方式释放，在局部组织产生阻抗性热效应，使心肌细胞脱水、干燥，形成范围小、边界清楚的圆形或卵圆形的凝固性坏死，不破坏周围正常组织，无气泡形成，也无血细胞的破坏。由于具有高频特性，不刺激神经、肌肉纤维，致心律失常作用轻，无左室功能受抑，因此不需要在全身麻醉下进行。一般情况下，心脏组织在40℃以下无明显损伤，40～49℃为可逆行损伤，而大于70℃则可能发生坏死。温控导管电极（导管顶端带有热敏电阻）的问世，可减少阻抗的增高和电极周围血凝块的形成，有助于控制损伤范围的大小。因此射频消融基本上已取代了直流电消融，是目前心律失常消融治疗最常用的能源。

（二）冷冻消融

冷冻消融的原理是通过N_2O的蒸发吸收大量热量，从而使消融区域的组织温度降低，当组织局部温度达到≤−28℃～−32℃时，局部组织的损伤是可逆的，而当温度达到≤−68℃时，组织损伤则不可逆转。与目前常用的射频消融相比，在冷冻消融过程中，导管头部与心肌因低温可"冻"在一起，从而黏附固定在靶点位置，有助于防止消融导管脱离靶点，造成不必要的损伤。

【方法】

（一）房性心律失常的消融

适合导管消融的房性心律失常包括：异位节律兴奋性增高或折返性房速、窦房结折返、不适当性窦性心动过速、结性心动过速、典型或不典型房扑等。当药物治疗无效或不能耐受，或患者不希望长期药物治疗时，可考虑该手术。目前对房性心律失常尤其房扑、房颤的发生机制有了进一步的认识，应用心房内标测行射频导管消融使多数患者可获根治，手术的成功依赖于最早激动点的确定或折返环的确定。

典型房扑为右心房内沿三尖瓣环的大折返性房速。下腔静脉、冠状静脉窦口与三尖瓣环之间的峡部是典型房扑折返环的缓慢传导区，阻断三尖瓣环至下腔静脉的传导峡部可以成功消除房扑。目前，射频导管消融已成为典型房扑治疗的首选方法。

房颤的消融治疗尚处于发展和成熟过程中。房颤的发生与维持主要有两种机制：其一为心房内有多波折返；其二为局灶性快速冲动发放。以往的左房游离术（从电活动上游离孤立左房，使右房被窦房结控制）、长廊（corridor）术（使窦房结与房室结之间的长廊与其余的颤动心房肌分离）已不再使用。导管消融根治房颤的探索始于对外科迷宫术的模仿，迷宫手术是在房颤时标测心外膜电图下，保留窦房结到房室结的主要通道，切断发生在房内全部潜在的折返环，使房颤不能维持，以达到永久消除房颤的目的。尽管迷宫手术有一定的效果且手术方式不断改进，然而需开胸、麻醉、体外循环、创伤大难以推广，血栓栓塞率较高，因而其应用受限。射频导管消融模拟迷宫手术在1994年开始应用于临床，但由于心房内画线较多、操作复杂、技术难度较高、费时、并发症也多，难以推广。起源于心脏大静脉（主要是肺静脉）的异位快速冲动在房颤的发生中起着重要的作用，对于这些静脉进行成功电隔离（即阻断心房与静脉之间的电传导），改变房颤发生的基质或基础（substrate），可有效预防房颤的发生（图3-14-1）。特殊消融导管、三维标测系统（CARTO或EnSite）和心腔内超声（intracardiac echocardiography，ICE）等新技术的应用以及经验的积累，都有效地降低了射频导管消融治疗房颤的复发率（20%左右），同时也使房颤射频消融治疗的适应证不断扩大。在有经验的中心，对于反复发作的阵发性房颤（年龄<75岁、无明显器质性心脏病、左房直径<50mm），导管消融可作为一线治疗手段，成功率可达70%～80%。而对于持续性或永久性房颤患者，抗心律失常药物控制效果欠佳者，在排除或纠正引起房颤的病因（如甲状腺功能亢进、二尖瓣狭窄）后，可考虑行射频导管消融治疗。

Notes

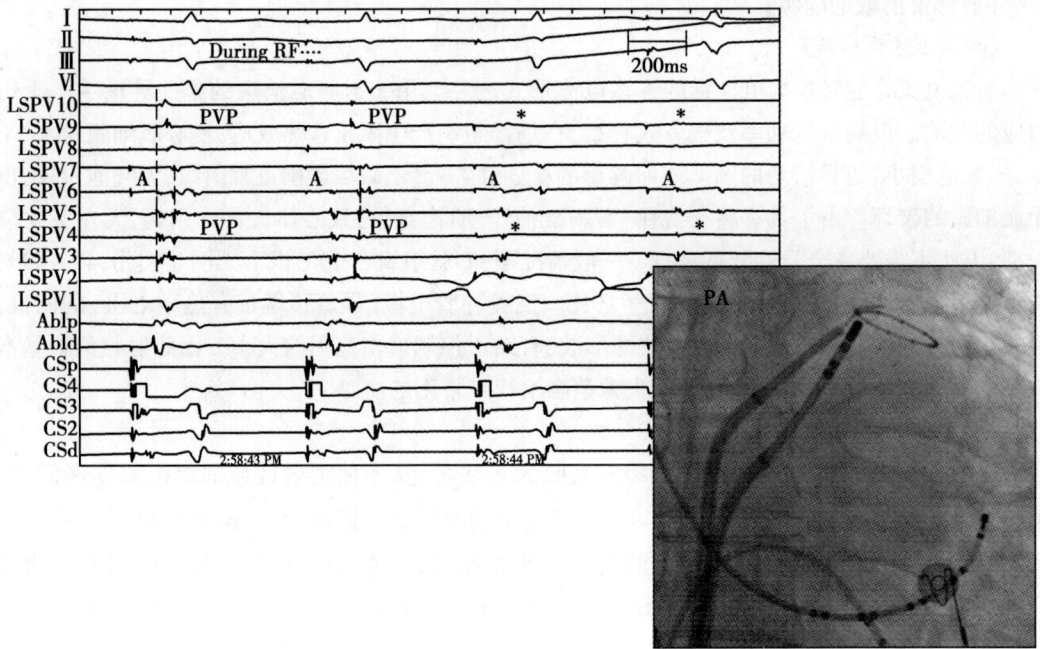

图 3-14-1   左上肺静脉成功电隔离

冠状静脉窦近端起搏时,左上肺静脉内环状标测电极(LSPV)1、2、9、10 的静脉电位均相对提前,并且在 LSPV1、LSPV2 处有静脉电位的极性转换,在该部位进行消融时可见肺静脉电位延迟,然后完全消失

房颤导管消融的主要方法包括:①针对肺静脉及其前庭的术式:包括肺静脉节段性电隔离术和肺静脉前庭隔离术。一般首先放置冠状静脉窦和右心室电极,然后穿刺房间隔,行肺静脉造影,根据肺静脉的直径选用合适规格的环状标测电极(LASSO 电极),然后顺序标测和消融各肺静脉。②辅助径线消融:针对慢性或肺静脉外起源的房颤多需在肺静脉电隔离的基础上进行辅助径线的消融,主要包括左房顶部、二尖瓣环峡部和三尖瓣环峡部三条消融径线。③碎裂电位消融,通过三维重建,在心房内选择呈现复杂碎裂心房电图(CFAE)的部位进行消融。

(二) 房室结折返性心动过速(AVNRT)的消融

AVNRT 的电生理基础是存在功能上的快、慢通道。当快、慢通道的传导达到形成折返的条件时,发生 AVNRT。射频消融阻断快通道或慢通道打断折返,就可治愈心动过速。由于消融快通道发生 AVB 的并发症较高(8% ~10% 发生三度 AVB),目前多采用慢通道消融的方法,成功率 95% ~99%,并发 AVB(二度或三度)的发生率为 1% 左右。

(三) 房室折返性心动过速(AVRT)的消融

形成 AVRT 的旁道可位于房室环的左右侧游离壁及间隔侧,而间隔侧的旁道又可位于间隔的前方、中部和后方。因此,消融术前需行电生理检查,确定旁道位于房室环上的部位,并找出消融的理想位置。理想的消融位置是旁道与心室或心房连接的部位;心腔内记录到与预激起搏点(即 δ 波)最接近电活动的部位(房室传导最快)是旁道与心室的连接处,记录到室房间期最短的部位为旁道和心房的连接处。左侧预激者,消融点可在心室电位与预激波起点同步处实行;而右侧预激时,心室激动可在预激波前发生。

左侧旁道消融多在右前斜位 30°或左前斜 45°X 线透视下进行。经左锁骨下静脉穿刺,将多极冠状静脉导管电极置入心大静脉,在右室起搏或诱发心动过速时标测最早室房逆传部位(靶点),用可控消融大头导管电极从股动脉经主动脉瓣送至左心室,置于二尖瓣环心室侧与标测的靶点相对应处进行消融。或经股静脉途径穿过房间隔(房间隔穿刺)至左房,置于二尖瓣环心房侧与标测的靶点相对应处进行消融。消融导管电极记录左房 A 波的幅度为心室 V 波振幅至少

25%时,则可判定消融导管紧贴在二尖瓣环上。右侧旁道消融多在左前斜位45°X线透视下进行。消融导管从股静脉进入右心房沿三尖瓣环在右室起搏或诱发心动过速时标测最早的逆传心房活动和最早的前传心室电位的部位(靶点)处消融。消融导管电极记录到大的局部心房A波,且心室V波幅度至少为心房电位A波幅度的25%,则可判定消融导管紧贴在三尖瓣环上。消融成功的标志为:显性旁道者,前向和逆向的传导均消失;隐匿性旁道者逆向传导不复存在,且均不能用心内程控刺激诱发AVRT。

射频消融治疗房室旁道安全有效,成功率90%~97%,对并发有AVRT、房扑或房颤的患者可作为首选治疗。房室旁路者只要患者同意均应行导管消融治疗。

射频消融治疗旁道的适应证如下:①伴有症状的AVRT,药物治疗无效或不能耐受,或患者不希望长期用药治疗;②房颤或其他房性心律失常伴有显性预激综合征,冲动经旁道下传致心室率很快者;③预激综合征不伴随有症状,但可能对患者生活、职业(如高空作业、飞行员及驾驶员)及公共安全有负面影响;④有心脏性猝死家族史。

(四) 室性心动过速的消融

室速的射频消融成功率一般低于AVNRT和AVRT的射频消融,适用于能反复诱发的、室速形态单一的、呈持续性且发作时血流动力学稳定的患者。而多形性室速,发作时心室率非常快,血流动力学不稳定的室速尚不能进行射频消融治疗。

进行射频消融的室速分类:

1. 心脏检查基本正常的特发性室速　绝大多数来源于右室流出道,较少来源于右室流入道;左心室心动过速则主要来源于室间隔,射频消融可作为该类室速的首选治疗,成功率高。

2. 无冠心病但有其他心脏病的室速　可因束支折返(希氏束-束支-浦肯耶系统作为环路一部分参与的折返)而发生束支折返性心动过速,也可因病变之间的瘢痕形成折返环而发生室速。束支折返性心动过速为扩张型心肌病的一个特征表现,消融右束支可消除该心动过速,射频消融可作为该型心动过速的首选治疗,成功率很高。而致心律失常性右室心肌病等器质性心脏病的室性心律失常,射频消融不易成功,且有一定的复发率,一般主要应用于室速反复发作、药物治疗无效的患者,作为综合治疗的一部分。

3. 冠心病患者的室速　发生于冠心病、心肌梗死后,由于折返环难以确定,不易成功,效果较差。主要应用ICD和药物联合治疗。

室性心律失常射频消融的适应证:①伴有症状、单一形态的持续性室速,药物无效或不能耐受,或患者不愿意长期服药治疗;②束支折返性心动过速;③非持续性室速,甚至伴有严重症状的室性期前收缩也可以射频消融治疗。

其他室速包括儿茶酚胺敏感性室速、Brugada综合征、先天性LQTS或短QT综合征所致室速,射频消融治疗无效。ICD是预防猝死唯一有效的治疗方法,部分情况下β受体阻滞剂有一定的疗效。

【并发症】　射频消融并发症较少。有些与操作技术水平有关,包括完全性AVB、血栓形成与栓塞、主动脉瓣穿孔、出血、血气胸、心肌损害和血清酶升高,严重的有心房、心室壁穿破以致心包填塞等,房颤消融者可发生肺静脉狭窄(见于房颤局灶性消融)、膈神经损伤、食管溃疡,严重者可发生左房食管瘘,虽罕见但死亡率极高。

术后口服阿司匹林100mg/d,防止血栓形成。超声心动图观察有无心内血栓形成以及瓣膜损伤,复发者可再次消融。

第三节　冠状动脉粥样硬化性心脏病的介入治疗

经皮冠状动脉介入术(percutaneous coronary intervention,PCI)是指经导管通过各种方法开通狭窄或闭塞的冠状动脉,从而达到解除狭窄、改善心肌血供的治疗方法。1977 年由德国人 Andreas Grüntzig 在局麻下,经股动脉穿刺,采用自制的球囊导管成功扩张了首例患者的前降支狭窄病变。由此,经皮腔内冠状动脉球囊成形术得到发展,现代介入心脏病学也因此而开始。1986 年第一枚支架植入人冠状动脉,经过 30 多年的发展,冠状动脉介入治疗的器械和技术不断得到改进和提高,介入治疗的适应证也不断拓宽,已经成为治疗冠心病的重要方法。对存在大面积心肌缺血或 ACS 患者,PCI 能显著改善患者的预后,尤其对 ST 段抬高急性心肌梗死(STE-MI)。

一、PCI 的适应证

随着介入治疗器械的改进和技术的进步以及辅助治疗药物的进展,PCI 的适应证有了很大的扩展。当然,对某个具体患者治疗方案的选择除了依据病变的特征外,还需要考虑其合并疾病如糖尿病、肾功能状态、全身情况是否能耐受手术,以及是否耐受抗血小板药物等。2009 年我国冠心病介入治疗指南对 PCI 的适应证也作了推荐。

(一) 慢性稳定型冠心病

PCI 是缓解慢性稳定型冠心病患者症状的有效方法之一,虽与药物治疗相比,总体上不能降低死亡及 MI 的发生率,但有证据表明,在有较大范围的心肌缺血患者中 PCI 仍比药物治疗具有优势。因此对慢性稳定型心绞痛患者,PCI 的主要适应证为有效药物治疗的基础上仍有症状的患者以及有明确较大范围心肌缺血客观证据的患者。慢性完全闭塞病变适合 PCI 术、外科手术高风险患者(LVEF<35%)或多支血管病变无糖尿病且病变适合 PCI 者,也可首选 PCI 术。而对多支血管病变合并糖尿病以及无保护的左主干病变者,冠状动脉旁路搭桥手术(CABG)为首选。推荐对冠状动脉的原发病变常规行支架植入术;对 CABG 术后的患者,静脉桥血管病变也推荐常规植入支架。冠状动脉血流分数储备技术(FFR)可精确检测有缺血意义的狭窄性病变,进一步提高 PCI 获益。

(二) 非 ST 段抬高型 ACS

包括不稳定型心绞痛和非 ST 段抬高型 MI。能从早期介入治疗中获益的主要是中高危的患者,因此 PCI 的指征应建立在危险分层的基础上。有下列情况者建议在患者就诊后 120 分钟内行紧急冠状动脉造影和介入治疗:①经积极药物治疗后仍有顽固性或反复发作心绞痛并伴心电图上 ST 段压低(>0.2mV);②心衰或进展性的血流动力学不稳定;③危及生命的心律失常。对具有其他中高危特征并有持续性心肌缺血者,如血清心肌标志物显著升高、有动态 ST 段改变、心功能不全,或伴糖尿病、肾功能不全、MI 后,或有血运重建术病史者,应早期行血管造影术和 PCI(入院 24 ~ 72 小时内),建议常规置入支架。对低危患者,不建议进行常规的介入性检查,但出院前应进行必要的评估,根据心功能、心肌缺血情况和再发心血管事件的危险采取相应的治疗。

(三) 急性 STEMI

PCI 能有效降低 STEMI 总体死亡率,但 PCI 的获益受下列因素影响:患者发病时间、梗死部位及心功能状况所构成的总体危险度、患者年龄及合并疾病情况、医师经验及导管室人员熟练配合程度以及患者从入院到球囊扩张(door-to-balloon, D-to-B)的时间。因此对有经验的中心,若 D-to-B 时间在 90 分钟内,所有发病 12 小时内的 STEMI 患者均适合行直接 PCI 术,对发病 12 ~ 24 小时、仍有缺血证据,或有心功能障碍或血流动力学不稳定或严重心律失常者也应行 PCI 术,建议植入支架。相对药物溶栓治疗,下列情况下更应首选直接 PCI 术:①溶栓禁忌证患者;②发病>3 小时;③心源性休克,年龄<75 岁,MI 发病<36 小时,休克<18 小时。对溶栓后 45 ~ 60 分钟后仍有持续心肌缺血症状或表现,或心源性休克、心衰等血流动力学不稳定或心电不稳定者,可行补救性 PCI。溶栓成功后有再发 MI 或有可诱发的心肌缺血等患者,也需要 PCI。

二、主要的 PCI 技术

（一）经皮冠状动脉球囊扩张术（PTCA）

采用股动脉途径或桡动脉途径,将指引导管送至待扩张的冠状动脉口,再将相应大小的球囊沿导引钢丝送至靶病变处,根据病变的性质和部位选择不同的时间和压力进行扩张,可重复多次直到造影结果满意或辅以其他治疗措施。由于单纯球囊扩张术后有发生夹层撕裂和冠状动脉急性闭塞的风险,以及再狭窄率高等局限性,目前单纯球囊扩张术很少单独用于治疗冠状动脉病变,但该技术是其他介入治疗手段如支架植入术等的基础。单纯球囊扩张术可用于直径较小的分支血管病变、局限性支架内再狭窄病变等的处理。

（二）冠状动脉支架术

早期支架的出现是为了解决冠状动脉夹层所致的血管急性闭塞,与单纯球囊扩张术相比,支架能使术后 6 个月内再狭窄率明显降低到 20% ~30%,因此极大改善了冠心病介入治疗的效果。目前,绝大部分患者(90% 左右)在球囊扩张后或其他介入技术(高频旋磨、定向旋切、激光等)治疗后均需要支架植入,支架被用于治疗慢性完全闭塞病变、分叉病变、左主干病变、静脉桥血管病变以及急性心肌梗死相关罪犯病变等各种病变。

支架的材料主要是不锈钢,近来也采用钴镍或钴铬合金。再狭窄仍是影响裸金属支架(bare metal stent,BMS)置入术长期效果的主要缺陷,近些年研制的药物洗脱支架(drug eluting stent,DES)能明显抑制内膜的增生而降低支架内再狭窄的发生。这些支架在金属表面增加具有良好生物相容性的涂层,并能释放具有抑制组织增生的药物(如西罗莫司、紫杉醇等)。这些 DES 的共同点是利用细胞毒性药物在局部的释放,抑制细胞增殖周期中的某个环节从而防止平滑肌细胞增生。临床试验的结果显示其再狭窄率较 BMS 降低 90% 左右,不过第一代 DES 因延迟内皮愈合可能带来的极晚期支架内血栓形成(1 年后)增加的安全性问题,也引起了临床工作者的关注。目前,更安全且有效的新型 DES 投入临床应用,显著降低晚期支架血栓发生。完全可降解的支架已尝试投入临床,具有极大的前景。

支架植入术的主要操作过程类似球囊扩张术,支架预装于球囊导管上,经指引导丝送到需要治疗的部位,用一定的压力(10 ~14atm)充盈扩张球囊就可以将支架释放在病变部位。不过由于支架的病变通过能力不如球囊,因此,球囊预扩张或旋磨等对病变的预处理、支架性能(柔顺性、推送性)等不断改进也保证了支架植入术的成功。病变形态是影响支架植入术成功率和效果的重要因素。当然,支架植入的技术如是否扩张充分、贴壁完全、是否充分覆盖病变或边缘夹层等,也显著影响近期的安全性和远期的疗效。

（三）高频旋磨术（high frequency rotational atherectomy,HFRA）

HFRA 是采用超高速旋转的磨头将动脉粥样硬化斑块研磨成极细小的微粒,从而消除斑块、增大管腔。研磨下的微粒通常<10um,不会堵塞远端血管而是进入微循环后经肝脏细胞清除。旋磨导管的磨头呈橄榄形,有不同直径供选择,前半部分的表面镶有细小的钻石,导管经驱动器高速推动(14 万 ~19 万转/分)研磨硬的病变,而不影响有弹性的正常管壁。

HFRA 的主要适应证为:①钙化病变;②球囊不能扩张的病变;③长病变;④开口处病变;⑤部分分叉处病变;⑥慢性完全闭塞性病变;⑦支架内再狭窄病变。禁忌证为:①血栓性病变;②退行性变的静脉桥血管病变;③有夹层征象或重度成角病变。重度钙化球囊无法通过或无法扩张的病变最适合 HFRA,大多数病例在旋磨后需辅以其他方法(球囊扩张和支架),以达到残余狭窄<30% 的目的并降低再狭窄的发生。

（四）冠状动脉内定向旋切术（Directional coronary atherectomy,DCA）

旋切术是指通过导管技术将堵塞管腔的物质切除并取出体外。由于 DCA 导管较硬,一般仅适用于直径较大的冠状动脉近段病变。

其主要适应证为:①偏心性病变;②溃疡性病变;③开口处病变,尤其在无钙化、血管直径在

3cm 以上的开口处病变；④分叉处病变：无钙化并且主干血管和累及的分支血管直径均大于2.5mm；⑤局限性大隐静脉桥病变；⑥左主干病变；⑦PTCA 后效果不理想；⑧再狭窄病变。禁忌证为：①钙化病变；②成角病变。目前临床极少应用。

（五）激光冠状动脉成形术

利用激光可消融斑块等组织的特点，通过光导纤维将激光引入病变处，并向该处发放激光，从而达到消除血管狭窄目的。目前可供临床使用的激光设备主要有以下几种：氩激光、准分子激光、脉冲染料激光、钬钇：YAG 激光及激光加热球囊。由于并发症多及再狭窄率高，目前很少使用。

（六）超声血管成形术

超声血管成形术是一种顶端装有可发射超声装置的导管，所发射的低频（20kHz）高能的超声波，在组织和细胞中产生空化作用引起 1～3 个大气压大的内爆炸，使斑块瓦解而达到血管再通的目的。该技术曾被认为很有前途，后发现碎裂的斑块体积过大易发生无 Q 波 MI，未能在临床上推广使用。

（七）冠状动脉内血栓去除术

用于富含血栓的病变，目前供临床使用的这类技术有超声血栓消融术、负压抽吸术、腔内斑块切吸（TEC）导管等，主要用于富含血栓的冠状动脉病变和退行性变的大隐静脉桥血管病变，旨在球囊扩张或支架植入前消除血栓或易碎的病变。有夹层分离者属绝对禁忌。这些技术的临床益处尚待证明。

三、围 PCI 期的抗栓药物治疗

支架对机体来讲是异物，植入人体后可引起血小板聚集而诱发血栓形成。近年来，随着作用较强的抗血小板药物如血小板 ADP 受体拮抗剂的应用及支架的改进，支架内血栓的发生率明显降低。稳定型冠心病择期行 PCI 术者，推荐术前 1 天（至少 6 小时前）服用氯吡格雷 300mg 及阿司匹林 300mg，术中静脉肝素化 100IU/kg（维持 ACT 300～350 秒）。对 ACS 患者行急症 PCI 术者，术前氯吡格雷负荷量可用 300～600mg，在术中应用肝素抗凝的基础上，术中可加用血小板糖蛋白 Ⅱb/Ⅲa 受体拮抗剂，能减少高危 ACS 患者缺血性心血管事件的发生而改善预后。PCI 术中使用直接凝血酶拮抗剂比伐卢定替代肝素，抗凝有效性相似而出血的发生率可降低，但尚存争议。术后联用小剂量阿司匹林（100mg/d）和氯吡格雷（75mg/d）维持，双联抗血小板药物治疗（DAPT）的时间随临床情况和植入的支架类型而异。对急性冠状动脉综合征患者，无论植入何种类型的支架，术后 DAPT 均应使用 12 个月。对稳定型心绞痛植入 BMS 者，DAPT 1 个月；植入 DES 者，DAPT 至少 12 个月。对某些支架内血栓高危人群或重要部位如左主干植入 DES 等，DAPT 时间还可延长。随后，能耐受者，长期服用小剂量阿司匹林维持；不能耐受阿司匹林者，可用氯吡格雷（75mg/d）作为替代长期维持。阿司匹林的主要不良反应是消化道不良反应和消化道出血；若出现消化道出血，也可使用西洛他唑作为替代与氯吡格雷联用。目前，新颖抗血小板药物普拉格雷和替格瑞洛已进入临床应用。

四、并发症

PCI 术的并发症包括局部和全身两类，严重并发症的发生率为 1% 左右，与操作相关的死亡率一般<0.5%。心脏局部的并发症包括冠状动脉夹层撕裂、血栓形成、急性闭塞（包括分支血管）和 MI、血管穿孔（严重者可导致心包填塞）、各种心律失常（包括危及生命的室速和室颤）等，穿刺部位可出现血肿、假性动脉瘤和动静脉瘘等。经股动脉穿刺者偶可发生腹膜后血肿。心脏外的并发症包括：脑血管意外（包括栓塞和出血）、出血（除穿刺部位外，最常见于消化道）、对比剂诱导的急性肾损伤、下肢深静脉血栓和肺栓塞（见于制动卧床时间长者）。术者应仔细操作、密切监护，心导管室必须配备监护和抢救设备，及时发现并及时处理各类并发症。

第四节　先天性心血管病的心导管介入治疗

先天性心脏病的介入治疗有两类。一类是姑息性的,目的为改善患者全身状况,争取及早外科治疗。主要是心房间隔缺损造口术:将顶端带球囊的心导管穿过心房间隔、充盈球囊后,从左房向右房迅速拉回,在心房间隔上造成缺损或使原有缺损扩大,增加左右两侧的沟通,改善全身的血氧饱和度。适合于完全性大血管转位、完全性肺静脉畸形引流等发绀性先天性心脏病。另一类是根治性的,用于治疗房间隔缺损、动脉导管未闭、室间隔缺损、冠状动-静脉瘘、先天性肺动脉瓣狭窄等。随技术的进步,大多的先天性缺损可经导管行封堵治疗,而避免了创伤大的开胸手术。

一、动脉导管未闭封堵术

尽管未闭动脉导管形状、大小各异,但绝大多数能经导管进行封堵。传统的方法有:①Porstmann 法(海绵塞),适用于年龄 7 岁以下、动脉导管直径<5mm、形状为漏斗型的病例;②Rashkind 法(双面伞器),适用于年龄>6 个月、体重>6kg、动脉导管直径 2~7mm 的任何类型病例;③Sideris 法(纽扣或补片),适应于年龄>3 个月、窗型以外的任何类型及大小的病例;④Coil 法(弹簧圈),单个弹簧圈适合于任何年龄、动脉导管直径<3mm 的病例,同时置放多个弹簧圈适用于动脉导管直径<4.5mm 的病例;⑤Amplatzer 法(蘑菇伞),封堵伞是一种由记忆合金制成的蘑菇形的自膨胀型装置,伞内缝有聚酯纤维片以促进血栓形成。装置植入后数分钟内可以形成血栓而关闭动脉导管,该器械的出现几乎代替了以上各种装置(图 3-14-2)。

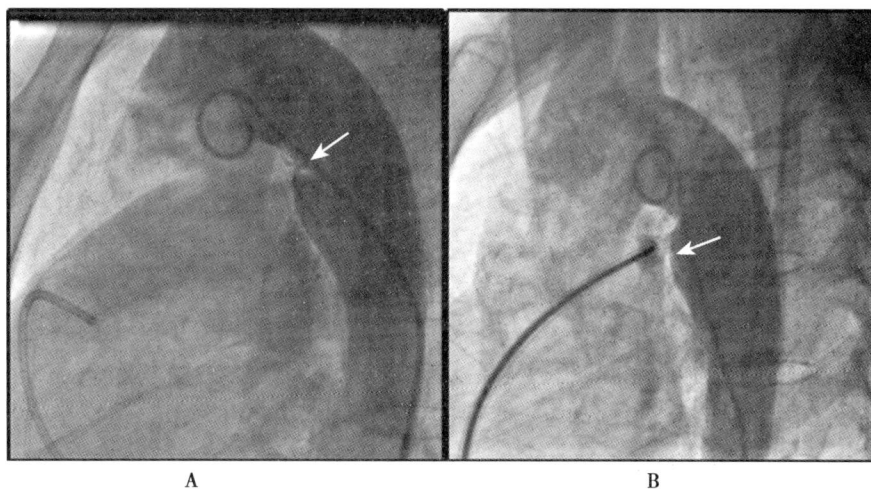

图 3-14-2　动脉导管未闭封堵前后的图像
A. 封堵前,主动脉造影显示由主动脉至肺动脉的分流(箭头处);B. 封堵后,主动脉造影示主动脉至肺动脉的分流消失,箭头所指部位为封堵器所在部位

（一）适应证
各种形态、大小的未闭动脉导管,不合并需要外科手术的其他心脏畸形,体重>5kg。

（二）禁忌证
包括:①肺动脉阻力>8Woods U,或肺循环阻力与体循环阻力之比>0.4;②合并其他需要外科修补的先天性心脏疾患,如室间隔缺损、主动脉峡部狭窄等;③体重<5kg;④盆腔静脉或下腔静脉血栓、败血症、反复肺感染、各种严重感染、医院内的各种感染、预计生存期<3 年的恶性疾病;⑤超声显示心腔内血栓。

Notes

（三）术后用药

一般不需要服用阿司匹林。6个月内行有创性检查时,预防感染性心内膜炎。

（四）并发症及疗效评价

应用以往的动脉导管未闭封闭装置,曾有器械脱落、异位栓塞、机械性溶血等并发症,患者还会因为导管刺激发生一过性心律失常和血管的并发症。采用 Amplatzer 封堵器以来,上述并发症明显减少。

二、房间隔缺损封堵术

用于房间隔缺损封堵的器械主要有:Sideris 法纽扣式补片、Star. ex 心脏封堵器和使用最广泛的 Amplatzer 封堵器。Amplatzer 房间隔封堵器是一种由记忆合金制成的双碟状自膨胀式伞状装置,该器械的两个碟片由一腰部将其分开,与动脉导管未闭封堵器一样,碟片内缝有聚酯纤维片,便于血栓形成。本节着重介绍 Amplatzer 封堵器的应用(图3-14-3、3-14-4)。

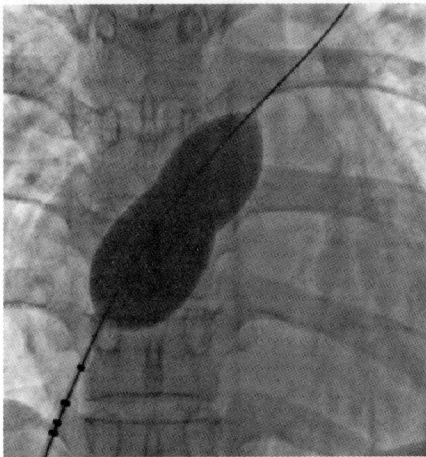

图3-14-3 房间隔缺损球囊充盈造影剂
后球囊腰征基本消失

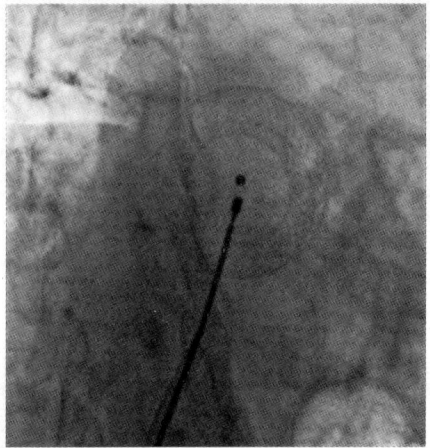

图3-14-4 房间隔缺损 Amplatzer
封堵器释放后

（一）适应证

包括:①超声心动图示房间隔继发孔型缺损的证据;②直径小于或等于36mm;③明显的左向右分流(Qp/Qs>1.5)或右室容量负荷过重的证据;④缺损边缘距冠状静脉窦、上下腔静脉及右上肺静脉入口处至少5mm;⑤患者有矛盾性栓塞的病史或由于分流造成的房性心律失常。

（二）禁忌证

包括:①合并有需要手术修补的其他先天性心脏异常(如流出道狭窄等);②原发孔缺损;③冠状静脉窦型房间隔缺损;④肺静脉异位引流;⑤肺动脉阻力>7Woods U,或周围动脉血氧饱和度<94%的心房水平的右向左分流;⑥新近发生的 MI、不稳定型心绞痛及失代偿性充血性心衰;⑦右室或(和)左室失代偿,射血分数<30%;⑧败血症或反复肺部感染;其他禁忌证:尚有预期寿命<2年的恶性疾病、超声心动图示心腔内血栓证据、体重<8kg、胃炎、消化性溃疡及出血性疾患、不能服用阿司匹林者。

（三）术后用药

阿司匹林3~5mg/kg/d,6个月;封堵器直径≥30mm,可酌情加服氯吡格雷75mg/d。感染性心内膜炎的预防同 PDA 封堵术。

（四）并发症及疗效评价

在进行房间隔缺损封堵过程中应注意避免让空气进入释放系统,气体栓塞可导致一过性脑缺氧或室颤。另外,部分患者会有残余分流,操作不当可致双面伞脱落或瓣膜关闭不全及肺静脉或冠状静脉窦回流障碍。

三、室间隔缺损封堵术

室间隔缺损也可以用封堵器堵塞,CardioSEAL 封堵器、Rashkind 双面伞装置、纽扣封堵器和 Amplatzer 室间隔缺损封堵器被用来封堵肌部和(或)膜周部的室间隔缺损,其成功率不同。过去大多数人认为室间隔心尖部和中部肌部 VSD 最适合使用经导管封堵治疗。由于缺损在室间隔的位置低、通常远离半月瓣、房室瓣、肌小梁。随器械的改进,膜部室间隔缺损也越来越多使用封堵治疗。使用圈套器可以用来从左心室穿过缺损部位建立"对穿"导丝系统从而建立右室至左室的导管通道。当在室间隔缺损左心室面的伞面打开后,将整个系统回撤,然后小心地回撤鞘在右心室打开右侧伞面。通过左心室造影和 TTE 均证实位置合适后,对瓣膜和传导系统无影响,封堵器的位置固定,再释放封堵器。高位膜部室间隔缺损封堵时应注意避免影响主动脉瓣。室间隔缺损封堵术后并发症中比较严重的是 AVB,可在术后数天迟发,需引起注意。严重者需要植入永久起搏器,有取出封堵器后房室传导功能恢复正常的报道。在使用 Amplatzer 室间隔缺损封堵器或国产新型封堵器后,AVB 已经较少发生。

第五节　心脏瓣膜病的介入治疗

心脏瓣膜病的介入治疗主要是指经皮球囊导管瓣膜成形术(percutaneous catheter balloon valvuloplasty,PCBV),是用介入手段对狭窄的瓣膜进行扩张、解除狭窄,以治疗瓣膜狭窄病变的方法。通过扩大球囊内压力以辐射力形式传递到狭窄的瓣膜组织上,使瓣叶间粘连的结合部向瓣环方向部分或完全地撕开,从而解除瓣口梗阻,而不是瓣口的暂时性扩大。能部分代替开胸手术,具有创伤小、相对安全、术后恢复快等优点。目前应用最广的是二尖瓣球囊成形术。我国于 1985 年开始此项技术,目前主要用于二尖瓣和肺动脉瓣狭窄的病例,三尖瓣狭窄者相对少见;主动脉瓣成形术使主动脉瓣狭窄的瓣口面积增加有限,严重并发症多,死亡率高,再狭窄的发生早,术后血流动力学、左心室功能和生存率均不如外科瓣膜置换术,所以多主张用于高龄不宜于施行换瓣手术者,或作为重症患者一时不适合手术治疗的过渡性治疗,不过目前发展的经皮主动脉瓣置换技术采用经导管的方法植入人工瓣膜,极大地改善了患者的预后,为不能耐受外科手术的主动脉瓣狭窄患者带来了希望。

(一)经皮球囊肺动脉瓣成形术(percutaneous ballon pulmonary valvuloplasty,PBPV)

经皮穿刺股静脉,行右心导管检查测定右心室压力和跨肺动脉瓣压力阶差,沿导引钢丝将球囊导管送至狭窄处,快速手推(相当于 3~4 个大气压的压力)1∶10 稀释造影剂入球囊,使其扩张,直至球囊扩张时的腰鼓征消失,5~10 秒后迅速回抽,5 分钟后可重复。术后复测右心室和跨肺动脉瓣压力阶差。疗效评估:术后跨瓣压差<25mmHg 为优,<50mmHg 为良,>50mmHg 为差。

PBPV 适应证:①右心室与肺动脉间收缩压差大于 40mmHg 的单纯肺动脉瓣狭窄;②严重肺动脉瓣狭窄合并继发性流出道狭窄;③法洛四联症外科手术后肺动脉瓣口再狭窄等也可考虑应用;④轻型瓣膜发育不良型肺动脉瓣狭窄(应用超大球囊扩张法)。禁忌证:①沙漏样畸形的瓣膜发育不良型肺动脉瓣狭窄;②合并心内其他畸形者。

PBPV 并发症有:①心律失常,多为窦性心动过缓或窦性暂停,后者多为单球囊法引起,球囊阻塞肺动脉瓣口;室早、短阵室速也可见到,室颤极为少见。②漏斗部反应性狭窄,在较严重的肺动脉瓣狭窄病例,增高的右心室压力可致使流出道的肌肉代偿性肥厚,当瓣膜的狭窄解除后,右心室压力骤降,代偿性肥厚的部分在右心室强力收缩时造成完全性阻塞,严重者可发生猝死。另外,右心室流出道的刺激或过大的球囊损伤了右心室流出道的内膜,也可引起右心室流出道的痉挛。PBPV 术后的漏斗部反应性狭窄多不需外科手术治疗,一般术后 1~2 年消失。③肺动脉瓣关闭不全,发生率低,对血流动力学影响不大。

（二）经皮球囊二尖瓣成形术（percutaneous ballon mitral valvuloplasty，PBMV）

经皮穿刺股静脉或切开大隐静脉，置入右心导管和房间隔穿刺针，行房间隔穿刺，送球囊导管入左心房至左心室中部。将稀释造影剂注入球囊前部、后部和腰部，依次扩张球囊。在球囊前部扩张时将球囊后撤，使其卡在二尖瓣的狭窄处，用力快速推注造影剂，使球囊全部扩张，腰鼓征消失，迅速回抽球囊内造影剂（时间约 3～5 秒），球囊撤回左心房。目前临床普遍应用的是 Inoue 球囊法。

术前可预防性用洋地黄或 β-受体阻滞剂，控制心室率<120 次/分。停用利尿剂（心衰者除外）以免影响心室的充盈。术后用抗生素 3 天，阿司匹林 100mg/d，共 1～2 周。

房间隔穿刺是 PBMV 的关键步骤，但也是 PBMV 发生并发症或失败的主要原因。穿刺部位宜选卵圆窝处，它位于房间隔中点稍偏下，为膜性组织，较薄易于穿刺，穿刺部位过高进入主动脉或左室，过低进入冠状动脉窦或损伤房室交界处组织，或将下腔静脉进入右房处误认为房间隔而穿破下腔静脉。房间隔穿刺的禁忌证为：①巨大左心房，影响定位和穿刺针的固定；②严重心脏移位或异位；③主动脉根部瘤样扩张；④脊柱和胸廓严重畸形；⑤左心房血栓或近期有体循环栓塞。疗效评定：心尖部舒张期杂音减轻或消失，左房平均压≤11mmHg。跨瓣压差≤8mmHg 为成功，≤6mmHg 为优。瓣口面积≥1.5cm^2 为成功，≥2.0cm^2 为优。

超声心动图（包括经食管超声心动图）在心脏瓣膜介入治疗中为一种无创、可重复、安全、可靠、价廉地评价瓣膜结构和功能，房、室大小和附壁血栓的检测方法。对心脏瓣膜介入手术适应证的选择、术后评价、随访是必不可少的手段。超声心动图将瓣叶的活动度、瓣膜增厚、瓣下病变和瓣膜钙化的严重程度分别分为 1～4 级，定为 1～4 分，4 项总分为 16 分。一般认为瓣膜超声积分≤8 分时 PBMV 的临床效果较好。

PBMV 的理想适应证为：①中度至重度单纯瓣膜狭窄，瓣膜柔软、无钙化和瓣下结构异常，听诊闻及开瓣音提示瓣膜柔软度较好；瓣口面积≤1.5cm^2；②窦性心律，无体循环栓塞史；③有明确的临床症状，无风湿活动；④超声心动图积分<8 分。相对适应证：①瓣叶硬化，钙化不严重；②房颤患者食管超声心动图证实左心房内无血栓（但需要抗凝治疗 2～4 周）；③分离手术后再狭窄而无禁忌者；④严重二尖瓣狭窄合并重度肺动脉高压或心、肝、肾功能不全，不适于外科手术者；⑤伴中度二尖瓣关闭不全或主动脉瓣关闭不全；⑥超声心动图积分 8～12 分。

PBMV 的禁忌证：①二尖瓣狭窄伴中度至重度二尖瓣或主动脉反流，主动脉瓣狭窄。②瓣下结构病变严重。③左心房或左心耳有血栓者，可予华法林抗凝 4～6 周或更长后复查超声心动图，血栓消失者或左心耳处血栓未见增大或缩小时，也可进行 PBMV。术中应减少导管在左心房内的操作，尽量避免导管顶端或管身进入左心耳。有报道，左心房后壁血栓经 6～10 个月长期华法林抗凝后作 PBMV 获得成功。房间隔、二尖瓣入口或肺静脉开口处有附壁血栓者为绝对禁忌证。④体循环有栓塞史者（若左房无血栓）抗凝 6 周后可考虑。⑤合并其他心内畸形。⑥高龄患者应除外冠心病。⑦超声心动图积分>12 分。

PBMV 的并发症包括：心包填塞、重度二尖瓣关闭不全、体循环栓塞（脑栓塞多见）、医源性心房水平分流、急性肺水肿。PBMV 因并发症需紧急手术者的发生率约 1.5%；死亡率 0～1%。

（三）经导管主动脉瓣置入术（Transcatheter Aortic Valve Implantation，TAVI）

TAVI 是指通过股动脉或者心尖部送入介入导管，将人工心脏瓣膜输送至主动脉瓣区打开，从而完成人工瓣膜置入，恢复瓣膜功能。手术无需开胸，因而创伤小、术后恢复快，对不能手术的严重主动脉瓣狭窄患者，TAVI 与药物治疗相比可降低病死率 46%，并显著提高患者的生活质量。TAVI 是介入心脏病学一个新的突破，降低出血、感染、脑中风等并发症。

目前的适应证包括：严重三叶式钙化性主动脉瓣狭窄（主动脉瓣瓣口面积<0.8cm^2 或者 EOA 指数<0.5cm^2/m^2、平均跨瓣压差>40mmHg 或者流速>4m/s）、解剖上适合 TAVI、预期寿命>12 个月，外科术后 30 天内死亡风险>50% 或存在严重不可逆合并症、胸部放射治疗后、胸廓畸形、严重肝脏疾病等外科手术禁忌者。

经股动脉 TAVI 具体操作流程：①建立右股动脉的血管通路；②直头导丝跨主动脉瓣；③右心室起搏达到 150~160 次/分；④主动脉瓣球囊扩张；⑤瓣膜置入；⑥撤出输送系统后造影。TAVI 成功的心超标准包括：主动脉瓣瓣口面积>1.2cm²、平均跨瓣压差<20mmHg 或者最大流速<3m/s、无中到大量瓣膜反流；TAVI 并发症：休克、低心排血量、冠脉闭塞、心室穿孔、瓣周漏、房室传导阻滞等。

第六节 其他心血管疾病的介入治疗

经导管二尖瓣夹合术源于外科二尖瓣缘对缘缝合技术，通过股静脉入口，穿刺房间隔，使用导管，将一个特制的夹子(MitraClip)送到二尖瓣尖，夹住前后尖瓣的 A2、P2 处，从而减少二尖瓣反流，达到无须开胸、创伤小、手术时间短、无须体外循环支持，手术安全性高的目的。

目前研究表明，房颤病人中，90% 以上血栓与左心耳相关。左心耳封堵术(left atrial appendage transcatheter occlusion,LAATO)系使用特制的封堵器使 LAA 闭塞，从而达到预防心房颤动血栓栓塞目的，这是近年来发展起来的一种非手术性疗法。

周围动脉的粥样硬化病变都可考虑应用类似于冠状动脉粥样硬化的各种介入疗法进行治疗。血栓性闭塞性脉管炎仍以药物治疗为主。非外科性下腔静脉阻断术或下腔静脉滤器可防止下肢静脉血栓脱落引起的肺动脉栓塞，选择性注入溶栓药物以溶解血栓栓塞、以带球囊的导管协助取出动脉或静脉内的血栓等，亦是较常用的介入性疗法。近来还使用带膜支架治疗腹或胸主动脉瘤。肾动脉狭窄的球囊扩张和支架置放术可用于治疗继发性高血压和肾功能不全的患者。颈动脉狭窄病变可进行球囊扩张及放置支架，但术中要防止发生脑栓塞，远端血管保护装置可减少栓塞的发生。

（葛均波）

推荐阅读文献

Eric J. Topol, MD and Paul S. Teirstein, MD. Textbook of Interventional Cardiology. 6ᵗʰ Edition

第四篇　消化系统疾病

第一章 总 论

要点：

1. 消化系统疾病是我国常见疾病，与其他系统疾病相比种类繁多，临床症状常不是非常特异，因此诊断消化疾病需要结合临床病史、实验室以及内窥镜或影像学检查，通过全面分析方能确诊。

2. 随着经济发展和生活方式的改变，消化系统的疾病谱也在悄然发生变化，肠道疾病中炎症性肠病增加，随着预防措施广泛应用，乙型病毒性肝炎患病呈下降趋势。对免疫相关性肝病诊断和治疗认识有长足进展。

3. 由于内镜技术发展，使消化道无"盲区"，内镜技术从诊断，发展到诊断治疗并存，特别是在消化道早癌的内镜治疗领域。

4. 从乙肝的抗病毒治疗，到生物制剂在消化系统肿瘤和炎症性肠病的应用，使上述疾病在治疗上取得了令人瞩目的疗效。

消化系统疾病包括食管、胃、肠、肝、胆、胰等脏器的器质性和功能性疾病，临床上十分常见。据统计，胃肠病和肝病引起的疾病负担几乎占所有疾病的十分之一，在我国胃癌和肝癌分别是引起恶性肿瘤患者死因的第二位和第三位病因。掌握消化系统的主要结构功能特点以及与疾病的关系，对于疾病的诊断和防治是十分重要的。

第一节　消化系统结构功能特点与疾病的关系

（一）胃肠道的生理功能

胃肠道的主要生理功能是摄取、转运和消化食物，吸收营养和排泄废物。食物在胃肠道内经过一系列复杂的消化分解过程，成为小分子物质，被肠道吸收，再经肝脏加工，变为体内物质，供全身组织利用；其余未被吸收和无营养价值的残渣构成粪便，被排出体外。食物成分在胃肠道内的消化分解需要胰腺和胃肠腺分泌的水解酶、肝脏分泌的胆汁以及肠菌酶等的酶促反应参与。而已消化的营养成分的吸收则必须有结构和功能完整的肠黏膜上皮细胞的帮助，肠黏膜上皮吸收功能不全和平滑肌收缩功能异常是引起胃肠道疾病的主要病理过程。先天性和后天性消化酶缺乏，肠黏膜炎性和肿瘤性病变，小肠内细菌过度生长（盲袢综合征）使胆盐分解而失去消化脂肪的作用，肠段切除过多（短肠综合征）丧失大量黏膜吸收面积等是造成消化和吸收不良的主要原因。

（二）胃肠道的动力和功能紊乱

消化道的活动受自主神经支配，交感兴奋可导致胃肠动力的变化。迷走神经受损可引起胃十二指肠对扩张的异常敏感性。下丘脑是自主神经皮质下中枢，也是联络大脑与低位中枢的重要环节。消化道并不只是一条有上皮内衬的肌肉管道，它具有肠神经系统（enteric nervous system，ENS），可以不依赖中枢神经系统独立行使功能，被称为"肠之脑"。ENS 可直接接受胃肠道腔内各种信号,被激活后分泌的神经递质为多肽分子,如 P 物质、阿片类多肽、生长抑素、肠血管活性肽(vasoactive intestinal peptides,VIP)等。然而这些肽类物质,同时也接受中枢神经的调节(脑-肠轴),它在调控胃肠道的运动、分泌、血液和水及电解质转运上都有重要作用。中枢神经系统、自主神经系统和 ENS 的完整性以及它们之间的协调对于胃肠道动力的调节起重要作用。同时部分诠释为什么各种精神因素,尤其是长期高度紧张可以干扰高级神经的正常活动,通过脑-肠轴引起内脏感觉敏感性异常,进而引起胃肠道功能的紊乱。

(三)胃肠激素

胃肠激素是来源于胃肠道内分泌细胞或神经细胞的小分子活性物质和多肽。由于它们还可以存在于或作用于中枢且为神经信息的传递物质,故又称为脑肠肽。胃肠激素对于维持消化道正常生理功能是不可缺少的,胃肠激素相互之间、胃肠激素与胃肠各种细胞、组织、器官之间需要相互协调才能维持生理功能,某种激素分泌过多或过少,就可能引起疾病;例如胃泌素分泌过多可产生卓-艾综合征;VIP 分泌过多可造成“胰性霍乱”。胃肠道的神经分泌失衡,还可导致一些综合征,如肠易激综合征、功能性消化不良等功能性疾病。

(四)胃肠道免疫和肠道菌群

胃肠免疫系统在系统性自身免疫性疾病和免疫耐受的发展中起重要作用,胃肠道相关淋巴组织是常见的黏膜相关淋巴组织的一部分,可识别进入胃肠道的抗原,通过识别,对有些抗原会忽略(如营养物质和共生菌落的蛋白),而有些会引起免疫反应(如致病菌的蛋白)。由于胃肠道直接开口于体外,接纳体外的各种物质,其黏膜接触病原体、致癌物质、毒性物质的机会较多,在免疫及其他防御功能减弱的情况下,容易发生感染、炎症、损伤。消化系统肿瘤的发病率较高也可能与此有关。胃肠道与肝脏含有大量单核巨噬细胞,构成胃肠道的免疫保护屏障,保护胃肠道不受外来致病因子的侵袭,当这种功能受损时即出现相应的疾病。胃肠道微生态环境的正常对维持人的健康状况、抵御外来微生物的侵害,防止疾病的发生具有重要意义,且是研究的热点。

(五)肝脏的生理功能

肝脏是体内碳水化合物、蛋白质、脂质、维生素合成代谢的重要器官,通过各种复杂的酶促反应而运转完成其功能。肝细胞一旦受损,停止工作或由于酶的缺乏均可引起疾病。例如肝脏通过糖原分解及异生供给葡萄糖,又通过糖酵解、糖原合成和贮藏摄取葡萄糖,在调节血糖浓度、维持其稳态中起重要作用,如其功能被干扰,例如酒精中毒,就可产生低血糖;肝脏是合成白蛋白和某些凝血因子的唯一场所,肝细胞坏死或肝脏储备功能下降时,蛋白合成功能障碍,可出现凝血酶原时间延长以及低白蛋白血症。中性脂肪的合成、释放,胆固醇的合成、磷脂脂蛋白合成以及脂肪运输,都在肝脏内进行。病理状况如肝脏缺少 α_1-抗胰蛋白酶时,可发生肺气肿和肝硬化;铜蓝蛋白缺乏时可出现肝豆状核变性。

肝脏又是体内主要解毒器官,肝脏摄取、结合、转运、分泌、排泄胆红素,任何一环的障碍均可引起黄疸。肝脏是胆汁生成的场所,各种原因引起胆汁酸合成、转运、分泌、排泄的障碍均可引起胆汁淤积性肝病和脂溶性维生素缺乏。药物在肝脏内的代谢主要在肝细胞光面内质网上的微粒体内,通过以细胞色素 P450 为主的一系列药酶作用而完成。肝脏在药物药代动力学中起重要作用。反过来药物及其代谢产物也可引起肝脏损害导致药物性肝病。

肝脏也是一个免疫器官,在人体先天性和后天获得性免疫反应中均起主要作用。解剖部位决定了它是一个内脏血流的过滤器,是肠道免疫系统的第二道防线,具备生物过滤作用,防止有害物质从肠道入肝波及全身。肝内有特别高比例的 NK 细胞、NK T 细胞 γδT 细胞、树突状细胞、库普弗细胞。在自然免疫上起重要作用。上述细胞与抗原递呈细胞、T 细胞、B 细胞之间密切接

Notes

触,在肝内将先天与后天免疫联系起来。它还具有诱导免疫耐受的作用以避免机体对外来抗原的免疫反应,避免造成组织损伤。这些作用维持了肝内微循环的稳定性和对外来抗原的耐受性。

肝脏本身又是免疫介导疾病的靶器官,病毒、药物、细菌破坏了肝内免疫均衡性,就可引起免疫介导的肝病,理解了促进肝内免疫和耐受的机制,就有可能治疗肝脏免疫介导性疾病。

第二节　消化系统疾病的分类

(一) 按病变器官分类

1. **食管疾病**　主要症状为咽下困难、胸骨后疼痛或烧灼感、反食。常见病种有胃食管反流病、食管癌、食管贲门失弛缓症。

2. **胃、十二指肠疾病**　主要症状为上腹部不适、饱胀、疼痛、厌食、恶心、呕吐、嗳气、反酸等。常见病种有胃炎、消化性溃疡、胃癌、十二指肠炎等。

3. **小肠疾病**　主要表现有脐周腹痛、腹胀和腹泻,粪便呈糊状或水样。也可出现血便、腹块或梗阻。当发生消化或吸收障碍时,则粪便含消化不完全的食物成分,可伴有全身性营养缺乏的表现。常见病种有急性肠炎(包括病毒性肠炎)、肠结核、急性出血坏死性肠炎、克罗恩病(Crohn disease)、小肠肿瘤、吸收不良综合征等。

4. **结肠疾病**　主要症状有下腹部一侧或双侧疼痛,腹泻或便秘,黏液、脓、血便,累及直肠时有里急后重。常见病种有痢疾和各种结肠炎、肠易激综合征、溃疡性结肠炎、结肠癌、直肠癌等。

5. **肝脏疾病**　主要临床表现为肝区不适或疼痛、乏力常见,体征为肝大、肝区压痛、黄疸、门静脉高压征和营养代谢障碍等。常见病种有病毒性肝炎、非酒精性脂肪性肝病、酒精性肝病、自身免疫性肝病、遗传性肝病、药物性肝病、肝脓肿、各种病因引起的肝硬化、原发性肝癌等。

6. **胆道疾病**　主要临床表现有右上腹疼痛(胆绞痛)和黄疸。常见病种有胆石症、胆囊炎、胆管炎、胆道蛔虫症和胆管癌等。

7. **胰腺疾病**　主要临床表现有中上腹部疼痛(可向腰背部放射)和胰腺分泌障碍所引起的小肠吸收不良和代谢紊乱。常见病种有急、慢性胰腺炎。厌食和体重减轻常见于胰腺癌。

8. **腹膜、肠系膜疾病**　腹膜与消化器官有紧密的关系。脏腹形成一些消化器官的浆膜层。腹膜疾病的主要表现为腹痛与压痛、腹部抵抗感和腹水等。常见病种有各种急、慢性腹膜炎(如结核性腹膜炎),肠系膜淋巴结结核,腹膜转移癌等。

(二) 按消化系统的病理生理分类

可分为消化吸收功能障碍、分泌异常(如萎缩性胃炎、胃泌素瘤、胰腺炎)、胃肠道转运异常(如胃肠梗阻、贲门失弛缓)、免疫调节异常(如炎症性肠病、自身免疫性肝病)、炎症(如病毒性肝炎、炎症性肠病)、代谢性异常(如非酒精性脂肪肝、药物性肝病)、肠道血供障碍(如缺血性肠病)、肿瘤、功能性疾患(如肠易激综合征)、遗传因素引起的疾患等。

第三节　消化系统疾病的诊查

消化系统疾病的主要临床表现是消化系统症状,但许多表现如恶心、呕吐、腹痛、腹块等也见于其他系统疾病。因此,正确的诊断必须建立在认真收集临床资料包括病史、体征、常规化验及其他特殊检查结果,并进行全面与综合分析的基础上,而医师须有较广博的临床基础知识包括生化、免疫、内镜、影像诊断等方面的知识和技能。任何诊断的确立都应包括以下四方面:①疾病的诊断(病名);②疾病的严重度(轻、中、重);③疾病的分期(早/晚期、急性/慢性);④明确基础病变或病因。

【病史与症状】 病史是诊断疾病的基本资料,在诊断消化系统疾病中往往是诊断的主要依据。完整病史的采集对于肝病的诊断尤为重要,包括家族史、用药史、饮酒史、毒品接触史、月经史、性接触史、职业环境因素、旅游史、过去手术史(包括麻醉记录)、输血史等。

典型的消化系统疾病多有消化系统的症状,但也有病变在消化系统,而症状却是全身性的或属于其他系统的。询问症状时应了解症状的演变情况。

1. **厌食或食欲减退** 多见于消化系统疾病如胃癌、胰腺癌、慢性胃炎、病毒性肝炎等,但也常见于全身性感染和其他系统疾病如肺结核、尿毒症、精神神经障碍等。厌食与惧食必须分辨清楚。

2. **恶心与呕吐** 二者可单独发生,但在多数情况下相继出现,先恶心后呕吐。胃内器质性病变如胃癌、胃炎、幽门痉挛与梗阻,最易引起恶心与呕吐。其他消化器官包括肝、胆囊、胆管、胰腺、腹膜的急性炎症均可引起恶心与呕吐,而炎症合并梗阻的管腔疾病,如胆总管炎、肠梗阻几乎无一例外地发生呕吐。在其他系统疾病中,必须鉴别心因性呕吐、颅内压增高、迷路炎、尿毒症、酮症酸中毒、心力衰竭、早期妊娠等易致呕吐的情况。

3. **嗳气** 是进入胃内的空气过多而自口腔反溢的现象。频繁嗳气多因精神因素、饮食习惯不良(如进食、饮水过急)、吞咽动作过多(如口涎过多或过少时)等引起,也可由于消化道特别是胃、十二指肠、胆道疾病所致。

4. **咽下困难** 多见于咽、食管或食管周围的器质性疾病如咽部脓肿、食管炎、食管癌、食管裂孔疝、纵隔肿瘤、主动脉瘤等,也可由于食管运动功能障碍所致(如贲门失弛缓症)。

5. **灼热感或烧心(heart burn)** 是一种胸骨和剑突后的烧灼感,主要由于炎症或化学刺激物作用于食管黏膜而引起,有时伴有酸性胃液反流至口腔。常见于胃食管反流病。

6. **腹胀** 其原因有胃肠积气、积食或积粪、腹水、腹内肿物、胃肠运动功能失调等。

7. **腹痛** 是器质和胃肠道功能性疾病较常见的症状,可表现为不同性质的疼痛和不适感,由各种疾病所致,要深入了解腹痛的诱因、发作时间、持续性或阵发性、疼痛的部位、性质和程度、是否放射至其他部位、有无伴随症状,以及加重或缓解因素等。

8. **腹块** 要了解患者最初察觉腹块的日期,当时的感觉,腹块出现后发展情况,是经常还是偶尔存在,出现和消失的时间和条件以及有无伴随症状。

9. **腹泻** 是由于肠蠕动加速、肠分泌增多和吸收障碍所致,见于肠道疾病,亦可因精神因素和其他器官疾病所引起。腹泻伴水样或糊状粪便提示小肠病变。结肠有炎症、溃疡或肿瘤病变时,粪便可含脓、血和黏液。

10. **里急后重** 里急后重是直肠激惹症状,多因炎症或直肠癌引起。

11. **便秘** 多数反映结肠平滑肌、腹肌、膈肌及肛提肌张力减低、肠梗阻和直肠反射减弱或消失,也可由于结肠缺乏驱动性蠕动或出口梗阻所致。常见于全身性疾病、身体虚弱、不良排便习惯、功能性便秘等情况,以及结肠、直肠、肛门疾病。

12. **呕血、黑便和便血** 呕血和黑便提示上消化道包括食管、胃、十二指肠和胆道系统出血。每日出血量>60ml才会产生黑便。上消化道出血量过大且胃肠排空加速时,也可排出鲜血。便血来源于下消化道包括小肠、结肠等,往往呈暗红色,出血部位越近肛门,便出血液越新鲜。

13. **黄疸**　肝细胞性黄疸和阻塞性黄疸主要见于消化系统疾病,如肝炎、肝硬化、胆道阻塞,亦可由于先天性胆红素代谢异常引起。溶血性黄疸见于各种原因引起的溶血,属于血液系统疾病。

14. **体重减轻和消瘦**　常见于消化系统肿瘤、克罗恩病和吸收不良综合征。

【体征】　全面系统的体格检查对于消化系统疾病的诊断和鉴别诊断非常重要,肝大腹水的患者不一定由肝硬化引起,如有奇脉和颈静脉扩张,则提示腹水由缩窄性心包炎所致。慢性萎缩性胃炎、肠吸收不良等病常伴有舌炎。口腔小溃疡和大关节炎常提示炎症性肠病。皮肤表现是诊断肝病的重要线索,蜘蛛痣、肝掌、肝病面容、黄疸、腹壁静脉曲张都是存在慢性肝病的标志。

腹部检查对消化系统疾病的诊断尤为重要。检查时应注意腹部的轮廓、蠕动波、腹壁静脉曲张及其分布与血流方向、压痛点(固定压痛点更有意义)、反跳痛、腹肌强直、移动性浊音、振水音、肠鸣音、肝脾肿大等。急性腹痛时应判断有无外科情况。当触到腹块时,应了解其部位、深浅、大小、形状和表面情况、硬度、有无移动性、压痛和搏动等,以判断病变的性质和所累及的器官。在有便秘、慢性腹泻、便血、下腹痛的病例,直肠指检是必要的常规检查,常可及时地诊断或排除直肠癌等重要病变,绝不可省略。神经系统检查对发现及诊断肝性脑病至关重要,患者可出现手扑翼样震颤和踝阵挛,甚至出现昏迷。

发现体征还应注意其动态变化,当症状与体征不相符时,须做进一步判断。

【实验室和辅助检查】

(一) 血液检查

1. **胃肠道疾病**　血常规和血液生化检查对胃肠道疾病缺乏特异性诊断价值。但这些检查对估计某些疾病的严重度和活动性有一定作用,例如胃肠道出血患者常有小细胞性贫血;克罗恩病影响回肠末端,可引起叶酸和维生素 B_{12} 缺乏而有大细胞性贫血;消化道急性炎症或缺血性腹痛时可有白细胞升高。小肠炎症性疾病(如克罗恩病或肠结核)可有血沉增快和 C 反应蛋白升高;严重的呕吐腹泻可引起电解质紊乱和血尿素氮增高;消化道大量出血也可引起尿素氮和肌酐升高,而且以前者升高为主。低白蛋白血症见于严重的吸收不良、活动性炎症性肠病和蛋白丢失性肠病。血清中某些激素水平的测定对于寻找消化道症状的病因有帮助,例如血清甲状腺素水平升高见于甲状腺功能亢进(甲亢)引起腹泻的患者,而血清胃泌素或 VIP 水平升高分别见于胃泌素瘤及 VIP 瘤引起的腹泻患者。抗肌内膜抗体、抗麸质抗体和抗组织转谷氨酰自身抗体的阳性,对诊断乳糜泻有帮助。癌胚抗原(CEA)、CA19-9、CA50 等肿瘤标志物对结肠癌、胰腺癌有辅助诊断意义。

2. **肝病**　血液检查在肝病的诊断和随访中是重要的。最常用来诊断肝病的血液生化测定为肝功能试验,包括①反映肝细胞损伤的丙氨酸氨基转移酶(ALT)、天冬氨酸氨基转移酶(AST)和反映胆道细胞损伤的碱性磷酸酶(ALP)、γ-谷氨酰转肽酶(γ-GT);②测定肝脏转移有机离子如结合胆红素和总胆红素(SB′/SB);③反映肝细胞合成功能的指标,如人血白蛋白(A)、凝血酶原时间(PT)和血清凝血因子水平。除肝功能试验外,病毒性肝炎的血清标志(包括甲、乙、丙、丁、戊型肝炎)和免疫学指标测定如免疫球蛋白、抗线粒体抗体、抗核抗体、抗平滑肌抗体对确定病因有帮助。肝功能试验对于是否有肝功能异常的筛查,进一步明确肝病诊断,了解疾病严重度和评价对治疗的反应均十分重要。

肝功能试验异常(例如白蛋白降低)时,首先要排除肝外原因和肝外疾病所致,如蛋白丢失性肠病(同时伴有球蛋白下降)、肾病综合征(尿蛋白定量有助于诊断)和营养不良。ALP 升高须排除骨病、妊娠、心肌梗死。AST 升高须排除心肌梗死或心肌病。胆红素升高须排除溶血、感染及肝外胆道梗阻。γ-GT 升高常与酒精性肝病和药物性肝病有关,因此须排除酒精及药物因素。

维生素 K 不能纠正的凝血酶原时间延长在肝硬化和暴发性肝功能衰竭中是提示预后较差的指标。

如考虑肝功能损害是由肝脏疾病引起,则须进一步明确是何种性质的,例如肝细胞性、胆汁淤积性、免疫性或肿瘤性。

单一肝功能试验很难据此作出临床诊断,常须选一组试验以便综合考虑。肝脏浸润性疾病也以 ALP 和 γ-GT 升高为主,PT 和 A 可正常。如果患者病程>6 个月,应考虑慢性肝病,此时还应加做以下试验:血清蛋白电泳、血清铁(血色病时升高)、抗核抗体(自身免疫性疾病时阳性)、抗线粒体抗体(原发性胆汁性肝硬化阳性)、血清铜蓝蛋白(<40 岁的患者需排除肝豆状核变性)、乙型肝炎及丙型肝炎标记、考虑肝细胞癌者应测定甲胎蛋白。

(二) 粪常规和尿常规

对于胃肠道疾病,粪便检查是一种简便易行但又易被忽略的手段。粪便的肉眼观察、隐血试验、光镜下常规细胞、脂滴检查往往为吸收不良的临床诊断提供重要的第一手资料。必要时还可做寄生虫学和细菌学检查。粪便幽门螺杆菌(H. pylori)抗原的检测有助于其感染的诊断。尿胆红素,尿胆原试验常对于黄疸的诊断和鉴别诊断具有初筛的意义。

(三) 其他实验室试验

1. **胃液分泌功能试验** 有组胺或五肽胃泌素刺激试验等,对卓-艾综合征的诊断与鉴别诊断有一定价值。

2. **小肠吸收功能试验** 有脂肪平衡试验、D-木糖试验、维生素 B_{12} 吸收试验等,对于慢性胰腺炎和小肠吸收不良等有诊断和鉴别诊断的价值。

3. **胰腺外分泌功能试验** 有血清中各种胰酶、粪脂和粪糜蛋白酶的测定、尿 BT-PABA 试验、CCK 和促胰液素试验、Lundh 试验、呼气试验等,可用于急、慢性胰腺炎及胰功能不全或胰腺癌的诊断。

4. **13C-或 14C-尿素呼气试验** 是诊断 H. pylori 感染的非侵入性试验,具有较高的敏感性和特异性。

5. **活组织和脱落细胞检查**

(1) 肝活组织检查:肝穿刺活组织检查是确诊慢性肝病最有价值的方法之一,目前已作为常规的检查方法。适应证为:①确定肝病的临床诊断;②判断全身疾病是否累及肝脏;③确定已知肝病的活动性、严重性或目前状况;④评价肝病治疗的效果;⑤评价某些药物治疗(例如甲氨蝶呤)的潜在肝毒性;⑥帮助明确病因,如黄疸、腹水、脾大、静脉曲张或其他提示急性或慢性肝病的征象;⑦对异常的肝功能进行评价;⑧确定有无感染性、肉芽肿性、肿瘤性疾病的存在;⑨帮助确定不明原因发热的病因;⑩确定原位肝移植术后排异、肝炎或其他并发症的存在以及发现移植物抗宿主性疾病。方法有:①经皮肝活检:经皮一秒钟穿刺吸取法,方法简便。但有凝血功能障碍及腹水者为禁忌。②经颈静脉肝活检:适用于有凝血功能障碍及腹水的患者;③超声或CT 引导下肝活检:禁忌证同经皮一秒钟吸取法,可避开血管,更为安全;④经腹腔镜肝活检:同时可肉眼观察;⑤外科手术活检。

(2) 黏膜病变检查:通过胃镜、肠镜钳取食管、胃、小肠、结肠、直肠黏膜进行病理学检查,有助于病因的诊断。

(3) 脱落细胞检查:虽然近年来纤维内镜被广泛应用,但在患者不能耐受内镜检查或内镜盲区细胞刷不能准确位置等情况下,脱落细胞检查仍为不可缺少的诊断,它有助于消化道癌症(如食管癌、胆管癌)的诊断。通过内镜冲洗探刷食管及胆管,收集脱落细胞做病理检查,有助于食管癌及胆管癌的诊断。腹水中脱落细胞检查有助于转移性腹膜疾病的诊断。

6. 分子生物学在诊断方面的应用

(1) 检测各种病原微生物:对严重威胁儿童、老年人、免疫缺陷患者生命的胃肠道感染性疾病,由于肠道病原如细菌(大肠杆菌、难辨梭状芽孢杆菌、空肠弯曲菌、幽门螺杆菌、结核分枝杆菌等)、肝炎病毒、原虫(溶组织阿米巴、小孢子虫等)的培养和生化分型常较慢甚至很难进行培养,不能满足早诊早治的需要,分子扩增技术结合探针杂交、序列分析、限制性切割方法能够用来快速、敏感、特异地从体液、活检标本或粪便中识别多种病原微生物,并能分析它们的毒性产物以及耐药性能,甚至可能为设计更新更好的抗菌药物提供信息。基因芯片可以检测突变,例如使用核苷类似物后乙型肝炎病毒变异位点的检测。

(2) 检测先天性疾病基因异常:对胃肠道先天性良性疾病如囊性纤维化、吸收不良综合征、先天性非息肉样结直肠癌综合征等,通过分子和遗传学方法可以检测出其中的单基因或染色体的异常,这对患者本人、家庭、经济、伦理社会等多方面均有重大影响。

(3) 识别肿瘤基因型:对于胃肠道获得性疾病,分子分析可以识别肿瘤的基因型以助了解对化疗、放疗等治疗的敏感性和耐药性情况。

(4) 分子核医学:单克隆抗体在靶特异性影像方法的发展中起重要作用。如核素标记的单克隆抗体 111In CyT103 在临床上已用于结直肠癌的成像诊断。

7. 消化道动力学检查　测定食管腔 pH、阻抗、胆汁和食管下端括约肌水平的腔内压力,对诊断胃食管反流很有价值,而了解食管各段的动力功能,对诊断和鉴别食管运动障碍性疾病如食管痉挛、食管贲门失弛缓症等有帮助。胃 pH、胃排空时间、胃张力测定及胃电图等可了解胃的功能变化。结肠动力测定可用于诊断或随访肠易激综合征等。肛门直肠测压、直肠电和盆底肌电描记、排便流速测定等检查方法有助于诊断功能性排便异常。

(四) 内镜检查

电子内镜及超声内镜已成为诊断消化系统疾病的一项极为重要的手段。根据不同部位的需要分为胃镜、十二指肠镜、小肠镜、结肠镜、腹腔镜、胆道镜和胰管镜等。应用内镜可以直接观察消化道内腔,包括溃疡、出血、炎症、肿瘤等的各种病变。急诊胃镜检查对急性上消化道出血原因及部位的诊断起确诊作用。胃镜、结肠镜结合黏膜染色、细胞病理学检查能对早期胃癌及早期肠癌作出诊断。放大内镜能将局部病变黏膜放大 10～100 倍,可观察到胃小凹和结肠黏膜腺管开口的形态特征。放大内镜结合色素内镜技术,更有助于提高小癌灶、微小癌灶及异型增生的检出率。窄带成像(narrow band imaging,NBI)内镜是利用窄带(415nm 及540nm 的窄带光)成像技术完成影像处理的电子内镜系统。该 NBI 内镜系统提高了对食管、胃、肠道病变表面的细微构造、毛细血管的观察,是消化道癌症早期诊断的一大进步。共聚焦内镜(confocal endoscope)是将激光扫描共聚焦显微镜整合于传统电子内镜的头端生成共聚焦显微图像。每一个合成图像大致可以代表组织标本的一个光学切面,可获得消化道实时组织病理学图像,被称为“光活检”。在诊断 Barrett 食管、上皮内瘤样变和早期癌、胶原性肠炎等疾病时,共聚焦内镜可以对可疑病变进行靶向活检,提高病变检出率。内镜光相干成像技术(optical coherence tomography,OCT)是一种对消化道腔内深层显微结构进行快速实时显影的无创成像术。发射光波照射到组织表面,通过收集反射回来的光线,测量其延迟时间成像,分辨率极高。OCT 成像又称为光学活检。目前多用于 Barrett 食管的诊断以及克罗恩病与溃疡性结肠炎的鉴别诊断。

将十二指肠镜插至十二指肠降部,通过内镜从十二指肠乳头开口部插入导管,注入造影剂,作胰胆管造影,称为内镜下逆行胰胆管造影(endoscopic retrograde cholangiopancreatography,ERCP),用于胰腺、胆道疾病的诊断和治疗。双气囊和单气囊推进式小肠镜可到达小肠任何部位,是大多数小肠疾病最理想的诊断手段。胶囊内镜可以无创展现小肠全貌,对小肠出血的病因诊断有较高价值。某些困难病例还可作术中内镜。超声内镜对于胃肠道隆起性病变的性质与起源,尤其是黏膜下病变诊断有很大帮助,还可了解病变侵犯管壁深度。配合经超声内镜细针穿刺,行病变部位活组织检查有确诊作用。可用于诊断食管癌、胃癌、壶腹癌的定位和分期。对胰腺癌的诊断和能否切除的评价以及胰腺内分泌肿瘤的术前定位很有帮助。还能诊断慢性胰腺炎、胆石症、纵隔肿瘤和腹腔内其他肿瘤如淋巴瘤、肾上腺肿瘤,并有助于直肠癌和肺癌的分期。

微型腹腔镜检查创伤小,安全性高,对了解腹块的性质,确定腹水的病因,尤其是对肝胆疾病、结核性腹膜炎及腹膜间皮瘤的诊断与鉴别诊断有一定帮助。超声腹腔镜(laparoscopic ultrasonography)的应用,可以更清楚地观察腹膜、肝及血管结构,对于消化系统恶性肿瘤的分级起到重要作用。带有多普勒超声的腹腔镜可以看到肿瘤对于血管的浸润程度。

(五)影像学检查

1. 超声检查　是首选的非创伤性检查。对于靠近腹壁的结构例如对胆囊检查较为理想,诊断胆石症的敏感度高达90%以上,对梗阻性黄疸患者可以迅速鉴别是由于肝内还是肝外原因引起,并能测定梗阻部位(在肝门区、胰头还是胆总管)和梗阻性质(肿瘤或结石)。超声检查还是测定肝脾等实质器官的大小和实质病变简便可靠的工具,能诊断脂肪肝、肝硬化以及肝实质占位性病变,可以区分肝癌、肝囊肿,还能测定腹水、门静脉宽度有无血栓或癌栓等。彩色多普勒超声在肝病诊断尤其是肝内血流动力学研究中起很大作用。由于可以测定门静脉、肝动脉血流方向、流速和有无脐静脉开放,彩色多普勒超声对于肝硬化门静脉高压的诊断起重要作用,也是诊断和鉴别原发性肝癌可靠的无创检查手段和监测肝移植后肝动脉和门静脉血流是否通畅的有效工具。超声造影对鉴别肝硬化结节和肝癌有重要价值。

2. X线检查　腹部平片对于诊断胃肠穿孔、肠梗阻、不透X线的胆结石等有帮助。X线钡餐检查适用于怀疑有食管至回肠的消化道疾病的病例,而可疑的结肠器质性病变则进行钡剂灌肠检查。

消化道X线双重造影技术能更清楚地显示黏膜表面的细小结构,提高胃、肠溃疡或癌瘤的确诊率,对炎症性肠病的诊断也很有帮助。小肠插管注钡造影有助于小肠疾病的诊断。标准试餐加服固体小钡条可在X线下进行胃排空试验。数字减影血管造影术是一种常用的有价值的诊断技术,有助于评价血管的解剖和病变;选择性腹腔动脉、肠系膜动脉造影对于消化道出血的定位诊断很有帮助。经皮肝穿刺或经动脉、静脉导管门静脉造影术则有助于判断门静脉阻塞的部位、侧支开放的程度、外科门腔分流术和肝移植的术前评估。借助X线进行介入如血管成形术、支架放置成为治疗动、静脉和胆道阻塞的重要手段。

3. X线计算机断层显像和磁共振成像　X线计算机断层显像(CT)和磁共振成像(MRI)的影像学诊断,尤其是CT在消化系统疾病的诊断上越来越重要。CT对腹内脏器病变,尤其是肝、胰、胆占位性病变如囊肿、脓肿、肿瘤、结石等的诊断有重要作用,对弥漫性病变如脂肪肝、肝硬化、胰腺炎的诊断也有重要价值。CT和MRI能够显示消化系统肿瘤边缘及周围组织的病变,进行肿瘤术前TNM分期。小肠CT和MRI对小肠疾病的诊断很有价值。磁共振胰胆管造影术(MRCP)是一项可代替ERCP作为诊断胆道、胰腺疾病的无创伤性检查。CT或MRI血管造影术可以清楚地显示门静脉及其分支和腹腔内动脉血管情况,在诊断上可取代上述创伤性血管造影。

4. 放射性核素检查　临床上应用99mTc-PMT肝肿瘤阳性显像来协助诊断原发性肝癌;静脉注射核素标记的红细胞对于不明原因的下消化道出血的病因诊断有一定帮助;经由直肠给予99mTc-MIBI或99mTcO4-进行直肠-门静脉显像,并以心肝放射比值(H/L)或分流指数(SI)来判断有无门静脉高压及其程度,有助于门静脉高压的诊断和疗效考核;99mTc-奥曲肽用于诊断神经

Notes

内分泌肿瘤;消化道动力学检测如食管通过、食管反流,胃排空、十二指肠-胃反流测定,胃黏膜异位显像,尿素呼气试验、脂肪酸呼气试验等等,也均是核医学在消化系统疾病中应用的重要方面。

5. **正电子射线断层检查(PET)** PET能反映生理功能而非解剖结构,有助于阐明体内器官正常功能及功能失调,将生理过程形象化和数量化,还可对肿瘤进行分级。由于其定位能力较差,因此将CT与其放在同一机架(PET-CT),增加其定位能力。已广泛用于结直肠、肝脏、胰腺、神经内分泌系统和其他胃肠病的诊断与预后评估。

第四节 消化系统疾病的防治

消化系统包括消化道、肝、胆、胰、腹膜等器官组织,不同部位的不同疾病,病因、发病机制、病理生理过程有很大不同,治疗亦各异(详见各疾病章节),下面就一些临床共性的问题作简要提示。

消化系统疾病的治疗一般分为一般治疗、药物治疗、手术或介入治疗三大方面。消化系统疾病可源于其他系统,也可影响其他系统,因此治疗不宜只针对某一症状或局部病灶,而应进行整体和局部相结合的疗法。首先要使患者对本身疾病有正确的认识,树立治疗信心,消除紧张心理,与医务人员密切合作。要指导慢性病患者掌握疾病的规律,并采取积极措施,预防复发,防止并发症和后遗症,才能收到最佳疗效。

(一) 一般治疗

1. **饮食营养** 消化系统疾病的发生往往与饮食有关,要贯彻预防为主的方针,强调有规律的饮食习惯,节制烟酒和刺激性食物,注意饮水和食品的卫生质量。

饮食和营养在治疗中占相当重要地位。应视疾病部位、性质及严重程度决定限制饮食甚至禁食,有梗阻病变的还要给予胃肠减压。由疾病引起的食欲下降、呕吐、腹泻、消化吸收不良,再加上饮食限制,会导致营养障碍以及水、电解质、酸碱平衡紊乱,因此支持疗法相当重要,注意给予高营养而且易消化吸收的食物,必要时静脉补液及补充营养物质,甚至全胃肠外营养或全胃肠内营养(要素饮食)。营养支持在肝硬化、重症胰腺炎和克罗恩病患者中更显得重要。

2. **精神心理治疗** 一方面因为功能性胃肠病相当常见;另一方面不少器质性消化系统疾病在疾病过程中亦会引起功能性症状,而精神紧张或生活紊乱又会诱发或加重器质性疾病。因此,精神心理治疗相当重要,包括向患者耐心解释病情、消除紧张心理,必要时予以心理治疗,适当使用镇静药等。还要教育患者注意劳逸结合、合理安排作息生活。

3. **加强健康教育改变不良生活方式** 肝病患者须戒酒,消化性溃疡病患者须戒烟。非酒精性脂肪肝往往是代谢综合征的一部分,应加强锻炼、节制饮食。高纤维饮食可减少发生大肠癌的危险性。

(二) 药物治疗

1. **针对病因或发病环节的治疗** 乙肝患者抗病毒治疗可以阻止病情向肝硬化和肝癌进展。有明确病因的消化系统疾病多为感染性疾病如细菌引起的胃肠道炎症、胆系炎症、幽门螺杆菌相关性消化性溃疡等,这类疾病予以抗菌药物治疗多可被彻底治愈。大多数消化系统疾病病因未明,治疗上主要针对发病的不同环节,打断病情发展的恶性循环,促进病情缓解、改善症状和预防并发症的发生。如抑酸药物或促胃肠动力药治疗胃食管反流病、抑制炎症反应药物治疗炎症性肠病、血管活性药物治疗门静脉高压引起的食管胃底静脉曲张出血等。这类治疗有两个要点应予注意,一是由于发病机制及病理生理涉及多方面,因此强调综合治疗及不同时期治疗措施的合理选择;二是由于病因未被根本去除,因此缓解期往往需要维持治疗以预防复发。

2. 对症治疗　许多消化系统疾病的症状如腹痛、呕吐、腹泻等不但令患者经受难以忍受的痛苦,而且会导致机体功能及代谢紊乱,从而进一步加剧病情发展,因此在基础治疗未发挥作用时往往要考虑予以对症治疗。镇痛药、止吐药、止泻药及抗胆碱能药物是常用的对症治疗药物。但应注意,药物使用应权衡利弊,酌情使用,否则会影响基础治疗,如过强的止泻药用于急性胃肠感染会影响肠道有毒物质的排泄,在治疗重症溃疡性结肠炎时会诱发中毒性巨结肠。还要注意对症治疗有时因掩盖疾病的主要临床表现而影响临床判断,甚至延误治疗,如急腹症病因诊断未明者用强力镇痛药、结肠癌用止泻药等可能导致漏诊。

(三)手术治疗或介入治疗

手术治疗是消化系统疾病治疗的重要手段。对经内科治疗无效、疗效不佳或出现严重并发症的疾病,手术切除病变部位常常是疾病治疗的根本办法或最终途径,如肿瘤应及早切除,合并穿孔、严重大出血不止、器质性梗阻的消化道疾病常需要手术治疗,各种晚期肝病可考虑肝移植等。手术指征的掌握,应从病情出发,结合患者手术耐受的能力,考虑手术可能引起并发症和术后复发的风险,权衡利弊,综合考虑。血管介入技术如经颈静脉肝内门体静脉分流术(TIPS)治疗门静脉高压及血管支架置入术治疗 Budd-Chiari 综合征、肝动脉栓塞化疗(TAE)治疗肝癌等。超声引导下穿刺进行引流术或注射术治疗囊肿、脓肿及肿瘤亦得到广泛应用。以往需外科手术的许多消化系统疾病可用创伤较少的介入治疗替代,或与外科手术互相配合,从而大大开拓了消化系统疾病治疗的领域。

第五节　进展和展望

(一)消化系统疾病谱的变化——新的研究热点

随着我国经济发展,生活水平提高和生活方式的改变,一些原来在西方国家的常见病如胃食管反流病、功能性胃肠病、炎症性肠病、酒精性和非酒精性肝病在我国发病率逐年增高。消化系统恶性肿瘤如肝癌、胃癌发病率依然居高不下,结肠癌和胰腺癌又不断增加。随着检测技术的提高,早期肿瘤检出率虽然增加,但仍缺乏能进行早期诊断的特异性生物指标和有效的根治方法。这些都是应深入研究的新热点。

(二)消化道内镜的进展——从诊断发展为微创治疗

从单纯的诊断工具发展成为微创治疗的重要手段:内镜的诊断和治疗已经做到无腔不入,广泛应用于食管、胃、小肠、大肠、胆胰疾病的诊断和治疗。近年来胶囊内镜和双气囊或单气囊小肠镜的应用极大地提高了小肠疾病的诊断水平。在内镜到达的范围,可在直视下观察该处的外观变化,可直接取活体组织标本进行病理学检查以及各种分子生物学研究,可在随访过程中动态观察病变的发展和转归,因而不但大大提高了诊断水平,且为研究带来很大的方便,使对消化系疾病的认识大大加深。早期胃癌、平坦型大肠癌、Barrett 食管等概念的提出或确立,慢性胃炎的分类、胃癌发生、发展的多阶段模式、大肠癌发生、发展过程的分子生物学基础等消化病的认识无不有赖于消化内镜的应用。超声内镜、色素内镜、放大内镜和激光扫描内镜使消化系统疾病的诊断水平明显提高。黏膜微小病变的诊断达到了较高水平。近年在消化内镜下进行的"治疗内镜"技术发展迅速,涉及食管狭窄扩张术及食管支架放置、消化道息肉切除术、食管胃底静脉曲张止血(硬化剂注射及皮圈套扎术)以及非静脉曲张上消化道出血止血治疗(局部药物喷洒、局部药物注射、微波、激光、热探头止血、血管夹钳夹等)、早期胃癌和早期食管癌黏膜切除术、十二指肠乳头括约肌切开术、胆道碎石和取石术、胆管内、外引流术、经皮内镜下胃造瘘术等。令以往需要外科手术的多种消化系疾病可用创伤较少的内镜治疗所替代。例如治疗性ERCP(内镜下乳头括约肌切开、取石、放支架)可为95%胆道梗阻患者进行胆道减压,尤其是胆管炎患者,死亡率明显低于外科手术减压。胆道恶性梗阻患者可放置支架引流胆汁,以减轻症状。

(三) 针对病因或发病环节的治疗——改变了疾病的自然病程

1. **幽门螺杆菌的发现和研究**   20世纪80年代,Warren和Marshall发现人类胃内感染幽门螺杆菌(Helicobacter pylori, H. pylori)后,经过20多年研究,现已确认 H. pylori 是慢性胃炎的主要病因、消化性溃疡的重要致病因素、胃癌的高危因素、胃黏膜相关淋巴组织淋巴瘤(MALT lymphoma)的重要病因。通过大量临床试验已总结出根除 H. pylori 的有效疗法, H. pylori 被根除后,消化性溃疡复发率由以往的70%~80%,下降到10%以下。因而,以往被认为是终生疾病的消化性溃疡已有可能被彻底治愈。对 H. pylori 感染的预防及治疗已被认同为胃癌预防的重要策略之一。

2. **乙型肝炎的防治**   随着乙肝疫苗的广泛应用,儿童中乙肝的感染率正明显下降,儿童中肝癌发病率也明显下降。随着乙肝抗病毒治疗的开展,乙肝所致的肝硬化、肝癌发病率和死亡率下降,将改变乙肝的自然史。肝移植的广泛开展,使肝硬化成为可以治愈的疾病。肝干细胞移植开始在肝衰竭治疗中展现了诱人的前景。

3. **生物制剂与分子靶向治疗**   生物制剂的问世提高了克罗恩病的疗效。肿瘤的分子靶向治疗也具有广阔的前景。

(四) 消化系恶性肿瘤的研究——长期而艰巨的任务

消化系恶性肿瘤占人类恶性肿瘤的一半以上,也是我国最常见的恶性肿瘤,因此一直是我国医学界研究的重点课题。要提高消化系恶性肿瘤患者的生存率,目前仍着重在早期诊断以争取早期治疗上,近年在这方面已有相当进展。内镜检查结合活检是胃癌早期诊断的主要方法,临床上可检出直径<5mm的微胃癌。色素胃镜检查和放大内镜检查可进一步提高早期胃癌的检出率,超声胃镜检查对鉴别早期胃癌并指导治疗发挥了重要作用。大肠癌早期诊断策略已逐渐形成,其一是对癌前患者的随访和预防性治疗(大肠腺瘤内镜下摘除),其二是对无症状人群的普查。目前国内外正在致力于大肠癌普查方案的研究。已提出根据大肠癌高危程度将人群分为极高危个体、高危个体和一般危险个体,分别给予不同级别的普查方案。原发性肝癌的早期诊断近20年来取得长足的进步,通过 AFP 检测和 B 型超声检查对高危对象(在我国为35岁以上 HBsAg 阳性或有慢性肝炎病史患者)随访可检出"亚临床型肝癌"。胰腺癌的早期诊断仍然是一个难题,研究人员正致力于诊断胰腺癌的单克隆抗体的研究。超声检查、CT 及 ERCP 仍然是胰腺癌诊断的主要方法。超声内镜引导下的胰腺穿刺活检、ERCP 过程中通过胰液收集及细胞刷行细胞学检查均能一定程度提高胰腺癌的诊断。近年对胰液或粪便 K-ras 基因检查有可能进一步提高胰腺癌的诊断敏感性。对消化系肿瘤的综合治疗包括手术、放射治疗、化学治疗、介入治疗、免疫治疗,均已广泛用于临床并在不断改进中,其中以对肝癌的综合治疗研究最多。对肿瘤预防策略的制定主要基于对高危因素分析的流行病学研究及肿瘤发病机制的基础研究。近年来有不少对高发区人群或高危患者进行干预性预防的试验,并有一些成功的报道,如接种疫苗预防乙型肝炎病毒感染减少肝癌发病率,根除 H. pylori 和(或)补充维生素 C 和 β-胡萝卜素减少胃癌发生危险性,服用阿司匹林或选择性环氧合酶-2(COX-2)抑制剂减少大肠息肉发生等。

(王吉耀   钱家鸣)

Notes

推荐阅读文献

1. Yamada T, Alpers DH, Kalloo AN, et al. Textbook of Gastroenterology. 5th ed. Hoboken：Blackwell publishing Ltd,2009
2. Ghany M,Hoofnagle JH. Approach to the patients with liver disease//Braunwald E,Fauci AS,Kasper DL,et al. Harrison's Principles of Internal Medicine. 18th edition. Berkshire：McGraw-Hill Professional,2011
3. Richard G Long,Brian B Scott. 胃肠与肝脏病学. 钱家鸣,孙钢,译. 新加坡：Elsevier Pte. Ltd,2008

推荐网站

http：//www. gastroenterology. medscape. com

Notes

第二章 食管疾病

> **要点：**
> 1. LES 压力降低和 TLESR 增多是胃食管反流的主要病理生理改变。
> 2. GERD 典型症状为胃灼热、反流。
> 3. pH+阻抗检查是确诊反流的重要手段。
> 4. PPI 是 GERD 的主要治疗用药。

第一节 胃食管反流病

胃食管反流病(gastroesophageal reflux disease,GERD)指胃十二指肠内容物反流至食管、口咽或呼吸道引起的不适症状和(或)并发症,包括反流性食管炎(reflux esophagitis,RE)、非糜烂性反流病(non-erosive reflux disease,NERD)、Barrett 食管。

GERD 在欧美国家十分常见,人群中胃灼热、反酸症状的发生率高达 10% ~20% ,亚洲约为 6% ,而我国在为 5.77% ~6.2% 。GERD 随年龄增大发病增多,男女比例接近,但 RE 和 Barrett 食管男性比女性高。

【病因和发病机制】 多种病理生理改变造成食管的防御能力下降、损害因素增加,反流至食管的胃十二指肠内容物(胃酸、胃蛋白酶、胆盐、胰酶)损伤食管黏膜。

(一) 抗反流功能下降

(1) LES 压力降低:正常人静息状态下的 LES 保持张力性收缩(高于胃内压),LES 压力降低会造成胃内容物反流至食管,中重度食管炎患者常常有 LES 压力降低。引起 LES 压力降低的因素有食物(高脂肪、巧克力、咖啡、酒精、碳酸饮料、薄荷)、药物(钙离子拮抗剂、安定、β 肾上腺素能受体激动剂、α 肾上腺素能受体拮抗剂、抗胆碱能药、茶碱、三环类抗抑郁剂、多巴胺受体激动剂)、某些激素(胆囊收缩素、促胰液素、胰高血糖素、血管活性肠肽)。

(2) 一过性食管下括约肌松弛(transient lower esophageal sphincter relaxation,TLESR)增多:TLESR 是与吞咽无关的 LES 松弛,为 LES 压力正常患者发生反流的最常见机制。健康人发生TLESR 多为气体反流,而 GERD 患者多为酸反流,且反流后继发性蠕动减少,UES 开放。胃扩张、腹内压增加可通过迷走神经诱发 TLESR 的发生。

(3) 胃食管交界处结构改变:胃食管交界处的膈肌脚、膈食管韧带、食管和胃之间的 His 角等是抗反流的重要保证。最常见的异常为食管裂孔疝(hiatus hernia),它是指部分胃经过膈肌的食管裂孔进入胸腔,相当多的食管裂孔疝患者有 RE。

(二) 食管清除能力降低

它包括推进性蠕动、唾液的中和、食团的重力。推进性蠕动最为重要,食管体部蠕动减弱将无法清除反流物。食管裂孔疝患者因 LES 在横膈上,膈肌松弛时反流发生,膈肌收缩时反流物储存在疝囊内不易被清除。

（三）食管黏膜防御屏障作用减弱

食管黏膜的防御因素有：①上皮前：黏液层、黏膜表面的 HCO_3^- 浓度；②上皮：上皮细胞间连接结构和上皮运输、细胞内缓冲系统、细胞代谢功能等；③上皮后：组织的基础酸状态和血液供应情况。当黏膜防御屏障受损时，即使正常反流也可导致 RE。有些药物可损伤食管黏膜，常见的有阿司匹林及 NASAIDs、铁剂等。

（四）食管感觉异常

部分患者有食管感觉增强，特别是 NERD 患者食管对球囊扩张的感知阈和痛阈降低、对酸敏感性增加。

（五）胃排空延迟

胃排空延迟使 TLESR 增加、胃食管压力梯度增加、胃内容量增加、胃分泌增加，从而增加胃食管反流发生的机会。

（六）其他因素

婴儿、妊娠、肥胖易发生胃食管反流，而硬皮病、糖尿病、腹水、高胃酸分泌状态也常有胃食管反流。十二指肠胃食管反流也是 GERD 发病的重要因素之一。

【病理】 主要包括：①基底细胞层增生>黏膜全层的 15%；②乳头突起数量增多，超过黏膜全层的 2/3，有丝分裂细胞增多；③黏膜上皮血管化，血管扩张或在乳头状突起顶部形成血管湖；④上皮层表面见卵圆形的未成熟细胞或气球状细胞；⑤炎性细胞浸润，特别是中性粒细胞或嗜酸粒细胞与炎症的严重程度相关；⑥黏膜糜烂、溃疡，肉芽组织形成、纤维化；⑦鳞状上皮细胞间隙增宽；⑧Barrett 食管指变异的柱状上皮替代食管鳞状上皮，以前认为 Barrett 细胞包括胃型和肠型上皮，但有些学者认为柱状上皮发生肠化生才是 Barrett 食管。

【临床表现】 70% 的 GERD 患者有典型症状，如胃灼热、反流，不典型症状有咽喉炎、哮喘、咳嗽、胸痛等。

（一）反流症状

反流为胃或食管内容物不费力地反流到口咽部，无恶心、干呕和腹肌收缩等先兆。如反流物为未消化食物即称为反食，如为酸味液体则为反酸，少数情况下可有苦味的胆汁或肠液，提示为十二指肠胃食管反流。

（二）反流物刺激食管引起的症状

主要有胃灼热、吞咽困难、胸痛。反流物刺激食管上皮深层感觉神经末梢后产生胃灼热，胃灼热是指胸骨后烧灼感，多由胸骨下段或上腹部向上延伸，甚至达咽喉部，是 GERD 的特征性表现，常在餐后 60 分钟出现，屈曲、弯腰、平卧发生较多，咳嗽、妊娠、用力排便、腹水可诱发或加重。吞咽困难或吞咽疼痛可见于食管黏膜炎症、食管狭窄、食管运动功能障碍。反流物刺激食管可引起食管痉挛，造成胸骨后疼痛，酷似心绞痛。

（三）食管外症状

包括无季节性发作性夜间哮喘、咳嗽、睡醒后声嘶、中耳炎等。应注意与反流有关的哮喘患者近 50% 无胃灼热症状。发生哮喘的机制：①反流物吸入引起支气管痉挛；②反流物刺激食管化学感觉器，通过迷走神经反射引起支气管痉挛；③咽喉部对酸超敏感，引起喉头和支气管痉挛。反流还会造成反复发作的吸入性肺炎。

（四）并发症

1. **食管狭窄** 反复发生的 RE 产生纤维组织增生，导致食管狭窄，发生率为 8%~20%，可引起吞咽困难、哽噎、呕吐、胸痛等。

2. **Barrett 食管** 有恶变倾向，但每年癌变率仅约 0.5%，国外 85% 的食管腺癌发生于 Barrett 食管。

3. **出血** 因食管黏膜糜烂或溃疡发生出血的少见。

【实验室和辅助检查】

（一）内镜检查

除发现黏膜破损外，重要的是可以排除其他器质性疾病，由于国人上消化道的肿瘤发生率比较高，我国指南将内镜作为初诊患者的首选。内镜发现食管糜烂性病灶，结合典型症状确诊GERD的特异性较高，而仅有充血、黏膜易脆、齿状线不齐不能诊断为GERD。

内镜下发现桔红色黏膜上移超过胃食管交接线，活检确认有肠化生者即可诊断Barrett食管，内镜下染色放大有助于诊断，Barrett内镜下表现为岛状、舌状、环状分布。

（二）食管24小时pH监测

是确诊酸反流的重要手段，能反映昼夜酸反流的情况，适应证包括：典型症状治疗无效、症状不典型、质子泵抑制剂试验性治疗无效、外科手术前评估。远端食管pH<4的时间>4%，Demeester评分>14.72视为病理性酸反流，但阴性结果不能排除GERD的诊断。Bravo无线便携式pH监测能在更为生理的条件下记录48~96小时，增加诊断的阳性率。

（三）食管24小时阻抗测定

比较准确的了解是否有反流发生，并可鉴别是液体（低阻抗）、气体（高阻抗）或混合反流，对于弱酸反流（当pH<4时的酸反流）、非酸反流有独特的敏感性。主要实用于正在用PPI而仍然有症状的患者，多数将24小时pH与阻抗同步监测。

（四）食管测压

食管动力功能检测对诊断GERD无意义，多用于pH-阻抗导管定位、外科抗反流手术前食管功能评估、食管裂孔疝诊断、排除食管动力障碍性疾病（硬皮病、贲门失弛缓症）。可发现GERD患者LES压力降低、食管体部动力减弱、膈肌与LES的分离，当分离大于2cm即可诊断食管裂孔疝。

（五）核素检查

口服核素标记液体300ml后平卧位，行核素扫描，10分钟后食管出现放射性活性，提示存在胃食管反流，如肺内显示核素增强，表明反流物进入肺部。

（六）食管滴酸试验

通过使食管黏膜酸化来诱发患者的胃灼热、胸痛症状，以确定症状是否与酸敏感有关。

（七）食管24h胆汁监测

对于抑酸治疗无效疑有胆汁反流的GERD患者可通过特制光纤探头连续动态监测食管胆红素浓度的变化。

（八）食管吞钡检查

在诊断GERD中的意义不大，可能发现中重度食管炎、狭窄、食管裂孔疝。

【诊断和鉴别诊断】

（一）诊断

1. 有典型症状胃灼热、反流，内镜发现食管炎，排除其他原因食管炎后可确立诊断；RE洛杉矶分级：A级：黏膜破损长径<5mm；B级：黏膜破损长径>5mm，但病灶间无融合；C级：黏膜破损融合<食管周径的75%；D级：黏膜破损累及食管周径≥75%。

2. 内镜下无食管炎，而反流检测阳性也可确立诊断；质子泵抑制剂试验性治疗（proton pump inhibitor test，PPI test）对于内镜下没有食管炎或不行内镜检查的患者有相当的临床价值，给予标准剂量PPI，每天两次，1~2周，GERD患者服药后症状缓解，即PPI试验阳性，诊断GERD的敏感性为78%，特异性54%。

3. 不典型症状咽喉炎、哮喘、咳嗽、胸痛的患者应结合内镜、食管反流检测、PPI试验性治疗结果综合判断。

4. GERD诊断后还可了解患者的病理生理异常，如食管体部动力、LES压力、酸或碱反流，有无食管裂孔疝等。

(二) 鉴别诊断

1. 胃灼热的患者在 PPI 试验性治疗无效时多考虑功能性胃灼热。

2. 以胸痛为主要症状的应与冠心病鉴别。

3. 吞咽困难应考虑是否有食管癌、贲门失弛缓症、嗜酸性粒细胞性食管炎。

4. 内镜下食管炎常见的还有霉菌性食管炎、药物性食管炎,食管溃疡还有克罗恩病、结核、自身免疫性疾病。

5. 不典型症状患者应排除原发性的咽喉及呼吸道疾病。

【治疗】 治疗目的是快速缓解症状、治愈 RE、维持缓解、减少复发、预防并发症、提高生活质量。

(一) 一般治疗

抬高床头 15 ~ 20cm 可减少卧位及夜间反流,睡前 2 ~ 3 小时不宜再进食,白天进餐后不宜立即卧床,肥胖者减轻体重可以减少反流。传统认为以下措施可减少反流:戒烟、禁酒、降低腹压、避免高脂饮食、巧克力、咖啡与咖啡因、酸性与刺激性食品等,但尚无足够的研究证明能有效控制 GERD 症状。

(二) 药物治疗

1. **抑酸治疗** 强力抑酸剂 PPI 可产生显著而持久的抑酸效果,缓解症状快,RE 愈合率高,是糜烂性食管炎的首选药物,也是治疗 NERD 的主要用药,需强调的是 PPI 应早餐前给药,药物剂量一定要足,多为消化性溃疡治疗量的两倍,疗程 8 周。对症状控制不好的患者,可以晚餐前加用一次,或换用另一种 PPI。常规剂量 H_2 受体拮抗剂(H_2RA)对夜间胃酸分泌抑制明显,可缓解轻至中度 GERD 患者的症状,但对 C 级以上的 RE 愈合率差,长期服用会产生药物耐受。

2. **促动力药** 单独使用疗效差,PPI 效果不佳时,考虑联合应用促动力剂,特别是 LES 压力降低、食管动力减弱和胃排空延迟的患者。巴氯芬可以增加 LES 压力,对于 PPI 疗效不佳的患者可以试用。

3. **其他** 制酸剂可中和胃酸,常用的药物是含有铝、镁、铋等的碱性盐类及其复合制剂,可用于解除症状,对 RE 的愈合几乎无作用,但铝碳酸镁有吸附胆汁的作用。

4. **维持治疗** PPI 几乎可以愈合所有的 RE,但停药后 2/3 的病人症状复发,B 级以上食管炎 6 个月后 100% 复发,故必须进行维持治疗。PPI 维持治疗的效果优于 H_2RA 和促动力剂,药物用量无统一标准,多给予每天一次的常规剂量或半量 PPI,C ~ D 级食管炎需足量维持。目前提倡按需服药,即出现症状后患者自行服药至症状被控制,A 级食管炎、NERD 患者可按此方法进行维持治疗。

(三) 内镜治疗

内镜下抗反流手术的长期疗效和并发症还需进一步评估。

(四) 抗反流手术治疗

适应证:①PPI 治疗有效,但需要长期治疗;②24 小时反流检测确认存在反流,服用 PPI 期间存在非酸反流,反流与症状相关;③LES 压力降低、食管体部动力正常;④手术方式主要为胃底折叠术,合并食管裂孔疝应行修补术,可在腹腔镜下或常规剖腹进行手术。术后的死亡和病残风险显著高于食管腺癌的发生。

(五) 并发症治疗

目前尚无有力证据表明有逆转 Barrett 食管的方法,主要是监测腺癌发生的危险性,无上皮瘤变者 3 ~ 5 年作 1 次内镜,低级别上皮瘤变给予 12 周大剂量 PPI,如持续存在,6 个月至 1 年复查 1 次内镜,高级别上皮瘤变应强化内镜监测(化生上皮每个方向隔 2cm 取一块组织),可考虑内镜下黏膜切除或外科食管切除。对于食管狭窄患者在内镜下扩张治疗后需加用 PPI 维持治疗。

【预后】　对 GERD 的自然病程知之甚少,RE、NERD、Barrett 食管之间的关系尚存争议。大多数病例呈慢性复发性,中止治疗后复发,NERD 对治疗的反应较差。坚持服药 RE 治愈率较高,严重并发症的发生率少,与食管炎有关的死亡率极低,Barrett 食管有发生腺癌的倾向,但比例不高。

第二节　食　管　癌

食管癌(esophageal cancer)是指发生于下咽到食管胃结合部(GEJ)之间的食管上皮来源肿瘤,包括鳞状细胞癌、腺癌等病理类型。食管癌发病率居全球肿瘤发病率的第 8 位,有明显的地域差异,世界范围内高低发病地区之间的差异为 60 倍,高发病率国家包括亚洲、南非、中非和法国北部等。我国食管鳞癌的发病率较高,而近年西方食管腺癌约占新发病例的 50%。食管癌 50% 发生于食管中段,30% 为下段,食管癌男女比约为 7:1,发病率随年龄的增长而上升。我国食管鳞癌的高发区在太行山、秦岭、闽粤交界等地区,发病性别差异不大,发病年龄比低发区提前 10 年。

【病因和发病机制】　食管癌的病因尚无明确结论。①饮食及不良习惯:食物中维生素缺乏、进食过快过烫、粗硬食物、咀嚼槟榔等均与食管癌有关。吸烟者食管鳞癌的发生率增加 3 ~ 8 倍,饮酒者增加 7 ~ 50 倍。②亚硝胺类化合物:亚硝胺类化合物能引起多种动物发生食管癌;高发区居民胃液中常含有亚硝胺,饮水和食品中亚硝胺的含量显著增高。③霉菌及其毒素:我国高发区居民食用发酵、霉变食物较为普遍,某些真菌产生的毒素可诱发动物发生食管鳞癌。④微量元素:我国食管癌高发区环境中钼、硒、锌、镁等较低,这些物质的缺乏影响组织修复,使粮食、蔬菜中硝酸盐集聚。⑤慢性刺激:贲门失弛缓症、食管良性狭窄等长期刺激可诱发食管癌。⑥遗传:食管癌有家族聚集倾向,有家族史者迁移到低发区后,仍有相对较高的发生率。⑦人类乳头状病毒:该病毒可能与鳞状细胞癌发生有关。⑧癌基因:存在原癌基因激活和抑癌基因失活的现象,但未发现特定的基因变化。⑨Barrett 食管可以发展为食管腺癌。

【病理】

(一) 组织学分类及分化程度

组织学分为鳞癌(H1)和腺癌(H2),我国鳞癌占 90% 以上。分化程度(G):细胞分化程度不能确定(Gx);高分化癌(G1);中分化癌(G2);低分化癌(G3);未分化癌(G4)。

(二) 扩散和转移

病灶侵及黏膜层为早期,多数浸润首先向黏膜下层和肌层扩展,食管无浆膜层故癌灶极易透壁侵犯邻近器官。淋巴转移是主要的转移方式,沿黏膜下淋巴管到达食管周围淋巴结,进而向远处转移,也可经血行转移至肝、肺、脑、骨、肾上腺等器官。

(三) 病理分期

TNM 分期(表 4-2-1)对治疗、预后判断有重要意义。

表 4-2-1　食管癌分期标准(AJCC 2010)

T 分期标准——原发肿瘤	T_x:原发肿瘤不能确定;T_0:无原发肿瘤证据;T_{is}:重度不典型增生;T_1:肿瘤侵犯黏膜固有层、黏膜基层或黏膜下层;T_{1a}:肿瘤侵犯黏膜固有层或黏膜肌层;T_{1b}:肿瘤侵及黏膜下层;T_2:肿瘤侵及食管肌层;T_3:肿瘤侵及食管纤维膜;T_4:肿瘤侵犯食管周围结构;T_{4a}:肿瘤侵及胸膜、心包或膈肌,可手术切除;T_{4b}:肿瘤侵及其他邻近结构,如主动脉、椎体、气管等,不能手术切除
N 分期标准——区域淋巴结	N_x:区域淋巴结转移不能确定;N_0:无区域淋巴结转移;N_1:1 ~ 2 枚区域淋巴结转移;N_2:3 ~ 6 枚区域淋巴结转移;N_3:≥7 枚区域淋巴结转移 注:必须将转移淋巴结数目与清扫淋巴结总数一并记录
M 分期标准——远处转移	M_0:无远处转移;M_1:有远处转移

【临床表现】

（一）吞咽哽噎或吞咽困难

是食管癌的最主要和突出的表现，即使早期患者也会有吞咽不适，可被误认为食管损伤。随后出现进行性吞咽困难，先对固体食物而后进半流质、流质饮食亦有困难。

（二）咽下疼痛

早期肿瘤的病人进食时发生胸骨后灼痛、刺痛，摄入刺激性食物（过热、酸性、辛辣）时更明显。晚期可有放射痛，而持续性、穿透性胸背部疼痛，应疑为癌组织外侵或椎体转移。

（三）反流与呕吐

常出现于食管腔阻塞，可为食物、唾液、黏液的混合物，有时有血迹、溃烂组织。

（四）其他

逐渐出现恶病质，癌组织侵犯喉返神经出现声音嘶哑、呛咳，晚期还会出现咯血、反复不愈的肺炎、肺脓肿（食管-气管瘘）等。

【实验室和辅助检查】

（一）内镜检查

是诊断食管癌最直接的方法，活检病理检查可确诊，对可疑病灶多点活检可提高诊断率。高发区常规内镜下染色可大大提高早期病灶的检出率，食管正常组织 Lugol 碘液着棕褐色，癌组织不着色。电子染色下放大有利于病灶的发现。超声内镜可以判断病变浸润深度、周围器官受累及局部淋巴结转移情况。

（二）影像学检查

①钡餐造影：显示早期食管癌困难，中晚期见狭窄、梗阻等；②胸部及腹部 CT 平扫+增强：可显示食管壁增厚、肿瘤外侵程度、区域淋巴结及腹腔转移；③PET-CT：可以发现食管病灶、判断是否有远处转移。

（三）组织学和细胞学检查

转移淋巴结或组织活检可明确诊断。

【诊断和鉴别诊断】

（一）诊断

年龄在 40 岁以上（高发区 35 岁以上）出现与进食有关的吞咽哽噎或吞咽困难、胸骨后疼痛均应考虑食管癌，内镜检查后病理阳性即可确诊，应给予 TNM 分期诊断，需要指出食管癌不包括贲门癌。

（二）鉴别诊断

需鉴别其他类型的食管恶性肿瘤、食管炎、良性肿瘤、贲门失弛缓症、食管良性狭窄、食管结核、食管外压迫，结合内镜、超声内镜、病理等检查鉴别诊断应无明显困难。

【治疗】 根据病期早晚、病变部位、年龄大小、身体状态来决定治疗方法，应多学科讨论确定综合治疗方案。

1. 内镜治疗 0 期和 Ⅰa 期可在内镜下行黏膜剥离或黏膜切除术，完全切除率高，5 年生存率>90%。

2. 外科治疗 对于 0（$TisN_0M_0$）、Ⅰ（$T_1N_0M_0$，$T_{2～3}N0M0$）、Ⅱ（$T_{2～3}N_0M_0$，$T_{1～2}N_1M_0$）及Ⅲ期（$T_{1～2}N_2M_0$，$T_3N_{1～2}M_0$，除 T_{4a} 和 N_3 的患者）可行手术切除；对于放射治疗未控或复发病例，无局部明显外侵或远处转移的患者也可考虑手术。

3. 放射治疗 包括根治性放疗、同步放化疗、姑息性放疗、术前和术后放疗等。适应证：癌灶能切除但合并其他疾病不能手术或不愿手术者；无法手术切除的Ⅲ期患者；外科手术完全切除的 $T_3N_0M_0$ 和 $T_{1～2}N_1M_0$ 患者，或切缘阳性的患者推荐术后放疗；$T_3N_{1～3}M_0$ 和 $T_4N_{0～3}M_0$（侵及心包、膈肌和胸膜）患者可行术前同步放化疗。

4. **化学治疗** 术后辅助化疗用于手术完全切除后分期为 $T_{2\sim3}N_0M_0$，$T_{1\sim2}N_1M_0$ 及术后残留的患者；分期为 $T_3N_{1\sim3}M_0$ 和 $T_4N_{0\sim3}M_0$ 的患者可行新辅助放化疗明显增加手术切除率；晚期不能手术者(任何 T，任何 N，M_1)行化疗仍可提高生存期。

5. **靶向治疗** 抗 EGFR 单抗，如：曲妥珠单抗在 HER-2 过表达的食管腺癌和西妥昔单抗联合放疗或化疗。

6. **联合治疗** 包括放疗+手术；放疗+化疗+手术；化疗+手术；手术+化疗。

7. **姑息治疗** 内镜下置放支架或激光可解除梗阻。

【预后】 早期食管癌外科手术疗效极佳，5 年生存率达 90%，未经治疗的患者一般在一年内死亡，进展期食管癌患者 5 年生存率仅 10%。预后不良的患者包括：Ⅲ期 T_4、Ⅳ期、食管上段癌肿、病变超过 5cm、已侵犯肌层、癌细胞分化差、已有远处转移者。

【预防】 注意高危人群的监测：食管癌高发区 40 岁以上、食管癌家族史、癌前疾病或癌前病变。对于 Barrett 食管应密切随访，但尚无肯定的预防措施。对高级别瘤变应行黏膜剥离或黏膜切除术。

（侯晓华）

推荐阅读文献

1. Katz Philip O. ，Gerson Lauren B. ，Vela Marcelo F. Guidelines for the Diagnosis and Management of Gastroesophageal Reflux Disease Am J Gastroenterol，2013，108：308-328
2. 中华消化病学分会胃肠动力学组. 胃食管反流病治疗共识意见. 中华消化杂志，2014，34：649-661
3. NCCN. Clinical Practice Guidelines in Oncology，Esophageal Cancer. 2013

Notes

第三章　胃　　炎

胃炎（gastritis）是指任何病因引起的胃黏膜炎症。胃黏膜对损害的反应涉及上皮损伤（damage）、黏膜炎症（inflammation）和上皮细胞再生（regeneration）3 个过程，但有时可仅有上皮损伤和细胞再生，而无明显的胃黏膜炎症，此时一般应称为胃病（gastropathy）。但临床上常将一些本属于"胃病"的情况也归入"胃炎"中。一般临床上将胃炎分成急性胃炎（acute gastritis）和慢性胃炎（chronic gastritis）两大类。

第一节　急　性　胃　炎

要点：

　　1. 急性糜烂出血性胃炎是急性胃炎中最重要的一型，其发生与急性应激和胃黏膜化学性损伤有关。

　　2. 其主要表现为上消化道出血，急诊内镜检查可明确诊断。

　　3. 抑制胃酸分泌或保护胃黏膜是其主要的预防和治疗策略。

急性胃炎一般指各种病因引起的胃黏膜急性炎症，病理学上指胃黏膜有大量中性粒细胞浸润。

急性胃炎主要有下列 3 种：

1. 急性糜烂出血性胃炎（acute erosive & hemorrhagic gastritis）。

2. 急性幽门螺杆菌（Helicobacter pylori，简称 H. pylori）胃炎。

3. 除 H. pylori 以外的急性感染性胃炎。

由于人群中 H. pylori 感染率很高，而且发病时多数患者症状较轻或无症状，因此临床上很难作出急性 H. pylori 胃炎的诊断。非 H. pylori 感染引起的急性感染性胃炎详见本章第三节。本节重点讨论急性糜烂出血性胃炎。

【病因和发病机制】

（一）急性应激

可由严重创伤、大手术、大面积烧伤、脑血管意外和严重脏器功能衰竭、休克、败血症等所引起。严重应激情况下机体的代偿功能不足以维持胃黏膜微循环的正常运行，造成黏膜缺血、缺氧，上皮细胞黏液和碳酸氢盐分泌减少，局部前列腺素合成不足。由此导致黏膜屏障破坏和氢离子反弥散，后者使黏膜内 pH 下降，进一步损伤了黏膜血管和黏膜，引起糜烂和出血。除多灶性糜烂外，少数可发生急性溃疡（acute ulcer），其中烧伤所致者称 Curling 溃疡，中枢神经系统病变所致者称 Cushing 溃疡。

（二）化学性损伤

1. 药物　最常见的是非甾体抗炎药（non-steroidal anti-inflammatory drugs，NSAIDs），包括阿司匹林，其机制主要是抑制环氧合酶（cyclooxygenase，COX）的作用而抑制了前列腺素的产生，详见本篇"消化性溃疡"。这类药物可引起黏膜糜烂和出血,病变除胃黏膜外,也可累及十二指肠。其他药物如氯化钾、某些抗生素或抗肿瘤药等也可刺激或损伤胃黏膜。

2. 乙醇　乙醇具有亲酯性和溶酯能力,高浓度乙醇可直接引起上皮细胞损伤,破坏胃黏膜屏障,导致黏膜水肿、糜烂和出血。

【临床表现】　多数患者症状不明显,或症状被原发疾病所掩盖。有症状者主要表现为轻微上腹不适或隐痛。该病突出的临床表现是上消化道出血,患者可以突然呕血和/或黑便为首发症状。在所有上消化道出血的病例中,急性糜烂出血性胃炎所致者占10%~30%,仅次于消化性溃疡。

【诊断】　有应激或化学性损伤因素者表现为上消化道出血时应怀疑该病,但确诊依赖于在出血后12~48小时内进行的急诊胃镜检查(emergency endoscopy),镜下可见到以多发性糜烂、浅表溃疡和出血灶为特征的急性胃黏膜病损(图4-3-1/文末彩图4-3-1)。一般急性应激所致的胃黏膜病损以胃体、胃底部为主,而NSAIDs或酒精所致的则以胃窦部为主。

【治疗和预防】　针对原发疾病和病因采取防治措施。对有上述严重疾病处于应激状态的患者,除积极治疗原发疾病外,应常规预防性给予抑制胃酸分泌的H_2-受体拮抗剂或质子泵抑制剂,或胃黏膜保护剂硫糖铝。对服

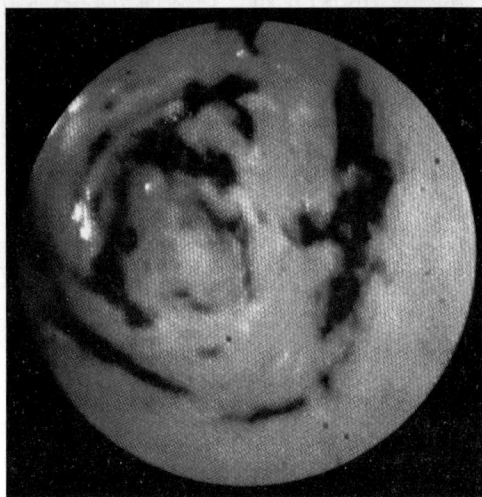

图4-3-1　急性糜烂出血性胃炎

用NSAIDs的患者应视情况应用质子泵抑制剂或米索前列醇(misoprostol)预防。对已发生上消化道大出血者,按上消化道出血治疗原则采取综合措施进行治疗(详见本篇第二十一章第一节),质子泵抑制剂静脉给药抑制胃酸分泌,提高胃内pH有助于止血和促进病变愈合。

第二节　慢性胃炎

要点:

1. 慢性胃炎是由多种病因引起的胃黏膜慢性炎症,主要病因为 *H. pylori* 感染。可分为非萎缩性和萎缩性,后者可伴胃黏膜肠化。

2. 患者可无症状或仅有非特异性的消化不良症状,确诊依赖内镜检查和胃黏膜活检组织病理学检查,后者作用更大。

3. 治疗目的是缓解症状和改善胃黏膜组织学,应尽可能针对病因。

4. 重度萎缩性胃炎患者发生胃癌的危险性增加,需注意干预和随访。

慢性胃炎是由多种病因引起的胃黏膜慢性炎症,主要由 *H. pylori* 感染所引起。胃黏膜层以淋巴细胞和浆细胞浸润为主,部分患者在后期可出现胃黏膜固有腺体萎缩(atrophy)和化生(metaplasia)。

【流行病学】　大多数慢性胃炎患者无任何症状,因此本病在人群中的确切患病率(prevalence)不完全清楚。*H. pylori* 感染是慢性胃炎主要病因(80%~95%),*H. pylori* 感染几乎无例外地引起胃黏膜炎症,感染后机体一般难以自行将其清除,而造成慢性感染。据此估计,人群中的

H. pylori 感染率大致相当于慢性胃炎的患病率。我国人群中的 *H. pylori* 感染率为 40% ~ 60%，感染率随年龄增加而升高，因此估计人群中成人慢性胃炎患病率约为 50%，发病率随年龄增加而升高。自身免疫性胃炎在北欧较多见，我国仅有少数病例报道。

【分类】 慢性胃炎的分类方法很多，我国"慢性胃炎共识意见"（2006 年和 2012 年）采纳了国际上新悉尼系统（updated Sydney system）。该方法将慢性胃炎分成非萎缩性（non-atrophic）、萎缩性（atrophic）和特殊类型（special forms）胃炎三大类，萎缩性胃炎又分成多灶性（multifocal）和自身免疫性（autoimmune）萎缩性胃炎。

【病因和发病机制】

（一）H. pylori 感染

1. *H. pylori* 感染与慢性胃炎的关系符合 Koch 提出的必要条件（Koch postulates） 即符合确定病原体为疾病病因的 4 项条件：①该病原体存在于所有患该病的患者中；②该病原体的分布与体内病变分布一致；③清除病原体后疾病可好转；④在动物模型中该病原体可诱发与人相似的疾病。大量研究表明：①80% ~ 95% 的慢性活动性胃炎患者胃黏膜中有 *H. pylori* 感染，5% ~ 20% 的阴性率反映了慢性胃炎病因的多样性；②*H. pylori* 相关胃炎者中，*H. pylori* 分布以胃窦为主，与炎症在胃内的分布完全一致；③根除 *H. pylori* 可使胃黏膜炎症消退，其中中性粒细胞消退较快；④志愿者和动物模型中已证实 *H. pylori* 感染可引起胃炎。另一种同样属于螺杆菌属的海尔曼螺杆菌（helicobacter heilmannii）感染也被证实可引起慢性胃炎，其在慢性胃炎患者中的感染率约为 0.15% ~ 0.2%。

2. 引起慢性胃炎的机制 包括：①*H. pylori* 尿素酶分解尿素产生的氨以及其产生的毒素（如空泡毒素等）、酶等，直接损伤胃黏膜上皮细胞；②*H. pylori* 诱导上皮细胞释放 IL-8，诱发炎症反应，后者损伤胃黏膜；③*H. pylori* 通过抗原模拟或交叉抗原机制诱发免疫反应，后者损伤胃黏膜上皮细胞。

3. *H. pylori* 感染所致慢性胃炎的演变 *H. pylori* 感染后几乎无例外地引起组织学胃炎。长期感染（约 5 ~ 25 年）后，部分患者可有胃黏膜萎缩和化生。*H. pylori* 相关胃炎胃黏膜萎缩和肠化生发生率在不同国家或同一国家不同地区之间存在很大差异，其发生率高低大体与胃癌发病率相平行。如印度 *H. pylori* 感染率很高，胃癌发生率低，胃黏膜萎缩/肠化生发生率低；日本 *H. pylori* 感染率高，胃癌发生率很高，胃黏膜萎缩/肠化生发生率很高。我国胃癌高发地区与低发地区相比，也存在类似情况。因此 *H. pylori* 感染后胃黏膜萎缩/肠化生的发生是 *H. pylori* 与其他因素，包括宿主（遗传）和环境因素协同作用的结果。

（二）自身免疫机制和遗传因素

胃体萎缩为主的慢性胃炎发生在自身免疫基础上，又称为自身免疫性胃炎，或称 A 型萎缩性胃炎。患者血液中存在自身抗体即壁细胞抗体（parietal cell antibody，PCA）和内因子抗体（intrinsic factor antibody，IFA）。前者使壁细胞总数减少，导致胃酸分泌减少或缺乏；后者使内因子缺乏，引起维生素 B_{12} 吸收不良，导致恶性贫血（pernicious anemia）。本病可伴有其他自身免疫性疾病，如桥本甲状腺炎、白癜风等。

恶性贫血具有遗传背景，家庭成员中萎缩性胃炎、低酸或无酸、维生素 B_{12} 吸收不良的患病率以及 PCA、IFA 阳性率很高。

近年发现 *H. pylori* 感染者中也存在着自身免疫反应，其血清抗体能和宿主的胃黏膜上皮起交叉反应，其机制主要与 *H. pylori* 抗原模拟有关。

（三）其他因素

1. 十二指肠液反流 由于幽门括约肌功能不全，胆汁、胰液和肠液大量反流入胃，削弱胃黏膜屏障功能，使胃黏膜遭到消化液损伤，产生炎症、糜烂、出血和黏膜上皮化生等变化。吸烟也可影响幽门括约肌功能，引起反流。

2. **胃黏膜损伤因子**   一些外源性因素,如长期摄食粗糙或刺激性食物、酗酒、高盐饮食、长期服用 NSAIDs 等药物,可长期反复损伤胃黏膜,造成炎症持续不愈。慢性右心衰竭、肝硬化门静脉高压症可引起胃黏膜淤血缺氧。这些因素可各自或与 *H. pylori* 感染协同起作用损伤胃黏膜。

【病理】   慢性胃炎病理变化是胃黏膜损伤和修复这对矛盾长期作用的结果,组织学上表现为炎症、萎缩和化生。在慢性炎症过程中,胃黏膜也有反应性增生变化,如胃小凹上皮过形成、黏膜肌增厚、淋巴滤泡形成、纤维组织增生等。无论炎症还是萎缩或肠化,开始时均呈灶性分布,随着病情发展,灶性病变逐渐融合成片。一般,慢性胃炎的病理变化胃窦重于胃体,小弯侧重于大弯侧;当萎缩和肠化生严重时,炎症细胞浸润反而减少。5 种形态学变量(*H. pylori*、炎症、活动性、萎缩和化生)的程度可分成无、轻度、中度和重度 4 级。

(一) *H. pylori*

主要见于黏液层和胃黏膜上皮表面或小凹间,也可见于十二指肠的胃化生黏膜,而肠化黏膜上皮上罕见。*H. pylori* 在胃内分布不均匀,一般胃窦密度比胃体高,*H. pylori* 数量与炎性细胞浸润程度成正比。

(二) 炎症

黏膜层有以淋巴细胞、浆细胞为主的慢性炎症细胞浸润。*H. pylori* 根除后慢性炎症细胞一般要一年或更长时间才能完全消失。

(三) 活动性

指黏膜中存在中性粒细胞,多见于固有膜、小凹上皮和腺管上皮之间,可形成小凹脓肿。中性粒细胞浸润是提示 *H. pylori* 感染存在的敏感指标。

(四) 萎缩

指胃固有腺体(幽门腺或泌酸腺)数量减少,是由于长期慢性炎症引起腺体破坏所致。由于腺体数量减少,黏膜层变薄,内镜下呈现胃黏膜血管网显露。但萎缩常伴有化生以及纤维组织、淋巴滤泡和黏膜肌增厚等增生变化,此时胃黏膜层不变薄,反而呈粗糙、细颗粒状外观。

(五) 化生

有两种类型:肠化生(intestinal metaplasia)和假幽门腺化生(pesudopyloric metaplasia)。前者指肠腺样腺体替代了胃固有腺体;后者指胃体泌酸腺区域颈黏液细胞增生,形成幽门腺样腺体,它与幽门腺在组织学上一般难以区别,需根据活检部位判断。通常所称的胃黏膜化生指肠化生。根据肠化生细胞黏液性质等,可将肠化生分成若干亚型:小肠型和大肠型,完全型和不完全型。曾认为大肠型或不完全型肠化生与胃癌发生关系更密切,但目前认为与胃癌风险关系更密切的是胃内肠化生分布范围(extent)和严重程度而不是其亚型。已建立了根据肠化生范围和严重程度评估胃癌发生风险的 OLGIM 系统。

(六) 异型增生(上皮内瘤变)

异型增生(dysplasia)和上皮内瘤变(intraepithelial neoplasia)可作为同义词,前者分为轻度和重度,后者分为低级别和高级别。异型增生是细胞再生过程中过度增生和丧失分化,在结构和功能上偏离正常轨道的结果,其形态学上表现为细胞异型性和腺体结构紊乱。内镜下异型增生并无特征性表现,可发生于隆起、平坦或凹陷病变中。异型增生是胃癌的癌前病变(precancerous lesion)。

【临床表现】   约 70% ~80% 的患者可无任何症状。有症状者主要表现为非特异性消化不良,如上腹疼痛或不适,这些症状一般无明显节律性,进食可加重或减轻。此外也可有食欲缺乏、嗳气、反酸、恶心等症状。这些症状的有无和严重程度与慢性胃炎的内镜所见和组织病理学分级程度无明显相关性。胃黏膜有显著糜烂者可有上消化道出血,长期少量出血可引起缺铁性贫血。恶性贫血者常有疲软、舌炎和轻微黄疸,而消化道症状则较少见。慢性胃炎的体征多不明显,有时可有上腹轻压痛。

【实验室和辅助检查】

(一)*H. pylori* 检测

(见"消化性溃疡")

(二)胃液分析

非萎缩性胃炎胃酸分泌常正常或增高;萎缩性胃炎病变主要在胃窦时,胃酸可正常或稍降低;自身免疫性萎缩性胃炎胃酸降低,严重者可无胃酸。

(三)血清胃泌素 G17、胃蛋白酶原 I 和 II 测定

有助判断胃黏膜萎缩是否存在及其分布部位和程度。胃体萎缩者血清胃泌素 G17 水平显著升高、胃蛋白酶原 I 和(或)胃蛋白酶原 I / II 比值下降;胃窦萎缩者血清胃泌素 G17 水平下降,胃蛋白酶原 I 和胃蛋白酶原 I / II 比值正常;全胃萎缩者则两者均低。

(四)自身抗体

A 型萎缩性胃炎的血清 PCA 常呈阳性。血清 IFA 阳性率比 PCA 低,但如果胃液中检测到 IFA,对诊断恶性贫血帮助很大。

(五)血清维生素 B_{12} 浓度和维生素 B_{12} 吸收试验

正常人空腹血清维生素 B_{12} 的浓度为 300 ~ 900ng/L,<200ng/L 肯定有维生素 B_{12} 缺乏。Schilling 试验能检测维生素 B_{12} 吸收情况,判断维生素 B_{12} 吸收障碍的原因。Schilling 试验呈现内因子缺乏所致的维生素 B_{12} 吸收障碍有助于恶性贫血诊断。

【诊断】 确诊主要依赖内镜检查和胃黏膜活检组织学检查,尤其是后者。*H. pylori* 检测有助于病因诊断,怀疑自身免疫性萎缩性胃炎者应检测血清胃泌素和相关的自身抗体等。

(一)内镜检查

悉尼分类将胃炎的胃镜诊断定为 7 种类型:充血渗出性、平坦糜烂性、隆起糜烂性、萎缩性、出血性、反流性和皱襞增生性胃炎,这些类型可单独或多种并存。国内 2006 年慢性胃炎研讨会上将慢性胃炎的内镜诊断分为非萎缩性胃炎和萎缩性胃炎,如同时存在平坦糜烂、隆起糜烂或胆汁反流,则诊断为非萎缩性或萎缩性胃炎伴糜烂,或伴胆汁反流。内镜下非萎缩性胃炎的诊断依据是红斑(点、片状、条状),黏膜粗糙不平,出血点/斑;萎缩性胃炎的依据是黏膜呈颗粒状,黏膜血管显露,色泽灰暗,皱襞细小(图 4-3-2/文末彩图 4-3-2)。内镜观察要描述病变分布范围(胃窦、胃体或全胃)。

(二)组织病理学检查

1. 活检取材 用于临床诊断建议取 3 块(胃窦大、小弯侧各 1 块和胃体小弯侧 1 块);用于科研时按悉尼系统要求取 5 块(胃窦和胃体的大小弯侧取各 1 块,胃角小弯侧取 1 块)。内镜医师应向病理医师提供活检部位、内镜所见和简要病史等资料,以提高诊断正确性。

2. 病理诊断报告 诊断要包括部位特征和形态学变化程度(见前述),有病因可见的要报告病因,如 *H. pylori*。病理要报告每块活检材料的组织学变化,以便临床医师结合内镜所见作出正确诊断。

【治疗】 慢性胃炎的治疗目的是缓解症状和改善胃黏膜组织学,治疗应尽可能针对病因,遵循个体化原则。无症状、无黏膜糜烂和无 *H. pylori* 感染的非萎缩性慢性胃炎不需要治疗。

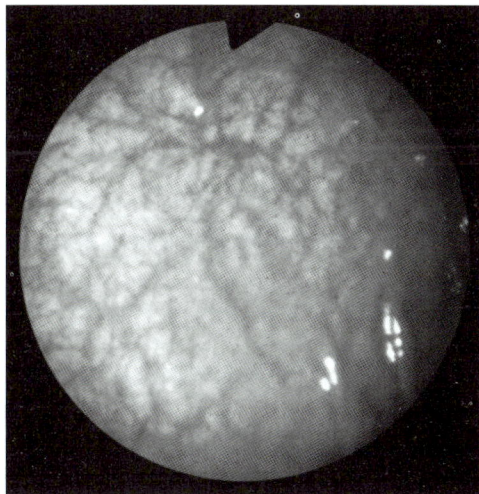

图 4-3-2 慢性萎缩性胃炎

（一）消除或削弱攻击因子

1. 根除 *H. pylori*

（1）对象：有胃黏膜糜烂或萎缩，或有消化不良症状。

（2）方案：见"消化性溃疡"。

2. 抑酸或抗酸治疗　适用于有胃黏膜糜烂或以胃灼热、反酸、上腹饥饿痛等症状为主者。根据病情或症状严重程度，选用抗酸剂、H_2受体拮抗剂或质子泵抑制剂。

3. 针对胆汁反流、服用 NSAIDs 等作相应治疗和处理　动力促进剂多潘立酮、莫沙必利、伊托必利等可消除或减少胆汁反流，咪索前列醇、质子泵抑制剂可减轻 NSAIDs 对胃黏膜的损害。

（二）增强胃黏膜防御

适用于有胃黏膜糜烂或症状明显者。药物包括胶体铋、铝碳酸镁制剂、硫糖铝、瑞巴派特、替普瑞酮、吉法酯、依卡倍特等。

（三）动力促进剂

适用于以上腹饱胀、早饱等症状为主者。

（四）中药

辨证施治，可与西药联合应用。

（五）其他

1. 伴胃黏膜异型增生的处理　轻度异型增生可加强随访观察，重度异型增生确认后应内镜下治疗或手术治疗。

2. 抗抑郁药、镇静药　适用于睡眠差、有明显精神因素者。

3. 维生素 B_{12}　适用于 A 型萎缩性胃炎有恶性贫血者。

4. 抗氧化剂　维生素 C、维生素 E、β-胡萝卜素和微量元素硒等抗氧化剂可清除 *H. pylori* 感染炎症所产生的氧自由基和抑制胃内亚硝胺化合物形成，对预防胃癌有一定作用。

【预后】　由于绝大多数慢性胃炎是 *H. pylori* 相关性胃炎，而 *H. pylori* 自发清除少见，因此慢性胃炎可持续存在，但多数患者并无症状。少部分慢性非萎缩性胃炎可发展为慢性多灶萎缩性胃炎；后者中的极少数经长期演变可发展为胃癌。根除 *H. pylori*、补充抗氧化剂等综合治疗可在一定程度上预防胃黏膜萎缩、肠化的发生和发展，部分患者胃黏膜萎缩可以逆转，但肠化生难以逆转。大约15%~20%的 *H. pylori* 相关性胃炎可发生消化性溃疡，以胃窦炎症为主者易发生十二指肠溃疡，而多灶萎缩者易发生胃溃疡。

第三节　特殊类型胃炎

（一）化学性或反应性胃炎（病）

十二指肠-胃反流、服用 NSAIDs 或其他对胃黏膜损害物质等因素的长期刺激，可引起以胃小凹增生为主、炎症细胞浸润很少为组织学特征的反应性胃黏膜病变。胃大部分切除术后失去了幽门的功能，含胆汁、胰酶的十二指肠液可长期大量反流入胃，由此而引起的残胃炎和残胃吻合口炎是典型的化学性胃炎（病）。十二指肠胃反流所致的化学性胃病可予促胃肠动力药和吸附胆汁药物（如硫糖铝、铝碳酸镁或考来烯胺）治疗，严重者可考虑行 Rous-en-Y 转流术。

（二）感染性胃炎

由于胃酸的强力抑菌作用，除 *H. pylori* 之外的细菌很难在胃内存活，因此一般人很少患除 *H. pylori* 之外的感染性胃炎。进食被微生物和（或）其毒素污染的不洁食物以及普通肠道病毒感染引起的急性胃肠炎，以肠道炎症为主，有关论述详见传染病学。当机体免疫力显著下降时，如患艾滋病、长期大量应用免疫抑制剂、严重疾病晚期等，可发生其他细菌（非特异性细菌和特异性细菌，后者包括结核、梅毒）、真菌或病毒（如巨细胞病毒）所引起的感染性胃炎。其中急性化脓性胃炎(acute suppurative gastritis)病情凶险,也可发生于内镜下胃黏膜切除术后,该病常见致病菌为甲型溶血性链球菌和金黄色葡萄球菌,化脓性炎症常起源于黏膜下层,并扩展至全层胃壁,可发生穿孔,内科治疗效果差,常需紧急外科手术。

(三) Ménétrier 病

Ménétrier 病(Ménétrier disease)的特点是:①内镜下胃体、胃底黏膜皱襞粗大、肥厚,扭曲呈脑回状;②胃黏膜组织病理学见胃小凹延长、扭曲、囊样扩张,伴壁细胞和主细胞减少;③胃酸分泌减少;④低蛋白血症(蛋白质从异常胃黏膜丢失所致)。本病多见于 50 岁以上男性。诊断时须注意排除胃泌素瘤引起的胃黏膜增生、胃黏膜癌性浸润、胃淋巴瘤及胃淀粉样变性等。本病病因未明,目前无特效治疗。有溃疡形成时予抑酸治疗;伴有 *H. pylori* 感染者宜予以根除治疗;有巨细胞病毒感染者予抗病毒治疗;蛋白质丢失持续而严重者可考虑胃切除术。

(刘文忠)

推荐阅读文献

1. 中华医学会消化病学分会. 中国慢性胃炎共识意见(2012,上海)中华消化杂志 2013;33:5-16
2. Sipponen P,Price AB. The Sydney System for classification of gastritis 20 years ago. J Gastroenterol Hepatol. 2011;26 Suppl 1:31-34
3. Rugge M,Pennelli G,Pilozzi E,et al. Gastritis:the histology report. Dig Liver Dis. 2011;43 Suppl 4:S373-384

Notes

第四章　消化性溃疡

要点:

1. 消化性溃疡是由于黏膜防御因子与侵袭因子之间失衡[侵袭因子增强和(或)防御因子减弱]所致的胃溃疡(GU)或十二指肠溃疡(DU)。

2. 幽门螺杆菌(*H. pylori*)感染和口服非甾体抗炎药(NSAIDs)是消化性溃疡的主要病因,尤其是前者,但溃疡最终发生是由于胃酸/胃蛋白酶自身消化的结果。

3. 上腹疼痛是消化性溃疡的主要症状,但缺乏特异性,确诊主要依赖于内镜检查。

4. 治疗目的在于消除病因、解除症状、愈合溃疡、防止复发和避免并发症。

5. 根除 *H. pylori* 和抑制胃酸分泌是治疗的主要策略。DU 愈合一般疗程为 4 周,GU 为 6 周。

6. 上消化道出血、穿孔、胃出口梗阻是消化性溃疡的主要并发症,内科紧急处理无效的大出血、急性穿孔或瘢痕性胃出口梗阻需手术治疗。

消化性溃疡(peptic ulcer)或消化性溃疡病(peptic ulcer disease)泛指胃肠道黏膜在某种情况下被胃酸/胃蛋白酶自身消化(self-digestion)而造成的溃疡。消化性溃疡可发生于食管、胃或十二指肠,也可发生于胃-空肠吻合口附近或含有胃黏膜的 Meckel 憩室内。因为胃溃疡(gastric ulcer,GU)和十二指肠溃疡(duodenal ulcer,DU)最常见,故一般所谓的消化性溃疡,是指 GU 和 DU。溃疡的胃或十二指肠壁缺损超过黏膜肌层(muscularis mucosae),有别于糜烂(erosion)。幽门螺杆菌(Helicobacter pylori,*H. pylori*)感染和非甾体抗炎药(non-steroidal anti-inflammatory drugs,NSAIDs)摄入,特别是前者,是消化性溃疡最主要的病因。

【流行病学】　消化性溃疡是全球性的多发病,但在不同国家、不同地区,其患病率(prevalence)存在很大差异。据估计,大约10%的人一生中患过消化性溃疡(life time prevalence)。人口为基础、内镜检查证实的流行病学调查可获得时点患病率(point prevalence),若干报道的患病率为4%~17.2%。DU 和 GU 均好发于男性,DU 比 GU 多见。溃疡可发生于不同年龄,但 DU 多见于青壮年,而 GU 则多见于中老年,前者的发病高峰一般比后者早10~20年。

近20余年来,全球消化性溃疡总体发病率呈下降趋势。随着幽门螺杆菌感染率下降,与此相关溃疡的发病率下降;但服用 NSAID(包括阿司匹林)的人群在扩大,与此相关溃疡的发病率在上升。此外,非幽门螺杆菌-非 NSAID 溃疡,即特发性(idiopathic ulcer)溃疡的比率在上升。上述趋势在发达国家尤为明显。自80年代以来,消化性溃疡者中老年人的比率呈增高趋势。

【病因和发病机理】　胃十二指肠黏膜除了接触有强侵蚀力的高浓度胃酸和能水解蛋白质的胃蛋白酶外,还可受到微生物、胆盐、酒精、药物和其他有害物质的侵袭。但在正常情况下,胃十二指肠黏膜能够抵御这些侵袭因素的损害作用,维持黏膜的完整性。这是因为胃十二指肠黏膜具有一系列防御和修复机制,包括黏液/碳酸氢盐屏障、黏膜屏障、丰富的血流、上皮细胞更新、前列腺素和表皮生长因子等。消化性溃疡的发生是由于对胃十二指肠黏膜有损害作用的侵袭因素(aggressive factors)与黏膜自身防御/修复因素(defensive/repairing factors)之间失去平衡的结果。这种失平衡可能是由于侵袭因素增强,亦可能是防御/修复因素减弱,或两者兼之。GU 和 DU 在发病机理上有不同之处,前者主要是防御/修复因素减弱,后者主要是侵袭因素增强。消化性溃疡是由多种病因所致的异质性疾病群,即患者之间溃疡发生的病因、发病机理可不相同。

(一) 幽门螺杆菌感染

大量研究充分证明,*H. pylori* 感染是消化性溃疡的主要病因。

1. 临床观察证据

(1) 消化性溃疡患者胃黏膜中 *H. pylori* 检出率高:DU 患者的 *H. pylori* 感染率为 90% ~ 100%,GU 为 80% ~ 90%。

(2) *H. pylori* 感染者中发生消化性溃疡的危险性显著增加:前瞻性研究显示,10 年中约 15% ~ 20% 的 *H. pylori* 感染者会发生消化性溃疡。

(3) 根除 *H. pylori* 可促进溃疡愈合:根除 *H. pylori* 而无抗酸分泌作用的治疗方案可有效愈合溃疡;常规治疗疗效不理想的难治性溃疡(refractory ulcer),在有效根除 *H. pylori* 治疗后,得到痊愈;应用高效抗 *H. pylori* 方案治疗 2 周,随后不再给予抗溃疡治疗,疗程结束后 2 ~ 4 周复查,溃疡愈合率可与常规抗酸分泌剂连续治疗 4 ~ 6 周的愈合率相当。

(4) 根除 *H. pylori* 显著降低溃疡复发:用常规抗酸分泌剂治疗后愈合的溃疡,停药后溃疡年复发率为 50% ~ 70%。根除 *H. pylori* 可使 DU、GU 的年复发率降至 <5% 以下。此外,根除 *H. pylori* 还可显著降低消化性溃疡出血等并发症率。

2. *H. pylori* 感染致溃疡的机制

H. pylori 凭借其毒力因子的作用,在胃型上皮(胃和有胃化生的十二指肠)定植,诱发局部炎症和免疫反应,损害局部黏膜的防御/修复功能。另一方面,*H. pylori* 感染可增加胃泌素(gastrin)释放和胃酸、胃蛋白酶原分泌,增强了侵袭因素。这两方面的协同作用造成了胃十二指肠黏膜损害和溃疡形成。

(1) 损害局部黏膜防御/修复:*H. pylori* 的毒素、有毒性作用的酶和 *H. pylori* 诱导的黏膜炎症反应均能造成胃十二指肠黏膜屏障损害。*H. pylori* 空泡毒素 A(Vac A)蛋白和细胞毒相关基因 A(CagA)蛋白是其主要毒素。*H. pylori* 尿素酶分解尿素产生的氨除了对其有保护作用外,还能直接和间接造成黏膜屏障损害。*H. pylori* 的黏液酶降解黏液,促进 H^+ 反弥散;其脂多糖可刺激细胞因子释放;其脂酶和磷脂酶 A 降解脂质和磷脂,破坏细胞膜完整性。

(2) 增强侵袭因素:*H. pylori* 感染可引起高胃泌素血症,其机制包括:①其感染引起的炎症和组织损伤使胃窦黏膜中 D 细胞数量减少,影响生长抑素(somatostatin)产生,使后者对 G 细胞释放胃泌素的反馈抑制作用减弱;②其尿素酶水解尿素产生的氨使局部黏膜 pH 值升高,干扰了胃酸对 G 细胞释放胃泌素的反馈抑制。

(3) *H. pylori* 感染引起消化性溃疡机制的假说:①"漏屋顶"假说(hypothesis of leaking roof):这是早年有学者针对 H_2 受体拮抗剂(H_2-RA)可愈合溃疡和预防溃疡复发质疑 *H. pylori* 在溃疡发病中作用而提出的假说。该假说把胃黏膜屏障比喻为"屋顶",保护其下方黏膜组织免受胃酸("雨")损伤。当黏膜受到 *H. pylori* 损害时(形成"漏屋顶"),就会导致 H^+ 反弥散("下雨"),造成黏膜损伤和溃疡形成("屋内积水")。H_2-RA 抑制胃酸分泌,尽管 *H. pylori* 感染形成了"漏屋顶",但因为"不下雨",因此"屋内不会积水"(溃疡形成)。这一假说可解释 *H. pylori* 相关 GU 的发生。②六因素假说:*H. pylori* 仅特异地定植于胃黏膜上皮,因此十二指肠黏膜胃化生(gastric metaplasia)是其感染导致十二指肠溃疡的先决条件。局部高酸、炎症和遗传因素可导致十二指肠黏膜胃化生。该假说将 *H. pylori* 感染、高胃泌素血症、胃酸/胃蛋白酶、胃化生、十二指肠炎和碳酸氢盐分泌六个因素综合起来,解释 *H. pylori* 感染在 DU 发病中作用。胃窦 *H. pylori* 感染可引起高胃酸分泌,增加十二指肠酸负荷。高酸可损伤十二指肠黏膜上皮,诱发胃化生,为细菌定植创造条件。感染引起十二指肠炎,炎症又促进胃化生,形成恶性循环。局部黏膜碳酸氢盐分泌减少,削弱防御因素;而 *H. pylori* 感染增强了侵袭因素,两者失平衡而最终导致溃疡发生。

Notes

（二）非甾体抗炎药

一些药物对胃十二指肠黏膜具有损伤作用,其中以 NSAIDs(包括阿司匹林)最为显著。临床观察表明,长期摄入 NSAIDs 可诱发消化性溃疡、妨碍溃疡愈合、增加溃疡复发率和出血、穿孔等并发症发生率。长期服用 NSAIDs 者中,内镜观察约 50% 的患者有胃十二指肠黏膜出血点和/或糜烂,5%~30% 的患者有消化性溃疡。由于摄入 NSAIDs 后与胃黏膜接触的时间较十二指肠黏膜长,因而与 GU 的关系更为密切。溃疡发生的危险性除与服用的 NSAIDs 种类、剂量大小和疗程长短相关外,还与患者年龄(>70 岁)、既往溃疡病史和并发症史、H. pylori 感染、吸烟、同时应用抗凝药物或肾上腺皮质激素等因素密切相关。

NSAIDs 损伤胃十二指肠黏膜的机制包括直接局部作用和系统作用两方面。NSAIDs 在酸性胃液中呈非离子状态,可透过黏膜上皮细胞膜弥散入细胞内;细胞内较高的 pH 环境使药物离子化而在细胞内积聚;细胞内高浓度 NSAIDs 产生毒性作用损伤细胞膜,增加氢离子反弥散,后者进一步损伤细胞,使更多的药物进入细胞内,从而造成恶性循环。NSAIDs 的肠溶制剂和前药(predrug)可在很大程度上克服药物局部作用。但临床研究结果表明,剂型改变并不能显著降低 NSAIDs 相关性溃疡和并发症发生率,提示局部作用不是其主要致溃疡机制。NSAIDs 的系统作用与其抑制环氧合酶(cyclooxygenase,COX),包括 COX-1 和 COX-2,使胃肠道黏膜中经 COX-1 途径产生的具有细胞保护作用的内源性前列腺素(PGs)合成减少,从而削弱胃十二指肠黏膜的防御作用有关。同时服用合成的 PG E_1 类似物米索前列醇(misoprostol)可预防 NSAIDs 引发溃疡是有力佐证。

据估计,西方国家中约 5% 的 DU 和 25% 的 GU 与长期服用 NSAIDs 有关。近些年来,H. pylori 相关性溃疡的比率随着人群中 H. pylori 感染率下降而降低,使 NSAIDs 相关性溃疡的比率呈现上升趋势。目前国人中长期服用非阿司匹林 NSAIDs 的比例不高,但随着人口老龄化,长期服用低剂量阿司匹林预防心血管事件者的比例在上升。

（三）胃酸和胃蛋白酶

胃蛋白酶在消化性溃疡形成的"自身消化"过程中起主要作用。但由于胃蛋白酶原的激活和胃蛋白酶活性维持依赖胃酸(pH<4.0),因此在探讨消化性溃疡发病机理和治疗措施时,主要考虑胃酸的作用。卓-艾综合征(Zollinger-Ellison Syndrone)或胃泌素瘤患者有大量胃酸分泌,可产生难治性溃疡;无酸情况下罕有溃疡发生;抑制胃酸分泌药物在未去除病因(H. pylori 和 NSAIDs)情况下仍可愈合溃疡和预防溃疡复发。这些证据充分说明,消化性溃疡的最终形成是由于胃酸/胃蛋白酶自身消化所致,这一概念在"H. pylori 和 NSAIDs 时代"仍未改变,也就是说Schwarz 在 1910 年提出的"无酸,便无溃疡"("No acid,no ulcer")的格言至今仍然正确。

DU 患者往往胃酸分泌增多,主要与下列因素有关:①壁细胞总数增多;②壁细胞对刺激物敏感性增强;③胃酸分泌的生理性反馈抑制机制发生缺陷。④迷走神经张力增高。

（四）其他危险因素

1. 吸烟　吸烟者消化性溃疡的发生率比不吸烟者高,吸烟影响溃疡愈合、促进溃疡复发和增加溃疡并发症发生率。吸烟影响溃疡形成和愈合的确切机理不明,可能与吸烟增加胃酸、胃蛋白酶分泌,抑制胰腺分泌碳酸氢盐,降低幽门括约肌张力诱发十二指肠胃反流,减低胃十二指肠黏膜血流和影响前列腺素合成等因素有关。

2. 遗传因素　随着 H. pylori 在消化性溃疡发病中重要作用的认识,遗传因素的重要性受到疑问。首先,作为消化性溃疡遗传证据的"家庭群集"(familial clustering)现象被证明是 H. pylori 在家庭内人-人之间传播所致。第二,曾被认为与遗传相关的消化性溃疡亚临床标志(高胃蛋白酶原血症 I 和家族性高胃泌素血症),在根除 H. pylori 后大多可恢复正常。第三,O 型血者发生DU 危险性较其他血型者高,曾被视为间接"遗传标志",现认为这与 O 型血者胃上皮细胞表达更多黏附受体有利于幽门螺杆菌定植有关。

Notes

但遗传因素的作用不能就此否定。孪生儿中的观察表明，单卵双胎同胞发生溃疡的一致性高于双卵双胎；在一些罕见的遗传综合征中，如多发性内分泌腺腺瘤Ⅰ型、系统性肥大细胞增多症等，消化性溃疡为其临床表现一部分。

3. **应激和心理因素**　急性应激可引起应激性溃疡已是共识。但在慢性溃疡患者，情绪应激和心理因素的致病作用，一直有争论。临床观察表明，长期精神紧张、焦虑或情绪波动的人易患消化性溃疡；DU愈合后在遭受精神应激时，溃疡容易复发或发生并发症；灾难性事件如地震、海啸发生后，溃疡发病率上升。上述事实提示，心理因素对消化性溃疡特别是DU的发生有明显影响。应激和心理因素可通过迷走神经机制影响胃十二指肠分泌、运动和黏膜血流的调控。

4. **饮食因素**　与消化性溃疡的关系不十分明确。酒、浓茶、咖啡和某些饮料能刺激胃酸分泌，摄入后易产生消化不良症状，但尚无充分证据表明长期饮用会增加溃疡发生的危险性。据称，必需脂肪酸摄入增多与消化性溃疡发病率下降相关，前者通过增加胃十二指肠黏膜中前列腺素前体成分而促进前列腺素合成。高盐饮食被认为可增加GU发生危险性，这与高浓度盐损伤胃黏膜有关。

(五) 与消化性溃疡相关的疾病

消化性溃疡，特别是DU的发病率在一些疾病患者中明显升高，这些疾病包括慢性肺部疾病（可能机制为黏膜缺氧、吸烟）、肝硬化（胃酸分泌刺激物不能被肝脏灭活、胃/十二指肠黏膜血流改变）和慢性肾功能不全（高胃泌素血症）。

【病理】

(一) 溃疡的肉眼观察

1. **部位**　DU多发生在球部，前壁比后壁多见。偶尔溃疡位于球部以下，称球后溃疡（post-bulbar ulcer）。在十二指肠球部或胃的前后壁相对应处同时发生的溃疡，称为对吻溃疡（kissing ulcers）。胃和十二指肠均有溃疡发生称复合溃疡（combined ulcers）。GU尤其是NSAIDs相关性GU可发生于胃任何部位，一般GU多发生于胃角或胃窦、胃体小弯侧，而病变在胃体大弯或胃底者罕见。在组织学上，GU一般发生在幽门腺区（胃窦）与泌酸腺区（胃体）交界处的幽门腺区一侧。幽门腺区黏膜可随年龄增长而扩大（假幽门腺化生和（或）肠化生），结果使与泌酸腺区黏膜之交界线上移，故老年患者发生于胃体中上部高位溃疡的比例较高。

2. **数目**　消化性溃疡大多是单发，少数在胃或十二指肠中可有2个或2个以上溃疡并存，称为多发性溃疡（multiple ulcers）。

3. **大小**　溃疡直径一般<2cm，但巨大溃疡（≥2cm）亦非罕见，需与恶性溃疡鉴别。

4. **形态**　典型的溃疡呈圆形或椭圆形，但亦有呈不规则形或线形。

5. **深度**　浅者仅超过黏膜肌层，深者可贯穿肌层，甚至浆膜层。

6. **并发病变**　深的溃疡可穿透浆膜层而引起穿孔。前壁穿孔多引起急性腹膜炎；后壁穿孔往往和邻近器官如胰、肝、横结肠等粘连，而称穿透性溃疡（penetrated ulcer）。深及肌层的溃疡愈合后多遗留瘢痕，同一部位溃疡多次复发，瘢痕收缩可使局部发生畸形，如球部的假憩室形成、胃出口梗阻。合并大出血的溃疡，有时基底部可见裸露的血管。

(二) 溃疡的显微镜下观察

由浅及深可分为纤维脓性渗出物、嗜酸性坏死组织、肉芽组织和纤维瘢痕4层。

【临床表现】　本病的主要症状是消化不良（dyspepsia），表现为上腹部疼痛或不适。但部分患者可无症状，或以出血、穿孔等并发症为首发症状。

(一) 疼痛

上腹部疼痛是主要症状，多位于上腹中部，可偏右或偏左，后壁溃疡特别是穿透性溃疡疼痛可放射至背部。疼痛严重程度不一，可呈隐痛、钝痛、胀痛、烧灼样或饥饿样痛。典型的DU疼痛常在两餐之间或餐前发生，进食或服用抗酸剂后可缓解，可发生于夜间；GU疼痛多在餐后1

Notes

小时内出现,经 1~2 小时后逐渐缓解,直至下餐进食后再复现上述节律。但疼痛对消化性溃疡的诊断缺乏敏感性和特异性,因为无疼痛的患者不在少数,功能性消化不良或甚至胃癌患者也可有类似疼痛,溃疡已愈合的部分患者仍可有上腹疼痛。

(二)其他症状

除上腹疼痛外,尚可有反酸、嗳气、胃灼热、上腹饱胀/不适、恶心、呕吐、食欲减退等症状,这些症状也缺乏特异性。

(三)体征

无并发症的消化性溃疡多无体征。在溃疡活动期,部分患者可有上腹部局限性轻压痛,但缺乏特异性。

【消化性溃疡的特殊类型和问题】

(一)无症状性溃疡(silence ulcer)

约 15%~35% 消化性溃疡患者可无任何症状,多在因其他疾病行内镜检查或 X 线钡餐检查时被发现,或当发生出血、穿孔等并发症时,甚至于尸体解剖时始被发现。这类消化性溃疡可见于任何年龄,但以老年人为多见。维持治疗中复发的溃疡半数以上无症状;无症状性溃疡在 NSAIDs 诱发的溃疡中占 30%~40%。

(二)老年人消化性溃疡

近 30 多年来,消化性溃疡者中老年人的比率呈增高趋势。老年消化性溃疡临床表现多不典型,有许多方面与青壮年消化性溃疡不同。老年者中 GU 发病率等于或多于 DU;胃体中上部高位溃疡以及胃巨大溃疡多见,需与胃癌鉴别;无症状或症状不明显者的比率较高;疼痛多无规律,食欲缺乏、恶心、呕吐、体重减轻、贫血等症状较为突出。

(三)胃、十二指肠复合溃疡

指胃和十二指肠同时发生的溃疡,约占全部消化性溃疡的 5%,DU 往往先于 GU 出现。一般认为,GU 如伴随 DU,则其恶性的机会较少,但这只是相对而言。

(四)幽门管溃疡(pyloric channel ulcer)

幽门管位于胃远端,与十二指肠交接,长约 2cm。幽门管溃疡的病理生理与 DU 相似,胃酸一般增多。幽门管溃疡常缺乏典型溃疡的节律性疼痛,餐后上腹痛多见,对抗酸剂反应差,容易出现呕吐等胃出口梗阻症状,穿孔或出血的并发症也较多。

(五)十二指肠球后溃疡

约占 DU 的 3%。溃疡多发生于十二指肠乳头近端。球后溃疡多具有 DU 的临床特点,但夜间疼痛和背部放射痛更为多见,对药物治疗反应稍差,较易并发出血。

(六)难治性溃疡

指正规治疗 8 周(DU)或 12 周(GU)后,经内镜检查确定未愈的消化性溃疡和/或愈合缓慢、复发频繁的消化性溃疡。随着有强烈抑制胃酸分泌作用的 PPI 问世及消化性溃疡病因新认识带来的防治策略的改变,真正难以愈合的消化性溃疡现已很少见。

【实验室和辅助检查】

(一)幽门螺杆菌检测

H. pylori 感染的诊断已成为消化性溃疡的常规检测项目,其方法可分为侵入性和非侵入性两大类,前者需做内镜检查和胃黏膜活检,可同时确定存在的胃十二指肠疾病,后者仅提供有无 H. pylori 感染的信息。目前常用的侵入性试验包括快速尿素酶试验(rapid urease test,RUT)、组织学检查、培养等;非侵入性试验主要有^{13}C-或^{14}C-尿素呼气试验(urea breath test,UBT)、粪便 H. pylori 抗原(H. pylori stool antigen,HpSA)检测和血清学试验等。

RUT 是侵入性试验中诊断 H. pylori 感染的首选方法,操作简便、费用低。组织学检查可直接观察 H. pylori,与常规 H-E 染色相比,Warthin-Starry 等特殊染色能提高检出率。非侵入性试验

中 ^{14}C-UBT 或 ^{13}C-UBT 检测诊断 *H. pylori* 感染的敏感性和特异性高,可作为根除治疗后复查的首选方法。HpSA 诊断 *H. pylori* 感染的敏感性和特异性也很高,正在推广中。定性检测抗 *H. pylori* 抗体 IgG 的血清学试验不宜作为治疗后 *H. pylori* 是否根除的证实试验。

(二)胃液分析

GU 患者胃酸分泌正常或低于正常,部分 DU 患者则增多,但与正常人均有很大重叠,故其对消化性溃疡诊断和鉴别诊断帮助不大。目前主要用于胃泌素瘤的辅助诊断。

(三)血清胃泌素测定

一般消化性溃疡患者的血清胃泌素水平可能稍有异常,但无诊断意义,故不应列为常规。但如怀疑胃泌素瘤,则应作此项测定。血清胃泌素水平一般与胃酸分泌呈反比:胃酸减少,胃泌素水平高;胃酸增多,胃泌素水平低。但胃泌素瘤则两者同时升高。

【诊断】　病史分析中,消化不良症状和/或上消化道出血(呕血和/或黑便)是诊断本病主要线索,但不具特异性。确诊主要依靠内镜检查,X 线钡餐检查作用有限。

(一)内镜检查

可对胃十二指肠黏膜直视观察,发现溃疡,取黏膜活检(病理检查和 *H. pylori* 检测),溃疡出血者还可行再出血风险评估和止血治疗。内镜检查诊断消化性溃疡和鉴别胃良、恶性溃疡的准确性均显著高于 X 线钡餐检查。

1. 内镜下溃疡分期　分成活动期(active stage,A)、愈合期(healing stage,H)和瘢痕期(scar stage,S),其中每一病期又分为两个阶段。

2. 溃疡出血的 Forrest 分类　可预测溃疡再出血风险,指导临床处理。根据溃疡基底所见分类,分成Ⅰa:活动性喷血、Ⅰb:活动性渗血、Ⅱa:血管裸露(未出血)、Ⅱb:黏附血凝块、Ⅱc:平坦色素点和Ⅲ:洁净底。活动性出血、血管裸露和黏附血凝块者,溃疡再出血风险较高。

(二)X 线钡餐检查

随着内镜检查普及,现已少用。钡餐检查发现的胃溃疡均需内镜检查证实和活检,以排除恶性溃疡。检查多采用气钡双重造影,龛影是溃疡的直接征象,局部痉挛、激惹现象、十二指肠球部畸形和局部压痛等是间接征象。

【鉴别诊断】　本病主要临床表现为上腹疼痛或不适等消化不良症状,所以需与其他有消化不良症状的疾病鉴别;胃溃疡必须与胃恶性溃疡鉴别;此外,亦需与表现为消化性溃疡的卓-艾综合征鉴别。

(一)与有消化不良症状的其他疾病鉴别

不少其他疾病,包括胃食管反流病、功能性消化不良(包括慢性胃炎)、胃癌和肝胆胰等器官疾病也可以产生消化不良症状,仅根据症状难以鉴别,内镜检查是确定有无消化性溃疡最可靠手段。

(二)胃溃疡与胃癌鉴别

溃疡型胃癌,特别是早期胃癌的内镜表现易与胃良性溃疡混淆。内镜检查发现的胃溃疡均应取活检,并尽可能在治疗后复查内镜以证实溃疡愈合。晚期溃疡型胃癌内镜下形状多不规则,底凹凸不平,苔污秽,边缘呈结节状隆起,易与胃良性溃疡鉴别。

(三)卓-艾综合征

亦称胃泌素瘤,其分泌的大量胃泌素刺激壁细胞增生和分泌大量胃酸/胃蛋白酶原,使上消化道持续处于高酸环境。因此除了在典型部位(胃、十二指肠球部)发生溃疡外,也可在不典型部位(十二指肠降段、水平段、甚至近端空肠和胃大部切除后的吻合口)发生溃疡。这种溃疡易并发出血、穿孔,具有难治性特点。部分患者可伴有腹泻,这是由于进入小肠的大量胃酸损伤肠黏膜上皮细胞和影响胰脂酶活性等所致。对难治、多发、不典型部位、胃大部切除后迅速复发和/或伴有腹泻的消化性溃疡,和/或内镜检查发现胃黏膜皱襞显著粗大、增生者,应警惕胃泌素瘤可能。胃液 pH 测定（<2.0）、血清胃泌素测定（停服 PPI 2 周，>500ng/L）、血铬粒素 A（chromogranin A）测定以及激发试验（胰泌素试验阳性）有助于胃泌素瘤定性诊断；超声检查（包括超声内镜）、CT、MRI、选择性血管造影、生长抑素受体闪烁显像（somatostatin receptor scintigraphy）等有助于胃泌素瘤定位诊断。

【并发症】 出血、穿孔和胃出口梗阻是消化性溃疡主要并发症。近二十年来，有效抗溃疡药物的不断问世和根除 *H. pylori* 治疗的广泛开展提高了溃疡愈合率、降低了复发率，因而溃疡并发症发生率也显著下降。

（一）上消化道出血

是消化性溃疡最常见并发症，DU 并发出血的发生率比 GU 高，十二指肠球部后壁溃疡和球后溃疡更易发生出血。约 10%～20% 的消化性溃疡患者以出血为首发症状，在 NSAIDs 相关溃疡者中这一比率更高。在上消化道出血的各种病因中，消化性溃疡出血约占 30%～50%。

出血量多少与被溃疡侵蚀的血管大小有关。侵蚀稍大动脉时，出血急而量多；而溃疡基底肉芽组织的渗血或溃疡周围黏膜糜烂出血的量一般不大。溃疡出血轻者只表现为黑便，重者出现呕血以及失血过多所致循环衰竭的临床表现，严重者可发生休克。消化性溃疡患者在发生出血前常有上腹疼痛加重的现象，但一旦出血后，上腹疼痛多随之缓解。部分患者，尤其是老年患者，并发出血前可无症状。

消化性溃疡病史和上消化道出血临床表现，可作为诊断线索。但须与急性糜烂性胃炎、食管或胃底静脉曲张破裂、食管贲门黏膜撕裂症和胃癌等所致的出血鉴别。应争取在出血 12～24 小时内行急诊内镜检查。内镜检查的确诊率高，不仅能观察到出血部位、病变和出血状态，还可在内镜下采用注射或喷洒止血药物、止血夹钳夹、激光、微波、热电极等方法止血。

（二）穿孔

溃疡病灶向深部发展穿透浆膜层则并发穿孔。溃疡穿孔在临床上可分为为急性、亚急性和慢性三种类型。急性穿孔的溃疡常位于十二指肠前壁或胃前壁，发生穿孔后胃肠内容物渗入腹膜腔而引起急性腹膜炎。十二指肠后壁或胃后壁的溃疡深达浆膜层时已与邻近组织或器官发生粘连，穿孔时胃肠内容物不致流入腹腔，称之为慢性穿孔或穿透性溃疡。邻近后壁的穿孔或穿孔较小而只引起局限性腹膜炎时，称亚急性穿孔。

溃疡急性穿孔的主要表现为急性腹膜炎。突然出现剧烈腹痛，腹痛常起始于中上腹或右上腹，呈持续性，可蔓延到全腹。患者有腹肌强直、腹部压痛和反跳痛；肠鸣音减弱或消失；肝浊音界缩小或消失，表示有气腹存在。外周血白细胞总数和中性粒细胞增多，腹部 X 线透视时可见膈下游离气体。亚急性或慢性穿孔的临床表现不如急性穿孔严重，可只表现为局限性腹膜炎。后壁溃疡穿透时，原来的疼痛节律往往发生改变，疼痛放射至背部，治疗效果差。

消化性溃疡穿孔须与急性阑尾炎、急性胰腺炎、宫外孕破裂、缺血性肠病等急腹症相鉴别。

（三）胃出口梗阻

80% 以上由 DU 引起，其余为幽门管溃疡或幽门前区溃疡所致。产生的原因分两类：一类是溃疡活动期溃疡周围组织炎性充血、水肿或炎症引起的幽门反射性痉挛所致，此类胃出口梗阻属暂时性，内科治疗有效，可随溃疡好转而消失。另一类是由于溃疡多次复发，瘢痕形成和瘢痕组织收缩所致，内科治疗无效，多需内镜下扩张治疗或外科手术。

胃出口梗阻引起胃滞留，临床上主要表现为上腹部饱胀不适和呕吐。上腹饱胀以餐后为甚，呕吐后可减轻，呕吐物量多，内含发酵宿食。呕吐次数一般不多，视幽门通道受阻的程度而定。患者因不能进食和反复呕吐而逐渐出现体弱、脱水和低氯低钾性碱中毒等临床表现。清晨空腹时插胃管抽液量>200ml，即提示有胃滞留。上腹部空腹振水音和胃蠕动波是胃出口梗阻的典型体征。

【治疗】 治疗目的在于除去病因（幽门螺杆菌、吸烟，尽可能停服 NSAID/阿司匹林）、消除症状、愈合溃疡、防止溃疡复发和避免并发症。消化性溃疡在不同患者的病因不尽相同，发病机制亦可能各异,所以每一病例的处理应个体化。

(一)一般治疗

生活要有规律,注意劳逸结合,避免过度劳累和精神紧张。溃疡活动期应避免辛辣食物和浓茶、咖啡、酒等饮料,吸烟者应尽可能戒除。服用 NSAID/阿司匹林者是否停服,应根据相关病情决定。

(二)药物治疗

20 世纪 70 年代以前本病的治疗主要用抗酸剂和抗胆碱能药物,H_2-RA 西咪替丁(cimetidine)的问世是消化性溃疡治疗史上的第一次革命(Black 获得 1988 年度诺贝尔生理学或医学奖),近三十年来倡导的根除 *H. pylori* 是治疗史上的第二次革命(Marshall 和 Warren 获得 2005 年度诺贝尔生理学或医学奖)。

1. **根除 *H. pylori*** 目前的共识是不论溃疡初发或复发,不论溃疡活动或愈合,不论有无溃疡并发症史,*H. pylori* 相关性溃疡均应行根除治疗。

(1) 治疗方案:因为多数抗生素在胃低 pH 环境下活性降低和不能透过黏液层到达细菌定植处,所以迄今为止尚无单种药物能有效根除 *H. pylori*。为此,发展了将抗酸分泌剂、抗生素和起协同作用的铋剂联合应用的治疗方案。随着 *H. pylori* 对克拉霉素、甲硝唑和左氧氟沙星等抗生素耐药率上升,经典三联疗法根除率已显著下降。我国"第四次全国幽门螺杆菌感染处理共识报告"(2012 年)主要推荐 PPI+铋剂+两种抗生素的四联疗法,PPI 联合铋剂可在一定程度上克服抗生素耐药,推荐的疗程为 10 天或 14 天。四联疗法方案中的抗生素组合和剂量见表 4-4-1,PPI 剂量见表 4-4-2,铋剂推荐胶体次枸橼酸铋 220mg bid。

表 4-4-1　推荐的四联疗法方案中的抗生素组合和剂量

方案	抗生素 1	抗生素 2
1	阿莫西林 1000mg bid	克拉霉素 500mg bid
2	阿莫西林 1000mg bid	左氧氟沙星 500mg qd 或 200mg bid
3	阿莫西林 1000mg bid	呋喃唑酮 100mg bid
4a	四环素 750mg bid	甲硝唑 400mg bid 或 tid
4b	四环素 750mg bid	呋喃唑酮 100mg bid

表 4-4-2　常用抗酸分泌药物(剂量 mg)

药物	每粒剂量	治疗溃疡标准剂量	根除 *H. pylori* 标准剂量
PPIs			
奥美拉唑	20	20 qd	20 bid
兰索拉唑	30	30 qd	30 bid
泮托拉唑	40	40 qd	40 bid
*雷贝拉唑	10	10 qd	10 bid
埃索美拉唑	20	20 qd	20 bid
H_2-RAs			
西咪替丁	400 或 800	400 bid 或 800 qn	
雷尼替丁	150	150 bid 或 300 qn	
法莫替丁	20	20 bid 或 40 qn	
尼扎替丁	150 或 300	150 bid 或 30 qn	

*国际上多推荐 20mg

（2）根除治疗结束后是否继续抗溃疡治疗：DU 如无并发症史、溃疡面积较小和治疗后症状消失者，可不再继续抗溃疡治疗；但有溃疡并发症史、溃疡面积较大或抗 *H. pylori* 治疗结束时患者症状未缓解者，应在抗 *H. pylori* 治疗结束后继续用抗酸分泌剂治疗 2～3 周，总疗程达到约 4 周。GU 在根除 *H. pylori* 治疗后仍应继续抗酸分泌治疗 4 周。

（3）根除治疗后复查：应在治疗完成后不少于 4 周时进行，复查前至少停用 PPI 2 周，以免造成假阴性。因为 GU 需内镜证实溃疡愈合以排除恶性，故可用侵入性方法复查。DU 可用非侵入性的 ^{13}C-或 ^{14}C-尿素呼气试验复查。

2. 抗酸分泌   常用的抗酸分泌药物有 H_2-RA 和 PPI 两大类（表 4-4-2），后者作用于壁细胞胃酸分泌步骤中的关键酶-H^+-K^+-ATP 酶，属于终末抑制，抑制胃酸分泌作用比前者强而持久。碱性抗酸药物中和胃酸，对缓解溃疡疼痛有一定效果，但愈合溃疡率低，现已少用。

溃疡愈合特别是 DU 的愈合与酸分泌抑制强度和抑制时间成正比，故 PPI 的疗效显著高于 H_2-RA（前者愈合率高约 10%～20%）。用 PPI 治疗，一般推荐的疗程为 DU 4 周，GU 6 周，溃疡愈合率可达 90% 或以上。

3. 保护胃黏膜   目前除胶体次枸橼酸铋用于根除 *H. pylori* 联合治疗外，胃黏膜保护剂已很少用于消化性溃疡治疗，药物主要有以下 3 种：

（1）硫糖铝（sucralfate）：抗溃疡机理主要与其黏附、覆盖在溃疡面上阻止胃酸、胃蛋白酶侵袭溃疡面和促进内源性 PGs 合成等有关，其愈合溃疡的疗效与 H_2-RA 相似，可用于 GU 治疗。便秘是其主要不良反应。

（2）胶体次枸橼酸铋（colloidal bismuth subcitrate，CBS）：除有与硫糖铝相似作用外，还有较强抗 *H. pylori* 作用，目前主要用于根除 *H. pylori* 联合治疗。短期服用 CBS 者除了舌发黑外，很少出现不良反应；为避免铋在体内过量积蓄，不宜连续长期服用。

（3）米索前列醇（misprostol）：属于 PG E1 类似物，主要用于 NSAID/阿司匹林相关溃疡的预防。腹泻是其主要不良反应；可引起子宫收缩，孕妇忌服。

（三）一些特殊溃疡的处理

1. NSAIDs 相关溃疡

（1）治疗：单纯 NSAIDs 相关性溃疡停服 NSAIDs 后，可用常规抗溃疡方案进行治疗。如不能停服 NSAIDs，则应该选用 PPI 进行治疗。

（2）预防：当病情需要继续服用 NSAIDs 时，应尽可能选用对胃肠道黏膜损害较轻的药物或应用选择性 COX-2 抑制剂，但须注意后者对心血管疾病的风险。既往有消化性溃疡病史或有严重疾病、高龄等因素对溃疡及其并发症不能承受者或同时应用抗凝药物、肾上腺皮质激素等药物者，可预防性地同时服用抗溃疡药，如 PPI 或米索前列醇。

（3）伴 *H. pylori* 感染者的处理：*H. pylori* 感染和 NSAIDs 摄入是溃疡发生的两个独立危险因素，两者致溃疡机制不同。长期服用 NSAIDs 前根除 *H. pylori* 可降低 NSAIDs 相关溃疡的发生率。

2. 难治性溃疡的处理

（1）积极寻找溃疡病因：包括是否有 *H. pylori* 感染，排除 *H. pylori* 感染假阴性、服用 NSAID/阿司匹林或胃泌素瘤的可能性；排除类似消化性溃疡的恶性溃疡及其他病因如克罗恩病、结核等所致的良性溃疡。吸烟者要戒烟。明确溃疡病因后作相应处理。

（2）优化胃酸抑制：空腹（餐前半小时）服用 PPI 的疗效比餐后服用高。PPI 的代谢或抑酸强度存在个体差异，受到宿主细胞色素 CYP2C19 基因多态性影响。选择受 CYP2C19 基因多态性影响较小的 PPI 如埃索美拉唑或雷贝拉唑，可减少个体差异，提高疗效。尽管多数消化性溃疡用标准剂量 PPI 每日 1 次治疗即可愈合，但少数患者需要用加倍剂量 PPI 治疗（每日 2 次）才能获得满意的抑酸效果。

Notes

（3）酌情延长疗程:溃疡的愈合速度受到溃疡大小的影响,巨大溃疡(直径>2cm)愈合所需要的时间>8周,故应适当延长疗程。

(四) 溃疡复发、出血的预防

H. pylori 相关性溃疡在根除 *H. pylori* 后溃疡复发率显著降低,但下列消化性溃疡患者仍有较高复发率:①难以停服 NSAID/阿司匹林;②非 *H. pylori*-非 NSAID 溃疡;③*H. pylori* 难以根除。出血是溃疡最常见并发症,在高龄、伴存其他严重疾病的患者,出血量大时可危及生命,应作为复发预防的重点。预防的主要措施是维持治疗(maintenance therapy),药物包括 PPI 和 H_2-RA,目前多推荐用标准剂量 PPI 半量或全量长期维持,对高危患者(不能停服 NSAID/阿司匹林、有溃疡出血史,或高龄、伴存的严重疾病对溃疡复发难以承受者)推荐 PPI 全量维持。

(五) 手术治疗

适应证为:①消化性溃疡大出血内镜下治疗和(或)动脉栓塞介入治疗失败;②急性穿孔;③瘢痕性幽门梗阻;④不能排除恶性的胃溃疡。

【预后】　药物治疗的进展已极大地改善了消化性溃疡预后。目前消化性溃疡死亡率已降至1%以下,死亡的主要原因是大出血或急性穿孔,尤其是发生于老年和/或伴存有其他严重疾病的患者。

(刘文忠)

推荐阅读文献

1. Nimish Vakil. Peptic ulcer disease. //Mark Feldman, Lawrence S. Friedman, Lawrence J. Brandtz. Sleisenger & Fordtran's Gastrointestinal and Liver Disease, 9th edition. Philadelphia: Saunders, 2010, 861-868

2. Joseph Sung. Peptic ulcer disease. //David. Warrell, Timothy M. Cox, John D. Firth. Oxford Textbook of Medicine, 5th edition. New York: Oxford University Press, 2010, 2305-2315

3. Laine L, Jensen DM. Management of patients with ulcer bleeding. Am J Gastroenterol. 2012; 107: 345-360

4. Banić M, Malfertheiner P, Babi Z, et al. Historical impact to drive research in peptic ulcer disease. Dig Dis. 2011; 29: 444-453

5. 刘文忠, 谢勇, 成虹, 等. 第四次全国幽门螺杆菌感染处理共识报告, 中华内科杂志 2012; 51: 832-837

6. 刘文忠. 难治性和复发性消化性溃疡的处理. 胃肠病学 2011; 16: 193-195

7. Gustafson J1, Welling D. "No acid, no ulcer"—100 years later: a review of the history of peptic ulcer disease. J Am Coll Surg. 2010; 210: 110-116

第五章 胃 癌

要点:

1. 胃癌是发生于胃黏膜上皮的恶性肿瘤,是最常见的恶性肿瘤之一。
2. 幽门螺杆菌感染、环境因素和遗传因素在本病的发生中起重要作用。
3. 胃癌早期者可无症状或仅有非特异性消化不良,晚期者可有出血、梗阻、腹块或转移症状。确诊主要依赖内镜检查加活检组织病理检查。
4. 治疗可根据病期采用内镜下切除、手术治疗或(和)化疗等手段。
5. 根除幽门螺杆菌、适当补充抗氧化剂和对高危人群进行定期随访是预防和早期发现胃癌的主要措施。

胃癌(gastric cancer)或胃腺癌(gastric adenocarcinoma)是指发生于胃黏膜上皮的恶性肿瘤,约占所有胃恶性肿瘤的95%以上。

【流行病学】 胃癌是世界上最常见的恶性肿瘤之一,其发病率分布存在明显地域差异。日本、中国、韩国、俄罗斯、南美和东欧等为高发区,每年最高可达40/10万以上,而北美、西欧、澳大利亚、新西兰和非洲一些国家为低发区,发病率高低可相差10倍以上。我国发病率也存在明显的地区差异。西北黄土高原、东北辽东半岛、胶东半岛以及江、浙、闽等地区为高发地区,而广东、广西等省份发病率很低。近30多年来,胃癌发病率呈缓慢下降趋势。胃癌发病率男性约为女性2倍。

【病因和发病机制】 确切病因尚未完全阐明,但病因属多因素,是幽门螺杆菌(Helicobacter pylori,简称 *H. pylori*)感染、环境因素和遗传因素协同作用的结果已成为共识。

(一)病因

1. 幽门螺杆菌感染 主要证据有:①前瞻性流行病学调查显示,*H. pylori* 感染可增加胃癌发病危险性4~6倍。②Correa提出的肠型胃癌发病多阶段模式(正常胃黏膜-非萎缩性胃炎-萎缩性胃炎-肠化生-异型增生-胃癌)已被普遍接受,*H. pylori* 感染在炎症、萎缩和肠化生的发生中起重要作用。根据上述理由1994年WHO属下国际癌肿研究机构将 *H. pylori* 列为引起胃癌的第1类(肯定)致癌原。③1998年日本学者在仅用 *H. pylori* 感染的蒙古沙鼠中诱发出胃癌。④高危人群(胃癌高发区人群、早期胃癌内镜下切除者)干预性根除 *H. pylori* 可降低胃癌发生率。⑤*H. pylori* 阴性胃癌仅占极少数(1%)。

目前认为幽门螺杆菌感染是人类肠型胃癌发病的先决条件(prerequisite)。一些毒力较强的菌株(cagA+、vacA s1、babA2+等)感染可能与胃癌发病的关系更密切。但 *H. pylori* 感染者中最终仅<1%发生胃癌,提示单独 *H. pylori* 感染还不足以引起胃癌,必须有其他因素参与。

2. 环境因素 流行病学调查资料显示,从胃癌高发区国家向低发区国家的移民,第一代仍保持胃癌高发病率,但第二代显著下降,而第三代发生胃癌的危险性已接近当地居民。由此提示环境因素与胃癌发病相关。一些环境因素,如水土中含过多硝酸盐、微量元素比例失调等,可直接或间接通过饮食途径与胃癌相关;饮食习惯的改变可影响胃癌发生危险性。流行病学调查显示,高盐饮食、吸烟、饮酒过度,缺乏新鲜菜、水果,经常食用霉变、腌制、熏烤等食物,均可增加胃癌发生危险性。其机制可能与引起胃黏膜损伤,食物中含有硝酸盐、亚硝酸盐、苯并芘等前致癌物或致癌物,食物中缺乏具有保护作用的抗氧化剂(维生素 C、维生素 E 和微量元素硒)等因素有关。

3. 遗传因素 约 10% 的胃癌发病有家族聚集倾向。约 1% ~3% 的胃癌属遗传性胃癌,其中编码钙粘蛋白(E-cadherin)的 CDH1 基因突变所致的遗传性弥漫性胃癌(hereditary diffuse gastric cancer,HDGC)是较为清楚的一种。胃癌可以是遗传性非息肉性结肠癌(hereditary nonpolyposis colon cancer,HNPCC)的部分表现,后者具有显著的遗传特性。在<40岁发生的胃癌中,遗传因素起重要作用。个体白细胞介素-1β(IL-1β)和其他炎性细胞因子如白细胞介素-10(IL-10)、肿瘤坏死因子-α(TNF-α)等基因多态性影响 *H. pylori* 感染后胃黏膜的炎症/萎缩程度和胃酸分泌状态,一些胃黏膜炎症/萎缩程度较重、低胃酸者,胃癌发生危险性较高。

4. EB 病毒感染 少部分胃癌,特别是病理组织学上显示未分化型的胃癌,其发生可能与EB 病毒感染相关。

(二)胃癌的癌前变化

胃癌很少直接从正常胃黏膜上皮发生,而大多发生于原有病理变化的基础上,即癌前变化(precancerous changes)。1978 年 WHO 专家会议将胃癌的癌前变化分为癌前病变(precancerous lesion)和癌前状态(precancerous condition)两类,沿用至今。癌前病变指一类易发生癌变的胃黏膜病理组织学变化,即异型增生(dysplasia)或上皮内瘤变;癌前状态指一些发生胃癌危险性明显增加的临床情况,包括:①萎缩性胃炎(伴或不伴有肠化生和恶性贫血):中、重度萎缩性胃炎的胃癌年发生危险性(annual risk)约为 0.5%;②慢性胃溃疡:溃疡边缘黏膜反复损伤、修复,增加细胞恶变机会(目前已倾向否定胃溃疡恶变);③残胃:指胃良性疾病手术后,癌变一般在术后 15 ~20 年以上才发生,与低胃酸、胆汁反流等因素有关,Billroth Ⅱ式后的风险较 Ⅰ 式高;④胃息肉:增生性(或炎症性)息肉恶变率很低,仅 1%;腺瘤性息肉恶变率 40% ~70%,直径>2cm 息肉恶变率更高;⑤胃黏膜巨大皱襞症:报道的恶变率约为 10%。

(三)发病机制

H. pylori 感染几无例外地引起慢性非萎缩性胃炎;一些毒力较强的 *H. pylori* 菌株感染后,在环境因素和遗传因素协同作用下,部分个体发生胃黏膜萎缩和肠化生。胃黏膜萎缩导致胃内微环境改变:胃酸分泌减少,胃内 pH 升高使胃内非 *H. pylori* 细菌过度繁殖,细菌将食物中摄入的硝酸盐还原成亚硝酸盐,后者与食物中的二级胺结合,生成 N-亚硝基化合物。亚硝基化合物是致癌物,它一方面加重胃黏膜萎缩,形成所谓"恶性循环",另一方面可损伤胃黏膜上皮细胞DNA,诱发基因突变。此外,*H. pylori* 感染可引起胃黏膜上皮细胞增殖和凋亡水平失衡:细胞增殖增加,凋亡减少;炎症产生的氧自由基等也可损伤细胞 DNA,诱发基因突变。在这些因素的长期作用下,导致某些癌基因激活、抑癌基因失活和 DNA 错配修复基因突变。这些分子改变事件的逐步累积,使细胞异型性不断增加(异型增生),最终发生肠型胃癌。

【**病理**】 胃癌的好发部位依次为胃窦、胃角、胃体和贲门。近二十多年来由于胃窦部癌发病率下降而使贲门癌的比例有所上升。

(一)分期

胃癌可分为早期和进展期。早期胃癌(early gastric cancer)的癌组织局限于胃黏膜和黏膜下层,而不论有无淋巴结转移(侵及黏膜下层者中 11% ~40% 有局部淋巴结转移)。进展期胃癌(advanced gastric cancer)深度超过黏膜下层,其中侵入肌层者称为中期,侵及浆膜或浆膜外组织者称为晚期。胃癌的 TNM 分期见表 4-5-1。

Notes

表 4-5-1　胃癌 TNM 分期（AJCC/UICC 第 7 版,2010 年）

0 期	Tis	N0	M0	ⅢA 期	T4a	N1	M0
ⅠA 期	T1	N0	M0		T3	N2	M0
ⅠB 期	T2	N0	M0		T2	N3	M0
	T1	N1	M0	ⅢB 期	T4b	N0	M0
ⅡA 期	T3	N0	M0		T4b	N1	M0
	T2	N1	M0		T4a	N2	M0
	T1	N2	M0		T3	N3	M0
ⅡB 期	T4a	N0	M0	ⅢC 期	T4b	N2	M0
	T3	N1	M0		T4b	N3	M0
	T2	N2	M0		T4a	N3	M0
	T1	N3	M0	Ⅳ 期	任何 T	任何 N	M1

Tis:原位癌;T1:肿瘤侵及黏膜或黏膜下层;T2:侵及固有肌层;T3:穿透浆膜下结缔组织,但未侵及脏腹膜或邻近结构;T4a:肿瘤侵及浆膜(脏腹膜);T4b:肿瘤侵及邻近结构。N0:无淋巴结转移;N1:1～2 个淋巴结;N2:3～6 个淋巴结;N3:7 或 7 个以上淋巴结。M0:无远处转移;M1:远处转移。

（二）形态类型

1. 早期胃癌　多采用日本内镜学会提出的分型,分成隆起型(Ⅰ型)、平坦型(Ⅱ型,再分成Ⅱa、Ⅱb、Ⅱc 即浅表隆起、浅表平坦和浅表凹陷三种亚型)和凹陷型(Ⅲ型),详见图 4-5-1。病灶直径<1cm 者称为小胃癌,<0.5cm 者称为微小胃癌。

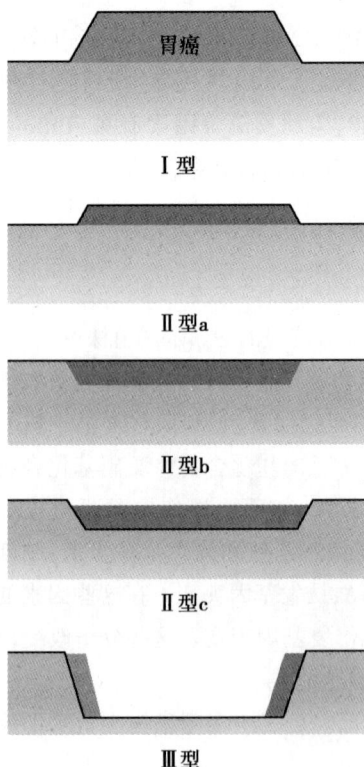

图 4-5-1　早期胃癌分型模式图

2. 进展期胃癌　多采用 Borrmann 分型,分成隆起型(Ⅰ型)、局限溃疡型(Ⅱ型)、浸润溃疡型(Ⅲ型)和弥漫浸润型(Ⅵ型)。弥漫浸润累及胃大部或全胃时称皮革胃(linitis plastica)。局限溃疡型和浸润溃疡型较多见。

（三）病理组织学分类

多采用 WHO 分类(2010 年),主要分为乳头状腺癌、管状腺癌、黏液腺癌、差粘聚癌(包括印戒细胞癌及其变异)和混合癌等。按胃癌起源,Lauren 将之分成肠型(intestinal type)和弥漫型(diffuse type)。前者起源于肠化生黏膜,大多分化良好;后者起源于胃固有上皮,分化较差。

（四）转移

胃癌有四种扩散形式:①直接蔓延扩散至相邻器官,如胰腺、脾、横结肠、网膜。②淋巴结转移:最常见的转移形式,分局部和远处,如转移至左锁骨上时的 Virchow 淋巴结。③血行播散:常见于肝、肺、骨、中枢神经系统。④腹腔内种植:癌细胞从浆膜层脱落入腹腔,种植于腹膜、肠壁和盆腔。直肠前窝种植出现肿块时,称为 Blumer shelf,肛指检查可扪及;种植于卵巢,称Krukenberg 肿瘤。

【临床表现】

（一）症状

胃癌缺乏特异性症状,早期胃癌半数以上无症状。常见症状有上腹部疼痛或不适、早饱

（satiety）、食欲减退、消瘦等。早饱指患者虽有饥饿感，但稍一进食即感饱胀不适。贲门癌累及食管下端可有咽下困难；胃窦癌引起胃出口梗阻可有呕吐；溃疡型癌出血可有黑便/呕血；腹膜转移产生腹水时可有腹胀。

（二）体征

早期或部分进展期胃癌无明显体征。体征主要有上腹肿块及远处转移出现的肝大、腹水、Virchow 淋巴结、直肠前窝肿块和卵巢肿块、左腋前淋巴结肿大（Irish node）和脐周小结（Sister Mary Joseph node）等。少数胃癌可有副肿瘤综合征（paraneoplastic syndromes），包括血栓性静脉炎、黑棘皮病、皮肌炎等，有时可出现于胃癌被察觉之前。

【诊断】 未经调查消化不良（uninvestigated dyspepsia）者行内镜检查是发现胃癌的主要途径，X 线钡餐检查作用有限。

（一）内镜检查

可直视下观察和活检，是确诊胃癌的主要手段。绝大多数胃癌通过内镜检查加活检可获得正确诊断，但少部分胃癌特别是小胃癌或微小胃癌可能被漏诊。为了提高诊断正确性，需注意以下几点：①充分暴露胃黏膜，做到观察无盲区；②可疑病灶应多点活检；③对小病灶，胃镜下黏膜染色（色素内镜）、放大内镜或共聚焦内镜（confocal endoscopy）等观察有助于指导活检；④对可疑病灶加强随访。内镜下早期胃癌和进展期胃癌的形态分型见病理形态分类。

（二）X 线钡餐检查

已在很大程度上被内镜检查替代，目前仅用于不愿内镜检查或内镜检查有禁忌者，或无内镜检查条件的医疗单位。钡餐检查难以发现表浅病变，发现的充盈缺损（隆起病变）或龛影（溃疡病变）的确切诊断（良、恶性）在很大程度上依赖病理检查，即仍需内镜检查和活检。

（三）胃癌的早期诊断

由于半数以上早期胃癌患者无症状，有症状者亦缺乏特异性，因此胃癌的早期诊断较为困难。除了尽量放宽内镜检查指征、内镜检查时不漏诊早期胃癌外，在胃癌高发区进行普查和对高危人群进行随访两项措施已被证明是提高早期胃癌检出率的有效方法。我国早期胃癌仅占所有检出胃癌的 10% ~ 20%，而在普遍开展胃癌普查的日本，这一比率已达 50% 或更高。普查要耗费大量人力物力，难以在我国普遍推广；对有胃癌前变化的患者进行随访，可能更适合国情。

（四）胃癌术前的 TNM 分期

胃癌的术前 TNM 分期对治疗方法的选择有重要意义。内镜超声检查（EUS）可提供胃癌术前的局部分期；CT 主要用于评估远处转移（肝、腹膜后淋巴结等），PET/CT 对显示淋巴结转移的准确性更高。一般主张经内镜和活检做出胃癌诊断后，应行 CT 扫描以排除远处转移，如未发现远处转移，然后应进行 EUS。如果无明显远处转移，病变亦未侵及邻近器官，手术是最合适的治疗手段。

【并发症】

（一）出血

约 5% 的患者可发生大出血，表现为呕血和/或黑便，偶为首发症状。

（二）幽门或贲门梗阻

取决于胃癌的部位。

（三）穿孔

较少见，多发生于幽门前区的溃疡型癌。

【治疗】

（一）手术治疗

是目前唯一有可能根除胃癌的手段。手术效果取决于胃癌的浸润深度和扩散范围。不适合内镜下治疗的早期胃癌,胃部分切除术属首选。对进展期胃癌,如未发现远处转移,应尽可能手术切除,有些须作扩大根除手术。对远处已有转移者,一般不作胃切除,仅作姑息性手术,如胃造瘘术、胃-空肠吻合术,以保证消化道通畅和改善营养。

（二）内镜下治疗

早期胃癌可作内镜下黏膜切除（endoscopic mucosal resection, EMR）或内镜黏膜下剥离（endoscopic submucosal disection, ESD）,后者一次可完整切除较大范围的病灶。EMR 或 ESD 切除病灶的完整性须得到组织学证实。适应证为高分化或中分化、无溃疡、直径小于 2cm 和无淋巴结转移的黏膜内癌。EUS 有助于 EMR 或 ESD 前肿瘤浸润深度判断。不能手术的贲门癌或幽门区癌所致的贲门梗阻或幽门梗阻,可行扩张、放置内支架解除梗阻,暂时改善生活质量。

（三）化学治疗

一般早期胃癌无淋巴结转移者术后不需要化疗。胃癌细胞对化疗不甚敏感,胃癌化疗的总体效果不够理想。胃癌化疗分为姑息化疗、辅助化疗和新辅助化疗。

1. 化疗适应证

（1）姑息化疗:适用于全身状况良好、主要脏器功能基本正常的无法切除、复发或姑息性切除术后的患者。

（2）辅助化疗:适用于术后早期胃癌有淋巴结转移或进展期胃癌患者。

（3）新辅助化疗:对局部肿瘤较大,难以切除的患者术前辅助化疗可使肿瘤缩小,增加手术根治机会。

2. 化疗药物　常用药物有 5-氟尿嘧啶（5-FU）、卡培他滨、替吉奥、顺铂、表柔比星、多西紫杉醇、紫杉醇、奥沙利铂等。联合用药疗效优于单一用药。联合应用方案繁多,目前尚无理想的配伍,化疗药物和方案的选择须基于上述 3 类化疗,在专科医生指导下实施。

（四）其他治疗

放疗、化放疗、中药治疗及生物治疗均可作为辅助治疗,但疗效非常有限。

【预后】　胃癌根除术后 5 年生存率取决于胃壁受侵深度、淋巴结受累范围和肿瘤生长方式。早期胃癌预后佳,术后 5 年生存率为 90% ~ 95%;侵及肌层者,术后 5 年生存率为 50% ~ 60%;深达浆膜或浆膜外者预后不良,术后 5 年生存率不到 20%;已有远处转移的病例,5 年生存率几乎为 0。

【预防】　根除 *H. pylori* 可在较大程度上预防胃癌,最佳根除时间为胃黏膜萎缩、肠化生发生前。已有萎缩、肠化生者,尚需补充抗氧化剂以提高预防效果。纠正不良饮食习惯,多吃新鲜蔬菜、水果。对有癌前变化的患者应进行治疗和定期内镜随访。

（刘文忠）

推荐阅读文献

1. Correa P. Gastric cancer:overview. Gastroenterol Clin North Am. 2013,42:211-217

2. Wroblewski LE,Peek RM Jr. Helicobacter pylori in gastric carcinogenesis:mechanisms. Gastroenterol Clin North Am. 2013,42:285-298

3. Yakirevich E,Resnick MB. Pathology of gastric cancer and its precursor lesions. Gastroenterol Clin North Am. 2013,42:261-284

4. Thrumurthy SG,et al. The diagnosis and management of gastric cancer. BMJ. 2013,347:f6367

Notes

第六章　肠结核和结核性腹膜炎

第一节　肠　结　核

> **要点：**
> 1. 肠结核是结核分枝杆菌引起的肠道慢性特异性感染，多继发于其他部位结核。
> 2. 病变可累及胃肠道任何部位，但以回盲部最常见。
> 3. 除结核毒血症状外，非特异性腹痛、腹泻或腹泻与便秘交替为主要临床表现，部分患者可有腹块。
> 4. 肠道造影检查、肠镜检查加活检是主要检查手段。组织标本中干酪样肉芽肿是特征性病理改变。
> 5. 标准抗结核治疗有很高的治愈率。

肠结核（intestinal tuberculosis）是结核分枝杆菌引起的肠道慢性特异性感染。过去在我国较常见，近几十年来，随着生活及卫生条件改善，结核患病率下降，本病也逐渐减少。但由于肺结核目前在我国仍然常见，故在临床上对本病仍须继续提高警惕。

【病因和发病机制】　肠结核主要由人型结核分枝杆菌引起。少数地区有因饮用未经消毒的带菌牛奶或乳制品而发生牛型结核分枝杆菌肠结核。

结核分枝杆菌侵犯肠道主要是经口感染。患者多有开放性肺结核或喉结核，因经常吞下含结核分枝杆菌的痰液而引起本病。经常和开放性肺结核患者密切接触，也可被感染。结核分枝杆菌进入肠道后，多在回盲部引起结核病变，可能与下列因素有关：①含结核分枝杆菌的肠内容物在回盲部停留较久，增加了局部肠黏膜的感染机会；②结核分枝杆菌易侵犯淋巴组织，而回盲部淋巴组织丰富。但消化道其他部位包括食管和胃也可受累。

肠结核也可由粟粒性结核血行播散引起，或由腹腔内结核病灶如女性生殖器结核直接蔓延引起。少见情况下，肠结核也可是结核的原发感染。

结核病的发病是人体和结核分枝杆菌相互作用的结果。经上述途径而获得感染仅是致病的条件，只有当侵入的结核分枝杆菌数量较多、毒力较大，并有人体免疫功能低下、肠功能紊乱引起局部抵抗力削弱时，才会发病。

【病理】　肠结核主要位于回盲部，即回盲瓣及其相邻的回肠和结肠，其他部位依次为升结肠、空肠、横结肠、降结肠、阑尾、十二指肠和乙状结肠等处，少数见于直肠。偶见于胃、食管。

结核菌数量和毒力与人体对结核菌的免疫反应程度影响本病的病理性质。按大体病理，肠结核可分为以下 3 型：

（一）溃疡型肠结核

肠壁的淋巴组织呈充血、水肿及炎症渗出性病变，进一步发展为干酪样坏死，随后形成溃疡。溃疡边缘不规则，深浅不一，可深达肌层或浆膜层，并累及周围腹膜或邻近肠系膜淋巴结。因溃疡基底多有闭塞性动脉内膜炎，故较少发生肠出血。在慢性发展过程中，病变肠段常与周围组织紧密粘连,所以溃疡一般不发生急性穿孔,偶可因慢性穿孔而形成腹腔脓肿或肠瘘。在病变修复过程中,大量纤维组织增生和瘢痕形成可导致肠管变形和狭窄。

(二) 增生型肠结核

病变多局限在回盲部,可有大量结核肉芽肿和纤维组织增生,使局部肠壁增厚、僵硬,亦可见瘤样肿块突入肠腔,上述病变均可使肠腔变窄,引起梗阻。

(三) 混合型肠结核

兼有这两种病变,称为混合型或溃疡-增生型肠结核。

【临床表现】 本病一般见于中青年,女性稍多于男性。

(一) 腹痛

多位于右下腹或脐周,间歇性发作,常为痉挛性阵痛伴腹鸣,于进餐后加重,排便或肛门排气后缓解。腹痛的发生可能与进餐引起胃肠反射或肠内容物通过炎症、狭窄肠段,引起局部肠痉挛有关。体检常有腹部压痛,部位多在右下腹。腹痛亦可由部分或完全性肠梗阻引起,此时伴有其他肠梗阻症状。

(二) 腹泻与便秘

腹泻是溃疡型肠结核的主要临床表现之一。排便次数因病变严重程度和范围不同而异,一般每日 2~4 次,重者每日达 10 余次。粪便呈糊样,一般不含明显脓血,不伴有里急后重,有时会腹泻与便秘交替,这与病变引起的胃肠功能紊乱有关。增生型肠结核多以便秘为主要表现。

(三) 腹部肿块

腹部肿块常位于右下腹,一般比较固定,中等质地,伴有轻度或中度压痛。腹部肿块主要见于增生型肠结核,也可见于溃疡型肠结核,系病变肠段与周围组织粘连,或同时有肠系膜淋巴结结核所致。

(四) 全身症状和肠外结核表现

结核毒血症状多见于溃疡型肠结核,表现为不同热型的长期发热,伴有盗汗。患者倦怠、消瘦、贫血,随病程发展而出现营养不良的表现。可同时有肠外结核特别是活动性肺结核的临床表现。增生型肠结核病程较长,全身情况一般较好,无发热或仅有低热。

并发症见于晚期患者,以肠梗阻多见,瘘管和腹腔脓肿远较克罗恩病少见,肠出血较少见,少有急性肠穿孔。可因合并结核性腹膜炎而出现相关临床表现。

【实验室和辅助检查】

(一) 实验室检查

溃疡型肠结核可有轻至中度贫血,无并发症时白细胞计数一般正常。血沉多增快,可作为评估结核病活动程度的指标之一。溃疡型肠结核的粪便多为糊样,一般无肉眼黏液和脓血,但显微镜下可见少量白细胞和红细胞,隐血试验可阳性。结核菌素(PPD)试验或 γ-干扰素释放试验(国内常用的为 T-Spot TB 试验)阳性有助本病诊断。

(二) 小肠造影

常用方法为 X 线小肠钡剂造影,目前 CT 或 MRI 小肠造影有替代钡剂造影趋势。小肠造影对肠结核的诊断具有一定价值。在溃疡型肠结核,钡剂于病变肠段呈现激惹征象,排空很快,充盈不佳,而在病变的上、下肠段则钡剂充盈良好,称为 X 线钡影跳跃征象。病变肠段如能充盈,则显示黏膜皱襞粗乱、肠壁边缘不规则,有时呈锯齿状,可见溃疡。也可见肠腔狭窄、肠段缩短变形、回肠盲肠正常角度消失。

(三) 结肠镜检查

结肠镜检查可以对全结肠和回肠末段进行直接观察,因病变主要在回盲部,故常可发现病变,对本病诊断有重要价值。内镜下病变肠黏膜有充血、水肿、溃疡(常为环周形,边缘呈鼠咬状)、炎症性息肉、肠腔狭窄等改变。镜下活检组织送病理检查具有确诊价值。

(四)小肠镜检查和胶囊内镜检查

当结肠镜检查和X线小肠钡剂造影未能明确诊断而须排除小肠结核者可做此类检查。双气囊小肠镜等新一代小肠镜的应用,不仅能窥视全部小肠,还能进行小肠黏膜活检。胶囊内镜检查为小肠检查提供了非侵入性方法,检查可以窥视全部小肠,怀疑有肠梗阻者属禁忌证。

【诊断和鉴别诊断】　如有以下情况应考虑本病:①临床表现有腹泻、腹痛、右下腹压痛,也可有腹块、原因不明的肠梗阻,伴有发热、盗汗等结核毒血症状;②X线小肠钡剂检查或CT/MRI小肠造影发现跳跃征、溃疡、肠管变形和肠腔狭窄等征象;③结肠镜检查发现主要位于回盲部的肠黏膜炎症、溃疡、炎症性息肉或肠腔狭窄;④有肠外结核感染的证据或PPD试验/T-Spot TB试验阳性。如病变组织(活检或手术切除标本)病理检查能发现干酪性肉芽肿(caseous granuloma)则具有确诊意义,活检组织中查见抗酸染色阳性杆菌有助于诊断,但这些仅在<1/3的患者中阳性。对高度怀疑肠结核的病例,如抗结核治疗数周内(2~6周)症状明显改善,2至3个月后肠镜检查病变明显改善或好转,可作出肠结核的临床诊断。对诊断有困难而又有手术指征的病例可行剖腹探查,病变肠段和(或)肠系膜淋巴结病理组织学检查发现干酪性肉芽肿可获确诊。

鉴别诊断需考虑下列有关疾病:

(一)克罗恩(Crohn)病

本病的临床表现、肠道造影和内镜所见常酷似肠结核,两者鉴别有时非常困难,然而两病治疗方案及预后截然不同,因此必须仔细鉴别。两者鉴别的要点见表4-6-1。对鉴别有困难不能除外肠结核者,应先行诊断性抗结核治疗。克罗恩病经抗结核治疗2~6周后症状多无明显改善,治疗2~3个月后内镜所见无改善。有手术指征者可行手术探查,并对病变肠段及肠系膜淋巴结进行病理组织学检查。

表 4-6-1　肠结核与克罗恩病的鉴别要点

	肠结核	克罗恩病
临床特征		
发热	+++	+
肛周病变	−	++
内镜特征		
纵行溃疡	+	+++
铺路石外观	+	+++
组织学特征		
干酪样坏死	++	−
融合性肉芽肿	++	−
巨大肉芽肿	+++	+
腹部 CT 主要特征		
>1cm 淋巴结	可有	无
腹水	可有	无
部分腹膜增厚	可有	无

−=0%；+=1%~25%；++=26%~50%；+++=51%~75%

(二)右侧结肠癌

本病比肠结核发病年龄大,常在40岁以上。一般无发热、盗汗等结核毒血症表现。结肠镜检查及活检可行鉴别。

(三) 阿米巴病或血吸虫病性肉芽肿

既往有相应感染史。脓血便常见。粪便常规或孵化检查可发现有关病原体。结肠镜检查有助鉴别。相应特效治疗有效。

(四) 其他

肠结核有时还应与肠恶性淋巴瘤、耶尔森杆菌肠炎及一些少见的感染性肠病如非典型分枝杆菌(多见于艾滋病患者)、性病性淋巴肉芽肿、梅毒侵犯肠道、肠放线菌病等鉴别。

【治疗】 肠结核的治疗目的是消除症状、改善全身情况、促使病灶愈合及防治并发症。强调早期治疗,因为肠结核早期病变是可逆的。

(一) 休息与营养

休息与营养可加强患者的抵抗力,是治疗的基础。

(二) 抗结核化学药物治疗

是本病治疗的关键。抗结核化学药物的选择、用法、疗程详见本书《肺结核病》章。

(三) 对症治疗

腹痛可用抗胆碱能药物。摄入不足或腹泻严重者应注意纠正水、电解质与酸碱平衡紊乱。对不完全性肠梗阻患者,需行胃肠减压。

(四) 手术治疗

适应证包括:①完全性肠梗阻;②急性肠穿孔,或慢性肠穿孔瘘管形成经内科治疗而未能闭合者;③肠道大量出血经积极抢救不能有效止血者;④诊断困难需剖腹探查者。

【预后】 本病的预后取决于早期诊断与及时治疗。当病变尚在渗出性阶段,经治疗后可以痊愈,预后良好。合理选用抗结核药物,保证充分剂量与足够疗程,也是决定预后的关键。

【预防】 本病的预防应着重肠外结核特别是肺结核的早期诊断与积极治疗,使痰菌尽快转阴。肺结核患者不可吞咽痰液,应保持排便通畅,并提倡用公筷进餐,牛奶应经过灭菌。

第二节　结核性腹膜炎

要点:

1. 结核性腹膜炎是结核分枝杆菌感染引起的慢性弥漫性腹膜炎症,多见于中青年女性。

2. 除结核毒血症状外,腹痛、腹水和腹部肿块是其主要临床表现。

3. 腹水总蛋白>25g/L、白细胞>500×10^6/L且以淋巴细胞为主、腺苷脱氨酶(ADA)活性增高和血清-腹水白蛋白梯度(SAAG)<11g/L组合是其腹水特点。腹腔镜检查加活检对本病有确诊价值。

4. 拟诊或确立诊断时可行标准抗结核治疗。

结核性腹膜炎(tuberculous peritonitis)是由结核分枝杆菌感染引起的慢性弥漫性腹膜炎症。在我国,本病患病率虽比几十年前有明显减少,但仍不少见。本病可见于任何年龄,以中青年多见,女性较多见,男女之比约为1:2。

【病因和发病机制】 本病由结核分枝杆菌感染腹膜引起,多继发于肺结核或体内其他部位结核。结核分枝杆菌感染腹膜的途径以腹腔内结核病灶直接蔓延为主,肠系膜淋巴结结核、输卵管结核、肠结核等为常见的原发病灶。少数病例由血行播散引起,常可发现活动性肺结核(原发感染或粟粒性肺结核)、关节、骨、睾丸结核,并可伴结核性多浆膜炎、结核性脑膜炎等。

【病理】　根据本病的病理解剖特点,可分为渗出、粘连、干酪三型,以前两型为多见。在本病发展的过程中,上述两种或三种类型的病变可并存,称为混合型。

(一) 渗出型

腹膜充血、水肿,表面覆有纤维蛋白渗出物,有许多黄白色或灰白色细小结节,可融合成较大的结节或斑块。腹腔内有浆液纤维蛋白渗出物积聚,腹水少量至中等量。

(二) 粘连型

有大量纤维组织增生,腹膜、肠系膜明显增厚。肠袢相互粘连,并和其他脏器紧密缠结在一起,肠管常因受到压迫或束缚而发生肠梗阻。大网膜也增厚变硬,卷缩成团块。本型常由渗出型在腹水吸收后逐渐形成,但也可因起病隐匿,病变发展缓慢,病理变化始终以粘连为主。

(三) 干酪型

以干酪样坏死病变为主,肠管、大网膜、肠系膜或腹腔内其他脏器之间相互粘连,分隔成许多小房,小房腔内有混浊积液,干酪样坏死的肠系膜淋巴结参与其中,形成结核性脓肿。小房可向肠管、腹腔或阴道穿破而形成窦道或瘘管。本型多由渗出型或粘连型演变而来,是本病的重型,并发症常见。

【临床表现】　结核性腹膜炎的临床表现因病理类型及机体反应性的不同而异。一般起病缓慢,早期症状较轻;少数起病急骤,以急性腹痛或骤起高热为主要表现。

(一) 全身症状

结核毒血症常见,主要是发热与盗汗。热型以低热与中等热为最多,约1/3患者有弛张热,少数可呈稽留热。高热伴有明显毒血症者,主要见于渗出型、干酪型,或见于伴有粟粒型肺结核、干酪样肺炎等严重结核病的患者。后期有营养不良,表现为消瘦、水肿、贫血、舌炎、口角炎等。

(二) 腹痛

早期腹痛不明显,以后可出现持续性隐痛或钝痛,也可始终没有明显腹痛。疼痛多位于脐周、下腹,有时在全腹。当并发肠梗阻时,有阵发性绞痛。

(三) 腹部触诊

腹壁柔韧感即"揉面感"("doughy feel")系腹膜遭受轻度刺激或有慢性炎症的一种表现,是结核性腹膜炎的典型体征,但不常见(<30%),缺乏特异性。腹部压痛一般轻微;少数压痛严重,且有反跳痛,常见于干酪型结核性腹膜炎。

(四) 腹水

以少量至中量多见,少量腹水在临床检查中不易察出。

(五) 腹部肿块

多见于粘连型或干酪型,常位于脐周,也可见于其他部位。肿块多由增厚的大网膜、肿大的肠系膜淋巴结、粘连成团的肠曲或干酪样坏死脓性物积聚而成,其大小不一,边缘不整,表面不平,有时呈结节感,活动度小。

(六) 其他

腹泻常见,一般每日不超过3~4次,粪便多呈糊样。腹泻主要由腹膜炎所致的肠功能紊乱引起,也可由伴有的肠结核或干酪样坏死病变引起的肠管内瘘等引起。同时存在结核原发病灶者,有结核原发病灶相应症状、体征及相关检查表现。

并发症以肠梗阻为常见,多发生在粘连型。肠瘘一般多见于干酪型,往往同时有腹腔脓肿形成。

【实验室和辅助检查】

(一) 血象、红细胞沉降率和结核试验

病程较长而有活动性病变的患者有轻度至中度贫血。白细胞计数多正常,有腹腔结核病灶

急性扩散或在干酪型患者,白细胞计数可增高。病变活动时血沉增快,病变趋于静止时逐渐正常。PPD 试验或 T-Spot TB 试验阳性有助于结核感染的诊断。

(二)腹水检查

对鉴别腹水病因有重要价值。本病腹水多为草黄色,少数为淡血色,偶呈乳糜样,静置后可有自然凝固块。腹水总蛋白含量>25g/L,血清-腹水白蛋白梯度(SAAG)<11g/L;白细胞计数>500×10^6/L,以淋巴细胞为主;腹水腺苷脱氨酶(adenosine deaminase,ADA)活性增高,ADA 由活化的 T 淋巴细胞产生,腹水 ADA 活性升高诊断结核性腹膜炎的特异性和敏感性约为80% ~ 90%。本病腹水普通细菌培养结果阴性,结核分枝杆菌培养的阳性率很低(<15%)。腹水细胞学检查目的是排除癌性腹水,宜作为常规检查。

(三)腹部 B 型超声检查

少量腹水需靠 B 型超声检查发现,并可提示穿刺抽腹水的准确位置。对腹部包块性质鉴别也有一定帮助。

(四)X 线腹部平片和肠道造影

腹部平片中有时可见到钙化影,提示钙化的肠系膜淋巴结结核。肠道造影(包括钡剂造影和 CT/MRI 造影)检查可发现肠粘连、肠结核、肠瘘、肠腔外肿块等征象,对本病有辅助诊断价值。

(五)腹腔镜检查

对诊断困难者很有价值。一般适用于有游离腹水的患者,可窥见腹膜、网膜、内脏表面有散在或集聚的灰白色结节,浆膜失去正常光泽,呈混浊粗糙。活检组织病理检查有确诊价值。腹腔镜检查在腹膜有广泛粘连者属禁忌。

【诊断和鉴别诊断】   有以下情况应考虑本病:①发热、腹水、腹壁柔韧感或腹部包块;②腹水呈总蛋白>25g/L、SAAG<11g/L、白细胞 500×10^6/L 以淋巴细胞为主和 ADA 活性增高组合;③有结核病史、伴有其他器官结核病证据或 PPD 试验/T-spot TB 试验阳性。

典型病例可根据上述特点作出拟诊,予抗结核治疗(2 周以上),如有效则可作出结核性腹膜炎的临床诊断。不典型病例,主要是有游离腹水病例,行腹腔镜检查并作活检,病理符合结核改变可确诊。有广泛腹膜粘连者腹腔镜检查属禁忌,需结合 B 超、CT 等检查排除腹腔肿瘤,有手术指征者可剖腹探查。

【鉴别诊断】

(一)以腹水为主要表现者

1. **腹腔恶性肿瘤**   包括腹膜转移癌、恶性淋巴瘤、腹膜间皮瘤等。临床上有时会见到肿瘤原发灶相当隐蔽但已有广泛腹膜转移的病例,此时与结核性腹水鉴别有一定困难。腹水细胞学检查如方法得当,阳性率较高,假阳性率低,如找到癌细胞,腹膜转移癌可确诊。可同时通过 B 超、CT、内镜等检查寻找原发癌灶(一般以肝、胰、胃肠道及卵巢癌肿常见)。原发性肝癌或肝转移癌、恶性淋巴瘤等在未有腹膜转移时,腹水细胞学检查为阴性,此时主要靠 B 超、CT 等检查寻找原发灶。对与腹腔肿瘤鉴别有困难者,腹腔镜检查多可明确诊断。

2. **肝硬化腹水**   肝硬化腹水总蛋白<25g/L,SAAG ≥11g/L,且伴失代偿期肝硬化典型表现,鉴别无困难。肝硬化腹水并发原发性细菌性腹膜炎时,腹水白细胞数计数升高,但以中性粒细胞为主。肝硬化腹水合并结核性腹膜炎时易漏诊或不易与原发性细菌性腹膜炎鉴别。如患者有结核病史或伴其他器官结核病灶,腹水白细胞计数升高但以淋巴细胞为主,普通细菌培养阴性,应注意肝硬化合并结核性腹膜炎的可能,必要时行腹腔镜检查。

3. **其他疾病引起的腹水**   如结缔组织病、Meigs 综合征、Budd-Chiari 综合征、缩窄性心包炎等,根据腹水特征和相关检查应该不难鉴别。

(二)以腹部包块为主要表现者

腹部出现包块应与腹部肿瘤及克罗恩病等鉴别。

(三) 以发热为主要表现者

结核性腹膜炎有时以发热为主要症状而腹部症状体征不明显,需与引起长期发热的其他疾病鉴别。

(四) 以急性腹痛为主要表现者

结核性腹膜炎可因干酪样坏死灶溃破而引起急性腹膜炎,或因肠梗阻而发生急性腹痛,此时应与常见外科急腹症鉴别。注意询问结核病史、寻找腹膜外结核病灶、分析有否结核毒血症等,尽可能避免误诊。

【治疗】　本病治疗的关键是及早给予合理、足够疗程的抗结核化学药物治疗,以达到早日康复、避免复发和防止并发症的目的。注意休息和营养,以调整全身情况和增强抗病能力是重要的辅助治疗措施。

(一) 抗结核化学药物治疗

抗结核化学药物的选择、用法、疗程详见本书肺结核病章。在结核性腹膜炎的应用中应注意:对一般渗出型病例,由于腹水及症状消失常不需太长时间,患者可能会自行停药,而导致复发,故必须强调全程规则治疗;对粘连型或干酪型病例,由于大量纤维增生,药物不易进入病灶达到应有浓度,病变不易控制,必要时宜考虑加强抗结核化疗的联合应用(以四联为宜)及适当延长抗结核的疗程。

(二) 放腹水

如有大量腹水,可适当放腹水以减轻症状。

(三) 手术治疗

手术适应证包括:①并发完全性肠梗阻或有不全性肠梗阻经内科治疗而未见好转者;②急性肠穿孔,或腹腔脓肿经抗生素治疗未见好转者;③肠瘘经抗结核化疗与加强营养而未能闭合者;④本病诊断有困难,与急腹症不能鉴别时,可考虑剖腹探查。

【预防】　结核病的预防措施参见肺结核病章。对肺、肠、肠系膜淋巴结、输卵管等结核病的早期诊断与积极治疗,是预防本病的重要措施。

(刘文忠)

推荐阅读文献

1. Anand B. Abdominal tuberculosis. 见 C. J. Hawkey 主编 Textbook of Clinical Gastroenterology and Hepatology, 2nd edition, UK: Wiley-Blackwell, 342-348

2. Moon HW, Hur M. Interferon-gamma release assays for the diagnosis of latent tuberculosis infection: an updated review. Ann Clin Lab Sci. 2013; 43: 221-229

3. Almadi MA1, Ghosh S, Aljebreen AM. Differentiating intestinal tuberculosis from Crohn's disease: a diagnostic challenge. Am J Gastroenterol. 2009; 104: 1003-1012

Notes

第七章　炎症性肠病

炎症性肠病(inflammatory bowel disease,IBD)是一类与免疫相关且病因未明的肠道炎性疾病,包括溃疡性结肠炎(ulcerative colitis,UC)、克罗恩病(Crohn disease,CD)和病理学不能确定为UC或CD的未定型结肠炎(indeterminate colitis,IC)。此类疾病有终生复发倾向。

IBD的流行病学有两个显著的特征:①发病率有明显的地域差异及种族差异,以北美、北欧最高;同一地域的白人明显高于黑人、犹太人明显高于非犹太人;②近几十年来IBD在亚洲和世界范围发病率有持续增高趋势。我国新近在南方(广州中山市)和北方(大庆市)地区流行病学研究显示:UC南北地区发病率接近,分别为3.14/10万和1.77/10万,而CD则南方明显高于北方,分别为1.09/10万和0.13/10万;总体UC的发病率高于CD,且轻中度UC比例高于欧美;CD少见,但非罕见。IBD发病高峰年龄为15~25岁,UC与CD的发病平均年龄分别在48岁和39岁左右;亦可见于儿童或老年,男女发病率无明显差异。

【病因和发病机制】　IBD的病因和发病机制尚未明确,已知肠道黏膜免疫系统异常反应所导致的炎症过程在IBD发病中起重要作用,目前认为这是由多因素相互作用所致,主要包括环境、遗传、感染与肠道菌群和免疫等因素。

(一) 环境因素

近几十年来,IBD(UC和CD)的发病率持续增高,这一现象首先出现在社会经济高度发达的北美、北欧,继而是西欧、南欧,之后在日本和南美;提示环境因素的变化在IBD发病中起重要作用。流行病学研究提出不少与IBD相关的环境因素,但很难以单一或几个因素来解释这一现象,其中可以肯定的是吸烟与CD恶化有关,相反对UC可能有保护作用。有一逐渐被接受的假说认为:环境变得越来越清洁,则儿童期肠道免疫系统接受的外源刺激减弱,由于早年形成的"免疫耐受"不完善,其后对肠道抗原刺激发生的免疫反应的自身调节就容易发生紊乱。

(二) 遗传因素

IBD发病的另一个重要现象是一级亲属发病率显著高于普通人群,而患者的配偶发病率不增加。瑞典一项大规模的研究发现,CD发病率单卵双胎显著高于双卵双胎。近年已有大量关于IBD相关基因的报道。早期研究主要集中在HLA等位基因以及细胞因子基因多态性上,但结果不一,主要可能与不同种族、人群遗传背景有关。近年对基因组进行定位克隆研究发现,欧美国家在IBD家族,位于第16号染色体上的基因CARD15/NOD2、第5号染色体上的基因OCTN和第10号染色体上的基因GLD5突变与IBD有关。研究还发现NOD2具有翻译针对细菌产物起反应的蛋白质功能。但亚洲国家的研究未发现NOD2基因变异与IBD的关系。目前认为,IBD不仅是多基因病,而且也是遗传异质性疾病(不同人由不同基因引起),患者可在一定的环境因素作用下由于遗传易感而发病。

(三) 感染与菌群因素

微生物在IBD发病中的作用一直受到重视,但至今尚未找到某一特异微生物病原与IBD有直接关系。有研究认为副结核分枝杆菌及麻疹病毒与CD有关,但尚缺有力证据。近年关于肠道微生物的另一观点正日益被关注,认为IBD是针对自身存在的肠道菌丛的异常免疫反应而引起的。支持这一观点的证据有:一是来自IBD的动物模型,用转基因或敲除基因方法造成免疫缺陷的IBD动物模型,在肠道无菌环境下不会发生肠道炎症,但若重新恢复肠道正常菌丛状态,则出现肠道炎症。二是来自一系列对 IBD 的临床研究,这些研究证明 IBD 患者病变部位针对自身正常细菌抗原的细胞和体液免疫反应增强;临床上粪便转流术能防止 CD 复发,而手术复位后再发;抗生素或益生菌制剂治疗对某些 IBD 患者有效。

(四) 免疫因素

肠道黏膜免疫反应的激活是导致 IBD 肠道炎症发生、发展和转归过程的直接原因。对 IBD 肠道免疫反应和炎症过程的研究有两个重要问题尚需解决。

1. IBD 免疫反应的激活　有多种假说,肠道特异性微生物抗原学说及针对肠上皮细胞的自身免疫学说尚缺乏证据。近年被广泛接受的学说认为,IBD 患者存在"免疫耐受"缺失,因而对正常肠道抗原(食物或微生物)发生异常免疫反应。正常情况下,肠道黏膜固有层存在低度的慢性炎症,可能是对肠腔内大量抗原性物质的适应性反应。如前述 IBD 患者由于免疫调节障碍,这种免疫反应不能被正常抑制,最终导致过度激活和难于自限。

2. IBD 肠道黏膜的免疫　近年的研究对免疫-炎症途径的细胞及分子生物学机制已有了比较深入的了解。已认识到 CD 是一种典型的 Th1 型反应,而 UC 则是一种非典型的 Th2 型反应。除免疫细胞外,肠道黏膜的非免疫细胞如上皮细胞、血管内皮细胞和间质细胞等亦参与免疫反应和炎症过程,它们之间相互作用从而释放出多种细胞因子及炎症介质,导致肠道炎症的发生和发展。在这一过程中还有许多参与炎症损害的物质如反应性氧代谢产物、一氧化氮等。认识这类免疫炎症过程中相互作用的信息传递网络,以及在不同疾病(UC 和 CD)和不同疾病过程中这一网络的变化,将有助于我们发现阻断这一传递过程的药物以用于 IBD 的治疗,抗肿瘤坏死因子 α(TNF-α)单克隆抗体成功用于 IBD 治疗便是例证。

目前对 IBD 病因和发病机制的认识可概括为:环境因素作用于遗传易感者,在肠道菌群的参与下,启动了肠道免疫及非免疫系统,最终导致免疫反应和炎症过程,可能由于免疫调节紊乱或(及)特异抗原的持续刺激,这种免疫炎症反应表现为过度亢进和难以自限。一般认为 UC 和 CD 是同一疾病的不同亚类,组织损伤的基本病理过程相似,但可能由于免疫反应类型不同,最终导致组织损害的表现不同。

第一节　溃疡性结肠炎

要点:

1. 溃疡性结肠炎病因不明,肠道慢性非特异性炎症。
2. 病变绝大多数累及直肠与结肠,并主要限于肠黏膜与黏膜下层。
3. 临床表现为慢性或亚急性腹泻和黏液脓血便等,结肠镜检查有助于诊断与鉴别诊断。
4. 一线治疗药物为氨基水杨酸制剂和糖皮质激素类药物;激素无效或依赖需应用免疫抑制和生物制剂。重视维持治疗。

溃疡性结肠炎(ulcerative colitis,UC)是一种病因尚未明确的直肠和结肠慢性非特异性炎症性疾病。病变主要限于大肠黏膜与黏膜下层。临床表现为腹泻、黏液脓血便、腹痛。病情轻重不等,多呈反复发作的慢性病程。

【病理】　病变位于大肠,呈连续性、弥漫性分布。多数在直肠乙状结肠,可扩展至降结肠、横结肠,亦可累及全结肠。约 5% 可累及回肠末端,称"倒灌性回肠炎"。活动期黏膜呈弥漫性炎症反应。固有膜内弥漫性淋巴细胞、浆细胞、单核细胞等浸润是 UC 的基本病变。活动期并有大

Notes

量中性粒细胞和嗜酸性粒细胞浸润,大量中性粒细胞浸润发生在固有膜、隐窝上皮(隐窝炎)、隐窝内(隐窝脓肿)及表面上皮。当隐窝脓肿融合溃破,黏膜出现广泛的小溃疡,并可逐渐融合成大片溃疡。

肉眼观见黏膜弥漫性充血、水肿,表面呈细颗粒状,脆性增加,糜烂及溃疡。由于结肠病变一般限于黏膜与黏膜下层,很少深入肌层,所以并发结肠穿孔、瘘管或腹腔脓肿少见。少数重症患者病变累及结肠全层,可发生中毒性巨结肠,肠壁重度充血、肠腔膨大、肠壁变薄,溃疡累及肌层甚至浆膜层,常并发急性穿孔。

缓解期由于结肠炎症在反复发作的慢性过程中,黏膜不断破坏和修复,致正常结构破坏。显微镜下见隐窝结构紊乱,表现为腺体变形、排列紊乱、数目减少等萎缩改变,伴杯状细胞减少和潘氏细胞化生。可形成炎性息肉。由于溃疡愈合瘢痕形成及黏膜肌层及肌层肥厚,使结肠变形缩短、结肠袋消失,甚至肠腔缩窄。少数患者发生结肠癌变。

【临床表现】

(一)消化系统表现

多数起病缓慢,少数急性起病,偶见急性暴发起病。多表现为发作期与缓解期交替,少数症状持续并逐渐加重。临床表现与病变范围、病型及病期等有关。

1. **腹泻伴黏液脓血便**　见于绝大多数患者。腹泻主要与炎症导致大肠黏膜对水钠吸收障碍以及结肠运动功能异常有关,粪便中的黏液脓血则为炎症渗出、黏膜糜烂及溃疡所致。黏液脓血便是本病活动期的重要表现。大便次数及便血的程度反映病情轻重,轻者每日排便 2～4 次,便血少或无;重者可每日 10 次以上,脓血显见,甚至大量便血。粪质亦与病情轻重有关,多数为糊状,重可至稀水样。直肠病变重时可有“里急后重”表现。极少数患者可表现为便秘,常见于病变限于直肠或乙状结肠患者,是病变引起直肠排空功能障碍所致。

2. **腹痛**　轻型患者可无腹痛或仅有腹部不适。一般诉有轻度至中度腹痛,多为左下腹或下腹的阵痛,亦可涉及全腹。有疼痛-便意-便后缓解/减轻的规律,常有里急后重。若并发中毒性巨结肠或炎症波及腹膜,有持续性剧烈腹痛。

3. **其他症状**　可有腹胀,严重病例有食欲减退、恶心、呕吐。

4. **体征**　轻、中型患者仅有左下腹轻压痛,有时可触及痉挛的降结肠或乙状结肠。重型和暴发型患者常有明显压痛和鼓肠。若有腹肌紧张、反跳痛、肠鸣音减弱应注意中毒性巨结肠、肠穿孔等并发症。直肠指检可有触痛及指套带血。

(二)全身表现

一般出现在中、重型患者。中、重型患者活动期常有低度至中度发热,高热多提示有并发症或见于重症且起病急者。重症或病情持续活动可出现衰弱、消瘦、贫血、低蛋白血症、水与电解质平衡紊乱等表现。

(三)肠外表现

本病可伴有多种肠外表现,包括外周关节炎、结节性红斑、坏疽性脓皮病、虹膜炎、前葡萄膜炎、口腔复发性溃疡等,这些肠外表现在结肠炎控制或结肠切除术后可缓解或恢复;骶髂关节炎、强直性脊柱炎、原发性硬化性胆管炎等,可与溃疡性结肠炎共存,但与溃疡性结肠炎本身的病情变化无关。国内报道肠外表现的发生率低于国外。

(四)临床分型

1. **临床类型**　①初发型,指无既往史的首次发作;②慢性复发型,临床上最多见,发作期与缓解期交替。

2. **病变范围**　根据蒙特利尔(Montreal)分型分为直肠型(E1)、左半结肠型(结肠脾曲以下)(E2)、广泛结肠型(病变扩展至结肠脾曲以上)(E3)。

3. **病情分期**　分为活动期和缓解期。

4. 活动期严重程度 多采用改良 Truelove 和 Witts 疾病严重程度分型（表 4-7-1）和改良的 Mayo 评分系统分型（表 4-7-2），活动期轻度活动:3~5分;中度活动:6~10分;重度活动:11~12分;临床缓解:评分≤2分且无单个分项评分>1分。后者加入内镜评判标准多用于科研。

表 4-7-1 改良 Truelove 和 Witts 疾病严重程度分型

项目	轻度	中度	重度
大便(次/日)	<4	4~6	>6(血便)
脉搏(次/分)	<90	<100	>100
血细胞比容(%)	正常	30~40	<30
体重下降(%)	无	<10	>10
体温(℃)	正常	<37.5	>37.5
ESR(mm/h)	<20	20~30	>30
白蛋白(g/L)	正常	30~35	<30

表 4-7-2 改良的 Mayo 评分系统

项目	0分	1分	2分	3分
排便次数	正常	比正常增加1~2次/天	比正常增加3~4次/天	比正常增加5次/天或以上
血便	未见	不到一半时间便中混血	大部分时间便中混血	一直存在出血
内镜发现	正常或无活动病变	轻度病变(红斑、血管纹理减少轻度易脆)	中度病变(明显红斑、血管纹理缺乏易脆、糜烂)	重度病变(自发性出血,溃疡形成)
医师总体评价	正常	轻度病变	中度病变	重度病变

【并发症】
(一)中毒性巨结肠
中毒性巨结肠(toxic megacolon)多发生在重症 UC 患者。国外报道发生率在重症患者中约有5%。此时结肠病变广泛而严重,累及肌层与肠肌神经丛,肠壁张力减退,结肠蠕动消失,肠内容物与气体大量积聚,引起急性结肠扩张,一般以横结肠最为严重。常因低钾、钡剂灌肠/结肠镜检查、使用抗胆碱能药物或阿片类制剂而诱发。临床表现为病情急剧恶化,毒血症明显,有脱水与电解质平衡紊乱,出现鼓肠、腹部压痛,肠鸣音消失。血常规白细胞计数显著升高。X 线腹部平片可见结肠扩大,结肠袋形消失。本并发症预后差,易引起急性肠穿孔。

(二)直肠结肠癌变
多见于广泛性结肠炎、幼年起病而病程漫长者。国外有报道起病20年和30年后癌变率分别为7.2%和16.5%。癌变常发生在黏膜下,易漏诊。

(三)其他并发症
肠道大出血在本病发生率约3%。急性肠穿孔多与中毒性巨结肠有关。肠梗阻少见,发生率远低于 CD。

【实验室和辅助检查】
(一)血液检查
血红蛋白在轻型病例多正常或轻度下降,中、重型病例有轻或中度下降,甚至重度下降。白细胞计数在活动期可有增高。血沉增快和 C-反应蛋白增高是活动期的标志。严重或病情持续的病例血白蛋白下降。

（二）粪便检查

粪便常规检查肉眼观常有黏液脓血，显微镜检见红细胞和脓细胞，急性发作期可见巨噬细胞。粪便病原学检查的目的是排除感染性结肠炎，为本病诊断的一个重要步骤，需反复多次进行，检查内容包括：①常规致病菌培养。排除痢疾杆菌和沙门菌等感染，根据情况选择特殊细菌培养以排除空肠弯曲菌、艰难梭菌、耶尔森菌、真菌等感染；②取新鲜粪便，注意保温，找溶组织阿米巴滋养体及包囊；③有血吸虫疫水接触史者作粪便集卵和孵化以排除血吸虫病。

（三）自身抗体检查

欧美的不少研究报道，血中外周型抗中性粒细胞胞浆抗体（anti-neutrophil cytoplasmic antibodies，p-ANCA）和抗酿酒酵母抗体（anti-saccharomyces cerevisiae antibodies，ASCA）分别为 UC 和 CD 的相对特异性抗体，同时检测这两种抗体有助于 UC 和 CD 的诊断和鉴别诊断，若 p-ANCA+/ASCA−，对诊断 UC 有帮助，其在亚洲 IBD 患者的诊断价值低于欧美。

（四）结肠镜检查

结肠镜检查是本病诊断与鉴别诊断的最重要手段之一。应作全结肠及回肠末段检查，直接观察肠黏膜变化，取活组织检查，并确定病变范围。UC 病变呈连续性、弥漫性分布，从肛端直肠开始逆行向上扩展，内镜下重要改变有：①黏膜粗糙呈细颗粒状，弥漫性充血、水肿，血管纹理模糊，质脆、出血，可附有脓性分泌物；②病变明显处见弥漫性糜烂或多发性浅溃疡（图 4-7-1/文末彩图 4-7-1）；③慢性病变见假息肉及桥状黏膜，结肠袋往往变钝或消失。

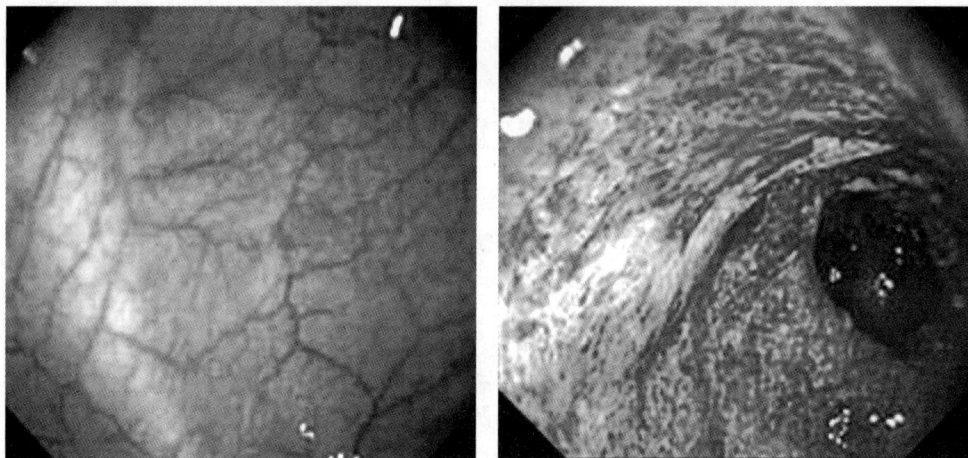

图 4-7-1　炎症性肠病

（五）X 线钡剂灌肠检查

X 线钡剂灌肠检查所见 X 线征主要有：①黏膜粗乱及（或）颗粒样改变；②多发性浅溃疡，表现为管壁边缘毛糙呈毛刺状或锯齿状以及见小龛影，亦可有炎症性息肉而表现为多个小的圆或卵圆形充盈缺损；③结肠袋消失，肠壁变硬，肠管缩短、变细，可呈铅管状。结肠镜检查比 X 线钡剂灌肠检查准确，有条件宜行结肠镜全结肠检查，检查有困难时辅以钡剂灌肠。重型病例不宜作钡剂灌肠（和结肠镜），以免加重病情或诱发中毒性巨结肠。

【诊断和鉴别诊断】

（一）诊断

具有持续或反复发作腹泻和黏液脓血便、腹痛、里急后重，伴有（或不伴）不同程度全身症状者，在排除细菌性痢疾、阿米巴痢疾、慢性血吸虫病、肠结核等感染性肠炎及 CD、缺血性肠炎、放射性肠炎等非感染性肠炎基础上，具有上述结肠镜检查重要改变中至少 1 项及黏膜活检组织学所见可以诊断本病（无条件进行结肠镜检查，而 X 线钡剂灌肠检查具有上述 X 线征象中至少 1

项,也可诊断本病,但不够可靠)。如果临床表现不典型而有典型结肠镜检查表现及黏膜活检组织学所见(或典型 X 线钡剂灌肠检查表现)者也可诊断本病;有典型临床表现或典型既往史而目前结肠镜检查或 X 线钡剂灌肠检查无典型改变,应列为"疑诊"随访。特别强调本病并无特异性改变,各种病因均可引起类似的肠道炎症改变,故只有在认真排除各种可能有关的病因后才能作出诊断。一个完整的诊断应包括其临床类型及病变范围、病情分期、病情严重程度(表 4-7-1)及并发症。

(二)鉴别诊断

1. 慢性细菌性痢疾　常有急性菌痢病史,粪便检查可分离出痢疾杆菌,结肠镜检查时取黏液脓性分泌物培养的阳性率较高,抗菌药物治疗有效。

2. 阿米巴肠炎病变　主要侵犯右侧结肠,也可累及左侧结肠,结肠溃疡较深,边缘潜行,溃疡间的黏膜多属正常。粪便或结肠镜取溃疡渗出物检查可找到溶组织阿米巴滋养体或包囊。血清抗阿米巴滋养体抗体阳性。抗阿米巴治疗有效。

3. 血吸虫病　有疫水接触史,常有肝脾大,粪便检查可发现血吸虫卵,孵化毛蚴阳性,直肠镜检查在急性期可见黏膜黄褐色颗粒,活检黏膜压片或组织病理检查发现血吸虫卵。免疫学检查亦有助鉴别。

4. 克罗恩病(表 4-7-3)　当 CD 的病变单纯累及结肠,此时鉴别诊断十分重要,因为,两者在治疗反应和预后上有所差异,最重要的是当需要考虑手术治疗时,术式选择有很大差异。例如全结肠切除加回肠储袋肛管吻合术仅适用于 UC 而不适用于 CD,该术式对前者为根治性治疗,而用于后者则术后回肠吻合口复发率非常高。然而,即使仔细鉴别,仍有少部分(西方报道约 10%)结肠 IBD 无法确定分类,即 IC,需要经过长期随访才能作出判断。

表 4-7-3　溃疡性结肠炎与克罗恩的鉴别

	溃疡性结肠炎	克罗恩病
脓血便	多见	无/或少见
病变分布	病变连续	呈节段性
病变范围	结、直肠受累	全消化道
常见受累部位	直肠	回盲部
肠腔狭窄	少见,中心性	多见、偏心性
内镜表现	溃疡浅,黏膜弥漫性充血水肿、颗粒状,脆性增加	纵行溃疡、卵石样外观,病变间黏膜外观正常(非弥漫性)
活检特征	固有膜全层弥漫性炎症、隐窝脓肿、隐窝结构明显异常、杯状细胞减少	裂隙状溃疡、非干酪性肉芽肿、黏膜下层淋巴细胞聚集

5. 大肠癌　多见于中年以后,直肠指检常可触到肿块,结肠镜与 X 线钡剂灌肠检查对鉴别诊断有价值,活检可确诊。须注意 UC 也可引起结肠癌变。

6. 肠易激综合征　粪便有黏液但无脓血,显微镜检查正常,结肠镜检查无器质性病变。

7. 其他　其他感染性肠炎(如肠结核、沙门菌结肠炎、耶尔森菌肠炎、空肠弯曲菌肠炎、抗菌药物相关性肠炎、真菌性肠炎等)、缺血性结肠炎、放射性肠炎、胶原性结肠炎、白塞病、结肠息肉、结肠憩室炎等应和本病鉴别。

【治疗】

(一)一般治疗

强调休息、饮食和营养。对活动期患者应有充分休息,以减少精神和体力负担,并予流质饮食,待病情好转后改为富营养少渣饮食。部分患者发病可能与牛乳过敏或不耐受有关,故应注意询问有关病史并限制乳制品摄入。重症患者应住院治疗,及时纠正水、电解质平衡紊乱,贫血者可输血,低蛋白血症者输注人血白蛋白。病情严重应禁食,并予完全胃肠外营养治疗。患者的情绪对病情会有影响,可予以心理治疗。

对腹痛、腹泻的对症治疗,要权衡利弊,使用抗胆碱能药物或止泻药如地芬诺酯(苯乙哌啶)或洛哌丁胺宜慎用,特别是大剂量,在重症患者有诱发中毒性巨结肠的危险。

抗生素治疗对一般病例并无指征。但对重症有继发感染者,应积极抗菌治疗,予以广谱抗生素,静脉给药,合用甲硝唑对厌氧菌感染有效。

（二）药物治疗

1. 氨基水杨酸制剂 是治疗 UC 的常用药物。柳氮磺吡啶(简称 SASP)口服后大部分到达结肠,经肠菌分解为 5-氨基水杨酸(简称 5-ASA)与磺胺吡啶,前者是主要有效成分,其滞留在结肠内与肠上皮接触而发挥抗炎作用。其作用机制尚未完全清楚,可能是通过影响花生四烯酸代谢的一个或多个步骤,抑制前列腺素合成;清除氧自由基而减轻炎症反应;抑制免疫细胞的免疫反应等。该药适用于轻、中型患者或重型经糖皮质激素治疗已有缓解者的维持治疗。用药方法为4g/d,分 4 次口服;病情缓解可减量使用,然后改为维持量 2g/d,分次口服。不良反应分为两类,一类是剂量相关的不良反应如恶心、呕吐、食欲减退、头痛、可逆性男性不育等,餐后服药可减轻消化道反应。另一类不良反应属于过敏,有皮疹、粒细胞减少、自身免疫性溶血、再生障碍性贫血等,因此服药期间必须定期复查血象,一旦出现不良反应,应改用其他药物。5-ASA 的特殊制剂,其能到达小肠(个别制剂)、回肠末端、结肠发挥药效,这类制剂有美沙拉秦(mesalamine)、奥沙拉嗪(olsalazine)和巴柳氮(balsalazide)。5-ASA 新型制剂疗效与 SASP 相仿,优点是不良反应明显减少,但价格较 SASP 高。SASP 和 5-ASA 的栓剂以及 5-ASA 灌肠剂,适用于病变局限在直肠患者。

2. 糖皮质激素(简称激素) 对急性发作期有较好疗效。基本作用机制为非特异性抗炎和抑制免疫反应。适用于对氨基水杨酸制剂疗效不佳的轻、中型患者,特别适用于中、重型活动期患者。一般予口服泼尼松 0.75mg/kg 体重,40~60mg/d;重症患者先予较大剂量静脉滴注,如氢化可的松 300~400mg/d 或甲泼尼龙 40mg/d,7~14 天后改为口服泼尼松 50~60mg/d。病情缓解后逐渐减量至停药;激素减量到 10mg/d 应不少于 3 个月。

病变局限在直肠、乙状结肠患者,可用琥珀酸钠氢化可的松 100mg(不能用氢化可的松醇溶制剂)或地塞米松 4~5mg 加生理盐水 60~100ml 作保留灌肠,每天 1 次,病情好转后改为每周2~3 次,疗程 1~3 个月。也可使用布地奈德灌肠剂 3mg/d。

3. 免疫抑制剂和生物制剂 硫唑嘌呤或硫嘌呤适用于那些激素减量后症状复发或激素减停后 3 月内复发的患者,即激素依赖者,加用这类药物后可逐渐减少激素用量甚至停用,(使用方法及注意事项详见本章第二节"克罗恩病")。重型 UC 急性发作静脉用糖皮质激素治疗无效者,采用"拯救"治疗:①环孢素(cyclosporine):2~4mg/(kg·d),静脉滴注 7~14 天,有效者改为口服 4~6mg/(kg·d),由于其肾毒性,疗程多在 6 个月减停;大部分患者可取得暂时缓解而避免急诊手术;②TNF-α 单克隆抗体(英夫利昔单抗,infliximab):为促炎性细胞因子的拮抗剂,临床试验证明其对传统治疗无效的活动性 UC 有效,特别是使激素抵抗患者而避免急诊手术。具体用法同 CD。

（三）手术治疗

紧急手术指征为:并发大出血、肠穿孔、重型患者特别是合并中毒性巨结肠经积极内科治疗无效且伴严重毒血症者。择期手术指征:①并发结肠癌变;②慢性持续型病例内科治疗效果不理想而严重影响生活质量,或虽然用糖皮质激素可控制病情但因不良反应太大不能耐受者。术式一般采用全结肠切除加回肠造瘘术。为避免回肠造瘘缺点,近年采用回肠储袋肛管吻合术,既切除全结肠及剥离直肠黏膜和黏膜下层,又保留了肛门排便功能,大大改善了患者的术后生活质量。

(四)活动期治疗方案的选择

根据病情严重程度和病变部位,结合治疗反应来决定。直肠型:主要予以 5-ASA 或糖皮质激素保留灌肠(每晚睡前),可辅以口服氨基水杨酸制剂。轻、中度 UC:先予口服氨基水杨酸制剂,可辅以 5-ASA 或糖皮质激素保留灌肠;疗效不佳者改为口服糖皮质激素,病变广泛累及全结肠可首选口服糖皮质激素治疗。重型 UC:先予静脉使用糖皮质激素后改口服;足量治疗 7 天症状无改善者需考虑予以环孢素、生物制剂静滴或手术治疗。糖皮质激素疗效不佳或激素依赖的慢性持续型患者:加用免疫抑制剂如硫唑嘌呤治疗;仍疗效不佳可转换其他免疫抑制剂或生物制剂;药物不良反应严重已明显影响生活质量者考虑手术治疗。

(五)缓解期维持治疗

缓解期必须予维持治疗。氨基水杨酸制剂维持治疗,维持治疗的剂量和疗程尚未统一,我国推荐以活动期有效治疗量的半量(如柳氮磺吡啶 2g/d)维持治疗 1～3 年。对于病情重、复发频的患者维持治疗的剂量宜大、疗程更长。对慢性持续型用硫唑嘌呤等免疫抑制剂获得缓解者,则用原剂量免疫抑制剂作维持治疗。

【预后】 本病一般呈慢性病程,为终身复发性疾病,轻型及长期缓解者预后较好。重症且急性起病、有并发症及年龄>60 岁者预后不良,但近年由于治疗水平提高,病死率已明显下降。慢性持续活动或反复发作频繁者,预后较差,但如能合理选择手术治疗,亦可望得到恢复。病程漫长者癌变危险性增加,应注意随访。

第二节 克 罗 恩 病

要点:
1. 克罗恩病是病因不明的胃肠道慢性非特异、肉芽肿性疾病。
2. 病变可累及从口腔至肛门的全消化道,但以回肠末段和盲肠多见,病变累及肠壁全层。
3. 临床表现为腹痛、腹泻、腹块及肠梗阻,并伴有关节、皮肤等肠外表现。病理是确诊的唯一手段。注意与肠结核鉴别。
4. 治疗以糖皮质激素及免疫抑制剂为主,前两者无效时应选用生物制剂。
5. 重视维持治疗,特别是手术后应予治疗和维持治疗。

克罗恩病(Crohn disease,CD)是一种病因尚不十分清楚的胃肠道慢性炎性肉芽肿性疾病。病变多见于末段回肠和邻近结肠,但从口腔至肛门各段消化道均可受累,呈节段性或跳跃式分布。临床上以腹痛、腹泻、腹块、瘘管形成和肠梗阻为特点,可伴有发热、营养障碍等全身表现以及关节、皮肤、眼、口腔黏膜、肝等肠外损害。本病有终生复发倾向,重症患者迁延不愈,预后不良。

【病理】 病变同时累及回肠末段与邻近右侧结肠者最为多见,约占半数;只累及小肠者占其次,主要在回肠,少数见于空肠;局限在结肠者约占 20%,以右半结肠多见。病变可同时累及阑尾、直肠、肛门,而病变累及口腔、食管、胃、十二指肠受累较少见。

大体形态上,CD 特点为:①病变呈节段性或跳跃性,而非连续性;②黏膜溃疡的特点:早期呈鹅口疮样溃疡;随后溃疡增大,形成纵行溃疡和深"裂隙"溃疡,将黏膜分割呈鹅卵石样外观;③病变累及肠壁全层,肠壁增厚变硬,肠腔狭窄。

Notes

　　组织学上,CD 的特点为:①非干酪坏死性肉芽肿,由类上皮细胞和多核巨细胞构成,可发生在肠壁各层和局部淋巴结;②裂隙溃疡,可深达黏膜下层甚至肌层;③肠壁各层炎症,伴充血、水肿、淋巴管扩张、淋巴组织增生和纤维组织增生。

　　肠壁全层病变致肠腔狭窄可发生肠梗阻。溃疡慢性穿孔引起局部脓肿,或穿透至其他肠段、器官、腹壁,形成内瘘或外瘘。肠壁浆膜纤维素渗出、慢性穿孔均可引起肠粘连。

　　【临床表现】　起病大多隐匿、缓慢进展,从发病至确诊往往需数月至数年,病程呈慢性,长短不等的活动期与缓解期交替,为终生复发疾病。少数急性起病,可表现为急腹症,酷似急性阑尾炎或急性肠梗阻。本病临床表现在不同病例差异较大,多与病变部位、病期及并发症有关。

　　(一)消化系统表现

　　1. 腹痛　为最常见症状。多位于右下腹或脐周,间歇性发作,常为痉挛性阵痛或腹鸣。常于进餐后加重,排便或肛门排气后缓解。腹痛的发生可能与肠内容物通过炎症、狭窄肠段,引起局部肠痉挛有关。腹痛亦可由部分或完全性肠梗阻引起,此时伴有肠梗阻症状。出现持续性腹痛和明显压痛,提示炎症波及腹膜或腹腔内脓肿形成。全腹剧痛和腹肌紧张,可能系病变肠段急性穿孔所致。

　　2. 腹泻　亦为本病常见症状之一,主要由病变肠段炎症渗出、蠕动增加及继发性吸收不良引起。病程早期间歇发作,病程后期可转为持续性。粪便多为糊状,一般无肉眼脓血。病变累及远端结肠或肛门直肠者,可有黏液脓血便及里急后重。

　　3. 腹部包块　约见于 10% ~ 20% 患者,由于肠粘连、肠壁增厚、肠系膜淋巴结肿大、内瘘或局部脓肿形成所致。多位于右下腹与脐周。固定的腹块提示有粘连,多已有内瘘形成。

　　4. 瘘管　因透壁性炎性病变穿透肠壁全层至肠外组织或器官而形成。瘘管形成是 CD 的临床特征之一,是与 UC 鉴别的依据。瘘分内瘘和外瘘,前者可通向其他肠段、肠系膜、膀胱、输尿管、阴道、腹膜后等处,后者通向腹壁或肛周皮肤。肠段之间内瘘形成可致腹泻加重及营养不良。肠瘘通向的组织与器官因粪便污染可致继发性感染。外瘘或通向膀胱、阴道的内瘘均可见粪便与气体排出。

　　5. 肛门周围病变　肛门周围病变(perianal disease)包括肛门直肠周围瘘管、脓肿形成及肛裂等病变,见于部分结肠受累者。有时肛周病变可为本病的首发或突出的临床表现。

　　(二)全身表现

　　与 UC 比 CD 全身表现较多且较明显,主要有:

　　1. 发热　为常见的全身表现之一,与肠道炎症活动及继发感染有关。间歇性低热或中度热常见,少数呈弛张高热伴毒血症。少数患者以发热为主要症状,甚至较长时间不明原因发热之后才出现消化道症状。

　　2. 营养障碍　由慢性腹泻、食欲减退及慢性消耗等因素所致。表现为消瘦、贫血、低蛋白血症和维生素缺乏等。青春期前患者常有生长发育迟滞。

　　3. 肠外表现　CD 可有全身多个系统损害,因而伴有一系列肠外表现,包括:杵状指(趾)、关节炎、结节性红斑、坏疽性脓皮病、口腔黏膜溃疡、虹膜睫状体炎、葡萄膜炎、小胆管周围炎、硬化性胆管炎、慢性活动性肝炎等,淀粉样变性或血栓栓塞性疾病亦偶有所见。

　　【并发症】　肠梗阻最常见,其次为腹腔内脓肿,偶可并发急性穿孔或大量便血。直肠或结肠黏膜受累者可发生癌变。肠外并发症有胆结石症,系胆盐的肠内吸收障碍引起;可有尿路结石,可能与脂肪吸收不良使肠道内草酸盐吸收过多有关。脂肪肝颇常见,与营养不良及毒素作用等因素有关。

　　【实验室和辅助检查】

　　(一)实验室检查

　　贫血常见;活动期周围血白细胞增高,血沉加快,C-反应蛋白增高;人血白蛋白常有降低;粪便隐血试验常呈阳性;有吸收不良综合征者粪脂排出量增加并可有相应吸收不良改变。血清自身抗体检查参见本章第一节"溃疡性结肠炎"。

(二) X 线检查

小肠病变行胃肠钡餐检查,结肠病变行钡剂灌肠检查。X 线表现为肠道炎性病变,可见黏膜皱襞粗乱、纵行溃疡或裂沟、鹅卵石征、假息肉、多发性狭窄、瘘管形成等 X 线征象,病变呈节段性分布。由于病变肠段激惹及痉挛,钡剂很快通过而不停留该处,称为跳跃征;钡剂通过迅速而遗留一细线条状影,称为线样征,该征亦可能由肠腔严重狭窄所致。由于肠壁深层水肿,可见填充钡剂的肠袢分离。CT 检查及 B 超检查对腹腔脓肿诊断有重要价值;小肠和结肠 CT 成像对了解小肠和结肠病变分布,肠腔的狭窄程度以及通过肠壁增厚和强化等改变利于 CD 的诊断及鉴别诊断。

(三) 结肠镜检查

结肠镜行全结肠及回肠末段检查。病变呈节段性(非连续性)分布,见纵行溃疡,溃疡周围黏膜正常或增生呈鹅卵石样,病变之间黏膜外观正常(非弥漫性),可见肠腔狭窄,炎性息肉。病变处多部位深凿活检有时可在黏膜固有层发现非干酪坏死性肉芽肿或大量淋巴细胞聚集。

因 CD 为肠壁全层性炎症、累及范围广,故其诊断往往需要 X 线与结肠镜检查的相互配合。结肠镜检查直视下观察病变,对该病的早期识别、病变特征的判断、病变范围及严重程度的评估较为准确,且可取活检,但其只能观察至回肠末段,遇肠腔狭窄或肠粘连时观察范围会进一步受限。

(四) 胶囊内镜与小肠镜

胶囊内镜是无创、安全的小肠检查方法,它可以观察传统 X 线不能发现的早期小肠黏膜病变:小肠节段性多发性糜烂、溃疡以及狭窄病变。双气囊小肠镜为有创的检查方法,其优点是可进行活检,并适用于不宜进行胶囊内镜的小肠明显狭窄患者。

【诊断和鉴别诊断】

(一) 诊断

中青年患者有慢性反复发作性右下腹或脐周痛伴腹泻、腹块、发热等表现,X 线或(及)结肠镜检查发现肠道炎性病变主要在回肠末段与邻近结肠且呈节段性分布者,应考虑 CD 的诊断。CD 诊断主要根据临床表现、内镜检查和 X 线检查所见进行综合分析,典型者可作出临床诊断(如活检黏膜固有层见非干酪坏死性肉芽肿或大量淋巴细胞聚集更支持诊断),但必须排除各种肠道感染性或非感染性炎症疾病及肠道肿瘤。鉴别困难时需靠手术探查获得病理诊断。WHO提出的 CD 诊断要点可供参考,见表 4-7-4。长期随访有助于确定或修正诊断。其活动程度依据CD 活动指数(CDAI)评估,Harvey 简化 CDAI 在临床更为实用,见表 4-7-5。也可上网 http://www.ibdjohn.com/cdai 直接得到 CDAI 评分。

表 4-7-4　克罗恩病诊断要点

	临床	影像	内镜	活检	切除标本
①非连续性或节段性病变		+	+		+
②铺路石样表现或纵行溃疡		+	+		+
③全壁性炎症病变	+(腹块)	+(狭窄)	+(狭窄)		+
④非干酪样肉芽肿				+	+
⑤裂沟、瘘管	+	+			+
⑥肛门部病变	+			+	+

具有上述①②③者为疑诊,再加上④⑤⑥三项中任何一项者可作出临床诊断。有第④项者,只要再加上①②③三项中的任何两项亦可作出临床诊断

表 4-7-5　Harvey 简化 CADI 计算法

①一般情况	0 良好	1 稍差	2 差	3 不良	4 极差
②腹痛	0 无	1 轻	2 中	3 重	
③腹泻、稀便	每日 1 次记 1 分				
④腹块(医师认定)	0 无	1 可疑	2 确定	3 伴触痛	
⑤并发症(关节痛、巩膜炎、结节性红斑、坏疽性脓皮病、阿佛他溃疡、新瘘管及脓肿等)每个症状记 1 分					

注:<4 分为缓解期,5~8 分为中度活动期,9 分以上为重度活动期

(二)鉴别诊断

需与各种肠道感染性或非感染性炎症疾病及肠道肿瘤鉴别。应特别注意,急性发作时与阑尾炎、慢性发作时与肠结核及肠道淋巴瘤、病变单纯累及结肠者与 UC 进行鉴别。在我国与肠结核的鉴别至关重要。

1. **肠结核**　回盲部肠结核与 CD 鉴别相当困难。肠镜下所见两病并无特征性区别,一般来说,纵行溃疡多见于 CD,而环行溃疡多见于结核。肠结核可有肠外结核病的过去史或现在史;瘘管及肛门周围病变少见;结核菌素试验阳性等有助于与 CD 鉴别。鉴别困难者,建议先行诊断性抗结核治疗。有手术适应证者可行手术探查,病变肠段与肠系膜淋巴结病理组织学检查发现干酪坏死性肉芽肿可获确诊。

2. **小肠恶性淋巴瘤**　原发性小肠恶性淋巴瘤可较长时间内局限在小肠,部分患者肿瘤可呈多灶性分布,此时与 CD 鉴别有一定困难。如 X 线检查见小肠同时受累、节段性分布、纵行溃疡、鹅卵石征、瘘管形成等有利于 CD 诊断;如 X 线检查见一肠段内广泛侵蚀、呈较大的指压痕或充盈缺损,B 型超声或 CT 检查肠壁明显增厚、腹腔淋巴结肿大,多支持小肠恶性淋巴瘤诊断。小肠恶性淋巴瘤一般进展较快,活检并做免疫组化可确诊,必要时手术探查可获病理确诊。

3. **UC**　鉴别要点见本章第一节"溃疡性结肠炎"。

4. **急性阑尾炎**　腹泻少见,常有转移性右下腹痛,压痛限于麦氏点,血象白细胞计数增高更为显著,可资鉴别,但有时需剖腹探查才能明确诊断。

5. **其他**　如血吸虫病、慢性细菌性痢疾、阿米巴肠炎、其他感染性肠炎(耶尔森杆菌、空肠弯曲菌、艰难梭菌等感染)、出血坏死性肠炎、缺血性肠炎、放射性肠炎、胶原性肠炎、白塞病、大肠癌以及各种原因引起的肠梗阻,在鉴别诊断中亦需考虑。

【治疗】　治疗目的是控制病情活动、维持缓解及防治并发症。

(一)一般治疗

必须戒烟。强调饮食调理和营养补充,一般给高营养低渣饮食,适当给予叶酸、维生素 B_{12} 等多种维生素及微量元素。要素饮食(完全胃肠内营养)或完全胃肠外营养在补给营养同时,还有助减轻病变活动性,可视病情需要及并发症情况分别选用之。

(二)药物治疗

1. **氨基水杨酸制剂**　柳氮磺吡啶仅适用于病变局限于结肠者;不同剂型的美沙拉秦可在小肠、回肠及结肠定位释放,故适用于病变在小肠、回肠末段及结肠者。该类药物一般用于控制轻型患者的活动性;也可用作缓解期或手术后的维持治疗,但疗效并不肯定。

2. **糖皮质激素**　是控制病情活动期最有效的药物,适用于中、重型患者或对氨基水杨酸制剂无效的轻型患者。糖皮质激素在 CD 的应用必须特别注意以下几点:①给药前必须排除结核与腹腔脓肿等感染的存在。②初始剂量要足[如泼尼松 0.75mg/(kg·d)]。③减量要慢,病情缓解后剂量逐渐减少。从泼尼松足量减至 10mg/d 应大于 3 月,每 7~14 天将日量减 5mg,并将减量的速度改为每 14~21 天将日量减 5mg。④大部分患者表现为激素依赖,每于减量或停药 1 年内复发。因此对激素依赖者应加用免疫抑制剂(见下述)。⑤长期激素治疗应同时补充钙

剂及维生素 D 以预防骨病发生。布地奈德(budesonide)为新型糖皮质激素,主要在肠道局部起作用,故全身不良反应大大减少,仅用于回盲型轻中度 CD。

3. 免疫抑制剂　近年研究已确定免疫抑制剂对 CD 的治疗价值。硫唑嘌呤(azathioprine)或巯嘌呤(6-mercaptopurine,6-MP)适用于对糖皮质激素治疗效果不佳或对激素依赖病例,剂量前者为 1.5 ~ 2.5mg/(kg·d),后者为 0.75 ~ 1.5mg/(kg·d)。该类药物起效时间约需 3 ~ 6 个月,故宜在激素使用过程中加用,继续使用激素 3 ~ 4 个月后再将激素逐渐减量至停用。约 60%激素依赖患者可成功将激素撤除;该类药物常见严重不良反应为白细胞减少等骨髓抑制表现,亦会诱发胰腺炎、肝损害。对原有慢性病毒性肝炎患者可致肝炎活动。甲氨蝶呤(methotrexate)为二线药物,沙利度胺(thalidomide)亦可应用,但目前的临床应用经验较少。

4. 抗菌药物　某些抗菌药物如甲硝唑 10 ~ 15mg/(kg·d)、环丙沙星(500mg、每日 2 次)控制病情活动有一定疗效,且对并发症亦有治疗作用,甲硝唑对肛周瘘管疗效较好,喹诺酮类药物对瘘有效。上述药物单独应用虽有一定疗效,但长期应用不良反应大,故临床上一般与其他药物联合短期应用,以增强疗效。

5. 其他　抗 TNF-α 单克隆抗体(英夫利昔单抗)为促炎性细胞因子的拮抗剂,临床试验证明对传统治疗无效的活动性 CD 有效,重复治疗可取得较长期缓解。常用剂量为 5mg/kg,诱导缓解:分别在 0、2、6 周给药,维持缓解为每 8 周给药 1 次;一般维持 1 ~ 2 年;过敏为该药常见不良反应,感染为该药的禁忌证。

(三) 手术治疗

手术适应证为内科治疗无效及存在并发症,后者包括完全性肠梗阻、急性穿孔或不能控制的大量出血等。对肠梗阻应注意区分炎症活动引起的功能性痉挛与纤维狭窄引起的机械梗阻,前者经禁食、积极内科治疗可缓解而不需手术;对没有合并脓肿形成的瘘管,积极内科保守治疗有时亦可使其闭合。手术方式主要是病变肠段切除。本病手术后复发率高。

(四) 维持治疗

CD 同 UC 需要维持治疗,激素对于维持治疗无效。CD 术后必须予治疗或维持治疗,维持治疗时间推荐 3 年;经免疫抑制剂治疗缓解后,仍用其治疗剂量的 AZA/6-MP 继续长程维持。经生物制剂治疗缓解后,可继续用之维持治疗或转化为免疫抑制剂维持。

【预后】　本病可经治疗好转,也可自行缓解。但多数患者反复发作,迁延不愈。其中相当部分患者在其病程中因出现并发症而手术治疗,甚至多次手术,预后不佳。

(钱家鸣)

■ 推荐阅读文献

1. Van Assche G,Dignass A,Panes J,et al. The second European evidence-based Consensus on the diagnosis and management of Crohn's disease:Definitions and diagnosis. J Crohns Colitis,2010,4(1):7-47
2. 中华医学会消化病分会炎症性肠病学组.炎症性肠病诊断与治疗的共识意见(2012 年).胃肠病学,2012,17(12):763-781

第八章　大　肠　癌

> **要点：**
> 1. 大肠癌发病率逐年升高。
> 2. 多数大肠癌源于腺瘤性息肉。
> 3. 高危人群的筛查可以发现早期病灶，黏膜内癌和息肉癌变可在内镜下彻底切除。
> 4. TNM 分期可以指导临床治疗的选择。

大肠癌包括结肠癌与直肠癌（colorectal cancer，CRC），属大肠黏膜上皮恶性肿瘤。男女发病差别不大，我国发病年龄比欧美提前。多年来，世界上多数国家 CRC 发病率呈上升趋势，我国新发病例以 4%/年的速度增加，现占所有恶性肿瘤的第 4 位，上海 2008 年更升至第 2 位。欧美筛查 CRC 逐步推广，相关病变得到及早发现和处理，生存率逐年提高。

【病因和发病机制】　目前的研究表明 CRC 是环境因素与遗传因素综合作用的结果。

（一）环境因素

CRC 发病率低的亚洲人移民到美国后，第一代 CRC 发病率即上升，第二代已接近美国人，表明环境因素相当重要，高脂肪与食物纤维不足是其中的关键。高脂肪饮食（特别是饱和脂肪酸和动物脂肪）刺激胆汁分泌，增加大肠中胆汁酸与中性固醇的浓度，肠菌群作用下产生各种致癌物质，而食用纤维减少使肠通过时间延长、肠菌群失调、肠腔内致癌物质浓度增高，发生 CRC 的机会大大增加。腌制食品中含有的亚硝胺类化合物和高蛋白食物油炸后产生的杂环胺均有明显的致癌、致突变作用。

（二）遗传因素

约 20% 的 CRC 归因危险度与遗传背景有关，主要有遗传性非息肉病性大肠癌（hereditary non-polyposis colorectal cancer，HNPCC，也称林奇综合征）和家族性腺瘤性息肉病（familia adenomatous polyposis，FAP）。HNPCC 在结直肠癌患者中的发生率为 1/35，分子学特征是 DNA 错配修复基因突变，肿瘤细胞出现微卫星不稳定（microsatellite instability，MSI）。FAP 腺瘤超过 100 枚以上，属常染色体显性遗传病，位于 5q21 的 APC 基因突变，癌变率为 34% ～83%。

（三）腺瘤与癌基因

85% 的 CRC 源于腺瘤（adenomatous polyp），故腺瘤被认为是癌前疾病，癌变危险因素有：左半结肠息肉、女性、多发、广基、直径>2cm、绒毛状腺瘤、锯齿状腺瘤，从腺瘤发展成浸润性癌约需 10 年。在正常肠上皮→过度增生上皮→早期腺瘤→中期腺瘤→后期腺瘤→癌→癌转移的演变过程与基因变化的关系比较清晰，APC 基因→kras 基因→DCC 基因→p53 基因分阶段参与了整个癌变过程。

（四）其他因素

病变范围广、病程长的溃疡性结肠炎可发生癌变；血吸虫肠炎发生癌变增加；胆囊切除术后 CRC 发病率稍增加。还有些 CRC 没有特定的良性病变或癌前病变，直接从正常黏膜发生成癌。

【病理学】　我国 CRC 50% ～70% 位于直肠（而欧美 60% 位于结肠），25% 位于乙状结肠，其

498

余依次为盲肠、升结肠、降结肠、横结肠。随着生活习惯的改变右半结肠癌发病率有所增高。

CRC 组织学类型有管状腺癌、乳头状腺癌、黏液腺癌、印戒细胞癌、腺鳞癌、未分化癌、鳞癌，以管状腺癌最多见。

CRC 临床病理分期的不同预后不同，常用的有 Dukes 分期和 TNM 分期(表 4-8-1)。临床术前较广泛应用 Dukes 分期：A 期(癌局限于肠壁)，B 期(癌穿透浆膜)，C 期(有局部淋巴结转移)，D 期(有远处转移)。

表 4-8-1　大肠癌分期标准

原发肿瘤(T)：

Tx：原发肿瘤不能确定；T0：没有原发肿瘤的依据；Tis：原位癌，上皮内癌或浸润固有膜；T1：侵犯黏膜下层；T2：侵犯肌层；T3：穿透肌层进入浆膜下，未穿透浆膜，或进入非腹膜被覆的结肠、直肠周围组织；T4a：穿透浆膜进入腹腔；T4b：侵犯邻近器官

区域淋巴结(N)：

NX：区域淋巴结转移不能确定；N0：无区域性淋巴结转移；N1：1～3 个区域淋巴结转移；N1a：1 个区域淋巴结转移；N1b：2～3 个区域淋巴结转移；N1c：肿瘤呈卫星结节状存在于浆膜下、网膜、非穿孔的结肠或直肠周围组织而无局部淋巴结转移；N2：≥4 个淋巴结转移；N2a：4～6 个区域淋巴结转移；N2b：≥7 个区域淋巴结转移

远处转移(M)：

MX：远处转移不能确定；M0：无远处转移；M1：有远处转移；M1a：转移局限于 1 个器官或部位；M1b：1 个以上器官或部位或腹腔转移

TNM 分期：

0：TisN0M0；Ⅰ：T1N0M0；T2N0M0；ⅡA：T3N0M0；ⅡB：T4aN0M0；ⅡC：T4bN0M0；ⅢA：T1-2N1/N1cM0；T1N2aM0；ⅢB：T3-4aN1/N1cM0；T2-3N2AM0；T1-2N2bM0；ⅢC：T4aN2aM0；T3-4aN2bM0；T4bN1-2M0；ⅣA：任何 T 任何 NM1a；ⅣB：任何 T 任何 NM1b

【临床表现】　CRC 起病隐匿，无明显特异症状。

(1) 排便习惯与粪便性状改变：排便习惯和性状与平时不同，是 CRC 最早出现的表现，血便或脓血便常见。

(2) 腹痛：右半结肠癌常出现腹痛，为右腹或右上腹钝痛，由肿瘤浸润或并发肠梗阻所致。

(3) 全身症状：以不明原因的贫血、体重减轻为多见；晚期患者出现恶病质、腹腔积液。

(4) 体征：直肠癌在指检时可发现肿块，指套上多有血性黏液；晚期患者可触及腹部肿块；也有少数患者以远处转移为首发，如肝转移。

【实验室和辅助检查】

(一) 粪便隐血试验

尽管对诊断无特异性，但多次监测是 CRC 筛查或早期诊断的重要线索。

(二) 内镜检查

能确定肿瘤的部位、大小及浸润范围，活检可获得病理诊断；超声内镜可观察肿瘤浸润深度；染色加放大内镜可提高癌前病灶及早癌的检出率。

(三) X 线检查

1. 钡剂灌肠　没有内镜的单位可选择。

2. 胸腹盆腔 CT　可了解 CRC 肠外浸润及转移情况，有助于 TNM 分期、制订治疗方案及术后随访。对于肠腔狭窄结肠镜未能观察全结肠的患者可行 CT 大肠成像。

(四) 血清癌胚抗原(CEA)

无特异性，但术前升高者可监测手术效果与术后复发。

(五) 分子生物学检测

所有转移结肠癌患者应该检测组织标本是否存在 KRAS 编码区外显子 2 的编码子 12 或 13

Notes

的基因突变,若条件许可也应检测是否存在 KRAS 外显子 3 和 4 或 NRAS 外显子 2、3 和 4 的基因突变以及 V600E BRAF 基因突变,这些患者对 EGFR 单抗治疗反应较差或无疗效。小于 70 岁的结肠癌患者应行 MMR 蛋白检测(IHC 或 MSI),因他们有较高的 HNPCC 的发生率。

【诊断和鉴别诊断】

(一)诊断

晚期患者内镜下病理检查即可确诊。关键是早期诊断,提高 CRC 的警惕性,对排便习惯和性状改变的患者应尽早进行内镜检查,对有危险因素者长期随访,定期内镜检查。

(二)鉴别诊断

以溃疡为表现的 CRC 需要鉴别的疾病主要有肠结核、克罗恩病、溃疡性结肠炎、淋巴瘤;息肉样隆起病灶需要与良性息肉鉴别,特别应关注对息肉恶变的判断。

【治疗】

(一)外科治疗

根治性切除术是主要的措施,同时至少清除 12 枚淋巴结;对病变肠段不能切除则可行捷径或造瘘等姑息手术。术后 3~6 个月即应行首次内镜随访检查。对于直肠癌尽量保肛。

(二)内镜下治疗

腺瘤癌变和黏膜内癌可行黏膜剥离或切除术,病理检查确认癌肿未累及基底部即治疗完成,累及根部者需追加外科手术。急性肠梗阻时可行支架置入术,通畅后再行手术,对不能手术者,可用激光打通肿瘤组织。

(三)化学治疗

Ⅱ期、Ⅲ期术后应进行化疗,可以提高生存率。XELOX(CapOX)方案(奥沙利铂 130mg/m² d1+卡培他滨 1000mg/m² d1~15)是术后辅助化疗的首选,其疗效与 FOLFOX 方案(奥沙利铂,5-FU、亚叶酸钙)相当,但毒性较低。卡培他滨单药化疗疗效优于 5-FU/Lv(亚叶酸钙)方案。对 Kras 基因野生型的不可切除结直肠癌肝转移患者用西妥昔单抗或帕尼单抗(抗 EGFR)联合标准化疗有较好的疗效,能取得较高的肝转移瘤切除率。晚期转移癌也可用贝伐单抗(抗 VEGF)联合标准治疗。

(四)放射治疗

对于局部晚期直肠癌或术后局部复发者可行放疗,但放射性直肠炎也是临床治疗的难题。

【预后】   CRC 预后取决于早期诊断与手术根治。病灶位于局部的患者 5 年生存率可高达 90%,远处转移者根治术后 5 年生存率仅有 10%,有 V600E BRAF 基因突变的患者预后较差。

【预防】   筛查和及时发现癌前病变成为预防的重点。

我国共识意见对于大肠肿瘤筛查的目标人群建议为 50~74 岁,包括粪便隐血、基于高危因素的问卷调查、内镜检查,对于符合下列一条的高危人群应该做结肠镜检查:①大便隐血阳性;②一级亲属有大肠癌病史;③本人有肠道腺瘤史;④本人有癌症史;⑤符合下列 2 项者:慢性腹泻、慢性便秘、黏液血便、慢性阑尾炎或阑尾切除史、慢性胆囊炎或胆囊切除史、长期精神压抑。

美国的指南意见:对于≥50 岁、没有腺瘤和 IBD 病史、没有 CRC 和 HNPCC 家族史者每 10 年做 1 次结肠镜,或每年 1 次 FOBT,或 5 年一次乙状结肠镜或气钡双重造影。对于中度风险者根据腺瘤多少、大小、病理类型选择定期内镜检查,恶变腺瘤内镜下治疗后,3~6 个月复查内镜,以后 3 年复查 1 次,而良性腺瘤切除后 5 年 1 次结肠镜。对于 CRC 切除者术后 3~6 个月复查,没有腺瘤 2~3 年再查,有腺瘤 1~2 年复查。对于 CRC 和息肉病家族史的一级亲属,40 岁后每 5~10 年行结肠镜 1 次。对于 FAP 和 HNPCC 患者每 1~2 年 1 次结肠镜。IBD 病史在出现症状后 8~10 年,每 1~2 年查 1 次结肠镜。

　　长期服用非甾体抗炎药(NSAID)可降低大肠癌的发生率,COX-2 抑制剂是防治肿瘤的热点,尚需临床研究支持。

(侯晓华)

■ 推荐阅读文献

1. NCCN. Clinical Practice Guidelines in Oncology,Colon Cancer. V3. 2014
2. 中国大肠肿瘤筛查早诊早治和综合预防共识意见. 中华消化内镜杂志,2012,29:61-64

第九章 功能性胃肠病

要点：

1. 功能性胃肠病是一组有消化道症状，无器质性病理改变的综合征。
2. 确诊需排除器质性疾病，目前以 Rome Ⅲ 标准为临床诊断手段。
3. 治疗以对症处理为主，遵循个体化原则。

功能性胃肠病（functional gastrointestinal disorders，FGIDs）指具有消化道临床表现的综合征，临床上缺乏任何可解释症状的病理解剖学或生化学异常，常见的包括功能性消化不良（functional dyspepsia，FD）、肠易激综合征（irritable bowel syndrome，IBS）、功能性便秘（functional constipation，FC）。

第一节 功能性消化不良

FD 曾被称为非溃疡性消化性不良（non-ulcer dyspepsia，NUD），是指患者有起源于胃、十二指肠区域的症状，而生化学及内镜等检查无异常发现，主要症状包括餐后饱胀感、早饱、上腹痛和上腹烧灼感。

【病因和发病机制】 FD 的发病是多种因素综合作用的结果。

（一）病因

1. **幽门螺杆菌（Hp）感染** Hp 感染在 FD 发病中的地位尚存在争议，目前认为 Hp 感染是慢性活动性胃炎的主要病因，内镜下非糜烂性胃炎归属 FD 的范畴。

2. **精神与应激** 约 50% 的 FD 患者有精神心理障碍，其症状的严重程度与抑郁、焦虑有关。FD 患者生活中，特别是童年期应激事件的发生频率高于普通人群。

3. **急性胃肠道感染** 有胃肠道感染史人群 FD 发生的风险为正常人群的 5.2 倍。

4. **基因多态性** 与正常人比较，FD 患者 G 蛋白耦联受体中 CC 型的含量显著高于 TT 型和 TC 型，巨噬细胞抑制因子表达的启动子-MIF173C 基因存在多态性，且与上腹痛综合征亚型有关。

（二）病理生理

1. **运动功能障碍** 40%~66% FD 患者有消化道运动功能异常：①近端胃适应性舒张功能受损，顺应性下降，致使餐后胃内食物分布异常，引起餐后饱胀、早饱等症状；②胃排空延迟，可引起餐后腹胀、恶心、呕吐等症状，胃电节律紊乱会造成胃排空障碍；③胃窦和小肠 MMC Ⅲ 期出现频率减少、Ⅱ 期动力减弱及胃窦-幽门-十二指肠运动不协调等。

2. **内脏高敏感性** FD 患者可能存在不被察觉的反射传入信号（肠胃抑制反射）和感知信号（机械性扩张）传入异常，患者对胃扩张刺激产生不适感的阈值明显低于健康人，可能也与自主神经功能状态和中枢感觉整合功能异常有关。内脏高敏感可以解释患者餐后出现的上腹饱胀或疼痛、早饱等症状。

3. **胃酸分泌**　尽管 FD 患者基础胃酸分泌在正常范围,但研究发现刺激后酸分泌增加,约 36% FD 患者的十二指肠对胃酸的敏感性增加,十二指肠酸灌注可引起症状,抑酸治疗后,酸相关症状如空腹不适或疼痛多减轻。

【临床表现】　罗马Ⅲ诊断标准对 FD 的主要症状给予了明确的定义,①餐后饱胀:食物长时间存留于胃内引起的不适感;②早饱感:指摄入少许食物即感胃部饱满,不能继续进餐;③上腹痛:位于胸骨剑突下与脐水平以上、两侧锁骨中线之间区域的疼痛;④上腹烧灼感:指胃局部灼热感,而胃灼热指胸骨后的烧灼样疼痛或不适,是 GERD 的特征性症状。

患者还可有其他上消化道症状,如嗳气、厌食、恶心、呕吐等。部分患者可重叠有下消化道症状,如腹泻、便秘等,或 GERD 症状,如胃灼热。

有些患者有饮食、精神等诱发因素,多数难以明确指出引起或加重病情的诱因。目前尚未发现某一症状与某一病理生理改变有特定的关系。

【实验室及其他检查】　立即进行检查的指征:出现"报警症状和体征"的患者需立即进行必要的检查,排除器质性消化不良。报警征象有:①40 岁以上近期出现症状;②近期出现消瘦、体重下降>3kg;③贫血、呕血或黑粪;④黄疸;⑤发热;⑥吞咽困难;⑦腹块;⑧症状进行性加重。对有精神心理障碍者,也建议及时进行检查,明确排除器质性疾病对解释病情更为有利。

对初诊的消化不良患者应在详细采集病史和进行体格检查的基础上,有针对性地选择辅助检查。我国内镜检查非常普遍,建议将其作为诊断功能性消化不良前排除器质性疾病的主要手段。其他辅助检查包括肝、肾功能及血糖等生化检查、腹部超声及消化系统肿瘤标志物,必要时行腹部 CT 扫描。对经验性治疗或常规治疗无效的 FD 患者可检查 Hp。对怀疑胃肠外疾病引起的消化不良患者,还要选择相应的检查帮助病因诊断。

胃肠功能检查:明确 FD 诊断后即可进行治疗,对于难治患者可进一步确定患者的病理生理改变,选择胃排空、胃电图、胃感觉或分泌功能等检查。

【诊断和鉴别诊断】

(一) 诊断标准

患者出现主要 4 个症状之一至少 6 个月,近 3 个月符合罗马Ⅲ标准(表 4-9-1),根据症状进行临床分型。

表 4-9-1　功能性消化不良的罗马Ⅲ诊断标准

功能性消化不良的诊断标准(必须包括):
①具有以下症状≥1 项:a. 餐后饱胀;b. 早饱感;c. 上腹痛;d. 上腹烧灼感
②无可以解释上述症状的结构性疾病的证据(包括内镜检查)
餐后不适综合征:必备以下 1 项或 2 项:①摄入常量食物后感到饱胀,每周发作数次;②早饱感使其不能完成平常食量,每周发作数次
支持诊断的条件:①上腹胀或餐后恶心或过度嗳气;②患者可同时存在上腹痛综合征
上腹痛综合征:必备以下所有条件:①至少中等程度的上腹部疼痛或烧灼感,每周至少 1 次;②疼痛为间断性;③不放散或不出现于腹部其他区域/胸部;④排便或排气后不缓解;⑤不符合胆囊或 Oddi 括约肌功能障碍的诊断标准
支持诊断的条件:①疼痛可为烧灼样,但不向胸骨后传导;②疼痛常因进餐诱发或缓解,但也可发生在空腹状态;③可同时存在餐后不适综合征

(二) 鉴别诊断

具有上腹痛的 FD 应与十二指肠溃疡、十二指肠炎、幽门前区溃疡、糜烂性胃窦炎鉴别;腹胀和早饱应与其他胃轻瘫疾病鉴别,如糖尿病、尿毒症、风湿病、肝硬化、SLE;FD 症状无特异性,其他疾病也可能出现消化不良症状,如慢性肝病、胆石症、慢性胰腺炎、小肠疾病、内分泌疾病等。

Notes

【治疗】

（一）一般治疗

帮助患者认识、理解病情,提高患者应对症状的能力。指导其改善生活方式、调整饮食结构和有规律的饮食习惯,避免烟酒。对于进食后症状加重者,应在不改变热量基础上,减少食入的容量,减少脂肪成分。尽量避免服用 NSAIDs。还应注意生活规律,避免过度疲劳。

（二）抗酸剂和制酸剂

H_2受体拮抗剂和质子泵抑制剂用于治疗上腹痛综合征患者。而不少研究报告表明,抗酸剂与安慰剂治疗 FD 疗效相近。

（三）促动力药物

促动力药是餐后不适综合征患者的首选。促动力药有甲氧氯普胺、多潘立酮、莫沙比利、伊托必利。

（四）抗幽门螺杆菌

根除 Hp 可使部分 FD 患者的症状得到长期改善,在应用抑酸、促动力剂治疗无效时,建议向患者充分解释根除治疗的利弊、征得患者同意后给予根除 Hp 治疗。

（五）胃黏膜保护剂

多数资料显示黏膜保护剂治疗 FD 疗效与安慰剂基本相同。

（六）精神心理治疗

精神心理调整是治疗的基础,对抑酸和促动力治疗无效、且伴有明显精神心理障碍的患者,可选择三环类抗抑郁药或 $5-HT_4$ 再摄取抑制剂（SSRI）;除药物治疗外,行为治疗、认知治疗及心理干预等可能对 FD 患者也有益,不但可以缓解症状,还可提高患者的生活质量。抗精神病药物有效后,应至少坚持服用 3~6 个月。

（七）治疗的选择

无心理异常的患者可给予 2~4 周的抑酸或促动力治疗,如无效,需进行细致的检查,以确立有无器质性消化不良。如患者心理压力大、疑病,也应选择适当的检查,以缓解病人的顾虑。治疗的选择最好以病理生理改变为依据,无条件的以临床症状分型为依据。

【预后】 FD 为慢性病程,预后良好,长期随访发现尽管某个时期内症状可能缓解,但相当多患者的症状会长期存在,仅 1/3 患者的症状可自行消失。但精神不稳定的患者可能出现行为异常或躯体化反应,影响心身健康和生活质量。值得提出的是有 30% 患者数年后具有典型的肠易激综合征表现。

第二节 肠易激综合征

肠易激综合征(IBS)属以腹痛或腹部不适伴有排便习惯改变为特征的功能性肠病,缺乏可解释症状的形态学和生化学异常。欧美 IBS 的人群发病率约为 10%~22%,我国为 5.7%~7.3%,消化专科门诊就诊的 IBS 为 10%~30%。发病年龄多在 20~50 岁之间,西方女性的发病率高于男性,而在亚洲男女发病比例相近。

【病因和发病机制】 IBS 的病因和机制还未明确,目前认为是多因素作用的结果。

（一）病因

1. **心理因素** IBS 患者精神异常发生率高,可有焦虑、敌意、悲伤、抑郁和睡眠习惯紊乱,相当多的患者有负性事件的发生,如失业、家人死亡、性虐待、体罚、手术和婚姻破裂等,心理因素可造成胃肠道动力或感觉功能异常。

2. **肠道感染** 肠道急性细菌感染后 10%~30% 的患者发展为 IBS,病原体包括弯曲杆菌、志贺菌和沙门菌等,肠道感染引起的黏膜炎症反应、通透性增加、局部免疫激活与发病有关。

3. 食物因素　33%~66%的IBS患者出现食物不耐受,以碳水化合物不耐受为主。少数IBS患者伴有食物过敏。

4. 家庭和遗传因素　部分IBS患者有家族性发病倾向,同卵双生患者双方发病率显著高于异卵双生患者。

5. 自主神经功能异常　腹泻型IBS患者迷走神经活性显著升高,便秘型迷走神经张力降低,IBS患者自主神经对伤害性刺激反应异常。

(二)病理生理

1. 胃肠运动紊乱　早期认为IBS患者结肠的电活动有异常,但近来的研究并不支持这种观点。腹泻型患者口-盲肠食物通过时间短,而便秘型患者延长,后者结肠高幅蠕动性收缩减少。

2. 内脏感觉功能异常　IBS患者存在内脏高敏感性,可影响整个消化道,但以直肠敏感性增加为突出,除外周致敏外,IBS患者还有感觉中枢活性增强。

3. 肠道通透性增加　不少IBS患者肠道通透性增加。

【临床表现】　以腹部不适或腹痛、排便异常为主。腹部不适或腹痛以下腹部为多,也可游走,发作和持续时间不定,常在排气或排便后缓解。腹泻多在晨起或餐后出现,无血便。便秘往往伴有便后不尽感,部分患者出现腹泻与便秘交替。IBS患者常伴有上消化道症状,如消化不良、胃灼热、反流。也常伴有不同程度的精神症状。

多数患者一般状况良好,可有腹部压痛,直肠指检可发现肛门痉挛和痛感。

【实验室及其他检查】　对可疑IBS患者进行检查,主要是为了排除器质性疾病。注意报警症状和体征(见FD所述),新近出现持续的大便习惯(频率、性状)改变或发作形式改变或症状逐步加重者、有大肠癌家族史者、年龄≥40岁者应行结肠镜检查或钡剂灌肠检查,其他检查还有:血、尿、粪(包括潜血试验、寄生虫)常规,粪便细菌培养;血生化(糖、肌酐、甲状腺功能)、血沉;腹部B超。

【诊断和鉴别诊断】

(一)诊断标准

按罗马Ⅲ标准,反复发作的腹痛或腹部不适,最近3个月内每月发作至少3日,伴有以下症状≥2项:①排便后症状改善;②发作时伴有排便频率的改变;③发作时伴有粪便性状(外观)改变。诊断前症状出现至少6个月,近3个月符合上述诊断标准。

支持诊断的症状有:①排便频率异常:每周排便少于3次,或每日排便多于3次;②粪便性状异常:干球粪或硬粪,或糊状粪/稀水粪;③排便费力;④排便急迫感、排便不尽、排黏液以及腹胀。

(二)分型

根据临床症状IBS可分为腹泻型、便秘型和腹泻便秘交替型。IBS-D = IBS腹泻型:至少25%的排便为松散(糊状)粪或水样粪,且硬粪或干球粪<25%;IBS-C = IBS便秘型:至少25%的排便为硬粪或干球粪,且松散(糊状)粪或水样粪<25%;IBS-M = IBS混合型:至少25%的排便为硬粪或干球粪,且至少25%的排便为松散(糊状)粪或水样粪;IBS-U = IBS不定型:粪便性状异常不符合上述三型中的任何一种。

粪便性状见Bristol量表(图4-9-1),1~2型为便秘,6~7型为腹泻,不少亚洲患者认为3型也属便秘。

(三)鉴别诊断

有腹泻症状的患者主要应与肠道炎症、吸收不良综合征、结直肠肿瘤、小肠细菌过度生长、甲状腺功能亢进等鉴别。便秘的鉴别诊断见FC节。

【治疗】　尚无一种方法或药物有肯定的疗效,目前主要是个体化对症处理。

(一)一般治疗

医生应加强与患者的沟通,了解患者害怕什么,并用患者能够理解的语言,向患者充分解

1型	2型	3型	4型	5型	6型	7型
干球粪	腊肠状粪（多块）	腊肠样,干,有裂痕	腊肠状或蛇状,光滑柔软	柔软团块	糊状粪	水样粪

图 4-9-1   大便性状分型（Bristol 分型）

释。也可给予心理治疗,包括松弛疗法、催眠疗法、认知行为疗法和动态心理疗法,必要时请精神病专家参与治疗。嘱患者调整生活方式,建立规律的排便习惯。

(二) 饮食疗法

西方有研究发现某些特定的碳水化合物摄入如乳糖、乳果糖或其他可酵解的低聚糖、双糖、单糖及多元醇(被称为 FODMAPs)与 IBS 症状相关,低 FODMAPs 饮食可能会减少或减轻 IBS 症状。排除性饮食疗法对部分患者有效,其方法是在两周内停止食用患者认为会引起症状的食品,然后依次摄入其中一种,详细记录饮食和症状的关系,以确定引起症状的食物,在此基础上制定个体化的食谱。

(三) 药物治疗

1. **解痉剂**   腹痛时选用,包括抗胆碱药(如东莨菪碱)、平滑肌抑制剂(如美贝维林和阿尔维林)、胃肠道选择性 Ca^{2+} 拮抗剂的四胺衍生物(匹维溴铵和奥替溴铵)以及外周阿片受体拮抗剂(曲美布汀)等。抗胆碱能药物应短期使用。

2. **止泻剂**   洛哌丁胺属阿片类药物,可减慢小肠和大肠的传递速度,增加肠道内水和离子的吸收,每天服用 1~4 次,每次 2~4mg,过量服用易引起便秘,应注意剂量个体化。复方地芬诺酯(复方苯乙哌啶),每次 1~2 片,2~4 次/天。吸附剂双八面体蒙脱石也有效。

3. **导泻剂**   便秘一般主张使用作用温和的轻泻药以减少副反应和药物依赖性,详见功能性便秘。

4. **动力感觉调节剂**   5-HT 对外周平滑肌、分泌、蠕动、外在神经、感觉神经元、迷走神经和脊髓传入活动有多方面的作用。$5-HT_3$ 受体拮抗剂阿洛司琼可以减轻女性 IBS-D 患者的疼痛、排便急迫感和排便频率,但应警惕缺血性肠炎等不良反应的发生。

5. **抗精神病药物**   中重度 IBS 合并抑郁与焦虑患者,建议给予抗抑郁或焦虑药物治疗,对于无精神异常的患者在其他药物无效时也可以给予抗抑郁治疗,因为后者可以提高内脏疼痛阈值,降低内脏敏感性。

6. **益生菌**   具有调整宿主肠道微生物群生态平衡而发挥生理作用。

【预后】   IBS 病程长,反复发作,但预后一般较好,大部分患者在 12 个月内症状消失,并很少引起新的疾病。然而持续性的腹部症状患者的预后较差,约 5%~30% 的患者在 5 年后仍有症状。提示预后不好的危险因素包括严重心理障碍、病程长和既往有手术史等。

第三节   功能性便秘

FC 患者具有便秘症状,但内镜等检查未发现胃肠道有结构性异常,主要由胃肠道蠕动减弱及直肠肛管不协调运动所致。临床上表现为排硬便或干球便、排便次数减少、排便困难,后者包括排便费力、排便不尽感、直肠肛门梗阻感/阻塞感、辅助排便等。便秘临床常见,人群发病率 2%~28%,严重的影响生活质量。

【病因和发病机制】   FC 的发病为多因素的综合效应。

(一) 病因

1. **不良排便习惯**   不定时排便、抑制正常便意、排便姿势不恰当、排便注意力不集中等不良排便习惯是便秘产生的重要原因。排便动作受意识控制,反复多次的抑制排便将可能导致胃肠通过时间延长、排便次数减少、直肠感觉减退。

2. **不良饮食习惯**　饮食量少、低热量饮食、低植物纤维素饮食、进食无规律、不吃早餐、液体的摄入量少等易造成便秘。

3. **精神心理因素**　工作压力大、精神紧张、心理压力大的人群易患便秘,不少功能性便秘患者有抑郁、焦虑等心理障碍。

（二）病理生理

1. **结直肠传输时间延长**　结肠蠕动功能下降,特别是长距离推进性蠕动的频率减少和幅度降低,无力将大便及时地推送至直肠,粪便在结肠存留时间延长,水分吸收增加,大便干结。

2. **直肠肛管运动不协调**　排便时耻骨直肠肌或肛门外括约肌的收缩,此时直肠-肛管的压力梯度为负值,直肠的推力无法将粪便排出体外。

3. **直肠感觉异常**　直肠感觉迟钝,直肠壁受压力刺激引起便意的阈值增高,无法发放排便冲动。

4. **其他**　分泌功能下降;小肠消化间期移行性复合运动周期延长、传导速度降低;食管排空、胃排空、胆囊排空障碍。

【诊断和鉴别诊断】

（一）诊断标准

罗马Ⅲ标准:6 个月前开始出现症状,近 3 个月满足以下症状≥2 个:①至少 25% 的排便感到费力;②至少 25% 的排便为干球状便或硬便;③至少 25% 的排便有不尽感;④至少 25% 的排便有肛门直肠梗阻感或阻塞感;⑤至少 25% 的排便需要手法帮助;⑥排便<3 次/周。不使用泻药时很少出现稀便,也不符合 IBS 的诊断标准。

（二）分型

根据病理生理改变分为慢传输型、排便障碍型、混合型。慢传输型临床特点为排便次数减少、粪便干硬、排便费力、缺乏便意;排便障碍型特点为排便费力、排便不尽感、排便时肛门直肠堵塞感、排便费时,需要手法辅助排便。

（三）鉴别诊断

首先与器质性疾病造成的便秘鉴别,主要有滥用药物、机械性梗阻、代谢性疾病、神经肌肉性疾病、抑郁症。FC 与 IBS 便秘型的鉴别诊断并不困难,后者有腹痛或腹部不适,且腹痛与排便、大便性状或次数相关。

【实验室及其他检查】

（一）排除器质性病变

检查的主要指征和内容见 IBS 一节。

（二）病理生理改变

1. **胃肠传输试验**　常用不透 X 线标志物,早餐时随标准餐吞服 20 个标志物,相隔一定时间后拍摄腹部平片一张,计算标志物排除率。正常情况下 72h 时,绝大部分标志物会排出,如大部分停留在结肠内提示结肠传输减慢,如在乙状结肠和直肠内提示排便障碍。

2. **肛管直肠压力和感觉功能**　可以发现用力排便时盆底肌(耻骨直肠肌、肛门外括约肌)有无不协调性收缩、是否存在直肠压力上升不足、正常容量扩张是否产生便意。

3. **排粪造影**　从直肠注入 150~200ml 稀钡,在 X 线下动态观察排便过程中肛门和直肠的变化。可以排除直肠套叠、直肠黏膜脱垂、阴道直肠突出,了解肛门直肠角,了解盆底肌的运动。近年研究发现 MR 排粪造影能比较好地了解直肠肛管解剖结构及周边器官的情况。

4. **肌电图**　分为直肠内 EMG 和体表 EMG,前者较后者准确,受臀部肌肉收缩影响小。

【治疗】　治疗以缓解症状,恢复正常肠道动力和排便生理功能为目的。

（一）一般治疗

保持合理饮食和良好的生活习惯，多进含纤维素多的食物，保证每天纤维素摄入量（30g/d）、饮水量（1.5~2L），油脂类、坚果类食物有助于预防便秘。适当的活动和锻炼有利于胃肠功能的改善。每日应定时排便，特别建议清晨或餐后2小时排便，要着重指出的是建立良好的排便习惯是大多数患者最终真正长期解决便秘的重要措施。

（二）药物治疗

治疗便秘的药物有刺激性泻剂、渗透性泻剂、容积性泻剂、促动力药、促分泌药、大便软化剂、电解质液、润滑剂等。

1. **容积性泻剂和渗透性泻剂** 副作用少、可较长时间使用。容积性泻剂主要有欧车前子、甲基纤维素，渗透性泻剂常用聚乙二醇、乳果糖，这些药物不被肠道吸收，可吸附水分或通过增加肠道内水分，使大便容量增加，促进肠运动。

2. **促动力药** 高选择性 $5-HT_4$ 受体激动剂普芦卡必利能增加肠道动力、缩短结肠传输时间。

3. **促分泌药** 鲁比前列酮、利那洛肽刺激肠液分泌，促进排便，但目前尚未在我国上市。

4. **刺激性泻剂** 如比沙可啶、大黄、番泻叶、麻仁丸等，导泻作用较强，可短期、间歇使用。蒽醌类刺激性泻剂长期滥用，会导致药物依赖，并造成结肠黑变病。

5. **粪便软化剂** 开塞露、甘油栓也是临床常用的通便手段。

（三）清洁灌肠或洗肠

对有粪便嵌塞或严重排便障碍型便秘患者可采用清洁灌肠。

（四）生物反馈治疗

生物反馈是通过肛门直肠功能检测使患者了解自己存在的生理异常，逐渐学习纠正，可使直肠对扩张刺激更敏感、重建直肠肛管反射，改善排便时肌群的协调运动，增加大便次数，是排便障碍型便秘的首先治疗方法。

（五）手术治疗

经长期药物治疗无效的顽固性便秘，胃肠通过时间延长、盆底功能正常、小肠运动正常可采用全/部分结肠切除术和回肠直肠吻合术，选择手术应综合慎重考虑。

【预后】 FC 的预后与患者的配合、其病理生理改变有关，心理障碍、长期服用刺激性泻剂影响预后。排便障碍型对治疗的反应好，而慢传输型，尤其是右半结肠通过时间延长疗效差。

（侯晓华）

推荐文献阅读

1. Rome Ⅲ, The functional gastrointestinal disorders, 3rd Edition, Drossman D. A. , Degnon Associates, Inc, 2006
2. 中华消化病学分会胃肠动力学组, 中国消化不良的诊治指南. 中华消化杂志, 2007, 27:832-834
3. 中华消化病学分会胃肠动力学组, 中国慢性便秘诊治指南. 中华消化杂志, 2013, 33:291-297
4. 消化病学分会胃肠动力学组, 肠易激综合征诊断和治疗的共识意见. 中华消化杂志, 2008, 28:38-40

第十章 慢 性 腹 泻

要点:

1. 腹泻病程>4周称为慢性腹泻,其原因众多。
2. 根据初步筛查,慢性腹泻可分成水样泻、炎症性腹泻和脂肪泻3类。
3. 根据分类提供的可能原因,选择进行肠道、腹部影像学(包括 X 线钡剂、内镜、CT 和 MRI 等)检查,如仍不明确则视不同情况进行一些特殊检查。
4. 病因治疗是根本,辅以必要的支持治疗和对症治疗。

腹泻(diarrhea)尚缺乏统一定义,通常将其定义为粪便稀薄,排便次数≥3 次/日,并伴有排便量增加(>200g/d)。腹泻需与大便失禁(fecal incontinence)区别,后者为不自主排便,多由神经肌肉性疾病或盆底疾患所致。一般将病程超过 4 周的腹泻称为慢性腹泻(chronic diarrhea),以排除多数感染性腹泻。

【发病机理】

(一) 腹泻发生的病理生理机制

正常人每天摄入的饮食和分泌到胃肠腔内的液体总量约9L,其中2L 来自食物和饮水,7L来自唾液(1L)、胃液(2L)、胰液(2L)、胆汁(1L)和肠液(1L)。而每天从空肠吸收水分约 5 ~ 6L、回肠约 2L,到达回盲部时仅剩 1.5L,经过结肠进一步吸收,到达直肠时只剩下约 0.1L 液体,即约99%的液体被肠道吸收。肠道有很大吸收容量,灌注试验显示,正常人每 24 小时小肠吸收容量可达 12 ~ 18L,结肠可达 4 ~ 5L。肠道液体动态平衡数据表明,肠道多余液体增加1%,即可导致腹泻。多余液体可通过以下 3 种机理之一留于肠腔:①肠道液体吸收减少;②肠道液体分泌增加;③肠腔内存在具有渗透性、难吸收的摄入物质,为保持渗透平衡保留了过多液体。

水的分泌和吸收一般伴随和继发于电解质的分泌和吸收。肠道对电解质的转运主要通过被动扩散、主动转运、溶剂牵拉作用 3 种机制来完成。而肠道对水和电解质的分泌和吸收又受多种生理因素调节,神经因素包括中枢神经、周围神经和肠道的内源性神经,激素和介质包括血管活性肠肽(VIP)、神经降压素、生长抑素、阿片肽、醛固酮、皮质激素、前列腺素等。外源性物质或病原体也可通过直接或间接作用而影响肠道对水和电解质的分泌和吸收。

(二) 按病理生理机制进行的腹泻分类

可按腹泻发生的病理机制分为下列 5 类。但多数腹泻并非由单一机制所致,而是多种机理共同作用结果。

1. 分泌性腹泻(secretory diarrhea) 是由于液体和电解质跨肠黏膜转运障碍所致,不一定存在真正的净分泌(net secretion)增加。

(1) 外源或内源性促分泌物(secretagogue):可分为两类:①神经内分泌肿瘤等产生的促分泌物:包括 VIP 瘤、胃泌素瘤、类癌和甲状腺髓样癌等。VIP 瘤所致的水样泻排便量很大,是经典真性分泌性腹泻(true secretory diarrhea)。②致泻物质:如胆酸、脂肪酸等。多种因素可导致胆酸吸收不良(bile acid malabsorption),影响其肠肝循环,过量胆酸进入结肠,刺激结肠黏膜分泌而致腹泻(详见下)。有脂肪吸收障碍的吸收不良综合征,肠腔内过量脂肪酸(特别是羟化脂肪酸)刺激结肠黏膜分泌亦可引起腹泻。

(2)肠黏膜广泛病变:可导致肠上皮细胞水、电解质分泌增多和吸收减少。如乳糜泻、小肠淋巴瘤等。

2. 渗透性腹泻(osmotic diarrhea)　是由于肠腔内存在大量难以吸收的物质,使腔内渗透压升高,液体被动进入肠腔而引起的腹泻。原因可分成两类:①摄入不能吸收的溶质,如硫酸镁、聚乙二醇、乳果糖等泻药;②糖类不能被消化或吸收,积聚于肠腔,使腔内渗透压升高,常见于乳糖酶缺乏。

3. 炎症性腹泻(inflammatory diarrhea)　炎症、溃疡等病变使肠黏膜完整性遭受破坏,大量渗出引起的腹泻。这类腹泻中,炎症和渗出虽起主导作用,但炎症等改变导致的肠分泌增加、吸收不良和运动加速等亦起很大作用。

4. 运动障碍性腹泻(dysmotility diarrhea)　原发性肠蠕动加速,使肠腔内水和电解质与肠黏膜接触时间缩短,影响吸收,见于甲状腺功能亢进症以及服用前列腺素、促胃肠动力药物等。此外,肠道运动紊乱如腹泻型肠易激综合征、假性肠梗阻和糖尿病等所致的腹泻也可归属其中。

5. 脂肪泻(steatorrhea)　是脂肪消化不良和/或吸收不良导致的腹泻。机理上可分为3类:①腔内消化不良,如慢性胰腺炎消化酶缺乏、肠道细菌过度生长干扰消化;②黏膜吸收不良,如乳糜泻、Whipple病等引起的小肠黏膜病变使吸收面积减少;③黏膜后淋巴管阻塞,如先天性肠淋巴管扩张症和继发性淋巴管阻塞(外伤、肿瘤或感染等),多伴有低蛋白血症和淋巴细胞减少。

【慢性腹泻的临床分类及相关病因】　临床上根据腹泻粪便性状等特点可分成水样泻(watery diarrhea)、炎症性腹泻(inflammatory diarrhea)和脂肪性腹泻(steatorrhea)3类。按腹泻发生病理生理机制分类中的分泌性、渗透性和动力障碍性腹泻在临床上一般表现为水样泻,而炎症性腹泻和脂肪泻的粪便性状各有特征性表现,相对容易识别和区分。按这3类大便性状进行的慢性腹泻病因分类见表4-10-1,可为临床诊断提供思路。

【慢性腹泻的诊断步骤】

(一)病史、体格检查和实验室筛选检查

1. 病史　重点注意发病、排便情况、伴随症状、诱发/减轻因素、医源性因素和其他系统疾病。

2. 体检　全面体检有可能提供腹泻原因的一些线索。

3. 对鉴别诊断有帮助的重要症状和体征

(1)排便情况

1)排便规律:半夜或清晨为便意扰醒者多属器质性原因,而肠易激综合征多在起床后排便,并常于早餐后又排便。腹泻与便秘交替常见于肠易激综合征、肠结核、糖尿病自主神经病变者,亦见于结肠憩室炎、结肠癌。进食麦类食物加重者见于乳糜泻,进食牛奶发生腹泻者提示为乳糖不耐受,进某些食物诱发者见于变态反应性腹泻。

2)粪便量:以真性分泌性腹泻量最大(数升至十余升/日),小肠炎症性腹泻和渗透性腹泻次之,结肠炎症性腹泻量最少。

(2)腹痛和腹部肿块:炎症性腹泻腹痛往往较明显,分泌性腹泻则腹痛轻微或缺如。脐周或右下腹(回肠病变)疼痛和压痛提示小肠病变;左下腹痛多见于结肠病变,直肠受累多伴里急后重。腹部肿块提示肿瘤或炎症性病变。肛门指检应作为常规检查,尤其是粪便带血时,以排除直肠癌。

表 4-10-1　慢性腹泻的病因

水样泻	炎症性腹泻
渗透性腹泻	炎症性肠病
渗透性泻药(如 Mg^{2+},PO_4^{3-},SO_4^{2-})	溃疡性结肠炎
糖类消化/吸收不良	克罗恩病
分泌性腹泻	憩室炎
先天性综合征(如氯性腹泻)	感染性疾病
细菌毒素	伪膜性结肠炎
胆酸吸收不良	侵入性细菌感染(如痢疾、结核,耶尔森菌病)
显微镜结肠炎	溃疡形成性病毒感染(如巨细胞病毒、单纯疱疹病毒)
淋巴细胞性结肠炎	侵入性寄生虫感染(如阿米巴病、类圆线虫病)
胶原性结肠炎	缺血性结肠炎
血管炎	嗜酸性细胞性肠炎
药物或毒物	肠道新生物
滥用泻药	结直肠癌
运动/调节紊乱	淋巴瘤
迷走或交感神经切断术后腹泻	脂肪性腹泻
糖尿病自主神经病变	吸收不良
肠易激综合征	肠黏膜疾病(如乳糜泻、Whipple 病)
内分泌疾病	短肠综合征
甲状腺功能亢进	小肠细菌过度生长
血管活性肠肽瘤	慢性肠系膜缺血
甲状腺髓样癌	小肠淋巴管扩张症
类癌综合征	消化不良
嗜铬细胞瘤	胰腺外分泌不足
艾迪生病	胆酸缺乏
新生物	
结直肠癌	
淋巴瘤	
绒毛状腺瘤	
特发性分泌性腹泻	

备注:引起炎症性腹泻或脂肪泻的病因也可引起水样泻

4. 实验室筛选检查

（1）粪便检查:包括粪便常规(红/白细胞、原虫、虫卵、脂肪滴)、隐血试验和粪便培养(排除感染性腹泻)。必要时行粪便脂肪定性检测(苏丹Ⅲ染色)和电解质(计算渗透压差)检测。

（2）其他常规检查:包括血常规、血电解质、总蛋白、C-反应蛋白和血沉等。

（二）影像学检查、内镜检查和深入诊断应用的实验室检查

1. 影像学检查和内镜检查　消化道内镜和影像学检查可发现结构性病变,内镜检查可同时行黏膜活检,对一些疾病的诊断很有帮助。

（1）影像学检查

1）X 线钡剂检查:包括钡剂口服和灌肠造影,可初步观察全胃肠道功能状态和判定有无结构性病变。

2）腹部超声、CT 和 MRI:可了解肝、胆、胰等内脏病变。CT 或 MRI 还可进行消化道造影和血管造影,MRCP对胆道和胰腺的疾病诊断很有帮助。

（2）内镜检查:胃镜、结肠镜、双气囊小肠镜和胶囊内镜检查:可窥视全胃肠道,可根据需要选择应用。超声内镜和ERCP检查对胰腺和胆道疾病的诊断很有帮助。

（3）肠黏膜活检:小肠黏膜活检有助于以下疾病的诊断:Whipple病、脂蛋白缺乏症、小肠淋巴瘤、小肠淋巴管扩张、嗜酸细胞性肠炎、淀粉样变、克罗恩病、某些寄生虫感染等。乳糜泻、热带性脂肪泻等小肠黏膜活检有异常,但缺乏特异性。结肠黏膜活检对内镜观察无明显异常的显微镜下结肠炎(microscopic colitis)等有诊断价值。

2. 一些特殊的实验室检查

（1）血浆激素和介质测定:包括血铬粒素A(神经内分泌瘤共同标志物)、血管活性肠肽(VIP瘤)、胃泌素(胃泌素瘤)、降钙素(甲状腺髓样癌)、5-羟色胺(类癌)和甲状腺素等以及尿五羟吲哚乙酸(类癌)等。

（2）小肠吸收功能试验

1）D-木糖吸收试验:D-木糖不需消化即可被肠黏膜吸收,其尿排泄减少反映空肠吸收不良或小肠细菌过度生长。

2）胰外分泌功能试验:包括胰泌素试验、粪便糜蛋白酶活性测定试验等。

3）氢呼气试验:包括葡萄糖氢呼气试验检测小肠细菌过度生长和乳糖氢呼气试验检测乳糖酶缺乏。

4）胆酸吸收试验(见下)。

（三）慢性腹泻的诊断思路

1. 确定何种类型腹泻　根据病史和实验室筛选检查,初步可确定为水样泻、炎症性腹泻还是脂肪泻。

（1）水样泻:水样便,粪便量常>1L/d,粪便镜检无明显红细胞和白细胞。腹泻严重者可伴有脱水、低血钾、大便失禁等。

（2）炎症性腹泻:多为黏液、脓血便,少数可呈水样便,粪便镜检有红细胞和白细胞。可伴有发热和血白细胞升高、血沉加快和C-反应蛋白升高。

（3）脂肪泻:典型者有大容量、腐臭、淡黄色稀水样或糊状便,表面常飘浮油脂状物。但轻度脂肪泻可仅表现为水样泻。粪便脂肪定性检测(苏丹Ⅲ染色)阳性。

2. 各类腹泻原因进一步调查

（1）水样泻:最常见,除渗透性、分泌性和运动障碍性腹泻表现为水样腹泻外,部分炎症性腹泻和轻度脂肪性腹泻也可表现为水样腹泻。

1）渗透性腹泻:有两大特点:禁食后腹泻停止或减轻;粪便渗透压差(stool osmotic gap)扩大(>50mOsm/kg),计算公式为$290-2([Na^+]+[K^+])$。常见原因是服用泻药和糖类消化/吸收不良,评估饮食和服用药物,必要时行氢呼气试验等检查可明确诊断。

2）动力障碍性腹泻:根据是否存在肠蠕动过速或紊乱的因素,一般易于明确。符合肠易激综合征诊断者,可按照肠易激综合征处理。

3）分泌性腹泻:粪便量>1L/d,有两大特点,可与渗透性腹泻鉴别:禁食不能缓解;粪便渗透压差正常(<50mOsm/kg)。分泌性腹泻者应行X线钡剂检查、内镜检查加活检和/或腹部CT等检查明确是否存在肠道结构性病变。选择性检测包括血铬粒素A、胃泌素、VIP、降钙素、5-羟色胺和尿五羟吲哚乙酸等。

（2）炎症性腹泻:首先须排除感染性,在此基础上进行X线钡剂检查、内镜检查加活检和/或腹部CT等检查明确肠道的结构性病变。

（3）脂肪性腹泻:怀疑胰腺外分泌功能不足者可行胰泌素试验、粪便糜蛋白酶活性测定;怀疑小肠结构病变者行小肠X线钡剂检查、小肠镜检查加活检和/或腹部CT等检查;怀疑小肠细菌过度生长时,可行小肠吸液细菌定量培养。

（四）不明原因慢性腹泻(chronic diarrhea of obscure origin)

尽管对慢性腹泻病因进行了较全面评估,但还会有部分患者尤其是水样泻者的病因一时难以明确,这部分慢性腹泻可称为不明原因慢性腹泻。对这些慢性腹泻患者进行更深入的检查、观察、试验治疗和随访,最终使病因得到明确。这类腹泻的主要病因包括显微镜下结肠炎、慢性特发性分泌性腹泻、功能性腹泻、肠易激综合征、胆酸诱导性腹泻、小肠细菌过度生长、胰性外分泌功能不足、糖吸收不良、泌肽性肿瘤等。近些年来,显微镜下结肠炎和胆酸吸收不良性腹泻在不明原因慢性腹泻中的病因作用受到重视。

1. 显微镜下结肠炎　该疾病被认为是慢性非血性水样泻(chronic non-bloody watery diarrhea)最常见的病因之一(约占 10% ~20%)。这类结肠炎结肠镜检查黏膜正常或几乎正常,但结肠黏膜活检标本在显微镜下观察可发现特征性上皮内淋巴细胞(intraepithelial lymphocytes)浸润和/或上皮下胶原纤维增厚,前者为主者称为淋巴细胞性结肠炎(lymphocytic colitis),后者为主者称为胶原性结肠炎(collagenous colitis),两种病理变化可有重叠。该病多见于中年慢性腹泻患者,女性比男性多见,诊断关键是结肠黏膜活检行病理检查。该病病因尚不清楚,常与乳糜泻等自身免疫性疾病相关,长期服用非甾体抗炎药(NSAIDs)和/或质子泵抑制剂、吸烟等可增加其发病危险性。治疗除对症治疗外,可试用 5-氨基水杨酸、糖皮质激素、铋剂和/或免疫调节剂等。

2. 胆酸吸收不良性腹泻　正常情况下95%以上肝脏分泌的胆酸到达盲肠之前在回肠被再吸收。这一肝肠循环被中断时,胆酸吸收减少或过量胆酸对结肠分泌刺激均可导致腹泻。胆酸吸收不良可分成3种类型:①回肠功能障碍:回肠切除、回肠疾病和肠道旁路手术等;②特发性:无结构异常,但存在原发性胆酸转运异常等缺陷;③其他:包括胆囊切除术后、消化性溃疡病迷走神经切断术后、糖尿病和胰腺炎等。目前对特发性胆酸吸收不良(idiopathic bile acid malabsorption)的研究取得较大进展。同位素标记的硒-75-同型胆酸牛磺酸(selenium-75-homocholic acid taurine, SeHCAT)试验是最常用胆酸吸收不良检测方法。用该方法检测,慢性腹泻患者中特发性胆酸吸收不良者高达30% ~60%,部分患者 SeHCAT 检测异常可能是腹泻(肠蠕动过速)导致的结果,而不是腹泻原因。其他检测胆汁酸吸收不良的方法包括血浆 C4(一种胆酸合成前体,胆酸吸收不良时其合成代偿性增加)水平和血清 FGF19(即成纤维细胞生长因子 19,是一种回肠激素,可调节胆酸合成)水平。治疗胆酸吸收不良性腹泻的有效药物包括胆酸螯合剂考来烯胺(colestyramine)和考来替泊(colestipol),但患者耐受性差。考来维仑(colesevelam)和氢氧化铝有一定疗效。初步研究结果显示,半合成的胆汁酸类似物奥贝胆酸(obeticholic acid)具有疗效高、耐受性好的特点。

3. 慢性特发性分泌性腹泻　对慢性分泌性腹泻的病因经过彻底评估(包括神经内分泌肿瘤、胆酸吸收不良、显微镜结肠炎等)仍未能明确病因者,可诊断为慢性特发性分泌性腹泻(chronic idiopathic secretory diarrhea)。这类腹泻多发生于原本相对健康者,起病突然类似于急性腹泻,但腹泻持续超过 4 周。该类腹泻可分成流行性和散发性。前者发病呈暴发性流行,可能与进食污染的水或食物有关,但确切致病因子不清。后者为个别发病,可能有旅行史,但不同于旅行者腹泻,因腹泻与旅行无直接相关性。腹泻为突然发生,发病不久腹泻程度就达到高峰,最初数月中体重可减轻十余斤或更多,此后就不再继续减轻。经验性抗生素、胆酸结合树脂等治疗无效。腹泻多为自限性,通常在 6 ~24 个月内停止。这类腹泻部分病例属于严重的感染后肠易激综合征(post-infectious IBS)。

【治疗原则】　腹泻是症状,针对腹泻的原因治疗才是根本。

（一）支持治疗和对症治疗

腹泻原因不明或疾病过程未得到控制时,需要支持治疗及必要的对症治疗。

Notes

1. **水、电解质和酸碱失衡及营养不良的处理** 病情较轻者,可经口服支持;明显消瘦、营养不良者,除要素饮食外,应配合静脉补充营养物质,必要时可行全胃肠外营养。脂肪泻者应低脂饮食,必要时可口服中链甘油三酯。有贫血和/或维生素缺乏者,也应作相应处理。

2. **止泻药** 切勿盲目给予,有时反而会干扰腹泻对机体保护的一面(如感染性腹泻),甚至引起严重并发症(重度溃疡性结肠炎可诱发中毒性巨结肠)。但频繁排便会使患者不适难忍,严重水样泻可导致水、电解失衡,在这些情况下可短期使用作为辅助治疗。此外,止泻药是治疗功能性腹泻的主要措施之一。轻症者选用吸附药如药用炭、碱式碳酸铋、蒙脱石散剂等;症状明显者,选用复方地芬诺酯(每次 1~2 片,2~4 次/日)或洛哌丁胺(每次 2mg,1~3 次/日),后者作用比前者强,剂量视腹泻次数调整。

3. **肠道微生态制剂** 一些疾病存在肠道菌群紊乱,抗生素的应用也会诱发菌群紊乱,菌群紊乱可致腹泻。益生菌(probiotics)和益生元(prebiotics)调节肠道菌群,改善肠道微生态环境,可作为一些腹泻的主要治疗或辅助治疗。如存在肠道细菌过度生长,可服用不被肠道吸收的抗生素利福昔明(Rifaximin)。

4. **生长抑素及其类似物** 具有抑制神经内分泌肿瘤分泌激素、抗分泌和抑制肠蠕动作用,适用于类癌综合征、VIP 瘤和其他神经内分泌肿瘤引起的腹泻,对不明原因的特发性分泌性腹泻也有一定疗效。

（二）病因治疗

针对病因治疗是关键,具体可参见相关章节和上面描述。对乳糖不耐受者饮食中避免乳制品;对乳糜泻患者给予无麦胶饮食;小肠细菌过度生长或肠道感染者给予抗生素治疗。

（三）替代疗法

胰源性腹泻需补充胰酶。

（刘文忠）

推荐阅读文献

1. Schiller LR, Pardi DS, Spiller R, et al. Gastro 2013 APDW/WCOG Shanghai working party report: chronic diarrhea: definition, classification, diagnosis. J Gastroenterol & Hepatol 2014;29:6-25

2. Ingle SB, Adgaonkar BD, Ingle CR. Microscopic colitis: Common cause of unexplained nonbloody diarrhea. World J Gastrointest Pathophysiol. 2014;5:48-53

3. Schiller LR, Sellin JH. Diarrhea. In: Feldman M, Friedman L, Brandt LJ, eds. Sleisenger & Fordtran's Gastrointestinal and Liver Disease. Philadelphia: Saunders Elsevier, 2010;211-232

Notes

第十一章　慢性病毒性肝炎

要点：

1. 慢性病毒性肝炎指既往有乙型、丙型或乙型重叠丁型肝炎病毒感染半年以上并伴有肝炎临床表现的慢性肝损伤。

2. 反复发作的慢性活动性肝炎可并发肝硬化、肝功能失代偿，甚至肝癌。

3. 最大限度地长期抑制或清除肝炎病毒，减轻肝细胞炎症坏死及肝纤维化，延缓和阻止疾病进展是抗病毒治疗的目标。

4. 乙型肝炎疫苗接种是预防 HBV 感染的最有效方法，控制传播途径是预防 HCV 感染的最有效方法。

慢性病毒性肝炎（chronic virus hepatitis）是指既往有乙型、丙型或乙型重叠丁型肝炎病毒感染半年以上并有肝炎临床表现的慢性肝损伤，组织学检查可显示不同程度的肝细胞坏死和炎症。发病日期不明或虽无肝炎病史，但根据临床表现、实验室、影像学以及活体肝组织学检查综合分析亦可作出相应诊断。其他嗜肝病毒与慢性肝炎的关系还有待于更深入的研究。

全球慢性乙型肝炎病毒（hepatitis B virus，HBV）感染者高达 3.5 亿，慢性丙型肝炎病毒（hepatitis C virus，HCV）感染者约为 1.7 亿。近年来由于政府相继推行了一系列预防措施，如对献血员强制筛查 HBV 及 HCV 感染的血清学标志物、推行无偿献血制度、加强对血液及血制品严格管理、在全国范围内推行乙肝疫苗的免费接种等，无论 HBV 还是 HCV 的感染率都已在中国出现下降趋势。全国范围的病毒性肝炎血清流行病学调查表明 HBsAg 阳性率已从 1992 年的 9.75% 降至 2006 年的 7.18%；抗 HCV 阳性率已从 1992 年的 3.2% 降至 2006 年的 0.43%，但也有调查表明其在当前的流行率为 1% 左右。

【病原学】　HBV 基因组为双链环状 DNA，长约 3200 个核苷酸。病毒进入靶细胞胞质后脱去外壳再进入细胞核，借助宿主的酶系统将缺口环型基因组修补成共价闭合环状 DNA（cccDNA）。cccDNA 是 HBV 复制的原始模板，在宿主聚合酶 II 的作用下转录出前基因组 RNA。其中 2.1kb mRNA 表达 HBsAg；2.4kb mRNA 表达 HBsAg 和前 S 蛋白；3.5kb mRNA 表达 HBcAg、HBeAg 和 DNA 多聚酶，并还可作为 HBV DNA 模板在 DNA 多聚酶的作用下经反转录和转录再形成 HBV DNA。

HCV 为单股正链 RNA，易变异。基因组全长 9500 个核苷酸，编码 10 余种结构和非结构蛋白，其中非结构蛋白 NS3 区、NS5A 和 NS5B 区是抗病毒治疗的重要靶位。

【传播途径】　HBV 和 HCV 都可通过血液和母婴垂直感染途径、日常生活密切接触以及医源性途径传播，其中围生（产）期的母婴传播是我国 HBV 慢性感染的主要传播方式，而血液传播是 HCV 慢性感染的主要传播方式。部分 HBV、HCV 感染者传播途径不明。

【发病机制】　HBV 感染后病毒本身并无直接的细胞毒性作用，而是经单核/巨噬细胞吞噬、加工、递呈进而激活的免疫反应诱发肝脏的免疫病理损伤。HCV 与 HBV 具有不同的生物学特性，其可在复制过程中直接损伤肝细胞，但同时也可诱导免疫病理损伤。

HBV 和 HCV 感染的慢性化机制既有病毒因素也有机体因素,二者相互作用,相互影响。

1. **慢性化的病毒因素**　HBV DNA 可通过基因突变逃逸机体免疫系统的清除效应;通过与宿主基因整合激发由 T 细胞介导的免疫病理损伤;通过在免疫细胞内的复制直接影响免疫细胞活性。

HCV 可通过基因变异逃逸机体的免疫攻击而得以在体内持续复制,但是其在体内的低水平复制不足以激发机体的免疫清除效应,故使 HCV 持续存在于体内;HCV 的肝外亲嗜性易造成肝细胞的反复感染,并影响受感染免疫细胞的抗病毒能力。

2. **慢性化的机体因素**　机体感染 HBV 时免疫系统的发育成熟程度是影响 HBV 感染后转归的至关重要因素。若在围生期和婴幼儿时期感染 HBV,机体未成熟的 T 细胞可在胸腺内与 HBV 抗原接触,然后通过阴性选择发生克隆清除,诱导胎儿或婴幼儿对 HBV 的中枢耐受,使 HBV 长期在体内存在。此时机体的适应性免疫系统尚未被激活,因此肝脏也无炎症反应,临床上也无 ALT 的升高。以后随着年龄的增长,成熟 T、B 淋巴细胞则可针对 HBV 产生特异性的免疫应答,即进入了所谓的"免疫清除期",表现为肝脏炎症反应及损伤。但应该强调,机体在此种状态下对 HBV 的清除作用并不彻底,故也可使病毒长期存在于体内。

与 HBV 慢性感染不同,即便是在胚胎期感染 HCV,也不会形成以病毒复制、肝脏无或仅有轻度炎症损伤为特征的"免疫耐受期"。该现象提示免疫耐受的形成除与宿主免疫系统发育程度相关外,还受病毒抗原本身生物学特性的影响。

【病理】　国际上多采用 Knodell 等人于 1981 年最先提出的肝组织炎症和纤维化 HAI(histological activity index)系统进行评分,但由于 Ishak 于 1999 年提出了更加精细的肝纤维化评分系统,因此也可同时采用 HAI 评分系统评价炎症程度,采用 Ishak 评分系统评价纤维化程度,详见表 4-11-1。我国制定的炎症活动度分级(G)及纤维化程度(S)分期标准也被广泛用于临床。

表 4-11-1　肝组织学活动指数(HAI)炎症坏死评分系统及 Ishak 纤维化评分系统

肝组织学活动指数(HAI)炎症坏死评分						Ishak 纤维化评分	
汇管周围坏死	评分	肝小叶内变性和灶性坏死	评分	汇管区炎症	评分	肝纤维化	评分
无	0	无	0	无	0	无	0
轻度片状坏死	1	轻度 (嗜酸小体、气球样变性和/或<1/3) (结节中散在的肝细胞坏死灶)	1	轻度 (<1/3 汇管区出现炎症细胞)	1	某些区域有纤维化扩展	1
中度片状坏死 (累及<50% 汇管周围)	3	中度 (累及 1/3～2/3 肝小叶或结节)	3	中度 (1/3～2/3 汇管区炎症细胞增加)	3	多数汇管区纤维扩展	2
明显片状坏死 (累及>50% 汇管周围)	4	明显 (累及>2/3 肝小叶或结节)	4	明显 (>2/3 汇管区炎症细胞密度增加)	4	多数汇管区桥样纤维化扩展	3
中度片状坏死+桥状坏死	5					汇管区明显的桥样纤维化扩展	4
明显片状坏死+桥状坏死	6					明显的桥样纤维化,偶见小结节	5
多小叶坏死	10					可能或肯定的肝硬化	6

【临床分型】

一、慢性 HBV 感染

（一）慢性乙型肝炎

1. **HBeAg 阳性慢性乙型肝炎**　血清 HBsAg、HBV DNA 和 HBeAg 阳性，抗-HBe 阴性，ALT 持续或反复升高或肝组织学符合肝炎病理特征。

2. **HBeAg 阴性慢性乙型肝炎**　血清 HBsAg 和 HBV DNA 阳性，HBeAg 持续阴性，抗-HBe 阳性或阴性，ALT 持续或反复升高或肝组织学符合肝炎病理特征。

上述两型慢性乙型肝炎也可进一步被分为轻、中和重度肝炎。

（二）乙型肝炎肝硬化

乙型肝炎肝硬化是慢性乙型肝炎持续进展的结果，分代偿期肝硬化（Child-Pugh A 级）和失代偿期肝硬化（Child-Pugh B、C 级）。详见肝硬化章节。

（三）携带者

1. **慢性 HBV 携带者**　血清 HBsAg 和 HBV DNA 阳性，HBeAg 或抗-HBe 阳性，但血清 ALT 和 AST 于 1 年内随访 3 次以上均正常，肝组织学检查一般无明显异常或 HAI 评分<4。

2. **非活动性 HBsAg 携带者**　血清 HBsAg 阳性、HBeAg 阴性、抗-HBe 阳性或阴性，HBV DNA 阴性，ALT 于 1 年内随访 3 次以上均正常，肝组织学检查一般无明显异常或 HAI 评分<4。

（四）隐匿性慢性乙型肝炎

血清 HBsAg 阴性，但血清和/或肝组织中 HBV DNA 阳性，并有慢性乙型肝炎的临床表现。患者可伴有血清抗-HBs、抗-HBe 和（或）抗-HBc 阳性。另约 20% 隐匿性慢性乙型肝炎患者除 HBV DNA 阳性外，其余 HBV 血清学标志均为阴性。

二、慢性 HCV 感染

急性 HCV 感染常无明显临床症状，可表现为隐匿性感染，当被诊断时多已慢性化，约占感染者的 80%。HCV 与 HBV 或 HIV 重叠感染、过量饮酒或应用肝毒性药物时也可发展为重型肝炎，临床可有急性、亚急性和慢性经过。

HCV 核心蛋白与某些自身抗原具有同源序列，可使部分具有遗传易感性个体出现自身免疫现象或自身免疫病。此类患者约占丙型肝炎患者的 1/3，并常可检测到血清抗核抗体、平滑肌抗体、线粒体抗体等多种自身抗体。

【实验室检查】

（一）肝功能检查

除 ALT、AST 不同程度升高或反复升高外，还可有 ALP、γ-GT 以及胆红素不同程度升高，白蛋白降低、球蛋白升高、凝血酶原时间延长、凝血因子 Ⅱ、Ⅴ、Ⅶ、Ⅸ、Ⅹ 减少。迄今尚无一项或一组血清学标志可对肝纤维化进行明确分期，但联合检测 Ⅲ 型前胶原氨基末端肽（PⅢP）、Ⅳ 型胶原、透明质酸、层黏连蛋白再结合肝脏瞬时弹性分析技术有助于肝纤维化的评价。

（二）肝炎病毒学检测

肝炎病毒血清学及病毒基因学检测对慢性病毒性肝炎的诊断及指导治疗具有重要意义。野生株 HBV 复制活跃时表现为 HBeAg 和 HBV DNA 均阳性。若前 C 区变异株复制活跃时则表现为 HBeAg 阴性，抗-HBe 和 HBV DNA 阳性。HBV DNA 和 HBeAg 于治疗后阴转，并出现抗-HBe，提示抗病毒治疗有效。目前国际上 HBV DNA 的检测灵敏度已达 15IU/ml。

部分 HCV 感染者血清抗-HCV 可以阴性，因此只有 HCV RNA 阳性方可确诊 HCV 感染。一次 HCV RNA 检测阴性不能完全排除 HCV 感染，应重复检查。HCV 病毒载量可作为评估抗病毒疗效的客观指标。目前国际上 HCV RNA 的检测灵敏度已达 15IU/ml。

抗 HDV-IgM、HDV Ag、HDV RNA 阳性是诊断重叠丁型肝炎的依据。

（三）肝炎病毒的基因型检测

HBV 及 HCV 基因分型有助于判断治疗的难易程度及制定抗病毒治疗的个体化方案。依据

HBV S 基因序列的异质性,Okamoto 及 Norder 将 HBV 分为 A~H 8 个基因型,目前多认为 A 型和 B 型对干扰素治疗的应答率好于 C 型和 D 型。核苷(酸)类似物的疗效在各基因型之间尚未表现出明显差异。HCV 的 Simmonds 分型法应用广泛,分 6 个基因型及不同亚型,包括 1(a、b、c)、2(a、b、c)、3(a、b)、4a、5a、6a,国内外已普遍认为 1 型患者的疾病进展率高,且对干扰素治疗的应答率低于非 1 型患者。不同基因型肝炎病毒的地域分布存在差异。

(四) 肝炎病毒耐药基因检测

根据现有抗病毒药物核苷(酸)类似物常出现的耐药位点,可通过直接基因测序技术分析 HBV rt173、rt180、rt181、rt202、rt236、rt250 等 16 个位点的耐药变异状况,并根据分析结果调整治疗方案。对未应用过核苷(酸)类似物抗病毒治疗的患者也可于治疗前行 HBV 耐药基因变异分析,其有助于判断患者是否存在原发耐药。

(五) 宿主 IL28B 单核苷酸多态性分析

编码内源性干扰素 λ(IFN λ3)的 IL28B 基因单核苷酸多态性(SNP)与 Peg-IFNα 联合利巴韦林的抗 HCV 疗效密切相关。

【诊断及鉴别诊断】　对 HBV 或 HCV 感染超过 6 个月;或发病日期不明,但肝组织学符合慢性肝炎;或根据症状、体征、实验室及影像学检查结果综合分析符合慢性肝炎特征时即可确定诊断。

本病应与急性病毒性肝炎、酒精性肝炎、药物性肝炎、自身免疫性肝炎相鉴别。当血清中存在自身抗体且合并肝外自身免疫现象时应更加注意与自身免疫性肝炎和其他自身免疫病相鉴别。慢性乙型肝炎并发肝外自身免疫现象的概率明显低于慢性丙型肝炎。

【治疗】　慢性病毒性肝炎治疗的主要目标是通过持续抑制肝炎病毒复制,使肝组织学得到改善,阻止疾病向肝硬化、失代偿期肝硬化、终末期肝病、肝癌进展,从而提高患者生活质量,延长生存期。

(一) 慢性 HBV 感染的治疗

聚乙二醇干扰素 α 和核苷(酸)类似物是治疗的主要用药。无论 HBeAg 阳性还是 HBeAg 阴性患者,其抗病毒治疗适应证均为 ALT 升高、HBV DNA>2000IU/ml(即 10^4copies/ml)。如 ALT 正常,但肝组织学显示 HAI 评分≥4 或≥G2 炎症坏死时也应进行治疗。对已经发生肝硬化的患者,应选用核苷(酸)类似物,干扰素被禁止用于失代偿期肝硬化。

1. **聚乙二醇干扰素 α**　Peg-IFNα 其是在普通干扰素分子上交联大分子聚乙二醇而形成的长效干扰素 α,每周 1 次,皮下注射。

无论 HBeAg 阳性还是阴性慢性乙型肝炎,Peg-IFNα 的标准疗程均为 48 周。治疗前 ALT>3× ULN、HBV DNA<2×10^6IU/ml(约 10^7copies/ml)者获得病毒学应答的概率更高。治疗 24 周时, HBV DNA<2000IU/ml(约 10^4copies/ml)称病毒学应答;当 HBeAg 阳性患者获得 HBeAg 血清学转换时称血清学应答。对于尚未获得充分病毒学应答的患者,应采用延长疗程或联合核苷(酸)类似物等个体化治疗方案。

Peg-IFNα 治疗期间应注意骨髓抑制、感冒样症状和神经精神症状以及自身免疫的表现。治疗绝对禁忌证:妊娠、精神病史、癫痫、酗酒、吸毒、自身免疫性疾病、失代偿期肝硬化、严重心脏病、肾功能不全、除肝移植外的器官移植后急性期、治疗前粒细胞<1.0×10^9/L 和(或)血小板<50×10^9/L。

2. **核苷(酸)类似物**　此类药物可分为嘧啶类似物拉米夫定(LMV)、替比夫定(LDT)和嘌呤类似物恩替卡韦(ETV)、阿德福韦酯(ADV)、替诺福韦(TDF)。核苷(酸)类似物的共同特点是抗病毒作用强,不良反应少,口服用药方便,患者的依从性好。由于核苷(酸)类似物不同于干扰素,其不能抑制 HBV 前基因组 DNA 和 mRNA 的合成,以病毒 DNA 为模板的转录和病毒蛋白的表达不受影响,故 HBeAg 的血清学转换率低于 Peg-IFNα 的治疗,而只有通过长期持续抑制病毒复制才能达到阻止或延缓疾病进展的目的。

核苷(酸)类似物长期抗病毒治疗策略的实施使其诱导耐药的风险性增加,因此,规范化的管理核苷(酸)类似物的临床应用至关重要。治疗48周时 PCR 法检测不到 HBV DNA 称病毒学应答;较基线下降超过 1log10IU/ml,但仍可检测到称部分病毒学应答;治疗 12 周后较基线下降不足 1log10IU/ml 称原发性无应答。已获得病毒学应答且依从性好的患者若血清 HBV DNA 较治疗后最低值回升 1log10IU/ml 时称病毒学突破,常与病毒耐药有关。对应答不充分及原发无应答的患者要及时更换或加用抗病毒效应更强的药物;对发生病毒学突破的患者,如果通过耐药基因测序证实确实存在病毒变异时要及时加用另一种无交叉耐药位点的药物。

当患者对抗病毒治疗无应答、应用化疗药物和免疫抑制剂、合并 HCV 或 HIV 感染、合并肝衰竭或肝癌、肝移植、妊娠和儿童患者的抗病毒治疗问题比较复杂,应格外加以注意,并应严格遵照指南进行科学管理。

(二) 慢性 HCV 感染的治疗

应根据疾病的严重程度、可能出现的不良反应、获得治疗应答的可能性、是否合并其他疾病以及对治疗的依从性等采用个体化治疗方案和疗程。治疗之前应进行 HCV RNA 定量以及 HCV RNA 基因型分析。

随着直接抗病毒药物(direct-acting antivirals,DAAs)的上市,大大推进了慢性 HCV 感染治疗的进步,其已改变了长期以来只有干扰素联合利巴韦林(RBV)方案被用于治疗慢性 HCV 感染的局面,且大大缩短了抗病毒的疗程。已被批准上市的 DAAs 主要有作用于 HCV NS3 区的 Telaprevir(TPV)、Boceprevir(BOC)、Simeprevir(SMV)及 Paritaprevir(ABT-450),NS5A 区的 Daclatasvir(DCV)、Ledipasvir(LDV)及 Ombitasvir(ABT-267)和 NS5B 区的 Sofosbuvir(SOF)、Dasabuvir(ABT-333)。由于第一代 DAAs TPV 和 BOC 有诱导严重溶血性贫血和耐药的风险,仅在所推荐的方案均不能应用的情况下,才建议对基因 1 型患者给予其联合 Peg-IFNα 及 RBV 治疗。目前在国际范围内已开始采用2015 年欧洲肝病研究会(EASL)和 2014 年世界卫生组织(WHO)有关慢性丙型肝炎抗病毒治疗的推荐意见。

1. **慢性丙型肝炎的治疗**　根据 HCV 基因型对慢性丙型肝炎选择个体化的治疗方案。既可选择含 Peg-IFNα 联合 DAAs 的方案,也可选择不同 DAA 的组合而不含 Peg-IFNα 的治疗方案。疗程通常 12~24 周。但是对于复发患者、部分应答者和无应答者也可延长疗程至 36 周,甚至48 周。

2. **丙型肝炎肝硬化的治疗**

(1) 代偿期肝硬化抗病毒治疗方案与慢性丙型肝炎相同。失代偿期肝硬化则应选择不含 Peg-IFNα 的治疗方案,主要有:SOF + RBV;SOF + LDV ± RBV;SOF + DCV ± RBV。无论是否获得 SVR,均需定期监测肝癌的发生。

(2) 对拟行肝移植的失代偿期肝硬化患者,应积极采用抗病毒治疗方案,尽可能于肝移植前完成抗病毒治疗疗程,对肝移植后复发者也需进行抗病毒治疗。

(3) 对并发肝癌的 Child-Pugh A 级肝硬化患者于肝移植前应选择不含 Peg-IFNα 的治疗方案,疗程 12~24 周。

(4) 鉴于 DAAs 目前在我国尚未上市,另外受肝源短缺等多种因素的限制,对失代偿期丙型肝炎肝硬化患者,仍可参照在 DAAs 未上市前国际指南的观点,在综合治疗和严密监测不良反应的基础上,利用肝功能的相对稳定状态,即从 Child-Pugh C 转向 Child-Pugh B 的时机,从小剂量 Peg-IFNα 或普通 IFN 联合 RBV 用起,有助于提高患者的生存期。

应用含干扰素的治疗方案时,需警惕骨髓抑制等不良反应,应用含 RBV 的治疗方案时要注意观察有无溶血性贫血的发生。新近上市的新一代 DAAs 安全有效,偶有轻度头痛、皮疹、轻度溶血性贫血等,一般不需停药,用药期间应注意肾功能,但没有绝对禁忌证。

（三）抗炎保肝治疗

此类药物具有非特异性抗炎、抗氧化、改善肝功能、促进肝细胞再生、增强肝脏解毒功能等作用机制。常用药物有甘草酸类制剂、多烯磷脂酰胆碱、谷胱甘肽、N-乙酰半胱氨酸、S-腺苷蛋氨酸、熊去氧胆酸和传统中药等。

【预防】　接种乙型肝炎疫苗是预防 HBV 感染的最有效方法。由政府承担全部费用，对所有新生儿实施的乙型肝炎疫苗计划免疫以及对全部儿童实施查漏补种的措施，已经明显降低了我国乙型肝炎的发病率。通过传播途径预防、意外暴露 HBV 后预防以及对患者和携带者的积极管理也都是控制乙型肝炎传播的积极措施。

目前尚无有效疫苗实现丙型肝炎的预防，因此控制传播途径至关重要。

【预后】　取决于病毒和宿主双方面诸多因素。通过抗病毒治疗最大限度地长期抑制或消除肝炎病毒，减轻肝细胞炎症坏死及肝纤维化，延缓和阻止疾病进展，减少和防止肝功能失代偿、肝硬化、肝癌及其并发症的发生，是改善预后的根本措施。

（王江滨）

推荐阅读文献

1. European Association for the Study of the Liver. EASL Clinical Practice Guidelines：Management of chronic hepatitis B virus infection. Journal of Hepatology，2012，57：167-185

2. European Association for the Study of the Liver. EASL Recommendations on Treatment of Hepatitis C 2015. Journal of Hepatology，2015，doi：10. 1016/j. jhep. 2015. 03. 025

3. World Health Organization. Guidelines for the Screening, Care and Treatment of Persons with Hepatitis Infection 2014

第十二章　自身免疫性肝病

第一节　自身免疫性肝炎

> **要点：**
> 1. 自身免疫性肝炎是以血清 IgG 升高和存在多种自身抗体为特征的肝脏炎症性病变，多见于女性。
> 2. 典型病理组织学特征是汇管区大量淋巴细胞和浆细胞浸润，并向周围肝实质侵入形成界板炎症。
> 3. 根据其临床表现及血清自身抗体特征，AIH 被分为两个主要临床类型和重叠综合征。
> 4. AIH 自发缓解率低，但适当的免疫抑制剂治疗可使疾病长期处于缓解状态。

自身免疫性肝炎（autoimmune hepatitis，AIH）是以自身免疫反应为基础，以血清 IgG 升高和存在多种自身抗体（autoantibody）为特征的肝脏炎症性病变。汇管区大量浆细胞浸润并向周围肝实质侵入形成界板炎症是典型的病理组织学特征。本病多见于女性，任何年龄均可发病。患病率在不同地域间存在差异，约为 3/10 万～17/10 万，其中欧洲及北美的患病率最高。适当的免疫抑制剂治疗，可使疾病长期处于缓解状态。

【病因及发病机制】　遗传易感性被认为是主要病因，病毒感染、酒精和药物被认为是在遗传易感基础上的促发因素。

（一）AIH 的抗原及激发的免疫反应

表达在肝细胞表面的肝特异性膜蛋白—去唾液酸糖蛋白受体（ASGP-R）以及微粒体细胞色素 P450 2D6（CYP 2D6）目前被认为是相对较明确的激发 AIH 的抗原。抗原在遗传和诱发因素作用下激活 $CD4^+T$ 细胞（包括 Th1 和 Th2），其通过细胞间的黏附因子及释放的细胞因子刺激 B 细胞产生多种非器官特异性自身抗体。此外细胞因子还通过激活 $CD8^+T$ 细胞介导的细胞毒效应杀伤肝细胞、激活 TNF 或 Fas 系统介导肝细胞凋亡、激活星状细胞促进肝纤维化的发生。AIH 患者多表现 Ts 功能缺陷，其逃逸免疫耐受的机制尚不明确。

（二）遗传因素

位于 HLA-Ⅱ类分子 DRβ 多肽链第 67～72 位氨基酸序列，尤其是第 71 位氨基酸，与 AIH 的抗原提呈及激发的免疫反应密切相关。编码该氨基酸序列的 MHC 等位基因在不同地域的人群间存在着差异。具有 AIH 遗传易感倾向的 DR3 阳性北欧及北美人第 67～72 位氨基酸序列为 Leu-Leu-Glu-Gln-Lys-Arg，其中第 71 位氨基酸为赖氨酸（Lys），编码该序列的 MHC 等位基因为 DRB1 * 0301、DRB3 * 0101 和 DRB1 * 0401。具有 AIH 遗传易感倾向的 DR4 阳性日本人的第 71 位氨基酸为精氨酸（Arg），其编码基因为 DRB1 * 0405。其他不同地域人群也有各自的 HLA 遗传易感特点。除 HLA 外，TCR、VDR、TLR-4、TGFβ 等在遗传上的差异也都可能影响 AIH 的易感性。

(三) 诱发因素

相当一部分 AIH 患者存在病毒感染的血清学及病毒学证据,其中以 HCV 感染相对常见。病毒抗原与肝细胞抗原的某一决定簇由于存在"分子模拟"现象而诱导交叉免疫反应,进而导致自身免疫性肝炎。此外,干扰素、米诺环素等特殊药物以及某些化学、生物物质和酒精等都可能是 AIH 的诱发因素。

【病理】 汇管区大量淋巴细胞和浆细胞浸润,并向周围肝实质侵入形成界板炎症是其主要病理特征。肝小叶内可见点状或碎片状坏死,病情进展时也可出现桥接坏死甚至多小叶坏死,有时还可见由炎细胞和塌陷网状支架包绕变性肝细胞而形成的"玫瑰花结"。汇管区炎症一般不侵犯胆管系统,也无脂肪变性及肉芽肿。除轻型炎症外,几乎所有 AIH 都存在不同程度的纤维化,若疾病未得到控制,还可进展为肝硬化。

上述病理改变虽有一定特征,但并非特异,有时不易与慢性病毒性肝炎、药物性肝炎、暴发性 Wilson 病鉴别。

【临床表现及分型】 AIH 起病多缓慢,类似慢性病毒性肝炎,仅约 30% 的病例类似急性肝炎,但急性肝功能衰竭少见。若病情未得到控制,也可逐渐进展为肝硬化,甚至并发肝癌。当患者合并甲状腺炎、炎症性肠病和类风湿关节炎等肝外自身免疫性疾病时,多提示疾病处于活动期。

依据血清中存在的自身抗体,目前将 AIH 分为两个主要类型。

1 型:常见,分布无地域差异,特征性抗体为抗核抗体(anti-nuclear antibody, ANA)及平滑肌抗体(smooth muscle antibody, SMA),肌动蛋白抗体(anti-actin)、可溶性肝抗原抗体(anti-SLA)/肝胰抗原抗体(anti-LP)也可阳性。发病年龄有双峰性,10～30 岁发病者多见于 HLA-DR3 阳性者,30 岁以后发病者多见于 HLA-DR4 阳性者。女性与男性的比例为 3:1。1 型 AIH 通常对免疫抑制剂疗效好,停药后不易复发。

2 型:相对少见,主要分布在欧洲和南美,特征性抗体为 1 型肝肾微粒体抗体(anti-liver-kidney microsomal antibody 1, anti-LKM1),1 型肝细胞溶质抗原抗体(anti-LC1)也可阳性。此型患者多见于儿童和青少年,女性与男性比例为 10:1。患者易伴随肝外自身免疫病,通常需长期治疗,预后不如 1 型。

除上述两型外,约 10%～30% AIH 患者血清存在 anti-SLA/anti-LP,但不具有 ANA 及 SMA。过去有人将此类患者命名为 3 型。由于患者的临床表现酷似 1 型,对免疫抑制剂治疗反应良好,故最新国际共识将其归为 1 型。核周型中性粒细胞胞浆抗体(pANCA)也可见于 1 型 AIH,但由于缺少特异性,临床价值有限。

AIH 的重叠综合征(主要是与 PBC、PSC 的重叠):

(1) AIH/PBC 重叠综合征:指血清 AMA 阳性,但肝组织学检查既可有 PBC,也可有 AIH 的特征。

(2) AIH/PSC 重叠综合征:指血清可检测到类似 AIH 的自身抗体,但肝组织学检查以及胆管造影显示 PSC 的特征。

(3) AMA 阳性 AIH:指血清 AMA 阳性,但肝组织学检查显示 AIH 的病理特征。本型对免疫抑制剂治疗反应好,不发展为 PBC。

【实验室检查】

(一) 血清生化学检测

AIH 患者 AST、ALT 水平一般较胆红素和 ALP 升高更明显。血清 γ 球蛋白,尤其是 IgG 升高是主要特征之一,可见于 85% 的患者。

(二) 自身抗体检测

自身抗体检测对 AIH 的诊断具有重要价值,其效价代表自身免疫反应的强度,分析某些抗体的动态变化水平有助于评价病情和指导治疗。

1. **ANA 及 SMA**　1 型 AIH 的特征性抗体。ANA 可与多种细胞核抗原反应,其单独出现率为 13%,与 SMA 的共同出现率达 54%。SMA 可与多种细胞骨架成分反应,包括肌动蛋白及非肌动蛋白,其单独出现率为 33%。

ANA 及 SMA 除见于 1 型 AIH 外,也可见于 PBC、PSC、慢性病毒性肝炎、药物性肝损伤、酒精性和非酒精性肝病以及某些自身免疫病。

2. **anti-LKM1**　2 型 AIH 的特征性抗体,一般不与 ANA 及 SMA 同时出现。该抗体于体外可识别 CYP 2D6 的 4 个特定重组线性序列。约 5% 慢性丙型肝炎患者血清中也可存在低水平的 anti-LKM1,其原因可能是 HCV 核心区与 CYP 2D6 存在分子模拟现象。

3. **anti-actin**　较 SMA 对 1 型 AIH 的诊断更具特异性,但敏感性不如 SMA,故不能替代 SMA。

4. **anti-SLA/anti-LP**　对 1 型 AIH 的诊断具有高度特异性。

5. **anti-LC1**　对 2 型 AIH 的诊断较特异,而且监测血清变化规律还有助于评价病情及指导治疗。该抗体很少见于丙型肝炎,因此有助于 AIH 与丙型肝炎的鉴别。

6. **pANCA**　见于绝大多数 ANA 及 SMA 阳性 AIH,但不具有诊断特异性,可见于多种疾病。

在对上述自身抗体进行分析时,也可先对最具有诊断价值的 ANA、SMA 和 anti-LKM1 进行常规检测,若尚不能明确诊断则可进行补充检测,即进一步分析 anti-actin、anti-SLA/anti-LP、anti-LC1 和 pANCA。

由于血清生化及免疫学检测对于诊断 AIH 缺乏特异性,因此国际 AIH 协作组推荐对任何可疑 AIH 患者都应行肝活体组织学检查,除非存在并发症或禁忌证。肝活检不仅对于 AIH 诊断有着重要价值,而且对疗效评估以及疾病的预后判断也有重要作用。

【诊断及鉴别诊断】

(一) 诊断

根据临床表现结合血清转氨酶、γ-球蛋白、自身抗体以及组织学特征一般诊断并不难。对不典型病例或对 AIH 进行临床研究时需依据"国际 AIH 协作组"建立并经过多次修改的评分系统。在该评分系统上建立的另一更适合日常临床工作的简化诊断标准也常被在临床实践中应用(表 4-12-1)。

表 4-12-1　自身免疫性肝炎的简化诊断评分系统(国际 AIH 协作组,2008 年)

指　　标	评分	备　　注
ANA or SMA 阳性≥1:40	+1*	
ANA or SMA 阳性≥1:80 或 LKM1≥1:40 或 SLA 阳性(任何滴度)	+2*	* 同时具备多项条件最多计 2 分
IgG 或免疫球蛋白水平 　>正常值上限 　>1.1 倍上限	+1 +2	
肝组织学 　符合 AIH 　典型 AIH 特征	+1 +2	界面性肝炎、汇管区和小叶内淋巴浆细胞浸润、肝细胞玫瑰花结是 AIH 的特征性组织学改变,同时符合上述 3 项条件为具备典型 AIH 特征
排除病毒性肝炎 　是 　否	+2 0	
总分 　≥6 分 　≥7 分	AIH 可疑 确诊 AIH	

Notes

（二）鉴别诊断

应注意与 PBC、PSC 及慢性病毒性肝炎相鉴别,此外也应注意与遗传性肝脏疾病(Wilson 病、α1 抗胰蛋白酶缺乏及血色病)、药物性肝病以及系统性红斑狼疮性肝损伤的鉴别。

1. 与 PBC 及 PSC 的鉴别　由于 AIH 的汇管区炎症一般不侵犯胆管系统,故除重叠综合征外,AIH 通常较易与 PBC 及 PSC 鉴别。当疾病进一步进展,肝小叶结构被破坏而伴有胆汁淤积及生化改变(ALP、γ-GT 升高)时鉴别有一定的难度。若 AMA 阳性和/或组织学有典型改变即可诊断 PBC;若胆管造影可见狭窄或扩张以及与正常胆管相间的串珠样改变并可除外肿瘤、结石、创伤、手术等继发原因即可诊断 PSC。对不具上述典型表现的病人,则需依赖组织学特征及进一步的自身抗体分析进行鉴别。胆管损伤、胆管周围纤维化及汇管区胆管消失更常见于 PBC 及 PSC。

2. 与慢性病毒性肝炎的鉴别　虽然所有嗜肝病毒都可诱发自身免疫反应,但 HCV 较其他肝炎病毒感染更易出现肝外自身免疫紊乱的表现,约占 HCV 感染者的 1/3。HCV 除可诱发肝外自身免疫反应外,本身也是 AIH 的诱发因素,两者之间存在交叉,而且很难鉴别。HCV RNA 阳性是确证 HCV 感染的最可靠指标。

【治疗】

（一）免疫抑制剂治疗

1. 药物的选择及适应证　最常用的免疫抑制剂为泼尼松(prednisone),可单独也可与硫唑嘌呤(azathioprine)联合应用。合理治疗的缓解率达 60% ~ 80%,甚至可逆转肝纤维化,而且对合并黄疸、食管静脉曲张破裂出血以及腹水的活动性失代偿期肝硬化患者也有效。免疫抑制剂对非活动性肝硬化患者效果不佳。

对骨质疏松、未控制的高血压和糖尿病或既往有精神失常病史者,在权衡利弊并能严密观察病情的前提下也可选用泼尼松治疗。不能耐受泼尼松者的预后差。对近期内拟行肝移植的患者,只要有疾病活动,也应进行治疗。对 AIH/PBC 重叠综合征患者可加用熊去氧胆酸(UDCA)。

巯基嘌呤类药物在体内经两条途径代谢,一是在巯基嘌呤甲基转移酶(thiopurine methyltransferase,TPMT)的催化下使巯基发生甲基化,二是在黄嘌呤氧化酶的作用下氧化成硫尿酸。由于造血组织中缺乏黄嘌呤氧化酶,进入组织的嘌呤类药物主要是在巯基嘌呤甲基转移酶催化下分解,其催化活性的强弱直接影响药物的疗效及不良反应。对硫唑嘌呤治疗前或治疗过程中出现血细胞减少的 AIH 患者,建议应先分析血清 TPMT 活性,或对 TPMT 编码基因亚型进行分析。治疗前存在严重血细胞或血小板减少者(白细胞$<2.5×10^9$/L 或血小板$<50×10^9$/L),或 TPMT 活性完全缺乏、或存在 TPMT 编码基因杂合子及纯合子变异者,应禁用硫唑嘌呤。对治疗失败者也可试用环孢素、甲氨蝶呤、普乐可复(FK506)或吗替考酚酯(骁悉)。新型皮质类固醇布地奈德以及 UDCA 可提高 AIH 疗效。

2. 治疗方案及疗程　初始治疗选用泼尼松 30mg/d 单独应用,或与硫唑嘌呤 50 ~ 100mg/d[1mg/(kg·d)]联合应用。当血清 ALT 降至正常值 2 倍以内时将泼尼松逐渐减量,直至 ALT 在正常范围内的最低剂量后维持治疗。通常是泼尼松 5 ~ 10mg/d 与硫唑嘌呤 1mg/(kg·d)联合治疗,24 个月后通过肝活检对肝脏炎症进行评价。若已有明显的组织学缓解或仅有轻微炎症,则可长期以最低剂量维持治疗,否则需调整剂量或治疗方案。

多数患者于最初治疗的几周内症状迅速缓解,血清生化学指标逐渐恢复,但也有部分患者需经数月治疗后才显示出疗效。虽然有观点认为当血清 ALT 及 IgG 持续正常达 2 年以上时,可考虑停用泼尼松及硫唑嘌呤,但目前的国际共识还是推荐采用上述最低剂量,长期维持治疗为妥。肝组织学检查有助于评价疗效,但并非必须进行。

长期应用硫唑嘌呤应警惕骨髓抑制和并发肿瘤的风险。

3. **复发及治疗失败后的处理**　80%的患者在停药数月或数年后复发,但是当再次实施初始剂量的免疫抑制剂治疗后通常仍可获得较好疗效。对经常规方案治疗后病情无缓解且进行性加重者可采用大剂量的免疫抑制剂。泼尼松单独应用的剂量可增至60mg/d,与其他免疫抑制剂联合应用时剂量可减半,硫唑嘌呤的剂量可以增至2mg/(kg·d),当重新诱导肝脏炎症缓解后,再逐渐减量直至维持 ALT 正常的最低剂量。

4. **对可疑 AIH 患者的试验治疗**　对高度疑似 AIH 患者,可以采用 1mg/(kg·d)泼尼松试验治疗。若患者无应答,基本可排除 AIH。对应答者逐渐减量,若在减量或停药后复发,基本可确诊 AIH。减量或停药后无复发者,AIH 的可能性很小。

(二)肝移植

多数 AIH 患者对免疫抑制剂的反应较好,进入终末期 AIH 患者并不常见。一旦因治疗失败出现肝功能失代偿时,肝移植是最佳的治疗方法,且成功率高,5 年生存率在 90% 以上。对于起病时即出现肝功能失代偿,尤其是以暴发性肝衰竭起病者,也应考虑行肝移植。

【预后】　AIH 的自发缓解率低,但经糖皮质激素(glucocorticoid)及免疫抑制剂诱导缓解后可长期保持良好的生活质量,10 年生存率在 90% 以上。

(王江滨)

推荐阅读文献

1. Brian R. Walker, Nicki R. Colledge, Stuart H. Ralston, Ian D. Penman. Davidson's Principles and Practice of Medicine. 22nd edition. ELSEVIER, 2014
2. Dermot Gleeson, Michael A Henghan. British Society of Gastroenterology(BSG) guidelines for management of autoimmune hepatitis. Gut, 2011, 60(12):1611-1629
3. Michael P. Manns, Albert J. Czaja, James D. gorham, etc. American Association for the Study of Liver Disease. Diagnosis and Management of Hepatitis. Hepatology, 2010, 51(6):1-31

第二节　原发性胆汁性肝硬化

要点:

1. PBC 是因肝内中小胆管慢性进行性非化脓性炎症而导致的慢性胆汁淤积性疾病,多见于女性。
2. 遗传、感染与自身免疫以及环境因素均与 PBC 的发生密切相关。
3. 乏力和瘙痒是 PBC 的最常见临床症状。
4. 90%~95% 的 PBC 患者可检测到血清自身抗体 AMA。
5. UDCA 是治疗 PBC 的首选药物。

原发性胆汁性肝硬化(primary biliary cirrhosis, PBC)是因肝内中小胆管慢性进行性非化脓性炎症而导致的慢性胆汁淤积性疾病。约 90%~95% 的 PBC 患者血清中可检测到线粒体抗体(mitochondrial antibody, AMA),50% 以上的患者可同时检测到抗核抗体(ANA)。

本病一旦出现黄疸,疾病进展率高,易导致肝纤维化和肝硬化。近年来由于早期诊断及治疗的进步,疾病的缓解率已明显提高,患者也可长期无肝硬化表现,另外由于自身抗体 AMA 可在临床症状出现前多年即可被检测到,故目前建议将未发生肝硬化前的本病更名为原发性胆汁性胆管炎(primary biliary cholangitis),仍简称为 PBC。更名后的 PBC 能更客观地界定疾病,避免将未发展为肝硬化的患者过早诊断为肝硬化。

本病主要见于女性,与男性的比例平均为 12:1。患病率在不同国家和区域有明显的差异,约为 3.5/10 万~5.4/10 万,但总体来说都有增高趋势。美国和欧洲明显高于亚洲。

【病因和发病机制】

1. **遗传易感性**　PBC 有家族聚集性发病的现象,其一级亲属患病率为 1.0%~6.4%,约为普通人群的 100 倍。HLA 与 PBC 联系最紧密的基因位点为 HLA-DRB1 * 08,DRB1 * 0801 阳性的欧洲人和北美地区高加索人、DRB1 * 0803 阳性日本人 PBC 的发生率明显增加。IL-12 在免疫调节信号通路中的基因变异与 PBC 有很强的关联性,仅次于 HLA。

2. **免疫与感染因素**　PBC 患者循环中存在 AMA 及 ANA 自身抗体,并同时伴有自身免疫紊乱现象,说明抗原激发的自身免疫是本病的主要发病机制。

AMA 的主要靶抗原是丙酮酸脱氢酶复合物 E2(PDC-E2),属于 α-酮酸脱氢酶复合体酶系,该酶系还包括支链 α′-O-氧酸脱氢酶复合体(BCOADC)和酮戊二酸脱氢酶复合体(OGDC)。不同类型 AMA 在 PBC 患者血清中的阳性率不同,针对 PDC-E2 的抗体阳性率最高,占 PBC 患者的95%;针对 BCOADC 和 OGDC 的抗体阳性率分别为 53%~55% 和 38%~39%。PBC 患者之所以丧失对自身 PDC-E2 的耐受性,目前认为是由于某些肠道细菌表达的 PDE2 与胆管上皮细胞和线粒体内 PDC-E2 具有分子模拟现象密切相关。血清 AMA 的出现常在典型临床表现出现前 6~10 年即可检测到,说明针对胆管上皮细胞的免疫病理损伤是由 α-酮酸脱氢酶复合体酶系激活所引起。血清 AMA 效价与疾病严重程度并不成正比。

反复的尿路感染可能也是引发女性 PBC 的另一因素。另外,也有报道认为幽门螺杆菌、克雷伯菌、奇异变形杆菌、金黄色葡萄球菌、明尼苏达沙门菌均可通过交叉反应诱发 PBC。部分PBC 患者起病早期血清中存在 EB 病毒抗原滴度增高的现象。

3. **环境因素**　环境中的某些生物和化学物质可能也与 PBC 的发生相关。从 PBC 低发病率地区迁移的居民,其 PBC 发病率与所迁移新地区发病率趋于一致。工业发达、暴露于多种化学物质都可使人群的免疫机制发生改变而发病。长期吸烟也是 PBC 发病的危险因素。

总之,在上述感染、环境以及遗传等多种因素的作用下,胆管上皮细胞异常表达高水平 PDC-E2 和 HLA-Ⅰ、Ⅱ类抗原并启动抗原提呈功能,激活 CD4$^+$、CD8$^+$T 细胞,介导一系列针对胆管上皮细胞的特异性免疫病理损伤,进而诱发胆管炎症和胆汁淤积。疏水性胆汁酸的长期淤积,又可进一步损伤胆管上皮细胞,甚至损伤肝细胞,最终导致肝硬化。

【病理】　PBC 的病理特征是肝内小胆管慢性非化脓性破坏性胆管炎(chronic non-suppurative destructive cholangitis,CNSDC)和肝实质的损伤。胆管损伤的特征是 CNSDC 以及由淋巴细胞浸润而导致的胆管周围肉芽肿的形成,疾病进一步发展则导致小胆管的丧失。肝实质损伤的早期特征是肝细胞的非特异性炎症坏死,也可见到界板炎症和慢性胆汁淤积性表现。当疾病进一步进展出现胆管破坏和胆管丧失时则可见到类似于自身免疫性肝炎的改变,甚至发生肝纤维化和肝硬化。

根据胆管炎症活动度(CA)以及肝脏炎症活动度(HA)可分别将其分成 CA0~CA3 及HA0~HA3 的不同级别,依次为无活动度、轻度活动、中度活动、重度活动。

【临床表现】　本病的临床症状晚于血清 AMA 出现后的 6~7 年。在出现症状之前,患者血清碱性磷酸酶(ALP)、γ-谷氨酰转移酶(γ-GT)和血脂就可升高。部分患者也可仅有 AMA 的阳性,但血清生化学检查可长达 10 多年无异常。

(一) 症状和体征

乏力和瘙痒是 PBC 比较突出的临床症状。PBC 患者一旦发生瘙痒,疾病常进行性加重。虽然瘙痒的发生与胆汁淤积有关,但部分患者也可在胆汁淤积出现前即发生瘙痒,因为受损伤的胆管上皮细胞可释放致痒物质,如组胺及阿片类物质等。

体检可见皮肤黄染及色素沉着、搔痕、黄斑瘤(也称黄瘤,系皮下胆固醇沉积所致)。长期肝内胆汁淤积可以导致肝脏中度或显著增大,常在肋下 4～10cm,质硬,脾脏也可呈中度或显著增大。与其他慢性肝病相比,PBC 更易进展为门静脉高压。

(二) 并发症及伴随疾病

PBC 患者的常见并发症有骨质疏松、脂溶性维生素缺乏、高胆固醇血症及脂肪泻等。80% 的 PBC 患者还可伴有其他自身免疫性疾病,其中 Sicca 综合征(干燥综合征)最常见,见于 75% 的病人。此外还可伴有硬皮病或 CREST 综合征(钙质沉着、雷诺现象、食管动力异常、硬皮病和毛细血管扩张)、类风湿关节炎、皮肌炎、混合结缔组织病及自身免疫性甲状腺疾病等。

(三) 疾病分期及严重程度评估

依据有无肝损伤导致的症状或体征,如:黄疸、瘙痒、食管静脉曲张、腹水、肝性脑病以及是否并发肝细胞癌,可将 PBC 分为无症状性 PBC(aPBC)和症状性 PBC(sPBC)。根据疾病进展程度,又可分为Ⅰ、Ⅱ、Ⅲ期(表4-12-2)。对 sPBC 严重程度的评估,通常采用 Child-Pugh 评分系统。

表 4-12-2　PBC 临床分期

1）无症状性 PBC(aPBC):肝损伤未导致临床可见的症状或体征(Ⅰ期)
2）症状性 PBC(sPBC):肝损伤伴有临床可见的症状或体征
　　s1PBC:血清胆红素水平<34.2μmol/L(Ⅱ期)
　　s2PBC:血清胆红素水平≥34.2μmol/L(Ⅲ期)

(四) 临床分型

根据 PBC 患者的疾病进展情况临床可分为三个亚型。慢进展型:病情进展缓慢,甚至在长达十几年间始终处于无症状期。门静脉高压型:患者进展为门静脉高压期,但未表现出黄染症状。血清抗着丝粒抗体(anti-centromere antibody)常为阳性。黄疸/肝衰竭型:迅速发生黄疸,并最终发展至肝衰竭。此型患者多较年轻,血清 anti-GP210 抗体常为阳性。

(五) 特殊类型的 PBC

1. 早期 PBC　血清 AMA 阳性但不具备 PBC 的典型临床表现及血清生化学异常特征。没有或仅有轻度病理组织学特征。部分患者可长期稳定而并不发展为典型的 PBC。

2. 自身免疫性胆管炎　患者有 PBC 的临床表现,但 AMA 阴性,而 ANA 阳性。对此型患者的命名在国际上存在差异,也有自身免疫性胆管病、原发性自身免疫性胆管炎之称,但目前已经明确其是 PBC 的不典型表现。

3. AMA 阴性 PBC　此型患者有 PBC 的组织学特征,其中10% 的患者还有胆汁淤积的生化证据。虽然患者 AMA 阴性,但患者的 T 细胞可识别线粒体抗原,发生特异性免疫反应。

4. PBC/AIH 重叠综合征　指 AMA 阳性 PBC 患者合并 AIH,肝组织学检查既可有 PBC,也可有 AIH 特征。此型患者与 AMA 阳性 AIH 不同的是后者并不发展为 PBC。

【实验室和辅助检查】

(一) 实验室检查

1. 血清生化学检测　胆红素一般轻、中度升高,以结合胆红素为主;ALP 和 γ-GT 的升高早于胆红素的升高,当超过正常值 5 倍以上时,对诊断具有重要意义;ALT/AST 一般不超过正常上限 5 倍;肝脏的合成功能至晚期才受影响。

85% 的患者胆固醇明显升高,当出现升高后再降低现象时提示预后不良。

2. 免疫学检测　90%～95% 的 PBC 患者可检测到 M2 型 AMA,滴度>1∶100 则可确定为阳性,对 PBC 诊断具有特异性;50% 以上的患者可以检测到 ANA(anti-GP210 和/或 anti-SP100);血清免疫球蛋白升高,以 IgM 为主。

(二) 影像学检查

对已表现为胆汁淤积的患者,首先应通过腹部超声、CT、MRI 等检查与肝外胆管系统梗阻进行鉴别,若不能除外梗阻性疾病时可进一步行 MRCP 检查,必要时也可采用有创性的 ERCP 技术进行鉴别。PBC 患者胆囊造影通常正常。

（三）肝活体组织学检查

肝活体组织学检查有助于明确诊断和确定疾病分期。

【诊断和鉴别诊断】 具备下述三条标准中的两条即符合 PBC 诊断:

1. 有胆汁淤积的生化学证据,即 ALP 及 γ-GT 升高。

2. 血清可检测到自身抗体 AMA。

3. 肝组织学检查示非化脓性胆管炎和小叶间胆管的损伤。

PBC 主要应与胆汁淤积性肝病进行鉴别,包括原发性硬化性胆管炎(PSC)、慢性病毒性肝炎和肝硬化、药物性肝损伤、酒精性肝病以及结节病等,其中与 PSC 的鉴别较为重要。

【治疗】

（一）常规治疗原则

熊去氧胆酸(ursodeoxycholic acid,UDCA)是治疗 PBC 的首选药物,也是目前唯一被认为具有长期疗效的药物。可用于 PBC 病程中的任何时期,且一旦确诊为典型 PBC,患者应终身服用。13～15mg/(kg·d)被认为是治疗的最佳剂量。

UDCA 的疗效依据治疗 2 年时的应答状况。应答:治疗 2 年时血清 ALP、ALT 和 IgM 恢复正常;应答欠佳:治疗 2 年时血清 ALP、ALT 和 IgM<1.5×ULN;不应答:治疗 2 年时血清 ALP、ALT 和 IgM>1.5×ULN。对 UDCA 应答好的患者,预后通常也较好。

苯扎贝特及非诺贝特可改善 PBC 患者的生化学指标,但其长期疗效尚需进一步的循证医学证据。

对仅有轻度 ALP 升高的无症状性 PBC 患者是否需要接受治疗,目前仍缺乏共识。多数观点认为可以暂不应用 UDCA,但应定期观察,若疾病演变至进展期则需要治疗。

（二）特殊类型 PBC 的治疗原则

对单纯 AMA 阳性而不具备临床表现的早期 PBC 患者,可不予以治疗,但应每 1～2 年随访一次;对 UDCA 应答不好的自身免疫性胆管炎,可采用皮质类固醇,但待病情缓解后应改用 UDCA 长期治疗;AMA 阴性 PBC 的治疗原则与 AMA 阳性 PBC 相同;对 PBC/AIH 重叠综合征,可采用 UDCA 与泼尼松龙的联合治疗方案,当肝功能情况好转后改 UDCA 单药长期治疗。

（三）对症及并发症治疗

莫达非尼(modafinil)可在一定程度上改善乏力。

胆汁酸螯合剂消胆胺(cholestyramine)是治疗瘙痒的首选药物,每天 16g,分 4 次口服,应注意与 UDCA 间隔 2～4 小时服用。利福平具有促进胆汁酸代谢和分泌的功能,可在一定程度上减少胆汁酸的淤积,改善瘙痒。临床应注意其在治疗瘙痒的同时也可诱导部分患者出现药物性肝损伤,甚至加重胆汁淤积。内源性阿片拮抗剂纳曲酮(50mg/d)、抗抑郁药舍曲林(75～100mg/d)也可被用于治疗瘙痒。顽固性瘙痒严重影响患者的生活质量,甚至可诱发精神异常,除血浆透析和置换、MARS 透析外,必要时也可考虑肝移植。

在上述治疗措施的同时应注意纠正脂溶性维生素吸收不良、骨质疏松及脂肪泻等。肝功能失代偿及伴随疾病的治疗详见相关章节。

（四）肝移植

由于诊断及治疗技术的进步,PBC 的肝移植率在过去 10 年内已下降 20%。与其他慢性肝病相比,PBC 患者行肝移植后的效果相对好,5 年存活率约 75%。移植后患者乏力、瘙痒及伴随疾病可迅速改善,AMA 虽可持续存在或再现,但并不代表 PBC 的复发。

【预后】 取决于能否早期诊断和对 UDCA 的应答状态。疾病已进入晚期才被诊断和接受治疗者,预后不佳。

(王江滨)

推荐阅读文献

1. Working Subgroup(English version)for Clinical Practice Guidelines for Primary Biliary Cirrhosis. Guidelines for the management of primary biliary cirrhosis:The Intractable Hepatobiliary Disease Study Group supported by the Ministry of Health,Labour and Welfare of Japan. Hepatol Res. 2014,44 Suppl S1:71-90
2. Selmi C,Bowlus CL,Gershwin ME. Primary biliary cirrhosis. Lancet. 2011,377(9777):1600-1609

第三节　原发性硬化性胆管炎

要点:

1. PSC 是以肝内外胆管炎症及纤维化为特征的慢性胆汁淤积性疾病,多见于男性。
2. 遗传、免疫、感染、胆汁酸代谢异常以及缺血性损伤均与 PSC 的发生相关。
3. 80% ~90% 的本病患者合并炎症性肠病,60% 的患者有乏力和瘙痒的临床表现。
4. MRCP 是影像学诊断的首选方法。
5. 目前尚缺少有效的药物治疗方案,对胆道显著性狭窄者可采用内镜或手术治疗。

原发性硬化性胆管炎(primary sclerosing cholangitis,PSC)是以肝内外胆管炎症及纤维化为特征的慢性胆汁淤积性疾病。本病一旦出现临床表现后进展率高,易并发胆汁淤积性肝硬化、肝衰竭以及胆管癌。

PSC 的患病率在地域之间存在差异,约为 0.9/10 万 ~20/10 万,北欧及美国明显高于亚洲。50% ~70% 以上为 40 岁左右男性,80% ~90% 的患者合并炎症性肠病(IBD),最常见的是溃疡性结肠炎(UC)。

【病因和发病机制】　病因尚不明确,遗传、免疫和感染被认为是主要发病因素,此外还有胆汁酸代谢异常和缺血性损伤等因素。如果患者存在细菌/寄生虫性胆管炎、手术导致的胆管狭窄、移植肝供血不足以及某些遗传、代谢或自身免疫病等确切病因,则被称为继发性硬化性胆管炎。

(一) 遗传因素

PSC 一级亲属中本病的发病率增加 100 倍,提示遗传因素与 PSC 的发生密切相关。另外,PSC 与 IBD 在遗传易感基因位点上的重叠不仅提示 PSC 与 IBD 存在关联,而且提示两者的发生都与遗传相关。

通过对大样本 PSC 患者进行多达十几万个单核苷酸多态性(SNPs)位点的分析,其中包括 186 个与自身免疫病相关位点和数千个可能与自身免疫病存在一定关联的位点,结果发现 chr11:rs7937682、chr12:rs11168249 等 9 个与 PSC 最为相关的位点。HLA 以及非 HLA 分子结构在遗传上的差异与激活的 T 细胞及其诱导的免疫反应密切相关,但是由于受机体 T 细胞活化水平、胆汁酸代谢能力以及其他相关因素的影响,对相关遗传位点的认定,尚需更深入的研究加以证实。

(二) 免疫因素

PSC 常同时合并 IBD 等其他自身免疫病,另外胆管周围 T 淋巴细胞浸润的现象也说明免疫因素介导的病理损伤是本病的重要发病机制。目前认为源于肠道的固有免疫和获得性免疫反应与 PSC 患者胆管进行性炎症密切相关。

被肠道细菌抗原激活的淋巴细胞通过其表达的归巢受体 α4β7 与肠及肝组织异常表达且具有招募淋巴细胞作用的黏附因子 CAM1 及化学性趋化因子结合,然后经淋巴细胞归巢机制向肝

Notes

内胆管周围迁移,激活 T 细胞介导的系列免疫反应。

(三) 感染因素

PSC 与 IBD 共存的现象提示感染因素也是 PSC 的诱发因素,因为包括感染在内的环境因素也与 IBD 的发生密切相关。通过宏基因分析技术已经发现 PSC 患者肠道微生物的构成与其致病性相关。肠腔细菌及其产生的毒素或代谢产物通过门脉进入肝脏,激活肝脏的 Kupffer 细胞,释放炎症因子进而诱导 PSC。发生在 PSC 特征性病理损伤之后的感染,可以是 PSC 病情演变的协同因素,但并不属于 PSC 的诱发因素。

(四) 胆汁酸代谢异常

胆管上皮细胞表面具有"雨伞"保护效应的碳酸氢盐层可通过 Cl^-/HCO_3^- 交换机制抵御毒性胆汁酸对胆管上皮细胞的损伤,当参与 Cl^-/HCO_3^- 交换的胆汁多糖蛋白体的功能受到在遗传、免疫、感染等多种因素影响时则可诱导 PSC 的形成。

(五) 缺血性损伤

PSC 患者发生的进展性胆管周围纤维化可破坏肝内毛细血管网与胆管上皮间氧和营养物质的交换,进而导致缺血性损伤,加重 PSC。在肝移植等特定条件下,由缺血性损伤诱发的胆管狭窄则属于继发性硬化性胆管炎。

【病理】 典型组织学特征是纤维性胆管炎,即小叶间胆管周围淋巴细胞浸润以及被纤维组织包绕呈同心圆排列的"洋葱皮"样改变。其组织学分期如下:Ⅰ期(门脉期):汇管区的非特异性炎症未超过界板,尚无纤维化;Ⅱ期(门脉周围期):炎症已超过界板并伴有门管扩张、门管及其周围纤维化;Ⅲ期(纤维隔形成期):出现波及门管的纤维间隔和桥状纤维,并伴有桥状坏死;Ⅳ期(肝硬化期):界板纤维化并有假小叶的形成。

【临床表现】 约 1/3 患者在确诊时并无 PSC 的典型临床表现,大多是因难治性溃疡性结肠炎就诊发现 ALP 升高进而被诊断,因此临床上应重视伴有 ALP 升高的溃疡性结肠炎患者。少数 PSC 患者也可合并克罗恩病,故也应引起重视。无 PSC 症状并不代表疾病尚处于早期,其疾病进展率与已出现典型 PSC 症状患者相似。

(一) 症状及体征

PSC 的主要症状是乏力和瘙痒,见于 60% 以上的患者,其次的症状是黄疸和消瘦。当临床确定 PSC 诊断时症状平均已出现 2 年左右。发热和上腹痛是合并细菌性胆管炎的表现,也可是部分 PSC 的首发症状。除黄疸外,还可有肝大、脾大等体征。疾病进展时也可有门静脉高压的表现,详见肝硬化章节。

(二) 并发症及伴随疾病

PSC 可并发脂溶性维生素缺乏、脂肪泻、代谢性骨病等全身并发症以及胆结石、胆管梗阻性狭窄、细菌性胆管炎、胆管上皮癌等局部并发症。合并炎症性肠病患者并发结肠不典型增生及结肠癌的风险明显增加。除炎症性肠病外,PSC 还易伴随胰腺炎、糖尿病以及自身免疫性甲状腺炎等多种自身免疫病。

(三) PSC 的变异类型

1. **小胆管 PSC** 具有典型胆汁淤积临床特征和 PSC 组织学改变,但胆道造影正常,常合并 IBD,诊断依赖于肝活检。约 20% 的病例可发展为大胆管性 PSC,故应对小胆管 PSC 患者进行监测。

2. **PSC/AIH 重叠综合征** 其特征是胆管造影表现为 PSC 的患者伴 ALT 异常升高,且血清中存在 ANA、SMA 等类似于 1 型 AIH 的自身抗体。PSC/AIH 重叠综合征的发生率约占全部 PSC 患者的 8% ~ 10%。肝活体组织学检查对诊断有重要意义。

3. **IgG4 相关性胆管炎** IgG4 相关性胆管炎与 PSC 是同一疾病的不同类型还是两个独立疾病尚存在争议。虽然也有建议将其归属于继发性硬化性胆管炎,但是新近有系列研究表明

9%的PSC患者血清IgG4水平明显升高,且肝组织中IgG4免疫染色的阳性率高达23%,故提出其应是PSC的一种变异类型。IgG4相关性胆管炎的生化学及影像学特征与PSC相似,但对糖皮质激素治疗的应答率高,甚至可使原有的胆道梗阻性表现消失,肝功能恢复至正常。患者常合并自身免疫性胰腺炎,一般不合并炎症性肠病。

【实验室和辅助检查】

（一）实验室检查

血清生化检查通常能反应胆汁淤积的情况。95%的患者血清ALP>3×ULN,ALT/AST比值通常<5×ULN。当胆红素持续升高时常提示疾病进展。血清IgG4及自身抗体ANA、SMA检测有助于PSC变异类型的诊断。

（二）影像学检查

磁共振胰胆管造影(magnetic resonance cholangiopancreatography,MRCP)对PSC的诊断阳性率为90%,既无创伤性而且又对近端胆管阻塞及肝实质显像较好,故应列为首选。有创性ERCP及PTC的诊断阳性率高达97%。

虽然PSC的病理损伤通常累及全部胆管,但在疾病不同时期表现不同。当疾病进展到一定程度时,可有45%～58%患者出现显著性胆管狭窄,即胆总管狭窄处直径≤1.5mm或肝胆管狭窄处直径≤1.0mm。

（三）组织学检查

PSC的临床诊断一般不依赖于肝组织学检查,但其有助于与其他疾病的鉴别和判断预后,尤其是对病变仅累及肝内小胆管而胆管造影检查完全正常的患者。

【诊断及鉴别诊断】　当男性患者出现胆汁淤积表现和肝功能异常,尤其是伴有炎症性肠病时应高度警惕PSC。间接或直接胆管造影可显示大胆管PSC的典型特征,是诊断的金标准。肝活体组织学检查有助于明确小胆管PSC的诊断及与其他肝病的鉴别诊断。

PSC与AMA阴性PBC很难鉴别,尤其是当胆管造影也无异常发现时,需经肝活体组织学检查进行鉴别。

【治疗】

（一）药物治疗

到目前为止,各国际指南都未将UDCA用于PSC治疗,但也有系列临床研究表明标准剂量的UDCA有助于改善血清生化学指标。高剂量UDCA并不增加临床疗效。糖皮质激素仅被推荐用于PSC/AIH重叠综合征以及IgG4相关性胆管炎。

（二）内镜治疗

主要用于改善由胆道显著性狭窄引起的胆汁淤积。当临床存在进行性黄疸、发热、右上腹痛以及血清生化异常时,需考虑行内镜治疗。内镜治疗的常用方法有括约肌切开、导管或球囊扩张、支架置入等,推荐首选胆管扩张方法。于气囊扩张后放置支架可延长疗效,但若长期支架置入有增加合并细菌性胆管炎的机会。因此,只有对经扩张治疗和胆汁引流效果欠佳的患者才应考虑胆管支架置入术。

（三）手术治疗

经胆道进行肠内引流术虽然可改善症状,缓解黄疸和胆管炎,但由于易激发感染以及术后局部纤维组织增生将给未来肝移植带来难度,因此目前已不建议通过外科手段进行引流。

（四）肝移植

由于缺乏有效的药物,肝移植是终末期PSC唯一有效的治疗手段。PSC肝移植的适应证与其他肝病相似,主要为门静脉高压并发症、慢性肝衰竭、生活质量减低。难治性细菌性胆管炎、顽固性皮肤瘙痒、早期胆管癌也是肝移植的适应证。肝移植后5年生存率83%～88%。

【预后】　PSC的疾病进展率高,即使无PSC症状的患者一经确诊后7～10年的生存率仅为

65%～75%；有临床表现的 PSC 患者随访 6 年后肝衰竭发生率为 41%。

　　由于 PSC 合并炎症性肠病患者结肠癌的发生风险较单纯炎症性肠病患者增加 4～5 倍，故应重视对此类患者进行肠道肿瘤的筛查。另外也应重视 PSC 患者易并发胆道系统肿瘤的风险。

（王江滨）

推荐阅读文献

1. Karlsen TH，Boberg KM. European association for the study of the liver. Update on primary sclerosing cholangitis. J Hepatol. 2013，59（3）：571-582

2. Hirschfield GM，Karlsen TH，Lindor KD，Lancet. Primary sclerosing cholangitis. 2013，382（9904）：1587-1599

3. Yimam KK，Bowlus CL. Diagnosis and classification of primary sclerosing cholangitis. Autoimmun Rev. 2014；13（4-5）：445-450

4. Lindor KD，Kowdley KV，Harrison ME. ACG Clinical Guideline：Primary sclerosing cholangitis. Am J Gastroenterol，2015，110（5）：646-659

Notes

第十三章 药物性肝损伤

要点：

1. 药物性肝损伤是指在使用某种或几种药物后,由药物本身或其代谢产物而引起的程度不同的肝脏损害。

2. 药物性肝损伤的机制主要与药物代谢异常、药物介导的免疫损伤以及个体肝药酶的遗传多态性有关。

3. 药物性肝损伤于临床分为肝细胞型、胆汁淤积型和混合型。

4. 药物性肝损伤的诊断依赖于用药史、停药后的恢复状况以及再用药时的反应。

5. 治疗的关键是停用和防止再次使用引起肝损伤的药物。

药物性肝损伤(drug-induced liver injury,DILI)是指在使用某种或几种药物后,由药物本身或其代谢产物引起的程度不同的肝脏损害。通常发生在用药后的 5～90 天之间。临床以急性肝损伤最为常见,但也有药物诱导亚急性肝损伤或慢性肝损伤;既可单独存在,也可与其他肝脏疾病并存。本病约占非病毒性肝病的 20%～50%,暴发性肝衰竭中的 13%～30%。患病率约为 1/10 万～10/10 万,已知可导致肝损伤的药物包括中草药达近千种。

【病因和发病机制】 导致肝损伤的药物被分为可预测性和不可预测性两类,其中大多药物性肝损伤系不可预测性,发生的本质原因在于患者自身,而不在于药物。药物只是在特殊体质的条件下才激发特异性反应而诱发肝脏病理损伤。可预测性肝损伤药物一旦被应用对绝大多数人都可造成肝损伤,呈剂量依赖性,且与用药时间相关。诱导可预测性肝损伤的代表性药物有对乙酰氨基酚(扑热息痛),每日少于 4g 时,尚比较安全,超过 10～20g 时,易诱导严重肝损伤。其他剂量依赖性肝损伤的药物有胺碘酮、环磷酰胺、环孢素、甲氨蝶呤等。

药物诱导肝损伤的机制尚不十分清楚,主要与药物代谢异常、药物介导的免疫损伤以及个体肝药酶的遗传多态性有关。不同药物的作用机制不同,但同一药物也可通过多种机制诱导肝损伤。

(一) 药物代谢异常机制

药物在肝脏需经过 1 相和 2 相两步反应并在肝药酶的作用下降低脂溶性,增强水溶性,促进其经肾脏排泄。在 1 相反应中最重要的肝药酶为细胞色素 P450 酶系(cytochrome P450,CYP450)。该酶系对药物的代谢有双重性,既可解毒也可增加药物的毒性。当解毒酶被抑制或增强毒性的酶被诱导时都可使药物或其代谢产物在体内蓄积,从而引起肝脏损伤。药物经 1 相反应后,再与 2 相反应中的还原型谷胱甘肽、葡萄糖醛酸、谷氨酰胺等蛋白或氨基酸结合,或再通过乙酰化、甲基化等反应进一步降低其脂溶性,促进其肾脏排泄。当还原型谷胱甘肽、葡萄糖醛酸等绝对或相对不足时都影响药物毒性代谢产物的生物转化,从而产生肝毒性。

(二) 药物介导免疫损伤机制

多数生化药物的分子量小,不具抗原性,所以很少直接激发机体的免疫反应。在少数特异性个体,药物可与肝内的某些特异性蛋白成分结合形成抗原,或在 CYP450 的作用下生成某些代谢产物后再与 CYP450 共价结合而形成 CYP450-药物加合物。CYP450-药物加合物既可使 CYP450 酶的活性丧失,也可激活针对存在于细胞膜上 CYP450 的免疫反应,通过细胞毒作用损伤肝细胞。此外,CYP450-药物加合物还可被抗原提呈细胞上 MHC-Ⅱ类分子所识别并与 T 细胞受体(TCR)、CD4 分子相互作用激活 T 细胞。被激发的 Th1 反应通过释放 IFNγ 等细胞因子激活库普弗细胞,产生炎症因子 TNFα 和 IL-1 并促进 CD8$^+$CTL 前体细胞向 CTL 转化,通过直接杀伤及启动凋亡机制损伤肝细胞和胆管上皮细胞。被激发的 Th2 反应通过释放 IL-4、IL-5 诱导 B 细胞活化,产生抗体并促进嗜酸细胞向汇管区聚集。嗜酸细胞释放过氧化物酶、嗜酸细胞源性神经毒素、嗜酸细胞阳离子蛋白等损伤胆管上皮细胞。此外,CYP450-药物加合物介导的免疫反应还可激活 NK 及 NKT 细胞,并可通过介导抗体依赖细胞毒(ADCC)以及直接接触杀伤方式损伤肝细胞和胆管上皮细胞。

(三) 遗传因素在药物性肝损伤中的作用

遗传基因上的差异可使个体间肝药酶的活性表现出明显的差异,最终反映在药物代谢上的多态性。CYP 酶系是由众多 P450 酶组成的代谢酶系统,该系统中的不同酶由不同的基因编码。若某一种 P450 酶基因发生突变,则可使其表达的酶蛋白活性异常,对药物的代谢能力下降,如异烟肼慢代谢型者出现肝损伤的概率就明显高于快代谢型者。当编码谷胱甘肽合成酶的基因变异时,谷胱甘肽合成减少,进而可使药物或其代谢产物在体内蓄积。

药物介导的免疫反应与机体 HLA 遗传多态性密切相关,如双氯芬酸诱导的肝炎与 A11、阿莫西林-克拉维酸诱导的肝炎与单倍体 DRB1 * 1501-DRB5 * 0101-DQB1 * 0602、氯丙嗪和呋喃妥因诱导的肝炎与 DR6 的表达密切相关。编码细胞因子 IL-10 的启动子和 TNFα 的遗传多态性也与能否发生药物性肝损伤有一定的关联。

(四) 其他因素

除上述因素外,年龄、性别以及机体的营养状况也都影响药物的代谢,但是否出现药物性肝损伤与患者肝功能状况并不相关。老年人及严重营养不良者对药物的代谢能力下降;女性较男性易发生药物性肝损伤;合并 HCV 感染时更易出现药物所致的肝损伤。某些药物可影响肝细胞膜上的转运蛋白以及与之相协调的机械动力系统的结构和功能,进而影响胆汁的转运和分泌而造成胆汁淤积性肝损伤。

【临床分型及特征】 药物性肝损伤的机制不同,故其诱导的病理损伤以及临床特征复杂多样。多数药物诱导急性肝损伤,也有药物诱导亚急性肝损伤和慢性肝损伤。少数药物还可引起脂肪性肝炎、非干酪样肉芽肿、肝静脉纤维性闭塞、肝紫癜、脂褐素沉积,甚至还有诱发肝癌、胆管细胞癌以及血管肉瘤的可能。

急性药物性肝损伤的临床分型依据 R 值进行计算,即:R 值=血清(ALT/ALT ULN)÷(ALP/ALP ULN)。主要临床分型为:

(一) 肝细胞型

占药物性肝损伤的 90%,临床表现类似于急性病毒性肝炎。血清生化特征是 R 值≥5,通常于停止用药后的 1~2 个月恢复正常。少数病情严重尤其是未能确定病因而继续用药者可并发肝衰竭。一旦出现肝衰竭,死亡率高达 90%。组织学以肝细胞坏死以及汇管区淋巴细胞和嗜酸性粒细胞浸润为特征,当出现大面积坏死时可引起急性肝衰竭。多种药物都可诱导急性肝炎样表现,其中对乙酰氨基酚、异烟肼是最常见且最具代表性的药物。

(二) 胆汁淤积型

发病率低于肝细胞型,患者常表现为黄疸和瘙痒。血清生化学特征是 R 值≤2,主要由雌激素、雄激素以及蛋白同化类固醇引起。组织学以毛细胆管型胆汁淤积为其特征,不伴或仅伴轻度肝细胞炎症,汇管区也可见炎症反应。

(三) 混合型

患者可有黄疸,血清生化特征是 R 值在 2~5 之间。诱导此型肝损伤的药物比较多,代表性药物为别嘌呤醇、阿莫西林-克拉维酸、硫唑嘌呤、红霉素等。病理组织学改变不仅有毛细胆管胆汁淤积的组织学特征,而且可伴有不同程度肝细胞坏死和汇管区单核细胞、嗜酸性粒细胞及中性粒细胞等炎症细胞的浸润。

具有胆汁淤积的患者即使在停止用药后,病情恢复也相对较慢。

【诊断和鉴别诊断】

药物性肝损伤的诊断依赖于用药史、停药后的恢复状况以及再用药后的反应,实验室检查有助于综合判断。单一用药病例诊断相对容易,多药同用病例诊断颇为困难。国际上采用的RUCAM(roussel uclaf causatity assessment method)或 CDS(clinical diagnostic scale)评分系统都存在不足,但前一评分系统被认为更实用(表 4-13-1)。

表 4-13-1   RUCAM 评分系统

指　　　标	评分	指　　　标	评分
1. 药物治疗与症状出现的时间关系		5. 除外其他非药物因素	
(1) 初次治疗 5 ~ 90 天;后续治疗 1 ~ 15 天	+2	甲型、乙型或丙型病毒性肝炎;胆道阻塞;酒精性肝病(AST/ALT≥2);近期高血压病或心脏病发作史;潜在其他疾病;CMV、EBV 或 HSV 感染	
(2) 初次治疗<5 天或>90 天;后续治疗>15 天	+1	(1) 除外以上所有因素	+2
(3) 停药时间≤15 天	+1	(2) 可除外 4 ~ 5 个因素	+1
2. 病程特点		(3) 可除外 1 ~ 4 个因素	-2
(1) 停药后 8 天内 ALT 从峰值下降≥50%	+3	(4) 高度可能为非药物因素	-3
(2) 停药后 30 天内 ALT 从峰值下降≥50%	+2	6. 药物肝毒性的已知情况	
(3) 持续用药 ALT 下降水平不确定	0	(1) 在说明书中已注明	+2
3. 危险因素		(2) 曾有报道但未在说明书中注明	+1
(1) 饮酒或妊娠	+1	(3) 无相关报告	0
(2) 无饮酒及妊娠	0	7. 再用药反应	
(3) 年龄≥55 岁	+1	(1) 阳性(单纯用药后 ALT 升高>2 倍正常值)	+2
(4) 年龄<55 岁	0	(2) 可疑阳性(ALT 升高>2 倍正常值,但同时伴有其他因素)	+1
4. 伴随用药		(3) 阴性(ALT 升高<2 倍正常值)	-2
(1) 伴随用药与发病时间符合	-1	(4) 未再用药	0
(2) 已知伴随用药的肝毒性且与发病时间符合	-2		
(3) 有伴随用药导致肝损伤的证据(如再用药反应等)	-3		

注:>8,高度可能;6 ~ 8,可能性大;3 ~ 5,可能;1 ~ 2,不大可能;≤0,可除外

肝活检对于药物性肝损伤的诊断并非必需,但在下列情况下应予以考虑:

1)不能排除自身免疫性肝炎,或拟应用免疫抑制剂。

2)转氨酶持续升高,或尽管已经停用可疑药物,肝功能仍持续恶化。

3)停用可疑药物后,肝细胞型药物性肝损伤于起病 30 ~ 60 天后转氨酶下降不足 50%;胆汁淤积型药物性肝损伤在起病 180 天后,ALP 下降不足 50%。

4)因病情需要拟继续或再次应用可疑药物。

5)肝脏生化检查异常超过 180 天,需评估是否已慢性化。

临床应注意与病毒性肝炎、自身免疫性肝炎、急性胆道梗阻、非酒精性脂肪性肝病、酒精性

肝病、Wilson 病、细菌感染以及充血性心力衰竭等相鉴别。

【治疗】

（一）一般处理原则

1. 停用和防止再次使用引起肝损伤的药物　目前国际指南推荐的立即停药标准：①当 ALT 或 AST>8×ULN；②ALT 或 AST>5×ULN 持续 2 周；③ALT 或 AST>3×ULN 同时伴有胆红素>2×ULN 或凝血酶原时间延长>1.5 倍时；④ALT 或 AST>3×ULN 并伴有进行性加重的乏力、发热、皮疹和/或嗜酸性粒细胞增多>5% 时。

2. 避免再次使用同一药物或同一生化家族的药物以防止激发　当 ALT 或 AST>5×ULN 时，防止激发至关重要，除非患者可以从治疗中显著获益或别无其他选择，而且已明确所应用药物并无严重肝损伤的危险性。

（二）药物治疗

下述治疗措施有助于促进药物的生物转化、促进肝细胞修复、改善胆汁淤积和纠正患者自身的超敏状况等。

1. N-乙酰半胱氨酸（N-acetyleysteine，NAC）　是细胞内还原型谷胱甘肽的前体，当补充外源性 N-乙酰半胱氨酸时可促进谷胱甘肽在肝细胞内的生物合成。此外，药物分子中含有的活性巯基（-SH）还可直接发挥抗过氧化损伤等多重抗炎及肝细胞保护作用。由于该药为脂溶性，分子量小于谷胱甘肽，故较外源性谷胱甘肽更易进入肝细胞内而发挥更好的治疗作用。

2. 还原型谷胱甘肽（glutathione，GSH）　可促进药物在 2 相反应中的生物转化。此外，与上述 N-乙酰半胱氨酸相似，还原型谷胱甘肽分子上半胱氨酸含有的活性-SH 可参与抗氧化等多重生化反应，促进药物的代谢和炎症的恢复。

3. S-腺苷蛋氨酸（S-adenosylmethionine，SAMe）　可通过转甲基和转硫基而发挥作用。转甲基可增加膜磷脂的生物合成，并增强 Na$^+$-K$^+$-ATP 酶的活性，加快胆酸的运转，对肝内胆汁淤积有一定的防治作用；转硫基生成谷胱甘肽，促进药物的生物转化。

4. 甘草酸和糖皮质激素　甘草酸在机体内通过水解形成葡萄糖醛酸和甘草次酸。葡萄糖醛酸促进药物在 2 相反应中的生物转化，并也促进胆红素的代谢而治疗不同类型的药物性肝损伤。甘草次酸的分子结构与类固醇激素相似，在体内可通过与糖皮质激素竞争性与受体结合延缓类固醇激素的代谢失活或直接与靶细胞受体结合而发挥类固醇激素样作用，从而抑制药物介导的免疫病理损伤。尽管甘草次酸的副作用相对较轻，但用药期间也应警惕低血钾、高血压等。

对有明显肝细胞损伤及胆汁淤积表现者可短期应用糖皮质激素，除抑制药物介导的免疫病理损伤外，还可通过调控胆汁酸代谢过程的关键酶和转运蛋白的表达，从而发挥抑制胆汁酸的合成、催化胆汁酸的代谢、降低过量胆汁酸的细胞毒性、促进胆汁酸的分泌以及抑制胆汁酸在肠肝循环中的再吸收等多重作用机制治疗药物诱导的胆汁淤积。

5. 熊去氧胆酸（UDCA）　是亲水样胆汁酸，可通过促进疏水性胆汁酸的代谢以及竞争性抑制回肠对内源性疏水性胆汁酸盐的吸收而阻止毒性胆汁酸对肝细胞和胆管细胞的损害，故可用于药物性胆汁淤积的治疗。此外，UDCA 还具有免疫调节作用，通过抑制抗原提呈细胞表达 HLA 分子而抑制抗原提呈功能，进而抑制 T 淋巴细胞的激活，阻止药物介导的肝脏免疫病理损伤。

6. 多烯磷脂酰胆碱　药物中的外源性磷脂成分，进入机体后作为必需磷脂可主动与肝细胞膜及细胞器膜成分结合，形成生物膜的一部分，对已破坏的生物膜结构具有重要的修复作用，促进肝细胞的再生和重建。此外，多烯磷脂酰胆碱还可通过保持细胞膜的稳定性，阻止免疫反应介导的肝损伤。

7. 其他治疗　重症患者出现肝功能衰竭或重度胆汁淤积时，除积极纠正肝功能衰竭外，还可采用血液透析、血液滤过、血液/血浆灌流以及血浆置换等人工肝脏支持治疗方法。此外还可采用分子吸附再循环系统、生物型及混合型人工肝进行治疗,必要时也可考虑肝移植。

【预后】　绝大多数病人停药后病情可恢复,根据肝脏损伤程度,病情恢复快慢不一,短则几周,长则数年。15%~20%的急性药物性肝损伤的病程可超过6个月,临床表现为慢性药物性肝损伤。少数肝脏损伤严重者预后不佳。

【预防】　预防的关键是尽可能避免使用具有潜在肝损伤作用的药物,在权衡利弊后而必须应用时,可与外源性谷胱甘肽或促进谷胱甘肽形成的药物以及具有细胞膜保护功能的磷脂酰胆碱等合用。另外,还应谨慎同时使用对药物代谢酶具有诱导或抑制作用的药物,如CYP450酶系抑制剂西咪替丁、酮康唑以及诱导剂利福平、巴比妥酸盐、地塞米松、奥美拉唑等。对老人及严重营养不良者更应注意。

（王江滨）

推荐阅读文献

1. Naga P. Chalasani, MD, FACG etc. Clinical Guideline: The Diagnosis and Management of Idiosyncratic Drug-Induced Liver Injury. The American Journal of Gastroenterology, 2014, Jul, 109(7): 950-966
2. Tadataka Yamada. Textbook of Gastroenterology. 5th ed. Hoboken: Wiley-Blackwell, 2009

第十四章 酒精性肝病

> **要点：**
> 1. 酒精性肝病是长期大量饮酒导致的中毒性肝损伤，可进展为肝硬化。
> 2. 乙醇代谢产物毒性、脂质过氧化反应、炎症因子活化均参与 ALD 发生发展。
> 3. 积极戒酒、加强营养支持、重症酒精性肝炎可考虑激素或己酮可可碱治疗。终末期肝病可考虑肝移植。

酒精性肝病(alcoholic liver disease, ALD)是由于长期大量饮酒导致的中毒性肝损伤，初期表现为肝细胞脂肪变性，进而发展为酒精性肝炎、肝纤维化，最终导致酒精性肝硬化。短期严重酗酒时也可诱发广泛肝细胞损害甚或肝功能衰竭。本病在欧美国家多见，近年来我国的发病率也在上升。

【病因和发病机制】 酒精性肝病的发生与饮酒量和饮酒持续时间有关。虽然导致酒精性肝病的酒精消耗量因人而异，一般而言，男性日平均饮酒折合酒精量≥40g，女性≥20g，连续5年；或2周内有>80g/d 的大量饮酒史即可以发病。酒精量换算公式为：

$$酒精量(g) = 饮酒量(ml) \times 酒精含量(\%) \times 0.8$$

饮酒后乙醇主要在小肠上段吸收，90%以上在肝内代谢。乙醇进入肝细胞后，80%~85%经过乙醇脱氢酶(ADH)代谢为乙醛，再通过乙醛脱氢酶(ALDH)代谢为乙酸，后者在外周组织中降解为水和CO_2。多余的乙醇可通过肝微粒体乙醇氧化酶(MEOS)、过氧化氢酶(H_2O_2酶)降解。MEOS 中细胞色素 P450CYP2E1 是代谢限速酶，可由酒精诱导而加速乙醇降解。乙醇代谢为乙醛、乙酸过程中，氧化型辅酶Ⅰ(NAD)转变为还原型辅酶Ⅰ(NADH)明显增加，肝内氧化还原状态异常。

乙醇导致肝脏脂肪变可能与以下原因有关：①外周脂肪组织动员、肠道乳糜微粒吸收增多，脂肪酸转运入肝脏增多；②肝脏合成内源性脂肪酸增多。肝内氧化还原状态异常，脂肪酸β氧化减少，转化为甘油三酯增多；③极低密度脂蛋白合成或分泌减少，甘油三酯转运出肝细胞减少。④乙醇诱导单磷酸腺苷活化蛋白激酶(AMPK)活性，抑制 PPAR-α，促进脂肪合成增加，降解减少。最终导致肝脏内甘油三酯积聚，加剧细胞氧化应激反应。

酒精性脂肪肝肝炎与以下机制有关：①乙醇的中间代谢物乙醛是高度反应活性分子，结合细胞内蛋白质和 DNA 形成复合物，作为新抗原诱发机体自身免疫损伤；线粒体损伤、谷胱甘肽功能抑制，促进氧化应激反应；②长期摄入酒精诱导 MEOS 通路的 P450CYP2E1，加剧细胞氧化应激和脂质过氧化反应；③内毒素和细胞因子：ALD 患者肠腔菌群易位，肠道通透性增加，网状内皮系统清除减弱，产生内毒素血症；肝脏的库普弗细胞通过 TLR(toll-like receptor)诱发 CD14 的表达，促使其与内毒素成分脂多糖(LPS)结合活化，诱导 NFκB 等信号通路，促炎因子 TNF-α，IL-8 等释放增加。

TNFα能诱导线粒体产生活性氧，增加线粒体膜通透性，启动凋亡连锁反应，激活肝星状细胞(HSC)。损伤的肝细胞、活化库普弗细胞和浸润的白细胞也通过 TGF-β1、PDGF 信号通路活化 HSC,促进肝纤维化发生。

酒精性肝病发生的危险因素有:①饮酒量及时间:多数认为空腹喝酒、喝混合酒易患酒精性肝病;②遗传易感因素:被认为与酒精性肝病的发生密切相关;③性别:同样乙醇摄入量女性比男性易患酒精性肝病,与女性体内 ADH 含量较低有关;④合并其他肝病:可增加酒精性肝病发生的危险性;⑤继发性营养不良:长期饮酒者对胆碱、维生素 A、B、E、叶酸以及硒等某些微量元素的需求量增加,但多不能保持正常饮食结构,常有营养物质的缺乏,可使肝细胞耐受酒精毒性的能力下降,更易出现肝损伤。

【病理】 ALD 病理学改变主要为大泡性或大泡性为主伴小泡性混合性肝细胞脂肪变性。中华医学会肝病学分会脂肪肝和酒精性肝病学组于 2010 年修订酒精性肝病诊疗指南,依据病变肝组织是否伴有炎症反应和纤维化,可分为单纯性脂肪肝、酒精性肝炎肝纤维化和肝硬化。

各型酒精性肝病病理特点:

(1) 单纯性脂肪肝:依据肝细胞脂肪变性占组织标本量的范围:分 4 度:F0 ~ 4。F0:<5% 的肝细胞脂肪变性。

(2) 酒精性肝炎肝纤维化:酒精性肝炎的脂肪肝程度与单纯性脂肪肝一致,分为 4 度(F0 ~ 4)。依据炎症程度,分为 4 级(G0 ~ 4);依据纤维化范围和形态,肝纤维化分为 4 期(S0 ~ 4)G0:无炎症;S0:无纤维化(表 4-14-1)。

(3) 酒精性肝硬化:肝小叶结构完全损毁,代之以假小叶和广泛纤维化,典型的是小结节性肝硬化。根据纤维间隔是否有界面性肝炎,分为活动性和静止性。

表 4-14-1 酒精性肝炎肝纤维化分期

分级	脂肪变(F)	炎症(G)	分期	纤维化(S)
1	5% ~ 30%	腺泡 3 带呈现少数气球样肝细胞,腺泡内散在个别点灶状坏死和中央静脉周围炎	1	腺泡 3 带局灶性或广泛的窦周/细胞周纤维化和中央静脉周围纤维化
2	31% ~ 50%	腺泡 3 带明显气球样肝细胞,腺泡内点灶状坏死增多,出现 Mallory 小体,门管区轻至中度炎症	2	纤维化扩展至门管区。中央静脉周围硬化性玻璃样坏死,局灶性或广泛门管区星芒状纤维化
3	51% ~ 75%	腺泡 3 带广泛气球样肝细胞,腺泡内点灶状坏死明显。出现 Mallory 小体和凋亡小体。门管区中度炎症和(或)汇管区周围炎症	3	腺泡内广泛纤维化,局灶性或广泛桥接纤维化
4	>75%	融合性坏死和(或)桥接坏死	4	肝硬化

【临床表现】 因饮酒的方式、个体对乙醇的敏感性以及肝组织损伤的严重程度不同而有明显的差异。症状一般与饮酒的量和酗酒的时间长短有关,许多患者可在长时间内没有任何症状。

(一)酒精性脂肪肝

常无症状或症状轻微,可有乏力、食欲减退、右上腹胀痛或不适。肝脏有不同程度的肿大。

(二)酒精性肝炎

症状和体征差异较大,与组织学损害程度相关。常发生在近期大量饮酒后,出现全身不适、食欲减退、乏力、腹泻、肝区疼痛等症状。可有低热、黄疸、肝大并有触痛。严重者可并发急性肝功能衰竭。

(三)酒精性肝硬化

临床表现与其他原因引起的肝硬化相似,以门静脉高压症为主要表现,可伴有其他器官慢性酒精中毒的临床表现。

【实验室和辅助检查】

（一）血液检查

部分酒精性肝病患者外周血白细胞增高、约 3/4 患者平均红细胞容积（MCV）增大；血清天冬氨酸氨基转移酶（AST）、丙氨酸氨基转移酶（ALT）在酒精性脂肪肝时可正常或略有升高，而在酒精性肝炎时常明显增高，但一般不>500U/L，以 AST 升高更明显；AST/ALT 常>2，否则，应考虑是否合并有其他原因引起的肝损害。γ-谷氨酰转肽酶（γ-GT）、碱性磷酸酶（ALP）、谷氨酸脱氢酶（GDH）及鸟氨酸氨基甲酰转移酶（OCT）可升高，以 γ-GT 升高更为明显，禁酒 4 周后明显下降（降到正常值的 1/3 或比戒酒前下降 40% 以上）。血清缺糖转铁蛋白（carbohydrate deficient transferrin，CDT）升高是反映慢性乙醇中毒的敏感和特异的指标。

有几种方法可用于评估酒精性肝炎的严重程度和近期存活率。Maddrey 判别函数（discriminant function，DF），即 4.6×（凝血酶原时间–对照值）+血清总胆红素（mg/dl），如 DF>32，提示患者近期死亡率高。终末期肝病模型（MELD 评分）>18，Glasgow 评分>8，提示预后不良。Lille 评分也有预测价值。

（二）影像学检查

超声检查可见肝实质脂肪浸润的改变，多伴有肝脏体积增大。CT 平扫检查可准确显示肝脏形态改变及分辨密度变化。脂肪肝密度明显降低，肝脏与脾脏比值密度<1。影像学检查有助于酒精性肝病的早期诊断。发展至酒精性肝硬化时各项检查结果与其他原因引起的肝硬化相似。

（三）病理学检查

肝活组织检查是确定酒精性肝病及分期分级的可靠方法，是判断其严重程度和预后的重要依据。但很难与其他病因引起的肝脏损害鉴别。

【诊断和鉴别诊断】　饮酒史是诊断酒精性肝病的必备依据，应详细询问患者饮酒的种类、每日摄入量、持续饮酒时间和饮酒方式等。

（一）诊断思路

诊断时应考虑：①是否存在肝病；②肝病是否与饮酒有关；③是否合并其他肝病；④如诊断酒精性肝病，应确定其临床病理属哪一阶段；可根据饮酒史、临床表现及有关实验室及其他检查进行分析；必要时肝穿刺活组织检查可确定诊断。

（二）诊断标准

2010 年我国酒精性肝病临床诊断标准：

1. 有长期饮酒史，一般>5 年，折合酒精量男性≥40g/d，女性≥20g/d，或 2 周内有大量饮酒史，折合酒精量>80g/d。但应注意性别、遗传易感性等因素的影响。

2. 临床症状为非特异性，可无症状，或有右上腹胀痛、食欲减退、乏力、体重减轻、黄疸等；随着病情加重，可有神经精神症状及蜘蛛痣、肝掌等。

3. 血清天冬氨酸氨基转移酶（AST）、丙氨酸氨基转移酶（ALT）、γ-谷氨酰转肽酶（γ-GT）、总胆红素（TBIL）、凝血酶原时间（PT）、缺糖转铁蛋白（CDT）和平均红细胞容积（MCV）等指标升高，其中 AST/ALT>2，γ-GT，MCV 升高是酒精性肝病的特点，禁酒后这些指标可明显下降，通常 4 周内基本恢复正常（γ-GT 恢复较慢）有助于诊断。

4. 肝脏超声波或 CT 检查有典型表现。

5. 排除嗜肝病毒的感染、药物和中毒性肝损伤、自身免疫性肝病等。

符合第 1、2、3 项和第 5 项或第 1、2、4 项和第 5 项可诊断酒精性肝病；仅符合第 1、2 项和第 5 项可疑诊为酒精性肝病。

（三）分型

符合酒精性肝病临床诊断标准者，临床分型诊断如下：

1. **轻度酒精性肝病**　血清生化、肝脏影像学和组织病理学检查基本正常或轻微异常。

2. **酒精性脂肪肝**　影像学诊断符合脂肪肝标准，血清 ALT、AST 可轻微异常。

3. **酒精性肝炎**　主要表现为血清 ALT、AST 或 γ-GT 升高，可有血清 TBIL 增高。重症酒精性肝炎是指酒精性肝炎患者出现肝功能衰竭的表现，如凝血机制障碍、黄疸、肝性脑病、急性肾衰竭或上消化道出血，可伴有内毒素血症。

4. **酒精性肝硬化**　有肝硬化的临床表现和血清生物化学指标的改变。

（四）鉴别诊断

本病应与非酒精性脂肪性肝病、病毒性肝炎、药物性肝损害、自身免疫性肝病等其他肝病及其他原因引起的肝硬化进行鉴别。

【治疗】

（一）戒酒

戒酒是治疗酒精性肝病的关键。戒酒 4~6 周可使酒精性脂肪肝恢复正常，也可使酒精性肝炎的临床症状、肝功能、病理学改变减轻，彻底戒酒后甚至可完全恢复。虽然戒酒难以逆转肝硬化的病理改变，但可以提高肝硬化患者的存活率。可以用心理疗法或用阿坎酸等药物辅助戒酒。若出现酒精戒断症状时可减量应用安定类等药物。

（二）营养支持

长期酗酒者，常有继发性营养不良，在戒酒的基础上，应给予高热量、高蛋白（1.5g/kg）、低脂饮食，并补充多种维生素（如维生素 B、C、K 及叶酸等）。如有肝性脑病表现时应限制蛋白质摄入量。

（三）药物治疗

单纯戒酒可使酒精性脂肪肝恢复正常，戒酒配合积极的药物治疗也可使酒精性肝炎恢复，肝纤维化得到改善，并降低肝功能衰竭的死亡率。

1. **糖皮质激素**　虽然多年来对糖皮质激素的疗效存在争议，但多数临床研究表明糖皮质激素对重型酒精性肝炎有效，可降低其死亡率。主要机制是通过抑制 NF-κB 转录活性进而抑制以 TNFα 为主的多种炎症因子的转录，抑制肝细胞的炎症反应。泼尼松龙每天 40mg，7 天后如果 Lille 评分<0.45，可继续激素治疗 3 周；如果 7 天后 Lille 评分>0.45，提示预后不良，合适的患者应尽早考虑肝移植。感染和消化道出血是激素应用的禁忌证。

2. **己酮可可碱**　有抗氧自由基和抗 TNF 作用，主要用于酒精性肝炎，尤其适宜合并感染或肝肾综合征的严重酒精性肝炎患者，用法 400mg 每天 3 次，连续 28 天。

3. **抗氧化剂**　补充外源性谷胱甘肽及其前体药物 N-乙酰半胱氨酸、S-腺苷蛋氨酸可增加肝细胞内谷胱甘肽含量，改善肝细胞的抗氧化能力，促进肝细胞修复。N-乙酰半胱氨酸与糖皮质激素有协同作用。

4. **抗 TNFα 抗体**　英夫利昔单抗可阻断 TNFα 活性，减轻 TNFα 介导的病理损伤。但疗效和安全性尚存争议。

（四）肝移植

Child-Pugh C 级和 MELD>15 的酒精性肝硬化患者可考虑肝移植，但要求患者肝移植前戒酒 3~6 个月，并且无其他脏器的严重酒精性损害。

【预后】　酒精性脂肪肝一般预后良好，戒酒后可完全恢复。酒精性肝炎如能及时戒酒和治疗，大多可恢复，主要死亡原因为肝功能衰竭。若不戒酒，酒精性脂肪肝可进展为酒精性肝硬化，部分酒精性肝硬化可并发肝癌。

（董玲　厉有名）

推荐阅读文献

1. EASL Clinical Practical Guidelines：Management of Alcoholic Liver Disease. J of Hepatology 2012，57：399-420
2. AGA Practice Guidelines：Alcoholic Liver Disease. Am J Gastroenterology 2010 105（1）：4-32
3. Chapter 25 Stephen Stewart，Chris Day. Alcohol and the Liver. 507-520 In：SHERLOCK'S DISEASES OF THE LIVER AND BILIARY SYSTEM 12th Edition by Blackwell Publishing Ltd 2011
4. 中华医学会肝病学分会脂肪肝和酒精性肝病学组. 酒精性肝病诊疗指南（2010 年 1 月修订）. 胃肠病学. 2010，15（10）：617-621

第十五章　非酒精性脂肪性肝病

要点:

1. 非酒精性脂肪性肝病指除外饮酒和其他明确的肝损害因素所致的,以弥漫性肝细胞大泡性脂肪变为主要特征的临床病理综合征。

2. 广泛接受"二次打击(two hits)"或"多重打击"学说。

3. 病理诊断常规进行 NAFLD 活动度积分和肝纤维化分期。

4. 治疗以饮食控制、运动疗法;改善胰岛素抵抗、促进肝功能修复为主;部分病人可采取外科减肥手术,终末期肝病考虑肝移植。

非酒精性脂肪性肝病(non-alcoholic fatty liver disease,NAFLD)指除外饮酒和其他明确的肝损害因素所致,以弥漫性肝细胞大泡性脂肪变为主要特征的临床病理综合征。组织学上,NAFLD 可分为非酒精性脂肪肝(NAFL)和非酒精性脂肪性肝炎(NASH)两种类型。NAFL 指存在肝脏脂肪变性但没有肝细胞气球样变等肝脏损伤。NASH 指肝脏脂肪变性,存在肝细胞损伤,伴或不伴纤维化。NASH 可进展为肝硬化、肝功能衰竭和肝细胞肝癌。

本病在西方国家较为常见,成人 NAFLD 患病率为 20% ~33%,NASH 及其相关肝硬化占 10% ~20% 和 2% ~3%。肥胖症患者 NAFLD 患病率为 60% ~90%,NASH 为 20% ~25%。2 型糖尿病和高脂血症患者 NAFLD 患病率分别为 28% ~55% 和 27% ~92%。近年来中国的患病率不断上升,呈低龄化发病趋势,发达城区成人 NAFLD 患病率在 15% 左右。绝大多数 NAFLD 患者与代谢危险因素有关,如高脂肪高热量的膳食结构、多坐少动的生活方式、胰岛素抵抗为主的代谢综合征组分(肥胖、高血压、血脂代谢紊乱、2 型糖尿病)。

【病因和发病机制】　NAFLD 主要分为原发性和继发性两大类,原发性 NAFLD 与胰岛素抵抗和遗传易感性相关;而继发性 NAFLD 包括了由药物、营养不良、全胃肠外营养、减肥后体重急剧下降、工业毒物中毒等病因所致的脂肪肝。此外,NAFLD 与一些少见的脂质代谢病(如无 β-脂蛋白血症)和严重胰岛素抵抗的罕见综合征(如脂肪萎缩性糖尿病和 Mauriac 综合征等)有关。

本病的病因复杂,包括先天性体液免疫反应的作用、脂代谢紊乱如类法尼醇 X 受体(FXR)异常、apoA5 缺乏;过量摄取高脂高果糖饮食、运动睡眠不足等环境因素。发病机制中,"二次打击(two hits)"或"多重打击"学说已被广泛接受。初次打击主要指胰岛素抵抗(insulin resistance,IR)引起的肝细胞内脂质,特别是甘油三酯异常沉积,引起线粒体形态异常和功能障碍。第二次打击主要为反应性氧化代谢产物增多,形成脂质过氧化物(lipid peroxidation,LPO),致使肝细胞内磷脂膜氧化损伤,溶酶体自噬异常,凋亡信号通路活化;内质网应激,炎症因子 IL-6/IL-8 激活,JNK、NF-κB 通路活化,最终导致脂肪变性的肝细胞发生炎症、坏死;Toll 样受体活化,HSC 激活,诱发细胞外基质的生成,形成脂肪性肝纤维化和(或)肝硬化。肠道菌群紊乱、肝细胞对内毒素敏感性增强,以及肝脏库普弗细胞激活等因素也参与 NAFLD 的发生发展。

【病理】　推荐 NAFLD 的病理学诊断和临床疗效评估参照美国国立卫生研究院 NASH 临床

研究网病理工作组指南,常规进行 NAFLD 活动度积分(NAFLD activity score,NAS)和肝纤维化分期。

NAS 积分(0~8分):

(1) 肝细胞脂肪变:0分(<5%);1分(5%~33%);2分(34%~66%);3分(>66%)。

(2) 小叶内炎症(20倍镜计数坏死灶):0分,无;1分(<2个);2分(2~4个);3分(>4个)。

(3) 肝细胞气球样变:0分,无;1分,少见;2分,多见。

NAS 为半定量评分系统,NAS<3分可排除 NASH,NAS>4分则可诊断 NASH,介于两者之间者为 NASH 可能。规定不伴有小叶内炎症、气球样变和纤维化,但肝脂肪变>33%者为 NAFL,脂肪变达不到此程度者仅称为肝细胞脂肪变。

肝纤维化分期(0~4):

0:无纤维化。

1:肝腺泡3区轻~中度窦周纤维化或仅有门脉周围纤维化。

2:腺泡3区窦周纤维化合并门脉周围纤维化。

3:桥接纤维化。

4:高度可疑或确诊肝硬化,包括 NASH 合并肝硬化、脂肪性肝硬化以及隐源性肝硬化(因为肝脂肪变和炎症随着肝纤维化进展而减轻)。

【临床表现】　非酒精性脂肪性肝病起病隐匿,发病缓慢,常无症状。少数患者可有乏力、右上腹轻度不适、肝区隐痛或上腹胀痛等非特异症状。严重脂肪性肝炎可出现黄疸、食欲减退、恶心、呕吐等症状。部分患者可有肝脏肿大。发展至肝硬化失代偿期则其临床表现与其他原因所致的肝硬化相似。

【实验室和辅助检查】

(一) 实验室检查

AST、ALT 和 γ-GT 正常或轻、中度升高,通常在正常值上限的1~4倍以内。病情进展时人血白蛋白水平和凝血酶原时间可出现异常改变,且常出现在胆红素代谢异常之前。

(二) 影像学检查

超声、CT 和 MRI 检查在脂肪性肝病的诊断上有重要的实用价值,其中超声敏感性高,CT 特异性强,MRI 在局灶性脂肪肝与肝内占位性病变鉴别时价值较大,而且 CT 和 MRI 波谱分析还可半定量分析肝内脂肪含量。

脂肪性肝病的典型超声特征为肝区近场弥漫性点状高回声,回声强度高于脾脏和肾脏,远场回声衰减,光点稀疏;肝内胆道结构显示不清;肝脏轻度至中度肿大,边缘变钝。CT 典型特征是弥漫性肝脏密度降低,肝脏与脾脏的 CT 平扫比值≤1。当0.7<比值≤1为轻度;0.5<比值≤0.7为中度;≤0.5为重度。

(三) 肝穿刺活体组织学检查

肝穿刺活体组织学检查指征:

(1) 经常规检查和诊断性治疗仍未能确诊的患者。

(2) 存在脂肪性肝炎和进展期肝纤维化风险,但临床或影像学缺乏肝硬化证据者。

(3) 鉴别局灶性脂肪性肝病与肝肿瘤、某些少见疾病如血色病、胆固醇酯贮积病和糖原贮积病。

(4) 血清铁蛋白和铁饱和度持续增高者推荐进行肝活检,尤其是存在血色沉着病(HFE) C282Y 基因纯合子或杂合子突变的患者。

【诊断和鉴别诊断】　对疑有 NAFLD 的患者,结合临床表现、实验室检查、影像学检查,排除过量饮酒以及病毒性肝炎、药物性肝病、全胃肠外营养、肝豆状核变性、糖原贮积病、自身免疫性肝病等可导致脂肪性肝病的特定疾病,即可诊断。临床诊断标准需符合以下 3 条条件:①无饮酒史或饮酒折合酒精量男性每周<140g,女性每周<70g;②除外病毒性肝炎、药物性肝病、全胃肠外营养、肝豆状核变性等可导致脂肪性肝病的特定疾病;③肝活检组织学改变符合脂肪性肝病病理学诊断标准。鉴于肝组织学诊断难以获得,NAFLD 工作定义为:肝脏影像学表现符合弥漫性脂肪肝的诊断标准且无其他原因可供解释和(或)有代谢综合征相关组分的患者,出现不明原因的血清 ALT 和(或)AST、γ-GT 持续增高半年以上。减肥和改善 IR 后,异常酶谱和影像学脂肪肝改善甚至恢复正常者可明确 NAFLD 的诊断。

本病应与酒精性肝病、慢性丙型肝炎、自身免疫性肝病、肝豆状核变性等可导致脂肪肝的特定肝病鉴别;需除外药物(他莫昔芬、胺碘酮、丙戊酸钠、糖皮质激素等)、全胃肠外营养、炎症性肠病、甲状腺功能减退症、库欣综合征、β 脂蛋白缺乏血症以及与 IR 相关的罕见综合征导致脂肪肝的特殊情况。

【治疗】　治疗主要针对不同的病因和危险因素,包括病因治疗、饮食控制、运动疗法和药物治疗。

(一)控制危险因素

健康宣传教育,改变生活方式:建议低糖低脂平衡膳食,肥胖成人每日减少热量摄入 500 ~ 1000kcal;中等量有氧运动(每周至少 150 分钟)。体重至少下降3% ~5% 才能改善肝脂肪变,达到 10% 可改善肝脏炎症坏死程度。

胰岛素增敏剂噻唑烷二酮类(thiazolidinediones,TZD)可改善胰岛素抵抗,可用来治疗肝活检证实 NASH 的脂肪性肝炎。二甲双胍不能改善 NAFLD 患者肝组织学损害,不推荐用于治疗。如无明显肝功能异常(转氨酶大于正常上限 3 倍)、失代偿期肝硬化,NAFLD 患者可安全使用血管紧张素受体阻滞剂降血压以及他汀类降血脂药物。用药期间注意监测肝功能。Omega-3 可作为 NAFLD 患者高甘油三酯一线治疗药物。

(二)促进非酒精性脂肪性肝病的恢复

非酒精性脂肪性肝病伴肝功能异常、代谢综合征、经基础治疗 3 ~6 个月无效、肝活检证实为 NASH、慢性进展性病程者,可采用保肝和抗氧化药物辅助治疗,抑制氧化应激及脂质过氧化反应,促进肝细胞功能修复。可合理选用多烯磷脂酰胆碱、水飞蓟素、S-腺苷蛋氨酸等相关药物。VitE 800IU/d 可作为无糖尿病的 NASH 成人的一线治疗药物。补充微生态制剂,减少肠菌易位,抑制内毒素产生,对存在相关发病因素的脂肪性肝病患者具有一定疗效。中医通过活血化瘀、健脾消导、清热解郁的方法也有助于本病的恢复。

(三)外科手术

1. 减肥手术　可以减轻体重并改善组织学的炎症和纤维化程度。BMI>35kg/m² ,难以控制的 2 型糖尿病,NASH 患者,如无失代偿期肝硬化可以考虑减肥手术。

2. 肝移植　主要用于脂肪性肝硬化终末期。然而,部分移植患者在肝移植后易再患脂肪性肝病,并迅速进展为脂肪性肝炎甚至肝硬化,可能与高脂血症、糖尿病、肥胖的持续存在以及移植后长期应用糖皮质激素和免疫抑制剂等有关。一般认为,重度肥胖(BMI>40kg/m²)不宜做肝移植。

【自然病程和预后】　大多数非酒精性脂肪性肝病呈良性经过。少数非酒精性脂肪性肝炎患者可进展为肝硬化、肝功能衰竭或肝癌。NASH 合并肝硬化的患者应进行胃食管静脉曲张和肝细胞肝癌筛查。

(董玲　厉有名)

■ **推荐阅读文献**

1. H. Caldwell, Curtis K. Argo. Non alcoholic Fatty Liver Disease and Nutrition. In: SHERLOCK'S DISEASES OF THE LIVER AND BILIARY SYSTEM 12ᵗʰ Edition. Blackwell Publishing Ltd 2011:546-567

2. AASLD PRACTICE GUIDELINE. The Diagnosis and Management of Non-Alcoholic Fatty Liver Disease: Practice Guideline by the American Association for the Study of Liver Diseases, American College of Gastroenterology, and the American Gastroenterological Association. HEPATOLOGY, 2012, 55(6):2005-2023

3. 中华医学会肝病学会脂肪肝和酒精性肝病学组. 非酒精性脂肪性肝病诊疗指南. 中华肝脏病杂志, 2010, 18(3):163-166

第十六章 肝 硬 化

要点：

1. 多种病因引起的慢性肝病均可以发展到肝硬化，乙型肝炎病毒感染是我国肝硬化患者的主要病因。

2. 根据临床表现肝硬化分为 5 期，3、4、5 期为失代偿期，有门静脉高压、肝功能衰竭和并发症所致的临床表现。肝脏储备功能可以用 Child-Pugh 分级评定，两者均与预后密切相关。

3. 针对肝硬化的病因治疗，可以延迟肝硬化及其并发症的发生，甚至可以逆转早期肝硬化。

4. 食管胃静脉破裂出血、自发性细菌性腹膜炎、原发性肝癌、肝肾综合征、肝性脑病是肝硬化常见和严重的并发症。终末期肝硬化是肝移植的候选人。

5. 适度限钠、应用利尿剂是肝硬化腹水的基本处理方法，放腹水补充白蛋白或经颈静脉肝内门体分流(TIPS)用于难治性腹水的治疗。

6. 降低门脉压力药物和内镜下治疗是防治食管胃静脉破裂出血的主要措施。治疗失败时可考虑 TIPS。

肝硬化(hepatic cirrhosis)是一种由不同病因长期作用于肝脏引起的慢性、进行性、弥漫性肝病的终末阶段。是在肝细胞广泛坏死基础上产生肝脏纤维组织弥漫性增生，并形成再生结节和假小叶，导致肝小叶正常结构和血液供应遭到破坏。病变逐渐进展，晚期出现肝功能衰竭、门静脉高压和多种并发症，死亡率高。在我国肝硬化是消化系统常见病，也是后果严重的疾病。年发病率17/10 万，主要累及 20～50 岁男性。城市男性 50～60 岁肝硬化患者的病死率高达112/10 万。

【病因】

1. 病毒性肝炎　乙型、丙型和丁型肝炎病毒引起的肝炎均可进展为肝硬化，大多数患者经过慢性肝炎阶段。急性或亚急性肝炎如有大量肝细胞坏死和纤维化可以直接演变为肝硬化。我国的肝硬化患者有一半以上是由乙肝病毒引起。慢性乙型肝炎演变为肝硬化的年发生率为0.4%～14.2%。病毒的持续存在、中到重度的肝脏坏死炎症以及纤维化是演变为肝硬化的主要原因。乙型和丙型或丁型肝炎的重叠感染常可加速肝硬化的进展。

2. 慢性酒精性肝病　在欧美国家慢性酒精中毒为肝硬化最常见的原因(约50%～90%)，我国较为少见(约10%)，但近年来有升高趋势。长期大量饮酒可导致肝硬化。

3. 非酒精性脂肪性肝病　是仅次于上述两种病因的最为常见的肝硬化前期病变，目前有增加的趋势。危险因素有肥胖、糖尿病、高甘油三酯血症、空回肠分流术、药物、全胃肠外营养、体重极度下降等。

4. 长期胆汁淤积　包括原发性胆汁性肝硬化(primary biliary cirrhosis，PBC)和继发性胆汁性肝硬化。后者由各种原因引起的肝外胆道长期梗阻所致。高浓度胆酸和胆红素对肝细胞的毒性作用可导致肝细胞变性、坏死、纤维化,进而发展为肝硬化。

5. **药物或毒物**　长期服用对肝脏有损害的药物如甲氨蝶呤、异烟肼等或长期反复接触化学毒物如砷、四氯化碳等,均可引起药物性或中毒性肝炎,最后演变为肝硬化。

6. **肝脏血液循环障碍**　慢性右心心力衰竭、慢性缩窄性心包炎和各种病因引起的肝静脉阻塞综合征(柏-卡综合征)、肝窦阻塞综合征(hepatic sinusoidal obstruction syndrome,HSOS)(又称肝小静脉闭塞病 hepatic veno-occlusive disease,HVOD)引起肝内长期淤血、缺氧,导致肝小叶中心区肝细胞坏死、纤维化,演变为肝硬化。

7. **遗传和代谢性疾病**　由遗传和代谢疾病的肝脏病变发展成肝硬化,又称代谢性肝硬化。在我国,以由铜代谢障碍所致的肝豆状核变性(Wilson 病,Wilson disease)最为多见。西方国家较为多见的是由铁代谢障碍引起的血色病(hemochromatosis)和 α1-抗胰蛋白酶(α1-antitrypsin,α1-AT)基因异常引起 α1-AT 缺乏症。酪氨酸代谢紊乱造成酪氨酸血症以及肝糖原累积症等都可引起肝硬化。

8. **免疫紊乱**　自身免疫性肝炎最终可发展为肝硬化。

9. **血吸虫病**　血吸虫卵在门静脉分支中堆积,造成嗜酸性粒细胞浸润、纤维组织增生,导致窦前区门静脉高压,在此基础上发展为血吸虫性肝硬化。

10. **隐源性肝硬化**　由于病史不详,组织病理辨认困难、缺乏特异性的诊断标准等原因未能查出病因的肝硬化,约占 5% ~ 10%。其他可能的病因包括营养不良、肉芽肿性肝损害、感染等。

【发病机制】　上述各种病因引起肝脏的持续损伤,刺激肝内巨噬细胞(库普弗细胞)和 T 淋巴细胞,通过分泌细胞因子或炎症介质(如 TGF-β、PDGF、IL-6 和 IL-1 等)促进肝星形细胞(hepatic stellate cell,HSC)的活化、增殖、迁移和存活。HSC 活化为肌成纤维细胞,分泌胶原。细胞外间质(extracellular matrix,ECM)成分合成增加、降解减少,总胶原量增加为正常时的 3 ~ 10 倍,同时其成分发生变化、分布改变。胶原在 Disse 间隙沉积,导致间隙增宽,肝窦内皮细胞下基底膜形成,内皮细胞上窗孔的数量和大小减少,甚至消失,形成弥漫性屏障,称为肝窦毛细血管化(sinusoid capillarization)。肝细胞表面绒毛变平以及屏障形成,肝窦内物质穿过肝窦壁到肝细胞的转运受阻,直接扰乱肝细胞功能,导致肝细胞的合成功能障碍。肝窦变狭窄、肝窦血流受阻、肝内阻力增加影响门静脉血流动力学,造成肝细胞缺氧和养料供给障碍,加重肝细胞坏死,使始动因子得以持续起作用。肝细胞广泛坏死、坏死后的再生以及肝内纤维组织弥漫增生,导致正常肝小叶结构的破坏。肝实质结构的破坏还能引起肝内血管分流,例如从门静脉分支到肝静脉的短路,肝硬化时约 1/3 的肝血流分流,加重了肝细胞的营养障碍。纤维隔血管交通吻合支的产生和再生结节压迫以及增生的结缔组织牵拉门静脉、肝静脉分支,造成血管扭曲、闭塞,使肝内血液循环进一步障碍,增生的结缔组织不仅包绕再生结节,并将残存的肝小叶重新分割,形成假小叶。假小叶的肝细胞没有正常的血流供应系统,可再发生坏死和纤维组织增生。如此病变不断进展,肝脏逐渐变形、变硬,功能进一步减退,形成肝硬化。以上病变也是造成硬化的肝脏进一步发生肝功能不全和门静脉高压的基础。近年来研究提示肝纤维化是细胞外基质(ECM)合成与降解失衡的动态过程,通过病因治疗肝纤维化及早期肝硬化是可以逆转的。

【病理和病理生理】

(一)病理

1. **肝脏**　病理特点是在肝细胞坏死基础上,小叶结构塌陷,弥漫性纤维化以及肝脏结构的破坏,代之以纤维包绕的异常的肝细胞结节(假小叶)和肝内血管解剖结构的破坏。按结节形态将肝硬化分为三类。

(1) **小结节性肝硬化**:酒精性、胆汁淤积性、血色病和淤血性肝硬化常属此型。肉眼见肝脏体积有不同程度缩小、重量减轻、硬度增加。肝包膜增厚,表面高低不平,呈弥漫细颗粒状,颗粒大小相等,直径<3mm,结节间有纤细的灰白色结缔组织间隔。光镜下可见正常肝小叶结构破

坏,肝实质被纤维间隔分为圆形或类圆形的肝细胞集团,称为假小叶。中央静脉位置不在小叶中央,可缺如或增多。

（2）大结节性肝硬化:是在肝实质大量坏死基础上形成的,慢性乙型肝炎和丙型肝炎基础上的肝硬化、Wilson 病大多属此型。肝体积大多缩小变形,重量减轻,表面有大小不等结节和深浅不同塌陷区,结节直径>3mm,也可达 5cm 或更大,纤维间隔粗细不等,一般较宽(图 4-16-1/文末彩图 4-16-1)。光镜下可见到大小不等、形态不规则的假小叶被厚实但宽度不等的纤维隔分割。结缔组织中有时见到几个汇管区挤在一起,常伴假胆管增生和单个核细胞浸润。

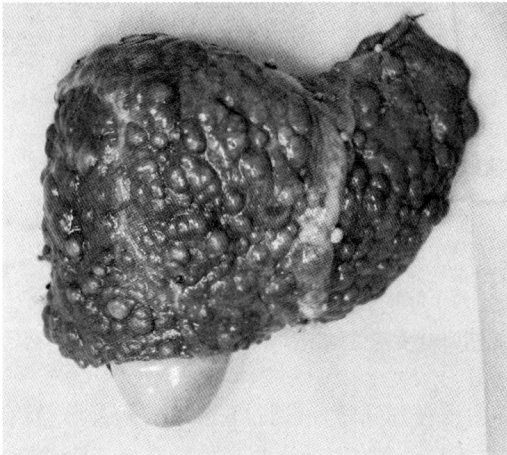

图 4-16-1　大结节性肝硬化(Wilson 病)

（3）大小结节混合性肝硬化:大结节与小结节比例相同,α1-AT 缺乏症属此型。部分 Wilson 病和乙型肝炎引起的肝硬化也属此型。

由于在肝硬化进程中,小结节性肝硬化可以进展为大结节性,病理分类并不能对病因提供特异性诊断,因此,大部分已摒弃不用了。

2. 脾　常中等度肿大,门静脉压增高造成脾慢性淤血,脾索纤维组织增生。镜检可见脾窦扩张,窦内的网状细胞增生和吞噬红细胞现象。脾髓增生,脾动脉扩张、扭曲,有时可发生粥样硬化。脾静脉曲张,失去弹性,常合并静脉内膜炎。

3. 胃肠道　门静脉高压导致食管、胃底和直肠黏膜下层静脉曲张、淤血,进而破裂而大量出血。胃黏膜血管扩张、充血形成门静脉高压性胃病。肝硬化合并消化性溃疡者,并不少见。肠道也可以有异位静脉曲张,导致出血。

4. 肾脏　慢性乙型肝炎肝硬化常可由于 HBV 抗原-抗体循环免疫复合物形成的免疫损伤,造成膜性、膜增殖性和系膜增殖性肾小球肾炎及肾小球硬化。门静脉高压和腹水形成后,有效血容量不足导致肾小球入球动脉出现痉挛性收缩,初期可仅有血流量的减少而无显著的病理改变,但病变持续发展则可导致肾小管变性、坏死。持续的低血钾和肝功能失代偿时,胆红素在肾小管沉积,胆栓形成,也可引起肾小管变性、坏死,并导致急性肾损伤。

5. 内分泌腺　睾丸、卵巢、肾上腺皮质、甲状腺等常有萎缩及退行性变。

（二）病理生理

1. 门静脉高压症(portal hypertension)　临床上常用肝静脉楔入压与游离压之差即肝静脉压力梯度(hepatic vein pressure gradient, HVPG)来定量表示窦性门静脉高压的程度。门静脉压力持续升高(HVPG≥6mmHg)为门静脉高压症。门静脉压力取决于门静脉血流量和门静脉阻力。肝硬化时门静脉阻力增加是门静脉高压发生的始动因子;而门静脉血流的增加是维持和加剧门静脉高压的重要因素,肝硬化引起的门静脉高压是窦性和窦后性的。

（1）门静脉阻力增加:主要由肝结构改变相关的机械因素引起(占 70%)。包括肝窦毛细血管化导致肝窦顺应性减少;胶原在 Disse 间隙沉着使肝窦变狭窄,以及再生结节压迫肝窦和肝静脉系统导致肝窦及其流出道受阻均引起门静脉血管阻力的增加。另有 30% 是可调控的因素,如肝窦内内皮素增加和一氧化氮(NO)减少引起肝星形细胞收缩、5-羟色胺(5-HT)等缩血管激素作用于门脉上受体导致的血管阻力增加和对 α 肾上腺素能刺激反应性增强。

（2）门静脉血流量增加:肝硬化时肝脏对去甲肾上腺素等物质清除能力降低以及交感神经兴奋,使心脏收缩增加,心输出量增加,又由于胰高糖素和 NO 增加,其扩血管作用以及对缩血管物质 G 蛋白依赖的传导途径损害,造成了血管对缩血管物质的低反应性,导致内脏小动脉扩张,形成肝硬化患者的内脏高动力循环。此时内脏血管充血,门静脉血流量增加,静脉压力持续升高,形成门静脉高压症。

（3）门静脉高压的后果：

1）侧支循环形成:门静脉高压时形成侧支循环来降低门脉压力,因此在门静脉与腔静脉之间形成许多交通支。这些交通支开放后,出现血流方向的改变,静脉扩张和迂曲。此时门静脉血可不经肝,通过侧支经腔静脉直接回右心(图4-16-2)。

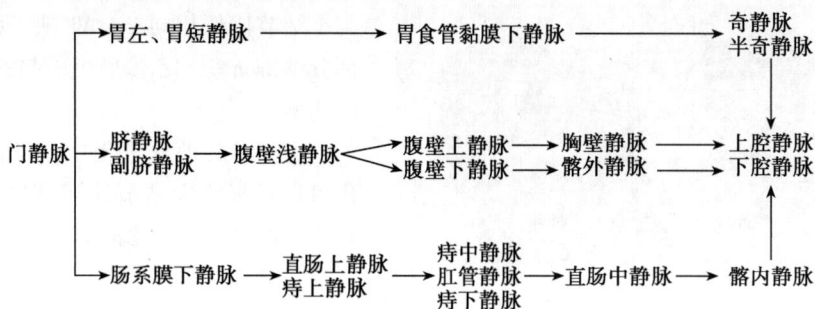

图 4-16-2　门静脉高压时侧支形成情况

主要的侧支循环有:①食管下段和胃底静脉曲张:门静脉血液通过胃左和胃短静脉、胃食管静脉回流到奇静脉。由于食管下段黏膜下静脉缺乏结缔组织支持,曲张静脉突出于食管腔内,该静脉距门静脉主干最近,最直接持续受门静脉高压影响。当 HVPG≥10mmHg,可产生静脉曲张,当 HVPG≥12mmHg 时可能发生出血。HVPG≥20mmHg 出血不易控制。食管静脉的局部因素决定了出血的危险性,包括曲张静脉的直径、静脉壁的厚度、曲张静脉内与食管腔之间的压力梯度。而出血的严重度则取决于肝脏失代偿程度、凝血功能障碍程度、门静脉压力和曲张静脉的粗细。门静脉高压导致的胃底静脉曲张及胃底黏膜血管扩张充血、黏膜水肿糜烂(门静脉高压性胃病)也是引起上消化道出血的重要原因。②腹壁静脉显露和曲张:门静脉高压时脐静脉重新开放,通过腹壁上、下静脉回流,形成脐周和腹壁静脉曲张。脐静脉起源于肝内门静脉左支,因此肝外门静脉阻塞时无脐静脉开放,亦无腹壁静脉曲张。③直肠下端静脉丛:肠系膜下静脉分支痔上静脉与回流髂静脉的痔中、下静脉吻合,形成肛管直肠黏膜下静脉曲张,易破裂产生便血。此外,所有腹腔脏器与腹膜后或腹壁接触、黏着的部位,均可能有侧支循环的建立。

侧支循环建立后不仅可引起消化道出血,还由于大量门静脉血不经肝脏而流入体循环,一方面使肝细胞营养进一步障碍,坏死增加,代谢障碍;另一方面对毒素清除减少,易产生内毒素血症和引起肝性脑病,内毒素血症可促使 NO 合成增加,进一步加重高动力循环。门静脉高压引起的胃肠道淤血、胃肠黏膜水肿可引起胃肠道分泌吸收功能紊乱,产生食欲减退、消化吸收不良、腹泻、营养不良等后果。

2）腹水形成(见下文)。

3）脾肿大:门静脉高压时脾淤血肿胀,可引起脾功能亢进(hypersplenism)。表现为外周血红细胞、白细胞和血小板降低,加上患者由于肝细胞合成功能障碍,凝血因子尤其是凝血酶原合成减少,患者易有出血倾向。

2. 腹水

（1）腹水形成机制:液体潴留在腹腔形成腹水(ascites),是多种因素综合作用的结果。门静脉高压是引起腹水的主要原因,血清白蛋白减少导致的胶体渗透压降低是引起腹水的重要因素。内脏动脉扩张导致有效动脉循环血容量下降,激活交感神经系统、肾素-血管紧张素-醛固酮系统,造成肾血管收缩,是最终造成水和电解质失衡的原因(图4-16-3)。

肝硬化

肝细胞功能障碍　　门静脉阻力增加　内脏血管扩张

低蛋白血症　　门静脉高压

肝窦压力增加

内脏毛细血管压力及通透性增加　　动脉充盈不足

血浆胶体渗透压下降　　淋巴生成超过淋巴回流　　激活血管收缩和抗利钠因子*↑

水钠潴留　　自由水排出受损　　肾血管收缩

稀释性低钠血症　　肝肾综合征

腹水

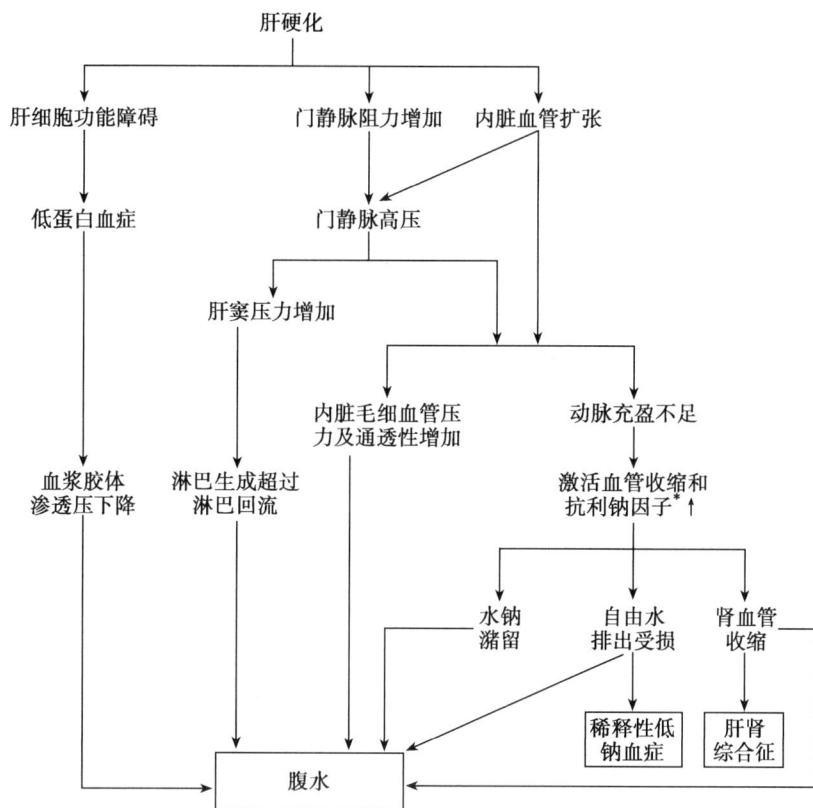

图 4-16-3　肝硬化腹水形成机制

1）门静脉压力增高：正常时肝窦压力十分低（0~2mmHg），门静脉高压时，肝窦静水压升高（门脉压力≥12mmHg，是腹水形成的基本条件），大量液体流到 Disse 间隙，造成肝脏淋巴液生成过多。肝硬化患者常为正常人的 20 倍，当胸导管不能引流过多的淋巴液时，就从肝包膜直接漏入腹腔形成腹水。肝窦压升高还可引起肝内压力受体激活，通过肝肾反射，减少肾对钠的排泄，加重了水钠潴留。

2）内脏动脉扩张：肝硬化早期阶段，内脏血管扩张，通过增加心输出量和心率等，将有效血容量维持在正常范围。肝硬化进展期，内脏动脉扩张更明显，导致有效动脉循环血容量明显下降，动脉压下降，进而激活交感神经系统、肾素-血管紧张素-醛固酮系统、增加抗利尿激素（ADH）释放来维持动脉压，造成肾血管收缩和钠水潴留。门静脉高压与内脏血管扩张相互作用，改变了肠道的毛细血管压力和通透性，有利于液体在腹腔积聚。

3）血浆胶体渗透压降低：肝硬化患者摄入减少，肝储备功能下降，合成白蛋白的能力下降，导致血浆白蛋白降低，进而血浆胶体渗透压降低，大量的液体进入组织间隙，形成腹水。

4）其他因素：肝硬化患者的内毒素血症和炎症也可导致毛细血管通透性增加。血浆中心钠素相对不足和机体对其敏感性降低、雌激素灭活减少、抗利尿激素分泌增加导致的排水功能障碍和前列腺素分泌减少，造成肾血管收缩，肾脏灌注量下降，肾血流量重新分布，均与腹水的形成和持续存在有关。

腹水可经壁腹膜吸收，最大速率 900ml/d，吸收的腹水经肠淋巴管引流或经内脏毛细血管重吸收。由于淋巴系统已超负荷，内脏毛细血管循环因 Starling 力的作用吸收有限，加上肝硬化患者常有腹膜增厚，吸收率下降。腹水生成增加而吸收下降，使腹水逐渐增多。

（2）自发性细菌性腹膜炎形成机制：在腹腔内无感染源的情况下，腹水自发性感染导致自发性细菌性腹膜炎（spontaneous bacterial peritonitis，SBP）和内毒素血症。肝硬化患者肠道细菌过度生长和肠壁通透性增加，肠壁局部免疫防御功能下降，使肠腔内细菌发生易位经过肠系膜淋巴结进入循环系统产生菌血症。由于患者单核-吞噬细胞系统活性减弱以及腹水中调理素、免疫球蛋白、补体及白蛋白下降导致腹水感染。

3. 内分泌变化

（1）主要表现为性激素紊乱：由于肝细胞功能衰竭以及门体分流使主要在肝脏灭活的雌激素水平增高，在外周组织例如皮肤、脂肪组织、肌肉中雄激素转换为雌激素的转换率增高。患者出现肝掌、蜘蛛痣以及男性乳房发育。

（2）甲状腺激素：肝硬化患者血清总 T_3、游离 T_3 减低，游离 T_4 正常或偏高，严重者 T_4 也降低。上述改变与肝病严重程度之间具有相关性。由于肝病时 5′脱碘酶活性降低，T_4 转化为 T_3 减少，反 $T_3(rT_3)$ 形成增加，临床上可致生化性低 T_3 综合征。此外，肝硬化血氨增高时，多巴胺类物质减少，可使 TSH 水平增高。

4. 呼吸系统

（1）肝性胸水：肝硬化腹水患者常伴胸水，其性质与腹水相同，称为肝性胸水（hepatic hydrothorax）。其发生机制可能由于腹压增高，膈肌腱索部变薄，形成胸腹间通道。由于胸腔负压，腹水由孔道进入胸腔。也可能与低蛋白血症引起胸膜毛细血管胶体渗透压降低，胸水滤出增加，吸收降低以及奇静脉、半奇静脉压力增高、肝淋巴回流增加，导致胸膜淋巴管扩张、淤积、破坏，淋巴液外溢形成胸水有关。胸水以右侧多见。

（2）门静脉性肺动脉高压：门静脉高压患者中 2% ~ 5% 有继发性肺动脉高压，称为门静脉性肺动脉高压（portopulmonary hypertension）。由于肺动脉收缩、肺动脉内膜纤维化和微小血栓形成所致。

（3）肝肺综合征：肝肺综合征（hepatopulmonary syndrome，HPS）是进展性肝病、肺内血管扩张、低氧血症/肺泡-动脉氧梯度增加（>20mmHg）组成的三联征，肝脏对肺部扩血管活性物质灭活能力降低和肺部 NO 增多，引起肺血管阻力降低，出现肺内血管尤其是肺前毛细血管或毛细血管扩张，使氧分子难以弥散到毛细血管中去，难以与血红蛋白氧合，引起低氧血症/肺泡-动脉氧梯度增加。

5. 泌尿系统　由于肾血管的极度收缩导致的肾皮质灌注不足导致急性肾损伤称肝肾综合征（hepatorenal syndrome，HRS），是终末期肝硬化最常见且严重的并发症。肝硬化患者肝窦压升高，NO 增加，造成内脏动脉扩张，有效血容量不足，反射性激活肾素-血管紧张素和交感系统产生肾动脉极度收缩，造成肾内血供过度不足，产生 HRS。肝肾综合征时，患者虽然有肾功能不全，但是肾脏可无组织学上改变，是可逆的循环相关性肾功能损伤。

6. 血液系统　常表现为门静脉高压导致的脾肿大和脾功能亢进。外周血全血细胞减少。由于肝脏合成障碍导致凝血因子合成减少，凝血酶原时间延长。血小板有质与量的降低，因此，患者常有贫血及出血倾向。

7. 心血管系统　心输出量和心率增加、内脏血管扩张形成高动力循环。由于 β-肾上腺能受体信号传导降低，跨膜电流和电机械耦合的改变，NO 产生过多和大麻素-1 受体刺激上调出现心肌收缩和舒张功能不全，导致肝硬化性心肌病（cirrhotic cardiomyopathy）。患者在应激情况下（行创伤性措施如外科手术/TIPS），出现心脏收缩反应损害和/或舒张功能不全以及电生理异常（如 Q-T 间期延长），可发生心功能不全甚至猝死。

8. 神经系统　见本篇第十八章"肝性脑病"。

【临床表现】　起病常隐匿，早期可无特异性症状、体征，根据临床表现可将肝硬化分为5 期。

（一）代偿期肝硬化

包括临床 1 期（无静脉曲张、无腹水）和临床 2 期（无腹水，内镜检查有食管静脉曲张，无出血）。10% ~20% 代偿期肝硬化患者可无症状，或有食欲减退、乏力、消化不良、腹泻等非特异性症状。临床 1 期表现同慢性肝炎,鉴别常需依赖肝脏病理。

（二）失代偿期肝硬化

包括临床 3 期(有腹水,伴或不伴食管静脉曲张,无出血)、4 期(食管静脉出血,伴或不伴腹水)和 5 期(出现脓毒血症或肝肾综合征)。

1. 症状 除了上述非特异性症状外,常见的有黄疸、瘙痒、腹胀(腹水)、腹痛(腹水感染、肝癌)、消化道出血(呕血、黑便、便血)、神志改变(肝性脑病)等。患者还可有出血倾向(牙龈、鼻腔出血、皮肤黏膜紫斑或出血点,女性常有月经过多)及内分泌系统失调(男性有性功能减退,男性乳房发育,女性常有闭经及不孕。肝硬化患者的糖尿病发病率增加,表现为高血糖、糖耐量试验异常、高胰岛素血症和外周性胰岛素抵抗。进展性肝硬化伴严重肝细胞功能衰竭患者常发生低血糖)。

2. 体征 患者常呈慢性病容,面色黧黑,面部有毛细血管扩张、口角炎等。皮肤表现常见蜘蛛痣(spider nevi)、肝掌(palmar erythema),可出现男性乳房发育(gynaecomastia),胸、腹壁皮下静脉可显露或曲张,甚至在脐周静脉突起形成水母头(caput medusa),曲张静脉上可听到静脉杂音(Cruveilhier-Banmgarten murmur)。黄疸(jaundice)常提示病程已达到中期,随着病变进展而加重。1/3 患者常有不规则发热,与病情活动及感染有关。腹部移动性浊音阳性。肝性胸水常见于右侧(占 85%),但也有双侧(2%)甚至仅为左侧(13%)。肝性脑病时有肝臭并可以引出扑翼样震颤。

肝脏在早期肿大,晚期坚硬缩小、肋下常不易触及。胆汁淤积和静脉回流障碍引起的肝硬化晚期仍有肝大。并发肝癌时肝脏局部增大、坚硬如石。35%～50% 患者有脾肿大,常为中度,少数为重度。

综上所述,肝硬化早期表现隐匿,晚期的临床表现可以归结为:①门静脉高压的表现,如侧支循环、脾肿大、脾功能亢进、腹水等;②肝功能损害所致的蛋白合成功能降低(包括白蛋白,凝血酶原)、黄疸、内分泌失调及皮肤表现等;并可出现并发症相关的临床表现。

【实验室和辅助检查】

（一）实验室检查

1. 血常规 代偿期多在正常范围。失代偿期由于出血、营养不良、脾功能亢进可发生轻重不等的贫血。有感染时白细胞可升高,脾功能亢进者白细胞和血小板均减少。

2. 尿液检查 尿常规一般在正常范围,乙型肝炎肝硬化合并乙肝相关性肾炎时尿蛋白阳性。胆汁淤积引起的黄疸尿胆红素阳性,尿胆原阴性。肝细胞损伤引起的黄疸,尿胆原亦增加。腹水患者应常规测定 24 小时尿钠、尿钾。

3. 粪常规 消化道出血时出现肉眼可见的黑便和血便,门静脉高压性胃病引起的慢性出血,粪隐血试验阳性。

4. 肝功能试验

（1）血清胆红素:失代偿期可出现结合胆红素和总胆红素升高,胆红素的持续升高是预后不良的重要指标。

（2）血清白蛋白:肝脏是合成白蛋白的唯一场所,在没有蛋白丢失的情况(如蛋白尿)时,血清白蛋白量常能反映肝脏储备功能。在肝功能明显减退时,白蛋白合成减少。正常值为 35～55g/L,白蛋白<28g/L 为严重下降。血清前白蛋白(pre-albumin)也由肝合成,当肝细胞受损伤尚未引起血清白蛋白下降时,血清前白蛋白则已明显下降。肝硬化患者可下降 50% 左右。

（3）凝血酶原时间:反映肝脏合成功能,是重要的预后指标,晚期肝硬化及肝细胞损害时明显延长,用维生素 K 后不能纠正。

（4）血清酶学检查:①转氨酶:肝细胞受损时,ALT 升高,肝细胞坏死时,AST 升高。肝硬化患者这两种转氨酶不一定升高,但肝硬化活动时可升高。酒精性肝硬化患者 AST/ALT ≥ 2。

②γ-GT:90%肝硬化患者可升高,尤其以 PBC 和酒精性肝硬化升高更明显。合并肝癌时明显升高。③ALP:70% 的肝硬化患者可升高,合并肝癌时常明显升高。

(5) 反映肝纤维化的血清学指标:①Ⅲ型前胶原氨基末端肽(PⅢP):纤维化增加时,肝脏Ⅲ型前胶原合成增加,血清中 PⅢP 明显升高,主要反映活动性纤维化。②Ⅳ型胶原:肝纤维化时可升高。③透明质酸:肝纤维化患者血清透明质酸升高。④层粘连蛋白:是基底膜重要成分,与肝纤维化有一定的相关性。以上各项指标受多种因素影响,尚不能作为确诊肝纤维化的指标,联合检测有一定的参考价值。

(6) 脂肪代谢:代偿期患者血中胆固醇正常或偏低,PBC 患者升高。失代偿期总胆固醇特别是胆固醇酯明显降低。

(7) 定量肝功能试验:吲哚菁试验(ICG)通过检测肝细胞对染料清除情况以反映肝细胞储备功能,是临床初筛肝病患者较有价值和实用的试验。患者空腹静脉抽血后注射 ICG 0.5mg/kg,注射后 15 分钟对侧手臂静脉血测滞留率。正常值 10% 以下,肝硬化患者 ICG 滞留率明显升高,甚至达 50% 以上。其他的定量肝功能试验包括利多卡因代谢产物生成试验、氨基比林呼气试验、半乳糖耐量试验、色氨酸耐量试验、咖啡因清除试验等。

5. 甲胎蛋白(AFP)　肝硬化活动时,AFP 可升高。合并原发性肝癌时明显升高,如转氨酶正常 AFP 持续升高,需怀疑原发性肝癌。

6. 病毒性肝炎标记　疑肝硬化者需测定乙、丙、丁肝炎标记以明确病因。肝硬化有活动时应作甲、乙、丙、丁、戊型标记及 CMV、EB 病毒抗体测定,以明确有无重叠感染。

7. 血清免疫学检查　血清抗线粒体抗体(PBC 患者阳性率95%)、抗平滑肌抗体、抗核抗体阳性提示自身免疫性肝病。

8. 血清铜蓝蛋白　肝豆状核变性时明显降低(<200mg/L),伴尿铜增加(>100μg/24h),年龄<45 岁的肝功能异常患者应检查血清铜蓝蛋白排除此病。

(二) 影像学检查

1. 超声检查　肝硬化的声像图根据病因、病变阶段和病理改变轻重不同而有差异。超声检查可发现肝表面不光滑或凹凸不平;肝叶比例失调,多呈右叶萎缩和左叶、尾叶增大;肝实质回声不均匀增强,肝静脉管腔狭窄、粗细不等。此外,还有门静脉高压症的声像图改变,表现为脾肿大、门静脉扩张和门脉侧支开放,部分患者还可探及腹水。多普勒检查可发现门脉侧支开放、门静脉血流速率降低和门静脉血逆流等改变。对门静脉血栓形成和肝癌等肝硬化的并发症也有较高的诊断价值。超声造影检查对鉴别肝硬化结节和肝癌有较高的诊断价值。近年来,通过检测超声和低频弹性波的瞬时弹性记录仪(fibroscan)可以测定肝硬度,有助早期肝硬化的诊断。

2. CT　肝硬化的影像学与超声检查所见相似,表现为肝叶比例失调、肝裂增宽和肝门区扩大,肝脏密度高低不均。此外,还可见脾肿大、门静脉扩张和腹水等门静脉高压症表现(图 4-16-4)。对于肝硬化和原发性肝癌的鉴别十分有用。

3. MRI　磁共振成像除与 CT 相似外,对肝硬化结节与肝癌的鉴别更优于 CT 检查。磁共振血管成像(MRA)可代替血管造影显示门脉血管变化和门脉血栓。用于门静脉高压病因的鉴别以及肝移植

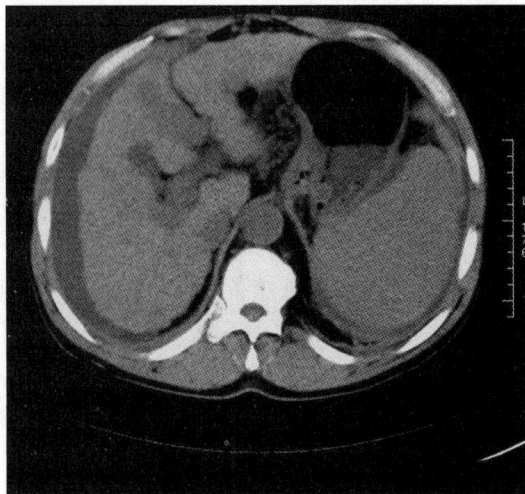

图 4-16-4　肝硬化的 CT 表现

前对门脉血管的评估。

4. 放射性核素显像　经放射性核素 99mTc-扫描测定的心/肝比值能间接反映门静脉高压和门体分流程度,对诊断有一定意义,正常值为 0.26,肝硬化患者一般在 0.6 以上,伴门静脉高压者常>1。

5. 上消化道钡餐摄片　可发现食管及胃底静脉曲张征象,食管静脉曲张呈现虫蚀状或蚯蚓状充盈缺损,胃底静脉曲张呈菊花样缺损。但诊断的敏感性不如胃镜检查。

(三)特殊检查

1. 胃镜　可直接观察并确定食管及胃底有无静脉曲张(图 4-16-5/文末彩图 4-16-5),了解其曲张程度和范围,并可确定有无门静脉高压性胃病(portal hypertensive gastropathy)。食管胃底静脉曲张(gastro-esophageal varices)是反映门静脉高压最可靠的指标,一旦出现曲张静脉即可诊断门静脉高压。结肠镜可在结肠发现异位静脉曲张;胶囊内镜可发现小肠异位静脉曲张,从而找出下消化道出血原因。

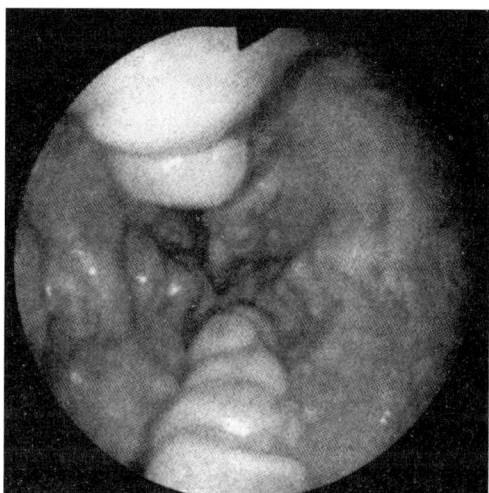
图 4-16-5　食管静脉曲张

2. 肝穿刺　超声指引下或腹腔镜直视下肝穿刺,取肝组织做病理检查,对肝硬化,特别是早期肝硬化确诊和明确病因有重要价值。凝血酶原时间延长及有腹水者可经颈静脉、肝静脉做活检,安全、并发症少。

3. 腹腔镜　可见肝脏表面高低不平,有大小不等的结节和纤维间隔,边缘锐利不规则,包膜增厚,脾肿大,圆韧带血管充血和腹膜血管曲张,腹水原因诊断不明确时,腹腔镜检查有重要价值。

4. 门静脉测压　经颈静脉测定肝静脉楔入压和肝静脉游离压,两者差为 HVPG,可代表门静脉压力。正常值≤5mmHg,食管静脉曲张伴出血者>12mmHg。门静脉压力的测定是评价降门脉压力药物疗效的金标准。

5. 腹水检查　所有首次出现腹水、进展性肝硬化或上消化道出血伴腹水者以及腹水稳定的患者病情突然恶化,都应做诊断性穿刺。目的在于明确腹水是否由肝硬化引起,如果是肝硬化腹水则应寻找是否存在导致腹水增加的原因,如 SBP 等。检查内容包括:腹水的性质,如颜色、比重、蛋白含量、细胞分类以及腺苷脱氨酶(ADA)、血与腹水 LDH 比值、细菌培养和内毒素测定。还应测定血清-腹水白蛋白梯度(serum ascites albumin gradient,SAAG),如>11g/L 提示腹水由肝硬化门静脉高压所致。腹水培养应在床旁进行,使用血培养瓶,包括需氧、厌氧两种培养。每个培养瓶接种的腹水至少 10ml。

【诊断与鉴别诊断】

(一)肝硬化的诊断和鉴别诊断

1. 肝硬化的诊断　主要依据:①病史:存在可引起肝硬化的病因。应详细询问肝炎史,饮酒史、药物史、输血史、社交史及家族遗传性疾病史;②症状体征:根据上述临床表现逐条对患者进行检查,确定是否存在门静脉高压和肝功能障碍表现;③肝功能试验:血清白蛋白降低,胆红素升高,凝血酶原时间延长提示肝功能失代偿,定量肝功能试验也有助于诊断;④影像学检查:B超、CT 有助于本病诊断。完整的诊断应包括病因、病理、功能和并发症四个部分。

(1)病因诊断:明确肝硬化的病因对于估计患者预后及进行治疗密切相关。根据上述各种病因作相关检查以排除及确定病因诊断,如应做病毒性肝炎标志物排除由肝炎引起的肝硬化,怀疑 Wilson 病应由眼科检查 K-F 环,测定血清铜蓝蛋白、尿铜、血铜等。

（2）病理诊断:肝活组织检查可明确诊断及病理分类,特别在有引起肝硬化的病因暴露史,又有肝脾肿大但无其他临床表现、肝功能试验正常的代偿期患者,肝活检常可明确诊断。

（3）肝脏储备功能诊断:可用 Child-Pugh 分级(Child-Pugh classification)来评定(表 4-16-1)。

表 4-16-1　肝硬化病人 Child-Pugh 分级标准

临床和生化指标	分　　数		
	1	2	3
肝性脑病(级)	无	1~2	3~4
腹水	无	轻度	中重度
SB(μmol/L)	<34	34~51	>51
白蛋白(g/L)	>35	28~35	<28
凝血酶原时间(INR)	<1.3	1.3~1.5	>1.5
或凝血酶原时间较正常延长(秒)	1~3	4~6	>6

* PBC:SB(μmol/L)17~68 1分;68~170 2分;>170 3分。
总分:A 级≤6 分;B 级 7~9;C 级≥10 分。

2. 鉴别诊断

（1）肝、脾肿大:与血液病、代谢性疾病的肝脾肿大鉴别。必要时做肝活检。

（2）腹水的鉴别诊断:应确定腹水的程度和性质,与其他原因引起的腹水鉴别。肝硬化腹水为漏出液,SAAG>11g/L,腹水的总蛋白<25g/L;合并自发性腹膜炎时腹水为渗出液,中性粒细胞增多,但 SAAG 仍>11g/L。心源性腹水 SAAG>11g/L,但是腹水的总蛋白>25g/L。结核性和肿瘤性腹水 SAAG<11g/L。结核性腹膜炎为渗出液伴 ADA 增高。肿瘤性腹水比重介于渗出液和漏出液之间,腹水 LDH/血 LDH>1,可找到肿瘤细胞。腹水检查不能明确诊断时,可做腹腔镜检查,常可明确诊断。

（二）并发症的诊断和鉴别诊断

1. 食管胃静脉破裂出血　表现为呕血、黑便,常为上消化道大出血。在大出血暂停、血压稳定后,急症胃镜检查(一般在入院后 12~48 小时)可以明确出血部位和原因,鉴别是胃食管曲张静脉破裂出血(variceal bleeding)还是门静脉高压性胃病或溃疡病引起。如由静脉曲张引起,需进一步检查明确静脉曲张由单纯性肝硬化引起门静脉高压还是由门脉血栓或癌栓引起。

2. 感染　发热的肝硬化患者需要确定有无感染以及感染的部位和病原。应摄胸片、做痰培养、中段尿培养、血培养,有腹水者进行腹水检查,以明确有无肺部、胆道、泌尿道及腹水感染。患者在短期内腹水迅速增加,伴腹痛、腹胀、发热、腹水检查中性粒细胞数>0.25×10^9(250/mm^3),即可诊断 SBP。腹水和血细菌培养可阳性,常为革兰阴性菌。少数患者可无腹痛,患者可出现低血压或休克(革兰阴性菌败血症)。鉴别诊断应除外继发性腹膜炎、内脏破裂或脓肿。继发性腹膜炎的特点是腹水中性粒细胞数>10 000/mm^3,糖<0.5g/L,蛋白>10g/L,抗生素治疗无效,腹水可分离出 2 种以上病原体,以及不常见病原体如厌氧菌及真菌。

3. 肝肾综合征　顽固性腹水患者出现少尿、无尿、氮质血症、低血钠、低尿钠,考虑出现肝肾综合征。国际腹水研究会推荐的诊断标准为:在没有休克、持续细菌感染、失水和使用肾毒性药物情况下,血清肌酐>132.6μmol/L 或 24 小时肌酐清除率<40ml/min;在停用利尿剂和用 1.5L 血浆扩容后,上述两项肾功能指标没有稳定持续的好转。蛋白尿<500mg/d,超声检查未发现梗阻性泌尿道疾病或肾实质疾病。据此标准可以与急慢性肾损伤相鉴别。应当注意的是应与由

于过度利尿、非甾体抗炎药、环孢素和氨基糖苷类药物的应用引起的医源性肾损伤区分开来。

4. 原发性肝癌　患者出现肝肿大、肝区疼痛、有或无血性腹水、无法解释的发热要考虑此病,血清甲胎蛋白持续升高而转氨酶正常或 B 超提示肝占位病变时应高度怀疑,CT 或 MR 可确诊。

5. 肝性脑病　见本篇第十八章"肝性脑病"。

6. 肝肺综合征　终末期患者出现杵状指、发绀、蜘蛛痣、立位呼吸室内空气时动脉氧分压<70mmHg 或肺泡-动脉氧梯度>20mmHg 应考虑此征。下述试验提示肺血管扩张有助于作出诊断:①超声心动图气泡造影左心房有延迟出现的微气泡(心跳 4~6 次后);②肺扫描阳性。前者敏感性高,后者特异性高。HPS 应与肺动脉高压相鉴别,后者有进行性呼吸困难,心前区疼痛,而发绀少见、体检肺动脉瓣区第 2 音亢进,杂音向胸骨左缘传导,X 线显示心脏扩大,心脏超声提示右室肥厚,心导管检查可确诊。

7. 肝硬化性心肌病　没有其他已知的心脏疾病的肝硬化患者,有隐匿性收缩功能不全,表现在运动、血容量变化、药物刺激时,心输出量的增加受阻,休息时射血分数(ejection fraction,EF)<55%;舒张功能不全,表现为 E/A 比例<1.0、减速时间延长(>200msec)、等容舒张时间延长(>80msec);以及有 Q-T 间期延长、左心房扩大等。

【治疗】

(一)治疗原则

肝硬化治疗应该是综合性的,首先针对病因进行治疗,如酒精性肝硬化患者必须戒酒,乙型肝炎病毒复制活跃者需行抗病毒治疗,忌用对肝脏有损害的药物。晚期主要针对并发症治疗。

(二)一般治疗

1. 休息　代偿期患者可参加轻工作,失代偿期尤其出现并发症患者应卧床休息。由于直立体位激活 RAAS 及交感神经系统引起肾小球滤过减少和钠潴留。因此,对于肝硬化腹水的住院患者卧床休息有一定益处。

2. 饮食　肝硬化是一种慢性消耗性疾病,目前已证实营养疗法对于肝硬化患者特别是营养不良者降低病残率及死亡率有作用。没有并发症的肝硬化患者的饮食热量为 126~168kJ/(kg·d),蛋白质 1~1.5g/(kg·d),营养不良者摄入热量为 168~210kJ/(kg·d),蛋白质 1~1.8g/(kg·d)。应给予高维生素、易消化的食物,严禁饮酒。可食瘦肉、河鱼、豆制品、牛奶、豆浆、蔬菜和水果。盐和水的摄入应根据患者水及电解质情况进行调整,食管静脉曲张者应禁食坚硬粗糙食物。

(三)药物治疗

1. 抗病毒治疗　可以逆转肝纤维化,甚至早期肝硬化。

代偿期乙肝肝硬化患者 HBV DNA≥10^4copies/ml(ALT 可正常)或 HBV DNA<10^4copies/ml(但可以检测到)伴 ALT 升高,均应抗病毒治疗。治疗目标是延缓和降低肝功能失代偿和 HCC 的发生。失代偿期乙肝肝硬化患者抗病毒指征为 HBV DNA 阳性、ALT 正常或升高。治疗目标是通过抑制病毒复制,改善肝功能,以延缓或减少肝移植的需求。抗病毒治疗首选抗病毒作用强、低耐药的核苷类似物,如恩替卡韦,须长期甚至终生服药。服药期间须随访,具体监测要求见本篇第十一章"慢性病毒性肝炎"。代偿期患者肝功能好的在严密监测下也可选择干扰素,疗程 1 年。

代偿期丙型肝炎肝硬化患者抗病毒治疗用长效干扰素联合利巴韦林,应减少剂量并在有经验医师指导下使用。近年来研究显示直接抗病毒药物,特别是 3D 方案的抗病毒作用达到 90%以上(详见病毒性肝炎)。

2. 抗纤维化药物　有报道活血化瘀软坚的中药如丹参、桃仁提取物、虫草菌丝以及丹参、黄芪的复方制剂如扶正化瘀胶囊和复方鳖甲软肝片,有一定的抗纤维化作用。

(四) 腹水

腹水患者的治疗主要是减轻由于腹水或下肢水肿给患者带来的不适并防止腹水引起的并发症,如 SBP、脐疝的破裂以及进一步发展为肝肾综合征。因此主要目的是减少腹水以及预防复发。应测定体重、血清电解质、肾功能及 24 小时尿钠、尿钾排出量,以指导治疗。

1. 腹水的一般治疗

(1) 控制水和钠盐的摄入:细胞外液在体内的潴留量与钠的摄入和从尿中排泄的钠平衡相关。一旦钠的排出低于摄入,腹水量会增加;相反,腹水可减少。对有轻度钠潴留者,钠的摄入量限制在 88mmol/d(5.0g 食盐)可达到钠的负平衡。应用利尿剂时,可适度放开钠摄入,以尿钠排出量为给药指导。轻中度腹水在限钠饮食和卧床休息后可自行消退。稀释性低钠血症(<125mmol/L)患者,应限制水的摄入(800~1000ml/d)。

(2) 利尿剂的应用:经限钠饮食和卧床休息腹水仍不消退者须应用利尿剂,由于肝硬化腹水患者血浆醛固酮浓度升高,在增加肾小管钠的重吸收中起重要作用,因此利尿药首选醛固酮拮抗剂-螺内酯。开始时 60~100mg/d,早上顿服。根据利尿反应(称体重、计尿量)每 4~5 天增加 60~100mg,直到最大剂量 400mg/d。可以合用袢利尿剂呋塞米,起始剂量 20~40mg/d,可增加到 160mg/d。利尿剂的使用应从小剂量开始,服药后体重下降为有效(无水肿者每天减轻体重 500g,有下肢水肿者体重减轻 1000g/d)。利尿剂的副作用有水电解质紊乱、肾功能恶化、体重减轻过度、肝性脑病、男性乳房发育等。如出现肝性脑病、低钠血症(血钠<120mmol/L),肌酐>120mmol/L 应停用利尿剂,可用胶体或盐水扩容。但须避免 24 小时血钠上升>12mmol/L。

(3) 提高血浆胶体渗透压:对于低蛋白血症患者,每周定期输注白蛋白、血浆可提高血浆胶体渗透压,促进腹水消退。

(4) 应避免使用非甾体抗炎药、血管紧张素转换酶抑制剂或血管紧张素受体抑制剂。

2. 难治性腹水的治疗　对大剂量利尿剂(螺内酯 400mg/d,呋塞米 160mg/d)缺少反应(无体重下降)或在小剂量利尿剂时就发生肝性脑病、低钠、高钾等并发症,均属于难治性腹水(refractory ascites),其在失代偿期肝硬化患者中的发生率为 10%。治疗首先应针对导致顽固性腹水发生的一些可逆性原因,如:不适当的限钠、利尿,使用肾毒性药物,SBP,门静脉、肝静脉栓塞及未经治疗的活动性肝病。还可以用下列方法治疗。

(1) 排放腹水、输注白蛋白:对于顽固性大量腹水患者,如无其他并发症(肝性脑病、上消化道出血、感染)、肝储备功能为 Child-Pugh A、B 级,无出血倾向(INR<1.6,血小板计数>50×10⁹/L)可于 1~2 小时内抽排腹水 4~6L,同时每升腹水补充白蛋白 6~8g,以维持有效血容量,阻断RAAS 系统激活。一次排放后仍有腹水者可重复进行,该方法腹水消除率达 96.5%,排放腹水后应用螺内酯维持治疗。

(2) 经颈静脉肝内门体分流术:经颈静脉肝内门体分流术(transjugular intrahepatic portosystemic shunt TIPS)可用于顽固性腹水患者。有效率 50%~80%。术后门脉压力下降,阻断钠潴留,此外,可改善肾脏对利尿剂反应。因此,可预防腹水复发;但支架阻塞可导致腹水复发。同时,术后可逆性肝性脑病的发生率 50%~70%。因此,目前不作为首选方法,仅用于无严重肝功能衰竭,无肝性脑病,放腹水不能解决问题者。最近,有证据提示带膜支架可改善生存率。

(3) 肝移植:难治性腹水患者极易并发 SBP 和肝肾综合征,一年生存率仅 25%。患者由于腹水量多,生活质量也十分差,因此是肝移植的适应证。

(4) 腹腔颈静脉转流术:在不能做肝移植和 TIPS 的患者可以考虑。

(五) 并发症的治疗

1. 胃食管静脉破裂出血　25%~40% 肝硬化患者发生胃食管静脉破裂出血,是肝硬化死亡的主要原因,应予以积极抢救。

(1) 重症监护:卧床、禁食、保持气道通畅、补充凝血因子、迅速建立静脉通道以维持循环血容量稳定,密切监测生命体征及出血情况。必要时输血,但应避免过量(HB 维持在 70 ~ 80g/L 即可)。短期应用抗生素,不仅可以预防出血后感染,特别如 SBP,还可提高止血率、降低死亡率。可先予静脉用头孢曲松 1g/d,能进食时口服环丙沙星 0.4g,2 次/日,共 7 天。

(2) 控制急性出血

1) 血管活性药物治疗:一旦怀疑食管胃静脉破裂出血,应立即静脉给予下列缩血管药物,收缩内脏血管,减少门静脉血流量,达到止血效果。诊断明确后继续用 3 ~ 5 天。常用药物有 14 肽生长抑素,首剂 250μg 静脉推注,继以 250μg/h 持续静脉点滴;其同类物 8 肽(奥曲肽),首剂 100μg 静脉推注,继以 25 ~ 50μg/h 持续静脉滴注,必要时剂量加倍;三甘氨酰赖氨酸加压素(特利加压素)静脉注射,1 ~ 2mg,每 6 ~ 8 小时 1 次;垂体后叶素(VP)0.4U/min 静脉点滴。VP 副作用多,有腹痛、血压升高、心绞痛等,有心血管疾病者禁用。有报道单用生长抑素或特利加压素尚不能控制的急性出血,联合应用有效。

2) 气囊压迫术:使用三腔管对胃底和食管下段作气囊填塞。常用于药物止血失败者。压迫总时间不宜>24 小时,否则易导致黏膜糜烂。这项暂时止血措施,可为急救治疗赢得时间,也为进一步做内镜治疗创造条件。

3) 内镜治疗:经过抗休克和药物治疗血流动力学稳定者应立即送去做急症内镜检查,以明确上消化道出血原因及部位。如果仅有食管静脉曲张,还在活动性出血者,应予以内镜下注射硬化剂止血,止血成功率 90%。如果在做内镜检查时,食管中下段曲张的静脉已无活动性出血,可用皮圈进行套扎。胃静脉出血,宜注射组织黏合剂。

4) 急诊手术:上述急症治疗后仍出血不止,患者肝脏储备功能为 Child-Pugh A 级者可行断流术。

5) 介入治疗:上述患者如无手术条件者可行 TIPS 作为挽救生命的措施。术后门脉压力下降,止血效果好,但易发生肝性脑病和支架堵塞。因此较适用于准备做肝移植的患者,作为等待供肝时的过渡措施。对胃静脉曲张活动性出血,药物和内镜治疗无效时可紧急做经皮穿肝曲张静脉栓塞术。

(3) 预防再出血:在第一次出血后,一年内再次出血的发生率约 70%,死亡率约 30% ~ 50%,因此在急性出血控制后,应采用以下措施预防再出血,内镜下套扎联合应用 β 受体阻滞剂是最佳选择。

1) 内镜治疗:首选套扎,套扎后的较小的曲张静脉可用硬化剂注射。

2) 药物治疗:非选择性 β 受体阻滞剂,常用药物为普萘洛尔,通过收缩内脏血管,降低门静脉血流量而降低门静脉压力,用法:从 10mg/d 开始,逐日加 10mg,直至静息时心率下降到基础心率的 75%,作为维持剂量,长期服用,并根据心率调整剂量。禁忌证为窦性心动过缓,支气管哮喘,慢性阻塞性肺部疾病、心衰、低血压、房室传导阻滞、胰岛素依赖性糖尿病、肝硬化难治性腹水。联用扩血管药物 5-单硝酸异山梨醇,通过降低门脉阻力,增加其降门静脉压力效果,疗效优于单用普萘洛尔。近期报道卡维地洛 6.25 ~ 12.5mg/d 疗效优于普萘洛尔。

3) 外科减压:如果患者为代偿期或 Child A 级肝硬化伴脾功能亢进,在药物或内镜治疗失败时也可考虑做分流术或断流术。

4) TIPS:用于药物、内镜治疗失败的反复出血的 Child-Pugh A 或 B 患者。HVPG>20mmHg 患者的出血,不易被药物和内镜治疗控制,应在早期行 TIPS。

5) 肝移植:终末期肝病伴食管静脉反复出血者是肝移植(liver transplantation)的适应证。

(4) 预防首次出血:曲张的食管静脉直径>5mm、范围>1/3 管腔、曲张静脉表面有红色征、Child C 级患者是出血的高危人群,首选普萘洛尔预防首次出血(用法同上)。目的是使门脉压力下降到 12mmHg 以下,或下降大于基线 20%,无效或有禁忌证者可用内镜下套扎作为替代疗法。

2. **自发性细菌性腹膜炎**   主要致病菌为革兰阴性菌(占 70%),如大肠杆菌(47%)、克雷伯菌(13%)。由于 SBP 后果严重,如临床上怀疑 SBP 或腹水中性粒细胞数>0.25×10^9/L,应立即行经验性治疗,抗生素首选头孢噻肟 2g,每 8 小时 1 次,或头孢曲松 2g,每天 1 次,在用药后 48 小时再行腹水检查,如中性粒细胞数减少一半,可认为抗生素治疗有效,疗程 5~10 天。已发生过一次 SBP 或腹水蛋白<10g/L 的进展性肝硬化伴黄疸、低钠血症或肾功能不全者是复发性 SBP 的高危患者,应口服环丙沙星 400mg/d 进行预防。SBP 最严重的并发症是肝肾综合征。如果患者 Cr>1mg/dl、BUN>30mg/dl、SB>4mg/dl 应在 6 小时内给予白蛋白输注 1.5g/kg,48 小时后 1g/(kg·24h),可预防 HRS,提高生存率。

3. **肝肾综合征**   治疗原则是增加动脉有效血容量和降低门静脉压力,在积极改善肝功能前提下,可采取以下措施:①早期预防和消除诱发肝肾衰竭的因素,诸如感染、出血、电解质紊乱、不适当的放腹水、利尿等;②避免使用损害肾功能的药物;③输注白蛋白 1g/(kg·24h),以后 20~40g/24h,持续 5~10 天,使血 Cr<132.6μmol/L;④血管活性药物特利加压素 0.5~2mg 静注,12 小时一次,通过收缩内脏血管,提高有效循环血容量,增加肾血流量,增加肾小球滤过率,阻断 RAAS 激活,降低肾血管阻力。也可用去甲肾上腺素(0.5~3mg/h)或米多君(2.5~3.75mg/d)加奥曲肽(300~600μg/d)代替特利加压素。⑤TIPS 应用对象:SB<51μmol/L、Child-Pugh<12 分、无心肺疾患和肝性脑病者。⑥肝移植:对可能发生 HRS 的高危患者如稀释性低钠血症、低血压、低尿钠患者在发生 HRS 前行肝移植。

4. **肝肺综合征**   内科治疗无效,TIPS 可改善患者症状,为肝移植创造条件。

(六) 肝移植

1. **适应证**   各种原因引起的终末期肝硬化病,Child-Pugh 分数>8,并有以下一种情况者均可成为肝移植候选人。①不能控制的门静脉高压性出血;②发生过自发性腹膜炎;③反复发作性肝性脑病;④顽固性腹水;⑤不可逆的影响生存质量的肝外表现如肝肺综合征、顽固性瘙痒等。

2. **禁忌证**   以下情况不宜做肝移植:①不能控制的全身感染如 HIV 阳性;②肝外恶性肿瘤及晚期肝恶性肿瘤;③吸毒、酗酒、不能依从术后免疫抑制剂者。

3. **移植的适宜时机**   终末期肝病模型(model of end-stage liver disease,MELD)可用于评估肝病严重程度,以决定移植的优先权。识别 3 个月内死亡危险性的积分方法(积分从 6~40 分):≤9 分,3 个月死亡率 4%;10~19 分,27%;20~29 分,76%;30~39 分,83%;≥40 分,100%。>20 分可考虑移植。MELD 积分 = 9.6log(肌酐 mg/dl)+3.8(胆红素 mg/dl)+11.2log(INR)+6.4。最近有关 MELD 的系统综述结果认为对移植后死亡率的预测 MELD 并不优于 Child-Pugh 分级,认为还应增加肝性脑病和血钠两个参数有可能提高其预测力。

4. **预防原发疾病的复发**   我国大多数终末期肝硬化均由 HBV 引起,为预防复发,可在移植中或移植后给予乙型肝炎免疫球蛋白(HBIG),同时在移植前开始口服核苷类似物降低病毒载量。

【预后】   肝硬化临床 1 到 5 期的年死亡率分别为 1%、3.4%、20%、57%、>60%。Child-Pugh 分级也与预后密切相关,1 年和 2 年的估计生存率分别为 Child-Pugh A 级 100%、85%;B 级 80%、60%;C 级 45%、35%。呕血、黄疸、感染、腹水是预后不利因素。肝移植的开展已明显地改变了肝硬化患者的预后。移植后患者一年生存率 90%、5 年 80%,生活质量大大提高。

【预防】   肝硬化的一级预防是针对病因的治疗。可以阻止各种慢性肝病发展为肝硬化(具体的治疗方法见相关章节)。

Notes

(王吉耀)

推荐阅读文献

1. Garcia-Tsao G,Sanyal AJ,Grace ND,et al. AASLD guidelines:Prevention and management of gastroesophageal varices and variceal hemorrhage in cirrhosis. Hepatology,2007,46:922-936

2. Http://www. aasld. org/practiceguidelines/Documents/ascitesupdate 2013. pdf(Accessed on April 23,2013)

3. Arvaniti V,D'amico G,Fede G,et al:Infections in patients with cirrhosis increase mortality four-fold and should be used in determining prognosis. Gastroenterology 2010,139:1246-1256

4. Garcia-Tsao G:Cirrhosis and its sequelae. In Goldman L & Schafer AI eds. Goldman's Cecil Medicine 24th edition,Elsevier,Philadelphia. 2012:P999-1006

Notes

第十七章　原发性肝癌

> **要点:**
>
> 1. 原发性肝癌是指发生于肝细胞或肝内胆管细胞的癌肿,其中绝大多数为肝细胞癌。
>
> 2. 肝硬化是肝癌发生的首要危险因素,其中以慢性 HBV 和 HCV 感染最为常见。
>
> 3. 影像学诊断技术是诊断肝癌的主要手段。
>
> 4. AFP 与影像学检查相结合对肝癌具有重要诊断意义。
>
> 5. 巴塞罗那临床肝癌(BCLC)分期系统是选择治疗方案的主要依据。
>
> 6. 预后主要取决于能否早期诊断及早期治疗。

原发性肝癌(primary carcinoma of liver)是指发生于肝细胞或肝内胆管细胞的癌肿,其中肝细胞癌(hepatocellular carcinoma,HCC)占原发性肝癌中的绝大多数,胆管细胞癌(cholangiocarcinoma)不足 5%。本病恶性程度高,浸润和转移性强,远期疗效取决于能否早期诊断及早期治疗,甲胎蛋白和影像学检查相结合是早期诊断的主要辅助手段。

【流行病学】　近年来原发性肝癌的发病率在全球范围内均有增加趋势,居恶性肿瘤的第 5 位,死亡率位居恶性肿瘤的第 3 位。肝癌的发病率在不同地域间具有明显差异。东亚的发病率最高,然后依次为非洲撒哈拉地区、东南亚和南欧,而北欧及美洲的发病率最低。肝癌的发病率在性别间差异较大,男女比例为 2.7:1。

我国是肝癌的高发国家,肝癌病例约占全球的 55%,死亡率仅次于肺癌,位居第二。

【病因和发病机制】　原发性肝癌的病因尚不完全清楚,可能是多因素协同作用的结果。根据流行病学的调查,多认为与下述易患因素有关。

（一）肝硬化

约 70% 的原发性肝癌发生在肝硬化的基础上,且多数是慢性乙型和慢性丙型肝炎发展而成的结节型肝硬化。虽然抗病毒治疗有助于阻止慢性乙型和慢性丙型肝炎进展为肝硬化,不过一旦形成肝硬化,即使采用规范的抗病毒治疗,其仍有进展为肝癌的风险。当 HBV 或 HCV 感染与酒精或非酒精性脂肪性肝病并存时,肝癌发生的风险性更大。不同病因肝硬化诱发肝癌的机制不同。由酒精性肝病、非酒精性脂肪性肝病、原发性胆汁性肝硬化以及血色病等导致的肝硬化也是肝癌发生的危险因素。

（二）病毒性肝炎

病毒性肝炎是原发性肝癌诸多致病因素中的最主要因素,其中以慢性乙型和慢性丙型肝炎最为常见。由于不同国家和地域病毒性肝炎的流行病学不同,故原发性肝癌患者肝炎病毒的检出率不同。我国肝癌患者 HBV 的检出率高达 90%,而在欧美及日本的肝癌患者中的 HCV 检出率最高。

HBV 诱发肝癌的机制复杂,目前多认为是由于 HBV DNA 与宿主 DNA 的整合、HBV 游离复制型缺陷病毒的存在以及 HBV 的某些基因产物使宿主基因组丧失稳定性,激活或抑制包括癌基因和抑癌基因在内的细胞生长调控基因的表达,进而促进肝细胞癌变。HCV 的致癌机制不同于 HBV,其可能是通过表达基因产物间接影响细胞的增殖分化而诱发肝细胞恶变。基因 1 型HCV 感染者较其他基因型感染者易发生肝癌;HBV/HCV 重叠感染或合并 HIV 感染者发生肝癌的风险性增加;血清肝炎病毒水平长期处于高水平者更易发展为肝癌。

(三) 酒精性肝病

长期饮酒促进肝脏活性氧自由基(ROS)的释放及 NF-κB 的产生,后者是炎症相关肿瘤的启动因子,可促进细胞间黏附分子-1(intercellular cell adhesion molecule-1,ICAM-1)、血管细胞黏附分子-1(vascular cell adhesion molecule-1,VCAM-1)以及血管内皮生长因子(vascular endothelial growth factor,VEGF)等促肿瘤生成或促肿瘤转移分子的表达。另外,长期大量饮酒($>50 \sim 70g/d$)还可通过诱发肝硬化的机制,进而促进肝癌的发生。

(四) 非酒精性脂肪性肝病(NAFLD)

以往并未将 NAFLD 作为肝癌发生的独立危险因素,认为其诱导肝硬化的概率小,所以很少导致肝癌。但近年研究发现非酒精性脂肪性肝炎(NASH)与代谢综合征协同作用可不经过肝硬化的病理过程而直接增加肝癌发生的风险。甚至有研究发现,NAFLD 是与患者年龄无关的肝癌发生的独立危险因素。虽然,NAFLD 诱导肝癌的病理生理学机制以及相关的肝细胞损伤机制并不清楚,但已公认胰岛素抵抗(IR)及其相关的氧化应激是促进肝癌发生的重要危险因素。

(五) 家族史及遗传因素

在原发性肝癌的高发地区,家族史是原发性肝癌发生的重要危险因素,其生物学基础尚不清楚。流行病学调查表明某些具有诱发肝癌风险的隐性等位基因的存在可能与机体能否清除或抑制 HBV 感染相关;CYP450、GSTM1、NAT2 以及 p53 基因遗传多态性也与肝癌的家族聚集现象有一定的关联。此外,携带低活性 Th1 细胞因子基因和高活性 Th2 细胞因子基因的个体肝癌发生的风险性明显增加。

(六) 其他危险因素

长期受黄曲霉毒素 B1(AFB1)污染食物影响而发生的肝癌通常不经过肝硬化过程。AFB1在肝脏中先经微粒体 CYP450 酶系代谢,然后再经谷胱甘肽转移酶和其他肝脏 2 相代谢酶类降解而完成生物转化过程。谷胱甘肽转移酶 M1(GSTM1)基因在遗传上的多态性使不同个体对摄入 AFB1 生物转化的能力存在差异。生活在 AFB1 高污染地区并存在 GSTM1 纯合子缺失者发生肝癌的风险性增加。

此外,某些化学物质和药物如亚硝胺类、偶氮芥类、有机氯农药、雄激素以及某些类固醇均是诱发肝癌的危险因素。HBV 或 HCV 感染者若长期服用避孕药可增加肝癌发生的风险性。其他被认为与肝癌发生尚存在一定关联的危险因素还包括某些遗传、代谢、血流动力学因素所引起的肝硬化以及感染等。

【临床表现】　原发性肝癌起病隐匿,早期症状常不明显,故也称亚临床期。出现典型的临床症状和体征时一般已属中、晚期。

(一) 症状

1. **肝区疼痛**　多为肝癌的首发症状,表现为持续钝痛或胀痛。疼痛是由于癌肿迅速生长使肝包膜被牵拉所致。如肿瘤生长缓慢或位于肝实质深部也可完全无疼痛表现。疼痛部位常与肿瘤位置有关,若肿瘤位于肝右叶疼痛多在右季肋部;肿瘤位于左叶时常表现为上腹痛,有时易误诊为胃部疾患;当肿瘤位于肝右叶膈顶部时,疼痛可牵涉右肩。癌结节破裂出血可致剧烈腹痛和腹膜刺激征,出血量大时可导致休克。

2. **消化道症状**　食欲减退、腹胀、恶心、呕吐、腹泻等消化道症状,可由肿瘤压迫、腹水、胃肠道淤血及肝功能损害而引起。

3. **恶性肿瘤的全身表现**　进行性乏力、消瘦、发热、营养不良和恶病质等。

Notes

4. 伴癌综合征(paraneoplastic syndrome)　指机体在肝癌组织自身所产生的异位激素或某些活性物质影响下而出现的一组特殊症候群,可与临床表现同时存在,也可先于肝癌症状。以自发性低血糖、红细胞增多症为常见,有时还可伴有高钙血症、高脂血症、类癌综合征、血小板增多、高纤维蛋白原血症等。

(二) 体征

1. **肝大**　为中晚期肝癌的主要体征,最为常见。多在肋缘下被触及,呈局限性隆起,质地坚硬。左叶肝癌则表现为剑突下包块。如肿瘤位于肝实质内,肝表面可光滑,伴或不伴明显压痛。肝右叶膈面肿瘤可使右侧膈肌明显抬高。

2. **脾大**　常为合并肝硬化所致。肿瘤压迫或门静脉、脾静脉内癌栓也能引起淤血性脾大。

3. **腹水**　腹水为草黄色或血性,多数是在肝硬化的基础上合并门静脉或肝静脉癌栓所致。肝癌浸润腹膜也是腹水的常见原因。

4. **黄疸**　多为晚期征象,以弥漫型肝癌或胆管细胞癌为常见。癌肿广泛浸润可引起肝细胞性黄疸。当侵犯肝内胆管或肝门淋巴结肿大压迫胆管时,可出现梗阻性胆汁淤积。

5. **其他**　由于肿瘤本身血管丰富,再加上癌肿压迫大血管,故可在肝区出现血管杂音。肝区摩擦音提示肿瘤侵及肝包膜。肝外转移时则有转移部位相应的体征。

(三) 肝癌的转移途径及转移灶的临床表现

1. **肝内转移**　肝组织有丰富的血窦,癌细胞有向血窦生长的趋势而且极易侵犯门静脉分支,形成门静脉癌栓,导致肝内播散。一般先在同侧肝叶内播散,之后累及对侧肝叶。进一步发展时癌栓可波及门静脉的主要分支或主干,可引起门静脉高压,并可导致顽固性腹水。

2. **肝外转移**　肝癌细胞通过肝静脉进入体循环转移至全身各部,最常见转移部位为肺,可引起咳嗽、咯血。此外还可累及肾上腺、骨、脑等器官。骨和脊柱转移时出现局部疼痛和神经受压症状,颅内转移可出现相应的定位症状。淋巴道转移中以肝门淋巴结最常见,此外也可转移至主动脉旁、锁骨上、胰、脾等处淋巴结。肝癌也可直接蔓延,浸润至邻近腹膜及器官组织如膈肌、结肠肝曲和横结肠、胆囊及胃小弯。种植转移发生率较低,若种植于腹膜可形成血性腹水,女性患者尚可种植在卵巢形成较大肿块。

(四) 肝癌的并发症

1. **肝性脑病**　是肝癌终末期并发症,占死亡原因的1/3。

2. **消化道出血**　约占肝癌死亡原因的15%。合并肝硬化或门静脉、肝静脉癌栓者可导致食管胃底静脉曲张破裂出血。胃肠道黏膜糜烂、凝血功能障碍也可是消化道出血的原因。

3. **肝癌结节破裂出血**　发生率约9%~14%。肝癌组织坏死液化可自发破裂,也可在外力作用下破裂。若出血限于包膜下可有急骤疼痛,肝脏迅速增大;若破入腹腔可引起急性腹痛和腹膜刺激征,严重者可致出血性休克或死亡。小量出血则表现为血性腹水。

4. **继发感染**　因癌肿长期消耗,尤其在放疗、化疗后白细胞减少的情况下,抵抗力减弱,再加上长期卧床等因素,易并发各种感染,如肺炎、肠道感染、真菌感染等。

【临床分期】　肝癌分期的目的是为了有利于选择治疗方案和估计预后。肝癌的分期方法很多,主要包括 NCCN 的 TNM 分期和巴塞罗那临床肝癌(barcelona clinic liver cancer,BCLC)分期。BCLC 分期是目前将肿瘤分期治疗方案和预期生存相结合的唯一分期系统,目前被广泛应用。详见表 4-17-1。

【影像学检查】

(一) 超声显像

一般可显示直径2cm以上肿瘤。除显示肿瘤大小、形态、部位以及与血管的关系外,还有助于判断肝静脉、门静脉有无癌栓等。结合 AFP 检查,有助于肝癌早期诊断,因此也可被广泛用于筛查肝癌。实时超声造影除显示占位病变外,还可分析病灶血供情况,对肝癌与肝囊肿及肝血管瘤的鉴别诊断具有参考价值,但超声造影受操作者水平及细致程度的影响。

表4-17-1　巴塞罗那临床肝癌(BCLC)分期系统

分　　期	PST	肿瘤特征	肝脏功能评分
0 期(极早期肝癌)	0	单个肿瘤<2cm	Child-Pugh A
A 期(早期 HCC)	0	单个肿瘤	Child-Pugh A ~ B
	0	3 个肿瘤均<3cm	Child-Pugh A ~ B
B 期(中期 HCC)	0	多个肿瘤	Child-Pugh A ~ B
C 期(进展期 HCC)	1 ~ 2	血管浸润或肝外转移	Child-Pugh A ~ B
D 期(终末期 HCC)	3 ~ 4	任何肿瘤	Child-Pugh C

PST:performance status test

(二) 多层螺旋 CT

CT 的分辨率远远高于超声,图像清晰而稳定,能全面客观地反映肝癌的特性,已成为肝癌诊断的常规手段。

CT 具有以下优势:

(1) 增强扫描可清楚地显示肝癌的大小、数目、形态、部位、边界、肿瘤血供丰富程度以及与肝内管道的关系。

(2) 对判断门静脉、肝静脉以及下腔静脉是否存在癌栓、肝门和腹腔淋巴结是否存在转移、肝癌是否已侵犯邻近组织器官都具有重要价值。

(3) 可通过显示肝脏的形态、脾脏的大小以及有无腹水判断是否合并肝硬化及其严重程度。

(4) CT 动态增强扫描可以显著提高小肝癌的检出率,是诊断小肝癌和微小肝癌的最佳方法。

(三) 磁共振成像(MRI)

MRI 具有高组织分辨率和多参数、多方位成像等特点,且无辐射影响,配合肝脏特异性 MRI 造影剂能够提高小肝癌检出率,而且对肝癌与肝脏局灶性增生结节、肝腺瘤等病变的鉴别亦有较大帮助。对肝癌患者肝动脉化疗栓塞(TACE)疗效的跟踪观察,MRI 较 CT 有更高的临床价值。另外,MRI 对判断肿瘤与血管的关系、观察肿瘤内部结构及其坏死等状况优于 CT,可作为 CT 检查后的重要补充手段。

(四) 正电子发射计算机断层扫描(PET-CT)

PET-CT 是将 PET 与 CT 融为一体而形成的功能分子影像成像系统,既可利用^{11}C、^{15}O、^{13}N 和^{18}F 等放射性核素标记的配体与相应特异性受体结合,通过功能显像反映肝脏占位的生化代谢信息,又可通过 CT 形态显像进行病灶的精确解剖定位。此外,同时进行的全身扫描对评估转移、监测肿瘤的进展以及选择治疗方案具有重要的指导意义。

(五) 肝动脉造影

是目前诊断小肝癌的最佳方法。采用超选择性肝动脉造影、滴注法肝动脉造影或数字减影肝血管造影可显示 0.5 ~ 1.0cm 的微小肿瘤。但由于该检查有一定创伤性,一般不列为首选,适用于经其他检查后仍未能确诊的患者。

【血清生化标志物检查】　甲胎蛋白(alpha-fetoprotein,AFP)是最具有诊断价值的肝癌标志物,虽然单独应用时并不具有特异性和敏感性,但与影像学检查相结合时对肝癌具有重要诊断意义。如果未发现肝脏局部病灶而仅有 AFP 增高时,应对患者进行每 3 个月 1 次的随访;若 AFP>200ng/ml,同时于肝脏发现>2cm 病灶且在增强 CT 扫描时有"快进快出"强化现象,则高度支持肝癌的诊断。

其他血清生化学标志物与 AFP 联合应用对肝癌的诊断也具有意义,如异常凝血酶原(DCP)和 AFP 异质体 AFP-L3 等。

【病理检查】　病理学检查是诊断原发性肝癌的金标准,但需注重与临床相结合。

(一)分型

(1)弥漫型:小癌结节弥漫分布全肝。

(2)巨块型:瘤体直径大于 10cm。

(3)块状型:瘤体直径在 5～10cm 之间,根据肿块数量和形态,又分为单块型、融合块状型、多块状型。

(4)结节型:瘤体直径在 3～5cm 之间,根据结节数量和形态,又可分为单结节型、融合结节型、多结节型。

(5)小癌型:瘤体直径小于 3cm。

根据组织学特征可分为肝细胞型、胆管细胞型、混合型以及特殊类型。肝细胞型占原发性肝癌的 90% 以上,胆管细胞癌不足 5%,混合型更少见,特殊类型如纤维板层型和透明细胞癌型罕见。

(二)肝内转移与多中心发生的鉴别

与原发肝癌灶相比肝内转移癌应由相同或较低分化程度的癌组织构成,而多中心发生肝癌应是高分化癌组织,即便存在低分化癌细胞也应被包围在高分化的癌细胞结节中,并与原发肝癌病灶处在不同的肝段上。鉴于多中心发生的原发性肝癌结节可发生在不同的时间段,故又有同时性发生或异时性发生的区别。异时性多中心发生更常见,同时性多中心发生仅见于肝硬化患者。术后短期内复发多源于最初的肝癌病灶,若术后较长时间如 3～4 年后复发则常为多中心异时性发生肝癌。

【诊断及鉴别诊断】　存在原发性肝癌的易患因素和临床特征,影像学检查显示有 >2cm 的肝癌特征性占位性病变时,诊断并不困难。若同时伴有 AFP>200ng/ml,对诊断更具有重要意义。小肝癌的诊断有时尚需借助肝活体组织学检查。鉴别诊断应注意下述疾病:

(一)肝硬化及慢性活动性肝炎

原发性肝癌多发生在肝硬化基础上,故两者有时在影像学上不易鉴别。肝硬化的局部病灶发展较慢,肝功能损害显著。少数活动性肝炎也可有 AFP 升高,但通常为一过性,且往往伴有转氨酶显著升高。肝癌患者则血清 AFP 持续上升,与转氨酶曲线可呈分离现象,甲胎蛋白异质体 AFP-L3 升高。

(二)继发性肝癌

继发性肝癌(secondary carcinoma of liver)常有原发癌肿病史,以消化道恶性肿瘤最常见,其次为呼吸道、泌尿生殖系、乳腺等处的癌肿。与原发性肝癌比较,继发性肝癌病情发展较缓慢,症状较轻,除少数原发于消化道的肿瘤外,AFP 一般为阴性。确诊的关键在于发现肝外原发癌的证据。

(三)肝脏良性肿瘤

AFP 阴性肝癌尚需与肝血管瘤、多囊肝、包虫病、脂肪瘤、肝腺瘤等肝脏良性肿瘤相鉴别,主要依赖于影像学检查。

(四)肝脓肿

急性细菌性肝脓肿较易与肝癌鉴别,慢性肝脓肿吸收机化后有时不易与肝癌鉴别,但患者多有感染病史,必要时在超声引导下行诊断性穿刺。慢性肝脓肿经抗感染治疗多可逐渐吸收变小。

【治疗】　治疗方案应根据疾病的分期进行选择。美国 AASLD 原发性肝癌诊治规范在国际范围内被广泛参照(图4-17-1)。至少应采用两种影像学对疾病进行分期评估,所有患者在治疗之前均应进行肺部影像学检查以确定有无肺转移。

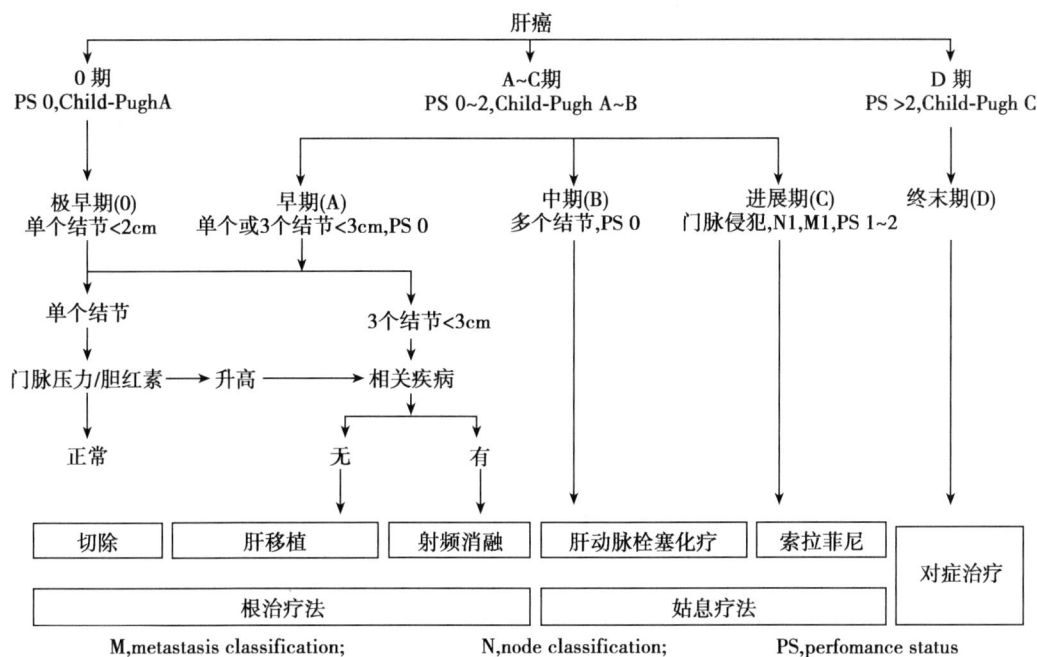

```
                                  肝癌
        ┌──────────────────────────┼──────────────────────────┐
      0 期                      A~C期                          D 期
  PS 0,Child-PughA          PS 0~2,Child-Pugh A~B         PS >2,Child-Pugh C
        │              ┌──────────┼──────────────┐             │
        ↓              ↓          │              ↓             ↓
    极早期(0)        早期(A)      │           中期(B)  进展期(C)  终末期(D)
   单个结节<2cm   单个或3个结节<3cm,PS 0    多个结节,PS 0  门脉侵犯,N1,M1,PS 1~2
        │              │
        ↓              ↓
    单个结节        3个结节<3cm
        │              │
        ↓              ↓
  门脉压力/胆红素 ─→ 升高 ─→ 相关病病
        │              ┌────────┴────────┐
        ↓              ↓                 ↓
       正常            无                 有
```

| 切除 | 肝移植 | 射频消融 | 肝动脉栓塞化疗 | 索拉菲尼 | 对症治疗 |

| 根治疗法 | 姑息疗法 | |

M,metastasis classification;　　　N,node classification;　　　PS,perfomance status

图 4-17-1　原发性肝癌治疗方案选择

(一)手术治疗

1. 肝切除术(hepatectomy)　是国内外普遍采用治疗肝癌的首选方法。能否进行手术切除以及切除的疗效不仅与肿瘤大小及数目有关,更重要的是与肝脏功能、肝硬化分期、肿瘤部位、肿瘤界限、包膜完整程度以及有无静脉癌栓密切相关。

需要强调,小肝癌不完全等同于早期肝癌的概念。有些小肝癌早期就可出现微小转移灶,其手术切除疗效不一定很好;另外,早期肝癌患者也并不都处于肝功能代偿期,能否切除决定于肝功能状态。

2. 肝移植术　适合于仅有≤5cm孤立病灶者或每个病灶≤3cm,总体未超过3个病灶者。已出现静脉癌栓、肝内播散或肝外器官转移者则不再适合肝移植。

(二)消融治疗

是指在影像技术引导下局部直接杀伤肝癌细胞的一类治疗手段,目前以射频和微波消融以及无水酒精注射最为常见。消融可经皮肤入路,也可在腹腔镜或开腹手术中应用。影像引导手段主要为超声和CT。超声引导下经皮消融,具有微创、安全、简便、易行、费用低等显著优点。

对于直径≤5cm的单发病灶或直径≤3cm但在3个以内的多发病灶,无血管、胆管侵犯或远处转移,肝功能Child-Pugh A 或 B 级的早期肝癌患者,消融是非手术治疗的最好选择。对于单发≤3cm的小肝癌常可获得根治性消融的效果。不推荐对>5cm的病灶单纯实施消融治疗。

位于肝脏表面的外裸肿瘤、肝功能 Child-Pugh C 级、TNM Ⅳ期或肿瘤呈浸润状、严重门静脉高压、合并感染等严重情况是消融治疗的禁忌证。

(三)介入治疗

指肝动脉栓塞化疗(transcatheter arterial chemoembolization,TACE),是非手术治疗的首选方法。适用于不能手术切除的中晚期患者以及由于其他原因不能或不愿意接受手术者。

行 TACE 治疗的关键是超选择插管。除多发结节外,均应强调超选择插管,不仅针对小肝癌,即便是巨块型肝癌,超选择插管也更有利于控制肿瘤的生长,保护正常肝组织。

Notes

肝功能 Child-Pugh C 级、严重门静脉高压、已发生广泛转移、癌肿范围占全肝 70% 以上以及合并感染等严重情况是 TACE 的禁忌证。

(四) 抗血管新生分子靶向药物治疗

口服索拉菲尼已被国际指南建议用于不适合手术和有远处转移的肝癌患者。其既可通过抑制血管内皮生长因子受体(VEGFR)和血小板源性生长因子受体(PDGER)阻断肿瘤血管生成,又可通过阻断 Raf/MEK/ERK 信号传导通路抑制肿瘤细胞增殖。主要的不良反应有乏力、手足皮疹、痤疮和腹泻等。

近年来,也有人开始探讨索拉菲尼对不同分期肝癌患者的疗效并观察其在早期肝癌以及与全身放、化疗联合治疗的效果。索拉菲尼联合 TACE 治疗中晚期肝癌的临床疗效目前已经得到广泛认可,但其在肝移植围术期的应用尚在探讨中。

(五) 抗病毒治疗及生物治疗

在针对肝癌综合治疗的基础上,通过抗病毒治疗抑制 HBV/HCV 的复制,减少或延缓肝癌的复发,提高患者生活质量,延长生存期是 HBV/HCV 相关性肝癌抗病毒治疗的总体目标。

抗 HBV 的药物主要包括核苷(酸)类似物(NAs)和聚乙二醇干扰素(Peg-IFNα)两大类。核苷(酸)类似物(NAs)是通过抑制 HBV DNA 多聚酶干扰病毒复制发挥抗病毒作用,而干扰素与 NAs 作用机制不同,其可通过与肝细胞表面 IFN 受体结合直接抑制 HBV 复制外,还可通过激活 HBV 特异性 CD4$^+$T 细胞、促进 NK 细胞杀伤活性等机制在发挥抗病毒作用的同时也发挥抗肿瘤作用。

近年来,直接抗病毒药物(direct-acting antivirals,DAAs)的发展十分迅速,其已成为改善 HCV 相关性肝癌预后的重要治疗措施并已改变了多年仅用 Peg-IFNα 联合利巴韦林(RBV)的传统治疗措施。2015 年欧洲肝病学会(EASL)建议对拟行肝移植的合并有肝癌的 Child-Pugh A 级肝硬化患者根据基因型选择不同的不含 Peg-IFNα 的方案,即:DAAs+RBV 治疗方案,疗程 12~24 周,且应尽可能于肝移植前完成抗病毒治疗疗程。对移植后复发者也应选择不含干扰素的治疗方案。

免疫、基因、内分泌、干细胞等多种生物技术治疗肝癌的疗效尚需更充分的循证医学证据。

(六) 放射治疗

属于姑息性治疗手段,其适应证为:

(1) 肿瘤局限但因肝功能不佳不能进行手术切除、肿瘤位于重要解剖位置而无法手术切除、或拒绝手术者。

(2) 术后残留病灶。

(3) 易导致并发症(胆管梗阻、门静脉和肝静脉瘤栓)的局部病灶。

(4) 存在淋巴结、肾上腺以及骨转移者。

放射治疗的并发症分为急性期(治疗期间)及放疗后期(放疗后 4 个月内)肝损伤,临床要高度重视。急性期肝损伤往往可逆,易修复;放疗后期肝损伤常不可逆,一旦发生,死亡率高。

(七) 系统化疗

以奥沙利铂为主的联合化疗正在进行国际Ⅲ期临床试验。目前认为对于没有禁忌证的晚期肝癌患者,系统化疗优于最佳支持治疗。其主要适应证为:

(1) 合并肝外转移者。

(2) 不适合手术和 TACE 治疗者。

(3) 合并门静脉主干癌栓者。

(八) 中医治疗

中医药作为肝癌的辅助治疗方法,有助于提高生活质量,延长生存期。我国 SFDA 已批准多种现代中药制剂用于肝癌的治疗,但仍需更深入的高级别循证医学证据加以规范。

【预后】　预后主要取决于能否早期诊断及早期治疗。肝癌切除术后 5 年生存率为 30% ~ 50%，其中小肝癌切除后 5 年生存率为 50% ~ 60%。体积小、包膜完整、尚未形成癌栓及转移、肝硬化程度较轻、免疫状态尚好且手术切除彻底者预后较好。中晚期肝癌如经积极综合治疗也能明显延长其生存时间。

【预防】　通过注射疫苗预防乙型肝炎、采取积极的抗病毒治疗方案延缓慢性乙型和丙型肝炎的进展对预防原发性肝癌的发生至关重要。积极治疗酒精性肝硬化和其他慢性肝病、避免黄曲霉毒素以及化学物质和药物的影响也对预防肝癌的发生有积极的作用。

（王江滨）

推荐阅读文献

1. Jordi Bruix，Morris Sherman. Management of Hepatocellular Carcinoma：An Update. AASLD PRACTICE GUIL-DELINE. 2011

2. National Comprehensive Cancer Network（NCCN）. Hepatobiliary Cancer Panel. NCCN Clinic Practice Guidelines-Hepatobiliary Cancer. Oncology，2010

3. European Association for the study of the hiver. EASL Recommendations on Treatment of Hepatitis C 2015. Journal of Hepatology，2015，doi：10. 1016/j. jhep. 2015. 03. 025

Notes

第十八章 肝 性 脑 病

> **要点:**
> 1. 根据病因不同,肝性脑病可分为 A、B、C 三型。
> 2. 氨中毒学说是肝性脑病发病的主要机制,多种因素相互协同共同促进肝性脑病的发生和发展。
> 3. 根据有无临床表现及其严重程度分为轻微肝性脑病和肝性脑病 I ～ Ⅵ 期。
> 4. 治疗包括去除诱因、减少氨的产生、吸收和清除。乳果糖和利福昔明-α 是治疗 MHE/HE 的一线药物,LOLA 静脉注射可明显降低血氨,改善 HE 患者的精神状态分级。

肝性脑病(hepatic encephalopathy,HE),是肝功能衰竭或门体分流引起的中枢神经系统神经精神综合征,主要临床表现可以从人格改变、行为异常、扑翼样震颤(flapping tremor,asterixis)到出现意识障碍、昏迷。最常见于终末期肝硬化。如果肝脏功能衰竭和门体分流得以纠正,则肝性脑病可以逆转,否则易于反复发作。

【分类与命名】 根据病因将肝性脑病分为三种类型:

1. A 型　急性肝衰竭(acute liver failure)时发生,常于起病 2 周内出现脑病,亚急性肝功能衰竭时,HE 出现于 2 ～ 12 周。

2. B 型　为单纯门体旁路(bypass)所引起,无明确的肝细胞疾病。例如先天性血管畸形和在肝内或肝外水平门静脉血管的部分阻塞,包括外伤、类癌、骨髓增殖性疾病等引起的高凝状态所致的门静脉及其分支栓塞或血栓形成,以及淋巴瘤、转移性肿瘤、胆管细胞癌造成的压迫产生的门静脉高压,而造成门体旁路。此时肝活检显示为正常的肝组织学特征,但临床表现与肝硬化伴 HE 的患者相同。

3. C 型　肝硬化(cirrhosis)是 HE 中最为常见的类型。这些患者伴门静脉高压和(或)门体分流。C 型 HE 又可分为发作性 HE(又分为有诱因、自发性和复发性三个亚类)、持续性 HE(又分为轻度、重度和治疗依赖三类)和轻微肝性脑病(minimal hepatic encephalopathy,MHE)三个亚型。

【发病机制】 肝性脑病的发病机制迄今为止仍不清楚。目前认为 HE 是多种因素共同作用的结果。主要涉及三个环节:肝功能损伤和(或)门体侧支分流病理生理基础存在;循环毒素的产生;突破血-脑屏障的循环毒素特别是氨在不同水平上对脑功能的损害。

(一) 氨

围绕氨代谢紊乱提出的氨中毒(ammonia intoxication)学说在 HE 的发病机制中仍占最主要的地位。胃肠道是氨进入血液循环最主要的门户。肠道中的氨源于肠菌对食物中蛋白质的分解。非离子型氨(NH_3)有毒性,且能透过血脑屏障。离子型氨(NH_4^+)呈盐类形式存在,相对无毒,不能透过血脑屏障。NH_3 与 NH_4^+ 的互相转化受 pH 梯度影响,如反应式 $NH_3\text{-}NH_4^+$ 所示。当结肠内 pH<6 时,NH_3 从血液弥散入肠腔,形成胺盐随粪排出;当 pH>6 时,NH_3 大量入血。正常生理情况下来自肠道内的氨经门静脉入肝,在肝内转变为尿素、谷氨酰胺、门冬酰胺及其他非必需氨基酸以清除血氨。肝功能衰竭时,肝将氨转变为尿素的能力减低或消失,如果存在门-体分

流,氨还可绕过肝直接进入体循环,并通过血脑屏障进入中枢神经系统。氨中毒机制:

(1) 脑内星形胶质细胞(astrocyte)肿胀:脑内清除氨的主要途径依靠存在于星形胶质细胞中谷氨酰胺合成酶合成谷氨酰胺,后者是一种很强的有机渗透质,可导致该细胞肿胀、功能受损,进一步影响氨的代谢,并可影响神经元有效摄入或释放细胞外离子和神经递质的能力,出现 HE 的表现。

(2) 脑能量障碍:血氨过高可抑制丙酮酸脱氢酶活性,从而影响乙酰辅酶 A 的生成,干扰大脑的三羧酸循环。谷氨酸被星形细胞摄取在合成谷氨酰胺过程中消耗线粒体上的 α-酮戊二酸及 ATP。其减少能使三羧酸循环运转降低,致大脑细胞能量供应不足,导致功能紊乱而出现 HE。

(3) 干扰神经细胞膜离子转运:氨可通过干扰神经细胞膜离子转运改变基因如水通道蛋白的表达,损害颅内血流自动调节机制,产生脑水肿和 HE。

(4) 氨促进活性氧的释放:启动氧化应激反应,导致线粒体功能障碍,损害细胞内信号通路,促进神经元中凋亡级联反应的发生。

(二) γ-氨基丁酸与内源性苯二氮䓬

γ-氨基丁酸(gamma amino-butyric acid,GABA)是脑中主要的抑制性神经递质。血浆中的 GABA 由谷氨酸经肠道细菌谷氨酸脱羧酶作用衍生而来。正常时肝能大量摄取门脉血内的 GABA,并迅速分解。肝功能衰竭和门体分流时,肝对 GABA 的清除明显降低,同时 GABA 可绕过肝直接进入体循环,导致血中 GABA 浓度增高。随着 GABA 穿过异常的血脑屏障摄取增加,脑脊液和脑组织的浓度也增加。GABA 作用于大脑突触后神经元的 GABA 受体,GABA 受体和其他两个受体蛋白即苯二氮䓬(benzodiazepine,BZ)受体及巴比妥受体紧密相连,组成 GABA/BZ 受体复合体,共同调节氯离子通道。肝功能失代偿患者脑组织中的 GABA/BZ 受体数目也增加,同时 HE 患者机体内源性 BZ 含量增多,两者均可激活大脑神经元突触 GABA/BZ 受体复合物,导致 Cl^- 大量内流,产生抑制性突触后电位,使神经传导抑制,产生 HE。

(三) 芳香族氨基酸与假神经递质

食物中的芳香族氨基酸如酪氨酸、苯丙氨酸等经肠菌脱羧酶的作用分别转变为酪胺和苯乙胺。肝功能衰竭时,对其清除发生障碍,通过血脑屏障进入脑组织,在脑内经 β 羟化酶的作用分别形成章胺(β-羟酪胺)和苯乙醇胺。后两者的化学结构式与正常兴奋性神经递质去甲肾上腺素相似,但不能传递神经冲动,故称为假神经递质(false neurotransmitter)。它们在脑内取代了突触中的正常递质,兴奋冲动不能正常地传到大脑皮层而产生异常抑制,故出现意识障碍与昏迷。另外,肝硬化失代偿患者血氨基酸的代谢失衡(amino acid metabolic imbalance),即血浆芳香族氨基酸(如酪氨酸、苯丙氨酸、色氨酸)增多,而支链氨基酸(如缬氨酸、亮氨酸、异亮氨酸)减少。支链氨基酸与芳香族氨基酸比值由正常 3~3.5:1 降到 1:1 或更低。上述两种氨基酸是在互相竞争和排斥中通过血脑屏障,进入脑中的芳香族氨基酸增多,可进一步形成假神经递质。

(四) 锰离子

在肝硬化患者血浆和脑组织中,发现锰的含量升高,并在大脑苍白球沉积。锰沉积除直接对脑组织造成损伤外,还影响 5-羟色胺、去甲肾上腺素和 GABA 等神经递质的功能。此外,锰还影响多巴胺与多巴胺受体的结合,导致多巴胺氧化使多巴胺减少,造成震颤、僵硬等锥体外系症状。

(五) 其他

还有一些肠源性的神经毒素,在 HE 患者的血浆和脑脊液中明显增高,在 HE 的发病中可能起一定的作用。如甲基硫醇及其衍生物二甲基亚砜,短链脂肪酸(如戊酸、己酸和辛酸)能诱导实验性 HE。此外,氨、硫醇、短链脂肪酸对中枢神经系统具有协同毒性作用。

(六) 诱发因素

大多数 HE 的发病通常都可以找到诱发因素。它们通过促进毒素的生成,加重肝功能的损伤或增强毒素对神经系统的损伤,诱发肝性脑病的发生。诱发因素有:①消化道出血:肝硬化患者易发生消化道出血,肠道积血是血氨等毒素升高的重要因素;②高蛋白饮食:一次性摄入大量高蛋白饮食,使肠内产氨增多;③低钾性碱中毒:使用排钾利尿剂、放腹水、呕吐、腹泻或进食过少等均可导致低钾血症。从而使细胞内钾外移而补充,在此移动过程中细胞外液[H^+]减少,有利于NH_3通过血脑屏障;④低血容量与缺氧:低血容量致肾前性氮质血症,使血氨增高。低血容量时脑细胞缺氧,将氨合成谷氨酸和谷氨酰胺的能力下降,而且对氨毒性作用的耐受性也下降;⑤感染:感染促进组织分解代谢,增加血氨的生成。感染和内毒素导致血清 TNF-α 水平增加,后者增加中枢神经系统内皮细胞中氨的弥散作用,增加脑中氨浓度;⑥药物:麻醉、镇痛、催眠、镇静等类药物不仅可直接抑制大脑和呼吸中枢,造成缺氧;而且地西泮及巴比妥类药物均可激活 GABA/BZ 受体复合物而诱发 HE;⑦便秘:有利于肠道毒物吸收。其他因素如低血糖时大脑能量供应不足,导致脑内去氨的活动停滞,氨的毒性增加。

【病理】 急性肝功能衰竭所致的 HE 患者的脑组织通常无明显病理改变,但多有脑水肿。慢性 HE 患者可以出现大脑和小脑灰质以及皮层下组织的星形胶质细胞(又称阿尔茨海默Ⅱ型星形细胞)肥大和增多。典型的形态变化是细胞的肿胀、染色体边聚、核变小且淡染、核仁突出。病程较长者则大脑皮层变薄,神经元及神经纤维消失,皮层深部有片状坏死,甚至可累及小脑和基底部。

【临床表现】 因基础肝病、肝细胞损害的轻重以及诱因的不同而异。可以从无临床表现(MHE)到神经精神紊乱(智力和人格障碍、痴呆、构建不能、意识障碍),神经肌肉障碍(扑翼样震颤、反射亢进、肌阵挛)以及少见的帕金森样综合征和进行性下身麻痹。急性 HE 诱因不明显,常伴脑水肿,可出现颅内压增高的临床表现,患者在起病数日内即进入昏迷直至死亡。慢性 HE 多见于肝硬化患者,常有诱因,以慢性反复发作性木僵与昏迷为突出表现。肝功能损害严重的 HE 患者常有明显黄疸,出血倾向和肝臭,易并发各种感染,肝肾综合征等,使临床表现更加复杂。

根据意识障碍程度,神经系统表现和脑电图改变,将 HE 自无精神改变到深昏迷分为五期(改良 West Haven 分级标准)。

1. 0 期轻微肝性脑病(MHE) 是指临床上无上述精神神经表现,常规精神神经系统检查无异常,但神经心理和神经生理检查可发现异常的患者(见下述诊断部分)。

2. Ⅰ期(前驱期) 轻度的性格改变和行为异常,如欣快激动或淡漠少言,衣冠不整或随地便溺。应答尚准确,但吐词不清或缓慢。不能完成简单的计算和智力构图(如搭积木、用火柴摆五角星等),可有扑翼样震颤。脑电图多数正常。此期历时数日或数周,有时症状不明显,易被忽视。

3. Ⅱ期(昏迷前期) 以意识错乱、嗜睡障碍、行为异常为主。前一期的症状加重。嗜睡或昼睡夜醒。定向力和理解力均减退,对时、地、人的概念混乱,言语不清、举止反常也常见。可有幻觉、恐惧、狂躁,而被视为一般精神病。此期患者有明显神经体征,如腱反射亢进、肌张力增高、踝阵挛及 Babinski 征阳性等。此期扑翼样震颤存在,可出现不随意运动及运动失调,脑电图有特征性异常。从此期开始患者可出现肝臭。

4. Ⅲ期(昏睡期) 以昏睡和精神错乱为主,各种神经体征持续或加重,大部分时间患者呈昏睡状态,但可唤醒。醒时尚可应答,常伴有神志不清和幻觉。扑翼样震颤仍可引出。肌张力增加,四肢被动运动常有抵抗力。锥体束征常呈阳性。

5. Ⅳ期(昏迷期) 神志完全丧失,不能唤醒。浅昏迷时,对痛刺激和不适体位尚有反应,腱反射和肌张力仍亢进;由于患者不能合作,扑翼样震颤无法引出。深昏迷时,各种反射消失,肌张力降低,瞳孔常散大,可出现阵发性惊厥、踝阵挛和过度换气。

近年提出了肝硬化神经功能损害谱(spectrum of neurologic impairment in cirrhosis,SONIC)的

概念,认为肝硬化患者发生肝性脑病是一个连续的过程,因此将轻微型肝性脑病和 West-Haven 分级1级的肝性脑病归为"隐匿性肝性脑病(covert hepatic encephalopathy,CHE)",其定义为有神经心理学和(或)神经生理学异常,但无定向力障碍、无扑翼样震颤的肝硬化患者。将有明显肝性脑病临床表现的患者(West-Haven 分级标准中的2、3和4级肝性脑病)定义为"显性肝性脑病(overt hepatic encephalopathy,OHE)"。

【实验室和辅助检查】

1. **血氨** 正常人空腹静脉血氨为18~72μmol/L,动脉血氨含量为静脉血氨的0.5~2倍。一般认为测定动脉血氨比静脉血氨更有意义。动态观察血氨,对诊断与治疗有一定的价值。慢性 HE 尤其是门体分流性脑病患者多有血氨增高;急性 HE 血氨多正常。

2. **神经生理检测**

(1) 脑电图:其演变与 HE 的严重程度一致。HE 早期脑电图的节律弥漫性减慢,波幅增高,由正常的α节律(8~13次/秒)变为θ节律(4~7次/秒)。更严重的脑电波异常,即δ波(1~5次/秒),为Ⅱ期 HE 的改变。Ⅲ期 HE 常出现三相波,但三相波常在昏迷期消失。三相波的出现提示预后不良。

(2) 脑诱发电位:是在体外可记录到的由各种外部刺激经感受器传入大脑神经元网络后产生的同步放电反应。以听觉诱发电位 P300 诊断肝性脑病的效能较高,而视觉诱发电位 P300 检测结果的可重复性差。该检测的优点是没有学习效应,结果相对特异,但缺点是需要专用设备且敏感性差,仅用于研究。

(3) 临界视觉闪烁频率(CFF)检测:测定患者视觉功能的变化、判定视网膜胶质细胞的病变,间接反映大脑胶质星形细胞肿胀和神经传导功能障碍。是发现和监测 HE 的一项敏感、简单而可靠的指标,不受受试者文化程度、年龄、职业等因素的影响,但易受兴奋剂或镇静剂及疲劳等因素的干扰。

3. **神经心理检测** 推荐使用肝性脑病心理学评分(psychometric hepatic encephalopathy score,PHES)诊断 MHE。PHES 包括数字连接试验-A(NCT-A)、数字连接试验-B(NCT-B)、数字符号试验(DST)、轨迹描绘试验(LTT)和系列打点试验(SDT)5个子测试项目。专家共识意见 NCT-A 及 DST 两项测试方法同时阳性即可诊断 MHE。由于 NCT-A 及 DST 受年龄和教育程度的影响,因此测试结果要参考相应年龄和教育程度的健康对照者的结果进行判断。

4. **神经影像学检查** 急性 HE 患者进行头部 CT 或 MRI 检查可发现脑水肿。慢性 HE 患者则可发现不同程度的脑萎缩。大多数肝硬化患者可出现双侧苍白球及壳核对称的 T1 加权信号增强,提示可能与顺磁性物质锰在基底神经节的沉积有关。使用质子(H1)磁共振波谱分析(MRS)检测慢性肝病患者发现脑部的代谢改变,包括谷氨酸或谷氨酰胺增加、肌醇与胆碱减少。谷氨酰胺可作为光谱分析的标志信号,这种改变比神经心理学检查更敏感。此外,影像学检查有利于排除其他脑病的可能。

【诊断和鉴别诊断】

(一)诊断

肝硬化失代偿期并发中枢神经系统紊乱为其主要特征,一般诊断不难。主要诊断依据为:①严重肝病和(或)广泛门体侧支循环;②精神紊乱、昏睡或昏迷;③有肝性脑病的诱因;④明显肝功能损害或血氨增高,扑翼样震颤和典型的脑电图改变有重要参考价值。

轻微肝性脑病的诊断目前尚无统一诊断标准。我国专家共识建议对肝硬化患者检测数字符号试验和数字连接试验,二者均阳性则可诊断为 MHE。

(二)鉴别诊断

肝性脑病诊断的确定必须排除其他疾病的可能。①以精神症状为唯一突出表现的 HE 易被误诊为精神病,应注意排除;②肝性昏迷还应与引起昏迷的其他疾病鉴别,包括:代谢性脑病(如

Notes

糖尿病酮症酸中毒、低血糖、尿毒症、高钠血症、低钠血症等);颅脑病变(如脑血管意外、颅内肿瘤和感染等);中毒性脑病(酒精、药物、重金属中毒等)。

【治疗】　治疗目的为治疗基础肝病和促进意识恢复。早期治疗远比已进入昏迷期效果为好。由于其发病机制复杂,有多种因素参与,应针对不同病因和临床类型有重点地选择治疗方法。

(一) 及早识别并纠正或去除诱因

大多数 HE 的发病可找到诱因,治疗首先要纠正或去除诱因。部分患者仅通过去除诱因而无需采取进一步措施,便可获得病情改善或 HE 逆转。如及时控制消化道出血和清除肠道积血;预防或纠正水、电解质和酸碱平衡失调;积极控制感染;慎用或禁用镇静药,注意防治顽固性便秘等。

(二) 营养治疗

大多数肝硬化患者存在营养不良,长时间限制蛋白饮食会加重营养不良的严重程度。且负氮平衡会增加骨骼肌的动员,反而可能使血氨含量增高。最近的研究显示,与限制蛋白质的摄入相比,正常摄入蛋白 1.2g/(kg·d) 是安全的,对血氨和肝性脑病的恢复没有负面影响。在摄入蛋白质的问题上应把握以下原则:①急性期首日患者禁蛋白饮食,给予葡萄糖保证供应能量,昏迷不能进食者可经鼻胃管供食。②慢性肝性脑病患者无禁食必要,蛋白质摄入量为 1 ~ 1.5g/(kg·d)。③口服或静脉使用支链氨基酸制剂,可调整 AAA/BCAA 比值。④植物和奶制品蛋白优于动物蛋白,因植物蛋白产氨少,能增加非吸收性纤维含量从而增加粪便细菌对氨的结合和清除,而且植物蛋白被肠菌酵解产酸有利于氨的排除。

(三) 减少肠道氨源性毒物的生成和吸收

1. **清洁肠道**　尤其对由消化道出血和便秘所致的肝性脑病,通过灌肠或导泻等措施清洁肠道,减少肠道氨的吸收具有有益的作用。可采用以下措施:口服或鼻饲缓泻剂,如乳果糖、乳梨醇、25% 硫酸镁;用生理盐水或弱酸液灌肠,一方面排出积血,另一方面使肠道保持酸性状态,不利于氨的吸收。

2. **口服不吸收双糖**　乳果糖(β-半乳糖果糖)口服后在结肠内被乳酸菌、厌氧菌等分解为乳酸和醋酸,降低结肠 pH,使肠腔呈酸性,从而减少氨的形成与吸收;其轻泻作用有助于肠内含氮毒性物质的排出;肠道酸化后,促进乳酸杆菌等有益菌大量繁殖,抑制产氨细菌生长,氨生成减少。是治疗 HE 的一线药物。并可显著改善肝硬化 MHE 患者的智力测验结果(认知能力)和提高患者的生活质量。剂量 30ml,每日 3 ~ 4 次口服,也可鼻饲。乳果糖无毒性,不良反应少,有时出现腹痛、恶心、呕吐等。乳梨醇(β-半乳糖山梨醇)其作用与乳果糖相同。对改善 HE 的效果与乳果糖相同,但乳梨醇甜度低。剂量为 30 ~ 45g/d,分 3 次口服。

3. **肠道非吸收抗生素**　研究表明利福昔明-α 晶型(rifaximin),肠道几乎不吸收,可广谱、强效的抑制肠道产氨细菌生长,减少氨的生成。其有耐受性好、起效快等优点。可作为 MHE 和 Ⅰ ~ Ⅲ度肝性脑病的治疗,并可预防复发,推荐剂量是 1200mg/d,分 3 次口服,疗程 8 周。

4. **微生态制剂**　服用不产生尿素酶的某些有益菌如乳酸杆菌、肠球菌、双歧杆菌、酪酸杆菌等,可抑制产生尿素酶细菌的生长,并酸化肠道,对防止氨和有毒物质的吸收有一定作用。最新的 Meta 分析结果提示益生菌可作为 MHE 的一线治疗。

(四) 促进体内氨的清除

鸟氨酸天冬氨酸(ornithine-aspartate,OA)是一种鸟氨酸和天冬氨酸的混合制剂,可激活尿素合成过程的关键酶,提供尿素生成和谷氨酰胺合成的反应底物鸟氨酸和天冬氨酸,在残留的肝细胞和骨骼肌中增加尿素合成和促进谷氨酰胺生成,从而清除肝脏门脉血流中的氨,对防止急性 HE 在氨负荷过重时的血氨水平升高有效。使用方法:加入葡萄糖液内静脉滴注 20 ~ 40g/d。

(五) 拮抗神经毒素对神经递质的抑制作用

GABA/BZ 复合受体拮抗剂氟马西尼(fumazenil)为 BZ 受体拮抗剂,可以使内源性 BZ 衍生物导致的神经传导抑制得到短期改善。氟马西尼可能对部分急性肝性脑病患者有利。用法1mg/次,静脉内用药。

（六）暂时性肝脏支持

常用于急性肝衰竭引起的 HE,目前多用分子吸附再循环系统(molecular absorbent recirculating system,MARS)清除与白蛋白结合的毒素、胆红素。生物性人工肝支持系统以培养的肝细胞等生物材料为基础,提供肝功能支持,尚处于试验阶段。处于试验阶段的还有肝细胞和骨髓干细胞移植,但已显示对于急性肝衰竭导致的肝坏死有替代作用,可改善生存率,将是今后研究的方向。

（七）肝移植

肝移植是挽救患者生命的有效措施,如何选择手术适应证和把握手术时机对移植后的长期存活甚为重要。凡无脑水肿的Ⅲ级以上 HE 或急性肝衰竭且符合下列 5 条中 3 条或 3 条以上者,有急症肝移植指征:①动脉血 pH<7.3;②年龄<10 岁或>40 岁;③出现脑病前黄疸时间>7天;④凝血酶原时间>50 秒;⑤血清总胆红素>300μmol/L。肝移植后一年生存率为 65%。

（八）对症治疗

对急性肝衰竭患者,治疗直接针对多器官功能衰竭和损伤肝脏的功能支持。患者应置于重症监护病房,头部抬高 20°~30°,保持低温 32~33℃。对重度 HE 必要时进行气管插管以降低呼吸骤停的危险。加强脑细胞功能的保护和给予甘露醇防治脑水肿,继发于脑水肿的颅内高压,是Ⅲ、Ⅳ期 HE 患者常见并发症,可导致患者死亡或不可逆脑损伤,注意早期识别和处理。

【预后】　诱因明确且容易消除者预后较好;肝功能较好、作过分流手术、由于进食高蛋白而引起的门体分流性脑病预后较好;有腹水、黄疸、出血倾向的患者提示肝功能较差,其预后也差;急性肝衰竭所致的肝性脑病预后最差。

（王吉耀）

推荐阅读文献

1. Prakash RK,Mullen KD:Chapter 18 Hepatic Encephalopathy. In Schiff ER,Maddrey WC & Sorrell MF eds. Schiff's Diseases of the Liver. 11th edition. UK,John Wiley & Sons Ltd. 2012:421-439
2. 中华医学会消化病学分会,中华医学会肝病学分会. 中国肝性脑病诊治共识意见. 重庆:中华消化杂志,2013;33(9):581-591

第十九章 胰 腺 炎

第一节 急性胰腺炎

> **要点:**
> 1. 急性胰腺炎分为轻度、中(重)度和重度。轻度居多,呈自限性;重度病情危重,死亡率高。
> 2. 胆石症是最常见的病因,其次为酒精与高脂血症。
> 3. 根据腹痛、血淀粉酶和脂肪酶增加 3 倍可诊断急性胰腺炎,当出现全身其他脏器功能衰竭或胰腺周围并发症时,前者持续时间<48 小时为中(重)度,若大于 48 小时为重度急性胰腺炎。
> 4. 对患者应采取禁食、抑制胰酶分泌的措施,重症者应给予肠内营养,必要时用抗生素。

急性胰腺炎(acute pancreatitis,AP)是多种病因导致胰酶激活,并作用于胰腺组织后产生的局部炎症反应,可伴或不伴有其他器官功能改变。痊愈后绝大多数患者的胰腺功能和结构可恢复正常。国外统计发病率每年在 4.8/10 万~24/10 万,成年人居多,平均发病年龄 55 岁。按病情轻重,急性胰腺炎分为轻度(mild acute pancreatitis,MAP)、中(重)度(moderately severe acute pancreatitis,MSAP)和重度急性胰腺炎(severe acute pancreatitis,SAP)。临床以 MAP 多见,患者无器官功能衰竭,呈自限性。20%~30% 患者为 MSAP 和 SAP,SAP 患者存在持续性器官功能衰竭,病情较 MSAP 更危重,其死亡率仍在 10%~20%。

【病因和发病机制】

(一)病因

急性胰腺炎的病因繁多(表 4-19-1),我国 50% 以上由胆道疾病所致,西方国家胆道疾病和酗酒分别占急性胰腺炎病因的 40% 和 35%。其中有 15%~20% 病因不明,称为"特发"性急性胰腺炎(idiopathic acute pancreatitis)。

表 4-19-1　急性胰腺炎的病因

常见病	因胆石症(包括胆道微结石)、酗酒、高脂血症
少见病因	代谢性疾病甲状旁腺功能亢进、高钙血症
手术后	胆总管探查、括约肌成形术、十二指肠手术、远端胃切除
药物	硫唑嘌呤、磺胺类、噻嗪类利尿剂、呋塞米、四环素、雌激素
乳头及周围疾病	Oddi 括约肌功能不良、壶腹部肿瘤、憩室、十二指肠梗阻、输入襻综合征
自身免疫性疾病	SLE、类风湿关节炎、坏死性血管炎
感染	腮腺炎病毒、柯萨奇病毒、支原体、埃可病毒、蛔虫、HIV
其他	ERCP 后、胰腺分裂、创伤、α1-抗胰蛋白酶缺乏症、遗传性胰腺炎、金属中毒、肾衰竭终末期

（二）发病机制

胰酶在胰管内被激活是引起胰腺局部炎症的必备条件,而胰蛋白酶原转化成胰蛋白酶是整个胰酶系统被激活的起始步骤,随后产生一系列病理生理过程。

1. **胰腺消化酶** 除淀粉酶、脂肪酶具有生物活性外,胰腺分泌的大部分消化酶(胰蛋白酶原、糜蛋白酶原、弹力蛋白酶原、磷脂酶原 A、激肽酶原、胰舒血管素原等)以不具活性的酶原形式存在于腺泡细胞内。正常情况下,胰蛋白酶处于无活性状态,可能原因有:①胰腺分泌性胰蛋白酶抑制物(PSTI)可以结合被激活的少量胰蛋白酶;②有些酶如 mesotrypsin 和 enzyme Y 可以分解胰蛋白酶或使胰蛋白酶失活;③非特异性抗蛋白酶物质 α1-抗胰蛋白酶和 α1-巨球蛋白的存在;④胰腺腺泡细胞内的分隔结构使胰酶在合成、转运中与溶酶体水解酶(如组织蛋白酶 B)分开,后者可激活胰蛋白酶。

2. **胰酶激活腺泡细胞内胰蛋白酶原** 激活的始动因素可能有:①上述抑制胰蛋白酶原激活的能力下降,使腺泡细胞内胰蛋白酶原早期激活;②各种原因造成的胰管阻塞和胰液大量分泌,使胰管内压力增加,从而损伤腺泡细胞、激活胰酶;③各种原因导致的胰腺血供障碍、胰腺损伤,使腺泡细胞内各种酶共存,为组织蛋白酶 B 提供激活消化酶原的机会;④病毒或细菌毒素可激活胰酶、损伤腺泡细胞;⑤遗传性胰腺炎发病与基因突变有关,如胰蛋白酶基因和囊性纤维化跨膜传导调节(CFTR)基因。

3. **胰蛋白酶** 催化胰酶系统、激活补体和激肽系统,进而引起胰腺局部组织炎症反应,严重者可导致全身病理生理改变,包括白细胞趋化、活性物质释放、氧化应激、微循环障碍、细菌易位等。胰蛋白酶催化胰酶系统后,不同的消化酶和活性物质有不同的病理生理作用。磷脂酶 A2 (PLA2)在胆酸参与下分解细胞膜的磷脂产生溶血卵磷脂和溶血脑磷脂,后者可引起胰腺组织坏死与溶血;弹力蛋白酶水解血管壁的弹性纤维,致使胰腺出血和血栓形成;脂肪酶参与胰腺及周围脂肪坏死、液化;激肽释放酶可使激肽酶原变为激肽和缓激肽,导致血管舒张和通透性增加,引起微循环障碍和休克;补体系统激活使活化的单核巨噬细胞、多核中性粒细胞释放细胞因子(TNF、IL-1、IL-6、IL-8)、花生四烯酸代谢产物(前列腺素、血小板活化因子、白三烯)、蛋白水解酶和脂肪水解酶,从而增加血管通透性,引起血栓形成和胰腺组织坏死。激活的消化酶和活性物质共同作用,引起胰实质及邻近组织的自身消化,又进一步促使各种有害物质释出,形成恶性循环,损伤加重。

上述机制引起血管壁损伤、血管壁渗透性增高、血栓形成。早期胰腺炎多无明显微循环灌注不足,但 SAP 则有明显的胰腺缺血表现,缺血程度与坏死的范围成正比,提示微循环障碍在 SAP 发病中起重要作用。消化酶、活性物质和坏死组织液,经血液循环、淋巴管转移至全身,引起多脏器损害,甚至出现器官衰竭。全身炎症反应综合征(systemic inflammatory response syndrome,SIRS)的发生与炎症因子(TNF 等)、激活的胰酶(胰蛋白酶、磷脂酶、弹力蛋白酶等)进入血液循环有关;如 ARDS 多继发于微血管血栓形成,这与卵磷脂酶消化肺表面活性剂卵磷脂有关;血管活性肽和心肌抑制因子引起心衰和休克。细菌易位在急性胰腺炎的发生发展中有重要作用,肠道缺血使肠道屏障受损,细菌在胃肠繁殖、上移,胰腺炎时可出现动静脉瘘,肠道细菌进入血液循环,或通过淋巴管途径,诱发远处感染。一旦感染极易并发多脏器功能衰竭,死亡率明显增加。

【病理】 急性胰腺炎的病理变化有间质炎症和胰腺组织坏死两个方面。间质炎症时肉眼见胰腺肿大,病变累及部分或整个胰腺,显微镜下以间质水肿、炎性细胞浸润为主,也可见少量腺泡坏死和小灶状脂肪坏死,多无明显的血管变化。

胰腺坏死多发生于外周胰腺,但也可累及整个胰腺。肉眼见胰腺肿大、灶状或弥漫性胰腺间质坏死和(或)大面积脂肪坏死,大小不等的灰白色或黄色斑块状脂肪坏死灶散落于胰腺和周围组织中。严重的见胰腺表面或胰周组织出血灶,呈褐色或灰褐色,可有新鲜出血。显微镜下见胰腺组织凝固性坏死、粒细胞和巨噬细胞浸润,病灶累及腺泡细胞、胰岛细胞和胰管系统。严重的间质、脂肪坏死可能累及小血管,引起血栓、坏死、破裂,偶尔可见动脉血栓形成。少数可并发胰腺假性囊肿(pancreatic pseudocyst),坏死发生后如继发细菌感染,将出现化脓性炎症或脓肿。

由于胰液外溢和血管损害,部分病例可出现腹腔积液、胸腔积液和心包积液,并可出现肾小球病变、急性肾小管坏死、脂肪栓塞和弥散性血管内凝血。也可能因过多的脂肪酶随血流运输全身,引起皮下或骨髓的脂肪坏死。

【临床表现】

(一)症状

1. 腹痛　常涉及整个上腹部,上腹正中或左上腹多见,约50%患者有向腰背部放射的束带状痛,弯腰抱膝或前倾坐位可能会轻微减轻疼痛。胰腺分泌物扩散后可引起腹膜炎,发生于下腹及全腹痛。5%~10%患者可能无腹痛,突发休克或昏迷,甚至猝死,往往是SAP终末期表现;其多在老年、体弱患者发生,还见于腹膜透析、腹部手术、肾移植、军团病、脂膜炎等伴发的胰腺炎。

2. 恶心与呕吐　90%患者起病即有恶心、呕吐,呕吐可频繁发作,或持续数小时,呕吐物可为胃内容物、胆汁或咖啡渣样液体,呕吐后腹痛多无缓解。呕吐可能为炎症累及胃后壁所致,也可由肠道胀气、麻痹性肠梗阻或腹膜炎引起。

3. 发热　常源于急性炎症、胰腺坏死组织继发细菌或真菌感染,发热伴黄疸者多为胆源性胰腺炎。发热与病情有一定关系,MAP仅有轻度发热,一般持续3~5天,SAP发热较高,且持续不退,特别在胰腺或腹腔有继发感染时,呈弛张高热。

4. 低血压及休克　SAP常发生低血压或休克,患者烦躁不安、皮肤苍白、湿冷、脉搏细弱。休克主要为有效循环血量不足,常见于:①血液和血浆大量渗出;②频繁呕吐丢失体液和电解质;③血中缓激肽增多,引起血管扩张和血管通透性增加;④并发消化道出血。

(二)体征

体征与病情的严重程度相关。MAP腹部体征较轻,往往与腹痛主诉程度相称,仅有上腹轻压痛,可有腹胀和肠鸣音减少,多无腹肌紧张、反跳痛。

几乎所有MSAP和SAP患者均有腹部压痛、肌紧张,可有明显的腹胀、肠鸣音减弱或消失。腹膜炎时出现全腹压痛、反跳痛,而胰腺与胰周大片坏死渗出时出现移动性浊音。并发假性囊肿或脓肿时,上腹可扪及肿块。血液、胰酶及坏死组织液穿过筋膜与肌层深入腹壁时,可见两侧肋腹皮肤呈灰紫色斑称之为Grey-Turner征,而脐周皮肤青紫称Cullen征,多提示预后差。还常有全身表现,以血容量不足和中毒症状为多见,包括脉搏>100次/分、血压下降、呼吸困难等。

肿大的胰头压迫胆总管可造成暂时性阻塞性黄疸,如黄疸持续不退且逐渐加深多为胆总管或壶腹部嵌顿性结石引起,少数患者可因并发肝细胞损害引起肝细胞性黄疸。

少见体征还有皮下脂肪坏死小结、下肢血栓性静脉炎、多发性关节炎等。

(三)并发症仅见于MSAP和SAP

1. 局部并发症

(1)急性胰周液体积聚(acute peripancreatic fluid collection,APFC)和急性坏死物积聚(acute necrotic collection,ANC)病程早期(4周内)可见胰腺内、胰周或胰腺远隔间隙液体积聚,缺乏完整包膜;前者质地均匀,后者质地不均,是因内含有混合液体和坏死组织(胰腺实质或胰周组织的坏死)。

(2)胰腺假性囊肿(pancreatic pseudocyst):可在MSAP和SAP起病4周后出现;有完整的非上皮性包膜,假性囊肿实际上是胰腺周围的ANC,囊壁由纤维组织和肉芽组织构成,囊液内含有组织碎片和大量胰酶。约80%为单发,胰体、尾居多,常与胰管相通。大的囊肿可产生压迫症状,并有压痛。囊壁破裂或有裂隙时,囊液流入腹腔,引起胰源性腹水。

（3）包裹性坏死（walled-off necrosis,WON）和胰腺脓肿（infected necrosis）:多发生在急性胰腺炎4周后。前者是成熟、包含胰腺和（或）胰周坏死组织、具有界限分明的炎性包膜的囊实性结构;后者是外周为纤维囊壁,包裹的胰腺坏死组织和（或）胰周积液合并感染,CT上可见气泡征。当患者高热不退、白细胞持续升高、腹痛加重和高淀粉酶血症时应考虑脓肿形成。

2. 全身并发症

（1）ARDS:突发性、进行性呼吸窘迫、气促、发绀、烦躁、出汗等严重低氧血症,常规氧疗不能缓解。由肺灌注不足、肺表面活性物质卵磷脂减少、游离脂肪酸损伤肺泡毛细血管壁、缓激肽扩张血管和增加血管通透性、肺微循环栓塞、胸腹腔积液等因素综合所致。

（2）急性肾衰竭:SAP患者并发急性肾衰竭的死亡率高达80%。早期表现为少尿、蛋白尿、血尿或管型尿、血尿素氮进行性增高,并迅速进展为急性肾衰竭。发生原因主要为低血容量休克、微循环障碍致肾脏缺血缺氧。

（3）心律失常和心功能衰竭:SAP常见心包积液、心律失常和心力衰竭。原因有:①血容量不足、心肌灌注不足;②血管活性肽、心肌抑制因子使心肌收缩不良;③激活的胰酶损害心肌,抑制心肌收缩;④毒素直接损害心肌。

（4）消化道出血:上消化道出血多由应激性溃疡、糜烂所致,少数为脾静脉或门静脉栓塞造成门静脉高压,引起曲张静脉破裂。下消化道出血可由胰腺坏死穿透横结肠所致,预后甚差。假性动脉瘤与假性囊肿相连也可出现消化道出血。

（5）败血症:胰腺局部感染灶扩散至全身,则形成败血症。

（6）凝血异常:SAP患者血液常处高凝状态,发生血栓形成、循环障碍,进而发展为DIC。

（7）中枢神经系统异常:可见定向障碍、躁狂伴有幻觉和妄想、昏迷。早期（10天内）出现意识障碍为胰性脑病,由PLA2、电解质异常、高血糖和低蛋白血症、炎性因子等引起。在胰腺炎后期甚至恢复期出现的迟发性意识障碍,是由于长时间禁食造成维生素 B_1 缺乏,导致丙酮酸脱氢酶活性下降而影响大脑功能障碍。

（8）高血糖:由于胰腺的破坏和胰高糖素的释放,SAP患者可出现暂时性高血糖,偶可发生糖尿病酮症酸中毒或高渗性昏迷。

（9）水电解质、酸碱平衡紊乱:患者多有轻重不等的脱水,频繁呕吐者可有代谢性碱中毒。SAP多有明显脱水和代谢性酸中毒。30%~50%SAP患者有低钙血症（<2mmol/L）,系大量脂肪坏死分解出的脂肪酸与钙结合成脂肪酸钙以及甲状腺分泌降钙素所致。

（10）SIRS:①心率>90次/分;②肛温<36℃或>38℃;③白细胞计数<4.0×10⁹/L 或>12.0×10⁹/L;④呼吸>20次/分或 PCO_2<32mmHg。符合以上2项时即可诊断SIRS。

【实验室和辅助检查】

（一）淀粉酶

淀粉酶是诊断急性胰腺炎最常用的指标。虽然血清淀粉酶55%~60%来源于唾液腺,但急性胰腺炎时,血清淀粉酶在起病6~12小时开始升高,48小时达高峰,而后逐渐下降,此时尿淀粉酶开始升高。约75%患者在起病24小时内淀粉酶超过正常值上限3倍,并持续3~5天或更长时间。检测血淀粉酶准确性高,影响因素少,建议以血淀粉酶为主,尿淀粉酶仅作参考。

淀粉酶升高应与非胰腺性的淀粉酶升高的疾病相鉴别。急腹症是淀粉酶升高的常见原因,如消化性溃疡穿孔、肠系膜血管梗死、肠梗阻、阑尾炎、胆道感染、胆石症,绝大多数非胰腺炎疾病所致的淀粉酶升高<3倍。当血淀粉酶升高,而尿淀粉酶正常,应考虑巨淀粉酶血症,因为淀粉酶与免疫球蛋白或异常血清蛋白结合形成复合物无法通过肾脏滤过。若尿淀粉酶升高而血

清淀粉酶正常,应考虑 Munchausen 综合征。

并非所有的急性胰腺炎淀粉酶均升高,不升高的情况有:①极重症急性胰腺炎;②极轻症胰腺炎;③慢性胰腺炎基础上急性发作;④急性胰腺炎恢复期;⑤高脂血症相关性胰腺炎,甘油三酯升高可能使淀粉酶抑制物升高。

血清淀粉酶水平高低与病情不呈正相关。患者是否开放饮食或病情程度的判断不能单纯依赖于血清淀粉酶是否降至正常,应综合判断。胰源性腹水和胸水的淀粉酶显著增高,可作为急性胰腺炎的诊断依据。血清淀粉酶动态观察有助于早期发现并发症。

（二）血清脂肪酶

通常血清脂肪酶于起病后 24 小时内升高,持续时间较长(7~10 天)。超过正常上限 3 倍有诊断意义,其特异性高于淀粉酶,但在血清淀粉酶活性已降至正常,或其他原因引起血清淀粉酶活性增高时,脂肪酶测定有互补作用。

（三）其他标志物

血清胰腺非酶分泌物可以在急性胰腺炎时增高,如 C 反应蛋白(C-reactive protein,CRP)和白细胞介素 6(interleukin-6,IL-6)等。

（四）血生化检查

白细胞增加,中性粒细胞核左移;体液丢失可致血细胞比容增高;血糖升高;5%~10% 急性胰腺炎患者有甘油三酯增高,可能是胰腺炎的病因,也可继发于胰腺炎。约 10% 急性胰腺炎患者有高胆红素血症;血清转氨酶、乳酸脱氢酶和碱性磷酸酶增高。严重患者血清白蛋白降低、尿素氮升高。血清钙下降,多与临床严重程度平行。

（五）影像学检查

1. 腹部平片   可排除胃肠穿孔、肠梗阻等急腹症,同时提供支持急性胰腺炎的间接证据:①哨兵袢征(sentinel loop):空肠或其他肠段节段性扩张;②结肠切割征(colon cut-off):结肠痉挛近段肠腔扩张,含有大量气体,而远端肠腔无气体;③麻痹性肠梗阻;④胰腺区见液气平面提示脓肿。

2. 胸片   可发现胸膜渗出、胸腔积液、肺不张、肺间质炎、心衰等;特别是胸膜渗出是 SAP 的危险因素。

3. 超声检查   腹部 B 超作为常规初筛检查,可在入院 24 小时内进行。作用有:①发现胰腺肿大,弥漫性胰腺低回声,但难以发现灶状回声异常;②发现胰腺钙化、胰管扩张;③发现胆囊结石、胆管扩张;④发现腹腔积液;⑤发现与随诊假性囊肿。B 超检查受肠胀气影响大,诊断价值有限。超声内镜用于诊断结石的敏感性和准确率高于常规 B 超及 CT,对不明原因的胰腺炎超声内镜常可发现胆管微小结石。

4. CT   是急性胰腺炎诊断和鉴别诊断、病情严重程度评估的最重要检查,且 3 天后动态增强 CT 对诊断胰腺坏死非常重要。CT 可见胰腺增大、边缘不规则、胰腺内低密度区、胰周脂肪炎症改变、胰内及胰周液体积聚、甚至有气体出现,坏死灶在造影剂增强动脉期无增强显影,与周围无坏死胰腺形成鲜明对比(图 4-19-1),可发现胰腺脓肿、假性囊肿。造影剂加重胰腺坏死的证据不足,但造影剂过敏或肾功能不全(血肌酐 ≥177μmol/L)为离子造影剂的禁忌证。疑有坏死合并感染时,可在 CT 引导下行穿刺检查。初次 CT 示 A~C 级胰腺炎(见病情评估)、CTSI 评分在 0~2 分的患者仅在临床怀疑有并发症时才需复查增强 CT,而 D~E 级胰腺炎(CTSI 评分在 3~10 分)应间隔 7~10 天后复查增强 CT。

【诊断和鉴别诊断】

（一）诊断

凡有急性发作的剧烈而持续性上腹痛、恶心、呕吐,血清淀粉酶活性增高(≥正常值上限 3 倍),影像学提示胰腺有或无形态学改变,排除其他急腹症时可以诊断急性胰腺炎。

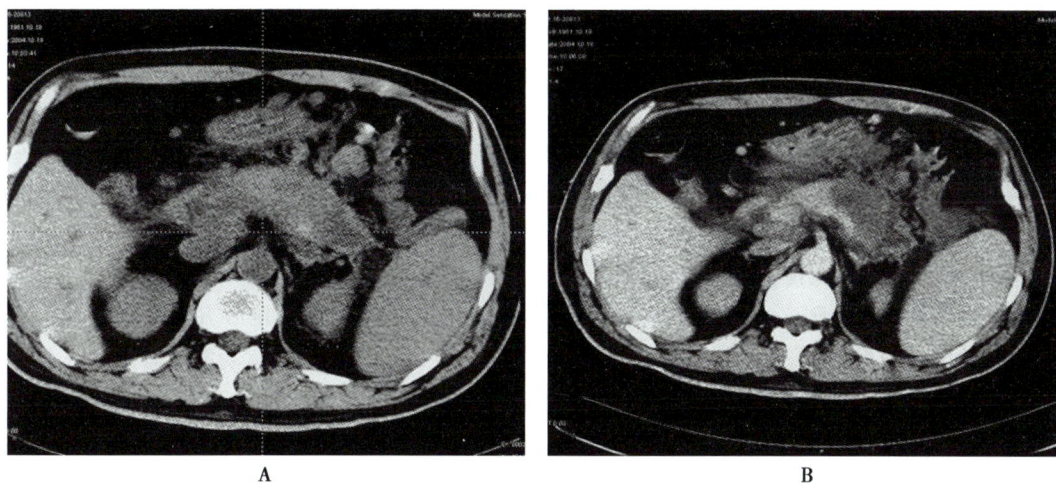

图 4-19-1 急性胰腺炎的 CT 表现

A. CT 平扫,箭头所指为胰腺坏死;B. CT 增强,箭头所指为胰腺坏死更加明显

(二) 病情严重程度的评估

多通过临床表现、常规生化检查、评分系统、CT、血清标志物等综合评估。

1. 评分系统 有多种如 APACHE-Ⅱ 和 Ranson 评分;前者曾为国内外指南推荐使用,后者更适用于酒精性 AP,国外多采用。目前推荐 BISAP 和改良 Marshall 评分(表 4-19-2)。

表 4-19-2 有关器官功能衰竭的改良 Marshall 评分

器 官 系 统	评 分				
	0	1	2	3	4
呼吸 PaO_2/FiO_2	>400	301~400	201~300	101~200	<101
肾脏(血清肌酐,μmol/L)	<135	135~169	170~310	311~439	>439
循环(收缩压,mmHg)	<90	<90	<90	<90	<90
		对补液有反应	对补液无反应	pH<7.3	pH<7.2

器官功能衰竭的定义:改良 Marshall 评分≥2 分

表 4-19-3 CTSI 和 MCTSI 评分

影 像 特 征	CTSI(0~10 分)	MCTSI(0~10 分)
胰腺炎症		
正常	0	0
局灶或弥漫性胰腺肿大	1	2
胰周炎症	2	2
单发液体积聚	3	4
两处及以上液体积聚	4	4
胰腺实质坏死		
无	0	0
小于30%	2	2
30%~50%	4	4
大于50%	6	4
胰腺外器官受累*	0	2

* 包括:腹水、胸水、血管并发症、实质器官受累和胃肠道受累。

Notes

BISAP（bedside index of severity acute pancreatic,急性胰腺炎严重程度床边指数）BUN（>25mg/dl）、意识障碍、SIRS、年龄（>60 岁）和影像学提示胸膜渗出共 5 项,24 小时内出现一项为 1 分,总分为 5 分。

2. CT 分级　曾用 CT 严重程度指数（CT severity index,CTSI）,现用改良 CT 严重程度指数（Modified CT severity index,MCTST）,见表 4-19-3。按照 CTSI 评分,0~3 分为轻度;4~6 分为中度;7~10 分为重度。按照 MCTSI,0~2 分为轻度;4~6 分为中度;8~10 分为重度。CT 分级与临床病情有一定的相关性。

3. 血清标志物 CRP　>150mg/L 提示广泛的胰腺坏死。24 小时后 IL-6 升高提示 SAP。

4. 分型　根据病情轻重,将急性胰腺炎分为三型,包括①MAP:无器官功能障碍或局部并发症;②MSAP:具备以下二者之一,即有局部或全身并发症但无持续性器官衰竭,或一过性器官衰竭（在 48h 内恢复）;③SAP:具有持续性（超过 48h）器官衰竭。器官衰竭的定义是改良 Marshall 评分≥2 分。MSAP 病情严重程度介于 MAP 和 SAP 之间,其特点为住院时间较长,但病死率很低（0~3%）。

（三）鉴别诊断

1. 各种急腹症消化道脏器穿孔、胆石症和急性胆囊炎、急性肠梗阻、肠系膜血管栓塞、脾栓塞、脾破裂、高位阑尾穿孔、肾绞痛、异位妊娠破裂等。

2. 发生于其他脏器的急性腹痛心绞痛、心肌梗死、肺栓塞等。

【治疗】

（一）轻症急性胰腺炎治疗

1. 监护。目前尚无法预测哪些患者会发展为 SAP,故所有患者至少应在入院三天内进行监护,以及早发现 SAP。

2. 支持治疗。最重要的是补液,应以晶体液作为首选,同时补充适量的胶体、维生素及微量元素;低分子右旋糖酐提高血容量、降低血黏滞度,可预防胰腺坏死,每日 500~1000ml。

3. 胰腺休息。短期禁食,不需要肠内或肠外营养,对 MAP 而言,鼻胃管无明显疗效。恢复饮食的条件:症状消失、体征缓解、肠鸣音恢复正常、出现饥饿感,不需要等待淀粉酶完全恢复正常。

4. 腹痛剧烈者可给哌替啶,不推荐应用吗啡或胆碱能受体拮抗剂。

5. 不推荐常规使用抗生素,但胆源性胰腺炎应给予抗生素治疗。

（二）MSAP 与 SAP 治疗

1. 监护　如有条件 MSAP 与 SAP 患者应转入 ICU 监护,针对器官功能衰竭及代谢紊乱情况采取相应防治措施,低氧血症应面罩给氧,出现 ARDS 应给予正压辅助呼吸。有严重麻痹性肠梗阻者可予鼻胃管持续吸引胃肠减压。

2. 液体复苏　发病初期每天需要补液 5~10L。血细胞比容>50% 提示有效循环血量不足,需紧急补液,维持在 30% 左右时,输入低分子右旋糖酐可改善微循环,<25% 应补充红细胞,白蛋白<20g/L 应予补充。注意控制血糖、维持电解质和酸碱平衡。

3. 抗感染治疗　静脉给予抗生素,应选用广谱、脂溶性强、对胰腺渗透性好的抗生素,常用抗生素效应因子排列:亚胺培南-西司他丁、氧氟沙星、环丙沙星、头孢曲松、头孢噻肟联合应用甲硝唑对厌氧菌有效。疗程为 7~14 天,特殊情况下可延长。同时注意胰外器官继发细菌、真菌感染。是否应用预防性抗感染治疗尚存争议。

4. 营养支持　先施行肠外营养,病情趋向缓解后考虑尽早实施肠内营养。将鼻饲管放置 Treitz 韧带以下,能量密度为 4.187J/ml,如能耐受则逐步加量,肽类要素饮食耐受性高。热量为 8000~10 000kJ/d,其中 50%~60% 来自碳水化合物,15%~20% 蛋白,20%~30% 脂类,注意补充谷氨酰胺制剂,对于高脂血症患者,减少脂肪类的补充。肠内营养可预防肠道衰竭、维持肠道黏膜功能、防治肠内细菌易位。

5. 抑制胰腺外分泌和胰酶活性 生长抑素及其类似物(奥曲肽)可直接抑制胰腺外分泌,但国外报道疗效不确切,目前国内绝大多数学者主张在 SAP 治疗中使用。停药指征为:症状改善、腹痛消失和(或)血清淀粉酶活性降至正常。

加贝酯(gabexate)或抑肽酶(aprotinin)均有抑制蛋白酶作用,但临床疗效有待证实,如应用则注意早期、足量。以往强调常规使用抑酸剂、阿托品、胰高糖素、降钙素以及鼻胃管胃肠减压等,其疗效未得到循证医学证据的有力支持。但 H_2-受体拮抗剂和质子泵抑制剂可预防应激性溃疡的发生,多主张在 SAP 时使用。

6. 预防和治疗肠道衰竭 选择性口服肠道不吸收的抗生素;口服大黄、硫酸镁、乳果糖保持大便通畅;微生态制剂如双歧杆菌、乳酸杆菌等调节肠道菌群;静脉使用谷氨酰胺;尽量早期肠内营养或恢复饮食。

7. 内镜治疗 胆道紧急减压引流及去除嵌顿胆石对胆源性 SAP 有效,提倡在发病后 24 小时内进行,对 MAP 在保守治疗中病情恶化时行鼻胆管引流或 EST。

8. 中医中药 单味中药(生大黄)、清胰汤、大承气汤加减在实践中证明其有效。

9. 手术治疗 ①胰腺坏死感染:积极治疗后坏死灶无好转且伴高热和白细胞增加,CT 引导下坏死区穿刺物涂片细菌阳性或培养阳性者立即进行坏死清除手术;②胰腺脓肿:选择外科手术引流或经皮穿刺引流;③早发性重症急性胰腺炎(early severe acute pancreatitis,ESAP):患者在 SAP 发病后 72 小时内出现下列之一者:肾衰竭(血清 Cr≥177μmol/L)、呼吸衰竭(PaO_2≤60mmHg)、收缩压≤80mmHg(持续 15 分钟)、凝血功能障碍[PT<70% 和(或)APTT>45 秒]、败血症(T>38.5℃、WBC>16.0×10^9/L、BE≤4mmol/L,持续 48 小时,血/抽取物细菌培养阳性)、SIRS(T>38.5℃、WBC>12.0×10^9/L、BE≤2.5mmol/L,持续 48 小时,血/抽取物细菌培养阴性);④腹腔间隔室综合征(abdominal compartment syndrome,ACS):指腹腔内高压伴发器官功能障碍,如腹腔内压持续>35cmH_2O 必须尽快手术减压;⑤胰腺假性囊肿:视情况选择外科手术治疗、经皮穿刺引流或内镜治疗;⑥诊断未明确,疑有腹腔脏器穿孔或肠坏死者行剖腹探查术。

10. 其他血管活性物质 前列腺素 E1 制剂、丹参等对微循环障碍有一定作用。腹腔灌洗可清除腹腔内细菌、内毒素、胰酶、炎症因子等,减少此类物质进入循环后对全身脏器的损害,但临床疗效报道不一。

【预后】 急性胰腺炎的预后取决于病变程度以及有无并发症。MAP 预后良好,多在 5～7 天内恢复,无后遗症。MSAP 死亡率<3%,SAP 病情重而凶险,预后差,死亡率在 10%～20%,经积极救治后幸存者可遗留不同程度的胰腺功能不全。

(钱家鸣)

推荐阅读文献

1. 中华医学会消化病学分会胰腺疾病学组,中华胰腺病杂志编辑委员会,中华消化杂志编辑委员会. 中国急性胰腺炎诊治指南(2013,上海). 胃肠病学,18(7):428-433

2. Temmer S,Baillie J,DeWitt J,et al. American College of Gastroenterology Guideline:Management of Acute pancreatitis. Am J Gastroenterol,2013,108:1400-1415

第二节 慢性胰腺炎

> **要点:**
> 1. 慢性胰腺炎是各种原因导致胰腺组织结构的不可逆损害。
> 2. 胆石症与酒精是主要病因。
> 3. 临床表现:腹痛、胰腺外和(或)内分泌功能障碍、吸收不良和血糖增高等。
> 4. 诊断:主要根据影像学。治疗:病因、胰酶替代和内镜以及外科治疗。

慢性胰腺炎(chronic pancreatitis,CP)是胰腺组织结构和(或)功能出现不可逆的持续性损害。结构异常包括慢性炎症、腺泡萎缩、胰管变形、部分或广泛纤维化、钙化、假性囊肿形成;功能异常以胰腺外分泌功能障碍造成吸收不良和内分泌功能障碍造成糖尿病为突出临床表现。CP 的发病率很难准确统计,有结构异常的可无任何症状,而有影像学异常的无法得到组织学的证据,欧美国家回顾性研究 CP 发病率为 3 ~ 9/10 万,一项前瞻性研究提示发病率为 8.2/10 万,人群患病率为 27.4/10 万,我国尚无全国的调查报告。近年 CP 发病率有所增高,可能与酒精的消耗量逐年增加有关。CP 多见于中老年人,高峰年龄为 50 ~ 54 岁和 65 ~ 69 岁,男女比例为 2.3 ~ 3.9∶1。

【病因和发病机制】

1. **病因** ①胆系疾病(急性或慢性胆囊炎、胆管炎、胆石症、胆道蛔虫症和 Oddi 括约肌功能不全障碍):占我国 CP 病因的 30% ~ 45%;②慢性酒精中毒:西方国家,70% ~ 90% 的慢性胰腺炎与长期嗜酒有关,饮酒>150g/d,持续 5 年或 60 ~ 80g/d,持续 10 年将发展为慢性胰腺炎;我国已有报道显示其超过胆系疾病跃居第一位;③代谢障碍:高钙血症、高脂血症;④胰管梗阻:良恶性原因造成的胰液引流不畅;⑤自身免疫:分为自身免疫性慢性胰腺炎与自身免疫相关性慢性胰腺炎;前者是一新类型的自身免疫性胰腺炎(见第三节),后者与自身免疫疾病相关,如 SLE、结节性多动脉炎、原发性硬化性胆管炎;⑥热带性胰腺炎(tropical pancreatitis):是印度慢性胰腺炎最常见的病因,也常发生在非洲、东南亚;⑦遗传因素:包括囊性纤维化和遗传性胰腺炎(hereditary pancreatitis),后者属常染色体显性遗传性疾病(胰蛋白酶原基因发生点突变),外显率约 80%;⑧特发性慢性胰腺炎(idiopathic chronic pancreatitis):西方 10% ~ 30% 慢性胰腺炎为此类型,分早期发作和晚期发作,前者 20 岁左右发病,后者平均发病年龄为 56 岁。

2. **发病机制** 无单一机制可解释 CP 的发病。①胰管阻塞:胰管内蛋白质沉淀物、蛋白栓、结石阻塞主胰管或小胰管,使管内压力增高,导致腺泡和小导管破裂,损伤胰腺组织、胰管系统,逐渐形成胰腺慢性炎症和纤维化。胰石蛋白(lithostathine)是碳酸钙沉淀抑制物,有研究发现慢性胰腺炎患者胰液中胰石蛋白浓度减少。CP 时糖蛋白 GP2(glycoprotein-2)易沉淀并构成蛋白栓的主要成分。②毒性作用:酒精及其代谢产物的细胞毒性作用可直接损伤胰腺实质和胰管系统,同时刺激星状细胞分泌细胞外基质。③坏死纤维化:胰腺组织、胰管系统反复坏死后被纤维化替代,最后形成慢性炎症。遗传性胰腺炎和囊性纤维化患者基因突变后导致的胰蛋白酶原激活异常和影响激活胰酶灭活机制可引起坏死纤维化反复发生。

【病理】 大体病理发现胰腺表面不规则、结节状、体积缩小、质硬,并可见大小不等的囊肿,最后整个胰腺萎缩。显微镜下病理改变最突出的就是纤维化;早期可限于局部胰腺小叶,以后累及整个胰腺,腺泡组织完全被纤维化组织替代,纤维化区域见慢性炎性细胞浸润,包括淋巴细胞、浆细胞、巨噬细胞。随着纤维化的发展,腺泡细胞逐渐萎缩或消失,胰实质被破坏,最后影响到胰岛细胞。胰腺导管病变多样,可见变形、狭窄、囊状扩张、胰管钙化、胰管内结石、嗜酸性细胞蛋白栓。后期胰腺假性囊肿形成,以胰头、胰颈部多见。不同病因病理有微小不同,酒精性慢性胰腺炎病变以胰管阻塞开始,非酒精性慢性胰腺炎以弥漫性病变为主,自身免疫性慢性胰腺炎见单核细胞浸润。

1988 年马赛-罗马国际会议按病理变化将 CP 炎分为三种类型:①钙化性胰腺炎,多见于嗜酒者和热带营养不良人群;②梗阻性胰腺炎,多由导管狭窄或肿瘤引起;③炎症性胰腺炎,常合并自身免疫性疾病。

【临床表现】 早期 CP 可无明显临床症状或仅有轻度消化不良,晚期可有 CP 本身、胰腺分泌功能不全以及并发症的表现。

(一) 腹痛

是最突出症状,见于 50% ~90% 的患者,但无明显特点。多位于中上腹或左上腹,可放射至腰背部。疼痛性质可为隐痛、钝痛、剧痛或钻痛,常诉深部或穿透性痛,剧烈时可伴恶心、呕吐。早期疼痛多为间歇性,随病情加重发作频度增多,持续时间延长,最后转为持续性腹痛。进食、饮酒、高脂肪餐均可诱发腹痛,往往因惧食而限制食量,导致体重下降。前倾坐位、侧卧屈膝时疼痛可减轻,平卧位加重,被称为胰性疼痛体位(pancreatic posture)。腹痛发生机制主要与胰腺内神经受炎性介质刺激和神经受损、胰管阻塞造成的胰管内压增高等因素有关。急性发作时可有急性胰腺炎腹痛的表现。疼痛常使患者营养不良、消耗大量止痛药、生活质量下降、日常活动受限。

(二) 吸收不良综合征

胰腺具有很强的代谢能力,大多数腺泡组织损坏后才会出现胰腺外分泌功能不全,最终 50% ~80% 的患者可出现吸收不良综合征,包括脂肪、蛋白、碳水化合物吸收障碍,其中以脂肪吸收不良最早出现。轻症患者仅有餐后上腹饱胀、嗳气、不耐受油腻食物等症状。胰脂肪酶分泌量下降至正常的 10% 以下发生脂肪泻(steatorrhea),表现为排便次数增多,可达 10 次/天,大便量多,泡沫样、有恶臭,表面发油光或含有油滴,镜检可见脂肪滴。严重者伴有脂溶性维生素 A、D、E、K 缺乏而造成的夜盲症、皮肤粗糙和出血倾向等。食欲差、惧食,外加长期丢失脂肪和蛋白质可导致消瘦和严重营养不良。

(三) 糖尿病

胰腺慢性炎症最后破坏胰岛,使其功能受损,胰岛素分泌减少。胰腺内分泌功能不全表现为糖尿病,约 60% 为隐性糖尿病,出现糖耐量异常,10% ~20% 为典型的糖尿病。长期饮酒导致的 CP 更易并发糖尿病。

(四) 体征

无特异性体征。腹部压痛轻,与腹痛程度不相称。胰腺假性囊肿形成时,腹部可扪及表面光整包块,少数可闻及血管杂音,系由假性囊肿压迫脾动、静脉所致。胰头显著纤维化或假性囊肿压迫胆总管下段,可出现持续或逐渐加深的黄疸。

【并发症】

1. **胰腺假性囊肿** 约25%的患者可有假性囊肿形成,囊液多清澈,少数微混浊,含高浓度的淀粉酶。假性囊肿体积大小不等,大囊肿如压迫门静脉或脾静脉,可致脾大、脾静脉血栓形成和肝前性门静脉高压;压迫胃、十二指肠和胆总管等周围器官,可分别引起上消化道梗阻和阻塞性黄疸。

2. **上消化道出血** 主要原因有:①胰源性门静脉高压导致曲张静脉破裂出血或胃糜烂;②假性囊肿壁的血管或胰周血管受消化酶侵蚀破裂出血;③合并消化性溃疡;④酒精性慢性胰腺炎常合并出血糜烂性胃炎,剧烈呕吐诱发贲门撕裂症引起出血。

3. **胰腺癌** 3.6% ~5% 的患者合并胰腺癌,常有腹痛进行性加剧、消瘦、黄疸。

4. 其他   少数患者可出现胰源性腹水,多由胰腺囊肿破裂所致,腹水淀粉酶显著高于血淀粉酶。个别患者可发生多发性脂肪坏死,皮下脂肪坏死多见于下肢,骨髓脂肪坏死多发生在长骨。少数患者可有忧郁、躁狂、性格改变等精神症状。

【实验室和辅助检查】

(一) 一般实验室检查

血淀粉酶可轻度升高,CP 急性发作时可显著升高。血白细胞在 CP 急性发作合并胆道感染时可升高。血胆红素、碱性磷酸酶有助于了解有无胆道梗阻。

(二) 胰腺外分泌功能测定

1. 直接试验   指用外源性胃肠激素(刺激胰泌素、胰泌素-胆囊收缩素)刺激胰腺分泌,通过插管至十二指肠收集胰液,分析胰液分泌的量与成分(碳酸氢盐浓度和淀粉酶含量),以估计胰腺外分泌功能。该方法敏感性和特异性较高,但患者难以接受插管,且试剂昂贵、试验耗时,临床极少开展,但对轻度 CP 的诊断有价值。

2. 间接试验   分插管(Lundh 试餐试验)和无插管两种,目前后者临床较常用,但对轻度 CP 的诊断困难。

(1) BT-PABA 试验:N-苯甲酰-L 酪氨酸-对氨基苯甲酸(N-benzoyl-tyrosyl-para-amino-benzoic acid,BT-PABA)试验。口服 BT-PABA 后,在小肠被胰腺分泌的糜蛋白酶特异裂解为苯甲酰酪氨酸和对氨基苯甲酸(PABA),PABA 经小肠吸收后在肝内乙酰化,再由尿中排出。PABA 可在血和尿中检测到,其浓度间接反映胰腺分泌糜蛋白酶的功能,但易受尿量以及腹泻的影响。

(2) 胰月桂基(pancreolauryl)试验:月桂酸荧光素口服后,被胰腺分泌的羧酸酯酶分解,游离的荧光素在小肠吸收,肝内代谢,尿中排出。检测血或尿中的荧光素可以反映胰腺外分泌功能。

(3) 大便或血清酶含量检测:血胰蛋白酶原浓度降低对中重度 CP 的诊断有价值,准确性高。检测大便中糜蛋白酶和弹性蛋白酶含量可以了解胰腺外分泌功能,较 BT-PABA 比影响因素小,国外已广泛应用。

(4) 粪脂检测:摄入 100g/d 的脂肪餐,收集 3 天大便,24 小时大便脂肪量>7g 为脂肪泻,提示胰腺外分泌功能不全。苏丹Ⅲ染色可以定性了解粪脂含量。

(三) 胰腺内分泌功能测定

1. 血糖及胰岛素测定   患者可有血糖升高或糖耐量试验异常,血浆胰岛素水平降低。

2. 胰多肽(pancreatic polypeptide,PP)测定   胰多肽是胰腺 PP 细胞所分泌的一种胃肠激素,餐后血浆 PP 迅速升高。CP 患者空腹及餐后血浆 PP 均明显降低。

3. 血清 CCK   测定 CP 患者因胰酶分泌减少,对 CCK 反馈抑制作用减弱,血清 CCK 可明显升高。

(四) 影像学检查

1. X 线检查   腹部平片发现钙化斑或结石是诊断 CP 的重要依据。

2. 超声检查   超声内镜较腹部超声检查准确性高,据报道敏感性和特异性均超过或与 CT 和 ERCP 相当。胰腺实质内见点状、线状回声增强、囊肿、胰腺轮廓不规则;主胰管扩张及不规则、管壁回声增强、结石或钙化灶、分支胰管扩张。

3. CT   CP 的 CT 分级:轻度 ~ 中度(至少满足 1 项):①胰管扩张;②胰管不规则;③囊腔<10mm;④胰腺实质密度不均匀;⑤管壁密度增强;⑥胰头、胰体轮廓不规则;⑦胰腺实质灶状坏死。重度(轻度 ~ 中度+1 项):①囊腔>10mm;②胰管内充填缺损;③结石或钙化影;④胰管狭窄、阻塞;⑤分支胰管重度扩张、不规则;⑥邻近器官受侵犯。对于①体部胰管轻度扩张(2 ~ 4mm);②胰腺肿大≤2 倍;为可疑。临床应用不多。

4. ERCP   提示 CP 的胰管异常,如不规则或囊状扩张、狭窄、阻塞。分级标准:轻度和中

Notes

度:2 个分支胰管异常为轻;>3 个分支胰管异常为中度;重度:中度+以下一项:①囊腔>10mm;②胰管阻塞;③胰管内充填缺损;④胰管重度扩张或不规则。ERCP 可发现胰腺分裂症、胆系疾病。

5. 磁共振胆胰管成像(magnetic resonance cholangiopancreatography,MRCP)　对主胰管扩张、狭窄、结石、假性囊肿的检出率与 ERCP 基本相同,目前认为基本可以替代 ERCP。

(五)病理学和细胞学检查

经内镜超声引导细针穿刺吸取活组织行病理学检查,或经 ERCP 收集胰管分泌液作为细胞学检查,可为 CP 与胰腺癌的鉴别诊断提供重要依据。

【诊断和鉴别诊断】　CP 主要诊断依据为:(1)典型的临床表现(反复发作上腹痛或急性胰腺炎等);(2)影像学检查提示胰腺钙化、胰管结石、胰管狭窄或扩张等;(3)病理学有特征性改变;(4)有胰腺外分泌功能不全表现。具备(2)或(3)可确诊;具备(1)+(4)为拟诊。

CP 的早期诊断困难,而出现胰腺钙化、胰腺假性囊肿、脂肪泻和糖尿病等改变后,结合胰腺外分泌功能测定和影像学检查异常可确诊。不同诊断方法有各自的优缺点,应用时需综合考虑其敏感性、特异性、侵入性和价格等。胰腺组织学检查具特征性改变对诊断有重要价值。

鉴别诊断:需要特别指出是 CP 与胰腺癌的鉴别诊断,因在腹痛、消瘦、黄疸等临床表现上相似,甚至 B 超、CT 等影像学检查也难以区别,血清肿瘤标志物检测、ERCP 和超声内镜下胰腺组织细针穿刺(EUS-FNA)对诊断胰腺癌有帮助。消化性溃疡、胆系疾病等引起腹痛的其他原因鉴别诊断困难不大。CP 仅有脂肪泻的一种表现,应注意鉴别其他吸收不良的病因。

【治疗】　CP 的治疗应采用综合措施,包括去除病因、防止急性发作、缓解或减轻疼痛、补充胰腺外分泌功能不足、营养支持和治疗并发症。

(一)内科治疗

1. 病因治疗　去除原发病因是治疗慢性胰腺炎的基础。积极治疗胆系疾病;长期嗜酒者须完全戒酒;治疗引起高血钙、高血脂的代谢障碍性疾病。

2. 胰腺功能不全治疗　胰腺外分泌功能不全造成脂肪泻需用足量胰酶制剂替代治疗,口服脂肪酶每餐 30 000U,每天 3 次,对非肠内释放胰酶制剂应同时服用抑酸剂。严重营养不良者考虑静脉营养。胰腺内分泌功能不全合并糖尿病者应用胰岛素。

3. 腹痛治疗　及时有效地缓解或减轻腹痛是慢性胰腺炎治疗中的重要部分。①戒酒、合理饮食;②止痛药:先用小剂量非成瘾性止痛药,如对乙酰氨基酚,无效时可考虑成瘾性止痛药,但尽量避免长期大量应用,症状缓解应及时减药或停药,尽可能间歇交替用药;③降低胰管内压:抑制胰腺分泌(奥曲肽、抑制胃酸分泌加胰酶制剂)、缓解胰管阻塞(内镜下治疗、外科手术);④腹腔神经丛阻滞或腹腔镜下内脏神经切除术;⑤胰腺部分切除、次全切除或全切除术;⑥并发症治疗:假性囊肿引流术、胰管或胆管取石术等。

4. 内镜下治疗　可使部分患者疼痛消失或缓解,内镜治疗主要包括支架置入术、胰管括约肌或胆管括约肌切开术、胰管或胆管取石术等。

(二)外科治疗

目的是减轻疼痛、改善引流、处理并发症。指征为:①止痛剂不能缓解的严重腹痛;②可能合并胰腺癌;③胰腺假性囊肿形成或出现脓肿;④胰腺肿大压迫胆总管发生阻塞性黄疸;⑤脾静脉血栓形成和门静脉高压症引起出血。

【预后】　预后主要取决于病因是否祛除、发病时胰腺的受损程度。因并发症多、无法根治,生活质量较差。多中心研究报告标化 CP 死亡率为 3.6/10 万,老年患者和酒精性 CP10 年生存率约为 70%,而 20 年约为 45%;约 25%因 CP 死亡,但多数死于其他疾病(肺气肿、冠心病、卒中、肝硬化、胰腺外癌肿)、持续酗酒、胰腺癌、手术后并发症。

(钱家鸣)

■ 推荐阅读文献 ─────────────────────

Whitcomb DC. In. ammation and Cancer V. Chronic pancreatitis and cancer. Am J PhysiolGastrointest Liver Physiol,2004,287(2):G315-319

第三节　自身免疫性胰腺炎

> **要点：**
> 1. 自身免性胰腺炎是慢性胰腺炎特殊类型,分为两型均病因未明。
> 2. 临床表现　Ⅰ型自身免疫性胰腺炎以老年男性多见,梗阻性黄疸常为首发表现。
> 3. 诊断　以特征性胰腺影像学表现是诊断的基础,血 IgG4 升高。
> 4. 激素治疗效果好,此点亦有助于诊断。

自身免疫性胰腺炎(autoimmune pancreatitis,AIP)自身免疫介导,以胰腺肿大和主胰管不规则、贯通性狭窄为特征的特殊类型的慢性胰腺炎。1961 年 Sarles 等首次报道。1995 年 Yoshida 等提出自身免疫性胰腺的概念,并被广泛接受。AIP 的确切患病率和发病率尚不清楚。有资料表明本病占慢性胰腺炎的 2% ~6%,根据病理 AIP 分为Ⅰ型与Ⅱ型。Ⅰ型 AIP 主要见于老年男性;且多合并胰腺外器官病变。Ⅱ型 AIP 患者较Ⅰ型者年轻,且无性别差异。

【病因和发病机制】　病因尚不明确,发病与免疫相关,已有证据显示 AIP 以血清及/或组织 IgG 和 IgG4 水平升高为特点,AIP 属于 IgG4 相关性系统性疾病(IgG4-related systemic disease,IgG4-RSD),后者是一类以 IgG4 阳性浆细胞和 T 淋巴细胞广泛浸润全身不同器官为主要病理特点的纤维炎症性疾病。

【病理】　AIP 的特征性组织学表现是胰腺组织有淋巴细胞和浆细胞浸润伴小叶间导管纤维化,称淋巴浆细胞性硬化性胰腺炎(lymphoplasmacytic sclerosing pancreatitis,LPSP),同时免疫组化示大量 IgG4 阳性浆细胞浸润。根据胰腺组织学特点 AIP 可分为以 LPSP 为特征性表现的Ⅰ型和以特发性导管中心性胰腺炎(idiopathic duct centric pancreatitis,IDCP)为特征性表现的Ⅱ型,现有临床诊断标准均针对Ⅰ型制定。对拟诊者胰腺组织行病理检查应做免疫组化染色,计算 IgG4 阳性细胞数目,>10 个/高倍视野有参考意义。

【临床表现】　①无痛性梗阻性黄疸:最常见(70%);②腹痛、背痛、体重下降等;③合并糖尿病或糖耐量异常(50% ~70%);④胰腺外器官受累:与 AIP 同时或先后发生(40% ~90%)。约15% 患者无症状。Ⅰ型 AIP 多合并胰腺外器官病变。

【实验室和辅助检查】

1. 血 IgG4　血清 IgG4 升高是诊断 AIP 最有价值的指标,其敏感性 67% ~94%,特异性 89% ~100%。Ⅰ型多有血清 IgG4 水平升高;Ⅱ型血清 IgG4 水平多不升高。少数胰腺癌患者 IgG4 升高,故 IgG4 不能单独用于诊断 AIP。

2. 其他自身抗体检查　可有类风湿因子、抗核抗体、抗乳铁蛋白抗体和碳酸酐酶Ⅱ抗体等阳性,联合 IgG4 可提高诊断的准确率。

3. 其他血生化检查　血清总胆红素增高,以直接胆红素增高为主;伴碱性磷酸酶、转肽酶、谷丙转氨酶增高;红细胞沉降率、C-反应蛋白、血淀粉酶均升高。

4. CT　特点为胰腺弥漫性肿大,典型者称"腊肠样",胰周伴低密度"鞘样"结构,称"鞘膜"征。该征对 AIP 的诊断有较高特异性,并有助于与胰腺癌鉴别。部分不典型者可出现胰腺局限肿大或肿块。

5. **MRI**　胰腺特点同 CT,也可见"鞘膜"征,T1 期胰腺密度低于肝脏。

6. **内镜逆行性胰胆管造影(ERCP)**　主胰管特殊的弥漫性狭窄是诊断 AIP 的基础。

7. **超声内镜**　超声内镜表现为胰腺增大,呈低密度改变。

【诊断和鉴别诊断】

(一)诊断

Ⅰ型 AIP:①影像学检查示胰腺增大及胰管不规则狭窄(弥漫性或节段性);②血清学检查示 IgG4 升高或自身抗体阳性;③组织学检查示胰腺纤维化伴浆细胞和淋巴细胞浸润,有大量 IgG4 阳性细胞浸润。具备前两项者可拟诊,三项兼备者可确诊。上述一条若激素治疗(对本病应用泼尼松龙 0.5mg/(kg·d),2 周后影像学可明显改善)有效可诊断,伴胰腺外器官受累者支持 AIP 诊断。

(二)鉴别诊断

AIP,特别是局灶性 AIP,需与胰腺癌和胆管癌鉴别,可通过 IgG4、自身抗体、影像学表现等鉴别。难以鉴别时可行胰腺细针穿刺活检或激素试验性治疗。

【治疗】

1. **激素治疗**　服药 2 ~ 4 周后根据治疗反应酌情减量,维持剂量为 2.5 ~ 5mg/d。维持治疗的时间尚无共识,可根据疾病活动程度及激素相关副作用等情况选择维持 1 ~ 3 年时间。部分 AIP 患者激素减量或停用后可复发,再次应用仍可有效。

2. **内镜下支架置入术**　激素有禁忌者,以及年老体弱者和对激素应用有顾虑者合并梗阻性黄疸可行内镜下支架置入术等。

3. **免疫抑制剂**　在诊断明确、激素治疗后复发可予免疫抑制剂治疗,但疗效尚未见明确报道。

【预后】　AIP 属良性疾病,预后一般良好。随访研究显示 AIP 患者对激素治疗反应良好(图 4-19-2);放置胆管支架可缩短激素治疗时间,合并胆管病变及新发糖尿病者激素治疗后部分可缓解;激素治疗的复发率 30%。AIP 可合并胰腺癌和胆管癌,宜定期随诊血清学指标、影像学检查及肿瘤标志物检测。

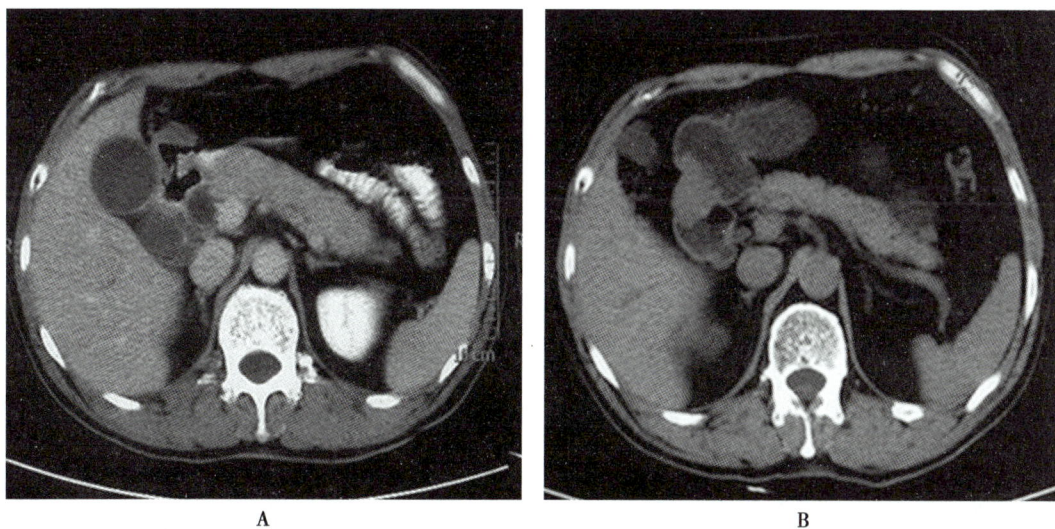

图 4-19-2　自身免疫性胰腺治疗前后的比较

A. AIP 激素治疗前;B. AIP 激素治疗后

(钱家鸣)

推荐阅读文献

1. Julia Mayerle, Albrecht Hoffmeister, Jens Werner, Heiko Witt, Markus M. Lerch, Joachim Mössner, Chronic Pancreatitis—Definition, Etiology, Investigation and Treatment, Deutsches Ärzteblatt International Dtsch Arztebl Int 2013, 110(22):387-393

2. 中华医学会消化病学会胰腺疾病学组. 中国急性胰腺炎诊治指南(2013 年, 上海). 中华消化杂志, 2013, 33:217-222

第二十章 胰腺肿瘤

第一节 胰腺癌

要点：

1. 胰腺癌是发生于胰腺外分泌腺的恶性度高、预后极差的肿瘤。

2. 临床表现　腹痛的特点为放射至腰背部、平卧位加重，伴黄疸和体重减轻等。

3. 早期诊断困难，依据临床表现和影像学（CT 等）、EUS 及穿刺有望提高其早期诊断率。

4. 治疗首选　手术治疗，不能手术者可行放化疗。

胰腺癌（carcinoma of pancreas）是发生于胰腺外分泌腺的恶性肿瘤。胰腺恶性肿瘤可来自胰腺外分泌腺、内分泌腺或非上皮组织，其中 95% 为胰腺癌。近 20 年来胰腺癌发病率呈增加趋势，其恶性程度高、发现多为中晚期，预后极差。发病年龄以 45 ~ 70 岁居多，40 岁以下患者 < 2%，男女比约为 1.3 ~ 1.8 : 1。

【病因和发病机制】　胰腺癌的病因和发病机制不明。流行病学调查资料显示，发病危险因素有吸烟、高脂和高蛋白饮食、遗传、糖尿病、慢性胰腺炎、胆石症、嗜酒、饮咖啡、某些化学致癌物、内分泌改变等。分子生物学研究显示，癌基因激活与抑癌基因失活以及 DNA 修复基因的异常在胰腺癌发生过程中发挥作用，重要基因发生突变率 P16 为 95%、K-RAS 为 90%、P53 为 75%、DPC4 为 55%，有证据显示 K-RAS 突变可能为胰腺癌发生的早期事件。

【病理】　胰腺癌可发生于胰腺的任何部位，但以胰头最多见，约占 60% ~ 70%，胰体 5% ~ 10%，胰尾 10% ~ 15%，弥漫性病变 10%。按 WHO 标准，原发性胰腺外分泌腺恶性肿瘤有导管腺癌（ductal adenocarcinoma）、浆液性囊腺癌、黏液性囊腺癌、导管内乳头状黏液癌、腺泡细胞癌（acinar cell carcinoma）、胰母细胞瘤、实性乳头状癌、破骨细胞样巨细胞瘤等，其中 85% ~ 90% 起源于胰导管上皮细胞。已知的胰腺导管腺癌癌前疾病或病变包括胰腺上皮内瘤变（pancreatic intraepithelial neoplasia, PanIN）、黏液囊性肿瘤（mucinous cystic neoplasm, MCN）和乳头状导管黏液瘤等（intraductal papillary mucinous neoplasm, IPMN）。

胰腺癌确诊时，仅有 10% 的癌灶局限于胰腺，90% 已有转移，转移以胰周和腹腔脏器为多，其中 50% 为肝转移，25% 为肠系膜转移，20% 侵犯十二指肠。早期发生转移的因素有：①胰腺无真正意义上的包膜；②胰腺血管、淋巴管丰富，肿瘤生长快；③胰腺区域腹膜较薄，癌细胞易于突破。

转移方式：①直接蔓延：胰头癌在早期就压迫并浸润邻近的脏器（胆总管、十二指肠、门静脉、腹膜后组织、结肠），胰尾癌多见腹膜转移，癌细胞可直接种植于腹膜后神经组织；②淋巴转移：胰头癌常经淋巴转移至幽门下淋巴结，也可累及胃、肝、腹膜、肠系膜、主动脉周围，甚至纵隔、支气管周围、锁骨上淋巴结；③血液转移：胰体尾癌易早期发生血液转移，转移至肝最为常见。并可经肝静脉侵入肺部，再经体循环广泛转移至其他脏器。

【临床表现】　胰腺癌起病隐匿,常无症状,相对来说胰头癌比胰体尾癌出现症状早,即使晚期出现的症状也常为非特异性的,需与胃肠、肝胆疾病鉴别。临床表现主要与肿瘤侵犯或压迫毗邻器官有关。

（一）症状

1. 腹痛　60%患者以腹痛为首发症状,病程中有90%患者出现腹痛。早期腹痛常位于中上腹,其次为左侧季肋部,后期常伴有腰背部放射性疼痛。胰头癌常向右侧腰背部放射,胰体尾癌则多向左侧腰背部放射。仰卧与脊柱伸展时疼痛加剧,弯腰前倾坐位或屈膝侧卧时可稍缓解。当癌肿压迫或浸润腹膜后神经丛引起严重的持续性腰背痛。

2. 黄疸　是胰头部癌的突出症状,可伴有腹痛,也可表现为无痛性黄疸。多由胰头癌压迫或浸润胆总管引起,也可是肝内、肝门、胆总管淋巴结肿大所致。

3. 体重减轻　在黄疸之前常有短期内显著的体重减轻,晚期呈恶病质。

4. 其他　患者可有不同程度消化道症状,如食欲减退、消化不良、脂肪泻。少数患者发生胰源性糖尿病,甚至可为首发症状。部分患者发生下肢深静脉血栓、游走性血栓性静脉炎、动脉血栓、脾静脉和门静脉血栓形成,后者可致脾大、腹水和食管胃底静脉曲张。部分患者出现焦虑、抑郁、个性改变等精神症状。

（二）体征

早期无明显体征。可有消瘦、黄疸和上腹压痛。当扪及无压痛肿大胆囊时为 Courvoisier 征,是诊断胰腺癌的重要体征。胆汁淤积、肝转移癌可致肝大,胰腺癌压迫脾静脉可致脾大。晚期有腹部包块、腹水和远处转移征象等。

【实验室和辅助检查】

（一）影像学检查

1. X 线　钡餐造影低张十二指肠造影可显示肿瘤压迫的间接征象:十二指肠曲增宽、降部内侧呈"反3"征象。

2. 腹部超声　作为初筛检查,可显示直径>2cm 的肿瘤病灶、胰管扩张、狭窄或中断。

3. CT　是诊断胰腺癌的首选方法,可发现最小直径为1cm 的病灶,特别是高分辨薄层螺旋CT 能获得不同时相的影像,从而清晰地观察到胰腺癌的部位,判断是否侵袭周围组织以及血管受累情况,进行较精确的 TNM 分期。

4. MRI　对胰腺癌的诊断与 CT 相当,而 MRCP 是非侵入性了解胆管和胰管情况的好方法。

5. PET　可以发现胰腺病灶,对腹腔和远处转移有明显的优势。

6. CT 血管重建　替代选择性腹腔血管造影显示胰内及胰周血管的状况,判断有无肿瘤侵犯。

（二）内镜检查

1. ERCP　造影可显示胰管梗阻、狭窄、扩张和截然中断,主胰管和胆总管同时截断后呈双管征(double-duct sign)。ERCP 诊断胰腺癌的敏感性为95%,特异性为85%,但并非每个患者都需要做 ERCP,病史典型、CT 明确诊断者则不需要做。早期胰腺癌首先破坏胰管分支,因此仔细辨别胰管分支的残缺或局限性扩张,是诊断早期胰腺癌的关键。

2. 超声内镜(endoscopic ultrasound,EUS)　EUS 诊断的敏感性和特异性均优于 CT,可发现<2cm 肿瘤。目前认为对于 CT 发现可能切除的病灶后应再行 EUS 检查,因为后者对有无淋巴结转移和有无门脉血管浸润的敏感性和特异性均较高,对 TNM 分期的准确性明显高于 CT;EUS与 ERCP 配合能够显示<1cm 的肿瘤。

3. 腹腔镜　直视下可发现癌肿病灶、腹膜和腹腔脏器转移灶。

（三）肿瘤标志物检测

迄今仍无一种血清标志物能早期诊断胰腺癌,多种组合可能提高诊断率。①糖抗原 19-9

(carbohydrate antigen 19-9,CA19-9):是目前用来诊断胰腺癌的各项肿瘤标志物中敏感性(86%)和特异性(87%)最高的一项指标,但当胰腺癌<1cm时常为阴性,在其他消化道系统肿瘤如胃癌、胆管癌、大肠癌和良性疾病如肝硬化、胆管炎时也可升高。对于术前CA19-9升高的患者,它可作为监测术后复发和对辅助治疗疗效评估的指标。②癌胚抗原(carcinoembryonic antigen,CEA):胰腺癌时可能阳性。③CA50:诊断胰腺癌的特异性与敏感性与CA19-9类似,阳性还可见于胆囊癌、肝癌、卵巢癌、乳腺癌等。④CA242:唾液酸化的鞘糖脂抗原,是胰腺癌和结肠癌的标志物。⑤胰液、大便中K-RAS基因突变检查为诊断提供了新的前景,但仍需大量工作。

（四）血尿粪检查

早期无异常发现。黄疸发生时结合胆红素可明显高于良性梗阻,血清碱性磷酸酶、γ-谷氨酰转肽酶增高。约40%患者有血糖升高或糖耐量试验异常。约80%患者可有胰腺外分泌功能低下。约5%患者早期可有淀粉酶和脂肪酶升高,晚期因胰腺萎缩而降至正常。

（五）病理组织学

十二指肠镜下可直接观察肿瘤在壶腹部有无浸润,通过活检取得病理组织,通过细胞刷得到脱落细胞。腹腔镜直视下可进行活检并收集脱落细胞。CT、EUS定位和引导下行细针穿刺可得到胰腺组织。

【诊断和鉴别诊断】　胰腺癌诊断应该强调如何提高早期诊断率,而诊断早期病灶十分困难。当出现腹痛、消瘦、阻塞性黄疸、腹部包块、无痛性胆囊肿大时,影像学检查多可发现病灶,确定胰腺癌诊断并无困难,但此时已属晚期,丧失根治手术机会。

应该指出的是≥40岁有下列任何表现的患者需高度怀疑胰腺癌的可能性:①不明原因的梗阻性黄疸;②近期出现无法解释的体重下降>10%;③近期出现不能解释的上腹或腰背部疼痛;④近期出现模糊不清又不能解释的消化不良症状,内镜检查正常;⑤突发糖尿病而又无诱发因素,如家族史、肥胖等;⑥突发无法解释的脂肪泻;⑦自发性胰腺炎的发作。如果患者是嗜烟者应加倍怀疑。胰腺癌的诊断应包括:①是否为胰腺癌;②能否行手术切除。

胆总管下端、壶腹和胰头三者的解剖位置邻近,发生肿瘤时的临床表现相近,鉴别诊断比较困难。本病尤应与慢性胰腺炎鉴别,后者的症状与胰腺癌相似,易引起误诊。

【治疗】

（一）外科治疗

早期手术切除是治疗胰腺癌最有效的措施,但出现症状后手术切除率在5%~22%。手术禁忌证包括:肝、腹膜、网膜、腹腔外转移等;肿瘤侵犯或包绕腹腔主要血管。术前肿瘤分期对于预测手术切除的可能性有意义。根治性手术目前主要为Whipple术、扩大根治术。

在术中发现无根治手术条件的患者,应作相应的姑息性治疗,以解除症状。近来有研究认为术前放疗、化疗可以提高手术切除率。

（二）放疗和化疗

随着放疗技术不断改进,胰腺癌放射治疗的疗效有明显提高,能改善症状、延长生存期。主要包括外照射和术中放疗两种方式。无论是单一或联合化疗,其总体疗效均不满意,5-氟尿嘧啶、吉西他滨(gemcitabine)是常用的药物,后者的1年生存率较前者高。

放疗和化疗联合治疗胰腺癌受到关注,术前治疗可以为不能手术者争取手术机会,术后治疗可以提高患者的生存率,已有不少医院将术前、术后放化疗联合治疗作为常规。

（三）内镜治疗

ERCP行放置支架减黄术、EUS下行引流、放射粒子植入等辅助治疗。

（四）对症治疗

支持治疗对晚期及术后患者均十分重要;有顽固性腹痛和腰背痛者按阶梯止痛治疗,必要时可行腹腔神经丛阻滞,或硬膜外应用麻醉药止痛;对梗阻性黄疸可行金属支架放置术。

Notes

【预后】 胰腺癌预后甚差,症状出现后平均存活<1 年,不治疗的患者仅生存 4～6 个月,根治术后 5 年存活率在 10%～25% 之间,平均 10～20 个月,但小胰腺癌术后 5 年生存率可达 41%。

(钱家鸣)

■ 推荐阅读文献

1. 胰腺癌专家委胰腺癌专家委员会. 胰腺癌综合诊治中国专家共识. 临床肿瘤学杂志,2014,1(4):358-370
2. From Hezel AF,Kimmelman AC,Stanger BZ,et al. Genetics and biology of pancreatic ductal adenocarcinoma. Genes Dev 2006,20(10):1218-1249
3. David L Bartlett,Pragatheeshwar Thirunavukaraus,Matthew D Neal. 肿瘤外科学基础、循证和新技术. 赵平主译. 人民军医出版社:405-413

第二节 (胃肠)胰腺神经内分泌肿瘤

> **要点:**
>
>   1. 胃肠胰神经内分泌肿瘤属罕见疾病。分为功能与无功能性两大类;绝大多数为低恶性度肿瘤。
>
>   2. 功能性胃肠胰神经内分泌肿瘤临床表现取决于其分泌激素的作用。无功能的多在查体或肝转移时发现。
>
>   3. 诊断 功能性依据临床表现,血各种激素测定和铬粒素检查,CT 与生长抑素受体显像检查等影像学检查可以用于功能与无功能性的胃肠胰神经内分泌肿瘤定位。
>
>   4. 治疗 手术首选,长效生长抑素既可控制症状,也可控制肿瘤的生长;晚期采用化疗。

胃肠胰神经内分泌肿瘤(gastroenteropancreatic,GEP-NEN)属罕见或少见病,是神经内分泌肿瘤(neuroendocrine neoplasm,NEN)中最为常见的一种类,它们是起源于胚胎神经内分泌细胞,可产生各种激素的一大类异质性肿瘤。GEP-NEN 起源于胃、小肠、结肠、直肠或胰腺,约占全部 NEN 的半数以上。GEP-NEN 根据其有无内分泌功能分为:无功能和功能性的两大类。功能性的又可依据其分泌激素而命名,如胰岛素瘤和胃泌素瘤等(表 4-20-1)。国外资料显示 GEP-NEN 的发病率从 1973 年的 $2.1/10^5$ 升至 2004 年的 $9.3/10^5$,上升近 5 倍,是过去 40 年来发病率上升最快的肿瘤之一。

【病因机制】 和其他肿瘤一样其发病机制不清。不同 GEP-NEN 之间的恶性度差异甚大,例如胰岛素瘤 90% 为良性,而胃泌素瘤则 60%～90% 为恶性。无论肿瘤的良恶性,瘤体较小和生长缓慢为 GEP-NEN 的共同特征,因此即使是晚期病例,积极治疗也可长期存活。部分 GEP-NEN 伴发 Ⅰ 型多发性内分泌腺瘤病(MEN Ⅰ),具有家族聚集性。目前认为,如果一级亲属患有 GEP-NEN,则家庭其他成员的患病风险为普通人群的 4 倍;若有两位一级亲属患病,则患病风险超过一般人群的 12 倍。

【病理】 GEP-NEN 的胚胎起源属于胺前体摄取及脱羧细胞(APUD 细胞),因而具有很多相似的生物学特性,例如均含有神经元特异性烯醇酶(neuron-specific enolase,NSE)、突触泡蛋白(synaptophysin,Syn)、铬粒素(chromogranin A,CgA)等物质,可作为 GEP-NEN 共同的临床和病理标志物。判断 GEP-NEN 良恶性的主要依据是肿瘤的病理形态、细胞增殖活性以及生物学行为(有无肝脏或淋巴结的转移)。

Notes

表4-20-1　神经内分泌肿瘤的分类、症状或综合征和相关的激素检测

肿　　瘤	症状/综合征	相关激素检测
有功能性	潮红、腹泻等类癌综合征或其他综合征表现	各种肽类激素检测,CgA
无功能性	腹痛、体重下降、腹泻、恶心、呕吐及贫血等	CgA,胰抑素,胰多肽
类癌(insulinoma)	类癌综合征表现,潮红、顽固性腹泻、心内膜纤维化、呼吸道并发症、糙皮病	尿5-HIAA
胰岛素瘤(carcinoid)	反复发作自发性低血糖,呈低血糖综合征表现	胰岛素,C肽
胃泌素瘤(gastroma)	反复发作的消化性溃疡伴或不伴腹泻,有卓-艾综合征	胃泌素
胰高血糖素瘤(glucagonoma)	糖尿病伴坏死性游走性红斑	胰高血糖素
血管活性肽瘤(VIPoma)	水样泻伴顽固性低血钾,呈WDHH综合征(佛纳-莫里森综合征)	血管活性肠肽
生长抑素瘤(somatostatinoma)	糖尿病、胆囊结石、脂肪泻	生长抑素

按照最新的2010年WHO分型,NEN的组织病理学分类有三个方面:

(1) 根据组织病理学判定NEN的分化程度,将高分化的NEN称为神经内分泌瘤(neuroendocrine tumor,NET),NET生长缓慢,恶变潜能较低;而将低分化的NEN称为神经内分泌癌(neuroendocrine carcinoma,NEC),NEC恶变潜能高,早期易发生转移。

(2) 根据肿瘤的增殖活性(核分裂象和Ki-67指数)确定分级。

(3) 最后根据肿瘤部位进行分期。

根据增殖活性NEN分为三级:G1,G2和G3,其分级标准见下表(表4-20-2);

表4-20-2　胃肠胰腺神经内分泌肿瘤的分级标准

分　　级	核分裂象(10/HPF)	Ki-67指数(%)
G1,低级别	1	≤2
G2,中级别	2~20	3~20
G3,高级别	>20	>20

【临床表现】　GEP-NEN的症状和体征多不典型,易与常见病或功能性疾病混淆,容易延误诊断。多数GEP-NEN发现较晚,功能性GEP-NEN主要表现为过量分泌激素导致的各种综合征见表4-20-1。无功能性GEP-NEN无特异性表现,诊断时瘤体往往较大甚至已有转移,多以非特异性的消化道不适或肿瘤占位症状就诊,如吞咽困难、腹痛、腹胀、腹部肿块等。需要指出的是,所有GEP-NEN均有恶性潜能,G1期也可发生转移和扩散。易发生肝转移是所有GEP-NEN的共同特点。

【实验室检查】　对于临床可疑的患者,其诊断步骤包括三个方面:定性诊断、定位诊断和病理诊断。通过组织活检或手术切除,进行病理学检查,以确诊GEP-NEN并确定其类型、分级和分期。

1. 定性诊断　通过检测血浆中NEN的特异性标志物(如铬粒素)以及相关激素水平,进行定性诊断;血嗜铬粒蛋白A(chromogranin A,CgA)是国内外指南推荐的GEP-NEN通用标志物,其敏感性和特异性分别为80%和96.7%。CgA还可用于GEP-NEN治疗效果监测、随访及预后判断,其水平的动态变化更有意义。虽然CgA是GEP-NEN的最佳标志物,但对于NEC的敏感性较低,此时可通过测定神经烯醇化酶(NSE)进行诊断和随访。对于功能性GEP-NEN,应根据其临

床表现选择各种肽类激素的测定协助诊断(表4-20-2)。若血浆激素浓度仅轻度或中度升高,未达到肿瘤的诊断标准,可采用激发试验协助确诊;如胃泌素瘤的胰泌素激发试验,胰岛素瘤的 D_{860} 和钙激发试验等。

2. **定位诊断**　定位诊断是通过各种影像学与内镜手段,确定肿瘤的位置并判断 GEP-NEN 手术方式的前提。GEP-NEN 瘤体常常较小并不易发现。目前国内外指南推荐的是 CT+生长抑素受体显像(somatostatin-receptor scinigraphy,SRS)。最敏感的是镓[68]正电子扫描(mission tomography,Ga[68] PET);普通内镜发现胰腺、胃、十二指肠以及结直肠病灶后,EUS 有助于判断浸润深度。EUS 对胰腺 NEN 的诊断敏感性达 80%～90%,甚至可以检出直径小于 1cm 的病灶,但此检查对操作者的经验技术要求较高。

体表超声、单一的 CT 和 MRI 对于体积较小的 GEP-NEN 敏感性有限,对超过 2～3cm 的肿瘤检出率较高。CT 和 MRI 对于转移灶,尤其是肝转移瘤的检出率超过 80%,对于评估肿瘤与邻近器官、血管和神经的关系,预测肿瘤可切除性,评价疾病的分期及预后等方面有重要意义。

【治疗】　GEP-NEN 的治疗包括:手术、介入、肽受体介导的放射性核素(Peptide Radio Receptor Therapy,PRRT)、生物治疗、细胞毒药物治疗、分子靶向治疗等。

1. **手术治疗**　肿瘤切除是唯一可以治愈 GEP-NEN 的措施。

2. **生物治疗**　主要包括生长抑素和干扰素。生长抑素可用于 G1 期以及广泛转移,已无手术机会的 GEP-NEN,因大多数 NEN 上有生长抑素受体,生长抑素对肿瘤有一定抑制作用。干扰素的作用机理是抑制细胞周期,上调生长抑素受体。

3. **细胞毒药物**　G3 级别的 GEP-NEN 可作为一线治疗,G1 期和 G2 期的 GEP-NEN 出现转移和生物制剂无效时可用细胞毒治疗;常用的药物包括阿霉素、5-氟尿嘧啶、连佐星、达卡巴嗪、顺铂、紫杉醇、替莫唑胺、培美曲塞等。联合治疗效果优于单药。常用联合方案主要为顺铂联合依托泊苷(EP 方案)。

4. **分子靶向治疗**　mTOR 受体信号通路的靶向药物依维莫司(everolimus),以及作用于 VEGF 受体、PDGF 受体等多个靶点的受体酪氨酸激酶抑制剂舒尼替尼(sunitinib),已证实能延长晚期胰腺 NEN 患者的无进展生存期。

【预后】　不同 GEP-NEN 之间的恶性率差异甚大,除胰岛素瘤 90% 为良性,其他均为恶性。GEP-NEN 的肿瘤大小、发病部位、病理类型、分化程度、转移情况等是决定预后的主要因素。因其生长缓慢,早期发现往往疗效较好,即使晚期病例,积极治疗也能改善预后。

(钱家鸣)

推荐阅读文献

David L Bartlett,Pragatheeshwar Thirunavukaraus,Matthew D Neal. 肿瘤外科科学基础、循证和新技术. 赵平主译. 人民军医出版社:393-404

Notes

第二十一章 消化道出血

要点：

1. 传统概念上以 Treitz 韧带为界，将消化道出血分为上消化道出血和下消化道出血。近年来提出依据十二指肠乳头、回盲瓣为划分标志，将消化道划分为三部分：上消化道、中消化道和下消化道。

2. 上消化道出血常以呕血和黑便为特征性表现；下消化道出血常表现为血便或暗红色便。胃镜检查是目前诊断上消化道出血病因的首选检查方法，而下消化道出血则首选结肠镜检查。

3. 对消化道大出血，首要的医疗措施是抗休克、迅速补充血容量。

4. 不明原因消化道出血占消化道出血的 3%～5%，多数来自中消化道。

消化道出血（gastrointestinal bleeding）根据出血部位分为上消化道出血和下消化道出血。上消化道出血是指 Treitz 韧带以上的食管、胃、十二指肠和胆胰等病变引起的出血，包括胃空肠吻合术后吻合口附近病变引起的出血。Treitz 韧带以下的消化道出血称下消化道出血。消化道短时间内大量出血称急性大出血（acute massive bleeding），临床表现为呕血（hematemesis）、黑便（melena）、便血（hematochezia）等，并伴有血容量减少引起的急性周围循环障碍。如果出血量少，肉眼不能观察到粪便颜色异常，仅有粪便隐血试验阳性及（或）存在缺铁性贫血，称为隐性消化道出血（occult gastrointestinal bleeding）。

传统的概念以 Treitz 韧带为界，将消化道划分为上、下消化道，但 Treitz 韧带是腔外标志，消化内镜下难以辨别。随着内镜与影像学技术的发展，近年来提出以十二指肠乳头、回盲瓣为划分标志，将消化道划分为三部分：从口腔至十二指肠乳头段消化道为上消化道（upper-gut），从十二指肠乳头至回盲瓣的小肠肠段为中消化道（mid-gut），从回盲瓣至肛门段消化道为下消化道（lower-gut）。临床上所用的消化内镜，依据其关键用途，分为上消化道内镜（食管镜、胃镜、十二指肠镜和经上消化道超声内镜）、中消化道内镜（小肠镜、胶囊内镜）和下消化道内镜（结肠镜和经下消化道超声内镜）。

第一节 上消化道出血

上消化道出血（upper gastrointestinal hemorrhage）常表现为急性大出血，是临床常见急症。在高龄、有严重伴随病、复发性出血患者中病死率高达 25%～30%，应予高度重视。

【病因】 最常见的病因是消化性溃疡、食管胃底静脉曲张破裂、急性糜烂出血性胃炎和胃癌。食管贲门黏膜撕裂综合征引起的出血亦不少见。血管异常诊断有时比较困难，值得注意。现将上消化道出血的病因归纳列述如下：

（一）上消化道疾病

1. **食管疾病** 食管炎、食管溃疡、食管肿瘤、食管贲门黏膜撕裂综合征（Mallory Weiss

syndrome)、食管裂孔疝、食管损伤。

2. **胃十二指肠疾病**   消化性溃疡、Zollinger-Ellison 综合征、上消化道肿瘤、应激性溃疡、急慢性上消化道黏膜炎症、胃血管异常(血管瘤、动静脉畸形、胃黏膜下恒径动脉破裂又称 Dieulafoy 病变等)、胃息肉、胃手术后病变等最为常见。服用非甾体抗炎药(NSAIDs)、阿司匹林或其他抗血小板聚集药物也是引起上消化道出血的重要病因。少见病因包括胃黏膜脱垂、急性胃扩张、钩虫病、胃血吸虫病、胃或十二指肠克罗恩病、胃或十二指肠结核、嗜酸性胃肠炎、胃或十二指肠异位胰腺等。

(二)门静脉高压引起的食管胃底静脉曲张破裂或门静脉高压性胃病

(三)上消化道邻近器官或组织的疾病

1. **胆道出血**   胆管或胆囊结石、胆道蛔虫病、胆囊或胆管癌、术后胆总管引流管造成的胆道受压坏死、肝癌、肝脓肿或肝血管瘤破入胆道。

2. **胰腺疾病**   累及十二指肠胰腺癌、急性胰腺炎并发脓肿溃破。

3. **主动脉瘤破入食管、胃或十二指肠**

4. **纵隔肿瘤或脓肿破入食管**

(四)全身性疾病

1. **血管性疾病**   过敏性紫癜、遗传性出血性毛细血管扩张(Rendu-Qsler-Weber 病)、弹性假黄瘤(Gronblad-Strandberg 综合征)。

2. **血液病**   血友病、血小板减少性紫癜、白血病、弥散性血管内凝血及其他凝血机制障碍。

3. **尿毒症**

4. **结缔组织病**   结节性多动脉炎、系统性红斑狼疮或其他血管炎。

5. **急性感染**   流行性出血热、钩端螺旋体病、登革热等。

6. **应激相关胃黏膜损伤**   各种严重疾病引起的应激状态下产生的急性糜烂出血性胃炎乃至溃疡形成统称为应激相关胃黏膜损伤(stress-related gastric mucosal injury)。

【临床表现】   上消化道出血的临床表现主要取决于出血量及出血速度。

(一)呕血与黑便

是上消化道出血的特征性表现。上消化道大量出血之后,均有黑便。出血部位在幽门以上者常伴有呕血。若出血量较少、速度慢亦可无呕血。反之,幽门以下出血如出血量大、速度快,可因血反流入胃腔引起恶心、呕吐而表现为呕血。如出血后血液在胃内经胃酸作用变成酸化血红蛋白则呈咖啡色;如出血速度快而出血量大,未经胃酸充分混合即呕出,则为鲜红或有血块。黑便或柏油样便是血红蛋白的铁经肠内硫化物作用形成硫化铁所致,当出血量大,血液在肠道内停留时间短,粪便可呈暗红色。

(二)失血性周围循环衰竭

急性大量失血由于循环血容量迅速减少而导致周围循环衰竭,多见于短时间内出血量 >1000ml 患者,一般表现为头昏、心悸、乏力,平卧突然起立时发生晕厥、肢体冷感、心率加快、血压偏低等,严重者呈休克状态。

(三)贫血

急性大量出血后均有失血性贫血,血红蛋白浓度、红细胞计数与血细胞比容下降,但在出血的早期因有周围血管收缩和红细胞重新分布等生理调节,可无明显变化。在出血后,组织液渗入血管内以补充失去的血容量,使血液稀释,一般须经 3 ~ 4 小时以上才出现贫血,出血后 24 ~ 72 小时血液稀释到最大限度。

急性出血患者为正细胞正色素性贫血,在出血后骨髓有明显代偿性增生,可暂时出现大细胞性贫血,慢性失血则呈小细胞低色素性贫血。出血 24 小时内网织红细胞即见增高,至出血后 4 ~ 7 天可高达 5% ~ 15%,以后逐渐降至正常。如出血未止,网织红细胞可持续升高。

上消化道大量出血 2 ~ 5 小时,白细胞计数可升达 $(10 ~ 20) \times 10^9/L$,血止后 2 ~ 3 天恢复正常。但在肝硬化患者,如同时有脾功能亢进,则白细胞计数可不增高。

(四) 发热

上消化道大量出血后可出现低热,持续 3 ~ 5 天降至正常。引起发热的原因尚不清楚,可能与血容量减少、贫血、周围循环衰竭,导致体温调节中枢的功能障碍等因素有关。

(五) 氮质血症

在上消化道大量出血后,由于大量血液蛋白质的消化产物在肠道被吸收,血中尿素氮浓度可暂时增高,称为肠源性氮质血症。一般于出血后数小时血尿素氮开始上升,约 24 ~ 48 小时达高峰,大多不超出 14.3mmol/L,出血停止后 3 ~ 4 日后降至正常。

【诊断】

(一) 上消化道出血诊断的确立

根据呕血、黑便和失血性周围循环衰竭的临床表现,呕吐物或粪便隐血试验呈强阳性,血红蛋白浓度、红细胞计数及血细胞比容下降的实验室证据,可作出上消化道出血的诊断,但必须注意以下情况:

1. 排除消化道以外的出血因素

(1) 排除来自呼吸道出血:咯血与呕血的鉴别诊断可参阅《诊断学》有关章节。

(2) 排除口、鼻、咽喉部出血:注意病史询问和局部检查。

(3) 排除进食引起的黑便:如动物血、炭粉、铁剂或铋剂等药物,注意询问病史可鉴别。

2. 判断上消化道还是下消化道出血　呕血提示上消化道出血,黑便大多来自上消化道出血,而血便大多来自下消化道出血。但是,上消化道短时间内大量出血亦可表现为暗红色甚至鲜红色血便,此时如不伴呕血,常难与下消化道出血鉴别,应在病情稳定后即作急诊胃镜检查。高位小肠乃至右半结肠出血,如血在肠腔停留时间久亦可表现为黑便,这种情况应先经胃镜检查排除上消化道出血后,再行下消化道出血的有关检查。

(二) 出血严重程度的估计和周围循环状态的判断

据研究,成人每日上消化道出血 5 ~ 10ml,粪便隐血试验常可出现阳性,每日出血量 50 ~ 100ml 可出现黑便。日出血量 >400 ~ 500ml,可出现全身症状,如头昏、心慌、乏力等。短时间内出血量 >1000ml,可出现周围循环衰竭表现。

急性大出血严重程度的估计最有价值的标准是血容量减少所导致周围循环衰竭的临床表现,而周围循环衰竭又是急性大出血导致死亡的直接原因。因此,对急性消化道大出血患者,应将对周围循环状态的有关检查放在首位,并据此作出相应的紧急处理。休克指数(心率/收缩压)是判断失血量的重要指标,需进行动态观察,综合其他相关指标加以判断。如果患者由平卧位改为坐位时出现血压下降(下降幅度 >15 ~ 20mmHg)、心率加快(上升幅度 >10 次/分钟),则提示血容量已明显不足,是紧急输血的指征。如收缩压 <90mmHg、心率 >120 次/分钟,伴有面色苍白、四肢湿冷、烦躁不安或神志不清,则提示已进入休克状态,需积极抢救。

应该指出,呕血与黑便的频度与量对出血量的估计虽有一定帮助,但由于出血大部分积存于胃肠道,且呕血与黑便分别混有胃内容物与粪便,因此,不可能据此对出血量作出精确的估计。此外,患者的血常规检查包括血红蛋白浓度、红细胞计数及血细胞比容虽可估计失血的程度,但并不能在急性失血后立即反映出来,且还受到出血前有无贫血存在的影响,因此,也只能作为估计出血量的参考。

(三) 出血是否停止的判断

上消化道大出血经过恰当治疗,可于短时间内停止出血。由于肠道内积血需经数日(一般约 3 日)才能排尽,故不能以黑便作为继续出血的指标。临床上出现下列情况应考虑继续出血或再出血:①反复呕血,或黑便次数增多、粪质稀薄,伴有肠鸣音亢进;②周围循环衰竭的表现经充分补液、输血而未见明显改善,或虽暂时好转而又恶化;③血红蛋白浓度、红细胞计数与血细胞比容继续下降,网织红细胞计数持续增高;④补液和尿量足够的情况下,血尿素氮持续或再次增高;⑤胃管抽出物有较多鲜血。

（四）出血的病因诊断

既往史、症状与体征可为出血的病因提供重要线索,但确诊出血的原因与部位需靠器械检查。

1. 临床与实验室检查　提供的线索慢性、周期性、节律性上腹痛多提示出血来自消化性溃疡,特别是在出血前疼痛加剧,出血后减轻或缓解,更有助于消化性溃疡的诊断。有服用非甾体抗炎药或应激状态者,可能为 NSAIDs 溃疡或应激性溃疡或急性糜烂出血性胃炎。过去有病毒性肝炎、血吸虫病或酗酒病史,并有肝病与门静脉高压的临床表现者,可能是食管胃底静脉曲张破裂出血。但应指出,上消化道出血的患者即使确诊为肝硬化,不一定都是食管胃底静脉曲张破裂的出血,约有 1/3 患者出血实系来自消化性溃疡、门静脉高压性胃病或其他原因。对中年以上的患者近期出现上腹痛,伴有厌食、消瘦者,应警惕胃癌的可能性。肝功能检验结果异常、血白细胞及血小板减少等有助于肝硬化诊断。

2. 胃镜检查　是目前诊断上消化道出血病因的首选检查方法。一般主张胃镜检查在出血后 12~48 小时内进行,也称急诊内镜检查(emergency endoscopy)。这可提高出血病因诊断的准确性。急诊胃镜检查还可根据病变的特征判断是否继续出血或估计再出血的危险性,并同时进行内镜止血治疗。在急诊胃镜检查前需先补充血容量、纠正休克、改善贫血,并尽量在出血的间歇期进行。

3. X 线钡餐检查　X 线钡餐检查目前已多为胃镜检查所代替,故主要适用于有胃镜检查禁忌证或不愿进行胃镜检查者,但对经胃镜检查出血原因未明、怀疑病变在十二指肠降段以下的,则有一定诊断价值。检查一般在出血停止数天后进行,不主张在活动性出血期间行 X 线钡餐检查。

4. 其他检查　选择性腹腔动脉造影、放射性核素^{99m}锝标记红细胞扫描及小肠镜检查等主要适用于下消化道出血(详见本章第二节"下消化道出血")。由于胃镜检查已能彻底搜寻十二指肠降段以上消化道病变,故上述检查很少应用于上消化道出血的诊断。

（五）危险性预测

据临床资料统计,约 80%~85% 急性上消化道大量出血患者除支持疗法外,无需止血治疗可在短期内自然停止,仅有 15%~20% 患者持续出血或反复出血。如何早期识别再出血及死亡危险性高的患者,并予加强监护和积极治疗,便成为急性上消化道大量出血处理的重点。提示预后不良危险性增高的主要因素有:①高龄患者;②有严重的伴随疾病(心、肺、肝、肾功能不全、脑血管意外等);③休克、血红蛋白浓度低、需要输血者;④无肝肾疾患者的血尿素氮、肌酐或血清转氨酶升高者;⑤胃镜检查见到消化性溃疡活动性出血,或近期出血征象如溃疡面上暴露血管或有血痂。

【治疗】　上消化道大量出血病情急、变化快,严重者可危及生命,应采取积极措施进行抢救。抗休克、迅速补充血容量应放在一切医疗措施的首位。

（一）一般急救措施

患者应卧位休息,保持呼吸道通畅,避免呕血时血液吸入气道引起窒息,必要时吸氧,活动性出血期间应禁食。严密监测患者生命体征,如心率、血压、呼吸、尿量及神志变化。观察呕血与黑便情况。定期复查血红蛋白浓度、红细胞计数、血细胞比容。必要时行中心静脉压测定。对老年患者根据情况进行心电监护。

（二）积极补充血容量

尽快建立有效的静脉输液通道,补充血容量。在配血过程中,可先输平衡液或葡萄糖盐水。如遇血源缺乏,可用右旋糖酐或其他血浆代用品暂时代替输血。改善急性失血性周围循环衰竭的关键是要输血。下列情况为紧急输血指征:①收缩压<90mmHg,或较基础收缩压降低幅度>30mmHg;②血红蛋白<70g/L 或血细胞比容<25%;③心率增快(>120 次/分钟)。输血量视患者周围循环动力学及贫血改善而定。应注意避免因输液、输血过快、过多而引起肺水肿，原有心脏病或老年患者可根据中心静脉压调节输入量和输入速度。

（三）止血措施

1. **食管、胃底静脉曲张破裂大出血的止血措施**　详见本篇第十六章"肝硬化"。

2. **急性非静脉曲张性上消化道大量出血的止血措施**　除食管胃底静脉曲张破裂出血之外的其他病因引起的上消化道出血，习惯上又称为急性非静脉曲张性上消化道出血，其中以消化性溃疡所致出血最为常见。止血措施主要有：

（1）抑制胃酸分泌的药物：血小板聚集及血浆凝血功能所诱导的止血作用需在 pH>6.0 时才能有效发挥，相反，新形成的凝血块在 pH<4.0 的胃液中会迅速被消化。因此，抑制胃酸分泌，提高胃内 pH 值具有止血作用。对消化性溃疡和急性胃黏膜损害所引起的出血，常规使用质子泵抑制剂（PPI），急性出血期予静脉途径给药。

（2）内镜下止血治疗：内镜检查如见有活动性出血或暴露血管的溃疡应进行内镜止血。常用的内镜止血方法包括药物局部注射、热凝止血（包括高频电凝、氩离子凝固术、热探头、微波等方法）和钛夹止血 3 种。热凝止血与钛夹止血可单独使用，但不主张单独使用局部注射，可与其他方法联合使用。其他原因引起的出血，也可视情况选择上述方法进行内镜止血。

（3）手术治疗：内科积极治疗仍大量出血不止危及患者生命，需不失时机行手术治疗。不同病因所致的上消化道大出血的具体手术指征和手术方式各有不同，详见有关章节。

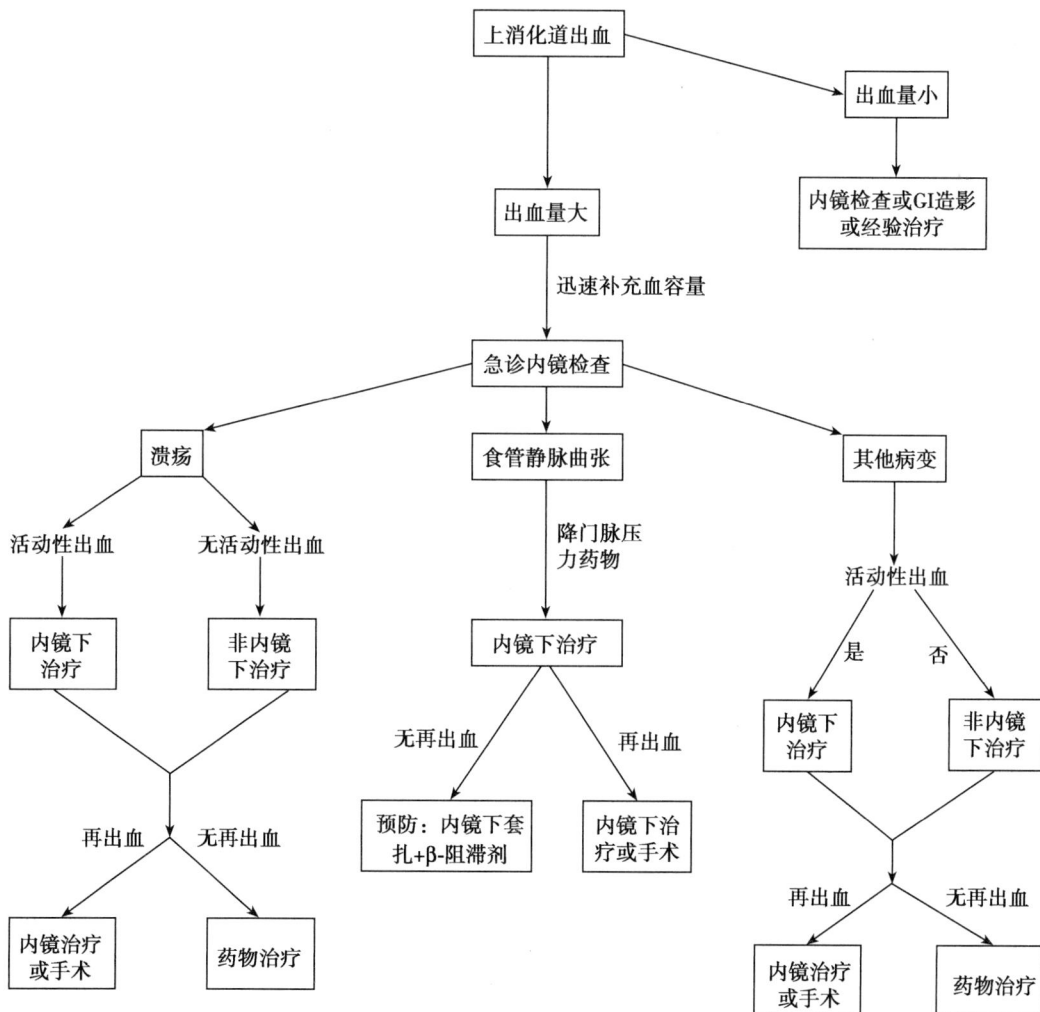

图 4-21-1　上消化道出血处理流程图

（4）介入治疗:患者严重消化道大出血在少数特殊情况下,既无法进行内镜治疗或内镜治疗失败,又不能耐受手术,可考虑在选择性肠系膜动脉造影找到出血灶的同时进行血管栓塞治疗。

综上所述,对上消化道出血的处理归纳如图4-21-1:

第二节　下消化道出血

传统概念的下消化道出血(lower gastrointestinal hemorrhage)包括新概念的中消化道以及下消化道病变导致的出血,其患病率虽不及上消化道出血高,但临床亦常发生。其中,90%以上的下消化道出血来自大肠,小肠出血比较少见,但诊断较为困难。近年来,由于检查手段增多及治疗技术的提高,下消化道出血的病因诊断率有了明显提高,急性大出血病死率约为3%。

【病因】　引起下消化道出血的病因甚多,列举如下:

（一）肠道原发疾病

1. 肿瘤和息肉　恶性肿瘤有癌、类癌、恶性淋巴瘤、平滑肌肉瘤、纤维肉瘤、神经纤维肉瘤等;良性肿瘤有平滑肌瘤、脂肪瘤、血管瘤、神经纤维瘤、囊性淋巴管瘤、黏液瘤等。肠道间质瘤也可引起出血。息肉多见于大肠,主要是腺瘤性息肉,还有幼年性息肉病及 Peutz-Jeghers 综合征。

2. 炎症性病变　感染性肠炎有肠结核、肠伤寒、菌痢及其他细菌性肠炎等;寄生虫感染有阿米巴、血吸虫、蓝氏贾第鞭毛虫所致的肠炎,由大量钩虫或鞭虫感染所引起的下消化道大出血国内亦有报道。非特异性肠炎有溃疡性结肠炎、克罗恩病、结肠非特异性孤立溃疡等。此外还有抗生素相关性肠炎、出血坏死性小肠炎、缺血性肠炎、放射性肠炎、NSAIDs 相关肠黏膜损伤等。

3. 血管病变　毛细血管扩张症、血管畸形(其中结肠血管扩张常见于老年人,为后天获得,常位于盲肠和右半结肠,可发生大出血)、静脉曲张(注意门静脉高压所引起的罕见部位静脉曲张出血可位于直肠、结肠和回肠末段)。

4. 肠壁结构性病变　憩室(其中小肠 Meckel 憩室出血并不少见)、肠重复畸形、肠气囊肿病(多见于高原居民)、肠套叠等。

5. 肛门病变　如痔疮和肛裂。

（二）全身疾病累及肠道

白血病和出血性疾病;风湿性疾病如系统性红斑狼疮、结节性多动脉炎、Behcet 病等;恶性组织细胞病;尿毒症性肠炎。腹腔邻近脏器恶性肿瘤浸润或脓肿破裂侵入肠腔可引起出血。

据统计,引起下消化道出血的最常见原因为大肠癌和大肠息肉,肠道炎症性病变次之,其中肠伤寒、肠结核、溃疡性结肠炎、克罗恩病和坏死性小肠炎有时可发生大量出血。

【诊断】

（一）除外上消化道出血

下消化道出血一般为血便或暗红色大便,不伴呕血。但出血量大的上消化道出血亦可表现为暗红色大便;高位小肠出血乃至右半结肠出血,如血在肠腔停留较久亦可呈柏油样,遇此类情况,应常规作胃镜检查除外上消化道出血。

（二）下消化道出血的定位及病因诊断

1. 病史

（1）年龄:老年患者以大肠癌、结肠血管扩张、缺血性肠炎多见。儿童以 Meckel 憩室、幼年性息肉、感染性肠炎、血液病多见。

（2）出血前病史:结核病、血吸虫病、腹部放疗史可引起相应的肠道疾病。动脉硬化、口服避孕药可引起缺血性肠炎。在血液病、结缔组织疾病过程中发生的出血应考虑原发病引起的肠道出血。

Notes

（3）粪便颜色和性状:血色鲜红,附于粪表面多为肛门、直肠、乙状结肠病变,便后滴血或喷血常为痔或肛裂。右侧结肠出血为暗红色,停留时间长可呈柏油样便。小肠出血与右侧结肠出血相似,但更易呈柏油样便。黏液脓血便多见于菌痢、溃疡性结肠炎,大肠癌特别是直肠、乙状结肠癌有时亦可出现黏液脓血便。

（4）伴随症状:伴有发热见于肠道炎症性病变,由全身性疾病如白血病、淋巴瘤、恶性组织细胞病及结缔组织病引起的肠出血亦多伴发热。伴不完全性肠梗阻症状常见于克罗恩病、肠结核、肠套叠、大肠癌。上述情况往往伴有不同程度腹痛,而不伴有明显腹痛的多见于息肉、未引起肠梗阻的肿瘤、无合并感染的憩室和血管病变。

2. **体格检查应特别注意**

（1）皮肤黏膜检查有无皮疹、紫癜、毛细血管扩张;浅表淋巴结有无肿大。

（2）腹部检查要全面细致,特别注意腹部压痛及腹部包块。

（3）一定要常规检查肛门直肠,注意痔、肛裂、瘘管;直肠指检有无肿块。

3. **实验室检查**　常规血、尿、粪便及生化检查。疑伤寒者做血培养及肥达试验。疑结核者作结核菌素试验。疑全身性疾病者作相应检查。

4. **影像学检查**　除某些急性感染性肠炎如痢疾、伤寒、坏死性肠炎等之外,绝大多数下消化道出血的定位及病因需依靠影像学检查确诊。

（1）结肠镜:是诊断大肠及回肠末端病变的首选检查方法。其优点是诊断敏感性高、可发现活动性出血、结合病理学检查可判断病变性质。

（2）小肠镜:气囊(单气囊及双气囊)辅助的小肠镜理论上可以对全小肠进行检查,并根据需要取活检,是目前最有效的小肠出血诊断方法,必要时可行镜下止血治疗。

（3）胶囊内镜:为非侵入性检查,可发现黏膜活动性出血,对出血部位进行定位,为进一步检查提供线索,对病因诊断有一定参考价值,不能进行组织活检及治疗是其不足。

（4）小肠 CT 或 MR 造影(CTE 或 MRE):对提示小肠病变部位,特别是多部位病变或肠外病变有重要参考价值,对怀疑小肠狭窄不宜行小肠镜或胶囊内镜检查者是首选检查手段。

（5）X 线钡剂造影:X 线钡剂灌肠用于诊断大肠、回盲部及阑尾病变,一般主张进行双重气钡造影。由于该检查对较平坦病变容易漏诊,有时无法确定病变性质,因此,对 X 线钡剂灌肠检查阴性的下消化道出血患者仍需进行结肠镜检查。X 线小肠钡剂造影是诊断小肠病变的重要方法,但敏感性低、漏诊率较高。小肠气钡双重造影可提高诊断率,但检查时需要行小肠插管。

（6）核素扫描或选择性血管造影:需在活动性出血时进行,适用于内镜检查不能确定出血来源者,或因严重急性大量出血及其他原因不能进行内镜检查者。放射性核素扫描是静脉推注用^{99m}锝标记的患者自体红细胞作腹部扫描,在出血速度>0.1ml/min 时,标记红细胞在出血部位溢出形成浓染区,由此可判断出血部位,且可监测出血达 24 小时。该检查创伤少,可作为初步出血定位,但存在假阳性和定位错误,临床价值有限。对持续大出血者宜及时作选择性腹腔动脉造影,在出血量>0.5ml/min 时,可以发现造影剂在出血部位溢出,有比较准确的定位价值,必要时可以同时进行栓塞治疗。

5. **手术探查**　各种检查不能明确出血灶,持续大出血危及患者生命,需手术探查。有些微小病变特别是血管病变,手术探查亦不易发现,此时可借助术中内镜检查以帮助寻找出血灶。

【治疗】　下消化道出血主要是病因治疗,其处理流程如图 4-21-2。

（一）一般急救措施及补充血容量

详见本章第一节"上消化道出血"。

（二）止血治疗

1. **凝血酶**　保留灌肠有时对左半结肠以下出血有效。

2. **内镜下止血**　急诊结肠镜检查如能发现出血病灶,可试行内镜下止血。

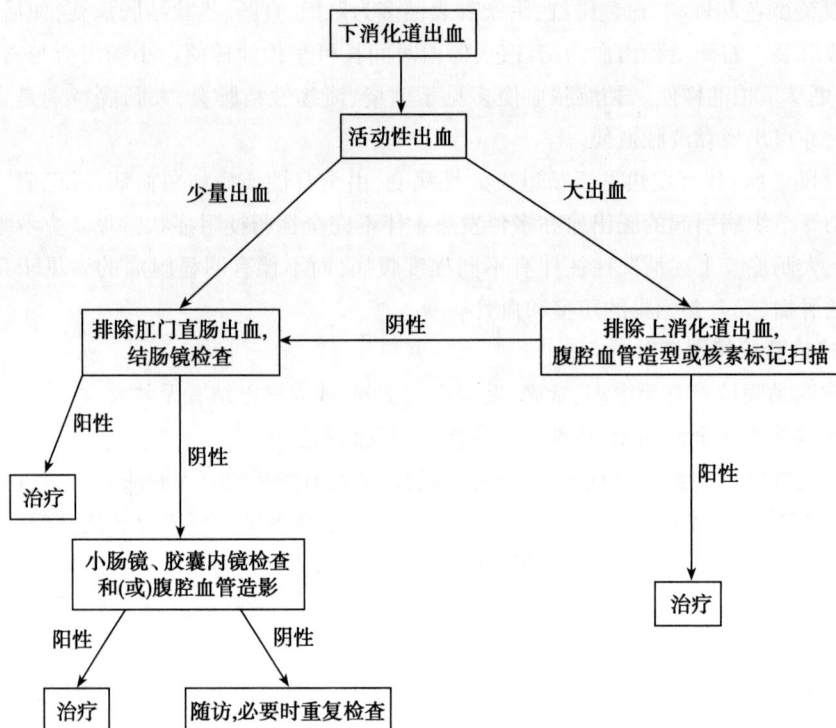

图 4-21-2 下消化道出血处理流程图

3. **血管活性药物应用** 血管加压素、生长抑素静脉滴注可能有一定作用。如作动脉造影，可在造影完成后动脉滴注血管加压素 $0.1 \sim 0.4 U/min$，对右半结肠及小肠出血止血效果优于静脉给药。

4. **动脉栓塞治疗** 对动脉造影后动脉输注血管加压素无效的病例，可作超选择性插管，在出血灶注入栓塞剂。本法主要缺点是可能引起肠梗死，拟进行肠段手术切除的病例，可作为暂时止血用。

5. **紧急手术治疗** 经内科保守治疗仍出血不止，危及生命，无论出血病变是否确诊，均是紧急手术的指征。

（三）病因治疗

针对不同病因选择药物治疗、内镜治疗、择期外科手术治疗。

第三节 不明原因消化道出血

常规消化内镜检查(包括检查食管至十二指肠降段的上消化道内镜与肛门直肠至回盲瓣的结肠镜)和 X 线小肠钡剂检查(口服钡剂或钡剂灌肠造影)或小肠 CT 不能明确病因的持续或反复发作的出血称不明原因消化道出血(obscure gastrointestinal bleeding)。临床上占消化道出血的 $3\% \sim 5\%$ 左右。可分为不明原因的隐性出血和显性出血，前者表现为反复发作的缺铁性贫血和粪隐血试验阳性，后者表现为黑便、血便或呕血等肉眼可见的出血。

【病因】 常见的病因有血管异常、新生物、Meckel 憩室、异位静脉曲张、胆道出血、乳糜泻等。自从胶囊内镜和小肠镜检查技术开展以来，约80%的不明原因消化道出血能查明出血原因，其中最常见的部位在小肠。

【诊断】 注意常规内镜容易被遗漏的病灶：血管病变、息肉、食管裂孔疝内的糜烂(cameronerosion)和位于视野盲区的病变。初次检查阴性的患者可重复内镜检查，有助于提高诊断率及减少漏诊率。

Notes

多次胃镜和结肠镜检查均未能发现出血病变者,多为小肠出血。小肠出血占不明原因消化道出血的70%以上。小肠出血中,大约50%出血是由于血管异常,其次是肿瘤和Meckel憩室。胶囊内镜、小肠镜检查以及小肠CT影像学检查可以明显提高诊断率。血管造影以及核素扫描仅对活动性出血(≥0.5ml/min)有诊断价值。

外科手术探查是不明原因消化道出血最后的检查手段,主要用于无法成功进行小肠镜检查者或大出血者,探查时可辅以术中内镜检查。

【治疗】 不明原因消化道出血主要是病因治疗,大出血时应积极抢救,在补充足够血容量前提下,积极寻找出血原因并给予相应治疗。

(陈旻湖)

推荐阅读文献

1. Joseph JY Sung. Essential Internal Medicine:Gastrointestinal bleeding. Beijing:People's medical Publishing House,2009:193-197
2. Joseph JY Sung. Asia-Pacific Working Group consensus on non-variceal upper gastrointestinal bleeding. Gut, 2011,60(9):1170-1177
3. 陈旻湖.急性非静脉曲张性上消化道出血诊治指南.杭州:中华消化杂志,2009,29:682-686
4. 白文元.不明原因消化道出血诊治推荐流程.上海:中华消化杂志,2012,32:361-364

第二十二章 黄 疸

> **要点:**
> 1. 黄疸是指血清胆红素增高致使巩膜、皮肤、黏膜以及其他组织和体液发生黄染的现象。其并不是一个独立疾病,而是多种疾病的共同症状和体征。
> 2. 根据血清异常升高的胆红素性质,可分为高非结合胆红素血症和高结合胆红素血症。
> 3. 高非结合胆红素血症主要见于胆红素生成过多或由遗传因素导致胆红素在肝细胞内酯化障碍所引起的黄疸。
> 4. 高结合胆红素血症可分为肝细胞性、胆汁淤积性和遗传性。
> 5. 黄疸涉及疾病复杂,鉴别诊断思路重要。

黄疸(jaundice)是指血清胆红素(serum bilirubin,SB)增高致使巩膜、皮肤、黏膜以及其他组织和体液发生黄染的现象。正常血清总胆红素浓度不超过17μmol/L,当其超过34μmol/L时,临床上出现黄疸。如胆红素超过正常值而肉眼未能观察到时,称为隐性黄疸。黄疸并不是一个独立疾病,而是多种疾病的共同症状和体征。黄疸属于胆红素代谢紊乱,并不等同于胆汁淤积。

非结合胆红素(unconjugated bilirubin,UCB)通过血窦内皮细胞的窗孔进入血窦内皮细胞与肝细胞之间的窦周隙(即 Disse 腔),然后经血窦面肝细胞膜上有机阴离子转运蛋白(OATP)的介导并在谷胱甘肽的调节下进入肝细胞,在肝细胞内通过丙酸羧基的酯化转变为单葡萄糖醛酸酯(BMG)和双葡萄糖醛酸酯(BDG)。因非结合胆红素在上述过程中已与葡萄糖醛酸结合,故又称结合胆红素(conjugated bilirubin,CB)。介导非结合胆红素酯化的酶系称尿苷二磷酸葡萄糖醛酸转移酶(UGT),当该酶的编码基因变异时,可使非结合胆红素的酯化过程障碍而出现黄疸。

在肝细胞内形成的结合胆红素被运送至毛细胆管面肝细胞膜上,然后在转运蛋白系统的作用下逆150倍浓度梯度以主动耗能方式分泌入毛细胆管腔,并经胆道系统进入肠腔。任何损伤或影响转运蛋白功能的因素都可使结合胆红素的分泌发生障碍,使临床表现为黄疸。

【病因分类及发病机制】 最初的黄疸分型是由 J. W. McNee 于 1923 年根据发病原因提出,至今仍被临床广泛应用。其将黄疸分为溶血性黄疸、肝细胞性黄疸和阻塞性黄疸。另一病因分类方法是由 H. Ducci 于 1947 年提出,将黄疸分为肝前黄疸、肝性黄疸和肝后黄疸。近年来倾向于根据血清增高的胆红素性质进行分类,即先确定是以非结合性胆红素还是以结合性胆红素增高为主,然后再根据病史、体征并结合实验室及影像学特征进行鉴别,最后确立病因诊断(表4-22-1)。此种分型更有利于鉴别诊断和评价病情。

(一) 高非结合胆红素(unconjugated hyperbilirubinemia)血症

非结合胆红素占血清总胆红素的80%~85%以上。主要见于胆红素生成过多(如各种原因引起的溶血性贫血)或胆红素在肝细胞内的酯化过程障碍(如 UGT 编码基因缺陷等)所引起的黄疸。临床能否表现出黄疸与肝功能状态有一定关系。肝功能正常时,即使红细胞存活率下降50%,也不会引起黄疸。

表 4-22-1　黄疸的分型

高结合胆红素血症 (结合胆红素占血清总胆红素的 30% 以上)	高非结合胆红素血症 (非结合胆红素占血清总胆红素的 80% ~85% 以上)
肝细胞性疾病 　病毒性肝炎 　酒精性肝病 　药物性肝病	溶血性贫血 　遗传性溶血性贫血 　获得性溶血性贫血
胆汁淤积性疾病 　梗阻性胆汁淤积 　　肝外梗阻性胆汁淤积 　　(胆石症、胰头癌等) 　　肝内梗阻性胆汁淤积 　　(肝内胆管泥沙样结石等) 　非梗阻性胆汁淤积	遗传性高非结合胆红素血症(UGT 基因变异) 　Gilbert 综合征 　Crigler-Najjar 综合征(Ⅰ型、Ⅱ型)
遗传性高结合胆红素血症 　Rotor 综合征 　Dubin-Johnson 综合征 遗传性胆汁淤积性高结合胆红素血症	其他原因 　药物 　充血性心力衰竭等

非结合胆红素系脂溶性,不溶于水,在循环过程中不能经肾小球滤过,故不在尿中出现。
高非结合胆红素血症的病因:

1. 溶血性贫血

(1) 遗传性溶血性贫血:可由红细胞膜缺陷(遗传性球形红细胞增多症、遗传性椭圆形红细胞增多症等)、红细胞酶缺乏(如葡萄糖-6-磷酸脱氢酶缺乏症、丙酮酸激酶缺乏症等)以及珠蛋白结构异常和合成障碍(如血红蛋白病、镰状细胞贫血等)等因素引起。

(2) 获得性溶血性贫血:可由免疫(自身免疫性溶血性贫血)、微血管病变、感染、物理、化学、药物以及获得性红细胞膜缺陷(阵发性睡眠性血红蛋白尿症)等因素引起。

2. 遗传性疾病　指由 UGT 基因变异所导致高非结合胆红素血症,不包括前述遗传性溶血性贫血。

(1) Gilbert 综合征:是由于 UGT1A1 基因外显子 1 上游启动子 TATAA 序列出现重复片段,致使 UGT 活性下降进而导致非结合胆红素在肝细胞内的酯化过程障碍。

此病的临床特点是血清非结合胆红素增加但不具备溶血性贫血的临床表现。通常为慢性、轻度、反复发作性的黄疸,应激、禁食、劳累、饮酒、药物(烟酸)以及月经都可能是诱因。本病的血清胆红素浓度一般仅轻度升高,即小于 51.3μmol/L(3mg/dl),仅在应激等特定状态下才能升高至 85.5 ~136.8μmol/L(5 ~8mg/dl),临床并无特异性诊断技术。本病发病率较高,可累及 3% ~8% 的人群,男性多于女性。

因 Gilbert 综合征为良性疾病,故通常不必治疗。

(2) Crigler-Najjar 综合征:分Ⅰ和Ⅱ型。

Ⅰ型是 UGT1A1 基因 1 ~5 外显子发生多处替换、缺失或插入突变所致。婴儿通常在出生后的 7 天内发生严重的高非结合胆红素血症,甚至并发核黄疸和胆红素脑病。若疾病未得到有效控制,患儿常在出生后的 18 个月内死亡。应用苯巴比妥对此型患者无效。

Ⅱ型是 UGT1A1 基因在任一外显子上的点突变所致,UGT 的结构变异相对较轻,故病情明显好于Ⅰ型。患儿的黄疸一般在出生 2 年后发生,胆红素水平一般不超过 342μmol/L(20mg/dl)。应用苯巴比妥能使血清胆红素下降 30%。若无核黄疸的发生,一般不必进行治疗。

3. 其他病因　某些药物除可引起获得性溶血性贫血外,也可影响 UGT 活性。禁食状态或因某种原因不能进食者对胆红素清除能力下降也可出现高非结合胆红素血症。心脏外科手术后可出现高非结合胆红素血症,其原因为大量输血、轻度溶血、麻醉以及药物因素等。充血性心力衰竭和脾功能亢进时也可使红细胞的存活率下降。

(二) 高结合胆红素(conjugated hyperbilirubinemia)血症

结合胆红素占血清总胆红素的30%以上。根据发病机制可分为肝细胞性疾病、胆汁淤积性疾病以及遗传性疾病所致的黄疸。

结合胆红素为水溶性,可经肾小球滤过而在尿中出现。

高结合胆红素血症的病因:

1. **肝细胞性疾病**　由于肝细胞损害和(或)肝小叶结构破坏,使结合胆红素不能正常排入细小胆管,而反流入肝淋巴液及血液中导致黄疸。常见病因为病毒性肝炎、酒精性肝病、药物性肝损伤、自身免疫性肝炎、肝硬化、Wilson病以及血色病等。

2. **胆汁淤积性疾病**　由于肝细胞的胆汁分泌结构病变或胆汁排出通道受阻,使胆红素分泌障碍或胆汁不能正常进入肠道而反流入血导致黄疸。根据病变性质、部位及临床意义的不同,可分为梗阻性胆汁淤积与非梗阻性胆汁淤积。

(1) 梗阻性胆汁淤积:较非梗阻性胆汁淤积常见。由于梗阻使上端胆管内压不断增高,胆管逐渐扩张,进而导致小胆管及毛细胆管破裂,使包括结合胆红素在内的胆汁成分直接进入体循环,或由淋巴液反流进入体循环而导致黄疸。根据梗阻部位的不同,可进一步分为肝外和肝内梗阻性胆汁淤积。

引起肝外梗阻性胆汁淤积的常见病因有胆石症、胆道蛔虫、胆管炎、癌肿浸润、手术后胆管狭窄或胆管因壶腹周围癌、胰头癌、肝癌、肝门或胆总管周围淋巴结癌肿转移而受压。

引起肝内梗阻性胆汁淤积的常见病因有肝内胆管泥沙样结石、原发性肝癌侵犯肝内胆管或形成癌栓以及华支睾吸虫病等。

(2) 非梗阻性胆汁淤积:造成胆汁淤积的原因并不是胆道系统机械性梗阻,而是由于胆汁转运和分泌结构的破坏以及功能障碍所致。

肝细胞上具有多种参与胆汁转运和分泌的特定结构,如血窦面肝细胞膜上 Na^+ 依赖性牛磺酸共转运蛋白(NTCP)和非 Na^+ 依赖性有机阴离子转运蛋白(OATP),其可分别在 Na^+-K^+-ATP酶及谷胱甘肽(GSH)的调节下与循环中包括非结合胆红素在内的多种代谢产物结合,并将其运送至肝细胞内进行转化。毛细胆管面肝细胞膜上存在ATP依赖性和非ATP依赖性转运蛋白系统。前者包括胆盐输出泵蛋白(BSEP)、1型和3型多药耐药蛋白(MDR1、MDR3)、毛细胆管多特异性有机阴离子转运蛋白(cMOAT)或称多药耐药相关蛋白(MRP2)以及P型ATP酶等,后者包括囊性纤维跨膜调节蛋白(CFTR)、阴离子交换蛋白2(AE2)以及谷胱甘肽(GSH)转运蛋白等。上述具有不同功能的转运蛋白在细胞内囊泡运输系统、细胞骨架成分以及细胞间紧密连接蛋白的机械动力协调作用下可将在肝细胞内经过转化的多种胆汁成分分泌至毛细胆管腔(图4-22-1)。

当在不同病因作用下,影响毛细胆管面肝细胞膜上的转运蛋白以及与之相协调的机械动力系统结构和功能时,即可影响包括结合胆红素在内的胆汁的转运和分泌而造成肝内胆汁淤积。

3. **遗传性疾病**

(1) Rotor综合征:是儿童的常染色体隐性遗传病,较少见,以无症状良性经过为特征。总胆红素通常为 $34.2 \sim 85.5 \mu mol/L$($2 \sim 5mg/dl$),其中结合胆红素超过50%,表现为结合或混合性高胆红素血症。肝组织学检查通常正常。口服造影剂检查可正常,放射性核素扫描常显示胆红素分泌延迟或不分泌。

Rotor综合征无需特殊治疗。

(2) Dubin-Johnson综合征:是常染色体隐性遗传病,由于毛细胆管面肝细胞膜上MRP2蛋

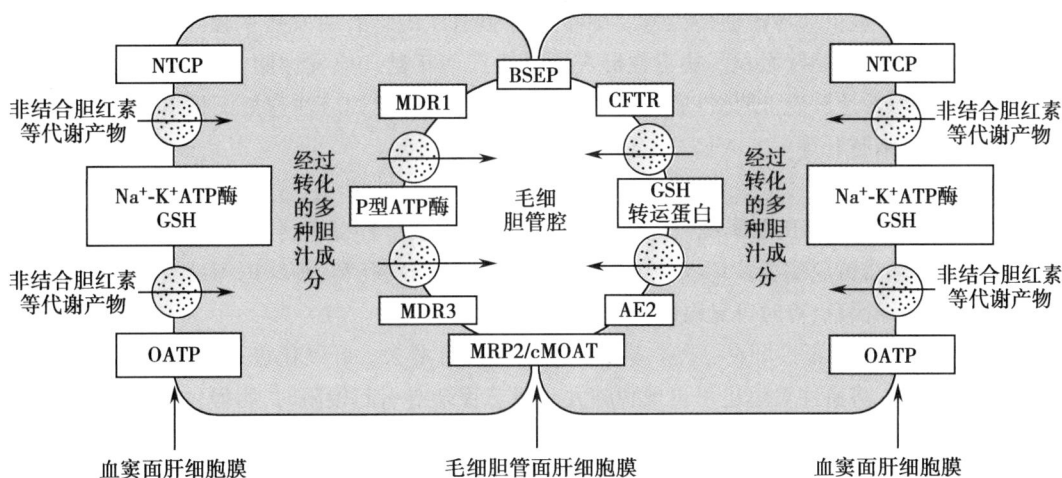

图 4-22-1 肝细胞胆红素代谢及转运示意图

白基因变异所致。非结合胆红素可经 OATP 介导进入肝细胞,并可在酯化过程中与葡萄糖醛酸结合而被运输,当因 MRP2 蛋白基因变异,使其在毛细胆管面肝细胞膜上的排泄受到影响时则发生黄疸。

本病可见于任何年龄,但多在 10 ~ 30 岁期间被诊断。感染、急性肝炎、饮酒、过劳、精神压力、月经和妊娠等因素可诱发出现临床表现。胆红素一般在 34.2 ~ 102.6μmol/L(2 ~ 6mg/dl)之间,少数病例也可在 102.6 ~ 205.2μmol/L(6 ~ 12mg/dl)之间,极特殊病例也可超过 342μmol/L(20mg/dl),其中结合胆红素在 60% 以上。50% ~ 60% 的患者出现肝大,10% ~ 15% 的患者脾脏肿大,60% 的患者凝血因子Ⅶ减少。口服造影剂胆囊不显影,但静脉应用造影剂胆囊显影正常。肝活体组织学检查肉眼即可见黑色素沉积。

本综合征为良性经过,一般不需治疗,疾病发作期黄疸表现明显时可用苯巴比妥。

(3) 遗传性胆汁淤积性高结合胆红素血症:本病是一组高结合胆红素血症和胆汁淤积同时发生并伴有皮肤瘙痒的综合征。主要包括:①进行性家族性胆汁淤积(progressive familial intra-hepatic cholestasis,PFIC);②良性复发性胆汁淤积;③妊娠复发性胆汁淤积。其中以进行性家族性胆汁淤积最常见。

PFIC 是严重的家族性遗传性胆汁淤积性肝病,属常染色体隐性遗传,因病因不同可分为 3 种类型。1 型又称 Byler 病,是由于 P 型 ATP 酶(FIC1/ATP8B1)编码基因变异所致。该酶介导胆汁酸的排泄并在胆汁酸的肠肝循环中起着重要作用,此外还有介导磷脂转运的功能,而磷脂对胆管上皮细胞具有重要的保护作用。2 型和 3 型分别是由介导胆盐转运的 BSEP 和介导磷脂转运的 MDR3 转运蛋白基因变异所致。三种类型的发病机制不同,但其共同临床特征是慢性、持续性胆汁淤积,常可演变为肝硬化。

除上述疾病外,肝内胆管发育不良综合征(Alagille 综合征)、胆管囊性病(Caroli 病)等也都是由于遗传因素而导致的高结合胆红素血症。

在上述遗传性高结合胆红素血症中,只有 Dubin-Johnson 综合征和 Rotor 综合征是以结合胆红素排泄障碍为主,并无胆汁的分泌障碍,而其他疾病则有肝内胆汁淤积。

【黄疸的鉴别诊断】 应根据病史、体格检查、实验室及影像学检查进行综合分析和鉴别诊断。

(一) 病史

肝病家族史及既往史、酒精消耗量、药物应用史、输血史以及个人生活史都是黄疸诊断的重要线索。个体症状结合以往的血清生化学检查、病毒学检查和肝胆胰影像学检查对黄疸的诊断具有重要价值。

患者的年龄和性别有助于鉴别诊断。儿童和青少年发生黄疸时首先应注意遗传因素所致的黄疸,新生儿黄疸更应考虑遗传因素。中年患者胆道系统结石的发病率较高。对40岁以上者应警惕癌性梗阻性胆汁淤积。病毒性肝炎可见于任何年龄。原发性胆汁性肝硬化好发于女性,而胰腺癌、原发性肝癌、硬化性胆管炎以男性为多。如系孕妇应注意妊娠性肝内胆汁淤积、先兆子痫、妊娠脂肪肝等。

(二) 体格检查

1. **黄疸色泽及伴随皮肤表现**   由溶血引起的黄疸皮肤呈柠檬色,伴有睑结膜苍白;肝细胞损害所致黄疸呈浅黄色或金黄色,慢性肝病者可有肝病面容、肝掌、蜘蛛痣等;胆汁淤积性黄疸呈暗黄、黄绿和绿褐色,有时可见眼睑黄瘤。

2. **腹部体征**   病毒性肝炎、肝癌、早期肝硬化均可有肝大。肝硬化进一步发展时肝脏可缩小,伴有脾肿大。溶血性黄疸也可出现脾肿大。胆总管结石引起梗阻时,胆囊可肿大。胰头癌、壶腹周围癌、胆总管癌引起肝外胆汁淤积时胆囊肿大,表面光滑、可移动以及无压痛是其主要特点,即所谓 Courvoisier 征。有腹水和腹部静脉曲张时,多见于失代偿期肝硬化。

(三) 实验室检查

根据血清胆红素的水平可区分高非结合胆红素血症和高结合胆红素血症。

1. **高非结合胆红素血症**   应通过血浆游离血红蛋白、网织红细胞、外周血涂片、血清乳酸脱氢酶和结合珠蛋白水平、尿血红蛋白、尿胆原等检查确定有无溶血性贫血。若能排除溶血性贫血,则应考虑胆红素在肝细胞内的酯化过程障碍,最常见的是 Gilbert 综合征。

2. **高结合胆红素血症**

(1) 一线实验室检查:主要指血清 ALT/AST 以及 ALP。其主要用于鉴别肝细胞性和胆汁淤积性疾病。

高结合胆红素血症伴有转氨酶(ALT/AST)升高,主要见于肝脏疾病。ALT、AST 升高并伴有 ALP、γ-GT 的升高常为胆汁淤积的特征。ALP 的水平反映高结合胆红素血症的病因,是一项比胆红素更敏感的检测。若 ALP 正常,一般可除外肝外梗阻;若其>3×ULN,提示存在胆汁淤积或肝外梗阻。

(2) 二线实验室检查:主要有用于评价梗阻证据的 γ-GT、5'-核苷酸酶和亮氨酸氨基肽酶(LAP);评价自身免疫性肝病的自身抗体;评价肝脏遗传代谢性疾病的 α1-抗胰蛋白酶、血清铁以及铜蓝蛋白;评价肝癌的甲胎蛋白等。所有肝脏疾病都可有胆汁酸的升高,其对黄疸鉴别诊断的意义不大。

(3) 其他相关实验室检查:白蛋白和凝血酶原的水平主要用于评价肝脏功能。

尿结合胆红素阳性、尿胆原及粪中尿胆原减少或缺如是胆道梗阻的特征。尿结合胆红素阳性同时伴有尿胆原的增加是肝病的特征。

(四) 无创影像学检查

1. **腹部超声检查**   该检查安全方便,可重复进行,是鉴别肝内还是肝外胆汁淤积的首选方法。

2. **电子计算机体层扫描(CT)**   高密度的分辨率以及层面扫描使其以图像清晰、解剖关系明确的特点成为肝、胆、胰等腹部疾病的主要检查方法,对了解有无胆管扩张以及占位性病变有较重要参考价值。

3. **磁共振成像(MRI)**   该技术原理是利用组织中的游离质子成像,故不同于 CT 的放射线成像。MRI 对评价肝脏弥漫性病变时并不较 CT 具有优点,但评价局限性病变的特异性和敏感性都好于 CT。磁共振胰胆管造影(MRCP)利用核磁可较好区分静止和流动液体的特性,对已引起胆管扩张的胆管结石和肿瘤、胰腺肿瘤的诊断十分重要,已成为判断胆管系统有无梗阻的重要无创性检查方法,甚至可在一定程度上代替有创性 ERCP。MRCP 对非扩张胆管显影不佳。

(五) 侵入性影像学检查

1. **经皮肝穿胆管造影术(percutaneous transhepatic cholangiography,PTC)**   主要用于有

胆管扩张和怀疑有高位胆管梗阻者,诊断阳性率高达 90% 以上。PTC 适合凝血酶原时间不少于 16 秒,血小板大于 $50×10^9/L$ 以及尚无腹水的患者。30% 的患者可出现轻微并发症,10% 的患者可发生感染、出血、胆汁瘘、气胸、动静脉瘘等并发症。

2. 经十二指肠镜逆行胰胆管造影(ERCP) 当无胆管扩张时,ERCP 显示胆管的成功率高,并能了解胰腺病变对胆管的影响,诊断阳性率超过 90%。ERCP 的并发症约为 2%~3%,主要为胰腺炎、出血和胆管炎。

3. 内镜超声(EUS) 主要用于胆道中下段病变以及胰腺病变的诊断。

(六) 肝活体组织学检查

如果能排除肝外梗阻或高度怀疑肝脏疾病时可于超声引导下行肝活体组织学检查,其对胆囊造影无阳性发现的高胆红素血症患者具有重要诊断意义。

总之,黄疸仅是一个临床表现,其涉及的疾病较多,而且某些疾病可同时兼有不同的机制,因此鉴别诊断思路极为重要。只有详细了解病史、仔细进行体格检查并结合实验室及辅助检查结果加以综合分析,才能做出正确诊断。根据增高的胆红素性质结合其他实验室及影像学检查扼要归纳如下黄疸分类及诊断流程以供参考(图 4-22-2)。

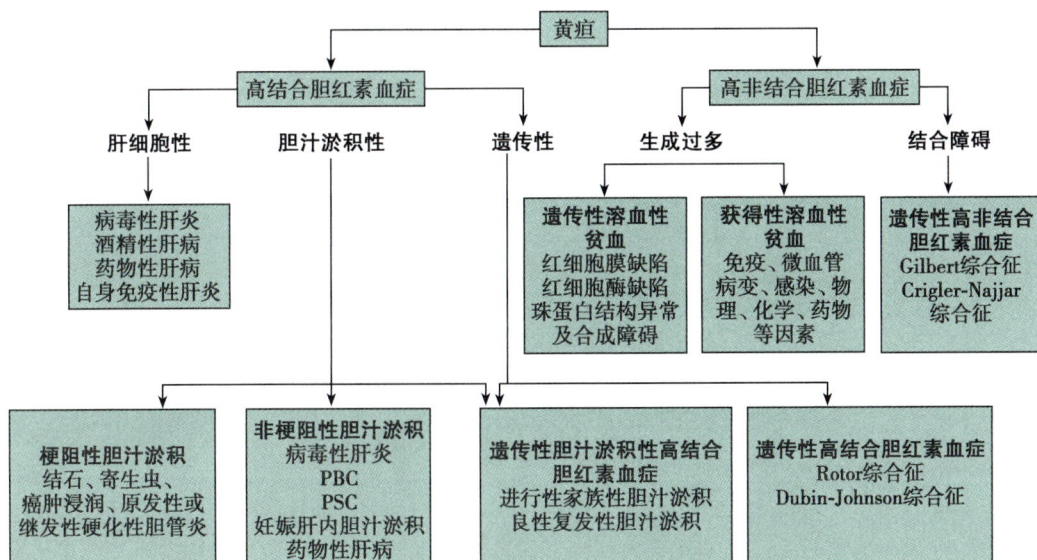

图 4-22-2 黄疸的诊断流程示意图

(王江滨)

推荐阅读文献

1. Brain R. Walker, Nicki R. Colledge, Stuart H. Ralston, Ian D. Penman. Davidson's Principles and Practice of Medicine. 22nd ed. ELSEVIER, 2014
2. Dan L. Longo, Anthony S. Fauci, Dennis L. Kasper, etc. Harrisons Principles of Internal Medicine. 18th ed. Mc Graw Hill, 2014

Notes

"十二五"普通高等教育本科国家级规划教材

国家卫生和计划生育委员会"十二五"规划教材
全国高等医药教材建设研究会"十二五"规划教材
全国高等学校教材

供8年制及7年制（"5+3"一体化）临床医学等专业用

内科学（下册）

Medicine

第3版

主　　审　　王吉耀　廖二元

主　　编　　王　辰　王建安

副 主 编　　黄从新　徐永健　钱家鸣　余学清

分篇负责人

呼吸系统疾病　　康健

心血管系统疾病　　王建安

消化系统疾病　　钱家鸣

泌尿系统疾病　　余学清

血液和造血系统疾病　　胡豫

内分泌和代谢疾病　　宁光

风湿性疾病　　曾小峰

理化因素引起的疾病　　徐永健

学术秘书

代华平　张鹏俊

人民卫生出版社

图书在版编目（CIP）数据

内科学(全 2 册)/王辰,王建安主编. —3 版. —北京：
人民卫生出版社,2015
　　ISBN 978-7-117-20754-6

　　Ⅰ.①内… 　Ⅱ.①王…②王… 　Ⅲ.①内科学-医学
院校-教材 　Ⅳ.①R5

中国版本图书馆 CIP 数据核字(2015)第 094684 号

人卫社官网	www. pmph. com	出版物查询，在线购书
人卫医学网	www. ipmph. com	医学考试辅导，医学数据库服务，医学教育资源，大众健康资讯

内　科　学
第 3 版
（上、下册）

主　　编：王　辰　王建安
出版发行：人民卫生出版社（中继线 010-59780011）
地　　址：北京市朝阳区潘家园南里 19 号
邮　　编：100021
E – mail：pmph @ pmph. com
购书热线：010-59787592　010-59787584　010-65264830
印　　刷：人卫印务（北京）有限公司
经　　销：新华书店
开　　本：850×1168　1/16　　总印张：85　　总插页：4
总 字 数：2339 千字
版　　次：2005 年 8 月第 1 版　　2015 年 9 月第 3 版
　　　　　2025 年 2 月第 3 版第 16 次印刷（总第 31 次印刷）
标准书号：ISBN 978-7-117-20754-6/R·20755
定价（上、下册）：148.00 元

打击盗版举报电话：010-59787491　E-mail：WQ @ pmph. com
　（凡属印装质量问题请与本社市场营销中心联系退换）

丁小强（复旦大学附属中山医院）

王　辰（中日友好医院）

王吉耀（复旦大学附属中山医院）

王江滨（吉林大学中日联谊医院）

王建安（浙江大学医学院附属第二医院）

方　全（中国医学科学院北京协和医院）

古洁若（中山大学附属第三医院）

代华平（中日友好医院）

宁　光（上海交通大学医学院附属瑞金医院）

邢小平（中国医学科学院北京协和医院）

刘文忠（上海交通大学医学院附属仁济医院）

李　强（哈尔滨医科大学附属第二医院）

李启富（重庆医科大学附属第一医院）

李雪梅（中国医学科学院北京协和医院）

杨杰孚（北京医院）

吴德沛（苏州大学附属第一医院）

余学清（中山大学附属第一医院）

沈华浩（浙江大学医学院附属第二医院）

张志毅（哈尔滨医科大学附属第一医院）

陈　楠（上海交通大学医学院附属瑞金医院）

陈江华（浙江大学医学院附属第一医院）

陈旻湖（中山大学附属第一医院）

陈香美（中国人民解放军总医院）

陈璐璐（华中科技大学同济医学院附属协和医院）

郑　毅（首都医科大学附属北京朝阳医院）

单忠艳（中国医科大学附属第一医院）

赵维莅（上海交通大学医学院附属瑞金医院）

胡　豫（华中科技大学同济医学院附属协和医院）

胡建达（福建医科大学附属协和医院）

侯　明（山东大学齐鲁医院）

侯晓华（华中科技大学同济医学院附属协和医院）

姜林娣（复旦大学附属中山医院）

柴艳芬（天津医科大学总医院）

钱家鸣（中国医学科学院北京协和医院）

徐永健（华中科技大学同济医学院附属同济医院）

黄从新（武汉大学人民医院）

黄晓军（北京大学人民医院）

黄德嘉（四川大学华西医院）

康　健（中国医科大学附属第一医院）

葛均波（复旦大学附属中山医院）

董　玲（复旦大学附属中山医院）

童南伟（四川大学华西医院）

曾小峰（中国医学科学院北京协和医院）

谢灿茂（中山大学附属第一医院）

廖二元（中南大学湘雅二医院）

廖玉华（华中科技大学同济医学院附属协和医院）

霍　勇（北京大学第一医院）

瞿介明（上海交通大学医学院附属瑞金医院）

修 订 说 明

为了贯彻教育部教高函〔2004-9号〕文,在教育部、原卫生部的领导和支持下,在吴阶平、裘法祖、吴孟超、陈灏珠、刘德培等院士和知名专家的亲切关怀下,全国高等医药教材建设研究会以原有七年制教材为基础,组织编写了八年制临床医学规划教材。从第一轮的出版到第三轮的付梓,该套教材已经走过了十余个春秋。

在前两轮的编写过程中,数千名专家的笔耕不辍,使得这套教材成为了国内医药教材建设的一面旗帜,并得到了行业主管部门的认可(参与申报的教材全部被评选为"十二五"国家级规划教材),读者和社会的推崇(被视为实践的权威指南、司法的有效依据)。为了进一步适应我国卫生计生体制改革和医学教育改革全方位深入推进,以及医学科学不断发展的需要,全国高等医药教材建设研究会在深入调研、广泛论证的基础上,于2014年全面启动了第三轮的修订改版工作。

本次修订始终不渝地坚持了"精品战略,质量第一"的编写宗旨。以继承与发展为指导思想:对于主干教材,从精英教育的特点、医学模式的转变、信息社会的发展、国内外教材的对比等角度出发,在注重"三基"、"五性"的基础上,在内容、形式、装帧设计等方面力求"更新、更深、更精",即在前一版的基础上进一步"优化"。同时,围绕主干教材加强了"立体化"建设,即在主干教材的基础上,配套编写了"学习指导及习题集"、"实验指导/实习指导",以及数字化、富媒体的在线增值服务(如多媒体课件、在线课程)。另外,经专家提议,教材编写委员会讨论通过,本次修订新增了《皮肤性病学》。

本次修订一如既往地得到了广大医药院校的大力支持,国内所有开办临床医学专业八年制及七年制("5+3"一体化)的院校都推荐出了本单位具有丰富临床、教学、科研和写作经验的优秀专家。最终参与修订的编写队伍很好地体现了权威性,代表性和广泛性。

修订后的第三轮教材仍以全国高等学校临床医学专业八年制及七年制("5+3"一体化)师生为主要目标读者,并可作为研究生、住院医师等相关人员的参考用书。

全套教材共38种,将于2015年7月前全部出版。

全国高等学校八年制临床医学专业国家卫生和计划生育委员会
规划教材编写委员会

教材目录

	学科名称	主审	主编	副主编
1	细胞生物学(第3版)	杨恬	左伋 刘艳平	刘佳 周天华 陈誉华
2	系统解剖学(第3版)	柏树令 应大君	丁文龙 王海杰	崔慧先 孙晋浩 黄文华 欧阳宏伟
3	局部解剖学(第3版)	王怀经	张绍祥 张雅芳	刘树伟 刘仁刚 徐飞
4	组织学与胚胎学(第3版)	高英茂	李和 李继承	曾园山 周作民 肖岚
5	生物化学与分子生物学(第3版)	贾弘禔	冯作化 药立波	方定志 焦炳华 周春燕
6	生理学(第3版)	姚泰	王庭槐	闫剑群 郑煜 祁金顺
7	医学微生物学(第3版)	贾文祥	李明远 徐志凯	江丽芳 黄敏 彭宜红 郭德银
8	人体寄生虫学(第3版)	詹希美	吴忠道 诸欣平	刘佩梅 苏川 曾庆仁
9	医学遗传学(第3版)		陈竺	傅松滨 张灼华 顾鸣敏
10	医学免疫学(第3版)		曹雪涛 何维	熊思东 张利宁 吴玉章
11	病理学(第3版)	李甘地	陈杰 周桥	来茂德 卞修武 王国平
12	病理生理学(第3版)	李桂源	王建枝 钱睿哲	贾玉杰 王学江 高钰琪
13	药理学(第3版)	杨世杰	杨宝峰 陈建国	颜光美 臧伟进 魏敏杰 孙国平
14	临床诊断学(第3版)	欧阳钦	万学红 陈红	吴汉妮 刘成玉 胡申江
15	实验诊断学(第3版)	王鸿利 张丽霞 洪秀华	尚红 王兰兰	尹一兵 胡丽华 王前 王建中
16	医学影像学(第3版)	刘玉清	金征宇 龚启勇	冯晓源 胡道予 申宝忠
17	内科学(第3版)	王吉耀 廖二元	王辰 王建安	黄从新 徐永健 钱家鸣 余学清
18	外科学(第3版)		赵玉沛 陈孝平	杨连粤 秦新裕 张英泽 李虹
19	妇产科学(第3版)	丰有吉	沈铿 马丁	狄文 孔北华 李力 赵霞

6

	学科名称	主审	主编	副主编
20	儿科学(第3版)		桂永浩　薛辛东	杜立中　母得志　罗小平　姜玉武
21	感染病学(第3版)	李兰娟　王宇明	宁　琴　李　刚　张文宏
22	神经病学(第3版)	饶明俐	吴　江　贾建平	崔丽英　陈生弟　张杰文　罗本燕
23	精神病学(第3版)	江开达	李凌江　陆　林	王高华　许　毅　刘金同　李　涛
24	眼科学(第3版)		葛　坚　王宁利	黎晓新　姚　克　孙兴怀
25	耳鼻咽喉头颈外科学(第3版)		孔维佳　周　梁	王斌全　唐安洲　张　罗
26	核医学(第3版)	张永学	安　锐　黄　钢	匡安仁　李亚明　王荣福
27	预防医学(第3版)	孙贵范	凌文华　孙志伟	姚　华　吴小南　陈　杰
28	医学心理学(第3版)	姜乾金	马　辛　赵旭东	张　宁　洪　炜
29	医学统计学(第3版)		颜　虹　徐勇勇	赵耐青　杨土保　王　彤
30	循证医学(第3版)	王家良	康德英　许能锋	陈世耀　时景璞　李晓枫
31	医学文献信息检索(第3版)		罗爱静　于双成	马　路　王虹菲　周晓政
32	临床流行病学(第2版)	李立明	詹思延	谭红专　孙业桓
33	肿瘤学(第2版)	郝希山	魏于全　赫　捷	周云峰　张清媛
34	生物信息学(第2版)		李　霞　雷健波	李亦学　李劲松
35	实验动物学(第2版)		秦　川　魏　泓	谭　毅　张连峰　顾为望
36	医学科学研究导论(第2版)		詹启敏　王　杉	刘　强　李宗芳　钟晓妮
37	医学伦理学(第2版)	郭照江　任家顺	王明旭　尹　梅	严金海　王卫东　边　林
38	皮肤性病学	陈洪铎　廖万清	张建中　高兴华	郑　敏　郑　捷　高天文

第三版序言

经过再次打磨,备受关爱期待,八年制临床医学教材第三版面世了。怀纳前两版之精华而愈加求精,汇聚众学者之智慧而更显系统。正如医学精英人才之学识与气质,在继承中发展,新生方可更加传神;切时代之脉搏,创新始能永领潮头。

经过十年考验,本套教材的前两版在广大读者中有口皆碑。这套教材将医学科学向纵深发展且多学科交叉渗透融于一体,同时切合了环境 - 社会 - 心理 - 工程 - 生物这个新的医学模式,体现了严谨性与系统性,诠释了以人为本、协调发展的思想。

医学科学道路的复杂与简约,众多科学家的心血与精神,在这里汇集、凝结并升华。众多医学生汲取养分而成长,万千家庭从中受益而促进健康。第三版教材以更加丰富的内涵、更加旺盛的生命力,成就卓越医学人才对医学誓言的践行。

坚持符合医学精英教育的需求,"精英出精品,精品育精英"仍是第三版教材在修订之初就一直恪守的理念。主编、副主编与编委们均是各个领域内的权威知名专家学者,不仅著作立身,更是德高为范。在教材的编写过程中,他们将从医执教中积累的宝贵经验和医学精英的特质潜移默化地融入到教材中。同时,人民卫生出版社完善的教材策划机制和经验丰富的编辑队伍保障了教材"三高"(高标准、高起点、高要求)、"三严"(严肃的态度、严谨的要求、严密的方法)、"三基"(基础理论、基本知识、基本技能)、"五性"(思想性、科学性、先进性、启发性、适用性)的修订原则。

坚持以人为本、继承发展的精神,强调内容的精简、创新意识,为第三版教材的一大特色。"简洁、精练"是广大读者对教科书反馈的共同期望。本次修订过程中编者们努力做到:确定系统结构,落实详略有方;详述学科三基,概述相关要点;精选创新成果,简述发现过程;逻辑环环紧扣,语句精简凝练。关于如何在医学生阶段培养创新素质,本教材力争达到:介绍重要意义的医学成果,适当阐述创新发现过程,激发学生创新意识、创新思维,引导学生批判地看待事物、辩证地对待知识、创造性地预见未来,踏实地践行创新。

坚持学科内涵的延伸与发展,兼顾学科的交叉与融合,并构建立体化配套、数字化的格局,为第三版教材的一大亮点。此次修订在第二版的基础上新增了《皮肤性病学》。本套教材通过编写委员会的顶层设计、主编负责制下的文责自负、相关学科的协调与蹉商、同一学科内部的专家互审等机制和措施,努力做到其内容上"更新、更深、更精",并与国际紧密接轨,以实现培养高层次的具有综合素质和发展潜能人才的目标。大部分教材配套有"学习指导及习题集"、"实验指导 / 实习指导"以及"在线增值服务(多媒体课件与在线课程等)",以满足广大医学院校师生对教学资源多样化、数字化的需求。

本版教材也特别注意与五年制教材、研究生教材、住院医师规范化培训教材的区别与联系。①五年制教材的培养目标:理论基础扎实、专业技能熟练、掌握现代医学科学理论和技术、临床思维良好的通用型高级医学人才。②八年制教材的培养目标:科学基础宽厚、专业技能扎实、创新能力强、发展潜力大的临床医学高层次专门人才。③研究生教材的培养目标:具有创新能力的科研型和临床型研究生。其突出特点:授之以渔、评述结合、启示创新,回顾历史、剖析现状、展望未来。④住院医师规范化培训教材的培养目标:具有胜任力的合格医生。其突出特点:结合理论,注重实践,掌握临床诊疗常规,注重预防。

以吴孟超、陈灏珠为代表的老一辈医学教育家和科学家们对本版教材寄予了殷切的期望,教育部、国家卫生和计划生育委员会、国家新闻出版广电总局等领导关怀备至,使修订出版工作得以顺利进行。在这里,衷心感谢所有关心这套教材的人们! 正是你们的关爱,广大师生手中才会捧上这样一套融贯中西、汇纳百家的精品之作。

八学制医学教材的第一版是我国医学教育史上的重要创举,相信第三版仍将担负我国医学教育改革的使命和重任,为我国医疗卫生改革,提高全民族的健康水平,作出应有的贡献。诚然,修订过程中,虽力求完美,仍难尽人意,尤其值得强调的是,医学科学发展突飞猛进,人们健康需求与日俱增,教学模式更新层出不穷,给医学教育和教材撰写提出新的更高的要求。深信全国广大医药院校师生在使用过程中能够审视理解,深入剖析,多提宝贵意见,反馈使用信息,以便这套教材能够与时俱进,不断获得新生。

愿读者由此书山拾级,会当智海扬帆!

是为序。

中国工程院院士
中国医科科学院原院长　　刘德培
北京协和医学院原院长
二〇一五年四月

9

王吉耀,女,1944 年 12 月生于上海。内科学二级教授、博导。消化病、肝病和临床流行病学专家。1967 年毕业于上海医科大学医学系。1981 年和 1986 年分别获上海医科大学医学硕士和加拿大 McMaster 大学临床流行病学科学硕士学位。曾任复旦大学中山医院内科教研室兼消化科主任。现任复旦大学校学术委员会委员、上海医学院内科学系主任、复旦大学临床流行病学培训中心/循证医学中心主任、上海市肝病研究所学术委员会副主任、中华医学会临床流行病学会前任主任委员、中国临床流行病学工作网主席、国际临床流行病学工作网(INCLEN)常务理事、专家委员会候任主席、美国消化学会资深委员(AGAF)及"Frontiers of Medicine"、复旦大学学报(医学版)、"胃肠病和肝病学"三本杂志副主编。发表在 Lancet、Hepatology 等国内外期刊论文 200 多篇、主编国家规划教材 10 余部。获得国家科技进步二等奖、上海市医学科技一等奖等 10 余项以及多项教材奖、发明专利三项。先后获得上海市三八红旗手、上海市高校教学名师、上海市高尚医德奖等荣誉。

王吉耀

廖二元,男,1948 年 12 月生于湖南。内分泌与代谢病学专家,中南大学湘雅二医院教授,主任医师,中华医学会骨质疏松与骨矿盐疾病分会主任委员,曾任中南大学湘雅二医院院长兼内分泌科主任,中华医学会内分泌学分会副主任委员。获国家科技进步二等奖 1 项(2008,排名第一)、国家科技进步三等奖 1 项(1992,排名第三)等。主持国家和省部级科研课题 23 项;主编专著和全国教材 15 部,发表论文 587 篇,其中 SCI 论文 138 篇,累计 IF 473.186;最高影响因子 Nat Med 28.054。论文和论著被引用 7999 次,其中被 SCI 论文引用 1886 次,国内论文被引用 2756 次。推动了学科发展,使我国的骨代谢研究在国际上占有一席之地,开创性地提出血管生成-破骨-成骨三元偶联学说,颠覆了传统观念,受到国际学术界的广泛关注。教书育人,培养新生力量。培养研究生 86 名,获全国优秀博士论文奖 1 篇,省级优博论文 3 篇。主编《内分泌学》《代谢性骨病学》成为内分泌医生案头书。副主编的《内科学》(全国 7/8 年制规划教材)为我国医疗培训新鲜血液。被评为"湘雅名医",长期扎根临床一线,践行转化医学理念,将基础和临床的代谢性骨病研究成果应用于临床,诊治了省内外大量的疑难病例。

廖二元

11

王 辰

王辰,男,1962年8月生于北京。呼吸病学与危重症医学专家。中国工程院院士。中日医院院长,国家呼吸疾病临床研究中心主任,国家呼吸病学重点学科带头人,科技部呼吸与肺循环疾病创新团队带头人,中华医学会呼吸病学分会主任委员,英国伦敦帝国理工学院医学部荣授院士。

长期从事肺栓塞与肺动脉高压、呼吸衰竭与呼吸支持技术、新发呼吸道传染病、慢性阻塞性肺疾病、烟草病学领域的医教研工作。取得肺栓塞半量溶栓疗法、序贯机械通气疗法等多项重要创新并进入国际诊疗指南。大力推动国家控制吸烟工作。承担多项国家重点科研课题和国际研究项目。任英国医学杂志(*BMJ*)编辑指导委员会委员,*Chest* 编委,*Clinical Respiratory Journal* 主编,*Chinses Medical Journal* 主编。在《新英格兰医学杂志》《柳叶刀》等国际权威医学期刊发表论著100余篇。获国家科技进步奖一等奖1项,国家科技进步奖二等奖3项。获世界卫生组织控烟杰出贡献奖,何梁何利基金科学与技术进步奖。

具有朝阳医院、北京医院和中日医院三家大型综合医院的领导和管理工作经验,在学科建设和医院发展上取得显著业绩。曾主持原卫生部和国家卫生计生委科技教育司工作,推动建立国家住院医师规范化培训制度和专科医师规范化培训制度,倡导国家临床医学研究体系和能力建设。

王建安

王建安,男,1961年11月生于浙江。我国著名心血管病专家、干细胞领域科学家。全国"白求恩"奖章获得者,国家重大科学研究计划项目(973)首席科学家、中华医学会心血管病学分会副主任委员、《中华心血管病杂志》副总编辑、《中华急诊医学》总编,美国加州大学洛杉矶分校(UCLA)里根医学中心客座教授、浙江省特级专家。现任浙江大学医学院附属第二医院院长、心脏中心主任。

长期致力于心血管复杂疑难疾病的诊治,同时围绕临床关键问题潜心开展从基础、转化到临床的系统性研究。在国内领先开展以冠脉功能评估指导支架植入的临床实践以及经导管主动脉瓣置换术和二尖瓣夹闭术等高难度手术。国内领先开展骨髓间充质干细胞治疗心力衰竭的临床研究。国际上首先提出并制定了低氧预处理骨髓间充质干细胞技术方案,并深入揭示分子机制。以第一发明人获国家发明专利5项,转让1项。主编专著、规划教材8部。作为第一完成人获国家科技进步奖二等奖1项、省科学技术奖一等奖2项、二等奖2项。近年来发表研究论文216篇,其中在 *Stem Cells* 等杂志发表SCI论文84篇。

黄从新,男,1951年6月生于湖北。武汉大学心血管病研究所所长,心血管内科教授(二级)、主任医师,心血管病湖北省重点实验室主任、湖北省心血管病医学临床研究中心主任、湖北省心血管疾病介入诊疗技术质量控制中心主任。国家百千万人才工程第一、二层次入选者、国家有突出贡献专家、湖北省医学领军人才。现任国务院学位委员会学科评议组成员,国务院学位委员会全国医学专业学位研究生教学指导委员会委员,教育部高等学校临床医学教学指导委员会委员,国家心血管病专家委员会副主任委员,中华医学会心电生理和起搏分会主任委员,美国心律学会(HRS)Fellow,欧洲心律协会(EHRA)Fellow,美国心脏学院(ACC)Fellow,欧洲心脏病学会(ESC)Fellow,亚太心律学会(APHRS)执委,《中华心律失常学杂志》副总编辑,《中国心脏起搏与心电生理杂志》总编辑,《武汉大学学报(医学版)》总编辑,*Journal of Cardiovascular Electrophysiology*(中文版)副主编、《中华心血管病杂志》编委等。

从事心血管病学临床、科研、教学工作30余年,致力于介入心脏病学及心律失常基础与临床研究,发表学术论文500余篇(SCI收录176篇),主编及参编著30余本,先后承担国家科技支撑计划、国家重点基础研究发展计划(973计划)、国家自然科学基金、卫生部卫生行业专项基金等项目29项;取得科研成果26项,包括国家科技进步二等奖3项,省科技一等奖7项、湖北省十大科技转化成果奖1项等。组织/参与了国内20多个心血管病诊疗指南的撰写。因长期致力于心血管病介入诊疗的基础研究与技术推广应用以及在心房颤动防治领域突出贡献,被中华医学会等授予"中国介入心脏病学杰出贡献奖""心房颤动基础与临床研究杰出贡献奖"。培养研究生多名,其中部分已成为本领域学科带头人。

黄从新

徐永健,男,1956年5月生于云南。教授,主任医师,博士生导师,中共党员。1988年同济医科大学呼吸内科学专业博士毕业并获医学博士学位,同年起在华中科技大学同济医学院附属同济医院工作至今,目前为华中科技大学同济医学院附属同济医院院长。1992年晋升教授,主任医师,1996年担任博士生导师。现任教育部重点学科"内科学(呼吸系统)"学科带头人,卫生部呼吸疾病重点实验室主任,曾任中华医学会呼吸病专科学会副主任委员,中华医学会湖北省分会呼吸病专科学会主任委员,《中华结核和呼吸杂志》等数家期刊的副总编辑。一直从事呼吸内科的临床医疗、教学和科研工作,教学效果好,受到同学们的欢迎。主编全国高等学校教材第8版《内科学》教材,担任教育部精品课程《内科学》的负责人。科研方向为哮喘、低氧性肺动脉高压和COPD等呼吸系统疾病的基础与临床研究。先后承担国家自然科学基金面上项目9项,国家"十五"重点攻关项目1项,国家重点科技攻关课题分题共7项;开展过多项省部级课题和自选课题的研究工作。获5项省部级科研成果奖。获多种国家级、省部级荣誉称号。

徐永健

钱家鸣

钱家鸣,女,1957年9月生于北京。消化病学专家,北京协和医院消化内科主任、教授、主任医师,医学博士、博士生导师;兼任中国医师协会消化专业委员会会长和北京消化疾病专业委员会主任委员。

钱家鸣一直从事临床工作,毕业于北京大学医学部(原北京医科大学),并在北京协和医院接受过严格系统的医学教育训练,特别是对胰腺疾病、炎症性肠病以及消化内科各种疑难病症有较深的临床造诣。主编《北京协和医院消化疑难111例》获得北京市教学精品教材;在2014年首届京城好医生活动中,荣获"金牌好医生"称号。自2000年以来是多部统编教材的编委,是全国消化研究生教材主编。主译消化论著3本,主编4部消化科普书籍。担任《中华消化杂志》中英文版、《中华医学》英文版等多本杂志的副主编,《中华内科学》等10种杂志的编委。医学参考报《消化频道》主编。并承担了10余项国家级科研项目,发表论著200篇;获得5项省部级奖项,获得卫生部颁发的"教书育人先进个人奖"和北京市教育局颁发的"舒而美恩师奖"。

余学清

余学清,男,1964年3月生于江西。肾脏病学专家,教育部长江学者特聘教授。中山大学肾脏研究所所长,卫计委和广东省肾脏病重点实验室主任,中华医学会肾脏病学分会主任委员,国际腹膜透析学会(ISPD)理事兼会员委员会主席,亚太肾脏病学会(APSN)常务理事。

长期从事肾脏病医疗和教研工作,研究领域包括慢性肾脏病流行病学、遗传发病机制及综合防治。现任美国肾脏病学杂志(AJKD)副主编,亚太肾脏病学杂志(Nephrology)主题编委,《中华肾脏病杂志》常务副总编辑。承担国家级科研课题20余项,包括国家自然科学基金杰出青年基金和重点项目等;取得多项创新性研究成果,在Natural Genetic、JASN等国际期刊发表论文150多篇。主编专著、规划教材等9部。获得省部级及以上科技进步奖8项,其中国家科技进步奖二等奖1项。获美国肾脏基金会(NKF)国际杰出研究者奖,国家"百千万人才工程"有突出贡献中青年专家等称号。

为适应我国高层次医学教育新模式发展的需要,全国高等医药教材建设研究会和原卫生部教材办公室组织编写出版了一套适用于临床医学八年制教学的教材。2005 年,《内科学》第 1 版问世;经修订,2010 年出版第 2 版;本教材为经再次修订后的第 3 版。八年制临床医学教育旨在培养未来的医学精英,有别于一般五年制医学生的培养要求。尽管培养目标有所不同,但八年制医学生依然是本科生,因此,编写仍须体现教材的"三基"和"五性":即基本知识、基本理论、基本技能,思想性、科学性、先进性、启发性、适用性。本版《内科学》以第 2 版为基础,参考五年制《内科学》第 8 版、《Cecil 内科学》和《Harrison's 内科学原理》进行修订。教材内容的增减与更新以严谨、稳健为首要原则,保证教材在传承中提高。全体编委竭尽心力,努力编写出更加符合学理,能够体现现代医学理念,富于启发性和知识拓展性,适于天资较为聪颖,又是刚入医学大门的八年制医学生的内科学教材。

为配合双语教学和培养学生自学能力,本书书末附有中英文索引,每篇总论末列举了一些优秀的英文参考书、学术期刊和网站,每章末附有推荐阅读文献。本版教材还将配套出版在线增值服务(多媒体课件与在线课堂),以图文并茂的形式,帮助学生理解教学内容,供带教老师参考。

本版《内科学》教材不仅适用于八年制医学生,也适用于攻读临床医学专业硕士、博士学位的医师、接受住院医师和专科医师规范化培训者使用。

由于患者个体差异和现代医药的迅速发展,治疗方法和药物剂量不断变化。因此,本书提供的资料仅供临床参考,不承担医疗法律责任。

本教材编委由来自全国承担八年制临床医学教育的院校,具有丰富临床、教学和科研经验的教授担任,感谢他们辛勤的劳动。感谢各位副主编及分篇负责人康健、王建安、钱家鸣、余学清、胡豫、宁光、曾小峰、徐永健教授在全书定位、各篇纲目及内容审核中做出的贡献。感谢主审王吉耀教授和廖二元教授对本书的指导和对内容的细致审核。感谢学术秘书代华平教授和张鹏俊博士在本书编写过程中所做的大量细致、艰辛的工作。本版是在第 2 版的基础上修订完成的,衷心感谢第 2 版的主编、副主编、编委做出的基础性贡献。

由于编者水平有限,加之编写时间短促,书中一定会有未尽完善之处,祈读者指正。

王 辰 王建安
2015 年 4 月 2 日

目　录

上　册

第一篇　绪　论

第二篇　呼吸系统疾病

第三篇　心血管系统疾病

第四篇　消化系统疾病

下　册

第五篇　泌尿系统疾病

第六篇　血液和造血系统疾病

第八篇　风湿性疾病

第九篇　理化因素引起的疾病

第五篇　泌尿系统疾病

第一章 总 论

要点：

　　1. 泌尿系统包括肾脏、输尿管、膀胱、尿道、前列腺(男性)等器官,主要功能是形成和排泄尿液,并以此调节机体内环境的稳定和水、电解质及酸碱平衡。同时,肾脏还具有某些内分泌功能,在调节血压、红细胞生成和骨骼生长等方面起重要作用。

　　2. 血尿、蛋白尿及肾功能减退是诊断肾脏疾病的基本线索。因此,必须重视普通人群体检时尿液的检测和分析。

　　3. 肾脏疾病的诊断应建立在详尽的问诊、全面的体格检查以及实验室和影像学检查的基础上。尿液检查、血清肌酐和肾小球滤过率测定、泌尿系影像学检查和肾穿刺病理检查是肾内科疾病诊断中最基本的检查项目。

　　4. 完整的肾脏病诊断应包括:病因诊断;定位诊断;病理诊断;肾功能状态和并发症的诊断。

　　5. 肾脏疾病的治疗包括:①一般治疗,如饮食和生活方式调整;②病因治疗:包括免疫抑制治疗(如原发性肾小球疾病和狼疮性肾炎等)及非免疫抑制治疗(如控制高血压、高血糖等);③对症治疗:包括维持水、电解质和酸碱平衡,降压、纠正贫血以及感染的预防和治疗等;④肾脏替代治疗:终末期肾衰竭病人需要血液透析、腹膜透析或肾移植等治疗。

　　泌尿系统主要包括肾脏、输尿管、膀胱、尿道、及相关的血管和神经等。其主要功能是生成和排泄尿液,并借此排除人体内的代谢废物,调节机体内环境和水电解质及酸碱平衡。此外,肾脏还具有内分泌功能,在调节血压、红细胞生成和骨骼生长等方面起重要作用。本篇主要介绍常见内科范畴的肾脏疾病如肾小球疾病、肾小管间质疾病、尿路感染、血液净化疗法和肾脏移植的内科问题等。

第一节 肾脏的结构

　　【肾脏的解剖结构】　人体有两个肾脏,左右各一个,位于腹膜后脊柱两旁,约为第12胸椎至第3腰椎的位置,右肾较左肾位置低 0.5 ~ 1 个椎体。中国成年人肾脏的长、宽、厚分别为 10.5 ~ 11.5cm、5.0 ~ 7.2cm、2.0 ~ 3.0cm,形似蚕豆,男性肾脏重约 100 ~ 140g,女性略轻。

　　肾脏外缘隆起,内源凹陷,凹陷中央称肾门,是肾血管、淋巴管、输尿管及神经出入肾脏的部位。在肾脏额状切面上,肾实质分为表层的肾皮质及内侧的肾髓质,肾髓质形成底端朝向肾皮质,尖端伸向肾乳头的肾锥体。

　　肾单位为肾脏的基本功能单位,是尿液生成的主要场所;每个肾脏约有 100 万个肾单位。肾单位由肾小体和肾小管组成;肾小体中心部分为肾小球毛细血管丛,外面为肾小囊,也称包曼囊;进出毛细血管丛的分别为入球小动脉和出球小动脉。肾小管分为近端肾小管、髓袢、远端肾小管及集合管。

（一）肾小球

肾小球是肾单位的重要组成部分,包括肾小球毛细血管丛和包曼囊。肾小球毛细血管丛由 3 种主要细胞(系膜细胞、内皮细胞、脏层上皮细胞)、基底膜和系膜组成。

1. **内皮细胞**　内皮细胞位于毛细血管腔的内侧,是肾小球滤过屏障的首层。内皮细胞带有负电荷,与基底膜、脏层上皮细胞的足突构成肾小球的滤过屏障。

2. **脏层上皮细胞**　胞体有较多足状突起,又称足细胞。足突相互形成指状镶嵌的交叉,足突之间的裂隙称为裂孔。足细胞对维持肾小球滤过屏障的完整性至关重要,其参与滤过屏障的作用主要是通过一系列足细胞相关蛋白的相互作用来实现。足细胞相关蛋白异常将损害滤过屏障的结构完整性,导致足突融合或足细胞脱落,从而形成蛋白尿。

3. **肾小球基底膜**　厚约 270 ~ 350nm,是一完整的半透膜,包绕毛细血管的三面,电镜下可见由内疏松层、致密层和外疏松层组成。

4. **肾小球系膜**　位于肾小球毛细血管之间,由系膜细胞和系膜基质组成,在维持肾脏的生理功能和多种肾脏疾病的发病机制中起重要作用。

（二）肾小管

包括近端小管、髓袢降支及升支、远端小管及集合管;集合管汇集尿液流经肾乳头至肾盏并最终至输尿管。

（三）肾小球旁器

肾小球旁器位于肾小球的血管极,由致密斑、球旁细胞、极周细胞、球外系膜细胞构成。球旁细胞由出入球小动脉平滑肌细胞在血管极处衍化为上皮样细胞。致密斑细胞呈高柱状,由远端小管接近血管极时,紧靠肾小球一侧的上皮细胞分化而来。致密斑位于入球小动脉与出球小动脉形成的交角里,感受流经肾小管液中的钠离子浓度,并通过调节球旁颗粒细胞释放肾素,从而调节入球小动脉的血管张力,以此来调节肾小球滤过率,此过程称为管-球反馈。

【肾脏的血液供应】　肾脏具有丰富的血液循环,占心输出量的 20% ~ 25%。肾动脉约在第一腰椎的位置分别进入两个肾脏,形成数支肾段动脉,然后依次分支为叶间动脉、弓状动脉、小叶间动脉,最后形成入球小动脉进入肾小球。血液由入球小动脉进入肾小球毛细血管球,然后由出球小动脉流出。出球小动脉再形成复杂的肾小管周围毛细血管网,最后汇成肾静脉进入下腔静脉。

第二节　肾脏的生理功能

一、水钠调节及渗透压平衡

血液流经毛细血管丛时,约 1/5 的血流量经过滤过膜过滤到包曼囊腔中。滤过功能是肾脏最重要的生理功能,也是临床最常用的评估肾功能的参数,肾小球滤过率(glomerular filtration rate,GFR)是常用的表现形式。成人基础静息状态下 GFR 男性约为 $120ml/(min \cdot 1.73m^2)$,女性约低 10%。GFR 与年龄有关,在 25 ~ 30 岁时达到高峰,此后随年龄增长而逐渐降低。GFR 主要取决于肾小球血流量、有效滤过压、滤过膜面积和毛细血管通透性等因素。成人每天形成的原尿约 180L,含有约 24 000mmol 钠离子,其中 99% 被重吸收。钠离子的重吸收对维持机体细胞外液含量稳定十分重要。钠离子的重吸收受位于颈动脉的容量感受器调控。容量感受器能影响 β 交感活性,调节球旁器的肾素释放,从而影响血管紧张素转化成血管紧张素Ⅱ。血管紧张素Ⅱ能与血管紧张素受体结合,收缩出球小动脉,从而改变肾小球的血流动力学。通过减低静水压及增加近端小管周围毛细血管的胶体渗透压增加近端小管的重吸收,从而增加水和溶质的重吸收。醛固酮及心房利钠肽也能调节钠的重吸收及分泌。

肾脏通过调节钠和水的重吸收来稀释或浓缩尿液,从而调节体液的渗透压平衡。抗利尿激素(ADH),又称为血管加压素,由神经垂体释放的 ADH 主要受体液渗透压的影响。ADH 可以和位于集合管的 V2 受体结合,使含有水孔蛋白(AQP-2)的小泡镶嵌于管腔膜上,形成水通道,增加管腔膜对水的通透性。当机体缺水时,体液渗透压增高,ADH 分泌增多,肾小管上皮的水通道增加,上皮对水的通透性增加,水的重吸收增加,使尿量减少,尿液浓缩。

二、血钾及酸碱平衡

细胞内外钾离子的浓度决定了大部分细胞的膜电位,维持血钾水平的稳定非常重要。约90% 的摄入钾通过肾脏排泄,然后由近端小管及髓袢重吸收,远端小管和集合管能排泌钾。经过近端小管及髓袢的重吸收,原尿中的钾离子浓度明显下降,所以远端小管对钾排泌成为调节钾平衡的重要过程。醛固酮是促进肾小管排泌钾的重要因素。醛固酮能增加上皮钠通道(ENaC),促进钠由管腔进入细胞,增加管腔侧的负电位,促进钾的排泌。醛固酮还能增加细胞膜 Na^+-K^+-ATP 酶活性,管腔侧的钾通道开放,增加钾的排泌。

通常,通过保持每日排出的酸或碱与每日摄入及细胞代谢产生的酸或碱平衡,细胞内外游离 H^+ 浓度约 40nmol/L(pH 7.4)。根据 Henderson-Hasselbalch 公式,体液的 pH 值主要通过 HCO_3^- 浓度调节。肾脏通过泌 H^+ 和产生 HCO_3^- 来平衡机体因氧化代谢形成酸而消耗的 HCO_3^-。每天约 5000mmol/L HCO_3^- 通过肾小球滤过。因此,肾脏主要通过将滤过的 HCO_3^- 重吸收及产生新的 HCO_3^- 维持酸碱平衡。近端小管重吸收约 90% 从肾小球滤过的 HCO_3^-,重吸收主要通过 Na^+/H^+ 交换体和 H^+-ATP 酶使管腔膜泌 H^+,同时将细胞内的 HCO_3^- 从基底膜转运至细胞外。从管腔膜分泌出的 H^+ 与管腔内的 HCO_3^- 在碳酸酐酶的作用下,产生 CO_2 和 H_2O_2。CO_2 自由通过细胞膜进入细胞。进入细胞后的 CO_2 在碳酸酐酶的作用下与 H_2O 结合产生 HCO_3^- 和 H^+。HCO_3^- 与 Na^+ 耦联从基底膜转运至细胞外。H^+ 则经管腔膜被分泌至管腔。在连接管、皮质集合管参与酸碱代谢的主要细胞是闰细胞,分为 α 和 β 两种类型。α 细胞主要是泌 H^+,囊泡型 H^+-ATP 酶是泌 H^+ 的主要载体。β 细胞主要是通过 Cl/HCO_3 转换载体和基底侧的 H^+-ATP 酶分泌 HCO_3^-。肾脏排铵也是产生新 HCO_3^- 的机制。谷氨酰胺酶作用于谷氨酰胺形成 NH_4^+ 和 α 酮戊二酸,α 酮戊二酸经三羧酸循环生成 HCO_3^-。HCO_3^- 经 Na^+/HCO_3^- 转运子转至细胞外,NH_4^+ 被分泌至小管腔。另外,可滴定弱酸(比如 HPO_4^{2-})能缓冲远端肾小管分泌的 H^+,使管腔中的 H^+ 浓度降低,有利于进一步泌 H^+。

三、肾脏的内分泌功能

肾脏具有重要的内分泌功能,可以参与分泌肾素、促红细胞生成素(EPO)、1,25-二羟维生素 D、前列腺素和激肽类物质,参与血流动力学调节、红细胞生成、钙磷代谢和骨骼生长的调节等。

肾脏产生 EPO 受肾脏皮质和外髓局部组织氧含量调节,EPO 从肾脏分泌经血液循环作用于骨髓的红系祖细胞,主要作用是促进红细胞增生。

肾脏是产生 1α 羟化酶的最重要场所,25 羟维生素 D 在 1α 羟化酶作用下形成 1,25-二羟维生素 D,是最具生物活性的维生素 D。1,25-二羟维生素 D 能通过调节胃肠道吸收、尿排泄、骨转运、甲状旁腺素分泌维持血钙磷平衡,维持骨骼正常矿物化。

第三节 肾脏疾病的临床表现及相关检查

一、肾脏疾病的临床表现

肾脏病的临床表现包括肾脏疾病本身的临床症状及肾衰竭引起的各系统并发症的症状,包括尿色异常、尿量异常、排尿异常、水肿、乏力等。继发性肾脏病尚可见其他器官受损的表现,如皮疹、关节痛、口腔溃疡、脱发等。

1. 血尿   泌尿系统任何部位出血经尿液排出,均可引起血尿。血尿可以表现为尿色加深、尿色发红或呈洗肉水样,称为肉眼血尿;部分血尿肉眼不能察觉,只能通过显微镜检查发现,称为镜下血尿。

2. 蛋白尿 正常情况下尿液中含有一定量的蛋白质,包括肾小球滤过的白蛋白和小分子蛋白质,以及肾小管分泌的蛋白质。蛋白尿常表现为尿泡沫增多,但尿泡沫增多不仅限于蛋白尿。

3. 水肿 水肿是肾脏病常见的临床表现之一。肾性水肿多出现在组织疏松部位,如眼睑;身体下垂部位,如脚踝和胫前部位,长期卧床时则最易出现在骶尾部。

4. 高血压 高血压是肾脏病常见临床表现,因此,所有高血压患者均应仔细检查有无肾脏疾病,尤其是年轻患者。肾性高血压分为肾血管性和肾实质性高血压两大类。水钠潴留是肾实质性高血压最主要的发病机制;此外,肾内肾素-血管紧张素-醛固酮系统也在其发病机制中起重要作用。

二、肾脏疾病的相关检查

肾脏疾病的检查主要包括:尿液分析、肾功能测定、影像学检查和肾脏组织活检。

(一)尿液分析

1. 尿常规 检查包括尿液外观、理化检查(如尿 pH 值、比重)、尿沉渣检查(如显微镜检查红细胞、白细胞、管型和结晶等)、生化检查(如蛋白质、葡萄糖、亚硝酸盐、胆红素、尿胆原等)。尿常规检查是早期发现和诊断肾脏病的重要线索,但尿常规检查多为定性结果,常需要和其他更敏感和精确的检查方可确诊。尿常规检查需要留取清洁新鲜尿液,避免污染和放置时间过长。

2. 尿相差显微镜检查 主要用于判别尿中红细胞的来源,如红细胞形态发生改变,棘型红细胞>5%或尿中红细胞以变异型红细胞为主可判断为肾小球源性血尿。如尿中出现红细胞管型,则基本上可判断为肾小球源性血尿。

3. 尿蛋白检测

(1)尿蛋白定量:主要有两种方法:①24 小时尿蛋白排泄率:>150mg 可诊断为蛋白尿,>3.5g 为大量蛋白尿;②随机尿白蛋白/肌酐比值:尿白蛋白/肌酐比值正常<30mg/g,30~300mg/g 为微量白蛋白尿,>300mg/g 为临床蛋白尿。如果尿白蛋白/肌酐比值明显增高(500~1000mg/g),也可以选择测定尿总蛋白/肌酐比值。留取 24 小时尿液费时烦琐,尿液不易留全,且需要尿液防腐;而随机尿的检测则容易受体位和运动等影响,故在选择检测方法和判断结果时需综合考虑。

(2)尿白蛋白检测:在糖尿病等疾病导致肾脏损伤时,尿白蛋白排泄率升高远早于尿总蛋白排泄率的升高。其检测方法包括 24 小时尿白蛋白定量和随机尿白蛋白/肌酐比值两种。

(3)其他尿蛋白检测:如尿转铁蛋白和 IgG 等的检测反映肾小球性蛋白尿的选择;尿 β_2 微球蛋白反映近端肾小管重吸收功能;κ 或 λ 轻链的检测有助于异常球蛋白血症的诊断。

4. 其他尿液成分检测 如尿钠检测有助于了解钠盐摄入情况,指导患者控制钠盐摄入量。尿钾检测有助于肾小管酸中毒和低钾血症的诊断。尿素检测有助于计算患者蛋白质摄入量,判断患者营养状态。

(二)肾功能检查

1. 肾小球滤过功能

(1)血清肌酐检测:血清肌酐浓度检测是临床评估肾小球滤过功能的常用方法,检测快速简便,但敏感性较低,不能反映早期肾损害,常于肾小球滤过功能损害 50%时才开始升高。同时,血清肌酐浓度还受性别、年龄、肌肉量、蛋白质摄入量、某些药物(如西咪替丁等)影响。

(2)估算的肾小球滤过率(estimated GFR,eGFR):用于估算 GFR 的公式有多个,包括 MDRD 公式、Cockcroft-Gault 公式和慢性肾脏病流行病学研究(CKD-EPI)公式。

Notes

MDRD 公式：

a. 经典 MDRD 公式

$$GFR = 170 \times Scr^{-0.999} \times Age^{-0.176} \times BUN^{-0.170} \times Salb^{0.318} \times 0.762(女性) \times 1.180(非洲裔)$$

b. 简化 MDRD 公式

$$GFR = 186 \times Scr^{-1.154} \times Age^{-0.203} \times 0.742(女性)$$

c. 基于同位素稀释质谱检测血清肌酐修订的 MDRD 公式

$$GFR = 175 \times Scr^{-1.154} \times Age^{-0.203} \times 0.742(女性) \times 1.210(非洲裔)$$

注：GFR 为肾小球滤过率；Scr 为血清肌酐（mg/dl）；Age 为年龄（岁）；BUN 为血清尿素氮（mg/dl）；Salb 为人血清白蛋白（g/dl）。

CKD-EPI 公式是目前临床上推荐的评估 GFR 计算公式。

性别	Scr mg/dl	Scys mg/L	GFR 计算公式
CKD-EPI 肌酐方程			
女性	≤0.7		$144 \times (Scr/0.7)^{-0.329} \times 0.993^{Age} \times 1.159(黑人)$
	>0.7		$144 \times (Scr/0.7)^{-1.209} \times 0.993^{Age} \times 1.159(黑人)$
男性	≤0.9		$141 \times (Scr/0.9)^{-0.411} \times 0.993^{Age} \times 1.159(黑人)$
	>0.9		$141 \times (Scr/0.9)^{-1.209} \times 0.993^{Age} \times 1.159(黑人)$
CKD-EPI CystatinC 方程			
		≤0.8	$133 \times (Scys/0.8)^{-0.499} \times 0.996^{Age} \times 0.932(女性)$
		>0.8	$133 \times (Scys/0.8)^{-1.328} \times 0.996^{Age} \times 0.932(女性)$
CKD-EPI 肌酐和 CystatinC 方程			
女性	≤0.7	≤0.8	$130 \times (Scr/0.7)^{-0.248} \times (Scys/0.8)^{-0.375} \times 0.995^{Age} \times 1.08(黑人)$
		>0.8	$130 \times (Scr/0.7)^{-0.248} \times (Scys/0.8)^{-0.711} \times 0.995^{Age} \times 1.08(黑人)$
女性	>0.7	≤0.8	$130 \times (Scr/0.7)^{-0.601} \times (Scys/0.8)^{-0.375} \times 0.995^{Age} \times 1.08(黑人)$
		>0.8	$130 \times (Scr/0.7)^{-0.601} \times (Scys/0.8)^{-0.711} \times 0.995^{Age} \times 1.08(黑人)$
男性	≤0.9	≤0.8	$135 \times (Scr/0.9)^{-0.207} \times (Scys/0.8)^{-0.375} \times 0.995^{Age} \times 1.08(黑人)$
		>0.8	$135 \times (Scr/0.9)^{-0.207} \times (Scys/0.8)^{-0.711} \times 0.995^{Age} \times 1.08(黑人)$
男性	>0.9	≤0.8	$135 \times (Scr/0.9)^{-0.601} \times (Scys/0.8)^{-0.375} \times 0.995^{Age} \times 1.08(黑人)$
		>0.8	$135 \times (Scr/0.9)^{-0.601} \times (Scys/0.8)^{-0.711} \times 0.995^{Age} \times 1.08(黑人)$

注：GFR 为肾小球滤过率；Scr 为血清肌酐（mg/dl）；Scys 为血清 CystatinC（mg/L）；Age 为年龄（岁）

（3）内生肌酐清除率：根据血肌酐浓度和 24 小时尿肌酐排泄量计算。由于尿肌酐尚有部分来自肾小管分泌，故内生肌酐清除率高于 GFR，但在血液透析和腹膜透析等接受肾脏替代治疗的患者，残余肾功能的检测仍然需要测定内生肌酐（或尿素）清除率。

（4）菊粉清除率和同位素方法测定：菊粉清除率既往被作为肾小球滤过率测定的金标准，但是因为操作烦琐等原因无法在临床常规应用，主要用于研究。目前临床上可用同位素方法测定肾小球滤过率，其准确性接近菊粉清除率，可用的同位素标记物质有⁹⁹ᵐ锝等。

以上测定肾小球滤过率的方法按准确性由高到低依次为菊糖清除率、同位素方法测定、肌酐清除率、eGFR 和血肌酐。临床上可以根据需要选择适当的方法，对于肾脏病的高危人群和肾脏病患者，可采用准确性高的方法，以免漏诊。

2. 肾小管功能

（1）肾小管酸化功能：由肾小管重吸收 HCO_3^-、排泄可滴定酸和分泌铵三部分组成，尿 pH 下降发生在远端肾小管。尿净酸排泄率 = NH_4^++可滴定酸 HCO_3^-。正常情况下，尿 HCO_3^- 接近为零，尿净酸排泄 40% 来自可滴定酸，60% 来自铵；当体内酸产生增多时，主要依赖增加铵排泄来维持体内酸碱平衡。由于 HCO_3^- 的重吸收 80% 由近端肾小管完成，而尿 pH 的下降发生在远端肾小管，因此，肾小管疾病引起的肾小管性酸中毒，可通过测定尿 HCO_3^- 排泄分数来反映近端肾小管酸化功能，测定尿 pH 来反映远端肾小管酸化功能，后者包括氯化铵或氯化钙负荷试验。

（2）肾小管浓缩稀释功能：尿液浓缩稀释情况可用尿比重和渗透压表示，尿比重受尿液中大分子物质如蛋白质和葡萄糖等含量的影响较大，其诊断学价值不如尿渗透压。常用的检查有随机尿比重和渗透压、禁水 12 小时尿渗透压、改良莫-森试验和自由水（无溶质水）清除率。

（3）近端肾小管重吸收功能：如尿 N-乙酰-β-氨基葡萄糖苷酶、尿 β_2 微球蛋白和肾小管葡萄糖最大重吸收试验等。

（三）影像学检测

超声波检查、X 线平片和静脉肾盂造影、CT 和磁共振等对肾脏病的诊断和鉴别诊断有重要意义，可以根据患者情况选择某一种或多种影像学检查方法。其中超声波检测方便、无创，可以提供关于泌尿系梗阻、肾脏大小、肾实质回声、占位等可靠信息，是最常应用的影像学检查方法。在超声波检查中，皮质因为富含血流而呈低回声，髓质及集合系统呈高回声，因此正常肾脏图像的皮髓交界清晰。但是，当各种急、慢性病变造成肾皮质血流减少，其回声也将增高，出现皮髓交界不清。静脉肾盂造影和磁共振泌尿系造影对泌尿系梗阻的诊断学价值高于超声波检查。磁共振和 CT 血管造影有助于诊断肾血管疾病包括肾动脉狭窄、肾静脉血栓和栓塞形成、左肾静脉受压等。

（四）肾脏病理学检查

肾脏疾病诊断所需的病理学检查标本多来自于经皮肾穿刺活检术。这是一种有创性检查，但是对多种肾脏疾病的诊断、病情评估、判断预后和指导治疗非常有价值，尤其是各种原发性和继发性肾小球疾病、间质性肾炎、急性肾损伤和肾移植后排斥反应等。肾穿刺活检组织病理检查一般包括光镜、免疫荧光、电镜 3 项检查，特殊检查需要通过特殊染色，如刚果红等。通过对肾小球、肾小管、间质及血管病变性质的分析，并结合临床对疾病做出最终诊断。

三、与肾脏病相关的其他检查

1. **各种继发性肾脏病相关指标的检测** 如肝炎标志物、肿瘤标志物、免疫固定电泳、自身抗体、免疫球蛋白、补体、类风湿因子、冷球蛋白等。

2. **各种肾脏病并发症相关指标的检测** 如与继发性甲旁亢相关的全段甲状旁腺素（intact PTH，iPTH）、与肾性贫血相关的血促红细胞生成素、血电解质、血气分析等。

3. **各种肾脏病合并症相关指标的检测** 如糖尿病、高血压其他靶器官损害的情况，往往有助于推断肾脏病病因。如血脂、血尿酸的检测，控制这些代谢异常，有助于改善肾脏病以及肾脏病患者心血管疾病的预后。

4. **其他** 如抗"O"，对急性链球菌感染后肾小球肾炎的诊断常有提示作用。清洁中段尿培养加药敏，有助于泌尿系感染和病原体的诊断，以及敏感抗生素的选择。

第四节 肾脏疾病的诊断

肾脏疾病的诊断需要通过病史询问、体格检查、实验室及影像学检查，必要时还需要进行肾穿刺活检病理检查，然后综合分析各项结果做出最后的诊断。

一、常见的肾脏疾病临床综合征

肾脏疾病常以某种临床综合征的形式出现，但相互之间可能有重叠。同一种临床综合征可在不同病理类型的肾脏疾病出现,同一种病理类型肾脏疾病也可表现为不同的临床综合征。

1. **急性肾损伤**　急性肾损伤(acute kidney injury,AKI)是指病人肾功能在短时间内(数小时至数天)急剧下降。对于这类病人最重要的是区分是肾前性、肾性还是肾后性原因。住院病人发生 AKI 多有血流动力学障碍或肾毒性药物使用病史,因此,详细的病史询问、仔细的体格检查、必要的实验室检查和影像学检查是必需的。

2. **肾炎综合征**　肾炎综合征(nephritic syndrome)以肾小球源性血尿为主要特征,常伴有蛋白尿。可有水肿、高血压和(或)肾功能损害。根据起病急缓和转归,肾炎综合征主要有 3 种类型:①急性肾炎综合征:急性起病,成人并不常见。常有前驱感染,如急性扁桃体炎或皮肤感染。临床上最典型的为链球菌感染后急性肾小球肾炎。②慢性肾炎综合征:缓慢起病,早期患者常无明显症状,或仅有水肿、乏力等,血尿和蛋白尿迁延不愈或逐渐加重,随着病情进展可逐渐出现高血压和(或)肾功能损害。③急进性肾炎综合征:除血尿和蛋白尿外,主要特征是短时间内出现进行性加重的肾功能损害。可见于抗肾小球基底膜病、抗中性粒细胞胞浆抗体相关性血管炎、重症狼疮性肾炎、IgA 肾病等。

3. **肾病综合征**　肾病综合征(nephrotic syndrome)表现为大量蛋白尿(>3.5g/d)和低血清白蛋白血症(血清白蛋白<30g/L),常有水肿及高脂血症。肾病综合征既可发生在继发性肾小球疾病,如糖尿病肾病、狼疮性肾炎等,也可发生于多种原发性肾小球疾病,如微小病变肾病、膜性肾病、局灶节段性肾小球硬化等。

4. **无症状血尿和(或)蛋白尿**　可表现为无症状蛋白尿(轻、中度蛋白尿)、无症状血尿(镜下血尿或肉眼血尿,不伴明显症状)及无症状血尿和蛋白尿。可见于多种肾小球和肾小管-间质疾病,以及溢出性、功能性和体位性蛋白尿。也可见于泌尿系结石、肿瘤、感染等。

5. **肾小管-间质疾病**　临床表现多样,从 AKI 至慢性肾功能损害。蛋白尿为轻中度,24 小时尿蛋白定量常<1.0g/d。尿沉渣可有红细胞、白细胞、小管上皮细胞或白细胞管型。红细胞管型罕见,如出现常提示肾小球疾病。

6. **肾血管性疾病**　可分为肾脏大血管疾病和中、小血管疾病。肾动脉狭窄是最常见的肾大血管疾病,常继发于动脉粥样硬化、大动脉炎或纤维肌性发育不良,临床表现为顽固性高血压、肾衰竭。肾小血管疾病包括结节性多动脉炎、动脉粥样斑块破裂导致的胆固醇栓塞性疾病、血栓性微血管病、抗心磷脂抗体综合征等,常伴有急性肾损伤。

7. **慢性肾脏病**　慢性肾脏病(chronic kidney disease,CKD)是指肾脏损伤或肾小球滤过率<$60ml/(min \cdot 1.73m^2)$,时间>3 个月。其中肾损伤定义为肾脏病理学异常或血、尿中的肾脏损伤标志物异常或肾脏影像学检查异常。微量白蛋白尿定义为 24 小时尿白蛋白排泄率 30~300mg。肾衰竭的定义为 GFR<$15ml/(min \cdot 1.73m^2)$并伴有尿毒症的症状和体征,或肾功能损害的患者由于并发症需要开始肾脏替代治疗。据美国肾脏病透析质量倡议(K/DOQI),慢性肾脏病根据肾小球滤过率下降程度分为 1~5 期(表 5-1-1),其中 CKD5 期又称为终末期肾病(end-stage renal disease,ESRD),此时肾脏功能已经减退至不能满足基本的生理需要,应该接受透析或肾脏移植治疗。

表 5-1-1　慢性肾脏病分期

肾功能分期	主要内容	GFR(ml/min · 1.73m²)
1	肾功能正常	≥90
2	肾功能轻度下降	60~89
3	肾功能中度下降	30~59
4	肾功能重度下降	15~29
5	肾衰竭	<15

二、肾脏疾病的病理诊断和分类

肾脏组织病理检查是临床确立诊断必须的,对于评估患者的病情,制订治疗方案、判断预后至关重要。

(一)肾脏疾病的基本病理改变

1. **肾小球病变** 肾小球病变主要包括增生和硬化。其中增生指细胞增生,累及的细胞包括系膜细胞、内皮细胞和上皮细胞。硬化指细胞外基质增加,使肾小球系膜区增宽。

2. **肾小管病变** 肾小管的基本病变包括肾小管坏死和萎缩。

3. **肾间质病变** 肾间质的基本病变有肾间质炎症和(或)纤维化。其他尚可见肾间质水肿和肾间质肉芽肿等。

4. **肾血管病变** 包括入球小动脉和出球小动脉硬化和玻璃样变性、动脉内膜增厚和小动脉纤维素样坏死等。

(二)原发性肾小球疾病的病理分类

肾小球疾病病理分类的基本原则是依据病变性质和病变累及的范围。按照病变累及的肾小球范围可分为局灶性(累及的肾小球数<50%)或弥漫性病变(累及肾小球数50%以上);按照病变累及的毛细血管袢分为节段性(病变累及血管袢面积<50%)和球性病变(病变累及血管袢的面积50%或以上)。

1. **肾小球轻微病变(minor glomerular abnormalities)** 包括肾小球微小病变(minimal change disease)。

2. **局灶节段性肾小球病变(focal segmental glomerular lesions)** 包括局灶节段性肾小球硬化(focal segmental glomerulosclerosis,FSGS)和局灶性肾小球肾炎(focal glomerulonephritis)。

3. **弥漫性肾小球肾炎(diffusive glomerulonephritis)**

(1)膜性肾病(membranous nephropathy)。

(2)增生性肾小球肾炎(proliferative glomerulonephritis):包括:①系膜增生性肾小球肾炎(mesangial proliferative glomerulonephritis);②毛细血管内增生性肾小球肾炎(endocapillary proliferative glomerulonephritis);③系膜毛细血管性肾小球肾炎(mesangiocapillary glomerulonephritis),包括膜增生性肾小球肾炎(membrano-proliferative glomerulonephritis)Ⅰ型和Ⅲ型;④致密物沉积性肾小球肾炎(dense deposit glomerulonephritis),又称为膜增生性肾小球肾炎Ⅱ型;⑤新月体性肾小球肾炎(crescentic glomerulonephritis)。

(3)硬化性肾小球肾炎(sclerosing glomerulonephritis)。

4. **未分类的肾小球肾炎(unclassified glomerulonephritis)**

第五节 肾脏疾病防治原则

肾脏疾病依据其原发病因,发病机制,病变部位,病理类型和肾功能状态的不同,选择相应的治疗方案。其治疗原则包括去除病因、一般治疗、抑制免疫及炎症反应、防治并发症、延缓肾脏疾病进展和肾脏替代治疗。

【一般治疗】 一般治疗包括避免过度劳累,去除感染等诱因,避免接触肾毒性药物或毒物,采取健康的生活方式(如戒烟、限制饮酒、休息与锻炼相结合、控制情绪等),以及合适的饮食。合适的饮食不仅可以减轻肾脏疾病对人体的影响,还可以避免加重肾脏负担、延缓肾脏病进展。

【针对病因及发病机制的治疗】

(一)免疫抑制治疗

肾脏疾病尤其是免疫介导的原发性肾小球疾病和继发性肾小球疾病,如狼疮性肾炎和系统性血管炎等,其发病机制主要是异常的免疫反应,所以治疗常包括糖皮质激素及免疫抑制剂治疗。某些血液净化治疗(如免疫吸附、血浆置换等)能有效清除体内自身抗体和抗原-抗体复合物,可用于治疗危重的免疫相关性肾病,尤其是重症狼疮性肾炎和血管炎相关性肾炎等。

(二)针对非免疫发病机制的治疗

高血压、高血脂、高血糖、高尿酸血症、蛋白尿等非免疫因素在肾脏病的发生和发展过程中起重要作用,针对这些因素的干预治疗是保护肾脏功能的重要措施,尤其是血管紧张素转换酶抑制剂(ACEI)或血管紧张素Ⅱ受体拮抗剂(ARB)既可以抑制肾内过度激活的肾素-血管紧张素系统,降低系统血压,又能够降低肾小球内压力,从而减少尿蛋白的排泄,因此,是肾功能保护的重要治疗措施。此外,控制血糖、尿酸、调节血脂水平也是肾脏治疗的综合措施。

(三)并发症的防治

在肾脏疾病的进展过程中可有多种并发症,如高血压、心脑血管疾病、肾性贫血、骨矿物化代谢异常等,尤其是血脑血管疾病,是 CKD 的重要死亡原因。因此,CKD 患者从一开始就面临着尿毒症及心脑血管疾病的双重风险。这些并发症不仅影响肾脏病患者的生活质量和寿命,还可能进一步加重肾脏病的进展,形成恶性循环,严重影响患者预后。因此,必须重视 CKD 并发症的早期防治。

(四)肾脏替代治疗

尽管积极治疗,仍然有部分 CKD 病人进展至终末期肾衰竭。当患者发生严重的 AKI 或发展至终末期肾病阶段,则必须依靠肾脏替代治疗来维持内环境的稳定。肾脏替代治疗包括血液透析、腹膜透析和肾移植。血液透析是以人工半透膜为透析膜,血液和透析液在膜两侧反向流动,通过弥散、对流、吸附等原理排出血液中的代谢废物、补充钙、碳酸氢根等机体必需的物质,同时,清除多余的水分,从而部分替代肾脏功能。腹膜透析的原理与血液透析相似,只是以患者的腹膜替代人工半透膜作为透析膜。成功的肾移植无疑是肾脏替代治疗的首选,不仅可以恢复肾脏的排泄功能,还可以恢复其内分泌功能。但是肾移植术后,患者需长期使用糖皮质激素及免疫抑制剂以预防排斥反应。

第六节　肾脏病学进展与展望

慢性肾脏病(CKD)已成为继肿瘤、心脑血管病、糖尿病之后,威胁人类健康的重要疾病,是全球性重要公共卫生问题之一。目前全世界有超过 5 亿人患有不同程度的 CKD。中国 CKD 的患病率为 10% ~13%。中国人口众多,CKD 患者的基数庞大,如不能有效防治将成为我国沉重的社会和经济负担。

一、慢性肾脏流行病学

我国成年人 CKD 的患病率为 10.8%,据此估算我国现有成年 CKD 患者约有 1.2 亿,中国南方地区略高为 12.1%;高原地区藏族成年人群高达 19.1%;这些流行病学的横断面研究对了解中国慢性肾脏病的现状,分析和发现全国不同地区的 CKD 患病率及危险因素,指导慢性肾脏病的早期综合防治有重要意义。

今后,我们应在现有横断面研究的基础上,建立稳定的队列人群,继续规律随访,揭示我国 CKD 患者进行性发展的规律和特点,并据此制定合理的我国 CKD 防治策略,具有重要的科学价值及社会意义。

二、肾脏疾病循证医学研究

循证医学的发展对临床工作的指导越来越重要。在各学科登记注册的临床试验中,肾脏病学相关的随机对照研究(RCT)所占比例最少,指导临床实践的 RCT 结果比较缺乏。目前肾脏病领域的很多治疗手段仍然停留在经验性治疗阶段。开展精心设计、严谨实施、前瞻性多中心随机对照研究是我们面临的重要任务。

尽管面临一些困难和挑战,与国外先进水平相比还有一定的差距,包括如何进行科学的研究设计、严谨的组织实施和充足的资金保障。但只要中国的肾科医生共同努力,积极参与,通力合作,就能不断缩短与国际先进水平肾脏病临床研究之间的差距,探索符合中国病人特点的临床治疗方案。

三、肾脏疾病的转化研究及精准治疗

中国是一个人口大国,患者数量众多,且病种和病情复杂,例如临床表型、病理改变、治疗反应,临床结局个体差异较大。如何充分利用中国人群优势的宝贵资源,并结合现有的科技手段,合理地利用这些优势资源,使之能更好地为中国肾脏病患者造福,是中国肾脏病学工作者责无旁贷的历史使命。随着对外学术交流不断深入,我们与国外同行在技术层面的差距逐步减少。因此发现和凝练临床科学问题,收集合格的病人样本,记录完整的病人信息,大力加强肾脏病的基础研究,特别是利用现有的基因组学、蛋白质组学等技术平台,深入开展转化医学研究,探索早期预警、早期诊断的生物学标记,发现肾脏疾病发生发展的新靶点,并据此研究肾脏疾病治疗的新靶点药物,实现肾脏疾病的精准治疗提高治疗效果。

综上所述,我国肾脏病领域的研究工作近年来已经有了长足进步,代表性研究已跻身世界领先行列,但是我们同时也应认识到我国大量临床资源和高水平学术研究之间仍存在巨大差距。差距与不足是挑战,更是机遇,我们应勇担使命、扬长避短、开展更多高质量的临床研究和转化研究,早日将中国的肾脏病事业推向世界先进行列。

(余学清)

推荐阅读文献

1. Kidney Foundation Disease Outcomes Quality Initiative(DOQI)Guidelines. http://www. kidney. org/professionals/KDOQI/index. cfm
2. Brenner, Rector. The Kidney. 9th ed. Philadelphia:W. B. Saunders Co,2011
3. Goldman. Cecil Medicine. 24rd ed. Philadelphia:W. B. Saunders Co 2011
4. Fauci. Harrison's Principles of Internal Medicine. 18th ed. The McGraw-Hill Companies,2012

第二章　原发性肾小球疾病

要点:

1. 肾小球疾病的主要临床表现为血尿、蛋白尿、水肿和高血压,伴或不伴肾功能损害。免疫介导的炎症反应是原发性肾小球疾病的主要发病机制,非免疫因素则在疾病进展中起重要作用。

2. 肾小球疾病的分类主要依据病因、临床表现和病理改变;肾活检是诊断肾小球疾病最重要的指标,也是指导临床治疗的重要依据。

3. 急性肾小球肾炎多为链球菌感染后肾小球肾炎,多见于儿童,预后较好,通常不需要激素和免疫抑制剂治疗。

4. 急进性肾小球肾炎病理改变多为新月体性肾小球肾炎,疾病进展迅速,预后差,因此,早期发现和诊断,并施以强化治疗是提高治疗成功率的关键。

5. 肾病综合征临床常见,肾活检明确病理类型非常重要,是制定临床治疗方案和评估预后的重要依据。激素和免疫抑制剂是肾病综合征的基本治疗方案,但必须注意感染的预防和治疗。

第一节　概　　述

肾小球疾病是一组以血尿、蛋白尿、水肿、高血压和不同程度的肾功能损害等为临床表现的肾脏疾病,是我国慢性肾衰竭的主要病因。根据病因可分为原发性、继发性和遗传性三大类。原发性肾小球疾病常原因不明;继发性肾小球疾病是指继发于全身性疾病的肾小球损害,如狼疮性肾炎、糖尿病肾病等;遗传性肾小球疾病是指遗传基因突变所致的肾小球疾病,如 Alport 综合征等。本章主要讨论原发性肾小球疾病。

【原发性肾小球疾病的分类】　目前常用的分类方法是根据临床表现和肾脏活检病理改变进行分类。

(一) 原发性肾小球疾病的临床分型

原发性肾小球疾病的分型实际上是根据临床表现分为相应的临床综合征,一种综合征常常包括多种疾病或病理类型。临床工作中,在肾活检明确病理诊断前也可首先作出以下临床诊断,而不包含"综合征"字样。

1)急性肾小球肾炎(acute glomerulonephritis,AGN)。

2)急进性肾小球肾炎(rapidly progressive glomerulonephritis,RPGN)。

3)慢性肾小球肾炎(chronic glomerulonephritis,CGN)。

4)肾病综合征(nephrotic syndrome)。

5)无症状血尿和(或)蛋白尿(asymptomatic hematuria with or without proteinuria)。

(二) 原发性肾小球疾病的病理分型

原发性肾小球疾病的病理分型见本篇第一章"总论"。应该注意的是肾小球疾病的临床表现和病理改变之间有一定的联系,但两者之间没有必然的对应关系,即同一临床表现可来源于多种病理类型,而同一病理类型又可呈现多种不同的临床表现。因此,正确的诊断有赖于病理医师和临床医师的密切配合。

【发病机制】　原发性肾小球疾病的发病机制尚未完全明确。目前认为免疫反应介导的炎症损伤在其发病机制中发挥重要作用。同时,非免疫非炎症因素亦参与肾小球疾病的慢性化进程。此外,遗传因素及免疫遗传因素在肾小球疾病中的作用也得到了人们的重视。

(一) 免疫反应

包括体液免疫和细胞免疫。体液免疫在肾小球肾炎发病机制中的作用已被公认,细胞免疫在某些类型肾炎中的作用也得到了证实和肯定。

1. 体液免疫　体液免疫是指循环免疫复合物(circulating immune complexes,CIC)在肾小球内沉积或在肾小球内原位形成的免疫复合物激活的一系列炎症反应导致肾脏损伤。

(1) 循环免疫复合物的沉积:是肾小球免疫损伤最常见的免疫复合物形成机制。外源性抗原或内源性抗原刺激机体产生相应抗体,循环中的抗原与抗体相互作用形成免疫复合物,单核-巨噬细胞吞噬功能低下、肾小球系膜细胞清除功能减弱、补体成分或功能缺陷等使 CIC 易沉积于肾小球,激活相关的炎症介质而致肾小球损伤。CIC 在肾小球内的沉积主要位于内皮下和(或)系膜区。典型的肾小球疾病有急性肾小球肾炎、系膜毛细血管性肾炎等。

(2) 原位免疫复合物的形成:肾小球自身抗原或外源性种植于肾小球的抗原可刺激机体产生相应的抗体,抗原与抗体结合在肾脏局部形成原位免疫复合物并导致肾脏损伤。原位免疫复合物沉积主要位于肾小球基底膜上皮细胞侧。典型的肾小球疾病有抗肾小球基底膜肾炎、Heymann肾炎等。

2. 细胞免疫　细胞免疫在肾小球肾炎发病机制中的作用已为许多学者所重视。肾炎动物模型及部分人类肾小球肾炎均提供了细胞免疫的证据,如实验性抗肾小球基底膜肾炎模型早期即在肾小球内发现较多的单核-巨噬细胞浸润;在微小病变肾病,肾小球内没有体液免疫参与的证据,而主要表现为 T 细胞功能异常,且体外培养发现本病患者淋巴细胞可释放血管通透性因子,导致肾小球上皮细胞足突融合。至于细胞免疫是否直接导致肾小球肾炎还缺乏足够的证据。

(二) 炎症反应

免疫反应引起的肾脏损伤均需炎症反应的参与。在炎症反应中起主导作用的是炎性细胞和炎症介质。炎性细胞激活后可合成和释放大量的炎症介质如白细胞介素-1(IL-1)、肿瘤坏死因子-α(TNF-α)等;炎症介质又可进一步趋化和激活炎性细胞释放更多的炎症介质,炎症因子之间也相互调节,因而,炎症反应持续存在并不断放大。

1. 炎性细胞　主要包括中性粒细胞、致敏 T 淋巴细胞、单核-巨噬细胞、嗜酸性粒细胞及血小板等。此外,肾脏固有细胞如肾小管上皮细胞、血管内皮细胞和系膜细胞亦被认为具有炎性细胞的功能。

(1) 中性粒细胞:中性粒细胞不仅是炎性细胞,而且还是具有免疫功能的免疫活性细胞。中性粒细胞通过 C3b-CR1 受体或 Fc 受体介导的免疫黏附作用在肾小球受损处聚集,造成肾小球损伤。

(2) 单核-巨噬细胞:单核-巨噬细胞在肾内的聚集和活化,系由致敏 T 细胞释放的细胞因子所为。单核-巨噬细胞可通过释放细胞因子等炎症介质而致肾小球损伤,或通过改变和影响肾脏固有细胞的生理功能促进细胞增殖和细胞外基质的积聚。

(3) 淋巴细胞:T 细胞参与肾炎发生发展的细胞类型主要是 CD4+及 CD8+细胞。这些细胞通过细胞黏附分子的介导在肾组织内聚集和活化。其可通过细胞毒作用直接杀伤细胞,或通过趋化或激活单核-巨噬细胞和自然杀伤细胞,诱导迟发型变态反应造成肾脏损伤。此外,还可通过释放各种细胞因子,参与及扩大炎症反应。

(4) 肾脏固有细胞:有证据表明,肾脏固有细胞在免疫反应介导的肾脏损伤过程中不仅是被动的受害者,亦是免疫反应的主动参与者。其表面存在多种炎症介质受体,被激活后可分泌多种炎症介质和细胞外基质,在肾小球疾病的发生、发展过程中起重要作用。

2. **炎症介质**　免疫反应激活炎性细胞,使之释放炎症介质和细胞因子而致肾损害。引起肾组织损伤所涉及的介质种类繁多,作用重叠。据作用机制可分为以下几类:①影响肾小球血流动力学及肾小球毛细血管通透性:前列腺素(prostaglandins,PG)类(如 PGE2、PGI2、血栓素 A2,白细胞三烯等)、血小板活化因子(PAF)、一氧化氮(NO)及 TNF-α 等;②影响循环炎性细胞的趋化、黏附及活化:前列腺素类、PAF、活性氧、白细胞介素-1,8(IL-1,IL-8)、骨调素(osteopontin,OPN)、巨噬细胞趋化蛋白(MCP-1)等;③影响肾脏固有细胞活化和增殖:前列腺素类(PGI2、PGE2 等)、PAF、NO、IL-1、IL-6、转化生长因子-β(TGF-β)、TNF-α 等;④参与肾小管损伤和间质纤维化:血小板衍生生长因子(PDGF)、TGF-β、成纤维细胞生长因子(bFGF)、IL-1、TNF-α 等;⑤影响凝血与纤溶系统:前列腺素类、凝血及纤溶系统因子等;⑥直接损伤肾脏细胞:活性氧、NO、TNF-α 等。

(三) 非免疫因素

在肾小球疾病的慢性进行性发展过程中,非免疫因素如高血压尤其是肾内毛细血管高血压、大量蛋白尿、高脂血症等发挥着非常重要的作用。

1. **高血压**　多数学者认为高血压尤其是肾内毛细血管高血压可能是加重肾损害最重要的因素。在高血压动物模型中,存在肾血管收缩、动脉硬化和肾小动脉壁增厚等病变。这可能是高血压引起肾缺血和肾小球硬化的主要原因。实际上,高血压引起的肾小球损害关键在于肾内毛细血管的高血压。在大鼠慢性肾衰竭模型中可观察到全身高血压导致肾小球高灌注及毛细血管内压力增高的现象。另有研究表明,在肾小球肾炎时,肾血管和肾小球对全身性高血压的反应更加敏感,肾小球硬化的进程加快。

2. **蛋白尿**　临床与实验研究均证实,蛋白尿作为独立因素与肾功能损害及慢性肾脏病患者的预后密切相关。在蛋白质超负荷的肾病模型中,其主要表现是大量蛋白尿,随着尿蛋白的增加,肾组织中 MCP-1 和 OPN 等黏附分子表达增高,肾间质中炎性细胞浸润的数量和细胞外基质的积聚显著增加,提示尿蛋白在肾间质炎性细胞浸润,以及细胞外基质的降解和重塑过程中发挥重要作用,促进肾小管-间质纤维化过程。

3. **高脂血症**　大多数慢性肾脏病患者,无论病因如何,几乎均存在不同程度的脂质代谢异常。脂质代谢异常与进行性肾损伤的关系已引起普遍的重视。许多学者认为肾小球硬化与一般动脉硬化发病机制及其和高脂血症间的关系有许多相似之处,高脂血症是诱发和(或)加重肾小球损伤的重要因素之一。

【临床表现】

(一) 蛋白尿

正常情况下,肾小球滤过膜对血浆蛋白有选择性滤过作用,绝大多数血浆蛋白不能从肾小球滤过。原尿中主要含一些小分子蛋白,如溶菌酶、β_2 微球蛋白等。在疾病状态下,由于肾小球滤过膜分子屏障和(或)电荷屏障的损伤,肾小球滤过膜通透性增高,大量蛋白滤过到肾小球滤液中,超过肾小管的重吸收能力,造成蛋白尿。肾小球性蛋白尿常以白蛋白为主,严重者也有部分大分子的血浆蛋白,是临床最常见的蛋白尿类型。

(二) 血尿

肾小球疾病状态下,由于肾小球基底膜断裂,红细胞进入原尿中形成血尿。血尿是肾小球疾病常见的临床表现,多为无痛性全程肉眼血尿或镜下血尿,持续或间歇性发作。如血尿伴有大量蛋白尿和(或)管型(尤其是红细胞管型)多提示为肾小球源性血尿。目前常用相差显微镜来鉴别血尿的来源,如果尿中主要为畸形红细胞则提示肾小球源性血尿,如果尿中红细胞呈正常形态,则多为非肾小球源性血尿。此外,尿红细胞容积分布曲线也可鉴别血尿的来源。肾小球性血尿患者,尿中红细胞多呈非对称曲线,且其红细胞平均容积呈小细胞性分布;非肾小球源性血尿多呈对称性曲线;混合性血尿则呈双峰曲线。

(三) 水肿

肾脏是排泄水、钠的主要器官。肾性水肿主要分为两大类:①肾炎性水肿:由于肾小球滤过率降低,肾小管重吸收功能正常,造成"管-球失衡"和肾小球滤过分数下降,水、钠排泄减少,血容量增多、血压升高。此外,毛细血管通透性增高可进一步加重水肿。肾炎性水肿多从颜面部开始。②肾病性水肿:大量血浆蛋白从尿中丢失,血浆蛋白水平降低,血浆胶体渗透压下降促使液体从血管内进入组织间隙是肾病性水肿发生的主要原因。此外,有效循环血容量减少,肾素-血管紧张素-醛固酮系统激活、抗利尿激素分泌增多,肾小管重吸收水、钠增多,进一步加重水肿。肾病性水肿多从下肢开始。

(四) 高血压

高血压是肾小球疾病的常见并发症。慢性肾小球肾炎患者高血压的发生率为61%,终末期肾病患者则高达90%。高血压的持续存在会加速肾功能的恶化。其发生机制主要包括:①水、钠潴留:各种原因(如肾小球滤过率降低、利钠激素减少等)致水、钠排泄减少,血容量增多,血压升高。水、钠潴留引起的容量依赖性高血压是肾性高血压的主要原因。②肾素-血管紧张素分泌增多:肾小球病变时,肾缺血刺激球旁细胞分泌肾素-血管紧张素增多,全身小动脉收缩,外周血管阻力增高,引起肾素依赖性高血压。③肾内降压物质分泌减少:肾实质损害时,肾内前列腺素系统、激肽释放酶-激肽系统等降压物质分泌减少,血压升高。此外,一些其他因素如心房利钠肽、交感神经系统和其他内分泌激素等均会直接或间接地参与肾性高血压的发生。

(五) 肾功能损害

肾脏病如未能得到良好控制而持续进行性发展者均会导致肾功能损害,最终发展至终末期肾病。部分急性肾小球肾炎可出现一过性的氮质血症或急性肾衰竭,急进性肾小球肾炎常导致急性肾衰竭。

第二节　急性肾小球肾炎

【概述】　急性肾小球肾炎(acute glomerulonephritis,AGN),简称急性肾炎,是一组以急性肾炎综合征(血尿、蛋白尿、水肿和高血压)为主要临床表现的肾脏疾病,可伴一过性肾功能损害。多种病原微生物如细菌、病毒及寄生虫等均可致病,但大多数为链球菌感染后肾小球肾炎。

【病因和发病机制】　急性链球菌感染后肾小球肾炎(post-streptococcal glomerulonephritis,PSGN)多为β溶血性链球菌"致肾炎菌株"(常为A组链球菌中的12型和49型)感染后所致。常在上呼吸道感染、皮肤感染、猩红热等链球菌感染后发生。多见于儿童,但成人也不少见,成人易感人群为酗酒、药物成瘾、先天性心脏病患者等。本病主要是链球菌胞壁成分M蛋白或某些分泌产物所引起的免疫反应致肾损伤。其发病机制有:①免疫复合物沉积于肾脏;②抗原原位种植于肾脏;③肾脏正常抗原改变,诱导自身免疫反应。

【病理】　急性期肾脏体积常较正常增大,病理改变为弥漫性毛细血管内增生性肾小球肾炎。肾小球内增生的细胞主要为系膜细胞和内皮细胞。急性期有较多的中性粒细胞及单个核细胞浸润。Masson染色可见上皮下免疫复合物沉积。间质中可有水肿和炎性细胞浸润。免疫荧光检查可见沿毛细血管壁和系膜区有弥漫性粗颗粒免疫复合物沉积,其主要成分是IgG和C3,IgA和IgM少见。电镜检查可见上皮细胞下"驼峰状"电子致密物沉积。PSGN病理改变呈自限性,可完全恢复。若起病1个月后仍有较强IgG沉积,则可致病程迁延不愈。

Notes

【临床表现】　本病主要发生于儿童,高峰年龄为 2~6 岁,2 岁以下或 40 岁以上的患者仅占所有患者 15%。发作前常有前驱感染,潜伏期为 7~21 天,一般为 10 天左右。皮肤感染引起者的潜伏期较呼吸道感染稍长。典型的急性 PSGN 临床表现为突发的血尿、蛋白尿、水肿、高血压,部分患者表现为一过性氮质血症。患者的病情轻重不一,轻者可无明显临床症状,仅表现为镜下血尿及血 C3 的规律性变化,重者表现为少尿型急性肾衰竭。

（一）尿液改变

多数患者有肾小球源性血尿,近半数患者为肉眼血尿。血尿常伴有轻、中度的蛋白尿,少数患者表现为肾病综合征水平的蛋白尿。尿量减少者常见,但无尿较少发生。若尿少持续存在,则提示可能有新月体形成或急性肾衰竭。

（二）高血压

75% 以上患者会出现一过性高血压,一般为轻、中度。其主要原因是水、钠潴留,经利尿治疗后可很快恢复正常,约半数患者需要降压治疗。仅少数患者由于血压过高而合并高血压脑病。

（三）水肿

90% PSGN 患者可发生水肿,常为多数患者就诊的首发症状。水肿的原因是水钠潴留。典型表现为晨起时颜面水肿或伴双下肢凹陷性水肿,严重者可伴有腹水和全身水肿。急性 PSGN 的水肿和高血压均随利尿后好转,通常在 1~2 周内消失。

（四）心功能衰竭

是临床工作中需紧急处理的急症。可表现为颈静脉怒张、奔马律、呼吸困难和肺水肿。全心衰竭在老年 PSGN 患者中发生率可达 40%。

（五）肾功能损害

部分患者在起病的早期由于肾小球滤过率降低,尿量减少而出现一过性氮质血症,多数患者予以利尿消肿数日后恢复正常,仅极少数患者发展至急性肾衰竭。

【实验室检查】

（一）尿液检查

几乎所有患者都有镜下血尿或肉眼血尿。尿中红细胞多为畸形红细胞。此外,尿沉渣还可见白细胞、小管上皮细胞,并可有红细胞管型、颗粒管型。患者常有蛋白尿,半数患者蛋白尿<500mg/d。血尿和蛋白尿会持续数月,常于 1 年内恢复。若蛋白尿持续异常提示患者为慢性增生性肾炎可能。

（二）血常规检查

可有轻度贫血,常与水钠潴留、血液稀释有关。白细胞计数可正常或升高,血沉在急性期常加快。

（三）肾功能检查

在 PSGN 的急性期,肾小球滤过率（GFR）可下降,表现为一过性氮质血症。肾小管功能常不受影响,浓缩功能多正常。

（四）有关链球菌感染的细菌学及血清学检查

1. 咽拭子和细菌培养　急性 PSGN 自咽部或皮肤感染灶培养细菌,其结果可提示 A 组链球菌的感染。但试验的敏感性和特异性与试验方法有关,一般阳性率仅 20%~30%。相比血清学检查结果,受影响的因素较多。

2. 抗链球菌溶血素"O"抗体（ASO）　在咽部感染的患者中,90% ASO 滴度可>200U。在诊断价值上,ASO 滴度的逐渐上升比单纯的滴度高水平更有意义。在上呼吸道感染的患者中 2/3 会有 ASO 滴度上升。ASO 滴度上升 2 倍以上,高度提示近期曾有过链球菌感染。

（五）免疫学检查

动态观察 C3 的变化对诊断 PSGN 非常重要。疾病早期,补体 C3 和总补体（CH50）下降,8

周内逐渐恢复到正常水平,是 PSGN 的重要特征。血浆中可溶性补体终末产物 C5b-9 在急性期上升,随疾病恢复逐渐恢复正常。若患者有持续的低补体血症常提示其他疾病的存在,如系膜毛细血管性肾炎、狼疮性肾炎或先天性低补体血症等。

【诊断和鉴别诊断】 链球菌感染后 1～3 周出现血尿、蛋白尿、水肿和高血压等典型临床表现,伴血清 C3 的动态变化,8 周内病情逐渐减轻至完全缓解者,即可作出临床诊断。若起病后 2～3 个月病情无明显好转,仍有高血压或持续性低补体血症,或肾小球滤过率进行性下降,应行肾活检以明确诊断。

急性肾小球肾炎应与以下疾病鉴别:

(一) 系膜增生性肾小球肾炎(IgA 肾病和非 IgA 系膜增生性肾小球肾炎)

起病可呈急性肾炎综合征表现,潜伏期较短,多于前驱感染后数小时到数日内出现血尿等急性肾炎综合征症状,但患者血清 C3 无降低,病情反复。IgA 肾病患者的血尿发作常与上呼吸道感染有关。

(二) 其他病原微生物感染后所致的急性肾炎

其他细菌、病毒及寄生虫等感染所引起的肾小球肾炎常于感染的极期或感染后 3～5 天出现急性肾炎综合征表现。病毒感染所引起的肾炎临床症状较轻,血清补体多正常,水肿和高血压少见,肾功能正常,呈自限性发展过程。

(三) 膜增生性肾小球肾炎

又称系膜毛细血管性肾小球肾炎。临床表现类似急性肾炎综合征,但蛋白尿明显,血清补体水平持续低下,8 周内不恢复,病变持续发展,无自愈倾向。鉴别诊断困难者需作肾活检。

(四) 急进性肾小球肾炎

临床表现及发病过程与急性肾炎相似,但临床症状常较重,早期出现少尿或无尿,肾功能持续进行性下降。确诊有困难时,应尽快作肾活检明确诊断。

(五) 全身性疾病肾脏损害

系统性红斑狼疮、系统性血管炎、原发性冷球蛋白血症等均可引起肾损害,亦可合并低补体血症,临床表现类似急性肾炎综合征,可根据其他系统受累的典型临床表现和实验室检查来鉴别。

【治疗】 PSGN 以对症治疗为主,同时防治各种并发症、保护肾功能,以利于其自然病程的恢复。

(一) 一般治疗

急性期应休息 2～3 周,直至肉眼血尿消失、水肿消退及血压恢复正常。水肿明显及血压高者应限制饮食中水和钠的摄入。肾功能正常者无需限制饮食中蛋白的摄入量,氮质血症时应适当减少蛋白的摄入。

(二) 感染灶的治疗

上呼吸道或皮肤感染者,应选用无肾毒性的抗生素治疗 10～14 天,如青霉素、头孢菌素等,青霉素过敏者可用大环内酯类抗生素。一般不主张长期预防性使用抗生素。与尿异常相关反复发作的慢性扁桃体炎,可在病情稳定(尿蛋白<+,尿沉渣红细胞数<10/HP)后行扁桃体摘除术,手术前、后使用抗生素。

(三) 对症治疗

限制水、钠摄入,水肿仍明显者,应适当使用利尿剂。经上述处理血压仍控制不佳者,应给予降压药,防止心、脑并发症的发生。

(四) 透析治疗

急性肾衰竭有透析指征者应及时行透析治疗。由于本病呈自愈倾向,透析治疗帮助患者度过危险期后,肾功能即可恢复,一般不需维持性透析治疗。

【预后】 本病急性期预后良好,尤其是儿童。绝大多数患者于 2~4 周内水肿消退、肉眼血尿消失、血压恢复正常。少数患者的镜下血尿和微量白蛋白尿可迁延 6~12 月才消失。血清补体水平 4~8 周内恢复正常。

PSGN 的长期预后,尤其是成年患者的预后报道不一。但多数患者的预后良好,仅有少部分患者遗留尿沉渣异常和(或)高血压。也有些患者在 PSGN 发生后 10~40 年才逐渐出现蛋白尿、高血压和肾功能损害。

影响预后的因素主要有:①年龄:成人较儿童差,尤其是老年人;②散发者较流行者差;③持续大量蛋白尿、高血压和(或)肾功能损害者预后较差;④肾组织增生病变重,有广泛新月体形成者预后差。

第三节　急进性肾小球肾炎

急进性肾小球肾炎(rapidly progressive glomerulonephritis,RPGN)是一组以急进性肾炎综合征为临床表现,肾功能损害急骤进展,常伴有少尿或无尿的临床综合征。肾活检病理表现为肾小球广泛新月体形成(>50% 的肾小球有新月体形成),故又称新月体性肾小球肾炎(crescentic glomerulonephritis)。

【病因和发病机制】 引起急进性肾小球肾炎的疾病主要包括以下 3 类:①原发性急进性肾小球肾炎;②继发于全身性疾病的急进性肾小球肾炎,如系统性红斑狼疮等;③原发性肾小球疾病基础上形成的新月体肾小球肾炎,如膜增生性肾小球肾炎。本节主要讨论原发性急进性肾小球肾炎。

根据免疫病理的检查结果,急进性肾小球肾炎又可分为 3 型:①Ⅰ型:抗肾小球基底膜型RPGN,抗肾小球基底膜抗体沿肾小球基底膜呈线样沉积;②Ⅱ型:免疫复合物型 RPGN,可见免疫复合物沿基底膜呈“颗粒状”沉积;③Ⅲ型:寡免疫复合物型 RPGN。寡免疫复合物型 RPGN 通常是系统性血管炎的肾脏表现,大部分患者血液循环中抗中性 ANCA 阳性。非免疫复合物型RPGN 是成人,尤其是老年患者中最常见的类型。也有学者根据患者血清 ANCA 检测的结果将RPGN 分为 5 型,即Ⅳ型:ANCA 阳性的原Ⅰ型 RPGN(约占Ⅰ型 RPGN 的 30%);Ⅴ型:ANCA 阴性的原Ⅲ型 RPGN(约占Ⅲ型 RPGN 的 20% ~50%)。目前认为吸烟、吸毒、接触碳氢化合物等是 RPGN 的诱发因素。此外,遗传易感性在 RPGN 的发病中亦起一定作用。

【病理】 肾脏体积通常增大。肾活检的典型病理改变是肾小球内广泛新月体形成,即光镜下 50% 以上的肾小球囊腔内有新月体形成(占据肾小球囊腔 50% 以上)。病变早期通常为细胞性新月体,逐渐发展为细胞纤维性新月体或纤维性新月体,最终可致肾小球硬化。免疫病理的特征性改变为Ⅰ型 RPGN 免疫球蛋白(主要是 IgG 和 C3)沿基底膜呈线样分布;Ⅱ型则为 IgG 和C3 在系膜区或沿毛细血管壁呈颗粒状沉积;Ⅲ型肾小球内无或仅有微量的免疫复合物。电镜下Ⅱ型 RPGN 系膜区和内皮下可见电子致密物沉积,电子致密物沉积的特点和方式与相应的基础疾病相关。Ⅰ型和Ⅲ型无电子致密物沉积。

【临床表现】 多数患者有上呼吸道感染的前驱症状,起病较急,病情进展快。临床主要表现为快速进展型肾炎综合征,如血尿、蛋白尿、水肿和高血压等,并随着病情的进展可出现进行性少尿或无尿,肾功能在短时间内迅速恶化发展至尿毒症。少数患者起病相当隐匿,以不明原因的发热、关节痛、肌痛和咯血等为前驱症状,就诊时肾损害已达尿毒症期,多见于Ⅲ型 RPGN。Ⅱ型 RPGN 患者常有肾病综合征的表现。

早期血压正常或轻度升高,随着病情的进展而加重,严重者可发生高血压脑病等。胃肠道症状如恶心、呕吐、呃逆等常见,少数患者可出现上消化道出血。感染也是常见的并发症和导致死亡的重要原因。

Ⅰ型 RPGN 以青壮年多见，Ⅱ型和Ⅲ型常见于中老年，男性居多。我国以Ⅱ型 RPGN 多见。

【实验室检查】　尿液检查可有蛋白尿、红细胞及白细胞，可伴红细胞管型。血肌酐及尿素氮进行性上升，内生肌酐清除率（Ccr）进行性下降。Ⅰ型 RPGN 抗 GBM 抗体阳性，Ⅱ型血液循环免疫复合物或冷球蛋白阳性，可伴血补体 C3 降低；Ⅲ型 ANCA 阳性。B 型超声波及其他影像学检查可见双侧肾脏增大。

【诊断及鉴别诊断】　急进性肾炎综合征病人在短时间内（数天至数周）肾功能急剧恶化，应高度注意本病的可能并尽早行肾活检明确诊断。此外，尚需根据临床和实验室检查排除继发性 RPGN 的可能。原发性急进性肾小球肾炎应注意与以下疾病鉴别：

(一) 原发性肾小球疾病急骤进展

部分原发性肾小球疾病由于各种诱因，病情急速进展，肾功能急剧恶化，临床上表现为急进性肾炎综合征，但病理上并无新月体的形成，常需肾活检明确诊断。

(二) 继发性急进性肾炎

典型多系统受累的临床表现及特殊的实验室检查可资鉴别，如系统性红斑狼疮性肾炎、过敏性紫癜肾炎、Goodpasture 综合征（肺出血-肾炎综合征）等引起的急进性肾炎。

(三) 血栓性微血管病

如溶血-尿毒症综合征、血栓性血小板减少性紫癜等。这类疾病的共同特点是既有急性肾衰竭又有血管内溶血的表现，肾活检呈特殊的血管病变。

(四) 急性肾小管坏死

常有引起本病的明确病因，如肾缺血（休克或脱水等）或使用肾毒性药物（氨基糖苷类抗生素、两性霉素 B 等）的病史。临床表现以肾小管功能损害为主，如尿渗透压及尿比重降低、尿钠增高，蛋白尿及血尿相对较轻。

(五) 急性过敏性间质性肾炎

明确的药物服用史及典型的全身过敏反应如发热、皮疹、关节痛等可资鉴别，常伴血、尿嗜酸性粒细胞的增高。鉴别诊断困难者需行肾活检明确。

(六) 梗阻性肾病

突发的少尿或无尿，临床上无明显的蛋白尿、血尿表现，影像学（如 B 型超声波、CT）或逆行尿路造影检查可帮助确立诊断。

【治疗】　早期诊断和强化治疗是提高 RPGN 治疗成功的关键，包括针对肾小球免疫介导炎性损伤的强化免疫抑制治疗及其他对症治疗。

(一) 肾上腺皮质激素联合细胞毒药物

首选甲泼尼松龙[7~15mg/（kg·d），缓慢静脉点滴]冲击治疗，3 次为一疗程。必要时隔 3~5 日后可重复下一个疗程，共 2~3 个疗程。早期治疗（肌酐<707μmol/L）疗效较好，晚期则疗效欠佳。继以口服泼尼松及口服或静脉注射环磷酰胺（CTX）。近年来也有学者认为，静脉注射 CTX（0.5~1.0/m² 体表面积，每月 1 次，连续 6 次）加甲泼尼龙冲击治疗（0.5~1.0/d，连续 3 天），随后口服泼尼松[1.0mg/（kg·d）]8~12 周，再逐渐减量。应用甲泼尼龙和（或）CTX 冲击治疗时，一定要注意感染等副作用，定期复查血常规和肝功能。

(二) 血浆置换

主要用于：①伴有肺出血的 Good-pasture 综合征；②Ⅰ型 RPGN 的早期。每日或隔日交换 2~4L。

一般需持续治疗 10~14 天或至血清抗体（如抗 GBM 抗体、ANCA）或免疫复合物转阴为止。同时应联合使用激素和细胞毒药物（用量同前）。血浆置换对于Ⅰ和Ⅱ型 RPGN 均有较好的疗效，但需早期施行，即肌酐<530μmol/L 时开始治疗则多数患者有效。

(三) 对症治疗

包括降压、控制感染和纠正水、电解质酸碱平衡紊乱等。

(四) 肾脏替代治疗

对于治疗无效而进入终末期肾衰竭的患者,应予以长期透析治疗。急性期患者已达透析指征者应尽快予以透析,为免疫抑制治疗争取时间及提供安全保障。病情稳定 6～12 个月,血清抗 GBM 抗体或 ANCA 阴性者,可考虑肾移植。

【预后】 影响预后的因素主要有:①治疗是否及时是成功的关键,如在血肌酐<530μmol/L或内生肌酐清除率>5ml/min 时开始治疗效果较好;②免疫病理类型:Ⅲ 型较好,Ⅱ 型其次,Ⅰ 型较差;③新月体的数量及类型,如新月体数量多或病理结果显示为纤维性新月体、肾小球硬化或间质纤维化则预后较差;④老年患者预后较差。

第四节 慢性肾小球肾炎

慢性肾小球肾炎(chronic glomerulonephritis,CGN)简称慢性肾炎,是一组以血尿、蛋白尿、水肿和高血压为主要临床表现的肾小球疾病,伴或不伴肾功能损害。临床特点为病程长,病情迁延,病变缓慢持续进展,最终至慢性肾衰竭。

【病因和发病机制】 绝大多数慢性肾炎由不同病因和不同病理类型的原发性肾小球疾病发展而来,仅少数由急性链球菌感染后肾小球肾炎所致。其发病机制主要与原发病的免疫炎症损伤有关。此外,高血压、大量蛋白尿、高血脂等非免疫因素亦参与其慢性化进程。

【病理】 慢性肾炎的病理类型多样,常见的有系膜增生性肾小球肾炎(包括 IgA 肾病和非 IgA 系膜增生性肾小球肾炎)、局灶节段性肾小球硬化、膜性肾病和系膜毛细血管性肾炎等。随着病情的进展,各种病理类型肾炎均可转化为不同程度的肾小球硬化、肾小管萎缩和间质纤维化,最终肾脏体积缩小,进展为硬化性肾小球肾炎。

【临床表现】 本病的临床表现差异较大,症状轻重不一。以血尿、蛋白尿、高血压和水肿为基本症状。早期可有体倦乏力、腰膝酸痛、食欲减退等,水肿时有时无,病情时轻时重,肾功能渐进性减退,最终发展至终末期肾衰竭。

多数患者有轻重不等的高血压,部分患者以高血压为突出表现,甚至出现高血压脑病、高血压心脏病、眼底出血及视神经盘水肿等。部分慢性肾炎患者因感染、劳累、使用肾毒性药物等,使病情急剧恶化,及时去除诱因可使肾功能有所恢复。晚期则主要表现为终末期肾衰竭的相应症状。

【实验室检查】 疾病早期尿液检查可表现为程度不等的蛋白尿和(或)血尿,可见红细胞管型,部分患者出现大量蛋白尿(尿蛋白定量>3.5g/24h)。病程早期血常规可正常或仅有轻度贫血。多数患者可有较长时间的肾功能稳定期,疾病晚期则出现尿浓缩功能减退,血肌酐升高和内生肌酐清除率下降。

B 型超声波检查早期肾脏大小正常,晚期可出现双肾对称性缩小、皮质变薄。肾脏活体组织检查可表现为原发病的各种病理类型,对于指导治疗和评估预后具有重要价值。

【诊断和鉴别诊断】 凡存在慢性肾炎的临床表现如血尿、蛋白尿、水肿和高血压者均应注意本病的可能,确诊本病前,尚须排除继发性肾小球疾病如系统性红斑狼疮、糖尿病肾病和高血压肾损害及遗传性肾小球肾炎。本病主要应与下列疾病鉴别:

1. **慢性肾盂肾炎** 多有反复发作的尿路感染病史,尿细菌学检查常阳性,B 型超声波检查或静脉肾盂造影示双侧肾脏不对称缩小则更有诊断价值。

2. **狼疮性肾炎** 好发于生育年龄女性,存在多系统器官损害、免疫学异常等特征,肾活检可见免疫复合物广泛沉积于肾小球的各部位,免疫病理呈"满堂亮"。

3. **糖尿病肾病** 长时间的糖尿病史伴肾损害的表现有助于诊断。

4. **高血压肾损害** 既往有较长时间的高血压病史,肾小管功能(如尿浓缩功能减退、比重降低和夜尿增多)异常早于肾小球功能损害,尿检异常较轻(尿蛋白<2.0g/24h,以中、小分子蛋白为主)。同时,多伴有高血压其他靶器官损害(如心、脑)和眼底改变等。

5. **Alport 综合征**　多于青少年起病,有阳性家族史(多为性连锁显性遗传),其主要特征是肾损害、耳病变(神经性耳聋)及眼疾患(球形晶状体等)同时存在。

6. **无症状血尿和(或)蛋白尿**　临床上无明显不适表现,一般无水肿、高血压和肾功能损害。

【治疗】　应根据肾活检病理类型进行针对性治疗,同时加强延缓慢性肾衰竭进展的综合防治措施,减少各种并发症的发生。

(一)优质低蛋白饮食和必需氨基酸治疗

根据肾功能的状况给予优质低蛋白饮食(每日 0.6~0.8g/kg),同时控制饮食中磷的摄入。在进食低蛋白饮食时,应适当增加碳水化合物的摄入以满足机体生理代谢所需要的热量,防止负氮平衡。在低蛋白饮食 2 周后可使用必需氨基酸或 α-酮酸(每日 0.1~0.2g/kg)。极低蛋白饮食者(0.3g/kg),应适当增加 α-酮酸或必需氨基酸的摄入(8~12g/d),以防止负氮平衡。

(二)控制高血压

控制高血压尤其肾内毛细血管高血压是延缓慢性肾衰竭进展的重要措施。一般多选用血管紧张素转换酶抑制剂(ACEI)、血管紧张素Ⅱ受体拮抗剂(ARB)或钙通道阻滞剂。临床与实验研究结果均证实,ACEI 和 ARB 具有降低肾小球内血压,减少蛋白尿及保护肾功能的作用。肾功能损害的患者使用此类药物时应注意高钾血症的防治。其他降压药如 β-受体阻滞剂、α-受体阻滞剂、血管扩张药及利尿剂等亦可应用。肾功能较差时,噻嗪类利尿剂无效或疗效较差,应改用袢利尿剂。血压控制欠佳时,可联合使用多种抗高血压药物将血压控制到靶目标值。多数学者认为肾病患者的血压应较一般患者控制更严格,蛋白尿 ≥1.0g/24h,血压应控制在 125/75mmHg;如果蛋白尿 ≤1.0g/24h,血压应控制在 130/80mmHg。同时,应尽量选用具有肾脏保护作用的降压药如 ACEI 或 ARB。

(三)对症治疗

预防感染、纠正水电解质和酸碱平衡紊乱、避免使用肾毒性药物,包括中药(如含马兜铃酸的中药关木通、广防己等)和西药(如氨基糖苷类抗生素等),对于保护肾功能、防止慢性肾脏疾病进行性发展和肾功能急剧恶化具有重要意义。

【预后】　慢性肾炎呈持续进行性进展,最终发展至终末期肾衰竭。其进展的速度主要取决于肾脏病理类型、延缓肾功能进展的措施以及避免各种危险因素。

第五节　肾病综合征

肾病综合征(nephrotic syndrome,NS)是以①大量蛋白尿(>3.5g/d);②低血清白蛋白血症(血清白蛋白<30g/L);③水肿;④高脂血症为基本特征的临床综合征。其中前两项为诊断的必备条件。

【病因】　NS 按病因可分为原发性和继发性两大类。原发性 NS 的病因为各种不同病理类型的肾小球病,常见的有:①微小病变肾病;②系膜增生性肾小球肾炎;③局灶节段性肾小球硬化;④膜性肾病;⑤系膜毛细血管性肾小球肾炎。本节仅讨论原发性 NS。

【病理生理】

(一)大量蛋白尿

NS 时,肾小球滤过膜电荷屏障和分子屏障功能受损,肾小球滤过膜对血浆中蛋白的通透性增加,当原尿中蛋白含量超过肾小管的重吸收能力时,蛋白从尿中丢失,形成大量蛋白尿。尿液中主要含白蛋白和与白蛋白近似分子量的蛋白。大分子蛋白如纤维蛋白原、α1 和 α2 巨球蛋白等,因其无法通过肾小球滤过膜,从而在血浆中的浓度保持不变。

(二) 低血清白蛋白血症

尿液中丢失大量人血白蛋白,同时,蛋白分解代谢增加,导致低蛋白血症。而消化道黏膜水肿导致食欲减退,蛋白摄入不足,进一步加重低蛋白血症。长期大量的蛋白丢失会导致患者营养不良和生长发育迟缓。

激素结合蛋白随尿液的丢失会导致体内一系列内分泌和代谢紊乱。少数患者会在临床上表现为甲状腺功能低下,并且会随着肾病综合征的缓解而得到恢复。肾病综合征时,血钙和维生素 D 水平也受到明显的影响。血浆中维生素 D 水平下降,又同时使用激素或者有肾功能损害时,就会加速骨病的产生。因此,对于这样的患者应及时进行骨密度、血浆激素水平的监测;同时,补充维生素 D 及相关药物,防止骨病的发生。

由于免疫球蛋白和补体成分的丢失,肾病综合征患者的抵抗力降低,易患感染。B 因子和 D 因子的丢失导致患者对致病微生物的易感性增加。

(三) 水肿

低白蛋白血症引起血浆胶体渗透压下降,水分从血管腔进入组织间隙,是 NS 水肿的重要原因。此外,部分患者有效循环血容量不足,肾素-血管紧张素-醛固酮系统激活和抗利尿激素分泌增加,可增加肾小管对钠的重吸收,进一步加重水肿。也有研究发现,部分 NS 患者的血容量并不减少甚或增加,血浆肾素水平正常或下降,提示 NS 患者的水钠潴留并不依赖于肾素-血管紧张素-醛固酮系统的激活,而是肾脏原发水钠潴留的结果。

(四) 高脂血症

患者表现为高胆固醇血症和(或)高甘油三酯血症,并可伴有低密度脂蛋白(LDL)、极低密度脂蛋白(VLDL)及脂蛋白 a[Lp(a)]的升高,高密度脂蛋白(HDL)正常或降低。高脂血症发生的主要原因是肝脏脂蛋白合成的增加和外周组织利用及分解减少。高胆固醇血症的发生与肝脏合成过多富含胆固醇和载脂蛋白 B 的 LDL 及 LDL 受体缺陷致 LDL 清除减少有关。高甘油三酯血症在 NS 中也常见,其产生的原因更多是由于分解减少而非合成增多。

【原发性 NS 病理类型及临床特点】

(一) 微小病变型肾病

微小病变型肾病(minimal change disease,MCD)好发于儿童,占儿童原发性 NS 的 80% 左右,占成人原发性 NS 的 5% ~10%。部分药物性肾损害(如非类固醇抗炎药、锂制剂等)和肿瘤(如霍奇金淋巴瘤等)也可有类似改变。MCD 临床多表现为 NS,血尿和高血压少见。但 60 岁以上的患者,高血压和肾功能损害较为多见。

本病的发病机制尚不清楚,可能与 T 细胞功能紊乱有关。体外培养微小病变肾病患者的外周血 T 淋巴细胞可分泌致肾小球通透性增高的因子,将其注入动物体内可引起肾小球脏层上皮细胞足突的广泛融合。

光镜下肾小球无明显病变,近端肾小管上皮细胞可见脂肪变性。免疫荧光阴性。电镜下的特征性改变是广泛的肾小球脏层上皮细胞足突融合。

本病大多数对激素治疗敏感,一般治疗 10 ~14 天开始利尿,蛋白尿在数周内转阴,血清白蛋白逐渐恢复正常,但易复发。长期反复发作或大量蛋白尿未能控制,则需注意病理类型的改变,如系膜增生性肾炎或 FSGS。此外,5% 左右的儿童患者会表现为激素抵抗,应积极寻找抵抗的原因并调整治疗方案。

(二) 系膜增生性肾小球肾炎

系膜增生性肾小球肾炎(mesangial proliferative glomerulonephritis)是我国原发性 NS 中常见的病理类型,约占 30%,显著高于欧美国家(约占 10%)。本病好发于青少年,男性多见。多数患者起病前有上呼吸道感染等前驱感染症状,部分患者起病隐匿。临床主要表现为蛋白尿或

（和）血尿,约 30% 表现为 NS。

病理特征是光镜下可见肾小球系膜细胞和细胞外基质弥漫增生,可分为轻、中、重度。根据免疫荧光结果可分为 IgA 肾病(IgA 或以 IgA 沉积为主)和非 IgA 系膜增生性肾小球肾炎(以 IgG 或 IgM 沉积为主),常伴有 C3 在肾小球系膜区或沿毛细血管壁呈颗粒状沉积。电镜下可见系膜区有电子致密物沉积。

多数患者对激素和细胞毒药物有良好的反应,50% 以上的患者经激素治疗后可获完全缓解。其治疗效果与病理改变的轻重程度有关,病理改变轻者疗效较好,病理改变重者则疗效较差。

（三）局灶节段性肾小球硬化

局灶节段性肾小球硬化(focal segmental glomerulosclerosis,FSGS)以青少年多见,男性多于女性,占原发性 NS 的 20%~25%。起病较为隐匿,临床主要表现为大量蛋白尿或 NS。多数患者伴有血尿,部分患者出现肉眼血尿;病情较轻者也可表现为无症状蛋白尿和(或)血尿。多数患者确诊时常伴有高血压和肾功能损害,且随着病情的进展而加重。部分病例可由微小病变型肾病转变而来。

光镜下肾小球病变呈局灶节段性分布,以系膜基质增多、球囊粘连为主要表现,可伴少量系膜细胞增生及相应肾单位肾小管萎缩和肾间质纤维化。免疫病理可见 IgM 和 C3 在肾小球病变部位呈团块状沉积。电镜下可见受累节段系膜基质增多、电子致密物沉积及肾小球脏层上皮细胞广泛足突融合。

本病对激素和细胞毒药物治疗的反应较差,疗程要较其他病理类型的 NS 适当延长,但激素治疗无效者达 60% 以上。本病的预后与激素治疗的效果及蛋白尿的程度密切相关。激素治疗效果好者,预后较好。

（四）膜性肾病

膜性肾病(membranous nephropathy)好发于中老年人,男性多见,发病的高峰年龄为 50~60 岁,是欧美国家成人常见的 NS 病理类型。膜性肾病起病较隐匿,可无前驱感染史。70%~80% 的患者表现为 NS。在疾病初期可无高血压,大多数患者肾功能正常或轻度受损。动静脉血栓的发生率较高,其中尤以肾静脉血栓最常见(约为 10%~40%)。肾脏 10 年存活率约为 75%。

光镜下的特征性表现为肾小球毛细血管基底膜弥漫性增厚。免疫病理显示 IgG 和补体 C3 围绕毛细血管壁或基底膜弥漫颗粒样沉积,也可伴 IgA 和 IgM 的沉积。电镜下可见基底膜上皮下或基底膜内散在或规则分布的电子致密物沉积,上皮细胞广泛足突融合。

影响预后的因素有:持续大量蛋白尿、男性、年龄 50 岁以上、难于控制的高血压、肾小管萎缩和间质纤维化;合并新月体形成和(或)节段性肾小球硬化时,预后更差。

部分膜性肾病患者有自发缓解倾向,约有 25% 患者会在 5 年内自发缓解。激素和细胞毒药物治疗可使部分患者缓解,但长期和大剂量使用激素和细胞毒药物有较多的毒副作用,因此必须权衡利弊,慎重选择。此外,适当使用调脂药和抗凝治疗。

（五）系膜毛细血管性肾小球肾炎

又称为膜增生性肾小球肾炎(membrano-proliferative glomerulonephritis),是肾小球肾炎中最少见的类型之一。本病好发于青少年,男女比例大致相等。半数患者有上呼吸道的前驱感染史。50% 的患者表现为 NS,30% 的患者表现为无症状性蛋白尿,常伴有反复发作的镜下血尿或肉眼血尿。20%~30% 的患者表现为急性肾炎综合征。高血压、贫血及肾功能损害常见,常呈持续进行性进展。75% 的患者有持续性低补体血症,是本病的重要特征之一。

本病的病理特点是光镜下可见系膜细胞及系膜基质的弥漫重度增生,广泛插入到肾小球基底膜和内皮细胞之间,肾小球基底膜呈分层状增厚,毛细血管袢呈"双轨征"。免疫病理检查可见 IgG、C3 呈颗粒状沿基底膜和系膜区沉积。电镜下可见电子致密物沉积于系膜区和内皮下。

本病目前尚无有效的治疗方法,激素和细胞毒药物仅在部分儿童病例有效,在成年人效果不理想。有学者认为使用抗凝药,如双嘧达莫、阿司匹林等对肾功能有一定的保护作用。本病预后较差,病情持续进行性发展,约50%的患者在10年内发展至终末期肾衰竭。肾移植术后常复发。

【并发症】

(一)感染

感染是 NS 患者常见并发症,与尿中免疫球蛋白的大量丢失、免疫功能紊乱、营养不良、激素和细胞毒药物的使用有关。也是疾病复发、激素抵抗的重要原因。感染发生的常见部位有呼吸道、泌尿道、皮肤和自发性腹膜炎等。一般不主张常规使用抗生素预防感染,但一旦发生感染应选择无肾毒性的有效抗生素进行治疗。

(二)血栓和栓塞

多种因素如尿中丢失大量抗凝物质、高脂血症、血液浓缩等可使血液黏滞度升高。利尿剂、激素的使用以及血小板功能亢进可进一步加重高凝状态。患者可发生静脉或动脉的血栓形成或栓塞,其中以肾静脉血栓形成最常见。

(三)急性肾衰竭

有效循环血容量不足可致肾血流量下降,引起肾前性氮质血症,尤其是重度水肿的 NS 患者给予强力利尿治疗时更易发生。此外,肾间质高度水肿压迫肾小管、肾小管管腔内蛋白管型堵塞、肾静脉血栓形成、药物等因素亦可致急性肾衰竭。本病常无明显诱因,临床主要表现为少尿或无尿,扩容及利尿治疗无效。肾活检病理检查肾小球常无明显病变,肾间质水肿明显,肾小管正常或有少数细胞变性、坏死,肾小管管腔内大量蛋白管型。

(四)蛋白质和脂肪代谢紊乱

前已述及多种原因可导致 NS 患者低血浆白蛋白血症,蛋白代谢呈负平衡。长期低蛋白血症可造成患者营养不良、机体抵抗力下降、生长发育迟缓、内分泌紊乱等。低蛋白血症还可导致药物与蛋白结合减少,游离药物增多,影响药物的疗效;同时,还可能增加部分药物的毒性作用。

高脂血症是 NS 患者肾功能损害进展的危险因素之一,高脂血症可加重肾小球的硬化。越来越多的报道显示,NS 患者并发冠状动脉粥样硬化、心肌梗死的风险增高。NS 患者合并高甘油三酯血症是发生冠心病的独立危险因素。

【诊断与鉴别诊断】 原发性 NS 的诊断需除外继发性和遗传性疾病,最好行肾活检明确病理类型,同时判定有无并发症。需排除以下常见引起继发性 NS 的病因:

(一)乙型肝炎病毒(HBV)相关性肾炎

临床表现为蛋白尿或 NS,儿童及青少年多见,膜性肾病是其常见的病理类型,其次为系膜毛细血管性肾小球肾炎等。诊断标准为:①血清 HBV 抗原阳性;②肾小球肾炎,除外其他继发性肾小球肾炎,如狼疮性肾炎等;③肾活检组织中检测到 HBV 抗原。

(二)狼疮性肾炎

以生育年龄女性多见,常有发热、皮疹、关节痛等多系统受损表现,血清抗核抗体、抗 ds-DNA 抗体、抗 SM 抗体阳性,补体 C3 下降,肾活检免疫病理呈"满堂亮"。

(三)紫癜性肾炎

是指过敏性紫癜引起的肾损害,青少年多见。临床表现除有皮肤紫癜、关节肿痛、腹痛、黑便外,多在皮肤紫癜出现后 1~4 周出现血尿和(或)蛋白尿。肾活检常见病理改变为弥漫系膜增生,免疫病理以 IgA 及 C3 为主要沉积物。

(四)糖尿病肾病

多发于 10 年以上的糖尿病患者,尿蛋白从早期的尿微量白蛋白排泄率增加,可逐渐进展为肾病综合征。眼底检查有微血管病变。肾活检提示肾小球基底膜增厚和系膜基质增生,典型损害为 K-W 结节形成。

（五）肾淀粉样变性

为一种全身性疾患，除肾受累外，尚有其他脏器（心、肝、脾等）受累的临床表现。早期可仅有蛋白尿，一般经 3~5 年出现肾病综合征，肾活检组织刚果红染色淀粉样物质呈砖红色，偏光显微镜下呈绿色双折射光特征。

【治疗】

（一）一般治疗

NS 患者应适当注意休息，避免到公共场所和预防感染。病情稳定者适当活动是必需的，以防止静脉血栓形成。水肿明显者应适当限制水钠摄入（氯化钠<3g/d）。肾功能良好者不必限制蛋白的摄入，但 NS 患者摄入高蛋白饮食会加重蛋白尿，促进肾脏病变的进展。

（二）利尿消肿

一般患者在使用激素并限制水、钠摄入后可达到利尿消肿的目的。对于水肿明显，经上述处理仍不能消肿者可适当选用利尿剂。利尿剂根据其作用机制和部位可分为：

1. 渗透性利尿剂　常用的有低分子右旋糖酐、羟乙基淀粉等。主要通过提高血浆胶体渗透压，使组织中水分重吸收回血管，同时在肾小管腔内形成高渗状态，减少水、钠的重吸收而达到利尿目的。但在尿量<400ml/d 的患者应慎用，因为此类药物易与 Tamm-Horsefall 糖蛋白和尿中的白蛋白在肾小管管腔内形成管型而堵塞肾小管。

2. 噻嗪类利尿剂　常用的有氢氯噻嗪（50~100mg/d，分 2~3 次服用）。主要通过抑制钠和氯在髓袢升支后段及远端小管前段的重吸收而发挥利尿作用。长期使用应注意低钠血症和低钾血症的发生。

3. 袢利尿剂　常用制剂有呋塞米（20~100mg/d，口服或静脉注射，严重者可用 100~300mg 静脉点滴）。主要作用于髓袢升支，抑制钠、钾和氯的重吸收。长期使用应注意低钠血症、低钾血症和低氯血症的发生。

4. 潴钾利尿剂　常用的有螺内酯（20~120mg/d，分 2~3 次服用）。主要作用于远端小管，抑制钠和氯的重吸收，但有潴钾作用，因而适用于低钾血症的患者。此类药物单独使用效果欠佳，与噻嗪类合用可增强利尿效果，并减少电解质紊乱；长期使用注意高钾血症的发生，肾功能不全患者慎用。

5. 白蛋白或血浆可提高血浆胶体渗透压，促进组织间隙中的水分回吸收到血管而发挥利尿作用，多用于低血容量或利尿剂抵抗、严重营养不良的患者。由于静脉使用白蛋白可增加肾小球高滤过和肾小管上皮细胞损害，现多数学者认为，非必要时一般不宜多用。

（三）免疫抑制治疗

糖皮质激素和细胞毒药物仍然是治疗 NS 的主要药物，原则上应根据肾活检病理结果选择治疗药物及疗程。

1. 糖皮质激素　激素的使用原则为：①起始剂量要足［常用泼尼松 1.0mg/（kg·d）］；②疗程要足够（连用 8 周，部分患者可根据具体情况延长至 12 周）；③减药要慢（每 1~2 周减原用量的 10%）；④小剂量维持治疗：常复发的 NS 患者在完成 8 周大剂量疗程后逐渐减量，当减至 0.4~0.5mg/（kg·d）时，则将两日剂量的激素隔日晨顿服，维持 6 个月，然后再逐渐减量。目前常用的激素是泼尼松。肝功能损害或泼尼松治疗效果欠佳者可选用口服泼尼松龙或甲泼尼松龙静脉滴注。地塞米松由于半衰期长，副作用大，现已少用。

2. 烷化剂　主要用于"激素依赖型（激素减量到一定程度即复发）"或"激素抵抗型（激素治疗无效）"，以减少激素用量并提高缓解率。可供临床使用的药物主要有环磷酰胺（CTX）、氮芥及苯丁酸氮芥。临床多使用 CTX，其剂量为每日 100~200mg，分次口服或隔日静脉注射，累积剂量为 6~8g。主要副作用为骨髓抑制、肝功能损害、性腺损害、出血性膀胱炎、胃肠道反应及脱发等,使用过程中应定期监测血常规和肝功能。

氮芥是临床上使用较早的治疗 NS 的细胞毒药物,疗效较好,但由于其副作用较多,如注射部位血管炎或组织坏死、严重的胃肠道反应及骨髓抑制等而在临床上较少使用。苯丁酸氮芥、硫唑嘌呤、塞替派、长春新碱等由于疗效较弱而少用。

3. 环孢素　环孢素(cyclosporine,CsA)可用于激素和细胞毒药物治疗无效的难治性 NS。其可通过选择性抑制 T 辅助细胞及 T 细胞毒效应细胞而起作用。起始剂量为每日 $3 \sim 5mg/(kg \cdot d)$,然后根据血 CsA 浓度(应维持其血清谷浓度在 $100 \sim 200ng/ml$)进行调整。一般疗程为 $3 \sim 6$ 个月。长期使用有肝肾毒性,并可引起高血压、高尿酸血症、牙龈增生及多毛症。此外,停药后易复发且费用昂贵而限制了其临床应用。

4. 霉酚酸酯　霉酚酸酯(mycophenolate mofetil,MMF)是一种较新的免疫抑制剂,在体内代谢为霉酚酸,通过抑制次黄嘌呤单核苷酸脱氢酶而减少鸟嘌呤核苷酸的合成,从而抑制 T、B 淋巴细胞的增殖。可用于激素抵抗及细胞毒药物治疗无效的 NS 患者。推荐剂量为 $1.5 \sim 2.0g/d$,分两次口服,共用 $3 \sim 6$ 个月,减量维持半年。副作用相对较少,如腹泻及胃肠道反应等,偶有骨髓抑制作用。其确切的临床效果及副作用还需要更多临床资料证实。

(四) 调脂药

高脂血症可加速肾小球疾病的发展,增加心、脑血管疾病的发生率,因此,NS 患者合并高脂血症应使用调脂药治疗,尤其是有高血压及冠心病家族史、高 LDL 及低 HDL 血症的患者更需积极治疗。常用药物包括:①3-羟基-3-甲基戊二酰单酰辅酶 A(HMG CoA)还原酶抑制剂:洛伐他汀(lovastatin,$20 \sim 60mg/d$)、辛伐他汀(simvastatin,$20 \sim 40mg/d$)。疗程为 $6 \sim 12$ 周。②纤维酸类药物(fibric acid):非诺贝特(fenifibrate,$100mg/$次,每日 3 次)、吉非贝齐(gemifibrozil,$300 \sim 600mg/$次,每日 2 次)等。③普罗布考(probucol,$0.5g/$次,每日 2 次):本品除降脂作用外还具有抗氧化作用,可防止低密度脂蛋白的氧化修饰,抑制粥样斑块的形成,长期使用可预防肾小球硬化。若 NS 缓解后高脂血症自行缓解则不必使用调脂药。

(五) 抗凝治疗

NS 患者由于凝血因子的改变及激素的使用,常处于高凝状态,有较高血栓并发症的发生率,尤其是在人血白蛋白<20g/L 时,更易合并静脉血栓的形成。因此,有学者建议当人血白蛋白<20g/L 时应常规使用抗凝剂,可使用普通肝素或低分子肝素,维持凝血酶原时间在正常的 2 倍。此外,也可使用口服抗血小板药如双嘧达莫、阿司匹林。至于 NS 患者是否需要长期使用抗凝剂尚需更多临床资料证实。已发生血栓形成或血管栓塞者应尽快溶栓(6 小时内效果最佳,3 天内仍可能有效),可给予尿激酶或链激酶静脉滴注,同时辅以抗凝治疗半年以上。治疗期间应密切观察患者的出、凝血情况,避免药物过量而致出血。

(六) 各种病理类型原发性 NS 的治疗

1. 微小病变型肾病　大多数对糖皮质激素治疗反应较好,儿童缓解率90%,成年人缓解率80% 左右,但易复发,应避免过度劳累、感染等诱发因素。

(1) 糖皮质激素:临床常用泼尼松或泼尼松龙 $1mg/(kg \cdot d)$,连用 8 周,然后缓慢减量(每 $1 \sim 2$ 周减原用量的 10%),减至 $0.4 \sim 0.5mg/kg$ 时,改为隔日顿服。激素依赖或大剂量激素治疗12 周仍不缓解者,应加用细胞毒药物。

对于常复发患者,建议使用泼尼松 $1mg/(kg \cdot d)$,连用 8 周。然后缓慢减量(每 $1 \sim 2$ 周减原用量的 10%),减至 $0.4 \sim 0.5mg/kg$ 时,改为隔日顿服,连用 6 个月。然后继续减量至维持量连续使用 12 个月。按此方法可显著减少 NS 的复发率。

(2) 细胞毒药物:适用于激素依赖或激素抵抗的 NS。在小剂量激素的基础上可加用 CTX $[2mg/(kg \cdot d)]$,总量为 $6 \sim 8g$ 或 CsA$[3 \sim 5mg/(kg \cdot d)]$,连用 6 个月]。也可使用 MMF 治疗激素依赖或无效的 NS 患者,初步疗效尚可。

2. 系膜增生性肾炎

(1) 病变较轻,系膜细胞增生较少、无广泛 IgM 和 C3 沉积者,可按微小病变型肾病激素治疗方案进行,但疗程需适当延长。

(2) 病变较重,系膜细胞增生显著,激素依赖或无效者,激素治疗反应较差,需加用细胞毒药物。约 60% 的患者使用细胞毒药物后可减少复发。

(3) 合并高血压者应积极控制血压,首选 ACEI 或 ARB 类降压药。

3. 局灶节段性肾小球硬化
FSGS 肾病综合征患者经泼尼松或泼尼松龙治疗后的缓解率仅为 20%。CTX 或交替使用苯丁酸氮芥治疗激素抵抗的 FSGS 可再增加 20% 的缓解率。

(1) 糖皮质激素:一般认为,应使用泼尼松 $1mg/(kg \cdot d)$,疗程 $8 \sim 12$ 周,然后逐渐减量至 $0.5mg/(kg \cdot d)$,隔日顿服,维持 $6 \sim 12$ 个月。激素的疗效应在使用激素治疗 6 个月以上才能确定。临床观察结果表明,激素治疗效果好者,预后较好。

(2) 细胞毒药物:为了减少激素长期治疗的副作用,有学者建议将激素和细胞毒药物交替使用,即糖皮质激素和 CTX(或苯丁酸氮芥)交替使用 6 个月以上,疗效较好。激素和烷化剂治疗效果欠佳者可试用 CsA,维持血药浓度在 $100 \sim 200ng/ml$,但停药后易复发。此外,应注意 CsA 的肝、肾毒性。有学者在一项随机研究中观察到,用 CTX 剂量为 $2.5mg/(kg \cdot d)$ 治疗 8 周与用 CsA $5mg/(kg \cdot d)$ 治疗 6 个月的效果相似,2/3 的患者尿蛋白减少,但长期观察发现,CTX 治疗组肾功能较为稳定。

4. 膜性肾病
经 8 周疗程激素治疗后,约 50% 的膜性肾病患者可完全或部分缓解。10 年发展成慢性肾衰竭的患者约为 20% ~ 30%。已有的研究表明,大剂量激素既不能使本病蛋白尿明显减少,也不能保护肾功能,因而多数学者认为不宜单独使用,而应与细胞毒药物环磷酰胺或苯丁酸氮芥联合使用,可显著提高治疗效果,减少副作用。也有学者应用 CsA 取得较好的疗效。

膜性肾病血栓栓塞并发症发生率较高。因此,在治疗肾病综合征的同时,应加强抗凝治疗,可用双嘧达莫、阿司匹林口服或其他抗凝药(药物用量同上)。

5. 系膜毛细血管性肾小球肾炎
肾功能正常、无大量蛋白尿者,无需治疗。但应密切随访,每 3 ~ 4 个月监测肾功能、尿蛋白及血压。儿童患者蛋白尿明显和(或)肾功能受损者,可试用糖皮质激素(泼尼松 $40mg/m^2$,隔日顿服 6 ~ 12 个月)治疗,无效则停用。成人有肾功能损害和蛋白尿者,推荐使用阿司匹林、双嘧达莫或两者合用,疗程 12 个月,无效则停用。

【预后】　影响 NS 预后的因素主要有:①病理类型:微小病变型肾病和轻度系膜增生性肾小球肾炎预后较好,系膜毛细血管性肾炎、FSGS 及重度系膜增生性肾小球肾炎预后较差。早期膜性肾病也有一定的缓解率,晚期则难以缓解;②临床表现:大量蛋白尿、严重高血压及肾功能损害者预后较差;③激素治疗效果:激素敏感者预后相对较好,激素抵抗者预后较差;④并发症:反复感染导致 NS 经常复发者预后差。

第六节　无症状蛋白尿和(或)血尿

无症状蛋白尿和(或)血尿(asymptomatic proteinuria with or without hematuria),是指轻至中度蛋白尿和(或)血尿,不伴水肿、高血压和肾功能损害。可见于多种原发性肾小球疾病,如肾小球轻微病变、轻度系膜增生性肾炎、局灶增生性肾炎和 IgA 肾病等。

【临床表现】　临床多无症状,常因发作性肉眼血尿或体检提示镜下血尿而发现,无水肿、高血压和肾功能损害;部分患者可于高热或剧烈运动后出现一过性血尿,短时间内消失。反复发作的单纯性血尿,尤其是和上呼吸道感染密切相关者应注意 IgA 肾病的可能。

【实验室检查】　尿液分析可有镜下血尿和(或)蛋白尿(尿蛋白>0.5g/24h,但常<2.0g/24h,

以白蛋白为主);免疫学检查抗核抗体、抗双链 DNA 抗体、免疫球蛋白、补体等均正常。部分 IgA 肾病患者可有血 IgA 水平的升高;肾功能及影像学检查如 B 型超声波、静脉肾盂造影、CT 或 MRI 等常无异常发现。

肾活检对于无症状血尿和(或)蛋白尿的诊断非常重要。但仍有 5% ~ 15% 的患者肾活检后不能确诊。因此,对于此类患者,不必一定行肾活检。但若出现血尿、蛋白尿加重和(或)肾功能恶化,应尽快做肾活检明确诊断。

【诊断及鉴别诊断】 无症状血尿和(或)蛋白尿临床上无特殊症状,易被忽略,故应加强临床随访。此外,尚需排除生理性蛋白尿和继发性肾小球肾炎(如狼疮性肾炎、过敏性紫癜性肾炎等)的可能。本病应与以下疾病鉴别:

1. **假性蛋白尿** 如结石、肿瘤等大量血尿所造成的假性蛋白尿。常可根据病史及影像学检查鉴别。

2. **假性血尿** 如月经血、尿道周围炎症、食物或药物的影响等,同时注意排除血红蛋白尿、肌红蛋白尿等。

3. **继发性肾小球肾炎** 如系统性红斑狼疮性肾炎、过敏性紫癜性肾炎等,可根据临床表现及特殊的实验室检查进行鉴别。

4. **生理性蛋白尿** 多有明确的诱因如剧烈运动、寒冷、发热等,为一过性蛋白尿,蛋白尿较轻,诱因去除后蛋白尿消失。直立性蛋白尿多见于青少年,直立时出现,卧床后消失。

【治疗】 无症状蛋白尿和(或)血尿的患者应进行定期的临床观察和追踪,监测尿沉渣、尿蛋白、肾功能和血压的变化。在未明确病因之前无特异的治疗方法,应避免加重肾损害的因素。由于患者蛋白尿较轻,不必使用激素和细胞毒药物,也不必使用过多的中草药,以免用药不慎反致肾功能损害。

本病可长期迁延或间歇性发作,少数患者可自愈。大多数患者肾功能长期稳定,少数患者可有蛋白尿加重,出现肾功能损害,转变成慢性肾小球肾炎。

第七节 IgA 肾病

要点:
1. IgA 肾病的定义及病理特点,是临床最常见的原发性肾小球肾炎;
2. IgA 肾病的治疗原则及不同方案的效果;
3. 重视感染在 IgA 肾病发病及复发中的作用,并加以避免。

IgA 肾病(IgA nephropathy)又称为 Berger 病,是我国肾小球源性血尿最常见的病因,以反复发作性的肉眼血尿或镜下血尿,肾小球系膜区 IgA 沉积或以 IgA 沉积为主要特征的原发性肾小球病。IgA 肾病的发病有明显的地域差别,是亚太地区(中国、日本、新加坡和澳大利亚)最常见的原发性肾小球肾炎,占原发性肾小球病的 30% ~ 40% ,欧洲占 20% ,北美洲占 10% 。IgA 肾病可发生于任何年龄,但以 20 ~ 30 岁男性为多见。

【病因和发病机制】 IgA 肾病的发病机制目前尚不完全清楚。由于 IgA 肾病免疫荧光检查以 IgA 和 C3 在系膜区的沉积为主,提示本病可能是由于循环中的免疫复合物在肾脏内沉积,激活补体而致肾损害。近年来的研究发现,IgA 肾病的病因不仅是 IgA 量的异常,而且可能还与其分子结构本身的异常有关。无论是在血清、扁桃体淋巴组织以及肾小球系膜区都存在 O-糖基半乳糖(GM)缺陷的异常糖基化 IgA1 分子,此种半乳糖缺陷的 IgA1 不能被脱唾液酸糖蛋白受体识别,从而肝细胞无法将其清除。同时,循环中半乳糖缺陷的 IgA1 多以免疫复合物的形式存在,体积较大,但能顺利地通过肾小球毛细血管内皮窗,继而沉积于肾小球系膜区,刺激系膜细胞增殖、分泌系膜基质、细胞因子等而致肾小球炎症反应。

【病理】　IgA 肾病的主要病理特点是肾小球系膜细胞增生和系膜外基质增多,肾小球系膜区单纯 IgA 或以 IgA 为主的免疫球蛋白沉积,呈块状或颗粒状分布;病变轻重不一,可表现为局灶或弥漫系膜细胞增生,部分患者肾活检时已发展至肾小球硬化。IgA 肾病可伴新月体形成,甚至新月体肾炎,晚期表现为广泛的肾小球硬化、肾小管萎缩和间质纤维化。免疫荧光可见系膜区 IgA 为主的颗粒样或团块样沉积,病变较重者可伴 IgA 沿血管壁分布,常伴 C3 的沉积,但 C1q 较少见。部分患者有 IgM、IgG 的沉积,但强度较弱。电镜下可见系膜区电子致密物呈团块状沉积。

【临床表现】　IgA 肾病好发于儿童和青少年,男性多见。多数患者起病前数小时或数日内有上呼吸道或消化道感染等前驱症状,主要表现为发作性的肉眼血尿或镜下血尿,可持续数小时或数日,肉眼血尿常为无痛性,可伴少量蛋白尿。部分患者起病隐匿,表现为无症状性血尿和(或)蛋白尿,往往体检时才发现。

部分患者表现为肾病综合征(尿蛋白>3.5g/24h)、严重高血压及肾功能损害。以肾病综合征为表现的患者,可能伴有广泛的增生性病变。重症 IgA 肾病可导致肾功能损害或肾衰竭。部分患者在首次就诊时,肾功能就已达终末期肾衰竭。

全身症状轻重不一,可表现为全身不适、乏力和肌肉疼痛等。IgA 肾病早期高血压并不常见,随着病情进展而增多,少数患者可发生恶性高血压。女性 IgA 肾病患者通常可耐受妊娠,但若合并持续的重度高血压、肾小球滤过率<70ml/min 或病理结果显示合并严重的肾血管或间质病变者,则不宜妊娠。

【实验室检查】　尿液检查可表现为镜下血尿或肉眼血尿,以畸形红细胞为主;约60%的患者伴有少量蛋白尿(尿蛋白常<1.0g/24h),部分患者可表现为肾病综合征。

30%～50%患者伴有血 IgA 增高,以多聚体 IgA 为主,但这种现象并不仅出现在 IgA 肾病。有学者提出可检查血中 IgA-纤维连接素和多聚 IgA,但其临床意义还有待于进一步确定。约50%的患者皮肤活检毛细血管内有 IgA、C3、裂解素和纤维蛋白原沉积。

【诊断和鉴别诊断】　年轻患者出现镜下血尿和(或)蛋白尿,尤其是与上呼吸道感染有关的血尿,临床上应考虑 IgA 肾病的可能。本病的确诊有赖于肾活检免疫病理检查。IgA 肾病主要应与下列疾病相鉴别:

1. **急性链球菌感染后肾炎**　此病潜伏期较长(7～21 天),有自愈倾向。IgA 肾病潜伏期短,反复发作,结合实验室检查(如血 IgA 水平增高、血 C3 水平的动态变化、ASO 阳性),尤其是肾活检可资鉴别。

2. **非 IgA 系膜增生性肾炎**　与 IgA 肾病极为相似,确诊有赖于肾活检。

3. **其他继发性系膜 IgA 沉积**　如紫癜性肾炎、慢性肝病相关肾病等,相应的病史及实验室检查可资鉴别。

4. **薄基底膜肾病**　临床表现为持续性镜下血尿,多有阳性家族史,肾活检免疫荧光检查 IgA 阴性,电镜可见肾小球基底膜弥漫变薄。

5. **泌尿系感染**　伴有发热、腰痛和尿中红、白细胞增多的 IgA 肾病患者,易误诊为尿路感染,但反复中段尿细菌培养阴性,抗生素治疗无效。

【治疗】　本病的预后差异较大,治疗需根据病理改变和临床表现制订个体化方案。以血尿为主要表现的 IgA 肾病,目前尚无有效的治疗方法。

(一)急性期的治疗

1. 有上呼吸道感染者应选用无肾毒性的抗生素控制上呼吸道感染,如青霉素80万单位,肌内注射,2 次/天;或口服红霉素、头孢菌素等。

2. 若肾活检提示为细胞性新月体肾炎,应及时给予大剂量激素和细胞毒药物强化治疗(详见本章第三节"急进性肾小球肾炎"的治疗)。

(二) 慢性期的治疗

1. **感染的预防及治疗**　反复上呼吸道感染后发作性肉眼血尿或镜下血尿者,控制急性感染后,可考虑扁桃体摘除,手术前后需使用抗生素。

2. **单纯性血尿**　预后较好,无需特殊治疗,但需定期密切观察。避免过度劳累、感染和使用肾毒性药物等。

3. **肾病综合征**　病理改变较轻者,可选用激素或联合应用细胞毒药物(详细治疗见本章第五节"肾病综合征"),常可获较好疗效;如病理改变较重,疗效常较差,尤其是大量蛋白尿难于控制者,肾脏病变呈持续进展,预后差。

4. **高血压**　控制血压可减轻肾脏的继发损害。已有临床研究表明,ACEI 或 ARB 可减少IgA 肾病患者的蛋白尿,延缓肾衰竭的进展。

5. **慢性肾衰竭**　参见慢性肾衰竭章节。

6. **饮食治疗**　如 IgA 肾病患者的诱因同某些食品引起的黏膜免疫反应有关,则应避免这些食物的摄入。有学者认为富含 ω-3 多聚不饱和脂肪酸的鱼油对 IgA 肾病有益,尤其尿蛋白量较大的患者,但其确切疗效还有待进一步的大规模多中心临床研究证实。

【预后】　既往认为 IgA 肾病预后良好,但随后的研究发现,每年有1%~2%的患者进入终末期肾衰竭。

提示疾病预后不良的指标有:持续高血压及蛋白尿(特别是蛋白尿>1g/24h)、血尿、肾功能损害和肾病综合征。此外,肾活检病理表现为肾小球硬化、间质纤维化和肾小管萎缩,或伴大量新月体形成时,提示预后欠佳。最新的研究提示血管紧张素转换酶(ACE)的基因多态性可能与疾病的预后有关,具有 DD 相同等位基因的患者,预后不佳。

(余学清)

推荐阅读文献

1. Bosch X,Guilabert A,Espinosa G,et al. Treatment of antineutrophil cytoplasmic antibody associated vasculitis:a systematic review. JAMA,2007,298(6):655-669

2. Ernst ME,Moser M. Use of diuretics in patients with hypertension. N Engl J Med,2009,361(22):2153-2164

3. Lai KN. Membranous nephropathy:when and how to treat. Kidney Int,2007,71(9):841-843

第三章　继发性肾小球疾病

> **要点：**
> 1. 多种因素可以导致继发性肾小球疾病,包括代谢、免疫、感染和肿瘤等因素。在诊断原发性肾小球疾病前,必须先排除继发性因素。
> 2. 糖尿病肾病是糖尿病主要的微血管并发症之一,也是导致终末期肾病的重要病因。糖尿病肾病起病隐匿,微量白蛋白尿是糖尿病肾损害的早期表现,及时有效治疗可有效阻止病情进展。一旦进入临床蛋白尿期,病情将不可逆,最终发展至终末期肾病。
> 3. 狼疮性肾炎是系统性红斑狼疮常见且严重的并发症,免疫复合物介导的免疫损伤是其主要发病机制,肾脏免疫荧光常显"满堂亮"。狼疮性肾炎需按病理分型来制订治疗方案,包括诱导期治疗和维持期治疗。

继发性肾小球疾病(secondary glomerular disease)指肾脏尤其肾小球作为靶器官受损,病变继发于其他脏器或系统性疾病,是其他脏器或全身性疾病临床表现的一部分,因此诊断肾小球疾病时,要首先明确或除外有无继发性病因。根据发病机制,继发性肾小球疾病可分为免疫介导性、代谢性、血流动力学异常、中毒性、异常蛋白沉积、感染和遗传性疾病等。

继发性肾小球疾病的治疗与预后,因其原发病不同而不同。随着我国糖尿病、高血压病等疾病发病率显著升高,继发性肾小球疾病的发病率也有明显升高。本章就部分继发性肾小球疾病的诊治和相关内容做简要介绍。

第一节　代谢性疾病引起的肾小球疾病

代谢性疾病引起的肾小球疾病主要指糖尿病肾病,其他尚有高尿酸肾损害、脂蛋白肾病、Fabry病等。本节主要讨论糖尿病肾病。

糖尿病肾病是糖尿病最严重的并发症之一,也是糖尿病患者重要的死亡原因。由于大多数糖尿病肾病患者均为临床诊断,因此,国际相关组织和指南建议使用糖尿病肾脏疾病(diabetic kidney disease,DKD),而既往常用的糖尿病肾病(diabetic nephropathy,DN)则特指为经过肾活检证实的由糖尿病引起的肾小球疾病。1型和2型糖尿病的肾脏受累率约为40%。在欧美国家和日本,DKD占终末期肾病(ESRD)病因的30%~50%,是ESRD的首位病因。随着我国糖尿病发病率不断升高,DKD逐渐成为我国ESRD的主要病因之一,占ESRD病因的15%~22%。DKD早期表现为肾小球内高压力、高灌注和高滤过,进而出现肾小球毛细血管袢基底膜增厚和系膜基质增多,最后发生肾小球硬化(glomerular sclerosis);临床上早期表现为肾小球滤过率(glomerular filtration rate,GFR)升高,随后出现微量白蛋白尿,一旦出现显性蛋白尿,病情多持续进展,最终发展为终末期肾衰竭。在糖尿病早期,严格控制血糖、控制高血压、纠正肾小球内高压,改善血脂水平可延缓或阻止DKD的发生和进展。DKD发展至慢性肾衰竭,预后明显较其他病因所致者差,因此需要更早开始替代治疗,改善整体预后。

【发病机制】　高血糖是 DN 发生发展的关键因素;而高血压和其他代谢紊乱如高脂血症等,则是重要的加重因素,均应受到重视。近年慢性炎症和胰岛素抵抗的作用也引起了学者的注意。

（一）高血糖及相关的糖代谢紊乱

高浓度葡萄糖直接作用于肾小球系膜细胞和血管平滑肌细胞,通过氧自由基等作用使细胞骨架破坏,并使血管对缩血管活性物质的反应性降低,肾小球入球小动脉扩张,引起肾小球内高压。

高血糖持续存在时,葡萄糖可与氨基酸及蛋白质发生非酶糖基化反应,生成不可逆的晚期糖基化终末产物(advanced glycosylation end-products, AGEs)。DN 患者血清和肾组织中 AGEs 含量增高,而 AGEs 使肾小球发生一系列功能和形态改变。如基底膜和系膜中胶原等成分生成 AGEs 后不易被降解,使基底膜增厚和系膜基质堆积。AGEs 尚可引起血管内皮细胞功能障碍、一氧化氮合成减少等。

高血糖时肾脏、晶状体和视网膜等组织对葡萄糖的摄取不依赖胰岛素,使组织内葡萄糖含量不断升高,过高的葡萄糖在醛糖还原酶作用下生成山梨醇,后者很少被代谢,从而引起细胞内高渗,导致细胞功能障碍。

高血糖还可通过促使甘油二酯生成增多而激活蛋白激酶 C,后者使纤维连接蛋白、IV 型胶原等细胞外基质合成增多。高血糖尚可激活己糖胺通路,促使蛋白质发生糖基化,影响 TGF-β 和纤溶酶原激活物抑制物 1(PAI-1)的表达,而 TGF-β 水平升高可通过环磷酸腺苷途径促进细胞外基质的合成。

（二）血流动力学改变

糖尿病一旦起病,即可出现肾小球内高压、高灌注和高滤过现象,这主要是由于肾小球入球小动脉扩张所致。其机制尚不完全清楚,至少部分与高血糖有关,肾素-血管紧张素系统(RAS)激活、前列腺素族、心房肽、一氧化氮和胰岛素样生长因子与胰高糖素等也可能参与其中。在糖尿病早期,尿糖升高导致肾小管重吸收葡萄糖增多,并伴有钠的重吸收增多,造成球管反馈失衡,引起钠水潴留和高血压;作为代偿反应,心肌细胞合成心房肽增多,引起入球小动脉扩张和利尿。在糖尿病大鼠实验中发现,理想控制血糖可以纠正糖尿病早期的肾小球内高压和高滤过。肾小球滤过率升高(>125ml/min)是发生 DKD 的重要预测指标。

糖尿病尤其是 2 型糖尿病常合并存在高血压,在 DKD 发病中起重要作用。DKD 时蛋白尿主要为肾小球性,与基底膜负电荷丢失和结构改变、肾小球内高压及血管紧张素 II 等的作用有关。早期主要为滤过膜负电荷屏障异常引起白蛋白滤过增多,表现为微量白蛋白尿和高度选择性蛋白尿;随病情发展,滤过膜结构可发生明显改变,则出现非选择性蛋白尿。

（三）遗传和环境因素

DKD 的发病有遗传因素参与,有家族聚集性。许多横断面研究都发现了同胞兄妹中糖尿病肾病相继发生的现象,而且这种相关性独立于血糖因素。有研究提示 DKD 的发生可能与血管紧张素转换酶的基因多态性有关,双缺失基因型者易患 DKD。此外,血管紧张素原和血管紧张素 II 受体基因多态性也与 DKD 的发生发展有关。环境或后天因素包括肥胖、高血压、高脂血症、吸烟、男性等,也在疾病的发生和发展过程中起重要作用。

【病理】　通过病理证实的 DKD 则称为 DN。在糖尿病早期,肾脏体积增大,如血糖控制正常,肾脏体积常可恢复正常。

1. 肾小球病变　是 DN 的主要病理改变。早期为基底膜增厚和系膜基质增多,晚期则为硬化性改变,不伴明显细胞增生。包括弥漫性肾小球硬化和结节性肾小球硬化,前者常见但无特异性;后者少见却是 DN 较为特异性的病变,又称 K-W 结节(Kimmelsteil-Wilson nodules),但并非

DN 特有。沉积的基质呈嗜伊红和 PAS 染色阳性。在肾小球硬化的同时尚可见渗出性病变,一些透明样物质沉积在毛细血管袢,称为"纤维素帽(brin cap)",沉积在肾小囊内侧称"肾小囊滴(capsular drop)",这种渗出性病变并非 DN 特有。由于基底膜增厚和系膜基质增多的压迫作用,毛细血管袢可以出现闭塞。

2. 肾小管-间质病变　肾小管基底膜增厚和间质增多在糖尿病早期即可出现,晚期可见肾小管萎缩和间质纤维化。这些病变无特异性,但在肾功能减退中有重要作用,对判断预后有指导作用。

3. 血管病变　常见肾小球入球和出球小动脉管壁透明样物质沉积即玻璃样变,二者同时出现是 DN 较为特征性的变化,有别于高血压肾病时常常仅见入球小动脉的玻璃样变。另外,免疫病理学检查可见少量 IgG(主要是 IgG4)及白蛋白沿肾小球基底膜的沉积,这是由于血管通透性增加导致的被动沉积,并非真正的免疫复合物沉积,因此并无致病作用,这种现象在 1 型糖尿病肾病中较常见。

【临床表现】　DN 多起病隐匿,进展缓慢。临床上根据尿液检查、肾功能及病理改变,按1989 年 Mogensen 提出的标准,将 1 型糖尿病肾病分为五期。

1 期:肾小球滤过率(GFR)升高 25% ~ 45%,肾脏体积增大。尿白蛋白排泄率(urine albumin excretion rate,UAER)和血压正常。上述改变在糖尿病确诊时即可存在,为可逆性,如血糖严格控制则可恢复。

2 期:GFR 仍升高,UAER 和血压也正常,但病理上出现肾小球基底膜增厚和系膜基质增多。

3 期:又称微量白蛋白尿期或隐性 DN 期。此期,患者出现微量白蛋白尿,表现为 UAER 为30 ~ 300mg/24h、或 4 小时尿或夜间 UAER 为 20 ~ 200μg/min,或随意尿白蛋白(μg)/肌酐(mg)比(albumin creatinine rate,ACR)30 ~ 300μg/mg;6 个月内不同时间测定 3 次,其中至少 2 次达上述标准方能诊断。患者血压多在正常范围但有升高趋势,部分患者血压昼夜节律发生改变。GFR 仍轻度升高或在正常范围。糖尿病起病后 6 ~ 15 年进入该期。

4 期:又称显性蛋白尿期或显性 DN 期。尿蛋白量明显增多,UAER>300mg/24h 并可出现大量蛋白尿。大多数患者出现高血压。GFR 逐渐下降,一般每年下降约 10ml/min。糖尿病起病后10 ~ 15 年进入该期。

5 期:终末期肾病期。尽管肾衰竭,尿蛋白常无明显减少,高血压常见。

其中 1、2 期为临床前期,不属于临床诊断。传统概念认为,出现微量白蛋白尿是诊断 DN 的标志。因此,也有学者将上述 1 ~ 3 期划分为临床早期,4 期为中期,5 期为晚期。

2 型糖尿病肾病的临床表现与 1 型相似,但起病更隐匿,高血压常见且发生早,故就诊时常已存在微量白蛋白尿甚至显性蛋白尿,部分患者已有 GFR 下降。由于高血压为胰岛素抵抗的临床表现之一,因此在 2 型糖尿病早期高血压可能并非肾脏病变所致,并在 DKD 发生发展中起重要作用。

糖尿病肾病时肾小管间质损害并不少见,可表现为高钾血症和Ⅳ型肾小管酸中毒。

糖尿病时肾脏损害除典型的 DKD 外,尚可合并有其他病变:①原发性肾小球病变,几乎所有病理类型的原发性肾小球疾病都可见于糖尿病患者,且以膜性肾病最多。②肾乳头坏死,4.4% 糖尿病患者尸检时有肾乳头坏死的证据,而临床上 50% 肾乳头坏死病例存在糖尿病,在糖尿病病程长、反复发生尿路感染和女性患者中易发生。临床上可无症状,也可表现为反复尿路感染和(或)肾绞痛,镜下血尿和中度蛋白尿常见,静脉肾盂造影有助于确诊。③肾血管病变,近50% 患者发生肾动脉及其分支动脉粥样硬化和狭窄。④急性肾盂肾炎,糖尿病时发病率升高,且较难治愈或易复发,易引起肾周围脓肿和败血症。⑤肾结核,糖尿病时发病率显著升高,治疗反应较差。⑥药物肾毒性,糖尿病是药物肾毒性的重要危险因素,糖尿病患者对多种药物的肾毒性作用易感性增加,尤其是造影剂、非甾体抗炎药和氨基糖苷类抗生素等。临床上应尽量避免应用这些药物,如需要应用时,注意纠正其他危险因素如血容量不足等,避免同时应用数种肾毒性药物,并注意药物剂量的调整、充分水化等。

【诊断和鉴别诊断】　对于确诊的糖尿病患者,均应密切随访尿蛋白尤其是尿微量白蛋白、肾功能和血压等。病程中逐渐出现微量白蛋白尿、蛋白尿和肾功能减退等,DKD 的诊断并不困难。但对于糖尿病早期或糖尿病和肾脏病变同时发现时,诊断 DKD 需结合糖尿病的其他一些临床特点:如 DKD 通常合并糖尿病的其他脏器损害,如糖尿病增殖性视网膜病变和外周神经病变等;DKD 的尿检异常通常为单纯蛋白尿、不伴血尿,虽进入肾衰竭期但尿蛋白量无明显减少,肾脏体积增大或缩小程度与肾功能状态不平行。

鉴别诊断:原发性肾小球疾病常有一些特征性改变,如明显的血尿;高血压肾损害者肾小动脉硬化主要累及入球小动脉,且常已有眼底动脉硬化及左心室肥大;肾淀粉样变性和轻链沉积肾病虽可见肾小球系膜区结节性硬化,但刚果红染色阳性,且有其他特征性表现。另外,原发性肾小球疾病和高血压可与糖尿病同时存在,且在发病上无联系。在糖尿病病程中突然发生肾功能减退,应首先排除其他原因引起的肾功能减退,尤其对于糖尿病早期、尿蛋白 $<1g/24h$ 者。因此,当糖尿病患者存在以下情况时:明显镜下血尿或肾炎性尿沉渣、有明显蛋白尿但无视网膜病变、短期内尿蛋白明显增加或肾功能减退、24 小时尿蛋白量大于 5g、既往曾经有非糖尿病肾病史,应考虑肾穿刺组织病理检查进行鉴别。

糖尿病时血清肌酐常不能准确反映患者肾功能状态,主要原因是营养不良和肌容量减少使肌酐产生量下降,引起血清肌酐上升与 GFR 下降程度不平行,在相同肾损伤程度时,糖尿病肾病患者血清肌酐值较低;而酮体则可使肌酐测定值升高。

在 DKD 肾衰竭时,很多临床表现既可由尿毒症引起,也可由糖尿病的其他并发症引起,应作仔细鉴别。如糖尿病自主神经病变可引起一系列表现,胃轻瘫导致恶心、呕吐;外周神经病变引起四肢感觉异常;直立性低血压等。

【预防和治疗】　关键是早期防治、严格控制血糖和血压,有效纠正其他危险因素。对于病程 5 年以上的 1 型糖尿病肾病和新诊断的 2 型糖尿病肾病患者,均应进行至少每年 1 次的微量白蛋白尿检查。

(一) 改变生活方式

教育患者改变以往的不良生活方式,包括控制体重、糖尿病饮食、戒酒、戒烟和适当运动。生活方式的改变是血糖控制的基础,也是改善各种代谢紊乱的关键。

(二) 控制血糖

严格的血糖控制是预防 DKD 发生、延缓 DKD 进展最重要的手段之一。肾功能正常者 HbA1C<6.2,肾功能异常者及老年患者可放宽至 7%,在肾功能正常时可应用口服降糖药,如血糖控制不满意或有肾功能明显损害,则应用胰岛素治疗,同时注意预防低血糖发生。

(三) 降低肾小球内高压和系统高血压

血管紧张素转换酶抑制剂(ACEI)和血管紧张素 II 受体 1 阻滞剂(ARB)可阻断血管紧张素 II 的作用,使肾小球出、入球小动脉扩张,且出球小动脉扩张更明显,故肾小球内压下降;ACEI 和 ARB 尚可抑制细胞外基质的产生,延缓肾小球纤维化的进展。另外,通过降低肾小球有效滤过压,阻断血管紧张素 II 对系膜细胞的收缩作用、改善肾小球滤过膜通透性等机制,ACEI 和 ARB 尚可显著降低蛋白尿。在 3、4 期 DN 伴或不伴高血压患者中,ACEI 和 ARB 可显著减少蛋白尿,延缓肾功能减退。糖尿病一旦出现微量白蛋白尿,无论是否伴有高血压,均应采用 ACEI 或 ARB 治疗,血压控制靶目标为<130/80mmHg。应根据血压和尿蛋白情况调整剂量,当血压已降至理想范围而尿蛋白仍较高时,可考虑加大剂量或两类药物合用,直至尿蛋白消失或药物最大剂量,但应避免血压下降过多或低血压反应。如单用或两类药合用不能理想控制血压者,可加用其他降压药。用药期间应注意高钾血症和肾功能减退,尤其是存在下述危险因素时,如肾

动脉狭窄尤其是双侧肾动脉狭窄或孤立肾动脉狭窄、有效血容量不足包括长期或大量应用利尿药。

（四）限制饮食中蛋白质摄入

限制饮食中蛋白质摄入可降低肾小球高滤过，延缓 DN 进展，这一作用与血糖和系统血压的控制无关。摄入的蛋白质应为高生物效价的动物蛋白（优质蛋白）为主。早期蛋白质摄入量控制在 0.8 ~ 1.0g/kg，对于已经出现肾衰竭的患者则控制蛋白质摄入量 0.6 ~ 0.8g/kg 体重较为合适。

（五）其他相关因素的控制

包括低盐饮食，治疗高脂血症等。伴随血压升高的患者，钠的摄入应控制在每天 2 ~ 6g 以内。当患者 LDL > 338mmol/L，TG > 2.26mmol/L 时应开始降脂治疗。治疗目标为 LDL < 2.60mmol/L，TG<1.70mmol/L。

（六）终末期糖尿病肾病的治疗

由于 DKD 患者的心血管并发症多见，尿毒症症状出现较早，故应适当提早开始透析治疗。一般透析指征为肾小球滤过率（GFR）在 $15ml/(min \cdot 1.73m^2)$ 以下，伴有明显胃肠道症状、高血压和心力衰竭不易控制者可适当提前。对 DKD 引起的慢性肾衰竭，血液透析和腹膜透析的长期生存率相似，但明显低于非 DKD 引起者，主要死亡原因为心血管并发症。两种方法比较，血液透析较有利于血糖和血脂的控制，但不利于心力衰竭、高血压等心血管并发症控制，且常因血管病变而致难以建立有效血管通路；而腹膜透析时控制血糖相对困难。故伴心力衰竭、脑血管意外时可选择腹膜透析；而血糖较难控制时可选择血液透析。肾移植后血糖的控制常较困难，可进行肾-胰联合移植。

【预后】　DKD 预后不良，一旦病理上出现肾小球基底膜增厚和系膜增殖或临床上出现显性蛋白尿，则病情多将进行性恶化，直至肾衰竭。血糖和血压控制情况是影响病情进展的重要因素。

第二节　免疫介导的继发性肾小球疾病

是一组临床常见的继发性肾小球疾病，以系统性红斑狼疮性肾炎最为常见，血管炎肾损害近年来也渐多见，其他尚有干燥综合征肾损害、紫癜性肾炎等。

一、狼疮性肾炎

狼疮性肾炎（lupus nephritis，LN）是系统性红斑狼疮（SLE）最常见和严重的靶器官损害。肾损害的临床表现主要有血尿和（或）蛋白尿；肾脏病理改变具有多样性，且有自发或治疗后发生病理类型转变的特点；急性或慢性肾衰竭；糖皮质激素和免疫抑制剂治疗疗效常较好，但部分患者长期预后不良。SLE 肾活检的肾受累率几乎为100%，临床有肾损害表现者占45% ~ 85%。

【发病机制】　SLE 的发病机制尚未完全清楚，可能包括遗传、环境、病毒感染以及多种因素之间的相互作用所致。肾脏损伤的机制主要与自身抗原-抗体复合物在肾小球、肾小管间质和小血管的沉积有关，属免疫复合物型肾小球肾炎。可为循环免疫复合物或原位免疫复合物沉积。少数患者存在抗磷脂抗体，引起血管内皮细胞和血小板功能障碍，导致血栓性微血管病变，加重肾损害。

【病理】

（一）肾小球病变

为 LN 最为常见而重要的病变。基本病变包括：①细胞增殖：主要为系膜细胞及内皮细胞增殖，可有新月体形成。②免疫复合物沉积：可广泛沉积于系膜区、基底膜内、上皮下和内皮下。

以 IgG 沉积为主,常伴 IgM、IgA、C3、C4 和 C1q 沉积,多种免疫复合物在多部位沉积的现象称"满堂亮"现象,为其特征性表现。大量免疫复合物如沉积在内皮下使毛细血管壁增厚,称"白金耳环"现象;如沉积在毛细血管腔,则形成透明血栓。③毛细血管袢纤维素样坏死:可见苏木素小体,为坏死的细胞核。④炎性细胞浸润:主要为单核-巨噬细胞和 T 淋巴细胞。国际肾脏病学会/肾脏病理学会 2003 年将 LN 分为 6 型:Ⅰ型,轻系膜性 LN。光镜下肾小球正常,免疫病理或电镜可见系膜区免疫沉积物;Ⅱ型,系膜增生性 LN。单纯不同程度的系膜细胞增生或基质增多,伴系膜区免疫沉积;Ⅲ型,局灶性 LN。50% 以下肾小球呈现节段或球性毛细血管内或毛细血管外肾小球肾炎,伴有系膜增生;Ⅳ型,弥漫性 LN。50% 以上肾小球呈现节段或球性毛细血管内或毛细血管外肾小球肾炎,包括血管袢坏死和系膜增生,系膜区、内皮下和上皮下免疫复合物沉积;Ⅴ型,膜性 LN。肾小球基底膜弥漫性增厚,可见球性或节段性上皮下免疫复合物沉积;可同时伴有增生型病变;Ⅵ型,晚期硬化性 LN,90% 以上肾小球球性硬化。

(二) 肾小管-间质病变

可见于 50% 以上的 LN,尤其是Ⅵ型 LN。表现为肾小管和间质的炎性细胞浸润;肾小管萎缩和间质纤维化。免疫复合物在肾小管基底膜下呈颗粒样沉积。

(三) 肾内小血管病变

表现为免疫复合物沉积在血管壁、透明样血栓、非炎症性坏死和血管炎。

病理表现是 LN 判断预后和指导治疗的主要依据。反映病情活动的指标为:严重的系膜和内皮细胞增生;核碎裂或坏死;大量内皮下免疫复合物沉积(白金耳环样改变);透明血栓形成;肾小球基底膜断裂;白细胞浸润;间质炎症细胞浸润;细胞性或细胞纤维性新月体;毛细血管袢纤维素样坏死。其中后两者更为重要。反映慢性病变的指标为:肾小球硬化、纤维性新月体、肾小管萎缩和间质纤维化。

【临床表现】   病程迁延,病情反复是其特点。临床表现包括肾外或全身表现和肾病本身情况。肾病临床表现与病理分型有关,Ⅰ型 LN 常无明显肾脏受累的临床表现。Ⅱ型 LN 多表现为镜下血尿和轻、中度蛋白尿。Ⅲ型 LN 除有血尿外,也可有肾病综合征,甚至有肾功能损害,可伴有高血压。Ⅳ型 LN 约 50% 有肾病综合征和肾功能损害,血尿明显,高血压多见。Ⅴ型 LN 则主要表现为肾病综合征,肾功能损害少见。Ⅳ型及Ⅲ型 LN,常有明显的血补体下降和抗 ds-DNA 抗体升高,是 SLE 较活动的表现之一。肾小管-间质损害多见,偶尔出现在肾小球损害之前或比肾小球病变的表现更为明显,如肾小管酸中毒、多尿、低钾血症或高钾血症等。LN 晚期常出现慢性肾衰竭。LN 在病程中可出现肾功能在短期内急剧恶化,表现为急性肾损伤或急进性肾小球肾炎,可为一些严重的活动性病变引起,如早期积极治疗,肾功能多能恢复至基线水平。

【诊断与鉴别判断】   表现典型、确诊的 SLE 患者伴有肾脏病变时,诊断不困难。但需排除同时合并其他病因引起的尿检异常或肾损害,包括药物、肾盂肾炎等。对于肾外表现不典型、未能确诊的 SLE 患者,出现肾炎或肾病综合征表现时,应与其他自身免疫病引起的肾脏病变及原发性肾小球疾病进行鉴别。此时除依靠特异性的免疫指标和相关临床表现外,肾穿刺活检非常有帮助。

肾穿刺病理检查有助于确诊 LN,并提供病情活动性的证据,指导治疗和判断预后。原则上临床确诊或不能确诊的 LN,均需作肾穿刺或组织病理检查。SLE 肾穿刺指征:病情进展迅速或伴有急性肾损伤;狼疮活动的血清学依据伴尿检异常(红细胞、红细胞和白细胞管型);抗磷脂抗体阳性;根据诊断标准尚不能确诊为 SLE。当起始治疗反应差,或病情较晚难以判断肾脏病变以活动性为主或慢性纤维化病变为主时,需要重复肾穿刺检查,以指导治疗。

LN 的诊断可依据:①特异性的免疫学指标;②多系统损害;③病理学改变,包括 LN 的特征性病变如"白金耳环"和"满堂亮"现象、毛细血管纤维素样坏死等;肾小球增生性病变明显,Ⅴ

型 LN 也常有增生性病变;肾小管-间质和血管受累常较明显。

确诊 LN 后,应根据临床肾脏及肾外表现、免疫学指标和肾脏病理表现评估病情活动性。反映病情活动的肾外表现包括发热、皮疹、关节痛和狼疮脑病等;肾脏相关的临床表现包括明显血尿和红细胞管型、尿蛋白显著增多甚至为大量蛋白尿(尚需排除病理转型,如转型为Ⅴ型狼疮性肾炎)、肾功能急剧恶化(除外肾前性因素和药物因素等);肾脏病理活动性表现;免疫学指标主要是补体下降和抗 ds-DNA 抗体升高。

【治疗】 LN 治疗方案的决定主要根据病情的活动性、累及的脏器、肾脏病理改变和分型等,其中以肾脏病理改变是制订治疗方案的重要依据。LN 的治疗主要分为诱导期和维持期,前者主要尽快控制狼疮活动,如控制大量蛋白尿或肾功能受损等,常应用标准剂量的糖皮质激素和免疫抑制剂,以尽快达到病情缓解,保护肾功能,同时注意避免感染、骨髓抑制、肝损害等并发症;维持期治疗主要是尽可能维持病情的缓解、减少复发、保护肾功能,常用小剂量糖皮质激素或免疫抑制剂维持。在 LN 治疗过程中,及早发现和预防免疫治疗的副作用非常重要,是获得治疗效果,维护病人安全的保障。

(一) Ⅰ型和Ⅱ型 LN

对于尿检正常或改变极轻微、病理为Ⅰ型和Ⅱ型者,可仅作一般处理,以肾外表现的治疗为主。对于Ⅱ型 LN 病情活动有血尿和蛋白尿者,可给予泼尼松。如病情反复,应再次肾穿刺,发现有明显活动性病变时,参考Ⅲ和Ⅳ型 LN 的诱导期治疗方案。

(二) Ⅲ和Ⅳ型 LN

临床表现多有全身病情活动,伴大量蛋白尿甚至肾功能受损。糖皮质激素为基本治疗药物,多需加用其他免疫抑制剂治疗。

1. 诱导治疗

(1) 轻、中度病例:指轻度Ⅲ型 LN 不伴大量蛋白尿、无高血压、肾功能正常的患者。给予泼尼松每日 1mg/kg,持续 6~8 周以上,根据治疗反应和副作用可酌情延长治疗时间。如反应良好,可于 6 个月内逐渐减量至 5~10mg/d。如反应不佳,则可加用环磷酰胺,口服或间断静脉给药的方式(详细方案见后)。

(2) 重度病例:指重度Ⅲ型和Ⅳ型 LN,常需同时联合糖皮质激素(泼尼松,每日 1mg/kg)和其他免疫抑制剂。活动性 LN,出现急性肾衰竭或新月体肾炎的患者可酌情给予甲泼尼龙冲击治疗,每日 0.5~1.0g 静脉滴注,连续 3 天为一疗程,必要时重复 1~2 个两个疗程。与免疫抑制剂联合使用可选择的方案如下:①环磷酰胺:是临床常用的免疫抑制剂,主要有美国 NIH 方案和欧洲方案(ELNT),前者推荐采用 CTX 静脉给药,0.5~1.0g/m²,静脉点滴,每月注射 1 次,共 6 次,以后每 3 个月 1 次;后者建议 CTX 500mg/次,每两周 1 次(总量 3g),然后改用硫唑嘌呤维持;②麦考酚吗乙酯:1.0~2.0g/d,分两次服用,疗程约 1 年,副作用比 CTX 少;③钙调神经磷酸酶抑制剂,尤其伴有大量蛋白尿的Ⅴ型 LN 控制不佳时,环孢素或他克莫司具有一定的优势,而且不需要同时使用大剂量激素。需注意其肝、肾毒性,和血糖升高的副作用。重度 LN 尤其是疾病活动性高且伴有感染的患者,可选用人体丙种球蛋白,因其可封闭自身抗体,且对感染有一定疗效,尤其适用于应用大剂量免疫抑制剂合并严重感染患者。如抗 ds-DNA 抗体滴度很高、伴有严重冷球蛋白血症、血管炎、血小板减少性紫癜、上述药物效果不好或不能耐受大剂量激素和免疫抑制药物治疗时,可加用血浆置换或免疫吸附,其对 LN 的疗效尚需进一步临床研究证实。

2. 维持治疗

如诱导治疗后获得完全缓解,则可转入维持治疗。LN 缓解标准为尿蛋白<0.3g/d、血补体和抗 ds-DNA 抗体正常、无肾外表现或程度很轻。如仅有少量蛋白尿、或血抗 ds-DNA 抗体升高,而无其他狼疮活动的证据,也可认为病情已缓解。根据临床情况难以判断病情控制情况时,可考虑重复肾穿刺。病情缓解 3 年以上,可停用糖皮质激素和免疫抑制剂治疗。

(三) Ⅴ型 LN

伴有大量蛋白尿时,应积极治疗。首选泼尼松每日 1mg/kg,联合应用免疫抑制剂,钙调神经磷酸酶抑制剂可提高疗效,尤其对伴有大量蛋白尿的患者。伴有增生性病变者参见Ⅲ型和Ⅳ型 LN 的治疗。

应积极控制高血压,避免应用肾毒性药物和诱发病情活动的因素,ACEI 和 ARB 对保护肾功能可能有益。治疗期间应注意观察疗效和不良反应,尿液和肾功能检查、血补体和抗 ds-DNA 抗体等对判定疗效尤为重要。

【预后】 LN 预后与病理类型、病理活动性、治疗及治疗反应、其他脏器受累情况及并发症有关。早期诊断、积极治疗可改善预后。

二、系统性血管炎肾损害

肾小球病变在主要累及大动脉的血管炎如大动脉炎、巨细胞动脉炎时很少见,但在累及中小动脉的血管炎时则常见,且为原发疾病的重要甚至主要的临床表现。

(一) ANCA 相关性小血管炎

包括显微镜下多血管炎、Wegener 肉芽肿和变应性肉芽肿性血管炎(Churg-Strauss 病)。病理表现为局灶节段性肾小球毛细血管襻坏死,伴新月体形成,免疫荧光镜和电镜下没有或仅有少量免疫蛋白和补体等沉积,故称为寡免疫性肾小球肾炎(pauci-immune glomerulonephritis)。据此与狼疮性肾炎、紫癜性肾炎及一些原发性肾小球肾炎作鉴别。ANCA 相关小血管炎尤其是显微镜下多血管炎多见于中老年人,临床表现为镜下血尿、轻中度蛋白尿、缓慢或快速进展的肾功能损害。Wegener 肉芽肿的肾损害累及率为 80%,就诊时 80% 患者胞浆型 ANCA 阳性,肺部肉芽肿常见而肾脏极少有肉芽肿形成。显微镜下结节性多血管炎最常累及肾脏,其次为肺、皮肤和关节;近 80% 患者核周型 ANCA 阳性,也可为胞浆型 ANCA。Churg-Strauss 病肾脏累及相对较少,且常仅有轻度蛋白尿和镜下血尿,肾功能不全少见;病理上肾小球外包括血管和肾小管间质小管累及更多见,表现为肉芽肿性血管炎;肾小球病变可见局灶节段性肾小球肾炎伴新月体形成,也可见局灶节段坏死性肾小球肾炎。

糖皮质激素和环磷酰胺联合治疗常有较好疗效。泼尼松起始剂量为 1mg/kg 每日口服,加用环磷酰胺 1~2mg/kg,每日口服,累积剂量可达 200mg/kg。病情缓解后激素可以逐渐减量,一般维持治疗 1 年。诱导治疗也可采用环磷酰胺静脉治疗。麦考酚吗乙酯用于诱导期和维持期治疗的疗效与环磷酰胺相当,而副作用较少。对重症患者可给予血浆置换和免疫吸附。

(二) 经典的结节性多动脉炎

病理表现为肾小球缺血性改变,可见毛细血管襻塌陷和闭塞。临床表现为轻、中度蛋白尿、高血压,缓慢进展的肾功能减退,无血尿,血补体正常,ANCA 阴性。糖皮质激素和环磷酰胺等免疫抑制剂治疗有一定疗效。

三、紫癜性肾炎

紫癜性肾炎(Henoch-Schonleinpurpura nephritis)约见于 80% 的过敏性紫癜患者,病理表现基本同 IgA 肾病,临床表现主要是镜下血尿和轻、中度蛋白尿,肉眼血尿和肾病综合征并不多见。结合其他系统表现(紫癜、关节痛和腹痛,皮肤活检见 IgA 沉积)可与 IgA 肾病鉴别。对重症患者可应用糖皮质激素和细胞毒药物治疗,轻症患者可仅作对症治疗。病情常在起病 1 年内有反复,但随后多可持续缓解。预后多较好,近 10% 患者有持续性高血压和慢性肾衰竭。

四、血栓性微血管病

溶血尿毒综合征(hemolytic uremic syndrome,HUS)、血栓性血小板减少性紫癜(thrombotic thrombocytopenia purpura,TTP)、抗磷脂综合征(antiphospholipid syndrome)、药物如丝裂霉素和环孢素 A 等可引起血栓性微血管病。肾脏病变常为重要甚至唯一的表现,病理表现为肾小球毛细血管和小动脉内血栓形成,内皮细胞肿胀,有时肾小球毛细血管内虽无血栓形成,但可因小动脉血栓形成而引起相应肾小球的缺血性改变。临床表现为镜下或肉眼血尿,尿蛋白多<2g/d,但偶可为肾病综合征,可出现急性肾损伤。对症治疗包括纠正血容量不足,控制高血压和透析疗法等;在密切监测下使用 ACEI 或 ARB,部分患者可获益;继发于自身免疫性疾病的血栓性微血管病可考虑糖皮质激素和免疫抑制剂治疗,非自身免疫性疾病相关者使用免疫抑制治疗的疗效不肯定;血浆置换可能有一定疗效;对抗磷脂抗体综合征引起者,肝素、华法林等抗凝治疗(保持INR3.0)可防止血栓发生。

第三节　肾小球沉积病

肾小球沉积病(glomerular deposition disease)指异常蛋白沉积在肾小球内,引起炎症反应和(或)肾小球硬化。沉积的异常蛋白多为免疫球蛋白及其片段,临床上包括一组疾病。

一、淀粉样变肾损害

淀粉样变性(amyloidosis)是一种全身性疾病,由淀粉样物质沉积于全身不同脏器所致。肾脏是淀粉样变最常受累的器官之一,临床主要表现为蛋白尿、肾病综合征,后期肾功能可迅速恶化,至终末期肾衰竭。在老年患者中(年龄>60 岁),淀粉样变是继发性肾病综合征常见原因之一。

形成淀粉样物质的前体蛋白有多种,但均含有反平行的 β 片层(β-pleated sheet)结构,是形成淀粉样纤维的结构基础。淀粉样纤维可与刚果红结合,并呈现典型的显微结构。根据其淀粉样蛋白成分不同,将淀粉样变分为多种类型,累及肾脏的主要包括以下两类:

1. AL(amyloidprotein,light chain derived)淀粉样变性　AL 蛋白的前体为免疫球蛋白轻链片段,可为 λ 链或 κ 链,但前者更为常见。尿或血清可检出单克隆免疫球蛋白。本病多在 50 岁后起病,罕见于 40 岁前,除肾脏之外尚可累及心脏、周围神经等多脏器。约 20% 的 AL 型淀粉样变性继发于多发性骨髓瘤。

2. AA(amyloid A protein)淀粉样变性　AA 蛋白的前体是一种急相反应蛋白,微量存在于正常人血清中,在炎症反应时可增加 100 ~ 1000 倍。AA 型淀粉样变最常继发于慢性炎症,如类风湿关节炎、炎性肠病等慢性炎症性疾病,或慢性骨髓炎、结核病等慢性感染。

肾脏方面主要表现为蛋白尿,部分呈肾病综合征,就诊时超过 50% 的患者存在不同程度的肾功能损害。少数患者表现为小管间质病变,如 Faconi 综合征、肾性尿崩等。

淀粉样变的诊断依赖受累脏器的活检病理。肾、肝活检阳性率最高,达 90%。此外尚可行腹壁脂肪、直肠黏膜、骨髓、齿龈和皮肤活检,阳性率为 30% ~90% 不等。病理改变特点包括:①刚果红染色阳性,偏振光下呈苹果绿色双折光;②电镜下见直径 8 ~10μm 的非分支纤维状结构,排列紊乱;③经 X 线衍射呈 β 片层结构。

除上述共同特征外,肾脏病理表现还包括:①肾脏大小正常或轻度增大;②光镜:早期见系膜区增宽伴无定形物质沉积,逐渐发展至肾小球基底膜增厚、无结构淀粉样物质团块。沿基底膜沉积的淀粉样物质在银染下可呈"睫毛征"。小动脉壁是淀粉样物质的常见沉积部位,甚至取代平滑肌层。

AL 淀粉样变性预后较差,多于肾损害发生后 2 ~ 5 年进入 ESRD。化疗可改善部分患者的肾脏预后及生存,但有效率不足 30%。对于 AA 淀粉样变性,控制慢性炎症有助于肾损害的缓解。淀粉样变肾损害所致的肾衰竭可进行透析和肾移植治疗,但生存率较低。

二、轻链沉积病

轻链沉积病(light chain deposition disease,LCDD)是由单克隆轻链在组织中沉积导致。LCDD 的沉积物为颗粒状,不形成纤维样结构,刚果红染色阴性,从而有别于淀粉样变。LCDD 中轻链的来源,通常为 κ 链及轻链可变区,而淀粉样蛋白常来源于 λ 链和轻链恒定区。LCDD 通常发病于 45 岁之后,多数患者合并多发性骨髓瘤,或淋巴瘤、巨球蛋白血症等淋巴浆细胞增殖性疾病。

　　LCDD 的肾脏累及率约 90%,表现以肾小球受累为主。表现为大量蛋白尿、肾病综合征,常合并高血压和肾功能损害;亦可以小管间质损伤为主要表现。肾脏病理表现:①光镜表现为基底膜增厚、系膜区增宽和结节性肾小球硬化;②免疫荧光:轻链强阳性对 LCDD 有诊断意义;③电镜:可见细颗粒状电子致密物沉积。除肾脏外,LCDD 亦可累及心脏、脾脏、甲状腺、肾上腺和胃肠道等多脏器。

　　本病伴多发性骨髓瘤时预后较差,多在短时间内进展至肾衰竭,糖皮质激素和美法仑对减少蛋白尿和延缓肾功能下降可能有一定疗效。

三、冷球蛋白血症

　　冷球蛋白血症(cryoglobulinemia)指一类异常循环免疫球蛋白所致的疾病。该异常球蛋白遇冷沉淀,复温溶解。根据循环免疫球蛋白的种类,可将冷球蛋白分为 3 型。Ⅰ 型为单克隆抗体,常继发于多发性骨髓瘤或华氏巨球蛋白血症。Ⅱ 型和 Ⅲ 型冷球蛋白中均包括至少 2 种免疫球蛋白,又称混合型。其中 Ⅱ 型冷球蛋白由抗多克隆 IgG 的单克隆免疫球蛋白组成,Ⅲ 型冷球蛋白为针对免疫球蛋白的多克隆抗体,通常为 IgG 和 IgM。Ⅱ 型和 Ⅲ 型冷球蛋白血症多继发于丙型病毒性肝炎,亦可继发于其他感染及结缔组织病。在此主要讨论 Ⅱ 型和 Ⅲ 型冷球蛋白血症。

　　冷球蛋白沉积于组织,激活补体反应。临床表现为雷诺现象、关节炎、肝脾大、周围神经病、紫癜样皮疹,伴总补体和 C4 明显降低。肾脏表现多隐匿,可表现为肾炎综合征或肾病综合征,部分出现急性肾衰竭。病理上多表现为膜增生性肾小球肾炎,可见内皮下、血管腔内冷球蛋白沉积,表现为 PAS 染色阳性而刚果红染色阴性的无定形物质,沉积于血管腔内者称"假血栓"。免疫荧光镜可见 IgG、IgM、C3、C1q 等沉积。电镜下可见内皮下及毛细血管腔内无定形电子致密物或直径 20~35nm 的纤维样结晶沉积。

　　混合型冷球蛋白血症早期使用糖皮质激素或联合应用环磷酰胺有一定疗效。伴丙型肝炎病毒感染时,抗病毒治疗有助于减轻肾损害,血浆置换对部分患者有效。本病 10 年生存率约为 75%。

四、纤维样/免疫触须样肾小球病

　　由纤维样蛋白在肾脏沉积所致,但纤维直径异于淀粉样变,且刚果红染色阴性。电镜下,纤维直径在 16~24nm、不规则排列者称为纤维样肾小球病(fibrillary glomerulopathy);纤维直径在 30~50nm、平行排列者称为免疫触须样肾小球病(immunotactoid glomerulopathy)。光镜下病变多样,可表现为系膜增宽、无定形物质沉积、基底膜增厚、结节性硬化和膜增生性肾炎等。临床上通常有蛋白尿,约 70% 表现为肾病综合征,多伴有血尿、高血压和肾功能减退。纤维样肾小球病常无明显病因,而免疫触须样肾小球病多见于淋巴增殖性肿瘤,并伴副蛋白血症和低补体。两者均可继发于丙型病毒性肝炎。目前尚无明确有效的治疗方法。

第四节　肿瘤相关性肾小球疾病

　　肿瘤相关性肾小球疾病(glomerulopathy associated with neoplasia)特指由于机体肿瘤以免疫损伤为发病机理所致的肾脏损害,老年人多见。实体肿瘤中以肺、胃肠道、乳腺、肾脏和卵巢肿瘤等引起肾小球病变多见,临床常表现为轻度蛋白尿,或可出现肾病综合征,肉眼血尿很少见。病理上以膜性肾病最常见,其他包括微小病变、局灶节段性肾小球硬化和增生性肾小球肾炎,也可表现为纤维样/免疫触须样肾小球病、轻链沉积病、淀粉样变性和血栓性微血管病。在所有膜性肾病患者中,0.1%~10%可检出肿瘤。35%肾细胞癌患者肾小球系膜区可见 IgG 和 C3 沉积,但光镜下仅50%患者有明显的病变。另一类较多引起肾小球疾病的肿瘤为淋巴增殖性恶性肿瘤。Hodgkin 淋巴瘤可引起肾病综合征,可能是由于淋巴因子和恶性 T 淋巴细胞分泌的炎症介质破坏了肾小球足细胞的功能,引起肾小球滤过膜屏障功能发生障碍所致。病理多为微小病变,偶为局灶节段性肾小球硬化、膜性肾病和增生性肾小球肾炎。近15%患者肾病表现发生在淋巴瘤确诊前,随着淋巴瘤的缓解肾病综合征多可缓解,但淋巴瘤复发时肾病综合征也多复发。非 Hodgkin 淋巴瘤、慢性淋巴细胞性白血病偶可引起肾小球病变,也可引起肾病综合征。肿瘤患者出现血尿、蛋白尿和肾功能减退时,应首先排除肿瘤转移、肿瘤细胞直接浸润以及与肿瘤治疗相关的因素,如药物肾毒性、肿瘤溶解综合征等。

(李雪梅)

推荐阅读文献

1. Lewis EJ,Hunsicker LG,Clarke WR,et al. Collaborative Study Group:Renoprotective effect of the angiotensin-receptor antagonist irbesartan in patients with nephropathy due to type 2 diabetes. N Engl J Med,2001,345:851-868
2. Prospective Diabetes Study Group. Intensive blood-glucose control with sulphonylureas or insulin compared with conventional treatment and risk of complications in patients with type 2 diabetes. Lancet,1998,365:837-853
3. KDOQI. KDOQI clinical practice guidelines and clinical practice recommendations for diabetes and chronic kidney disease. Am J Kidney Dis,2012,60(5):850-886
4. NATIONAL KIDNEY FOUNDATION'S PRIMER ON KIDNEY DISEASES,Sixth Edition,2014,222-234
5. Appel GB,Radhakrishnan J,D'Agati VD. Brenner and Rector's The Kidney. 9th edition. Elvevier,2012,p1227-1237

第四章 肾小管间质性肾炎

要点：

1. 肾小管间质性肾炎是由多种病因引起、发病机理各异、以肾小管间质炎症损伤为主的一组疾病,临床表现以肾小管损伤和功能障碍为特征。

2. 急性肾小管间质性肾炎临床主要表现为少尿性或非少尿性急性肾损伤,常伴有发热、皮疹及外周血嗜酸性粒细胞增多。

3. 慢性肾小管间质性肾炎常缺少自觉症状,缓慢进展可导致慢性肾衰竭,一般无水肿和高血压;伴有与慢性肾衰竭程度不成比例的严重贫血是其临床特点。

肾小管间质性肾炎(tubulointerstitial nephritis,TIN)是由多种病因引起、发病机理各异、以肾小管间质炎症损伤为主的一组疾病。按其肾脏病理变化的特点分为:①原发性 TIN:肾脏损伤主要位于肾小管和间质,无明显的肾小球和肾血管系统病变;②继发性 TIN:肾小球和肾血管系统疾病引起的小管和间质损伤。按其肾小管间质炎症的特点分为:以肾间质水肿、炎性细胞浸润为主的急性肾小管间质性肾炎(acute tubulointerstitial nephritis);以肾间质纤维化、肾小管萎缩为主的慢性肾小管间质性肾炎(chronic tubulointerstitial nephritis)。TIN 是引起肾衰竭的主要疾病,急性 TIN 占急性肾损伤的 15% ~ 20%;原发性慢性 TIN 占慢性肾衰竭的 20% ~ 30%。而继发性TIN 是慢性肾脏病患者肾功能进行性衰退的一个重要的决定性因素,是所有进展性慢性肾衰竭的共同途径。

【病因】 原发性 TIN 常见的病因:①感染:肾盂肾炎、EB 病毒或螺旋体感染;②自身免疫性疾病:Sjögren 综合征、肾小管间质性肾炎-葡萄膜炎综合征、抗肾小管基底膜病;③药物性:镇痛药、非甾体抗炎药、抗生素、锂剂、利尿剂、抗惊厥药、环孢素、中草药(马兜铃酸类中草药)等;④代谢毒物:高尿酸血症、高钙血症、低钾血症、胱氨酸血症、高草酸尿;⑤遗传性疾病:巴尔干肾病;⑥血液性疾病:镰状细胞病、轻链病、淋巴瘤等;⑦其他:放射性肾病、铅中毒等。某些原因不明性 TIN 称之为特发性 TIN。继发性 TIN 常见于各种肾小球疾病、血管性疾病、肾脏囊肿性疾病、尿路梗阻性疾病及反流性肾病等。

【发病机理】 肾小管间质性肾炎的发病机理尚不十分清楚,肾小管上皮细胞的损伤和免疫机制在疾病发病过程中可能发挥着重要作用。

免疫炎症反应在急性间质性肾炎的发病中具有重要作用。药物或病原微生物等肾外抗原,通过与肾脏自身抗原结合改变肾组织固有抗原特性、与肾组织固有抗原具有交叉免疫原性、直接或形成免疫复合物后种植于肾脏,诱发免疫反应,引起补体活化和细胞因子释放,而导致肾组织损伤。

肾小管上皮细胞损伤则是慢性间质性肾炎的始动环节。受损伤的小管上皮细胞或受刺激的组织巨噬细胞作为抗原提呈细胞,激活淋巴细胞、招募其他炎性细胞浸润,导致补体成分、趋化因子、炎症细胞因子和血管活性物质等炎症介质产生;进而诱导血小板衍生生长因子(platelet-derived growth factor,PDGF)和转化生长因子 β(transforming growth factor-β,TGF-β)等释放,刺激肾小管上皮细胞转分化和成纤维细胞增殖和活化,启动纤维化进程。

【病理】

1. **急性肾小管间质性肾炎**　光镜下主要表现为肾间质水肿,灶性或弥漫性炎细胞浸润。炎细胞浸润在药物性相关性 TIN 和肾小管间质性肾炎-葡萄膜炎综合征主要以嗜酸性粒细胞为主;全身感染相关性急性 TIN 以淋巴细胞和浆细胞为主,细菌直接感染时以中性粒细胞浸润为主,病毒感染时以单核细胞浸润为主;特发性间质性肾炎主要是单核细胞、淋巴细胞,偶见嗜酸性粒细胞等浸润。可伴有不同程度的肾小管上皮细胞变性、坏死及再生。肾小球和肾血管正常或病变轻微。免疫荧光检查多为阴性,有时可见 IgG、C3 沿肾小管基底膜呈线样或颗粒状沉积。电镜下肾小管基底膜不连续,部分增厚,基底膜分层。

2. **慢性肾小管间质性肾炎**　肾脏外观缩小,表面成疤痕状。光镜下肾间质呈多灶状或片状纤维化,可伴淋巴及单核细胞浸润;肾小管上皮细胞萎缩、变性,肾小管管腔扩大,肾小管基底膜肥厚。早期肾小球和肾小血管正常;进展的慢性 TIN 肾小球出现缺血性皱缩或硬化,肾小血管可以出现动脉硬化样改变,肾小球周围纤维化和肾小球硬化。肾间质纤维化、片状分布的肾小管萎缩和扩张是慢性 TIN 的主要特征。免疫荧光检查阴性。电镜检查在肾间质中可见大量胶原纤维束。但马兜铃酸肾病(aristolochic acid nephropathy)时肾间质无明显的炎症细胞浸润,寡细胞性肾间质纤维化是特征性改变。

【临床表现】

1. **急性肾小管间质性肾炎**　因病因不同,临床表现缺乏特异性。临床主要表现为少尿性或非少尿性急性肾损伤,可伴有发热、皮疹及关节痛。合并肾小管功能损伤可表现为 Fanconi 综合征、肾小管性蛋白尿及水、电解质和酸碱平衡紊乱。

典型的药物相关性 TIN 常在用药后 10~20 天出现肾功能不全,常表现为少尿性或非少尿性急性肾损伤,部分伴腰痛,一般无高血压和水肿。常常出现全身过敏症状:合并发热症状者约 75%,皮疹者 30%~50%,外周血嗜酸性粒细胞增多者 30%~60%,但三者同时出现(三联症)者仅仅约 30%;半数病人血清 IgE 水平升高,15%~20% 患者出现非特异性关节痛。其中非甾体抗炎药物所致急性 TIN 患者多为老年女性,临床上常无过敏症状及体征,多数患者可合并大量蛋白尿、镜下血尿及白细胞,并可见白细胞管型。

特发性急性 TIN 多见于青年女性,临床表现为疲乏、发热、皮疹、肌肉疼痛或眼部葡萄膜炎,部分患者有淋巴结肿大。伴有轻、中度蛋白尿和急性非少尿性肾功不全以及肾小管损伤征象。实验室检查可有贫血、嗜酸性粒细胞增多、血沉快、C 反应蛋白升高及高 γ 球蛋白血症。

2. **慢性肾小管间质性肾炎**　慢性 TIN 患者常常缺少自觉症状,临床表现为夜尿增多、多尿、低比重尿和尿渗透压降低,以小分子蛋白为主的轻中度蛋白尿以及不同程度的肾功能不全,一般无水肿和高血压;出现与慢性肾衰竭程度不成比例的严重贫血,是慢性 TIN 的临床特点。肾小管功能损伤是慢性 TIN 的特征性改变,临床上表现为糖尿、氨基酸尿、小分子蛋白尿、磷酸盐尿、碱性尿以及低磷血症、高钙血症、低钠血症、高或低钾血症以及肾小管酸中毒。

因服用含马兜铃酸类成分中药(马兜铃、关木通、广防己、青木香、天仙藤、寻骨风、朱砂莲等)导致的马兜铃酸肾病是我国慢性 TIN 的一个主要原发疾病。马兜铃酸肾病起病隐匿,常常因慢性肾衰竭就诊;临床表现除肾小管功能损伤和肾功能不全外,贫血常常较明显,部分患者可合并肾脏和膀胱肿瘤,而寡细胞性肾间质纤维化是其特征性改变。

【实验室和辅助检查】

1. **尿液常规**　检查急性 TIN 90% 出现镜下血尿,蛋白尿通常为小分子、轻度(<2g/d);除嗜酸性粒细胞占尿白细胞的 5% 以外,白细胞尿是非特异性的。

2. **肾功能**　间质性肾炎的患者,无论肾小管损伤指标,包括 N 乙酰-葡萄糖苷酶(NAG)、肾损伤分子-1(Kim-1)、肝脏型脂肪酸结合蛋白(L-FABP)、中性粒细胞明胶酶相关脂质运载蛋白

Notes

(NGAL)及白细胞介素-18 等;还是肾小管功能指标,包括尿 α1 微球蛋白、尿 β2 微球蛋白、尿视黄醇结合蛋白(RBP)、尿 Cystatin C 等,尿中浓度均有而不同程度地升高。尿中葡萄糖、氨基酸、碳酸氢盐和磷酸盐增多,尿钠排泄分数>2,尿氨<40μmol/min;尿比重和尿渗透压低下,晨尿 pH>6。并伴有不同程度的肾小球滤过率低下和血清肌酐、尿素氮升高,以及血电解质紊乱及代谢性酸中毒。

3. 血常规   急性 TIN 嗜酸性粒细胞增多;慢性 TIN 常常合并正细胞、正血素性贫血。

4. 辅助检查

(1) B 超检查:急性 TIN 时双肾大小正常或增大;慢性 TIN 时双肾缩小、回声增强。

(2) 静脉肾盂造影:慢性肾盂肾炎者可见肾盂、肾盏变形和扩张;镇痛药肾病时,放射造影剂沉积于肾盏区脱落的乳头周围而形成特征性改变"环形征";梗阻性肾病时可见肾盂积水。

【诊断和鉴别诊断】

一、急性肾小管间质性肾炎

急性 TIN 确诊依赖于肾脏病理诊断,应尽早实施肾活检,并与急性肾小管坏死相鉴别。急性 TIN 肾小管间质有明显的细胞浸润和肾间质水肿,肾小管上皮细胞损伤、变性;而急性肾小管坏死主要为肾小管上皮细胞坏死、脱落,细胞浸润和肾间质水肿不明显。

二、慢性肾小管间质性肾炎

慢性 TIN 因具有明显的肾小管功能损伤,临床上具有特征性改变,临床医生能给予足够的重视,90% 的患者可以诊断。

(一) 诊断流程

1. 下列情况下需要考虑慢性 TIN   ①原因不明的肾功能不全;②存在尿路梗阻或反流,有长期接触肾毒性物质或服用肾毒性药物病史;③伴有肾功能不全而无明显水肿和高血压;④轻度小分子蛋白尿,尿中肾小管损伤和/或功能指标增加,尿渗透压和尿比重低下;⑤尚未确诊的低磷血症、高或低钾血症及代谢性酸中毒;⑥原因不明的骨软化患者。

2. 明确有无肾小管功能损伤   检测晨尿 pH、尿比重、尿渗透压和尿中葡萄糖、氨基酸、碳酸氢盐和磷酸盐、尿钠、尿氨,以及肾小管损伤和功能指标,明确肾小管损伤的存在和部位。

3. 肾活检   明确诊断对于可疑 TIN 的患者均应实施肾活检以明确诊断。存在明显的肾间质炎细胞浸润、水肿、纤维化和肾小管上皮细胞的损伤、萎缩,可诊断 TIN。其中有明显肾小球和血管病变,并且肾间质病变与肾小球和血管病变存在结构上关联者,可诊断继发性 TIN;否则可诊断原发性 TIN;但应注意虽有明显肾小球和血管病变,而肾间质病变与肾小球和血管病变无结构上关联者,应考虑为原发性肾小球或肾血管疾病与原发性 TIN 并存。

4. 其他   详细追问病史,完善临床检查,尽可能明确引起慢性 TIN 的病因性疾病。

(二) 鉴别诊断

慢性 TIN 临床上经常表现为无菌性白细胞尿,需要与慢性肾盂肾炎、特别是非细菌性尿路感染相鉴别。对于长期反复尿细菌学检查阴性的白细胞尿患者,应注意是否存在本病;详细追问病史,完善肾小管功能检查,及时实施肾活检是提高本病诊断率的关键。

【治疗】

1. 治疗病因性疾病、消除诱发因素   停用引起 TIN 的药物;有效控制和积极治疗引起 TIN 的原发性疾病免疫性疾病;积极控制感染。

2. 支持、对症治疗   休息、充足的热量和合理蛋白质摄入,纠正水、电解质及酸碱平衡紊乱,有效控制血压、纠正贫血等,参照慢性肾脏病的一体化治疗。

3. 免疫抑制剂   临床诊断为特发性急性 TIN 或免疫疾病引起的急性 TIN,以及药物相关性或感染相关性急性 TIN 患者在停用敏感药物或感染控制后,肾功能无改善,或者肾脏组织病理检查可见肾间质明显的炎性细胞浸润或肉芽肿形成、而纤维化不明显者,可应用肾上腺皮质激素治疗,一般给予泼尼松 30~40mg/d,必要时可用至 1mg/(kg·d),4~6 周减量至停用;不推荐使用大剂量甲泼尼龙冲击疗法。对于肾脏组织病理检查肾间质纤维化明显的慢性 TIN,缺乏糖皮质激素治疗有益的证据。

4. **血液净化治疗** 无论急性 TIN 引起的急性肾损伤,还是慢性 TIN 导致的慢性肾衰竭,出现明显尿毒症症状、有血液净化治疗指征者,应实施血液净化治疗,可选择持续性肾脏替代、血液透析、腹膜透析等。自身免疫病引起的急性 TIN,血浆置换治疗的有效性尚需进一步证实。

【预防】 预防药物性 TIN 的关键是避免使用肾毒性药物,并保持充足的有效循环血容量和尿量;代谢性疾病和血液性疾病引起的 TIN,应在积极治疗原发病的基础上,给予充足水分以保持尿量,并碱化尿液;合并尿路梗阻、反流者,必要时应外科手术予以纠正。

(陈香美)

推荐阅读文献

1. Brenner and Rector's The Kidney. Brenner (ed). 9th Ed. Philadelphia:W. B. Saunders Co,2011
2. Harrison's Principles of Internal Medicine. Longo DL, Fauci AS, Kasper DL, et al(eds). 18th Ed, New York:McGraw-Hill,2012
3. Goldman's Cecil Medicine,Goldman L and Schafer AI(eds),24th Ed. New York:Elsevier Saunders,2012

第五章　肾小管疾病

要点:

1. 肾性糖尿是近端肾小管重吸收葡萄糖功能降低而引起的疾病,表现为患者在血清葡萄糖浓度正常时出现糖尿。多见于遗传性和继发性肾小管疾病。治疗主要是对症治疗和祛除继发因素。

2. 肾性氨基酸尿是肾小管转运的先天性缺陷,指近端肾小管重吸收氨基酸障碍以致尿中排出大量氨基酸,并有大量尿路结石形成。多饮水,勤排尿,碱化尿液,可防止结石的形成。

3. 肾小管酸中毒是肾脏的酸化功能障碍导致的高氯性代谢性酸中毒,常伴有钠、氯、钾、钙的代谢异常,近端小管重吸收障碍和远端小管泌 H^+ 障碍是根本原因。根据肾小管酸化障碍的部位和原因,肾小管酸中毒临床上可分为四型。治疗以纠正酸中毒和电解质紊乱为主,祛除继发因素,治疗原发病。

4. Fanconi 综合征是遗传性或获得性近端肾小管多项功能缺陷的疾病。

第一节　肾性糖尿

肾性糖尿(renal glucosuria)是近端肾小管重吸收葡萄糖功能降低而引起的疾病,表现为患者在血清葡萄糖浓度正常时出现糖尿。肾性糖尿较罕见,发病率约 0.2% ~0.6%。

【病因】　肾性糖尿分为原发性和继发性,原发性又称家族性肾性糖尿,多为常染色体隐性遗传病,杂合子糖尿更为显著。主要是 SGLT2 编码区基因 SLC5A2 突变导致。继发性肾性糖尿可继发于妊娠、慢性肾脏疾病,如慢性间质性肾炎、肾病综合征等近端肾小管功能受损时。

【临床分型】　临床可分为两个类型:①A 型:肾糖阈和肾小管葡萄糖最大重吸收率(TmG)均降低,临床较少见;②B 型:仅有肾糖阈降低,而 TmG 正常。临床较常见,一般是肾小管单项糖转运障碍。

【临床表现】　一般无临床症状,多在体检时尿常规检查尿糖阳性才被发现。血糖正常或偏低,口服糖耐量试验正常,糖贮存及利用正常。葡萄糖氧化酶试验阳性。可有阳性家族史。继发性肾性糖尿常伴有其他肾小管功能障碍,并有原发病的典型临床表现。

【诊断和鉴别诊断】　临床对于尿糖持续异常而血糖正常的患者,要注意本病的可能性。家族遗传性糖尿多有阳性家族史,表现为血糖正常时的糖尿;个体内的糖尿水平稳定,但会随碳水化合物的摄入量变化;血糖、葡萄糖耐量、血浆胰岛素和游离脂肪酸水平均未受影响;仅排泄葡萄糖;碳水化合物代谢正常;罕见低血糖和低血容量。

遗传性肾性糖尿需与糖尿病鉴别,后者血糖升高,葡萄糖耐量试验异常。此外,尚需排除其他糖尿,如果糖尿(尿间苯二酚试验阳性)、戊糖尿(尿盐酸二羧基甲苯反应阳性)、乳糖尿、半乳糖尿及甘露庚糖尿(尿纸上层析法可确定)、假性糖尿(具有还原作用的维生素 C、尿酸、药物等,可使氧化铜还原成氧化亚铜)。

【治疗】　一般不需特殊处理。如出现低血糖时则应对症处理。继发性肾性糖尿的病人主要治疗原发病。

第二节　肾性氨基酸尿

肾性氨基酸尿(renal aminoaciduria)是肾小管转运的先天性缺陷,指近端肾小管重吸收氨基酸障碍以致尿中排出大量氨基酸。血中氨基酸水平降低或正常。20 种 L-氨基酸主要是在近端肾小管回收,回收率可达滤过量的 95% ~98% 以上。氨基酸转运系统至少已有 5 组(类)报道:①碱性——赖氨酸,精氨酸,鸟氨酸,胱氨酸;②酸性——天冬氨酸和谷氨酸;③中性氨基类——甘氨酸,脯氨酸,羟脯氨酸,肌氨酸;④中性(Hartnup)类——丙氨酸,丝氨酸,苏氨酸,缬氨酸,亮氨酸,异亮氨酸,苯丙氨酸,谷氨酰胺,组氨酸,天冬酰胺,酪氨酸,色氨酸,瓜氨酸;⑤β-氨基酸——牛磺酸,β-丙氨酸,β-氨基异丁酸。遗传性载体功能失常致使所有氨基酸自尿中流失的有胱氨酸尿、二羟氨酸尿、Hartnup 病、亚氨基甘氨酸尿等。转运一种或几种氨基酸,至少有 25 种选择性氨基酸载体。

典型胱氨酸尿症

胱氨酸尿(cystinuria)是一种常染色体隐性遗传病,估计每 7000 人中约有 1 例。由于近端肾小管及空肠黏膜对胱氨酸和其他二碱基氨基酸转运障碍,尿中排泄增加,共同特点为尿中高度难溶性氨基酸(胱氨酸)排出增多,并有尿路结石形成。

【临床表现】　结石形成一般是在 20 ~ 30 岁时显露,但早在婴儿期迟到九旬高龄时出现亦常有之,男子病情更重。儿童时期发病患者体型矮小,智力发育迟缓。胱氨酸结石不透 X 线,能形成鹿角形结石,并为草酸钙结石形成提供基础。症状包括肾绞痛,可伴有梗阻及感染。

任何肾结石病人都应想到胱氨酸尿问题,即使结石主要是草酸钙构成的。尿检可能发现典型六角形晶体,清晨排出的酸性浓尿中,尤易检出。氰化物-硝普盐试验用于筛检甚为实用,胱氨酸浓度>75 ~ 150mg/dl 即可检出。但因可能出现假阳性,故确诊仍需薄层或离子交换层析,成人胱氨酸排除率>18mg/g 即可确诊。纯合子排出率常在 250mg/g 以上。

【诊断和鉴别诊断】　尿路结石,尤其是有家族史的患者,均应考虑胱氨酸尿症的可能。尿沉渣发现典型胱氨酸结晶,硝普钠试验阳性,有助于诊断。

本病应与胱氨酸贮积病、同型半胱氨酸尿症、其他原因的尿路结石进行鉴别。

【治疗】　主要是对症处理,预防胱氨酸结石的形成及相关并发症。鼓励患者多饮水,勤排尿,同时碱化尿液,可防止结石的形成。

胱氨酸尿的内科治疗目的是:碱化尿液(pH>7.5)使尿中胱氨酸排出浓度保持在其可溶度之下(300mg/L)。多饮水,每日饮水量需达 4L。亦可应用小剂量 D-青霉胺,它能够通过二硫化物交换反应产生半胱氨酸-青霉胺,可大幅增加胱氨酸溶解度。吡哆醇亦不可少,因为青霉胺能造成此辅因子的匮乏。硫丙甘化合物更具疗效,因其二硫化物交换反应更强,副作用似比 D-青霉胺更少。

第三节　肾小管性酸中毒

肾小管性酸中毒(renal tubular acidosis, RTA)为肾脏酸化功能障碍引起的以阴离子间隙(AG)正常的高血氯性代谢性酸中毒为特点的临床综合征,可因远端肾小管泌 H^+ 障碍所致,也可因近端肾小管对 HCO_3^- 重吸收障碍所致,或者两者皆有。其临床特征为高血氯性代谢性酸中毒,水、电解质紊乱,可有低钾血症或高钾血症、低钠血症、低钙血症及多尿、多饮、肾性佝偻病或骨软化症、肾结石等。

1935 年 Lightwood 首先描述了 1 例儿童 RTA 病例。1945 年 Bain 报道了首例成人病例。在 1946 年 Albright 定义其为"肾小管疾病",并于 1951 年将这一综合征命名为肾小管性酸中毒(RTA),1958 年瑞金医院董德长等在国内首次报道 RTA,1967 年 Soriano 等提出远端及近端肾小管性酸中毒两个类型,瑞金医院 1984 年陈庆荣等在国内首次报道了Ⅳ型 RTA。

根据发病部位与功能障碍的特点,临床上分为 4 型:远端肾小管性酸中毒(Ⅰ型,即 distal renal tubular acidosis, dRTA)、近端肾小管性酸中毒(Ⅱ型,即 proximal renal tubular acidosis, pRTA)、混合型肾小管性酸中毒(Ⅲ型 RTA)、高血钾型肾小管性酸中毒(Ⅳ型 RTA)。

一、远端肾小管酸中毒

【病因与发病机制】　dRTA 根据病因分为原发性和继发性:原发性为远端肾小管先天性功能缺陷,常与遗传有关;继发性可见于多种疾病,其中以干燥综合征、系统性红斑狼疮等自身免疫性疾病、肝炎病毒感染和肾盂肾炎较为多见,此外以马兜铃酸为代表的肾毒性药物也是引起继发性 RTA 的重要原因。

远端肾小管的泌氢功能主要是由 A 型闰细胞完成的。CO_2 在碳酸酐酶Ⅱ的作用下与 H_2O 结合,生成 H_2CO_3,而后 H_2CO_3 解离生成 H^+ 和 HCO_3^-。H^+ 由 H^+-ATP 酶转运至小管腔,同时 HCO_3^- 由 Cl^-/HCO_3^- 转运体 AE1(anion exchanger 1)转运回血液。泌入管腔后的 H^+ 与管腔中的磷酸盐和 NH_3 结合;与磷酸氢根(HPO_4^{2-})结合为磷酸二氢根($H_2PO_4^-$);近端小管分泌的 NH_4^+ 在髓袢升支粗段重吸收后进入髓质间质,之后分解为 NH_3,NH_3 弥散进入集合管管腔,H^+ 在集合管管腔与 NH_3 结合为 NH_4^+。NH_4^+ 被主动重吸收后解离成 H^+ 和 NH_3,H^+ 可以作为 H^+-ATP 酶的底物,而 NH_3 可弥散进入管腔。远端肾单位 H^+ 分泌的异常可以同时导致尿液酸化程度降低,NH_4^+ 分泌减少。在管腔液与管周液间不能产生与维持一个大的氢离子梯度(正常时 H^+ 浓度差可达 1000 以上),在酸中毒时不能酸化,尿 pH>5.5,净酸排量下降。

遗传性肾小管性酸中毒以往未受到重视,随着分子生物学理论和技术的发展,多种与 dRTA 相关的基因及其突变被陆续报道。

【临床表现】

(1) 一般表现:代谢性酸中毒和血钾降低可以使 dRTA 患者出现多种临床表现。最常见的临床表现包括乏力,软瘫和多饮多尿。低血钾可致心律失常,严重者可致呼吸困难和呼吸肌麻痹。

(2) 肾脏受累表现:dRTA 长期低血钾可导致低钾性肾病,以尿浓缩功能障碍为主要特征,表现为夜尿增多,个别患者可出现肾性尿崩症。dRTA 时肾小管对钙离子重吸收减少,从而出现高尿钙,容易形成肾结石和肾钙化。

(3) 骨骼系统表现:酸中毒时肾小管对钙离子重吸收减少,患者出现高尿钙,低血钙,继发甲状旁腺功能亢进,导致高尿磷,低血磷。故 dRTA 患者长期的慢性代谢性酸中毒及钙磷代谢紊乱可以累及骨骼系统。儿童可表现为生长发育迟缓,佝偻病;成人可以表现为骨痛,骨骼畸形,骨软化或骨质疏松。

【诊断】　根据患者病史、临床表现、相关肾小管功能及尿酸化功能检查即可诊断 dRTA,排除其他引起低钾血症的疾病及继发性因素。①AG 正常的高血氯性代谢性酸中毒;②可伴有低钾血症(血 K^+<3.5mmol/L)及高尿钾(当血 K^+<3.5mmol/L 时,尿 K^+>25mmol/L);③即使在严重酸中毒时,尿 pH 也不会低于 5.5(尿 pH>5.5);④尿总酸(TA)和 NH_4^+ 显著降低(尿 TA<10mmol/L,NH_4^+<25mmol/L);⑤如动脉血 pH 正常,怀疑有不完全性 dRTA 时需作氯化铵负荷试验(酸负荷试验,有肝病时改为氯化钙负荷试验),如血 pH 和二氧化碳结合力明显下降,而尿 pH>5.5 为阳性,有助于 dRTA 的诊断。

【治疗】　继发性 dRTA 应首先治疗原发疾病。针对 dRTA 采用以下治疗：

1. 补钾　dRTA 多以低血钾为首要表现，因 dRTA 患者多伴有高血氯，应避免使用氯化钾，口服补钾应使用枸橼酸钾，根据血钾情况选择不同的枸橼酸合剂配方。严重低钾者可静脉补钾。

2. 纠正酸中毒　推荐使用枸橼酸合剂纠正酸中毒（表 5-5-1）。也可使用口服碳酸氢钠片剂纠正代谢性酸中毒，严重时可静脉滴注碳酸氢钠。

表 5-5-1　枸橼酸合剂配方（单位：克）

配方	Ⅰ号方	Ⅱ号方	Ⅲ号方
枸橼酸	140	140	140
枸橼酸钠	98	98	98
枸橼酸钾	—	48	96

3. 肾结石及骨病的治疗　口服枸橼酸合剂可以增加钙在尿液中的溶解度，从而预防肾结石及肾钙化。使用中性磷酸盐合剂纠正低血磷。对于已发生骨病的患者可以谨慎使用钙剂（推荐使用枸橼酸钙）及骨化三醇治疗。

二、近端肾小管酸中毒

【病因与发病机制】　pRTA 由近端肾小管重吸收 HCO_3^- 功能障碍导致。可分为原发性和继发性。原发性者为遗传性近端肾小管功能障碍，多为常染色体隐性遗传，与基底侧的 Na^+-HCO_3^- 协同转运蛋白（NBCe1）的突变相关。继发性者见于各种获得性肾小管间质病变，最常见的病因为药物性，如乙酰唑胺、异环磷酰胺、丙戊酸、抗反转录病毒药物（如阿德福韦、替诺福韦）等；其他病因有：①系统性遗传性疾病如 Lowe 综合征，糖原累积症，Wilson 病，Dent 病等；②获得性疾病如重金属中毒，维生素 D 缺乏，多发性骨髓瘤及淀粉样变等。但继发性 pRTA 多合并 Fanconi 综合征，单纯表现为继发性 pRTA 的少见，常为碳酸酐酶抑制剂所致。

【临床表现】　pRTA 主要表现为高血氯性代谢性酸中毒，可有低钾血症，尿钾排出增加，伴有多尿，烦渴，多饮等。长期慢性高血氯性代谢性酸中毒，可导致小儿营养不良与生长发育迟缓，成人可表现为骨密度降低。与 dRTA 不同，由于远端小管酸化功能正常，pRTA 患者的尿 pH 值可以维持正常，甚至在严重代谢性酸中毒的情况下，尿 pH 值可降至 5.5 以下。继发性 pRTA 的患者多数还可合并 Fanconi 综合征的表现，如肾性糖尿，肾性氨基酸尿等。由于 pRTA 患者无高尿钙，因此肾结石或者肾钙化的发生率低。

【诊断】　根据患者的临床表现，AG 正常的高血氯性代谢性酸中毒，可伴有低血钾，高尿钾，尿中 HCO_3^- 的升高即可诊断 pRTA。不完全性 pRTA 确诊需行碳酸氢盐重吸收试验。患者口服或者静滴碳酸氢钠后尿 HCO_3^- 排泄分数 >15% 即可诊断。

【治疗】

1. 纠正酸中毒与电解质紊乱　口服碳酸氢钠进行碱替代治疗，必要时可静脉使用碳酸氢钠。可加用噻嗪类利尿剂通过减少细胞外液容量来促进近端小管 HCO_3^- 的重吸收，但碳酸氢钠与噻嗪类利尿剂合用可能会加重低血钾，因此必须严密监测血钾。口服补钾应使用枸橼酸钾，严重低钾者可静脉补钾。

2. 治疗原发病　继发性 pRTA 患者应首先进行病因治疗。碳酸酐酶抑制剂所致 pRTA 通常较轻且为可逆性。有肾功能损害的患者使用碳酸酐酶抑制剂需谨慎，因其可导致严重的代谢性酸中毒。

三、混合性肾小管酸中毒

混合性肾小管酸中毒的特点是同时存在Ⅰ型和Ⅱ型 RTA。因此其高血氯性代谢性酸中毒明显,尿中同时存在 HCO_3^- 的大量丢失和铵排出减少。症状较严重。可以由碳酸酐酶 II 突变导致,为常染色体隐性遗传,除 III 型 RTA 外还表现为脑钙化,智力发育障碍和骨质疏松。治疗主要为对症治疗,参照 I 型和 II 型 RTA。

四、高血钾性肾小管酸中毒(IV型 RTA)

【病因与发病机制】 IV型 RTA 是由于醛固酮分泌绝对不足或相对减少(肾小管对醛固酮反应减弱),导致集合管排出 H^+ 及 K^+ 同时减少从而发生高血钾和高氯性 AG 正常的代谢性酸中毒。根据发病机制可分为:

1. 醛固酮绝对不足

(1) 低醛固酮低肾素性:多见于糖尿病,以及可导致间质性肾病的多种疾病,如淀粉样变、单克隆免疫球蛋白增多,非甾体抗炎药导致的间质性肾病等。

(2) 低醛固酮血症,肾素可正常或升高:见于肿瘤、外科手术及出血引起的肾上腺损伤,艾迪生病,ACEI/ARB 治疗后等。

2. 醛固酮分泌相对不足 多见于遗传性IV型 RTA 或药物性因素(如醛固酮,环孢素等)。

IV型 RTA 根据病因可分为先天性和继发性。先天遗传性IV型 RTA 较少见,又分为 2 型:

(1) 假性醛固酮减少症 I 型:主要表现为肾素醛固酮系统的激活,同时伴有高血钾和酸中毒,又包括 2 种类型:

1)为常染色体隐性遗传疾病:是由于编码 ENaC(epithelial sodium channel)蛋白的基因发生突变使 ENaC 失功能导致的,表型通常较重。

2)常染色体显性遗传性疾病:是由盐皮质激素受体异常导致的,通常表型较轻。

(2) 假性醛固酮减少症 II 型:又称为 Gordon 综合征,是由编码 WNK(with no lysine kinase)激酶的基因突变所导致。

【临床表现】 IV型 RTA 主要表现为高血钾高血氯性 AG 正常的代谢性酸中毒。先天性较少见。继发性者多伴有轻中度肾功能不全,但酸中毒与高血钾的程度与肾功能损伤程度不成比例。尿 NH_4^+ 减少。Gordon 综合征患者多合并高血压。

【诊断】 高血钾高血氯性 AG 正常的代谢性酸中毒,尿 NH_4^+ 减少可诊断为IV型 RTA。血清醛固酮水平可以降低或者正常。

【治疗】 首先停用可能影响醛固酮合成或醛固酮活性的药物,纠正高血钾和酸中毒。

(1) 纠正高血钾:低钾饮食,口服阳离子交换树脂,使用袢利尿剂促进排钾;必要时可进行透析治疗。

(2) 纠正酸中毒:口服或静脉使用碳酸氢钠纠正酸中毒,但静脉使用时需注意监测患者的血容量状况,可与袢利尿剂合用减轻容量负荷。

(3) 对于体内醛固酮缺乏,无高血压及容量负荷过重的患者,可给予皮质激素如氟氢可的松(0.1mg/d)治疗。

第四节 Fanconi 综合征

Fanconi 综合征是遗传性或获得性近端肾小管多项功能缺陷的疾病,存在近端肾小管转运功能缺陷,包括氨基酸、葡萄糖、钠、钾、钙、磷、碳酸氢钠、尿酸和蛋白质等。

【病因】 可分为原发性与继发性。原发者多为常染色体隐性遗传,可单独或与其他先天性遗传性疾病共存,如胱氨酸病、糖原累积症、肝豆状核变性、Lowe 综合征等。继发者可继发于慢性间质性肾炎、肾髓质囊性病、单克隆免疫球蛋白病(多发性骨髓瘤、肾淀粉样变、轻链沉积病等)、重金属及其他毒物引起的中毒性肾损害等。

【临床表现】 Fanconi 综合征临床表现多种多样,与其原发病及严重程度有关。儿童患者通常为先天性疾病,如胱氨酸病和高酪氨酸血症,肝豆状核变性等代谢性疾病。除了原发性疾病的表现外,还可表现为多饮、多尿、脱水、佝偻病、生长发育迟缓等。老年患者常为获得性疾病,如药物及毒素接触、异常球蛋白血症、多发性骨髓瘤等,临床表现可隐匿,但尿液和血液检查会有一系列异常。

尿液异常:由于 Fanconi 综合征疾病的特点,使在近端肾小管重吸收的物质随着尿液大量丢失。肾性氨基酸尿是全氨基酸尿,无选择性。高磷酸盐尿是导致佝偻病和骨软化症的主要原因。碳酸氢盐尿可以导致 Ⅱ 型肾小管酸中毒。此外还可有尿葡萄糖、尿钾、尿钠、尿尿酸等的升高。可合并少量蛋白尿,为小分子蛋白尿。

由于大量的溶质和电解质从尿中丢失,血液学检查可发现有代谢性酸中毒、低钾血症、低钠血症、低尿酸血症、低磷血症等,并出现相应的症状。

【诊断】　具备上述典型表现即可诊断,其中肾性糖尿、全氨基酸尿、磷酸盐尿为基本诊断条件。

【治疗】　首先应对原发性疾病进行治疗,如为药物或毒物引起的,需尽快停用药物,停止毒物接触。其次是对症治疗。近端肾小管酸中毒应给予对症治疗(见本章第三节)。严重低磷血症需补充中性磷酸盐及骨化三醇。低尿酸血症、氨基酸尿、糖尿等一般不需要特殊治疗。

(陈　楠)

推荐阅读文献

1. Haque SK, Ariceta G, Batlle D. Proximal renal tubular acidosis: a not so rare disorder of multiple etiologies. Nephrol Dial Transplant, 2012, 27(12): 4273-4287
2. Karet FE. Inherited Distal Renal Tubular Acidosis. J Am Soc Nephrol, 2002, 13(8): 2178-2184

Notes

第六章 尿路感染

要点：

1. 尿路感染又称泌尿系统感染，是尿路上皮对细菌侵入导致的炎症反应，通常伴随有菌尿和脓尿，细菌是最多见的病原体，真菌、病毒、寄生虫等也可引起感染。

2. 尿路感染的临床症状较为复杂，可表现为急、慢性肾盂肾炎，急、慢性膀胱炎，无症状性细菌尿，也可引发严重并发症如败血症、感染性休克等，少数反复发作或迁延不愈，甚至导致肾衰竭。

尿路感染（urinary tract infection，UTI）是指病原体在尿路中异常繁殖所致的感染性疾病。多见于育龄期女性、老年人、免疫力低下及尿路畸形者。多种病原体如细菌、真菌、支原体、衣原体、病毒等均可引起，本章主要介绍细菌性尿路感染。

【病因和发病机制】

（一）病原微生物

革兰阴性杆菌是尿路感染最常见的致病菌，以大肠埃希菌最为常见，约占尿路感染全部致病菌的80%～90%，其次是变形杆菌、克雷伯杆菌。约5%～10%尿路感染由革兰阳性细菌引起，主要是粪链球菌和凝固酶阴性葡萄球菌。大肠埃希菌最常见于无症状性细菌尿、单纯性尿路感染、或初发尿路感染。医院内感染、复杂性或复发性尿路感染、尿路器械检查后发生的尿路感染，则多为粪链球菌、变形杆菌、克雷伯杆菌和铜绿假单胞菌所致。其中变形杆菌常见于伴有尿路结石者，铜绿假单胞菌多见于尿路器械检查后，金黄色葡萄球菌则常见于血源性尿路感染。95%以上患者为单一细菌感染，极少数患者存在混合性细菌感染，多见于长期留置导管、反复器械检查后、免疫力低下者等。近年来由于抗生素的广泛应用，细菌的耐药性逐渐增强，国外报道革兰阴性杆菌对氨苄西林耐药率50%，对磺胺类耐药率22%。在长期使用抗生素的患者中，耐喹诺酮类的革兰阴性杆菌也较为普遍。

（二）发病机制

1. 感染途径

（1）上行感染：系病原菌经尿道上行至膀胱、输尿管和肾盂引起的感染，约占尿路感染的95%以上。最常见致病菌为大肠埃希菌。正常情况下前尿道和尿道口周围定居有少量细菌，如链球菌、乳酸菌、葡萄球菌和类白喉杆菌等，但不致病。某些因素如性生活、尿路梗阻、医源性操作、生殖器感染等可诱发上行感染。

（2）血行感染：指病原菌通过血运到达肾脏和尿路其他部位引起的感染。约占尿路感染的3%以下。多发生于有慢性基础疾病或接受免疫抑制剂治疗的患者。常见病原菌有金黄色葡萄球菌、沙门菌、假单胞菌和白色念珠菌等。

（3）直接感染：泌尿系统周围器官、组织发生感染时，病原菌偶可直接侵入到泌尿系统导致感染。

（4）淋巴道感染：盆腔和下腹部的淋巴管与肾脏毛细淋巴管有吻合支交通，相应器官感染时,病原菌可从淋巴道感染泌尿系统,临床上少见。

2. **细菌致病力** 细菌进入尿路后能否引起感染,与其致病力有很大关系。如大肠埃希菌仅其中少数菌株,如 O、K 和 H 血清型菌株可致病,O 血清型菌株最常见,而 K 血清型菌株易引起肾盂肾炎。大肠埃希菌表面的 P 型菌毛也是影响致病力的重要因素,其可与膀胱黏膜上受体结合,使细菌在膀胱内定植、繁殖,引起感染。

3. **机体防御机制** 正常情况下,进入膀胱的细菌很快被清除,是否发生尿路感染除与细菌数量、致病力等有关外,还取决于机体的防御功能。正常的机体防御机制如表5-6-1 所示。

表 5-6-1 正常机体的防御机制

机体防御机制	作　　用
排尿的冲刷作用	机械性冲洗
尿道和膀胱黏膜的抗菌能力	抑制细菌生长
尿液高浓度尿素、高渗透压、低 pH 值	抑制细菌生长
男性前列腺液含抗菌成分	抑制革兰阴性杆菌
出现感染后白细胞很快进入膀胱和尿液	清除细菌
输尿管膀胱连接处活瓣结构	防止尿液、细菌进入输尿管

4. **易感因素**

(1) 尿路梗阻:可由尿路解剖或功能异常引起,如结石、前列腺增生、畸形、肿瘤、异物等,导致尿流不畅,细菌不易被冲洗而清除,在局部大量繁殖引起感染。前列腺增生导致的尿路梗阻是中老年男性尿路感染的一个重要因素。

(2) 膀胱输尿管反流:输尿管膀胱壁内段及膀胱开口处的黏膜形成阻止尿液从膀胱反流至输尿管的屏障,其功能或结构异常时尿液可发生反流,膀胱内细菌随之逆行至肾盂,引发肾盂肾炎。

(3) 免疫缺陷:机体免疫力低下,如长期使用免疫抑制剂、糖尿病、长期卧床、严重的慢性病和艾滋病等。不仅增加尿路感染发生的概率,而且可使尿路感染反复发作。

(4) 神经源性膀胱:支配膀胱的神经功能障碍,如脊髓损伤、糖尿病、多发性硬化等所致者。因长时间尿液潴留和(或)长期使用导尿管致感染。

(5) 妊娠:妊娠是尿路感染的重要诱因,约2% ~8% 妊娠女性可发生尿路感染,与孕期输尿管蠕动功能减弱、暂时性膀胱输尿管活瓣关闭不全及妊娠后期子宫增大致尿液引流不畅有关。

(6) 性活动:女性尿道较短(约4cm)而宽,距离肛门较近,开口位于阴唇下方,是易发生尿路感染的重要因素。性生活时尿道口周围的细菌易被挤压入膀胱而引起尿路感染。

(7) 医源性因素:导尿或留置导尿管、膀胱镜和输尿管镜检查、逆行性尿路造影等可致尿路黏膜损伤,易引发尿路感染。据文献报道,即使严格消毒,单次导尿后尿路感染的发生率约为1% ~2%,留置导尿 1 天感染率约50%,>3 天者,感染率可达90%以上。

(8) 泌尿系统结构异常:如肾发育不良、肾盂及输尿管畸形、移植肾、多囊肾等。

(9) 其他因素:越来越多证据表明,尿路感染的易感性与宿主基因有关,如尿路上皮细胞 P菌毛受体数目增多可降低尿路黏膜局部防御感染的能力。有证据显示雌激素水平降低也是绝经后女性易发尿路感染的因素。

【流行病学】 女性尿路感染发病率明显高于男性,比例约8:1。细菌感染是女性最常见的尿路感染,约50%女性一生中会发生尿路感染。未婚女性发病约1% ~3%,已婚女性发病率增高至5%,与性生活、月经、妊娠、应用杀精子避孕药物等因素有关。60 岁以上女性尿路感染发生率高达 10% ~12%,多为无症状性细菌尿。除非存在易感因素,成年男性极少发生尿路感染。

50 岁以上男性因前列腺增生发生率增高,尿路感染发生率也相应增高,约为 7%。院内感染中尿路感染常见,占 20.8% ~31.7%,且耐药菌感染较多见。

【病理】

（一）急性膀胱炎(acute cystitis)

膀胱黏膜血管扩张、充血、上皮细胞肿胀、黏膜下组织充血、水肿及炎症细胞浸润。重者可有点状或片状出血,甚至黏膜溃疡。

（二）急性肾盂肾炎(acute pyelonephritis)

可单侧或双侧肾脏受累。表现为局限或广泛肾盂肾盏黏膜充血、水肿,表面有脓性分泌物,黏膜下可有细小脓肿,可见大小不一、尖端指向肾乳头的楔形炎症病灶。病灶内不同程度的肾小管上皮细胞肿胀、坏死、脱落,肾小管腔内有脓性分泌物。肾间质水肿、内有炎症细胞浸润和小脓肿形成。炎症剧烈时可有广泛性出血,较大的炎症病灶愈合后局部形成瘢痕。肾小球一般无形态学改变。

（三）慢性肾盂肾炎(chronic pyelonephritis)

肾脏体积缩小,表面不光滑,肾盂肾盏粘连、变形,肾乳头瘢痕形成,肾小管萎缩及肾间质淋巴-单核细胞浸润等慢性炎症表现。晚期可出现肾小球硬化。

【临床表现】

（一）尿路感染分类

1. 根据感染发生部位　分为上尿路感染和下尿路感染。前者指肾盂肾炎,感染部位包括输尿管、肾盂和肾实质;后者包括膀胱炎和尿道炎。

2. 根据有无基础疾病/尿路解剖与功能异常　分为单纯性尿路感染和复杂性尿路感染。复杂性尿路感染指伴有机体抵抗力低下的基础疾病、使用免疫抑制剂、存在泌尿系统解剖或功能异常所致的尿路梗阻或畸形等。单纯性尿路感染则不伴有上述情况。

3. 根据有无症状　分为有症状尿路感染和无症状细菌尿。前者有临床症状,同时清洁中段尿细菌培养菌落计数 $\geqslant 10^5$/ml。后者无症状,但连续 2 次清洁中段尿细菌培养菌落计数 $\geqslant 10^5$/ml,且为相同菌株。

4. 根据是否初发　分为初发性尿路感染和再发性尿路感染。前者指首次发作的尿路感染;后者指 6 个月内发作 $\geqslant 2$ 次或 1 年内 $\geqslant 3$ 次者,包括重新感染与复发。重新感染指治疗后症状消失,尿菌阴性,但在停药 6 周后再次出现真性菌尿,菌株与上次感染不同;复发指治疗后症状消失,尿菌转阴后在 6 周内再次出现菌尿,菌种与上次相同且为同一血清型。

（二）不同类型尿路感染的临床表现

1. 急性膀胱炎　绝大多数尿路感染表现为急性膀胱炎。常见于年轻、健康女性。主要表现为尿频、尿急、尿痛等排尿不适及下腹部疼痛,部分患者可出现排尿困难。尿液常混浊,伴异味,约 30% 患者可出现血尿。一般无全身感染症状,少数患者出现腰痛、发热,但体温一般不高于38.0℃。如患者有突出的全身感染表现,体温>38.0℃,应考虑上尿路感染。致病菌多为大肠埃希菌,约占 75% 以上。

2. 尿道炎　多见于女性。表现为发作性尿痛、脓尿,一般起病缓慢,临床表现与膀胱炎不易区分。尿道炎常因尿道口或尿道内梗阻所致,如包茎、后尿道瓣膜、尿道狭窄或尿道内结石和肿瘤等,或因邻近器官的炎症蔓延到尿道,如精囊炎、阴道炎和宫颈炎等;有时可因机械或化学性刺激引起,如器械检查和留置导尿管等。致病菌以大肠杆菌、链球菌和葡萄球菌为最常见。

3. 急性肾盂肾炎　育龄期女性较多见。起病较急,临床表现与感染程度有关。常伴发热、寒战,体温多在 38.0℃ 以上,甚至可达 40℃;尿频、尿急、尿痛、排尿困难等;可伴恶心、呕吐、头痛、全身酸痛等。部分患者尿频、尿急、尿痛、排尿困难及下腹部疼痛等尿路症状不典型或缺如。腰痛程度不一,多为钝痛或酸痛。体检可发现肾区叩击痛。部分患者血培养可出现革兰阴性杆菌败血症。

4. 慢性肾盂肾炎 临床表现复杂,全身及泌尿系统局部表现均可不典型。一半以上患者可有急性肾盂肾炎史,可伴不同程度的低热、间歇性尿频、排尿不适、腰部酸痛及肾小管功能受损表现,如夜尿增多、低比重尿等。病情持续可发展为慢性肾衰竭。急性发作时患者症状明显,类似急性肾盂肾炎。

5. 无症状性细菌尿(asymptomatic bacteriuria) 指患者有真性细菌尿,而无尿路感染的症状,可由症状性尿路感染演变而来或无急性尿路感染病史。多见于老年女性和妊娠期女性,致病菌多为大肠埃希菌,患者可长期无症状,尿常规可无明显异常,但尿培养有真性菌尿,也可在病程中出现急性尿路感染症状。

6. 前列腺炎 前列腺炎是成年男性常见病,包括致病菌明确的急性或慢性感染,更常见者为有前列腺感染的症状和体征,但未检测出明确致病菌的病例。急性细菌性前列腺炎者常常可在现有症状、体征、脓尿和细菌尿的基础上确诊。对怀疑慢性前列腺炎的患者进行正确分类,需要行1次中段尿、1次前列腺液和1次前列腺按摩后尿标本的定量培养,并估计白细胞数。在这些研究和其他考虑因素的基础上,怀疑慢性前列腺炎的患者可分为慢性细菌性前列腺炎或慢性盆腔疼痛综合征,可伴或不伴感染。

【并发症】 尿路感染如及时治疗,并发症很少;但伴有糖尿病和(或)存在复杂因素的尿路感染,特别是急性肾盂肾炎者,未及时治疗或治疗不当时,可出现多种并发症。

(一)肾乳头坏死

指肾乳头及其邻近肾髓质发生缺血性坏死,常发生于伴有糖尿病或尿路梗阻的肾盂肾炎,为其严重并发症。主要表现为寒战、高热、剧烈腰痛、腹痛和血尿等,可同时伴发革兰阴性杆菌败血症和(或)急性肾损伤。当有坏死组织脱落从尿中排出,阻塞输尿管时可发生肾绞痛。治疗上,需加强抗感染治疗。若坏死组织堵塞输尿管,则需通过输尿管膀胱镜取出,或置入输尿管支架解除梗阻。

(二)肾周围脓肿

为严重肾盂肾炎直接扩展而致,常存在糖尿病、尿路结石等易感因素。致病菌常为革兰阴性杆菌,尤其是大肠埃希菌。除原有症状加剧外,常出现明显的患侧腰痛,且在向健侧弯腰时疼痛加剧。B超、X线腹部平片、CT等检查有助于诊断。治疗主要是加强抗感染治疗和(或)局部手术引流。

(三)革兰氏阴性杆菌败血症

多见于复杂性尿路感染患者,尤其是接受膀胱镜检查或长期留置导尿管后。尿路感染是革兰阴性杆菌败血症的主要原因之一,以大肠埃希菌较多见,约占50%。病情凶险,突起寒战、高热及休克,死亡率可高达50%。

(四)尿路结石与梗阻

与尿路结石相关的感染,大肠埃希菌较少见,变形杆菌、假单胞菌较常见,此类细菌可产生尿素酶,分解尿素,使尿液碱性化,尿中磷酸盐易析出结晶,形成结石(即感染性结石,多为鹿角型结石)。常为双侧性,结石的小裂隙内可藏致病菌,易致抗感染治疗失败。感染合并尿路梗阻,导致肾盂积液、反流性肾病等,加速肾功能损害。

【实验室和辅助检查】

(一)尿液检查

1. 尿常规 可有白细胞尿、血尿和微量蛋白尿。干化学法普遍用于初筛,尿中白细胞酯酶常阳性,敏感性75%~96%,但可因污染等导致假阳性,故阳性者需尿沉渣镜检、尿细菌培养等确证;亚硝酸盐还原试验可阳性,敏感性70%以上,特异性90%以上,为大肠埃希菌等革兰阴性杆菌使尿内硝酸盐还原为亚硝酸盐所致,但球菌感染可阴性;尿蛋白多为阴性到微量。

尿沉渣镜检白细胞数>5 个/HP 称为白细胞尿或脓尿,对尿路感染诊断意义较大;部分尿路感染有镜下血尿,尿沉渣镜检红细胞多为 3 ~ 10 个/HP,呈均一性红细胞尿,极少数急性膀胱炎患者可出现肉眼血尿。部分肾盂肾炎患者尿中可见白细胞管型。

2. 尿白细胞排泄率   可较准确检测脓尿。准确留取 3 小时尿液,立即进行尿白细胞计数,所得白细胞数按每小时折算,正常人白细胞计数$<2\times10^5$/h,白细胞计数$>3\times10^5$/h 为阳性,介于 $(2\sim3)\times10^5$/h 为可疑。

(二) 细菌学检查

1. 细菌定性检查   新鲜清洁中段尿沉渣涂片,革兰氏染色后用油镜或不染色用高倍镜观察,计算 10 个视野的细菌数,取其平均值,若每个视野下可见 1 个或更多细菌,提示尿路感染。本法简便易行,检出率达 80% ~ 90%,可初步确定是杆菌或球菌,是革兰阴性还是革兰阳性细菌,对及时选择有效抗生素有重要参考价值。如未检测到细菌亦不能排除尿路感染的诊断。

2. 细菌定量检查   可采用清洁中段尿、导尿及膀胱穿刺尿做细菌培养,其中膀胱穿刺尿培养结果最可靠。但膀胱穿刺尿培养有一定创伤,临床常采用清洁中段尿细菌定量培养,如细菌定量培养$\geq10^5$/ml,称为真性菌尿,可确诊尿路感染;尿细菌定量培养 $10^4\sim10^5$/ml,为可疑阳性,需复查。耻骨上膀胱穿刺尿细菌定性培养有细菌生长,即为真性菌尿。

尿细菌定量培养可出现假阳性或假阴性结果。假阳性主要见于:①中段尿收集不规范,标本被污染;②尿标本在室温下存放>1 小时才进行接种等。假阴性主要原因为:①近 7 天内使用过抗生素;②尿液在膀胱内停留时间不足 6 小时;③收集中段尿时,消毒药混入尿标本内;④饮水过多,尿液被稀释;⑤感染灶排菌呈间歇性等。

(三) 影像学检查

影像学检查如 B 超、X 线腹部平片、静脉肾盂造影、排尿期膀胱输尿管造影、逆行性肾盂造影等,目的是为了了解尿路情况,及时发现有无尿路结石、梗阻、反流、畸形等导致尿路感染易发或反复发作的因素。尿路感染急性期不宜做静脉肾盂造影。对于反复发作的尿路感染或急性尿路感染治疗7 ~ 10 天无效的女性应行静脉肾盂造影检查。男性患者无论初发或再发,在排除前列腺炎和前列腺增生后均应行尿路 X 线检查以排除尿路解剖和功能上的异常。近年来,CT 或 MRI 可实现泌尿系成像,越来越多应用于诊断尿路疾病。

【诊断与鉴别诊断】

(一) 尿路感染诊断流程

典型尿路感染有尿路刺激征,伴或不伴感染中毒症状、腰部不适等,结合尿液分析和尿液细菌学检查,诊断并不困难。符合下列指标之一者,可诊断尿路感染:①新鲜中段尿沉渣革兰染色后用油镜观察,细菌>1 个/视野;②新鲜中段尿细菌培养计数$\geq10^5$/ml;③膀胱穿刺的尿培养阳性。凡是真性菌尿者,均可诊断为尿路感染。

无症状性细菌尿的诊断主要依靠尿细菌学检查,要求 2 次细菌培养均为同一菌种的真性菌尿。当女性有明显尿频、尿急、尿痛,尿白细胞增多,尿细菌定量培养$\geq10^2$/ml,且为常见致病菌时,可拟诊为尿路感染。

1. 定位诊断   真性菌尿的存在表明有尿路感染,但不能判定是上尿路或是下尿路感染,需进行定位诊断。

(1) 根据临床表现定位:上尿路感染常有发热、寒战,甚至出现毒血症症状,伴明显腰痛,输尿管和(或)肋脊点压痛、肾区叩击痛等。而下尿路感染,常以膀胱刺激征为突出表现,一般少有发热、腰痛等。

(2) 根据实验室检查定位:出现下列情况提示上尿路感染:①膀胱冲洗后尿培养阳性;②尿沉渣镜检有白细胞管型,并排除由免疫活动所致者(如间质性肾炎、狼疮性肾炎等);③尿 N-乙酰-氨基葡萄糖苷酶升高、尿 β_2 微球蛋白升高;④尿渗透压降低等。

2. **确定病原菌** 有赖于细菌学检查。清洁中段尿培养结合药敏试验,不仅可明确诊断,也可指导治疗。

3. **明确潜在致病因素** 对于反复发作的尿路感染,应积极寻找是否存在泌尿系畸形、梗阻、糖尿病或其他导致机体抵抗力下降的因素。

4. **慢性肾盂肾炎的诊断** 判断是急性还是慢性肾盂肾炎,除反复发作尿路感染病史之外,尚需结合影像学及肾脏功能检查。①肾外形凹凸不平,且双肾大小不等;②静脉肾盂造影可见肾盂肾盏变形、缩窄;③持续性肾小管间质功能损害。具备上述第①、②条的任何一项再加第③条可诊断慢性肾盂肾炎。

(二)尿路感染的鉴别诊断

1. **尿道综合征** 常见于女性,有尿频、尿急、尿痛及排尿不适等尿路刺激症状,但多次检查均无真性菌尿。部分可能由于逼尿肌与膀胱括约肌功能不协调、妇科或肛周疾病、神经焦虑等引起,也可能是衣原体等感染造成。

2. **泌尿系结核** 本病膀胱刺激症状更为明显,一般抗生素治疗无效,尿沉渣可找到抗酸杆菌,尿培养结核分枝杆菌阳性,而普通细菌培养为阴性。静脉肾盂造影可发现肾实质虫蚀样缺损等表现。部分患者伴有肾外结核,正规抗结核治疗有效可帮助鉴别。但肾结核常可能与尿路细菌性感染并存,如经抗生素治疗后,仍残留尿路感染症状或尿沉渣异常者,应高度注意肾结核的可能性。

3. **慢性肾小球肾炎** 慢性肾盂肾炎当出现肾功能减退、高血压时应与慢性肾小球肾炎相鉴别。后者多为双侧肾脏受累,且肾小球功能受损较肾小管功能受损突出,并常有较明确蛋白尿、血尿和水肿病史;而前者常有尿路刺激征,尿细菌学检查阳性,影像学检查可发现双肾不对称性缩小。

4. **全身感染性疾病** 急性肾盂肾炎的全身症状明显时易被误诊为流行性感冒、疟疾、脓毒症、伤寒等。但这些疾病有各自的临床特征与实验室检查异常,通过病史询问,注意有无尿路刺激征、肾区叩击痛,结合尿沉渣及尿细菌学检查等可鉴别。

5. **邻近器官炎症** 如阴道炎、宫颈炎等,可通过妇科检查及分泌物检验等以明确;部分尿路感染可表现腹痛、发热、血白细胞升高等,需与急性阑尾炎、急性盆腔炎等鉴别,通过病史、体格检查,尿常规、尿细菌学检查,必要时影像学检查等可鉴别。

【治疗】

(一)一般治疗

急性期注意休息,多饮水,勤排尿。发热者给予易消化、高热量、富含维生素饮食。膀胱刺激征和血尿明显者,可口服碳酸氢钠片1g,每日3次,以碱化尿液、缓解症状、避免形成血凝块,对应用磺胺类抗生素者还可增强药物的抗菌活性,并避免尿路结晶形成。对尿路感染反复发作者,应积极寻找病因,及时去除诱发因素。

(二)抗感染治疗

尿路感染治疗的目标是以最小的副作用、最少的细菌耐药、最低廉的费用获得最佳的治疗效果。用药原则如下:①选用致病菌敏感的抗生素。无病原学结果前,一般首选对革兰阴性杆菌有效的抗生素,尤其是初发的尿路感染。治疗3天症状无改善,应按药敏试验结果调整用药。②抗生素在尿液和肾内的浓度要高。③选用肾毒性小,副作用少的抗生素。④在单一药物治疗失败、严重感染、混合感染或出现耐药菌时,应联合用药。⑤对不同类型的尿路感染给予不同治疗时间。常用的抗生素包括磺胺类、β-内酰胺类(青霉素类、头孢菌素类)、氨基糖苷类(如阿米卡星、妥布霉素等)以及喹诺酮类(如诺氟沙星、氧氟沙星等)。

1. 急性膀胱炎

（1）单剂量疗法：对于无复杂因素存在的急性膀胱炎，可使用单剂量抗生素。常用氧氟沙星 0.4~0.6g，一次顿服；阿莫西林 1.0g，一次顿服；磺胺甲噁唑 2.0g、甲氧苄啶 0.4g、碳酸氢钠 1.0g，一次顿服（简称 STS 单剂）。选用单剂量疗法副作用小、依从性好，但复发率较高，大样本研究的结果表明其疗效不及 3 天疗法。

（2）短疗程（3 天）疗法：可选用喹诺酮类、半合成青霉素、头孢菌素类或磺胺类抗生素，任选一种药物，连用 3 天，约 90% 患者可治愈。与单剂量疗法相比，短疗程疗法更有效；耐药性并无增高；可减少复发，增加治愈率。是目前推荐使用的治疗方案。

（3）7 天疗法：对妊娠女性、老年患者、糖尿病患者、机体免疫力低下及男性患者不宜使用单剂量及短疗程疗法，应采用较长疗程，应持续抗生素治疗 7 天。

无论是何种疗程，在停服抗生素 7 天后，需进行尿细菌定量培养。如结果阴性表示急性细菌性膀胱炎已治愈；如仍有真性菌尿，应继续给予抗生素治疗完成 2 周疗程。

2. 肾盂肾炎

急性肾盂肾炎的治疗目的是杀灭病原菌、预防脓毒症的发生，并防止复发。急性肾盂肾炎的致病菌 80% 为大肠埃希菌，在留取尿细菌检查标本后应立即开始治疗，首选对革兰阴性杆菌有效的药物。72 小时显效者无需换药，否则应按药敏结果更改抗生素。

（1）病情较轻者：可在门诊口服药物治疗，疗程 10~14 天。常用药物有喹诺酮类（如氧氟沙星 0.2g，每日 2 次；环丙沙星 0.25g，每日 2 次）、半合成青霉素类（如阿莫西林 0.5g，每日 2 次）、头孢菌素类（如头孢呋辛 0.25g，每日 2 次）等。治疗 14 天后，通常 90% 可治愈。如尿菌仍阳性，应参考药敏试验选用有效抗生素继续治疗 4~6 周。

（2）严重感染伴全身中毒症状明显者：需住院治疗，应静脉给药。常用药物，如氨苄西林 1.0~2.0g，每 4 小时 1 次；头孢噻肟钠 2.0g，每 8 小时 1 次；头孢曲松钠 1.0~2.0g，每 12 小时 1 次；左氧氟沙星 0.2g，每 12 小时 1 次。必要时可使用碳青霉烯类抗生素或联合用药。氨基糖苷类抗生素肾毒性较大，需慎用。经过上述治疗若好转，可于热退后继续静脉用药 3 天再改为口服抗生素，完成 2 周疗程。治疗 72 小时无好转者，应按药敏结果更换敏感抗生素，疗程>2 周。经上述治疗，仍有持续发热者，应注意肾盂肾炎并发症，如肾盂积脓、肾周脓肿、感染中毒症等。

慢性肾盂肾炎常为复杂性尿路感染，其治疗关键是积极寻找并去除易感因素。慢性肾盂肾炎急性发作的治疗原则同急性肾盂肾炎。

3. 再发性尿路感染

（1）重新感染：多数病例伴有尿路感染症状，治疗方法与首次发作时相同。对半年内发生 2 次以上者，可用长程低剂量抑菌治疗，即每晚临睡前排尿后服用小剂量抗生素 1 次，如磺胺甲噁唑 1~2 片或呋喃妥因 50~100mg 或氧氟沙星 200mg，每 2~4 周更换药物，连用半年。近年来，多项随机对照研究显示服用含酸果蔓（cranberry）产品可预防尿路感染，可能与其某些成分可抑制大肠埃希菌 P 型菌毛对膀胱上皮的黏附作用有关。

（2）复发：复发且为肾盂肾炎者，在去除诱发因素（如结石、梗阻、尿路异常等）的基础上，应按药敏选择强有力的杀菌性抗生素，疗程不短于 6 周。反复发作者，给予长程低剂量抑菌疗法。

（三）其他类型尿路感染治疗

1. 无症状性细菌尿　无症状性细菌尿是否需治疗目前仍有争议。一般认为，有下列情况者应予治疗：①妊娠期无症状性菌尿；②学龄前儿童；③曾出现有症状感染者；④肾移植受者、尿路梗阻及其他尿路有复杂情况者。应根据药敏结果选择有效抗生素，主张短疗程用药。如治疗后复发，可选长程低剂量抑菌疗法。

2. 妊娠期尿路感染　妊娠期易发生无症状性菌尿，但如未及时发现或治疗，妊娠晚期可有 50% 发生有症状尿路感染。治疗宜选用毒性小的抗生素，如阿莫西林、呋喃妥因或头孢菌素类等。妊娠期急性膀胱炎治疗时间一般为 3~7 天。急性肾盂肾炎应静脉滴注抗生素治疗，可选用半合成广谱青霉素或第3代头孢菌素,疗程2周。反复发生尿路感染者,可用呋喃妥因长程低剂量抑菌治疗。

3. 儿童尿路感染 婴幼儿尿路感染可致肾发育障碍、瘢痕形成或膀胱-输尿管反流,导致肾实质永久性损害并随年龄增长而加重。因此,儿童尿路感染应注意排除尿路解剖异常或器质性梗阻疾病,需行静脉肾盂造影等检查。儿童尿路感染的治疗原则与方法同成人。单纯急性下尿路感染疗程7~14天;肾盂肾炎患儿开始即应选择广谱抗生素静脉给药,然后根据药敏试验改用敏感、窄谱、低毒的抗生素,体温降至正常24~48小时改口服治疗,总疗程1~3个月。一般不使用喹诺酮类抗生素,其可能影响儿童软骨发育。

4. 留置导管相关尿路感染 预防留置导管相关尿路感染最有效的办法是减少或避免尿路导管的使用,或尽可能缩短保留时间。定时更换导管可减少尿路感染的发生,而抗生素或生理盐水冲洗膀胱无明显预防作用,并可导致密闭引流系统反复开放,增加感染机会。留置导管相关性菌尿一般无症状,仅<5%患者并发菌血症,通常可不用抗生素。如伴明显的全身症状如寒战、发热等,按复杂性尿路感染治疗。

5. 糖尿病并发尿路感染 治疗原则为严格控制血糖,合理使用抗生素。以药敏试验为指导,在留取清洁中段尿培养标本后立即开始治疗,抗生素剂量与疗程要足够。如为严重尿路感染,应联合使用抗生素、静脉给药。糖尿病并发上尿路感染者发生肾乳头坏死率较高,如临床表现为高热、剧烈腰痛和血尿,尤其伴肾绞痛或有坏死组织从尿中排出,提示发生肾乳头坏死,应加强抗生素治疗和解除尿路梗阻。

6. 复杂性尿路感染 对于存在复杂因素的尿路感染,应采用14天疗法或更长程治疗,同时应于感染控制后去除尿路结石等复杂因素,必要时可考虑外科手术治疗,以避免复发。轻症肾盂肾炎患者可选择喹诺酮类或磺胺甲噁唑治疗2周,必要时延长至4~6周。明显的肾盂肾炎或脓毒症患者应联合使用抗生素,同时尽可能纠正潜在的解剖或功能异常。在治疗后停药10~14天需复查清洁中段尿培养,以确定细菌是否被完全清除。

(四) 疗效评定

1. 有效 治疗后反复查尿沉渣镜检与细菌学检查阴性。

2. 治愈 症状消失,尿菌阴性,疗程结束后2周、6周复查尿菌仍阴性。

3. 治疗失败 治疗后尿菌仍阳性;或治疗后尿菌阴性,但2周或6周复查尿菌转为阳性,且为同一种菌株。

【预防】 尿路感染重在预防。坚持多饮水、勤排尿(每2~3小时排尿1次),避免细菌在尿路繁殖是最有效的预防方法。注意会阴部清洁,以减少尿道口的细菌群。尽量避免尿路器械的使用,必须使用时,应严格无菌操作。如必须留置导尿管,尽可能减少导尿管的留置时间,前3天给予抗生素可延迟尿路感染的发生。与性生活有关的尿路感染,应于性交后立即排尿,并口服一次常用量抗生素。膀胱输尿管反流者,推荐"二次排尿",即每次排尿后数分钟再排尿一次。

(陈江华)

推荐阅读文献

1. Hooton TM, Roberts PL, Cox ME, et al. Voided midstream urine culture and acute cystitis in premenopausal women. NEW ENGL J MED. 2013. 369(20):1883-1891

2. Hooton TM. Clinical practice. Uncomplicated urinary tract infection. NEW ENGL J MED. 2012. 366(11): 1028-1037

3. Sandberg T, Skoog G, Hermansson AB, et al. Ciprofloxacin for 7 days versus 14 days in women with acute pyelonephritis: a randomised, open-label and double-blind, placebo-controlled, non-inferiority trial. LANCET. 2012. 380(9840):484-490

4. Wang CH, Fang CC, Chen NC, et al. Cranberry-containing products for prevention of urinary tract infections in

susceptible populations: a systematic review and meta-analysis of randomized controlled trials. Archives of internal medicine. 2012. 172(13):988-996

5. Little P, Merriman R, Turner S, et al. Presentation, pattern, and natural course of severe symptoms, and role of antibiotics and antibiotic resistance among patients presenting with suspected uncomplicated urinary tract infection in primary care: observational study. BRIT MED J. 2010. 340:b5633

第七章　肾血管疾病

要点:

1. 肾动脉狭窄导致的肾血管性高血压是继发性高血压的重要病因,对于年轻、舒张压较高、双侧肾脏大小不等的高血压患者需考虑此病。

2. 该病可导致缺血性肾病,表现为轻度尿检异常伴或不伴肾功能损伤。肾动脉造影是诊断的金指标。解除狭窄和控制高血压是治疗关键。

3. 高血压性小动脉性肾硬化在长期血压控制不良者常见,是导致终末期肾病的重要原因。早期临床表现为夜尿增多,可有少量蛋白尿,以小分子蛋白为主。恶性小动脉性肾硬化高血压可使肾功能急剧恶化。控制高血压、保护靶器官是本病治疗关键。

第一节　肾动脉狭窄

【病因】　肾动脉狭窄(renal artery stenosis)的病因主要有动脉粥样硬化、纤维肌性发育不良和大动脉炎等。动脉粥样硬化性肾动脉狭窄主要见于老年患者,纤维肌性发育不良和大动脉炎常见于青年女性。

【病理生理】　肾动脉狭窄是引起肾血管性高血压(renal vascular hypertension,RVH)的重要原因。当肾动脉狭窄超过70%时,跨狭窄部位收缩压差超过15~25mmHg,肾血流量及其灌注明显减少,触发狭窄侧肾脏球旁器肾素分泌增加,肾素-血管紧张素-醛固酮系统激活,外周血管阻力增高和水、钠潴留,导致血压升高。但双肾动脉狭窄或者孤立肾动脉狭窄时,缺乏健侧肾脏对高血压的利钠反应,水钠潴留更为突出,容量扩张会反馈抑制肾素分泌,此时高血压非肾素依赖。另一方面,超过70%的肾动脉狭窄,超过肾脏的生理代偿能力,出现肾小管和肾小球缺血性损伤,最终可能会导致肾小球硬化、小管萎缩及间质纤维化,健侧肾脏会有不同程度的功能代偿。

【临床表现】

(一)肾血管性高血压

肾动脉狭窄常常表现为:短期出现的高血压、或者血压控制良好的患者突发血压难以控制(3种降压药效果不佳);原因不明或者应用肾素-血管紧张素(renin-angiotensin system,RAS)抑制剂后发生急性肾损伤;发作性肺水肿和充血性心力衰竭。查体腹部可闻及血管杂音等体征,实验室检查尿常规可正常或有轻度蛋白尿(<2g/24h),部分患者有低钾血症。对于新近起病的年轻高血压患者,要高度怀疑纤维肌性发育不良的可能。对于多血管受累、伴有低热、乏力、纳差等全身炎症症状的青年女性患者应警惕大动脉炎。中老年起病,尤其是合并其他器官动脉粥样硬化者,应考虑动脉粥样硬化性肾动脉狭窄。

(二)缺血性肾病

老年高血压患者合并进行性肾功能损害、轻度尿检异常(蛋白尿<2g/d、少量红细胞及管型),尤其伴周围血管病变时,应高度怀疑本病的可能。有学者发现,有上述表现者,半数以上患

者存在明显的肾动脉狭窄,使用 ACEI/ARB 类降压药会进一步加重患侧肾功能损害。

【诊断及鉴别诊断】 有下列情况者需注意肾动脉狭窄的可能:任何年龄,突然发作或者加重的高血压;突然发作性肺水肿,但心功能正常;使用 ACEI 或者 ARB 后出现急性、难以解释的肾功能损害;严重或难治性高血压伴有血肌酐升高;双肾大小不等。影像学检查首先选择无创的筛查性检查,如多普勒血管超声、磁共振血管造影(MRA)和计算机断层血管造影(CTA)。确证性检查主要指肾动脉造影。

(一) 肾动脉造影

肾动脉造影是诊断肾动脉狭窄的"金指标",可准确显示肾动脉狭窄的部位、程度,还能间接提示肾动脉狭窄的病因。评价狭窄的程度、测定跨狭窄部位压力差能有效预测治疗的效果。肾静脉取血检测肾素水平不再常规使用,因为除非肾动脉完全闭塞,准确性较差。肾动脉造影是有创的检查,可能出现造影剂过敏、造影剂肾病、出血或胆固醇结晶栓塞等并发症,肾功能不全者宜选用等渗造影剂。

(二) 磁共振血管成像和计算机断层血管造影

近年来 MRA 和 CTA 在临床得到广泛应用,均为无创检查,与 X 线肾动脉造影相比,敏感性和特异性均较好。MRA 不需要用离子性造影剂,采用没有肾毒性的造影剂钆,但对于肾功能不全(GFR<30ml/min)的患者,钆会增加肾源性系统性纤维化的风险。对血肌酐超过 2mg/dl 的肾功能不全患者,可能因为肾血流降低,CTA 的敏感性降低,CTA 造影剂的肾毒性也限制了其在肾功能不全患者中的使用。

(三) 肾脏超声及多普勒血管超声检查

肾脏超声双肾长径差超过 1.5cm 的患者应警惕肾血管狭窄。多普勒血管超声检查是一项简便无创的筛选方法,当肾动脉收缩期峰流速(PSV)超过 200cm/s,肾动脉和主动脉流速比(RAR)大于 3.5,并出现狭窄部位后湍流,则高度提示显著的肾动脉狭窄。PSV 减舒张期血流速度差再除以 PSV 得到阻力指数,如果阻力指数低于 0.8 可以预测肾血管重建后效果较差。但动脉超声诊断轻度狭窄的患者有一定的困难,此外操作者的经验、肥胖、肠胀气或有腹部手术史等可能影响检查的准确性。

(四) 放射性核素肾显像

利用 ^{131}I-马尿酸钠或核素 ^{99m}Tc-DTPA(二乙烯三胺)核素显像(Gates 法)能测定分肾血流量或肾小球滤过率(GFR)。可以判断肾动脉狭窄肾功能损伤的程度,过去常用的卡托普利肾图,因为操作繁琐、不能提供血管影像、预测肾动脉狭窄的意义较差,已不常使用。

【治疗】 肾动脉狭窄的治疗目标包括两方面,有效控制血压,改善或延缓患侧肾功能损伤。具体方法包括药物、血管成形术和外科手术。

(一) 药物治疗

积极控制血压适用于所有肾血管性高血压患者,对于单侧肾动脉狭窄伴血浆肾素水平增高的患者,血管紧张素转换酶抑制剂(ACEI)或血管紧张素 Ⅱ 受体拮抗剂(ARB),可能带来戏剧性的降压效果,但须从小剂量开始,逐渐加量,并密切观察血压及肾功能的变化,双侧肾动脉狭窄或者孤立肾患者肾动脉狭窄者使用 ACEI/ARB 类药物需慎重。对于大动脉炎患者介入或者手术前,应通过免疫抑制治疗控制其炎症活动。动脉粥样硬化肾动脉狭窄患者同时需要改善生活方式、抗血小板和调脂等治疗。近年来有学者推荐首选药物治疗,如果血压控制不满意,再考虑血管成形术或者手术治疗。

(二) 介入血管成形术

经皮肾动脉球囊扩张和放置血管支架比手术创伤小,能有效恢复肾脏血流灌注,降低血压,改善肾功能,已成为肾动脉狭窄重要的治疗方法。纤维肌性发育不良患者推荐使用球囊扩张术,而动脉粥样硬化肾动脉狭窄往往需要支架置入。常见的并发症有穿刺部位的血肿、造影剂肾损害和胆固醇结晶栓塞。近年来关于比较肾血管成形术的远期疗效与药物治疗的文献存在较多争议,但对于难以控制的高血压,进行性肾功能恶化的患者,血管重建后疗效较血压和肾功能相对稳定的患者更好。

(三)外科手术治疗

外科手术适用于肾动脉狭窄介入治疗无效、多分支狭窄或狭窄远端有动脉瘤形成等复杂肾动脉狭窄,年轻的纤维肌性发育不良的患者也可以考虑手术治疗。手术方式包括血管重建、动脉内膜切除、自身肾移植等。如上述治疗无效的顽固性高血压患者,可行患肾切除术。

第二节　肾动脉栓塞和血栓形成

【病因和发病机制】　肾动脉栓塞(renal artery embolism)的栓子主要来源于心脏,如心房纤颤、瓣膜病、心内膜炎、心衰血栓和黏液瘤等;心脏外的栓子如反常性栓子、肿瘤栓子和脂肪栓子等。

肾动脉血栓形成(renal artery thrombosis)的原因包括:血液高凝状态,如抗磷脂抗体综合征、肾病综合征和遗传性凝血因子异常等;继发于主动脉或肾动脉结构改变,如动脉粥样硬化病、动脉瘤、夹层撕裂等;血管炎累及肾动脉,如结节性多动脉炎、Takayasu动脉炎,川崎病和闭塞性脉管炎等;肾动脉创伤性检查或治疗(如经皮肾动脉造影、肾动脉内球囊扩张)等。

急性肾动脉主干栓塞或(和)血栓形成会引起肾缺血和(或)梗死。若肾动脉分支栓塞或血管疾病进展缓慢,有足够时间形成充分的侧支循环,肾脏缺血程度会较轻。肾脏缺血除导致急性肾功能损害外,还可能促使肾素血管紧张素系统活化,导致高血压。

【临床表现】　肾动脉栓塞和血栓形成的临床症状和体征、疾病轻重程度取决于肾动脉阻塞的部位、速度和程度。局部细小血管的栓塞,临床上常无症状,肾动脉或较大分支的阻塞常可诱发肾梗死,表现为突发剧烈的腹痛或患侧腰痛,可伴恶心、呕吐、发热、寒战、轻度蛋白尿和血尿。广泛双侧肾动脉栓塞或孤立肾肾动脉栓塞可出现急性肾衰竭,但多数患者并不一定出现肌酐升高和尿量减少,许多患者还可出现急性或慢性高血压。实验室检查显示白细胞升高和乳酸脱氢酶显著上升。

【诊断和鉴别诊断】　存在肾梗死高危因素的患者突发持续性腰痛和上述非特异性症状时,应警惕本病,确诊需要影像学检查。增强CT可以观察到肾皮质梗死的低灌注区域,对于CT阴性但高度可疑的患者,核素肾显像敏感性较好。肾动脉造影是诊断的金标准,但是通常典型病例并不需要作肾动脉造影。

【治疗】　较早诊断的肾动脉栓塞或血栓形成,恢复肾脏血流灌注有助于防止进一步的组织缺血时,可考虑肾动脉溶栓和血管成形术。几小时内创伤引起的肾血管闭塞可以考虑手术修复。一旦肾梗死发生后,组织损伤不再可逆,保守治疗包括抗凝减少更多的血栓形成,抗高血压药物可选择ACEI或ARB治疗肾素相关的高血压,限盐和利尿以降低容量负荷,还应包括原发病的治疗等。

第三节　高血压小动脉性肾硬化

高血压小动脉性肾硬化(hypertensive arteriolar nephrosclerosis)主要是指高血压所导致的肾脏弓形动脉、小叶间动脉和入球小动脉硬化的病理改变。在美国是引起终末期肾病的第二位病因(仅次于糖尿病肾病),我国也呈上升趋势。可分为良性小动脉性肾硬化(benign arteriolar nephrosclerosis)和恶性小动脉性肾硬化(malignant arteriolar nephrosclerosis)。

一、良性小动脉性肾硬化

【发病机制和病理】　是最常见的高血压肾损害,见于长期(5～10年)慢性高血压患者。除全身血压传递到肾脏的直接损害之外,遗传、神经和内分泌等因素也参与肾损伤的发生和发展。当收缩压>150mmHg 超出入球小动脉调节能力;或者血压<140mmHg,但伴有肾脏入球小动脉调节血流能力下降(如血管病变、糖尿病和高蛋白饮食等)或者存在肾单位减少或 RAS 系统异常活化的基础时,肾小球内毛细血管袢出现高压和高灌注,导致蛋白尿和肾功能损害。而长期高血压及相伴的神经体液异常,导致的血管内皮损伤和平滑肌收缩,血管阻力增加,肾脏小动脉,如弓状动脉、小叶间动脉壁肌内膜肥厚,入球小动脉管壁玻璃样变等,致使血管腔狭窄,肾脏供血不足,发生缺血性肾病,即肾小球毛细血管基底膜皱缩,肾小管上皮细胞变性、灶状萎缩,晚期则出现肾小球硬化、肾小管萎缩和间质纤维化。早期肾脏大小正常,晚期缩小,呈现颗粒样肾固缩。

【临床表现】　本病多见于 50 岁以上的中老年人,有长期缓慢进展的高血压病史。因肾小管较肾小球对缺血敏感,故早期以夜尿增多、低比重尿及低渗透压尿等肾小管浓缩功能受损为主要临床表现;随后累及肾小球毛细血管,表现为微量白蛋白尿和少量蛋白尿(多<2g/24h);晚期可出现肾小球功能损害、肌酐清除率下降,并逐渐进展至终末期肾衰竭。同时伴高血压其他靶器官(心、脑等)损害及眼底病变。

【治疗】　积极控制高血压(应<140/90mmHg)是治疗良性小动脉肾硬化的关键。高血压的良好控制可有效地降低老年患者发生良性小动脉肾硬化所致的终末期肾衰竭的发生率。同时戒除一些不良生活习惯,如吸烟、酗酒等,肾衰竭时则按慢性肾衰竭处理。

二、恶性小动脉性肾硬化

近年来恶性高血压的概念逐渐被高血压亚急症(hypertensive urgencies)和急症(hypertensive emergencies)所取代。高血压急症通常指血压大于 180/120mmHg,伴有危及生命的靶器官损害,如冠脉缺血、主动脉夹层动脉瘤撕裂、心衰、肺水肿、高血压脑病、脑出血、视盘水肿和急性肾衰竭等,高血压亚急症往往指血压大于 180/110mmHg,不伴有上述危及生命的靶器官损害。其中高血压急症对应的肾脏病理损害即恶性小动脉性肾硬化。

【病因和发病机制】　高血压急症时,血压超过肾脏维持血管床正常灌注的调节范畴(80～150mmHg),直接损伤内皮导致内皮的通透性增加,细胞增殖、激活血小板聚集和凝血级联,导致血管的进一步破坏和组织缺血,该过程中伴有血管活性物质(或激素)的活化,包括肾素血管紧张素系统、儿茶酚胺、内皮素和血管加压素等,使升高的血压和血管损伤形成恶性循环。

【病理】　肾脏皮质及被膜下可见点状出血,除了基础良性小动脉性肾硬化(缺血性肾病)的病变外,其特征性病理改变为小动脉和微动脉的纤维素样坏死,小叶间动脉和弓状动脉内膜和表层平滑肌细胞增生(呈"洋葱皮"样改变),小动脉腔高度狭窄,甚至闭塞。

【临床表现】　除了高血压急症的眼底、心、脑病变外,患者表现为镜下或肉眼血尿,快速增加的蛋白尿,但极少出现肾病综合征,肾功能急剧恶化,血肌酐、尿素氮迅速升高,常于发病数周至数月进入终末期肾衰竭。

【治疗】　高血压急症是内科危急重症之一,迅速有效地降低血压是保护靶器官功能的关键。一般首选静脉用药迅速控制血压,然后口服降压药维持。治疗过程中应避免血压下降过快,以免心、脑、肾等重要器官供血不足。血压不能控制的恶性高血压患者,预后极差。已发生肾衰竭的患者应及时透析治疗。

第四节　肾静脉血栓形成

【病因及发病机制】　肾静脉血栓形成(renal vein thrombosis,RVT)主要发生于肾静脉主干及各级分支血管。引起 RVT 的主要原因有:全身高凝状态(如肾病综合征尤其是膜性肾病、凝血与纤溶系统的失衡、血小板聚集功能亢进等)、肾静脉受压(如腹膜后纤维化、肿瘤或脓肿等)、血管壁受损(如肾癌侵袭肾静脉、外伤等)、妊娠或服用避孕药等。此外,其他一些因素也可促进肾静脉血栓的形成,如低蛋白血症严重水肿致有效循环血容量不足、利尿过度及糖皮质激素治疗等。患侧肾脏淤血,体积增大、回流各级静脉扩张、血管内静水压升高、血栓形成,压力传递到肾小球毛细血管祥,淤血扩张,可形成微血栓,间质高度水肿,晚期会导致肾小管萎缩和间质纤维化。

【临床表现】　本病的临床表现取决于血栓形成的速度、栓塞的程度和侧支循环的形成等。慢性小分支静脉血栓,尤其侧支循环建立良好者常无明显临床症状。急性 RVT 的典型临床表现为:①急性持续性患侧腰痛或腹痛;②尿检异常:常有一过性肉眼血尿、突然增多的蛋白尿;③患侧肾脏增大;④肾功能损害:尤其是双侧肾静脉血栓形成时,可出现少尿和急性肾衰竭。慢性 RVT 可有急性 RVT 的症状,但程度较轻,如持续性轻度腰背痛、轻度肾功能损害、不同程度的肾小管功能异常,肾小管性酸中毒、肾性糖尿等。此外,肾静脉血栓脱落常可并发肺栓塞。

【诊断】　本病的确诊有赖于选择性肾静脉造影。肾静脉内充盈缺损或静脉不显影等都有助于 RVT 的诊断。其他非侵入性检查如 CT、MRI 及血管彩色多普勒检查等由于敏感性欠佳,临床实际应用价值有限,仅对诊断肾静脉主干大血栓有一定帮助。

【治疗】　RVT 确诊后应尽早给予全身抗凝治疗,可根据患者的基础病选择肝素或小分子量肝素,再过渡到华法林抗凝。早期应及时局部溶栓,肾动脉插管局部给药效果优于全身或肾静脉血栓部位给药,药物包括链激酶、尿激酶或重组纤溶酶原激活物等。外科手术主要用于肾静脉主干大血栓形成、抗凝溶栓治疗无效、反复发生肺栓塞的患者。

(李雪梅)

推荐阅读文献

1. Scott J. Gilbert, National Kidney Foundation's primer on kidney Diseases, 6th Edition, 2013, Elsevier saunders
2. Jurgen floege, Comprehensive Clinical Nephrology, 4th Edition, 2011, Elsevier saunders

第八章 遗传性肾小球疾病

要点:

1. Alport 综合征又称遗传性肾炎,是一由编码Ⅳ型胶原不同 α 链基因突变导致的遗传性基底膜病,以血尿、蛋白尿、进行性肾衰竭伴感音神经性耳聋、眼病变为主要临床表现。治疗以综合对症治疗为主。

2. Fabry 病是 X 伴性遗传的溶酶体贮积病,临床表现为多器官受累。肾脏病变表现为尿浓缩功能障碍及血尿、蛋白尿、肾功能受累。α-Gal A 酶活性降低和血、尿底物 GL3 检测是特异性指标,GLA 基因突变检测是诊断金指标。酶替代治疗是目前有效的治疗方法。

3. 薄基底膜肾病主要表现为镜下血尿、伴或不伴少量蛋白尿、正常肾功能和血压,电镜示肾小球基底膜弥漫变薄。本病有家族聚集倾向,COL4A3、COL4A4 和 COL4A5 基因突变检测有助于鉴别薄基底膜肾病和 Alport 综合征。治疗以对症治疗为主。

4. 常染色体显性遗传型多囊肾病(ADPKD)是常见的遗传性肾脏疾病,通常与 PKD1 基因和 PKD2 基因突变有关。临床表现为腰腹部胀痛、血尿、白细胞尿、夜尿增多、高血压,贫血发生晚,与肾功能受累程度不成正比,常伴有其他脏器囊肿,包括肝囊肿等。以对症治疗为主,进入终末期肾病可进行血液净化治疗或肾移植。

第一节 Alport 综合征

Alport 综合征(Alport syndrome, AS),又称遗传性肾炎,是一并不少见、遗传方式多样、以血尿、进行性肾衰竭伴感音神经性耳聋、眼病变为主要临床表现的遗传性基底膜病。

【发病机制及遗传方式】 近年研究发现 AS 发病与基底膜重要组成成分之一Ⅳ型胶原(type Ⅳ collagen)亚单位 α3-6 链编码基因 COL4A3-COL4A6 突变有关,其中 COL4A3、COL4A4 位于 2 号常染色体(2q36),COL4A5 和 COL4A6 位于 X 染色体(Xq22),因此 AS 遗传方式有 3 种:X 伴性遗传(XL)、常染色体显性(AD)和常染色体隐性(AR)遗传,约 80% ~ 85% 的 AS 以 X 伴性遗传。

【临床表现】 AS 临床表现多样,XLAS 男性、ARAS 患者发病多较早、病情较重,而 XLAS 女性和 ADAS 则较晚和较轻。

1. **肾脏表现** 血尿是最常见的临床表现,几乎所有 XLAS 男性和 ARAS 患者可见镜下血尿,且多呈持续性,90% 以上的 XLAS 女性和约 50% ~ 80% ARAS 患者的杂合子家属可见镜下血尿,约 30% ~ 70% 患者可伴反复肉眼血尿,部分出现在感染或劳累后。蛋白尿在发病初可无或少量,随病程进展可加重,肾病综合征少见。几乎所有 XLAS 男性和 ARAS 患者不可避免进入终末期肾衰竭(ESRD),仅部分 XLAS 女性和 ADAS 患者可出现肾功能受累。

2. **听力改变** 主要表现为感音神经性耳聋,常累及 2 ~ 8kHz,病变以双侧为主。XLAS 男性、ARAS 患者及少数病情严重 XLAS 女性可累及其他频率范围,表现为听力进行性下降。XLAS

男性、ARAS 患者伴发耳聋者较 XLAS 女性多、出现亦早。

3. **眼病变** 前锥形晶体是常见被认为具诊断意义的眼病变,见于约 60% ~ 70% XLAS 男性、10% XLAS 女性及约 70% 的 ARAS 患者,其他晶体改变有球形晶体、后锥形晶体等。晶体屈度改变可导致近视、斜视、眼球震颤等。黄斑周围视网膜色素改变是最常见眼病变,这一改变出现较前锥形晶体早,因此报道的发生率高于或接近前锥形晶体。其他改变有角膜内皮大泡、反复角膜溃疡等。

4. **平滑肌瘤** 在部分 XLAS 患者中合并存在,可见于食道、气管支气管、生殖系统等。

5. **其他** 包括肌发育不良、甲状腺疾病、AMME 综合征(AS 伴精神发育迟缓、面中部发育不良及椭圆形红细胞增多症等)等。

【实验室检查】

(一)肾组织常规病理检查

1. **光镜** 无特异性。疾病早期或 5 岁之前,肾小球和肾血管基本正常,5 岁以上患者可出现系膜和毛细血管袢改变,光镜下表现为轻微病变、局灶节段肾小球透明变性和/或硬化、弥漫系膜增生等。约 40% 肾组织标本可有间质泡沫细胞,此改变不具诊断意义,但若发现间质泡沫细胞,应注意有无 AS 可能,尤其临床无肾病综合征表现者。

2. **免疫荧光(IF)** 多为阴性,少数标本系膜区、毛细血管壁可有 IgA、IgG、IgM、C_3、C_4 等局灶节段或弥漫沉积,有报道显示极少数患者可有 IgA 在系膜区弥漫沉积,甚至被误诊为 IgA 肾病。

3. **电镜** 电镜改变多种多样,典型呈弥漫肾小球基底膜(GBM)厚薄不均、分层、网篮样改变,极少数可见 GBM 断裂,多数 XLAS 男性、ARAS 患者及少数 XLAS 女性表现典型改变,部分儿童、XLAS 女性和 ADAS 患者表现为弥漫 GBM 变薄。

(二)皮肤及肾组织Ⅳ型胶原不同α链间接免疫荧光检测

正常情况下,抗 $\alpha_{3,4}$(Ⅳ)链抗体在 GBM、远端肾小管基底膜(dTBM)、抗 α_5(Ⅳ)链在 GBM、包氏囊(BC)、dTBM、表皮基底膜(EBM)上沉积,IF 呈连续线样。而 $\alpha_{3\sim5}$(Ⅳ)链在 XLAS、ARAS 患者肾组织和皮肤沉积见表,约 75% XLAS 男性和 50% XLAS 女性及部分 ARAS 患者可发现以上改变(表 5-8-1)。该检测方法具有重要诊断意义,且有助于 AS 遗传方式的确定。

表 5-8-1 AS 患者Ⅳ型胶原不同 α 链免疫荧光检测结果

		GBM	BC	dTBM	EBM
XLAS 男性	α_3(Ⅳ)链	阴性	/	阴性	/
	α_4(Ⅳ)链	阴性	/	阴性	/
	α_5(Ⅳ)链	阴性	阴性	阴性	阴性
XLAS 女性	α_3(Ⅳ)链	阳性,不连续	/	阳性,不连续	/
	α_4(Ⅳ)链	阳性,不连续	/	阳性,不连续	/
	α_5(Ⅳ)链	阳性,不连续	阳性,不连续	阳性,不连续	阳性,不连续
ARAS	α_3(Ⅳ)链	阴性	/	阴性	/
	α_4(Ⅳ)链	阴性	/	阴性	/
	α_5(Ⅳ)链	阴性	阳性	阳性	阳性

【诊断及鉴别诊断】 AS 诊断必须结合临床表现、电镜、家系调查、Ⅳ型胶原检测结果等综合判断(图 5-8-1)。

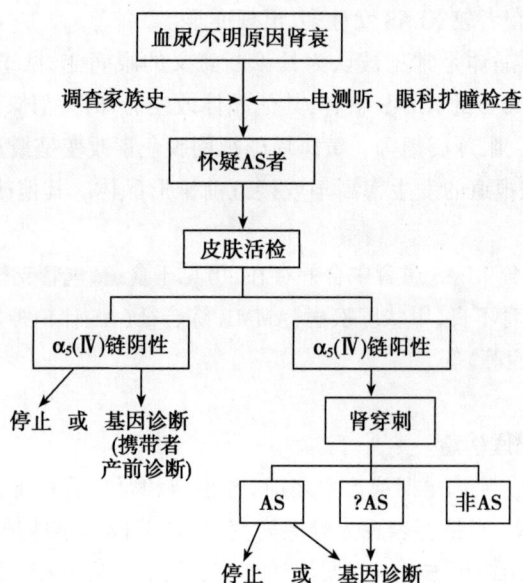

图 5-8-1   Alport 综合征患者的诊断思路

AS 需与薄基底膜肾病、家族性 IgA 肾病、家族性局灶节段性肾小球硬化等鉴别,GBM 超微结构改变和皮肤、肾组织Ⅳ型胶原不同 α 链检测有助于鉴别。

【治疗】   目前为止仍无特别有效的治疗,激素和免疫抑制剂对 AS 进程有弊无利。对尚未进入 ESRD 者,以综合对症治疗为主:①减少蛋白摄入;②控制高血压;③纠正贫血、水电解质和酸碱平衡紊乱;④积极查找和去除感染灶;⑤避免肾毒性药物。ESRD 者,则依靠透析或移植。移植效果较好,报道约 3% ~4% 患者可并发移植后抗 GBM 抗体性肾炎,此类患者再移植效果差。血管紧张素转换酶抑制剂(ACEI)、血管紧张素受体阻滞剂(ARB)、醛固酮抑制剂(螺内酯)可减少蛋白尿、延缓进入肾脏替代治疗。

第二节   Fabry 病

Fabry 病(法布里病)是一种罕见的 X 伴性遗传的溶酶体贮积病。由于编码 α-半乳糖苷酶 A(α-galactosidase A,α-Gal A)的基因发生突变,导致该酶活性部分或全部丧失,造成其代谢底物三己糖酰基鞘脂醇(globotriaosylceramide,GL3)和相关的鞘糖脂在人体各器官大量贮积,最终引起一系列脏器病变。编码人类 α-Gal A 蛋白的 GLA 基因位于 Xq22,由 7 个外显子组成,国外报道在男性中的发病率约为 1/40 000 ~1/110 000,而国内尚无人群发病率统计数据。

【临床表现】

(一) 临床表现

为多系统多器官受累,病变可累及皮肤、眼、耳、心脏、肾脏、神经系统及胃肠道等,往往男性患者(半合子)临床表型多重于女性(杂合子)。

1. 神经系统   疼痛在儿童时期作为最常见的症状之一出现,多数患者青春期后疼痛程度可能会减轻,主要表现为肢端疼痛。少汗或无汗为男性患者常见。中枢神经系统病变多见于 40 岁以后,表现为颅内血管受累或继发血栓栓塞等。

2. 皮肤   血管角质瘤常见于典型患者,表现为小而凸起的暗红色斑点,多分布于臀部、大腿内侧、背部和口周,皮损范围可随着病程进展而扩大。

3. 眼   多数患者可有眼部受累,角膜涡状混浊具有诊断意义。

4. 肾脏   早期表现为尿浓缩功能障碍、脂肪尿,随病程进展出现血尿、蛋白尿甚至肾病综合征、肾功能受累。终末期肾衰竭的发病年龄，男性患者通常在 20 岁或以后，而女性患者一般更晚或不发生。肾组织光镜下可见肾小球脏层上皮细胞高度肿胀和空泡化，甲苯胺蓝染色足细胞、肾小管上皮细胞和肾血管内皮细胞胞浆内可见嗜甲苯胺蓝的颗粒状物质，电镜下可见肾小球上皮、内皮及系膜细胞胞质内堆积大量致密不规则的嗜锇性"髓样小体"，明暗相间呈板层状。

5. 心脏　常见心室肥厚、左心房扩大、心脏瓣膜病变、心律失常和传导异常。在一些半合子男性患者中心脏受累可能是唯一症状。

法布里病每个患者的主要临床表现可以差异很大，所以各科医生均需要加强警惕。

(二) 家族史

除询问先证者，需同时询问与该患者有血缘关系的所有亲属，开展家系调查。

(三) 特异性检测指标

即生物标志物检测如白细胞或血清、血浆 α-Gal A 酶活性检测和血、尿底物 GL3 检测。

(四) 基因突变检测

基因突变检测是诊断本病的金指标，对本病的诊断起到决定作用。

【诊断】　根据相关家族史和临床表现、病理和实验室检查，特异性标志物检查如 α-Gal A 酶活性和底物 GL3 检测，以及 GLA 基因突变检测，可明确本病诊断。

【治疗】　目前法布里病的治疗主要为控制血压、保护肾功能及对症治疗。蛋白尿或者慢性肾功能不全的患者可应用血管紧张素转换酶抑制剂和血管紧张素 II 受体拮抗剂，苯妥英钠、卡马西平和(或)加巴喷丁常被用来缓解疼痛。

重组人类 α-Gal A 酶替代治疗目前已在国外广泛使用，可减少细胞、组织内 GL3 的沉积，有效减轻症状，大大改善患者的生活质量和预后。一些新的治疗方法如酶分子伴侣、底物降解、蛋白稳定性调节、基因治疗等正在研发中。

第三节　薄基底膜肾病

薄基底膜肾病(thin basement membrane nephropathy,TBMN)因肾小球基底膜超微结构呈弥漫性变薄而得名，在普通人群中发病率高达 1%，占肾活检的 3%～10% 不等。本病以镜下血尿、伴/不伴少量蛋白尿、正常肾功能和血压、肾小球基底膜(GBM)变薄和较为良好的预后为主要特征，以往又称"良性家族性血尿"。

在有家族史的 TBMN 患者中，绝大多数表现为常染色体显性遗传方式，但也有少数患者表现为常染色体隐性遗传或 X 伴性遗传。目前认为，TBMN 的发病是由位于 2 号染色体 COL4A3或 COL4A4 基因的杂合突变所致，而上述基因的纯合突变或复合杂合突变将导致常染色体隐性遗传的 Alport 综合征。另外，X 染色体上编码IV型胶原 α_5 链的 COL4A5 基因某些点位如果发生突变，临床上也可以表现为 TBMN，而非 Alport 综合征，故而目前常把 TBMN 和 Alport 综合征归为相关疾病。

一般来说，本病任何年龄均可发病，男女比例约为 1:(2~3)。几乎所有患者有血尿，多数呈持续镜下血尿，尿红细胞位相显微镜检查显示为肾小球性的异形红细胞为主，部分患者在上呼吸道感染或剧烈运动后可出现肉眼血尿。蛋白尿少见，如有出现，往往是疾病进展的表现，需引起重视。小于 30% 的成人患者合并高血压，但儿童合并高血压者少见。TBMN 患者肾功能长期维持在正常范围，近年有报道少数患者可出现肾衰竭。本病患者通常无眼、耳等其他肾外异常表现。患者可伴有血尿家族史，但一般来说其家系成员没有肾功能不全的表现。

临床上出现以下情况时，是进行肾活检的强烈指征:肾功能不全,24h 尿蛋白定量大于 1g,疑似 Alport 综合征或者合并其他肾小球或者肾小管疾病等。

肾脏病理光镜大多表现为正常肾小球，电镜对本病诊断至关重要。弥漫性 GBM 变薄为本病最为重要并且是唯一的病理特征。正常基底膜厚度为 300～400nm,而在本病仅为<250nm。COL4A3、COL4A4 和 COL4A5 基因突变检测对于鉴别 TBMN 和 Alport 综合征意义非常重大。相对而言,在基因突变筛查中,COL4A5 基因突变筛查对排除 X 伴性 Alport 综合征具有更高的临床价值。因此,皮肤和肾组织免疫组化及电镜检查,结合基因突变分析有助于与 Alport 综合征早期阶段鉴别。

本病无特殊治疗。虽然大部分呈良性进展,预后较好,但仍有少数患者可进入肾衰竭,故对 TBMN 应长期随访。避免上呼吸道感染、过度劳累,控制高血压,避免肾毒性药物,对疾病是有益的。

当出现尿蛋白量增多、高血压或肾功能受损时,可给予 ACEI 类药物治疗。极少数 TBMN 患者表现为大量蛋白尿或肾病综合征,可用糖皮质激素治疗。

第四节   常染色体显性遗传性多囊肾病

常染色体显性遗传性多囊肾病(autosomal dominant polycystic kidney disease,ADPKD)是一种最常见的遗传性肾脏疾病,男女均可发病,发病率约为 1/1000～1/400。常染色体显性遗传性多囊肾病除累及肾脏外,常伴肾外脏器囊肿,如肝囊肿、胰腺囊肿、脾囊肿等。

【发病机制】   ADPKD 通常与 PKD1 基因和 PKD2 基因突变有关,这 2 个基因编码蛋白为位于肾小管上皮细胞和初级纤毛上的相互作用的蛋白。*PKD1* 基因和 *PKD2* 基因分别定位于 16 号染色体短臂(16p13.3)和 4 号染色体短臂(4q21～23),其编码蛋白产物为多囊蛋白-1(polycystin-1,PC-1)和多囊蛋白-2(polycystin-2,PC-2)。其中 PKD1 基因突变导致的常染色体显性遗传性多囊肾病患者占 85%～90%,而其余大多为 PKD2 基因突变所致。PKD2 基因所致多囊肾病较 PKD1 基因起病晚,终末期肾衰竭发生迟,但两者病理改变相似,PC-1 和 PC-2 之间存在相互作用。此外约 40% 患者无明确家族遗传史,提示其基因突变可能与环境等因素有关。

【临床表现】   常染色体显性遗传性多囊肾病病程较长,进展相对缓慢,一般在 35 岁以后出现症状。临床表现多种多样,主要包括肾脏和肾外表现。

初起肾内仅有少量小囊肿,随病程进展囊肿逐渐增多增大,最终整个肾脏布满大小不等的囊肿,形似葡萄。当肾脏增大到一定程度时,在腹部即可扪及增大的肾脏,甚至占据大部分腹腔。患者可出现持续性或间歇性腰背部和腹部胀痛;可有肉眼血尿或镜下血尿;尿路感染时可出现白细胞尿和(或)脓尿;疾病早期可出现肾脏浓缩功能减退,表现为夜尿增多;因多囊肾脏仍有分泌促红素的功能,患者在肾衰竭时也可无明显贫血;随着疾病进展,大多数患者可出现高血压,最终进入终末期肾衰竭。常染色体显性遗传性多囊肾病是我国慢性肾衰竭透析患者的主要病因之一。

肾外表现以肝脏囊肿最为常见,约占总数的 50%,由迷路胆管扩张而成。胰腺、脾、卵巢等部位亦可发生囊肿,部分患者可并发血管瘤、颅内动脉瘤。颅内动脉瘤发生率在 5%～22%,如直径小于 5mm,动脉瘤破裂的危险性较小,如直径大于 10mm,则其危险性高。

【诊断与鉴别诊断】   根据患者家族遗传史、临床表现及 B 型超声等影像学检查,常染色体显性遗传性多囊肾的诊断并不困难。超声诊断标准为年龄 15～39 岁者 1 个或两个肾脏 3 个囊肿;年龄 40～59 岁者每侧肾脏≥2 个囊肿;年龄≥60 岁者每侧肾脏≥4 个囊肿。近年基因连锁分析和直接突变基因检测方法逐渐成熟,用于产前诊断和症状前诊断。该病主要与多发性单纯性肾囊肿鉴别。多发性单纯性肾囊肿常无明确的家族遗传,通常累及单侧肾脏,一般无肾外表现和高血压。

【治疗】   常染色体显性遗传性多囊肾病目前尚无特效治疗药物。治疗原则主要为对症处理、预防和治疗并发症、尽可能延缓肾功能进行性恶化。进入终末期肾病,则进行肾脏替代治疗或肾移植。

维持水电解质平衡,高血压患者应低盐饮食。早期活动量及生活方式不受影响,但应尽量避免外力撞击,以免囊肿破裂出血。腰腹胀痛需根据不同原因分别处理,包括卧床休息、镇痛、囊内穿刺或引流减压,必要时手术减压或肾脏切除。囊肿并发感染时,应静脉应用敏感抗生素,和(或)针对感染囊腔局部使用敏感抗生素和引流。高血压是促进肾功能进行性恶化的重要因素,须严格控制。首选药物为血管紧张素转换酶抑制剂(ACEI)、血管紧张素受体拮抗剂(ARB)和钙离子拮抗剂,但需注意 ACEI 和 ARB 副作用。

较大囊肿可在 B 超引导下经皮穿刺,抽液减压对肾功能不全或肾区持续疼痛者有一定疗效。对囊肿穿刺后可注入硬化剂,使囊肿缩小或闭合,以减轻对肾组织的压迫,改善肾缺血,部分患者症状可缓解。出现肾功能不全时,处理原则与其他原因所致肾功能不全相同。终末期肾衰竭患者应尽早透析,有条件者可行肾移植手术。难以控制的反复感染和血尿或伴发肾肿瘤的情况下方可考虑切除肾脏。有尝试应用血管加压素 V2 受体(VPV2R)拮抗剂、西罗莫司等治疗常染色体显性遗传性多囊肾病,以延缓疾病进展,部分药物临床疗效不肯定、部分尚在进行多中心临床试验中。

(陈　楠)

推荐阅读文献

1. Savige J,Gregory M,Gross O,et al. Expert guidelines for the management of Alport syndrome and thin basement membrane nephropathy. J Am Soc Nephrol,2013,24(3):364-375
2. 中国法布里病专家协作组. 中国法布里病(Fabry 病)诊治专家共识. 中华医学杂志,2013,93(4):243-247
3. Germain DP. Fabry disease. Orphanet J Rare Dis,2010,22(5):30-49
4. Mochizuki T1,Tsuchiya K,Nitta K. Autosomal dominant polycystic kidney disease:recent advances in pathogenesis and potential therapies. Clin Exp Nephrol,2013,17(3):317-326

第九章　肾结石的内科处理

要点：

1. 肾结石指发生于肾盏、肾盂及肾盂与输尿管连接部的结石。

2. 肾是泌尿系形成结石的主要部位，其他任何泌尿系统部位的结石都可以原发于肾脏，输尿管结石几乎均来自肾脏。

3. 由于肾结石比其他任何部位结石更易直接损伤肾脏，因此早期诊断和及早采取预防性治疗非常重要。

肾结石（nephrolithiasis）是指晶体物质（如钙，草酸盐，尿酸盐等）从尿液中析出并沉积于肾脏，部分可与有机物质相结合。肾结石属于上尿路结石，工业革命后，肾结石的发病率逐年提高。我国近20年来肾结石的发病率也不断上升，可能与饮食结构和生活方式改变有关。饮食中大量的动物蛋白、奶制品、高脂肪、高糖成分能够显著增加尿钙、尿尿酸和尿草酸的排泄，从而促进各种成分结石的形成。另外，肾结石的发病率还与环境因素和遗传因素等有关。多数肾结石不需要手术治疗，可以依靠内科预防和治疗手段控制病情，对于手术后的肾结石患者，也必须强调通过合理的内科手段预防肾结石的复发。

【病因和发病机制】

1. **尿液中结石成分增高**　各种原因引起的尿液中钙盐、尿酸、草酸、胱氨酸等成分增高，使其浓度超过溶解度，即可从尿液中析出，形成结晶，进而不断生长成为结石。绝大多数的肾结石都是含钙结石，很多研究已经证实人体钙的代谢异常是引起含钙肾结石的重要因素。引起尿钙增高的常见病因有：原发性甲状腺功能亢进、维生素D过量摄入、肾小管酸中毒、原发性高尿钙症等。原发性高尿酸血症可因血尿酸增高而引起尿尿酸排泄增加，导致尿尿酸超过饱和度而形成尿酸盐结石。胱氨酸结石则往往由常染色体隐性遗传的胱氨酸尿症引起。

2. **尿中抑制结石形成物质减少**　正常人体内存在多种抑制结石形成的物质，如枸橼酸，它是钙离子的重要结合物，可以降低尿中钙的浓度，抑制草酸钙的结晶形成；镁能与草酸盐结合起到络合的作用，在肠道中与草酸结合后能减少草酸的吸收，在尿中与草酸结合能形成可溶性复合物。当尿液中抑制结石的物质产生不足，则会促进结石形成。

3. **尿路梗阻和感染**　在尿路梗阻和尿流不畅的情况下，尿液内形成的小晶体容易附着在尿路上皮细胞成为结石核心，尿路梗阻也容易并发尿路感染，细菌、脓块和受损坏死的上皮细胞也可成为结石核心，促发晶体析出并在其表面沉积包绕而形成结石。最常见的致病菌是变形杆菌，产生的尿素酶分解尿素产生氨，使尿液碱化而促进结石形成，感染性结石生长速度快，常呈鹿角状。

4. **饮食和饮水**　长期大量摄入高蛋白、高钠、高糖食物可引起尿钙、尿尿酸排泄增多而枸橼酸含量减少，促进结石形成；大量摄入富含草酸的食物会导致尿草酸排泄增加而形成草酸盐结石。饮水少可引起尿液浓缩，使各种形成结石的成分过于饱和，诱发结石形成。

5. **环境因素和遗传因素**　水质和肾结石形成之间的关系目前并无定论，以往认为，水的硬度和结石形成有一定关系,但大量研究发现并非硬水地区的肾结石发病率一定高,软水地区也可出现肾结石的高发。遗传因素也与肾结石有一定关系,目前已经发现多个位点的等位基因与草酸钙结石患者的尿钙、尿草酸和尿枸橼酸排泄相关。也有发现黑人肾结石发病率比其他人种低,可能与其黑色皮肤减少受紫外线照射后产生维生素 D 导致低尿钙水平有关。

【临床表现】

(一)疼痛

稳定的肾结石一般很少引起明显疼痛,部分患者有腰部和上腹部间歇性疼痛史。疼痛常位于肋脊角、腰部和腹部,多呈阵发性,也可为持续性。当肾结石移行进入肾盂输尿管连接处或输尿管引起嵌顿时常引起肾绞痛,常突然发作,放射至下腹部,腹股沟或大腿内侧,女性放射至会阴部,常伴其他结石移行和尿路梗阻相关的症状如血尿、尿量减少和胃肠道症状。严重肾绞痛发作时,患者可因疼痛而身体蜷曲、大汗淋漓、脉搏细速,甚至出现血压下降。

(二)血尿

血尿是肾结石另一常见的重要表现。疼痛时常因结石移行损伤尿路上皮细胞而出现血尿,此时往往是明显的肉眼血尿,疼痛不明显时可以镜下血尿居多。尿沉渣检查为均一性血尿,并发感染时,还可出现白细胞尿。

【并发症】

(一)感染

肾结石合并感染时,常出现畏寒、发热、腰痛和尿路刺激症状。可发生急性肾盂肾炎、肾积脓和肾周围炎,严重者甚至可发展为肾周脓肿,需积极抗感染治疗甚至手术治疗。

(二)泌尿系梗阻

肾结石致泌尿系梗阻时,可导致梗阻部位以上的尿路积水。一般情况下结石梗阻常为不全性梗阻,但少数情况下如双侧输尿管结石梗阻或一侧结石梗阻引起对侧输尿管痉挛则可引起突发性无尿,需引起高度重视和进行急诊处理。

(三)肾功能损害

肾结石合并尿路梗阻时,尤其是双侧尿路梗阻或在此基础上合并严重感染,未及时有效治疗可出现肾功能损害。长期梗阻可引起慢性梗阻性肾病,急性梗阻若能及时解决和(或)有效控制感染,则该组患者的肾功能可完全恢复。

(四)局部损伤

长期存在的肾结石,尤其是大而固定的鹿角状结石可使肾盏、肾盂上皮细胞受到压迫和损伤,出现溃疡、炎症细胞浸润及慢性纤维疤痕形成。移行上皮细胞长期受结石刺激后,也可诱发鳞状上皮细胞化生,甚至引起鳞状上皮细胞癌。

【实验室检查】

(一)尿液检查

1. **尿常规、沉渣检查** 如感染性结石患者的尿 pH 常高于 7.0,尿酸结石患者的尿 pH 常小于 5.5。尿常规可以明确有无血尿及合并尿路感染等。如尿中有均一性红细胞和结晶,应考虑存在肾结石可能。

2. **尿量测定和 24 小时尿液分析** 尿少是形成结石的主要因素之一,测定 24 小时排出的尿量,对指导饮水量和预防各类结石的形成有很大意义。24 小时尿液分析项目主要有尿电解质(钾、钠、氯、钙、磷和镁),尿尿酸、尿草酸等。24 小时尿钙在一般饮食时<6.25mmol/24h,如尿钙排泄增高,应进一步查找具体原因。尿尿酸排出量为 2.4 ~ 4.1mmol/24h;尿草酸排出量为 91 ~ 456μmol/24h。

(二)血液检查

可检查血电解质(钾、钠、氯、钙、磷和镁)、血尿酸、草酸、胱氨酸水平。血常规,肝肾功能,甲

Notes

状旁腺激素等。

（三）影像学检查

1. **常规X线检查** 常规X线检查主要包括腹部平片、静脉肾盂造影、逆行肾盂造影等。腹部平片需要进行肠道准备以得到良好的诊断结果，需要注意还有少数透光的结石如尿酸性结石可不显影。

2. **超声检查** B超诊断的优点是不受结石成分的影响，透光及不透光结石均能检查到，还因其操作方便，诊断迅速，无损伤，特别适用于肾结石的普查和随访。

3. **计算机断层扫描（CT）** CT诊断肾结石的敏感性和特异性均远远优于静脉肾盂造影和腹部平片，和超声检查相比，CT更能检出一些容易漏诊的小结石以及明确梗阻部位。

4. **核素肾图检查** 核素肾图是一种安全，敏感的检查方法，主要用于两侧分肾功能和尿路梗阻的检查。

（四）结石成分分析

了解结石的晶体化学成分对选择不同药物进行治疗和预防至关重要，内科医师应告知病人当结石自行排出后或手术获得后需进行结石成分分析。目前临床常用化学分析法、X线衍射法、高效液相色谱法、红外线广谱法分析检测结石的具体成分。

【诊断与鉴别诊断】 根据肾结石最常见的疼痛和血尿这两大临床表现，通过详细的病史询问，体格检查，尿液分析和影像学诊断（如B超，腹部平片，静脉肾盂造影及必要时的CT检查），绝大多数肾结石患者都可以确诊。在明确肾结石诊断后，首先要进行原发病因寻找，然后进一步了解结石大小、数目、部位及有无合并尿路梗阻或感染，进行肾功能评估，如能获得结石则应进行结石成分分析。急腹症患者如胆石症、胆囊炎、急性阑尾炎、急性胰腺炎、卵巢囊肿扭转、宫外孕破裂等引起的疼痛与肾结石绞痛发作时易混淆，但通过相应的疼痛位置判断及其他辅助检查如血淀粉酶、尿常规，腹部CT、盆腔穿刺等手段一般都能鉴别。

【肾结石的内科治疗】

（一）针对原发病因的治疗

对于能找到原发病因的肾结石，针对原发病因的治疗是最关键的措施。如甲状旁腺腺瘤引起的高血钙、高尿钙和肾结石，通过外科手术切除腺瘤的治疗效果确切；原发性高尿酸血症患者形成的尿酸结石可通过服用抑制尿酸合成的药物起到预防和治疗作用。

（二）一般治疗

对于较小的结石（直径小于0.6cm），可通过大量饮水（每日2000～3000ml）、排石药物和适当运动促进结石自行排出。肾绞痛发作时可应用解痉止痛药物，如阿托品和山莨菪碱、哌替啶或吗啡、黄体酮、吲哚美辛（消炎痛）等，合并感染时应同时给予抗感染治疗。

（三）促进自然排石

1. **缓解痉挛促进蠕动** 应用药物缓解输尿管痉挛及促进其蠕动，有利于结石在输尿管内移行下降，促进结石排出。因自然排石治疗时间较长，多采用口服药，应选择对其他脏器影响小且不良反应小的药物：①解痉止痛剂可缓解输尿管痉挛，促进结石排出，且可减轻疼痛；②高渗葡萄糖和利尿剂的利尿作用使尿量增加，因尿量增多可促进输尿管蠕动，促使结石排出。

2. **多饮水和适度运动** 多饮水可增加尿量，促进输尿管蠕动，每次饮水500～1000ml以上，每日3～4次，使每日尿量保持在2000～3000ml以上。饮水后30分钟尽可能走动或作适度跳跃运动。

（四）针对结石成分的治疗

1. **含钙结石的治疗** 肾结石的成分分析以草酸钙为最多见，约占78%。因此，钙的代谢紊乱在肾结石的形成中有极其重要的意义。尿钙的排泄受多种因素的影响，如，血液中钙和磷的浓度,甲状旁腺激素,生长激素,维生素 D,食物中的钠含量,肾小球滤过率,血容量以及血液酸碱度,利尿剂等。治疗措施主要包括以下几个方面:①限制钠盐摄入:高钠饮食引起的高钠尿症可抑制肾小管对钙的重吸收,继而产生高钙尿症。故应限制钠盐的摄入,以每天不超过 5g 为宜;②限制动物蛋白摄入:大量摄入动物蛋白增加体内的酸性代谢产物,增加肾小球钙滤过,抑制钙重吸收,引起高钙尿症,一般来说,蛋白质的摄入量以每日不超过 80g 为宜;③噻嗪类利尿剂:噻嗪类利尿剂可以促进远端小管对钙的重吸收,从而减少尿钙的排泄。因此,临床常用双氢克尿噻(25 ~ 50mg/d)作为高尿钙的首选治疗用药,通常在用药的第二周末,尿钙的排泄即可出现显著的下降。

2. 尿酸结石的治疗　①饮食治疗:高尿酸尿症病人的饮食特点是能量摄入过多,高蛋白、高脂肪及大量饮酒,应做到少摄入含嘌呤丰富的食物,如豆制品,海鲜,动物内脏,酒类饮料等,每日的蛋白摄入量不超过 1g/kg 体重为宜;②多饮水和碱化尿液:饮水不足或慢性脱水会增加尿酸浓度,降低尿液 pH,不仅可促进尿酸结晶形成,还可使其作为含钙结石附着生长的模板,故应充分饮水保持每日尿量达 2000 ~ 3000ml 以上,尤其强调睡前多饮水,以保证夜间尿量充足。随着尿 pH 的提高,尿酸的溶解度明显增加,保持尿 pH 在 6.5 ~ 6.8 能使尿酸处于非饱和状态,不易形成结晶沉淀;③抑制尿酸合成的药物:临床上最常用的是别嘌呤醇,可竞争性抑制尿酸代谢最后阶段的黄嘌呤氧化酶,从而抑制次黄嘌呤和黄嘌呤转变为尿酸,这些尿酸前体可直接被排出。

3. 草酸钙结石　病人往往有高草酸尿症,可分为原发性高草酸尿症和肠源性高草酸尿症。原发性高草酸尿症的发病机制主要是遗传性乙醛酸代谢障碍,因为酶的缺乏,影响乙醛酸在体内向甘氨酸转化,大量堆积被氧化成草酸而经肾脏排泄进入尿液。该病目前尚无特异性药物治疗方法,内科治疗的目的主要是减少草酸盐的排泄和增加其溶解度。大量饮水保持尿液稀释,补充磷酸盐或氧化镁制剂有助于防止结石的形成,另外,服用大剂量维生素 B₆(300 ~ 500mg/d)能降低尿草酸盐的排泄。肠源性高草酸尿症的治疗主要包括:①限制草酸摄入,饮食中的草酸量可以直接决定肠道内可被吸收的草酸量,45% 的高草酸尿症患者对限制饮食中的草酸摄入有反应,尽量少摄入富含草酸的食物,如菠菜,大黄,花生,巧克力,草莓和茶叶等;②避免大剂量应用维生素 C,25% ~ 30% 的尿液草酸为饮食中维生素 C 的代谢产物,大量摄入维生素 C 能明显增加尿液草酸的排泄,并导致含草酸结石的形成;③高钙饮食,25% 的食入草酸在肠道内与钙结合,形成不溶性草酸钙由粪便排出,以前认为增加钙摄入会增加肾结石形成的风险,但近年来的研究显示肾结石病人的钙摄入往往是减少的。因此,在减少草酸摄入的同时,应适当增加钙的摄入,以促进肠道内形成不溶性草酸钙而减少将草酸吸收到血液内而增加草酸从尿中排泄;④避免高脂饮食和高蛋白饮食。过量摄入脂肪和蛋白会增加尿草酸排泄,应予以避免。

4. 胱氨酸结石　①低蛋白饮食,减少摄入食物中的甲硫氨酸;②大量饮水和碱化尿液,一般要求每日饮水 4L 以上,提高尿液 pH,有利于增加胱氨酸溶解度;③青霉胺:青霉胺与胱氨酸结合后形成的胱氨酸青霉胺的溶解度比胱氨酸大 50 倍,但应注意其副作用,如过敏、发热、药疹、肾病综合征和血细胞减少等。

【预防】

(一) 饮食预防

饮用足够多的水,保持每日尿量 2000 ~ 3000ml 以上,可大幅度降低尿液中盐的饱和度,减少结石高危患者形成结石的概率。限制肉类食品摄入,限制钠盐、草酸、嘌呤类食物摄入,增加食用富含纤维素的粗粮,增加富含枸橼酸的水果摄入。

(二) 治疗原发疾病和药物预防

要预防结石复发,就必须去除结石的病因,针对原发疾病进行有效治疗。如应用噻嗪类利尿剂预防特发性高钙尿症肾结石的复发;应用别嘌呤醇预防尿酸结石复发;补充枸橼酸盐和镁剂增加尿液中抑制结石形成的物质,预防草酸钙结石复发。

(三) 去除局部复发因素

尿路梗阻、感染和异物是促进结石形成的主要局部因素,在结石的预防中需要通过解除梗阻、控制泌尿道感染和取出结石等异物打破这三者之间互为因果、互相促进的恶性循环。

(陈江华)

推荐阅读文献

1. Pearle MS, Goldfarb DS, Assimos DG, et al. Medical Management of Kidney Stones: AUA Guideline. J Urol. 2014;192(2):316-324
2. Asplin JR. Evaluation of the kidney stone patient. Semin Nephrol, 2008, 28(2):99-110
3. Coe FL, Evan A, Worcester E. Kidney stone disease. J Clin Invest, 2005, 115(10):2598-2608
4. Robertson WG. Kidney models of calcium oxalate stone formation. Nephron Physiol, 2004, 98(2):21-30
5. Coe FL, Parks JH, Asplin JR. The pathogenesis and treatment of kidney stones. N Engl J Med, 1992, 327: 1141-1152

第十章 急性肾损伤

要点:

1. 急性肾损伤比急性肾衰竭更好地反映急性肾脏损伤的全过程,尤其是早期阶段,因而有助于早期诊断和早期防治。

2. 急性肾损伤可以按病因分为肾前性、肾性和肾后性三类。临床最常见的为肾前性,急性肾小管坏死是其主要表现。

3. 急性肾小管坏死的典型病程分为起始期、进展期、维持期和恢复期。急性肾损伤常导致临床危急症,包括水钠潴留导致水肿及急性左心衰、高钾血症和代谢性酸中毒等。

4. 急性肾损伤确诊后应进一步明确病因,以利于及时采取针对性的防治措施。

5. 急性肾损伤的死亡率较高,改善预后的关键在于早期诊断和早期治疗。早期有效干预可使肾前性急性肾损伤的病情逆转。当出现临床急诊而内科保守治疗无效时,需及时行肾脏替代疗法,包括血液透析、腹膜透析和连续性肾脏替代治疗等。

急性肾损伤(acute kidney injury,AKI)是对既往急性肾衰竭(acute renal failure,ARF)概念扩展和向疾病早期的延伸,是指由多种病因引起短时间(数小时至数天)内肾功能突然下降而出现的临床综合征。由于近年来研究发现肾功能轻度减退即可导致患者并发症发生率及总体死亡率升高,故目前将 ARF 更新为 AKI,以利于疾病早期诊断和防治。2005 年急性肾损伤网络(acute kidney injury network,AKIN)将 AKI 定义为:病程不超过 3 个月的肾脏功能或结构异常,包括血、尿、组织学、影像学及肾损伤标志物检查异常。AKI 既可发生在原来无肾脏疾病患者,也可发生在原有慢性肾脏病基础上。肾小球滤过率(glomerular filtration rate,GFR)下降的同时伴有氮质废物如肌酐和尿素氮等潴留,水、电解质和酸碱平衡紊乱及全身各系统并发症。

AKI 是涉及临床各学科常见危重病症,其发病率在综合性医院为 3% ~10%,在重症监护病房为 30% ~60%,危重 AKI 患者死亡率高达 30% ~80%,存活患者约 50% 遗留永久性肾功能减退,部分需要终身透析,防治形势十分严峻。

【病因和分类】 AKI 病因众多,根据病因发生的解剖部位可分为肾前性、肾性和肾后性三大类。

肾前性 AKI 指各种原因引起肾实质血流灌注减少,导致肾小球滤过减少和 GFR 降低,常见病因包括各种原因液体丢失和出血,引起有效动脉血容量减少;肾内血流动力学改变(包括肾前小动脉收缩或肾后小动脉扩张),导致肾血流灌注减少,约占 AKI 的 55%。肾性 AKI 伴肾实质损伤,最常见的是肾缺血和肾毒性药物或毒素导致的急性肾小管坏死;其他还包括急性间质性肾炎,肾小球疾病和血管疾病等,约占 AKI 的 40%。肾后性 AKI 特征是急性尿路梗阻,梗阻可发生在从肾盂到尿道的尿路中任何部位,约占 AKI 的 5%。

【发病机制及病理生理】

(一) 肾前性 AKI

肾前性 AKI 由肾脏血流灌注不足所致,见于细胞外液容量减少,或虽然细胞外液容量正常,但有效循环容量下降的某些疾病,或某些药物引起的肾小球毛细血管灌注压降低。常见病因包括:①有效血容量不足;②心排量降低;③全身血管扩张;④肾动脉收缩;⑤肾血流自主调节反应受损(表5-10-1)。

表5-10-1　肾前性急性肾损伤的主要病因

病因	常见临床疾病及诱因
1. 有效血容量不足	(1) 出血:外伤、手术、产后、出血性疾病等 (2) 胃肠道体液丢失:呕吐、腹泻、引流等 (3) 肾脏液体丢失:利尿剂应用过度、尿崩症、肾上腺皮质功能不全等 (4) 皮肤黏膜体液丢失:烧伤、高热等 (5) 向细胞外液转移:胰腺炎、挤压综合征、低白蛋白血症等
2. 心排量降低	(1) 心脏疾病:心肌病、瓣膜病、心包炎、心律失常等 (2) 肺动脉高压、肺栓塞 (3) 正压机械通气
3. 全身血管扩张	(1) 药物:降压药、降低心脏后负荷药物、麻醉药等 (2) 脓毒血症 (3) 肝硬化失代偿期(肝肾综合征) (4) 变态反应
4. 肾动脉收缩	(1) 药物:肾上腺素、去甲肾上腺素、麦角胺等 (2) 高钙血症 (3) 脓毒血症
5. 肾自主调节反应受损	ACEI、ARB、NSAIDs、CsA 等

＊ACEI:血管紧张素转换酶抑制剂;ARB:血管紧张素Ⅱ受体阻滞剂;NSAIDs:非甾体抗炎药;CsA:环孢素A

在肾前性AKI早期,肾血流自我调节机制通过调节肾小球出球和入球小动脉血管张力,即入球小动脉扩张和出球小动脉收缩,以维持GFR和肾血流量,可使肾功能维持正常。鉴于肾前性AKI常可逆转,且死亡率低,故早期诊断并及时纠正潜在的病理生理异常极为关键。如果不早期干预,则肾实质缺血加重,进一步引起肾小管细胞损伤,发展为肾性AKI。从肾前性氮质血症进展到缺血性肾损伤是一连续过程,预后主要取决于起始病因严重性及持续时间。

(二) 肾性 AKI

引起肾性AKI的病因众多,可累及肾单位和间质任何部位。按照损伤起始部位,肾性AKI可分为小管性、间质性、血管性和小球性(表5-10-2)。其中肾小管上皮细胞损伤,通常称为急性肾小管坏死(acute tubular necrosis,ATN),常由缺血所致,也可由肾毒性药物引起,大多发生在多因素综合作用基础上,如老年、合并糖尿病等。不同病因、不同病理损害类型ATN可以有不同始动机制和持续发展因素,但均涉及GFR下降及小管上皮细胞损伤两个方面,并影响细胞修复过程及预后。从肾前性AKI进展到缺血性ATN一般经历四个阶段:起始期、进展期、持续期及恢复期。

表5-10-2　肾实质性急性肾损伤的主要病因

病因	常见临床疾病及诱因
1. 肾血管疾病	(1) 肾动脉:血栓形成、粥样硬化斑块、主动脉夹层瘤、大动脉炎 (2) 肾静脉:血栓形成、静脉受压等
2. 肾小球疾病和肾脏微血管疾病	(1) 炎症:急性肾小球肾炎、新月体肾炎、IgA肾病和膜增生性肾小球肾炎等急性加重、系统性小血管炎 (2) 微血管病:溶血尿毒综合征、血栓性血小板减少性紫癜、弥散性血管内凝血(DIC) (3) 血管痉挛:恶性高血压、先兆子痫、高钙血症、硬皮病

续表

病因	常见临床疾病及诱因
3. 急性间质性肾炎	（1）过敏性间质性肾炎：由药物、食物等引起 （2）感染：细菌、病毒、真菌等所致 （3）肿瘤浸润：淋巴瘤、白血病、类肉瘤等
4. 急性肾小管坏死	（1）缺血性：肾前性 AKI 持续加重进展而致 （2）外源性毒素：抗生素、非甾体类解热镇痛药、抗肿瘤药物、造影剂、有机溶剂、钙调磷酸酶类免疫抑制剂 （3）内源性毒素：血红蛋白、肌红蛋白、尿酸、免疫球蛋白轻链等
5. 肾移植排斥反应	

在起始期(持续数小时至数周)，由于肾血流量下降引起肾小球滤过压下降，上皮细胞坏死脱落形成管型导致肾小管液流受阻，肾小球滤出液因肾小管上皮细胞损伤回漏进入间质等原因，导致 GFR 下降。缺血性损伤在近端肾小管的 S_3 段和髓袢升支粗段髓质部分最为明显，因此处溶质主动转运功能(ATP 依赖)非常活跃，但在外髓部位局部氧分压较低，对缺血缺氧十分敏感。肾小管细胞缺血可导致 ATP 耗竭、溶质主动转运受抑制、细胞骨架瓦解、细胞极性丧失、紧密连接完整性破坏、氧自由基形成。如果肾血流量不能及时恢复，则细胞损伤进一步加重引起细胞凋亡、坏死。袢升支粗段损伤还可使 T-H 糖蛋白易在粗段中沉积，引起远端小管腔阻塞及管腔液外溢。

在进展期，肾内微血管充血明显伴持续组织缺氧及炎症反应，病变尤以皮髓交界处最为明显，此部位血管内皮细胞功能障碍及白细胞黏附明显，进而影响再灌注。

在持续期(常为 1~2 周)，GFR 仍保持在低水平(常为 5~10ml/min)，尿量也最少，各种尿毒症并发症开始出现。但小管细胞不断修复、迁移、增殖，以重建细胞、小管的完整性。此期全身血流动力学改善但 GFR 持续低下，原因不明，可能与肾内血管的持续收缩、内皮细胞损伤后释放血管活性物质失调诱发髓质缺血、髓质血管充血、肾实质细胞或白细胞释放炎症介质和活性氧引起的再灌注损伤等有关。此外，上皮细胞损伤还可通过管-球反馈引起持续的肾内血管收缩，远端肾小管的致密斑感受到近端肾单位重吸收障碍引起的远端钠排泄增加，刺激邻近的入球小动脉收缩，肾小球灌注和滤过下降，并形成恶性循环。

在恢复期，小管上皮细胞逐渐修复、再生，正常的细胞及器官功能逐步恢复，GRF 开始改善。此期如果上皮细胞功能延迟恢复，溶质和水的重吸收功能相对肾小球滤过功能也延迟恢复，可伴随明显的多尿期。

肾毒性物质可引起肾小管的直接或间接损伤。老年、糖尿病、低血压及有效血容量不足、原先存在 CKD、同时合用其他毒性药物的患者应用肾毒性药物后更易出现肾损伤。氨基糖苷类抗生素肾毒性的发生率在普通人群为 3%~5%，上述高危人群则高达 30%~50%。

造影剂、环孢素 A、他克莫司、NSAIDs 等可引起肾小动脉收缩导致肾损伤。造影剂还可通过产生活性氧和高渗刺激等机制直接损伤肾小管上皮细胞。

抗生素和抗肿瘤药物一般通过直接的肾小管上皮细胞毒性作用引起 ATN。氨基糖苷类抗生素可蓄积在肾小管上皮细胞，引起局部氧化应激及细胞损伤，最终引起 ATN，潜伏期为数天。两性霉素 B 可通过直接损伤近端肾小管上皮细胞及引起肾内血管收缩导致 AKI，其肾毒性作用呈剂量依赖性。顺铂、卡铂等抗肿瘤药物可蓄积在近端肾小管引起 AKI，常伴有低钾和低镁血症，潜伏期为 7~10 天。异环磷酰胺可引起出血性膀胱炎、血尿及急性或慢性肾损伤，常伴有 Ⅱ型肾小管酸中毒和 Fanconi 综合征。阿昔洛韦、磺胺类药物可在肾小管内形成结晶，导致肾小管内梗阻，从而引起 AKI。

内源性肾毒性物质包括钙、肌红蛋白、血红蛋白、尿酸盐、草酸盐、骨髓瘤轻链蛋白等。高钙血症可通过引起肾内血管收缩、强制利尿致使有效血容量不足等机制导致 GFR 下降。横纹肌溶解症及溶血均可引起 AKI,横纹肌溶解症常见原因包括挤压伤、急性肌肉缺血、长时间癫痫发作、过度运动、体温过高、感染及代谢性疾病(如低磷血症、严重甲状腺功能减退等),可卡因、3-羟-3-甲基戊二酰辅酶 A(HMG-CoA)还原酶抑制剂等药物也可引起骨骼肌损伤。肌红蛋白、血红蛋白一方面引起肾内氧化应激而损伤肾小管上皮细胞,另一方面形成肾小管内管型,造成肾小管梗阻。肌红蛋白、血红蛋白还可抑制一氧化氮,引起肾内血管收缩及缺血。某些化合物,如乙二醇(草酸钙代谢物)、甲氨蝶呤及多发性骨髓瘤轻链蛋白等,其原形或代谢产物可以凝结,造成肾小管内梗阻。

急性间质性肾炎(acute interstitial nephritis,AIN)是引起 AKI 的重要病因。AIN 的病因主要分为三类:①药物:通常由青霉素类、头孢菌素类、磺胺类等抗生素及 NSAIDs 等引起。其发病机制主要为Ⅳ型变态反应;②感染:主要见于细菌或病毒感染等;③特发性:见于系统性红斑狼疮、干燥综合征、冷球蛋白血症及原发性胆汁性肝硬化等。AIN 时肾间质见明显 T 淋巴细胞、单核细胞及巨噬细胞等炎性细胞浸润,可见肾小管坏死,病变呈弥散或片状分布。有时可见肉芽肿,尤以药物所致超敏反应时明显。药物所致 AIN 还可见嗜酸细胞浸润。如出现肾间质纤维化和肾小管萎缩,则提示 AIN 转向慢性化发展。

血管性疾病导致的肾性 AKI 包括肾脏微血管和大血管病变。传统的肾脏微血管疾病如血栓性血小板减少性紫癜、溶血-尿毒综合征、HELLP 综合征(溶血、肝酶升高、血小板减少)等均可引起肾小球毛细血管血栓形成和微血管闭塞,最终导致 AKI。肾脏大血管病变如动脉粥样硬化的斑块破裂和脱落,导致肾脏微栓塞和胆固醇结晶,继而引起 AKI。多见于原先患有动脉粥样硬化疾病的患者接受血管介入治疗或应用抗凝治疗后。

肾小球肾炎主要见于原发性和继发性新月体肾炎,以及系统性红斑狼疮、IgA 肾病等的急性加重。

(三) 肾后性 AKI

双侧尿路梗阻或孤立肾患者单侧尿路出现梗阻时可发生肾后性 AKI。常见原因包括前列腺肥大、前列腺或膀胱颈部肿瘤、某些腹膜后疾病等。尿路的功能性梗阻主要是指神经源性膀胱。此外,双侧肾结石、肾乳头坏死、血凝块、膀胱癌时可引起尿路腔内梗阻,而腹膜后纤维化、结肠癌、淋巴瘤等可引起尿路腔外梗阻。尿酸盐、草酸盐、阿昔洛韦、磺胺类、甲氨蝶呤及骨髓瘤轻链蛋白等可在肾小管内形成结晶,导致肾小管梗阻。

尿路发生梗阻时,尿路内反向压力首先传导到肾小球囊腔,由于肾小球入球小动脉扩张,早期 GRF 尚能暂时维持正常。但如果短时间内梗阻无法解除,GFR 将逐渐下降。当梗阻持续时间达到 12~24h 时,肾血流量和 GFR 降低。在此间期,肾皮质大量区域出现无灌注或低灌注状态,导致 GFR 下降。

【病理】　由于病因及病变严重程度的不同,病理改变可有显著差异。肉眼见肾脏增大,质软,剖面可见髓质呈暗红色,皮质肿胀,因缺血而呈苍白色。典型的缺血性 ATN 光镜检查见肾小管上皮细胞片状和灶性坏死,从基膜上脱落,造成肾小管腔管型堵塞。管型由脱落的肾小管上皮细胞及其碎片、Tamm-Horsfall 蛋白和色素等组成。近端小管的 S_3 段坏死最为严重,其次为髓袢升支粗段的髓质部分。肾缺血引起者,基底膜常遭破坏。如基底膜完整性存在,则肾小管上皮细胞可迅速再生,否则肾小管上皮不能再生。

肾毒性 ATN 形态学变化最明显部位在近端肾小管的曲部和直部。肾小管细胞坏死程度比缺血性导致者明显轻。

AIN 的病理特征是间质炎症细胞浸润,包括 T 淋巴细胞和单核细胞,偶尔有浆细胞及嗜酸性粒细胞。

【临床表现】　急性肾损伤的临床表现差异很大,与病因和所处的 AKI 分期不同有关。明显的症状常出现于病程后期肾功能严重减退时,常见症状包括乏力、食欲缺乏、恶心、呕吐、瘙痒、尿量减少或尿色加深,容量过多导致急性左心衰竭时可以出现气急、呼吸困难。体检可见外周水肿、肺部湿啰音、颈静脉怒张等。AKI 的首次诊断常常是基于实验室检查异常,特别是血清肌酐的绝对或相对升高,而不是基于临床症状与体征。

ATN 是肾性 AKI 最常见类型,其临床病程可分为三期:

(一)起始期

此期患者常遭受一些已知 ATN 的病因,例如低血压、缺血、脓毒症和肾毒素,但尚未发生明显肾实质损伤。在此阶段如能及时采取有效措施,AKI 常常是可预防的。但随着肾小管上皮发生明显损伤,GFR 逐渐下降,从而进入维持期。

(二)维持期

该期一般持续 7~14 天,但也可低至数天或长至 4~6 周。GFR 维持在低水平。部分患者可出现少尿(<400ml/d)和无尿(<100ml/d),但也有些患者可无少尿,尿量在 400~500ml/d 以上。后者称为非少尿型 AKI,其病理生理基础目前尚不完全清楚,一般认为是病情较轻的表现。但不论尿量是否减少,随着肾功能减退,临床上出现一系列尿毒症表现,主要是尿毒症毒素潴留和水、电解质及酸碱平衡紊乱所致。AKI 的全身表现包括消化系统症状,如食欲减退、恶心、呕吐、腹胀、腹泻等,严重者可发生消化道出血;呼吸系统表现主要是容量过多导致的急性肺水肿和感染;循环系统多因尿少及水钠潴留,出现高血压及心力衰竭、肺水肿表现,因毒素滞留、电解质紊乱、贫血及酸中毒引起心律失常及心肌病变;神经系统受累可出现意识障碍、躁动、谵妄、抽搐、昏迷等尿毒症脑病症状;血液系统受累可有出血倾向及贫血。感染是急性肾损伤常见而严重的并发症。在 AKI 同时或疾病发展过程中还可并发多脏器功能障碍综合征,死亡率极高。此外,水、电解质和酸碱平衡紊乱表现为水过多、代谢性酸中毒、高钾血症、低钠血症、低钙和高磷血症等。

(三)恢复期

GFR 逐渐升高,并恢复正常或接近正常范围。少尿型患者开始出现尿量增多,继而出现多尿,再逐渐恢复正常。与 GFR 相比,肾小管上皮细胞功能恢复相对延迟,常需数月后才能恢复。部分患者最终遗留不同程度的肾脏结构和功能损伤。

【实验室与辅助检查】

(一)血液检查

可有贫血,早期程度常较轻,如肾功能长时间不恢复,则贫血程度可以较重。另外,一些引起 AKI 的基础疾病本身可以引起贫血,如大出血、严重创伤、重度感染、系统性红斑狼疮和多发性骨髓瘤等。血清肌酐和尿素氮进行性上升,高分解代谢者上升速度较快,横纹肌溶解引起肌酐上升更快。血清钾浓度升高,血 pH 和碳酸氢根离子浓度降低,血钙降低,血磷升高。

(二)尿液检查

不同病因所致 AKI 的尿检异常可截然不同。肾前性 AKI 时无蛋白尿和血尿,可见少量透明管型。ATN 时可有少量蛋白尿,以小分子蛋白为主;尿沉渣检查可见肾小管上皮细胞、上皮细胞管型和颗粒管型及少许红、白细胞等;因肾小管重吸收功能减退,尿比重降低且较固定,多在 1.015 以下,尿渗透浓度<350mmol/L,尿与血渗透浓度之比<1.1,尿钠含量增高,滤过钠排泄分数(FE_{Na})>1%。应注意尿液诊断指标的检查须在输液、使用利尿剂前进行,否则会影响结果。肾小球肾炎所致 AKI 常可见明显的蛋白尿和/或血尿,FE_{Na}<1%。AIN 时可有少量蛋白尿,且以小分子蛋白为主;血尿较少,为非畸形红细胞;可有轻度白细胞尿,药物所致者可见少量嗜酸细胞,当尿液嗜酸细胞占总白细胞比例大于 5% 时,称为嗜酸细胞尿;可有明显肾小管功能障碍表现,FE_{Na}>1%。肾后性 AKI 尿检异常多不明显,可有轻度蛋白尿、血尿,合并感染时可出现白细胞尿,FE_{Na}<1%。肾小球疾病引起者可出现大量蛋白尿或血尿,且以变形红细胞为主。

(三) 影像学检查

尿路超声波检查有助于排除尿路梗阻及与慢性肾脏病鉴别。如有足够理由怀疑存在梗阻，且与急性肾功能减退有关，可作逆行性或静脉肾盂造影。CT 血管造影、MRI 或放射性核素检查对了解血管病变有帮助，明确诊断仍需行肾血管造影，但造影剂可加重肾损伤。

(四) 肾活检

肾活检是 AKI 鉴别诊断重要手段。在排除了肾前性及肾后性病因后，拟诊肾性 AKI 但不能明确病因时，均有肾活检指征。

【诊断】 根据原发病因，肾小球滤过功能急性进行性减退，结合相应临床表现，实验室与影像学检查，一般不难作出诊断，但既往 AKI 临床诊断标准并不统一。

近年来，急性透析质量倡议(ADQI)、急性肾损伤网络(AKIN)和改善全球肾脏病预后组织(Kidney Disease：Improving Global Outcomes, KDIGO)等多个国际组织分别制订了 AKI 临床诊断及分期标准如"RIFLE 标准"、"AKI 共识"等，但仍存在一定局限性。

晚近，KDIGO 制订的 AKI 临床实践指南规定，符合以下情况之一者即可临床诊断 AKI：①48h 内 SCr 升高≥0.3mg/dl(≥26.5mol/L)；②确认或推测 7d 内 SCr 较基础值升高≥50%；③尿量减少[<0.5ml/(kg·h)]，持续时间≥6h。详见表 5-10-3。

表 5-10-3　急性肾损伤的 KDIGO 分期标准

分期	血清肌酐标准	尿量标准
1 期	绝对升高≥0.3mg/dl(≥26.5mol/L) 或较基础值相对升高≥50%，但<1 倍	<0.5ml/(kg·h)(≥6h，但<12h)
2 期	较基础值相对升高≥1 倍，但<2 倍	<0.5ml/(kg·h)(≥12h)
3 期	升高至≥4.0mg/dl(≥353.6mol/L) 或较基础值相对升高≥2 倍 或开始时肾脏替代治疗 或<18 岁患者 eGFR 下降至<35ml/(min·1.73m^2)	<0.3ml/(kg·h)(≥24h) 或无尿≥12h

需要注意的是，单独用尿量改变作为诊断与分期标准时，必须考虑其他影响尿量因素如尿路梗阻、血容量状态、使用利尿剂等。此外，由于血清肌酐影响因素众多(性别、年龄、营养状况、体重、肌肉量和代谢)且敏感性较差(GFR 下降 50% 以上时血清肌酐才上升)，故并非肾损伤最佳标志物。某些反映肾小管上皮细胞损伤的新型生物学标志物如中性粒细胞明胶酶相关脂质运载蛋白(neutrophil gelatinase-associated lipocalin, NGAL)、肾损伤分子-1(kidney injury molecule 1, KIM-1)、白细胞介素-18(interleukin-18, IL-18)、胱抑素 C、肝型脂肪酸结合蛋白(liver fatty acid-binding proteins, L-FABP)、基质金属蛋白酶组织抑制因子-2 和胰岛素样生长因子结合蛋白(Tissue Inhibitor Metalloproteinase-2[TIMP-2]·IGF-Binding Protein-7[IGFBP-7])等，可能有助于早期诊断及预测 AKI 患者预后，用于指导临床干预，值得进一步深入研究。

NGAL 是载脂蛋白超家族新成员，分子量 25kD，在人类许多组织中呈低表达状态，高表达于受损上皮细胞。与心脏术后 24~48h AKI 患者血肌酐才明显升高相比，术后 2~6h 血、尿 NGAL 水平即升高 10 倍以上，在造影剂相关 AKI、脓毒症相关 AKI 和肾移植后 AKI 早期，血、尿 NGAL 水平同样显著升高。荟萃分析显示血和尿 NGAL 均为 AKI 独立预测因子，且 NGAL 能有效预测 AKI 患者预后(需要肾脏替代治疗和死亡风险)，但血 NGAL 检测可受其他疾病影响，如慢性肾脏病、高血压、全身性感染、炎症性疾病和恶性肿瘤等，慢性肾病患者血 NGAL 水平与肾损伤程度密切相关，但升高幅度仍远低于 AKI 时。

KIM-1 属 Ⅰ 型跨膜糖蛋白，正常肾组织不表达，但在缺血和肾毒性损伤后肾近曲小管上皮细胞中持续高表达直到上皮细胞完全修复，可在尿液中检测到 KIM-1 胞外区，代表了早期和正在进行的近端小管上皮细胞损伤。KIM-1 在尿中性质稳定,不受尿液理化特性影响。尿 KIM-1 在 AKI 后 6～12h 上升,在各种病因导致的 ATN 中,缺血性 ATN 患者尿 KIM-1 水平最高,其次是造影剂所致 ATN,尿 KIM-1 水平还与 AKI 预后密切相关。

IL-18 是作为促炎细胞因子在许多器官炎性反应和缺血性损伤中起重要作用。分子量 18kD, AKI 后主要在近端小管产生,直接参与 AKI 病理生理过程。尿 IL-18 在 AKI 患者心脏术后 4～6h 升高,12h 达峰值且 48h 仍然升高。IL-18 还可用于 AKI 鉴别诊断和预后判断,ATN 患者尿 IL-18 水平明显高于肾前性 AKI、慢性肾脏病、尿路感染等其他患者,且与预后密切相关。但尿 IL-18 水平在系统性红斑狼疮、炎症性肠病、类风湿关节炎等炎症性疾病中也升高,限制了其应用。

胱抑素 C 是半胱氨酸蛋白酶抑制剂,分子量 13kD,体内有核细胞均可产生。胱抑素 C 能自由滤过肾小球,被肾小管完全重吸收后分解,且肾小管不再分泌,胱抑素 C 不受常规储存环境和常见干扰因素如性别、年龄和种族等的影响,检测方法成熟,用作 GFR 评价时优于血清肌酐。AKI 时血胱抑素 C 升高比血清肌酐提早 1～2 天,但目前用于诊断 AKI 的血胱抑素 C 水平升高阈值还不统一。

L-FABP 表达于人类近端肾小管上皮细胞,分子量 14kD,是参与游离脂肪酸在肾小管内代谢的关键蛋白,AKI 时 L-FABP 作为内源性抗氧化剂在肾小管缺氧/再氧化过程中起保护作用。尿 L-FABP 水平与肾小管间质损伤严重程度密切相关,故可用作 AKI 早期检测的标志物和预测因子,但目前尚缺乏统一的检测手段。

由于不同生物学标志物在 AKI 后开始升高和持续时间均不一致,在不同类型 AKI 中预测价值也不尽相同,选择多个标志物联合检测,可能有助于提高 AKI 的早期诊断、鉴别诊断及早期预后预测效果。

【鉴别诊断】　仔细寻找有无基础慢性肾脏疾病,详细询问病史及体格检查有助于寻找 AKI 病因。应仔细鉴别每一种可能的 AKI 病因。先筛查肾前性和肾后性因素,再评估可能的肾性 AKI 病因,确定为肾性 AKI 后,还应鉴别是肾小球、肾血管抑或肾间质病变引起。注意识别慢性肾脏病基础上的 AKI。

新鲜尿液镜检有助于发现一些重要诊断意义的细胞成分,如各种管型、红细胞、白细胞包括嗜酸性细胞等。AKI 时尿检常见异常见表 5-10-4。血和尿钠、钾、氯、肌酐等生化检测还可用于计算尿钠排泄分数(FE$_{Na}$)。FE$_{Na}$ 计算公式如下:

$$FE_{Na} = \frac{尿钠/血清钠}{尿肌酐/血清肌酐} \times 100\%$$

FE$_{Na}$ 可用于帮助判断 AKI 病因(表 5-10-5)。在碱中毒伴尿液中碳酸氢钠含量增加导致尿钠排泄增加时,可采用尿氯排泄分数(FE$_{Cl}$)作为判断指标。

此外,肾脏超声波检查可以判断双肾大小及形态、是否存在尿路梗阻等,是 AKI 诊断和鉴别诊断的基本检查项目之一。

表 5-10-4　急性肾损伤时尿液检查常见异常

急性肾损伤病因	尿 液 检 查
肾前性	正常或透明管型
肾性	
急性肾小管坏死	棕色颗粒管型、上皮细胞管型
间质性肾炎	白细胞尿、血尿、轻度蛋白尿、颗粒管型、上皮细胞管型、嗜酸性粒细胞
肾小球肾炎	血尿(畸形红细胞为主)、蛋白尿、红细胞管型、颗粒管型
肾血管性疾病	正常或血尿、轻度蛋白尿
肾后性	正常或血尿、颗粒管型、脓尿

表 5-10-5　急性肾损伤时部分尿液诊断指标的比较

尿液检查	肾前性急性肾损伤	急性肾小管损伤
尿比重	>1.020	<1.010
尿渗透压(mmol/L)	>500	<350
尿钠(mmol/L)	<20	>40
尿肌酐/血清肌酐	>40	<20
血尿素氮/血清肌酐	>10	<10
钠排泄分数	<1%	>1%

（一）与肾前性 AKI 鉴别

肾前性氮质血症是 AKI 最常见原因,应详细询问病程中有无引起容量绝对不足或相对不足的原因,包括呕吐、腹泻、食欲缺乏、严重充血性心力衰竭、利尿剂使用不当等。此外,还要注意询问近期有无 NSAIDs、ACEIs 及 ARBs 等药物应用史,是否口干。体检时应注意有无容量不足的常见体征,包括心动过速、全身性或体位性低血压、黏膜干燥、皮肤弹性差等。肾前性 AKI 时,实验室检查可见血清肌酐和尿素氮升高、FE_{Na} 常<1%。但服用呋塞米等利尿剂的肾前性 AKI 患者,受利尿剂利钠作用影响,FE_{Na} 可以>1%。可改用尿尿素排泄分数(FE_{urea}),计算方法与尿钠排泄分数类似,FE_{urea}<35% 提示肾前性 AKI。此外,当尿液中出现过量碳酸氢钠、葡萄糖、甘露醇等无法重吸收溶质时,FE_{Na} 也常>1%。慢性肾脏病、ATN、梗阻性肾病晚期,FE_{Na}、FE_{urea} 也均不可靠。

肾前性 AKI 时由于肾小管功能未受损,低尿流速率导致小管重吸收尿素增加,使血尿素氮和血清肌酐升高不成比例,血浆尿素氮(mg/dl)/血清肌酐(mg/dl)比值可超过 10~15∶1,常大于 20∶1。尽管此值在肾前性是典型表现,有助于鉴别诊断,但也可见于肾后性 AKI。血尿素氮/血清肌酐比值升高还需排除胃肠道出血(尿素产生增多)、消瘦(肌酐生成减少)等其他原因。

临床上怀疑肾前性少尿时,可进行补液试验,即输液(5% 葡萄糖 200~250ml)并注射利尿剂(呋塞米 40~100mg),以观察输液后循环系统负荷情况。如果补足血容量后血压恢复正常,尿量增加,则支持肾前性少尿诊断。低血压时间过长,特别是老年人伴心功能不全时,补液后尿量不增多应怀疑肾前性氮质血症时间过长已发展为 ATN。

（二）与肾性 AKI 鉴别

肾性 AKI 包括多种疾病导致的不同部位肾损伤。肾前性因素所致 ATN 患者常有前述导致有效血容量不足疾病的病史和体征,或有导致肾内血流调节异常的药物应用史。部分患者近期常有肾毒性药物应用史。肾毒性药物既可导致 ATN,也可引起 AIN。AIN 常伴有发热、皮疹、淋巴结肿大及关节酸痛、血嗜酸性粒细胞和 IgE 升高等,结合停药后反应可作出鉴别。尿液嗜酸性细胞计数增多也提示 AIN,但敏感性和特异性不高。肾小球肾炎、肾脏微血管疾病等所致 AKI 常伴有中等度以上蛋白尿、肾小球源性血尿,某些继发性疾病还常伴有其他系统受累表现,结合实验室与辅助检查异常,可资鉴别。肾活检常有助诊断和鉴别诊断。

ATN、AIN 时常伴有 FE_{Na}>1%,但肾小球肾炎、肾微血管性疾病时,FE_{Na}<1%。

（三）与肾后性 AKI 鉴别

肾后性 AKI 常有前列腺肥大、前列腺肿瘤、淋巴瘤、膀胱颈部肿瘤、腹膜后疾病等病史,突然发生的尿量减少或与无尿交替、肾绞痛、胁腹或下腹部疼痛、肾区叩击痛阳性及膀胱区叩诊呈浊音,均提示存在尿路梗阻可能。少尿或无尿患者常需鉴别是否存在肾后梗阻,但许多发生梗阻的肾后性 AKI 患者并不一定表现为少尿或无尿,需仔细鉴别。膀胱导尿兼有诊断和治疗意义。肾脏超声波检查可见肾盂分离(肾脏积水),但在肾后性 AKI 早期,超声波检查可出现假阴性。X 线检查可帮助确诊,但需注意造影剂常可加重肾损伤。

Notes

【治疗】　AKI 是一组临床综合征,并非单一疾病,不同病因、不同类型 AKI 其治疗方法有所不同。总的治疗原则是:尽早识别并纠正可逆病因,及时采取干预措施避免肾脏受到进一步损伤,维持水、电解质和酸碱平衡,适当营养支持,积极防治并发症,适时进行肾脏替代治疗。AKI治疗包括以下方面:

(一) 早期病因干预治疗

在 AKI 起始期及时干预能最大限度地减轻肾脏损伤,促进肾功能恢复。强调尽快纠正可逆性病因。无论何种原因引起的 AKI,都必须尽快纠正肾前性因素,包括扩容、改善低蛋白血症、降低后负荷以改善心输出量、停用影响肾灌注药物、调节外周血管阻力至正常范围等,钠排泄分数 <1% 时,干预容易奏效。

2012 年严重脓毒症及脓毒性休克防治指南建议,脓毒性休克时液体复苏的靶目标是平均动脉压 ≥65mmHg,且需根据年龄、基础血压及其他合并症情况等进行调整,老年人 MAP 至少在 75 ~ 80mmHg,肾脏才可能有效灌注,且应在复苏 6h 内达标。但大量补液可能引起容量过负荷,使死亡率升高。既往有充血性心力衰竭史者,容量复苏时更需小心,注意补液速度,以免诱发心衰。

由于应用胶体溶液扩容预防 AKI 的疗效仍缺乏有力的临床证据支持,部分血浆代用品甚至可能引起肾损伤,且胶体费用相对昂贵等原因,非出血性休克时,建议对存在 AKI 风险或合并 AKI 患者首先使用等张晶体而不是胶体(白蛋白或羟乙基淀粉)作为扩张血管内容量的干预手段。确诊 AKI 或 AKI 发病高危患者存在伴有血管收缩功能障碍性休克时,须应用血管加压药物联合液体复苏进行干预;对围术期 AKI 高危患者或脓毒症休克患者,需根据事先制订的方案进行血流动力学和氧合指标监测,以预防 AKI 发生或恶化。

此外,鉴于目前荟萃研究证实祥利尿剂对预防 AKI 无显著益处,对 AKI 严重程度亦无影响,且大剂量祥利尿剂(>1g/d)易引起耳聋等并发症,除非是针对病程早期容量过负荷状态,不应使用利尿剂来预防或治疗 AKI。

肾性 AKI 常病情复杂、治疗困难。继发于肾小球肾炎、小血管炎的 AKI 常需应用糖皮质激素和/或免疫抑制剂治疗。临床上怀疑 AIN 时,需尽快明确并停用可疑药物,确诊为药物所致者,应及时给予糖皮质激素治疗,起始剂量为 1mg/(kg·d),3 天后逐渐减量,总疗程 1 ~ 4 个月。

肾后性 AKI 应尽早解除尿路梗阻,如前列腺肥大应通过膀胱留置导尿,肿瘤压迫输尿管可放置输尿管支架或行经皮肾盂造瘘术。

(二) 营养支持治疗

维持机体营养状况和正常代谢,有助于损伤细胞的修复和再生,提高存活率。可优先通过胃肠道提供营养,酌情限制水分、钠盐和钾盐摄入,不能口服者需静脉营养。AKI 任何阶段总能量摄入应为 20 ~ 30kcal/(kg·d),能量供给包括碳水化合物 3 ~ 5g(最高 7g)/kg、脂肪 0.8 ~ 1.0g/kg,非高分解代谢、无需肾脏替代疗法(renal replacement therapy,RRT)AKI 患者蛋白质或氨基酸摄入量 0.8 ~ 1.0g/(kg·d),接受 RRT 者蛋白质或氨基酸摄入量 1.0 ~ 1.5g/(kg·d),接受连续性肾脏替代疗法(continuous renal replacement therapy,CRRT)及高分解代谢患者蛋白质或氨基酸摄入量最高可达 1.7g/(kg·d)。静脉补充脂肪乳剂以中、长链混合液为宜,氨基酸的补充则包括必需和非必需氨基酸。营养支持总量与成分要根据临床情况增减。危重病患者胰岛素治疗靶目标为血浆葡萄糖 6.1 ~ 8.3mmol/L(110 ~ 149mg/dl)。

观察每日出入液量及体重变化,每日补液量应为显性失液量加上非显性失液量减去内生水量。由于非显性失液量和内生水量估计常有困难,每日大致进液量,可按前一日尿量加 500ml 计算。发热患者只要体重不增加,可适当增加进液量。肾脏替代治疗时补液量可适当放宽。

(三) 并发症治疗

密切随访血清肌酐、尿素氮及血电解质变化。高钾血症是 AKI 主要死因之一,当血钾 >

Notes

6mmol/L 或心电图有高钾表现或有神经、肌肉症状时需紧急处理。措施包括：①停用一切含钾药物和/或食物；②对抗钾离子心肌毒性：10% 葡萄糖酸钙稀释后静推（1～3 分钟起效，作用持续 30～60 秒）；③转移钾：葡萄糖与胰岛素合用促进糖原合成，使钾离子向细胞内转移（50% 葡萄糖 50～100ml 或 10% 葡萄糖 250～500ml，加普通胰岛素 6～12U 静脉输注，葡萄糖与正规胰岛素比值约为 4:1，血钾可下降 0.5～1.2mmol/L，30 秒起效，作用持续 4～6h）；伴代酸者补充碱剂，既可纠正酸中毒又可促进钾离子向细胞内流（5% $NaHCO_3$ 250ml 静滴，5～10 分钟起效，作用持续 2h）；④清除钾：离子交换树脂（口服 1～2h 起效，灌肠 4～6h 起效，每 50g 聚磺苯乙烯使血钾下降 0.5～10mmol/L），利尿剂（稀释后缓慢静推，多使用袢利尿剂，以增加尿量促进钾离子排出），紧急透析（腹透 2L/h，可交换 5mmol K^+，血透降钾最为有效）。

及时纠正代谢性酸中毒，可选用 5% 碳酸氢钠 125～250ml 静滴。对于严重酸中毒患者，如 HCO_3^-<12mmol/L 或动脉血 pH<7.15～7.2 时，纠酸的同时紧急透析治疗。

AKI 心力衰竭患者对利尿剂反应较差，对洋地黄制剂疗效也差，再加常合并电解质紊乱和肾脏排泄减少，易发生洋地黄中毒。药物治疗多以扩血管为主，以减轻心脏前负荷。容量过负荷患者，通过透析超滤脱水，缓解心衰症状最为有效。

感染是 AKI 常见并发症，也是死亡主要原因之一。应尽早使用抗生素。根据细菌培养和药物敏感试验选用对肾无毒性或低毒性药物，并按肌酐清除率调整用药剂量。

（四）肾脏替代治疗

肾脏替代疗法是 AKI 治疗重要组成部分，包括腹膜透析、间歇性血液透析和 CRRT。目前腹膜透析较少用于重危 AKI 的治疗。但在经济欠发达地区以及灾难性事件导致大量患者需要治疗时，仍可应用腹膜透析治疗。

AKI 时 RRT 目的包括"肾脏替代"及"肾脏支持"两重作用。前者是干预因肾功能严重减退而出现可能危及生命的严重内环境紊乱，主要是纠正严重水、电解质、酸碱失衡和氮质血症。其中紧急透析指征包括预计内科保守治疗无效的严重代谢性酸中毒（动脉血 pH<7.2）和高钾血症（K^+>6.5mmol/L 或已经出现严重心律失常）、积极利尿治疗无效的严重肺水肿，以及出现严重尿毒症症状如脑病、心包炎、癫痫发作等。"肾脏支持"是支持肾脏维持机体内环境稳定，清除炎症介质、尿毒症毒素等各种致病性物质，防治可引起肾脏进一步损害的因素，减轻肾脏负荷，促进肾功能恢复，并在一定程度上支持其他脏器功能，为原发病和并发症的治疗创造条件。如充血性心力衰竭时清除过多体液、肿瘤化疗时清除由于肿瘤细胞坏死产生的大量代谢产物、急性呼吸窘迫综合征时减轻肺水肿和清除部分炎症介质、脓毒血症时清除炎症介质等。具体指征见《血液净化疗法》章。

目前，有关危重 AKI 时肾脏替代治疗的时机、模式、剂量等问题，仍是临床研究的热点。重症 AKI 倾向于早期开始肾脏替代治疗，其目的是尽早清除体内过多的水分、毒素，提供内环境支持，有利于肾损伤细胞修复和再生，有助于液体、热卡、蛋白质及其他营养物质补充。RRT 方法选择应综合考虑患者病情、医护人员对技术掌握程度和当地医疗资源等多方面因素，以安全、有效、简便、经济为原则。间歇性血液透析和 CRRT 治疗，各有利弊，可依据病情变化灵活选用。血流动力学严重不稳定、同时合并急性肝损伤、急性脑损伤等 AKI 患者，可能更适合行 CRRT。间歇性血液透析的主要优势是治疗的灵活性、安全性、可操作性及经济性，尤其适用于需要快速有效地控制严重高钾血症等危急情况。近年来，一些大规模临床研究结果均未发现大剂量强化肾脏支持疗法较常规剂量非强化肾脏替代治疗更具优势。故目前 KDIGO 建议，AKI 患者接受间断或延长 RRT 时每周 Kt/V 应达到 3.9，接受 CRRT 时透析液+滤出液总量应达到 20～25ml/(kg·h)。考虑到处方剂量与实际剂量的差异，CRRT 处方剂量可增加 25%。

由于不同类型 AKI 及不同临床状况可能对 RRT 的要求不同，需要 RRT 的开始时机、模式及剂量也不尽相同。因此，对危重 AKI 患者，应针对临床具体情况，首先须明确患者治疗需求，确定 RRT 具体治疗目标,然后根据治疗目标决定 RRT 时机、剂量及模式,并在治疗期间依据疗效进行动态调整,实行目标导向的个体化肾脏替代策略。

(五)恢复期治疗

AKI 恢复期早期,威胁生命并发症依然存在,治疗重点仍为维持水、电解质和酸碱平衡,控制氮质血症,治疗原发病和防止各种并发症。部分急性肾小管坏死患者多尿期持续较长,补液量应逐渐减少,以缩短多尿期。对 AKI 存活患者需按照慢性肾脏病相关诊治指南要求长期随访治疗。

【预后】　AKI 结局与原有疾病严重性及合并症严重程度有关。肾前性 AKI 如能早期诊断和治疗,肾功能大多恢复至基础水平,死亡率小于 10%;肾后性 AKI 及时解除梗阻,肾功能也大多恢复良好。根据肾损伤严重程度不同,肾性 AKI 死亡率在 30%~80%,部分患者 AKI 后肾功能不再恢复,特别是 CKD 患者发生 AKI,肾功能常不能恢复至基线水平,且加快进入终末期肾病阶段。原发病为肾小球肾炎或血管炎者,受原发病本身病情发展影响,肾功能也不一定完全恢复至基础水平。

【预防】　AKI 发病率及死亡率居高不下,疗效不甚满意,故预防极为重要。积极治疗原发病,及时发现 AKI 诱发因素及病因并加以去除,是 AKI 预防关键。

应首先根据 AKI 易感因素和诱发因素将患者进行风险分层。AKI 易感因素包括有效血容量不足、高龄、女性、黑人种族、既往有慢性肾脏病史、肾外其他系统(心、肺、肝等)慢性疾病史、糖尿病、肿瘤、贫血等,AKI 诱发因素包括脓毒症、危重病、休克、烧伤、创伤、心脏外科手术(尤其是心肺旁路)、非心脏大手术、造影剂及其他肾毒性药物使用等。对高危患者应根据 AKI 发病风险和疾病进程决定血清肌酐和尿量监测时间,采取针对性预防措施降低 AKI 发病风险。充足补液对于肾前性和造影剂肾损伤的防治作用已获肯定,其他药物(如小剂量多巴胺、袢利尿药、甘露醇、心房钠尿肽、非诺多泮、重组人胰岛素样生长因子等)对 AKI 预防作用未获循证医学证据支持,故目前不推荐应用。尽量采用无肾毒性或肾毒性较小的药物或操作措施,例如两性霉素 B 的微脂球剂型较传统剂型肾毒性更小,而离子型造影剂渗量浓度越高肾毒性越大,等渗造影剂肾毒性最小,停用其他肾毒性药物如 NSAIDs 及肾血管收缩药物,调整患者容量及血流动力学参数至最佳状态等。围产期重度缺氧的 AKI 高危新生儿,可予单剂量茶碱(1~5mg/kg)以预防 AKI。

(丁小强)

推荐阅读文献

1. Ronco C,Levin A,Warnock DG,et al. Improving outcomes from acute kidney injury (AKI):Report on an initiative. Int J Artif Organs. 2007 May;30(5):373-376
2. Goldman. Goldman's Cecil Medicine. 24th ed. Philadelphia:W. B. Saunders Company,2011. 756-760
3. Maarten WT,Glenn MC,Philip AM,et al. Brenner & Rector's The Kidney. 9th ed. Philadelphi:Saunders,2012
4. Levi TM,de Souza SP,de Magalhães JG,et al. Comparison of the RIFLE,AKIN and KDIGO criteria to predict mortality in critically ill patients. Rev Bras Ter Intensiva. 2013;25(4):290-296
5. Kidney Disease:Improving Global Outcomes (KDIGO) Acute Kidney Injury Work Group. KDIGO Clinical Practice Guideline for Acute Kidney Injury. Kidney Int Suppl,2012,2:1-138
6. Jiarui Xu Xiaoqiang Ding,Yi Fang,et al. New,goal-dire cted approach to renal replacement therapy improves acute kidney injury treatment after cardiac surgery. J Cardiothorac Surg. 2014,9:103

Notes

第十一章 慢性肾脏病

> **要点：**
> 1. 多种病因引发的肾脏损害都可导致慢性肾脏病，慢性肾脏病缓慢进展可引起慢性肾衰竭，慢性肾衰竭晚期称之为尿毒症（终末期肾病）。
> 2. 慢性肾衰竭是多种慢性肾脏病进行性进展引起肾单位和肾功能不可逆地丧失，导致以代谢产物和毒物潴留、水电解质和酸碱平衡紊乱以及内分泌失调为特征，全身多系统、多器官受累的临床综合征。
> 3. 本章学习的重点是掌握慢性肾脏病的诊断和鉴别诊断流程以及治疗原则；了解肾性高血压、肾性贫血、骨矿物质代谢异常等并发症的治疗方案以及血液净化的适应证。

慢性肾脏病（chronic kidney disease，CKD）是指肾脏结构或功能异常>3个月，并对健康有所影响。CKD诊断标准：

（1）出现肾脏损伤标志（一项或以上）>3月，包括：①白蛋白尿[尿白蛋白排泄率（AER）≥30mg/24h，尿白蛋白/尿肌酐比值（ACR）≥30mg/g]；②尿沉渣异常；③肾小管病变引起的电解质紊乱和其他异常；④肾脏病理异常；⑤影像学检查出的肾脏结构异常；⑥肾移植病史。

（2）或者肾小球滤过率（GFR）下降[GFR<60ml/（min·1.73m^2）]>3个月。CKD进行性进展引起肾单位和肾功能不可逆地丧失，导致以代谢产物和毒物潴留、水电解质和酸碱平衡紊乱以及内分泌失调为特征的临床综合征称为慢性肾衰竭（chronic renal failure，CRF）。CRF常常进展为终末期肾脏病（end-stage renal disease，ESRD），CRF晚期称之为尿毒症（uremia）。

【病因和发病机制】

（一）病因

慢性肾脏病病因多样、复杂，包括：肾小球肾炎、肾小管间质性疾病、肾血管性疾病、代谢性疾病和结缔组织疾病性肾损害、感染性肾损害以及先天性和遗传性肾脏疾病等多种疾病。在我国以IgA肾病为主的原发性肾小球肾炎最为多见，其次为高血压肾小动脉硬化、糖尿病肾病、狼疮性肾炎、慢性肾盂肾炎以及多囊肾等，但近年糖尿病肾病、高血压肾小动脉硬化的发病率有明显的升高。

（二）发病机制

慢性肾脏病的发病机制因各种原发疾病不同而存在差异，但CKD进展存在共同机制，尿毒症症状的发生也存在相同的机制。

1. 慢性肾脏病进展的共同机制

（1）肾小球血流动力学改变：各种病因引起的肾单位减少，导致健存肾单位代偿性肥大，单个肾单位的肾小球滤过率（SNGFR）增加，形成肾小球高灌注、高压力和高滤过。这种肾小球内血流动力学变化，可进一步损伤、活化内皮细胞、系膜细胞，产生、释放血管活性介质、细胞因子和生长因子，从而加重肾单位肥大和肾小球内血流动力学变化，形成恶性循环，最终导致肾小球硬化。

（2）尿蛋白加重肾脏损伤作用：蛋白尿不仅使机体营养物质丧失，更重要的是大量蛋白质从肾小球滤出后引起：①肾小管上皮细胞溶酶体破裂；②肾小管细胞合成和释放上皮源性有化学趋化作用的脂质，引起炎细胞浸润，释放细胞因子；③与远端肾小管产生的 Tamm-Horsfall 蛋白相互反应阻塞肾小管；④尿液中补体成分增加，肾小管产氨增多，活化补体；⑤尿中转铁蛋白释放铁离子，产生游离 OH^-；⑥刺激肾小管上皮细胞分泌内皮素，产生致纤维化因子。蛋白尿通过上述反应引起肾小管间质进一步损害及纤维化。

（3）肾素-血管紧张素-醛固酮系统（renin-angiotensin-aldosterone system，RAAS）作用：肾脏富含肾素-血管紧张素-醛固酮系统成分，血管紧张素Ⅱ（Ang Ⅱ）的含量比血液循环中高 1000 倍。Ang Ⅱ升高可上调多种细胞、生长因子的表达，促进氧化应激反应，刺激内皮细胞纤溶酶抑制因子的释放，从而促进细胞增殖、细胞外基质积聚和组织纤维化。

（4）血压升高：高血压增加肾小球内毛细血管压力，引起的肾血管病变，导致肾缺血性损伤，促进肾小球硬化。

（5）脂质代谢紊乱：CKD 患者合并的脂质代谢紊乱，产生氧化脂蛋白刺激炎性和致纤维化细胞因子的表达和诱导细胞凋亡，引起巨噬细胞大量侵入、导致组织损伤。

（6）肾小管间质损伤：肾小管间质炎症、缺血及大量尿蛋白均可以损伤肾小管间质，引起：①肾小管萎缩产生"无小管"肾小球，导致肾小球萎缩；②肾小管周围毛细血管床减少引起肾小球毛细血管内压升高，导致肾小球硬化；③浸润的炎症细胞和肾小管上皮细胞分泌的细胞、生长因子加重肾组织炎症和纤维化；④肾小管上皮细胞在各种细胞、生长因子刺激下发生转分化，分泌细胞外基质而促进肾组织纤维化；⑤引发肾小管重吸收、分泌和排泄障碍，导致球-管失衡、肾小球滤过率降低。

（7）饮食中蛋白质负荷：饮食中蛋白质负荷可：①加重肾小球高滤过状态，促进肾小球硬化；②增加尿蛋白排泄而加重尿蛋白的损伤作用。

2. 尿毒症症状的发生机制

（1）尿毒症毒素：随着肾功能减退，肾脏对溶质清除率下降和对某些肽类激素灭活减少，造成多种物质在血液和组织中蓄积，并引起相应尿毒症症状和/或功能异常，这些物质称为尿毒症毒素。常见的尿毒症毒素包括：①蛋白质和氨基酸代谢产物；②尿酸盐和马尿酸盐；③核酸代谢终产物；④脂肪酸代谢终产物；⑤芳香族氨基酸代谢终产物；⑥其他含氮化合物；⑦糖基化终产物；⑧高级氧化蛋白产物；⑨肽类激素及其代谢产物。尿毒症毒素可引起厌食、恶心、呕吐、皮肤瘙痒及出血倾向等尿毒症症状；并与尿毒症脑病、淀粉样变性、周围神经病变、心血管并发症、肾性骨病等发病相关。

（2）营养不良：尿毒症患者因消化道症状引起蛋白质摄入减少，加之微炎症状态导致蛋白质合成减少、分解增多，而合并营养不良。营养不良与尿毒症贫血、心血管并发症的发生密切相关，并使尿毒症患者易于并发感染。

（3）内分泌失调：肾脏是重要的内分泌器官，参与多种内分泌激素代谢。促红细胞生成素减少可引起肾性贫血；25-维生素 D_3 羟化障碍和肾小管对甲状旁腺激素的反应低下可导致钙、磷代谢失调和肾性骨病；胰岛素、胰高血糖素代谢失调可引起糖耐量异常。

（4）矫枉失衡学说：慢性肾衰竭引起机体某些代谢失衡，可引起机体的适应性变化来代偿和纠正这种失衡；但此适应性变化可导致新的失衡，造成机体损害，称之为矫枉失衡。例如：慢性肾衰竭低血钙可刺激机体甲状旁腺素（PTH）分泌，进而 PTH 促进肾小管磷的排泄来纠正高血磷，这是机体的适应性代偿机制。但在肾功能明显损害时，肾小管对 PTH 反应低下，PTH 不仅不能减轻血磷升高，而且可引起转移性钙化、肾性骨病等加重机体损害。

【临床表现】　慢性肾脏病患者早期可以无临床症状，伴随原发疾病的进展逐渐出现血尿、蛋白尿、水肿、高血压、腰痛、夜尿增多等一般肾脏疾病临床表现，以及原发疾病特有的临床表现。并且,肾脏具有强大的代偿功能,肾功能丧失 75% 以下时仍能保持内环境的稳定。即使慢性肾衰竭患者早期也常无明显临床症状,大多数患者常常因应激状态引起肾功能急剧恶化或直到晚期大部分肾功能丧失后才出现慢性肾衰竭的临床症状。

(一) 胃肠道系统

食欲缺乏和晨起恶心、呕吐是尿毒症常见的早期表现。晚期患者胃肠道的任何部位都可出现黏膜糜烂、溃疡,而发生胃肠道出血。

(二) 心血管系统

1. 高血压和左心室肥大 进展到终末期肾衰竭的 CKD 患者约 95% 合并高血压,高血压的主要原因是水钠潴留、细胞外液增加引起的容量负荷过重,肾素升高、交感神经反射增强、NO 产生减少和内皮素分泌增加所致的内皮细胞功能异常也参与其发生。

左心室肥厚或扩张性心肌病,是 CKD 患者最常见、最危险的心血管并发症和死亡病因。其发生与长期高血压、容量负荷过重和贫血有关,而动-静脉吻合术引起的心输出量增加,也加重了左心室负担。

2. 冠状动脉粥样硬化和周围血管病 高血压、高同型半胱氨酸血症和脂质代谢紊乱促进动脉粥样硬化的发生,钙磷代谢紊乱引起的血管转移性钙化也是重要致病因素。

3. 充血性心力衰竭 是 CKD 进展至慢性肾衰竭的患者重要死亡原因之一。水钠潴留、高血压、贫血、酸中毒、电解质紊乱以及心肌缺氧、心肌病变和心肌钙化参与了充血性心力衰竭的发生。

4. 心包炎 尿毒症性心包炎发生率大于 50%,但仅 6% ~ 17% 有明显症状。早期表现为随呼吸加重的心包周围疼痛,伴有心包摩擦音。病情进展出现心包积液,甚至心包填塞。

(三) 血液系统

1. 贫血 贫血是 CKD 患者常见的临床表现,CKD 病程的不同阶段均可以合并不同程度的贫血。导致 CKD 患者合并贫血的病因多样,主要包括:①合并营养不良性贫血,其中以缺铁性贫血最为常见;②消化道出血、血液透析失血等引起的出血性贫血;③肾脏生成促红细胞生成素(EPO)不足;④尿毒症毒素引起的骨髓微环境病变产生的造血障碍;⑤红细胞寿命缩短;⑥合并血液系统肿瘤等。需要注意的是:①CKD 患者合并贫血的病因不单纯是肾组织病变引起促红细胞生成素不足,或肾功能不全导致的代谢产物、尿毒症毒素蓄积引起的"肾性贫血";在早期 CKD 患者营养不良性贫血更为常见;②肾性贫血是指除外其他贫血原因、且血清肌酐 $\geq 176\mu mol/L$ 的 CKD 患者合并的贫血,肾性贫血的程度与患者肾功能损害程度呈正相关;③合并肾间质病变的 CKD 患者更易早期出血贫血、且贫血程度较重;④与肾功能损害程度不平行的中重度贫血要积极查找病因,注意是否合并血液系统疾病。

2. 出血倾向 临床表现为鼻出血、月经量增多、术后伤口出血,胃肠道出血及皮肤瘀斑,严重者可出现心包、颅内出血。其原因与尿毒症患者血小板功能障碍有关。

(四) 呼吸系统

晚期 CKD 患者即使是在没有容量负荷的条件下也可发生肺充血和水肿,称之为"尿毒症肺"。临床上表现为弥散功能障碍和肺活量减少。约 15% ~ 20% 患者可发生尿毒症性胸膜炎。伴随钙、磷代谢障碍可发生肺转移性钙化,临床表现为肺功能减退。

(五) 神经肌肉改变

发生与尿毒症毒素、水电解质酸碱平衡紊乱、感染、药物及精神刺激等有关,可表现为中枢神经系统功能紊乱(尿毒症性脑病)和周围神经病变。

(六) 皮肤表现瘙痒

是尿毒症常见的难治性并发症,其发生原因部分是继发性甲状旁腺机能亢进症和皮下组织钙化所致。

（七）骨矿物质代谢异常（mineral and bone disorder, MBD）

CKD-MBD 是由于 CKD 引起的系统性矿物质和骨代谢紊乱。包括钙、磷、甲状旁腺素（PTH）和/或维生素 D 代谢异常，骨转化、矿物质化、体积、线性增长和强度异常，以及血管或其他软组织钙化。其中继发性甲状旁腺功能亢进（secondary hyperparathyroidism, SHPT）是矿物质代谢紊乱的重要表现，也是 CKD-MBD 患者最常见的合并症。伴随 CKD 进展出现的维生素 D 水平低下、低钙血症和高磷血症，诱发甲状旁腺增生和甲状旁腺激素的合成与分泌，引起 SHPT，促进肾性骨病、肾性贫血、皮肤和神经病变以及心血管并发症的发生。

慢性肾脏病引起的骨骼病变称为肾性骨病或肾性骨营养不良。临床上尽管只有 10% 的慢性肾衰竭患者在透析前出现骨病症状，但应用放射线和骨组织活检则 35% 和 90% 的患者可发现骨骼异常。

1. 高转化性骨病　临床表现为纤维囊性骨炎，可伴有骨质疏松和骨硬化。合并 PTH 水平的升高是其特点。

2. 低转化性骨病　早期表现为骨软化症，逐渐发展为无力型骨病。发生除维生素 D 的缺乏所致外，与铝中毒的关系更为密切。此外，对甲状旁腺功能亢进症治疗过度、服用了过量的钙和维生素 D 可引起再生不良性肾性骨营养不良，PTH 水平相对较低是其临床特征。

（八）内分泌代谢紊乱

晚期 CKD 患者经常合并甲状腺功能低下，患者血浆游离三碘甲状腺原氨酸水平低下，甲状腺素与甲状腺素结合球蛋白的结合能力下降。大多数女性患者闭经、不孕；男性患者阳痿、精子缺乏和精子发育不良。患者雌激素、雄激素水平降低，促卵泡激素和黄体生成素水平升高，高催乳素血症多见。肾脏对胰岛素的清除减少，外周组织特别是肌肉组织的胰岛素抵抗而导致糖利用障碍。

（九）感染

CKD 患者常合并淋巴组织萎缩和淋巴细胞减少，并且由于酸中毒、高血糖、营养不良以及血浆和组织高渗透压，导致白细胞功能障碍。临床上可表现为呼吸系统、泌尿系统及皮肤等部位各种感染，是 CKD 患者重要的死亡原因。

（十）代谢性酸中毒

成人每天蛋白代谢将产生 $1mmol/kg\ H^+$。肾衰竭患者由于肾小管产氨、泌 NH_4^+ 功能低下，每天尿中酸总排泄量仅 $30\sim40mmol$；每天有 $20\sim40mmol\ H^+$ 不能排出体外而在体内潴留。长期的代谢性酸中毒能加重 CKD 患者的营养不良、肾性骨病及心血管并发症，严重的代谢性酸中毒是慢性肾衰竭患者的重要死亡原因。

（十一）水、电解质平衡失调

1. 水钠平衡　一般情况下，CKD 患者由于原发病引起的球-管平衡失调，机体钠、水总量常常轻度增加，但无明显临床表现。钠摄入过多可引起体内钠潴留，但因患者保持正常渴感，常能防止高钠血症的发生；当肾小管浓缩稀释功能明显障碍，水摄入过多，则会发生低钠血症。

当患者原发病为失盐性肾病、或因肾外因素（如呕吐、腹泻、大量出汗、发热）造成体液丢失时，会发生血容量不足。此时，补水不足可发生高钠血症（但只要保持正常的渴感，一般可预防），补水过量可发生低钠血症。

2. 钾平衡　一般而言 CKD 患者远端肾小管和皮质集合管排泄钾的能力无明显障碍，除非 GFR 降至 10ml/min 以下，并有明显的钾负荷，否则临床上明显的高钾血症并不常见。发生高钾血症的主要原因：①钾负荷增加：钾摄入的增加、蛋白分解增强、溶血、出血及输入库存血；②细胞内钾释出增加或钾进入细胞内受到抑制：代谢性酸中毒、β-受体阻断剂；③钾在远端肾小管排泄受到抑制：ACE 抑制剂、保钾利尿剂和非甾体抗炎药（NSAID）；④远端肾小管钾排泄障碍：低肾素、低醛固酮（糖尿病肾病、某些类型的远端肾小管酸中毒）。

CKD 患者体内钾总含量常常不足，但低钾血症并不多见。低钾血症的主要原因：①钾摄入过少；②肾外钾排除增多：大量出汗和腹泻等胃肠道失钾；③肾脏排泄钾增多：过度利尿以及原发性肾脏疾病(Fanconi 综合征、Bartter 综合征、Liddle 综合征、肾小管酸中毒以及肾小管-间质疾病)导致的钾丢失。

3. 钙平衡　慢性肾脏病患者因肾脏维生素 D_3 的 25 羟化障碍、活性维生素 D_3 合成减少，小肠钙吸收减少导致低血钙。但由于晚期 CKD 患者多伴有酸中毒，掩盖了低钙引起的神经肌肉症状；而常常在纠正代谢性酸中毒后发生手足抽搐等低钙症状。长期低血钙刺激可引起甲状旁腺弥漫性和结节性增生，当形成自主性功能腺瘤(三发性甲状旁腺功能亢进)时，可发生高钙血症。

4. 磷平衡　当 GFR 低于 20ml/min 时血清磷开始升高，高磷血症是严重肾衰竭的特征之一。高磷血症是造成继发性甲状旁腺功能亢进的主要原因。

【实验室和特殊检查】　慢性肾脏病患者因原发疾病的不同，可出现原发疾病的特征性实验室和特殊检查的征象。而伴随 CKD 的进展，当 GFR 小于 60ml/min 后患者可逐渐出现下列实验室和特殊检查的征象。

(一) 血常规和凝血功能检查

合并肾性贫血的患者可表现为正细胞、正色素性贫血，并随肾功能的减退而加重；白细胞数一般正常；血小板计数及凝血时间正常，出血时间延长、血小板聚集和黏附功能障碍，但凝血酶原时间、部分凝血活酶激活时间一般正常。

(二) 尿液检查

1. 尿比重和尿渗透压低下　晨尿尿比重<1.018，尿渗透压<450mmol/L；尿毒症晚期尿比重和尿渗透压固定于 1.010 和 300mmol/L，称之为等比重尿和等渗尿。

2. 尿量　一般正常，但尿中溶质排出减少。

3. 白蛋白尿　具有独立于 GFR 之外的、预测慢性肾脏病严重程度和预后的价值。推荐采用尿白蛋白/肌酐比值(ACR)评价白蛋白尿程度，需要更准确估计白蛋白尿时采用限时尿标本测量白蛋白排泄率。白蛋白尿水平因原发病不同而异。

4. 尿沉渣　可见不同程度的红细胞、颗粒管型，肾小管间质性疾病和合并尿路感染的患者尿中白细胞增多，蜡样管型的出现可反映肾小管间质瘢痕形成和肾小管肥大、直径增加，标志肾衰竭进展至严重阶段。

5. 肾功能检查　临床上推荐采用 GFR 估计公式来根据血清肌酐计算 GFR，而不仅仅单独依赖于血清肌酐浓度评估 GFR；并推荐在特殊条件下当基于血清肌酐的 eGFR 不够准确时，检测血清 Cystatin C 作为确诊实验。

(三) 血液生化及其他检查

血清蛋白水平降低，特别白蛋白水平低下。肾功能不全晚期血清钙、碳酸氢盐水平降低，血清磷水平升高。高转化性骨病患者血清碱性磷酸酶水平升高。

(四) 影像学检查

超声检查可以检测肾脏的大小、对称性，区别肾实质性疾病、肾血管性疾病及梗阻性肾病。①双侧肾脏对称性缩小支持 CKD 所致慢性肾衰竭的诊断；②如果肾脏大小正常或增大则提示急性肾损伤或多囊肾、淀粉样变、糖尿病肾病和异型球蛋白血症引起的肾损害(骨髓瘤肾病)导致的慢性肾衰竭；③双侧肾脏不对称提示单侧肾或尿路发育异常，或者是慢性肾血管疾病。

(五) 肾活检

对于肾脏大小接近正常的 CKD 患者应实施肾活检检查，对明确原发病因、选择治疗方案具有重要意义。

【诊断和鉴别诊断】

(一) 诊断和鉴别诊断流程

1. 明确 CKD 的存在　肾脏结构或功能异常>3 月，并对健康有所影响，就可以诊断为 CKD。

诊断标准包括:

(1) 出现肾脏损伤标志(一项或以上)>3 个月,包括:①白蛋白尿[尿白蛋白排泄率(AER) ≥30mg/24h,尿白蛋白/尿肌酐比值(ACR)≥30mg/g];②尿沉渣异常;③肾小管病变引起的电解质紊乱和其他异常;④肾脏病理异常;⑤影像学检查出的肾脏结构异常;⑥肾移植病史。

(2) 或者肾小球滤过率(GFR)下降[GFR<60ml/(min·1.73m²)]>3 个月。

2. 除外急性肾脏病变 肾脏结构或功能异常需要持续 3 个月以上,并对健康有所影响,才能诊断 CKD。对于既往无病史、也没有实验室检查或影像学结果的患者,出现肾脏结构或功能异常也不能立即诊断为 CKD,应除外急性肾脏病变。而患者存在 3 个月以上的肾炎或肾病综合征的病史,或长期夜尿、肾性骨营养不良、在无失血的情况下发生严重的贫血、超声显示双侧肾脏缩小、实质回声增强、高磷血症和低钙血症伴有 PTH 升高等支持 CKD 的诊断。需要注意的是:①在溶血尿毒综合征、淋巴瘤、白血病性肾损害和免疫球蛋白沉积性肾病合并的急性肾损伤的患者,可合并中、重度贫血;②溶血尿毒综合征、淋巴瘤、白血病性肾损害、免疫球蛋白沉积性肾病、肾脏淀粉样变性、多囊肾及糖尿病肾病引起的慢性肾衰竭,肾脏无明显缩小或增大。

3. 寻找引起 CKD 进展的可逆因素 常见的可逆因素:①肾前性因素:循环血容量不足、心功能衰竭、使用非甾体抗炎药物(NSAIDs)或血管紧张素转换酶抑制剂(ACEIs);②肾后性因素:尿路梗阻;③肾实质性因素:严重高血压、急性肾盂肾炎、急性间质性肾炎、造影剂肾病、高钙血症;④血管性因素:单侧或双侧肾动脉狭窄、肾静脉血栓形成、动脉栓塞;⑤混合因素:肾上腺皮质功能减退症、甲状腺功能减退症、感染、创伤及严重的胃肠道出血等。

4. 分析慢性肾脏病进展程度 CKD 进展指 GFR 分级的下降,伴 GFR 较基线下降25% 或以上;快速进展指持续 eGFR 下降超过 5ml/(1.73m²·年)。CKD 进展因素包括:病因、GFR 水平、白蛋白尿水平、年龄、性别、种族、高血压、高血糖、血脂异常、吸烟、肥胖、心血管病史、正在使用肾毒性药物等。在去除引起 CKD 的可逆因素后,应依据患者 GFR 和白蛋白尿的程度进行分级,以指导治疗和判断预后。

(1) GFR 分级标准(G 级别)(表 5-11-1)。

表 5-11-1　慢性肾脏病的 G 级别

GFR 级别	GFR[ml/(min·1.73m²)]	评价描述
G1	≥90	正常或升高
G2	60~89	轻度下降
G3a	45~59	轻中度下降
G3b	30~44	中重度下降
G4	15~29	重度下降
G5	<15ml	肾功能衰竭

(2) 白蛋白尿分级标准(A 级别)(表 5-11-2)。

表 5-11-2　慢性肾脏病的 A 级别

分级	AER (mg/24h)	ACR		评价描述
		mg/mmol	mg/g	
A1	<30	<3	<30	正常或轻度升高
A2	30~300	3~30	30~300	中度升高
A3	>300	>30	>300	重度升高

（3）基于 GFR 与白蛋白尿分级判断 CKD 预后（KDIGO 2012）：CKD 患者至少每年评估一次 GFR 和白蛋白尿。伴有进展高风险和/或测量结果将影响治疗决策时，需要更积极评估 GFR 和白蛋白尿。随着 GFR 下降和白蛋白尿的增多，CKD 预后越差。

5. 明确有无合并症　常见的合并症：①感染：呼吸道、泌尿系统及消化道感染；②心血管合并症：心律失常、心力衰竭；③肾性贫血及营养不良；④骨矿物质代谢异常；⑤尿毒症性脑病；⑥高钾血症、代谢性酸中毒等。

6. 诊断 CKD 的原发疾病　CKD 是指一群疾病，而非单一特异性疾病。正确诊断和有效地治疗引起 CKD 的原发疾病，对延缓肾衰竭进展、保护肾脏残存功能具有重要意义。必要时可考虑肾活检以明确诊断。

（二）诊断中需注意的问题

合并中、重度贫血的高钾血症或低钙血症。特别需要注意的是晚期尿毒症患者尿蛋白可以是微量、尿沉渣可基本正常，因此不能以尿常规基本正常而除外 CKD。

【治疗】

（一）原发疾病和加重因素的治疗

有效治疗原发病和消除引起肾功能恶化的可逆因素，是 CKD 治疗的基础和前提，也是有效延缓肾衰竭进展、保护肾脏功能的关键。

（二）CKD 的一体化治疗

1. 治疗原则　按照 CKD 的不同阶段，选择不同的防治策略，早期、系统防治，见表 5-11-3。

表 5-11-3　慢性肾脏病的分期和治疗计划

分级	GFR[ml/(min·1.73m²)]	治疗计划
G1	≥90	病因的诊断和治疗 治疗合并疾病 延缓疾病进展 减少心血管疾患危险因素
G2	60~89	估计疾病是否会进展和进展速度
G3a	45~59	评价、预防和诊断并发症
G3b	30~44	治疗并发症
G4	15~29	准备肾脏替代治疗
G5	<15	肾脏替代治疗

2. 健康管理　推荐鼓励 CKD 患者进行与其心血管健康状况和耐受性相适应的体力活动（目标为至少 30 分钟，每周 5 次），达到健康体重（BMI 20~25），停止吸烟，限制酒精摄入量（男性<20g/d，女性<10g/d，并接受专家的饮食指导和教育课程。

3. 营养治疗　营养治疗的核心是低蛋白质饮食，低蛋白质饮食可以：①减少蛋白尿排泄，延缓 CKD 的进展；②改善蛋白质代谢，减轻氮质血症；③改善代谢性酸中毒；④减轻胰岛素抵抗，改善糖代谢；⑤提高脂酶活性，改善脂代谢；⑥减轻继发性甲状旁腺功能亢进。

（1）热量摄入：30~35kcal/(kg·d)。

（2）蛋白质摄入：建议成人糖尿病或非糖尿病、且 GFR<30ml/(min·1.73m²)（GFR 分级 G4~G5）患者，蛋白质摄入 0.8g/(kg·d)，并予以合适的教育。有进展危险的成人 CKD 患者避免高蛋白摄入[>1.3g/(kg·d)]。饮食中动物蛋白质与植物蛋白质应保持合理比例，一般为 1:1。

（3）其他营养素：脂肪摄入量不超过总热量的 30%，不饱和脂肪酸/饱和脂肪酸应 2:1，胆固醇摄入量少于 300mg/d；磷摄入量限制在 800mg/d 以下（合并高磷血症者应少于 500mg/d）。

注意补充叶酸、水溶性维生素以及钙、铁、锌等矿物质。除非存在禁忌证，推荐减少成人钠盐摄入，<90mmol（<2g）/d（相当于 5g 氯化钠）。

4. 降压治疗

（1）降压目标：KDIGO 指南（2012）推荐：对于收缩压（SBP）持续>140mmHg 或舒张压（DBP）>90mmHg 和尿白蛋白排泄<30mg/d 的成人 CKD 患者，采用降压药物治疗，血压维持在 SBP≤140mmHg 且 DBP≤90mmHg。对于 SBP 持续>130mmHg 或 DBP>80mmHg，伴有尿白蛋白排泄≥30mg/d 的成人 CKD 非透析患者或接受肾移植的患者，采用降压药物治疗，血压维持在 SBP≤130mmHg 且 DBP≤80mmHg。根据年龄、脉压、心血管疾病及其他合并症以及 CKD 进展风险，个体化确定患者的血压靶目标。

（2）降压药物的选择：原则对于无白蛋白尿和接受肾移植的 CKD 患者，依据患者合并症及所有其他用药情况选择合适降压药物。对于尿白蛋白排泄 30～300mg/d 的糖尿病成人 CKD 患者，或者尿白蛋白排泄>300mg/d 的成人 CKD 患者，首选血管紧张素 Ⅱ 受体拮抗剂（ARB）和/或血管紧张素转换酶抑制剂（ACEI）。并应根据患者年龄、脉压、心血管疾病及其他合并症以及 CKD 进展风险，个体化选择治疗药物。使用降压药物治疗的 CKD 患者，应定期进行体位性头晕和体位性低血压的检测。

（3）常用降压药物的肾保护作用及用药注意事项

1）ARB 和 ACEI 的肾脏保护作用：①降低肾小球内压，减少蛋白尿；②抑制系膜细胞增殖，延缓肾小球硬化；③维持肾脏调节水钠平衡的功能；④增加胰岛素敏感性；⑤改善脂代谢。此外，ACEI 和 ARB 尚可改善心肌组织重塑，减少心血管事件的发生。

初期应用 ACEI 和 ARB 类药物应严密监测肾功能变化。用药后 2 个月内血清肌酐上升和/或内生肌酐清除率下降小于 30%，可在监测下继续应用；但大于 50%，应立即停药。严重肾衰竭患者应慎用，双侧肾动脉狭窄患者禁用。

2）钙通道阻滞剂的肾保护作用：①增加肾脏血流量，但不明显增加肾小球的高滤过与毛细血管内压；②抑制系膜细胞增殖，减少细胞外基质产生；③调整系膜的大分子物质转运；④减少自由基的产生；⑤改善入球小动脉的血管重塑；⑥减少组织钙化。非二氢吡啶类的钙通道阻滞剂（地尔硫䓬、维拉帕米）可改善肾小球内毛细血管内压，也具有降低尿蛋白作用。

3）联合药物治疗：CKD 患者常常需要 2 种以上降压药物联合应用才能达到降压目标。ACEI 或 ARB 与 CCB 联合应用是临床上常用组合；如仍未达到降压目标，可在此基础上加用利尿剂与 α、β 受体阻滞剂。但利尿剂与 β 受体阻滞剂影响糖、脂质代谢，并发糖尿病的患者应慎用；而肾小球滤过率低于 $25ml/(min \cdot 1.73m^2)$ 时，噻嗪类利尿剂无效。

5. 控制蛋白尿　不论何种原发病所致的 CKD 患者，将尿蛋白控制在 0.3g/d 以下乃至正常范围，不仅可延缓 CKD 进展，还可减少或减轻心血管合并症的发生，是改善患者长期预后的重要环节。

6. 肾性贫血治疗　对于临床上诊断为 CKD 合并溶血性贫血、出血性贫血、血液系统肿瘤、营养不良性贫血的患者，应积极寻找病因，并治疗原发疾病；特别是对于合并营养不良性贫血的 CKD 患者，首先依据病因给予铁剂、叶酸及维生素 B_{12} 治疗，并观察临床疗效，而不应立即给予刺激红细胞生成药物（ESAs）治疗。只有对于诊断肾性贫血，且考虑贫血的原因为 EPO 缺乏的 CKD 患者才首先给予 ESAs 治疗；开始 ESAs 治疗时应评估 ESAs 治疗减少输血和贫血相关症状所带来的获益与 ESAs 治疗所致的卒中、高血压等可能风险，并首先处理铁缺乏和炎症状态等导致的贫血原因。对于合并恶性肿瘤史的 CKD 患者，应谨慎用 ESAs 治疗。

CKD 患者应定期检测血红蛋白（Hb），尽早诊断有无贫血。Hb 检测的时机和频率：①GFR≥60ml/(min·1.73m²)（GFR G1～G2）患者，伴有临床贫血表现；②GFR 30～59ml/(min·1.73m²)（GFR G3a～G3b）患者，每年至少 1 次；③GFR<30/(min·1.73m²)（GFR G4～G5）患

者,每年至少 2 次。

(1) 红细胞生成药物的应用

1) 治疗的靶目标值:ESAs 治疗肾性贫血的靶目标值为 Hb 110 ~ 120g/L,且<130g/L;一般情况下建议 Hb 浓度<115g/L。目标值应在开始治疗后 4 个月内达到。靶目标值应依据患者年龄、种族、性别、生理需求以及是否合并其他疾病情况进行个体化调整。

2) 使用时机和途径:对于 Hb≥100g/L 的 CKD ND 患者,建议不应开始使用 ESA 治疗。对于 Hb<100g/L 的 CKD 非透析的患者,建议基于 Hb 下降率、需要输血的风险、贫血所致症状以及 ESAs 治疗相关的风险,个体化决定是否开始 ESAs 治疗;对于 GFR G5 级的透析患者,建议 Hb 90 ~ 100g/L 时开始 ESAs 治疗,以免 Hb 下降至 90g/L 以下。对于较高的 Hb 浓度下生活质量会获得改善的部分患者,即使 Hb>100g/L 也可给予 ESAs 治疗。

静脉给药和皮下给药同样有效。但皮下注射的药效动力学表现优于静脉注射,并可以延长有效药物浓度在体内的维持时间,节省治疗费用。对非血液透析的患者,推荐首先选择皮下给药;对血液透析的患者,静脉给药可减少疼痛,增加患者依从性。

3) 初始剂量皮下给药:100 ~ 120IU/(kg·W),每周 2 ~ 3 次;静脉给药:120 ~ 150IU/(kg·W),每周 3 次。对于 Hb<7g/dl 的患者,应适当增加初始剂量;对于非透析患者或残存肾功能较好的透析患者,可适当减少初始剂量;对于血压偏高、伴有严重心血管事件、糖尿病的患者,应尽可能的从小剂量开始使用。

4) 剂量调整:诱导治疗阶段应每 2 ~ 4 周检测一次 Hb 水平,控制 Hb 增长速度每月 1 ~ 2g/dl,4 个月达到靶目标值。如每月 Hb 增长速度<1g/dl,应增加使用剂量 25%;如每月 Hb 增长速度>2g/dl,应减少使用剂量 25% ~ 50%或暂停使用。维持治疗阶段应每 1 ~ 2 个月检测一次 Hb 水平,使用剂量约为诱导治疗期的 2/3;若维持治疗期 Hb 浓度每月改变>1g/dl,应酌情增加或减少 25%的剂量。

5) 不良反应:应用 ESAs 治疗的 CKD 患者应严格监测血压,特别是诱导治疗阶段;部分患者需要调整降压治疗方案,对于血液透析的患者可适当增加超滤量、减少细胞外液体积。此外,ESAs 治疗期间,需要检测血液透析患者血管通路状况,注意血管通路阻塞的发生。ESAs 治疗后偶有头痛、感冒样症状、癫痫、肝功能异常及高血钾等发生,过敏、休克、高血压脑病、脑出血及心肌梗死、脑梗死、肺栓塞等少见。

6) EPO 抵抗:重组人促红细胞生成素皮下注射达到 300IU/(kg·W)或静脉注射达到 500IU/(kg·W)治疗 4 个月后,Hb 仍不能达到或维持靶目标值,称为 EPO 抵抗。EPO 抵抗最常见的原因是铁缺乏,其他原因包括:透析不充分、炎症性疾病、营养不良、维生素缺乏、慢性失血、甲状旁腺功能亢进、纤维性骨炎、铝中毒、血红蛋白病、恶性肿瘤、溶血、ACEI/ARB 和免疫抑制剂等药物的使用以及 EPO 抗体介导的纯红细胞再生障碍性贫血(PRCA)等。对于 EPO 抵抗的 CKD 患者应认真查找上述病因,并给予积极治疗。对于 ESAs 反应低下的患者,建议避免反复增加剂量、并超过起始治疗剂量的 2 倍;对于 ESAs 抵抗的患者,建议避免反复增加剂量、并超过原维持稳定治疗剂量的 2 倍。

(2) 铁剂补充:对于未接受铁剂或 ESA 治疗的成年 CKD 贫血患者,如果不使用 ESAs 治疗也有可能纠正贫血、且转铁蛋白饱和度(TSAT)≤30%和/或铁蛋白≤500μg/L,则推荐尝试使用静脉铁剂治疗;对于非透析患者,可尝试进行为期 1 ~ 3 个月的口服铁剂治疗。接受 ESAs 治疗的 CKD 患者,均应补充铁剂达到并维持铁状态的目标值。静脉补铁是最佳的补铁途径。蔗糖铁是最安全的静脉补铁制剂,其次是葡萄糖醛酸铁、右旋糖酐铁。

1) 铁状态评估:ESAs 诱导治疗阶段和维持治疗阶段贫血加重时应每月一次;稳定治疗期间或未用 ESAs 治疗的血液透析患者,至少每 3 个月一次进行铁状态评估。评估指标:①血清铁蛋白评估铁储备状态;②血清转铁蛋白饱和度(TSAT)和网织红细胞 Hb 量(CHr)评估用于红细胞生成铁的充足性;③平均红细胞体积(MCV)和平均红细胞血红蛋白浓度(MCH)仅在长时间缺铁的情况下才会低于正常,非敏感指标。

2)铁剂治疗的靶目标值:血液透析患者血清铁蛋白>200ng/ml,且 TSAT20% 或 CHr >29pg/红细胞。非透析患者或腹膜透析患者:血清铁蛋白>100ng/ml,且 TSAT>20%。

3)给药途径和方法:血液透析患者优先选择经静脉补充铁剂,非透析患者或腹膜透析患者,可以静脉或口服使用铁剂。对于 TSAT<20% 和/或血清铁蛋白<100ng/ml 的 CKD 患者,需静脉补铁 100 ~ 125mg/周,连续 8 ~ 10 周;而对于 TSAT≥20%,血清铁蛋白水平≥100ng/ml 的 CKD 患者,则每周一次静脉补铁 25 ~ 125mg;对于血清铁蛋白>500ng/ml 的 CKD 患者,不推荐常规使用静脉铁剂。

(3)输注红细胞:对于 CKD 患者,一般应避免输注红细胞,以减少与输血相关的风险;特别是对于准备器官移植的患者,应尽可能避免输注红细胞,以减少移植排斥反应的发生风险。但对于 ESAs 治疗无效或其治疗风险超过获益的患者,以及需要快速纠正贫血以稳定患者病情,或患者 Hb 水平过低需要预先纠正的患者,可给予红细胞输注治疗。

(4)建议不使用　维生素 C、D、E、叶酸、L-肉碱和己酮可可碱作为 ESAs 的辅助治疗。

7. CKD-MBD 的治疗

(1)血清钙、磷监测:对于 GFR<45/(min·1.73m²)(GFR G3b ~ G5)的成人,至少检测一次血清钙、磷、PTH 和特异性碱性磷酸酶活性;血清钙、磷和 PTH 的监测频率,可以根据其检测的异常及严重性以及 CKD 进展的速度来决定。使用侧位腹部 X 线片检测是否存在血管钙化,使用超声心动图检测是否存在瓣膜钙化,并将存在血管/瓣膜钙化的患者视为心血管的最高危人群。

(2)控制血磷:对于 GFR<45/(min·1.73m²)(GFR G3b ~ G5)的 CKD 患者,每日磷的摄入量应少于 600 ~ 800mg;给予醋酸钙、碳酸钙等含钙磷结合剂或新型磷结合剂(盐酸丙烯胺聚合物(Renagel)、碳酸镧、多核氢氧化铁等)口服,维持血磷在正常范围。对于高磷血症的患者应减量或停用活性维生素 D 或维生素 D 类似物。

(3)维持血钙:维持血钙于 8.4 ~ 9.5mg/dl(2.10 ~ 2.37mmol/L)范围以内。若血清 Ca>9.5mg/dl,钙摄入量(以元素钙计)应小于 1.5g/d;若血清 Ca<9.5mg/dl,则钙摄入量可达 1.5 ~ 3.0g/d。对明显高磷血症(血清磷>7.0mg/dl)或钙磷乘积>55mg²/dl²者,则暂停应用钙剂、活性维生素 D 或维生素 D 类似物,以防止心血管和其他组织钙化的加重。对于低钙血症的患者根据其严重程度、伴随治疗及临床症状、体征减量或停用钙敏感受体激动剂。

(4)治疗 SHPT:对于 GFR<45/(min·1.73m²)(GFR G3b ~ G5)且血清 PTH 水平超过正常上限的患者,应先评估高磷血症、低钙血症和维生素 D 缺乏的情况,在控制血磷和血钙的基础上,原则上应以活性维生素 D(骨化三醇)或维生素 D 类似物(麦角骨化醇、多西骨化醇、阿法骨化醇、帕立骨化醇、马沙骨化醇等)的最小剂量,维持 PTHP 在合适的目标范围(GFR G5 透析患者的 PTH 水平维持于正常值高限的大约 2 ~ 9 倍)。对于使用活性维生素 D 或维生素 D 类似物仍不能控制的 SHPT,可选择或并用钙敏感受体激动剂(西那卡塞)治疗。经规范药物治疗仍不能控制的严重 SHPT,并伴有顽固性高钙血症、高磷血症或已经形成甲状旁腺结节或腺瘤的患者,应考虑行甲状旁腺切除等甲状旁腺干预治疗。如果 PTH 水平降至正常值高限的 2 倍以下,活性维生素 D、维生素 D 类似物和/或钙敏感受体激动剂应减量或停用。

(5)对于 GFR<30ml/(min·1.73m²)(GFR G4 ~ G5)的患者:如果没有强烈的临床依据,不要给予双磷酸盐治疗。对于血清碳酸氢盐<22mmol/L 的 CKD 患者,如果没有禁忌证,建议口服补充碳酸氢盐,将血清碳酸氢盐维持正常范围。

(6)低转化性骨病(无动力型骨病)的治疗:主要以预防为主,包括:①预防与治疗铝中毒;②合理使用活性维生素 D,避免过分抑制 PTH 分泌;③合理使用钙剂,避免高血钙;④严格掌握甲状旁腺手术适应证,全切后要加前臂甲状旁腺种植。

8. 纠正水电解质和酸碱平衡紊乱 尿毒症患者只有维持每日 2L 以上尿量,才能有效排泄代谢产物。应注意液体补充,但当出现明显水钠潴留、水肿、高血压时应给予利尿剂。饮食中食盐摄入量应控制<2g/d。出现高钾血症时应需限制饮食中钾摄入;血清钾大于 6.5mmol/L,应实施急诊血液净化治疗。一般每日补充碳酸氢钠 3~10g,但出现严重代谢性酸中毒,二氧化碳结合力低于 13.5mmol/L,并经积极治疗难以纠正者,应实施急诊血液净化治疗。

9. 防治心血管并发症 心血管并发症是 CKD 患者的主要并发症和主要死亡原因之一。心血管并发症的防治应从 CKD 患病之后就开始综合防治,不仅需要针对心血管并发症发病的传统危险因素,如高血压、糖尿病、脂质异常、高同型半胱氨酸血症等;而且也要针对蛋白尿、肾小球滤过率下降、肾素-血管紧张素-醛固酮系统活性过度增强、尿毒症毒素蓄积、钙磷代谢紊乱、贫血、感染、细胞外液增加、营养不良等心血管并发症发病的非传统危险因素。

有效地控制血压、纠正贫血和代谢性酸中毒、保持水电解质平衡是防治左心室肥厚、心力衰竭的基础;此外,应十分重视血管钙化的防治,采取多种措施控制 PTH 过度增高、高磷血症和钙磷乘积增高等。在此基础上对出现心力衰竭的患者,可给予血管扩张剂、洋地黄类强心药物治疗,但应密切观察其中毒反应。对于急性肺水肿、充血性心力衰竭的患者,应尽早实施血液净化治疗。

尿毒症性心包炎是实施血液净化治疗的绝对适应证,应强化透析治疗,保守治疗无效时可采用心包切除术。慢性肾衰竭患者中也常见因病毒感染、恶性肿瘤、结核以及心肌梗死伴发的心包炎,应加以鉴别,并根据原发病情况加以治疗。

10. 控制感染 原则上依据肾小球滤过率的状况,调整药物的剂量和给药间隔时间。详细的、权威性的剂量调整,可参考美国大学内科医生手册"肾衰竭的药物处方"(www.acponline.org)。

11. 促进尿毒症性毒物的肠道排泄 可采用刺激肠蠕动、增加肠内渗透压及结合肠道内毒性物质等方式,达到促进尿毒症性毒物经肠道排泄的目的。可给予氧化淀粉或甘露醇、大黄制剂等。

12. 肾脏替代治疗 肾脏替代治疗包括血液净化和肾脏移植。常用的血液净化方式有:血液透析、血液滤过及腹膜透析。

(1)肾脏替代治疗的适应证:肾脏替代治疗的明确指征包括:①限制蛋白摄入不能缓解的尿毒症症状;②难以纠正的高钾血症;③难以控制的进展性代谢性酸中毒;④难以控制的水钠潴留,合并充血性心力衰竭或急性肺水肿;⑤尿毒症性心包炎;⑥尿毒症性脑病和进展性神经病变。由于尿毒症患者饮食、营养状态、肌肉含量以及伴发疾病的不同,因此,规定开始肾脏替代治疗的肌酐水平或 GFR 5~10ml/(min·1.73m^2)是不明智的,特别是对老年 CKD 患者。

(2)肾脏替代治疗前的准备:对肾脏替代治疗及其方式和时机的选择需要社会、心理学及医疗上的准备。对准备进行家庭透析和移植治疗的病人,还需要对家庭成员早期教育。准备接受血液净化治疗的患者,需要血液透析或腹膜透析前 2 个月建立血管或腹膜通路。

(3)肾脏替代治疗方式的选择:透析方式或是肾移植的选择应依据患者原发疾病、生活状况、病人及家属的意愿、当地的医疗条件等综合考虑。当成人 GFR<20ml/(min·1.73m^2),并在之前的 6~12 个月以上存在进展性和不可逆性 CKD 的证据时,可考虑先期活体肾移植。

【预后】 CKD 的病程和预后受多种因素影响,患者的个体差异较大。主要的影响因素:①患者的遗传背景;②原发肾脏病控制情况;③低蛋白饮食是否长期坚持;④是否有效控制高血压;⑤贫血是否纠正;⑥患者营养状况;⑦心血管并发症的防治;⑧血液净化的充分性;⑨肾移植配型;⑩免疫抑制药物的使用。此外,患者的社会、经济条件也影响其预后。

Notes

(陈香美)

推荐阅读文献

1. KDIGO CKD Work Group. KDIGO 2012 clinical practice guideline for the evaluation and management of chronic kidney disease. Kidney Int,2013,Suppl 3:1-150

2. Kidney Disease:Improving Global Outcomes (KDIGO) Anemia Work Group. KDIGO Clinical Practice Guideline for Anemia in Chronic Kidney Disease. Kidney Int,2012,Suppl 2:279-335

3. Kidney Disease:Improving Global Outcomes (KDIGO) Blood Pressure Work Group. KDIGO clinical practice guideline for the management of blood pressure in chronic kidney disease. Kidney Int,2012,Suppl 2:337-414

4. Kidney Disease:Improving Global Outcomes (KDIGO) CKD-MBD Work Group. KDIGO clinical practice guideline for the diagnosis, evaluation, prevention, and treatment of Chronic Kidney Disease-Mineral and Bone Disorder (CKD-MBD). Kidney Int,2009,Suppl. (113):S1-130

第十二章　水、电解质和酸碱平衡紊乱

要点：

1. 肾脏对水、电解质和酸碱平衡的调节在维持机体内环境稳态方面发挥重要作用。水、电解质和酸碱失衡可表现为单一类型，也可为混合型；可独立存在，也可继发于其他疾病；症状轻重不一，重症可危及生命。

2. 在病理情况下，可出现容量不足和过多、低钠血症和高钠血症、低钾血症和高钾血症、代谢性酸中毒/碱中毒或呼吸性酸中毒/碱中毒，以及钙、磷、镁的代谢紊乱。应尽早诊断，积极去除诱因和治疗原发病，及时纠正水、电解质和酸碱失衡。

人体的体液容量和细胞内水、电解质浓度一般维持相对恒定状态，这种平衡依靠机体对细胞内外水盐转移的精确调控机制以及肾脏对水分、电解质的排泄进行调节而实现的。成人体液总量占体重的55%~60%，其中细胞内液约占40%、细胞外液约占20%。细胞外液又可分为组织间液（约占3/4）和血浆（约占1/4）。人体含水量随年龄、性别和营养状态而变化。男性体液较女性略多，这是因为女性脂肪含量较多，而脂肪含水量较蛋白为少。

细胞外液的阳离子主要是 Na^+，而细胞内液则主要为 K^+。Ca^{2+} 在细胞外液较多，而 Mg^{2+} 则在细胞内液居多。细胞外液的阴离子主要是 Cl^- 与 HCO_3^-，细胞内液则主要为 HPO_4^{2-} 与 SO_4^{2-} 等。正常机体维持稳定的酸碱平衡，动脉血 pH 范围介于 7.35~7.45。细胞膜是半透膜，膜内外离子浓度的改变所产生的渗透压变化，可以改变细胞内水分的含量。

在病理状态下，机体内环境稳态被破坏，出现水、电解质和酸碱平衡紊乱。按体液容量的变化分为容量不足（脱水）和过多（水肿和水中毒）。水、钠代谢紊乱常合并存在，处理时必须相互关注。血清钾浓度<3.5mmol/L 称为低钾血症，>5.5mmol/L 称为高钾血症。低钾血症时对神经肌肉影响较为明显，而高钾血症对心脏影响更为突出。钙代谢异常可导致神经肌肉兴奋性异常，并影响心脏正常功能。血清镁<0.7mmol/L 和>1.05mmol/L 时，分别称为低镁和高镁血症。当血清镁异常降低或增高时，镁对神经-肌肉及心脏的抑制作用会相应减弱或增强。

水、电解质和酸碱失衡可表现为单一类型，也可为混合型；可独立存在，也可继发于其他疾病；症状轻重不一，轻者可无明显临床表现，而重症则可危及生命。

第一节　水、钠代谢紊乱

体内水和钠的动态平衡取决于摄入和排出之间的平衡。成人每天摄入水量为 2000~3000ml，其中饮水 1000~2000ml，食物中含水 700ml，代谢产生的内生水 300ml。水的排出有四条途径，即肾脏、皮肤、肺和胃肠道。正常成人体内钠总含量为 40~50mmol/kg，其中40%存在于骨骼基质中，为不可交换钠，可交换钠的85%~90%存在于细胞外液。正常血浆中 Na^+ 浓度维持在 135~145mmol/L 之间。成人每日需钠 4~6g，主要来自食盐，如超出机体所需则由肾脏排出体外。机体内水和钠的平衡紧密相关，共同影响细胞外液容量和渗透压。水平衡主要受渴感和抗利尿激素的调节,而钠平衡主要受醛固酮和心房利钠肽调节。水钠代谢紊乱可分为容量障碍和渗透压障碍两大类。容量障碍包括容量不足和容量过多,渗透压障碍包括低钠血症和高钠血症。

一、容量不足

容量不足(volume depletion),分为绝对容量不足和相对容量不足。绝对容量不足是由于体液从细胞外液丢失速率超过摄入速率,从而导致细胞外液量减少。当细胞外液量正常甚至增多,而血管内容量减少则称为相对容量不足。

【病因和发病机制】

(一)绝对容量不足

引起绝对容量不足的原因包括水钠摄入减少和排泄增多,后者又分为肾性和非肾性两大类。

1. 经肾丢失

(1) 水钠同时丢失:常见原因有:①少尿型急性肾损伤恢复期和尿路梗阻解除早期。急性肾损伤恢复期时,受损肾小管的重吸收功能未完全恢复,而少尿期聚集在体内的大量溶质经肾小球滤过导致渗透性利尿,最多时每天尿量可达20L。梗阻解除早期如排尿过多而不及时补充,也可引起急性容量不足。②使用利尿剂或脱水剂。主要见于水肿已消退仍持续应用利尿剂,或者液体聚积在第三间隙而不易被利尿剂排出者。此时尿钠排出很多,可伴有尿钾排出过多。此外,大量使用甘露醇等脱水剂、糖尿病酮症酸中毒、血糖明显升高和烧伤等可造成渗透性利尿。③肾小管-间质疾病。如慢性间质性肾炎、肾小管酸中毒、Bartter综合征和Gitelman综合征等。④慢性肾衰竭时,肾脏对水和钠调节能力下降,一旦出现摄入不足或经肾外丢失时,则引起细胞外液容量不足。⑤醛固酮减少或抵抗,常伴有高钾血症和代谢性酸中毒。醛固酮减少的原因分为肾素依赖和非肾素依赖性。前者系球旁器受累后分泌肾素减少,导致醛固酮分泌减少;后者由于慢性肾上腺皮质功能不全、一些药物(如血管紧张素转换酶抑制剂、肝素和环孢素A等)引起醛固酮分泌不足或抑制其分泌,导致远端肾小管重吸收水钠减少。

(2) 水丢失为主:见于垂体性尿崩症和肾性尿崩症。前者系抗利尿激素分泌减少,见于中枢神经系统损伤、感染、肿瘤及脑卒中等,少数为遗传性。后者系肾小管对抗利尿激素不敏感,见于高钙血症、低钾血症、肾乳头坏死、药物(如锂)引起的肾小管损伤,部分为遗传性。

2. 经肾外丢失

(1) 胃肠道丢失:正常人每日胃肠道分泌液体量约3~6L,最终从粪便中排出仅约150ml,其中98%被重吸收。从胃肠道排出液体过多,如呕吐、腹泻、肠瘘和胃肠减压等均可造成容量不足。由于胃肠液中含有大量电解质,故容量不足常伴电解质紊乱。

(2) 皮肤丢失:正常人每天从汗液中丢失水分约为700~1000ml,在高温时大量出汗而未及时补充水分可导致容量不足。严重灼伤时可丢失水分,并含较多蛋白质。

(3) 呼吸道丢失:正常人每日从呼吸道丢失水分约600ml。呼吸道水分大量丢失常见于过度通气,特别是气管切开及人工呼吸机的使用及高热等。

(4) 出血:是导致循环血量减少的最常见和最直接原因。

(二)相对容量不足

相对容量不足是指总细胞外液量正常甚至增多,而循环血量相对不足。

1. 血管容量增加　见于败血症、肝硬化腹水和过度使用血管扩张药物等原因,使血管容量增加,导致容量相对不足。

2. 细胞外液再分布异常　严重低蛋白血症(如肾病综合征)引起血浆渗透压下降,急性胰腺炎、腹膜炎、肠梗阻和缺血性肠坏死等引起毛细血管通透性显著升高。血浆渗透压下降和毛细血管通透性增加导致大量血浆内水分转移至组织间隙,引起严重水肿和浆膜腔积液,而循环血量相对不足。

3. 其他各种原因导致的心输出量降低   如心衰、心包填塞等。

【临床表现】   除原发病的相关症状外,主要为组织血流灌注不足和机体代偿所表现的症状,如乏力、口渴、心悸和直立性头晕等。严重时可出现少尿、腹痛、胸痛,甚至意识障碍等脏器缺血、缺氧表现。

体格检查可发现皮肤黏膜干燥、弹性下降,口腔黏膜多呈深红色,可伴溃疡形成。轻度容量不足时,血压可维持正常,但心率可加快。中度容量不足时可见直立性低血压(直立时收缩压降低>10mmHg)、心动过速和中心静脉压降低。大量和快速体液丢失可出现低血容量性休克。

临床表现的轻重与体液丢失的量、速度、性质(电解质和胶体含量、是否为出血)和机体(包括血管、肾脏)的代偿反应有关。①体液丢失量和速度:轻、中度体液量丢失(循环血量下降<5%),特别是缓慢丢失时,血容量不足得到机体代偿,临床表现可不明显。而当循环血量下降5%~15%时,即出现容量不足的表现。②丢失液体种类:包括水、等渗液体丢失和出血,出血是导致血容量不足的直接原因。③机体代偿反应:与心脏和交感神经功能状况有关。心衰、长期卧床、糖尿病和自主神经病变等引起交感神经功能下降,机体对体液丢失的代偿反应较差。

【实验室检查】   实验室检查可见血液浓缩导致的血细胞比容增高和血白蛋白水平升高等。血钠浓度根据失水、失钠的不同情况,可以正常、降低或升高。严重的单纯肾外因素引起者,血尿素氮及肌酐可轻度升高,其中尿素氮增加的比例可较肌酐增高更明显,血尿素氮与肌酐的比值常大于20:1。

【诊断】   包括明确容量不足的存在及其程度判断,确定有无显著血浆渗透压和血钠浓度变化,原发病诊断与鉴别诊断等。应详细了解水和钠摄入及尿量情况,了解有无呕吐、腹泻、大量出汗、失血及应用利尿剂或泻药史、肾脏疾病和胃肠道疾病史。

根据心率、脉搏、血压,结合中心静脉压和皮肤湿度,对患者血流动力学状态作出初步判断。坐卧位舒张压相差10mmHg以上是判断容量不足的可靠指标。中心静脉压正常值是8~12cm H_2O,心功能正常时,中心静脉压可较好反映有效血容量,当容量不足时,中心静脉压下降。心功能不全时,应采用Swan-Ganz导管测定心排出量和肺毛细血管楔压,可检测扩容后早期容量的变化,以避免过度扩容。在血容量不足时,由于动静脉收缩,在扩容早期,肺毛细血管楔压有短时间升高,但随着扩容的继续,引起血管扩张,肺毛细血管楔压下降。可使用短时间内快速补液法(1~3小时内输注生理盐水500ml)与心排出量不足鉴别。如补液后脉搏减慢、血压回升和尿量逐步增加,表明血容量不足。若无改善则应考虑可能存在心排出量不足。

【治疗】   首先应补充有效循环血容量,尽可能恢复体内水钠平衡。补液的量、途径、速度及补液种类应根据体液丢失的状态而定,同时注意患者的心、肾功能等情况,密切观察治疗反应,及时调整治疗方案。另外,对于不伴体液丢失的循环血容量不足,原发病的治疗至关重要。

(一)补液量

主要根据已经丢失和继续丢失的液体量决定。已丢失液体量可根据患者体重和血细胞比容的变化进行估算。一般情况下,体重下降的程度即为细胞外液的丢失量。当没有红细胞丢失(如出血、溶血)且渗透压正常时,丢失的为等渗液体,并且主要来自细胞外液,血细胞比容上升的比例与细胞外液量下降的比例相等。而当有血浆渗透压明显变化或丢失液体的种类不同,血细胞比容改变不能准确反映细胞外液量的变化,此时补液量可根据血钠浓度变化进行估计。

$$缺水量(L) = CBW \times [(实际钠浓度/140) - 1]$$

式中CBW为目前身体的含水量,男性为0.5×体重(kg),女性为0.4×体重(kg)。

临床表现也有助于判断失液量。当尿量和血压正常时,失液量大多在体重的2%左右,可直接口服或静脉输液;尿量减少、血压下降或皮肤弹性降低者,提示失液量已达到体重5%左右,需尽快静脉补液。

细胞外液缺乏量(L) = (实际 Hct-正常 Hct)/正常 Hct×干体重(kg)×0.2

式中 Hct 为血细胞比容,正常 Hct 男性为 0.48,女性为 0.42,式中 0.2 是细胞外液占体重的 20%。

(二) 补液速度

首要目的是恢复循环功能。轻度容量不足,给予口服补液即可,严重者应静脉补液。总补液量的 1/3 ~ 1/2 可在 24 小时内给予,在前 4 ~ 8 小时补液速度可较快,占补液量的 1/3 ~ 1/2,其余部分可在 24 ~ 48 小时内给予。对于老年人和心功能不全的患者补液应适当减慢,并密切观察心功能,必要时可测定中心静脉压进行监护。

(三) 补液种类

常用的溶液有葡萄糖溶液、生理盐水、葡萄糖盐水、碳酸氢钠、林格液和血浆等。5% 或 10% 葡萄糖溶液进入体内可迅速转化为 H_2O 和 CO_2,并提供能量,适用于单纯性失水者,并补充体内不显性失水。生理盐水含钠离子为 154mmol/L,与血浆相似,在失水伴失钠时应用。在高钠血症失水时,可用 0.45% 低渗盐水。低钠血症失水时可选用 3% 高渗盐水。碳酸氢钠溶液主要用于合并酸中毒者。林格液除含有氯化钠外,同时还有钾离子、钙离子及乳酸,后者可以在体内转化为 HCO_3^- 以纠正酸中毒。输注的血浆可被保留在血管内,扩张血容量,适用于严重低血容量或合并低蛋白血症患者。临床更常用白蛋白溶液扩容并提高血浆胶体渗透压。

在补液过程中,应密切观察血钾和酸碱平衡变化。当有效循环血量不足导致尿量减少或代谢性酸中毒时,可出现高钾血症。当血容量补足,尿量增多和代谢性酸中毒纠正后,细胞外 K^+ 向细胞内转移和尿 K^+ 排出增多,可出现低钾血症,应注意及时补钾。

二、容量过多

容量过多(volume excess)指液体进入体内过多或排泄过少,导致体内液体积聚而出现的一组临床症候群。常伴总钠含量增多,但循环血容量可能正常甚至降低。大多继发于心、肝、肾等疾病。

【病因和发病机制】

(一) 细胞外液再分布异常

1. **全身静脉压升高**　见于右心功能不全、缩窄性心包炎等。

2. **局部静脉压升高**　如左心功能不全引起肺静脉压升高,下腔静脉和门静脉阻塞等。

3. **血浆渗透压下降**　见于肾病综合征、严重营养不良、肝硬化和肠道疾病丢失蛋白等引起的严重低蛋白血症。

4. **淋巴回流受阻**　见于肿瘤、丝虫病等引起淋巴管阻塞,手术和外伤等引起淋巴管损伤。

5. **毛细血管渗透性增加**　如脓毒症、灼伤、生物制剂治疗、血管性水肿等。

(二) 水钠排泄减少

如肾小球肾炎、肾衰竭、原发性醛固酮增多症、库欣综合征、抗利尿激素异常分泌综合征等。

【临床表现】　因原发病不同而表现各异。水肿最为常见,可首先出现在下肢、腰骶部,小儿则以眼周为多见。常有浆膜腔积液,肝硬化者形成腹水。可伴有高血压。容量严重增多时可出现咳嗽、呼吸困难和咳粉红色泡沫痰等急性肺水肿症状,老年人和心脏疾病者更易出现。当体液渗透压显著改变时,因脑细胞脱水或脑水肿可出现抽搐等神经系统症状。

【诊断】　包括对原发病诊断、循环血容量状态评估、血钠和渗透压变化,以及电解质和酸碱紊乱的识别。应详细了解出入水量;有无心、肝、肾等疾病史;有无水肿和浆膜腔积液。脉搏、血压和其他血流动力学检查帮助判断循环血容量状况;血钠和渗透压的检测对原发病的诊断和治疗均有重要帮助。

【治疗】 在积极治疗原发病的同时,应控制水钠摄入和增加水钠排出。明显水肿和浆膜腔积液时,需采取措施增加组织间液回流。存在循环血容量不足时,必须首先予以纠正。

（一）限制水钠摄入

一般情况下,入水量少于前日出水量的500ml左右,钠盐摄入控制在每天<6g。

（二）增加水钠排出

可用利尿剂或脱水剂。临床常用袢利尿剂,如呋塞米20~40mg/日,口服或静脉用药。必要时可给予20%甘露醇或甘油果糖250ml每日静脉滴注。应注意避免利尿剂或脱水剂本身诱发的水、电解质及其他代谢紊乱。严重及急性容量过多病例,可进行血液透析超滤脱水。

（三）增加组织间液回流

当血浆白蛋白浓度<30g/L时,可适当补充白蛋白或输注血浆以提高血浆渗透压,促进组织间液回流。白蛋白在体内半衰期较短(4~6小时),提高胶体渗透压的幅度有限,并且当毛细血管通透性增高时可进入组织间隙,不利于组织间液回吸收,故白蛋白的应用仍需慎重。

三、低钠血症

低钠血症(hyponatremia)是指血清钠浓度<135mmol/L。根据血浆渗透压与低钠血症的关系,可分为低渗性低钠血症、高渗性低钠血症和等渗性假性低钠血症。

【病因和发病机制】

（一）低渗性低钠血症

绝大多数低钠血症常伴有血浆渗透压下降。低渗性低钠血症可出现在细胞外液容量增多、正常或降低三种条件下:

1. 高容量性低渗性低钠血症 系指体内钠总量和体液容量都增加,但体液总量增加更明显,出现低钠血症伴血容量增加。常见于充血性心力衰竭、肝硬化合并腹水、肾病综合征、肾衰竭、抗利尿激素分泌失调综合征(SIADH)等。在这些情况下,虽细胞外液量增多或正常,但体液过多分布于组织间隙(皮下组织、胸腹水),引起有效血容量不足,促使抗利尿激素分泌增加、肾小球滤过率下降,水钠排泄减少,并且以水增多为主。

2. 等容量性低渗性低钠血症 体液容量正常或轻度增高,体内总钠含量正常或接近正常。常见于:①抗利尿激素(ADH)分泌增加:各种原因导致的SIADH是引起等容量性低钠血症最常见的原因;严重慢性肺部疾病和颅内肿瘤、出血、外伤等中枢神经系统损害,也可有ADH分泌过多;疼痛、恐惧、恶心和一些药物(如卡马西平、环磷酰胺、吗啡等)也可引起ADH分泌增多;②大量补充水和低钠溶液;③甲状腺功能减退时一方面心排出量和肾小球滤过率下降,引起尿量减少,另一方面有效血容量降低,通过压力感受器的效应刺激ADH释放;④肾上腺皮质功能低下时,醛固酮分泌减少引起水、钠排泄增多,皮质醇减少可促进ADH分泌,引起水排泄减少。

3. 低容量性低渗性低钠血症 体内钠总量和总水量均减少,钠丢失量大于水丢失量,细胞外液容量不足。其可经肾丢失,如应用利尿剂、肾小管-间质疾病、急性肾损伤多尿时、尿路梗阻解除后早期、醛固酮减少症等;经肾外丢失,如胃肠引流、造瘘、呕吐腹泻、大量出汗、大面积烧伤等。

上述情况使有效循环血量不足,促使ADH大量分泌,自由水从肾脏大量吸收;由于血容量不足导致肾小球滤过率下降,滤过液又大量在近端肾小管被重吸收,尿液未充分稀释;容量过低可刺激口渴中枢,饮水过多;如伴有低钾血症,可促进Na^+进入细胞内进一步引起低钠血症。

（二）等渗性假性低钠血症

因血浆中非水成分增多而血钠下降,如严重高脂血症、异常蛋白血症等,体内总钠量和体液总量不变,血浆渗透压也不低,不需要任何处理。

（三）高渗性低钠血症

由于具有渗透活性的非离子性溶质将水从细胞内转移到细胞外液,从而稀释了血钠而导致低钠血症。如甘露醇、葡萄糖、乙醇等除了直接提高血浆渗透压外,还可通过渗透性利尿作用,使血浆渗透压进一步升高。

【临床表现】 低钠血症时由于细胞外液渗透压下降,水由细胞外向细胞内移动,导致细胞水肿,特别是脑细胞水肿,故主要表现为神经系统症状。临床表现的严重程度主要取决于血钠下降的程度与速度。一般血钠>130mmol/L 时,临床症状不明显。血钠在 125～130mmol/L 时,表现为胃肠道症状,如恶心、呕吐等。当血钠下降至 125mmol/L 以下,易并发脑水肿,多表现为神经系统症状,如头痛、嗜睡、昏迷、癫痫等。若脑水肿进一步加重,可出现脑疝、呼吸衰竭,甚至死亡。

血钠下降的速度与临床表现关系更密切。当血钠快速下降至 125mmol/L 以下,或下降速度 >0.5mmol/(L·h)时,可很快出现抽搐、昏迷、呼吸停止,甚至死亡。而慢性低钠血症(>48 小时)时,由于脑细胞对渗透压适应,临床表现常缺如或较轻。甚至有时血钠下降至 115～120mmol/L 时,仍可无明显神经系统症状。

【诊断和鉴别诊断】 低钠血症临床上多见,当出现突发不明原因的神经系统表现时,应监测血 Na^+,尤其是在充血性心衰、肝硬化并腹水等疾病和大量补液后。诊断和鉴别诊断步骤如下:

(一)明确是否真正有低钠血症

对于低钠血症患者首先要检测血浆渗透压,排除血浆渗透压正常的严重高脂血症和异常高蛋白血症造成的假性低钠血症。渗透压增高则为高渗性低钠血症。

(二)估计细胞外液容量状况

根据患者容量状态和尿钠排泄水平,对低钠血症的原因进一步判断,诊断和鉴别诊断思路详见图 5-12-1。

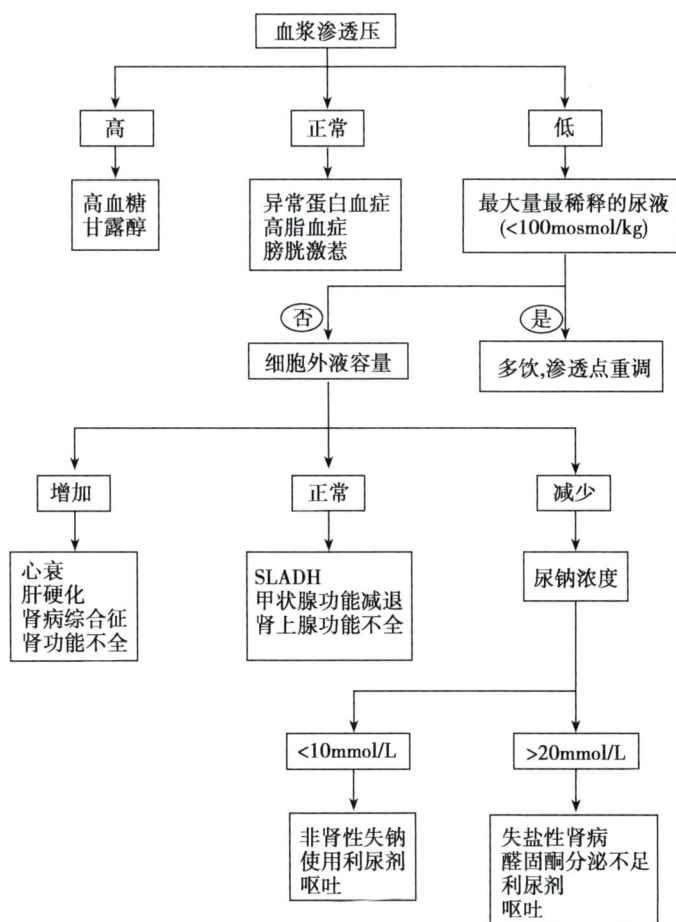

图 5-12-1 低钠血症的诊断思路

应详细询问有无大量饮水、饮用啤酒或低渗饮料;应用利尿剂和脱水剂及促抗利尿激素分泌的药物史;心、肝、肾疾病史。血浆和尿渗透压、尿 Na^+ 和 K^+ 浓度测定有助于鉴别诊断。由于 Na^+ 是血浆渗透压的决定因素,故低钠血症时多伴有血浆渗透压下降。当严重高脂血症和高蛋白血症时血浆渗透压可正常;伴有高血糖及应用甘露醇时血浆渗透压升高。血浆渗透压下降导致尿渗压相应下降,若尿渗压无下降,则应考虑抗利尿激素分泌过多。肾功能正常情况下,当低容量低钠血症时,尿钠排泄减少,24 小时尿 $Na^+ < 20mmol/L$。

【治疗】 应根据血钠下降速度和程度,采取不同治疗措施。除原发病治疗外,主要措施为补钠、促进水排泄、停止补充水和低钠溶液,使血钠逐渐升高至恢复正常。

出现于 48 小时内的低钠血症为急性情况,而 48 小时以上或更长时间的为慢性。急性低钠血症血清 $Na^+ < 110 \sim 115mmol/L$,并伴有明显中枢神经系统症状时,应紧急治疗。首先应限制入水,通过水的负平衡使血钠浓度上升。合并容量不足时,可静脉输注 3% 或 5% 氯化钠溶液。纠正血钠的速度应在最初的 $3 \sim 4$ 小时内达到 $1.5 \sim 2mmol/(L \cdot h)$ 直到症状缓解,但 24 小时不超过 $10 \sim 12mmol/L$。随后 $24 \sim 48$ 小时或更长时间,逐渐将血清 Na^+ 浓度恢复正常。治疗过程中常与祥利尿剂同时应用,可加快低钠血症纠正速度,并避免容量过多。钠的需要量可按以下公式计算:

钠的需要量(mmol)=(目标血清钠的浓度-实际血清钠的浓度)(mmol/L)×体重(kg)×0.6(男)[或×0.5(女)]

对于无症状轻度低钠血症、慢性低钠血症、严重急性低钠血症经急性期处理血钠升高至 $120 \sim 125mmol/L$ 症状明显缓解后,主要治疗措施是限制水或低钠溶液补充,同时增加饮食或输液中 Na^+ 的补充。一般情况下,每日限制水摄入在 1L 以下,血 Na^+ 会逐渐升高。但此方法血 Na^+ 上升较慢,为加快低钠血症纠正速度,可同时给予生理盐水和祥利尿剂。当容量过多时,尤应给予祥利尿剂和脱水剂。

在治疗过程中,应避免血清 Na^+ 升高过快,以免细胞外液渗透压快速升高引起脑(尤其是脑桥)的脱髓鞘病变,表现为在低钠血症快速纠正后数天,出现行为异常、共济失调、发声困难、假性延髓麻痹、意识障碍等,严重者可导致死亡。

原发病的治疗十分重要,对于 SIDAH 患者,如上述措施疗效不佳时,可应用碳酸锂或地美环素,两者均可抑制集合管对抗利尿激素的反应。近年来新型选择性 V_2 受体拮抗剂(如 tolvaptan 和 satavaptan)的面世为治疗低钠血症开辟了一条安全有效的途径,它们可选择性增加游离水排泄而无明显的电解质丢失,降低尿渗透压,提高血钠浓度,而且口服不必补充盐水,不增加循环血容量。在慢性充血性心力衰竭、肝硬化、SIDAH 等导致的低钠血症中有良好疗效。

四、高钠血症

高钠血症(hypernatremia)指血钠浓度过高(通常>145mmol/L)并伴血浆渗透压升高的情况。主要由失水引起,有时也伴失钠,但失水程度大于失钠。

【病因和发病机制】

(一)水摄入不足

见于昏迷、水源缺乏、拒食、消化道疾病引起饮水困难以及脑外伤、脑血管意外导致渗透压感受器不敏感等。

(二)水丢失过多

1. 经肾丢失(渗透性利尿) 多见于应用大剂量渗透性利尿剂如甘露醇后,还可见于中枢性和肾性尿崩症。未控制的糖尿病使大量过多溶质微粒通过肾小管,也可导致渗透性利尿。

2. 非肾性丢失 高热、高温干燥环境、甲亢等高分解代谢状态、大汗可引起水从皮肤大量丧失;过度换气、气管切开等使水从呼吸道丢失过多;腹泻是胃肠道失水最常见原因,尤其见于渗透性腹泻,如服用甘露醇、乳果糖、山梨醇、碳水化合物吸收不良等。

(三) 水转入细胞内

剧烈运动、抽搐等造成细胞内小分子增多,渗透压增加,促使水进入细胞内,一般持续时间不长。乳酸性酸中毒时,糖原大量分解为小分子的乳酸,使细胞内渗透压过高,水转移到细胞内,也可造成高钠血症。

(四) 钠摄入过多

因食用海水、输注大量高渗性盐水或碳酸氢钠所致。多伴有严重血容量过多。

(五) 肾排钠减少

见于右心功能衰竭、肾病综合征、肝硬化腹水等肾前性少尿;急慢性肾衰竭等肾性少尿;库欣综合征、原发性醛固酮增多症等排钾保钠性疾病;使用甘草类排钾保钠药物等。

【临床表现】　由于血钠浓度过高造成细胞外液高渗状态,使细胞内水分溢出细胞外,导致细胞内失水,尤其是脑细胞脱水可造成一系列神经系统症状。早期表现为烦躁不安,后逐渐转为抑郁淡漠,最后可有智力下降、性格改变;可出现肌无力、肌张力增高和腱反射亢进;严重者可出现抽搐、颅内出血和硬膜下血肿、昏迷甚至死亡。多尿、多饮是高钠血症常见症状。当出现低血容量时,可发生直立性低血压、心率增快、颈静脉塌陷。高容量时,可出现肺水肿、高血压、水肿等表现。临床表现主要取决于血钠升高速度和程度,发病越快症状越明显,同时还与年龄和基础疾病有关。

【诊断和鉴别诊断】　应详细询问有无液体丢失包括出汗、多尿、腹泻情况、用药史、水肿、低血压和液体补充情况等,一般根据病史可判断高钠血症的病因。首先要确定高钠血症的程度、容量状态、有无危及生命的紧急情况。查体包括容量状态的判断和神经系统检查。

实验室检查应包括尿渗透压和尿钠的检测。当高钠血症伴尿渗透压增高($>800mmol/L$),提示下丘脑和肾功能无异常。此时如尿钠浓度 $<25mmol/L$,提示水丢失或容量不足;如尿钠浓度 $>100mmol/L$,提示钠摄入过多。在尿崩症和应用利尿剂或渗透性利尿剂后,尿渗透压则下降。

【治疗】　治疗高钠血症的主要目标是恢复血浆渗透压,积极治疗原发病,严密观察出入水量和电解质变化。

(一) 补液量计算

包括已丢失的液体量、不显性失水以及尿液和胃肠道失水量。急性高钠血症时的水丢失量与体重下降基本相等。慢性高钠血症时水丢失量按以下公式计算。

$$水丢失量(L) = CBW \times [(实际钠浓度/140) - 1]$$

式中 CBW 为目前身体的含水量,男性为 $0.5 \times$ 体重(kg),女性为 $0.4 \times$ 体重(kg)。

(二) 液体选择和补液速度

一般给予5%葡萄糖溶液,能进食的患者可口服。高容量性高钠血症可适当给予利尿剂。

由于脑细胞存在渗透适应作用,故治疗高钠血症时应防止血钠下降过快引起脑水肿。一般不超过 $0.5mmol/(L \cdot h)$ 。计算得到的补液量于 $48 \sim 72$ 小时内补给,其中1/3量在最初 $6 \sim 8$ 小时内补充,24小时补充总量的1/2,其余部分在随后的 $24 \sim 48$ 小时内给予。

第二节　钾代谢紊乱

钾(K^+)是机体最重要的阳离子之一,正常人体内总钾含量约为50mmol/kg,其中98%位于细胞内(约3/4存在于肌肉中),仅2%存在于细胞外。 K^+ 在维持细胞静息电位及维持神经、肌肉细胞正常生理功能方面起重要作用。 K^+ 异常可导致多种类型心律失常,重度低钾可导致肌麻痹甚至横纹肌溶解。

（一）细胞内外 K^+ 平衡

正常情况下,细胞内 K^+ 浓度为 $140 \sim 150\text{mmol/L}$,细胞外液 K^+ 浓度仅为 $3.5 \sim 5.5\text{mmol/L}$。细胞内外浓度差是由 K^+ 跨细胞膜主动转运和被动转运完成,以前者为主。细胞膜上 $Na^+\text{-}K^+\text{-}$ATP 酶转运 K^+ 进入细胞同时释放 Na^+ 出细胞。很多因素可影响 K^+ 在细胞内外的分布,细胞内 K^+ 浓度升高、胰岛素、β_2 肾上腺素能受体激活剂可激活细胞膜上 $Na^+\text{-}K^+\text{-}$ATP 酶活性,促进 K^+ 向细胞内转移,醛固酮也能促进 K^+ 进入细胞内。而 α 肾上腺素能受体可促进 K^+ 向细胞外转移。细胞内外 K^+ 浓度还与血浆 pH 明显相关,在代谢性酸中毒时,血中 H^+ 上升,为保持膜电位稳定,细胞内 H^+ 浓度升高,需伴有相应的阳离子主要是 K^+ 释放出细胞外。当血 pH 值下降 0.1,血 K^+ 可升高 0.6mmol/L。但某些有机酸增多引起的代谢性酸中毒,可无明显 K^+ 释出,其原因系乳酸或 β 羟丁酸等阴离子进入细胞内保持了膜电位稳定。在剧烈运动或细胞大量坏死时,细胞内 K^+ 大量释放。细胞外液渗透压也同样影响细胞内外 K^+ 浓度,细胞外液高渗状态时,细胞内水溢出,同时伴有 K^+ 释出。

而细胞内液水减少时,由于 K^+ 浓度升高,使 K^+ 被动释出。糖尿病伴高钾血症患者,当应用葡萄糖和胰岛素溶液时,因患者对胰岛素不敏感,非但不能促进 K^+ 进入细胞内,反而因细胞外液高渗而导致血钾升高。另外,由于 Mg^{2+} 和 K^+ 在细胞内浓度很高,而且 Mg^{2+} 丢失会引起肾脏对 K^+ 的排泄,所以低镁血症往往伴随低钾血症。

（二）钾摄入和排泄

正常血钾水平相对恒定,主要依靠钾的摄入、细胞内外钾的转移以及肾脏对钾排泄的调节。正常人每日饮食摄入 K^+ 约 1mmol/kg,肾功能正常时约 90% 钾经肾脏排泄,约 10% 经胃肠道和汗液排出。当肾功能减退时,经胃肠道排出钾比例增高。经肾脏排泄钾有三个过程,即肾小球滤过、近端肾小管和髓袢重吸收、远端肾小管和集合管重吸收和分泌。正常情况下,2/3 的尿钾来自于肾小球滤过,1/3 来自远端肾小管和集合管分泌。由于近端肾小管和髓袢重吸收量基本恒定（占肾小球滤过量的 90% $\sim$ 95%）,因此,肾脏 K^+ 排泄量的调节主要由远端肾小管和集合管重吸收和分泌完成。细胞内 K^+ 升高、高钾血症、醛固酮增高均可促进尿钾排出,其中以醛固酮调节作用最为重要。

当钾摄入增多时,肾外排泄途径先起作用,肾脏在 $24 \sim 36$ 小时后排 K^+ 增多。在肾功能正常时,单纯钾摄入增多很少引起高钾血症。当钾摄入减少时,肾脏排 K^+ 减少发生较晚,尿 K^+ 一般 $>20\text{mmol/L}$,且发挥最大作用需 $7 \sim 10$ 天,因此,单纯钾摄入减少即可引起低钾血症。

一、低钾血症

低钾血症（hypokalemia）指血清 K^+ 低于 3.5mmol/L。低钾血症常可因体内 K^+ 总量减少,或者 K^+ 总量正常,但 K^+ 在细胞内外重新分布所致。

【病因和发病机制】

（一）钾摄入不足

正常饮食中的含钾量远高出机体维持钾平衡需要量,单纯饮食摄入钾不足很少引起低钾血症,仅见于长期饥饿、低能量饮食、吸收障碍等情况。

（二）钾排出过多

1. 非肾性丢失经胃肠道丢失　见于严重腹泻、呕吐、胃液引流、造瘘引起的肠液丢失。除 K^+ 直接丢失外,上述因素可引起继发性醛固酮分泌增加,导致尿钾的排出增多。因小肠液为碱性,故多伴有代谢性酸中毒。此外,过多出汗、维持性腹膜透析患者腹透液失钾,也可引起低钾血症。

2. 肾性丢失

（1）低血钾伴酸中毒:见于肾小管酸中毒和糖尿病酮症酸中毒。肾小管酸中毒包括近曲小管和远曲小管性酸中毒,参见本书"肾小管性酸中毒"章节。

糖尿病酮症酸中毒时高血糖引起渗透性利尿作用以及大量带负电荷的酮体从尿液中排出促进了尿钾的排出。在酸中毒早期由于细胞内外钾重新分布,低血钾可不明显。如果用胰岛素或碱性药物治疗时未予补钾,则可引起严重甚至致命性低血钾。

(2) 低钾性而血 pH 正常或伴代谢性碱中毒

1) 醛固酮和醛固酮样物质分泌增多:①原发性醛固酮增多症;②继发性醛固酮增多症:血容量不足、恶性高血压、肾动脉狭窄、分泌肾素的肿瘤等;③库欣综合征;④先天性肾上腺增生症;⑤肾上腺酶缺陷:皮质醇向脱氢皮质酮转化障碍,前者与醛固酮受体结合并发挥醛固酮的作用。

2) 远端肾小管液流量增加或 Na^+ 浓度升高:当远端肾小管液流量增加时,小管液中 K^+ 浓度降低、重吸收减少;小管液 Na^+ 浓度升高时,Na^+ 重吸收增多,促进 K^+ 分泌,见于急性肾损伤多尿期、肾梗阻解除早期、失盐性肾病和应用利尿剂等。

3) 某些先天性肾小管病变:如 Liddle 综合征(远曲肾小管钠重吸收显著增加,造成容量扩张而抑制肾素和醛固酮的产生,表现为低血钾、高血压及碱中毒)、Bartter 综合征(球旁器增生,高肾素、高醛固酮血症,表现为低血钾、碱中毒但血压正常)、Gitelman 综合征等。

(三) K^+ 进入细胞内过多

1. 代谢性碱中毒时细胞内 H^+ 转移到细胞外,促进 K^+ 进入细胞内。

2. 低钾性周期性瘫痪,为常染色体显性遗传或散发性的疾病,常于进食大量碳水化合物、运动和应激时发作,能促使钾离子转入细胞内的因素如注射胰岛素、肾上腺素或大量葡萄糖也能诱发。

3. 意外的或诱导的低体温可使 K^+ 进入细胞内。

4. 血细胞生成过快时新生细胞摄取钾明显增加可引起低钾血症,常见于粒细胞集落刺激因子治疗粒细胞减少症或应用叶酸和维生素 B_{12} 治疗巨幼红细胞性贫血等情况。

【临床表现】　临床表现取决于血钾降低的程度、速度及伴随的其他电解质和酸碱平衡紊乱。可引起心血管、肌肉、神经、消化道、内分泌和肾脏等多个系统和器官功能障碍。血钾越低、降低速度越快,对机体影响越大。碱中毒和高钙血症可促发或加重症状。

(一) 中枢神经系统

轻度低钾血症可表现为精神萎靡、神情淡漠、易倦怠,重者则反应迟钝、定向力减退、嗜睡甚至昏迷。

(二) 心血管

对心脏的影响主要为心律失常。轻症可表现为窦性心动过速、房性或室性期前收缩。重症可致室上性心动过速或室性心动过速甚至室颤。出现对洋地黄毒性的耐受性下降。特征性心电图(ECG)改变:早期 T 波低平,出现明显 U 波和 QT 间期延长。进一步表现为 S-T 段下移,QRS 波群增宽、P-R 间期延长。

(三) 肌肉

低血钾可引起骨骼肌和平滑肌收缩能力下降。出现肌无力、肌肉疼痛和痉挛等,进一步加重导致麻痹、横纹肌溶解和呼吸衰竭。胃肠道和泌尿道平滑肌功能紊乱包括腹胀、便秘和尿潴留,严重时可出现麻痹性肠梗阻。

(四) 肾脏

长期低钾可引起低钾性肾病,其病理表现为近端肾小管上皮细胞空泡样变性、肾间质纤维化及肾小管囊性病变。肾小管功能受损,患者常有多尿和低比重尿。低钾血症时集合管 Na^+-K^+ 交换减少,Na^+-H^+ 交换增加,导致氢离子排出增加,引起代谢性碱中毒。患者可因反复发作的慢性间质性肾炎而致慢性肾衰竭。

Notes

【诊断和鉴别诊断】 应明确低钾血症程度、有无合并因素加重低钾的危险性及病因诊断。血钾在 3.0~3.5mmol/L 之间称为轻度低钾血症;血钾在 2.5~3.0mmol/L 之间称为中度低钾血症;血钾在<2.5mmol/L 称为重度低钾血症。

低钾血症患者需进行详细的病史采集、体格检查及实验室检查以明确病因。如果存在引起低钾血症的病因,并有乏力、麻痹和心律失常等表现时,应及时测定血钾及心电图。尿钾测定有助于判断病因,尿钾>20mmol/L,提示经肾丢失;尿钾<15mmol/L 提示为肾外失钾。前者是低钾血症最常见原因,多为使用利尿剂所致。此外,肾性失钾伴有酸中毒或碱中毒亦有助于鉴别诊断。伴有酸中毒的低钾血症有肾小管酸中毒、糖尿病酮症酸中毒及输尿管乙状结肠吻合术后。若代谢性碱中毒伴正常血压或血压偏低,需考虑使用利尿剂、Bartter 综合征或 Gitelman 综合征等引起。腹泻、呕吐、胃肠减压以及胃肠道瘘等导致钾从胃肠道丢失。如合并高血压,则应考虑原发性醛固酮增多症、肾动脉狭窄、肾素瘤、Liddle 综合征等引起。

【治疗】 应积极纠正严重低钾血症,防治心律失常、心脏骤停和横纹肌溶解等严重并发症。逐步补充体内总钾含量,并积极去除导致钾缺失的病因。血钾<3.0mmol/L 或有以下危险因素时,需紧急处理:①伴心脏疾病:如应用洋地黄类药物、急性心肌梗死和室性心律失常等;②呼吸肌麻痹;③糖尿病酮症酸中毒;④肝性脑病;⑤使用胰岛素和 β_2 受体激动剂等;⑥严重低镁离子血症。对这些患者,应立即补钾使血钾维持在 4.0mmol/L 或以上。

（一）补钾途径及浓度

血清钾浓度可粗略估算钾的缺失量,如果排除了钾离子向细胞内转移等因素,一般血钾下降 1mmol/L,提示体内总钾储备缺失 200~400mmol。

轻度缺钾的患者首选口服补钾,通常口服 40~60mmol 钾盐可使血钾浓度升高 1.0~1.5mmol/L。中至重度患者需静脉补钾,一般静脉补钾浓度为 20~40mmol/L,相当于 1.5~3.0g/L。严重低钾血症尤其受补液量限制时,钾浓度可以提高到 40~60mmol/L。补钾速度为 10mmol/h 左右,不超过 20mmol/h,若静脉补钾超过 10mmol/h 需采用心脏监护。静脉补钾最好选用不含或低葡萄糖溶液稀释。每天补钾量不超过 200mmol。

（二）补钾种类

1. **氯化钾含钾(13.4mmol/g)** 可口服和静脉用药;缺点为胃肠道副作用大,还可引起血氯升高加重酸中毒,故不宜用于肾小管酸中毒等伴高氯血症患者。

2. **枸橼酸钾含钾(9mmol/g)** 枸橼酸根经肝脏代谢后生成碳酸根,可同时纠正酸中毒。但在肝功能明显受损时不宜使用。

3. **谷氨酸钾含钾(4.5mmol/g)** 适用于肝衰竭者。

4. **天冬氨酸钾镁(含钾 3.0mmol/g 和镁 3.5mmol/g)** 天冬氨酸钾镁可以促进钾离子进入细胞内,而镁离子和钾离子有协同作用,有利于纠正细胞内低钾,尤其适用伴低镁血症患者。

5. **含钾多的食物** 如香蕉、橘子、西瓜等,可鼓励轻度低钾血症患者多进食此类食物。

（三）纠正伴随的水、电解质和酸碱平衡紊乱

合并低镁血症时应有效补镁,否则低钾血症难以纠正,宜采用氯化镁或乳酸镁,不宜用硫酸镁,因为硫酸根增加肾脏排钾。积极纠正碱中毒。

需注意,钾离子进入细胞内为一个缓慢过程,同时细胞内外钾平衡需要 15 小时,故补钾后会出现一过性高钾或钾浓度暂时升至正常水平,但随后可能再次出现低钾血症,故需严密监测钾浓度。

二、高钾血症

高钾血症(hyperkalemia)指血 K^+ 浓度>5.5mmol/L。体内 K^+ 总含量升高时称为钾过多。若由于 K^+ 从细胞内释出增加所致高钾血症,体内 K^+ 总含量正常甚至减少。

【病因和发病机制】

1. 钾过多

(1) 外源性 K^+ 摄入过多:正常肾脏有完善的排钾代偿机制,即使摄入大量高钾食物和含钾药物,如青霉素钾及输入库存血等,也不易引起高钾血症。但肾功能不全和糖尿病等患者摄入过多会引起高钾血症。

(2) 内源性 K^+ 生成过多:大量细胞坏死释放过多 K^+,如烧伤、严重挤压伤、横纹肌溶解、消化道出血、溶血和肿瘤溶解综合征等。

2. 钾排出减少

(1) 肾小球滤过率降低:多见于少尿型急性肾衰竭。慢性肾衰竭由于残存肾单位对钾排泄代偿增强,一般在内生肌酐清除率<15ml/min 时易发生高钾血症。但当伴有代谢性酸中毒、钾摄入较多或远端肾小管和集合管钾分泌功能受损者,在慢性肾衰竭早期也可发生高钾血症。

(2) 肾小管分泌 K^+ 减少:见于:①醛固酮减少症。②肾小管对醛固酮不敏感,如应用保钾利尿剂、假性醛固酮减少症和使用某些药物(如血管紧张素转换酶抑制剂、血管紧张素 Ⅱ 受体拮抗剂、环孢素 A、他克莫司、肝素和非甾体抗炎药)。

3. 钾在细胞内外重新分布

(1) 呼吸性及代谢性酸中毒:细胞内 K^+ 向细胞外转移。

(2) 细胞损伤:见于大量细胞坏死时释放出 K^+,如严重挤压伤、烧伤、横纹肌溶解症、消化道出血、溶血和肿瘤溶解综合征。严重低钾血症可引起横纹肌溶解症,故严重低钾血症突然出现高钾血症时,需怀疑是否并发横纹肌溶解症。

(3) 应用高渗药物:如甘露醇等。

【临床表现】 高钾血症对机体的影响主要在心肌和骨骼肌。可表现为肌无力、肌麻痹,各种类型心律失常甚至心脏停搏。

1. 神经-肌肉 当血清钾 5.5~7.0mmol/L 时,骨骼肌兴奋性增高,可出现肌肉轻度震颤、手足感觉异常。当血清钾达 7~9mmol/L 时,骨骼肌兴奋性降低,可出现肌无力、腱反射减弱或消失、麻痹。症状从四肢向躯干发展,也可波及呼吸肌。

2. 心脏 可出现各种心律失常,包括传导阻滞、窦性心动过缓、室性心动过速、心室颤动等,甚至出现心脏骤停。高血钾对心肌细胞兴奋性、自律性、传导性以及神经发生影响,去极化过程加快,心肌传导性和收缩性下降,引起严重的心脏病变。心电图典型表现为 T 波高尖、P 波低平、QRS 波群增宽。

3. 内分泌系统 高钾血症引起代谢性酸中毒和胰岛素分泌增加。在肾衰竭时,尤其在容量负荷过高和低血管紧张素 Ⅱ 并存情况下,高钾血症引起醛固酮分泌和释放增加。

【诊断和鉴别诊断】 有导致高钾血症的病因和相关临床表现时,应及时检测血钾和心电图,明确有无高钾血症。首先要排除假性高钾血症,常见原因为溶血、血小板增多症、白血病等。应鉴别肾源性和非肾源性高钾血症。

(一) 肾源性

肾功能不全是导致高钾血症最常见的原因。对于 GFR>20ml/min 的糖尿病、间质性肾炎或梗阻性肾病合并肾衰竭患者出现的高钾血症,要考虑是否存在高钾性肾小管酸中毒。

(二) 非肾源性

常见于:①输入大量库存血以及过度治疗低钾血症;②挤压综合征或横纹肌溶解等;③钾离子重新分布,见于代谢性酸中毒、服用 β_2 受体阻滞剂和胰岛素缺乏等。

【治疗】 去除原发病因,包括停止补钾、停用高钾食物和药物,去除坏死组织和体内积血等。当血钾为 5.0~5.5mmol/L 时需密切观察,尤其对肾衰竭、老年、糖尿病及应用血管紧张素转换酶抑制剂等药物的患者。当血清钾浓度>6.5mmol/L 时,或虽血钾不太高但心电图已有典型高钾表现,或是高钾导致神经肌肉症状时,必须紧急处理。根据作用机制,治疗方法分为三类,即对抗钾离子的心肌损害、促进钾离子向细胞内转移和促进钾排泄。

（一）对抗钾离子心肌损害作用

在心电图监测下,给予10%的葡萄糖酸钙10ml静注(10~20分钟内),可直接对抗高钾对细胞膜极化状态的影响,稳定心肌激动电位,但不会降低钾离子浓度,1~3分钟起效,可维持30~60分钟,如心电图无明显改善或再次出现异常可重复一次。由于钙离子可以加重洋地黄制剂的心肌毒性,故此方法对于应用洋地黄治疗的患者应慎用。

（二）促进钾离子向细胞内转移

（1）胰岛素:可促使细胞对钾的摄取,而同时注射葡萄糖可防止低血糖。对于血糖<14mmol/L的患者,给予短效胰岛素6~12U加入5%~10%葡萄糖500ml中静脉滴注。10~15分钟起效,可持续4~6小时,同时监测血糖浓度。

（2）碳酸氢钠:可对抗高钾对细胞膜的作用,并促使钾进入细胞内。主要用于合并代谢性酸中毒的高钾血症患者,常见于慢性肾衰竭。可用5%碳酸氢钠125~250ml缓慢静滴。30~60分钟起效,可维持数小时。合并心功能不全的患者应慎用。少数患者注射后产生碱血症而诱发抽搐,可注射葡萄糖酸钙以对抗。

（3）β_2受体激动剂:能快速促进钾离子向细胞内转移。如硫酸沙丁胺醇(舒喘灵)20mg雾化吸入,可于30分钟左右起效,90分钟左右达到高峰。

（三）促进钾离子排泄

1. 利尿剂　如伴有容量负荷增加时,首选袢利尿剂。呋塞米20~40mg静注,低血压者慎用。

2. 阳离子交换树脂　聚磺苯乙烯或聚苯乙烯磺酸钙,可以口服或作为灌肠剂,能有效结合肠液中钾离子。理论上15g钠型交换树脂含约60mmol钠可等量交换60mmol钾,但本品在体内的实际钠钾交换量约为33%钙型交换树脂15~30g使血清钾浓度下降1.0mmol/L。

3. 透析　是治疗高钾血症最有效的手段。可采用血液透析或腹膜透析。血液透析每小时可清除25~50mmol钾;腹膜透析采用普通标准腹透液每小时交换2L时,可交换出5mmol钾,连续透析36~48小时可去除180~240mmol钾。对于重症高钾血症患者,及时采用血液透析十分必要。

4. 扩容　在伴有容量不足时可给予等渗盐水扩容增加尿量和钾离子排泄。

第三节　酸碱平衡紊乱

机体正常的生理活动和代谢功能需要一个酸碱度适宜的体液环境。通常,人的体液保持着一定的H^+浓度,即一定的pH值(动脉血浆pH为7.4±0.5)。人体不断产生酸性物质和碱性物质,其来源包括食物和代谢生成,以后者为主。糖、脂肪完全氧化生成CO_2,不完全氧化则生成乳酸和酮酸,再氧化生成CO_2,CO_2成为挥发酸经肺排出体外。其余酸性代谢物主要来自蛋白质和氨基酸分解产生的硫酸、磷酸和尿酸,为非挥发性酸经肾脏排出。人体主要通过体液缓冲系统、肺和肾三条途径调节及维持酸碱平衡。

一、酸碱平衡的调节

（一）体液缓冲系统

酸碱平衡调节中,体液缓冲系统最敏感,包括碳酸氢盐、磷酸盐、血红蛋白及血浆蛋白系统。细胞外液中以碳酸氢盐系统缓冲能力最强。正常时碳酸氢盐$[HCO_3^-]$/碳酸$[H_2CO_3]$为20:1。缓冲系统起作用需2~4小时,作用时间短,不伴有酸的排出。过多的酸或碱性物质最终依赖肺和肾清除。

Notes

（二）肺和肾的调节

肺调节起作用最快，仅需 10 ~ 30 分钟，主要通过肺通气量和 CO_2 排出量进行调节。CO_2 经肺排出，可使血中 $PaCO_2$ 下降，也即调节了血中的 H_2CO_3。肾调节最慢，多在数小时之后发生，但作用强大且持久，是非挥发性酸和碱性物质排出的唯一途径。肾小管通过 Na^+-H^+ 交换和 H^+ 泵作用分泌 H^+，同时重吸收和再生 HCO_3^-。肾每日可排出非挥发性酸约 60mmol，与非挥发性酸产量相等。

二、酸碱平衡紊乱分类和指标

当体内酸碱物质超量负荷，或是调节功能发生障碍，平衡状态将被破坏，形成不同形式的酸碱失调。原发性酸碱平衡紊乱可分为代谢性酸中毒、代谢性碱中毒、呼吸性酸中毒和呼吸性碱中毒。有时可同时存在两种以上的原发性酸碱失调，此即混合型酸碱平衡紊乱。

当任何一种酸碱失衡发生之后，机体会通过代偿机制以减轻酸碱紊乱，尽量使体液的 pH 恢复至正常范围。机体的这种代偿，可根据其纠正程度分为部分代偿、代偿及过度代偿。

细胞外液 pH 与 HCO_3^- 和 H_2CO_3 的关系可以用 Henderson-Hasselbalch 方程表示，即：细胞外液 $pH = 6.1 + \log(HCO_3^-/H_2CO_3) = 6.1 + \log(HCO_3^-/0.03PaCO_2)$。式中 6.1 为 H_2CO_3 解离系数，0.03 为 CO_2 溶解系数。正常动脉血 pH 为 7.35 ~ 7.45，$PaCO_2$ 为 33 ~ 46mmHg，HCO_3^- 为 22 ~ 27mmol/L。

HCO_3^- 代表代谢性因素，血 HCO_3^- 下降引起 pH 下降称为代谢性酸中毒；反之，称为代谢性碱中毒。$PaCO_2$ 变化所引起的酸碱失衡属呼吸性。$PaCO_2$ 升高引起 pH 下降称呼吸性酸中毒；反之，称为呼吸性碱中毒。

临床上主要测定 pH、呼吸性和代谢性因素三方面指标，对酸碱紊乱性质和原因有重要参考意义（表 5-12-1）。

表 5-12-1　单纯性酸碱失调各因素指标变化规律

	血 pH	HCO_3^-	$PaCO_2$
代谢性酸中毒	↓	↓	↓
代谢性碱中毒	↑	↑	↑
呼吸性酸中毒	↓	↑	↑
呼吸性碱中毒	↑	↓	↓

三、酸碱测定指标

（一）pH

指 H^+ 浓度的负对数值。正常动脉血 pH 为 7.35 ~ 7.45，平均 7.40，受呼吸和代谢双重因素影响。pH>7.45 表示碱中毒，pH<7.35 表示酸中毒。pH 7.35 ~ 7.45 有三种可能：①酸碱平衡正常；②处于代偿期酸碱平衡紊乱；③混合性酸碱平衡紊乱。单凭 pH 不能区别代谢性或呼吸性、单纯性或复合性酸碱平衡紊乱。

（二）二氧化碳分压（$PaCO_2$）

指溶解的 CO_2 所产生的张力。正常动脉血为 33 ~ 46mmHg，平均 40mmHg，基本反映了肺泡中 CO_2 的浓度，为呼吸性酸碱平衡的重要指标。$PaCO_2$ 增高表示通气不足，为呼吸性酸中毒；降低表示换气过度，属呼吸性碱中毒。代谢性因素可使 $PaCO_2$ 呈代偿性升高或降低，代谢性酸中毒时 $PaCO_2$ 降低，代谢性碱中毒时升高。

（三）标准碳酸氢盐（standard bicarbonate，SB）

指在标准条件下所得的 HCO_3^- 含量。标准条件是指在 37℃ 条件下，全血标本与 $PaCO_2$ 为 40mmHg 的气体平衡后，使血红蛋白完全氧合所测得的 HCO_3^- 含量。正常值为 22 ~ 27（平均 25）

mmol/L。SB 不受呼吸因素影响,反映 HCO_3^- 储备量,是代谢性酸碱平衡的重要指标。

(四)实际碳酸氢盐(actual bicarbonate,AB)

指在实际条件下所测得的 HCO_3^- 含量。AB 反映机体实际的 HCO_3^- 含量,受呼吸因素影响。正常人 SB=AB=22～27mmol/L。SB 增高可能提示代谢性碱中毒或代偿后呼吸性碱中毒。AB 与 SB 的差数反映呼吸因素对 HCO_3^- 影响强度,AB>SB 表示 CO_2 潴留,AB<SB 表示 CO_2 排出增多。如果 AB 与 SB 均低,当 AB=SB 表示尚未代偿的代谢性酸中毒,当 AB<SB 则可能为代偿后代谢性酸中毒或代偿后呼吸性碱中毒,也可能为代谢性酸中毒和呼吸性碱中毒并存。若 AB 与 SB 均高,AB=SB 表示尚未代偿的代谢性碱中毒,当 AB>SB 则可能为代偿后代谢性碱中毒或代偿后呼吸性酸中毒,也可能为代谢性碱中毒合并呼吸性酸中毒。

(五)缓冲碱(buffer base,BB)

是指碳酸氢盐、血红蛋白、血浆蛋白和磷酸盐等起缓冲作用的全部碱量总和。BB 只受血红蛋白浓度影响,反应代谢性酸碱平衡的又一指标。BB 减少表示酸中毒,增加表示碱中毒。

(六)碱剩余(base excess,BE)和碱缺乏(base deficit,BD)

指在标准条件下,将血液标本用酸或碱滴定至 pH 7.4 所消耗的酸量(BE)或碱量(BD),正常值为 0±3。BE 说明 BB 增加,用正值表示;BD 说明 BB 减少,用负值表示。BE 表示代谢性碱中毒,BD 表示代谢性酸中毒,BE 和 BD 不受呼吸因素影响。

(七)二氧化碳结合力(CO_2CP)

是指血液中 HCO_3^- 和 H_2CO_3 中 CO_2 含量的总和,正常值 22～29mmol/L(平均25)。CO_2CP 受代谢和呼吸双重因素影响,降低可能为代谢性酸中毒或代偿后呼吸性碱中毒,增高可能为代谢性碱中毒或代偿后呼吸性酸中毒。

(八)阴离子隙(anion gap,AG)

临床上常用可测定阳离子减去可测定阴离子之差,表示未测定带负电荷物质的浓度之和。主要是无机酸如磷酸和硫酸;有机酸如乙酰乙酸、乳酸、丙酮和白蛋白等,其中白蛋白占 1/2。

$$AG(mmol/L)=(Na^++K^+)-(HCO_3^-+Cl^-),或=Na^+-(HCO_3^-+Cl^-)$$

AG 正常值 10～14(平均 12)mmol/L。>16mmol/L 常表示有机酸增多的代谢性酸中毒,<8mmol/L 可能是低蛋白血症所致。

表 5-12-2 列出了单纯性酸碱失衡时,HCO_3^- 和 $PaCO_2$ 代偿变化规律。急性呼吸性酸碱失衡时,HCO_3^- 代偿性变化主要是缓冲系统的作用;而慢性者则主要是肾脏的作用。慢性呼吸性酸碱平衡紊乱时,代谢性代偿预计值的变化远高于急性呼吸性酸碱平衡紊乱。

表 5-12-2　单纯性酸碱失衡 HCO_3^- 和 $PaCO_2$ 的代偿性变化规律

类型	预计值	最大变化值
代谢性酸中毒	$HCO_3^-\downarrow 1mmol/L$,$PaCO_2\downarrow 1.25mmHg^*$	12～14mmHg
代谢性碱中毒	$HCO_3^-\uparrow 1mmol/L$,$PaCO_2\uparrow 0.75mmHg^*$	55mmHg
呼吸性碱中毒		
急性	$PaCO_2\downarrow 10mmHg$,$HCO_3^-\downarrow 2mmol/L$	12～20mmol/L
慢性	$PaCO_2\downarrow 10mmHg$,$HCO_3^-\downarrow 4mmol/L$	12～15mmol/L
呼吸性酸中毒		
急性	$PaCO_2\uparrow 10mmHg$,$HCO_3^-\uparrow 1mmol/L$	38mmol/L
慢性	$PaCO_2\uparrow 10mmHg$,$HCO_3^-\uparrow 4mmol/L$	45mmol/L

*12～14 小时后

四、代谢性酸中毒

代谢性酸中毒(metabolic acidosis)是临床最常见的酸碱平衡紊乱,指原发性 HCO_3^- 减少($<22mmol/L$),动脉血浆 H^+ 浓度增高,$PaCO_2$ 代偿性下降。若动脉血 pH<7.35,即非代偿性代谢性酸中毒。如仅有动脉血浆 HCO_3^- 浓度轻度降低,而血浆 pH 仍保持在正常范围内,则称为代偿性代谢性酸中毒。

【病因和发病机制】 代谢性酸中毒主要包括两种类型,其病因和发病机制均不同。

(一)阴离子隙正常的代谢性酸中毒

见于任何原因引起的酸性物质摄入过多,HCO_3^- 重吸收或再生成减少,导致 HCO_3^- 净丢失增多。在单纯性代谢性酸中毒时,细胞外液 HCO_3^- 下降的同时,相应量的 Cl^- 转移至细胞外液,以维持电荷平衡。故阴离子隙正常的代谢性酸中毒一般均伴有高氯血症,又称高氯性代谢性酸中毒。

1. 体内 HCO_3^- 丢失过多 见于:①肠道 HCO_3^- 丢失,如腹泻、肠瘘或胰瘘;②肾脏 HCO_3^- 丢失,各种原因引起 HCO_3^- 重吸收减少和再生成减少,如近端肾小管酸中毒(renal tubular acidosis,RTA)。

2. 酸性物质摄入过多 如摄入过多氯化铵、盐酸精氨酸等。口服氯化钙时,肠道中 Ca^{2+} 与 HCO_3^- 结合而阻止 HCO_3^- 的重吸收,从而引起酸中毒。

(二)阴离子隙增高的代谢性酸中毒

一般也伴有高氯血症,主要有尿毒症性酸中毒(uremic acidosis),以及乳酸性酸中毒、酮症性酸中毒或甲醇中毒引起的代谢性酸中毒。

1. 体内酸性物质排出障碍 远端肾小管和集合管 H^+ 分泌受损,伴 NH_4^+ 排泌减少,如远端 RTA(伴低钾血症或高钾血症)。肾衰竭(GFR<25ml/min)时,因肾脏排泄障碍,体内代谢产物如磷酸、硫酸等酸性物质潴留,可发生尿毒症性酸中毒。

2. 体内酸性物质产生过多 机体严重损伤(如败血症、挤压综合征、肌溶解综合征、休克)、缺氧、胰岛素严重缺乏以及某些毒物(甲醇、乙醇、乙二醇、水杨酸)中毒等,均可产生大量酸性物质。胰岛素严重缺乏引起酮体堆积可致酮症性酸中毒,严重缺氧、肝功能损害等原因可致乳酸性酸中毒。

【临床表现】 患者发生代谢性酸中毒时,可出现乏力、食欲减退、恶心和呕吐等症状。心血管受损主要表现为心律失常,心肌收缩力减弱,血压降低,甚至休克;神经系统受损则表现为乏力、嗜睡,甚至昏迷。代谢性酸中毒的代偿,可通过肺过度通气降低 $PaCO_2$,以及通过肾 NH_3 合成和尿 NH_4^+ 的排出实现。患者常有呼吸加快,重症患者呼吸深大,呈 Kussmaul 呼吸,偶有哮喘。代谢性酸中毒还可以引起蛋白分解增多和合成下降、负钙平衡、骨质病变、肌肉病变、高钾血症、贫血、蛋白营养不良、发育障碍等其他代谢紊乱和多个系统病变。轻度代谢性酸中毒可无明显症状。

【诊断】 主要根据原发病史、临床表现和动脉血气分析结果进行诊断(图 5-12-2)。如果动脉血 HCO_3^- 水平降低($<22mmol/L$),而 $PaCO_2$ 基本正常或有所下降,则可诊断代谢性酸中毒。如 pH 在正常范围(7.35~7.45),则诊断为代谢性酸中毒代偿;如 pH 降低(<7.35),则诊断为代谢性酸中毒失代偿。在个别特殊情况下,代谢性酸中毒患者血浆 HCO_3^- 浓度可无明显变化,但此时血浆 pH 常低于正常,往往与患者存在代谢性酸中毒合并呼吸性酸中毒有关。

了解阴离子间隙有无变化,对鉴别代谢性酸中毒的类型相当重要。其他检测项目,如酮体、尿铵、可滴定酸的测定等也有一定意义。

【治疗】 包括原发病治疗、纠正酸中毒和电解质紊乱。

代谢性酸中毒

```
                            代谢性酸中毒
                    是 ┌─────────┴─────────┐ 否
                      AG                    伴呼吸性酸碱失衡
              不升高 │
        HCO₃⁻丢失增多          ↑AG=HCO₃⁻↓        ↑AG>HCO₃⁻↓
        肾性丢失
                              血酮体              伴代谢性碱中毒
                        ┌──────┴──────┐
                     酮症酸中毒          缺氧
                              ┌──────────┴──────────┐
                           否 │                    是 │
                         GFR明显降低             A型乳酸酸中毒
                      ┌──────┴──────┐
                   是 │            否 │
                   肾衰竭           B型乳酸酸中毒
                                   D-乳酸酸中毒
                                   摄入有机酸
```

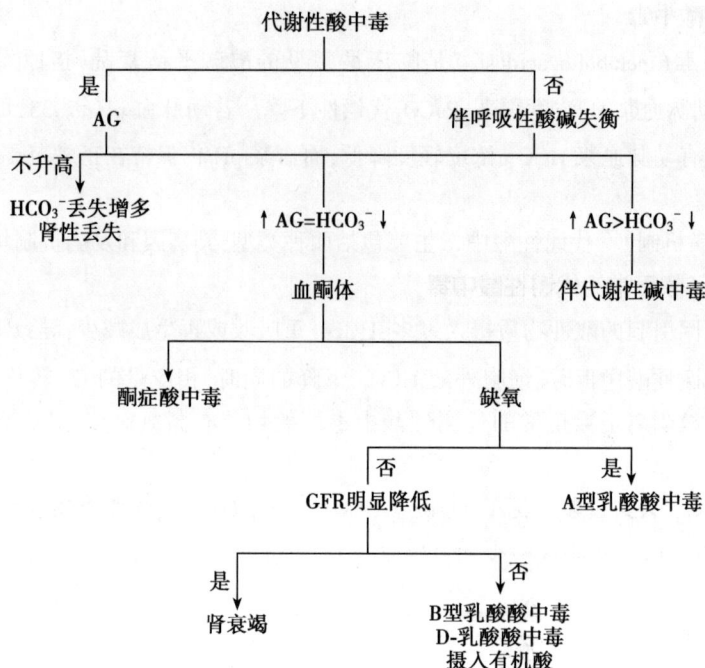

图 5-12-2　代谢性酸中毒的诊断和鉴别诊断示意图

（一）病因治疗

主要是对感染、损伤、休克、中毒（药物或毒物）、肾脏病变（肾小球肾炎、间质性肾炎、肾衰竭等）等基础疾病的治疗。

（二）纠正酸中毒

阴离子隙正常或轻度升高时，酸中毒主要因为 HCO_3^- 经肾脏丢失所致，故需补碱。阴离子隙明显升高时，若属乳酸和酮体等累积所致，因可代谢生成 HCO_3^-，且补碱可引起一系列不良反应，故 pH<7.2 时才予以补碱；若属其他不能转化为 HCO_3^- 的酸性物质积累所致，仍需补碱。临床最常用的碱性药物为碳酸氢钠。pH>7.2 时一般口服即可，1.5～3.0g/d，分3次服用。pH<7.2 时，首选静脉输注碳酸氢钠。对有明显心衰患者，要防止输入总量过多、过快。

终末期肾衰竭患者代谢性酸中毒往往较重，需长期透析来纠正。透析液中一般加入碱性缓冲液（多为碳酸氢钠）。透析可清除 H^+、补充 HCO_3^-，使血液 pH 和缓冲能力逐步恢复。对严重代谢性酸中毒（HCO_3^-<10mmol/L）可采用血液透析治疗。

（三）纠正和预防钾代谢紊乱

对低钾血症，应及时补充钾制剂。对伴有严重低钾血症者，应首先纠正低钾血症，再逐步纠正酸中毒，以免纠正酸中毒过程中低钾血症加重。

五、代谢性碱中毒

代谢性碱中毒（metabolic alkalosis）是指原发性 HCO_3^- 增多引起 $PaCO_2$ 代偿性升高。

【病因和发病机制】　主要是由各种原因（如有效细胞外液容量收缩、Cl^- 或 K^+ 丧失等）所致的肾小管 HCO_3^- 重吸收过多引起。

（一）近端肾小管碳酸氢盐最大吸收阈增大

1. 容量不足性碱中毒　呕吐、幽门梗阻、胃引流等使胃液大量丢失，造成 HCl 的直接丢失并伴有 K^+ 丢失和细胞外液容量减少。肠液中 HCO_3^- 未被胃酸中和而吸收过多，可造成碱血症。容量减少时有醛固酮分泌增多，从而促进 H^+ 和 K^+ 排出而 Na^+、HCO_3^- 重吸收，导致容量不足性碱中毒。

2. **缺钾性碱中毒**　低钾时，H⁺转入细胞内，肾小管泌 H^+ 增加，Na^+、HCO_3^- 重吸收增多，导致低钾性代谢性碱中毒，同时多伴 Cl^- 缺乏。

3. **低氯性碱中毒**　见于：①胃液丢失所致的一过性碱血症，该状态下肾小管细胞 Cl^- 减少，Na^+、K^+、HCO_3^- 重吸收增加；②排钾性利尿剂使排 Cl^- 多于排 Na^+；③原发性醛固酮增多症，Na^+ 重吸收而 H^+ 和 K^+ 排出，导致碱中毒。上述情况经补氯后可纠正碱中毒，故称为"对氯有反应性碱中毒"。

4. **高碳酸血症性碱中毒**　慢性呼吸性酸中毒（如通气不足纠正过快，$PaCO_2$ 急剧下降）时肾脏重吸收 HCO_3^- 增加而导致碱中毒。

（二）肾脏碳酸氢盐产生增加

进入终末肾单位的 Na^+ 增加，一方面促进肾泌酸，另一方面引起肾 HCO_3^- 产生增加（净酸排泌增加），造成代谢性碱中毒。

1. **使用排钾保钠类利尿剂**　使远端肾小管中钠盐增加，亦可造成容量减少、低钾血症和低氯血症。

2. **盐皮质激素增加**　盐皮质激素过多促进肾小管 Na^+ 的重吸收，泌 H^+、泌 K^+ 增加，导致代谢性碱中毒。

3. **Liddle 综合征**　造成潴钠、排钾，导致肾性代谢性碱中毒。

（三）有机酸代谢转化缓慢

是一过性代谢性碱中毒的重要原因，常见于糖尿病酮症酸中毒胰岛素治疗后。

【临床表现】　轻者被原发病掩盖。由于蛋白结合钙增加、游离钙减少，严重者可出现类似于低钙血症的表现。碱中毒致乙酰胆碱释放增多，神经肌肉兴奋性增高，常有面部及四肢肌肉抽动、手足搐搦、口周及手足麻木。血红蛋白对氧亲和力增加致组织缺氧，出现头昏、躁动、谵妄甚至昏迷。伴低钾血症时，可表现为软瘫。

【诊断】　积极寻找和区别导致 H^+ 丢失或碱潴留的原发病因，确诊依赖于实验室检查。HCO_3^-、AB、SB、BB、BE 增加。失代偿期 pH>7.42，H^+ 浓度<35nmol/L；缺钾性碱中毒者的血清钾降低，尿呈酸性。

检测尿 Cl^- 并据此分类，对治疗有重要指导意义。①氯反应性代谢性碱中毒：即补充氯化钠可纠正碱中毒。见于容量不足引起的代谢性碱中毒。②氯抵抗性代谢性碱中毒：补充氯化钠不能纠正碱中毒，尿 $Cl^->20mmol/L$。

【治疗】

（一）治疗原发病

轻、中度者以治疗原发病为主。避免摄入碱过多，应用排钾性利尿药或患盐皮质激素增多性疾病时注意补钾，及时纠正低血容量。对肿瘤引起的原发性醛固酮增多症等，及时手术切除。

（二）纠正引起肾脏 HCO_3^- 重吸收和（或）再生成增多的因素

如循环血容量不足时用生理盐水扩容，低钾血症者补充氯化钾，低氯血症者给以生理盐水等，一般不需要特殊处理。对体液容量增加或水负荷增加的患者，碳酸酐酶抑制剂乙酰唑胺可使肾排出 HCO_3^- 增加。

（三）补酸

当严重代谢性碱中毒，血 pH>7.6、伴显著低通气（$PaCO_2>60mmol/L$）、对氯化钠和补钾治疗反应不佳时，应考虑补酸。①氯化铵：可提供 Cl^-，且铵经肝转化后可提供 H^+。每次 1～2g，一日 3 次口服；必要时静脉滴注，补充量按细胞外液每提高 1mmol Cl^-，补给 0.2mmol 氯化铵计算，用 5% 葡萄糖溶液稀释成 0.9% 等渗溶液，分 2～3 次静脉滴注，但不能用于肝功能障碍、心力衰竭和伴呼吸性酸中毒的患者。②0.1M 稀溶液：浓度为 100mmol/L，直接提供 Cl^- 和 H^+。HCO_3^- 的分布容积约为体重的 50%,1mmol HCO_3^- 需 1mmol H^+ 中和,故血 HCO_3^- 下降 1mmol/L,需 0.5mmol H^+/kg,即需 0.1mol/L HCl 5ml。稀盐酸起效最快,但可引起溶血,故应经中心静脉输注。当 pH<7.5 时,停止补酸。③盐酸精氨酸:对重症酸中毒有明显效果。适用于肝功能不全时,但肾功能减退时禁用。④乙酰唑胺:对体液容量增加或水负荷增加的患者,碳酸酐酶抑制剂乙酰唑胺可使肾排出 HCO_3^- 增加。实际临床应用时,上述补酸的机会很少,在合理治疗电解质紊乱后,绝大多数碱中毒的情况会逐渐改善。

六、呼吸性酸中毒

呼吸性酸中毒(respiratory acidosis)指原发性 CO_2 潴留,导致动脉血 $PaCO_2$ 升高,血 HCO_3^- 代偿性升高。

【病因和发病机制】

1. 急性呼吸性酸中毒　①呼吸中枢抑制:见于应用麻醉药、吗啡、β 受体阻滞剂、脑血管意外、中枢神经系统感染、颅脑外伤和肿瘤等;②神经肌肉疾病:见于药物过量、严重低钠血症等电解质紊乱、重症肌无力危象和吉兰-巴雷综合征等;③人工呼吸机应用不当:主要见于 CO_2 产生量突然增加,如发热、躁动、败血症等,或肺泡-通气量下降如肺功能急剧恶化而未及时调整呼吸机参数;④气道梗阻或肺实质病变:见于气道异物、喉头水肿、重症哮喘、有毒气体吸入、急性成人呼吸窘迫综合征、急性肺水肿、广泛而严重的肺实质或间质炎症;⑤胸廓胸膜病变:见于胸廓外伤、气胸、血胸、大量胸腔积液等,引起肺扩张受限。

2. 慢性呼吸性酸中毒　①呼吸中枢抑制:主要见于长期应用镇静剂、慢性酒精中毒、脑肿瘤、睡眠呼吸障碍如高度肥胖等;②气道梗阻和肺实质病变:慢性阻塞性肺病、哮喘、肺间质纤维化和肺气肿等;③胸廓胸膜病变:胸廓畸形、胸膜增厚等。

【临床表现】　急性起病时症状涉及中枢神经系统、心血管系统和呼吸系统。主要表现为焦虑、呼吸困难、精神错乱、扑翼样震颤、嗜睡甚至昏迷等。轻、中度急性呼吸性酸中毒引起心输出量增加、肾血管扩张、血压正常或升高,常有皮肤充血潮红。严重急性呼吸性酸中毒则引起心输出量下降、血压降低、肾血管收缩、心律失常多见,尤其在肺心病患者应用洋地黄类药物时。多伴有水钠潴留。

慢性呼吸性酸中毒并具有同等程度的高碳酸血症时,症状较少,可表现为睡眠异常,记忆力下降,人格改变,运动障碍如震颤等。高碳酸血症严重时,出现神志混乱,记忆力丧失,嗜睡,即 CO_2 麻醉。CO_2 可引起脑血管扩张,眼底血管扩张和扭曲,头痛等颅内高压表现,严重时出现视神经盘水肿。

【诊断】　根据血 pH 和 $PaCO_2$ 可确诊、结合血 HCO_3^- 明确是否存在代谢性因素。肺功能测定有助于确定肺部疾病;详细询问用药史,测定血细胞比容,检查上呼吸道、胸廓、胸膜和神经肌肉功能,则有助于原发病诊断。

【治疗】　视病情程度和起病缓急决定治疗方案。急性患者主要治疗原发病和进行呼吸支持,包括气管插管和应用人工呼吸。慢性患者主要采用各种措施改善肺功能。吸氧应慎用,因为此时缺氧是刺激呼吸的主要因素,快速纠正缺氧可引起呼吸抑制,必要时应以最低浓度氧吸入。对某些患者,尤其是高碳酸血症与肺功能减退不平衡者,可应用呼吸兴奋剂。慢性患者 $PaCO_2$ 突然升高时,应考虑在原发病基础上出现肺部感染等加重因素。

七、呼吸性碱中毒

呼吸性碱中毒(respiratory alkalosis)指肺泡过度通气引起动脉血 $PaCO_2$ 下降,血 HCO_3^- 代偿性下降。

【病因和发病机制】　原发因素为过度通气。CO_2 排出速度超过生成速度,导致 CO_2 减少,

$PaCO_2$下降。

（一）中枢性病因

1. 非低氧性因素所致　①癔症等换气过度综合征；②脑部外伤或疾病；③药物中毒，如水杨酸盐及副醛等；④体温过高及环境高温；⑤内源性毒性代谢产物：如肝性脑病及酸中毒等。

2. 低氧因素所致　①高空、高原、潜水及剧烈运动等缺氧；②阻塞性肺疾病，如肺炎、肺间质疾病、支气管阻塞、胸膜及胸廓疾病和肺气肿；③供血不足，如心力衰竭、休克和严重贫血等。因缺氧刺激呼吸中枢而导致换气过度。

（二）外周性病因

可见于：①呼吸机管理不当；②胸廓或腹部手术后，因疼痛而不敢深呼气；③胸外伤、肋骨骨折；④呼吸道阻塞突然解除。另外，妊娠或使用黄体酮等药物也可致换气过度。

【临床表现】　主要表现为换气过度和呼吸加快。碱中毒可刺激神经肌肉兴奋性增高，急性轻症患者可有口唇、四肢发麻、刺痛、肌肉颤动；严重者有眩晕、晕厥、视力模糊、抽搐；可伴胸闷、胸痛、口干、腹胀等；在碱性环境中，血红蛋白-氧解离曲线左移，氧释放减少，可出现脑电图和肝功能异常。慢性患者除原发病表现外，常伴有血 K^+ 降低和 Cl^- 升高。

【诊断】　各种原因所致呼吸性碱中毒的共同特点是换气过度。癔症所致换气过度综合征常易引起注意，但高温、高热、高空、手术后等易被忽视。确诊依赖于实验室检查：①$PaCO_2$ 降低，AB<SB；②失代偿期 pH 升高。测定血浆 HCO_3^- 浓度有助于判断是否存在代谢性因素。诊断过度通气或呼吸性碱中毒时，应探讨其原因，做出原发病诊断。

【治疗】　主要是治疗原发病。当使用人工呼吸机时，需适当调整呼吸机潮气量和呼吸频率等。对癔症等换气过度综合征，可通过纸筒呼吸以增加气道无效腔，进行心理治疗，必要时给予小剂量镇静剂。如属高原反应，可提前 2 天给予乙酰唑胺 500mg/d，使机体产生轻度代谢性酸中毒，以减轻进入高原地区后则开始出现的呼吸性碱中毒。

八、混合型酸碱平衡紊乱

在临床实践中，酸碱平衡紊乱几乎都是混合性的，且伴随病情变化和治疗因素干预而不断变化。因此，必须正确识别和判断患者酸碱平衡紊乱的实际情况。

（一）单因素混合型酸碱平衡紊乱

致病因素为代谢性的或呼吸性的，有下列几种常见的组合方式：

1. 代偿性混合型酸碱平衡紊乱　是指在代偿过程中出现继发性酸碱平衡紊乱，见于：①代谢酸中毒伴代偿性呼吸性碱中毒：原发性 HCO_3^- 减低，代偿导致继发性 H_2CO_3 减低，血 pH 下降（H^+ 浓度升高）；②代偿性碱中毒伴代偿性呼吸性酸中毒：原发性 HCO_3^- 增高，代偿导致继发性 H_2CO_3 增高，血 pH 升高；③呼吸性酸中毒伴代偿性代谢性碱中毒：原发 $PaCO_2$ 增高，代偿导致继发性 H_2CO_3 增高，血 pH 下降；④呼吸性碱中毒伴代偿性代谢性酸中毒：原发性 $PaCO_2$ 减低，代偿导致继发性 HCO_3^- 减低，血 pH 升高。

2. 加重型混合型酸碱平衡紊乱　①混合型代谢性酸中毒：如糖尿病酮症酸中毒伴乳酸性酸中毒；②混合型代谢性碱中毒：如低钾性碱中毒合并低氯性碱中毒；③混合型呼吸性酸中毒：如慢性阻塞性肺气肿伴有脊柱弯曲畸形；④混合型呼吸性碱中毒：如胸外伤伴癔症换气过度综合征。

3. 抵消性混合型酸碱平衡紊乱　①代谢性酸中毒并代谢性碱中毒：如糖尿病酮症酸中毒伴低钾性碱中毒；②呼吸性酸中毒并呼吸性碱中毒：如重症肺炎伴通气不足和高热所致的换气过度。

（二）双因素混合型酸碱平衡紊乱

双因素混合型酸碱平衡紊乱指同时存在代谢性和呼吸性的致病因素。

1. 加重型混合型酸碱平衡紊乱　①代谢性酸中毒并呼吸性酸中毒：如糖尿病酮症酸中毒伴

严重肺部感染时,血 pH 明显下降,HCO_3^- 减少、$PaCO_2$ 升高;②代谢性碱中毒并呼吸性碱中毒:血 pH 明显升高,HCO_3^- 增多、$PaCO_2$ 降低。

2. 抵消性混合型酸碱平衡紊乱 ①代谢性酸中毒并呼吸性碱中毒:两种酸碱平衡紊乱互相抵消,血 pH 可正常、升高或降低,但 HCO_3^- 减少,$PaCO_2$ 降低;②代谢性碱中毒并呼吸性酸中毒:两种酸碱度互相抵消,血 pH 可正常、升高或降低,但 HCO_3^- 增多,$PaCO_2$ 升高。

第四节 钙、磷代谢紊乱

钙、磷在维持人体正常结构与生理功能方面起着重要作用。人体细胞内、外液中钙、磷浓度在各种体液因素和局部细胞因子等的调控下,在一个相对狭小的范围内波动。血中钙、磷的浓度呈负相关。当致病因素作用于某一环节时,可破坏其平衡,引起钙磷代谢紊乱。

一、钙代谢紊乱

成人体内总钙量约 1000~1300g,99% 以羟基磷酸盐形式存在于骨骼和牙齿中,其余存在于各种软组织中,细胞外液钙仅占总钙量的 0.1%,约 1g 左右。成人血钙水平约为 2.2~2.6mmol/L(8.8~10.4mg/dl)。血浆中钙有三种形式:①游离钙:约占总血钙的 45%,具有显著的生理作用;②可扩散结合钙:约占 10%,与有机酸结合,如磷酸钙、柠檬酸钙等;③蛋白结合钙:约占 45%,主要是与血浆蛋白中白蛋白结合。三种形式的钙处于不断交换及动态平衡,前两者可经肾小球滤过进入肾小管。

钙(Ca^{2+})是体内重要的阳离子,参与人体多种生理功能。如参与成骨、维持和调节正常神经肌肉兴奋性、参与肌肉收缩耦联及维持心脏正常电生理功能;影响一些腺体分泌,激活淀粉酶、脂酶、胰蛋白酶及碱性磷酸酶等酶类;参与凝血过程。另外,Ca^{2+} 作为一些激素的第二信使,参与细胞信号传递过程。

人体内钙主要来自食物,成人每日可吸收钙 0.1~0.4g。钙的吸收几乎全部在十二指肠、空肠和回肠。肠道上皮细胞对钙的吸收包括旁细胞和跨细胞途径。当肠腔内 Ca^{2+} 浓度增高时,旁细胞途径是主要吸收方式,占肠道吸收钙的 1/2~2/3。而肠道上皮细胞对钙跨细胞途径较为复杂,主要受活性维生素 D_3 调节。肠道钙吸收除与肠道内钙浓度密切相关外,还与肠内酸碱度及机体需要量有关。当肠内酸度增加时钙盐易溶解,因而吸收增加。当肠内存在碱性物质时则形成不溶解的皂,从而使钙吸收减少。另外,钙吸收量与机体需要量维持平衡状态,当缺钙时肠道吸收钙速度增加,而当体内钙过多时,则吸收速度降低。

肾脏在 Ca^{2+} 的调节中起重要作用,主要通过调节肾小管对 Ca^{2+} 的重吸收维持血 Ca^{2+} 浓度的稳定。肾小球能滤过所有游离钙和阴离子结合钙,并根据 Ca^{2+} 水平调整钙的肾小球滤过。如高血钙时肾小球滤过钙增加,当低血钙和肾功能不全时,肾小球滤过钙降低。经肾小球滤过的 Ca^{2+} 大多被肾小管重吸收。除髓袢升支细段和集合管外,肾小管其余各段均有钙重吸收。在近端小管,Ca^{2+} 以对流方式重吸收。在髓袢升支粗段,Ca^{2+} 主要通过旁细胞途径被动吸收,该段 Ca^{2+} 转运受细胞外 Ca^{2+} 浓度及钙敏感受体(calcium-sensing receptor,CaR)调节。远端肾小管对 Ca^{2+} 的转运主要是跨细胞膜的主动过程,此部位转运主要受甲状旁腺激素(PTH)和活性维生素 D_3 调节。

骨对钙的调节依赖于成骨细胞和破骨细胞的平衡,这一过程受激素调控。骨骼和肠道主要维持机体内钙长期稳定。人体内钙的平衡主要依靠甲状旁腺激素、1,25-二羟胆钙化醇〔1,25-$(OH)_2$-D_3〕及降钙素共同作用于胃肠道、肾及骨骼。

(一) 低钙血症

当人血白蛋白浓度在正常范围时,血清 $Ca^{2+} < 2.15mmol/L$ 称为低钙血症(hypocalcemia)。酸中毒或低蛋白血症时仅有蛋白结合钙降低,此时血钙低于正常,但离子钙不低,不发生临床症

状;反之,碱中毒或高蛋白血症时,游离钙降低,但蛋白结合钙增高,虽血清钙仍可正常,也会发生低血钙临床症状,低蛋白血症时需要计算校正的钙浓度来诊断低钙血症。

【病因】

1. **维生素 D 缺乏或维生素 D 抵抗** 饮食摄入不足、吸收不良、缺乏阳光照射及某些药物等可引起维生素 D 缺乏。Ⅱ型维生素 D 依赖性佝偻病患者存在维生素 D 抵抗。

2. **甲状旁腺激素缺乏或抵抗甲状旁腺激素缺乏** 见于:甲状腺手术伤及甲状旁腺;甲状旁腺切除术;局部放射治疗或恶性肿瘤转移;假性甲状旁腺功能减退;遗传性甲状旁腺功能减退。低镁血症可抑制甲状旁腺激素分泌,并抑制甲状旁腺激素对靶器官作用。甲状旁腺激素抵抗见于:假性甲状旁腺功能减退症(缺乏有效的 PTH)及低镁血症。

3. **慢性肾衰竭** $1,25(OH)_2D_3$ 合成减少及肾脏排磷降低引起高磷血症,均可导致低钙血症。

4. **肾小管疾病** 包括 Fanconi 综合征及某些重金属中毒致近端肾小管损害。

5. **镁缺乏**

6. **高磷血症** 见于过量磷摄入、慢性肾衰竭排磷减少、横纹肌溶解和溶瘤综合征等。

7. **低蛋白血症** 低蛋白血症导致钙蛋白结合部分减少,由于离子钙部分无明显变化,很少出现临床症状,又称为假性低钙血症。

8. **某些药物** 如抗癫痫药物(苯妥英钠、苯巴比妥)、利福平和抗骨吸收制剂(如降钙素、双磷酸盐、普卡霉素)等。

9. **其他** 如灼伤、横纹肌溶解、溶瘤综合征、急性胰腺炎及大量输入枸橼酸抗凝制品等。

【临床表现】 低钙血症常常没有明显的临床表现。其症状主要取决于血钙下降速度、程度和低钙持续时间,其与血钙下降速度最为相关。当血钙快速下降,即使血 Ca^{2+} 浓度>2mmol/L 时,也会导致临床症状。神经-肌肉兴奋性增高是低钙血症最突出的临床表现。

1. **神经系统表现** ①感觉异常:口唇、指尖或足部麻木、蚁行感,肌肉疼痛。②手足搐搦、面部肌肉痉挛:很小的刺激即可诱发,手足搐搦典型表现呈助产士手或呈鹰爪状,严重时可自下向上发展至肘关节、髋膝关节,甚至发生全身随意肌收缩,出现惊厥发作。③平滑肌痉挛:喉头及支气管平滑肌痉挛,出现喘息发作,甚至出现呼吸暂停;在消化道,表现为腹痛、腹泻、胆绞痛;膀胱表现为尿意感;血管痉挛可表现为头痛、心绞痛、雷诺现象。④神经精神异常:可表现为烦躁易怒、焦虑失眠、抑郁以致精神错乱。也可发生锥体外系的表现,如震颤麻痹。⑤面部叩击征(Chvostek sign)和束臂征(Trousseau sign)阳性。

2. **骨骼改变** 婴幼儿时期由于维生素 D 缺乏导致低钙血症,骨骼呈佝偻病样改变。假性甲状旁腺功能减退可发生纤维性骨炎、软骨病及纤维囊性骨炎。

3. **心血管系统表现** 心率加快或心律不齐,心电图表现有 Q-T 间期及 ST 段延长,T 波低平或倒置。另外,低血钙还可引起迷走神经张力增加,甚至可导致心脏骤停。

4. **转移性钙化** 肌腱、关节周围软组织、基底节及小脑等钙化。

5. **低血钙危象** 出现于严重低血钙时,可出现严重精神异常、严重骨骼肌和平滑肌痉挛、惊厥、癫痫样发作、严重喘息,甚至引起呼吸心脏骤停。

6. **原发病表现** 慢性肾衰是引起低钙血症最常见病因。其他疾病出现原发疾病相应表现。

【诊断及鉴别诊断】 低钙血症是指血清 Ca^{2+} 浓度低于 2.15mmol/L。最好测定游离钙离子浓度。若测定总钙浓度,必须经人血白蛋白校正,校正钙浓度(mg/dl)= 总钙(mg/dl)−0.8×[4.0−人血白蛋白浓度(g/dl)]根据病史、体格检查及实验室检查(如血磷、血镁、血PTH、肝肾功能、白蛋白等)常可明确低钙血症的病因。骨骼摄片可以了解骨病性质及程度。

【治疗】

1. 低钙血症的治疗 若总钙浓度低于 7.5mg/dl(1.875mmol/L),无论有无症状均应进行治疗。慢性低钙血症常需要终身补充钙剂。为了达到最佳补钙效果,应该注意:小剂量餐间服用,同时补充维生素 D;酌情口服小剂量氢氯噻嗪,减少尿钙排泄。若症状明显,如伴手足搐搦、抽搐、低血压、Chvostek 征或 Trousseau 征阳性、心电图示 Q-T 间期 ST 段延长伴或不伴心律失常等,应予以立即处理。

(1) 钙剂及活性维生素 D_3:钙剂包括葡萄糖酸钙、枸橼酸钙和碳酸钙,每天口服 1~2g。血钙过低也可口服或者静注葡萄糖酸钙,分别为 3~6g/d 或 1~3g/d。骨化三醇 0.25μg/d,在 2~4 周内增至 0.5~1μg/d,纠正低钙血症,对维持骨的完整性和心血管功能至关重要。

(2) 低钙危象:出现低钙危象时,应快速予以补钙:①10% 葡萄糖酸钙或 10% 氯化钙 10~20ml 稀释后缓慢静脉推注,必要时 1~2 小时后重复一次。②若抽搐不止,可予 10% 葡萄糖酸钙或 10% 氯化钙 20~30ml,加入 5% 或 10% 葡萄糖溶液 1000ml 中,持续缓慢静滴,速度应每小时每千克体重<4mg 钙。注意检测血 Ca^{2+} 变化。③当补钙效果不佳时,应注意有无低镁血症,必要时予以补充镁。④当症状缓解后,改为口服钙剂加用维生素 D。

2. 原发病治疗 针对原发病因进行相应治疗。

(二) 高钙血症

高钙血症(hypercalcemia)是指血清离子钙浓度的异常升高。血清 Ca^{2+} 浓度超过 2.75mmol/L 即为高钙血症。根据血钙水平,高钙血症可分为轻度:血钙在 2.75~3.0mmol/L 之间,中度:3.0~3.4mmol/L 之间,重度:3.4mmol/L 以上。

【病因】 恶性肿瘤和甲状旁腺功能亢进占高钙血症病因近 90%。

1. 恶性肿瘤 恶性肿瘤尤其是实体瘤是导致高钙血症的最主要原因。高钙血症多发生在恶性肿瘤的晚期,通常是突然发展为严重的高钙血症和迅速死亡。恶性肿瘤可直接破坏骨组织,将骨钙释放入血,导致高钙血症。此外,部分癌症如上皮细胞样肺癌和肾癌等可以产生甲状旁腺激素样物质、前列腺素 E、维生素 D 样固醇及破骨细胞活化因子,刺激破骨细胞,使大量钙从骨骼释放入血。

2. 原发性甲状旁腺功能亢进 是导致高钙血症的第二位原因。甲状旁腺激素分泌过多,导致破骨增加,大量骨钙释放,使血钙增高。

3. 肾衰竭 在急性肾衰竭的少尿期,因钙无法排出而沉积在软组织中。多尿期时,沉积在软组织中钙大量释放,可发生高钙血症。慢性肾衰竭患者高钙血症,多继发于低钙血症刺激甲状旁腺引起 PTH 分泌过多,促进破骨细胞活性,破骨过程超过成骨过程,钙自骨释放入血,使血钙升高。

4. 甲状腺功能亢进 甲状腺素分泌过多,机体代谢加速,骨转换速度增快,骨组织吸收钙也相应增加,导致高钙血症。

5. 小肠对钙吸收增加 常见于维生素 D 中毒及乳碱综合征。

6. 骨形成和骨钙化不良 如铝中毒、低转运骨病及长期糖皮质激素应用等。

7. 噻嗪类利尿剂 可使体液排出过多引起低血容量,使肾小管内钙再吸收增加,尿钙排出减少,导致高钙血症。

8. 其他原因 长期制动使肌肉加于骨骼的应力减少导致骨吸收增加,如果肾脏无法将钙排出,就会产生高钙血症。如使用维生素 D 或其代谢产物过多,可显著增加钙在肠道内的吸收等。

【临床表现】 症状严重程度与血清 Ca^{2+} 水平相关。主要表现为神经肌肉兴奋性降低。

1. 神经系统 可表现为反应迟钝,记忆力及计算力下降;情绪抑郁,反应淡漠;头昏、头痛、嗜睡;听力、视力和定向力障碍或丧失、木僵;严重时出现昏迷。

2. 肌肉系统 近端肌无力,以下肢明显,甚至行走困难、腱反射减弱。

Notes

3. 心血管系统　心率减慢、高血压,对洋地黄类药物敏感性增强。心电图可见心动过缓、QT 间期缩短、ST-T 改变、房室传导阻滞,甚至心脏停搏。

4. 消化系统　可伴有厌食、恶心、呕吐、便秘等,可出现消化性溃疡、胰腺炎,分别与高钙血症刺激胃泌素和胰酶、胰蛋白酶原分泌增加有关。

5. 泌尿系统　结石、肾钙化;出现双侧尿路完全梗阻时可导致少尿型急性肾衰竭。多尿、肾浓缩功能下降。

血钙增高至 4mmol/L 以上时,可出现高血钙危象,表现为谵妄、惊厥、血压升高、腹痛和各种心律失常、氮质血症、严重脱水,重者发生麻痹性肠梗阻,甚至昏迷和循环衰竭。心电图可见 Q-T 间期缩短、ST-T 改变、房室传导阻滞和低血钾性 u 波,如不及时抢救,患者可死于肾衰竭和循环衰竭。

【诊断】　血浆总钙>2.7mmol/L 即可认为是高钙血症。人血白蛋白含量和血液酸碱平衡直接影响离子钙的浓度,在分析血浆总钙浓度的诊断价值时,应考虑其影响因素。因此,在除检查血浆总钙和离子钙以外,测定离子钙时应同时检测血 pH 值,并可多次测定血浆中钙浓度以尽量避免人血白蛋白对血清总钙的干扰。另外还需检查人血白蛋白、磷、肌酐、总碱性磷酸酶、iPTH 以及尿钙、磷与肌酐,计算肾小管对磷的重吸收和最大重吸收量与肾小球滤过率的比值。

应积极寻找导致高钙血症的原因。原发性甲状旁腺功能亢进症是高钙血症最常见原因之一,本病进展缓慢,早期有 50% 患者仅表现为高血钙、低血磷和甲状旁腺激素增高,临床上勿轻易放过高钙血症这一早期诊断线索。其他辅助检查包括根据病史和症状选做 B 超、X 线检查、核素扫描和 CT 等。

【治疗】　高钙血症的最佳治疗是针对原发病因治疗。比如,和恶性肿瘤相关的高钙血症的最有效的治疗是有效的抗肿瘤治疗。轻度、无症状的高钙血症一般不需紧急处理,而要积极寻找病因。相反,对于症状明显的重度高钙血症不管什么原因所致,均必须积极治疗。

(1) 轻度高钙血症:可进行观察,监测血浆钙、肾功能、骨密度和尿钙排泄等。

(2) 中度高钙血症:可采取的治疗措施包括:①静脉滴注生理盐水扩容;②必要时可用袢利尿药(禁用噻嗪类利尿药)。静脉滴注生理盐水加用袢利尿药时,可使血钙在 1~2 天内下降 0.25~0.75mmol/L。如果血钙下降不理想,可再加用双磷酸盐口服。双磷酸盐能抑制骨吸收和 $1,25-(OH)_2-D_3$,是治疗癌症伴高钙血症者的首选药物。

(3) 重度高钙血症:即高钙危象,不管有无症状均应紧急处理。治疗方法包括:①扩充血容量(在第一个 24 小时内静脉补充 4~6L 生理盐水,注意患者有无充血性心衰合并症)。②增加尿钙排泄。③减少骨的重吸收。④治疗原发性疾病。扩充血容量可使血钙稀释,增加尿钙排泄。用袢利尿剂可增加尿钙排泄。使用双磷酸盐可减少骨的重吸收,使血钙不被动员进入血液。⑤紧急血液透析治疗。

二、磷代谢紊乱

磷是人体内含量最多的元素之一,总量约为 400~800g。约 99.7% 以上的磷以骨盐形式存在于骨骼中,87.6% 以上的磷存在于牙中。血清中的磷主要为无机磷,血磷(即无机磷酸盐中所含的磷)85% 以游离形式存在,15% 与蛋白质结合。血磷浓度在乳儿较高,随年龄增长而下降,至成人为 0.87~1.48mmol/L(2.7~4.5mg/dl)。

磷主要在小肠尤其是空肠吸收。食物中的阳离子(如钙、铝离子)可与磷酸根结合成不溶性磷酸盐,影响磷的吸收。而甲状旁腺激素及维生素 D 可促进钙的吸收,从而增加磷的吸收。磷酸盐以继发性主动钠离子/磷酸盐共转运的方式进入上皮细胞。有三种类型的钠离子/磷酸盐共转运子。Ⅰ型分布于肾小管,具有阴离子通道功能;Ⅱ型有特异性上皮细胞功能,Ⅱa 分布在近端小管上皮细胞刷状缘,Ⅱb 分布在小肠上皮细胞刷状缘,决定钠离子依赖磷酸盐的重吸收;

Ⅲ型则普遍存在。上皮细胞基侧膜磷酸盐的排泄,可能是由被动扩散和阴离子交换形式完成。

正常情况下血钙与血磷浓度之间有一定关系,其浓度(mg/dl)的乘积为一常数 $35 \sim 40mg^2/dl^2$。血磷以 $HPO_4^{2-}/H_2PO_4^-$ 为主,$HPO_4^{2-}:H_2PO_4^-$ 约为 $4:1$。磷主要从尿中排出,尿中磷的排泄量常随食物中磷的含量升降而升降。从肾小球滤过的磷酸盐中 $85\% \sim 95\%$ 在近曲小管重吸收,剩余部分随尿排出。甲状旁腺激素、降钙素以及肾上腺糖皮质激素可抑制肾近曲小管对磷酸盐的重吸收,使血磷降低。相反,甲状腺素及生长激素可减少磷的排泄。

磷具有许多生物活性:①在细胞结构、能量代谢、信号传导、离子转运等基本生理过程中都发挥极其重要的作用。②是构成骨骼和细胞膜的重要成分。③参与能量代谢。三磷腺苷(ATP)是重要的能量贮存形式,正常神经肌肉功能有赖于 ATP 提供能量,故缺磷时可表现乏力、厌食、震颤等。④是组成缓冲系统的主要成分。⑤参与氧的传递和多种酶系统的调节。

磷的平衡与钙平衡一样,受 $1,25-(OH)_2-D_3$ 和 PTH 的调节。参与调节的脏器主要是胃肠道、肾脏和骨骼。$1,25-(OH)_2-D_3$ 促进胃肠道对磷的吸收,促进钙磷在骨组织沉积。但大剂量 $1,25-(OH)_2-D_3$ 则可促进骨的吸收。PTH 增加破骨细胞的活性,促进骨溶解,升高血磷。另外,PTH 还可促进 $1,25-(OH)_2-D_3$ 的合成,间接促进肠道磷的吸收。但同时又可促进肾小管对磷的排泄,降低血磷。

(一)低磷血症

血液中磷含量低于 $0.81mmol/L$ 时,称之为低磷血症(hypophosphatemia)。住院患者中约 2% 发生中或重度低磷血症。

【病因及发病机制】　急性低磷血症最常发生在呼吸性碱中毒、糖尿病酮症酸中毒及接受全静脉营养注射的患者。慢性低磷血症的发生原因及机制主要有:

(1) 进食减少或厌食,导致营养不良,致磷摄入减少。

(2) 维生素 D 缺乏或长期服用氢氧化铝、氢氧化镁或碳酸铝等结合剂,减少肠道磷酸盐的吸收。糖酵解及碱中毒,可迅速消耗细胞内磷酸盐的含量,增加细胞对磷酸盐的摄入,从而引起低磷酸盐血症。

(3) 甲状旁腺功能亢进,甲状旁腺激素分泌增加,导致尿磷酸盐排泄增加。

(4) 酒精中毒。

(5) 先天性疾病:如遗传性低磷血症、X 染色体连锁的低磷血症、常染色体显性低磷血症性佝偻病和 Fanconi 综合征等。

【临床表现】　低磷血症一般无症状,但严重时临床上可表现为:①中枢神经系统症状:如感觉异常、构音障碍、反射亢进、震颤、共济失调和昏迷;②血液系统的表现:如出现球形红细胞、容易发生溶血;白细胞吞噬功能障碍,则易发生感染;血小板功能障碍,血小板聚集能力降低;③其他表现:可有乏力、肌肉软弱疼痛和骨痛,甚至瘫痪等。

【诊断】　低磷血症诊断标准为:取清晨空腹静脉血,用酶法测定血磷。血磷 $0.6 \sim 0.81mmol/L$、$0.5 \sim 0.6mmol/L$、$<0.5mmol/L$ 分别为轻、中、重度低磷血症。

【治疗】　无症状患者和轻中度低磷血症患者予以口服磷酸钠或磷酸钾片剂。重度低磷血症患者或不易口服治疗者可行静脉内补磷酸盐纠正。常用的磷酸盐有磷酸二氢钠(NaH_2PO_4)及磷酸氢二钠(Na_2HPO_4)的混合制剂。肾功能损害的患者应使用磷酸钠制剂。若同时合并高钙血症,为防止转移性钙化形成,静脉补给磷酸盐的量应减少。

值得注意的是,静脉补给磷酸盐可引起下列并发症:①低钙血症;②转移性钙化;③医源性高钠血症。同时应该针对引起低磷酸盐血症的原因进行治疗。

(二)高磷血症

血浆磷酸盐浓度超过 $4.5mg/dl$($1.46mmol/L$)为高磷血症(hyperphosphatemia)。一般由于肾对磷酸根(PO_4^{3-})的排泄功能降低所致,例如晚期肾功能不全患者(GFR $<20ml/min$)。高磷血

症同样见于口服磷酸盐过多或是灌肠剂使用过度者。

【病因】

1. 肾衰竭 慢性肾衰竭时,有效肾单位大量丧失,致磷排泄减少。肾小球滤过率(GFR)下降,GFR<25~30ml/min 时,超过其代偿能力,则肾排磷减少,血磷上升。另外,肾衰竭时,常常伴发继发性甲状旁腺功能亢进,PTH 分泌增加,骨骼中钙磷释放增加。急性肾衰竭时,血磷酸盐水平也增高,甚至超过慢性肾衰竭患者的血浆磷酸盐水平,尤其合并感染或出现横纹肌溶解时。

2. 蛋白质摄入过多 蛋白质含磷较高,长期高蛋白饮食可致血磷增高。

3. 促红细胞生成素(EPO)的使用 可进一步减少磷的清除。

4. 维生素 D 过量或中毒 可促进小肠及肾脏对磷的重吸收。

5. 原发性、继发性和假性甲状旁腺功能低下 均能导致 PTH 分泌减少或外周组织对 PTH 抵抗,可使肾小管磷酸盐重吸收增加,尿排磷减少,导致血磷增高。

6. 传统的高流量或高效透析 每周 3 次高流量或高效透析可清除磷共约30mmol(900mg)。但由于细胞内磷排出到细胞外缓慢,透析后血磷又可增高出现反弹。

7. 其他 急性酸中毒时磷向细胞外移出;甲状腺功能亢进时促进溶骨、促进肠钙吸收和减少尿磷排泄;使用含磷缓泻剂及磷酸盐静注。

8. 肿瘤溶解综合征 典型例子是 Burkitt 淋巴瘤对化疗后的反应;急性横纹肌溶解导致骨骼肌释放磷增加。

【临床表现及诊断】 大多数高磷血症患者无症状,如果同时有低钙血症,可以出现低钙血症症状,包括搐搦等表现。软组织钙化在慢性肾衰竭患者中常见。

正常情况下,血磷和血钙的浓度之间,维持一定的平衡关系。成人血清钙磷乘积常保持在30~40 之间(以 mg/dl 为单位的乘积)。当 GFR<20ml/min 时血磷开始升高,高磷血症是严重肾衰竭的特征之一。高血磷使钙磷乘积升高,促使磷酸钙沉积于软组织中,导致软组织钙化,进而使血钙浓度进一步降低,刺激甲状旁腺,造成继发性甲状旁腺功能亢进,从而刺激 PTH 持续分泌,导致高磷血症进一步加重,形成恶性循环。另外,目前研究证实,高磷血症不仅是代谢性骨病的重要病因,而且可诱发心律失常,引起动脉壁、心肌及心瓣膜钙化,是慢性肾脏疾病患者心血管疾病的独立危险因子。流行病学调查证实,CKD5 期肾衰竭合并高磷血症的患者,心血管病危险发生率明显升高。

【治疗】

1. 限制含磷丰富的食物摄入 磷广泛存在于各种食物中,在鱼、虾、肉类、蛋、奶、家禽和豆类中含量较高。由于磷的摄入与饮食中蛋白摄入量密切相关,因此低蛋白饮食是减少磷摄入的主要方法。

2. 降血磷药物

(1) 碳酸钙:进餐时口服碳酸钙2g,每天3次。该药在肠道内与磷结合,减少肠道磷的吸收,又可补钙,同时有利于酸中毒的纠正。但剂量过大有可能加重血管钙化。长期使用钙盐的患者,尤其是血液透析患者,应监测血钙浓度。血液透析液中游离钙浓度常为 1.50~1.75mmol/L,高于血浆中钙的浓度,对口服补钙的患者宜选用1.25mmol/L 的透析液,减少高钙血症的危险性。

(2) 醋酸钙:胶囊制剂,包含25%的元素钙。是有效的磷结合剂,比碳酸钙有更强的磷酸盐结合潜力,从而减少对钙的吸收,但仍存在高钙血症的风险,需注意监测血钙浓度。

(3) 氢氧化铝凝胶:氢氧化铝凝胶 15ml,1 日 3 次。该药是强有力的肠道磷结合剂,血磷>7.0mg/dl,可短期使用含铝的磷结合剂,疗程不要超过 4 周,但长期服用会导致铝中毒,引起痴呆及骨病等。

(4) 氧化镁:氧化镁可缓解口服铝盐及钙盐引起的便秘。

(5) 新型降磷药物:目前已开发出一些新型降磷药物:①不含金属及钙的磷结合剂司维拉

姆(sevelamer):该药不经肠道吸收,主要通过离子交换和氢化结合肠道的磷,有效降低透析患者的血磷。降磷效果与醋酸钙、碳酸钙相似,但对血钙影响较小,使钙磷乘积降低。②碳酸镧:该药在上消化道的酸性环境下解离,与食物中的磷酸盐结合形成不溶性的磷酸镧复合物以抑制磷酸盐的吸收,从而降低体内血清磷酸盐和磷酸钙的水平。为了更有效地结合食物中的磷酸盐,本品宜随餐或在餐后立即服用。

第五节 镁代谢紊乱

镁代谢紊乱(disturbance of magnesium metabolism)是镁摄入、排泄或体内过程障碍所致的疾病。临床表现与其他代谢紊乱有时容易混淆,需注意鉴别。镁(Mg)是体内数量占第四位的阳离子。正常人血浆镁浓度为 0.7~1.05mmol/L。肠道以饱和及被动转运两种形式吸收镁离子,吸收部位主要为小肠。很多因素影响镁的吸收,如维生素 D、生长激素和维生素 B_6 促进镁的吸收;高磷酸盐饮食、盐皮质激素、醛固酮与降钙素等抑制镁的吸收。血浆镁浓度和总体镁或细胞内镁浓度无密切关系,但严重低镁血症可反映体内镁贮备减少。

肾脏是镁离子的主要排泄器官,约70%镁经肾脏排泄,其余和蛋白质结合。镁离子每天的排泄量为 104mmol/L。每天尿镁离子排泄量为 4~5mmol/L。尿排泄量约占肾小球滤过量的5%。大多数滤过的镁离子被肾小管重吸收,25%在近曲小管,65%在髓袢,5%在远曲小管。

一、低镁血症

血清镁浓度低于 0.7mmol/L 称之为低镁血症(hypomagnesaemia)。而机体总镁离子含量降低称之为镁缺失。

【病因】 镁缺失的常见原因有:①胃肠道疾病:见于胃肠吸收不良或慢性腹泻的患者;②醛固酮、ADH 和甲状腺激素分泌过多、顺铂、钙调神经酶抑制剂或利尿剂等药物的长期使用,导致肾脏对镁的重吸收功能异常;③Gitelman 综合征可出现低血镁、低尿钙、低血钾、碱中毒;④高钙血症和糖尿病酮症酸中毒等。这些原因往往也是低钙血症的病因,因此二者常同时存在。

【临床表现】 镁缺乏的临床表现包括虚弱、厌食、恶心、呕吐、嗜睡、无力、性格改变、搐搦、腱反射亢进、震颤和自发性肌束收缩等。心电图表现为 Q-T 间期延长,ST 段降低,易出现室性心律失常和洋地黄中毒。儿童严重低镁血症可以产生全身强直-阵挛性癫痫发作。

【诊断及鉴别诊断】 血清镁低于 0.7mmol/L,即可诊断。多继发于其他疾病,常伴有或继发钾钙等其他水、电解质代谢紊乱,而此时低镁血症往往被忽略。临床上遇到不能解释的低钾和低钙血症,则应考虑低镁血症的可能。由于常合并有低钙血症,根据症状很难与之区别。遇有发生搐搦并怀疑与低钙血症有关的患者,如注射钙剂后搐搦症状不能解除时,应高度怀疑有镁的缺乏。镁负荷试验有助于镁缺乏的诊断:在试验前 24 小时内收集患者的全部尿液,然后静脉注射或滴注硫酸镁或氯化镁溶液 0.25mmol/kg,再收集用药后 24 小时内的全部尿液,测定前后两份尿液的含镁量并进行比较。在正常情况下,静脉输注镁制剂的 90% 很快从尿中排出,但低镁血症患者,输入药物剂量的 40%~80% 可保留在体内。

【治疗】 当镁缺乏有症状、合并低钙血症及或低钾血症、或伴有严重、持久性低镁血症<0.57mmol/L(1.4mg/dl)时,有镁盐治疗指征,应补充镁盐。口服镁盐包括醋酸镁、氯化镁等。但口服镁盐常有恶心、呕吐等消化道副作用,尤其是剂量较大时更为明显。静脉给药常用硫酸镁($MgSO_4$),1500~3000mg/d。在进行镁制剂治疗期间,要反复监测血浆镁,尤其是静脉给药伴有肾功能不全的患者。治疗应持续至血浆镁达到正常水平。低镁血症出现严重症状时,如全身性癫痫发作、镁<0.5mmol/L,可用 2~4g 硫酸镁静脉推注 5~10 分钟,如癫痫持续存在,剂量可以重复,在以后 6 小时总剂量可达 10g。合并有低钙血症的低镁血症患者,除了补镁外,一般亦需补充钙。

Notes

二、高镁血症

血清镁浓度>1.05mmol/L称之为高镁血症(hypermagnesaemia)。一般是由于使用镁盐做抗酸剂、泻剂而导致镁盐在体内积聚,病变肾脏不能及时进行有效的排泄所致。

【临床表现及诊断】　慢性肾衰竭患者血镁常轻度升高,但一般无明显的症状。但当血浆镁超过4mmol/L时,患者可出现昏睡、昏迷及肌肉无力等症状。血浆镁浓度为2.5~5.0mmol/L时,心电图可出现P-R间期延长,QRS波群增宽,T波宽大。当血浆镁浓度接近5.0mmol/L时,深腱反射消失;随着高镁血症加重,可以出现低血压、呼吸抑制和麻醉状态;当血浆镁为6~7.5mmol/L时,可以发生心脏停搏。血清镁浓度超过正常值时即为高镁血症。除少数医源性因素导致进入体内镁过多外,大多是因肾脏功能障碍引起排泄减少所致。如同低镁血症一样,血清镁浓度也并非是镁增多的可靠指标,因为血清中镁25%与蛋白质结合,该部分镁并不发挥生理效应;镁离子主要在细胞内,因此当机体镁的含量增加时,血清镁可在正常范围内。但一般情况下,高镁血症和机体镁增多的程度一致。如同肾脏对钠离子、钾离子、碳酸氢根离子的调节有一定延迟作用一样,肾脏对镁的调节也并非迅速发挥明显的作用,因此大量静脉应用镁制剂,若不注意监测,也可发生严重高镁血症。若合并肾功能障碍,肾脏的调节作用严重削弱,则容易发生高镁血症。

【治疗】　肾衰竭患者应避免使用含镁的药物。用10%葡萄糖酸钙10~20ml静脉推注可能逆转许多高镁引起的症状,包括呼吸抑制;静脉使用呋塞米可以增加镁在肾脏的排泄;对于严重的高镁血症,血液透析是治疗的最好措施。如合并严重的血流动力学紊乱,血液透析不能进行时,可选择腹膜透析。

(陈　楠)

推荐阅读文献

1. Jameson JL,Loscalzo J. Harrison's Nephrology and acid-base disorders. 17th ed. New York:McGraw Hill Inc,2010:42-77
2. Rose B,Post TW. Clinical physiology of acid-base and electrolytes disorders. McGraw Hill Professional,2001
3. Reddi AS. Fluid,Electrolyte and acid-base disorders:clinical evaluation and management. 1st ed. Springer New York Inc,2013

Notes

第十三章 血液净化疗法

要点：

1. 血液净化是一组原理不同的技术,应用物理、化学或免疫等方法清除体内过多水分及血中毒性物质,同时补充人体所需物质,以维持机体内环境平衡。

2. 血液透析时溶质的清除以扩散为主,对小分子溶质的清除效果较好;血液滤过时溶质清除以对流为主,对中、大分子尿毒症毒素的清除效果较好。

3. 连续性肾脏替代疗法是缓慢、持续(或较长时间)地清除溶质及水的一组肾脏替代方法的总称,有利于维持电解质和渗透压等内环境的平衡及血流动力学的稳定。但危重急性肾损伤时的肾脏替代治疗剂量、时机、模式等问题,仍存在较多争议。

4. 腹膜透析时以腹膜为半透膜,连续平稳地进行水和溶质的交换,溶质的清除主要靠扩散作用,无需全身抗凝,适用于心功能差、血流动力学不稳定及有出血倾向者,但对水、K^+和小分子尿毒症毒素的清除率较血液透析低。

5. 水溶性药物或毒物中毒时,血液透析治疗有一定效果;脂溶性或与蛋白质结合的药物或毒物中毒,血液灌流效果好。

血液净化(blood purification)是指应用物理、化学或免疫等方法清除体内过多水分及血中代谢废物、毒物、自身抗体、免疫复合物等致病物质,同时补充人体所需的电解质、碱基等物质,以维持机体水、电解质和酸碱平衡。包括一组原理不同的技术,如血液透析、腹膜透析、血液滤过、血浆置换、血液灌流、免疫吸附等。其中,腹膜透析、血液透析、血液滤过等方法用于治疗终末期肾病及急性肾损伤,替代肾脏排泄功能,是脏器功能替代治疗中最为成功的范例;血液灌流主要用于药物和毒物中毒、肝功能衰竭等;血浆置换和免疫吸附疗法则用于一些自身免疫性疾病、高胆红素血症、高脂血症等治疗。

第一节 水和溶质清除的原理

一、水分清除

水清除有渗透和对流两种方式。半透膜两侧溶液中的水由渗透压低侧向高侧移动,称为渗透(osmosis);而液体由静水压高侧向低侧移动,称为对流(convection),也称为超滤(ultrafiltration)。半透膜两侧的静水压差称为跨膜压(transmembrane pressure,TMP),是驱动液体清除的主要动力。渗透作用的水清除量与半透膜两侧溶液渗透压差有关;而对流作用的水清除量则与半透膜两侧跨膜压有关。超滤过程伴随有溶质的清除。

二、溶质清除

(一)扩散

半透膜两侧溶液中溶质从化学浓度高侧向浓度低侧转运,称为扩散(diffusion)。扩散作用清除溶质的驱动力为半透膜两侧溶液中溶质的化学浓度差。溶质清除量与溶质及半透膜的特性有关。前者包括溶质的浓度、分子量、分子的形状和所带电荷、脂溶性等。后者包括膜孔的大小及数量、几何构型、分布;膜的面积和厚度;膜的表面特性如所带电荷、亲水性等。

(二) 对流

对流过程中水移动的同时伴有溶质的同方向移动。对流作用(超滤)清除溶质的驱动力为膜两侧的跨膜压或渗透压差,溶质是被动清除,且滤出液溶质浓度与原溶液相等。超滤的溶质清除量主要与超滤率和筛系数有关。前者指溶液的清除量,与半透膜超滤系数(Kuf)及静水压差和(或)渗透压差有关,Kuf代表半透膜对水的通透性能。筛系数指半透膜对溶质的通透性。

(三) 吸附

通过分子间的物理(如正负电荷作用)、化学(如化学基团结合)等作用,溶质与固定吸附剂结合而被清除,称为吸附(adsorption)。当吸附剂上固定某种溶质的抗体,溶质作为抗原与吸附剂上抗体结合而被清除,称为免疫吸附(immunoadsorption)。吸附溶质清除量主要与吸附剂的量有关,治疗上具有饱和性。

(四) 分离

利用孔径较大的半透膜或离心的方法,将血浆与血细胞分离,弃除血浆(带有致病物质),而血细胞回输体内,并补充必要的白蛋白、凝血因子、水和电解质,称为分离(separation)。为血浆置换实施的基本原理。

第二节 透析治疗的指征

(一) 透析治疗的适应证

1. 急性肾损伤

(1) 一般透析指征:出现下列任一情况即可进行透析:①急性肺水肿,对利尿剂无反应;②高钾血症,血钾≥6.5mmol/L;③高分解代谢状态;④无高分解代谢状态,但无尿2天或少尿4天以上;⑤血 HCO_3^- <12mmol/L 或动脉血 pH<7.2;⑥BUN 21.4 ~ 28.6mmol/L(60 ~ 80mg/dl)以上或血 Cr≥442μmol/L(5mg/dl);⑦少尿2天以上,并伴有下列情况之一:体液过多,如球结膜水肿、胸腔积液、心包积液、心音呈奔马律或中心静脉压升高;持续呕吐;烦躁或嗜睡;血钾≥6mmol/L;心电图有高钾血症表现。

在原发病重、估计肾功能恶化较快且短时间内不能恢复时,可在并发症出现前进行透析,即早期透析。优点是有利于维持内环境稳定,为原发病治疗创造条件,如应用抗生素、营养支持等。

(2) 紧急透析指征:出现下列任一情况需立即透析:①严重高钾血症,血钾≥7.2mmol/L 或有严重心律失常;②急性肺水肿,对利尿剂无良好反应;③严重代谢性酸中毒,动脉血 pH<7.2。

2. 终末期肾病

透析指征的决定应考虑残余肾功能状态和临床表现包括并发症的情况。通常非糖尿病肾病患者 eGFR<10ml/(min · 1.73m²);糖尿病肾病 eGFR<15ml/(min · 1.73m²)时即可开始血透。当有下列情况时,可酌情提前血透:严重并发症,经药物治疗等不能有效控制者,如容量过多包括急性心力衰竭、顽固性高血压;高钾血症;代谢性酸中毒;高磷血症;贫血;体重明显下降和营养状态恶化,尤其是伴有恶心、呕吐等。

3. 急性药物和毒物中毒

药物和毒物如分子量低于透析器膜截留分子量、水溶性高、表观容积小、蛋白结合率低、血清游离浓度高时,可选用血液透析治疗。这些药物包括:①安眠镇静药如巴比妥类、甲丙氨酯、甲喹酮、氯氮、地西泮、水合氯醛、氯丙嗪等;②镇痛解热药如阿司匹林、非那西丁、对乙酰氨基酚等;③三环类抗抑郁剂如阿密替林、多虑平等;④心血管药物如洋地黄类、奎尼丁、普鲁卡因胺、硝普钠、甲基多巴、二氮嗪、苯妥英钠等;⑤抗癌药如环磷酰胺、5-氟尿嘧啶等;⑥毒物如有机磷、四氯化碳、三氯乙烯、砷、汞等;⑦肾毒性和耳毒性抗生素如氨基糖苷类抗生素、万古霉素、多黏菌素等。其他药物透析清除效能差,宜作血液灌流。

4. 其他疾病 难治性充血性心力衰竭和急性肺水肿的急救、肝肾综合征、肝性脑病、严重电解质紊乱、高胆红素血症、严重高尿酸血症、精神分裂症和银屑病等均有报道血透治疗有效。

(二)禁忌证

血液透析和腹膜透析均无绝对禁忌证,相对禁忌证有:

1. 血液透析 ①休克或未纠正的低血压;②严重活动性出血;③严重心律失常、严重心脑并发症、精神障碍不能合作等。伴上述情形时可选用其他血液净化技术或采用特殊抗凝方法。

2. 腹膜透析 ①各种原因引起腹膜有效面积低于正常的50%;②腹部皮肤严重感染;③肺功能显著受损:因为放入腹透液后横膈抬高,引起限制性呼吸困难;④近期腹部手术:一般术后3天内不行腹透,以免腹膜渗漏;⑤严重血管病变使腹膜毛细血管血流量和通透性下降;⑥晚期妊娠、巨大肿瘤引起腹腔容量明显缩小;⑦腹部疝未修补者;⑧精神病病情未控制者。

第三节 血 液 透 析

血液透析(hemodialysis)于20世纪60年代应用于临床,是目前最常用的血液净化疗法。其过程是将血液引出体外,经带有透析器的体外循环装置,血液与透析液藉半透膜(透析膜)进行水和溶质的交换,血液中水和尿毒症毒素包括肌酐、尿素、钾和磷等进入透析液而被清除,而透析液中碱基(HCO_3^-)和钙等则进入血液,从而达到清除水和尿毒症毒素,维持水、电解质和酸碱平衡的目的。血液透析时溶质的清除主要靠扩散和对流作用,而以前者为主;水的清除主要靠对流作用(图5-13-1、5-13-2)。

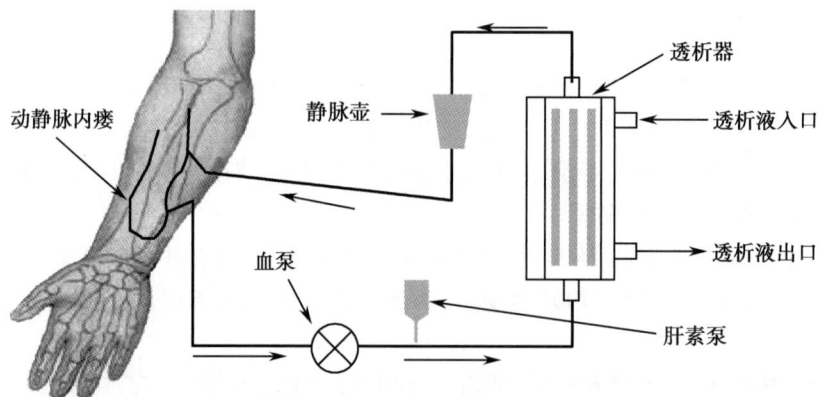

图5-13-1 血液透析示意图

一、关键材料和设备

(一)透析器

透析器(dialyzer)是溶质和水交换的场所,是透析治疗的核心材料,由透析膜及其支撑结构组成。其中血液流经部分称为血室,透析液流经部分称为透析液室。

目前临床使用的透析器均为中空纤维型。中空纤维的壁为半透膜,血液在纤维内流动,而透析液在纤维外流动。每个透析器有数千根纤维,纤维内径约200μm左右。

透析膜可分为纤维膜,如铜仿膜;改良纤维膜,如醋酸纤维膜;合成膜,如聚砜膜、聚丙烯腈膜、聚酰胺膜等。为保证透析器整段膜两侧均有较大的溶质浓度差,血液与透析液必须逆向流动。

衡量透析器性能指标有四个：①溶质清除效能。以清除率为指标，指单位时间（min）内血液经透析器循环一次，能够将血中的某一溶质全部清除的血浆或血清容积（ml）。透析器产品说明书上列出的清除率指扩散清除，不包括超滤清除，常以尿素（分子量60D）和维生素 B_{12}（分子量1200D）分别代表小分子和中分子溶质。当血流量为200ml/min时，常用透析器的尿素清除率为50～200ml/min，$VitB_{12}$清除率为30～160ml/min。②水清除效能。以超滤系数（Kuf）为指标，一般常用透析器 Kuf 为2～60ml/（mmHg·h）。③生物相容性。指血液与透析膜等器材表面接触后所产生的反应，包括补体旁路系统的激活、炎症因子的释放和凝血系统激活等，与透析过程中的一些急性并发症及长期透析的远期并发症发生有一定关系。④血室容积。常用透析器血室容积为50～160ml。血室容积大，则体外循环血量大，对机体血流动力学影响大。但体外循环血量尚需包括血路管腔内的血液。

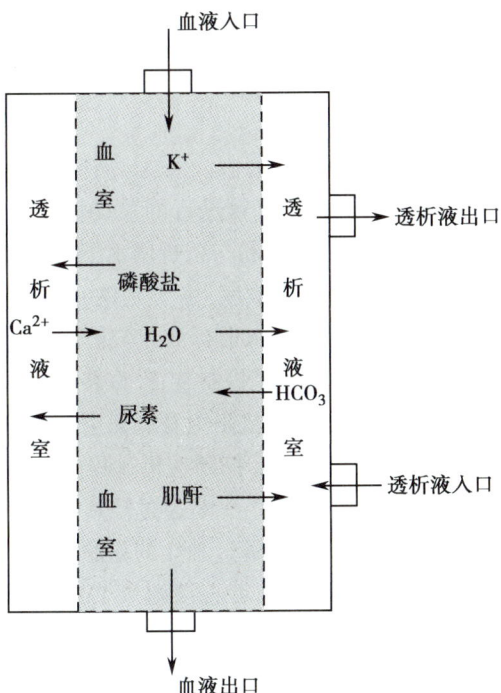

图 5-13-2　透析器内溶质的跨膜转移示意图

透析器对水和溶质的清除效能主要取决于透析膜面积及其性能。透析器根据 Kuf 分为三类：低通量透析器，Kuf<8ml/（mmHg·h）；中通量透析器，Kuf 为8～20ml/（mmHg·h）；高通量透析器，Kuf>20ml/（mmHg·h）。Kuf 的大小主要影响中、大分子溶质的清除效能。

通常合成膜对水和溶质的清除效能高，且生物相容性好。在急性肾损伤，应用合成膜透析器可促进患者的肾功能恢复、减少感染并发症。相同透析膜面积和透析膜材料，由于透析膜小孔数目和孔径的不同，也可制成不同性能的透析器。

透析器通过冲洗、化学清洁和消毒等程序处理后可重复使用。但复用不当可降低透析器性能，并增加感染危险及引起消毒剂不良反应，应慎用。

（二）透析液

透析液（dialysate）是血透过程中与血液进行交换、清除尿毒症毒素和水分的关键介质。其成分主要包括电解质、碱剂和葡萄糖三类。透析液电解质浓度与正常血清相近，并可根据患者病情调整。①钠浓度135～140mmol/L。有严重水钠潴留、顽固性高血压或心力衰竭时可酌情降低钠浓度；透析中易出现低血压时，可在透析开始时适当升高钠浓度，然后逐渐降低钠浓度至正常范围。②钾浓度0～4mmol/L。由于肾衰竭时多存在高钾血症，故多选用钾浓度2mmol/L。严重高钾血症时,可先采用钾浓度 2mmol/L 透析液,待血清钾浓度逐渐下降后改为无钾透析液。严重高钾血症者如采用无钾透析液,则因血清钾浓度下降过快,细胞膜电位差变化过快,易引起严重心律失常,应避免使用。③钙浓度 1.25 ~ 1.75mmol/L。低于血清总钙浓度而略高于血清游离钙浓度(1.25 ~ 1.5mmol/L),以纠正肾衰竭时的低钙血症。④镁浓度 0.6 ~ 0.75mmol/L,低于正常血清镁浓度,以纠正肾衰竭时的高镁血症。⑤氯浓度 102 ~ 106mmol/L,与正常血清氯浓度相近。⑥碱基。常用的有碳酸氢盐和醋酸盐两种。醋酸根进入人体内可由肝脏代谢生成碳酸氢根。因醋酸易引起恶心、呕吐、头痛、血管扩张和心肌抑制导致低血压等,且肝功能损害时易发生醋酸潴留,故目前多采用碳酸氢盐作为碱基,或以碳酸氢盐为主、加用低浓度醋酸盐。透析液 HCO_3^- 浓度为 30 ~ 35mmol/L。⑦葡萄糖浓度 6 ~ 11mmol/L,也可采用无糖透析液,后者的优点是易保存、不易滋生细菌等,缺点是透析中易发生低血糖反应。

血液透析中使用的透析液是浓缩透析液或透析干粉在透析机内与透析用水通过一定比例混合而成。透析用水是经水处理设备特殊处理的水,水中不含对人体有害的物质如细菌和内毒素等,其成分不能影响透析液电解质浓度,部分水质高者可达到注射水(超纯水)的标准。

(三) 透析机

血液透析机是执行和控制血液透析安全有效进行的关键设备。其内部按功能分三部分:①透析液供给系统。功能是将浓缩透析液或干粉与透析用水配成与血液进行交换的透析液,同时兼有监测透析液电导度(反映溶液的离子浓度,主要是钠)和 pH、加温透析液(加至 35 ~ 37℃)及探测有无漏血(透析膜破裂后,血液漏入透析液)等功能。②血液循环控制系统。功能是驱动和控制血液在体外安全循环,包括血流量控制装置、血路管压力监测器和空气探测器、肝素泵等部件,以控制血流速度、了解血路管内血流阻力及有无空气等,并可向体外循环血液持续输注肝素,以防止血液凝固。③超滤控制系统。控制透析过程中水超滤的速度和总量,通过调节 TMP 的大小来实现。TMP 的调节有两种方式:一是通过控制透析液侧的负压来改变 TMP,从而产生相应的超滤量,称为压力控制超滤;二是通过独立的超滤泵,直接从水路中抽取设定量的水,称为容量控制超滤。反映在具体操作时,前者直接调节 TMP,后者则直接调节脱水量的设置。由于超滤量不仅与 TMP 有关,还与其他许多因素有关,故压力控制超滤不能准确控制超滤量,目前已基本淘汰。

二、血管通路的建立

血管通路指体外循环血液引出和回流的通路,是血液净化治疗安全有效进行的保证。对血管通路方式的选择主要依据肾衰竭的类型(即估计透析时间的长短)、透析的紧急性、患者自身血管条件等因素。理想的血管通路要求能提供充足的血流量,一般在 150 ~ 400ml/min。常用血管通路如下:

1. 动-静脉内瘘 适用于终末期肾病维持性血液透析患者。由动脉与邻近静脉吻合而成,最常选用桡动脉和头静脉,因该部位易于反复穿刺及维护。动静脉内瘘吻合术后数周,静脉管壁由于压力的作用而增厚,可耐受反复穿刺。一般内瘘成熟需 6 ~ 8 周以上。当邻近血管条件差时,可进行自身血管移植或选用人造血管。动静脉内瘘引起动静脉短路,可使心脏负荷增加 1/5 ~ 1/10,严重心功能不全者应慎用。动静脉内瘘应尽可能在透析前择期进行,时机可选择在 eGFR<25ml/min、预计 6 个月内将接受血透治疗时。

2. 中心静脉插管 适用于急性肾损伤等需紧急透析、终末期肾病动静脉内瘘术前或内瘘堵塞等引起内瘘失功时。常选择颈内静脉、股静脉作插管部位,必要时也可选用锁骨下静脉。具有操作简便、不易出血、不加重心脏负荷、对血流动力学影响小等优点。一般保留 2 ~ 3 周。常见并发症有血栓形成、血流量不足、感染及血管狭窄等。

对于血管条件差、又需长期透析者,也可选择隧道型静脉导管,即导管体外段埋置于皮下。

原则上选取颈内静脉置管,其感染并发症显著低于普通中心静脉插管,可留置数月至数年。

三、抗凝

血透时必须抗凝,以防体外循环血液凝固。主要方法有:

1. 肝素抗凝　临床上最常用。机制是通过与抗凝血酶Ⅲ结合,使后者发生分子构型改变,与凝血酶、凝血因子 Xa 等结合而灭活之。机体对肝素的敏感性和代谢速率存在较大差异,故需个体化应用。肝素静脉注射后起效时间约 5min,达峰时间约 15min,半衰期约 50min 左右。为达到较好的抗凝作用而不引起出血,血透时需观察凝血指标。肝素可引起出血、过敏和血小板减少等不良反应。当发生出血时,可应用鱼精蛋白治疗。鱼精蛋白与肝素结合而抑制肝素的抗凝活性,两者的生物学效价比值为 0.7~1.5。血透结束时相当部分肝素已被代谢,故鱼精蛋白用量为肝素总量的 1/2。由于鱼精蛋白半衰期较肝素短,故应用鱼精蛋白出血停止后可再次发生出血,称为反跳现象,此时可酌情再次给予鱼精蛋白治疗。

根据肝素剂量和用法不同,应用的抗凝方法有:①常规肝素抗凝法。最为常用。方法是血透开始前 5~15min 静脉端注射肝素 50~100U/kg,然后静脉持续输注 1000U/h,血透结束前 1h 停药。②小剂量肝素抗凝法。适用于低、中度出血倾向者。首次肝素剂量 10~50U/kg,追加剂量 500U/h。③体外局部肝素抗凝法。适用于重度出血倾向或活动性出血者。方法是透析开始时于血路动脉端给予肝素 500U,然后 500~750U/h 持续滴注,同时静脉端给予对等量鱼精蛋白中和。肝素与鱼精蛋白效价比值个体差异较大,透析中需随访有关凝血指标,及时调整用量。此外肝素半衰期较鱼精蛋白长,透析结束时需再给一定量鱼精蛋白。④低分子量肝素抗凝法。与标准肝素相比,低分子肝素抗栓作用较强,不易引起出血,半衰期更长(达 2h 左右)。血透前静脉注射 60~80U/kg,一般透析中不需追加用药。适用于中、高危出血倾向患者。

2. 局部枸橼酸抗凝法　枸橼酸螯合血中钙离子,使血钙浓度下降,阻止凝血酶原转化为凝血酶,从而达到抗凝作用。该方法仅有体外抗凝作用,不影响机体凝血功能,故适用于活动性出血者。枸橼酸须经肝脏代谢生成碳酸氢根,肝功能不全时慎用;此外,该方法还易引起低钙血症、代谢性碱中毒等不良反应。

四、透析效能评价及透析处方

(一)透析充分性评价

充分的透析指患者依靠透析而获得较好的健康状况,较高的生活质量和较长的生存期。衡量透析充分性的指标包括患者的临床情况如食欲、血压、心功能、贫血和营养状况等,实验室检查如血清肌酐和尿素氮、电解质和酸碱平衡状况等。由于透析最重要的作用之一是清除尿毒症毒素,故临床主要以溶质清除情况作为透析充分性的量化评估方法。

目前计算透析充分性常应用两种方法。一种以尿素清除指数(Kt/V)测定,K 代表透析器对尿素的清除率,t 为单次透析时间,V 为尿素在体内的分布容积。Kt 乘积反映了单次透析对尿素的清除量,Kt/V 则反映单次透析清除尿素量占患者体液中尿素总量的比例。目前临床最常应用单室 Kt/V(single pool Kt/V,spKt/V),其推荐计算公式为:spKt/V=-Ln(R-0.008t)+(4-3.5R)×UF/W,其中 Ln 为自然对数;R 为透析后与透析前血清尿素的比值;t 为单次透析时间;UF 为超滤量,单位为升;W 为透析后患者的体重,单位为 kg。另一种计算方法为尿素下降率(urea reduction ratio,URR),指透析后与透析前血清尿素浓度之比,也反映单次透析清除尿素的量,与 Kt/V 有一定相关性,URR 65% 相当于 spKt/V 1.0~1.2,其计算公式为:URR(%)=100×(1-透析后尿素/透析前尿素)。

美国肾脏病基金会 K/DOQI(Kidney Dialysis Outcomes Quality Initiative)指南 2006 年推荐的透析剂量为:残余肾尿素清除率<2ml/(min·1.73m²),每周 3 次血透者,每次血液透析至少应达到 spKt/V 1.2;治疗时间<5h 者,URR 至少应达到 65%。为达到上述目标,每次透析目标值应为 spKt/V 1.4 或 URR 70%。

上述指标均以尿素为代表,主要反映小分子尿毒症毒素的清除情况,不能反映中大分子毒素的清除,有其局限性。实际上,尿毒症众多病理生理紊乱的发生中,中、大分子尿毒症毒素起重要作用。

(二)影响透析效能的因素

影响透析清除溶质的因素包括透析器性能、血液和透析液的流量、透析治疗时间、治疗中的跨膜压及溶质特性等。

一定范围内血流量和透析液流量越高,清除率也越高。当透析液中某溶质浓度为 0 时,溶质清除率与血流量及透析液流量的关系可用下式表示:

$$弥散清除率 = \frac{C_{Bi} - C_{Bo}}{C_{Bi}} \times Q_B = \frac{C_{Do}}{C_{Bi}} \times Q_D$$

式中 C_{Bi} 和 C_{Bo} 分别代表进入和流出透析器时的溶质血浓度,C_{Do} 为透析出液的溶质浓度,Q_B 为血流量,Q_D 为透析液流量。透析液流量与血流量之比以 $2:1$ 最为理想。常规血液透析时血流量为 $200 \sim 300ml/min$,透析液流量为 $500ml/min$,此时溶质清除率已接近最大,如进一步增加血流量和透析液流量,溶质清除量增加较少。如采用高效透析器和高通量透析器,则血流量和透析液流量可分别增加到 $300 \sim 400ml/min$ 和 $600 \sim 800ml/min$。

一定范围内透析时间越长,溶质清除量也越大。但随着透析的进行,溶质血浓度逐渐降低,且透析膜表面也不断有纤维蛋白等黏着而影响透析膜清除效率,此时透析效能将下降,故一般常规血透时间为每次 $4 \sim 6h$。由于常规血透对中、大分子溶质清除效率不如小分子溶质,故透析时间的延长对中、大分子溶质清除量增加较为明显。

跨膜压越大,则水清除越多,经对流作用清除的溶质也越多。一般最高 TMP 不超过 $550mmHg$,以防止透析膜破裂。透析过程中,中、大分子溶质清除更多依赖于对流作用,故超滤量的增加可提高中、大分子溶质清除量。如不伴超滤时,尿素和 $VitB_{12}$ 的清除率分别为 $150ml/min$ 和 $20ml/min$;伴超滤时,两者的清除率可达到 $152.5ml/min$ 和 $29ml/min$,尿素清除率仅升高 1.67%,而 $VitB_{12}$ 清除率则升高了 45%。

在扩散过程中溶质清除量与溶质分子量有关,溶质分子量越小则清除率越高。而在对流过程中溶质清除量与分子量无关,膜截留分子量以下溶质的清除取决于溶液转运速率,而分子量 $35\ 000D$ 以上溶质则不能被清除。

(三)透析剂量和透析处方

临床上透析剂量的决定主要根据患者临床状况和透析充分性指标。前者包括高血压的控制,消化道症状的减轻,营养状况的改善,水、电解质及酸碱平衡的控制,体重和残余肾功能等。

透析处方指为达到设定的溶质和水清除目标所制订的各项透析方案,包括透析器的选择、血流量和透析液流量、超滤量和速度、抗凝剂应用、透析频率和每次透析时间。一般要求每周透析 3 次,每次 $4 \sim 6h$,每周透析时间为 $12 \sim 15h$。体重高、食欲好、残余肾功能差时,应选用较大透析膜面积的透析器,并提高血流量和透析液流量。透析超滤量和速度由透析间期体重的增长、心功能和血压等决定。一般单次透析超滤量为干体重的 3%,不超过 5%。所谓干体重指采用血液透析缓慢超滤至出现低血压时的体重,此时体内基本无水钠潴留。但实际工作中干体重的确定常根据一段时间透析治疗后,患者达到血压和心功能控制较好、无明显水肿时的单次透析后体重。由于透析间期水钠潴留仅部分在血液,大部分在细胞间液,而血液透析清除的水直接来自血液。故当脱水速度明显超过细胞间液进入血液的速度时,可引起有效血容量不足和血压下降。心功能不全、低蛋白血症时,透析间期潴留液体在细胞间液的比例升高,透析脱水应更慢。

(四)疗效

1. 急性肾损伤　对于急性肾损伤患者,血液透析可有效维持水、电解质和酸碱平衡,为抗生素、营养疗法的实施和原发病的治疗创造条件。目前接受透析的急性肾损伤患者的死亡原因主要为严重的原发病和并发症,而死于急性肾损伤直接相关并发症如水钠潴留引起的急性左心衰竭、高钾血症和代谢性酸中毒者很少。

2. **终末期肾病**　对于终末期肾病患者,血液透析能替代部分的肾脏排泄功能,从而减轻临床症状,阻止或延缓并发症包括心脑血管并发症、神经系统并发症、肾性骨病和贫血等的进展。影响血透治疗终末期肾病疗效的因素较多。残余肾功能较好、无明显其他脏器病变、营养状态较好者,预后较好。与透析本身的因素主要是透析剂量和实施方法。目前已有患者依靠血液透析存活达 40 年以上。

五、并发症及其处理

1. **急性并发症**　指透析过程中或透析结束后早期发生的并发症,严重时可危及生命。主要包括:①失衡综合征。指透析过程中或结束后不久出现的以神经系统表现为主的症候群,如烦躁、头痛、呕吐、血压升高,严重时嗜睡、癫痫样大发作、昏迷甚至死亡,但无神经系统定位体征。发生机制是治疗中血液里大量小分子物质清除引起血浆渗透压明显下降,而由于血脑屏障的限制,脑脊液和脑细胞中溶质清除量较小,造成血液和脑脊液间渗透压差增大,导致脑水肿和颅内高压。此外,血液 pH 变化、脑缺氧等也有一定关系。多见于首次透析,但任何一次透析均可出现。应与脑血管意外等鉴别。②心脑血管并发症。低血压较常见,多由于超滤过多过快引起有效血容量不足所致,也见于透析膜破裂或其他原因引起的出血、严重心律失常、心肌梗死、心包出血和急性左心衰竭。高血压可见于透析失衡综合征、透析液钠浓度过高、精神紧张、降压药被透析清除等。心律失常与电解质紊乱尤其是钾和钙代谢紊乱、心肌缺血、心肌损害、心肌梗死等有关。心绞痛和急性心肌梗死主要是在原有缺血性心脏病基础上,血液透析使心脏负荷加重并诱导低氧血症等引起。心力衰竭与原有心功能不全、高血压、心律失常、心肌梗死、输液过多、严重透析反应有关。心包出血和心包填塞多在原有心包炎基础上,应用肝素抗凝后发生。脑出血为我国终末期肾病维持性血透患者的重要死亡原因,与原有脑动脉粥样硬化、高血压控制不佳等有关,少数系脑血管畸形所致,后者尤多见于多囊肾病患者。③透析器首次使用综合征。系对消毒液或透析膜和透析管道等过敏所致。④发热。由致热原、消毒液和感染等引起。⑤其他,如空气栓塞、透析器破膜、溶血、肌肉痉挛等,后者与超滤过快、低钠血症等有关。

2. **远期并发症**　主要指终末期肾病患者长期接受血液透析治疗过程中出现的并发症,包括心脑血管并发症、贫血、感染、营养不良、骨关节病变等。病毒性肝炎多因输血或接触血制品引起,如乙型和丙型病毒性肝炎。长期透析患者抑郁症等心理精神疾病发生率达 10%～15%,心理治疗、家庭和社会的关心十分重要,必要时给予药物治疗。

第四节　腹　膜　透　析

腹膜透析(peritoneal dialysis,PD)是血液净化疗法的主要方法之一,因其安全简便、易于操作而广泛应用于终末期肾病及急性肾损伤的治疗。

一、溶质和水清除的原理

腹膜为半透膜,分为脏层及壁腹膜,由单层上皮细胞(又称间皮层)及其深层的疏松结缔组织(间皮下层)构成。腹膜透析时毛细血管内血液与腹腔内透析液通过腹膜进行水和溶质的交换。腹膜透析时溶质的清除主要靠弥散作用,而水的清除则靠对流作用,从而达到清除水分和代谢废物的目的。正常成人腹膜面积约为 $1\sim2m^2$,腹腔容积为 $2\sim3L$。

二、腹膜透析液

腹膜透析液需达到下列要求:①能达到较好的溶质清除;②能较满意清除水分;③维持电解质和酸碱平衡;④无毒、无病原体和内毒素等有害成分。目前临床使用的透析液仍以葡萄糖透析液使用最广,葡萄糖腹透液含量有 1.5%、2.5%、4.25% 三种。高糖腹透液脱水效果好,表现为高糖透析液的最大超滤率大,净值正超滤的持续时间更长。虽然葡萄糖作为渗透剂可起有效超滤作用,但可被腹膜吸收参与体内代谢导致血糖升高,故一些其他渗透剂也在临床广泛使用,如葡聚糖透析液、氨基酸透析液等。

三、腹透管及置管术

腹透管由硅胶制成,长约 32~42cm,内径 0.25~0.30cm,由两个涤纶套将其分为 3 段。腹外段(约 10cm)、皮下隧道段(约 7cm)及腹内段(约 15cm)。腹内段的末端 7~10cm 管壁上有 60~100 个小孔,以利于腹透液的出入。透析管置入点多选择脐下 2cm 腹直肌旁。腹透管末端置于腹腔最低点,即男性的膀胱直肠陷窝,女性的膀胱子宫陷窝。对大多数患者而言,将透析导管放置到左下象限是最佳位置。

四、腹膜透析效果及其影响因素

1. **腹膜通透性**　与血透膜比较,腹透对小分子溶质的清除效率低于血透,但清除中、大分子毒素的效果优于血透。某些生理或病理状态下,可影响腹膜的水通透性,如糖尿病心血管并发症、硬化性腹膜炎,均可导致腹膜毛细血管壁厚度增加,腹膜的水通透性下降。长期使用含糖透析液,糖基化终产物沉积于腹膜,导致间质纤维化及血管硬化,从而影响腹膜的超滤能力。

2. **有效透析面积**　感染、肿瘤、手术等引起有效腹膜面积显著缩小,炎症和长期透析引起腹膜硬化时,腹透清除率下降。当低血压、休克等引起腹膜血流量下降时,腹透清除效率也将明显下降。而使用血管扩张剂等增加腹膜毛细血管开放面积,可增加有效滤过面积而提高超滤率。

3. **腹膜溶质转运功能**　某溶质在腹透液与血液中的浓度比值(D/P)可视为腹膜对溶质转运能力的指标。一般而言,当腹膜对溶质转运功能高时,透析液中葡萄糖吸收快,其透析液中葡萄糖浓度下降快,则透析超滤率很快衰减,致使正净超滤持续时间短,超滤脱水量减少;如果腹膜溶质转运功能降低,透析液中葡萄糖浓度下降慢,则透析超滤率衰减慢,超滤脱水量增加。临床可根据肌酐 D/P 值,透析液葡萄糖浓度的变化以及超滤量来评价腹膜对溶质的清除能力和超滤功能,作为制订透析方案的依据。

4. **血浆蛋白浓度**　血浆蛋白浓度尤其是白蛋白浓度影响腹膜血液侧胶体渗透压,从而影响超滤。在低白蛋白血症的病人,血液侧胶体渗透压低,腹透超滤率增加。

5. **腹腔静水压**　透析液在腹内产生的静水压驱使透析液进入血液。病人的腹腔透析液灌注量和体位可影响腹腔静水压,从而影响超滤,但腹腔静水压不是影响超滤率的重要因素。

6. **淋巴回流的影响**　在正常情况下,淋巴引流是腹腔内过多液体和蛋白质进入体循环的途径之一。腹膜透析时腹腔内有大量液体,因而对腹膜透析液体动力学研究时必须考虑腹腔淋巴吸收的作用。影响腹膜淋巴引流的因素包括:腹腔内液体量、腹腔内静水压、呼吸频率和深度、体位、肠蠕动、横膈和纵隔淋巴管开放状态、淋巴管外流压等。

五、腹膜透析常用方式

1. **持续不卧床腹膜透析(continuous ambulatory peritoneal dialysis,CAPD)**　每日 24 小时连续透析,日间 3 次,每次 4 小时;夜间 1 次,留腹 8~12 小时。优点是日间透析可较好清除水和小分子溶质,而夜间较长时间的透析对中、大分子溶质清除效果较好。因此,CAPD 对尿毒症周围神经病变、继发性甲状旁腺功能亢进、贫血等的控制疗效优于血液透析。

2. **持续循环性腹膜透析(continuous cyclic peritoneal dialysis,CCPD)**　夜间由腹膜透析机完成 4~5 次交换,日间透析液滞留在腹腔内。

3. **间歇性腹膜透析(intermittent peritoneal dialysis,IPD)**　每次放入腹透液 2L,滞留 30~45 分钟,一个周期为 1 小时左右。每日透析 8~10 个周期。多用于早期诱导性透析和需要清除较多水分时。

4. **夜间间歇性腹膜透析**(nocturnal intermittent peritoneal dialysis,NIPD)　夜间透析10小时,日间不透析。适用于高转运、溶质和水清除较差等情况。

六、临床效果的评价

腹膜透析的效果体现在对体内多余水及代谢产物的清除。评价腹膜透析效果主要依据临床表现和实验室指标。要求自我感觉良好,血压控制较满意,基本无胃肠道症状和水肿,睡眠和营养状况良好;血清电解质浓度正常,无代谢性酸中毒,晨起透析前血清肌酐控制在合适水平。美国肾脏病基金会 K/DOQI 指南 2006 年推荐的腹膜透析剂量要求维持性腹膜透析患者最低实际剂量为每周总 Kt/V>1.7,肌酐清除率>50L/1.73m²。

七、腹膜透析的并发症

1. **腹膜炎**　尽管目前由于透析方法和装置的改进,感染性腹膜炎发病率已显著降低,但仍是腹膜透析的最主要并发症,严重影响腹膜超滤和透析效能,成为患者退出腹透的主要原因。细菌为主要病原体,其中以大肠杆菌和表皮葡萄球菌最常见。感染的途径主要是经腹透管和皮下隧道,另有血源性、淋巴源性和邻近部位感染的病原体直接侵袭。急性胃肠道感染也是导致腹膜炎的重要原因。

2. **腹膜纤维化**　反复发生的腹膜炎、非生理性腹透液的长期刺激等是导致腹膜纤维化的主要原因,也是腹膜透析病人腹膜失功能的主要原因。

3. **代谢并发症**　由于腹透液中含有较高浓度葡萄糖,故糖尿病患者、应用高糖透析液短时间内交换量较大时易引起血糖升高,甚至高渗性昏迷。此外,脂质代谢紊乱、蛋白质营养不良、钙磷代谢紊乱也很常见。

4. **导管相关并发症**　如腹透管引流不畅、导管移位、腹壁渗漏、腹部疝等。

5. **其他**　如消化道症状、淀粉样变、腕管综合征等。

第五节　其他血液净化方法

一、单纯超滤和序贯透析

单纯超滤(isolated ultrafiltration)是一种采用对流原理、以清除水分为目的的血液净化疗法。其过程是血液引入透析器后,单纯依赖透析膜两侧跨膜压差而达到清除水分目的。治疗中不使用透析液,也无需补充置换液,与血液透析时的超滤及血液滤过疗法不同。因超滤液的溶质浓度与血浆相近,对血浆渗透压无明显影响,不易引起低血压,故适用于药物治疗效果不佳的严重水钠潴留、急性肺水肿和顽固性心力衰竭者以及常规血透超滤易发生低血压者。缺点是对小分子毒素包括钾的清除不足。

序贯透析(sequential dialysis)是将单纯超滤与血液透析先后单独进行的一种血液净化方法。即将扩散清除溶质与超滤脱水两个过程分开进行,以达到既有效清除尿毒症毒素,又可满足脱水要求,而不引起低血压。适用于下列情况:①尿毒症性急性肺水肿或严重充血性心力衰竭急救;②维持性血液透析尿毒症患者,未能满意控制体液潴留者;③常规透析易发生低血压者;④心血管状态不稳定的老年透析患者。

二、血液滤过

血液滤过(hemofiltration)是一种在溶质清除和水、电解质、酸碱平衡的调节上模仿肾小球滤过功能和肾小管重吸收功能的血液净化疗法。其治疗步骤是首先通过对流滤出大量液体,然后从静脉端补充相应的水、电解质和碱基等。滤过器为合成膜制成,滤过膜截留分子量在 40000 ~ 60000D,略低于肾小球滤过膜而明显高于透析膜,因此能清除中、大分子的溶质。

血液滤过无需透析液,溶质和水的清除完全依靠对流作用。由于血浆中大量电解质、碱基等被清除,故需补充相应量的置换液。置换液成分中 pH、电解质和葡萄糖浓度与血浆相近,但

K^+浓度通常为2.0mmol/L。碱基可采用碳酸氢根,也可采用乳酸盐。后者需经肝脏代谢生成碳酸氢根,故肝功能严重受损、乳酸酸中毒等情况时禁用。

血液滤过的优点:①对中、大分子尿毒症毒素的清除效果较好,在控制尿毒症神经系统症状、继发性甲状旁腺功能亢进、贫血等方面疗效优于血液透析。②超滤过程中不易引起低血压。原理与单纯超滤相同。③生物相容性较好。故血液滤过适用于常规血液透析时水钠平衡维持不佳、高血压控制不满意、心功能较差、易出现低血压、严重甲状旁腺功能亢进、周围神经病变明显等情况。此外,血液滤过清除胆红素、某些分子量较大药物的效果优于血透,故严重高胆红素血症及某些药物中毒时可采用。

血液滤过的缺点是对小分子毒素的清除效果不如血液透析,为克服这一缺点,可在血液滤过的同时在滤过器内灌入透析液,这样在对流清除的同时进行扩散清除。这一方法称为血液透析滤过(hemodiafiltration)。

血液滤过和血液透析滤过可作为血液透析的一种替代方法而常规进行,也可与血液透析交替进行,以更好地清除中、大分子尿毒症毒素。

三、高通量透析和高效透析

高通量血液透析(high flux hemodialysis)是指采用高通量透析器(Kuf>20ml/(mmHg·h)或β_2MG清除率>20ml/min)进行的血液透析。治疗中血流量需提高至300~450ml/min,透析液流量为600~800ml/min。溶质清除尤其是中分子溶质的清除高于常规透析,故单次透析时间可缩短。

高效能血液透析(high efficiency hemodialysis)是指采用高效透析器(尿素清除率>200ml/min)进行的血液透析。对小分子溶质清除效能显著高于常规透析,对中分子溶质的清除也有提高,但不如高通量透析。

两种透析方法每周治疗时间均为9小时,每周3次,每次3小时。由于水和溶质清除速率较快,故低血压和失衡综合征等并发症的发生率较常规血液透析高。

四、连续性肾脏替代疗法

连续性肾脏替代疗法(continuous renal replacement therapy,CRRT)为一组采用低阻力、高效能滤过器,以缓慢和连续(24h或接近24h)的溶质及水清除为特点的血液净化疗法。缓慢清除溶质有利于维持电解质和渗透压等内环境的稳定;缓慢脱水则有利于血流动力学的稳定。连续清除溶质和水则可达到较大的总清除量,以满足临床治疗的需要。

依据溶质和水清除原理以及血管通路的不同,CRRT可分为不同技术。采用动脉穿刺时,由动-静脉压力差驱动血液而不需血泵,方法简单,但可引起动静脉瘘,并导致低血压、加重心脏负荷并引起心力衰竭等,故目前多采用静-静脉通路。在溶质和水清除方面,可单纯滤过或透析,也可作透析滤过,主要根据对溶质和水清除的需要而定。如血氮质浓度高、存在高分解代谢状态、严重高钾血症,应进行透析或透析滤过治疗;否则可行滤过治疗。目前常用的CRRT方法包括连续性静静脉血液滤过(continuous venovenous hemofiltration,CVVH)、连续性静静脉血液透析(continuous venovenous hemodialysis,CVVHD)、连续性静静脉血液透析滤过(continuous venovenous hemodiafiltration,CVVHDF)、缓慢连续单纯超滤(slow continuous ultrafiltration,SCU)等。

适应证主要有:①急性肾损伤伴低血压、心力衰竭等血流动力学不稳定情况;超滤需要量大,常规血液透析或滤过不能满足;严重高分解代谢状态,常规血液透析对溶质的清除不能有效控制氮质血症和高钾血症;②严重水钠潴留、顽固性心力衰竭、严重低钠血症或高钠血症、严重代谢性酸中毒或碱中毒等。此外,研究提示CRRT可调控体内炎症因子,从而对全身性炎症反应综合征、急性出血坏死性胰腺炎、多脏器功能障碍综合征、急性呼吸衰竭等有一定的辅助治疗作用。

Notes

目前,关于危重急性肾损伤时 CRRT 的剂量、时机、模式等问题,仍存在较多争议。重症急性肾损伤倾向于早期开始治疗。许多研究提示高治疗剂量或强度的患者有着更好的预后,另有临床研究表明 CRRT 治疗中对流机制(即血液滤过)对患者的预后可能有利。一般认为,以对流模式治疗时,置换剂量或超滤率应以体重为基础,至少为 35ml/(kg·h)。但晚近一些大规模临床研究结果未能发现高剂量的强化肾脏支持疗法较低剂量治疗更具优势。

五、血液灌流

血液灌流(hemoperfusion,HP)是一种应用吸附原理清除体内致病物质的血液净化方法。其过程是将患者血液引到体外,流经装有固态吸附剂的血液灌流器,以吸附方法清除血中有害的代谢产物或外源性毒物,吸附后的血液再回输体内。

血液灌流吸附剂有活性炭及吸附树脂两种。活性炭是一广谱吸附剂,能吸附多种化合物,特点是吸附速度快、吸附量大,但机械强度差,易有微粒脱落。树脂是具有网状立体结构的高分子聚合物,聚合物骨架上带有极性基团时称为极性吸附树脂,易吸附极性大且溶于水的物质;而非极性吸附树脂易吸附脂溶性物质。血液灌流器一般为圆柱形,容量为 100~300g 炭量体积。

血液灌流最常用于药物或毒物中毒(表 5-13-1),也可用于终末期肾病、肝性脑病、免疫性疾病、感染性疾病等的辅助治疗。药物或毒物可分为水溶性和脂溶性(或与蛋白质结合)两大类。水溶性药物或毒物中毒,如甲醇、水杨酸等,血液透析治疗也有一定效果;脂溶性或与蛋白质结合的药物或毒物中毒,血液灌流效果好。但对于代谢清除率超过血液灌流清除率的药物或毒物,一般不选择血液灌流治疗。此外,对于肝性脑病及高胆红素血症,血液灌流亦有一定疗效。血液灌流用于免疫性疾病、感染性疾病等的治疗目前仅处于小范围临床试用阶段。

血液灌流治疗时间约 2~3h,必要时可在 2~3h 后换用第二个灌流器。某些患者因药物或毒物为高脂溶性而在脂肪组织中蓄积、或洗胃不彻底,可在灌流后一段时间其血浓度出现回升,对此可在数小时或 1 天后,再作血液灌流治疗。一般经 2~3 次治疗,药物或毒物即可大部分清除。由于灌流器对肝素有一定吸附作用,故血液灌流治疗时肝素的用量较常规血液透析时大。

血液灌流并发症与血液透析相似。如吸附剂生物相容性差,可出现寒战、发热、粒细胞及血小板下降等不良反应,一旦发生可应用糖皮质激素治疗。如有胸闷、呼吸困难,应考虑是否有炭颗粒脱落引起栓塞可能,此时应按可疑肺栓塞处理。如灌流器凝血,则可能是肝素剂量过低所致。由于治疗中肝素剂量应用较大,且治疗可引起血小板下降,故血液灌流易发生出血并发症。

表 5-13-1　可经血液灌流清除的药物或毒物

分类	药物
安眠药	巴比妥类:巴比妥、苯巴比妥、戊巴比妥、异戊巴比妥、司可巴比妥、硫喷妥
	非巴比妥类:水合氯醛、地西泮等
解热镇痛药	阿司匹林、水杨酸、保泰松、对乙酰氨基酚等
抗抑郁药	阿米替林、丙米嗪等三环类抗抑郁药
心血管类药	地高辛、硫氮草酮、丙吡胺、美托洛尔、普鲁卡因胺、奎尼丁
抗生素	庆大霉素、异烟肼、氨苄西林、克林霉素、氯喹
抗肿瘤药	阿霉素、甲氨蝶呤
其他药物	西咪替丁、氨茶碱、异烟肼
有机溶剂和气体	四氯化碳、氧化乙烯、三氧乙烯、二甲苯
植物和动物毒素	毒蕈等
有机磷和有机氯	

六、血浆置换

血浆置换(plasma exchange,PE)是指将患者血液引至体外,经离心法或膜分离法分离血浆和细胞成分,弃去血浆,而把细胞成分以及所需补充的白蛋白、血浆及平衡液等回输体内,以清除体内致病物质,包括自身抗体、免疫复合物、胆固醇、胆红素、药物和毒物等。目前,多采用膜式分离法(即血浆分离器)分离血浆。血浆分离器是用高分子聚合物制成的空心纤维型滤器,滤过膜孔径为 $0.2 \sim 0.6\mu m$,允许血浆滤过,但能截留所有细胞成分。

血浆置换时,每次置换血浆容量约 $1 \sim 1.5$ 倍,最多不超过两倍。血浆容量(plasma volume,PV)可用下列公式估算:$PV = (1-Hct) \times (b+cw)$。其中 PV 为血浆容量(ml);Hct 为血细胞比容;w 为体重(kg);b 为常数,男性为1530,女性为864;c 为常数,男性为41,女性为47.2。若患者的血细胞比容正常(0.45),则血浆容量可粗略地估算为40ml/kg。

血浆置换时补充的置换液可采用4%～5%人体白蛋白、新鲜血浆及复方氯化钠溶液,其中晶体与胶体的容积比为1:2,血浆代用品最大补充量不能超过交换总量的20%。

血浆置换可治疗的疾病领域包括神经系统疾病、肾脏病、血液病、肝脏疾病、代谢性疾病、结缔组织病及移植领域等。血浆置换有明确疗效且可作为常规治疗的疾病有:神经系统疾病如 Guillain-Barré 综合征、重症肌无力、慢性炎症性脱髓鞘性多发性神经病;血液系统疾病如巨球蛋白血症、冷球蛋白血症、血栓性血小板减少性紫癜、输血后紫癜;代谢性疾病如高胆固醇血症和高胆红素血症;肾脏疾病如 Goodpasture 综合征等。血浆置换治疗可能有效的疾病有:溶血尿毒综合征、血友病甲、系统性红斑狼疮、血管炎尤其是抗中性粒细胞胞浆抗体阳性者、急进性肾小球肾炎、多发性骨髓瘤、紫癜性肾炎、肾移植排斥反应、药物和毒物中毒(见"血液灌流"节)。

血浆置换并发症包括与血管通路和抗凝剂有关的并发症,以及与置换液有关的并发症,如低血压、出血、血液成分丢失、病毒性肝炎等传染性疾病感染、低钙血症、碱中毒等。

目前,为更特异性地清除致病物质,以提高疗效,减少并发症,可采用二重滤过法(Double filtration)进行血浆分离。即通过两个滤过膜孔径不同的血浆分离器串联排列,首次滤过时血浆中全部蛋白被分离出来,第二次滤过时由于滤过膜孔径较小,大分子致病物质被滞留并弃去,而白蛋白及小分子物质则顺利通过,然后与血细胞成分一同回输体内。白蛋白分子量为 69 000 道尔顿,当致病物质分子量大于白蛋白10倍时,可采用二重滤过法分离,如巨球蛋白血症(分子量97万道尔顿)和家族性高脂血症(β-脂蛋白分子量24万道尔顿)等较适合采用该方法。二重滤过对血浆容量及正常成分改变较小,特异性高,故所用置换液较小,约为常规血浆置换时补充置换液量的1/2～1/4,甚至可完全不用。

七、免疫吸附

免疫吸附(immunoadsorption,IA)是一种采用吸附原理,对分离出来的血浆通过与生物亲和型吸附柱进行接触,以清除血浆中的某些内源性致病物质或外源性药物或毒物,净化后的血浆再与循环血液一起回输体内,从而达到治疗目的的血液净化疗法。

其应用指征与血浆置换类似,但其具有对致病物质的清除选择性强、特异性高、清除量大等特点,且无需补充置换血浆,因此避免了补充血浆成分所带来的医疗安全问题。缺点是吸附具有饱和性,往往为达到疗效需反复多次治疗。

治疗并发症主要包括与血浆分离治疗相关的并发症和与吸附剂相关的并发症,其中血浆分离相关并发症与血浆置换类似,与吸附剂相关并发症主要是由于吸附材料的脱落并进入血液循环引起,包括致热原反应、过敏反应、中毒反应等。如是抗原性吸附剂脱落并进入血液,还可刺激机体产生相应抗体,引起抗体水平的反跳。

(丁小强　余学清)

推荐阅读文献

1. Hemodialysis Adequacy 2006 Work Group. Clinical practice guidelines for hemodialysis adequacy,update 2006

Am J Kidney Dis. 2006 Jul;48 Suppl 1:S2-90

2. Kidney Disease:Improving Global Outcomes（KDIGO）Acute Kidney Injury Work Group. KDIGO Clinical Practice Guideline for Acute Kidney Injury. Kidney int. Suppl(2012);2:1-138

3. Peritoneal Dialysis Adequacy Work Group. Clinical practice guidelines for peritoneal dialysis adequacy. Am J Kidney Dis. 2006 Jul;48 Suppl 1:S98-129

4. Hemodialysis(HEMO) Study Group. Effect of dialysis dose and membrane flux in maintenance hemodialysis. N Engl J Med. 2002;347(25):2010-2019

5. Lameire N, Van Biesen W. The initiation of renal-replacement therapy--just-in-time delivery. N Engl J Med. 2010;363(7):678-680

6. Cao XS,Chen J,Zou JZ,et al. Association of indoxyl sulfate with heart failure among patients on hemodialysis. Clin J Am Soc Nephrol. 2015;10(1):111-119

Notes

第十四章 肾移植内科问题

要点:

1. 肾移植已成为终末期肾病患者的最佳治疗方法。

2. 与常规透析治疗比较,肾移植受者有更高的生活质量和更长的生存时间。

3. 如何进一步延长病人和移植肾的长期存活,肾移植受者内科问题能否得到及时正确的诊断和治疗有着非常重要的临床意义。

【肾移植的适应证和禁忌证】

（一）适应证

慢性肾脏病终末期或其他肾脏疾病导致不可逆转的肾脏功能衰竭者;年龄65周岁以下及全身情况良好者,但年龄并非绝对;心肺功能良好能耐受手术;活动性消化道溃疡术前已治愈;恶性肿瘤新发或复发经手术等治疗后稳定2年以上无复发;肝炎活动已控制,肝功能正常者;结核活动术前应正规抗结核治疗明确无活动者;无精神障碍或药物成瘾者。

（二）禁忌证

绝对禁忌证包括:未治疗的恶性肿瘤患者;结核活动者;艾滋病或肝炎活动者;药物成瘾者(包括止痛药物或毒品);进行性代谢性疾病(如草酸盐沉积病);近期心肌梗死仍不稳定者;存在持久性凝血功能障碍者如血友病;估计预期寿命小于2年;其他脏器功能存在严重障碍包括心肺功能、肝功能严重障碍者。

相对禁忌证包括:患者年龄大于70岁;周围血管病;精神性疾病、精神发育迟缓或心理状态不稳定者;癌前期病变;基础疾病为脂蛋白肾小球病、镰状细胞病、华氏巨球蛋白血症等肾移植术后复发机会很高的患者;过度肥胖或严重营养不良;严重淀粉样变;合并复发或难控制的复杂性尿路感染;供受体交叉配型阳性或PRA强阳性未经预处理的高敏尿毒症患者。

【供体的选择】 根据供体来源可分为活体供体和尸体供体,我国目前活体供者以亲属捐献为主,活体肾移植的开展可以有效缓解供肾来源不足的矛盾,其近期和远期预后优于尸体肾移植,无论活体还是尸体供肾术前均需要对供体的一般资料、病史和化验结果等做翔实的分析,以减少术后并发症的发生。

【受者病情评估和术前治疗】 术前应对患者手术和术后免疫抑制剂治疗的耐受性作详细评估。

1. 感染性疾病应作HIV、乙和丙型病毒性肝炎的检查。原则上HIV阳性者不作移植手术;乙和丙型病毒性肝炎患者术前需肝炎无活动病变并能耐受手术者方可手术。

2. 某些肾脏病在移植后易复发,故术前应尽可能明确原发病的诊断。抗基底膜抗体肾炎、系统性红斑狼疮、抗中性粒细胞胞浆抗体相关性血管炎等患者,应先治疗使临床情况稳定、免疫学指标稳定或转阴性后6月才可以考虑手术。尿毒症患者如血肌酐和尿素氮等显著升高、存在高钾血症、严重代谢性酸中毒和明显水钠潴留时,应先进行透析治疗,以纠正危及生命的紧急情况,提高患者的手术耐受性。

3. 此外,术前应纠正贫血、消化道溃疡已治愈、无活动性感染,对于致敏受体围术期可采用预处理治疗方案后方可行手术治疗。

【免疫抑制治疗】　免疫抑制是指采用物理、化学或者生物的方法或手段来降低机体对抗原物质的反应性。是预防和治疗术后排斥反应的主要措施,也是移植肾长期存活的关键。肾移植的免疫抑制治疗可分为诱导治疗、维持治疗和挽救治疗。诱导治疗指围术期应用较大剂量的免疫抑制剂联合或不联合单克隆或多克隆抗体来有效预防急性排斥反应的发生。随后逐渐减量,最终达到一定的维持剂量以预防急性和慢性排斥反应的发生,即维持治疗。在维持治疗中有时为减少免疫抑制剂本身的毒副作用临床医师也会进行主动的切换药物。当发生急性排斥反应或其他并发症或合并症出现时,此时需要加大免疫抑制剂的用量或者调整原有免疫抑制方案,以逆转急性排斥反应以及时治疗相关的并发症和合并症,称之为挽救治疗。

1. 常用免疫抑制剂的种类　包括:①皮质类固醇:常用药物包括泼尼松、甲泼尼龙、地塞米松等;②烷化剂:如环磷酰胺、苯丁酸氮芥、左旋溶血瘤素,但目前临床应用较少;③抗代谢药:包括硫唑嘌呤、霉酚酸酯类、咪唑立宾等;④生物制剂:常用的有抗淋巴细胞球蛋白(ALG)、抗胸腺细胞球蛋白(ATG)、单克隆抗体(OKT3,IL-2R 单抗等);⑤真菌产物:环孢霉素、他克莫司、西罗莫司等;⑥中药制剂:雷公藤多苷等。

2. 免疫抑制剂常用的组合　目前临床围术期常用生物制剂包括单克隆或多克隆抗体进行诱导治疗,维持治疗最常用的组合为:他克莫司或环孢霉素+霉酚酸酯类药物+激素。

【排斥反应】　根据排斥反应发生的时间,通常分为超急性、加速性、急性和慢性排斥反应;根据排斥反应发生的机理不同,分为细胞性和体液性排斥反应,各种排斥反应的治疗方法以及预后大不相同。

1. 超急性排斥反应(hyperacute rejection,HAR)　是抗体介导的急性排斥反应的一种特殊类型,发生率大约 1% ~3%。近年来随着术前免疫学检查和配型技术的不断完善,HAR 的发生率已经明显下降。一般发生在移植肾血管开放后即刻至 24 小时内,供肾血供恢复后数分钟内移植肾从开始充盈饱满、色泽红润、输尿管间歇性蠕动不久即出现移植肾张力降低、变软,呈暗红色至紫色,颜色逐渐加深,并出现花斑,肾脏动脉搏动会减弱甚至完全消失,肾表面可见细小血栓形成,输尿管蠕动消失,尿液呈明显血尿且分泌减少直到停止。对于 HAR 目前尚无有效的治疗方法,确诊后应行移植肾切除术。

2. 加速性排斥反应(accelerated rejection,ACR)　通常发生在移植术后 24 小时至 7 天内,其反应剧烈,进展快,移植肾功能常迅速丧失,其发生机理和病理改变与 HAR 相似,ACR 的临床表现为肾移植术后尿量突然减少,肾功能迅速丧失,移植肾肿胀、压痛,常伴有体温及血压升高,同时还可以出现恶心、腹胀等消化道症状,多普勒超声检查可出现血管阻力指数系数增高,肾体积增大。ACR 一旦发生总体治疗效果较差。

3. 急性排斥反应(acute rejection,AR)　是临床最常见的排斥反应,发生率 10% ~30%,可发生在移植后任何阶段,但多发生在肾移植术后 1 ~3 个月内,临床表现包括尿量减少,体重增加,轻中度发热,血压上升,可伴有移植肾肿胀,并有移植肾压痛,还可伴有乏力、腹部不适等症状,随着新型免疫抑制剂的临床运用,典型的 AR 已不多见。根据 AR 的发生机制,可分为细胞介导的 AR(急性细胞性排斥反应)和抗体介导的 AR(急性体液性排斥反应),大部分 AR 是急性细胞性排斥,有时体液因素也有参与。治疗方法根据临床和病理是否细胞性排斥反应还是抗体介导的排斥反应进行治疗。

4. 慢性排斥反应(chronic rejection,CR)　一般发生在移植术后 3 ~6 个月以后,据报道 CR 以每年 3% ~5% 的速度增加,是影响移植肾长期存活的主要因素。CR 主要由体液免疫和细胞免疫共同介导的慢性进行性免疫损伤,临床表现为蛋白尿、高血压、移植肾功能逐渐减退以及贫血等,一般无特殊有效的治疗方法,处理原则为尽可能针对肾移植受者制定个体化治疗方案早期预防 CR 及保护残肾功能。

【其他内科并发症】

1. **感染**　肾移植受者长期服用免疫抑制剂,免疫力下降,术后易发生各种感染,感染发生比例可高达 16% ~ 50%。需要注意肾移植受者感染病原谱较广泛,有细菌、真菌、病毒和寄生虫等,一般以细菌为主,近年真菌、结核感染的发生率有上升的趋势。治疗上应尽可能明确病原体采取相应的抗感染治疗,同时注意调低免疫抑制剂用量和加强支持对症治疗。

2. **心血管并发症**　以高血压最为多见,应仔细鉴别引起高血压的主要原因。药物降压以钙通道阻滞剂、ACEI、ARB 类药物较为常用,降压目标值为 130/80mmHg。

3. **内分泌和代谢并发症**　肾移植术后肥胖、糖尿病、高脂血症和高尿酸血症等并不少见。除内科对症治疗外必要时需要调整免疫抑制剂的种类和剂量。

4. **移植肾新发或复发性肾小球肾炎**　移植后复发性肾小球肾炎(recurrent glomerulonephritis post tranplantation)是指肾移植术后出现的与原肾病理类型相同的移植肾肾小球肾炎。移植后新发肾小球肾炎(de novo glomerulonephritis post tranplantation)是指肾移植术后出现的与原肾病理类型不同的移植肾肾小球肾炎。诊断的确立需要依靠供肾及移植肾活检病理资料。治疗原则可参考相应肾病治疗。

5. **其他内科并发症**　包括乙型、丙型肝炎的复发、消化道并发症和恶性肿瘤等,在治疗上应尽可能早期诊断和对症处理。

(陈江华)

■ 推荐阅读文献

1. Delmonico F;Council of the Transplantation Society. A Report of the Amsterdam Forum On the Care of the Live Kidney Donor:Data and Medical Guidelines. Transplantation. 2005;79(6 Suppl):S53-S66

2. Kidney Disease:Improving Global Outcomes(KDIGO) Transplant Work Group. KDIGO clinical practice guideline for the care of kidney transplant recipients. Am J Transpl 2009;9(S3):S1-S157

3. Kotton CN. Immunization after kidney transplantation-what is necessary and what is safe? Nat Rev Nephrol. 2014 10(10):555-562

4. Sharif A,Shabir S,Chand S,et al. Meta-analysis of calcineurin-inhibitor-sparing regimens in kidney transplantation. J Am Soc Nephrol. 2011;22(11):2107-2118

第六篇　血液和造血系统疾病

第一章 总 论

要点:
1. 造血组织是指生成血细胞的组织,其血细胞的生成过程,是由造血干细胞在造血微环境中经多种调节因子的作用逐渐完成的。
2. 血液病亦称为造血系统疾病,包括原发于造血系统疾病和主要累及造血系统疾病。
3. 实验室检查对血液病的确诊有重要意义,多数血液病均需要实验室检查予以确诊,其疗效评估也依赖实验室检查的结果。

血液学的主要研究对象是血液和造血组织,包括它们的生理、病理、临床等各方面。血液学是现代医学发展较快的领域之一,与其他多学科,如免疫学、分子生物学、细胞工程学等关系密切,广泛交叉。近年来各基础学科的发展进步,都极大地带动了血液学的迅速发展,使血液学的许多现象及其机制逐步得到阐明,血液学呈现出崭新的面貌和更加丰富的内容。

第一节 血液系统结构与功能特点

一、造血组织与造血功能

造血组织是指生成血细胞的组织,包括骨髓、胸腺、淋巴结、肝脏、脾脏、胚胎及胎儿的造血组织。各种血细胞均起源于造血干细胞。人类胚胎第 25 天于卵黄囊开始造血活动,随后造血干细胞经血流迁移至肝、脾造血,自妊娠的第 40 天开始,第 50 天达到顶峰,第 40 周降至最低。骨髓造血自第 3.5 月时开始,出生时全部移行至骨髓造血,并维持终生。成人时骨髓腔里的骨髓是有效造血的唯一场所。

1. **骨髓** 骨髓为人体的主要造血器官。出生后,血细胞几乎都在骨髓内形成,骨髓每天每千克体重约产生 6×10^9 个细胞。骨髓组织是一种海绵状、胶状或脂肪性组织,处于坚硬的骨髓腔内。骨髓分为红髓(造血组织)和黄髓(脂肪组织)两部分。出生时,红髓充满在全身的骨髓腔;随着年龄的增长,部分红髓逐渐转变为黄髓。成年人,肱骨、股骨的骨骺、脊椎、胸骨、肋骨、髂骨、肩胛骨、颅骨均为红髓。因此成年人只有约 50% 的骨髓具有造血机能,但在必要时其余的 50% 也可恢复造血功能。婴幼儿由于全部骨髓都在造血,骨髓本身已没有储备力量,一旦有额外造血需要,即由骨髓以外的器官如肝脾等来参与造血,形成髓外造血(extramedullary metaplasia)。

红骨髓主要由造血组织和血窦构成。在造血组织中,网状细胞及网状纤维构成网架,网孔中充满着不同发育阶段的各种血细胞,此外还有少量的巨噬细胞、脂肪细胞、或纤维细胞。不同发育阶段的各种血细胞,在造血组织中的分布呈现规律性,反映出造血组织的不同部位具有不同的微环境,诱导各种血细胞向特定方向分化。进入红骨髓的动脉分支成毛细血管后,继续分支成血窦。血窦多呈辐射状向心走行,并彼此连接成网,最终汇入骨髓中的中央纵行静脉。血窦壁由内皮细胞、基底膜和外皮细胞组成,具有阻挡未成熟细胞进入周围血液作用。

2. 淋巴器官　淋巴器官分为中枢性与周围性两种。中枢性淋巴器官主要指胸腺,是淋巴系祖细胞分化增殖成淋巴细胞的器官。干细胞进入胸腺后分化成熟为 T 淋巴细胞,进入骨髓产生 B 淋巴细胞,两者均通过血循环到外周淋巴器官。周围淋巴器官包括淋巴结、扁桃体及胃肠、支气管黏膜和皮肤相关淋巴组织。

(1) 胸腺:胸腺外表为皮层,含大量 T 淋巴细胞,但皮层没有生发中心,这点与一般淋巴结不同。来源于卵黄囊(胚胎早期)和骨髓(胚胎后半期与出生后)的淋巴系干细胞,在胸腺素与淋巴细胞刺激因子的作用下,在皮层增殖分化成为依赖胸腺的前 T 淋巴细胞。胸腺毛细血管周围包着一层较为完整的网状纤维组织,使皮层与血液循环之间形成屏障。这样的结构能防止血液循环中的抗原进入胸腺皮层,因而 T 细胞能在皮层中受到屏障的保护,在无外界干扰的条件下生长成熟。前 T 细胞成熟后经过髓质进入周围淋巴组织的胸腺依赖区,再继续繁殖发育为 T 淋巴细胞。成年以后,胸腺萎缩,已进入淋巴结定居的 T 细胞,能够自行繁殖。

(2) 脾脏:是体内最大的外周淋巴器官。脾脏分为白髓、红髓、边缘区三部分。白髓是散布在红髓中许多灰白色的小结节,它由淋巴细胞构成。包括:①围绕在中央动脉周围的弥散淋巴组织,主要由 T 细胞组成。血液中的抗原物质经过小动脉、毛细血管与淋巴鞘内的淋巴细胞及浆细胞接触,受刺激后生成更多免疫活性细胞。②白髓中的脾小结中心称为生发中心,内有分化增殖的 B 细胞可产生相应抗体。红髓分布于白髓之间,由脾索和血窦构成。脾索为 B 细胞繁殖、分化之处,故常含有许多浆细胞。血窦又称脾窦,有着窦内与相邻组织间的物质交换及血细胞的穿越的特殊结构。脾脏具有滤血、免疫、贮血、造血四种功能。

(3) 淋巴结:淋巴结分为皮质和髓质两部分。是以大量网状细胞形成的网状支架及由骨髓或胸腺迁移来的淋巴细胞填充其中形成的淋巴网状组织。皮质由淋巴小结、副皮质区及淋巴窦所构成。淋巴小结由密集的 B 细胞构成,其间有少量 T 细胞和巨噬细胞。淋巴小结中心部称生发中心,在抗原作用下,B 细胞活化,并分化为能产生抗体的浆细胞。位于淋巴小结之间及皮质的深层为副皮质区,此为一片弥散的淋巴组织,主要由 T 细胞构成。髓质由髓索及其间的淋巴窦组成。髓索内主要有 B 细胞、浆细胞及巨噬细胞,淋巴窦接受从皮质区的淋巴窦来的淋巴,并使淋巴循环通往输出淋巴管而离开淋巴结。淋巴结既是产生淋巴细胞及储存淋巴细胞的场所,又是淋巴液的生物性过滤器,并对外来抗原作出反应。

3. 胚胎与胎儿造血组织　卵黄囊是哺乳类最早期的造血部位。约在人胚胎第 19 天左右,就可看到卵黄囊壁上的中胚层间质细胞开始分化聚集成细胞团,称为血岛(blood island)。血岛外周的细胞分化成血管壁的内皮细胞,中间的细胞分化为最早的血细胞,称为原始血细胞(blast)。这种细胞进一步分化,其中大部分细胞胞浆内出现血红蛋白,成为初级原始红细胞(erythroblast)。

胚胎肝于第五周即有造血功能,3～6 个月的胎肝为体内主要的造血场所。在肝上皮细胞与血管内皮细胞之间有散在的间质细胞,它们能分化为初级和次级原始红细胞,这些细胞逐渐发育为成熟的红细胞进入血流。这时在幼红细胞中所合成的血红蛋白则为 HbF,还有少量的 HbA_2。在胎儿第 2 个月左右,脾脏也短暂参与造血,主要生成淋巴细胞、单核细胞。第 5 个月之后,脾脏造血机能逐渐减退,仅制造淋巴细胞,到出生后仍保持此功能。淋巴结则生成淋巴细胞和浆细胞。自第 4～5 个月起,在胎儿的胫骨、股骨等管状骨的原始髓腔内开始生成幼红细胞、幼粒细胞,随着胎儿的发育,同时还生成巨核细胞。妊娠后期,胎儿的骨髓造血活动已明显活跃起来。于胚胎期 3 个月开始,长骨骨髓中出现造血细胞,至 5 岁左右,均保持骨髓增生状态。

Notes

二、血细胞生成及发育

血细胞的生成经历了一个比较长的细胞增殖、分化、成熟和释放的动力过程。整个血细胞的生成过程,是由造血干细胞在造血微环境中经多种调节因子的作用逐渐完成的。下面将从造血干细胞、细胞因子及造血微环境三方面论述。

1. 造血干细胞　造血干细胞(hematopoietic stem cell,HSC)是一种组织特异性干细胞,由胚胎期卵黄囊的中胚层细胞衍生而来。相继移行至胚胎内的造血器官如肝、脾以至骨髓,通过不对称性有丝分裂,一方面维持自我数目不变,另一方面不断产生各系祖细胞,维持机体的正常造血功能。HSC 是各种血细胞与免疫细胞的起源细胞,可以增殖分化成为各种淋巴细胞、浆细胞、红细胞、血小板、单核细胞及各种粒细胞等。

HSC 具有不断自我更新与多向分化增殖的能力。HSC 在体内形成造血干细胞池,其自我更新与多向分化之间保持动态平衡,因此 HSC 数量是稳定的。HSC 进入分化增殖时,自我更新能力即下降,而多向分化能力也向定向分化发展。此时 HSC 已过渡成为定向造血干细胞(committed hematopoietic stem cell)。由于后者自我更新能力减弱,因此只能短期维持造血,长期造血维持仍需依赖 HSC。通过分析 HSC 表面抗原,并以细胞分化群(cluster of differentiaition,CD)进行标示,HSC 被初步认定为 CD34$^+$、CD33$^-$、CD38$^-$、HLA-DR$^-$、Lin$^-$、KDR$^+$。

造血干细胞是最原始的造血细胞,因为最初是通过在致死剂量照射的同系小鼠脾脏中,形成造血集落而发现的,故又称为脾集落形成单位(colony-forming unit-spleen,CFU-S)。CFU-S 可分化产生髓系造血干细胞和淋巴系造血干细胞。这两种细胞的自我更新能力有限但可分化产生多系血细胞,称为定向多能造血干细胞。因为所有这类细胞都能在半固体培养中呈集落样生长,亦称为集落形成细胞(colony-forming cell,CFC)或集落形成单位(colony-forming unit,CFU)。髓系造血干细胞分别称粒、红、单核、巨核系集落形成单位(colony-forming unit of granulocyte、erythrocyte、monocyte、megakaryocyte、CFU-GEMM),淋巴系造血干细胞则称淋巴系集落形成单位(colony-forming unit of lymphocyte,CFU-L)。在不同造血生长因子的调控下,这两种细胞可定向分化为某一特定细胞系,此时则命名为单能干或祖细胞(progenitor)。根据其定向分化的细胞系的不同分别命名为粒系集落形成单位(CFU-G)、红系集落形成单位(CFU-E)、单核系集落形成单位(CFU-M)、巨核系集落形成单位(CFU-Meg)。每一祖细胞再分化产生形态学可分辨的造血前体细胞和成熟血细胞:粒细胞、红细胞、单核细胞和血小板。造血细胞等级结构模式为:多能造血干细胞→定向多能造血干细胞→祖细胞→成熟非增殖血细胞。

淋巴细胞的分化经历 3 个不同阶段:第一阶段在骨髓,由多能干细胞分化为淋巴系干细胞;第二阶段淋巴系干细胞迁延至胸腺,分化为 T 细胞,在骨髓则分化为 B 细胞;第三阶段在外周淋巴器官获得并发挥其免疫功能。

2. 细胞因子　造血干细胞增殖、分化、衰老与死亡的调控决定骨髓和外周血中各细胞系的数量与比例,造血调节因子在这些过程中发挥着重要的作用。

造血调节因子是一组调控细胞生物活性的蛋白,统称为细胞因子(cytokine,CK)。由体内多种细胞产生,具有很多重要的生理效应,与很多疾病的病理生理变化有关,其生成障碍可使造血干细胞不能顺利实现向终末血细胞的分化。同时它们还具有治疗的潜能。CK 由于作用的不同可分为 3 类:①集落刺激因子(colony-stimulating factors,CSF);②白细胞介素(interleukins,ILs);③造血负调控因子。一种细胞因子常可发挥多种生物学功能,有的因子可有数十种效应,同一效应也可由不同因子引起。各种因子相互作用,形成调控网络。常见细胞因子的来源及作用见表 6-1-1。

表 6-1-1　调节造血的细胞因子的部分特征

类　别	因　子	主要产生细胞或组织	靶细胞
细胞生长因子	SCF	基质、内皮、成纤维、单核、胚肝细胞	干、巨核、粒、红、早期淋巴、肥大细胞等
	GM-CSF	内皮、成纤维、单核、T 和 B 淋巴细胞	巨核、粒、红、单核、嗜酸细胞等
	G-CSF	内皮、成纤维细胞	粒、单核细胞等
	M-CSF	组织细胞	单核、粒细胞
	EPO	肾脏、肝细胞	红、巨核细胞等
	TPO	肝脏、巨核细胞,白血病细胞株	巨核细胞
	aFGF,bFGF	内皮、巨核、单核细胞	巨核、粒、内皮、基质细胞等
白细胞介素	IL-1	内皮、成纤维、单核细胞	T 淋巴细胞,干、巨核细胞等
	IL-2	T 淋巴细胞	T 淋巴细胞,B 淋巴细胞
	IL-3	T 淋巴细胞,肥大细胞	干、巨核、红、粒、单核、嗜酸、肥大细胞等
	IL-5	T 淋巴细胞,肥大细胞	嗜酸细胞,B 淋巴细胞等
	IL-6	T 淋巴细胞,B 淋巴细胞,成纤维、内皮、巨核、单核细胞	干、巨核、粒、单核细胞等
	IL-9	T 淋巴细胞	T 淋巴细胞,红、肥大、巨核细胞等
	IL-10	T 淋巴细胞,B 淋巴,巨噬细胞	T 淋巴细胞,B 淋巴细胞,肥大细胞
	IL-13	T 淋巴细胞	巨核细胞,T 淋巴细胞,B 淋巴细胞
造血负调控因子	IFN-γ	单核巨噬细胞、成纤维细胞、T 细胞、B 细胞	单核/巨噬细胞、多形核白细胞、B/T 细胞、血小板、上皮细胞、内皮细胞、肿瘤细胞
	TNF-α	免疫细胞、内皮细胞、成纤维细胞、成骨细胞、表皮细胞	所有类型正常细胞,多种肿瘤细胞
其他因子	PF4	巨核细胞,血小板	巨核、粒、红、内皮细胞
	TGF-β1	巨核细胞,血小板	巨核、粒、红、内皮细胞
	LIF	基质、上皮、垂体细胞等	巨核、内皮、胚胎干细胞
	Flt3L	多种细胞系	干细胞

注:SCF:stem cell factor(干细胞因子);TPO:thrombopoietin(血小板生成素);TNF:tumor necrosis factor(肿瘤坏死因子);FGF:fibroblast growth factor[成纤维细胞生长因子,包括两类成员即酸性 FGF(aFGF)和碱性 FGF(bFGF)];PF4:platelet factor 4(血小板第 4 因子);TGF-β1:transforming growth factor-β1(转化生长因子-β1);Flt3L:Flt3 ligand(Flt3 配体)

3. 造血微环境　造血微环境是造血诱导微环境(hematopoietic inductive microenvironment,HIM)的简称,是指局限在造血器官或组织内的,具有特异性的结构及生理功能的环境,由造血器官中的基质细胞、基质细胞分泌的细胞外基质和各种造血调节因子等组成。对造血细胞自我更新、增殖、分化、归巢等活动发挥着重要的调节作用。

Notes

第二节　血液病的常见症状和体征

一、血液病的定义

血液病亦称为造血系统疾病,包括原发于造血系统疾病(如再生障碍性贫血原发于骨髓组织)和主要累及造血系统疾病(如造血原料叶酸不足引起的巨幼细胞性贫血)。

造血系统包括血液、骨髓、脾、淋巴结以及分散在全身各处的淋巴和单核/吞噬细胞组织。血液由细胞成分和液体成分组成,细胞成分中包括红细胞、各种白细胞及血小板,液体成分即血浆,包含有各种具有特殊功能的蛋白质及某些其他化学成分,因此,反映造血系统病理生理以及血浆成分发生异常的疾病均属于造血系统疾病,习惯上称为血液病(blood disorders)。

二、血液病的特点

血液以液态形式不停地在体内循环,灌注着每一个器官的微循环。血液与人体的各种组织相互依存、相互影响的特殊解剖和生理关系,确定了在血液或造血器官发生病理变化时,可能发生各个组织器官疾病的症状和体征;同理,各个组织器官的疾病也可产生血液和造血器官的异常表现。血液的特点决定了血液病的特点。

1. **血液病的症状和体征常无特异性**　常见血液病的症状体征如贫血、出血、淋巴结和肝脾肿大,也可见于其他许多疾病,要求临床医生熟悉和掌握各种血液病的细微差别、特征及伴随现象等,为实验室检查提供线索或依据。例如颈部淋巴结肿大常见于恶性淋巴瘤患者,但是结核性淋巴结炎或胃癌远处淋巴结转移时也可能出现颈部淋巴结肿大体征。此时需要注意其伴随现象,并应该进一步追问病史。病史和体检应该被看做一个整体,提供患者疾病基本信息,并与进一步的实验室检查信息相整合。

2. **继发性血液系统异常多见**　许多全身性疾病都能引起血象的改变,如各种感染、肝、肾、内分泌疾病和肿瘤都可出现贫血、出血等症状,找出原发病的病因,进行针对性的治疗,是治疗成功的关键。例如血象三系减少的患者可能是再生障碍性贫血,也可能是急性白血病,这都是原发于骨髓的血液病;但继发于系统性自身免疫疾病、实体肿瘤、血吸虫病性脾肿大等的血象三系减少也较常见。故在诊断思维过程中需具有整体观念,而不是孤立的分析血液系统的异常。

3. **实验室检查对血液病的确诊很重要**　多数血液病均需要实验室检查予以确诊,疗效的观察也离不开实验室检查的结果。以急性 M3 型髓系白血病为例,其完整诊断需要细胞形态学(骨髓涂片组化染色分析)、免疫学(骨髓细胞流式细胞术检测)、细胞遗传学(染色体 G 显带核型分析)以及分子生物学(检测 PML-RARα 融合基因阳性)等多项实验室结果才能作出,而且在其预后判断中 FLT3-ITD 等基因突变的分子生物学检测结果也很重要。

三、常见症状与体征

1. **贫血**　贫血是血液病最常见的症状。引起贫血的原因很多,因具有共同的病理基础即血液携氧能力降低,致使各组织系统发生缺氧改变,所以临床表现相似。一般表现为皮肤黏膜苍白,尤以面色苍白最为常见。临床多以观察指(趾)甲、口唇黏膜和睑结膜等处较可靠。贫血的严重程度和发展的速度,以及贫血的原因,决定其临床表现的严重性;轻者可无任何感觉;重者可有心血管和呼吸系统功能障碍的表现,如心慌、气短等,并在劳动时加重;严重者甚至发生贫血性心脏病或心功能衰竭。此外患者常有头痛、眩晕、眼花、耳鸣、注意力不集中、记忆力下降及四肢乏力、精神倦怠等症状。重者可有低热(因基础代谢增高)、食欲减退、恶心、腹胀、便秘、腹泻等表现(与胃酸缺乏、胃黏膜萎缩有关)。

2. 出血倾向 血液病出血的特点多为周身性,另一个特点是出血程度和引起出血的创伤极其不成比例,甚至可没有创伤史。临床以自发性皮肤、黏膜紫癜为主者是毛细血管型出血的特征;而外伤后深部组织出血与血肿形成,及非损伤性关节积血或皮肤黏膜持续渗血不止,则是凝血机制异常出血的特征。凡有自发的广泛或局部皮肤、黏膜、关节、肌肉出血,或外伤、手术后出血不止,或兼有家族成员有出血史者,均提示有止血机制异常之可能。

3. 发热 血液病发热多属感染性。临床上常出现发热的血液病有白血病、淋巴瘤、再障、骨髓增生异常综合征等,由于白细胞数量与质量异常易合并感染。非感染性发热是由于未成熟的白细胞的生长与迅速破坏,致蛋白分解作用增高,基础代谢率增强,坏死物质的吸收等。周期性高热是霍奇金病的典型症状之一。此外,血液病如直接侵犯体温中枢可造成该中枢功能失调,见于白血病浸润及颅内出血。

4. 黄疸 从血液病角度看主要是溶血性黄疸。由于溶血所引起的黄疸一般不太严重,血清胆红素是属于间接性的,通常不超过 $85.5\mu mol/L$;超过此数值时,需考虑肝功能不良或胆道梗阻。急性溶血时,由于红细胞大量破坏临床常出现重度溶血反应,表现为寒战、高热、肌肉酸痛、头痛、呕吐等,常有酱油色血红蛋白尿,严重病例可并发急性肾功能不全。体征可见巩膜、黏膜、皮肤均呈黄染,贫血貌。慢性溶血者临床经过缓和,常呈轻度或波动性黄疸,可伴贫血、肝脾肿大。

5. 骨痛 骨髓为人体造血组织,所以从血液病角度对骨痛应予重视。特别是胸骨、脊柱骨、盆骨、四肢骨的疼痛,尤其是小儿因骨髓腔储备力小,骨痛症状突出呈锐痛型。在白血病时,骨髓腔内充满白血病细胞,腔内压力增加,引起骨骼疼痛;胸骨压痛是白血病的典型症状。急粒白血病变侵犯颅骨、眼窝、形成绿色瘤,表现眼球突出、复视、颅神经麻痹等症状,亦可侵犯胸骨、肋骨、脊柱,当骨皮质受累时向外隆起形成结节。骨髓瘤患者异常浆细胞无限增生浸润骨骼,致弥漫性骨质疏松或局限性骨质破坏,骨骼疼痛常是最早期的主要症状。

6. 脾大 血液病的脾大常见于:①异常细胞的浸润及恶性增生:在各种急慢性白血病时由于未成熟白细胞的浸润及异常增殖,脾脏可重度甚至极度肿大达盆腔,尤以慢性粒细胞白血病明显。此外淋巴瘤也可有不同程度的脾大;②骨髓化生:常见于骨髓纤维化时,脾脏因髓外造血而肿大;③脾功能亢进:临床较常见。表现为一种或多种血细胞减少而骨髓造血细胞相应增生;④类脂质贮存病:由于类脂质代谢障碍,各种类脂质贮积脾脏而肿大。此外溶血性贫血、原发性血小板减少性紫癜时也可有脾大。

7. 淋巴结肿大 应当对肿大的淋巴结进行仔细检查,是全身浅表淋巴结都有不同程度的肿大,还是局限于某个或某些区域;还应检查肿大淋巴结的数量、大小、硬度、表面温度,以及与邻近组织的关系。在问诊时应尽量搞清楚它们出现的时间、肿大的速度以及它们是否伴有红、肿、痛和其他全身的症状。造血系统的恶性肿瘤所致的淋巴结肿大,早期可以是局部的,随着疾病的发展,肿瘤逐渐扩散到身体其他区域的淋巴结及其他脏器。淋巴瘤、白血病等均可有不同程度的淋巴结肿大。

8. 皮肤表现 皮肤的颜色与皮肤中含有的色素以及皮肤毛细血管中的血液成分有关。苍白常由于血红蛋白水平降低引起,而发绀应想到高铁血红蛋白血症及某些血红蛋白病,皮肤潮红则可能提示真性红细胞增多症。皮肤瘙痒常见于霍奇金病。急性单核细胞性白血病时,可有皮肤浸润、结节等。皮肤表层被淋巴细胞浸润可产生脱屑性红皮症,可合并水肿、角化过度,见于皮肤 T 细胞淋巴瘤。

第三节　血液病的实验室检查

实验室检查系血液病诊断的重要环节。由于现代实验技术的发展,检查方法日趋增多,但临床医生首先必须重视询问病史,详细体检,在这些资料基础上,运用专业知识,作出判断分析,再选择必要的检查以明确诊断。一位好的临床医生首先应该是能运用最恰当的检验作出诊断,而不是检查越多越好;必须正确对待体外实验和体内实际情况的关系,紧密结合临床;要认识到由于免疫学及分子生物学等基础学科的进展及其与血液学的广泛交叉,实验室检查不仅是诊断手段,也是研究病因和发病机理的重要手段,通过借鉴基础学科的检测手段,使我们对临床现象有更准确的认识。

一、一般血液检查

周围血细胞质和量的改变,常可反映骨髓造血的病理变化。高质量的血常规检查,不但可为临床医生提供进一步检查的线索,有时甚至为某些血液病的诊断提供重要的依据。因此,周围血的一般检查被视为血液病诊断不可缺少的实验手段。

血液分析仪进行的血常规检测可同时测出红细胞总数(RBC)、血红蛋白含量(Hb)、红细胞比积(Hct)、红细胞体积分布宽度(RDW)、平均红细胞体积(MCV)、平均血红蛋白含量(MCH)、平均血红蛋白浓度(MCHC)、血小板计数(PLT)、血小板体积分布宽度(PDW)、平均血小板体积(MPV)、白细胞总数(WBC)、白细胞分类计数(DC),有的仪器尚可检测网织红细胞计数(Ret)。血液分析仪虽可提供多项指标,但对白细胞、红细胞及血小板形态变化的分析仍需经涂片染色显微镜检查确立。

二、骨髓检查

(一)骨髓涂片检查

骨髓涂片检查主要用于:①诊断血液系统疾病,对于白血病、再障、多发性骨髓瘤、巨幼细胞贫血等疾病具有确诊价值;②帮助诊断某些代谢障碍性疾病,如怀疑戈谢病、尼曼—匹克病,于骨髓涂片中找到特殊细胞即可确诊;③诊断骨髓转移癌;④诊断某些原虫性传染病,如骨髓涂片中找到疟原虫、黑热病的利什曼小体;⑤骨髓也常用于病原菌的培养,有较高的阳性率。

1. **骨髓增生度**　以成熟红细胞与有核细胞的比值表示。不同血液病具有不同的增生程度,对判断血液病有价值。增生极度活跃见于白血病,尤其是慢粒白血病;增生明显活跃,见于白血病、增生性贫血;增生活跃见于正常骨髓或某些贫血;增生减低见于造血功能低下;增生极度减低见于造血功能明显低下,如再障。

2. **粒/红比值**　粒/红比值正常见于正常骨髓象,或骨髓病变局限于其他细胞系,未累及粒红两系,如免疫性血小板减少症,多发性骨髓瘤;或粒、红两系平行减少,如再障。粒/红比值增高(大于8∶1)见于粒细胞增多,如慢性粒细胞白血病或幼红细胞严重减少,如单纯红细胞再生障碍性贫血;粒/红比值降低(小于2∶1)见于幼红细胞增多,如各种增生性贫血、巨幼细胞性贫血;或粒细胞减少,如粒细胞缺乏症。

3. **原始细胞数量增多**　见于各种急性白血病。

4. **血细胞化学染色**　是以血细胞形态学为基础,结合化学或生物化学技术对血细胞内各种生化成分、代谢产物作定位、定性和半定量的观察,对血液病尤其是白血病的鉴别诊断必不可少。

(二)骨髓组织检查

用骨髓活检术取骨髓组织作切片进行病理组织学检查,以了解骨髓造血细胞的密度、骨髓造血间质的改变、骨组织结构变化等,弥补了骨髓涂片检查的某些不足。对于再生障碍性贫血、骨髓增生异常综合征、骨髓纤维化、骨髓硬化症、恶性肿瘤的骨髓转移等的诊断有较大帮助。骨髓活检与骨髓细胞学相互配合和补充,因而具有重要的临床应用价值。

(三) 骨髓细胞电镜检查

通过对骨髓细胞超微结构的观察,为血液病诊断增加了新的依据。如毛细胞白血病细胞表面可见许多绒毛状、指状突起,胞浆内可见到核糖体板层复合物;大颗粒淋巴细胞白血病细胞胞浆中可见平行管结构。电镜下髓过氧化物酶染色对急性微分化白血病(M_0)、血小板过氧化物酶对急性巨核细胞白血病(M_7)均具有诊断价值。因其他检测方法的进步,目前该检查已不用作常规检测。

三、血液生化检查

生化检查涉及与各类血细胞功能有关物质的结构及代谢变化。为了正确选择检查项目及判断结果,必须对各类细胞的结构、代谢和功能的关系有所了解,这将在有关章节中介绍,下面介绍常用的生化检查。

1. **有关红细胞的生化检查** ①铁动力学测定:铁是形成血红蛋白、肌红蛋白和含铁酶的必需物质。血清铁蛋白、血清铁、总铁结合力、运铁蛋白饱和度、红细胞内游离原卟啉、转铁蛋白受体等都是反映铁储存、铁利用状态的指标。②叶酸、维生素 B_{12} 测定:叶酸和维生素 B_{12} 是合成 DNA 过程中重要辅酶,缺乏时可引起巨幼细胞贫血。③溶血性贫血实验检查:详见溶血性贫血章节。

2. **有关白细胞的生化检查** β_2-微球蛋白(β_2-MG)是 HLA 抗原轻链,由有核细胞合成,在淋巴细胞增殖性疾病中常升高并与预后相关;末端脱氧核苷酸转移酶(TdT)在胸腺细胞和幼稚淋巴细胞中活性较高,而成熟淋巴细胞中无此活性,可作为幼稚淋巴细胞的标志酶;血清溶菌酶主要来自单核细胞和成熟粒细胞的溶菌体,细胞降解后释放入血清,单核细胞白血病时常升高。

3. **有关出凝血性疾病的实验室检查** 详见出血性疾病章节。

4. **其他** 尿酸是核酸降解产物,乳酸脱氢酶广泛存在于机体各组织中,在白血病、淋巴瘤时,当细胞大量降解,血清中常有尿酸和乳酸脱氢酶活性升高。

四、组织病理学检查

在血液病的诊断中组织病理学检查是一重要诊断技术,除骨髓活检外还有淋巴结活检、脾脏活检以及体液细胞学病理检查。淋巴结活检主要用于淋巴结肿大的疾病,如淋巴瘤的诊断及其与淋巴结炎、转移性癌的鉴别;脾脏活检主要用于脾脏显著增大的疾病的诊断,体液细胞学检查包括胸水、腹水和脑脊液中肿瘤细胞(或白血病细胞)的检查,对诊断、治疗和预后判断均有价值。

五、免疫学检查

血液免疫学检查的快速发展,主要得益于杂交瘤技术的进展,出现了大量特异性的单克隆抗体;放射免疫技术的应用使抗原抗体反应的高度特异性和同位素测量的高度灵敏性相结合,可以测定血液中的微量物质;流式细胞仪的应用使分析具有快速、准确、定量的优点,结合免疫荧光技术,非但可以测定含某种抗原的细胞数,还可测定每个细胞上所含抗原的量,并从众多的细胞中将所需的某种细胞提取出来专供研究。现将血液病诊断中常用的免疫学检查介绍如下:

(一) 白血病的免疫分型

不同发育阶段细胞的表面或胞浆内可出现不同的标记物。白血病细胞的表面标志与相应分化阶段的造血细胞相似,但存在异常表达,这是利用单抗进行白血病免疫分型的基础。自1982 年起对来自世界不同实验室的单克隆抗体按其识别抗原的特异性统一以 CD 命名。临床常用于免疫分型的 CD 分子可归纳为以下六个主要类别:

1. T 淋巴细胞标志　CD1a、CD2、CD3、CD4、CD5、CD7、CD8、CD28、CD99。

2. B 淋巴细胞标志　CD10、CD19、CD20、CD21、CD22、CD23、CD24、CD37、CD39、CD40、CD72、CD73、CD77、CD79a、CD79b、CD84、CD138、CD139。

3. 粒、单核细胞标志　CD11b、CD11c、CD13、CD14、CD15、CD16、CD33、CD35、CD64、CD65、CD65s、CD91、CD92、CD114、CD115。

4. 血小板、巨核细胞标志　CD9、CD36、CD41a、CD41b、CD42a、CD42b、CD42c、CD42d、CD49b、CD49e、CD61、CD62p。

5. 活化细胞标志　CD25、CD26、CD69、CD70、CD152、CD153、CD154、CD183、CD184。

6. 非谱系细胞标志　CD11a、CD30、CD34、CD38、CD43、CD44、CD45、CD50、CD52、CD53、CD70、CD71、CD98、CD108。

白血病免疫分型为疾病的诊断提供了帮助，并有助于了解免疫分型与临床进程、疾病预后和治疗反应的关系，有助于正确选择化疗药物，并为自体骨髓移植时清除残余白血病细胞以及靶向药物的研制创造了条件。

（二）抗血细胞抗体检测

1. 抗红细胞抗体　抗红细胞抗体有温抗体和冷抗体两种。温抗体与自身红细胞结合的最佳温度为37℃左右，常为IgG抗体，可用抗人球蛋白试验检测（Coombs test）。冷抗体常为IgM型抗体，低温时与红细胞结合，加温后又解离，常见于冷凝集素综合征，IgG型的冷抗体可见于阵发性寒冷性血红蛋白尿症及梅毒患者，常用的检查方法为冷凝集试验（检查IgM）和冷热溶血试验（查IgG）。

2. 抗白细胞抗体　分4种类型：①抗异种白细胞抗体，见于输入异种白细胞；②抗同种白细胞抗体，见于输血、妊娠后；③抗自身白细胞抗体，见于白血病、淋巴瘤、系统性红斑狼疮、感染、药物致敏等；④药物过敏性抗白细胞抗体，见于药物致敏。

3. 抗血小板抗体　有两类。一类是测定血小板表面相关IgG（platelet-associated IgG，PAIgG），正常人每个血小板表面的IgG量<0.3pg，而ITP患者可高达0.3~3.4pg。另一类是用单抗测定血小板膜的糖蛋白受体用于鉴别血小板，这些糖蛋白的检测对于辅助诊断MDS、巨核细胞白血病，诊断血小板膜异常有一定参考价值。

（三）免疫球蛋白含量及免疫电泳

浆细胞病时所分泌的Ig质和量会发生改变，可以用血清蛋白电泳，免疫球蛋白定量和免疫电泳加以鉴定。浆细胞恶性增殖时如多发性骨髓瘤，肿瘤细胞来自一个克隆，分泌一种Ig，可有某一类Ig明显增高，其他的Ig则相应减低，在血浆蛋白电泳时在β、γ泳动区常可见一条深染的窄带称为"M带"，在免疫电泳时可呈加宽船形弧。

（四）造血细胞调节因子及其受体的测定

多用于研究。

六、细胞遗传学及分子生物学检查

（一）染色体检查

细胞遗传学在血液肿瘤学中的应用是于1960年开始的，继Ph染色体的发现后，对血液系统恶性肿瘤的染色体异常已进行了广泛研究。血液病的染色体异常包括数量和结构的异常，数量异常分为整倍体异常和非整倍体异常；结构异常有断裂、缺失、重复、易位和倒位等。目前已作为部分血液病的常规诊断项目。

（二）基因诊断

基因诊断直接针对致病基因，不仅可以更准确地诊断疾病，还可以深入探讨基因变异类型与临床进程及预后的关系，对已经兴起的基因治疗更具重要依据。表6-1-2概括了血液病中常见的受累基因及其遗传学异常。

Notes

表 6-1-2 白血病的遗传学异常

癌基因类型	功　能	分子改变	染色体异常	在白血病中所占比例
RAS	信号传导	N-RAS 突变	无	AML,15%～50% ALL,14% CML 原始细胞危象<5%
酪氨酸激酶	膜信号传导	C-ABL 和 BCR 融合	t(9;22) (q34;q11)	CML,>95% ALL,5%～20%
转录调控因子	基因转录	MYC 与免疫球蛋白 基因融合	t(8;14) (q24;q32)	伯基特淋巴瘤/白血病,80%
		E2A 和 PBX 或	t(1;19) (q23;p13)	前 B 细胞 ALL,10%
		E2A 和 HLF 融合	t(17;19) (q22;p13)	
		SCL(TAL-1)与 TCR 或 SIL 基因融合	t(1;14) (p32;q11)	T-ALL,15%～25%
		TAL-2 与 TCR 基因融合	t(7;9) (q35;p13)	T-ALL,<10%
		LYL-1 与 TCR 基因融合	t(7;19) (q35;p13)	T-ALL,<5%
		TTC-1 与 TCR 基因融合	t(11;14) (p15;q11)	T-ALL,<10%
		TTC-2 与 TCR 基因融合	t(11;14) (p13;q11)	T-ALL,<10%
		DEK/CAN,SET/CAN 基因融合	t(6;9) (q23;q34)	AML,MDS,<2%
		MLL 基因的融合	t(11q23)	AML,ALL
		AML1 和 ETO 基因融合	t(8;21) (q22;q22)	AML-M2b,>90%
		MYH11 与 CBFβ 基因 融合	Inv(16) (p13;q22)	AML-M4Eo,>90%
同源盒结构域	分化和基因转录	HOX-11 和 TCR 基因融合	t(10;14) (q24;q11)	T-ALL,7%
核受体	发育和分化调控	维 A 酸受体 α 基因与 PML 基因融合	t(15;17) (q22;q21)	APL,>95%
		维 A 酸受体 α 基因与 PLZF 基因融合	t(11;17) (q23;q21)	APL,1%～2%
BCL	凋亡,或其他功能	BCL-2 和免疫球蛋白基因融合	t(14;18) (q32;q21)	滤泡性淋巴瘤,>75% 弥漫大 B 细胞淋巴瘤,20% CLL,5%
BCL	控制细胞周期	BCL-1 和免疫球蛋白基因融合	t(11;14) (q13;q32)	套细胞淋巴瘤,70%～80% CLL,2%～5%
BCL	抑制基因转录	BCL-3 和免疫球蛋白基因融合	t(14;19) (q32;q13)	CLL,<10%

Notes

续表

癌基因类型	功　能	分子改变	染色体异常	在白血病中所占比例
抑癌基因	抑制细胞增生调控转录,控制细胞周期,细胞凋亡	P53 基因的突变、丢失或重排	del(17)	CML 原始细胞危象,>20% AML,3%~7% 前 B 细胞 ALL,2% T-ALL,<2% 伯基特淋巴瘤,30%
		RBI 基因断裂	13q-	费城染色体阳性 ALL,>30% AML,<3% AMML,25% 前 B 细胞 ALL,T-ALL,20%
细胞因子	生长调节	白细胞介素-3 和免疫球蛋白基因的融合	t(5;14) (q31;q32)	前 B 细胞 ALL
膜蛋白	发育调节	TAN-1 基因的重组	t(7;9) (q34;q34.3)	T-ALL

七、造血细胞的培养和测试技术

在体外通过合适的条件培养液、特异性的刺激因子、温度、湿度等条件,造血祖细胞可以生存并增殖分化形成一个子细胞集落,从所形成集落的数量和形态可反映该祖细胞的数量和增殖分化潜能。每一个祖细胞称一个集落形成单位。目前可以测定的有 CFU-GEMM、CFU-L、CFU-G、CFU-M、CFU-Meg、CFU-E、早期红系造血祖细胞(BFU-E)、成纤维细胞祖细胞(CFU-F)、和白血病祖细胞(CFU-Leu)。

造血细胞培养技术的临床应用可归纳为以下几个方面:

1. 协助诊断各种血液病   如在再生障碍性贫血中多数患者的骨髓和外周血中的 CFU-GM、CFU-E、BFU-E 均明显降低;而在慢性粒细胞白血病中则可比正常高数十倍;在急性白血病中除粒系、红系集落明显减少外,多数仅能形成集簇。祖细胞培养对探讨再生障碍性贫血的发病机理及判断预后也有一定帮助。

2. 测定血清中是否存在刺激或抑制造血的活性物质,或测定是否有抑制性细胞成分,可用正常骨髓细胞加入待测的血清或提纯的某种成分后进行培养,也可将待测细胞与正常细胞混合培养观察集落形成的变化。

3. 研究药物对造血细胞的作用   在培养体系中加入一定量的待测药物,观察药物对造血祖细胞的影响。

八、放射性核素检查

应用放射性核素对有关血细胞及其他血液成分进行动力学及病理生理研究,并作骨髓、脾脏扫描显像可以显示血细胞的生成、分布和破坏部位以及在病理情况下的改变,有助于某些血液病的诊断及发病机制的探讨。

1. 血容量测定   血容量大约可视为红细胞容量和血浆容量的总和。应用 ^{51}Cr 及 ^{99m}Tc 标记红细胞可测定红细胞容量,应用 ^{131}I、^{125}I 及 ^{99m}Tc 标记人血白蛋白(^{131}I-HAS、^{125}I-HAS、^{99m}Tc-HAS)可测定血浆容量。真性红细胞增多症时红细胞容量显著增加,血浆容量往往减少或正常;假性或相对性红细胞增多症患者血浆容量减少,虽然红细胞比容增高,但全身红细胞容量正常。

2. 红细胞寿命测定   用于标记红细胞的放射性核素有 ^{51}Cr-铬酸钠和 ^{32}P-氟代磷酸二异丙酯,前者由于方法简便,已成为核医学常规检查方法之一。测定红细胞寿命有助于某些血液病的诊断与治疗,它可作为溶血性贫血的诊断指标之一。临床上常以 22 天作为红细胞半衰期的正常值下限。在测定红细胞寿命的同时,进行肝、脾区体表放射性测定,有助于了解红细胞破坏部位,可供溶血性贫血、脾亢等选择切脾时参考。

3. 铁代谢检查 放射性铁(^{56}Fe)的示踪检测有助于对铁的生化作用,铁的吸收,运转和排泄的了解。缺铁性贫血、溶血性贫血、红细胞增多症的血浆铁更新率增加,再生障碍性贫血的血浆铁更新率降低或正常。

4. 脾扫描 用放射性核素标记红细胞,然后使其损伤,再注入体内,损伤的红细胞即大部分被脾浓集。根据以上原理进行脾扫描,可显示脾的大小、位置、形态和功能等情况。主要用于:脾定位;明确脾肿大程度;脾内有无占位性病变;脾破裂、脾梗死的诊断。

5. 骨髓显像 骨髓主要由造血细胞及非造血细胞等成分组成。这些成分均各有自己的功能,在原发性或继发性骨髓疾病时,骨髓成分的数量及功能上可能改变,用骨髓扫描剂使骨髓中具有功能的细胞成分显像,有助于某些骨髓疾病的诊断。主要临床意义有:①骨髓增生性疾病的鉴别诊断;②探测骨髓局限性病灶;③肿瘤转移到骨髓的诊断;④寻找再生障碍性贫血患者骨髓中残余的血细胞生成组织;⑤了解溶血时骨髓造血增生状态;⑥骨髓穿刺活检部位的选定。

其他影像诊断如超声显像、电子计算机体层显像(CT)、磁共振显像(MRI)及正电子发射计算机体层显像(PET)等对血液病的诊断也有很大的帮助,尤其是 PET 在恶性淋巴瘤分期以及疗效动态监测中的作用日益凸显。将在以后相关疾病章节中具体讨论。血液病的实验检查项目繁多,应综合分析,全面考虑,从中选择恰当的检查来达到确诊的目的。

第四节 血液病的防治

一、去除诱因

应使患者脱离致病因素的影响,如电离辐射、化学物质(如苯)、某些药物的致病作用已被公认,应在工作和生活中注意防护,但部分血液系统疾病的病因难以明确或无法避免,致使治疗效果受到影响。因此应加强病因方面的研究。

二、一般治疗

1. 饮食与营养 以高热量、富含蛋白质和维生素而易消化的食物为宜,多吃新鲜蔬菜、水果、戒烟酒,少食浓烈辛辣的食物。

2. 恶性血液病患者的心理治疗 血液病与生物、心理、社会因素相关密切。目前,许多恶性血液病属难治性疾病,对其社会活动以及家庭生活、经济诸多方面均带来很大损害。患者及家属均要承受不同程度的负性心理压力。这种压力可加速病情的进展与恶化。所以临床医师应关注血液病患者的心理问题并给予适当的干预,消除不良的心理,使患者以健康的心态面对治疗。同时,也要求临床医师改变观念,把对肿瘤的治疗,从单一存活率的提高,改变为同时有生活质量的改善两方面来评价。

三、保持正常血液成分及其功能

1. 补充造血原料 如营养性巨幼细胞贫血时,补充叶酸或维生素 B_{12};缺铁性贫血时补充铁剂。

2. 刺激骨髓造血 如慢性再生障碍性贫血时应用雄激素刺激骨髓造血。

3. 造血生长因子 如促红细胞生成素治疗肾性贫血,粒系集落刺激因子(G-CSF)或粒-单系集落刺激因子(GM-CSF)加速化疗后白细胞减少的恢复等。

4. 切脾 去除体内最大的单核-吞噬细胞系统的器官,可减少血细胞的破坏与阻留,从而延长血细胞的寿命。如对遗传性球形细胞增多症所致的溶血性贫血有确切的疗效。

5. 成分输血及抗感染药物的使用 严重贫血或失血时应输注红细胞,血小板减少有出血危险时应补充血小板,血友病 A 有活动性出血时应补充Ⅷ因子。白细胞减少合并感染时应予以有效的抗感染药物治疗。

四、去除异常的血液成分和抑制异常功能

1. 化疗　联合使用作用于不同细胞周期的化学药物杀灭病变细胞。

2. 放疗　利用 γ 射线、X 射线等电离辐射杀灭白血病及淋巴瘤细胞,适用于肿瘤比较局限或用于化疗药物不易到达的部位,如颅脑照射。全身放疗或全淋巴结照射对机体影响较大,故仅在造血干细胞支持或移植的情况下才用于白血病及播散性淋巴瘤的治疗。

3. 诱导分化治疗　由我国科学家发现的全反式维 A 酸(all-trans retinoic acid,ATRA)、三氧化二砷对急性早幼粒细胞白血病有极高的缓解率和肯定的疗效。通过诱导分化治疗,异常早幼粒细胞可加速凋亡或被诱导分化成正常成熟的粒细胞。是特异性去除白血病细胞的新途径。

4. 治疗性血液成分单采　通过专用设备,选择性地去除血液中某一成分,为使用机械方法治疗血液成分异常增生提供了可能。可用于骨髓增生性疾病、高白细胞白血病、巨球蛋白血症、某些自身免疫性疾病及血栓性血小板减少性紫癜等。

5. 免疫抑制剂　使用糖皮质激素、环孢素、抗淋巴细胞球蛋白等可减少具有异常功能的淋巴细胞数量,抑制其异常功能以治疗自身免疫性溶血性贫血、再生障碍性贫血及血小板减少性紫癜等。

6. 抗凝及溶栓治疗　如弥散性血管内凝血时为防止凝血因子进一步消耗,采用肝素抗凝;血小板过多时为防止血小板异常聚集采用双嘧达莫等;血栓形成时,使用尿激酶等溶栓,以恢复血流通畅。易栓症等疾病新的分子机制的发现以及新型抗凝/溶栓药物的开发使这一领域正成为临床研究的热点。

7. 靶向药物治疗药物　酪氨酸激酶抑制剂格列卫用于治疗 BCR/ABL⁺ 慢性粒细胞白血病,单克隆抗体美罗华用于治疗 CD20⁺ 非霍奇金淋巴瘤,蛋白酶体抑制剂万珂用于多发性骨髓瘤的治疗等均已成为治疗指南推荐方案。

五、造血干细胞移植

通过预处理达到最大限度的清除异常的肿瘤细胞,然后植入健康的造血干细胞,使之重建造血与免疫系统,称为造血干细胞移植(hematopoietic stem cell transplantation,HSCT)。这是一种可以根治部分血液系统恶性肿瘤疾病的现代治疗方法。我国造血干细胞移植经历半个世纪的发展,已在单倍体移植、移植后排斥/复发、老年患者移植等领域取得长足进步并逐渐形成体系。

第五节　血液学的进展和展望

血液学是一门进展较快的医学学科。近年来,由于单克隆抗体、重组 DNA 技术、细胞遗传学和分子生物学等的理论和技术的快速发展,血液病的病因、发病机制等基础研究有了突飞猛进的发展,临床诊断、治疗也有了进一步的提高。尤其是恶性血液病的治疗已从既往的化疗、放疗和骨髓移植治疗进展到诱导分化治疗、生物治疗、靶基因治疗和外周血、脐血干/祖细胞的移植治疗。这些治疗手段的改进不仅根治和治愈了不少血液病患者,也成为部分实体瘤、自身免疫性疾病、与干细胞有关的遗传性疾病治疗的重要治疗措施。

在新世纪里血液病将会在如下方面取得突破:

1. 从分子水平揭示疾病发病机制　分子遗传学技术广泛应用,使凝血机制的研究取得了重要进展。现已认识到,生理条件下的凝血启动机制与组织因子介导的凝血途径有关。通过对血栓形成危险因素的筛选,已确认因子 V Lenden 突变导致因子 Va 对蛋白 C 的裂解灭活产生抵抗,是西方人静脉血栓形成的重要遗传因素。对以血友病 A 为代表的遗传性出血性疾病的研究,也获得了充分的分子病理学证据。在临床应用方面,基因诊断技术以血红蛋白病为先导,在多种遗传性血液病的检测和产前诊断中发挥了重要作用。对癌基因的认识和研究有助于揭示恶性血液病的发生机制,监测微小残留病灶及准确的评价疾病的预后。

Notes

2. 靶向治疗 最有代表性的是我国学者在急性早幼粒细胞白血病(APL)融合基因的结构、功能和应用分化诱导剂全反式维 A 酸治疗疾病的研究中取得重要突破。通过从基因角度对 APL 进行的研究,证明了针对白血病基因蛋白产物的"靶向"治疗,有可能成为今后肿瘤治疗最主要的途径之一。另一个成功的运用分子靶向治疗的范例是慢性粒细胞白血病(CML),其特征性染色体异位形成 BCR/ABL 融合基因,由此表达具有很强酪氨酸激酶活性的 P210 蛋白,导致信号传导通路异常、有丝分裂基因活化和凋亡抑制。信号传导抑制剂甲磺酸伊马替尼对 BCR/ABL 有高度特异性的抑制作用,治疗慢性期的 CML 患者有较高的血液学和细胞遗传学的缓解率。具有本特色的中国人类基因组计划在白血病研究方面,取得了一些具有国际影响的成果。白血病也成为肿瘤基因组学的重要突破口之一。随着对白血病及其他恶性肿瘤病理分子机制的进一步阐明,会有更多的靶向治疗药物应用于临床。

3. 生物效应调控治疗 随着多种具有生物治疗作用的细胞因子的发现,重组 DNA 技术的成熟,出现了一大类具有广泛生物活性和抗肿瘤作用的生物制剂,具有抑制和杀灭肿瘤细胞、增强人体固有的抗肿瘤能力等作用。参与生物学治疗的各种物质总称为"生物应答调节剂",它涉及各种与肿瘤增殖相关的调控基因、调节因子和生物活性细胞等。目前已用于临床的有干扰素、白介素以及淋巴因子激活杀伤细胞(lymphokine activated killer cells,LAK)、肿瘤浸润淋巴细胞(tumor-infiltrating lymphocytes,TIL)、细胞因子诱导杀伤细胞(cytokine-induced killer,CIK)等。包括细胞治疗在内的生物治疗将成为继手术、化疗、放疗之后治疗恶性肿瘤的第四种重要的治疗方法。

4. 恶性血液病的危险分层及个体化治疗策略 与诊疗技术的进步相一致,血液病诊疗的理念也在快速更新。由于急性白血病是一组具有不同生物学特性的恶性血液肿瘤,随着对其发病机制的认识深入及细胞分子遗传学等技术的推广应用,提出对不同预后患者进行分层治疗的概念。根据危险度对患者进行分层治疗是目前急性白血病治疗中的重要理念,该治疗理念在临床的应用,提高了白血病的疗效,减轻了不良反应。精确的诊断分层和危险度评估、基于循证医学和临床试验进展的优化治疗策略选择、及时的疗效监测和治疗方案调整,将可以构成一个完善的诊疗体系。每个患者都具有生物学和社会学的独特性,导致同一疾病患者对治疗反应有很大差异。在规范诊断和优化策略选择指导下的个性化治疗,才是提高疗效的关键,也是血液病治疗发展的重要方向。

(胡 豫)

推荐阅读文献

1. Kenneth Kaushansky, Marshall A. Lichtman, Ernest Beutler, et al. Williams Hematology, 8th ed. McGraw Hill. 2010
2. John P. Greer, Daniel A. Arber, Bertil E. Glader, et al. Wintrobe's Clinical Hematology, 13rd ed. Lippincott Williams and Wilkins. 2013

Notes

第二章 贫血概述

要点：

1. 贫血只是一种临床表现，确定贫血诊断后，必须仔细查找病因。
2. 贫血有三种发病机制：红细胞生成减少、破坏过多和失血，各涵盖多种不同病因。
3. 贫血导致组织器官供氧减少，其临床表现是机体供氧失代偿的结果，多为非特异性。
4. 贫血病因众多，因此，贫血的治疗需因病而异。病因治疗是贫血治疗的基础和关键。

贫血（anemia）是指人体外周血红细胞容量减少，低于正常范围下限，不能对组织器官充分供氧的一类临床综合征。由于红细胞容量测定复杂，临床上常以血红蛋白（hemoglobin，Hb）浓度、红细胞（red blood cell，RBC）计数及红细胞比容（hematocrit，Hct）来代替，其中以血红蛋白浓度最为常用和可靠。国内诊断贫血的标准定为：成年男性 Hb<120g/L，RBC<4.5×10^{12}/L 及 Hct<0.42；成年女性 Hb<110g/L，RBC<4.0×10^{12}/L 及 Hct<0.37。孕妇因血浆量增加血液稀释，贫血的诊断标准定为：Hb<100g/L，Hct<0.30。应注意，血红蛋白浓度受年龄、性别和长期居住地海拔高度等诸多因素影响，如婴儿、儿童及孕妇血红蛋白浓度常较成人低，久居高原地区居民的血红蛋白浓度较海平面居民高；此外，因血红蛋白水平、红细胞计数及血细胞比容均是浓度指标，故其测定值与血液稀释状态相关，凡可导致血浆量相对减少（血液浓缩）的情况如严重腹泻、大面积烧伤、高渗液腹膜透析、长期限制液体摄入及糖尿病酸中毒等，均能造成上述指标的相对升高，而引起血浆量相对增多（血液稀释）的病理情况如充血性心力衰竭、低蛋白血症及急性肾炎等，均可造成上述指标的相对降低。此外，急性失血时，红细胞总量虽明显减少，但因血液成分的构成比暂没有变化，上述指标短期内仍可在正常范围。因此，在诊断贫血时对各种影响因素应加以全面考虑，以避免误诊。

【病因和发病机制】 贫血不是一种独立的疾病实体，而是继发于多种疾病的临床综合征，其发病机制可概括为红细胞生成不足或减少、红细胞破坏过多和失血三类，分述如下。

（一）红细胞生成不足或减少

红细胞的生成主要取决于三大因素：造血细胞、造血微环境及调节因子和造血原料。红细胞生成起源于多能造血干细胞（pluripotent hematopoietic stem cell）；骨髓基质细胞提供了红细胞生成的微环境；红细胞生成素（erythropoietin，Epo）是最主要的调节因子，作用于红系定向祖细胞（committed progenitor）水平，促进红细胞生成；蛋白质、脂类、维生素及微量元素都是必不可少的造血原料。红细胞生成不足的常见机制有：①骨髓衰竭：包括造血干祖细胞数量减少或质量缺陷，如再生障碍性贫血（aplastic anemia，AA）、纯红细胞再生障碍性贫血（pure red cell anemia，PRCA）及范可尼贫血（Fanconi anemia，FA）。②无效造血（ineffective hematopoiesis）：包括获得性和遗传性无效造血，前者如骨髓增生异常综合征（myelodysplastic syndrome，MDS），后者如先天性红系造血异常性贫血（congenital dyserythropoietic anemia）。③骨髓受抑：如肿瘤放射治疗或化学治疗造成造血细胞的损伤。④骨髓浸润:如血液恶性肿瘤、肿瘤骨髓转移可直接造成骨髓有效造血组织的减少。⑤造血调节因子异常:如慢性肾衰竭所致的 Epo 合成减少,慢性病贫血时肿瘤坏死因子、干扰素等造血负调控因子及铁代谢调节因子 hepcidin 的增多。⑥造血微环境异常:造血微环境由多种基质细胞成分、大分子生物活性物质、微循环、神经内分泌因子及其之间的复杂网络构成,为造血干细胞分化、发育、增殖和成熟提供必需的条件和场所。因目前无法模拟体内造血微环境的复杂体系,故对其在贫血发病中的确切意义目前所知甚少,但在某些贫血如再生障碍性贫血的发病中可能有一定的作用。⑦造血物质缺乏:叶酸和(或)维生素 B_{12} 缺乏导致细胞 DNA 合成障碍,引起巨幼细胞性贫血。铁是合成血红蛋白的重要物质,铁缺乏可造成缺铁性贫血。

(二)红细胞破坏过多

此类贫血的共同特点是红细胞寿命缩短,称为溶血性贫血(hemolytic anemia)。红细胞破坏主要涉及红细胞内在和外在两种机制:①红细胞内在缺陷:红细胞基本结构包括细胞膜、代谢酶类和血红蛋白异常或缺陷均可造成其寿命缩短。②红细胞外在因素:基本可分为免疫相关性和非免疫相关性。前者主要是通过体液免疫抗体介导红细胞破坏所致的一类溶血性贫血。后者包括多种非免疫因素,如物理(机械、温度等)、化学(化学毒物、药物、代谢和生物毒素等)和生物(微生物感染)等因素所致的溶血性贫血。

(三)失血

包括急性和慢性失血。急性失血主要造成血流动力学的变化,而慢性失血才是贫血最常见的原因。

贫血的病因和发病机制复杂多样,有时是多因素叠加的结果。临床医生不能满足于贫血的初步诊断,应仔细寻找出贫血的病因,才能采取针对性的有效治疗。

【分类】 贫血有多种分类方法。目前所用的分类方法各有其优缺点,临床上常合并应用,分述如下:

(一)细胞计量学分类

人工检测称为形态学分类。如用自动血细胞分析仪检测,称为细胞计量学分类。红细胞平均体积(mean cell volume,MCV)、红细胞平均血红蛋白含量(mean cell hemoglobin,MCH)和红细胞平均血红蛋白浓度(mean cell hemoglobin concentration,MCHC)是常用的分类指标(表6-2-1)。

表 6-2-1 贫血的细胞计量学分类

类 型	MCV (fl)	MCH (pg)	MCHC (%)	常见疾病
大细胞性贫血	>100	>32	32~35	巨幼细胞贫血、骨髓增生异常综合征、肝疾病
正常细胞性贫血	80~100	26~32	32~35	再生障碍性贫血、溶血性贫血、骨髓病性贫血
小细胞低色素性贫血	<80	<26	<32	缺铁性贫血、铁粒幼细胞贫血、地中海贫血、慢性病性贫血

(二)病因和发病机制分类

属于病理生理学分类,可提示贫血的病因和发病机制,有助于指导临床治疗(表6-2-2)。

【临床表现】 贫血的临床表现是机体对贫血失代偿的结果。贫血患者通过下列机制进行代偿:①贫血刺激红细胞生成更多的 2,3-二磷酸甘油,使血红蛋白-氧解离曲线右移,血红蛋白氧亲和力降低,有利于氧的释放和被组织利用。②贫血时,血管发生选择性收缩,血流出现再分

Notes

表 6-2-2　贫血的病理生理学分类

红细胞生成减少	红细胞破坏增加（溶血性贫血）	失血
骨髓衰竭	内源性异常	急性失血性贫血
再生障碍性贫血	先天性红细胞膜缺陷	慢性失血性贫血
范可尼贫血	遗传性球形红细胞增多症	
红系祖细胞增殖分化障碍	遗传性椭圆形红细胞增多症	
纯红细胞再生障碍性贫血	获得性红细胞膜缺陷	
慢性肾功能衰竭所致贫血	阵发性睡眠性血红蛋白尿症	
内分泌疾病所致贫血	红细胞酶异常	
先天性红系造血异常性贫血	葡萄糖-6-磷酸脱氢酶缺陷症	
无效造血	丙酮酸激酶缺陷症	
骨髓增生异常综合征	其他酶缺陷	
先天性红系造血异常性贫血	卟啉病	
营养性巨幼细胞性贫血	珠蛋白合成异常（血红蛋白病）	
造血功能受抑	异常血红蛋白病	
抗肿瘤化学治疗	珠蛋白生成障碍性贫血	
放射治疗	外在因素异常	
骨髓浸润	免疫相关性（抗体介导性）	
白血病	温抗体型自身免疫性溶血性贫血	
其他血液恶性肿瘤	冷性溶血病	
实体瘤骨髓转移	药物相关抗体溶血性贫血	
DNA 合成障碍（巨幼细胞性贫血）	新生儿同种免疫性溶血性贫血	
维生素 B_{12} 缺乏	非免疫相关性	
叶酸缺乏	机械性因素	
先天性或获得性嘌呤和嘧啶代谢异常	行军性血红蛋白尿症	
血红蛋白合成障碍	心血管创伤性溶血性贫血	
缺铁性贫血	微血管病性溶血性贫血	
先天性无转铁蛋白血症	其他物理和化学因素所致贫血	
红系造血调节异常	微生物感染所致贫血	
低氧亲和力血红蛋白病	单核-吞噬细胞系统功能亢进	
原因不明或多重因素	脾功能亢进	
慢性病性贫血		
营养缺乏所致贫血		
铁粒幼细胞贫血		

按贫血的程度将贫血分为轻度（Hb>90g/L），中度（Hb 60～90g/L），重度（Hb 30～60g/L）和极重度（Hb<30g/L）。

布，使更多的血液流向关键器官或部位。血流减少的器官或部位主要是皮肤和肾脏。③心排出量增加。一般来说，只有在贫血达到较严重的程度（Hb<70g/dL）时，心排出量才增加。当贫血的程度超出上述代偿机制时，即会出现临床症状。贫血的临床表现由原发病和贫血本身的表现两部分组成。

贫血本身的临床表现主要取决于如下因素：①血液携氧能力的降低情况；②总血容量改变的程度；③上述两种因素发生发展的速率；④呼吸循环系统的代偿能力。贫血的临床表现与贫血的程度和贫血发生的速度相关，以后者的影响更为显著。在某些发病缓慢的贫血如缺铁性贫血和慢性再生障碍性贫血等，如心肺代偿功能良好，患者的血红蛋白降至70g/L甚至更低时才

Notes

出现症状。反之,如贫血发展迅速,超过机体代偿能力,患者则可出现明显的临床表现。贫血导致向全身组织输氧能力的降低和组织缺氧,故可引起多器官和系统的不同表现。

(一)皮肤黏膜及其附属器

皮肤黏膜苍白是贫血最常见的体征。判断皮肤苍白受多种因素的影响,包括人种肤色、皮肤色素沉着的深浅和性质、皮肤血管的扩张程度以及皮下组织液体含量和性质等。黏膜颜色的改变较为可靠,如口腔黏膜、睑结膜、口唇和甲床。贫血的其他皮肤改变还有干枯无华,弹性及张力降低。皮肤附属器的变化包括毛发枯细,指甲薄脆。缺铁性贫血时,指甲可呈反甲或匙状甲(spoon-shaped nail)。溶血性贫血时可引起皮肤、黏膜黄染。

(二)呼吸循环系统

贫血引起代偿性心率和呼吸加快,体力活动时尤为明显。在进展迅速的贫血,心慌气促症状明显。慢性贫血时症状表现较轻。长期严重的贫血可引起高动力性心力衰竭,待贫血纠正后可逐渐恢复。体检可闻及吹风样收缩期杂音,多为中等强度,在肺动脉瓣区最为清晰。心电图改变见于病情较重的贫血患者,表现为窦性心动过速、窦性心律失常、ST 段降低和 T 波低平或倒置等非特异性变化。贫血纠正后可恢复正常。原已有心血管疾病的患者,其临床表现可因贫血而加重,如冠状动脉硬化性心脏病可出现心绞痛发作频度增加,下肢动脉闭塞性血管病可出现间歇性跛行加重及夜间肌肉痉挛等。值得注意的是贫血患者出现心律失常不应简单地归咎于贫血本身,而应进一步寻找其他可能的病因,并作相应处理。迅速发生的贫血(如急性出血或严重溶血发作)可出现与体位变动有关的心率增快和低血压。

(三)神经肌肉系统

严重贫血常有头痛、头晕、耳鸣、晕厥、视觉盲点、倦怠、注意力不集中和记忆力减退等神经系统表现,可能与脑缺氧有关。肌肉无力和易疲劳是肌肉组织缺氧的结果。感觉异常是恶性贫血的常见症状,肢端麻木可见于维生素 B_{12} 缺乏性巨幼细胞贫血。

(四)消化系统

贫血患者常有食欲缺乏、恶心、腹胀、腹部不适、便秘或腹泻等消化系统症状。有些是原发病的表现,有些是贫血的结果。舌炎和舌乳头萎缩多见于维生素 B_{12} 缺乏所致的巨幼细胞性贫血和恶性贫血,亦可见于缺铁性贫血。长期慢性溶血可合并胆道结石。异食癖是缺铁性贫血特殊的表现。

(五)泌尿生殖系统

贫血患者因肾小球滤过和肾小管重吸收功能障碍,从而引起多尿和低比重尿,严重者可有轻度蛋白尿。溶血性贫血可能出现胆红素尿、血红蛋白尿以及含铁血黄素尿。育龄期女性患者可出现月经周期紊乱,月经量增多、减少或闭经。严重贫血者可出现性功能减退。贫血患者若长期接受雄激素治疗,则可出现男性特征亢进表现。

(六)其他

贫血患者有时伴发低热,如无病因可寻,则可能与贫血的基础代谢升高有关。若体温超过38.5℃,则应查找致热病因如感染等。溶血性贫血常伴有黄疸。血管内溶血出现血红蛋白尿和高血红蛋白血症,可伴有腹痛、腰痛和发热。

【诊断】 根据临床表现和实验室检查结果,不难对贫血作出诊断,但贫血的病因诊断更为重要,详尽的病史采集、全面有序的体格检查以及贫血的发病机制检查能够有效地帮助作出完整的贫血诊断。

(一)病史

详细的病史采集可为查寻贫血病因提供有价值的线索。除常规病史内容外,询问范围应包括发病形式、发病时间及病程、饮食习惯、既往用药、职业、毒物或化学物暴露、出血倾向或出血史、慢性系统病史、月经史、生育史、黑便史及大便习惯改变、体重变化、尿色变化、家族遗传史以

Notes

及有无发热等,并对诸项内容的重要性进行分别评估和综合分析。

　　(二)体格检查

　　全面而有序的体格检查对贫血的病因诊断极有帮助。皮肤黏膜检查的内容包括颜色、皮疹、溃疡、毛发及指甲的改变及出血性体征。皮肤黏膜苍白可大致反映贫血的程度。黄疸提示溶血性贫血。应特别注意有无胸骨压痛和全身表浅淋巴结及肝脾肿大。肛门和妇科检查亦不能忽略,痔出血或该部位的肿瘤是贫血常见的原因。心脏杂音可由贫血引起,但应排除可能的器质性病变。神经系统检查应包括眼底。脊髓后索和侧索变性体征提示维生素 B_{12} 缺乏和恶性贫血。

　　(三)实验室检查

　　贫血的病因和机制各异,有关特殊实验室检查将在贫血各论中描述。此处仅介绍全血细胞计数和骨髓检查等通用实验室检查。

　　1. 全血细胞计数　　原称血常规检查,为诊断贫血提供依据并可判断贫血的程度及受累细胞系。应包括网织红细胞计数(reticulocyte count)以判断红细胞生成活性。综合红细胞参数(MCV、MCH 及 MCHC 等)及网织红细胞计数和血涂片形态学提供的信息,有助于初步确定追查贫血病因的方向。

　　2. 骨髓检查　　有助于判断贫血的病因及机制,包括穿刺涂片和活检。溶血性贫血的红细胞生成明显活跃,髓细胞/红细胞比例可以倒置。再生障碍性贫血的骨髓造血活性全面降低,非造血细胞增多。白血病和其他血液系统恶性肿瘤的骨髓出现相应的肿瘤细胞,正常造血受到抑制。骨髓铁染色是评价机体铁储备的可靠指标。环形铁粒幼细胞见于铁粒幼细胞性贫血(sideroblastic anemia)。与骨髓穿刺相比,骨髓活检在有效造血面积评估、异常细胞浸润和分布以及纤维化诊断上更有优势。须注意骨髓取样的局限性,当结果与病情矛盾时,有时需多部位骨髓检查。

　　3. 其他　　尿液分析应注意胆红素代谢产物和潜血。血尿可能是肾脏或泌尿道疾病本身的表现,也可能是血小板减少或凝血障碍所致。血红蛋白尿是血管内溶血的证据。大便潜血阳性提示消化道出血。

　　【治疗】　　贫血病因不同,治疗也应因病而异。下列仅为贫血的一般处理原则,宜区别对待。

　　1. 病因治疗　　是贫血治疗的关键所在。所有贫血都应该在查明病因的基础上进行治疗,才能达到标本兼顾,最终治愈的目的。

　　2. 支持治疗　　输血是贫血的对症治疗措施,但因副作用和并发症较多,故应严格掌握适应证。慢性贫血血红蛋白低于 60g/L 和急性失血超过总容量的 30% 是输血的指征。应采用去除白细胞的成分输血。其他支持治疗包括纠正患者的一般情况及有效控制感染和出血等。反复输血继发铁过载者应予以祛铁治疗。

　　3. 补充造血所需的元素或因子　　因缺乏造血元素或因子所致的贫血,在合理补充后可取得良好疗效,如缺铁性贫血,维生素 B_{12} 或叶酸缺乏导致的巨幼细胞性贫血在补充相应造血元素后,可迅速改善病情。维生素 B_{12} 或铁在正常机体有一定的储备,只有在其耗竭后才发生贫血。因此,治疗此类贫血时应注意补足储备,以免复发。

　　4. 造血生长因子或造血刺激药物　　肾性贫血红细胞生成素生物合成减少,是红细胞生成素治疗的适应证。此外,红细胞生成素对某些慢性病贫血亦有一定疗效。雄激素有刺激骨髓造血和红细胞生成素样的效应,对慢性再生障碍性贫血有效。

　　5. 免疫抑制剂　　适用于发病机制与免疫有关的贫血。糖皮质激素是自身免疫性溶血性贫血(温抗体型)或纯红细胞再生障碍性贫血的主要治疗药物。抗胸腺细胞球蛋白或抗淋巴细胞球蛋白和环孢素可用于再生障碍性贫血特别是重症患者的治疗。环磷酰胺、霉酚酸酯等也常用于免疫抑制治疗。

6. **单克隆抗体** 抗人 CD20 单克隆抗体可用于自身免疫性溶血性贫血的二线治疗。抗人补体蛋白 C5 单克隆抗体显著改善了经典型阵发性血红蛋白尿患者的疗效。

7. **异基因造血干细胞移植** 适用于骨髓造血功能衰竭或某些严重的遗传性贫血如重型再生障碍性贫血、珠蛋白生成障碍性贫血及镰状细胞贫血等。干细胞来源首选人类白细胞抗原（human leukocyte antigen，HLA）相合的血缘或非血缘供者的外周血或骨髓。

8. **脾切除** 脾脏是红细胞破坏的主要场所。某些贫血是脾切除的适应证，包括遗传性球形红细胞增多症、遗传性椭圆形红细胞增多症、内科治疗无效的自身免疫性溶血性贫血和脾功能亢进等。

9. **基因治疗** 对于某些遗传性因素导致的贫血，基因治疗是有潜力的治疗方法。

（吴德沛）

推荐阅读文献

1. Kaushansky K, Lichtman MA, Beutler E, et al. Williams Hematology. 8th ed. McGraw-Hill Companies. 2010
2. Arend WP, Armitage JO, Clemmons DR, et al. Goldman's Cecil Medicine, 24th ed. Saunders. 2011

Notes

第三章 缺铁性贫血

> **要点：**
>
> 1. 缺铁性贫血是最常见的贫血，以儿童和育龄期女性发病率最高。
>
> 2. 在生理情况下，铁的补充和消耗呈动态平衡。铁的吸收受多种因素的影响，缺铁性贫血是机体铁耗竭的最终表现。
>
> 3. 缺铁性贫血病因众多，慢性失血是最常见的病因。确定诊断后应继续查明其病因。

铁是生命体的重要元素，为血红素合成所必需。体内铁缺乏可分为三个阶段：经历体内储存铁耗尽（iron depletion，ID）、缺铁性红细胞生成（iron deficient erythropoiesis，IDE），最后发生缺铁性贫血（iron deficiency anemia，IDA）。缺铁性贫血的特点为骨髓、肝、脾等器官组织中缺乏可染铁，血清铁、转铁蛋白饱和度及血清铁蛋白降低，呈典型的小细胞低色素性贫血。

IDA 在全球范围内常见。虽然随着各国经济发展水平的提高和营养卫生状况的改善，IDA 患病率逐年下降，但仍普遍存在，是临床上最常见的贫血类型，生长发育期的儿童、育龄和妊娠期的妇女发病率最高。

【铁代谢】 铁为人体所必需，存在于所有细胞内。正常成年男性体内含铁量为 50mg/kg，女性为 35mg/kg。根据其在体内的功能状态，可分为功能性铁和储存铁。功能性铁主要包括血红蛋白铁、肌红蛋白铁、转铁蛋白铁、乳铁蛋白、组织铁等。其中血红蛋白铁占人体含铁总量的约 2/3。组织铁即细胞色素和各种酶及辅酶因子中的铁，这部分铁虽然含量极少，却是维持生命活动所需。储存铁则占铁总量的 25%，包括铁蛋白和含铁血黄素，是体内重要的备用铁来源。

（一）铁的吸收

正常情况下，铁的消耗和补充处于动态平衡，机体铁含量保持稳定。人体每日需要 20～25mg 铁用于合成血红蛋白，其中大部分来自巨噬细胞对衰老红细胞铁的再利用。成人每日仅需从食物中摄取 1～2mg 铁作为补充，其吸收部位主要在十二指肠和空肠上段的黏膜。食物中的铁以血红素铁和非血红素铁两种形式存在，前者主要来源于含血红蛋白的动物食品，后者多来源于植物性食品。血红素铁肠道中经酶解与蛋白分离，血红素经转运蛋白进入小肠细胞，在细胞内再通过血红素氧化酶的作用，分解为原卟啉和二价铁，其后进入共同吸收途径。血红素铁不被络合，吸收不受食物中其他成分的影响，吸收率高。非血红素铁则以亚铁的形式被吸收。食物中的 Fe^{3+} 在铁还原酶十二指肠细胞色素 b 作用下转变为 Fe^{2+}，再通过二价金属离子转运蛋白-1（DMT-1）转运入肠上皮细胞内，一部分成为细胞内储存铁，另一部分则通过细胞基底侧膜铁转运蛋白 1（IREG1）携带穿过细胞膜并被重新氧化成 Fe^{3+}，再与血浆转铁蛋白结合，经血液循环输送到机体各处。非血红素铁的吸收受较多因素影响，吸收率较低。

小肠铁吸收率主要由 DMT-1 和 IREG1 调控。铁调素（hepcidin）是肝脏合成的一种 25 个氨基酸残基的有抗菌活性的多肽，近年发现其在维持铁稳态中具有重要作用。铁调素与 IREG1 结合后诱导其降解，从而减少肠上皮细胞的铁输出。目前，对铁调素转录水平具体调控机制的认识仍不完全清楚,但当铁储备降低或红系造血铁需求增多时,铁调素生成减少,铁吸收率增加,反之,铁调素生成增多,铁吸收率下降。慢性感染等病理状态下,炎症因子 IL-1、IL-6 等可诱导肝脏铁调素的分泌,导致铁利用障碍。

食物中铁的吸收和利用受多种因素的影响和调控。不同饮食状态下非血红素铁的吸收可相差 10 倍之大。青少年、妊娠期妇女的铁吸收量较大,老年人的铁吸收能力明显减退。体内铁储存量多时,铁在肠道内的吸收减少,铁缺乏时则相反。胃酸能防止不溶性氢氧化铁的形成,有利于铁的吸收。蔬菜和谷类食物中的非血红素铁多为高铁化合物,易与草酸盐、植酸盐、磷酸盐等形成不溶性复合物,影响铁的吸收。鞣酸(茶叶富含,与铁结合形成不可溶的鞣酸铁)和多酚(含于茶叶,咖啡和某些豆科植物)抑制铁吸收。维生素 C 等还原剂(将 Fe^{3+} 还原为 Fe^{2+})和动物性蛋白(中间消化产物与无机铁形成可溶性复合物)可促进铁的吸收;而氧化剂、某些金属制剂可延缓铁的吸收。

(二)铁的转运

铁在体内的转运是通过转铁蛋白(transferrin)实现的。转铁蛋白是由肝细胞合成的一种 β-球蛋白,血浆浓度约为 2.5g/L,其主要功能是将 Fe^{3+} 转运至骨髓的幼红细胞或其他需铁的组织细胞。带有 Fe^{3+} 的转铁蛋白与细胞表面的特异性转铁蛋白受体(TfR)结合形成复合物,继而经胞吞作用进入细胞内。在囊泡内酸性条件下,Fe^{3+} 再次还原为 Fe^{2+},并与转铁蛋白分离。Fe^{2+} 在线粒体上参与血红素的合成,剩余部分可与蛋白结合形成细胞内铁蛋白储存备用。脱铁的转铁蛋白和 TfR 则返回细胞膜,转铁蛋白排至血浆,继续其功能。TfR 数目依幼红细胞发育阶段而不同,幼红细胞出现血红蛋白合成后 TfR 明显增多,而成熟红细胞时 TfR 消失,是细胞调节铁摄取的主要机制。细胞膜的 TfR 可脱落入血,其血浆浓度与红系造血活性呈正相关,浓度升高是机体缺铁的敏感指标。转铁蛋白能够结合铁的数量称为总铁结合力(total iron-binding capacity,TIBC)。正常人血浆铁浓度平均约为 18μmol/L(1000μg/L),而总铁结合力约为 56μmol/L(300μg/dL)。因此,正常情况下只有 1/3 的运铁蛋白铁结合位点被占据,即转铁蛋白饱和度约为 33%。

(三)铁的储存

体内,铁以铁蛋白和含铁血黄素的形式储存。铁蛋白包含的铁为三价高铁多聚体。铁蛋白存在于机体的所有细胞。血浆中含有微量铁蛋白,且与体内铁的储存量密切相关,是一项反映机体铁储备较敏感的实验室指标。生理状态下,含铁血黄素则主要位于骨髓、肝和脾的单核巨噬细胞系统中,可能是变性铁蛋白的聚合体或结晶体,含铁量不定(29% ±8%)。当铁代谢平衡时,储存铁很少动用,更新缓慢。当机体铁需求量增加时,储存铁的动员增加。

(四)铁的排泄

正常情况下,人体每日仅排泄和丢失极少量的铁,主要是伴随体细胞(如胃肠道上皮细胞、泌尿生殖道上皮细胞、皮肤细胞)脱落而排出,因此人体内铁含量的调控主要是经铁吸收来实现的。正常男性每天铁排泄量约为 0.5~1.0mg。育龄期妇女因月经铁丢失较多,每日平均排铁约为 1.0~1.5mg。哺乳每天可排泄 1mg 铁。

【病因和发病机制】 铁的吸收和排泄保持动态平衡。铁缺乏主要是长期存在负铁平衡的结果,其发生原因多种多样。

(一)铁摄入不足和需求增加

为维持铁平衡,饮食铁每日建议摄取量成年男性为 5~10mg,女性为 7~20mg。摄入减少的原因包括饮食含量不足和吸收障碍。除长期素食者和特殊情况外,铁摄入不足多因需求增加和吸收障碍所致。铁吸收障碍见于胃酸缺乏、胃切除术后、慢性萎缩性胃炎及其他胃肠道疾病。胃酸缺乏不利于使食物中 Fe^3 还原为 Fe^{2+},以及胃大部切除术后,食物不经过十二指肠而快速进入空肠使铁吸收减少。慢性腹泻或吸收不良综合征的患者、服用某些药物如制酸药和质子泵抑制剂也可影响铁的吸收。茶因含鞣酸和多酚,也不利于铁的吸收。婴幼儿和青少年由于生长发育迅速,对铁的需求量增加;月经期妇女每次月经的失血量约为 40~60ml,相当于丢失铁 20~30mg,因此对铁的需求量也较大;妊娠期和哺乳期妇女由于需供给胎儿铁、分娩时失血、乳汁丢失铁等原因对铁的需要也明显增加。以上高危人群如食物结构不均衡合理容易发生铁缺乏。

（二）铁丢失过多

慢性失血是 IDA 最常见的病因。失血 1ml 丢失铁 0.5mg。慢性失血的原因众多,详见表6-3-1。其中,胃肠道慢性失血是男性和绝经后的妇女 IDA 的最常见病因,而由于子宫内置节育环、子宫肌瘤等原因导致的月经量过多是月经期妇女 IDA 的主要原因。反复发作的咯血和肺泡出血也可导致 IDA。慢性或反复的血管内溶血时,铁随血红蛋白尿排出,从而造成缺铁。反复献血者也可能发生铁缺乏,应引起注意。

IDA 除血红蛋白合成减少外,铁依赖性酶类的活性亦降低,因此铁缺乏将造成机体多方面的功能紊乱。

表 6-3-1　缺铁性贫血的病因

铁摄入减少		铁丢失过多	铁需求增加
饮食不足	胃肠道出血	月经过多	妊娠
吸收障碍	消化性溃疡	过度献血	哺乳
胃酸缺乏	痔疮	慢性血管内溶血	婴幼儿
胃手术后	恶性肿瘤	阵发性睡眠性血红蛋白尿症	
胃肠道疾病	口服非类固醇抗炎药	机械性溶血(如人造心瓣膜)	
	裂孔疝	原发性肺含铁血黄素沉着病	
	憩室病	出血性疾病	
	溃疡性结肠炎	慢性肾衰竭和血液透析	
	肠息肉	疟疾	
	钩虫病		
	血管异常		

【临床表现】　IDA 的临床表现由原发病、贫血和组织细胞中铁依赖性酶/辅酶活性降低所导致的代谢功能紊乱三方面组成。

1. 原发病表现　如妇女月经过多、消化性溃疡、肠道寄生虫感染、肿瘤等,可具有相应的原发病表现。

2. 贫血表现　多数 IDA 发生隐匿,进展缓慢,由于机体的代偿能力,早期患者可无自觉症状,多在评估原发病或常规体检的过程中被发现。如血红蛋白水平进一步下降,患者则表现出贫血的相关症状,如皮肤黏膜苍白、乏力、易倦、头晕、头痛、耳鸣、眼花、心悸、气短等。

3. 组织细胞缺铁表现　IDA 的黏膜损害较常见,易出现口角炎、舌炎、舌乳头萎缩、慢性萎缩性胃炎等,吞咽困难或吞咽时有梗阻感(Plummer-Vinson 综合征)是铁缺乏的特殊表现之一。缺铁后,外胚叶组织营养障碍可表现为毛发干枯脱落、指甲缺乏光泽、变薄、变平、甚至呈反甲或匙状甲。缺铁可影响小儿生长发育,导致心理行为障碍,如易激惹、注意力不集中等。由于缺铁引起机体细胞免疫功能下降,感染发生率可能上升。一些患者可出现异食癖。

【实验室和辅助检查】

（一）血象

呈小细胞低色素性贫血,MCV<80fl,MCH<26pg,MCHC<32%。血片中可见红细胞大小不一,体积小者多见,其中心淡染区扩大。网织红细胞计数正常或轻度增多。白细胞和血小板计数大多在正常范围,成人因慢性失血导致 IDA 者,可见血小板计数增高。

（二）骨髓象

骨髓增生活跃,以红系增生为主。幼红细胞体积较小,边缘不整齐,胞浆区变窄,而胞核染色质致密,有血红蛋白形成不良的表现。粒系和巨核系细胞通常无显著改变。在有明确缺铁病史和其他实验室指标支持时,骨髓检查并非诊断 IDA 所必需。

(三) 铁代谢检查

血清铁<8.95μmol/L。总铁结合力多升高,>64.44μmol/L。转铁蛋白饱和度降低<15%。血清铁蛋白是反映机体铁储备的敏感指标,IDA 时降低(<14μg/L),但在伴有感染、炎症或肿瘤等病理状态时可不降低,甚至升高。骨髓涂片铁染色用于评估骨髓储存铁,是诊断 IDA 既敏感又可靠的方法,IDA 时,骨髓涂片经亚铁氰化钾染色后,骨髓小粒中无深蓝色的含铁血黄素颗粒,幼红细胞内铁小粒减少或消失,铁粒幼细胞<15%。

(四) 红细胞游离原卟啉和锌原卟啉

铁缺乏时,大量原卟啉不能与铁结合成为血红素,以游离原卟啉(FEP)的形式积累在红细胞内,或与锌原子络合成锌原卟啉(ZPP)。FEP>0.9μmol/L(全血),ZPP>0.96μmol/L(全血),FEB/Hb>4.5μg/g Hb,均提示血红素合成障碍。

(五) 血清转铁蛋白受体

脱落入血的 sTfR 是反映红细胞内缺铁的指标,铁缺乏时异常升高。

【诊断和鉴别诊断】

(一) 诊断

IDA 的诊断应包括 IDA 的诊断和病因诊断两部分。

1. **IDA 的诊断** 在 IDA 渐进性发病过程中,早期 ID 期,血清铁蛋白下降,骨髓小粒可染铁减少或消失,但血红蛋白和血清铁尚正常。在 IDE 期,运铁蛋白饱和度<15%,红细胞 FEP 和血液 ZPP 升高,但血红蛋白仍在正常水平。IDA 期缺铁继续加重,血红蛋白低于正常,呈典型的小细胞低色素性贫血,MCV<80fl,MCH<26pg,MCHC<32%。

2. **病因诊断** 根据病史,体检和实验室检查 IDA 的诊断并不困难,需强调的是在确立诊断后,应进一步查找病因或原发病。

(二) 鉴别诊断

主要应与其他小细胞低色素性贫血相鉴别。

1. **珠蛋白生成障碍性贫血** 即海洋性贫血,因珠蛋白链合成减少或缺乏引起溶血性贫血,属遗传性疾病。患者以溶血、无效红细胞生成和小细胞低色素性贫血为特点,有家族史,查体常见脾肿大,血涂片可见靶形红细胞,血红蛋白电泳见异常血红蛋白带,血清铁、铁蛋白和转铁蛋白饱和度不降低。

2. **慢性病性贫血** 常见病因有慢性感染性、炎症和肿瘤所导致的贫血。大部分患者表现为正细胞正色素性贫血,但有小部分表现为小细胞低色素性贫血。其血清铁、总铁结合力下降,血清铁蛋白升高,骨髓中铁粒幼细胞减少。因 hepcidin 升高抑制了铁从巨噬细胞内转运入血浆,所以巨噬细胞内铁增多。

3. **铁粒幼细胞性贫血** 系铁失利用性贫血,分为先天性和获得性两类。特点为骨髓中存在大量环形铁粒幼细胞,计数>15%时有诊断意义。患者血清铁和铁蛋白水平升高。

【治疗】 IDA 治疗原则是:根除病因、补足贮铁。

(一) 病因治疗

尽可能去除导致 IDA 的原发病,是根治贫血、防止复发的关键所在。如月经过多引起的 IDA 应妇科就诊调理月经;寄生虫感染引起的 IDA 应驱虫治疗;恶性肿瘤患者应接受手术或放、化疗等。

(二) 铁剂治疗

治疗用铁剂分为有机铁和无机铁两类。无机铁以硫酸亚铁最为多用,有机铁则包括葡萄糖酸亚铁、富马酸亚铁、右旋糖酐铁、琥珀酸亚铁和多糖铁复合物等。有机铁的吸收和胃肠道反应均优于无机铁。

补铁治疗首选口服铁剂。每日剂量以元素铁 150～200mg 为宜,如硫酸亚铁 300mg,右旋糖酐铁 150mg,分 2～3 次口服。口服铁剂的主要不良反应为胃肠道刺激症状,如恶心、胃部烧灼感、胃肠痉挛及腹泻等,餐中或餐后服用铁剂、从小剂量开始和调整治疗剂型可减轻患者的不良反应,提高治疗的耐受性。此外,治疗期间应注意饮食结构,鱼、肉、维生素 C 可加强铁的吸收,而谷类、乳类和茶则会抑制铁的吸收。口服铁剂有效者首先表现为外周血网织红细胞的上升,7～10 天左右达到高峰,2 周后血红蛋白浓度明显上升,6～8 周后可达到正常水平。在血红蛋白恢复正常后,铁剂治疗仍需继续 4～6 月,待铁蛋白恢复后再停药,以补充体内应有的铁储备。对疗效不佳的患者应重新评估病情。

对于存在以下情况的 IDA 患者,还可以改为肠外铁剂治疗。口服铁剂出现严重的消化道反应,无法耐受;原有消化道疾病如消化性溃疡、溃疡性结肠炎、节段性肠炎等,口服铁剂后病情加重;存在消化道吸收障碍的患者,如胃十二指肠切除术后、慢性腹泻或吸收不良综合征等;严重的 IDA 患者需要在短时间内迅速提高血红蛋白水平者,如妊娠晚期;长期进行血液透析而导致 IDA 的患者。但是,注射铁剂治疗除可导致注射部位疼痛、局部淋巴结肿痛外,还可发生低血压、心动过速、肌肉疼痛、荨麻疹等不良反应,严重者可发生过敏性休克。因此,选择肠外铁剂治疗必须慎重。注射铁剂治疗的总铁量可按以下公式计算,补铁总剂量(mg)=[标准血红蛋白浓度−患者血红蛋白浓度(g/L)]×体重(kg)×0.24+铁储存量(500～1000mg)。蔗糖铁和右旋糖酐铁是最常用的注射用铁剂。右旋糖酐铁每毫升含铁 50mg,需深部肌肉注射。首次给药以 0.5ml 作为试验剂量,观察 1 小时后如无过敏反应再给予足量治疗,第一天为 50mg,此后,每日或隔日 100mg,直至完成预定补铁总量。

【预防】　重点是加强高发人群,如婴幼儿、育龄期妇女的营养保健工作,同时做好肿瘤性疾病和慢性出血性疾病的早期诊断和治疗。

【预后】　对于大多数 IDA 患者而言,补充铁剂治疗可使血红蛋白较快的恢复正常,但其长期预后则取决于是否能根治原发病。

(吴德沛)

推荐阅读文献

1. Kaushansky K,Lichtman MA,Beutler E,et al. Williams Hematology. 8th ed. McGraw-Hill Companies,2010
2. Zhu A,Kaneshiro M,Kaunitz JD. Evaluation and treatment of iron deficiency anemia:a gastroenterological perspective. Dig Dis Sci,2010,55:548-559
3. DeLoughery TG. Microcytic anemia. N Engl J Med,2014,371:1324-1331

第四章　巨幼细胞贫血

要点：

1. 巨幼细胞贫血是一种主要由叶酸和（或）维生素 B_{12}（$VitB_{12}$）缺乏所致的大细胞性贫血。

2. 叶酸和 $VitB_{12}$ 均为 DNA 合成过程中的重要辅酶，缺乏时将造成细胞 DNA 合成障碍，是巨幼细胞贫血的病理生理基础。

3. 叶酸和（或）$VitB_{12}$ 治疗有特效。单用叶酸需慎重，因可能加重 $VitB_{12}$ 缺乏患者的神经系统表现。

巨幼细胞贫血（megaloblastic anemia）是由于血细胞脱氧核糖核酸（DNA）合成障碍所致的一种大细胞贫血，其特征是骨髓中红细胞和髓细胞系出现"巨幼变"（megaloblastic changes）。叶酸和（或）维生素 B_{12}（vitamin B_{12}，$VitB_{12}$）参与细胞核 DNA 的合成，一种或两种的缺乏是最常见的病因。叶酸和 $VitB_{12}$ 缺乏所致的细胞核发育障碍并非局限于造血细胞，而是一种全身性改变。$VitB_{12}$ 缺乏可影响神经系统。国内巨幼细胞贫血以营养性为多见，其中又以叶酸缺乏者为主。恶性贫血（pernicious anemia）是由于体内内因子缺乏或存在抗体所致的 $VitB_{12}$ 吸收障碍，与遗传因素和人种有关，欧美国家白人常见。

【叶酸和 $VitB_{12}$ 的代谢和功能】

（一）叶酸的代谢和功能

叶酸又称蝶酰谷氨酸，由蝶啶、对氨基苯甲酸和 L-谷氨酸组成，属水溶性 B 族维生素。正常成人每日需要量约为 $200\mu g$，妊娠期和哺乳期妇女的每日需要量明显升高。人体自身不能合成叶酸，如补充不足，极易发生叶酸缺乏。叶酸以多聚谷氨酸盐的形式广泛存在于植物和动物来源食物中，如新鲜蔬菜、水果、肉类、动物肝肾等。叶酸主要在空肠近端吸收。多聚谷氨酸盐叶酸须经γ谷氨酰胺羧肽酶作用分解为单谷氨酸盐后才能被吸收，细胞内再经酶还原为四氢叶酸（FH_4），继而被转变为 N^5-甲基 FH_4，经门静脉入血。血浆中，N^5-甲基 FH_4 与白蛋白松散结合，通过细胞表面叶酸受体结合进入组织细胞。在细胞内，N^5-甲基 FH_4 需再次转化为 FH_4 才能发挥生物功能，或转变为多聚谷氨酸盐储存于细胞内，并发挥其辅酶活性。人体的叶酸储存量约为 $5 \sim 10mg$，主要以多聚谷氨酸盐的形式储存于肝脏。叶酸及其代谢产物主要由肾脏排泄，少量由胆汁排泄。胆汁中的叶酸可被肠道再吸收，构成了叶酸的肠肝循环。

细胞内的叶酸通过 $VitB_{12}$ 依赖性蛋氨酸合成酶作用形成 FH_4，后者是叶酸的生物活性形式。FH_4 是分子间一碳单位转移的辅酶。携带不同一碳单位的四氢叶酸参与机体多种生物合成过程，如嘌呤合成、同型半胱氨酸转变为蛋氨酸以及尿嘧啶脱氧核糖核酸转变为胸腺嘧啶核苷酸等。前者是红细胞生成过程中 DNA 合成的速率限制性因素。因此，叶酸缺乏可造成 DNA 合成障碍，细胞核发育迟缓，落后于细胞质发育，导致巨幼细胞贫血。

（二）维生素 B_{12} 的代谢和功能

$VitB_{12}$ 又称钴胺素。人体内，$VitB_{12}$ 以甲基钴胺素的形式存在于血浆中，以 5-脱氧腺苷钴胺素的形式储存于肝脏等器官中。成人每日需要量为 $1 \sim 2\mu g$，在生长发育期、妊娠期和高代谢状态下，其需要量增加。人体不能合成 $VitB_{12}$，所需主要依靠动物性食品提供，如动物肝肾、肉、鱼、蛋类和乳制品等。因此，长期素食者较易发生 $VitB_{12}$ 缺乏。食物中的 $VitB_{12}$ 在胃内经胃酸、胃蛋白酶消化后释放。胃内酸性环境中，$VitB_{12}$ 首先与壁细胞合成的 R-蛋白形成复合物。进入十二指肠后，在胰蛋白酶的作用下，$VitB_{12}$ 从复合物中被释放出来，并再次与由贲门和胃底黏膜壁细胞合成、分泌的内因子形成内因子-$VitB_{12}$ 复合物。回肠末端，该复合物与位于肠黏膜细胞表面的受体结合，经胞饮作用进入细胞。在胞内 $VitB_{12}$ 与转钴蛋白 II 结合，继而进入门静脉并转运至全身各组织。成人体内 $VitB_{12}$ 的储存量约为 $3 \sim 5mg$，大部分储于肝脏。$VitB_{12}$ 排泄甚少，主要经尿液和粪便排出。与叶酸类似，经胆汁排出的 $VitB_{12}$ 大部分在肠道被再吸收，形成肠肝循环。此外，泪液、唾液和乳汁亦可排出极少量的 $VitB_{12}$。

$VitB_{12}$ 作为辅酶参与多种酶反应。在哺乳动物已确定有两种 $VitB_{12}$ 依赖性酶反应。一种是由同型半胱氨酸合成蛋氨酸，又称甲基同型半胱氨酸。在该反应中，$VitB_{12}$ 由甲基叶酸获取甲基，转变成甲基 $VitB_{12}$，然后再将甲基传递给同型半胱氨酸，使其转变为甲基同型半胱氨酸。维生素 B_{12} 缺乏时，上述转甲基反应受阻，甲基叶酸不能转变为合成胸苷酸所需的辅酶形式 $N^{5,10}$-亚甲基 FH_4，从而导致 DNA 合成障碍和巨幼细胞贫血。另一种是将甲基丙二酰辅酶 A 转变为琥珀酰辅酶 A。$VitB_{12}$ 缺乏造成丙二酰辅酶 A 的堆积，影响神经髓鞘形成，从而出现神经系统症状。

【病因和发病机制】

（一）病因

常见导致叶酸和 $VitB_{12}$ 缺乏的原因如下：

1. **叶酸缺乏**   ①摄入不足：由于体内叶酸储存量少，摄入量不足 $3 \sim 4$ 个月后，即可出现叶酸缺乏的临床表现。偏食、食物中缺乏新鲜蔬菜、过度烹煮等均能导致食物中叶酸含量不足。人工喂养不当或用羊乳哺养的婴儿易发生叶酸缺乏。②吸收不良：病因包括小肠炎症、肿瘤、热带口炎性腹泻、小肠短路形成或切除术后等；乙醇可影响叶酸的吸收，酗酒特别是伴有肝硬化者易发生叶酸缺乏。③需求增加：见于生长快速的婴幼儿、妊娠、慢性炎症及感染、恶性肿瘤、慢性溶血性疾病和甲状腺功能亢进等情况。长期接受血液透析者，叶酸自透析液中丢失，因此需要量也相应增加。④利用障碍：多种药物可干扰叶酸的代谢和利用（表6-4-1）。

表 6-4-1   可引起巨幼细胞贫血的药物

分　类	药　物　名　称
影响叶酸代谢	
二氢叶酸还原酶抑制剂	甲氨蝶呤、氨蝶呤
嘌呤类似物	巯嘌呤、硫鸟嘌呤、阿昔洛韦
嘧啶类似物	氟尿嘧啶、5-氮杂胞苷、齐多夫定
核苷酸还原酶抑制剂	羟基脲、阿糖胞苷
抗惊厥药	苯妥英、苯巴比妥、扑痫酮
其他	口服避孕药、格鲁米特、环丝氨酸、卡马西平、柳氮磺吡啶等
影响 $VitB_{12}$ 代谢	对氨水杨酸、二甲双胍、苯乙双胍、奥美拉唑、秋水仙碱、新霉素

2. **$VitB_{12}$ 缺乏**   ①摄入减少：与叶酸不同，体内 $VitB_{12}$ 贮备丰富，营养性 $VitB_{12}$ 缺乏极少见，主要发生于严格的素食者。②吸收障碍：是 $VitB_{12}$ 缺乏最常见的原因。内因子缺乏见于全胃（胃大部）切除术后和恶性贫血（患者体内存在抗壁细胞抗体和抗内因子抗体），因为无法形成内因子-$VitB_{12}$ 复合物，造成 $VitB_{12}$ 吸收障碍；回肠切除、节段性回肠炎、盲袢综合征、口炎性腹泻、浸润

性小肠疾病、肠道寄生虫感染等肠道疾患亦可影响 VitB$_{12}$的吸收。③利用障碍:多种药物可影响钴胺代谢。此外,麻醉用药氧化亚氮(N_2O)可抑制甲硫氨酸合成酶的作用,造成 VitB$_{12}$缺乏状态,可引起急性巨幼细胞贫血。④其他原因:包括慢性胰腺疾病和长期血液透析等。先天性转钴胺蛋白Ⅱ缺乏是一种常染色体隐性遗传性疾病,可影响 VitB$_{12}$的转运。

(二)发病机制

叶酸和 VitB$_{12}$都是 DNA 合成过程中的重要辅酶,缺乏时导致 DNA 合成障碍。叶酸的活性形式 N^5-甲基 FH$_4$ 和 N^5,N^{10}-甲烯基 FH$_4$ 作为辅酶为 DNA 合成提供一碳基团,参与细胞内脱氧尿苷酸(dUMP)甲基化形成脱氧胸苷酸(dTMP),并继而形成脱氧胸苷三磷酸(dTTP)的过程。叶酸缺乏时,dTTP 形成减少,DNA 合成障碍、复制延迟。由于 RNA 的合成所受影响较小,细胞内 RNA/DNA 比值增大,胞核发育滞后于胞质,形成了巨幼变。受累的细胞不能正常分化发育成熟,大部分在骨髓中原位破坏或凋亡,即无效造血。DNA 的合成障碍也可累及其他增生迅速的非造血组织细胞,如黏膜上皮组织,影响口腔和胃肠道的正常功能。

VitB$_{12}$缺乏导致同型半胱氨酸转变为蛋氨酸的过程受阻,甲基四氢叶酸无法形成四氢叶酸和亚甲基四氢叶酸,间接影响了 DNA 的合成。此外,VitB$_{12}$缺乏还可引起神经精神异常,可能与其是 L-甲基丙二酰辅酶 A 变位酶的辅酶有关。VitB$_{12}$缺乏影响了甲基丙二酰辅酶 A 向琥珀酰辅酶 A 的转化,甲基丙二酰辅酶 A 和丙酰辅酶 A 蓄积,并掺入髓鞘中,干扰神经髓鞘的形成,最终引起神经系统病变。亦有研究显示 VitB$_{12}$缺乏导致的神经损害可能与多种甲基化基团代谢紊乱有关。

【临床表现】

1. **血液系统** 通常患者起病缓慢,特别是 VitB$_{12}$缺乏者。患者就诊时往往表现为中度至重度贫血。除贫血的一般表现,如乏力、易倦、头晕、活动后心悸气促等外,部分患者伴有轻度黄疸。可同时出现白细胞和血小板减少,但发生感染和出血者少见。

2. **消化系统** 除贫血直接作用外,DNA 合成障碍也可影响到增生旺盛的上皮细胞,如口腔黏膜、舌乳突、胃肠道黏膜的上皮细胞等。常见症状有食欲缺乏、腹胀、腹泻、便秘等,部分患者可发生舌炎、舌乳突萎缩,表现为舌质绛红(牛肉舌)、味觉消失,多见于恶性贫血。

3. **神经系统** 主要见于 VitB$_{12}$缺乏,特别是恶性贫血患者。有时神经系统症状出现早于贫血,而当其病情进展到晚期时,往往不能为治疗所逆转。病变可累及周围神经、脊髓和脑部。表现包括对称性手足麻木、深感觉障碍、共济失调、部分腱反射消失或亢进、锥体束征阳性等。轻度脑功能障碍常表现为善忘、定向力障碍和抑郁,严重者偶可出现妄想、幻觉及躁狂等精神异常症状。

4. **其他** 叶酸缺乏时可有体重下降;VitB$_{12}$缺乏时可出现皮肤色素改变。

【实验室和辅助检查】

1. **血象** 呈大细胞性(MCV>100fl)贫血,以红细胞分布宽度(RDW)增加为最初表现。血片中红细胞大小不等,出现数量不等的大椭圆形红细胞是其特征。红细胞正常中间苍白区消失,可见 Howell-Jolly 小体、嗜碱性点彩等改变,偶见有核红细胞。中性粒细胞核分叶过多,5%以上的中性粒细胞核分叶≥5 叶,是本病早期表现之一。由于病变幼红细胞易发生原位凋亡,导致网织红细胞增多常不明显。严重者可呈全血细胞减少。

2. **骨髓象** 有核细胞增生活跃,各系细胞均呈巨幼变特征,改变与贫血程度正相关。其中红系最为显著,各阶段细胞体积增大,细胞核发育较胞浆迟缓,易见双核或多核巨幼红细胞,并可见核畸形、核碎裂、Howell-Jolly 小体等改变。类似表现也可见于粒细胞和巨核细系,以晚幼粒细胞和杆状核粒细胞明显。

3. **生化检查** ①叶酸和 VitB$_{12}$测定:血清叶酸<6.81nmol/L,血清 VitB$_{12}$<75pmol/L,但因检测影响因素较多,单纯的叶酸或 VitB$_{12}$水平下降并不能作为确诊依据。红细胞叶酸水平测定能

较为准确地反映体内叶酸的储存量,<227nmol/L 时提示叶酸缺乏。②VitB$_{12}$吸收试验:亦称 Schilling 试验,有助于判断 VitB$_{12}$缺乏的原因。③血同型半胱氨酸和甲基丙二酸测定:两者水平同时上升提示 VitB$_{12}$缺乏,叶酸缺乏时只有同型半胱氨酸升高。④脱氧尿核苷抑制试验:叶酸和 VitB$_{12}$缺乏时阴性。⑤其他:因无效造血,红细胞在骨髓内破坏,间接胆红素可轻度升高;大多数患者血清乳酸脱氢酶及其他红细胞酶类的活性升高,治疗后降低,是判断疗效的良好指标;如不伴有缺铁,多数患者血清铁升高,骨髓内外铁正常或轻度增多;恶性贫血患者胃液分析呈真性胃酸缺乏,营养性叶酸和 VitB$_{12}$缺乏在有效治疗后,胃酸可恢复正常;约半数恶性贫血患者可检出内因子抗体。

【诊断和鉴别诊断】

1. **诊断**详细的病史采集有助于判断诱因或基础疾病。结合相应症状和体征,如实验室检查符合大细胞性贫血,中性粒细胞核分叶过多,骨髓各系细胞出现典型的巨幼变,一般可明确诊断。叶酸和 VitB$_{12}$水平测定可帮助诊断,并确定贫血类型。必要时可选择其他相关实验室检查明确病因。试验性治疗给予叶酸或 VitB$_{12}$,如 4~6 天后网织红细胞上升,有助于确立诊断。

2. **鉴别诊断包括**   ①其他可以引起全血细胞减少的疾病,如再生障碍性贫血;②血液学表现为巨幼变或大细胞贫血的疾病,如骨髓增生异常综合征、急性红白血病、甲状腺功能减低、肿瘤化疗后等;③VitB$_{12}$缺乏时导致的神经系统症状应与其他脱髓鞘疾病鉴别。

【治疗】

1. **原发病治疗**   有诱因或基础疾病者应积极去除病因。

2. **叶酸治疗**   一般选用口服制剂,5~10mg,每日三次。胃肠道吸收障碍者,可肌肉注射四氢叶酸钙,直至血红蛋白恢复至正常水平。

3. **VitB$_{12}$治疗**   初始肌肉注射 VitB$_{12}$100μg,每日一次,2 周后可改为每周一次,直至血象恢复正常。有神经系统受累者宜给予较大剂量(每日 500~1000μg)。对非吸收障碍者,后期治疗可给予等剂量口服药物。患有出血疾病如血友病可采用口服制剂。全胃切除或恶性贫血患者需终生维持治疗,VitB$_{12}$100μg 肌肉注射,每月一次。

如不能确定是何种维生素缺乏,应同时补充叶酸和 VitB$_{12}$,因 VitB$_{12}$缺乏患者单用叶酸后虽可缓解贫血但会加重神经系统损伤。叶酸或 VitB$_{12}$治疗后,患者网织红细胞在 4~6 天内即见上升,10 天左右达高峰,骨髓细胞巨幼变亦迅速改善,伴以血红蛋白的逐步恢复。大多数患者血象在 1~2 个月内恢复正常。如病情恢复不满意,应注意查找原因并加以纠正(如伴有缺铁,应补充铁剂)。

【预防】   加强营养知识的宣传教育,改善膳食质量,纠正偏食和不良烹调习惯,有助于营养性巨幼细胞性贫血的预防。易发人群如婴幼儿和孕妇尤其需注意合理饮食。孕期补充叶酸还可以明显降低胎儿神经管发育缺陷的发生。

【预后】   如及时诊断和治疗,多数患者恢复快,预后良好。VitB$_{12}$缺乏导致的神经系统损伤恢复较慢。

(吴德沛)

推荐阅读文献

1. Kaushansky K, Lichtman MA, Beutler E, et al. Williams Hematology. 8th ed. McGraw-Hill Companies, 2010
2. Stabler SP. Clinical practice. Vitamin B$_{12}$ deficiency. N Engl J Med, 2013, 368:149-160

第五章　溶血性贫血

要点：

1. 溶血性贫血是由于红细胞寿命缩短，骨髓造血功能失代偿而造成的贫血。

2. 溶血性贫血的病因和发病机制纷繁复杂，大体分为红细胞固有或内在缺陷和外部因素异常两大类。前者多为先天性，后者则引起获得性溶血。

3. 患者的临床表现主要取决于溶血的程度、速率、持续时间及心肺代偿能力和基础疾病，可有明显的差别。贫血、黄疸和脾肿大是慢性血管外溶血的特征，出现血红蛋白尿则提示血管内溶血。

4. 应根据溶血性贫血的病因针对性地进行治疗。

第一节　概　　述

溶血性贫血（hemolytic anemia）是由于红细胞破坏速率增加（寿命缩短），超过骨髓造血的代偿能力而发生的贫血。骨髓有 6 ~ 8 倍的红系造血代偿潜力。如红细胞破坏速率在骨髓的代偿范围内，则虽有溶血，但不出现贫血，称为溶血状态（hemolytic state）。正常红细胞的寿命约 120 天，只有在红细胞的寿命缩短至 15 ~ 20 天时才会发生贫血。根据溶血的速度、程度、部位和患者的代偿能力，患者的临床表现差别极大，自无明显症状直至危及生命的急重症不等。溶血性贫血占全部贫血的 5% 左右，可发生于各个年龄段。

【病因和发病机制】　溶血性贫血的根本原因是红细胞破坏加速，即红细胞寿命缩短。造成溶血的原因有 200 余种之多，大致可概括分为红细胞本身的内在缺陷和红细胞外部因素异常，前者除极个别例外，几乎全部是遗传性疾病，后者引起获得性溶血。

（一）红细胞内在缺陷

1. **红细胞膜缺陷**　红细胞膜是双层磷脂结构，其间镶嵌着多种膜蛋白，包括红细胞抗原、受体及转运蛋白等，其中有一类称为细胞骨架蛋白，其功能是相互连接，形成网络支架结构，维持红细胞的正常形态和变形性。主要的细胞骨架蛋白有膜收缩蛋白包括 α-收缩蛋白和 β-收缩蛋白、锚蛋白、带 3 蛋白、蛋白 4.1、蛋白 4.2 及肌动蛋白（actin）等。细胞骨架蛋白量和（或）质的缺陷以及蛋白之间相互作用的异常可造成红细胞膜支架异常，红细胞不能维持正常的双凹盘形状，出现各种异常的细胞几何形状变化和膜生化物理特性的改变。不同膜蛋白缺陷造成相应的几何形状的红细胞，如球形红细胞和椭圆形红细胞等（表 6-5-1）。

2. **红细胞酶缺陷**　因成熟红细胞丧失了细胞核、线粒体和核糖体，故不能继续合成蛋白和进行氧化磷酸化反应。然而，红细胞需要维持活跃的代谢，以保持其柔韧性、膜完整性和血红蛋白生理功能的完成。上述功能的完成有赖于红细胞所含的酶类及其参与的代谢过程。葡萄糖是红细胞能量代谢的主要底物。红细胞内葡萄糖代谢有两条主要途径：糖酵解途径和磷酸己糖旁路途径。前者是红细胞能量产生途径，而后者是红细胞的保护途径。在正常情况下，约 90%

表 6-5-1   膜蛋白缺陷及其相应疾病

受累膜蛋白	疾病	注　解
锚蛋白	HS	典型 HS 最常见突变
带 3 蛋白	HS,SAO	在未切除脾患者血涂片中可见蘑菇形球形红细胞
α-收缩蛋白	HS,HE,HPP	典型 HE 最常见突变
β-收缩蛋白	HS,HE,HPP	在未切除脾患者血涂片中可见棘球形红细胞
蛋白 4.1	HE	HE 的非常见突变
蛋白 4.2	HS	常见于日本隐性遗传的 HS

注:HS:遗传性球形红细胞增多症
HE:遗传性椭圆形红细胞增多症
HPP:遗传性热异形红细胞增多症
SAO:东南亚卵形红细胞增多症

的葡萄糖通过糖酵解途径代谢,产生 ATP,为维持红细胞膜功能和各种生物反应提供能量。该途径酶缺陷可造成红细胞能量来源不足,导致细胞膜功能异常,产生溶血,其典型代表是丙酮酸激酶缺乏症。虽然只有 5% ~10% 葡萄糖通过磷酸己糖旁路途径代谢,但这是红细胞产生还原型烟酰胺腺嘌呤二核苷酸磷酸的唯一来源。NADPH 是谷胱甘肽代谢的重要辅酶。还原型谷胱甘肽是保护细胞免受氧化损伤的重要生理物质。磷酸己糖旁路代谢缺陷的结果造成还原型谷胱甘肽的减少,细胞易受氧化损伤,发生溶血。葡萄糖-6-磷酸脱氢酶(glucose-6-phosphate dehydrogenase,G-6-PD)缺乏症是最常见的单磷酸己糖旁路代谢缺陷所致的遗传性溶血性贫血。成熟红细胞自身不能合成嘌呤和嘧啶,但却含有多种核苷酸代谢酶。某些嘌呤及嘧啶代谢酶异常可引起溶血性贫血。已发现 20 余种红细胞酶缺陷与溶血有关。

3. **珠蛋白异常**　分为珠蛋白肽链结构异常(异常血红蛋白病)和肽链合成异常(珠蛋白生成障碍性贫血)两类。造成溶血的机制是异常血红蛋白在红细胞内易形成聚合体、结晶体或包涵体,造成红细胞的柔韧性和变形性降低,通过单核-巨噬细胞系统特别是脾脏时破坏增加。

(二) 红细胞外部因素异常

1. **免疫性因素**　免疫性溶血是抗原抗体介导的红细胞破坏。抗体分为 IgG 和 IgM 两种,通过不同的机制介导溶血。IgG 抗体致敏的红细胞可直接被巨噬细胞识别(IgG Fc 受体结合),造成溶血,而 IgM 抗体包被的红细胞则通过补体系统激活而引起溶血。根据抗体的最佳活动温度分为温抗体型抗体和冷抗体型抗体,临床上以前者引起的溶血为常见。抗体介导的溶血可为自身免疫或同种异体免疫攻击的结果。

2. **非免疫性因素**　①物理和创伤性因素:如烧伤、人工心脏瓣膜、微血管病性溶血性贫血(microangiopathic hemolytic anemia)和行军性血红蛋白尿症等。②生物因素:多种感染可引起溶血,包括原虫和严重细菌感染。③化学因素:某些化学物质(包括药物)和毒物可以通过氧化或非氧化作用破坏红细胞。G-6-PD 缺乏症患者对氧化性物质特别敏感。某些毒蛇的蛇毒中含有溶血成分,被咬伤者可出现溶血。④其他:阵发性睡眠性血红蛋白尿症是一种获得性红细胞酶缺陷所致的溶血病。患者的受累红细胞对补体介导的溶血敏感性增高,造成血管内溶血。非免疫性溶血因素见表 6-5-2。

3. **溶血发生的场所**　根据溶血部位分为血管内溶血和血管外溶血,前者红细胞破坏发生在血循环中,后者发生在单核-巨噬细胞系统中。血管内溶血的典型特征是血红蛋白血症(hemoglobinemia)和血红蛋白尿(hemoglobinuria),慢性血管内溶血因为肾小管上皮重吸收血红蛋白代谢产物可出现含铁血黄素尿。血管外溶血主要发生于脾脏,临床表现一般较轻,可有血清游离血红素轻度升高,不出现血红蛋白尿。巨幼细胞性贫血等疾病时,骨髓的幼红细胞释放入外周血前可发生自发破坏,称为无效红细胞生成或原位溶血(hemolysis in situ),本质上也是一种血管外溶血。

表 6-5-2 溶血性贫血的病因和发病机制分类

遗传性	获得性
红细胞膜缺陷	**免疫性**
遗传性球形红细胞增多症	自身免疫性溶血性贫血（AIHA）
遗传性椭圆形红细胞增多性疾病	温抗体型 AIHA
普通型椭圆形红细胞增多症	特发性 AIHA
双重杂合子椭圆形红细胞增多症	继发性或症状性 AIHA
热异形红细胞增多症	药物诱发性 AIHA
球形椭圆形红细胞增多症	冷抗体型 AIHA
东南亚卵形红细胞增多症	冷凝集素综合征
遗传性口形红细胞性疾病	阵发性冷性血红蛋白尿症
口形红细胞增多症	血型不合输血
干瘪红细胞增多症	新生儿溶血病
中间型口形红细胞综合征	微血管病性溶血性贫血
遗传性棘形红细胞性疾病	溶血尿毒综合征
β 脂蛋白缺乏症	血栓性血小板减少性紫癜
McLeod 表型综合征	弥散性血管内凝血
红细胞酶缺陷	**恶性肿瘤诱发性**
磷酸己糖旁路和谷胱甘肽代谢酶异常疾病	化学治疗诱发性
葡萄糖-6-磷酸脱氢酶缺乏症	恶性高血压
谷胱甘肽还原酶缺乏症	物理或机械因素
谷胱甘肽过氧化物酶缺乏症	烧伤
谷胱甘肽合成酶缺乏症	人工心脏瓣膜
葡萄糖酵解途径酶异常疾病	行军性血红蛋白尿症
丙酮酸激酶缺乏症	生物或感染因素
其他葡萄糖酵解酶缺乏症	原虫感染
己糖激酶缺乏症	疟疾
磷酸葡萄糖异构酶缺乏症	弓形虫病
磷酸果糖激酶缺乏症	利什曼原虫病
磷酸丙糖异构酶缺乏症	锥虫病
磷酸甘油酸激酶缺乏症	巴贝虫病
磷酸果糖醛缩酶缺乏症	细菌感染
红细胞核苷酸代谢酶异常疾病	巴尔通体病
嘧啶 5'-核酸酶缺乏症	梭状芽胞杆菌败血症
腺苷脱氨酶增多症	霍乱
腺苷酸激酶缺乏症	伤寒
珠蛋白结构异常和合成障碍	**化学因素（包括药物、生物毒素）**
异常血红蛋白病	氧化性药物和化学物
镰状细胞贫血综合征	非氧化性药物和化学物
不稳定血红蛋白病	毒蛇咬伤
血红蛋白 M 病	毒蕈中毒
氧亲和力异常血红蛋白病	获得性膜缺陷
珠蛋白生成障碍性贫血	阵发性睡眠性血红蛋白尿症
	脾功能亢进

【分类】　溶血性贫血有多种临床分类方法。按发病和病情可分为急性溶血和慢性溶血。按溶血部位可分为血管内溶血和血管外溶血。临床意义较大的是按病因和发病机制分类(表6-5-2)。

【临床表现】　患者的临床表现主要取决于溶血的场所、程度、速率等及持续的时间以及心肺代偿能力和基础病。因上述因素的差异,不同类型溶血性贫血的临床表现可有明显的差别。虽然溶血性贫血的病种繁多,但具有某些相同特征。

慢性溶血多为血管外溶血,发病缓慢,表现贫血、黄疸和脾肿大三大特征。因病程较长,患者呼吸和循环系统往往对贫血有良好的代偿,症状较轻。溶血所致的黄疸多为轻至中度,不伴皮肤瘙痒。由于长期的高胆红素血症,患者可并发胆石症和肝功能损害。在慢性溶血过程中,由于某些诱因如病毒性感染,患者可发生暂时性红系造血停滞,持续1～3周,称为再生障碍性危象(aplastic crisis)。

急性溶血发病急骤,短期大量溶血引起寒战、发热、头痛、呕吐、四肢腰背疼痛及腹痛,继之出现血红蛋白尿。严重者可发生明显衰竭或休克。其后出现黄疸和其他严重贫血的症状和体征。

【实验室和辅助检查】　除一般的实验室贫血检查如CBC外,溶血性贫血还应根据需要进行筛检和特殊检查:①红细胞破坏增加的检查;②红系造血代偿性增生的检查;③针对不同溶血性贫血的特殊检查。前两者属于溶血筛查试验,后者用于确立病因和鉴别诊断。本节概述溶血性贫血的一般性检查(表6-5-3),特殊检查将在溶血性贫血疾病各论中讨论。检查的选择原则是首先进行筛查,待确定溶血后,再在初步判断病因的基础上有针对性的选用。

表6-5-3　溶血性贫血的一般实验室检查

红细胞破坏增加的检查	红细胞生成代偿性增生的检查
胆红素代谢(血游离胆红素升高)	网织红细胞计数(升高)
尿分析(尿胆原升高,胆红素阴性)	外周血涂片(出现有核红细胞)
血清结合珠蛋白(降低)	骨髓检查(红系造血增生)
血浆游离血红蛋白(升高)	红细胞肌酸(升高)
尿血红蛋白(阳性)	
尿含铁血黄素(阳性)	
乳酸脱氢酶(升高)	
外周血涂片(破碎和畸形红细胞升高)	
红细胞寿命测定(缩短,限于研究用)	

【诊断和鉴别诊断】

1. 诊断　贫血、黄疸和脾大是大多数慢性溶血的共同表现。实验室检查有红细胞破坏增多和红系造血代偿性增生的证据。出现血红蛋白尿则强烈提示急性血管内溶血。根据初步诊断再选用针对各种溶血性贫血的特殊检查,确定溶血的性质和类型。

2. 鉴别诊断　因溶血状态(代偿)和溶血性贫血(失代偿)均有溶血性黄疸和骨髓代偿性红系增生,故应与表现为黄疸伴或不伴有贫血的疾病相鉴别(表6-5-4)。

表6-5-4　需与溶血性贫血鉴别的疾病

贫血伴有网织红细胞增多	黄疸不伴贫血(尿胆红素阴性)
出血	胆红素结合障碍(如 Crigler-Najjar 综合征)
缺铁性贫血或巨幼细胞贫血的恢复期	新生儿高胆红素血症
黄疸伴贫血(尿胆红素阴性)	药物诱发性高胆红素血症
无效造血(骨髓内溶血)	家族性非溶血性黄疸(Gilbert 综合征)
体腔或组织内出血	

【治疗】 溶血性贫血是一组异质性疾病,其治疗应因病而异。正确的诊断是有效治疗的前提。下列是溶血性贫血的治疗原则。

1. 去除病因 获得性溶血性贫血如有病因可寻,去除病因后可望治愈。药物诱发性溶血性贫血停用药物后,病情可能很快恢复。感染所致溶血性贫血在控制感染后,溶血即可终止。

2. 成分输血 因输血在某些溶血性贫血可造成严重的反应,故其指征应从严掌握。阵发性睡眠性血红蛋白尿症输血后可能引起急性溶血发作。自身免疫性溶血性贫血有高浓度自身抗体者可造成配型困难。此外,输血后且可能加重溶血。因此,溶血性贫血的输血应视为支持或挽救生命的措施,应采用去白细胞成分输血,必要时采用洗涤红细胞。

3. 糖皮质激素和其他免疫抑制剂 主要用于免疫介导的溶血性贫血。糖皮质激素对温抗体型自身免疫性溶血性贫血有较好的疗效。环孢素和环磷酰胺对某些糖皮质激素治疗无效的温抗体型自身免疫性溶血性贫血或冷抗体型自身免疫性溶血性贫血可能有效。

4. 脾切除术 适用于红细胞破坏主要发生在脾脏的溶血性贫血,如遗传性球形红细胞增多症、对糖皮质激素反应不良的自身免疫性溶血性贫血、某些血红蛋白病及脾功能亢进,切脾后可不同程度的缓解病情。

5. 其他治疗 严重的急性血管内溶血可造成急性肾衰竭、休克及电解质紊乱等致命并发症,应予积极处理。某些慢性溶血性贫血叶酸消耗增加,宜适当补充叶酸。慢性血管内溶血增加铁丢失,证实缺铁后可用铁剂治疗。慢性长期溶血输血依赖者(如重型珠蛋白生成障碍性贫血)必须注意铁负荷过载,应在发生血色病(hemochromatosis)造成器官损害前进行预防性祛铁治疗。造血干细胞移植可应用于部分重型珠蛋白生成障碍性贫血和难治性阵发性血红蛋白尿症患者。基因治疗对于遗传性溶血性贫血具有潜在应用前景。

第二节 遗传性球形红细胞增多症

遗传性球形红细胞增多症(hereditary spherocytosis,HS)是一种红细胞膜先天性缺陷所致的溶血性贫血。临床特点为自幼发生的贫血、间歇性黄疸和脾肿大。不同患者病情程度可有较大变化。本病见于世界各地,国内亦屡有报道,但缺乏统计学数据。本病男女均可罹患。

【发病机制】 本病患者多为常染色体显性方式遗传,少数可为常染色体隐性遗传,前者多为杂合子(纯合子不能生存),后者可为纯合子或复合杂合子。无家族史的散发病例可能由基因突变所致。本病病理生理基础是细胞骨架异常。红细胞骨架是以膜收缩蛋白为主,通过与多种膜相关蛋白连接构成的网络状支架,紧贴红细胞双层磷脂膜的胞浆面,功能是维持红细胞正常形态。目前已发现4种细胞骨架相关蛋白异常:①锚蛋白缺乏:红细胞锚蛋白(ankyrin)是膜收缩蛋白的主要结合位点,故前者缺乏常伴以后者的缺少。在锚蛋白缺乏引起的HS,收缩蛋白和锚蛋白两者等比例的减少。锚蛋白基因位于第8号染色体上,转录异常或短臂缺失均可导致其合成减少。75%~80%的常染色体显性遗传的HS同时有锚蛋白和收缩蛋白的缺乏。②膜收缩蛋白缺乏:多继发于锚蛋白异常,单纯缺乏者少见。膜收缩蛋白分为α-收缩蛋白和β-收缩蛋白。α-收缩蛋白突变呈隐性遗传方式,而β-收缩蛋白突变则见于显性遗传家族。因为α-收缩蛋白的生物合成是β-收缩蛋白的3倍,所以α-收缩蛋白缺乏的杂合子可以合成足够的蛋白,而没有表现;相反,β-收缩蛋白缺乏的杂合子则可有表现。③带3蛋白缺乏:见10%~20%显性遗传的HS,病情轻微或中等,常伴有蛋白4.2的平行减少。④蛋白4.2缺乏:较少见,可为基因异常的原发表型,也可为带3蛋白缺乏的继发现象。

上述各亚型皆具有其特定的基因突变及其编码蛋白的异常。患者可表现为单一或复合蛋白缺陷。值得注意的是,不同的基因突变可造成HS患者同一膜蛋白的异常。近年来,已发现类型繁多的基因突变。因各种膜骨架蛋白异常对红细胞稳定性的影响不同以及复杂的分子背景,故造成了

Notes

本病临床表现上的极大差异。异常的细胞骨架蛋白不能为红细胞脂质膜提供足够的支持,膜稳定性降低,红细胞不能维持正常的双凹盘形状而变为球形,细胞表面积也随之减少。一般来说,HS 患者红细胞球形变的程度、渗透性脆性的变化及溶血的轻重与膜收缩蛋白的缺乏成正比。

球形红细胞的变形性降低,不易通过脾索内皮细胞间隙,扣留在脾脏被巨噬细胞吞噬破坏,造成血管外溶血。此外,HS 的红细胞骨架蛋白缺陷引起若干继发性代谢变化:穿膜钠和钾流增加,造成 ATP 酶活性升高,导致 ATP 的消耗、糖酵解率加快和 2,3-二磷酸甘油酸浓度降低,后者可造成细胞内 pH 下降(细胞内酸中毒)。上述作用的结果造成球形红细胞的变形性进一步降低,加速在脾内的破坏。

【临床表现】   HS 是一组异质性极强的疾病(包括遗传方式、基因突变和蛋白异常),贫血程度不等,自无表现至重度溶血。大体上,约 1/3 为轻度贫血,2/3 为中度贫血,重度患者约占 5%。有临床表现者的共同特征是贫血、黄疸和脾肿大。黄疸可呈间歇性。约 1/3 的患者在新生儿期有明显的病理性黄疸,严重者可能发生核黄疸,此后则少有严重黄疸。约 75% 的患者有脾大,多为轻中度。显性遗传家族中多代受累者不少见。隐性遗传的纯合子或复合杂合子患者多呈重度贫血,而父母表现正常。

多数患者在长期的病程中出现再障危象,病毒感染是常见诱因,尤其是微小病毒 B19。叶酸缺乏是诱发危象的另一原因,系长期代偿性红系造血,叶酸需求增加而供应不足所致,多见于孕妇和肝病患者。叶酸缺乏所致者较感染诱发者发病缓慢。再障危象的临床表现为血红蛋白急剧下降和网织红细胞减少(reticulocytopenia)或缺如,持续约 1~2 周。与其他慢性溶血病一样,患者常并发胆石症并可能因此而就诊。其他较少见的并发症有下肢复发性溃疡、慢性红斑性皮炎和痛风等。异位骨髓虽罕见(多位于肾盂和椎旁),但能形成肿块,可误诊为肿瘤,应注意鉴别。

【实验室和辅助检查】   符合慢性溶血性贫血的实验室检查特点,主要检查如下。

1. 血象   ①贫血:多为轻或中度,危象发作时贫血迅速加重。轻型患者可无明显贫血。②红细胞指数和形态学:MCV 多在正常范围或轻度减低,MCHC 常有升高。外周血涂片可见红细胞大小不匀及比例不等的小球形红细胞,多在 10% 以上(正常人<5%),可高达 60%~70%。此类细胞的特点是直径小、染色深及中心淡染区消失。约 20% 的 HS 患者血片中见不到典型球形红细胞。某些患者还可出现其他异常形态红细胞,如棘细胞或刺细胞(多为 β-膜收缩蛋白缺乏)、球形口细胞、椭圆形口细胞以及异形红细胞等。③网织红细胞:比例升高,但在危象期可明显降低。

2. 骨髓象   红系造血增生明显,幼红细胞比例升高,严重者可出现髓/红比例导致。再障危象时骨髓幼红细胞明显减少。骨髓检查并非诊断本病所必需。

3. 红细胞渗透性脆性试验   目前仍是 HS 最重要的筛查试验。异常球形红细胞在低渗盐水中较正常红细胞易于溶血,即渗透性脆性升高。正常红细胞约在 0.42%~0.46% 盐水浓度时开始溶血,0.32% 时完全溶血。本病红细胞可在 0.52%~0.72% 时开始溶血,0.42% 时完全溶血。试验方法包括有新鲜渗透性脆性试验和酸化甘油溶血试验,后者敏感性较高。渗透性脆性试验阴性不能排除 HS,约 20% 的 HS 患者试验可为阴性。缺铁、阻塞性黄疸和再障危象恢复期均可对渗透性脆性试验产生负性影响。

4. 红细胞膜研究   分析锚蛋白、收缩蛋白和带 3 蛋白等膜骨架蛋白可以确定细胞膜异常所在,方法如 SDS 聚丙烯酰胺凝胶电泳。此非常规检查,但有助于诊断疑难病例和深入认识本病的膜蛋白生物学异常。

5. 分子生物学检查   HS 的膜蛋白都有其相应的基因异常,可用单链构象多态性分析、等位基因连锁分析和微卫星长度多态性分析等分子生物学技术加以检查,主要用于研究目的。

6. 其他检查   其他溶血的非特异性筛查试验包括血清间接胆红素升高,尿胆原升高和乳酸脱氢酶升高等。应检查血清叶酸和 VitB$_{12}$,以判断有无缺乏。抗人球蛋白试验(Coombs test)有助于排除自身免疫性溶血。如有溶血危象,应筛查可疑病毒如微小病毒 B19、单纯疱疹病毒及

EB 病毒等。对既往多次输血的患者,应评估机体铁负荷。

较新的 HS 检查方法包括红细胞渗透梯度激光衍射试验、低渗冷溶血试验以及伊红-5-马来酰亚胺结合试验等,具有较高的敏感度和特异度,对鉴别免疫性或非细胞膜性溶血颇有帮助,但有待普及。

【诊断和鉴别诊断】 典型患者根据病史、体检(贫血、黄疸和脾大)及相关的实验室检查,结合家族遗传史,大多数可以做出诊断。中度至重度贫血者就诊和确诊年龄较小,而轻型患者至成年才获诊断者并不少见。轻微型或亚临床型患者可能从不出现症状,从而终生未获诊断,或在出现溶血危象时才首次就诊,此时患者网织红细胞降低,骨髓幼红细胞减少,可能造成误诊,应予注意。HS 的病情可大致分为轻度、中度和重度(表 6-5-5),有助于治疗方式的选择。评估病情程度宜在患者病情稳定后进行。

表 6-5-5 HS 病情分级参考标准

指标	轻度	中度	重度
Hb(g/L)	>110	80～110	60～80
网织红细胞(%)	3～6	>6	>10
非结合胆红素(μmol/L)	17～34	>34	>51
脾切除	童年或少年期不需要	学龄期需要	尽量推迟至 6 岁以后
膜收缩蛋白/RBC(正常%)*	80～100	50～80	40～60

* 非必需指标

HS 应与其他溶血性贫血鉴别。成年发病又无家族史者与自身免疫性溶血性贫血的鉴别有时会成为临床难题,因后者也可出现球形红细胞及渗透性脆性减低,Coombs 试验阳性有助于鉴别,如为阴性则增加区分难度,红细胞膜蛋白和相应基因分析有助于两者的鉴别。其他需鉴别的疾病还有如黄疸型病毒性肝炎以及先天性非球形红细胞溶血性贫血等。叶酸、VitB$_{12}$ 及铁缺乏可造成红细胞各项指标的变化,从而掩盖 HS 典型形态学特征。

【治疗】 除个别常染色体隐性遗传和某些重度病例外,脾切除对大多数 HS 有显著疗效。术后球形红细胞虽依然存在,但红细胞寿命延长,数天后即可见黄疸减轻和血红蛋白浓度上升。脾切除还可防止胆石症和再障危象等并发症的发生。小儿患者(<6 岁)切脾后发生严重细菌感染(特别是肺炎球菌)的机会显著增加,感染死亡率可高出正常人群 200 倍之多。因此,除非患儿病情较重(需经常输血或影响生长发育),应待年龄超过 6 岁后进行手术。对年长儿和成人患者不必一律切脾,如病情轻微,无须输血,则无强烈手术指征。患者尤其是儿童切脾前应给予肺炎球菌三联疫苗,术后亦需定期接种疫苗,以期提高免疫力,减少严重感染机会。对术后长期口服抗生素预防策略仍存有争议。

多数 HS 患者因良好的红系造血代偿而不出现明显贫血,故不必输血。重症婴幼儿患者因代偿能力不足,早期(1 年内)可能需要间断输血,此后即可脱离。并发感染或妊娠患者可能诱发再障危象,如出现严重贫血可能需要输血支持。危象多在 3 周内缓解。

如同所有的溶血性贫血一样,HS 患者应注意补充叶酸,尤其是未切脾的中度和重度患者和孕妇,以预防危象发生。

第三节 红细胞葡萄糖-6-磷酸脱氢酶缺乏症

红细胞葡萄糖-6-磷酸脱氢酶(G-6-PD)缺乏症(erythrocyte glucose-6-phophate dehydrogenase deficiency)是指参与红细胞磷酸戊糖旁路代谢的 G-6-PD 活性降低和(或)酶性质改变导致的以

Notes

溶血为主要表现的一种遗传性疾病。是已发现的 20 余种遗传性红细胞酶病中最常见的一种。本病见于世界各地，以东半球热带和亚热带为多见。国内流行病学调查资料表明，以广西、海南岛和云南省多见，淮河以北较少见。

【发病机制】　G-6-PD 基因位于 X 染色体（q28），呈 X 连锁不完全显性遗传，男性多于女性。杂合子女性因 Lyon 现象（两条 X 染色体中一条随机失活），细胞 G-6-PD 活性差异很大。G-6-PD 蛋白含 515 个氨基酸，分子量 59kd。目前已发现 140 余种基因变异型 G-6-PD，其中约半数酶活性正常，不发生溶血。

G-6-PD 参与的磷酸己糖旁路代谢途径是红细胞产生还原型烟酰胺腺嘌呤二核苷酸磷酸（NADPH）的唯一来源。NADPH 是红细胞重要的还原物质，可将氧化型谷胱甘肽转变为还原型谷胱甘肽（GSH）。G-6-PD 缺乏导致 NADPH 和 GSH 的减少，故接触氧化物质（药物、蚕豆及感染）后，造成 GSH 耗竭，引起细胞膜巯基的直接氧化损伤，并生成高铁血红素和变性珠蛋白包涵体即为海因小体（Heinz body）。上述改变使红细胞柔韧性下降，易于被脾和肝脏中巨噬细胞吞噬发生血管外溶血，但也可发生血管内溶血。

【临床表现】　G-6-PD 缺乏症患者的溶血程度轻重不一。根据溶血诱因有如下 4 种表现类型。

（一）急性溶血性贫血

患者在疾病稳定期无贫血表现，只在某些诱发因素作用下才发生急性溶血。常见诱因包括应用有氧化性质的药物、某些类型感染和代谢紊乱状态。药物诱发者中以伯氨喹溶血为典型代表。患者用药 1~4 天后出现急性血管内溶血发作，程度与酶缺陷程度及药物剂量有关。药物诱发的溶血过程多呈自限性，停药后 7~10 天溶血逐渐停止。同时，由于骨髓代偿增生，大量新生红细胞具有较强的酶活性，故即便继续用药，后期溶血也有缓解趋势。常见的药物包括：抗疟药（伯氨喹、奎宁等），解热镇痛药（阿司匹林、对氨基水杨酸等），磺胺类等。感染诱发的溶血一般表现较轻，但亦有发生严重血管内溶血和肾衰竭的报道。糖尿病酸中毒也可诱发 G-6-PD 缺乏症患者发生急性溶血。

（二）蚕豆病

患者以儿童居多，男性多于女性。发病具有明显的季节性，集中于蚕豆收获季节（3 月~5 月）。患者有进食新鲜蚕豆史（哺乳期婴儿可因母亲进食蚕豆诱发，亦有进食干蚕豆和接触花粉而发病者），可在摄入后数小时至数天（最长 15 天）突然发病。病程呈急性血管内溶血过程。蚕豆引起溶血的程度与进食量无关，机制尚未完全阐明，可能与蚕豆中富含的某些嘧啶葡萄糖苷配基有关。

（三）先天性非球形细胞性溶血性贫血

患者在新生儿期即可有黄疸和贫血，溶血表现变化颇大，从轻度至重度不等，但多为轻中度。溶血常无明显诱因，但氧化性物质（包括药物、化学物及蚕豆等）和病毒感染可加重溶血。

（四）新生儿高胆红素血症

主要机制可能在于红细胞破坏加速而肝脏处理胆红素能力不足导致。严重的新生儿可发生胆红素脑病（bilirubin encephalopathy），导致明显的神经系统损害甚至死亡。

【实验室和辅助检查】　分为 G-6-PD 活性筛选试验和定量测定两类。

1. G-6-PD 活性筛选试验　国内常用者为：①高铁血红蛋白还原试验：正常还原率>75%（脐血>78%）；中度缺乏（杂合体）74%~31%（脐血 77%~41%）；严重缺乏（纯合体或半合体）<30%（脐血<40%）。②荧光斑点试验：正常 10min 出现荧光；中度缺乏 10~30min 出现荧光；严重缺乏 30min 不出现荧光。③硝基四氮唑蓝纸片法：正常活性纸片呈紫蓝色；中度缺乏纸片呈淡紫蓝色；严重缺乏纸片仍为红色。高铁血红蛋白还原试验敏感性最强，荧光斑点试验特异性最高。

2. 红细胞 G-6-PD 活性测定 能准确定量分析酶活性,是最可靠的诊断依据。方法有多种,但本病各种测定结果均应低于正常平均值的40%。溶血高峰期及恢复期酶的活性可接近正常值,通常在急性溶血后 2~3 个月后复查能较为准确反映患者的 G-6-PD 活性。

【诊断】 G-6-PD 缺乏症患者病情轻重不一,缺乏特异性,可表现为血管内溶血,但也可表现为血管外溶血。因此,本病的诊断主要依靠实验室证据。疑似病例,如筛选试验中有两项中度异常或一项严重异常,或定量测定异常即可确立诊断。

【防治】 对急性溶血者,一方面应注意去除诱因,另一方面需注意纠正水、电解质、酸碱失衡和肾功能不全等。输红细胞(避免亲属血)及使用糖皮质激素有助于改善病情。切脾一般无效。严重的高胆红素血症新生儿可选用光照疗法或换血疗法,以避免发生胆红素脑病。

第四节 血红蛋白病

遗传性血红蛋白病包括珠蛋白生成障碍性贫血(地中海贫血)和异常血红蛋白病(hemoglobinopathy)两大类,前者是由于控制珠蛋白链合成的基因异常造成一种或几种链减少,链结构正常但比例失衡,后者是由于基因突变导致珠蛋白结构异常。

一、珠蛋白生成障碍性贫血

珠蛋白生成障碍性贫血(thalassemia)原称地中海贫血(mediterranean anemia)。本病是由于一种或几种正常珠蛋白肽链合成障碍(部分或全部缺乏)而引起的遗传性溶血性疾病。本病呈世界性分布,多见于地中海区域、中东、印度以及东南亚地区,是最常见的人类遗传性疾病。我国则以西南和华南一带为高发区,北方少见。

【遗传和发病机制】 血红蛋白是由二对不同珠蛋白肽链的四聚体和血红素组成。正常人红细胞含有三种血红蛋白:①血红蛋白 A(HbA):由一对 α 链和一对 β 链组成($\alpha_2\beta_2$),是成人的主要血红蛋白,占 Hb 总量的 95% 以上;②血红蛋白 A_2(HbA_2):由一对 α 链和一对 δ 链组成($\alpha_2\delta_2$),出生 6~12 个月后占 Hb 总量的 2%~3%;③胎儿血红蛋白(HbF):由一对 α 链和一对 γ 链组成($\alpha_2\gamma_2$),是胎儿期的主要血红蛋白,出生时占 Hb 总量的 50%~95%,此后比例迅速下降,半年后降为 1% 左右。珠蛋白各肽链受不同的基因控制。α-珠蛋白基因簇位于 16 号染色体,由 3 个基因组成($\alpha/\alpha_1/\alpha_2$)。β-珠蛋白基因簇位于 11 号染色体,含有 5 个基因(E/γ-G/γ-A/δ/β)。

本病的分子病理生理学基础是一种或几种珠蛋白基因的突变,造成相应珠蛋白链合成减少或缺乏,珠蛋白链比例失衡。因为正常血红蛋白由两对不同珠蛋白肽链以 1:1 比例构成,一种肽链的减少使另一种肽链过多,过剩的肽链在红细胞内聚集并形成不稳定产物,导致红细胞寿命缩短。另外,正常血红蛋白合成减少造成低色素性小细胞性贫血。

α 珠蛋白生成障碍性贫血大多数因基因缺失所致,少数可由非缺失性突变引起,因受累形式或程度不同造成多种表型。α 链合成障碍使含有此链的血红蛋白(HbA、HbA_2 和 HbF)生成减少。在胎儿期和新生儿期导致 γ 链过剩,在成人造成 β 链过剩。过剩的 γ 链和 β 链可聚合成 Hb Bart(γ_4)和 Hb H(β_4)。这两种血红蛋白对氧有高度亲和力。含有此类血红蛋白的红细胞不能为组织充分供氧,造成组织缺氧。

β 珠蛋白生成障碍性贫血大片基因缺失者少见,常见突变包括单个碱基改变,小缺失,关键部位的碱基插入等,造成 β 链合成降低。若 1 个 β 基因受累(杂合子),病情较轻,如双基因均受累(纯合子),则表现为中或重度贫血。β 链缺乏不能合成 HbA,γ 链代偿性增加,构成 HbF($\alpha_2\gamma_2$),成为主要的血红蛋白成分。过剩的 α 链自聚为不稳定的聚合体,在幼红细胞内沉淀形成包涵体,造成红细胞僵硬和膜损伤,引起溶血。

因涉及珠蛋白基因突变的种类及其影响繁多,故本组疾病呈现高度异质性。本病按受累的珠蛋白链命名,分为 α、β、γ、δ、δβ 和 εγδβ 珠蛋白生成障碍性贫血,临床上以前两种最为重要。珠蛋白生成障碍性贫血呈常染色体不完全显性遗传。

【临床表现和实验室检查】

(一) α 珠蛋白生成障碍性贫血

正常人自父母双方各继承 2 个 α 基因(αα/αα)。根据 α 基因缺失的数目(α 链缺乏程度)和临床表现分为 4 种类型。

1. 静止型携带者(silent carrier)　是 α 珠蛋白生成障碍性贫血中常见的亚临床类型。患者为 α⁺ 基因和正常 α 基因的杂合子(αα/αo),4 个 α 基因只有 1 个受累,α/β 链合成比例接近正常(0.9)。患者无临床表现,亦无贫血,不出现 H 包涵体。唯 MCV 和 MCHC 可轻度降低。出生时 Hb Bart 占 1% ~ 2%,3 个月后即消失。双亲任一方可为 α 珠蛋白生成障碍性贫血。此型在临床上常被忽略。

2. α 珠蛋白生成障碍性贫血性状(α thalassemia trait)　患者 2 个 α 基因受累,可为 α⁰ 基因和正常 α 基因的杂合子(αα/oo),也可为 α⁺ 基因的纯合子(αo/αo),α/β 链合成比例为 0.6。患者无明显临床表现。实验室检查血红蛋白在正常范围或轻微降低。红细胞平均指数 MCV 和 MCHC 降低,呈小细胞低色素性。亮甲酚蓝孵育后红细胞内可见少量 H 包涵体。出生时 Hb Bart 可占 5% ~ 15%,数月后消失,血红蛋白电泳正常。因本病临床表现不显著,患者多在家系调查时被发现。

3. 血红蛋白 H 病(HbH disease)　患者 3 个 α 基因受累(oo/αo),以地中海和东南亚地区最为多见。双亲一方系 α⁰(αα/oo)珠蛋白生成障碍性贫血性状,另一方是 α⁺(αα/αo)静止型携带者。患者仅能合成少量 α 链,过剩的 β 链聚合成 4 聚体(β₄),即 HbH。临床表现为轻至中度贫血。患儿出生时情况良好,生后 1 年出现贫血和脾大。约 1/3 患者因红系造血扩张造成骨骼改变。妊娠、感染和接触氧化性药物可加重贫血和黄疸。实验室检查血红蛋白多在 70 ~ 100g/L 之间,贫血呈明显小细胞低色素性,靶形红细胞、点彩红细胞和破碎红细胞多见。网织红细胞轻度升高。亮甲酚蓝孵育后红细胞内出现多量 H 包涵体。出生时,血红蛋白电泳 Hb Bart 可占 20% ~ 40%,此后数月内渐被 HbH 代替,并维持在 5% ~ 40% 的水平。

4. 重型 α 珠蛋白生成障碍性贫血(α thalassemia major)　患儿 4 个 α 基因均缺乏,无 α 链生成,胎儿不能合成正常的 HbF,过剩的 γ 链聚合成 Hb Bart(γ₄)。该型是所有珠蛋白生成障碍性贫血中病情最严重者。胎儿多在妊娠 30 ~ 40 周时宫内死亡。如非死胎,娩出婴儿呈发育不良、明显苍白、全身水肿伴腹水、心肺窘迫症状严重、肝脾显著肿大,称为 HbBart 胎儿水肿综合征(Hemoglobin Bart hydrops fetalis syndrome)。患儿多在出生后数小时内因严重缺氧而死亡。实验室检查血红蛋白常变动于 40 ~ 100g/L,呈明显低色素性,血片中可见破碎红细胞以及靶形细胞、有核红细胞、网织红细胞增多。血红蛋白电泳分析 Hb Bart 可占 80% ~ 100%,有少量 HbH。含 α 链的 HbA、HbA₂、HbF 缺如。

(二) β 珠蛋白生成障碍性贫血

正常人自父母双方各继承 1 个 β 基因。已发现多种类型 β 珠蛋白生成障碍性贫血,常见者有:

1. 静止型携带者(silent carrier)　与 α 珠蛋白生成障碍性贫血静止型携带者类似,无临床症状,只有红细胞平均指数的降低。

2. 轻型 β 珠蛋白生成障碍性贫血性状(β thalassemia minor)　患者为杂合子,只有 1 个 β 基因异常。患者无明显临床表现或有轻度贫血,体征可有轻度黄疸及肝脾肿大。实验室检查血红蛋白多在 100g/L 以上,红细胞平均指数降低。血涂片示红细胞呈明显的小细胞低色素性改变、靶形红细胞及嗜点彩红细胞,但无明显红细胞大小不均。血红蛋白电泳示 HbA₂ 和(或)HbF 升高,HbA₂ >3.5%,HbF 轻度升高,但不超过 5%。患者通常是在家系研究或其他检查时被发现。

3. **中间型β珠蛋白生成障碍性贫血**(β thalassemia intermedia) 临床表现介乎轻型和重型之间,遗传学背景呈复杂的杂合子状态。本型血红蛋白变动范围较大,病情稳定时不必输血。脾轻度至中度肿大。病情较重者可有轻度骨骼改变。患者可生存至成年并有正常性发育,但青春期常延迟。本病实验室检查阳性发现可与重症者相仿,只是不如后者严重。HbF 浓度 10% 左右。

4. **重型珠蛋白生成障碍性贫血**(β thalassemia major) 又称 cooley 贫血。患者为纯合子(2 个 β 基因相同异常)或双重杂合子(2 个 β 基因异常不同)。本型患者以明显贫血并依赖输血为特点。因胎儿血红蛋白主要为 HbF,所以患儿出生时表现正常。随着血红蛋白合成由 HbF 向 HbA 转变,数月后逐渐出现贫血并进行性加重,伴苍白、黄疸及肝脾肿大,尤以脾大为显著。患儿发育不良,智力迟钝,性成熟障碍。长期反复输血者可导致含铁血黄素沉着症及相关的脏器损害。患者可并发胆石症和下肢溃疡。因骨骼改变造成特殊面容,表现为眼距增宽、鼻梁低平、前额突出、上颌前伸。X 线检查可见骨质疏松、骨皮质变薄及髓腔扩张,颅骨骨小梁清晰,由内板向外放射,造成"发刺"样图像。长骨可发生病理性骨折。实验室检查发现多为严重贫血,血红蛋白 25~65g/L,呈显著小细胞低色素性。血片中可见幼红细胞、红细胞大小不等、中心苍白区明显扩大、嗜碱性点彩细胞和靶形细胞增多。网织红细胞升高。甲紫染色骨髓幼红细胞内可见 α 链聚集而成的包涵体。红细胞渗透性脆性显著降低。骨髓红系造血极度增生,细胞内外铁增多。血红蛋白电泳 HbF>30%,为本病重要诊断依据。HbA 多<40%。本病预后不良,患儿多在 5 岁左右死亡。该型临床比例不高。

5. **β珠蛋白生成障碍性贫血复合β珠蛋白链结构异常** 经典的珠蛋白生成障碍性贫血的定义为一种或几种正常珠蛋白肽链合成障碍而非珠蛋白肽链结构异常,但现已明确两者可以并存,称为珠蛋白生成障碍性贫血性血红蛋白病(thalassemic hemoglobinopathy)。此种复合型 β 珠蛋白生成障碍性贫血中最重要的是 HbE/β 珠蛋白生成障碍性贫血。本病临床表现变化颇大,病情自轻型至重型不等。

【诊断】 根据患者家族史、临床表现、血细胞检查及外周血涂片、血红蛋白电泳等实验室检查结果诊断并不困难,基因诊断技术有利于进一步分型确诊。

【治疗】 根据类型和病情程度而定,主要是对症治疗。静止型或轻型患者一般不需要治疗。血红蛋白>75g/L 的轻或中型患者发育无明显障碍,也无需长期输血治疗。应积极防治诱发溶血的因素如感染等。

1. **输血治疗** 重症患者需长期输血治疗。将血红蛋白水平维持在 90~100g/L,其作用是保证患者正常的生长发育和生活质量,并能抑制自身过度的红系造血,防止骨骼病理性改变造成的畸形。应采用去白细胞制品。

2. **祛铁治疗** 铁过载(iron overload)是长期输血的主要副作用之一。输血依赖者几乎不可避免地出现铁过载,引起继发性血色病(secondary hemochromatosis)。值得注意的是患者尽管处于铁过载状态,但肝脏产生的铁调素并无相应升高,肠道铁吸收未受到抑制,使铁过载更趋严重。过多的铁沉积于多种组织器官,包括心肌、肝、胰腺、肾上腺、甲状腺、甲状旁腺、垂体及近端小肠等,导致上述器官的功能障碍以致衰竭,心脏衰竭是本病最主要的死亡原因。机体总铁负荷达 40g 时,器官功能开始出现障碍,60g 时可引起心脏衰竭,故应在器官发生不可逆改变前及早开始祛铁治疗。最常用的铁螯合剂是去铁胺(deferoxamine),持续静脉或皮下输注祛铁效果优于肌肉注射。常用剂量 20~40mg/(kg·d),皮下注射,持续 8~12 小时。口服祛铁剂有去铁酮及地拉罗司,治疗更为方便。

3. **脾切除术** 适应证为输血需求量逐渐增加(年输血量>200~250ml/kg 浓缩红细胞)、脾功能亢进和巨脾引起压迫症状。切脾应尽可能在 6 岁后施行。术前疫苗免疫可以降低荚膜细菌感染的危险。术后血小板明显增高的患者可给予低剂量阿司匹林预防血栓性并发症。

Notes

4. 异基因造血干细胞移植   可有选择地应用于重型珠蛋白生成障碍性贫血患者,是目前唯一的根治措施。

5. 其他   用于镰状细胞贫血治疗的激活 γ 链合成的药物——羟基脲可试用于重型 β 珠蛋白生成障碍性贫血的治疗,但效果不定。患者叶酸消耗增加,应注意补充。基因治疗是纠正遗传性疾病包括本病的治疗方法,目前正在积极研究中。

二、异常血红蛋白病

血红蛋白由珠蛋白和血红素结合而成。异常血红蛋白病是一组遗传性珠蛋白链结构异常的血红蛋白病。血红蛋白变异90%以上表现为单个氨基酸替代,其余少见异常包括双氨基酸替代、缺失、插入、链延伸及链融合。肽链结构改变可导致血红蛋白功能和理化性质的变化或异常。结构异常可发生于任一种珠蛋白链,但以 β 珠蛋白链受累为常见。异常血红蛋白病的蛋白表型均以其基因变异为基础。目前,世界上已发现近 900 种变异型血红蛋白,我国也已发现其中 80 余种。国内异常血红蛋白病的发病率约为 0.29%,分布于几十个民族。大多数变异型血红蛋白不伴有功能异常(静止型异常血红蛋白),临床上亦无症状。

异常血红蛋白病可根据功能特点或结构变化加以分类。异常血红蛋白理化性质改变,可表现为溶解性降低形成聚集体(如血红蛋白 S)、氧亲和力变化、形成不稳定血红蛋白或高铁血红蛋白等。

(一)镰状细胞贫血

镰状细胞贫血(sickle cell anemia)是异常血红蛋白病中最严重的一种,主要见于非洲和非裔黑人,以常染色体显性方式遗传。

【发病机制】   血红蛋白 S(HbS)的变异是 β 链第 6 位谷氨酸被缬氨酸替代,其遗传学基础是 β 基因第 6 编码子的胸腺嘧啶替换为腺嘌呤(GTG→GAG)。纯合子患者红细胞内 HbS 浓度高,脱氧 HbS 易于形成螺旋状多聚体,使红细胞变形为镰刀状,称为镰变(sickling)。反复的脱氧镰变终将造成红细胞膜损伤,细胞的柔韧性和变形性降低,造成以下病理现象:①溶血:因镰变及切变力诱发红细胞在循环中破坏,造成血管内溶血。镰状细胞被单核-巨噬细胞系统识别和捕获,造成血管外溶血;②血管阻塞:系由僵硬的镰状细胞在微循环内淤滞,造成血管阻塞所致。越来越多的证据表明,血管阻塞的发生还与血管内皮的炎性活化有关,表现为镰状细胞黏附于内皮、内皮黏附分子上调、内皮氧化物生成和白细胞募集等。

【临床表现】   HbS 和 HbA 的杂合子称为镰状细胞性状(sickle cell trait),平时无贫血及相关临床征象,只有在某些应急情况如肺炎和麻醉时,机体发生缺氧,才出现与纯合子类似的表现。纯合子患者在刚出生时,因 HbF 比例高,镰变现象及相关表现不明显。溶血症状出现于 6 个月后,此时 HbF 被 HbS 替代,脾亦见肿大。该病的病情变化颇大,主要临床特点包括:①溶血性贫血:贫血、黄疸和脾大。长期溶血导致胆石症。②急性事件:病程中出现多种病情急剧恶化的情况或危象是其特征,以血管阻塞危象(vaso-occlusive crisis)最为常见,且常在病程中反复出现,缺氧是主要诱因。血管阻塞可发生于任何部位,造成阻塞肢体或脏器的疼痛或功能障碍甚至坏死。反复脾梗死将造成功能性无脾症(asplenia)。阴茎血管阻塞可引起痛性勃起。常见的血管阻塞危象有骨危象、关节危象、急性胸痛综合征和腹危象等。其他非血管阻塞急性事件包括再生障碍性危象、巨幼细胞危象和脾扣留危象等。各种危象均可造成病情急剧恶化,甚至危及患者生命。③感染:脾梗死造成功能性无脾,加之其他多种因素的影响,患者对感染的敏感性升高,尤其是对荚膜性细菌。常见的感染有肺炎、骨髓炎以及脑膜炎等。

【实验室和辅助检查】

1. 血象   表现为不同程度的贫血和网织红细胞升高。血涂片可见红细胞大小不均、嗜碱性点彩红细胞增多、胞浆 Howell-Jolly 小体、有核红细胞、靶形红细胞以及异形红细胞等多种异常。镰状细胞不多见,如存在则有助于提示诊断。白血病和血小板多在正常范围。

2. **骨髓象**　红系造血增生,呈溶血性贫血特征。再生障碍危象时,红系增生低下。巨幼细胞危象时,髓系细胞出现巨幼变。

3. **镰状细胞筛查试验**　①红细胞镰变试验(sickling test):在血样本中加入耗氧剂如偏亚硫酸氢钠,旨在减低氧含量,诱发镰变。镜下观察红细胞镰变呈阳性,但<3个月的婴幼儿患者呈阴性结果。②血红蛋白溶解度试验(hemoglobin solubility test):是一种鉴定HbS的快速筛查试验,HbS溶解度降低,镰状细胞呈阳性。上述试验不能鉴别镰状细胞特征和镰状细胞贫血。试验阳性者应进一步行血红蛋白电泳,以便鉴别诊断。

4. **血红蛋白电泳**　是诊断性试验,还可以与其他异常血红蛋白病鉴别。镰状细胞贫血纯合子的电泳表现为 HbS>80%,HbF在成人可达10%,小儿更高,HbA$_2$占2%~4%,HbA缺如。

5. **其他检查**　血清非结合胆红素升高。该病溶血以血管外为主,如有血管内溶血,可见血液结合珠蛋白减低和游离血红蛋白升高。基因检查用于研究目的。

【诊断和鉴别诊断】　凡基因组合中含有至少一个镰状细胞基因,HbS占血红蛋白50%以上者统称为镰状细胞病(sickle cell disease),镰状细胞贫血是其中最严重的类型。根据病史和典型临床表现,镰变试验阳性和血红蛋白电泳发现HbS可以确立诊断。

某些双重杂合子状态可同时伴有HbS及另一种异常血红蛋白,如HbS-β^{0}珠蛋白生成障碍性贫血、HbSC病、HbS/遗传性持续性HbF、HbS/HbE综合征以及其他罕见组合,临床表现可与本病相似。

【治疗】　本病治疗主要是对症处理,包括各种急性事件或"危象"的预防和处理、感染的防治以及输血或红细胞置换等支持措施。目前,抗镰变药物中只有羟基脲显示出比较确切的疗效,可以在一定程度上可缓解病情,其作用机制是诱导HbF的合成。磷酸二酯酶5抑制剂和内皮素受体拮抗剂可用于肺动脉高压或阴茎痛性勃起的治疗。异基因干细胞移植属于根治措施,可酌情选用。多次输血者应注意铁超负荷并及时处理。脾切除不是本病的强烈指征。

(二)不稳定血红蛋白病

不稳定血红蛋白病(unstable hemoglobin disease,UHD)是由于珠蛋白链氨基酸替换或缺失导致血红蛋白构象改变,形成不稳定血红蛋白的一大类血红蛋白病。目前已发现约200种UHD,但半数无临床意义。本病是一种较少见的血红蛋白病,国内已有报道。

【发病机制】　UHD的分子病理学基础是基因突变。已知下列影响血红蛋白关键部位构象的突变可造成不稳定血红蛋白:涉及血红素囊构象的突变、αβ二聚体结合部位的氨基酸替代、妨碍珠蛋白α螺旋化的氨基酸替代以及血红蛋白内部的极性氨基酸插入。80%以上累及β链。上述任一种突变的结果是受累肽链不能折叠,或者造成血红素与珠蛋白的结合变弱,使珠蛋白易于被氧化,导致变性和沉淀,形成胞内包涵体,称为海因小体(Heinz body)。海因小体形成是UHD的共性。海因小体附着于细胞膜,造成红细胞变形性降低和膜通透性增加,易于在脾脏内破坏。

UHD呈常染色体显性遗传,杂合子发病,偶见双重杂合子,罕见纯合子者。部分无阳性家族史的患者系原代基因突变所致。

【临床表现】　约半数UHD虽有分子突变,但无临床表现。有溶血者程度变化较大,轻者因平时完全代偿可无贫血,只在应激状况下出现溶血。有症状者一般表现为慢性溶血或发作性溶血危象,后者多由发热或摄入氧化性药物诱发。除贫血外,患者还可有黄疸和脾肿大。

【实验室和辅助检查】

1. **血象**　贫血可为正常细胞性或为低色素性。血涂片可见红细胞大小不均、嗜多色性红细胞及嗜碱性点彩红细胞等形态改变。在病情恶化或"危象"时,可见小球形红细胞和破碎红细胞以及"咬细胞",后者系海因小体经脾摘除所致,颇具特征。含海因小体的红细胞(甲紫或煌焦油蓝染色)仅见于脾切除或急性溶血发作期患者。网织红细胞升高。

2. 不稳定血红蛋白筛查试验　常用试验包括:①异丙醇试验:不稳定血红蛋白在非极性异丙醇溶剂中容易发生沉淀;②热变性试验:不稳定血红蛋白热处理敏感,易于沉淀析出,比较加热前后血红蛋白含量,可计算不稳定血红蛋白比例;③变性珠蛋白小体(海因小体)生成试验:红细胞与乙酰苯肼孵育,经煌焦油蓝染色观察海因小体生成的情况,也用于葡萄糖-6-磷酸脱氢酶缺乏症的筛查。

3. 血红蛋白电泳　在 UHD 检查中意义有限,因多数不稳定血红蛋白在电泳中不出现异常电泳带。

4. 其他检查　有溶血者,血清非结合胆红素升高。精确的识别蛋白异常需要肽链分析或基因分析,供研究用。

【诊断和鉴别诊断】　对自幼发生的原因不明的非球形溶血性贫血患者应疑及 UHD 的可能。根据病史包括遗传史和体检发现作出初步诊断,必要时可行筛查试验,异丙醇试验和热变性试验可检出大多数病例。

UHD 需与其他异常血红蛋白病以及红细胞酶缺乏引起的先天性非球形红细胞溶血性贫血鉴别。

【治疗】　治疗取决于溶血程度,轻症患者除非发生溶血危象,平时无需治疗。重症患者可能需要间歇甚或长期输血支持。输血需求不应单纯依据 Hb 水平,而应视患者对贫血的耐受程度而定。脾切除术仅对某些特定变异型有效,对氧亲和力增高的不稳定血红蛋白症则非适应证,因切脾可能加重病情。脾切除后病情减轻,但海因小体数量可增加。患者应避免使用磺胺类及其他具有氧化作用的药物。

(三) 血红蛋白 M 病

血红蛋白 M 病(hemoglobin M disorder)虽亦表现为先天性高铁血红蛋白血症(congenital methemoglobinemia),但有别于红细胞酶缺乏如 NADH-细胞色素 b5 还原酶、葡萄糖-6-磷酸脱氢酶或丙酮酸激酶缺乏所致的先天性高铁血红蛋白血症和接触氧化性药物或化学物引起的获得性高铁血红蛋白血症。血红蛋白 M 病罕见,国内有病例报道。

【发病机制】　本病 HbM 的产生是由于基因突变,发生珠蛋白 α、β 或 γ 链氨基酸替代,使血红素的铁易于氧化为高铁(Fe^{3+})状态。至今已发现 7 种 HbM 变异型,其中 6 种是血红素囊部位的组氨酸被酪氨酸替代。酪氨酸的酚基与血红素铁共价结合,使铁处于稳定的氧化高铁状态。Hb M Milwaukee 是 β 链第 67 位的缬氨酸被谷氨酸替代。累及α链或 β 链者 HbM 持续终生,累及 γ 链者只在出生后数天有发绀,无实际临床意义,因出生后 HbF 很快被 HbA 所替代。

本病为常染色体显性遗传,患者均为杂合子型。

【临床表现】　患者自幼出现发绀,故又称家族性发绀症(familial morbus caeruleus)。累及 α 链者自出生时即有发绀,累及 β 链在出生后 3~6 个月才出现发绀,而累及 γ 链者仅生后 1 周呈现短暂发绀。患者除发绀外,一般无其他临床症状,生活如常人。某些 β 链变异型可有轻度溶血。氧化类药物(如磺胺)或导致组织缺氧的因素可加重溶血。

【实验室和辅助检查】

1. 高铁血红蛋白光谱吸收分析　HbM 有特殊的光谱吸收特征(吸收带在波长 632nm 处),可资鉴别。

2. 血红蛋白电泳　在适当条件下,如中性 pH 琼脂凝胶电泳可识别 HbM。高效液相色谱分析对多种异常血红蛋白包括 HbM 有更高的分辨率。

3. 珠蛋白肽链分析和 DNA 分析　可确定分子异常之所在,主要用于研究。

【诊断和鉴别诊断】　患者自幼出现特征性的发绀,幼儿无先天性心脏病史,成人无失代偿心肺疾病史,且发绀与劳累无关。除发绀外,患者无其他临床表现,可胜任劳力性工作。轻度溶血者提示 β 链受累。根据上述临床特点以及阳性家族史应疑及本病之可能,结合相应实验室检查可明确诊断。患者静脉血呈巧克力色。HbM 检查一般≤20%。

本病应与上述氧化物质暴露和酶缺乏所致的获得性和遗传性高铁血红蛋白血症相鉴别。

【治疗】　本病无需治疗。累及 β 链者应注意避免使用氧化性药物,以防促发溶血。

(四) 氧亲和力异常血红蛋白病

氧亲和力异常血红蛋白病(abnormal hemoglobin with altered oxygen affinity)包括高氧亲和力和低氧亲和力两类。此种血红蛋白病造成血红蛋白与氧解离的异常,一般不引起溶血。已发现数百种氧亲和力异常血红蛋白。

【发病机制】　氧亲和力异常血红蛋白病为珠蛋白肽链发生氨基酸替代,改变了血红蛋白的立体空间构象,造成其氧亲和力的异常(增高或降低)和氧解离曲线的改变(左移或右移),血液向组织供氧的能力随着发生改变。低亲和力血红蛋白病的氧解离曲线右移,血红蛋白输氧功能不受影响,动脉氧分压和组织氧合正常,但因高铁血红蛋白增多,出现发绀。高亲和力血红蛋白病的氧解离曲线左移,造成氧解离障碍,引起动脉血氧饱和度下降和组织缺氧,导致代偿性红细胞增多。因此,高亲和力血红蛋白更具有病理和临床意义。高亲和力血红蛋白的突变主要累及 β-珠蛋白基因,少数累及 α-珠蛋白基因。最常见的结构异常发生于 $\alpha_1\beta_2$ 界面或珠蛋白的羧基端,使血红蛋白不能形成稳定的构象。另有一些异常发生于血红素囊或氧结合部位。

氧气亲和力异常血红蛋白症多呈常染色体显性遗传,杂合子发病。

【临床表现】　低亲和力血红蛋白病患者主要表现是发绀,无其他症状,动脉氧分压正常。高亲和力血红蛋白病患者的表现变化不一,临床表现取决于血红蛋白解离障碍的程度和组织缺氧的程度。约30%的严重患者发生代偿性红细胞增多症,并出现相应的高血黏滞综合征的表现。轻中度障碍的患者可无明显症状。有些高亲和力患者同时具有不稳定血红蛋白的性质,可能发生溶血,从而抵消了红细胞增多,对于这些患者来说,血红蛋白虽仍可在正常范围,但实际上处于相对性贫血状态。

【实验室和辅助检查】

1. 氧-血红蛋白解离分析　测定氧解离曲线可判断血红蛋白的氧亲和力。低亲和力血红蛋白病患者氧解离曲线右移,而高亲和力血红蛋白病患者的氧解离曲线左移。检测50% 血红蛋白氧饱和时的氧张力,高亲和力血红蛋白病患者的 P50 降低。

2. 血红蛋白电泳　只能分辨个别氧亲和力异常血红蛋白,而多数异常蛋白无论在酸性还是碱性凝胶电泳中都与 HbA 相同,不能区分。血红蛋白高效液相色谱分析可能有更高的分辨效率。

3. 珠蛋白肽链分析和 DNA 分析　用于研究分子异常的确切原因。

氧亲和力异常血红蛋白病的红细胞形态和红细胞平均指数正常。

【诊断和鉴别诊断】　氧亲和力异常血红蛋白病属于罕见病,除病史、家族史和遗传方式外,下列临床表现亦有助于提示诊断,再经上述实验室检查可初步明确诊断。

对先天性发绀患者,在排除各种缺氧性发绀病因后,应疑及本病之可能,可进一步检查,以求明确诊断。本病与 HbM 并表现类似,需与之鉴别。

目前已发现 200 余种高亲和力血红蛋白变异型,临床表现差别较大。轻中度高亲和力血红蛋白病患者可无明显症状,难于诊断,多在家系调查时被发现。严重的高亲和力血红蛋白病患者出现代偿性红细胞增多症,是提示诊断的线索,因血液黏滞度增加,患者易于发生血栓性疾病,如心肌梗死和脑血栓形成等。伴有溶血者可不表现为红细胞增多。本病需与真性红细胞增多症和各种继发性红细胞增多症鉴别。

【治疗】　低亲和力血红蛋白病患者的动脉氧分压正常,不造成组织缺氧,不需要治疗。高亲和力血红蛋白病患者发生代偿性红细胞增多症,如出现明显的血液高黏滞征象应予处理,包括静脉放血治疗。

(五) 其他

包括 HbE 及 HbC 等。为常染色体不完全显性遗传,杂合子不发病,纯合子可有轻度溶血性贫血和脾肿大。HbE 多见于东南亚地区,也是我国最常见的异常血红蛋白病,广东和云南省报道最多,其病理机制在于珠蛋白 β 链第 6 位谷氨酸被赖氨酸所取代。患者表现为轻度溶血性贫血。贫血呈小细胞低色素性,靶形红细胞增多(25% ~ 75%)。血红蛋白电泳 HbE 可高达 90%。HbE 对氧化剂不稳定,异丙醇试验多呈阳性。

第五节　自身免疫性溶血性贫血

自身免疫性溶血性贫血(autoimmune hemolytic anemia, AIHA)是一类免疫介导的获得性溶血性贫血的总称,共同的病理生理基础是患者产生针对自身红细胞的病理性抗体并造成其免疫破坏。AIHA 可见于各个年龄组,但以成人为多。

【分类和病因】　AIHA 根据有无明确病因分为原发性和继发性两种。根据抗体作用于红细胞的最佳温度分为温抗体型和冷抗体型两类,前者约占 70%,偶见同时兼有温抗体和冷抗体的混合型患者。AIHA 的分类见表 6-5-6。

表 6-5-6　AIHA 分类

温抗体型	冷抗体型
原发性	冷凝集素综合征
继发性	原发性
淋巴增殖性疾病	继发性
自身免疫性疾病	淋巴增殖性疾病
病毒感染	自身免疫性疾病
免疫缺陷状态	感染
其他恶性肿瘤	支原体肺炎
药物诱导性	传染性单核细胞增多症
药物吸附型(青霉素型)	其他病毒
新抗原型(奎宁丁/锑波芬型)	阵发性冷性血红蛋白尿症
自身免疫型(甲基多巴型)	梅毒
	病毒感染(麻疹、腮腺炎等)

(一) 温抗体型自身免疫性溶血性贫血

自身抗体在 37℃ 时呈现最大活性,大多数为 IgG(以 IgG_1 和 IgG_3 亚型为主),有或无补体结合能力,IgG_3 与巨噬细胞 Fc 受体的亲和力比 IgG_1 高,更易引起溶血。极少数是非凝集素 IgM。结合抗体的致敏红细胞在单核-巨噬细胞系统(主要在脾脏)内破坏。原发性者病因不明(约占50%),继发性者常见病因有结缔组织病如系统性红斑狼疮和类风湿关节炎、淋巴增殖性疾病如慢性淋巴细胞白血病和淋巴瘤以及感染性疾病和其他免疫性疾病等。

(二) 冷抗体型自身免疫性溶血性贫血

此型较温抗体型少见,绝大多数为继发性,包括冷凝集素综合征(cold agglutinin syndrome)和阵发性冷性血红蛋白尿症(paroxysmal cold hemoglobinuria)。原发性冷凝集素综合征多见于老年人,女性为多。继发性冷凝集素综合征常继发于恶性 B 淋巴细胞增殖性疾病如原发性巨球蛋白血症、淋巴瘤、多发性骨髓瘤以及某些感染如支原体肺炎和传染性单核细胞增多症等。冷凝集素绝大多数为 IgM 抗体,可结合补体,在 28 ~ 31℃ 即可与红细胞反应,0 ~ 5℃ 表现为最大反应活性。冷凝集素综合征多呈慢性溶血经过,在寒冷季节病情加重。雷诺现象(Raynaud phenomenon)常见,表现为遇冷时的指端发绀和疼痛。继发者尚有原发病的相应表现,病毒感染所致者病程为自限性。某些患者可有急性血管内溶血发作。阵发性冷性血红蛋白尿症的抗体是 IgG 型双相溶血素(又称为 D-L 抗体)。D-L 抗体在 0 ~ 4℃ 与红细胞结合,并能结合补体。此病罕见,以局部或全身受寒后出现急性血管内溶血和血红蛋白尿为特征,可继发于梅毒或某些病毒感染。

【发病机制】　AIHA 患者产生抗红细胞自身抗体的机制仍未阐明。作为一种自身免疫病有如下几种解释:①自身免疫耐受状态的破坏:在免疫系统的发育和功能发挥过程中,机体通过免疫耐受机制包括中枢耐受和周围耐受使免疫系统不对自身细胞或组织发生免疫反应。一旦这种免疫耐受遭受破坏,则免疫系统可对自身细胞或组织发动体液或细胞免疫介导的攻击,造成自身免疫性疾病。某些疾病如淋巴增殖性疾病或胸腺瘤等造成免疫监视或识别功能紊乱,对自身抗原不能辨别,易于产生自身抗体。②感染和炎症:在其他免疫调控机制基本正常的情况下,感染和炎症仍可非特异性地刺激自身抗体的形成。③化学物质或药物:有些药物如甲基多巴可诱发自身免疫反应产生自身抗体,此型与原发性者难于区别。有些药物通过与细胞膜结合形成复合物,或改变膜的抗原性形成新抗原,再诱发相应抗体形成。

部分淋巴增殖性疾病如慢性淋巴细胞白血病患者接受核苷类似物(主要是氟达拉滨或克拉屈滨)后发生 AIHA。患者既往无 AIHA 病史,在几个疗程后,突然发病,可为温抗体型或冷抗体型,有时病情严重甚至致死。此后再次暴露可致复发,其机制可能与调节性 T 细胞紊乱或对自身红细胞的某种抗原产生抑制性自身抗体有关。误型输血导致溶血早为人所知,但同型输血也偶可引起 AIHA,输血同时或继后发生。异基因造血干细胞移植后的 AIHA 多见于供受者 ABO 血型不合者,尤其是 A 型受者和 O 型供者之间,发生在移植后 2 周内,起病急骤,可伴有血管内溶血及肾衰竭,机制与“过路淋巴细胞”短暂产生抗体有关。

温抗体型 AIHA 的抗红细胞抗体多为不完全抗体,致敏红细胞在通过单核-巨噬细胞系统器官(主要是肝和脾,又以后者为主)时被巨噬细胞识别(抗体的 Fc 和巨噬细胞的 Fc 受体结合)并吞噬破坏,发生血管外溶血。与致敏红细胞结合的温抗体 Fc 也可激活补体 C_1,但不能通过经典补体激活途径形成 C5-C9 膜攻击复合物,只能到达 C3 阶段,从而不造成血管内溶血。

冷抗体型 AIHA 的抗体主要有两类,即冷凝集素和 D-L 抗体。冷凝集素绝大多数是 IgM 抗体,在低温(0 ~ 5℃)条件下可引起红细胞的凝集,在 20 ~ 25℃ 时与补体结合最为活跃,并能通过经典补体激活途径形成 C5-C9 膜攻击复合物,造成红细胞的直接破坏,导致血管内溶血。多数冷凝集素抗体针对红细胞 I/i 抗原系统。D-L 抗体是一种 IgG 型双相溶血素,即首先在低温(<20℃)条件下发生抗体与红细胞结合,然后当机体复温后再激活补体途径,造成血管内红细胞的破坏,这也是 D-L 抗体介导的溶血表现为暴露于寒冷后发作的原因。D-L 抗体呈现一定的红细胞 P 血型抗原特异性。

【临床表现】　温抗体 AIHA 病情程度变化颇大,自无明显溶血至严重致命性溶血不等。多数患者起病隐袭,表现为乏力、虚弱、头晕、体力活动后气短等贫血症状以及不明原因发热等。心脏储备功能不良的老年患者可发生心绞痛。体格检查可见苍白,约 1/3 患者有黄疸和肝大,半数以上有轻中度脾肿大。巨脾者应疑及其他病因。继发性患者有原发病的临床表现。病毒感染常致病情加重,尤其在儿童患者可诱发危及生命的溶血,呈急性发病,有寒战、高热、呕吐、腹痛和腰背痛,甚至休克和肾衰竭。患者血栓栓塞性疾病的发病率升高,尤以抗磷脂抗体阳性者为甚,如发生血栓应注意进一步筛查该抗体。

本病如伴发免疫性血小板减少称为 Evans 综合征(Evans syndrome),其发病机制除存在自身抗红细胞和抗血小板抗体外,越来越多的证据提示本病与患者的 T 细胞功能紊乱有关。Evans 综合征也见于各年龄组,分为原发性和继发性,后者常见病因亦为淋巴增殖性疾病和风湿性疾病。国内报道成人患者以女性为多。儿童患者常呈急性发病,与感染有关。本综合征的血小板减少可先于溶血或同时或继后出现,但多数先出现血小板减少,随后发生免疫性溶血,两者同时发病较少见。少数患者表现为全血细胞减少。

【实验室和辅助检查】

1. 血象　贫血轻重不一,多呈正细胞正色素性,但也可为大细胞性。外周血涂片可见数量不等球形红细胞增多和有核红细胞,网织红细胞增多(再障危象时除外),白细胞正常或轻度升高,偶可减少,血小板正常,如降低则提示 Evans 综合征。

2. 骨髓象　红系造血明显活跃,偶见轻度巨幼样变。发生再障危象时骨髓呈增生低下象,外周血全血细胞及网织红细胞减少。

3. 抗人球蛋白试验　又称 Coombs 试验。分为直接抗人球蛋白试验(direct antiglobulin test, DAT)和间接抗人球蛋白试验(indirect antiglobulin test, IAT),前者检查与红细胞膜结合的抗体,后者检查血清中抗体。DAT 是诊断温抗体 AIHA 的经典实验室检查,90% 以上的患者阳性,根据抗血清鉴定结果,本病可分为 3 型:①抗 IgG 和抗 C_3 阳性,占 67%;②单纯抗 IgG 阳性,占 20%;③单纯抗 C_3 阳性,占 13%。通常第一型溶血最重,第三型最轻。

4. 其他　血清胆红素轻或中度升高,以间接胆红素为主。尿胆原增多。血清乳酸脱氢酶升高。急性溶血时结合珠蛋白降低并可出现血红蛋白血症(hemoglobinemia)、血红蛋白尿(hemoglobinuria)或含铁血黄素尿(hemosiderinuria)。

【诊断和鉴别诊断】　有溶血性贫血的临床和一般实验室证据,DAT 阳性,冷凝集素效价在正常范围,近 4 个月内无输血和特殊药物(如奎尼丁、甲基多巴、青霉素等)应用史,可诊断本病。

少数抗人球蛋白试验阴性患者需与其他溶血性贫血鉴别,包括先天性溶血性疾病、非免疫性因素所致的溶血性贫血及阵发性睡眠性血红蛋白尿症。因致敏红细胞在通过单核-巨噬细胞系统时部分细胞膜被吞噬,故本病可出现数量不等的球形红细胞,如遇 DAT 阴性者需与 HS 相鉴别。

【治疗】

1. 病因治疗　有病因可寻的继发性患者应治疗原发病。感染所致者常表现为病情急且呈自限性的特点,有效控制感染后溶血即可缓解甚至治愈。继发于恶性肿瘤者应采取有效治疗措施,如实体瘤的手术切除和恶性 B 细胞增殖性疾病的化学治疗。疑药物诱发者应停用可疑药物。

2. 糖皮质激素　是治疗本病的首选和主要药物。常选用泼尼松,开始剂量 $1 \sim 1.5 mg/(kg \cdot d)$。治疗有效者一周左右血红蛋白上升,每周可升高 $20 \sim 30 g/L$。血红蛋白恢复正常后维持原剂量 1 个月,然后逐渐减量。减量速度酌情而定,一般每周 $5 \sim 10 mg$,待减至每日 15mg 以下时,需低剂量维持至少 $3 \sim 6$ 个月。约 80% 以上的患者糖皮质激素治疗有效。糖皮质激素足剂量治疗 3 周病情无改善者应考虑诊断是否有误或激素抵抗。激素抵抗见于约 10% 的患者。激素治疗无效或维持量每日超过 15mg 者应考虑更换其他疗法。停药后复发者并非少见。

长期应用糖皮质激素副作用包括激素面容、感染倾向、高血压、溃疡病、糖尿病、体液潴留和骨质疏松等。糖皮质激素作用机制可能为:①减少抗体产生;②降低抗体和红细胞膜上抗原之间的亲和力;③减少巨噬细胞膜的 Fc 和 C3 受体数量。

3. 脾切除　作为二线治疗,脾切除的适应证是:①糖皮质激素治疗无效;②激素维持量每日 >10mg;③不能耐受激素治疗或有激素应用禁忌证。目前尚无术前预测手术效果的可靠方法。脾切除的总有效率为 60% ~75%。术后复发病例再用糖皮质激素治疗,部分仍可有效。

脾切除治疗本病机制包括:①去除破坏致敏红细胞的主要器官;②脾脏是产生抗体的主要器官,切除后可减少抗体生成。

4. 免疫抑制剂　主要用于糖皮质激素和切脾无效的难治性患者。细胞毒类药物中以环磷酰胺、硫唑嘌呤最为常用。环磷酰胺 $50 \sim 150 mg/d$,硫唑嘌呤 $50 \sim 200 mg/d$,开始 3 个月与糖皮质激素合用,然后停用激素,单纯用免疫抑制剂 6 个月,再逐渐减量停药,有效率报道不一

（40%~60%）。此外环孢素及霉酚酸酯等亦可用于 AIHA 的免疫抑制治疗。治疗期间需注意观察副作用，尤其是肝肾功能、骨髓抑制等。

5. 利妥昔单抗　利妥昔单抗为人鼠嵌合型抗 CD20 抗体，可特异性清除 B 淋巴细胞。常用剂量为 375mg/m²，每周一次连用四周。因纳入患者标准差异，有效率报道从 40% 到 100% 不等。

6. 输血　本病输血应严格掌握适应证。因多数患者治疗收效较快，故输血仅限于再障危象或极度贫血危及生命者。输血速度应缓慢，并对全过程密切监视，以避免输血反应。少数患者因自身抗体所致的自发性红细胞凝集可能造成血型鉴定及交叉配血试验结果判读困难甚至误判，应予以注意。

7. 其他治疗　大剂量丙种免疫球蛋白可以特异性封闭单核巨噬细胞表面的 Fc 受体，减少红细胞破坏，可以与糖皮质激素协同作用。血浆置换可快速降低患者体内抗体水平，重症患者可以考虑，但即便有效作用也不持久。达那唑联用泼尼松对部分患者有效。

第六节　阵发性睡眠性血红蛋白尿症

阵发性睡眠性血红蛋白尿症（paroxysmal nocturnal hemoglobinuria，PNH）是一种后天获得性体细胞基因突变所致的造血干细胞膜缺陷引起的疾病，临床表现以溶血性贫血为主，同时具有血栓形成倾向和骨髓衰竭表现。典型患者有特征性间歇发作的睡眠后血红蛋白尿，这也是命名的由来。本病为一种少见的血液病，发病高峰年龄 20~40 岁，亦可见于儿童和老人，男性多于女性。

【病因和发病机制】　本病系造血干细胞 X 染色体上磷脂酰肌醇聚糖 A（phosphatidylinositol glycan class A，PIGA）基因发生突变，包括缺失、插入、点突变及移码突变等多种类型，最终造成糖磷脂酰肌醇（glycosyl-phosphatidylinositol，GPI）锚合成障碍所致。GPI 锚可将多种功能蛋白链接于细胞表面，包括某些补体调节蛋白、黏附分子、受体蛋白等。CD_{55}（又称衰变加速因子）和 CD_{59}（又称反应性溶血膜抑制因子）是机体免于补体旁路途径异常攻击、形成自身耐受的重要因子，均是 GPI 锚链接蛋白，前者可抑制补体 C_3 转化酶的形成及其稳定性，后者能阻断膜攻击复合物（MAC）的组装。PIGA 基因突变后，所有子代细胞（红细胞、粒细胞、单核细胞、血小板和淋巴细胞）均受累。红细胞因缺乏 CD_{55} 和 CD_{59} 这些补体调节蛋白，对补体敏感性增加，这是 PNH 发生血管内溶血的基础。PNH 患者体内同时存在正常和异常克隆的"嵌合"造血，异常 PNH 克隆也可存在不同 PIGA 基因突变。根据 GPI 锚链接蛋白缺失程度（对补体敏感性），患者红细胞可分为 3 型：Ⅰ型红细胞补体敏感性正常；Ⅱ型红细胞对补体中度敏感；Ⅲ型红细胞对补体高度敏感。患者所含补体异常敏感细胞的数量决定临床表现的差别和血红蛋白尿发作的频度。

伴发血栓栓塞性疾病是 PNH 的另一特征，发病机制可能包括多种因素，如 PNH 缺乏血小板被补体激活、溶血造成的促凝物质增加、纤维蛋白生成及溶解活性异常等。

尽管大部分 PNH 患者骨髓形态学增生活跃，但研究显示所有 PNH 患者均至少存在亚临床型骨髓造血功能衰竭。患者体内存在正常克隆和 PNH 克隆两个群体，目前对何以后者逐渐获得增殖优势仍不清楚，有推测认为正常克隆可能对 PNH 异常克隆诱发的免疫反应更敏感，而 PNH 克隆则被相对保护起来，但这一理论不足以解释多数亚临床型 PNH（见下述）为何 PNH 克隆持续不进展甚至消失。今后深入理解克隆间的演化机制，寻找保护、促进正常克隆增殖的方法，将有可能为治疗带来新的希望。

【临床表现】

1. 一般表现　发病隐匿，病程迁延，病情表现轻重不一。PNH 的典型三联征包括血红蛋白尿、血细胞减少和血栓形成。患者首发症状多为乏力、头晕、苍白、心悸等慢性溶血性贫血的表现。约半数患者有肝和（或）脾肿大。少数患者有不明原因持续腹痛，除需考虑血管栓塞外，可能与游离血红蛋白导致组织中一氧化氮减少,诱发平滑肌痉挛有关。

2. **血红蛋白尿**   是本病的典型表现。大部分患者在病程中有血红蛋白尿发作,但只有约1/4以此为首发症状就诊。重者尿色呈酱油样,伴血管内溶血的特征如胸骨后疼痛、腰腹疼痛及发热等,持续数天。轻者仅尿潜血阳性。血红蛋白尿多以清晨较重,但亦可发生于白天睡眠之后。睡眠后溶血加重机制仍未阐明,可能与睡眠时血 pH 下降,补体通过替代途径激活有关。血 pH 下降的原因包括呼吸中枢敏感性降低和血流变缓或淤滞等,造成酸性代谢产物积累。感染、月经、手术、输血、饮酒、疲劳、情绪波动或服用某些药物如铁剂、维生素 C、阿司匹林、氯化铵、苯巴比妥及磺胺药等均可诱发血红蛋白尿。

3. **血细胞减少的表现**   PNH 属于骨髓衰竭性疾病,除贫血外,中性粒细胞减少和功能缺陷导致患者易发感染,如支气管、肺、泌尿生殖道感染等。血小板减少可引起出血倾向。严重出血是本病死亡原因之一。

4. **血栓形成**   患者有血栓形成倾向,常发生于不寻常部位如肝静脉、脾静脉、肠系膜静脉、脑和皮下静脉并引起相应的临床表现,而动脉血栓相对少见。门静脉血栓形成所致的 Budd-Chiari 综合征较为常见,表现腹痛、肝脏迅速肿大、黄疸和腹水。血栓栓塞性并发症是 PNH 死亡的另一主要原因。

【实验室和辅助检查】

1. **血象**   贫血几乎见于所有患者,多数程度严重(Hb<60g/L),常呈正常细胞性或大细胞性,但在频繁溶血发作铁丢失过多者,则可呈小细胞低色素性。血涂片可见有核红细胞和红细胞碎片。网织红细胞增多不似其他溶血性贫血那样明显。粒细胞通常减少,中性粒细胞碱性磷酸酶降低。血小板多为中至重度减少。约半数患者有全血细胞减少。

2. **骨髓象**   半数以上呈三系细胞增生活跃象,尤以红系造血旺盛。与其他溶血性贫血不同,PNH 表现为红系增生而网织红细胞并无相应升高。形态学可有巨幼细胞样改变。不同患者或同一患者在不同时间检查,骨髓增生程度可有明显差别,有时可呈增生低下象。长期血管内溶血,尿丢失铁增加,造成机体缺铁,骨髓铁染色可见细胞内外铁减少。

3. **尿液分析**   血红蛋白尿发作时,尿隐血阳性。多数患者尿含铁血黄素试验(Rous test)呈持续阳性。溶血发作期间或前后可有轻度白蛋白尿。尿胆原轻度增加。

4. **血液生化检查**   溶血发作时有游离血红蛋白、非结合胆红素、乳酸脱氢酶升高,血清结合珠蛋白和铁蛋白降低,符合血管内溶血的表现。

5. **诊断性试验**   有多种方法,各有不同的特异性和敏感性。①酸化血清溶血试验:又称 Ham 试验,特异性高,曾是本病的确诊试验,但现已经被流式细胞检测所取代。②蔗糖溶血试验:又称糖水试验,敏感性高,但特异性较差,可作为筛查试验。③蛇毒因子溶血试验:方法简单可靠,比酸溶血试验敏感性高,较蔗糖溶血试验特异性高。④补体溶血敏感试验:用于测定患者红细胞对补体的敏感程度,区分不同的 PNH 红细胞群体。⑤血细胞表型分析:本病血细胞膜上缺乏多种 GPI 锚连接蛋白,可通过特异性单克隆抗体和流式细胞术进行检测。最常选用抗 CD_{59} 和 CD_{55} 的单克隆抗体,检测患者外周血和骨髓血细胞(应同时检测包括红细胞和粒细胞群体)异常的 GPI 锚连接蛋白阴性细胞群体,通常以>10% 作为判断界限。⑥FLAER 检测:嗜水气单胞菌产生的气溶血素前体可以特异性结合 GPI 锚连接蛋白,利用荧光标记的变异体(FLAER)通过流式细胞术检测可以区分 GPI 蛋白阴性和阳性群体。该法敏感性高,可发现 0.5% 的 GPI 阴性群体。血细胞表型分析和 FLAER 检测具有快速、特异性和敏感性高的特点,已基本取代传统溶血检查试验。

6. **PIGA 基因突变分析**   主要用于研究目的。

【诊断和鉴别诊断】   根据临床表现,实验室检查中外周血 CD55 或者 CD59 阴性的红细胞或中性粒细胞>10% 即可确立诊断;若无条件进行流式细胞检测,则如酸溶血、蔗糖溶血、蛇毒因子溶血试验和尿含铁血黄素试验有两项阳性,或只有一项阳性,但两次以上复查阳性并有确切溶血依据,也可确立诊断。

本病与再生障碍性贫血关系密切,可互相转化,称为再障-PNH综合征或PNH-再障综合征。约半数再生障碍性贫血患者存在小的PNH克隆,通过FLAER等流式方法可以发现,但仅有部分患者进展为显性PNH。

国际PNH工作组根据溶血发生程度、是否伴有骨髓衰竭证据以及GPI蛋白阴性细胞比例将本病分为三种亚型:①经典型:有典型的显性血管内溶血发作,不伴有其他骨髓疾病,PNH克隆比例常大于50%;②PNH合并其他骨髓衰竭性疾病:最常见为再生障碍性贫血、骨髓增生异常综合征,患者溶血表现相对较轻,PNH克隆比例通常小于30%;③亚临床型PNH:在另一骨髓衰竭性疾病中存在PNH克隆,但无PNH表现,流式检测PNH克隆一般不足1%。

对合并PNH克隆的再生障碍性贫血、低危骨髓增生异常综合征患者,临床上有时鉴别诊断较困难,此类患者应注意定期监测PNH克隆的比例。本病还需与其他溶血病鉴别,包括HS、自身免疫性溶血性贫血、G-6-PD缺乏症和阵发性冷性血红蛋白尿症等。

【治疗】 支持和对症治疗是本病处理的主要对策,包括缓解或终止溶血、刺激造血和抗血栓治疗等。尽量避免感染等诱发因素。妊娠很可能加重溶血和促发血栓形成。重组人源型抗补体蛋白5单克隆抗体(Eculizumab)显著改善了经典型PNH患者的预后。

1. **贫血治疗** 本病贫血的原因主要包括溶血、造血障碍和铁丢失。①输血:严重贫血可予输血。为避免输入补体成分,宜采用洗涤红细胞;②补充造血元素:患者长期血红蛋白尿可造成铁丢失过多和铁缺乏,如有缺铁证据,可补充铁剂。因PNH红细胞对铁剂的氧化作用颇为敏感,故宜小剂量治疗(常规剂量的1/5~1/10),补铁期间配伍糖皮质激素可能减少溶血发作。因造血需求增加,可给予叶酸5~10mg/d;③刺激红细胞生成:可试用雄激素制剂(见"再生障碍性贫血"章节),亦可试用促红细胞生成素;④其他:如患者骨髓衰竭表现明显,可尝试类似再生障碍性贫血的免疫抑制疗法,包括抗胸腺细胞球蛋白和环孢素。

2. **控制溶血发作** ①糖皮质激素:对部分患者有效,可减少或减轻溶血发作。开始剂量泼尼松40~60mg/d,发作停止后减半,一周后改为隔日一次,维持2~3个月。如应用1~2个月无效,应停药,长期应用应注意其可能的严重副作用。②碳酸氢钠:急性溶血可口服或静脉滴注5%碳酸氢钠,以碱化尿液。③抗氧化药物:对细胞膜有保护作用,如大剂量维生素E、阿维酸钠、亚硒酸钠等,但疗效不确定。④重组人源型抗补体蛋白5单克隆抗体(Eculizumab):该药特异性结合人补体蛋白C5,阻止其激活为C5b,从而抑制MAC的形成。Eculizumab治疗后多数患者溶血程度显著降低,一半以上患者可以摆脱输血需求,大大改善了患者的生活质量。但大多数有效患者仍存在轻微溶血的证据,部分患者无效。究其原因可能与C3转化酶反应性激活,介导PNH克隆红细胞发生血管外溶血有关。临床观察提示Eculizumab对患者血栓形成也可能有保护作用。由于C5先天性缺乏患者奈瑟菌属感染概率高,因此,Eculizumab治疗前需接受脑膜炎球菌疫苗治疗。因为Eculizumab对干细胞缺陷无效,该药需终身使用,目前药物仍十分昂贵,限制了其临床应用。

3. **血栓形成的防治** 栓塞患者遵循一般抗栓治疗原则,可用抗凝或溶栓治疗,特别对肝静脉血栓形成应积极处理。开始用肝素类制剂,后改为香豆素类口服维持。对慢性期患者的血栓预防仍有争议,尤其是伴有血小板减少的患者。但有血栓史者和妊娠期女患者一般应进行预防性抗凝治疗。因口服避孕药的促凝作用,育龄妇女患者不宜应用药物避孕。

4. **异基因造血干细胞移植** 是目前唯一能够纠正细胞膜缺陷并治愈该病的措施。但因PNH非恶性血液病,患者中位生存期较长,部分患者能出现不同程度的自行缓解,故移植治疗选取时宜慎重权衡利弊。一般而言,移植仅限于骨髓增生低下和反复血栓形成的患者。

5. **其他** 脾切除对大部分患者无效,且手术并发症严重,尤其是血栓形成风险高,但个别因脾肿大并发全血细胞减少而骨髓增生活跃者可选择性试行。

【预后】　PNH 病程多变,多数患者呈慢性病程,病程中正常克隆和 PNH 克隆此消彼长,病情时轻时重。患者中数生存期 10～15 年,主要死因是血栓形成、出血和感染,少数患者可转化为急性白血病或骨髓增生异常综合征。部分病程较长(>10 年)的患者可出现不同程度的自发缓解。

(吴德沛)

推荐阅读文献

1. Kaushansky K,Lichtman MA,Beutler E,et al. Williams Hematology. 8th ed. McGraw-Hill Companies,2010
2. Gallagher PG. Abnormalities of the erythrocyte membrane. Pediatr Clin North Am,2013,60:1349-1362
3. Higgs DR,Engel JD,Stamatoyannopoulos G. Thalassaemia. Lancet,2012,379:373-383
4. Lechner K,Jäger U. How I treat autoimmune hemolytic anemias in adults. Blood,2010,116:1831-1838
5. Parker CJ. Paroxysmal nocturnal hemoglobinuria. Curr Opin Hematol,2012,19:141-148

第六章　再生障碍性贫血及其他相关贫血

> **要点：**
> 　　1. 再障是一类骨髓衰竭性疾病,以外周血血细胞减少及其相关临床表现为特征。根据病因,再障可分为遗传性和获得性,后者根据是否有明确诱因分为原发性和继发性。
>
> 　　2. 目前认为原发性获得性再障的主要发病机制是 T 细胞异常活化,本质上是一种自身免疫性疾病。
>
> 　　3. 典型再障诊断不困难,非典型者需要与多种类似表现的疾病鉴别。再障治疗须建立在正确诊断基础上,根据临床分型进行合理、规范的治疗。

第一节　再生障碍性贫血

　　再生障碍性贫血(aplastic anemia,AA)(简称再障)是一种由多类病因和发病机制引起的骨髓造血功能衰竭征,主要表现为骨髓有核细胞增生低下、全血细胞减少及所致的贫血、出血和感染。

　　根据患者病情、血象骨髓象及预后,通常将 AA 分为非重型(NSAA),重型(SAA)和极重型(VSAA)。病因上 AA 可分为遗传性和获得性。遗传性 AA 罕见,包括范可尼贫血、先天性角化不良、Shwachman-Diamond 综合征等。获得性 AA 根据是否有明确诱因分为原发性和继发性。

　　AA 呈世界性分布,欧美发病率约为 2/100 万人,我国流行病学调查资料显示发病率略高于西方国家,约 4/100 万 ~7/100 万人口。AA 可发生于各个年龄段,男女发病率无明显差别。国内发病以青年及老年人居多,原发性多于继发性。

【病因和发病机制】

(一) 病因

多数获得性 AA 患者具体病因不明,可能相关的因素有:

1. **化学因素**　包括种类繁多的化学物质和药物,尤其是苯和氯霉素类抗生素、磺胺类药物等。它们对骨髓的抑制作用可呈剂量相关性或剂量非相关性(个体敏感性)。细胞毒化疗药物引起的骨髓抑制通常是可控的,很少导致不可逆的骨髓衰竭。近年来,职业暴露是继发性 AA 常见的关联病因,接触苯及其相关制剂引起的病例有所增多。其他危险暴露包括除草剂、杀虫剂以及长期染发(氧化染发剂和金属染发剂)等,但之间的因果关系往往难以确定。

2. **物理因素**　γ 射线和 X 射线等高能射线可影响 DNA 复制,抑制细胞有丝分裂,干扰骨髓细胞生成,造成造血干细胞数量减少。骨髓属放射敏感组织,受抑程度与放射剂量正相关。

3. **生物因素**　流行病学研究表明,AA 发病可能与多种病毒感染有关,其中以病毒性肝炎最为重要。肝炎相关性再障(hepatitis associated aplastic anemia,HAAA)多继发于非甲非乙型肝炎,发病率<1.0%,约占再障患者的 3%。发病机制可能与病毒抑制造血细胞或免疫因素有关。HAAA 患者多为青年男性,在肝炎恢复期发病,常表现为重型再障,预后较差。其他可疑相关病

毒尚有 EB 病毒、微小病毒 B19、巨细胞病毒、登革热病毒及 HIV 病毒等。

（二）发病机制

再障的发病机制尚未完全阐明。现有的证据表明,再障的发病机制呈明显异质性和重叠性的特征。传统学说认为 AA 可能通过三种机制发病:原发和继发性造血干祖细胞（"种子"）缺陷、造血微环境（"土壤"）及免疫（"虫子"）异常。目前认为 T 淋巴细胞异常活化、功能亢进造成骨髓损伤、骨髓细胞凋亡和造血功能衰竭在原发性获得性 AA 发病机制中占主要地位。

1. 造血干细胞缺陷　包括造血干细胞质的异常和量的减少,以后者的证据更为充分。AA 患者骨髓中造血干细胞明显减少,且 CD34$^+$细胞减少程度与病情相关。体外培养下,AA 患者中性粒细胞-巨噬细胞细胞集落形成单位（CFU-GM）和红细胞爆裂型集落生成单位（BFU-E）的数量也明显减少,体外对造血生长因子反应差,免疫抑制治疗后恢复造血不完整。同时,一些 AA 患者外周血单个核细胞的端粒长度明显缩短,甚至存在典型端粒酶基因,如端粒 RNA 基因（TERT）和端粒酶反转录酶基因（TERC）突变,此类患者往往对免疫抑制治疗疗效欠佳且复发率高,并易向 MDS 转变。

2. 造血微环境异常　造血微环境包括骨髓基质细胞及其分泌的细胞因子。AA 患者骨髓活检常发现除造血细胞减少外,还有骨髓"脂肪化"、静脉窦壁水肿、出血、毛细血管坏死;部分 AA 骨髓基质细胞体外培养长势差,其分泌的各类造血调控因子明显不同于正常人。另一方面,AA 患者血浆中 G-CSF、EPO 等生长因子通常升高,而可治愈 AA 的异基因造血干细胞移植并不直接影响基质细胞。因此,造血微环境改变在 AA 发病机制中的地位仍存在争议。

3. 免疫异常　目前认为 T 淋巴细胞异常活化、功能亢进,通过细胞毒 T 细胞直接杀伤或（和）淋巴因子介导的造血干细胞过度凋亡引起的骨髓衰竭是获得性 AA 的主要发病机制。小鼠研究显示通过诱导自身反应性 T 细胞可以建立再障模型,而免疫抑制疗法可以纠正造血功能。同时,AA 患者淋巴亚群失调,辅助 T 细胞/抑制 T 细胞（CD4$^+$/CD8$^+$）比例倒置,T 细胞异常活化,Th1/Th2 平衡向 Th1 方向偏移,Th1 细胞产生的造血抑制因子或负调节因子（如 IFN-γ、IL-2 及 TNF-α）明显升高,多数患者免疫抑制治疗有效。

4. 遗传学因素　再障的发病可能与某些遗传学背景有关。部分再障患者 HLA-DR2（HLA-DR＊1501）过表达,可能造成抗原递呈异常,并呈现对环孢素的耐药性;而患者细胞因子基因的多态性也可能与免疫反应亢进有关,是再障发病的危险因素。

【临床表现】　非重型再障多呈慢性发病,重型患者可呈急性发病也可由非重型进展而来。患者的临床表现与受累细胞系减少速度和严重程度密切相关。

（一）重型再生障碍性贫血（SAA）

起病急,进展快,病情重,部分可由非重型进展而来。

1. 贫血　常见面苍、乏力、头昏、心悸和气短,症状随病情进展而进行性加重。

2. 感染　多数患者有发热,感染部位以呼吸道最常见,致病菌以革兰阴性菌、金黄色葡萄球菌和真菌为主,易合并败血症而危及生命。

3. 出血　均有不同程度的皮肤、黏膜及内脏出血。严重者可发生颅内出血,是死亡的主要原因之一。

（二）非重型再生障碍性贫血（NSAA）

相比 SAA,患者起病和进展缓慢,病情较轻。

【实验室和辅助检查】

1. 血象　SAA 呈重度全血细胞减少,贫血一般呈正细胞正色素性,但大细胞性者并非少见,网织红细胞多在 0.5% 以下,绝对值<20×10^9/L;白细胞计数<2×10^9/L,中性粒细胞<0.5×10^9/L（极重型<0.2×10^9/L）,血细胞分类见淋巴细胞比例明显增高;血小板<20×10^9/L。NSAA 也呈全血细胞减少,但达不到 SAA 的标准。

2. 骨髓象　包括穿刺和活检。骨髓穿刺应至少包括髂骨和胸骨 2 个部位。骨髓增生减低或重度减低;小粒空虚,非造血细胞(淋巴细胞、网状细胞、浆细胞、肥大细胞等)比例增高;巨核细胞明显减少或缺如;红系、粒系细胞均明显减少。再障一般无明显病态造血现象,但少数患者,尤其是伴有 PNH 克隆的可见有红系轻度病态造血改变。骨髓活检(髂骨)增生减低,造血组织减少,脂肪细胞和(或)非造血细胞增多,网硬蛋白不增加。

3. 其他检查　$CD4^+$细胞:$CD8^+$细胞比值减低,Th1:Th2型细胞比值增高;血清 IL-2、IFN-γ、TNF-α 水平等调控因子升高;骨髓 $CD34^+$ 细胞数量减少;细胞染色体核型正常;铁染色示贮铁增多;中性粒细胞碱性磷酸酶染色强阳性;溶血检查阴性。

【诊断与鉴别诊断】

(一) 诊断

SAA 诊断标准:①骨髓细胞增生程度<正常的 25%,如≥正常的 25% 但<50%,则残存的造血细胞应<30%;②血常规:需具备下列三项中的两项:中性粒细胞(ANC)$<0.5×10^9/L$,校正的网织红细胞<1% 或绝对值$<20×10^9/L$,血小板(BPC)$<20×10^9/L$;③若 ANC$<0.2×10^9/L$ 为 VSAA。

NSAA 诊断标准:未达到 SAA 标准的 AA。

(二) 鉴别诊断

主要与外周血血细胞减少尤其是全血细胞减少的疾病相鉴别。为了除外其他可能诊断,疑难病例往往需要在病程中多次进行相关检查。

1. 阵发性睡眠性血红蛋白尿(PNH)　是一种获得性克隆性造血干细胞膜缺陷引起的,以血管内溶血为突出表现的非肿瘤性疾病。典型 PNH 患者有血红蛋白尿发作,易鉴别;不典型者无血红蛋白尿发作,全血细胞减少,骨髓可增生减低,易误诊为 AA。但 PNH 患者动态随访中终能发现 PNH 克隆群体:酸化血清溶血试验(Ham)阳性,骨髓或外周血流式检测发现血细胞 CD55、CD59 阴性表达细胞>10%。另一方面,PNH 与再障关系密切,可互相转化。约 40% ~ 50% 的再障患者可以检测到低水平的 PNH 克隆,但仅小部患者进展为显性 PNH。

2. 骨髓增生异常综合征(MDS)　是一种造血干细胞髓系克隆性肿瘤性疾病。MDS 中的难治性贫血(RA)可有全血细胞减少,网织红细胞有时不高甚至降低,骨髓也可呈低增生性,这些都易与 AA 混淆。但 RA 有病态造血现象,骨髓有核红细胞糖原染色(PAS)可阳性,早期髓系细胞相关抗原(CD34、CD117)表达增多,造血祖细胞培养可出现集簇增多、集落减少,部分患者可检测到染色体核型异常。

3. 自身抗体介导的全血细胞减少　包括 Evans 综合征和免疫相关性全血细胞减少。这两类患者可全血细胞减少并骨髓增生减低,外周血网织红或中性粒细胞比例往往不低甚或偏高,骨髓红系比例不低且易见"红系造血岛",可检测到造血细胞膜自身抗体,外周血 Th1/Th2 降低,$CD5^+$B 细胞比例增高,血清 IL-4 和 IL-10 水平增高,对糖皮质激素、大剂量静脉丙种球蛋白、抗 CD20 单克隆抗体治疗反应较好。

4. 急性白血病(AL)　部分低增生性 AL 早期肝、脾、淋巴结不肿大,外周两系或三系血细胞减少,易与 AA 混淆。仔细观察血象及多部位骨髓,可发现原始粒、单、或原(幼)淋巴细胞明显增多。一些急性早幼粒细胞白血病可全血细胞减少,但骨髓细胞形态学检查、染色体核型和 PML-RARα 基因检查可鉴别之。

5. 急性造血停滞　是一种骨髓突然停止造血的现象。发病因素包括感染(尤其是微小病毒 B19)和药物。多见于慢性溶血性贫血的患者,称为再障危象,但也可偶见于正常人。发病较急,贫血迅速发生或加重。血象以贫血为主,网织红细胞明显减少或缺如,部分也可有白细胞和血小板的减少。骨髓增生度自活跃至减低不等,以红系减少为著,可伴有其他细胞系的降低,病程恢复期有时能发现特征性的巨大原始红细胞。本病呈自限性经过,多数在 1 个月内恢复。

Notes

6. T细胞大颗粒淋巴细胞白血病(T-LGL)   表现为全血细胞减少的T-LGL易与AA混淆,但T-LGL患者多数有脾肿大,外周血涂片可见数量不等的大颗粒淋巴细胞,典型免疫表型为CD3$^+$CD8$^+$TCRαβ$^+$的细胞毒细胞,CD5和CD7表达多缺失,可检测到TCR基因重排。

此外,年轻再障患者需除外遗传性骨髓衰竭综合征可能,如范可尼贫血、先天性角化不良等。其他需要鉴别的疾病还包括淋巴瘤伴骨髓纤维化、多毛细胞白血病、恶性肿瘤骨髓转移和分枝杆菌感染等。

【治疗】   对获得性AA应仔细查找可能病因并加以去除。再障治疗宜采用综合措施,强调尽早诊断和正规治疗。根据疾病严重程度选择治疗方式。

(一)支持治疗

1. 纠正贫血   通常输血指征为血红蛋白<60g/L,但老年(≥60岁)、代偿反应能力低(如伴有心、肺疾患)、需氧量增加(如感染、发热等)、氧气供应缺乏加重(如肺炎等)时可放宽输血阈值。

2. 预防出血   存在血小板消耗危险因素的患者(如感染、ATG/ALG治疗等),或SAA预防性血小板输注阈值为<20×10^9/L,而病情稳定者为10×10^9/L,但发生严重出血者不受上述标准限制。女性子宫出血可联合雄激素或炔诺酮。

3. 控制感染   发热患者按照"中性粒细胞减少伴发热"的原则处理。初治用广谱抗生素治疗并积极病原学检查,有细菌培养和药敏试验有结果后再选择针对性抗生素。需注意长期广谱抗生素治疗可诱发真菌感染和肠道菌群失调。

4. 祛铁治疗   长期输血导致血清蛋白水平超过1000μg/L时予以祛铁治疗。

5. 其他保护措施   应强调个人和环境卫生,减少感染风险,SAA患者应予以保护性隔离,有条件者入住层流病房;避免出血(防外伤及剧烈活动);避免使用对骨髓有损伤作用和抑制血小板功能的药物;酌情预防性抗真菌治疗;必要的心理护理;拟行异基因造血干细胞移植者应输注辐照或过滤后的血制品。

(二)非重型再障的治疗

雄激素是首选治疗药物之一,总有效率50%~60%。作用机制包括提高体内红细胞生成素的水平和直接促进红系造血,近年研究显示雄激素可能有延长端粒酶的功能。雄激素类药物种类繁多,多选用口服剂型,如司坦唑和十一酸睾酮等。司坦唑2mg或十一酸睾酮40mg,口服,每日3次。一般需用药6个月才能判断疗效。部分患者可产生药物依赖性,故病情缓解后不宜突然停药,需进行维持治疗,以减少复发。雄激素治疗的主要副作用是雄性化和肝功能损害。雄激素联合免疫抑制剂环孢素可提高疗效。环孢素也需长时间(>1年)的用药并缓慢逐渐减量,以减少复发。长期应用环孢素可出现牙龈增生、手震颤和多毛症等副作用,停药后可消失。同时该药有肾毒性,用药期间应监测肾功能。造血细胞因子对再障患者的疗效不确切,不宜单独使用,但合并感染的患者短期粒细胞集落刺激因子治疗有助于尽快控制炎症。

国内有不少应用中医药物治疗慢性再障的报道,可能有助于改善疗效,但因缺乏严格的前瞻性随机病例对照研究资料,故对其确切价值仍有待进一步评估。

(三)重型再障的治疗

重再障患者病情危重,应予以及时和积极治疗。随着对再障发病机制认识的深入,重型再障的治疗已取得了显著进步,极大地改善了患者的预后。

1. 异基因造血干细胞移植(allo-HSCT)   年龄<40岁,有HLA相合同胞供者的SAA患者可选择allo-HSCT作为一线治疗,约80%的患者可获得长期生存。对缺乏同胞供者的患者,考虑替代供体移植作为首选治疗时宜持慎重态度。接受免疫抑制治疗失败的重再障患者如无特殊禁忌可选择allo-HSCT进行挽救治疗,供体除亲缘全相合供者外,也可考虑亲缘单倍体、无关相合供体和脐带血造血干细胞。随着移植技术的进步,allo-HSCT在重再障治疗中的地位可能进一

步加强。

2. 免疫抑制治疗 对不适用 allo-HSCT 的重再障患者可采用免疫抑制治疗（IST）。常用的免疫抑制剂有抗胸腺细胞球蛋白（ATG）、抗淋巴细胞球蛋白（ALG）和环孢素。联合应用 ATG 或 ALG 和环孢素效果明显优于单一用药，有效率可达 70% ~ 80%，疗效多在治疗后 3 个月左右显现。ATG 或 ALG 的剂量依不同制剂而异，缓慢静脉滴注，连用 5 天。ATG 或 ALG 是异种蛋白，副作用有过敏反应和血清病等，故在治疗同时应短期应用糖皮质激素，一般 1mg/（kg·d）泼尼松量用至 15 天，随后减量，一般 2 周后减完（总疗程约 4 周）。环孢素可与 ATG/ALG 同时应用，也可在停用糖皮质激素后序贯应用，口服剂量 3 ~ 5mg/kg，治疗期间目标血药浓度（谷浓度）一般维持在 150 ~ 250μg/L。环孢素治疗宜维持 1 年以上，待达到最大疗效后再缓慢逐渐减量，直至停药。环孢素对肝肾有损害作用，应注意定期监测。IST 的远期副作用是获得性克隆性疾病，包括 PNH、MDS 和急性髓系白血病。单用造血刺激因子治疗重型再障效果不确切。随机对照研究显示 G-CSF 联合应用可能缩短患者 ANC 恢复时间，降低早期感染概率，有助于 IST 无效患者的早期识别，但对改善患者的总体治疗反应和提高生存率意义有限。首次 IST 治疗无效或复发患者可选择第 2 次 IST 治疗。因 IST 获得疗效反应的中位时间多在 IST 后 2 ~ 3 个月，仅极少数患者超过 6 个月，故无效患者第二次治疗一般在首次治疗后 3 ~ 6 个月，具体时机需根据患者病情综合判断。第 2 疗程的 ATG 或 ALG 需选择另一动物种属来源的药物以避免发生严重过敏反应和血清病的风险。

高剂量 CTX 也是治疗重型再障的有效方法，但较 ATG/ALG，CTX 更易导致感染等严重并发症，目前已不作为常规治疗办法。其他免疫抑制剂如他克莫司、抗 CD52 单抗等对再障的疗效尚缺乏大系列的循证医学依据。

除重再障外，IST 也可应用于对环孢素联合雄激素治疗无效的输血依赖性 NSAA 患者。

【预后】 如治疗得当，NSAA 患者多数可缓解甚至治愈，仅少数进展为 SAA。SAA 发病急、病情重、以往病死率极高（>90%）；近 10 年来随着治疗方法的改进和支持治疗的进步，SAA 的预后明显改善，但仍约 1/3 患者死于感染和出血。

（吴德沛）

第二节 纯红细胞再生障碍性贫血

纯红细胞再生障碍性贫血（pure red cell aplasia，PRCA）是一种较少见的以骨髓中单纯红系造血障碍为表现的异质性综合征，而粒细胞系和巨核细胞系无明显受累。任何年龄组和性别均可发病，分为先天性和获得性两类。先天性 PRCA 又称 Diamond-Blackfan 贫血，病因为基因突变所致的核糖体功能障碍。本节主要介绍获得性 PRCA。

【病因和发病机制】

（一）病因

根据有无明确诱因分为原发性和继发性。引起继发性 PRCA 病因众多，包括肿瘤、感染、自身免疫性疾病等（表 6-6-1）。

（二）发病机制

PRCA 发病机制尚未完全阐明。目前认为多数慢性 PRCA 有免疫因素的参与，并可能是主要发病机制。对非免疫性机制至今仍了解不多。

1. 免疫介导 包括体液免疫和细胞免疫异常。最早提示 PRCA 与免疫相关的是本病与胸腺瘤的密切联系，PRCA 和自身免疫性疾病、伴有免疫功能紊乱的淋巴系统增殖性疾病的相关性也都提示两者间的联系。PRCA 的体液免疫异常表现为部分患者血浆内有 IgG 型自身抗体，对不同分化阶段红细胞都表现有抑制作用，除 allo-HSCT 术后因供受者存在 ABO 位点不合的导致

表 6-6-1   继发性 PRCA 的可能病因

实体瘤	血液肿瘤	感染	胶原血管疾病	其他
胸腺瘤	慢性淋巴细胞白血病	人微小病毒 B19	系统性红斑狼疮	慢性溶血病
胃癌	大颗粒淋巴细胞白血病	人免疫缺陷病毒	类风湿关节炎	药物或化学物
乳腺癌	淋巴瘤	T 细胞白血病病毒	混合性结缔组织病	严重肾衰竭
胆管癌	多发性骨髓瘤	肝炎病毒	干燥综合征	严重营养缺乏
肺癌	原发性巨球蛋白血症	EB 病毒		ABO 血型不合的异基因造血干细胞移植后
甲状腺癌	慢性髓细胞白血病	巨细胞病毒		
皮肤癌	原发性骨髓纤维化	腮腺炎病毒		
肾癌	原发性血小板增多症	脑膜炎球菌		
Kaposi 肉瘤	急性髓系白血病	葡萄球菌		

PRCA 外,其他抗体作用的细胞靶点尚未明确。长期应用重组红细胞生成素(Epo)的患者可能产生红细胞生成素抗体,出现 PRCA 的临床表现,但在未应用 Epo 的 PRCA 患者中还未发现具有临床意义的抗 Epo 抗体。细胞免疫异常主要表现为 T 细胞或 NK 细胞对红系造血细胞的抑制作用,大颗粒淋巴细胞白血病(LGL)伴发 PRCA,以及抗胸腺细胞球蛋白治疗和胸腺瘤相关 PRCA 切除胸腺后病情缓解都是这一机制的有力证明。

2. **红系造血细胞直接损伤**   见于某些病毒感染,以微小病毒 B19 感染为代表。微小病毒 B19 是一种 DNA 病毒,可通过其高亲和力红细胞糖苷脂受体进入前体红细胞,并迅速增殖,造成细胞损伤和凋亡。微小病毒 B19 所致的 PRCA 多发生于青少年、溶血性贫血患者及免疫缺陷患者,后者可出现持续性病毒感染状态。某些药物也可能通过直接损伤红系造血细胞而引起 PRCA。这一机制介导的 PRCA 多呈急性自限性经过。

伴发于非胸腺实体瘤的 PRCA 十分罕见,对其发病机制亦所知甚少。药物诱发的 PRCA 可能通过不同的机制致病,报道较多的药物有苯妥英钠、利福平、异烟肼和普鲁卡因胺等。

【临床表现】   临床经过差别明显,可表现为一过性急性自限性和慢性持续性。因红细胞寿命较长,许多急性自限性者呈亚临床表现,从而未获诊断。慢性者主要表现为不同程度的贫血及其相关症状。自觉症状的轻重与贫血发生的速度和程度相关。原发性患者除贫血表现外,少有其他阳性发现。继发性者在原发病表现的基础上,又出现不能用原发病解释的贫血加重。

【实验室检查】

1. **血象**   程度不同的贫血,呈正常色素正常细胞性。白细胞和血小板计数多正常。血涂片不见嗜多色细胞。网织红细胞计数显著降低甚至缺如(0~1%),如网织红细胞>2%,则应质疑 PRCA 的诊断。LGL 伴发 PRCA 并非少见,应注意外周血有无相应细胞的增多。

2. **骨髓象**   提供诊断依据。细胞增生度正常,以孤立性红系造血障碍为突出的特征,各期有核红细胞均明显减少,原始红细胞常消失。粒系和巨核系造血正常,无病态造血现象。急性自限性者在骨髓恢复期表现为红系造血活跃,有时可见到巨大原始红细胞。

3. **其他贫血检查**   指标溶血性贫血试验如抗人球蛋白试验(Coombs test)及酸溶血试验(Ham test)阴性,乳酸脱氢酶和间接胆红素水平等指标正常。铁代谢指标无缺铁证据,相反铁饱和度及铁蛋白水平常升高。

4. **病毒及其抗体**   有条件时,可检测 PRCA 相关的病毒及其抗体滴度,尤其是微小病毒 B19。

5. **影像学检查**   对慢性者应常规检查胸腺。

【诊断和鉴别诊断】   根据临床表现和实验室检查所见,特别是骨髓幼红细胞明显减少而其他细胞系正常,不难做出诊断,但应注意病因的查找,特别是有无胸腺瘤、淋巴增殖性疾病和自身免疫性疾病等。

明显的骨髓象特征使 PRCA 不难与其他类型的贫血相鉴别。有时 MDS 的难治性贫血阶段也仅表现为贫血,但 MDS 的病态造血、染色体改变等特征可将两者区分开来。

【治疗】

(一)一般处理和支持治疗

诊断一旦确立,应立即停用所有可疑药物,合理治疗存在的感染,大剂量静脉免疫球蛋白适用于微小病毒 B19 相关性 PRCA。药物和病毒诱发的急性自限性 PRCA 多在 1~3 周内自行恢复。继发性 PRCA 应积极治疗原发病,如胸腺瘤及其他恶性肿瘤、自身免疫性疾病等。在原发病得到有效控制后,继发的 PRCA 也可获得缓解。对原发性 PRCA 或原发病治疗后仍不缓解的继发性 PRCA 可有计划地顺序选用以下治疗措施。慢性难治性患者根据血清铁蛋白水平决定是否祛铁治疗。

(二)免疫抑制治疗

有多种选择,各有利弊。

1. **糖皮质激素** 为首选治疗,尤其是年轻患者。常用泼尼松,起始剂量一般 1mg/(kg·d),多在一月左右生效,有效者宜缓慢减量直至停药,总疗程 3~4 个月或更长。有效率约 40%,减量或停药后复发者并不少见。达那唑可能增强激素的疗效。

2. **环孢素** 是另一 PRCA 的一线药物,5~7.5mg/(kg·d),有条件时应根据血药浓度调整剂量。有效率 60%~80%,疗效见于治疗开始后 2~4 周,多数在 3 个月内达到满意效果。治疗期间需监测肾功能。为减少病情反复,多数患者需要摸索最低剂量进行维持治疗。

3. **细胞毒药物** 用于一线治疗无效者,常用有环磷酰胺和硫唑嘌呤。选其一,从小剂量起始,有效率 40%~60%,多在 2~3 个月奏效。近期副作用为骨髓抑制,应注意检查血象,并据以调整剂量或停药。远期副作用有继发性肿瘤和不育,故年轻患者慎用。

4. **抗胸腺细胞球蛋白** 有效率约 50%。

5. **抗淋巴细胞单克隆抗体** 抗 CD20 单抗和抗 CD52 单抗均有成功治疗难治患者的报道,但价格昂贵。

免疫抑制治疗有多种选择,但由于本病发病率低,目前尚缺乏大样本的疗效对照试验,一般认为宜首选糖皮质激素作为起始治疗,如无效再根据情况选用其他免疫抑制剂。采用某种免疫抑制剂治疗 3~4 个月仍未显效时,可考虑换用另一种。在使用其他免疫抑制剂时可配伍联用小剂量糖皮质激素。长期用药者均宜缓慢减量渐停。

(三)血浆置换

适用于 ABO 血型不合 allo-HSCT 术后发生的 PRCA 患者。

(四)手术治疗

脾切除可试用于以上治疗均无效的难治性病例,但有效率不高。对慢性 PRCA 患者应检查胸腺,如有胸腺瘤应手术切除。无胸腺瘤者胸腺切除无益。

(五)造血干细胞移植

PRCA 极少成为干细胞移植指征,少数难治患者可以考虑。

【预后】 由病毒感染或药物诱发的急性 PRCA 为自限性疾病,多在短期内恢复。约 5%~10% 的 PRCA 患者可自发缓解。经上述免疫抑制治疗,约 70% 的患者可获缓解。复发并非少见,但再治疗仍有效。有报道原发性 PRCA 中位生存期约 14 年。转为再障者罕见。少数(<5%)难治性患者可能转变为急性髓细胞白血病。继发性者的生存与原发病密切相关。

(吴德沛)

推荐阅读文献

1. Kaushansky K, Lichtman MA, Beutler E, *et al*. Williams Hematology. 8th ed. McGraw-Hill Companies, 2010

2. Chirnomas SD, Kupfer GM. The inherited bone marrow failure syndromes. Pediatr Clin North Am, 2013, 60: 1291-1310

3. Rovó A, Tichelli A, Dufour C. Diagnosis of acquired aplastic anemia. Bone Marrow Transplant, 2013, 48:162-167

4. Sawada K, Fujishima N, Hirokawa M. Acquired pure red cell aplasia: updated review of treatment. Br J Haematol, 2008, 142:505-514

第七章 中性粒细胞减少和粒细胞缺乏

> **要点：**
> 1. 引起中性粒细胞减少和缺乏的病因很多，要加以鉴别。
> 2. 病因可分为原发性和继发性两类，按不同病因进行治疗。
> 3. 粒细胞缺乏与感染的风险密切相关，纠正粒细胞缺乏状态、控制感染是改善预后的关键。

外周血中性粒细胞绝对计数，在成人低于 $2.0×10^9/L$ 时，在 $10～14$ 岁儿童低于 $1.8×10^9/L$ 或 10 岁以下儿童低于 $1.5×10^9/L$ 时，称为中性粒细胞减少（neutropenia）；严重者低于 $0.5×10^9/L$，称为粒细胞缺乏（agranulocytosis）。通常所说的白细胞减少是指外周血液白细胞总数减少，低于正常范围 $[(4.0～10.0)×10^9/L]$，而粒细胞减少是指血液粒细胞（包括中性、嗜酸性与嗜碱性粒细胞）数量减少，由于中性粒细胞在白细胞总数中占 60% 左右，白细胞总数的变化，实际上反映了中性粒细胞数量的变化，因此，有时不严密地将二者用作中性粒细胞减少的同义词。中性粒细胞减少的程度与人体发生感染的风险密切相关。

【病因和发病机制】 根据中性粒细胞生长的细胞动力学，在骨髓中可分为干细胞池、分裂池和贮存池。成熟的中性粒细胞多贮存在骨髓中，其数量约为血液中的 $8～10$ 倍，它们可以随时被释放入血。中性粒细胞至血液后，一半附于小血管壁，称为边缘池；另一半在血液循环中，称为循环池。

中性粒细胞减少的病因有原发性（或先天性）和继发性（或获得性），又以继发性多见。根据发病机制，可大致分为以下三类：中性粒细胞生成减少、破坏过多及分布异常。

1. 中性粒细胞生成减少

（1）细胞毒药物、化学药物和电离辐射：是最常见的继发性原因，可直接损伤、抑制造血干细胞/祖细胞及分裂早期细胞。某些药物可干扰蛋白质合成或细胞复制，作用呈剂量依赖性；另一些药物的作用与剂量无关，可能与免疫因素相关。常见的可导致中性粒细胞减少的药物如表 6-7-1。

（2）造血原料缺乏或骨髓无效造血：维生素 B_{12}、叶酸缺乏或代谢障碍，再生障碍性贫血，急性白血病，骨髓增生异常综合征等，由于粒细胞分化成熟障碍，造血细胞阻滞于干细胞池或分裂池，且可以在骨髓原位或稀释入血后不久被破坏，出现无效造血。

（3）感染：中性粒细胞减少可见于病毒感染（流感病毒、肝炎病毒、传染性单核细胞增多症、HIV 等）及细菌感染（包括伤寒、粟粒性结核、暴发性脓毒血症等）。病毒感染后中性粒细胞减少在儿童尤为常见。其机制为中性粒细胞消耗增加和感染时产生的负性造血调控因子的作用。

（4）骨髓浸润：许多血液系统疾病及恶性肿瘤骨髓转移，可影响正常造血细胞增生，引起中性粒细胞减少，常伴贫血及血小板减少。

2. 中性粒细胞破坏或消耗过多

（1）免疫性因素：①药物诱发的免疫性粒细胞减少：由免疫介导的中性粒细胞缺乏是药物

表 6-7-1 可导致中性粒细胞减少的常用药物

类别	药物
细胞毒性药	烷化剂、抗代谢药、蒽环类抗生素、长春属类生物碱、拓扑异构酶抑制剂等
解热镇痛药	阿司匹林、氨基比林、安乃近、吲哚美辛、布洛芬等
抗生素	氯霉素、磺胺类、甲硝唑、青霉素及其他 β 内酰胺类等
抗结核药	异烟肼、利福平、乙胺丁醇、对氨水杨酸等
抗疟药	氯喹、伯氨喹、乙胺嘧啶等
抗病毒药	更昔洛韦等
抗甲状腺药	甲基硫氧嘧啶、丙基硫氧嘧啶、甲巯咪唑等
降血糖药	甲苯磺丁脲、氯磺丙脲等
抗惊厥/癫痫药	苯妥英钠、苯巴比妥、卡马西平等
抗组胺药	苯海拉明、氯苯吡胺等
降压药	利血平、肼屈嗪、甲基多巴、卡托普利等
抗心律失常药	普鲁卡因胺、奎尼丁、普萘洛尔、安博律定等
免疫调节药	硫唑嘌呤、左旋咪唑、麦考酚吗乙酯等
抗精神病药	氯丙嗪、三环类抗抑郁药等
利尿药	乙酰唑胺、氢氯噻嗪等
其他	砷剂、沙利度胺及其衍生物、硼替佐米、西咪替丁、青霉胺、甲氧普胺等

引起中性粒细胞减少的机制之一,几乎任何一种药物都有可能引起这类并发症;且引起的中性粒细胞减少可能与剂量无关,往往在停药后可逐渐恢复;②自身免疫性粒细胞减少:见于全身性自身免疫性疾病如系统性红斑狼疮、类风湿性关节炎等。

(2) 非免疫性因素:重症感染时,中性粒细胞在血液或炎症部位消耗过多;脾功能亢进时大量粒细胞在脾脏中滞留,遭到破坏。

3. 中性粒细胞分布异常   粒细胞总数不减少,但中性粒细胞由循环池转换至边缘池导致循环池粒细胞相对减少,见于遗传性良性假性中性粒细胞减少症、严重的细菌感染、恶性营养不良病等。

【临床表现】   主要取决于中性粒细胞减少的程度和持续时间,重度的中性粒细胞减少为感染的易发因素。

根据中性粒细胞绝对值减少的程度,可以分为轻度($\geq 1.0 \times 10^9/L$)、中度[$(0.5 \sim 1.0) \times 10^9/L$]和重度($<0.5 \times 10^9/L$),重度减少者即为粒细胞缺乏症。轻度减少者临床上多不出现特殊症状,感染风险不大。中度和重度减少者,易出现乏力、头晕、食欲差等非特异性症状。中度减少者除存在其他合并因素外,仅有轻度的感染风险。重度减少者,感染风险极大。但感染发生频率的差异大,取决于中性粒细胞减少的原因以及持续时间。急性重度中性粒细胞减少(如发生于数小时或数日内)与慢性重度中性粒细胞减少(数月或数年)相比,感染的风险更大。常见的感染部位是呼吸道、消化道及泌尿生殖道,严重者可出现高热、寒战,甚至感染性休克。粒细胞缺乏时,感染部位不能形成有效的炎症反应,常无脓液,X 线检查可无炎症浸润阴影。

【实验室检查】

1. 血液检查   中性粒细胞的数量减少、甚至缺如,可见中性粒细胞核左移或核分叶过多,胞浆内常见中毒颗粒及空泡,后者提示粒细胞减少与感染所致有关。淋巴细胞相对增多,红细胞和血小板一般正常。

2. **骨髓检查**　因粒细胞减少的原因不同,骨髓象各异。粒系增生程度可正常、升高或减低。

【诊断和鉴别诊断】　根据血常规检查的结果即可做出白细胞减少、中性粒细胞减少或粒细胞缺乏的诊断。诊断标准的依据是低于其正常值的下限,当外周血白细胞总数低于 $4.0×10^9/L$,即为白细胞减少,中性粒细胞绝对计数,在成人低于 $2.0×10^9/L$ 时,称为粒细胞减少;严重者低于 $0.5×10^9/L$,为粒细胞缺乏。但正常值常受生理因素(例如冬季高于夏季、体力活动后、妊娠时升高)、年龄和种族(成人高于儿童,黑色人种中性粒细胞较低)、采血部位(手指比耳垂低,目前采用静脉血较稳定)等影响,必要时需反复检查,包括人工白细胞分类,才能确定白细胞减少或中性粒细胞减少的诊断。

鉴别中性粒细胞减少的病因对治疗很重要。病史采集时应注意家族史、放射线、可疑药物、化学毒物接触史及感染性疾病、自身免疫性疾病、肿瘤性疾病史。注意鉴别粒细胞减少引起的感染与感染引起的粒细胞减少,后者可见中性粒细胞核左移或核分叶过多,胞浆内常见中毒颗粒及空泡。粒细胞减少如伴有红细胞和血小板的减少,应与白细胞不增多的急性白血病、再生障碍性贫血、巨幼细胞性贫血等鉴别。

【治疗】

1. **病因治疗**　去除病因及治疗原发病。

2. **对症治疗**　①防治感染:中性粒细胞计数在 $(1.0～1.5)×10^9/L$ 范围的患者,应减少出入公共场所,注意保持皮肤和口腔卫生,一般不需要药物治疗。粒细胞缺乏者应急诊收入院治疗,尽可能采取无菌隔离措施,防止交叉感染。有感染者应行血、尿、粪及感染病灶分泌物的细菌培养、药敏实验及影像学检查,以明确感染的类型和部位。在致病菌尚未明确之前,可经验性应用覆盖革兰阴性菌和革兰阳性菌的广谱抗生素治疗,待明确病原后再调整用药。如 3～5 天无效,可加用抗真菌治疗。病毒感染可加用抗病毒药物。静脉用免疫球蛋白有助于重症感染的治疗。②造血细胞因子的使用:包括粒细胞集落刺激因子(G-CSF)和粒-巨噬细胞集落刺激因子(GM-CSF),短期应用疗效确切,可缩短粒缺的时间,促进中性粒细胞增生和释放,并增强其趋化、吞噬杀菌功能。常用剂量为 $(2～10)μg/(kg·d)$,常见副作用有发热、肌肉骨骼酸痛、皮疹等。③免疫抑制剂:自身免疫性粒细胞减少和免疫介导机制所致的粒细胞缺乏可用糖皮质激素等免疫抑制剂治疗。其他原因引起的粒细胞减少,则不宜使用。④其他升白细胞药物:目前临床上应用的有 B 族维生素、鲨肝醇、利血生、雄激素等,但缺乏肯定及持久的疗效。

【预防】　避免接触放射线、化学毒物苯等对骨髓有毒性作用的因素,职业暴露者应注意防护和定期检查。此类疾病中以药物相关性最为常见,应避免滥用药物,使用高危药物者需定期检查血象,发现粒细胞降低应停用药物。

【预后】　与中性粒细胞减少程度、持续时间、病情进展情况、病因及治疗措施有关。粒细胞缺乏患者病死率较高。

(胡建达)

推荐阅读文献

1. 郝玉书,王建祥,肖志坚.白细胞疾病基础理论与临床.上海:上海科学技术出版社,2006
2. 陈竺,陈赛娟.威廉姆斯血液病学.翻译第 8 版.北京:人民卫生出版社,2011,869-875
3. Lee Goldman,Andrew I. Schafer. Goldman's Cecil Medicine,24th ed. Saunders. 2011. P1101-1106

第八章 骨髓增生异常综合征

要点：
  1. 骨髓增生异常综合征(MDS)是源于骨髓造血干细胞的克隆性疾病,具有高度异质性,自然病程和预后差异很大。
  2. 诊断尚无"金标准",部分不典型患者需综合性、排除性诊断及长期观察随访。
  3. 治疗应根据预后评分及患者全身状况等指标制定个体化的治疗方案,异基因造血干细胞移植是目前唯一可能治愈 MDS 的方法。

  骨髓增生异常综合征(myelodysplastic syndrome,MDS)是起源于造血干细胞的一组高度异质性髓系克隆性疾病,特点是髓系细胞发育异常,表现为无效造血、难治性血细胞减少和高风险向急性髓系白血病(AML)转化。MDS 多发生于中老年,中位发病年龄 60～75 岁,男女比例1.2∶1,近年发病率有逐年增加趋势。

  【**病因和发病机制**】 体内外研究证实 MDS 是起源于造血干细胞的克隆性疾病。继发性 MDS 常与接触有机毒物、放射线及接受烷化剂治疗等因素相关。一些血液系统遗传性疾病,如范可尼贫血、先天性角化不良患者 MDS 发生率明显增加。原发性 MDS 的病因尚不完全明确,已知的相关机制主要有:细胞及分子遗传学异常、表观遗传学改变、骨髓微环境及免疫功能异常等。

  约40%～60%的 MDS 患者具有非随机的染色体异常,其中以$-5/5q^-$、$-7/7q^-$、$+8$、$20q^-$和$-Y$最为多见,其他较常见的染色体异常有:$i(17q)/t(17p)$、$-13/13q^-$、$12p^-/t(12p)$、$11q^-$等。$5q^-$综合征是 MDS 的独特亚型,女性多见,表现为单独 $5q^-$染色体异常、难治性贫血,形态学特征为大细胞性贫血和低分叶巨核细胞。

  基因芯片、第二代基因测序等高通量检测技术证明多数 MDS 患者存在体细胞性基因突变,常见突变包括 TET2、SF3B1、ASXL1、DNMT3A、RUNX1、EZH2、N-RAS/K-RAS、p53 等。对上述分子遗传学异常的深入研究将有助于增进对 MDS 病因及发病机制的了解。

  【**分型**】 FAB 协作组根据患者血象和骨髓象改变将 MDS 分为 5 个类型:即难治性贫血(refractory anemia,RA)、环形铁粒幼细胞性难治性贫血(refractory anemia with ring sideroblasts,RARS)、难治性贫血伴原始细胞增多(refractory anemia with excess blasts,RAEB)、难治性贫血伴原始细胞增多转变型(refractory anemia with excess blasts in transformation,RAEB-t)、慢性粒单核细胞白血病(chronic myelomonocytic leukemia,CMML)。MDS 的 FAB 分型特点见表 6-8-1。

  1997 年 WHO 开始修订 MDS 分型方案,并于 2001 年首次发表。2008 年,WHO 推出了修订的 MDS 分型方案(WHO 2008)。与 FAB 分型相比,主要区别在于:①提出了单系细胞发育异常的难治性血细胞减少亚型(refractory cytopenia with unilineage dysplasia,RCUD),包括 RA、难治性中性粒细胞减少(RN)和难治性血小板减少(RT);②增设难治性血细胞减少伴多系细胞发育异常(refractory cytopenia with multilineage dysplasia,RCMD),包括伴有多系发育异常的 RA 及 RARS;③根据外周血和骨髓的原始细胞比例将 RAEB 分为 RAEB-1 和 RAEB-2;④增加 $5q^-$综合征(5q⁻ syndrome)亚型,特指单纯 5q⁻的原发性 MDS-RA;⑤将诊断 AML 骨髓原始细胞比例阈值由 30% 降至 20%,从而将 RAEB-t 亚型并入 AML;⑥将 CMML 划分入 1 个新的髓系肿瘤类别骨髓增生异常综合征/骨髓增殖性肿瘤(MDS/MPN)中;⑦增设不能分类的 MDS(MDS-U)。具体 WHO(2008)MDS 分型见表6-8-2。

表 6-8-1　MDS 的 FAB 分型

类型	外周血	骨　髓
RA	原始细胞<1%	原始细胞<5%
RARS	原始细胞<1%	原始细胞<5%,环形铁幼粒细胞>有核红细胞 15%
RAEB	原始细胞<5%	原始细胞 5%～20%
RAEB-t	原始细胞≥5%	原始细胞>20% 而<30%;或出现 Auer 小体
CMML	原始细胞<5%,单核细胞绝对值>1×10⁹/L	原始细胞 5%～20%

注:若 RAEB 中出现 Auer 小体,则归入 RAEB-t

表 6-8-2　MDS WHO 分型(2008)

分型	外周血	骨　髓
RCUD　(RA/RN/RT)	一系或两系减少[1] 原始细胞无或少见(<1%)[2]	一系细胞发育异常,达 10% 以上 原始细胞<5% 环形铁粒幼细胞<15%
RARS	贫血 无原始细胞	环形铁粒幼细胞≥15% 仅红系细胞发育异常 原始细胞<5%
RCMD	血细胞减少 原始细胞无或少见(<1%)[2] 无 Auer 小体 单核细胞绝对值<1×10⁹/L	2～3 系细胞发育异常,达 10% 以上 原始细胞<5% 无 Auer 小体 ±15% 环形铁粒幼细胞
RAEB-1	血细胞减少 原始细胞<5%[2] 无 Auer 小体 单核细胞绝对值<1×10⁹/L	一系或多系细胞发育异常 原始细胞 5%～9%[2] 无 Auer 小体
RAEB-2	血细胞减少 原始细胞 5%～19% 有或无 Auer 小体[3] 单核细胞绝对值<1×10⁹/L	一系或多系细胞发育异常 原始细胞 10%～19% 有或无 Auer 小体[3]
MDS-U	血细胞减少 原始细胞≤1%[2]	一系或多系细胞发育异常,但<10%,同时伴细胞遗传学异常 原始细胞<5%
5q⁻综合征	贫血 血小板正常或升高 原始细胞无或少见(<1%)	巨核细胞数正常或增加,伴有核低分叶 原始细胞<5% 细胞遗传学异常仅见 5q⁻异常 无 Auer 小体

注:[1] 血细胞减少:中性粒细胞(ANC)<1.8×10⁹/L,血小板(PLT)<100×10⁹/L,血红蛋白(Hb)<100g/L;两系血细胞减少偶见;全血细胞减少应诊断为 MDS-U。[2] 如果骨髓中原始细胞<5%,外周血中 2%～4%,则归为 RAEB-1。如 RCUD 和 RCMD 患者外周血原始细胞为 1%,应诊断为 MDS-U。[3] 伴有 Auer 小体,原始细胞在外周血中<5%,骨髓中<10%,应诊断为 RAEB-2

【临床表现】　MDS 临床表现无特异性,主要与减少的细胞系和减少程度有关。几乎所有 MDS 患者都有不同程度的贫血症状,如疲倦、虚弱、乏力等。约 60% 的 MDS 患者有 ANC 减少及功能低下,容易发生感染。40% ~60% 的 MDS 患者有血小板减少及出血症状。

MDS 各亚型间临床表现亦有差别。RCUD 和 RAS 患者多以血细胞减少为主要临床表现,病情进展缓慢,中位生存期长,向 AML 进展的风险较低。RCMD 患者常有多系血细胞减少,中位生存期约 33 个月。RAEB 则以全血细胞减少为主,常有明显贫血、出血和感染表现,可伴有脾肿大,常在短期内进展为 AML。5q⁻ 综合征是 MDS 中的特殊类型,多见于中老年女性,表现为输血依赖的大细胞性贫血,血小板正常或偶有增高,患者极少向 AML 转化,来那度胺治疗有良好疗效。

【实验室和特殊检查】

(一)血象和骨髓象

MDS 患者均伴有一系或多系外周血细胞减少,其中约半数可出现全血细胞减少。骨髓多增生活跃或明显活跃,少部分增生减低。多数 MDS 患者骨髓及外周血细胞形态学分析可见细胞发育异常(表 6-8-3)。环状铁粒细胞指细胞含铁颗粒≥5 颗,围绕核周 1/3 以上;为准确评定原始细胞比例和细胞发育异常情况,外周血和骨髓需分别计数 200 个和 500 个有核细胞,巨核系计数至少 30 个巨核细胞。

表 6-8-3　MDS 细胞发育异常(WHO 标准,2008)

红系	粒系	巨核系
细胞核		
核出芽	核分叶减少(假 Pelger-Huët;pelgeriod)	微巨核
核间桥	不规则核分叶增多	核分叶减少
核碎裂		多核(正常巨核细胞为一个核,且为分叶)
多核		
核多分叶		
类巨幼样变		
细胞质	胞体小或异常增大	
环形铁粒幼细胞	颗粒减少或无颗粒	
空泡	假 Chediak-Higashi 颗粒	
PAS 染色阳性	Auer 小体	

(二)骨髓病理

可提供患者骨髓内细胞增生程度、巨核细胞数量、原始细胞群体、骨髓纤维化等重要信息。不成熟前体细胞异常定位(abnormal localization of immature precursor, ALIP)在 MDS 诊断中有一定参考价值,表现为骨小梁旁区和间区出现 3 ~5 个或更多的原粒和早幼粒细胞簇状分布。其他常见病理学异常包括:红系形态及定位异常;巨核细胞胞体大小不等,核叶多变;骨髓网硬蛋白纤维增生等。

(三)造血祖细胞体外集落培养

粒单系集落形成单位(CFU-GM)集落减少或缺如而集簇增多,集簇/集落比值增大。白血病祖细胞集落增多。

(四)免疫表型

目前尚未发现 MDS 患者特异性的抗原标志或标志组合,但流式细胞技术对于低危 MDS 与非克隆性血细胞减少征的鉴别诊断有应用价值。对于无典型形态、细胞遗传学证据、无法确诊 MDS 的患者,流式检测有≥3 个异常抗原标志,提示有 MDS 可能,需加强随访。

(五)细胞遗传学检测

约 40% ~70% 的 MDS 患者有非随机染色体异常,其中以 −5/5q⁻、−7/7q⁻、+8、20q⁻ 和 −Y 最

常见。针对 MDS 常见异常的组套探针进行 FISH 检测,有助于提高 MDS 患者细胞遗传学异常检出率,通常探针包括:5q31、CEP7、7q31、CEP8、20q、CEPY 和 p53。

(六) 分子遗传学检测

部分 MDS 患者中可检出体细胞性基因突变,常见突变包括 TET2、SF3B1、ASXL1、DNMT3A、RUNX1、EZH2、N-RAS/K-RAS、p53 等,对基因突变进行检测有助于 MDS 的诊断和预后判断。

【诊断和鉴别诊断】

(一) 诊断

诊断 MDS 需要综合患者病史、体格检查、骨髓形态学检测、细胞遗传学、分子生物学等进行全面评估,主要问题是确定骨髓增生异常是由克隆性疾病还是其他因素所致,因此,在一定程度上仍然是排除性诊断。目前 MDS 的诊断主要依赖于骨髓细胞分析中所发现细胞发育异常的形态学表现、原始细胞比例升高和细胞遗传学异常。因 MDS 形态学改变多种多样,部分患者缺乏特异性染色体改变,使得 MDS 的诊断存在一定难度,需要随访观察、反复检查。2007 版 MDS 维也纳最低诊断标准见表6-8-4。

表6-8-4　MDS 维也纳最低诊断标准(2007)

	条　件
一、必要条件	(两个条件必须同时具备,缺一不可) 1. 持续(≥6 个月)一系或多系血细胞减少:ANC<$1.5×10^9$/L,Hb<110g/L,PLT<$100×10^9$/L 2. 排除其他可以导致血细胞减少或病态造血的造血及非造血系统疾患
二、MDS 相关条件 (确定标准)	符合两个"必备条件"和至少一个"确定条件"时,可以确诊为 MDS 1. 细胞发育异常　骨髓涂片红细胞系、中性粒细胞系、巨核细胞系中任一系至少达 10%;环状铁粒幼细胞>15% 2. 原始细胞　骨髓涂片中达 5% ~ 19% 3. 典型染色体异常(常规核型分析或 FISH)
三、辅助条件	符合必要条件,未达到确定条件,但临床呈典型 MDS 表现者,为高度疑似 MDS(HS-MDS) 1. 流式细胞术显示骨髓细胞表型异常,提示红细胞系或(和)髓系存在单克隆细胞群 2. 单克隆细胞群存在明确的分子学标志　人雄激素受体基因分析、基因芯片谱型或点突变(如 RAS 突变) 3. 骨髓或(和)循环中祖细胞的 CFU 集落形成显著并持续减少

(二) 鉴别诊断

目前,MDS 的诊断尚无"金标准",是一排除性诊断。常需与 MDS 进行鉴别的疾病包括:

1. 再生障碍性贫血　全血细胞减少、骨髓增生低下的 MDS 患者常需与再障患者鉴别。MDS 患者的网织红细胞可正常或升高,外周血有时可见到有核红细胞,骨髓早期细胞比例不低或增加,细胞发育异常改变明显,约半数患者存在染色体核型异常。而再障骨髓小粒中主要是非造血细胞,巨核细胞减少,染色体核型多正常。

2. 阵发性睡眠性血红蛋白尿症(PNH)　PNH 也可出现全血细胞减少和红系病态造血,但流式检测可发现 CD55+、CD59+细胞减少,FLAER 可发现 GPI 锚连蛋白缺失,Ham 试验阳性,存在血管内溶血表现。

3. 巨幼细胞贫血　存在类巨幼变的 MDS 患者易与巨幼细胞贫血混淆。但后者有叶酸、维生素 B_{12} 缺乏的病因,实验室检测叶酸、维生素 B_{12} 水平减低,经补充后可纠正贫血。

4. 自身抗体导致的全血细胞减少症　患者骨髓单个核细胞 Coombs 试验可阳性,流式细胞术能检测到造血细胞相关自身抗体,对糖皮质激素、免疫抑制剂常有良好治疗反应。

此外,甲状腺疾病也可出现全血细胞减少和病态造血,但甲状腺功能检查异常;实体肿瘤浸润骨髓也可出现全血细胞减少和病态造血,可行相关检查排除;中毒、某些药物有时也可导致病态造血改变;一些先天性血液系统疾病,如先天性红细胞生成异常性贫血可存在红系病态造血。

【治疗】 MDS 患者的自然病程及预后差异性很大,需根据预后分组情况并结合患者年龄、体能状况、治疗依从性等制定个体化的治疗方案。一般而言,对低危 MDS 患者治疗目的侧重改善生活质量,主要采用支持治疗、促造血、去甲基化药物和免疫调节药物等治疗,而对中高危 MDS 患者治疗目标是改善自然病程,主要采用去甲基化药物、化疗和造血干细胞移植。

(一) 支持治疗

1. 成分输血和祛铁治疗　一般在 Hb<60g/L 或伴有明显贫血症状时可给予红细胞输注,老年或机体代偿能力缺陷的患者可放宽输注指征。PLT<10×10⁹/L 或有活动性出血时可给予血小板输注。血制品输注前宜放射性辐照以预防输血相关性移植物抗宿主病。接受输血治疗、特别是红细胞输注依赖的患者,可出现铁过载,继而损害肝脏、心脏、胰腺、骨髓等脏器功能。铁过载亦可导致患者移植后生存率下降。因此,对于红细胞输注依赖的患者应注意累计输血量,定期监测血清铁蛋白(SF)水平和脏器功能,评价铁负荷程度。SF>1000μg/L 的 MDS 患者应接受祛铁治疗,常用的药物包括去铁胺、去铁酮和地拉罗司。需要指出的是,祛铁治疗是一长期过程,短期难以观察到显著疗效。

2. 抗感染　粒细胞减少和缺乏的患者应注意防治感染。

(二) 促造血治疗

1. 雄激素　如司坦唑醇、丙酸睾酮及达那唑等,部分低危 MDS 有效。

2. 造血生长因子　粒细胞集落刺激因子(G-CSF)/粒-单细胞集落刺激因子(GM-CSF),推荐用于中性粒细胞缺乏且伴有反复或持续性感染的 MDS 患者。输血依赖的低危组 MDS 患者可采用促红细胞生成素(Epo)±G-CSF 治疗,治疗前 Epo 水平<500mU/ml 和红细胞输注依赖较轻(每月<4U)的 MDS 患者 Epo 治疗反应率较高。血小板生成素受体激动剂治疗能否使患者受益目前仍在研究中。

(三) 免疫调节和免疫抑制治疗

1. 免疫调节治疗　包括沙利度胺(thalidomide)和来那度胺(lenalidomide),要用于低危及 5q⁻ MDS 患者。来那度胺是沙利度胺的衍生物,一方面可通过抑制炎症因子释放和血管新生发挥免疫调节和改变骨髓微环境的作用,另一方面能直接抑制 5q⁻ 克隆的增殖。来那度胺常用剂量为 10mg/d×21d,每 28 天 1 疗程,主要不良反应是 ANC 和 PLT 减少,而深静脉血栓、便秘及周围神经炎相对少见。对于具有 5q⁻ 综合征 MDS 患者,半数以上可减轻或脱离输血依赖,部分还可获得细胞遗传学缓解。

2. 免疫抑制治疗　部分患者在免疫抑制治疗(IST),即 ATG/ALG 和(或)环孢素治疗后贫血症状可以得到改善。由于 MDS 有疾病进展风险,目前对 IST 仍存在一定争议,有待进一步探索和评价。通常认为 IST 适用于存在输血依赖、年龄<60 岁、骨髓增生减低且原始细胞比例不高、无高危细胞遗传学改变、表达 HLA-DR15 的低危 MDS 患者。

(四) 去甲基化药物治疗

去甲基化药物通过抑制 DNA 甲基转移酶,解除抑癌基因的过度甲基化,从而促使细胞分化凋亡。常用的去甲基化药物包括 5-阿扎-2-脱氧胞苷(decitabine,地西他滨)和 5-阿扎胞苷(azaci-tidine,AZA)。药物的主要不良反应是骨髓抑制。去甲基化药物治疗适用于中、高危 MDS 患者,与单纯支持治疗相比,可延迟患者向 AML 进展的速度,部分患者可获得完全缓解。低危 MDS 患者如伴严重血细胞减少和(或)输血依赖,也可尝试治疗以改善血象指标。多数患者需要数个疗程后才能出现最大疗效,有效患者可继续治疗或进行移植。地西他滨推荐剂量为 $20mg/(m^2 \cdot d) \times 5d$,每 4 周为 1 个疗程。

(五) 联合化疗

年龄<60 岁,一般情况良好的 RAEB 患者可以尝试 AML 的联合化疗方案。较原发性 AML,MDS 患者化疗后骨髓抑制期长,相关死亡率高而缓解率低。国内多采用预激方案,研究显示也具有较高的有效率,且耐受性优于常规 AML 方案。

(六) 异基因造血干细胞移植

异基因造血干细胞移植(allo-HSCT)是目前唯一可能根治 MDS 的方法。适应证为包括 IPSS中、高危患者(尤其是年轻、原始细胞增多、伴有不良染色体核型的患者),以及低危伴严重输血依赖且对现有治疗无效的患者。拟行 allo-HSCT 的患者,如骨髓原始细胞≥5%,可在移植前应用化疗和(或)去甲基化药物桥接治疗。

【预后】　目前多采用国际预后评分系统(IPSS)和 WHO 预后积分系统(WPSS)来评估患者预后。IPSS(表6-8-5)主要适用于初诊原发 MDS 患者的危险度评估,因其简单易行、重复性好,运用最为广泛。IPSS 低危组、中危-1 组、中危-2 组及高危组患者的中位生存期分别为5.7、3.5、1.2 和 0.4 年。2012 年,MDS 国际工作组对 IPSS 评分系统进行了修订,对染色体核型、骨髓原始细胞数和血细胞减少程度进行了细化(表6-8-6),突出了染色体核型对预后评估的意义。不同分组患者(由低到高)中位生存期分别为 8.7 年、5.3 年、3.0 年、1.6 年和 0.8 年。此外,年龄虽然没有列入 IPSS 评分中,但却极大地影响了患者的预后。

表 6-8-5　MDS 的国际预后积分系统(IPSS,1997)

参　数	积　分				
	0	0.5	1	1.5	2
骨髓原始细胞(%)	<5	5~10	–	11~20	21~30
染色体核型	好	中等	差		
血细胞减少	0~1 系	2~3 系			

注:染色体核型:好:正常、$-Y$、$5q^-$、$20q^-$;差:复杂异常(≥3 种异常)、7 号染色体异常;中等:其他异常

血细胞减少:$ANC<1.5 \times 10^9/L$,$Hb<100g/L$,$PLT<100 \times 10^9/L$

低危组 0 分,中危-1 组 0.5~1.0 分,中危-2 组 1.5~2.0 分,高危组≥2.5 分

表 6-8-6　MDS 修订国际预后积分系统(IPSS-R,2012)

参　数	积　分						
	0	0.5	1	1.5	2	3	4
染色体核型	极好		好		中等	差	极差
骨髓原始细胞(%)	≤2		2~5		5~10	>10	
血红蛋白(g/L)	≥100		80~100	<80			
血小板(×10⁹/L)	≥100	50~100	<50				
中性粒细胞(×10⁹/L)	≥0.8	<0.8					

染色体核型:极好:$-Y$、$11q^-$;好:正常核型、$5q^-$、$12p^-$、$20q^-$、$5q^-$附加另一种异常;中等:$7q^-$、$+8$、$+19$、$i(17q)$、其他 1种或 2 种独立克隆的染色体异常;差:-7、$inv(3)/t(3q)/del(3q)$、$-7/7q^-$附加另一种异常、复杂异常(3 种);极差:复杂异常(>3 种)

极低危组≤1.5 分;低危组 2~3 分;中危组 3.5~4.5 分;高危组 5~6 分;极高危组≥6.5 分

(吴德沛)

推荐阅读文献

1. Kaushansky K，Lichtman MA，Beutler E，et al. Williams Hematology. 8th ed. McGraw-Hill Companies，2010
2. Malcovati L, Hellström-Lindberg E, Bowen D, et al. Diagnosis and treatment of primary myelodysplastic syndromes in adults：recommendations from the European LeukemiaNet. Blood，2013，122：2943-2964
3. Adès L，Itzykson R，Fenaux P. Myelodysplastic syndromes. Lancet，2014，383：2239-2252

第九章 白 血 病

要点：

1. 白血病是造血系统恶性疾病，分为急性和慢性两大类；根据 FAB 或 WHO 分型标准再分为若干亚型。不同恶性克隆来源的各亚型间存在不同的生物学特征和预后因素。

2. 根据 MICM 分型对急性白血病进行诊断并制定个体化治疗方案。治疗策略分为诱导缓解治疗和缓解后治疗。

3. 诱导分化、联合化疗及造血干细胞移植是不同类型及危险分层白血病的重要治疗方式。

第一节 概　　述

白血病（leukemia）是起源于造血干细胞的恶性克隆性疾病，受累细胞（白血病细胞）出现增殖失控、分化障碍、凋亡受阻、大量蓄积于骨髓和其他造血组织，从而抑制骨髓正常造血功能并浸润淋巴结、肝、脾等组织器官。

根据白血病细胞的分化程度和自然病程，一般分为急性和慢性两大类。急性白血病（acute leukemia，AL）细胞的分化停滞于早期阶段，多为原始细胞和早期幼稚细胞，病情发展迅速，自然病程仅数月。慢性白血病（chronic leukemia，CL）细胞的分化停滞于晚期阶段，多为较成熟细胞或成熟细胞，病情相对缓慢，自然病程可达数年。

根据受累细胞系，AL 分为急性髓系白血病（acute myeloid leukemia，AML）和急性淋巴细胞白血病（acute lymphoblastic leukemia，ALL）两类；而 CL 则主要分为慢性髓性白血病（chronic myelogenous leukemia，CML）和慢性淋巴细胞白血病（chronic lymphocytic leukemia，CLL）等。

【发病情况】　我国白血病发病率 3/10 万～4/10 万。恶性肿瘤所致的死亡率中，白血病居第 6 位（男）和第 8 位（女）；儿童及 35 岁以下成人中，居于第 1 位。

我国 AL 多于 CL（5.5∶1），其中 AML 最多（1.62/10 万），其次为 ALL（0.69/10 万）和 CML（0.36/10 万），CLL 少见（0.05/10 万）。男性多于女性（1.81∶1）。成人 AL 以 AML 多见，儿童以 ALL 多见。CML 在所有白血病患者中约占 15%，发病率随年龄增长而升高，中位发病年龄 53 岁。CLL 多发于老年，约 90% 的患者在 50 岁以上，女性患者的预后通常好于男性。我国白血病的发病率与亚洲其他国家相近，低于欧美国家，尤其是 CLL 明显低于欧美国家。

【病因和发病机制】　病因尚不完全清楚。以下是迄今已证实的可以导致白血病的因素：

（一）物理因素

X 射线、γ 射线等电离辐射都有致白血病作用。因强直性脊柱炎而接受放疗的患者、日本广岛和长崎原子弹爆炸的幸存者中，白血病发病率均明显增高。发病风险的高低取决于放射剂量、时间和年龄等。

（二）化学因素

职业性接触苯以及含有苯的有机溶剂、接受烷化剂治疗和苯丙胺氮芥（美法仑）和亚硝基脲等患者发生白血病的危险性显著增高。部分急性早幼粒细胞白血病(APL)与乙双吗啉治疗银屑病有关。化学物质所致的白血病以 AML 为多。吸烟亦可能与白血病发病相关。

(三) 生物因素

人类 T 淋巴细胞病毒 I 型(HTLV-1)是第一个被发现与成人 T 细胞白血病/淋巴瘤(ATL)有关的反转录病毒。可以由母亲向胎儿垂直传播,或通过性接触、血制品输注而横向传播。

(四) 遗传因素

同卵双胎中,如果一人发生白血病,另一人的发病率约 1/5,比异卵孪生者高 12 倍。具有遗传倾向综合征的患者其白血病发病率增高,如 Down 综合征患者的白血病发病率比正常人高 20倍;先天性再生障碍性贫血(Fanconi 贫血)、先天性血管扩张红斑病(Bloom 综合征)及先天性免疫球蛋白缺乏症等白血病发病率均较高。

(五) 其他血液病

某些血液病会进展成白血病,如骨髓增生异常综合征、淋巴瘤、多发性骨髓瘤、阵发性睡眠性血红蛋白尿等。

白血病的发生可能是多步骤的,即所谓"二次打击"学说。一般来说,至少有两个阶段:各种原因所致的单个细胞内基因的决定性突变,激活某种信号通路,导致了克隆性异常造血细胞生成和强势增殖,凋亡受阻;进一步遗传学改变(如形成某种融合基因)可能会涉及某些转录因子,导致分化阻滞或分化紊乱,从而引起白血病。

第二节　急性白血病

急性白血病(AL)是一组起源于造血干细胞的恶性克隆性疾病。不成熟的造血细胞大量增殖并蓄积于骨髓和外周血,导致正常造血受抑,同时可浸润肝、脾、淋巴结等组织器官,临床表现为一系列浸润征象。病情发展迅速,如不及时治疗,通常数月内死亡。

【分类】 AL 分为急性髓系白血病(AML)和急性淋巴细胞白血病(ALL)两大类。

(一) AL 的 FAB 分型(表 6-9-1)

表 6-9-1　AL 的 FAB 分型

AML 的 FAB 分型	
M_0(急性髓系白血病微分化型,minimally differentiated AML)	骨髓原始细胞≥30%,无嗜天青颗粒及 Auer 小体,髓过氧化物酶(MPO)及苏丹黑 B 阳性细胞<3%
M_1(急性粒细胞白血病未分化型,AML without maturation)	原粒细胞(I 型+Ⅱ型,原粒细胞质中无颗粒为 I 型,出现少颗粒为Ⅱ型)占骨髓非红系有核细胞(NEC,指不包括浆细胞、淋巴细胞、组织嗜碱性细胞、巨噬细胞及所有红系有核细胞的骨髓有核细胞计数)的90%以上
M_2(急性粒细胞白血病部分分化型,AML with maturation)	原粒细胞 I +Ⅱ型占骨髓 NEC 的 30% ~89%,其他粒细胞>10%,单核细胞<20%
M_3(急性早幼粒细胞白血病,acute promyelocytic leukemia,APL)	骨髓中以颗粒增多的早幼粒细胞为主,此类细胞在 NEC 中≥30%
M_4(急性粒-单核细胞白血病,acute myelomonocytic leukemia,AMML)	骨髓中原始细胞占 NEC 的 30% 以上,各阶段粒细胞占30% ~80%,各阶段单核细胞>20%
M_4Eo(AML with eosinophilia)	除上述 M4 型的特点外,嗜酸性粒细胞在 NEC 中>5%
M_5(急性单核细胞白血病,acute monocytic leukemia,AMoL)	骨髓 NEC 中原单核、幼单核及单核细胞≥80%。原单核细胞≥80% 为 M_{5a},<80% 为 M_{5b}

续表

AML 的 FAB 分型	
M_6（红白血病，erythroleukemia，EL）	骨髓有核红细胞≥50%，NEC 中原始细胞（Ⅰ型+Ⅱ型）≥30%
M_7（急性巨核细胞白血病，acute megaka-ryoblastic leukemia，AMeL）	骨髓中原始巨核细胞≥30%。血小板抗原阳性，血小板过氧化物酶阳性
ALL 的 FAB 分型	
L1	原幼淋巴细胞以小细胞（直径≤12μm）为主，胞浆少，核型规则，核仁小而不清楚
L2	原幼淋巴细胞以大细胞（直径>12μm）为主，胞浆较多，核型不规则，常见凹陷或折叠，核仁明显
L3	原幼淋巴细胞以大细胞为主，大小一致，胞浆多，内有明显空泡，胞浆嗜碱性，染色深，核型规则，核仁清楚

（二）AL 世界卫生组织（WHO）分型

WHO 分型是基于形态学（morphology）、免疫学（immunology）、细胞遗传学（cytogenetics）和分子生物学（molecular biology）制定而成的，即所谓的 MICM 分型，其更能适合现代 AL 治疗策略的制定。

1. AML 的 WHO 分型（2008 年）

（1）伴重现性遗传学异常的 AML

AML 伴 t(8;21)(q22;q22)；*RUNX1-RUNX1T1*

AML 伴 inv(16)(p13.1q22)或 t(16;16)(p13.1;q22)；*CBFβ-MYH11*

APL 伴 t(15;17)(q22;q12)；*PML-RARα*

AML 伴 t(9;11)(p22;q23)；*MLLT3-MLL*

AML 伴 t(6;9)(p23;q34)；*DEK-NUP214*

AML 伴 inv(3)(q21q26.2)或 t(3;3)(q21;q26.2)；*RPN1-EVI1*

AML（原始巨核细胞性）伴 t(1;22)(p13;q13)；*RBM15-MKL1*

AML 伴 *NPM1* 突变

AML 伴 *CEBPA* 突变

（2）AML 伴骨髓增生异常相关改变

（3）治疗相关的 AML

（4）非特殊类型 AML（AML，NOS）

AML 微分化型

AML 未分化型

AML 部分分化型

急性粒单核细胞白血病

急性单核细胞白血病

急性红白血病

急性巨核细胞白血病

急性嗜碱性粒细胞白血病

急性全髓增生伴骨髓纤维化

（5）髓系肉瘤

（6）Down 综合征相关的髓系增殖

短暂性异常骨髓增殖（TAM）

Down 综合征相关的髓系白血病

（7）母细胞性浆细胞样树突细胞肿瘤

2. NCCN 根据细胞遗传学/分子遗传学指标的 AML 危险度分级（表 6-9-2）

表 6-9-2 根据细胞遗传学/分子遗传学指标的 AML 危险度分级

预后	细胞遗传学异常	分子学异常	常见 FAB 亚型
良好	t(8;21)(q22;q22)	RUNX1-RUNX1T1	M_2
	t(15;17)(q22;q21)	PML-RARα	APL
	inv16(p13;q22)	CBFβ-MYH11	M_4Eo
	t(16;16)(p13;q22)	CBFβ-MYH11	M_4Eo
	正常核型；	单独的 NPM1 突变	M_1-M_2、M_4-M_5
	正常核型；	单独的 CEBPA 突变	M_1-M_2、M_4-M_5
中等	正常核型；		M_1-M_2、M_4-M_7
	t(8;21)(q22;q22)	t(8;21)伴 c-KIT	M_2
	inv16(p13;q22)	inv16 或 t(16;16)	M_4Eo
	t(16;16)(p13;q22)	伴 c-KIT	M_0-M_7(除 APL)
	+8；		
	t(9;11)；		
	其他不在预后良好和高危组中的细胞遗传学异常和分子学突变	MLLT3-MLL	M_5
不良	正常核型；	伴 FLT3 突变	M_0-M_7(除 APL)
	复杂的细胞遗传学异常(≥3 种核型异常)；		
	-5;$5q^-$;-7;$-7q^-$；		
	11q23,不包括 t(9;11)；	MLL	
	inv3;t(3;3)；	RPN1-EVI1	M_4、M_5
	t(6;9)；	DEK-NUP214	M_1、M_4、M_6
	t(9;22)	BCR-ABL	M_2、M_4

3. ALL 的 WHO 分型（2008 年） 采用 MICM 诊断模式。同时应除外混合表型急性白血病。

（1）前体 B 细胞 ALL(B-ALL)

1）非特指型的 B-ALL(B-ALL,NOS)

2）伴重现性遗传学异常的 B-ALL

B-ALL 伴 t(9;22)(q34;q11)；*BCR-ABL*

B-ALL 伴 t(v;1lq23)；*MLL* 重排

B-ALL 伴 t(12;21)(p13;q22)；*TEL-AML1*（*ETV6-RUNX1*）

B-ALL 伴超二倍体

B-ALL 伴亚二倍体

B-ALL 伴 t(5;14)(q31;q32)；*IL3-IGH*

B-ALL 伴 t(1;19)(q23;p13)；*E2A-PBXl*（*TCF3-PBX1*）

（2）前体 T 细胞 ALL(T-ALL)

（3）Burkitt 型白血病

4. 成人 ALL 的预后分组

（1）标危组：年龄<35 岁,白细胞计数 B-ALL<$30×10^9$/L、T-ALL<$100×10^9$/L,4 周内达 CR。

（2）高危组：年龄≥35岁，白细胞计数（WBC）B-ALL≥30×10⁹/L、T-ALL≥100×10⁹/L，免疫分型为 pro-B-ALL、早期或成熟 T-ALL，伴 t（9;22）/BCR-ABL 或 t（4;11）/MLL1-AF4；达 CR 时间超过4周。

5. **混合表型急性白血病**　诊断应参考欧洲白血病免疫学分型协作组（EGIL）标准（表6-9-4）。最低标准应进行细胞形态学、免疫表型检查，以保证 ALL 患者诊断的可靠性。骨髓中原始/幼稚淋巴细胞比例≥20%才可以诊断 ALL。

【临床表现】　起病急缓不一。临床表现主要与正常造血受抑和白血病细胞浸润有关，多无特异性。

（一）正常骨髓造血功能受抑表现

白血病细胞大量增殖后，抑制了骨髓中正常白细胞（WBC）、血小板（PLT）和红细胞（RBC）的生成，从而引起相关表现。

1. **发热**　主要与粒细胞缺乏所致的感染，白血病本身发热少见。常见感染部位有上呼吸道、肺部、口腔、肛周及全身（败血症）等。局部炎症症状可以不典型。最常见的致病菌为革兰阴性杆菌，其次为革兰阳性球菌，还可能出现病毒、真菌（含卡氏肺孢子菌）感染等。

2. **出血**　主要与 PLT 减少和凝血功能异常有关。表现为皮肤瘀点、瘀斑、牙龈出血、月经过多等。颅内出血可致命。弥散性血管内凝血（DIC）常见于 APL。

3. **贫血**　多呈进行性加重。表现为面色苍白、乏力、头昏甚至呼吸困难等。年老体弱患者可诱发心血管症状。

（二）白血病细胞增殖浸润表现

1. **淋巴结和肝脾肿大**　淋巴结肿大多见于 ALL。可有轻至中度肝脾大，除非是继发于骨髓增殖性肿瘤（如慢性髓性白血病，CML），否则巨脾罕见。

2. **骨骼和关节**　常有胸骨下段的局部压痛。白血病细胞浸润至骨膜、骨和关节会造成骨骼和关节疼痛，儿童多见。

3. **粒细胞肉瘤**　2%～14% AML 患者出现粒细胞肉瘤（granulocytic sarcoma），又称绿色瘤。常累及骨膜，尤其是眼眶部，引起眼球突出、复视或失明。

4. **口腔和皮肤**　牙龈浸润时会出现牙龈增生和肿胀；皮肤浸润时呈蓝灰色斑丘疹或皮肤粒细胞肉瘤，多见于 M₄ 和 M₅。部分患者具有 Sweet 综合征表现：发热、肢端皮肤红色斑丘疹或结节，皮肤组织病理检查见皮层大量成熟中性粒细胞浸润。

5. **中枢神经系统白血病（central nervous system leukemia，CNSL）**　多见于儿童、高白血病细胞、ALL 和 M₅ 患者。临床无症状或出现头痛、恶心、呕吐、颈项强直、抽搐及昏迷等。脊髓浸润可导致截瘫，神经根浸润可产生各种麻痹症状。

6. **胸腺**　前纵隔（胸腺）肿块，多见于 T-ALL。巨大的前纵隔肿块压迫大血管和气管，还会引起上腔静脉压迫综合征或上纵隔综合征。

7. **睾丸**　常为单侧、无痛性肿大，是除 CNSL 外又一重要的髓外复发的部位。

8. **其他**　胸膜、肺、心、消化道、泌尿系统等均可受累，可无临床表现。儿童患者的扁桃体、阑尾或肠系膜淋巴结被浸润时，常误诊为外科疾病。

【实验室检查】

（一）血象

大部分患者 WBC 增高。>10×10⁹/L 者称为白细胞增多性白血病；>100×10⁹/L 称高白细胞性白血病（hyperleukocytic acutc leukemia）。可有不同程度贫血，约50%患者 PLT<60×10⁹/L。

（二）骨髓象

骨髓细胞形态学检查是诊断 AL 的基础。骨髓增生多明显活跃或极度活跃，约10%的 AML

增生低下,称为低增生性 AL(hypoplastic leukemia)。原始细胞占全部骨髓有核细胞≥30%(FAB 分型标准)或≥20%(WHO 分型标准)。多数病例骨髓象中白血病性的原幼细胞显著增多,而较成熟的中间阶段细胞缺如,并残留少量成熟粒细胞,形成"裂孔"现象。正常的巨核细胞和幼红细胞减少。Auer 小体常见于急性髓系白血病,有时可见于 AML M_4 和 M_5 白血病细胞,但不见于 ALL。

(三)细胞化学

将细胞学和化学相结合,在结构完整的白血病细胞中原位显示其化学成分和分布状况,为鉴别各类 AL 提供重要依据。常见反应见表6-9-3。

表6-9-3 常见的 AL 类型细胞化学鉴别

急性淋巴细胞白血病		急性髓系白血病	急性单核细胞白血病
过氧化物酶(POX)	(-)	分化差的原始细胞(-)~(+)	(-)~(+)
糖原反应(PAS)	(+)成块或颗粒状	分化好的原始细胞(-)~(+++)	弥漫性淡红色或细颗粒状(-)/(+)
非特异性酯酶(NSE)	(-)	弥漫性淡红色(-)/(+)	能被 NaF 抑制(+)
碱性磷酸酶(AKP/	增加	NaF 抑制不敏感(-)~(+)	正常或增加
NAP)		减少或(-)	

(四)免疫学

根据白血病细胞表达的系列相关抗原确定其系列来源,如淋巴系 T/B 和髓系,进一步将 ALL 分为 B、T 细胞及根据细胞发育阶段分为不同亚型。

白血病免疫分型欧洲组(EGIL)提出了免疫学积分系统(表6-9-4),将 AL 分为四型:①急性未分化型白血病(AUL),髓系和 T 或 B 系抗原积分均≤2;②急性混合细胞白血病或急性双表型(白血病细胞同时表达髓系和淋巴系抗原)或双克隆(两群来源于各自干细胞的白血病细胞分别表达髓系和淋巴系抗原)或双系列(除白血病细胞来自同一干细胞外余同双克隆型)白血病,髓系和 B 或 T 淋巴系积分均>2;③伴有髓系抗原表达的 ALL(My+ALL),T 或 B 淋巴系积分>2 同时髓系抗原表达,但积分≤2,和伴有淋巴系抗原表达的 AML(Ly+AML);髓系积分>2 同时淋巴系抗原表达,但积分≤2;④单表型 AML,表达淋巴系(T 或 B)者髓系积分为0,表达髓系者淋巴系积分为0。

表6-9-4 白血病免疫学积分系统(EGIL,1998)

分值	B 系	T 系	髓系
2	CD79a	CD3	MPO
	*cCD22	TCR-αβ	
	*cIgM	TCR-γδ	
1	CD19	CD2	CD117
	CD20	CD5	CD13
	CD10	CD8	CD33
		CD10	CD65
0.5	TdT	TdT	CD14
	CD24	CD7	CD15
		CD1a	CD64

*胞浆内;TCR,T 细胞受体

特定的免疫表型与细胞形态、染色体改变存在一定的相关性:如高表达 CD34 和 CD117 的白血病细胞往往分化较差;伴 t(8;21)的 AML 常伴有 B 细胞表面标志 CD19 和 CD79a;M_3 细胞

CD13 和 CD33 强阳性,而 HLA-DR 表达缺失。

(五) 细胞遗传学和分子生物学

半数以上 AL 患者存在染色体核型异常(表6-9-5)。许多染色体异常伴有特定基因的改变。例如 $M_3t(15;17)(q22;q21)$ 系 15 号染色体上的 PML(早幼粒白血病基因)与 17 号染色体上的 RARα(维 A 酸受体基因)形成 PML/RARα 融合基因。此外,某些 AL 还存在 N-RAS 癌基因点突变、活化,抑癌基因 P53、Rb 失活等。

表 6-9-5　ALL 常见的染色体异常和受累基因类型

	染色体异常	融合基因
前体 B-ALL	t(9;22)(q34;q11.2)	*BCR-ABL*
	t(V;11q23)	*MLL* 重排
	t(12;21)(p13;q22)	*TEL-AML1*
	t(1;19)(q23;p13.3)	*E2A-PBX1*
	t(5;14)(q31;q32)	*IL3-IGH*
	亚二倍体	
	超二倍体(>50 条)	
前体 T-ALL	t(11;14)(p13;q11)	*LMO2,TCR A/D*
	t(1;14)(p32;q11)	*TAL1-TCR*
	t(7;9)(q34;q34)	*NOTCH1,TCR B*
Burkitt 型白血病	t(8;14)(q24;q32)	*MYC,lgH*
	t(2;8)(p12;q24)	*MYC,lgK*
	t(8;22)(q24;q11)	*MYC,lgλ*

【诊断和鉴别诊断】

(一) 诊断

根据临床表现、血象和骨髓象特点诊断 AL 一般不难。但应尽可能完善初诊患者的 MICM 检查,不仅在确立诊断时进行预后的危险度分层、制定相应的治疗策略,亦为缓解后微小残留病监测提供依据。

(二) 鉴别诊断

1. 类白血病反应　类白血病反应表现为外周血 WBC 增多,涂片可见中、晚幼粒细胞;骨髓粒系左移,有时原始细胞会增多。但类白血病有原发病,血液学异常指标随原发病的好转而恢复;NAP 活力显著增高;无 Auer 小体。

2. MDS　病史相对较长,RAEB 型外周血和骨髓中均可出现原始和(或)幼稚细胞,常伴有病态造血,骨髓中原始细胞<20%。

3. 再生障碍性贫血(AA)及特发性血小板减少性紫癜(ITP)　主要与 WBC 不增多性白血病相区别。根据 AL 的临床浸润征象和骨髓检查不难鉴别。

4. 传染性单核细胞增多症(infectious monocytosis,IM)　临床表现类似,如发热、淋巴结和肝脾肿大等。外周血出现大量异形淋巴细胞,但形态不同于原始细胞;血清中嗜异性抗体效价逐步上升;可检测出 EB 病毒标志物;病程短,为自限性疾病。

【治疗】

AL 确诊后根据 MICM 结果进行预后危险度分层,结合患者基础状况、意愿和经济能力等,制定个体化治疗策略并及早启动治疗。治疗期间,建议留置深静脉导管。适合造血干细胞移植的患者尽早行 HLA 配型。

（一）抗白血病治疗

1. 治疗策略

（1）诱导缓解治疗：抗白血病治疗的第一阶段，主要是联合化疗使患者尽早获得完全缓解（complete remission,CR）。CR 定义为白血病的症状和体征消失，外周血中性粒细胞绝对值≥1.5×10^9/L,PLT≥100×10^9/L，白细胞分类中无白血病细胞；骨髓原粒细胞（原单+幼单核细胞或原淋+幼淋巴细胞）≤5%，APL 则要求原粒+早幼粒细胞≤5%且无 Auer 小体，红细胞及巨核细胞系正常，无髓外白血病。理想的 CR 状态，白血病免疫学、细胞遗传学和分子生物学异常均应消失。

（2）缓解后治疗：争取患者的长期无病生存（DFS）和痊愈。初治时体内白血病细胞数量 10^{10} ～ 10^{12}，诱导缓解达 CR 时，体内仍残留白血病细胞，称为微小残留病（minimal residual disease,MRD），数量约 10^8 ～ 10^9，所以必须进行 CR 后治疗，以防复发。包括巩固强化治疗和维持治疗。

（3）复发后治疗：一般指复发后挽救治疗。

2. 非 APL 的 AML 治疗

（1）诱导治疗：AML 的初始治疗主要取决于患者的年龄、有无先期 MDS 病史或细胞毒（药物）治疗史及全身状况。诱导化疗的目的是大量降低白血病负荷，恢复正常造血。诱导化疗的结果直接影响患者的长期疗效。

AML 诱导方案（小于 60 岁患者）：常用的是：①以蒽环类药物和阿糖胞苷（Ara-C）为主的标准剂量"3+7"方案。蒽环药物，静脉注射，第 1 ～ 3 天；联合 Ara-C 100 ～ 200mg/（m^2·d），静脉滴注，第1 ～ 7 天。蒽环类药物主要有柔红霉素（DNR）和去甲氧柔红霉素（IDA）。②高三尖杉酯碱（HHT）联合标准剂量阿糖胞苷的方案（HA 方案）。③HA+蒽环类药物组成的方案，如 HAD、HAA 等。④蒽环联合大剂量 Ara-C。蒽环类药物为 3 天用药；Ara-C 用量为 1.0 ～ 2.0g/m^2/q12h ×3 ～ 5 天（第 1、3、5 天或 1 ～ 5 天）。

2013 年起 NCCN 指南还将 Ara-C［200mg/（m^2·d），第 1 ～ 7 天］、DNR［60mg/（m^2·d），第 1 ～ 3 天］与克拉曲滨［5mg/（m^2·d），第 1 ～ 5 天］推荐为一线诱导方案。常用的 AL 化疗方案及药物剂量见表 6-9-6。

（2）缓解后的治疗：目前，3 ～ 4 疗程大剂量阿糖胞苷（HDAC：Ara-C 3g/m^2，q12h，IV 6 次）成为 60 岁以下、具有良好或中危患者的标准巩固治疗。目前巩固治疗的方式有：①多疗程 HDAC；②一或数疗程 HDAC 之后行自体造血干细胞移植（autologous hematopoietic stem cell transplantation, auto-HSCT）；③同胞或无关供者的异基因造血干细胞移植（allogeneic hematopoietic stem cell transplantation,allo-HSCT）。建议：①高危组首选 Allo-HSCT；②低危组首选 HDAra-C 为主的联合化疗；③中危组，造血干细胞移植和化疗均可采用。Auto-HSCT 适用于部分中低危组患者。通过多色流式细胞术、定量 PCR 等技术监测患者体内 MRD 水平是预警白血病复发的重要方法。巩固治疗后 MRD 持续高水平或先降后升，往往提示复发高风险。

（3）复发、难治性 AML 的治疗：约 20% ～ 30% 患者标准方案不能获得 CR，同时很多患者 2 年内会复发，此类患者仍缺乏有效的治疗方式。异基因造血干细胞移植是唯一可能获得长期缓解的治疗措施，移植前通过挽救方案获得缓解有利于提高移植疗效。治疗方案有：①大剂量 Ara-C 为基础的方案（Ara-C 联合 IDA 或 DNR 或蒽醌类药物，FLAG 等）或大剂量 Ara-C 再诱导；②二线方案再诱导治疗：如含 G-CSF 的预激方案，如 CAG（粒细胞集落刺激因子 G-CSF+阿克拉霉素+Ara-C）方案（低白细胞计数者）等；③新型药物联合化疗：新型烷化剂-cloretazine、核苷酸类似物、氯法拉滨、髓系单克隆抗体以及靶向药物如 FLT-3 抑制剂等；④配型相合的 Allo-HSCT（二线方案达 CR 后再移植或直接移植），Allo-HSCT 后复发患者可尝试供体淋巴细胞输注（DLI）、二次移植等；⑤临床试验；⑥支持治疗。

（4）老年 AL 的治疗：AML 初诊时的中位年龄大约 65 ～ 70 岁，老年 AML 患者（≥60 岁）骨

表 6-9-6 急性白血病常用联合化疗方案

方案	药 物	剂量和方法
DA	柔红霉素	45mg/(m²·d),静注,第 1~3 天
	阿糖胞苷	Ara-C 100~200mg/(m²·d),静滴,第 1~7 天
MA	米托蒽醌	8~12mg/(m²·d),静注,第 1~3 天
	阿糖胞苷	Ara-C 100~200mg/(m²·d),静滴,第 1~7 天
IA	去甲氧柔红霉素	8~12mg/(m²·d),静注,第 1~3 天
	阿糖胞苷	Ara-C 100~200mg/(m²·d),静滴,第 1~7 天
HA	高三尖杉酯碱	3~4mg/d,静注,第 5~7 天
	阿糖胞苷	Ara-C 100~200mg/(m²·d),静滴,第 1~7 天
VP	长春新碱	2mg,每周静注 1 次
	泼尼松	1mg/(kg·d),分次口服,连用 2~3 周
DVCLP	柔红霉素	40mg/(m²·d),静滴,每 2 周第 1~3 天,共 4 周
	长春新碱	2mg,每周第 1 天静注,共 4 周
	环磷酰胺	750mg/(m²·d),静滴,第 1 天,15 天
	门冬酰胺酶	10 000U/d,静滴,第 19 天开始,连用 10 天
	泼尼松	1mg/(kg·d),分次口服,连用 4 周
Hyper-CVAD		
A 方案	环磷酰胺	300mg/(m²·12h),静注 3 小时,第 1~3 天
	长春新碱	2mg/d,静注,第 4 天,11 天
	阿霉素	50mg/(m²·d),静注,第 4 天
	地塞米松	40mg,口服或静滴,第 1~4 天,第 11~14 天
B 方案	甲氨蝶呤	1g/m²,静滴,第 1 天
	阿糖胞苷	3g/m²,每 12 小时 1 次,共 4 次,第 2~3 天

髓增生异常综合征(MDS)转化和/或三系发育异常的比例高;预后不良的染色体核型发生率高,如-5,-7,5q⁻,7q⁻,11q 异常,+8 及累及多个染色体的复杂核型异常常见,发生率>35%;常发生在年轻患者的预后良好的 t(8;21),inv(16),t(15;17)等核型异常少见,仅见于 2% 的老年 AML;以分化不良的 M_0、M_1、M_5、M_6 型多见,幼稚细胞 Auer 小体少见。

老年患者年龄<75 岁、一般情况好,可用标准 3+7 方案诱导治疗(蒽环类药物适当减量)。年龄≥75 岁或一般情况差的患者多采用支持治疗或小剂量化疗±G-CSF 治疗。有条件的单位应鼓励患者加入临床研究。有 HLA 相合的同胞供体者可行降低强度预处理造血干细胞移植(RIC-造血干细胞移植)。

3. APL 的治疗 APL 推荐按危险度分层治疗(以 2014 年中国急性早幼粒细胞白血病诊疗指南为依据)。按诱导前外周血 WBC、PLT 值定义为,低危组:WBC≤10×10⁹/L,PLT>40×10⁹/L,中危组:WBC≤10×10⁹/L,PLT≤40×10⁹/L;高危组:WBC>10×10⁹/L。

(1)诱导治疗:

1)低/中危组:方案包括:①ATRA+柔红霉素(DNR)或去甲氧柔红霉素(IDA);②ATRA+亚砷酸或口服砷剂+蒽环类药物;③ATRA+亚砷酸或口服砷剂双诱导治疗。

2)高危组:方案包括:①ATRA+亚砷酸或口服砷剂+蒽环类药物;②ATRA+蒽环类药物;

③ATRA+蒽环类药物±阿糖胞苷(Ara-C)。

3)药物剂量(根据患者具体情况适当调整):ATRA:20mg/(m²·d)口服至CR;亚砷酸:0.16mg/(kg·d)静脉滴注至CR(28~35d);口服砷剂:60mg/(kg·d)口服至CR;IDA:8~12mg/(m²·d)静脉注射,第2、4、6或第8天;DNR:25~45mg/(m²·d)静脉注射,第2、4、6或第8天;Ara-C 150mg/(m²·d)静脉注射,第1~7天。

化疗起始时间:低危组患者可于ATRA或双诱导治疗72h后开始,高危组患者可考虑与ATRA或双诱导治疗同时进行。

4)诱导分化综合征:ATRA联合化疗可提高CR率、降低诱导分化综合征的发生率和死亡率。多见于APL单用ATRA诱导过程中,发生率3%~30%,可能与细胞因子大量释放和黏附分子表达增加有关。临床表现为发热、体重增加、肌肉骨骼疼痛、呼吸窘迫、肺间质浸润、胸腔积液、心包积液、水肿、低血压、急性肾衰竭等。初诊时WBC较高或治疗后迅速上升者易发生诱导分化综合征。治疗包括暂停ATRA、吸氧、利尿、高剂量地塞米松(10mg,静脉注射,每日2次)和化疗等。APL合并出血者可输注新鲜冰冻血浆和血小板。

(2)APL缓解后巩固治疗:获得血液学缓解后,低/中危患者,可选择以ATRA联合蒽环类药物为主的化疗巩固;或ATRA+亚砷酸或口服砷剂;或蒽环类药物×3d+Ara-C 100mg/(m²·d)×5d,共3个疗程。高危患者,建议ATRA+亚砷酸联合蒽环类为主的联合治疗。化疗建议2~4疗程,高危组患者需联合中-大剂量Ara-C。并检测融合基因,以了解分子生物学缓解情况。此阶段定期鞘内注射MTX/Ara-C预防中枢神经系统白血病。巩固治疗结束后患者进行骨髓细胞融合基因的定性或定量PCR检测。融合基因阴性者进入维持治疗。

(3)APL的维持治疗:低/中危组患者通常推荐ATRA及砷剂等药物交替维持治疗2~3年。高危组推荐3~4个疗程巩固化疗后以化疗、ATRA及砷剂等药物交替维持治疗2~3年。

(4)APL复发的治疗:一般采用亚砷酸±ATRA进行再次诱导治疗。诱导缓解后必须进行鞘内注射,预防中枢神经系统白血病(CNSL)。①达二次缓解(细胞形态学)者进行融合基因检测,融合基因阴性者行自体造血干细胞移植或亚砷酸巩固治疗(不适合移植者)6个疗程,融合基因阳性者行异基因造血干细胞移植或进入临床研究。②再诱导未缓解者可加入临床研究或行异基因造血干细胞移植。

4. ALL的治疗

(1)Ph阴性急性淋巴细胞白血病(Ph⁻-ALL)的治疗

1)诱导治疗:至少应予长春新碱(VCR)或长春地辛、蒽环类药物(如柔红霉素、去甲氧柔红霉素、阿霉素等)、糖皮质激素(如泼尼松、地塞米松等)为基础的方案(VDP)诱导治疗(表6-9-6)。推荐采用VDP联合环磷酰胺(CTX)、门冬酰胺酶(L-ASP)组成的VDCLP方案,鼓励开展临床研究。

2)CR后的巩固强化治疗:①治疗分层:达CR后应根据患者的危险度分组情况判断是否需要行Allo-HSCT,需行Allo-HSCT者积极寻找供体。②达到CR后应尽快进入缓解后(巩固强化)治疗:缓解后强烈的巩固治疗可提高疗效(尤其是高危组患者):最常用的方案包括6~8个疗程的治疗,其中2~4个疗程为含大剂量MTX、Ara-C、L-ASP的方案,1~2个疗程诱导方案。

3)干细胞移植:有合适供体的患者(尤其是高危组患者、微小残留病监测持续阳性的标危组患者)建议Allo-HSCT。无合适供体的高危组患者(尤其是微小残留病持续阴性者)、标危组患者可以考虑在充分的巩固强化治疗后进行自体造血干细胞移植(Auto-HSCT)。

4)维持治疗:ALL患者强调维持治疗,维持治疗的基本方案:6-巯基嘌呤(6-MP)60~100mg/m²每日一次,MTX 15~30mg/m²每周一次。

(2)Ph阳性ALL的治疗(Ph⁺-ALL)

1)(年龄<55岁)Ph⁺-ALL的治疗:①诱导治疗:开始治疗和一般Ph⁻-ALL一样,建议予

VDP 诱导治疗;鼓励进行临床研究。一旦融合基因或染色体核型/荧光原位杂交(FISH)证实为 Ph/BCR-ABL 阳性 ALL 则进入 Ph⁺-ALL 治疗指南,可以不再应用 L-ASP。自第 8 天或第 15 天开始加用酪氨酸激酶抑制剂(如伊马替尼等),伊马替尼用药剂量 400~600mg/d,持续应用。若粒细胞缺乏(尤其是中性粒细胞绝对值<0.2×10⁹/L)持续时间较长(超过 1 周)、出现感染发热等并发症时,可以暂时停用伊马替尼,以减少患者的风险。②缓解后治疗:Ph⁺-ALL 的缓解后治疗原则上参考 Ph⁻-ALL。伊马替尼应尽量持续应用至维持治疗结束(无条件应用伊马替尼的患者按 Ph⁻-ALL 的治疗方案进行,维持治疗可以改为干扰素为基础的方案)。有供者的患者可以在一定的巩固强化治疗后,尽早行 Allo-HSCT;伊马替尼持续口服至行造血干细胞移植。Allo-HSCT 后应定期监测 BCR-ABL 融合基因表达,伊马替尼至少应用至两次融合基因为阴性。③维持治疗:有条件应用伊马替尼治疗者,用伊马替尼维持治疗(可以联合 VCR、糖皮质激素,至 CR 后 2 年)。

2) 老年 Ph⁺-ALL(年龄≥55 岁):可以在确诊后采用伊马替尼+VDP 为基础的治疗。伊马替尼连续应用,VDP 方案间断应用;整个治疗周期至缓解后至少 2 年。

(3) CNSL 的防治:ALL 患者 CNSL 较常见,是最常见的髓外白血病。CNSL 防治措施有鞘内注射化疗药物、高剂量全身化疗,头颅加全脊髓放疗。预防一般采用前两种,通常在 ALL 缓解后开始鞘内注射 MTX。对未曾接受过照射的 CNSL 采用 HD Ara-C(或 HD MTX)化疗联合 CNS 照射(12~18Gy),至少半数病例有效;或者可联合鞘内注射地塞米松、MTX 或(和)Ara-C。不过先前有照射史的 CNSL,鞘内给药的有效率仅 30%。

(4) 睾丸白血病治疗:药物疗效不佳,必须进行放射治疗,即使仅有单侧睾丸肿大也要进行双侧照射和全身化疗。

(5) 造血干细胞移植:自体造血干细胞移植复发率较高,对总体生存(OS)的影响并不优于高剂量巩固化疗,现正在被替代中。异基因造血干细胞移植是目前唯一可能治愈 ALL 的手段,40%~65% 患者可获得长期生存。主要适应证为:①复发难治性 ALL;②第二次缓解期(CR2)ALL:CR1 持续时间<30 个月或者 CR1 期 MRD 持续高水平;③CR1 期高危或极高危 ALL:指伴有染色体畸变如 t(9;22)、t(4;11)、+8;初诊时 WBC>30×10⁹/L 的前 B-ALL 和>100×10⁹/L 的 T-ALL;达 CR 时间>4 周;诱导化疗 6 周后 MRD>10⁻² 且在巩固维持期持续存在或不断增高者。

(6) ALL 复发治疗:骨髓复发最常见,髓外复发多见于 CNS 和睾丸。单纯髓外复发者多能同时检出骨髓 MRD,随之出现血液学复发;因此髓外局部治疗的同时,需进行全身化疗。ALL 一旦复发,不管采用何种化疗方案,CR₂ 通常都较短暂(中位时间 2~3 个月),长期生存率<5%,应尽早考虑异基因造血干细胞移植。

(二) 一般治疗

1. 紧急处理高白细胞血症　循环血液中 WBC>200×10⁹/L 时,患者可产生白细胞淤滞症(leukostasis),表现为呼吸困难、低氧血症、言语不清、颅内出血、阴茎异常勃起等,病理学显示白血病血栓梗死与出血并存。当血 WBC>100×10⁹/L 时可使用血细胞分离机(APL 除外),快速清除过高的 WBC,同时给予化疗药物及水化碱化处理,预防高尿酸血症、酸中毒、电解质紊乱、凝血异常等并发症,减少肿瘤溶解综合征的发生风险。化疗药物可选用所谓化疗前短期预处理方案:AML 用羟基脲 1.5~2.5g/6h(总量 6~10g/d),约 36 小时;ALL 用地塞米松 10mg/m²,静脉注射,联合或不联合其他化疗药物(如 CTX)。

2. 防治感染　AL 患者常伴有粒细胞减少,特别是在化、放疗后,可持续相当长时间,同时化疗常致黏膜损伤,故患者宜住消毒隔离病房或层流病房,所有医护人员和探访者在接触患者之前应洗手、消毒。G-CSF 或粒-单核系集落刺激因子(GM-CSF)可缩短粒细胞缺乏期,适用于 ALL;对于老年、强化疗或伴感染的 AML 也可使用。如有发热,应积极寻找感染源并迅速经验性抗生素治疗,待病原学结果出来后调整抗感染药物。

3. 成分输血　严重贫血可吸氧、输浓缩红细胞,维持 Hb>80g/L;但白细胞淤滞时不宜马上输注,以免增加血黏度。PLT 过低会引起出血,需输注单采血小板,维持 PLT≥10×10⁹/L;合并发热和感染者可适当放宽输注指征。为预防输血反应及输血后移植物抗宿主病(GVHD)的发生,建议成分血经白细胞过滤并经辐照(约 25Gy)处理灭活淋巴细胞后再输注。

4. 代谢并发症　白血病细胞负荷较高者,尤其是在化疗期间,容易产生高尿酸血症、高磷血症和低钙血症等代谢紊乱,严重者会合并高钾血症和急性肾功能损害。因此临床上应充分水化(补液量>3L/d,每小时尿量>150ml/m²)、碱化尿液,同时予别嘌醇(每次 100mg,每日 3 次)降低尿酸。无尿和少尿患者按急性肾衰竭处理。

【预后】　AL 若不经特殊治疗平均生存期仅 3 个月;经过现代治疗,不少患者可长期存活。对于 ALL,1~9 岁且 WBC<50×10⁹/L 者预后最好,CR 后经过巩固与维持治疗,70%~80% 能够长期生存至治愈。成人 ALL 预后远不如儿童,3 年以上存活率仅 30%。年龄较大与白细胞计数较高的 AL 患者,预后不良。APL 若能避免早期死亡则预后良好多可治愈。AML 患者,基因突变情况可能更能提示疾病预后。正常染色体 AML 伴单独 NPM1 突变者预后较好;而伴单独 FLT3 突变者,预后较差。t(8;21)及 inv(16)患者预后虽然相对较好,但如同时伴有 KIT 基因突变则预后较差。AL 化疗 CR 后 MRD 水平持续不转阴或先降后升也可能提示预后不良。此外,继发于放化疗或 MDS 的白血病、早期复发、多药耐药者、需较长时间化疗才能缓解、合并髓外白血病者预后均较差。

第三节　慢性髓性白血病

慢性髓性白血病(CML),亦称慢粒,是骨髓造血干细胞克隆性增殖形成的恶性肿瘤,占成人白血病的 15%,全球年发病率为 1.6/10 万~2/10 万人。国内流行病学调查显示年发病率为 0.36/10 万~0.55/10 万人。起病缓慢,多表现为外周血粒细胞显著增多伴成熟障碍,嗜碱性粒细胞增多,伴有明显脾肿大,甚至巨脾。自然病程分为慢性期、加速期和急变期,分期标准见表 6-9-7。Ph 染色体(Philadelphia 染色体)和 BCR-ABL 融合基因为其标志性改变。

【发病机制】　CML 患者骨髓及有核血细胞中存在的 Ph 染色体,其实质为 9 号染色体上 C-ABL 原癌基因移位至 22 号染色体,与 22 号染色体断端的断裂点集中区(BCR)连接,即 t(9;22)(q34;q11),形成 BCR-ABL 融合基因。其编码的 p210BCR-ABL 蛋白具有极强的酪氨酸激酶活性,使一系列信号蛋白发生持续性磷酸化,影响细胞的增殖分化、凋亡及黏附,导致 CML 的发生。粒系、红系、巨核系及 B 淋巴细胞系均可发现 Ph 染色体。

【临床表现】　各年龄组均可发病,中国 CML 患者较西方更为年轻化,中位发病年龄 45~50 岁,而西方国家 CML 的中位发病年龄 65 岁。男女比例 3∶2。起病缓慢,早期常无自觉症状,往往在偶然情况下或常规检查时发现外周血白细胞(WBC)升高或脾肿大,而进一步检查确诊。

(一)一般症状

CML 症状缺乏特异性,常见有乏力、易疲劳、低热、腹部不适等。

(二)肝脾大

脾大见于 90% 的 CML 患者。脾大程度与病情、病程、特别是 WBC 数密切相关。肝大见于 40%~50% 患者。

(三)加速期/急变期表现

如出现不明原因的发热、虚弱、骨痛、脾脏进行性肿大、其他髓外器官浸润表现、贫血加重或出血,以及对原来有效的药物失效,则提示进入加速期或急变期。急变期为 CML 终末期,多数呈急粒变,其次是急淋变。

【实验室检查】

（一）血象

慢性期,WBC 明显增高,多>50×10^9/L,可见各阶段粒细胞,晚幼和杆状核粒细胞居多,原始细胞<2% ,嗜酸、嗜碱性粒细胞增多。

（二）骨髓

增生明显活跃或极度活跃,以髓系细胞为主。慢性期原始粒细胞<10% ;嗜酸、嗜碱性粒细胞增多。进展到加速期时原始细胞≥10% ;急变期≥20% ,或原始细胞+早幼细胞≥50% 。骨髓活检可见不同程度的纤维化。

（三）细胞遗传学及分子生物学改变

Ph 染色体是 CML 的重要标志。CML 加速及急变过程中,可出现额外染色体异常,例如+8、双 Ph 染色体、i(17q)、+21 等。Ph 染色体阴性而临床怀疑 CML 者,行荧光原位杂交技术(FISH)或反转录-聚合酶链式反应(RT-PCR)可发现 BCR-ABL 融合基因。实时定量 PCR(RQ-PCR)定量分析 BCR-ABL 融合基因,对微小残留病(MRD)的动态监测及治疗有指导作用。

【诊断和鉴别诊断】

（一）诊断

根据脾大,NAP 积分偏低或零分,特征性血象和骨髓象,Ph 染色体和(或)BCR-ABL 融合基因阳性可诊断。确诊后进行临床分期,WHO 标准如表6-9-7。

表 6-9-7　CML 临床分期诊断标准（WHO）

慢性期（chronic phase,CP）	无临床症状或有低热、乏力、多汗、体重减轻和脾大等; 外周血 WBC 增多,以中性粒细胞为主,可见各阶段粒细胞,以晚幼和杆状粒细胞为主,原始细胞<2% ,嗜酸和嗜碱性粒细胞增多,可有少量幼红细胞; 骨髓增生活跃,以粒系为主,中晚幼和杆状核增多,原始细胞<10% ;Ph 染色体和(或)BCR-ABL 融合基因阳性
加速期（accelerated phase,AP） 具有下列之一或以上者:	外周血 WBC 和(或)骨髓中原始细胞占有核细胞 10% ~ 19% ; 外周血嗜碱性粒细胞≥20% ; 与治疗无关的持续性 PLT 减少(<100×10^9/L)或治疗无效的持续性 PLT 增高(>1000×10^9/L); 治疗无效的进行性 WBC 数增加和脾大; 细胞遗传学示有克隆性演变。
急变期（blastic phase or blast crisis,BP/BC） 具有下列之一或以上者:	外周血 WBC 或骨髓中原始细胞占有核细胞≥20% ; 有髓外浸润; 骨髓活检示原始细胞大量聚集或成簇。

（二）鉴别诊断

CML 需与类白血病反应、骨髓纤维化(MF)、慢性粒单核细胞白血病(CMML)及其他原因引起的脾大等疾病鉴别,上述疾病有其各自特点,而不具备 CML 的特征性血象和骨髓象,Ph 染色体和(或)BCR-ABL 融合基因阳性,是主要鉴别依据。Ph 染色体阳性的其他白血病,如 2% 急性髓系白血病(AML)、5% 儿童急性淋巴细胞白血病(ALL)及 20% 成人 ALL 中也可出现 Ph 染色体,尤其应注意鉴别。

【治疗】　治疗着重于 CP。初始目标为控制异常增高的 WBC,缓解相关症状及体征;CML

治疗的主要目标是达到细胞遗传学甚至分子学反应、预防疾病进展、延长生存期、提高生活质量和治愈疾病。CML 的疗效判断标准见表 6-9-8。

表 6-9-8　CML 的疗效判断标准

血液学缓解	细胞遗传学缓解 （至少检测 20 个中期分裂象）	分子生物学缓解
完全缓解（CHR）：WBC<10×10⁹/L； PLT<450×10⁹/L；外周血无髓性不 成熟细胞；无症状及阳性体征，脾 不可触及 部分缓解（PHR）：基本同 CHR，除外 周血有不成熟细胞；PLT 较治疗前 下降 50% 以上，但仍>450×10⁹/L； 脾脏持续肿大，但较治疗前缩小 50% 以上	完全缓解（CCyR）：Ph=0 部分缓解（PCyR）：Ph=1%～35% 主要缓解（MCyR）：CCyR+PCyR 微缓解（minor CyR）：Ph=36%～ 90%	完全缓解（CMR）：测不到 BCR-ABL 转录子 主要缓解（MMR）：较治疗 前下降≥3log

（一）一般治疗

CP 时白细胞瘀滞并不多见，一般无需快速降低 WBC，因快速降低白细胞反而易致肿瘤溶解综合征。初始治疗时对 WBC>100×10⁹/L 者应行白细胞分离术或加用羟基脲或者伊马替尼。同时服用别嘌醇 200～300mg/d 和水化。巨脾有明显压迫症状时可行局部放射治疗，但不能改变 CML 病程。

（二）靶向治疗

1. **甲磺酸伊马替尼（IM）**　IM 为低分子量 2-苯胺嘧啶复合物，是一种酪氨酸激酶抑制剂（tyrosine kinase inhibitor, TKI）。其通过阻断 ATP 结合位点选择性抑制 BCR-ABL 蛋白的酪氨酸激酶活性，抑制细胞增殖并诱导其凋亡，是第一个用于 CML 的靶向药物，也是目前 CML 首选治疗药物。此外，IM 还可以抑制其他两种酪氨酸激酶，即血小板衍生生长因子受体（PDGFR）和 c-KIT。IM 治疗的 7 年无事件生存率（EFS）81%，总生存率（OS）86%，而 MCyR 和 CCyR 分别为 89% 和 82%。IM 主要不良反应为早期 WBC 和 PLT 减少，水肿、皮疹及肌肉挛痛等。CP、AP、BP 的治疗剂量分别为 400mg/d、600mg/d、600～800mg/d。

2. **新一代 TKI**　二代 TKI 包括尼洛替尼（nilotinib）、达沙替尼（dasatinib）和博舒替尼（bosutinib）等，特点如下：①较 IM 具有更强的细胞增殖、激酶活性的抑制作用；②对野生型和大部分突变型 BCR-ABL 细胞株有作用，但对某些突变型（如 T315I）细胞株无效；③常见不良反应有骨髓抑制、胃肠道反应、皮疹、水钠潴留、胆红素升高等。目前主要用于对 IM 耐药或 IM 不能耐受的 CML 患者，临床经验仍然在积累中。

3. **初始治疗**　新诊断的 CML 慢性期患者首选的一线治疗方案为伊马替尼 400～600mg/d，每日 1 次。

4. **后续治疗**　疗效评价包括血液学、骨髓细胞遗传学核型分析，有条件者建议做分子生物学分析（RQ-PCR BCR-ABL mRNA 以及 BCR-ABL 区点突变测定）。CML-CP 治疗反应定义见表 6-9-8。伊马替尼初始治疗后应进行疾病评价，用药 3 个月评价是否达到完全血液学反应或任何细胞遗传学反应，6 个月应评价达到何种细胞遗传学反应，18 个月应评价达到何种细胞遗传学反应及分子生物学反应。依据上述阶段性疾病评估，视患者对药物的耐受情况及时对治疗策略做出适宜调整，如决定是否继续原量用药、换用 2 代 TKI、将伊马替尼剂量增加、行新药试验或尽早接受异基因造血干细胞移植。随着临床开展的深入和时间的推移，IM 耐药逐步显现，其定义为：①3 个月后未获 CHR；②6 个月未获 MCyR 或 12 个月未获 CCyR；③先前获得的血液学或细胞遗传学缓解丧失。IM 耐药与激酶结构区基因点突变、BCR-ABL 基因扩增和表达增加、P 糖蛋白过度表达等有关。此时可予药物加量(最大剂量800mg/d),或改用新一代TKI,或接受异基因造血干细胞移植。

(三)化学治疗

1. 羟基脲(HU)　为周期特异性抑制DNA合成的药物,起效快,持续时间短。常用剂量3g/d,分2次口服,待WBC减至$20×10^9$/L左右剂量减半,降至$10×10^9$/L时改为0.5～1g/d维持治疗。治疗期间监测血象以调节剂量。副作用较少,较平稳地控制WBC,但不改变细胞遗传学异常。目前多用于早期控制血象或不能耐受IM的患者。

2. 白消安(马利兰)　烷化剂的一种,起效慢,后作用长。用药过量或敏感者小剂量应用会造成严重骨髓抑制,且恢复慢。现已少用。

3. 其他　阿糖胞苷、高三尖杉酯碱、靛玉红、砷剂等。

(四)干扰素α(α-interferon,IFN-α)

IFN-α具有抗肿瘤细胞增殖、抗血管新生及细胞毒等作用。用于因各种原因不能应用伊马替尼治疗的患者:可考虑300万～500万单位/(m^2·d)±阿糖胞苷15～20mg/(m^2·d),每周3～7次。CP患者用药后约70%获得血液学缓解,1/3患者Ph染色体细胞减少。如治疗9～12个月后仍无细胞遗传学缓解迹象,则需调整方案。

(五)异基因造血干细胞移植

目前异基因造血干细胞移植是唯一有望治愈CML的方法,但伊马替尼的出现使移植的一线治疗地位受到挑战。CML高危而移植风险较低的慢性期患者,如果有HLA相合同胞供者,可以选择一线allo-造血干细胞移植治疗。存在移植高风险的患者可先接受IM治疗,动态监测染色体和BCR-ABL融合基因,治疗无效时再行异基因造血干细胞移植;IM耐药且无HLA相合的同胞供体时,可予二代TKI短期试验(3个月),无效者再行异基因造血干细胞移植。移植前建议至少完全血液学缓解。移植后密切监测BCR-ABL融合基因,若持续存在或水平上升,则高度提示复发可能。

(六)加速期和急变期的治疗

推荐首选IM 600～800mg/d,加速期患者可选择二代TKI尼洛替尼800mg/d,或达沙替尼140mg/d;急变期患者可选择达沙替尼140mg/d;疾病控制后如有合适供体,应及早行allo-造血干细胞移植。如存在IM耐药或无合适供体可按AL治疗,但患者多对治疗耐受差,缓解率低且缓解期短。

【预后】　CML自然病程3～5年,经历较平稳的CP后会进展至AP和BP。治疗后中位数生存39～47个月,个别可达10～20年,5年OS 25%～50%。TKI时代明显改善了CML患者的生存。CP患者在TKI治疗后预计中位生存延长至20年。预后相关因素有:①初诊时预后风险积分(Sokal 1984或Hasford 1998积分系统);②治疗方式;③病程演变。

第四节　慢性淋巴细胞白血病

慢性淋巴细胞白血病(CLL)是成熟样B淋巴细胞在外周血、骨髓、淋巴结和脾脏大量蓄积为特征的低度恶性肿瘤。WHO分型中,CLL一般仅限于肿瘤性B细胞疾病,而既往的T细胞CLL(T-CLL)现称为T幼稚淋巴细胞白血病(T prolymphocytic leukemia,T-PLL)。本病在欧美是最常见的成人白血病,而在我国等远东国家相对少见。

【临床表现】　患者多系老年,男女比例2:1。CLL起病缓慢,早期多无自觉症状,往往因血象检查异常或体检发现淋巴结或脾肿大才去就诊。

(一)一般表现

早期症状常见疲倦、乏力、不适感,随病情进展而出现消瘦、发热、盗汗等。晚期因骨髓造血功能受损,出现贫血和血小板(PLT)减少。由于免疫功能减退,易并发感染。

（二）淋巴结和肝脾肿大

60%～80%患者淋巴结肿大,颈部、锁骨上部位常见。肿大淋巴结较硬,无粘连、压痛,可移动,疾病进展时可融合,形成大而固定的团块。CT扫描可发现肺门、腹膜后、肠系膜淋巴结肿大,50%～70%患者有轻至中度脾大,轻度肝大。脾梗死少见。

（三）自身免疫表现

部分晚期或化疗后患者中4%～25%并发自身免疫性溶血性贫血(AIHA)、2%出现特发性血小板减少性紫癜(ITP)、<1%的患者合并纯红细胞再生障碍性贫血(PRCA)。

（四）其他

小部分患者有肾病综合征、天疱疮及血管性水肿等副肿瘤表现。终末期可发生Richter转化,即转化成其他类型的淋巴系统肿瘤。因治疗可出现急性髓系白血病、骨髓增生异常综合征、皮肤癌、肺癌、胃肠道肿瘤及黑色素瘤等第二肿瘤。

【实验室和辅助检查】

（一）血象

诊断要求外周血B淋巴细胞≥5×10^9/L,并至少持续3个月或尽管B淋巴细胞≤5×10^9/L,但骨髓表现为典型的CLL细胞浸润。白血病细胞形态类似成熟的小淋巴细胞。偶见原始淋巴细胞、少量幼稚或不典型淋巴细胞。中性粒细胞比值降低,随病情进展可出现PLT减少和(或)贫血。

（二）骨髓和淋巴结检查

骨髓象有核细胞增生明显或极度活跃,淋巴细胞≥40%,以成熟淋巴细胞为主;红系、粒系及巨核系细胞减少;溶血时幼红细胞可代偿性增生。骨髓活检,CLL细胞浸润呈间质型、结节型、混合型和弥漫型,其中混合型最常见、结节型少见,而弥漫型预后最差。CLL细胞对淋巴结的浸润多呈弥漫性。

（三）免疫表型

肿瘤性B淋巴细胞呈单克隆性,只表达κ或λ轻链中的一种,CD5、CD19、CD23、CD27、CD43阳性;SmIg、CD20弱阳性;FMC7、CD22、CD79b弱阳性或阴性;CD10阴性。

（四）细胞遗传学

常规核型分析仅40%～50%的CLL患者伴染色体异常,采用荧光原位杂交(FISH)技术,可将检出率提高至80%。13q⁻最常见,单纯13q⁻预后较好;其次为11q⁻、+12、17p⁻,预后较差;伴复杂染色体异常的预后最差。病情进展时可出现新的染色体异常。

（五）分子生物学

50%～60%患者存在免疫球蛋白重链可变区基因(IgV_H)体细胞突变。伴有IgV_H突变的CLL细胞起源于后生发中心的记忆B细胞,此类患者生存期较长;不伴IgV_H突变的CLL细胞起源于前生发中心的原始B细胞,患者生存期短、预后差。IgV_H突变状态与ZAP-70及CD38表达水平呈负相关。小部分CLL患者伴ATM和(或)P53基因突变,预后均较差。

【诊断与鉴别诊断】

（一）诊断

按IWCLL标准:①CLL时淋巴细胞绝对值≥5×10^9/L且至少持续3个月,具有CLL免疫表型特征;或②虽然外周血淋巴细胞<5×10^9/L,但有典型骨髓浸润引起的血细胞减少及典型的CLL免疫表型特征(CD5、CD19、CD23阳性,FMC7阴性,SmIg弱表达,CD22/CD79b弱表达或阴性等),均可诊断为CLL。

（二）鉴别诊断

1. 病毒或细菌感染引起的反应性淋巴细胞增多　呈暂时性,淋巴细胞数随感染控制恢复正常。

2. **其他小 B 细胞来源淋巴瘤Ⅳ期伴骨髓累及** 主要与套细胞淋巴瘤、滤泡性淋巴瘤、脾边缘区 B 细胞淋巴瘤鉴别。鉴别依据有淋巴结和骨髓病理活检以及肿瘤细胞免疫表型等。

3. **幼淋巴细胞白血病(PLL)** WBC 常很高,外周血幼稚淋巴细胞>55%,脾大更明显,病程较 CLL 急,侵袭性高。PLL 细胞 SmIg、FMC7、CD79b 阳性。

4. **毛细胞白血病(HCL)** 主要表现为全血细胞减少和脾大肿瘤细胞有毛发状胞浆突起,抗酒石酸的酸性磷酸酶染色(TRAP)反应阳性。HCL 细胞 CD5 阴性,CD11c、CD25、CD103 及 FMC7 阳性。

【临床分期】 常用临床分期标准包括 Rai 及 Binet 分期(表 6-9-9、6-9-10)。

【治疗】 大部分 CLL 呈慢性、惰性过程,早期不需要治疗。治疗指征如下:①Rai 0 ~ Ⅱ期或 Binet A 期患者出现下列症状时:6 个月内体重下降>10%、极度疲劳、发热(T>38℃)>2 周且无明显感染证据、进行性贫血和(或)PLT 减少或淋巴细胞增多(>200×10⁹/L;或在淋巴细胞计数达到30×10⁹/L 以上,2 个月内绝对值增加>50%或倍增时间<6 个月);②Rai Ⅲ ~ Ⅳ期患者,需提高 Hb 和(或)PLT;③无症状 Rai Ⅲ ~ Ⅳ期或 Binet C 期患者出现疾病进展;④淋巴结进行性肿大(直径>10cm);⑤脾肿大(超过左肋缘下 6cm);⑥合并 AIHA 或 ITP。

表 6-9-9 CLL 的 Rai 分期

分期	标 准	中位数存活期(年)
0	淋巴细胞增多*	>10
Ⅰ	淋巴细胞增多+淋巴结肿大	7 ~ 9
Ⅱ	淋巴细胞增多+脾脏/肝脏肿大±淋巴结肿大	7 ~ 9
Ⅲ	淋巴细胞增多+贫血±淋巴结肿大或脾脏/肝脏肿大	1.5 ~ 5
Ⅳ	淋巴细胞增多+血小板减少±贫血±淋巴结肿大±脾脏/肝脏肿大	1.5 ~ 5

注:* 外周血肿淋巴细胞计数>5×10⁹/L,持续 4 周以上
贫血:血红蛋白(Hb)<110g/L
血小板减少:PLT<100×10⁹/L

表 6-9-10 CLL 的 Binet 分期

分期	标 准	中数存活期(年)
A	血和骨髓中淋巴细胞增多,<3 个区域的淋巴组织肿大*	>10
B	血和骨髓中淋巴细胞增多,≥3 个区域的淋巴组织肿大	7
C	与 B 相同外,尚有贫血(Hb:男性<110g/L,女性<100g/L),或血小板减少(<100×10⁹/L)	2 ~ 5

注:* 5 个区域包括头颈部、腋下、腹股沟、脾、肝;肝脾大指体检阳性

(一)化学治疗

1. 烷化剂

(1)苯丁酸氮芥(CLB):最常用的药物。有连续和间断两种用法。连续用药剂量 0.1mg/(kg·d),每周监测血象以调整剂量、防止骨髓过度抑制;间断用药,0.4mg/kg,每 2 周 1 次,每次加量 0.1mg/kg 直至最大耐受量 0.4 ~ 1.8mg/kg。总反应率40% ~ 50%,但 CR 率仅4% ~ 10%。

(2)苯达莫斯汀(bendamustine):单药 100mg/m²,第 1 天、第 2 天,每 4 周 1 疗程,共 6 疗程。或者90mg/m² 联合利妥昔单抗应用,用于 CLL 患者一线或难治复发患者的挽救性治疗。单药或联合利妥昔单抗(BR)作为患者初始治疗,完全缓解率在 20% ~ 40%。但是苯达莫司汀不足以

克服 17p⁻异常的不良预后。应用中需要注意药物的血液学毒性。

（3）环磷酰胺（CTX）：联合糖皮质激素可提高疗效。

2. 核苷酸类似物   氟达拉滨（Flu）每日 25～30mg/m²，连用 5 天，静脉滴注，每 4 周重复 1 次。未经治疗的患者反应率约 70%，CR 率 20%～40%。克拉屈滨（cladribine，2-CdA）抗肿瘤活性与 Flu 相似，两者存在交叉耐药。喷司他丁疗效不如 Flu 和 2-CdA。

3. 联合化疗   代表方案有 COP、CAP 及 CHOP 等，疗效并不优于烷化剂单药治疗。烷化剂、糖皮质激素、蒽环类等药物与核苷酸类似物联用，如 FC 方案（Flu+CTX），可提高后者疗效。

（二）免疫治疗

1. CD20 单克隆抗体

（1）利妥昔单抗（rituximab）：一种人鼠嵌合性抗 CD20 单克隆抗体，作用于靶细胞表面 CD20 抗原。主要通过抗体介导的细胞杀伤作用（ADCC）、补体介导的细胞杀伤作用（CDC）以及直接导致肿瘤细胞凋亡的作用清除 CD20⁺B 淋巴细胞。利妥昔单抗单药治疗仍是老年衰弱以及存在并发症的年轻患者的重要治疗选择。

（2）Ofatumumab 和 Obinutuzumab 人源化的 CD20 单克隆抗体。Ofatumumab 具有更强的 CD20 分子的亲和力，具有更强的 CDC 作用。Obinutuzumab 不同于利妥昔单抗与 Ofatumumab，是 2 型抗体，具有更强的 ADCC 作用和诱导细胞凋亡的作用。单药或联合化疗用于 CLL 患者的一线治疗及挽救性治疗。

2. 阿伦单抗（Alamtuzumab，campath-1H）   一种人源化的鼠抗人 CD52 单克隆抗体，作用于 CLL 细胞表面 CD52 抗原，清除外周血及骨髓/脾脏中的 CLL 细胞。可以部分克服 17p⁻的不良预后，推荐用于氟达拉滨耐药患者。但是对肿大淋巴结（尤其是直径>5cm 者）的回缩效果欠佳。可以联合化疗药物提高疗效。需要警惕预防病毒感染。

（三）化疗联合免疫治疗

目的是增强抗肿瘤作用的同时不增加骨髓抑制。FR（Flu+rituximab）、FCR（Flu+CTX+rituximab）等降低了 CLL 化疗后发生 AIHA 的风险，且 CR 率及生存率均高于 Flu 单药。Flu 联合阿伦单抗对部分 Flu 或阿伦单抗单药耐药的 CLL 患者有效。

（四）针对 B 细胞受体信号通路的靶向药物

1. Ibrutinib   是一种新型口服的酪氨酸激酶抑制剂，不可逆地结合并抑制酪氨酸蛋白激酶 Btk（Bruton 酪氨酸激酶）。在 Ⅰ/Ⅱ期临床研究中证实改善了老年患者的生存，显著提高 17p⁻患者无疾病进展生存。

2. Idelalisib   是磷脂酰肌醇 3 激酶（PI3K）δ 抑制剂。PI3K 活化与核因子 kappa-B（NFκB）活化有关。口服药物耐受性良好。目前在临床试验中。

（五）异基因造血干细胞移植

传统化疗不能治愈 CLL，高危组（如存在 17p13 缺失、TP53 突变等）、一般状态良好的年轻患者（<65 岁）可考虑异基因造血干细胞移植。异基因造血干细胞移植可使部分患者长期存活甚至治愈，但相关并发症多，采用减低强度预处理（RIC）有望降低移植相关死亡率。

（六）放射治疗

仅用于缓解因淋巴结肿大发生压迫症状、痛性骨病、不能行脾切的痛性脾肿大患者，或化疗后淋巴结、脾脏等缩小不满意者，但需要与其他治疗联用。

（七）并发症治疗

因低 γ 球蛋白血症、中性粒细胞缺乏及高龄，CLL 患者极易感染，应积极控制。反复感染者可输注免疫球蛋白。合并 AIHA 或 ITP 可用糖皮质激素，治疗无效且脾大明显者考虑切脾。伴疼痛性脾肿大者也可考虑脾切。

【预后】 病程长短不一,半年至 10 余年不等。多数 CLL 患者死于骨髓衰竭导致的严重贫血、出血或感染。

第五节 少见类型的白血病

一、多毛细胞白血病

多毛细胞白血病(hairy cell leukemia,HCL)是一种慢性的成熟 B 淋巴细胞来源的白血病,中位发病年龄 50~55 岁,男性多于女性。本病特征性表现为外周血和骨髓中出现形态不规则、有胞浆突起、纤细如毛的典型多毛细胞(HC),同时具有全血细胞减少以及不同程度的脾脏肿大。HC 耐酒石酸酸性磷酸酶染色(TRAP)阳性,有别于其他淋巴增殖性疾病。免疫表型为 slg$^+$、CD19$^+$、CD20$^+$、CD22$^+$、CD103$^+$、CD25$^+$ 和 CD11c$^+$。结合外周血和骨髓检查、细胞化学、免疫表型及电子显微镜检查可作出诊断。

少数患者病情稳定,无需治疗。HCL 的一线药物包括嘌呤类似物,如喷司他丁(pentostatin)和克拉屈滨(cladribine,2-CdA),5 年和 10 年的生存率接近正常人群。后者推荐用量为每天 0.09mg/kg,静脉滴注,连用 7 天为一疗程。干扰素 α(IFN-α)对 HCL 治疗亦有效。脾切只主张用于脾破裂、血小板显著减少者。此外,抗 CD20 单克隆抗体对于嘌呤类似物耐药的 HCL 具有一定疗效。

二、幼淋巴细胞白血病

当血幼淋巴细胞占淋巴细胞 55% 以上可诊断为幼淋巴细胞白血病(prolymphocytic leukemia,PLL),B 细胞来源 PLL 占到 80%。发病年龄多在 50 岁以上。常表现为脾显著肿大,而周围淋巴结肿大不明显或缺乏。外周血白细胞通常 >100×10^9/L。B-PLL 免疫表型呈 sIgM 和 sIgD 高表达,CD19$^+$、CD20$^+$、CD22$^+$、CD79b$^+$、FMC7$^+$、CD5 可为阳性。部分患者存在 11q23$^-$(33%)、13q14$^-$(50%)及 P53 基因突变(75%)。T-PLL 的白血病细胞具有 T 细胞表型:CD3$^+$,CD5$^+$,CD7$^+$。但是 TDT$^-$、CD1a$^-$。绝大多数患者 CD4$^+$CD8$^-$,也有少数患者 CD4$^+$CD8$^+$ 或 CD4$^-$CD8$^+$。

PLL 对 CLL 的传统治疗反应较差。环磷酰胺+长春新碱+蒽环药物+泼尼松(CHOP)联合治疗方案可以使近一半的患者达到缓解,但持续时间较短。氟达拉滨(Flu)和 2-CdA 对 PLL 的疗效优于烷化剂和联合化疗。另外,单克隆抗体如抗 CD20 单抗和抗 CD52 单抗等也可以作为治疗的选择。

三、浆细胞白血病

浆细胞白血病(plasma cell leukemia,PCL)发病年龄一般为 50~60 岁,男性稍多于女性。临床特征除了外周血浆细胞增多和广泛内脏器官受累外,其他特征类似于急性白血病(AL)或多发性骨髓瘤(MM)。外周血白细胞分类浆细胞 >20% 或绝对计数 >2×10^9/L。根据有无浆细胞骨髓瘤病史分为原发性与继发性两类。需与 MM、反应性浆细胞增多症、HCL、华氏巨球蛋白血症、滤泡淋巴瘤Ⅳ期骨髓侵犯、PLL 等鉴别。

PCL 预后差,治疗类似于 MM,但疗效不令人满意。原发性 PCL 患者在初期对化疗反应较好,其后多产生耐药,中位生存期约 6 个月;而继发性 PCL 中位生存期仅 1 个月左右。近年来,蛋白酶体抑制剂等新药治疗 PCL 正在探索中。

(黄晓军)

推荐阅读文献

1. 张之南,沈悌. 血液病诊断及疗效标准. 第3版. 北京:科学出版社,2007
2. Swerdlow S. H. ,Campo E. ,Harris N. L. ,et al. WHO classification of tumors of haematopoietic and lymphoid tissues. 4th ed. IARC Press:Lyon,2008
3. John P. Greer,Daniel A. Arber,Bertil E. Glader,et al. Wintrobe's Clinical Hematology,13rd ed. Lippincott Williams and Wilkins. 2013
4. 陈竺,陈赛娟. 威廉姆斯血液病学(翻译版). 第8版. 北京:人民卫生出版社,2011
5. 中华医学会血液学分会,中华医师协会血液科医师分会. 中国急性早幼粒细胞白血病诊疗指南(2014年版). 中华血液学杂志,2014,35(5):475-477

第十章　淋　巴　瘤

要点:

1. 淋巴瘤是淋巴细胞恶性增生所形成的肿瘤,病理学上可分为两大类:霍奇金淋巴瘤(Hodgkin lymphoma,HL)和非霍奇金淋巴瘤(non-Hodgkin lymphoma,NHL)。

2. 霍奇金淋巴瘤以 Reed-Sternberg 细胞为典型特征,组织学类型与临床症状、预后和治疗反应密切相关。患者预后较好,治疗以化疗联合放疗为主,原则是在治愈原发病的同时尽量减少并发症的发生。

3. 非霍奇金淋巴瘤按细胞来源可分为 B、T 和 NK 细胞淋巴瘤,病理类型多样、异质性强。近年来,生物治疗联合化疗的开展,显著提高了患者的生存。

淋巴瘤(Lymphoma)是起源于淋巴结和淋巴组织的恶性肿瘤,可发生在身体的任何部位,临床表现具有多样性。病变如侵犯淋巴结,通常以无痛性进行性淋巴结肿大为特征性的临床表现;如侵犯淋巴结外的淋巴组织,例如扁桃体、鼻咽部、胃肠道、骨骼或皮肤等,则以相应组织器官受损的症状为主;当淋巴瘤浸润血液和骨髓时可形成淋巴瘤细胞白血病。患者常有发热、消瘦、盗汗等全身症状。

按组织病理学改变,淋巴瘤分为霍奇金淋巴瘤(Hodgkin lymphoma,HL)和非霍奇金淋巴瘤(non Hodgkin lymphoma,NHL)两大类。淋巴瘤发病有逐年增多的趋势,全世界现有患者 450 万以上,不同地区淋巴瘤发病率及发病类型存在一定差异。我国淋巴瘤发病率为 6.68/10 万,在各种恶性肿瘤中占第 8 位,其中男性为 7.71/10 万,明显多于女性;死亡率为 3.75/10 万,在各种恶性肿瘤中占第 10 位。

第一节　霍奇金淋巴瘤

1832 年 Thomas Hodgkin 报告一种淋巴结肿大合并脾大的疾病。1865 年 Wilks 命名此种疾病为 Hodgkin 病(Hodgkin disease)。1898 年发现 Reed-Sternberg(RS)细胞,明确该病的病理组织学特点。近年来随着免疫学和分子生物学研究的进展,大多数学者证实 RS 细胞起源于 B 淋巴细胞,WHO 提出将其更名为霍奇金淋巴瘤 HL。

【病因与发病机制】　HL 的病因和发病机制尚不完全清楚。

1. 感染因素

(1) Epstein-Barr 病毒:1964 年 Epstein 等首先从非洲儿童 Burkitt 淋巴瘤组织传代培养中分离出 Epstein-Barr(EB)病毒。荧光免疫法检测 HL 患者血清,可发现部分患者有高价抗 EB 病毒抗体。HL 患者淋巴结在电镜下可见 EB 病毒颗粒。约 20% HL 的 RS 细胞中也可找到 EB 病毒。因此,EB 病毒与 HL 关系极为密切。在我国,HL 组织中的 EBV 检出率在 48% ~57% 之间。

(2) 人类免疫缺陷病毒:感染人类免疫缺陷病毒(human immunodeficiency virus,HIV)可增加某些肿瘤的发生风险,其中包括 HL。AIDS 患者中 HL 的发病率约增加 2.5 ~11.5 倍。

　　(3) 人疱疹病毒-6：人疱疹病毒(human herpesvirus, HHV)是一种 T 淋巴细胞双链 DNA 病毒，广泛存在于成年人中。HL 患者的 HHV-6 阳性率和抗体滴度均较非 HL 者高，且随着 HL 疾病进展，HHV-6 的抗体滴度也逐渐升高。

　　(4) 麻疹病毒：有报道在 HL 患者组织中可检测到麻疹病毒(measles virus, MV)抗原和 RNA。最近流行病学研究证实在孕期或围产期 MV 暴露与 HL 发病具有相关性。

　　2. 遗传因素　HL 在家庭成员中群集发生的现象已得到证实，有 HL 家族史者患 HL 危险较其他人高。通过对双胞胎进行研究发现，同卵双胞胎同时发生 HL 的风险比异卵双胞胎显著增高。HL 在世界各地发病情况差异较大，且与年龄有关，也提示遗传易感性可能起一定作用。此外，特定等位基因可增加 HL 易感性。携带 HLA-DPB1 位点 DPB1＊0301 等位基因增加 HL 的危险性，携带 DPB1＊0201 等位基因则危险性下降。

　　【病理和病理生理】　病理组织学检查发现 RS 细胞是 HL 的特点。典型 RS 细胞为双核或多核巨细胞，核仁嗜酸性，大而明显，胞质丰富，若细胞表现对称的双核称"镜影细胞"，可伴各种细胞成分和毛细血管增生以及不同程度纤维化。结节硬化型 HL 中 RS 细胞由于变形，浆浓缩，两细胞核间似有空隙，称为腔隙型 RS 细胞。大部分学者认为 RS 细胞起源于高度突变的滤泡性 B 细胞。HL 通常从原发部位向邻近淋巴结依次转移，越过邻近淋巴结向远处淋巴结区的跳跃传布较少见。

　　HL 的分型曾普遍采用 1965 年 Rye 会议的分型方法。WHO 在欧美淋巴瘤分型修订方案(revised European American lymphoma classification, REAL 分型)基础上制定了造血和淋巴组织肿瘤病理学和遗传学分型方案。该方案既考虑了形态学特点，也反映了应用单克隆抗体，以及细胞遗传学和分子生物学等新技术对血液和淋巴系统肿瘤的新认识和确定的新病种。WHO 分类(表 6-10-1)在 Rye 分型基础上，将 HL 分为结节性淋巴细胞为主型霍奇金淋巴瘤(nodular lymphocytic predominance Hodgkin lymphoma, NLPHL)和经典型霍奇金淋巴瘤(classical Hodgkin lymphoma, CHL)两大类，这种分类反映了两类肿瘤在病理形态学、免疫表型及分子生物学、临床表现和生物学行为方面的差异(表 6-10-2)。其中 CHL 又分为 4 个亚型：结节硬化型(nodular sclerosis, NSHL)、混合细胞型(mixed cellularity, MCHL)、富于淋巴细胞型(lymphocyte-rich, LRCHL)及淋巴细胞减消型(lymphocytic depletion, LDHL)。WHO 分型和 Rye 分型的主要区别在于将后者的淋巴细胞为主型分为结节性淋巴细胞为主型和富于淋巴细胞经典型。结节性淋巴细胞为主型表现为淋巴结结构完全或部分被结节样或结节和弥漫混合的病变取代，细胞成分主要为小淋巴细胞、组织细胞、上皮样组织细胞和掺杂的淋巴-组织细胞样细胞，可见特征性的"爆米花样细胞"，免疫表型为 CD20+、CD15−、CD30−。患者多为 I 期病变，男性多见。富于淋巴细胞经典型形态学上嗜酸性粒细胞和浆细胞较少，RS 细胞呈现经典 HL 的形态学和免疫表型(CD30+，CD15+，CD20−)。

　　国内以混合细胞型为最常见，结节硬化型次之，其他各型均较少见。各型并非固定不变，部分患者可发生类型转化，仅结节硬化型较为固定。

表 6-10-1　霍奇金淋巴瘤分型(WHO，2008 年)

组织学亚型	免疫表型
结节性淋巴细胞为主型	CD20+CD30−CD15−Ig+
经典型	CD20−＊CD30+CD15+Ig−
结节硬化型	
混合细胞型	
淋巴细胞富集型	
淋巴细胞削减型	

＊少见阳性

表 6-10-2 NLPHL 和经典 HL 的区别

	NLPHL	经典 HL
总体形态	结节性为主	弥散性、滤泡间、结节性
肿瘤细胞	淋巴细胞和/或组织细胞或爆米花样细胞	诊断性 RS 细胞,单核或腔隙细胞
背景	淋巴细胞,组织细胞	淋巴细胞,组织细胞,嗜酸细胞,浆细胞
纤维化	少见	常见
CD15	−	+
CD30	−	+
CD20	+	−/+
CD45	+	−
上皮膜抗原(EMA)	+	−
EB 病毒(RS 细胞中)	−	+(<50%)
Ig 基因	活性的,功能性的	无活性的
分布部位	外周淋巴结	纵隔,腹部,脾
确诊时分期	一般为 I 期	常为 II 或 III 期
B 症状	<20%	40%
病程	隐匿性	侵袭性

【临床表现】 HL 多见于青年。

1. **全身症状** 发热、盗汗和消瘦(6 个月内体重减轻 10% 以上)较多见,其次是皮肤瘙痒和乏力。30% ~40% HL 患者以原因不明的持续发热为起病症状。周期性发热(Murchison-Pel-Ebstein 热)约见于 1/6 患者,表现为在数日内体温逐步上升至 38 ~40℃之间,持续数日,然后逐步下降至正常,经过 10 天至 6 星期或更长的间歇期,体温又开始上升,如此周而复始反复出现,并逐步缩短间歇期。此外,可有局部及全身皮肤瘙痒,多为年轻患者,特别是女性。全身瘙痒可为 HL 的唯一全身症状。

2. **淋巴结肿大** 浅表淋巴结肿大最为常见,常是无痛性的颈部或锁骨上的淋巴结进行性肿大(占 60% ~80%),其次为腋下淋巴结肿大。肿大的淋巴结可以活动,也可互相粘连,融合成块,质地为硬橡皮样,边缘清楚。少数患者仅有深部淋巴结肿大。淋巴结肿大可压迫邻近器官,如压迫神经,可引起疼痛;纵隔淋巴结肿大,可致咳嗽、胸闷、气促、肺不张及上腔静脉压迫症等;腹膜后淋巴结肿大可压迫输尿管,引起肾盂积水,硬膜外肿块导致脊髓压迫症等。特殊症状为饮酒痛,即饮酒后引起肿瘤部位疼痛,表现为酒后数分钟至几小时发生。发生饮酒痛患者多有纵隔侵犯,且女性较多,并常随病变的缓解和发展,而消失和重现,近年来,随早期诊断和有效治疗,饮酒痛不常见。

3. **淋巴结外受累** 与 NHL 相比要少得多,即使累及器官,亦有器官偏向性,累及脾组织较常见,侵犯肺、胸膜较 NHL 多见,但病变累及胃肠道很少见。结外浸润可引起如肺实质浸润、胸腔积液、骨痛、腰椎或胸椎破坏、脊髓压迫症、肝大和肝痛、黄疸、脾大等。结外病变与淋巴结内病变常同时出现,或出现在淋巴结病变后。总的说来,独立的结外表现(如皮下结节)而无淋巴结受累的情况是没有的,后者常提示 NHL。

【实验室检查与特殊检查】

(一) 血液和骨髓检查

HL 常有轻或中等贫血,少数白细胞轻度或明显增加,伴中性粒细胞增多。约 1/5 患者嗜酸性粒细胞升高。骨髓被广泛浸润或发生脾功能亢进时,可有全血细胞减少。骨髓涂片发现 RS 细胞是 HL 骨髓浸润依据。骨髓浸润大多由血源播散而来,骨髓穿刺涂片阳性率仅 3%,但活检法可提高至 9% ~22%。

(二) 化验检查

疾病活动期血沉加快,30% ~40% 患者出现血清乳酸脱氢酶活性增高。乳酸脱氢酶升高提示预后不良。当血清碱性磷酸酶活力或血钙增加,提示骨骼累及。β2-微球蛋白是一种和 HLA 相关的细胞膜蛋白,与肿瘤负荷相关,广泛病变者高于局限病变者。

(三) 影像学检查

1. 浅表淋巴结的检查　B 超检查可以发现体检触诊时遗漏的淋巴结。

2. 纵隔与肺的检查　2/3 的患者在初治时伴有胸腔内病变。胸部摄片了解纵隔增宽、肺门增大、胸水及肺部病灶情况,胸部 CT 可确定纵隔与肺门淋巴结肿大。纵隔淋巴结肿大常见,特别是结节硬化型的女性患者。其他包括肺门淋巴结肿大、肺间质累及、胸腔积液、心包积液、胸壁肿块等,均可在胸部 CT 中体现。

3. 腹腔、盆腔的检查　约 30% ~60% 具有横膈上方临床症状体征的患者 CT 发现有腹部和盆腔淋巴结累及。剖腹探查病理检查结果表明淋巴造影阳性符合率 98%,阴性符合率 97%,CT 阳性符合率 65%,阴性符合率 92%。因为淋巴造影能显示结构破坏,而 CT 仅从淋巴结肿大程度上来判断。但 CT 不仅能显示腹主动脉旁淋巴结,而且还能显示淋巴结造影所不能检查到的脾门,肝门和肠系膜淋巴结等受累情况,同时还显示肝、脾、肾受累的情况,所以 CT 是腹部检查首选的方法。B 超检查准确性不及 CT,重复性差,受肠气干扰较严重,但在无法进行 CT 检查时仍不失是一种较好检查方法。

4. 正电子发射成像(PET)　全身 ^{18}F-脱氧葡萄糖正电子发射成像(FDG-PET)是一种根据生化影像来进行肿瘤定性诊断的方法,可作为淋巴瘤诊断、疗效评估和随访的重要手段,是 HL 分期的标准。其与 CT 评估保持较好的一致性,但是 FDG-PET 对骨骼和肝脏病灶更为敏感。根据葡萄糖代谢增高水平,FDG-PET 在鉴别活动性残余病灶和无活动性残余组织方面(评估治疗后缓解状态的一个主要问题)优于 CT 扫描,目前该技术已经正式列入淋巴瘤疗效评估指南。除评估残余肿块,FDG-PET 也用于早期疗效评估以进行危险分层,或在临床试验中指导早期干预治疗。FDG-PET 预测的准确性依赖于影像学专业技术和临床相关性分析。在多数情况下,尤其在 FDG-PET 中容易出现阳性结果的解剖部位,若先前未受累或 CT 显示没有异常,通常需要进行组织活检以进一步证实。

5. 胃肠道病变　淋巴瘤的结外病变中,以小肠和胃较常见,其他还有食管、结肠、直肠,还可侵犯胰腺。原发于胃肠道的 HL 较 NHL 少见。胃镜和肠镜有助于诊断。

(四) 病理学检查

是确诊 HL 及病理类型的主要依据。

1. 淋巴结活检　选取较大的淋巴结,完整地取出,避免挤压,切开后在玻片上作淋巴结印片,然后置固定液中。淋巴结印片 Wright 染色后作细胞病理形态学检查,固定的淋巴结经切片和 HE 染色后作组织病理学检查。深部淋巴结可依靠 B 超或 CT 引导下粗针穿刺作细胞病理形态学检查。剖腹探查一般不易接受,但必须为诊断提供可靠依据时,如发热待查病例,临床高度怀疑淋巴瘤,发现有脾脏受累或腹腔淋巴结肿大,但无浅表淋巴结或病灶可供活检的情况下,为明确诊断,有时需要采用剖腹探查。

2. 淋巴细胞分化抗原检测　在几乎所有的经典型 HL 病例中,RS 细胞来源于 B 细胞。但是 RS 细胞已丢失大部分 B 细胞系抗原(包括 Ig 表达)。几乎所有经典 HL 病例中,RS 细胞表达 CD30,在大多数患者中表达 CD15。RS 细胞通常为 CD45 阴性,20% ~40% 的患者中 B 细胞标志物 CD20 阳性(通常为少数细胞阳性,且染色强度不一)。NLPHL 的肿瘤细胞通常保留 CD45 和

B 细胞系标志物(CD20,Ig)表达,但 CD15 与 CD30 均阴性,从而不同于经典 RS 细胞。

3. 基因重排 绝大多数经典型 HL 病例中均可发现 B 细胞重链的基因重排,证实其来源于 B 细胞。

【诊断和鉴别诊断】

(一) 诊断

HL 确诊主要依赖病变淋巴结或肿块的病理学检查。病理检查可见典型 RS 细胞。约 85% 的结节硬化型和混合细胞型 HL 表达 CD30。大部分的经典 HL 的 RS 细胞表达 CD15 和白介素受体(CD25)。35% ~ 40% 的结节硬化型和混合细胞型 RS 细胞表达 B 细胞抗原 CD19 和 CD20。NLPHD 是一种特殊亚型,其 RS 细胞如"爆米花样",表达 B 细胞抗原 CD20 和 CD45。

明确淋巴瘤的诊断和分类分型诊断后,还需根据淋巴瘤分布范围,按照下列 Ann Arbor 会议 (1966 年)提出的 HL 临床分期方案(NHL 也参照使用)进行临床分期和分组。

Ⅰ期:病变仅限于一个淋巴结区(Ⅰ)或单个结外器官局部受累(ⅠE)。

Ⅱ期:病变累及膈同侧 2 个或更多的淋巴结区(Ⅱ),或病变局限侵犯淋巴结以外器官及同侧一个以上淋巴区(ⅡE)。

Ⅲ期:膈上下均有淋巴结病变(Ⅲ),可伴脾累及(ⅢS),结外器官局限受累(ⅢE),或脾与局限性结外器官受累(ⅢSE)。

Ⅳ期:一个或多个结外器官受到广泛性或播散性侵犯,伴或不伴淋巴结肿大。肝或骨髓只要受到累及均属Ⅳ期。

分期记录符号:E:结外;X:直径 10cm 以上的巨块;M:骨髓;S:脾脏;H:肝脏;O:骨骼;D:皮肤;P:胸膜;L:肺。

为提高临床分期的准确性,肿大淋巴结也可穿刺涂片进行细胞形态学、免疫学和分子生物学检查。

按全身症状分类,无症状者为 A,有症状为 B。全身症状包括三个方面:①发热 38℃以上,连续三天以上,且无感染原因;②6 个月内体重减轻 10% 以上;③盗汗:即入睡后出汗。

(二) 鉴别诊断

淋巴结肿大应与感染、免疫、肿瘤性疾病继发的淋巴结病变相鉴别。淋巴结炎多有感染灶,淋巴结肿大伴红、肿、热、痛等急性期症状。急性期过后,淋巴结缩小,疼痛消失。慢性淋巴结炎的淋巴结肿大一般为 0.5 ~ 1.0cm,质地较软、扁、多活动,与 HL 肿大淋巴结的大、丰满和质韧不同。结节病多见于青少年及中年人,多侵及淋巴结,可伴多处淋巴结肿大,常见于肺门淋巴结对称性肿大,或有气管旁及锁骨上淋巴结受累,淋巴结多在 2cm 直径内,质地一般较硬,可伴长期低热。活检病理可找到上皮样结节,血管紧张素转换酶在淋巴结及血清中均升高。肿瘤淋巴结转移多有原发病灶的表现,淋巴结活检有助于鉴别。

病理方面,混合细胞型因基质细胞丰富,需与外周 T 细胞淋巴瘤和富 T 细胞的 B 细胞淋巴瘤鉴别,此时,免疫组化的结果非常关键。RS 细胞对 HL 的病理组织学诊断有重要价值,但近年报道 RS 细胞可见于传染性单核性细胞增多症、结缔组织病及其他恶性肿瘤。因此在缺乏 HL 其他组织学改变时,单独见到 RS 细胞,不能确诊 HL。

【治疗】 早期病例(Ⅰ、Ⅱ期)对放射治疗敏感,治愈率达 80% 以上,但因单一放疗的近期和远期毒副反应很大,为了减少治疗毒副反应,近 20 多年来对早期病例采用低毒性 ABVD 联合化疗(表 6-10-3),也取得类似放疗的好效果。进展期(Ⅲ、Ⅳ期)病例,主张以 ABVD 方案为金标准治疗,治愈率也在 60% 以上。而预后最差的复发和难治性病例,由于大剂量化疗和自体造血干细胞移植的发展,其疗效和生存期也得到改善。

Ⅰ ~ Ⅱ期的 HL,目前认为最佳的治疗方案是 4 ~ 6 个周期的 ABVD 方案(阿霉素、博来霉素、长春新碱、达卡巴嗪)联合 20 ~ 30Gy 的受累野的照射治疗。ABVD 方案对生育功能影响小,

表 6-10-3　霍奇金淋巴瘤的主要化疗方案

方案	药物	剂量和用法
ABVD	阿霉素	25mg/m², 静注, 第 1、15 天
	博来霉素	10mg/m², 静注, 第 1、15 天
	长春碱	6mg/m², 静注, 第 1、15 天
	达卡巴嗪	375mg/m², 静注, 第 1、15 天
ICE	异环磷酰胺	1670mg/m², 静注, 第 1~3 天
	卡铂	AUC=5(最多 800mg), 静注, 第 2 天
	依托泊苷	100mg/m², 静注, 第 1~3 天
DHAP	地塞米松	40mg, 静注, 第 1~4 天
	顺铂	100mg/m², 静注, 第 1 天
	阿糖胞苷	2g/m², 静注 3h, 每 12h, 第 2 天
ESHAP	依托泊苷	40mg/m², 静注 2h, 第 1~4 天
	甲泼尼龙	500mg/m², 静注, 第 1~4 天
	阿糖胞苷	2g/m², 静注 3h, 第 5 天
	顺铂	25mg/m², 静注, 第 1~4 天(每 3 周为一周期)

较少引起继发性肿瘤。Ⅲ~Ⅳ 期 HL 患者仍以化疗为主,ABVD 方案仍然是标准方案。ABVD 方案 6~8 个周期,其中在 4~6 个周期后复查,若达到 CR/CRu,则继续化疗 2 个周期,伴有巨大肿块的患者需行巩固性放疗。

对于联合化疗后复发和难治性的 HL,则包括 3 种情况:①原发耐药,初始化疗即未能获得 CR;②联合化疗虽然获得缓解,但是缓解时间<1 年;③化疗后缓解时间超过 1 年。缓解时间超过 1 年后复发病例,可仍然使用以前的有效方案。近年来国际多个霍奇金淋巴瘤研究组推出多个解救方案,获得了一定的疗效,其中包括 ICE 方案(异环磷酰胺、卡铂、依托泊苷)、DHAP(地塞米松、顺铂、阿糖胞苷)、ESHAP(依托泊苷、甲泼尼龙、阿糖胞苷、顺铂)等。

CD30 单克隆抗体(brentuximab vedotin)是一种新型以细胞表面抗原 CD30 为靶点,引起细胞周期停滞和凋亡的抗体-药物共轨连接剂,可选择性诱导 HL 和间变性大细胞淋巴瘤肿瘤细胞的凋亡。目前该药尚处于临床试验阶段,初步研究显示,在 HL 患者中耐受性较好,对复发难治 HL 患者的总有效率达 75% 左右。

对于原发耐药或缓解不超过 1 年的病例,可以应用大剂量化疗联合自身造血干细胞移植治疗。异体造血干细胞移植的指征为:①患者缺乏足够的自体干细胞进行移植;②患者伴骨髓浸润;③自体移植后复发的患者。

【预后】　HL 的治疗已取得很大进步,是化疗可治愈的肿瘤之一,其预后与组织类型及临床分期相关。淋巴细胞为主型(包括 WHO 分类的 NLPHL 和 LRCHL)预后最好,5 年生存率可达 94.3%,但 NLPHL 和 LRCHL 的预后差异有待进一步研究,而淋巴细胞消减型最差,5 年生存率仅为 27.4%。纵隔大肿块和持续全身症状是提示复发的重要因素,年龄大则与生存期短密切相关。国际上将七个因素综合起来,以评估患者的预后,包括性别、年龄、Ann Arbor 分期、白细胞计数、淋巴细胞计数、血红蛋白浓度、人血白蛋白水平。男性、年龄大于或等于 45 岁、Ann Arbor 分期为Ⅳ期、白细胞大于或等于 $15 \times 10^9/L$,淋巴细胞小于 8% 或绝对值小于 $15 \times 10^9/L$,血红蛋白低于 105g/L,人血白蛋白低于 40g/L 中,具有上述 5 到 7 个因素的患者,5 年的无进展生存率只有 42%。

第二节 非霍奇金淋巴瘤

1846 年 Virchow 从白血病中区分出一种称为淋巴瘤(lymphoma)或淋巴肉瘤(lymphosareoma)的疾病,1871 年 Billroth 又将此病称为恶性淋巴瘤(malignant lymphoma)。现在将此种疾病称之为非霍奇金淋巴瘤 NHL。

【病因和发病机制】 与 HL 一样,NHL 的病因和发病机制尚未完全阐明,可能与以下多种因素有关:

1. 感染

(1) EB 病毒:Burkitt 淋巴瘤有明显地方流行性。这类患者 80% 以上的血清中 EB 病毒抗体滴定度明显增高,而非 Burkitt 淋巴瘤患者滴定度增高者仅 14%。普通人群中滴定度高者发生 Burkitt 淋巴瘤的机会也明显增多。均提示 EB 病毒是 Burkitt 淋巴瘤的病因。EB 病毒与 T 细胞淋巴瘤和免疫缺陷相关淋巴瘤也有密切的关系。

(2) 反转录病毒:日本的成人 T 细胞淋巴瘤/白血病有明显的家族集中趋势,且呈地区性流行。20 世纪 70 年代后期一种反转录病毒人类 T 细胞白血病/淋巴瘤病毒(HTLV)被证明是成人 T 细胞白血病/淋巴瘤的病因。另一反转录病毒 HTLV-Ⅱ 近来被认为与 T 细胞皮肤淋巴瘤(蕈样肉芽肿)的发病有关。NHL 为 AIDS 相关性肿瘤之一,HIV 感染者罹患 NHL 的危险性是普通人群的 60~100 倍。

(3) HHV-8:人类疱疹病毒-8(Human herpesvirus-8,HHV-8)也称 Kaposi 肉瘤相关疱疹病毒(Kaposi sarcoma associated herpesvirus),是一种亲淋巴 DNA 病毒,与较少见的 NHL 类型即特征性体腔淋巴瘤/原发性渗出性淋巴瘤(primary effusion lymphoma,PEL)有关。

(4) 幽门螺杆菌:胃黏膜淋巴瘤是一种 B 细胞黏膜相关的淋巴样组织(MALT)淋巴瘤,幽门螺杆菌抗原的存在与其发病有密切的关系,抗幽门螺杆菌治疗可改善其病情,幽门螺杆菌可能是该类淋巴瘤的病因。

2. 免疫功能低下 患者的免疫功能低下也与淋巴瘤的发病有关。近年来发现遗传性或获得性免疫缺陷患者伴发淋巴瘤者较正常人为多,器官移植后长期应用免疫抑制剂而发生恶性肿瘤者,其中 1/3 为淋巴瘤。干燥综合征患者中淋巴瘤发病率比一般人群高。免疫缺陷患者伴发淋巴瘤许多与 EB 病毒感染有关。

3. 环境因素及职业暴露 如使用杀虫剂、除草剂、杀真菌剂等,以及长期接触溶剂、皮革、染料及放射线等都与 NHL 的发生有关。

4. 遗传因素 NHL 亦存在家庭成员群集现象,淋巴瘤或其他血液肿瘤患者的同胞和一级亲属发生 NHL 的风险轻度升高。肿瘤坏死因子(308G→A),白介素-10(3575T→A)等多态性与弥漫大 B 细胞淋巴瘤的发生相关。

【病理和分型】 NHL 病变淋巴结其切面外观呈鱼肉样。镜下正常淋巴结构破坏,淋巴滤泡和淋巴窦可以消失。增生或浸润的淋巴瘤细胞成分单一排列紧密,大部分为 B 细胞性。NHL 常原发累及结外淋巴组织,往往跳跃性播散,越过邻近淋巴结向远处淋巴结转移。大部分 NHL 为侵袭性,发展迅速,易发生早期远处扩散。有多中心起源倾向,有的病例在临床确诊时已播散全身。

1982 年美国国立癌症研究所制订了 NHL 国际工作分型(IWF),依据 HE 染色形态学特征将 NHL 分为 10 个型。在相当一段时间内,被各国学者认同与采纳。但 IWF 未能反映淋巴瘤细胞的免疫表型(T 细胞或 B 细胞来源),也未能将近年来运用单克隆抗体、细胞遗传学和基因探针等新技术而发现的新病种包括在内。

WHO 分类对认识不同类型淋巴瘤的疾病特征和制定合理的个体化的治疗方案具有重要意义。目前较公认的分类标准是 WHO 制定的分型方案(表 6-10-4),WHO 未将淋巴瘤单独分类,

表 6-10-4 2008 年淋巴组织肿瘤 WHO 分类

前体淋巴组织肿瘤

B 淋巴母细胞性白血病/淋巴瘤,非特指性

B 淋巴母细胞性白血病/淋巴瘤,伴频发性遗传学异常

B 淋巴母细胞性白血病/淋巴瘤,伴 t(9;22)(q34;q11.2);BCR-ABL1

B 淋巴母细胞性白血病/淋巴瘤,伴(v;11q23),MLL 重排

B 淋巴母细胞性白血病/淋巴瘤,伴 t(12;21)(p13;q22);TEL-AML1(ETV6-RUNX1)

B 淋巴母细胞性白血病/淋巴瘤,伴低二倍体

B 淋巴母细胞性白血病/淋巴瘤,伴超二倍体(超二倍体 ALL)

B 淋巴母细胞性白血病/淋巴瘤,伴 t(5;14)(q31;q32);IL3-1GH

B 淋巴母细胞性白血病/淋巴瘤,伴 t(1;19)(q23;p13.3);E2A-PBX1(TCF3-PBX1)

T 淋巴母细胞性白血病/淋巴瘤

成熟 B-细胞肿瘤

慢性淋巴细胞性白血病/小淋巴细胞性淋巴瘤

B 细胞幼淋巴细胞性白血病

脾 B 细胞边缘区淋巴瘤

多毛细胞白血病

 脾 B 细胞淋巴瘤/白血病,不能分类

 脾弥漫性红髓小 B 细胞淋巴瘤

 多毛细胞白血病-变型

淋巴浆细胞性淋巴瘤

Waldenström 巨球蛋白血症

重链病

α 重链病

γ 重链病

μ 重链病

浆细胞骨髓瘤

骨的孤立性浆细胞瘤

骨外浆细胞瘤

结外黏膜相关组织边缘区淋巴瘤(MALT 淋巴瘤)

淋巴结边缘区淋巴瘤

 儿童淋巴结边缘区淋巴瘤

滤泡性淋巴瘤

 儿童滤泡性淋巴瘤

原发性皮肤滤泡中心淋巴瘤

套细胞淋巴瘤

弥漫性大 B 细胞淋巴瘤(DLBCL),非特指性

富于 T 细胞/组织细胞大 B 细胞淋巴瘤

原发性中枢神经系统(CNS)DLBCL

原发性皮肤 DLBCL("腿型")

老年人 EBV 阳性 DLBCL

DLBCL 伴慢性炎症

淋巴瘤样肉芽肿病

原发性纵隔(胸腺)大 B 细胞淋巴瘤

血管内大 B 细胞淋巴瘤

ALK 阳性大 B 细胞淋巴瘤

浆母细胞性淋巴瘤

起自 HHV8 相关多中心性 Castleman 病的大 B 细胞淋巴瘤

原发性渗出性淋巴瘤

伯基特淋巴瘤

B 细胞淋巴瘤,不能分类,具有 DLBCL 和伯基特淋巴瘤中间特点

B 细胞淋巴瘤,不能分类,具有 DLBCL 和经典型霍奇金淋巴瘤中间特点

成熟 T 细胞和 NK 细胞肿瘤
T 细胞幼淋巴瘤性白血病
T 细胞大颗粒淋巴细胞性白血病
慢性 NK 细胞淋巴组织增生性疾病
侵袭性 NK 细胞白血病
儿童系统性 EBV 阳性 T 细胞淋巴组织增生性疾病
水疱痘疮样淋巴瘤
成人 T 细胞白血病/淋巴瘤
结外 NK/T 细胞淋巴瘤,鼻型
肠病相关性 T 细胞淋巴瘤
肝脾 T 细胞淋巴瘤
皮肤脂膜炎样 T 细胞淋巴瘤
蕈样肉芽肿
赛塞里综合征
原发性皮肤 CD30 阳性 T 细胞淋巴组织增生性疾病
淋巴瘤样丘疹病
原发性皮肤间变性大细胞淋巴瘤
原发性皮肤 γδT 细胞淋巴瘤
原发性皮肤 CD8 阳性侵袭性亲表皮细胞毒性 T 细胞淋巴瘤
原发性皮肤小/中 CD4 阳性 T 细胞淋巴瘤
周围 T 细胞淋巴瘤,非特指性
血管免疫母细胞性 T 细胞淋巴瘤
间变性大细胞淋巴瘤(ALCL),ALK 阳性
间变性大细胞淋巴瘤(ALCL),ALK 阴性

组织细胞和树突细胞肿瘤
组织细胞肉瘤
朗格汉斯组织细胞增生症
朗格汉斯细胞肉瘤
交指树突细胞肉瘤
滤泡树突细胞肉瘤
纤维母细胞性网状细胞肿瘤
中间性树突细胞肿瘤
播散性幼年性黄色肉芽肿

移植后淋巴组织增生性疾病(PTLD)
早期病变
浆细胞增生
传染性单核细胞增多症样 PTLD
多形性 PTLD
单形性 PTLD(B 和 T/NK 细胞型)
经典型霍奇金淋巴瘤型 PTLD

组织学类型斜体字是暂定病种,WHO 工作小组认为目前缺乏足够证据认为它们是独立病种。

而按肿瘤的细胞来源确定类型,淋巴组织肿瘤包括淋巴瘤和其他淋巴组织来源的肿瘤,为保持完整一并列出。

WHO(2008)分型方案中较常见的 NHL 亚型包括以下几种:

1. **边缘带淋巴瘤**　边缘带淋巴瘤(marginal zone lymphoma,MZL)发生部位在边缘带,即淋巴滤泡及滤泡外套之间结构的淋巴瘤。边缘带淋巴瘤系 B 细胞来源,表达全 B 细胞抗原(CD19、CD20 和 CD79a)、边缘区相关抗原(CD35 和 CD21)及 BCL-2,临床病程较缓,属于"惰性淋巴瘤"的范畴。

(1)淋巴结边缘带 B 细胞淋巴瘤(MZL):系发生在淋巴结边缘带的淋巴瘤,由于其细胞形

态类似单核细胞,亦称为"单核细胞样 B 细胞淋巴瘤";

(2) 脾边缘带细胞淋巴瘤(spleen MZL,SMZL):可伴随绒毛状淋巴细胞;

(3) 黏膜相关性淋巴样组织淋巴瘤(mucosa-associated lymphoid tissue lymphoma,MALT):系发生在结外淋巴组织边缘带的淋巴瘤,可有 t(11;18),最易侵犯部位是胃,其次还包括小肠、肺、唾液腺、甲状腺等。

2. 滤泡性淋巴瘤　滤泡性淋巴瘤(follicular lymphoma,FL)指发生在生发中心的淋巴瘤,为 B 细胞来源,表达 CD10、CD19、CD20、CD22、CD45、CD79a 及 BCL-2,伴 t(14;18)染色体易位,属于"惰性淋巴瘤"。

3. 套细胞淋巴瘤　套细胞淋巴瘤(mantle cell lymphoma,MCL)来源于滤泡外套的 B 细胞,CD5+,常有 t(11;14)染色体易位,多表达 CyclinD1。临床上老年男性多见,占 NHL 的 8%。本型发展迅速,中位存活期 2~3 年,属侵袭性淋巴瘤。

4. 弥漫性大 B 细胞淋巴瘤　弥漫性大 B 细胞淋巴瘤(diffuse large B cell lymphoma,DLBCL)是最常见的侵袭性 NHL,通常表达 CD19、CD20、CD22、PAX5 和 CD79a。根据细胞起源可分为生发中心 B 细胞样(germinal center B-cell-like,GCB)、激活 B 细胞样(activated B-cell-like,ABC)和原发纵隔 B 细胞淋巴瘤(primary mediastinal B-cell lymphoma,PMBL),其各自具有不同的发病机制,预后也不相同。

5. 伯基特淋巴瘤　伯基特淋巴瘤(Burkitt lymphoma,BL)由形态一致的小无裂细胞组成。细胞大小介于大淋巴细胞和小淋巴细胞之间,胞浆有空泡,核仁圆,侵犯血液和骨髓时即为急性淋巴细胞白血病 L3 型。CD20+,CD22+,CD5-,伴 t(8;14)染色体易位,与 MYC 基因表达有关,增生极快,严重的侵袭性 NHL。流行区儿童多见,颌骨累及是特点。非流行区,病变主要累及回肠末端和腹部脏器。

6. 血管免疫母细胞性 T 细胞淋巴瘤　血管免疫母细胞性 T 细胞淋巴瘤(angio-immunoblastic T cell lymphoma,AITL)过去认为系一种非恶性免疫性疾患,近年来研究确定为侵袭性 T 细胞淋巴瘤的一种,表现为淋巴结肿大、脏器肿大、发热、皮疹、瘙痒、嗜酸粒细胞增多和免疫学谱异常。病理特征为淋巴结多形性浸润,伴内皮小静脉和滤泡的树突状细胞常显著增生。CD4 表达比 CD8 更常见。

7. 间变性大细胞淋巴瘤　间变性大细胞淋巴瘤(anaplastic large cell lymphoma,ALCL)细胞形态特殊,类似 Reed-Sternberg 细胞,有时可与霍奇金淋巴瘤混淆。细胞呈 CD30+,常有 t(2;5)染色体易位。位于 5q35 的核磷蛋白(nucleophosim,NPM)基因融合到位于 2p23 的编码酪氨酸激酶受体的 ALK 基因,形成 NPM-ALK 融合蛋白。临床常有皮肤侵犯,伴或不伴淋巴结及其他结外部位病变。免疫表型可为 T 细胞型或 NK 细胞型。临床发展迅速,ALK 阳性者预后较好。

8. 周围 T 细胞淋巴瘤　周围 T 细胞淋巴瘤(peripheral T-cell lymphoma,PTCL)所谓"周围性",指 T 细胞已向辅助 T 或抑制 T 分化,可表现为 CD4+或 CD8+,而未分化的胸腺 T 细胞 CD4,CD8 均呈阳性。本型为侵袭性淋巴瘤的一种,化疗效果较大 B 细胞淋巴瘤差。本型通常表现为大、小混合的不典型淋巴细胞,在欧美约占淋巴瘤中的 15% 左右,我国及日本等亚洲国家较多见。

9. 成人 T 细胞白血病/淋巴瘤　是周围 T 细胞淋巴瘤的一个特殊类型,与 HTLV-1 病毒感染有关,主要见于日本及加勒比海地区。肿瘤或白血病细胞具有特殊形态。常表达 CD3、CD4、CD25 和 CD52。临床常有皮肤、肺及中枢神经系统受累,伴血钙升高,通常伴有免疫缺陷。预后恶劣,化疗后往往死于感染。中位存活期不足一年,本型我国很少见。

10. 蕈样肉芽肿(mycosis fungoides)/赛塞里综合征　侵及末梢血液为赛塞里综合征。临床属惰性淋巴瘤类型。增生的细胞为成熟的辅助性 T 细胞,呈 CD3+、CD4+、CD8-。MF 系皮肤淋巴瘤,发展缓慢,临床分三期:红斑期:皮损无特异性;斑块期;最后进入肿瘤期。皮肤病变的病理特点为表皮性浸润,具有 Pautrier 微脓肿。赛塞里综合征罕见,见于成人,是 MF 的白血病期,可有全身红皮病、瘙痒、外周血有大量脑回状核的赛塞里细胞(白血病细胞)。后期可侵犯淋巴结及内脏,为侵袭性皮肤 T 细胞淋巴瘤。

【临床表现】　相对 HL 而言,NHL 随年龄增长而发病增多,男性较女性为多。NHL 有远处扩散和结外侵犯倾向,对各器官的侵犯较 HL 多见。除惰性淋巴瘤外,一般发展迅速。两者的临床表现比较见表 6-10-5。

表 6-10-5　非霍奇金淋巴瘤与霍奇金淋巴瘤临床表现比较

临床表现	非霍奇金淋巴瘤	霍奇金淋巴瘤
发生部位	结外淋巴组织发生常见	通常发生于淋巴结
发展规律	非邻近淋巴结发展常见	向邻近淋巴结延续性扩散
病变范围	局部淋巴结病变少见	局部淋巴结病变常见
骨髓侵犯	常见	少见
肝侵犯	常见	少见
脾侵犯	不常见	常见
纵隔侵犯	除淋巴母细胞型等外,不常见	常见,尤其结节硬化型
肠系膜病变	常见	少见
咽环	可见	罕见
滑车上淋巴结	偶见	罕见
消化道侵犯	常见	罕见
中枢神经侵犯	偶见	罕见
腹块	常见	少见
皮肤侵犯	偶见,T 细胞型较多见	罕见

1. **全身症状**　发热、消瘦、盗汗等全身症状多见于晚期,全身瘙痒很少见。

2. **淋巴结肿大**　为最常见的首发临床表现,无痛性颈和锁骨上淋巴结进行性肿大,其次为腋窝、腹股沟淋巴结。其他以高热或各系统症状发病也很多见。与 HL 不同,其肿大的淋巴结一般不沿相邻区域发展,且较易累及滑车上淋巴结、口咽环病变、腹腔和腹膜后淋巴结(尤其是肠系膜和主动脉旁淋巴结),但纵隔病变较 HL 少见。低度恶性淋巴瘤时,淋巴结肿大多为分散、无粘连,易活动的多个淋巴结,而侵袭性或高度侵袭性淋巴瘤,进展迅速者,淋巴结往往融合成团,有时与基底及皮肤粘连,并可能有局部软组织浸润、压迫、水肿的表现。淋巴结肿大亦可压迫邻近器官,引起相应症状。纵隔、肺门淋巴结肿块可致胸闷、胸痛、呼吸困难、上腔静脉压迫综合征等,腹腔内肿块,可致腹痛、腹块、肠梗阻、输尿管梗阻、肾盂积液等。

3. **淋巴结外受累**　NHL 的病变范围很少呈局限性,多见累及结外器官。据统计,咽淋巴环病变占 NHL 的 10% ~ 15%,发生部位最多在软腭、扁桃体,其次为鼻腔及鼻窦,临床有吞咽困难、鼻塞、鼻出血及颌下淋巴结大。胸部以肺门及纵隔受累最多,半数有肺部浸润或(和)胸腔积液。尸解中近 1/3 可有心包及心脏受侵。NHL 累及胃肠道部位以小肠为多,其中半数以上为回肠,其次为胃,结肠很少受累。临床表现有腹痛、腹泻和腹块,症状可类似消化性溃疡、肠结核或脂肪泻等,常因肠梗阻或大量出血施行手术而确诊。活检证实 1/4 ~ 1/2 患者有肝脏受累,脾大仅见于较后期病例。原发于脾的 NHL 较少见。尸解 33.5% 有肾脏损害,但有临床表现者仅 23%,主要为肾肿大、高血压、肾功能不全及肾病综合征。中枢神经系统病变多在疾病进展期,以累及脑膜及脊髓为主。骨骼损害以胸椎及腰椎最常见,股骨、肋骨、骨盆及头颅骨次之。骨髓累及者约 1/3～2/3,约 20% NHL 患者在晚期发展成急性淋巴瘤细胞白血病。皮肤受累表现为肿块、皮下结节、浸润性斑块、溃疡等。

【实验室和辅助检查】

(一) 血液和骨髓检查

NHL 白细胞数多正常,淋巴细胞计数可增加、降低或正常。晚期并发急性淋巴瘤细胞白血病时可呈现白血病样血象和骨髓象。

(二) 化验检查

血清乳酸脱氢酶升高提示预后不良。当血清碱性磷酸酶活力或血钙增加,提示骨骼累及。B 细胞 NHL 可并发抗人球蛋白试验阳性或阴性的溶血性贫血,少数可出现单克隆 IgA 或 IgM。必要时可行脑脊液检查。

(三) 影像学检查

见霍奇金淋巴瘤一节。

(四) 病理学检查

1. 淋巴结活检   见霍奇金淋巴瘤一节。

2. 淋巴细胞分化抗原检测   测定淋巴瘤细胞免疫表型可以区分 B 细胞或 T 细胞免疫表型,NHL 大部分为 B 细胞性。还可根据细胞表面的分化抗原了解淋巴瘤细胞的成熟程度。

3. 染色体易位检查   有助 NHL 分型诊断。比如,t(14;18) 是滤泡性淋巴瘤的标记,t(11;14) 是套细胞淋巴瘤的标记,t(8;14) 是 Burkitt 淋巴瘤的标记,t(2;5) 是 CD30+间变性大细胞淋巴瘤的标记,3q27 异常是弥漫性大细胞淋巴瘤的染色体标志。

4. 基因重排   确诊淋巴瘤有疑难者可应用 PCR 技术检测 T 细胞受体(TCR)基因重排和 B 细胞 H 链(IgH)的基因重排。还可应用 PCR 技术检测 bcl-2 基因等为分型提供依据。

【诊断和鉴别诊断】

(一) 诊断

凡无明显感染灶的淋巴结肿大,应考虑到本病,如肿大的淋巴结具有饱满、质韧等特点,就更应该考虑到本病,应做淋巴结病理切片或淋巴结穿刺活检进行病理检查。疑皮肤淋巴瘤时可作皮肤活检。伴有血细胞数量异常,血清碱性磷酸酶增高或有骨骼病变时,可作骨髓活检和涂片寻找淋巴瘤细胞了解骨髓受累的情况。根据组织病理学检查结果作出淋巴瘤的诊断和分类分型诊断。应尽量采用免疫组化、细胞遗传学和分子生物学检查,按 WHO(2008)的造血和淋巴组织肿瘤分型标准做出诊断。

(二) 鉴别诊断

1. 淋巴瘤需与其他淋巴结肿大疾病相区别。局部淋巴结肿大要排除淋巴结炎和恶性肿瘤转移。结核性淋巴结炎多局限于颈两侧,可彼此融合,与周围组织粘连,晚期由于软化、溃破而形成窦道。

2. 以发热为主要表现的淋巴瘤,需和结核病、败血症、结缔组织病、坏死性淋巴结炎和恶性组织细胞病等鉴别。结外淋巴瘤需和相应器官的其他恶性肿瘤相鉴别。

【治疗】

(一) 化学治疗

NHL 不是沿淋巴结区依次转移,而是跳跃性播散且有较多结外侵犯,决定其治疗策略应以联合化疗为主。

1. 惰性淋巴瘤   B 细胞惰性淋巴瘤主要包括小淋巴细胞淋巴瘤,边缘带淋巴瘤和滤泡性淋巴瘤等。T 细胞惰性淋巴瘤指蕈样肉芽肿/赛塞里综合征。惰性淋巴瘤发展较慢,化放疗有效,但不易缓解。该组 I 期和 II 期放疗或化疗后存活可达 10 年,部分患者有自发性肿瘤消退。III 期和 IV 期患者化疗后,虽会多次复发,但中数生存时间也较长,故主张尽可能推迟化疗。

（1）小淋巴细胞淋巴瘤：由于目前尚无法治愈该疾病，且该病患者多为老年，所以对于患者的治疗应当注意个体化。对于年轻、适合化疗的患者通常使用包含氟达拉滨联合环磷酰胺及利妥昔单抗的治疗方案。氟达拉滨相比苯丁酸氮芥更有效，但是苯丁酸氮芥为口服，且副反应较少，故多用于老年患者。

（2）边缘区淋巴瘤：患者可出现多个结外病灶，有时通过局部放射治疗即可治愈。无症状的患者可在不进行抗淋巴瘤治疗的情况下密切监测，直至出现症状。对于抗幽门螺杆菌治疗无效的胃肠道 MALT 淋巴瘤可采用放疗，利妥昔单抗单药或联合 COP 或 CHOP 等化疗方案治疗。

（3）滤泡性淋巴瘤：约5%～15%的患者诊断时为局限性病灶（Ⅰ期或Ⅱ期）。这些患者通常采用受累野放射治疗，10 年无病生存率约50%，总生存率约60%～70%。化疗联合放疗有可能提升疗效。大多数患者诊断滤泡性淋巴瘤时病灶已经为晚期病变，病灶广泛。其中位生存时间大于 10 年。30%～50%的患者会转化为侵袭性更强的类型，如弥漫大 B 细胞淋巴瘤等，这部分患者通常预后较差。无症状的患者，尤其是老年及伴较多并发症者，通常采用"观察等待"的治疗策略。若患者出现全身症状、进行性淋巴结肿大、脾肿大、胸腹水或血细胞减少等时，则通常需要治疗。对于无法耐受化疗的老年患者，可使用利妥昔单抗单药治疗，客观有效率可达50%。利妥昔单抗联合 COP 或 CHOP 等化疗方案可进一步提升疗效。

（4）蕈样肉芽肿/赛塞里综合征：皮肤放疗对局限性病灶有治愈作用。早期患者（病灶<10%体表面积）通常采用皮肤局部治疗，包括紫外线放射，局部激素。晚期患者往往可从电子束照射或体外光分离置换疗法中获益。药物治疗包括：干扰素-α、类维生素 A、单克隆抗体、组蛋白去乙酰化酶抑制剂和传统化疗药物。

2. **侵袭性淋巴瘤** 侵袭性淋巴瘤包括淋巴母细胞淋巴瘤、套细胞淋巴瘤、弥漫大 B 细胞淋巴瘤、Burkitt 淋巴瘤、血管免疫母细胞性 T 细胞淋巴瘤、间变性大细胞淋巴瘤和周围 T 细胞淋巴瘤等。侵袭性淋巴瘤不论分期均应以化疗为主，对化疗残留肿块，局部巨大肿块或中枢神经系统累及可行局部放疗作为化疗的补充。

CHOP 方案的疗效与其他治疗 NHL 的化疗方案类似而毒性较低。因此，该方案为侵袭性 NHL 的标准化疗方案。CHOP 方案每 3 周一疗程，4 个疗程不能缓解，应该改变化疗方案。完全缓解后巩固 2 疗程，就可结束治疗，但化疗不应少于 6 个疗程。长期维持治疗并无好处。

对于弥漫大 B 细胞淋巴瘤患者，利妥昔单抗联合 CHOP 方案是目前的标准治疗方案。国际单克隆抗体治疗临床试验【Monoclonal Antibody Therapeutic International Trial（MInT）】研究揭示了利妥昔单抗在年轻低危患者中的作用。6 个疗程利妥昔单抗联合 CHOP 样方案治疗后 2 年无事件生存率（EFS）和总生存率（OS）分别为80%和95%，显著高于 CHOP 样方案组，是年轻预后好的 DLBCL 患者的最佳治疗方案。但是利妥昔单抗在年轻高危患者中的作用还有待进一步研究。对于老年患者来说，法国淋巴瘤协作组 GELA 的研究发现 R-CHOP 可使75%的老年患者获得完全缓解，5 年 EFS 达47%，5 年 OS 达58%，显著优于 CHOP 组。基于这一结果，6 个疗程 R-CHOP 是老年 DLBCL 患者目前最好的治疗方案。

有单中心研究报道三代方案如 m-BACOD、MACOP-B 等治愈 DLBCL 可达55%～65%，但并未在随机临床研究中证实。新一代化疗方案如 m-BACOB（表 6-10-6），骨髓抑制药与非抑制药交替使用，所以缓解率较高。使长期无病生存率增加到55%～60%。其中中等剂量甲氨蝶呤，还可防治中枢神经系统淋巴瘤。更强烈的新方案 COP-BLAM 可使长期无病生存增加至60%～70%，但因毒性过大，不适于老年及体弱者。

血管免疫母细胞性 T 细胞淋巴瘤及 Burkitt 淋巴瘤进展较快，如不积极治疗，几周或几个月内即会死亡。CHOP 为基础的方案疗效不佳，应采用强烈的化疗方案予以治疗。大剂量环磷酰胺组成的化疗方案对 Burkitt 淋巴瘤有治愈作用，应考虑使用。

淋巴母细胞淋巴瘤或全身广泛播散的淋巴瘤或有向白血病发展倾向者或已转化成白血病

表 6-10-6 非霍奇金淋巴瘤常用联合化疗方案

方案	药物	剂量和用法
COP	环磷酰胺	750mg/m², 静注, 第 1 天
	长春新碱	1.4mg/m², 静注, 第 1 天
	泼尼松	100mg, 每日口服, 第 1~5 天(每 3 周为一周期)
CHOP	环磷酰胺	750mg/m², 静注, 第 1 天
	阿霉素	50mg/m², 静注, 第 1 天
	长春新碱	1.4mg/m², 静注, 第 1 天
	泼尼松	100mg, 每日口服, 第 1~5 天(每 3 周为一周期)
m-BACOB	博来霉素	4mg/m², 静注, 第 1 天
	阿霉素	45mg/m², 静注, 第 1 天
	环磷酰胺	600mg/m², 静注, 第 1 天
	长春新碱	1mg/m², 静注, 第 1 天
	地塞米松	6mg/m², 每日口服, 第 1~5 天
	甲氨蝶呤	200mg/m², 静注, 第 8 及 15 天
	四氢叶酸	10mg/m², 口服, q6h×6 次, 第 9 及 16 天开始(每 3 周为一周期)
COP-BLAM	环磷酰胺	400mg/m², 静注, 第 1 天
	长春新碱	1mg/m², 静注, 第 1 天
	泼尼松	40mg/m², 口服, 第 1~10 天
	博来霉素	15mg, 静注, 第 14 天
	阿霉素	40mg/m², 静注, 第 1 天
	丙卡巴肼	100mg/m², 口服, 第 1~10 天(每 3 周为一周期)
Hyper CVAD		
A 方案	环磷酰胺	300mg/m², 静注, q12h, 第 1~3 天
	美斯纳	600mg/m², 静注, 第 1~3 天
	长春新碱	2mg, 静注, 第 4、11 天
	阿霉素	50mg/m², 静注, 第 4 天
	地塞米松	40mg, 静注/口服, 第 1~4 天、11~14 天
B 方案	甲氨蝶呤	1000mg/m² 静注 24 小时, 第 1 天
	四氢叶酸	解救首次 50mg 静注, 后 15mg 静注, 每 6 小时 1 次, 共 6 次, MTX 输注结束后 12 小时始, 至 MTX 血药浓度低于 0.1μmol/L
	阿糖胞苷	3g/m², 静注, 每 12 小时一次, 第 2~3 天

注:上述方案中药物剂量摘自原文献,仅供参考,实际应用按具体情况酌情增减。

的患者,无论是 T 细胞或 B 细胞淋巴母细胞淋巴瘤患者,一般均采用急性淋巴细胞白血病的治疗方案,如 VDLP 方案(见白血病章节),且需要维持治疗。通过鞘内注射化疗药物,大剂量甲氨蝶呤化疗或头颅照射预防中枢白血病也是必需的。

(二)生物治疗

1. 单克隆抗体 NHL 大部分为 B 细胞性,后者 90% 表达 CD20。HL 的淋巴细胞为主型也高密度表达 CD20。凡 CD20 阳性的 B 细胞淋巴瘤均可应用抗 CD20 单抗(利妥昔单抗,每次 375mg/m²)治疗。后者是一种针对 CD20 抗原的人鼠嵌合型单抗,主要作用机制是通过介导抗体依赖的细胞毒性(ADCC)和补体依赖的细胞毒性(CDC)作用杀死淋巴瘤细胞,并可诱导淋巴瘤细胞凋亡,增加淋巴瘤细胞对化疗药物的敏感性。抗 CD20 单抗与 CHOP 等联合化疗方案合用治疗惰性或侵袭性淋巴瘤可显著提高完全缓解率和延长无病生存时间。关于利妥昔单抗单药维持治疗的问题,在滤泡性淋巴瘤中已经证明利妥昔单抗维持治疗可延长无进展生存期,但在 DLBCL 中的地位尚未确定。此外,B 细胞淋巴瘤在造血干细胞移植前用 CD20 单抗作体内净化可以提高移植治疗的疗效。

2. **干扰素** 是一种能抑制多种血液肿瘤增殖的生物制剂,其抗肿瘤作用机制主要有:与肿瘤细胞直接结合而抑制肿瘤增殖,间接免疫调节作用。对蕈样肉芽肿和滤泡性淋巴瘤有部分缓解作用。

3. **抗幽门螺旋杆菌治疗** 胃黏膜相关淋巴样组织淋巴瘤可使用抗幽门螺杆菌的药物杀灭幽门螺杆菌,经抗菌治疗后部分患者淋巴瘤症状改善,甚至临床治愈。

(三)造血干细胞移植

大剂量化疗联合自体造血干细胞移植已经成为治疗失败患者的标准治疗。晚期复发(缓解一年后复发)较早期复发(预后与初始治疗失败的相近)的患者预后较好。综合近年来的文献,自体造血干细胞移植可作为预后差的高危淋巴瘤的初次 CR 期巩固强化的治疗选择,也是复发性 NHL 的标准治疗。自体干细胞移植治疗侵袭性淋巴瘤取得令人鼓舞的结果,其中 40% ~ 50% 以上获得肿瘤负荷缩小,18% ~ 25% 复发病例被治愈,比常规化疗增加长期生存率 30% 以上。

异基因造血干细胞移植的移植相关毒副反应较大,较少用于淋巴瘤。但如属缓解期短、难治易复发的侵袭性淋巴瘤,如 T 细胞淋巴瘤、套细胞淋巴瘤和 Burkitt 淋巴瘤,或伴骨髓累及,55 岁以下,重要脏器功能正常,可考虑行异基因造血干细胞移植,以期取得较长期缓解和无病存活。异基因移植一方面可最大限度杀灭肿瘤细胞,另一方面可诱导移植物抗淋巴瘤作用,此种过继免疫的形成有利于清除微小残留病灶,治愈的机会有所增加。

(四)手术治疗

合并脾功能亢进者如有切脾指征,可行切脾术以提高血象,为以后化疗创造有利条件。

【预后】 NHL 的治疗已取得很大进步,某些亚型已有可能用化放疗治愈。临床上最常用而且已被证明有预后价值的风险评估系统是国际预后指标(international prognostic index,IPI)评分。该系统基于年龄(小于等于 60 岁/大于 60 岁)、Ann Arbor 分期(Ⅰ ~ Ⅱ期/Ⅲ ~ Ⅳ期)、血清乳酸脱氢酶水平(小于正常/大于等于正常)、体力状态(PS 评分小于 2 分/大于等于 2 分)和结外累及部位的数量(小于等于 1 个/大于 1 个)五个因素,根据具有的预后因子数量将患者分为低危、低中危、高中危及高危四类(表 6-10-7)。

表 6-10-7 NHL 的预后

预后	IPI 数	CR 率	2 年生存率	5 年生存率
低危	0 ~ 1	87%	84%	73%
低中危	2	67%	66%	50%
高中危	3	55%	54%	43%
高危	4 ~ 5	44%	34%	26%

随着基因表达谱分析时代的到来,研究者利用基因芯片等方法分析了 DLBCL 患者和正常组织基因表达情况,发现 DLBCL 其实并不是一个均质的群体,IPI 系统不能反映这种基因上的差异。根据基因表达谱可将 DLBCL 分为生发中心来源 DLBCL(GCB-like DLBCL,预后较好)、活化 B 细胞样 DLBCL(ABC-like DLBCL)以及第三类 DLBCL(Type-3 DLBCL),后两者称为非生发中心

Notes

DLBCL(non-GCB DLBCL),预后较差。基因表达谱分析同时证实了潜在的治疗靶点,研究表明,ABC 类型肿瘤存在 NF-κB 激活,在细胞增殖和存活中发挥作用。通过常规免疫组化方法对有限数量基因的表达情况予以检测,如 CD10、BCL6 和 MUM1 等,可将 DLBCL 分为 GCB 和 non-GCB 两种类型,并成为独立的预后因素。

(赵维莅)

■ 推荐阅读文献

1. 陈竺,陈赛娟. 威廉姆斯血液学(翻译版). 第 8 版. 人民卫生出版社,2011
2. Goldman L,Schafer AI. 希氏内科学. 第 24 版. 北京大学医学出版社有限公司,2012

第十一章　浆细胞病

要点：

1. 意义未明的单克隆免疫球蛋白血症（MGUS）是一种因单克隆浆细胞增殖而导致血清免疫球蛋白增高的疾病。该症是非伴发于恶性浆细胞病的单克隆免疫球蛋白血症。

2. 多发性骨髓瘤（MM）是一种恶性浆细胞疾病，主要特点为单克隆浆细胞在骨髓中恶性增生并广泛浸润，常常伴有血或尿中大量单克隆免疫球蛋白或（和）轻链的分泌，使正常多克隆浆细胞和免疫球蛋白的增生及分泌受到抑制。

3. MM 至今仍被认为是一种不可治愈的疾病。对于年轻患者而言，治疗要以最大限度的延长生命甚至治愈为目的；而对于老年患者，则以改善生活质量为主。

第一节　意义未明的单克隆免疫球蛋白血症

意义未明的单克隆免疫球蛋白血症（monoclonal gammopathy of unknow significance, MGUS）是一种因单克隆浆细胞增殖而导致血清免疫球蛋白增高的疾病。该症是指非伴发于恶性浆细胞病（多发性骨髓瘤、华氏巨球蛋白血症、重链病、原发性系统性淀粉样变性或淋巴增殖性疾病如急性淋巴细胞白血病、慢性淋巴细胞白血病、恶性淋巴瘤）的单克隆免疫球蛋白血症，其特点为单克隆免疫球蛋白的水平长期保持稳定，一般保持 3 年以上基本不变，因此，本病又曾称为"良性单克隆免疫球蛋白病"。但部分患者可在数年后发展为恶性浆细胞病（多发性骨髓瘤、华氏巨球蛋白血症、淀粉样变性、B 细胞淋巴瘤等），故其"良性"只是相对性的。

迄今 MGUS 的病因尚不清楚。据国外流行病学调查，MGUS 的发生率相当高，其特点是随年龄而显著增高，70 岁以上人群的发病率约为 3%。男女无明显差别。我国目前尚缺乏大宗的流行病学资料。

【临床表现】　多数 MGUS 患者无相关的临床表现，无骨质破坏和肾功能不全。少数患者可有轻度的血红蛋白降低，偶见神经损伤导致的麻木感或针刺样感觉。约 15% 的患者有轻度肝大，3% 的患者有脾肿大。当 MGUS 患者并发其他疾病如慢性感染、心血管疾病、恶性肿瘤、结缔组织病等，会导致相应的伴随症状。

【实验室检查】

1. **血清单克隆免疫球蛋白**　血清中 M 蛋白升高，但保持 3 年以上基本不变，且 M 蛋白升高有一定限度：IgG<30g/L，IgA<15g/L，IgM<15g/L，轻链及尿本周蛋白<1.0g/24 小时。

2. **骨髓象**　骨髓中浆细胞<10%且形态正常。

3. **血象**　无贫血。

4. **其他生化检查**　人血白蛋白水平不降低，30%~40% 的患者有正常免疫球蛋白水平降低。

5. **影像学检查**　无骨质破坏。

【诊断和鉴别诊断】　2003 年国际骨髓瘤工作组（IMWG）提出的 MGUS 的统一诊断标准

（IMWG 标准）为：①血清 M 蛋白<30g/L；②骨髓浆细胞<10%；③无高钙血症、肾功能不全、贫血和骨骼破坏。以上 3 条须全部符合才能诊断 MGUS。

MGUS 和 MM 同为老年性疾病，主要与 MM 鉴别。MGUS、冒烟型骨髓瘤（smoldering myeloma，SMM）和 MM 的鉴别见表 6-11-1。

表 6-11-1　MGUS 和 SMM、MM 的鉴别要点

疾病	标　　准
MGUS	血清 M 蛋白<30g/L，骨髓浆细胞<10%，无贫血、高钙血症、肾功能不全和骨骼破坏
SMM	血清 M 蛋白≥30g/L，骨髓浆细胞≥10%，无贫血、高钙血症、肾功能不全和骨骼破坏
MM	血清或尿中检出 M 蛋白，骨髓浆细胞≥10%，有贫血、高钙血症、肾功能不全、骨骼破坏或淀粉样变性

【防治】　MGUS 一般无需治疗。MGUS 的血清 M 蛋白可长期保持不变，或者有升高但无恶性变化，有少数患者可转化为恶性肿瘤，如多发性骨髓瘤、华氏巨球蛋白血症、淀粉样变性等，其中以转化为 MM 最为多见。由于 MGUS 恶性转化的机制未明，也没有明确 MGUS 的预后因素，因此强调对 MGUS 患者的长期跟踪随访，定期检查有关指标。

第二节　多发性骨髓瘤

多发性骨髓瘤（multiple myeloma，MM）是一种恶性浆细胞疾病，常见于中老年人，主要特点为单克隆浆细胞在骨髓中恶性增生并广泛浸润，常常伴有血或尿中大量单克隆免疫球蛋白或（和）轻链的分泌，使正常多克隆浆细胞和免疫球蛋白的增生及分泌受到抑制。大多数病例为原发性，少部分由意义未定的单克隆丙种球蛋白血症（MGUS）演变而来。本病的临床表现多种多样。常见临床症状包括：骨痛、反复或持续的感染、贫血、肾功能损害或上述症状并存。一些患者缺乏临床症状，因其他临床原因进行血液检查时才发现异常。我国骨髓瘤发病率约为 1/10万，低于西方工业发达国家（约 4/10 万），并有逐年增加的趋势。发病年龄高峰为 55～65 岁，40岁以下者较少见，男女之比为 2.351。

【病因和发病机制】　病因尚不明确。辐射接触、化学物品如苯、农业除害剂如除草剂和杀虫剂、染发剂、橡胶接触史及人类八型疱疹病毒（human herpesvirus-8，HHV-8）等均被认为是 MM发生的可能原因，但无直接证据。近年来，越来越多的证据表明分子细胞遗传异常导致的多种原癌基因的活化、抑癌基因的失活及转录因子失调与 MM 的发病有关。另外，骨髓微环境中某些细胞因子和生长因子与 MM 疾病的形成和恶化密切相关。

【病理生理和临床表现】

（一）骨髓瘤细胞浸润骨髓、骨组织和髓外组织的症状

1. 骨骼破坏　骨痛为本病的主要症状，而且常为首发症状，发生率为 70%～80%，随病情发展而加重。有 2/3 的患者因为骨痛而就诊，以腰背部、胸骨、肋骨疼痛最为常见。目前认为是由于成骨细胞和破骨细胞活性失衡所致。患者体内浆细胞表达的 RANKL（核因子 κB 配体受体）水平增加，伴有骨生成素（OPG）水平降低，导致 RANKL/OPG 比值增高，骨生成与骨吸收的平衡被打破，引起破骨细胞激活，促进骨质破坏。此外，骨髓基质细胞分泌产生的破骨细胞活化因子，如白细胞介素-6、白细胞介素-1β、巨噬细胞炎性蛋白-1α 等也可以促进破骨细胞的过度活化，使骨质溶解破坏。由于肿瘤细胞对骨质破坏，常可发生病理性骨折和并发高钙血症。骨折大多发生于肋骨、锁骨、胸腰椎等部位，往往多处骨折同时存在。如活动或扭伤后骤然剧痛者有病理性骨折可能。多处肋骨或脊柱骨折可引起胸廓或脊柱畸形。并发高钙血症时可有头痛、呕

吐、嗜睡、心律失常或昏迷。骨髓瘤细胞浸润骨骼时,可引起局部肿块,多见于肋骨、胸骨、锁骨、颅骨及四肢长骨远端。胸、肋、锁骨连接处发生串珠样结节者为本病特征。少数病例仅有单个骨骼损害,此种发生于骨骼的某个局限性浆细胞瘤,不伴 M 蛋白分泌,称为孤立性浆细胞瘤(solitary plasmocytoma)。

2. **贫血** 贫血是 MM 的另一常见表现。因贫血发生缓慢,患者多有不同程度的适应代偿,故临床上以贫血为首发症状的就诊者仅占10%～30%,但在初诊时就存在贫血者占 MM 患者的40%～73%。贫血的主要原因为恶性浆细胞对骨髓的浸润,取代了正常的造血组织;骨髓瘤细胞增殖所释放的多种细胞因子如肿瘤坏死因子-α(TNF-α)、IL-6、IL-1 等也可引起红细胞生成受抑。此外,本病引起的肾功能不全所致促红细胞生成素(EPO)生成减少,也是造成 MM 患者贫血的一个重要原因。

3. **神经系统症状** 神经系统损害在 MM 患者中并不少见。文献报道新诊断的 MM 周围神经病变的发生率为11%～20%。临床上以进行性对称性远端感觉运动障碍为主,包括刺痛感和(或)麻刺感、麻木感、触觉过敏和肌无力。MM 的神经损害的病因涉及多个方面,包括骨髓瘤细胞浸润、肿块压迫、高钙血症、高黏滞综合征、淀粉样变性、单克隆轻链和(或)其片段的沉积等。胸腰椎骨髓瘤生长到一定程度,对脊髓压迫或病理性骨折所致截瘫的发生是典型的也是较为严重的神经损害表现。

4. **髓外浸润** 以肝、脾、淋巴结和肾脏多见,因骨髓瘤细胞的局部浸润和淀粉样变性所致。约40%患者有肝大,半数有脾大。肝脾肿大一般为轻度。淋巴结肿大者较为少见。其他组织,如甲状腺、肾上腺、卵巢、睾丸、肺、皮肤、胸膜、心包和消化道、中枢神经系统等也可受累。瘤细胞也可以侵犯口腔及呼吸道等软组织。MM 患者可以在诊断时即合并髓外浆细胞瘤,也可以在 MM 的治疗过程中,随疾病进展而出现。

(二)血浆蛋白异常引起的临床表现

1. **感染** 反复发生的感染是 MM 患者另一重要的临床表现,也是导致患者死亡的主要原因之一。感染的原因主要是由于正常的多克隆免疫球蛋白减少,而恶性浆细胞分泌的单克隆免疫球蛋白属异常免疫球蛋白,缺乏免疫活性。感染以细菌感染为多见,感染部位以呼吸道最为常见,其次为泌尿道和消化道。严重的感染可导致败血症。病毒感染以带状疱疹多见。

2. **肾功能损害** 肾脏损害是 MM 一个常见且较为特征性的临床表现。初诊时29%～50%的患者存在肾功能不全,需要透析治疗的晚期肾衰竭的发生率达3%～12%。患者可以尿量减少、尿中泡沫增多、尿色改变、颜面或下肢水肿等症状就诊。实验室检查可有蛋白尿、本-周蛋白尿、血尿、管型尿、血清肌酐和尿素氮升高、肌酐清除率下降,以及水电解质和酸碱平衡紊乱等阳性表现。肾功能损害的发生与 MM 的免疫分型有密切相关,IgD 型最常见,轻链型次之。肾衰竭也是 MM 的主要致死原因之一。临床上以慢性肾功能不全最为常见,其机制为:①单克隆游离轻链对近曲小管细胞的直接毒性,使肾小管细胞变性,功能受损;如蛋白管型阻塞,则导致肾小管扩张;②骨髓瘤细胞产生的单克隆免疫蛋白在肾组织内大量沉积;③肾脏淀粉样变性;④高血钙引起肾小管和集合管的损害;⑤尿酸过多,沉积在肾小管,导致尿酸性肾病。在疾病进展、重症感染、脱水和造影剂损害、不适当的使用某些肾毒性药物等情况下,也可发生急性肾衰竭。

3. **高黏滞性综合征** 血清中 M 蛋白增多,尤以 IgM 易聚合成多聚体,可使血液黏滞性过高,引起血流缓慢,微循环障碍,组织淤血和缺氧。主要影响脑、眼、肾和心血管系统,表现为头昏、头晕、眼花、耳鸣、肢体麻木、视力障碍、皮肤紫癜、鼻出血、肾浓缩/稀释功能不全,严重者可引起意识障碍和充血性心力衰竭。

4. **出凝血异常** 可表现为出血倾向和血栓形成。出血以鼻出血和牙龈出血为多见,皮肤紫癜也可发生。出血原因有:①血小板减少,M 蛋白吸附血小板表面,影响血小板功能。②凝血障碍,M 蛋白与纤维蛋白单体结合,影响纤维蛋白多聚化。M 蛋白尚可直接影响因子Ⅱ、Ⅴ、Ⅶ、Ⅷ

功能,造成凝血障碍。③血管壁因素,高黏滞血症和淀粉样变对血管壁也有损伤。血栓是 MM 出凝血异常的另一方面表现。临床上以静脉系统血栓最为常见,可发生中小静脉血栓,也可发生深静脉血栓,造成相关回流区域的血流淤滞、组织肿胀和疼痛等症状。静脉栓子脱落可造成肺梗死,脱落栓子较大时甚至可造成患者猝死。

5. 淀粉样变性   M 蛋白轻链和多糖的复合物沉积于组织器官,造成相应的症状和功能损害,称为淀粉样变性。发生率约为 10%,多见于 IgD 型的 MM 患者。主要累及舌、腮腺、皮肤、心肌、胃肠道、周围神经以及肝、脾。肾、肾上腺、肺脏等多器官系统。表现为舌肿大、腮腺肿大、皮肤苔藓病变、腹泻或便秘、肾功能受损、外周神经病变和肝脾肿大等。心脏受累可出现心肌肥厚、心脏扩大、心功能不全、传导阻滞等。心肌淀粉样变严重时可造成患者猝死。

【实验室和其他检查】

(一)血象

大多数患者有不同程度的贫血,贫血的严重性随病情的加重而加重。贫血大多属正常细胞性,少数成低色素性。红细胞在血片上呈"缗钱状"排列,血沉显著增快。多数患者外周血白细胞计数正常,但也可增高或减低,分类时常见淋巴细胞比值相对增多,可见少数幼粒、幼红细胞,亦可见少量异常浆细胞(即骨髓瘤细胞),但其计数一般小于 5%,若瘤细胞超过 20%,绝对值超过 2×10^9/L,即可诊断为浆细胞性白血病。血小板计数早期可增高,疾病进展时减少。

(二)骨髓

正常骨髓内浆细胞为 1% ~ 1.5%,在多发性骨髓瘤时原、幼浆细胞(骨髓瘤细胞)异常增生,一般为 15% ~ 20%,亦可在 10% 以下,最高可达 70% ~ 95%。骨髓瘤细胞大小形态不一,成堆出现。细胞质呈灰蓝色,有时可见多核(2 ~ 3 个核),核内有核仁 1 ~ 4 个,核旁淡染区消失,胞浆内可有少数嗜苯胺蓝颗粒,偶见嗜酸球状包涵体(Rusell 小体)或充满大小不等空泡(mott cell)。核染色质稍疏松,有时凝集成大块,但不成车轮状排列。骨压痛处或多部位穿刺,可提高骨髓涂片阳性率。骨髓活检切片上可见到大量成片的浆细胞,伴有破骨细胞反应。

电镜下瘤细胞的显著特征是核浆发育不一致,胞质内粗面内质网显著增多,内含无定形物及椭圆形小体,高尔基体极为发达,线粒体多增大,胞质内含多个包涵体。

(三)血 M 蛋白鉴定

血清中有 M 蛋白是本病的突出特点。血清蛋白电泳可见一染色浓而密集,单峰突起的 M 蛋白,正常免疫球蛋白减少。按 M 蛋白性质不同,可把骨髓瘤分为不同类型。据统计 IgG 型约占 50%,IgA 型占 20%,2% 为 IgD 型,IgE 及 IgM 均极罕见;M 蛋白为轻链者占 15%。此外尚有极少数患者血清或尿中不能分离出 M 蛋白,称为不分泌型骨髓瘤,约占 1%。如有 2 种单株球蛋白则称为双克隆骨髓瘤,占 1%。少数患者血中尚存在冷球蛋白。

(四)尿液检查

多数 MM 患者早期尿常规可无异常发现,但轻链型、IgD 型 MM 患者因肾功能易受损害,尿常规异常可以是首发甚至唯一的临床表现,出现蛋白尿、血尿、管型尿等。60% ~ 80% 的 MM 患者尿中可检出本-周蛋白,本-周蛋白即从患者的肾脏中排出的轻链,或为 κ 链,或为 λ 链。尿蛋白电泳和免疫电泳可检出本-周蛋白和鉴别 κ 链和 λ 链,与血清电泳的结果相吻合。如伴肾功能不全,尿素氮和肌酐可以增高。

(五)血液生化检查

1. 血钙、磷测定   因骨质广泛破坏,出现高钙血症。晚期肾功能减退,血磷也增高。本病主要为溶骨性改变,所以血清碱性磷酸酶一般正常或轻度增高。

2. 肿瘤负荷和严重程度的标记 β_2 微球蛋白是由浆细胞分泌的,与肿瘤负荷相关,在肾功能不全时会使患者 β_2 微球蛋白的增高更加显著;血清乳酸脱氢酶(LDH)也反映肿瘤负荷;患者的血清 C 反应蛋白(CRP)浓度受 IL-6 水平调控,能间接反映 IL-6 活性,CRP 增加常提示疾病有进展,肿瘤负荷较大,也可作为 MM 的预后指标。

3. 血清总蛋白、白蛋白 约95%患者血清总蛋白超过正常,球蛋白增多,白蛋白正常或减少。

4. 高尿酸血症 由于骨髓瘤细胞分解或化疗后瘤细胞大量破坏,导致血尿酸水平常明显升高,严重时可发生尿路结石,进一步加重肾功能损害。

5. 胆固醇测定 IgA 型患者还可能发现其血浆胆固醇水平升高,而 IgG 型常可见胆固醇水平降低。

(六) X 线检查

MM 好发于脊柱、肋骨、颅骨、胸骨和骨盆等富含红骨髓的部位。本病骨骼病变可有以下三种 X 线发现:①早期为骨质疏松,多在脊柱、肋骨和盆骨;②典型病变为圆形、边缘清楚如凿孔样的多个、大小不等的溶骨性损害,常见于颅骨、骨盆、脊柱、股骨、肱骨等处;③病理性骨折,常发生于肋骨、脊柱、胸骨。少数早期患者可无骨骼 X 线表现。为避免诱发急性肾衰竭应避免静脉肾盂造影。对于全身 X 线检查正常而又怀疑为 MM 的患者可行 CT 检查或脊柱 MRI。

(七) 核素检查

应用^{99m}锝-亚甲基二磷酸盐(^{99m}Tc-MDP)进行 γ 骨显像,可早期发现骨病变,较 X 线提前 3 ~ 6 个月。

(八) 细胞遗传学异常

目前常用的检测细胞遗传学异常的方法为常规染色体显带技术和荧光原位杂交技术(FISH)。用常规的染色体显带技术在诊断时能发现染色体异常者仅占 30% ~ 50%,而应用间期 FISH 技术检出的染色体数量和结构的异常可高达 90%。MM 的遗传学改变多为同时包含数量和结构改变的复杂核型异常,所有 24 条染色体均可受累。目前已明确一些与预后有关的染色体改变,如 t(4,14)、1q21 扩增、17p13 缺失、t(14,16)、t(14,20)等提示预后不良,而超二倍体和 t(11,14)预后较好。

【诊断和鉴别诊断】

(一) 诊断标准

1. 有症状骨髓瘤(满足全部 3 条标准)

(1) 血清和(或)尿出现单克隆 M 蛋白。

(2) 骨髓单克隆浆细胞≥10% 和(或)组织活检证实有浆细胞瘤;在少数情况下骨髓单克隆浆细胞比例<10%,但能证实 CRAB 症状(高钙血症、肾功能不全、贫血、溶骨损害)由克隆浆细胞引起,也可诊断;如未检测出 M 蛋白(诊断不分泌型 MM),则需要骨髓单克隆浆细胞≥30% 或活检为浆细胞瘤并需要行免疫组化等证实 κ 或 λ 轻链限制性表达。

(3) 骨髓瘤相关靶器官损害(至少一项或多项):校正血清钙>2.65mmol/L,肾功能损害(肌酐>177μmol/L),贫血(血红蛋白低于正常下限 20g/L 或<100g/L),溶骨性破坏,严重的骨质疏松或病理性骨折,其他类型的终末器官损害也偶有发生;若经过治疗,证实这些脏器的损害与骨髓瘤相关可进一步支持诊断{校正血清钙(mmol/L) = 血清钙测定值(mmol/L) + [4−人血白蛋白浓度(g/dl)]×0.02}。

2. 无症状(冒烟型)骨髓瘤

(1) 血清单克隆 M 蛋白≥30g/L,和(或)。

(2) 骨髓中单克隆浆细胞比例≥10%。

(3) 无相关器官及组织的损害。

(二) 分型

依照增多的异常免疫球蛋白类型可分为:IgG 型、IgA 型、IgD 型、IgM 型、IgE 型、轻链型、双克隆型以及不分泌型。每一种再根据轻链类型分为 κ、λ 型,共计 14 种。

（三）临床分期

目前临床常用的多发性骨髓瘤分期标准包括 Durie-Salmon 分期体系以及国际分期体系（ISS）（表6-11-2、表6-11-3）。

表6-11-2　Durie-Salmon 分期标准

分期	分 期 标 准	瘤细胞数（$\times 10^{12}/m^2$）
Ⅰ期	满足所有条件 （1）血红蛋白>100g/L （2）血清钙水平≤2.8mmol/L（12.0mg/dl） （3）骨骼 X 线：骨骼结构正常或孤立性骨浆细胞瘤 （4）M 蛋白水平 　IgG<50g/L 　IgA<30g/L 　尿本周蛋白<4g/24h	<0.6
Ⅱ期	不符合Ⅰ期和Ⅲ期的所有患者	0.6~1.2
Ⅲ期	符合下述一项或一项以上者 （1）血红蛋白<85g/L （2）血清钙水平>2.8mmol/L（12.0mg/dl） （3）骨骼检查中溶骨病变大于 3 处 （4）M 蛋白水平 　IgG>70g/L 　IgA>50g/L 　尿本周蛋白>12g/24h	>1.2

每期又可再分为 A 组和 B 组：A 组肾功能正常（血肌酐<176.8μmol/L）；B 组肾功能不正常（血肌酐≥176.8μmol/L）。

表6-11-3　国际分期 ISS 标准

分期	标准	分期	标准
Ⅰ	β₂ 微球蛋白<3.5mg/L，白蛋白≥35g/L	Ⅲ	β₂ 微球蛋白≥5.5mg/L
Ⅱ	介于Ⅰ期和Ⅲ期之间		

（四）特殊类型骨髓瘤的诊断

1. **不分泌性骨髓瘤**　大多数在胞浆中有单克隆免疫球蛋白，但不分泌免疫球蛋白分子，血和尿中缺乏 M 蛋白。通常不分泌性骨髓瘤的浆细胞增生较低，对正常免疫球蛋白抑制不明显，很容易误诊。对此类病人应做骨髓活检，对浆细胞的胞浆做免疫球蛋白染色分析，如浆细胞胞浆中所含的免疫球蛋白有单克隆特性，则有助于诊断。

2. **孤立性骨髓瘤**　组织学证实为浆细胞瘤，影像学（CT 或磁共振）全面检查证实是孤立性骨损害，其他均不符合上述 MM 的诊断条件。

3. **髓外浆细胞瘤**　发生与骨和骨髓外的浆细胞瘤，经病理证实。常见于头颈部，特别是上呼吸道如鼻腔、鼻窦、鼻咽和喉部。

4. **浆细胞白血病**　外周血浆细胞>20%，计数>2×10^9/L。本病中 60% 为原发性，可能代表一种特殊类型的白血病，与一般的骨髓瘤表现不同。40% 由 MM 转化而来称为继发性浆细胞白血病，为 MM 的终末期表现，一旦发生，病情常急骤恶化，治疗无效。

（五）鉴别诊断

本病须与下列病症鉴别：①反应性浆细胞增多（reactive plasmacytosis）：该症可由慢性炎症、伤寒、系统性红斑狼疮、肝硬化、转移癌等引起。浆细胞一般不超过 15% 且无形态异常；免疫表型为 CD38+CD56-，与骨髓瘤细胞的 CD38+CD56+不同，IgH 基因重排阴性且不伴 M 蛋白。

②MGUS：MGUS 患者除有 M 蛋白外并无其他临床表现，无骨骼病变，骨髓中浆细胞增多不明显，单克隆免疫球蛋白一般低于骨髓瘤的诊断标准，且历经数年而无变化，β_2 微球蛋白水平正常；可能是浆细胞肿瘤的前期表现，部分病人在若干年后转化为骨髓瘤或巨球蛋白血症。③巨球蛋白血症（macroglob ulinemia）：系骨髓中淋巴样浆细胞大量克隆性增生所致，M 蛋白为 IgM，无骨质破坏，与 IgM 性多发性骨髓瘤不同。④其他产生 M 蛋白的疾病：如重链病（heavy chain disease），慢性 B 淋巴细胞白血病，B 细胞淋巴瘤，原发性系统性淀粉样变和反应性单株免疫球蛋白增多等，后者偶见于慢性肝炎、自体免疫性疾病和肿瘤等，但这些疾病多不具有诊断骨髓瘤的依据。⑤骨转移癌、老年性骨质疏松、肾小管酸中毒及甲状旁腺功能亢进等伴有骨质破坏但均不是溶骨性破坏，因伴有成骨过程，可见到血清碱性磷酸酶的升高。

【治疗】

（一）治疗原则

1. 有症状的 MM 或没有出现症状但已出现骨髓瘤相关性器官功能衰竭的骨髓瘤患者应尽早治疗。

2. 年龄 ≤65 岁，适合自体造血干细胞移植（HSCT）者，避免使用烷化剂和亚硝基脲类药物。

3. 适合临床试验者，应考虑进入临床试验。

4. 一般在化疗 2～4 个疗程后对疾病进行疗效评价，达到微小缓解（MR）及以上疗效时可用原方案继续治疗，直到获得最大限度的缓解进入平台期；之后一般再巩固治疗 2～4 个疗程，总疗程一般 6～8 个疗程。不建议在治疗有效的患者变更治疗方案。未获得 MR 的患者，应该变更治疗方案。

（二）治疗方案

1. 诱导治疗 ≤65 岁 HSCT 患者移植前诱导治疗：一般诱导治疗 4 个疗程，或 4 个疗程以下但已达 PR 或更好疗效者，可进行干细胞动员采集。

PAD±T（硼替佐米+阿霉素+地塞米松±沙利度胺）

BCD（硼替佐米+环磷酰胺+地塞米松）

BD±T（硼替佐米+地塞米松±沙利度胺）

TAD（沙利度胺+阿霉素+地塞米松）

TD（沙利度胺+地塞米松）

TCD（沙利度胺+环磷酰胺+地塞米松）

VAD±T（长春新碱+阿霉素+地塞米松±沙利度胺）

DVD（脂质体阿霉素+长春新碱+地塞米松）

>65 岁或者不适合 HSCT 的患者：

除以上方案外还可选用以下方案：

MPV（美法仑+泼尼松+硼替佐米）

MPT（美法仑+泼尼松+沙利度胺）

MP（美法仑+泼尼松）

M2（环磷酰胺+长春新碱+卡莫司汀+美法仑+泼尼松）

2. 自体造血干细胞移植 自体造血干细胞移植可以提高缓解率，并改善患者无事件生存期，尤其使高危患者获益明显，为适合移植患者的标准治疗。肾功能不全及老年并非移植禁忌证。早期移植无事件生存期长于晚期移植。原发耐药或对诱导治疗耐药患者自体造血干细胞移植可作为挽救治疗策略。

3. 巩固治疗 诱导治疗或自体造血干细胞移植获得最大疗效后可考虑原方案巩固 2～4 个疗程。

Notes

4. 维持治疗　非移植的患者在取得最佳疗效后到达平台期再进行维持治疗；接受自体造血干细胞移植者在移植后血象恢复后进行。如果在诱导治疗或干细胞移植后行巩固治疗，维持治疗在巩固治疗后进行。可选用雷那度胺、沙利度胺、泼尼松、硼替佐米等。

5. 异基因造血干细胞移植

（1）年轻高危患者可以考虑清髓性异基因造血干细胞移植。

（2）初次自体造血干细胞移植后复发的患者也可考虑异基因造血干细胞移植。

（3）异基因造血干细胞移植后治疗无效或复发的患者可行供者淋巴细胞输注。

（4）自体造血干细胞移植后半年内序贯降低预处理方案的异基因造血干细胞移植，可以提高无事件生存时间。

6. 支持治疗

（1）骨病的治疗：推荐所有活动性 MM 的患者使用口服或静脉双磷酸盐，发病前 2 年每月 1 次静脉制剂或每日口服氯磷酸盐，2 年后可每 3 个月 1 次（或根据利弊权衡），出现了新的骨骼相关事件，重新计算使用时间。使用前后注意监测肾功能。有长骨病理性骨折、脊柱骨折压迫脊髓或脊柱不稳者可行外科手术治疗。低剂量放疗（10～30Gy）可以作为姑息治疗，用于不能控制的疼痛、即将发生的病理性骨折或即将发生的脊髓压迫；在干细胞采集前，避免全身放疗。

（2）高钙血症：水化、利尿，静脉使用糖皮质激素和（或）降钙素，也可同时静脉使用双磷酸盐。

（3）肾功能不全：水化、利尿，以避免肾功能不全；减少尿酸形成和促进尿酸排泄；避免使用非甾体抗炎药和静脉造影剂；有肾衰竭者，应积极透析。

（4）贫血：可考虑使用促红细胞生成素治疗。

（5）高凝/血栓：以沙利度胺或雷那度胺为基础的方案建议预防性抗凝治疗。

（6）高黏滞血症：有症状者需行紧急血浆置换，化疗可以控制血粘度的进一步升高。

【预后】　MM 治疗后容易复发，至今仍被认为是一种不可治愈的疾病。对于年轻患者而言，治疗要以最大限度的延长生命甚至治愈为目的；而对于老年患者，则以改善生活质量为主。如不进行治疗，进展期 MM 患者的中位生存期仅为 6 个月。常规化疗的治疗有效率为 40%～60%，完全缓解率低于 5%，中位生存期不超过 3 年。约 25% 的患者能存活 5 年以上，存活 10 年的不到 5%。近年来随着新药（如沙利度胺、硼替佐米和雷那度胺等）的广泛应用和自体造血干细胞移植的进展，MM 的预后得到了极大的改善，特别是对于年轻患者。目前报道的不同新药联合化疗的治疗有效率为 80%～95% 左右，完全缓解率为 15%～50% 左右。对于 50 岁以下患者新药联合自体造血干细胞移植，其 10 年存活率可超过 40%。今后的挑战主要在于最佳新药方案或组合的确定，从而显著改善 MM 的自然病程，在减轻症状、延长生存期的同时，尽可能地减轻治疗的不良反应。

第三节　POEMS 综合征

POEMS 综合征是一种与浆细胞病有关的多系统病变，临床上以多发性神经病（polyneuropathy）、脏器肿大（organomegaly）、内分泌异常（endocrinopathy）、M 蛋白血症（M-protein）或浆细胞瘤和皮肤病变（skin change）为特征。多数病例病因不明，部分伴发于 MM 等浆细胞病。约 1/3～1/2 的患者伴有骨硬化性改变，而骨骼系统表现为单纯的溶骨性损害者仅占 2%～13%。国外报道 POEMS 综合征患者的中位发病年龄为 51 岁，男女比例约为 2∶1。我国自 1987 年开始陆续报道，近年来病例日渐增多，涉及神经、内分泌、血液和皮肤科等各专业领域，由于其临床表现的多样性和非特异性，常易误诊。

【病因和发病机制】 POEMS综合征的病因和发病机制目前仍然不明确,研究发现有多种因素。

1. **细胞因子水平增高** 近年来大量研究提示多种炎性因子(IL-1β、IL-6及TNF-α)、抗炎性细胞因子和血管内皮生长因子(VEGF)的过度生成在POEMS综合征中有致病作用,尤其以VEGF水平的增高最为常见,并且其水平高低与疾病水平呈正相关。VEGF可通过多种生物效应(如增加血管通透性、血管内皮细胞增生、促进成骨细胞分化等)从而导致皮肤病变、脏器肿大、多发性神经病变、肾脏损害及骨硬化性骨髓瘤形成等多系统损害。

2. **人疱疹病毒8(HHV-8)和EB病毒** 在本综合征的发病机制中也起着一定作用。

3. **基质金属蛋白酶(MMP)** 参与各种免疫介导的脱髓鞘神经病变,可能与该综合征中的神经病变有关。

4. **其他因素** 越来越多的报道证实Castleman病与POEMS综合征有明显的相关性。另外有毒的环境因素可能也是造成本病的原因之一。

【临床表现和实验室检查】

1. **多发性周围神经病变** 周围神经病变是本病最常见的症状。几乎所有的患者病程中均有周围神经损害,且多以此为主诉就诊。病程初期多以肢体远端感觉异常起病,随后出现远端对称性运动神经受累,逐渐向近端发展,也可能快速发展。感觉异常多早于运动障碍出现,但运动障碍往往重于感觉异常。晚期可能发生呼吸衰竭。

2. **脏器肿大** 脏器肿大是本病的又一主要临床表现。最常见为肝大,其次为脾脏和淋巴结。11%~30%的患者合并Castleman病。近年亦有子宫增大,双侧肾上腺增生及双侧颌下腺肿大的报道。

3. **内分泌功能紊乱** 内分泌功能紊乱是POEMS综合征特征性表现。最常见为性腺功能异常,其次为糖尿病、甲状腺及肾上腺皮质功能减退。多数患者为合并多器官的内分泌功能紊乱。

4. **单克隆浆细胞增生** 单克隆增生的浆细胞产生大量的异常免疫球蛋白,检测M蛋白是诊断标准之一。M蛋白在血中值较低,如果检测前未做免疫固定电泳,在血清蛋白电泳中约有1/3的患者检测不出M蛋白。M蛋白多为λ轻链,以IgG和IgA常见,极少数为IgM。部分患者骨髓或病变组织活检也可发现浆细胞单克隆增生,也可表现为正常及反应性增生。

5. **皮肤改变** 50%~90%的患者发生皮肤改变,多表现为局部或弥漫性皮肤色素沉着、黑变、变硬、多毛、多汗、皮肤增厚、杵状指、白甲,偶见皮肤血管瘤、皮肤发红。

6. **其他表现** 常见的有骨病变(骨质硬化、溶骨性病变伴发骨质硬化、单纯溶骨性损害);水肿与浆膜腔积液(肢端水肿、腹水、胸水、心包积液);视盘水肿。其他还有消瘦、乏力、多汗、血小板增多、红细胞增多、动脉血栓形成、肺动脉高压、限制性通气功能障碍、腹泻等。

【诊断和鉴别诊断】 POEMS综合征目前尚无统一的标准,一直以来人们对于该病的诊断都是基于临床表现的组合,缺乏特异性检测指标和病理学特征,目前应用较多的是2003年Dispenzieri诊断标准,即主要标准:①多发性神经病变;②单克隆浆细胞异常增殖;次要标准:①硬化性骨病变;②Castleman病;③脏器肿大;④水肿;⑤内分泌病变;⑥皮肤改变;⑦视盘水肿。符合2条主要标准和至少1条次要标准便可诊断为POEMS综合征。

本综合征累及多个系统,起病方式及临床表现多种多样,临床上易与慢性炎性脱髓鞘性多发性神经病(CIDP)、多发性骨髓瘤、结缔组织病、多发性肌炎、甲状腺功能减退、糖尿病并发的末梢神经炎等疾病混淆,易造成误诊、漏诊。临床医师应提高对该病的认识,对不明原因的周围神经病变或有多个系统损害的患者应进行血清、蛋白免疫固定电泳及全身骨扫描等检查,必要时进一步做骨髓或骨组织活检及免疫组织化学染色等检查,以便及早明确诊断,减少误诊和漏诊。

【治疗】 由于POEMS综合征发病机制不明,目前该病尚没有标准的治疗方法,现有的多种治疗方案几乎均不能达到长期稳定的疗效,如何进行治疗仍在进一步探索中。目前主要联合应用大剂量糖皮质激素和免疫抑制剂,多数患者可短期好转,但部分患者无效。对伴有孤立性骨硬化性损害、孤立性浆细胞瘤的患者采用局部放射治疗或手术切除可明显改善病情。对激素及其他免疫抑制剂治疗无效而雌激素水平升高的患者可试用抗雌激素疗法,可使症状得到改善。另报道血浆置换、化疗、自体造血干细胞移植对部分 POEMS 治疗有效。大剂量化疗联合自体造血干细胞移植是 POEMS 综合征患者一种新兴的治疗方法。多数报道证实其能明显改善患者全身症状尤其是神经系统症状,但是治疗相关的风险较大,并且随着临床治疗病例的增多及随访时间的延长,移植后复发的病例报道也在增多,其具体机制尚待进一步研究。其他较新的治疗方法包括应用沙利度胺、雷那度胺及硼替佐米以及抗 VEGF 的单克隆抗体贝伐单抗等临床经验尚少,对部分患者有效。

【预后】　POEMS 综合征的病情和预后,取决于伴发疾病的性质和患者的具体状态,伴发孤立性浆细胞瘤或髓外浆细胞瘤的患者,经手术切除浆细胞瘤配合适当治疗后可获完全缓解,而伴发多发性骨髓瘤、巨球蛋白血症或原因不明的 POEMS 综合征患者,虽经综合治疗,很难达到完全缓解,近期疗效尚可,远期疗效欠佳。自首发症状起,存活时间为 6 个月至 7 年,平均 33 个月,个别报道其中位生存期为 13.8 年。死亡原因主要与全身衰竭或多发性周围神经病有关。

(胡　豫)

推荐阅读文献

1. Grogan TM. Plasma Cell Neoplasms. Pathology & Genetics, Tumours of Haematopoietic and Lymphoid Tissues, World Health Organization Classification of Tumours. IARC Press. 2001
2. Kenneth K. Plasma Cell Myeloma. Williams Hematology, 8th ed. McGraw Hill. 2010
3. Palumbo A, Anderson K. Multiple myeloma. N Engl J Med. 2011;364(11):1046-1060
4. Dispenzieri A, Kyle RA, Lacy MQ, et al. POEMS syndrome:definitions and long-term outcome. Blood 2003,101(7):2496-2506

第十二章　骨髓增殖性肿瘤

> **要点：**
>
> 1. 骨髓增殖性肿瘤（MPN）系多能造血干细胞克隆性增殖所引起的一组疾病，以分化相对成熟的一系或多系骨髓细胞恶性增殖为主。JAK2 基因突变与该组疾病发病密切相关。
>
> 2. 世界卫生组织（WHO）将 MPN 分为 8 种类型，常见的有 4 种：慢性髓性白血病、真性红细胞增多症、原发性血小板增多症、原发性骨髓纤维化。
>
> 3. 上述各类型之间可共同存在或相互转化，最终可进展为骨髓衰竭或转化为急性白血病。
>
> 4. MPN 的治疗缺乏有效的特异性药物，以防治并发症为主，治愈手段是造血干细胞移植。新药 JAK2 抑制剂在临床试验中，今后有望用于治疗 MPN。

骨髓增殖性肿瘤（myeloproliferative neoplasms，MPN），也被称为慢性骨髓增殖性疾病，指分化相对成熟的一系或多系骨髓细胞持续克隆性增殖所致的一组造血系统肿瘤性疾病。临床上表现为一种或多种血细胞质和量的异常，伴肝、脾或淋巴结的肿大。其病因及发病机制尚不完全明确，目前认为 Janus 型酪氨酸激酶 2（Janus-type tyrosine kinase2，JAK2）基因突变引起酪氨酸激酶信号途径（JAK-STAT）过度活化与该组疾病发病密切相关，最常见突变位点位于 9 号染色体短臂（9p24）的 JAK2 基因第 14 号外显子的第 1849 位核苷酸由鸟嘌呤（G）突变成胸腺嘧啶（T），导致所编码的 JAK2 蛋白第 617 位的缬氨酸（V）变成苯丙氨酸（F）。

本组疾病的发生、临床表现、病情转归有某些共同特征：①病变发生在多能造血干细胞；②各病以骨髓某系细胞恶性增殖为主，同时均有不同程度累及其他系造血细胞的表现；③各病症之间可共同存在或相互转化，最终进展为骨髓衰竭或转化为急性白血病；④细胞增生还可发生于脾、肝、淋巴结等髓外组织，即髓外造血。

2008 年，世界卫生组织（WHO）将 MPN 分为：慢性髓性白血病、慢性中性粒细胞白血病、慢性嗜酸性粒细胞白血病/高嗜酸性粒细胞综合征、真性红细胞增多症、原发性血小板增多症、原发性骨髓纤维化、肥大细胞增多症和不能分类 MPN。本章主要介绍 3 种常见的 MPN：真性红细胞增多症、原发性血小板增多症和原发性骨髓纤维化。慢性髓性白血病，在白血病章节中介绍。

第一节　真性红细胞增多症

真性红细胞增多症（polycythemia vera，PV），简称"真红"，是一种克隆性的以红细胞异常增生为主的慢性骨髓增殖性肿瘤，90%～95% 患者中可检测到 JAK2 V617F 基因突变。年发病率为 0.4～1.6/10 万，中老年发病多见，男性稍多于女性。

【病因和发病机制】　真红病因及发病机制不详，目前认为与 JAK2 V617F 基因突变有关。正常情况下促红细胞生成素受体（EPOR）在造血祖细胞中低水平表达，JAK2 V617F 基因突变可以激活 EPOR,产生真红样表现。但 JAK2 突变可能并不是引起疾病表型的唯一因素。

【临床表现和病理生理】   本病起病隐匿,有的偶然体检查血常规时才被发现。临床表现与血容量、血液黏滞度增加紧密相关,可出现以下临床症状:

1. 神经系统表现   以头痛最常见,可伴眩晕、疲乏、耳鸣、眼花等类似神经官能症症状。以后有肢端麻木与刺痛、多汗、视力障碍等症状。少数以脑血管意外为首先表现就诊,是本病的严重并发症之一,可能与血液黏滞度增高导致血流缓慢和组织缺氧有关。

2. 多血质表现   皮肤红紫,尤以面颊、唇、舌、耳、鼻尖和四肢末端(指、趾及大小鱼际)为甚。眼结膜显著充血。少数可见瘀点、瘀斑。部分患者伴高血压或皮肤瘙痒,后者热水浴后明显,可能与嗜碱粒细胞增高释放组胺有关。

3. 血栓形成、栓塞和出血   25%的患者以血栓栓塞症状首发,血栓是 PV 最常见和最重要的并发症,系由血细胞比容增加,白细胞及血小板的活化和血液黏滞度增加所致静脉血栓或血栓性静脉炎所引起。常见发生血栓和栓塞的部位有脑、周围血管、冠状动脉、门静脉、肠系膜、下腔静脉、脾、肺静脉等。不同部位血管的血栓或栓塞可产生不同的症状,多较严重,需紧急处理。

出血仅见于少数患者,常表现为皮肤瘀点、鼻出血、牙龈出血、咯血及月经过多。手术后可渗血不止。出血原因与血管内膜损伤、组织缺氧、血小板及凝血因子质和量的异常有关。

4. 胃肠道表现   本病约 10% ~ 16% 患者合并消化性溃疡,与组胺分泌增多,刺激胃酸分泌增高、胃活动增强和十二指肠的小血管血栓形成有关。临床表现与普通消化性溃疡相似,不过一旦发生出血,出血量较大。

5. 肝脾肿大   大约半数以上患者有肝脾肿大,脾肿大多为中至重度,是本病重要体征之一。增大的脾表面平坦、质硬,常引起患者腹胀、食欲缺乏和便秘。若并发脾梗死,可出现左上腹脾区疼痛、压痛及摩擦音。

6. 其他   本病因骨髓增生、细胞过度增殖,使核酸代谢亢进,导致血、尿中尿酸水平增高。少数患者继发痛风或尿路、胆道形成尿酸性结石。

本病病程进展可分为三期:①红细胞及血红蛋白增多期,可持续数年;②骨髓纤维化期,此期血象处于正常代偿阶段,通常在诊断后 5 ~ 13 年发生;③贫血期,是 PV 的衰竭期、终末期的表现,有巨脾、髓外化生和全血细胞减少,大多在 2 ~ 3 年内死亡,个别病例可演变为急性白血病。

【实验室和特殊检查】

1. 血液检查

(1) 红细胞:①红细胞计数和血红蛋白增高,红细胞计数大多为 $(6 ~ 10) \times 10^{12}$/L,血红蛋白高达 $(170 ~ 240)$ g/L,由于缺铁,可呈小细胞低色素性。②红细胞容量增加,血浆容量正常,血细胞比容增高:男性 ≥ 0.54,女性 ≥ 0.50。患者常在 $0.60 ~ 0.80$。③网织红细胞计数正常,可有少数幼红细胞。④红细胞形态改变在疾病初期不明显,当脾脏高度肿大伴随髓外造血时,外周血出现有核红细胞,红细胞大小、形态不等,可见卵圆、椭圆和泪滴样细胞。⑤红细胞寿命在病初正常或轻度缩短,晚期由于脾脏髓外造血及单核-巨噬细胞系统功能增强,红细胞寿命可缩短。

(2) 白细胞:约 2/3 患者白细胞计数增高,多在 $(10 ~ 30) \times 10^9$/L,可见核左移。中性粒细胞碱性磷酸酶积分大多增高,而继发性红细胞增多患者一般均正常。

(3) 血小板及凝血功能:血小板计数大多高于正常,为 $(300 ~ 1000) \times 10^9$/L。可见体积增大、畸形血小板和巨核细胞碎片。血小板寿命轻度缩短,其黏附、聚集及释放功能均减低。而出血时间、凝血酶原时间、部分凝血活酶时间及纤维蛋白原含量一般正常。

(4) 血容量及血液黏滞度:血浆容量一般正常或稍低,总血容量增多及红细胞容量明显增多。血液黏滞度增高,可达正常人的 5 ~ 8 倍。

(5) 血及尿中促红细胞生成素(EPO)水平往往降低,明显低于继发性红细胞增多症患者。但是,少数患者可正常。

（6）多数患者的血尿酸增加，可有高组胺血症和高组胺尿症。血清维生素 B_{12} 及维生素 B_{12} 结合力增加。血清铁降低。

2. **骨髓检查**　各系造血细胞显著增生，脂肪组织减少，红系、粒系及巨核细胞增生较明显。粒细胞与幼红细胞比例常下降。铁染色显示贮存铁减少。

3. **JAK2 基因突变**　90%～95% 患者中可检测到第 14 外显子上的 JAK2 V617F 基因突变，另有部分患者可检测到 JAK2 基因的第 12 外显子突变。

4. **染色体检查**　非整倍体，尤其三倍体型较多见，但一般无特异性。

【诊断和鉴别诊断】

1. **真红的诊断**　参照 WHO 2008 诊断标准：

（1）主要诊断标准：①血红蛋白男性>185g/L、女性>165g/L；②存在 JAK2 V617F 基因突变或其他功能类似的突变，例如 JAK2 基因第 12 外显子突变。

（2）次要诊断标准：①骨髓活检示三系增生活跃，以红系增生明显；②血清 EPO 水平下降；③体外培养有内源性红系集落形成。

当存在主要诊断标准①+②+任一条其他次要诊断标准或主要诊断标准①+任两条次要诊断标准时，即可诊断真性红细胞增多症。

2. **鉴别诊断**　当一个患者因红细胞增多症就诊时，首要步骤就是再重复一次血细胞计数，因为血红蛋白浓度升高可由于一过性的血浆容量下降（假性红细胞增多症）。如果血红蛋白水平持续升高，应该考虑缺氧也是一个可能的原因。当缺氧被排除之后，有必要确定血红蛋白水平的升高是先天性的还是获得性的，以及其他家族成员是否也受累。鉴别 PV 和其他红细胞增多症，有时很困难。

（1）相对性红细胞增多症：是因血浆容量减少，致血液浓缩，而红细胞数量并不增多，发生于严重脱水、大面积烧伤、慢性肾上腺皮质功能减退等。

（2）继发性红细胞增多症：出现于：①慢性缺氧状态，例如高山居住、肺气肿和慢性肺部疾患、发绀性先天性心脏病、肺源性心脏病、慢性风湿性心瓣膜病；②大量吸烟使碳氧血红蛋白增高和异常血红蛋白病时，因血红蛋白与氧的亲和力增高，组织缺氧，可引起红细胞增多；③EPO 分泌增多，可因肾囊肿、肾盂积水、肾动脉狭窄、皮质醇增多症或各种肿瘤如肝癌、肺癌、小脑血管母细胞瘤、肾上腺样瘤、子宫平滑肌瘤等引起。

（3）应激性红细胞增多症：由于精神紧张或用肾上腺素后脾收缩所致，常为一过性。患者伴有高血压而红细胞容量正常。

各类红细胞增多症的鉴别见表 6-12-1。

【治疗】　目前治疗目的在于抑制骨髓造血功能，使血容量及红细胞容量尽快接近正常，改善症状，减少并发症的发生。

1. **静脉放血及红细胞单采术**　静脉放血可在短时间内使血容量降至正常，症状减轻。每隔 2～3 天放血 200～400ml，直至红细胞数在 6.0×10^{12}/L 以下，血细胞比容在 0.50 以下。放血后可维持疗效 1 个月以上。本法简便，较年轻患者如无血栓并发症可单独采用。但需注意：①放血后有引起红细胞及血小板反跳性增高的可能；②反复放血会加重缺铁；③对老年及有心血管疾病患者，放血有诱发血栓形成的可能。

有条件者可采用血细胞分离机进行治疗性红细胞单采术（therapeutic red cell apheresis），可迅速降低血细胞比容和血液黏度，改善临床症状，单采 1 次即可使 Hb 降至正常范围，如联合化疗，则可维持疗效。但应补充与去除红细胞等容积的同型血浆。本治疗适用于伴白细胞或血小板减少或妊娠的患者。

2. **非特异性骨髓抑制药物**　①高三尖杉酯碱：常用剂量 2～4mg/d 肌注或加入 5% 葡萄糖中静滴，7～14 天为一疗程，可使红细胞短期内明显下降，甚至达正常水平。通常一疗程疗效可

表 6-12-1   各类红细胞增多症的鉴别要点

	真性	继发性	相对性
病因	不明	组织缺氧或异常红细胞生成素增加，如高山病、发绀性先天性心脏病等	血液浓缩，见于脱水、烧伤等
皮肤与黏膜色泽	红	发绀	不红
脾大	有	无	无
红细胞容量	增多	增多	正常
血总容量	增多	正常或增多	减少
动脉血氧饱和度	正常	减低或正常	正常
白细胞增多	有	无	无
血小板增多	有	无	无
骨髓涂片检查	全血细胞增生	红系细胞增生或正常	正常
粒细胞碱性磷酸酶活性	增高	正常	正常
红细胞生成素	减低或正常	增高	正常
血清铁或骨髓细胞外铁	减低	正常	正常
血清 VitB$_{12}$	增高	正常	正常
JAK2 基因突变	绝大多数阳性	阴性	阴性

维持 3~6 个月，复发后再用仍有效。②羟基脲：是一种核糖核酸还原酶抑制剂，骨髓抑制作用是短效的，应用相对安全，每日剂量为 10~20mg/kg。根据血细胞数值调整剂量，维持白细胞在 $(3.5~5)×10^9$/L，可长期应用。缺点是停药后缓解时间短，治疗过程中需频繁监测血象。③白消安、环磷酰胺等：可作为二线药物，治疗作用较快，但有引起继发性白血病的危险，不宜长期使用。

3. 干扰素 α   可抑制真红克隆的增殖，剂量 300 万 U/m^2，每周 3 次，皮下或肌内注射。

4. JAK2 抑制剂   有多种新药处于临床试验阶段，但大都限于 JAK2 V617F 阳性的原发性骨髓纤维化(PMF)患者，目前还不能在血液学及分子学反应上诱导 PV 达到完全缓解。

5. 对症治疗   皮肤瘙痒多随着骨髓增生被抑制后减轻或消失。顽固者可使用抗组胺类药物。有高尿酸血症者，可用别嘌呤醇；如合并痛风性关节炎，可用秋水仙碱、糖皮质激素。小剂量阿司匹林(100mg/d)可以减少真红患者的血栓并发症。

【预后】   病程进展缓慢，患者可生存 10~15 年以上。主要死亡原因为反复血栓形成、栓塞及出血，部分病例晚期可转变为白血病或发生骨髓纤维化。

第二节   原发性血小板增多症

原发性血小板增多症(essential thrombocythaemia,ET)，也称为出血性血小板增多症，是一种以巨核细胞增生为主的造血干细胞克隆性疾病。年发病率为 1~2.5/10 万人，多见于 50 岁以上的中老年人，偶尔有儿童病例，发病没有显著的性别差异，主要临床表现为血小板持续性增多，脾大，出血或血栓形成。

【病因和发病机制】   该病确切的发病原因还不清楚，发病机制可能与促血小板生成素(thrombopoietin,TPO)和促血小板生成素受体 MPL 的改变、基因的异常激活有关。大约50%的患者有 JAK2 V617F 基因突变,在 ET 中 JAK2 V617F 主要是杂合突变。新近发现,在 JAK2 基因突变阴性的 ET 患者中,大约有 70% ~ 80% 可以检测到钙网蛋白(calreticulin,CALR)基因突变,突变位点主要集中在该基因的第 9 外显子。

【临床表现】

1. 一般症状　起病隐匿,有疲劳、乏力等非特异性症状,偶尔发现血小板增多或脾大而被确诊。

2. 出血　患者血小板虽多但功能不正常。出血常为自发性,多反复发作,以胃肠道出血常见,也可有鼻出血、牙龈出血、血尿、皮肤黏膜瘀斑。

3. 血栓和栓塞　血栓发生率较出血少,肢体血管栓塞后,可表现肢体麻木、疼痛,甚至坏疽,脾及肠系膜血管栓塞可致腹痛、呕吐。肺、脑、肾栓塞会引起相应的临床症状。大于 60 岁及既往有血栓病史是发生血栓最确定的高危因素。通常动脉粥样硬化的危险因素,如糖尿病、高血压、高胆固醇血症、吸烟,同样也是 ET 患者血栓症的危险因素。

4. 脾大　50% ~ 80% 患者有脾大,多为中度,巨脾少见。约半数患者肝轻度肿大,一般无淋巴结肿大。

5. 在 ET 后期,可出现向骨髓纤维化或 AML 进展转化的表现。

【实验室检查】

1. 血液检查　血小板计数超过 $450×10^9/L$,多在 $(600 ~ 3000)×10^9/L$,涂片可见聚集成堆,大小不一,有巨型血小板,偶见巨核细胞碎片。白细胞可增多,常在 $(10 ~ 30)×10^9/L$ 之间,分类以中性分叶核粒细胞为主,中性粒细胞碱性磷酸酶活性增高。通常红细胞正常,少数患者可伴红细胞增多。

2. 骨髓检查　各系细胞增生均明显活跃,巨核细胞增生尤为明显,以大的成熟巨核细胞增多为特征,有大量血小板聚集。

3. 血小板及凝血功能试验　由于血小板功能多有异常,聚集试验中血小板对胶原、ADP 及花生四烯酸诱导的聚集反应下降,对肾上腺素的反应消失。患者出血时间正常或轻度延长、血块退缩不良。

4. 突变基因检测　约 50% 患者中可检测到 JAK2 V617F 基因突变,10% 患者具有促血小板生成素受体(MPL)W515L/K 突变,在 JAK2 基因突变阴性的患者中,大约有 70% ~ 80% 可以检测到 CALR 基因突变。

【诊断和鉴别诊断】

1. 诊断　根据 WHO 2008 ET 诊断标准:①外周血持续性血小板计数 $≥450×10^9/L$;②骨髓活组织检查提示巨核细胞增生,以成熟的大巨核细胞数量增多为主,无中性粒细胞核左移或红系增多的表现;③不符合慢性髓性白血病、真性红细胞增多症、原发性骨髓纤维化、骨髓增生异常综合征或其他骨髓增殖性肿瘤的 WHO 诊断标准;④有 JAK2 V617F 基因突变或其他克隆标记,如果不存在上述突变,应排除继发性血小板增多的病因。

符合以上 4 条标准方可诊断。

2. 鉴别诊断

(1)继发性血小板增多症:即反应性血小板增多症,见于感染、药物、妊娠、恶性肿瘤、应激状态等,有相应原发病的临床表现。伴有血小板增高,但很少超过 $600×10^9/L$,更少见多于 $1000×10^9/L$,且为一过性增高,原发病控制后血象恢复正常。Ph 染色体、BCR-ABL 融合基因和 JAK2 V617F 基因突变均为阴性。

(2)与血小板增高有关的骨髓增殖性肿瘤:①慢性髓性白血病(CML):常表现为白细胞增高、核左移和脾脏肿大,部分患者血小板计数可显著增高达 $>1000×10^9/L$,可通过血象、骨髓象加以鉴别,并且具有特征性的细胞遗传学和分子学标志,即 Ph 染色体和 BCR-ABL 融合基因阳性。②骨髓增殖性肿瘤/骨髓增生异常综合征(MPN/MDS):根据 2008 年 WHO 分型,MPN 除 ET 外主要还包括:真性红细胞增多症和骨髓纤维化。真性红细胞增多症以红细胞增多为突出表现;骨髓纤维化患者的外周血有幼红、幼粒细胞,红细胞大小不等及见到泪滴样红细胞,骨髓大多干抽,骨髓活检有纤维化的表现。MDS 经常伴发贫血,骨髓象虽然巨核细胞在数量上是增多的,但通常有体积偏小、分叶少等病态造血现象,部分患者有 5q⁻ 等细胞遗传学特征。

【治疗】   目前对该疾病缺乏特异性的治疗方法,治疗目的主要是减少血小板数量,预防血栓和出血的发生。治疗方案根据 ET 患者发生血栓并发症的危险度分级(表 6-12-2)而制订:

表 6-12-2   ET 患者危险度分层

危险度分级	危 险 因 素	治 疗 方 案
低	年龄<40 岁,无心血管疾病危险因素	无需治疗或小剂量阿司匹林治疗
中	40～60 岁,无心血管疾病危险因素	小剂量阿司匹林治疗
高	年龄>60 岁,有血栓症既往史,血小板>1500×10⁹/L 和(或)有心血管疾病危险因素	抑制细胞治疗和小剂量阿司匹林治疗

心血管疾病危险因素包括:高血压、糖尿病、吸烟、高胆固醇血症和肥胖等

1. 抗血小板治疗   小剂量阿司匹林(100mg/d),若患者不能耐受或有阿司匹林使用禁忌证,可使用氯吡格雷抗血小板治疗。如发生血栓形成和栓塞,可用纤溶激活剂治疗。

2. 非特异性骨髓抑制药物

(1) 羟基脲:是一个核苷酸还原酶的抑制剂,是唯一一个在随机研究中被证明能减少血栓形成的减少细胞的药物,剂量 1～2g/d,分 2～3 次口服,其常见并发症包括可逆的骨髓抑制和口腔黏膜溃疡。

(2) 阿那格雷:是一种喹唑啉的衍生物,通过抑制巨核细胞分化减少血小板计数。虽然不影响白细胞计数,但是贫血很常见,而且经常是进行性的。推荐起始剂量 0.5mg,1 次/日,或 1mg,2 次/日,一般不超过 4mg/日,维持剂量 2.0～2.5mg/d。常见的副作用还有因扩血管和正性肌力作用引起的心悸、心律失常、体液潴留和头痛。

(3) 干扰素 α:可以有效控制血小板数量,常用于年轻或怀孕的患者,剂量为 300 万 U/m²,每周 3 次,皮下或肌内注射。根据耐受性和治疗反应调整剂量。治疗通常伴有的显著副作用包括流感样症状和精神障碍,可能因后者而被迫结束治疗。

3. 血小板单采术(platelet apheresis)   可迅速减少血小板量、改善症状。在紧急情况下(手术前、伴急性胃肠道出血的老年患者、分娩前及骨髓抑制药不能奏效时)采用。根据病情和需要决定血小板单采次数和时间隔期。一般临床上多与其他疗法并用。

【预后】   ET 患者大部分进展缓慢,中位生存期常在 10～15 年以上。约 10% 的患者有可能转化为其他类型的骨髓增殖性肿瘤,疾病进展后预后不良。

第三节   原发性骨髓纤维化

原发性骨髓纤维化(primary myelofibrosis,PMF)简称"骨纤",也是一种慢性克隆性髓系疾病,为病因不明的骨髓弥漫性纤维组织增生症。临床表现为巨脾,外周血可见幼粒、幼红细胞,有泪滴状红细胞,骨髓常干抽,活检证实骨髓纤维组织增生,在脾、肝、淋巴结等部位有髓外造血(或称髓外化生)。

【病因和发病机制】   病因目前尚不明确。50% 的患者出现 JAK2 激活突变,约 10% 的患者出现促血小板生成素受体基因 MPL 突变,这两种基因突变均强化了 JAK-STAT 信号转导通路的失调。骨髓内纤维组织增多可能与 JAK-STAT 信号转导通路失调,血小板衍生生长因子(platelet derived growth factor, PDGF)、巨核细胞衍生生长因子(megakaryocyte derived growth factor, MK-DGF)、表皮生长因子(epithelial growth factor, EGF)和转化生长因子 β(transforming growth factor-β, TGF-β)的过度释放有关,它们协同刺激成纤维细胞增殖并分泌胶原。

【临床表现】　中位发病年龄为 60 岁,起病隐匿,进展缓慢,因偶然发现脾大而确诊。巨脾是本病特征,质多坚硬,表面光滑,无触痛。约半数患者就诊时脾脏已达盆腔。其他主要症状为贫血和脾大压迫引起的头晕、乏力、腹胀、左上腹疼痛等。此外可有代谢增高致低热、出汗、心动过速。少数有骨骼疼痛和出血。严重贫血和出血为本病晚期表现。少数病例可合并肝硬化,因肝静脉及门静脉血栓形成,可导致门静脉高压症。病程中常合并感染。

【实验室和特殊检查】

1. **血液检查**　多呈正细胞正色素性贫血,外周血可见少量幼红细胞,成熟红细胞形态大小不一,发现泪滴状红细胞对诊断有价值。白细胞数增多或正常,一般在($10 \sim 30$)×10^9/L 以上,分类以成熟中性粒细胞为主,中性粒细胞碱性磷酸酶活性可增高。有时可见幼稚粒细胞,嗜酸性和嗜碱性粒细胞也可轻度增加。血小板计数高低不一,多增高,其功能往往有缺陷。晚期白细胞和血小板减少。全血细胞减少通常与重度骨纤有关。

2. **骨髓检查**　骨髓穿刺常呈"干抽"现象,是骨髓纤维化的特征。骨髓涂片有核细胞增生低下,但病程早期也可呈增生性骨髓象。

骨髓活检标本常示细胞增生活跃,粒系、巨核系细胞增生过度,可见巨核细胞形态异常,红系细胞可减低、正常或增加。可见到大量网状纤维组织,为本病的诊断依据。骨髓纤维化的发生是由中心逐渐向外周发展,先从脊柱、肋骨、骨盆及股骨、肱骨的近端骨骺开始,以后逐渐蔓延至四肢远端。按骨髓纤维化的程度分为三期:

(1) 全血细胞增生期:骨髓细胞呈程度不一的增生,以巨核细胞最明显。网状纤维增多,但尚不影响骨髓的正常结构。造血细胞占 70% 以上。

(2) 骨髓萎缩与纤维化期:纤维组织增生突出,占骨髓的 40% ~60%,造血细胞占 30%。骨小梁增多、增粗,与骨髓相邻部位,有新骨形成。各个散在造血区域被由网状纤维、胶原纤维、浆细胞和基质细胞所形成的平行束状或螺旋状物质分隔。

(3) 骨髓纤维化与骨质硬化期:为骨髓纤维化终末期。以骨质和骨小梁增生为主,占骨髓的 30%。纤维及骨质硬化组织均显著增生,髓腔狭窄,除巨核细胞仍可见外,其他系造血细胞显著减少。

3. **染色体检查**　约40% ~60%的患者确诊时有造血细胞的染色体异常。最常见的有 1q 部分三体、13 号染色体长臂中间缺失、del(13)(q12~22),以及20q 缺失、8 号染色体三体。此外较常涉及的染色体异常有 5 号、6 号、7 号、9 号、13 号、20 号或 21 号染色体。5q⁻异常在原发性骨髓纤维化的出现比任何其他骨髓增殖性肿瘤更高。目前认为不良核型包括:复杂核型、+8、-7/7q⁻、i(17q)、inv(3)、-5/5q⁻、12p⁻或 11q23。

4. **突变基因检测**　约50%患者中可检测到 JAK2 V617F 基因突变,在 JAK2 基因突变阴性的病人中,约有 10% 可以检测到 MPLW515L/K 基因突变。在 JAK$_2$ 基因突变阴性的患者中,约60% ~70% 可以检测到 CALR 基因突变。

5. **影像学检查**　部分患者有骨质硬化征象,X 线表现为骨质密度增高,小梁变粗和模糊,并伴有不规则骨质疏松透亮区。MRI 常可见斑片状或弥漫性骨硬化,以及"三明治脊椎",因椎体上下缘放射密度明显而得名。MRI 不能区分原发性骨髓纤维化和继发性骨髓纤维化,但通过以往体格检查、血象、骨髓象检查结果,通常很容易在临床上将两者区分开来。

6. **血液生化检查**　血清尿酸、乳酸脱氢酶等常升高。

【诊断和鉴别诊断】

1. **诊断**　根据 WHO2008 诊断标准:

(1) 主要诊断标准:①骨髓巨核细胞增生及异型性表现,伴有网状纤维和(或)胶原纤维增生;②不符合真性红细胞增多症、原发性血小板增多症、慢性髓性白血病、骨髓增生异常综合征或其他髓系肿瘤的 WHO 诊断标准;③存在 JAK2 V617F 突变或其他克隆性标志(例如 MPLW515L/K);如不存在上述克隆性标记,需排除继发于感染、自身免疫性疾病、肿瘤性疾病的骨髓纤维化。

(2) 次要诊断标准:①外周血出现幼红、幼粒细胞;②血清乳酸脱氢酶(LDH)水平增高;③贫血;④脾脏肿大。

符合三个主要诊断标准和任意两个次要诊断标准可诊断原发性骨髓纤维化。

2. 危险度分层　PMF 的患者根据国际预后评分系统(IPSS)进行危险度分层。

该系统包括 5 个危险因素:年龄>65 岁、全身症状(诊断前 1 年体重下降>10%、不明原因的发热、严重盗汗超过 1 个月)、Hb<100g/L、WBC>$25×10^9$/L、外周血原始细胞≥1%。见表6-12-3。

表6-12-3　IPSS 危险度分层

危险度分层	积分值 (分)	中位生存期 (年)	危险度分层	积分值 (分)	中位生存期 (年)
低危	0	11.3	中危-2	2	4
中危-1	1	7.9	高危	≥3	2.3

3. 鉴别诊断

(1) 继发性 MF:有明显病因,多见于恶性肿瘤、感染(结核、梅毒、骨髓炎)和暴露于某些理化因素(苯、放射线等)以及其他疾病(甲状腺功能亢进、减退,系统性肥大细胞增多症等)。

(2) 与 CML、PV 等其他骨髓增殖性肿瘤的鉴别(表6-12-4)。

表6-12-4　骨髓增殖性肿瘤的鉴别

	ET	PV	CML	PMF
临床表现	出血为主,有血栓症状	高血容量综合征,栓塞	贫血、出血为主	贫血
脾大	轻到中度	轻至中度	中至重度	中至重度
红细胞计数(10^{12}/L)	轻度升高	>6.0	正常或偏低	低于正常
白细胞计数(10^9/L)	<50	<50	常>50	10~20
血小板计数(10^9/L)	显著增高	正常或增多	正常或增多	常减少
其他	异形血小板		幼稚粒细胞	外周血幼红、幼粒细胞,泪滴状红细胞
中性粒细胞碱性磷酸酶积分(NAP)	大多增高	增高	降低	增高
骨髓象	巨核细胞系增生为主,可见幼巨核细胞增多	红细胞系增生为主	粒细胞系增生为主,可见各阶段粒细胞	增生减低,活检可见纤维化
病程中骨髓纤维化	可发生	常发生	少数发生	全部发生
转成急粒	极少	5%~30%	80%	5%~20%
髓外化生	极少或晚期	20%	少	常见
Ph 染色体和(或)bcr/abl 基因	阴性	阴性	阳性	阴性
JAK2 基因突变	约50%阳性	95%阳性	阴性	约50%阳性
CALR 基因突变	约30%可阳性	阴性	阴性	约30%可阳性
中位生存期	>10~15 年	10~15 年	3~4 年	5 年

【治疗】　目前尚无有效的特异性药物,治疗仅为减轻临床症状,减少并发症,改善患者的生存质量,但不会延长患者的生存期。根据患者的年龄和 IPSS 危险度分层选择治疗方案具有重要的意义。低危组患者生存期较长,暂予以对症支持治疗。对高危或中危-2、中位生存期小于 5 年的患者,以及那些输血依赖或有不良染色体核型的中危-1 患者,应行 allo-HSCT。

1. **纠正贫血**　严重贫血可输红细胞。雄激素等可加速幼红细胞的成熟与释放,达那唑600mg/d,如无明显疗效,逐渐减量或停药。促红细胞生成素也有一定疗效。

2. **抑制骨髓纤维化**　白细胞和血小板明显增多、有显著脾大而骨髓造血障碍不很明显时,可用干扰素、羟基脲抑制骨髓纤维化进展。另外,小剂量沙利度胺(50mg/d)联合激素(泼尼松30mg/d)连用 3 个月,约半数的患者可以达到脾脏缩小,血小板增加,白细胞减少的疗效。活性维生素 D_3(骨化三醇)被认为能抑制巨核细胞增殖,并诱导骨髓细胞向单核及巨噬细胞转化,对本病有一定作用。

3. **脾切除**　适应证有:①巨脾有明显压迫症状或脾梗死疼痛不止者;②严重溶血性贫血;③血小板明显减少伴出血;④门静脉高压并发食道静脉曲张破裂出血。切脾后会使肝迅速增大或血小板明显增多,加重血栓形成可能。

4. **造血干细胞移植**　是唯一有可能治愈骨髓纤维化的治疗手段,越来越多应用于同胞相合的年轻患者。一项对 289 例 PMF 患者的大型回顾性分析结果提示,非血缘供者的 allo-HSCT 5 年无病生存率仅为 27%。根据研究表明,能否治愈的一项重要因素就是年龄,清髓性 allo-HSCT 的 5 年生存率,年龄>45 岁患者仅有 14%,而 45 岁以下患者为 62%。但 PMF 患者年龄大多在50~60 岁以上,清髓性 allo-HSCT 死亡风险高。故有关移植治疗骨髓纤维化的最佳策略还有相当多的问题待解决。已有采用非清髓性造血干细胞移植成功病例报道。选择移植的时机对疗效同样重要,如果患者有不良的细胞遗传学(尤其是 17 号染色体)异常/或疾病进展的临床表现,或转为急性白血病,预示生存期短,迫切的需要尽快行 HSCT。

5. **靶向药物治疗**　目前 PMF 的药物治疗,基本上为姑息性治疗,不能改变 PMF 的进展,更不能达到完全治愈 PMF,所以研究各种新药十分必要。已有多种候选新药进入临床研发阶段治疗 MPN,其中 JAK2 抑制剂是比较成功的例子,Ruxolitinib 临床试验有效,有助于消除脾大,减轻症状。但尚需进一步研究。

【预后】　本病进展缓慢,病程长短不一,中位数生存期 2~5 年不等,约 20% 患者最后可转化为急性白血病。死因多为严重的贫血、感染和出血。

(胡建达)

推荐阅读文献

1. 陈竺,陈赛娟等. 威廉姆斯血液病学. 翻译第 8 版. 北京:人民卫生出版社,2011

2. Thiele J, Kvasnicka HM. The 2008 WHO diagnostic criteria for polycythemia vera, essential thrombocythemia and primary myelofibrosis. Curr Hematol Malig Rep. 2009;4(1):33-40

3. Goldman L, Schafer AI. Goldman's Cecil Medicine, 24th ed. Saunders. 1093-1098

4. Passamonti F1, Cervantes F, Vannucchi AM et al. A dynamic prognostic model to predict survival in primary myelofibrosis:a study by the IWG-MRT (International Working Group for Myeloproliferative Neoplasms Research and Treatment). Blood. 2010,115(9):1703-1708

Notes

第十三章 噬血细胞性淋巴组织细胞增生症

> **要点**:
> 1. 噬血细胞性淋巴组织细胞增生症(HLH)是一组由遗传性或获得性免疫调节异常导致的过度炎症反应综合征,有原发性,也有因感染、肿瘤和免疫等因素继发引起。
> 2. HLH治疗目标是抑制高细胞因子血症和消除被活化的、受感染的细胞。继发性HLH以病因治疗为主。

噬血细胞性淋巴组织细胞增生症(hemophagocytic lymphohistiocytosis,HLH)又称噬血细胞综合征(hemophagocytic syndromes,HPS),是一组由遗传性或获得性免疫调节异常导致的过度炎症反应综合征。这种免疫调节异常主要表现为淋巴细胞和组织细胞过度活化以及炎性细胞因子过度生成,引起以发热、肝脾肿大、全血细胞减少等为主要特征的一系列临床症状和体征。它不是一种单独的疾病而是一组临床表现。

【病因和发病机制】 HLH由于触发因素不同,通常被分为"原发性/遗传性"和"继发性/获得性"两大类。原发性HLH具有明确的家族遗传和/或基因缺陷,通常于幼年发病,也可迟至青少年期或成人期发病,细胞毒功能缺陷是原发性HLH的本质。继发性HLH则常常由感染、恶性肿瘤或风湿性疾病等潜在疾病触发。

(一) 原发性HLH

原发性HLH是一种常染色体或性染色体隐性遗传病,最新的观点根据缺陷基因的特点将原发性HLH分为家族性HLH(familial hemophagocytic lymphohistiocytosis,FHL)、免疫缺陷综合征相关HLH和EB病毒驱动型HLH。

(二) 继发性HLH患者

继发性HLH与各种各样的潜在疾病有关,是由感染、肿瘤、风湿性疾病等多种病因启动免疫系统的活化机制所引起的一种反应性疾病,可见于各年龄段。儿童以感染和风湿性疾病为多见,而成人则以恶性肿瘤,尤其是淋巴瘤为主要诱因。

(1) 感染相关性HLH:感染相关HLH是继发性HLH最常见的形式,包括病毒、细菌、真菌以及原虫感染等。疱疹病毒感染,尤其是EBV感染是最主要的诱因,约占半数以上。其他常见病毒还有巨细胞病毒、腺病毒、人类微小病毒(HPV-B19)等。细菌感染包括革兰阳性菌、革兰阴性菌、结核杆菌、伤寒杆菌、布氏杆菌等,均可诱发HLH。在我国,由结核杆菌、布氏杆菌引起的HLH并不少见。真菌和原虫感染也可引起噬血细胞综合征,儿童最常见的是利什曼原虫感染。

(2) 肿瘤相关性HLH:肿瘤相关性HLH中尤其以淋巴瘤最常见,其他见于急性白血病、多发性骨髓瘤、骨髓增生异常综合征、胚胎细胞肿瘤、胸腺瘤、胃癌等。成人多于儿童,继发于NK/T细胞淋巴瘤和弥漫大B细胞淋巴瘤的报道居多。我国最大的成人HLH数据库资料显示,近半数的成人HLH继发于淋巴瘤,其中NK/T细胞淋巴瘤约占40%,外周T细胞淋巴瘤和弥漫大B

细胞淋巴瘤各占 25% 左右,其他还包括血管免疫母 T 细胞淋巴瘤、皮下脂膜炎样 T 细胞淋巴瘤、原发皮肤 γδ T 细胞淋巴瘤、套细胞淋巴瘤、间变大细胞淋巴瘤以及霍奇金淋巴瘤。相当一部分淋巴瘤相关 HLH 常合并 EBV 感染。此外,还有 NK 细胞白血病、B 淋巴母细胞白血病和急性髓性白血病伴发 HLH 的病例。

(3)免疫相关性 HLH:自身免疫性疾病,尤其是系统性青年型类风湿关节炎,成人 still 病和系统性红斑狼疮等会出现与 HLH 相似的临床表现,称为巨噬细胞活化综合征(macrophage activation syndrome,MAS)。其特征为血清铁蛋白异常升高、骨髓噬血细胞比例明显增高、严重的凝血异常、中枢神经症状及心脏受损等。

(4)合并 HLH 的其他疾病:获得性免疫缺陷的患者,如 AIDS 合并 HLH 的报道并不少见。妊娠相关 HLH 也屡有报道。其他类型,如或由药物引起的,或在器官和造血干细胞移植后的患者也存在发生 HLH 的风险。罕见的 HLH 诱因还包括代谢性疾病,如赖氨酸尿性蛋白耐受不良和脂质贮积病等,提示了代谢性产物可能也是免疫刺激的触发因素。

【病理生理及临床表现】 机体的免疫系统在受到某种抗原刺激后,组织细胞(巨噬细胞和树突细胞)、自然杀伤(natural killer,NK)细胞和杀伤性 T 淋巴细胞被激活,相互作用后产生大量的炎症因子和化学因子,包括肿瘤坏死因子-α(tumor necrosis factor,TNF-α),多种白介素(interleukin,IL)(如 IL-1,IL-12,IL-6,IL-18,IL-10)和干扰素-γ(interferon-γ,IFN-γ)等。在免疫正常的人群中,这种协同作用可以杀伤被感染的细胞,去除抗原和终止免疫反应。而在遗传性或获得性的 NK 细胞和杀伤性 T 淋巴细胞功能受损的患者中,该过程无法完成,使得被感染的细胞不能被杀死同时伴持续的高炎症因子水平,导致 HLH 的临床症状。

主要的临床表现和体征是抗生素治疗无效的长期发热和脾肿大。发热可以伴有上呼吸道和消化道感染。常见的体征是肝脾肿大、黄疸。早期表现为血细胞减少尤其是血小板减少。起初一般的患者出现中性粒细胞减少。1/3 患者出现全血细胞减少。部分患者可以出现神经系统症状如嗜睡、易激惹、惊厥、脑神经麻痹、共济失调、精神运动性阻滞以及昏迷等。

【实验室检查和其他检查】 典型的实验室表现主要包括:①全血细胞减少:表现为一系或多系血细胞减少,通常为两系以上血细胞减少。②血清铁蛋白水平升高:活化的巨噬细胞分泌铁蛋白,使血清铁蛋白的水平持续升高。铁蛋白>500ug/L 是 HLH 的诊断标准之一。③高甘油三酯血症:TNF-α 高表达降低脂蛋白酶活性造成甘油三酯(TG)显著升高,巨噬细胞吞噬白细胞也可分解产生大量的甘油三酯。空腹 TG>3.0mmol/L 是 HLH 的诊断指标之一。④低纤维蛋白原血症:细胞因子 IL-1β 及活化的巨噬细胞均可激活纤溶酶原为纤溶酶,从而增加纤维蛋白原(Fbg)分解,引起低纤维蛋白原血症及 FDP 水平升高。当 Fbg<1.5g/L 时具有诊断意义。⑤NK 细胞活性降低或缺乏:HLH 患者的 NK 细胞活性的降低或缺乏被认为是具有里程碑意义的发现。然而,NK 细胞活性正常也不能排除 HLH 诊断。⑥sCD25 水平升高:巨噬细胞活化引起 sCD25 的持续升高,提示进行性加重的 T 细胞反应。sCD25 与 HLH 严重程度的即刻状态密切相关。血清 sCD25 绝对值>2400U/ml 已经成为 HLH-2004 的诊断标准之一。⑦肝功能异常:以转氨酶升高、乳酸脱氢酶(LDH)升高和胆红素升高为主要表现,当 LDH 升高的程度远远超过转氨酶升高的程度时,常常提示 HLH 合并淋巴瘤的可能。

组织病理学检查可见大量的淋巴细胞、成熟的巨噬细胞和阻滞细胞浸润脾脏、淋巴结、骨髓、肝脏和脑脊液。骨髓检查早期可表现为正常增生骨髓象,后期可出现单核、巨噬细胞增多,尤其是出现典型的巨噬细胞吞噬现象,吞噬红细胞、血小板等。反复骨髓穿刺对发现组织细胞增生有帮助。常见的肝脏病理表现与慢性持续性肝炎类似。

【诊断和鉴别诊断】

目前通用的 HLH 标准,称为 HLH-2004 诊断标准。包括临床和实验室指标(表 6-13-1)。

表 6-13-1　2004 年修订版 HLH 诊断标准

如果符合如下 A 或 B 之一 HLH 的诊断可确立：

A. HLH 相关的分子学诊断*：已知的原发性 HLH 缺陷基因包括 PRF-1、UNC13D、STX11、STXBP2、RAB27A、LYST、AP3B1、SH2D1A、BIRC4、ITK、CD27 和 XMEN

B. 满足以下 8 条标准中的 5 条或以上：

1. 发热

2. 脾大

3. 血细胞减少（2 系或 2 系细胞以上受累）
血红蛋白<90g/L（<4 周婴儿：血红蛋白<100g/L）
血小板<100×10^9/L
中性粒细胞<1×10^9/L

4. 高甘油三酯血症和/或低纤维蛋白原血症
空腹 TG>3mmol/L
Fbg<1.5g/L

5. 骨髓、脾、淋巴结或肝中发现噬血现象

6. NK 细胞活性减低或缺失

7. 铁蛋白>500ng/ml#

8. sCD25 升高（sIL-2 受体 α 链）§

* 根据新的研究发现，补充了新的缺陷基因。

铁蛋白>3000ug/L 敏感性更高。

§ 由于实验室之间的差异，根据年龄校正及不同实验室正常范围（大于平均数 2SD 视为升高）来确定是否为升高比单纯界定>2400U/ml 更有意义。

本病需要鉴别的疾病主要有以下几种：

1. **急性白血病**　肝脾肿大、发热和全血细胞减少与急性白血病症状相似，可以通过骨髓检查明确。

2. **朗格汉斯组织细胞增生症**　朗格汉斯组织细胞增生症也会出现肝脾肿大、发热和全血细胞减少，需要加以鉴别。朗格汉斯组织细胞增生症主要见于儿童，且易出现皮疹、骨骼破坏以及不同的组织学表现，较易区分。

【治疗】　HLH 的治疗目标是抑制高细胞因子血症和消除被活化的、受感染的细胞。对于继发性 HLH 临床症状较轻、感染原因明确者，抗感染和支持治疗的同时，密切观察病情。对于病情进展的患者应加用免疫调节治疗。目前公认的治疗方法如下：

（一）静脉用丙种球蛋白

其作用机制在于抑制巨噬细胞 Fc 受体，减少吞噬血细胞作用，下调 T 辅助细胞活性，多用于感染相关 HLH。

（二）皮质类固醇

可抑制 T 细胞产生细胞因子，还可抑制 IL-1，IL-2，TNF-α，IFN-γ，粒细胞集落刺激因子，IL-2R 等细胞因子的基因转录。但因可影响巨噬细胞、嗜酸粒细胞等其他细胞，限制了其应用。地塞米松因能够通过血脑屏障，目前认为优于泼尼松。

（三）环孢素（cyclophorin，CsA）

环孢素阻碍亲环素类（cyclophilins）与钙调磷酸酶（钙神经素，calcineurin）结合，对 T 淋巴细胞活化起抑制作用。它可抑制巨噬细胞产生 IL-6，IL-1 和 TNF-α，同时还能够使 NO 和前列腺素 E2 等炎性介质和细胞因子的产生减少。此外 CsA 可预防 TNF-α 介导的线粒体损害，在治疗 HLH 的临床应用中亦显示出其效果。但应该注意长期应用 CsA 时患者感染概率增加。

（四）依托泊苷（VP-16）

对单核细胞和组织细胞有作用，20 世纪 80 年代开始用于 HLH 的治疗，在遗传性和 EBV 相

关的 HLH 等重症病例中是治疗的关键药物之一。

国际组织细胞协会于 1994 年提出了第一个 HLH 国际治疗标准(图 6-13-1),并报道 HLH 生存率为 55%(中位随访时间为 3.1 年)。HLH-94 标准包括 8 周的诱导治疗:地塞米松,依托泊苷(Etoposide,VP-16),和鞘内注射甲氨蝶呤。VP-16 的剂量为每次 150mg/m²。若患者体重<10kg,VP-16 剂量也可按 5mg/kg 来计算。地塞米松(Dex.)如图 6-13-1 所示,给予口服或静脉注射均可,后者为初始治疗的首选。

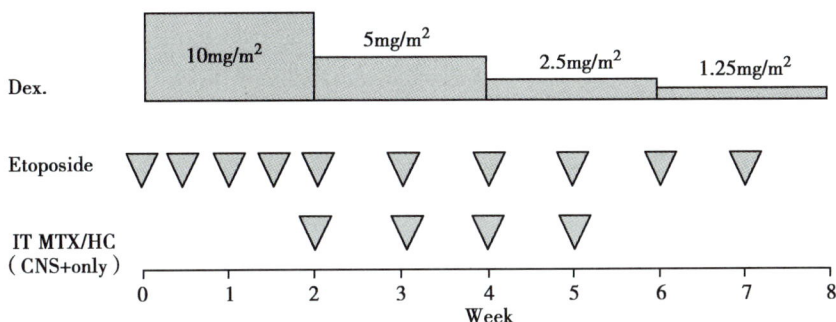

图 6-13-1 HLH-94 诱导治疗方案

(五)其他免疫调节措施

抗胸腺细胞球蛋白(antithymocyte globulin,ATG)联合糖皮质激素和 CsA 能成功诱导 HLH 缓解,全血或血浆置换也可清除血液中的免疫抑制物。

(六)细胞毒药物

对于症状严重、病情进展快的患者,可考虑给予 CHOP(环磷酰胺、阿霉素、长春新碱、泼尼松)等方案化疗。

(七)单克隆抗体

对于单克隆抗体在 HLH 治疗方面也有相关报道。一种 CD25 抗体,即抗 IL-2 受体的人源化单抗-达利珠单抗(daclizumab),有病例报道认为其对 HLH 标准治疗下症状不缓解或者不能使用常规方法治疗的患者可以尝试;TNF-α 单抗,英夫利昔单抗(infliximab)可减少炎症细胞因子与血管内皮生长因子,目前有用于治疗风湿病相关 HLH 成功的个例报道;利妥昔单抗(rituximab)特异性地与跨膜抗原 CD20 结合,目前认为利妥昔单抗对于 B 细胞淋巴瘤相关的 HLH 疗效是肯定的。此外对 EBV-HLH、SLE 继发的 HLH 经标准方案治疗无效后可尝试该药。

(八)造血干细胞移植(HSCT)

HLH 治疗的长期策略是纠正免疫缺陷,而对于原发性 HLH 患者,必须进行 HSCT 来纠正潜在的基因缺陷,且建议一旦确证存在原发 HLH,应尽可能早期进行 HSCT。关于继发性 HLH 中 HSCT 的地位目前尚未得到广泛的一致意见。对于淋巴瘤相关 HLH,应根据淋巴瘤病理类型、疾病分期和药物治疗反应等多方面因素决定是否积极行 HSCT。

【常见的继发性 HLH 治疗策略】 病毒相关 HLH 要尽早治疗,如大剂量激素和大剂量丙种球蛋白疗效较为肯定,同时要及时补充凝血因子,改善疗效。有研究发现 EBV 相关的 HLH 患者体内存在 EBV 感染的 T 或 NK 细胞单克隆性增殖,故其治疗原则除了需要控制高细胞因子血症和病毒感染外,还要根除克隆性增殖的含有 EBV 的 T 或 NK 细胞,必要时 HSCT,早期应用 VP-16 对决定疗效至关重要。

肿瘤相关 HLH 的治疗,视病情不同而定。如果尚未治疗肿瘤就发生 HLH,应针对肿瘤治疗,同时治疗可能存在感染;如果在化疗同时出现 HLH,且与感染有关,则应该考虑停止化疗,联合应用激素、依托泊苷和抗感染药物等可能有效。HLH 控制后应关注肿瘤本身的治疗,提高长期生存。合并 HLH 的侵袭性淋巴瘤患者在获得 CR 或 PR 后应考虑 HSCT。

【预后】　HLH症状凶险,表现错综复杂,缺乏特异性,若不及时进行合理、有效的治疗死亡率极高。近年来,随着诊断水平的提高和有效的化学药物治疗及免疫抑制药物的出现,疗效有所改善,但是存在中枢神经系统受累和持续性NK细胞活性降低者预后差。风湿性疾病相关HLH预后优于其他类型的HLH,1年生存率达90%以上;EBV相关HLH和淋巴瘤相关HLH预后较差,1年生存率仅20%左右。故早期诊断,早期治疗仍是抢救成功的关键。

（赵维莅）

推荐阅读文献

1. 陈竺,陈赛娟. 威廉姆斯血液学(翻译版). 第8版. 北京:人民卫生出版社,2011
2. Goldman L,Schafer AI. 希氏内科学. 第24版. 北京:北京大学医学出版社有限公司,2012

第十四章　脾功能亢进

要点：

1. 脾功能亢进是由于脾脏肿大而致外周血细胞减少的一种综合征。

2. 脾功能亢进分为原发性和继发性，不同原发疾病所致的继发性脾功能亢进在临床上更为常见。

3. 明确脾功能亢进的病因对治疗方案选择十分重要。

4. 脾功能亢进的治疗包括外科的脾切除术，应掌握好适应证。

脾功能亢进（hypersplenism）简称脾亢，是指因各种疾病引起脾脏肿大和血细胞减少的一种综合征。

脾的主要生理功能包括：①通过吞噬和阻留机制过滤血液；②产生抗体；③储存血液；④胎儿期参与造血，出生后在某些病理情况下可进行髓外造血。

一般认为，脾功能亢进多伴有不同程度的脾脏肿大，这种肿大的脾脏对血细胞有滞留作用，脾窦的增生增强了对血细胞的吞噬及破坏作用，是产生脾功能亢进临床表现的重要原因。因此，脾切除后症状可缓解。但是，临床上脾脏的大小和脾功能亢进的程度并不一定平行。

【病因和发病机制】　脾功能亢进分为原发性和继发性。原发性系指原因不明的脾功能亢进；继发性系指在原发疾病的基础上发生脾功能亢进。临床上以继发性脾功能亢进多见。继发性脾功能亢进的常见病因包括：

1. **感染性疾病**　包括细菌感染、病毒感染、真菌感染、寄生虫感染等。如：疟疾、病毒性肝炎、黑热病、血吸虫病、布鲁菌病、梅毒、结核病、亚急性感染性心内膜炎、传染性单核细胞增多症等。

2. **淤血性疾病**　即门静脉高压，肝内阻塞如各种原因所致的肝硬化，肝外阻塞如门静脉或脾静脉血栓形成、肝静脉血栓形成，其他还有右心充血性心力衰竭。

3. **血液系统疾病**　遗传性球形红细胞增多症、重型珠蛋白生成障碍性贫血、自身免疫性溶血性贫血、慢性髓性白血病、骨髓纤维化、慢性淋巴细胞白血病、恶性淋巴瘤等。

4. **脂质贮积病**　戈谢病、尼曼—皮克病、糖原累积症等。

5. **结缔组织病**　系统性红斑狼疮、Felty 综合征等。

6. **脾脏疾病**　脾囊肿、脾血管瘤等。

7. **药物性**　长期应用促红细胞生成素（EPO）和粒细胞集落刺激因子（G-CSF）引起的脾大。

脾功能亢进引起血细胞减少的机制尚未完全明了，目前有以下学说：①过分滞留吞噬学说：正常情况下，被脾脏滞留吞噬的血细胞大多为衰老、受损的细胞。脾脏肿大时，巨噬细胞的数量增加，血细胞通过脾脏的时间延长，从而脾对血细胞的破坏功能增强，导致外周血一种或多种血细胞减少，骨髓造血功能则相应代偿性增强。②免疫学说：脾是人体最大的免疫器官，也是破坏被覆有抗体的血细胞的场所。脾功能亢进时，上述作用加强，造成外周血血细胞的减少，并使骨髓呈代偿性增生。③体液学说:脾可能产生某些体液因子,抑制骨髓的造血功能及成熟细胞的释放。④稀释学说:当脾大时,全身血浆容量也随之增加,造成血液稀释而表现为血细胞的减少。临床上脾脏肿大及血细胞减少可能是上述发病机制各个环节共同作用的结果。

【临床表现】　脾功能亢进多为继发性,以脾大、血细胞减少和骨髓代偿性增生为主要临床表现。包括以下:

1. 原发疾病的表现

2. 脾功能亢进本身的表现

(1) 脾脏肿大:大多为轻至中度肿大,少数表现为巨脾。明显增大时可产生左上腹坠胀、沉重感,及因胃肠受压而出现纳差等消化系统症状。巨脾发生梗死或脾周围炎时,可产生左上腹剧痛,且随呼吸加重,局部有压痛,可闻及摩擦音。

(2) 血细胞减少:红系、粒系和巨核系三系均可累及,相应出现贫血、感染和出血等临床表现。临床症状的严重程度与血细胞减少的程度有关,在继发性脾功能亢进时,还受到原发疾病的影响。

【实验室及影像学检查】　红细胞、白细胞或血小板可以一系或多系同时减少,但细胞形态正常。早期以白细胞或(和)血小板减少为主,晚期发生全血细胞减少。白细胞减少以中性粒细胞减少为主,淋巴细胞相对增多。

1. 骨髓检查　如为全血细胞减少,则骨髓中相应三系的细胞均有增生;如外周血仅某一或两系细胞减少,则骨髓中相应系的细胞增生,且一般均伴有相应系细胞的成熟障碍,是因为外周血细胞大量破坏,相应各系细胞过度释放所致。

2. 影像学检查　B型超声、电子计算机断层扫描(CT)和磁共振成像(MRI)检查均可明确脾脏的大小,同时还可以提供脾结构的信息,有助于脾囊肿、肿瘤和梗死的鉴别。此外,可测量门静脉宽度,做出有否门静脉高压的诊断。

【诊断】　因脾亢以继发性多见,故诊断应包括两方面:脾功能亢进的诊断及原发疾病的诊断。对脾功能亢进,国内的诊断标准如下:

1. 脾脏肿大　脾脏肿大的程度不一,除依赖一般的体检测量外,轻度肿大在肋缘下未触及的,必要时应以B超、CT等手段检测。

2. 外周血细胞减少　白细胞、红细胞或血小板可以一系或多系同时减少。

3. 骨髓造血细胞　增生活跃或明显活跃,部分可伴轻度成熟障碍。

4. 脾切除后　外周血象接近或恢复正常,除非骨髓造血功能已受损害。

5. ^{51}Cr标记　^{51}Cr标记红细胞或血小板注入体内后,脾区体表放射性活性比率大于肝2~3倍,提示血小板或红细胞在脾内过度破坏或滞留。

诊断脾功能亢进时,以前4项为主要诊断标准。

【治疗】　原发性脾亢者可采用脾区放射治疗、脾部分栓塞术或脾切除。对继发性者,应首先治疗原发疾病,随着原发病的有效治疗,有时脾脏会缩小,脾功能亢进得以减轻,甚至消失。若经治疗后脾亢无改善且原发疾病又允许,可在治疗原发疾病的同时采用脾区放射治疗、脾部分栓塞术或脾切除术治疗,其中以脾切除术采用最多。

1. 脾切除术的适应证

(1) 脾大明显,造成严重压迫症状。

(2) 有门静脉血栓形成者。

(3) 因显著的血小板减少而导致出血。

(4) 有严重贫血,尤其为溶血性贫血。

(5) 白细胞极度减少并伴有反复感染者。

(6) 原发性脾功能亢进者。

2. 脾切除的并发症

（1）血栓形成和栓塞：常于术后数周至数月内发生,因脾切除后血小板数量明显增加而致,故血小板数量正常或仅轻度减少者,一般不宜行脾切除术。

（2）感染：脾切除后,脾的吞噬功能丧失,抗体形成减少,细胞免疫与体液免疫均受影响,易合并感染,尤其在 5 岁以下儿童,发病率更高,致死性血流感染较常见,应严格掌握手术适应证。

3. 造血细胞因子的使用　有报道应用促红细胞生成素（EPO）或粒细胞集落刺激因子（G-CSF）用于治疗脾大和血细胞减少患者,然而此疗法的临床益处不明确。

【预后】　原发脾亢者行脾切除术后,疾病可得以治愈,预后良好。继发性脾亢者,脾切除术对脾亢本身的近期效果是肯定的,但患者总的预后仍与原发病的性质有关。

（胡建达）

推荐阅读文献

1. 张之南. 血液病诊断及疗效标准. 第 3 版. 北京:科学出版社,2007,266
2. 陈竺,陈赛娟. 威廉姆斯血液病学. 翻译第 8 版. 北京:人民卫生出版社,2011;755-758

第十五章　出血性疾病概述

> **要点:**
> 1. 出血性疾病是由于止血机制、纤维蛋白溶解机制或抗凝机制异常引起的自发性出血或创伤后出血不止的一类疾病。可分为遗传性和获得性两大类。
> 2. 出血性疾病的诊断应包括完整的病史、详细的体格检查和实验室检查。初筛试验可明确疾病是由于凝血酶激活后纤维蛋白形成机制损伤，还是由于血小板异常所致。
> 3. 遗传性出血性疾病目前尚无根治办法，获得性出血性疾病主要针对病因进行预防干预。其止血措施应根据病人出血的基础病因而定。

出血性疾病是由于止血机制(包括血管、血小板、凝血因子)、纤维蛋白溶解机制或抗凝机制异常引起的自发性出血或创伤后出血不止的一类疾病。可分为遗传性和获得性两大类。

【正常止血机制】　正常情况下,机体具有完整的止血机制,不会产生自发性出血。生理性止血机制主要包括血管收缩,血小板血栓形成及纤维蛋白凝块形成与维持三个时相。机体对损伤局部的即刻反应是局部血管收缩,由于血管平滑肌数量与收缩程度有关,故动脉收缩比静脉收缩更有意义。发生血管收缩的原因除损伤性刺激引起血管反射性收缩外,还包括:①黏附于受损区域的血小板释放 5-羟色胺(5-hydroxythy ptamine,5-HT)与血栓烷(thromboxane A2,TXA$_2$);②血管内皮细胞释放内皮素(endothelin,ET)。TXA$_2$ 和 ET 均可引起血管收缩。在血管收缩的基础上,血小板黏附和聚集在血管破损处,形成血小板聚集体的过程称为初级止血。几乎在同时,凝血系统被启动,血浆凝固形成的终产物——纤维蛋白网加固血小板血栓,称为次级止血。以下简述血管内皮细胞、血小板和凝血因子在正常止血中的作用。

(一) 血管因素

生理状态下,血管是一种无渗漏的密闭环路,它既具有血液相容性,又具有抗血栓特性,以维持血液的流动液态。血管内膜的主要构成成分是血管内皮单层细胞。正常完整的血管内皮细胞(endothelial cells,Ecs)具有强烈的抗凝功能和分泌前列环素(prostacyclin,PGI$_2$)、一氧化氮(nitric oxide,NO)、ADP 酶和纤溶酶原激活物等生物活性物质。NO 和 PGI$_2$ 在预防血栓形成过程中具有双重功能:①作用平滑肌细胞,使血管扩张,从而增加血流,减少血小板与血管壁接触;②分泌入血流的 NO 和 PGI$_2$ 可使血小板内 cAMP 生成,因此抑制血小板激活和聚集。

当 ECs 受到损伤或激活,血管内膜凝血/抗凝的平衡特性快速地向促凝方向"偏移",这一功能通过 ECs 本身和内膜下基质介导。损伤的血管内皮细胞表达其表面的黏附分子配体——包括 E-选择素、P-选择素、β$_1$ 和 β$_2$-整合素、血小板-血管内皮细胞黏附分子-1 和血管性血友病因子(von Willebrand factor,vWF)。在 ECs 表面,这些蛋白质可"定位"和促进血小板黏附和调节白细胞向组织的移行。暴露的内膜下基质不仅可结合 vWF,而且自身一些促凝分子的暴露包括凝血酶敏感蛋白(thrombospondin,TSP),纤粘蛋白(fibronectin,FN)和胶原等,这类黏附分子既可作为"捕获"血小板的配基,又可作为血小板黏附的激活物。内膜下胶原不仅使血小板致密颗粒释放生物活性物质,还可使血小板膜糖蛋白 Ⅱb/Ⅲa(GPⅡb/Ⅲa)发生变构性活化;另一种由损伤

ECs 释放的重要促凝因子是组织因子(tissue factor,TF),由内膜下平滑肌细胞和成纤维细胞分泌,是可溶性凝血系统的主要激活物。

ECs 和内膜下基质的上述促凝特性使得在血管内膜损伤处形成血栓,从而达到止血。与此同时,损伤周边的正常内膜发挥抗凝作用,以防止损伤区域血凝块向周边延伸扩大,从而避免血管内泛化的血栓形成。血管内膜的抗凝特性表现在:①ECs 损伤部位生成的凝血酶与凝血酶调节蛋白(thrombomodulin,TM)结合,使蛋白 C 转变为活化蛋白 C(activated protein C,APC),在辅因子蛋白 S 作用下,抑制 F Ⅴ a 和 F Ⅷ a;②ECs 分泌组织型纤溶酶原激活物(tissue-type plasminogen activator,t-PA),降解已形成的纤维蛋白凝块;③ECs 释放组织因子途径抑制物(tissue factor pathway inhibitor,TFPI),抑制 TF-Ⅶ a 促凝复合物形成及抑制 X a 和 TF 活性;④ECs 分泌 ADP 酶降解血小板释放的 ADP,从而抑制继发性血小板激活和聚集。血管内皮细胞的促凝/抗凝因子见表 6-15-1。

表 6-15-1　血管内皮细胞促凝/抗凝因子

促　凝	抗　凝	促　凝	抗　凝
胶原、纤粘蛋白	蛋白 C、蛋白 S	血小板-内皮细胞黏附分子-1	ADP 酶
内皮素、TXA$_2$	凝血酶调节蛋白	PAI-1 和 PAI-2	TFPI、t-PA
TF、FV、纤维蛋白原	抗凝血酶	血管收缩	血管扩张
整合素、vWF、血小板活化因子	NO、PGI$_2$		

(二)血小板在止血机制中的作用

在正常循环血液中,血小板处于静息状态,而在某些生理或病理状态下,血小板可被激活,发生变形、黏附、聚集和释放反应。当血管内皮细胞层损伤,暴露出内膜下基质成分如胶原、vWF、纤粘蛋白(FN)、凝血酶敏感蛋白(TSP)、层素、微纤维等,血小板即发生黏附和展开,参与止血过程:①血小板膜糖蛋白 Ⅰ b(GP Ⅰ b)作为受体,通过 vWF 的桥梁作用,使血小板黏附于受损内皮下的胶原纤维,形成血小板血栓,机械性修复受损血管;②血小板膜糖蛋白 Ⅱ b/Ⅲ a 复合物(GP Ⅱ b/Ⅲ a),通过纤维蛋白原互相连接而致血小板聚集;③聚集后的血小板活化,分泌或释放一系列活性物质,如血栓烷 A2(TXA2)、5-羟色胺(5-HT)等。上述血小板系列反应——包括黏附、聚集、展开、释放等,统称为血小板的活化反应。由于遗传性血小板膜 GP Ⅱ b-Ⅲ a 缺陷(见于血小板无力症)或血小板膜 GP Ⅰ b 缺陷导致的巨血小板综合征,以及获得性原因引起的血小板黏附或聚集异常,均具有出血倾向。血小板除了具有初期止血功能外,在血液凝固中亦起着重要作用。血小板表面吸附有各种凝血因子,这些因子在血小板活化时被释放,参与凝血过程。另外,血小板膜表面磷脂和非磷脂成分也支持凝血酶原复合物中各因子的结合。

(三)凝血机制在止血中的地位

血液凝固是一种宿主防御反应。组织损伤引起的毛细血管床,小动脉和微静脉的撕裂导致血液进入血管外软组织。为防止过量出血,机体凝血系统被启动。血液凝固可被看作为以化学稳定的纤维蛋白凝块快速补偿不稳定的血小板血栓。体外条件下,凝血酶和纤维蛋白凝块的形成系通过内源性和外源性二种途径。内源性凝血途径包括一系列的蛋白辅因子和酶。该途径通过位于带负电荷表面的激肽原活化Ⅻ a 而启动。高分子量激肽原有助于因子Ⅻ活化。内源性凝血途径的终产物是纤维蛋白凝块。在凝血机制的实验室评价中,活化部分凝血活酶时间(APTT)可反映该途径障碍与否。外源性凝血途径通过细胞表面组织因子(TF)和因子Ⅶ a 之间形成的复合物所启动,形成的 TF-Ⅶ a 因子复合物可激活因子X,通过进一步系列反应,终产物为纤维蛋白凝块。从诊断角度,反映外源性凝血机制缺陷的试验为凝血酶原时间(PT),其血浆凝固的启动系加入了外源性的 TF。体外条件下血液凝固"瀑布"反应过程见图 6-15-1。

Notes

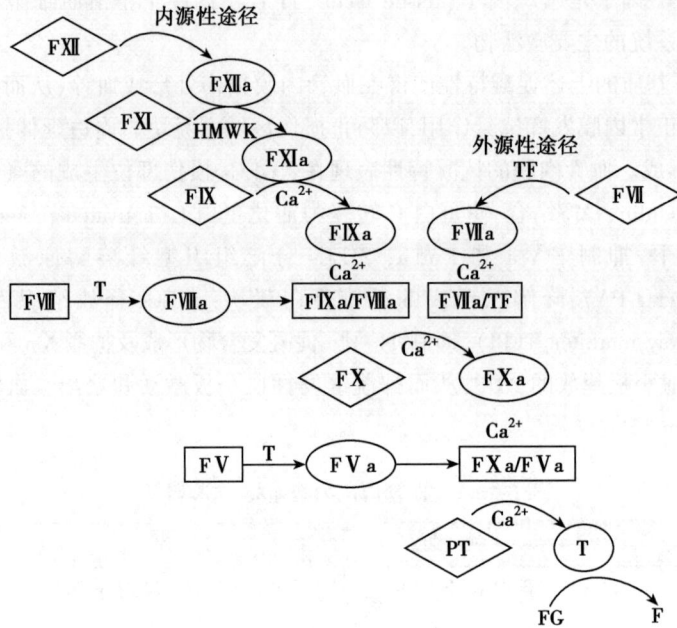

图 6-15-1　体外条件下血液凝固"瀑布"机制

图 6-15-1 的凝血"瀑布"机制对于理解体外条件下的血液凝固过程提供了合理的反应"模型",尤其对于凝血机制障碍性疾病的诊断以及抗凝剂治疗的体外监测十分重要。然而值得强调的是:体内条件下生理性血液凝固过程显然不同于"瀑布"机制。生理性体内血液凝固过程必须考虑到以下几个特点:①作为接触相激活的因子Ⅻ、前激肽释放酶、高分子量激肽原等缺乏可引起 APTT 明显延长,但无出血的临床表现,说明这类蛋白并非体内维持止血所必需,不应包括在体内的血液凝固模式内;②组织因子(TF)可激活、启动体内的血液凝固;③TF-Ⅶa 复合物不仅激活因子 X,而且也激活因子Ⅸ,提示因子 X、因子Ⅸ在组织因子启动的血液凝固过程中具有关键作用;④因子Ⅺ缺乏并不一定都有出血表现。基于以上特点,目前倾向于认为生理性血液凝固途径的关键是组织因子启动的血液凝固过程。

(四) 纤溶系统

体内的纤溶系统对于血凝块的溶解和维持强力血管系统发挥了重要作用。该系统由无活性的纤溶酶原,纤溶酶原激活物[包括组织型纤溶酶原激活物(t-PA)和尿激酶型纤溶酶原激活物(u-PA)],以及纤溶酶原激活物抑制物(PAI-1,PAI-2)组成。纤溶的抑制可在二个作用位点上发生:①在纤溶酶原激活物水平(PAI-1,PAI-2);②在纤溶酶水平:通过 a_2-抗纤溶酶(a_2-AP)作用抑制纤溶酶活性。纤溶系统的控制与调节见图 6-15-2。

机体纤溶活性主要通过纤溶系统中的蛋白质相互作用,以及控制纤溶酶原激活物及抑制物的释放和合成而得以调节。纤溶系统的过度激活可引起出血。

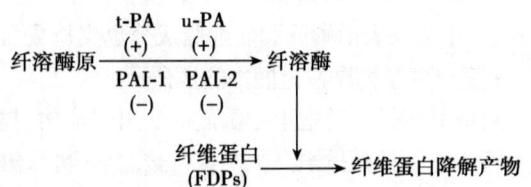

图 6-15-2　纤溶系统的活化与抑制
(+)表示激活;(-)表示抑制

【出血性疾病分类】　目前分遗传性和获得性两种情况,以病理机制为基础可分为以下几大类:

(一) 血管壁异常

1. 遗传性　遗传性出血性毛细血管扩张症。

2. 获得性　过敏性紫癜、单纯性紫癜、机械性紫癜、肾上腺皮质功能亢进、老年性紫癜、感染相关性紫癜(如败血症)、药物性(长期应用糖皮质激素、青霉素、磺胺药等)、血栓性血小板减少性紫癜、维生素 C 缺乏症等。

(二)血小板异常

1. 血小板数量减少

(1)遗传性:范可尼综合征、Alport 综合征、wiskott-Aldrich 综合征、May/Hegglin 异常、Ⅱb 型血管性血友病(vWD)等。

(2)获得性:见于再生障碍性贫血、恶性肿瘤骨髓浸润、骨髓增生异常综合征、药物性(包括细胞毒类药、肝素、噻唑类、乙醇、雌激素、磺胺类、甲基多巴等)、免疫性血小板减少症、巨幼细胞贫血、DIC、血栓性血小板减少性紫癜等。

2. 血小板数量增多
包括原发性和继发性。原发性见于原发性血小板增多症。继发性血小板增多症又可分为:①反应性血小板增多症:见于脾切除术后、恶性肿瘤、铁缺乏、慢性炎症性疾病等;②克隆性血小板增多症:见于真性红细胞增多症、慢性粒细胞白血病、骨髓增生异常综合征等。

3. 血小板功能异常

(1)遗传性:黏附功能障碍——巨血小板综合征(Bernard-Soulier syndrome);聚集功能障碍——血小板无力症;血小板颗粒异常——灰色血小板综合征。

(2)获得性:抗血小板药物、尿毒症、肝脏疾病、免疫性疾病、血液、造血系统疾病等。

(三)凝血因子异常

1. 遗传性
如血友病 A、血友病 B;血管性血友病;凝血因子 Ⅰ、Ⅱ、Ⅴ、Ⅶ、Ⅺ、Ⅻ、Ⅻ缺乏等。

2. 获得性
维生素 K 依赖性凝血因子缺乏、肝病、淀粉样变性、肾病综合征、抗磷脂抗体综合征、DIC 等。

(四)纤维蛋白溶解异常

先天性少见,包括 α_2-纤溶酶抑制物缺乏症、纤溶酶原活化物抑制物缺乏症等。获得性主要见于各种血栓性疾病、DIC 及严重肝病等。

(五)病理性抗凝物质过多

多为获得性。

1. 因子Ⅷ抑制物
①血友病性,指反复输注 FⅧ制品产生抗体后致病;②非血友病性:见于妊娠、自身免疫性疾病、恶性肿瘤、药物反应等。

2. 获得性 FⅤ、FⅨ、FⅪ抑制物

3. 狼疮样抗凝物质
本质为抗磷脂抗体,体外有抗凝活性,体内损伤血管内皮细胞,导致血栓形成、反复流产等。

4. 组织因子抑制物

5. 高肝素血症
见于肝素使用过量,重症肝病(肝素灭活能力下降)等。

【诊断】　出血性疾病的诊断应包括完整的病史、详细的体格检查和实验室检查。病史收集应注重出血史、家族史、第一次发生出血的年龄、出血的部位、范围、出血持续时间、药物史、外伤史等。

(一)出血史

应该详细询问有无以下出血表现:

1. 皮肤黏膜下出血
皮肤出血(紫癜、瘀点、瘀斑)、血疱、鼻出血、牙龈出血;拔牙后出血持续时间。

2. 深部组织出血
血肿、关节积血、浆膜腔出血及眼底出血等。

3. 内脏出血
可表现为咯血、呕血、血尿、便血、黑便、阴道出血以及颅内出血等。

4. 与出血相关的症状和体征
出血过快或过多,易致人体组织、器官缺血、缺氧,可引起一

些相关症状及体征,主要表现为心、脑、肾等脏器功能不全。

（二）家族史

应该追溯家族中 1~2 代所有成员是否有出血病史,包括家族中已故成员的病史资料。如血友病 A 和血友病 B,通常呈 X 染色体隐性遗传特征,应重点查询母系亲属中有无男性出血性疾病患者。另需注意部分血友病患者缺乏阳性家族史。

（三）体格检查

对出血性疾病进行体格检查,应包括皮肤出血的类型,有无关节出血或血肿,局部出血的部位,是否存在关节畸形,皮肤或黏膜是否有毛细血管扩张等。是否同时存在黄疸、贫血、淋巴结肿大或胸骨压痛等体征,出现这类体征通常提示出血系某种全身性疾病的伴随症状。

根据出血病史、家族史、出血特点及部位,临床上可将出血性疾病分为两类,即由于血管因素和血小板因素异常所致的出血,归之为血管/血小板性出血性疾病（紫癜性疾病）和凝血因子缺乏引起的出血性疾病。二者的临床特点见表 6-15-2。

表 6-15-2   血管/血小板性因素所致出血性疾病与凝血因子缺乏性出血性疾病的临床鉴别

临床特点	凝血因子缺乏	血管/血小板性出血性疾病
性别	血友病类疾病大多发生于男性(vWD 除外)	女性多见
瘀点	少见	常见,特征性
浅表瘀斑	常见,通常范围较大,呈单发	特征性,通常范围较小,多发
血肿	特征性	可见
关节腔出血	特征性	少见
迟发性出血	常见	少见
阳性家族史	常见	少见(vWD 除外)

（四）实验室检查

1. 初筛试验及特殊试验选择   基于出血性疾病的临床分类,止血系统可简单地分为血浆凝血因子和血小板两个部分。诊断的第一步是初步明确出血性疾病是由于凝血酶激活后纤维蛋白形成机制损伤,还是由于血小板数量或功能异常所致,这可通过初筛试验包括凝血酶原时间(PT),活化的部分凝血活酶时间(APTT),血小板计数及出血时间(BT)的测定达到初步目标。初筛试验仅仅帮助确定出血性疾病属于血小板数量或功能异常,抑或是内源性或外源性凝血机制障碍,但无法确定止血机制异常的具体环节,即无法确定系何种具体疾病。欲求进一步诊断,可通过下述诊断步骤达到确诊目的,见图 6-15-3。

2. 血小板功能检查   当初筛试验结果显示血小板计数正常,凝血因子分析结果正常,而出血时间延长,常常提示存在血小板功能异常。确定血小板功能的实验室检查包括:①血小板聚集功能测定:可分别用 ADP、胶原、肾上腺素、花生烯酸、瑞斯托霉素作诱聚剂。血小板无力症患者的血小板对 ADP、胶原、肾上腺素诱导的聚集反应缺如。血小板释放反应障碍可导致血小板聚集的第二相聚集波缺如,见于遗传性血小板贮存池释放障碍和尿毒症,摄入阿司匹林等。在血管性血友病及巨血小板综合征,血小板对瑞斯托霉素诱导的聚集反应异常或缺乏。②特殊的血小板膜糖蛋白分析:血小板无力症存在血小板膜 GP Ⅱb/Ⅲa 缺乏或异常,可用流式细胞术或免疫印迹技术确定此类缺陷;巨血小板综合征存在血小板膜 GP Ⅰb/Ⅸ/Ⅴ 量或质的异常,可用生物化学或分子生物学方法确定该类异常。图 6-15-4 给予血小板功能异常和 vWD 实验室诊断的简单流程。

3. 凝血因子缺乏的特殊试验   初筛试验 APTT 延长,PT 正常时,应重点排除有无 FⅧ、FⅨ、FⅪ缺乏。确定该类因子缺乏可采用凝血活酶生成及纠正试验(Bigg TGT)。即分别用正常人血

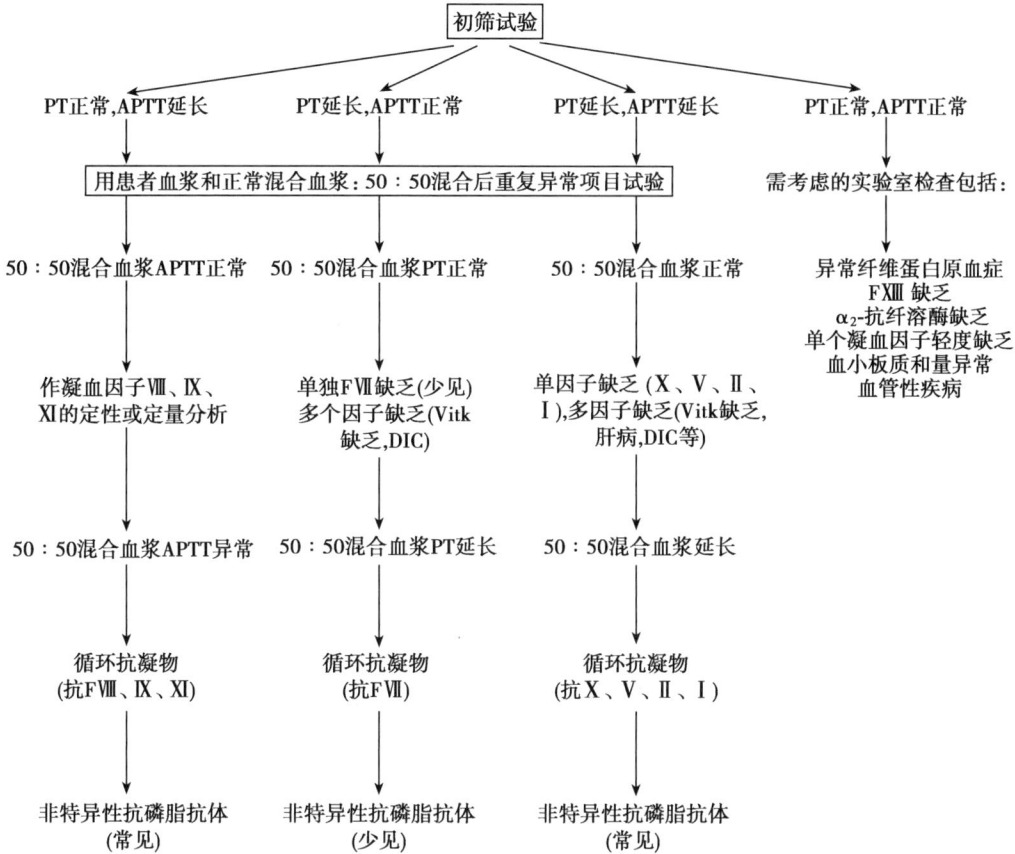

图 6-15-3　出血性疾病实验室检查流程

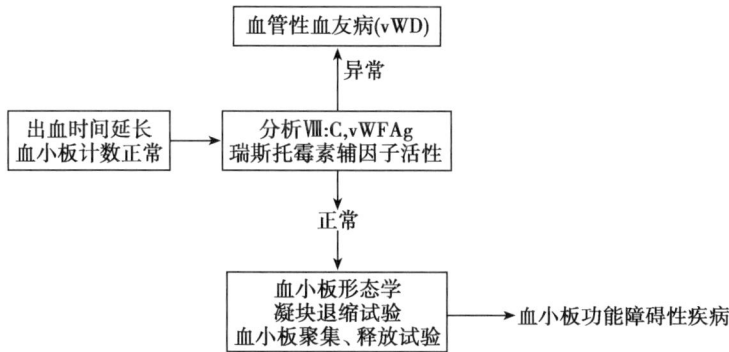

图 6-15-4　血小板功能异常的诊断思路

清(缺乏 FⅧ)、硫酸钡吸附正常血浆(缺乏 FⅨ)加入到病人的凝血活酶生成试验体系,根据能否纠正延长的凝血活酶时间可定性地将血友病 A、B 和因子Ⅺ缺乏区别开来。

4. **凝血因子抑制物分析**　凝血因子抑制物不仅干扰内源、外源性凝血途径,也可干扰内、外源共同途径,引起对 PT、APTT 的结果分析困难。体内常见的抑制物有 FⅧ抑制物及抗磷脂抗体(APA)二类。FⅧ抑制物分析包括定性(体外条件下,FⅧ活性被病人血浆或血清进行性地灭活)和定量(测定 FⅧ抑制物滴度或单位)分析。抗磷脂抗体包括狼疮抗凝物(LA)和抗心肌磷脂(aCL)抗体,这类抗体容易与阴离子磷脂起反应,故可引起 APTT 延长或 PT 延长,或二者均延长。APA 见于 1/3 的系统性红斑狼疮患者,也可见于其他自身免疫性疾病、结缔组织疾病、肝病、恶性肿瘤等。APA 的确诊试验包括基于 APTT 或鲁塞尔蝰蛇毒时间(RVVT)分析的混合试验(病人血浆+正常血浆)或纠正试验(加入外源性磷脂),也可用酶联免疫吸附分析(ELISA)或放射免疫分析方法确定抗磷脂抗体。

【防治】

(一) 病因防治

遗传性出血性疾病目前尚无根治办法。对于单基因遗传性出血性疾病,预防措施在于进行必要的婚前咨询,禁止近亲结婚,对可能的女性疾病携带者孕妇进行产前诊断。获得性出血性疾病主要针对病因进行预防干预。对有出血倾向病人,应避免应用香豆素、肝素等抗凝药物;禁用血小板功能抑制药如阿司匹林、吲哚美辛、双嘧达莫、保泰松、噻氯匹定等。对凝血因子缺乏引起的出血,应避免肌注途径给药。有出血倾向的病人应尽量避免外伤,剧烈运动和外科手术。必须进行手术者,应与血液专科医生配合,补充所缺乏的凝血因子或血小板,使止血机制达到足以耐受手术的程度与范围,而不导致过度出血,直到伤口愈合为止。对遗传性出血性疾病患者,应使病人、病人家属、所在社区医疗服务机构了解该病的基本防治知识,加强对患者的心理教育也是防治的重要环节。

(二) 止血措施

出血性疾病的止血措施应根据病人出血的基础病因而定。一般而言,主要包括凝血因子或血小板补充疗法,止血药物的应用,以及局部机械加压或包扎处理。重要脏器的出血或血肿危及生命时,需进行外科手术治疗。

(胡　豫)

推荐阅读文献

1. Lee Goldman, Andrew I. Schafer. Goldman's Cecil Medicine, 24th ed. Saunders. 2011
2. Kenneth Kaushansky, Marshall A. Lichtman, Ernest Beutler, et al. Williams Hematology, 8th ed. McGraw Hill. 2010

Notes

第十六章 血管性紫癜

> **要点：**
> 1. 过敏性紫癜以非血小板减少性皮肤紫癜、腹痛、关节炎、肾炎为临床特征。
> 2. 紫癜呈"可触性"，对称分布于四肢末端是过敏性紫癜的"皮损"特征。
> 3. 遗传性出血性毛细血管扩张症（HHT）是一种常染色体显性遗传性疾病。不仅累及皮肤，也可累及内脏，特征性的临床表现为长期、反复的鼻出血。

　　紫癜（purpura）是指由于血小板数量减少/功能异常、凝血因子缺乏/功能异常及血管异常等因素引起的血细胞经毛细血管壁渗入皮肤或皮下组织引起的损害。从血管内渗出的血液量决定了皮肤损害的大小及范围。少量的出血产生针尖样大小的红色皮损直径<2mm者称为瘀点，较多的出血引起皮肤紫癜或瘀斑（直径>10mm）。出血性损害的颜色取决于出血量的多少、出血部位的深浅，以及出血后经历的时间，浅表部位的出血初起通常为鲜红或深红色，较深部位的出血常常呈青紫色，随着时间的推移，可表现为深紫色、棕色、棕黄色。

　　血管异常引起的紫癜包括机械性紫癜、血管结构畸形（遗传性出血性毛细血管扩张症）、遗传性或获得性结缔组织疾病引起的紫癜、小血管性血管炎（血清病、过敏性紫癜）、副蛋白相关性紫癜（多发性骨髓瘤、冷球蛋白血症）、皮肤疾病相关性紫癜、感染相关性紫癜等。本章血管性紫癜主要介绍过敏性紫癜、遗传性出血性毛细血管扩张症及单纯性紫癜。

第一节　过敏性紫癜

　　过敏性紫癜（allergic purpura）是一种常见的血管变态反应性疾病，也称变应性皮肤血管炎（cutaneous vasculitis），其发病机制主要是机体发生变态反应，导致毛细血管通透性及脆性增加，伴发小血管炎；以非血小板减少性皮肤紫癜、腹痛、关节炎、肾炎为临床特征。实验室检查无特异性。本病多见于儿童和青少年，男性多于女性，春、秋季发病居多。

【病因及发病机制】

（一）本病的病因尚不完全确定，可能的病因

1. **感染**　溶血性链球菌等细菌引起的呼吸道感染、猩红热及其他局灶性感染；麻疹、水痘、风疹等病毒感染以及寄生虫感染等。

2. **食物**　海产品（如鱼虾等）、禽、蛋、奶及其他类食物中的异种蛋白引起人体产生过敏反应。

3. **药物**　抗生素类，包括青霉素、金霉素、氯霉素、链霉素及头孢菌素类抗生素等。解热镇痛药如：保泰松、水杨酸类、吲哚美辛等。奎宁类药物及其他如阿托品、磺胺类、异烟肼及噻嗪类利尿药等。

4. **其他**　如花粉尘埃吸入、虫咬、疫苗注射、寒冷刺激等。

　　上述因素均可作为致敏因素，使机体产生变态反应，进而引起血管壁炎症反应。然而大多

数病例查不出所接触的具体过敏原。

（二）发病机制

本病的主要发病机制是蛋白质等大分子作为抗原刺激机体产生抗体，抗体与抗原结合成抗原-抗体免疫复合物，沉积在血管内膜下区域，激活补体，导致中性粒细胞的浸润并释放一系列炎性介质，释放的蛋白水解酶使血管内膜层损伤并断裂，引起血管炎症反应。此种炎性反应除见于皮肤、黏膜小动脉及毛细血管外，亦可累及肠道、肾脏及关节腔等部位小血管，引起相应的临床症状。小分子物质可作为半抗原与体内蛋白质结合成抗原，刺激机体产生抗体，此类抗体吸附于血管及其周围的肥大细胞。当上述半抗原再次进入体内时，即与肥大细胞上的抗体结合，产生免疫反应，导致肥大细胞释放一系列炎性介质，引起血管炎性反应。

（三）病理改变

本病的主要病理学改变是免疫复合物沉积于血管内膜下区，引起毛细血管及小动脉的无菌性血管炎性改变。血管壁纤维素样坏死，血管周围浆液渗出伴炎性细胞浸润。免疫荧光染色通常显示受累动脉壁有 IgA 沉积，肾脏受累者可出现局部增殖和坏死性血管炎，肾小球系膜血管 IgA 沉积。

【临床表现】　多数患者发病前 1～3 周有全身不适、低热、乏力及上呼吸道感染等症状，随之出现典型临床表现。以往曾将该病划分为：单纯皮肤型、腹型（Henoch 型）、关节型（Schönlein 型）、肾型、混合型等类型，实际上，应视为同一疾病的不同表现。

（一）皮肤

皮肤紫癜是本病主要表现。皮疹通常略高起皮肤，故称之为"可触性"紫癜，可为小型荨麻疹样或出血性皮疹，大小不等，呈紫红色，压之不褪色，可融合成片，严重时可融合成疱，甚至发生中心性坏死。最后呈棕色，一般 1～2 周内消退，紫癜累及的部位以四肢远端和臀部多见，躯干部少见，在膝、踝和肘关节周围皮肤紫癜最为密集，紫癜性皮损常呈对称性分布，分批出现。可伴荨麻疹，不痒或微痒。

（二）腹部症状（腹型或 Henoch 型）

腹部症状见于约 50% 的患者。腹部症状多在皮疹出现一周以内发生，少数患者腹部症状可在特征性的紫癜出现以前发生。最常见的症状为腹痛，可能由肠系膜血管炎引起。表现为阵发性脐周或下腹部绞痛，有时剧痛；腹痛部位可波及腹部任何部位，伴压痛但无腹肌紧张，反跳痛少见。腹痛的程度可类似于任何急腹症，同时伴有呕吐。约半数患者大便潜血阳性，甚或出现血便或呕血。小儿可发生肠套叠，甚至肠坏死。若腹痛症状出现在皮疹以前，易误诊为外科急腹症，如急性阑尾炎等。

（三）肾脏表现

肾脏受累主要表现为蛋白尿和血尿。在儿童，肾损害基本上属于一过性，但 10%～20% 的青少年和成人，可出现进行性的肾功能损害，少数病例可迁延数月或数年发展为慢性肾炎或肾病综合征。

（四）关节症状（关节型或 Schönlein 型）

见于 40% 的患者。表现为关节及关节周围肿胀，疼痛和触痛。膝、踝关节为最常受累部位，肩、腕、肘关节亦可累及。关节炎症状多为一过性，可有活动障碍，常呈游走性，反复发作者易误诊为风湿性关节炎。关节症状多在数日内消失而不遗留关节畸形。

（五）其他症状

病变累及脑组织者可出现各种神经精神症状。累及呼吸道时可出现咯血和胸膜炎症状。另外可出现视神经炎、吉兰-巴雷综合征、视网膜出血、蛛网膜下腔出血等，但很少见。

【实验室检查】　本病缺乏特异性实验室检查。

1. 毛细血管脆性试验　多数病例毛细血管脆性试验阳性。毛细血管镜下可见毛细血管扩张,扭曲及渗出性炎性反应。

2. **尿常规检查**　血尿、蛋白尿、管型尿常见于肾型或混合型者。

3. **血小板**　计数、功能及凝血试验正常。

4. **大便常规检查**　有消化道症状者,大多大便潜血试验阳性。

5. **肾功能**　肾型及合并肾型表现的混合型,可有程度不等的肾功能受损,如血尿素氮升高、内生肌酐清除率下降等。

【诊断及鉴别诊断】

（一）诊断标准

国内诊断标准,主要诊断依据如下:①发病前1~3周有低热、咽痛、全身乏力或上呼吸道感染症状;②典型下肢及臀部分批出现、对称分布、大小不等、斑丘疹样皮肤紫癜,可伴荨麻疹、水肿、多形性红斑;③病程中可有出血性肠炎、关节肿痛、蛋白尿和血尿;④血小板计数、功能及凝血功能检查正常;⑤病理呈血管炎样改变;⑥排除其他原因所致的血管炎及紫癜。

（二）鉴别诊断

本病需与继发性变应性皮肤血管炎,原发免疫性血小板减少症,风湿性关节炎,系统性红斑狼疮,肾小球肾炎,IgA肾病等鉴别。腹部症状明显者还需与外科急腹症进行鉴别。由于本病的特殊临床表现及绝大多数实验室检查正常,鉴别诊断一般不难。

【治疗】

（一）去除致病因素

包括防治上呼吸道感染,清除局部病灶(咽、扁桃腺炎症),驱除肠道寄生虫,避免摄入可能致敏的食物或药物。

（二）一般治疗

轻症患者,支持治疗即可。包括卧床休息,注意水、电解质平衡及营养;大便隐血试验阳性患者,可嘱流质饮食。

（三）药物治疗

1. 对症治疗

（1）抗组胺药:有荨麻疹或血管神经性水肿者,可用抗组胺药物(异丙嗪、氯苯那敏、氯雷他定等)和静脉注射钙剂。

（2）维生素C和芦丁等:可增加血管抗力,降低血管通透性。

（3）腹痛者可用阿托品或山莨菪碱解痉止痛;呕吐严重者可用止吐药;伴发呕血、血便等消化道出血症状者可用西咪替丁、质子泵抑制剂等抑制胃酸分泌药治疗。肾型紫癜者可应用抗凝治疗。

2. **肾上腺糖皮质激素与免疫抑制剂**

（1）肾上腺糖皮质激素:有抑制抗原-抗体反应、减轻炎性渗出、降低血管通透性等作用,对胃肠道血管炎和重型过敏性紫癜有一定效果,可口服泼尼松0.5~1mg/(kg·d),重症者可用氢化可的松100~200mg/d,或地塞米松5~15mg/d,静脉滴注。症状减轻后改口服。疗程视病情而定。对于有肾脏病变者,糖皮质激素疗效不明显。

（2）免疫抑制剂:适用于肾型患者。可选用硫唑嘌呤、环磷酰胺或环孢素等治疗,服用数周或数月,用药期间应密切注意血象及肝肾功能变化及其他副作用。

【预后】　大部分儿童病例通常在2周内恢复,部分患者可反复发作,复发间隔时间数周至数月不等。多数预后良好,少数肾型患者可转为肾病综合征或慢性肾炎,约有2%的患者发展为终末期肾炎,预后较差。

第二节   遗传性出血性毛细血管扩张症

遗传性出血性毛细血管扩张症(hereditary hemorrhagic telangiectasia, HHT)是一种常染色体显性遗传性血管性疾病,其特征为皮肤、黏膜多部位的毛细血管扩张,引起鼻出血和其他部位出血。在西方国家,HHT 的发病率估计为 1/50 000。

【病因及发病机制】   HHT 为常染色体显性遗传,与 HHT 发病相关的基因有两种:一种定位在染色体 9q33~34,称 Endoglin 基因。Endoglin 是转化生长因子-β(TGF-β)的受体。另一种是定位于 12 号染色体的活化素受体样激酶 1(activin receptor-like kinase 1, ALK1)基因,该基因的蛋白表达产物为 TGF-β 的另一种形式的受体。这两种受体主要在血管内皮细胞表面表达。TGF-β 具有调节细胞分化和生长功能,在调节内皮细胞的增殖、分化及细胞外基质的组成和构建上起着重要的作用。因此,ENG 基因和 ALK1 基因的突变导致了 TGF-β 受体的突变,影响了TGF-β 介导的信号通路的正常传导,从而导致血管发育不良而出现 HHT。

【临床表现】

1. 皮肤毛细血管扩张   常常发生在 40 岁以前,一般直径 1~3mm 大小,分界明显,压之可褪色,这一点可与紫癜区别。毛细血管扩张最常见于面部、嘴唇、鼻腔、舌部、甲床和手部皮肤(手掌和足底处),通常不高出皮面,颜色鲜红或紫红。

2. 鼻出血   是 HHT 最常见的症状(90%),这是由于毛细血管扩张性损害累及下鼻甲和鼻中隔而易于出血。1/3 的患者鼻出血不需要治疗;1/3 的患者呈中等度出血者仅需门诊处理;另1/3 的患者由于出血严重,需入院治疗。鼻出血出现的年龄多在 35 岁以前。

3. 上消化道或下消化道出血   系由于胃肠道毛细血管扩张所致。出血也可累及口腔、泌尿生殖系统。

4. 肺动静脉畸形(PAVM)   部分 HHT 可出现 PAVM 从而导致明显的血液右向左分流,患者因此出现气促、发绀、疲倦、活动耐量降低、杵状指(趾)等临床表现。

【实验室和辅助检查】

1. 止血机制方面的实验室检查   多无异常发现,部分患者可有束臂试验阳性,出血时间延长。

2. 毛细血管镜检查   可见病变部位小血管扩张扭曲,或者许多管壁菲薄的扩张血管聚集成较大的血管团。内脏出血者在局部可见相应扩张的血管改变。

3. 影像学检查   HHT 合并 PAVM 者,胸部 X 检查可能发现一种"钱币"样阴影,但微小的病变常常被遗漏。随姿势(坐位或站位)改变的血液右向左分流增加,或随姿势变化引起相应的血氧饱和度的改变有助于肺动静脉畸形诊断。螺旋 CT 扫描诊断 PAVM 的敏感性较高。

4. 基因分析   随着 HHT 致病基因的确定及多种点突变在 HHT 家系成员被发现,基因分析用于 HHT 的诊断和分型已得到重视和应用。通过点突变筛查,若明确与 ALK1 基因突变所致的HHT,称之为 Ⅱ 型 HHT;若基因突变累及 Endoglin,则称之为 Ⅰ 型 HHT。

【诊断】   2000 年的国际 HHT 诊断标准如下:①鼻出血;②毛细血管扩张;③内脏受累;④阳性家族史。4 项中符合 3 项或以上者,可确诊;符合 2 项者为疑诊;仅满足 1 项者,则不能诊断。

【治疗】   本病无特殊治疗方法,以局部对症治疗为主。近期报道沙利度胺(thalidomide)能够改善 HHT 患者的出血症状。由于长期慢性鼻出血或消化道出血引起的缺铁性贫血者可补充铁剂。

第三节   单纯性紫癜

单纯性紫癜也叫女性易发青斑综合征(female easy bruising syndrome)。发病以女性为主,常与月经周期有关。激素对血管和(或)周围组织的影响可能是单纯性紫癜的发病机制。若同时服用影响血小板功能的药物如非甾体抗炎药可使此类紫癜加重。症状主要表现为轻微创伤后或自发性出现皮肤紫癜或瘀斑,通常不需治疗可自行消退。这类紫癜患者当遇到外科手术等应激状态时,并不会有过度出血的危险。

(侯 明)

推荐阅读文献

1. Hoffbrand AV, Catovsky D, Tuddenham EGD, et al. Postgraduate Haematology. 6th edition, Wiley-Blackwell. 2011:746-793

2. Andreoli TE, Benjamin IJ, Win EJ. Cecil Essentials of Medicine. 8th edition. Elsevier Science. 2010:555-564

3. Lebrin F, Srun S, Raymond K, et al. Thalidomide stimulates vessel maturation and reduces epistaxis in individuals with hereditary hemorrhagic telangiectasia. Nat Med 2010 Apr, 16(4):420-428

4. Kanellopoulou T, Alexopoulou A. Bevacizumabin the treatment of hereditary hemorrhagic telangiectasia. Expert opinion on biological therapy 2013 Sep, 13(9):1315-1323

Notes

第十七章 血小板疾病

> **要点:**
>
> 1. 原发免疫性血小板减少症(ITP)主要的发病机制是免疫介导的血小板破坏过多以及血小板生成不足,导致血小板计数减少。ITP 的诊断仍以临床排除性诊断为主,一线治疗包括糖皮质激素及大剂量免疫球蛋白。
>
> 2. 血栓性血小板减少性紫癜(TTP)是一种以微血管内广泛血小板血栓形成为特征的血栓性微血管病,发病机制与血浆 vWF 缺乏或活性降低有关。临床上以典型的三联征多见(血小板减少,微血管病性溶血,神经系统损伤)。血浆置换是 TTP 治疗的首选。
>
> 3. 血小板功能障碍性疾病,是因血小板黏附、聚集、释放、促凝功能及花生四烯酸代谢缺陷而致的一组出血性疾病,包括先天性和后天获得性功能缺陷。

血小板在机体正常止血过程中起重要作用,血小板数量减少或功能异常,都可导致机体止血机制异常,发生出血。本章血小板疾病主要介绍血小板数量减少所致的出血性疾病:原发免疫性血小板减少症和血栓性血小板减少性紫癜,以及血小板功能障碍所致的出血性疾病。

第一节 原发免疫性血小板减少症

原发免疫性血小板减少症(primary immune thrombocytopenia),既往称特发性血小板减少性紫癜(idiopathic thrombocytopenic purpura,ITP),是临床上最常见的出血性疾病。本病的发生是由于患者对自身血小板抗原的免疫失耐受,产生免疫介导的血小板过度破坏和血小板生成不足,导致血小板减少。临床表现以皮肤黏膜出血为主,严重者可有内脏出血,甚至颅内出血,出血风险随年龄的增长而增加。部分患者仅有血小板减少,没有出血症状。另外,乏力和血栓风险增加是 ITP 患者易被忽视的临床表现。ITP 的发病率约为 5/10 万 ~10/10 万人口。男女发病率相近,育龄期女性发病率高于同年龄段男性,60 岁以上人群的发病率为 60 岁以下人群的 2 倍。本节主要介绍成人 ITP。

【病因与发病机制】 ITP 的病因迄今未明。发病机制如下:

(一) 体液免疫和细胞免疫介导的血小板过度破坏

ITP 的发病机制与血小板膜糖蛋白(glycoprotein,GP)特异性自身抗体有关。将 ITP 患者血浆输给健康志愿者可造成后者一过性血小板减少。50% ~70% 的 ITP 患者血浆和血小板表面可检测到血小板膜 GP 特异性自身抗体。自身抗体靶抗原为血小板膜 GP,主要包括血小板膜 GPⅡb/Ⅲa,GPⅠbα。抗原致敏的血小板被单核巨噬细胞系统吞噬破坏。另外,ITP 患者的细胞毒 T 细胞亦可直接溶解血小板。

(二) 体液免疫和细胞免疫介导的血小板生成不足

血小板膜 GP 特异性自身抗体还可损伤巨核细胞或抑制巨核细胞释放血小板,造成 ITP 患者血小板生成不足;ITP 患者的 CD8+细胞毒 T 细胞可通过抑制巨核细胞凋亡,使血小板生成障碍。另外,ITP患者血清血小板生成素(thrombopoietin,TPO)水平相对不足,提示血小板生成不足是ITP发病的另一重要机制。

【临床表现】

（一）出血倾向

成人ITP多起病隐袭。ITP的出血多表现为紫癜,即皮肤黏膜瘀点、瘀斑。紫癜通常分布不均。出血多位于血液淤滞部位或负重区域的皮肤,如手臂压脉带以下的皮肤,机体负重部位如踝关节周围皮肤,以及易于受压部位包括腰带及袜子受压部位的皮肤。皮损压之不褪色。黏膜出血包括鼻出血、牙龈出血、口腔黏膜出血以及血尿;女性患者可以月经增多为唯一表现。严重的血小板减少可导致颅内出血,但<60岁患者颅内出血发生率较低(1%左右)。成人ITP多呈反复发作过程,自发性缓解少见,每次发作可持续数周或数月,甚至迁延数年。患者病情可因感染等骤然加重,出现广泛、严重的皮肤黏膜及内脏出血。部分患者通过偶然的血常规检查发现血小板减少,无出血症状。

（二）其他表现

乏力是ITP的常见临床症状之一,部分患者表现得更为明显。另外ITP不仅是一种出血性疾病,也是一种血栓前疾病。尤其见于部分伴有抗磷脂抗体或产生激活血小板的自身抗体的ITP患者。长期月经过多可出现失血性贫血。

（三）ITP

患者一般无脾大,脾大患者应首先排除其他疾病。

【实验室和特殊检查】

（一）血小板

1. 血小板计数减少($<100\times10^9$/L),至少2次检测血小板减少。

2. 血小板平均体积大致正常,少数偏大。

3. 出血时间延长,血块退缩不良。

4. 血小板的功能一般正常,部分功能增强。

（二）外周血涂片

白细胞、红细胞及血小板等血细胞形态无异常。

（三）骨髓

骨髓巨核细胞数量正常或增加;巨核细胞成熟障碍,形态上表现为巨核细胞体积变小,胞浆内颗粒减少;有血小板形成的巨核细胞显著减少(<30%);红系及粒、单核系通常正常。

（四）血浆血小板生成素(TPO)水平

与正常人无统计学差异。该指标可作为ITP和再生障碍性贫血鉴别的重要指标(后者TPO水平明显升高)。

（五）血小板膜糖蛋白特异性自身抗体

部分ITP患者的血小板表面或血浆中可检测出血小板膜GP特异性自身抗体,包括抗GPⅡb/Ⅲa、GPⅠb/Ⅸ等。GP特异性自身抗体的检测通常采用单克隆抗体特异性捕获血小板抗原试验(monoclonal antibody immobilization of platelet antigen assay,MAIPA)。该方法具有较高特异性,对鉴别免疫性与非免疫性血小板减少有帮助。即使采用此类敏感的检测方法,仍有40%的典型ITP无法检出血小板特异性自身抗体。

（六）其他

长期慢性失血的患者可有程度不等的正常细胞或小细胞低色素性贫血。少数可发现自身免疫性溶血的证据(Evans综合征)。

【诊断和鉴别诊断】

（一）诊断要点

ITP目前仍是临床排除性诊断,主要的诊断要点有:①至少2次化验血小板计数减少,血细胞形态无异常;②体检脾脏一般不增大;③骨髓检查巨核细胞数正常或增多,有成熟障碍;④排除其他继发性血小板减少症。

（二）鉴别诊断

本病需排除假性血小板减少;遗传性或先天性血小板减少综合征;以及继发性血小板减少,如继发免疫性血小板减少,包括系统性红斑狼疮、药物性免疫性血小板减少、病毒感染(如 HIV、HCV、CMV)所致血小板减少等;继发性非免疫性血小板减少,包括再生障碍性贫血、脾功能亢进、骨髓增生异常综合征、白血病等。另外,本病与过敏性紫癜不难鉴别。

（三）分型与分期

1. 新诊断的 ITP   指确诊后 3 个月以内的 ITP 患者。

2. 持续性 ITP   指确诊后 3~12 个月血小板持续减少的 ITP 患者。

3. 慢性 ITP   指血小板减少持续超过 12 个月的 ITP 患者。

4. 重症 ITP   指血小板<10×10^9/L,且就诊时存在需要治疗的出血症状或常规治疗中发生了新的出血症状,且需要用其他升高血小板药物治疗或增加现有治疗的药物剂量。

5. 难治性 ITP   指满足以下所有三个条件的患者:脾切除无效或者复发;仍需治疗以降低出血风险;除外其他引起血小板减少症的原因,确诊为 ITP。

【治疗】

（一）一般治疗

对于无明显出血倾向,血小板计数高于 30×10^9/L,并且无手术、创伤,不从事增加出血危险的工作或活动的 ITP 患者,发生出血的风险较小,可嘱临床观察暂不进行药物治疗。血小板低于 20×10^9/L 者,应严格卧床,同时,避免使用任何引起或加重出血的药物,禁用血小板拮抗剂,有效地控制高血压及避免创伤等。

（二）急症的处理

用于血小板低于 10×10^9/L 伴广泛、严重的出血症状者;疑有或已发生颅内出血者;以及近期将实施手术或分娩者。

1. 血小板输注   成人按 10~20 单位/次给予,根据病情可重复使用(从 200ml 循环血中单采所得的血小板为 1 单位血小板)。有条件的地方尽量使用单采血小板。

2. 静脉输注丙种球蛋白(IVIg)   常用剂量 400mg/(kg·d)×5 天;或 1.0g/(kg·d)×2 天。作用机制与单核巨噬细胞 Fc 受体封闭、抗体中和及免疫调节等有关。

3. 大剂量甲泼尼龙   常用剂量 1g/d,静脉注射 3 天,随后逐渐减量。可通过抑制单核-巨噬细胞功能而发挥治疗作用。

对于危及生命的严重出血上述治疗可同时应用。

（三）ITP 的一线治疗

1. 肾上腺糖皮质激素   成人 ITP 的一线治疗,近期有效率约接近 80%。

常用泼尼松 1mg/(kg·d),口服,分次或顿服。对治疗有反应的患者,血小板计数在用药一周后可见上升,2~4 周达到峰值。待血小板升至正常或接近正常后,4~6 周内快速减至最小维持量 15mg/d。足量泼尼松应用 4 周无效,迅速减量至停药。也可使用口服大剂量地塞米松(HD-DXM),剂量 40mg/d×4 天,无效者可重复一次。应用时,注意监测血压、血糖的变化,预防感染,保护胃黏膜。

糖皮质激素可能的作用机制有:①减少自身抗体生成及减轻抗原抗体反应;②抑制单核-巨噬细胞系统对血小板的破坏;③降低毛细血管通透性,减轻出血症状;④刺激骨髓造血及血小板向外周血的释放等。

2. 静脉输注丙种球蛋白(IVIg)   主要用于:①ITP 的急症处理;②不能耐受肾上腺糖皮质激素或者脾切除前准备;③合并妊娠或分娩前。

Notes

(四) ITP 的二线治疗

1. 脾切除　ITP 患者脾切除的适应证包括:①正规糖皮质激素治疗无效,病程 6 个月以上;②糖皮质激素治疗有效,但减量或停药复发,或需较大剂量(15mg/d 以上)维持者;③使用糖皮质激素有禁忌者。脾切除治疗的近期有效率约为 60%~70%,长期有效率 30%。通常在切脾后 24~48 小时,血小板计数快速增加,手术后 10 天左右,血小板计数可达峰值。约 2/3 的患者脾切除后不久或数年后复发,可能与存在副脾有关。故术中仔细探查副脾并予切除非常重要。

2. 药物治疗

(1) 促血小板生成药物:主要包括:重组人血小板生成素(rhTPO)、TPO 拟肽罗米司亭(romiplostim)以及非肽类 TPO 类似物艾曲波帕(eltrombopag)。此类药物起效快,但停药后疗效不能维持,需要进行维持治疗。药物相关的不良反应轻微,但需要特别关注血栓形成的风险。一般用于糖皮质激素治疗无效或难治性 ITP 患者。

(2) 抗 CD20 单克隆抗体(利妥昔单抗):利妥昔单抗为抗 CD20 的人鼠嵌合抗体,375mg/m^2 静注,每周一次,连用四周。可与患者体内 B 淋巴细胞结合,引起 Fc 受体介导的细胞溶解,有效清除血液、淋巴结、脾脏以及骨髓中的 B 淋巴细胞,减少自身抗体生成。近期有效率 60%,持续缓解率 20%,中位起效时间 5.5 周。复发后再次应用利妥昔单抗,大部分患者仍然有效。活动性的乙型及丙型肝炎是利妥昔单抗治疗的禁忌证。应注意利妥昔单抗应用后的丙种球蛋白替代治疗,以降低感染风险。

(3) 其他:长春新碱、环孢素 A、硫唑嘌呤、霉酚酸酯等免疫抑制剂,以及达那唑等药物,也可用于 ITP 的治疗,但多缺乏循证医学证据。

【预后】　大多数患者预后良好,但易复发,缓解期长短不一。各种感染可加重血小板减少。严重血小板减少者,可因脑或其他重要脏器出血而死亡。难治性 ITP 及老年 ITP 患者预后差。

第二节　血栓性血小板减少性紫癜

血栓性血小板减少性紫癜(thrombotic thrombocytopenic purpura,TTP)是一种弥散性血栓性微血管病。主要表现为微血管病性溶血、血小板减少以及微血管血栓形成,造成中枢神经系统、肾脏以及其他各器官的可逆性损害。最初由 Moschcowitz 在 1924 年描述,于 1947 年被正式命名为 TTP。临床上以典型的三联征为多见:即血小板减少,微血管病性溶血,神经系统损伤;若同时伴有肾损害和发热,则为 TTP 经典的"五联征"。

【病因和发病机制】　现已证实 TTP 患者血管性血友病因子裂解蛋白酶(vWF-cleaving protease,vWF-cp,也叫 ADAMTS13)缺乏或活性降低所致。根据具体发病机制不同,可分为先天性 TTP 与获得性 TTP,前者也称为 Upshaw-Schulman 综合征,与遗传性 ADAMTS13 缺乏和活性降低有关;多数获得性 TTP 病因不明,称为特发性 TTP,少数继发于妊娠、药物、自身免疫性疾病、严重感染、肿瘤、造血干细胞移植等称为继发性 TTP。

血管性血友病因子(vWF)在血浆中以分子量为 50 万~2000 万道尔顿的多聚体形式存在。生理情况下,vWF 被不同的蛋白水解酶水解,其中重要的蛋白水解酶为 ADAMTS13。先天性 TTP 患者缺乏 ADAMTS13。在缺乏家族史的获得性 TTP,通常存在可以抑制 ADAMTS13 活性的抗体,多为 IgG 型抗体。由于 ADAMTS13 缺乏,不能正常降解超大分子 vWF(UL-vWF),聚集的 UL-vWF 具有超强的黏附能力,促进血小板黏附与聚集,在微血管内形成广泛的血小板血栓,血小板消耗性减少,继发出血;微血管管腔狭窄,出现受累组织器官损伤或功能障碍;红细胞通过狭窄的管腔时被破坏,出现溶血。由于这一过程不激活凝血级联反应途径,故患者 PT 和 APTT 正常。

【病理】 TTP 典型的病理损害是终末小动脉和毛细血管内血栓形成。血栓由血小板、vWF 和少量纤维蛋白构成。在毛细血管内膜下层或动脉的内膜与肌层之间,有透明样物质沉积。内膜下损害是 TTP 最具特征性的组织病理学特点。血栓形成可见于脑、肾、胰腺、心脏、脾脏和肾上腺甚或全身各部位,小血管中的血栓造成管腔狭窄,红细胞易被撕裂而破碎。

【临床表现】 TTP 可发生于任何年龄,多为 15 ~ 50 岁,女性多见。典型 TTP 的临床表现包括五联征,即微血管病性溶血、血小板减少、神经系统症状及体征、肾损害、发热。并非所有患者均具有五联征表现。出血和神经精神症状为该病最常见的表现。出血以皮肤黏膜和视网膜出血为主,严重者可发生内脏及颅内出血。神经精神症状可表现为头痛、意识紊乱、淡漠、失语、惊厥、视力障碍、谵妄、偏瘫和昏迷等,变化多端。50% 患者有发热。微血管病性溶血表现为皮肤、巩膜黄染,尿色加深。肾脏表现有蛋白尿、血尿和不同程度的肾功能损害。

【实验室和辅助检查】

(一) 血象

可见不同程度贫血,尤其是特征性的微血管病性红细胞破坏,血涂片检查显示红细胞嗜多色性,点彩样红细胞,有核红细胞及破碎红细胞,破碎红细胞大于 2%。网织红细胞计数增高并与贫血程度平行。血小板多 $<50×10^9/L$,急性发作期常 $<20×10^9/L$,甚或 $<10×10^9/L$;可有中度白细胞减少或周围血涂片出现不成熟粒细胞。

(二) 溶血

以血管内溶血为特征,血 LDH 升高(400 ~ 1000U/L);结合珠蛋白浓度降低;非结合胆红素浓度升高。常常有血红蛋白尿、镜下血尿、轻度氮质血症、肝功能异常等。

(三) 出凝血时间

出血时间延长。一般无典型 DIC 实验室改变,纤维蛋白降解产物可有轻度增加。vWF 多聚体分析可见 UL-vWF。

(四) ADAMTS13 活性分析

健康成人血浆 ADAMTS13 活性水平为 50% ~ 178%。在遗传性 TTP,ADAMTS13 活性完全缺乏或严重减低(低于 5%);在获得性特发性 TTP 的初起发病及后期复发阶段,可有 ADAMTS13 活性明显降低或缺乏,同时血浆中可检测到该酶的抗体;而继发性 TTP 通常不存在 ADAMTS13 活性严重缺乏。因此,该检查对于 TTP 诊断的特异性和敏感性尚存在疑问,但作为 TTP 预后评估是有价值的。

【诊断和鉴别诊断】 TTP 的诊断不具特异性,临床主要根据特征性的五联征表现作为诊断依据。Coombs 试验阴性的微血管病性溶血性贫血(血涂片镜检发现破碎红细胞)和血小板减少是诊断 TTP 的基本条件,但需排除其他原因,包括 DIC、癌症、药物、急性高血压等。vWF 多聚体分析发现 UL-vWF、ADAMTS13 活性降低均有助于诊断。

鉴别诊断包括:①溶血尿毒综合征(hemolytic uremic syndrome,HUS):HUS 是一种局限性地主要累及肾脏的血栓性微血管病,儿童发病率高。发病前有感染病史,尤其是大肠埃希菌 O157:H7 菌株感染。该病主要累及肾脏,出现少尿、高血压、严重肾损害等,神经系统症状少见。血浆 ADAMTS13 活性常在正常范围,而 TTP 多存在 ADAMTS13 活性缺乏或降低,可以鉴别。②妊娠期高血压疾病:在妊娠期高血压疾病的先兆子痫或子痫期,患者可出现许多类似于 TTP 的症状。少数妊娠妇女在妊娠后期或分娩期可出现所谓的 HELLP 综合征(hemolysis, elevated liver enzymes, and low platelet counts,HELLP),表现有溶血,肝酶增高,血小板计数降低。该综合征可在胎儿和胎盘娩出后好转。③活动性系统性红斑狼疮伴免疫性血小板减少和血管炎。④严重的原发免疫性血小板减少症伴自身免疫性溶血性贫血,即 Evans 综合征。⑤阵发性睡眠性血红蛋白尿。⑥DIC。

【治疗】

(一) 血浆置换和输注新鲜冰冻血浆

血浆置换为首选治疗,在血浆置换或血浆输注疗法尚未应用时,TTP 的死亡率高达 90% 左右,多在发病 3 个月内死亡,而随着血浆置换疗法广泛应用于临床,80% 以上的患者可获得生存。置换液应选用新鲜血浆或新鲜冰冻血浆(fresh-frozen plasma,FFP)。血浆置换的机制可能包括:①去除异常的 vWF 多聚体、ADAMTS13 自身抗体和血小板聚集因子及循环免疫复合物;②补充 ADAMTS13。由于 TTP 病情凶险,诊断明确或高度怀疑本病时,应即刻开始治疗。目前推荐以新鲜冰冻血浆置换为主,建议开始置换 3 天,以 1～1.5 倍血浆体积进行置换,在难治性 TTP 或伴严重并发症如神经系统及心脏症状时,血浆置换需一天两次。直至疾病缓解(血小板计数、血红蛋白及 LDH 水平恢复正常)。

血浆输注在血浆置换疗法开始前可以产生短暂的治疗效果,但是一般不主张采用单独的血浆输注治疗。如因条件限制,无法立即进行血浆置换时,在患者可以耐受大量液体负荷条件下,应进行大剂量的新鲜或新鲜冰冻血浆输注[30ml/(kg·d)],最常见的并发症为急性肺损伤(transfusion-related acute lung injury,TRALI)。血浆输注更适用于先天性或遗传性 TTP。

(二) 其他疗法

1. 糖皮质激素治疗　除了血浆置换,标准一线治疗还包括糖皮质激素。糖皮质激素治疗的机制可能是抑制了 ADAMTS13 自身抗体的作用。病情急性发作时,推荐可与血浆置换联用,静脉用甲泼尼龙 1g/d,连用 3d,或口服泼尼松 1mg/(kg·d)。然而糖皮质激素对严重的肾脏功能衰竭,大肠埃希菌 O157:H7 菌株感染史或疑似药物相关的患者无效。

2. 利妥昔单抗(抗 CD20 单抗)　抗 CD20 单抗是一种人鼠嵌合的单克隆抗体,可与 B 淋巴细胞膜的 CD20 抗原特异性结合,引发 B 细胞溶解,从而降低 ADAMTS13 IgG 抗体滴度,提高 ADAMTS13 活性,达到治疗的目的。一般在治疗早期即可发挥作用,使用后 2 周,血小板计数开始升高。疾病缓解后 1 年内利妥昔单抗可起到预防复发作用,但随着 B 淋巴细胞重建,疾病开始出现复发。

【预后】　在血浆置换疗法以前,TTP 患者死亡率达 90%。即使实行血浆置换治疗,报道的死亡率仍有 15%～20%。老年 TTP 患者死亡率相对较高。TTP 经治疗后达到临床缓解的患者,10 年内仍有复发的可能性,但复发性 TTP 的死亡率明显低于初发病例。

第三节　血小板功能障碍性疾病

由血小板功能异常所致的出血性疾病称血小板功能障碍性疾病,是一组因血小板黏附、聚集、释放、促凝功能及花生四烯酸代谢缺陷而致的出血性疾病。包括先天性和后天获得性功能缺陷,其临床表现一般为轻度至中度黏膜出血,患者外伤或手术时可出现严重出血,如果发生在组织,如脑组织,可引起颅内出血,造成严重的后果。血小板功能异常可分为先天性以及获得性。

一、先天性血小板功能障碍性疾病

血小板止血功能与血小板质膜、血小板贮存颗粒、花生四烯酸代谢、磷脂酰肌醇代谢及钙离子动员等因素密切相关,其中任一环节出现异常均可能引起血小板功能障碍而导致出血。表 6-17-1 列出了遗传性血小板功能缺陷性疾病的分类及主要结构功能异常。简单介绍几种先天性血小板功能障碍性疾病。

1. 巨大血小板综合征(Bernard-Soulier syndrome)　呈常染色体不完全隐性遗传,杂合子无症状,但实验室检查可发现异常。本病的缺陷是血小板膜糖蛋白Ⅰb(GPⅠb)缺乏所致的黏

表 6-17-1　先天性血小板功能缺陷性疾病的分类及主要异常

主要缺陷性质	疾病
血小板血管壁作用缺陷	黏附疾病:巨大血小板综合征:GPⅠb、GPⅨ和GPⅤ异常 血管性血友病:vWF 异常 血小板型血管性血友病:GPⅠb 异常 对胶原反应缺陷:GPⅠa/Ⅱa、GPⅣ或 GPⅥ异常
血小板-血小板作用缺陷	聚集疾病:血小板无力症:GPⅡb/Ⅲa 异常 无纤维蛋白原血症
血小板释放缺陷	贮存池病 花生四烯酸代谢异常 钙转运异常
血小板凝血活性异常	单纯 PF$_3$ 缺陷(极少见)

附功能异常。血小板计数可轻至中度减少,外周血涂片血小板体积巨大,部分血小板直径可达 2.5~8μm(正常 1~4μm),大似淋巴细胞。出血时间显著延长,血块收缩正常,凝血酶原消耗减少,血小板黏附功能降低。血小板聚集试验对腺苷二磷酸(ADP)、肾上腺素、胶原聚集正常,但瑞斯脱霉素及人或牛 vWF 不能使血小板聚集。无特效治疗,重症者可输血小板。

2. 血小板无力症(Glanzmann thrombocytasthenia,GT)　呈常染色体隐性遗传。本病的缺陷是血小板膜 GPⅡb/Ⅲa 缺乏致血小板不能聚集。患者多于婴幼期发病,出血轻重不等,为皮肤瘀点、紫癜或瘀斑,反复鼻出血,外伤或手术后可出血不止。血小板计数正常或略增加,血涂片中血小板分散,不凝聚成堆,体积正常或部分略偏大,颗粒减少或有空泡。出血时间延长,血块不收缩或收缩不良。对玻璃珠黏附率减低,对 ADP、肾上腺素、5-羟色胺、胶原、凝血酶都不发生聚集反应,但对瑞斯脱霉素或牛纤维蛋白原聚集反应则正常。无特效治疗方法,唯一有效的止血方法是输血小板。

3. 贮存池病(storage pool disease;SPD)　为常染色体遗传。基本缺陷是血小板的致密颗粒缺乏和/或 α-颗粒缺乏。临床表现一般出血程度较轻。实验室检查:出血时间延长。血小板聚集对 ADP 或肾上腺素第一聚集波正常,第二聚集波减弱或消失(即无继发聚集)。

二、获得性血小板功能障碍性疾病

获得性血小板功能障碍性疾病是指多种原因导致的血小板功能异常,可分药物及全身系统疾病两方面。

1. 药物所致的血小板功能障碍　多种药物可以损害血小板的功能,一部分药物抑制血小板功能是其治疗作用,用于抗血栓治疗或预防血栓形成,另一部分药物血小板功能异常为药物相关的不良反应。如阿司匹林、吲哚美辛、保泰松及磺吡酮等药物,通过抑制前列腺素的合成(抑制花生四烯酸代谢),抑制血小板功能。双嘧达莫、咖啡因、氨茶碱等药物通过抑制血小板磷酸酯酶活性,增加血小板内 cAMP 浓度,抑制血小板聚集。另外,抗凝剂(肝素)、β-内酰胺类抗生素等也可影响血小板功能。治疗方面除了止血措施外,必要时输新鲜血小板,更重要的是找出并及时停用致病的药物。

2. 系统性疾病所致的血小板功能障碍　慢性肝、肾疾病,心肺旁路手术,慢性骨髓增殖性疾病,骨髓增生异常综合征,异常球蛋白血症、自身免疫性疾病等均可发生血小板功能异常性出血。治疗时应首先治疗原发病,辅以相应的止血措施,必要时输注新鲜血小板。

(侯　明)

推荐阅读文献

1. Provan D，Stasi R，Newland AC，et al. International consensus report on the investigation and management of primary immune thrombocytopenia. Blood. 2010，115：168-186
2. Neunert C，Lim W，Crowther M，et al. The American Society of Hematology 2011 evidence-based practice guideline for immune thrombocytopenia. Blood 2011，117：4190-4207
3. Hovinga JA，Vesely SK，Terrell DR，et al. Survival and relapse in patients with thrombotic thrombocytopenic purpura. Blood，2010，115：1500-1511
4. Marie Scully，Beverley J Hunt，Sylvia Benjamin，et al. Guidelines on the diagnosis and management of thrombotic thrombocytopenic purpura and other thrombotic Microangiopathies. British Journal of Haematology，2012，158：323-335

Notes

第十八章 凝血功能障碍性疾病

> **要点:**
>
> 1. 凝血功能障碍性疾病系指凝血因子缺乏或功能异常所致的出血性疾病。大致可分为先天性或遗传性和获得性两类。
>
> 2. 血友病是最常见的基因缺陷所引起的遗传性凝血功能障碍性疾病,可分为血友病 A 和 B,血友病 A 更为多见,常见于男性患者,女性患者极其罕见。治疗上以替代治疗为主。
>
> 3. 血管性血友病(von Willebrand disease,vWD)是一种由于血浆 vWF 缺陷所致的常染色体遗传性出血性疾病,多为显性遗传。获得性血管性血友病可在多种疾病的基础上发生,少数患者可无基础疾病。

血液从流动的液体状态变成不能流动的胶冻状凝块的过程为血液凝固简称凝血(coagulation)。凝血功能障碍性疾病系指凝血因子缺乏或功能异常所致的出血性疾病。大致可分为先天性或遗传性和获得性两类。前者与生俱来,多为单一性凝血因子缺乏,如血友病等;后者发病于出生后,常存在明显的基础疾病,多为复合性凝血因子减少,如维生素 K 依赖凝血因子缺乏症等。

第一节 血 友 病

血友病(hemophilia)是一组由于缺乏凝血因子Ⅷ(血友病 A)或Ⅸ(血友病 B)所引起的性联隐性遗传性疾病。该病常见于男性,女性血友病患者极其罕见。血友病 A 的发病率约 6 倍于血友病 B。欧美国家的发病率约为 5/10 万 ~ 10/10 万人口;国内尚缺乏系统的调查,一般估计是 4/10 万 ~ 6/10 万人口,其中血友病 A 约 3/10 万 ~ 4/10 万人口;血友病 B 约 1.2/10 万 ~ 1.5/10 万人口。在西方遗传性凝血因子障碍所致的出血性疾病中,血友病 A 为仅次于血管性血友病的第二种常见的凝血因子功能障碍性疾病。

【病因与发病机制】 血友病 A/B 为典型的性联隐性遗传,缺陷的基因(因子Ⅷ/Ⅸ基因)位于 X 染色体上。在缺乏正常 FⅧ/Ⅸ等位基因的男性患者,临床上表现出血友病的症状。

因子Ⅷ基因长 186kb,含有 26 个外显子。因子Ⅷ基因缺陷的类型包括 FⅧ基因大片段缺失、阅读框架移位、剪接错误、错义突变、无义突变及倒位等。上述缺陷是导致血友病 A 临床表型的分子基础。基因缺陷的类型往往与血友病的临床表现严重度有某种程度的联系。在重型血友病 A,基因倒位的发生率约占 50% 左右;而在轻-中型血友病 A,核苷酸的错义突变发生率约 86%。由于 FⅧ基因倒位在重型血友病发生率高,而且在家系中遗传较为恒定,因此检测分析重型血友病 A 家系中的 FⅧ基因倒位,可用于血友病 A 的携带者检测及产前诊断。绝大多数血友病 B 患者存在因子Ⅸ(FⅨ)基因突变,导致 FⅨ功能异常和活性缺乏。

血友病 A 的凝血异常主要是由于因子Ⅷ凝血活性部分(FⅧ:C)异常,导致内源性凝血途径障碍。正常情况下血浆 FⅧ:C(因子Ⅷ参与血液凝固的部分)与血管性血友病因子(vWF)形成复合物。vWF 作为 FⅧ:C 的载体,对Ⅷ:C 起稳定作用。在内源性凝血途径,FⅧ:C 被因子 Ⅹa 或凝血酶蛋白水解激活为 FⅧa,FⅧa 作为辅因子可使得 FⅨa 介导的 FⅩ活化的速率提高 10 000 倍,因此,大大提高了血液凝固的速率和效率。

【遗传规律】 由于血友病患者的 Y 染色体正常,故其儿子不会罹患血友病;而其所有的女儿,由于被遗传了病变的 X 染色体,将成为 FⅧ/Ⅸ基因缺陷的携带者。图6-18-1为血友病遗传规律。

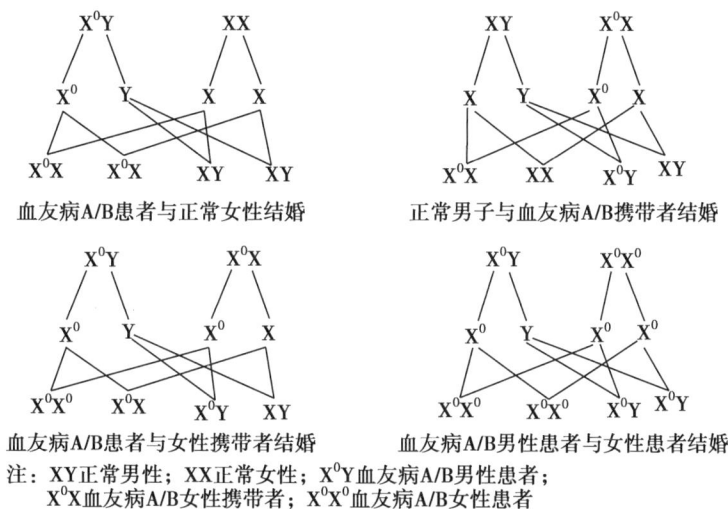

图 6-18-1 血友病 A/B 遗传规律

【临床表现】

（一）出血

出血的轻重与血友病类型及相关因子缺乏程度有关。血友病 A 出血较重,血友病 B 则较轻。血友病的出血程度常常与 FⅧ:C 或 FⅨ:C 缺乏程度平行。按血浆 FⅧ:C 的活性,可将血友病 A 分为 3 型:①重型:FⅧ:C 活性低于1%;②中型:FⅧ:C 活性1%~5%;③轻型:FⅧ:C 活性6%~30%。

血友病的出血多为自发性或轻度外伤、小手术后(如拔牙、扁桃体切除)出血不止,且具备下列特征:①与生俱来,伴随终身;②常表现为软组织或深部肌肉内血肿;③负重关节如膝、踝关节等反复出血甚为突出,最终可致关节肿胀、僵硬、畸形,可伴骨质疏松、关节骨化及相应肌肉萎缩(血友病关节)。

（二）血肿压迫症状及体征

血肿压迫周围神经可致局部疼痛、麻木及肌肉萎缩;压迫血管可致相应供血部位缺血性坏死或淤血、水肿;口腔底部、咽后壁、喉及颈部出血可致呼吸困难甚至窒息;压迫输尿管致排尿障碍;腹膜后出血可引起麻痹性肠梗阻。

【实验室检查】

（一）筛选试验

出血时间、凝血酶原时间、血小板计数、血小板聚集功能正常,APTT 延长,但 APTT 不能鉴别血友病的类型。

（二）临床确诊试验

FⅧ活性测定辅以 FⅧ:Ag 测定和 FⅨ活性测定辅以 FⅨ:Ag 测定可以确诊血友病 A 和血友病 B,同时根据结果对血友病进行临床分型;同时应行 vWF:Ag 测定(血友病患者正常)可与血管性血友病鉴别。

（三）基因诊断试验

主要用于携带者检测和产前诊断，目前用于基因分析的方法主要有 DNA 印迹法、限制性内切酶片段长度多态性等。产前诊断可在妊娠第 10 周左右进行绒毛膜活检确定胎儿的性别及通过胎儿的 DNA 检测致病基因；在妊娠的 16 周左右行羊水穿刺。

【诊断和鉴别诊断】　根据自幼发病、反复严重的出血，尤其是关节出血的临床表现；结合性联隐性遗传家族史；男性发病等特点，血友病 A 和 B 的临床诊断常不难做出。但需实验室检查以确诊。对轻型血友病 A，需要与男性重型血管性血友病（vWD）鉴别。在 vWD，出血时间延长；不仅Ⅷ:C 降低，vWFAg、vWF 瑞斯托霉素辅因子活性也降低。血友病出血累及关节时，有时易误诊为风湿性关节炎、关节结核或其他关节病，鉴别诊断时应注意。

【治疗】　治疗原则：是以替代治疗为主的综合治疗：①加强自我保护，预防损伤出血极为重要；②尽早有效地处理患者出血，避免并发症的发生和发展；③禁用阿司匹林、非甾体抗炎药及其他可能干扰血小板聚集的药物；④家庭治疗及综合性血友病诊治中心的定期随访；⑤出血严重患者提倡预防治疗。

（一）替代疗法

目前血友病的治疗仍以替代疗法为主，即补充缺失的凝血因子，它是防治血友病出血最重要的措施。替代疗法的原则是根据 FⅧ或 FⅨ的半衰期、稳定性以及出血严重程度、手术大小及范围，针对性地选择合适的血液制品，剂量和给药方法。主要制剂有基因重组的纯化 FⅧ、FⅧ浓缩制剂、新鲜冰冻血浆、冷沉淀物（FⅧ浓度较血浆高 5～10 倍）以及凝血酶原复合物等。

FⅧ及 FⅨ的半衰期分别为 8～12 小时及 18～24 小时，故补充 FⅧ需连续静脉滴注或每日 2 次；FⅨ每日 1 次即可。

FⅧ及 FⅨ剂量：每千克体重输注 1U FⅧ能使体内 FⅧ:C 水平提高 2%；每千克体重输注 1U FⅨ能使体内 FⅨ:C 水平提高 1%。最低止血要求 FⅧ:C 或 FⅨ水平达 20% 以上，出血严重或欲行中型以上手术者，应使 FⅧ或 FⅨ活性水平达 40% 以上。

凝血因子的补充一般可采取下列公式计算：

FⅧ剂量（IU）= 体重（Kg）×所需提高的活性水平（%）÷2。

FⅨ剂量（IU）= 体重（Kg）×所需提高的活性水平（%）。

血友病患者反复输注血液制品后会产生 FⅧ或 FⅨ抑制物，其发生率大约为 10%。通过检测患者血浆 FⅧ或 FⅨ抑制物滴度可确定，主要通过免疫抑制治疗（包括糖皮质激素、静脉注射人免疫球蛋白等）及旁路治疗来改善出血，后者包括使用凝血酶原复合物及重组人活化因子Ⅶ（rFⅦa）。rFⅦa 具有很好的安全性，常用剂量是 90μg/kg，每 2～3 小时静脉注射，直至出血停止。

（二）其他药物治疗

1. 去氨加压素（desmopressin，DDAVP）　是一种半合成的抗利尿激素，可促进内皮细胞释放储存的 vWF 和 FⅧ。常用剂量为 0.3μg/kg，置于 30～50ml 生理盐水内快速滴入，每 12 小时 1 次。

2. 抗纤溶药物　通过保护已形成的纤维蛋白凝块不被溶解而发挥止血作用。常用的有氨基己酸和氨甲环酸等。但有泌尿系出血和休克、肾功能不全时慎用或禁用纤溶抑制品。

（三）家庭治疗

血友病患者的家庭治疗在国外已广泛应用。除有抗 FⅧ:C 抗体、病情不稳定、小于 3 岁的患儿外，均可安排家庭治疗。血友病患者及其家属应接受有关疾病的病理、生理、诊断及治疗知识的教育，家庭治疗最初应在专业医师的指导下进行。除传授注射技术外，还包括血液病学、矫形外科、精神、心理学、物理治疗以及艾滋病、病毒性肝炎的预防知识等。

（四）外科治疗

有关节出血者应在替代治疗的同时,进行固定及理疗等处理。对反复关节出血而致关节强直及畸形的患者,可在补充足量 FⅧ或 FⅨ的前提下,行关节成型或人工关节置换术。

（五）基因疗法

已有实验研究成功将 FⅧ及 FⅨ合成的正常基因,通过载体以直接或间接方式转导入动物模型体内的方法,以纠正血友病的基因缺陷,生成具有生物活性的 FⅧ或 FⅨ。但应用于临床有待进一步的探索和研究。

【预防】 由于本病目前尚无根治方法,因此预防更为重要。血友病的出血多数与损伤有关,预防损伤是防止出血的重要措施之一,医务人员应向患者家属、学校、工作单位及本人介绍有关血友病出血的预防知识。对活动性出血的患者,应限制其活动范围和活动强度。一般血友病患者,应避免剧烈或易致损伤的活动、运动及工作,减少出血的危险;建立遗传咨询,严格婚前检查,加强产前诊断,是减少血友病发生的重要方法。

第二节　血管性血友病

血管性血友病(von Willebrand disease,vWD)是一种由于血浆 vWF 缺陷所致的常染色体遗传性出血性疾病,多为显性遗传。该病最先由 von Willebrand 在 1926 年报道。以自幼发生的出血倾向、出血时间延长、血小板黏附性降低、瑞斯托霉素诱导的血小板聚集缺陷,及血浆 vWF 抗原缺乏或结构异常为特点。其发病率约 1/1000～10/1000。获得性血管性血友病可在多种疾病的基础上发生,少数患者可无基础疾病。

【病因和发病机制】 vWF 主要存在于内皮细胞、巨核细胞及血小板,其主要生理功能是:①与FⅧ:C 以非共价键结合成 vWF-FⅧ:C 复合物。vWF 增加 FⅧ:C 稳定性、防止其降解,并促进其生成及释放。②vWF 在血小板与血管壁的结合中起着重要的桥梁作用。血小板活化时,vWF 的一端与血小板糖蛋白Ⅰb 结合,另一端则与受损伤血管壁的纤维结合蛋白及胶原结合,使血小板能牢固地黏附于血管内皮。根据 vWD 发病机制,vWD 可分为三种类型:1 型和 3 型 vWD 为 vWF 量的缺陷,2 型 vWD 为 vWF 质的缺陷。2 型 vWD 又可分为 2A、2B、2M 和 2N 四种亚型。

vWF 基因位于 12 号染色体短臂末端,当其缺陷时,vWF 生成减少或功能异常,伴随 FⅧ:C 中度减低,血小板黏附、聚集功能障碍。

获得性血管性血友病涉及多种发病机制。最常见的是产生具有抗 vWF 活性的抑制物,主要为 IgG;其次为肿瘤细胞吸附 vWF,使血浆 vWF 减少;另外,抑制物可与 vWF 的非活性部位结合形成复合物,加速其在单核-巨噬细胞系统的破坏。

【临床表现】 出血倾向是本病的突出表现。与血友病比较,其出血在临床上有以下特征:①出血以皮肤黏膜为主,如鼻出血、牙龈出血、瘀斑等,外伤或小手术(如拔牙)后的出血也较常见;②男女均可发病,女性青春期患者可有月经过多及分娩后大出血;③出血可随年龄增长而减轻,此可能与随着年龄增长而 vWF 活性增高有关;④自发性关节、肌肉出血相对少见,由此致残者亦少。

【实验室检查】

1. 出血筛选检查 包括全血细胞计数、APTT/PT、血浆纤维蛋白原测定。筛选检查结果多正常或仅有 APTT 延长且可被正常血浆纠正。

2. 诊断实验 血浆 vWF 抗原测定(vWF:Ag),血浆 vWF 瑞斯托霉素辅因子活性(vWF:RCo)以及血浆 FⅧ凝血活性(FⅧ:C)测定。有一项或一项以上诊断实验结果异常者,需进行以下分型诊断实验。

3. vWD 分型诊断实验 包括①血浆 vWF 多聚体分析;②瑞斯托霉素诱导的血小板聚集

（RIPA）；③血浆 vWF 胶原结合试验（vWF:CB）；④血浆 vWF 因子Ⅷ结合活性（vWF:FⅧB）。

对有明确出血史或出血性疾病家族史患者，建议分步进行上述实验室检查，以明确 vWD 诊断并排除其他出血相关疾病。

【诊断与分型】

（一）诊断要点

1. 有或无家族史，有家族史者多数符合常染色体显性或隐性遗传规律。

2. 有自发性出血或外伤、手术后出血增多史，并符合 vWD 临床表现特征。

3. 血浆 vWF:Ag<30% 和/或 vWF:RCo<30%；FⅧ:C<30% 见于 2N 型和 3 型 VWD。

4. 排除血友病、获得性 vWD、血小板型 vWD、遗传性血小板病等。

（二）鉴别诊断

本病根据 vWFAg 测定可与血友病 A、B 鉴别，根据血小板形态可与巨血小板综合征鉴别。

（三）分型

VWD 分型诊断参见下表（表 6-18-1）。

表 6-18-1　血管性血友病的常见分型

类型	特　点
1 型	vWF 量的部分缺乏
2 型	vWF 质的异常
2A 型	缺乏高-中分子量 vWF 多聚体，导致血小板依赖性的功能减弱
2B 型	对血小板模 GPⅠb 亲和性增加，使高分子量 vWF 多聚体缺乏
2M 型	vWF 依赖性血小板黏附能力降低，vWF 多聚体分析正常
2N 型	vWF 对因子Ⅷ亲和力明显降低
3 型	vWF 量的完全缺失

【治疗】　治疗的目的是纠正出血和血液凝固的异常。轻型无症状患者不需要治疗。对于Ⅰ型 vWD 有明显皮肤、黏膜出血或进行拔牙等小手术者，可用 1-去氨基-8D 精氨酸血管加压素（DDAVP）治疗，能提高 vWF 活性及Ⅷ:C 活性 2～3 倍，缩短出血时间。DDAVP 不适合于 2B 型 vWD；3 型 vWD 对 DDAVP 治疗无效；止血需输入 vWF 浓缩剂。推荐剂量：$0.3\mu g/kg$，稀释于 30～50ml 生理盐水中，缓慢静脉注射（至少 30 分钟）。间隔 12～24 小时可重复使用，但多次使用后疗效下降。DDAVP 副作用有面部潮红、头痛、心率加快等，反复使用可发生水潴留和低钠血症，需限制液体摄入；对有心脑血管疾病的老年患者慎用。出血严重者或 vWD 欲进行较大外科手术者，可输入血浆制品如中纯度因子Ⅷ浓缩剂（含大分子量 vWF 多聚体），冷沉淀物等。该病禁用阿司匹林、保泰松、双嘧达莫、噻氯匹定等血小板功能抑制药物。

第三节　维生素 K 缺乏症

维生素 K 在凝血因子Ⅱ、Ⅶ、Ⅸ、Ⅹ翻译后的修饰中具有重要作用。上述维生素 K 依赖凝血因子氨基末端谷氨酸残基转化成 γ-羧基谷氨酸残基的酶促反应过程需要维生素 K 作为辅基，γ-羧基谷氨酸残基对于维生素 K 依赖凝血因子的金属离子结合特性是必需的。由于维生素 K 缺乏或拮抗剂的应用，维生素 K 依赖因子处于"去羧基化"的异常形式，不能与 Ca^{2+} 结合，影响或干扰了金属离子介导的该类凝血因子与磷脂颗粒或细胞膜的结合，从而减弱或损害了血液凝固过程，临床上出现出血症状。

维生素 K 是一种脂溶性维生素，饮食是其主要来源。绿叶蔬菜富含维生素 K_1，通过肠道细

菌合成的维生素 K_2 也为人体维生素 K 的来源之一。人体从饮食中需要的维生素 K 每天大约 100~200μg。维生素 K 的主要吸收部位为回肠,胆汁酸盐有助于维生素 K 吸收。体内贮存的维生素 K 在缺乏食物补充情况下,一周内可被耗竭。

引起维生素 K 缺乏的因素包括:①合成减少:严重肝病可引起多种凝血因子合成障碍,其中以因子 Ⅱ、Ⅶ、Ⅸ、Ⅹ 缺乏最常见;②摄入不足或吸收减少:严格限制脂肪类食物摄入;长期口服抗生素;胆道疾病等导致维生素 K 吸收减少;③维生素 K 拮抗剂的应用:如香豆素类药物的使用,误服灭鼠药等。

维生素 K 缺乏的临床表现为皮肤瘀点、瘀斑、黏膜出血;外伤、手术后渗血不止;也可有血尿、胃肠道出血者。误服灭鼠剂或香豆素类药物过量者,出血症状常较重,部位更为广泛。实验室特点主要为 PT、APTT 延长,TT 正常,因子 Ⅱ、Ⅶ、Ⅸ、Ⅹ 活性明显降低。维生素 K 缺乏症的治疗取决于临床出血表现及程度。如果有严重的内出血或 PT 时间显著延长,可静脉给予维生素 K_1 10~15mg/d 及输入新鲜冷冻血浆或凝血酶原复合物。维生素 K 静脉内给药偶有过敏反应,应注意。

第四节 严重肝病与出血

在严重肝病,几乎止血功能的每一方面都有可能受到损害,这是由于肝脏对凝血、抗凝血因子的生物合成及清除功能衰减所致。止血方面的异常包括血小板数目减少、血小板功能障碍、血管内凝血、纤溶亢进等。分类见表 6-18-2。

表 6-18-2 肝脏疾病止血和凝血异常

凝血因子和抗凝血因子合成减少	包括凝血因子 Ⅰ、Ⅱ、Ⅴ、Ⅶ、Ⅸ、Ⅹ、Ⅻ、ⅩⅢ、前激肽释放酶、高分子量激肽原、抗纤溶酶、AT、肝素辅因子 Ⅱ(HCⅡ)、蛋白 C(PC)、蛋白 S(PS)
生物合成异常	异常纤维蛋白原、因子 Ⅴ、Ⅷ;因子 Ⅱ、Ⅶ、Ⅸ、Ⅹ 的异常抑制剂同系物
清除减低	纤维蛋白原单体、FDP、血小板因子 3(PF_3)、活化的因子Ⅸ、Ⅹ、Ⅺ、纤溶酶原激活物
凝血因子破坏加速	DIC、异常纤溶、局限性血管内凝血
血小板减少	脾亢、叶酸缺乏、慢性酒精中毒、DIC
血小板功能障碍	急性和慢性酒精中毒、FDP 作用、尿毒症

肝病引起止血异常的临床表现包括皮肤瘀点、瘀斑、鼻出血、牙龈出血等。胃肠道出血是严重肝病最常见的出血表现,但几乎都与消化道的局部损伤有关,如食道静脉曲张、消化性溃疡、胃炎等。凝血机制实验室检查依肝病的严重程度和原发病而定,肝病几乎所有的凝血因子都降低,但 FⅧ除外。尽管肝移植可提高血友病 A 的 FⅧ:C 水平,但肝病患者 FⅧ浓度常常增高,说明 FⅧ存在肝外合成部位。轻到中度肝病,PT 延长,APTT 正常;严重肝病 PT 和 APTT 均延长。血小板计数可减少,多与门静脉高压所致的脾功能亢进有关。抗凝血酶(AT)浓度常常降低。

治疗上除针对原发病外,输注新鲜冰冻血浆可补充所有凝血因子及生理性抗凝成分。输注凝血酶原复合物可有效改善出血,但有导致血栓栓塞风险,多用于严重出血的肝病患者。维生素 K1 治疗可使部分患者凝血异常有所改善。重组活化凝血因子Ⅶ(rFⅦa)在肝脏疾病中的止血作用已经得到肯定,但因价格昂贵,限制了临床广泛应用。

(胡 豫)

■ 推荐阅读文献

1. Lichtman MA, Kipps TJ, Seligsohn U, et al. Williams Hematology, 8th ed. McGraw Hill. 2010
2. Longo DL, Fauci AS, Kasper DL, et al. Harrison's Principles of Internal Medicine, 18th ed. McGraw Hill. 2012
3. Key NS, Negrier C. Coagulation factor concentrates: Past, present, and future. Lancet. 2007, 370:439-448

第十九章 弥散性血管内凝血

> **要点**：
> 1. 弥散性血管内凝血(DIC)，是由感染、损伤、肿瘤等疾病导致的以严重出血、栓塞、休克、微血管病性溶血为主要表现的临床综合征。
> 2. 诊断 DIC 应结合原发病，出血、栓塞、休克等特征性临床表现和实验室检查(血小板、PT、APTT、纤维蛋白原、D-Dimer)综合判断，ISTH 积分法可供参考。
> 3. DIC 治疗包括：治疗原发病、支持止血、打破凝血因子与血小板激活，其中早期诊断后积极止血、抢救具有举足轻重的意义。

弥散性血管内凝血(disseminated intravascular coagulation,DIC)是一种临床综合征。以血液中过量蛋白酶生成，可溶性纤维蛋白形成和纤维蛋白溶解为特征。临床主要表现为严重出血、血栓栓塞、低血压休克以及微血管病性溶血性贫血。DIC 的发生率占医院同期住院病人的 1/1000 左右。

【病因】 DIC 的发生与许多疾病状态有关。急性和亚急性 DIC 最常见的原因是：①感染(包括革兰氏阴性、阳性菌，真菌，病毒，立克次体，原虫等感染)；②病理产科如羊水栓塞，胎盘早剥，妊娠高血压等；③恶性肿瘤如白血病，淋巴瘤等。此外，严重创伤和组织损伤、烧伤、毒蛇咬伤或某些药物中毒也可引起 DIC。慢性 DIC 主要见于恶性实体瘤、死胎综合征以及进展期肝病等。DIC 的常见原因见表6-19-1。

表 6-19-1 DIC 的病因

一、脓毒血症或内毒素	四、原发性血管疾病
革兰氏阴性细菌	血管炎
二、组织损伤	巨大血管瘤(kasabach-merritt)
创伤	心脏附壁血栓
闭合性头部损伤	五、外源性因素
烧伤	蛇毒
低灌注或低血压	输注活化凝血因子
三、恶性肿瘤	六、病理产科
腺癌	羊水栓塞
急性早幼粒细胞性白血病	胎盘早剥

【发病机制】 生理状态下，血液凝固和纤溶是处于平衡状态的一对矛盾体，无论何种因素导致的 DIC，其发病的关键环节是凝血酶生成失调和过量，并引起进行性地继发性纤溶亢进。凝血酶的过度生成不仅可大量消耗凝血因子 I、V、Ⅷ，而且可结合到血小板和内皮细胞表面的凝血酶受体，一方面诱导血小板活化聚集；另一方面促使血管内皮细胞释放 t-PA。在存在新形成的纤维蛋白单体条件下，纤溶酶形成。多数情况下，DIC 的促凝刺激由组织因子(TF)介导。组织损伤可产生过量的 TF 进入血液，恶性肿瘤细胞分泌 TF；炎症介质作用下的血管内皮细胞和单

核细胞表面 TF 表达上调等因素均可使 TF 含量增高。然后 TF 触发凝血酶的形成,进而导致血小板活化和纤维蛋白形成。

在急性未经代偿的 DIC,凝血因子消耗的速率超过了肝脏合成的速率,血小板的过度消耗超出了骨髓巨核细胞生成和释放血小板的代偿能力,其效应反映在实验室检查方面则包括凝血酶原时间(PT)延长,APTT 延长,血小板计数降低。DIC 形成的过量纤维蛋白可刺激继发性纤溶的代偿过程,结果导致纤维蛋白(原)降解产物(fibrin degradation products,FDPs)增多。由于 FDPs 是一种强力的抗凝物,故可加重 DIC 的出血症状。血管内纤维蛋白沉积可引起微血管病性红细胞破碎,因此在血涂片上出现破碎红细胞。然而,DIC 出现明显的溶血性贫血表现并不常见。DIC 时微血管内血栓形成可引起组织坏死和终末器官损伤。有关 DIC 的出血,血栓形成及缺血表现的病理生理机制见图 6-19-1:

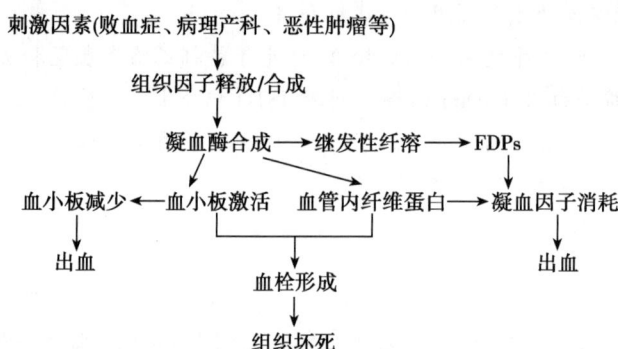

图 6-19-1   DIC 出血、血栓形成及缺血表现的病理生理机制

【临床表现】   DIC 的临床表现包括原发病的临床表现与 DIC 本身两部分。DIC 原发病表现视其性质、强度、持续时间及病因而定。DIC 本身的临床特点有:①出血:急性 DIC 时,出血往往严重而广泛,表现为皮肤瘀点、瘀斑,注射部位的瘀斑;尤其静脉穿刺部位的渗血,具有特征性。一部分病人可出现特征性的肢端皮肤"地图形状"的青紫;牙龈出血、鼻出血、消化道出血、肺出血、血尿、阴道出血等均可发生,颅内出血是 DIC 致死的主要因素之一。②微循环障碍:DIC 时常出现与失血量不成比例的组织、器官低灌注。轻者表现为一过性血压下降,重者出现休克。③血栓栓塞:DIC 可出现全身性或局限性微血栓形成。常见部位有肾、肺、肾上腺、皮肤、胃肠道、肝、脑、胰、心等,依据血栓栓塞的不同部位而出现相应的症状,如肺血栓栓塞引起的呼吸窘迫;肾血栓形成导致的肾衰竭;以及指、趾末端坏疽等。④血管内溶血:DIC 出现血管内溶血的症状发生率约 10% ~20%,主要表现为黄疸、贫血、血红蛋白尿、少尿甚至无尿等,因此血涂片可发现红细胞碎片或畸形红细胞。

【实验室和特殊检查】

(一)血液学检查

血常规检查可以提供急性出血、红细胞破坏加速、潜在的疾病(如白血病)的部分依据。血涂片检查可发现畸形红细胞或红细胞碎片;血 LDH 增高,结合珠蛋白降低常常提示血管内溶血。血小板计数减低通常是急性 DIC 早期且恒定的特点;在感染所致 DIC,血小板计数降低程度较为明显。革兰氏阳性菌感染所致 DIC 或其他原因的 DIC 常出现血小板计数和纤维蛋白原浓度的平行降低。

(二)凝血和纤溶机制检查及结果分析

作为反映 DIC 凝血和纤溶机制异常的基本实验包括:血浆纤维蛋白原浓度降低;PT、APTT、凝血酶时间(TT)延长;FDP 和 D-二聚体浓度增高;血小板计数减低;血浆鱼精蛋白副凝试验(3P)阳性。有关 DIC 的纤维蛋白原浓度,通常情况下降低。因纤维蛋白原系一急性时相反应蛋

Notes

白,在脓毒血症或其他潜在疾病引起的 DIC,由于纤维蛋白原分泌增加,故纤维蛋白原浓度可以正常甚或轻度增高。因此,纤维蛋白原浓度正常并不能排除 DIC 的诊断。DIC 的纤溶亢进由纤维蛋白凝块和组织型纤溶酶原激活物(tissue-type plasminogen activator,TPA)所"激发"。DIC 时,纤维蛋白降解产物浓度往往>40μg/ml;D-二聚体(D-dimer,D-D)>0.5μg/ml,尽管 FDP 在 DIC 时浓度增加,但非特异性;D-D 浓度增加对 DIC 诊断的特异性较高,分析结果时应注意。在诊断 DIC 时,首先应该完成这些简单的初筛实验。根据初筛试验结果异常,DIC 的诊断可基本确定。对于疑难病例或合并存在影响上述实验结果的原发病时针对性地选用 AT,纤溶酶原,α_2-抗纤溶酶(α_2-AP)等指标,有助于诊断。对于实验结果的分析应该小心,并注意动态观察。一些参数如 FⅧ、纤维蛋白原、血小板计数在某些 DIC 相关状态可以增加(如妊娠状态),应引起注意。

【诊断和鉴别诊断】　根据存在引起 DIC 的基础疾病,临床出现多发性出血倾向,微血栓栓塞以及微循环障碍或休克的症状体征,结合 FDP、D-D 浓度增高,纤维蛋白原浓度降低,血小板计数降低,PT、APTT 延长等实验室改变,DIC 的诊断不难做出。2001 年,国际血栓止血学会 DIC 分会给出了一种 DIC 诊断的积分系统,该积分诊断系统的主要内容如下:

1. 风险评估　病人是否存在与典型 DIC 发病有关的潜在疾病?

若回答"是",则进入到下述程序;若回答"否",则不进入下述程序。

2. 进行全面的凝血参数检测　(包括血小板计数,凝血酶原时间,纤维蛋白原,可溶性纤维蛋白单体,或纤维蛋白降解产物)。

3. 积分凝血试验结果

(1) 血小板计数(>100=0,<100=1,<50=2)。

(2) 纤维蛋白相关标志(包括可溶性纤维蛋白单体/纤维蛋白降解产物)(无增加=0,中度增加=2,显著增加=3)。

(3) 凝血酶原时间延长(<3"=0,>3"但<6"=1,>6"=2)。

(4) 纤维蛋白原浓度(>1.0g/L=0,<1.0g/L=1)。

4. 将"3"项中的各分数相加

5. 结果判定　如积分≥5,符合典型 DIC;每天重复积分。如积分<5,提示非典型 DIC,其后 1~2 天重复积分。

上述 DIC 诊断的积分系统所涉及的凝血参数简单易行,指标的选择综合性考虑了 DIC 时凝血因子消耗,血小板消耗,纤溶亢进等多个 DIC 发病的病理生理环节,故实用性强。有关该积分诊断系统对诊断 DIC 的敏感性及特异性评价,尚需前瞻性的临床资料证实。

DIC 的鉴别诊断包括:①严重肝病:由于存在血小板减少(脾脏扣押),多种凝血因子浓度降低,以及肝脏对 FDP 及蛋白酶抑制物清除降低,在实验室检查方面与 DIC 存在相互重叠,鉴别诊断常常困难。但严重肝病者多有肝病病史;黄疸、肝功能损害症状较为突出;血小板减少程度较轻或易变,可溶性纤维蛋白检出率低等可作为鉴别诊断参考。但需注意严重肝病合并 DIC 的情况。②血栓性血小板减少性紫癜:以血小板减少和微血管病性溶血为突出表现,但缺乏凝血因子消耗性降低及纤溶亢进等依据,可资鉴别。③原发性纤溶或"病理性"纤溶:在原发性纤溶,以下实验室参数有明显改变:包括低纤维蛋白原血症,FDP 浓度增高,APTT、PT、TT 异常,FⅤ 和 FⅧ:C减低,优球蛋白溶解时间(euglobulinlysis time)明显且持续性缩短。然而,原发性纤溶血小板计数通常正常,D-二聚体水平应该正常或仅轻度增高,鱼精蛋白副凝试验应该阴性。因此,常规的凝血检查可将 DIC 与原发性纤溶区别开来。

【治疗】　DIC 的治疗应遵循以下原则:

1. 去除病因,积极治疗原发病　处理任何种类的 DIC 病人,对原发病的治疗非常重要,如感染引起的 DIC,应该给予合适足量的抗生素,并尽快明确感染的部位及判断细菌种类;恶性肿瘤引起的 DIC 应进行相应的化疗等。

2. **支持性止血治疗** 包括：输注血小板、冷沉淀物(补充纤维蛋白原)、新鲜冻干血浆新鲜血浆等。如果凝血因子及抑制物过度消耗，PT 时间延长超过正常对照的 1.3 ~ 1.5 倍，应输入新鲜血浆，新鲜冷冻血浆或冷沉淀物。当纤维蛋白原浓度低于 1.0g/L，应输入冷沉淀物以补充足量纤维蛋白原。血浆替代疗法应使 PT 值控制在正常对照组的 2 ~ 3s 内，纤维蛋白原浓度应 >1.0g/L。当病人血小板计数<10 ~ 20×10^9/L；或血小板计数<50×10^9/L，有明显出血症状者，可输入血小板。

3. **阻断凝血因子和血小板的激活** DIC 的治疗目的在于最大限度地减少或预防由于过度血液凝固和纤溶亢进导致的血栓形成和出血。当临床上出现血栓形成的表现时，可考虑用肝素处理。但肝素用于急性 DIC 的效果仍难肯定，尤其对感染引起的 DIC 者。对于急性早幼粒细胞白血病相关性 DIC，小剂量肝素可能有效。国外报道的剂量为 50U/kg，静脉滴注，6h 一次；也有用 5000 ~ 10 000u，皮下注射，12 ~ 24h 一次者，疗程视病情而定。国内所用的小剂量肝素剂量更为偏低。肝素治疗的实验室监测结果往往由于病人本身存在的 APTT 延长而使得分析困难，小剂量肝素可不要求实验室监测。对于慢性 DIC 出现的血栓并发症，通常对华法林治疗耐药。治疗措施包括用比较强的抗 FⅩa 治疗(包括未分级肝素[UFH]或低分子量肝素[low molecular weight heparin,LMWH])，原发病的积极处理等。新近的资料表明，用活化蛋白 C(APC)制剂实验性治疗脓毒血症和 DIC，可降低疾病相关死亡率，这一新的 DIC 治疗方法值得关注。

(胡　豫)

参考文献

1. Kenneth Kaushansky, Marshall A. Lichtman, Ernest Beutler, et al. Williams Hematology, 8th ed. McGraw Hill. 2010
2. Hunt BJ. Bleeding and coagulopathies in critical care. N Engl J Med. 2014 27,370(9):847-859
3. 中华医学会血液学分会血栓与止血学组. 弥散性血管内凝血诊断与治疗中国专家共识(2012 年版). 中华血液学杂志,2012,33(11):978-979

第二十章 易 栓 症

要点:

1. 易栓症是指因血管内皮、血流动力学和凝血相关因子异常导致的易于发生血栓的病理状态,可分为遗传性易栓症和获得性易栓症。

2. 易栓症主要以静脉血栓栓塞症(VTE)为主要临床表现,诊断需在 D-Dimer、CTA 与血管彩超初步诊断的基础上,进行原发病的诊断或遗传因素的筛查。

3. 易栓症治疗应该针对血栓栓塞症采取抗凝、溶栓、抗血小板或手术治疗,继发性易栓症需针对原发病治疗,遗传性易栓症应注意疗程。

易栓症(thrombophilia)是指易于发生血栓的一种病理状态。高凝状态(hypercoagulable state)和血栓前状态(prethrombotic state)也都是对血栓形成(thrombosis)潜在危险度增加这一病理概念的描述。两者目前均无统一的诊断标准,但前者着重血浆凝血相关因子的改变(凝血因子的升高、抗凝因子和纤溶活性的降低),而后者含义更为广泛,包括血管内皮损伤、血流动力学和凝血相关因子的异常的综合作用。在许多情况下,高凝状态和血栓前状态与易栓症具有相似的含义。譬如因基因突变,导致凝血相关因子异常,造成先天性高凝状态,即是遗传性易栓症;而因为多种获得性因素或者疾病状态造成的血栓易发倾向,则为获得性易栓症。

【**病因和发病机制**】 血栓形成是特指在心血管系统管腔中形成的血凝块。血栓形成分为生理性和病理性,前者是血管破裂后为正常止血而发生的生理性现象,后者是心血管(包括动脉或静脉)管腔中异常形成的血栓(thrombus),造成组织器官血液灌注障碍和功能损伤的病理现象。病理性血栓脱落可造成远离血栓形成部位的其他血管堵塞,称为血栓栓塞(embolism),是血栓形成的重要并发症。血栓形成和血栓栓塞具有密切的因果关系。临床上统称为血栓栓塞症(thromboembolism)。血栓形成的机制十分复杂,目前仍有诸多问题有待阐明。18 世纪中期 Virchow 提出的三要素假说简明扼要地概括了血栓形成的发病机制,在赋予现代科学内涵后,至今仍不失其现实意义。该学说认为血管壁(内皮)损伤、血液流动形式(血流动力学)变化和血液成分的改变(血小板、凝血因子、抗凝因子、纤溶和抗纤溶因子)是血栓形成的基本因素。在静脉和动脉血栓形成中三要素发挥的作用和占据的地位有所不同,血管内皮损伤和血小板活化与动脉血栓形成的关系更为密切,而血流淤滞和血浆凝血相关因子的变化在静脉血栓形成中的意义更为突出。

血栓形成可表现自发性和诱发性。诱发血栓形成的主要危险因素包括老龄、大手术、抗磷脂综合征、肾病综合征、长期卧床或制动、肥胖、妊娠、吸烟、口服避孕药、恶性肿瘤和糖尿病等。

【**遗传学和病理生理**】

(一) 遗传性易栓症

自 Egeberg1965 年采用遗传性易栓症这一术语以来,已发现了多种遗传性凝血相关因子异常的病例,均具有单一因子受累的特点。易栓症的遗传背景在不同人种之间有着显著差别,某些在国外人群中具有颇高发病率(如因子 V Leiden 异常)的遗传性易栓症,在国内却罕见;国内人群易栓症的主要遗传因素为蛋白 C 和抗凝血酶抗凝系统的先天性异常。表 6-20-1 列出主要的遗传性易栓症以及各自的病理生理。

表 6-20-1　易栓症常见的遗传危险因素

基因变异	易栓症机制	流行人群	正常人群携带率[a]	疾病优势比(OR)[b]
PROC p. Arg189Trp	错义突变引起 Ⅱ 型 PC 缺乏症,PC 抗凝活性下降	中国汉族	~0.8%	~6
PROC p. Lys192del	缺失突变引起 PC 缺少一个正常 Lys 残基,PC 抗凝活性下降	中国汉族	~2.4%	~2.8
THBD c. –151G>T	5′UTR 点突变引起跨膜蛋白 TM 表达量下降,激活 PC 速率下降	中国汉族	~1.0%	~2.5
FV Leiden	错义突变引起 FV 第 506 位 Arg 置换为 Gln,对 APC 的灭活抵抗	欧美白人	2% ~5%	3 ~7
FII G20210A	3′UTR 点突变,mRNA 稳定性增加,凝血酶原水平增加	欧美白人	2% ~3%	2 ~3
PROS1 p. Lys196Glu	错义突变引起 PS 辅因子抗凝活性下降	日本	~0.9%	3 ~5
遗传性 AT 缺乏症	各种罕见 *SERPINC1* 基因突变引起 AT 表达量或者抗凝活性下降	各种人群	<0.1%	10 ~50
遗传性 PC 缺乏症	各种罕见 *PROC* 基因突变引起 PC 表达量或者抗凝活性下降	各种人群	~0.3%	5 ~30
遗传性 PS 缺乏症	各种罕见 *PROS1* 基因突变引起 PS 表达量或者抗凝活性下降	各种人群	<0.1%	2 ~30

[a] 人群携带率指正常人群中突变杂合子的比例;
[b] OR 指突变杂合子患血栓风险;
PC,protein C,蛋白 C;UTR,un-translated region,非翻译区;TM,thrombomodulin,血栓调节蛋白;APC,activated protein C,活化蛋白 C;PS,protein S,蛋白 S;AT,antithrombin,抗凝血酶

除上述较常见者外,其他遗传性易栓症还有因子Ⅷ活性升高、肝素辅因子Ⅱ缺陷症、纤溶酶原缺陷症、纤溶酶原激活物抑制物增多症、富含组氨酸糖蛋白增多症、血栓调节蛋白缺陷症、异常纤维蛋白原血症以及罕见的复合缺陷等,随着科学技术的进步,相信还会不断有新的病种发现。

（二）获得性易栓症(获得性高凝状态)

许多生理和病理过程能够影响止血系统,造成高凝状态,具有多因素参与的特征,包括血小板活化、凝血系统异常(凝血因子活性升高,抗凝因子活性降低)和纤维蛋白溶解活性的降低以及血液淤滞和血管内皮损伤。可引起获得性高凝状态的生理和病理情况见表 6-20-2。

【临床表现】　无论是遗传性易栓症还是获得性高凝状态最主要的临床特点是血栓易发倾向,多以静脉血栓栓塞性疾病(VTE)形式出现,有些疾病动脉血栓的发生率也有升高。

获得性高凝状态患者在原发疾病的基础上发生血栓形成。而遗传性易栓症患者具有终生易于血栓形成的倾向,以 VTE 为主,某些遗传性易栓症(如高同型半胱氨酸血症)同时伴有动脉血栓形成危险度的升高。不同遗传性易栓症发生 VTE 的危险度有异,从终生无血栓形成到反复VTE 不等。一般来说,纯合子以及符合因素个体发生血栓的机会高于杂合子者。血栓形成可呈自发性,但在存在前述危险因素的情况时更易发生。以下临床表现提示遗传性易栓症的可能,

表 6-20-2　获得性高凝状态相关的生理和病理现象

病 理 性	生理性或条件性
血管异常	老龄
动脉粥样硬化	妊娠产褥期
糖尿病	
血管炎	外科手术
人工材料(心瓣膜、植入物、留置导管等)	长期卧床或制动
血液流变学异常	口服避孕药
血液淤滞(CHF、制动、手术)	激素替代治疗
高黏滞血症(巨球蛋白血症、PV、SCA)	
其他	
恶性肿瘤	
骨髓增殖性疾病	
慢性炎症性疾病	
血栓性血小板减少性紫癜	
阵发性睡眠性血红蛋白尿症	
弥散性血管内凝血	
肾病综合征	
* 抗磷脂抗体综合征	

CHF:congestive heart failure(充血性心力衰竭)

PV:polycythemia vera(真性红细胞增多症)

SCA:sickle cell anemia(镰形细胞贫血)

　* 抗磷脂综合征(antiphospholipid syndrome,APLS)是近年来文献报道较多的一种获得性易栓症,分为原发性(无基础疾病可寻)和继发性(继发于其他免疫性疾病如 SLE 等)。患者出现多种抗磷脂抗体(IgG、IgM 及 IgA 型抗体)。发病机制包括损伤内皮、促进血小板聚集、激活补体以及损伤胎盘结构等,造成患者高凝状态或血栓前状态。主要临床特点有反复自发性流产、不可解释的静脉或动脉血栓(包括卒中)、血小板减少、神经精神及皮肤表现。如为继发性者可有基础病的表现。实验室检查要点包括抗磷脂抗体(中高度抗体效价有意义)、狼疮抗凝物测定以及抗核抗体和抗 ds-DNA 抗体

也是进一步检查的指征:①首次发生 VTE 的年龄<45 岁,或发生动脉血栓的年龄<40 岁,或新生儿原因不明的血栓形成;②自发性血栓形成;③反复发作的 VTE,或少见部位的血栓形成,如肠系膜静脉及脑静脉等;④口服香豆素类抗凝剂后发生皮肤坏死;⑤妊娠妇女反复自发性流产;⑥VTE阳性家族史。

　　血栓形成后,根据类型、部位、范围和程度而出现不同的临床表现。VTE 包括:

　　1. **深静脉血栓形成(deep vein thrombosis,DVT)**　　最常发生于下肢,但也可发生于身体其他部位。下肢不对称肿胀、疼痛和浅静脉曲张是下肢 DVT 的三大症状。根据下肢肿胀的平面可初步估计静脉血栓形成的部位。双下肢水肿则提示下腔静脉血栓。疼痛性质呈坠痛或钝痛。浅静脉曲张为静脉压升高和侧支循环建立的表现。有些下肢 DVT 无明显临床表现,称为"寂静型"DVT(silent DVT)。肠系膜静脉血栓可呈类似急腹症的临床表现。

　　2. **肺栓塞(pulmonary embolism,PE)**　　是下肢 DVT 的主要的严重并发症,严重者可造成患者猝死。据国内最近研究资料,肺栓塞并非少见,但因临床表现复杂多变,漏诊或误诊率可高达 80%。临床表现多不典型,胸痛、呼吸困难、气促是相对较为常见。如下肢 DVT 患者出现胸闷、气促、咯血,或突发晕厥,应高度考虑肺栓塞的可能。肺栓塞还可出现肺炎和胸腔积液以及酷似心绞痛甚至心肌梗死的表现。"寂静型"DVT 患者更可以肺栓塞为首发表现。因此,医生对本病认识的自觉性及对高危患者保持高度的警觉性是提高肺栓塞诊断水平和改善患者预后的关键。

　　【实验室检查】　对血栓形成的患者仅依靠临床表现不能确切区分发病机制是遗传性

或获得性异常所致。对于遗传性易栓症,实验室检查是确立诊断的基础。常规凝血象检查对诊断遗传性易栓症多无帮助。遗传性易栓症各有其特殊的遗传学改变和相应编码凝血相关因子(蛋白)的质量异常。因此,对遗传性易栓症的诊断应针对性地分析其异常基因和检测相应的异常蛋白。但目前不推荐对血栓形成患者常规进行遗传性易栓症的实验室筛查,只选择性地对高度怀疑的患者(符合临床表现中所列遗传性易栓症诊断提示者)予以检查。初筛试验多选择受累因子活性测定和蛋白抗原定量,包括抗凝血酶、蛋白C、蛋白S检测和活化蛋白C抵抗试验(白种人群)。主要遗传性易栓症的实验室诊断性检查见表6-20-3。

表6-20-3   主要的遗传性易栓症的实验室检查

遗传性易栓症	实验室检查	结果判断*
因子V Leiden	异常蛋白检查:活化蛋白C抵抗试验	APC抵抗
	遗传学异常检查:因子V基因分析	因子V Leiden突变
凝血酶原G20210A突变	遗传学异常检查:凝血酶基因分析	20210 G→A替换
抗凝血酶缺陷症	异常蛋白检查:抗凝血酶抗原和活性检测	降低
	交叉免疫电泳	异常蛋白带
	遗传学异常检查:抗凝血酶基因分析	异常基因
蛋白C缺陷症	异常蛋白检查:蛋白C抗原和活性检测	降低
	遗传学异常检查:蛋白C基因分析	异常基因
蛋白S缺陷症	异常蛋白检查:蛋白S抗原(总抗原和游离抗原)和活性检测	降低
	遗传学异常检查:蛋白S基因分析	异常基因

*各实验室应建立自己的正常参考范围,并据以判断结果。

应注意,妊娠尤其是晚期妊娠出现生理性高凝状态,口服香豆素类抗凝剂影响维生素K依赖凝血相关因子的水平(如蛋白C和蛋白S),普通肝素或低分子肝素治疗可以引起抗凝血酶水平下降,分析实验室结果时应予综合考虑。获得性高凝状态具有多因素异常的特征。然而,目前的实验室检查并不能准确地预测血栓发生与否,故除研究目的外,临床上不推荐对未发生血栓的可疑获得性高凝状态患者进行实验室筛查。

对患者,多数凝血象指标和分子标记物的检查并无临床实际意义,但D-二聚体(D-dimer)对判断VTE具有良好的敏感性和阴性预测值(均>95%),但特异性和阳性预测值欠理想(50%左右)。因此,D-二聚体升高虽不能确诊VTE,但D-二聚体不升高,则基本可排除VTE,故可作为临床筛查试验。D-二聚体的判断界限值应由各实验室建立。

【诊断和鉴别诊断】 高凝状态是一种易于发生血栓的病理状态,因此,在血栓形成前常难于确立诊断。遗传性易栓症的阳性家族史和上述其他线索有助于提示医师,而诊断则依赖相应的实验室检查。获得性高凝状态并无公认的诊断标准,只有在有原发疾病并发生血栓后才提示存在高凝状态。因此,高凝状态的诊断重点是血栓栓塞性疾病的诊断。

临床拟诊DVT的患者应进一步做诊断性检查。当前诊断DVT的方法主要是彩色多普勒超声显像和静脉造影(venography)。随着无创检查技术的提高,静脉造影虽仍为诊断DVT的基准方法,但其应用已逐渐减少。

肺栓塞的诊断性检查包括X线计算机体层扫描(CT)、磁共振(MRI)、核素扫描(肺扫描和肺通气/灌注扫描)和肺动脉造影。医生对肺栓塞影像学变化的经验和知识对正确诊断至关重要。

【治疗和预防】 获得性高凝状态有原发疾病或危险因素者应积极治疗和纠正。遗传性易栓症目前尚无根治方法。治疗主要针对血栓栓塞症。本文讨论 VTE 的治疗。VTE 治疗包括系统性药物治疗、介入治疗和手术治疗,此处重点讨论系统性药物治疗。获得性高凝状态和遗传性易栓症患者一旦发生 VTE 应及早开始抗栓治疗(antithrombotic therapy)。系统性药物抗栓治疗主要包括:抗凝治疗(anticoagulation therapy)、溶栓治疗(thrombolytic therapy)和抗血小板治疗(antiplatelet therapy),其他还有降纤维蛋白原和中医药治疗。

(一) 抗凝治疗

利用抗凝剂降低血液凝固性,阻止血栓的延伸或扩大,通过自身的纤维蛋白溶解系统溶解形成的血栓,使阻塞的血管再通。根据目的不同,分为治疗性抗凝和预防性抗凝。VTE 是抗凝治疗主要适应证之一。目前临床上所用的抗凝剂仍为肝素和香豆类口服抗凝剂。表 6-20-4 简要介绍抗凝剂及其应用。

表 6-20-4　常用抗凝剂的作用特点和临床应用

抗凝剂	作用机制及特点	适应证	用法举例及监测	副作用
肝素	与抗凝血酶结合,增强后者对 IIa、IXa、Xa、XIa 和 $XIIa$ 的抑制作用,阻碍凝血激活酶和凝血酶的形成	治疗:急性 VTE,动脉血栓,DIC 预防:VTE	治疗急性 VTE:标准剂量首次 80U/kg,i. v,其后 18U/(kg·h),c. i. v 后根据监测结果调整。APTT 监测,维持在 1.5 ~ 2.5 倍之间	出血,HIT,过敏
低分子量肝素	同样需与抗凝血酶结合,对 Xa 抑制强于对 IIa 的抑制。s. c. 生物利用度高,半衰期长。更适合血栓高危患者的预防	治疗:不稳定心绞痛,VTE 预防:VTE	预防 VTE:s. c. 每日 1 ~ 2 次。剂量依制剂不同而异。用药期间一般不需要实验室监测	出血,过敏,HIT 少于肝素
华法林*	竞争性拮抗 VK 的作用,影响 VK 依赖性凝血因子 II、VII、IX、X,及蛋白 C 和蛋白 S 分子的羧基化。体内需待上述凝血因子耗竭后才生效	治疗:急性 VTE 预防:VTE	治疗急性 VTE:2.5 ~ 7.5mg/日,口服。初始负荷量对无益处。疗程数月。继肝素后应用时,两者应至少重叠 4 天。PT 监测,维持 INR 在 2 ~ 3 之间。治疗期间定期复查 PT	主要是出血,其他有脱发、消化道反应,肝肾功能受损等

* 香豆类口服抗凝剂与多种药物相互作用,用药期间应注意
DIC:disseminated intravascular coagulation(弥散性血管内凝血)
HIT:heparin-induced thrombocytopenia(肝素诱发性血小板减少)
INR:international normalization ratio(国际标准化比率)
VK:vitamin K(维生素 K)
c. i. v:continuous intravenous infusion(持续静脉滴注)
i. v. :intravenous injection(静脉注射)
s. c. :subcutaneous injection(皮下注射)

某些特定因子缺陷的遗传性易栓症在抗凝治疗时应予特殊注意。抗凝血酶缺陷症患者单用常规剂量肝素效果不好,需增加抗凝剂量治疗才能达到预期的疗效。蛋白 C 和蛋白 S 缺陷症患者不能用香豆类抗凝剂作为初始抗凝治疗,因可引起皮肤坏死。

近年来进入临床的新抗凝剂有类肝素、多聚硫酸戊糖类、凝血酶特异性抑制剂(重组水蛭素和合成抗凝血酶肽等)、X 因子特异性抑制剂。其中不少可口服或皮下注射,在某些情况下可替代上述抗凝剂,也使 HIT 血栓患者的治疗有了更多的治疗选择,但其在血栓栓塞性疾病防治中的确切价值仍有待深入观察。国内也常采用去纤剂,如抗血栓蛇毒制剂治疗血栓栓塞性疾病。

抗凝治疗的主要副作用是出血,严重者可致残甚至危及生命。因此,在使用标准剂量或大剂量肝素和口服抗凝剂时,必须进行密切的实验室监测。抗凝治疗的绝对禁忌证为活动性出

Notes

血、HIT 或 HIT 史。相对禁忌证包括细菌性心内膜炎、近期创伤性检查史（器官活检、不能压迫部位动脉介入）、近期消化道或泌尿道出血史（<10 天）、脑脊髓或眼出血史、出血性疾病史、2 周内的大手术或卒中或外伤史、严重高血压、严重肝病等。

有关高凝状态患者血栓栓塞性疾病的预防性抗凝，应根据情况区别对待。原则上，对从未发生血栓的患者一般无须采取预防性抗凝，但应避免诱发因素。对获得性高凝状态和杂合子遗传性易栓症患者在暴露于危险因素时，如大手术或妊娠期间应预防性抗凝。对血栓反复发作或纯合子遗传性易栓症患者应酌情进行长期抗凝。

（二）溶栓治疗

利用促纤维蛋白溶解药物，提高或加强机体的纤维蛋白溶解活性，主动溶解已形成的血栓，重新开通阻塞血管。根据用药途径，溶栓治疗分为全身和局部介入溶栓。常用溶栓药物见表 6-20-5。

表 6-20-5   常用溶栓剂的作用特点和临床应用

溶栓剂	作 用 机 制	用 法	适 应 证	副作用
链激酶*（SK）	以 1:1 摩尔与纤溶酶原结合成复合物，促使纤溶酶原形成纤溶酶。纤维蛋白选择性差	治疗 VTE：首次 25×10^5 U，i. v.，此后 10×10^5 U/h c. i. v.×4h	急性 VTE 治疗，动脉血栓溶栓	有抗原性，出血，过敏反应
尿激酶（UK）	直接激活纤溶酶原，形成纤溶酶。纤维蛋白选择性差	治疗 VTE：首次 2×10^3 U/kg，i. v.，此后 2×10^3 U/h，c. i. v.×24~48h	急性 VTE 治疗，动脉血栓溶栓	出血
rt-PA	t-PA 是纤溶酶原直接激活剂，纤维蛋白选择性差	治疗 VTE：100mg c. i. v. 1h	急性 VTE 治疗，动脉血栓溶栓	出血

*目前常用重组链激酶

AMI：acute myocardial infarction（急性心肌梗死）

rt-PA：recombinant tissue-type plasminogen activator（重组组织型纤溶酶原激活物）

其他溶栓剂还有酰基化纤溶酶原链激酶激活剂复合物（anisoylated plasminogen -streptokinase activator complex，SPSAC 或 anistreplase）、前尿激酶（pro-UK）、和糖基化前尿激酶（glycosylated pro-UK）、新型 t-PA 制剂 tenectaplase 和重组葡激酶（recombinant sphylokinase）等，均主要用于动脉溶栓（心肌梗死）。

急性 DVT 可考虑介入溶栓治疗。为防止溶栓过程中血栓脱落，可事前放置下腔静脉滤器，减少发生 PE 的危险。

溶栓治疗对新鲜血栓（<7 天）效果好，溶栓率可达 60%~70%。配合肝素抗凝治疗可进一步提高疗效，但缺点是出血并发症也相应升高。

溶栓治疗主要副作用是出血，颅内出血可危及患者生命。目前尚缺乏溶栓治疗有效的实验室检测指标。溶栓治疗禁忌证与抗凝治疗相似，大于 75 岁者勿用。

DVT 不适合抗凝和溶栓或治疗无效者，根据情况还可采取手术摘除或抽吸术。

（三）抗血小板治疗

血小板在初级止血阶段和血栓形成初始阶段都发挥重要作用，尤其是在动脉血栓形成中作用更为突出。因此，血小板抑制剂主要用于动脉血栓形成性疾病的防治。抗血小板治疗的适应证包括：缺血性心脑血管病的防治，配合血管介入治疗，辅助溶栓治疗，周围血管血栓性疾病。抗血小板药物的分类及作用机制见表 6-20-6。

多种药物有抑制血小板功能的作用，如钙拮抗剂、非甾醇类抗炎药以及某些植物性药提取物等。抗血小板药是医药研究的活跃领域，将会不断有新药物进入临床。

表 6-20-6 抗血小板药物的分类及作用机制

分 类	作 用 机 制	代表药物
环氧化酶抑制剂	使血小板 COX1 多肽链上 529 位丝氨酸残基乙酰化,抑制酶活性,阻断 AA 转化为前列腺素内过氧化物(PGG2、PGH2)	阿司匹林
腺苷再摄取抑制剂	抑制腺苷再摄取,激活血小板腺苷环化酶,使 cAMP 浓度增高,抑制血小板聚集	双嘧达莫
ADP 受体抑制剂	抑制 ADP 与其受体的结合,减少 TXA_2 的生成,兴奋腺苷环化酶,升高血小板内 cAMP 抑制血小板聚集	噻氯匹定 氯吡格雷
磷酸二酯酶Ⅲ抑制剂	抑制血小板及血管平滑肌内磷酸二酯酶活性,增加血小板及平滑肌内 cAMP 浓度,抑制血小板功能及扩张血管	西洛他唑
GP Ⅱb/Ⅲa 抑制剂	GPⅡb/Ⅲa 是 Fg 受体,两者结合是血小板聚集的共同途径,该类制剂阻断共同途径,作用强	阿昔单抗

ADP:adenosine diphosphatate(二磷酸腺苷)
COX:cyclooxgenase(环氧化酶)
Fg:fibrinogen(纤维蛋白原)
GP:glycoprotein(糖蛋白)
PG:prostaglandin(前列腺素)
TXA_2:thromboxane A_2(血栓烷 A_2)

(胡　豫)

参考文献

1. Kenneth Kaushansky, Marshall A. Lichtman, Ernest Beutler, et al. Williams Hematology, 8th ed. McGraw Hill. 2010

2. Zhu T, Ding Q, Bai X, et al. Normal ranges and genetic variants of antithrombin, protein C and protein S in the general Chinese population. Results of the Chinese Hemostasis Investigation on Natural Anticoagulants Study I Group. Haematologica. 2011, 96(7):1033-1040

3. Tang L, Wang HF, Lu X, et al. Common genetic risk factors for venous thrombosis in the Chinese population. Am J Hum Genet. 2013, 92(2):177-187

第二十一章　输血和输血反应

要点:
1. 输血是特殊的重要治疗方法。成分输血是目前临床常用的输血类型。血液成分种类繁多,应严格掌握输血的适应证。
2. 注意输血并发症的防治,最大限度保障输血治疗的安全性。

输血(blood transfusion)是一种特殊而重要的治疗方法,广泛用于临床各科,多作为替代性治疗,主要目的是维持有效循环血量,补充血液成分的丢失或缺乏,以恢复患者血液携氧功能、止血、凝血特性及抗感染能力。现代的输血已超越这一概念,发展为内涵丰富的输血医学。输血包括全血输注及血液成分输注(成分输血)。全血输注,即输入异体或自体的全部血液成分,成分复杂,应严格掌握适应证。成分输血,指分离或单采出某种血液成分(红细胞、粒细胞、淋巴细胞、血小板、血浆或血浆的不同成分)的输入。成分输血不仅节约血源,同时因成分纯度大、浓度高而疗效好,还可避免输注不需要成分所带来的潜在不良反应,因此已成为目前输血的主要手段。

【血细胞的抗原性】　血型一般是指体内的红细胞血型,即红细胞的血型抗原,已知有数百种,根据红细胞表面抗原决定簇的结构类型,分属于 30 余种不同的血型系统,其中最重要的是 1900 年发现的 ABO 血型系统与 1940 年发现的 Rh 血型系统。ABO 血型系统可分为 A、B、AB 与 O 型四种血型。A、B 是最具有免疫原性的红细胞抗原。O 型血型者红细胞胞膜上不含 A 和 B 抗原,血浆中则含抗 A 与抗 B 抗体(也称凝集素);A 型者红细胞膜含 A 型抗原,而血浆中含抗 B 抗体;B 型红细胞膜上有 B 型抗原,而血浆中含抗 A 抗体;AB 型者红细胞膜上有 A 型、B 型抗原,但血浆中无抗体存在。Rh 系统有 50 余种抗原,常见的是 5 种抗原,即 C、c、D、E、e,其中 D 抗原最具免疫原性因而最为重要。含 D 抗原者称之为 Rh 阳性,不含者即 Rh 阴性。西方人 Rh 阴性者占 15%,我国汉族阴性者仅占 0.3%。

白细胞膜上的抗原分三类,其中最重要的即人类白细胞抗原(human leukocyte antigen, HLA),又称组织相容性抗原;其他还有白细胞本身特有的抗原和红细胞抗原。

血小板也携带 ABO、HLA I 型和血小板特异性抗原(如 PI^A 系统等)。

【血制品的种类及应用】

(一) 全血

采血后立刻与抗凝保存液混匀,并尽快 4℃保存的一种血制品。全血输注在多数国家已不被提倡。随着输血医学水平的提高,势必进一步减少。

1. 适应证　①急性失血,尤其是当血容量减少大于 20% 时;②新生儿溶血患者的换血治疗;③体外循环和血液透析。

2. 禁忌证　①有严重输血反应史者;②免疫性因素所致贫血如 PNH,患者红细胞对补体异常敏感,输注全血可因输入补体而触发或加重溶血;③尿毒症、高钾血症、酸中毒患者;④贫血伴有心力衰竭者;⑤造血干细胞移植患者,术前及移植期间前应尽量避免输全血,以减少移植免疫排斥的风险。

对于非紧急手术的患者,可进行自体输血。即患者于术前采出一定量的血液,预先4℃储存,于术中回输。不仅节约血源,还可减少输血不良反应发生。

(二)血液成分与应用

1. 红细胞　临床需求最大的成分血。红细胞制品系通过红细胞自然沉降或离心沉淀,移去血浆层以及去除或不去除白细胞与血小板层制备。红细胞制品种类较多。主要用于贫血患者,尤其是Hb低于60g/L时,心、肺、脑、肾、肝等重要脏器可因供血不足导致功能障碍,是输注红细胞的主要适应证。

(1)浓集红细胞:全血自然沉降24h或用低温离心沉淀移去血浆,红细胞比容70%~80%,含血浆量少,抗凝剂量小。

(2)少白细胞的红细胞:全血静置或离心移去血浆和血小板、白细胞,加1/3或等量羧甲淀粉,或加红细胞沉降剂经离心或滤除白细胞即成。此制品减少白细胞50%、血小板60%,可做全血代用品,又可减少输血反应。

(3)洗涤红细胞:将已移去血浆的红细胞用生理盐水洗涤后制成,以除去大部分残留的血浆、80%的白细胞、90%的血小板,再重新以生理盐水配制成适宜浓度而成。因洗涤过程在开放系统中进行,故洗涤红细胞须在24h内输注。

(4)冰冻红细胞:将红细胞悬液加保护剂(甘油、羟乙基淀粉)于-65~-85℃保存。使用前经解冻、洗涤,除去保护剂和部分血浆。冰冻红细胞至少可保存10年。由于成本较高,现主要用于保存稀有血型的红细胞。

(5)幼红细胞:经血细胞分离机的特殊程序对供血者连续单采获得,输入后在体内存活时间较成熟红细胞长。因代价昂贵,较少应用。

适应证:①慢性贫血,贫血伴心衰、肾病、尿毒症、高血钾者,宜选浓缩红细胞;②避免输血反应、与HLA有关的器官移植者,宜用少白细胞的红细胞;③有输血过敏史及与免疫有关的贫血者,选用洗涤红细胞或冰冻红细胞;④幼红细胞可用于需长期输血者,如重症珠蛋白生成障碍性贫血。

禁忌证:供受者ABO与Rh血型不合。一旦发生急性血管内溶血,后果严重。应坚持血型完全相合输血的原则,除非万不得已,不应将O型供血输给非O型受者。紧急情况下,亦应先检测供血者血浆中有无高滴度的抗A及抗B抗体。

2. 白细胞　主要经血细胞分离机分离法、过滤收集法和塑料收集血白膜法三种方法制备。曾用于短期内难以恢复的骨髓抑制,尤其当中性粒细胞<0.5×10^9/L,伴有严重感染,经强效抗生素治疗无效时。目前已较少使用。如临床需要,可单采亲缘供者的粒细胞输注。

3. 血小板　采用全血两步离心分离法或血细胞分离机单采法制备。

适应证:血小板<15×10^9/L时,有自发性出血的危险,可输注血小板。外科手术时,血小板则应>40×10^9/L,或视手术出血风险、出血量确定输注水平。需强调的是,除血小板数量外还应综合考虑患者的临床状况、出凝血功能、有无动脉硬化等情况,有活动出血表现时,即使血小板>15×10^9/L也可考虑输注。

禁忌证:①某些疾病,如血栓性血小板减少性紫癜(TTP),宜避免输注;②多次输入HLA不相合的血小板,已产生抗血小板抗体,或证实为无效血小板输注者,不建议连续输注。此外,严重免疫抑制或造血干细胞移植的患者,如采集的血小板液中混有淋巴细胞,输注可能诱发移植物抗宿主病。

4. 血浆成分

(1)普通血浆:系由全血去除红细胞和白膜层后的全部血浆,有新鲜血浆和冷藏血浆两种。前者为采集后6h内分出的血浆,后者为将新鲜血浆在4℃冰箱内无菌保存半年之内的血浆,其中的补体、抗体与凝血因子等均有损失。常用于补充血容量、纠正低蛋白血症、体外循环及血浆置换等。

（2）新鲜冰冻血浆：新鲜血浆 6h 内冰冻，在 -20℃ 下保存，可达 2 年，融化后与新鲜血浆质量类同。常用于维持血容量、先天性或获得性凝血因子缺乏、大量输注库存血后。

（3）冷沉淀物：是新鲜冰冻血浆融化后的沉淀物，主要含因子Ⅷ、纤维蛋白原。常用于血友病 A、血管性假性血友病、纤维蛋白原减少症。

（4）凝血酶原复合物：由新鲜血浆制得，含因子Ⅱ、Ⅶ、Ⅸ、Ⅹ、Ⅺ。常用于血友病 B，因子Ⅱ、Ⅶ、Ⅹ、Ⅺ的减低或缺乏症。

（5）浓缩Ⅷ因子：用于血友病 A 的替代治疗。

（6）白蛋白：由血浆中提取。常用于烧伤、血容量减少性休克、脑水肿、低蛋白血症等。

（7）纤维蛋白原：由血浆中提取。常用于补充低或无纤维蛋白原血症。

（8）静脉注射用免疫球蛋白：由血浆中提取，主要为 IgG。常用于预防或治疗病毒性肝炎、低球蛋白血症。大剂量免疫球蛋白也用于免疫性血小板减少性紫癜、自身免疫性溶血性贫血等治疗。也可与抗生素联用，治疗重症感染。

上述成分，均由专门的血液制品生产部门供应。

【输血反应和处理】   输血治疗的临床意义不可忽视，但需严格掌握其适应证，避免不必要的输血，并积极控制输血相关并发症。输血反应（transfusion reaction）发生率为 2% ~ 10%，应予充分重视。

（一）发热反应

是输血反应最常见的一种，既往发生率可达 40% 以上，近来随一次性输血器具的使用，发生率有所下降。

1. 临床表现   常发生在输血后 15 ~ 20min，部分在输血后数小时呈现迟发反应。表现为寒战、发热，体温可高达 38 ~ 41℃。可伴头痛、出汗、恶心、呕吐，皮肤发红，心跳、呼吸加快，约持续 1 ~ 2h 体温开始下降，数小时后恢复正常。全身麻醉时发热反应常不显著。

2. 原因   ①血液、血制品或所用器具含致热原所致。近年此类原因所致的发热反应已日趋减少。②同种免疫作用。由于多次输血，受血者产生同种白细胞或血小板抗体，再次输血时发生抗原抗体反应引起。③误输被细菌污染的血制品。

3. 处理   应先鉴别发热反应的原因，以便做相应处理。一般应减慢或暂停输血，视症状轻重给予相应处理。寒战期注意保暖，高热时给予物理降温，应用解热镇痛药、抗组胺药或糖皮质激素处理有效。

4. 预防   ①尽可能输注少白细胞的浓集红细胞；②输血前半小时可给异丙嗪或小剂量糖皮质激素；③输血开始 15 分钟减慢速度；④输血使用过滤器去除致热原、白细胞及其碎片。

（二）过敏反应

也是输血反应中较常见的一种。

1. 临床表现   输血过程中或之后，出现皮肤瘙痒或荨麻疹为常见，也可呈皮肤潮红、广泛皮疹，重者出现血管神经性水肿、喉头痉挛、支气管哮喘乃至过敏性休克。

2. 原因   ①过敏体质患者；②IgA 缺陷患者；③多次输血产生抗血清免疫球蛋白抗体。

3. 处理   应减慢或停止输血，依严重程度选择处理，轻者可给抗组胺药，或肾上腺素（1 : 1000）0.5 ~ 1ml 皮下注射、静脉注射糖皮质激素。重者立即中断输注，对喉头水肿和过敏性休克早期作相应抢救。

4. 预防   过敏体质者输血前半小时给抗组胺药或小剂量糖皮质激素。采血前 4h 供血者应禁食，有过敏史者不宜献血。有抗 IgA 患者用洗涤红细胞。

（三）溶血反应

发生率虽低，但危险性大，尤其是急性输血相关性溶血，死亡率高。

1. **临床表现**　起病缓急与血型及输血量有关。A、B、O 血型不合,输入 50ml 以下即可产生症状,输入 200ml 以上可发生严重溶血的反应,甚至死亡。Rh 血型不合反应多出现在输血后1~2h,随抗体效价升高亦可发生血管内、外溶血。轻型溶血出现发热、茶色尿或轻度黄疸,血红蛋白稍下降。重者则出现寒战、发热、心悸、胸痛、腰背疼痛、呼吸困难、心率加快、血压下降、酱油色尿、甚至发生少尿、无尿、肾衰竭。并发 DIC 时预后不良。

2. **原因**　①血型不合,最常见为 ABO 血型不合,其次为 Rh 系统血型不合或输入多位供者血液、供血者之间血型不合等;②血液保存、运输或处理不当,红细胞发生机械性损伤或破坏;③受者患溶血性疾患,如 AIHA 患者,体内的自身抗体可破坏输入的异体红细胞。

3. **处理**　①立即停止输血,封存血液,受血者进行溶血相关检查;②积极抢救,应用大剂量糖皮质激素、碱化尿液、利尿、抗休克,保证有效循环血量和水、电解质平衡,防治肾衰竭和 DIC,必要时可行透析、血浆置换或换血治疗。

4. **预防**　①医务人员必须有高度的责任心,输血前严格执行交叉配血操作规程,严格核对;②抗红细胞抗体效价低,配血时出现弱凝者要重视;③慎输或不输冷凝集血。

(四) 细菌污染血的输血反应

较少见,但后果极为严重。

1. **临床表现**　患者的反应程度与污染细菌的种类、毒力和输入数量有关。轻者主要表现为发热,重者在输入少量血后,立即发生寒战、高热、烦躁、呼吸困难、恶心、呕吐、大汗、发绀。革兰阴性杆菌(如产气大肠杆菌或绿脓杆菌)内毒素所致的休克尤为严重,往往难以纠正。

2. **原因**　在采血、贮血或输血过程中任何一个环节未执行严格的无菌操作,均可导致细菌污染血液。

3. **处理**　①立即停止输血,将剩血离心沉淀涂片染色检查细菌,同时作细菌培养;②及时以强有力的抗生素抗感染,菌种不明时宜选广谱抗生素;③积极纠正休克。

4. **预防**　①采血、贮血及输血的每一步骤均严格按无菌规程操作;②血液保存期内及输血前进行常规检查,疑有细菌污染,绝不得使用。

(五) 输血相关性移植抗宿主病

是一种与异体输血相关的强烈的免疫反应。供血者血液中具有免疫活性的淋巴细胞,输入受血者体内后,可植活并增殖,受者若无能力进行免疫识别和清除这群淋巴细胞,则活化、增殖的淋巴细胞与受血者的组织将发生强烈的免疫反应,导致移植物抗宿主病(GVHD)。该病多出现在输血后的 4~30 天,死亡率高。患者表现为高热、皮肤潮红或红斑、恶心、呕吐、黄疸、腹痛、腹泻、全血细胞减少、肝功能异常或衰竭。此病多发生在有先天性或获得性免疫缺陷的患者,如造血干细胞移植受者、强烈化疗及免疫抑制治疗后的患者。血制品输注前以 γ 射线照射(15~30Gy),灭活其中残留的活性淋巴细胞,可有效预防本病。

(六) 输血相关性急性肺损伤

输血相关性急性肺损伤(transfusion related acute lung injury,TRALI)是指输血并发的非心源性肺水肿。一般认为 TRALI 的发生机理是供者血浆中存在的 HLA 抗体或者中性粒细胞特异性抗体引起中性粒细胞在受血者肺血管内聚集,继而激活补体,导致肺毛细血管内皮损伤和急性肺水肿;也有研究认为部分 TRALI 与生物活性脂质相关。所有异体血制品均有可能导致TRALI。几乎所有 TRALI 均发生在输血后 1~6 小时内(尤其 1~2 小时内)。TRALI 诊断没有"金标准",诊断依赖于临床表现并除外其他输血相关反应。患者应监测脉氧,并予积极支持治疗,如吸氧、机械通气等。为减少 TRALI 的发生,一方面应加强输血管理,严格输血指征,另一方面需加强献血管理,减少采集有多次妊娠史的女性献血者或输血史供血者的血液。

(七) 输血传播疾病

多种感染性疾病可经输血传播,主要介绍如下:

Notes

1. **病毒性肝炎**　输血可传播乙型、丙型、丁型、戊型肝炎,称为输血相关性肝炎。国内尤以输血相关性乙肝为高发,约为20%。近年来,加强了对供血者普查,使用敏感度高的检测方法,已使受血者乙肝罹患率有较大幅度降低。

预防措施:①提倡无偿献血,加强对供血者的检测;②严格掌握输血适应证,提倡成分输血;③对血制品进行病毒灭毒等综合措施。

2. **获得性免疫缺陷综合征**　获得性免疫缺陷综合征(acquired immune deficiency syndrome,AIDS)是一种严重威胁人类生命的传染病,已成为全球性问题。输血及血液制品是传播AIDS病毒的一种重要方式,近年国内发病率有增高的趋势。我国政府已规定"血液和血液制品必须进行艾滋病抗体检测"。

3. **巨细胞病毒(CMV)感染**　高危人群为早产儿、新生儿、婴儿,外科手术病人,器官移植受者,包括造血干细胞移植,血液病患者如急性白血病、再障等。可静脉注射丙种球蛋白预防,也可预防性使用抗病毒药物。使用白细胞过滤器可去除血中白细胞而减少CMV感染机会。

(八) 大量输血后的并发症

输血量过大、速度过快均可增加心脏负荷而诱发急性左心衰竭及肺水肿。尤其对于老年患者或原有心肺疾患、严重贫血、血浆蛋白过低或年迈体弱者,严重者可致死亡。预防在于掌握输血适应证,控制输入速度及血量。对有心肺疾患及老年患者,输血量一次不宜超过300ml。严重贫血者应输适量浓集红细胞,以减轻循环负荷过重。一旦出现心衰征兆,立即停止输血,取半卧位并吸氧,迅速静注毛花苷C、呋塞米等治疗。

(九) 铁过载

如患者长期、反复接受输血治疗,体内铁可明显增加,会发生铁过载。一个单位的红细胞(200ml全血)含铁200~250mg,约输注50U红细胞后,可引起含铁血黄素沉着、糖尿病、肝大甚至肝硬化、心律失常等。预防措施是严格掌握输血适应证,控制输血量,必要时据血清铁蛋白含量,选用铁螯合剂如去铁胺。

(十) 其他输血反应

大量输血后(一次或一日内输入1500ml以上)可引起作为抗凝剂的枸橼酸中毒所致的低钙血症,需静脉补钙治疗。大量输库存血可致高钾症,并因库存血中血小板和凝血因子含量减少以及大量枸橼酸钠进入人体,干扰正常凝血功能而致输血后出血倾向。

我国卫生部门对于供血、献血及相关业务机构均有严格的审核及规定。应严格执行相关输血规范,《中华人民共和国献血法》、《医疗机构临床用血管理办法》及《临床输血技术规范》,以保障输血治疗的安全性。

(吴德沛)

推荐阅读文献

1. Kaushansky K. Lichtman MA. Beutler E. et al. Williams Hematology. 8th ed. McGraw-Hill Companies. 2010
2. Arend WP. Armitage JO. Clemmons DR. et al. Goldman's Cecil Medicine. 24th ed. Elsevier Inc. 2012

第二十二章　造血干细胞移植

要点：

1. 造血干细胞移植是多种血液系统恶性疾病、重症疾病有效乃至唯一的根治方法。

2. 造血干细胞移植有多种分类法。应依据血液病种类、预后危险度分层、供体来源等因素决定是否进行移植以及进行何种移植。

3. 亲属间 HLA 单体型相合移植成功、稳定地应用于临床，使得需要移植的患者几乎人人都拥有供者。

4. 感染、移植物抗宿主病及复发是移植后常见的并发症。

造血干细胞移植（hematopoietic stem cell transplantation，HSCT）是指对患者进行放疗、化疗及免疫抑制预处理，清除异常造血与免疫系统后，将供者或自身造血干细胞（HSC）经血管输注到患者体内，使之重建正常造血和免疫系统的一种治疗方法。

HSCT 是 20 世纪人类在恶性肿瘤及重症血液病治疗领域取得的最为重要的突破之一。自1959 年美国 E. D. Thomas 医师施行全球首例骨髓移植（同卵孪生供者）后，经 50 多年的发展，HSCT 已成为治疗恶性血液病、骨髓衰竭性疾病、部分先天性及代谢性疾病的有效乃至根治的唯一方法。

【分类】 HSCT 按照供者类型分为自体（auto-）移植、同卵双生间的同基因（syn-）移植和同种异基因（allo-）移植；后者又分为有血缘供者（related donor）移植和非血缘供者（unrelated donor）移植。根据造血干细胞来源分为脐血移植（cord blood transplantation，CBT）、骨髓移植（bone marrow transplantation，BMT）和外周血干细胞移植（peripheral blood stem cell transplantation，PBSCT）。根据移植前的预处理强度还可分为清髓性移植（myeloablative transplantation）和减低预处理剂量（reduced intensity conditioning）的移植。根据是否对移植作体外处理分为非去除 T 细胞移植、去除 T 细胞移植或纯化 CD34$^+$ 细胞移植。按照供受者之间的人类白细胞抗原（human leukocyte antigens，HLA）匹配的程度又可分为 HLA 全相合、部分相合或单体型相合（haploidentical）移植。

【人白细胞抗原（HLA）配型】 移植前供受者之间必须进行 HLA 配型。HLA 属于主要组织相容性复合物（MHC），位于第 6 号染色体短臂远端（6p21）。以往认为，HLA 相合程度直接影响移植的成功率。如 HLA 配型不合，则发生移植物抗宿主病（graft versus host disease，GVHD）和宿主抗移植物（host versus graft，HVG）的风险大大增加，易致移植失败；Cw 和 DQB1 位点也与移植患者的长期生存有一定相关性。目前，临床上常用的 HLA 配型三个抗原为 HLA-A、B 和 DRB1。近年来，HLA 单体型相合 HSCT 的进展已使 HLA 不合对移植结果的影响大大减弱。

【供体来源】 造血干细胞可源于自体、同基因供体或异基因供体。同卵双生的供受者基因型相同，供体不涉及免疫学屏障，从免疫学上讲是最佳供体。allo-HSCT 供体首选 HLA（HLA-A、-B、-DRB1）相合的同胞。同胞之间这三个主要位点相合的概率仅为 25%。非血缘供者是继同胞全相合供体之后最先进入临床应用的供体来源，部分患者可以通过造血干细胞资料库查询到合适用于移植的志愿者 HLA 资料,继而可能获得非血缘供体进行移植。脐血中的造血干细胞免疫性相对不成熟,即便 HLA 配型中有 1~2 个位点不合,也可用于移植。脐血移植的局限是造血干细胞数量较少,更适于体重低于 40kg 的受者,移植后造血重建速度较慢,在部分疾病种类的移植中尚缺乏足够的应用数据。

目前,单体型相合供者已成为造血干细胞的另一个重要来源。几乎所有的患者至少有一个 HLA 半相合的家庭成员,包括父母、兄弟姐妹、两代以内旁系亲属等。与无关供者及脐血移植相比,单体型相合移植具有如下优点:①可以根据供者年龄、身体状况等选择最合适的半相合供者;②可随时进行供者来源的细胞治疗;③可以获得合适数量与质量的移植物。近年来,单体型相合移植已在世界范围内成功开展,结束了供者来源缺乏的时代,并用于多种恶性或良性血液病及其他疾病的治疗,成为 HLA 相合同胞移植、无关供者移植与脐血移植外的一种重要的移植手段。

如存在多个 HLA 合适供体,则应优先选择健康、年轻、男性、巨细胞病毒(CMV)阴性者,红细胞血型不合并非供者选择的限制。相对而言,auto-HSCT 的移植相关死亡率低,但恶性血液病移植后复发率高于 allo-HSCT。

【适应证】
(一)异基因造血干细胞移植
1. 恶性血液病
(1)急性白血病(AL):成人(14~60 岁)中、高危组急性髓系白血病(AML)、所有急性淋巴细胞白血病(ALL)和儿童高危组 ALL 争取在第一次完全缓解(CR_1)期接受移植;低危组 AML、儿童标危组 ALL 可在首次复发后第二次完全缓解(CR_2)期进行,CR_1 期如巩固强化后 MRD 持续高水平阳性或由阴性转为阳性也应接受移植。未缓解的患者移植效果差。为数不多的复发型急性早幼粒细胞白血病(APL)第二次缓解且治疗后微小残留病变(MRD)检测持续阳性者,亦可考虑移植。60 岁以上符合上述条件且身体状况允许者可在有经验的单位尝试移植治疗。

(2)慢性髓细胞性白血病(CML):慢性期年轻患者如有合适供者可选择移植。对于标准的伊马替尼治疗失败的慢性期患者,可根据患者的年龄和意愿考虑移植;在伊马替尼治疗中任何时候出现 BCR-ABL 基因 T315I 突变的患者、对第二代酪氨酸激酶抑制剂(TKI)治疗反应欠佳、失败或不耐受的所有患者,可进行移植。加速期或急变期患者应移植,且移植前推荐应用 TKI。

(3)骨髓增生异常综合征(MDS):包括 MDS 及 MDS/骨髓增殖性肿瘤(MPN)。MDS 患者 IPSS 评分中危Ⅱ及高危患者应尽早接受移植,其他适应证包括 IPSS 低危或中危Ⅰ伴有严重血细胞减少或输血依赖的患者及幼年慢性粒单核细胞白血病(CMML)患者。

(4)恶性淋巴瘤及多发性骨髓瘤:难治或自体移植后复发的患者。

(5)原发性骨髓纤维化(PMF):中危Ⅱ或高危患者。

(6)慢性淋巴细胞白血病(CLL):嘌呤类似物治疗无效或早期复发(12 个月内);包含嘌呤类似物的联合治疗 auto-HSCT 后 24 个月内复发;p53 缺失/突变(del 17p-)等高危组患者。

2. 非恶性血液病
重型再生障碍性贫血(SAA)、Fanconi 贫血、重型珠蛋白生成障碍性贫血、异常血红蛋白病及阵发性睡眠性血红蛋白尿症(PNH)等。

3. 免疫缺陷病及代谢病
重型联合免疫缺陷病(SCID)、Wiskott-Aldrich 综合征、先天性白细胞功能不良综合征、部分重症先天性代谢病等。

4. 急性放射病
(二)自体造血干细胞移植
auto-HSCT 实质是患者自身的造血干细胞支持下的大剂量化(放)疗。即在对放化疗敏感的肿瘤细胞被最大限度杀伤后,以自身造血干细胞重建被化(放)疗破坏的造血与免疫系统。auto-HSCT 治疗相关死亡率较 allo-HSCT 低,技术难度和费用也较低。但由于缺乏异基因移植物抗肿瘤效应,且自体造血干细胞采集物中可能含有肿瘤细胞,因此恶性血液病的复发率较高。淋巴浆细胞疾病是目前 auto-HSCT 最多的适应证。

1. **非霍奇淋巴瘤(NHL)**　将 auto-HSCT 作为高危 NHL 取得 CR 后的巩固治疗,能明显提高患者长期存活率。缓解后于早期行 auto-HSCT,2 ~ 3 年无病生存率可达到 60% ~ 90%。

2. **霍奇金淋巴瘤(HL)**　初治未缓解或复发的高危患者早期行 auto-HSCT,5 年无病生存率可达 40% ~ 70%。

3. **多发性骨髓瘤(MM)**　一般<65 岁 MM 患者应接受 auto-HSCT。

4. **急性白血病**　低危 AML 达到 CR_1 后经巩固化疗 MRD 持续低水平或阴性者,auto-HSCT 是有效的巩固治疗手段之一。

HSCT 适应证的含义并非局限于疾病或供者来源的划分与界定,而需考虑在一个特定的病例中,依据疾病种类、疾病预后危险度分层、供体来源、移植中心的业绩等因素,权衡特定的时间内施行移植是否比其他非移植措施给患者带来更大的生存机会、更好的生存质量及更少的经济花费。

【移植前准备】　首先确定受者有移植适应证,年龄一般不>65 岁,无大脏器功能不全或精神病,无活动性感染;患者和家属充分了解移植的风险和受益、签署知情同意书。其次患者在术前接受中心静脉(颈内静脉或锁骨下静脉)插管,经全身消毒药浴和胃肠道除菌后进入无菌层流病房接受移植。相对的无菌环境用以保护移植后处于免疫缺陷状态的患者度过中性粒细胞缺乏期。

【造血干细胞的采集】

(一) 骨髓

采集供者骨髓血多在手术室麻醉下进行。以双侧髂后或髂前上棘区域为抽吸点,换点、换方向在不同深度每针筒抽 5 ~ 10ml 骨髓血,放入肝素化溶液内,通过过滤去除凝块、脂肪滴和骨质颗粒等。一般按 $(2 ~ 4)×10^8$/kg(患者体重)单个核细胞(MNC)为采集目标值。为维持供髓者血流动力学稳定、确保其安全,一般在抽髓日前 2 周内预先储备供者自体血,在采髓手术中回输给供者。少数情况下供者需输异体血液时,须将血液辐照 25 ~ 30Gy 灭活淋巴细胞后输注。供受者红细胞血型不合时,应根据具体情况和输血原则去除骨髓血中的红细胞和(或)血浆。一般采集后不经保存,仅静置后即通过中心静脉通路输注给患者。对于 auto-BMT,采集的骨髓血需程控降温、深低温保存,待移植时复苏细胞后回输。

(二) 外周血

外周血造血干细胞含量少,仅为骨髓的 1%。一般在干细胞采集前 4 ~ 5 天开始应用粒-集落刺激因子(G-CSF)进行动员(mobilization),促使外周血中 $CD34^+$ 细胞数显著升高后,再用血细胞分离机分离采集供者外周血 MNC。新型造血干细胞动员剂如 Mozobil(AMD3100)已开始在临床试用。auto-PBSCT 干细胞采集前常用化疗联合细胞因子进行干细胞动员,通过二者协同效应增加动员效率,减少肿瘤细胞污染及单采次数。常用的化疗动员剂包括环磷酰胺(CTX)、依托泊苷(VP16)、阿糖胞苷(Ara-C)、米托蒽醌等。外周血干细胞(PBSC)采集物中红细胞量少,无需去除红细胞可直接回输,或深低温保存,需要时再复苏回输。

(三) 脐血

脐血应由国家卫生行政部门认可的脐血库负责采集、检测和保存。于无菌条件下直接从脐静脉采集,每份脐血量 60 ~ 150ml。采集后进行 MNC 分离、程控降温、液氮保存,以供长期使用。脐血移植需要脐血中至少含有 MNC $2 ~ 4×10^7$/kg(受体体重)以上,$CD34^+$ 细胞数 $1.5×10^5$/kg(受体体重)以上。

【预处理方案】

（一）清髓性预处理

清髓性预处理的目的是尽可能地清除基础疾病及抑制受者免疫功能以免移植物被排斥。大多数患者尤其是相对年轻的恶性病患者常采用传统的清髓性预处理。预处理方案应尽可能选择药理作用协同而不良反应较少重叠的药物。

经典预处理方案一般包括放疗、细胞毒药物及免疫抑制剂。放疗可选择单次全身照射（TBI）、分次全身照射（FrTBI）或全淋巴结照射（TLI）。细胞毒药物多用大剂量环磷酰胺（CTX）、白消安（Bu）、美法仑（Mel）、鬼臼乙叉甙（VP16）、阿糖胞苷（Ara-C）、卡莫司汀、司莫司汀、洛莫司汀、噻替哌等。常用的免疫抑制剂包括氟达拉滨（Flu）、抗胸腺细胞球蛋白/抗淋巴细胞球蛋白（ATG/ALG）等。此外，一些分子靶向类药物，如抗CD20单抗、抗CD3单抗、抗CD52单抗及蛋白酶体抑制剂等，近年也被引入预处理方案。

（二）减低预处理强度

减低预处理强度（RIC）的移植是近年来 allo-HSCT 进展之一。其预处理目的不是寻求彻底清除骨髓的正常和异常细胞，而是产生足够的免疫抑制达到诱导受者对供者的免疫耐受，使供者细胞顺利植入，并通过植活的移植物产生移植物抗白血病（graft versus leukemia，GVL）效应来逐步消灭白血病细胞。移植后期为了充分发挥植入的供者 T 细胞的抗肿瘤效应，对有适应证的患者常需进行供者淋巴细胞输注（Donor lymphocyte infusion，DLI），加强 GVL 清除 MRD，减少复发。大多减低强度预处理方案中含有 Flu，因为其免疫抑制作用较强而骨髓抑制作用较轻。

RIC 移植主要适用于：①疾病进展缓慢、肿瘤负荷相对小，且对 GVL 较敏感、年龄较大（>50岁）的不适合常规预处理剂量移植或同时有较严重共患病的患者；②移植后复发而进行二次移植者；③非恶性病不需要清髓性移植者。对于恶性血液病而言，此种移植后的复发风险可能较清髓性移植增加，应严格控制适应证。

【异基因移植物植活证据】 植活的直接证据：①出现供者的性染色体，受者的单核苷酸序列多态性（SNP）、短串联重复序列（STR）与供者一致；②出现供者 HLA 抗原或供者血型；③GVHD的出现是移植物植活的间接证据。

【并发症】

（一）预处理相关毒性

预处理相关毒性与其方案组成有关，RIC 毒性相对较小。口腔黏膜炎常出现在移植后5~7天，严重程度与预处理强度和甲氨蝶呤（MTX）应用有关，重者多需镇痛。放、化疗会引起胃肠道反应，表现为恶心，呕吐和腹泻等，症状可持续至移植后1~3周，糖皮质激素可减轻反应。高剂量 CTX 等可致出血性膀胱炎（hemorrhagic cystitis，HC）。急性出血性肺损伤可表现为弥漫性间质性肺炎，需用高剂量糖皮质激素治疗。此外，脱发现象较普遍。

预处理还可致晚期合并症：①白内障：主要与 TBI 有关，糖皮质激素和环孢素 A（CsA）也可促进其发生；②白质脑病：主要见于合并中枢神经系统白血病（CNSL）并反复鞘内化疗、全身高剂量放/化疗者；③内分泌紊乱：甲状腺和性腺功能降低、闭经、无精子生成、不育、儿童生长延迟；④继发肿瘤：移植数年后继发淋巴瘤、其他实体瘤、白血病或 MDS。

（二）移植物抗宿主病

GVHD 是多系统疾病，指 allo-HSCT 的患者在重建供者免疫的过程中，来源于供者的淋巴细胞攻击受者脏器产生的临床病理综合征，是异基因移植后的重要合并症之一。

分为急性和慢性两种。根据发生时间，移植后两周内发生的称为超急性 GVHD，移植后100天内发生的称为急性 GVHD，移植后100天后发生的称为慢性 GVHD。NIH 共识认为不应该仅根据发生时间而应该依据临床表现划分，急性 GVHD 也可以发生移植后植活前或100天后，包括经典急性 GVHD,持续、反复或晚期急性 GVHD。慢性 GVHD 包括经典慢性 GVHD 以及急慢性 GVHD 重叠综合征。

已经证实的与急性 GVHD 发病相关的因素包括 HLA 位点不合程度、供受者性别、预处理方案的强度、急性 GVHD 的预防方案。尚未完全确定的相关因素包括受者年龄、供受者巨细胞病毒(CMV)感染状态、干细胞来源、肠道除菌甚至原发病类型等。

1. 急性 GVHD

(1) 概念和临床分级:受损的靶器官主要为皮肤、肝脏和消化系统,可表现为斑丘疹、红皮病样皮损、恶心、呕吐、厌食、大量腹泻、肠梗阻或胆汁淤积性肝炎。尤其是出现肝脏受累(转氨酶升高、胆汁淤滞)或胃肠道受累(胃肠功能障碍所致的恶心、呕吐、腹泻及体重减轻),而不伴有慢性 GVHD 诊断性或特征性表现时,可列入持续性、反复性或迟发性急性 GVHD。

根据累及的器官和严重程度分为 Ⅰ ~ Ⅳ度(表 6-22-1)。Ⅲ ~ Ⅳ度代表重度 GVHD,与死亡率显著相关。

表 6-22-1　急性 GVHD 分级诊断标准

器官受损	皮肤/皮疹	肝脏/胆红素	胃肠道/腹泻	
+	<25% 体表面积	$34 \sim 50\mu mol/L$	>500ml/d	
++	25% ~ 50% 体表面积	$51 \sim 102\mu mol/L$	>1000ml/d	
+++	全身皮疹	$103 \sim 255\mu mol/L$	>1500ml/d	
++++	全身皮疹伴水疱、皮肤剥脱	$>255\mu mol/L$	严重腹痛伴或不伴肠梗阻	
GVHD 总分级	皮肤	肝脏	胃肠道	一般状态
Ⅰ	+ ~ ++	0	0	0
Ⅱ	+ ~ +++	+	+	轻度下降
Ⅲ	++ ~ +++	++ ~ +++	++ ~ +++	中度下降
Ⅳ	++ ~ ++++	++ ~ ++++	++ ~ ++++	重度下降

注:皮疹面积计算按烧伤面积表计算

(2) 预防和治疗:急性 GVHD 的治疗重在预防,常用方案为 CsA 联合短程 MTX。此外,糖皮质激素、霉酚酸酯(mycophenolate mofetil,MMF)、他克莫司(tacrolimus,FK506)及 ATG 等也可用于预防 GVHD,尤其在非血缘供体或单体型供体移植时。移植物中去除 T 细胞(TCD)对预防 GVHD 亦有较好的疗效,但缺点是移植物被排斥、原发病复发率增加以及免疫重建延迟。

尽可能避免 GVHD 危险因素,进行规范的预防措施是预防 GVHD 的重要内容。早期识别和正确诊断是治疗成功的关键,应重视一线、二线、三线治疗方案分层规范,经验治疗过程中不断评估病情并复核诊断。多数移植中心主张一旦诊断 GVHD 即开始治疗。单独应用糖皮质激素一直是公认的标准一线治疗方案。在用皮质激素时应该首先调整 CSA 或 FK506 在有效的治疗浓度范围。抗 Tac 单克隆抗体、MMF、西罗莫司、喷司他丁、间充质干细胞(MSC)及体外光化疗法(ECP)等可应用于急性 GVHD 治疗。

2. 慢性 GVHD

已经存在的急性 GVHD 是其发生的高危因素。慢性 GVHD 可以是急性 GVHD 的延续,也可开始就呈慢性发作。其临床表现类似系统性硬化、系统性红斑狼疮和干燥综合征等自身免疫病的临床表现。局限型慢性 GVHD 表现为肝功能损害或局限性皮肤损害等单个器官受累。广泛型慢性 GVHD 除了局限型的临床表现外还累及其他多个器官,如眼、口腔、肺、广泛性皮肤损害等。

Notes

治疗常用的免疫抑制有泼尼松和 CsA,单用或联合应用。此外,沙利度胺(thalidomide)、MMF、硫唑嘌呤、西罗莫司联合紫外线照射、浅表淋巴结区照射,间充质干细胞也有一定效果。广泛性型慢性 GVHD 迁延活动会影响患者生存质量,易合并感染,应注意感染的防治。

（三）感染

移植后由于粒细胞缺乏(粒缺)、黏膜屏障受损及免疫功能低下等,感染相当常见。免疫功能低下患者的感染临床特点、感染原分布及治疗策略一定程度上不同于免疫功能正常人群。

1. **细菌感染**　中性粒细胞植入之前因粒缺、大剂量放(化)疗导致黏膜屏障受损,易出现细菌感染。它进展迅速,如不能及时控制可短期内危及生命。近年来,移植后细菌感染的病原体以革兰阴性杆菌为主。应尽早对感染的症状、体征做出判断,粒缺患者出现发热即可经验性应用广谱抗生素治疗而不必等待细菌学结果。连续、定时评估临床反应,细菌学证据明确后需调整至针对性抗生素。细菌感染诊治应参照《中国中性粒细胞缺乏伴发热患者抗菌药物临床应用指南》。

2. **病毒感染**　异基因移植自造血干细胞输注之后即应普遍应用阿昔洛韦预防单纯疱疹病毒(HSV)和水痘-带状疱疹(VSV)感染。阿昔洛韦的预防疗程应至无活动性 GVHD 且已经停用基础免疫抑制剂之后。

巨细胞病毒(CMV)是异基因移植后最重要的病毒性感染病原之一。异基因移植需在移植后监测 CMV 抗原血症,一旦出现即应进行抢先治疗。实施抢先治疗策略之后 CMV 病的发生率大大降低。CMV 病可表现为间质性肺炎(interstitial pneumonia,IP)、肠炎、肝炎和视网膜炎。IP 起病急、进展快,表现为发热及快速进展的低氧症状,胸部影像学呈弥漫性间质改变。必须迅速高流量面罩或正压给氧、呼吸支持、同时进行抗病毒治疗。抗 CMV 药物首选更昔洛韦(GCV),如无效或患者造血重建不良可考虑应用膦甲酸钠或西多福韦。静脉丙种免疫球蛋白(IVIG)可能与抗病毒药具有协同作用,因此可与抗病毒药物短期内联合应用。疗程多在 4~6 周甚至更长,有效后需维持治疗。CMV 特异性杀伤淋巴细胞(CTL)对难治性 CMV 血症有较好的肯定疗效。

异基因移植后 EB 病毒(Epstein-Barr virus,EBV)潜伏感染激活可表现为肺炎、肝炎、脑/脊髓炎等炎症性疾病或淋巴组织增生性疾病(lymphoproliferative disease,LPD)。其临床表现各异,部分仅 EBV 血症,无明显临床症状,经调整免疫抑制剂及抗病毒治疗后 EBV-DNA 转为阴性。多数发热、淋巴结肿大,若累及组织器官可出现腹泻,黄疸,呼吸困难,神经精神症状等表现。EBV 相关性移植后淋巴细胞增殖性疾病(post transplant lymphoproliferative disorder,PTLD)通常起病急骤,临床表现多样,进展迅速,死亡率高。EBV 相关性疾病的诊断依据临床表现、实验室检查和组织病理学相结合。诊断要点包括:①组织器官移植后出现不明原因发热等症状,抗感染治疗无效;②淋巴结肿大或肝脾肿大等组织器官累及的表现;③血液中 EBV-DNA 负载增高;④组织病理特征是确诊 EBV 相关性疾病的金标准。由于 EBV 相关性疾病的症状不具特异性,尚应与其他病原引起的感染性疾病相鉴别。中枢神经系统 EBV 感染应与中枢神经系统白血病复发、CsA 脑病、癫痫、脑血管病变及其他中枢神经系统感染性疾病相鉴别。

HSCT 后应密切动态监测 EBV-DNA 的载体负荷情况。目前推荐的 EBV 相关性疾病一线治疗方案为:①美罗华(375mg/m²,每周 1 次);②如病人条件允许可减量免疫抑制剂;③过继免疫性治疗(EBV 特异性杀伤性淋巴细胞);④DLI。目前临床上的其他抗病毒药物和免疫球蛋白输注在 EBV 相关性疾病治疗中不推荐使用。EBV 相关性疾病谱系广泛,治疗预后差异较大。若进行早期诊断和抢先治疗多数病人预后良好,否则进展为多器官受累则死亡率可高达 90%。

3. **真菌感染**　异基因移植患者目前国内普遍采用氟康唑口服进行白色念珠菌感染的初级预防。侵袭性曲霉菌感染及氟康唑耐药的其他真菌(如克柔念珠菌、光滑念珠菌)感染的威胁依然存在,治疗药物可以选择伊曲康唑、卡泊芬净、伏立康唑、米卡芬净或两性霉素 B 等。高危人群可用泊沙康唑(posaconazole)、伊曲康唑或米卡芬净等预防。相关诊治原则可参照《血液病/恶性肿瘤患者侵袭性真菌病的诊断标准与治疗原则》。

卡氏肺孢子菌在移植患者中的感染多表现为 IP,如未能迅速控制则死亡率极高。异基因移植患者自预处理开始即普遍预防性应用复方磺胺甲噁唑(SMZco),这一预防措施一般延续至移植后半年左右。

(四) 窦阻塞综合征

窦阻塞综合征(sinusoidal obstruction syndrome,SOS)原称为肝小静脉闭塞病(hepatic venoocclusive disease,HVOD)。是以肝小叶中央静脉、小叶下静脉及窦状隙纤维性闭塞为主要病理改变的临床综合征,高峰发病时间为移植后 16 天,一般在 1 个月内发病。诊断主要依据临床表现,确诊需肝活检。其临床特征为不明原因的体重增加、黄疸、右上腹痛、肝大、腹水。危险因素有:①移植时有活动性肝炎或肝功能异常。②高强度预处理。干预措施重在预防。应避免在谷丙转氨酶升高的情况下进行移植,以肝素、前列腺素 E、熊去氧胆酸预防有效。其治疗以支持对症为主,轻、中型可自行缓解,重型预后恶劣,多因急性进行性肝功能衰竭、肝肾综合征和多器官衰竭而死亡。去纤苷(defibrotide)治疗重症有效。

(五) 出血性膀胱炎

早期 HC 发生多与预处理中应用 CTX 有关,多发生在预处理 2 周内。CTX 在体内的代谢产物丙烯醛可造成膀胱黏膜损伤,从而导致 HC。此外,TBI 和 Bu 也可引起 HC。晚期 HC 与病毒感染或 GVHD 有关,多在移植 30 天后出现。临床表现为尿频、尿急、尿痛、无菌性血尿、排尿困难、尿潴留等。早期 HC 重在预防,包括使用 CTX 时充分水化、利尿、碱化尿液,更重要的是使用美司钠。晚期 HC 出现后,除大量水化、碱化可以减轻症状外,还需抗病毒药物或针对 GVHD 的治疗。

【移植后复发】　同类疾病及病期的情况下,allo-HSCT 复发率低于同基因移植或自体移植。疾病进展期、未缓解或复发状态接受异基因移植的复发率可高达 50% 以上。不同疾病的复发概率依次为 ALL>AML>CML。与复发相关的因素有:疾病危险度分层、移植时疾病状态、是否去除 T 细胞、移植后是否发生慢性 GVHD 等。移植后复发的预后差。临床治疗措施有减停免疫抑制剂、再次化疗、靶向药物、DLI、干扰素、免疫治疗、二次移植等,但疗效均有限。目前,DLI 等免疫治疗是治疗复发的重要手段。目前有报道,采用 G-CSF 动员的外周血细胞成分输注及之后短程应用免疫抑制剂的方法有效地实现了降低 GVHD 风险而不影响 GVL 作用。这一改良的 DLI 体系克服了传统 DLI 方法的局限,疗效及安全性有了显著提高,不仅可用于恶性血液病移植后复发的治疗,而且可用于移植后 MRD 阳性患者的复发干预以及移植前处于难治/复发状态的患者移植后复发的预防。移植后 MRD 监测技术可识别复发高危患者,对此类患者采用改良 DLI 干预可以有效降低复发率,提高整体生存率。对于特殊类型的白血病,结合靶向药物或新药可防治移植后复发。

【移植后一般治疗】　移植后可用 G-CSF 缩短中性粒细胞恢复时间,加速粒系造血重建并减少感染风险。输红细胞纠正贫血、必要时输血小板防治出血。为预防输血相关性 GVHD,血制品须经 25~30Gy 照射(辐照);滤除白细胞的成分血可减少输血反应和病原体传播。自体移植后造血储备功能低于正常,一般不再强化疗或广范围放疗,可酌情予小剂量维持治疗或局部放疗。

(黄晓军)

推荐阅读文献

1. Lichtman M, Beutler E, Kaushansky K, et al. Williams Hematology. 7th ed. New York : McGraw-Hill Company, 2005

2. Copelan EA. Hematopoietic Stem-Cell Transplantation. N Engl J Med, 2006, 354 : 1813-1826

3. Devetten M, Armitage JO. Hematopoietic cell transplantation : progress and obstacles. Annals of Oncology, 2007, 18 : 1450-1456

4. 中国侵袭性真菌感染工作组. 血液病/恶性肿瘤患者侵袭性真菌病的诊断标准与治疗原则（第四次修订版）. 中华内科杂志, 2013, 52 : 704-709

5. WangY, ChangYJ, Xu LP, et al. Who is the best donor for a related HLA haplotype-mismatched transplant? Blood, 2014, 24 : 1880-1886

Notes

第七篇　内分泌和代谢疾病

第一章　总　论

要点：

1. 内分泌系统由内分泌腺和分布于各组织的激素分泌细胞以及它们所分泌的激素组成。内分泌激素是细胞分泌的微量活性物质，由血液输送至远处组织并通过受体而发挥调节作用的化学信使物质。G-蛋白偶联受体是体内最大的一类激素受体超家族，通过该类受体发挥作用的激素包括下丘脑肽类激素、儿茶酚胺、PTH、血管紧张素、胰高糖素、LH、FSH、TSH、ACTH、AVP、降钙素等。

2. 由下丘脑-垂体-靶腺（甲状腺、肾上腺皮质、性腺）组成长反馈调节轴调节多数内分泌腺的功能，下丘脑激素调节垂体激素的合成和分泌，而靶腺激素对下丘脑和垂体有反馈抑制作用。

3. 内分泌疾病大致分为激素生成过量、激素生成不足、靶组织对激素的反应性异常和内分泌腺肿瘤等四大类，其诊断应包括功能诊断、病因诊断和定位诊断（解剖诊断）三个方面。详细的病史收集和体格检查是内分泌代谢疾病诊断的基础，也是对一个内分泌腺或一种内分泌功能做出功能判断的第一步。

4. 内分泌腺功能减退的治疗包括激素替代治疗、药物治疗和器官/组织/细胞移植等。功能亢进的内分泌疾病的治疗包括手术治疗、药物治疗、核素治疗、放射治疗和介入治疗等。

5. 新陈代谢是人体生命活动的基本形式，包括物质的合成代谢和分解代谢两个过程；中间代谢是指营养物质进入机体后在体内合成和分解的一系列化学反应，如某一环节出现障碍，则引起代谢性疾病。营养素包括碳水化合物、脂肪、蛋白质、维生素、矿物质和水六类。矿物质分为宏量元素和微量元素两类。

6. 单基因突变性内分泌代谢病的诊断和预防已经取得重大进展，用于替代治疗的激素类药物已有很大发展，目前治疗困难的内分泌代谢病的发展出路在于寻找新的治疗靶点，这有赖于疾病发病机制研究的重大突破。

人体为适应不断变化着的外界环境，保持机体内环境的相对恒定，必须依赖神经系统、内分泌系统和免疫系统的共同调节，完成代谢、生长、发育、生殖、思维、运动等功能，抵御各种内外不良因素与病理变化的侵袭，维持人体的心身健康。

第一节　内分泌系统的结构与功能特点

内分泌系统由内分泌腺和分布于各组织的激素（hormone）分泌细胞（或细胞团）以及它们所分泌的激素组成。

一、内分泌腺和激素分泌细胞

（一）内分泌腺

人体的内分泌腺主要包括：①下丘脑和神经垂体（垂体后叶）；②松果体；③腺垂体（垂体前叶和中叶）；④甲状腺；⑤甲状旁腺；⑥内分泌胰腺（包括胰岛和胰岛外的激素分泌细胞）；⑦肾上腺皮质和髓质；⑧性腺（睾丸或卵巢）。此外，也有人将胸腺和胎盘列为内分泌腺，但它们的主要功能不是内分泌调节。

（二）弥散性神经-内分泌细胞系统

亦称胺前体摄取和脱羧（amine precursor uptake and decarboxylation，APUD）细胞系统。这些细胞主要分布于脑、胃、肠、胰和肾上腺髓质。在其他组织中，也散布有数目不等的 APUD 细胞，主要合成和分泌肽类与胺类激素。

（三）组织的激素分泌细胞

非内分泌组织的细胞也往往具有激素和（或）细胞因子的合成和分泌功能，如心房肌细胞（分泌 ANP）、脂肪细胞（分泌 leptin 和 adiponectin 等）、血管内皮细胞（分泌内皮素和 NO）、成纤维细胞（分泌 FGF）等。

二、激素分泌细胞的结构特点

（一）合成肽类激素的细胞

这类细胞的共同特点是：①与激素合成相关的内质网和高尔基体含量丰富；②胞浆内含有膜包裹的分泌颗粒，颗粒内含肽类激素及其前体；③细胞常排列成索状或团块状，有时形成滤泡或具有特殊分化的膜结构。神经内分泌（neuroendocrine）细胞除上述特征外，还具有神经电活动、神经元突触和对神经递质有生理反应等特点。胃、肠、胰等组织的 APUD 细胞胞浆透明，可单个或三五成群夹杂在主质细胞间隙中。

（二）合成类固醇类激素的细胞

此类细胞的共同特点有：①与激素合成有关的滑面内质网含量丰富，线粒体嵴常呈管泡状，但无分泌颗粒；②胞浆的脂质小滴较多，其中含有供激素合成的胆固醇；③细胞呈弥散性或成群分布。

三、激素

激素（hormone）是由细胞分泌并可通过旁分泌调节周围细胞功能、自分泌调节自身细胞功能及由血液输送至远处组织细胞发挥调节作用的化学信使物质。

（一）激素分类

一般根据化学结构分为四类。

1. 肽类激素和蛋白质激素 亦称含氮激素，均由氨基酸残基组成分子的一级结构。由前激素原（prepro-hormone）基因编码，合成长的肽链即前激素原，再经裂肽酶作用和化学修饰加工，形成具有生物活性的激素。多数下丘脑-垂体激素、甲状旁腺激素、胰岛分泌激素、消化道内分泌细胞分泌激素属于此类。

2. 胺类、氨基酸衍生物激素 其原料为氨基酸。如儿茶酚胺由酪氨酸转化而来；色氨酸在脱羧酶或羧化酶催化下生成血清素或褪黑素（melatonin）；甲状腺激素（thyroid hormones，TH）由酪氨酸经碘化、耦联而成。

3. 类固醇类激素 以胆固醇为前体物质，骨架结构为环戊烷多氢菲。在肾上腺皮质、性腺或其他组织内，经链裂酶、羟化酶、脱氢酶、异构酶等作用后，转变为糖皮质激素（如皮质醇）、盐皮质激素（如醛固酮）、雄激素（如睾酮与二氢睾酮）、雌激素（如雌二醇）、孕激素（如孕酮）。在肝和肾内，胆钙化醇可被先后羟化为 25-(OH)D_3 及 1,25-(OH)$_2D_3$。

4. 脂肪酸衍生物 多为花生四烯酸衍生物，主要包括前列腺素类、血栓素类和白细胞三烯类生物活性物质。

（二）激素的合成、释放

激素合成与释放主要有两种形式。第一种分泌方式激素如肽类激素,合成后储存于囊泡内,受分泌信号调节,囊泡与细胞膜融合后释放激素。第二种分泌方式激素如类固醇激素和脂肪酸衍生物激素等,合成后即分泌,无需囊泡,其分泌与合成信号无明显差别。

（三）激素分泌方式

1. 内分泌（endocrine）　经典的激素分泌形式,激素分泌后经血液循环运输至远距离靶组织而发挥作用。

2. 旁分泌（paracrine）　激素分泌后不经血液,而是经组织液扩散而作用于邻近细胞。

3. 自分泌（autocrine）　激素分泌后反作用于分泌细胞,反馈调节自身细胞。

4. 胞内分泌（intracrine）　胞浆合成的激素直接转运至胞核,影响靶基因的表达。

5. 神经内分泌（neuroendcrine）　神经激素由神经细胞分泌,借轴浆流动至末梢释放,如下丘脑神经元分泌神经激素经轴突输送至垂体后叶再分泌入血。

6. 神经分泌（neurocrine）　主要指突触式分泌,如神经递质由突触前膜分泌作用于突触后膜。

7. 腔分泌（solinocrine）　存在于胃肠道、支气管和泌尿生殖道等管道结构器官,其分泌物质可直接作用于管道内膜细胞调节其功能。此与外分泌所分泌的多为酶类不同。

（四）激素转运

血循环中的激素有游离和结合两种状态,游离激素可发挥激素相应的作用,而结合激素则为储备和转运。激素转运载体多为蛋白质,一是特异性不高但结合容量大的白蛋白。二是各种激素特异性转运蛋白如甲状腺素结合球蛋白（TBG）、性激素结合球蛋白（SHBG）、皮质醇结合球蛋白（CBG）等。

（五）激素的降解与转换

肽类激素半衰期短,约 $3 \sim 7$ 分钟。类固醇激素半衰期依激素类型和分子结构而异,多为数小时,少数可长达数周以上。激素在体内代谢可影响其半衰期,如 $25\text{-}(OH)D_3$ 半衰期约 $2 \sim 3$ 周,经肾小管上皮细胞 $1\alpha\text{-}$羟化转变为 $1,25\text{-}(OH)_2D_3$ 后,其半衰期明显缩短（$6 \sim 8h$）。激素多在肝、肾和外周组织降解为无活性的代谢产物,肝、肾功能减退可影响激素灭活,如肝功能严重障碍者雌激素降解明显减慢,半衰期延长而致女性化表现。

（六）激素分泌的节律（rhythm）和脉冲（pulsatile）

激素节律性分泌是机体更好适应环境变化所需。最典型的是女性的月经周期,多为 28 天一个循环,即卵泡成熟和排卵所需时间。许多激素有分泌的昼夜节律（diurnal rhythms）,也是为适应自然界的昼夜变化,此"生物钟"现象受下丘脑调节,位于视上核的视网膜下丘脑纤维束可以感知外界的昼夜改变,也是机体昼夜节律的起源,此类脉冲信号以程序化的方式调整睡眠和清醒状态,并调节激素分泌,垂体激素分泌节律多与昼夜节律一致。昼夜节律受生活节律的影响很大,如夜班工作者激素的昼夜节律被干扰,同时许多疾病导致激素昼夜节律消失,也可作为疾病诊断的方法,如皮质醇和 ACTH 分泌节律性消失有助于库欣综合征（Cushing's syndrome）的早期诊断。

许多肽类激素具有不连续的脉冲节律性分泌（pulsatile secretion）特点。如下丘脑 GnRH 每 $1 \sim 2$ 小时诱导 LH 的分泌脉冲,垂体 LH/FSH 的分泌有赖于 GnRH 不连续的脉冲分泌,若 GnRH 持续分泌反而抑制 LH/FSH 的分泌。

在激素清除率相对恒定状态下,激素的脉冲性及节律性分泌对激素浓度测定产生重要影响。应根据不同激素的脉冲性和节律性分泌特点确定采血样的时间和频率,才可反映体内激素

Notes

真实状况。而 24 小时尿液标本却能反映激素水平,如 24 小时尿游离皮质醇就可明确一个昼夜节律的皮质醇总量。生长激素的脉冲性分泌明显,而胰岛素类样生长因子-1(IGF-1)相对稳定,可用来衡量生长激素的分泌情况。另外,激素组分的不均一性也会影响测定值。激素组分包括激素原、活性激素变异体、活性激素单体、二聚体、多聚体、激素的分解片段等,肽类激素和类固醇类激素均存在血浆激素组分的不均一现象。分析测定结果时,必须考虑测定的组分范围及其临床意义。

(七)激素间相互作用的方式

激素完成对内分泌和代谢等生理活动的调节也有赖于多种激素间相互协调和相互作用。激素间的相互作用方式有:

1. 激素的整合作用   激素可选择性调节不同生理过程最终完成对同一生理结局的调控。如糖皮质激素可增加肝脏糖原合成和葡萄糖生成,减少外周组织葡萄糖摄取,增加蛋白质降解,减少脂肪、肌肉等组织的蛋白质生成,刺激脂肪分解,最终减少其他组织对葡萄糖的利用,从而达到提升血糖的目的。

2. 激素的协同作用   指招募多种激素,发挥相似作用,完成同一生理过程。如肾上腺素、胰高糖素、糖皮质激素和生长激素可通过不同的机制起到同样的升高血糖的作用,尤在低血糖发生时,上述激素的协同作用尤为明显。

3. 激素的抵抗作用   激素间亦存在相互拮抗作用,即一种激素可对抗另一种激素的作用。如胰岛素可降低血糖,从而拮抗肾上腺素、胰高糖素、糖皮质激素和生长激素的升糖作用。此激素间的拮抗作用有助于对代谢和其他生理过程的精细调节。

四、内分泌调节轴与调节系统

(一)内分泌调节轴

1. 下丘脑-垂体-靶腺轴(图 7-1-1)   在下丘脑-垂体-靶腺(甲状腺、肾上腺皮质、性腺)间存在相互依存、相互制约的反馈性调节关系即下丘脑-垂体-靶腺调节轴。主要有负性反馈和正性反馈调节作用。所谓负性反馈作用是指下丘脑-垂体分泌激素刺激各自靶腺分泌,靶腺激素过高时反馈抑制相应的下丘脑-垂体激素分泌,从而保持靶腺激素分泌在正常范围内,同时垂体激素也可负反馈抑制下丘脑激素分泌以保持垂体激素正常分泌。正性反馈调节作用相反,即血中靶腺激素增高时刺激下丘脑-垂体激素分泌,主要见于性激素与下丘脑-垂体激素间的调节。月经周期的卵泡期,FSH/LH 刺激卵巢雌激素分泌逐渐增加,达一定程度接近排卵时,增高的雌激素兴奋下丘脑-垂体,FSH/LH 分泌骤然增加,促进排卵。

2. 肾素-血管紧张素-醛固酮轴   肾素-血管紧张素-醛固酮(RAA)轴是调节血压、血容量、水与电解质平衡的重要调节系统,心房利钠肽(ANP)、抗利尿激素(ADH、AVP)等亦参与此调节轴。肾脏、心脏、卵巢、睾丸等组织均可合成和分泌血管紧张素Ⅱ和血管紧张素转换酶,形成的局部调节系统对组织功能和组织重建有重要影响。

3. 能量代谢调节系统   脂肪组织已成为最大的内分泌器官。脂肪细胞可合成和分泌百余种激素如瘦素(leptin)和脂联素(adiponectin)等。这些脂肪细胞激素和机体的营养状态以及体重之间形成负反馈调节环,控制个体的能量摄取、能量消耗、碳水化合物与脂肪代谢。同时此调节系统亦是神经-内分泌-营养调节网络的一部分。

4. PTH-CT-1,25-$(OH)_2D_3$ 调节系统   其主要作用是调节骨代谢,维持血液和细胞外液钙、磷、镁等的相对恒定。骨代谢调节主要涉及三个主要激素[PTH、1,25-$(OH)_2D_3$ 与 CT]和三个主要器官(骨、肾和肠),但骨骼的发育、生长、成熟和代谢还受其他许多激素调节,如 GH、甲状腺激素、性激素、糖皮质激素、胰岛素和 IGF-1 等;另一方面,骨组织内亦有复杂的局部调节机制,涉及激素众多,如护骨素(OPG)、核因子-κB 受体活化因子(RANK)、RANK 配体(RANKL)等,从

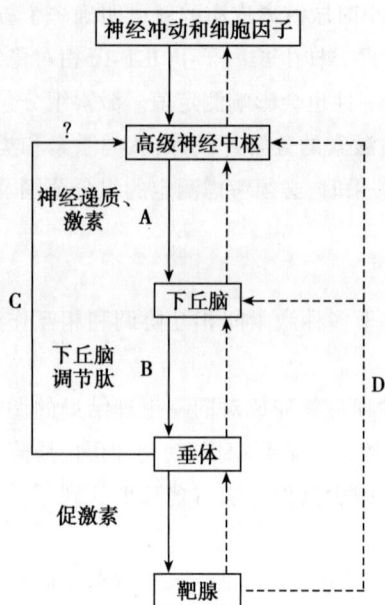

图 7-1-1　下丘脑-垂体-靶腺
间的反馈调节

A:超短反馈调节;B:短反馈调节;C:正反馈调节;D:长负反馈调节;实线表示兴奋;虚线表示抑制

而将骨吸收和骨形成耦联,维持骨组织的正常代谢。

(二)内分泌调节网络

1. 神经-内分泌-免疫调节网络　神经、内分泌和免疫系统间可共享信息分子及其受体,且其信号转导过程也相似,同时三者之间有广泛和密切的相互调节,从而组成相互依赖和调节的网络,共同调节机体的生命活动。神经、内分泌和免疫系统间密切和经常性的信息交流对各系统的生理活动必不可少。三大系统同时感受机体内外环境的变化并对感受的信息进行加工、处理、存储和整合,从而协调一致并服从于机体整体的需要作出反应。

2. 神经-内分泌-营养调节网络　由中枢神经系统、神经内分泌系统如下丘脑和效应器官如脂肪组织和肠道等共同组成体内能量代谢调节网络,并对各种食物和营养素等产生生理或生化反应,表现为饥饿或饱食感及食欲等主观感觉。此调节系统的进展主要表现在以下几个方面:下丘脑神经核团分泌多种与食欲有关的激素如增强食欲的神经肽 Y 和抑制食欲的 POMC 等;脂肪细胞分泌的瘦素和胃黏膜细胞分泌的胃促生长素(ghrelin)可作用在下丘脑从而调节控制食欲的激素分泌;胰岛素、胰高糖素、肾上腺素等也参与体内能量代谢调节;以上系统分别作用于下丘脑的摄食-食欲中枢和效应器官如脂肪组织和胃肠道,调节进食量、能量代谢和体脂储量等。更有意思的是,目前已有药物如 GLP-1 类似物作用于神经-内分泌-营养调节网络,从而治疗糖尿病或肥胖等。

五、激素作用机制

激素可分为膜受体和核受体激素两大类。

(一)核受体激素

为脂溶性激素,包括类固醇类激素、$1,25\text{-}(OH)_2D_3$、甲状腺激素和维 A 酸等,可通过扩散、主动摄取或“转位(translocation)”等方式穿过靶细胞膜进入细胞内,与其分布于胞核或胞浆内的特异性受体结合,形成激素-受体复合物,致受体变构,形成“活性复合物”,并与靶基因 DNA 结合部位结合,致基因活化(或抑制)、mRNA 转录和特定蛋白质合成,产生相应的生物学功能。其后,激素-受体复合物因亲和性下降而解离,激素被灭活,而受体可被再循环利用。此类激素有许多天然的或人工合成的激动剂(agonist)和拮抗剂(antagonist)。激动剂的作用是加强激素作用,如延长激素半衰期、增加激素-受体的亲和力等;激素拮抗剂则相反,可阻滞激素的作用,使激素作用减弱或消失。

激素核受体主要有 4 个功能域:激素结合区、DNA 结合区、转录激活区和铰链区。激素结合区主要功能是识别相应激素并与之特异结合,促进受体的二聚化,并与受体热休克蛋白 90 相互作用,定位于核内,最后激活转录。但甲状腺素和维 A 酸等不与热休克蛋白 90 作用而直接进入细胞核内。受体二聚化后才具有对靶基因激活转录的作用,因而是核受体发挥作用的必要条件。此过程需共激活因子和共抑制因子共同参与。共激活因子是一组能与活化的核受体或转录因子结合的蛋白质复合物,通过组蛋白乙酰化和招募基本转录复合物,激活特异基因表达,如类固醇受体共激活因子 1、2、3(SRC-1、2、3)。共抑制因子可与特定核受体结合并招募组蛋白去乙酰化酶使核组蛋白去乙酰化而抑制特异基因表达,主要有核受体共抑制因子(nuclear receptor corepressor,NcoR)、甲状腺素和维 A 酸受体沉默子介导物(silencing mediator of retinoid and thyroid receptor,SMART)、Sin3 和去乙酰化酶。

(二) 膜受体激素

为亲水性激素,包括肽类激素、神经递质、生长因子和前列腺素等,不能自由通过脂性的细胞膜,需与靶细胞膜特异受体结合并激活受体,产生中间化合物以调节细胞功能,此中间化合物成为"第二信使"。激素-受体的相互作用迅速而可逆,但膜受体激素血浓度很低,只有高亲和性受体才能从血液或细胞外液中"捕获"到特异的激素,受体具有两种结合位点即高亲和性-低结合容量位点和低亲和性-高结合容量位点,且受体与相应激素结合具高度特异性,相对应的激素(或激素类似物)与受体结合的亲和力最高。但非靶细胞也可存在数目不等的受体,如淋巴细胞,性腺细胞和脑细胞也存在小量的胰岛素受体,其作用未明。必须指出,一些类固醇类激素的效应细胞也存在膜受体。

膜受体结构各不相同,一般可分为四类:

1. G-蛋白耦联受体(G-protein-coupled receptor,GPCR) 受体分子穿膜 7 次,肽链在细胞膜内(胞浆侧)和细胞膜外(细胞膜外)各形成 3 个肽段环襻。受体的 N 端位于细胞外,C 端位于细胞内,细胞外环襻含有激素(配体,ligand)的结合结构域。其作用是使细胞膜上的磷脂酶 C 激活,磷脂酰肌醇裂解为三磷酸肌醇(IP_3)和二酯酰甘油(DAG),DAG 激活蛋白激酶 C,使蛋白磷酸化。IP_3 使细胞内质网和线粒体释放 Ca^{2+}。蛋白激酶 C 与 Ca^{2+} 耦联增强了激素的作用。如下丘脑肽类激素、儿茶酚胺、ACTH 等受体为 GPCR,是体内最大的一类激素受体超家族,含有许多亚家族,如甲状旁腺素/胰泌素(secretin)受体家族、LH/FSH 受体家族等。

2. 含激酶活性受体(receptor kinase,RK) 受体分子仅穿膜一次,N 端位于细胞外,C 端位于细胞内。受体分子可在细胞膜双脂质层内移动,其外侧部可通过二硫键与另一受体的外侧部相接。其中的酪氨酸激酶活性见于胰岛素、上皮生长因子、血小板衍化生长因子等的受体;丝氨酸/苏氨酸激酶活性见于抑制素(inhibin)、活化素(activin)、TGF 等的受体;鸟苷环化酶活性见于心房利钠肽(ANP)受体。

3. 激酶交联受体(receptor-linked kinase,RLK) 受体分子有细胞膜外侧的配体结合区和膜内区。单分子可借二硫键形成二聚体,受体本身不含激酶活性,但与配体结合后,可使膜蛋白或胞浆内蛋白质中的酪氨酸残基磷酸化。其中,细胞浆内的酪氨酸激酶家族所介导的信号转导和转录激活因子(signal transolucers and transcription activators,STAT)的磷酸化可在细胞核中与特异性 DNA 元件结合,生产活性蛋白质。生长激素、催乳素、瘦素和一些细胞因子(如粒细胞/巨噬细胞-集落刺激因子、白细胞介素等)的受体属于此类。

4. 配体门控离子通道受体(receptors of ligand-gated ion channels,RLGIC) 有两种亚族。一种亚族受体的分子穿膜 4 次,肽段在膜内形成由配体门控和管制的离子通道,当配体与受体结合后,通道开放,Na^+、K^+、Ca^{2+} 和一些阴离子的交换被激活。位于细胞内的肽段可被磷酸化并产生激素作用信号(5-羟色胺、γ-氨基丁酸、色氨酸、ATP 和乙酰胆碱等);另一种亚族受体的肽链穿膜 6 次,受体由多个亚基组成,形成同多聚体(homomultimers)或异多聚体(heteromultimers)。

肽类激素信号在受体后(细胞内)的转导通路很多,归纳起来主要有:①第二信使介导的信号通路(包括腺苷环化酶-cAMP-蛋白激酶 A 通路、磷脂酰肌醇-Ca^{2+} 信号通路、DAG-蛋白激酶 C 通路、cGMP-蛋白激酶 C 通路、一氧化氮合酶-一氧化氮通路等);②含酪氨酸激酶受体-信号转导蛋白-有丝分裂原活化蛋白激酶信号通路;③细胞因子-STAT 信号通路;④第二信使-蛋白激酶-DNA(基因表达)信号通路等。相应激素可通过一个或多个信号通路转导信号和级联扩增(cascade amplification)信号发挥作用。

受体合成或降解速率决定膜受体数目并调节激素的活性。此外,膜受体-激素结合力、激素穿膜信号转导和级联扩增反应等也是激素活性的重要调节因素。基础状态下受体在膜上呈弥散性分布,当受体与激素结合后受体向受体-激素复合物处聚集,形成二聚体及多聚体。受体-激素复合物由胞膜的内陷小窝(coated pits)内化(internalization)进入胞浆内,并形成内饮体(endosome),即受体小泡(receptosome)。内饮体与溶酶体融合后被消化、降解,或进入受体的再循环途径,而激素一般均被分解灭活。

六、代谢

(一) 代谢(metabolism)

是人体生命活动的基本形式,包括合成代谢和分解代谢两个过程。通过代谢,机体同外界进行物质交换和转化,体内对物质进行分解、利用与更新,为个体的生存、活动、生长、发育、生殖和维持内环境恒定提供物质与能量。合成代谢(anabolism)是营养物质进入机体内后,通过一系列化学反应合成较大分子并转化为自身物质的过程,并以糖原、蛋白质、脂肪及其化合物的形式在体内储存,这一反应过程需要耗能。分解代谢(catabolism)是体内的糖原、蛋白质和脂肪等大分子物质分解为小分子物质的降解过程,常伴随能量的生成与释放。中间代谢是指营养物质进入机体后在体内合成和分解代谢过程中的一系列化学反应,如某一环节出现障碍,即引起代谢性疾病(metabolic diseases)。营养性疾病和代谢性疾病的关系密切,相互影响。例如,维生素 D缺乏症常表现为钙磷代谢失常;糖尿病常伴有蛋白质-热能营养不良症。

(二) 营养素(nutrients)

包括碳水化合物、脂肪、蛋白质、维生素、矿物质和水六类。矿物质(或称无机盐)分为宏量元素(macroelement)和微量元素(microelement)两类。前者在体内含量较多,如钙、镁、钠、氯、磷;后者又称痕量元素(traced element),在人体组织中含量极少。在人体内可测得60种以上微量元素,其中11种(铁、氟、锌、铜、钡、锰、碘、钼、铬、钴和硅)有特殊生理功能,为人体所必需,故称必需微量元素。维生素与必需微量元素一起合称为微量营养素(micronutrient)。维生素类可分为脂溶性(维生素 A、D、E 和 K)和水溶性(维生素 B 族和维生素 C)两类。虽然微量营养素易被吸收,消耗甚微,但许多微量元素具有重要的生理作用(如酶催化作用),故摄入不足可引起疾病。必需氨基酸(essential amino acids)是指机体自身不能合成又需要的氨基酸,必须体外补给。

(三) 能量代谢

体内能量的供给和消耗是平衡的。能量消耗主要包括基础状态耗能和体力活动耗能两部分。每日所需能量为基础能量消耗、特殊功能活动和体力活动等所消耗的能量总和。基础能量消耗因性别、年龄、身高和体重不同而异。特殊功能活动除包括消化、吸收所消耗的能量外,常因生长、发育、妊娠、哺乳等情况而使所需的能量增加。机体在代谢过程中,需要将体外宏量营养素中的能量转为机体自身贮存的能量和代谢所需的能量。其转化效率的个体差异很大。在能量物质的消化、吸收、代谢、转化和排泄过程中,任何环节的功能障碍,如底物不足或过剩、调节代谢的酶和激素或其他因素异常、进行代谢的组织的结构或功能异常等因素均可导致代谢性疾病。如碳水化合物吸收不良可由于肠道炎症、消化道缺陷、葡萄糖转运体异常等引起。

第二节　内分泌代谢疾病的诊断和鉴别诊断

内分泌代谢疾病大致分为激素生成过量、激素生成不足、靶组织对激素的反应性异常和内分泌腺肿瘤等四大类,其诊断应包括功能诊断、病因诊断和定位诊断(解剖诊断)三个方面。有时还要进行分型和分期。

Notes

内分泌疾病的临床表现(症状、体征和实验室指标)具有以下特点:①症状和体征多与机体的生长发育、代谢、营养或性腺功能有关。②内分泌疾病症状、体征和实验室指标(如身高、肥胖、血 TSH)的异常是一个连续的变量,但被人为"定量",如激素从低到高是一连续的定量谱,其功能状态被人为地分成"减退"、"正常"和"亢进"三类,成为可量化的指标,易于疾病的诊断,但也将动态变化的激素水平人为地固化为静态,但若将激素的动态变化纳为诊断依据,即可使轻微的激素异常更早发现,从而可早期诊断所谓的"亚临床型功能减退症"和"亚临床型功能亢进症",并及时治疗,改善预后。③内分泌和代谢疾病常合并存在,或经常并发其他身心疾病(如抑郁症、心因性反应、代谢综合征等)。④疾病从亚临床型到临床型的发生和发展多较缓慢,早期的表现不典型,诊断较困难。⑤评价性腺功能(尤其是生殖功能)时,要将配偶作为一个临床单位(clinical unit)来对待。

一、症状与体征诊断

不同的内分泌代谢病有其特殊的症状和体征。典型疾病,根据临床特征即可诊断,但多数内分泌代谢病并非如此。因此,除诊断学所要求的全面病史采集和详细体格检查外,内分泌代谢病的诊断要特别注意下列症状和体征的临床意义。

(一) 身材过高和矮小

身高是判断体格发育的重要指标之一。影响身高发育的因素有种族、遗传、激素(GH、TH、性激素、IGF-1 等)、营养状态、地域环境、经济状况和躯体疾病等。引起矮小症的病因主要有 GHRH 基因或 GHRH 受体基因突变、GH 缺乏症、GH 不敏感综合征、IGF-1 缺乏症及性腺功能减退症(如无睾症、Turner 综合征、肥胖性生殖无能症、单一性促性腺激素缺乏症)等;引起身材过高的病因主要有 GH 瘤、Klinefelter 综合征等。

(二) 肥胖与消瘦

体重亦受诸多因素的影响,与上述的身高影响因素类似,如遗传素质、精神神经因素、躯体疾病、营养状况、代谢类型和激素等,后者主要包括 GH、TH、胰岛素、瘦素、糖皮质激素、儿茶酚胺和性激素。下丘脑疾病(下丘脑性肥胖)、Cushing 综合征、胰岛素瘤、2 型糖尿病(肥胖型)、性腺功能减退症、甲状腺功能减退症、糖原累积病、多囊卵巢综合征、代谢综合征等常伴有肥胖。引起消瘦的常见内分泌疾病有甲状腺功能亢进症、1 型与 2 型糖尿病(非肥胖型)、肾上腺皮质功能减退症、Sheehan 病、嗜铬细胞瘤、内分泌腺的恶性肿瘤、神经性厌食、血管活性肠肽瘤(VIP 瘤)等。营养性疾病多与营养素的供应量、饮食习惯、生活条件、消化吸收功能等有关。营养过剩常引起肥胖,相反则导致消瘦。

(三) 多饮与多尿

糖尿病、醛固酮增多症、甲状旁腺功能亢进症、肾小管性酸中毒、尿崩症和精神性多饮等常伴有多饮、多尿。

(四) 高血压伴低血钾

除见于原发性醛固酮增多症外,还可见于原发性高血压应用利尿剂、Cushing 综合征、慢性肾实质性病变、肾小管性酸中毒、Fanconi 综合征、失钾性肾病、Liddle 综合征、肾素分泌瘤、17α-HSD 缺陷症、11β-HSD 缺陷症或长期摄入甘草制剂等情况。

(五) 皮肤色素沉着

与黑色素沉着有关的激素主要有 ACTH 及其前体、雌激素和孕激素;前者是由于分子中含有黑色素细胞刺激素(MSH),后者可能与雌、孕激素有刺激黑色素细胞的作用有关。伴全身性色素沉着的内分泌疾病有原发性肾上腺皮质功能减退症、Nelson 综合征、先天性肾上腺皮质增生症、异位 ACTH 综合征和 ACTH 依赖性 Cushing 综合征;引起局部皮肤色素加深的有 A 型胰岛素不敏感综合征及其变异型(伴黑棘皮病)、黄褐斑(女性)及 Albright 综合征等。

(六) 多毛与毛发脱落

正常毛发的量和分布情况与遗传、种族和雄激素水平有关。引起全身性多毛的主要内分泌疾病有多囊卵巢综合征、先天性肾上腺皮质增生症(11β-和21-羟化酶缺陷症)、Cushing病、分泌雄激素的卵巢肿瘤、儿童甲状腺功能减退症(多在背部,病因不明)、特发性多毛,以及某些药物(如苯妥英钠,达那唑、环孢素)等。局部毛发增多见于胫前局限性黏液性水肿、A型胰岛素不敏感综合征及其变异型。特发性多毛的病因不明,可能与局部毛囊对雄激素过度敏感或5α-还原酶活性增强有关。

雄激素减少引起全身性毛发脱落(包括性毛、非性毛和两性毛),主要见于各种原因引起的睾丸功能减退症、肾上腺皮质功能减退症和卵巢功能减退症等。甲状腺功能减退症和自身免疫性多内分泌腺病综合征也可伴毛发脱落。引起局部毛发脱落的病因很多,如脂溢性皮炎、斑秃、全秃等。

(七) 皮肤紫纹和痤疮

紫纹是Cushing综合征的特征之一。病理性痤疮见于Cushing病、先天性肾上腺皮质增生症、多囊卵巢综合征、分泌雄激素的卵巢肿瘤。女性服用雄激素制剂也可引起痤疮。

(八) 男性乳腺发育

引起病理性男性乳腺发育的疾病可分为内分泌与非内分泌疾病两类,前者见于Klinefelter综合征、完全性睾丸女性化、分泌雌激素的睾丸肿瘤、真两性畸形、甲状腺功能亢进症及先天性肾上腺皮质增生症等;后者常见于药物(如避孕药、异烟肼、西咪替丁、氯米芬、甲基多巴、洋地黄类、三环类抗抑郁药等)、肝硬化、营养不良、支气管肺癌等。特发性男性乳腺发育的病因不明,可能与乳腺组织对雌激素的敏感性增高或与脂肪细胞的芳香化酶活性增强有关。

(九) 突眼

引起突眼的疾病很多,如颅内肿瘤、海绵窦血栓形成、眼眶疾病、眶周炎、绿色瘤和眼眶癌等。甲状腺相关性眼病仅见于Graves病(Graves disease,GD)和慢性淋巴细胞性甲状腺炎。

(十) 溢乳和闭经

溢乳和闭经常同时存在,但也可只有溢乳而无闭经,或只出现月经周期不规则或经量减少而无溢乳,症状主要取决于血清催乳素水平的高低。在内分泌疾病中,伴催乳素分泌增多的疾病主要有催乳素瘤(血清催乳素水平常在200μg/L以上)、甲状腺功能减退症、其他下丘脑-垂体肿瘤、垂体柄受压或断裂等情况。

(十一) 骨痛与自发性骨折

骨痛为代谢性骨病的常见症状,严重者伴自发性骨折,或轻微外伤即引起骨折。除原发性骨质疏松症外,1型糖尿病、甲状腺功能亢进症、性腺功能减退症、皮质醇增多症、甲状旁腺功能亢进症和催乳素瘤常伴有骨质疏松症。

二、实验室与特殊检查诊断

主要用于内分泌腺的功能诊断和定位诊断。

(一) 血液和尿液生化测定

血清中某些电解质(如血清钠、钾、钙、磷、镁)与某些激素[如醛固酮、糖皮质激素、甲状旁腺激素、$1,25$-$(OH)_2D_3$等]之间有相互调节作用,测定血清电解质可间接了解相关激素的分泌功能。如原发性醛固酮增多症病人血清钾水平常降低,在低钾血症时,每日尿钾的排出量仍然增多。

(二) 激素及其代谢产物测定

分析激素及其代谢产物的测定结果时,要特别注意以下几点:①某一激素及其代谢产物的正常参考范围有年龄和性别之差,有些激素还有月经周期变化;②多数激素具有节律性及脉冲性分泌特点;③激素测定的方法不同,所得的数值会有一定差异,一般对诊断无明显影响,但在一些特殊情况下,要考虑特异性和敏感性不高带来的误差;④为了减少误差,提高诊断效率,血和尿激素测定要至少重复1次,有些激素代谢产物和作为动态试验的基础值的测定应重复2次;⑤居于临界值时,应在适当的时候复查,或加测激素的游离组分,或激素的结合蛋白;⑥临床上要综合多项资料全面分析,不能单凭激素测定结果作出诊断。

检测血清的某一(些)激素水平是诊断内分泌代谢疾病的基本方法之一。此外,测定尿中的激素代谢产物亦可推测血激素水平。如测定 24h 尿 17-羟、17-酮和 17-生酮皮质类固醇以判断皮质醇和肾上腺雄激素的分泌量;测定 24h 尿中的香草杏仁酸(VMA)、甲氧肾上腺素和去甲肾上腺素总量可判断体内肾上腺素和去甲肾上腺素的生成量;测定尿碘排出量能了解体内是否缺碘。免疫放射法(标记抗体)测定激素的灵敏度(指激素最低可测值)比放射免疫法(标记抗原)高得多。酶联免疫吸附法(ELISA)、荧光免疫分析法(fluorescence immunoassay)、化学发光免疫分析(chemiluminescence immunoassay)不需要用放射性核素标记,而且灵敏度明显提高。为了提高激素测定的灵敏度和特异性,用标记的单克隆抗体进行竞争性免疫分析和免疫 PCR 法是今后发展的方向。但必须严格控制质量,尽量减少检测误差。例如,大约有 12% 正常人的血 TSH>5mU/L,如果系统误差升至 20%,那么就会使 TSH>5mU/L 的比例增加 50%,达到 19%。监测多中心的"动态样本均值"是解决此类问题的一个方法。

同时测定腺垂体激素和靶腺激素对某些内分泌疾病的定位诊断很有帮助。如血浆 ACTH 和皮质醇均升高提示病变在垂体、下丘脑或为异位性分泌;如 ACTH 降低,皮质醇升高则病变在肾上腺皮质。同样,如血 TSH 和 T_3、T_4 均升高,则可能为垂体 TSH 瘤或全身性 TH 不敏感综合征;如 TSH 明显降低,而 T_3、T_4 均升高则为甲状腺病变所致的甲状腺功能亢进症。如血清 FSH、LH 和性激素均减低提示病变在垂体或下丘脑;FSH 和 LH 升高而性激素降低则提示病变在性腺。

(三)激素分泌的动态试验

此类试验可进一步探讨内分泌功能状态及病变的性质。在临床上,当某一内分泌功能减退时,可选用兴奋试验,相反则选用抑制试验或阻滞试验来明确诊断。必要时,也可联合应用,如 ACTH-DXM 联合试验。TRH 和 GnRH 兴奋试验可以判定甲状腺和性腺功能减退症的病变部位。如基础 TSH 升高,注射 TRH 后 TSH 进一步升高,提示病变在垂体;如基础 TSH 正常或降低,注射 TRH 后有 TSH 升高反应,但高峰延迟,则病变在下丘脑;如血 T_3、T_4 升高而 TSH 降低,注射 TRH 后无 TSH 升高反应,提示病变在甲状腺(如 Graves 病)。代谢试验(如氮、钙、磷、镁、钾、钠等的平衡试验)有助于代谢性疾病的诊断。

(四)X 线检查、CT 和 MRI

对某些内分泌疾病有定位价值,如垂体肿瘤侵犯蝶骨,可使蝶鞍增大;蝶骨被吸收而变薄、前或后床突抬高或被破坏则提示垂体有占位性病变。代谢性骨病和先天性畸形常首先选用骨骼 X 线照片或骨密度检查。病变直径大于 0.5cm 者,可被 MRI 或 CT 发现。一般认为,MRI 观察病变与邻近的组织关系较 CT 为优。此外,由于内分泌腺体的病变微小,选用薄层(<3mm)和动态增强扫描可提高阳性检出率或使病变显示得更清楚。

(五)核素检查

甲状腺能浓集碘,甲状腺摄 ^{131}I 率可用于评价甲状腺(包括甲状腺结节)功能。碘标记的胆固醇-肾上腺扫描可对有功能的皮质腺瘤作出定位诊断,有功能的肾上腺瘤摄取碘增多,故有放射性浓聚;而对侧的肾上腺萎缩,摄取量减少。用同位素锝(^{99m}Tc 或 ^{99m}Tc-sestamibi)或同位素铊(^{201}TI)作甲状旁腺和甲状腺双重显影可诊断甲状旁腺病变。先用碘封闭甲状腺,再用 ^{131}I 作卵巢扫描,有助于卵巢甲状腺肿伴甲亢的定位。PET-CT 和生长抑素受体扫描可动态观察垂体、肾上腺、甲状腺、胰腺等的功能变化,具有功能定量的优点。

(六) B超检查

B超检查可用于甲状腺、肾上腺、胰腺、性腺和甲状旁腺肿瘤的定位。但肿瘤或结节直径小于0.5cm则难以检出。

(七) 静脉插管分段采血测定激素水平

当临床症状提示有某种激素分泌增多,而以上定位检查又不能精确定位时可考虑用此方法鉴别,其中对异位激素分泌综合征的诊断特别有用,激素水平最高的部位一般就是病变的部位。

(八) 选择性动脉造影

对于直径较小,不能用CT和MRI等方法作出定位时可采用此方法。肿瘤的血管较丰富,因此病变部位有血管丛集的影像表现。

三、病因诊断和定位诊断

定位诊断的目的是确定病变的部位。正常人的内分泌腺体均位于一定部位(正位分泌),少数可异位(异位分泌)。另外,内分泌肿瘤可伴发异位激素分泌综合征,术前必须作出定位,以便确定手术路径和手术方式。临床上用于定位诊断的方法如下:

(一) 化学检查

仅少数内分泌代谢病可用化学方法作出病因诊断,如地方性缺碘性甲状腺肿患者的尿碘排出量明显降低。

(二) 免疫学检查

通过测定血浆中存在的相关自身抗体可确定疾病与自身免疫有关,如抗胰岛细胞抗体(ICA)、抗谷氨酸脱羧酶抗体(GAD-Ab)、抗胰岛素抗体等。在自身免疫性多发性内分泌腺病综合征中,可检出相关的特异性自身抗体。在Graves病(GD)中,血中可检出TSH受体抗体(TSHRAb),而甲状腺兴奋性TSH受体抗体(TSAb)只存在于GD病人的血浆中(自身免疫性多内分泌腺病综合征Ⅱ型除外)。在慢性淋巴细胞性甲状腺炎和特发性萎缩性甲状腺炎中可检出抗甲状腺过氧化物酶抗体(TPOAb)及抗甲状腺球蛋白抗体(TgAb)。

(三) 病理检查

细针穿刺的创伤小,易被病人接受。其缺点是看不到腺体结构,假阴性和假阳性率较高;粗针活检获得的组织标本可观察到腺体结构,诊断的准确性高,但创伤大。

手术后切除的组织作病理检查可对疾病作出最后诊断,但内分泌腺肿瘤的良、恶性鉴别往往相当困难,必须结合肿瘤的生物学行为特征才能明确诊断。分子病理学方法和免疫组化染色有助于激素成分的鉴定和激素分泌细胞的分类。体细胞突变(somatic mutation)所致的单基因遗传性疾病的突变鉴定则完全依赖于病变细胞的分子生物学分析。

(四) 染色体检查和分子生物学检查

一些内分泌和代谢病是由染色体畸变引起的,如Turner综合征缺失一个X染色体(或嵌合体或X染色体畸形),Klinefelter综合征则多一个X染色体或嵌合染色体等。但一般的染色体检查无法鉴定染色体的细微病变或基因异常。

用分子生物学技术可确诊许多内分泌和代谢性疾病及受体基因突变所致的疾病,可明确一些内分泌肿瘤、代谢酶缺陷和许多激素不敏感综合征或过敏感综合征的病因。例如,分析胰岛素受体的功能和数目有助于发现胰岛素抵抗的发生环节。

第三节　内分泌代谢疾病的治疗

一、病因治疗

任何疾病都应针对病因进行治疗。营养性疾病和由环境因素引起的代谢病多能针对病因进行治疗。可是,目前病因已经明确的内分泌疾病为数不多,或病因明了,但病变已不可逆。对于基因突变引起的内分泌疾病,基因治疗也属病因治疗。

许多内分泌腺肿瘤(包括癌)的发生与一些原癌基因的激活或肿瘤抑制基因的失活有关,故有理由认为这些内分泌肿瘤可采用下列方法进行基因治疗:①突变代偿可矫正癌细胞中的分子病变;②分子化疗能消除普通化疗所引起的骨髓抑制,增强抗癌作用;③遗传性免疫强化可达到抗肿瘤相关抗原主动免疫的目的。肿瘤细胞缺乏特异性抗原,能逃避机体免疫监护系统而不被杀灭。修饰淋巴细胞,使其存活时间延长,抗肿瘤效力增加。此外,用基因工程合成的酶可治疗代谢酶缺陷症。另外,针对代谢病的发病机制的对症治疗也属于病因治疗的一种。例如葡萄糖-6-磷酸脱氢酶缺陷者,避免进食蚕豆和避免乙酰氨基酚(paracetamol)、阿司匹林、磺胺类等药物。苯丙酮尿症病人限制含苯丙氨酸的食物摄入亦有良好防治效果。

二、内分泌腺功能减退的治疗

内分泌腺功能减退的病因有发育异常、合成激素的酶缺陷、激素基因缺陷(变异型激素)、激素受体或受体后缺陷、激素作用障碍、内分泌腺炎症、肿瘤或手术切除等。

(一)激素替代治疗

对于病因不能根除的内分泌疾病可采取激素替代疗法,使内分腺功能减低的临床表现得到改善。应当注意的是有些激素的所需量随年龄和体内、外环境变化而波动,如在应激时,所需的糖皮质激素的量成倍增加。此外,替代治疗要尽量模拟生理节律给药。

抑制性替代治疗主要用于治疗先天性肾上腺皮质增生症,用非生理剂量的糖皮质激素抑制垂体 ACTH 和肾上腺皮质雄激素的分泌,使男性的假性性早熟和女性患者的男性化得到抑制。甲状腺癌患者术后,需较长时间服用 TH,抑制垂体 TSH 的分泌,防止复发。虽然这也属于抑制性激素替代,但治疗目的不是纠正甲减。补充蛋白质以治疗蛋白质缺乏症,给予抗血友病球蛋白治疗血友病,补充维生素 B_6 以治疗高胱氨酸尿症和补充维生素 B_1 以治疗维生素 B_1 缺乏症等也属于替代治疗(或称补充治疗)的范畴。

(二)药物治疗

利用化学药物刺激某种激素分泌或增强某种激素的作用可治疗某些内分泌功能减退症,如氯磺丙脲、卡马西平、氢氯噻嗪(双氢克尿噻)、吲达帕胺可治疗中枢性尿崩症,磺脲类或胰岛素增敏剂治疗糖尿病,补充钙剂及维生素 D 治疗甲旁减等。

(三)器官、组织或细胞移植

一些内分泌腺功能减退症可用同种器官、组织或细胞移植以期达到取代相应内分泌腺功能之目的,如通过全胰腺或部分胰腺(胎胰)、胰岛或胰岛细胞移植治疗 1 型糖尿病,将甲状旁腺碎片移植到前臂肌肉组织中以治疗甲旁减和肝移植治疗晚期铜代谢障碍引起的 Wilson 病等。

三、功能亢进的内分泌疾病的治疗

(一)手术治疗

激素分泌性肿瘤和增生性病变,如 GD、Cushing 病、垂体瘤、毒性甲状腺结节、甲状旁腺腺瘤、嗜铬细胞瘤等可用手术治疗。近年来,镜下切除术收到了创口小、费用低、康复快的良好效果。

(二)药物治疗

用药物抑制或阻断激素的合成或分泌是治疗内分泌功能亢进症的常用方法,如用硫脲类和咪唑类药物治疗甲亢;用碘剂治疗甲状腺危象;用酮康唑、氨鲁米特(氨基导眠能)和美替拉酮(甲吡酮)治疗皮质醇增多症;用酚妥拉明和酚苄明治疗嗜铬细胞瘤性高血压;用螺内酯(安体舒通)治疗醛固酮增多症等。有些药物可竞争性抑制激素与其受体结合,如环丙孕酮治疗中枢性性早熟,与雌激素合用治疗女性多毛症等。此外,采用抑制激素分泌的神经递质或其激动剂也可达到抑制激素分泌的目的,如血清素拮抗剂赛庚啶可用于治疗 Cushing 病和催乳素瘤。生长抑素可抑制很多激素的分泌,临床上可用于生长激素瘤、胰岛素瘤、胰高糖素瘤、胃泌素瘤和血管活性肠肽瘤的治疗。激素类似物,如促性腺激素释放激素类似物 leuprolide 可用于治疗儿童中枢性性早熟和女性多毛症,并可作为男性避孕药。又如,人胰岛素类似物 Aspart 控制餐后高血糖的疗效明显优于胰岛素。糖皮质激素依赖性醛固酮增多症可用地塞米松治疗;雌二醇及甲地孕酮可用以治疗肢端肥大症等。此外,免疫抑制剂或免疫调节剂作为辅助疗法也常用于某些内分泌疾病(如内分泌肿瘤)的治疗。但必须注意,药物治疗只能改善症状,对病因无根治作用。

(三) 核素治疗

某些内分泌腺有浓聚某种化合物(一般为激素合成的底物或底物类似物)的功能,故可用核素标记的该化合物达到治疗目的,常用于内分泌恶性肿瘤、良性肿瘤或非肿瘤性内分泌腺功能亢进症的治疗。如用^{131}I 治疗 GD,用^{131}I 标记的胆固醇治疗肾上腺皮质肿瘤等。

(四) 放射治疗

深度 X 线、直线回旋加速器、γ 刀、X 刀等可用于内分泌腺肿瘤的治疗,有些良性肿瘤如生长激素瘤,在手术切除后也可用放射治疗来根除残存的肿瘤组织。

(五) 介入治疗

近年来采用动脉栓塞的放射介入治疗肾上腺、甲状腺、甲状旁腺和胰岛肿瘤也取得较好疗效。

第四节　进展和展望

一、基础研究

传统内分泌学(classical endocrinology)根据内分泌疾病的表型特征(phenotypic characterisation)来研究疾病的分子病理与病理生理机制;基因组学(genomics)和蛋白组学(proteomics)的研究程序则刚好相反。因此,以基因组学和蛋白组学技术为指导所进行的内分泌学研究又称为反向内分泌学(reverse endocrinology),它为内分泌疾病的诊疗提供了崭新的分子途径和药物的分子靶位(如 PPARs),传统内分泌学和反向内分泌学的有机结合,基因组学和蛋白组学的深入发展,使现代内分泌学成为生物学研究的前沿学科。近十多年来,先后阐明了 GH、PRL、阿片肽等许多激素的作用机制,发现了激素信号的各种转导途径与作用方式。基本阐明了激素受体的调节机制,发现和鉴定了膜受体激素的核作用途径和核受体激素的膜作用途径,对激素作用的对话(cross-talk)进行了深入探讨。蛋白质分子中含有调节蛋白转运和在细胞内定位的内源性信号结构域的发现迎来了后基因组时代,人们正在探讨体内 140 000 种蛋白质与无数核酸和脂质间的细胞内信号网络的特征和功能,回答细胞在接受不同信号(如激素)刺激后,将如何启动细胞内的信号转导,又如何产生最终的生理或病理反应等问题。

应用转基因动物、基因打靶、基因敲除(gene knockout)和组织特异基因表达技术,将研究手段精细到了具体的激素或激素受体基因,从而准确复制出单个激素或激素受体基因过表达(亢进)或无表达(低下)的动物模型。目前已用这些技术对许多疾病基因、激素基因和危险因素的候选基因进行了广泛研究,并且已将目标扩展到激素结合蛋白、激素结合蛋白的相关蛋白、受体亚型、受体调节蛋白、基因表达调节蛋白及信号转导途径中的所有成员。与此同时,还注意到了结构物质、药物受体、离子通道蛋白等基因的研究,发现了许多新的内分泌疾病与代谢疾病,如钙受体病、G 蛋白病、水孔蛋白(aquaporin,AQP)病、分子钟(molecular clock)病和"老化钟"病等。

现代内分泌学研究的重点和难点都将集中在细胞发育与分化的信号通路和网络调节机制上。这需要应用各相关学科的综合知识来完成。除生物化学、免疫学、遗传学与内分泌学仍紧密结合外,形成了综合应用生物物理学、模拟数学、工程学、计算机学、功能影像学、网络信息工程学技术来解决内分泌理论与实践问题的新局面。近年来出现的蛋白组学和代谢组学(Metabolomics)已使生物学和内分泌学得到迅速发展,但是,人们也认识到,任何单一学科或单项技术的发展都难以解决生物学上的复杂问题,尤其是网络调节问题。因此,生物系统论(Biologic Systemoscope)和系统生物学(Systems Biology)应运而生,它们将成为分子内分泌学进展的重要里程碑,这些新兴学科和新兴技术的发展将为内分泌代谢疾病的病因与发病机制研究带来巨大进步。

二、疾病诊断

继放射免疫法后,发展起来的新的激素测定方法使检测的敏感性和特异性不断提高。例如,免疫多聚酶链反应法(immuno-polymerase chain reaction,IPCR)的检测灵敏度可达 10^{-21} mol/L,这在理论上可检测到单个抗原(或抗体)分子的存在,而且特异到了感兴趣的具体的抗原决定簇或单个氨基酸分子(或残基)。若能排除污染因素,基本克服了长期困扰人们的免疫交叉反应问题。

在影像检查方面,许多激素相关性内分泌肿瘤(如乳腺癌、前列腺癌、PRL 瘤、GH 瘤等)和增生性病变(如甲状腺相关性眼病、特发性醛固酮增多症、家族性婴幼儿低血糖症等)亦可用核素标记的激素受体配体(如 [111] 铟-奥曲肽, [111] In-octreotide)来计量激素受体的数目和结合力,在药物选择和疗效评价中起到了预知和可知的作用。而 PET-CT 可动态观察垂体、肾上腺、甲状腺等的功能变化和代谢过程,具有定量和定时的突出优点。

疾病基因被克隆分离为疾病的早期诊断提供了基础。利用检测基因突变等分子生物学技术,可以在胚胎期、胎儿期识别基因型异常而表型正常的疾病携带者,并可对病人的严重程度及预后作出预测。例如,RET 基因突变检测为多发性内分泌腺瘤病 2 型(MEN-2)中甲状腺髓样癌的早期诊断提供了确切依据,这不但替代了以前的五肽胃泌素或钙激发试验(测定血降钙素),而且出生后对 RET 基因突变者行甲状腺全切能完全预防本病的发生。

三、疾病治疗

近年来,用于替代治疗的激素类药物有很大进展,在增强药物疗效、延长作用时间和提高作用的特异性方面有不少突破。激素受体拮抗剂和激动剂的研制发展迅速,疗效不断提高(如奥曲肽和兰乐肽),而且出现了一些调节激素受体和受体亚型功能的药物(如他莫昔芬)。腔镜下微创手术、γ 刀、X 刀、用核素标记受体配体或激素合成底物的核素治疗已使内分泌肿瘤病人免受重大创伤。胰腺、肾上腺肿瘤的镜下摘除也得到了广泛应用。术中对血清激素的快速监测既达到迅速明确诊断,又指导具体治疗(point-of-care)的目的。

(廖二元 宁光)

阅读材料

1. Svoboda P,Teisinger J,Novotny J,et al. Biochemistry of transmembrane signaling mediated by trimeric proteins. Physiol Res. 2004,53(Suppl):S141-152

2. Sokoll LJ,Wians Jr FH,Remaley AT. Rapid Intraoperative Immunoassay of Parathyroid Hormone and Other Hormones:A New Paradigm for Point-of-Care Testing. Clin Chem. 2004

3. Fuller PJ. Aldosterone and DNA:the 50(th) anniversary. Trends Endocrinol Metab. 2004,15(4):143-146

4. Ueta Y,Ozaki Y,Saito J. Novel G-protein coupled receptor ligands and neurohypophysial hormones. J Neuroendocrinol. 2004,16(4):378-382

5. Havel PJ. Update on adipocyte hormones:regulation of energy balance and carbohydrate/lipid metabolism. Diabetes. 2004,53 Suppl 1:S143-151

Notes

6. Spurr NK. Genetics of calcium-sensing—regulation of calcium levels in the body. Curr Opin Pharmacol. 2003,3（3）:291-294

7. Pires-daSilva A,Sommer RJ. The evolution of signalling pathways in animal development. Nat Rev Genet. 2003,4(1):39-49

8. Weinstein LS,Chen M,Liu J. Gs（alpha）mutations and imprinting defects in human disease. Ann N Y Acad Sci. 2002,968:173-197

9. Sesti G,Federici M,Lauro D,et al. Molecular mechanism of insulin resistance in type 2 diabetes mellitus:role of the insulin receptor variant forms. Diabetes Metab Res Rev. 2001,17(5):363-373

10. Nakae J,Kido Y,Accili D. Distinct and overlapping functions of insulin and IGF-I receptors. Endocr Rev. 2001,22(6):818-835

Notes

第二章 下丘脑疾病

要点：

1. 下丘脑疾病是指由多种病因累及下丘脑引起下丘脑结构、代谢及功能受损所致的疾病。其主要病因包括先天性胚胎发育异常、肿瘤、肉芽肿、炎症性病变、血管病变、物理因素、药物、脑代谢病变、功能性障碍等。

2. 下丘脑疾病的临床表现主要包括内分泌代谢功能异常和神经系统表现。常见的内分泌代谢功能异常包括生长发育障碍(青春发育前)，性腺、甲状腺和肾上腺皮质功能减退，尿崩症，肥胖等；神经系统表现主要包括睡眠障碍、体温调节异常、食欲调控异常、贪食/厌食，部分患者可出现精神失常、癫痫等。

3. 下丘脑疾病因病因和病变范围不同而呈现复杂变化，临床上主要通过对下丘脑-垂体-靶腺轴的激素测定以及各种功能试验明确下丘脑内分泌代谢功能状态；通过神经系统影像学以及脑脊液、脑电图等检查了解病因。

4. 下丘脑疾病的治疗一方面需纠正内分泌代谢异常，如对导致垂体-靶腺功能低下者进行激素补充治疗等；同时在明确病因的前提下积极进行病因治疗。

下丘脑疾病(hypothalamus disease)是指由多种病因累及下丘脑引起下丘脑结构、代谢及功能受损所致的疾病。下丘脑体积虽小，但功能复杂，下丘脑疾病的主要临床表现包括：内分泌代谢功能失衡，性腺功能异常(功能低下或性早熟)、自主神经功能紊乱、尿崩症、睡眠异常、体温调节异常、食欲调控异常、肥胖或厌食，部分患者可出现精神失常、癫痫等表现。

【病因与发病机制】

（一）先天性胚胎发育异常

累及下丘脑的最常见胚胎病变以大脑中线裂缺综合征(midline cleft syndrome)为多见。目前发现部分病变与基因突变密切相关。Kallmann 综合征即嗅觉-生殖功能发育不良综合征，有常染色体显性、隐性或 X 连锁三种遗传方式。其中 X 连锁性遗传患者是由位于 Xp22.3 的 KAL-1 基因突变所致。而 KAL-2 与 FGF 受体-1 基因突变有关。KAL 基因突变有多种类型，所引起 Kallmann 综合征的临床表现可有差别。主要表现为嗅觉丧失(或减退)及促性腺激素分泌不足。Laurence-Moon-Biedl 综合征可能是由相关的遗传基因变异所致，主要表现为：色素沉着性视网膜萎缩、智力发育延迟、促性腺激素缺乏性性腺发育不良。

（二）肿瘤

最常见的肿瘤是向鞍上发展的垂体腺瘤，其次是颅咽管瘤，其他肿瘤有：下丘脑错构瘤、鞍上无性细胞瘤、脑膜瘤、神经胶质瘤、脊索瘤、漏斗瘤、胆脂瘤、神经纤维瘤、脂肪瘤和转移癌(主要来源于乳腺癌和肺癌)等。

（三）肉芽肿

见于结节病、结核瘤、网状内皮细胞增生症、慢性多发性黄色瘤及嗜酸性肉芽肿等。结节病如侵入中枢神经系统，下丘脑受累约 10% ~ 20%。

（四）炎症性病变

结核性或化脓性脑膜炎、脑脓肿、病毒性脑炎、脑脊髓炎等炎症性病变均可累及下丘脑引起下丘脑疾病。

（五）血管病变

动脉瘤扩张可表现为下丘脑-垂体区的肿块性损害,导致垂体功减退及视野缺损。此外脑梗死、蛛网膜下腔出血、系统性红斑狼疮和其他原因引起的脉管炎等也可波及下丘脑,血管梗死所引起的下丘脑病变则十分罕见。

（六）物理因素

头颅外伤、脑外科手术、原发性颅内低压或颅内高压均可导致下丘脑—垂体损伤。大多患者出现垂体功能不足的表现,部分患者可表现为单纯性 ACTH 缺乏,病变接近下丘脑者多会出现尿崩症。放射治疗(脑/脑垂体区)常导致下丘脑功能障碍,多表现为内分泌功能异常和行为改变。

（七）药物

部分抗精神病药物、抗高血压药物、避孕药等可导致下丘脑功能障碍,主要表现为溢乳-闭经综合征。

（八）脑代谢病变

可见于急性间歇性血卟啉病、二氧化碳麻醉等,此外胰岛素代谢异常也可引起下丘脑功能障碍。

（九）功能性障碍

环境变迁及精神因素(精神创伤等)可引起下丘脑功能障碍,表现为闭经、阳痿、甲状腺功能减退、肾上腺功能减退、厌食、消瘦等。

【病理生理和临床表现】   下丘脑主要分泌:促甲状腺激素释放激素(thyrotropin-releasing hormone,TRH)、促性腺激素释放激素(gonadotropin-releasing hormone,GnRH)、促肾上腺皮质激素释放激素(corticotropin-releasing hormone,CRH)、生长抑素(growth hormone releasing-inhibiting hormone,GHRIH)、生长素释放激素(growth hormone releasing hormone,GHRH)、促黑素细胞激素释放因子(melanophore-stimulating hormone releasing factor,MRF)、促黑素细胞激素释放抑制因子(Melanocyte stimulating hormone release inhibiting factor,MIF)、催乳素释放因子(Prolactin releasing factor,PRF)、催乳素释放抑制因子(Prolactin release inhibiting factor,PIF)。

下丘脑疾病的临床表现与下丘脑受累面积、损害发展速率等有关,此外不同年龄的患者临床表现也不同,如青春期前出现促性腺激素不足可导致性幼稚、但青春期后的促性腺激素不足多引起性功能降低,第二性征仍然保留。

（一）下丘脑功能障碍

1. **下丘脑释放激素缺乏**   全部下丘脑释放激素缺乏引起腺垂体激素缺乏,造成生长发育障碍(青春发育前),性腺、甲状腺和肾上腺皮质功能减退。

2. **生长激素释放激素(或抑制激素)分泌失常**   生长激素(GH)分泌缺乏是器质性下丘脑疾病的最常见并发症,在儿童期可出现生长障碍。单纯性生长激素缺陷(isolated GH deficiency,IGHD)是一种异源性疾病,其中包括下丘脑缺陷与垂体缺陷。5% ~30% IGHD 患者有家族史。生长激素释放激素分泌亢进则引起巨人症或肢端肥大症。

3. **促性腺激素释放激素(GnRH)分泌失常**   GnRH 分泌亢进者引起下丘脑性性早熟,大多数患该病的女孩无明显病变,而在性早熟男孩中约 50% 有下丘脑错构瘤,仅 10% 为特发性性早熟。下丘脑分泌 GnRH 缺乏时,导致垂体分泌 LH 和 FSH 减少,睾丸产生雄激素和精子的功能下降,即下丘脑性性腺功能减退症,主要见于特发性低促性腺激素性性腺功能减退症(idiopathic-hypogonadotropic hypogonadism,IHH)和 Kallmann 综合征。先天性 GnRH 缺乏多在青春期方能诊断。男性幼儿时表现隐睾或小阴茎,女性原发性闭经及乳房不发育。成人起病的男性有性欲低下、阳痿、无精子或少精;女性有闭经、不孕,原已发育的乳腺、子宫及卵巢逐渐萎缩。

4. **PRL 释放抑制因子(或释放因子)分泌失常** 下丘脑病变可导致下丘脑多巴胺生成障碍或阻断垂体-门脉血流,使多巴胺等 PRL 释放抑制因子(PIF)不能到达腺垂体而引起高 PRL 血症。女性患者出现闭经和泌乳。男性患者可出现阳痿,伴或不伴泌乳。

5. **促甲状腺素释放激素(TRH)分泌失常** 引起下丘脑性甲状腺功能亢进或下丘脑性甲状腺功能减退症。

6. **促肾上腺皮质激素释放激素(CRH)分泌失常** 下丘脑 CRH 分泌过多,刺激垂体 ACTH 细胞增生,ACTH 分泌过多引起增生型皮质醇增多症(Cushing 病)。下丘脑病变所致垂体 ACTH 缺乏较少见,常伴有垂体其他激素的缺乏。

7. **抗利尿激素分泌失常** 尿崩症是由下丘脑视上核和室旁核的破坏性病变或下丘脑基底中央的病变所致。下丘脑病变也可引起抗利尿激素(AVP)过度分泌,导致 AVP 不适当分泌综合征(SIADH)。

8. **血糖升高** 机体在应激状态下,下丘脑被激活,释放 GH、ACTH 等激素并促使交感神经兴奋,释放儿茶酚胺,进而产生拮抗胰岛素作用,引起血糖升高。

(二)神经系统表现

1. **嗜睡和失眠** 下丘脑后部有病变时,多数患者表现为嗜睡,少数伴有失眠。常见的嗜睡类型有:①发作性睡眠(narcolepsy)患者可随时睡眠发作,持续数分钟至数小时;②深睡眠症(parasomnia)发作时,可持续性睡眠数天至数周,睡眠发作期常可被唤醒,但易再度入睡;③发作性嗜睡-贪食综合征(Kleine-levin syndrome)患者于深睡眠醒后暴饮暴食,多伴肥胖,此综合征除与下丘脑功能障碍有关,还可能与情感紊乱有关,部分患者锂盐治疗有效。

2. **贪食肥胖或顽固性厌食消瘦** 影响下丘脑食欲及摄食的因素很多,如瘦素、脂多糖、IL-1、IL-6、神经肽 Y、黑色素浓缩激素 MCH、促黑色素细胞激素 MSH 等。贪食是由于起于室旁核通过下丘脑中基部的去甲肾上腺素能纤维受到破坏。其中 Prader-willi 综合征的特征表现为明显的饮食过量和中枢性肥胖,约 70% 患者与父系染色体 15q11-q13 基因缺失有关。病变累及下丘脑腹内侧核或结节附近(饱食中枢)时,表现为肥胖生殖无能综合征(syndrome of adiposogenital dystrophy)。病变累及腹外侧核(摄食中枢)时,使通过该核区的黑质纹状体多巴胺能纤维受到破坏,导致厌食,这类患者常表现为体重下降、皮肤萎缩、毛发脱落、肌肉软弱、怕冷、心动过缓、基础代谢率降低等。

3. **体温调节异常** 下丘脑前部和视前区有对温度敏感的神经元,病变累及上述区域时可出现体温改变:①高体温,下丘脑前部和视前区的急性损伤可导致体温迅速升高,最高可达 41℃,而结节漏斗区损伤患者,表现为长期体温升高,患者大多对其适应。②下丘脑前区和后部的大范围破坏性损伤可引起肌肉收缩产热受阻,血管收缩保存热量功能下降,导致体温过低。在下丘脑损伤患者中,约 10% 会发生体温过低。③变温,变温多见于下丘脑前部和后部损害,也见于下丘脑后部和中脑的较大范围病损,这类患者体温出现大幅度波动,多数患者适应体温波动。

4. **精神障碍** 下丘脑腹正中核、腹外核及视前区病变可导致情绪和行为异常,主要表现为过度兴奋、情绪不稳定的假怒、哭笑无常、定向力障碍及破坏性的习性等。

5. **其他** 头痛较为常见,亦可表现为多汗或汗闭、手足发绀、括约肌功能障碍及下丘脑性癫痫。当腹内侧部视交叉受损时可伴有视力减退、视野缺损或偏盲。血压波动大、瞳孔散大、缩小或两侧不等大。累及下丘脑前方及下行至延髓中的自主神经纤维时,可引起胃肠胰功能紊乱甚至消化性溃疡。

【诊断和鉴别诊断】 下丘脑疾病的临床表现复杂,各种不同的病理因素导致的下丘脑功能异常可出现相同的体征和症状,并且累及下丘脑的疾病可能局限于下丘脑,也可能来源于中枢神经系统,部分精神病及系统性疾病也可引起下丘脑功能障碍,这使得下丘脑疾病有时诊断比较困难,因此必须详细询问病史,结合各项检查,综合分析然后做出诊断。在诊断下丘脑疾病时,必须考虑如下因素:损伤的范围、生理影响、病因、心理状态。

（一）功能诊断

临床上难以直接测定血液循环中各种下丘脑激素,因此多通过测定垂体激素,了解下丘脑-垂体功能状态,并结合下丘脑-垂体影像学检查来对下丘脑疾病进行诊断。

（1）TRH 与 LHRH 兴奋试验:观察试验前后血清 TSH 或 LH、FSH 的变化反应,如病变在腺垂体,则对 TRH 或 LHRH 无反应;如病变在下丘脑,则可出现延迟反应。但对一次兴奋试验无反应者,不能除外下丘脑病变可能。

（2）胰岛素耐量试验:通过低血糖反应刺激垂体 ACTH 与 GH 的释放,观察试验前后血清 ACTH 与 GH 的变化。

（3）测定血中下丘脑激素(AVP)的浓度、AVP 动态试验。

（二）病因诊断

1. 影像学及其他检查　头颅 X 线平片可示蝶鞍扩大,鞍背、后床突吸收或破坏,鞍区病理性钙化等表现,必要时作蝶鞍薄层扫描、脑血管造影、头颅 CT 和 MRI,以明确颅内病变部位和性质。诊断下丘脑病变(尤其是垂体柄病变)的最好方法是 MRI,增强扫描有助诊断。CT 扫描(用静脉造影剂)效果亦佳。此外,部分特殊检查,如视野检查亦有助于下丘脑病因的鉴别。

2. 脑脊液检查　脑脊液检查除颅内占位病变有颅压增高、炎症时有白细胞升高外,一般均属正常。

3. 脑电图检查　可见弥漫性 14 次/秒以上的单向正相棘波异常,阵发性发放,左右交替的高波幅放电可有助于诊断。

（三）鉴别诊断

主要与原发性甲状腺、性腺、肾上腺、神经垂体受损、腺垂体功能减退、神经衰弱、精神分裂症等相鉴别。单独的下丘脑病变常引起多数垂体激素的分泌下降,而垂体柄病变(仅垂体柄受损或下丘脑病变波及垂体柄)时,常合并有高 PRL 血症、性早熟、中枢性尿崩症或出现难以解释的垂体激素变化。

【治疗】

（一）病因治疗

肿瘤可采用手术切除或放射治疗。γ 刀显微外科手术治疗对下丘脑错构瘤引起的癫痫效果较好,术后并发症少。感染者应选用敏感的抗生素。药物引起者则应立即停用有关药物。精神因素引起者需进行精神治疗。

（二）特殊治疗

尿崩症的治疗见本篇第五章。有垂体功能低下者,应根据靶腺受累的程度,予以激素替代治疗。对 GnRH 缺乏患者,如 Kallmann 综合征等,可采用 GnRH 泵治疗。有溢乳者可用溴隐亭 2.5~7.5mg/d,或左旋多巴 1~2g/d。

（三）对症治疗

发热者可用氯丙嗪、地西泮以及物理降温治疗。

（陈璐璐）

推荐阅读文献

1. Ricardo H,Costa-e-Sousa,Anthony N. Minireview:The Neural Regulation of the hypothalamic-Pituitary-Thyroid Axi. Endocrinology,2012;153(9):4128-4135

2. Shannon W,John A. C. A Role for Glucocorticoids in Stress-Impaired Reproduction:Beyond the Hypothalamus and Pituitary. Endocrinology. 2013,154(12):4450-4468

3. Kazuhiro T,Osamu M,Toraichi M. Hypothalamus and Neurohypophysis(Chapter 2). Endocrine Pathology:Differential Diagnosis and Molecular Advances,2010:45-72

第三章 垂 体 瘤

要点：

1. 垂体瘤是一组来源于垂体和胚胎期颅咽管囊残余上皮细胞的肿瘤，约占全部颅内肿瘤的 10% ~ 15%。

2. 90% 的垂体瘤为良性腺瘤，根据激素分泌功能垂体瘤可分为有激素分泌功能肿瘤和无功能肿瘤。直径≤10mm 为微腺瘤，直径>10mm 为大腺瘤。

3. 垂体瘤的临床表现包括肿瘤导致的侵袭压迫和激素异常分泌症候群。

4. 垂体瘤诊断依据：①激素分泌增多的临床表现和实验室证据；②垂体瘤影像学变化。

5. 除 PRL 瘤外，垂体瘤的治疗以手术治疗为主，术后肿瘤未能完全切除者需辅以放疗或药物治疗。不能手术患者考虑放射治疗或根据肿瘤类型选用不同的药物治疗。

6. PRL 瘤以药物治疗为主，多巴胺受体激动剂是治疗 PRL 瘤的主要药物。大 PRL 瘤如果发生严重压迫症状可采用手术治疗。生长激素瘤在儿童可导致巨人症，成年期可导致肢端肥大症。生长激素瘤治疗以手术治疗为主，生长抑素类药物适用于无法切除的肿瘤或不适宜手术患者。

垂体瘤（pituitary tumor）是一组来源于垂体和胚胎期颅咽管囊残余上皮细胞的肿瘤，约占全部颅内肿瘤的 10% ~ 15%。其中大多数来自于腺垂体，来自于神经垂体少见。部分来源于腺垂体肿瘤具有分泌功能，可引起激素分泌异常症候群，不具有分泌功能肿瘤多无症状，但是大腺瘤可具有侵袭性，引起颅内组织压迫症状。

【分类】

1. **根据激素分泌功能分类** 有激素分泌功能肿瘤和无功能肿瘤。有激素分泌功能则根据细胞所分泌的激素可分为 PRL 瘤、GH 瘤、ACTH 瘤、TSH 瘤、LH/FSH 瘤及混合瘤等，肿瘤可分泌单一激素或同时分泌多种激素。

2. **根据肿瘤大小分类** 垂体瘤直径≤10mm 为微腺瘤，直径>10mm 为大腺瘤。

3. **根据组织形态学分类** HE 染色可见肿瘤细胞胞质呈嗜酸性、嗜碱性、嫌色性，免疫组化可鉴定肿瘤细胞激素表达情况。

【病理】 90% 的垂体瘤为良性腺瘤，少数为增生，极少数为癌。多数为单个，小的呈球形或卵圆形，表面光滑，大者呈不规则结节状，有包膜，可侵蚀和压迫视交叉、下丘脑、第三脑室和附近的脑组织与海绵窦。应用 HE 染色中腺垂体细胞分为嗜酸性、嗜碱性、嫌色性，其中嫌色性细胞腺瘤占 80%，已有研究证明大部分嫌色细胞具有激素分泌功能，如 GH 腺瘤、ACTH 腺瘤、PRL 腺瘤等均为嫌色细胞腺瘤。用激素抗体做免疫组化可鉴定激素分泌性肿瘤，但阴性不能排除诊断，因为细胞合成的激素可不形成颗粒直接分泌入血。电镜下可发现不同功能肿瘤其激素分泌颗粒致密度和大小有区别，PRL 瘤和 GH 瘤颗粒较大，而 ACTH 瘤颗粒较小。但是病理表现和临床激素检测有时不完全一致，因此诊断必须结合组织形态、免疫组化和临床表现后决定。

【病因及发病机制】 垂体瘤的病因和发病机制尚未完全阐明，多种因素参与肿瘤形成。垂体瘤的发病可能与下列因素有关：

1. **激素分泌失常**   下丘脑的促激素和垂体内的旁分泌或自分泌激素可能在垂体瘤形成的促进阶段起一定作用。PRL 瘤，GH 瘤，LH/FSL 瘤，TSH 瘤、ACTH 瘤与相应的促激素（PIF、多巴胺、GHRH、GnRH、CRH）分泌增多，或者下丘脑释放抑制因子减少有关。某些生长因子，如 PTH 相关肽（PTHrP）、血小板衍化生长因子（PDGF）、转化生长因子 α 和 β（TGFα 和 TGFβ）、IL、IGF-1 等在不同垂体瘤中都有较高水平的表达，它们可能以旁分泌或自分泌的方式促进垂体瘤细胞的生长和分化。靶激素分泌减少（如甲状腺激素和皮质醇）是促发功能性垂体瘤的重要原因。如慢性原发性甲状腺功能减退症患者可发生垂体 TSH 瘤。

无功能垂体瘤虽然不能在血循环中检测到激素水平升高，但免疫组化和分子生物学发现肿瘤细胞能产生糖蛋白激素（LH、FSH、TSH）的 α 和 β 亚单位，可能由于翻译后修饰缺陷，导致不能产生具有生物活性的激素。

2. **肿瘤相关基因表达变化**   研究表明某些致癌基因的激活和（或）抑癌基因的失活可导致腺垂体细胞出现无限制增殖，并形成肿瘤。已发现的主要癌基因有 gsp、gip2、ras、hst 及 PTTG 等；已发现的主要抑癌基因有 MEN1、p53、Nm23 及 CDKN2A 等。此外，肿瘤抑制基因和垂体瘤凋亡基因不适当甲基化也参与肿瘤发生。癌基因激活后可诱导细胞衰老，避免微腺瘤进一步发展，但是当遗传、环境或下丘脑激素因素导致肿瘤抑制基因和垂体瘤凋亡基因出现不适当甲基化，可降低上述基因表达，导致腺瘤发展。

3. **基因突变**   基因突变与家族遗传性垂体瘤有关。约5%的垂体瘤为家族性，其中多发性内分泌腺瘤病 1 型（MEN-1）、Carney 综合征、McCune-Albright 综合征、家族性 GH 瘤、家族性 PRL 瘤病因已基本明确，分别与 menin、1 型 α 亚基蛋白激酶 A（PRKAR1A）、Gsα、p27（CDKN1B）有关。

【临床表现】   垂体腺瘤的临床表现包括肿瘤导致的占位侵袭和激素异常分泌症候群。若垂体癌发生颅外转移，可产生相应的临床表现，较为罕见。有些垂体瘤因为 CT 或 MRI 检查时发现，称意外瘤（accidentenoma），可无临床症状。

1. **腺垂体受压症候群**   由于肿瘤压迫正常垂体组织，垂体促激素分泌减少，导致相应靶腺萎缩，激素分泌减少。由于腺垂体代偿能力很强，受压破坏60%才开始出现轻微症状，破坏95%有严重功能减退。腺垂体受压破坏时，最先影响促性腺激素和生长激素，随后出现促甲状腺激素分泌减少，促肾上腺皮质激素不足一般发生在后期。因此促性腺激素不足症状最常见，妇女表现为闭经、不育，男性可出现性欲减退、阳痿等。由于垂体门脉系统受压致催乳素分泌抑制因子（PIF，即多巴胺）减少，60% ~80%患者出现 PRL 分泌增多。

2. **垂体周围组织压迫症候群**   无功能腺瘤或大的激素分泌型肿瘤，可出现垂体周围组织受压迫症状，症状取决于肿物的大小、解剖位置和扩展方向。骨性鞍区背侧鞍顶是压力最薄弱处，因此垂体瘤常侵犯鞍上区域。

（1）头痛：蝶鞍内肿瘤产生压迫的主要特征是头痛。鞍内肿瘤生长造成鞍内压力的微小变化即可使硬脑膜受牵拉而产生头痛。早期呈持续性钝痛，位于前额、双颞部、眶后等处，也可呈胀痛伴阵发性加剧。突发的严重头痛伴恶心、呕吐及意识状态改变可能是由于垂体腺瘤出血梗死引起，需要急诊手术治疗。

（2）视神经结构受累：肿瘤向鞍上侵犯压迫视交叉，会导致视野缺损。患者可表现为双颞侧上限视野缺损，然后逐步扩大到整个颞侧导致偏盲，进而鼻侧视野受累，最终可以导致失明。另外，视神经受到侵犯或脑脊液回流障碍也会导致视力减退。长期视交叉受压会导致视盘苍白。

（3）垂体卒中：垂体腺瘤有时可因出血、梗死而发生垂体卒中。起病急骤，表现为额部或一侧眶后剧痛，可放射至面部，并迅速出现不同程度的视力减退，严重者可在数小时内双目失明，常伴眼球外肌麻痹，尤以第Ⅲ对脑神经受累最为多见，也可累及第Ⅳ、Ⅵ对脑神经，并可出现神志模糊、定向力障碍、颈项强直甚至昏迷。部分患者发生急性肾上腺皮质功能衰竭，可出现血压下降，低钠血症，低血糖症等。

（4）其他：肿瘤向侧方侵袭累及海绵窦，可造成第Ⅲ、Ⅳ、Ⅵ对脑神经及第Ⅴ对脑神经的眼支及上颌支麻痹。患者可出现不同程度复视、上睑下垂、面部感觉减退等。垂体肿瘤侵犯鞍底可使蝶窦受累。若侵袭性肿瘤侵犯颚顶，可引起鼻咽部的梗阻、感染或脑脊液漏，但此情况较少发生。罕见颞叶和额叶受累，患者可出现沟回癫痫、人格障碍或嗅觉缺失。侵袭性垂体肿瘤直接侵犯下丘脑可能导致重要的代谢异常，包括体温异常、食欲异常、睡眠障碍、中枢性尿崩症、口渴、性早熟或性腺功能减退等。

3. **激素分泌异常症候群** 有激素分泌功能的垂体瘤根据其分泌激素表现出不同症状。GH瘤可分泌过多GH，发病在青春期前，骨骺未融合者为巨人症（gigantism），发生在青春期后，骨骺已融合者为肢端肥大（acromegaly）。垂体ACTH瘤分泌过多ACTH导致Cushing病，可刺激双侧肾上腺皮质增生并分泌过多皮质醇。PRL瘤可导致闭经、溢乳。TSH瘤可导致甲状腺肿大，功能亢进，TSH不被TRH兴奋。一般而言，垂体肿瘤越大，其分泌的激素越多。但激素分泌量与肿瘤大小并不总是一致。

【**辅助检查**】

1. **实验室检查** 主要检测腺垂体激素分泌情况。无功能腺瘤可能导致垂体功能减退，如生长激素缺乏、促性腺激素缺乏等，同时可能导致PRL水平升高。功能性垂体瘤根据其来源不同应行相应的激素检查。当怀疑垂体腺瘤时，初步的激素检查应包括：①血清PRL；②GH、胰岛素样生长因子-1（IGF-1）；③ACTH、血皮质醇；④FSH、LH、雌二醇、孕酮、睾酮；⑤TSH、FT_3、FT_4。

2. **影像学检查** 垂体磁共振（MRI）是垂体肿瘤首选影像诊断方法。在T1加权显像上，垂体瘤较周围正常组织信号低，而在T2加权显像上信号加强。应注意垂体瘤大小、范围及周围组织结构受累情况。较大肿瘤中出现低信号区提示坏死或囊性变，出现高信号区提示出血。垂体微腺瘤常常较难被发现，若出现垂体不对称或垂体柄分离提示微腺瘤的存在。计算机断层扫描（CT）可发现垂体瘤密度高于脑组织，脑室、脑池移位有助于较大腺瘤的诊断。增强后可提高肿瘤检出率，尤其可提示鞍上、鞍旁肿瘤的发展，并有助于与空泡蝶鞍鉴别。头颅平片可以提示垂体窝扩大，但目前已被MRI所取代。

3. **眼科检查** 若患者鞍区占位性病变毗邻视交叉，则应进行视野评估、视觉检测等。

【**诊断及鉴别诊断**】 垂体瘤诊断应包括三个方面：①垂体瘤的确定；②明确垂体瘤类型和性质；③了解垂体功能及其周围组织受累情况。根据上述临床表现、影像学发现，辅以各种内分泌功能检查等，一般可获诊断。垂体瘤应和以下情况鉴别：

1. **垂体增大** 妊娠可致催乳素细胞增殖，长期原发性甲状腺或性腺功能减退可分别致促甲状腺细胞及促性腺激素细胞增殖。异位GHRH或CRH分泌会导致生长激素细胞或促肾上腺皮质激素细胞增生。上述情况均可导致垂体增大。

2. **Rathke囊肿** Rathke囊肿患者通常没有症状，部分患者依囊肿位置及大小不同可出现不同程度的头痛及视力障碍，女性患者可出现闭经。垂体功能减退及脑水肿较少见。MRI可鉴别垂体腺瘤和Rathke囊肿。

3. **颅咽管瘤** 颅咽管瘤是一种鞍旁肿瘤，常见于儿童，肿瘤发生在垂体柄附近，可向鞍上池扩展，具有局部侵袭特性，但很少发生恶变。患者可出现颅内压增高症状，及视神经受累、腺垂体功能减退症等，此外还可出现尿崩症。其中尿崩症常是颅咽管瘤最早出现的特征，这与垂体腺瘤不同，可资鉴别。另外，颅咽管瘤在MRI上与正常垂体组织之间有界限，多数患者CT显像可出现特征性絮状或凸起的钙化，亦可同垂体瘤相鉴别。

4. **淋巴细胞性垂体炎** 可导致垂体肿大，特征为垂体弥漫性淋巴细胞或浆细胞浸润，可造成暂时或永久性的垂体功能减退。MRI显示垂体包块，常与垂体腺瘤难以区别。神经垂体高密度亮点消失支持淋巴细胞性垂体炎的诊断。红细胞沉降率（ESR）常常加快。炎症常可自行缓解，垂体功能可不同程度恢复。

5. **其他** 脊索瘤、脑膜瘤、神经胶质瘤、鞍旁动脉瘤、下丘脑错构瘤、垂体转移癌、肉芽肿、结节病、垂体脓肿、垂体细胞瘤、脑生殖细胞肿瘤等也应注意鉴别。

【治疗】　垂体瘤的治疗目标是缓解局部压迫、维持正常垂体激素水平、保护正常垂体细胞功能、防止腺瘤复发。目前垂体瘤的治疗方法包括手术、放疗和药物治疗。应根据肿瘤性质、大小、局部压迫等情况综合判断选择合适的治疗方案。

1. 手术治疗　除催乳素瘤外,手术治疗通常是垂体瘤的首选治疗方式。经蝶手术是目前垂体瘤手术最常用术式。使用显微内镜经鼻内-蝶鞍通路可缩小或完全切除肿瘤,术后视力与视野恢复或改善可达 70%,有功能垂体腺瘤术后内分泌症状可有明显好转甚至消失,并发症少,死亡率较低。经大脑前叶开颅手术目前已应用较少。但大部分鞍上和横向侵犯的垂体肿瘤,经蝶手术无法完全去除肿物,仍适合选用开颅手术治疗。另外,颅咽管瘤、鞍旁肿瘤也适于选择开颅手术。术后肿瘤未能完全切除者需辅以放疗或药物治疗,伴垂体功能低下者尚需激素替代治疗。

2. 放疗　起效慢,并发症多,很少作为垂体肿瘤的首选治疗方式,更多是作为手术及药物治疗的辅助手段,主要指征包括顽固性激素过度分泌、垂体肿瘤切除不全、有手术禁忌或术后肿瘤复发可能性大者。传统放射治疗的类型包括常规 X 线放疗,直线加速器 X 刀、γ 刀等,都存在治愈率低,易复发的缺点。近年发展起来的立体构象分层放疗(SCRT)显著提高了治愈率,肿瘤的生长抑制率达到 100%,而对正常垂体和周围组织损害小。

3. 药物治疗　根据垂体肿瘤类型不同,应选用不同的药物治疗。多巴胺受体激动剂作为催乳素瘤的主要治疗方法,可使 PRL 水平迅速下降,并可缩小肿瘤体积。它还可用于生长激素瘤的治疗。常用多巴胺受体激动剂有溴隐亭、卡麦角林等。生长抑素类似物可抑制多种激素分泌,如 GH 和 TSH 等,目前已被用于治疗肢端肥大症和 TSH 分泌型肿瘤。常用生长抑素类似物有奥曲肽、兰瑞肽等。另外,GH 受体拮抗剂(培维索孟)可阻断 GH 生物学作用,也可用于肢端肥大症的治疗。抑制类固醇生物合成的药物可于 Cushing 病的辅助治疗,如酮康唑、甲吡酮、米托坦等。米非司酮可拮抗皮质醇作用,也可用于 Cushing 综合征的治疗。赛庚啶是血清素的竞争剂,血清素可刺激 ACTH 合成,而赛庚啶通过与血清素竞争抑制血清素的作用,适用于 ACTH 瘤的辅助治疗。

【预后】　由于多数垂体瘤是良性肿瘤,生长缓慢。早期治疗可缩小肿瘤体积,缓解占位效应,并使激素水平得到恢复。患者常需终身随访及治疗。垂体瘤手术前视力受损严重者,术后恢复的可能性较小。无功能腺瘤的临床转归一般较好。垂体癌预后不佳。

附:催乳素瘤

催乳素瘤是最常见的功能性垂体肿瘤,约占所有垂体腺瘤的 40%,同时也是高催乳素血症最常见的病因。本病可发生于各个年龄阶段,多见于生育期女性,人群年发病率约为 3/10 万。

【病因及病理生理】　PRL 瘤的发病机制仍未完全阐明,目前认为肿瘤基因激活和抑癌基因的失活为促进 PRL 瘤形成的可能原因。与 PRL 瘤有关的肿瘤激活基因有肝素结合分泌性转化基因(heparin binding secretory transforming gene,HST)和垂体瘤转化基因(pituitary tumor transforming gene,PTTG)。有关的肿瘤抑制基因包括 CDK.N2A 基因和 MEN1 基因。由于这些基因的变异,解除了垂体干细胞的生长抑制状态,转化成某种或某几种腺垂体细胞,并发生单克隆性增殖。在下丘脑激素调节紊乱、腺垂体内局部生长因子及细胞周期调控紊乱等因素作用下,最终形成肿瘤,导致某些垂体激素的自主性合成和分泌。也有认为可能与催乳素释放因子(PRF)与催乳素释放抑制因子(PIP)的调节紊乱有关。以往曾认为长期服用雌激素可能是 PRL 瘤形成的原因,但大规模研究表明,口服避孕药(尤其是低剂量雌激素)和 PRL 瘤的形成无关。多发性内分泌腺瘤病(multiple endocrine neoplasia,MEN)是一种常染色体显性遗传病,约 20% 的 MEN1 患者出现催乳素微腺瘤,且比散发催乳素瘤更具侵袭性。

【临床表现】　催乳素瘤的临床表现与患者年龄、性别、高催乳素血症持续时间及肿瘤大小密切相关。主要包括高催乳素血症和中枢神经系统受压相关症状及体征。

1. 高催乳素血症　无论催乳素瘤大小,患者均可出现高催乳素血症相关临床表现。

（1）溢乳：高催乳素血症患者中，有约50%的女性及35%的男性患者出现溢乳，溢乳可为触摸性或非触摸性，单侧或双侧，间断性或持续性。性别差异可能是由于高PRL水平对女性乳腺的催乳效应更明显所致。值得注意的是，并非只有高催乳素血症才会出现溢乳，溢乳在肢端肥大症、乳腺肿瘤等疾病时也会出现，应注意鉴别。

（2）性腺功能障碍：高水平PRL可抑制GnRH释放，还可直接抑制卵巢和睾丸的功能。女性患者可出现初潮延迟、月经过少或过多、原发或继发性闭经及不孕。男性患者出现性功能不全，可表现为性欲减低、阳痿、早泄、不育，而男性乳房发育者少见。

2. 中枢神经系统受压　同垂体瘤，见前述。

【实验室及特殊检查】

1. 血清PRL　由于血清PRL水平受许多因素影响，故应清晨空腹进行采血测定。正常人血清PRL水平一般低于20μg/L。如果PRL>200μg/L，高度提示催乳素瘤可能。如果PRL>300μg/L，即使影像学无异常，也应考虑为催乳素瘤。但是其他原因所致高PRL水平与催乳素瘤者存在交叉。例如PRL>200μg/L可能存在催乳素瘤，也可能是由药物（如利培酮等）引起；PRL<100μg/L可能存在催乳素微腺瘤，也可能是由垂体非PRL肿瘤压迫垂体柄，或生理性、医源性原因引起。因此，所有高催乳素血症患者都应接受垂体MRI检查以排查有无催乳素瘤。

2. 垂体MRI　催乳素微腺瘤在T1加权相常表现为垂体内类圆形低信号。必要时可进行增强扫描以发现微腺瘤。如果发现垂体柄移位或腺体不对称也提示微腺瘤的存在。大腺瘤影像特征一般在T1加权中呈等信号，T2加权中呈等或高信号，常伴骨质破坏和（或）海绵窦侵犯。

3. 垂体CT　高分辨率CT可用于垂体瘤的诊断，但诊断效能不如MRI。另外，CT可显示鞍底骨质破坏，MRI则不能。

【诊断】　应详细询问患者有无溢乳、月经初潮时间、月经是否规律、生育能力、性欲及性功能等，同时应询问能揭示肿瘤占位效应的相关症状或体征，如视野缺损、复视或视物模糊、头痛、是否存在脑脊液漏、尿崩症、脑水肿或腺垂体功能减退等。另外应注意患者有无骨折病史。典型的临床表现，结合血清PRL水平升高及垂体影像学发现，诊断催乳素瘤应不难。

【鉴别诊断】　催乳素瘤的鉴别诊断主要是围绕高催乳素血症进行。高催乳素血症可根据病因可分为以下三类：

1. 生理性因素　妊娠、哺乳、运动、熟睡、性交、压力状态等均可致高催乳素血症。除妊娠外，生理性因素导致PRL升高一般低于50μg/L。手术等压力状态下PRL升高与压力程度相关，一旦压力解除，PRL将恢复正常。

2. 病理性因素　慢性肾功能不全、甲状腺功能减退症患者中可存在PRL水平轻度升高，与PRL滤过减少和TRH刺激PRL分泌增多有关。较大的非功能性垂体瘤、下丘脑肉芽肿性病变、颅咽管瘤、蝶鞍上手术等因素使垂体柄受压或多巴胺神经元受损，致多巴胺下降，可引起高催乳素血症的发生，一般PRL水平在20~100μg/L之间，此时使用多巴胺受体激动剂可使PRL水平降低。特发性高催乳素血症病因不明，可能由于下丘脑调节机能改变所致。由于催乳素细胞与生长激素细胞存在一定同源性，故生长激素瘤患者可出现高PRL血症。多囊卵巢综合征、淋巴细胞性垂体炎、TSH瘤等，亦可导致高催乳素血症。

3. 药物因素　许多药物可促进PRL分泌，例如抗精神病药物可通过降低多巴胺水平或拮抗其作用导致PRL水平升高。其他如某些麻醉药、抗抑郁药、抗组胺药物等亦可导致高催乳素血症。大多数由药物引起的高催乳素血症患者PRL<150μg/L。

【治疗】　催乳素瘤治疗以药物为主，大腺瘤如果发生严重压迫症状可采用手术治疗。微腺瘤如果没有高催乳素血症相关临床表现，可无需治疗，只需定期随访血清PRL及垂体MRI。

1. 药物治疗　无论瘤体大小，口服多巴胺受体激动剂是治疗催乳素瘤的主要药物。多巴胺受体激动剂能抑制PRL的合成与分泌，并能抑制催乳素细胞增殖，使血清PRL水平恢复正常，纠正绝大部分女性患者月经不调、闭经等症状。目前，卡麦角林被推荐为治疗催乳素瘤的首选药物。卡麦角林是一种麦角衍生物,它对催乳素细胞的 D_2 受体有高度亲和力,且药物在垂体组织中停留的时间较长。卡麦角林作用强,作用时间长,每周用药 1~2 次,每次 0.5~1.0mg,而副作用较其他多巴胺受体激动剂小,其他药物不敏感时换用此药也可能有效。

溴隐亭作为多巴胺受体激动剂已经有多年安全使用经验,且价格便宜,故临床中亦较常用。溴隐亭半衰期短,使用剂量为 2.5~15mg,每日三次,根据 PRL 水平调整用量,肿瘤缩小,PRL 水平正常后以最低剂量维持。对催乳素大腺瘤,溴隐亭有效率只有 50%~60%。喹高利特为选择性的 D_2 受体激动剂,较溴隐亭半衰期长(17 小时),每日 50~150μg,每日服药 1 次。目前喹高利特还缺乏大规模的临床试验,尚未批准国内应用。

多巴胺受体激动剂的副作用较常见,如恶心呕吐、鼻塞、口干、抑郁、失眠等。最严重的不良反应是直立性低血压,可导致意识丧失,但其发生率不高,通常可以避免。故开始用药时,应睡前或随餐小剂量用药,避免活动,可降低直立性低血压的风险。

2. **手术治疗**　仅限于中枢神经压迫症状明显和药物效果不佳患者,可行经蝶窦手术。

3. **放疗**　应用有限,仅用于术后辅助治疗。

4. **妊娠期处理**　多巴胺受体激动剂可恢复患者生育能力,用药期间确定妊娠后应立即停止用药以尽可能减少胎儿与药物接触。溴隐亭半衰期短,早期应用并未发现增加流产、早产、胎儿畸形等风险,可用于计划妊娠患者。妊娠停药后应定期监测视野,如出现严重头痛、明显视野缺损等症状时可进行垂体 MRI 检查。如果出现视野缺损或肿瘤增大征象,可重新启动溴隐亭治疗。大的 PRL 瘤患者应在肿瘤缩小、PRL 正常后再考虑怀孕。

【预后】　药物治疗的患者在停药后易复发,不同指南推荐治疗维持时间从 2 年到 5 年,总体而言,治疗时间的延长有助于减少复发。停药后应定期监测患者血清 PRL 及肿瘤增大情况。

附:生长激素瘤

生长激素瘤是垂体功能性肿瘤的一种。由于生长激素(growth hormone,GH)持续过量分泌,引起 IGF-1 水平升高,在儿童可导致巨人症,成年期可导致肢端肥大症的发生。生长激素瘤以大腺瘤常见,常伴有局部浸润,但多为良性,恶性生长激素瘤罕见。

【病因及病理生理】　绝大多数 GH 过度分泌是由生长激素瘤所致,约占所有垂体肿瘤的 10%~15%。GH 分泌型肿瘤常常是混合瘤,可同时分泌多种激素。混合型 GH 细胞和 PRL 细胞腺瘤及嗜酸性干细胞腺瘤可同时分泌 GH 和 PRL。其他可见分泌 ACTH、TSH 或糖蛋白激素 α 亚单位的混合腺瘤。异位 GHRH 分泌(如下丘脑、腹部、胸部的神经内分泌肿瘤)可导致生长激素细胞增生,有时发生腺瘤。约有 35%~40% 生长激素瘤发生 Gsα 基因突变,造成 G 蛋白功能异常,从而使其对生长激素细胞 GTP 酶活性的抑制作用降低,导致生长激素瘤的发生。肿瘤的发生是由多种因素造成的。致癌基因活化可能是生长激素瘤形成的起始原因,而 GHRH 等生长因子刺激则导致肿瘤生长。生长激素瘤也可见于多发性内分泌腺瘤病 1 型(MEN-1),该综合征是一种常染色体显性遗传病,还包括甲状旁腺肿瘤、胰腺肿瘤等。

【临床表现】　生长激素瘤分泌过量 GH,可导致成年人发生肢端肥大症;而在儿童,由于骨骺尚未闭合,可导致巨人症的发生。肢端肥大症的发生率无明显性别差异。本病起病缓慢,症状复杂,故临床诊断常常延迟十年甚至更长。生长激素瘤的临床表现主要包括 GH 和 IGF-1 分泌过多造成的外周症状及肿瘤对中枢神经系统造成的占位效应。

1. **GH 和 IGF-1 分泌过多对骨骼及软组织的影响**　生长激素瘤如发生在骨骺融合前,长骨过度生长导致巨人症,患者身高均明显长于同龄儿童,超过正常范围的 2SD 以上,一般至青春期发育完成后,女性达到 1.8m,男性达到 2.0m。骨骺闭合后,长骨不能延长,出现增宽增厚,表现为肢端肥大症。患者的特征性改变主要累及面部、手部及脚部。骨骼增生和软组织肿胀导致面容丑陋、鼻翼宽,嘴唇肥厚。手、脚骨质及软组织生长导致手脚增大,患者可能描述戒指变紧、鞋码增大。喉部软组织及鼻旁窦增大可能导致声音洪亮、低沉。随着病程延长患者可有头形变长、眉弓突出、前额斜长、下颚前突、有齿疏和反咬合、枕骨粗隆增大后突、前额和头皮多皱褶、桶状胸和驼背等。由于软骨和滑膜增生，约75%的患者患有关节炎，可累及肩、肘、髋、膝、踝及腰骶关节等，出现关节肿胀、僵硬、变形、神经受压，造成关节疼痛。此外患者还可出现皮肤增厚、多汗和皮脂腺分泌过多等。

2. **GH 和 IGF-1 分泌过多对其他系统的影响**　长期过量 GH 和 IGF-1 分泌可导致多系统受累，包括：①糖代谢改变：可导致胰岛素抵抗、糖耐量受损、糖尿病及其急性或慢性并发症；②心脑血管系统受累：高血压、心肌肥厚、心脏扩大、心律不齐、心功能减退、动脉粥样硬化、冠心病、脑梗死和脑出血等；③呼吸系统受累：舌肥大、语音低沉、通气障碍、喘鸣、打鼾和睡眠呼吸暂停、呼吸道感染；④骨关节受累：滑膜组织和关节软骨增生、肥大性骨关节病、髋和膝关节功能受损；⑤女性闭经、泌乳、不育，男性性功能障碍；⑥结肠息肉、结肠癌、甲状腺癌、肺癌等疾病发生率可能增加；⑦肢端肥大症还可影响神经肌肉系统，导致对称性周围神经病变和近端肌病。患者可出现肢端感觉异常，近端肌肉乏力、易疲劳。

3. **肿瘤的占位效应**　同其他垂体瘤表现，见前述。

【**实验室及特殊检查**】

1. **血清 GH 的测定**　活动期患者血清 GH 持续升高且不被高血糖所抑制。空腹或随机血清 GH<2.5ng/ml 时可判断为 GH 正常；若≥2.5ng/ml 时需要进行口服葡萄糖耐量试验（OGTT）确定诊断。

2. **IGF-1**　GH 的作用主要经 IGF-1 介导来完成，血清 IGF-1 水平与肢端肥大症患者病情活动的相关性较血清 GH 更密切。IGF-1 水平的正常范围与年龄和性别显著相关，当患者血清 IGF-1 水平高于与年龄和性别相匹配的正常值范围时，判断为血清 IGF-1 水平升高。

3. **葡萄糖耐量试验（OGTT）**　测定基础 GH 水平后，进行 75g 葡萄糖负荷，并在 120 分钟内每隔 30 分钟抽血测 GH。传统认为，若 GH 峰值不能被抑制在 1ng/ml 以下，则可以诊断为肢端肥大症。近年来，随着更加敏感的 GH 检测方法的应用，新近指南推荐该诊断点降低为 0.4ng/ml。若患者存在肝脏或肾脏衰竭、营养不良和糖尿病等情况时，可能出现假阳性结果。

4. **垂体 MRI 和 CT**　头颅 MRI 和 CT 扫描可了解垂体 GH 腺瘤大小和腺瘤与邻近组织关系，MRI 优于 CT。高分辨薄分层、增强扫描及动态增强 MRI 扫描等技术可提高垂体微腺瘤的检出率，并可了解腺瘤有无侵袭性生长，是否压迫和累及视交叉（鞍旁或鞍下等）。

5. **其他垂体功能的评估**　应行血催乳素（PRL）、促卵泡激素（FSH）、黄体生成素（LH）、促甲状腺素（TSH）、促肾上腺皮质激素（ACTH）水平及其相应靶腺功能测定。如患者有显著的多尿、烦渴、多饮等症状要评估垂体后叶功能。

6. **视力视野检查**　观察治疗前视力视野改变，同时作为治疗效果的评价指标之一。

7. **并发症筛查**　患者定性诊断后应进行血压、血脂、心电图、心脏彩超、呼吸睡眠功能的检测；根据临床表现可以选择甲状腺超声、肠镜等检查。

【**诊断及鉴别诊断**】　典型的临床表现，结合 IGF-1、OGTT 及影像学检查结果，支持生长激素瘤的诊断。没有明确的外貌特征，有以下 2 项及以上疾病时应考虑是否存在肢端肥大症：新发糖尿病、多发关节痛、新发或难以控制的高血压、心室肥大或收缩舒张功能障碍、乏力、头痛、腕管综合征、睡眠呼吸暂停综合征、多汗、视力下降、结肠息肉、进展性下颌突出。诊断明确同时要对患者的病情活动性、各系统急慢性并发症作出判断。

巨人症要和性腺功能减退性巨人症鉴别，后者四肢细长和躯体比例不相称，性激素测定有助鉴别。肢端肥大症需和 McCune-Albright 综合征鉴别，McCune-Albright 综合征可伴有肢端肥大症，同时还有皮肤色素沉着、性早熟、多发骨骼损害等。

【**治疗**】　生长激素瘤的治疗目标包括：①将血清 GH 控制到随机 GH<2.5ng/ml，OGTT 血清 GH 峰值<1ng/ml；使血清 IGF 1 下降至与年龄和性别相匹配的正常范围内；②消除或者缩小垂体肿瘤并防止其复发；③减轻患者症状，缓解并发症。目前，生长激素瘤主要治疗方式有手术、

药物和放射治疗。

1. 手术治疗　无论生长激素微腺瘤或是大腺瘤，显微镜下经鼻蝶窦手术治疗通常被作为一线治疗方法，尤其是边界清楚的肿瘤，最好通过手术进行切除。传统显微手术微腺瘤治愈率为40%～90%，大腺瘤的手术治愈40%～52%，未能完全切除的大腺瘤患者GH水平通常也会降低。内镜下经鼻蝶窦手术是对传统显微手术的有益补充，适合切除中、小型腺瘤，也适用于部分大腺瘤，可以帮助提高手术治愈率。神经导航和术中核磁共振技术可以提高手术切除率。手术并发症主要包括垂体功能低下、尿崩症、脑脊液漏、脑出血、脑膜炎等，患者可能需要终生激素替代治疗。

2. 药物治疗

(1) 生长抑素类似物：垂体分泌生长激素的细胞可表达生长抑素受体SSTR2和SSTR5，生长抑素可与这两种受体结合抑制肿瘤生长和GH分泌。天然生长抑素半衰期不足3min，合成的生长抑素类似物可以模拟生长抑素作用。其中奥曲肽常用剂量为50～500μg，每日3次，皮下注射；长效奥曲肽制剂LAR，可每月一次20～30mg肌注；兰瑞肽每10天或14天，30mg肌注。生长抑素类似物适用于无法切除的肿瘤或不适宜手术患者，也可用于手术前后辅助治疗。

(2) 多巴胺受体激动剂：多巴胺受体激动剂可以通过下丘脑的多巴胺受体抑制GH的过度分泌，其原因在于GH瘤细胞上除GHRH受体外还有正常PRL细胞和PRL瘤细胞的多巴胺D_2受体。因此多巴胺激动剂对同时分泌PRL的GH瘤最有效，不伴有PRL增高的GH瘤多无效。常用的多巴胺受体激动剂包括麦角衍生物溴隐亭和卡麦角林。为了降低GH水平，药物剂量通常较大，如溴隐亭≥20mg/天；大剂量时，药物不良反应较为明显。

(3) GH受体拮抗剂：GH受体拮抗剂培维索孟能阻断外周GH作用，使90%以上患者血清IGF-Ⅰ恢复正常，但其对生长激素本身并无作用。虽然目前GH受体拮抗剂主要用于对其他治疗反应不佳的患者，但由于其生物有效性及临床效果较好，已被越来越多地用于较小腺瘤的初始治疗。

3. 放疗　由于放疗后GH恢复正常水平需较长时间(5～10年)，其间患者仍需服用药物降低GH水平。且放疗后垂体功能减退和其他并发症的发病率较高，故目前放疗主要作为生长激素瘤的辅助治疗，而不推荐作为初始治疗。经蝶手术或药物治疗后，若GH水平仍较高，可行放疗。对药物不耐受或长期治疗依从性较差者，也可以选择放疗。最近研究显示高能量立体定位技术可能会提高疗效。

【预后】　约10%的患者会在成功手术数年后复发，因此应定期检查垂体MRI和GH、IGF-1水平。如果GH水平未被控制，生长激素瘤患者平均寿命较同年龄对照组人群缩短10年。若手术或药物治疗将GH控制到2.5ng/ml以下，则可以显著降低死亡率。

(陈璐璐)

推荐阅读文献

1. Kronenberg H, Williams RH. Williams textbook of endocrinology. 10th ed. Philadelphia：Saunders/Elsevier. 2003：182-243

2. Jameson JL. Harrison's endocrinology. 2nd ed. New York：McGraw-Hill Medical. 2010：2080-2092

3. L. Goldman, A. I. Schafer. Cecil medicine. 24th ed[M]. Philadelphia：Elsevier Inc. 2012：1433-1439

4. 廖二元, 莫朝晖. 内分泌学. 北京：人民卫生出版社, 2011：483-513

5. 王吉耀. 内科学. 北京：人民卫生出版社, 2010：919-925

6. A consensus on the medical treatment of acromegaly[J]. Nat rev, Endocrinology. 2014, 10(4)：243-248

7. Diagnosis & Treatment of Hyperprolactinemia：An Endocrine Society Clinical Practice Guideline. The Endocrine Society, 2011：3-22

8. 高催乳素血症诊疗共识. 中华医学杂志, 2011, 91(3)：147-154

9. 中国肢端肥大症诊治指南. 中华医学杂志, 2013, 93(27)：2106-2111

Notes

第四章　腺垂体功能减退症

要点:

1. 腺垂体功能减退症是由不同病因引起腺垂体全部或大部分受损,导致一种或多种垂体激素分泌不足或绝对缺乏所致的临床综合征。

2. 垂体瘤为引起本症的最常见原因。生育期妇女因腺垂体缺血性坏死所致者亦为常见病因,称为希恩综合征。

3. 本症的临床表现取决于各种垂体激素减退的速度及相应靶腺萎缩的程度。可表现为:①促性腺激素和催乳素分泌不足症候群;②促甲状腺激素分泌不足症候群;③促肾上腺皮质激素分泌不足症候群;④生长激素不足症候群;⑤垂体内或其附近肿瘤压迫症候群。严重时,可发生垂体危象。

4. 治疗腺垂体功能减退症主要采用激素替代治疗,即根据患者激素缺乏程度,分别给予糖皮质激素、甲状腺激素及性腺激素治疗。

成年人腺垂体功能减退症又称为西蒙病(Simmond disease),生育期妇女因腺垂体缺血性坏死所致者,称为希恩综合征(Sheehan syndrome),儿童期发生腺垂体功能减退,因生长发育障碍而形成垂体性矮小症。本章主要介绍成人腺垂体功能减退症。

【病因与发病机制】　由垂体本身病变引起者称为原发性腺垂体功能减退症,由下丘脑以上神经病变或垂体门脉系统障碍引起者称为继发性腺垂体功能减退症。

(一) 垂体、下丘脑附近肿瘤

垂体瘤为引起本症的最常见原因,常压迫正常腺垂体;颅咽管瘤、脑膜瘤,下丘脑或视交叉附近的胶质瘤、错构瘤、松果体瘤或垂体卒中等也可压迫垂体;转移癌、淋巴瘤、白血病、组织细胞增多症引起的本症少见。

(二) 产后腺垂体坏死及萎缩

常发生于产后大出血(胎盘滞留、前置胎盘)、产褥感染、羊水栓塞或感染性休克等,引起垂体血管痉挛或弥散性血管内凝血(DIC),因垂体-门脉系统缺血而导致垂体坏死。妊娠时,由于雌激素刺激垂体分泌较多PRL,垂体明显增生肥大,体积较孕前增长 2 ~ 3 倍。增生肥大的垂体受蝶鞍骨性限制,在急性缺血肿胀时极易损伤,加以垂体门脉血管无交叉重叠,缺血时不易建立侧支循环,因此本症主要见于产后大出血。神经垂体的血流供应不依赖门脉系统,故产后出血一般不伴有神经垂体坏死。

(三) 手术、创伤或放射性损伤

垂体瘤摘除、放疗或鼻咽癌等颅底及颈部放疗后均可引起本症。颅底骨折、垂体柄挫伤可阻断神经与门脉系统的联系而导致腺垂体及神经垂体功能减退。儿童期因手术或创伤引起垂体柄离断可导致永久性 GH 缺乏和高 PRL 血症。

(四) 感染和浸润性疾病

各种病毒性、结核性、化脓性脑膜炎、脑膜脑炎、流行性出血热、病毒、真菌等均可引起下丘脑-垂体损伤而导致功能减退。结节病,组织细胞增多症,嗜酸性肉芽肿病,白血病、血色病,各种脂质累积病、甚至转移性肿瘤(较常见的有乳癌和肺癌)侵犯到下丘脑和脑垂体前叶也可引起腺垂体功能减退。

(五) 遗传性(先天性)腺垂体功能减退

在腺垂体的胚胎发育中,由于同源框转录因子突变导致一种(GH)或多种垂体分泌的激素异常。PIT1 基因显性突变引起 GH、PRL、TSH 缺乏,PROP1 基因突变的患者伴有 GH、TSH、PRL、LH 和 FSH 缺乏。POUF1 的突变可致严重的腺垂体功能减退,并有垂体的形态异常。

(六) 自身免疫性疾病

自 1962 年首次报道淋巴细胞性垂体炎以来已有近百例此类病例,好发于女性,多发生于妊娠期或产后,是一种自身免疫性疾病,可伴有其他自身免疫性甲状腺炎、肾上腺炎、卵巢炎、睾丸炎、萎缩性胃炎、淋巴细胞性甲状旁腺炎等。病变垂体肿大,有大量淋巴细胞和浆细胞浸润,偶见淋巴滤泡形成,继而纤维化和萎缩等。其临床表现类似垂体肿瘤,并可检测到垂体细胞抗体及一些免疫球蛋白的升高。

(七) 其他

空泡蝶鞍、动脉硬化可引起垂体梗死、颞动脉炎、海绵窦血栓常导致垂体缺血,糖尿病性血管病变引起缺血坏死等。长期大剂量糖皮质激素治疗也可抑制相应垂体激素的分泌,突然停药可出现单一性垂体激素分泌不足的表现。

【病理和临床表现】

(一) 病理

随病因而异。产后大出血、休克等引起者,垂体前叶呈大片缺血性坏死,严重者仅腺垂体的后上方、柄部、中部与神经垂体无累及,垂体动脉有血栓形成。久病者垂体明显缩小,大部分为纤维组织,仅留少许较大嗜酸性细胞和少量嗜碱性细胞。靶腺如性腺、甲状腺、肾上腺皮质呈不同程度的萎缩。内脏普遍缩小,心脏呈褐色变性,生殖器官显著萎缩。肿瘤压迫浸润引起者参见本篇第三章。

(二) 临床表现

本症的临床表现取决于各种垂体激素减退的速度及相应靶腺萎缩的程度。腺垂体组织毁坏在 50% 以上时,出现临床症状;破坏至 75% 时,症状明显;达 95% 以上时,症状常较严重。一般促性腺激素及 PRL 缺乏最早出现;其次为促甲状腺激素,促肾上腺皮质激素缺乏较少见。

1. **促性腺激素和催乳素分泌不足症候群**　产后无乳,乳腺萎缩,长期闭经与不育为本症的特征。毛发常脱落,尤以腋毛、阴毛为明显,眉毛稀少或脱落。男性胡须稀少,伴阳痿。性欲减退或消失,如发生在青春期前可有第二性征发育不全。女性生殖器萎缩,宫体缩小,会阴部和阴部黏膜萎缩,常伴阴道炎。男性睾丸松软缩小,肌力减退。

2. **促甲状腺激素分泌不足症候群**　属继发性甲状腺功能减退,但临床表现较原发性者轻,患者常诉畏寒,皮肤干燥而粗糙,较苍白、少光泽、少弹性、少汗等。较重病例可有食欲减退、便秘、精神抑郁、表情淡漠、记忆力减退、行动迟缓等。有时伴精神失常而有幻觉、妄想、木僵或躁狂,或发生精神分裂症等,心电图示心动过缓、低电压、心肌损害、T 波平坦、倒置等表现。

3. **促肾上腺皮质激素分泌不足症候群**　患者常有极度疲乏,体力软弱。有时厌食、恶心、呕吐、体重减轻、脉搏细弱、血压低。重症病例有低血糖症发作,对外源性胰岛素的敏感性增加。肤色变浅,由于促肾上腺皮质激素-促脂素(ACTH-βLPH)中黑色素细胞刺激素(MSH)减少所致,故与原发性肾上腺皮质功能减退症的皮肤色素沉着相反。

4. **生长激素(GH)不足症候群**　本病患者生长激素缺乏在儿童可引起生长障碍。但是成人生长激素不足,由于没有明显的临床表现,过去一直未受到应有的重视。垂体腺瘤及其手术和放射治疗,及其他原因所导致垂体功能减退,生长激素是最易累及的激素。许多患者甚至在垂体其他激素分泌减少不是很明显时,实际上已伴有垂体 GH 的缺乏。生长激素不足表现为身体组分的改变,包括肌肉组织异常减少,肌肉张力和运动能力常常减弱,以及腹部脂肪组织增加,骨量减少,骨质疏松以及患者心血管疾病的发生率增高。

5. 垂体内或其附近肿瘤压迫症候群 最常见者为头痛及视神经交叉受损引起偏盲甚至失明等。X 线示蝶鞍扩大,床突被侵蚀与钙化点等病变,有时有颅压增高症候群。垂体瘤或垂体柄受损,门脉阻断时,由于多巴胺作用减弱,PRL 分泌增多,女性呈溢乳、闭经与不育,男性诉阳痿。

6. 并发症 严重的本病患者,尤其是出现继发性肾上腺皮质功能减退的病例,可发生下列并发症:①感染:常表现为肺部、泌尿道和生殖系统的细菌性感染,有时亦可伴有真菌及其他微生物感染。②垂体危象及昏迷:各种应激,如感染、腹泻、呕吐、失水、饥饿、受寒、中暑、手术、外伤、麻醉、酗酒及各种镇静安眠药,降血糖等药物作用下常可诱发垂体危象(pituitary crisis)及昏迷。患者可表现为高热(>40℃)、低温(<30℃)、低血糖、循环衰竭、水中毒等。出现精神失常、谵妄、恶心、呕吐、昏厥、昏迷等症状。

【实验室检查】 可疑患者需进行下丘脑、垂体与靶腺激素测定,兴奋试验将有助于了解相应靶腺激素的储备及反应性,可明确病变部位(下丘脑或垂体)。

(一) 下丘脑-垂体-性腺轴功能检查

女性主要测定血 FSH、LH 及雌二醇;男性测定血 FSH、LH 和睾酮。黄体生成激素释放激素(LHRH)兴奋试验可协助定位诊断,如静脉注射 LHRH $100 \sim 200 \mu g$ 后于 0、30、45、60 分钟抽血测 FSH、LH,正常多在 $30 \sim 45$ 分钟时出现高峰。如 FSH、LH 升高,但反应较弱或延迟提示病变在下丘脑,如无反应,提示为腺垂体功能减退。

(二) 下丘脑-垂体-甲状腺轴功能检查

激素测定包括 TSH、T_3、T_4、FT_3、FT_4,此症在甲状腺激素水平降低下时,TSH 水平也是降低的,可与原发性甲状腺功能减退者相区别。疑为下丘脑病变所致时,需作 TRH 兴奋试验。

(三) 下丘脑-垂体-肾上腺皮质轴功能检查

24 小时尿 17-羟皮质类固醇,游离皮质醇及血皮质醇均低于正常,血 ACTH 可降低。CRH 兴奋试验有助于确定病变部位,垂体分泌 ACTH 功能正常者,静脉注射 CRH $1 \mu g/kg$ 后,15 分钟 ACTH 可达高峰,ACTH 分泌功能减退患者的反应减退或无反应。

(四) 下丘脑-垂体-生长激素轴功能检查

80% 以上的患者 GH 储备降低。但正常人 GH 的分泌呈脉冲式,有昼夜节律,且受年龄、饥饿、运动等因素的影响,故一次性测定血清 GH 水平并不能反映 GH 的储备能力。必要时可作 24 小时尿 GH 测定。血清 IGF-1 浓度亦是反映生长激素水平的有价值指标。胰岛素低血糖试验(insulin-induced hypoglycemia test,ITT)是诊断的金标准,但对于 60 岁以上且存在心、脑血管潜在疾病的患者不宜采用。生长激素释放激素(GHRH)兴奋试验可进一步明确病变部位。

(五) 催乳素测定

垂体组织破坏性病变时血清催乳素水平降低,而下丘脑疾病由于丧失多巴胺对 PRL 抑制,催乳素很少降低,反而是升高的,因而催乳素的测定往往对病变的定位有帮助。

【影像学检查】 高分辨率 CT 或 MRI(必要时进行增强)是首选方法。蝶鞍的头颅 X 线和视野测定可提示肿瘤是否存在。当无高分辨率 CT 或 MRI 时,可采用蝶鞍多分层摄片。脑血管造影仅仅是当 X 线检查提示鞍旁血管异常或血管瘤时考虑进行。

【诊断与鉴别诊断】 本病诊断主要根据临床表现结合实验室资料和影像学发现,但须与下列两组疾病鉴别。

(一) 神经性厌食

多为年轻女性,主要表现为厌食、消瘦、精神抑郁、固执、性功能减退,闭经或月经稀少,第二性征发育差,乳腺萎缩,阴毛、腋毛稀少,体重减弱、乏力、畏寒等症状。内分泌功能除性腺功能减退较明显外,其余的垂体功能正常。

（二）多靶腺功能减退

如 Schimdt 综合征患者有皮肤色素加深及黏液性水肿,而腺垂体功能减退者往往皮肤色素变淡,黏液性水肿罕见,腺垂体激素升高有助于鉴别。

【治疗】

（一）注意营养及护理

患者宜进高热量、高蛋白及富含维生素膳食,还需提供适量钠、钾、氯,但不宜过度饮水。尽量预防感染、过度劳累与应激刺激。

（二）激素替代治疗

成人全腺垂体功能减退症患者大多数宜用靶腺激素替代治疗,即在糖皮质激素和 L-T4 替代治疗的基础上,男性加用睾酮治疗,女性加用雌激素与孕激素治疗,但需维持生育功能者应改为 HCG、HMG,或 HCG 加 FSH 治疗。

1. 补充糖皮质激素 最为重要,且应先于甲状腺激素的补充,以免诱发肾上腺危象。首选氢化可的松(可的松、泼尼松等需经肝脏转化为氢化可的松)。剂量应个体化,较重病例每日 30mg(相当于可的松 37.5mg,泼尼松 7.5mg),服法应模仿生理分泌,如每日上午 8 时服全日量 2/3,下午 2 时服 1/3 较为合理。随病情调节剂量。如有感染等应激时,应加大剂量。在皮质激素替代治疗过程中,需要定期监测患者的体重指数、腰围、血压、血糖、血电解质及血脂水平。疗效的判定主要根据临床表现评估,测定血浆 ACTH、皮质醇和尿游离皮质醇对疗效评估无意义。

2. 补充甲状腺激素 须从小剂量开始,以免加重肾上腺皮质负担,诱发危象。可用干甲状腺片,从小剂量开始,每日 10～20mg,数周内逐渐增加到 60～120mg,分次口服。如用 L-T$_4$,开始每日 25μg,每 2 周增加 25μg 直至每日用量 75～100μg。对年老、心脏功能欠佳者,如立即应用大量甲状腺激素,可诱发心绞痛。对同时有肾上腺皮质功能减退者应用甲状腺激素宜慎重,最好先补充糖皮质激素,再补充甲状腺激素。剂量的调整通过监测血清 FT$_3$、FT$_4$ 水平来进行,使 FT4 水平保持正常值范围的上半部分。TSH 水平对继发性甲状腺功能减退判断替代治疗剂量是否合适没有帮助。

3. 补充性激素 育龄期妇女,病情较轻者需采用人工月经周期治疗。每天可用己烯雌酚 0.5～1mg 或炔雌醇每天口服 0.02～0.05mg,连续服用 25 天,在最后 5 天(21～25 天),每天同时加用甲羟孕酮(安宫黄体酮)6～12mg 口服,或每天加黄体酮 10mg 肌注,共 5 天。在停用黄体酮后,可出现撤退性子宫出血,周期使用可维持第二性征和性功能。必要时可用人绝经期促性素(HMG)或绒毛膜促性素(HCG)以促进生育。如下丘脑疾病引起者还可用 LHRH(以输液泵作脉冲式给药)和氯米芬,以促进排卵。男性患者可用丙酸睾酮,每周 2 次,每次 25～50mg,肌内注射,或用庚酸睾酮每 2 周肌内注射 200mg,可改善性欲,促进第二性征发育,增强体力。亦可联合应用 HMG 和 HCG 以促进生育。

4. 补充生长激素 1996 年美国 FDA 正式批准基因重组人生长激素(recombinant human growth hormone,rhGH)用于治疗成人生长激素缺乏症(adult growth hormone deficiency,AGHD)。近 20 年来,许多国际内分泌学会对成人 GHD 患者 rhGH 替代治疗的获益及风险进行多次分析讨论,并制定了一系列临床诊疗指南。目前已比较肯定 rhGH 替代治疗后可显著改善成人 GHD 患者各种非特异性的临床症状及减少相关并发症的发生,尤其是提高患者生活质量、显著改善骨密度及降低心血管疾病危险因素。GH 替代治疗剂量尚无统一的标准,具有高度个体化特点。替代治疗的临床获益通常在持续治疗 6 个月后开始出现。使用禁忌证包括恶性肿瘤活跃期、良性颅内压增高、糖尿病视网膜病变增殖期或增殖前期。

（三）病因治疗

包括垂体瘤手术切除或放疗等,详见有关章节。

（四）垂体危象处理

1. 补液　快速静脉注射 50% 葡萄糖溶液 40～60ml,继以 10% 葡萄糖生理盐水静脉滴注,以抢救低血糖症及失水等。液体中加入氢化可的松,每日 100～300mg,或用相当剂量地塞米松注射液作静脉或肌内注射,亦可加入液体内滴入。

2. 周围循环衰竭及感染　有周围循环衰竭及感染者其治疗参见有关章节。

3. 低温或高热低温者　可用热水浴疗法,电热毯等使患者体温逐渐回升至 35℃ 以上,并给予小剂量甲状腺激素。高热者用物理降温法,并及时去除诱发因素,慎用药物降温。

4. 水中毒　可口服泼尼松 10～25mg 或可的松 50～100mg 或氢化可的松 40～80mg,以后每 6 小时用 1 次。不能口服者用氢化可的松 50～200mg(地塞米松 1～5mg),加入 50% 葡萄糖液 40ml,缓慢静脉注射。

5. 禁用或慎用药物　禁用或慎用吗啡等麻醉剂,巴比妥安眠剂、氯丙嗪等中枢神经抑制剂及各种降血糖药物,以防止诱发昏迷。

【预后】　重症患者常因产后大出血休克死亡,或因重度感染而死亡;轻者可带病延至数十年,但常呈虚弱状态。轻症患者,如能再度怀孕,可一度好转,有的患者可完全恢复正常。但也可因再度大出血而使病情加重或猝死。轻症患者经适当治疗后,其生活质量可如正常人。

（陈璐璐）

推荐阅读文献

1. Kilicli F,Dokmetas HS,Acibucu F. Sheehan's syndrome. Gynecol Endocrinol,2013,29(4):292-295

2. Romero CJ,Nesi-Fran a S,Radovick S. The molecular basis of hypopituitarism. Trends Endocrinol Metab,2009,20(10):506-516

3. Nakamoto J. Laboratory diagnosis of multiple pituitary hormone deficiencies:issues with testing of the growth and thyroid axes. Pediatr Endocrinol Rev,2009,6 Suppl 2:291-297

4. Molitch ME,Clemmons DR,Malozowski SJ,et al. Evaluation and treatment of adult growth hormone deficiency:an Endocrine Society clinical practice guideline. J Clin Endocrinol Metab,2011,96(6):1587-1609

5. Loeffler JS,Shih HA. Radiation therapy in the management of pituitary adenomas. J Clin Endocrinol Metab,2011,96(7):1992-2003

第五章 尿 崩 症

要点：

1. 本症分为中枢性尿崩症和肾性尿崩症两类。
2. 确诊主要依据临床表现、血尿渗透压测定及禁水-加压素试验。
3. 尿崩症应注意与原发性烦渴、糖尿病等以多尿为主要表现的其他疾病鉴别。
4. 中枢性尿崩症的治疗以 AVP 替代为主,继发性尿崩症应首先治疗原发病。

尿崩症(diabetes insipidus,DI)是由于下丘脑-神经垂体病变引起精氨酸加压素(arginine vasopressin,AVP;又称抗利尿激素,antidiuretic hormone,ADH)严重或部分缺乏(中枢性尿崩症),或肾脏病变引起肾远曲小管、集合管上皮细胞 AVP 受体及受体后信息传递系统缺陷,对 AVP 不敏感(肾性尿崩症)所致的一组临床综合征。其临床特点是多尿、烦渴、低比重尿和低渗尿。尿崩症可发生于任何年龄,但以青少年多见。男性多于女性,男女之比约 2:1。

【病因和发病机制】

(一) 中枢性尿崩症(central diabetes insipidus,CDI)

任何导致 AVP 合成、分泌与释放受损的原因均可引起本症,CDI 的病因有原发性、继发性与遗传性三类。

1. **原发性尿崩症** 其原因不明,占尿崩症的 30%。部分患者尸检时,发现下丘脑视上核与室旁核神经细胞明显减少或几乎消失。近年有报告显示,患者血中存在下丘脑室旁核神经核团抗体,即针对 AVP 合成细胞的自身抗体,并常伴有肾上腺、性腺、胃壁细胞的自身抗体出现。

2. **继发性尿崩症** ①头颅外伤及垂体下丘脑手术:是 CDI 的常见病因。以脑垂体术后一过性 CDI 最常见。如手术造成正中隆突以上的垂体柄受损,则可导致永久性 CDI。②肿瘤:尿崩症可能是垂体及附近部位肿瘤的最早临床症状。常见肿瘤包括:垂体瘤、颅咽管瘤、胚胎瘤、松果体瘤、胶质瘤、脑膜瘤、转移癌等。③肉芽肿:结节病、组织细胞增多症、类肉瘤、黄色瘤等。④感染性疾病:脑炎、脑膜炎、结核、梅毒等。⑤血管病变:动脉瘤、冠状动脉搭桥等。⑥其他:妊娠后期和产褥期可发生轻度尿崩症,与其血液中 AVP 降解酶活性增高有关。

3. **遗传性尿崩症** 可为 X 连锁隐性、常染色体显性或常染色体隐性遗传。X 连锁隐性遗传者由女性遗传、男性发病,杂合子女孩可有尿浓缩力差,一般症状轻,可无明显多饮多尿。家族性常染色体显性遗传者可由 AVP-神经垂体素运载蛋白(AVP-NPⅡ)基因突变所致。突变引起 AVP 前体蛋白质二级结构破坏,导致其在内质网的加工和运输障碍。同时,异常 AVP 前体的积聚对神经元具有细胞毒性作用,从而引起下丘脑合成 AVP 神经细胞的减少。本症可以是 Wolfram 综合征(diabetes insipidus,diabetes mellitus,optic atrophy,and neural deafness,DIDMOAD)的一部分,其临床症候群包括尿崩症、糖尿病、视神经萎缩和耳聋,为一种常染色体隐性遗传疾病,由 WFS 1 基因突变所致。

(二) 肾性尿崩症(nephrogenic diabetes insipidus,NDI)

由于肾脏对 AVP 不敏感所致,NDI 病因有遗传性和继发性两类:①遗传性:约 90% 患者患病

与 V_2 受体基因突变有关,系 X 连锁隐性遗传性疾病;部分患者由编码水孔蛋白(AQP-2,参与 AVP 受体后信号传递)的基因发生突变所致,系常染色体隐性遗传性疾病。②继发性:NDI 可继发于多种疾病导致的肾小管损害,如慢性肾盂肾炎、阻塞性尿路疾病、肾小管性酸中毒、骨髓瘤、肾脏移植等,也可继发于低钾血症、高钙血症等代谢紊乱。多种药物可导致 NDI,如庆大霉素、头孢唑林钠、诺氟沙星(氟哌酸)、阿米卡星(丁胺卡那霉素)、链霉素等。

【临床表现】

(一)多饮、烦渴与低渗性多尿

尿崩症的主要临床表现为多尿、烦渴与多饮,起病常较急,一般起病日期明确。24 小时尿量可多达 5 ~ 10L,极少超过 18L,但也有报道达 40L/d 者。尿比重常在 1.005 以下,尿渗透压常为 50 ~ 200mOsm/(kg·H_2O),尿色淡如清水。部分患者症状较轻,24 小时尿量仅为 2.5 ~ 5L,如限制饮水,尿比重可超过 1.010,尿渗透压可超过血浆渗透压,可达 290 ~ 600mOsm/(kg·H_2O),称为部分性尿崩症。

(二)其他表现

由于低渗性多尿,血浆渗透压常轻度升高,因而兴奋口渴中枢,患者因烦渴而大量饮水,多喜冷饮。如饮水不受限制,本症仅影响患者睡眠,使其体力虚弱,但智力、体格发育接近正常。多尿、烦渴在劳累、感染、月经期和妊娠期均可加重。当肿瘤及颅脑外伤手术累及口渴中枢,或因手术、麻醉、颅脑外伤等原因使患者处于意识不清状态,从而口渴感觉减退或消失。此时,如未及时补充大量水分,患者可严重失水、血浆渗透压与血清钠明显升高,出现极度乏力、发热、精神症状,甚至死亡。一旦尿崩症合并腺垂体功能减退时,尿崩症可减轻,糖皮质激素替代治疗后症状再现或加重。

垂体柄断离(如头部外伤)可引起三相性尿崩症(triphasic),即:第一阶段(4 ~ 5 天),外伤致垂体后叶轴索"震荡",不能有效释放 AVP,尿量明显增加、渗透压下降,同时外伤后意识丧失或口渴中枢受损,不能及时补水,表现为高钠血症;第二阶段(4 ~ 5 天),垂体后叶轴索溶解释放过多 AVP,尿量迅速减少,尿渗透压上升,血钠降低,甚至出现低钠血症;第三阶段为垂体后叶 AVP 耗竭,可发生永久性尿崩症。特别注意,这类尿崩症的第二阶段可以单独出现。

继发性尿崩症除上述表现外,尚有原发病的症状与体征。

【实验室和辅助检查】

(一)实验室检查

1. **尿量测定** 每日尿量超过 2500ml 称为多尿,尿崩症患者尿量多可达 4 ~ 20L/d,比重常在 1.005 以下,部分性尿崩症患者尿比重有时可达 1.010。

2. **血、尿渗透压测定** 患者血渗透压正常或稍高(血渗透压正常值 290 ~ 310mOsm/(kg·H_2O)),尿渗透压多低于 300mOsm/(kg·H_2O)(禁饮后尿渗透压正常值 600 ~ 800mOsm/(kg·H_2O)),严重者低于 60 ~ 70mOsm/(kg·H_2O)。

3. **血浆 AVP 测定** 正常人血浆 AVP(随意饮水)为 2.3 ~ 7.4pmol/L(RIA 法),禁水后可明显升高。中枢性尿崩症患者血浆 AVP 值则不能达到正常水平,禁水后也不增加或增幅不大,但肾性尿崩症患者基础和禁水后血浆 AVP 均高。

4. **AVP 抗体和抗 AVP 细胞抗体测定** 有助于特发性尿崩症的诊断。

(二)禁水-加压素试验(vasopressin test)

正常人禁水后血渗透压升高,循环血量减少,二者均刺激 AVP 释放,使尿量减少、尿比重及尿渗透压升高、而血浆渗透压变化不大。比较禁水前后与使用血管加压素前后的尿渗透压变化。禁水一定时间,当尿浓缩至最大渗透压而不能再上升时,注射加压素。正常人此时体内已有大量 AVP 释放,已达最高抗利尿状态,注射外源性 AVP 后,尿渗透压不再升高,而中枢性尿崩症患者体内 AVP 缺乏,注射外源性 AVP 后,尿渗透压进一步升高。

方法:禁水时间视患者多尿程度而定,一般6～16小时不等,禁水期间每2小时排尿一次,测尿量、尿比重或渗透压,当尿渗透压达到高峰平顶,即连续两次尿渗透压差<30mOsm/(kg·H_2O),抽血测血浆渗透压,然后立即皮下注射加压素5U,注射后1小时和2小时测尿渗透压。对比注射加压素前后的尿渗透压值。

结果:正常人禁水后尿量明显减少,尿比重超过1.020,尿渗透压超过800mOsm/(kg·H_2O),不出现明显失水。尿崩症患者禁水后尿量仍多,尿比重一般不超过1.010,尿渗透压常不超过血浆渗透压。注射加压素后,正常人尿渗透压一般不升高,仅少数人稍升高,但不超过5%。精神性多饮、多尿者接近或与正常相似。中枢性尿崩症患者注射加压素后,尿渗透压进一步升高,较注射前至少增加9%以上。AVP缺乏程度越重,增加的百分比越多。完全性中枢性尿崩症者1～2小时尿渗透压增加50%以上;部分性中枢性尿崩症者尿渗透压常可超过血浆渗透压,注射加压素后,尿渗透压增加在9%～50%之间。肾性尿崩症在禁水后尿液不能浓缩,注射加压素后仍无反应。本法简单、可靠,但须在严密观察下进行,以免在禁水过程中出现严重脱水。如患者禁水过程中发生严重脱水,体重下降超过3%或血压明显下降,应立即停止试验,让患者饮水。

（三）病因诊断

尿崩症诊断确定之后,必须尽可能明确病因。应进行视野检查,必要时作CT或MRI等检查以明确有无垂体或附近的病变。针对AVP(包括AVP-NP Ⅱ)、WFS 1、AQP-2等基因突变进行分析,有助于明确遗传性病因。

【诊断和鉴别诊断】

（一）诊断

典型的尿崩症诊断不难,凡有多尿、烦渴、多饮及低比重尿者应考虑本病,必要时可进行禁水-加压素试验及血尿渗透压测定,多可明确诊断。尿崩症诊断成立后,则应进一步鉴别其性质为CDI或NDI,并根据临床表现和实验室检查结果区分部分性尿崩症与完全性尿崩症,以指导治疗。由于病情较重或外伤等情况,无条件检测血尿渗透压及行禁水-加压素试验者,可用AVP进行诊断性治疗。

1. **CDI诊断要点为**　①尿量多,可达8～10L/d或更多;②低渗尿,尿渗透压低于血浆渗透压,一般低于200mOsm/(kg·H_2O);尿比重低,多在1.005～1.003以下;③饮水不足时,常有高钠血症,伴高尿酸血症,提示AVP缺乏,尿酸清除减少致血尿酸升高;④禁水试验不能使尿渗透压和尿比重增加,而注射加压素后尿量减少、尿比重增加、尿渗透压较注射前增加9%以上;⑤加压素(AVP)或去氨加压素(DDAVP)治疗有明显效果。

2. **NDI诊断要点为**　①常有家族史,或者患者母亲怀孕时羊水过多史,或有引起继发性NDI的原发性疾病病史;②多出生后即有症状,婴儿患者有尿布更换频繁、多饮、发育缓慢或不明原因发热,儿童及成年患者有多尿、口渴、多饮症状;③尿浓缩功能减低,每日尿量明显增加,比重<1.010,尿渗透压低,多低于300mOsm/(kg·H_2O);④禁水-加压试验常无尿量减少、尿比重和尿渗透压升高等反应,尿渗透压/血渗透压比值<1,注射加压素后仍无反应。

（二）鉴别诊断

尿崩症应与下列以多尿为主要表现的疾病相鉴别:

1. **原发性烦渴**　常与精神因素有关(即精神性烦渴),部分与药物、下丘脑病变有关。主要由于精神、药物等因素引起烦渴、多饮,因而导致多尿与低比重尿,与尿崩症极相似,但AVP并不缺乏。这些症状可随情绪而波动,并伴有其他神经症的症状。上述诊断性试验均在正常范围内。

2. **糖尿病**　有多尿、烦渴症状,但血糖升高,尿糖阳性,糖耐量曲线异常,容易鉴别。

3. **慢性肾脏疾病**　肾小管疾病、低钾血症、高钙血症等均可影响肾脏浓缩功能而引起多尿、口渴等症状,但有相应原发病的临床表现,且多尿的程度也较轻。

4. 头颅手术时液体潴留性多尿　头颅手术期间发生多尿有两种可能,即损伤性尿崩症与液体潴留性多尿,有时两者的鉴别相当困难。如果于下丘脑-垂体手术时,或头颅创伤后立即发生多尿,则提示为损伤性尿崩症。然而,头颅手术后出现多尿也可能是手术期间液体潴留的后果。手术时,患者因应激而分泌大量 AVP,当手术应激解除后,AVP 分泌减少,潴留于体内的液体自肾排出,如此时为平衡尿量而输入大量液体,即可导致持续性多尿而误认为尿崩症。暂时限制液体入量,如尿量减少而血钠仍正常,提示为液体潴留性多尿;相反,如果血钠升高,而且在给予AVP 后尿渗透压增高,尿量减少,血钠转为正常,则符合损伤性尿崩症的诊断。

【治疗】

(一) AVP 替代疗法

AVP 替代疗法适用于完全性和部分性 CDI,但对 NDI 疗效不佳。由于需要的剂量个体差异大,用药必须个体化,严防水中毒的发生。

1. 去氨加压素(1-脱氨-8-右旋精氨酸加压素,DDAVP,即 desmopressin)　为人工合成的加压素类似物。其抗利尿作用强,而缩血管作用只有 AVP 的 1/400,为目前治疗 CDI 的首选药物。口服制剂,每次 0.1 ~ 0.4mg,每日 2 ~ 3 次,部分患者可睡前服药一次,以控制夜间排尿和饮水次数,有利于睡眠和休息。妊娠伴尿崩症时仅能应用 DDAVP,禁用任何其他药物。因 DDAVP 含 5% ~ 25% 的催产素活性,故需注意观察其不良反应。因妊娠时,DDAVP 不被血浆中的氨肽酶降解,故其用量应较非妊娠时低。分娩时,不宜给水太多,以防发生水中毒。分娩后,血浆中的氨肽酶活性迅速下降,患者的尿崩症症状可明显减轻或消失。皮下注射 1 ~ 4μg 或鼻内给药 10 ~ 20μg,每日 1 ~ 2 次。

2. 垂体后叶素水剂　作用仅维持 3 ~ 6 小时,皮下注射,每次 5 ~ 10U,每日须多次注射,长期应用不便。主要用于脑损伤或神经外科术后尿崩症的治疗。

3. 尿崩停粉剂　赖氨酸加压素是一种鼻腔喷雾剂,每次鼻吸入 20 ~ 50mg,4 ~ 6 小时一次,长期应用可引起慢性鼻炎而影响其吸收。

4. 长效尿崩停　是一种鞣酸加压素制剂(5U/ml)。深部肌内注射,从 0.1ml 开始,可根据每日尿量情况逐步增加到 0.5 ~ 0.7ml/次,注射一次可维持 3 ~ 5 天。注射前充分混匀,过量可引起水中毒。

(二) 其他口服药物治疗

此类口服药物适用于部分性 CDI。不宜用于孕妇及儿童患者。

1. 氢氯噻嗪(hydrochlorothiazide)　每次 25mg,每日 2 ~ 3 次,可使尿量减少约一半。其作用机制可能是由于尿中排钠增加、体内缺钠、肾近曲小管水重吸收增加,到达远曲小管的原尿减少,因而尿量减少,对肾性尿崩症也有效。长期服用可引起缺钾、高尿酸血症等,应适当补充钾盐。

2. 卡马西平(carbamazepine)　能刺激 AVP 分泌,使尿量减少。每次 0.2g,每日 2 ~ 3 次。副作用有血粒细胞减少、肝损害、疲乏、眩晕等。

3. 氯磺丙脲(chlorpropamide)　该药可刺激垂体释放 AVP,并加强 AVP 的水重吸收作用,可增加肾小管 cAMP 的生成,但对 NDI 无效。每日剂量不超过 0.2g,早晨一次口服。本药可引起严重低血糖,也可引起水中毒,应加注意。

(三) 病因治疗

继发性尿崩症应尽量治疗其原发病,如不能根治者也可用上述药物治疗。

【预后】　预后取决于基本病因和病情的严重程度。轻度脑损伤或感染引起的尿崩症可完全恢复,颅内肿瘤或全身性疾病所致者,预后不良。特发性尿崩症常属永久性,在充分的饮水供应和适当的抗利尿治疗下,通常可以基本维持正常的生活,对寿命影响不大。

(李启富)

推荐阅读文献

1. Ananthakrishnan S. Diabetes insipidus in pregnancy：etiology，evaluation，and management. Endocr Pract，2009，15（4）：377-382

2. Fenske W，Allolio B. Clinical review：Current state and future perspectives in the diagnosis of diabetes insipidus：a clinical review. J Clin Endocrinol Metab，2012，97（10）：3426-3437

3. Moeller HB，Rittig S，Fenton RA. Nephrogenicdiabetes insipidus：essential insights into the molecular background and potential therapies for treatment. Endocr Rev，2013，34（2）：278-301

第六章 抗利尿激素不适当分泌综合征

> **要点：**
> 1. 本症由内源性抗利尿激素(ADH)分泌异常增多或其活性作用过强所致,病因主要为恶性肿瘤,呼吸、神经系统等疾病及某些药物。
> 2. 临床特点为低钠血症、低血浆渗透压、尿钠增加、高渗尿(尿渗透压常高于血浆渗透压)。同时,患者甲状腺功能、肾上腺皮质功能正常。
> 3. 治疗包括病因治疗和对症治疗。

抗利尿激素分泌不适当综合征(syndrome of inappropriate antidiuretic hormone secretion, SIADH)是指内源性抗利尿激素(ADH,即精氨酸加压素 AVP)分泌异常增多或其活性作用过强导致的临床综合征,主要表现为水潴留、尿排钠增多以及稀释性低钠血症。

【病因与发病机制】 SIADH 常见病因为恶性肿瘤、呼吸系统及神经系统疾病、炎症、药物、外科手术。部分病因不明者称之为特发性 SIADH,多见于老年患者。

(一) 异源性 AVP 分泌

1. 恶性肿瘤 小细胞型肺癌、胰腺癌、淋巴肉瘤、网状细胞肉瘤、十二指肠癌、霍奇金病、胸腺癌等可合成及释放 AVP,引起 SIADH。其中以小细胞型肺癌所致最多见(约占 80%)。

2. 肺部感染性疾病 肺炎、肺结核、肺脓肿、肺曲霉菌病等有时也可引起 SIADH。可能由于病变的肺组织能合成与释放 AVP 有关。

(二) 中枢神经系统疾病

脑外伤、脑脓肿、脑肿瘤、蛛网膜下腔出血、脑血栓形成、脑萎缩、脑部急性感染、结核性或其他脑膜炎等都可影响下丘脑-神经垂体功能,使 AVP 分泌过多,或因病变损伤渗透压感受器,血浆渗透压降低不能通过该感受器抑制 AVP 分泌。

(三) 药物

某些药物可促进 AVP 释放或增强其作用,而引起 SIADH。氯磺丙脲、氯贝丁酯、三环类抗抑郁剂(如卡马西平等)、全身麻醉药、巴比妥类等药物可刺激 AVP 释放,氯磺丙脲尚可增加 AVP的活性。噻嗪类利尿剂因其排钠利尿使 GFR 下降,同时刺激 AVP 分泌。抗癌药物如长春新碱、环磷酰胺也可刺激 AVP 释放。

(四) 其他

左心房压力骤减刺激容量感受器,可反射性地使 AVP 分泌增加(如二尖瓣狭窄分离术后)。肾上腺皮质功能减退症、黏液性水肿、腺垂体功能低下等疾病,由于低血容量或肾脏排自由水受损也可引起 SIADH。少数患者可能系肾小管对 AVP 的敏感性增加所致。

由于 AVP 释放过多,且不受正常调节机制所控制,肾远曲小管与集合管对水的重吸收增加,尿液不能稀释,游离水不能排出体外。如摄入水量过多,水分在体内潴留,细胞外液容量扩张,血液稀释,血清钠浓度与渗透压下降。同时,细胞内液也处于低渗状态,细胞肿胀,当影响脑细胞功能时,可出现神经系统症状。本综合征一般不出现水肿,因为当细胞外液容量扩张到一定程度,可抑制近曲小管对钠的重吸收,使尿钠排出增加,水分不致在体内潴留过多。加之容量扩张导致心钠肽释放增加,使尿钠排出进一步增加,因此,钠代谢处于负平衡状态,加重低钠血症与低渗血症。同时,容量扩张、肾小球滤过率增加以及醛固酮分泌受到抑制,也增加尿钠的排出。由于 AVP 的持续分泌,虽然细胞外液已处于低渗状态,但肾仍不能达到最大尿液稀释水平。

【临床表现和实验室检查】

（一）临床表现

1. 低钠血症　SIADH 的临床表现取决于低钠血症的严重程度和发展速度。通常血钠>120mmol/L 时,无明显症状和体征;血钠下降至 120mmol/L 以下时,可出现食欲减退、恶心、呕吐、易激动、个性改变,继而神志模糊;当血钠下降至 110mmol/L 以下时,出现肌力减退,腱反射减弱或消失、抽搐发作、昏迷,如不及时处理,可导致死亡。SIADH 的主要临床特征是水潴留而不伴有组织间隙水肿,血压一般正常。由于血液被稀释,常表现为低肌酐、低尿素氮、低尿酸血症。血氯降低的程度与低钠血症一致。长期低钠血症可导致严重骨质疏松。

2. 原发疾病的表现　可有感染或原发性肿瘤引起的各种症状和体征。

（二）实验室检查

血浆渗透压随血钠下降而降低,常低于 270mOsm/（kg·H$_2$O）。血钠<130mmol/L 时,尿钠常>30mmol/L。尿渗透压升高,常高于血浆渗透压。血清氯化物、尿素氮、肌酐及尿酸等浓度降低。血浆 AVP 相对于血浆渗透压呈不适当的高水平。

【诊断和鉴别诊断】

（一）诊断

诊断依据:①血钠降低（低于 130mmol/L）;②尿钠增高（超过 30mmol/L）;③血浆渗透压降低（低于 275mOsm/（kg·H$_2$O））;④尿渗透压>100mOsm/（kg·H$_2$O）（尿渗透压常高于血浆渗透压）;⑤无低血容量临床表现,血尿素氮、肌酐、尿酸下降;⑥除外甲状腺功能减退、肾上腺皮质功能减低、利尿剂使用等原因。

病因诊断:恶性肿瘤是常见原因,特别是小细胞型肺癌。有时可先出现 SIADH,以后再出现肺癌的 X 线改变。其次应除外中枢神经系统疾病、肺部感染、药物等因素。

（二）鉴别诊断

1. 肾失钠所致低钠血症,特别是肾上腺皮质功能减退症、失盐性肾病、醛固酮减少症、Fanconi 综合征、利尿药治疗等均可导致肾小管重吸收钠减少,尿钠排泄增多而致低钠血症。常有原发疾病及失水表现,血尿素氮常升高。而 SIADH 患者血容量常正常或增高,血尿素氮常降低。

2. 胃肠消化液丧失,如腹泻、呕吐,及胃肠、胆道、胰腺造瘘或胃肠减压等都可失去大量消化液而致低钠血症,常有原发疾病史及失水表现。

3. 甲状腺功能减退症有时也可出现低钠血症,可能由于 AVP 释放过多或由于肾不能排出稀释尿所致。但甲状腺功能减退症严重者伴有黏液性水肿等表现,结合甲状腺功能检查不难诊断。

4. 顽固性心力衰竭、晚期肝硬化伴腹水或肾病综合征等可出现稀释性低钠血症,但这些患者各有相应原发病的特征,且常伴血容量增高,明显水肿、腹水。

5. 精神性烦渴　由于饮水过多,也可引起低钠血症与血浆渗透压降低,但尿渗透压和尿比重明显降低,易与 SIADH 鉴别。

6. 脑性盐耗综合征（cerebral salt wasting syndrome,CSWS）　本症是在颅内疾病的过程中肾不能保存钠而导致进行性尿钠自尿中大量流失,并带走过多的水分,从而导致低钠血症和细胞外液容量的下降。CSWS 的主要临床表现为低钠血症、尿钠增高和低血容量;而 SIADH 是正常血容量或血容量轻度增加,这是与 CSWS 的主要区别。此外,CSWS 对钠和血容量的补充有效,而限水治疗无效,反而使病情恶化。

【治疗】

（一）病因治疗

恶性肿瘤所致者应及早手术、放疗或化疗。肿瘤切除后,SIADH 可消失或减轻,肿瘤复发时,此症候群可再出现,因此 SIADH 是否消失可作为判断肿瘤是否根治的佐证之一。药物引起者需立即停药。中枢神经系统疾病所致者常为一过性,随着原发疾病的好转而消失。肺结核及肺炎经治疗好转,SIADH 常随之消失。

（二）对症治疗

1. 低钠血症的处理　轻者主要通过限制饮水量,停用妨碍水排泄的药物来纠正低血钠。饮水量一般限制在 0.8 ~ 1.0L/d,症状即可好转,体重下降、血清钠与渗透压随之增加、尿钠排出减少。严重低钠血症患者伴有神志错乱、惊厥或昏迷时,需立即抢救。可注射呋塞米 20 ~ 40mg,排出水分,以免心脏负荷过重,但必须注意纠正因呋塞米引起的低钾或其他电解质的丧失。同时,可静脉输注 3% 氯化钠溶液,滴速为每小时 1 ~ 2ml/kg,使血清钠逐步上升,症状改善。频繁监测血钠（每 2 ~ 4 小时 1 次）,控制血钠 24 小时内升高不超过 10 ~ 12mmol/L。当血钠恢复至 120mmol/L 左右,患者病情改善,即停止高渗盐水滴注,继续采用其他治疗措施。如血钠升高过速,可引起中枢性脑桥脱髓鞘病变（表现可为发音困难、缄默症、吞咽困难、倦怠、情感变化、瘫痪、癫痫样发作、昏迷和死亡）。

2. 抗利尿激素受体拮抗剂　托伐普坦片（Tolvaptan）可选择性拮抗位于肾脏集合管细胞的基底侧膜 II 型 AVP 受体（V_2R）,调节集合管对水的通透性,提高对水的清除,促使血钠浓度提高。每日 1 次,起始剂量 15mg,服药 24 小时后可酌情增加剂量。服药期间,不必限制患者饮水,同时应注意监测血电解质变化,避免血钠过快上升。常见不良反应为口干、渴感、晕眩、恶心、低血压等。

【预后】　SIADH 由恶性肿瘤如小细胞型肺癌、胰腺癌等所致者,预后不良。由肺部疾病、中枢神经系统疾病、甲减、药物等非肿瘤原因所致者经治疗原发病好转或停药后,SIADH 可随之消失。

（李启富）

推荐阅读文献

1. Chen S,Zhao JJ,Tong NW,et al. Randomized,double blinded,placebo-controlled trial to evaluate the efficacy andsafety of tolvaptan in Chinese patients with hyponatremia caused by SIADH. J Clin Pharmacol,2014,doi:10. 1002/jcph. 342

2. Sejling AS,Pedersen-Bjergaard U,Eiken P. Syndrome of inappropriate ADH secretion and severe osteoporosis. J Clin Endocrinol Metab,2012,97:4306-4310

3. Esposito P,PiottiG,BianzinaS,et al. The syndrome of inappropriate antidiuresis:pathophysiology,clinical management and new therapeutic options. Nephron Clin Pract,2011,119:c62-73

Notes

第七章 甲状腺肿

> **要点：**
> 1. 甲状腺肿分为非毒性和毒性甲状腺肿。碘缺乏是地方性甲状腺肿的主要病因。
> 2. 甲状腺轻中度肿大时一般无临床症状，严重肿大时可产生压迫症状。
> 3. 甲状腺肿一般无需治疗，肿大明显者可应用左甲状腺素，有压迫症状者可选择手术。适当补碘可防治地方性甲状腺肿。

甲状腺肿（goiter）是指甲状腺上皮细胞良性增生所致的甲状腺体积增大和质量增加。根据甲状腺功能分为非毒性（nontoxic goiter）和毒性（toxic goiter）甲状腺肿两类。非毒性甲状腺肿也称为单纯性甲状腺肿（simple goiter），甲状腺功能正常。毒性甲状腺肿是指伴有甲状腺毒症的甲状腺肿大。根据流行病学特点分为地方性（endemic goiter）和散发性（sporadic goiter）甲状腺肿。本病以散发性为主，随年龄增加患病率增加，女性是男性的 3 ~ 5 倍。如果一个地区儿童单纯性甲状腺肿的患病率超过 10%，称之为地方性甲状腺肿。如果甲状腺肿形成结节，不伴甲状腺功能异常称之为非毒性结节性甲状腺肿（nontoxic nodular goiter，NNG）；如果结节自主性分泌甲状腺激素（"热"结节），伴有甲状腺毒症，称为毒性结节性甲状腺肿（toxic nodular goiter）。

【病因与发病机制】 引起甲状腺肿的病因很多，包括内源性和环境因素。内源性病因诸如甲状腺内的碘转运障碍、过氧化物酶活性缺乏等先天性遗传性甲状腺激素合成缺陷，使甲状腺激素合成减少，TSH 分泌反馈性增加，导致甲状腺肿。自身免疫及炎症反应产生甲状腺生长免疫球蛋白（TGI）、胰岛素样生长因子-1（IGF-1）等能促进甲状腺生长，可形成多结节性甲状腺肿。

环境因素是导致地方性甲状腺肿的主要原因，与碘营养或食用含有致甲状腺肿物（goitrogens）有关。碘与甲状腺肿的患病率呈"U 型"曲线，即碘缺乏和碘过量均会导致甲状腺肿大。碘缺乏是地方性甲状腺肿最常见原因。在机体碘需要增加的情况下也可以出现代偿性甲状腺肿，如妊娠期、哺乳期和青春期等。

世界卫生组织（WHO）推荐应用学龄儿童平均尿碘中位数（MUI）评估地区的碘营养状态，MUI 在 100 ~ 199μg/L 为碘营养充足，MUI<100μg/L 为碘缺乏，MUI≥200μg/L 为碘超足量，MUI≥300μg/L 为碘过量。为保证碘营养充足，WHO 推荐成年人每日碘摄入量为 150μg，妊娠妇女每日碘摄入量增加到 250μg。

一些食物如卷心菜、木薯、含钙或氟过多的饮水等因含有致甲状腺肿或阻抑 TH 合成的物质，引起甲状腺肿大。有些药物如硫脲类、磺胺类、锂盐及高氯酸盐等可以阻断甲状腺激素合成或释放，引起甲状腺肿。一些化学合成的污染物，例如对羟基苯丙酮、多氯联苯等也可以引起甲状腺肿。多数物质致甲状腺肿作用机制未明。

【病理】 病理改变取决于病因和病程。早期呈弥漫性，滤泡细胞肥大、血管增多。随着病程进展，甲状腺滤泡可出现退化、形成质地不一的结节。至后期，部分可发生坏死、出血、囊性变、纤维化或钙化。甲状腺结构和功能的异质性是本病的后期特征。

【临床表现】 单纯性甲状腺肿可无症状，或因肿大影响外观，严重时可出现压迫症状。甲状腺常呈现轻、中度肿大,表面平滑,质地较软或韧。甲状腺肿严重压迫周围组织时可表现相应的症状和体征。气管受压可出现咳嗽、气促、吸气性喘鸣,气管偏移、狭窄甚或软骨软化;食管受压出现吞咽困难;喉返神经受压表现声音嘶哑;胸骨后甲状腺肿可使头部、颈部和上肢静脉回流受阻,出现晕厥等表现。当甲状腺结节内出血时可引起急性疼痛及肿大。在严重的地方性甲状腺肿地区,克汀病(cretinism)可表现为明显智力障碍、痉挛、运动功能障碍和重度的甲状腺肿大。

【实验室和辅助检查】

（一）TSH 和 T₃、T₄

血促甲状腺激素(thyroid stimulating hormone,thyrotropin,TSH)是反映甲状腺肿病人甲状腺功能状态的最敏感指标。单纯性甲状腺肿患者血 TSH、甲状腺素(thyroxine,T_4)和三碘甲腺原氨酸(triiodothyronine,T_3)正常,甲状腺球蛋白(thyroglobulin,Tg)增高,增高的程度与甲状腺体积呈正相关。放射碘摄取率正常或增加,但摄取高峰时间正常。地方性甲状腺肿患者的尿碘排泄减少。自身免疫性甲状腺炎所致的甲状腺肿伴甲状腺自身抗体滴度升高。

（二）影像检查

超声是最主要的检查手段。超声可显示甲状腺的大小、形态、内部结构、结节及血流状况。核素扫描主要通过甲状腺摄取核素的能力评估甲状腺以及甲状腺结节形态和功能。CT 或 MRI 主要用于明确甲状腺肿以及结节与邻近组织的关系、胸骨后甲状腺肿的延续情况。甲状腺细针穿刺细胞学检查有助于确定结节的性质。

【诊断与鉴别诊断】 甲状腺肿分Ⅲ度:①看不到但能触及者为Ⅰ度;②既能看到,又能触及,但是肿大没有超过胸锁乳突肌外缘者为Ⅱ度;③超过胸锁乳突肌外缘者为Ⅲ度。

甲状腺肿需与颈部其他包块鉴别:①颈前脂肪:位于颈部甲状腺前方,质地较软,吞咽时不随之上下移动。超声检查可以明确诊断。②甲状旁腺腺瘤:甲状旁腺位于甲状腺之后,甲状旁腺腺瘤一般较小,不易扪及,但有时亦可较大,使甲状腺突出,检查时亦可随吞咽移动,根据临床表现及甲状旁腺核素扫描可鉴别。甲状腺肿伴有结节需行甲状腺细针穿刺细胞学检查除外甲状腺癌。

【治疗和预防】 治疗目的是使甲状腺体积缩小,解除压迫症状,保证甲状腺功能正常。

单纯性甲状腺肿一般无需治疗。有明确病因者应针对病因治疗。对甲状腺肿大明显者可以试用左甲状腺素(levothyroxine,L-T_4)或干甲状腺片,剂量以维持血清 TSH 水平在正常参考范围下限为宜,疗程 3～6 个月,以甲状腺体积缩小 50% 为有效,通常疗效不显著。多结节性甲状腺肿患者接受甲状腺激素治疗前应排除自主功能结节。对甲状腺肿明显、有压迫症状或增长过快者应采取手术治疗。

地方性甲状腺肿治疗和预防方法是碘补充。1996 年起,我国立法实施普遍食盐碘化(universal salt iodization,USI)防治碘缺乏病,碘缺乏病得到了有效控制。经过几次修改国家食盐加碘标准,目前我国食用盐碘含量为每公斤食盐 20～30mg,并且强调各省、自治区、直辖市根据当地人群实际碘营养水平选择适合本地的食用盐碘含量。

(单忠艳)

推荐阅读文献

1. Triggiani V,Tafaro E,GiagulliVA,et al. Role of iodine,selenium and other micronutrients in thyroid function and disorders. Endocr Metab Immune Disord Drug Targets. 2009,9(3):277-294
2. Kaniuka S,Lass P,SworczakK. Radioiodine-an attractive alternative to surgery in large non-toxic multinodular goitres. Nucl Med Rev Cent East Eur. 2009,12(1):23-29
3. PatrickL. Iodine:deficiency and therapeutic considerations. Altern Med Rev. 2008,13(2):116-127
4. Huins CT,Georgalas C,Mehrzad H,et al. A new classification system for retrosternal goitre based on a systematic review of its complications and management. Int J Surg. 2008,6(1):71-76

Notes

5. World Health Organization. United Nations Children's Fund & International Council for the Control of Iodine Deficiency Disorders. Assessment of iodine deficiency disorders and monitoring their elimination. 2nd ed. Geneva,Switzerland:WHO,2007

6. Zimmermann MB. Iodine deficiency. Endocr Rev. 2009,30(4):376-408

7. Teng W,Shan Z,Teng X,et al. Effect of iodine intake on thyroid diseases in China. N Engl J Med. 2006,354 (26):2783-2793

第八章 Graves 病与甲状腺功能亢进症

要点:

1. Graves 病(GD)属于甲状腺激素(TH)分泌增多的自身免疫性甲状腺病,TSAb 为其特征性免疫标志物。GD 是甲亢最常见的病因,临床上以高代谢症群、甲状腺弥漫性肿大、GO 和胫前黏液性水肿为特点。

2. GD 的治疗包括 ATD、^{131}I 及甲状腺次全切除术三种,各有优缺点。一般根据患者的年龄、病情、病程、并发症或合并症、个人意愿、医疗条件和医师的经验等选择。

3. ATD 长程治疗分初治期、减量期及维持期三个阶段,按病情轻重决定剂量,用药期间注意 ATD 的副作用。

4. GO 要戒烟、维持甲状腺功能正常。轻度 GO 采用眼部一般治疗和随访观察;中重度活动性 GO 可用糖皮质激素、眶后外放射或眶减压手术。

5. 积极发现和治疗甲亢、避免诱因是预防甲状腺危象的关键。一旦发生需积极抢救,其措施包括 PTU、复方碘液、普萘洛尔、糖皮质激素等,同时加强支持和对症治疗。

6. 妊娠伴甲亢的 ATD 治疗首选 PTU,剂量不宜过大,维持 FT_4 在稍高于正常水平或正常参考范围上限。甲状腺次全切除术宜于妊娠中期施行。禁用 ^{131}I 治疗。

甲状腺毒症(thyrotoxicosis)是因血循环中甲状腺激素(TH)过多,引起的以神经、循环、消化等系统兴奋性增高和代谢亢进为主要表现的临床综合征。甲状腺功能亢进症(hyperthyroidism,简称甲亢)是甲状腺本身产生过多 TH 所致的甲状腺毒症。引起甲状腺毒症的病因很多(表7-8-1),包括了甲状腺功能亢进合成分泌甲状腺激素增多和甲状腺破坏致甲状腺激素释放入血两种情况。

表 7-8-1 甲状腺毒症的病因

甲状腺激素合成增多	垂体型 TH 不敏感综合征
甲状腺功能亢进症	非甲状腺激素合成增多
弥漫性毒性甲状腺肿(Graves 病)	甲状腺激素释放增多
桥本甲亢	亚急性肉芽肿性甲状腺炎(de Quervian 甲状腺炎)
毒性多结节性甲状腺肿和自主性高功能甲状腺结节	亚急性淋巴细胞性甲状腺炎(产后甲状腺炎)
毒性甲状腺腺瘤(Plummer 病)	损伤性甲状腺炎(手术、活检、药物等)
滤泡状甲状腺癌伴甲亢	放射性甲状腺炎
HCG 相关性甲亢(绒毛膜癌、葡萄胎、侵蚀性葡萄胎、多胎妊娠等)	慢性淋巴细胞性甲状腺炎(桥本一过性甲状腺毒症)
新生儿甲亢	非甲状腺来源的甲状腺激素增多
碘甲亢	卵巢畸胎瘤(卵巢甲状腺肿伴甲亢)
垂体性甲亢	人为甲状腺毒症
垂体 TSH 瘤	甲状腺滤泡癌转移

引起甲亢的病因很多,其中弥漫性毒性甲状腺肿(diffuse toxic goiter,Graves disease,GD)是甲亢最常见的类型,属自身免疫性甲状腺病(autoimmune thyroid disease,AITD),约占甲状腺毒症的60%~90%。本章主要介绍 Graves 病。

Graves 病(也称 Basedow 病、Parry 病,以下简称 GD)以甲亢、弥漫性甲状腺肿为特征。伴有 Graves 眼(眶)病(Graves ophthalmopathy,GO,亦称甲状腺相关性眼(眶)病(thyroid-associated ophthalmopathy,TAO)、胫前黏液性水肿等。GD 患病率为 1.1%~1.6%,我国学者报告是 1.2%。女性高发,男女比为 1:4~6,高发年龄为 20~50 岁。

【病因和发病机制】   GD 的发病机制未明,目前公认是遗传因素和环境因素共同作用的自身免疫性疾病。

(一) 自身免疫

GD 突出特征是血中存在与甲状腺细胞反应(刺激或抑制作用)的自身抗体,其中最主要的是 TSH 受体抗体(TSH receptor antibody,TRAb)或称甲状腺刺激性免疫球蛋白(Thyroid-stimulating immunoglobulins,TSI)。抗原特异或非特异性抑制性 T 淋巴细胞(Ts)细胞功能缺陷,Ts 细胞减弱了对辅助性 T 淋巴细胞(Th)的抑制,机体不能抑制针对自身组织的免疫反应,特异 B 淋巴细胞在特异 Th 细胞辅助下产生 TRAb。TRAb 分子结构与功能不均一,主要有两种类型,即 TSH 刺激性抗体(TSH stimulating antibody,TSAb)和 TSH 刺激阻断性抗体(TSH stimulation-blocking antibody,TSBAb)。TSAb 与 TSHR 结合,激活腺苷酸环化酶信号系统,引起甲亢和甲状腺肿。TSAb 是 GD 的致病性抗体。95% 未经治疗的 GD 患者 TSAb 阳性,母体的 TSAb 也可以通过胎盘,导致胎儿或新生儿发生甲亢。TSBAb 与 TSHR 结合,阻断了 TSH 对甲状腺的刺激作用,甲状腺激素产生减少,甲状腺萎缩。TSBAb 是导致甲减的原因之一。除 TSAb、TSBAb 外,另一种抗体与 TSHR 结合后,仅促进甲状腺肿大,而不促进 TH 的合成和释放,称为甲状腺生长免疫球蛋白(TGI)。此外,GD 患者血中还存在较高滴度的 TgAb、TPOAb 及抗钠/碘同向转运体(Na/I cotransporter)抗体。

(二) 遗传因素

部分患者有家族史,同卵双生相继发生 GD 者达 30%~60%(异卵双生为 3%~9%),GD 亲属中患另一种 AITD(如慢性淋巴细胞性甲状腺炎)的比率和 TRAb 的检出率均高于一般人群,综上均提示遗传因素在 GD 致病中的作用。目前发现 GD 与组织相容性复合体(MHC)基因相关:白种人与 HLA-B8、HLA-DR3、DQA1*501 相关;非洲人种与 HLA-DQ3 相关;亚洲人种与 HLA-Bw46 相关。

(三) 环境因素

环境因素可能参与了 GD 的发生,如细菌感染,耶尔森肠杆菌(Yersinia enterocolitica)、性激素、精神因素和应激等都对本病的发生和发展有影响。GO 的发病危险因素还包括吸烟、药物(如干扰素-γ、锂剂)、^{131}I 和局部创伤等。

因此,GD 是在遗传易感性的基础上,在感染、应激、药物等因素的作用下,引起体内的免疫功能紊乱,最后导致甲状腺功能异常。

【病理】   甲状腺呈对称性弥漫性增大。血管增多。甲状腺滤泡上皮细胞增生,呈高柱状或立方状,滤泡细胞由于过度增生而形成乳头状折叠凸入滤泡腔内。滤泡腔内的胶质减少,滤泡间可见不同程度的淋巴细胞浸润,形成淋巴组织生发中心。浸润的淋巴细胞以 T 细胞为主,伴少数的 B 细胞和浆细胞。

Graves 眼病眶后内容物增多致使眼球突出。眶后组织大量黏多糖和糖胺聚糖(glycosaminoglycan,GAG)沉积,透明质酸(hyaluronic acid)增多。淋巴细胞、肥大细胞及浆细胞浸润。眼外肌水肿,黏多糖沉积,纤维增粗,纹理模糊。后期见纤维组织增生和纤维化。

胫前黏液性水肿者皮肤可见透明质酸、黏多糖沉积、淋巴细胞浸润。

【临床表现】

（一）甲状腺毒症表现

1. **高代谢症群**　由于甲状腺激素分泌增多导致交感神经兴奋性增高和新陈代谢加速,同时对儿茶酚胺的敏感性增强。患者常有疲乏无力、多汗、不耐热、低热(危象时可有高热);TH 促进肠道糖的吸收,加速糖的氧化、利用和肝糖分解,可致糖耐量异常或加重糖尿病;蛋白质分解加速致负氮平衡、体重下降。骨骼代谢和骨胶原更新加速、尿钙磷、羟脯氨酸等排出量增高。

2. **精神神经系统**　多言好动、紧张失眠、焦虑烦躁、易激动、注意力不集中等。有时出现幻觉,甚而亚躁狂症;伸舌或双手向前平举时有细颤,腱反射活跃,深反射恢复期时间缩短。

3. **心血管系统**　以高动力循环(hyperdynamic circulation)为特征。心悸,心动过速多为持续性,睡眠和休息时有所降低,但仍高于正常。心律失常以房性期前收缩较常见,其次为阵发性或持续性心房颤动,也可为室性或交界性期前收缩,偶见房室传导阻滞。第一心音亢进。心脏增大和心力衰竭。收缩压升高、舒张压下降和脉压增大为甲亢的特征性表现,有时可出现毛细血管搏动、水冲脉等周围血管征。

甲亢诊断明确伴有下列心脏病表现之一,同时除外其他原因引起的心脏病可诊断为甲状腺毒症性心脏病(thyrotoxic heart disease):

1) 心脏病表现:①严重心律失常,包括持续性或阵发性房颤、房扑、频发室性期前收缩、Ⅱ度~Ⅲ度房室传导阻滞等;②心力衰竭;③心脏扩大;④心绞痛或心肌梗死。

2) 除外其他原因引起的心脏病,如高血压性心脏病、冠心病、风湿性心脏病等。甲亢性心力衰竭属高排出量性心力衰竭,常于心律失常后发生或加重。老年人或原有缺血性心脏病者合并 GD 时,多表现为顽固性心房颤动和心脏泵衰竭,甲亢控制后心脏功能虽可改善,但因有器质性损害而不能恢复正常。

4. **消化系统**　多数表现为食欲亢进,少数出现厌食甚至恶病质。肠蠕动加快,大便稀溏,次数增加。可出现肝功能异常,转氨酶升高,偶伴黄疸。

5. **肌肉骨骼系统**　甲亢性肌病分急性和慢性两种。急性肌病于数周内出现吞咽困难和呼吸肌麻痹。甲状腺毒症性周期性瘫痪(thyrotoxic periodic paralysis,TPP)主要见于亚洲年轻男性患者。发病诱因包括饱餐、高糖饮食、运动等,病变主要累及下肢,常伴低钾血症,系与血清钾向细胞内急性转移有关。TPP 呈自限性,甲亢控制后可以自愈。慢性肌病者主要累及近端肌群的肩、髋部肌群,部分累及远端肌群;肌无力为进行性,伴肌萎缩,尿肌酸排泄量增高。登楼、蹲位起立甚至梳头困难,对新斯的明无效。另有 GD 伴发重症肌无力,该病和 GD 同属自身免疫病。

6. **造血系统**　可有白细胞总数减低,淋巴细胞比例增加,单核细胞增加。可以伴发血小板减少性紫癜。

7. **生殖系统**　女性常有月经稀少,周期延长,甚至闭经。男性可出现阳痿,偶见乳腺发育。

8. **皮肤、毛发及肢端表现**　皮肤光滑细腻,温暖湿润,颜面潮红。部分患者色素减退,出现白癜风、毛发脱落或斑秃。少数伴杵状指、软组织肿胀和掌指骨骨膜下形成肥皂泡样新骨,指或趾甲的邻近游离缘和甲床分离,称为指端粗厚症(acropachy)。

胫前黏液性水肿(pretibial myxedema)为 GD 特异性的皮肤损害,属自身免疫病,约5% 的 GD 患者伴发本症,白种人多见。多见于小腿胫前下 1/3 处,偶见于足背和膝部、上肢甚至头部。皮损多为对称性。初起时呈暗紫红色皮损,继而皮肤粗厚,呈片状或结节状叠起,最后呈树皮状,覆以灰色或黑色疣状物,下肢粗大似象皮腿。

9. **甲状腺危象(thyroid crisis)**　也称甲亢危象,是甲状腺毒症急性加重的表现。主要诱因为感染、应激(包括急性创伤、分娩、精神刺激、过度劳累、脑血管意外等)、[131]I 治疗及甲状腺手术前准备不充分等。临床表现为原有甲亢症状加重,高热、体温可达40℃或更高,大汗,心悸,心率常在140次/分以上,恶心呕吐,腹痛腹泻,烦躁、甚而谵妄,严重患者可有心衰、休克及昏迷等。死亡原因多为高热虚脱、心力衰竭、肺水肿及严重水、电解质代谢紊乱。

(二)甲状腺肿

甲状腺弥漫性肿大,质软,无压痛,随吞咽上下移动。甲状腺血流增多,触及震颤和闻及血管杂音为 GD 的特异性体征。少数患者无甲状腺肿。

(三)眼部表现

GD 的眼部表现分为两类:

1. 非浸润性突眼(non-infiltrating exophthalmos)　其发生主要与过量 TH 所致的交感神经兴奋性增高有关,常见的眼征有:①轻度突眼(突眼度在18mm以内);②上眼睑挛缩,眼裂增宽(Dalrymple 征);③上眼睑移动滞缓(von Graefe 征):眼睛向下看时上眼睑不能及时随眼球向下移动,看到白色巩膜;④瞬目减少和凝视(Stellwag 征);⑤向上看时,前额皮肤不能皱起(Joffroy 征);⑥两眼内聚减退或不能(Mobius 征)。

2. Graves 眼(眶)病(Graves Ophthalmopathy or Graves Orbitopathy,GO)　亦称甲状腺相关性眼(眶)病(thyroid-associated ophthalmopathy,TAO)。其发生与眶周组织的自身免疫炎症反应有关。GO 男性多见,甲亢与 GO 两者可同时发生、先后发生;约5% GO 不伴甲亢,称为甲状腺功能"正常"的 Graves 眼病(euthyroid Graves ophthalmopathy,EGO)。单眼受累的病例占10%～20%。诊断 GO 应行眶后 CT 或 MRI 检查,可见眼外肌肿胀增粗,同时排除球后占位性病变。大部分病例炎症症状可以自发性减轻,急性期适当治疗能够减轻 GO 严重度并缩短急性病程,仅有极少数病例眼病继续恶化。

GO 由于累及的部位和程度不同表现为眼内异物感、畏光、流泪、复视、视力减退、眼部静息或运动后疼痛。检查可见眼球突出常不对称,眼睑不能闭合,眼睑肿胀、结膜充血水肿、巩膜水肿、泪阜水肿、眼球活动受限甚至固定、视野缩小、斜视。可引起角膜溃疡。重者可出现全眼球炎甚至失明。

美国甲状腺学会将 GO 分为0～6级,取每一级的第一个英文字母组成 NO SPECS,NO(0级和1级)表示为正常眼和非浸润性突眼,SPECS(2～6级)为 GO 的临床表现(表7-8-2)。在诊断 GO 之后,还需对 GO 进行活动性评估。临床活动性评分(clinical activity score,CAS)是判断 GO 活动性的简便方法。以下7项表现各为1分,CAS 积分≥3提示 GO 处于活动期,积分越多,活动度越高。①自发性球后疼痛;②眼球运动时疼痛;③眼睑红斑(eyelid erythema);④眼睑水肿;⑤结膜充血;⑥结膜水肿;⑦肉阜肿胀(swelling of the caruncle)。在活动度评估的基础上,欧洲 GO 研究组(EUGOGO)应用突眼度、复视和视神经损伤三个指标评估病情的程度,提出 GO 严重度的分级标准(表7-8-3)。

表7-8-2　GO 分级

0	无症状或体征(No physical signs or symptoms)
1	仅有体征,无症状。体征仅有上睑挛缩、凝视,突眼度在18mm以内[Only signs,no symptoms(signs limited to upper lid retraction,stare,lid lag,and proptosis to 18mm)]
2	软组织受累,有症状和体征[Soft tissue involvement(symptoms and signs)]
3	突眼度大于18mm(Proptosis>18mm)
4	眼外肌受累(Extraocular muscle involvement)
5	角膜受累(Corneal involvement)
6	视力下降,视神经受累[Sight loss(optic nerve involvement)]

Notes

表 7-8-3　Graves 眼病病情分级标准（EUGOGO,2006）

级别	突眼度（mm）	复视	视神经受累
轻度	19～20	间歇式发生	视神经诱发电位异常,视力>9/10
中度	21～23	非持续性存在	视力 8/10～5/10
重度	>23	持续性存在	视力<5/10

注:间歇性复视:仅在劳累或行走时发生;非持续存在复视:眨眼时发生复视;持续存在的复视:阅读时发生复视。

【特殊类型 GD】

1. 淡漠型甲亢（apathetic hyperthyroidism）　多见于老年人,发病隐匿,临床表现不典型,GO 和高代谢症群少见,甲状腺常不肿大。全身症状较重,明显消瘦、心悸、乏力、腹泻、厌食、呈恶病质,抑郁淡漠,有时神志模糊,甚至昏迷。常因明显消瘦而被误诊为恶性肿瘤,因心房颤动被误诊为冠心病。

2. 妊娠期甲亢　有两种临床类型。

1）妊娠合并甲亢:正常妊娠有高代谢症群表现,如心动过速,甲状腺增大,基础代谢率增加;由于雌激素水平增高,血甲状腺素结合球蛋白（TBG）升高,使血清 TT_4 和 TT_3 增高,凡此均易与甲亢混淆。如患者体重不随妊娠月份而相应增加,或四肢近端肌肉消瘦,或休息时心率在 100 次/分以上应疑及甲亢。如血 FT_4 升高,TSH<0.1mU/L 可诊断为甲亢。如同时伴有 GO、弥漫性甲状腺肿或血 TSAb 阳性,可诊断为 GD。GD 和妊娠相互影响,GD 可导致流产、早产及死胎;而妊娠可加重甲亢患者的心肺负荷。

2）妊娠一过性甲状腺毒症（gestational transient thyrotoxicosis,GTT）:绒毛膜促性腺激素（HCG）与 TSH 的 α-亚基相同,两者的受体分子结构类似,故 HCG 可与 TSHR 结合,大量 HCG 刺激 TSHR 而出现甲亢。妊娠反应严重可出现妊娠剧吐性甲亢（hyperthyroidism of hyperemesis gravedarum,HHG）。GTT 属一过性,主要发生在妊娠早期,病情较轻,妊娠中晚期随血 HCG 浓度的下降而缓解。

3. 亚临床型甲亢（subclinical hyperthyroidism）　其特点是血 T_3、T_4 正常,TSH 降低。主要依赖实验室检查结果诊断。本症可能是发生于 GD 早期、GD 经手术或放射碘治疗后、各种甲状腺炎恢复期的暂时临床现象,但也可持续存在,少数可进展为临床甲亢。需在 3 个月内再次复查,以确定 TSH 降低为持续性或暂时性。

【实验室和辅助检查】

1. TSH 测定　甲状腺功能改变时,TSH 的变化较 T_3、T_4 迅速而显著,目前普遍采用的敏感 TSH 检测方法测得的 TSH 是筛查甲亢的首选指标,尤其对亚临床甲亢的诊断有重要意义。

2. 甲状腺激素测定　包括总 T_4（TT_4）、总 T_3（TT_3）和游离 T_4（FT_4）、游离 T_3（FT_3）。T_4 全部由甲状腺产生。血清中 99.95% 以上的 T_4 与蛋白结合,其中80%～90% 与 TBG 结合,故受 TBG 等结合蛋白量和结合力变化的影响。妊娠、雌激素、病毒性肝炎等因素使 TBG 升高;雄激素、低蛋白血症（严重肝病、肾病综合征）、泼尼松等使 TBG 降低。10%～20% T_3 由甲状腺产生,80%～90% T_3 在外周组织由 T_4 转换而来。血清 T_3 与蛋白结合达 99.5% 以上,故 TT_3 亦受 TBG 的影响。TT_3 浓度的变化常与 TT_4 的改变平行。在甲亢初期、复发早期,T_3 上升往往更快,T_4 上升较缓。T_3 为早期 GD、治疗中疗效观察及停药后复发的较敏感指标。

FT_3、FT_4 不受血 TBG 变化的影响,直接反映了甲状腺功能状态。其敏感性和特异性高于 TT_3、TT_4,是诊断临床甲亢的首选指标。

3. TSAb 测定　未经治疗的 GD 患者,血 TSAb 阳性检出率可达 80%～100%,是鉴别甲亢病因、诊断 GD 的指标之一,对判断病情活动、治疗后是否停药、停药后是否复发有指导作用。目前临床能够检测的 TRAb 包括了刺激性（TSAb）和抑制性（TSBAb）两种抗体,而检测到的 TRAb

仅能反映有针对 TSHR 自身抗体的存在,不能反映这种抗体的功能。但是,当临床表现符合 Graves 病时,一般将 TRAb 视为 TSAb。

4. TRH 兴奋试验　目前已用敏感 TSH 取代了 TRH 刺激试验诊断不典型甲亢。仅用于鉴别诊断困难时。甲状腺性甲亢时,血 T_3、T_4 增高,反馈抑制 TSH,故 TSH 不受 TRH 兴奋,TSH 不增高(无反应)支持甲状腺性甲亢的诊断,TSH 有升高反应可排除甲状腺性甲亢。

5. ^{131}I 摄取率　是诊断甲亢的传统方法,目前已经被敏感 TSH 测定技术所代替。^{131}I 摄取率正常值(盖革计数管测定)为 3 小时 5%~25%,24 小时 20%~45%,高峰在 24 小时出现。甲亢时 ^{131}I 摄取率表现为总摄取量增加,摄取高峰前移。本方法现在主要用于甲状腺毒症病因的鉴别:甲状腺功能亢进类型的甲状腺毒症 ^{131}I 摄取率增高;非甲状腺功能亢进类型的甲状腺毒症 ^{131}I 摄取率减低。此外 ^{131}I 摄取率用于计算 ^{131}I 治疗甲亢时需要的活度。

6. 甲状腺放射性核素扫描　对于诊断甲状腺自主高功能腺瘤有意义。肿瘤区浓聚大量核素。肿瘤区外甲状腺组织和对侧甲状腺无核素吸收。

7. 影像检查　多普勒彩色血流显像(color doppler flow imaging,CDFI)示甲状腺血流弥漫性分布,血流量明显增多,血管阻力降低。眼部 CT 和 MRI 主要用于评价眼外肌受累的程度,有助于 GO 的诊断以及排除其他原因所致的突眼。

【诊断与鉴别诊断】　Graves 病的诊断分为两个步骤,首先确定甲亢,然后确定病因。

(一) 甲亢的诊断

典型病例易于诊断,不典型病例易被误诊或漏诊。临床上,遇有不明原因的体重下降、低热、腹泻、手抖、心动过速、心房颤动、肌无力、月经紊乱、闭经等均应考虑甲亢可能;对疗效不满意的糖尿病、结核病、心力衰竭、冠心病、肝病等,也要排除合并甲亢的可能性。

甲亢的诊断有赖于甲状腺功能检查。TSH 降低和 TH 升高,可以考虑甲亢;仅 T_3 增高而 T_4 正常可考虑为 T_3 型甲亢;仅 T_4 增高而 T_3 正常者为 T_4 型甲亢;血 TSH 降低,T_3、T_4 正常,在排除下丘脑-垂体疾病、甲状腺功能正常的病态综合征后,可诊断为亚临床甲亢。

(二) GD 的诊断

GD 的诊断标准是:①甲亢;②甲状腺弥漫性肿大(少数患者无甲状腺肿大);③Graves 眼病;④胫前黏液性水肿;⑤TRAb、TSAb、TPOAb 或 TgAb 阳性。在以上标准中,前两项为必备条件,后三项为辅助条件,其中的 TPOAb 和 TgAb 虽为非特异性指标,但能提示自身免疫病因。

(三) 鉴别诊断

1. GD 与其他类型甲亢的鉴别　主要应与结节性甲状腺肿伴甲亢、毒性甲状腺腺瘤、碘甲亢、甲状腺癌伴甲亢、TH 不敏感综合征鉴别。结节性甲状腺肿伴甲亢和毒性甲状腺腺瘤一般无 GO,甲状腺 B 超可以发现结节或肿瘤。甲状腺扫描为"热"结节,结节外甲状腺组织的摄碘功能受抑制。慢性淋巴细胞性甲状腺炎伴甲亢时,鉴别困难,需要甲状腺细针穿刺细胞学检查或随访病情转变。HCG 相关性甲亢患者有相关疾病,血 HCG 显著升高。碘甲亢者有过量碘摄入史,甲状腺摄 ^{131}I 率降低。亚临床甲亢应与甲状腺功能正常的病态综合征鉴别,后者的血 FT_4 正常或降低,rT_3 升高。

2. GD 与破坏性甲状腺毒症的鉴别　破坏性甲状腺毒症例如亚急性甲状腺炎、无痛性甲状腺炎,两者均有高代谢表现、甲状腺肿和血清甲状腺激素水平升高,但是,两者甲状腺摄 ^{131}I 率减低可以和 GD 相鉴别。亚急性甲状腺炎尚伴有颈前疼痛。

3. GD 与其他疾病的鉴别

(1) 单纯性甲状腺肿:甲状腺肿大,无甲亢症状。血 TSH、T_4、T_3 正常。甲状腺摄 ^{131}I 率可增高,但高峰不前移。

(2) 更年期综合征:更年期妇女有情绪不稳,烦躁失眠、阵发潮热、出汗等症状。甲状腺不大,血 TSH、T_4、T_3 正常。

（3）突眼：可见于颅内肿瘤、海绵窦动静脉瘘、眶周炎、血管瘤、假瘤、结核瘤、囊肿、淀粉样变性、结节病、先天性青光眼、轴性高度近视和眼眶癌等。眼球后超声、CT 或 MRI 有助于明确诊断。

（4）抑郁症：老年甲亢多隐匿起病，表现为体虚乏力、精神忧郁、表情淡漠，原因不明的消瘦、纳差、恶心、呕吐等表现，与抑郁症类似。甲状腺功能测定可资鉴别。

（5）糖尿病：少数甲亢患者可出现糖耐量异常、餐后血糖增高。甲亢使糖尿病患者的血糖恶化。糖尿病的症状与甲亢的多食、易饥相似，但甲状腺功能正常。

（6）心血管疾病：老年甲亢的症状不典型，常心脏症状突出，如充血性心力衰竭、顽固性心房颤动，易被误诊为冠心病或高血压病。年轻患者出现心律失常尚需注意与风湿性心瓣膜病相鉴别。当心衰、心房颤动对地高辛治疗不敏感，降压治疗效果欠佳者须注意排除甲亢可能。

（7）消化系统疾病：甲亢可致肠蠕动加快，消化吸收不良，大便次数增多；有些患者的消化道症状明显，可有恶心、呕吐，甚至出现肝功能损害和恶病质，故应在排除消化道器质性病变的同时检测甲状腺功能。

（8）其他：以消瘦、低热为主要表现者，应注意与结核、慢性感染和恶性肿瘤相鉴别。伴严重肌萎缩者应与原发性肌病相鉴别。

【治疗】　目前尚无针对 GD 的病因治疗。针对甲亢有抗甲状腺药物（antithyroid drugs，ATD）、^{131}碘和手术治疗三种疗法，各有优缺点。ATD 的作用是抑制甲状腺激素合成，^{131}碘和手术则是通过破坏甲状腺组织，减少甲状腺激素的产生来达到治疗目的。一般根据年龄、病情、病程、并发症、合并症，以及患者的意愿、医疗条件和医师的经验等慎重选用适当的方案。ATD 的应用最广，但仅能获得 40% ~60% 治愈率，年龄较小、病情轻、甲状腺轻度肿大者应选择 ATD 治疗。病情较重、病程长、甲状腺重度肿大和结节性甲状腺肿伴甲亢者应在使用 ATD 控制甲亢后，宜采用^{131}I 或手术治疗。妊娠、哺乳期妇女禁用^{131}I 治疗。

（一）一般治疗

适当休息。补充足够热量和营养，包括碳水化合物、蛋白质和 B 族维生素等。限制碘的摄入。精神紧张、不安或失眠者，可给予镇静剂。

（二）药物治疗

1. 抗甲状腺药物

（1）适应证和优缺点：ATD 适应于所有甲亢患者的初始治疗。优点是：①疗效较肯定；②不导致永久性甲减；③方便、经济、使用较安全。缺点是：①疗程长，一般需 1 年以上，有时长达数年；②治愈率低，仅 50% 左右，停药后的复发率较高，达 50% ~60%；③可并发肝损害或粒细胞减少症。ATD 分为硫脲类和咪唑类。硫脲类有丙硫氧嘧啶（propylthiouracil，PTU）和甲硫氧嘧啶（methylthiouracil，MTU），咪唑类有甲巯咪唑（methimazole，MMI，他巴唑）和卡比马唑（carbinmazole，CMZ，甲亢平）。目前常用 MMI 和 PTU。两类 ATD 的作用机制基本相同，都可抑制甲状腺过氧化物酶活性，抑制碘化物形成活性碘，影响酪氨酸残基碘化，抑制碘化酪氨酸的耦联。近年发现，此组药物可轻度抑制免疫球蛋白生成，使甲状腺淋巴细胞减少，血 TRAb 下降。大剂量 PTU 还阻抑 T_4 在外周组织转换成 T_3，故首选用于严重病例或甲状腺危象的治疗。PTU 与蛋白结合紧密，通过胎盘和进入乳汁的量均少于 MMI，所以在妊娠伴发甲亢或哺乳时优先选用。

（2）治疗方案和疗程：长程治疗方案分初治期、减量期及维持期，按病情轻重决定药物剂量。初治期：PTU 300 ~450mg/d，分 3 次口服，或 MMI 30 ~40mg/d，每日 1 次或分 3 次口服。每 4 周复查甲状腺功能，至症状缓解或血 TH 基本恢复正常时减量。减量期：每 2 ~4 周减量 1 次，PTU 每次减 50 ~100mg，MMI 每次减 5 ~10mg，每 4 周复查甲状腺功能，待 TSH 正常后再减至最小维持量。维持期:PTU 50～100mg/d,MMI 5～10mg/d 或更少。疗程中除非发生药物不良反应,一般不宜中断,并定期随访疗效。在治疗过程中出现甲状腺功能减退或甲状腺明显增大时可酌情加用左甲状腺素(L-T$_4$),同时减少 ATD 的剂量。

ATD 治疗的疗程不能少于 1 年。获得治愈的一般特点是:①病情较轻;②甲状腺轻至中度肿大,经 ATD 治疗后进一步缩小;③TRAb 较快转为阴性;④ATD 的维持量较小。

(3) ATD 不良反应:①药疹和过敏性皮肤病:轻者可用抗组胺药物控制,不必停药;如皮疹加重,应立即停药,以免发生剥脱性皮炎。②粒细胞减少:发生率约为 5%,严重者可发生粒细胞缺乏症,发生率 0.37% 左右。前者多发生在用药后的 2～3 个月内,也可见于任何时期。如外周血白细胞低于 3×10^9/L 或中性粒细胞低于 1.5×10^9/L,应考虑停药,并用升白细胞药物,如维生素 B$_4$、鲨肝醇、利血生等,必要时给予糖皮质激素口服。由于甲亢本身也可以引起白细胞减少,为区分是甲亢所致,还是 ATD 所致,必须在治疗前和治疗后定期检查白细胞总数和分数。伴发热、咽痛等疑为粒细胞缺乏症时,须停药抢救。皮下注射重组人粒细胞集落刺激因子(rhG-CSF)2～5μg/kg,或重组人粒细胞-巨噬细胞集落刺激因子(rhGM-CSF)3～10μg/kg,白细胞正常后停用。③中毒性肝炎:发生率为 0.1%～0.2%,系变态反应性肝炎,转氨酶显著上升,肝脏穿刺可见片状肝细胞坏死。死亡率高,应立即停药抢救。由于甲亢本身可有肝脏转氨酶增高,建议在应用 ATD 前要检查基础的肝功能,以区别是否是药物的副作用,应用 ATD 后也要定期随访转氨酶的变化。④抗中性粒细胞胞浆抗体(antineutrophil cytoplasmic antibody,ANCA)相关性小血管炎:多见于长期应用 PTU 治疗的女性患者,临床表现有间质性肺炎、咯血、呼吸困难、血尿、蛋白尿、肾损害、ANCA 抗体阳性等。重症患者需用大剂量糖皮质激素和免疫抑制剂治疗。

(4) GD 复发:GD 复发系指 GD 完全缓解,停药半年后又有反复者,主要发生于停药后的第 1 年,3 年后则明显减少。GD 复发可能与合并自身免疫性甲状腺炎、碘摄入过多和 TSAb 持续阳性等因素有关。

2. 其他药物

(1) β-受体阻滞剂:阻滞 β-受体,解除儿茶酚胺效应,可作为甲亢初治期的辅助治疗。有多种药物可供选择。普萘洛尔(10～40mg,每日 3～4 次)还具有抑制 T$_4$ 转换为 T$_3$ 的作用。支气管哮喘或喘息型支气管炎患者禁用。

(2) 复方碘液:仅用于术前准备和甲状腺危象。其作用为减少甲状腺充血,阻抑碘的有机化和 TH 合成(Wolff-Chaikoff 效应),也抑制 TH 释放和外周 T$_4$ 向 T$_3$ 转换,但属暂时性,于给药后 2～3 周内症状减轻,继而使甲亢症状加重,并延长 ATD 的治疗时间。

(3) 碳酸锂:抑制 TH 分泌,常短期用于对硫脲类和咪唑类药物不能耐受者,常用量 300～450mg/d。本药久用后失效,注意定期监测血锂浓度。

(三) ^{131}碘治疗

利用甲状腺高度摄取和浓集碘的能力及 ^{131}I 释放 β 射线对甲状腺的生物效应(β 射线在组织内的射程约 2mm,电离辐射仅限于甲状腺而不累及甲状旁腺和其他毗邻组织),破坏滤泡上皮而减少 TH 分泌,治愈率 85% 以上,复发率小于 1%。

1. 适应证   ①成人 Graves 甲亢伴甲状腺肿大 Ⅱ 度及以上者;②ATD 治疗失败或不良反应严重者;③合并心、血液系统等疾病、合并糖尿病者;④毒性多结节性甲状腺肿和毒性甲状腺腺瘤者。相对适应证:①青少年和儿童甲亢,用 ATD 治疗失败、拒绝手术或有手术禁忌证;②甲亢合并肝、肾等脏器功能损害;③Graves 眼病。对轻度和稳定期的中、重度病例可单用 ^{131}I 治疗甲亢。对病情处于进展期患者,可在 ^{131}I 治疗后加用泼尼松。

2. 禁忌证   妊娠、哺乳期妇女。

3. 剂量及方法   根据估计的甲状腺重量及最高摄 ^{131}I 率推算剂量,一般用超声测量甲状腺体积比较安全和精确。多数主张每克甲状腺组织给予 ^{131}I 2.6～3.7MBq(70～100μCi)放射量。

病情较重者先用 ATD 和普萘洛尔治疗,待症状减轻后,停药 3 ~ 5 天后服^{131}I。治疗后 2 ~ 4 周症状减轻,甲状腺缩小,3 ~ 4 个月后约 60% 以上患者可治愈。如半年后仍未缓解可进行第二次治疗。

4. **并发症**　①甲减:分为暂时性和永久性二种。早期由于腺体破坏,后期则可能由于自身免疫反应参与,甲状腺组织被破坏所致。一旦发生均需用 TH 替代治疗。国外报告甲减的发生率每年增加 5%,5 年达到 30%,10 年达到 40% ~ 70%。国内报告早期甲减发生率约 10%,晚期达 59.8%。甲减是^{131}I 治疗甲亢难以避免的结果,选择^{131}I 治疗主要是要权衡甲亢与甲减后果的利弊关系,在用^{131}I 治疗前需要病人知情同意,同时要告知^{131}I 治疗后有关辐射防护的注意事项。②放射性甲状腺炎:多见于治疗后的 7 ~ 10 天,个别可诱发危象,甲亢严重者在^{131}I 治疗前用 ATD 治疗。③GO 恶化:^{131}I 治疗后,部分患者 GO 恶化,其原因未明,^{131}I 治疗后应用糖皮质激素有一定预防作用。

(四) 手术治疗

甲状腺次全切除术的治愈率可达 70% 以上,但可引起多种并发症,有的病例于术后多年仍可复发或出现甲减。

1. **适应证**　①中、重度甲亢,长期服药无效,停药后复发,或不愿长期服药者;②甲状腺巨大或伴结节,有压迫症状者;③胸骨后甲状腺肿伴甲亢者;④结节性甲状腺肿伴甲亢者。

2. **禁忌证**　①严重或发展较快的 GO;②合并较重心、肝、肾、肺疾病,全身状况差不能耐受手术者;③妊娠早期及晚期。

3. **术前准备**　术前必须用 ATD 和 β-受体阻滞剂充分治疗至症状控制,心率<80 次/分,T_3、T_4 在正常范围内。于术前 2 周开始加服复方碘溶液,每次 3 ~ 5 滴,每日 1 ~ 3 次,以减少术中出血。

4. **手术方式及并发症**　通常为甲状腺次全切除术,两侧各留下 2 ~ 3g 甲状腺组织。可发生创口出血、呼吸道压迫、感染、甲状腺危象、喉返神经损伤、甲状旁腺暂时性或永久性功能减退、甲减等并发症。

(五) 甲状腺危象的防治

去除诱因,积极防治感染和做好充分的术前准备。甲状腺危象需积极抢救。

1. **抑制 TH 合成**　在确诊后立即并最先进行,首选 PTU,首次剂量 600mg 口服或经胃管注入(无 PTU 时可用等量 MMI 60mg);继用 PTU200mg,或 MMI 20mg,每日 3 次口服,待症状减轻后改用一般治疗剂量。

2. **抑制甲状腺激素释放**　服 PTU 后 1 ~ 2 小时再加用复方碘液,首剂 30 ~ 60 滴,以后每6 ~ 8 小时 5 ~ 10 滴;或用碘化钠 0.5 ~ 1.0g 加入 5% 葡萄糖盐水中静滴 12 ~ 24 小时,以后视病情逐渐减量,一般使用 3 ~ 7 天停药。如患者对碘过敏,可改用碳酸锂 0.5 ~ 1.5g/d,分 3 次口服,连服数日。

3. **抑制 T_4 转换为 T_3**　PTU、碘剂、普萘洛尔和糖皮质激素均可抑制 T_4 转换为 T_3;在无禁忌证情况下,可联合应用,提高疗效。普萘洛尔 20 ~ 40mg,每 6 ~ 8 小时口服 1 次,或 1mg 经稀释后缓慢静脉注射,视需要间歇给药 3 ~ 5 次;氢化可的松 100mg 加入 5% ~ 10% 葡萄糖盐水中静滴,每 6 ~ 8 小时 1 次。

4. **降低血甲状腺激素浓度**　上述常规治疗效果不满意时,可选用血液透析、腹膜透析等措施,迅速降低血甲状腺激素浓度。

5. **支持治疗**　监护心、肾、脑功能,迅速纠正水、电解质和酸碱平衡紊乱,补充足够的葡萄糖、热量和多种维生素等。

6. **对症治疗**　积极治疗各种合并症和并发症,包括供氧、防治感染。高热者给予物理降温,避免用乙酰水杨酸类药物。

(六) Graves 眼病的治疗

目的是纠正下丘脑-垂体-甲状腺轴功能异常,改善和保护视力、减轻疼痛等不适,改善容颜。

1. 治疗原则

1) 轻度 GO 呈自限性,以一般治疗措施和控制甲状腺功能正常为主,定期观察。一般治疗措施包括戒烟、低盐饮食、眼部保护如戴有色眼镜、人工泪液、睡眠时用抗生素眼膏或眼罩等,高枕卧位,必要时使用利尿剂可减轻水肿。如有结膜膨出,可暂时缝合上下睑,保护角膜。

2) 中度和重度 GO 治疗的方法取决于疾病的活动程度。GO 活动期,特殊治疗方法包括糖皮质激素、眶后外放射治疗和眼眶减压手术等措施;GO 稳定期可以做眼科矫正手术;GO 活动期甲亢治疗首选 ATD。

2. 糖皮质激素 静脉给药的治疗效果优于口服给药,全身给药优于局部给药。静脉给药常采用冲击治疗,采用的方法有甲泼尼龙 500mg 加入生理盐水静滴,每周一次,连用 6 次,然后减量为 250mg 静滴,每周一次,连用 6 次,总疗程 12 周。或甲泼尼龙 500 ~ 1000mg 加入生理盐水静滴,每日一次,连用 3 次,然后改为口服。口服给药通常泼尼松 40 ~ 80mg/d,分次口服,持续 2 ~ 4 周后每周减量 2.5 ~ 10mg/d。减量的速度视症状而定,总疗程 3 ~ 12 个月。糖皮质激素的总剂量不宜超过 4.5 ~ 6.0g。应用糖皮质激素时需要注意药物的副作用,采取相应的预防和治疗措施。

3. 眶后外放射治疗 (external radiation)   可单独或与糖皮质激素联合应用,用于活动性中重度 GO,对近期的软组织炎症和眼肌功能障碍效果较好。推荐的总照射剂量在 20Gray,在 2 周内完成。禁用于糖尿病或高血压有视网膜病变者。

4. 眶减压手术 (orbital decompression)   其目的是切除球后纤维脂肪组织,扩充眶容量。适应于视神经压迫或眼球突出引起角膜损伤导致视力下降者。并发症是手术可能引起复视或者加重复视。

(七) 特殊类型 GD 的治疗

1. 妊娠期甲亢的治疗原则   甲亢增加妊娠妇女和胎儿的多种并发症发生风险,而妊娠加重甲亢,故宜于甲状腺功能正常,最好是 TRAb 转阴后再妊娠。GD 合并妊娠的治疗目标是使母体 FT_4 达到正常上限水平或轻微升高,预防胎儿甲亢或甲减及甲状腺肿的发生。治疗措施:①ATD 的剂量宜小,首选 PTU,用最小有效剂量,初治剂量 200 ~ 300mg/d,分 3 次口服,每 2 ~ 4 周监测 TSH、FT_4 和 FT_3,尽快减至维持量。不主张 ATD 治疗同时合用 L-T_4,以免增加 ATD 的治疗剂量。②如产后哺乳,但需继续服药,应选用 PTU,分次口服,并在哺乳后服药。③普萘洛尔可使子宫持续收缩而引起胎儿发育不良、心动过缓、早产及新生儿呼吸抑制等,故应禁用。④妊娠期必须择期手术者宜于妊娠中期(妊娠第 4 ~ 6 个月)施行。⑤禁用 [131]I 治疗。

2. 甲状腺毒症心脏病的治疗   治疗原则与一般高排出量性心脏病相同,但是纠正的难度加大,应注意:①控制甲状腺功能至正常。给予足量抗甲状腺药物,或经 ATD 控制甲状腺毒症症状后,尽早行 [131]I 治疗。[131]I 治疗后如果甲亢症状加重,可短期继续给予 ATD 治疗。②加强利尿,降低循环血量和心脏负荷;③强心苷的用量宜低。

3. 胫前黏液性水肿的治疗   ①糖皮质激素局部用药(外敷或皮下注射):对轻、中度胫前黏液性水肿有一定疗效,如倍他米松软膏局部外用,每晚 1 次,疗程 1 年左右,停药后可复发;②皮损内注射曲安西龙或曲安西龙与透明质酸酶混合剂;③抗肿瘤药物(如苯丁酸氮芥、环磷酰胺)和奥曲肽对皮损的消退也有一定效果;④药物治疗无效者可考虑手术切除。

【预后】   GD 总体预后良好。ATD 治疗的缓解率差异很大,大约 20% ~ 60%。男性、吸烟者(尤其男性)以及甲状腺肿大≥80g 的患者的缓解率较低。TRAb 持续高水平以及多普勒彩超显示甲状腺血流增加与复发率高相关。[131]I 和手术治疗的缓解率高于 ATD,且复发率低于 ATD,

但是,永久性甲减的发生率高于 ATD。偶见没有及时发现和积极治疗的甲亢导致机体多系统受损,特别是心脏受累,或由于某些诱因导致甲状腺危象发生,可以导致死亡。

(单忠艳)

推荐阅读文献

1. Lowery AJ,KerinMJ. Graves'ophthalmopathy:the case for thyroid surgery. Surgeon. 2009,7(5):290-296

2. Sun MT,Tsai CH,Shih KC. Antithyroid drug-induced agranulocytosis. J Chin Med Assoc. 2009,72(8):438-441

3. de Rooij A,Vandenbroucke JP,Smit JW,et al. Clinical outcomes after estimated versus calculated activity of radioiodine for the treatment of hyperthyroidism:systematic review and meta-analysis. Eur J Endocrinol. 2009,161(5):771-777

4. In H,Pearce EN,WongAK,et al. Treatment options for Graves disease:a cost-effectiveness analysis. J Am Coll-Surg 2009(2):170-179. e1-2

5. Hegedüs L. Treatment of Graves'hyperthyroidism:evidence-based and emerging modalities. Endocrinol MetabClin North Am. 2009,38(2):355-371

6. Laurberg P,Bournaud C,Karmisholt J,et al. Management of Graves'hyperthyroidism in pregnancy:focus on both maternal and foetal thyroid function,and caution against surgical thyroidectomy in pregnancy. Eur J Endocrinol. 2009,160(1):1-8

7. Lois N,Abdelkader E,Reglitz K,et al. Environmental tobacco smoke exposure and eye disease. Br J Ophthalmol. 2008,92(10):1304-1310

8. Stagnaro-Green A,Abalovich M,Alexander E,et al,and the American Thyroid Association Taskforce on Thyroid Disease During Pregnancy and Postpartum. Guidelines of the American Thyroid Association for the diagnosis and management of thyroid disease during pregnancy and postpartum. Thyroid. 2011,21:1081-1125

9. De Groot L,Abalovich M,Alexander EK,et al. Management of thyroid dysfunction during pregnancy and postpartum:an Endocrine Society clinical practice guideline. J Clin Endocrinol Metab. 2012,97:2543-2565

10. 中华医学会内分泌学分会,中华医学会围产医学会. 妊娠和产后甲状腺疾病诊治指南. 中华内分泌代谢杂志,2012,28(5):354-371

11. Bahn RS,Burch HB,Cooper DS,et al. Hyperthyroidism and other causes of thyrotoxicosis:management guidelines of the American Thyroid Association and American Association of Clinical Endocrinologists. Endocr Pract. 2011,17(3):456-520

12. 中华医学会内分泌学分会. 中国甲状腺疾病诊治指南. 2008

第九章　甲状腺功能减退症

要点:
1. 甲减只是功能诊断,需要同时明确其病因和发病部位。
2. 血清 TSH 是诊断原发性甲减的一线指标,根据 T_4、T_3 水平评估甲减的严重程度。
3. 甲减首选左甲状腺素(L-T_4)替代治疗,替代的剂量、用药方法、治疗目标要个体化。
4. 血清 TSH>10mIU/L 的亚临床甲减应该治疗,TSH<10mIU/L 的亚临床甲减应根据患者的具体情况决定是否治疗。

甲状腺功能减退症(hypothyroidism,简称甲减)是由各种原因导致的甲状腺激素合成和分泌减少或组织利用不足而引起的全身性低代谢综合征。其病理特征是黏多糖在组织和皮肤堆积,表现为黏液性水肿。在引起甲减的病因中,原发性甲减约占99%。无明显甲减症状与体征,甲状腺激素正常、血 TSH 升高的轻型甲减称为亚临床甲减(subclinical hypothyroidism)。严重的甲减可导致黏液性水肿昏迷(myxedematous coma)。各个地区甲减的患病率有所差异。国外报告的临床甲减患病率为0.8%~1.0%,发病率为3.5/1000。在美国,临床甲减患病率为0.3%,亚临床甲减患病率4.3%。我国学者报告临床甲减患病率为1.0%,发病率为2.9/1000。成年人甲减女性较男性多见,老年人及一些种族和区域甲减患病率升高。

【分类】

(一) 根据病变发生的部位分类

1. 原发性甲减(primary hypothyroidism)　亦称甲状腺性甲减,最常见。由于甲状腺腺体本身病变如自身免疫、甲状腺手术和甲亢 ^{131}I 治疗所致的甲减。

2. 中枢性甲减(central hypothyroidism)　垂体性和下丘脑性甲减的统称,少见。常因下丘脑和垂体肿瘤、手术、放疗和产后垂体出血坏死引起。由下丘脑病变引起的甲减也称为三发性甲减(tertiary hypothyroidism),罕见。主要见于下丘脑综合征、下丘脑肿瘤、炎症及放疗等。

3. 甲状腺激素抵抗综合征(resistance to thyroid hormones,RTH)　属常染色体显性或隐性遗传病。由于甲状腺激素在外周组织不敏感,不能发挥其正常的生物效应所引起的综合征。由于缺陷性质、累及组织和代偿程度不同,临床表现差异很大,可有甲减或甲亢表现。

(二) 根据病变的原因分类

自身免疫性甲减、药物性甲减、^{131}I 治疗后甲减、甲状腺手术后甲减、特发性甲减、垂体或下丘脑肿瘤手术后甲减、先天性甲减等。

(三) 根据甲状腺功能减低的程度分类

原发性甲减分为临床甲减(overt hypothyroidism)(血清 TSH 升高和 FT_4 或 TT_4 降低)和亚临床甲减(血清 TSH 升高,FT_4 或 TT_4 正常)。

(四) 根据甲减发生的年龄分类

成年型甲减、幼年型甲减和新生儿甲减。

【病因】　甲减的病因复杂(表7-9-1),以原发性者多见,自身免疫损伤是最常见的原因,其次为甲状腺破坏:包括手术、^{131}I治疗。继发性甲减少见。甲减发病机制因病因不同而异。

表7-9-1　甲状腺功能减退症的病因

一、原发性甲减
  1. 获得性
    自身免疫性甲状腺炎
    ^{131}I治疗后、甲状腺放射治疗后、甲状腺手术后
    碘缺乏(地方性甲状腺肿)
    药源性:T_4合成或释放障碍(例如:锂、硫脲类药物、碘化物)
    致甲状腺肿的食物、污染物
    细胞因子(干扰素-α,白细胞介素-2)
    甲状腺浸润(淀粉样变,血色素沉着病,Riedel甲状腺肿,结节病,硬皮病,胱氨酸贮积症)
  2. 先天性
    碘化物转运或利用障碍
    酪氨酸脱碘酶缺乏
    有机化异常(TPO缺乏或损伤)
    甲状腺球蛋白合成或生成障碍
    甲状腺发育不良或异常
    TSH受体缺陷
    甲状腺Gs蛋白异常(假性甲状旁腺功能减退症1a型)
    特发性TSH无应答

二、暂时性(甲状腺炎后)甲减
  亚急性甲状腺炎
    无痛性甲状腺炎
    产后甲状腺炎

三、中枢性甲减
  1. 后天性
    垂体性(继发性)
    下丘脑性(三发性)
  2. 先天性
    TSH缺陷或结构异常
    TSH受体缺陷

四、甲状腺激素抵抗
  周围性
  垂体性
  全身性

【病理】　甲状腺因不同病因有不同的病理表现。例如慢性淋巴细胞性甲状腺炎有大量淋巴细胞和浆细胞浸润,久之滤泡破坏,代之以纤维组织,残余的滤泡萎缩、滤泡细胞扁平,泡腔内充满胶质。原发性甲减由于甲状腺激素减少,对垂体的反馈抑制减弱而使TSH细胞增生肥大,甚至发生TSH瘤,可同时伴高催乳素血症。

甲减引起皮肤和结缔组织的改变主要由透明质酸(hyaluronic acid)和硫酸软骨素B形成的黏多糖增多、沉积,PAS染色阳性,引起黏液性水肿。黏液性水肿的组织呈现典型的沼泽状,可以导致舌增大和咽喉黏膜增厚。内脏组织有同样物质沉积,严重者有浆膜腔积液。肌肉组织苍白肿大,肌纤维肿胀,失去正常的纹理,有粘蛋白沉积。脑细胞萎缩、胶质化和灶性蜕变。肾小

球和肾小管基底膜增厚,系膜细胞增生。心肌纤维肿胀,有 PAS 染色阳性的黏多糖沉积以及间质纤维化,称甲减性心肌病变。

【临床表现】   在成年人,甲减常隐匿发病,进展缓慢,典型症状经常在几个月甚或几年后才显现出来。甲减早期症状多变且缺乏特异性。

1. **低代谢症群**   主要表现为易疲劳、怕冷、体重增加、行动迟缓。因血循环差和热能生成减少,体温可低于正常。

2. **精神神经系统**   轻者有记忆力、注意力、理解力和计算力减退。嗜睡症状突出,反应迟钝。重者可表现为痴呆、幻想、木僵、昏睡或惊厥。腱反射变化具有特征性,肌肉收缩后松弛期延缓,跟腱反射时间延长,常超过 350 毫秒(正常 240~320 毫秒)。膝反射多正常。

3. **皮肤改变**   皮肤黏液性水肿为非凹陷性,常见于眼周、手和脚的背部以及锁骨上窝。黏液性水肿面容为颜面虚肿、表情呆板、淡漠,呈"假面具样"。鼻、唇增厚,舌厚大、发音不清,言语缓慢,音调低哑。皮肤干燥发凉、粗糙脱屑。毛发干燥稀疏、眉毛外 1/3 脱落。指甲厚而脆、表面常有裂纹。由于高胡萝卜素血症,手脚皮肤呈姜黄色。黏液性水肿昏迷多见于老年人或长期未获治疗者,多在寒冷时发病。诱发因素为严重全身性疾病、中断甲状腺激素治疗、感染、手术和使用麻醉、镇静药物等。临床表现为嗜睡、低体温(<35℃)、呼吸减慢、心动过缓、血压下降、四肢肌肉松弛、反射减弱或消失,甚至昏迷、休克,可因心、肾衰竭而危及生命。

4. **心血管系统**   由于每搏量减少和心率减慢,静息时心输出量降低,外周血管阻力增加,血容量减少,这些血流动力学的改变导致脉压减小,循环时间延长以及组织血供减少。由于组织耗氧量和心输出量的减低相平行,故心肌耗氧量减少,很少发生心绞痛和心力衰竭。但是,甲减患者在应用甲状腺激素治疗期间心绞痛会出现或者加重。严重的原发性甲减心肌间质水肿、心肌纤维肿胀、心脏扩大,心音低弱,心包积液,有学者称之为甲减性心脏病。10% 患者伴有血压增高,久病者易并发动脉粥样硬化及冠心病。

5. **消化系统**   食欲减退,腹胀、便秘,偶尔会导致黏液水肿性巨结肠或麻痹性肠梗阻。

6. **内分泌系统**   长期甲减可引起腺垂体增大、高催乳素血症和溢乳。儿童甲减可致生长发育迟缓。原发性甲减伴特发性肾上腺皮质功能减退症和 1 型糖尿病属自身免疫性多内分泌腺病综合征(autoimmune polyglandular syndrome,APS)的一种,称为 Schmidt 综合征。

7. **血液系统**   由于需氧量减少以及促红细胞生成素生成不足,红细胞的数量减少,发生正色素性贫血。由于吸收不良或者摄入不足所致叶酸、维生素 B_{12} 缺乏也可引起大细胞性贫血。月经量多而致失血及胃酸缺乏导致铁吸收不足可引起小细胞性贫血。12% 的甲减患者伴有恶性贫血。白细胞总数和分类计数、血小板的数量通常正常。血浆凝血因子Ⅷ和Ⅸ浓度下降、毛细血管脆性增加以及血小板黏附功能下降,均易导致出血倾向。

8. **呼吸系统**   可有胸腔积液,只在极少情况下才引起呼吸困难。阻塞性睡眠呼吸暂停比较常见,在甲状腺功能恢复正常后可逆转。

9. **生殖系统**   婴儿期甲减如果不及时治疗将会导致性腺发育不全。幼年期甲减会造成无排卵周期、青春期延迟。成年女性重度甲减可伴性欲减退和排卵障碍、月经周期紊乱和经血增多。继发性甲减可导致卵巢萎缩和闭经。男性甲减可致性欲减退、阳痿和精子减少。

10. **肌肉与骨关节系统**   主要表现为肌肉乏力,可有肌萎缩。部分患者伴关节病变和关节腔积液。婴幼儿期甲减没有及时有效治疗会导致侏儒。甲减患儿即使治疗但时间延迟,也不会达到正常的身高。

【实验室和辅助检查】

(一) 甲状腺功能评估

1. **甲状腺激素 TT_4、FT_4 降低**   是诊断甲减的必备指标。原发性甲减血 TSH 升高先于 T4 的降低,故血清 TSH 是评估原发性甲状腺功能异常最敏感和最早期的一线指标。亚临床甲减仅有血清 TSH 增高,但是血清 TT_4/FT_4 正常。临床甲减血清 TSH 升高,TT_4/FT_4 降低,严重时血清 TT_3 和 FT_3 减低。垂体性和下丘脑性甲减 TT_4/FT_4 降低,通常 TSH 正常或降低。

2. 促甲状腺激素释放激素兴奋试验(TRH 兴奋试验) 主要用于原发性甲减与中枢性甲减的鉴别。静脉注射 TRH 后,血清 TSH 不增高,提示为垂体性甲减;延迟增高者为下丘脑性甲减;基础 TSH 升高,TRH 刺激后 TSH 升高更明显,提示原发性甲减。

3. 血清抗甲状腺过氧化物酶抗体(TPOAb)、抗甲状腺球蛋白抗体(TgAb)阳性,提示甲减是由于自身免疫性甲状腺炎所致。

(二)血细胞与生化检查

血红蛋白及红细胞减少,多为轻、中度正常细胞性贫血,小细胞低血色素性、大细胞性贫血也可发生。血清胆固醇明显升高,甘油三酯增高,LDL-C 增高,HDL-C 降低,同型半胱氨酸增高,血清磷酸肌酸激酶(CK)、乳酸脱氢酶(LDH)增高,血胡萝卜素增高。

(三)心功能检查

心电图示低电压、窦性心动过缓、T 波低平或倒置,偶见 P-R 间期延长。心肌收缩力下降,射血分数减低,左室收缩时间间期延长、静息左心室舒张期功能障碍。

(四)影像检查

X 线检查示骨龄延迟,骨化中心骨化不均匀,呈斑点状(多发性骨化灶)有助于呆小病的早期诊断。胸部 X 线可见心脏向两侧增大,可伴心包或胸腔积液。部分患者有蝶鞍增大,必要时做垂体增强核磁共振,以除外下丘脑垂体肿瘤。甲状腺核素扫描检查可发现异位甲状腺(舌骨后、胸骨后、纵隔内和卵巢甲状腺等)。先天性一叶甲状腺缺如者的对侧甲状腺因代偿而显像增强。

(五)特殊检查

当甲状腺肿大或甲状腺结节的性质不明时,可行甲状腺细针穿刺细胞学检查。当高度疑为遗传性甲减时,可检测 TSH 受体、T_3 受体、TPO、NIS 等基因突变,明确病因。

【诊断】

1. **病史详细询问** 病史有助于本病的诊断。如甲状腺手术、甲亢 ^{131}I 治疗、Graves 病、桥本甲状腺炎病史和家族史等。

2. **临床表现** 甲减的临床表现缺乏特异性,轻型病例易被漏诊或误诊。症状主要表现以代谢率减低和交感神经兴奋性下降为主。当前述临床表现具备 3 个或 3 个以上时要想到甲减的可能,特别是既往不耐寒、现有便秘的症状,要考虑甲减的诊断。

3. **激素测定** 血清 TSH 增高,FT_4/TT_4 减低,原发性甲减即可诊断,需进一步寻找甲减的病因。如果 TPOAb、TgAb 阳性,可考虑甲状腺自身免疫为其病因。血清 TSH 升高 FT_4/TT_4 正常,诊断为亚临床甲减。血清 TSH 减低或者正常,TT_4、FT_4 减低,考虑中枢性甲减,进一步寻找垂体和下丘脑的病变。

【鉴别诊断】

1. **贫血** 应与其他原因的贫血鉴别。甲减和恶性贫血在临床和免疫学等方面有很多相似之处,甲状腺功能检查可资鉴别。

2. **水肿** 慢性肾炎和肾病综合征患者可有水肿、血 TT_3、TT_4 下降(甲状腺素结合球蛋白减少所致)和血胆固醇增高等表现,肾功能有明显异常、TSH 和 FT_4、FT_3 测定可鉴别。

3. **低 T_3 综合征**(low T_3 syndrome) 也称为甲状腺功能正常的病态综合征(euthyroid sick syndrome,ESS)。非甲状腺疾病引起。是由于严重的慢性消耗性、全身性疾病的情况下,机体对疾病的适应性反应。主要表现在血清 TT_3、FT_3 水平减低,rT_3 增高,血清 TSH 水平正常或升高,但通常 <20mU/L。疾病的严重程度一般与 T_3 降低的程度相关,疾病危重时也可出现 T_4 水平降低。ESS 的发生是由于:①5'脱碘酶的活性被抑制,在外周组织中 T_4 向 T_3 转换减少;②T_4 的内环脱碘

酶被激活,T_4转换为rT_3增加,故血清T_3减低,血清rT_3增高。在急慢性重症疾病恢复前,很难与继发性及三发性甲减鉴别,而两者的鉴别又十分重要。ESS 患者不需甲状腺激素替代治疗。

4. 蝶鞍增大   应与垂体瘤鉴别。原发性甲减时 TRH 分泌增加可以导致高催乳素血症、溢乳及蝶鞍增大,酷似垂体催乳素瘤。

5. 心包积液   需与其他原因的心包积液鉴别。心脏扩大、血流动力学、心电图的改变以及血清酶的变化。甲减所致的上述改变经甲状腺激素治疗后,如没有并存的器质性心脏病,可恢复正常。

【治疗】   甲减一般不能治愈,需要甲状腺激素终生替代治疗。但是也有桥本甲状腺炎所致甲减自发缓解的报告。

（一）替代治疗

甲减患者首选左甲状腺素($L-T_4$)单药治疗。$L-T_4$治疗的剂量取决于甲减的程度、病因、年龄、性别、体重和个体差异。甲功基本缺失,成人$L-T_4$替代剂量按照标准体重计算是每天 1.6 ~ 1.8μg/kg。甲功完全缺失如甲状腺全切术后和/或放射碘治疗后、中枢性甲减患者替代剂量较高,自身免疫性甲减和亚临床甲减剂量较少。儿童需要较高的剂量;老年患者则需要的剂量较低;妊娠时的替代剂量需要增加 30% ~ 50%。

起始剂量和达到完全替代剂量所需时间要根据患者年龄、心脏状态、特定状况确定。年轻体健的成年人可以完全替代剂量起始;一般人群起始剂量 25 ~ 50μg/d,每 3 ~ 7 天增加 25μg;老年、有心脏病者应小剂量起始,缓慢加量。妊娠妇女则应完全替代剂量起始或尽快增至治疗剂量。

$L-T_4$的半衰期约 7 天,口服$L-T_4$吸收约 70%,故可每天服药一次,早餐前 30 ~ 60 分钟服用,不应与干扰$L-T_4$吸收的食物或药物同时服用。

$L-T_4$替代治疗后 4 ~ 8 周监测血清 TSH,治疗达标后,每 6 ~ 12 个月复查一次,或根据临床需要决定监测频率。妊娠期甲减每 4 周复查一次。原发性甲减根据 TSH 水平调整$L-T_4$剂量,治疗目标个体化。中枢性甲减,依据FT_4水平,而非 TSH 调整治疗。替代治疗过程中要注意避免用药过量导致临床甲亢或亚临床甲亢。

碘塞罗宁($L-T_3$)作用快,持续时间短,适用于黏液性水肿昏迷的抢救。干甲状腺片是动物甲状腺的干制剂,因其甲状腺激素含量不稳定和T_3含量过高已很少使用。

（二）一般治疗

有贫血者可补充铁剂、维生素B_{12}和叶酸,胃酸不足者应补充稀盐酸,缺碘者应补充碘剂,但必须与$L-T_4$合用才能取得疗效。

（三）黏液性水肿昏迷的治疗

1. 补充甲状腺激素。首选T_3(liothyronine)静脉注射,首次 40 ~ 120μg,以后每 6 小时 5 ~ 15μg,至患者清醒改为口服。或首次静注$L-T_4$ 100 ~ 300μg,以后每日注射 50μg,待患者苏醒后改为口服。如无注射剂,可$L-T_3$片剂鼻饲(20 ~ 30μg/次,每 4 ~ 6 小时 1 次)或$L-T_4$片剂(量同前)、或干甲状腺片(30 ~ 60mg/次,每 4 ~ 6 小时 1 次),清醒后改为口服。有心脏病者起始量为常规用量的 1/5 ~ 1/4。

2. 吸氧、保温、保持呼吸道通畅、必要时行气管切开、机械通气。

3. 氢化可的松静脉滴注,200 ~ 300mg/d,待患者清醒及血压稳定后减量。

4. 根据需要补液,但是入水量不宜过多,并监测心肺功能、水电解质、酸碱平衡及尿量等。

5. 控制感染,治疗原发疾病。

6. 其他支持疗法并加强护理。

（单忠艳）

推荐阅读文献

1. Mc Dermott MT. In the clinic. Hypothyroidism. Ann Intern Med. 2009,151(11):ITC61

Notes

2. Molinaro E, Viola D, Passannanti P, et al. Recombinant human TSH (rhTSH) in 2009: new perspectives in diagnosis and therapy. Q J Nucl Med Mol Imaging. 2009,53(5):490-502

3. Su SY, Grodski S, Serpell JW. Hypothyroidism following hemithyroidectomy: a retrospective review. Ann Surg 2009,250(6):991-994

4. Zhan JY, Qin YF, Zhao ZY. Neonatal screening for congenital hypothyroidism and phenylketonuria in China. World J Pediatr. 2009,5(2):136-139

5. Alexander EK. Thyroid function: the complexity of maternal hypothyroidism during pregnancy. Nat Rev Endocrinol. 2009,5(9):480-481

6. Stagnaro-Green A, Abalovich M, Alexander E, et al, and the American Thyroid Association Taskforce on Thyroid Disease During Pregnancy and Postpartum. Guidelines of the American Thyroid Association for the diagnosis and management of thyroid diseaseduring pregnancy and postpartum. Thyroid. 2011,21:1081-1125

7. De Groot L, Abalovich M, Alexander EK, et al. Management of thyroid dysfunction during pregnancy and postpartum: an Endocrine Society clinical practice guideline. J Clin Endocrinol Metab. 2012,97:2543-2565

8. Garber JR, Cobin RH, Gharib H, et al, and the American Association of clinical endocrinologists and american thyroid association taskforce on hypothyroidism in adults. Clinical practice guidelines for hypothyroidism in adults: cosponsored by the American Association of Clinical Endocrinologists and the American Thyroid Association. Thyroid. 2012,22:1200-1235

9. 中华医学会内分泌学分会,中华医学会围产医学分会. 妊娠期和产后甲状腺疾病诊治指南. 中华内分泌代谢杂志,2012,28(5):354-372

第十章 甲状腺炎

> **要点：**
> 1. 甲状腺炎分为急性、亚急性和慢性三种类型。
> 2. 亚急性肉芽肿性甲状腺炎以颈前疼痛、伴发热，甲状腺肿硬、压痛明显为典型临床表现，检查表现为血清甲状腺激素水平升高但甲状腺^{131}I摄取率降低的分离现象。典型病例呈现甲亢期、甲减期和恢复期。本病为自限性疾病，非甾体抗炎药和糖皮质激素治疗可缩短病程。
> 3. 慢性淋巴细胞性甲状腺炎与自身免疫有关，包括HT和AT。共同的血清学特点是TPOAb和TgAb滴度升高。HT表现为甲状腺肿大伴甲状腺功能正常、减低或亢进；AT表现为甲状腺萎缩伴甲状腺功能正常或减低。目前尚无针对病因的有效治疗手段，出现甲状腺功能异常时对症或替代治疗。

甲状腺炎(thyroiditis)是一组多种病因引起的甲状腺炎症。其共同特征是甲状腺滤泡结构破坏，伴有甲状腺功能正常、升高或减低，而且甲状腺功能可以由一种状态转化为另一种状态。甲状腺炎的分类多种多样。按起病的缓急分为急性、亚急性、慢性甲状腺炎（表7-10-1）；根据病因分为感染性（包括细菌、真菌、原虫、蠕虫等）、de Quervain甲状腺炎、自身免疫性和其他甲状腺炎（放射、直接创伤等）。病理学常将甲状腺炎分为化脓性、肉芽肿性、淋巴细胞性和纤维性甲状腺炎等。本章主要介绍亚急性甲状腺炎和慢性淋巴细胞性甲状腺炎。

表 7-10-1 甲状腺炎分类

急性感染性甲状腺炎(acute infectious thyroiditis)
细菌性（化脓性甲状腺炎）
病毒性（如猫抓热病毒,少见）
亚急性甲状腺炎(subacute thyroiditis)
亚急性肉芽肿性甲状腺炎(de Quervain thyroiditis)
亚急性淋巴细胞性甲状腺炎（产后甲状腺炎,postpartum thyroiditis,无痛性甲状腺炎）
慢性甲状腺炎(chronic thyroiditis)
慢性淋巴细胞性甲状腺炎(chronic lymphocytic thyroiditis)
桥本甲状腺炎(Hashimoto's thyroiditis)
萎缩性甲状腺炎(atrophic thyroiditis)
慢性侵袭性纤维性甲状腺炎(riedel's thyroiditis)
其他甲状腺炎（由细菌、梅毒、霉菌、寄生虫感染，或放射线、外伤、结节病、淀粉样变等引起）

第一节 亚急性甲状腺炎

亚急性甲状腺炎(subacute thyroiditis,SAT)分为广义与狭义两类:广义SAT泛指病毒感染、自身免疫、药物、理化因子等破坏甲状腺滤泡所致的甲状腺炎,包括了亚急性淋巴细胞性甲状腺炎(无痛性甲状腺炎,发生于产后者称为产后甲状腺炎)、干扰素相关甲状腺炎等。狭义亚急性甲状腺炎是与病毒感染相关的自限性甲状腺炎,最常见,又称亚急性痛性甲状腺炎、肉芽肿性甲状腺炎(granulomatous thyroiditis)、巨细胞性甲状腺炎(giant cell thyroiditis)或 de Quervain 甲状腺炎。本节主要介绍后者,约占甲状腺疾病的0.5% ~6.2%,发病率4.9/10万人/年,以30~50岁女性多见。

【病因和发病机制】 与病毒感染有关,多数患者于上呼吸道感染后发病。患病期间血清中某些病毒(包括柯萨奇病毒、腺病毒、流感病毒、腮腺炎病毒等)抗体滴度升高。血中可测得多种低滴度抗甲状腺自身抗体,可能继发于甲状腺滤泡破坏后的抗原释放。

在疾病早期,甲状腺滤泡细胞破坏,使已合成的T_3、T_4释放入血,血中T_4及T_3水平升高,导致甲状腺毒症。由于滤泡上皮细胞被破坏,放射性碘摄取率减低。疾病后期,多数患者的甲状腺滤泡结构和功能恢复正常,仅极少数发展为甲减。

【病理】 甲状腺呈轻至中度肿大,常不对称,病变可局限于甲状腺的一侧或双侧均累及,质地较硬。镜下,病变呈广泛或灶性分布,早期可见滤泡破坏,单核/巨噬细胞、组织细胞浸润。典型病变为较多组织细胞和多核巨噬细胞围绕胶质形成肉芽肿。疾病后期,炎症逐渐消退,可形成不同程度纤维化及滤泡区域再生。随着疾病的好转,上述病理变化可完全恢复。

【临床表现】 起病前常有上呼吸道感染史。典型病例呈现甲状腺毒症期、甲减期和恢复期三期表现。整个病程约4~6个月以上,个别病例反复加重,可达2年之久。起病多急骤,有发热、疲乏无力、食欲缺乏、心动过速、多汗等症状。甲状腺病变较局限,常先从一叶开始,逐渐扩大或转移到另一叶,或始终限于一叶。受累腺体肿大,疼痛明显,可放射至耳部,吞咽时疼痛加重。体格检查发现单侧或双侧甲状腺轻至中度肿大,甲状腺质地较硬,触痛明显,少数患者有颈部淋巴结肿大。甲减期可出现水肿、怕冷、便秘等症状。

【实验室和辅助检查】 视疾病的不同阶段而不同。甲状腺毒症期:血清T_3、T_4升高,TSH降低,甲状腺^{131}I摄取率降低,呈"分离现象"。此期血沉增快,血白细胞轻至中度增高,中性粒细胞正常或稍高。甲状腺核素扫描可见无摄取或摄取低下。甲状腺超声示受累区域回声减低,呈局灶、多灶或片状弥漫性低回声。甲减期:TSH升高,血清T_4、T_3正常或降低,^{131}I摄取率逐渐恢复。恢复期:血清T_3、T_4、TSH 和^{131}I摄取率恢复至正常。

【诊断和鉴别诊断】 甲状腺肿大、疼痛、触痛、质地硬,伴发热、乏力、心慌颈淋巴结肿大等全身症状和体征;血沉增快;血T_3、T_4升高而甲状腺摄^{131}I率降低(分离现象),可确立诊断。

颈前包块伴疼痛可见于急性化脓性甲状腺炎、甲状腺囊肿或腺瘤样结节急性出血、甲状腺癌急性出血、迅速增长的甲状腺癌、甲状舌骨导管囊肿感染、支气管鳃裂囊肿感染、颈前蜂窝组织炎等,需注意鉴别。

【治疗】 轻症患者,可适当休息,给以非甾体抗炎药,疗程约2周;全身症状较重,发热、甲状腺肿大、压痛明显者,可用糖皮质激素治疗,首选泼尼松20~40mg/d,用药后数小时至数日可缓解疼痛,甲状腺肿缩小;用药1~2周后逐渐减量,疗程2~3个月,但停药后部分患者反复,再次用药仍有效。亦可合用非甾体抗炎药。伴甲亢时,不需服用抗甲状腺药物,必要时可给予小剂量普萘洛尔。出现一过性甲减者,可适当服用L-T_4,直到甲状腺功能恢复正常。发生永久性甲减者需终生L-T_4替代治疗。

【预后】 本病为自限性疾病,预后良好。个别患者特别是已有甲状腺自身抗体滴度较高者可能发生永久性甲减。

第二节　慢性淋巴细胞性甲状腺炎

慢性淋巴细胞性甲状腺炎(chronic lymphocytic thyroiditis,CLT)包括两种临床类型,即甲状腺肿大的桥本甲状腺炎(Hashimoto's thyroiditis,HT)和甲状腺退变的萎缩性甲状腺炎(atrophic thyroiditis,AT)。CLT 是一类常见的自身免疫性甲状腺疾病(autoimmune thyroid diseases,AITDs),是原发性甲状腺功能减退症最主要的原因。其病理特征是甲状腺内大量淋巴细胞、浆细胞浸润以及甲状腺组织纤维化。血清学标志物是甲状腺自身抗体,包括甲状腺过氧化物酶抗体(thyroid peroxidase antibody,TPOAb)、甲状腺球蛋白抗体(thyroglobulin antibody,TgAb)或 TSH 刺激阻断性抗体(TSH-stimulation blocking antibody,TSBAb)阳性。

国外报道 HT 的患病率在 1% ~ 10% 之间,发病率男性 0.8/1000,女性 3.5/1000。女性发病率是男性的 3 ~ 4 倍,高发年龄在 30 ~ 50 岁。我国学者的研究发现,HT 和 AT 的患病率和发病率受到碘摄入量的影响。国内外报告女性人群 TPOAb 的阳性率为 10% 左右。

【病因和发病机制】　确切病因未明,与自身免疫有关,具有一定的遗传倾向。以下因素提示自身免疫因素致甲状腺受损:①甲状腺有显著的淋巴细胞浸润,细胞毒性 T 细胞和 Th1 型细胞因子参与炎症损伤的过程;②血中存在高滴度的 TPOAb 和 TgAb,TPOAb 具有抗体依赖性的细胞毒(ADCC)作用和补体介导的细胞毒作用;③常与其他自身免疫病(如干燥综合征、系统性红斑狼疮,自身免疫性 Addison 病)共存;④TSH 受体抗体(TSAb/TSBAb)的改变导致甲状腺功能变化,Graves 病甲亢或慢性淋巴细胞性甲状腺炎甲减的交替出现。碘摄入量是影响本病发生发展的重要环境因素,随碘摄入量增加,本病的发病率显著增加。碘摄入量增加还可能促进甲状腺功能正常的患者发展为甲减。

【病理】　HT 甲状腺弥漫性肿大,质地韧,表面呈结节状。甲状腺组织内有广泛的淋巴细胞、浆细胞浸润,形成淋巴细胞生发中心。正常的滤泡结构被破坏,呈小片状,滤泡变小、萎缩,其内胶质稀疏。残余的滤泡上皮细胞增大,胞浆嗜酸性染色,称为 Askanazy 细胞或 Hürthle 细胞。随着病变的进展,出现不同程度的纤维化。发生甲减时,90% 的甲状腺滤泡已被破坏。

【临床表现】　CLT 起病隐匿,进展缓慢,早期表现为不典型或没有任何临床症状,仅为TPOAb 或 TgAb 阳性,甲状腺功能正常。多数病例以甲状腺肿或甲减症状就诊。HT 表现为甲状腺双侧无痛性弥漫性中度肿大,峡部常同时增大,质地韧;AT 甲状腺萎缩不能触及,常因不同程度的甲减而就诊。当出现甲减时,可有怕冷、心动过缓、便秘甚至黏液性水肿等表现。

少数患者在疾病早期出现甲亢症状如心动过速、不耐热、多汗、疲劳、肌无力、体重下降等。原因一方面为滤泡破坏,甲状腺激素释放入血所致。短期甲状腺毒症过后功能可恢复正常也可能出现持久性甲减。另一方面可能血中存在高滴度甲状腺受体抗体(TSH receptor antibody,TRAb),TRAb 的两个亚型 TSAb(TSH-stimulating antibody,TSAb)和 TSBAb 可能相互转化,使得患者不同时间表现为 Graves 病或 HT 不同的临床症状与体征。

本病可与 1 型糖尿病、慢性肾上腺皮质功能减退症、特发性性腺功能减退症等并存。

【实验室和辅助检查】　血清 TPOAb 及 TgAb 滴度明显升高是最有意义的诊断指标,可持续数年或数十年。发生甲状腺功能损伤时,血清 TSH 增高,TT_4、FT_4 正常或降低,^{131}I 摄取率减低。甲状腺扫描核素分布不均,可见"冷结节"。甲状腺超声示甲状腺弥漫性肿大,回声不均匀,可有结节。必要时可行 FNAB。

【诊断和鉴别诊断】　甲状腺弥漫性肿大、质韧、特别是伴峡部锥体叶肿大,均应疑为本病,如血清 TPOAb 和 TgAb 显著增高,可以诊断 HT。如果 TPOAb 和 TgAb 显著增高,甲状腺无肿大,则诊断为 AT。HT 可以伴甲状腺功能正常、甲亢或甲减;AT 可伴甲状腺功能正常或甲减。

HT甲状腺肿大质地韧硬,需与甲状腺癌鉴别。需要注意的是HT合并甲状腺癌的发生率增加,如HT者出现甲状腺结节,增长快,扫描呈冷结节,应作FNAB检查。HT与Graves病同为自身免疫性甲状腺疾病,两者同时存在称之为桥本甲亢。桥本甲亢与Graves病甲亢鉴别常较困难,通常通过长期随访确诊。无痛性甲状腺炎也有将其归为CLT,TPOAb、TgAb滴度升高,甲状腺正常或轻度肿大,无压痛,血清T_3、T_4升高,甲状腺^{131}I摄取率常明显下降,血沉正常或轻度升高,本病为自限性疾病,一般2~8个月病情自行缓解。Riedel甲状腺炎又称慢性侵袭性甲状腺炎(chronic invasive fibrous thyroiditis)、木样甲状腺炎,本病罕见。甲状腺不同程度的肿大,质坚如木,不痛,与皮肤粘连,不随吞咽活动,抗甲状腺自身抗体阴性或滴度很低,确诊依赖FNAB。

【治疗】 本病尚无针对病因的有效治疗措施。如仅有甲状腺肿、无甲减者一般不需要治疗。甲状腺肿明显或有甲减者需用左甲状腺素($L-T_4$)替代治疗。压迫症状明显、$L-T_4$治疗后不缓解者,可考虑手术治疗。伴甲状腺毒症者给以β-受体阻滞剂对症处理。

【预后】 单纯TPOAb阳性的患者进展为甲减的概率为每年2%,碘摄入量在安全范围(尿碘100~200μg/L)可能有助于阻止甲状腺自身免疫破坏进展。

(单忠艳)

推荐阅读文献

1. Antonaci A,Consorti F,Mardente S,et al. Clinical and biological relationship between chronic lymphocytic thyroiditis and papillary thyroid carcinoma. Oncol Res. 2009,17(10):495-503
2. Desailloud R,Hober D. Viruses and thyroiditis:an update. Virol J. 2009,6:5
3. de Vries L,Bulvik S,Phillip M. Chronic autoimmune thyroiditis in children and adolescents:at presentation and during long-term follow-up. Arch Dis Child. 2009,94(1):33-37
4. Vojdani A. Antibodies as predictors of complex autoimmune diseases. Int J Immunopathol Pharmacol. 2008,21(2):267-278
5. Teng W,Shan Z,Teng X,et al. Effect of iodine intakeon thyroid diseases in China. N Engl J Med. 2006,354:2783-2793
6. 廖二元. 内分泌学. 北京:人民卫生出版社,2007. 第2版.648-649

第十一章　甲状腺结节

要点:

1. 高分辨率超声检查是诊断和评估甲状腺结节的首选方法。

2. 甲状腺结节最主要的是良恶性的评估,FNAB是术前评估甲状腺结节良恶性敏感度和特异度最佳的手段。

3. 多数良性甲状腺结节不需要治疗,只需定期随诊。少数情况下,可选择手术治疗、TSH抑制治疗等手段。

甲状腺结节(thyroid nodules)是指甲状腺细胞在局部异常增生所引起的一个或多个组织结构异常的团块。超声检查是确定甲状腺结节简便而重要的手段。触诊能够触及的结节、但超声未能证实,也不能诊断为甲状腺结节。

甲状腺结节很常见。一般人群中通过触诊的检出率为3%～7%,借助高分辨率超声的检出率可高达20%～76%。女性和老年人多发。甲状腺癌占甲状腺结节的5%～15%,所以,发现甲状腺结节后,需要评估结节的良恶性和功能,以便进行合理的治疗。

【病因和发病机制】　甲状腺结节分为良性和恶性两大类。多数甲状腺结节病因不清。良性甲状腺结节包括:甲状腺良性腺瘤,结节性甲状腺肿,甲状腺囊肿如腺瘤退行性变和陈旧性出血所致的囊肿、先天性甲状舌管囊肿和第四鳃裂残余所致的囊肿,局灶性甲状腺炎如亚急性甲状腺炎恢复期、慢性淋巴细胞性甲状腺炎出现的结节,手术后或^{131}碘治疗后甲状腺残余组织的瘢痕和增生,碘摄入量过多或不足、食用致甲状腺肿的食物、或药物等,致甲状腺滤泡上皮细胞增生,形成的增生性结节。

【病理】　甲状腺腺瘤是由滤泡细胞构成的孤立性有包膜的结节,滤泡细胞排列结构不同于周围组织。腺瘤性结节无界限明确的包膜,其结构与周围腺体相似。乳头状腺瘤罕见。Hürthle细胞腺瘤由含有嗜酸色染色特性的滤泡细胞构成。结节生长超过血液供养,则发生囊肿样变。滤泡性腺瘤侵袭包膜和血管浸润是恶性特征,但只能以整个结节进行组织学检查时才能做出判断。

【临床表现】　大多数甲状腺结节在体检中发现,没有临床症状。部分患者由于结节压迫周围组织,出现声音嘶哑、压迫感、呼吸或吞咽困难等压迫症状。结节内出血能引起急性疼痛和结节增大。合并甲状腺功能异常时,可出现相应的临床表现。

【实验室和辅助检查】

(一) 血清 TSH

如果 TSH 减低,提示结节可能分泌甲状腺激素,需进一步检测 FT_3/TT_3 和 FT_4/TT_4,并做甲状腺核素扫描,检查结节是否具有自主功能。有功能的结节恶性的可能性小。如果血清 TSH 增高,提示存在甲状腺功能减退,需要进一步测定 FT_4/TT_4、甲状腺自身抗体并行甲状腺细针穿刺抽吸活检(fine needle aspiration biopsy,FNAB)。

(二) 甲状腺超声

高分辨率超声检查是评估甲状腺结节的首选方法,可以确定甲状腺结节的大小、数量、位置、质地(实性或囊性)、形状、钙化、血供和与周围组织的关系等,同时可以评估颈部区域淋巴结情况。癌性征象包括:结节边缘不规则、实性低回声、微钙化、血供丰富紊乱等,一般认为纯囊性或呈海绵状改变的结节为良性结节。

(三) 甲状腺核素扫描

受显像仪分辨率所限,甲状腺核素显像适用于评估直径>1cm 的甲状腺结节。在单个(或多个)结节伴有血清 TSH 降低时,甲状腺[131]I 或[99m]Tc 核素显像可判断结节是否有自主摄取功能("热结节")。"热结节"绝大部分为良性,一般不需做 FNAB。

(四) FNAB

是术前评估甲状腺结节良恶性敏感度和特异度最好的方法。FNAB 有助于减少不必要的甲状腺结节手术,并帮助确定恰当的手术方案。直径>1cm 的甲状腺结节,均可考虑 FNAB 检查。直径<1cm 的甲状腺结节,如存在下述情况,可考虑超声引导下 FNAB,如超声提示结节有恶性征象;伴颈部淋巴结超声异常;童年期有颈部放射线照射史或辐射污染接触史;有甲状腺癌或甲状腺癌综合征的病史或家族史;[18]F-FDG PET 显像阳性;或伴血清降钙素(calcitonin,Ct)水平异常升高。超声引导下 FNAB 可以提高取材成功率和诊断准确率。

(五) 甲状腺球蛋白(thyroglobulin,Tg)

是甲状腺产生的特异性蛋白,由甲状腺滤泡上皮细胞分泌。多种甲状腺疾病可引起血清 Tg 水平升高,因此血清 Tg 不能鉴别甲状腺结节的良恶性。

(六) 降钙素(Ct)

由甲状腺滤泡旁细胞(C 细胞)分泌。血清 Ct>100pg/mL 提示甲状腺髓样癌(medullary thyroid cancer,MTC)。血清 Ct 升高但不足 100ng/mL 时,诊断 MTC 的特异性较低。

(七) CT 和 MRI

在评估甲状腺结节良恶性方面,CT 和 MRI 并不优于超声。甲状腺结节术前可行颈部 CT 或 MRI 检查,显示结节与周围组织的关系。

【诊断和鉴别诊断】 高分辨率超声检查是诊断和评估甲状腺结节的首选方法。对触诊怀疑、或是在 X 线、CT、MRI 或[18]F-FDG-PET 检查发现的甲状腺结节,均应行颈部超声检查已明确甲状腺结节的存在。甲状腺结节的鉴别诊断最主要的是良恶性的鉴别,FNAB 是术前评估甲状腺结节良恶性敏感度和特异度最佳的手段。

下述病史和体格检查提示甲状腺癌的危险因素:①童年期头颈部放射线照射史或放射性尘埃接触史;②全身放射治疗史;③有分化型甲状腺癌、甲状腺髓样癌或多发性内分泌腺瘤病 2 型、家族性多发性息肉病、某些甲状腺癌综合征的既往史或家族史;④男性;⑤结节生长迅速;⑥伴持续性声音嘶哑、发音困难,并排除声带病变(炎症、息肉等);伴吞咽困难或呼吸困难;⑦结节形状不规则、与周围组织粘连固定;⑧伴颈部淋巴结病理性肿大。

【治疗】 多数良性甲状腺结节不需要治疗,只需定期随诊。必要时可作甲状腺超声检查和重复甲状腺 FNAB。如有压迫症状可选择手术治疗,甲状腺功能正常的增生性结节或结节性甲状腺肿,可应用左甲状腺素,抑制 TSH,6 ~ 12 个月无效即应停药。有功能的热结节,可选择放射性碘治疗、抗甲状腺药物或手术治疗。

【预后】 良性甲状腺结节预后良好。恶性甲状腺结节中 90% 以上的甲状腺癌为分化型甲状腺癌(differentiated thyroid cancer,DTC)。大部分 DTC 进展缓慢,近似良性病程,10 年生存率很高。某些组织学亚型的 DTC 和低分化型甲状腺癌发生率低,但容易侵袭和远处转移,复发率高、预后相对较差。

(单忠艳)

推荐阅读文献

1. Schlumberger M. Non toxic goiter and thyroid neoplasia. In:Williams' Textbook of Endocrinology,10th ed,

Philadelphia：WB Saunders. 2003

2. American Thyroid Association（ATA）Guidelines Taskforce on Thyroid Nodules and Differentiated Thyroid Cancer，Cooper DS，Doherty GM，Haugen BR，et al. The American Thyroid Association Guidelines Taskforce. Revised management guidelines for patients with thyroid nodules and differentiated thyroid cancer. Thyroid，2009，19：1167-1214

3. Gharib H，Papini E，Paschke R，et al. AACE/AME/ETA Task Force on Thyroid Nodules. American Association of Clinical Endocrinologists，Association of Medical Endocrinologists，and EuropeanThyroid Association Medical Guidelines for Clinical Practice for the Diagnosis and Management of Thyroid Nodules. Endocr Pract. 2010，16 Suppl 1：1-43

第十二章 皮质醇增多症

要点：

1. 皮质醇增多症，也称库欣综合征，是一组因下丘脑-垂体-肾上腺（HPA）轴调控失常，肾上腺皮质分泌过多糖皮质激素而导致的临床综合征。

2. 库欣综合征的临床表现主要是因糖皮质激素长期过多分泌所致蛋白质、脂肪、糖、电解质代谢严重紊乱并伴有多种其他激素分泌异常。包括向心性肥胖、满月脸、多血质外貌、紫纹、高血压、继发性糖尿病、骨质疏松、造血系统改变和电解质及酸碱平衡紊乱等症状。

3. 库欣综合征按其病因主要分为促肾上腺皮质激素（ACTH）依赖性和非依赖性两大类。其中，ACTH 依赖性库欣综合征包括：库欣病，异位 ACTH 综合征和异位 CRH 综合征。ACTH 非依赖性库欣综合征则包括肾上腺皮质腺瘤或皮质癌，肾上腺皮质结节样增生，原发性色素性结节性肾上腺病或增生不良症（PPNAD）和大结节性肾上腺皮质增生（MAH）。此外，外源性糖皮质激素过多等其他原因亦可导致库欣综合征的发生。

4. 库欣综合征的诊断应在病史和临床表现基础上，通过包括 24 小时尿游离皮质醇（F）、午夜唾液或血 F、过夜 1mg 地塞米松试验及经典小剂量地塞米松抑制试验在内的实验室检查来确立。大剂量地塞米松抑制试验、岩下静脉窦插管采血、B 超、CT、MRI 及 ^{131}I 胆固醇扫描等功能试验和影像学及同位素检查方法的综合应用有助于库欣综合征的进一步病因探寻及定位诊断。

5. 库欣综合征治疗取决于病因。ACTH 依赖的库欣综合征首选经蝶微腺瘤摘除术，不能手术或手术失败可行垂体放疗、双侧肾上腺切除或药物治疗。原发性肾上腺增生、腺瘤或癌肿则首选肾上腺病变切除，无法切除者予以药物治疗。异位 ACTH 综合征治疗也以手术切除原发肿瘤为最佳，但未能定位且激素过多症状严重者也可姑息性切除双侧或单侧肾上腺。

皮质醇增多症是一组因下丘脑-垂体-肾上腺（HPA）轴调控失常，肾上腺皮质分泌过多糖皮质激素而导致的以向心性肥胖、满月脸、多血质外貌、紫纹、高血压、继发性糖尿病和骨质疏松等症状为表现的临床综合征，包括垂体或者垂体外分泌 ACTH 的肿瘤、肾上腺皮质肿瘤或结节以及外源性糖皮质激素过多。为纪念 Harvey Cushing 教授于 1912 年首次诊断垂体嗜碱性微小腺瘤所引起皮质醇增多症，也称库欣综合征（Cushing syndrome）。库欣综合征可在任何年龄发病，但多发于 20～45 岁，成人多于儿童，女性多于男性，男女比例约为 1∶3～8。

【分类与病因】 库欣综合征按其病因可分为促肾上腺皮质激素（ACTH）依赖性和非依赖性两大类。

1. **ACTH 依赖性库欣综合征** 指下丘脑-垂体或垂体以外的某些肿瘤组织分泌过量 ACTH 和（或）促肾上腺皮质激素释放激素（CRH）引起双侧肾上腺皮质增生并分泌过量糖皮质激素。包括垂体性库欣综合征即库欣病（Cushing disease）、异位 ACTH 综合征和异位 CRH 综合征。由于过量 ACTH 的长期刺激,双侧肾上腺皮质多呈弥漫性增生,以肾上腺束状带细胞增生肥大为主。

(1) 库欣病:最常见,由垂体分泌过量 ACTH 引起,约占库欣综合征的 65% ~75%。绝大多数为垂体 ACTH 腺瘤,极少数垂体 ACTH 瘤可向颅内其他部位及远处转移。根据腺瘤大小,可分为微腺瘤(直径<10mm;50% 直径≤5mm)或垂体巨腺瘤(直径>10mm)或促肾上腺皮质激素细胞弥漫性增生。

(2) 异位 ACTH 综合征:指垂体以外的肿瘤组织分泌过量的有生物活性的 ACTH 或 ACTH 类似物,刺激肾上腺皮质增生,分泌过量糖皮质激素、盐皮质激素及性激素并引起一系列症状,约占库欣综合征的 15%。国外文献报道最多见的病因为肺部或支气管肿瘤,约占 50%,其次分别为胸腺及胰腺肿瘤,各约占 10%,还可有甲状腺髓样癌、嗜铬细胞瘤、胃肠道及生殖系统、前列腺等部位的肿瘤。

(3) 异位 CRH 综合征:是由于肿瘤异位分泌 CRH 刺激垂体 ACTH 细胞增生,ACTH 分泌增加。

2. ACTH 非依赖性库欣综合征   指肾上腺皮质肿瘤或增生导致自主分泌过量糖皮质激素,主要为肾上腺皮质腺瘤和腺癌,分别占库欣综合征的 10% 和 6%,且多为单侧。双侧肾上腺皮质腺瘤罕见,可为一侧优势一侧为无功能腺瘤,也可为两侧皆为功能性腺瘤。肾上腺皮质腺瘤或癌自主分泌过量糖皮质激素致血皮质醇升高,并抑制下丘脑 CRH 和垂体 ACTH 细胞分泌,血 ACTH 水平通常较正常减低,腺瘤以外同侧肾上腺及对侧肾上腺皮质萎缩。肾上腺皮质结节样增生少见,仅占库欣综合征的 1% 以下,包括原发性色素沉着性结节性肾上腺皮质病,ACTH 非依赖性大结节样肾上腺增生(AIMAH)和抑胃肽依赖性库欣综合征等。

原发性色素沉着结节性肾上腺皮质病(primary pigmented nodular adrenocortical disease,PPNAD)为一罕见的库欣综合征类型,以双侧肾上腺皮质多发性自主分泌的色素沉着的结节及结节间皮质组织萎缩为特征。发病年龄早,临床症状轻,通常与 Carney 综合征相关联,约 25% 的 Carney 综合征病人可有 PPNAD 发病,Carney 综合征为一复杂的临床症群如黏液瘤、点状色素沉着、内分泌腺功能亢进等(表 7-12-1),因 Carney 于 1985 年首先诊断此病而获名。此病一半为家族性聚集,呈显性遗传,45% 的家系及散发病人的致病基因为 cAMP 依赖性蛋白激酶 Aα 调节亚基(PPKAR1A)基因突变。PPNAD 双侧肾上腺可正常或稍大,切面显示肾上腺皮质散在的色素性小结节,大小 1~3mm 不等,颜色从棕黄色到黑褐色,也可深入皮髓质交界处甚至肾上腺周围脂肪组织。镜下为结节内细胞呈圆形或多角形,排列致密,胞浆丰富呈嗜酸性,内含嗜碱性色素颗粒即脂褐素,免疫组化显示富含各种产生激素的细胞内酶,结节间的皮质细胞明显萎缩。

表 7-12-1   库欣综合征的分类

ACTH 依赖性库欣综合征	肾上腺皮质结节样增生
库欣病(垂体依赖性)	原发性色素性结节性肾上腺病或增生不良症
异位 ACTH 综合征	(PPNAD)
异位 CRH 综合征	大结节性肾上腺皮质增生(MAH)
ACTH 非依赖性库欣综合征	抑胃肽依赖性库欣综合征
肾上腺皮质腺瘤或肾上腺皮质癌	其他类型库欣综合征

AIMAH 发病率低,为 ACTH 非依赖性,双侧肾上腺呈皮质结节样增生,但结节明显较 PPNAD 为大,因而肾上腺也明显为大,病因未明,但已发现抑胃肽(GIP)、精氨酸加压素(AVP)、β2-肾上腺素能受体在肾上腺异常表达。具库欣综合征的典型临床表现。大剂量地塞米松抑制试验不能被抑制,血浆 ACTH 水平低。影像学示双侧肾上腺显著增大,单一或多个大结节。

3. 其他类型库欣综合征   医源性库欣综合征为长期服用较大剂量外源性糖皮质激素所致。

其他还异位肾上腺库欣综合征、儿童库欣综合征、应激性库欣综合征和糖皮质激素受体病、糖皮质激素过度敏感综合征等。儿童库欣综合征较少见,男女儿童发病率相等,10 岁以上患儿多为增生,小于 10 岁者多为肿瘤。生长发育往往受抑制,生长缓慢,骨骼发育延迟。多伴雄激素过多体征,生长短暂过速,且可出现男性化征象,如面部痤疮、多毛、性早熟等。

【临床表现】 主要是因糖皮质激素长期过多分泌所致蛋白质、脂肪、糖、电解质代谢的严重紊乱并伴有多种其它激素分泌异常。主要临床表现有肥胖、高血压、继发性糖尿病、向心性肥胖、肌肉萎缩、多毛、月经失调、性功能障碍、紫纹、满月脸、骨质疏松、痤疮和色素沉着、水肿、头痛、伤口不愈等。儿童常见为体重增加和生长发育迟缓,成人出现男性女性化或女性男性化时应怀疑肾上腺皮质癌。

1. 向心性肥胖 多为轻到中度肥胖,初可表现为均匀肥胖,但随病程进展,肥胖渐呈向心性分布,典型的向心性肥胖是指头面部、颈后部、锁骨上窝及腹部脂肪沉积增多,但四肢(包括臀部)正常或消瘦,呈现特征性的满月脸、鲤鱼嘴、水牛背、锁骨上窝脂肪垫和悬垂腹,而四肢相对瘦小。

2. 蛋白质代谢障碍 皮质醇促进蛋白质分解加速,合成减少,因此机体长期处于负氮平衡状态。表现为面部红润、皮肤菲薄,皮下毛细血管清晰可见,呈多血质面容。皮肤弹力纤维断裂,形成宽大、梭形的紫色裂纹。紫纹多见于腹部、大腿内外侧、臀部等处,与皮肤张力增加、蛋白过度分解有关。典型的紫纹对库欣综合征的诊断有较高价值。

3. 糖代谢异常 半数有糖耐量异常,20% 可出现显性糖尿病。高皮质醇血症使糖异生作用增强,并可对抗胰岛素降血糖的作用,引起糖耐量异常,胰岛素相对不足。部分患者可出现多饮、多尿、多食。

4. 高血压 糖皮质激素有潴钠排钾作用,使机体总钠量明显增加,血容量扩张,通过激活肾素-血管紧张素系统,增强心血管系统对血管活性物质包括儿茶酚胺、血管加压素和血管紧张素 II 的正性肌力和加压反应,抑制血管舒张系统,使得血压上升并有轻度水肿。约 80% 库欣综合征患者有高血压症状。高血压通常为持续性,收缩压和舒张压均有中度升高。

5. 性功能改变 库欣综合征患者性腺功能均明显减退。因其不仅直接影响性腺,还对下丘脑-垂体的促性腺激素分泌有抑制作用。在女性可引起痤疮、多毛、月经稀少、不规则甚至闭经不育,男性可有阳痿、性欲减退、睾丸缩小变软等。

6. 肌肉骨骼 四肢肌肉可有萎缩。晚期多见骨质疏松,患者可有明显的骨痛,X 线平片可见脊椎压缩性骨折,多发性肋骨骨折等,是由于糖皮质激素抑制骨基质蛋白形成,增加胶原蛋白分解,抑制维生素 D 的作用,减少肠道钙吸收,增加尿钙排泄等有关。

7. 造血系统改变 皮质醇刺激骨髓造血,红细胞计数和血红蛋白含量升高,加之病人皮肤菲薄,故呈多血质外貌。糖皮质激素可破坏淋巴细胞和嗜酸性粒细胞,并使中性粒细胞释放增多,故血中性粒细胞增多而淋巴细胞和嗜酸性粒细胞减少。

8. 电解质及酸碱平衡紊乱 一般少见。异位 ACTH 综合征或肾上腺癌由于皮质醇分泌显著增多,同时弱盐皮质激素分泌增加,可有严重低血钾、碱中毒、尿钙增多等。

9. 其他 可有神经精神障碍、皮肤色素沉着、感染易感性增加等。约半数库欣综合征可有精神状态的改变,轻者表现为失眠,注意力不集中,情绪不稳定,少数表现为抑郁与狂躁交替发生。异位 ACTH 综合征,由于肿瘤大量分泌 ACTH、β-LPH 和 N-POMC 等,多有明显的皮肤色素沉着,具有一定的临床提示意义。大量的皮质醇分泌可抑制机体的免疫功能,中性粒细胞向血管外炎症区域移行能力减弱,自然杀伤细胞数目减少,功能受抑制,患者多易合并各种感染。部分患者可有眼结膜水肿甚或轻度突眼。

【实验室检查】

1. 24 小时尿游离皮质醇测定 正常成人 24 小时尿游离皮质醇排出量为 47 ～ 110μg/24h

(130～304nmol/24h),平均值为75±16μg/24h(207±44nmol/24h)。反映同期血循环中游离皮质醇(非结合状态)的指标。与血浆皮质醇检测的是总皮质醇(结合和非结合状态)不同,UFC 的测定不受皮质醇结合球蛋白(CBG)波动的影响。尿肌酐值有助对尿液收集准确性的评价,从而排除假阴性结果。库欣综合征 24 小时尿游离皮质醇大多明显高于正常。在过度皮质醇分泌状态下,若肾小球滤过率小于 30ml/min,尿中皮质醇排泄减少。肾上腺皮质癌表现为皮质醇增多症者,90% 以上尿液游离皮质醇在 200μg/24h 以上,而正常人应低于 100μg/24h。

2. **血皮质醇测定及昼夜节律变化**　正常人血皮质醇具明显的昼夜周期波动,以早晨 6～8 时为最高,平均值为 10±2.1μg/dl(276±58nmol/L),下午 4 时平均值为 4.7±1.9μg/dl(138±52nmol/L),至午夜 12 时最低,平均值为 3.5±1.2μg/dl(97±33nmol/L)。库欣综合征血皮质醇昼夜节律消失,表现为早晨血皮质醇水平正常或轻度升高,而下午 4 时或晚 12 时不明显低于清晨值。午夜血皮质醇若小于 1.8μg/dl(50nmol/L)基本可排除库欣综合征。若大于 7.5μg/dl,诊断库欣综合征的敏感性和特异性大于 96%。

3. **血 ACTH 测定**　正常晨 6:00～8:00 时血 ACTH 小于 60pg/ml(小于 14pmol/L)。正常时垂体 ACTH 的分泌昼夜变化很大,午夜 24:00 最低,晨 6:00 最高,可相差一倍。ACTH 瘤时垂体呈自律性,不再受下丘脑调控,昼夜节律随之消失。血 ACTH 水平对库欣综合征病因诊断有重要价值。一日中最具鉴别意义的是午夜 ACTH,若大于 22pg/ml 提示 ACTH 依赖性库欣综合征。单独血 ACTH 水平不能明确鉴别垂体性库欣和异位 ACTH 综合征,但若>200pg/ml(40pmol/L),提示异位 ACTH 综合征。而在 ACTH 非依赖性 Cushing 综合征中,肾上腺增生者血 ACTH 多轻度高于正常,肾上腺肿瘤者常偏低或无法检测出[<2pmol/L(10pg/ml)]。许多肿瘤如肺癌、甲状腺癌、胰癌、胸腺癌、类癌等的癌细胞可分泌大量 ACTH 或其前体物质即"大 ACTH"或阿黑皮素原(POMC)。大 ACTH 释放后迅速裂解成小 ACTH 和 β-LPH。POMC 具有免疫活性而生物活性差,引起的临床症状往往不明显。故若血 ACTH 值>200pg/ml 而临床库欣症状不显著,应疑诊异位性分泌,需定位诊断。

4. **血电解质及血气分析**　可低血钾性碱中毒,尤常见于异位 ACTH 综合征和肾上腺腺癌和肾上腺皮质大结节增生患者。

5. **1mg 过夜地塞米松抑制试验(DST)**　可作为门诊病人的有效筛选试验。方法为午夜一次口服地塞米松 1mg,正常反应是次晨 8:00～9:00 血浆皮质醇抑制到 5μg/dl 以下。

6. **小剂量地塞米松抑制试验(LDDST)**　是库欣综合征的定性诊断试验。方法为每 6 小时口服地塞米松 0.5mg,共两天,目前 LDDST 主要用于 24h 皮质醇分泌均衡的患者,尤其用于鉴别假性库欣综合征,如可抑制,则为假性库欣综合征。如需决定是 ACTH 依赖性的还是非依赖性的,应同时测定血浆 ACTH 和皮质醇。如血浆 ACTH>50pg/ml,皮质醇分泌为 ACTH 依赖性,则患者有库欣病、垂体或下丘脑病变,或异位的分泌 ACTH 病变。如血浆皮质醇升高(>50μg/dl)而 ACTH 呈低水平(<5pg/ml),则皮质醇分泌是 ACTH 非依赖性的,很可能是腺瘤型皮质醇症或腺癌。血浆 ACTH 和皮质醇测定的最佳时间为凌晨 0:00～2:00(水平最低)。

小剂量地塞米松 1～2mg 口服后,次日血 F 值降低<50% 者属 Cushing 综合征。午夜一次地塞米松抑制试验血皮质醇水平抑制到 5μg/dl(138nmol/L)可以基本排除 Cushing 综合征,近来建议此临界点降至 1.8μg/dl(50nmol/L)能显著提高试验的敏感性,特别是在中度皮质醇增多症患者。该试验存在一定的限制性,如在 CBG 增高、假性库欣状态者。偶尔正常人皮质醇也可无法抑制到该水平。午夜 1mg 地塞米松抑制试验因其操作简便及低成本对门诊病人进行筛查有一定优势。经典的两天法也可作为一线筛查试验。地塞米松吸收减少、因药物使地塞米松在肝内代谢加快(巴比妥酸盐、苯妥英、卡马西平、利福平、甲丙氨酯、氨鲁米特与甲喹酮)、CBG 浓度增加(口服雌激素与怀孕)和假性库欣状态可干扰试验结果。

7. **大剂量地塞米松抑制试验(HDDST)**　方法为每 6 小时口服地塞米松 2mg,共 2 天,测定服药后血皮质醇及 24 小时尿游离皮质醇。如皮质醇能被抑制 50% 以上,则可诊为垂体性库欣病,而肾上腺肿瘤、皮质癌或异位 ACTH 分泌综合征则多不能达到满意的抑制。血浆皮质醇值越高者对 HDDST 反应越差,极少数患者对地塞米松抑制试验产生矛盾反应。

8. CRH 兴奋试验 多在晚 8 时进行,此时 ACTH 和皮质醇处于低水平,静脉推注 hCRH 1μg/kg,分别于注射前后 0、15、30 和 60 分钟采血,测定 ACTH 和皮质醇值。正常状态下 ACTH 在 15 分钟达峰值,为基础值的 2 ~ 4 倍,皮质醇在 30 ~ 60 分钟达峰值。库欣病者基础 ACTH 值较高,且能被 CRH 兴奋,注射 CRH 后 ACTH 升高超过 50%。腺瘤患者自主分泌大量血皮质醇,反馈抑制垂体,ACTH 基础值低于正常人,注射 CRH 后升高小于 50%。异位 ACTH 综合征 ACTH 基础值较高,但不受 CRH 影响。

9. 定位检查

1) 肾上腺 B 超:可发现肾上腺增生或肿瘤。

2) 垂体和肾上腺 CT 或磁共振成像(MRI):用于定位诊断。肾上腺部位病变,CT 检查较为敏感,而垂体部位病变,则以 MRI 检查为佳。库欣病垂体瘤多为胃腺瘤即直径小于 1cm,影像学上有直接征象和间接征象。直接征象在 CT 上为腺瘤,平扫图像为低密度影,造影后强化延迟因而表现为垂体前叶内类圆形边界清楚的低密度影,少数早期强化者也可为等甚或少高密度影。MRI 平扫图像通常为 T1WI 低信号,T2WI 高信号,动态增强扫描可提高检出率。间接征象包括垂体增大,高径大于正常值,垂体上缘不对称隆起,垂体柄倾斜偏移,鞍底骨质变薄、倾斜下陷等。

肾上腺 CT 扫描可显示大小和形态,肾上腺增生患者的 CT 表现为肾上腺内外支弥漫性增厚和拉长,10% ~20% 皮质结节增生表现为双侧肾上腺多发性结节。肾上腺腺瘤则表现为界限清晰、质地均匀的直径<2cm 的圆形实质肿块,常伴对侧肾上腺萎缩。肾上腺皮质癌引起的皮质醇增多症,男女比例无明显差异,可发生于任何年龄。CT 常显示形态不规则的肿瘤,内部有坏死或钙化,不规则增强,有的可出现转移灶。超声可有效识别肾上腺肿块。诊断率可达 87%,假阴性率 12%。病理检查也难以鉴别肾上腺肿瘤的良、恶性,免疫组织化学试验尚无特异进展。

3) 放射性核素碘化胆固醇肾上腺扫描:诊断准确率可达 80% 以上,胆固醇呈两侧浓集者提示肾上腺皮质增生,浓集仅局限于一侧提示肾上腺腺瘤,腺癌患者两侧均不显影或病变侧不显影而正常侧显影。

4) 岩下静脉窦插管测定 ACTH:经岩下静脉窦(inferior petrosal sinus)导管采血测定中心及外周血 ACTH 浓度对库欣综合征病因鉴别及肿瘤定位有重要意义。若岩下窦与外周静脉同时采样,库欣病患者两者 ACTH 值呈明显浓度梯度,可用来鉴别库欣病及异位 ACTH 综合征。鉴于 ACTH 分泌呈间歇性,为提高诊断敏感度,测完基础值后常用 CRH 兴奋促使 ACTH 分泌。岩下窦与外周血 ACTH 比值≥2 可以确认为库欣病,若以两者比值≥2 或 CRH 兴奋后比值≥3 作为确认库欣病的标准,则敏感性为 96%,特异性为 100%。而异位 ACTH 分泌肿瘤则没有这种表现,可以此鉴别。但垂体发育不良或岩下窦血管丛异常分布有时会导致试验结果假阴性,而异位 ACTH 综合征的患者有时会出现假阳性。总结岩下窦导管采血法测定基础及 CRH 刺激后 ACTH 浓度的诊断准确率为 95.4%。以双侧岩下静脉窦的 ACTH 差值(IPSG)大于 1.4 为标准时则认为腺瘤偏侧生长,可正确定位 83% 的垂体微腺瘤,而 MRI 仅达 72%。双侧岩下静脉窦插管及取样(IPSCS)是一种创伤性的检测方法,其准确性与操作者的经验技术有关。

【诊断与鉴别诊断】 库欣综合征临床症状多样,除典型临床表现外,出现下列情况时也应筛查库欣综合征:①出现与年龄不符的症状(如高血压和骨质疏松)者;②出现多种和进行性发展症状提示库欣综合征可能者;③身高百分位数减低而体重增加的儿童;④合并肾上腺意外瘤者。诊断包括功能诊断即确定是否为皮质醇增多症,依赖于皮质醇的过度分泌及不被地塞米松试验所正常抑制;病因诊断即明确是 ACTH 依赖性还是 ACTH 非依赖性库欣综合征,定位诊断即明确病变部位是在垂体、垂体以外其他组织起源肿瘤还是肾上腺本身。

库欣综合征的诊断包括详细的病史资料,仔细的体格检查,特别是注意有无向心性肥胖、满月脸、痤疮、紫纹等,实验室检查进一步证实高皮质醇血症和明确病因,并应用影像学检查确定病变部位。明确诊断库欣综合征,病人的垂体肾上腺轴功能状态的评估是至关重要的。若基础血皮质醇及24小时尿游离皮质醇增加(大于140nmol/24h或50μg/24h)、血皮质醇昼夜节律消失则提示库欣综合征存在,初步筛查可行1mg过夜地塞米松抑制试验以鉴别肥胖和抑郁患者。确诊依赖于标准小剂量地塞米松抑制试验,尿游离皮质醇水平不能抑制到25nmol/24h(10μg/d)以下或血皮质醇不能抑制到140nmol/L(5μg/dl)以下,则明确库欣综合征诊断。大剂量地塞米松抑制试验是鉴别库欣病与肾上腺腺瘤最经典的方法,通常血尿皮质醇不能被抑制者提示肾上腺腺瘤,反之为库欣病。大剂量地塞米松抑制试验抑制程度与皮质醇基础分泌有关。此外低钾血症、低氯血症、代谢性碱中毒的存在,常提示异位ACTH的分泌,诊断依据为基础ACTH增加、大剂量地塞米松抑制试验不被抑制和岩下静脉窦和外周静脉ACTH比值小于1.5。继而采用B超、CT、MRI及^{131}I胆固醇扫描对库欣综合征作出影像学的定位诊断。但即使是高效、增强、薄层CT也仅能探查到1/3~1/2的垂体瘤,且假阳性率约为10%。加之垂体及肾上腺可能存在无功能瘤,因此影像学检查不能替代功能检测。尽管近年来血尿皮质醇和ACTH测定方法的准确性得到提高,但由于库欣综合征本身因素,没有一种试验的特异性>95%,联合应用多种试验有助于诊断。

药物可引起高皮质醇血症,如引起皮质激素结合球蛋白(CBG)升高的药物、合成糖皮质类固醇、ACTH类似物、甘草甜素等,此外,抑郁、神经性厌食、酗酒、应激、妊娠等均会引起皮质醇升高,需注意和库欣综合征鉴别。80%严重抑郁症患者和慢性酗酒可引起假性库欣综合征,应作鉴别。在妊娠期间,血皮质醇浓度会逐渐升高,甚至可有轻度皮质醇增多症的表现,这时需和妊娠合并库欣综合征相鉴别,因为后者引起血皮质醇增高的程度和前者相比无显著差异,两者可通过腹部MRI加以鉴别。

随着影像学技术的提高,意外发现的肾上腺部位的肿瘤越来越多,通常对于意外瘤的处理原则是首先判定其有无分泌功能,若有分泌功能,应行手术切除,以避免今后可能引起的内分泌紊乱。其次,可根据肿瘤体积的大小来决定是否进行手术。通常体积较大(直径>3cm)的肿瘤恶性可能性较大,应行手术切除,而体积较小又无分泌功能的肿瘤可随访观察,但上述两点均非绝对。

【治疗】　库欣综合征治疗取决于其病因。ACTH依赖的库欣综合征首选经蝶行微腺瘤摘除术,不能手术或手术失败可行垂体放疗、双侧肾上腺切除或药物治疗。原发性肾上腺增生、腺瘤或癌肿则首选肾上腺病变切除,无法切除者予以药物治疗。异位ACTH综合征治疗也以手术切除原发肿瘤为最佳,但未能定位且激素过多症状严重者也可姑息性切除双侧或单侧肾上腺。

库欣综合征的药物治疗可通过控制下丘脑-垂体的ACTH合成和分泌、阻断肾上腺的异常受体、抑制肾上腺糖皮质激素的合成和分泌,以及阻断外周糖皮质激素的效应等以发挥作用,可作为控制高皮质醇血症的有效选择。

(一)库欣病的治疗

目的是切除或毁坏垂体的基本病变,纠正肾上腺皮质的高分泌状态而不引起垂体或肾上腺的损伤。针对垂体分泌过多的ACTH,目前有手术、放疗和药物三种方法。

1. **手术治疗**　对明确垂体腺瘤的库欣病,首选经蝶行腺瘤切除术,其治愈率为50%~90%。术中及术后为预防出现肾上腺皮质功能减退,须补充适量皮质激素:手术当天可静脉滴注氢化可的松300mg,术后第一天静滴200mg,术后第二、第三天分别滴注150mg,第四天100mg,第五、第六天静滴50mg,以后可改为口服,醋酸可的松25~50mg或氢化可的松20~40mg。术后可能出现垂体功能减退症。

2. **放射治疗** ^{60}Co 射线、深度 γ 线或直线加速器作垂体放疗,剂量为 180~200rad/d,总剂量为 4500rad 左右。

3. **药物治疗**

(1) 神经调节剂:赛庚啶为 5-羟色胺拮抗剂,可抑制下丘脑释放 CRH,减少 ACTH 和皮质醇的生物合成。常用剂量为 12~24mg/天,分次服用,治疗期间若症状好转,需长期应用。对轻症库欣综合征效果可,但对重症患者效果欠佳。

溴隐亭为多巴胺受体激动剂,可使垂体前叶合成 ACTH 减少。常用剂量为 7.5~10mg/天,分次口服。但溴隐亭仅对一小部分库欣综合征患者有效。卡麦角林是另一更加有效的多巴胺受体激动剂,也可选用。

生长抑素受体类似物对多种神经内分泌肿瘤均有效。垂体 ACTH 瘤也可选用,大腺瘤者可在围术期使用,异位 ACTH 综合征者效果更显著。SOM230 是多种生长抑素受体类似物,其与 GTPγS 结合降低 ACTH 分泌的能力以及抑制 CRH 效应的能力比奥曲肽强,同时由于地塞米松会抑制 2 型受体的表达,但对 5 型受体没有影响,所以 5 型受体类似物受高皮质醇血症影响较少。

(2) 皮质醇合成抑制剂:美替拉酮和氨鲁米特都是通过抑制 11β-羟化酶的活性来抑制类固醇激素的合成,但降低的皮质醇除对 ACTH 合成和分泌的抑制,反而拮抗药物的作用。美替拉酮作用温和,副作用小,可用于治疗妊娠期库欣综合征。因为对 11β-羟化酶的抑制,美替拉酮有潜在的升高雄激素和盐皮质激素的副作用。氨鲁米特可以显著抑制胆固醇侧链的水解,可以拮抗美替拉酮升高雄激素和盐皮质激素的副作用。氨鲁米特对库欣病疗效较差,而对异位 ACTH 综合征和肾上腺源的库欣综合征疗效较好。氨鲁米特可以和放疗或者美替拉酮共同使用。常用剂量 0.75~1.5g/d,分次口服。为防止肾上腺皮质功能减退危象,服药期间酌情小剂量糖皮质激素补充。由于氨鲁米特是较强的肝酶诱导剂,使用时应注意药物协同作用。

(二) 肾上腺肿瘤的治疗

1. **手术治疗**

(1) 肾上腺腺瘤:需行患侧腺瘤手术摘除,术中及术后需补充适量糖皮质激素。术后半年至一年对侧萎缩的肾上腺多数能够重新获得功能,少数不能恢复者终身激素替代。本病预后较好。

(2) 肾上腺腺癌:发展迅速,转移较早,应尽早切除原发肿瘤并淋巴结清扫,术后药物治疗。如已有转移,应尽可能切除原发病灶和转移灶,术后加用药物治疗。本病预后不良。

术后注意肾上腺危象,应及时加大皮质激素的用量,并预备好各种抢救措施。激素的补充:单侧肾上腺切除术中给予氢化可的松 100mg 静脉滴注,术后维持 1~2d。一侧全切一侧部分切除者,应用氢化可的松从 300mg/d 逐步减量,1 周后改为口服泼尼松,25mg/d 逐步减量到 12.5mg/d,视情况维持 2~3 周。双侧全切除者需终生服用皮质激素。

2. **药物治疗**

(1) 氨鲁米特:用法同肾上腺增生。

(2) 米托坦(双氯苯二氯乙烷,O,P'-DDD):为杀虫剂 DDT 的衍生物,选择性作用于肾上腺皮质网状带和束状带,抑制 11β-羟化酶和胆固醇侧链断裂酶从而抑制类固醇激素的合成,也直接破坏肾上腺皮质甚至出血坏死,同时影响皮质醇结合蛋白并改变皮质醇的外周代谢,可用于高皮质醇血症治疗,但因作用较强易发生肾上腺功能减低,必要时需要糖皮质激素替代治疗。主要用于肾上腺癌和不能手术的其他库欣综合征治疗,常用剂量为 4~10g/d,分次口服,数周至数月后改为维持量,约 2~4g/d。

(3) 甲吡酮:为 11β-羟化酶抑制剂,与氨基导眠能合用疗效更佳。起始剂量为 1~2g/d,分次口服,逐渐加量至 4~6g/d。

(4) 酮康唑:为咪唑类衍生物,可抑制 11β-羟化酶和 17-羟化酶/C17-20 裂合酶活性从而抑制皮质醇合成,对肾上腺肿瘤疗效迅速,为库欣综合征最常用治疗药物之一,尤其是女性病人,有效率达到70%~90%。可予400~600mg/d,分次口服。但因其潜在的男性胎儿致畸作用,故不推荐妊娠期间服用。酮康唑还抑制ACTH合成所必需的cAMP,故与其他抗糖皮质激素合成药物相比,无ACTH反馈升高的副作用,故长期用于异位ACTH综合征治疗,但应注意肝功能。

直接抑制肾上腺糖皮质激素合成的药物,肾上腺外的副作用较大,包括皮肤潮红、水肿、胃肠道反应等,所以服药过程需要严加防范。

(三)异位ACTH分泌综合征的治疗

1. **手术治疗** 切除原发肿瘤,必要时双侧肾上腺切除以缓解症状。

2. **药物治疗**

(1)激素合成酶抑制剂:用法同肾上腺肿瘤。

(2)米菲司酮(RU486):为糖皮质激素受体阻断剂,可在受体水平拮抗糖皮质激素的作用,阻断皮质醇外周效应从而缓解库欣综合征症状。常用剂量为每次200mg,每日2次。其副作用包括肾上腺功能低下和因阻断皮质醇的中枢抑制而出现的ACTH和皮质醇升高,因不能检测外周皮质醇反应,很难监测疗效,防止副作用。长期使用米菲司酮还有神经性厌食和子宫内膜增厚的危险。

(宁 光)

推荐阅读文献

1. 陈家伦. 临床内分泌学. 上海:上海科技出版社,2011,533-548

2. Nieman LK. Adrenal cortex(Chapter 234)In:Goldman's Cecil Medicine. 24th ed. Philadelphia:Elsevier Inc. ,2012

3. Longo DL,Fauci AS,Kasper DL,et al. Harrison's Principles of Internal Medicine. 18th ed. New York:McGraw-Hill. ,2012,Chapter 342

4. Nieman LK. Approach to the patient with an adrenal incidentaloma. J Clin Endocrinol Metab. 2010,95(9):4106-4113

5. Prague JK,May S,Whitelaw BC. Cushing's syndrome. BMJ. 2013,346:f 945

6. van der Pas R,de Herder WW,Hofland LJ,et al. New developments in the medical treatment of Cushing's syndrome. Endocr Relat Cancer. 2012,19(6):R205-223

7. Cao Y,He M,Gao Z,et al. Activating hotspot L205R mutation in PRKACA and adrenal Cushing's syndrome. Science. 2014,344(6186):913-917

第十三章　醛固酮增多症

要点：

1. 醛固酮是肾上腺皮质球状带分泌的起潴钠排钾作用的盐皮质激素。醛固酮分泌过多导致钠潴留和钾丢失，称为醛固酮增多症。其中因肾上腺皮质腺瘤或增生分泌过多醛固酮，致水钠潴留，体液容量扩增伴血压升高及肾素-血管紧张素系统受抑制者，被称为原发性醛固酮症增多症（原醛症）。其临床表现主要为高血压和低血钾等。

2. 原醛症按病因分包括分泌醛固酮的肾上腺皮质腺瘤、特发性原醛症、分泌醛固酮的肾上腺癌、原发性肾上腺皮质增生等多种亚型，并以前两型为主。

3. 原醛症的诊断分为三大步骤，即检出（或称筛查）试验、确诊试验和分型试验。检出试验主要为血浆醛固酮/肾素比值；确诊试验主要包括钠负荷试验、生理盐负荷水试验、氟氢可的松抑制试验和卡托普利激发试验，而肾上腺 B 超、CT 或 MRI 影像学检查结合肾上腺静脉插管采血及地塞米松抑制试验等则是重要的分型试验方法。

4. 治疗方案的选择取决于原醛症的病因。醛固酮分泌瘤患者应首选手术治疗；肾上腺癌也应首选手术治疗；特发性原醛症患者应药物治疗为主，不应手术，药物治疗首选螺内酯；原发性肾上腺增生症患者则可考虑单侧全或次全切除术。

醛固酮（aldosterone）是肾上腺皮质球状带分泌的起潴钠排钾作用的盐皮质激素。醛固酮分泌过多导致钠潴留和钾丢失，称为醛固酮增多症（hyperaldosteronism，aldosteronism），分为原发性和继发性两类。因肾上腺以外原因致有效血容量降低，肾血流量减少并引起肾素-血管紧张素-醛固酮系统功能亢进者，为继发性醛固酮增多症（简称继醛症）；而因肾上腺皮质腺瘤或增生分泌过多醛固酮，致水钠潴留，体液容量扩增伴血压升高及肾素-血管紧张素系统抑制者，为原发性醛固酮症增多症（简称原醛症）。本章主要讨论原发性醛固酮增多症。为纪念 1955 年 Conn JW 教授报道首例因肾上腺腺瘤所致原醛症，本症又称为 Conn 综合征。以往认为本病为高血压的少见病因，但近年发现符合生化诊断的原醛症甚至高达高血压人群的 10%。在中国难治性高血压患者中原醛症的比例为 7.8%。

【病因】　多种原因可致原发性醛固酮增多症，其临床类型与相对发病率见表 7-13-1。

（一）分泌醛固酮的肾上腺皮质腺瘤（aldosterone-producing adenoma，APA）

即 Conn 综合征，约占原醛症的 35%。单侧腺瘤多见，多为单个，体积小，直径常在 2cm 以内，包膜完整，切面呈金黄色，光镜下可见球状带细胞、束状带细胞和致密细胞以及球状带和束状带的杂交细胞。电镜下瘤细胞具有如同球状带细胞特征的线粒体管状嵴，若经螺内酯治疗后可发现螺内酯小体，与肾上腺腺瘤所致库欣综合征不同，醛固酮瘤的同侧和对侧肾上腺往往正常或伴结节性增生。仅 10% 左右为双侧或多发性腺瘤。70% 的腺瘤见于女性。

（二）特发性原醛症（idiopathic hyperaldosteronism，IHA）

约占原醛症的 60%。双侧肾上腺皮质球状带弥漫性或局灶性增生，超微结构基本正常，可有微小结节，典型的细胞呈现来自束状带的透明样细胞。免疫组化研究表明：这些细胞显示细

表 7-13-1　原发性醛固酮增多症按病因分型和相对发病率

类　　型	相对发病率(%)
一、醛固酮分泌瘤(aldosterone-producing adenoma,APA)	35
二、特发性原醛症(idiopathic hyperaldosteronism,IHA)	60
三、分泌醛固酮的肾上腺皮质癌	<1
四、血管紧张素Ⅱ反应性肾上腺皮质腺瘤	5
五、原发性肾上腺增生症(primary adrenal hyperplasia,PAH)	<1
六、糖皮质素可抑制性原醛症(glucocorticoid-suppressible,hyperaldosteronism, GSH,又名地塞米松可抑制性原醛症(DSH),Ⅰ型家族性原醛症,FH-Ⅰ)	<1
七、家族性原醛症(familial hyperaldosteronism,Ⅱ型家族性原醛症,FH-Ⅱ)	未知
八、异位醛固酮分泌性腺瘤和腺癌	罕见

胞色素 P450,11β-羟化酶和醛固酮合成酶均呈阳性。在诊断上,IHA 的生化异常比 APA 轻。患者对肾素-血管紧张素反应增强,醛固酮分泌不呈自主性。其中,单侧肾上腺结节增生性原醛症已被列为单独的原醛症病因,虽未增生,但为单侧,因而治疗原则与腺瘤相同,即需手术治疗且效果良好。本症占原醛症的 10% 左右。

(三) 分泌醛固酮的肾上腺癌

少见,约占 1%,组织学上与腺瘤甚难区分,但通常体积较腺瘤大(直径常>3cm),且瘤体内常见出血、坏死及多形核细胞,CT 和 B 超常见钙化,且易复发。除分泌醛固酮外,也可同时分泌其他皮质类固醇如醛固酮的前体物、糖皮质类固醇或性激素等。

(四) 原发性肾上腺皮质增生(PAH)

病理特征与特发性原醛症相似,表现为双侧肾上腺皮质球状带增生,其临床表现和生化改变又与醛固酮瘤相仿。此症对螺内酯治疗反应良好,且单侧或双侧切除效果显著。

(五) 家族性醛固酮增多症(familial hyperaldosteronism,FH)

分为Ⅰ型即糖皮质激素可抑制性原醛症(GSH)和家族性醛固酮增多症Ⅱ型。

1. 家族性高醛固酮血症Ⅰ型(FH-Ⅰ)　与其他类型原醛症的区别关键在于本症患者的醛固酮分泌受 ACTH 的调控,给予糖皮质激素可抑制醛固酮的分泌,达到治疗效果。发病机制为第 8 号染色体 11β-羟化酶基因与醛固酮合成酶基因形成一融合基因,融合基因的 5' 为部分11β-羟化酶基因,3' 为部分醛固酮合成酶基因,故编码蛋白质具醛固酮合成酶活性。此融合基因在束状带表达,受 ACTH 调控。多见于青少年男性,可为家族性或散发性,家族性者以常染色体显性遗传。肾上腺常呈结节性增生,其血浆醛固酮水平与 ACTH 昼夜节律相一致。

2. 家族性原醛症-Ⅱ型(FH-Ⅱ)　凡同一家族中出现两个以上原醛症,但又不能诊断为糖皮质激素可抑制性原醛症,即可诊断。因此与 FH-Ⅰ 的根本区别在于不能为糖皮质激素抑制。其肾上腺皮质病理改变可分为腺瘤、增生或癌。

(六) 异位醛固酮分泌性腺瘤或腺癌

极罕见,可发生于肾内的肾上腺残余组织或卵巢内。

【临床表现】

(一) 高血压

为最早和最常见症状,多为缓慢发展的良性高血压,血压多中度升高,约在 22.6/13.3kPa (170/100mmHg)左右,但随病程延长,血压逐渐增高,尤以舒张压明显。少数患者可呈现恶性急进性高血压。持续、长期的高血压可致心、脑、肾损害。对常用的降压药疗效不佳为其特点之一。极少数患者血压可正常,但为相对高血压,即血压较患病前明显升高。

（二）低血钾

原醛症的另一重要症状，为醛固酮过高所致，半数以上患者可出现自发性低血钾（2.0～3.5mmol/L），可仅表现疲乏无力，也可出现典型的周期性瘫痪，麻痹多累及下肢，严重者可致呼吸和吞咽困难。补钾后麻痹等症状即缓解，但常复发，且间期渐短。劳累或服用排钾利尿药可促发和加重症状。长期缺钾可致神经、肌肉、心脏及肾功能障碍。国人因盐摄入多，因而低血钾发生率较高。心电图可出现典型的低钾表现即明显 U 波，可伴 T 波增宽、降低或倒置，甚或 TU 波相连呈驼峰状，也见 Q-T 间期延长，严重者出现期前收缩或阵发性室上性心动过速甚或室颤。因醛固酮过高使肾脏排钾过多，并使肾小管上皮细胞呈空泡状变性，尿浓缩功能降低。患者可多尿及夜尿增多，尿比重低，伴口渴多饮，易并发尿路感染。

（三）其他

儿童患者可有生长发育迟缓，可能与长期缺钾等代谢紊乱有关。另外，低血钾可抑制胰岛素分泌和作用减弱，约半数患者可出现糖耐量受损，甚至可出现糖尿病。

【诊断】　美国内分泌学会于 2008 年提出原醛症诊治指南，将原醛症的诊断分为三大步骤，即检出（或称筛查）试验（detecting tests）、确诊试验（confirmatory tests）和分型试验（subtype evaluation tests）。

（一）筛查试验

血浆醛固酮（ng/dl）/肾素［ng/（ml·h）］比值（aldosterone-renin ratio, ARR）是最佳的筛查试验。下述情况需做筛查试验：①美国高血压检出评估及治疗联合委员会（JNC VI）的 2 期（160～179/100～109mmHg）和 3 期（大于 180/110mmHg）；②难治性高血压；③自发或利尿剂诱发低血钾的高血压；④肾上腺意外瘤的高血压；⑤早发（小于 20 岁）或年轻（小于 40 岁）脑血管病家族史的高血压；⑥原醛症患者患有高血压的一级亲属。

不同种族和实验室 ARR 的切点不同，多在 20～50 之间。方法为清晨起床后 2 小时，以 8：00～10：00 为最佳，不论之前如何体位，坐位 15 分钟后采血，测定血浆醛固酮水平和肾素活性。为取得稳定可靠的结果，测试前应：首先补充钾盐使血钾达正常范围；同时停用干扰肾素-血管紧张素-醛固酮系统药物，盐皮质激素受体拮抗剂如螺内酯和保钾利尿剂应停用 6 周，降压药、雌激素和非甾体抗炎药停 2 周，中重度高血压停药危险者可选用非二氢吡啶类钙离子通道阻滞剂如维拉帕米缓释片或 α-肾上腺能受体阻滞剂降压。

（二）确诊试验

常用的 4 种确诊试验为口服钠负荷试验、生理盐负荷水试验、氟氢可的松抑制试验和卡托普利激发试验。4 种试验的特异性、敏感性和可靠性并无明显差别，选择主要依医生经验、习惯及患者本身情况决定。行确诊试验时应避免干扰试验准确性的抗高血压药物和利尿剂，并将血钾维持在正常范围。

1. 口服钠负荷试验　将钠摄入量提高到 218mmol（即 12.8g 氯化钠）共 3 天，则尿钠大于 200mmol/24 小时，尿醛固酮小于 10μg/24 小时，若大于 12μg/24 小时，则提示醛固酮自主分泌，符合原醛症。须注意此试验在心功能不全、重度低血钾和严重肾功能减退等情况不宜进行，已是高钠摄入者（12g/天）者无需进行此试验。

2. 生理盐水负荷试验　过夜空腹后静卧位下 4 小时连续静脉输注 2000ml 生理盐水，正常人血醛固酮应抑制在 5ng/dl 以下，大于 10ng/dl 可诊断原醛症，若在 5～10ng/dl 之间高度怀疑，但不能确诊。试验中注意血压和心率检测，禁忌与上同。

3. 氟氢可的松抑制试验　氟氢可的松 0.1mg, q6h，连用 4 天，试验期间保持血钾正常。第 4 天上午 10：00 站立 15 分钟后采血，血醛固酮大于 6ng/dl 且肾素小于 1ng/（ml·h），原醛症诊断确立。禁忌如上。

4. 卡托普利激发试验　正常无盐负荷时卡托普利可降低血醛固酮，然原醛症者却不能，故此试验可用于原醛症的诊断。坐位,口服卡托普利25mg 2小时后测醛固酮、肾素活性和皮质醇。原醛症者血醛固酮水平仍>15ng/dl且肾素活性抑制,而正常者下降。该试验诊断原醛症的特异性为93%,有79%的预示率。当用醛固酮/PRA的比值作为观察指标,其特异性为97%,预示率为90%。

(三) 分型试验

1. **肾上腺静脉插管采血**(adrenal venous sampling,AVS)   可直接采血,也可静脉推注人工合成ACTH(250μg)前后分别采血测醛固酮和皮质醇,以皮质醇为校正值,为醛固酮分泌性肿瘤定位诊断的"金标准"。推注ACTH时如优势侧与对侧大于4:1或未推注ACTH时大于2:1,提示优势侧为腺瘤或单侧增生;此方法有一定技术难度(尤其很难进入右侧肾静脉)且可能出现并发症(如静脉栓塞、梗阻等),但在鉴别诊断中的价值甚大。

2. **肾上腺CT或MRI显像**   已成为分型诊断或定位诊断最常用的方法,尤其是分辨率的提高极大提高微小肿瘤的检出。醛固酮瘤多为单侧小于2cm的腺瘤;而特发性醛固酮增多症则多表现为两侧肾上腺增粗或结节样增粗,轻微者也可影像学正常,单侧增生所致特发性原醛症则可表现为单侧结节样增生,与腺瘤的鉴别甚难,应以AVS鉴别;皮质癌则占位更大,多在4cm以上。但应注意:微小肿瘤早期易漏诊;不典型的结节样增生如单结节较大易与腺瘤混淆;单侧结节样增生难以与腺瘤鉴别。而重要的是增生与腺瘤所致的原醛症的治疗措施完全不同,因此,不能单用肾上腺CT或MRI显像来鉴别诊断。

3. **放射性碘化胆固醇肾上腺扫描和显像**   应用[131]I或[35]Se-6-硒-甲基胆固醇作肾上腺显像可区分APA和IHA,但在临床中已很少应用。

4. **肾上腺B超**   因其无创伤和可重复,且B超显像技术及操作医师水平的提高,肾上腺B超有其独特价值。

5. **体位的刺激试验**   此试验目前可作为参考而不作为诊断依据。在正常人中,直立位可激发RAS和升高血浆醛固酮水平,而各种类型原醛症者的反应不一,可用作鉴别。方法:先上午8时,卧位,采血样,测基础血浆醛固酮、皮质醇和PRA,然后在直立2~4小时后,再取血样,测上述同样指标,观察其水平的改变。在APA者,RAS被抑制,直立后肾素亦不能被刺激,故也不能刺激醛固酮增加,同时APA更加ACTH依赖,而ACTH的下降更致血醛固酮下降,因此APA时直立位醛固酮反见下降。在IHA者,球状带特发性增生,对血管紧张素Ⅱ的反应敏感性升高,直立位可使血管紧张素Ⅱ轻度增高,因而使血醛固酮也升高。但也有约10%的APA患者,因对血管紧张素有反应而使直立位时的血浆醛固酮也升高,而单侧球状带增生者通常升高。

6. **地塞米松抑制试验**   主要用于糖皮质激素可抑制性原醛症即家族性高醛固酮血症Ⅰ型(FH-I)。早发原醛症(发病年龄小于20岁)、影像学常为正常、血压难以控制,须怀疑此症。鉴别诊断为地塞米松抑制试验和基因检测。地塞米松抑制试验方法:一是午夜给予1mg地塞米松和早晨6时再给予0.5mg,8时直立位,取血测醛固酮水平;以50ng/L作为区分DSH和IHA或APA的分割点,即<50ng/L为DSH,>50ng/L则为IHA或APA。二是每日口服地塞米松2mg,数日后醛固酮降至正常,10天后血压和低血钾得以控制。其后即可转为0.5mg地塞米松治疗。

【鉴别诊断】   原发性醛固酮增多症应与其他伴有高血压和低血钾的疾病相鉴别。

1. **伴高血压、低血钾但肾素抑制的疾病**   此类疾病虽有高血压低血钾但醛固酮不增加甚或减低。主要有去氧皮质酮过多所致盐皮质激素增加综合征,包括P450c11(11β-羟化酶)缺陷症、P450c17(17β-羟化酶)缺陷症等先天性肾上腺皮质增生症,全身性糖皮质激素抵抗综合征和分泌去氧皮质酮的肾上腺肿瘤等;其次是11β-羟类固醇脱氢酶缺陷,从而导致皮质醇作用于盐皮质激素受体而引发的综合征,包括先天性11β-羟化酶缺陷所致的表象性盐皮质激素过多综合征、服用甘草或生胃酮等所致高血压和低血钾、库欣综合征等;还有 Liddle 综合征。

2. 肾素活性增加伴高血压、低血钾的疾病　此类疾病肾素过高所致,主要为肾素瘤和肾性高血压。

【治疗】　治疗方案取决于原醛症的病因。APA 者应首选手术治疗,可治愈;肾上腺癌亦应首选手术治疗;IHA 者应药物治疗为主,不应手术;PAH 者单侧或次全切除术有效。

(一) 手术治疗

单侧原醛症即 APA 和单侧肾上腺结节样增生症,病变侧肾上腺切除术为首选,应首先选择腹腔镜或达·芬奇手术。为此,AVS 确定优势侧非常必要。目前不主张 APA 仅做腺瘤摘除术,因为复发率高。若以血压和血钾改善为标准,单侧原醛症的手术有效率可达 100%,若以无降压药治疗血压低于 140/90mmHg 为标准,则有效率为 35%~60%。术前应纠正低血钾并控制高血压,可补钾和口服螺内酯。

(二) 药物治疗

双侧肾上腺病变主要为 IHA 导致的原醛症应首选药物治疗。同时给予低钠饮食(<80mmol/d)是药物治疗常规的辅助治疗措施。

1. 螺内酯　为首选,可与醛固酮竞争性地结合盐皮质激素受体而抑制醛固酮作用,从而纠正低血钾和高血压。因需长期服药,宜由小剂量始,如 12.5mg/天,并联合保钾降压药。目前较为妥当的治疗方案为 25~50mg/天的螺内酯联合血管紧张素转化酶抑制剂,亦可联合血管紧张素受体阻断剂如氯沙坦。螺内酯可阻断睾酮合成并拮抗雄激素或孕激素,因而会致阳痿、性欲降低、男性乳房发育或女性月经紊乱等。还可致肾功能减退,因而在肾功能减退者不可使用。因可能降低螺内酯疗效,故避免与水杨酸制剂同服;因可延长地高辛半衰期,故两药合用时应减少地高辛剂量。

2. 依普利酮(eplerenone)　为选择性醛固酮受体拮抗剂,以甲酯基取代螺内酯的 7α-乙酰硫基并增加一环氧键,从而降低了与雄激素和孕激素的结合,减少螺内酯的副作用。但尚未在中国上市。

3. 阿米洛利(amiloride)　螺内酯不耐受者可选用。可阻滞肾远曲小管和集合管上皮钠通道,促钠排泄及降低钾排出,从而起到保钾、排钠、排水的作用。初始 10~20mg/天,常需较高的有效剂量(40mg/天)。

4. 降压药　钙拮抗剂有一定的抑制醛固酮作用,主要用于血压的控制。血管紧张素转化酶抑制剂有保钾和降压作用,可与小剂量螺内酯联合治疗 IHA。血管紧张素受体阻断剂作用与血管紧张素转化酶抑制剂相似。既可单独使用,但更多是与螺内酯联合用药。

5. 糖皮质激素治疗　糖皮质激素可抑制性原醛症,予足以抑制 ACTH 分泌的最小剂量外源糖皮质激素,常用地塞米松剂量为 0.5~2mg/天。

6. 其他　如 o,p'-DDD 可应用于分泌醛固酮的肾上腺癌的治疗;阻断醛固酮合成的药物如 Trilostane(3β-羟类固醇脱氢酶抑制剂)可降低 IHA 和 APA 者的血压。

【预后】　本病的预后取决于病因的性质和诊断治疗是否及时。若为肾上腺分泌醛固酮腺瘤者早期手术,切除腺瘤可获痊愈。而其他类型者的预后决定于患者对药物的反应性、病程的长短和病情程度,若病程较短,无严重的心、脑、肾功能损害者,药物治疗可长期控制病情,预后良好;有严重并发症者,部分原醛症状和体征可获得缓解。若由肾上腺癌等引起者,若早期未及时根治者,预后不良。

(宁　光)

参考文献

1. Blumenfeld JD, Vaughan ED Jr. Diagnosis and treatment of primary aldosteronism. World J Urol. 1999,17(1):

15-21

2. Fardella CE, Mosso L, Gomez-Sanchez C, et al. Primary hyperaldosteronism in essential hypertensives: prevalence, biochemical profile, and molecular biology. J Clin Endocrinol Metab. 2000, 85(5):1863-1867

3. Carpenter CC, Griggs RC, Loscalzo J. Loscalzo: Cecil Essentials of Medicine (5th eds) Philadelphia: W B Saunders, 2001:573

4. Wlson JD, Foster DW, Larsen PR. Williams Textbook of Endocrinology 9th eds Philadelphia: WB Saunders, 1998:595-598

第十四章 肾上腺皮质功能减退症

要点：

1. 肾上腺皮质功能减退症分为原发性和继发性两类。由肾上腺本身的病变所致肾上腺皮质激素分泌不足和反馈性血浆 ACTH 水平增高者为原发性，而由下丘脑和垂体功能不良致肾上腺皮质激素不足伴血浆 ACTH 水平正常或降低者为继发性。

2. 原发性肾上腺皮质功能减退症病因包括：自身免疫性、感染性疾病、先天性肾上腺发育不良症等遗传性疾病以及肾上腺转移癌等其他病因；继发性肾上腺皮质功能减退症病因包括：肿瘤、感染、外伤损毁下丘脑和垂体、外源性长期给予糖皮质激素或 ACTH 以及自身免疫性淋巴细胞性垂体炎所致孤立性 ACTH 缺乏症等。

3. 慢性肾上腺皮质功能减退症临床表现为虚弱和疲乏、厌食、恶心、腹泻、肌肉痛、关节痛、腹痛和体位性眩晕等。原发性患者还具特征性的皮肤黏膜色素沉着。

4. 急性肾上腺皮质功能衰竭（肾上腺危象）：常由急性肾上腺出血、坏死或栓塞导致。也可为垂体危象所致如 Sheehan 综合征、垂体卒中和垂体柄损伤等引起。表现为高热、恶心、呕吐、脱水、血压下降、意识障碍等，病情严重时可危及生命。

5. 诊断应通过血浆 ACTH、皮质醇等基础值测定和 ACTH 兴奋试验来明确垂体-肾上腺皮质轴的功能状态获得诊断。进一步采用 ACTH 兴奋试验和低血糖试验、肾上腺和蝶鞍的影像学检查及自身抗体检测等可确定病因和定位。

6. 肾上腺皮质功能减退症的治疗应以病因和相关疾病的治疗为基础。慢性起病者以糖皮质激素替代治疗为主；急性起病者首先是预防，一旦发生，应尽早开始静脉给予糖皮质激素，补液纠正低血容量和电解质紊乱并去除诱因。

肾上腺皮质功能减退症分为原发性及继发性两类，原发性者（Primary adrenal insufficiency）又称艾迪生病（Addison's disease）。主要由肾上腺本身的病变致肾上腺皮质激素分泌不足和反馈性血浆 ACTH 水平增高。继发性者主要由下丘脑和垂体功能减退致肾上腺皮质激素不足伴血浆 ACTH 水平正常或降低。依病程此病又可分为慢性和急性，慢性肾上腺皮质功能减退症多见于中年，急性肾上腺皮质功能减退症多继发于垂体及下丘脑病变或慢性患者在应激、手术、感染和创伤等情况下诱发。特发性者，女多见于男。

【病因】

（一）原发性肾上腺皮质功能减退症

病因主要有特发性（包括自身免疫性和多内分泌腺功能减退综合征），占65%，其次为结核，约占20%，其他原因占15%（包括先天性肾上腺皮质发育不良、肾上腺真菌感染、出血、转移癌、肉瘤和淀粉样变等）。

1. 自身免疫性肾上腺炎 可为孤立性肾上腺受累，也可为自身免疫性多内分泌腺病综合征（autoimmune polyendocrine syndrome，APS）。主要有Ⅰ型和Ⅱ型两型。Ⅰ型常儿童起病，常染色体隐性遗传，除肾上腺皮质功能减退（60%）外，还可伴有皮肤黏膜念珠菌感染（75%）、原发性甲状旁腺功能减退(89%)、卵巢功能早衰(45%)、恶性贫血、慢性活动性肝炎、吸收不良综合征和脱发等。Ⅱ型又称斯密特(Schmidt)综合征,较Ⅰ型多见,呈常染色体显性不完全遗传。平均发病年龄约24岁,与B8、DR3/DR4相关联,还与第6对染色体的基因突变有关。常包括肾上腺皮质功能减退(100%)、自身免疫性甲状腺炎(70%)和1型糖尿病(50%),也可有卵巢早衰、恶性贫血、白癜风、脱发等。

2. 感染性疾病

(1) 肾上腺结核:虽已明显减少,但在结核病发病率高的国家和地区,仍为肾上腺皮质功能减退症的重要原因,男多于女。因为血行播散所致,故常同时伴胸腹腔、盆腔淋巴结或泌尿系统结核。常累及双侧,且皮质和髓质均严重损害,98%以上组织被干酪样肉芽肿或坏死所替代,早期,肾上腺可增大,晚期纤维化后,体积缩小,50%可有钙化。

(2) HIV感染:HIV感染者因巨细胞病毒、非典型分枝杆菌或隐球菌感染和Kaposi肉瘤侵犯而致肾上腺皮质功能减退,外周糖皮质激素抵抗亦为原因之一,而AIDS治疗药物如酮康唑或利福平等也诱发或加重肾上腺皮质功能减退。

(3) 深部真菌感染。

3. 与肾上腺皮质功能减退有关的遗传性疾病

(1) 先天性肾上腺发育不良症(congenital adrenal hypoplasia,CAH):罕见,发病率为1/12 500新生儿,可呈现下列四种类型的原发性肾上腺皮质功能减退症:①伴垂体发育不良的散发型;②常染色体隐性遗传型;③X性连锁伴垂体性性腺功能减退型;④X性连锁伴甘油激酶缺乏,精神运动性迟钝,大多伴肌萎缩和特征性面容。

(2) 肾上腺脑白质营养不良症(adrenoleukodystrophy,ALD)和肾上腺髓质神经病(adrenomyeloneuropathy,AMN):皆为性连锁隐性遗传,即X染色体上编码过氧化物酶膜蛋白的ABCD1基因突变,致极长链(大于24个碳原子)脂肪酸不能氧化而在胞内堆积使细胞死亡而致病。主要表现为肾上腺皮质功能减退和白质脱髓鞘引起的神经损伤。ALD幼年起病且进展快,AMN青年起病,缓慢。

(3) ACTH不敏感综合征:罕见,常染色体隐性遗传,以糖皮质激素和雄激素缺乏并对ACTH无反应,ACTH和盐皮质激素明显增加为特征。分为两型,家族性糖皮质激素缺乏症,为ACTH受体(MC2R)突变,可有身材高大,前额突出,与ACTH对软骨和骨骼作用过度有关。"3A"综合征或称Allgrove综合征,除糖皮质激素缺乏外,还伴无泪、贲门失弛缓和神经系统损伤如耳聋,为编码WD重复蛋白的"3A"(AAAS)基因突变所致。

(4) 胆固醇代谢异常相关遗传病和先天性肾上腺皮质增生症等。

4. 其他病因　肾上腺转移癌,常合并有肾上腺皮质功能减退症的肿瘤有乳腺癌、肺癌、胃癌、结肠癌、黑色素瘤和淋巴肉瘤。其他罕见的病因有肾上腺淀粉样变、原发肾上腺淋巴瘤、血色病、肾上腺出血、放疗和某些药物可偶尔导致此症如氟康唑、酮康唑、氨基导眠能和米托坦等。

(二) 继发性肾上腺皮质功能减退症

包括:①垂体性肾上腺皮质功能减退症,因肿瘤、感染、外伤损毁下丘脑和垂体所致,包括垂体肿瘤、转移性肿瘤、肉瘤、淀粉样变、颅咽管瘤等;②外源性长期给予糖皮质激素或ACTH,使下丘脑-垂体的CRH和ACTH合成和分泌受抑制所致;③孤立性ACTH缺乏症多因自身免疫性淋巴细胞性垂体炎所致。

【临床表现】　肾上腺皮质减退症的临床症状和体征是由于不同程度的糖皮质激素(以皮质醇为主)和盐皮质激素(以醛固酮为主)分泌或功能不足所致。依其不足的程度和临床发病的缓急和病情程度可分为慢性、急性和危象发作。

（一）慢性肾上腺皮质功能减退症

发病隐匿,病情缓慢加重,原发性和继发性者大多表现相同,其常见临床表现和发生率包括虚弱和疲乏（100%）、厌食（100%）、恶心、腹泻（50%）、肌肉、关节和腹痛（10%）和体位性眩晕（10%）等。原发性者最具特征性的表现是皮肤黏膜色素沉着,呈棕褐色且有光泽,不高出皮面,全身性分布,以暴露及易摩擦部位更为显著,如脸、手、掌纹、乳晕、甲床、足背、瘢痕和束腰带等部位,牙龈、舌表面和颊黏膜也常有色素沉着,更为典型的是色素沉着部位间皮肤可显白斑点。但继发性者非但没有色素沉着,反而出现肤色苍白。血压偏低及体位性低血压、低血糖及低血钠,性功能减退即女性阴毛、腋毛脱落、稀疏,月经失调或闭经,男性性欲减退、阳痿等。若伴有其他疾病者（如自身免疫性甲状腺炎）,可有甲减表现;下丘脑或垂体占位病变者可有头痛、尿崩症、视力下降和视野缺失等;结核性者常有低热、盗汗等。在青少年患者常可出现生长迟缓。

（二）急性肾上腺皮质功能减退和肾上腺危象

病情急甚或危及生命,常有高热、恶心、呕吐、腹痛或腹泻、脱水、血压下降、心动过速、四肢厥冷、虚脱、极度虚弱无力、反应淡漠或嗜睡甚至昏迷,但也可表现为烦躁不安、谵妄、惊厥。伴肾上腺出血者还可出现腹胁和胸背部疼痛,低血糖昏迷。其促发因素常有感染、创伤手术、分娩、过劳、大量出汗、呕吐、腹泻或突然中断激素替代治疗等。

【实验室检查】

（一）基础激素测定

1. 血浆皮质醇（F）测定　常为低下,晨间血 $F \leq 30\mu g/L$ 可确诊为本症, $\geq 200\mu g/L$ 可排除本症。但部分性肾上腺皮质功能减退症者血 F 可在正常范围,但肾上腺皮质的应激能力不足。

2. 血浆 ACTH 测定　对本症的诊断及鉴别诊断有重要意义,原发性者的血浆 ACTH 值明显增高,常 $\geq 22pmol/L$（100pg/ml）,甚至 $\geq 220pmol/L$（1000pg/ml）,但继发性者 ACTH 水平则明显为低或在正常低限。测定应在给予激素治疗之前或停用短效糖皮质激素一天后。

（二）ACTH 兴奋试验

诊断本症非常有效,已成为目前筛查本症的标准方法。方法:给予 Cortrosyn（一种人工合成的 ACTH 类似物）$250\mu g$,静脉注射 45 分钟后,取血测血 F,若 $\geq 200\mu g/L$ 为正常,若 $<200\mu g/L$ 提示垂体-肾上腺轴有功能障碍,本法不受饮食或药物的干扰,结果可靠,可应用于任何年龄患者,无明显的副作用。

（三）胰岛素低血糖试验

判定继发性肾上腺皮质功能减退症的金标准。方法是晨 10 时,静脉注射正规胰岛素 $0.1 \sim 0.15U/kg$,0、15、30、45、60、90 分钟采血测 ACTH 和 F,正常为血糖低于 2.2mmol/L 时,血F $\geq 20\mu g/dl$。

（四）常规检查

本症的异常包括正色素性正细胞性贫血、嗜酸性粒细胞以及淋巴细胞增多,轻微的代谢性酸中毒和不同程度的氮质血症。电解质异常包括原发性者的低钠高钾血症,而继发性者仅有低钠血症。

【诊断与鉴别诊断】　对具有明显的乏力、虚弱、食欲减退、消瘦、血压、血糖偏低、皮肤黏膜色素增加者,需疑及本症,无明显色素沉着者的临床表现与其他许多慢性消耗性疾病相似,故应及时进行血浆 ACTH、F 等基础值测定和 ACTH 兴奋试验明确垂体-肾上腺皮质轴的功能状态。当确定患有肾上腺皮质功能减退后,应进一步采用 ACTH 兴奋试验和低血糖试验、肾上腺和蝶鞍的影像学检查如 CT、MRI 等进一步确定病因和定位,有条件时应测定针对肾上腺、甲状腺、胰腺和性腺的自身抗体。

【治疗】

(一) 慢性肾上腺皮质功能减退症的治疗

应教育病人及家属了解此病需终生治疗。同时在饮食上可适当增加食盐摄入。为防不测，应随身携带名卡并说明疾病，以期获得及时救治。

1. 糖皮质激素替代治疗　诊断一旦明确，应尽早给予糖皮质激素替代治疗，一般需终身补充。氢化可的松最符合生理性，但血药浓度波动大，醋酸可的松须经肝脏转化为氢化可的松，因而肝功能异常者注意。也可选用中效的泼尼松，但储钠作用弱。首先需摸索个体化的基础补充量，按病情和所测激素水平估计，以小剂量开始逐步递增法。通常宜模拟激素昼夜节律给予，即晨起床后服全天剂量的 2/3，下午 2~3 时服另外 1/3，依据症状改善程度、尿 24 小时 F 值、血压、工作和活动量等情况作适当调整。以期达到基本控制症状和最佳的生活质量。这为基础替补量，但在增加工作和活动量、感染、创伤、手术等应激时，应适当增加替代量。

2. 食盐和盐皮激素替代治疗　食盐摄入量应充分，每日至少 8~10g，如有大量出汗、腹泻时，应酌加食盐摄入量。多数患者在服用氢化可的松(或可的松)和充分摄盐下即可获满意效果。但有的患者如仍感头晕、乏力血压偏低、血浆肾素活性增高，则需加服盐皮激素，可每日口服 9α-氟氢可的松(9α-flμorohydrocortisone)，上午 8 时口服 0.05~0.1mg；不能口服者可用醋酸去氧皮质酮(DOCA)油剂，每日 1~2mg，肌注，根据疗效调节剂量，如有水肿、高血压、低血钾、则应减量；相反，原症状改善不明显伴低血压、高血钾则适当加量。继发性肾上腺皮质功能减退一般不需要盐皮激素替代。

3. 雄性激素　多予脱氢表雄酮替代，上午 1 次给予 25~50mg 口服，监测脱氢表雄酮，浓度维持在正常年轻人的中间水平。

(二) 急性肾上腺皮质功能减退症即肾上腺危象治疗

首先是预防。已有慢性肾上腺皮质功能减退症者，在发热、手术等应激状态时应适当增加激素补充，以避免危象发生。当临床高度怀疑肾上腺危象时，在立即采血测 ACTH 和 F 后，即应开始静脉给予糖皮激素，补液纠正低血容量和电解质紊乱并去除诱因。一般肾上腺危象者的体液损失量约为总细胞外液的 1/5 左右，故首日应补充生理盐水 2000~3000ml，可按体重 6% 估计。次日再依据患者症状改善程度、年龄、心、肾功能、血尿电解质和血气分析等情况酌情给予。在补液的同时，应及时给予大剂量糖皮质激素(磷酸或琥珀酸氢化可的松)100mg，然后，每 6 小时静脉点滴 50~100mg，头 24 小时的总量为 200~400mg。在肾功能正常时，低血钠、高血钾可在 24 小时后纠正。多数患者在采取上述综合措施后，病情可获得控制。此时，可将氢化可的松量减至 50mg/6 小时，在第 4~5 日减至维持量(一般在 100~200mg/d)。当氢化可的松的用量在 50~60mg/d 以下时，常需加服 9α-氟氢可的松 0.05~0.2mg/d。最后逐渐过渡到日常的口服替代剂量。

(三) 肾上腺皮质功能减退症者的手术时处理

术前必须纠正水、电解质紊乱和脱水，进手术室前肌注 100mg 的氢化可的松，术中给予静脉点滴氢化可的松 50mg/6h，术后按酌情给予氢化可的松 25~50mg/6h，如有高热，血压降低或其他并发症，则应酌量增加氢化可的松量至 200~400mg/d。

(四) 病因和相关疾病的治疗

如因肾上腺结核所致者，应联合抗结核治疗尤在较大剂量糖皮质激素替代治疗时。如伴甲状腺、性腺功能减退者应合并甲状腺激素、性激素等治疗，但甲状腺激素替代治疗至少应在糖皮激素治疗 2 周后开始，以免诱发肾上腺皮质危象。

(宁　光)

参考文献

1. Hermus AR, Zelissen PM. Diagnosis and therapy of patients with adrenocortical insufficiency. Ned Tijdschr Geneeskd. 1998,142(17):944-949

2. Bμrke MP, Opeskin K. Adrenocortical insufficiency. Am J Forensic Med Pathol. 1999,20(1):60-65

3. Wlson JD, Foster DW, Larsen PR. Williams Textbook of Endocrinology 9th eds Philadelphia: WB Saunders, 1998:618

第十五章 先天性肾上腺皮质增生症

> **要点：**
>
> 1. 先天性肾上腺皮质增生症是因肾上腺皮质激素生物合成酶系中某一或几种酶的先天性缺陷，而致肾上腺皮质激素合成不足所致的一组疾病，呈常染色体隐性遗传。
>
> 2. CAH 分类繁多，其中最常见的类型是 21-羟化酶缺乏症，占 90% 以上，其次还有 11β-羟化酶缺乏症、3β-羟类固醇脱氢酶缺陷症及 17α-羟化酶缺陷症等多种类型。
>
> 3. CAH 的临床和生化改变取决于缺陷酶的种类和程度，可表现为糖、盐皮质激素和性激素的水平改变，及因此而致的相应临床表现、体征和生化改变，如生殖器发育异常，钠平衡失调及血压异常等。
>
> 4. 本病诊断主要依据临床表现、生化改变和基因突变检测。对于症状轻微的非经典型患者，严格细致的体检和实验室检查，进一步结合 ACTH 兴奋试验有助明确诊断。后者亦是区分各种临床亚型的最好生化检验指标。
>
> 5. CAH 患者可运用适量的糖或盐皮质激素替代治疗来改善患者的症状、体征和生活质量。性分化异常的纠正需依据染色体核型、内外生殖器的特点，家庭、社会、患者心理等综合因素确定。

先天性肾上腺皮质增生症（congenital adrenal hyperplasia，CAH）是因肾上腺皮质激素生物合成酶系中某一或几种酶的先天性缺陷，而致肾上腺皮质激素合成不足所致的一组疾病，呈常染色体隐性遗传。肾上腺皮质激素合成不足从而减低对 ACTH 的负反馈抑制，ACTH 分泌过多，造成肾上腺皮质增生和该酶作用前的激素和前体物过多。其临床和生化改变取决于缺陷酶的种类和程度，可表现为糖、盐皮质激素和性激素的水平改变，及因此而致的相应临床表现、体征和生化改变，如胎儿生殖器异常发育、钠平衡失调、血压改变、生长迟缓等。适量的糖或盐皮质激素替代治疗可改善患者的症状、体征和生活质量。

【分类】 与 CAH 发病有关的肾上腺皮质激素合成和代谢酶分属两个基因超家族即细胞色素氧化酶 P450（cytochrome P450，CYP）基因超家族和短链脱氢酶基因超家族。在肾上腺皮质类固醇激素合成酶中，除 3β-羟类固醇脱氢酶（3β-HSD）外，其他皆属于 CYP 基因超家族，而短链脱氢酶基因超家族还有 17β-羟类固醇脱氢酶（17β-HSD）。CAH 种类繁多，主要的疾病类型有：①21-羟化酶缺乏症（21-hydroxylase deficiency，21-OHD），又分为失盐型、男性化型及非经典型等亚型；②11β-羟化酶缺乏症（11β-hydroxylase deficiency，11β-OHD），又分为 I 型（即皮质酮甲基氧化酶缺陷伴失盐型）和 II 型；③3β-羟类固醇脱氢酶缺陷症（3β-hydroxysteroid dehydrogenase deficiency 3β-HSD）；④17α-羟化酶缺陷症（17α-hydroxylase deficiency，17α-OHD），伴或不伴有 17,20-裂解酶缺陷（17,20-lyase deficiency 17,20,LD）；⑤胆固醇碳链酶缺陷症（cholesterol desmolase deficiency）或称类脂性肾上腺皮质增生症（adrenal lipid hyperplasia）。21-羟化酶缺乏症最常见，占 90% 以上，其发病率约为 1/4500 新生儿；其次为 11β-羟化酶缺乏症，约 5%～8%，其发病率约为 1/5000～7000 新生儿，其他类型均罕见。各种类型的 CAH 的临床和生化表现见表 7-15-1。

表 7-15-1　各种类型先天性肾上腺皮质增生症的病因、临床表现和生化改变

酶缺乏	亚型	外生殖器表型	生后男性化	盐平衡	增加的类固醇	降低的类固醇	缺陷酶	染色体定位	发病率	基因克隆
21-羟化酶	失盐型	女	有	失盐	17-羟孕酮、Δ4-雄酮	醛固酮、可的松	P450C21	6p	1/14 000 75%病例	已克隆
	单纯型	女性男性化	有	正常	17-羟孕酮、Δ4-雄酮	可的松	P450C21	6p	25%病例	已克隆
	非经典型	无	有	正常	17-羟孕酮、Δ4-雄酮	可的松	P450C21	6p	0.1%~1%	已克隆
11β-羟化酶	经典型	女性	有	高血压	DOC、11-脱氧可的松（S）	可的松	P450C11	8q	1/100 000	已克隆
	非经典型	没有	有	正常	11-脱氧皮质醇、DOC	醛固酮	P450C11	8q	常见	已克隆
皮质酮甲基氧化酶 II 型	失盐型	没有	没有	婴儿期失盐	18-羟皮质酮	醛固酮	P450	8q	罕见（除非在伊朗犹太人）	已克隆
3β-羟类固醇脱氢酶	经典型	男性女性轻假男性化	有	失盐	DHEA、17-羟孕酮	醛固酮、睾酮、可的松	3β-羟类固醇脱氢酶	19	罕见	已克隆
	非经典型	无	有	正常	DHEA、17-羟孕酮	醛固酮、睾酮、可的松		19	常见	已克隆
17α-羟化酶	-	男	无	高血压	DOC、皮质酮	可的松、睾酮、DHEA	3β-羟类固醇脱氢酶	10	罕见	已克隆
17,20-裂解酶	-	男	无	正常	-	DHEA		10	罕见	已克隆
胆固醇碳链酶	脂质增生	男性	无	失盐	无	所有	P450	15	罕见	已克隆

Notes

第一节 21-羟化酶缺乏症(21-OHD)

【发病机制】 21-羟化酶缺陷使孕酮和17-羟孕酮不能转化为脱氧皮质酮和11-脱氧皮质醇,造成皮质醇和醛固酮合成障碍,皮质醇减少故对下丘脑-垂体的负反馈作用减弱而致21-羟化酶前的皮质醇前体物(包括17-羟孕酮、孕烯醇酮、17-羟孕烯醇酮和孕酮)产生过多。过多的前体物转化为肾上腺雄激素(包括脱氢表雄酮 DHEA、Δ4-雄烯二酮和睾酮)。目前,对21-羟化酶缺乏症的分子遗传病因已基本明确。21-羟化酶(即 P450 C21)的结构基因 CYP21 编码 P450 C21 和另一个假基因 CYP21 P,均位于第6号染色体短臂(6p 21.3)邻近于编码 HLA Ⅲ类抗原区的人血清补体第4成分的两个异形体(Isoform)C4B 和 C4A 基因。CYP21 和 CYP21 P 各含10个外显子。其外显子核苷酸序列中98%相同,内含子96%相同。致21-羟化酶缺乏症的基因突变皆为 CYP21 和 CYP21 P 之间各种类型重组或融合所致。

【临床表现】 按临床表现可分为单纯男性化型、失盐型和非经典型等三种亚型。

(一) 单纯男性化型

约占21-OHD 的25%,21-羟化酶不完全缺陷,可少量合成皮质醇和醛固酮,故仅表现为雄激素过多所致的男性化表现。女孩出生时外生殖器即出现不同程度的假两性畸形:阴蒂肥大、阴唇融合和尿生殖窦。此症是女性假两性畸形的最常见原因。男孩表现为同性性早熟,出生时多无症状,因持续雄激素刺激,6月龄时生长加速并性早熟,4~6岁时更甚,表现为阴茎大,出现阴毛、腋毛、痤疮、变声等,躯体高大而肌肉强健,若"小大力士",但因骨骺闭合过早,以致最终身高低于预期身高。女性常原发性闭经或月经不规则,多不育常伴多毛;男性出现小睾丸和无精子症。若能及时外源性糖皮质激素替代治疗,这些临床表现均可改善或纠正。

(二) 失盐型

约占21-OHD 的50%,21-羟化酶完全缺乏,表现为雄激素过多伴醛固酮缺乏和肾素活性增加症状。低血钠、高血钾和高尿钠,血容量降低,低血压,脱水和代谢性酸中毒等表现。甚或出现严重的"失盐危象",即在出生后2周内,发生低血容量、低血糖的肾上腺危象。若未及时诊断和治疗,患儿可很快出现休克甚至死亡。

(三) 非经典型或称迟发型

约占25%,与经典型相比,21-羟化酶缺陷的程度较轻,故临床表现也轻。一般女婴不会出现明显的假两性畸形。其分子病因可能为基因轻微突变的纯合子或一个等位基因有严重突变而另一个等位基因仅有轻微突变的杂合子。故其临床表现差异甚大。可于任何年龄发病并逐渐加重。虽一般无外生殖器畸形,但可出现雄激素过多所致的其他男性化表现。极轻者仅能通过家系分析,基因诊断始能发现。无论有无明显的临床表现,均应通过 ACTH 兴奋试验才能诊断。

表 7-15-2 为不同亚型的21-羟化酶缺乏症的基因型及其临床表现。非经典型者可有精子数减少而致生育力降低,故建议在所有不育症患者中应筛查本症。

【诊断】 本病诊断主要依据临床表现、生化改变和基因突变检测。尤应注意症状轻微的非经典型者,细致体检发现细微症状,并对疑诊者依靠实验室检查确诊。ACTH 兴奋试验可助诊断,也是区分各种临床亚型的最好生化检验指标,还可初步区分21-羟化酶缺乏症家系成员中的杂合子携带者与正常人。方法:静脉给予人工合成的 ACTH(cortrosyn),剂量为新生儿100μg,2岁以下为150μg,2岁~成人为250μg;给药前、后60分钟分别测血浆17-羟孕酮和皮质醇。若 ACTH 兴奋后血浆皮质醇显著下降而17-羟孕酮显著增高,则诊断可确定。然非典型患者,血浆皮质醇和17-羟孕酮基础值可正常或轻度升高,兴奋后皮质醇无反应或仅轻度增高而17-羟孕酮可显著增高。另外,本病患者尿游离皮质醇、肾上腺雄激素(DHEA 和 Δ4-A)和17-酮类固醇排泄

表 7-15-2　21-羟化酶缺乏症不同亚型的基因型及其临床表现

亚型	两个等位基因型		临床表现	ACTH 刺激试验的反应类型
经典型	P450C21 严重缺陷 / P450C21 严重缺陷	纯合子	出生前男性化:临床表现典型	前体物显著升高(血清 17-OHP 和 Δ4-A)
非经典型	P450C21 严重缺陷 / P450C21 轻微缺陷	杂合子	有症状:晚期才出现男性化症状轻微	前体物仅中度升高
携带者	P450C21 缺陷 / P450C21 正常	杂合子	无症状	前体物水平>正常
正常	P450C21 正常 / P450C21 正常	纯合子	无症状	低水平-某些与携带者水平重叠

量增加,血浆肾素活性升高,限钠摄入后更高等。基因诊断是本病及基因携带者诊断的金标准,因此应对家系成员或疑似病例进行基因突变检测,以便作出基因诊断。

第二节　11β-羟化酶缺乏症(11β-OHD)

【发病机制】　11β-羟化酶是肾上腺皮质生物合成糖和盐皮质激素所共同需要的。人类有两种 11β-羟化酶的同工酶,即 CYP11B$_1$ 和 CYP11B$_2$,其编码产物皆为 P450 皮质酮甲基氧化酶,参与皮质醇和醛固酮的生物合成。因而,一旦基因缺陷,11-脱氧皮质醇 11 不能发生位羟化,皮质醇产生受阻,而脱氧皮质酮(DOC)11 位、18 位羟化和 18 位氧化也不能发生,则醛固酮产生受阻。皮质醇合成受阻,则反馈性 ACTH 增加,故皮质醇和醛固酮前体物质增加,并转入肾上腺雄激素合成,同时 DOC 作为一种弱的理盐激素能抑制肾素,进一步降低醛固酮。CYP11 B$_1$ 基因突变可致皮质醇合成缺陷,产生 11β-羟化酶缺陷症而 CYP11 B$_2$ 基因突变可致醛固酮合成缺陷。而 CYP11 B$_1$ 基因与 CYP11 B$_2$ 基因之间若发生交叉重组所形成的杂交基因可产生糖皮质激素可抑制性醛固酮增多症。

【临床表现】　经典型 11β-羟化酶缺陷症因 DOC 增加,可出现高血钠、低血钾、碱中毒及高血容量等症状,约 2/3 的本症患者出现血压升高,同时不同程度的男性化表现。少数患者可出现盐皮质激素缺乏的表现即轻度的失盐症状,是由于 11β-羟化酶缺陷而致具利钠活性的类固醇如孕酮等堆积所致。男性化表现与 21-羟化酶缺陷症的临床表现。发生机制均相似。非经典型者的血压往往正常或轻度升高,出生时的外生殖器一般正常,女性患者在青春期前后可出现轻度阴蒂肥大、多毛和月经稀少等高雄激素血症的表现。

【实验室检查】　11β-羟化酶缺陷症的血浆 DOC 水平增高,使血浆肾素活性被抑制而降低,是本病的特征性生化改变,血浆肾上腺雄激素(包括 DHEA、Δ4-A 和睾酮)水平升高。非经典型者可没有上述生化异常,在 ACTH 兴奋试验中,血 11-去氧皮质醇和 DOC 可明显升高。

【诊断和鉴别诊断】　如临床同时出现男性化和高血压就应疑及本病,经典型病例如实验室检查发现尿 DOC、17-KS 增高,若给予糖皮质激素治疗后血压下降而尿中 DOC 和 17-KS 也同时下降则诊断即可确立,但在非经典型者,临床无明显高血压和男性化表现者,诊断较为困难,应进行 ACTH 兴奋试验和基因突变检测才能确诊。

Notes

第三节　3β-羟类固醇脱氢酶(3β-HSD)缺陷症

【发病机制】　3β-HSD 是催化相对无生物活性的 Δ5-前体物向具生物活性 Δ4-肾上腺和性类固醇转化的必需酶。它具有双重功能:3β-羟类固醇的脱氢和 3-氧类固醇的异构化作用。若缺陷,则 Δ5-孕烯醇酮不能转化为孕酮,17α-羟孕烯醇酮不能转化为 17-羟孕酮及孕酮和 Δ4-雄烯二酮,以致皮质醇、醛固酮和雄激素合成皆受阻,而 DHEA 和 Δ4-雄烯二酮等增加。本病为单基因常染色体隐性遗传性疾病。

【临床表现】

1. 经典型患者　因肾上腺和性腺中 3β-HSD 的活性甚低,故在男性(染色体核型为 46XY)患者中,虽然肾上腺外的 3β-HSD 可使 DHEA 在外周组织中转化为活性较强的雄激素,但其男性分化仍不全而出现男性假两性畸形,表现为不同程度的小阴茎,尿道下裂,泌尿生殖窦或盲端阴道而睾丸常位于阴囊中。青春期男性多有乳房发育,这可能与 C-19 类固醇在外周转变为雌酮有关。在女性患者中则出现轻、中度的男性化(阴蒂肥大、阴唇融合等)女性假两性畸形。多数患者因醛固酮分泌不足,可伴有失盐的表现。

2. 非经典型者　病情一般较轻,女性患者常有多毛、痤疮、月经稀少和不育等雄激素过多的表现。在多囊卵巢综合征妇女中,约有 50% 为本病,ACTH 兴奋试验有助于两者的鉴别。

【实验室检查】　本病患者的血浆 Δ5-类固醇如孕烯酮、17α-羟孕烯醇酮和 DHEA 水平升高,尿中 Δ5-类固醇的代谢产物如孕三醇和 16-孕三醇水平升高以及血浆或尿中 Δ5/Δ4-类固醇比值升高。在某些非经典型患者中,可能上述指标变化不显著,则需进行 ACTH 兴奋试验来确诊。在 ACTH 刺激后,血浆 17α-羟孕烯醇酮、DHEA 和 24h 尿中 17-KS 水平均显著升高,17α-羟孕烯醇酮/17α-OHP 比值以及 17α-羟孕烯酮/皮质醇比值均>正常均值+2SD。

【诊断与鉴别诊断】　经典型有特征性的高血压、失盐和男性化表现,及血尿生化的特征性改变,诊断较易。而非经典型的临床表现轻微,则需实验室有关检查,基础和 ACTH 兴奋下 17α-羟孕烯醇酮/17α-OHP 比值升高是重要的诊断依据。若需排除肾上腺或卵巢分泌类固醇的肿瘤,则行地塞米松抑制试验和炔诺酮试验,本病可被抑制而肾上腺或卵巢分泌性肿瘤均不受抑制,应进一步 CT 或 MRI 明确诊断。

第四节　其　　他

一、17α-羟化酶/17,20 裂解酶缺陷症

【发病机制】　本病为常染色体隐性遗传,由于编码该酶的 CYP17A 基因突变而致病。CYP17A 基因为单拷贝基因,全长约 13kb,含 8 个外显子和 7 个内含子,位于第 10 号染色体的长臂(10q 24-q25)。CYP17A 基因突变有多种形式,不同突变位点所致本症的临床表现也有不同。CYP17A 基因编码 17α-羟化酶和 17,20 裂解酶,该两酶均参与肾上腺和性腺中类固醇的生物合成,基因突变使酶的活性下降或丧失,引起不同程度的肾上腺皮质醇及性激素合成下降,而盐皮质激素特别是皮质酮和 DOC 的合成增加,以致钠潴留。

【临床表现】　由于皮质醇和性激素合成受阻,而 DOC 和皮质酮增加,临床表现为血容量增加、高血压、低血钾、碱中毒及性发育异常,可轻度肾上腺皮质功能不全。男性患者可出现完全的假两性畸形,如外生殖器可为幼稚型女性,有盲端阴道、尿道下裂,但无子宫和卵巢,可有隐睾,也可见男性乳房发育。女性患者出生时性分化似无异常,但在青春期,明显性幼稚,表现为第二性征不发育、原发性闭经、无阴毛和腋毛,血 FSH、LH 水平显著升高,骨龄延迟,因而身高较高。

【实验室检查】　患者血浆 17α-羟类固醇类(包括皮质醇、11-去氧皮质醇、17α-羟孕酮、雄激素、雌激素等)水平极低或测不出,24 小时尿中 17-KS 和 17-OHCS 排泄量极少而且在 ACTH 刺激下也不增高,而血浆孕烯醇酮、孕酮、DOC、皮质酮及其 18-羟化物均增高,对 ACTH 刺激呈过强反应而受外源性糖皮质激素的抑制。血 PRA 和醛固酮水平极低,同时可伴低血钾和碱中毒。在糖皮质激素治疗后,可随着 DOC 下降而回升至正常水平。18-羟皮质酮/醛固酮的比值增高具诊断价值。

【诊断与鉴别诊断】　若临床发现男性假两性畸形或女性第二性征不发育,原发性闭经同时伴低血钾,代谢性碱中毒和低肾素性高血压,则应疑及本病。若血、尿中的激素水平发生上述改变,诊断即可确立,若表型和生化改变不典型,则应进行 ACTH 或 hCG 兴奋试验以明确诊断。ACTH 兴奋试验也有助于本病家系成员中纯合子、杂合子和正常人的鉴别。

二、StAR 缺乏症

【发病机制】　为 StAR 基因突变所致。病理特征为大量胆固醇和脂质积聚于肾上腺皮质细胞内,呈明显增生的脂肪样外貌,故又称类脂样肾上腺皮质增生症。StAR 缺乏使下游的盐、糖皮质激素和性激素均合成障碍。

【临床表现】　在新生儿或婴儿早期发病,出生时即有明显的肾上腺皮质功能不全,失盐症状明显甚至致命。男性呈幼稚性外生殖器,青春期亦不发育。女孩则可因异质的性激素类固醇合成障碍而致表现各异,甚或第二性征发育即乳房和阴毛发育,月经不规则。实验室主要表现为 ACTH 和 PRA 增加。

三、胆固醇碳链酶(P450$_{SCC}$)缺乏症

【发病机制】　本病因 CYP11A 基因突变而致 P450$_{SCC}$ 蛋白活性部分和完全缺失所致,为常染色体隐性遗传性疾病。胆固醇碳链酶(P450$_{SCC}$)至少包括三种功能:20,22-位羟化和 20,22 碳裂解酶作用,使胆固醇转化为孕烯醇酮。因而该酶缺陷使所有的 C-18、-19、-21 类固醇,包括盐、糖皮质激素和性激素均合成障碍,而 ACTH 和 PRA 水平明显增加。

【临床表现】　相比较于 StAR 缺乏症,该病患者起病较晚,该病患者出生时无异常,因母体的类固醇激素可通过胎盘满足胎儿的需要,出生后第二周左右出现严重的失盐表现,如昏睡、呕吐、腹泻、脱水、体重下降、低血压、低血钠、高血钾、高尿钠和代谢性酸中毒、色素沉着等。如未经及时诊断和治疗,患儿往往迅速死于肾上腺危象。临床上,主要需与可引起大量失盐的其他类型的 CAH 相鉴别。

四、先天性肾上腺皮质增生症治疗

(一)糖皮质激素替代治疗

为各种类型 CAH 共同的主要治疗方法。给予适量的外源性糖皮质激素既可替代内源性糖皮质激素的不足又可反馈抑制 ACTH 过量分泌而减少各种前体物质的过多分泌和肾上腺皮质增生,从而达到改善症状的目的。通常选用氢化可的松口服,起始剂量应能足够抑制 ACTH,待各种生化改变和临床表现取得显著改善后,逐渐减量至维持量(一般为氢化可的松 20~40mg/d,分两次口服,应强调剂量的个体化),终身使用,但在各种应激情况下均应酌情增加剂量。

(二)盐皮质激素替代治疗

对于伴有失盐表现的 CAH 者,必须在补充糖皮质激素同时还需要应用适量的盐皮质激素替代治疗。在适当增加每日的饮食中食盐量的同时,给予一定量的 9α-氟氢可的松(常用剂量:婴幼儿为 0.05~0.15mg/d,年长儿和成人为 0.15~0.30mg/d)。但在绝大多数失盐型 CAH 患者,成年后可停止盐皮质激素的替代治疗。

目前本症患者的激素替代疗法仍为终身性的。故应定期监测相关的生化指标、身高、血压

Notes

等,随时调整所需剂量。性分化异常的纠正需合理和审慎,应依据染色体核型、内外生殖器的特点,家庭、社会、患者心理等综合因素确定。性别确定后才进行相应的整形手术和性激素替代治疗。其他对症治疗包括降压、补钾、纠正电解质和酸碱平衡等。本症的早期诊断尤其产前诊断对 CAH 某些类型和预后至关重要。

（宁　光）

参考文献

1. White PC,Speiser PW. Congenital adrenal hyperplasia due to 21-hydroxylase deficiency. Endocr Rev. 2000,21 (3):245-91

2. Ritzen EM,Lajic S,Wedell A. How can molecular biology contribute to the management of congenital adrenal hyperplasia? Horm Res,2000,53 Suppl 1:34-37

3. Carpenter CC,Griggs R C,Loscalzo J. Cecil Essentials of Medicine(5th eds) philadelphia:WB Saunders,2001, 568-569

4. Wlson JD,Foster DW,Larsen PR. Williams Textbook of Endocrinology 9th eds philadelphia:WB Saunders, 1998:598-604

第十六章 嗜铬细胞瘤

要点：

1. 肾上腺嗜铬细胞瘤是指起源于肾上腺髓质嗜铬细胞的肿瘤，是肾上腺内交感副神经节瘤。而起源于交感和副交感神经节嗜铬细胞的肿瘤则称为副神经节瘤或肾上腺外嗜铬细胞瘤。后者仅占嗜铬细胞瘤的10%左右。90%的嗜铬细胞瘤为良性。

2. 嗜铬细胞瘤临床表现复杂多变，且个体差异大，与肿瘤持续或阵发式释放大量儿茶酚胺等生物活性物质并作用于不同的肾上腺能受体有关。典型临床表现为阵发性高血压同时伴有"头痛、心悸、出汗"三联症，可伴有高代谢症候群。

3. 嗜铬细胞瘤诊断依赖血、尿儿茶酚胺及其代谢物测定。近年来，血浆或尿液中检测儿茶酚胺代谢产物甲氧基肾上腺素类似物（MNs），具有很高的敏感性和特异性，已成为该病首选的生化诊断依据。同时，肾上腺 CT、MRI 及同位素[131]I-间碘苄胺（MIBG）闪烁扫描等技术的临床应用，有助于进一步的定位诊断。

4. 嗜铬细胞瘤一旦确诊并定位，应及时手术切除肿瘤，术前应采用 α-受体阻滞剂使血压下降减轻心脏负荷，并使原已缩减的血管容量扩大以保证手术的成功。

5. 良性嗜铬细胞瘤，术后大多可治愈。恶性嗜铬细胞瘤预后不良，5 年存活率低。

嗜铬细胞瘤（pheochromocytoma）是分泌儿茶酚胺（catecholamine，CA）的肿瘤，其细胞来自胚胎发育时的神经嵴。嗜铬细胞瘤可发生于任何年龄，多见于 20～50 岁，儿童患者约占 10%，男性略高于女性。绝大多数为良性，约 10%（2.4%～14%）为恶性。尽管其不是常见病，但其及时和准确诊断，很易经手术切除肿瘤而获痊愈，相反，若未及时获得诊断和手术，严重者可因高血压危象而致死。

【病因和病理】 本病的病因未明。

90% 的嗜铬细胞瘤位于肾上腺髓质内，但也可位于其他交感神经组织内，按其所在部位分别称为交感神经节旁瘤、主动脉旁嗜铬体（zuckerkand 体）、化学感受器瘤和脉络球瘤等。散发性嗜铬细胞瘤常为单个，具完整包膜。90% 的嗜铬细胞瘤为散发性，仅 10% 为家族性，90% 散发性嗜铬细胞瘤位于肾上腺髓质内；9% 位于腹部肾上腺外组织内，余下 1% 位于其他部位。腹部肾上腺外嗜铬细胞瘤通常位于腹部交感神经节或膀胱内，在胸部，通常位于后纵隔交感神经节、主动脉或罕见于心脏内。头颈部可位于颈动脉窦、迷走神经或主动脉球内。恶性的嗜铬细胞瘤表现为包膜浸润，血管内有癌栓或伴转移。易转移至骨、淋巴结、肝和肺。生存期 2～25 年不等，肾上腺外发生率明显高于肾上腺内。如膀胱恶性神经节瘤的发生率为 5%，而嗜铬体的恶性率达 24% 至 43%。肿瘤大小不一，多数直径为 3～5cm（重 20～100g），圆形或椭圆形，10% 散发性肿瘤为双侧性，约 50% 家族性者为双侧的，大多数单个肿瘤位于右侧，瘤体内可有坏死、出血、囊性变和钙化。嗜铬细胞瘤属具摄取胺前体并脱羧作用（amine precurs or uptake and decarboxylation，APUD）系统的肿瘤。虽然肾上腺髓质的嗜铬细胞瘤主要产生和分泌肾上腺素（E），而肾上腺外的嗜铬细胞瘤只合成和分泌去甲肾上腺素（NE），但有的还可分泌多种肽类激素,如促肾上腺皮质激素(ACTH)、促肾上腺皮质激素释放激素(CRH)、生长激素释放激素(GH-RH)、降钙素基因相关肽(CGRP)、心钠肽(ANP)、血管活性肠肽(VIP)、神经肽Y(NPY)、生长抑素(SS)、肾上腺髓质素(AM)等,并因此产生一些不典型的临床表现,如面部潮红或苍白、便秘、腹泻等。此外嗜铬细胞瘤内还含有一种特异性的酸性单体蛋白称为嗜铬粒蛋白A(Chromogranin A,CGA),CGA来自交感神经末端颗粒,和NE共同合成贮存和释放,若在血循环测得高水平的嗜铬粒蛋白A或切除的肿瘤免疫组化证实有此特异性标志蛋白可协助诊断,最近研究表明嗜铬粒蛋白A实为所有神经内分泌肿瘤的特异性标记物,可作为早期诊断指标。而NPY却可作为判断肿瘤良、恶性的参考指标,因其在良性肿瘤中的阳性率明显高于恶性者。

【临床表现】　本病的临床表现差异甚大:从毫无任何症状和体征至突然发生心衰、脑出血或恶性高血压等表现。其常见症状和体征的相对发生率见表7-16-1。

表7-16-1　嗜铬细胞瘤症状和体征的相对发生率

症状	相对发生率	体征	相对发生率
头痛	++++	高血压	++++
心悸	+++	心动过速	+++
出汗	+++	体位性低血压	+++
焦虑/激动	++	阵发性高血压	++
震颤	++	消瘦	++
恶心/呕吐	++	脸色苍白	++
胸痛/腹痛	++	高代谢症候群	++
衰弱/疲乏	++	空腹高血糖	++
眩晕	+	震颤	++
畏热	+	呼吸率增快	++
局部麻痹	+	消化道动力下降	++
便秘	+	精神变态(罕见)	+
缺氧	+	阵发性潮热(罕见)	+
视力障碍			
抽搐、癫痫	+		

注:发生率:++++为76%~100%;+++为51%~75%;++为26%~50%;+为1%~25%

本病的临床表现主要是由于肿瘤阵发性或持续性释放大量儿茶酚胺于血,作用于肾上腺能受体,出现以心血管症状为主的症状和体征。

(一)心血管系统表现

1. 高血压　为本病主要和特征性表现,发生率超过90%,可呈间歇性或持续性,约各占一半。典型病例常表现为血压的不稳定和阵发性发作,常表现为血压突然升高,(可达200~300/130~180mmHg),伴剧烈头痛,常呈猛烈的敲打性,全身大汗淋漓,心悸、心动过速、心律失常、心前区及上腹部紧迫感、疼痛感,焦虑、恐惧或有濒临死亡之感,皮肤苍白,恶心,呕吐,腹痛或胸痛,视物模糊,复视,严重者可致急性左心衰竭或心脑血管意外。发作终止后,可出现面部及全身皮肤潮红、发热、流涎、瞳孔缩小等迷走神经兴奋症状,并可有尿量增多。阵发性发作可由情绪激动、体位改变、创伤、灌肠、大小便、腹部触诊、术前麻醉或某些药物如组胺、胍乙啶、胰高糖素、多巴胺拮抗剂、间接作用胺类如安非他命、儿茶酚胺再摄取阻断剂和单胺氧化酶抑制剂等促发。发作持续时间不一,短至几秒钟长至数小时以上。发作频率也不一,多者一日数次,少者数月一次。随着病程进展,发作渐频渐长,一般常用的降压药效果不佳,但对 α-肾上腺素能受体拮抗剂、钙通道阻滞剂有效。若高血压同时伴上述交感神经过度兴奋、高代谢、头痛、焦虑、烦躁、体位性低血压或血压波动大,尤发生于儿童或青年,则应疑及本病。据报道,依据高血压、头痛、心悸、出汗作为本病的诊断依据,其特异性为93.8%,灵敏度为90%。相反,如血压正常又无头痛、心悸、出汗症状,那么99.9%可排除本症。少数患者(多为儿童或青少年)可表现为病情发展迅速,呈急进性恶性高血压,表现为舒张压高于130mmHg,眼底损害严重,短期内可出现视神经萎缩以及失明,可发生氮质血症、心力衰竭、高血压脑病。

2. **低血压、休克** 本病可发生低血压,甚至休克;或高血压和低血压交替出现。低血压发生的可能机制:①肿瘤骤然发生出血、坏死,以致急速停止释放儿茶酚胺;②大量儿茶酚胺引起严重的心律失常或心力衰竭,致心排血量锐减;③由于肿瘤主要分泌肾上腺素,兴奋肾上腺素能 β 受体,使外周血管广泛扩张;④大量儿茶酚胺使血管强烈收缩,组织缺氧,微血管通透性增加,血浆外溢,有效血容量减少;或应用 α-受体阻滞药酚妥拉明后,血管突然扩张,血容量相对不足,血压下降,此时又可刺激儿茶酚胺进一步释放,于是血压又复上升。近年又发现嗜铬细胞瘤还可分泌一种具降压作用的神经肽,称为肾上腺髓质素(adrenomedulin,AM)。它由52个氨基酸所组成,在本病的血压改变中的可能作用尚有待于进一步研究。总之,血压的升高、正常甚或降低,心率和交感神经系统活性的改变,可能与肿瘤释放的缩血管物质(如去甲肾上腺素、肾上腺素等)和扩血管物质(如肾上腺髓质素、舒血管肠肽等)、有效血容量的改变、受体下调等因素有关。

3. **心脏表现** 大量儿茶酚胺可致儿茶酚胺性心脏病,可出现心律不齐,如过早搏动,阵发性心动过速,心室纤颤。部分病例可致心肌退行性变、坏死、炎性改变等心肌损害而发生心力衰竭。长期、持续的高血压可致左心肥厚、心脏扩大、心力衰竭。

(二)代谢紊乱

1. **基础代谢率增高** 高水平的肾上腺素作用于中枢神经系统尤其交感神经系统而使耗氧量增加,基础代谢率增高可致发热、消瘦。

2. **糖代谢紊乱** 肝糖原分解加速及胰岛素分泌受抑制而使糖耐量降低,肝糖异生增加,血糖升高。少数病例因嗜铬细胞分泌的 ACTH、CRH、GHRH 也可能参与继发性糖尿病的发生。

3. **脂代谢紊乱** 大量儿茶酚胺可加速脂肪分解,使血游离脂肪酸增高而致高脂血症。

4. **电解质紊乱** 少数病例可因大量儿茶酚胺,促使血钾进入细胞内及肾素和醛固酮分泌增加,排钾过多而出现低钾血症。也可因肿瘤分泌甲状旁腺素相关肽(PTHrP)而致高钙血症。

(三)其他临床表现

1. **消化系统** 过多的儿茶酚胺,使肠蠕动及张力减弱可致便秘、肠扩张,使胃肠壁内血管发生增殖性或闭塞性动脉内膜炎,致肠坏死、出血或穿孔;使胆囊收缩减弱,Oddi 括约肌张力增强,可致胆汁潴留、胆结石。

2. **泌尿系统** 病情重而持久者可致肾功能减退。膀胱内嗜铬细胞瘤患者排尿时可诱发血压升高。

3. **血液系统** 在大量肾上腺素的作用下,血细胞发生重新分布,使外周血中白细胞增多,有时红细胞也可增多。

4. **伴发其他疾病** 本病可为 Ⅱ、Ⅲ型多发性内分泌腺瘤病(MEN)的一部分,可伴发甲状腺髓样癌、甲状旁腺腺瘤或增生、肾上腺腺瘤或增生。本病也可并发其他神经细胞肿瘤如多发性神经纤维瘤、多发性神经血管母细胞瘤等而出现各自的相应临床表现。

Notes

【诊断和鉴别诊断】 本病的早期诊断十分重要,因本病为一可治愈性高血压病,切除肿瘤后大多数患者可痊愈,而未获及时诊断和处理将有潜在的严重风险,可因应激、术前麻醉、分娩、某些药物等诱发高血压危象或休克、危及生命。若为恶性嗜铬细胞瘤,更应早期、及时切除肿瘤,否则预后不良。对高血压患者,尤其年轻、阵发性加剧并伴有其他本病临床表现者均应警惕本病而作以下检查:

(一) 血、尿儿茶酚胺(CA)及其代谢物测定

1. 尿中 CA(E+NE)、VMA、HVA、MN 和 NMN 测定 本病所引起的持续性高血压患者,尿中儿茶酚胺及其代谢物、香草基杏仁酸 3-甲氧基-4-羟基-扁桃酸(vaniallyl mandelic acid,VMA)、高香草酸(HVA)甲氧基肾上腺素(metanephrin,MN)和甲氧基去甲肾上腺素(normetanephrin,NMN)的总和(TMN)皆升高,常在正常高限的两倍以上。阵发性者,仅在发作后才高于正常,因此要嘱咐患者及其家属预先准备好贮尿器(内放 5ml 6mol/L HCl),在发作后及时收集血压升高期间(约 3~5h,依据高血压发作持续时间)尿液并及时送检,这是及时能获得诊断依据的关键,并应同时测尿肌酐量,并以每 mg 肌酐量计算其排泄量。

近来资料表明:同时测定去甲肾上腺素和它的代谢物二羟苯丙醇(dehydrophenylglycol,DHPG)可提高其诊断的特异性,但无论是测定 DHPG 还是计算去甲肾上腺素/DHPG 的比值,均不比单纯测定尿去甲肾上腺素的诊断特异性更好。因许多药物可干扰上述指标的测定,故应提醒患者预先停用这些药物。

(1) 可使尿 CA 测定值增高的有:四环素、红霉素、地美环素、奎宁、奎尼丁、尼古丁、咖啡因、水合氯醛、氯丙嗪、阿司匹林、对乙酰氨基酚、柳胺苄心定、丙氯拉嗪、核黄素、异丙肾上腺素、左旋多巴、甲基多巴、茶碱、乙醇、香蕉、硝酸甘油、硝普钠、骤停可乐定等。

(2) 可使 CA 测定值降低的有:胍乙啶、可乐定、利舍平、溴隐亭、放射造影剂,长期服用钙通道阻滞剂、血管紧张素转换酶抑制剂等。

(3) 可使尿 MN 及 NMN 测定值增加的有:CA 类、对乙酰氨基酚、氯丙嗪、氨苯蝶啶、四环素、单胺氧化酶抑制剂。

(4) 可减少尿 MN 及 NMN 测定值的有:普萘洛尔、放射造影剂等。

(5) 可增加尿 VMA 及 HVA 测定值的有:CA 类,异丙肾上腺素、萘啶酸、硝酸甘油、利舍平、四环素、含香草醛的食物和药物。

(6) 可减少尿 VMA 及 HVA 测定值的有:氯贝丁酯、阿司匹林、单胺氧化酶抑制剂等。

尿 CA(NE+E)正常呈昼夜节律,且在活动时排量增多,正常值为 591~890nmol/d(100~150μg/d),其中约 80% 为 NE,20% 为 E。大多数嗜铬细胞瘤患者,尿 CA 明显增高,往往大于 1500nmol/d(250μg/d),但正如前述,阵发性发作者,应收集高血压发作期尿液,然后与未发作期同样时间和条件下收集尿,所测之值作对照,如增高 3 倍以上,才有临床诊断价值。必要时,要作重复测定。VMA 是 NE 及 E 的最终代谢产物,其正常值<35μmol/d(7mg/d);HVA 是 DA 通过儿茶酚甲基转移酶和单胺氧化酶作用后的降解产物,其正常值<45nmol/d(7mg/d)。若能同时测定尿 CA 和其代谢物的水平,可增加诊断的准确性。MN 及 NMN 是 E 和 NE 的中间代谢产物,正常人两者的排出总量(MN+NMN)<7.2μmol/d(1.3mg/d),其中 MN<2.2μmol/d(0.4mg/d),NMN<5.0μmol/d(0.9mg/d)。大多数本病患者,尿中排量高于正常值 2~3 倍。因尿中 MN+NMN 排量可反映嗜铬细胞瘤分泌 CA 的功能活性,故其诊断的灵敏度及特异性均高于 CA 及 VMA。上述指标的相对假阴性率分别为 MN+NMN<5%,CA 为 1%~21%,而 VMA 为 10%~20%。

2. 血浆 CA(E、NE)和二羟苯丙醇(DHPG)测定 血浆 CA 值在本病持续性或阵发性发作时明显高于正常,因此血浆 CA 测定对诊断本症非常有用,但应注意,标本收集必须认真、仔细,

而且其测定值仅反映取血样时的 CA 水平,故其诊断价值并不比 24h 尿中 CA 的水平测定更有意义。血浆 CA 测定,应在空腹、仰卧时,抽取血样,并在针头插入静脉后,不短于 20min 后抽血,然后肝素化,完全混匀,立即置于冰浴中,送实验室,离心,分离血浆并在 1h 内冻存、待测。NE 正常值为<500pg/ml,E<100pg/ml。若 NE>1500pg/ml 和 E>300pg/ml,具诊断价值。处于正常与此值之间时,常不是由于嗜铬细胞瘤,而可能是由于交感反应性过强所致,对此情况,应作可乐定抑制试验,以作鉴别。目前血浆 CA 由下列两法之一测定:放射酶法或 HPLC 及电化学检测法。前者需血样少且可同时测许多标本,但需数日时间,而后者需 1~3ml 血浆,同时仅可测一个标本,但可在 1h 内完成并可提供每个标本的层析洗脱图。应用前者,不必限制饮食,用后法,因所有含咖啡的食品和大多数可乐类饮料中均含有二氢咖啡酸(一种咖啡因的代谢产物),因其在 HPLC 的洗脱峰位与 E 和 NE 相同,故可致假阳性结果,故必须在取血样前 3~7 天内禁用。近年有学者提出:同时测定 NE 和 DHPG 可提高嗜铬细胞瘤的诊断特异性,因为 DHPG 仅来自神经元,而不是从外周循环血中 NE 代谢而来,因此若仅有 DHPE 水平增高或血浆 NE/DHPE 的比值 >2.0,则提示为嗜铬细胞瘤,若该比值≤0.5 则可排除。在剧烈运动、精神紧张、充血性心衰时,其比值也可增高,但一般不会>1.0,而在主要分泌 E 的嗜铬细胞瘤后者中 NE/DHPE 比值仍在正常范围内。因此,应用 NE/DHPE 作为诊断本病的指标时当其值为正常时,应考虑到主要为分泌 E 的嗜铬细胞瘤的可能。如果本病患者的血浆中多巴(DOPA)的含量增高,提示肿瘤可能是恶性的。也有报道:在本病患者中血浆中嗜铬颗粒 A(CGA)水平增高,其在诊断本病中的灵敏度为 83%,特异性为 96%。相应的,尿 3-甲氧基肾上腺素(MN)的诊断灵敏度为 92%,特异性为 100%,即尿 MN 略优于 CGA。但血浆 CGA 水平与肿瘤的大小、尿中 VMA 的水平相关而和血压、血浆或尿中 CA 水平无关。但在肾衰竭时,血浆 CGA 水平也升高,因此,在诊断本病应用该指标时要考虑肾功能的影响。总之,血浆 CGA 测定有助于一些疑难病例的诊断。对于人为注射过多 CA 者,血浆 CGA 水平却正常,可作鉴别。另外,血浆神经元特异性烯醇化酶(NSE)水平在所有良性嗜铬细胞瘤者均正常,而在恶性者中有一半病例是增高的。因此测定血 NSE 可能有助于良、恶性肿瘤的鉴别。

(二) 药理试验

分为激发和抑制试验两大类。

1. 激发试验　对于持续性高血压发作的患者,一般血、尿儿茶酚胺及其代谢物已明显增高,不必再作药理试验,但对于阵发性者,尤间隔长者,临床又不能排除的患者,才可考虑作药理试验。因激发试验有一定的危险性,尤对持续性高血压或年龄较高者则不宜做激发试验,以免发生意外。某些阵发性发作者,已在发作时测到高水平的 CA 及其代谢产物者,已可作诊断,更不应做此试验。即使有适应证,也应首先作冰水冷加压试验以观察患者的血管反应性,并随时准备好 α-受体阻滞剂(酚妥拉明)以用于激发后可能出现的严重高血压或高血压危象。近年来随着血、尿中 CA 及其代谢产物的方法学进展和广泛应用,激发试验应用范围进一步缩小。

(1) 冷加压试验:试验前停降压药一周,停镇静剂至少 48h,试验日患者先安静卧床 30min,再每隔 5min 测一次血压,待血压平稳后,将患者左手腕关节以下浸入 4℃冰水中,1min 后取出,自左手浸入水起,分别在 30、60、90s,2、3、5、10、20min 各测右臂血压一次。正常人浸冰水后,血压较对照值升高 1.6/1.5kPa (12/11mmHg),正常高反应者,可升高 4.0/3.3kPa(30/25mmHg),高血压病人反应更大,如血压>21.3/14.6kPa(160/110mmHg)者不宜进一步作激发试验。

(2) 胰高糖素激发试验:此试验比用组胺和酪胺的副作用轻,应作首选。施行前应先作一冷加压试验。方法:受试者应空腹 10h 以上,并停服所有药物,在冷加压试验后,要待血压恢复至原基础值时,于一侧上臂测血压,另一侧行静脉穿刺并点滴生理盐水以保持静脉通畅,待血压稳定后,快速注射胰高糖素 1mg,注射前及后 2~3min 分别采血,并于 10min 内每 min 测一次血压和心率。因胰高糖素仅刺激嗜铬细胞瘤分泌 CA,而对正常肾上腺髓质无激发作用。故注射胰高糖素后 3 分钟内,如血浆 CA 水平升高 3 倍以上或 NE 高于 11.8mmol/L(2000pg/ml),血压较冷加压试验最高值增高 2.7/2.0kPa(20/15mmHg)以上则为阳性,可诊断为嗜铬细胞瘤。若 CA 不增高者可排除之。此试验特异性为 100%,但灵敏度却只有 81%。为预防激发后血压升得过高,可于试验前 60~90 分钟时,口服哌唑嗪或硝苯地平,并同时在旁侧,备好酚妥拉明,一旦出现血压升至过高时,则应立即静脉注射酚妥拉明 5mg,以防高血压危象的发生。目前,国外主要采用此激发试验。其他激发试验,如组胺或酪胺试验均因有较大危险性或有一定的假阴、阳性率,目前均由胰高糖素试验所取代。

2. **抑制试验**　适用于持续性高血压、阵发性高血压发作期,或上述激发试验后血压明显升高者,主要用于与其他病因高血压或原发性高血压者作鉴别诊断。一般当日血压 ≥22.7/14.7kPa(170/110mmHg)或血浆 CA 水平在 5.9~11.8nmol/L(1000~2000pg/ml)时可应用下列试验以进一步明确诊断。

(1) 酚妥拉明(regitine)试验:酚妥拉明为短效的 α-肾上腺素能受体阻断剂,可阻断 CA 的作用,因此可用以判断高血压是否是因高水平 CA 所致。方法:患者先安静平卧 20~30 分钟,每 2~5 分钟,测一次血压和心率。待其稳定后,静脉滴注生理盐水,待血压平稳并 ≥22.7/14.7kPa(170/110mmHg)时,快速静注酚妥拉明 5mg,然后每 30 秒测血压和心率一次,至 3 分钟,以后每 1 分钟测一次至 10 分钟,于 15、20 分钟时各测一次血压及心率。如注射酚妥拉明后 2~3 分钟内血压较用药前降低 4.7/3.3kPa(35/25mmHg)以上且持续 3~5 分钟或更长时间,则为阳性反应,高度提示嗜铬细胞瘤可能。其阳性率约为 80%。如能注射酚妥拉明前、后各抽血观察 CA 水平改变,如与血压改变一致,更有利于诊断的确立。为尽可能防止出现假阴、阳性结果,应在试验前,任何降压、镇静、安眠药物停用 3~7 天。

(2) 可乐定(clonidine)试验:是目前最常使用于本病诊断的抑制试验。可乐定是中枢性 α$_2$ 肾上腺素能激动剂,可减少神经元的 CA 释放。而并不抑制嗜铬细胞瘤的 CA 释放,故可作鉴别,此试验非常安全但仅适用于试验前原血浆 CA 异常升高者。方法:受试者,先安静平卧,静脉穿刺并固定针头以备抽血样,于 30 分钟时采血作 CA 测定(对照),然后口服 0.3mg 可乐定,在服药后的 1、2、3 小时分别取血样测 CA。在大多数非本病的高血压病者,血压可下降,原发性高血压者的原 CA 高者可抑制到正常范围(按此分割点,灵敏度为 87%,特异性为 93%)或抑制至少为原水平的 50%(按此分割点其灵敏度为 97%、特异性仅 67%)。而大多数嗜铬细胞瘤患者血浆 CA 水平不受抑制,即用药前后血浆 CA 水平相同或更常见,反而升高,但也存在少数的假阴性或假阳性病例,必要时可结合胰高糖素激发试验或重复进行。嗜铬细胞瘤的诊断程序见于图 7-16-1。

(三) 肿瘤的定位诊断

本病诊断一旦确立,进一步必须确定肿瘤所在部位,因为 90% 的嗜铬细胞瘤为良性,一旦切除可获痊愈,即使是恶性肿瘤,也应争取早日手术切除,尚可延缓患者的生命。目前常采用以下技术:

1. **肾上腺 CT 扫描**　为首选的无创伤性影像学检查,90% 以上的肾上腺内肿瘤,可准确定位,但要注意,即使发现肿块,并不证明一定为嗜铬细胞瘤,也可能是无功能的肿瘤,另一方面,即使肾上腺内没有发现肿块,也不能排除其他部位可能存在嗜铬细胞瘤,应扩大扫描范围。CT 诊断定位嗜铬细胞瘤的灵敏度为 85%~98%,但特异性仅 70%。故必须结合临床表现和生化改变和术后肿块的病理检查,有条件时作免疫组化作综合判断。另外,在作 CT 时由于体位改变或注射静脉造影剂等因素,可诱发高血压发作,应事先用 α-肾上腺素能阻滞药控制高血压,并在扫描过程中,随时准备好酚妥拉明以保安全。

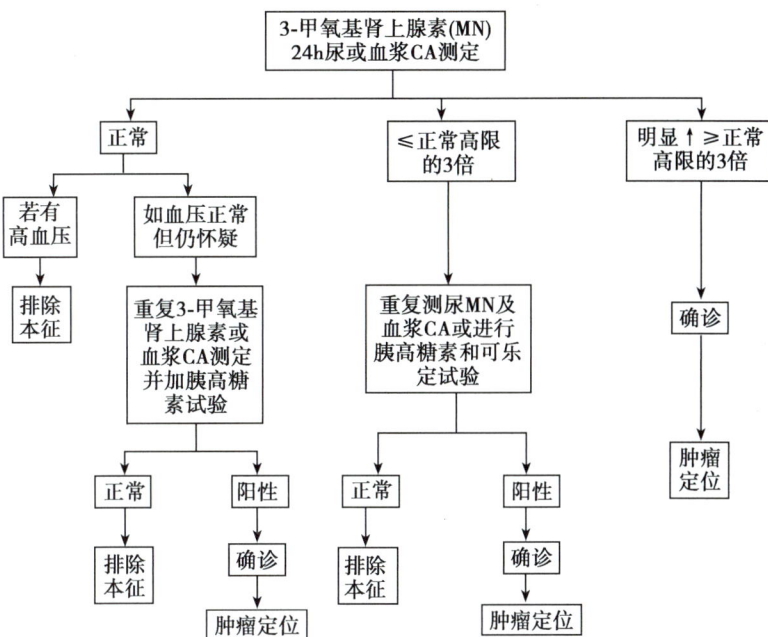

图 7-16-1 嗜铬细胞瘤的诊断程序

2. 磁共振显像(MRI) 近年应用渐多,因其可显示肿瘤与周围组织的解剖关系及某些组织和结构特征,有较高的诊断价值,而且具有无需注射造影剂、无放射性损害,可用于孕妇等优点。其灵敏度为85%~100%,但特异性也仅67%。

3. B型超声 亦为无创伤性,方便、易行、价低,但灵敏度不如 CT 和 MRI,不易发现较小的肿瘤。可对肾上腺外,如腹腔、膀胱、盆腔处是否有肿瘤做初步的筛查并对肿瘤的质地如囊性还是实体瘤有较大的鉴别价值。但不易识别胸腔、纵隔等部位的肿瘤。

4. ^{131}I-间碘苄胺(MIBG)闪烁扫描 MIBG 因其结构与 NE 类似,是一种肾上腺素能神经阻滞剂,故同位素标记的 MIBG 可被肾上腺素能囊泡所吸收、浓集,在其闪烁扫描时,既可显示分泌儿茶酚胺的肿瘤和转移病灶,也可显示其他的神经内分泌瘤。这是目前用于上述常用技术尚不能发现的嗜铬细胞瘤,但对低功能的肿瘤显像较弱,可出现假阴性。其诊断的灵敏度为78%~83%,特异性却为100%,因此既有定位又有定性诊断价值。但有些药物如利舍平、可卡因、三环类抗抑郁药、含苯丙醇胺的交感胺类及钙通道阻滞剂等可阻断或减少肿瘤组织对 MIBG 的摄取,可致假阴性,故应在检查前一周停用,并在检查前服用 Lugol's 碘液以防止甲状腺对^{131}I 的摄取而致甲减。

5. 肾上腺静脉插管术采血测血浆 CA 法 当临床表现和生化检查均支持嗜铬细胞瘤而上述无创伤性显像技术又未能定位肿瘤,才可采用本法。如果在一侧静脉血浆内 CA 水平明显高于其他部位时,提示肿瘤所在。但如果肿瘤在右侧肾上腺内,因右肾上腺静脉较短,易被下腔静脉血稀释,使所测 CA 值偏低而致假阴性,故最好同时测定血浆皮质醇作为对照,以判断有无稀释。另应警惕,在操作时,有可能诱发高血压危象,应准备好酚妥拉明以备急需。

6. 其他 由于90%的嗜铬细胞瘤在肾上腺内,而肾上腺内者,多以分泌 E 为主,因此若能分别测定血浆 E 和 NE 之值,按其相对比例,亦可有助于定位。

最后,本病需与一些伴交感神经亢进和(或)高代谢状态的疾病相鉴别,包括:①冠心病所致心绞痛、心肌缺血等;②不稳定性伴高肾上腺素能活性的原发性高血压;③甲状腺功能亢进症伴高血压者;④伴阵发性高血压的其他疾病如脑瘤、蛛网膜下腔出血等颅内疾病、糖尿病、绝经期综合征等;⑤某些药物如苯丙胺、可卡因、麻黄碱等的长期、持续应用。以上疾病均可通过血和尿的生化检查,必要时加用药理试验以作鉴别。

Notes

【治疗】 嗜铬细胞瘤一旦确诊并定位,应及时切除肿瘤,否则有肿瘤突然分泌大量 CA,引起高血压危象的潜在危险,术前应采用 α-受体阻滞剂使血压下降减轻心脏负荷,并使原来缩减的血管容量扩大以保证手术的成功。

术前准备和药物疗法:

1. α-肾上腺素能受体阻滞剂

(1) 酚苄明(phenoxybenzamine,Dibenzyline):系一种非选择性 α-肾上腺素能受体阻滞剂,其对 α_1-受体的阻断作用强于 α_2 受体近百倍,口服后,吸收缓慢,半衰期为 12 小时,作用时间长,控制血压较平稳,故常用于术前准备,术前 7 ~ 10 天,给予口服,剂量为 10mg/d,按血压控制情况,平均每日递增 0.5 ~ 1.0mg/kg,分为一日二次。直至血压接近正常,大多数患者约需 40 ~ 80mg/d。某些患者需要更大剂量才能控制高血压,可每 2 ~ 3 日增加 10 ~ 20mg。但若最初剂量过大,可引致明显的体位性低血压。若剂量合适,阵发性或持续性高血压将被控制,高代谢症状改善。主要不良反应有鼻塞、心动过速、体位性低血压等,应随时监测卧立位血压和心率。

(2) 哌唑嗪(prazosin,minipress)、特拉唑嗪(terazosin,Hytrin)、多沙唑嗪(doxazosin,Cardura),均为选择性突触后 α_1 肾上腺素能受体阻滞剂,并不作用于 α_2 受体,但应用时,易致严重的体位性低血压,故应在睡前立即服用,尽量卧床,避免突然起立,严防体位性低血压的发生。哌唑嗪半衰期为 2 ~ 3 小时,作用时间 6 ~ 10 小时,初始剂量为 1mg/d,按血压逐渐增至 2 ~ 5mg/d,分为一日 2 ~ 3 次;特拉唑嗪半衰期为 12 小时,初始剂量为 1mg/d,逐渐增量为 2 ~ 5mg/d,每日一次;多沙唑嗪半衰期约 11 小时,初始剂量为 0.5mg/d,逐渐增量至 2 ~ 8mg/d,每日一次。

(3) 乌拉地尔(urapidil,压宁定),可阻断 α_1、α_2 受体,并可激活中枢 5-羟色胺 1A 受体,降低延髓心血管调节中枢的交感反馈作用,故在降压的同时不增加心率。

2. β-肾上腺素能受体阻滞剂 当因用 α-受体阻滞剂后,β-受体兴奋性增强而致心动过速,心收缩力增强,心肌耗氧量增加,才应使用 β-受体阻滞剂,改善症状,不应在未使用 α 受体阻滞剂的情况下单独使用,否则可能导致严重的肺水肿、心力衰竭或诱发高血压危险等。常用的有普萘洛尔(propranolol),初始剂量为 10mg 每日 2 ~ 3 次;阿替洛尔(atenolol),无明显负性心肌收缩作用,故优于普萘洛尔,常用剂量 50mg,每日 2 ~ 3 次;另有美多心安和艾司洛尔等。在使用 α、β 受体阻滞剂作为术前准备时,一般主张仅达到部分阻断 α 及 β 受体作用为好,其标志为:无明显体位性低血压,阵发性高血压发作减少减轻,持续性高血压降至接近正常。同时也可酌情使用其他降压药如钙通道阻断剂(硝苯地平等)、血管紧张素转换酶抑制剂(卡托普利等)、血管扩张剂硝普钠等、儿茶酚胺合成抑制剂(α-甲基对位酪氨酸等)等。

3. 嗜铬细胞瘤所致高血压危象的治疗 应首先抬高床头,立即静脉注射酚妥拉明 1 ~ 5mg。密切观察血压,当血压降至 21/13kPa(160/100mmHg)左右时停止推注,继之以 10 ~ 15mg 溶于 5% 葡萄糖生理盐水 500ml 中缓慢滴注。

【预后】 良性嗜铬细胞瘤,术后大多数可治愈。术后一周内血 CA 降至正常,一个月内 75% 患者的血压可正常,余 25% 一般可用其他降压药控制,复发率低于 10%,恶性嗜铬细胞瘤预后不良,5 年存活率小于 5%。

(宁 光)

参考文献

1. Keiser HR. Phochromocytoma and related tumors. In DeGroot L (eds). Endocrinology. ed 3. vol. Philadelphia:WB Saunders Co. 1995;1853

2. Goldstein RE,O'Neill JA Jr,Holcomb GW 3rd,Morgan WM 3rd,et al. Clinical experience over 48 years with pheochromocytoma. Ann Surg. 1999,229(6):755-64;discussion 764-766

3. Carpenter CC, Griggs RC, Loscalzo J. Cecil Essentials of Medicine(5th eds) Philadelphia: WB Saunders Company. 2001: 574

4. Wlson JD, Foster DW, Larsen PR. Williams Textbook of Endocrinology 9th eds Philadelphia: WB Saunders Company. 1998: 705-716

第十七章　甲状旁腺功能亢进症

> **要点：**
> 　　1. 原发性甲状旁腺功能亢进症(PHPT)是由于甲状旁腺本身病变引起的甲状旁腺素(PTH)合成、分泌过多导致的钙、磷和骨代谢紊乱的一种全身性疾病。
> 　　2. PHPT 的病理类型包括腺瘤、增生及腺癌。
> 　　3. 西方国家 PHPT 多为无症状性,国内多数患者仍有典型临床表现。主要包括高血钙、骨骼病变及泌尿系统病变等三组症状。实验室检查主要表现为高钙血症、低磷血症、高 PTH 血症,可有血 ALP 升高、尿钙磷排泄增多;X 线表现为骨吸收增加等。
> 　　4. 超声、^{99m}Tc 甲氧基异丁基异腈-甲状旁腺扫描为有效的术前定位手段。
> 　　5. 病变甲状旁腺切除术为首选治疗方法。

　　甲状旁腺功能亢进症(hyperparathyroidism,简称甲旁亢)主要分为原发性、继发性和三发性三种。原发性甲状旁腺功能亢进症(primary hyperparathyroidism,PHPT,简称原发性甲旁亢)是由于甲状旁腺本身病变引起甲状旁腺素(parathyroid hormone,PTH)合成与分泌过多所致的疾病,主要临床表现包括骨骼病变、反复发作的泌尿系结石、消化系统症状等,严重者可发生骨折,过多 PTH 导致高钙血症、低磷血症和血碱性磷酸酶升高的生化改变。

【原发性甲状旁腺功能亢进症】

(一)病因和病理

　　1. **病因**　大多数 PHPT 为散发性,少数为家族性或某些遗传性综合征的表现之一,即有家族史或作为某种遗传性肿瘤综合征的一部分。家族性或综合征性 PHPT 多为单基因病变,由抑癌基因失活或原癌基因活化引起,其中最常见的为多发性内分泌腺瘤病(multiple endocrine neoplasia,MEN)。MEN1 型典型表现为 PHPT、垂体腺瘤和胃肠胰腺神经内分泌肿瘤,是由 *men1* 抑癌基因失活性突变导致;MEN2 型典型表现为甲状腺髓样癌、嗜铬细胞瘤和 PHPT,是由 *RET* 原癌基因激活性突变导致。甲状旁腺功能亢进症-颌骨肿瘤综合征(hyperparathyroidism-jaw tumor syndrome,HPT-JT)表现为甲旁亢、颌骨骨化纤维瘤、肾囊肿、肾脏畸胎瘤、Wilms 瘤,该综合征中甲旁亢发病年龄较早,腺癌比例偏高(可高达 15%),是由 *HRPT2/cdc73* 抑癌基因失活性突变导致。编码钙敏感受体(CaSR)的基因杂合突变可导致家族性低尿钙性高钙血症,纯合突变可导致新生儿重症甲旁亢。此外,部分家系仅表现为遗传性甲旁亢,不伴有其他内分泌腺体异常,被称为家族性孤立性甲旁亢(familial isolated hyperparathyroidism,FIHP)。

　　散发性 PHPT 中的甲状旁腺腺瘤或腺癌多为单克隆性新生物,某一个甲状旁腺细胞中的原癌和/或抑癌基因发生改变所致,但其原因并不完全清楚,少数患者在发病前数十年有颈部外照射史,或有锂剂使用史。部分腺瘤细胞中存在染色体 1p-pter、6q、15q 以及 11q 的缺失。细胞周期蛋白 D1(Cyclin D1、*CCND1* 或 *PRAD1*)基因是最早被确认的甲状旁腺原癌基因,位于人类染色体 11q13。约有 20%~40% 的甲状旁腺腺瘤中存在 CCND1 的过度表达,可能与 DNA 重排有关。部分腺瘤组织中发现了抑癌基因 MEN1 的体细胞突变。抑癌基因 *HRPT2* 的突变参与了散发性甲状旁腺癌的发生。

2. **病理** PHPT的病变甲状旁腺病理类型有腺瘤、增生和腺癌三种：

（1）腺瘤：最为常见，国外报告占80%～85%，国内文献报告占78%～92%，大多为单个腺体受累，肿瘤重量0.4～60g不等，细胞类型以主细胞型最为常见，其次为水样透明细胞型或二者的混合型，嗜酸性细胞型少见。

（2）增生：国外报告占10%～15%，国内报告8%～18%，一般4个腺体都增生肥大，也有以一个增大为主，镜下为主细胞或水样细胞增生。

（3）腺癌：少见，西方国家多数报告不足1%，国内文献报告占3%～7.1%，一般瘤体较腺瘤大，细胞排列成小梁状，被厚纤维索分割，细胞核大深染，有核分裂，有包膜和血管的浸润、局部淋巴结和远处转移，转移以肺部最常见，其次为肝脏和骨骼。

（二）病理生理和临床表现

1. **病理生理** PHPT的主要病理生理改变是甲状旁腺分泌过多PTH，PTH与骨和肾脏的细胞表面受体结合，骨钙溶解释放入血，肾小管回吸收钙的能力增强，并增加肾脏1,25(OH)$_2$D$_3$的合成，后者作用于肠道增加饮食钙的吸收，导致血钙升高。当血钙上升超过正常水平时，从肾小球滤过的钙增多，致使尿钙排量增多。PTH可抑制磷在近端和远端小管的重吸收，对近端小管的抑制作用更为明显，尿磷排出增多，血磷水平降低。临床上表现为高钙血症、高钙尿症、低磷血症和高磷尿症。

PTH过多加速骨的吸收和破坏，长期进展可发生纤维性囊性骨炎。伴随破骨细胞的活动增加，成骨细胞活性也增加，故包括血碱性磷酸酶在内的骨转换生化指标水平增高。骨骼病变以骨吸收、骨溶解增加为主，也可呈现骨质疏松或同时并有骨软化/佝偻病，少数患者还可出现骨硬化。由于尿钙和尿磷排出增多，磷酸钙和草酸钙盐沉积而形成泌尿系结石、肾钙化，易有尿路感染、肾功能损害，晚期发展为尿毒症，此时血磷水平升高。血钙过高导致迁移性钙化，钙在软组织沉积，引起关节痛等症状。高浓度钙离子可刺激胃泌素分泌，胃壁细胞分泌胃酸增加，形成高胃酸性多发性胃十二指肠溃疡；高钙血症还可激活胰腺管内胰蛋白酶原，引起自身消化，导致急性胰腺炎。

PTH还可抑制肾小管重吸收碳酸氢盐，使尿液呈碱性，不仅可促进肾结石的形成，部分患者还可引起高氯性酸中毒，后者可增加骨盐的溶解，加重骨吸收。

2. **临床表现** 本病多见于成年人，国外文献中绝经后女性中更为多见，国内文献报告平均诊断年龄约为40～50岁。也可见于儿童与老年人。女性多于男性。本病起病缓慢，临床表现多种多样，西方国家无症状性PHPT占80%以上，而我国PHPT患者症状较重，骨骼、泌尿系统受累更为常见，有典型临床症状者可达70%～90%以上，生化改变也更为典型。近年来随着查体的普及，我国无症状性PHPT逐年增多。经典的PHPT临床表现主要包括高钙血症相关症状、骨骼病变及泌尿系统病变等三组症状。

（1）高钙血症：血钙水平增高引起的症状可影响多个系统。神经肌肉系统的表现包括淡漠、嗜睡、性格改变、智力迟钝、记忆力减退、肌张力减低、易疲劳、四肢肌肉（尤其是近端肌肉）软弱等。消化系统方面，高血钙使神经肌肉激惹性降低，胃肠道平滑肌张力减低，胃肠蠕动减慢，表现为食欲缺乏、恶心、呕吐、腹胀腹痛、便秘、反酸等；高血钙刺激胃泌素分泌，胃酸分泌增多，可引起消化性溃疡；高血钙可激活胰蛋白酶，引起急、慢性胰腺炎。

PHPT患者由于严重高钙血症可引起高血钙危象（hypercalcemia crisis），可因心律失常而猝死，在临床上，当血钙≥3.50mmol/L（14mg/dl）时应按高血钙危象处理。个别PHPT患者可以高血钙危象起病。

（2）骨骼系统表现：早期可出现骨痛，主要位于腰背部、髋部、胸肋部和四肢，局部有压痛。严重时表现为纤维囊性骨炎，出现骨骼畸形和病理性骨折，身材变矮，四肢骨弯曲，髋内翻，活动受限，甚至卧床不起。若患者合并骨软化，可加重骨畸形及活动障碍。部分患者可出现牙槽骨吸收、牙松动易脱落等改变。

（3）泌尿系统表现：长期高钙血症可影响肾小管的浓缩功能，出现多尿、夜尿和口渴等症状，还可出现反复泌尿系结石和肾实质钙化。泌尿系结石主要由草酸钙与磷酸钙组成，可出现反复发作的肾绞痛与血尿。尿路结石可诱发尿路感染或引起尿路梗阻，如不及时治疗，可诱发慢性肾盂肾炎，进一步影响肾功能。肾钙盐沉着症可导致肾功能逐渐减退，最后引起肾功能不全。

（4）其他表现：软组织钙化影响肌腱、软骨等处，可引起非特异性关节痛，累及手指关节，有时主要在近端指间关节。皮肤钙盐沉积可引起皮肤瘙痒。重症患者可出现贫血，系骨髓组织为纤维组织充填所致。心血管系统可表现为心肌、瓣膜及血管钙化，心血管死亡率增加，轻症者可仅有血管硬化程度加重。

（三）实验室和辅助检查

1. **血清钙**   正常人血清总钙水平为 $2.2 \sim 2.7\text{mmol/L}$（$8.8 \sim 10.9\text{mg/dL}$），血游离钙水平为 $1.18 \pm 0.05\text{mmol/L}$（不同医院略有差异）。甲旁亢时血清总钙水平持续性或波动性增高，少数人可正常，需要多次测定。血游离钙水平测定更为敏感和准确。如多次测定血总钙水平正常，除了可进一步检测血游离钙水平外，还需注意是否合并维生素 D 严重缺乏、碱中毒、肾功能不全、胰腺炎、甲状旁腺腺瘤栓塞、低蛋白血症等因素。血清总钙可根据血白蛋白浓度进行简单的校正（人血白蛋白每低于正常均值 1g，血总钙值上调 1mg/dl，反之亦然）。血浆钙离子不受血浆蛋白干扰，患者伴低蛋白血症的血清总钙可不高，但钙离子增高，故应测定游离钙水平。

2. **血清磷**   甲旁亢时血磷水平降低，肾功能不全时血清磷水平可正常或增高。此外在甲旁亢时，由于 PTH 的作用使肾脏对碳酸氢盐的重吸收减少，对氯的重吸收增加，可导致高氯血症，血氯/磷比值会升高，通常 >33。

3. **血清碱性磷酸酶**   PHPT 时血清碱性磷酸酶水平可升高，往往提示存在骨骼病变，骨源性碱性磷酸酶升高更为特异，其水平愈高，提示骨病变愈严重或并存佝偻病/骨软化症。其他的骨转换生化标志物（如骨钙素、Ⅰ型原胶原 N 末端前肽或 Ⅰ型胶原 C 末端肽交联等）水平升高，亦具参考价值。

4. **尿钙及尿磷**   尿钙排泄常增加，但合并骨软化或严重维生素 D 缺乏时尿钙可不高。PTH 有增加肾脏磷清除的作用，尿磷常增高。尿磷排泄受饮食磷摄入的影响较大，故其诊断意义不如高尿钙。

5. **血清 PTH**   其测定对甲状旁腺功能亢进症的诊断至关重要。当患者存在高钙血症伴有血 PTH 水平高于正常或在正常范围偏高的水平，则需考虑原发性甲旁亢的诊断。因肿瘤所致的非 PTH 升高引起的高钙血症，由于目前大多采用免疫化学发光技术检测全段 PTH 水平，与 PTH 相关蛋白（parathyroid hormone related protein，PTHrP）没有交叉反应，此时 PTH 分泌受抑制，血 PTH 水平低于正常或测不到。

6. **骨骼病变的放射学检查**   PHPT 的骨骼病变常规影像学检查为 X 线摄片。骨密度测量有助于评估患者的骨量状况及其治疗后变化。本病约 40% 以上的患者 X 线摄片可见骨骼异常改变。主要有骨质疏松、骨质软化、骨质硬化、骨膜下吸收及骨骼囊性变等。骨质疏松征象表现为广泛性骨密度减低，骨小梁稀少，骨皮质变薄，严重者骨密度减低后与周围软组织密度相似，并可继发骨折；颅骨疏松的骨板可见颗粒样改变。骨质软化或佝偻病样改变分别见于成年和儿童患者。X 线特征为骨结构、特别是松质骨结构模糊不清。成人骨质软化 X 线所见主要为骨骼变形及假骨折。骨骼变形主要见于下肢承重的管状骨及椎体。假骨折多见于耻骨、坐骨、股骨及锁骨；椎体骨质软化可出现双凹变形；儿童佝偻病表现多见于尺桡骨远端、股骨和胫骨两端，主要表现为干骺端呈杯口样变形及毛刷样改变，有时可同时伴有骨骺滑脱移位，称之为干骺端骨折。骨质硬化多见于合并肾性骨病患者。脊椎硬化在其侧位 X 线片可见椎体上下终板区带状致密影，与其相间椎体中部的相对低密度影共同形成"橄榄衫"或"鱼骨状"影像；颅板硬化增厚使板障间隙消失、并可伴有多发的"棉团"样改变。骨膜下骨质吸收 X 线特征为骨皮质外侧边缘粗糙、模糊不清,或不规则缺损,常见于双手指骨,并以指骨骨外膜下骨质吸收最具特异性,双手掌骨、牙周膜、尺骨远端、锁骨、胫骨近端及肋骨等处可见到骨质吸收。骨骼囊性改变为纤维囊性骨炎所致,多见于四肢管状骨,皮质和髓质均可受累。如囊肿内含棕色液体,即所谓的"棕色瘤"。X 线表现为偏心性、囊状溶骨性破坏,边界清晰锐利,囊内可见分隔。

7. 泌尿系统影像学评估　X 线摄片是最常用的影像学检查,采用腹部平片、排泄性尿路造影、逆行肾盂造影、经皮肾穿刺造影发现结石。泌尿系超声亦可以发现结石,并能够观察有无肾积水和肾实质萎缩。

8. 病变甲状旁腺的定位检查　颈部超声检查简便快速,无创伤,但对异常位置病变的敏感性低于正常部位。放射性核素检查采用^{99m}Tc-MIBI(^{99m}Tc 甲氧基异丁基异腈)甲状旁腺扫描,可检出直径 1cm 以上病变,为目前检出率最高的检查。联合超声检查及甲状旁腺扫描可对绝大多数的病变甲状旁腺做出定位诊断。对上述两种方法不能明确定位或手术失败的病例可进行颈部和纵隔 CT 扫描以除外纵隔病变。有创性检查如选择性甲状腺静脉取血测 PTH 目前已很少采用。

(四) 诊断和鉴别诊断

1. 诊断　根据病史、骨骼病变、泌尿系结石和高血钙的临床表现,以及高钙血症和高 PTH 血症并存可做出定性诊断(血钙正常的原发性甲旁亢例外)。此外,血碱性磷酸酶水平升高,低磷血症,尿钙和尿磷排出增多,X 线影像的特异性改变等均支持原发性甲旁亢的诊断。

定性诊断明确后,可通过超声、放射性核素扫描等有关定位检查了解甲状旁腺病变的部位完成定位诊断。

2. 鉴别诊断　主要包括与其他类型甲旁亢的鉴别及临床表现的鉴别。

(1) 与其他类型甲旁亢的鉴别:①继发性甲旁亢:是指甲状旁腺受到低血钙刺激而分泌过量的 PTH 以提高血钙的一种慢性代偿性临床综合征,其血钙水平为低或正常。常见的原因有慢性肾功能不全、维生素 D 缺乏、肠吸收不良综合征以及妊娠、哺乳等情况。②三发性甲旁亢:是在长期继发性甲旁亢的基础上,受到强烈和持久刺激的甲状旁腺组织已发展为功能自主的增生或腺瘤,血钙水平超出正常,需要手术治疗。③异位甲状旁腺功能亢进症(ectopic hyperparathyroidism/ectopic secretion of PTH,简称异位甲旁亢):指由某些非甲状旁腺肿瘤自主分泌过多的 PTH(而非 PTHrP)所引起的甲状旁腺功能亢进症。导致异位甲旁亢的肿瘤有肺癌、卵巢癌、胰腺癌、肝癌、甲状腺乳头状癌等。

(2) 临床表现的鉴别

1) 高钙血症的鉴别诊断:首先,如血白蛋白水平不正常则需通过公式计算校正后的血总钙或通过游离钙的测定确定高钙血症的诊断。其次,根据同时测定的血 PTH 水平初步判断高钙血症的病因:若 PTH 降低,考虑恶性肿瘤、结节病、甲状腺功能亢进症和维生素 D 中毒等原因;若 PTH 正常或升高,需排除与噻嗪类利尿剂或锂制剂使用的相关高钙血症。还可进一步测定钙清除率/肌酐清除率比值,若比值>0.01,可初步明确原发性甲旁亢的诊断;若比值<0.01 需考虑家族性低尿钙高钙血症。

2) 骨骼病变的鉴别诊断:有骨痛、骨折或骨畸形表现的患者需要与原发性骨质疏松症、骨软化/佝偻病、肾性骨营养不良、骨纤维异常增殖症等疾病鉴别,主要根据病史、体征、X 线的表现以及实验室检查明确。

3) 泌尿系结石的鉴别诊断:本病常以反复发作的单侧或双侧泌尿系结石症状起病,可通过详细的病史询问、体格检查、血生化及尿液检验、影像诊断、结石成分的分析与其他导致泌尿系结石的疾病进行鉴别。

(五) 治疗

本病首选手术治疗。若高钙血症极轻微,或年老、体弱不能手术以及拒绝者可试用药物治疗,但需要密切随访。

1. 手术治疗　为 PHPT 首选也是唯一能够治愈的治疗。对于血钙水平明显升高或曾有危及生命的高钙血症病史、有症状或并发症的患者均应考虑手术治疗。对于无症状患者,国外指南推荐年龄在 50 岁以下、血钙水平高于上限 1mg/dl、肌酐清除率<60ml/min、或任何部位骨密度 T 值<-2.5 或脆性骨折史者也进行手术。对于有经验的甲状旁腺外科医师,手术成功率在 90%~95% 以上,可通过切除病变甲状旁腺而有效地缓解患者症状,降低血钙及 PTH 水平。由于手术遗漏、病变甲状旁腺不在正常生理位置、甲状旁腺增生切除不足或甲状旁腺癌而复发或不缓解者约 10%,需要再次手术。以往四个腺体的探查手术被认为是标准术式,对于无术前定位手段或常累及多个腺体的遗传性 PHPT、锂剂导致的甲状旁腺病变,该手术方法仍然适用。随着术前定位手段的进步及术中监测 PTH 水平的开展,微创手术或单侧探查手术目前已成为单发病变的首选术式。

如手术成功,24 小时内血清钙即开始下降,最低值出现在手术后 4~20 天。术后可出现低钙血症,表现为口周和肢体麻木、手足搐搦等,多为一过性。引起低钙血症的原因包括:①骨饥饿和骨修复;②剩余的甲状旁腺组织由于长期高血钙抑制而功能减退,多为暂时性;③部分骨骼或肾脏对 PTH 作用抵抗,见于合并肾衰竭、维生素 D 缺乏、肠吸收不良或严重的低镁血症。对于低钙血症的患者,需要给予补充钙剂和维生素 D 或活性维生素 D。一般可在出现症状时口服钙剂,如手足搐搦明显也可静脉缓慢推注 10% 葡萄糖酸钙 10~20ml,必要时一日内可重复 2~3 次,或置于 5% 葡萄糖溶液中静脉滴注。滴注速度取决于低钙的严重程度和患者对治疗的反应。

2. 高钙危象的处理　PHPT 患者有时可出现重度高钙血症,伴明显脱水,威胁生命,应予紧急处理。首先应充分扩容,促进尿钙排泄,在此基础上可考虑应用骨吸收抑制剂,包括静脉双膦酸盐及皮内或肌注降钙素类药物。必要时,可用血液透析或腹膜透析降低血钙。

3. 药物治疗　不能手术或不接受手术的 PHPT 患者的治疗旨在控制高钙血症、减少甲旁亢相关并发症。应适当多饮水,避免高钙饮食,尽量避免使用锂剂、噻嗪类利尿剂。药物治疗适用于不能手术治疗的 PHPT 患者、无症状 PHPT 患者,包括双膦酸盐、雌激素替代治疗(HRT)、选择性雌激素受体调节剂(SERM)及拟钙化合物。

(1) 双膦酸盐:双膦酸盐能够抑制骨吸收,减少骨丢失。对于骨量减少或骨质疏松但不能手术治疗的 PHPT 患者建议使用。治疗可使骨密度增加,但改善程度弱于接受手术治疗者,且对骨折风险的影响尚需进一步评估。常用药物有阿仑膦酸钠及唑来膦酸。

(2) 钙类似物(Calcimimetics):通过模拟细胞外钙离子作用激活钙敏感受体而抑制 PTH 分泌、PTH 基因转录及甲状旁腺细胞增殖,发挥降低 PTH 水平进而降低血钙水平的作用。国外对西那卡塞(cinacalcet)开展了一些临床研究,结果显示其可降低血钙水平,部分研究中降低 PTH 水平,改善脊柱及髋部骨密度。上述研究纳入的均为无症状或轻症患者,此外还有散在个案报道西那卡塞对甲状旁腺癌所致顽固性高钙血症有效。药物相关不良反应主要包括恶心、头痛及低钙血症等。

(3) 雌激素及选择性雌激素受体调节剂:能够抑制骨转换,减少骨丢失。目前仅有小样本研究显示雌激素或雷洛昔芬可能轻度降低或不升高血钙水平,雌激素治疗可能提高骨密度。

(六) 预后与预防

手术切除病变的甲状旁腺后高钙血症及高 PTH 血症即被纠正,骨吸收指标水平迅速下降。术后 1~2 周骨痛开始减轻,6~12 个月明显改善。术前活动受限者多数于术后 1~2 年可以正常活动并恢复工作。骨密度在术后显著增加,以在术后第一年内增加最为明显。已形成的结石不会消失,已造成的肾功能损害也不易恢复,部分患者高血压程度可能较前减轻或恢复正常。少数患者术后有持续低钙血症,血清磷逐渐升高,提示有永久性甲状旁腺功能减退症可能,需长期补充钙剂与维生素 D。

【继发性甲状旁腺功能亢进症】　继发性甲状旁腺功能亢进症(secondary hyperparathyroidism,SHPT,简称继发性甲旁亢)是由于各种原因所致的低钙血症,刺激甲状旁腺增生肥大,分泌过多PTH 的临床综合征,多见于肾功能不全和维生素 D 缺乏的患者。

(一) 病因和病理

常见的病因有慢性肾脏疾病、维生素 D 缺乏或代谢异常、肠钙吸收不足等。少见原因包括骨饥饿综合征、遗传学维生素 D 抵抗性佝偻病、尿钠排泄增多、特发性高钙尿症、前列腺癌骨转移、药物(如双膦酸盐)等。

(二) 诊断和鉴别诊断

根据病史、实验室检查可作出诊断。继发性甲旁亢的甲状旁腺素过度分泌呈非自主性,血钙往往不会矫枉过正超出正常范围生化改变:血钙水平低于正常或正常,PTH 水平持续升高。

SHPT 需要与血钙正常的 PHPT 进行鉴别。一方面,可通过静脉滴钙试验观察血钙升高后是否能够有效抑制 PTH 水平判断甲状旁腺功能是否自主;对于合并维生素 D 缺乏的患者,可观察补充维生素 D 制剂纠正维生素缺乏后的血钙及 PTH 水平,如出现高钙血症、PTH 水平不被抑制支持 PHPT,如血钙正常而 PTH 水平恢复正常则支持 SHPT。另外,对于尿钙水平升高的患者,可通过氢氯噻嗪试验进行鉴别,SHPT 患者应用氢氯噻嗪减少尿钙排泄后血 PTH 水平可恢复正常。

(三) 治疗

主要为导致 SHPT 病因的治疗。

【三发性甲状旁腺功能亢进症】　三发性甲状旁腺功能亢进症(简称三发性甲旁亢)较为少见,最常见的病因为慢性肾脏疾病,也可见于长期服用磷制剂治疗的低磷性佝偻病/骨软化症患者,偶见于假性甲旁减患者在 SHPT 没有得到有效控制的基础上,甲状旁腺长期受低血钙刺激,发展为功能自主的增生或腺瘤,具有自主分泌过多 PTH 的能力。其生化改变为高钙血症伴高PTH 血症。手术切除甲状旁腺腺瘤或过度增生的甲状旁腺是目前较有效的治疗措施。

(邢小平)

推荐阅读文献

1. Spiegel AM. 甲状旁腺和血钙. Goldman L,Ausiello D. 西塞尔内科学. 第 22 版. 王贤才,译. 西安:世界图书出版西安公司,2009:2380-2392

2. 孟迅吾,沙利进. 原发性甲状旁腺功能亢进症. 见:史轶蘩. 协和内分泌代谢学. 北京:科学出版社,1999:1464-1477

3. Bringhurst FR,Demay MB,Kronenberg HM. Hormones and disorders of mineral metabolism. In:Kronenberg HM. ,eds. Williams textbook of endocrinology. 11th ed. Saunders Elsevier,2008:1203-1268

4. Silverberg SJ. Primary hyperparathyroidism. In:Rosen CJ. eds. Primer on the Metabolic Bone Diseases and Disorders of Mineral Metabolism,8th edition. A John Wiley & Sons,Inc. ,Publication,2013:543-552

5. Longo DL,Fauci AS,Kasper DL,et al. Harrison's Principles of Internal Medicine. 18th ed. New York:McGraw-Hill. ,2012,Chapter 353

6. Fraser WD. Hyperparathyroidism. Lancet. 2009,374(9684):145-158

第十八章　甲状旁腺功能减退症

> **要点：**
>
> 1. **甲状旁腺功能减退症**　是由于 PTH 合成不足引起的钙磷代谢异常。临床表现为神经肌肉应激性增加、癫痫发作等神经系统症状、外胚层组织营养变性、转移性钙化等。实验室检查表现为低钙血症、高磷血症，PTH 低于正常。
>
> 2. **假性甲状旁腺功能减退症**　是由于 PTH 的靶器官对 PTH 反应不足或丧失引起的钙磷代谢异常，临床表现与甲旁减类似，部分可伴有 AHO 异常表型。实验室检查表现为低钙血症、高磷血症，PTH 水平升高。假假性甲旁减则为具有 AHO 异常表型但生化指标正常者。
>
> 3. **甲旁减及假性甲旁减的治疗**　长期应用钙剂和维生素 D 制剂以维持血钙水平，治疗过程中需要监测尿钙排量；对于假性甲旁减患者，还需要监测和控制血 PTH 水平。

甲状旁腺功能减退症（hypoparathyroidism，简称甲旁减）是由于甲状旁腺素（PTH）分泌过少而引起的一组临床症候群，表现为低钙血症、高磷血症、血清免疫活性 PTH（iPTH）降低甚至测不到和神经肌肉兴奋性增高。靶细胞对 PTH 反应缺陷也可出现类似临床表现及生化改变，但血清 PTH 水平升高，称为假性甲旁减（pseudohypoparathyroidism）。

【甲旁减】　PTH 减少所致甲旁减可由多种原因引起，分为先天性或遗传性、获得性和特发性甲旁减三类。

（一）病因和发生机制

1. 先天或遗传性甲旁减

（1）编码 PTH 的基因突变：可导致常染色体显性或隐性遗传的孤立性甲旁减，目前仅有 3 个 PTH 基因突变导致甲旁减的家系报告，其突变可导致 PTH 细胞内降解的增加。

（2）钙敏感受体（calcium-sensing receptor，CaSR）基因突变：PTH 的分泌主要受血清钙离子浓度的调节，CaSR 为介导血钙浓度调节 PTH 分泌的关键环节，其激活性突变可引起常染色体显性遗传性低钙血症（Autosomal dominant hypocalcemia，ADH）。

（3）与甲状旁腺发育相关的基因：人类甲状旁腺来源于第 3、4 对咽囊的内胚层细胞，来自胚胎中脑及后脑的神经巢细胞也参与了甲状旁腺的发育，参与甲状旁腺器官发生的分子信号转导通路中的异常即可能导致先天性孤立性或综合征性甲旁减，对人类疾病和小鼠模型的研究显示许多转录因子参与了这一过程，包括 Tbx1、Gata3、Gcm2、Sox3 及同源异形盒（Hox）、配对盒（Pax）家族的成员。例如，转录因子 Tbx1 的单倍剂量不足可能是 DiGeorge 综合征中许多异常（包括甲状旁腺功能减退症）的原因；X 连锁的甲状旁腺功能减退症患者表现为在 SOX3 基因末端附近的一个缺失插入，揭示了 Sox3 对甲状旁腺发育的重要作用；编码转录因子 GATA3 的基因的一个拷贝发生突变的患者表现为甲状旁腺功能减退症、感觉神经性耳聋及肾脏畸形的综合征（HDR 综合征）；gcm2 基因缺失的小鼠或 GCMB 基因突变的人类患者没有甲状旁腺，导致先天性孤立性甲旁减。

（4）其他：甲旁减还可作为多内分泌腺体自身免疫综合征的一部分，与 *AIRE* 基因突变有关；线粒体基因的改变可导致 Kearns-Sayre 综合征、线粒体脑病-乳酸酸中毒-卒中发作（MELAS）。

2. 获得性甲旁减 颈部甲状腺或甲状旁腺手术导致的继发性甲旁减最为常见，其中 2/3 患者为一过性甲旁减，1%~3.6% 病例出现永久性甲旁减。因手术出血、水肿、血液供给不足或神经损伤所致者，其功能可逐渐恢复。若腺体逐渐纤维化，甲状旁腺功能可日渐低下。还可见于甲状腺疾病[131]I 治疗、颈部外照射、甲状旁腺浸润性病变（如血色病、Wilson 病、肉芽肿疾病、转移性病变等）、CaSR 自身抗体、甲状旁腺功能亢进症母亲的新生儿等。低镁血症可导致 PTH 合成及释放障碍，同时也影响靶器官对 PTH 的反应性。甲状旁腺功能亢进症手术后，由于正常甲状旁腺受到抑制或手术影响血供可出现一过性甲旁减，通常持续时间较短。

3. 特发性甲旁减(idiopathic hypoparathyroidism,IHP) IHP 的病因未明。

（二）病理生理和病理

1. 病理生理 甲旁减的主要临床生化特征为低钙血症和高磷血症。由于 PTH 缺乏，骨转换降低，骨吸收活性降低，钙离子不能从骨库中释放以补充血循环中的钙含量。PTH 分泌减少，导致肾脏排磷减少，血清磷升高，抑制肾近曲小管合成 1,25-$(OH)_2$D，造成肠钙吸收减少。肾小管钙重吸收降低，使尿钙排出相对增加，血清钙进一步降低。当血清钙降至 1.75mmol/L 以下时，尿钙浓度显著降低或测不出。

PTH 具有促进肾小管重吸收钙的作用，所以甲旁减患者的尿钙排出量与肾小球滤过率的比值高于正常人。因此甲旁减患者用钙剂治疗时，血钙水平虽然仅维持在正常低限，但易出现尿钙水平升高。PTH 缺乏导致尿 cAMP 降低，但注射外源性 PTH 后，尿 cAMP 迅速增加。

血清钙浓度降低主要表现为钙离子浓度降低，神经细胞的膜电位稳定性发生变化，神经兴奋性增加，患者可出现手足搐搦，甚至惊厥。低钙血症和高磷血症使得血清钙磷乘积发生变化，导致颅内基底神经节钙化。

2. 病理 手术后甲旁减的残留腺体萎缩伴变性。与自身免疫相关的患者腺体可有淋巴细胞浸润和纤维化。病因未明者的腺体外观虽正常，但腺细胞大部为脂肪细胞所代替。

（三）临床表现

1. 神经肌肉应激性增加 初期主要有麻木、刺痛和蚁走感，严重者手足搐搦，手足呈鹰爪状或助产士手形，腕、手掌和掌指关节屈曲，拇指内收。更甚者全身肌肉收缩而有惊厥发作。一般当血清游离钙浓度 ≤0.95mmol/L(3.8mg/dl)，或血清总钙值 ≤1.88mmol/L(7.5mg/dl) 时可出现症状。也可伴有自主神经功能紊乱，如出汗、声门痉挛、气管呼吸肌痉挛及胆、肠和膀胱平滑肌痉挛等。体征有面神经叩击征(Chvostek 征)、束臂加压试验(Trousseau 征)阳性。

2. 神经系统表现 可以此组症状为突出表现而首先就诊于神经科。有癫痫发作，其类型有大发作、小发作、精神运动性发作和癫痫连续状态。伴有肌张力增高，手颤抖。精神症状有兴奋、焦虑、恐惧、烦躁、欣快、忧郁、记忆力减退、妄想、幻觉和谵妄等。约 15% 的患者有智力减退，大约 5% 出现视神经盘水肿，偶有颅内压增高，脑电图示一般节律慢波、爆发性慢波以及有尖波、棘波、癫痫样放电改变。

3. 外胚层组织营养变性 如低钙性白内障、出牙延迟、牙发育不全、磨牙根变短、龋齿多、甚至缺牙、皮肤角化过度、指(趾)甲变脆、粗糙和裂纹及头发脱落等。

4. 骨骼改变 病程长、病情重者可有骨骼疼痛，以腰背和髋部多见。骨密度正常或增加。

5. 胃肠道功能紊乱 有恶心、呕吐、腹痛和腹泻等。

6. 心血管异常 低血钙刺激迷走神经可导致心肌痉挛而突然死亡。患者心动过缓或心律不齐。心电图示 Q-T 间期延长。重症患者可有甲旁减性心肌病、心力衰竭。

7. 转移性钙化 多见于脑基底核（苍白球、壳核和尾状核），常呈对称分布。病情重者，小脑、齿状核、大脑的额叶和顶叶等脑实质也可见散在钙化。其他软组织、肌腱、脊柱旁韧带等均可发生钙化。

（四）实验室和辅助检查

1. 血钙   低钙血症是重要的诊断依据，血总钙水平≤2.13mmol/L（8.5mg/dl）；有症状者，血总钙值一般≤1.88mmol/L（7.5mg/dl），血游离钙≤0.95mmol/L（3.8mg/dl）。血总钙水平测定简便易行，但由于40%～45%的血钙为蛋白结合钙，因此在诊断时应注意血白蛋白对血钙的影响。常用的计算公式为：血白蛋白每下降1g/dl，血总钙下降0.8mg/dl。在低白蛋白血症时，血游离钙的测定对诊断有重要意义。

2. 血磷   多数患者血磷增高，部分患者正常。

3. 尿钙和磷排量   一般情况下，尿钙减少，尿磷排量也减少。但在CaSR激活型突变时，尿钙重吸收减少，使尿钙排出增加，导致高尿钙性甲旁减。

4. 血碱性磷酸酶   正常。

5. 血PTH值   一般情况下低于正常，也可以在正常范围，因低钙血症对甲状旁腺是一种强烈刺激，当血清总钙值≤1.88mmol/L（7.5mg/dl）时，血PTH值应有5～10倍的增加，所以低钙血症时，如血PTH在正常范围，仍属甲旁减，因此测血PTH时，应同时取血测血钙，两者综合分析。

（五）诊断与鉴别诊断

根据手足搐搦反复发作史、Chevostek征与Trousseau征阳性，实验室检查如有血钙降低、血磷增高且能排除肾功能不全者，诊断基本可以确定。

如血清iPTH测定结果明显降低或测不到，或滴注外源性PTH后尿cAMP和尿磷显著增加，可以肯定诊断。手术后甲旁减容易诊断。先天性或遗传性甲旁减可有其他畸形、发育异常或家族史。特发性甲旁减患者临床上常无明显病因。特发性甲旁减应与假性甲旁减相鉴别，后者血iPTH常增高，注射外源性PTH后尿cAMP增加，但尿磷排出不增加，且常伴有其他发育畸形，如矮体型、圆脸、智力减退、短指（趾）和掌骨畸形等。

此外，本症应与其他原因引起的低钙血症相鉴别，如呼吸性或代谢性碱中毒，维生素D缺乏引起的骨软化症、肾性骨病和慢性腹泻等。

（六）治疗

早期诊断和及时治疗不仅可以消除低钙血症造成的神经精神症状，而且可以缓解各种病变的进一步发展，尤其是预防低钙性白内障和颅内钙化的进展。

治疗目标是控制病情，使症状缓解，血清钙纠正至正常低限或接近正常，成人尿钙排量<8.75mmol/24h（<350mg/24h），儿童尿钙排量<0.1mmol·kg^{-1}·24h^{-1}（<4mg·kg^{-1}·24h^{-1}），尿钙排出过多则有可能造成肾结石或肾钙化，严重者出现肾功能损害。

1. 钙剂

（1）口服：宜长期应用，每日补充元素钙1.0～1.5g（初始剂量30～50mg·kg^{-1}·d^{-1}）。

（2）静脉用药：严重的低钙血症引起手足搐搦、喉痉挛、惊厥或癫痫大发作，此时应立即静脉注射10%葡萄糖酸钙或氯化钙10～20ml，缓慢注射，必要时1～2h后重复给药。搐搦严重顽固难以缓解者可采用持续静脉滴注钙剂，10%葡萄糖酸钙100ml（含元素钙930mg）稀释于0.9%氯化钠溶液或葡萄糖液500～1000ml内，速度以不超过元素钙4mg·kg^{-1}·h^{-1}为宜，且定时监测血清钙水平，使之维持在>2.00mmol/L（8mg/dl）即可，必须避免发生高钙血症，以免出现致死性心律失常。

2. 维生素D及其衍生物

（1）维生素D$_2$或D$_3$：治疗剂量1万～10万U/d（1mg相当于4万U）。婴幼儿及年龄较小的儿童需要量0.1～0.5mg/d（4000～20 000U/d），年龄大的儿童则可能需要1.25mg～2.50mg/d（5万～10万U/d）。

（2）骨化三醇[1,25(OH)₂D₃，即钙三醇]：初始剂量为0.25μg/d，维持剂量为0.25~2.00μg/d。对肝、肾功能损害者均有效。

（3）阿法骨化醇[1α(OH)D₃]：剂量0.5~4.0μg/d，分2~3次口服。适用于肝功能正常者。

钙剂和维生素D制剂的剂量应个体化，必须定期监测血钙和磷水平以及尿钙排量，谨防高钙血症和泌尿系结石的发生。噻嗪类利尿剂可以促进肾小管对钙的重吸收，减少尿钙的排出，适用于血钙水平<2mmol/L而已有高尿钙症者。

3. 甲状旁腺移植　因有移植排斥反应而致疗效维持时间较短，尚未被广泛采用。

4. 甲状旁腺素治疗　近年来，陆续有应用人工合成PTH1-34或PTH1-84治疗甲旁减的随机对照或自身对照临床研究发表。与传统维生素D制剂（骨化三醇）治疗相比，PTH1-34组能够将甲旁减患者的血钙维持在正常或接近正常，其尿钙的排量低于骨化三醇组；也有作者观察了在原有口服钙剂及骨化三醇的基础上加用PTH1-84的治疗效果，可显著减少骨化三醇及钙剂的剂量，减少尿钙排量。两者均可较基线增加骨转换指标水平，对不同部位的骨密度有不同的影响。但PTH1-34及PTH1-84价格昂贵，需采用注射方式给药，尚未大范围应用于临床。

（七）预后与预防

在进行甲状腺和甲状旁腺手术过程中应避免甲状旁腺损伤或切除过多。及早诊断甲旁减并给予长期有效的治疗可以减少晚期并发症的发生。血清钙维持或接近正常水平可改善患者视力和神经症状。

【假性甲状旁腺功能减退症和假-假性甲状旁腺功能减退症】　假性甲状旁腺功能减退症（pseudohypoparathyroidism，PHP）是指PTH靶细胞对PTH反应完全或不完全的丧失，同样有低钙血症和高磷血症，但血PTH水平升高。PHP又可分为Ⅰa、Ⅰb、Ⅰc型及Ⅱ型。其中Ⅰa型患者还有其他许多临床特点，包括身材矮小、圆脸、第四掌骨缩短、肥胖及皮下钙化、智力发育迟缓，这些临床表现被称为Albright遗传性骨营养不良（Albright hereditary osteodystrophy，AHO）。

假假性甲状旁腺功能减退症（pseudopseudohypoparathyroidism，假性PHP）是指具有AHO异常表型的个体，但其生化指标正常。

（一）病因与临床特点

1. 病因　正常情况下，PTH作用于靶细胞受体后，受体与Gsα结合，激活腺苷酸环化酶，生成cAMP，进一步激活蛋白激酶A（PKA），引起细胞内一系列分子的级联反应，从而使PTH的生物效应得以发挥。假性甲旁减是一种特殊的激素抵抗性疾病，致病的分子缺陷影响的不是激素受体，而是机体普遍存在的Gsα信号转导通路。几乎各种类型的PHP均由编码Gsα的GNAS基因缺陷引起，GNAS是一种印记（imprinting）基因，位于染色体20q13，其突变为常染色体显性方式遗传，如突变基因来自母亲，则出现Ⅰa型假性甲旁减和AHO表型，如突变基因来自父亲，则只有AHO表型，即假假性甲旁减。假性甲旁减患者由于Gsα表达减少、活性降低，使cAMP对PTH的反应下降，PTH不能产生正常的生理效应，甲状旁腺代偿性增生、肥大，PTH分泌增加。因此本病属于G蛋白病。由于Gsα是一种普遍存在的信号蛋白，参与许多G蛋白耦联激素受体的下游信号转导，因此除PTH外，假性甲旁减还合并有其他激素的抵抗。

2. 临床特点　PHP患者临床表现与甲旁减患者相似。Ⅰa型患者可合并先天性发育缺陷：身材矮粗、体胖、脸圆、颈短、盾状胸；短指、趾畸形，多见于第四、五掌骨或跖骨；桡骨弯曲，软组织钙化或骨化较多见；可并发皮下钙化、低钙性白内障和颅内基底核钙化；常有智力低下，味觉和嗅觉不良等。患者可合并存在甲状腺功能减退、肾上腺皮质功能减退、尿崩症、糖尿病或性腺发育不良等。

（二）诊断

1. PHP患者有低钙血症和高磷血症，血碱性磷酸酶正常。当静脉注射PTH 300U（美国药典)后3h内尿中cAMP排量测定:正常人尿cAMP排量恒定,PHP I 型呈现反应下降,Ⅱ型则为正常反应。

2. 假性PHP患者血钙、磷水平正常,血碱性磷酸酶正常。尿cAMP对PTH的反应正常。

(三)治疗

PHP患者的治疗原则与甲旁减相同,治疗药物为钙剂和维生素D及其衍生物,所需药物的剂量一般低于甲旁减患者。甲状旁腺移植及甲状旁腺素治疗无效。

PHP的低钙血症较易纠正,部分患者单纯使用钙剂治疗即可,但大多需加服维生素D制剂。在相同的血钙水平下,PHP患者尿钙排量比甲旁减患者低,因此PHP患者发生高尿钙症的机会较甲旁减少见。PHP患者治疗的另一个目标是使血PTH下降,因为高PTH血症时,骨转换增加,容易导致骨量减少或骨质疏松,特别是PHP I b型还可能出现纤维囊性骨炎的骨吸收改变,因此尤其需要积极治疗。

(邢小平)

推荐阅读文献

1. Spiegel AM. 甲状旁腺和血钙. Goldman L, Ausiello D. 西塞尔内科学. 第22版. 王贤才, 译. 西安:世界图书出版西安公司,2009:2380-2392

2. 孟迅吾. 甲状旁腺功能减退症和假性甲状旁腺功能减退症. 协和内分泌代谢学. 北京:科学出版社,1999:1478-1490

3. Shoback D. Clinical practice. Hypoparathyroidism. N Engl J Med. 2008. 359(4):391-403

4. Bilezikian JP, Khan A, Potts JT Jr, et al. Hypoparathyroidism in the adult:epidemiology, diagnosis, pathophysiology, target-organ involvement, treatment, and challenges for future research. J Bone Miner Res. 2011,26(10):2317-2337

5. Longo DL, Fauci AS, Kasper DL, et al. Harrison's Principles of Internal Medicine. 18th ed. New York:McGraw-Hill. ,2012,Chapter 353

第十九章　性　早　熟

要点:

1. 性早熟是指女孩在 8 岁前、男孩在 9 岁前出现第二性征发育、体内性甾体激素超过青春期前水平，并作用于其敏感的靶器官和靶组织的内分泌疾病。

2. 按照发病机制可将性早熟分为两大类：促性腺激素释放激素依赖性性早熟和非促性腺激素释放激素依赖性性早熟，部分启动青春发育的特殊形式为不完全性性早熟。

3. 性早熟的诊断通常依据：①女孩在 8 岁前、男孩在 9 岁前出现第二性征发育；②垂体促性腺激素水平升高，达到青春期水平；③性腺增大；④性激素水平升高，达到青春期水平；⑤线性生长加速；⑥骨龄提前。

4. 治疗目的主要是改善成年期身高，防治月经初潮早期（女孩）和防止因性征早现所致心理及社会问题。治疗措施包括 GnRH 类似物、酮康唑、睾内酯、螺内酯等，必要时手术切除肿瘤。

性早熟（precocious puberty）是指女孩在 8 岁前、男孩在 9 岁前出现第二性征发育、体内性甾体激素超过青春期前水平，并作用于其敏感的靶器官和靶组织的内分泌疾病。由于经济的迅猛发展和营养状况的改善，儿童体格和青春发育的年龄提前，并存在种族、地域和遗传差异，美国界定白人女孩性早熟的年龄 <7 岁、黑人女孩 <6 岁，中国香港地区界定为女孩 <7.5 岁、男孩 <8.5 岁。性早熟的发病率 1/10 000～1/5000，以女孩多见，男女比 1∶3～1∶23。

【病因和发病机制】　按照发病机制可将性早熟分为两大类，第一类是促性腺激素释放激素依赖性性早熟（GnRH-dependent precocious puberty，GDPP），亦称中枢性性早熟（central precocious puberty，CPP）、真性性早熟、完全性性早熟；部分启动青春发育的特殊形式为不完全性性早熟或部分性性早熟，包括单纯性乳房早发育（premature thelarche，PT）、单纯性阴毛早发育（premature pubarche）、单纯性早初潮（premature isolated meanarche）；第二类是非促性腺激素释放激素依赖性性早熟（GnRH-independent precocious puberty，GIPP），亦称外周性性早熟、假性性早熟，按照副性征可分为同性性早熟（患孩副性征与社会性别一致）和异性性早熟（患孩副性征与社会性别相反，亦称矛盾性性早熟）。

GnRH 依赖性性早熟（GDPP）是由于下丘脑-垂体-性腺轴（HPG 轴）功能提前激活，即下丘脑 GnRH 神经元过早兴奋，使 GnRH 分泌释放增加，刺激垂体促性腺激素大量合成和分泌，引发性器官和第二性征发育，其顺序与正常青春发育一致。GDPP 依据病因可分为器质性和特发性，器质性病变多为下丘脑后部、松果体、正中隆突、第三脑室底部等部位的肿瘤或先天发育畸形。特发性中枢性性早熟（idiopathic central precocious puberty，ICPP）是指未能发现原发病变的 GDPP。GnRH 依赖性性早熟的病因详见表 7-19-1。

部分启动青春发育的特殊形式为不完全性性早熟或部分性性早熟，患儿出现第二性征的早现，发病机制同样涉及 HPG 轴的兴奋启动，但仅为部分性性早熟，不呈现进行性进展，包括单纯性乳房早发育、单纯性阴毛早发育、单纯性早初潮。

表 7-19-1　GnRH 依赖性性早熟的病因

1. 中枢器质性病变
   1）下丘脑错构瘤
   2）其他下丘脑肿瘤（如神经胶质瘤、星形细胞瘤、室管膜瘤、松果体瘤、生殖细胞瘤等）
   3）下丘脑发育畸形（如蛛网膜囊肿、脑积水、视中隔发育不全、脊髓膨出、异位垂体等）
   4）颅脑损伤（如颅脑放疗、外伤、感染等）

2. 特发性

非 GnRH 依赖性性早熟（GIPP）是由于某些原因引起体内性甾体激素水平升高，造成第二性征过早发育，而 HPG 轴并未兴奋启动，垂体促性腺激素不增加，因此无性腺发育，其性征发育也不呈进行性。非 GnRH 依赖性性早熟的病因详见表 7-19-2。

表 7-19-2　非 GnRH 依赖性性早熟的病因

1. 性腺自发激活
   1）McCune-Albright 综合征（Gs 蛋白 α 亚基缺陷）
   2）卵巢囊肿（GNASI 激活突变）
   3）家族性男性性早熟（LHR 激活突变）

2. 肿瘤
   1）卵巢肿瘤（如颗粒细胞瘤、卵泡膜细胞瘤、性腺母细胞瘤、卵巢囊腺瘤、卵巢癌等）
   2）睾丸细胞瘤

3. 肾上腺异常
   1）先天性肾上腺皮质增生症（21 或 17β-羟化酶缺乏）
   2）肾上腺肿瘤

4. 暴露于外界激素
   1）性激素
   2）环境雌激素干扰物

【临床表现】

（一）GnRH 依赖性性早熟

提前出现的第二性征发育顺序与正常青春发育顺序一致，女孩在 8 岁前首先出现乳房增大、形成乳核，继而乳晕、乳头增大、着色；同时小阴唇增厚、色素沉着，阴道黏膜增厚，分泌物增多；乳房发育后 1 年出现阴毛生长，子宫、卵巢逐渐发育增大成熟，可见初潮，数月后转为规律排卵月经；皮下脂肪渐增，多分布于臀部和大腿。

男孩在 9 岁前首先出现睾丸增大（≥4ml），随后阴囊变松、皮肤皱褶增多、色素加深，阴茎逐渐增大变粗，同时肌肉发达、痤疮，至青春中后期出现喉结、阴毛、腋毛、胡须，并开始变声，最后出现遗精及精子生成。

患儿骨骼生长加速，暂时高于同龄儿童，但骨骺成熟加快而提前闭合，导致成年后矮于正常人。

中枢病变所致的 GnRH 依赖性性早熟多见于男孩，先出现性早熟表现，待病情发展到一定阶段才出现中枢占位症状，如头痛、呕吐、视野缺损、视力障碍等。

（二）不完全性中枢性性早熟

单纯性乳房早发育多发于 6 个月~2 岁女孩，仅表现为乳核增大，无乳头或乳晕发育，亦无乳晕色素沉着，通常在半年内自然消退，无其他性征发育。

单纯性阴毛早发育，亦称单纯性肾上腺早发育，多见于 3~8 岁患儿。仅表现为阴毛早发育，伴随腋毛发育，无其他第二性征发育，无痤疮。

单纯性早初潮指女孩在 9 岁前出现阴道出血,无其他第二性征,仍可至正常青春启动年龄开始发育。

(三) 非 GnRH 依赖性性早熟

McCune-Albright 综合征多见于女孩,典型病例可出现三联征:①性早熟:女孩乳房发育,乳晕和小阴唇着色,阴道分泌物增多,不规则出血,男孩出现巨大睾丸;②多发性骨纤维发育不良:颅骨尤其是气窦骨受累可出现顽固性鼻窦炎甚至传导性耳聋,颅面骨受累增厚隆起可见颅面部不对称,长骨受累可出现骨折;③皮肤牛奶咖啡色素斑:色素斑不高于皮面,所在部位汗毛正常,边缘不规则。

家族性男性性早熟(familial male-limited precocious puberty,FMPP),亦称特发性睾酮毒血症(idiopathic testotoxicosis),以家族性发病为主,男孩生殖器增大,阴茎增长增粗,性毛早现。

性腺和肾上腺肿瘤亦可引起外周性性早熟,男孩乳房发育,女孩同性性早熟,肿瘤组织所在部位亦可产生相应症状。

【实验室和辅助检查】

(一) 血清性腺激素测定

包括 E_2、睾酮、FSH、LH 和 HCG 等。对于 LH 和 FSH 升高同时伴有睾酮(在男性)和 E_2 (在女性)高于正常者要考虑真性性早熟。促性腺激素升高是由于下丘脑-垂体-性腺轴的提前活动所致,也可由产生促性腺激素的中枢神经系统肿瘤所致,前者促性腺激素水平高于正常,后者则显著高于正常。对于只有睾酮或 E_2 升高而无促激素升高者要注意睾丸和卵巢的检查。

(二) 肾上腺功能测定

血尿皮质醇、24 小时尿 17-羟和 17-酮皮质类固醇的检查对肾上腺皮质增生所致的性早熟具有重要的价值。

(三) 性腺功能试验

GnRH 激发试验:在清晨空腹时进行,上午 8 时静脉注射 GnRH 2.5μg/kg(溶于 5.0ml 生理盐水中),于注射前和注射后 30、60、90、120 分钟分别抽血测定 LH 和 FSH。如 LH 峰值≥12IU/L(女孩)或 25IU/L(男孩),或 LH/FSH>0.6~1,提示为 GnRH 依赖性性早熟;LH 不升高或显著低水平则提示为非 GnRH 依赖性。需要注意的是,在发育早期 GnRH 激发可呈假阴性。

(四) 特殊检查

X 线平片测骨龄,骨龄超过生活年龄 1 岁以上为骨龄提前。股骨和其他部位的 X 线平片可除外多囊纤维异样增殖症。颅脑 CT、MRI 用于高度怀疑颅脑肿瘤者。女孩盆腔超声检查,卵巢增大,容积>1ml 提示卵巢发育,若发现多个直径≥4mm 的卵泡则意义更大,提示卵巢处于功能活动状态。孤立性、直径>9mm 的卵泡常为卵巢囊肿。疑有肾上腺或卵巢肿瘤者,可行相应部位的 B 超、CT 或 MRI 检查。

(五) 其他检查

性染色体检查对于鉴别先天性肾上腺皮质增生和两性畸形有一定意义。阴道涂片有明显雌激素影响者多提示真性性早熟。原发性甲状腺功能减退症患儿可发生性早熟,伴生长迟缓的 GnRH 依赖性性早熟应检查 FT_3、FT_4 和 TSH 以助鉴别。

【诊断和鉴别诊断】

(一) 诊断

性早熟的诊断通常依据:①女孩在 8 岁前、男孩在 9 岁前出现第二性征发育;②垂体促性腺激素(Gn)水平升高,达到青春期水平;③性腺增大;④性激素水平升高,达到青春期水平;⑤线性生长加速;⑥骨龄提前。

若需确定性早熟的病因,则需要详细地询问病史,以区分是真性或假性性早熟,例如有无使用雄激素、绒毛膜促性腺激素、误服避孕药史,有无神经系统症状如头痛、视力障碍和行为改变等,有无性早熟家族史。男性有遗精史,女性有周期性阴道出血者多提示真性性早熟。对于出生时就有性早熟表现者,应追问患儿母亲妊娠期的服药史,特别是使用激素类药物的病史,并进行相应的检查。

(二) 鉴别诊断

1. 良性乳腺发育过早   见于6个月到3岁女孩,仅出现单侧或双侧乳腺组织增生,无阴道出血和生长速率加快等青春期征候,也无雌激素过多的证据,必须排除服用或涂抹含雌激素制剂的历史。患儿应每6~12个月复诊追踪检查,以确定乳腺发育过早不是由于性早熟所致。该病预后良好。

2. 肾上腺早熟   男女两性均可见,女性多见。虽有阴毛生长,但无乳腺发育,其他周身检查均正常。本症预后良好。

【治疗】   治疗目的主要是改善成年期身高,防治月经初潮早期(女孩)和防止因性征早现所致心理及社会问题。治疗措施包括抑制性激素分泌,阻抑骨龄进展、防止骨骺过早闭合,使成年后身材不至于过矮。

(一) 药物治疗

1. GnRH 类似物 (GnRH-a)   是目前治疗真性性早熟的最有效药物。GnRH-a 保留了 GnRH 的生物活性,对垂体前叶 GnRH 受体有更强的亲和力且不易被降解,半衰期较长,因此优于天然 GnRH。GnRH 类似物持续作用于受体,从而产生 GnRH 受体的降调节,使垂体 LH 分泌细胞对 GnRH 敏感性减弱,阻断受体后负反馈机制激活通路,使 LH 分泌受抑,性激素合成和分泌下降至青春期前水平,性腺发育停止,由此推迟骨骺闭合,延长骨骺生长期,从而达到改善成年身高目的。这一作用可逆,停药后下丘脑-垂体-性腺轴功能可恢复正常。现多采用 GnRH-a 的缓释剂型,如亮丙瑞林(leuprorelin)或曲普瑞林(Triptoreline),首剂 80 ~ 100μg/kg,最大量 3.75μg/kg,2 周后可加强注射 1 次(尤其出现初潮者),以后每 4 周 1 次,剂量为 60 ~80μg/kg。亦可选用 GnRH 皮下植入剂型,如组胺瑞林(Histrelin),或 GnRH 拮抗剂。在治疗中每 3 ~6 个月测量身高、体重,观察第二性征发育及性腺轴功能,每半年 ~1 年复查骨龄片,B 超监测女孩的子宫、卵巢形态变化。

2. 酮康唑 (ketoconazole)   大剂量可抑制激素合成过程中 17,20 碳链酶活性,抑制睾酮合成,用于治疗非 GnRH 依赖性性早熟。建议剂量为每天 4 ~8mg/kg,分 2 次服用。治疗中应检测肝功能和皮质醇水平。

3. 其他药物   睾内酯能抑制性激素合成而抑制发育进程,但治疗后 1 ~3 年会发生药效脱逸。螺内酯有雄激素受体拮抗作用,对高睾酮血症的性征有控制作用。

(二) 手术治疗

肿瘤确诊后应尽早手术治疗。下丘脑-垂体-松果体部位肿瘤可采用 γ 刀治疗,经照射治疗后瘤体显著缩小,性早熟征明显消退,改善预后。卵巢囊肿部分会自发消退,随访观察后再决定是否手术。

(李   强)

推荐阅读文献

1. Neely EK,Crossen SS. Precocious puberty. Curr Opin Obstet Gynecol. 2014,26(5):332-338
2. Chulani VL,Gordon LP. Adolescent Growth and Development. Prim Care. 2014,41(3):465-487

3. Kletter GB,Klein KO,Wong YY. A Pediatrician's Guide to Central Precocious Puberty. Clin Pediatr(Phila). 2014:14

4. Ahmed ML,Ong KK,Dunger DB. Childhood obesity and the timing of puberty. Trends Endocrinol Metab,2009, 20(5):237-242

5. Clark PA. Puberty:when it comes too soon guidelines for the evaluation of sexual precocity. J Ky Med Assoc. 1998,96(11):440-447

6. 陈家伦. 临床内分泌学. 上海:上海科学技术出版社,2011

第二十章　性腺功能减退症

要点：

1. 男性性腺功能减退症是由于雄性激素缺乏、减少或其作用不能发挥所导致的性功能减退性疾病。

2. 依据促性腺激素的水平，性腺功能减退可以分为低促性腺激素型和高促性腺激素型性腺功能减退两种。

3. 男性性腺功能减退症的临床表现取决于雄激素生成有无障碍和雄激素缺乏发生于性发育的阶段：雄激素缺乏发生于胎儿发育早期，患者表现为生殖器发育难以辨认和男性假两性畸形；青春期前的雄激素缺乏主要表现为青春期发育迟缓和第二性征发育不良；成人期才出现雄激素缺乏的患者主要表现为勃起功能障碍、不育和男性乳房发育。

4. 通过 GnRH 兴奋试验、hCG 刺激试验、染色体核型分析和血浆双氢睾酮水平测定可进一步明确诊断。

5. 治疗目的是刺激和维持男性第二性征发育、躯体发育，恢复和维持成年男性的性欲、性能力，可使用雄激素替代、促性腺激素和 GnRH 治疗。

男性性腺功能减退症（hypogonadism）是由于雄性激素缺乏、减少或其作用不能发挥所导致的性功能减退性疾病。依据促性腺激素的水平，性腺功能减退可以分为低促性腺激素型和高促性腺激素型性腺功能减退两种。高促性腺激素型是由原发性睾丸疾病、雄性激素合成缺陷或雄激素抵抗所致。低促性腺激素型则是继发于垂体和（或）下丘脑分泌促性腺激素减少，对睾丸刺激不足所致的一类疾病。

【病因和发病机制】　下丘脑促性腺激素释放激素（GnRH）呈脉冲式分泌，经垂体门脉系统到达垂体前叶后与促性腺激素细胞的特异性受体结合，促进 LH 和 FSH 的合成与释放，二者亦呈脉冲式分泌。FSH 与睾丸支持细胞上的特异膜受体结合，刺激曲细精管的成熟并调控精子的生成。男性 LH 也称间质细胞刺激素（interstitial cell-stimulating hormone，ICSH），与睾丸间质细胞的特异性膜受体结合，刺激睾丸类固醇激素生成和睾酮分泌。

男性睾丸主要由曲细精管和间质两部分组成，曲细精管主要由支持细胞（sertoli cell）和生精上皮细胞组成。睾丸支持细胞分泌抑制素，在生殖细胞的发育和精子生成的调节方面起重要作用。间质由间质细胞（leydig cell）、成纤维细胞、巨噬细胞、肥大细胞、血管、神经和淋巴管等组成。间质细胞胞浆中含有丰富的线粒体和滑面内质网，主要功能是合成睾酮。

胆固醇是睾酮的底物，在线粒体内经裂链酶催化转变为孕烯醇酮，后者在滑面内质网内进一步合成睾酮。LH 可以调节胆固醇裂链转变为孕烯醇酮这一过程。大部分睾酮在血浆中与白蛋白和性激素结合球蛋白（sexual hormone binding globulin，SHBG）结合，少部分呈游离状态。只有游离睾酮才能进入靶细胞，发挥生理效能。睾酮进入靶细胞的胞浆后，以原型或经 5α-还原酶作用转化为双氢睾酮后与雄激素受体结合，产生生物学效应。睾酮及其活性代谢物对 LH 和 FSH 分泌有强烈的抑制作用。雌激素和甲状腺激素可使 SHBG 升高，而睾酮和生长激素使之降低。抑制素是睾丸支持细胞产生的一种肽类激素,具有抑制垂体分泌 FSH 和抑制下丘脑分泌 GnRH 的作用。

依据促性腺激素的水平,性腺功能减退可以分为低促性腺激素型和高促性腺激素型性腺功能减退两种。

(一)高促性腺激素型性腺功能减退症

1. 睾丸发育与结构异常　①先天性曲细精管发育不良综合征(Klinefelter syndrome):是原发性睾丸功能减退的最常见原因,发病率为 2% ~2.5%。典型的染色体核型是 47,XXY。此外,还有多种不典型核型和嵌合体型,如 48,XXYY、49,XXXXY、46,XY\47,XXY 等。其发生原因是父母的生殖细胞在减数分裂形成精子和卵子的过程中性染色体未分离所致;②强直性肌营养不良;③Noonan 综合征(也称男性 Turner 综合征);④无睾症;⑤隐睾症;⑥精索静脉曲张;⑦唯支持细胞综合征;⑧男性更年期综合征;⑨功能性青春期前阉割综合征;⑩多发性内分泌自身免疫性功能减退综合征等。

2. 获得性睾丸疾病　①药物:螺内酯、酮康唑、酒精、洋地黄、H2 受体阻滞剂;②放射损伤;③病毒性睾丸炎(常为腮腺炎病毒);④手术或外伤。

3. 全身性疾病　多见于慢性肝病、肾功能不全、糖尿病和恶性肿瘤等。

4. 雄性激素合成缺陷或雄激素抵抗综合征　①雄性激素合成酶缺陷症:17α-羟化酶缺陷症、17-酮还原酶缺陷症、C_{17-20}-裂解酶缺陷症。②雄激素抵抗:雄激素不敏感或 LH 抵抗综合征。

(二)低促性腺激素型性腺功能减退症

1. 下丘脑-垂体疾病　下丘脑-垂体肿瘤、炎症、创伤、手术和放射等导致下丘脑和垂体功能减退,造成多种激素缺乏。催乳素瘤和某些下丘脑-垂体柄疾病可引起高催乳素血症,进一步使性腺功能减退。

2. 单纯促性腺激素缺乏　①促性腺激素不足性类无睾综合征(Kallmann syndrome):属先天性疾病,呈常染色体显性、常染色体隐性或 X 连锁隐性遗传,是由于下丘脑合成和分泌 GnRH 能力低下所致。GnRH 分泌细胞来源于胚胎脑外的嗅板。如果胚胎时期嗅球形成不全则导致下丘脑 GnRH 分泌减少;②单纯性 LH 缺乏症(可育宦官综合征);③单纯性 FSH 缺乏症。

3. 伴有性腺功能减退的综合征　①肌张力低下-智力减低-性发育低下-肥胖综合征(Prader-Labhart-Willi syndrome);②性幼稚-色素性视网膜炎-多指和(或)趾畸形综合征(Laurence-Moon-Biedl syndrome);③性腺功能低下-智力障碍-皮肤过多角化综合征(Rud syndrome);④性功能低下-共济失调综合征;⑤肥胖生殖无能综合征(Froehlish syndrome)。

4. 全身性疾病　如精神病、艾滋病、肥胖、肝病、肾病、血色病、脊髓损伤、皮质醇增多症、组织细胞增多症、结核病、结节病和胶原血管疾病等。

5. 功能性性腺功能减退症　如生理性青春期延迟。

【临床表现】　男性性腺功能减退症的临床表现取决于雄激素生成有无障碍和雄激素缺乏发生于性发育的阶段:雄激素缺乏发生于胎儿发育早期,患者表现为生殖器发育难以辨认和男性假两性畸形;青春期前的雄激素缺乏主要表现为青春期发育迟缓和第二性征发育不良;成人期才出现雄激素缺乏的患者主要表现为勃起功能障碍、不育和男性乳房发育。

1. 性腺功能减退　勃起功能障碍、不育等。

2. 无第二性征发育　男性患者无喉结增大和变声,无胡须、阴毛、腋毛生长,肌肉不发达,皮下脂肪增多,小阴茎,小睾丸,部分男性患者有乳房发育;女性患者闭经,子宫和宫颈小,外生殖器幼稚。

3. 类无睾体型　青春期后身材高,四肢长,躯干短,指距大于身高(>2cm),下部量大于上部量(>2cm),出生后至青春期前一般身高正常。

4. 嗅觉减退或消失　Kallmann 综合征等患者出现。

5. 其他先天异常 部分患者具有面颅中线畸形,色盲,第四掌骨短或长,神经性耳聋,小脑共济失调,眼球运动障碍等。

【实验室和辅助检查】

(一) 激素测定和性腺功能试验

1. 睾酮测定反映间质细胞的功能 正常成年男性血睾酮水平为 10 ~ 35nmol/L(3 ~ 10mg/L,RIA 法),血双氢睾酮水平为 2nmol/L(0.5mg/L,RIA 法)。成年男性 LH 正常值 5 ~ 10IU/L,FSH 为 5 ~ 20IU/L(RIA 法)。LH 和 FSH 水平升高提示原发性睾丸功能减退。

2. 性腺功能试验

(1) 人绒毛膜促性腺激素(hCG)的分子结构和生理效能与 LH 相似,hCG 兴奋睾酮分泌的反应程度反映了间质细胞的储备功能。试验方法为肌内注射 hCG 4000IU,每天 1 次,共 4 天,第 5 天抽血测睾酮。正常人血睾酮应成倍增加,低促性腺激素型性腺功能减退者血睾酮明显增高,高促性腺激素型性腺功能减退者血睾酮无明显增高。

(2) GnRH 兴奋实验可反映垂体促性腺激素的储备量。方法为静脉注射 GnRH 2.5μg/kg,分别于 0、30、60 和 120min 取血测 LH 和 FSH。正常男性峰值出现在 15 ~ 30min,LH 约升高 2 ~ 5 倍,FSH 约升高 2 倍。垂体功能受损者的试验结果为低弱反应,下丘脑病变者呈延迟反应,原发性睾丸病变者呈过高反应。

(二) 染色体性别分析

正常男性性染色体核型为 46,XY。口腔黏膜涂片检查性染色质,男性性染色质为阴性。

(三) 精液检查

正常男性一次排精量为 2 ~ 6ml,精子总数超过 6 千万,密度大于 2 千万/ml,活力和形态正常的精子大于 50%。

(四) 睾丸活检

经上述检查未能明确诊断时,可作细针活组织病理学检查,间质细胞(leydig cell)减少或缺如,曲细精管减少,生殖细胞明显减少或缺如。

【诊断和鉴别诊断】 对于性腺功能减退患者首先应仔细询问病史,了解患者生长发育史、性功能和生育史,有无慢性疾病、毒物、药物接触史和烟、酒嗜好等。查体应详尽,测量身高、指距、上下部量。注意毛发的分布和数量。检查男性乳腺发育情况。睾丸的部位、大小和质地。通过血浆睾酮水平测定、精液检查和睾丸活检等明确睾丸的功能状况。依据血浆促性腺激素的水平可以区分低促性腺激素型和高促性腺激素型性腺功能减退症。青少年若睾丸和阴茎发育正常,而睾酮水平低,雌激素水平相对升高,而促性腺激素水平不高,则应考虑垂体炎的可能性,自身免疫性可能性最大。早期应用免疫抑制剂有可能治愈垂体炎。通过 GnRH 兴奋试验、hCG 刺激试验、染色体核型分析和血浆双氢睾酮水平测定可进一步明确诊断,指导治疗。

(一) 先天性曲细精管发育不良综合征(Klinefelter syndrome)

典型 Klinefelter 综合征患者的睾丸小而硬、无精子生成、男性第二性征发育差、男性乳房发育、类无睾体型、智力发育迟钝,可伴有糖尿病、自身免疫性疾病和慢性阻塞性肺疾病等。实验室检查显示患者有不同程度的睾酮缺乏,促性腺激素水平呈反馈性升高。GnRH 兴奋试验呈正常或活跃反应,对 HCG 兴奋试验的反应低于正常人,睾酮升高幅度较差。染色体核型为 47,XXY。其他类型的 Klinefelter 综合征的临床表现较重,除典型特征外尚伴有严重的智力障碍和肢体畸形。

(二) 促性腺激素不足性类无睾症综合征(Kallmann syndrome)

由于胚胎时期嗅球形成不全导致下丘脑 GnRH 分泌减少,其特征为单纯性促性腺激素分泌不足,性腺功能减退、类无睾症和嗅觉丧失或减弱。部分患者合并有其他中线缺陷表现(如唇、腭裂,色盲)、隐睾和骨骼异常等。患者血浆 LH、FSH 和睾酮水平均低下,染色体核型为 46,XY。

【治疗】　治疗目的是刺激和维持男性第二性征发育、躯体发育,恢复和维持成年男性的性欲和性能力。

(一) 雄激素治疗

雄激素主要用于治疗性腺功能减退男性患者的睾酮缺乏。对于青春期前雄激素缺乏的男性少年,雄激素替代疗法的目的是刺激和维持男性第二性征发育、躯体发育和性功能发育,而对于成年男性的治疗目的是恢复和维持性欲、性能力和第二性征。通常开始治疗的时间为 14 岁,儿童使用雄激素会导致长骨骨骺过早闭合,影响身高,应慎重。

雄激素制剂主要有:①长效庚酸或癸酸睾酮200mg/次,每 1~2 周 1 次,肌内注射,使用 2~3 年后可得到完全的男性性征发育,以后可减至维持量 100~200mg/次,每 2~3 周肌内注射 1 次。②丙酸睾酮是短效雄激素,肌内注射,25~50mg/次,每周 2~3 次。③口服雄激素制剂有十一酸睾酮、1α-甲-5α-双氢睾酮和睾酮的 17α-烷化衍生物。这些制剂可能导致肝内胆汁淤滞,不宜长期应用。④含睾酮的皮肤浸剂经皮给药。

(二) 促性腺激素和 GnRH 治疗

促性腺激素治疗的目的是,刺激精子生成和使促性腺激素缺乏的性腺功能减退患者获得或恢复生育能力。

目前可应用的制剂有:①hCG 具有 LH 样生物活性,能刺激睾丸间质细胞产生睾酮,剂量为 1000~2000IU,皮下或肌内注射,每周 2~3 次;②尿促性素(pergonal,HMG)具有 FSH 和 LH 活性,每支含 FSH 和 LH 各 75IU,有促进睾丸生精和分泌雄激素的作用;③人纯 FSH(hFSH,Metrodin)。④对 Kallmann 综合征等患者,脉冲式小剂量给予 GnRH(戈那瑞林 gonadorelin)可刺激内源性促性腺激素的分泌和精子产生。

（李　强）

推荐阅读文献

1. Martits A,Costa E,Nardi A,et al. Late-onset hypogonadism or ADAM:diagnosis. Rev Assoc Med Bras. 2014,60(4):286-294
2. Paduch DA,Brannigan RE,Fuchs EF,et al. The laboratory diagnosis of testosterone deficiency. Urology. 2014,83(5):980-988
3. Nabhan Z,Eugster EA. Hormone replacement therapy in children with hypogonadotropic hypogonadism:where do we stand? Endocr Pract. 2013,19(6):968-971
4. Ramasamy R,Wilken N,Scovell JM,et al. Effect of testosterone supplementation on symptoms in men with hypogonadism. Eur Urol. 2014,S0302-2838
5. Udedibia E,Kaminetsky J. Phase II drugs currently being investigated for the treatment of hypogonadism. Expert Opin Investig Drugs. 2014,Aug 12:1-14
6. 陈家伦.临床内分泌学.上海:上海科学技术出版社,2011

第二十一章 多发性内分泌腺瘤病

> **要点：**
> 1. 多发性内分泌腺瘤病少见，一般有家族遗传倾向。
> 2. 当发现一种内分泌腺肿瘤时，应想到存在其他内分泌腺肿瘤的可能。
> 3. 早期切除可以根治。

多发性内分泌腺瘤病（multiple endocrine neoplasia，MEN）是在同一个患者体内，同时或先后出现两个或两个以上的内分泌腺肿瘤或增生而产生的一种临床综合征，系常染色体显性遗传病，可呈家族性发病。主要分为 MEN-1、MEN-2 型及混合型，其中 MEN-2 又可分为 MEN-2A、MEN-2B 及家族性甲状腺髓样癌（FMTC）等亚型，各型的主要特点详见表 7-21-1。

表 7-21-1　MEN 的主要临床特点

MEN1	MEN2	混合型
甲状旁腺功能亢进症（约 95%） 胃肠胰肿瘤（约 40%） 腺垂体增生或腺瘤（约 25%）	1）MEN2A 　甲状腺髓样癌（100%） 　嗜铬细胞瘤（约 50%） 　甲状旁腺功能亢进症（约 20%） 2）MEN2B 　甲状腺髓样癌（100%） 　嗜铬细胞瘤（约 50%） 　多发性黏膜神经瘤 　马凡体型 3）家族性甲状腺髓样癌	1）Von Hippel-Lindau 病 2）Carney 综合征 3）多发性神经纤维瘤伴 MEN1 或 2

【多发性内分泌腺瘤病 1 型，MEN1 型】　MEN1 型，又称 Wermer 综合征，多在 30～50 岁发病，人群患病率为 2～20/100 000，男女患病率相等。主要表现为甲状旁腺功能亢进症、胃肠胰肿瘤（胃泌素瘤和胰岛素瘤常见）和垂体前叶瘤（催乳素瘤常见）。此外，还可有肾上腺皮质腺瘤、脂肪瘤和胸腺类癌等内分泌和非内分泌肿瘤。

（一）病因和发病机制

MEN-1 型的发病与位于 11 号染色体长臂（11q13）上的 MEN1 基因突变有关。该基因含有 10 个外显子，属抑瘤基因，编码一个由 610 个氨基酸组成的 menin 蛋白。MEN-1 型的发生要求该位点两个等位基因均发生突变，患者通过遗传获得一个发生突变的等位基因，而肿瘤部位的细胞通过体细胞突变缺失了另一个等位基因。抑瘤基因对细胞的生长、分化、死亡起着重要的调控作用，两个等位基因均发生突变，遂使细胞的生长失控，导致肿瘤的发生。由上述特点可知，MEN-1 型在遗传方式上属常染色体显性遗传，而在肿瘤的发生机制上却是隐性的，需两个等位基因均发生突变。

（二）病理

MEN-1 型中，甲状旁腺的病理改变为增生、腺瘤或腺癌。其中，甲状旁腺主细胞增生是典型的病理改变，且为多发性，通常 4 个甲状旁腺均受累，呈多个腺瘤、增生或腺瘤样增生。胰腺病变可呈胰岛细胞腺瘤或腺癌，常为多发性病变，极少数为增生。在 MEN-1 型中，1/3 胰岛细胞瘤来自非 β 细胞，其中又以 δ 细胞为常见。10% 的 MEN1 型患者可同时患有两种不同的胰腺肿瘤。垂体前叶病变多为腺瘤，从组织学分类上，其肿瘤细胞可为嗜酸、嗜碱或嫌色细胞；从功能上分类，MEN1 型垂体肿瘤中约 60% 分泌催乳素（PRL），25% 分泌生长激素（GH），3% 分泌促肾上腺皮质激素，其余则为无功能性腺瘤。肾上腺病变中，40% 为无症状性肾上腺皮质肿瘤，主要包括皮质腺瘤或增生，可为多个腺瘤或结节样增生。有功能性腺瘤可分泌皮质醇或醛固酮。甲状腺病变无明显规律，可有腺瘤、增生、甲状腺肿、甲状腺癌或慢性淋巴细胞性甲状腺炎等。

（三）临床表现

MEN-1 型的临床表现复杂多样，个体差异大。绝大多数患者有高钙血症，其次表现为低血糖。

1. 甲状旁腺功能亢进症　发生率约 95%，原发性甲状旁腺功能亢进症（PHPT）是 MEN-1 型最常见的表现。由于甲状腺旁腺增生或腺瘤使甲状旁腺素分泌增多，引起骨代谢障碍，出现骨痛、骨质疏松和病理性骨折。血钙升高可致肌无力、疲乏、便秘、恶心和呕吐，甚至因高钙血症而产生神经精神症状。尿钙排泄增加可引起泌尿道结石和肾功能受损，表现为肾绞痛、多尿和多饮等。上述症状与甲状旁腺功能亢进症患者无明显区别。

2. 胃肠胰肿瘤　主要是胃泌素瘤和胰岛素瘤。胃泌素瘤（gastrinoma，Zollinger-Ellison 综合征）发生率约为 40%，分泌的大量胃泌素刺激胃酸分泌增多，可反复出现消化性溃疡，并常伴有水样腹泻，偶见脂肪泻，患者可有呕吐、体重减轻。胰岛素瘤（insulinoma）发生率为 10%，临床症状与散发性胰岛素瘤无区别，均有空腹、餐前或运动后低血糖发作，进食或服糖后低血糖症状缓解。低血糖时血浆胰岛素、C 肽和胰岛素原浓度反而增高。此外，可有胰高糖素瘤、血管活性肠肽瘤、胰多肽瘤、降钙素瘤和生长抑素瘤等，但均很少见。

3. 垂体前叶肿瘤或增生　发生率约 25%，除促性腺素瘤外的所有前叶肿瘤均有报道。以催乳素瘤的闭经、不育、溢乳为多见；也可表现为肢端肥大症、库欣病等。较大的侵袭性肿瘤可导致垂体功能减退和视交叉受压。

4. 其他肿瘤　无功能性肾上腺皮质肿瘤、类癌、多发性脂肪瘤和平滑肌瘤等。

（四）实验室和辅助检查

1. 生化检查　对具有上述一种或几种临床表现而又有明确家族史的患者，应作以下有关内分泌腺体功能的筛查：血和尿钙、磷含量及血 ALP、PTH 浓度等。MEN 可有高钙血症和血浆 PTH 水平增高。可按胰岛素瘤的检查常规监测患者的空腹和饥饿时的血糖、胰岛素或 C 肽水平，必要时可作饥饿试验或进行葡萄糖耐量试验并同时测定血浆胰岛素浓度。胃泌素瘤患者的血清胃泌素浓度和基础胃酸分泌量可明确诊断。如能测定血浆胰高糖素、VIP、CT 和 PP 等有关激素水平，亦可有助于胰十二指肠肿瘤的诊断。

功能性垂体肿瘤的患者，可相应有血清催乳素、生长激素、促肾上腺皮质激素（ACTH）、血和尿皮质醇水平等升高。无功能性垂体肿瘤，肾上腺、甲状腺和性腺等有关激素水平可正常或低下。

如有甲状腺病变可测定甲状腺激素水平。类癌者血或尿中 5-羟色胺（5-HT）、5-羟吲哚乙酸（5-HIAA）、组织胺、前列腺素、缓激肽等类癌分泌释放或代谢产生的生物活性物质的含量可明显增多。

2. 肿瘤定位检查　可行胸部、头颅蝶鞍、骨盆、四肢 X 线检查，消化道造影及内镜检查，甲状腺、甲状旁腺、胰腺、垂体和肾上腺等部位的 B 超、CT 或 MRI 可呈现腺瘤或增生的影像学改变。

（五）诊断与鉴别诊断

当临床发现患者患某一内分泌腺肿瘤时,应考虑 MEN 的可能性,并做相关的筛查。因此,对本病的认识和警惕性对于诊断至关重要。

对具有一种或几种临床症状,且有明确家族史的患者,通过测定有关内分泌腺体分泌的激素水平和功能检查,并进行相应的定位检查可明确诊断。对其未患病的家族成员应严密随诊,以早期诊断。有条件者,可检测 MEN1 基因突变。

MEN-1 型需与非 MEN 的同类病变相鉴别,如 MEN-1 型的甲状旁腺功能亢进症需与家族性和散发性甲状旁腺功能亢进症鉴别,MEN-1 型患者同时还有垂体和(或)胰腺病变,因此不难鉴别。

（六）治疗

MEN 所累及的内分泌腺体的病变为腺瘤或增生,因此手术治疗是首选方案。MEN-1 型患者具有多个内分泌腺体和(或)多发性病变的特点,治疗的顺序应取决于每种病变的严重程度。如胰腺的内分泌肿瘤产生了危及生命的症状,原发性甲旁亢出现了高血钙危象,垂体瘤导致进行性视野缺损严重影响视力时,应尽早采取外科手术治疗。

（七）预后

MEN-1 型的垂体和甲状旁腺病变通常为良性,甲状旁腺可为腺瘤或弥漫型增生,且以增生多见,故甲状旁腺手术后复发率较高。胰腺肿瘤常为恶性,且为多发,恶性胃泌素瘤的发展较其他恶性肿瘤相对缓慢。胃肠道类癌一般生长缓慢,患者出现内分泌系统的症状后,大多数人已出现转移,并存活 5~20 年不等,支气管类癌预后较差,约存活数月或 1~2 年。

【多发性内分泌腺瘤病 2 型,MEN-2 型】　MEN-2 型的人群患病率约为 1/35 000,男女患病比例相等。主要病变为甲状腺髓样癌(medullary thyroid carcinoma,MTC)、嗜铬细胞瘤(pheochromocytoma,PHEO)和原发性甲状旁腺功能亢进症(primary hyperparathyroidism,PHPT)。还可累及内分泌腺外器官/组织如肠、黏膜、角膜、骨骼等。可分为以下 3 个亚型:

MEN-2A 又称 Sipple 综合征。各年龄层次均可发病,但多始于 5~25 岁。其甲状腺髓样癌发病率几乎为 100%,嗜铬细胞瘤约 50%,原发性甲状旁腺功能亢进症为 10%~20%。

MEN-2B 是在甲状腺髓样癌和嗜铬细胞瘤的基础上伴有唇/舌黏膜或黏膜下多发性神经瘤、类马凡征面容/体形、巨结肠等。几乎所有患者均存在甲状腺髓样癌,原发性甲状旁腺功能亢进症罕见。

FMTC 是最轻型的 MEN-2,仅有甲状腺髓样癌而无 MEN-2 型其他特征。

（一）病因和发病机制

MEN-2 型的发病与位于 10 号染色体长臂(10q11)上的 RET 原癌基因突变有关。几乎 100% 的 MEN-2A 均因 RET 基因突变引起;95% 的 MEN-2B 有 RET 基因第 16 号外显子上的 918 编码子突变。这些 RET 基因突变可使胞外的一个保守的半胱氨酸突变为其他氨基酸,引起受体的二聚化,及其胞内部分酪氨酸残基自身磷酸化,从而激活酪氨酸激酶途径;而有些突变在不引起受体二聚化的情况下,亦能引起受体自身磷酸化,进而激活酪氨酸激酶途径。RET 原癌基因一般仅在甲状腺 C 细胞、嗜铬细胞和甲状旁腺细胞中表达,故该基因突变一般仅引起上述细胞转化而发生肿瘤,受累内分泌腺体可同时或先后发病。

（二）病理

MEN-2 型中,甲状腺髓样癌起源于甲状腺滤泡旁 C 细胞,最早表现为 C 细胞增生,继之发展为结节样增生和(或)微小的甲状腺髓样癌,最后形成症状明显的甲状腺髓样癌。其组织学变化为淀粉样蛋白沉着,主要特征为双侧及多中心病变。肾上腺常见的病理改变为单个或多发性嗜铬细胞瘤伴有其余部分的髓质增生,恶性嗜铬细胞瘤可侵袭肾上腺包膜,但转移很少见。甲状旁腺的病变可为增生或多发性腺瘤。

（三）临床表现

1. **甲状腺髓样癌**　表现为甲状腺肿物。发病年龄轻、恶性程度高、转移早,半数以上发现时已有颈淋巴结转移。

2. **嗜铬细胞瘤**　发作性高血压、头痛、心悸、出汗等儿茶酚胺增多症状。60%～75% 累及双侧肾上腺,绝大多数属良性。

3. **原发性甲状旁腺功能亢进症**　症状较轻。若为甲状旁腺增生,其中半数以上血钙正常,血清 PTH 多为正常。肾损害和骨病较 MEN-1 型少见。

4. **其他多发性黏膜神经瘤**　表现为口唇粗厚、眼睑增厚,肠道运动异常,局部或全身性肌无力和感觉异常。类马凡体型特征为体型瘦长、关节活动伸展过度,蜘蛛样手足,肌张力过低,足外翻,脊柱后凸或侧凸畸形等。

（四）实验室和辅助检查

甲状腺髓样癌血清降钙素值(基础和兴奋试验后水平)明显升高,血清组织胺酶活性增高。嗜铬细胞瘤患者血浆儿茶酚胺及代谢产物(甲氧基肾上腺素/甲氧基去甲肾上腺素)和 24 小时尿 VMA 增高。影像学检查亦有助于诊断。甲旁亢的生化检查和定位诊断与 MEN-1 型相同。

（五）诊断与鉴别诊断

甲状腺髓样癌是 MEN-2 型的临床基本特征和诊断的关键。根据上述临床表现、实验室检查和阳性家族史等,临床诊断不难。RET 为 MEN-2 型易感基因,基因携带者外显率约 100%,因此 RET 基因检测被推荐为诊断 MEN-2 型的金标准。

MEN-2 型的各腺体病变应与相应的散发性病变,如甲状腺髓样癌、嗜铬细胞瘤和甲旁亢等相鉴别。

（六）治疗与预后

MEN-2 型诊断后,在其多发的病变中,首先应考虑切除肾上腺嗜铬细胞瘤,其后迅速处理甲状腺髓样癌和甲状旁腺病变。手术是甲状腺髓样癌首选的治疗方法,放射治疗适用于有局部症状或进行性病变已无法手术者,化学治疗一般疗效较差。

MEN-2 型患者平均寿命为 60 岁左右,早期行甲状腺切除术后随诊 1～10 年,约 90% 的病例的降钙素水平正常或低于可测值。嗜铬细胞瘤大多数为良性,手术可治愈。甲状旁腺增生的复发率较高。

（李启富）

推荐阅读文献

1. Moo-Young TA,Traugott AL,Moley JF. Sporadic and familial medullary thyroid carcinoma:state of the art. SurgClinNorthAm,2009,89(5):1193-1204

2. Chew SL. Use of mutation analysis in endocrine neoplasia syndromes. Clin Med,2009,9(4):362-363

3. Fauci AS,Kasper DL,Longo DL,et al. Harrison's Principles of Internal Medicine. 17th ed. New York:McGraw-Hill Company,2008

Notes

第二十二章 自身免疫性多内分泌腺病综合征

> **要点**:
> 1. 自身免疫性多内分泌腺病综合征是多种内分泌腺体受损的组合。
> 2. 临床上以某一腺体的异常为突出表现,而其他腺体的异常比较隐匿而易被忽略。
> 3. 本症的治疗原则为激素替代。

自身免疫性多内分泌腺病综合征(autoimmune polyglandular syndrome,APS)是指同时或先后发生两种或以上的自身免疫性内分泌腺病,多数表现为腺体功能减退。该病可合并其他系统的自身免疫疾病如恶性贫血、重症肌无力等。根据病因及临床特征,APS可分为Ⅰ型和Ⅱ型。

APS-Ⅰ型又称为自身免疫性多内分泌腺病-念珠菌病-外胚层发育不良(autoimmune polyendocrinopathy-candidiasis-ectodermal dystrophy,APECED)。该病多在儿童期发病,同一个体患几种自身免疫疾病的时间间隔可长达数十年。几乎所有的APS-Ⅰ型患者均有念珠菌病,而内分泌系统主要表现为原发性肾上腺皮质功能减退和原发性甲状旁腺功能减退,此外还包括原发性性腺功能减退、甲状腺功能减退、1型糖尿病等。患者可有脱发、白癜风等外胚层营养不良的表现及肠道吸收不良、恶性贫血、自身免疫性肝炎等。

APS-Ⅱ型较Ⅰ型更常见,Ⅱ型又称为Schmidt综合征,其主要受累的内分泌腺为肾上腺和甲状腺,常见疾病组成为原发性肾上腺皮质功能减退、自身免疫性甲状腺病和1型糖尿病,此外少见的疾病还包括原发性性腺功能减退、重症肌无力、甲状旁腺功能减退和腺垂体功能减退等。

【病因和发病机制】 APS-Ⅰ型病因尚未完全清楚,该病为常染色体隐性遗传,与21号染色体上的AIRE基因缺陷有关。

APS-Ⅱ型除了与遗传有关,也与环境因素有关。APS-Ⅱ型的遗传性状与HLA的遗传易感性有关。但HLA现象不能解释同一个体在不同年龄出现不同的自身免疫病,同卵双胞1型糖尿病发病一致性为50%,以及异卵双胞胎发生1型糖尿病或Graves病的危险性比HLA相同的兄妹高等现象。这提示,除HLA外还有其他非HLA区基因影响着该病的遗传易感性。部分APS-Ⅱ型还存在T淋巴细胞的异常,包括功能缺陷与细胞表面标志的改变,最显著的功能缺陷是抑制性T细胞活性减低。

【临床表现和实验室检查】

(一) 临床表现

APS-Ⅰ型和Ⅱ型的临床特点见表7-22-1。APS主要受累的内分泌腺的临床表现为:

1. 肾上腺皮质功能减退 表现为乏力、食欲减退、消化不良、呕吐、腹泻、头昏、眼花、直立性低血压,严重时可发生神志淡漠、嗜睡、休克。患者可有稀释性低钠血症、低血糖、性功能减退、易感染等。

2. 甲状腺功能减退 表现为畏寒、皮肤缺少弹性、干糙、无光泽,食欲减退、便秘,神情淡漠、抑郁、记忆减退。可有黏液性水肿,心率缓慢,心电图示低电压,心肌损害。

3. 1型糖尿病 可表现为明显烦渴、多饮、多尿、多食、消瘦、疲乏等症状,有酮症倾向,可以酮症酸中毒为首发表现。病程较长者常伴有糖尿病肾病、糖尿病神经病变、糖尿病视网膜病变、糖尿病大血管病变等多种并发症。

4. 性腺功能减退　女性比男性更为常见。女性患者可表现为卵巢功能早衰,而男性患者可出现性功能减退、雄激素水平降低和精子减少。

除内分泌腺病变外,本征可与重症肌无力、恶性贫血、白癜风等并存并出现相应临床症状与体征。

(二) 辅助检查

内分泌腺功能检查、心电图等。内分泌腺功能检查主要包括肾上腺皮质功能、甲状腺功能、口服葡萄糖耐量试验等。患者血中可检测到内分泌腺的自身抗体,伴有恶性贫血者可检测到胃壁细胞抗体。皮肤黏膜念珠菌感染时可伴有高丙种球蛋白血症,而缺乏免疫球蛋白 A。

【诊断与鉴别诊断】　见表 7-22-1。

表 7-22-1　APS-Ⅰ型和Ⅱ型的临床特点

	APS-Ⅰ	APS-Ⅱ
流行情况	罕见	相对多见
发病率	<1:100 000/年	1~2:10 000/年
男女比例	3:4	1:3
发病年龄	儿童	儿童及成人
遗传机制	单基因	多基因
自身免疫性内分泌腺病	甲状旁腺功能减退(80%~85%) Addison's 病(60%~70%) 1 型糖尿病(<20%) 性腺功能减退(12%) 甲状腺疾病(10%)	甲状腺疾病(70%~75%) 1 型糖尿病(50%~60%) Addison's 病(40%) 甲状旁腺功能减退(3%) 垂体功能减退(0~2%)
伴发疾病	黏膜皮肤念珠菌病(70%~80%)	无念珠菌病

具有多内分泌腺功能减退的临床表现,相关腺体激素水平明显降低,同时相关促激素(如 ACTH、LH、FSH、TSH)水平增高,合并其他系统自身免疫性疾病者需考虑 APS,内分泌腺的自身抗体的检测有助于诊断。Ⅱ型与Ⅰ型的不同之处在于前者家族中可多代受累,无黏膜皮肤念珠菌病,甲旁减发生率低,而 1 型糖尿病发生率相对较高。

【治疗】　内分泌腺体功能减退如甲状腺功能减退、肾上腺皮质功能减退、性腺功能减退等主要采取激素替代治疗。对肾上腺皮质功能减退合并甲状腺功能减退者,应该先用皮质激素治疗,单独应用左甲状腺素治疗可诱发肾上腺危象。因此,甲状腺功能减退患者治疗前必须首先评估其肾上腺皮质的功能。1 型糖尿病患者应使用胰岛素治疗。念珠菌病应根据感染的部位采用不同的抗真菌疗法。有报道部分 APS 患者可应用免疫抑制剂治疗。

(李启富)

推荐阅读文献

1. Cutolo M. Autoimmune polyendocrine syndromes. Autoimmun Rev,2014,13(2):85-89
2. Proust-Lemoine E,Saugier-Veber P,Wémeau JL. Polyglandular autoimmune syndrome type I. Presse Med,2012, 41(12 P 2):e651-662
3. Kahaly GJ. Polyglandular autoimmune syndrome type II. Presse Med,2012,41(12 P2):e663-670
4. Kahaly GJ. Polyglandular autoimmune syndromes. Eur J Endocrinol,2009,161(1):11-20

第二十三章　异位激素分泌综合征

要点：

1. 异位激素分泌综合征相对罕见。
2. 当发现体内激素分泌异常增多，若按常规思维无法解释时应该考虑本病。
3. 找到肿瘤是治疗成功关键，手术治疗效果好。

异位激素分泌综合征（ectopic hormonal syndrome）是指某些来源于非内分泌组织的肿瘤产生激素和（或）激素样物质，或起源于内分泌腺的肿瘤不仅产生正常分泌的激素，还分泌其他激素，表现出激素过多的临床特征。Liddle 等人于 1969 年最早对此进行描述，并命名为异位激素综合征。随着医学基础理论和激素检测手段的不断进步以及临床经验的积累，现已发现众多的异位激素分泌综合征，如异位 ACTH 综合征和异位抗利尿激素分泌综合征。实际上，异位激素分泌一词并不确切，许多产生异位激素的组织，其生理状态下也可产生微量的有关激素。

【异位激素的种类和分泌机制】

（一）异位激素的性质和种类

激素通常分为类固醇、氨基酸衍生物、单胺类（脂肪酸衍生物）、肽类或蛋白质等四种类型。异位激素除睾酮和雌二醇外，多为肽类或蛋白质激素。与正常肽类激素相比，异位激素有以下特点：①由于肿瘤细胞内基因转录、剪接、加工不完善，往往合成的物质并非内分泌腺分泌的天然激素，而是激素的前体物质（如 POMC）、激素亚单位（如 HCG 的 α 或 β 亚单位）或激素片段（如生长激素释放激素的片段）。其生物学活性弱或无生物学活性，因此可无激素过多的临床表现，但它们与天然激素有免疫交叉反应。②由一些肿瘤分泌的具有激素活性的多肽如胰岛素样生长因子-2（IGF-2）和甲状旁腺激素相关肽（PTHrP）等。③垂体糖蛋白激素极少由垂体外肿瘤产生。④肿瘤细胞缺乏激素分泌的调控机制，分泌量和形式多不受控制。

许多肿瘤均有分泌异位激素的潜能，如小细胞肺癌、类癌、肾癌。不同类型的肿瘤可产生同一种异位激素，如支气管类癌和小细胞肺癌均能产生 ACTH，这两类肿瘤可能起源于同一种细胞。此外，同一种肿瘤也可产生多种异位内分泌激素，如甲状腺髓样癌和小细胞肺癌能同时产生 ACTH、降钙素和生长激素释放抑制激素。

（二）异位激素分泌机制

本综合征的确切发病机制尚不清楚，目前有以下几种学说：①随机阻抑解除学说：由于肿瘤细胞内染色体组中某些合成多肽的基因出现随机性阻抑解除，从而合成这些正常时不合成的多肽。②APUD 细胞学说：可分泌异位激素的肿瘤均起源于在组织胚胎学上与正常内分泌组织的前体有关的细胞，称为摄取胺前体及脱羧反应细胞（amino precursor uptake and decarboxylation, APUD）。它们由神经外胚层衍化而来，具有共同的组织化学和超微结构特征，此类细胞广泛分布于肺、胃肠道、甲状腺、胰腺、肾上腺髓质、乳腺、前列腺等处，在发生肿瘤时可产生的异位激素包括 ACTH、降钙素、血管活性肠肽、GHRH、CRH 等。③癌基因学说：有些癌基因的功能与内分泌功能密切相关,可直接激活某一激素基因的转录,合成激素、激素片段、激素样多肽等。④细胞分化障碍学说:某些组织细胞在其正常的发育分化过程中具有产生某些多肽类激素和其他蛋白质的能力,分化成熟后就不再产生这些蛋白质分子。成为肿瘤细胞后由于成熟障碍,仍然产生这些多肽激素或其他蛋白质。⑤这些肿瘤产生的激素也可能是非异位的,正常时能少量产生,发生肿瘤后产量增多而引起此综合征。

【诊断】　诊断的依据为:①肿瘤和内分泌综合征同时存在,而肿瘤并非发生于生理状况下分泌该激素的内分泌腺;②肿瘤伴血或尿中激素水平异常升高;③激素分泌呈自主性,不能被正常的反馈机制所抑制;④排除其他可引起激素过多的原因;⑤肿瘤经特异性治疗(如手术、化疗、放疗)后,激素水平下降,内分泌综合征症状缓解;⑥在外科手术时取肿瘤的动静脉血检测激素水平,证明静脉血中激素水平高于动脉,或用导管技术取引流肿瘤静脉血与另一远离肿瘤的静脉血样比较,证明肿瘤血中激素含量明显升高;⑦在肿瘤的提取物中用放免法或生物法证实激素的存在;⑧肿瘤细胞培养液中证实有该激素的分泌;⑨肿瘤组织中证实存在该激素的 mRNA。

【治疗】　异位激素综合征的治疗方法有:①手术:完全切除肿瘤是最有效的办法,术后激素过多的症状也会随之消失。②药物治疗:肿瘤无法切除或肿瘤已发生远处转移者,可使用药物阻断激素的合成或抑制其释放。酮康唑、氨鲁米特和氯苯二氯乙烷可阻断肾上腺皮质激素合成,长效生长抑素类似物奥曲肽(善得定,sandostatin)可以有效地抑制生长激素释放激素的分泌。③手术切除激素的靶组织:药物无效或一时找不到肿瘤病灶时,可手术切除靶组织,如异位ACTH 综合征患者可切除其双侧肾上腺。④化疗:针对肿瘤的病理类型进行化疗,小细胞肺癌化疗后短期效果较好。

【临床常见的异位激素分泌综合征】

(一) 异位 ACTH 综合征

异位 ACTH 综合征是最早被发现且研究最广泛的异位激素分泌综合征。当大小剂量地塞米松抑制试验不能确定库欣病时,医生就应该考虑异位 ACTH 综合征的可能。该综合征是非垂体的肿瘤分泌 ACTH 样物质,刺激肾上腺而引起皮质醇增多症,约占全部 Cushing 综合征的 $10\% \sim 15\%$。多见于 APUD 细胞瘤,其中燕麦细胞支气管肺癌占 50% 左右,其他有胰腺癌、甲状腺髓样癌、嗜铬细胞瘤、神经母细胞瘤和黑色素瘤等;非 APUD 细胞瘤如肺腺癌、肺鳞状细胞癌和肝癌也可引起本症。

本综合征患者血浆 ACTH 和皮质醇均显著增高且不被大剂量地塞米松试验所抑制。当病情重、病程短、消耗严重时,可不出现向心性肥胖和紫纹等 Cushing 综合征的特征性体征,而主要表现为明显的色素沉着、高血压、水肿、严重的低血钾及糖代谢异常,多见于男性患者。而肿瘤病情轻、病程长者,可表现为较典型的 Cushing 综合征特征,需与垂体性库欣病鉴别。多数异位ACTH 综合征患者有明显的低血钾碱中毒(可达 $69\% \sim 90\%$)、类固醇性糖尿病、色素沉着,常见于肺、胰、肠类癌。

可选择酮康唑、安鲁米特等来抑制皮质激素的合成,同时给小剂量泼尼松以防止危象。病情不能控制者还可行双侧肾上腺次全切除术。对症治疗包括补钾和控制糖尿病。

(二) 异位抗利尿激素综合征

异位抗利尿激素综合征(syndrome of inappropriate anlidiuretic hormone secretion,SIADH)由肿瘤组织分泌大量垂体后叶素(ADH),引起水重吸收增加,导致稀释性低钠血症、水中毒。常见于肺癌,主要是燕麦细胞癌、未分化小细胞癌、鳞状细胞癌和腺棘皮细胞癌。低钠血症逐渐发生时可没有症状,当血钠快速低于120mmol/L 时可出现肌力减退、腱反射消失,呈木僵状态,或有抽搐发作。SIADH 的主要诊断标准包括:①血钠降低(低于 130mmol/L);②尿钠增高(超过 30mmol/L);③血浆渗透压降低(低于 275mOsm/(kg·H_2O));④尿渗透压>100mOsm/(kg·H_2O)(尿渗透压常高于血浆渗透压)；⑤血容量正常,血尿素氮、肌酐、尿酸下降；⑥除外甲状腺功能减退、肾上腺皮质功能减低、利尿剂使用等原因。治疗包括原发肿瘤的处理和纠正低钠血症,及时去除肿瘤是纠正 SIADH 的关键。低钠血症治疗主要是限水,有经济条件者可使用抗利尿激素(AVP)V2 受体拮抗剂托伐普坦。

(三) 肿瘤所致的高钙血症

高钙血症是恶性肿瘤中最常见的内分泌代谢并发症,癌症患者发生率为 5%。恶性肿瘤是住院患者高钙血症发生的最常见原因,其机制包括：①多发性骨髓瘤等血液系统肿瘤可产生破骨细胞激活因子,包括淋巴毒素和肿瘤坏死因子而引起高血钙。②肿瘤骨转移造成骨质破坏,骨钙释放引起高钙血症。③肿瘤本身可产生升高血钙的体液因子,如 1,25(OH)$_2$D$_3$、PTH、PTH 相关肽(PTHrP),及促进骨吸收的生长因子,如转化生长因子等。淋巴瘤可高表达 1α-羟化酶,促使机体合成 1,25(OH)$_2$D$_3$ 增多。其他肉芽肿性病变,如结节病、尘肺、结核或真菌感染也可通过这一机制引起高钙血症。PTHrP 起始的 1~34 氨基酸序列与人 PTH 相同,可与 PTH 受体相结合,产生类 PTH 样生物活性,多见于鳞状细胞肺癌、肾腺癌,其次为乳腺癌、子宫颈鳞癌、卵巢肿瘤和胰腺肿瘤,少见的有前列腺癌和肝癌等。轻度高钙血症可没有症状,严重时主要表现为消化道症状和心律失常,有口渴、多饮、厌食、恶心、呕吐、便秘和腹胀,甚至出现精神症状,乃至昏迷。治疗应尽早去除原发肿瘤。高钙血症治疗包括大量饮水或静脉输注生理盐水,药物可使用双磷酸盐、利尿剂、降钙素、糖皮质激素等。

(四) 肿瘤所致的低血糖症

许多胰外肿瘤可伴发低血糖症,引起神经性低血糖症状：反应迟钝、意识模糊或行为异常,多见于饥饿时或呈自主性,且不易以多次进食防止发生。

胰腺外肿瘤导致低血糖的机制有：①巨大肿瘤本身葡萄糖利用增加。②肝脏肿瘤或肿瘤肝脏转移导致肝功能异常、肝糖输出减少。③肿瘤分泌大量的 IGF-2,后者通过抑制生长激素和增强胰岛素的作用而使葡萄糖的消耗增加。部分肝癌患者分泌过多的 IGF-1,后者有较强的降低血糖的作用。④少部分胰腺外肿瘤可直接分泌胰岛素、胰岛素原、C 肽,如小细胞癌。

这些肿瘤中,低度恶性或良性的结缔组织肿瘤约占 45%,包括纤维肉瘤、神经纤维瘤、神经纤维肉瘤、梭形细胞瘤、横纹肌肉瘤和平滑肌肉瘤等。这些肿瘤的 2/3 分布在腹腔内或腹膜后,1/3 在胸腔内。肝癌约占 23%,多为原发性肝癌。白血病也可出现低血糖症,约占 6%。

治疗依赖于肿瘤的完整切除,低血糖症可治愈。不能手术者可对症处理,严重者可给予糖皮质激素治疗。

(五) 异位人绒毛膜促性腺激素综合征

人绒毛膜促性腺激素(HCG)由正常胎盘滋养层细胞及生殖细胞肿瘤产生,包括睾丸胚胎瘤和性腺外的生殖细胞瘤,是由 α 和 β 两个肽链以非共价键结合在一起组成的糖蛋白。其 α 链的氨基酸序列与 TSH、FSH、LH 的 α 链相似,其 β 链起始的 117 个氨基酸残基与 LH 的 β 链有 80% 相同。单独的 α 和 β 链均无生物活性,完整的激素生物活性是由 β 链决定的。产生异位 HCG 的肿瘤有肺部肿瘤、肝母细胞瘤、肾癌和肾上腺皮质癌等。患者血、尿 HCG 升高,颅内肿瘤患者脑脊液中 β-HCG 升高。

异位人绒毛膜促性腺激素综合征在成年男性引起乳房发育,乳房压痛,成年女性可出现月经异常,青春期前发生者可引起同性性早熟。HCG 可与 TSH 受体呈低亲和力结合,高浓度 HCG 可激活 TSH 受体而引起甲状腺功能亢进症。治疗主要是手术切除肿瘤或放疗。

(李启富)

参考文献

1. Fauci AS, Kasper DL, Longo DL, et al. Harrison's Principles of Internal Medicine. 17th ed. New York: McGraw-

Hill Company,2008

2. Ejaz S,Vassilopoulou-Sellin R,Busaidy NL,et al. Cushing syndrome secondary to ectopic adrenocorticotropic hormone secretion:the University of Texas MD Anderson Cancer Center Experience. Cancer,2011,117(19): 4381-4389

3. Cohade C,Broussaud S,Louiset E,et al. Ectopic Cushing's syndrome due to a pheochromocytoma:a new case in the post-partum and review of literature. Gynecol Endocrinol,2009,25(9):624-627

第二十四章　糖　尿　病

要点：

1. 糖尿病是由遗传和环境因素共同引起的一组以高血糖为特征的临床综合征，胰岛素缺乏和胰岛素作用障碍单独或同时引起糖类、脂肪、蛋白质、水和电解质等的代谢紊乱。

2. 糖尿病分为1型糖尿病、2型糖尿病、其他特殊类型糖尿病和妊娠糖尿病四种，其中1型糖尿病又分为两类，绝大多数为自身免疫性病因，可能与遗传因素、环境因素及自身免疫因素有关。大多数为2型糖尿病，它为多基因和多环境因素共同参与并相互作用的结果，其基本特征是胰岛素分泌不足和胰岛素抵抗，后者与肥胖的关系密切。

3. 特异并发症微血管病变发生的中心环节是长期高血糖，以糖尿病肾病、视网膜病变和神经病变常见；糖尿病大血管病变的本质是动脉粥样硬化，其患病率高、发病年龄轻、病情进展快、脏器受累多。

4. 根据WHO标准，空腹血糖、任意点血糖及OGTT诊断糖尿病、IFG和IGT，并确定糖尿病的类型、并发症、合并症及伴发疾病。

5. 糖尿病的治疗强调早期、长期、综合和措施个体化。综合防治包括糖尿病教育、医学营养治疗、运动治疗、药物治疗（口服降糖药、胰岛素等）和血糖监测五个方面；口服降糖药是糖尿病的基本用药，所有1型糖尿病和妊娠糖尿病应接受胰岛素治疗，2型糖尿病在某些情况下亦需用胰岛素治疗，以纠正代谢紊乱，消除症状，维持良好的营养状况和正常的生活质量，保证正常生长发育，防止发生急性代谢紊乱，预防和延缓慢性并发症的发生和发展。

糖尿病（diabetes mellitus，DM）是由遗传和环境因素共同引起的一组以慢性高血糖为主要特征的临床综合征。胰岛素缺乏和胰岛素作用障碍单独或同时引起糖类、脂肪、蛋白质、水和电解质等的代谢紊乱。其急性代谢紊乱有糖尿病酮症酸中毒（diabetic ketoacidosis，DKA）、高渗性高血糖状态（hyperosmolar hyperglycemic state，HHS）和乳酸性酸中毒，前两者统称为高血糖危象（hyperglycemic crisis）。糖尿病可并发多种慢性并发症，导致器官功能障碍和衰竭，甚至致残或致死。

全世界的糖尿病患病率迅速增加，发展中国家尤为明显，糖尿病已经成为临床上最重要的内分泌代谢病，也是联合国倡议全球最重要的慢性非传染性疾病之一。1980年，全龄人群的调查结果显示，糖尿病患病率为0.67%；而2007—2008年的全国20岁以上人群中的糖尿病患病率已达9.7%；2010年调查研究显示，18岁以上中国成年人群的糖尿病总体患病率估计为11.6%。据估计，目前我国有糖尿病患者超过1亿；据国际糖尿病联盟（IDF）估计，2025年将达到1.3亿。近年流行病学的另外变化趋势为儿童和青少年2型糖尿病增加，成人2型糖尿病年轻化。

【糖尿病分类】　1980年，世界卫生组织（World Health Organization，WHO）糖尿病专家委员会根据餐后2小时血糖水平与糖尿病视网膜病变的关系，第一次提出诊断标准建议。随着对糖尿病病因、发病机制和临床防治研究的不断进展，美国糖尿病学会（American Diabetes

Association,ADA)于 1997 年提出糖尿病分类和诊断标准的新建议,与 IDF 达成共识,并于 1999
年由 WHO 以官方文件形式发布(表 7-24-1)。

表 7-24-1 糖尿病病因学分类(WHO,1999)

1. 1 型糖尿病
   A. 免疫介导性
   B. 特发性

2. 2 型糖尿病

3. 其他特殊类型糖尿病
   A. 胰岛 β 细胞功能遗传性缺陷
   第 12 号染色体,肝细胞核因子 1α(HNF-1α)基因突变(MODY3)
   第 7 号染色体,葡萄糖激酶(GCK)基因突变(MODY2)
   第 20 号染色体,肝细胞核因子 4α(HNF-4α)基因突变(MODY1)
   线粒体 DNA
   其他
   B. 胰岛素作用遗传性缺陷
   A 型胰岛素抵抗
   矮妖精貌综合征(Leprechaunism)
   Rabson-Mendenhall 综合征
   脂肪萎缩性糖尿病
   其他
   C. 胰腺外分泌疾病:胰腺炎、创伤/胰腺切除术后、胰腺肿瘤、胰腺囊性纤维化、血色病、纤维钙化性胰
      腺病及其他
   D. 内分泌疾病:肢端肥大症、Cushing 综合征、胰高糖素瘤、嗜铬细胞瘤、甲状腺功能亢进症、生长抑素
      瘤、醛固酮瘤及其他
   E. 药物或化学品所致的糖尿病:Vacor(N-3 吡啶甲基 N-P 硝基苯尿素)、喷他脒、烟酸、糖皮质激素、甲
      状腺激素、二氮嗪、β 肾上腺素能激动剂、噻嗪类利尿剂、苯妥英钠、α-干扰素及其他
   F. 感染:先天性风疹、巨细胞病毒感染及其他
   G. 不常见的免疫介导性糖尿病:僵人(stiff-man)综合征、胰岛素自身免疫综合征,胰岛素受体抗体及
      其他
   H. 其他与糖尿病相关的遗传综合征:Down 综合征、Klinefelter 综合征、Turner 综合征、Wolfram 综合征、
      Friedreich 共济失调、Huntington 舞蹈病、Laurence-Moon-Beidel 综合征、强直性肌营养不良、卟啉病、
      Prader-Willi 综合征及其他

4. 妊娠糖尿病

（一）1 型糖尿病

1 型糖尿病是指由于胰岛 β 细胞破坏和胰岛素绝对缺乏所引起的糖尿病,但不包括已阐明
病因的 β 细胞破坏所致的糖尿病类型。

1 型糖尿病传统的观点分为两类三个亚型。自身免疫性 1 型糖尿病是指存在自身免疫发病
机制的 1 型糖尿病,按起病急缓分为急发型即急性起病和缓发型即缓慢起病,后者若在成人发
病又称为成人晚发性自身免疫性糖尿病(latent autoimmune diabetes in adults,LADA)。特发性 1
型糖尿病是指无自身免疫机制参与的证据,且各种胰岛 β 细胞自身抗体始终阴性的 1 型糖尿
病,是某些人种(如美国黑人及南亚印度人)的特殊糖尿病类型,其临床特点为:明显家族史,发
病早,初发时可有酮症,需用小量胰岛素治疗;病程中胰岛 β 细胞功能不一定呈进行性衰减,因
而部分患者起病数月或数年后可不需胰岛素治疗。

另一种比急性起病发病更快的称为暴发性 1 型糖尿病(fulminant type 1 diabetes,F1D),在
2000 年首次由日本学者报道。起病急骤,胰岛 β 细胞短时间内大量破坏导致明显高血糖和酮症

酸中毒等严重代谢紊乱且无自身免疫反应证据的一种疾病,认为与遗传因素、病毒感染和妊娠有关且预后凶险的特殊类型糖尿病。黄种人的发病率高于白种人,日本人发病率最高。

(二)2型糖尿病

2型糖尿病是指以胰岛素抵抗为主伴胰岛素相对不足或胰岛素分泌不足为主伴胰岛素抵抗的一类糖尿病,2型糖尿病虽无表7-24-1所列的各种病因,但其发病机制存在明显的异质性(heterogeneity)。由于临床诊断的局限性,实际工作中常常将不符合其他类型分类标准的糖尿病诊断为2型,但这些患者很可能不是2型,因此有人将2型糖尿病称之为"病因不明的大杂烩"。

(三)特殊类型糖尿病

1. **胰岛 β 细胞功能基因突变所致的糖尿病**   是指因单基因突变致胰岛 β 细胞功能缺陷而引起的糖尿病,不伴或仅伴有轻度的胰岛素作用障碍。

(1)青少年发病的成年型糖尿病(maturity-onset diabetes of the young, MODY):现已基本阐明了 MODY 的病因,并鉴定出 MODY 的七种突变基因,即:①肝细胞核因子(hepatocyte nuclear factor, HNF)4α 基因突变(染色体 20q)所致者称为 MODY1;②葡萄糖激酶(glucokinase, GCK)基因突变(染色体 7p)所致者称为 MODY2;③HNF-1 α 基因突变(染色体 12q)所致者称为 MODY3;④胰岛素增强子因子 1(insulin promoter factor 1, IPF-1)基因突变(染色体 13q)所致者称为 MODY4;⑤HNF-1 β 基因突变(染色体 17cen-q)所致者称为 MODY5;⑥NeuroD1 基因突变(染色体 2q)所致者称为 MODY6;⑦KLF11(Krüppel-like factor 11)基因突变所致者称为 MODY7。

MODY 的一般临床特点是:①家系中糖尿病的传递符合孟德尔常染色体显性单基因遗传规律,有三代或三代以上的家系遗传史;②起病的年龄较早,至少有一位患病成员的起病年龄<25岁;③确诊糖尿病后至少两年内不需要用外源性胰岛素控制血糖。

(2)线粒体母系遗传性糖尿病:线粒体基因突变糖尿病的病因已基本阐明。线粒体的多种基因突变可导致糖尿病,突变使赖氨酸或亮氨酸掺入线粒体蛋白受阻,最多见的是线粒体亮氨酸转运核糖核酸(UUR)基因(3243A→G)突变。其临床特点是:①家系中女性患者的子女可能患病,而男性患者的子女均不患病,这是因为线粒体位于细胞质,受精卵的线粒体来自母亲,而精子不含线粒体,故呈母系遗传;②起病的年龄较早;③无酮症倾向,无肥胖(个别消瘦),起病初期常不需要胰岛素治疗,因胰岛 β 细胞功能日渐衰减,故最终需要胰岛素治疗;④常伴有不同程度的听力障碍;⑤容易损害能量需求大的组织,导致神经、肌肉、视网膜、造血系统的功能障碍,并常伴有高乳酸血症。

若女性糖尿病患者伴耳聋,且母亲患糖尿病,临床可初步诊断为伴耳聋的母系遗传糖尿病(MIDD),因为这类患者用二甲双胍极易发生如乳酸性酸中毒,因此应该重视。

2. **胰岛素受体基因突变所致的糖尿病**   是指胰岛素受体基因异常导致胰岛素作用障碍。胰岛素受体合成、运转、结合、穿膜、胞吞、再循环及受体后信号转导功能受损均可导致胰岛素抵抗。

(1)A型胰岛素抵抗:又称为卵巢性高雄激素血症-胰岛素抵抗性黑棘皮病(ovorian hyperandrogenism insulin resistant acanthosis nigricans, HAIR-AN),多见于消瘦的青少年女性。HAIR-AN 的典型临床表现是:①显著的高胰岛素血症;②糖尿病一般不严重,但胰岛素抵抗明显;③常伴黑棘皮病及肢端肥大症样表现;④女性患者有卵巢性高雄激素血症,表现为多毛、闭经、不育、多囊卵巢和不同程度的女性男性化等。

(2)矮妖精貌综合征:是一种罕见的遗传病,呈常染色体隐性遗传。其临床特点是:①显著的高胰岛素血症,可高达正常水平的数十倍以上;②糖耐量正常或出现空腹低血糖;③常伴有多种躯体畸形(如面貌怪异、低位耳、眼球突出、鞍鼻、阔嘴、厚唇等);④其他异常(如黑棘皮病、宫内发育停滞、脂肪营养不良等)或女性男性化(新生女婴多毛、阴蒂肥大和多囊卵巢等)。

(3)Rabson-Mendenhall 综合征:多为胰岛素受体基因突变纯合子或复合杂合子,发病环节在胰岛素受体表达异常和(或)受体后信号转导系统。患者除胰岛素抵抗表现外,还有牙齿畸形、指甲增厚、腹膨隆、早老面容、阴蒂肥大、松果体肿瘤等。常于青春期前死于酮症酸中毒。

(4) 脂肪萎缩性糖尿病:本病呈常染色体隐性遗传。其临床特点是:①有明显家族史,多为女性发病;②严重胰岛素抵抗伴皮下、腹腔和肾周脂肪萎缩,一般不伴酮症酸中毒;③肝大、脾大、肝硬化或肝衰竭;④皮肤黄色瘤和高甘油三酯血症;⑤女孩常有多毛、阴蒂肥大等男性化表现。

3. **其他特异型糖尿病**　病因和临床类型很多,但都是病因清楚或明确的糖尿病。根据有无免疫介导性,可分为两类。

(1) 不伴免疫介导的特异型糖尿病:常见的有:①胰腺外分泌疾病和内分泌疾病所引起的糖尿病(胰源性糖尿病,见 WHO 分类其他特殊类型糖尿病 C 项);②很多药物可引起胰岛素分泌功能受损,促使有胰岛素抵抗的个体发病,但具体发病机制不明;③某些毒物(如 Vacor 和静脉应用喷他脒)可破坏 β 细胞,导致继发性永久糖尿病;④许多遗传综合征伴有糖尿病(如血色病、Werner 综合征、脂肪营养不良综合征、Dupuytren 病等),绝大多数的发病机制未明;⑤由于胰岛素基因突变(变异胰岛素,常染色体显性遗传)所致的糖尿病罕见,患者无肥胖,对外源胰岛素敏感。

(2) 伴免疫介导的特异型糖尿病:常见的如 γ-干扰素相关性免疫介导:应用 γ-干扰素者可产生胰岛细胞抗体,有些可导致严重的胰岛素缺乏。在遗传易感个体中,某些病毒感染可致胰岛 β 细胞破坏而发生糖尿病,可能参与了免疫介导性 1 型糖尿病的发生。胰岛素受体抗体介导胰岛素受体抗体病(又称 B 型胰岛素抵抗综合征)的临床特点是:①多为女性发病,发病年龄 40～60 岁;②严重的高胰岛素血症和胰岛素抵抗,表现为胰岛素抗药,常出现空腹低血糖;③可伴有其他自身免疫。谷氨酸脱羧酶抗体介导的僵人综合征(stiffman syndrome,SMS)为累及脊索的自身免疫性疾病,因中枢神经系统的谷氨酸脱羧酶抗体致 γ 氨基丁酸能神经传导障碍而发病。其临床特点是:①无家族史,成年起病;②在惊恐、声音刺激或运动后呈现一过性躯干、颈肩肌肉僵硬伴痛性痉挛,腹壁可呈板样僵硬,但无感觉障碍或锥体束征;③约 1/3 患者伴有糖尿病。罕见型免疫介导性糖尿病的免疫调节异常。胰岛素自身免疫综合征是体内自发地产生多克隆胰岛素自身抗体,与胰岛素结合后再发生胰岛素无规律的释放,导致低血糖。其发病与使用含巯基的药物特别是甲巯咪唑有关,大部分患者为亚洲人。停用相关药物后可痊愈。

(四) 妊娠期高血糖

目前将妊娠期高血糖分为三种情况:糖尿病合并妊娠(妊前糖尿病)、妊娠期新发现的糖尿病(overt diabetes,显性糖尿病,指妊娠期 HbA1c 或血糖达到糖尿病诊断标准)和妊娠糖尿病(GDM)。

(五) 近年新提出的糖尿病分型

酮症倾向糖尿病、1.5 型糖尿病等,其特点是起病急,以酮症为首发症状,发病前患者往往肥胖,有糖尿病家族史,但缺乏典型 1 型糖尿病的自身免疫证据。由于此类酮症起病的肥胖糖尿病患者兼备 1 型和 2 型糖尿病的特点,目前对其诊断、分型以及治疗、预后评估尚无统一的意见。

【病因和发病机制】　糖尿病的病因和发病机制十分复杂,不同类型糖尿病的病因和发病机制有明显差异,而大部分发病机制又基本相同。

(一) 1 型糖尿病

绝大多数为自身免疫性 1 型糖尿病,病因和发病机制尚未完全阐明,目前认为与遗传因素、环境因素及自身免疫因素均有关。

1. **遗传因素**　遗传在 1 型糖尿病的发病中有一定作用。对 1 型糖尿病同卵双胎长期追踪的结果表明,发生糖尿病的一致率可达 50%;然而从父母到子女的垂直传递率却很低,如双亲中一人患 1 型糖尿病,其子女患病的风险率仅为 2%～5%。

遗传学研究显示,1 型糖尿病是多基因、多因素共同作用的结果。现已发现,与 1 型糖尿病发病相关的基因位点至少有 17 个,分别定位在不同的染色体。目前认为,人组织相容性抗原(HLA)基因(即 1 型糖尿病 1 基因,定位于染色体 6p21)是主效基因,其余皆为次效基因。90% ~95% 的 1 型糖尿病患者携带 HLA-DR3、-DR4 或 -DR3/-DR4 抗原,而在正常人中仅 40% ~50% ,这提示 HLA-DR3、-DR4 是 1 型糖尿病发生的遗传背景。而在多数人群,与 1 型糖尿病相关性最强的 HLA 等位基因是 DQB1 * 0302 和(或)DQB1 * 0201。因此目前认为 HLA-DQ 和 HLA-DR 是 1 型糖尿病的致病等位基因。

2. 环境因素　与 1 型糖尿病发病有关的环境因素主要有病毒感染、致糖尿病化学物质及饮食因素等,环境因素以病毒感染最为重要。

(1) 病毒感染:已发现腮腺炎病毒、柯萨奇 B4 病毒、风疹病毒、巨细胞病毒、脑-心肌炎病毒及肝炎病毒等与 1 型糖尿病的发病有关。其发病机制可能是:①病毒直接破坏胰岛 β 细胞,并在病毒损伤胰岛 β 细胞后激发自身免疫反应,后者进一步损伤 β 细胞;②病毒作用于免疫系统,诱发自身免疫反应。在这些发病机制中,可能都有遗传因素参与,使胰岛 β 细胞或免疫系统易受病毒侵袭,或使免疫系统对病毒感染产生异常应答反应。病毒感染诱发自身免疫反应的机制可能与病毒抗原和宿主抗原决定簇的结构存在相同或相似序列有关。

(2) 致糖尿病化学物质:对胰岛 β 细胞有毒性作用的化学物质或药物(如 Vacor、四氧嘧啶、链脲佐菌素、喷他脒等)作用于胰岛 β 细胞,导致 β 细胞破坏。如 β 细胞表面是 1 型糖尿病的 HLA-DQ 易感基因,β 细胞即作为抗原呈递细胞而诱发自身免疫反应,导致选择性胰岛 β 细胞损伤,并引发糖尿病。

(3) 饮食因素:有报道认为,牛奶喂养的婴儿发生 1 型糖尿病的风险高,可能是牛奶与胰岛 β 细胞表面的某些抗原相似所致。"分子模拟机制"(molecular mimicry)认为,当抗原决定簇相似而又不完全相同时,能诱发交叉免疫反应,破坏免疫耐受性,激发自身免疫反应,甚至产生自身免疫性病变。牛奶蛋白只对携带 HLA DQ/DR 易感基因的个体敏感,引发的自身免疫反应使胰岛 β 细胞受损,进而导致 1 型糖尿病。

3. 自身免疫因素　1 型糖尿病的自身免疫因素包括体液免疫(自身抗体)和细胞免疫两个方面,但两者之间又有密切联系。

(1) 体液免疫(自身抗体):约 90% 新发病的 1 型糖尿病患者循环血中存在多种抗胰岛 β 细胞自身抗体。目前至少发现了十种,其中研究得较多的是胰岛细胞自身抗体(islet cell autoantibody,ICA)、胰岛素自身抗体(autoantibody to insulin,IAA)、谷氨酸脱羧酶自身抗体(autoantibody to glutamic acid decarboxylase,GADA)、酪氨酸磷酸酶自身抗体(autoantibody to tyrosine phosphatases IA-2 and IA-2β)和锌转运体 8 自身抗体(ZnT8A)。这些抗体均是胰岛 β 细胞自身免疫损伤的标志物,在糖尿病发病前,某些抗体已存在于血清中,因而对 1 型糖尿病的预测有一定意义。ICA 是胰岛四种细胞共有的抗胞浆组分抗体;GADA 和 IAA 则相对独立,但 IAA 与外源性胰岛素引起的抗体相同。

(2) 细胞免疫:细胞免疫在 1 型糖尿病发病中的作用比体液免疫更重要。新发病的 1 型糖尿病患者在胰岛炎症浸润细胞和 β 细胞表面可观察到 HLA-DR 抗原的异常表达和(或)IL-2 受体与胰岛细胞表面 HLA-1 类抗原的过度表达,而外周血的 $CD4^+/CD8^+$ 比例,以及 IL-1、TNF-α、INFγ 水平升高。

胰岛 β 细胞破坏可分为两期:①启动期:环境因素在 IL-1、TNF-α 和 IFN-γ 等免疫因子的介导下,启动胰岛 β 细胞损伤;②持续(扩展)期:若胰岛 β 细胞表面存在 1 型糖尿病的抵抗基因,β 细胞就不易成为抗原呈递细胞;相反,若存在易感基因,β 细胞就很可能成为抗原呈递细胞,并将 β 细胞损伤后释放的抗原直接(或经巨噬细胞摄取和处理后)呈递给激活了的 T 淋巴细胞。活化的 T 细胞大量增殖,分化成细胞毒性 T 细胞并释放多种细胞因子;其中 IL-2 可刺激 B 淋巴细胞产生特异性抗体,IFN-γ则激活自然杀伤细胞。在细胞介导的免疫应答进程中,胰岛β细胞作为自身抗原,导致选择性β细胞损伤,并形成恶性循环;当80%~90%的β细胞被破坏时,出现临床1型糖尿病的表现。

目前认为,1型糖尿病是一种由淋巴细胞介导的、以免疫性胰岛炎和选择性胰岛β细胞损伤为特征的自身免疫性疾病,特异性抗原、组织相容性抗原和T淋巴细胞受体构成三元复合体(ternary complex),共同参与免疫反应,以特异性免疫识别为条件,激活T淋巴细胞,启动胰岛β细胞的损毁过程。

(二)2型糖尿病

2型糖尿病发病的两个基本环节β细胞功能缺陷和胰岛素抵抗比较清楚,但引起这两个基本病理生理特点的机制尚不太清楚。

1. 遗传因素 遗传因素在2型糖尿病的病因中较1型糖尿病明显。同卵双胎患2型糖尿病一致率为90%,双亲中一人患2型糖尿病,其子女患病的风险率为5%~10%;父母皆患病子代发病风险达70%~80%。

大多数2型糖尿病为多个基因和多种环境因素共同参与并相互作用的多基因多环境因素复杂病(complex disease),一般有以下特点:①参与发病的基因多,但各参与基因的作用程度不同;起主要作用者为主效基因(major gene or master gene),作用较小者为次要基因(minor gene),即各个基因对糖代谢的影响程度与效果不同,各基因间可呈正性或负性交互作用;②不同患者致病易感基因的种类不同,非糖尿病者也可有致病易感基因,但负荷量较少;③各易感基因分别作用于糖代谢的不同环节。这些特点赋予2型糖尿病的异质性,给遗传学病因研究带来极大障碍。

胰岛素抵抗和胰岛β细胞功能缺陷(胰岛素分泌不足)是2型糖尿病的基本特征,研究导致两方面缺陷的候选基因功能和致病原理,是探讨2型糖尿病发病机制的重要途径。虽然目前已经发现TCF7L2(transcription factor 7-like 2)基因的致病作用最大,但迄今尚未发现主效基因。

(1)胰岛素抵抗:2型糖尿病的胰岛素抵抗主要发生在受体和受体后水平,并可能至少来自以下四个方面:

1)胰岛素受体底物-1(insulin receptor substance 1,IRS-1)和IRS-2:胰岛素与其受体结合后,信号向细胞内传导,首先使IRS的酪氨酸残基磷酸化而被激活,活化的IRS再与含有SHz结构域的效应蛋白结合成多亚基信号转导复合物,使信号逐级放大,并向多个方向传递胰岛素的生物信息,使其发挥代谢调节作用。IRS-1和IRS-2在胰岛素信号转导中的表型为联合基因-剂量效应(combined gene-dosage effects),需有IRS-1和IRS-2双等位基因(di-allelic)突变才使胰岛素信号在细胞内转导受阻而引起胰岛素抵抗。IRS-1基因至少有四种突变(Ala 513 Pro、Gly 819 Arg、Gly 972 Arg和Arg1221 Cys;IRS-2为Gly1057Asp)与胰岛素抵抗关联。

2)葡萄糖转运蛋白4(glucose transporter 4,GLUT4):GLUT4存在于肌肉和脂肪细胞中。在胰岛素作用下,磷酸化IRS-1激活磷脂酰肌醇3激酶(phosphatidylinositol 3 kinase,PI3K),使GLUT4转位到细胞浆膜,加速葡萄糖的易化转运(facilitated transport),增加肌肉对葡萄糖的摄取。GLUT4基因变异可使GLUT4表达和转位受阻,导致受体后胰岛素抵抗。

3)胰岛素受体:胰岛素与其受体α亚单位结合后,激活酪氨酸激酶,刺激β亚单位酪氨酸残基磷酸化,从而传递胰岛素的多种生物效应。编码α和β亚单位的基因位于染色体19q。现已发现50多个突变位点与许多伴有糖尿病的遗传综合征相关,造成不同部位的胰岛素受体或受体后抵抗。

4)解耦联蛋白(uncoupling protein,UCP):又称为产热素(thermogenin),是线粒体膜的一种质子转运蛋白,主要在棕色脂肪、骨骼肌等代谢活跃的组织表达。UCP被激活后,线粒体膜内外侧的质子电化梯度减弱或消失,呼吸链的氧化-磷酸化解耦联,ATP用于生物氧化的大部分化学能以热能方式释放,同时导致体脂消耗。UCP 基因突变或多态性变异使其表达不足和(或)功能障碍,导致外周组织脂肪酸和葡萄糖代谢能力降低而致胰岛素抵抗。

(2) 胰岛 β 细胞功能缺陷:与胰岛 β 细胞功能缺陷相关的因素很多,发病机制较清楚的有以下几种:

1) 葡萄糖激酶(glucokinase,GCK):GCK 基因位于 7p,由胰岛 β 细胞和肝细胞表达,是葡萄糖感受器系统的重要成员,GCK 主要调节血糖浓度与胰岛素分泌的关系。GCK 基因变异通过损伤 β 细胞对葡萄糖的"感受"功能而致胰岛素分泌不足。

2) 葡萄糖转运蛋白 2(GLUT2):GLUT2 数量减少或活性不足使肝葡萄糖摄取减少,而肝糖输出增加(肝胰岛素抵抗),并同时降低 β 细胞的胰岛素分泌能力。

3) 线粒体缺陷:由于线粒体 DNA 点突变或缺失突变所致,常见类型是线粒体 DNA 编码亮氨酸的转录 RNA(tRNA)发生单核苷酸突变(A3243G)。线粒体缺陷引起 β 细胞氧化代谢改变,导致 ATP 生成障碍,而 ATP 是葡萄糖刺激的胰岛素释放所必需的,因而引起胰岛素分泌缺陷。

4) 胰岛素原加工(proinsulin processing)障碍:胰岛素原存在于胰岛 β 细胞的 β 颗粒中,在激素原转化酶-2 和-3 以及羧肽酶-H 作用下,脱去 C-肽两侧的两个氨基酸残基(Arg31-Arg32 和 Lys64-Arg65)后,裂解出等摩尔量的胰岛素和 C-肽。该加工过程障碍可致胰岛素生成减少和高胰岛素原血症,后者的生物活性远低于胰岛素。

5) 胰岛素结构异常:胰岛素基因点突变产生变异胰岛素(mutant insulin),其生物活性低下,仅为胰岛素的 5%。点突变部位不同,所编码的变异胰岛素也各异,现已发现五种变异胰岛素。

6) 胰淀粉样多肽(islet amyloid polypeptide,IAPP):IAPP 又称为胰淀素(amylin),是胰岛 β 细胞产生的一种多肽(由 37 个氨基酸残基组成),与胰岛素共同存在于 J3 颗粒内,并与胰岛素共同分泌。40% ~90% 的 2 型糖尿病患者的胰岛有淀粉样物质沉积,损伤 β 细胞并降低胰岛素的分泌量。

2. 环境因素   流行病学研究表明,肥胖、高热量饮食、体力活动不足和增龄是 2 型糖尿病的主要环境因素,高血压、血脂谱紊乱患者的 2 型糖尿病患病风险增加。在这些环境因素中,肥胖居于中心地位,因为它既是许多环境因素的结果,又可能是多环境因素的原因。

肥胖与 2 型糖尿病有密切关系。患 2 型糖尿病的日本人和中国人 30% 有肥胖,北美人 60% ~70% 存在肥胖,Pima 印第安人和南太平洋的 Nauru 和 Samoa 人几乎全部伴有肥胖。流行病学调查显示,肥胖者的外周组织胰岛素受体数目减少、葡萄糖氧化利用或非氧化利用障碍、胰岛素对肝糖输出的抑制作用降低和游离脂肪酸代谢增高均可影响葡萄糖的利用,需分泌更多的胰岛素代偿缺陷。虽然肥胖者均存在胰岛素抵抗,但内脏型肥胖较外周肥胖、脂肪细胞体积增大较数目增多更易发生胰岛素抵抗。在遗传背景的影响下,长期而严重的胰岛素抵抗最终导致 β 细胞功能失代偿即衰竭。

(1) 棕色脂肪、脂肪细胞因子与 2 型糖尿病:肥胖具有强烈的遗传背景,食欲、食量和摄食选择均受遗传因素的影响。当机体摄食或受寒冷刺激时,棕色脂肪分解产热,向体外散发热量。肥胖者的棕色脂肪细胞功能低下,进餐后的摄食诱导产热占总能量消耗的 9%,而体瘦者占 15%。体脂含量、体脂分布和脂肪细胞功能也主要由遗传因素决定,现已确定了数种肥胖相关基因及其相关蛋白。β3 肾上腺素能受体(β3AR)活性下降对内脏型肥胖的形成有重要作用,内脏脂肪中 β3AR 的活性较皮下脂肪高,儿茶酚胺与 β3AR 结合后启动蛋白激酶磷酸化,促进脂肪分解并发挥产热作用。β3AR 活性降低时,通过减少棕色脂肪的产热作用而使白色脂肪分解减慢,造成脂肪蓄积与肥胖。

目前已经鉴定了数十种脂肪细胞因子,至少其中的部分因子与肥胖和 2 型糖尿病相关:①脂肪细胞分化和增殖至少受转录因子 CAAT/增强子结合蛋白(CAAT/enhancer binding protein,C/EBP)和过氧化物酶增殖体活化受体 γ(peroxisome proliferator-activated Receptor-γ, PPARγ)的调节,PPARγ 基因突变可导致严重肥胖。另发现 PPARβ/δ 不仅与胰岛素抵抗有关还与脂毒性 β 细胞受损有关。②脂肪细胞合成和分泌瘦素(leptin),其与下丘脑受体结合后抑制神经肽 Y(neuropeptide Y,NPY)基因转录,使下丘脑弓状核神经元合成的 NPY 减少,抑制食欲,减少热量摄入,提高机体代谢率,减少脂肪堆积,故瘦素缺乏或抵抗是肥胖的另一个原因。③增食欲素(orexin)有食欲调节作用,而 orexin A 是拮抗瘦素的主要因子。④内脏脂肪素(visfatin)可结合并激活胰岛素受体,模拟胰岛素作用,降低血糖,并促进脂肪细胞分化、合成及积聚。⑤visfatin、抵抗素(resistin)与肥胖及胰岛素抵抗的关系有待进一步研究。

(2) 脂毒性与 2 型糖尿病:脂毒性(lipotoxicity)在 2 型糖尿病及其并发症的发病中有重要作用。血脂紊乱时,血浆游离脂肪酸(free fatty acid,FFA)长期升高导致脂肪酸和甘油三酯在非脂肪组织(胰岛 β 细胞、骨骼肌、心脏和肝脏等)沉积。脂肪酸特别容易发生氧化损伤,形成高反应性的脂质过氧化物(活性氧簇,reactive oxygen species,ROS),导致胰岛素抵抗、β 细胞受损及其慢性并发症。

ROS 具细胞毒性,可导致蛋白质和 DNA 的自由基损伤,其后果为:①促进胰岛 β 细胞凋亡;②抑制骨骼肌胰岛素信号转导和 GLUT4 的生成与转位;③激活丝氨酸激酶抑制蛋白激酶 β(IKK-β)/NF-κB 旁路,介导胰岛素抵抗;④引起心脏功能障碍和脂肪肝。

(3) 节俭基因型与 2 型糖尿病:Neel 等用节俭基因型(thrifty genotype)假说来解释这种现象。该假说认为,长期生活在食物匮乏条件下的人群高度表达有利于生存的节俭基因,将体内的剩余营养物质以脂肪形式贮存下来,供饥荒时使用;当这些人群进入体力活动少、热量供给充足过剩的现代社会后,节约基因不能及时适应生活方式的快速改变,转变成肥胖和 2 型糖尿病的易感基因。当摄入高热量、饮食结构不合理(高脂肪、高蛋白、低糖类)和体力活动不足时,易导致肥胖,肥胖再降低胰岛素敏感性,促进糖尿病的发生。

(4) 肠促胰素分泌缺陷与 2 型糖尿病:肠促胰素是一类肠源性激素,包括胰高糖素样肽 1(GLP-1)、葡萄糖依赖性促胰岛素多肽(GIP)等。由胃肠道 L 细胞生成的 GLP-1 和由 K 细胞生成的 GIP 都具有葡萄糖浓度依赖性胰岛素分泌的刺激作用(肠促胰素效应)。

GLP-1 的降糖效应至少来自以下四个方面:①促进胰岛素分泌,具有血糖依赖性;②减少 α 细胞的胰高糖素分泌,肝糖输出减少,协同胰岛素降低血糖;③作用于中枢的食欲控制系统,增加饱感,延缓胃排空,减少摄食,间接降低血糖;④降低体重。GLP-1 作用于血糖去路和来源多个靶点的降血糖效应是独特的。但是,2 型糖尿病患者口服与静脉葡萄糖刺激下的胰岛素分泌差值显著降低,即肠促胰素效应明显减弱,其主要原因是肠促胰素分泌减少和作用缺陷。

3. 早期营养不良与 2 型糖尿病   胎儿、新生儿及婴儿期低体重是早期营养不良的反映,其后果是:影响胰腺发育而导致胰岛细胞数目减少;且易发生内脏型肥胖及脂肪肝等继而产生胰岛素抵抗;在长期胰岛素抵抗重压下易发生 β 细胞功能衰竭。

4. 其他学说   在现有的研究中相对较多的如中枢(下丘脑)胰岛素抵抗致胰岛功能失调、肠道菌群改变及脂毒性致慢性炎症反应等学说都有一些证据与 2 型糖尿病的发病有关。

综上所述,2 型糖尿病发病涉及胰岛素作用和胰岛素分泌两个方面的缺陷,二者与遗传因素和环境因素均有关,环境因素通过遗传因素起作用。糖尿病遗传易感个体的早期即存在胰岛素抵抗,在漫长的生活过程中,由于不利环境因素的影响或疾病本身的演进,胰岛素抵抗逐渐加重。为弥补胰岛素作用的日益减退及防止血糖升高,β 细胞的胰岛素呈代偿性分泌增多(高胰岛素血症)。在此过程中,β 细胞增殖和凋亡均增加,但后者更甚。当 β 细胞分泌能力不足以代偿胰岛素抵抗时,即出现糖代谢紊乱;首先是餐后血糖升高(IGT 期)。当胰岛素抵抗进一步加重,β 细胞因长期代偿过度而衰竭时,血糖进一步升高,终致糖尿病。高血糖又可抑制葡萄糖介导的 β 细胞胰岛素分泌反应,增强胰岛素抵抗(葡萄糖毒性,glucose toxicity),并形成胰岛素分泌与作用缺陷间的恶性循环。

（三）微血管并发症

长期高血糖是微血管病变发生的中心环节,可发生于糖尿病之前,其发病机制涉及以下几个方面:

1. **高血糖和终末糖基化产物**　糖尿病时,机体蛋白可发生糖基化。葡萄糖分子的羧基与蛋白质的氨基结合生成醛亚胺,醛亚胺再发生结构重排,形成稳定的酮胺化合物,后者的分子逐渐增大、堆积,相互交联形成复杂的终末糖基化产物(advanced glycosylation end products,AGEs)。AGEs 在微血管病变的早期即显著升高。各种蛋白质非酶促糖基化及其终产物的积聚导致血浆和组织蛋白结构和功能受损;AGEs 通过与 AGEs 受体(RAGE)结合后发挥作用。RAGE 广泛存在于肾细胞、视网膜毛细血管周细胞和内皮细胞上,是 AGEs 的信号转导受体;被激活的受体通过 NF-κB 使促炎症细胞因子表达增加,同时 RAGE 也可作为内皮细胞黏附受体而使白细胞聚集,直接产生炎症反应,增加内皮细胞的通透性。单核细胞一旦被激活,即产生一系列炎症介质,进一步吸引并激活其他细胞,引起血管壁病变。

2. **多元醇代谢旁路增强**　神经、视网膜、晶体和肾脏等组织的葡萄糖可不依赖胰岛素进入细胞内,经醛糖还原酶作用生成山梨醇,进一步转变为果糖。糖尿病时该旁路活跃,山梨醇和果糖堆积使细胞内渗透压升高(渗透学说);山梨醇和果糖抑制细胞对肌醇的摄取,使细胞内肌醇耗竭(肌醇耗竭学说)。

3. **己糖胺途径增强**　己糖胺途径是葡萄糖代谢的主要途径之一。血糖升高时,该途径的活性增强,作为蛋白糖基化底物的尿苷'-二磷酸-N-乙酰葡萄糖胺增多。后者又促进己糖胺途径的限速酶(葡萄糖胺-6-磷酸果糖-咪基转移酶)表达,并进一步激活己糖胺途径。该代谢过程导致内皮细胞一氧化氮合酶丝氨酸残基发生氧位糖基化,阻止其磷酸化可激活该酶。己糖胺途径激活还促进NF-κB p65 亚单位的氧位糖基化,增加多种促炎症因子表达,促进 PAI-1、TGF-α 等的转录。

4. **蛋白激酶 C 激活**　高血糖时,二酰甘油合成增加,在钙离子和磷脂的协同作用下,激活蛋白激酶 C(PKC)。活化型 PKC 可磷酸化蛋白底物的丝氨酸和苏氨酸残基,调节蛋白质的功能,从而产生一系列生物学效应。激活的 PKC 促进多种细胞因子(如血管内皮生长因子、血小板衍化生长因子)表达,促进新生血管形成,并使诱导型 NO 增多,损伤内皮细胞,抑制一氧化氮合酶,一氧化氮的舒血管功能受损。抑制 Na/K-ATP 酶活性,引起内皮细胞功能紊乱。PAI-1 活性增加和浓度升高是形成高凝状态的重要原因,而血栓烷素 A2(thromboxane A2,TXA2)、内皮素-1及血管紧张素-2 增加可引起血管收缩。

5. **血流动力学改变**　葡萄糖毒性作用使组织缺氧,血管阻力减低,血流增加,后者使毛细血管床流体静力压升高,大分子物质容易渗入血管壁及肾系膜细胞内,继而刺激系膜细胞增殖,基膜合成加速,毛细血管通透性增加。上述机制均可导致组织缺血缺氧,共同参与微血管病变的发生与发展,但在糖尿病视网膜病和糖尿病肾病发病中的权重有所不同。糖尿病神经病变的部分发生机制与此类似。

（四）大血管并发症

与非糖尿病患者人群相比,糖尿病患者人群的动脉粥样硬化性疾病患病率高、发病年龄轻、病情进展快、多脏器同时受累多。糖尿病患者人群的脑血管病患病率为非糖尿病患者人群的2～4 倍,糖尿病足坏疽为15 倍,心肌梗死的患病率高10 倍。除了传统的致动脉粥样硬化因素外,糖尿病前期或糖尿病患者常先后或同时存在肥胖、高血压、脂质代谢异常等心血管危险因素,因此动脉粥样硬化性血管病可发生于糖尿病前。

1. **胰岛素抵抗综合征导致大血管病变**　1988 年,由 Reaven 首先提出"X 综合征"概念;因胰岛素抵抗是共有的病理生理基础,后又称为"胰岛素抵抗综合征"。鉴于本综合征与多种代谢相关性疾病有密切关系,也称为"代谢综合征"(metabolic syndrome),因对此名称争议极大且应用逐渐减少,故本章也不用该名。其主要理论基础是遗传背景和不利环境因素(营养过度、缺乏体力活动和腹型肥胖等)使机体发生胰岛素抵抗及代偿性高胰岛素血症,并发高血压、脂代谢紊乱、糖代谢紊乱、高纤维蛋白原血症、白蛋白尿症及高尿酸血症和脂肪肝等,共同构成大血管并发症的危险因素。肥胖是发生胰岛素抵抗的关键因素。胰岛素抵抗和高胰岛素血症可能通过以下途径直接或间接促进动脉粥样硬化的发生。

(1) 胰岛素抵抗和高胰岛素(或高胰岛素原)血症:可引起脂代谢紊乱,其特征是血浆总胆固醇、甘油三酯和小而密低密度脂蛋白胆固醇升高,高密度脂蛋白胆固醇降低,这些脂质谱异常能加速动脉粥样硬化的进程。胰岛素抵抗常伴有高血糖,后者引起血管壁胶原蛋白及血浆载脂蛋白的非酶促性糖基化,使血管壁更易"捕捉"脂质,并阻抑脂代谢的受体途径,加速动脉粥样硬化。通过激活肾素-血管紧张素-醛固酮系统造成高血压。与高尿酸血症和脂肪肝等的发生也有关。

(2) 胰岛素或胰岛素原:通过自身的生长刺激作用和刺激其他生长因子(如 IGF-1),直接诱导动脉平滑肌细胞、动脉壁内膜和中层增生,血管平滑肌细胞和成纤维细胞中的脂质合成增加;一些资料显示,胰岛素原和裂解的胰岛素原与冠心病相关。胰岛素增加肾远曲小管钠和水的重吸收,增加循环血容量;兴奋交感神经,儿茶酚胺增加心排血量,外周血管收缩;使细胞内游离钙增加,引起小动脉平滑肌对血管加压物质的反应性增高,血压升高。

(3) 血浆纤溶酶原激活物抑制物-1(plasminogen activator inhibitor-1,PAI-1):浓度与血浆胰岛素浓度相关,提示胰岛素对 PAI-1 合成有直接作用。PAI-1 增加引起纤溶系统紊乱、血纤维蛋白原升高,有利于血栓形成。

(4) 大血管壁的蛋白质非酶促糖基化和血管内皮细胞损伤:使通透性增加,进而导致血管壁脂质积聚。肾小球血管也因同样变化而通透性增加,出现白蛋白尿。微量白蛋白尿既是动脉粥样硬化的危险因素,又是全身血管内皮细胞损伤的标志物。

(5) 高血糖:高血糖时与血红蛋白结合成为糖化血红蛋白,其输氧功能下降,导致组织缺氧,高血糖还可刺激血管平滑肌细胞增殖。另外,餐后高血糖同样加速蛋白非酶糖基化,LDL 糖基化后容易被血管中的吞噬细胞摄取,形成泡沫细胞;餐后高血糖增强氧化应激,加重血管病变;对血管内皮功能有直接的损伤作用,包括血管收缩和凝血增强等。

(6) 高血压:高血压是传统的大血管病变的危险因素,通常与胰岛素抵抗和高血糖合并存在,构成大血管病变的重要综合因素。

2. 炎症和免疫反应导致大血管病变　现有的证据显示,炎症和免疫反应在胰岛素抵抗与动脉粥样硬化的发病中起着关键作用,动脉粥样硬化是一种免疫介导的炎症性病变(immune-mediated inflammatory disease)的概念已被广为接受。动脉粥样硬化病变形成的最早期事件是动脉内膜对炎症细胞的募集,血循环中的炎症因子(如 CRP、IL-1、IL-6、血纤维蛋白原等)水平与心血管危险性呈正相关;单核细胞和巨噬细胞是先天性免疫系统的原型细胞,存在于动脉粥样硬化病变的各个阶段。病变中的活化巨噬细胞和 T 淋巴细胞针对局部抗原起免疫反应,最重要的候选抗原是修饰的脂蛋白、热休克蛋白、细菌和病毒抗原;T 淋巴细胞也与自身抗原起作用,使有炎症改变特征的病变再掺入自身免疫反应,其机制复杂,许多环节和因素尚不清楚。

3. 内皮细胞损伤导致大血管病变　内皮细胞是糖尿病血管病变的关键靶细胞。内皮细胞覆盖所有的血管内壁,与糖尿病有害代谢物持续接触,并承受着血流速度和压力的慢性应激。内皮细胞能产生多种化学物质,通过复杂的机制调节血管张力和管壁通透性,产生细胞外基质蛋白,参与血管的形成和重塑。内皮细胞既参与细胞因子的下游信号传递,又是胰岛素作用的靶细胞。大量研究证明,肥胖、胰岛素抵抗及 2 型糖尿病伴有与血糖无关的内皮细胞功能异常,参与糖尿病大血管和微血管并发症的发生与发展。

(五) 糖尿病神经病变
微血管并发症的多种发病机制参与神经病变的发生,但与糖尿病视网膜病变和肾脏病变有所不同。醛糖还原酶活性增强致多元醇旁路代谢旺盛,细胞内山梨醇和果糖浓度增高及肌醇浓度降低是发生糖尿病神经病变的重要机制;神经营养小血管动脉病变致局部供血不足可能是单一神经病变的主要病因。这些代谢紊乱可累及神经系统的任何部分,一般以周围多神经病变(peripheral polyneuropathy)最常见。

【病理】

(一) 胰岛

1. 1 型糖尿病   胰岛病理改变的特征是胰岛 β 细胞数量显著减少及胰岛炎,病程短于 1 年死亡病例的 β 细胞数量仅为正常的 10% 左右。50% ~70% 病例存在以胰岛淋巴细胞和单核细胞浸润为特征的胰岛炎。此外,可有胰岛萎缩和 β 细胞空泡变性。少数病例的胰岛无明显病理改变。胰高糖素细胞、生长抑素细胞和胰多肽细胞的数量正常或相对增多。

2. 2 型糖尿病   胰岛病理以淀粉样变性为特征。胰岛毛细血管和内分泌细胞间有淀粉样物质沉积(40% ~90%),其程度与代谢紊乱的严重性相关。此外,胰岛可有纤维化,胰岛 β 细胞数量减少或正常,胰高糖素细胞增多,其他内分泌细胞的数量无明显改变。

(二) 糖尿病慢性并发症

1. 动脉粥样硬化   大、中动脉粥样硬化和中、小动脉硬化,累及包括下肢的全身大、中及小动脉。其病理所见与非糖尿病性动脉粥样硬化及动脉硬化基本相同,但常呈现为多支血管、每支血管的多处受累。

2. 糖尿病微血管病变   常见于视网膜、肾、肌肉、神经、脑、心肌及皮肤等组织,特征性的病变是 PAS 阳性物质沉积于内皮下,引起毛细血管基膜增厚。

(1) 糖尿病肾病:呈弥漫性或结节性肾小球硬化,结节性病变具有特异性。肾小球系膜区的嗜伊红结节(Kimmelstiel-Wilson 结节)是诊断糖尿病肾病的可靠指标,但与蛋白尿和肾功能减退之间的相关性较差;弥漫性病变表现为系膜基质增多,伴或不伴毛细血管壁增厚,病变的特异性较低,但与蛋白尿程度的相关性较好。此外,尚可有肾小动脉硬化、肾间质纤维化、肾小管病变和急、慢性肾盂肾炎的病理改变。

(2) 糖尿病视网膜病:主要为玻璃样变性小动脉硬化、毛细血管基底膜增厚、微血管瘤形成和小静脉迂曲,进一步发展可出现视网膜毛细血管渗出、黄斑水肿等改变。视网膜和虹膜新生血管形成是增殖型视网膜病的标志。

(3) 糖尿病神经病变:其基本病变是外周神经和自主神经轴突变性,伴节段性或弥漫性脱髓鞘。类似病变也可累及神经根、椎旁交感神经和脑神经,但累及脊髓或脑实质者少见。

3. 其他   糖尿病控制不良时可引起肝脂肪沉积和变性(脂肪肝),严重者可发展为肝硬化;也可累及关节及皮肤甚至肺;免疫功能降低可能发生感染;某些肿瘤在糖尿病患者中发生增多。

【病理生理】   胰岛 β 细胞胰岛素分泌能力和(或)胰岛素生物作用缺陷致胰岛素绝对或相对不足,引起一系列代谢紊乱。

(一) 糖类代谢

由于葡萄糖磷酸化减少,进而导致糖酵解、磷酸戊糖旁路代谢及三羧酸循环减弱,糖原合成减少,分解增多。以上代谢紊乱使肝、肌肉和脂肪组织摄取利用葡萄糖的能力降低,空腹及餐后肝糖输出增加;又因葡萄糖异生底物增多及磷酸烯醇式丙酮酸激酶活性增强,肝糖异生增加,因而出现空腹及餐后高血糖。胰岛素缺乏使丙酮酸脱氢酶活性降低,葡萄糖有氧氧化减弱,能量供给不足。

(二) 脂肪代谢

由于胰岛素缺乏或作用不足,脂肪组织摄取葡萄糖及清除血浆甘油三酯的能力下降,脂肪合成代谢减弱,脂蛋白脂酶活性低下,血浆游离脂肪酸和甘油三酯浓度增高。胰岛素极度缺乏时,激素敏感性脂酶活性增强,储存脂肪的动员和分解加速,血游离脂肪酸浓度进一步增高。肝细胞摄取脂肪酸后,因再酯化通路受抑制,脂肪酸与辅酶 A 结合生成脂肪酰辅酶 A,经 β-氧化生成乙酰辅酶 A。因草酰乙酸生成不足,乙酰辅酶 A 进入三羧酸循环受阻而大量缩合成乙酰乙酸,进而转化为丙酮和 β-羟丁酸。丙酮、乙酰乙酸和 β-羟丁酸三者统称为酮体。当酮体生成超过组织利用限度和排泄能力时,形成酮症,进一步发展可导致酮症酸中毒。

血脂异常与胰岛素抵抗密切相关。脂肪组织胰岛素抵抗可使胰岛素介导的抗脂解效应和葡萄糖摄取降低,FFA 和甘油释放增加。腹部内脏脂肪血液流入门静脉,使肝脏暴露在高 FFA 浓度环境中,导致肝糖异生作用旺盛,胰岛素抵抗和肝合成 VLDL 增加。

(三) 蛋白质代谢

肝脏、肌肉等组织摄取氨基酸减少,蛋白质合成减弱,分解加速,导致负氮平衡。血浆成糖氨基酸(丙氨酸、甘氨酸、苏氨酸和谷氨酸)降低,反映糖异生旺盛,成为肝糖输出增加的主要来源。血浆成酮氨基酸(亮氨酸、异亮氨酸和缬氨酸等支链氨基酸)增高,提示肌肉组织摄取这些氨基酸合成蛋白质的能力降低,导致乏力、消瘦、组织修复和抵抗力降低,儿童生长发育障碍。同时,胰高糖素分泌增加,且不为高血糖所抑制。胰高糖素促进肝糖原分解、糖异生、脂肪分解和酮体生成,对上述代谢紊乱起恶化作用。经胰岛素治疗血糖良好控制后,血浆胰高糖素可降至正常或接近正常水平。

2 型糖尿病与 1 型糖尿病有相同的代谢紊乱,但前者的胰岛素分泌属于相对减少,其程度一般较轻。有些患者的基础胰岛素分泌正常,空腹时肝糖输出不增加,故空腹血糖正常或轻度升高,但在进餐后出现高血糖。另一些患者进餐后胰岛素分泌持续增加,分泌高峰延迟,餐后 3~5 小时的血浆胰岛素呈现不适当升高,引起反应性低血糖,并可成为患者的首发症状。

在急性应激或其他诱因的作用下,2 型糖尿病患者也可发生酮症酸中毒、高渗性高血糖状态或混合型(高血浆渗透压和酮症)急性代谢紊乱。

【临床表现】

(一) 自然病程和临床阶段

1. 1 型糖尿病

(1) 临床前期:多数患者在临床糖尿病出现前,有一个胰岛 β 细胞功能逐渐减退的过程,出现临床症状时 β 细胞功能已显著低下,糖负荷后血浆胰岛素及 C-肽浓度也无明显升高,临床亦无"三多一少"(多尿、多饮、多食和体重减轻)症状。但此期仅偶尔被发现。

(2) 发病初期:大多在 25 岁前起病,少数可在 25 岁后的任何年龄发病。胰岛 β 细胞破坏的程度和速度相差甚大。一般来说,暴发性 1 型糖尿病起病最急,除"三多一少"外,可类似急性胰腺炎的表现;幼儿和儿童以及成人急性发病者较重、较快;成人较轻、较慢。因此不同年龄以及不同起病速度的临床表现存在年龄差异。儿童和青少年及成人急性发病者以糖尿病酮症酸中毒为首发表现,感染应激等常为诱因,治疗依赖胰岛素,对胰岛素敏感。缓慢发病者(主要是成年人)的 β 细胞功能可多年保持在足以防止酮症酸中毒水平,但其中大多数最终需要外源性胰岛素维持生存,且对胰岛素较敏感。

部分患者在患病初期,经胰岛素治疗后 β 细胞功能可有不同程度改善,胰岛素用量减少甚至可停止胰岛素治疗,此种现象称为"蜜月"缓解("honeymoon"remission),其发生机制尚未清楚,可能与糖毒性有关。蜜月期通常不超过 1 年,随后的胰岛素需要量又逐渐增加,酮症倾向始终存在。急性发病者如外源性胰岛素使用恰当,血糖能维持在较理想的范围内;使用不合理者的血糖波动大,且容易发生低血糖症;如因某种原因停用胰岛素或合并急性应激,很容易诱发酮症酸中毒。

(3) 中后期糖尿病:未合理治疗者病程 10~15 年以上者常出现各种慢性并发症,其后果严重。糖尿病慢性并发症包括糖尿病性微血管病变(diabetic microangiopathy,主要为肾病和视网膜病)、糖尿病性大血管病变(diabetic macroangiopathy,主要为冠心病、脑血管病和周围血管病)和糖尿病神经病变。其中糖尿病微血管病变是糖尿病患者的特异性损害,与高血糖密切相关,可以认为是糖尿病特有的临床表现。早期及长期安全的强化胰岛素治疗可降低和延缓 1 型糖尿病微血管并发症和神经病变的发生与发展。

1999 年,WHO 将糖尿病的自然病程分为三个临床阶段,即正常糖耐量(normal glucose tolerance,NGT)、血糖稳态损害(impaired glucose homeostasis,IGH)及糖尿病阶段,其中的 IGH 也称为糖尿病前期(prediabetes)。美国糖尿病学会(ADA)将糖尿病前期分为空腹血糖受损(IFG)、糖耐量受损(IGT)以及 IFG 伴 IGT 三种亚型(表 7-24-2)。上述临床阶段反映任何类型糖尿病都要经过不需要胰岛素、需用胰岛素控制代谢紊乱和必须用胰岛素维持生存的渐进性过程,1 型糖尿病的 NGT 期和糖尿病前期可能并不很短,但很少获得诊断。

表 7-24-2　糖尿病病因类型的临床阶段

正常血糖		高血糖		
NGT	IGT 或 IFG	糖尿病		
		不需要胰岛素	需要胰岛素	需胰岛素存活
1 型糖尿病	←——→			
2 型糖尿病	←——→			
其他特殊类型	←——→			
妊娠糖尿病	←——→			

实线箭头部分代表肯定发展的过程,虚线箭头部分代表可能发生的过程

2. 2 型糖尿病　2 型糖尿病的 NGT 期和糖尿病前期可能很长,主要针对可控制性风险因素的初级预防和二级预防在很大程度上可使病程逆转或停留在此阶段,或者至少可明显延长进展至糖尿病期的时间。

2 型糖尿病多发生于 40 岁以上人群,常见于老年人,近年有发病年轻化倾向。"三多一少"症状是否出现与血糖水平及高血糖的时间,特别是前者有关。因此糖尿病高血糖的表现与其发现时间关系密切,多数无症状,有症状者常常血糖水平较高或时间较长导致其他病变才被诊断。2 型糖尿病的首发症状多种多样,除多尿、多饮和体重减轻外,视力减退(糖尿病视网膜病变所致)、肢端麻木、尿路感染、皮肤瘙痒、女性外阴瘙痒以及高血糖危象(DKA 和高渗性高血糖状态)均可为其首发症状。由于多数患者肥胖或超重,起病较缓慢,不少患者可长期无代谢紊乱症状,有些则在体检时才被确诊,临床中常用"新诊断糖尿病"这一概念,它表示新诊断但病史中的病程不确切,因此该人群病程可能短也可能长。"初发糖尿病"的应用必须谨慎,因为什么时候发生糖尿病太难判定。一般建议用诊断糖尿病的时间多久或糖尿病症状多久,少用糖尿病的病程多久来描述病史。可喜的是,随着我国经济水平及健康意识的提高,定期体检的人群明显增加,糖尿病早期诊断的比例也逐渐上升。

空腹血浆胰岛素水平正常、较低或偏高,β 细胞储备功能常无明显低下,故在无应激情况下无酮症倾向,治疗不依赖于外源性胰岛素。但在长期的病程中,2 型糖尿病胰岛 β 细胞功能逐渐减退,以致经过一定时间后相当部分患者对口服降糖药失效;此时,为改善血糖控制,需要胰岛素治疗,但对外源胰岛素不甚敏感。急性应激(如重症感染、心肌梗死、脑卒中、创伤、麻醉、手术等)可诱发高渗性高血糖状态或糖尿病酮症酸中毒。病程长者可出现各种慢性并发症,在动脉粥样硬化血管病变中,除要关注脑、心血管病变外,周围血管病变特别是下肢血管也应重视。

(二)代谢紊乱表现

各种类型糖尿病的代谢紊乱表现基本相同,但不同类型不同个体间的临床表现程度相差很大,有的患者无任何自觉症状,仅在常规体检时发现高血糖,多见于肥胖或超重的 2 型糖尿病;

Notes

严重者表现为典型的三多一少(多饮,多尿,多食,体重减轻)症状,多见于 1 型糖尿病。急性代谢紊乱常指 DKA 和 HHS(二者统称高血糖危象),在严重时发生。非急性代谢紊乱但空腹血糖>16.6mmol/L 或最高血糖>19.3mmol/L 常称为严重高血糖,处理不当会发生高血糖危象。

1. **全身情况** 典型患者有体力减退、精神萎靡、乏力、易疲劳、易感冒、工作能力下降等症状,并发感染时可有低热、食欲减退及体重迅速下降。体重下降是糖尿病代谢紊乱的结果,初期主要与失水及糖原和甘油三酯消耗有关;接着是由于蛋白质分解、氨基酸进入糖异生或酮体生成途径而被大量消耗所致,肌肉萎缩,体重进一步下降。

2. **心血管系统** 可有非特异性心悸、气促、心律不齐、心动过缓、心动过速、心前区不适等。在代谢紊乱过程中,由于体液丢失和血容量降低可导致直立性低血压,进一步发展可出现休克及昏迷(酮症酸中毒或高渗性高血糖状态)。酸中毒严重时,血管张力下降,缩血管活性物质虽大量分泌,但仍出现严重的循环衰竭。

3. **消化系统** 无并发症者多表现为食欲亢进和易饥,进食量增多而体重下降。病情较重者多诉食欲减退、恶心、呕吐或腹胀,伴胃肠神经病变者更为明显。

4. **泌尿生殖系统** 早期因多尿导致多饮;夜尿增多,尿液为等渗或高渗性。并发感染时,出现脓尿、脓血尿,且伴尿急和尿痛;男性老年患者可因合并前列腺肥大而出现尿频、尿急与排尿中断症状。

糖尿病女性可有月经过少、闭经及性欲减退,少数 1 型糖尿病可合并特发性卵巢早衰,两者可能均存在自身免疫性病因。男性患者以勃起功能障碍和性欲减退最常见。

5. **精神神经系统** 由于口渴中枢和食欲中枢被刺激,患者烦渴、多饮、善饥、贪食;多数伴有忧虑、急躁、情绪不稳或抑郁;有的患者心理压力重,对生活和工作失去信心;另一些患者失眠、多梦、易惊醒。

(三) 糖尿病慢性并发症的表现

理论上说,因高血糖造成的损伤均为并发症。而糖尿病慢性并发症是因为长期或慢性高血糖所致的脏器损伤,目前慢性并发症的分类不完全统一,但一致认为是重要并发症。

认识糖尿病慢性并发症要具备以下几个观点:①并发症的发生与糖尿病发病的时间长短关系密切,未经治疗或治疗不当者常在发病 10 年后出现程度不等的微血管和大血管慢性并发症;已发现的糖尿病慢性并发症只是冰山一角,其他慢性并发症可能已经或正在形成,因而一种慢性并发症的出现往往预示其他并发症的存在;②除糖尿病本身外,慢性并发症的发生、发展和严重程度还受许多遗传易感性和环境因素的影响,因此人种间和个体间的表型存在差异;③绝大多数慢性并发症是不可逆转的,临床防治只能延缓或阻止其进展,不能被根除;④高血糖不同动脉粥样硬化的唯一因素,高血压及血脂紊乱可能更重要。

1. **微血管并发症** 微循环障碍、微血管瘤形成和微血管基底膜增厚是糖尿病微血管病变的特征性改变。糖尿病几乎损害全身的所有组织器官,但通常所称的微血管病变则特指糖尿病视网膜病和糖尿病肾病。

(1) 糖尿病视网膜病(DRP):是最常见的微血管并发症和成年人后天性失明的主要原因,也是高血糖所致血管病变中最特异的表现。其发生发展与糖尿病发病时间直接相关,1 型糖尿病病史超过 15 年者,视网膜病变的患病率为 98%,2 型糖尿病病史超过 15 年者,视网膜病变达 78%。2002 年 4 月,国际眼科会议和美国眼科学会联合会议提出了 DRP 国际临床分类法,该分类依据散瞳下检眼镜观察到的指标来确定 DRP 的分类,需要识别和记录的内容包括微动脉瘤、视网膜内出血、硬性渗出、棉绒斑、视网膜微血管异常(intraretinal microvascular abnormalities,IRMA)、静脉串珠(venous beading)、新生血管(视盘上或视网膜新生血管)、玻璃体积血、视网膜前出血和纤维增生。

按照该分类法,DRP 共分为五个级别:①1 期无明显视网膜病变;②2 期为轻度非增殖性 DRP,仅有微动脉瘤;③3.期属中度非增殖性 DRP,病变介于 2 期和 4 期之间;④4 期为重度非增殖性 DRP,并存在以下的任意一项:a.4 个象限都有 20 个以上的视网膜内出血灶;b.2 个以上象限有确定的静脉串珠;c.1 个以上的象限发生 IRMA;d. 无增殖性视网膜病变体征;⑤5 期:增殖性 DRP,存在一种或更多种病变(新生血管、玻璃体积血、视网膜前出血等)。

此外,糖尿病还可引起青光眼、白内障、屈光改变、虹膜睫状体炎等。

(2) 糖尿病肾病(diabetic kidney disease,DKD):DKD 的肾小球病变又称为肾小球硬化症(glomerulosclerosis)。发病 10 年以上的 1 型糖尿病患者累积有 30% ~40% 发生肾小球病变;约 20% 的 2 型糖尿病患者累积发生肾小球病变,在死因中列在脑、心血管动脉粥样硬化之后。

过去对 1 型糖尿病自然病程的观察,DKD 肾小球病变的演进过程用 Mogenson 分期,现认为 DKD 肾小球受损用尿白蛋白排泄率和肾小球滤过率(GFR)两个指标分别评估。尿白蛋白/肌酐(ACR)30~299mg/g 或尿白蛋白排泄量 30~299mg/24h,为轻度或 1 级(过去称微量)升高,ACR>300mg/g 或者 300mg/24h 为明显或 2 级(过去称大量)升高。GFR 受损的标准参照慢性肾脏病的标准进行。DKD 可伴有水肿和高血压,部分呈肾病综合征表现。后期肾小球病变患者绝大多数伴有糖尿病视网膜病。如经详细检查并未发现后一并发症,须排除其他肾病的可能。

目前认为,高血糖引起的肾脏病变称为 DKD,因此 DKD 与糖尿病类型无关。高血糖除了造成肾小球病变外,临床也可发生肾小管病变、肾动脉病变以及肾脏感染。因此肾小球病变是 DKD 最重要病变,但其他病变的发生与否也必须重视。

2. **动脉粥样硬化**　糖尿病可以是胰岛素抵抗综合征的一个表现,患者有营养过度、腹型肥胖、高血压、脂代谢紊乱等表现。肥胖是发生胰岛素抵抗和代谢综合征的关键因素,并直接或间接促进动脉粥样硬化动脉钙化的发生。肾小球血管也因同样变化而通透性增加,出现白蛋白尿。微量白蛋白尿既是动脉粥样硬化的危险因素,又是全身血管内皮细胞损伤的标志物。

动脉粥样硬化和动脉钙化主要侵犯主动脉、冠状动脉、脑动脉、肾动脉和外周动脉,引起冠心病、缺血性脑血管病、高血压及夹层动脉瘤;由于糖尿病呈高凝状态,出血性脑血管病相对少见;外周动脉粥样硬化常以下肢动脉为主,表现为下肢发凉、疼痛、感觉异常和间歇性跛行,严重者可致肢体坏疽。大动脉钙化以收缩压升高、舒张压正常或降低、脉压明显增大和血管性猝死为特征。2 型糖尿病可能 60% 左右死于动脉粥样硬化性血管病。

3. **糖尿病神经病变**

(1) 多发性神经病变:常见症状为肢端感觉异常(麻木、针刺感、灼热及感觉减退等),呈手套或短袜状分布,有时痛觉过敏;随后出现肢体隐痛、刺痛或烧灼样痛,夜间或寒冷季节加重。在临床症状出现前,电生理检查已可发现感觉和运动神经传导速度减慢。早期呈腱反射亢进,后期消失;振动觉、触觉和温度觉减弱。感觉减退易受创伤或灼伤致皮肤溃疡,因神经营养不良和血液供应不足,溃疡较难愈合,若继发感染,可引起骨髓炎和败血症。神经根病变较少见,可致胸、背、腹、大腿等部位疼痛和感觉障碍,需与脊柱及椎间盘疾患相鉴别。老年患者偶见多发性神经根病变所致的肌萎缩。

少数表现为感觉异常伴严重烧灼样痛,皮肤对痛觉过敏,甚至不能耐受床单覆盖,可累及躯干和四肢,以下肢常见。足部长期受压或创伤可致骨质吸收破坏和关节变形(营养不良性关节病,Charcot 关节)。

(2) 单一神经病变:主要累及脑神经(Ⅲ动眼神经、Ⅳ滑车神经、Ⅵ展神经),以Ⅲ、Ⅵ脑神经较多见,第Ⅲ对脑神经瘫痪表现为同侧上眼睑下垂和眼球运动障碍,第Ⅵ对脑神经瘫痪表现为同侧眼球内斜视;也可累及股神经、腓神经、尺神经或正中神经。单一神经病变常急性起病,呈自限性,多可痊愈。

(3) 自主神经病变:较常见,且出现较早,影响胃肠、心血管、泌尿系统和性器官功能。心脏自主神经病变表现为静息时心动过速、直立性低血压。心自主神经功能检查有异常发现,最常见的是心电图示心率变异性小。伴糖尿病心肌病变者常出现顽固性充血性心衰、心脏扩大或心源性猝死。并发冠心病的患者无痛性心肌梗死发生率高,行冠脉扩张或放置支架手术后,易发生再狭窄或再梗死。心脏外自主神经病变表现有瞳孔对光反射迟钝,排汗异常(无汗、少汗或多汗等),或胃排空延迟(胃轻瘫)、腹泻、便秘等,或排尿无力、膀胱麻痹、尿失禁,或尿潴留、阴茎勃起功能障碍。

4. 糖尿病皮肤病变 糖尿病皮肤病变的种类很多,较常见的有:①糖尿病大疱病(bullosis diabeticorum):多见于病程长、血糖控制不佳及伴有多种慢性并发症者。皮肤水疱多突然发生,可无自觉症状,多位于四肢末端,也可见于前臂或胸腹部;边界清楚,周边无红肿或充血,壁薄透明,内含清亮液体,易渗漏,常在 2~4 周内自愈,不留瘢痕,但可反复发作。其发病机制可能为皮肤微血管损害、神经营养障碍和糖尿病肾病所致的钙、镁离子代谢失衡,使皮肤表层脆弱分离而形成水疱。②糖尿病皮肤病(diabetic dermopathy):较常见,为圆形或卵圆形暗红色平顶小丘疹,在胫前呈分散或群集分布,发展缓慢,可产生鳞屑;后期可发生萎缩和色素沉着。③糖尿病类脂质渐进性坏死(necrobiosis lipoidica diabeticorum):常见于女性,可在糖尿病之前出现。多发生在胫前部,也可发生于手背或足背,双侧对称。早期病变呈圆形或卵圆形橙色或紫色斑块状病损,边界清晰,无痛;后期斑块中央皮肤萎缩凹陷,周边隆起伴色素沉着,外伤后易形成溃疡。

5. 感染

(1) 皮肤黏膜感染:糖尿病长时间较高血糖感染机会增多,而 1 型糖尿病的病因主要与自身免疫有关,感染机会可能更多。易并发疖、痈等化脓性感染,常反复发生,愈合能力差,有时可引起败血症和脓毒血症。此外,常见的皮肤黏膜感染有:①化脓性汗腺炎(hidradenitis suppurativa)是顶泌汗腺的慢性化脓性感染伴瘢痕形成,好发于腋窝和肛周;②皮肤真菌感染(体癣、足癣、甲癣)很常见,若继发化脓性感染可导致严重后果;③红癣(erythrasma)系微小棒状杆菌引起的皮肤感染,表现为境界清楚的红褐色皮肤斑,广泛分布于躯干和四肢;④龟头包皮炎:多为白色念珠菌感染,好发于包皮过长者;⑤真菌性阴道炎和巴氏腺炎:是女性患者的常见并发症,多为白色念珠菌感染,血糖控制不佳时易反复发生,突出的表现是外阴瘙痒和白带过多,并可能成为糖尿病的首发症状。

(2) 膀胱炎、肾盂肾炎和气肿性胆囊炎:膀胱炎常见于女性,尤其是并发自主神经病变者,常因反复发作而转为慢性。急性型肾乳头坏死(papillary necrosis)的典型表现为寒战高热、肾绞痛、血尿和肾乳头坏死组织碎片从尿中排出,常并发急性肾衰竭,病死率高;亚临床型肾乳头坏死常在影像检查时发现。急性气肿性胆囊炎(emphysematous cholecystitis)多见于糖尿病患者,病情较重,致病菌以梭形芽孢杆菌最常见,大肠杆菌、链球菌次之。

(3) 毛霉菌病(mucormycosis):常累及鼻、脑、肺、皮肤和胃肠,或以弥散性毛霉菌病形式出现,主要见于糖尿病患者,是糖尿病合并真菌感染的最严重类型。鼻-脑型毛霉菌病可并发酮症酸中毒,其病情严重,病死率高。感染常首发于鼻甲和鼻副窦,导致严重的蜂窝织炎和组织坏死;炎症可由筛窦扩展至眼球后及中枢神经,引起剧烈头痛、鼻出血、流泪、突眼等症状,或导致脑血管及海绵窦血栓形成。鼻腔分泌物呈黑色、带血,鼻甲和中隔可坏死甚至穿孔。

(4) 结核病:以糖尿病合并肺结核多见,发病率明显高于非糖尿病人群,肺结核病变多呈渗出性或干酪样坏死,易形成空洞,病变的扩展与播散较快。合并结核病时高血糖加重,体重减轻,结核病的治疗难度增大。

6. 其他 较常见的如糖尿病足(diabetic foot),可出现皮肤溃疡、坏死,感染、骨髓炎等。这些患者常有相应的神经及血管病变,重者出现足部坏疽。眼部 DRP 外的并发症如白内障、青光眼、屈光改变、虹膜睫状体炎、黄斑病变及视神经病变等。

(四) 常见伴发病

伴发肥胖、高血压、血脂紊乱较多,常见的还有高尿酸血症、脂肪肝、胆石症、阻塞性睡眠呼吸暂停、慢性骨关节病等;精神与心理障碍;认知功能障碍;牙周疾病;肿瘤;骨质疏松症与骨折等。1 型糖尿病还可伴发自身免疫性疾病如桥本甲状腺炎,Addison 病等。降糖药引起的药源性低血糖较常见。

【实验室和辅助检查】

(一) 尿糖测定

含己糖激酶和葡萄糖氧化酶的尿糖试条可作半定量测定,在多数情况下,24 小时尿糖总量与糖代谢紊乱的程度有较高的一致性,目前一般不作为判定血糖控制的参考指标尿糖阳性是诊断糖尿病的重要线索,尿糖阴性也不能排除糖尿病的可能。2013 年 IDF 认为条件较差时临床表现明显且尿糖强阳性也可诊断。

正常人肾糖阈为血糖 10mmol/L。患糖尿病和其他肾脏疾患时,肾糖阈大多升高,血糖虽已升高,尿糖仍可阴性;相反,妊娠或患有肾性糖尿时,肾糖阈降低,血糖正常时尿糖亦呈阳性或强阳性。

(二) 尿酮体测定

初发病者尿酮体阳性提示为 1 型糖尿病,对 2 型糖尿病或正在治疗的患者,提示疗效不满意或出现了急性代谢紊乱。如果采用硝基氢氰酸盐试验法,只有乙酰乙酸和丙酮可使本试验呈阳性反应,当酸中毒明显时,酮体组分以 β-羟丁酸为主,故尿酮体阴性并不能排除酮症。

(三) 血浆葡萄糖(血糖)测定

血糖升高是诊断糖尿病的依据,也是评价疗效的主要指标。目前多用葡萄糖氧化酶或己糖激酶法测定血糖。静脉全血、血浆和血清葡萄糖测定在医疗机构进行;小型血糖仪测定毛细血管全血葡萄糖。后者为即刻检测(point of care test,POCT),系用微量标本进行快速测定、快速显示测定结果。一次血糖测定(空腹血糖、餐后 2 小时血糖或任意点血糖)仅代表瞬间血糖水平(点值血糖);一日内多次血糖测定(三餐前后及睡前,每周 2 日,如怀疑有夜间低血糖,应加测凌晨时段的血糖)可更准确反映血糖控制情况。静脉血浆或血清血糖比静脉全血血糖约高 1.1mmol/L(20mg/dl),空腹时的毛细血管全血血糖与静脉全血血糖相同,而餐后与静脉血浆或血清血糖相同。

POCT 血糖测定主要用于血糖监测和筛查,但 2013 年 IDF 认为条件较差时临床表现明显的患者,POCT 也可用于诊断。

(四) 糖化血红蛋白 A1c(HbA1c)和糖化血清蛋白测定

HbA1 为血红蛋白两条 β 链 N 端的缬氨酸与葡萄糖化合的不可逆性反应物,其浓度与平均血糖呈正相关。HbA1 以 HbA1c 组分为主,红细胞在血循环中的平均寿命约为 120 天,HbA1c 在总血红蛋白中所占的比例能反映取血前 8～12 周的平均血糖水平,与点值血糖相互补充,作为血糖控制的监测指标,并已经成为判断糖尿病控制的金标准。HbA1c 应采用亲和色谱或高效液相色谱法测定,正常值为 4%～6%。国际上将 HbA1c 作为糖尿病的诊断指标,一般以≥6.5% 为切点,但我国目前不推荐用此指标诊断糖尿病。该指标也受某些因素的影响,如药物、血红蛋白甚至年龄。

人血浆蛋白(主要是白蛋白)与葡萄糖化合,产生果糖胺(fructosamine,FA)。人血白蛋白在血中的浓度相对稳定,半衰期 19 天,测定 FA 可反映近 2～3 周的平均血糖水平。当人血白蛋白为 50g/L 时,FA 正常值为 1.5～2.4mmol/L。FA 测定一般不作为糖尿病的诊断依据。近年用液态酶法测定糖化人血白蛋白(GA)单一成分,其稳定性好,受干扰因素小。

(五) 葡萄糖耐量试验

1. 口服葡萄糖耐量试验(OGTT)   血糖高于正常范围但又未达到糖尿病诊断标准者,需进行 OGTT。OGTT 应在不限制饮食(其中糖类摄入量不少于 150g/d)和正常体力活动 2～3 天后的清晨(上午)进行,应避免使用影响糖代谢的药物,试验前禁食至少 8～14 小时,其间可以饮水。取空腹血标本后,受试者饮用含有 75g 葡萄糖粉(或含 1 个水分子的葡萄糖 82.5g)的液体

250～300ml,5分钟内饮完;儿童按每千克体重1.75g葡萄糖服用,总量不超过75g。在服糖后2小时采取血标本测定血浆葡萄糖。

2. 静脉注射葡萄糖耐量试验(IVGTT) 只适用于胃切除术后、胃空肠吻合术后、吸收不良综合征者和有胃肠功能紊乱者。葡萄糖的负荷量为0.5g/kg标准体重,配成50%溶液,在2～4分钟内静注完毕。注射前采血,然后从开始注射算起,每30分钟取血一次,共2～3小时;或从开始注射到注射完毕之间的任何时间作为起点,每5～10分钟从静脉或取毛细血管血,共50～60分钟。将10～15分钟到50～60分钟的血糖对数值绘于半对数表上,以横坐标为时间,计算从某血糖数值下降到其半数值的时间(t1/2)。该方法以K值代表每分钟血糖下降的百分数作为糖尿病的诊断标准。K值=(0.693/t1/2×100%)/分钟。正常人K=1.2。50岁以下者若K值小于0.9则可诊断为糖尿病,若在0.9～1.1之间则为IGT。K值受血胰岛素水平、肝糖输出率和外周组织糖利用率的影响,故少数正常人的K值也可降低。正常人的血糖高峰出现于注射完毕时,一般为11.1～13.88mmol/L(200～250mg/dl),120分钟内降至正常范围。2h血糖仍>7.8mmol/L为异常。

(六) OGTT-胰岛素(或C-肽)释放试验

胰岛素的分泌形式有两种,在无外来因素干扰情况下,空腹状态时的胰岛素分泌称为基础分泌,各种刺激诱发的胰岛素分泌称为刺激后分泌,并分为早相分泌(1相分泌)和晚相分泌(2相分泌)两个部分。葡萄糖是最强的胰岛素分泌刺激物。在OGTT同时测定血浆胰岛素和(或)C-肽,能了解胰岛β细胞功能,有助于糖尿病的分型、病情判断及治疗指导。正常人基础血浆胰岛素为5～20mU/L,口服葡萄糖后30～60分钟上升至峰值(可为基础值的5～10倍,多数为50～100mU/L),3小时后降至基础水平。1型糖尿病的胰岛素基础值常为0～5mU/L,葡萄糖刺激后无明显增加,呈低平曲线。2型糖尿病的胰岛素早相分泌受损,当空腹血糖<7.8mmol/L时,其晚相分泌(2h～3h)的绝对值高于正常,但就相应的高血糖而言仍属降低;血糖>7.8mmol/L时,随着空腹血糖的升高,晚相分泌的量逐渐下降;当空腹血糖达10～11mmol/L时,胰岛素分泌显著缺乏。该试验的采血时间点为空腹及服糖后30分钟、1h、2h和3h。

C-肽和胰岛素以等分子量由胰岛β细胞生成和释放,胰岛素经门静脉进入肝脏,其中40%～50%在肝内被降解,未被降解的胰岛素进入体循环,半衰期5～6分钟。肝脏摄取C-肽很少(<10%),因为其半衰期长(10～13.5分钟),外周血的C-肽摩尔浓度为胰岛素的5～10倍。正常人基础血浆C-肽水平约为500pmol/L,不受外源性胰岛素的影响,能较准确地反映β细胞功能。OGTT-C-肽释放曲线下面积可代表β细胞分泌胰岛素的量,而胰岛素释放曲线下面积只代表经肝脏进入体循环的胰岛素量,两者之差为肝脏摄取胰岛素的量。

(七) 脂质组分和尿白蛋白排泄率测定

糖尿病常伴有脂质代谢紊乱,血浆总胆固醇、低密度脂蛋白-胆固醇、高密度脂蛋白-胆固醇和甘油三酯应列为常规检测项目,并定期复查,作为判断病情控制情况及饮食和调脂治疗的依据。尿白蛋白排泄率也应列为常规,以便评估血管状态和早期发现DKD的肾小球受累情况。

(八) 自身免疫抗体测定

1型糖尿病患者抗谷氨酸脱羧酶抗体(GADA)、胰岛细胞抗体(ICA)、胰岛素抗体(IAA)、IA-2A及ZnT8等抗体可呈阳性,早期阳性率高,对诊断有帮助。随着病程延长阳性率逐渐降低。在一级亲属如上述抗体阳性对预测糖尿病发病有一定的价值。

(九) 其他

糖尿病的病程、并发症与伴发病的情况不一,相应的辅助检查差别很大,但眼部特别是眼底、周围神经及动脉粥样硬化性大血管病变和相应伴发病等的检查因人而异。这些对病情的评估、治疗方案的制定及预后的判断都十分重要。

【诊断和鉴别诊断】

（一）糖尿病和糖尿病前期的诊断标准

首先需确定是否患有糖尿病，然后进行糖尿病分类，并对有无并发症、合并症及伴发疾病作出判定。一般根据 WHO 标准诊断糖尿病（表 7-24-3 和表 7-24-4）。

表 7-24-3 糖尿病诊断标准（WHO，1999）

糖尿病症状加任意点血糖≥11.1mmol/L（200mg/dl）
（典型症状包括多饮、多尿和不明原因的体重下降；任意点血糖指不考虑上次用餐时间，一天中任意时间的血糖）
或
空腹血糖≥7.0mmol/L（126mg/dl）
（空腹状态指至少 8 小时没有进食热量）
或
75g 葡萄糖负荷后 2 小时血糖≥11.1mmol/L（200mg/dl）

注：无糖尿病症状者，需另日重复测定血糖明确诊断

表 7-24-4 糖代谢分类（WHO，1999）

糖代谢分类	FPG（mmol/L）	2hPG（mmol/L）
正常血糖（NGT）	<6.1	<7.8
空腹血糖受损（IFG）	6.1~7.0	<7.8
糖耐量受损（IGT）	<7.0	7.8~11.1
糖尿病（DM）	≥7.0	≥11.1

空腹血糖（FPG）或餐后血糖水平是一个连续分布的变量指标，可能存在一个大致的切点（cut-off point）。血糖高于此切点（FPG≥7.0mmol/L，或 OGTT 2 小时血糖≥11.1mmol/L）者发生慢性并发症的风险陡然增加，糖尿病的诊断标准主要是根据血糖高于此切点人群视网膜病变显著增加的临床事实确定的。

空腹血糖、任意点血糖及 OGTT 均可用于糖尿病诊断，无糖尿病症状或血糖在临界水平时次日（伴有急性应激者除外）复查核实。空腹血糖受损（impaired fasting glucose，IFG）和糖耐量低减（impaired glucose tolerance，IGT）是未达到糖尿病诊断标准的高血糖状态（糖尿病前期，pre-diabetes）。IFG 和 IGT 都是发生糖尿病和心血管病变的危险因素。美国糖尿病学会（ADA）对糖尿病前期的诊断标准如下：5.6mmol/L≤FPG≤6.9mmol/L；或 7.8mmol/L≤OGTT 2 小时血糖≤11.1mmol/L；或 HbA1c：5.7%~6.4%。对糖尿病前期患者要及时干预，延缓或阻止其发展为 2 型糖尿病。

（二）妊娠期高血糖诊断标准及分类

参照国际糖尿病与妊娠研究联合组织推荐的妊娠期高血糖的诊断和分类，妊娠期高血糖分为糖尿病合并妊娠（妊前糖尿病）、妊娠期新发现的糖尿病（overt diabetes，显性糖尿病，指妊娠期 HbA1c 或血糖达到糖尿病诊断标准）和妊娠糖尿病（GDM）3 种情况。初次产前检查时，全部或仅高风险妇女进行 FPG、HbA1c 或任意点血糖检查。孕期显性糖尿病的诊断标准为 FPG≥7.0mmol/L 或 HbA1c≥6.5%，或任意点血糖≥11.1mmol/L，经复查核实。如果检查不能确诊显性糖尿病，如 FPG≥5.1mmol/L，但<7.0mmol/L，和/或 1 小时餐后血糖≥10mmol/L 和/或 2 小时餐后血糖≥8.5mmol/L，则应诊断为 GDM。国际糖尿病与妊娠研究联合组织推荐在妊娠 24~28 周进行糖代谢筛查。

（三）鉴别诊断

1. 与继发性和特异型糖尿病的鉴别 在糖尿病的鉴别诊断中，首先应排除继发性和特异型

糖尿病:①弥漫性胰腺病变致β细胞广泛破坏或大部分胰腺切除引起的胰源性糖尿病;②肝脏疾病所致的肝源性糖尿病;③内分泌疾病(肢端肥大症、Cushing综合征、胰高糖素瘤、嗜铬细胞瘤、甲亢、生长抑素瘤)因拮抗胰岛素外周作用或因抑制胰岛素分泌(如生长抑素瘤、醛固酮瘤)而并发的糖尿病;④药物所致的糖尿病,其中以长期应用超生理量糖皮质激素(类固醇性糖尿病)多见;⑤各种应激和急性疾病伴随的高血糖症(应激性高血糖症)。详细询问病史、全面细致的体格检查,配合必要的实验室检查,一般不难鉴别。

2. **1型糖尿病与2型糖尿病的鉴别**　见表7-24-5。LADA是自身免疫性1型糖尿病的一个亚型。LADA的临床表现酷似2型糖尿病,但其本质是自身免疫性1型糖尿病。目前尚无统一的LADA诊断标准,我国认为诊断要点是:①18岁以后发病、发病时可多尿、多饮、多食症状明显,可体重迅速下降,常常BMI≤25kg/m²,确诊的糖尿病,诊断半年内不依赖胰岛素治疗;②空腹血浆C-肽≤0.4nmol/L,OGTT 1小时和(或)2小时C-肽≤0.8nmol/L,呈低平曲线;③GADA等阳性;④HLA-DQ B链57位为非天冬氨酸纯合子。上述的①是基本临床特点,加上②、③、④中的任何一项就可诊断为LADA。

表 7-24-5　1型与2型糖尿病的鉴别

	1型糖尿病	2型糖尿病
起病年龄	多<25岁	多>40岁
起病方式	多急剧,少数缓起	缓慢而隐袭
起病时体重	多正常或消瘦	多超重或肥胖
"三多一少"症状	常典型	不典型,或无症状
急性代谢紊乱	酮症倾向大,易发生酮症酸中毒	酮症倾向小,老年患者易发生高渗性高血糖状态
慢性并发症		
肾病	30%~40%,儿童青少年患者主要死因	20%左右
心血管病	儿童青少年患者较少	较多,主要死因
脑血管病	儿童青少年患者较少	较多,主要死因
胰岛素及C-肽释放试验	低下或缺乏	峰值延迟或不足
胰岛素治疗及反应	依赖外源性胰岛素生存,对胰岛素敏感	生存不依赖胰岛素,应用时对胰岛素抵抗

3. **黎明现象与低血糖后高血糖现象的鉴别**　黎明现象(dawn phenomenon)是每天黎明后(清晨5:00~8:00)出现的血糖升高现象。出现高血糖之前的午夜无低血糖,不存在低血糖后的高血糖反应。黎明现象的基本特点是清晨高血糖,血糖波动性增大。黎明时患者体内的升血糖激素(生长激素、糖皮质激素和儿茶酚胺等)分泌增加,血糖随之升高。该时段机体对血糖的利用率最低,使血糖进一步升高,从而引发清晨高血糖。正常人和糖尿病患者均有黎明现象,糖尿病患者的黎明现象更明显,提示患者的血糖控制不良。

虽然黎明现象与低血糖后高血糖现象(somogyi effect,苏木杰反应)均表现为清晨空腹血糖升高,但两者的病因和机制不同,处理刚好相反,故需仔细鉴别。若单凭症状难以区别,可以通过自我监测凌晨0:00~4:00的2~3次血糖识别。如监测到的血糖偏低或低于正常值,或先出现低血糖,随后出现高血糖,则为苏木杰反应;如监测到的血糖升高或几次血糖值一直平稳,则为黎明现象。

【管理】　对确诊的糖尿病患者管理主要是三大环节:第一,制定管理目标。总的目标是预

Notes

防和减少急性代谢紊乱和慢性并发症的发生、改善预后和生活质量。第二,实现管理目标即达标。此环节需要患者及家庭、医务工作者、社会及政府等相互协作才能实施。患者必须学会自我管理,基层医疗机构特别是社区卫生服务中心要承担基本的管理工作,负责患者的分级转诊;高级别医疗机构负责疑难并发症的诊治;社会和政府应重视和支持糖尿病的管理。第三,长期监测,按制定目标监测达标情况,及时调整管理方案。

（一）目标和控制指标

1. **目标**　糖尿病管理的目标是:①纠正代谢紊乱,消除糖尿病症状,维持良好的营养状况及正常的生活质量与工作能力,保障儿童的正常生长发育;②防止发生糖尿病急性代谢紊乱(主要指高血糖危象);③预防、延缓和减少慢性并发症的发生与发展。为达到上述目标,糖尿病的管理强调早期治疗、长期治疗、综合治疗和措施个体化的基本原则。

UKPDS(United Kingdom Prospective Diabetes Study)资料表明,2型糖尿病是一种渐进性疾病(progressive disease)。随着研究的继续深入,对2型糖尿病的治疗目标有了新的认识,在强调严格血糖控制的基础上,全面控制血管病变风险,延缓疾病的进展和预防慢性并发症和动脉粥样硬化性血管病,最终改善生活质量及降低死亡率已经成为长期目标。

2. **病情控制指标**　目前较公认的糖尿病控制指标,表7-24-6是IDF 2012版2型糖尿病防治指南所提出的控制目标。糖尿病综合防治主要包括五个方面,即糖尿病教育、医学营养治疗、运动治疗、药物治疗(口服降糖药、胰岛素等)和血糖监测。

表7-24-6　IDF 2型糖尿病的控制目标

	目标值		目标值
空腹血糖(mmol/L)	4.4～6.5	LDL-C(mmol/L)	<2.0
非空腹血糖(mmol/L)	4.4～9.0	尿白蛋白/肌酐比值(mg/mmol)	
HbA1c(%)	<7.0	男性	<2.5(22mg/g)
血压(mmHg)	<130/80	女性	<3.5(31mg/g)
TC(mmol/L)	<4.5	尿白蛋白排泄率	<20μg/min(30mg/d)
HDL-C(mmol/L)	>1.0	主动有氧活动(分钟/周)	≥150
TG(mmol/L)	<2.3		

表中所列指标仅适合一般患者,具体指标值的设定必须考虑病情、年龄、健康需求、医疗和经济条件及健康知识等各种因素进行调整即个体化目标,不同的指标分别在相应部分进行描述。

（二）达标措施

1. **糖尿病教育**　糖尿病需终生治疗,其治疗效果在很大程度上取决于患者的主动性和病情程度。糖尿病教育的内容包括对医疗保健人员和患者及其家属的宣传教育,提高医务人员的综合防治水平,将科学的糖尿病知识、自我保健技能深入浅出地传授给患者,使患者了解治不达标的危害性,只要医患长期密切合作,可以达到正常的生活质量。

对患者而言,糖尿病教育国际上称为糖尿病自我管理教育(diabetes self-management education,DSME),足见自我管理的重要。糖尿病教育应贯穿于糖尿病诊治的整个过程,其内容包括糖尿病基础知识、心理卫生、医学营养治疗、运动治疗、药物治疗、自我血糖监测及自我保健等。对糖尿病患者来说,应通过教育达到下列目的:①认识自己所患糖尿病的类型及其并发症;②正确掌握饮食治疗和调整食谱的基本技能;③认识控制不良的严重后果及其控制的重要性;④能自行观察病情,自我监测血糖、血压,并能初步调整饮食和药物;⑤能自己注射胰岛素,并初步调整用量;⑥能识别、预防和及时处理低血糖;⑦能主动与医务人员配合,病情变化时能及时复诊,并按要求定期复查。

2. **医学营养治疗** 医学营养治疗(medical nutrition therapy,MNT),俗称饮食治疗,是糖尿病治疗的基础,也是最难坚持的治疗,应严格和长期执行。1型糖尿病患者在合适的总热量、食物成分、规律的餐次等要求的基础上,配合胰岛素治疗,有利于控制高血糖和防止低血糖。2型糖尿病患者,尤其是超重或肥胖者,MNT有利于减轻体重,改善高血糖、脂代谢紊乱、高血压和胰岛素抵抗,减少降糖药物的用量;消瘦患者有利于适当增加体重。MNT实际是依据身体的健康需求制定的平衡膳食,即各种营养成分摄入都应该合理;同时尽量考虑患者的生活和饮食习惯;相同类别的食物替换时应等热量进行交换。

(1)制定每日总热量:首先按性别、年龄和身高查表或计算理想体重,理想体重(kg)=身高(cm)-105;然后根据理想体重和工作性质,参考原来的生活习惯,计算每日所需的总热量。成人卧床休息状态每日每千克理想体重给予热量105~126kJ,轻体力劳动126~146kJ,中度体力劳动146~167kJ,重体力劳动167kJ以上。青少年、孕妇、哺乳、营养不良和消瘦及伴有消耗性疾病时应酌情增加,肥胖者酌减,使体重逐渐控制在理想体重的±5%范围内。

(2)营养素的热量分配:糖类摄入量通常应占总热量的50%~60%,提倡食用粗制米、面和一定量杂粮,严格限制或避免蔗糖、葡萄糖、蜜糖及其制品(各种糖果、甜糕点、冰淇淋及含糖软饮料等)。脂肪的摄入量要严格限制在总热量的20%~30%内,其中饱和脂肪酸<10%,单不饱和脂肪酸应尽量达到10%~15%,其余由多不饱和脂肪酸补充。限制食物的脂肪量,少食动物脂肪,尽量用植物油代替。

一般糖尿病患者(无肾病及特殊需要者)每日蛋白质的摄入量应占总热量的15%~20%(每日每千克理想体重0.8~1.2g),其中动物蛋白占1/3。临床糖尿病肾病(大量蛋白尿)者应减少蛋白质的摄入量(每日每千克理想体重0.8g以下)。生长发育期的青少年、妊娠或哺乳、营养不良和伴消耗疾病者的蛋白质摄入量可适当增加。

(3)制定食谱:每日总热量及营养素组成确定后,根据各种食物的产热量确定食谱。每克糖类和蛋白质产热16.8kJ,每克脂肪产热37.8kJ。根据生活习惯、病情和药物治疗的需要,可按每日三餐分配为1/5、2/5、2/5或1/3、1/3、1/3;也可按4餐分配为1/7、2/7、2/7、2/7。

(4)特殊需要与特殊要求:①营养素:健康状况良好且膳食多样化的糖尿病患者很少发生维生素与矿物质缺乏。下列情况应予适量补充:成人每日摄入总热量<5040kJ易发生铁和叶酸缺乏;素食者常缺乏维生素B_{12}、钙、铁、锌和核黄酸;血糖控制不佳者易发生水溶性维生素及矿物质的过量丢失;妊娠或哺乳期对铁、锌、钙和叶酸的需要量增加;药物利尿和慢性肾病可致镁缺乏。②食物纤维:食物粗纤维不被小肠消化吸收但能满足饱感,有助于减食减重;能延缓糖类和脂肪的吸收,可溶性食物纤维(谷物、麦片、豆类中含量较多)能吸附肠道胆固醇,延缓糖类吸收,有助于降低血糖和血胆固醇。③食盐和饮酒:一般每日的食盐摄入量不应超过6g,伴肾病或高血压者应<3g。糖尿病患者可适量饮酒,一般不超过1~2份标准量/日(一份标准量的啤酒285ml,清淡啤酒375ml,红酒100ml,白酒30ml,各约含乙醇10g)。禁忌大量饮酒,因可诱发酮症酸中毒和低血糖症。

在实施过程中,应根据实际效果和病情变化作必要的饮食调整。

3. **运动治疗** 运动治疗能协助血糖控制,提高胰岛素敏感性。应进行有规律的运动,每次30~60分钟,每天一次或每周5次。活动强度应达到有氧代谢的水平,即约为最大耗氧量(VO2 max)的60%,可用运动时脉率进行估算(运动时耗氧量为VO2max的60%时脉率=170-年龄),例如,一位57岁糖尿病患者的运动时脉率约为:170-57=113次/分。

运动前应仔细检查有无糖尿病并发症等即身体的安全性,在医务人员的指导下制定运动方案;了解运动环境的安全;做好低血糖的防范准备。糖尿病运动的适应证是:①2型糖尿病血糖在 16.7mmol/L 以下者,尤其是肥胖者;②1 型糖尿病病情稳定者宜于餐后运动,时间不宜过长。有下列情况时,不宜进行剧烈体育锻炼:①1 型糖尿病情未稳定或伴有严重慢性并发症;②合并严重糖尿病肾病;③伴严重高血压或缺血性心脏病;④伴有增殖性视网膜病变;⑤糖尿病足;⑥脑动脉硬化、严重骨质疏松或机体平衡功能障碍者。

对不能主动进行运动治疗者,应由他人协助,进行必要的被动锻炼。

4. 口服降糖药治疗   目前,国内临床常应用的口服降糖药主要有七大类,即双胍类(biguanides)、磺脲类(sulfonylureas,SU)、葡萄糖苷酶抑制剂(glucosidase-inhibitors)、噻唑烷二酮类(thiazolidinediones,TZD)、非磺脲类促胰岛素分泌剂、DPP-4 抑制剂及其他口服降糖药。注射用降糖药主要是胰岛素和 GLP-1 受体激动剂或类似物。

(1) 双胍类

1) 药理作用:通过肝细胞膜 G 蛋白恢复胰岛素对腺苷环化酶的抑制,减少肝糖异生及肝糖输出,促进无氧糖酵解,增加骨骼肌等组织摄取和利用葡萄糖,抑制或延缓胃肠道葡萄糖吸收,改善糖代谢。近年发现可升高血中 GLP-1 的浓度;有一定增加胰岛素敏感性的作用。此外,还具有增加纤溶、抑制 PAI-1、改善血脂谱等作用。本类药物不降低正常血糖,单独应用时不会引起低血糖。有减重效果。

2) 适应证与用法:主要适应证是:①超重或肥胖 2 型糖尿病;②与其他口服降糖药联合应用;③胰岛素治疗时(包括 1 型糖尿病)加用双胍类有助于稳定血糖,减少胰岛素用量。除 1 型糖尿病外,凡忌用 SU 的情况也是双胍类的忌用证;乳酸性酸中毒、严重缺氧、心衰、严重肝肾疾病和哺乳期禁用。GFR 降低时应减量;使用碘造影剂前后可暂停双胍类药物。

常用的药物有二甲双胍,每日剂量 500～2500mg,分 2～3 次口服;苯乙双胍易诱发乳酸酸中毒,现已淘汰,有些国家已禁用。

3) 不良反应:常见的不良反应是胃肠道症状,表现为口干、口苦、金属味、厌食、恶心、呕吐、腹泻等,进餐中或餐后服药或由小剂量开始可减轻。偶有过敏反应,表现为皮肤红斑、荨麻疹等。双胍类药物最严重的不良反应是诱发乳酸性酸中毒,但合理使用二甲双胍者该风险未增加。

(2) 磺脲类

1) 药理机制:主要是刺激胰岛 β 细胞分泌胰岛素。SU 与胰岛 β 细胞表面的特异受体(SUR)结合,抑制细胞膜 ATP 敏感性 K$^+$ 通道(ATP-K$^+$)使之关闭,随着细胞内 K$^+$ 浓度升高,依次发生胞膜去极化、膜电压依赖性 Ca^{2+} 通道开放、胞外 Ca^{2+} 内流、β 细胞内 Ca^{2+} 浓度增高并刺激胰岛素分泌。SU 还抑制磷酸二酯酶(cAMP 降解酶)活性,升高细胞内 cAMP 水平,使 β 细胞内游离钙进一步升高。因此,SU 的降糖作用有赖于尚存在功能 β 细胞的数量(30% 以上)。近年认为 SU 对胰岛 α 细胞有一定的调节作用。本身有一定的胰腺外降糖作用,但不同 SU 存在一定差异。

2) 适应证与用法:SU 的主要适应证是:①MNT 和运动治疗不能使血糖达标的 2 型糖尿病;②肥胖 2 型糖尿病应用双胍类等药物治疗后血糖控制仍不满意或因胃肠道反应不能耐受者;③SU 治疗不达标时可与胰岛素联合治疗,非多次胰岛素注射者不必停用 SU。SU 应在餐前半小时服用,其使用剂量和作用时间见表 7-24-7。

3) 禁忌证:忌用于:A. 1 型糖尿病;B. 2 型糖尿病并严重感染、酮症酸中毒、高渗性高血糖状态等,围手术期应暂停 SU,改为胰岛素治疗;C. 合并严重慢性并发症或伴明显肝、肾功能不全时;D. 对磺脲类过敏者。

4) SU 不良反应:第一代 SU 以甲苯磺丁脲(tolbutamide)和氯磺丙脲(chlorpropamide)为代表;第二代主要有格列本脲(glibenclamide)、格列齐特(gliclazide)、格列吡嗪(glipizide)、格列喹

表 7-24-7　磺脲类药物剂量和作用时间

药物	每片剂量（mg）	剂量范围（mg/d）	每日服药次数	半衰期（h）	作用时间(h)		
					开始	最强	持续
格列本脲	2.5	2.5 ~ 15	1 ~ 3	10 ~ 16	0.5	2 ~ 6	16 ~ 24
格列齐特	80	80 ~ 320	1 ~ 3	12	5	10 ~ 20	
格列吡嗪	5	5 ~ 30	1 ~ 3	3 ~ 6	1	1.5 ~ 2	8 ~ 12
格列喹酮	30	30 ~ 180	1 ~ 3	1 ~ 2	10 ~ 20		
格列美脲	1,2	1 ~ 6	1	4 ~ 7	3 ~ 5	24	

酮(gliquidone)和格列美脲(glimepiride)。格列齐特与格列吡嗪有控释制剂,每日一次服用可维持24小时。近年的趋势是选用第二代 SU,减少口服次数可提高患者的依从性。从小剂量开始,必要时根据血糖,每 1 ~ 2 周增加一次剂量,直到取得良好效果。不同个体所需的剂量不同,但不应超过最大剂量。各种 SU 不能联合应用。

SU 的主要不良反应是低血糖,一般与剂量过大、饮食配合不妥、使用长效制剂或同时应用增强 SU 降糖作用的药物有关。另一不良反应是体重增加,SU 致非超重肥胖者体重增加但不增加超重肥胖者体重。此外,可出现恶心、呕吐、消化不良、皮肤瘙痒、皮疹和光敏性皮炎等,如症状轻微,多可耐受;如症状逐渐加重,或发生严重肝损害、粒细胞缺乏、再生障碍性贫血、溶血性贫血、血小板减少性紫癜等明显毒副作用时,应立即停药,并给予相应处理。

5）注意事项:避免与其他药物的相互作用,有些药物(水杨酸制剂、磺胺类药物、保泰松、氯霉素、胍乙啶、利舍平、β 肾上腺素能拮抗剂、单胺氧化酶抑制剂等)可减弱糖异生或降低 SU 与血浆蛋白结合、或降低 SU 的肝代谢与肾排泄,增强 SU 的降糖效应;另一些药物(噻嗪类利尿药、呋塞米、依他尼酸、糖皮质激素、雌激素、钙拮抗剂、苯妥英钠、苯巴比妥等)因抑制胰岛素释放、拮抗胰岛素作用、促进 SU 肝降解,可降低 SU 的降糖作用。

(3) α-葡萄糖苷酶抑制剂

1）药理作用:在小肠黏膜刷状缘,α-葡萄糖苷酶抑制剂竞争性抑制葡萄糖淀粉酶、蔗糖酶、麦芽糖酶和异麦芽糖酶,抑制糖类分解,延缓葡萄糖和果糖吸收,可降低餐后血糖,但对乳糖酶无抑制作用,不影响乳糖的消化吸收。对肠道菌群有有益作用,还有一定升高血中 GLP-1 浓度和降低血中胰岛素水平作用。可减重。饮食中碳水化合物类大于 50% 者效果更好。

2）适应证与用法:主要用于 2 型糖尿病,单独应用可降低餐后血糖与空腹血糖和血浆胰岛素水平,与其他口服降糖药联合应用可提高疗效;对于 1 型糖尿病或胰岛素治疗的 2 型糖尿病患者,加用本药可改善血糖控制,减少胰岛素用量。阿卡波糖(acarbose),起始剂量 25 ~ 50mg,1 日3 次,日剂量为 300mg;伏格列波糖(voglibose),起始剂量 0.2mg,1 日 3 次,日最大剂量为 0.9mg。米格列醇(miglitol),用法和用量同阿卡波糖。进餐时嚼服。

3）禁忌证:主要有:①对此药过敏或肠道炎症、溃疡、消化不良、疝等;②血肌酐>180μmol/L(2.0mg/dl)或 GFR<25ml/(min·1.73m^2);③肝硬化;④合并感染、严重创伤或酮症酸中毒等。

4）不良反应:主要的不良反应是腹胀、排气增加、腹痛、腹泻等。数周后,在小肠中、下段 α-葡萄糖苷酶被诱导,糖类在整段肠内逐渐吸收,上述消化道反应可减轻或消失。此类药物口服后很少被吸收,主要在肠道降解或以原形随大便排出。

(4) 噻唑烷二酮类

1）药理作用:亦称胰岛素增敏剂,可增强胰岛素在外周组织的敏感性,减轻胰岛素抵抗,其疗效持久。药物进入靶细胞后与核受体结合,激活 PPARγ 核转录因子,可调控多种影响糖、脂代谢的基因转录,使胰岛素作用放大。

Notes

2）适应证与用法：主要用于 2 型糖尿病，尤其适合于伴有明显胰岛素抵抗者。可单独或与其他口服降糖药、胰岛素联合应用，但不用于 1 型糖尿病、酮症酸中毒、严重和三级以上心衰及 ALT>正常上限 2.5 倍及骨质疏松者。现有本类药物两种：罗格列酮（rosiglitazone）的起始剂量 4mg/d，最大剂量 8mg/d，一次或分次口服；吡格列酮（pioglitazone）的起始剂量 15～30mg/d，最大剂量 45mg/d。

3）不良反应：常见的不良反应有水肿、体重增加、头痛、头晕、乏力、恶心和腹泻，贫血、心衰和女性四肢远端骨折。本药可使绝经前无排卵型妇女恢复排卵，如不注意避孕则有妊娠可能。该作用对多囊卵巢综合征有效。

（5）非 SU 促胰岛素分泌剂：适应证和禁忌证同 SU，不同的格列奈类如下：

1）瑞格列奈（repaglinide）：为苯甲酸衍生物，与胰岛 β 细胞膜的 36kD 特异蛋白结合，关闭钾通道而促进胰岛素分泌。口服后作用快，1 小时达峰后迅速下降，半衰期 1 小时，4～6 小时清除，主要由胆汁经肠道排泄，8% 由尿排出；代谢产物无降糖活性，很少发生低血糖。起始剂量 0.5mg，每日 3 次，饭前 0～30 分钟服用，最大日剂量<16mg。

2）那格列奈（nateglinide）：为苯丙氨酸衍生物，对 β 细胞 SUR 有较高的组织选择性。吸收快，1 小时达峰，半衰期 1.5 小时。起始剂量 60～120mg，每日 3 次，最大剂量 540mg/d，餐前 0～30 分钟内服用。适应证同 SU。那格列奈可以单独用于经饮食和运动不能有效控制高血糖的 2 型糖尿病病人。也可用于使用二甲双胍不能有效控制高血糖的 2 型糖尿病病人，采用与二甲双胍联合应用，但不能替代二甲双胍。那格列奈不适用于对磺脲类降糖药治疗不理想的 2 型糖尿病病人。不良反应有低血糖，极少患者可能出现一过性肝功能异常、过敏及胃肠道反应。

（6）二肽基肽酶-4（DPP-4）抑制剂

1）药理作用：胰升糖素样肽 1（GLP-1）是一种在食物营养物质刺激下，由肠道内分泌细胞合成分泌的肠促胰素（incretin），具有葡萄糖依赖性促胰岛素分泌的特性，可通过促进 β 细胞的胰岛素分泌、抑制 α 细胞不适当的胰高糖素分泌、抑制食欲及减缓胃排空等多种途径参与机体血糖稳态调节。但内源性活性 GLP-1 半寿期极短，迅速被 DPP-4 裂解而失活。因此，利用 DPP-4 抑制剂选择性抑制 DPP-4 活性，阻止内源性活性 GLP-1 的降解，提高其血浆水平而发挥其降糖作用。

2）适应证和用法：适用于成人 2 型糖尿病患者的血糖控制；不能用于 1 型糖尿病或糖尿病酮症酸中毒患者；不推荐用于妊娠期、哺乳期妇女和儿童及有胰腺炎病史者。目前在中国已上市的 DPP-4 抑制剂药物有五种。西格列汀，100mg，每日 1 次；沙格列汀，5mg，每日 1 次；维格列汀，50mg，每日 2 次；阿格列汀，25mg，每日 1 次；利格列汀，5mg，每日 1 次。其中利格列汀不受肝功能和肾功能影响。

3）禁忌证：对药物或药物中任何一成分过敏者禁用。

4）不良反应：常见不良反应有咽炎、头痛、上呼吸道感染等，但是其低血糖的发生率比磺脲类低；少见不良反应包括：超敏反应、血管神经水肿、肝酶升高、腹泻、咳嗽等，另有研究发现沙格列汀可能增加糖尿病患者的心衰住院风险。

（7）其他口服降糖药：钠-葡萄糖协同转运子-2（SGLT-2）抑制剂可特异性抑制滤过葡萄糖在肾小管的重吸收，以增加尿中葡萄糖排泄，从而发挥降糖作用，并促进体重下降，但增加尿路感染。固定剂量复方制剂（fixed dose compound，FDC）常用二甲双胍与其他口服降糖药组合，如二甲双胍与 SU、TZD、DPP-4 抑制剂及阿卡波糖。FDC 可提高患者的依从性。此外，中医认为糖尿病是消渴症，可采用辨证施治法，与西药配合使用。对胰岛功能很差的患者不能单用中药。活血化瘀等中药防治糖尿病慢性并发症的疗效有待研究。

（8）胰岛素

1）适应证：所有 1 型糖尿病和妊娠期高血糖应接受胰岛素治疗，其中急性起病和 β 细胞明

Notes

显不足的慢性起病 1 型糖尿病患者要求终生胰岛素治疗。2 型糖尿病患者发生下列情况时需用胰岛素治疗:①高渗性高血糖状态、乳酸性酸中毒、糖尿病酮症酸中毒或反复出现酮症;②血糖控制不达标的增殖型视网膜病变;③神经病变导致严重腹泻与吸收不良综合征;④合并严重感染、创伤、手术、急性心肌梗死及脑血管意外等应激状态;⑤肝、肾功能严重不全;⑥妊娠期及哺乳期;⑦多种口服降糖药治疗血糖仍不达标;⑧显著消瘦的或某些新诊断的严重高血糖 2 型糖尿病,部分 2 型糖尿病患者用较大剂量短期胰岛素强化治疗可明显改善 β 细胞功能,以后对口服降糖药仍有良好反应;⑨同时患有需用糖皮质激素治疗的疾病;⑩某些特异性糖尿病(如坏死性胰腺炎或胰腺切除)。

2) 胰岛素分类:按作用快慢和持续时间,胰岛素制剂分为超短效(速效,餐时)、短效(普通)、中效、长效四类。根据控制血糖需要分为不同比例的短、超短及中效的预混胰岛素制剂。按照胰岛素的氨基酸序列可分为动物胰岛素(猪)、人胰岛素及在人胰岛素基础上进行修饰的胰岛素类似物。按照生产工艺可分为生物合成和基因重组胰岛素。实际应用中常采用多种方法结合分类,相对而言作用时间长短必须分清,因此最重要。我国已极少使用动物胰岛素。近年来,又研制出短效和长效胰岛素类似物制剂。

①超短效(速效)胰岛素类似物:赖脯胰岛素是将人胰岛素 B 链 28 位脯氨酸与 29 位赖氨酸对换;门冬胰岛素是将胰岛素 B 链 28 位脯氨酸换成天冬氨酸。重新组成的这两种胰岛素类似物不像人胰岛素那样容易形成六聚体结晶,注射后吸收快,1 小时达峰值;其代谢亦快,6 小时降至基础水平。②短效(普通)胰岛素:有人胰岛素和动物胰岛素两种。③中效胰岛素:有人胰岛素和动物胰岛素两种。④长效胰岛素类似物:甘精胰岛素(insulin glargine)是将人胰岛素 A21 位门冬酰胺换成甘氨酸、B30 位增加 2 个精氨酸,从而改变了胰岛素的等电点,使其在中性环境中沉淀,酸性环境中溶解,从而延缓吸收;地特胰岛素(insulin detemir)是在 B29 位增加 14-烷酰基后形成的胰岛素类似物,可与血浆白蛋白结合而免受降解,故半衰期显著延长。⑤预混胰岛素:有人胰岛素和胰岛素类似物,为短效或超短效与中效的混合制剂。短效和超短效占 30% 或 50%,中效分别占 70% 或 50%。

短效胰岛素即普通胰岛素(regular insulin)有动物胰岛素(来自猪)、单峰中性胰岛素(来自猪)和生物合成的人胰岛素。中效胰岛素有中性精蛋白锌胰岛素(neutral protamine hagedorn,NPH,来自猪或牛)、单峰中效胰岛素(来自猪)和中性低精蛋白锌人胰岛素。长效胰岛素有精蛋白锌胰岛素(protamine zinc insulin,PZI,来自猪)、特慢胰岛素锌悬液(ultralente insulin,来自猪或牛)和单峰 PZI(来自猪)。几种制剂的作用时间见表 7-24-8。

表 7-24-8 几种胰岛素制剂及其作用时间

胰岛素制剂	起效时间	峰值时间	作用持续时间
速效胰岛素类似物(门冬胰岛素)	10 ~ 15min	1 ~ 2h	4 ~ 6h
速效胰岛素类似物(赖脯胰岛素)	10 ~ 15min	1 ~ 1.5h	4 ~ 5h
短效胰岛素(RI)	15 ~ 60min	2 ~ 4h	5 ~ 8h
中效胰岛素(NPH)	2.5 ~ 3h	5 ~ 7h	13 ~ 16h
长效胰岛素(PZI)	3 ~ 4h	8 ~ 10h	长达 20h
长效胰岛素类似物(甘精胰岛素)	2 ~ 3h	无峰	长达 30h
长效胰岛素类似物(地特胰岛素)	2 ~ 3h	无峰	长达 24h
预混胰岛素(HI30R,HI70/30)	0.5h	2 ~ 12h	14 ~ 24h
预混胰岛素(50R)	0.5h	2 ~ 3h	10 ~ 24h
预混胰岛素类似物(预混门冬胰岛素 30)	10 ~ 20min	1 ~ 4h	14 ~ 24h
预混胰岛素类似物(预混赖脯胰岛素 25)	15min	1.5 ~ 3h	16 ~ 24h

3）胰岛素的生产工艺:按纯度分为普通、单峰和单组分胰岛素。从猪和牛胰腺提取的胰岛素经凝胶过滤处理,可得到三个峰,a 峰和 b 峰共占 5%,含有胰高糖素、胰多肽、胰岛素多聚体、胰岛素原及其裂解产物,是胰岛素制剂致敏和抗原性的主要来源;c 峰占 95%,主要是胰岛素和与胰岛素分子量近似的微量杂质。猪和牛胰岛素与人胰岛素的分子结构略有差别,可产生交叉免疫反应。层析分离技术能将大分子不纯物质(a 峰和 b 峰)去除,得到单峰高纯度胰岛素,其纯度可达 10ppm(每百万容量中所含杂质量)。人胰岛素可由半人工合成或重组 DNA 生物合成技术生产,其纯度<1ppm,称为单组分(monocomponent,MC)胰岛素。

4）胰岛素贮存:胰岛素制剂不能冰冻,在 2℃ ~8℃ 下可保存两年,正在使用的胰岛素置于 25℃室温可保存一个月。常用的制剂规格有每瓶 400U/10ml、1000U/10ml 和每瓶 300U/3ml(胰岛素注射笔专用)三种。

5）使用方法和剂量调节:影响胰岛素疗效的因素很多,但维持胰岛素最佳疗效和尽量减少低血糖反应的基础条件是有效的一般治疗、运动治疗和饮食治疗。此外,胰岛素制剂的类型、种类、注射部位、注射技术、胰岛素抗体及个体差异均可影响胰岛素的起效时间、作用强度及作用持续时间。腹壁注射起效最快,其次为上臂、大腿和臀部。

A 使用方法:给药途径分为皮下注射和静脉使用,所有制剂均能皮下注射,只有短效和超短效才能静脉应用。应用方案一般有基础胰岛素治疗、多次胰岛素注射治疗和胰岛素泵治疗三种方案。

a. 每日基础胰岛素治疗:在维持原口服降糖药药量的基础上,加睡前注射一次中效胰岛素或长效胰岛素类似物,起始量依血糖水平,一般为 0.1 ~0.3U/kg,逐渐加量,日最大量不超过 0.5U/kg 体重。大多数患者的空腹血糖可达标,也可改善口服药的效果,逐渐使日间的血糖达标。如联合治疗餐后血糖不能达标,应在相应餐前加用短效或速效胰岛素;也可改为每日多次注射治疗。

b. 每日多次胰岛素注射治疗:其方法是:中效胰岛素或长效胰岛素类似物于睡前皮下一次注射,餐前注射 1 ~3 次短效胰岛素,多数患者的血糖能得到满意控制。预混胰岛素早、晚餐前各注射一次,部分患者能达到控制全天血糖的目的。一般常用中效和短效混合制剂,二者的比例和每日的总剂量因人而异,可用预混制剂或临时配制混合。早、晚的剂量大致相等或早餐前用量约占日总量的 2/3。必要时预混胰岛素制剂可于三餐前皮下注射,即可达每日三次。

c. 胰岛素泵治疗:胰岛素泵模拟人体自身胰岛素分泌模式给药,使血糖控制得更为理想。植入型胰岛素输注泵将胰岛素注射到腹腔内,较皮下持续输注胰岛素(CSII)泵释放的胰岛素吸收更符合生理需要,主要用于儿童 1 型糖尿病、成人每日注射胰岛素 3 ~4 次且血糖波动大及妊娠期血糖控制。

B 剂量调节:胰岛素治疗应由小剂量开始,根据血糖测定结果,每 3 ~5 天调整剂量一次,直到血糖达标。对于需要从静脉补充葡萄糖的糖尿病患者,可按每 2 ~5g 葡萄糖加 1U 短效胰岛素的比例给药,但因个体差异大,必须监测血糖,随时调整剂量。

6）抗药性和不良反应

A 胰岛素抗药性:胰岛素制剂有种属差异,异种胰岛素具有免疫原性。人体多次接受动物胰岛素注射一个月可出现抗胰岛素抗体,又因靶细胞胰岛素受体及受体后缺陷以及胰岛素受体抗体等因素,极少数患者可发生胰岛素抗药性,即在无酮症酸中毒和无拮抗胰岛素因素存在的情况下,连续 3 天每日胰岛素需要量超过 200U。胰岛素抗体还可导致低血糖。此时应改用人胰岛素制剂或胰岛素类似物,必要时使用糖皮质激素(如泼尼松 40 ~60mg/d)。经适当治疗数日后,胰岛素抗药性可消失。即使人胰岛素和类似物对人体而言均为外源性胰岛素,均可产生抗体但其产生胰岛素抗体机会明显低于动物胰岛素。

B 胰岛素过敏反应:由 IgE 引发,有局部反应和全身反应两种情况。局部反应表现为注射部位瘙痒、荨麻疹或脂肪营养不良(皮下脂肪萎缩或增生);全身反应以荨麻疹、神经血管性水肿和过敏性休克为特征。处理措施包括更换胰岛素制剂或更换不同厂家生产的胰岛素,同时应用抗组胺药和糖皮质激素,必要时考虑脱敏疗法。严重过敏反应者应立即停用胰岛素,并按过敏性休克进行抢救。

C 其他不良反应:胰岛素的主要不良反应是低血糖症,与剂量过大和(或)饮食失调有关,多见于1型糖尿病患者,但应注意识别低血糖后高血糖(Somogyi 现象)和无知觉性低血糖。胰岛素治疗初期可因钠潴留而发生水肿,大多可自行缓解,严重者可短期使用利尿剂。部分患者在胰岛素治疗后出现视力模糊,此为晶体屈光度改变所致,多数于数周内逐渐恢复。另一主要不良反应是体重增加。发生后可采用体育运动和节食予以控制。

(9) GLP-1 受体激动剂与类似物

1) 药理作用:GLP-1 是肠道分泌的肠促胰素,可增强葡萄糖依赖性的胰岛素分泌和抑制葡萄糖依赖性异常增高的胰高糖素的分泌、减少胃排空、减少食物摄入,促进 β 细胞增殖和再生、减少脂肪堆积及增加胰岛素敏感性。目前在中国上市的有艾塞那肽和利拉鲁肽。艾塞那肽有53% 的氨基酸序列与哺乳动物 GLP-1 的氨基酸序列相同,此药通过激活 GLP-1 受体产生与 GLP-1 类似的作用。利拉鲁肽是一种酰化 GLP-1,与人体天然 GLP-1 有 97% 氨基酸序列高度同源,非同源性仅 3%,保留了 GLP-1 的全部生物活性,因此称之为类似物。

2) 适应证和用法用量:适用于服用二甲双胍、磺脲类、噻唑烷二酮类、二甲双胍和磺脲类联用、二甲双胍和噻唑烷二酮类联用不能有效控制血糖的 2 型糖尿病患者的血糖控制。艾塞那肽一日两次,早晚饭前 1 小时注射。利拉鲁肽一日一次注射。

3) 禁忌证:①对本药过敏者;②1 型糖尿病;③DKA;④晚期肾脏疾病或严重肾功能损害者;⑤严重胃肠道疾病(如胃轻瘫)。

4) 不良反应:胃肠道反应是其最常见的不良反应。另外特别注意的是艾塞那肽可能导致胰腺炎。总体而言,GLP-1 相关产品远期的安全性尚缺乏参考资料,应用过程中应密切观察有无未知的不良反应。

5. **糖尿病伴肥胖症的手术治疗** IDF 在 2011 年提出减肥手术是治疗 2 型糖尿病的治疗措施之一,并建议符合减肥手术条件的患者,应当及早考虑使用手术方法治疗帮助预防可能发生的并发症。对于 BMI≥32.5kg/m² 的 2 型糖尿病患者,或者 27.5kg/m²≤BMI≤32.5kg/m²,且最佳药物治疗不能对其糖尿病进行有效控制的患者,推荐接受手术治疗。目前应用最多的包括腹腔镜可调节胃束带术(laparoscopic adjustable gastric band,LAGB)、胆胰分流术(biliopancreatic diversion,BPD)和胃肠 Roux-en-Y 分流术(Roux-en-Ygastric bypass,RYGB)。

6. **胰腺和胰岛细胞移植** 胰腺(胰腺节段或全胰腺)移植若获成功,可使糖尿病获得"治愈",合并肾功能不全者是胰-肾联合移植的适应证。胰岛细胞移植和干细胞移植尚处在研究阶段,有待充分的临床证据证实其有效性和实用性。

7. **慢性并发症的治疗** 糖尿病的各种慢性并发症重在预防,强调早期诊断和治疗,严格控制血糖是防治慢性微血管并发症的基础。但必须同样重视血糖以外的慢性并发症特别是动脉粥样硬化性血管病的风险因素的管理。如合并高血压时,血管紧张素转换酶抑制剂和血管紧张素Ⅱ受体拮抗剂可作为首选药物,常需要联合其他降压药。血脂谱异常者以总胆固醇、LDL-C增高为主时,宜选 3-羟 3-甲基戊二酰辅酶 A 还原酶抑制剂(他汀类),以甘油三酯升高为主者可使用贝特类药物。有效控制超重及肥胖者的体重。抗凝和抗血小板治疗。

DKD:肾小球或肾小管受损患者应适当限制蛋白质的摄入量、严格控制血压;预防和治疗尿路感染;终末期肾病可选择透析治疗、肾或胰-肾联合移植。DRP:激光治疗是增殖型视网膜病变的首选疗法,光凝使微血管瘤、血管渗透、新生血管等病变凝固封闭,预防出血,使未受累的视网膜得到较多的血流灌注,能起到保护视力和防止病情发展的作用。神经并发症:尚缺乏特异性的有效药物,可通过改善微循环、营养神经及对症治疗。

大血管病变如脑卒中、缺血性心脏病及下肢血管病和糖尿病足等应予相应的治疗。

8. 妊娠期高血糖的治疗　育龄糖尿病(妊娠前糖尿病)妇女在计划怀孕前,应开始接受强化胰岛素治疗,血糖达标才能妊娠。妊娠前糖尿病、妊期显性糖尿病及 GDM 者,妊期血糖达标对确保母婴安全至关重要。MNT 的原则与非妊娠糖尿病患者基本相同,总热量约为每日每千克体重 160kJ,妊娠期间的体重增加宜在 12kg 以内;糖类的摄取量为每日 200～300g,蛋白质每日每千克理想体重 1.5～2.0g。降糖药物一般选用人胰岛素制剂或速效胰岛素类似物,我国一般不用口服降糖药。降糖治疗应尽量避免低血糖。36 周前早产婴儿的存活率低,38 周后胎儿宫内死亡率高,故宜在妊娠 32～36 周住院治疗,直到分娩。住院期间应同时监护产科情况,必要时行引产或剖宫产。绝大多数妊娠糖尿病患者在分娩后可停用胰岛素。

9. 危重症及围术期的血糖管理　这些人群应使用胰岛素控制血糖,严格进行血糖监测,尽量避免低血糖;总体而言血糖控制在 6～10mmol/L 左右;一般认为最高血糖<12mmol/L 不会增加感染机会。

10. 血糖监测　POCT 血糖监测是血糖安全达标的重要保证措施之一,非住院患者应行自我血糖监测(SMBG)。非降糖药物治疗者也可行 SMBG,胰岛素多次注射者每日应 2～4 次SMBG。动态血糖监测(CGM)主要用于频发或无感知或夜间低血糖的患者,以及时发现低血糖。

【预防和预后】

(一)预防

随着经济的发展和城市化生活的普及与老龄化,糖尿病(主要是 2 型糖尿病)患者数量迅速增加的势头不容忽视,随之而来的动脉粥样硬化性血管病及各种糖尿病并发症相应增加,已成为糖尿病患者致残和致死的主要原因。面对糖尿病这一全球性发展趋势的严峻事实,积极开展糖尿病及其并发症的预防,已成为刻不容缓的任务。为了引起人们的重视,联合国已将每年 11 月 14 日定为世界糖尿病日,要求动员各方力量,积极开展糖尿病防治。

开展对糖尿病及其并发症的流行病学调查,通过调查分析人群中糖尿病及其并发症的分布和影响因素,为防治提供科学依据。在全社会开展糖尿病宣传教育,提高患者及家属自我监护和治疗能力,预防糖尿病,早期发现糖尿病及规范化管理糖尿病,以减少糖尿病及并发症的发生。组织和开展三级预防:①初级预防的目的是减少糖尿病的发病率。措施为改变人群中与 2 型糖尿病发病有关的不良环境因素,如能量摄入过多、肥胖、缺乏体力活动及久坐的生活方式等;以及加强对糖尿病高危人群的预防和监测。②二级预防是早期发现和有效治疗糖尿病。③三级预防是防止或延缓并发症的发生或恶化,以降低伤残死亡率。一定要重视血糖以外的动脉粥样硬化风险因素的控制。

许多糖尿病前期干预试验证明,通过生活方式和(或)药物干预,可降低 IGT、IFG 及 IGT 合并 IFG 人群发生糖尿病的危险率;我国大庆研究发现干预还可减少血管并发症发生,减少死亡。

(二)预后

糖尿病的预后取决于干预效果,早期治疗和长期的血糖、血压、血脂、体重及促凝状态的良好控制可明显降低致残率,延缓和防止动脉粥样硬化性血管病及慢性并发症的发生与发展。

部分患者在糖尿病前期阶段的糖代谢异常是可逆的,经过干预能恢复正常;反之,我国大庆研究证明若此阶段不干预,20 年后绝大多数发展为糖尿病。但糖代谢紊乱在进入糖尿病阶段后,其病变一般是不可逆性的,虽发展缓慢,但为进行性,经数年至十几年后,出现不同程度的慢性并发症,而且往往是多种并发症同时或先后发生。但三级预防能防止或延缓并发症的发生与发展。

积极的治疗可显著提高患者的生活质量,延长生存寿命。严格的血糖控制可避免出现高血糖危象(酮症酸中毒和高渗状态)及感染,明显减少微血管并发症的发生率;长时间(可能 10 年以上)可保护早期糖尿病的大血管。动脉粥样硬化性血管病是糖尿病的首位死因。但急性并发症或高血糖危象治疗过晚、处理不力或病情危重,可导致死亡或致残;死亡的主要原因为高龄、水和电解质平衡紊乱、休克、严重感染、心肌梗死、肾功能衰竭、脑水肿或脑卒中。

附1　糖尿病酮症酸中毒

糖尿病酮症酸中毒(diabetic ketoacidosis,DKA)是高血糖危象之一,也是糖尿病急性并发症之一,由于胰岛素不足或作用明显减弱和升糖激素不适当升高引起的糖、脂肪和蛋白代谢严重紊乱综合征,以至水、电解质和酸碱平衡失调,临床以高血糖、高血酮和代谢性酸中毒为主要表现。

DKA的发生与糖尿病类型有关,有的糖尿病患者以DKA为首发表现。1型糖尿病有发生DKA的倾向尤其是急性起病型;2型糖尿病亦可被某些诱因诱发,常见的诱因有急性感染、胰岛素不适当减量或突然中断治疗、饮食不当(过量或不足、食品过甜、酗酒等)、胃肠疾病(呕吐、腹泻等)、脑卒中、心肌梗死、创伤、手术、妊娠、分娩、精神刺激等,有时可无明显诱因。

【发病机制和病理生理】　胰岛素严重缺乏和/或作用明显减弱是发生DKA的基础。胰岛素严重缺乏或严重抵抗时,伴随着胰高糖素等升糖激素的不适当升高,葡萄糖对胰高糖素分泌的抑制能力丧失,胰高糖素对刺激(精氨酸和进食)的分泌反应增强,导致肝、肾葡萄糖生成增多和外周组织利用葡萄糖障碍,加剧高血糖;并使脂肪分解代谢增强,血循环中游离脂肪酸明显增加,脂肪酸在肝脏的氧化分解增加,酮体生成旺盛,出现酮症或酮症酸中毒。其他升糖激素包括儿茶酚胺、糖皮质激素、生长激素等,在DKA的发生中也起一定作用。

(一)酸中毒

由于脂肪动员和分解加速,大量游离脂肪酸在肝内经β-氧化生成酮体,超过组织的正常氧化能力而使血酮升高(酮血症),尿酮排出增多(酮尿),两者统称为酮症。酮体中的乙酰乙酸和β羟丁酸(比例最高)属有机酸性化合物,在机体代偿过程中消耗体内碱储备。早期由于组织利用及体液缓冲系统和肺、肾的调节,pH可保持正常;当代谢紊乱进一步加重,血酮浓度继续升高并超过机体代偿能力时,血pH降低,出现失代偿性酮症酸中毒;当pH<7.0时,可致呼吸中枢麻痹和严重肌无力,甚至死亡。

另一方面,酸中毒时血pH下降使血红蛋白与氧亲和力下降(Bohr效应),可使组织缺氧在某种程度上得到改善。如治疗时过快提高血pH,反而加重组织缺氧,诱发脑水肿。

(二)严重失水

由下列因素的综合作用引起:①血糖和血酮浓度增高使血浆渗透压上升,血糖升高的毫摩尔值与血浆渗透压的增值相等;细胞外液高渗时,细胞内液向细胞外转移,细胞脱水伴渗透性利尿;②蛋白质和脂肪分解加速,渗透性代谢物(经肾)与酮体(经肺)排泄带出水分,加之酸中毒失代偿时的厌食、恶心、呕吐,使水摄入量减少,丢失增多,故患者的水和电解质丢失往往相当严重,但在一般情况下,失水多于失盐;③失水引起血容量不足,血压下降,甚至循环衰竭。

(三)电解质平衡紊乱

渗透性利尿、呕吐及摄入减少、细胞内外水分及电解质的转移以及血液浓缩等因素,均可导致电解质平衡紊乱。血钠正常或减低,早期由于细胞内液外移引起稀释性低钠血症;进而因多尿和酮体排出致血钠丢失增加,失钠多于失水时引起缺钠性低钠血症;如失水超过失钠,血钠也可增高。严重高脂血症可出现假性低钠血症。

由于摄入不足和排出过多,DKA的钾缺乏显著,但由于酸中毒和组织分解加强,细胞内钾外移,故治疗前的血钾可正常或偏高,但在补充血容量、注射胰岛素、纠正酸中毒后,发生严重的低钾血症,可引起心律失常或心搏骤停。

由于细胞分解代谢增加,磷在细胞内的有机结合障碍,磷自细胞释出后由尿排出,引起低磷血症。低磷导致红细胞2,3-二磷酸甘油减少,使血红蛋白与氧的亲和力增加,引起组织缺氧。

Notes

（四）循环衰竭和肾衰竭

血容量减少和酸中毒导致周围循环衰竭,最终出现低血容量性休克。血压下降使肾灌注量降低,当收缩压低于70mmHg时,肾滤过量减少引起少尿或无尿,严重时发生急性肾损伤。

（五）中枢神经功能障碍

严重失水使血液黏稠度增加,在血渗透压升高、循环衰竭以及脑细胞缺氧等多种因素的综合作用下,出现神经元自由基增多,信号传递途径障碍,甚至DNA裂解和线粒体失活,细胞呼吸功能及代谢停滞,出现不同程度的意识障碍（由嗜睡至昏迷）,长期缺氧可引起脑水肿。

【临床表现和辅助检查】

（一）临床表现

根据酸中毒的程度,DKA分为轻度、中度和重度。轻度糖尿病酮症（diabetic ketaosisi,DK）,血pH 7.25~7.30,HCO_3^- 15~18mmol/L,阴离子间隙>10mmol/L;中度除酮症外,还有轻至中度酸中毒（DKA）,血pH 7.0~<7.25,HCO_3^- 10~<15mmol/L,阴离子间隙>12mmol/L;重度是指酸中毒伴意识障碍（糖尿病酮症酸中毒昏迷）,或虽无意识障碍,但血pH<7.0,HCO_3^-<10mmol/L,阴离子间隙>12mmol/L。

多数患者的多尿、烦渴多饮和乏力症状加重,但亦可首次出现。如未及时治疗,病情继续恶化,于2~4天发展至失代偿阶段,出现食欲减退、恶心、呕吐,常伴头痛、烦躁、嗜睡等症状,呼吸深快,呼气中有烂苹果味（丙酮气味）;病情进一步发展,出现严重失水,尿量减少、皮肤黏膜干燥、眼球下陷,脉快而弱,血压下降、四肢厥冷;到晚期,各种反射迟钝甚至消失,终至昏迷。少数病例有明显腹痛,酷似急腹症,易误诊,应予以注意。患者还可有感染等诱因引起的临床表现,但常被DKA的表现掩盖。

（二）辅助检查

1. 尿液检查   尿糖、尿酮阳性或强阳性;肾损害严重时,尿糖、尿酮阳性强度可与血糖、血酮值不相称。此外,重度DKA机体缺氧时,有较多的乙酰乙酸被还原为β-羟丁酸,此时尿酮反而阴性或呈弱阳性,DKA病情减轻后,β-羟丁酸转化为乙酰乙酸,使尿酮再呈阳性或强阳性,对这种血糖-酸中毒-血酮分离现象应予认识,以免错误判断病情。由于病情重或失水时常无尿液,尿液标本无法获取;DKA治疗后血酮已明显改善,而膀胱中的尿液标本酮体可能仍为强阳性,二者"分离"。因此尿液酮体虽然敏感性较高但缺陷明显。不建议用尿酮体诊断和监测DKA的病情。

部分患者可有蛋白尿和管型尿,随DKA治疗恢复可消失。

2. 血液检查   血糖升高,一般在13.9~33.3mmol/L（300~600mg/dl）,超过33.3mmol/L时多伴有高渗性高血糖状态或有肾功能障碍。血酮体增高,DK时血酮体常>1.5mmol/L,DKA时多在3.0mmol/L以上,当留取尿样困难或肝、肾功能对尿酮测定有影响时,更应采用定量法测定血β-羟丁酸含量。POCT血酮的方法已经成熟,对于DKA的病情判断和治疗监测更及时方便。血二氧化碳结合力和pH降低,剩余碱负值（>-2.3mmol/L）和阴离子间隙增大与碳酸盐的降低程度大致相等。DKA患者偶见碱血症,多因严重呕吐、摄入利尿药或碱性物质补充过多所致。血钠、血氯常降低,也可正常或升高;血钾在治疗前高低不定,治疗后常出现严重低钾血症。血尿素氮和肌酐呈轻至中度升高,一般为肾前性,随DKA治疗恢复而下降,但肾脏本身有病变时可不下降或继续升高。血清淀粉酶、谷草转氨酶和谷丙转氨酶可呈一过性增高,一般在治疗后2~3天恢复正常。末梢血白细胞数和血脂升高,血清可呈乳糜状。

3. 其他检查   胸部X线检查有助于确定诱因或伴发疾病。心电图检查可发现无痛性心肌梗死等病变,并有助于监测血钾水平。可能合并脑卒中等影像改变。

【诊断和鉴别诊断】   DKA的诊断并不困难。对昏迷、酸中毒、失水、休克的患者,要想到DKA的可能性,并作相应检查。如血糖>13.9mmol/L、血酮体>3.0mmol/L或尿糖和酮体阳性伴血糖增高,血 pH<7.3,HCO_3^-<18mmol/L,无论有无糖尿病病史,都可诊断为 DKA。血糖>13.9mmol/L,血酮体>1.5mmol/L,HCO_3^->18mmol/L 和或 pH>7.3 则诊断为 DK。糖尿病患者合并尿毒症、脑血管意外等疾病时,可出现酸中毒和(或)意识障碍,并可诱发 DKA,因此应注意两种情况同时存在的识别。DKA 患者昏迷只占少数,此时应与低血糖昏迷、HHS 昏迷及乳酸性酸中毒昏迷相鉴别(表 7-24-9)。

表 7-24-9　糖尿病并发昏迷的鉴别

	酮症酸中毒	低血糖昏迷	高渗性高血糖状态	乳酸性酸中毒
病史	糖尿病及 DKA 诱因史	糖尿病及治疗、进餐少,活动过度史	老年人、多无糖尿病史、常有感染、呕吐、腹泻史	肝、肾功能不全、低血容量休克、心衰、饮酒、服苯乙双胍史
起病症状	起病症状慢,1~4 天,有厌食、恶心、口渴、多尿、嗜睡等	急,以小时计算,有饥饿感、多汗、心悸、手抖等交感神经兴奋表现	慢,1~2 周,嗜睡、幻觉、抽搐等体征	较急,1~24h,厌食、恶心、昏睡及伴发病症状
体征				
皮肤	失水、干燥	潮湿、多汗	失水	失水、潮红
呼吸	深、快	正常	快	深、快
脉搏	细速	速而饱满	细速	细速
血压	下降或正常	正常或稍高	下降	下降
化验				
尿糖	++++	阴性或+	++++	阴性或+
血酮	>3.0mmol/L	正常	正常或轻度升高	正常或轻度升高
血糖	升高,多为16.7~33.3mmol/L	显著降低,<2.5mmol/L	显著升高,多>33.3mmol/L	正常或增高
血钠	降低或正常	正常	正常或显著升高	正常或增高
pH	降低	正常	正常或稍低	降低
CO_2CP	降低	正常	正常或降低	降低
乳酸	稍升高	正常	正常	显著升高

【治疗和预防】

(一) 治疗

DKA 所引起的病理生理改变,经及时正确治疗是可以逆转的。因此,DKA 的预后在很大程度上取决于早期诊断和正确治疗。对 DK 者,仅需补充液体和胰岛素治疗,持续到酮体消失。DKA 应按以下方法积极治疗:

1. **胰岛素治疗**　DKA 发病的主要病因是胰岛素严重缺乏,因此及时合理地补充胰岛素是治疗的关键。一般采用小剂量胰岛素治疗方案,既能有效抑制酮体生成,又可避免血糖、血钾和血浆渗透压下降过快带来的各种风险。

最常采用短效胰岛素持续静脉滴注。开始以 0.1U/(kg·h)(成人 5~7U/h)胰岛素加入生理盐水中持续静脉滴注,通常血糖可依 2.8~4.2mmol/(L·h)的速度下降,如在第 1 小时内血糖下降<10% 或血酮降低的速度<0.5mmol/(L·h),且脱水已基本纠正,胰岛素剂量可加倍。每 1~2 小时监测血糖与血酮(一般用 POCT),根据血糖和血酮下降情况调整胰岛素用量。当血糖降至 11.1mmol/L 时,转为第二阶段治疗;胰岛素剂量减至 0.02~0.05U/(kg·h)(3~6U/h),至

血酮<0.3mmol/L 或尿酮稳定转阴后,过渡到平时治疗。在停止静脉持续滴注胰岛素前 3~4 小时,皮下注射中效或长效基础胰岛素一次,或能进食者在餐前胰岛素注射后 1~2 小时再停止静脉给药。如 DKA 的诱因尚未去除,应继续皮下注射胰岛素治疗,以避免 DKA 反复。重度 DKA 时胰岛素持续静脉滴注前是否加用 0.14U/kg 冲击量静脉推注无统一规定。如能排除低钾血症,考虑胰岛素静脉推注,继以上述持续静脉滴注方案治疗。

2. **补液治疗**   补液治疗对重度 DKA 患者十分关键,不仅能纠正失水,恢复肾灌注,还有助于降低血糖和清除酮体。通常,先补给生理盐水,第二阶段补充5%葡萄糖液或葡萄糖盐液。补液总量可按发病前体重的10%估计。补液速度应先快后慢,如无心力衰竭,在开始 2 小时内输入 1000~2000ml,以便较快补充血容量,改善周围循环和肾功能;以后根据血压、心率、每小时尿量及周围循环状况决定输液量和输液速度,在第 3~6 小时输入 1000~2000ml;一般第 1 个 24 小时的输液总量为 4000~5000ml,严重失水者可达 6000~8000ml。如治疗前已有低血压或休克,快速补液不能有效升高血压时,应输入胶体溶液,并采用其他抗休克措施。老年或伴心脏病、心力衰竭患者,应在中心静脉压监护下调节输液速度及输液量。患者清醒后鼓励饮水(或盐水)。

3. **补钾治疗**   通过输注生理盐水,低钠、低氯血症一般可获纠正。DKA 时的机体钾丢失严重,但血清钾浓度高低不一,经胰岛素和补液治疗后可加重钾缺乏,并出现低钾血症。一般在开始胰岛素及补液治疗后,只要患者的尿量正常,血钾低于 5.5mmol/L 即可静脉补钾,以预防低钾血症的发生。在心电图与血钾测定监护下,最初每小时可补充氯化钾 1.0~1.5g。若治疗前已有低钾血症,尿量≥40ml/h 时,在胰岛素及补液治疗同时必须补钾。严重低钾血症(<3.3mmol/L)可危及生命,此时应立即优先积极补钾,当血钾升至 3.5mmol/L 时,再开始胰岛素治疗,以免发生心律失常、心脏骤停和呼吸肌麻痹。

4. **补碱治疗**   轻至中度 DKA 患者经上述治疗后,酸中毒随代谢紊乱的纠正而恢复。重度酸中毒时,外周血管扩张,心肌收缩力降低,可导致低体温和低血压,并降低胰岛素敏感性,当血 pH 低至 7.0 时,可抑制呼吸中枢和中枢神经功能,诱发脑损伤和心律失常,应予以抢救。过多过快补充碱性药物可产生不利影响:①二氧化碳透过血-脑屏障的弥散能力快于碳酸氢根,快速补碱后脑脊液 pH 呈反常性降低,引起脑细胞酸中毒,加重昏迷;②血 pH 骤然升高,而红细胞 2,3-二磷酸甘油降低和高糖化血红蛋白状态改变较慢,使血红蛋白与氧的亲和力增加,加重组织缺氧,有诱发和加重脑水肿的危险;③促进钾离子向细胞内转移,可加重低钾血症,出现反跳性碱中毒,故补碱需十分慎重。

血 pH>7.0 时,一般不需补充碱性药物。当血 pH 降至 6.9~7.0 时,50mmol 碳酸氢钠(约为5%碳酸氢钠84ml)稀释于 200ml 注射用水中(pH<6.9 时,100mmol 碳酸氢钠加 400ml 注射用水),以 200ml/h 的速度静脉滴注。此后,以 30 分钟~2 小时的间隔时间监测血 pH,直到上升至 7.0 以上才停止补碱。

5. **磷酸盐治疗**   大多数研究未显示 DKA 患者常规补磷有明显的益处,且补磷治疗血钙可能降低甚至发生严重低钙血症,因此只有当血磷浓度<0.3mmol/L,且血钙正常时才考虑补磷。补磷时必须监测血钙。由于氯化钾过量输入可能会发生高氯性酸中毒,需补磷酸盐者可按 2/3 氯化钾比 1/3 磷酸钾配比方案应用;磷酸钾 4.2~6.4g 加入输液中使用。

6. **其他治疗**

(1) 休克、心力衰竭和心律失常的治疗:如休克严重且经快速输液后仍不能纠正,应考虑合并感染性休克或急性心肌梗死的可能,应仔细查找,给予相应处理。年老或合并冠状动脉病(尤其是急性心肌梗死)、输液过多等可导致心力衰竭和肺水肿,应注意预防,一旦出现,应予相应治疗。血钾过低、过高均可引起严重心律失常,应在心电监护下,尽早发现,及时治疗。

(2) 脑水肿的治疗:脑水肿是 DKA 的最严重并发症,病死率高,可能与脑缺氧、补碱过早过多过快、血糖下降过快、补液过多等因素有关。DKA 经治疗后,高血糖已下降,酸中毒改善,但昏迷反而加重,应警惕脑水肿的可能。可用脱水剂、呋塞米和地塞米松治疗。

(3) 急性肾损伤(AKI)的治疗:DKA 时失水、休克,或原来已有肾病变,以及治疗延误等,均可引起 AKI。强调预防,一旦发生,及时处理。

(4) 其他合并症和并发症的治疗:感染常为 DKA 的诱因,也可以是其伴发症,呼吸道及泌尿系感染最常见,应积极治疗。因 DKA 可引起低体温和白细胞升高,故不能单靠有无发热或血象来判断。鼻-脑毛霉菌病虽罕见,但十分严重,应早期发现,积极治疗。

酸中毒可引起急性胃扩张,用 5% 碳酸氢钠液洗胃,清除残留食物,以减轻呕吐等消化道症状,并防止发生吸入性肺炎和窒息。护理是抢救 DKA 的重要环节,按时清洁口腔、皮肤,预防褥疮和继发性感染与院内感染,必须仔细观察和监测病情变化,准确记录生命体征(呼吸、血压、心率)以及神志状态、瞳孔大小、神经反应和液体出入量等。

(二) 预后和预防

早期和积极的抢救已使 DKA 的死亡率降至 5% 以下,但老年人和已有严重慢性并发症者的死亡率仍较高。致死的主要原因为心肌梗死、肠坏死、休克和心、肾衰竭。保持良好的血糖控制,预防和及时治疗感染及其他诱因,加强糖尿病教育,增强糖尿病患者和家属对 DKA 的认识,是预防 DKA 的主要措施,并有利于本病的早期诊断和治疗。

附2 高渗性高血糖状态

高渗性高血糖状态(hyperosmolar hyperglycemic state,HHS)是糖尿病的严重急性并发症之一,也是高血糖危象的表现之一,临床以严重高血糖伴或不伴酮症酸中毒、血浆渗透压显著升高、失水和意识障碍为特征。HHS 的发生率低于 DKA,且多见于老年 2 型糖尿病患者,好发年龄 50~70 岁,男女发病率大致相同,约 2/3 的患者于发病前无糖尿病病史或仅有轻度高血糖既往史。

【发病机制和病理生理】

(一) 发病机制

HHS 的病因和发病机制复杂,未完全阐明。主要与下列因素有关:

1. 病因和诱因 HHS 的常见诱因是急性感染(如肺炎、胃肠炎、胰腺炎等)、脑血管意外、严重肾脏疾患、血液或腹膜透析、水摄入不足、大量摄入含糖饮料等;许多药物(如糖皮质激素、β-阻滞剂、利尿剂、苯妥英钠、免疫抑制剂、氯丙嗪等)也可成为 HHS 的诱因,大量输注葡萄糖、长期静脉内营养可诱发或促进 HHS 的发生。

HHS 的基本病因是胰岛素相对不足,各种诱因加重糖代谢紊乱。HHS 多见于老年人,其 AVP 释放的渗透压调节阈上调,口渴中枢不敏感,加上主动饮水欲望降低和肾功能不全,失水常相当严重,而钠的丢失少于失水,致血钠明显增高。

2. 升糖激素和胰岛素抵抗 在感染、外伤、脑血管意外、手术等应激状态下,儿茶酚胺和糖皮质激素分泌增加,进一步抑制胰岛素的分泌,加重胰岛素抵抗,使血糖显著升高。失水和低血钾既刺激皮质醇、儿茶酚胺和胰高糖素分泌,又进一步抑制胰岛素分泌。

3. 失水与脑细胞脱水 严重高血糖致渗透性利尿,失水多于失盐,低血容量又引起继发性醛固酮增多,使尿钠排出进一步减少。以上病理生理改变导致高血糖、高血钠、高血浆渗透压,以及低血容量和细胞内脱水。脑细胞脱水和脑供血不足使 HHS 的神经精神症状远比 DKA 明显。

(二) 病理生理

HHS 与 DKA 发病基础都是胰岛素不足,但病理生理和临床表现却差别显著的解释是:①HHS时胰岛素不足相对较轻,足以抑制脂肪分解和酮体生成,但不能阻止诱因作用下的血糖升高;②升糖激素(胰高糖素、儿茶酚胺、生长激素和糖皮质激素等)升高血糖的程度明显,而促

Notes

进脂肪分解及生酮作用较弱,加上严重失水,不利于酮体生成;部分 HHS 患者的血浆非酯化脂肪酸水平很高而无酮症,提示肝脏还存在酮体生成缺陷;另一方面,高血糖加重失水,不利于糖从肾脏排出又进一步升高血糖;③严重高血糖与酮体生成之间可能存在拮抗作用。

HHS 与 DKA 可合并存在。不少 HHS 患者同时有酮症或 DKA,也有不少 DKA 患者的血浆渗透压明显升高。

【临床表现和实验室检查】

（一）临床表现

HHS 起病隐匿,一般从开始发病到出现意识障碍需 1～2 周,偶尔急性起病。常先出现口渴、多尿和乏力等糖尿病症状,或原有的症状进一步加重,多食不明显,有的甚至厌食。反应迟钝,表情淡漠。病情日益加重,逐渐出现典型的 HHS 表现,主要有严重失水和神经系统两组症状体征:①全部患者有明显失水表现,唇舌干裂;大部分患者血压下降,心率加速;少数呈休克状态;更严重者伴少尿或无尿;②中枢神经系统的损害明显,且逐日加重,最终出现不同程度的意识障碍;当血浆渗透压>350mmol/L 时,可有定向障碍、幻觉、上肢拍击样粗震颤、癫痫样抽搐、失语、偏盲、肢体瘫痪、昏迷及锥体束征阳性等表现;病情严重者可并发脑血管意外或遗留永久性脑功能障碍。

（二）实验室检查

1. **尿液检查**　多数患者的尿比重较高,尿比重不升或固定于 1.010 左右时,提示肾损害严重。尿糖呈强阳性,肾损害使肾糖阈升高,但尿糖阴性者罕见。尿酮阴性或弱阳性,常伴有蛋白尿和管型尿。

2. **血液检查**　血糖明显增高,多为 33.3～66.6mmol/L（600～1200mg/dl）,文献报道的最高血糖达 267mmol/L（4800mg/dl）。血钠多升高,可达 155mmol/L 以上,但由于 HHS 同时存在使血钠及血钾升高和降低的多种病理生理改变,未经治疗 HHS 的血钠和血钾高低不一。血浆渗透压显著增高是 HHS 的重要特征和诊断依据,总渗透压一般在 350mmol/L 以上。血浆总渗透压是指血浆有效渗透压（包括葡萄糖）与能自由通过细胞膜的尿素氮形成的渗透压之和。血浆总渗透压可直接测定,也可用公式计算,即血浆总渗透压（mmol/L）=2（Na⁺+K⁺）（mmol/L）+血糖（mmol/L）+血尿素氮（mmol/L）,因血尿素氮能自由通过细胞膜,不构成细胞外液的有效渗透压,略去之值即为有效血浆渗透压。血尿素氮、肌酐和酮体常增高,多为肾前性（失水所致）,也可能是肾脏病变所致;如尿素氮和血肌酐不随 HHS 治疗好转而下降或进一步升高,提示预后不良。血酮正常或略高,一般不超过 4.8mmol/L（50mg/dl）。

【诊断和鉴别诊断】

（一）诊断

HHS 的诊断并不困难,关键是要提高对本症的警惕与认识。中老年患者有以下情况时,无论有无糖尿病病史,均要考虑 HHS 的可能:①明显脱水伴进行性意识障碍;②在合并感染、心肌梗死、手术等应激情况下出现多尿,或在大量摄入糖、静脉输注糖溶液或应用糖皮质激素、苯妥英钠、普萘洛尔等可致血糖升高的药物时,出现多尿和意识障碍;③无其他原因可解释的中枢神经受损症状与体征,如反应迟钝、表情淡漠、癫痫样抽搐和病理反射征等;④利尿、脱水及透析治疗者已有失水,但水的摄入明显不足。对上述可疑者,应立即作相应的实验室检查（血糖、血电解质、血尿素氮和肌酐、血气分析、尿糖、尿酮体、心电图等）。

HHS 的实验室诊断参考标准是:①血糖≥33.3mmol/L;②有效血浆渗透压≥320mmol/L,为诊断的核心指标或硬指标;③血清碳酸氢根≥8mmol/L,或动脉血 pH≥7.30;④尿糖呈强阳性,而血酮正常或轻度升高,尿酮阴性或为弱阳性。约 1/3 患者 DKA 与 HHS 实验室结果重叠交叉。

（二）鉴别诊断

HHS 首先应与脑血管意外鉴别,然后与糖尿病并发昏迷的其他情况鉴别。由于 HHS 可与

DKA 和(或)乳酸酸中毒并存,当上述诊断标准中的①、③、④缺乏或不完全符合时,不能否定 HHS 的诊断。

【治疗和预后】 HHS 的病情危重,病死率高达 40% 以上,故需特别强调有效预防、早期诊断和积极治疗。

（一）治疗

1. 补液治疗　患者均有严重失水,可达体重的 12%,脑细胞失水是威胁生命的主要矛盾,故积极补液至关重要,对预后起了决定性作用。

（1）等渗溶液:一般先补等渗溶液,因为对 HHS 而言,等渗仍为低渗性的。如治疗前已有休克,可先补充生理盐水和适量胶体溶液,以尽快纠正休克。如无休克,经输注生理盐水 1000~2000ml 后,有效血浆渗透压仍>350mmol/L、血钠>155mmol/L,可给一定量的低渗溶液(0.45%~0.6%盐水),并在中心静脉压及血浆渗透压监测下调整补液量和补液速度;当渗透压降至 330mmol/L 时,再改为等渗溶液。

（2）5% 葡萄糖液和 5% 葡萄糖盐液:5% 葡萄糖液的渗透压为 278mmol/L,虽为等渗,但糖浓度约为正常血糖的 50 倍,5% 葡萄糖盐液的渗透压为 586mmol/L。因此,在治疗早期二者均不适用。生理盐水的渗透压为 308mmol/L,当属首选。当血糖降至 13.9mmol/L(250mg/dl)时,可开始输入 5% 葡萄糖液并加入胰岛素(每 2~4g 葡萄糖加短效胰岛素 1U)。

输液总量一般按发病前体重的 10%~12% 估算,开始 2 小时输入 1000~2000ml,第一个 12 小时给予输液总量的 1/2,再加上当日尿量的液体量,其余在 24 小时内输入。输液中监测尿量和心功能,必要时进行中心静脉压监护。

2. 胰岛素治疗　其原则与 DKA 相同,但所需剂量稍小。当血糖降至 13.9mmol/L、血浆渗透压<330mmol/L 时,即转为第二阶段治疗(参看本章第二节糖尿病酮症酸中毒);若此时的血钠仍低于正常,宜用 5% 葡萄糖盐液。

3. 补钾　HHS 患者的体内钾丢失一般为 5~10mmol/kg(总量 400~1000mmol),但因失水和高渗状态,血钾可正常甚或升高,而在输注生理盐水过程中常出现严重低钾血症,故应及时补充,其方法与用量见 DKA 的治疗。

4. 其他治疗　如合并 DKA,应按 DKA 治疗原则纠正酸中毒;有时可伴发乳酸酸中毒,应注意识别,随着失水的纠正和胰岛素的应用,乳酸酸中毒多可自行恢复。积极去除诱因,注意纠正电解质紊乱。治疗并发症和护理的要点与 DKA 相同。

（二）预后

HHS 的预后不良,死亡率为 DKA 的 10 倍以上,抢救失败的主要原因是高龄、严重感染、重度心力衰竭、肾衰竭、急性心肌梗死和脑梗死等。

(童南伟)

推荐阅读文献

1. Ray KK,Seshasai SR,Wijesuriya S,et al. Effect of intensive control of glucose on cardiovascular outcomes and death in patients with diabetes mellitus:a meta-analysis of randomised controlled trials. Lancet,2009,373(9677):1765-1772

2. Holman RR,Paul SK,Bethel MA,et al. 10-year follow-up of intensive glucose control in type 2 diabetes. N Engl J Med,2008,359:1577-1589

3. DCCT/EDIC Study Research Group. Intensive diabetes treatment and cardiovascular disease in patients with type 1 diabetes. N Engl J Med,2005,353:2643-2653

4. American Association of Clinical Endocrinologists and American College of Endocrinology:An algorithm for the management of patients with type 2 diabetes. Endocrine Practice,2009,15:541-559

5. World Health Organization. Definition,diagnosis and classification of diabetes mellitus and its complications:Report of a WHO Consultation. Part 1. Diagnosis and classification of diabetes mellitus. Geneva:World Health Or-

Notes

ganization,1999

6. ADA. Standards of Medical Care in Diabetes—Diabetes Care,2014,7(Suppl):s14-80

7. International Diabetes Federation Global Guideline for managing older people with type 2 diabetes. 2013 IDF

8. 中华医学会糖尿病学分会. 中国 2 型糖尿病防治指南. 北京:北京大学出版社,2011

9. International Diabetes Federation Clinical Guide Taskforce. Global guideline for type 2 diabetes. 2012,International Diabetes Federation.

10. Savage MW,Dhatariya KK,Kilvert A,et al. Joint British Diabetes Societies guideline for the management of diabetic ketoacidosis. Diabet Med,2011,28,508-515

第二十五章　低血糖症

要点：

1. 血糖降低并伴有相应症状称为低血糖症，但单凭血糖值（除非<2.5mmol/L）不能诊断低血糖症。低血糖症的诊断依据是 Whipple 三联征，胰岛素促分泌剂和胰岛素瘤是内源性高胰岛素血症性低血糖症的常见病因。糖尿病史、使用降糖药物史、72 小时禁食和运动试验，及空腹血糖、胰岛素、C 肽测定是鉴别病因的重要依据。

2. 严重低血糖发作时应尽快纠正，包括静脉推注 50% 葡萄糖、5% ~ 10% 葡萄糖静脉滴注维持、肌肉注射胰高糖素等。如血糖恢复正常而意识仍未恢复，必须按急性脑病进行重症监护和综合急救。

3. 糖尿病患者血糖≤4.0mmol/L，伴相应症状时可诊断为低血糖症；反复发作可导致无感知低血糖，是胰岛素降糖治疗的预防重点。

正常成人的空腹静脉血浆葡萄糖（简称血糖）浓度为 4 ~ 6mmol/L（72 ~ 108mg/dl），平均 5.0mmol/L（90mg/dl）。当血糖≤3.0mmol/L 时为低血糖（hypoglycemia）；血糖降低并出现相应症状及体征时称为低血糖症（hypoglycemosis），但目前对两者已没有严格区分；伴明显脑功能紊乱时称为低血糖昏迷（hypoglycemic coma）。动态血糖监测有利于发现低血糖。

低血糖症的病因复杂，经典的为根据其与进餐的关系分为空腹（fasting）低血糖症和餐后（postprandial）低血糖症两类（表 7-25-1）。前者的主要病因是不适当高胰岛素血症，反复发作提示器质性疾病；后者多见于功能性疾患，但有些器质性疾病（如胰岛素瘤）也可表现为餐后低血糖发作。虽然近年来对此分类存在明显质疑，且很少有只发生空腹或只发生餐后低血糖的疾病，即两者有交叉，但常常以某一种为主，为了方便描述和记忆本章仍采用空腹和餐后两种状态这种分类。另一种分类方法为按病因进行分类，如药源性、肝源性、升糖激素缺乏、胰源性低血糖、摄入不足等。

表 7-25-1　低血糖症的分类

空腹（吸收后）低血糖症	营养不良症
药物	升血糖激素缺乏或不足
胰岛素、磺脲类药、格列奈类及饮酒	皮质醇缺乏
含胰岛素促分泌剂的其他药物	GH 缺乏
喷他脒、奎宁	胰高糖素缺乏
水杨酸盐	肾上腺素缺乏
其他药物	多种激素缺乏
重症疾病	非胰岛 β 细胞肿瘤
肝衰竭	内源性不适当高胰岛素血症

续表

心衰竭	胰岛 β 细胞疾病
肾衰竭	肿瘤(胰岛素瘤、胰岛素细胞癌)
脓毒血症	胰岛 β 细胞增生
PHHI	儿童酮症性低血糖症
NIPHS	餐后(反应性)低血糖症
其他疾病	先天性糖代谢酶缺陷症
自身免疫性低血糖症	遗传性果糖不耐受
胰岛素抗体	半乳糖血症
胰岛素受体抗体	特发性餐后低血糖症
β 细胞抗体	早期 T2DM
异位胰岛素分泌	滋养性低血糖症(包括倾倒综合征)
婴儿和儿童低血糖症	肠外营养支持

注:GH:生长激素;PHHI(persistent hyperinsulinemic hypoglycemia of infancy):婴儿持续性高胰岛素血症性低血糖症;NIPHS(noninsulinoma pancreatogenous hypoglycemia syndrome):胰源性非胰岛素瘤低血糖综合征

第一节　空腹低血糖症

空腹低血糖症发生于空腹状态(胃肠吸收间期),又称吸收后低血糖症(postabsorptive hypoglycemia)。

【病因】　引起空腹低血糖症的主要原因有外源性高胰岛素血症(降糖药物如胰岛素、磺脲类药、格列奈类及其他胰岛素促分泌剂、饮酒等)、内源性高胰岛素血症(胰岛素瘤、胰岛素细胞癌、胰岛 β 细胞增生、PHHI、NIPHS、胰岛素抗体、胰岛素受体抗体等)、升血糖激素缺乏或不足(如皮质醇、GH、肾上腺素、胰高糖素缺乏等)或某些重症疾病(肝衰竭、肾衰竭、脓毒血症、营养不良症等)。临床上以饮酒和药物(尤其是胰岛素和磺脲类药物)所致者多见。

【病理生理和临床表现】

(一)病理生理

脑细胞所需的能量几乎完全来自葡萄糖,约占体内葡萄糖消耗总量的60%。虽然在缺乏糖供应时脑组织也能利用酮体,但不是抵御急性低血糖的有效机制。低血糖时,中枢神经每小时仍需要葡萄糖6g左右,如持续得不到补充,即出现急性脑病样损害的病理生理过程。脑损伤的顺序与脑的发育进化过程有关,细胞越进化对低糖越敏感,受累一般从大脑皮质开始,顺次波及皮层下(包括基底节)、下丘脑及自主神经中枢和延脑;低血糖纠正后,按上述顺序逆向恢复。反复发作或持续较长的低血糖症使中枢神经变性、坏死、水肿,伴弥散性出血和节段性脱髓鞘,可导致永久性脑损伤或死亡。

空腹低血糖发作时,下丘脑的"糖感受器"将信息迅速传递到相关神经元,引起下丘脑 CRH、GHRH 等细胞兴奋,促进兴奋性氨基酸神经递质、ACTH、GH 等的释放,从而兴奋垂体-肾上腺轴,糖皮质激素和儿茶酚胺分泌增多,出现交感神经兴奋症状。同时,下丘脑侧区细胞表达的食欲素增多,产生饥饿感,并诱发摄食等心理行为反应。

(二)临床表现

1. **影响空腹低血糖症状发作的因素**　正常人发生低血糖时,通过血糖对抗调节机制,使胰岛素分泌减少或完全停止,同时升血糖激素的分泌增加。诱发低血糖症状时的血糖称低血糖反应糖阈值(glycemic threshold for response of hypoglycemia, GTRH),正常人约在血糖 3.0mmol/L 时出现交感神经兴奋症状,当血糖降至 2.5mmol/L 时出现神经精神症状。GTRH 的个体差异大,即使同一个体在不同时期也是变化的。

一般来说,血糖越低症状越明显,但低血糖症状的严重程度还取决于:①血糖降低的速度:血糖下降越快,症状越重;如糖尿病患者的血糖下降速度过快(如在 2 小时内从 20mmol/L 降至 6.7mmol/L)也出现类似症状;②年龄:年龄越大,反应性越差,症状越不明显;③既往的低血糖发作经历:反复低血糖发作后,先是交感神经兴奋症状消失,继而昏迷前的神经精神症状消失;反复低血糖发作的糖尿病、老年人或慢性空腹低血糖患者,血糖虽已降至 2.5mmol/L 或更低,可仍无自觉不适,直至昏迷;此种情况称为无感觉低血糖症(hypoglycemia unawareness,HU)。

2. 典型临床表现 可分为交感神经兴奋症状和缺糖性脑功能紊乱症状两类。血糖下降较快时,一般先出现交感神经兴奋症候群,然后出现脑功能障碍。前者表现为发作性和进行性的极度饥饿、大汗、焦虑、躁动、易怒、心悸、手足颤抖、面色苍白、情绪激动等;后者以软弱、倦怠、乏力、皮肤感觉异常、视物不清、步态不稳、幻觉、幼稚动作、怪异行为、肌肉颤动、肢体震颤、运动障碍、瘫痪或病理反射为特征。某些患者可发展为远端对称性周围神经病变(运动神经元较感觉神经元更易受累)。体格检查可见面色苍白、皮肤湿润、心动过速,收缩压升高。如血糖下降严重且历时较长,可因脑组织缺糖而引起神志改变、认知障碍、抽搐或昏迷,持续 6 小时以上的严重低血糖症常导致永久性脑损伤。老年人的低血糖发作易诱发心绞痛、心肌梗死、一过性脑缺血发作和脑梗死。糖尿病可能出现视网膜病变加重。跌倒常是被忽略的表现之一。

3. 非典型临床表现 低血糖症状无特异性,随病情发展而变化,不同患者或同一患者各次发作的表现亦不尽相同。如血糖下降缓慢,可没有明显的交感神经兴奋症候群。儿童、老年人和患有其他系统性疾病的患者发生空腹低血糖症时,尤其是长期发作者的表现可极不典型。例如,婴儿可表现为多睡、多汗,甚至急性呼吸衰竭;老年人常以性格变态、失眠、多梦、噩梦或窦性心动过缓为主诉。有时,慢性空腹低血糖症的唯一表现是性格改变或"癫痫样发作"。

【诊断和鉴别诊断】

(一)空腹低血糖症的确立与鉴别

单凭血糖(除非<2.5mmol/L)不能诊断低血糖症。低血糖症的诊断依据是 Whipple 三联征(Whipple's triad):①低血糖症状;②症状发作时的血糖低于正常(如<3.0mmol/L);③供糖后与低血糖相关的症状迅速缓解。但是,神经质、肌萎缩、重症营养不良、肝病、降糖药物不良反应等亦可出现交感神经兴奋症状,甚至伴脑功能紊乱表现。如高度怀疑空腹低血糖症而血糖正常或处于临界值,可用禁食和运动试验明确诊断,如 72 小时禁食和运动试验不能诱发,可基本排除之。

首先要防止慢性低血糖症的漏诊和误诊,以交感神经兴奋为突出表现者应注意与甲状腺毒症、嗜铬细胞瘤、自主神经功能紊乱、糖尿病自主神经病变以及更年期综合征和交感神经亢奋综合征、交感神经型颈椎病等相鉴别;以精神-神经-行为异常为突出表现者应注意与精神病或中枢神经疾病鉴别。空腹低血糖症的病因鉴别见图 7-25-1,糖尿病史、降糖药物史、72 小时禁食和运动试验以及空腹血糖、胰岛素、C 肽测定是鉴别病因的关键。

(二)空腹高胰岛素血症性低血糖症的确立与鉴别

当正常人空腹血糖低于 2.2mmol/L 时,胰岛素应低于 5μU/ml;低于 1.67mmol/L 时胰岛素应停止分泌。随着血糖下降,胰岛素(μU/ml)与血糖(mg/dl)比值(胰岛素释放指数,I∶G)也降低。如 I∶G 值>0.3,应考虑为高胰岛素血症性低血糖症(hyperinsulinemic hypoglycemia)。同时测定胰岛素、胰岛素原和 C 肽有助于鉴别内源性和外源性高胰岛素血症的病因(表 7-25-2),根据 Mayo 医院的报道,如空腹血糖<2.5mmol/L,免疫发光法测得的(真)胰岛素>18pmol/L(3μU/ml),C 肽>200pmol/L(0.6ng/ml),胰岛素原>5pmol/L,一般即可确立为内源性高胰岛素血症(endogenous hyperinsulinemia),其常见原因为胰岛素瘤(或胰岛 β 细胞增生),但必须首先排除磺脲类和格列奈类药物引起的低血糖症。相反,如胰岛素升高,而胰岛素原和 C 肽正常或降低,则提示为外源性胰岛素(或胰岛素类似物)所致,而自身免疫性低血糖症的确诊有赖于胰岛素抗体(胰岛素自身抗体综合征)和胰岛素受体抗体检测。

(三)非空腹高胰岛素血症性低血糖症的确立与鉴别

非空腹高胰岛素血症性低血糖症主要见于糖异生障碍性疾病(如肝肾衰竭、营养不良症)、升血糖激素缺乏性疾病(如慢性肾上腺皮质功能减退、GH 缺乏)或非胰岛 β 细胞肿瘤。一般根据病史、临床表现和必要的辅助检查易于鉴别。非胰岛 β 细胞肿瘤以发源于上皮细胞和间质细胞肿瘤为常见,包括肝癌、肺癌、纤维瘤及纤维肉瘤等,其原因可能与肿瘤分泌 IGF-2(尤其是巨IGF-2,大 IGF-2)有关。根据原发肿瘤的临床表现,胰岛素、胰岛素原和 C 肽降低,而 IGF-2 升高可资鉴别。

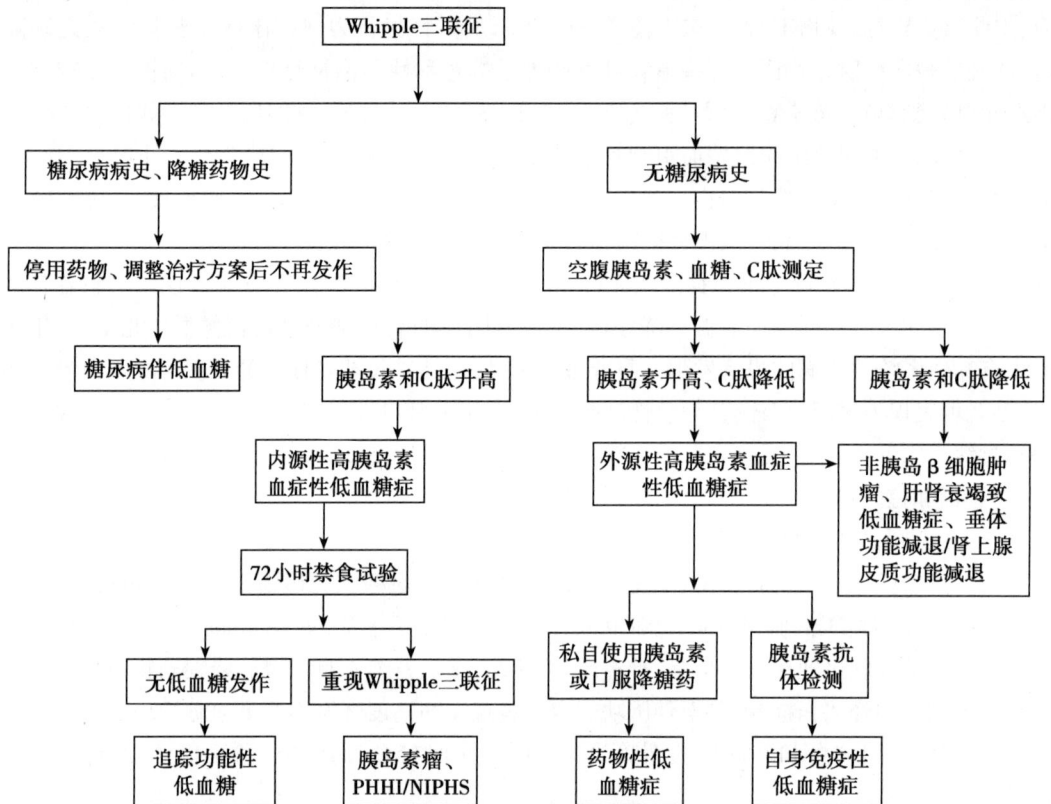

图 7-25-1　空腹低血糖症的病因鉴别

【治疗】

(一)低血糖发作的急救

尽快纠正低血糖症,并预防再次发生。如患者病情较轻或神志清楚,可立即进食糖果、糖水或含糖饮料;如症状较重或神志不清者,应立即静脉注射 50% 葡萄糖液 60ml,(特别提示:高渗糖水可致局部静脉炎;漏出静脉外可致局部组织坏死);血糖上升不明显或数分钟内仍未清醒者,应重复注射,然后用 10% 葡萄糖液静脉滴注,维持 24 ~ 48 小时或更长,直至患者能进食淀粉类食物。必要时皮下或肌肉注射胰高糖素 1mg,该药可使血糖升高,并维持 1 ~ 2 小时;因其升血糖作用依赖肝糖原储存,故不宜用于肝源性低血糖症及酒精性低血糖症。

如血糖恢复正常而意识仍未恢复,必须按急性脑病进行重症监护和综合急救,除头部降温、护脑等措施外,静脉输注 20% 甘露醇,并给予地塞米松静脉注射,积极防治各种并发症和合并症。糖皮质激素适应于顽固性低血糖症和自身免疫性低血糖症的治疗,血糖稳定后逐渐减量并停药,慢性肾上腺功能减退者逐渐减至维持剂量。

(二)慢性低血糖症的治疗

胰岛素瘤、糖尿病低血糖症的治疗分别见本章的第二、三节。药源性低血糖症在终止服药后可迅速缓解,但在药物作用未完全消除前需注意维持正常血糖水平,待低血糖症恢复及药物作用清除后改用其他类型的降糖药。非 β 细胞肿瘤所致低血糖症的治疗包括内科治疗、手术治疗或放疗。营养不良、肝肾疾病、心衰或脓毒血症所致低血糖症的治疗除对症处理外,要积极治疗原发病(表 7-25-2)。

表 7-25-2　高胰岛素血症性低血糖症的鉴别

	胰岛素	胰岛素原	C-肽	促泌剂检测	胰岛素抗体
外源性胰岛素	↑	↓	↓	−	−
胰岛素促分泌剂	↑	↑	↑	+	−
胰岛素瘤/PHHI	↑	↑	↑	−	−
自身免疫性低血糖症					
胰岛素抗体所致	↑	↑※	↑※	−	+
胰岛素受体抗体所致	↑	↓	↓	−	−§

注:※游离 C 肽和游离胰岛素原降低;§胰岛素抗体阴性而胰岛素受体抗体阳性

第二节　胰　岛　素　瘤

胰岛素瘤(insulinoma)是高胰岛素血症性低血糖症的常见病因,其中胰岛 β 细胞腺瘤约占84%(约90%为单个,10%为多个),其次为 β 细胞癌,再其次为弥漫性胰岛 β 细胞增生。

【病理】　肿瘤多位于胰腺内,胰头、胰体、胰尾分布概率基本相等;异位者好发于胃壁、十二指肠或空肠上段,偶见于胆管、肝、脾等处。腺瘤直径 1～2cm,少数可达 15cm,血管丰富,有完整包膜。腺癌有局部浸润或肝及门脉淋巴结转移表现。少数胰岛素瘤(约4%)可与甲状旁腺、垂体、肾上腺等组合成多发性内分泌腺瘤病(MEN1 型)。部分患者无胰岛肿瘤,仅见弥漫性胰岛 β 细胞增生或肥大。

【临床表现】　详见本章第一节。本病多见于 40～50 岁成人,男女大致相等。主要表现为反复发作的低血糖症候群,多发生于清晨餐前,也可见于午餐或晚餐前,饥饿、劳累、精神刺激、月经来潮、发热等可诱发。病情由轻渐重,由 1 年数次发作逐渐发展到 1 日数次发作;发作时间长短不一,最短 3～5 分钟,长者可持续数日。长期反复发作的低血糖可致中枢神经的器质性损害,遗留性格异常、记忆力下降、精神失常、痴呆等,常误诊为精神病或其他功能性疾病。

【诊断和鉴别诊断】

(一)空腹低血糖症

根据 Whipple 三联征确定,但少数患者的空腹血糖降低不明显,须连续测定 5 天以上的空腹血糖。

(二)胰岛素释放指数和胰岛素释放校正指数

血糖很低而胰岛素无明显升高时,可计算胰岛素释放校正指数,其计算公式为:胰岛素释放校正指数=血浆胰岛素×100/(血糖−30),正常人多低于 50,胰岛素瘤大于 85 以上,但血糖正常时此比值升高无临床意义。

(三)禁食和运动试验

必要时采用。患者于晚餐后禁食,次晨 8 时取血测定血糖和胰岛素,如无明显空腹低血糖,在严密观察下继续禁食(可饮水),每4~6小时或出现低血糖症状时取血测血糖、胰岛素、胰岛素原和C肽,一旦出现低血糖发作,即终止试验,并让患者进食或静脉注射葡萄糖液。本试验不应超过72小时。如一直不出现低血糖,则于禁食后12、24、36、48、60、72小时加做两小时运动,以促进发作。胰岛素瘤患者几乎全部在24~36小时出现低血糖发作,并伴胰岛素不适当分泌,空腹血浆胰岛素升高达100~220μU/ml(717~1434pmol/L)。正常人胰岛素原占总免疫活性胰岛素的15%以下,胰岛素瘤有较多的胰岛素原释放入血,其比值升高,可达50%以上。C肽亦明显增高。

(四) 肿瘤定位

内镜下超声显像、CT(或MRI)扫描、生长抑素受体闪烁扫描和选择性动脉造影等有助于肿瘤定位,腹腔动脉、肠系膜上动脉、脾动脉造影分别对定位胰头、胰体及胰尾的细小肿瘤有一定价值。选择性胰腺动脉钙剂注射,肝静脉胰岛素水平测定被认为对定位诊断有很大帮助,尤其β细胞增生。但多数肿瘤体积细小或β细胞增生,阴性结果不能除外本病,必要时应考虑胰腺探查手术时做术中B超,阳性率高。

【治疗】

(一) 低血糖症发作的治疗

详见本章第一节。晚期或严重病例的低血糖症发作不易纠正时,需用10%葡萄糖液静脉滴注维持数日,直至患者能自主进食淀粉类食物。

(二) 手术治疗

根治方法是手术切除肿瘤。肿瘤定位困难者可行胰腺探查,如未发现肿瘤,可用术中胰腺超声显像定位,如仍未发现肿瘤,可从胰尾开始向胰头逐步分段切除,每切除一小段胰腺后立即查血糖,如血糖上升表示不能触摸到的细小肿瘤已被切除,当切除85%胰腺而仍无血糖上升时,须停止手术,以避免发生吸收不良症,同时用病理、分子生物学和分子内分泌学方法鉴定是否为1型磺脲受体(SUR1)或ATP敏感性K通道(Kir6.2)突变所致的婴儿持续性高胰岛素血症性低血糖症(persistent hyperinsulinemic hypoglycemia of infancy,PHHI)或肠促胰素-胰高糖素样肽-1(incretin glucagon-like peptide-1,GLP-1)所致的胰源性非胰岛素瘤低血糖综合征(noninsulinoma pancreatogenous hypoglycemia syndrome,NIPHS)。

(三) 非手术治疗

适用于术前准备、不能手术、或手术未成功者。措施包括:①少量多餐,减少低血糖发作。②术前应用二氮嗪(diazoxide),每次100~200mg,1日2~3次口服,以抑制胰岛素分泌,同时服用氢氯噻嗪(hydrochlorothiazide)以消除钠潴留;手术日亦应口服此药,降低低血糖发作的风险。③链脲佐菌素(streptozotocin)能破坏胰岛β细胞,用于不能手术切除的胰岛素癌或术后辅助治疗,剂量20~30mg/kg,每周2次静脉滴注,总量8~12g。氯脲菌素(chlorozotocin)的肾毒性较低。④生长抑制素类似物奥曲肽(octreotide)或兰乐肽(lanreotide)亦可用于不能手术的胰岛癌治疗。

第三节   糖尿病性低血糖症

低血糖症几乎是糖尿病患者的必有经历。有时,一次严重的低血糖症或由此诱发的心血管事件可抵消长期降糖治疗所带来的益处,故必须加强其防治。国际糖尿病联盟(IDF)认为糖尿病血糖≤4.0mmol/L为低血糖。

【危险因素和分类】

(一) 危险因素

1. 外源性因素   外源性因素引起的低血糖发作与绝对或相对胰岛素过量有关,见于:①外源性胰岛素过量、使用时间错误或制剂不当;②注射胰岛素后进食减少或未按时进餐或活动量增加;③胰岛素促分泌剂过量或使用不当;④肝肾功能不全;⑤饮酒;⑥严重腹泻和呕吐。

2. 内源性因素　主要由低血糖对抗调节机制受损引起,其原因是:①低血糖时,胰高糖素和儿茶酚胺的分泌反应与胰岛素分泌的抑制作用缺乏,导致 HU;②低血糖反复发作致低血糖相关性自主神经功能衰竭(hypoglycemia-associated autonomic failure,HAAF),使 GTRH 进一步下降,更低的血糖水平仍不能激活交感-肾上腺系统释放儿茶酚胺,患者缺乏低血糖报警症状。以上的 HU 与 HAAF 互为因果,形成恶性循环。

(二) 糖尿病低血糖的分类

由于糖尿病低血糖症的特殊性,ADA 及美国内分泌学会提出如下分类方法:①严重低血糖(severe hypoglycemia):发生低血糖症后,患者不能自救,需要他人协助才能恢复神志;②症状性低血糖(documented symptomatic hypoglycemia):低血糖症状典型而明显,血糖≤3.9mmol/L;③HU,也称无症状性低血糖(asymptomatic hypoglycemia):无典型低血糖症状,但血糖≤3.9mmol/L;④可疑症状性低血糖(probable symptomatic hypoglycemia):有低血糖症状,但未检测血糖;⑤假性低血糖(pseudo-hypoglycemia),过去也称相对性低血糖(relative hypoglycemia):有低血糖症状,但血糖≥3.9mmol/L,常为血糖下降过快所致。

【预防和治疗】

(一) 低血糖的预防

1. 糖尿病教育与血糖自我监测　是观察血糖变化和预防严重低血糖症的重要手段,预防的重点在严重低血糖发作和夜间 HU。患者及其家属应通过糖尿病教育掌握早期识别和处理低血糖,观察最低血糖值,并评估低血糖发作时的知觉程度。一旦发生低血糖症状应立即进食,若发现患者神志改变或昏迷应立即处理后送医院急救。动态血糖监测有利于发现 HU。

2. 加餐　是防治 T1DM 患者低血糖的有效手段之一,但频繁进食可引起体重增加。

3. 制订适宜的个体化血糖控制目标　实行富有弹性的个体化血糖控制方案,及时调整药物剂量,既严格控制血糖,又减少低血糖症(特别是夜间 HU)的发生率。夜间低血糖是最危险的糖尿病低血糖,可致夜间猝死。

4. 合理应用胰岛素和胰岛素类似物　超短效或速效胰岛素类似物应用于糖尿病患者的强化治疗可使血糖更为平稳,甘精(或地特)胰岛素和胰岛素泵治疗可降低低血糖症的发生率。HU 患者应及时放宽血糖控制的目标值,一般在避免 HU 发作数周后可使低血糖的报警症状恢复。

5. 驾驶　若驾驶过程中发生低血糖,应立即路边停车且立即纠正低血糖,SMBG 血糖正常后 1 小时以上才能驾驶。

(二) 低血糖的治疗

大多数低血糖反应仅通过进食葡萄糖或含糖食物,如果汁、软饮料、糖果或进餐等即可缓解,但血糖上升后还需进食足量淀粉类主食。α-糖苷酶抑制剂不刺激内源性胰岛素分泌,可避免或减少低血糖的发生,但因其延缓碳水化合物的吸收,因此它与胰岛素等合用时发生低血糖应用葡萄糖纠正。若处理后 15 分钟血糖未正常应重复且加大处理力度至纠正低血糖。

严重低血糖的急救见本章第一节,包括静脉推注 50% 葡萄糖、5% ~ 10% 葡萄糖静脉滴注维持、肌内注射胰高糖素等。但胰高糖素维持的时间短(胰高糖素鼻内给药效果和注射用药类似),对 T2DM 伴低血糖症的效果较差(因可刺激胰岛素分泌)。精氨酸(刺激胰高糖素分泌)和 β2-肾上腺素能激动剂(如特布他林有拟肾上腺素作用)也能使血糖升高,维持的时间比胰高糖素和葡萄糖持久。用于预防夜间低血糖症时,精氨酸或特布他林比睡前加餐的效果好。

第四节　特发性餐后低血糖症

单纯的餐后低血糖症主要见于特发性餐后低血糖症(idiopathic postprandial hypoglycemia, IPH)、早期 T2DM、滋养性低血糖症(包括倾倒综合征)和肠外营养支持,偶见于先天性糖代谢酶缺陷症(如遗传性果糖不耐受、半乳糖血症)。特发性餐后低血糖症又称功能性餐后低血糖症(functional postprandial hypoglycemia),是餐后低血糖症中的最常见类型(约占 70%)。

【病因与临床表现】

（一）病因

由于患者在低血糖症发作时的儿茶酚胺呈代偿性升高,人们质疑是否真的存在 IPH。但是,IPH 很可能存在病因与发病机制的不均一性。有些可能与神经-内分泌调节功能障碍、胰岛素敏感性增加和胰高糖素受体降调节及受体敏感性降低有关;另一部分患者可能是迷走神经紧张性增高使胃排空加速及胰岛素分泌稍多所致;而症状较重伴餐后血糖降低者,应深入探讨其发病是否与 NIPHS 有某种联系。

（二）临床表现

主要见于情绪不稳定和神经质女性,多被精神刺激或焦虑诱发,常伴胃肠道运动及分泌功能亢进的表现,低血糖症多在早餐后 1.5～3 小时发作,晨间空腹时不发作,午餐及晚餐后较少发作。每次发作 15～20 分钟,可自行缓解,病情有明显的自限性。

临床表现以交感神经兴奋症候群为主,包括心悸、出汗、面色苍白、饥饿、软弱无力、手足震颤、血压偏高等;一般无昏迷或抽搐,偶有昏厥。空腹血糖正常,发作时的血糖低于正常,偶尔低于 2.5mmol/L,但血浆胰岛素和胰岛素释放指数均正常。患者能耐受 72 小时禁食,无糖尿病家族史。

【诊断和鉴别诊断】　根据临床表现和实验室检查依据,并排除 T2DM、滋养性低血糖及其他器质性疾病后,可作出诊断。但单凭 OGTT 服糖后 3～4 小时的血糖值(<3.0 或<2.5mmol/L,无低血糖症状)不能诊断为 IPH。

【治疗】

（一）心理治疗

给予安慰解释,说明疾病的本质,鼓励体育锻炼。必要时可试用小剂量抗焦虑药(如地西泮,diazepam)稳定情绪。

（二）改变进食习惯

调节饮食结构,糖类宜低,避免单糖类食物,适当提高蛋白质和脂肪含量;少量多餐,进食较干食物,避免饥饿。减慢进餐速度或高纤维饮食有一定预防效果。

（三）药物治疗

抗胆碱能药(如丙胺太林,propantheline)可延缓食物吸收,减少胰岛素分泌。钙通道拮抗剂(如地尔硫草 90mg/d,或硝苯地平 30mg/d)可抑制胰岛素分泌,减轻低血糖症状。α-糖苷酶抑制剂(如阿卡波糖,25～50mg 餐中嚼服)可延缓淀粉类食物的消化和吸收,降低餐后血糖和胰岛素分泌高峰,对本病有一定防治作用。

（童南伟）

推荐阅读文献

1. Allemann S,Houriet C,Diem P,et al. Self-monitoring of blood glucose in non-insulin treated patients with type 2 diabetes:a systematic review and meta-analysis. Curr Med Res Opin,2009,25(12):2903-2913
2. Tack J,Arts J,Caenepeel P,et al. Pathophysiology,diagnosis and management of postoperative dumping syndrome. Nat Rev Gastroenterol Hepatol,2009,6(10):583-590

Notes

3. Dailey G, Strange P, Riddle M. Reconsideration of severe hypoglycemic events in the treat-to-target trial. Diabetes Technol Ther,2009,11(8):477-479

4. Garza H. Minimizing the risk of hypoglycemia in older adults:a focus on long-term care. Consult Pharm,2009,24 Suppl B:18-24

5. Guettier JM, Kam A, Chang R, et al. Localization of insulinomas to regions of the pancreas by intraarterial calcium stimulation:the NIH experience. J Clin Endocrinol Metab,2009,94(4):1074-1080

6. Kapoor RR, James C, Hussain K. Advances in the diagnosis and management of hyperinsulinemic hypoglycemia. Nat Clin Pract Endocrinol Metab,2009,5(2):101-112

7. Briggs CD, Mann CD, Irving GR, et al. Systematic review of minimally invasive pancreatic resection. J Gastrointest Surg,2009,13(6):1129-1137

8. Seaquist ER, Anderson J, Childs B, et al. Hypoglycemia and diabetes:a report of a workgroup of the American Diabetes Association and the Endocrine Society. Diabetes Care,2013,36:1384-1395

Notes

第二十六章　肥胖与代谢综合征

要点：

1. 肥胖症是一种多因素导致的慢性代谢性疾病，表现为体内脂肪堆积过多和(或)分布异常，通常伴有体重增加。根据病因，肥胖可分为单纯性肥胖与继发性肥胖。随着生活方式的改变，肥胖已经成为全球范围的流行性疾病。

2. 作为一种异质性疾病，肥胖是遗传和环境因素在内的多种因素相互作用的结果。脂肪积聚是能量摄入超过能量消耗的后果，个体肥胖的发生与遗传、中枢神经系异常、营养、生活方式、内分泌功能紊乱等因素密切相关。

3. 肥胖的临床表现　包括肥胖本身及其导致的相关疾病的表现。肥胖的并发症主要表现为心血管代谢并发症(如2型糖尿病、血脂异常、冠心病、高尿酸血症等)和生物力学并发症(如睡眠呼吸暂停综合征、骨关节病等)。

4. 肥胖的诊断　目前主要依赖于BMI水平，同时对相关并发症进行评估。临床上根据肥胖的程度以及并发症情况确定减重治疗方案。

5. 有效的减重治疗有助于并发症的防治。其主要手段包括医学营养治疗、认知行为治疗、运动治疗、药物治疗和手术治疗。其中饮食干预、体力活动和行为辅导是肥胖的基础治疗。

6. 当综合生活方式干预无法达到或维持减重目标时，对 $BMI \geqslant 30kg/m^2$ 或 $BMI \geqslant 27kg/m^2$ 伴有合并症的患者可尝试使用一种减肥药物治疗。

7. 严重肥胖患者尤其是伴有合并症时减重手术可以有效减重并明显改善并发症，目前较多推荐 $BMI \geqslant 40kg/m^2$ 作为减重手术的适应证，$BMI \geqslant 35kg/m^2$ 合并肥胖相关伴发疾病者也可推荐手术治疗。

肥胖症主要是指体内脂肪堆积过多和(或)分布异常，通常伴有体重增加。作为一种由多因素引起的慢性代谢性疾病，早在1948年世界卫生组织(WHO)就已将肥胖列入疾病分类名单，并认为是2型糖尿病、心血管疾病、高血压、中风和多种癌症的危险因素。根据病因，肥胖可分为单纯性肥胖(simple obesity)与继发性肥胖(secondary obesity)两种。本章重点介绍单纯性肥胖，即并非由某种已知的器质性疾病所导致的均匀性肥胖(肥胖所致的并发症例外)。临床上，体内贮积脂肪量≥理想体重的20%(而非实际体重≥理想体重的20%)称为肥胖。

代谢综合征(metabolic syndrome，MS；X综合征，X syndrome；胰岛素抵抗综合征，insulin resistance syndrome)是指多种代谢异常簇集发生在同一个体的临床状态。这些代谢异常包括糖耐量减低、糖尿病、中心性肥胖(腹型肥胖)、脂代谢紊乱、高血压和心脑血管病等。MS已编入"国际疾病分类-9"(ICD-9)的临床修正版中，可以法定地用于临床诊断。

【肥胖症】

(一)流行病学和分类

1. 流行病学　近十几年来，超重和肥胖的患病率以惊人的速度增长。在2005年WHO工作报告中估计全球大约有 16 亿成人(15 岁以上)超重,肥胖的成人至少 4 亿。同时 WHO 预计到 2015 年,全球成年人口中将有 23 亿人超重,7 亿人口达到肥胖水平。截至 2010 年,近 4300 万 5 岁以下儿童超重。经济合作与发展组织公布的《2010 年欧洲健康报告》显示:在经济合作与发展组织的 33 个主要富裕国家中,有六分之一的成年人为肥胖。肥胖不仅发生在高收入国家,在低到中等收入国家(尤其是在城市)超重和肥胖人口的增加更加引人注目。中国家庭营养健康调查(CHNS)数据显示,1993 年至 2009 年间,男性肥胖比例从 2.9% 增至 11.4% ,女性从 5.0% 增加至 10.1% 。不同地区肥胖发生情况不尽相同,我国东北地区人群调查显示,该地区成人肥胖率已达到 37.71% ,且随年龄增加发病率明显增加,60 岁以上肥胖患病率可达 42.12% 。

2. **分类**　临床上一般按肥胖程度分为轻、中、重三级;按脂肪分布分为全身性肥胖、向心性肥胖、上身肥胖、下身肥胖、腹型肥胖和臀型肥胖;其中腹型肥胖可能是糖尿病和动脉粥样硬化的重要危险因素尤其受到重视。从病理生理角度观察,还有增殖性肥胖、肥大性肥胖、健康性肥胖之分。肥大性肥胖只有脂肪细胞贮积脂肪量增多而脂肪细胞数目增加不明显,脂肪堆积在身体躯干部位,又称中心性肥胖;增殖性肥胖是指脂肪细胞数目增加,其特点是肥胖从儿童期开始,青春发育期进一步加重,脂肪主要堆积在身体外周,成年可同时伴有肥大性肥胖,又称周围性肥胖;"健康性肥胖(healthy obese)"指个体有超重或肥胖表型,但不具备肥胖相关病理改变。

(二)病因与发病机制

肥胖症是一组异质性疾病,病因未明,被认为是包括遗传和环境因素在内的多种因素相互作用的结果。脂肪积聚是能量摄入超过能量消耗的后果,但这一能量平衡紊乱的原因目前尚未阐明。环境因素包括社会、经济、文化、心理因素等方面。个体肥胖的发生与遗传、中枢神经系统异常、营养、生活方式、内分泌功能紊乱等因素密切相关。

1. **遗传因素**　肥胖症有家族聚集倾向,肥胖父母所生子女中,单纯性肥胖者比父母双方体重正常者所生子女高 5 ~ 8 倍,但至今未能够确定其遗传方式和分子机制,不能完全排除共同饮食、活动习惯的影响。少数遗传性疾病可以导致肥胖,如 Laurence-Moon-Biedl 综合征和 Prader-Willi 综合征等。近来又发现了数种单基因突变引起的人类肥胖症,但上述类型肥胖症极为罕见,对绝大多数人类肥胖症来说,至今未发现其致病原因,推测原发性肥胖症可能属多基因遗传性复杂病,其遗传机制尚待深入研究。目前认为肥胖症是多基因与环境因素综合作用的结果。在遗传因素中,可能存在着主基因的作用。个体对过度进食刺激的反应存在着较大的个体差异,在能量摄入多于消耗时,某类个体更易发生脂肪堆积,脂肪堆积的量以及肥胖的程度也取决于个体的基因型。

2. **环境因素**　人类能量摄入和能量消耗的平衡受到个体的主观感受和行为控制影响很大。个体摄食行为受食物、环境、心理因素的刺激,文化因素则通过饮食习惯和生活方式而影响肥胖症的发生。饮食习惯不良,如进食多、喜甜食或油腻食物使摄入能量增多。坐位生活方式、体育运动少、体力活动不足使能量消耗减少。此外,胎儿期母体营养不良、蛋白质缺乏,或出生时低体重婴儿,在成年期饮食结构发生变化时,也容易发生肥胖症。

抗惊厥药、抗抑郁药、糖皮质激素、胰岛素、促胰岛素分泌剂等可导致药物性肥胖。

3. **节俭基因和节俭表型假说**　遗传和环境因素如何引起脂肪积聚尚未明确。节俭基因(thrifty gene)假说认为人类的祖先为适应贫穷和饥饿的环境,逐渐形成储存剩余能量的能力,在长期进化过程中,遗传选择能量储存关联基因使人类在食物短缺的情况下生存下来。当能量储存基因型暴露于食物供给丰富的现代生活方式时,即转化为对机体损害的作用,引起(腹型)肥胖和胰岛素抵抗。近年来基于个体的适应性变化提出了另一种解释:在胎儿期的营养缺乏如宫内营养不良环境下,个体产生调节或适应性反应,引起机体的组织结构、生理功能和代谢的持续变化,即"程序化"(programming)过程,这样的个体对生活方式的改变更加敏感,这一理论被称为节俭表型(thrifty phenotype)。

4. 中枢神经系统功能失衡 中枢神经系统作为机体功能活动的重要调节者通过调节摄食行为和能量代谢过程影响体重变化。对正常和肥胖人群体重和能量代谢变化的研究提示中枢神经系统存在调节机体能量平衡的调定点(set point)。调定点并非一个独立的解剖结构,而是脑内与摄食和能量代谢调节有关的主要功能区之间所构成的一个调节网络。多数学者认为其中枢位于下丘脑,下丘脑可以接收神经、激素和营养信号,其不同核团之间构成复杂的调控网络,通过分泌神经肽以及神经元间的投射通路在机体摄食活动和能量平衡调节活动中发挥调节作用。中枢和外周组织所构成的能量平衡调节网络则通过自主神经系统调节摄食和能量平衡。上述调节网络中某些环节的错误导致肥胖的产生。

(三) 临床表现与辅助检查

1. 临床表现 肥胖的临床表现包括肥胖的表现以及肥胖导致的相关疾病的表现。一般轻中度肥胖无自觉症状,重度肥胖可有不耐热、活动能力减低、活动性气促、打鼾等表现。体格检查的发现包括,头向后仰时,枕部皮褶明显增厚。胸圆,乳腺外形因皮下脂肪厚而增大。站立时腹部前凸出于胸部平面,脐孔深凹。短时间明显肥胖者在下腹部两侧、双大腿、上臂内侧上部和臀部外侧可见紫纹。儿童肥胖者的外生殖器埋于会阴皮下脂肪中。手指和足趾粗短,手背因脂肪增厚而使掌指关节骨突不明显。严重肥胖者的臀部、腋部和大腿内侧皮肤粗厚而多皱褶,形如黑棘皮病。

与肥胖相关的代谢紊乱和相关疾病主要有代谢综合征(包括糖耐量异常/2 型糖尿病、高胰岛素血症、高血压、动脉粥样硬化、血脂谱异常、冠心病、脑血管病、高尿酸血症与痛风等,详见后述)、睡眠呼吸暂停综合征、特发性高颅压、白内障、脂肪肝、胆石症、胰腺炎、骨关节病、性腺功能减退症、阴茎勃起障碍、脂肪异位蓄积与非酒精性脂肪肝等。

继发性肥胖一般有特殊临床表现,并能提示病因。引起继发性肥胖的疾病很多,如 Cushing 综合征、多囊卵巢综合征、下丘脑疾病、原发性甲减、GH 缺乏症、GH 抵抗综合征、糖原贮积症、假性甲旁减等。

2. 辅助检查 体脂测量和肥胖评估的方法很多,临床以体质指数和腰臀比值或腰围最常用。

(1) 体重指数(body mass index,BMI):人类不同种群体脂含量差异很大,各种群的体脂含量对健康的影响也有差别。因此,不同种群的超重/肥胖诊断标准有一定差异。通常以 BMI 估测全身肥胖,而以腰围或腰臀比值(WHR)估测腹部或中心性肥胖。WHO 对 BMI 的划分主要是根据西方人群 BMI 值分布与一些慢性疾病发病率和死亡率的关系制订,其成人 BMI 的正常范围为 $18.5 \sim 24.9 kg/m^2$,$18.5 kg/m^2$ 以下为消瘦,$25.0 \sim 29.9 kg/m^2$ 为超重,$30.0 \sim 34.9 kg/m^2$ 为一级肥胖,$35.0 \sim 39.9 kg/m^2$ 为二级肥胖,$40.0 kg/m^2$ 以上为三级肥胖。但是,世界不同地区人群 BMI 存在一定差异,亚洲人群很多个体 BMI 在未到达上述诊断水平时已经开始出现肥胖相关的代谢紊乱。因此,2002 年 WHO 肥胖专家顾问组针对亚太地区人群的体质及其与肥胖相关疾病的特点提出亚洲成人超重的 BMI 界点为 $23 kg/m^2$,一级肥胖为 $25.0 \sim 29.9 kg/m^2$,二级肥胖为 $30.0 kg/m^2$ 以上,并建议各国收集本国居民肥胖的流行病学及疾病危险数据,以确定本国人群 BMI 的分类标准。2011 年中华医学会内分泌学分会肥胖学组的共识中国成人超重和肥胖诊断切点是:BMI(kg/m^2)<18.5 为体重过低;$18.5 \sim 23.9$ 为正常;$24.0 \sim 27.9$ 为超重;≥ 28 为肥胖。

(2) 腰臀比值(WHR)和腰围:为以脐为标志的腰腹围长度与以髂前上棘为标志的臀部围长(以 cm 为单位)之比所得比值。正常男性 WHR≥ 0.85;女性≥ 0.80 为腹型肥胖。但目前倾向于直接以腹围判断是否存在腹型肥胖。WHO 建议将男性腰围>94cm、女性>80cm 作为肥胖的标准,但这一标准适宜于欧洲人群。美国 2007 年发布的《临床成人超重和肥胖定义、评估和治疗指南》中认为男性腰围>102cm、女性>88cm 者死亡风险更高。对于亚太地区,WHO 建议以男性>90cm、女性>80cm 作为肥胖的标准,但国内有研究显示,对于中国女性腰围>85cm 可能是更为合适的标准。

（3）标准体重百分率：

计算公式为：标准体重百分率＝被检者实际体重/标准体重×100。

标准体重百分率≥120%为轻度肥胖，≥125%为中度肥胖，≥150%为重度肥胖。但该标准不适应于某些特殊个体（如健美和举重运动员）。

（4）身高推算法：男性理想体重（kg）＝身高（cm）－105；女性理想体重（kg）＝身高（cm）－100。如实际体重超过理想体重的20%，可定义为肥胖。目前基本不采用该指标诊断肥胖，但是常用于估测理想体重以计算热量摄入，指导制订营养治疗方案。

（5）体脂测量：双能X线吸收法和磁共振显像测定体脂的准确度高，但需要特殊设备且价格昂贵，通常仅用于研究工作。

（四）诊断和鉴别诊断

1. 诊断   BMI因其简便性仍是目前临床上最常用的初步判断肥胖与否的主要指标，诊断标准见前述。但是，基于BMI的肥胖诊断标准存在一定的缺陷，近年来逐渐受到质疑。2013年美国国家心脏、肺与血液研究所（NHLBI）联合美国心脏病学会（ACC）、美国心脏协会（AHA）和肥胖学会（TOS）发布的"成人超重和肥胖管理指南"（以下简称AHA/ACC/TOS指南）仍建议继续应用BMI作为快速简易的筛查指标来识别，其超重标准为BMI 25～29.9kg/m^2，肥胖标准为BMI >30kg/m^2，同时建议将腰围作为2型糖尿病、心血管疾病及全因死亡率的风险指标。但是，2014年3月，美国临床内分泌医师学会（AACE）和美国内分泌学会（ACE）联合发布肥胖诊断和管理的新"框架"，提出肥胖诊断定义应从"以体重指数（BMI）为中心"转变为"以肥胖相关并发症为中心"。新框架推荐采用下述四个步骤诊断肥胖：①采用BMI进行初始筛查；②对肥胖相关并发症进行临床评估；③对肥胖相关并发症的严重程度进行分级；④根据不同肥胖并发症选择预防和/或干预策略。该框架建议的诊断定义及切点为：①正常体重（BMI<25kg/m^2）；②超重（BMI 25～29.9kg/m^2，无肥胖相关并发症）；③肥胖0级（BMI≥30kg/m^2，无肥胖相关并发症）；④肥胖1级（BMI≥25kg/m^2*，至少存在1种轻度至中度肥胖相关并发症）；⑤肥胖2级（BMI≥25kg/m^2*，至少存在1种重度肥胖相关并发症）。其中，"*"表示某些种族人群（如亚裔）中BMI为23～25kg/m^2，但腰围增加。该框架定义的肥胖相关并发症包括：代谢综合征、糖尿病前期、2型糖尿病、血脂异常、高血压、非酒精性脂肪性肝病、多囊卵巢综合征、睡眠呼吸暂停、骨关节炎、胃食管反流病、残疾/不能运动。

2. 鉴别诊断   必须注意在排除继发性肥胖后，单纯性肥胖的诊断才能成立。继发性肥胖有原发疾病的临床特征，按发病年龄，继发性肥胖可进一步分为成人继发性肥胖和儿童继发性肥胖两类，两者的病因和鉴别诊断重点有较大差别。成人单纯性肥胖应主要与非典型性Cushing综合征、多囊卵巢综合征、下丘脑性肥胖、甲减、性腺功能减退症、催乳素瘤等鉴别。儿童继发性肥胖应更多地考虑肥胖-生殖无能综合征、假性肥胖-生殖无能综合征或遗传性肥胖（GH缺乏综合征、Bardet-Biedl综合征、Prader-Willi综合征、Alstrom综合征、Albright遗传性骨营养不良、假性甲旁减/假假性甲旁减等）。

（五）治疗与预防

减重的获益主要有：①减轻胰岛素抵抗，改善糖代谢；②改善异常的脂代谢；③降低血压；④降低肥胖相关性疾病（尤其是心血管不良事件）的发病风险；对于有心血管危险因素（高血压、血脂紊乱、高血糖）的超重和肥胖者，即使只减重3%～5%，也能产生有临床意义的健康获益。AHA/ACC/TOS指南建议在减重的最初6个月内的目标为减轻实际体重5%～10%。减重治疗的主要手段包括医学营养治疗、认知行为治疗、运动治疗、药物治疗和手术治疗。减重治疗应从改变生活方式开始，其中最有效且必备的方法包括饮食干预、体力活动和行为辅导，对具备适应证的患者推荐采用合理的药物治疗或进行减重手术。AACE/ACE框架推荐的治疗选择：肥胖0

级:改变生活方式;肥胖1级:强化生活方式和行为干预治疗,使用或不使用药物;肥胖2级:强化生活方式和行为干预治疗,药物治疗,可考虑减重手术。

1. **健康教育与认知行为治疗** 减重健康教育包括营养教育、增加体力活动和社会支持等。认知行为治疗包括自我训练、情绪治疗和纠正不良饮食行为。

2. **医学营养治疗** 目前有数十种减重饮食计划,但尚无证据证实某种减重饮食计划具有显著优势,因此建议根据患者的喜好及其健康状态选择合理的饮食干预计划。力求摄入和消耗能量平衡并维持正常体重;限制脂肪摄入并用不饱和脂肪代替饱和脂肪;增加蔬菜、水果、豆类以及谷物和坚果的摄入,同时减少简单糖类的摄入。常量营养素的摄入原则是低脂-低热量,其比例是:脂肪20%~30%;其中饱和脂肪酸8%~10%,单不饱和脂肪酸15%,多不饱和脂肪酸10%,胆固醇<300mg/d;蛋白质15%~20%;糖类55%~65%。减重饮食主要包括极低脂-低热量饮食和低脂-低热量饮食两种。

(1) 极低脂-低热量饮食:每日供应热量800kcal。此种饮食可完全用流汁饮料,但含有供人体需要的最低能量。虽然体重减轻快而明显,但有其缺点:①顺应性差,一般只能短期应用;②不适于伴有严重器质性疾病者;③需要监护;④停止治疗后多数患者的体重反弹;而采用极低脂-低热量饮食与低脂-低热量饮食交替较易被接受和坚持。

(2) 低脂-低热量饮食:每日供给热量1200kcal,治疗12周可使体重减轻5kg,如果配合运动和教育可使体重减轻更多。此方法易被接受且易使抗肥胖的效果得到保持,但不适合于儿童和老年患者。

3. **运动治疗** 饮食治疗与运动治疗相结合可使体重减轻更明显;在采取健康饮食的同时增加体力运动,每天保持至少30min规律的、中等强度的运动;必要时为了控制体重需要增加运动强度。肥胖者以平均每周消耗1000kcal,每周体重减轻0.5~1kg为宜。每减轻1kg体重约需消耗热量7000kcal。

4. **减重药物治疗** AHA/ACC/TOS指南指出当综合生活方式干预无法达到或维持减重目标时,可使用减肥药物进行治疗。对BMI≥30kg/m²或BMI≥27kg/m²伴有合并症的患者可尝试使用一种减肥药物治疗。建议在药物治疗12周后对患者进行评估,如果使用药物最大剂量治疗12周后患者体重降低小于治疗前体重的5%说明药物治疗无效,应停止继续使用减肥药物。国内建议中国人采取药物治疗肥胖的适应证为:BMI≥28kg/m²或BMI≥24kg/m²伴有合并症,经过3~6个月的综合生活方式干预仍不能减重5%,甚至体重仍有上升趋势者,可考虑药物辅助治疗。目前奥利司他及利拉鲁肽是被美国食品与药物管理局(FDA)批准在国内可获得的减重药物。奥利司他为胰脂肪酶抑制剂,可抑制胰酶和胃脂酶,使肠脂肪水解与吸收减少约30%,其疗效与安全性较为肯定。常用剂量120mg,每日3次,餐中服用。长期服用要注意脂溶性维生素的补充。与低脂饮食配合体重减轻更多。不良反应主要有脂肪吸收不良性腹泻和脂溶性维生素吸收障碍。利拉鲁肽为肠促胰素类药物,可抑制食欲并减少能量摄入。常用剂量为3.0mg,每日一次,早餐前皮下注射。

部分降糖药物如二甲双胍、阿卡波糖有一定减轻体重作用,但目前只在肥胖伴2型糖尿病的患者中推荐,并没有作为治疗单纯性肥胖的推荐药物。

5. **减重手术治疗** 近年来,严重肥胖患者尤其是伴有合并症时减重手术已经成为有力的治疗手段。腹腔镜可调控性胃束带术、腹腔镜袖状胃切除术、Roux-en-Y胃旁路术、胆胰分流(BPD)、胆胰分流加十二指肠转流术(BPD-DS)作为主要的减重和代谢手术方式已经广泛应用。AHA/ACC/TOS指南及2011年IDF《减重手术治疗肥胖伴2型糖尿病立场声明》、2012年美国临床内分泌医师协会(AACE)均推荐BMI≥40kg/m²作为减重手术的绝对适应证,BMI≥35kg/m²合并肥胖相关伴发疾病者也推荐手术治疗。但该BMI切点可能不符合中国人。IDF推荐亚洲人减重手术指征为上述BMI切点分别降低2.5kg/m²。对于特定减重外科手术,应考虑年龄、肥胖严重度、肥胖相关合并症情况、其他手术危险因素、术后短期/长期并发症、行为/心理社会因素、患者对手术的耐受度以及手术方式因素。减重手术的总体安全性较好，术后较常出现的代谢异常主要是维生素及微量元素的缺乏，需予以定期随访评估。

【代谢综合征】

【要点】 代谢综合征是一组与动脉粥样硬化性心血管疾病和 2 型糖尿病发病和死亡风险升高密切相关的代谢危险因素的聚集状态。其主要组分包括糖耐量减低或糖尿病、腹型肥胖、血脂异常、高血压等。发病机制认为与胰岛素抵抗、肥胖和脂肪组织功能异常以及各组分的独立危险因素的共聚遗传和环境因素。其诊断标准依据患者是否具备中央性肥胖、高血压、血脂异常、高血糖的相关组分而确定。对代谢综合征每一组分的治疗借用单病治疗模式。主要防治目标是改变其自然病程，阻止或延缓其向临床动脉粥样硬化性疾病进展以及减少临床前 2 型糖尿病患者转变为临床型的危险。

代谢综合征（metabolic syndrome，MS）指的是一组与动脉粥样硬化性心血管疾病（ASCVD）和 2 型糖尿病（T2DM）的发病和死亡风险升高密切相关的代谢危险因素的聚集状态。其主要组分包括糖耐量受损或糖尿病、中心性肥胖（腹型肥胖）、血脂异常、高血压、低水平炎症、凝血及纤溶功能异常等。目前较为公认的 MS 病因包括肥胖和胰岛素抵抗（IR），更详细的发病机制仍不清楚。人们相信 MS 的发病率正以惊人的速度上升，但是由于缺乏全球公认的诊断标准，报道的不同人群 MS 患病率有较大差异。

（一）发病机制和代谢综合征组分

MS 的病因与发病机制尚不完全清楚，一般认为主要有三种可能：①胰岛素抵抗；②肥胖和脂肪组织功能异常；③导致 MS 的独立危险因素共聚遗传和环境因素。

1. 胰岛素抵抗　胰岛素抵抗是较为公认的代谢综合征的病理生理基础，其基本定义是指胰岛素靶组织（肝脏、脂肪和肌肉）对胰岛素的敏感性降低，导致组织对葡萄糖的摄取和利用降低，临床上可通过高胰岛素正葡萄糖钳夹试验检测全身和主要的胰岛素靶组织对胰岛素的敏感性。胰岛素抵抗状态下，脂肪组织脂肪分解代谢增强，循环游离脂肪酸增多，产生的游离脂肪酸（FFA）由脂肪细胞释放入血循环，进入其他组织导致脂质异位沉积。进入肝脏的 FFA 增多可以使 TG 和极低密度脂蛋白（VLDL）增加，加重血脂异常，同时导致肝脏脂肪变性。肌肉组织的脂质异位沉积则可以进一步加重胰岛素抵抗。在胰岛素抵抗发展的相当长时间内 β 细胞代偿性分泌胰岛素增多可以导致高胰岛素血症，后者可能进一步加重组织的胰岛素抵抗程度。胰岛素抵抗状态下免疫系统激活导致低水平炎症，同时机体抗氧化能力下降，造成血管内皮细胞功能异常。内皮功能异常是动脉粥样硬化的重要始动因素之一，同时也是糖尿病血管病变的主要机制之一。最近的研究表明内皮细胞、脑组织、胰岛组织、肠道分泌胰高糖素样肽 1（GLP-1）的 L 细胞等组织或细胞均可以发生对胰岛素敏感性下降从而参与多种代谢异常的发生，但是其具体机制尚待深入了解。胰岛素抵抗还会导致血管收缩、增加肾脏对钠的重吸收，引起血压升高。

2. 肥胖　美国国家胆固醇教育计划成人治疗组第三次报告（NCEP-ATP Ⅲ）认为不良生活方式如高脂高热量饮食和日常体力活动少所致的肥胖尤其是腹型肥胖（或称中心性肥胖）是 MS 的根本致病因素。2005 年国际糖尿病联盟（IDF）在 MS 诊断定义中指出 MS 的根本发病机制是体力活动过少和肥胖，并首次提出不同种族人群应采用不同的肥胖诊断标准。腹型肥胖是脂肪组织功能异常的重要表现。脂肪组织不仅是能量储藏器官，更是重要的内分泌器官，可以分泌多种脂肪因子。这些因子中，代谢综合征病人常出现瘦素和抵抗素升高，脂联素水平降低，白细胞介素-6 和纤溶酶原激活物抑制剂（PAI-1）升高。脂联素是由脂肪细胞分泌的细胞因子，可以加速脂肪酸氧化、葡萄糖摄取、促进胰岛素敏感性。研究发现脂联素水平降低与 MS 相关。

肥胖能激活炎症基因网络，所产生的慢性炎症状态可能是代谢综合征的重要病理生理基础。脂肪细胞凋亡增加导致巨噬细胞进入脂肪组织，而来源于脂肪组织的脂类代谢产物进入循环,导致非脂肪组织脂质代谢物堆积,也会引起巨噬细胞的浸润和激活。肝脏脂质异位沉积可以导致肝内宿主巨噬细胞即库普弗细胞的活化。巨噬细胞和其他炎症细胞活化分泌炎症因子通过激活 c-Jun 氨基末端激酶(JNK)和核转录因子(NF-κB)介导的促炎症通路,进一步诱导炎症介质的表达,导致机体处于持续的慢性炎症状态。这种高炎症状态会增加心血管病和其并发症的风险。

3. **遗传和环境因素交互作用**　MS 往往具有明显的家族聚集性,目前一般认为 MS 是以多基因为基础、与环境因素共同作用的结果。但也有人认为这些危险因素或疾病以超出偶发的概率(机会概率)聚集在同一个体上,提示可能存在一个共同的遗传作用机制,但是迄今并未发现具体的遗传缺陷。文献报道的 MS 候选基因涵盖了影响肥胖、脂肪代谢、糖代谢、血压等近千个单基因突变和多态性。

生活方式的改变被认为是导致 MS 高发的最重要环境因素。高脂肪高热量食物的摄入和久坐少动是不良生活方式的最主要表现。在过去几十年间许多国家和地区的传统饮食结构逐渐被高热量高脂肪食品所取代,这种营养变迁与胰岛素抵抗和 MS 的发生有着密切关系。对营养状况快速提升与胰岛素抵抗关系的研究最早可以追溯到"节俭基因假说",认为具有节俭基因的个体在营养状况恶劣的情况下能更好地适应自然选择而具有生存优势,但在营养状况大大改善甚至相对过剩的现代社会,"节俭基因"成为肥胖和 2 型糖尿病的易患基因。营养不良之宫内发育迟缓(IUGR)是研究营养水平改变与胰岛素抵抗的常见模型。母体宫内不良环境影响胎儿生长和发育,进而导致内分泌代谢系统的永久性改变,从而引起其成年后胰岛素抵抗相关疾病的发生。20 世纪中期人们发现从二战集中营中释放的成年人营养恢复后短期内即相继出现多种胰岛素抵抗相关的代谢性疾病。随后多项流行病学资料证实,成年期体重波动(包括慢性疾病、不适当的减肥等)均可导致高胰岛素血症、肥胖、2 型糖尿病及心血管疾病风险增加。营养状况的快速提升可以导致追赶生长,主要表现为一过性生长抑制后出现的快速生长。与节俭基因假说和 IUGR 分别经过数代和数十年的时间而出现胰岛素抵抗相比,成年期追赶生长(CUGA)由于个体生长发育已完成,其营养状况快速提升后主要出现脂肪组织的追赶生长,尤其是腹部脂肪的堆积,其胰岛素抵抗发展相对要迅速得多。

此外,近年的研究发现由于社会环境因素导致的精神压力和 β 肾上腺素受体多态性相互作用可以引起交感神经系统兴奋性增加可能是代谢综合征的起因之一。环境因素导致的线粒体 DNA 异常,使线粒体功能失调,体内环境中的持久性有机污染物(POPs)等毒素增多,也可以导致胰岛素抵抗和代谢综合征。

4. **糖代谢异常**　主要表现为 β 细胞功能缺陷、胰岛素作用不足及血糖水平升高以及与 2 型糖尿病相关的微量白蛋白尿、高尿酸血症、肾病、神经病变、视网膜病变和大血管病变。

5. **血脂谱异常**　主要表现为 TG 升高、HDL-C 降低、LDL-C 升高、小而密 LDL 升高、LDL/HDL 比值升高、非酯化脂肪酸(FFA)升高。apoA Ⅰ是 HDL 中的主要载脂蛋白;apoB100 是 LDL 中唯一的载脂蛋白,也是 VLDL 重要的载脂蛋白。在 MS 中,可出现 apoB100 明显增加,apoA Ⅰ降低,因此,apoA Ⅰ/apoB100 比值降低。apoA Ⅱ也是 HDL 中的主要成分,其浓度下降。

6. **高血压和血栓形成前状态**　高血压是代谢综合征的重要组分。目前普遍认为,代谢综合征中高血压的发病机制涉及以下几个方面:交感神经系统活性增高;肾素-血管紧张素-醛固酮系统激活;血管内皮功能异常。近年来,脂肪组织在代谢综合征相关的高血压发生中的作用越来越受到关注。内脏脂肪和血管周脂肪组织都可以分泌一系列的具有血压调节作用的脂肪因子,从而影响高血压的发生。总体而言,代谢综合征相关的高血压的发病机制与原发性高血压相仿,但是也具有自身的特点。

代谢综合征还出现血凝增加、纤维蛋白溶解功能减退、内皮抗血栓形成能力下降以及血小板反应性增强等表现。血栓形成主要取决于机体内促凝血因子和抗血栓形成因子之间的平衡、纤维蛋白溶酶原激活因子和抑制因子之间的平衡。在 MS 中，这两个系统都有向血栓形成前期状态的位移，血清中纤溶酶原激活物抑制因子-1（PAI-1）及血浆纤维蛋白原明显升高。

（二）诊断标准与工作定义

代谢综合征诊断标准缺乏公认的诊断标准。世界卫生组织（WHO,1999 年）和美国"国家胆固醇教育计划成人治疗组（National Cholesterol Education Program-Adult Treatment Panel）"第三次报告（NCEP-ATP Ⅲ,2001 年）分别提出过 MS 的工作定义和诊断标准。2005 年,国际糖尿病联盟（IDF）公布了 MS 的国际通用定义。进而 IDF 和美国心脏协会/美国国立卫生研究院美国心肺血研究所（AHA/NIH/NHLBI）于 2009 年联合发布了新的代谢综合征诊断标准,这一标准目前得到较为广泛的国际认同。该标准界定以下 5 项危险因素中 3 项及以上者定义为代谢综合征：

1. **中央型肥胖**　表现为腹围增大：不同地区和种族人群具有不同标准,如高加索人种的男性腹围≥102cm,女性腹围≥88cm；中国人群男性≥85cm,女性≥80cm；日本人群男性≥85cm,女性≥90cm。

2. **甘油三酯（TG）升高**　TG≥150mg/dl（1.7mmol/L）,或已确诊并治疗者。

3. **高密度脂蛋白胆固醇（HDL-C）降低**　HDL-C<40mg/dl（1.03mmol/L）（男）,HDL-C<50mg/dl（1.3mmol/L）（女）,或已确诊并治疗者。

4. **血压升高**　收缩压≥130mmHg（1mmmHg=0.133kPa）和（或）舒张压≥85mmHg,或已确诊高血压病并治疗者。

5. **空腹血糖（FPG）升高**　FPG≥100mg/dl,或已确诊糖尿病并治疗者。上述定义与 2013 年版《中国 2 型糖尿病防治指南》中关于代谢综合征的诊断标准基本相同,主要区别是腹部肥胖的标准国内定义为男性为≥90cm,女性为≥85cm,此外对高血糖定义的切点为 FBG≥6.1mmol/L。

目前的研究表明,MS 显著增加人群和个体 CVD 风险,对人群和个体代谢异常的综合评估有助于积极预防和强调对于多重危险因素的综合干预。但是 MS 在人群评估标准方面还存在不少争议,个体评估的异质性则更加影响到相关临床研究的质量和实用价值。因此 2010 年 WHO 专家组报告指出,MS 作为一种概念具有一定公共卫生意义,但对于诊断疾病或疾病管理或许意义有限,今后不必重新修改 MS 定义,因为实质上 MS 更倾向于被视作是一种疾病前状态,还不能称得上是一种临床诊断,诊断 MS 应当排除已患 T2DM 和 CVD 者。

（三）综合干预

由于缺乏针对 MS 处理的指南,目前对 MS 的每一组分干预仍借用单病治疗模式。MS 防治的主要目标是改变 MS 的自然病程,阻止或延缓其向临床动脉粥样硬化性疾病进展。与此关系密切的目标是减少临床前 2 型糖尿病患者转变为临床型的危险。目前国内外尚缺乏对 MS 患者的个体化治疗或综合干预其靶器官损害及心血管事件的前瞻性、横断面或回顾性的多中心临床试验。MS 的处理应以生活方式干预为前提和基础,以降低心脑血管病危险因素为手段,强调个体化和联合治疗。

1. **肥胖的干预治疗**　应采取措施使体重尽可能控制在理想体重±5%。控制饮食总热量摄入,调整饮食结构,减少脂肪摄入,并控制饮食总热量摄入。提倡坚持持续时间较长的有氧运动。在饮食和运动治疗抗肥胖不理想时,可考虑加用药物治疗。对于合并糖代谢异常或糖尿病个体可以使用 GLP-1 治疗。符合代谢手术指征者可考虑手术治疗（详见本章肥胖部分）。

2. **调脂治疗**　常用贝特类和他汀类药物,详见本篇第二十七章。

3. **降低血压**　按照原发性高血压的治疗原则选择治疗方案。

4. **降糖治疗**　应遵循糖尿病与糖尿病前期的治疗原则。在各种降糖药物中,二甲双胍和噻唑烷二酮类具有改善胰岛素敏感性的作用；二甲双胍及噻唑烷二酮类以及 α-葡萄糖苷酶抑制剂均可用于延缓糖尿病前期进展为 2 型糖尿病。GLP-1 对于 MS 患者可能具有较好的治疗前景，但需要进一步循证医学的证据。

（陈璐璐）

推荐阅读文献

1. AACE and ACE 2014 Advanced Framework for a New Diagnosis of Obesity as a Chronic Disease. available at https://www.aace.com/article/278

2. Jensen MD, Ryan DH, Apovian CM, et al. 2013 AHA/ACC/TOS guideline for the management of overweight and obesity in adults：A report of the American College of Cardiology/American Heart Association Task force on Practice Guidelines and The Obesity Society. Circulation 2014,129(25 Suppl 2)：S102-138

3. Gloy VL, Briel M, Bhatt DL, et al. Bariatric surgery versus non-surgical treatment for obesity：a systematic review and meta-analysis of randomised controlled trials. BMJ, 2013,347：f5934

4. Bruce KD, Hanson MA. The developmental origins, mechanisms, and implications of metabolic syndrome. J Nutr, 2010,140(3)：648-652

5. Simmons RK, Alberti KG, Gale EA, et al. The metabolic syndrome：useful concept or clinical tool? Report of a WHO Expert Consultation. Diabetologia, 2010,53(4)：600-605

Notes

第二十七章　血脂谱异常症

要点:

1. 血脂谱异常症是指血浆中的脂蛋白谱异常,通常表现为甘油三酯、总胆固醇、低密度脂蛋白胆固醇和载脂蛋白 apoB100 升高,高密度脂蛋白胆固醇、apoA Ⅰ、apoA Ⅰ/apoB100 比值和 apoA Ⅱ 下降。

2. 通常根据引起血脂谱异常症的原因分为原发性和继发性两类。

3. 根据病史、体征和血脂测定可确立诊断。

4. 及早识别血脂异常并给予早期干预,可防治动脉粥样硬化、减少心脑血管事件、降低糖尿病等代谢综合征的风险,从而降低死亡率。

5. 在治疗性生活方式改变的基础上,根据患者血脂异常的分型、药物调脂机制、药物作用特点等情况选择用药,一般而言,高 TC 血症首选他汀类;高 TG 血症首选贝特类;混合性高脂血症如果以 TC 和 LDL-C 增高为主首选他汀类,以 TG 增高为主首选贝特类。单药效果不佳时,可考虑联合用药。

血脂谱异常症(dyslipidemia)是指血浆中的脂蛋白谱异常,通常表现为甘油三酯(TG)、总胆固醇(TC)、低密度脂蛋白胆固醇(LDL-C)和载脂蛋白 apoB100 升高,高密度脂蛋白胆固醇(HDL-C)、apoA Ⅰ、apoA Ⅰ/apoB100 比值和 apoA Ⅱ 下降。

血脂是血浆中的 TC、TG 和类脂如磷脂(PL)等的总称,其中 TG 和磷脂为复合脂质;血浆中的胆固醇又分游离胆固醇(FC)和胆固醇酯(CE)两种,两者统称为血浆总 TC。循环血液中的 TC 和 TG 必须与特殊的蛋白质即载脂蛋白(apo)结合形成脂蛋白,才能被运输至组织进行代谢。超速离心技术可将血浆脂蛋白分为:乳糜微粒(CM)由小肠合成,富含 TG(占 90%);极低密度脂蛋白(VLDL)由肝脏合成,其 TG 含量约占 55%,与 CM 一起统称为富含 TG 的脂蛋白(TRL);低密度脂蛋白(LDL)由 VLDL 转化而来,为富含胆固醇的脂蛋白,向肝外组织(包括脉壁内)输送胆固醇;高密度脂蛋白(HDL)由肝脏和小肠合成,能将胆固醇从周围组织(包括动脉粥样硬化斑块)中转运到肝脏进行再循环或以胆酸的形式排泄,此过程称为 TC 逆转运;脂蛋白(a)[Lp(a)]类似于 LDL,但多含载脂蛋白(a)。

血脂谱异常症作为脂质代谢障碍的表现,属于代谢性疾病。其对健康的损害主要集中在脂毒性和对心血管系统的损害:脂毒性可导致糖尿病或糖耐量受损,对心血管系统的损害可导致冠心病及其他动脉粥样硬化性疾病。临床所见的血脂谱异常症多数同时合并有肥胖、糖尿病、高血压、冠心病等(代谢综合征)。

【病因与发病机制】　通常根据引起血脂谱异常症的原因分为原发性和继发性两类。

(一) 原发性血脂谱异常症

其发病机制尚未明确,通常认为与脂代谢相关基因缺陷和获得性因素有关。

1. **脂代谢相关基因缺陷**　与脂代谢有关的基因发生突变可导致脂蛋白降解酶活性降低,脂蛋白结构或受体缺陷使脂蛋白的清除减少,分解减慢,或脂蛋白的合成增加等。基因缺陷所致的血脂谱异常症多具有家族聚集性,有明显的遗传倾向,称为家族性血脂谱异常症(familial hypercholesterolemia),其中最为多见的是家族性混合型血脂谱异常症(familial combined hyperlipidemia)。各型原发性血脂谱异常症的基因突变情况见表 7-27-1。

表 7-27-1　原发性血脂谱异常症的遗传特点

	突变基因	遗传方式	患病率	脂蛋白类型
家族性脂蛋白脂酶缺陷症	脂蛋白脂酶	常染色体隐性	$1/10^6$	I、V
家族性载脂蛋白 C II 缺陷症	apo-C II	常染色体隐性	$1/10^6$	I、V
家族性高胆固醇血症 (杂合子)(少数为 IIb) 1/106(纯合子)	LDL 受体	常染色体显性	1/500	IIa
家族性载脂蛋白 B100 缺陷症	apo-B	常染色体显性	1/1000	II a
家族性异常 β 脂蛋白血症 (又称III型高脂蛋白血症)	apo-E	常染色体隐性 (少数为显性)	1/105	III
家族性混合型血脂谱异常症	待定	常染色体显性	1/100	II a、II b、IV (少数为 V)
家族性高三酰甘油血症	待定	常染色体显性	不详	IV(少数为 V)

2. **获得性因素**　主要包括高脂肪饮食与高热量饮食、肥胖、增龄和不良生活习惯等。

(二)继发性血脂谱异常症

无论是脂蛋白的产生或由组织排泌入血浆过多,还是清除或从血浆中移去减少,均可导致一种或多种脂蛋白在血浆中过度堆积。

1. **系统性疾病**　如糖尿病、甲状腺功能减退症、胆道疾病、肾脏疾病、慢性酒精中毒、糖原贮积症、系统性红斑狼疮、骨髓瘤、急性卟啉病等。

2. **某些药物**　如糖皮质激素、噻嗪类利尿剂、β 受体阻滞剂等。

3. **雌激素缺乏等。**

【病理】

1. **黄色瘤**　血脂谱异常症患者可因过多的脂质沉积在局部组织而形成黄色瘤。通常表现为局限性皮肤隆凸,颜色可为黄色、橘黄色或棕红色,多呈结节、斑块或丘疹等形状,质地柔软。根据瘤的形态与发生部位不同,可分为扁平黄色瘤、掌皱纹黄色瘤、结节性黄色瘤、疹性黄色瘤、结节疹性黄色瘤及肌腱黄色瘤等。各种黄色瘤的病理改变基本相似。真皮内有大量吞噬脂质的巨噬细胞(泡沫细胞),又称为黄色瘤细胞。早期常伴有炎症细胞,晚期可发生成纤维细胞增生。有时可见核呈环状排列的多核巨细胞。冷冻切片用猩红或苏丹红进行染色,可显示泡沫细胞内含有胆固醇和胆固醇酯。

2. **动脉粥样硬化**　早期动脉粥样硬化可见泡沫细胞堆积于动脉管壁内。随着病程进展,动脉管壁则形成纤维化斑块,并使管腔缩窄。动脉粥样硬化斑块破裂和斑块破裂后的血栓形成是导致心血管事件的病理基础。

3. **内脏器官脂质沉积**　异常增多的脂质沉积在肝脏和脾脏,导致其体积增大,镜下可见大量的泡沫细胞。此外,骨髓中亦可见类泡沫细胞。

【临床表现】　多数患者并无明显症状和异常体征,进行血液生化检验时才被确诊的。典型病例可因脂质在真皮内沉积引起的黄色瘤。脂质在血管内皮沉积可引起的动脉粥样硬化,产生冠心病、脑血管病和周围血管病等;脂毒性可导致糖尿病或糖耐量受损;多数患者同时合并有肥胖、糖尿病、高血压、冠心病等,亦即代谢综合征。少数患者可因乳糜微粒栓子阻塞胰腺的毛细血管导致胰腺炎。

【实验室检查】

1. **血脂检查**　诊断主要依靠实验室检查,其中最主要的是测定血浆(清)总 TC 和 TG 的浓度。血浆外观检查可判断血浆中有无乳糜微粒存在。将血浆放置于 4℃ 冰箱中过夜,然后观察血浆的外观:如果见到"奶油样"顶层,表明血浆中乳糜微粒含量较高。依照电泳结果,可将脂蛋白分为乳糜微粒及 α、β、前 β 带等四类脂蛋白,电泳时乳糜微粒滞留在原位,而 α、β、前 β 带分别相当于 HDL、LDL 和 VLDL。

2. **特殊检查**　可进行基因 DNA 突变检测,或分析脂蛋白-受体相互作用及脂蛋白脂酶、肝脂酶、胆固醇酯化酶等的活性。原发性血脂谱异常要进行病因诊断,需进行相关基因与 LDL 受体分析、酶活性或其他特殊检查才能确诊。例如,家族性载脂蛋白 B100 缺陷症和Ⅲ型高脂蛋白血症可分别通过 apo-B、apo-E 基因突变分析确诊,家族性脂蛋白脂酶缺陷症需进行肝素注射后的脂蛋白脂酶活性测定才能确诊。

【诊断与鉴别诊断】

(一)诊断标准

根据病史、体征和血脂测定可确立诊断。目前我国应用《中国成人血脂异常防治指南》血脂水平分层标准(表 7-27-2)。

表 7-27-2　中国血脂水平分层标准 [mmol/L(mg/dl)]

	TC	LDL-C	HDL-C	TG
合适范围	<5.18(200)	<3.37(130)	≥1.04(40)	<1.76(150)
边缘升高	5.18~6.18	3.37~4.13		1.76~2.26
	(200~239)	(130~159)		(150~199)
升高	≥6.19(240)	≥4.14(160)	≥1.55(60)	≥2.27(200)
降低			<1.04(40)	

(二)表型分型

目前仍沿用世界卫生组织(WHO)的分类法,根据各种脂蛋白升高的程度分为 5 型,其中Ⅱ型又分为 2 个亚型,共 6 型,以Ⅱa、Ⅱb 和Ⅳ型最为常见(表 7-27-3)。

表 7-27-3　表型分类

表型	血浆 4℃ 过夜外观	TC	TG	CM	VLDL	LDL	备　注
Ⅰ	奶油上层,下层浑浊	↑→	↑↑	↑↑	↑↑	↑→	易发胰腺炎
Ⅱa	透明	↑↑	→	→	→	↑↑	易发冠心病
Ⅱb	透明	↑↑	↑↑	→	↑	↑	易发冠心病
Ⅲ	奶油上层,下层浑浊	↑↑	↑↑	↑	↑	↓	易发冠心病
Ⅳ	浑浊	↑→	↑↑	→	↑↑	→	易发冠心病
Ⅴ	奶油上层,下层浑浊	↑	↑↑	↑↑	↑	↓→	易发胰腺炎

临床亦可简单分为高 TC 血症、高 TG 血症、混合性高脂血症、低 HDL-C 血症。

(三)鉴别诊断

引起 TC 升高的原发因素主要是家族性高 TC 血症和家族性 apoB100 缺陷症,而继发性因素主要有甲减与肾病综合征;引起 TG 升高的原发因素主要是家族性高 TG 血症、脂蛋白脂酶缺陷症、家族性 apoCⅡ缺陷症和特发性高 TG 血症,而继发性因素主要是糖尿病、酒精性高脂血症和雌激素治疗等。常见的继发性血脂谱异常症见于糖尿病、甲减、垂体性矮小症、肢端肥大症、神经性厌食、脂肪营养不良、肾病综合征、尿毒症、胆道阻塞、系统性红斑狼疮和免疫球蛋白病等。由于这些疾病的临床表现差异明显,故其鉴别并无困难。

【治疗】

(一) 治疗原则

由于血脂谱异常症通常没有明显症状,往往通过体检或发生相应的心脑血管疾病、糖尿病或糖耐量受损、胰腺炎等才得以发现,因而及早识别血脂异常并给予早期干预,可防治动脉粥样硬化、减少心脑血管事件、降低糖尿病等代谢综合征的风险,从而降低死亡率。

(二) 控制目标

首要目标是降低 LDL-C。根据《中国成人血脂异常防治指南》的标准和血脂谱异常的危险分层(表 7-27-4),确定治疗的个体化目标(表 7-27-5)。一般危险性越大,调脂治疗的要求越严格。

表 7-27-4   血脂异常危险分层[mmol/L(mg/dl)]

危险分层 (200~239)	TC 5.18~6.19 (240) 或 LDL-C 3.37~4.14 (130~159)	TC≥6.19 或 LDL-C≥4.14 (160)
无高血压且其他危险因素数<3	低危	低危
高血压或其他危险因素数≥3	低危	中危
高血压且其他危险因素数≥1	中危	高危
冠心病及其等危症	高危	高危
急性冠脉综合征	极高危	极高危
缺血性心血管病合并糖尿病	极高危	极高危

表 7-27-5   调脂治疗的目标值[mmol/L(mg/dl)]

危险等级	药物治疗开始	治疗目标值
低危	TC≥6.99(270)	TC<6.21(240)
	LDL-C≥4.92(190)	LDL-C<4.14(160)
中危	TC≥6.21(240)	TC<5.2(200)
	LDL-C≥4.14(160)	LDL-C<3.41(130)
高危	TC≥4.14(160)	TC<4.14(160)
	LDL-C≥2.6(100)	LDL-C<2.6(100)
极高危	TC≥4.14(160)	TC<3.1(120)
	LDL-C≥2.07(80)	LDL-C<2.07(80)

其他危险因素包括:年龄(男≥45 岁、女≥55 岁)、吸烟、低 HDL-C、肥胖、早发缺血性心血管病家族史。

低危患者是指 10 年内发生缺血性心血管病危险性<5%;中危患者是指 10 年内发生缺血性心血管病危险性为 5%~10%;高危患者为冠心病或冠心病等危症,10 年内发生缺血性心血管病危险性为 10%~15%;极高危患者是指急性冠脉综合征、或缺血性心血管病合并糖尿病。

(三) 治疗性生活方式改变

血脂干预应以治疗性生活方式改变为基础,并应该贯穿治疗全过程。

1. 治疗性生活方式改变包括饮食调节(减少饱和脂肪酸和胆固醇的摄入)、减轻体重、增加运动、纠正不良生活方式(如戒烟、限酒、限盐)等。

2. 饮食治疗控制饮食可使血浆胆固醇降低 5% ~ 10%,同时有助于减肥,达到或接近标准体重,并使调脂药物发挥出最佳效果。

(四) 药物治疗

根据患者血脂异常的分型、药物调脂机制、药物作用特点等情况选择用药,一般而言,高 TC 血症首选他汀类;高 TG 血症首选贝特类;混合性高脂血症如果以 TC 和 LDL-C 增高为主首选他汀类,以 TG 增高为主首选贝特类。单药效果不佳时,可考虑联合用药。

1. 羟甲基戊二酰辅酶 A(HMG-CoA) 还原酶抑制剂 (他汀类)　作用机制是通过竞争性抑制内源性 TC 合成限速酶 HMG-CoA 还原酶,阻断细胞内羟甲戊酸代谢途径,使细胞内 TC 合成减少,从而反馈性刺激细胞膜表面(主要为肝细胞)LDL 受体数量和活性增加、使血清 TC 清除增加、水平降低。还可抑制肝脏合成 apoB-100,从而减少富含 TG AV、脂蛋白的合成和分泌。他汀类药物主要降低血清 TC 和 LDL-C,是降低高 LDL-C 血症的首选药物。此外,还具有抗炎、免疫调节和保护血管内皮细胞功能作用。

常用的他汀类药物包括匹伐他汀(pitavastatin) 1 ~ 2mg/d,阿托伐他汀(atorvastatin) 10 ~ 80mg/d,普伐他汀(pravastatin) 10 ~ 40mg/d,洛伐他汀(lovastatin) 10 ~ 80mg/d,辛伐他汀(simvastatin) 10 ~ 40mg/d,瑞舒伐他汀(rosuvastatin) 5 ~ 20mg/d,氟伐他汀(fluvastatin) 20mg ~ 40mg/d。

他汀类药物耐受性好,一般不良反应有口干、腹痛、便秘、流感症状、消化不良、转氨酶升高、肌肉疼痛、血糖轻度升高等。少数患者可出现肌病(包括肌炎和横纹肌溶解)、肾功能减退等,严重者出现肾衰竭。

2. 苯氧芳酸类(贝特类,fibrates)　作用机制是激活过氧化物酶体增殖物激活受体增强脂蛋白脂酶的作用,使血中富含 TG 的乳糜微粒及 LDL 加速降解,降低血中 TG 水平,进而减少血液中小而密的 LDL,并能调控脂蛋白脂酶及载脂蛋白等目标基因的表达而降低 TG 及 LDL-C,升高 HDL-C,同时增加过氧化物酶体增殖物激活受体介导的脂肪酸自外周组织向肝脏转运。是治疗高 TG 血症的首选药物。

常用药物主要有非诺贝特(fenofibrate)普通剂型 100mg tid,微粒化制剂 200mg qd,高生物利用度片剂 160mg qd,缓释剂型 250mg qd;苯扎贝特(bezafibrate)普通剂型 200mg bid 或 tid,缓释剂型 400mg qd;环丙贝特(ciprofibrate)100mg qd;吉非贝齐(gemfibrozil)普通剂型 300 ~ 600mg bid,缓释剂型 900mg qd;氯贝丁酯(clofibrate)250 ~ 500mg tid;益多酯(theofibrate)缓释剂型 500mg qd;依托贝特(etofibrate)普通剂型 300 ~ 600mg tid,缓释剂型 500mg qd 等。

不良反应有食欲减退、恶心和上腹部不适等胃肠道症状,亦可见皮肤瘙痒、荨麻疹、皮疹、脱发、头痛、头晕、失眠、性欲减退等。

3. 胆固醇吸收抑制剂　作用机制是与小肠壁上特异的转运蛋白 NPC1L1 结合,选择性地强效抑制小肠胆固醇和植物甾醇的吸收,与他汀类联合应用可有效降低 LDL-C 水平。适用于不能耐受一线调脂药物的患者。常用药物依折麦布(ezetimibe)10mg/d。

耐受性良好,副作用包括肝功能升高、腹痛、腹泻、食欲缺乏、乏力、头痛等。

4. 胆酸螯合剂　作用机制是阻止肠道对胆酸及 TC 的吸收。同时,它还有促进胆酸和 TC 随粪便排出、促进 TC 降解的作用。只适用于对他汀类药物治疗无效的高 TC 血症的病人。

常用药物包括考来烯胺(cholestyramine)4 ~ 16g/d,tid;考来替泊(colestipol)5 ~ 20g/d,tid;考来维仑(colesevelam)1875mg bid 或 3750mg qd。不良反应包括恶心、腹胀、便秘、脂肪痢、高氯酸血症、脂溶性维生素吸收不良等。

5. 烟酸类　作用机制是使脂肪组织的脂解作用减慢,同时在辅酶 A 的作用下与甘氨酸合成烟尿酸,从而干扰 TC 的合成。因此,烟酸类及其衍生物适用于治疗高 TG 血症及以 TG 升高为主的混合性高脂血症。

烟酸类及其衍生物包括烟酸(nicotinic acid)缓释剂375~500mg qn,4周后可增量至1g,最大剂量2g;盐酸戊四醇酯(niceritrol)250mg tid;阿昔莫司(acipimox)250mg bid~tid,尼可莫尔(nicomol)200~400mg tid。不良反应包括血管扩张、腹泻、头晕、乏力、恶心、呕吐、血糖升高、心律失常、肝毒性反应等。

6. ω-3脂肪酸海洋鱼油制剂   ω-3脂肪酸海洋鱼油制剂主要为二十碳戊烯酸(EPA:C20:5 ω-3)和二十二碳己烯酸(DHA,C22:6 ω-3),均为深海鱼油的主要成分。ω-3脂肪酸海洋鱼油制剂中的EPA+DHA含量应大于85%,否则无临床调脂作用,用量为2~4g/d。

7. 其他类药物   普罗布考(probucol)通过掺入到脂蛋白颗粒中,影响脂蛋白代谢,从而产生调脂作用。主要应用于高TC血症患者。500mg bid。不良反应包括胃肠道反应、头晕、肝功或肾功异常、尿酸升高等。

苯氟雷司(benfluorex)起始剂量150mg qd,每周增加150mg,直至150mg tid。不良反应包括胃肠道反应、乏力、倦怠等。

抗肥胖药物奥利司他(orlistat)、利莫那班(rimonabant)可降低小而密LDL-C(sLDL-C)水平。

为了确保药物调脂治疗的有效性和安全性,应每隔1~3个月复查血脂,并根据血脂水平适当调整调脂药物的种类和剂量;定期复查肝肾功能、肌酸磷酸激酶、血糖、血尿酸及心电图等。

（五）其他治疗

对于难治性高TC血症者或对调脂药物过敏者,可以进行血液净化治疗。对血脂谱异常症并有重度肥胖者,可进行回肠末端部分切除术、门-腔静脉分流吻合术、胃搭桥术(Roux-en-Y gastric bypass)或胃成形术(gastroplasty)。

（李　强）

推荐阅读文献

1. Vásquez-Kunze S,Málaga G. New guidelines for high blood pressure and dyslipidemia:beyond the controversy, are they reliable guides? Rev Peru Med Exp Salud Publica. 2014,31(1):143-150

2. Muntner P,Colantonio LD,Cushman M,et al. Validation of the atherosclerotic cardiovascular disease Pooled Cohort risk equations. JAMA. 2014,311(14):1406-1415

3. Canalizo-Miranda E,Favela-Pérez EA,Salas-Anaya JA,et al. Clinical practice guideline Diagnosis and treatment of dyslipidemia. Rev Med Inst Mex Seguro Soc. 2013,51(6):700-709

4. Masana L,Ibarretxe D,Heras M,et al. Substituting non-HDL cholesterol with LDL as a guide for lipid-lowering therapy increases the number of patients with indication for therapy. Atherosclerosis. 2013,226(2):471-475

5. Klop B,Wouter Jukema J,Rabelink TJ,et al. A physician's guide for the management of hypertriglyceridemia: the etiology of hypertriglyceridemia determines treatment strategy. Panminerva Med. 2012,54(2):91-103

6. 中华医学会内分泌学分会(执笔人李强). 中国2型糖尿病合并血脂异常防治专家共识. 中华内分泌代谢杂志,2012,28(9):700-703

Notes

第二十八章　骨质疏松症

要点：

1. 骨质疏松症(osteoporosis,OP)是一种以骨量减少和骨微结构破坏为特征,导致骨强度下降,脆性增加和易于骨折的代谢性骨病综合征;可分为原发性和继发性两类。

2. 骨质疏松症的诊断,应根据双能 X 线吸收测定法(DXA)测定的骨密度(BMD)结果确定是骨量低下、骨质疏松或严重骨质疏松,如发生脆性骨折临床上即可直接诊断骨质疏松症。然后再进行原发性或继发性骨质疏松症的鉴别诊断。

3. 抗骨质疏松症药物治疗时机为:对于明确诊断骨质疏松症(脆性骨折或 DXA 测骨密度 T 值≤−2.5)、或骨量减少并存在一项以上骨质疏松危险因素者需要考虑药物治疗;对于无骨密度测量条件者,可结合骨质疏松及其骨折风险评估工具(如 FRAX)所评估的 5～10 年骨折风险等因素综合判断是否药物干预。

骨质疏松症(osteoporosis,OP)是一种以骨量减少和骨微结构破坏为特征,导致骨强度下降,脆性增加和易于骨折的代谢性骨病综合征;可分为原发性和继发性两类,原发性骨质疏松症(primary osteoporosis)又可分为绝经后骨质疏松症(postmenopausal osteoporosis,Ⅰ型)、老年性骨质疏松症(senile OP,Ⅱ型)和特发性骨质疏松症(包括青少年型)三型。绝经后骨质疏松症一般发生在妇女绝经后 5～10 年内;老年性骨质疏松症一般指老人 70 岁后发生的骨质疏松;特发性骨质疏松主要发生在青少年,病因尚不明。继发性骨质疏松症指由任何影响骨代谢的疾病或药物所致的骨质疏松症。随着人口老龄化和人均寿命的延长,骨质疏松的发病率逐年升高。

【病因与危险因素】　骨强度(bone strength)包括骨质量(bone quality)和骨矿密度(bone mineral density,BMD)两个方面。一般来说,BMD 下降伴随着骨微结构的紊乱和破坏,当骨丢失(bone loss)达到一定程度时,骨质量显著下降,骨小梁变细、弯曲,错位甚至断裂。有的被全部吸收形成空洞和孔隙,骨小梁数目减少;骨皮质变薄,脆性增加,直至发生脆性骨折。骨质疏松时,骨质中的有机质与矿物质均丢失,两者比例仍基本正常。

骨质疏松的发病机制未明,多方面因素导致了骨质疏松的发生,包括:①不能获得合适的峰值骨量(peak bone mass,PBM)及骨强度,主要由遗传因素决定,环境因素包括营养、生活方式等也有影响;②骨吸收增加导致的骨丢失加速,主要由雌激素缺乏、钙和维生素 D 缺乏、继发性甲状旁腺功能亢进症及某些细胞因子等引起;③骨重建过程中骨形成不足,由于细胞更新缺陷、生长因子降低、某些细胞因子等引起任何原因所致的峰值骨量下降、骨吸收增加和(或)骨形成不足都可引起骨量降低和骨脆性增加。

(一) 峰值骨量不足

青春发育期是人体骨量增加最快的时期,故青春发育延迟或此期的骨骼发育和成熟障碍可致 PBM 降低,成年后发生骨质疏松的危险性增加,发病年龄提前。大约 85% 的个体 PBM 变异是由遗传因素决定的,但具体的主效基因不明。影响 PBM 的后天因素有营养、骨代谢调节激素(雌激素、维生素 D)、生活方式和全身性疾病等。

（二）骨吸收增加

骨吸收主要由破骨细胞介导,但个体的骨代谢转换率亦主要由遗传因素决定。导致骨吸收增强的主要因素是雌激素缺乏和甲状旁腺素(PTH)分泌增多。骨形成所需要的时间远远长于骨吸收,所以骨吸收增加的直接后果是骨量下降、骨脆性增加和骨强度降低。

1. 雌激素缺乏   为绝经后骨质疏松的主要病因。女性绝经后因雌激素缺乏,数年内可丢失骨总量的 20% ~25%。绝经时间越早,骨丢失越多。雌激素缺乏亦是男性骨质疏松的致病因素之一。

2. PTH 相对增多   随着增龄,肠钙吸收减少,肾脏 $1,25\text{-}(OH)_2D_3$ 生成下降,PTH 相对增多促进骨吸收。

3. 其他因素很多   可能包括护骨素(osteoprotegerin,OPG)、受体结合核因子-核因子/κB 受体活化因子配体(receptor activator of nuclear factor κB/receptor activator of nuclear factor κB ligand, RANK/RANKL)和许多细胞因子等,但引起骨吸收增加的机制未明。其中 OPG/RANK/RANKL 系统在破骨细胞的分化及活化中发挥关键作用。

（三）骨形成减少

1. 营养因素   钙是骨矿物质中最主要的矿物质,钙不足必然影响骨矿化。在骨的生长发育期和钙需要量增加时(妊娠、哺乳等),摄入不足或老年人钙的肠吸收功能下降都可诱发骨质疏松。

2. 生活方式和生活环境   足够的体力活动有助于提高 PBM,减少骨丢失。成骨细胞和骨细胞具有接受应力、负重等力学机械刺激的接受体,故成年后的体力活动是刺激骨形成的基本方式,而活动过少易于发生骨丢失。此外,吸烟、酗酒、高盐饮食、大量饮用咖啡、维生素 D 摄入不足和光照减少等均为骨质疏松的危险因素。长期卧床和失重(如太空宇航员)也常导致骨丢失。

【临床表现】   许多患者早期常无明显症状,而在发生脆性骨折后进行 X 线或骨密度检查才发现骨质疏松。典型临床表现包括骨痛、骨畸形和发生脆性骨折。

（一）骨痛

较重患者常诉腰背疼痛或全身骨痛。骨痛通常为弥漫性,无固定部位,检查不能发现压痛区(点)。常于劳累或活动后加重,负重能力下降或不能负重,严重时出现活动受限。四肢骨折或髋部骨折时肢体活动明显受限,局部疼痛加重,有畸形或骨折阳性体征。

（二）骨畸形

骨质疏松患者可出现身材变矮、驼背等脊柱畸形和伸展受限,胸椎压缩性骨折可导致胸廓畸形,可出现胸闷、气短、呼吸困难等表现,心排出量、肺活量、肺最大换气量下降,易并发上呼吸道和肺部感染。腰椎压缩性骨折可能改变腹部解剖结构,导致便秘、腹痛、腹胀、食欲减低和过早饱胀感等。

（三）骨折

常因轻微活动(弯腰、负重、挤压或摔倒后)诱发或为自发性,称为脆性骨折,又称低能量性或非暴力性骨折。多发部位为胸腰椎、髋部和前臂(桡、尺骨远端和肱骨近端),其他部位亦可发生,如肋骨、肱骨甚至锁骨和胸骨等。骨折发生后出现局部剧痛,卧床而取被动体位。髋部骨折以老年性骨质疏松患者多见,骨折部位多在股骨颈部(股骨颈骨折),预后不良,如患者长期卧床,又加重骨丢失,并常因并发感染或慢性衰竭而死亡。幸存者伴活动受限,生活自理能力明显下降或丧失。

【诊断与鉴别诊断】

（一）诊断标准

详细的病史和查体是临床诊断的基本依据。临床上,凡存在骨质疏松家族史、脆性骨折史、消瘦、闭经、早绝经、慢性疾病、长期营养不良、长期卧床或长期服用影响骨代谢药物者均要想到本症可能。一般根据双能 X 线吸收测定法(dual-energy X-ray absorptiometry,DXA)测定的 BMD 结果确定是骨量低下(低于同性别 PBM 的 1SD 以上但小于 2.5SD,–1<T 值<–2.5)、骨质疏松(低于 PBM 的 2.5SD 以上,T≤–2.5)或严重骨质疏松(骨质疏松伴一处或多处脆性骨折;如发生脆性骨折临床上即可诊断骨质疏松症。然后再进行原发性或继发性骨质疏松症的鉴别诊断。

对可疑为骨质疏松者应作 BMD 测量。BMD 的测量方法很多,其中以 DXA 最常用。

(二)骨代谢转换率评价

在多数情况下,绝经后骨质疏松早期为高转换型,而老年性骨质疏松多为正常转换型或低转换型。常用的骨形成指标有血清总碱性磷酸酶(total alkaline phosphatase,TALP)、骨源性碱性磷酸酶(bone alkaline phosphatase,BLP)和Ⅰ型前胶原 N-末端前肽(procollagen type Ⅰ N propeptide,PINP);骨吸收指标有尿钙、尿吡啶啉(pyridinoline,Pyr)、脱氧吡啶啉(deoxypyridinoline,D-Pyr)、抗酒石酸酸性磷酸酶(tartrate-resistant acid phosphatase,TRAP)、Ⅰ型胶原交联 N-末端肽(collagen type Ⅰ cross-linked N-telopeptide,NTX)和Ⅰ型胶原交联 C-末端肽(collagen type Ⅰ cross-linked C-telopeptide,CTX)等。目前国际骨质疏松基金会推荐 PINP 和血清 CTX 作为敏感性相对较好的两个骨转换生化标志物。骨吸收指标和骨形成指标明显升高提示骨代谢转换率增高。

(三)骨折风险评价

WHO 骨折风险评估工具(fracture risk assessment tool,FRAX)是根据股骨颈 BMD 和骨折风险因子,通过大样本循证医学原始数据建立的骨折风险评价软件。该软件需要录入患者的性别、年龄、身高、体重和 WHO 提出的 7 个骨折风险因子(既往脆性骨折史、父母髋部骨折史、吸烟、长期服用糖皮质激素类药物、风湿性关节炎史、其他继发性骨质疏松因素和饮酒)。无论是否有 BMD 结果,FRAX 均可预测 10 年的骨折风险。

(四)鉴别诊断

在诊断原发性骨质疏松症之前必须排除各种继发性骨质疏松。需要鉴别的疾病包括:

1. **内分泌疾病** 皮质醇增多症,性腺功能减退,甲状旁腺功能亢进症,甲状腺功能亢进症,1型糖尿病等,一般有相应的临床症状和体征,并可通过相应的激素检查、功能试验等明确。如甲旁亢患者的典型骨骼改变主要为纤维囊性骨炎,但早期可仅表现为低骨量或骨质疏松,测定血 PTH、钙、磷和 ALP 可予鉴别。

2. **风湿性疾病** 类风湿性关节炎,系统性红斑狼疮,强直性脊柱炎,血清阴性脊柱关节病等,可通过检测相关的免疫学指标和自身抗体明确。

3. **恶性肿瘤和血液系统疾病** 多发性骨髓瘤,白血病,肿瘤骨转移等,部分患者以多发椎体骨折为首发症状。可通过血尿免疫固定电泳、血液学检查、骨扫描等影像检查鉴别。

4. **药物** 长期超生理剂量糖皮质激素,甲状腺激素过量,抗癫痫药物,锂、铝中毒,细胞毒或免疫抑制剂(环孢素 A、他克莫司),肝素,引起性腺功能低下的药物(芳香化酶抑制剂、促性腺激素释放激素类似物)等。

5. **胃肠疾病** 慢性肝病(尤其是原发性胆汁性肝硬化),炎性肠病(尤其是克罗恩病),胃大部切除术等。

6. **肾脏疾病** 各种病因导致肾功能不全或衰竭。

7. **遗传性疾病** 成骨不全,马方综合征,血色病,高胱氨酸尿症,卟啉病等。

8. **其他** 任何原因维生素 D 不足,酗酒,神经性厌食,营养不良,长期卧床,妊娠及哺乳,慢性阻塞性肺疾病,脑血管意外,器官移植,淀粉样变,多发性硬化,获得性免疫缺陷综合征等。

有时原发性与继发性骨质疏松也可同时或先后发生。

【预防与治疗】

(一)基础措施

加强卫生宣教和实施有效预防方案。高危人群的预防应在达到 PBM 前开始,以争取获得较理想的峰值骨量。其中运动、保证充足的钙剂摄入较为有效。成年后的预防主要针对延缓骨丢失速率和骨折进行,避免骨折的危险因素可明显降低骨折发生率。

1. 运动　可增加和保持骨量,并可使老年人的应变能力增强,降低骨折风险。运动的类型、方式和量应根据患者的具体情况而定。

2. 钙剂　应补充适量钙剂,我国营养学会制定成人每日元素钙摄入推荐量为800mg,绝经后妇女和老年人每日元素钙推荐量为1000mg。除有目的地增加饮食钙含量外,尚可补充碳酸钙、葡萄糖酸钙、枸橼酸钙等制剂。

3. 维生素D　成年人如缺乏阳光照射,每天摄入维生素D 5μg(200IU)即可满足基本生理需要,但预防骨质疏松则宜增加用量,老年人因缺乏日照以及摄入和吸收障碍常有维生素D缺乏,推荐剂量为每天10~20μg(400~800IU),冬季缺光照时,应至少日补充1000IU。一般在补充适量钙剂同时补充维生素D。

4. 其他　主要包括预防跌倒、戒除烟酒、停用致骨丢失药物及进食富含钙镁与异黄酮类(如豆制品)食物等。

(二) 对症治疗

有疼痛者可给予适量非甾体类镇痛剂。骨畸形者应局部固定或采用其他矫形措施防止畸形加剧。骨折者应给予牵引、固定、复位或手术治疗,同时尽早辅以物理疗法和康复治疗,努力恢复运动功能。骨折患者要尽量避免长期卧床、多活动,必要时由医护人员给予被动运动,以减少制动或废用所致的骨丢失。

(三) 抗骨质疏松药物治疗

绝大多数指南建议对于明确诊断骨质疏松症(脆性骨折或DXA测骨密度T值≤-2.5)、或骨量减少并存在一项以上骨质疏松危险因素者需要考虑药物治疗;对于无骨密度测量条件者,可结合骨质疏松及其骨折风险评估工具(如FRAX)所评估的5~10年骨折风险、花费-效益比等因素综合判断是否药物干预。抗骨质疏松药物种类较多,主要作用机制有以抑制骨吸收为主(如双膦酸盐、雌激素、选择性雌激素受体调节剂、降钙素等),也有促进骨形成为主(如PTH),也有一些药物具有多重机制(如维生素K_2、锶盐、活性维生素D)。

1. 双膦酸盐类(bisphosphonates)　双膦酸盐与焦磷酸盐结构类似,与骨基质中羟磷灰石有高亲和力的结合,特异性结合到骨转换活跃的骨表面上,选择性地抑制破骨细胞的功能,通过促进破骨细胞凋亡等途径减少破骨细胞数量,从而抑制骨吸收,降低骨折发生率。可用于治疗原发性和继发性骨质疏松。该类药物目前常用的制剂和用量是:

1)阿仑膦酸钠(alendronate,fosamax):常用量为10mg/d,或70mg/周,还有阿仑膦酸钠70mg+维生素$D_3$2800IU的复合片剂,每周一次。空腹服药,用200~300ml白开水送服,服药后30分钟内不要平卧,应保持直立体位(站立或坐立),服药30分钟后才可进食。

2)唑来膦酸(zoledronic acid):为静脉注射剂,5mg,1次/年,静脉滴注15分钟以上,肾脏肌酐清除率<35ml/分钟者不用。

3)利塞膦酸盐(risedronate):为口服片剂,5mg,1次/日,或35mg,1/周,用法同阿仑膦酸钠。

4)伊班膦酸钠(ibandronate):为静脉注射剂,2mg,每3月一次,静脉滴注2小时以上,肾脏肌酐清除率<35ml/分钟者不用。

应用双膦酸盐类药物的注意事项:①口服双膦酸盐消化道吸收率极低,少数患者可能发生轻度胃肠道反应,包括上腹疼痛、反酸等食管炎和胃溃疡症状。故除严格按服药说明服用外,有活动性胃及十二指肠溃疡、反流性食道炎者慎用,消化道反应较重时可改用静脉制剂;②下颌骨坏死:双膦酸盐相关的下颌骨坏死发生率极低,为罕见不良事件,绝大多数发生于恶性肿瘤患者应用大剂量双膦酸盐静脉制剂以后,以及存在严重口腔健康问题的患者,如严重牙周病或多次牙科手术等。因此在双膦酸盐治疗过程中不建议进行介入性口腔治疗,也不建议给有严重口腔疾病或需要接受牙科手术的患者应用双膦酸盐。

2. 降钙素（calcitonin）　降钙素能直接作用于破骨细胞表面的降钙素受体,抑制其生物活性和减少破骨细胞的数量,从而阻止骨量丢失并增加骨量。降钙素类药物的另一突出特点是能明显缓解骨痛,对骨质疏松性骨折或骨骼变形所致的慢性疼痛以及骨肿瘤等疾病引起的骨痛均有效,因而更适合有疼痛症状的骨质疏松症患者。目前应用于临床的降钙素类制剂有2种:鲑鱼降钙素和鳗鱼降钙素类似物。①鲑鱼降钙素有鼻喷剂和注射剂二种。鲑鱼降钙素鼻喷剂应用剂量为200IU/日;鲑鱼降钙素注射剂一般应用剂量为50IU/次,皮下或肌肉注射,根据病情每周2~7次。随机双盲对照临床试验显示每日200U鲑鱼降钙素鼻喷剂降低发生椎体及非椎体骨折的风险。②鳗鱼降钙素为注射制剂,用量20U/周,肌肉注射。

2012年7月欧洲人用药品委员会(CHMP)调查表明,由于鲑鱼降钙素鼻喷剂长期治疗骨质疏松症患者获益未显著高于风险,因此CHMP宣布鼻喷剂撤出欧洲市场,保留了鲑鱼降钙素注射或输注剂型以下适应证:

(1) 预防急性制动引起的急性骨丢失,如近期骨质疏松骨折的患者,建议治疗时间为2周,最长疗程4周。

(2) 治疗Paget's骨病,降钙素应限于对替代疗法无效或不适合其他治疗的二线使用,除特殊情况可延长至6个月外,正常情况下治疗时长不应超过3个月。

(3) 肿瘤引起的高钙血症。

目前尚无鳗鱼降钙素与肿瘤风险相关的报道,仍可用于骨质疏松症患者的长期治疗。

此类药物不良反应包括少数患者有面部潮红、恶心等不良反应,偶有过敏现象,可按照药品说明书的要求确定是否做过敏试验。

3. 雌激素类（estrogen）　单核细胞谱系及成骨细胞均有雌激素受体的表达,雌激素可直接抑制破骨细胞活性,也可作用于成骨细胞通过旁分泌方式间接抑制骨吸收。

临床研究已证明激素疗法(HT),包括雌激素补充疗法(ET)和雌、孕激素补充疗法(EPT)能阻止骨丢失,降低骨质疏松性椎体、非椎体骨折的发生风险,是防治绝经后骨质疏松的有效措施。在各国指南中均被明确列入预防和治疗绝经妇女骨质疏松药物。适应证:60岁以前的围绝经和绝经后妇女,特别是有绝经期症状及有泌尿生殖道萎缩症状的妇女。有口服、经皮和阴道用药多种制剂。药物有结合雌激素、雌二醇、替勃龙等。一般用17β-雌二醇,或戊酸雌二醇1~2mg/d,炔雌醇10~20μg/d;利维爱(livial)1.25~2.5mg/d;雌二醇皮贴剂0.05~0.1mg/d;雌二醇凝胶2.5g/d(含E2 60mg/100g,1.5g/2.5g)。近年推出的鼻喷雌激素制剂(aerodiol)具有药物用量低、疗效确切等优点。

激素治疗的方案、剂量、制剂选择及治疗期限等应根据患者情况个体化选择。禁忌证:雌激素依赖性肿瘤(乳腺癌、子宫内膜癌)、血栓性疾病、不明原因阴道出血及活动性肝病和结缔组织病为绝对禁忌证。子宫肌瘤、子宫内膜异位症、有乳腺癌家族史、胆囊疾病和垂体催乳素瘤者慎用。应严格掌握实施激素治疗的适应证和禁忌证,绝经早期开始用(60岁以前),使用最低有效剂量,规范进行定期(每年)安全性检测,重点是乳腺和子宫。

4. PTH　PTH间歇性小剂量应用可促进骨形成,增加骨量。外源性PTH直接作用于成骨细胞,用药早期的生化及组织学改变均提示新骨形成,随后骨转换增加,但骨形成仍然超过骨吸收。PTH刺激IGF-1和胶原合成,通过促进复制增加成骨细胞数量,促进成骨细胞的募集和抑制其凋亡。PTH可在增加骨量的同时恢复骨的微结构。PTH对老年性骨质疏松、雌激素缺乏的年轻妇女、男性骨质疏松和糖皮质激素所致的骨质疏松均有效。目前临床上使用人重组PTH 1-34(rhPTH 1-34),用法为20μg/d,皮下注射。用药期间应监测血尿钙水平,防止高钙血症及高尿钙症的发生。治疗时间不宜超过2年。有动物研究报告,rhPTH(1-34)可能增加成骨肉瘤的风险,因此对于合并Paget's骨病、骨骼疾病放射治疗史、肿瘤骨转移及合并高钙血症的患者,应避免使用。

5. 选择性雌激素受体调节剂（selective estrogen receptor modulators，SERM）　选择性地作用于雌激素的靶器官，与不同形式的雌激素受体结合后，发生不同的生物效应，在骨骼上与雌激素受体结合，表现出类雌激素的活性，抑制骨吸收，而在乳腺和子宫上则表现为抗雌激素的活性，因而不刺激乳腺和子宫。临床试验表明雷洛昔芬（Raloxifene）可降低骨转换至女性绝经前水平，阻止骨丢失，增加骨密度，降低发生椎体骨折的风险。降低雌激素受体阳性浸润性乳腺癌的发生率。雷洛昔芬用法为60mg，每日一片，口服。少数患者服药期间会出现潮热和下肢痉挛症状，潮热症状严重的围绝经期妇女暂时不宜用。国外研究报告该药轻度增加静脉栓塞的危险性，国内尚未发现类似报道。故有静脉栓塞病史及有血栓倾向者如长期卧床和久坐期间禁用。

6. 锶盐（strontium）　具有抑制骨吸收、促进骨形成的双重作用。但是，最近研究发现锶盐可能会带来心血管事件增加的风险，故禁忌证增加为：缺血性心脏病、外周动脉疾病、脑血管疾病、高血压控制不佳者。应基于个体化的全面风险评估决定是否给予患者雷奈酸锶治疗。具有高静脉血栓（VTE）风险的患者，包括既往有 VTE 病史的患者，应慎用雷奈酸锶。

7. 狄诺塞麦（denosumab）　是新型的骨吸收抑制剂，为人类 RANKL 的单克隆抗体，RANKL 在破骨细胞成熟分化、发挥活性、存活中具有重要作用。狄诺塞麦通过与 RANKL 结合，可抑制破骨细胞分化并减少其存活。用法为 60mg，皮下注射，每 6 月 1 次。狄诺塞麦与双膦酸盐相比有自己独特的特点：①可逆性，狄诺塞麦特异作用于 RANKL；②每年只需皮下注射 2 次，无明显胃肠道反应，提高了患者的依从性；③因为不经肾脏代谢，所以可以潜在地应用于有肾功能损害的患者。其严重不良反应包括低钙血症、感染和皮肤反应（如皮炎、皮疹和湿疹）。

8. 其他药物　维生素 K_2 及活性维生素 D 制剂如骨化三醇或阿尔法骨化醇也是国内指南推荐的抗骨质疏松药物。噻嗪类利尿剂可抑制骨吸收，主要适合于尿钙排泄增多患者；睾酮类药物可增加骨量和肌量，主要适用于男性骨质疏松的辅助治疗。GH 和 IGF-1、促合成类固醇类药物、他汀类药物的治疗意义有待进一步观察。另外，还有一些新的抗骨质疏松药物，如组织蛋白酶 K（cathepsin K）抑制剂（骨吸收抑制剂）、骨硬化蛋白抗体（新的骨形成促进剂）、新型的选择性雌激素受体调节剂等正在进行临床研究。

（四）骨质疏松性骨折的治疗

复位、固定、功能锻炼和抗骨质疏松治疗是治疗骨质疏松性骨折的基本原则。脊柱是骨质疏松性骨折中最为常见的部位，有手术和非手术两种治疗方法，应根据病情合理选择；髋部骨折包括股骨颈骨折和股骨转子间骨折等，除治疗骨折本身外，还应针对并发症和伴随疾病进行处理；桡、尺骨远端骨折治疗方法一般采用手法复位，可用夹板或石膏固定，或外固定器固定。对于少数不稳定骨折可考虑手术处理。骨质疏松患者骨科围手术期应进行积极的抗骨质疏松治疗和支持治疗，以提高手术成功率，改善预后。

（邢小平）

推荐阅读文献

1. Papandreou D，Malindretos P，Karabouta Z，et al. Possible Health Implications and Low Vitamin D Status during Childhood and Adolescence：An Updated Mini Review. Int J Endocrinol，2010

2. 中华医学会骨质疏松和骨矿盐疾病分会，原发性骨质疏松症诊治指南（2011 年），中华骨质疏松和骨矿盐杂志，2011，14（1）：2-16

3. Finkels JS. 骨质疏松/Lee Goldman，Dennis Ausiello. 西塞尔内科学. 第 22 版. 王贤才，译. 西安：世界图书出版西安公司，2009：2357-2365

4. Longo DL，Fauci AS，Kasper DL，et al. Harrison's Principles of Internal Medicine. 18th ed. New York：McGraw-Hill. ，2012，Chapter 354

5. Miller PD，Papapoulos SE. Osteoporosis. In：Rosen CJ. eds. Primer on the Metabolic Bone Diseases and Disorders of Mineral Metabolism，8th edition. A John Wiley & Sons，Inc. ，Publication，2013：343-534

Notes

第二十九章 高尿酸血症

要点:

1. 高尿酸血症是嘌呤代谢障碍所致的慢性代谢性疾病。临床上可分为原发性和继发性两类。

2. 在正常嘌呤饮食状态下非同日两次空腹血尿酸水平,男性>420μmol/L(7mg/dl),女性>357μmol/L(6mg/dl)即可诊断 HUA。

3. Cua/Ccr 比值>10% 为尿酸生成过多型,<5% 为尿酸排泄不良型,5%~10% 之间为混合型。

4. 防治目的:①控制 HUA,预防尿酸盐沉积;②防治 HUA 相关的代谢性和心血管危险因素;③防治尿酸结石形成和肾功能损害。治疗措施包括治疗性生活方式改变、增加尿酸排泄、抑制尿酸合成、促进尿酸分解,同时避免应用使血尿酸升高的药物,并积极治疗与血尿酸升高相关的代谢性危险因素。

高尿酸血症(hyperuricemia,HUA)是嘌呤代谢障碍所致的慢性代谢性疾病。临床上可分为原发性和继发性两类,原发性多由先天性嘌呤代谢异常所致,常伴有肥胖、2 型糖尿病、脂质异常血症、高血压、动脉硬化和冠心病等,临床上称为代谢综合征;继发性多由某些系统性疾病或药物所致。HUA 是代谢综合征、2 型糖尿病、心血管疾病发生发展的独立危险因素;约有 5%~12% 的 HUA 患者最终才会发展成为痛风(gout),出现反复发作的痛风性急性关节炎、间质性肾炎和痛风石形成,严重者伴关节畸形或尿酸性尿路结石。

HUA 的流行总体呈现逐年升高的趋势,男性高于女性,且有一定的地区差异,南方和沿海经济发达地区较同期国内其他地区患病率高,可能与该地区人们摄入较多含嘌呤高的海产品、动物内脏、肉类食品以及大量饮用啤酒等因素有关。

【病因与发病机制】 尿酸是人体嘌呤代谢的产物。人体嘌呤来源有两种,内源性为自身合成或核酸降解(大约 600mg/d),约占体内总尿酸量的 80%;外源性为摄入嘌呤饮食(大约 100mg/d),约占体内总尿酸量的 20%。正常状态下,体内尿酸池为 1200mg,每天产生尿酸约 750mg,排出约 800~1000mg,30% 从肠道和胆道排泄,70% 经肾脏排泄。肾脏是尿酸排泄的重要器官,如果肾肌酐清除率减少 5%~25%,就可导致 HUA。正常情况下,人体每天尿酸的产生和排泄基本上保持动态平衡,凡是影响血尿酸生成和(或)排泄的因素均可以导致血尿酸水平增加。

(一) 原发性 HUA

1. 尿酸排泄减少 80%~90% 的 HUA 具有尿酸排泄障碍,包括:①肾小管分泌减少,最为重要;②肾小球滤过减少;③肾小管重吸收增多;④尿酸盐结晶沉淀。

2. 尿酸生成增多 由先天性嘌呤代谢障碍引起,①尿酸酶基因失活,是人类罹患 HUA 的主要原因;②尿酸合成过程中关键酶的基因缺陷,如次黄嘌呤-鸟嘌呤磷酸核糖转移酶(HGPRT)、磷酸核糖焦磷酸合酶(PRS)、G6PC、SLC37A4、AGL、PYGM、PFKM、CPT2、AMPD1、ACADS、ALDOB

等;③尿酸转运关键离子通道的基因缺陷:如 UMOD、SLC22A6、SLC22A8、SLC17A1、ABCC4、AB-CG2、SLC12A9、SLC22A11、SLC22A12、GLUT9、SLC22A13 等。

（二）继发性 HUA

主要病因有:①某些遗传性疾病,如 I 型糖原累积病、Lesch-Nyhan 综合征;②某些血液病,如白血病、多发性骨髓瘤、淋巴瘤及恶性肿瘤化疗或放疗后,因尿酸生成过多致 HUA;③慢性肾病,因肾小管分泌尿酸减少而使尿酸增高;④某些药物如呋塞米、依他尼酸、吡嗪酰胺、阿司匹林等均能抑制尿酸排泄而导致 HUA。

【临床表现】　多见于中、老年人,男性占 95%,女性多于绝经期后发病,常有家族遗传史。高尿酸血症患者仅有血尿酸波动性或持续性增高。从血尿酸增高至关节炎症状出现可长达数年至数十年。仅有血尿酸增高而不出现症状者,称为无症状性 HUA。较多患者伴有肥胖、2 型糖尿病、脂质异常血症、高血压、动脉硬化和冠心病等。约有 5% ~ 12% 的 HUA 患者最终才会发展成为痛风(gout),出现反复发作的痛风性急性关节炎、间质性肾炎和痛风石形成,严重者伴关节畸形或尿酸性尿路结石。

【诊断与分型诊断】

（一）诊断依据

HUA 的诊断标准定义为正常嘌呤饮食状态下非同日两次空腹血尿酸水平,男性>420μmol/L(7mg/dl),女性>357μmol/L(6mg/dl)。

（二）分型诊断

有助于发现 HUA 的病因。通常让 HUA 患者低嘌呤饮食 5d 后,留取 24h 尿检测尿尿酸水平,计算尿酸排泄、尿酸清除率(Cua,尿尿酸每分钟尿量/血尿酸)。①尿酸排泄不良型:尿酸排泄少于 0.48mg/(kg·h),尿酸清除率<6.2ml/min。②尿酸生成过多型:尿酸排泄大于 0.51mg/(kg·h),尿酸清除率≥6.2ml/min。③混合型:尿酸排泄超过 0.51mg/(kg·h),尿酸清除率<6.2ml/min。考虑到肾功能对尿酸排泄的影响,可以用肌酐清除率(Ccr)校正,根据 Cua/Ccr 比值对 HUA 进行分型:>10% 为尿酸生成过多型,<5% 为尿酸排泄不良型,5% ~ 10% 之间为混合型。HUA 中因尿酸生成增多所致者仅占 10% 左右,绝大多数均由尿酸排泄减少引起。

【治疗】　防治目的:①控制 HUA,预防尿酸盐沉积;②防治 HUA 相关的代谢性和心血管危险因素;③防治尿酸结石形成和肾功能损害。

（一）治疗性生活方式改变

生活方式改变是治疗 HUA 的核心,包括健康饮食、戒烟、戒酒、坚持运动和控制体重。已有HUA、痛风、有代谢性心血管疾病危险因素及中老年人群,饮食应以低嘌呤食物为主(如各种谷类制品、水果、蔬菜、牛奶、奶制品、鸡蛋),严格控制嘌呤含量高的食物(主要包括动物内脏、沙丁鱼、凤尾鱼、浓肉汤、啤酒,其次为海味、肉类、豆类等)。蛋白质摄入量限制在每日每千克标准体重 1g 左右,避免诱发因素。鼓励多饮水,使每日尿量在 2000ml 以上。

尿酸在酸性血液中不容易溶解,当 pH 值为 5.0 时,每升尿液只能溶解尿酸 80 ~ 120mg;而 pH 值为 6.0 时,约溶解尿酸 220mg;pH 值为 6.2 ~ 6.8 时,其溶解度最高达 100%,可防止尿酸盐在体内的沉积形成结石。当尿 pH 值小于 6.0 时,需碱化尿液,可服用碳酸氢钠,一般每次 0.5 ~ 1.0g(1 ~ 2 片),一日 3 次服用。在服用过程中要复查尿液 pH 值,将尿 pH 值维持在6.2 ~ 6.8 最为合适,有利于尿酸盐结晶溶解和从尿液排出,尿 pH 值超过 7.0 易形成草酸钙及其他类结石的形成。不可剂量过大及长期应用,以防代谢性碱中毒的发生。高血压患者服用碳酸氢钠可使血压升高,应谨慎使用。某些中草药如金钱草、青皮、陈皮等泡水代饮也有碱化尿液的作用。

（二）无症状 HUA 的治疗

尽管只有 5% ~ 12% 的高尿酸血症患者最终才发展成为痛风,但是 HUA 与许多传统的心血管危险因素包括老年、男性、高血压、糖尿病、高甘油三酯血症、肥胖、胰岛素抵抗等相关联,许多流行病学研究已经证实血尿酸是心血管事件的独立危险因素和冠心病死亡的独立危险因素,高尿酸血症还可增加新发肾脏疾病风险并损害肾功能,因此应重视 HUA 的检出与诊断,并积极予以治疗。

无症状 HUA 合并心血管危险因素或心血管疾病时(包括高血压、糖耐量异常或糖尿病、高脂血症、冠心病、脑卒中、心力衰竭或肾功能异常),血尿酸值>8mg/dl 给予药物治疗;无心血管危险因素或心血管疾病的 HUA,血尿酸值>9mg/dl 给予药物治疗。鉴于 HUA 中因尿酸生成增多所致者仅占 10% 左右,绝大多数均由尿酸排泄减少引起,因此临床上应根据 HUA 的分型选择相应的药物进行治疗。

HUA 治疗目标值:降尿酸治疗的目标是促进晶体溶解和防止晶体形成,需要使血尿酸水平低于尿酸单钠的饱和点,因此,血尿酸应<357μmol/L(6mg/dl)。

1. 增加尿酸排泄的药物 此类药物的作用机制是抑制肾近曲小管细胞顶侧刷状缘尿酸转运蛋白(U1),即抑制肾小管对尿酸的重吸收,增加尿尿酸排泄,从而降低血尿酸浓度。适用于肾功能正常,每日尿尿酸排泄不多的患者。常用药物有苯溴马隆(benzbromarone)、丙磺舒(probenecid)、磺吡酮(sulfinpyrazone)、RDEA594(lesinurad)等。

苯溴马隆是强效的促尿酸排泄药,成人起始剂量 25～50mg/d,早餐后服用,1～3 周后根据血尿酸水平调整剂量至 50～100mg/d。肾功能不全时(Ccr<60ml/min)剂量调整为 50mg/d。丙磺舒每次口服 0.25g,bid,一周后可增至每次 0.5～1g,bid。磺吡酮每次口服 50mg,bid,剂量可递增至每日 400～800mg,时间可用至 1 周,维持量为每次 100～400mg,bid。丙磺舒、磺吡酮只能用于肾功能正常的 HUA 患者。RDEA594(lesinurad)200～400mg/d。

应用时需碱化尿液,尤其已有肾功能不全者,应注意定期监测清晨第一次尿 pH 值,将尿 pH 维持在 6.2～6.9。同时保证每日饮水量 2000ml 以上。注意监测肝、肾功能。该类药物由于促进尿酸排泄,可能引起尿酸盐晶体在尿路沉积,对于 24 小时尿尿酸排泄>3.57mmol(600mg)或已有尿酸性结石形成者,有可能造成尿路阻塞或促进尿酸性结石的形成,属于相对禁忌证。

2. 抑制尿酸合成的药物 此类药物的作用机制是竞争性地抑制黄嘌呤氧化酶,使次黄嘌呤、黄嘌呤合成尿酸受阻,能有效减少尿酸生成,从而降低血尿酸的浓度;与促进尿酸排泄药物合用可使血尿酸迅速下降,并动员沉积在组织中的尿酸盐,使痛风石溶解。常用药物有别嘌呤醇(allopurinol)、非布司他(februxostat)、奥昔嘌醇(Oxipurinol)、托洛司他(Topiroxostat)、BCX4208 等。

别嘌呤醇成人初始剂量一次 50mg,qd 或 bid,每周可递增 50～100mg,至 200～300mg/d,bid～tid。每 2 周测血尿酸水平,如已达正常水平,则不再增量;如仍高可再递增剂量,但最大量不得大于 600mg/d;至血尿酸恢复到 357μmol/L(6mg/dl)以下后逐渐减量,用最小有效量维持较长时间。如 Ccr<60ml/min,别嘌呤醇推荐剂量为 50～100mg/d,当 Ccr<15ml/min 时禁用。非布司他的常用剂量为 10～100mg/d,qd,最大剂量可达 240mg/d。非布司他的降血尿酸作用优于别嘌呤醇,其 40mg/d 疗效与别嘌呤醇 300mg/d 相当。奥昔嘌醇初始 100mg/d,必要时每 2 周可逐渐增量 100mg/d,最大剂量 800mg/d。托洛司他初始剂量 20mg,bid,常用剂量 60mg bid,最大剂量 80mg bid。BCX4208 常用剂量 40～120mg/d。

同样需要多饮水,碱化尿液。别嘌呤醇常见的不良反应为过敏,轻度过敏者(如皮疹)可以采用脱敏治疗,重度过敏者(迟发性血管炎,剥脱性皮炎)常致死,禁用。肾功能不全增加重度过敏的发生危险,应用时应注意监测。其他不良反应为肝损害、血细胞进行性下降、腹泻、头痛、恶心和呕吐等。

3. 促进尿酸分解的药物 该类药物的作用机制是催化尿酸氧化为水溶性更高的尿囊素从肾脏排泄,从而降低血尿酸水平。常用药物有拉布立海(Resburicae)、聚乙二醇尿酸酶(培格洛酶,Pegloticase)等。

拉布立海 0.2mg/(kg·d),加入生理盐水 50ml 中,30min 左右输完,疗程 5~7 天。培格洛酶 8mg 加入生理盐水 250ml 中静脉滴注,滴注时间不少于 2h,每 2~4 周给药一次,至少连用 6 个月。用于肿瘤溶解综合征的 HUA,尤其是化疗所致 HUA。不良反应有过敏反应、溶血、高铁血红蛋白血症。

4. **辅助降低尿酸的药物** 氯沙坦用于高血压伴有 HUA 患者,非诺贝特用于高甘油三酯血症伴有 HUA 患者。某些中药,如山慈菇、土茯苓、大黄、车前子、薏米仁、苍术、金钱草、葛根等,也具有一定的降低血尿酸作用。

5. **避免应用使血尿酸升高的药物** 利尿剂(尤其噻嗪类)、糖皮质激素、胰岛素、环孢素、他克莫司、尼古丁、吡嗪酰胺、烟酸等可以引起尿酸升高,尽量避免。

6. **积极治疗与血尿酸升高相关的代谢性危险因素** 积极控制与 HUA 相关的心血管疾病危险因素如脂质异常血症、高血压、高血糖、肥胖等。

【**预后**】 HUA 是代谢综合征、2 型糖尿病、心血管疾病发生发展的独立危险因素;总体预后是良好的,约有 5%~12% 的 HUA 患者最终才会发展成为痛风(gout),出现反复发作的痛风性急性关节炎、间质性肾炎和痛风石形成,严重者伴关节畸形或尿酸性尿路结石。

(李 强)

推荐阅读文献

1. Dalbeth N, Palmano K. Effects of dairy intake on hyperuricemia and gout. Curr Rheumatol Rep. 2011, 13(2): 132-137

2. Bardin T, Richette P. Definition of hyperuricemia and gouty conditions. Curr Opin Rheumatol. 2014, 26(2): 186-191

3. Kiedrowski M, Gajewska D, Włodarek D. The principles of nutrition therapy of gout and hyperuricemia. Pol Merkur Lekarski. 2014, 37(218): 115-118

4. Miyake T, Kumagi T, Furukawa S, et al. Hyperuricemia is a risk factor for the onset of impaired fasting glucose in men with a high plasma glucose level: a community-based study. PLoS One. 2014, 9(9): e107882

5. 李强, 于萍. 无症状性高尿酸血症的诊断与治疗. 国际内分泌代谢杂志, 2011, 31(4): 217-223

6. 中华医学会内分泌学会. 高尿酸血症和痛风治疗的专家共识. 中华内分泌代谢杂志, 2013, 29(11): 913-919

第三十章　蛋白质-热能营养不良症

> **要点：**
>
> 1. 蛋白质-热能营养不良症是一种以机体组织消耗、生长发育停滞、免疫功能低下、器官萎缩为特征的营养缺乏症。
>
> 2. 根据病因可分为原发性和继发性两类。
>
> 3. 临床上表现为体重明显减轻、皮下脂肪减少、皮下水肿，常伴有多种器官功能紊乱。
>
> 4. 治疗目的在于补充足够的热量、蛋白质和微量营养素，使机体功能恢复正常。治疗措施包括纠正水和电解质平衡紊乱，营养治疗（口服、经胃管、静脉营养治疗），必要时小量输血、血浆白蛋白、蛋白质同化剂、IGF-1 和 rhGH，同时积极治疗并发症和原发病。

蛋白质-热能营养不良症（protein-energy malnutrition，PEM）是一种以机体组织消耗、生长发育停滞、免疫功能低下、器官萎缩为特征的营养缺乏症，临床上表现为体重明显减轻、皮下脂肪减少、皮下水肿，常伴有多种器官功能紊乱。

根据病因可分为原发性和继发性两类。重度营养不良可分为三型：①消瘦型（marasmus）：其特点是能量不足为主，表现为皮下脂肪和骨骼肌显著消耗和内脏器官萎缩；②水肿型（kwashiorkor）：其特点是蛋白质缺乏而能量正常；③混合型（kwashiorkor-marasmus）：其特点是能量与蛋白质均缺乏。本症常同时伴有维生素和其他营养素的缺乏。

【病因】

（一）原发性 PEM

1. 食物摄入不足　战争和灾荒致食物短缺和营养素的质量低劣，尤其是在经济落后的国家和地区。婴幼儿喂养不当、母乳不足或过早断乳、不良饮食习惯（如挑食、偏食等）亦可造成 PEM。

2. 蛋白质-热能需要量增加　妊娠、哺乳、儿童生长发育期的饮食中营养补充不足，则易造成 PEM。

（二）继发性 PEM

因各种疾病致营养素消耗增多，能量和蛋白质摄入减少，或营养物质需要量增加引起。

1. 食欲下降　发热、疼痛、器官功能及物质代谢紊乱、药物的不良反应等。

2. 分解代谢亢进　常见于甲状腺功能亢进症、糖尿病、脓毒血症、结核病、恶性肿瘤、白血病、艾滋病等。

3. 消化吸收障碍　见于各种胃肠道疾病，如溃疡性结肠炎（ulcerative colitis）、小肠吸收不良综合征、胃肠手术后、慢性胰腺炎等。

4. 蛋白质丢失过多　肾病综合征、大出血、大面积烧伤、手术创伤、蛋白质损耗性疾病（如黏膜肥厚性胃炎等）、长期血液或腹膜透析、胃肠道减压、反复多次大量放腹水或胸水等。

5. 蛋白质合成障碍　主要见于重症弥漫性肝病（如肝硬化）。

6. 进食障碍或不足　口腔或食管疾病、神经性厌食或精神障碍等。

【临床表现】

1. 原发性 PEM

（1）消瘦型：能量严重不足，以消瘦为特征。儿童患者伴生长迟缓，皮下脂肪减少，皮肤干燥，失去弹性和光泽，头发稀少和干枯，体弱无力，烦躁不安或抑郁无表情，手足发凉。心率、体温及血压均有不同程度的下降。

（2）水肿型：患者呈全身水肿，以下肢更为明显，肝大，可伴有胸水、腹水。贫血，皮肤干燥，头发脆，易折断。可同时伴有维生素缺乏表现。

（3）混合型：患者肌肉萎缩伴水肿。

2. 继发性 PEM 较常见，临床表现不一。轻症可仅表现为生长发育障碍（儿童）或体重减轻（成人）。较重者表现为面部或四肢皮下脂肪减少，骨骼肌显著消耗，尤其以指间肌和颞部肌肉消瘦引人注目。皮肤干燥，松弛，毛发纤细、易折，可伴有水肿及原发病的表现。

【辅助检查】

（一）皮褶厚度

一般选择左手肩胛骨峰与尺骨鹰嘴连线的中点处，测量时用左手拇指和其余四指将皮肤连同皮下组织捏起呈皱褶，使用皮褶计测量距离拇指 1cm 处的皮褶根部的宽度。实测皮褶厚度达到正常值 80% ~90% 为轻度体脂消耗，60% ~80% 为中度体脂消耗，<60% 为重度体脂消耗。

（二）体重指数

体重指数（BMI）= 体重（kg）/身高^2（m^2），<18.5kg/m^2 为慢性 PEM。

（三）生化检验

1. 血清必需氨基酸和非必需氨基酸浓度均降低，以色氨酸、胱氨酸等降低为著。

2. 血浆总蛋白和白蛋白、血清转铁蛋白、血清胰岛素样生长因子结合蛋白-3（IGFBP-3）及前白蛋白亦降低。前白蛋白在体内半衰期较短，仅 2 天，故能较敏感地反映蛋白质的营养代谢状况，是评价 PEM 较好的指标。

3. 肌酐/身高比值降低是衡量不发热患者蛋白质缺乏的较敏感指标，肌酐是由肌肉组织中肌酸转变而来，肾功能正常时肌酐排出量与体内肌肉组织容量相关，成人男、女性 24 小时尿肌酐/身高比值的正常值分别为 10.5mg/cm 和 5.8mg/cm，PEM 时尿肌酐排出量降低。肝功能多正常，血及尿尿素氮降低。

4. 维生素 A、结合蛋白降低，血清淀粉酶和碱性磷酸酶水平降低。

5. 血糖偏低，易发生自发性低血糖昏迷。

6. PEM 患者常有脂代谢异常，其主要变化为必需脂肪酸缺乏，消瘦型患者血浆甘油三酯、胆固醇含量可增高或正常，水肿型患者血浆甘油三酯、胆固醇、磷脂水平降低。

7. 常伴有低钾血症、低磷酸盐血症、高氯血症或代谢性酸中毒等。

（四）血、尿常规检查

血细胞比容减少，轻至中度贫血（多为正常细胞正常色素型），白细胞减少，淋巴细胞绝对值常低于 1.2×10^9/L。尿比重偏低，浓缩能力降低，有饥饿性酮症时尿酮阳性。

（五）其他检查

心电图示窦性心动过缓，超声心动图示心脏缩小和低心排出量。脑电图示低电压和慢波活动等改变。X 线检查可见心脏缩小，低骨量或骨质疏松等改变。CT 或 MRI 测定体脂、瘦体重、骨骼等各种组织成分。

【诊断和鉴别诊断】 PEM 的诊断主要根据摄食史和临床表现确定，如皮下脂肪消耗、体重减轻、水肿、血浆总蛋白、白蛋白、前白蛋白和 IGFBP-3 降低，可使用身体成分评价法（body composition analysis，BCA）进行判断（表 7-30-1）。当肾功能正常时，24 小时尿肌酐/身高比值降低的程度和动态观察，可对本病的诊断和严重程度提供客观依据。

表 7-30-1　身体成分营养评价（BCA）

	正常营养	中度营养不良	重度营养不良
人体测量			
体重下降(%)	无变化	<5%	>5%
肱三头肌皮褶厚度(mm)	>8	<8	<6.5
上臂肌围(cm)	>26	<26	<22.5
生化指标			
尿肌酐(mg/kg 标准体重)	>20	<20	<15
血清白蛋白(g/L)	>40	<40	<30
血清前清蛋白(g/L)	>0.25	<0.25	<0.2
淋巴细胞总数(个/ml)	>2600	<2600	<1800

水肿型 PEM 患者可出现明显水肿伴腹水甚至胸水,须与心、肝、肾疾病所致的水肿或浆膜腔积液鉴别。PEM 患者伴贫血时,需与其他原因所致的贫血鉴别。严重 PEM 患者可出现血清 T_3、T_4 水平降低(低 T_3/T_4 综合征),应与原发性甲状腺功能减退症鉴别,水肿型患者的皮肤改变需与糙皮病鉴别。

【治疗】　PEM 的治疗目的在于补充足够的热量、蛋白质和微量营养素,使机体功能恢复正常,同时治疗并发症和原发病。

（一）纠正水、电解质平衡紊乱

失水是 PEM 患者常见的危重表现之一。液体的补充应保证患者有足够的尿量,儿童至少每日 200ml,成人 500ml。轻至中度代谢性酸中毒可经能量和水、电解质补充后得以纠正。世界卫生组织(WHO)推荐口服补盐溶液,每升含氯化钠 3.5g,枸橼酸钠 2.9g(或碳酸氢钠 2.5g)、氯化钾 1.5g,葡萄糖 20g(或蔗糖 40g)。中度失水的儿童 12 小时内可按每千克体重 70~100ml 给予补充。电解质的补充着重注意钾、钙、镁平衡紊乱的纠正。当尿量正常时,每日每千克体重可补钾 6~8mmol。钠的补充量应适中,以每日每千克体重 3~5mmol 为宜。补钠过量可使血容量骤增,易引起心衰。补钙一般采用每次静注葡萄糖酸钙 0.5~1.0g。若有手足搐搦、震颤、神经感觉异常等,必须注意镁的补充,可给予 50% 硫酸镁注射液肌内注射。频繁呕吐或腹胀者应静脉输液,密切监护患者,根据病情、化验结果调整液体组分、输液量和速度。

（二）营养治疗

饮食的摄入应从小量开始,总热量按实际体重计算,开始时 30kcal/kg·d,其中蛋白质 0.8g/kg·d;病情稳定后逐步增至 40~50kcal/kg·d;蛋白质可增至 1.5~2.0g/kg·d,其中至少 1/3 为动物蛋白;应同时给予各种脂溶性和水溶性维生素,并适当均衡补充电解质和微量元素(如铁、锌等)。随体力恢复,逐渐增加活动量。营养素可经胃肠道或非胃肠道途径补充。

1. 口服营养治疗　适用于多数患者。应给予易于消化吸收的食物,重症患者可先进流质或半流质饮食。开始的进食量和钠盐不宜过多,少食多餐,如无不良反应可逐渐增加进食量,直至普通饮食。

2. 经胃管营养治疗　适用于食欲极度减退、进食困难或神志不清的患者。选用直径 2~3mm 硅胶管可减少黏膜刺激及合并吸入性肺炎的危险性。可选用适当的流质饮食配方,经胃管定时注入或持续滴注。如有小肠吸收不良和腹泻,应改为持续滴注,开始时每小时滴注 20~30ml,4 小时后测定胃残留量,如超过 50ml,宜暂停或减慢滴注速度;如胃残留量少于 50ml,可逐渐加快滴注速度至每小时 100~125ml。

3. 静脉营养治疗　适用于食欲极差、小肠吸收不良严重、肠梗阻或不适宜长期留置胃管情况的患者。静脉营养治疗可作为营养疗法的补充或唯一方式,称为全静脉营养疗法(total parenteral nutrition,TPN)。由于 TPN 容易产生感染、置管障碍等并发症,因此在肠道内给养能够进行并能有效吸收时不应首选。静脉营养液为 2% ~6% 氨基酸液、葡萄糖液和乳化脂肪混悬液(甘油三酯、磷脂、甘油混合液)。对于无重症感染和其他重要并发症的患者,每天总热量为 40 ~45kcal/kg,每天液体量按热量 4kcal/ml 配置,氨基酸需要量为 0.5 ~1.0g/kg·d,其余热量由葡萄糖和脂肪供应。但葡萄糖与脂肪供给热量的比例不宜少于 1。因外周静脉输注可导致静脉血栓形成和栓塞并发症,并且静脉输注部位须经常更换,因此不宜滴注高渗溶液。如经上腔静脉输注,可采用 25% 葡萄糖液,静脉导管可放置较长时间,但须严格遵守无菌技术,防止感染。治疗开始时可先用 1/2 ~2/3 量,如无不良反应,数日后逐渐增加热量和液体量,并密切观察病情变化。

4. 其他营养治疗　重度贫血者(血红蛋白<40g/L)可多次小量输血,重度低白蛋白血症者可小量输注入血浆白蛋白。蛋白质同化剂(如苯丙酸诺龙,nandrolone),每周肌注 1 ~2 次,每次 25mg,有助于促进蛋白质的合成代谢,但有轻度钠潴留作用,不宜过早使用,以避免心衰的发生。

（三）其他治疗措施

IGF-1 和 rhGH 可用于治疗蛋白质-热能营养不良症尤其是继发性蛋白质-热能营养不良症,但需在保证营养供给充分的条件下才能发挥作用。

（四）并发症和原发病的治疗

长期营养不良者常合并感染、低血糖或低体温等,应及早发现和治疗。重症 PEM 患者在输液期间、输液后或高蛋白、高能量喂食后可诱发心衰,应及时给予相应处理。对继发性 PEM 应寻找原发病,并尽快给予有效的治疗。

【预防】　加强卫生营养的普及教育,尤其注意孕妇、乳母、婴儿、儿童、老年人的合理营养,改变不良生活方式和饮食习惯。

（李　强）

推荐阅读文献

1. Collins J,Porter J. The effect of interventions to prevent and treat malnutrition in patients admitted for rehabilitation:a systematic review with meta-analysis. J Hum Nutr Diet. 2014,9

2. Drevet S,Bioteau C,Mazière S,et al. Prevalence of protein-energy malnutrition in hospital patients over 75 years of age admitted for hip fracture. Orthop Traumatol Surg Res. 2014,100(6):669-674

3. Tjiong HL,Swart R,van den Berg JW,et al. Amino Acid-based peritoneal dialysis solutions for malnutrition:new perspectives. Perit Dial Int,2009,29(4):384-393

4. Ardestani SK, Hashemipour M, Khalili N, et al. Protein-energy Malnutrition in Goitrous Schoolchildren of Isfahan,Iran. Int J Prev Med. 2014,5(5):539-544

5. Bell JJ,Bauer JD,Capra S,et al. Concurrent and predictive evaluation of malnutrition diagnostic measures in hip fracture inpatients:a diagnostic accuracy study. Eur J Clin Nutr. 2014,68(3):358-362

6. 廖二元,莫朝晖. 内分泌学. 第 2 版. 北京:人民卫生出版社,2007:11

第八篇　风湿性疾病

第一章 总 论

要点：

　　1. 风湿性疾病是一类由多种病因累及关节及其周围组织所致的疾病。

　　2. 风湿性疾病的诊断常以关节的表现和演变为切入点，兼顾多系统表现，寻找炎症和免疫反应的证据，并结合特征性血清学检查和影像学检查，才能最终正确诊断。

　　3. 治疗学的进步，尤其是新型生物靶向药物的出现，极大改善了风湿性疾病的预后，提高了患者的生活质量。

　　风湿性疾病(rheumatic diseases)是指一大类由多种病因所致的累及关节及其周围组织的疾病。在日常医疗实践中，以风湿性疾病就诊的患者约占总门诊量的10%；随着社会老龄化的进程，骨关节炎的患病率已达到了人群的10%，与高血压病相当；慢性关节病已成为医学和社会所面对的亟待解决的问题；而弥漫性结缔组织病则容易出现多系统复杂病变，严重影响患者预后，是自身免疫性疾病研究的热点。

第一节　风湿性疾病基础和疾病分类

一、风湿性疾病的简要分类

　　在国际疾病分类法(ICD)-10中，风湿性疾病涵盖100余种疾病，但在临床实践中最常见者可归纳为以下四大类，即弥漫性结缔组织病(connective tissue disease，CTD)、脊柱关节炎(spondyloarthritis，SpA)、骨关节炎(osteoarthritis)和晶体性关节炎。

　　1. 弥漫性结缔组织病

　　(1) 类风湿关节炎(rheumatoid arthritis，RA)

　　(2) 幼年型特发性关节炎：包括：①系统性起病；②多关节起病；③少关节起病。

　　(3) 红斑狼疮：包括：①盘状红斑狼疮；②系统性红斑狼疮(systemic lupus erythematosus，SLE)；③药物性。

　　(4) 硬皮病(scleroderma)：①局灶性：包括线状和斑状；②系统性：进一步分为弥漫型和局限型(CREST综合征)及化学物(或药物)所致。

　　(5) 弥漫性筋膜炎伴或不伴嗜酸性粒细胞增多症。

　　(6) 特发性炎性肌病：包括：①多发性肌炎(polymyositis，PM)；②皮肌炎(dermatomyositis，DM)；③恶性肿瘤相关多发性肌炎或皮肌炎；④儿童多发性肌炎或皮肌炎。

　　(7) 坏死性血管炎和其他类型的血管病变：包括：①结节性多动脉炎(polyarteritis nodosa，PAH)；②嗜酸性肉芽肿性多血管炎(eosinophilic granulomatosis with polyangitis，EGPA，即原Churg-Strauss综合征)；③超敏性血管炎：血清病、过敏性紫癜、混合性冷球蛋白血症、与恶性肿瘤相关及低补体荨麻疹性血管炎；④肉芽肿性动脉炎：肉芽肿性多血管炎(granulomatosis with polyangitis，GPA，即原韦格纳肉芽肿)、巨细胞(颞)动脉炎(giant cell arteritis，GCA)伴或不伴风湿性多肌痛(polymyalgia rheumatica,PMR)、大动脉炎(Takayasu's arteritis);⑤川崎病(Kawasaki disease);⑥白塞病(Behçet disease,BD)。

(8) 干燥综合征(Sjögren syndrome):包括:①原发性;②继发性:明确存在另一自身免疫性结缔组织病。

(9) 重叠综合征:包括:①混合性结缔组织病;②其他。

(10) 其他:包括:①风湿性多肌痛;②复发性脂膜炎;③复发性多软骨炎;④结节红斑。

2. 并发脊柱炎的关节炎(脊柱关节炎)

(1) 强直性脊柱炎(ankylosing spondylitis,AS)

(2) 瑞特综合征(Reiter's syndrome)

(3) 银屑病关节炎(psoriatic arthritis,PsA)

(4) 肠病性关节炎

3. 骨关节炎(osteoarthritis,OA)

(1) 原发性:①周围性;②脊柱性。

(2) 继发性:①先天性;②代谢性;③外伤性;④其他。

4. 晶体性关节炎 ①尿酸钠(痛风,gout);②焦磷酸钙(假性痛风,CPPD);③羟基磷灰石。

除以上四大类外,其他还有感染性、肿瘤性、代谢性、神经血管性疾病、先天性结缔组织病(Marfan 综合征、Ehlers-Danlos 综合征、成骨发育不全、弹性纤维假黄瘤),包括骨质疏松、缺血性骨坏死在内的骨与软骨病变,非关节性软组织风湿症等。

二、关节及其周围组织的结构、功能和相关疾病

关节按运动类型分为不动关节、微动关节和活动关节。后者的关节腔内有滑膜,又称滑膜关节。除滑膜外,构成滑膜关节的还有关节软骨、软骨下骨(骨终板)及半月板、滑囊等。关节周围组织包括韧带、肌腱和关节囊。关节外组织则包括了肌肉、筋膜、骨、神经、皮肤和皮下组织等。关节及其周围组织的解剖定位和对应疾病见表8-1-1。

表 8-1-1 关节及其周围组织的解剖定位和对应疾病

解剖定位	病变性质	代表性疾病	辅助检查方法
滑膜	滑膜炎	类风湿关节炎,其他弥漫性结缔组织病	类风湿因子,血沉,C 反应蛋白,抗核抗体谱
肌腱附着点	附着点炎	强直性脊柱炎及其他脊柱关节炎	骶髂关节 X 线、MRI,HLA-B27
软骨	软骨退变	骨关节炎	X 线,磁共振成像
关节腔	晶体性关节炎	痛风 假性痛风	滑液分析和偏振光显微镜检查
	关节/骨感染	化脓性关节炎	滑液分析和培养
		骨髓炎,骨结核	影像学,病理/病原学检查
骨	缺血性骨病变	骨坏死	磁共振成像,X 线
肌肉	炎性肌病	多发性肌炎/皮肌炎 包涵体肌炎	肌酶,肌电图,肌活检,MRI,肌肉组织电镜检查
其他	局部/弥漫的软组织风湿症	肌腱炎 纤维肌痛症	无

第二节　风湿性疾病的诊查

一、临床技能

（一）病史采集

对风湿性疾病而言,仔细的病史采集对于正确诊断和治疗至关重要！诊断和鉴别诊断所需信息的 80% 可以由全面的病史采集获得;同时,详细认真的病史采集过程也是展示医生工作态度、建立医患信任关系的契机,甚至可以产生强有力的治疗效应。因此,病史采集是风湿科医师必需熟练掌握的临床技能。一份完整的风湿病病史包括了患者的一般情况(年龄、性别、职业等)、主要症状、按时间顺序组织的病情经过、治疗经过及用药情况、既往史、婚育史、家族史以及系统回顾。

在发病年龄、性别方面,如强直性脊柱炎多见于青年男性,类风湿关节炎多见于中老年妇女,痛风多见于中年男性,骨关节炎则多见于老年人。病情经过往往体现了病理过程:退行性病变呈现缓慢、隐袭的发病经过;创伤则与相关事件有明确的联系;痛风等晶体性关节炎,多起病急骤(24 小时内达到高峰),但有自限性,多于 1 周左右缓解;反应性关节炎常在感染后数周内相继出现皮肤黏膜损害和关节炎;结缔组织病则多呈缓解、活动交替,自发缓解、反复加重的慢性经过。治疗情况,如对抗生素、非甾体抗炎药、糖皮质激素等药物的反应,则可能为诊断和治疗方案的确定提供重要依据。既往史中病毒性肝炎和结核病史,可能进一步提示鉴别诊断线索,在制订激素和免疫抑制剂方案时也需重点兼顾;饮酒史可以是痛风发作的重要因素,有冶游史需除外淋菌性关节炎、反应性关节炎;反复的自然流产史提示抗磷脂综合征可能;强直性脊柱炎常有阳性家族史等。

（二）症状

1. **疼痛**　关节、软组织疼痛是风湿性疾病最常见的症状之一。疼痛发作的时间、性质、部位、伴随症状和缓解方式常能提供诊断线索:炎性疼痛往往在晚间和晨起时加重,而机械性损伤的疼痛往往与特殊动作相关;夜间发作的第一跖趾关节剧烈的锥刺样、烧灼感疼痛是痛风的特点;神经被卡压的疼痛带有放射感,而血管性疼痛则可呈搏动性。疼痛可以分为局限性或全身性。全身性疼痛可见于风湿性多肌痛、纤维肌痛综合征等。疼痛的定位常需仔细体格检查并结合解剖学知识来进一步判定。

2. **僵硬和肿胀**　僵硬是指经过一段静止或休息后(如清晨),患者试图再活动某一关节时,感到不适,而且想要达到平时的关节活动范围和程度非常困难,常与关节的疼痛、肿胀相伴。骨关节炎表现为起始运动时出现的、为时短暂的僵硬,而类风湿关节炎则是更为持续性的僵硬(晨僵时间常超过 1 个小时);风湿性多肌痛也可表现为明显的晨僵。关节肿胀往往意味着关节或关节周围组织的炎症,患者的自觉症状常在体征出现之前发生。关节疼痛常不具有诊断特异性,而肿胀和僵硬则高度提示炎症的存在。

3. **疲倦、乏力和运动困难**　疲倦是风湿性疾病最常见、也是最容易被忽视的症状。疲倦虽然大多是功能性的,见于非炎性风湿症,如纤维肌痛综合征;但在系统性红斑狼疮、类风湿关节炎和系统性血管炎等疾病中,疲倦常是全身炎症活动的早期症状,可以成为敏感的病情活动指标。患者常将疲倦主诉为"乏力",真正的乏力-肌无力-常常提示肌炎(肌病)或神经病变,其局部或全身、对称与否、近端或远端的分布有助于鉴别诊断。乏力、运动困难可伴随于疼痛、僵硬等症状出现。

4. **系统症状**　风湿性疾病常有多系统受累,常见发热、体重下降、食欲减退等全身非特异性炎症表现,也可出现各系统的相关症状,需要全面系统的搜集和归纳。

（三）体格检查

1. **关节检查**　检查要点在于受累关节有无红、肿、压痛,有无关节畸形和功能障碍。关节肿胀的程度常以骨性标志为参照,以判定其轻重。滑膜关节(如指间关节)的滑膜炎呈梭形肿胀,常见于类风湿关节炎;而关节周围组织的弥漫性肿胀,伴有发红、发亮,称之为腊肠指/趾,见于脊柱关节炎或硬皮病。

关节丧失其正常的外形,活动范围受到限制,如手的掌指关节向尺侧偏斜,关节半脱位,"天鹅颈"、"纽扣花"样畸形等,与软骨、骨质破坏和肌腱受累有关,在类风湿关节炎常见。硬皮病可因面部、口周皮肤绷紧而张口受限。脊柱强直的检查有立位的枕墙距、指地距,第4肋水平的胸廓活动度,脊柱前屈的 Schober 试验等。骶髂关节区压痛,挤压两侧髂前上棘引发疼痛,"4"字试验阳性等体征,对诊断骶髂关节炎有一定意义;"4"字腿试验在髋关节病变时也为阳性。浮髌试验阳性说明膝关节积液,骨摩擦音的引出提示骨关节炎的可能。

2. **关节外其他系统检查** 体格检查是对病史提供信息的确证、补充和逻辑延伸,应做到全面而重点突出(表8-1-1)。风湿性疾病常出现一些特征性体征,例如颊部蝶形红斑之于系统性红斑狼疮,眶周水肿性紫红斑("向阳性皮疹")和 Gottron's 征之于皮肌炎,手指肿胀、颜面皮肤的绷紧变硬之于硬皮病,银屑病皮疹与银屑病关节炎,类风湿关节炎的类风湿结节,耳郭痛风石之于痛风,"猖獗龋"之于干燥综合征等,对诊断的建立均极有帮助。发育、营养状况,有无库欣综合征、贫血貌,步态等实际上常常在问诊前即反映了患者的一般状态和既往激素治疗情况。对于弥漫性结缔组织病,仔细的体格检查是评估各系统受累情况、脏器功能以及是否存在严重合并症的基础,直接关系到治疗方案的制订和预后的判断。

3. **实验室和辅助检查** 风湿病实验室检查包括常规检查(如血、尿、便常规)、炎性指标(如红细胞沉降率、C反应蛋白(CRP)、免疫球蛋白和补体)和特殊检查。特殊检查包括:

(1) 自身抗体:在风湿性疾病的范围内应用于临床的自身抗体分以下四类,即抗核抗体谱、类风湿因子和抗环瓜氨酸多肽(anticyclic citrullinated peptides,anti-CCP)抗体、抗中性粒细胞浆抗体、抗磷脂抗体,对弥漫性结缔组织病的诊断有重要的意义。

抗核抗体谱:抗核抗体是一总称,它代表了对细胞核内三大类抗原物质,即 DNA、组蛋白及非组蛋白起反应的各种自身抗体(表8-1-2)。因此,免疫荧光抗核抗体测定只是一种筛选试验,它不能具体反映针对哪一种核抗原的抗体存在,只有同时做针对各种核抗原的抗体检测,才能对临床诊断作出更有价值的判断。

表8-1-2 抗核抗体与自身免疫性风湿病的相关性

自身抗体	临床意义
抗 dsDNA 抗体	SLE(50%,是 SLE 的特异性抗体)
抗组蛋白抗体	药物诱发狼疮(95%~100%),SLE(70%),RA(30%),传染性单核细胞增多症(5%~10%),正常人(1%~2%)
抗 Smith 抗体	SLE(20%~30%,标记性抗体)
抗 U₁RNP 抗体	MCTD(100%),SLE(30%),SSc
抗 SS-A/Ro 抗体	SS(70%),SLE(30%)
抗 SS-B/La 抗体	SS(50%~60%,但特异性高于抗 SSA 抗体),SLE(15%)
抗着丝点抗体	局限型 SSc(CREST 综合征的标记性抗体)
抗核糖体 P 蛋白抗体	SLE(10%,尤其与精神神经狼疮相关)
抗 Jo-1 抗体	PM/DM(20%,抗合成酶综合征的标记性抗体)
抗 Scl-70 抗体	SSc(15%~20%,标记性抗体)

注:SLE:系统性红斑狼疮;RA:类风湿关节炎;MCTD:混合性结缔组织病;SSc:系统性硬化症;SS:干燥综合征;PM:多发性肌炎;DM:皮肌炎

类风湿因子(rheumatoid factor,RF)和抗 CCP 抗体:类风湿因子是一种针对自身变性 IgG 的抗体,其靶抗原是变性 IgG Fc 段上抗原决定簇,因此也是一种自身抗体。RF 无特异性,但在类风湿关节炎患者中阳性率可达 70%,RF 还可见于干燥综合征、系统性红斑狼疮、混合性结缔组织病、系统性硬化症等结缔组织病和冷球蛋白血症,此外慢性感染,如病毒性肝炎、感染性心内膜炎患者中也可发现阳性,甚至 RF 在正常人的阳性率也可达到 3% ~ 5%。因此,不能仅凭 RF 阳性即诊断类风湿关节炎。抗 CCP 抗体是类风湿关节炎新的标记性自身抗体,其特异性可达 90% 以上,有助于提高类风湿关节炎的诊断准确性。

抗中性粒细胞浆抗体(antineutrophil cytoplasmic antibody,ANCA):以正常人中性粒细胞为底物检测到的自身抗体,按所见荧光的图形,分为 c-ANCA(胞浆型)和 p-ANCA(核周型)。该抗体对血管炎的诊断极有帮助,尤其是 c-ANCA 对于肉芽肿性多血管炎具有较高的特异性(98%);p-ANCA 对疾病诊断的特异性相对较差,除常见于显微镜下多血管炎和嗜酸性肉芽肿性多血管炎外,亦见于其他结缔组织病、炎性肠病、原发性硬化性胆管炎等。

抗磷脂抗体(antiphospholipid antibodies,aPLs):临床上常用的有抗心磷脂抗体(anticardiolipin antibody,aCL)、抗 β2 糖蛋白 1(β2GP1)抗体和狼疮抗凝物(lupus anticoagulant,LA)三种测定方法。对于持续存在高滴度 aPLs,并伴有习惯性流产、动静脉血栓栓塞或血小板减少者应考虑抗磷脂综合征(antiphospholipid syndrome,APS)。本综合征可分为原发性和继发性,后者最多见于系统性红斑狼疮中。

(2) 人类白细胞抗原 I 类分子 B27(HLA-B27):与脊柱关节炎存在密切关联,尤其在强直性脊柱炎患者中,HLA-B27 阳性率高达 90%。HLA-B27 亦见于反应性关节炎、虹膜睫状体炎等其他疾病。值得注意的是,正常人群中的阳性率也有约 10%。因此,对于腰痛伴 HLA-B27 阳性的患者不能草率诊断为强直性脊柱炎,仍应仔细核对腰痛的炎性特征,并结合关节外表现和影像学检查方可确诊。

(3) 滑液检查:可反映关节的滑膜炎症,并有助于寻找致病性病原体和晶体。滑液的白细胞计数有助于区分炎性、非炎性关节病变和化脓性关节炎。当白细胞超过 $3.0×10^9/L$,且中性粒细胞占 50% 以上时,提示炎性关节炎;在此标准以下非炎性病变可能性大;白细胞升高至 $50×10^9/L ~ 100×10^9/L$ 以上时,高度提示化脓性关节炎。上述标准必须结合临床,如白细胞计数大于 $100×10^9/L$ 亦可见于 Reiter 综合征、痛风、RA(假性化脓性关节炎)。利用偏振光显微镜在滑液中找到尿酸盐结晶是确诊痛风的"金标准",染色或细菌培养阳性有助于鉴别痛风与化脓性关节炎。滑液应及时送检,以免晶体溶解和细胞自溶。关节穿刺的禁忌证为穿刺部位局部皮肤感染及出血性疾病。

(4) 关节影像学检查:X 线检查是最常用的影像学诊断方法,有助于关节病变的诊断和鉴别诊断,亦能随访了解关节病变的演变。关节炎早期可仅有软组织肿胀,近关节腔两端骨质疏松;典型的病变可见:软骨与软组织钙化、关节间隙狭窄、关节侵蚀、新骨形成(硬化、骨赘)、软骨下囊性变、纤维性或骨性关节强直等。其他的影像学检查尚有关节 CT,在骶髂关节炎的诊断和分级中应用广泛;MRI 对软组织损伤(半月板损伤、旋袖撕裂)、缺血性骨坏死、骨髓炎、脊柱病变是灵敏可靠的方法,尤其是关节面下骨髓水肿信号,可先于骨侵蚀发生,对于类风湿关节炎和脊柱关节炎的早期诊断有着重要意义。组织多普勒超声对早期滑膜炎、附着点炎也有重要的诊断参考价值。放射性核素骨扫描通常可提供炎性关节炎、骨肿瘤的信息,但特异性较差。

(5) 病理:活组织检查所见的病理改变对于诊断往往具有决定性意义。例如,肾活检是狼疮性肾炎病理分型、活动性和预后评估的基础;肌活检是多发性肌炎/皮肌炎诊断标准之一,也是与肌营养不良等肌病相鉴别的关键点;唇腺灶性淋巴细胞浸润是原发性干燥综合征确诊的必要条件之一;关节滑膜活检对不同病因所致的关节炎都有着重要的意义。对于阴性的病理结

Notes

果,也不能轻易否认原先判断,必须结合临床,甚至重复病理活检才能作出判断。如临床考虑巨细胞动脉炎的颞动脉病变多呈节段性分布,活检病理可呈阴性,需要取材足够、连续切片,必要时重复活检才能提高阳性率。再如肾活检呈节段性坏死性肾小球肾炎伴细胞新月体形成,可见于肉芽肿性多血管炎(原韦格纳肉芽肿)、显微镜下多血管炎、狼疮肾炎、Goodpasture 综合征、特发性急进性肾小球肾炎、亚急性细菌性心内膜炎等。需要结合临床、有关特异性自身抗体(ANCA,抗基底膜抗体,抗核抗体谱)免疫荧光检测结果等资料进行鉴别。

二、关节病的诊断思路

风湿性疾病的临床表现纷繁复杂,但多有关节病变,可作为诊断和鉴别的切入点。在诊断过程中遵循关节表现和关节外表现两条主线。关节病变的鉴别主要回答 4 个问题:①有无关节的炎症表现?②病程是急性还是慢性?③关节受累的数目和分布特征?④有无特殊关节受累?炎性关节病变的特点包括:关节红、热、肿胀,晨僵持续 30 分钟以上,血常规、血沉、CRP 和关节滑液分析等辅助检查有助于进一步确认。按关节受累的数目可分为单关节、寡关节(2~4 个关节)、多关节(≥5 个关节),在此基础上再可分为急性/慢性、对称性/非对称性、中轴/外周关节受累等不同类型及其组合,最终甄别可能的病因。例如,急性单关节炎应考虑感染性关节炎、晶体性关节炎、创伤、反应性关节炎;慢性单关节炎可见于结核、真菌感染、晶体介导的慢性关节炎、单关节类风湿关节炎、脊柱关节炎,以及包括骨关节炎在内的非炎性关节病。慢性多关节炎/寡关节炎,如为对称性,则多为类风湿关节炎、系统性红斑狼疮、成人 Still 病等炎性关节病;如为非对称性,多为脊柱关节炎或晶体性关节炎(图 8-1-1)。不同疾病可选择性地累及不同关节。例如:银屑病性关节炎和骨关节炎多累及远端指间关节,而类风湿关节炎、系统性红斑狼疮等结缔组织病易累及掌指关节和近端之间关节。

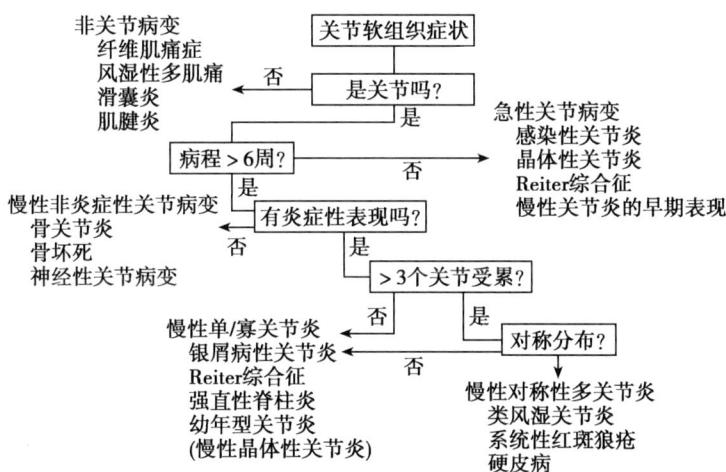

图 8-1-1 风湿性疾病的诊查思路

总之,应充分认识到风湿性疾病的复杂多变,如临床上并不少见的未分化结缔组织病、未分化脊柱关节炎、重叠综合征等情况即反映了这个问题的普遍性。只有深入理解疾病的本质,提高临床思辨能力,才能提高诊断水平和防治效果。概括风湿性疾病的临床思维中的几个"通则",一名优秀的医生应当在临床中将其发挥和拓展:

1)完整的病史和系统的查体是正确诊断的关键。

2)对于存在多系统损害、不能用其他原因解释的患者,应考虑系统性风湿病的可能;对于已经确诊并接受治疗的系统性风湿病患者,如出现发热、多系统损害的表现,则首先应排除感染。

3)急性单关节炎应力争进行滑液分析,以排除感染、晶体性关节炎;慢性单关节炎(>8 周)原因仍未明确者,则应考虑滑膜活检。

并不是所有类风湿因子阳性者都是类风湿关节炎;并不是所有 ANA 阳性者都是系统性红斑狼疮。

第三节 风湿系统疾病的防治

风湿性疾病多为慢性病,治疗目的是改善疾病预后,保护关节、脏器的功能,缓解有关症状,提高生活质量。

1. **药物治疗** 治疗的原则是早期诊断和尽早合理用药。常用的抗风湿病药物如下:

(1)非甾体抗炎药(non-steroidal anti-inflammatory drugs,NSAIDs):此类药物因可抑制环氧化酶,从而抑制花生四烯酸转化为前列腺素,能较迅速地产生抗炎止痛作用,对解除疼痛有较好效果,但不能改变疾病的进程。临床上常用的有布洛芬、双氯芬酸、吲哚美辛等。该类药物对胃肠道和肾脏有不良反应。选择性作用于环氧化酶-2(COX-2)的 NSAIDs,如塞来昔布、依托考昔,对胃肠道不良反应明显减少,而疗效与传统的 NSAIDs 相当,但在心血管事件高危的患者中应慎用。

(2)改善病情的抗风湿药(disease modifying anti-rheumatic drugs,DMARDs):此类药物多用于类风湿关节炎及脊柱关节炎。对病情有一定控制作用,能够改善并维持关节功能、减轻滑膜炎症,防止或降低关节结构破坏和病情进展。该类药物起效较慢,故又称"慢作用药物"。常用的有甲氨蝶呤、羟氯喹、柳氮磺吡啶、来氟米特、青霉胺、金制剂等。其中金制剂和青霉胺由于不良反应较多,临床应用已日趋减少。

(3)细胞毒药物:此类药物通过不同途径对淋巴细胞增殖产生抑制作用,主要用于系统性红斑狼疮、血管炎等弥漫性结缔组织病的治疗,对改善这些疾病的预后有至关重要的作用。常用的有环磷酰胺、硫唑嘌呤、霉酚酸酯、甲氨蝶呤、环孢素、他克莫司等。临床应用该类药物时应重点关注此类药物的不良反应,如骨髓抑制、性腺损害、胎儿致畸和肝肾毒性等。

(4)糖皮质激素:具有广泛而强力的抗炎作用,是迅速诱导系统性红斑狼疮、系统性血管炎等结缔组织病情缓解不可缺少的药物,明显地改善了此类疾病的预后。但其众多的不良反应随剂量加大及疗程延长而增加,主要为继发感染、向心性肥胖、糖尿病、动脉硬化、消化道出血、缺血性骨坏死等,需要在应用时充分权衡其疗效和发生不良反应的风险,并强调用药个体化。

(5)生物制剂:此类药物是针对参与免疫应答或炎症过程的特定致病性靶分子的拮抗物,以期靶向性阻断疾病的发生发展进程。不同于传统的小分子化合物药物,生物制剂是通过生物工程方法制造的生物大分子。具有代表性的生物制剂如肿瘤坏死因子(TNF-α)拮抗剂,适应证主要为以类风湿关节炎为代表的炎症性关节病,由于能阻断或延缓病情进展,故又被称为生物DMARDs。可以期待生物靶向药物在未来的风湿病治疗中可能将发挥更大的作用。

2. **外科治疗** 包括不同的矫形手术、滑膜切除、人工关节置换等。手术不能从根本上控制疾病的发展,但有助于改善晚期关节炎患者的关节功能和提高生活质量。

3. **其他治疗** 包括物理、康复、职业训练、心理等治疗,是本类疾病综合治疗的不可缺少的部分。

第四节 进展与展望

风湿病学(rheumatology)是内科各专业中最年轻的学科之一,但也是发展迅速的一门学科。目前风湿性疾病的研究热点和方向主要集中在探索新的发病机制、拓展早期诊断的方法和策略、研发更加有效的治疗药物(尤其是生物制剂)并制订合理的治疗策略。

近年来基因组学、转录组学、蛋白质组学和系统生物学等多个领域研究的进展使得人们对于自身免疫性风湿病的病因及发病机制的理解有了更全面而深入的理解,如针对系统性红斑狼疮和关节炎的大样本、跨人种、病例-对照全基因组扫描研究,为发现易感/致病基因及其致病通路提供了重要线索;免疫学方面对于固有免疫系统的深入研究及以 Th17/调节性 T 细胞为代表的免疫调节异常,对免疫耐受和免疫稳态的影响均取得重要进展。

在风湿病的诊断方面,一方面对疾病的临床表现认识不断拓展,使得风湿病的病情评估更加全面和细化,例如,系统性红斑狼疮的失蛋白肠病、肺动脉高压已被纳入狼疮病情活动性和损伤评价量表(如 BILAG,SLICC 损伤指数);另一方面,新的生物标记物不断涌现,新的影像学技术也不断应用于风湿病的诊疗实践,极大推进了风湿病的早期诊断,近几年多个风湿病的国际分类标准均进行了更新,如系统性红斑狼疮、干燥综合征、系统性硬化症、类风湿关节炎、脊柱关节炎(中轴型、外周型)、系统性血管炎等。

风湿病学最为重要的进展来自治疗方面。一方面随着对风湿病发病机制的深入研究,新的生物制剂不断涌现,在以类风湿关节炎和脊柱关节炎为代表的风湿病的应用中取得了重大突破,具有里程碑的意义。目前常用生物制剂的分类、作用机制、剂量见表8-1-3。(注意:表中部分适用疾病虽已纳入国外一些治疗指南或有循证医学证据,但在国内尚为超适应证(off-label)应用,应当遵照医学伦理,充分沟通,谨慎应用。)

表 8-1-3　常用生物制剂的分类与用法

分类	靶点	代表药物	结构	剂量	应用范围
细胞因子拮抗剂	TNF-α	依那西普(etanercept)	可溶性受体融合蛋白	25mg,每周2次,或50mg,每周1次,皮下注射	RA、AS、银屑病及 PsA、JIA、AIS(如 TRAPS)
		英夫利昔单抗(infliximab)	人鼠嵌合单抗	3～5mg/kg,第0、2、6周,之后每8周1次维持,静脉输注	RA、AS、银屑病及 PsA、JIA、克罗恩病
		阿达木单抗(adalimumab)	全人源单抗	40mg,每2周1次,静脉输注	RA、AS
	IL-1	阿那白滞素(anakinra)	IL-1 受体拮抗剂	100mg/d,皮下注射	RA、AOSD、JIA全身型
	IL-6	托珠单抗(tocilizumab)	人源化抗 IL-6 受体单抗	4～8mg/kg,每月1次,静脉输注	RA
免疫细胞清除剂	B 细胞表面 CD20 分子	利妥昔单抗(rituximab)	人鼠嵌合单抗	500～1000mg,静脉输注,每1～2周1次,两次为1个疗程;或375mg/m²体表面积,每周1次,静脉输注,4周为1个疗程	RA、AAV、SLE(LN)
共刺激分子拮抗剂	细胞毒性 T 淋巴细胞抗原 4(CTLA-4)	阿巴西普(abatacept)	CTLA-4 融合蛋白	10mg/kg,静脉输注,第0、2、4周,之后每4周1次	RA
	B 淋巴细胞刺激因子(BLys)	贝利单抗(belimumab)	全人源单抗	10mg/kg,静脉滴注,每2周1次,共3次,之后每4周1次	SLE

注:RA,类风湿关节炎;AS,强直性脊柱炎;PsA,银屑病性关节炎;JIA,幼年型特发性关节炎;AOSD,成人斯蒂尔病;AIS,自身炎症综合征;TRAPS,TNF 受体1相关的周期热综合征;AAV,ANCA 相关血管炎;SLE,系统性红斑狼疮;LN,狼疮肾炎。

Notes

　　需要注意的是生物制剂的安全性问题,鉴于生物制剂靶向性地阻断疾病发病的特异性靶点,因而理论上对正常组织影响较小,在提高疗效的同时不良反应的风险也减低。但是,安全性问题仍然值得特别关注和警惕。例如,抗 TNF 制剂诱发感染的问题(特别是结核分枝杆菌感染)受到普遍关注,合理的筛选、严格的用药指征,有助于最大限度规避可能的风险。此外,生物靶向治疗的瓶颈问题是生物制剂在 RA 等炎症性关节病中的成功,并不能掩盖其在 SLE 等其他系统性风湿病中面临的困境。由于风湿病的复杂性和异质性,临床试验可能要在研发药物本身、目标人群和方案设计、评估工具和研究终点多方面下工夫,才有可能突破该瓶颈。

　　相信随着基础和临床研究的推进,慢性免疫性风湿病可能获得长期的缓解和更好的预后。

(曾小峰)

推荐阅读文献

1. Firestein G,Budd R,Gariel S. Kelley's Textbook of Rheumatology,9th ed. New York:Elsevier Saunders,2012
2. Klippel JH. Primer on the Rheumatic Disease. Springer:Arthritis Foundation,2006
3. 蒋明,DavidYu,林孝义. 中华风湿病学. 北京:科技出版社,2004

Notes

第二章 类风湿关节炎

> **要点：**
> 1. 类风湿关节炎是一种以慢性、侵蚀性多关节炎为主要表现的自身免疫病，伴有全身表现。
> 2. 类风湿关节炎相关的自身抗体如类风湿因子及抗环瓜氨酸多肽抗体在本病诊断中有重要意义。
> 3. 类风湿关节炎治疗目标是达到临床缓解或低度疾病活动，并长期维持。
> 4. 应强调早期诊断、早期治疗、联合用药和个体化方案的原则，类风湿关节炎一经确诊，应尽早使用 DMARDs 治疗。

类风湿关节炎（rheumatoid arthritis，RA）是一种以慢性、侵蚀性多关节炎为主要表现的自身免疫病。主要表现为手、腕、膝、踝和足等小关节受累为主的对称性、持续性、进展性多关节炎，逐渐出现关节软骨和骨破坏，导致关节畸形和功能丧失；还可出现发热、贫血、皮下结节及肺部损害等全身表现。病理表现为滑膜炎、血管翳形成和血管炎。血清中可出现类风湿因子（rheumatoid factor，RF）及抗环瓜氨酸肽（抗 CCP）抗体等多种自身抗体。是造成人类丧失劳动力和致残的重要原因之一。

【流行病学】 RA 可发生于任何年龄，发病高峰在 30～60 岁，女性多于男性，男女比例为 1:3。RA 呈全球性分布，患病率为 0.18%～1.07%，在不同种族 RA 患病率有很大差异，我国 RA 患病率为 0.36%，而北美印第安人 RA 患病率为 5%。

【病因和发病机制】 尽管 RA 病因和发病机制还不十分清楚，但研究提示与遗传、自身免疫、环境、性激素等多种因素相关。其中遗传背景和免疫学异常是发病的主要原因，感染、吸烟等环境因素可能是促使 RA 发病的始动因素，性激素则增加了易感性，上述因素综合作用参与了 RA 的发病过程。

（一）遗传因素

支持遗传因素参与 RA 发病的最有说服力的证据是单卵双生子同患 RA 的概率为 12%～30%，双卵双生同胞患 RA 的概率为 2%～5%，明显高于一般人群的患病率。

大量研究表明 HLA-DR 可能是对 RA 发病影响最大的遗传危险因子，尤其是编码 HLA-DR4 超可变区 5 个氨基酸序列的基因在 RA 发病中发挥了关键作用。RA 骨质破坏、类风湿结节及血管炎与 HLA-DR4 及 DR1 密切相关。蛋白酪氨酸磷酸酶非受体型 22（PTPN22）多态性、肽酰精氨酸脱亚氨基酶（PADI）和一些细胞因子也与 RA 遗传因素相关。另外，在基因组 STAT4 和 TRAF1-C5 区域也发现与 RA 遗传相关。

（二）自身免疫因素

部分 RA 患者关节炎症状出现的前几年血清中就可检测到 RF 和 CCP 抗体等多种自身抗体，使人们认识到 RA 患者具有自身免疫的特性。而且，RF 和 CCP 抗体与 RA 关系密切。RF 是针对 IgG 分子 Fc 段的自身抗体，直接证实自身免疫因素参与了 RA 的发病过程。瓜氨酸化可增加 T 细胞对关节炎抗原的反应性，还可导致抗体的形成。自身抗体可识别关节抗原，并通过多种机制导致滑膜炎症。

（三）环境因素

除个体具有 RA 的易感性外,环境因素也是 RA 发病的重要因素。许多病原体与 RA 发病有关,可能的病原体包括支原体、病毒、细菌及其组分。但是目前没有令人信服的证据支持病原体及其组分直接导致了 RA,可能是感染微生物促使宿主与表达于关节内的抗原决定簇产生交叉反应,即"分子模拟",自身耐受被破坏。研究发现吸烟能激活天然免疫反应并导致瓜氨酸肽产生,吸烟是最明确的 RF 阳性 RA 的危险因素。

（四）性激素因素

RA 患者男女比例为 1∶3,更年期女性 RA 发病率明显高于同龄男性及老年女性,80 岁以后男、女发病率基本相同,说明性激素参与了 RA 发病及发展过程。动物试验表明雌激素促进 RA 发生,孕激素减缓 RA 发生。

可见,RA 是在遗传、自身免疫、环境、性激素等多种因素综合作用下,T 细胞、B 细胞、各种炎症介质、细胞因子、趋化因子、HLA 抗原等共同参与的过程。自身免疫反应导致的免疫损伤和修复是 RA 发生和发展的基础。

【病理】 RA 的基本病理改变是滑膜炎、血管炎和类风湿肉芽肿。滑膜炎是关节表现的病理基础,血管炎和类风湿肉芽肿是关节外表现的病理基础,其中血管炎是 RA 预后不良的因素之一。

滑膜炎是 RA 的基本病理改变,表现为滑膜细胞充血、水肿、增生和肥大,慢性炎细胞浸润伴淋巴滤泡形成,炎细胞浸润和血管增生形成血管翳侵入软骨和软骨下的骨质,导致软骨乃至软骨下骨组织破坏,纤维素性渗出、机化和纤维化,最终引起关节纤维性强直及骨性强直。

血管炎可发生在 RA 的任何组织,表现为血管内皮细胞增生,管腔狭窄或阻塞,血管壁纤维素样变性或坏死,炎症细胞浸润,随后出现血管壁纤维化。

类风湿肉芽肿(rheumatoid granuloma),中心为纤维素样坏死灶,周围为呈放射状或栅栏状排列的上皮样细胞,再外围为增生的毛细血管及成纤维细胞,并有大量的淋巴细胞和浆细胞,进一步发展为纤维化。

【临床表现】 RA 起病方式不同,大多数呈慢性隐匿性起病,症状在数周至数月逐渐明显,表现为对称性双腕、手、踝、足等多关节疼痛、肿胀及僵硬,可伴有乏力、低热、肌肉酸痛等关节外症状。8%～15% RA 患者为急性起病,在几天内出现关节炎症状。另外 15%～20% 为亚急性起病,数天至数周出现关节炎症状,全身症状较隐匿。

（一）一般关节表现

1. 关节疼痛(pain)及压痛(tenderness) 关节疼痛及压痛是本病最早的症状,最常见部位是近端指间关节(proximal interphalangeal joint,PIP)、掌指关节(metacarpophalangeal joint,MCP)、腕关节,也可累及踝、肘、膝、足、肩及颞颌关节等,多呈对称性、持续性。挤压炎症关节会引起疼痛。

2. 关节肿胀(swelling) 在炎症早期以滑膜关节周围组织的水肿及炎细胞渗出为主,在病变中后期则主要表现为滑膜的增生和肥厚,表现为病变关节周围囊性感或"面团样"感觉。以双手近端指间关节、掌指关节、腕关节、膝关节最常受累,也可发生于其他关节。

3. 晨僵(morning stiffness) 是指病变关节在长期静止不动后出现关节部位发紧、僵硬、活动不便或受限,尤以晨起时明显,活动后减轻。95% 以上的 RA 病人有晨僵。晨僵可见于多种关节炎,但以 RA 最突出,持续时间往往超过 1 小时。其持续时间长短可作为衡量本病活动程度的指标之一,只是主观性较强。

4. 关节畸形(joint deformity) 病变晚期由于滑膜炎、骨质破坏、关节周围支持性肌肉萎缩及韧带牵拉的综合作用出现关节半脱位或脱位、关节破坏和畸形。手足小关节易发,最常见关节畸形有腕和肘关节强直、掌指关节半脱位、手指向尺侧偏斜、"天鹅颈(swan neck)"样畸形及"纽扣花"样(boutonniere)表现。

5. 关节功能障碍 关节肿痛和畸形可造成关节活动障碍。美国风湿病学会(ACR)将因本病而影响生活能力的程度进行分级,即关节功能分级。

Ⅰ级 能进行日常生活和各项工作。

Ⅱ级 可进行一般日常生活和某些职业工作,但其他项目活动受限。

Ⅲ级 可进行一般日常生活,但某些职业工作或其他项目活动受限。

Ⅳ级 日常生活自理和工作能力均受限。

6. 骨质疏松(osteoporosis) 在本病相当常见,随病程迁延其发病率上升。发生机制可能与成骨细胞功能减低、溶骨作用增加及钙吸收减少有关。

(二)各部位关节表现

RA 基本病理基础为滑膜炎,含有滑膜结构的动关节均可受累,因不同的解剖部位和关节功能有不同的临床表现。

1. 手和腕 手关节是 RA 最常累及的部位,其中以掌指关节、近端指间关节及腕病变最为常见,也是 RA 最早出现症状的关节。临床表现为关节疼痛、肿胀、压痛、握拳不紧及晨僵。近端指关节受累之初可表现为轻度肿胀,之后加重呈梭形肿胀。在病程较长者,可表现为近端指间关节过屈和远端指间关节过度伸展的纽扣花畸形(Boutonniere deformity)(图 8-2-1)、近端指间关节过伸和远端指间关节过屈的天鹅颈畸形(Swan-neck deformity)(图 8-2-2)。前者是因为侧韧带从近端指间关节两侧滑脱及挛缩而致。后者则是由于远端指间关节伸肌腱下移至关节两侧所致。由于尺侧伸腕肌的萎缩及伸指肌腱尺侧移位,致使近端腕骨尺侧偏移及远端诸腕骨桡侧移位,手指向尺侧偏向,形成尺侧偏屈。上述畸形多伴有掌指关节的代偿性屈曲畸形。其他还有"望远镜手"。远端指间关节较少累及。

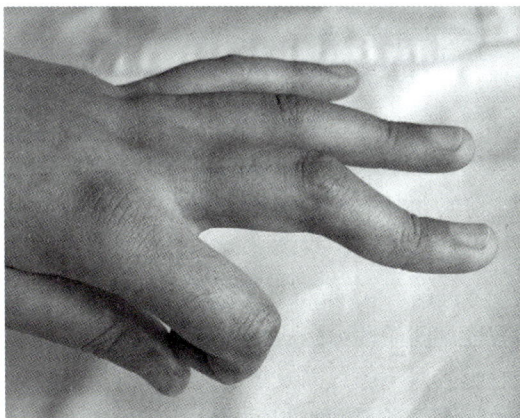

图 8-2-1 类风湿关节炎纽扣花畸形

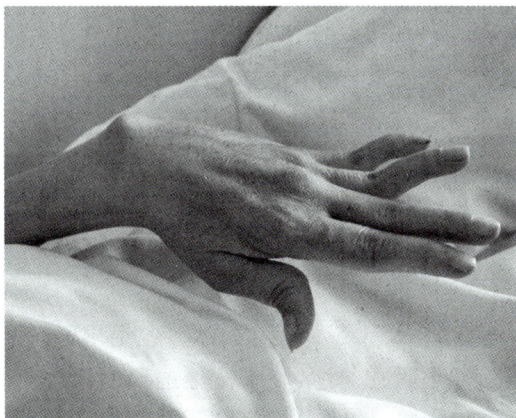

图 8-2-2 类风湿关节炎天鹅颈畸形

几乎所有 RA 患者均有腕关节受累,其特征性表现为伸肌腱鞘炎及周围组织炎性反应所致腕关节伸侧弥漫软组织肿及压痛以及腕关节伸侧可触及类腱鞘囊肿的囊性结构。此外,腕关节屈肌腱滑膜炎可能导致受压性神经病变。腕管综合征为正中神经通过腕管时受压,出现拇指、食指、中指掌侧面和无名指桡侧面感觉减退,最后导致鱼际萎缩。患者感到手疼痛、麻木感和刺痛。腕关节畸形可有尺桡关节破坏而导致尺腕背侧半脱位、腕骨桡侧移位伴月骨尺侧移位。病变最终导致腕骨关节间隙变窄或消失、骨破坏及关节强直。

2. 足和踝 大多数 RA 患者有跖趾关节炎,常是疾病最早期表现之一。典型改变是第一趾踇外翻畸形,其他趾骨在跖趾关节发生明显的背侧半脱位。由于屈肌腱长度固定,足趾出现代偿性的屈曲,形成"锤状趾"畸形。趾骨背侧半脱位时,跖骨头表面的软组织垫移位,使跖骨头突出并成为直接的承重面,形成胼胝和疼痛。胫骨后肌腱受累或断裂可造成距下半脱位,出现距骨侧向移位和外翻。足中段病变可出现扁平足。

踝受累表现为踝关节疼痛、内、外侧肿胀及囊性结构形成。晚期出现踝关节旋前及外翻畸形。部分可有跟腱疼痛、周围软组织肿胀及皮下结节。

3. **膝**　膝关节可出现明显滑膜增生和大量关节积液。表现为关节疼痛、肿胀和活动受限,浮髌征阳性。持续关节积液通过脊髓反射抑制股四头肌功能造成继发性股四头肌萎缩;并可出现腘窝囊肿,如囊肿破裂,积液进入腓肠肌,可引起局部疼痛、肿胀或软组织包块。韧带弱化和软骨破坏逐渐加重导致膝关节不稳定,形成膝外翻或膝内翻和屈曲畸形。

4. **髋**　髋关节受累可表现为活动受限或内旋、外旋时腹股沟中部疼痛。关节活动时痛及"4"字试验阳性有助于诊断。髋外侧疼痛多提示大转子滑囊炎,而非髋关节滑膜炎表现。

5. **颞颌**　半数以上 RA 患者在病程中出现颞颌关节病变,主要表现为局部疼痛、肿胀及张口受限,以致患者不能咬合。CT 或 MRI 可发现颞颌关节侵蚀性改变。

6. **颈椎**　颈椎可动小关节及周围腱鞘受累出现颈痛、活动受限及颈椎半脱位,特别是寰枢关节脱位,可出现颈髓受压情况。体格检查颈椎前突消失,颈部被动运动幅度减少,有时咽后壁可触及突出的寰椎前弓。X 线片(颈部屈曲位的侧位片)显示椎弓与齿突分离大于 3mm。

7. **听骨**　许多 RA 患者在病程中出现听力下降,除与阿司匹林相关外,部分患者听力下降属传导障碍,与听骨小关节滑膜炎、滑膜及软骨组织侵蚀致听骨变短有关。由 RA 听骨病变引起的听力下降,可随 RA 的控制而好转。

8. **骶髂关节**　约 10% RA 患者伴有骶髂关节受累,可为单侧或双侧病变。这些患者大多数无明显腰骶部疼痛,容易被忽视。此外,有 RA 合并强直性脊柱炎的报道。

（三）关节外表现

1. **类风湿结节**　类风湿结节见于 5%～15% RA 患者,是本病较特异的表现。多位于关节伸面、关节隆突及受压部位的皮下,如前臂伸面、肘鹰嘴突附近、枕部、跟腱等处,一般为直径数毫米至数厘米的皮下结节,可单发或多发,质地较硬,不易活动,多无疼痛或触痛。类风湿结节多见于 RF 阳性、疾病活动、伴有全身表现的 RA 患者。

2. **血管炎**　可累及大、中、小血管,病理表现为坏死性病变,导致多种临床表现。皮肤是小血管炎最常累及的部位,临床上可出现指(趾)坏疽、梗死、皮肤溃疡、紫癜、网状青斑。其他表现为巩膜炎、角膜炎、视网膜血管炎,肝脾肿大、淋巴结肿大等。多见于类风湿因子阳性及重症 RA 者。

3. **呼吸系统**　大多数 RA 尸检结果存在不同程度的间质性肺疾病,与组织学病变相比,临床症状不明显。主要临床表现是活动后气短、咳嗽,听诊双下肺可闻及爆裂音。X 线为双肺弥漫网状影或网状结节影,双下肺受累明显,高分辨 CT 有助于发现早期病变。肺功能检查为限制性通气障碍和弥散功能下降。部分可出现支气管炎、肺泡炎、肺血管炎及肺动脉高压。

肺类风湿结节诊断主要依据于影像学,X 线片于肺实质内可见单个或多个结节。RA 并发尘肺和类风湿结节称为 Caplan 综合征。

4. **消化系统**　可有上腹不适、胃痛、恶心、食欲缺乏、甚至黑粪,但多与服用抗风湿药物,尤其是非甾体抗炎药有关,很少由 RA 本身引起。

5. **循环系统**　可出现心包炎、心内膜炎及心肌炎。RA 是早发动脉粥样硬化和冠心病的独立危险因素。

6. **肾脏**　RA 很少有肾小球受累,RA 患者肾脏损害见于两方面原因:原发性肾损害和与药物等有关的继发性肾损害。前者较少发生,后者相当常见。长期炎症未控制时,可出现肾脏继发性淀粉样变。

Notes

7. 神经系统 部分患者可伴发周围神经及脊髓病变。

8. 血液系统 本病可出现小细胞低色素性贫血和慢性病贫血。贫血因病变本身所致或服用非甾体抗炎药造成胃肠道长期少量出血所致。血小板增多常见,程度与疾病活动有关。淋巴结肿大常见于活动性 RA。Felty 综合征是指 RA 伴有脾大、中性粒细胞减少。

9. 干燥综合征 部分 RA 患者有口干、眼干症状,约 30%～40% RA 患者可继发干燥综合征,需经口腔及眼科检查,结合自身抗体明确诊断。

【**实验室和影像学检查**】 实验室和影像学检查有助于 RA 诊断、评价疾病活动性及预后。

（一）一般检查

1. 血常规 有轻中度贫血。白细胞及分类多正常。活动期血小板增高。

2. 红细胞沉降率（ESR） 是最常用的监测炎症或病情活动指标。本身无特异性,受多种因素影响,在临床上应综合分析。

3. C-反应蛋白（CRP） 是炎症过程中在细胞因子刺激下由肝脏产生的急性期蛋白。增高提示疾病活动,是评价 RA 活动最有效的指标之一。

可有免疫球蛋白升高,C3 和 C4 大多正常,甚至稍高。

（二）与 RA 相关的自身抗体

1. RF 是 RA 血清中针对 IgG Fc 片段抗原表位的一类自身抗体,可以分为 IgM、IgA、IgG 及 IgE 四型。类风湿因子阳性患者多伴有关节外表现,如皮下结节及血管炎等。RA 患者 IgM-RF 阳性率为 60%～78%。

2. 抗瓜氨酸化蛋白抗体（ACPA） 是一类含有瓜氨酸化表位的自身抗体的统称。包括抗核周因子抗体（APF）、抗角蛋白抗体（AKA）、抗聚丝蛋白抗体（AFA）、抗环瓜氨酸多肽（CCP）抗体、抗突变型瓜氨酸化波形蛋白抗体（MCV）、抗瓜氨酸化纤维蛋白原抗体（ACF）等,抗 CCP 抗体对 RA 诊断的敏感性和特异性较好,与 RA 关节影像学改变密切相关,见表 8-2-1。

表 8-2-1　类风湿关节炎相关的自身抗体

名　　称	阳性率(%)	特异性(%)
类风湿因子（RF）	60～78	86
抗核周因子抗体（APF）	48～66	92
抗聚丝蛋白抗体（AFA）	47～69	93
抗角蛋白抗体（AKA）	44～73	90
抗环瓜氨酸多肽抗体（抗 CCP）	47～82	96
抗突变型瓜氨酸化波形蛋白抗体（MCV）	70～82	95
抗瓜氨酸化纤维蛋白原抗体（ACF）	56～67	93
抗瓜氨酸化 II 型胶原抗体（cit-CII）	50～88	94

（三）滑液

正常膝关节滑液不超过 3.5ml。关节炎症时滑液增多,外观淡黄色、透明,黏度低,白细胞计数明显增多,为 2000～75 000/μl,中性粒细胞占优势。

（四）影像学改变

1. X 线 典型表现为早期关节周围软组织肿胀、骨质稀疏,因积液而表现为关节间隙增宽,以后可出现关节间隙狭窄,关节边缘不规则破坏,关节面下不规则透亮影,晚期为关节明显狭窄、普遍性骨质疏松,并可发生关节脱位和强直。

2. MRI 具有良好的软组织分辨率,多平面成像可显示不同阶段的病变。主要表现为滑膜

Notes

增厚及血管翳强化、骨髓水肿、骨皮质下强化和囊变、骨侵蚀。一般而言,骨髓水肿及骨皮质下强化可先于骨皮质囊变及骨侵蚀,并可完全逆转,骨髓改变对 RA 早期诊断极有意义。

3. CT　密度分辨力较高,横断面可显示骨质疏松、软组织肿胀、关节囊肥厚、关节积液和软骨下囊状破坏,有助于发现早期的骨质侵蚀,尤其三维重建可以清晰显示关节全貌,并能显示关节最外侧和内侧的骨质破坏程度。RA 累及颈椎时,CT 能够清晰显示椎体边缘骨侵蚀及其与相邻组织的关系,三维重建可明确寰枢关节受累所致半脱位的情况。CT 评价骨质破坏比 MRI 更可靠,可作为骨侵蚀的金标准。

4. 超声　高分辨率组织多普勒超声可很好的全面显示关节病变,表现为滑膜增厚、关节积液、骨侵蚀及血管翳。超声的优势在于非侵蚀性、便携性、费用低和无电离辐射,可评估 RA 活动。

【诊断及鉴别诊断】

(一) 诊断

RA 诊断主要依据病史、临床表现、血清学及影像学检查。目前,国际上通用 1987 年美国风湿病学会(ACR)制订的 RA 分类标准,见表 8-2-2。其敏感性为 94%,特异性为 89%。但对早期及不典型 RA 患者容易漏诊。

表 8-2-2　1987 年 ACR 关于 RA 分类标准

定　义	注　释
晨僵	关节及其周围僵硬感至少持续 1h(病程≥6 周)
3 个或 3 个区域以上关节部位的关节炎	医生观察到软组织肿胀或积液(不是单纯骨隆起)累及下列 14 个区域(左侧或右侧的近端指间关节、掌指关节、腕关节、跖趾关节、踝关节、膝关节)中 3 个或以上(病程≥6 周)
手关节炎	腕、掌指或近端指间关节炎中,至少有一个关节肿胀(病程≥6 周)
对称性关节炎	两侧关节同时受累(双侧近端指间关节、掌指关节及跖趾关节受累时,不一定绝对对称)(病程≥6 周)
类风湿结节	医生观察到在骨突部位,伸肌表面或关节周围有皮下结节
类风湿因子阳性	任何检测方法证明血清类风湿因子含量异常,而该方法在正常人群中的阳性率<5%
放射学改变	在手和腕的后前位相上有典型的类风湿关节炎放射学改变:必须包括骨质侵蚀或受累关节及其邻近部位有明确的骨质脱钙

注:以上 7 条满足 4 条或 4 条以上并除外其他关节炎可诊断类风湿关节炎

2010 年 ACR 和欧洲抗风湿病联盟(EULAR)提出了新的 RA 分类标准和评分系统,见表 8-2-3,其基本条件是至少有 1 个关节肿痛,并有滑膜炎的证据;同时尽可能排除其他疾病引起的滑膜炎。如果符合上述条件,可根据以下评分系统对患者关节受累情况、血清学指标、滑膜炎持续时间和急性时相反应物 4 个部分进行评分,总分 6 分及以上可诊断 RA。

(二) 鉴别诊断

RA 需与以下疾病鉴别。

1. 骨关节炎(OA)　中老年人多发,起病缓慢。手远端指间关节、膝、髋等负重关节多见、脊柱关节也易受累,但掌指、腕和其他关节较少受累。活动后疼痛加重,休息后减轻。晨僵多小于半小时。查体可见 Heberden 和 Bouchard 结节,膝关节有摩擦感。无皮下结节、血管炎等关节外表现。RF、抗 CCP、AKA 及 APF 阴性。

表 8-2-3 2010 年 ACR/EULAR 关于 RA 分类标准和评分系统

目标人群：
1）至少有 1 个关节存在临床滑膜炎（肿胀）；
2）滑膜炎不能用其他疾病解释。
患者如满足以上 2 个条件即可进入以下评分系统：

受累关节情况	受累关节数	得分（0～5 分）
中大关节	1	0
	2～10	1
小关节	1～3	2
	4～10	3
至少一个为小关节	>10	5
血清学		得分（0～3 分）
RF 或抗 CCP 抗体均为阴性		0
RF 或抗 CCP 抗体至少 1 项低滴度阳性		2
RF 或抗 CCP 抗体至少 1 项高滴度（>正常上限 3 倍）阳性		3
滑膜炎持续时间		得分（0～1 分）
<6 周		0
>6 周		1
急性时相反应物		得分（0～1 分）
CRP 或 ESR 均正常		0
CRP 或 ESR 增高		1

注：1）远端指间关节、第一腕掌关节和第一跖趾关节不在受累关节之列。
2）小关节定义：近端指间关节、掌指关节、第二到第五跖趾关节、拇指的指间关节和腕关节。

2. 强直性脊柱炎（AS） 青年男性多发，起病缓慢。以骶髂及脊柱关节受累为主，可伴有下肢大关节非对称性疼痛肿胀，常出现肌腱端病。X 线可见骶髂关节骨质侵蚀、破坏或融合。90% 以上 AS 患者 HLA-B$_{27}$ 阳性，类风湿因子阴性。

3. 银屑病关节炎（PsA） 根据临床特点可分为 5 型，其中多关节炎型和 RA 很相似。但本病有特征性银屑疹和指甲病变，可有 HLA-B$_{27}$ 阳性，血清类风湿因子阴性。

4. 系统性红斑狼疮（SLE） 少数以关节症状首发的 SLE 与 RA 相似，也可 RF 阳性。常以双手关节炎为首发症状，并可表现为近端指间关节肿胀和晨僵等。但往往伴有发热、面部红斑、光过敏、反复口腔溃疡、脱发等症状，检查发现血细胞减少、蛋白尿，抗核抗体、抗 Sm 抗体、抗心磷脂抗体等阳性。

【治疗】 RA 治疗目的是控制症状、防止关节破坏，保持功能正常，改善预后。治疗目标是达到并长期维持临床缓解或疾病低度活动。应强调早期治疗、联合用药和个体化方案的原则。治疗方法包括一般治疗、药物治疗、外科手术和其他治疗等。

（一）一般治疗

强调患者教育及整体和规范治疗的理念。适当休息、理疗、体疗、外用药、正确的关节活动和肌肉锻炼等对于缓解症状、改善关节功能具有重要的作用。

（二）药物治疗

治疗 RA 的常用药物包括非甾体抗炎药（NSAIDs）、改善病情的抗风湿药（DMARDs）、糖皮质激素和植物药。

1. NSAIDs 这类药物主要通过抑制环氧化酶（COX）活性，减少前列腺素合成而具有抗炎、止痛、退热作用，是临床常用的 RA 治疗药物。其主要不良反应包括胃肠道、肝和肾功能损害，以及可能增加心血管不良事件。NSAIDs 使用中应注意以下几点：①注意 NSAIDs 种类、剂量和剂型的个体化;②一般先选用一种 NSAID,如无效换用另一种制剂,避免同时服用 2 种或以上 NSAIDs;③对有消化性溃疡病史者,宜用选择性 COX-2 抑制剂或其他 NSAIDs 加质子泵抑制剂;④心血管高危人群应谨慎选用 COX-2 抑制剂类 NSAID,如需使用 NSAIDs,可选择萘普生等;⑤定期监测血常规和肝肾功能。

NSAIDs 外用制剂(如双氯芬酸二乙胺乳胶剂、酮洛芬凝胶、吡罗昔康贴剂等)对缓解关节肿痛有一定作用,不良反应较少,应提倡在临床上使用。

治疗 RA 常用 NSAIDs 见表 8-2-4。

表 8-2-4　常用 NSAIDs 剂量和半衰期

药物	半衰期(h)	每次剂量(mg)	每日次数
布洛芬	2	400~600	3~4
洛索洛芬	1.2	60	2~3
双氯芬酸	2	25~50	3
吲哚美辛	3~11	25~50	3
萘普生	13	250~500	2
美洛昔康	20	7.5~15	1
塞来昔布	11	100~200	1~2

2. DMARDs　RA 一经确诊应尽早使用 DMARDs,该类药物不具备明显的止痛和抗炎作用,但可延缓或控制病情的进展。DMARDs 选择应根据疾病活动性、严重性和病情进展风险而定。甲氨蝶呤(MTX)应作为 RA 的首选用药,并将它作为联合治疗的基本药物。如 MTX 无效或不能耐受,可选其他 DMARDs 药物。各个 DMARDs 有不同的作用机制及不良反应,在应用时需谨慎监测。

EULAR 将 DMARDs 分为合成 DMARDs(synthetic DMARDs,sDMARDs)和生物 DMARDs(biological DMARDs,bDMARDs)两大类。其中 sDMARDs 包括传统合成 DMARDs(conventional synthetic DMARDs,csDMARDs)和靶向合成 DMARDs(targeted synthetic DMARDs,tsDMARDs),如 JAKs 酶抑制剂托法替尼。而 bDMARDs 包括生物原研 DMARDs(biological originator DMARDs,boDMARDs)和生物仿制 DMARDs(biosimilar DMARDs,bsDMARDs)。

(1) 合成 DMARDs:该类药物较 NSAIDs 发挥作用慢,大约在用药 4~12 周后起效,故又称慢作用抗风湿药(SAARDs),是治疗 RA 的基础药物。

1) 甲氨蝶呤(methotrexate):通过抑制二氢叶酸还原酶,抑制细胞增殖和复制。常用剂量为 7.5~20mg,每周一次,口服或肌注。常见不良反应有恶心、口炎、腹泻、脱发、肝功能异常,少数出现骨髓抑制,偶见间质性肺疾病。服药期间应适当补充叶酸,定期查血常规和肝功能。

2) 来氟米特(leflunomide):通过抑制嘧啶通路干扰 DNA 合成,使细胞分裂在 G1 期受阻。用量为 10~20mg/d。主要不良反应为有腹泻、肝酶增高、皮疹、脱发、高血压和白细胞下降等。有致畸作用,孕妇禁用。服药期间监测血常规和肝功能。

3) 抗疟药(antimalarials):包括羟氯喹和氯喹。羟氯喹(hydroxychloroquine)常用剂量为 0.2~0.4g/d。不良反应有头痛、肌无力、皮疹及白细胞减少,偶有黄斑或视网膜病变,用药前和治疗期间应行眼底检查。氯喹目前较少应用。

4) 柳氮磺吡啶(sulfasalazine):本品一般从小剂量开始,逐渐递增至 2~3g/d。主要不良反应有恶心、腹泻、皮疹、白细胞减低、肝酶升高等,一般减量或停药后可恢复正常。磺胺过敏者禁用。

其他合成 DMARDs 还有硫唑嘌呤(azathioprine,AZA)、环磷酰胺(cyclophosphamide 或 cytoxan)、环孢素 A（cyclosporin A）等。青霉胺（D-penicillamine）目前已少用。

（2）生物 DMARDs：是目前积极有效控制炎症的重要药物，可减少骨破坏，减少激素用量和骨质疏松。治疗 RA 的生物制剂包括肿瘤坏死因子（TNF）-α 拮抗剂、白细胞介素（IL）-1 拮抗剂、IL-6 拮抗剂、抗 CD20 单抗及 T 细胞共刺激信号抑制剂等。

1）TNF-α 拮抗剂：主要通过竞争结合 TNF-α（sTNF）或受体，抑制 TNF 活性而起到治疗作用。包括依那西普（etanercept）、英夫利西单抗（infliximab）、阿达木单抗（adalimumab）和戈利木单抗（golimumab）。与传统 DMARDs 相比，TNF-α 拮抗剂的主要特点是起效快、抑制骨破坏作用明显、患者总体耐受性好。依那西普推荐剂量是 25mg/次，皮下注射，每周 2 次；或 50mg/次，每周 1 次。英夫利西单抗推荐剂量为 3~5mg/kg，静脉输注，第 0、2、6 周各 1 次，之后每 8 周 1 次。阿达木单抗推荐剂量是 40mg/次，皮下注射，每 2 周 1 次。戈利木单抗推荐剂量是 50mg/次，皮下注射，每月 1 次。这类制剂可有注射部位反应或输液反应，有增加感染和肿瘤的风险，偶有药物诱导的自身免疫样综合征以及脱髓鞘病变等。用药前应筛查结核，除外活动性感染和肿瘤。

2）IL-6 拮抗剂（tocilizumab）：主要用于中重度 RA，对 TNF-α 拮抗剂反应欠佳的患者可能有效。推荐用法是 8mg/kg，静脉输注，每 4 周 1 次。常见不良反应是感染、胃肠道症状、皮疹和头痛等。

3）IL-1 拮抗剂：阿那白滞素（anakinra）是目前唯一被批准用于治疗 RA 的 IL-1 拮抗剂。推荐剂量为 100mg/d，皮下注射。主要不良反应是与剂量相关的注射部位反应及可能增加感染概率等。

4）抗 CD20 单抗：利妥昔单抗（rituxiamab）为 B 细胞抑制剂，推荐剂量和用法是静脉输注 500~1000mg，2 周后重复 1 次。根据病情可在 6~12 个月后接受第 2 个疗程。注射前应给予适量甲泼尼龙。利妥昔单抗可用于血清学阳性的活动性 RA 或 TNF-α 拮抗剂疗效欠佳的 RA。常见不良反应是输液反应，其他包括高血压、皮疹、瘙痒、发热、恶心、关节痛、可能增加感染概率。

5）CTLA4-Ig：阿巴西普（abatacept）与抗原递呈细胞的 CD80 和 CD86 结合，阻断了 T 细胞 CD28 与抗原递呈细胞衔接，继而阻断 T 细胞活性。用于治疗病情较重或 TNF-α 拮抗剂反应欠佳的 RA 患者。主要不良反应是头痛、恶心，可能增加感染和肿瘤发生率。

3. 糖皮质激素 糖皮质激素（corticosteroid，简称激素）能迅速改善关节肿痛和全身症状。在重症 RA 伴有心、肺或神经系统等受累患者，可给予激素，其剂量依病情严重程度而定。激素可用于以下几种情况：①伴有血管炎等关节外表现的重症 RA；②不能耐受 NSAIDs 患者作为"桥梁"治疗；③其他治疗效果不佳的患者；④伴局部激素治疗指征（如关节腔内注射）。激素治疗 RA 原则是小剂量、短疗程。使用激素应同时应用 DMARDs。在激素治疗过程中，应补充钙剂和维生素 D，以预防骨质疏松。

近年研究认为，小剂量泼尼松可缓解 RA 患者关节症状，并可减缓关节骨质侵蚀性改变。一般剂量为 5~10mg/d，并尽量在 6 月内将激素减停。

4. 植物药 目前有多种用于治疗 RA 的植物药制剂，如雷公藤、青风藤、白芍总苷等。部分药物对缓解关节肿痛、晨僵有较好作用，但长期控制病情的作用尚待进一步研究。

5. 外科治疗 RA 患者经过积极内科正规治疗，病情仍不能控制，为纠正畸形、改善生活质量，可考虑手术治疗。常用手术有滑膜切除术、人工关节置换术、关节融合术以及软组织修复术。

6. 其他治疗 除前述治疗方法外，其他治疗尚有免疫净化，如血浆置换或免疫吸附，自体干细胞移植及间充质干细胞治疗等。

【预后】 RA 预后与病程长短、病情严重程度及治疗有关。如果不经正规治疗，病情会逐渐进展，最终导致关节畸形，功能丧失，具有很高的致残性。平均病程 5 年的 RA 患者中约 40% 停止或减少工作，平均病程 15 年的 RA 患者中约 67% 丧失工作能力。其预期寿命较正常人缩短

Notes

3～10年。对于有多关节受累、关节外表现重、血清中有高滴度自身抗体和 HLA-DR1/DR4 阳性、早期出现骨破坏等预后不良因素的患者应给予积极的 DMARDs 治疗。大多数 RA 患者经规范内科治疗可以达到临床缓解。

（郑 毅）

推荐阅读文献

1. Arnett FC,Edworthy SM,Bloch DA,et al. The American Rheumatism Association 1987 revised criteria for the classification of rheumatoid arthritis. Arthritis Rheum,1988,31:315-324
2. Aletaha D,Neogi T,Silman AJ,et al. 2010 rheumatoid arthritis classification criteria:an American College of Rheumatology/European League Against Rheumatism collaborative initiative. Ann Rheum Dis, 2010, 69:1580-1588
3. Smolen JS,Landewé R,Breedveld FC,et al. EULAR recommendations for the management of rheumatoid arthritis with synthetic and biological disease-modifying antirheumatic drugs. Ann Rheum Dis,2010,69:964-975
4. Singh JA,Furst DE,Bharat A,et al. 2012 update of the 2008 American College of Rheumatology recommendations for the use of disease-modifying antirheumatic drugs and biologic agents in the treatment of rheumatoid arthritis. Arthritis Care Res,2012,64:625-639

Notes

第三章 系统性红斑狼疮

> **要点：**
>
> 　1. 系统性红斑狼疮（SLE）是一种常见的弥漫性结缔组织病，其特点是大量产生以抗核抗体为代表的多种自身抗体，引起多系统受累的复杂临床表现。
>
> 　2. SLE 的诊断需结合临床表现和自身抗体两方面个体化判断，其病情评估包括疾病活动度、脏器不可逆损伤和合并症。
>
> 　3. SLE 的治疗一般需要联合应用糖皮质激素和免疫抑制剂，以尽快控制病情活动，减少器官损伤，并维持病情长期缓解。

　　系统性红斑狼疮（systemic lupus erythematosus，SLE）是一种病因尚未阐明的可累及全身多个系统的慢性弥漫性结缔组织病（connective tissue disease，CTD），患者血清中存在以抗核抗体（antinuclear antibody，ANA）为代表的多种自身抗体。SLE 的患病率因人种而异，全球平均患病率为（12～39）/10 万，黑人患病率最高，约为 100/10 万。我国汉族患病率居全球第二位，为（30.13～70.41）/10 万。SLE 的男女比例约为 1∶9，尤以 20～40 岁的育龄女性高发。

【病因】

（一）遗传

　　1. 流行病学及家系调查　SLE 患者的一级亲属中再患 SLE 者 8 倍于普通家庭，单卵双胞胎 SLE 的发病率是异卵双胞胎的 5～10 倍。SLE 患者的家族中也常有其他 CTD 的患者，提示 SLE 的发病与易感基因有关。

　　2. 易感基因　SLE 的发病与多个基因相关，仅少数病例与编码 C1q 和 C4 的单基因缺陷有关。基因研究已经显示 SLE 患者存在 HLA-Ⅲ类 C2 或 C4 基因缺损，HLA-Ⅱ类 DR2、DR3 频率异常。目前推测多个基因与某些环境因素相互作用，改变了正常的免疫耐受性而致 SLE 发病。然而，现已发现的 SLE 相关基因也只能解释大约 15% 的遗传可能性。

（二）环境因素

　　1. 阳光　SLE 患者常于日光暴晒后发病，推测是因某些波长的紫外线使皮肤上皮细胞出现凋亡，新抗原暴露而成为自身抗原。

　　2. 药物、化学试剂　可使得 DNA 甲基化程度降低，或作为半抗原与体内蛋白结合，刺激淋巴细胞活化，从而诱发药物相关性狼疮。

　　3. 感染　微生物病原体等也是 SLE 发病的重要因素。

（三）雌激素

　　女性 SLE 患者比例明显高于男性，在更年期前阶段为 9∶1，而在儿童及老人则降至 3∶1。妊娠常使得 SLE 病情加重。长期口服含雌激素的避孕药或者接受激素替代治疗均可以增加发生 SLE 的风险。推测是由于雌激素与淋巴细胞受体结合，增进淋巴细胞的活化及生存，因此延长了免疫反应的持续时间。

【发病机制】　SLE 的发病机制广泛涉及固有免疫和获得性免疫，体液免疫异常激活是其突出特点,同时亦存在细胞免疫异常。一般认为,外来抗原(如病原微生物、药物等)引起人体 B 细胞活化。易感者因免疫耐受性减弱,B 细胞通过交叉反应与模拟外来抗原的自身抗原相结合,并将抗原呈递给 T 细胞,使之活化,在 T 细胞活化刺激下,B 细胞产生大量不同类型的自身抗体,造成组织损伤。

(一)致病性自身抗体

这类自身抗体以 IgG 型为主,与自身抗原有很高的亲和力,代表性自身抗体包括:①抗双链 DNA(dsDNA)抗体,可与肾组织直接结合导致损伤,引起肾小球肾炎;②抗血小板抗体及抗红细胞抗体,可导致血小板和红细胞破坏,引起免疫性血小板减少和溶血性贫血;③抗 SSA 抗体,可经胎盘进入胎儿心脏引起新生儿心脏传导阻滞和新生儿狼疮(neonatal lupus erythematosus,NLE);④抗磷脂抗体,可以与细胞膜中的磷脂成分结合,引起血栓形成、血小板减少和习惯性流产,称为抗磷脂综合征(antiphospholipid syndrome,APS)。

(二)致病性免疫复合物(immune complex,IC)

SLE 是一种免疫复合物病。IC 由自身抗体和相应的自身抗原相结合而成,IC 能够沉积在组织并激活补体系统,造成组织损伤。

(三)T 细胞和 NK 细胞功能失调

SLE 患者的 CD8$^+$T 细胞和 NK 细胞功能失调,不能抑制 CD4$^+$T 细胞作用,因此在 CD4$^+$T 细胞的刺激下,B 细胞持续活化而产生自身抗体。T 细胞的功能异常导致新抗体不断出现,使自身免疫持续存在。

【病理】 SLE 的主要病理改变为血管炎,任何器官均可出现。中小血管因 IC 沉积或抗体直接侵袭而出现血管壁炎症和坏死,并继发血栓形成,从而导致局部组织缺血和功能障碍。受损器官的特征性改变是:①苏木紫小体(细胞核受抗体作用变性为嗜酸性团块);②"洋葱皮样病变",即小动脉周围有显著的向心性纤维增生,明显表现于脾中央动脉;③Libman-Sacks 赘生物,即心瓣膜的结缔组织反复发生纤维蛋白样变性,而形成无菌性疣状赘生物。此外,心包、心肌、肺、神经系统等亦可出现上述基本病理变化。SLE 肾脏受累的病理表现详见"狼疮性肾炎"。

【临床表现】 SLE 的病程多为慢性,早期症状往往不典型,累及 1～2 个系统,病情多呈缓解与复发交替特征,之后逐渐累及全身各器官或系统。亦有急骤起病的患者,迅速发生多器官和系统功能障碍并危及生命。SLE 病情长期完全缓解(停用所有药物且没有任何症状)的情况非常少见。

(一)全身表现

活动期患者大多数有全身非特异炎性症状。约 90% 的 SLE 患者在病程中出现各种热型的发热,尤以低、中度热为常见,伴有疲倦、乏力、食欲缺乏、体重下降等。

(二)皮肤与黏膜表现

高达 80% 的 SLE 患者在病程的某一阶段会出现皮疹,其形态多种多样(表 8-3-1),其中 SLE 的特异性皮疹对诊断具有重要意义,以鼻梁和双颧部蝶形红斑最具特征性,多无明显瘙痒。口腔和鼻黏膜的无痛性溃疡较常见,常提示疾病活动。部分患者可出现非瘢痕性脱发和永久性斑秃,前者一般出现于病情活动期。指掌腹部红色痛性结节、甲周红斑、碎裂样出血、皮肤溃疡和指端缺血坏死等均提示血管炎,说明疾病高度活动,需尽快积极治疗。

(三)肌肉关节表现

关节痛是 SLE 常见症状之一,多为对称性外周多关节肿痛、晨僵,以指、腕、膝关节最多见,但明显红肿者少见。10% 的患者因关节周围肌腱受损而出现 Jaccoud 关节病(Jaccoud arthropathy),其特点为可复位的关节半脱位,可以维持正常关节功能,关节 X 线片多无关节骨破坏,不同于类风湿关节炎。部分 SLE 患者出现肌痛和肌无力,5%～10% 出现肌炎(myositis)。有小部分患者在病程中出现股骨头坏死和骨梗死,可能是由于本病血管炎性病变和长期大剂量应用糖

Notes

皮质激素共同作用的结果。

表8-3-1 系统性红斑狼疮常见皮疹

狼疮特异性皮疹	急性皮疹:如颧部红斑(蝶形红斑) 亚急性皮疹:如丘疹鳞屑性红斑,环形红斑 慢性皮疹:如盘状红斑狼疮(discoid lupus erythematosus,DLE),狼疮性脂膜炎,黏膜狼疮,肿胀性狼疮,冻疮样狼疮等
非特异性皮疹	光敏感(photosensitivity)、复发性荨麻疹、甲周红斑、网状青斑、雷诺现象(Raynaud's phenomenon)等

(四)浆膜炎

半数以上患者在病情急性活动期出现多浆膜炎(serositis),包括胸腔积液、心包积液和腹水。临床偶见大量胸腔积液影响通气或大量心包积液引起心包填塞者,病情活动度高者甚至可出现血性积液。

(五)肾脏表现

28%~70%的SLE患者会出现肾脏受累,包括肾小球肾炎、肾间质-小管病变、肾血管病变及梗阻性肾病,最终均可导致终末期肾病,其中狼疮肾炎(lupus nephritis,LN)是SLE最主要的系统性损害之一。LN主要表现为蛋白尿、血尿、管型尿、水肿、高血压,乃至肾衰竭。有平滑肌受累者可出现膀胱炎、输尿管扩张和肾盂积水。

LN是SLE最主要的系统性损害之一。由于大多数LN在起病之初并无临床症状,因此应对所有怀疑SLE的患者进行尿常规和沉渣检查。LN主要根据组织病理学进行分型,不同病理分型的临床表现和病程不尽相同(表8-3-2)。其对于评价狼疮病情活动性、估计预后和指导治疗有着极为重要的意义。因此,对于初治的活动性LN患者,如无禁忌应尽可能行肾脏穿刺活检以明确病理类型。LN肾脏病理检查的另一重要内容是免疫荧光检查,LN可特征表现为:各种免疫球蛋白及补体均为阳性,尤其是早期补体成分C1q、C4阳性率很高,可达90%以上,其亮度亦较强,称为"满堂亮"现象。

(六)神经系统表现

神经精神狼疮(neuropsychiatric SLE,NPSLE),又称"狼疮脑病",既可累及中枢神经系统,也可累及周围神经系统,轻重差异很大(表8-3-3)。NPSLE的发病机制复杂,表现为急性弥漫性皮层功能障碍者多与针对神经元及其相关成分的自身抗体有关;表现为精神异常、情感障碍等高级智能活动异常者多与抗核糖体P蛋白(ribosomal P)抗体相关;表现为局灶性神经定位体征者多与抗磷脂抗体所致血管栓塞或脑局部血管炎相关。由于NPSLE表现的多样性和不特异性,其诊断必须首先除外感染、药物和代谢等继发因素,并结合病史、影像学、脑脊液和脑电图等检查进行综合判断。

(七)血液系统表现

活动性SLE中贫血、白细胞和(或)血小板减少常见。贫血的原因多种多样:约10%属于Coombs试验阳性的自身免疫性溶血性贫血(autoimmune hemolytic anemia,AIHA),可作为SLE的诊断提示;更常见的是慢性病贫血,但不具诊断特异性,少数病情活动者,可出现血栓性血小板减少性紫癜(thrombotic thrombocytopenia purpura,TTP),表现为微血管病性溶血性贫血(microangiopathic hemolytic anemia,MAHA),并迅速出现多个脏器的功能障碍,病情凶险,死亡率高。此外,LN肾功能不全者还可继发肾性贫血。白细胞减少以淋巴细胞减少常见,需要与细胞毒药物所致骨髓抑制鉴别,前者多与SLE病情活动相关,对激素治疗较敏感;后者出现于应用细胞毒药物之后,停药后逐渐恢复。血小板减少与血清中存在抗血小板抗体、抗磷脂抗体以及骨髓巨核细胞成熟障碍有关。部分患者在起病初可有轻或中度淋巴结肿大,病理表现为组织细胞性坏死性淋巴结炎(histiocytic necrotizing lymphadenitis,又称 Kikuchi disease)。

表 8-3-2 狼疮肾炎(LN)的病理分型(国际肾脏病学会和肾脏病理学会 2003 年标准)及相应临床表现

病理类型		病理表现	临床表现		
			尿异型红细胞	蛋白尿	肾功能
I 型	轻微系膜性狼疮肾炎	光镜下正常,免疫荧光可见系膜区免疫复合物沉积	– ~ +	–	正常
II 型	系膜增殖性狼疮肾炎	系膜细胞增生或伴系膜区免疫复合物沉积	+ ~ ++	– ~ +	正常
III 型	局灶性狼疮肾炎	受累肾小球<50%	+ ~ ++	+ ~ ++	正常
	III(A)型	局灶增生性			
	III(A/C)型	局灶增生硬化性			
	III(C)型	局灶硬化性			
IV 型	弥漫性狼疮肾炎	受累肾小球≥50%	++ ~ +++	++ ~ +++	正常 ~ 轻度受损,可出现 RPGN
	IVS(A)	弥漫节段增生性			
	IVG(A)	弥漫球性增生性			
	IVS(A/C)	弥漫节段增生硬化性			
	IVG(A/C)	弥漫球性增生硬化性			
	IVS(C)	弥漫节段硬化性			
	IVG(C)	弥漫球性硬化性			
V 型	膜性狼疮肾炎	可与 III 型或 IV 型同时出现	– ~ +	+++	正常 ~ 轻度受损
VI 型	严重硬化型狼疮肾炎	>90% 肾小球呈球性硬化,不伴残余活动性病变	– ~ +	–	异常

注:RPGN:快速进展型肾小球肾炎

表 8-3-3 美国风湿病学会(ACR)所列神经精神狼疮常见表现

中枢神经系统表现
无菌性脑膜炎、癫痫、脑血管病、脱髓鞘综合征、头痛、运动障碍、脊髓病变、急性意识错乱、焦虑状态、认知障碍、情感障碍及精神病

周围神经系统表现
吉兰-巴雷综合征、重症肌无力、颅神经病变、神经丛病、单神经病、多发神经病变及自主神经病

(八)心血管表现

患者常出现心包炎,可为纤维蛋白性心包炎或渗出性心包炎,偶见心包填塞。可出现 Libman-Sack 心内膜炎,病理表现为瓣叶边缘的疣状赘生物,多见于二尖瓣后叶的心室侧,为无菌性瓣膜炎,往往提示 SLE 病情活动。瓣膜赘生物及继发血栓可脱落引起栓塞,或并发感染性心内膜炎。约10%患者有心肌损害,可有气促、心前区不适、心律失常,严重者可发生心力衰竭导致死亡。SLE 还可以出现冠状动脉受累,表现为心绞痛和心电图缺血性改变,甚至出现急性心肌梗死。除冠状动脉炎可能参与了发病外,长期使用糖皮质激素加速动脉粥样硬化以及抗磷脂抗体介导的动脉血栓形成均参与其发病。

(九)肺部表现

约35%的患者有浆膜炎所致的胸腔积液,多为中小量、双侧、渗出性积液,尚有部分是因低

蛋白血症引起的漏出性积液。SLE 所引起的间质性肺疾病(ILD)主要是急性或亚急性期的磨玻璃样改变和慢性期的纤维化,其病理特征多种多样,临床均表现为活动后气促、干咳、低氧血症,肺功能检查常显示弥散功能下降和限制性通气障碍。约 2% 患者合并弥漫性肺泡出血(diffuse alveolar hemorrhage,DAH),病情凶险,病死率高达 50%,患者肺泡灌洗液呈血性,或其内发现大量充满含铁血黄素的巨噬细胞对于 DAH 的诊断具有重要意义。肺动脉高压在 SLE 患者中并不少见,是 SLE 预后不良的因素之一。其发病隐匿,主要表现为进行性加重的活动后气短、胸痛和反复晕厥,超声心动图是重要筛查手段,确诊主要依赖右心导管。其他较少见的肺部表现还包括:肺栓塞、肺萎缩综合征(shrinking-lung syndrome)、机化性肺炎(organizing pneumonia)。

此外,SLE 患者接受大剂量激素和免疫抑制剂治疗后易患各种肺部机会性感染,如巨细胞病毒、结核、曲霉菌和肺孢子菌,表现为急性发热、低氧血症和肺部阴影。同时还需要警惕免疫抑制剂所致的肺损害。

(十) 消化系统表现

SLE 可表现为食欲缺乏、恶心、呕吐、腹痛或腹水等,甚至以之为首发表现。不少患者出现腹泻,可伴有蛋白丢失性肠病(protein-losing enteropathy),引起顽固的低蛋白血症。少数活动期患者可并发急腹症,如胰腺炎、肠出血、坏死和麻痹性肠梗阻,可能与肠壁和肠系膜的血管炎有关,腹部 CT 往往表现为肠壁增厚伴水肿、肠祥扩张伴肠系膜血管强化等征象。SLE 合并肝酶增高较常见,仅少数出现严重肝功损害和黄疸。肝硬化较为少见,伴门静脉高压和食道胃底静脉曲张,与结节性再生性增生(nodular regenerative hyperplasia,NRH)病变有关。

(十一) 抗磷脂抗体综合征(antiphospholipid antibody syndrome,APS)

SLE 可继发 APS,临床表现为反复动脉和(或)静脉血栓形成、习惯性流产、血小板减少、皮肤网状青斑和心瓣膜赘生物等,患者血清中多次检出高滴度抗磷脂抗体。有些 APS 患者在短短数天或数周内迅速在多个重要器官出现血栓栓塞,导致脏器功能衰竭,十分凶险,称为"灾难性抗磷脂综合征(catastrophic antiphospholipid antibody syndrome,CAPS)"。(详见本篇第十一章)

(十二) 干燥综合征(Sjögren's syndrome,SS)

有约 30% 的 SLE 并存 SS,甚至有患者以唾液腺和泪腺功能不全所致的口眼干症状为突出和首发表现,但血清学具有典型 SLE 特异性抗体,多年后方出现其他 SLE 系统损害。(详见本篇第七章)。

(十三) 眼部表现

约有 15% 的 SLE 患者可出现眼底病变,如出血、视乳头水肿、视网膜渗出和出血等,其原因是视网膜血管炎,多伴 SLE 全身病情重度活动。其他眼部受累还包括结膜炎、葡萄膜炎和视神经病变。继发 APS 的患者可发生视网膜中央动脉或静脉闭塞,两者均影响视力,重者可数日内致盲。此外,长时间大剂量应用糖皮质激素可引起青光眼和白内障。

【实验室和其他辅助检查】

(一) 一般检查

SLE 患者活动期常出现一系或多系血细胞减少;尿蛋白、尿异形红细胞和管型尿提示 LN。NPSLE 者常有脑脊液压力及蛋白含量的升高,细胞数可轻度增多,氯化物和葡萄糖水平多正常。SLE 患者的血沉和 C 反应蛋白一般增高不明显,血沉还受贫血、低蛋白血症和高脂血症影响,特异性较差;而以关节炎、血管炎为突出者或合并严重感染者,C 反应蛋白增高更为显著。补体(CH50、C3 和 C4)降低常提示 SLE 病情活动的可能,可作为评价疗效和监测病情复发的指标之一。部分 SLE 患者的 γ 球蛋白水平有不同程度的增高。

(二) 自身抗体

血清中存在多种自身抗体是 SLE 的重要特征,也是诊断 SLE 的主要依据,还可指示疾病活动性及可能累及的脏器。常见的自身抗体为抗核抗体谱、抗磷脂抗体和抗组织细胞抗体。

1. **抗核抗体谱** 出现在 SLE 的有抗核抗体(ANA)、抗双链 DNA(double-stranded DNA,dsDNA)抗体、抗可提取核抗原(extractable nuclear antigen,ENA)抗体。

(1) ANA:见于约98%的 SLE 患者,但它特异性较低(65%),还见于其他结缔组织病、慢性感染、部分淋巴增殖性疾病和部分正常人。

(2) 抗 dsDNA 抗体:是 SLE 的特异性抗体,特异性达95%,其滴度与疾病活动性密切相关,滴度增高者 SLE 病情活动的风险高。

(3) 抗 ENA 抗体:是一组临床意义不相同的抗体:

1) 抗 Smith(Sm)抗体:是 SLE 的标记性抗体。其特异性99%,但敏感性仅25%,且与病情活动性无关。

2) 抗 U_1 核糖核蛋白(U_1RNP)抗体:阳性率40%,对 SLE 诊断特异性不高,往往与 SLE 的雷诺现象、肌炎、肺间质病变和肺动脉高压相关。

3) 抗 SSA(Ro)抗体:与 SLE 中出现光过敏、血管炎、皮损、白细胞减低、平滑肌受累、新生儿狼疮等相关。

4) 抗 SSB(La)抗体:与抗 SSA 抗体相关联,与继发干燥综合征有关,但阳性率低于抗 SSA(Ro)抗体。

5) 抗核糖体 RNP(rRNP)抗体:也是 SLE 特异性较高的抗体,提示发生精神神经狼疮的风险高,且多表现为精神异常和情感障碍。抗 rRNP 抗体阳性者也易出现其他重要内脏的损害。

2. **抗磷脂抗体** 包括抗心磷脂抗体、抗 β2-糖蛋白1(β2 glycoprotein 1,β2 GP1)抗体等对自身不同磷脂成分的自身抗体,患者常出现梅毒血清试验假阳性和狼疮抗凝物(lupus anticoagulant,LA)阳性。有助于 SLE 继发性 APS 的诊断。

3. **抗组织细胞抗体** 抗红细胞膜抗体,现以 Coombs 试验测得。抗血小板相关抗体导致血小板减少,抗神经元抗体多见于 NPSLE。

4. **其他** 有少数的患者血清可出现类风湿因子(RF)和抗中性粒细胞胞浆抗体(ANCA)。抗组蛋白(histone)抗体亦是抗核抗体谱之一种,部分亚型与药物性狼疮(drug induced lupus,DIL)相关。

(三) 影像学检查

磁共振成像(MRI)和 CT 可发现患者脑血管和脑实质早期病变;胸部高分辨 CT 有助于肺间质性病变的发现和随访。超声心动图对心包积液、心肌、心瓣膜病变、肺动脉高压等有较高敏感性。

【诊断和鉴别诊断】

(一) 诊断标准

目前临床仍普遍采用美国风湿病学会(ACR)1997 年推荐的 SLE 分类标准(表8-3-4)指导 SLE 的诊断。该分类标准的11项中,符合4项或4项以上者,在除外感染、肿瘤和其他结缔组织病后,可诊断 SLE。其敏感性和特异性分别为95%和85%。

SLE 的分类标准仍在不断更新完善之中,2009 年和2012 年 SLE 国际临床协作组(SLICC)分别对 ACR 的分类标准进行了修订,提高了诊断的敏感性,但尚需在临床应用中不断验证。

(二) 鉴别诊断

SLE 存在多系统累及,每种临床表现均须与相应的各系统疾病相鉴别,如多关节炎需与类风湿关节炎相鉴别,NPSLE 需与中枢神经系统感染鉴别。SLE 可出现多种自身抗体及不典型临床表现,尚须与其他结缔组织病和系统性血管炎等鉴别。有些药物如异烟肼等,如长期服用,可引起类似 SLE 表现(药物性狼疮),但极少有神经系统表现和肾炎,一般抗 dsDNA 抗体、抗 Sm 抗体阴性,血清补体常正常,可资鉴别。

表 8-3-4　美国风湿病学会（ACR）1997 年推荐的 SLE 分类标准

1. 颊部红斑	固定红斑,扁平或高起,在两颧突出部位
2. 盘状红斑	片状高起于皮肤的红斑,粘附有角质脱屑和毛囊栓;陈旧病变可发生萎缩性瘢痕
3. 光过敏	对日光有明显的反应,引起皮疹,从病史中得知或医生观察到
4. 口腔溃疡	经医生观察到的口腔或鼻咽部溃疡,一般为无痛性
5. 关节炎	非侵蚀性关节炎,累及 2 个或更多的外周关节,有压痛,肿胀或积液
6. 浆膜炎	胸膜炎或心包炎
7. 肾脏病变	尿蛋白>0.5g/24h 或+++,或管型(红细胞、血红蛋白、颗粒或混合管型)
8. 神经病变	癫痫发作或精神病,除外药物或已知的代谢紊乱
9. 血液学疾病	溶血性贫血,或白细胞减少,或淋巴细胞减少,或血小板减少
10. 免疫学异常	抗 dsDNA 抗体阳性,或抗 Sm 抗体阳性,或抗磷脂抗体阳性(包括抗心磷脂抗体、或狼疮抗凝物、或至少持续 6 个月的梅毒血清试验假阳性三者中具备一项阳性)
11. 抗核抗体	在任何时候和未用药物诱发"药物性狼疮"的情况下,抗核抗体滴度异常

(三) SLE 病情的判断

SLE 病情的严重程度应从两个方面来评估：一方面是 SLE 的疾病活动性,反映了脏器的急性可逆性损伤,活动度越高则提示需要更及时而积极的免疫抑制治疗;另一方面是 SLE 或治疗药物所致的慢性不可逆性脏器损伤功能障碍,提示 SLE 的远期预后相关。前者反复发作,可不断向后者转化累积。

1. **SLE 疾病活动性评估方法**　SLE 疾病活动度指数（SLE disease activity index,SLEDAI）是较为简明实用的评估工具（表 8-3-5）,根据患者评估前 10 天内是否出现相关症状而评分,总分≤4 分认为病情稳定,5~9 分为轻度活动,10~14 分为中度活动,≥15 分为重度活动。此外,如新近出现 SLEDAI 未纳入的其他 SLE 相关症状,亦提示病情活动。

表 8-3-5　系统性红斑狼疮疾病活动度指数（SLEDAI）评分

评分	表现	定义
8	癫痫发作	近期出现,除外代谢、感染、药物所导致者
8	精神病	严重现实感知障碍导致幻觉,思维不连贯、思维奔逸、思维内容贫乏、不合逻辑,行为异常、行动紊乱、紧张性精神症行为。除外尿毒症或药物所致者
8	器质性脑病综合征	认知力改变,如定向力,记忆力差和其他智能减退。起病突然并有波动性,包括意识模糊,注意力下降或对环境持续关注,加上至少下述两项:知觉力异常,语言不连贯,失眠或白天困倦,抑郁或躁狂,除外由于代谢、药物或感染引起
8	视觉障碍	狼疮视网膜病变:包括细胞状小体,视网膜出血,脉络膜出血或渗出性病变,视神经炎。除外由于高血压、药物或感染引起
8	颅神经病变	近期出现的运动性或感觉性颅神经病变
8	狼疮性头痛	剧烈、持续的疼痛,可以是偏头痛,镇静止痛剂无效
8	脑血管意外	近期出现,除外动脉粥样硬化
8	血管炎	皮肤破溃、坏死,手指痛性结节,甲周微梗死,碎片样出血,或为活检或血管造影所证实的血管炎
4	关节炎	至少两个关节痛并有炎性体征,如压痛、肿胀或积液
4	肌炎	肢体近端肌痛、无力并有肌酸磷酸激酶升高,肌电图改变或活检证实有肌炎

Notes

续表

评分	表现	定义
4	管型尿	血红素颗粒管型或红细胞管型
4	血尿	红细胞>5/高倍视野,除外其他原因
4	蛋白尿	>0.5g/24 小时,近期出现或近期增加 0.5g/24h 以上
2	脓尿	白细胞>5/HPF,除外感染
2	皮疹	新出现或反复出现的炎性皮疹
2	脱发	新出现或反复出现的异常,斑片状或弥漫性脱发
2	黏膜溃疡	新出现或反复出现的口腔、鼻腔溃疡
2	胸膜炎	胸膜炎所致胸膜性胸痛,并有摩擦音,或胸腔积液,或胸膜肥厚
2	心包炎	心包炎导致心前区痛及心包摩擦音,或积液(心电图或超声检查证实)
2	低补体	CH_{50}、C_3、C_4下降,低于正常范围下限
2	抗 dsDNA 抗体升高	Farr 放免法检测应>25%,或高于正常
1	发热	>38℃,除外感染
1	血小板减少	<100×10^9/L
1	白细胞下降	<3.0×10^9/L,除外药物所致

急性狼疮危象(acute lupus crisis)指 SLE 导致的危及生命的急性或亚急性脏器功能障碍,如 LN 伴急(进)性肾功能不全、NPSLE 伴持续癫痫或意识障碍、重度溶血性贫血、有潜在致命性出血风险的血小板减少、粒细胞缺乏症、弥漫性心肌病变、弥漫性肺泡出血、重症狼疮性肝炎和严重的血管炎。

2. SLE 的慢性不可逆损伤　指非 SLE 活动所致的,持续 6 个月以上的表现,如瘢痕性脱发、股骨头坏死、白内障、横贯性脊髓炎、24 小时尿蛋白持续>3.5g 等。国际上常用 SLICC/ACR 损伤指数进行评估。

(四) SLE 的诊断思路

SLE 的诊断过程中有 3 个重要环节需要把握:①明确 SLE 诊断。制订前述 SLE 分类标准的主要目的是为满足开展 SLE 研究的需要,临床上借用此标准虽有助于确诊典型患者,但有大量 SLE 患者并不满足该标准。所以 SLE 诊断必须兼顾多系统受累和有自身免疫证据这两条主线。SLE 早期阶段多系统受累表现常不典型,可仅突出表现为某一个系统的病变,在此情况下免疫学异常和高滴度抗核抗体对有诊断意义重大。②病情活动性评估。感染和脏器合并症常常与 SLE 活动表现极为相似,是临床非常棘手的问题,需从病史、病理生理学和病原学多方面进行仔细甄别。③病情轻重程度。重要脏器功能损害程度和可逆程度的评估,对治疗方案的拟订和预后判断均十分关键。

【治疗】　目前 SLE 尚不能根治,但经合理治疗后可以达到长期缓解。治疗应强调早期诊断、早期治疗,遵循个体化原则。糖皮质激素(以下简称"激素")联合免疫抑制剂依然是主要治疗策略。SLE 的治疗原则是急性期及早用药,积极诱导病情缓解;病情缓解后采用维持巩固治疗使其长期维持于稳定状态,保护重要脏器功能并减少药物副作用。应重视 SLE 的并发症(包括感染、动脉粥样硬化、高血压、血脂异常、糖尿病、骨质疏松等)的预防及治疗。针对患者及其家庭的教育对于加强治疗依从性,保证患者规律随访、及时就诊甚为重要。

(一) 一般治疗

非药物性治疗殊为重要,包括:①进行患者教育,使之对疾病树立正确认识和乐观情绪;

②急性活动期要加强休息,病情稳定的慢性患者可适当工作,但注意勿过劳;③及早发现和治疗感染;④避免长期使用可能诱发狼疮的药物,如避孕药等;⑤避免强阳光暴晒和紫外线照射;⑥缓解期才可作防疫注射,但尽量避免采用活疫苗。

SLE 的一般性药物治疗主要针对 SLE 不同器官和系统损害,给予相应的支持对症治疗,如 NPSLE 者可予降颅压、抗癫痫、抗精神病药物治疗;LN 大量尿蛋白者予限蛋白饮食、输注白蛋白及 ACEI 治疗;合并高血压、高血脂、糖尿病者应予降压、调脂、降糖等治疗。

(二) 轻症狼疮的治疗

轻型 SLE 是指虽有狼疮活动,但症状轻微,仅表现光过敏、皮疹、关节炎或轻度浆膜炎,而无明显内脏损害者。药物治疗包括:

1. **非甾体抗炎药(NSAIDs)** 可用于短期控制关节炎。应注意长期应用使得胃肠道和肾脏等方面的不良反应风险增加。

2. **抗疟药** 目前常用羟氯喹 0.2~0.6g 每日分次口服。可控制皮疹和减轻光过敏,更有助于维持 SLE 病情稳定并减少激素剂量,是 SLE 的基础用药之一。用药超过 6 个月者,应每年检查眼底,心动过缓或有传导阻滞者禁用抗疟药。

3. **激素** 可短期局部应用激素治疗皮疹,但面部应尽量避免外用强效激素类药物,一旦使用,不应超过一周。对于抗疟药和 NSAIDs 治疗效果不佳的轻型狼疮,也可加用中小剂量激素,必要时联合使用硫唑嘌呤(azathioprine)、甲氨蝶呤(methotrexate)等免疫抑制剂有助于激素减量。

应注意轻型 SLE 可因过敏、感染、妊娠生育、环境变化等因素而加重,甚至进入狼疮危象。

(三) SLE 累及重要脏器时的治疗

1. **激素** 在诱导缓解期,根据病情活动性采用泼尼松 0.5~1mg/kg 每日口服,病情改善后 2 周至 6 周内缓慢减量。如果病情允许,以小于 10mg/d 的剂量长期维持。当存在狼疮危象时可用甲泼尼龙冲击治疗,即 500~1000mg,静脉滴注每天 1 次,连用 3~5 天为 1 疗程。如病情需要,1~2 周后可重复使用。激素冲击疗法对狼疮危象常具有立竿见影的效果,能迅速诱导缓解,但是冲击疗法只能解决 SLE 病情的急性活动,随后的治疗必须联合使用大剂量激素与免疫抑制剂(如环磷酰胺或霉酚酸酯),否则随着激素逐渐减量,病情极易反复。需强调的是,在大剂量激素冲击治疗前或治疗中应密切观察有无感染征象,并及时给予相应的抗感染治疗。

2. **免疫抑制剂** 大多数 SLE 患者在应用激素的同时需加用免疫抑制剂联合治疗,以利于更好地控制 SLE 活动,保护重要脏器功能,减少复发,以及减少长期激素的需要量和副作用。在中枢神经系统、肾脏和心肺等重要脏器受累时,建议在诱导缓解期首选环磷酰胺或霉酚酸酯治疗,并至少应用 6 个月以上。在维持治疗中,可根据病情选择 1~2 种免疫抑制剂长期维持。目前认为羟氯喹作为 SLE 的维持治疗,可在诱导缓解和维持治疗中长期应用。常用免疫抑制剂的剂量和不良反应见下表(表 8-3-6)。

3. **其他药物治疗** 病情危重或一线治疗困难的病例,可选择使用静脉注射大剂量免疫球蛋白(IVIG)、血浆置换治疗。近年来生物制剂也逐渐应用于 SLE 的治疗,如抗 B 淋巴刺激因子的全人源化抗体,贝利木单抗(Belimumab)和利妥昔单抗(rituximab)。

(四) SLE 与妊娠生育

目前大多数 SLE 患者在疾病控制后,可以安全地妊娠生育,但围产期需在风湿科、妇产科和儿科密切协作下严格管理。当患者无重要脏器损害、病情稳定至少 1 年,停用细胞毒免疫抑制剂(如环磷酰胺、甲氨蝶呤等)至少半年,激素仅需小剂量时,多数能安全地妊娠和生育。目前认为羟氯喹和硫唑嘌呤对妊娠影响相对较小,尤其是羟氯喹可全程使用。非缓解期的 SLE 患者妊娠期间发生流产、早产、死胎和诱发母体 SLE 病情恶化的危险明显增高(约 30%),故应避孕。新生儿狼疮和心脏传导阻滞易见于抗 SSA 和 SSB 抗体阳性母亲的新生儿。

表 8-3-6 常见免疫抑制剂用法及副作用

免疫抑制剂	主要作用机制	用 法	不 良 反 应
环磷酰胺	主要作用于静止期的细胞周期特异性烷化剂,通过影响 DNA 合成发挥细胞毒作用	$0.5 \sim 1.0g/m^2$ 体表面积,每月 1 次;或 0.5g 每 2 周 1 次;口服剂量为每日 $1 \sim 2mg/kg$;肌酐清除率 < 25ml/min 时应减量	骨髓抑制、诱发感染、胃肠道反应、脱发、肝损害、性腺抑制、致畸、出血性膀胱炎、远期致癌性
霉酚酸酯	次黄嘌呤单核苷酸脱氢酶抑制剂,可抑制嘌呤从头合成途径,从而抑制淋巴细胞活化	诱导缓解:每日 $1.5 \sim 2g$,分 2 次,口服 维持巩固:每日 $0.5 \sim 1.0g$,分 2 次,口服	感染、骨髓抑制、胃肠道反应、致畸
环孢素	特异性抑制 T 淋巴细胞 IL-2 的产生,发挥选择性的细胞免疫抑制作用,是一种细胞毒免疫抑制剂	每日 $3 \sim 5mg/kg$,分 2 次口服,有条件者可根据血药浓度调整剂量	胃肠道反应、肾功异常、高血压、高血糖、多毛、齿龈增生、高尿酸血症、肝功异常、震颤
甲氨蝶呤	二氢叶酸还原酶拮抗剂,通过抑制核酸的合成发挥细胞毒作用	$10 \sim 20mg$,每周 1 次;如肌酐清除率 < 60ml/min 应减量	胃肠道反应、口腔黏膜糜烂、肝功能损害、骨髓抑制,偶见肺间质病变
他克莫司	与环孢素相似,但作用更强	每日 $2 \sim 6mg$,分 2 次口服,有条件者可根据血药浓度调整剂量	高血压、胃肠道反应、高尿酸血症、肝肾功损伤、高血钾、震颤
硫唑嘌呤	为嘌呤类似物,通过抑制 DNA 合成发挥细胞毒作用	每日 $1 \sim 2.5mg/kg$,或 $50 \sim 150mg$	骨髓抑制、胃肠道反应、肝功能损害、脱发
羟氯喹	机制复杂,尚未完全阐明	$0.1 \sim 0.3g$,每日两次	视网膜和角膜病变、皮肤色素变化、胃肠道反应、头晕、肌病、心脏传导阻滞

SLE 患者妊娠后,需要产科和风湿科双方共同随访。对于有习惯性流产病史和抗磷脂抗体阳性的孕妇,主张口服低剂量阿司匹林(50 ~ 100mg/d),和(或)低分子肝素抗凝防止流产或死胎的发生。小剂量激素通过胎盘时被灭活(但是地塞米松和倍他米松是例外),孕晚期应用对胎儿影响小,妊娠时及产后可按病情需要给予激素治疗。产后如恢复免疫抑制剂应避免哺乳。

【预后】 随着 SLE 早期诊断的手段增多和治疗水平的提高,SLE 预后已明显改善。目前,SLE 患者的生存期已从 50 年代 50% 的 4 年生存率提高至 80% 的 15 年生存率,10 年存活率也已达 90% 以上。急性期患者的死亡原因主要是 SLE 的多脏器严重损害和感染,尤其是伴有严重神经精神性狼疮和急进性狼疮性肾炎者;慢性肾功能不全、肺动脉高压和药物(尤其是长期使用大剂量激素)的不良反应,包括感染和早发性动脉粥样硬化等,是 SLE 远期死亡的主要原因。

(曾小峰)

推荐阅读文献

Wallace DJ, Hahn BH. Dubois' Lupus Erythematosus. 7th ed. Lippincott Williams & Wilkins Dubois, 2006

Notes

第四章　脊柱关节炎

第一节　总　论

> **要点：**
> 　　1. 脊柱关节炎是一组以中轴和（或）外周关节受累为主的多系统慢性炎症性疾病。2009 年至今国际脊柱关节炎评估学会（ASAS）将之分为中轴型和外周型两类。
> 　　2. 脊柱关节炎包括的主要疾病有：强直性脊柱炎、银屑病关节炎、反应性关节炎、炎性肠病关节炎、幼年脊柱关节炎和未分化脊柱关节炎等。
> 　　3. 脊柱关节炎这类疾病具有共同的特征，主要包括：不同程度的骶髂关节炎，肌腱端炎，患者的血清类风湿因子阴性，与人类白细胞抗原 B27（HLA-B27）相关和有家族聚集患病倾向等。
> 　　4. 脊柱关节炎和强直性脊柱炎的治疗需采用综合措施，主要包括康复，药物（一线建议用药有非甾体抗炎药和抗 TNF 拮抗剂）和多学科的配合。

　　脊柱关节炎（spondyloarthritis，SpA）过去也称血清阴性脊柱关节病（seronegative spondyloarthropathies）或脊柱关节病（spondyloarthropathy），是一类以累及脊柱和外周关节，或者关节、韧带和肌腱为主要表现的慢性炎症性风湿病的总称，包括强直性脊柱炎（ankylosing spondylitis，AS）、反应性关节炎（reactive arthritis，ReA）、银屑病关节炎（psoriatic arthritis，PsA）、炎性肠病关节炎（inflammatory bowel disease arthritis）、幼年脊柱关节炎（juvenile-onset spondyloarthritis，JSpA）以及未分化脊柱关节炎（undifferentiated spondyloarthritis，USpA）等。

　　国内外流行病学调查显示，脊柱关节炎患病率在 1% 左右，它的临床及免疫遗传学特征方面的共同特征主要包括：①常累及中轴关节，影像学检查可显示不同程度的骶髂关节炎（sacroiliitis）改变；②炎症性外周关节炎常累及下肢关节，并且多表现为下肢非对称性关节炎；③类风湿因子（rheumatoid factor，RF）阴性；④与 HLA-B27 存在不同程度的关联；⑤有家族聚集患病倾向；⑥病理变化常出现在肌腱端周围及韧带附着点的部位，而不在滑膜，如足跟痛、足底痛都是常见的附着点炎（肌腱端炎）表现；⑦各种脊柱关节炎之间临床表现常相互重叠。

　　脊柱关节炎包括的疾病有过多个专家组建议的分类诊断标准。多年的临床应用显示，这些诊断标准对疾病的早期诊断有不足之处，临床至今常用的有 1991 年欧洲脊柱关节病研究组（ESSG）提出的脊柱关节病的分类标准（ESSG 标准），它的主要要点是：炎性脊柱痛或下肢的非对称性滑膜炎，加下列 1 项或多项：阳性家族史，银屑病，炎症性肠病，关节炎前 1 月内有尿道炎、宫颈炎或急性腹泻史，交替臀区痛，附着点炎，（X 线证实的）骶髂关节炎即可诊断。

　　国际脊柱关节炎评价学会（ASAS）在 2009 年及 2011 年先后提出了中轴型 SpA（表 8-4-1）和外周型 SpA 分类标准（表 8-4-2）。

表 8-4-1　ASAS 推荐的中轴型脊柱关节炎(ax-SpA)分类标准

起病年龄<45 岁,腰背痛≥3 个月的患者:

影像学提示骶髂关节炎*	+	≥1 个 SpA 临床特征**
或者		
HLA-B27 阳性	+	≥2 个 SpA 临床特征**

*影像学提示骶髂关节炎(MRI 或 X 线):

(1) MRI 提示骶髂关节活动性(急性)炎症,即明确的骨髓水肿及骨炎,高度提示与 SpA 相关的骶髂关节炎

或

(2) X 线提示双侧 2~3 级或单侧 3~4 级骶髂关节炎(根据 1984 年修订的纽约标准)

**SpA 临床特征包括:

(1) 炎性腰背痛(inflammatory back pain,IBP):至少存在下列 5 项中的 4 项:①腰背痛 40 岁前发病;②隐匿发病;③运动后改善;④休息后无缓解;⑤夜间痛,起床后可缓解

(2) 关节炎:曾经或目前存在由医生确诊的急性滑膜炎

(3) 肌腱附着点炎(跟腱):曾经或目前存在跟腱附着部位或足底筋膜的自发疼痛或压痛

(4) 前葡萄膜炎:由眼科医生确诊的前葡萄膜炎

(5) 指(趾)炎:曾经或目前由医生确诊的指(趾)炎

(6) 银屑病:曾经或目前由医生确诊的银屑病

(7) 炎症性肠病:曾经或目前由医生确诊的克罗恩病或溃疡性结肠炎

(8) 对 NSAIDs 反应良好

(9) SpA 家族史阳性:直系或 2 级亲属中患有强直性脊柱炎、银屑病、葡萄膜炎、反应性关节炎或炎症性肠病等

(10) HLA-B27 阳性:经过标准的实验室技术检测阳性

(11) CRP 升高

表 8-4-2　ASAS 推荐的外周型脊柱关节炎(SpA)分类标准

患者无炎性腰背痛,有:

(1) 外周关节炎(通常为非对称性,下肢关节)

或

(2) 肌腱附着点炎(肌腱端炎)

或

(3) 指(趾)炎

加上以下任一 SpA 临床特征:

(1) 葡萄膜炎

(2) 银屑病

(3) 炎症性肠病

(4) 前驱感染

(5) HLA-B27 阳性

(6) 影像学提示骶髂关节炎(MRI 或 X 线)

或

加上以下至少 2 项 SpA 临床特征:

(1) 关节炎

(2) 肌腱附着点炎(肌腱端炎)

(3) 指(趾)炎

(4) 炎性腰背痛既往史

(5) SpA 家族史阳性

第二节　强直性脊柱炎

强直性脊柱炎(ankylosing spondylitis,AS)是 SpA 中常见的一种疾病(亚型),是一类原因未明,以中轴脊柱受累为主,可伴发关节外表现,严重者可发生脊柱畸形和关节强直的一种慢性炎症性疾病。临床上除了表现为中轴和外周关节病变,可伴眼、肺、心血管、胃肠道和泌尿生殖系统、神经系统等关节外组织和器官受累。

【流行病学】　强直性脊柱炎发病年龄通常为 10 岁到 40 岁,50 岁以后较少发病。新的研究提示男女比例约为 2∶1。

强直性脊柱炎患病率依种族的不同有些差异,我国患病率在 0.25% ~0.5% 左右,患者的 HLA-B27 阳性率约为 90%,而亚洲普通健康人群 HLA-B27 阳性率仅为 5% ~10% 左右。25% 左右的患者有明显家族性聚集患病现象。

【病因和发病机理】　强直性脊柱炎的发病机制至今未完全明了,目前认为发病与遗传、感染、环境以及免疫等多个因素有关。

(一) 遗传因素

过去研究提示,遗传因素在强直性脊柱炎的发病中占 80% ~90% 的作用。以往认为本病为一个"多基因"遗传病,后来有学者基于家族患病想象等研究,提出"寡基因"模型,2009 年我国报道部分家系符合常染色体显性遗传模型。现今认为最重要的遗传易感基因是 HLA-B27,其中 HLA-B2704 和 2705 亚型与疾病风险相关研究有较多循证医学依据。

家系分析研究提示:HLA-B27 阳性的强直性脊柱炎患者一级亲属中,HLA-B27 阳性者占 31.3%,其患病风险性高出正常家庭对照组的 10.8 倍。HLA-B27 阳性的同卵双生子患病一致率是 63% ~75%,而 HLA-B27 阳性的异卵双生子患病一致率为 12.5% ~23%。

强直性脊柱炎的群体发病率与人群中 HLA-B27 的阳性率有关。如日本人群 HLA-B27 阳性率为 0.5%,发病率仅为 0.006%;加拿大海达族人 HLA-B27 高达 50%,发病率也增至 4.3%。此外,不同地区和种族的强直性脊柱炎患者 HLA-B27 阳性率也存在差异,如我国患者的 HLA-B27 阳性率达 90%,欧美白种人患者 HLA-B27 阳性率为 79% ~100%,美国黑种人患者 HLA-B27 阳性率为 57%。

但是研究提示 HLA-B27 只能解释 20% ~40% 的 AS 遗传致病性,此外非 MHC 区的 AS 易感基因如 ERAP1、IL-23R 和 AN06 等与强直性脊柱炎的发病的相关机制值得进一步研究。

(二) 感染因素

目前认为强直性脊柱炎的发病相关环境因素可能与感染有关,研究显示泌尿生殖道的沙眼衣原体、志贺菌、沙门菌和肠道的结肠耶尔森菌为常见的病原体。推测这些病原体通过分子模拟机制引起炎症,而 HLA-B27 抗原则作为抗原呈递分子,与感染相关的致病机制有关。

(三) 免疫炎症因子

迄今发现有 100 多种细胞因子和趋化因子参与了强直性脊柱炎的炎症级联反应,引起炎症和新骨形成为主要表现的慢性进行性关节炎症。其中包括肿瘤坏死因子(TNF)、白介素-1、白介素-23、白介素-6 和白介素-17 等,其中 INF-α 拮抗剂已在临床中用于强直性脊柱炎的治疗显示有较好的缓解炎症作用。

(四) 骨代谢变化

强直性脊柱炎在疾病演变过程中,骨代谢变化主要是以新骨形成,脊柱"骨桥"的出现及脊柱、骶髂和髋关节的强直为标志性特征,新骨形成的部位常发生在肌腱端,即韧带附着骨质的部位,出现的骨赘可造成关节的融合、强直,有关机制还不明确。此外,强直性脊柱炎也常出现骨质疏松和骨折,可能与炎症、药物、遗传、物理因素和疾病晚期的活动受限等有关。

【病理】 强直性脊柱炎的基本病理变化是肌腱附着点炎,即关节囊、肌腱和韧带的骨附着点炎症细胞浸润,反复发生附着点非特异性炎症、纤维化以及骨组织修复。在跟腱部位可导致跟腱炎、韧带骨赘形成。在脊柱的病理改变也是主要集中于韧带骨附着点,形成韧带骨赘,相邻椎体形成骨桥,最终成为"竹节样脊柱";此外椎间盘边缘椎体侵蚀、增生和纤维化,也可导致椎骨终板破坏、韧带骨赘形成和椎体方形变。

此外,强直性脊柱炎患者的骶髂关节可表现为滑膜炎,组织活检可见有淋巴细胞、浆细胞浸润,继而出现软骨变性、破坏变薄,软骨下骨质破坏、肉芽组织增生和纤维化,最后关节间隙消失,出现关节融合和骨性强直。

强直性脊柱炎外周关节病理变化以非特异性滑膜炎为主,关节外表现则包括前葡萄膜炎、虹膜睫状体炎、主动脉根炎、肺纤维化等。

【临床表现】 本病是一种累及脊柱和外周关节的慢性炎症,常表现为颈、胸、腰椎和骶髂关节的慢性炎症和骨化,伴或不伴髋关节受累。起病隐匿,发展缓慢,发病年龄多在 10~40 岁,以 20~30 岁为高峰,16 岁以前发病者称幼年型 AS,45~50 岁以后发病者称晚发型 AS,两种特殊类型的临床表现常不典型。

(一)症状

强直性脊柱炎的全身表现多数较轻微,少数重症患者可有发热、贫血、乏力、消瘦、厌食或其他器官受累症状。

1. 关节表现 早期主要症状为下腰骶部疼痛不适、晨僵,也可表现为单侧、双侧或交替性臀部、腹股沟酸痛,症状可向下肢放射。少数患者以颈、胸痛为首发表现。症状在静止、休息时加重,活动后可以减轻。早期症状可缓解和加重交替出现,常持续大于 3 个月,对非甾体抗炎药反应良好(用药 24 至 48 小时内显著改善)。晚期出现腰椎各方向活动受限和胸廓活动度减少,最终多数患者整个脊柱自下而上逐渐发生强直。

(1)炎性下腰背痛:是强直性脊柱炎腰背痛特征,表现特征包括:①隐匿发病,夜间腰背痛及休息痛,活动后可以缓解;②交替性左右臀区痛,臀部深层隐痛;③晨僵,可发生在腰骶部、脊柱及其他关节(参考上述 ASAS 定义的 IBP)。腰背痛累及骶髂关节、腰椎、胸椎和颈椎,5% 的患者腰痛从胸腰段开始并向上下扩展,3% 从颈椎开始向下扩展,90% 从骶髂关节开始向上扩展。随着病情进展,多数整个脊柱自下而上发生强直,并可出现腰椎前凸消失、驼背畸形、颈椎活动受限和扩胸受限。

(2)外周关节炎:外周关节炎也是本病常见临床表现之一,主要是下肢大关节非对称性炎症,多累及膝关节、髋关节、踝关节和肩关节,较少累及肘和腕关节,表现为关节痛和关节肿胀和晨僵。30% 左右髋关节受累者表现为臀部、腹股沟或大腿内侧疼痛,继之多数患者该关节会出现活动受限并骨性强直,预后差。

(3)肌腱端炎:肌腱末端炎性肿痛是强直性脊柱炎特征性病理改变之一,好发于足跟、足掌部,也可见于膝关节、胸肋连接、脊椎骨突、髂嵴、大转子和坐骨结节等部位,表现为受累部位肿痛。手指或足趾的肌腱端炎常称为腊样指(趾)。

2. 关节外表现 本病除累及脊柱和外周关节外,还可累及关节外其他器官:

(1)眼部病变:30% 左右的患者可在病程中出现眼部症状,如前葡萄膜炎、结膜炎,表现为眼痛、红、畏光、流泪、视物模糊,通常累及双侧,双眼先后发病并且交替复发。病情常为自限性,与强直性脊柱炎疾病活动无明显相关。

(2)心血管病变:2%~10% 的患者有心血管系统表现,主要累及主动脉根部、传导系统,表现为升主动脉炎、主动脉瓣关闭不全、心脏扩大及传导障碍,偶有心包炎及心肌炎。可出现胸闷、心悸等症状。

(3)肺部病变:强直性脊柱炎肺部受累多见于疾病后期,主要有间质性肺炎,胸廓硬变和肺上部囊性纤维化,可表现为胸痛、胸闷、气短,偶伴咳嗽、咳痰。

(4) 肾脏病变:强直性脊柱炎肾脏受累约为10%~35%,病理类型主要为继发肾淀粉样变和IgA肾病,可引起蛋白尿、血尿和肾功能不全等。

(5) 神经系统病变:主要是慢性蛛网膜炎,形成蛛网膜憩室压迫马尾神经和脊髓圆锥,表现为马尾综合征和腰骶神经受损症状。

(6) 皮肤黏膜病变:强直性脊柱炎皮肤黏膜受累相对于其他脊柱关节炎亚型少见,可有结节性红斑、溢脓性皮肤角化病、结膜炎和口腔溃疡等症状。

(7) 胃肠道病变:患者的胃肠道症状与疾病本身的胃肠道炎症、黏膜免疫有关,也可能与非甾体抗炎药的不良反应有关,主要有食欲缺乏、恶心、呕吐、腹泻、便血和腹痛等。

(二)体征

强直性脊柱炎的常见体征为骶髂关节和脊柱和胸廓活动度减低,肌腱端的压痛等。主要的骶髂关节和脊柱检查方法包括:

(1) Schober试验:患者直立,在双侧髂后上棘连线中点及向上10cm作出标记点,嘱患者双膝直伸,弯腰至脊柱最大前屈度,测量上下二点间的距离,增加少于5cm为阳性。

(2) 指地距:患者双膝直伸,弯腰至脊柱最大前屈度,测量指尖到地面的距离,正常值为0cm。

(3) 脊柱侧弯:患者直立位,充分侧屈脊柱,测量直立位与充分侧屈后中指尖垂直于地面下降的距离。

(4) 胸廓活动度:患者直立,测量在第4前肋间水平的深呼气和深吸气之胸围差,小于2.5cm为异常。

(5) 枕墙距:患者背靠墙直立,收颏,眼平视,测量其枕骨结节和墙壁之间的距离。正常时该距离为0cm,而在颈活动受限和(或)胸椎段后凸畸形者该间隙增大。同一姿势可测定耳郭与墙的水平距离,为耳壁距。

(6) Patrick(4字)试验:患者仰卧,一侧膝屈曲将足跟置于对侧伸直的膝关节上,检查者一手压直腿侧髂嵴,另一手下压屈曲的膝关节。如屈膝侧髋关节出现疼痛,提示屈腿侧髋关节病变。

【实验室和辅助检查】

(一)实验室检查

1. HLA-B27   90%以上的患者HLA-B27阳性。注意HLA-B27阳性只能增加诊断的可能性。HLA-B27阴性患者也不能排除AS可能。

类风湿因子(RF)和抗核抗体(ANA)阴性。

2. 红细胞沉降率(ESR)和C反应蛋白(CRP)   ESR和CRP在多数强直性脊柱炎患者疾病活动期增高,对判断患者病情活动和评估治疗效果有重要意义。

3. 其他   检测患者的血尿常规、肝肾功能、细胞因子、骨代谢指标等,对评估患者的病情和用药有一定意义。

(二)影像学检查

1. X线检查   具有诊断意义。

(1) 骶髂关节:本病最常累及骶髂关节,典型的骶髂关节炎可表现为关节面模糊、骨质侵蚀、硬化、关节间隙变窄甚至融合。

1966年制定的强直性脊柱炎纽约标准中,对骶髂关节病变X线病变进行了明确分级。X线骶髂关节炎分级标准(0~Ⅳ):0级为正常;Ⅰ级可疑;Ⅱ级为轻度异常,可见局限性侵蚀、硬化,但关节间隙正常;Ⅲ级为明显异常,存在侵蚀、硬化、关节间隙增宽或狭窄、部分强直等1项或1项以上改变;Ⅳ级为严重异常,表现为完全性关节强直。

（2）脊柱：强直性脊柱炎通常是由骶髂关节自下而上发展而来，最终累及全脊柱，主要有：椎体方形变、椎体周围韧带钙化、椎体侵蚀、脊柱"竹节样"变和脊柱生理曲度改变等，脊椎骨突关节常有侵蚀。

（3）外周关节：30%～50%的患者可累及髋关节，出现骨质破坏、髋关节间隙变窄、强直、关节脱位等。此外，盂肱关节、肩锁关节、胸锁关节、膝关节、踝关节等均可受累。

2. 磁共振检查　骶髂关节和脊柱的磁共振成像（MRI）检查用增强的压脂（T2）能显示骨髓水肿、脂肪沉积等急慢性炎症改变，T1 不压脂可见关节和骨髓的脂肪沉积以及周围韧带骨质破坏等结构改变，对强直性脊柱炎的早期诊断尤为重要。

3. CT 检查　CT 检查较 X 线检查分辨率高，对骶髂关节炎的诊断较敏感；但 CT 检查射线量大，目前较少用于强直性脊柱炎的诊断。

4. 其他　超声可用于患者肌腱端、滑囊及外周关节病变的检查；骨密度检查可反映骨质疏松程度、预测骨折风险，指导骨质疏松的治疗；此外，还可进行关节腔穿刺、滑膜活检等。

【诊断和鉴别诊断】

（一）诊断

目前临床诊断还采用 1984 年修订的强直性脊柱炎纽约分类标准，内容包括：

（1）临床标准：①腰背痛、晨僵 3 个月以上，疼痛随活动改善，休息后无缓解；②腰椎额状面和矢状面活动受限；③胸廓活动度低于同年龄、同性别健康人群的正常参考值。

（2）放射学标准：双侧≥Ⅱ级或单侧Ⅲ～Ⅳ级骶髂关节炎（骶髂关节炎分级同 1966 年纽约标准）。

（3）诊断：①肯定 AS：符合放射学标准和至少 1 项临床标准者；②可能 AS：符合 3 项临床标准，或符合放射学标准而不伴任何临床标准者。

2009 年来，ASAS 推荐的 SpA 中轴型和外周型的分类诊断标准也广泛应用于临床，其中，中轴型 SpA 包含了符合上述 1984 年修订的强直性脊柱炎分类标准的病人，除此之外，中轴型 SpA 也涵盖 X 线没有达到 1984 年标准，但 MRI 骶髂关节炎症阳性或阴性（但 HLA-B27 阳性），且伴有 1～2 项 SpA 临床特征的病人（参考上述 SpA 描述）。

（二）鉴别诊断

1. 脊柱关节炎其他亚型　本病与脊柱关节炎其他亚型在临床症状、体征及实验室检查上均各有其特点，应根据患者的发病年龄、关节炎特点、伴随表现等综合分析进行鉴别（表8-4-3）。

2. 类风湿关节炎　本病女性多见，发病高峰为 30～50 岁，主要侵犯外周关节，以多发性、对称性的手指近端和掌指小关节受累为主。可伴有类风湿结节、血管炎等多系统受累的表现。患者多有类风湿因子和抗 CCP 等自身抗体阳性，较少出现骶髂关节病变。

3. 弥漫性特发性骨肥厚（DISH）综合征　一种特殊类型的骨关节炎，该病 50 岁以上肥胖男性多发，患者表现为脊柱疼痛、僵硬，逐渐加重并出现脊柱活动受限。临床症状和 X 线表现与AS 相似。但是，该病晨起僵硬感不加重；X 线可见前纵韧带肥厚钙化；经常可见连接至少四个椎体的骨赘形成，而骶髂关节和脊椎骨突关节无侵蚀；CRP、ESR 正常，HLA-B27 阴性。

4. 致密性骨炎　本病青年女性多发，表现为慢性腰骶部疼痛和僵硬。临床检查除腰部肌肉紧张外无其他异常。诊断主要依靠 X 线平片，其典型表现为在髂骨沿骶髂关节之中下 2/3 部位有明显的骨硬化区，呈三角形者尖端向上，密度均匀，一般不侵犯骶髂关节面，无关节狭窄或破坏，与 AS 不同可进行鉴别。

5. 其他　慢性腰背痛和僵硬是临床常见症状，多种原因均可引起，如外伤、退行性变、脊柱侧凸、骨折、感染、骨质疏松和肿瘤等，需注意鉴别，可行 HLA-B27、ESR、CRP 及影像学等检查。

表 8-4-3 AS 与脊柱关节炎其他亚型的临床特征比较

	强直性脊柱炎	银屑病关节炎	炎性肠病关节炎	幼年脊柱关节炎	反应性关节炎
性别	男>女	女≥男	女=男	男≥女	男=女
发病年龄	青壮年	任何年龄	任何年龄	<16 岁	任何年龄
发病方式	缓	不定	不定	不定	急
葡萄膜炎	+	+	+	++	++
尿道炎	+	−	−	−	+
外周关节炎	下肢常见	上肢>下肢	下肢>上肢	上肢或下肢	下肢>上肢
骶髂关节炎	100%	20%	<20%	<50%	50%
HLA-B27	90%	20%	5%	20%	90%
肌腱端炎	++	+	±	+	±
结膜炎	+	+	+	+	+
皮肤病变	−	+++	−	−	−
黏膜病变	−	−	+	−	−
脊柱受累	+++	+	+	+	+

【治疗】 2010 年国际脊柱关节炎专家评估协会(ASAS)/欧洲抗风湿病联盟(EULAR)对强直性脊柱炎的最新治疗和管理建议如下,总的原则是:①AS 是一种临床表现多种多样的有潜在严重性的疾病,通常需要风湿科医生协调多学科综合治疗;②AS 治疗的主要目的是:通过控制症状和炎症,防止关节结构的进行性破坏,保存或使患者功能和参与社会能力正常化,从而最大程度地提高生活质量;③AS 的治疗应该着眼于对患者最好的照顾,而且必须基于患者和风湿科医生之间充分交换意见的基础上;④AS 的治疗需要药物治疗和非药物治疗方法的结合。

有关主要细节描述如下:

(一)非药物治疗

AS 患者非药物治疗的里程碑是患者教育、规律锻炼和物理治疗。AS 的健康教育包括用药指导、饮食指导、心理指导、自我护理和运动锻炼等,如睡硬板床,多取低枕仰卧位,保持良好姿势,严格戒烟。针对脊柱、胸廓、髋关节的锻炼较为有效,但需避免过度负重和剧烈运动。此外,超声波、磁疗、热疗、电疗等可缓解关节肿痛,可选择性使用。

(二)药物治疗

1. 非甾体抗炎药(NSAIDs) 2010 年 ASAS/EULAR 推荐 NSAIDs 作为有疼痛和晨僵症状的患者的一线用药;对于有持续活动性症状的患者倾向于 NSAIDs 维持治疗。NSAIDs 使用的基本原则是:品种个体化,剂量个体化,不联用,高危人群慎用。使用 NSAIDs 应考虑胃肠道、心血管和肾脏等的风险,在有高胃肠道风险的患者中,可选用非选择性 COX-2 抑制剂类 NSAIDs 加胃黏膜保护剂,或选用选择性 COX-2 抑制剂类 NSAIDs。对于 NSAIDs 治疗效果不好、有禁忌证和(或)不能耐受的患者,可以考虑应用对乙酰氨基酚和阿片类镇痛药。

2. 缓解病情抗风湿药(DMARDs) 对于单纯的中轴关节病变,没有证据证实 DMARDs 如柳氮磺吡啶、甲氨蝶呤有效,对外周关节炎患者可考虑应用柳氮磺吡啶。

3. 肿瘤坏死因子(TNF)拮抗剂 包括依那西普(etanercept),英夫利西单抗(infliximab),阿达木单抗(adalimumab)。

根据 2010 年 ASAS/EULAR 的推荐,对于持续高疾病活动性的患者,无论是否应用传统治疗,都应该给予抗 TNF 治疗;没有证据支持在中轴疾病的患者应用抗 TNF 治疗之前或治疗期间

Notes

需要同时使用 DMARDs;没有证据表明各种 TNF 拮抗剂在治疗中轴、外周关节和肌腱端疾病表现的疗效方面有差异,但是在炎症性肠病中的疗效差异应该考虑;对于一种抗 TNF 治疗无效的患者,换用第二种 TNF 拮抗剂可能会有效;至今无证据显示靶向 TNF 的拮抗剂之外的生物制剂对 AS 有效。

临床上还期待潜在的新的靶向有效的治疗 AS 和 SpA 的生物制剂结果。

4. 糖皮质激素　对于肌肉骨骼的炎症可考虑予以局部直接注射激素;循证医学证据不支持全身应用激素治疗中轴关节病变。对于关节外受累的病人如患有眼炎时,可考虑短期全身用药。

5. 其他　我国的临床医生治疗经验中,在上述药物治疗不能改善病情和满意控制症状时,也有使用如雷公藤类等植物药以及试用一些其他的药物,但还需更多的临床试验依据来确定它们的疗效和不良反应。

近年来,对 AS 伴随的骨质疏松的预防和治疗,以及心血管等关节外受累病人的规范监测和治疗也强调要包含在综合的治疗措施中,相应的药物也要规范使用。

(三) 外科手术治疗

对于髋关节病变导致难治性疼痛或关节残疾及有放射学证据的结构破坏,无论年龄多大都应该考虑全髋关节置换术。对于有严重残疾畸形的脊柱受累患者可以考虑脊柱矫形术。在急性脊柱骨折的 AS 患者中应该进行脊柱手术。

【预后】　强直性脊柱炎一般不会影响寿命,临床表现的轻重程度差异较大,轻症患者可保持工作和生活能力,但不规范治疗患者常会发展成严重的脊柱和关节畸形,影响生活和工作,甚至致残。病情进展快,预后不良的相关因素主要是髋关节受累、HLA-B27 阳性、ESR 和 CRP 持续增高以及幼年起病。此外吸烟、诊断延迟、治疗不及时和不合理者预后差,应强调在专科医师指导下长期随诊和规范治疗。

(古洁若)

推荐阅读文献

1. Firestein G,Budd R,Gariel S. Kelley's Textbook of Rheumatology. 9th ed. 2012
2. 古洁若. 脊柱关节炎与强直性脊柱炎. 北京:科学出版社,2013

Notes

第五章 系统性血管炎

要点：

1. 血管炎是以血管的炎症与破坏为主要病理改变的一组异质性疾病。

2. 系统性血管炎临床上因受累血管的类型、大小、部位及病理特点不同而表现各异。

3. 目前主要根据受累血管的大小、病因、组织病理、发病机制和有无继发因素等对系统性血管炎进行命名和定义。

血管炎（vasculitis）是以血管的炎症与破坏为主要病理改变的一组异质性疾病，其临床表现因受累血管的类型、大小、部位及病理特点不同而表现各异（图 8-5-1）。鉴于血管炎的复杂性和多样性，可称之为血管炎综合征（vasculitic syndromes）。由于常见的血管炎多引起系统损害，故又称为系统性血管炎（systemic vasculitis）。此外，系统性红斑狼疮、类风湿关节炎、肿瘤、感染、药物等也常出现血管炎，为继发性血管炎。

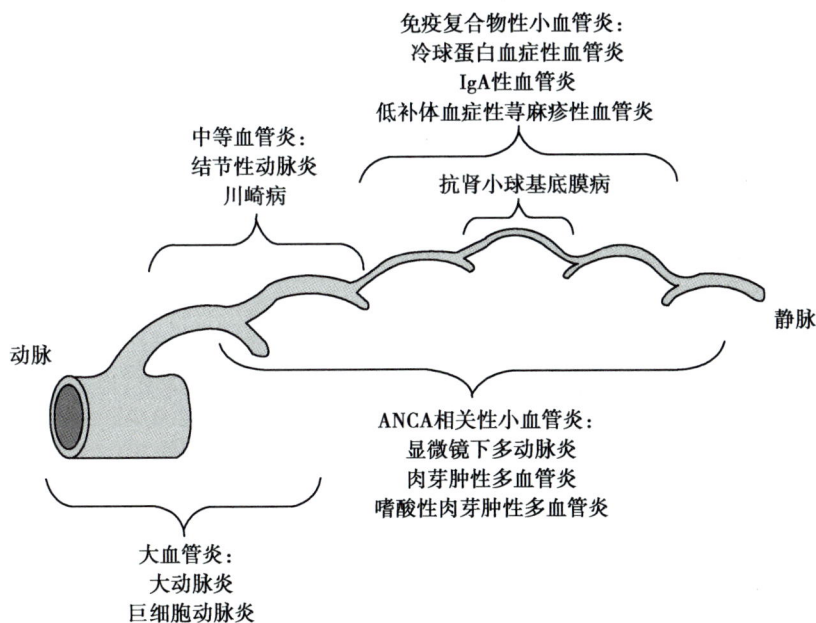

图 8-5-1 系统性血管炎的分类

目前对血管炎分类仍不统一。2012 年 Chapel Hill 会议再次对血管炎的命名和定义进行了修改（表 8-5-1），新增了变异性血管炎、单器官性血管炎和继发性血管炎的定义（其中继发性血管炎包括与系统性疾病相关的血管炎和与可能病因相关的血管炎）。

表 8-5-1   2012 Chapel Hill 会议关于系统性血管炎的命名及其定义

一、大血管的血管炎(LVV)

主要累及大动脉(主动脉及其主要分支)的血管炎,可累及所有血管

1. 大动脉炎   常为肉芽肿性动脉炎,主要累及主动脉及其主要分支,好发于年龄<50 岁的患者

2. 巨细胞动脉炎   常为肉芽肿性动脉炎,主要累及主动脉及其主要分支,尤其是颈动脉系统和椎-基底动脉系统,常累及颞动脉,好发于年龄>50 岁的患者,常与风湿性多肌痛伴发

二、中等血管的血管炎(MVV)

主要累及中等动脉(器官动脉主干及其分支),任意大小动脉均可累及,常并发炎性动脉瘤及动脉狭窄

1. 结节性多动脉炎   累及中、小动脉的坏死性动脉炎,但没有肾小球肾炎以及微动脉、毛细血管和小静脉的血管炎,与 ANCA 不相关

2. 川崎病   与皮肤黏膜淋巴结综合征密切相关的动脉炎,主要累及中小动脉,尤其是冠状动脉,主动脉和大动脉也可累及,几乎只发生于婴幼儿

三、小血管的血管炎(SVV)

主要累及小血管(小动脉、微动脉、毛细血管、小静脉)的血管炎,中等动脉、静脉也可累及

(一) ANCA 相关性血管炎(AAV)

主要累及小血管,无/寡免疫复合物沉积的坏死性血管炎,与 MPO-ANCA 及 PR3-ANCA 密切相关

1. 显微镜下多血管炎   多累及小血管的坏死性血管炎,伴无/寡免疫复合物形成,也可累及小-中等动脉,坏死性肾小球肾炎及出血性肺泡炎常见,不出现肉芽肿性炎

2. 肉芽肿性多血管炎(GPA,原称韦格纳肉芽肿)   主要累及上、下呼吸道的坏死性肉芽肿性血管炎,累及中、小血管,坏死性肾小球肾炎常见

3. 嗜酸性肉芽肿性多血管炎(EGPA,原称 Churg-Strauss 综合征)   主要累及呼吸道的伴嗜酸性粒细胞浸润的坏死性肉芽肿性血管炎,累及中、小血管,伴有哮喘和嗜酸性粒细胞增多。有肾小球肾炎时 ANCA 更易出现阳性

(二) 免疫复合物性小血管炎

以免疫球蛋白或补体沉积于血管壁为特征的小血管炎,肾小球肾炎受累常见

1. 抗肾小球基底膜病   主要累及肺、肾毛细血管,并有抗肾小球基底膜抗体在肾小球基底膜上沉积的血管炎。肺受累可引起出血性肺泡炎,肾受累可引起新月体性肾炎和血管祥坏死

2. 冷球蛋白血症性血管炎(CV)   以冷球蛋白在小血管中沉积及血清中出现冷球蛋白为特征的血管炎。主要累及皮肤、肾脏和周围神经

3. IgA 性血管炎(即过敏性紫癜,IgAV)   以 IgA 为主的免疫复合物沉积为特征的小血管炎。主要累及皮肤、消化道、关节,肾脏病变,与 IgA 肾病难以鉴别

4. 低补体血症性荨麻疹性血管炎(HUV,即抗 C1q 性血管炎)以荨麻疹及低补体血症为主要特征的小血管炎,血清中出现抗 C1q 抗体。常出现肾脏受累、关节炎、阻塞性肺疾病、眼炎

四、变异性血管炎(VVV)

可累及任意大小(大、中、小)和任意种类血管(动脉、静脉、毛细血管)的血管炎

1. 白塞病   动脉和静脉均可累及。以复发性口腔及生殖器溃疡,伴有皮肤、眼、关节、消化道、中枢神经系统受累的系统性炎症性疾病,可出现小血管炎、血栓性脉管炎、血栓栓塞症、动脉炎、动脉瘤等

2. 科根综合征(CS)   以眼、内耳受累为主要特征的血管炎,包括间质性角膜炎、葡萄膜炎、巩膜炎、感音神经性耳聋、前庭功能障碍,可出现动脉炎、主动脉炎、动脉瘤、心脏瓣膜受累

五、单器官性血管炎(SOV)[a]

局限在单一器官或系统的血管炎(包括任何大小的动脉和静脉),且没有证据表明是系统性血管炎累及该器官的表现,器官中病灶可以为单发或多发性。命名中应包括受累器官和血管的种类,某些患者病程初期可表现为 SOV,而后逐渐发展成系统性血管炎

六、与系统性疾病相关的血管炎[b]

与某一系统性疾病相关或继发于某一系统性疾病的血管炎。命名中应包含该系统性疾病

七、与可能的病因相关的血管炎[c]

与某一可能的特殊病因相关的血管炎。命名中应明确指出可能的病因

注:a 包括皮肤白细胞破碎性血管炎、皮肤动脉炎、原发性中枢神经系统性血管炎、孤立性主动脉炎;b 包括狼疮性血管炎、类风湿性血管炎、结节病性血管炎;c 包括丙型肝炎病毒相关性冷球蛋白血症性血管炎、乙型肝炎病毒相关性血管炎、梅毒相关性主动脉炎、血清病相关性免疫复合物性血管炎、药物相关性免疫复合物性血管炎、药物相关性 ANCA 相关性血管炎、肿瘤相关性血管炎

Notes

第一节 大动脉炎

> **要点**:
>
> 1. 大动脉炎在我国较为常见,多见于青壮年女性。
>
> 2. 大动脉炎是主要累及主动脉及其分支的全层动脉炎,主要表现为全身非特异性炎症和不同部位的血管狭窄或闭塞导致的组织或器官缺血。
>
> 3. 血管彩色多普勒、磁共振显像和血管造影对评价受累血管部位和狭窄程度有重要意义。
>
> 4. 糖皮质激素和免疫抑制剂是治疗大动脉炎的常用药物,对于难治性患者也可采用肿瘤坏死因子拮抗剂、白介素 6 拮抗剂治疗。必要时在病情稳定期可以行介入或手术治疗。

大动脉炎(Takayasu's arteritis,TA)又称高安病、无脉症、主动脉弓综合征等,是指主动脉及其分支的慢性进行性非特异性炎症引起血管不同部位的狭窄或闭塞。大动脉炎主要累及主动脉弓及其分支,其次为降主动脉、腹主动脉和肾动脉,为全层动脉炎。临床表现主要包括非特异性炎性症状和血管狭窄或闭塞后导致的组织或器官缺血两组症状。本病多见于青壮年女性,发病的高峰年龄在15 ~ 30 岁,起病年龄多在 40 岁以下,一般不超过50 岁,据国外报道患病率约1.2 ~ 2.6/100 万。

【病理】 大动脉炎呈全层动脉炎,病变由外膜逐渐发展至内膜。病理可见内膜因结缔组织增生和纤维化而增厚,使管腔狭窄。内膜有糜烂和坏死,病程长者呈纤维化和钙化。中膜的弹力纤维和平滑肌组织变性、坏死、断裂或消失,造成管壁囊性扩张或由纤维肉芽组织代替。外膜亦呈纤维性增厚。在动脉壁全层均可见有淋巴细胞、单核细胞和浆细胞的浸润。

【临床表现与临床分型】 起病隐匿,部分患者因血压升高、血沉升高或颈痛等来就诊,更多患者诊断时常常有严重脏器缺血表现,如头晕、晕厥、桡动脉脉搏消失、胸闷、气急等。

临床上主要是非特异性炎性表现和局部动脉闭塞所致的缺血表现。

(一)非特异性炎性表现

绝大多数患者在出现缺血症状前并无明显的全身症状。部分患者在出现组织或器官缺血症状前数周至数月有较为明显的炎性症状,如乏力、发热、食欲缺乏、体重下降、盗汗等。一旦出现明显的系统炎性表现则提示病情的急剧加重。

(二)局部动脉闭塞所致的缺血表现

最常见的体征为因肱动脉、桡动脉、颈动脉及足背动脉狭窄或闭塞引起的单侧或双侧脉搏减弱或消失,单侧受累或一侧病变更严重时常伴有双侧血压不对称,其他常见的临床表现有上肢或下肢运动障碍、动脉血管杂音和头晕,甚至出现视力减退和脑卒中。

大动脉炎的具体表现因受累部位不同而差异较大,临床按病变部位不同而分 5 种类型:头臂动脉型(主动脉弓综合征),胸-腹主动脉型,主-肾动脉型,混合型和肺动脉型。

1. 头臂动脉型(主动脉弓综合征) 主要累及主动脉及其头臂动脉分支。

(1) 颈动脉或椎动脉狭窄和闭塞:引起脑和头面部不同程度缺血的症状。轻者仅表现头晕、头痛、眩晕、失眠、记忆力下降、视力下降等,重者可出现失明、失语、晕厥、偏瘫、抽搐、昏迷,甚至死亡。也可出现鼻中隔穿孔、上颚和外耳溃疡、牙齿脱落和面肌萎缩等。

(2) 上肢缺血:可表现麻木、无力、酸痛、肌肉萎缩、脉搏减弱或出现无脉症,双臂血压(指收缩压)相差大于 1.33kPa(10mmHg),单侧或双侧上肢血压下降,甚至测不到血压,而下肢血压则正常或增加。

(3) 少数患者出现锁骨下动脉窃血综合征(subclavian steal syndrome),主要表现为患侧上肢活动时发生一过性头晕或晕厥;少数病人可在颈动脉或锁骨下动脉听到血管杂音。

2. 胸-腹主动脉型　病变位于胸、腹主动脉及其分支,尤其是腹主动脉和两侧髂总动脉。

(1) 下肢缺血:出现下肢无力、疼痛、温度降低、间歇性跛行、下肢脉搏减弱或消失、下肢血压下降等。

(2) 肠系膜血管狭窄:可出现腹痛、腹泻、便血、肠功能紊乱、甚至肠梗阻。严重者出现节段性肠坏死;查体可在腹部或背部闻及收缩期血管杂音。

3. 主-肾动脉型　主要累及降主动脉及肾动脉。肾动脉狭窄可引起肾血管性高血压、肾衰竭。伴有高血压者可有头痛、头晕、心悸。由于下肢缺血也可出现下肢无力、间歇性跛行、下肢脉搏减弱或消失等。

4. 混合型(广泛型)　具有上述三种类型中两种以上的临床表现,多数患者病情较严重。此型病变广泛,病情较重,预后较差。

5. 肺动脉型　约10% ~40%的患者有肺动脉病变,本型常与主动脉炎合并受累。临床可有心悸、气短、咯血。晚期可出现肺动脉高压。肺动脉瓣区可闻及收缩期杂音和肺动脉第二音亢进。

6. 其他　少数患者病变累及冠状动脉可发生心绞痛或心肌梗死。高血压为本病重要临床表现,尤其是舒张压升高明显。高血压可引起左室肥厚或扩张,导致心力衰竭。血管杂音为另一常见体征,约1/4患者于背部脊柱两侧或胸骨旁可闻及收缩期血管杂音,约80%患者于上腹部可闻及2级以上高调的收缩期血管杂音。合并主动脉瓣关闭不全者,可于主动脉瓣区闻及舒张期杂音。

【实验室和辅助检查】

(一) 实验室检查

主要提示非特异性炎症反应,如血沉和C反应蛋白升高、正细胞正色素性贫血、轻度血小板升高、血清 a2 或 γ 球蛋白增高等。少数患者抗核抗体或类风湿因子阳性。C反应蛋白升高是本病活动的一项重要指标。

(二) 血管造影

是目前诊断大动脉炎最有效的检查,它能确定受累血管部位和血管狭窄的程度,是诊断本病的"金标准"。但是血管造影是一种创伤性检查,也不能发现血管壁病变。

(三) 血管彩色多普勒超声

超声波对颈动脉、腹腔动脉、股动脉等血管狭窄的诊断具有较高的特异性和敏感性,可达到血管造影的效果,同时能区别血管壁的增厚、水肿或管腔内血栓。

(四) 计算机断层扫描血管造影(CTA)和磁共振显像(MRI)

CTA 能清晰地显示血管壁增厚、管腔狭窄和管壁钙化,与动脉硬化进行鉴别。MRI 可显示血管的病变部位和范围,显示管壁增厚、水肿和管腔狭窄情况,评价管壁的炎症,可用于患者病情的随访和评估。

(五) 正电子发射型计算机断层显像/计算机断层扫描(PET/CT)

在炎症活动期患者中标准摄取值(standard uptake value,SUV)明显升高,可以早期发现血管壁的炎症活动、评估 TA 患者血管炎症范围。

(六) 大动脉活检

病理为肉芽肿性改变,阳性率约1/3,活检阴性不能否定诊断。

【诊断】　可依据美国风湿病学会(ACR)诊断(分类)标准:符合下表中三项或三项以上者

可诊断为大动脉炎(表8-5-2)。

表8-5-2 美国风湿病学会大动脉炎诊断(分类)标准

条 目	定 义
发病年龄≤40岁	40岁前出现与大动脉炎有关的症状或体征
肢体缺血	活动时一个或多个肢体尤其是上肢出现逐渐加重的无力和肌肉不适
肱动脉脉搏减弱	一侧或双侧肱动脉脉搏减弱
血压差>10mmHg	上肢间收缩压相差>10mmHg
锁骨下动脉或主动脉区杂音	一侧或双侧锁骨下动脉或腹主动脉区可听及的血管杂音
血管造影异常	主动脉及其分支、上下肢大血管的局部或节段性狭窄或闭塞,除外动脉硬化、动脉纤维肌肉发育不良等病因

6条标准中出现3条或3条以上诊断大动脉炎的敏感度和特异度分别是91%或98%

【鉴别诊断】 需与可累及大血管的血管炎包括巨细胞动脉炎、白塞病、Cogan's综合征,以及IgG4相关性疾病、强直性脊柱炎、先天性主动脉缩窄、动脉肌纤维发育不良、先天性主动脉发育不良、梅毒性主动脉炎、动脉粥样硬化病变等鉴别。

【治疗】 大动脉炎的血管病变,从肉芽肿性炎症发展到纤维性内膜增生,甚至到闭塞之前,缺乏特异性的症状,仅有发热等非特异性表现,导致病人错过治疗机会,待出现血管闭塞症状时,药物治疗已难以逆转。所以临床治疗时需选用抗炎作用强,耐受性好的药物,并长期使用。血管闭塞者可考虑血管成形术等。急性期或活动期(症状进展及血沉增快)可用:

1. 糖皮质激素 激素是治疗大动脉炎的基础药,但应掌握好剂量。糖皮质激素的起始用量一般为泼尼松0.5~1mg/kg,每日1次,维持3~4周后逐渐减量,剂量减至每日5~10mg时,应维持1~2年以上。

2. 免疫抑制剂 只有半数的病人对单纯激素治疗有效。因此对于有疾病进展者或减药期间病情反复者,加用免疫抑制剂治疗,常用环磷酰胺(CTX)、甲氨蝶呤(MTX),硫唑嘌呤(AZA)、霉酚酸酯(MMF)环孢素A等。急性炎症期的CTX用法一般首选连续或隔日用药。方法为每日口服CTX 100mg、隔日静脉用CTX 200mg,或每4周0.5~1.0g/m²体表面积。维持期的治疗也可选MTX 10~15mg/周或AZA50~100mg/天。

3. 阿司匹林 主要用于抑制血栓素,预防血管出现更多的血栓形成。

4. 生物制剂 近年来有较多病例报道显示,在难治性患者中联合使用抗肿瘤坏死因子拮抗剂或白介素6单抗能促进疾病的缓解。

5. 对症治疗 包括扩血管、降血压等。

6. 外科手术治疗 对缓解期、慢性期患者可以考虑外科手术治疗,包括经皮血管腔内成形术(percutaneous transluminal angioplasty,PTA)、血管内支架置入术和血管旁路手术。对于有严重颈动脉狭窄、冠脉狭窄、肾动脉狭窄及胸、腹主动脉狭窄者可行血管支架置入术和血管重建术。

【预后】 本病表现为血管壁炎症和慢性纤维化改变同步存在,部分病人需要长期的糖皮质激素治疗。TA的5年和10年生存率分别为92.9%和87.2%。其预后主要取决于高血压的程度及脑供血情况。死亡原因主要为脑出血、肾衰竭和心力衰竭。

第二节　巨细胞动脉炎

> **要点：**
>
> 1. 巨细胞动脉炎在欧美是发病率最高的一种血管炎，而在我国较为少见，主要见于老年人。
>
> 2. 巨细胞动脉炎亦是累及全层的肉芽肿性动脉炎，以侵犯颅动脉为主，典型临床表现为颞部头痛、间歇性下颌运动障碍和失明三联征。约半数合并有风湿性多肌痛。
>
> 3. 血沉和 C 反应蛋白主要反映病情活动度，颞动脉活检病理是明确诊断的关键。
>
> 4. 糖皮质激素是巨细胞动脉炎的主要治疗药物，多需要联合免疫抑制剂。

巨细胞动脉炎（giant cell arteritis，GCA）是一种以侵犯颅动脉为主的系统性坏死性血管炎。因早年发现的巨细胞动脉炎病例几乎都是颞动脉受累，伴有颞部疼痛、头皮及颞动脉触痛，因此又称为颞动脉炎。现在知道 GCA 主要累及从主动脉弓发出的动脉分支，但也可累及其他中等大小的动脉。血管炎症部位可形成肉芽肿，含有数量不等的巨细胞，故现在多称为巨细胞动脉炎或肉芽肿性动脉炎。典型的临床表现为颞部头痛、间歇性下颌运动障碍和失明三联征。GCA 是在欧美发病率最高的一种血管炎，以美国的斯堪的纳维亚人中发病率最高，而在我国较为少见。

【病因与发病机制】　GCA 的具体病因尚不清楚，可能与遗传、感染、免疫反应有关。此外，细胞黏附分子、巨噬细胞、多核巨细胞等可能参与了 GCA 的发病。

【临床表现】　主要见于 50 岁以上老人，平均年龄为 70 岁，女性占多数，男女比例为 1∶2 ~ 4。

（一）全身症状

病人常诉不适、乏力、发热、食欲缺乏、体重下降。发热通常为低热，偶可达 40℃，部分患者可有盗汗。

（二）头痛以及头皮触痛

GCA 最常见的症状，约半数以上患者以此为首发症状。GCA 的头痛具有特征性，位于一侧或双侧颞部，被患者描述为颅外的、钝痛、针刺样痛或烧灼痛，多为持续性，也可为间歇性。枕部动脉受累的患者可有枕部疼痛，并且梳头困难以及睡觉时枕部与枕头接触易感疼痛。颞动脉受累时呈突出的、串珠样改变，伴触痛，可触及搏动，但亦可血管搏动消失。

（三）间歇性下颌运动障碍

常表现为下颌运动障碍（jaw claudication），即咀嚼时咀嚼肌疼痛，该症状对 GCA 具有很高的特异性，约发生于 50% 的 GCA 患者。上颌动脉以及舌动脉受累时可以在咀嚼和说话时出现下颌关节以及舌部疼痛，少数患者可有舌坏疽。

（四）视力受损

是继发于眼动脉血管炎的最常见的症状，多数患者陈述为突发视力受损，也是较为严重的结果。GCA 眼部受累的患者可占眼科因视力受损就诊患者的 20%，而其中又有 60% 的患者可发展为失明。失明可为首发症状或在其他症状出现数周或数月后突然发生，可为双侧或单侧，如未经治疗，对侧眼可在 1 ~ 2 周内受累。约 10% 的 GCA 患者可以出现一过性黑矇，未经治疗的患者约 80% 可以发展为永久失明。

（五）大动脉受累

约 10% ~ 15% 的患者可以出现主动脉弓、胸主动脉等大动脉的受累，可在颈部、锁骨下、腋下等血管狭窄部位闻及血管杂音并可有血管触痛。大动脉受累的主要症状为上肢和下肢的间歇性运动障碍,偶尔可因锁骨下动脉窃血综合征(subclavian steal syndrome)和主动脉弓处血管狭窄出现间断的或持续性的脑缺血,极少数亦可因大脑内动脉病变引起脑缺血。腹主动脉亦可受累,GCA 可以出现腹主动脉瘤的表现以及肠坏死,但肾脏很少受累。

(六) 神经系统

约30%的患者可以出现神经系统病变,病变可能多种多样,但最常见的是神经病变、一过性脑缺血以及卒中,前者包括单神经病、外周多神经病并可影响上、下肢。

(七) 呼吸道受累

虽然 GCA 很少侵犯肺血管,但仍有 10%的患者出现显著的呼吸道受累。呼吸道症状包括咳嗽、可有痰或无痰,伴咽痛或声嘶。

(八) 骨关节

GCA 本身并无滑膜炎病变,但在膝关节,偶尔肩关节、腕关节可以出现中等量的关节积液。风湿性多肌痛(polymyalgia rheumatica,PMR)合并 GCA 时关节炎的发生率为 56%,而单纯 GCA 关节炎的发生率为 11%。

(九) 风湿性多肌痛

约40% ~60%的患者具有 PMR,20% ~40%的患者以 PMR 为首发症状。PMR 是一种以四肢及躯干近端疼痛为特点的临床综合征,表现为颈、肩胛带及骨盆带肌中2个或2个以上部位的疼痛及僵硬,持续 30 分钟或更长时间,病程多大于一个月时间,同时伴有血沉(ESR)增快,对小剂量激素治疗反应敏感。PMR 多见于 50 岁以上患者,诊断需除外类风湿关节炎、慢性感染、肌炎以及恶性肿瘤等疾病。GCA 和 PMR 在同一年龄组发病,且常见于同一患者,提示两者关系密切,但二者之间的确切关系尚不十分清楚。

【实验室和辅助检查】

(一) 动脉病理活检

选择有压痛或搏动减弱的血管行病理活检,临床上多选颞动脉。颞动脉活检阳性即可诊断,对 GCA 的特异性为 100%。病理常显示:①受累的动脉病变呈局灶性、节段性、跳跃式分布;②病变性质为肉芽肿增生性炎症;③炎症累及全层动脉,而以弹性基膜为中心;④炎症部位可见淋巴细胞、巨噬细胞、组织细胞、多形核巨细胞等浸润,而以多形核巨细胞具有特征性;⑤病变血管的内膜增生、管壁增厚、管腔变窄或闭塞,也可有局部血栓形成。

(二) 实验室检查

血沉增高;C-反应蛋白增高;轻度贫血;肌酸激酶多正常;血清 α2 或 γ 球蛋白增高,补体也常增高,而抗核抗体多阴性。实验室检查对巨细胞动脉炎的诊断无特异性。

(三) 影像学检查

彩色多普勒超声可用于诊断 GCA,22% ~30%的患者颞动脉可出现低回声晕轮征(halo sign),即血管壁的水肿,彩色超声在诊断 GCA 中敏感性达 73% ~86%,特异性 78% ~100%。GCA 患者经激素治疗后,低回声晕轮征可消失。胸主动脉和腹主动脉的 CTA 检查可帮助诊断,判断有无动脉瘤形成。

【诊断】　GCA 的临床表现多样,极易误诊或漏诊。老年人原因不明的发热及血沉增快或 PMR 症状,应考虑到 GCA。因血管病变为跳跃性,组织病理学阴性尚不能排除诊断。通常采用美国风湿病学会 1990 年的巨细胞动脉炎分类标准(表 8-5-3)。

血管炎患者诊断巨细胞动脉炎需具备上述 5 项标准中的至少 3 条。符合 5 条中 3 条或 3 条以上者可诊断为 GCA,此诊断的敏感性和特异性分别为 93.5%和 91.2%。

【治疗】　巨细胞动脉炎是一种异质性疾病,一些病人以 PMR 为突出表现,动脉炎相对较轻,无视力受损者预后较好,往往只需要小到中等剂量的激素;另一些患者血管炎症明显、有视力受损或栓塞现象者,预后较差,需要大剂量激素,或加用免疫抑制剂才能控制病情。

表 8-5-3　1990 年美国风湿病学会巨细胞动脉炎分类标准

判定标准	定　义
发病年龄≥50 岁	发生症状或体征时年龄为 50 岁或 50 岁以上
新发生的头痛	新发生的或新类型的局限性头痛
颞动脉异常	颞动脉触痛或脉搏减弱,与颈动脉硬化无关
ESR 升高	ESR≥50mm/h(魏氏法)
动脉活检异常	动脉活检显示以单核细胞为主的浸润或肉芽肿性炎症为特征的血管炎,常伴有多核巨细胞

（一）糖皮质激素

是治疗 GCA 的首选药物,剂量一般为 40～60mg/d。极少数危重患者,如近日内视力明显下降,可短期使用甲泼尼龙 500～1000mg/d 冲击治疗。病情控制后需逐渐减量,减至泼尼松每日剂量≤10mg 的小剂量维持。

（二）免疫抑制剂

部分患者单用激素不能控制病情,或在激素减量过程中病情复发,需要使用免疫抑制剂如 MTX、CTX 或 AZA。

1. 甲氨蝶呤　7.5～25mg/周,口服、肌注或静脉注射皆可。

2. 环磷酰胺　50～100mg/d 口服或 0.5～0.8g/m^2 每月静脉点滴一次。

3. 硫唑嘌呤　治疗巨细胞动脉炎也有较好疗效,治疗剂量每日 100～150mg,维持剂量每日 50～100mg。

（三）小剂量阿司匹林

如无禁忌证可用 75～150mg/d 预防缺血症状的发生。

（四）其他药物

研究发现抗肿瘤坏死因子拮抗剂虽不能减少 GCA 的复发率,但用于难治性 GCA 可减少激素的使用剂量。病例报道显示 IL-6 拮抗剂妥珠单抗(tocilizumab)的治疗可能有效。

（五）外科手术治疗

严重血管狭窄的患者可考虑球囊血管成形术。

【预后】　GCA 的视力受损通常是不可逆的,平均需治疗 2 年以上,部分患者需治疗 5 年或更多。GCA 病程大于 5 年者易合并胸主动脉瘤或动脉夹层。早期报道 GCA 合并 PMR 的老年患者病死率为 1%～12%,近年来由于早期诊断和治疗的改善,其病死率和同年龄组常人无差异。

第三节　结节性多动脉炎

要点：

1. 结节性多动脉炎可见于各个种族的各个年龄段,经典的结节性多动脉炎在我国较为少见。

2. 结节性多动脉炎是系统性坏死性血管炎的原型,为中小肌性动脉节段性受累,主要累及四肢、胃肠道、肝、肾等中等动脉以及神经滋养血管,肺以及肾小球多不受累。

3. 病理上表现为坏死性血管炎,包括纤维素样坏死、中性粒细胞浸润、动脉狭窄和动脉瘤形成。

4. 动脉造影显示动脉狭窄和(微)动脉瘤。

5. 糖皮质激素联合免疫抑制剂(环磷酰胺)是结节性多动脉炎的主要治疗方案。

结节性多动脉炎(polyarteritis nodosa,PAN)是一种罕见病,可发病于各个种族的各个年龄段,最常见于50~60岁。PAN是以中小动脉的节段性炎症与坏死为特征的非肉芽肿性血管炎,好发于血管的分叉处,导致微动脉瘤形成、血栓形成、动脉瘤破裂出血以及器官的梗死。

【病因】　PAN是一种系统性的坏死性血管炎,其病因可能是多方面的,但确切病因尚不清楚。部分病毒感染和PAN的发病可能有关,尤其是表面抗原阳性的HBV感染,还包括人类免疫缺陷病毒(HIV)、巨细胞病毒(CMV)、细小病毒B19、人类T细胞嗜淋巴病毒Ⅰ型以及丙型肝炎病毒(HCV)。除病毒外,PAN还可能和细菌感染、疫苗接种、浆液性中耳炎以及药物(安非他明)相关。细胞因子白介素-1(IL-1)和肿瘤坏死因子(TNF)参与了血管内皮细胞损伤过程,使血管痉挛收缩,发生缺血、血栓形成。

【病理】　PAN是一种分布不均一的病变,在未受影响的血管之间散在明显的坏死和炎症区域。病变血管常见动脉瘤形成,尤其是肠系膜血管。在血管壁及其周围组织间可见纤维素样坏死,其数量和中性粒细胞的数量之间存在显著相关性。主要病理表现为中、小肌层动脉中性粒细胞浸润,伴内膜增生、纤维素样坏死、血管闭塞及动脉瘤形成等,以致受累组织缺血和梗死。

【临床表现】　PAN发病高峰为40~60岁。男性发病略多于女性,PAN经常急性起病,表现为多系统受累,常伴有前驱症状,如发热、腹痛、体重下降以及关节痛等,从数周至数月不等;也有少数患者呈暴发性起病,严重者病变迅速发展,甚至死亡。在疾病初期,病情容易反复,但症状控制后,复发相对少见。PAN可累及全身小到中等血管,但最常累及四肢、胃肠道、肝、肾的中等动脉以及神经滋养血管,肺以及肾小球多不受累。

(一)全身症状

起病时,大多数患者具有急性全身症状,包括发热、乏力、食欲缺乏、体重下降、关节肿痛等。

(二)神经系统

PAN患者多有神经系统受累,包括周围神经系统和中枢神经系统。50%~70%的患者有外周神经病变,以多发性单神经炎最常见。小于10%的患者有中枢神经系统受累。另有8%的患者可以出现精神异常,主要为严重的抑郁。

(三)骨骼肌肉系统

该系统表现较常见,其中肌痛约占30%~73%,关节痛约占50%,非对称性、非破坏性的下肢大关节炎约占20%。

(四)皮肤

25%~60%患者可见皮肤受累,皮肤痛性溃疡、网状青斑、缺血、坏疽和可触性紫癜,是PAN最常见的皮肤表现。

(五)胃肠道表现

胃肠道受累是PAN最严重的表现之一,约见于34%的患者,以腹痛最常见,为持续性钝痛,进食后加重。胃肠道受累常因肠系膜动脉串珠样改变,而导致血栓形成和缺血,出现顽固性的腹痛、影响进食并导致体重下降。严重者还可有肠穿孔和出血、胰腺炎、阑尾炎以及胆囊炎以及肝梗死和脾梗死。

(六)泌尿生殖系统

约30%~60%的患者有肾脏受累,常表现为肾性高血压以及轻到中度的氮质血症。PAN的急性肾动脉坏死性血管炎可导致血栓形成和肾梗死。肾血管周围的组织受损可致动脉瘤形成,可形成多发性微动脉瘤和狭窄。动脉瘤的破裂可以引起腹膜后和腹腔内大出血。继发于肾脏瘢痕挛缩的慢性肾衰竭可以在PAN治愈后的数月或数年发生。此外,睾丸受累多见,约占

25%,多表现为睾丸疼痛,少数有前列腺炎。

（七）心血管系统

约10%~30%的患者可有心脏受累,最常见可引起高血压,亦可引起冠状动脉炎、与体温不匹配的窦性心动过速、充血性心力衰竭、心脏扩大、心包炎和心律失常。

（八）眼部症状

PAN的眼部表现包括视网膜血管炎、视网膜脱离以及絮状斑点。

【实验室和辅助检查】

（一）实验室常规检查

PAN缺乏特异的实验室检查,部分检查对PAN的诊断具有提示意义。如:ESR升高(常大于60mm/h),CRP水平升高,免疫球蛋白水平升高,白细胞及中性粒细胞升高,正细胞正色素性贫血,部分患者血小板升高。肾脏损害时,尿常规可有轻度蛋白尿、血尿、管型尿,血肌酐可增高。

（二）免疫学检查

7%~36%的患者HBsAg阳性。自身抗体方面,ANCA阴性,部分患者可出现低滴度的ANA和RF阳性。

（三）影像学检查

怀疑PAN而临床查体缺乏足够证据时,可行血管造影检查。血管造影的阳性发现包括动脉瘤形成、串珠样动脉瘤、动脉狭窄或动脉逐渐变细。动脉瘤最常见于肾、肝以及肠系膜动脉。

（四）病理检查

对于有症状的组织可先行组织活检。临床常进行活检的组织包括皮肤、腓肠神经、睾丸以及骨骼肌等。组织学显示灶性、坏死性血管炎,血管壁内的不同区域可见炎症细胞浸润、纤维素样坏死、微动脉瘤形成。

【诊断】 PAN作为一种少见病,具有复杂多变的临床表现,缺乏特异性实验室及辅助检查方法,因此疾病诊断不易。对于新发高血压的患者,同时伴有系统性症状,如发热、体重下降以及关节痛,则提示PAN诊断可能,必要根据病变情况行活检以及血管造影等诊断。表8-5-4列出了1990年美国风湿病学会(ACR)的分类标准。

表8-5-4　美国风湿病学会1990年PAN的分类标准

1. 体重下降≥4kg	自发病起,体重下降≥4kg,除外饮食及其他因素
2. 网状青斑	四肢或躯干的网状青斑
3. 睾丸疼痛或触痛	睾丸疼痛或触痛,除外感染、创伤或其他原因
4. 肌痛、无力或下肢压痛	弥漫性肌痛(除外肩带肌和盆带肌),肌无力,或下肢肌肉压痛
5. 单神经病或多神经病	出现单神经病、多发性单神经病或多神经病
6. 舒张压>90mmHg	出现高血压,舒张压>90mmHg
7. BUN或Cr水平升高	BUN>40mg/dl或Cr>1.5mg/dl,除外脱水或(和)尿路梗阻等肾外因素
8. 乙型病毒性肝炎	血清HBsAg或HBsAb阳性
9. 动脉造影异常	动脉造影显示内脏动脉动脉瘤形成或血管阻塞,除外动脉粥样硬化或纤维肌性发育不良或其他非炎性因素
10. 小到中等动脉活检见多形核细胞	血管壁组织学检查见粒细胞或粒细胞和单核细胞

符合3条或3条以上可诊断为PAN,敏感性和特异性为82.2%和86.6%。

【鉴别诊断】　显微镜下多血管炎（MPA）和嗜酸性肉芽肿性多血管炎（EGPA），既往曾归属于 PAN，后者曾被称为伴有肺部受累的 PAN，因此 MPA、EGPA 应注意与 PAN 鉴别。

1. 显微镜下多血管炎（MPA）　MPA 为非肉芽肿性坏死性小血管炎，以小动脉、小静脉、毛细血管等受累为主，可累及肺部、肾脏等，出现急进性肾小球肾炎、肺出血等，p-ANCA 常常阳性。而 PAN 不累及肺和肾小球，是与 MPA 最大的不同。

2. 嗜酸性肉芽肿性多血管炎（EGPA）　EGPA 是肉芽肿性小血管性血管炎，肺部血管受累伴外周血和组织中嗜酸性粒细胞增多、哮喘等，肾脏受累以坏死性肾小球肾炎为特点，p-ANCA 常常阳性。

【治疗与预后】　药物治疗的目的是控制病情，防止并发症的发生。治疗原则是早期诊断，早期治疗。经糖皮质激素和免疫抑制剂的联合治疗，PAN 的病情在 12 个月内多能控制良好，因此用药时间以 12 个月为宜。

（一）糖皮质激素

PAN 的初始药物治疗包括大剂量的糖皮质激素，通常采用甲泼尼龙 15mg/（kg·d）或 1g/d，连续静脉使用不超过 3 天，随后改为泼尼松 1mg/（kg·d）口服。治疗 6~8 周或疾病活动控制后，开始缓慢减药至 9~12 个月停用。

（二）免疫抑制剂

免疫抑制剂和糖皮质激素联合使用，可减少激素用量以及激素副作用。首选环磷酰胺（CTX），15mg/kg，每 2~4 周静脉使用 1 次，或 2.5~3mg/（kg·d）口服。CTX 冲击治疗的剂量应个体化，根据患者的血液学检查以及肾功能决定。

其他可选用的免疫抑制剂，包括硫唑嘌呤[AZA，2~4mg/（kg·d）]，甲氨蝶呤（MTX，15~25mg/wk），苯丁酸氮芥[0.1mg/（kg·d）]，但仍以 CTX 的治疗效果最好。

（三）血浆置换

PAN 患者使用血浆置换并不能增加 CTX 或激素治疗的疗效。但对于难治性的 PAN、透析替代治疗的患者以及 HBV 相关的 PAN 患者，可考虑使用血浆置换。

（四）手术治疗

部分患者因血管炎导致器官缺血、脏器梗死时需手术治疗，如肢端坏疽、肠梗死以及动脉瘤破裂和脏器内出血以及胆囊炎和阑尾炎。

（五）其他治疗

其他使用的药物还有大剂量免疫球蛋白静脉注射（IVIG），已证实对细小病毒 B19 引起的 PAN 有效。出现血管闭塞性病变时，可加用阿司匹林（100mg/d）、双嘧达莫（25~50mg tid）、低分子肝素等治疗。

结节性多动脉炎有 5 个预后不良因素：①肾功能不全，血清肌酐水平≥140μmol/L（1.58mg/dl）；②蛋白尿，24 小时尿蛋白定量≥1g；③胃肠道受累；④心肌病；⑤中枢神经系统受累。当上述 5 个指标均不满足时，5 年预期死亡率为 12%；有其中一个指标阳性时，5 年预期死亡率为 26%；当同时有 2 个或 2 个以上指标时，5 年预期死亡率为 46%。无危险因素的 PAN，单用激素即可控制病情，在病情持续、复发、激素减量困难时可加用 CTX。如初治时已有 1 个或 1 个以上的危险因素，则在开始使用激素时即可联合使用 CTX。完全恢复的 PAN 复发性很小，10 年生存率为 80%。

第四节　ANCA 相关性血管炎

要点:

1. ANCA 相关性血管炎常累及小至中等血管,多有 ANCA 阳性,组织病理特征为少/无免疫复合物沉积。这组疾病主要包括显微镜下多血管炎(MPA),肉芽肿性多血管炎(GPA)和嗜酸性肉芽肿性多血管炎(EGPA)。

2. 抗中性粒细胞胞浆抗体(ANCA)分为 p-ANCA 和 c-ANCA,对应的主要靶抗原分别为 MPO 和 PR3,是诊断 ANCA 相关性血管炎重要的血清学标志物,但是部分患者 ANCA 为阴性。

3. 临床上 GPA 以上、下呼吸道坏死性肉芽肿和系统性坏死性血管炎为特点。MPA 常表现为坏死性肾小球肾炎和肺毛细血管炎。EGPA 的三大特征是哮喘、嗜酸性粒细胞增多和系统性血管炎(多累及肺、心、皮肤、肾和外周神经)。

4. 治疗包括诱导缓解、维持缓解以及控制复发,糖皮质激素和环磷酰胺(CTX)为基本治疗方案,推荐依据疾病活动度和器官受累的严重程度选择治疗方案。对难治性患者可以选用利妥昔单抗(RTX)治疗。

一、肉芽肿性多血管炎

肉芽肿性多血管炎(granulomatosis with polyangitis,GPA),既往称为韦格纳肉芽肿(Wegener's granulomatosis,WG),是以毛细血管、微小动静脉受累为主的全身性坏死性肉芽肿性血管炎。典型的 GPA 三联征包括:上呼吸道、下呼吸道(肺)及肾脏病变。无肾脏受累者称为局限性肉芽肿性多血管炎。

【流行病学】　欧洲数据显示,GPA 的患病率为 24 ~ 157/100 万,年发病率为 3 ~ 10/100 万,并有逐渐上升的趋势,男性略多于女性,可在任何年龄段发生(9 ~ 78 岁,平均年龄为 41 岁),北欧的高加索人发病率较高。

【病因】　GPA 的病因至今未明,可能的病因有以下几种:

1. **遗传**　GPA 可能和 HLA-B50、B55、HLA-DR1 以及 HLA-DQw7 有关。

2. **感染**　有研究认为 GPA 可能和病毒以及细菌感染有关,如 EB 病毒、巨细胞病毒(CMV)以及金黄色葡萄球菌。

3. **抗中性粒细胞细胞浆抗体(ANCA)**　在 GPA 患者中可以检测到抗蛋白酶 3(Proteinase3,PR3)抗体阳性。中性粒细胞与肿瘤坏死因子-α(tumor necrosis factor-α,TNF-α)等炎性细胞因子接触后,PR3 表达于细胞表面,与 ANCA 作用后中性粒细胞脱粒破裂。中性粒细胞吸附于内皮细胞时,导致内皮细胞受损诱发血管炎。提示 GPA 的发生与体液免疫有关。

4. **抗内皮细胞抗体(AECA)**　在 GPA 的发病中起一定的作用。

5. **免疫介导**　除体液免疫外,T 细胞也参与 GPA 的发病,研究发现 GPA 患者的 T 细胞处于活化状态,表达 CD28 的 T 细胞数量显著增加。

【病理】　典型的 GPA 病理改变包括坏死、肉芽肿形成以及血管炎。镜下可见小动脉、小静脉血管炎,动脉壁、动脉周围、或血管(动脉或微动脉)外区有中性粒细胞浸润,在炎性血管的周围伴有细胞浸润形成的肉芽肿。肾脏病变的特点是局灶性坏死,不伴免疫球蛋白以及补体沉积的新月体形成。

【临床表现】　GPA 临床表现多样,可累及多系统,可缓慢起病,也可急性发病。

1. **一般症状** GPA 可以起病缓慢,也可表现为急进性发病。起初的症状包括发热、疲劳、食欲缺乏、体重下降、关节痛、盗汗等。

2. **上呼吸道症状** 上呼吸道受累占 95%。大部分患者首先出现上呼吸道的症状,包括流脓血涕、鼻窦炎、鼻黏膜溃疡、鼻出血、咳嗽和咯血。严重者鼻中隔穿孔,鼻骨破坏,出现鞍鼻。咽鼓管的阻塞能引发中耳炎,导致听力丧失。部分患者可因声门下狭窄出现声嘶、喘鸣。

3. **下呼吸道症状** 肺部受累是 GPA 基本特征之一,约 50% 的患者在起病时即有肺部表现,总计 80% 以上的患者将在整个病程中出现肺部病变。咳嗽、咯血以及胸痛(胸膜炎的表现)是最常见的症状,也可出现胸闷、气短,重者出现呼吸衰竭。如有反复咯血、血红蛋白下降,需警惕弥漫性肺泡出血的可能。由于免疫缺陷常常可伴有严重肺部感染,是死亡的主要原因。

4. **肾脏损害** 20% 的患者在起病时具有肾脏病变,在整个病程中则有约 80% 的患者肾脏受累。肾脏病变一旦出现常进展迅速。患者可出现血尿、蛋白尿及管型尿,病情严重时伴有高血压和肾病综合征,最终可导致终末期肾衰竭。

5. **眼受累** 眼受累的比例最高可至 50% 以上,其中约 16% 的患者为首发症状之一。可表现为眼球突出、视力下降甚至视力丧失。出现结膜炎、角膜炎、巩膜外层炎、虹膜炎、视网膜血管炎、视神经炎及眼肌损伤等。

6. **皮肤黏膜** 多数患者有皮肤黏膜损伤,表现为下肢可触及的紫癜、多形红斑、斑(丘)疹、皮下结节、小水泡、溃疡及糜烂等。其中皮肤紫癜最为常见。

7. **神经系统** 有 23% 的患者在病程中出现神经系统病变。以外周神经病变常见,多发性单神经炎是主要的病变类型。部分患者还可出现颅神经受累。约 10% 的患者因脑血管炎和肥厚性硬脑脊膜炎出现中枢神经系统表现。

8. **关节和肌肉病变** 关节病变在 GPA 中较为常见,发病时超过 30% 的患者有关节病变,总计约 70% 的患者出现关节受累。多数患者表现为关节和肌肉疼痛,但一般无关节破坏和畸形。

9. **其他** GPA 也可累及心脏而出现心包炎、心肌炎。胃肠道受累时可出现腹痛、腹泻及消化道出血。

【实验室和辅助检查】

1. **实验室检查** 对 GPA 的诊断并不特异。可有 ESR 和 CRP 水平增高,中性粒细胞计数以及血小板计数增多、正细胞正色素贫血等。可出现异常形态为主的镜下血尿(RBC>5/高倍视野)、红细胞管型和蛋白尿。

2. **ANCA** 按其荧光类型可分为胞浆型 ANCA(cytoplasmic ANCA,c-ANCA)和核周型 ANCA(perinuclear ANCA,p-ANCA)。p-ANCA 的主要靶抗原为髓过氧化物酶(myeloperoxidase,MPO)。c-ANCA 的靶抗原为 PR3,90% 以上病情活动的 GPA 患者血清中出现 c-ANCA。病情静止时约 60% ~ 70% 的患者 c-ANCA 阳性,极少数患者为 p-ANCA 阳性,20% 的患者 ANCA 为阴性。c-ANCA 对活动性 GPA 的诊断有较高敏感性及特异性,其滴度与疾病的活动并不一定相关。

3. **X 线和 CT 检查** 胸部影像学对 GPA 的诊断非常重要,显示双肺多发性病变,以双下肺多见。病灶呈多形易变特点,可为结节样(图 8-5-2)、粟粒样,局灶性浸润,可有空洞形成,具有迁移性,也可自行消失。如出现弥漫的毛玻璃样改变,肺透亮度下降,提示肺泡出血可能。鼻窦 CT 可显示副鼻窦黏膜增厚,甚至鼻或副鼻窦骨质破坏。

4. **病理活检** 上呼吸道、肺及肾脏活检是诊断 GPA 的重要依据,肺活检具有最高的诊断效率。典型病变为肺小血管的纤维素样变性,血管壁内有中性粒细胞浸润,局灶性坏死性血管炎,上、下呼吸道有坏死性肉芽肿形成。但多数患者只能见到血管炎、坏死和肉芽肿三种特点中的 1 ~ 2 个。肾病理为局灶节段性肾炎,可见纤维素样坏死和增生性病变。不可逆肾损害患者中,新月体性和硬化性病变常见。免疫荧光检测无或很少免疫复合物以及补体沉积。

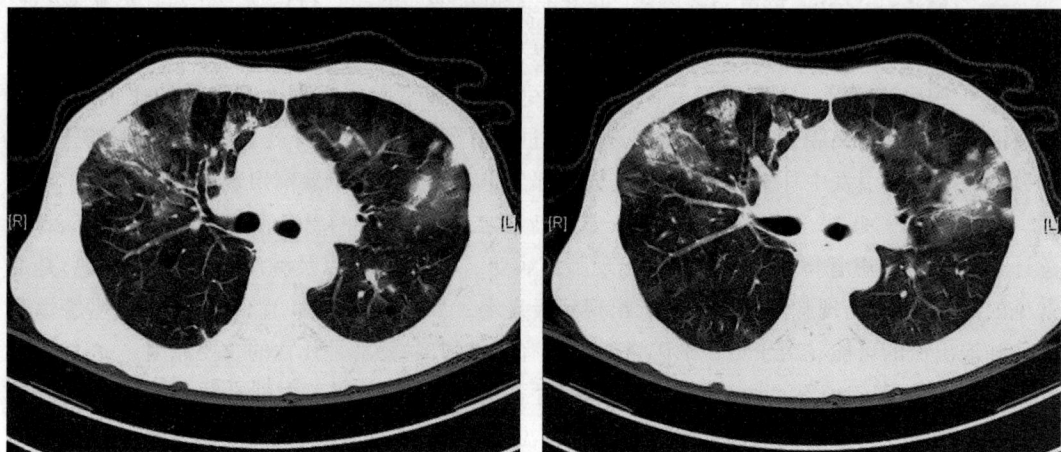

图 8-5-2　GPA 患者胸部 CT（表现为斑片、片状渗出影,呈磨玻璃实变样改变,伴结节状病灶）

【诊断及鉴别诊断】

（一）诊断

GPA 早期诊断至关重要。为了能早期诊断,对有以下情况者应进行活组织检查:不明原因的发热伴有呼吸道症状;慢性鼻炎及副鼻窦炎,经检查有黏膜糜烂或肉芽组织增生;眼、口腔黏膜有溃疡、坏死或肉芽肿;肺内有可变性结节状阴影或空洞;皮肤有紫癜、结节、坏死和溃疡等。无症状患者可通过血清学检查 ANCA 以及鼻窦和肺 CT 扫描得到诊断。

可采用美国风湿病学会 1990 年制定的 GPA 诊断标准（表 8-5-5）。

表 8-5-5　1990 年美国风湿病学会 GPA 分类标准

1. 鼻或口腔炎症　痛性或无痛性口腔溃疡,脓性或血性鼻腔分泌物
2. 胸片异常　胸片示结节、固定浸润病灶或空洞
3. 尿沉渣异常　镜下血尿（RBC>5/高倍视野）或出现红细胞管型
4. 组织活检有肉芽肿炎性改变　组织学改变显示在动脉壁内、血管周围或血管外有肉芽肿炎性改变

符合 2 条或 2 条以上时可诊断为 GPA,诊断的敏感性和特异性分别为 88.2% 和 92.0%。

（二）鉴别诊断

GPA 主要与以下几种疾病鉴别:

1. **显微镜下多血管炎（MPA）** 常累及肺、肾脏和皮肤,肾功能常常在短期内恶化,活动期常伴有 pANCA 阳性,肾穿刺病理表现为坏死性肾小球肾炎,伴寡/无免疫复合物形成,常见新月体形成,无肉芽肿病变。

2. **嗜酸性肉芽肿性多血管炎（EGPA）** 有重度哮喘,肺和肺外脏器有中小动脉、静脉炎及坏死性肉芽肿,周围血嗜酸性粒细胞增高。GPA 与 EGPA 均可累及上呼吸道,但前者常有上呼吸道溃疡,胸片示肺内有破坏性病变如结节、空洞形成,而在 EGPA 则不多见。GPA 的肾脏病变较重,对 CTX 的治疗反应好于糖皮质激素,病灶中很少有嗜酸性粒细胞浸润,周围血嗜酸性粒细胞增高不明显,也无哮喘发作。

3. **淋巴瘤样肉芽肿病** 是多形细胞浸润性血管炎和血管中心性坏死性肉芽肿病,浸润细胞为小淋巴细胞、浆细胞、组织细胞及非典型淋巴细胞,病变主要累及肺、皮肤、神经系统及肾间质,但不侵犯上呼吸道。

4. **肺出血-肾炎综合征（Goodpasture syndrome）** 是以肺出血和急进性肾小球肾炎为特征的综合征,以发热、咳嗽、咯血及肾炎为突出表现,但一般无其他血管炎征象,血清、肾及肺活检可发现抗肾小球基底膜（antiglomerular basement membrane,GBM）抗体,多缺乏上呼吸道病变。

【治疗】　GPA 的治疗原则为早期诊断、早期治疗,其治疗又可分为 3 期,即诱导缓解、维持缓解以及控制复发。未经治疗的 GPA 患者的预后很差。90% 以上的患者在 2 年内死亡,死因通常是呼吸衰竭或/和肾衰竭。然而,大多数的患者通过使用细胞毒药物可获得长期缓解,尤其是环磷酰胺联合糖皮质激素。目前推荐依据疾病活动度和器官受累的严重程度选择治疗方案,欧盟血管炎研究组(EUVAS)定义的 GPA 和 MPA 疾病状态的临床亚型见表 8-5-6。

表 8-5-6　EUVAS 临床研究中对 GPA 和 MPA 患者疾病状态亚型的定义

临床亚组	耳鼻喉、肺之外的器官受累	危及重要器官功能	其他定义	血肌酐水平(μmol/L)
局限型(Localized)	无	无	无全身症状,ANCA 多阴性	<120
早期系统型(Early systemic)	有	无	有全身症状,ANCA(+)/(-)	<120
全身型(Generalized)	有	有	有全身症状,ANCA(+)	<500
重型(Severe)	有	器官衰竭	有全身症状,ANCA(+)	>500
难治型(Refractory)	有	有	皮质激素联合 CTX 治疗无效	任何

(一) 糖皮质激素(GC)

活动期用泼尼松 1.0 ~ 1.5mg/(kg·d),疗程 4 ~ 6 周。对严重病例如中枢神经系统血管炎、呼吸道病变伴低氧血症如肺泡出血、进行性肾衰竭,可采用冲击疗法,甲泼尼龙 1.0g/d×3d。病情缓解后减量并以小剂量维持。

(二) 免疫抑制剂

1. 环磷酰胺(CTX)　通常每天口服环磷酰胺 1.5 ~ 2mg/kg,也可用 CTX 200mg,隔日一次,静脉注射。对重症病例给 CTX 0.8 ~ 1.0g 冲击治疗,每 3 ~ 4 周一次。严重病例在诱导缓解期通常使用糖皮质激素联合 CTX 治疗。在诱导缓解治疗 3 ~ 6 月后进入维持治疗期,CTX 可改为 AZA 或 MTX 治疗。

2. 硫唑嘌呤(AZA)　为嘌呤类似药,有时可替代 CTX 治疗或 CTX 治疗缓解后的维持期治疗,一般用量为 1 ~ 2mg/(kg·d)。

3. 甲氨蝶呤(MTX)　一般用量为 10 ~ 15mg. 一周一次,口服、肌注或静注疗效相同。用于维持期治疗,对于病情较轻或不能耐受 CTX 的患者也可使用 MTX 作为诱导缓解的替代药物。

4. 其他免疫抑制剂　如环孢素、来氟米特、霉酚酸酯等。环孢素常用剂量为 3 ~ 5mg/(kg·d),霉酚酸酯为 2g/d。

5. 静脉注射丙种球蛋白(IVIG)　一般与激素及其他免疫抑制剂合用,剂量为 300 ~ 400mg/(kg·d),连用 5 ~ 7 天,可用于难治性或重症患者或合并感染患者。

(三) 其他治疗

1. 复方磺胺甲噁唑(trimethoprim/sulfamethoxazole,SMZ Co)　每片 SMZ 含磺胺甲基异唑 0.4g 及甲氧苄啶 0.08mg,对于病变局限于上呼吸道的患者,SMZ 剂量为 2 ~ 6 片/日,有良好的疗效和安全性,能预防复发,延长生存时间。

2. 生物制剂　利妥昔单抗(Rituximab,RTX)是一种能特异性降低 B 细胞数量的单克隆抗体,能够有效的诱导 ANCA 相关性血管炎患者疾病缓解并预防复发,疗效和 CTX 相当,对复发和难治患者疗效甚至优于 CTX。RTX 用法为每周 375mg/m²,持续使用 4 周。副作用主要是输液反应和感染。

3. 血浆置换　对活动期或危重病例,如急性肾损伤患者、严重的肺出血患者可在激素及其他免疫抑制剂治疗的基础上联合血浆置换治疗。

4. 透析治疗　急性期患者如出现肾衰竭则需要透析,55%～90% 的患者通过透析可度过急性期,肾功能部分恢复,40%～70% 的患者能脱离透析 3 年或以上。

5. 其他　对于出现声门下狭窄、支气管狭窄等患者可考虑内镜治疗或外科治疗。

【预后】　GPA 通过用药尤其是糖皮质激素加环磷酰胺(CTX)联合治疗和严密的随诊,能诱导和维持长期的缓解,5 年生存率达到 80% 以上。早期诊断能预期获得有效的治疗。影响 AAV 预后的 5 因素评分(Five-Factor Score)和患者的 5 年病死率密切相关,分别为:年龄(>65 岁)、心脏症状、胃肠道受累、肾功能不全(稳定峰值肌酐水平≥150umol/L)和没有耳鼻咽喉症状(针对 GPA 和 EGPA 的附加条件)。

二、显微镜下多血管炎

显微镜下多血管炎(microscopic polyangiitis, MPA)是一种主要累及小血管的系统性坏死性血管炎,可侵犯肾脏、皮肤和肺等脏器的小动脉、微动脉、毛细血管和小静脉。

既往显微镜下多血管炎大多归属于结节性多动脉炎(PAN),极少数归属于韦格纳肉芽肿。1993 年 Chapel Hill 会议将显微镜下多血管炎独立列出。PAN 和 MPA 的区别在于,前者为缺乏小血管炎的血管炎,包括小动脉、毛细血管和小静脉,ANCA 为阴性,常无坏死性肾小球肾炎以及肺毛细血管炎。

欧洲数据显示,MPA 的年发病率为 6～8/100 万,并有逐渐上升的趋势。在科威特人中,MPA 的年发病率更高达 24/100 万。

【病因】　MPA 的病因仍然不清楚。有资料表明与遗传、环境、患者体内的免疫异常有关,细胞因子介导的黏附分子的表达和功能异常,以及白细胞和血管内皮细胞的异常激活在 MPA 的发病中可能都起一定作用,但具体的启动因素尚不清楚。ANCA、抗内皮细胞抗体、B 细胞和 T 细胞可能在 MPA 的发病中起一定作用。

【病理】　MPA 为小血管的节段性纤维素样坏死,无坏死性肉芽肿性炎,在小动脉、微动脉、毛细血管和静脉壁上,有多核白细胞和单核细胞的浸润,可有血栓形成。在毛细血管后微静脉可见白细胞破碎性血管炎。病变累及肾脏、皮肤、肺和胃肠道,肾脏病理为坏死性肾小球肾炎,伴寡/无免疫复合物形成,常见新月体形成。

【临床表现】　任何年龄均可患病,50 岁以上更常见,男性发病率略高于女性,发病急缓不一。MPA 可呈急性起病,表现为急进性肾小球肾炎和肺出血、咯血,有些也可隐匿起病数年,以间断紫癜、轻度肾脏损害、间歇性咯血等为表现。典型病例多具有皮肤、肺、肾的临床表现。

1. 全身症状　可有发热、乏力、厌食、关节痛和体重减轻。

2. 皮肤表现　可出现各种皮疹,以紫癜及可触及的充血性斑丘疹多见。还可有网状青斑,皮肤溃疡、皮肤坏死、坏疽以及肢端缺血、坏死性结节等。

3. 肾脏损害　是本病最常见的临床表现,累及 90% 的患者。多数可出现蛋白尿、血尿、各种管型、水肿和肾性高血压等,部分患者出现肾功能不全,可进行性恶化致肾衰竭。但是极少数患者可无肾脏病变。

4. 肺部损害　有一半的患者有肺部损害,出现咳嗽、咳痰、咯血等表现。影像学提示片状或弥漫性浸润。患者可发生肺泡壁毛细血管炎,12%～29% 的患者有弥漫性肺泡出血,为 MPA 严重的并发症。部分患者可出现肺间质纤维化。

5. 神经系统　部分患者出现多发性单神经病或多神经病,中枢神经系统受累时常表现为癫病发作。

6. **消化系统**　表现为消化道出血、胰腺炎以及由肠道缺血引起的腹痛,严重者可出现穿孔等,系胃肠道的小血管炎和血栓形成造成缺血所致。部分患者因进行性肾功能恶化可出现恶心、呕吐、食欲缺乏等尿毒症表现。

7. **心血管系统**　部分患者有胸痛和心衰症状,临床可见高血压、心肌梗死以及心包炎。

8. **其他**　可有关节炎、关节痛、视网膜出血、巩膜炎以及葡萄膜炎等。

【**实验室检查**】

1. **常规检查**　反映急性期炎症的指标如 ESR、CRP 升高,部分患者有贫血、白细胞和血小板增多。累及肾脏时出现蛋白尿、镜下血尿和红细胞管型,血清肌酐和尿素氮水平升高。

2. **抗中性粒细胞胞浆抗体(ANCA)**　约70%~75%的 MPA 患者 ANCA 阳性,是 MPA 的重要诊断依据,其中大部分为 MPO-ANCA(p-ANCA)阳性。约40%的患者可查到抗心磷脂抗体(ACL),少部分人 ANA、RF 阳性。

3. **影像学改变**　胸部 X 线和 CT 检查(图8-5-3)在早期可发现无特征性肺部浸润影或小泡状浸润影,双侧不规则的结节片状阴影,可伴有胸腔积液,肺空洞少见,可见继发于肺毛细血管炎和肺出血的弥漫性肺浸润影。中晚期可出现肺间质纤维化。

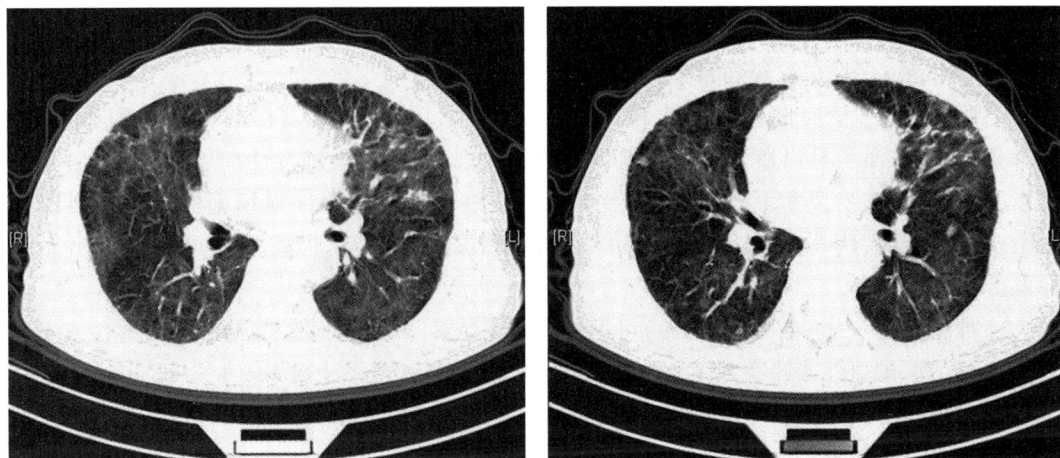

图8-5-3　MPA 患者胸部 CT(表现为小叶间隔增厚,网格样改变,伴斑片磨玻璃样改变,呈间质性肺炎改变)

【**诊断**】　MPA 尚无统一诊断标准,以下情况有助于 MPA 的诊断:①中老年,以男性多见;②发热、乏力、厌食、关节痛和体重减轻;③肾脏损害表现:蛋白尿、血尿或(和)急进性肾炎,短时间出现肾功能不全等;④伴有咯血、气急等肺部临床表现;⑤伴有关节、眼、耳、心脏、胃肠道等全身各器官受累表现;⑥pANCA 阳性;⑦肾、肺活检有助于诊断。需除外感染性心内膜炎。确定诊断之前,需与 PAN 和 GPA 相鉴别。

【**治疗**】　MPA 的临床表现各异,有的仅表现为轻微的系统性血管炎和轻微的肾衰竭;有的则急性起病,病情凶险,快速进展为肾衰竭,并可因肺动脉毛细血管肺泡炎导致呼吸衰竭。因此本病的治疗主要依据疾病的病变范围、进展情况以及炎症的程度来决定。对于肾衰竭和肺出血者强调大剂量激素和环磷酰胺治疗,具体治疗药物与 GPA 相似。

【**预后**】　经治疗90%的 MPA 患者能得到改善,75%的患者能完全缓解,约35%的患者会有病情复发。在糖皮质激素和积极的免疫抑制治疗后,本病的1年和5年生存率大约为82%和76%。本病的主要死亡原因是不能控制的病情活动,肾衰竭、继发感染以及呼吸衰竭。

三、嗜酸性肉芽肿性多血管炎

嗜酸性肉芽肿性多血管炎(eosinophilic granulomatosis with polyangiitis, EGPA),又称

Churg-Strauss 综合征或变应性肉芽肿性血管炎。EGPA 是一种主要累及中、小动脉和静脉的系统性坏死性血管炎,病理特征为受累组织有大量嗜酸性粒细胞浸润和血管外肉芽肿形成及坏死性血管炎。最早 Churg 和 Strauss 于1951年首先报道了13例具有哮喘、嗜酸性粒细胞增高、肉芽肿性炎、坏死性系统性血管炎和坏死性肾小球肾炎,故曾称为 Churg-Strauss 综合征。

【病因与病理】 目前病因尚不清楚,可能是患者对环境与药物过敏有关。病理特点是主要累及小动脉和小静脉,冠状动脉等中等血管也可受侵犯,大血管受累者少见。病变多分布于肺、皮肤、外周神经、胃肠道、心脏以及肾脏。典型的病理改变为:①组织及血管壁大量的嗜酸性粒细胞浸润;②血管周围的肉芽肿形成;③节段性纤维素样坏死性血管炎。其中嗜酸性粒细胞浸润以及坏死性血管炎缺乏特异性,亦可见于其他疾病,如 GPA,典型的血管外的肉芽肿相对特异。

【临床表现】 该病的年发病率大约为 1~3/100 万。平均发病年龄为 48 岁。本病三大特征是哮喘、嗜酸性粒细胞增多和血管炎表现。EGPA 疾病可分为 3 个阶段:第 1 期过敏性鼻炎和哮喘;第 2 期嗜酸性粒细胞浸润性疾病,如嗜酸性粒细胞性肺炎和嗜酸性粒细胞性胃肠炎;第 3 期为累及小到中等血管的系统性血管炎,伴有肉芽肿性炎,此时哮喘往往自发缓解。从哮喘的发作到系统性血管炎期一般需 3~7 年时间,也有少数可经历数十年。但并非所有的患者都将经历上述 3 个阶段。EGPA 最突出的症状和体征是肺、心、皮肤、肾受累,外周神经系统中单神经或多发神经病常见。

1. 呼吸系统 变应性鼻炎常是 EGPA 的初始症状,伴有反复发作的鼻窦炎和鼻息肉,可有鼻塞、流脓涕和鼻出血。哮喘是 EGPA 的主要表现之一,呈进行性加剧,无诱因而频繁发作,听诊可及哮鸣音和干啰音,支气管扩张剂控制不佳。嗜酸性粒细胞性肺炎可出现在初始或血管炎期,此外,27% 也可出现胸腔积液和胸膜摩擦音,严重者还可有肺泡出血和咯血。

2. 神经系统 大多数患者(62%)可见外周神经受累,多为多发性单神经病、对称性或不对称性多神经病、缺血性视神经炎。少数可累及颅神经,中枢神经系统受累较少。

3. 皮肤 约 50% EGPA 患者有明显的紫癜,常出现三种皮疹,为红斑丘疹性皮疹、出血性皮疹、皮肤或皮下结节。

4. 心脏 是 EGPA 的主要靶器官之一,是由嗜酸性粒细胞浸润心肌及冠状动脉血管炎引起,14% 的患者可出现心脏表现。主要病变为急性缩窄性心包炎、心力衰竭和心肌梗死,如不及时治疗,常是主要死亡原因。心外膜上肉芽肿小结节可导致心室功能障碍,严重者可致充血性心力衰竭。

5. 消化系统 表现为嗜酸性粒细胞性胃肠炎,以腹痛、腹泻及消化道出血常见,穿孔是由缺血致严重的胃肠道黏膜受损引起,当严重的肉芽肿形成时,出现结节性肿块,压迫胃肠道引起胃肠梗阻。嗜酸性粒细胞还可侵犯浆膜引起腹膜炎,部分患者还可出现阑尾炎以及胰腺炎。

6. 肾脏 EGPA 肾脏受累没有 GPA 及 MPA 常见,主要表现为镜下血尿、蛋白尿,可自行缓解。部分患者可以出现肾性高血压,极少进展为肾衰竭。EGPA 另一特点是较常影响下尿路及前列腺,可出现下尿路的梗阻。

7. 眼 可有眼睛受累包括结膜炎、巩膜外层炎、全眼色素层炎,角膜边缘溃疡形成。

8. 关节和肌肉 表现为游走性关节痛,可有关节肿胀,早期常出现小腿肌肉痉挛,尤其是腓肠肌痉挛性疼痛最具特征性。

【实验室和辅助检查】

1. 血常规 外周血嗜酸性粒细胞增多,一般在 $1.5 \times 10^9/L$ 以上,此为特征性指标之一。部分患者可有贫血。

2. 尿常规 尿沉渣检查异常,有蛋白尿、镜下血尿以及红细胞管型。

3. 血清学检查 血清中 IgE 水平升高是 EGPA 另一特点,随病情缓解而下降,血管炎反复发作者 IgE 可持续增高。在病情活动时,ESR、CRP 升高。

4. ANCA 48% ~ 50% 的 CSS 患者可有 ANCA 阳性,主要是 MPO-ANCA(p-ANCA)。

5. X 线检查 胸片无特征性,多变性肺部阴影是其特点。多数患者呈现肺内浸润性病变,可呈结节状或斑片状阴影,边缘不整齐,弥漫性分布,很少形成空洞,阴影可迅速消失。部分患者可出现胸腔积液,胸腔积液常规检查可有嗜酸性粒细胞升高。偶有肺门淋巴结增大。肺出血者胸片显示大片或斑片状阴影。

6. 肺部 CT 检查 外周可见类似于慢性嗜酸性粒细胞肺炎的毛玻璃样肺实变影。可见支气管扩张以及支气管壁增厚。偶有实质性结节,部分可见空洞及支气管影征。HRCT 可见肺的外周动脉扩张,呈星状或不规则状的血管炎模型。

7. 支气管肺泡灌洗液(BALF) 33% 的病例 BALF 中嗜酸性粒细胞升高。

8. 病理检查 有局部脏器受累时可行组织活检,有助于诊断,如皮疹、肺、肾、神经以及肌肉的活检。其中肺活检最有意义。肺活检可见特征性的病理改变,包括小的坏死性肉芽肿以及包括小静脉和小动脉的坏死性血管炎。肉芽肿中间为嗜酸性粒细胞组成的核心,巨噬细胞以及上皮样巨细胞放射状地围绕在周围。

【诊断】 结合临床特点以及体检发现多能作出诊断。对于成人出现变应性鼻炎和哮喘并有嗜酸性粒细胞增多及脏器受累者应考虑 EGPA 的诊断。目前诊断标准多采用 1990 年 ACR 标准(表 8-5-7)。

表 8-5-7 1990 年美国风湿病学会 EGPA 的诊断标准

1. 支气管哮喘
2. 白细胞分类中血嗜酸性粒细胞>10%
3. 单发性或多发性单神经病变或多神经病变
4. 游走性或一过性肺浸润
5. 鼻窦病变
6. 病理示血管外嗜酸性粒细胞浸润

凡具备上述 4 条或 4 条以上者可考虑本病的诊断

【鉴别诊断】 主要应与其他系统性、坏死性血管炎伴有外周血嗜酸性粒细胞增多的某些疾病如高嗜酸性粒细胞综合征及支气管哮喘或喘息型支气管炎相鉴别。

【治疗】 糖皮质激素加用免疫抑制剂治疗是首选治疗,出现危及生命的脏器受累时还可选用大剂量激素静脉冲击治疗。其他的治疗还包括静脉用丙种球蛋白(IVIG)、利妥昔单抗以及血浆置换。具体用药可参考 GPA 的治疗。

【预后】 经早期而有效的治疗预后较好,经治疗的 EGPA 1 年存活率为90%,5 年存活率为62%。未接受治疗的 5 年生存率为25%。最常见的死因是继发于冠状动脉血管炎的心肌炎和心肌梗死。影响 EGPA 的不良因素有:①氮质血症(肌酐>1.5mg/dl);②蛋白尿(>1g/d);③胃肠道受累;④心肌病;⑤中枢神经系统受累。

Notes

第五节　白　塞　病

> **要点:**
>
> 　　1. 白塞病多见于东亚、中东及地中海,有"丝绸之路病"之称。在我国较常见,多累及青壮年。
>
> 　　2. 白塞病的基本病理改变是血管炎,属于多血管受累的血管炎,可累及全身的大、中、小血管,动脉、静脉及毛细血管均可累及。
>
> 　　3. 临床表现以反复发作性口腔溃疡、外阴溃疡、眼炎及皮肤损害等为特征,消化系统、神经系统、心血管等受累亦常见。
>
> 　　4. 针刺反应阳性有助于诊断。
>
> 　　5. 白塞病的治疗主要依据受累的器官/系统及其严重程度而不同,眼炎和内脏血管炎主要应用糖皮质激素联合免疫抑制剂(硫唑嘌呤、环孢素和环磷酰胺等)治疗。

　　白塞病(Behcet's disease,BD),又称贝赫切特病,是一种病因未明、以口腔溃疡、外阴溃疡、眼炎及皮肤损害为临床特征的自身免疫性疾病,可累及黏膜、皮肤、关节、眼、心血管、肺、神经、肌肉等多个系统,以往亦曾冠以"眼、口、生殖器综合征"。其基本病理改变是多血管受累的血管炎,可累及全身大、中、小血管,动脉、静脉、毛细血管均可累及,其中以小静脉最常受累。根据其内脏系统损害的不同而分为血管型、神经型、胃肠型等。血管型,指有大中动脉、静脉受累者;神经型,指有中枢或周围神经受累者;胃肠型,指有胃肠道溃疡、出血、穿孔者。本病多见于东亚、中东及地中海盆地,所以有"丝绸之路病"之称。在我国较常见,多累及青壮年。

　　【病理】　在皮肤黏膜、视网膜、脑、肺等受累部位可以见到非特异性血管炎改变。血管周围可见大量炎症细胞浸润,严重者有血管壁纤维素样坏死,以及免疫复合物沉积。血管炎症可累及血管壁全层,出现管腔狭窄和动脉瘤样改变。

　　【临床表现】

　　(一) 基本症状

　　1. **复发性口腔溃疡**　指每年发作至少 3 次的阿弗他溃疡或疱疹性口炎,常见于颊黏膜、牙龈、舌缘、口唇、软腭等处,可先出现痛性的红色小结,继以痛性溃疡形成,直径一般为 2 ~ 3mm,溃疡较深。常常 3 ~ 10 个成批出现,约 7 ~ 14 天后自行消退,不留瘢痕。亦有少数持续数周不愈最后遗有瘢痕者。本症状见于 98% 的患者,且常常是本病的首发症状,因此被认为是诊断白塞病的必备条件。

　　2. **复发性外阴溃疡**　约 80% 患者有此症状,与口腔溃疡性状基本相似,只是出现的次数较少,数目亦少,易形成瘢痕。常见的是女性患者的大、小阴唇、阴道,男性为阴囊和阴茎处,也可以出现在会阴或肛门周围。

　　3. **皮肤病变**　包括结节红斑、假性毛囊炎、脓疱疹、浅表栓塞性静脉炎、针刺反应等不同表现,也可有多形红斑、环形红斑、坏死性结核疹样皮肤损害。其中,以双侧下肢小腿伸侧面的结节红斑最为常见,且具有特异性,可见于 70% 的患者。假性毛囊炎,带脓头或不带脓头,多见于面、颈部,出现于约 30% 的患者。

　　4. **眼炎**　约 67% ~95% 的患者可出现眼部症状,最为常见的是葡萄膜炎,也有因血管炎造成的视网膜炎。还可有前房积脓、结膜炎、角膜溃疡、视神经炎等。上述情况的反复发作,可以导致严重的视力障碍,甚至失明。

(二)系统表现

除上述基本症状外,有部分患者因局部血管炎引起内脏病变。

1. **神经系统** 仅见于10%的患者,是白塞病的重症表现,主要是脑膜脑炎,可出现发热,脑膜刺激征和大脑皮层、脑干、小脑损害的相应症状;也包括良性颅内高压、脊髓损害和周围神经病变等。

2. **消化系统** 约占患者的15%,可出现全消化道溃疡,以回盲部最多见,表现为消化不良、食欲下降、腹胀、腹痛、恶心、呕吐、便秘和腹泻等,严重者有肠出血、肠麻痹、肠穿孔、瘘管形成等。

3. **心血管系统** 约10%的患者可出现,累及心脏、动脉、静脉和毛细血管。较大的静脉炎,可形成血栓;较大的动脉炎,由于管壁变性、坏死可形成动脉瘤。少数出现心瓣膜损害(以主动脉瓣常见)或心包炎。

4. **关节炎** 多为非对称性大关节炎,可表现为红肿热痛,但较少出现侵蚀性关节破坏,多累及膝关节和踝关节,约占40%~50%患者。

5. **泌尿生殖系统** 少数出现蛋白尿、血尿,个别出现附睾炎。

6. **肺脏损害** 肺血管受累可出现肺动脉瘤、肺小动脉栓塞,表现为咯血、气短、胸闷、胸痛等症状。少数出现肺部浸润。

7. **其他** 有部分患者在疾病活动或有新脏器受损时出现发热,以低热多见,时有高热,可有乏力、肌痛、头晕、食欲缺乏等全身症状。

【实验室和辅助检查】 白塞病无特异性的血清学检查指标,可有血沉轻中度增快、C反应蛋白升高、球蛋白轻度升高或正常水平。抗核抗体谱、抗中性粒细胞胞浆抗体等自身抗体常为阴性。抗内皮细胞抗体偶见阳性。

(一)针刺试验阳性

用无菌20号或更小针头斜刺入前臂内侧皮内,24~48小时于针刺局部出现脓疱、毛囊炎、水疱,周边红晕,称之为针刺阳性反应。此类患者如行结核菌素皮试可呈假阳性,需于对侧行生理盐水对照试验。

(二)病理

血管周围见大量中性粒细胞浸润,慢性炎症病变部位可见淋巴、单核细胞浸润,渗出性病变表现为管腔充血、管壁水肿、内皮细胞肿胀、纤维蛋白沉积;增生性病变为内皮细胞和外膜细胞增生、管壁增厚,严重者可见坏死性肉芽肿。免疫荧光镜下可见免疫球蛋白和补体沉积。

【诊断】 采用国际白塞病委员会2013年的白塞病国际诊断标准修订版(表8-5-8)。

表8-5-8 2013年白塞病国际诊断标准

体征或症状	得分	体征或症状	得分
口腔溃疡	2	神经系统表现	1
生殖器溃疡	2	血管表现	1
眼部病变	2	针刺试验阳性*	1
皮肤病变	1		

总得分≥4分,可诊断白塞病,敏感度为93.9%,特异度为92.1%。

* 针刺试验为备选项,可不纳入评分系统,但针刺试验阳性,评分增加1分。

【鉴别诊断】 应当首先除外感染性疾病(结核、梅毒、艾滋病等)、实体肿瘤以及血液肿瘤等可以表现为多脏器受累的其他疾病。

(1)白塞病以反复口腔、生殖器溃疡为临床特点,因此需要与单纯疱疹病毒感染、维生素缺乏、干燥综合征、赖特综合征、口腔局部疾病或生殖器局部疾病等可导致皮肤、黏膜多发溃疡的疾病相鉴别。

(2) 当白塞病累及消化系统时,需鉴别炎性肠病、肠道结核感染、肠道淋巴瘤等,可通过胃肠镜检查以及活检组织送病理、结核杆菌病原学检查等方法进行鉴别。

(3) 白塞病的多种皮肤表现,需要与皮肤结核、糖皮质激素使用后皮肤痤疮、脂膜炎、皮肤型淋巴瘤等进行鉴别,询问用药史、其他系统受累情况,以及病变皮肤活检病理可帮助鉴别。

(4) 白塞病常见眼部受累,临床上需要与导致眼炎的其他疾病相鉴别,如眼部结核感染、结节病、眼科局部疾病以及 HLA-B27 阳性虹膜睫状体炎等。

(5) 白塞病属于多血管受累的血管炎,需要与其他系统性血管炎相鉴别,血管影像学(MRA、DSA、CTA 等)、自身抗体、组织病理等检查对鉴别诊断均有帮助。

(6) 白塞病的关节受累,不同于类风湿关节炎、血清阴性脊柱关节病,为非侵蚀性、非中轴性、自限性,可相互鉴别。

(7) 白塞病的神经系统受累,需要排除中枢感染、原发性神经系统疾病(脑出血、脑梗死、蛛网膜下腔出血、脑栓塞脑肿瘤等)等常见病,脑脊液检查、头颅磁共振显像或脑电图检查可帮助鉴别。

【治疗】　白塞病的治疗原则:控制现有症状,防治重要脏器损害,减缓疾病进展。具体治疗,可分为对症治疗、眼炎治疗、内脏血管炎治疗几个方面,然而任何一种治疗都不能取得根治的效果。

(一) 对症治疗

根据患者的不同临床症状而应用不同的药物。

1. 非甾体抗炎药　主要对关节炎有效。

2. 秋水仙碱　对有关节病变和结节红斑者有效,对口腔溃疡、外阴溃疡、眼炎者也有一定疗效。剂量为 0.5mg,每日 3 次,口服。

3. 沙利度胺　对于严重皮肤黏膜病变者有效,剂量为 50 ~ 150mg/天,口服。

4. 糖皮质激素的局部应用　口腔溃疡者可涂抹油膏,可使早期溃疡停止进展或减轻溃疡炎症;眼药水或眼药膏对轻型的前葡萄膜炎有一定的疗效。

(二) 眼炎治疗

主要应用糖皮质激素(泼尼松 5 ~ 20mg/d 口服)联合硫唑嘌呤(50 ~ 200mg/d),严重者可静脉用大剂量激素,甚至冲击治疗。

(三) 内脏血管炎治疗

内脏系统的血管炎主要是应用糖皮质激素和免疫抑制剂治疗,常用环磷酰胺、甲氨蝶呤、硫唑嘌呤、环孢素等。可根据病损部位和进展来选择药物的种类、剂量和途径。

1. 消化系统受累　泼尼松(1 ~ 1.5mg/kg·d)口服或者静脉点滴,柳氮磺胺吡啶 2 ~ 3g/d 口服。

2. 神经系统　属于重症,甲泼尼龙 1000mg/d 冲击 3 天,或者环磷酰胺冲击(每次用量 0.5 ~ 1.0g/m² 体表面积,每 3 ~ 4 周 1 次;或者 0.5g/次,每 2 周 1 次),可地塞米松联合甲氨蝶呤鞘内注射。

上述药物都有不良反应,尤其是长期用药者更需注意。用药期间必须根据临床表现而不断调整剂量,同时严密监测血象、肝肾功能、血糖、血压等。出现异常者应及时减量、停药或改用其他药物。

(四) 介入或手术治疗

有动脉瘤者可结合临床考虑切除,有动脉狭窄者可置入支架,有血栓者则考虑置入滤网,联合抗血小板、抗凝治疗应谨慎,兼顾动脉瘤出血风险。

【预后】　大部分患者预后良好。然而有眼炎者可有严重的视力下降,甚至失明。胃肠道受累可引起溃疡、出血、穿孔、肠瘘、吸收不良、感染等严重并发症,死亡率可达 10%。有中枢神经系统病变者死亡率为 12% ~47% ,存活者亦多有严重后遗症。大、中动脉受累后因动脉瘤破裂、心肌梗死等而发生突然死亡者亦非罕见。

(姜林娣)

推荐阅读文献

1. Jennette JC, Falk RJ, Bacon PA, et al. 2012 Revised international Chapel Hill consensus conference nomenclature of vasculitides. Arthritis Rheum 2013;65:1-11

2. Longo DL, Fauci AS, Kasper DL, et al. Loscalzo J, Harrison's Principles of Internal Medicine. 18th Ed, New York:McGraw-Hill,2012

3. Goldman L, Schafer AI, Goldman's Cecil medicine(24th edition). United States of America:Elsevier, Inc. 2012:1722-1723

4. Gary S. Firestein,凯利风湿病学. 第 8 版. 栗占国,唐福林主译. 北京:北京大学医学出版社,2011

5. Weyand CM,Gcrcnzy JJ. Medium-and Large-Vessel Vasculitis. New Engl J Med. 2003,349. 160-169

6. Hedayatfar A. Behcet's disease:Autoimmune or autoinflammatory? J Ophthalmic Vis Res. 2013,8(3):291-293

Notes

第六章　多发性肌炎和皮肌炎

> **要点：**
>
> 　　1. 多发性肌炎/皮肌炎(PM/DM)是一种异质性肌肉病变,以对称性近端肌肉无力为特征,常累及多个器官。
>
> 　　2. PM/DM 常伴有血清肌酶谱升高和肌电图异常。
>
> 　　3. DM 有特征性皮疹,是与 PM 鉴别要点。
>
> 　　4. PM/DM 病理改变为肌肉组织不同程度的炎细胞浸润。
>
> 　　5. 部分 PM/DM 病人存在自身抗体,这些抗体与特定的临床表现相关。
>
> 　　6. PM/DM(尤其是 DM),经常合并恶性肿瘤,应注意筛查。
>
> 　　7. 糖皮质激素和免疫抑制剂是常用的 PM/DM 的治疗药物。

特发性炎症性肌病(idiopathic inflammatory myositis,IIM)是一组病因未明的,以四肢近端肌无力为主要表现的骨骼肌非化脓性炎症性疾病。2004 年欧洲神经肌肉疾病中心和美国肌肉研究协作组(ENMC)提出 IIM 包括多发性肌炎(polymyositis,PM)、皮肌炎(dermatomyositis,DM)、包涵体肌炎(inclusion body myositis,IBM)、非特异性肌炎(nonspecific myositis,NSM)和免疫介导的坏死性肌病(immune-mediated necrotizing myopathy,IMNM),并且首次明确提出 NSM 和 IMNM 的定义。PM 和 DM 是最为常见的 IIM,国外报道发病率在 0.5 ~ 8.4/10 万人,其发病年龄有两个高峰,即 10 ~ 15 岁和 45 ~ 60 岁。我国尚无确切流行病学资料。

【病因】　本病病因未明,目前多认为是某些遗传易感个体,由感染与非感染环境因素诱发,免疫介导的一组疾病。

(一) 遗传因素

研究发现 PM 和 DM 的遗传基因易感性与人种相关,不同种族和人种易感的遗传基因不同。如 HLA-DRB1 * 0301 和 HLA-DQA1 * 0501 与白种人的肌炎发病最相关,而美国黑人则与 HLA-DRB1 * 08 高度相关。虽然 HLA-DRB1 * 0301 在白种人中为肌炎的危险因素,而在日本人中却为保护因素。另外,HLA-DRB1 * 0301、HLA-DQA1 * 0501 和 HLA-DQB1 * 0201 与 PM 中的自身抗体相关。

(二) 环境因素

与炎性肌病发病相关的环境因素包括感染因素和非感染因素。感染因素包括病毒、细菌和寄生虫的感染。动物模型发现病毒在 IIM 中的致病作用。给新生瑞士鼠注射柯萨奇病毒 B1 或给成熟 BALB/C 鼠注射心肌炎病毒 221A,可产生剂量依赖性 PM 模型。患者在感染了细小核糖核酸病毒后,可发生慢性肌炎。此外,还有肠道病毒、人类免疫缺陷病毒、乙肝和丙肝病毒等与炎性肌病发病有关。与炎性肌病相关的细菌包括葡萄球菌、梭状芽孢杆菌、分枝杆菌等。非感染因素包括 D-青霉胺、他汀类、氯喹等药物,破伤风疫苗以及紫外线等也与 PM 和 DM 的发生和发展相关。

(三) 免疫因素

部分 IIM 患者体内可检测到高水平的自身抗体,如肌炎特异性抗体(myositis specific

antibody,MSA),以抗 Jo-1 抗体最常见;PM/DM 常伴发其他自身免疫病,如桥本甲状腺炎、突眼性甲状腺肿、重症肌无力、1 型糖尿病、原发性胆汁性肝硬化、系统性红斑狼疮、系统性硬化病等。

【病理】　IIM 病理特点为骨骼肌纤维肿胀、横纹消失,肌浆透明化,肌纤维膜细胞核增多,肌组织内炎症细胞浸润,以淋巴细胞为主,巨噬细胞、浆细胞、嗜酸性粒细胞、嗜碱性粒细胞和中性粒细胞也可出现。PM 和 DM 免疫病理特征均可见 MHC-1 高表达,但亦有不同,在 PM 的发病中,细胞免疫起主要作用,典型的浸润细胞为 CD8$^+$T 细胞,常聚集于肌纤维周围的肌内膜区;在 DM 发病中,体液免疫起主要作用,表现为 B 细胞和 CD4$^+$T 细胞浸润肌束膜、肌外膜和血管周围,肌束周围的萎缩更常见于 DM。皮肤病理改变无显著特异性,主要表现为表皮轻度棘层增厚或萎缩,基底细胞液化变性。

【临床表现】　DM 和 PM 的主要临床表现是对称性四肢近端肌无力。常隐袭起病,病情于数周、数月甚至数年发展至高峰。全身症状可有发热、关节痛、食欲缺乏和体重减轻。

（一）骨骼肌受累

对称性近端肢体肌无力为主要临床表现,可伴有自发性肌痛与肌肉压痛,骨盆带肌受累时出现髋周及大腿无力,难以蹲下或起立,肩胛带肌群受累时双臂难以上举,半数发生颈部肌肉无力,部分病人可出现吞咽困难和饮水呛咳,四肢远端肌群受累者少见,眼肌及面部肌肉几乎不受影响。肌力的判定有助于对肌肉受损的程度、范围进行估算,从肌力的变化程度可以部分反映肌炎的活动程度和所用药物的疗效。临床上常将肌力分为六级:0 级:完全瘫痪;1 级:肌肉能轻微收缩,不能产生动作;2 级:肢体能做平面移动,不能克服重力而抬起;3 级:肢体能抬离床面(抗地心引力),不能抵抗阻力;4 级:能抵抗部分阻力;5 级:肌力正常。

（二）皮肤受累

皮疹可出现在肌炎之前、同时或之后,皮疹与肌肉受累程度常不平行。典型的皮疹包括以上眼睑为中心的眶周水肿性紫红色斑;四肢肘、膝关节伸侧面和内踝附近、掌指关节、指间关节伸面紫红色丘疹,逐渐融合成斑片,有毛细血管扩张、色素减退,上覆细小鳞屑,称 Gottron 征;颈前及上胸部"V"字形红色皮疹;肩颈后皮疹(披肩征);部分患者双手外侧掌面皮肤出现角化、裂纹,皮肤粗糙脱屑,如同技术工人的手,称"技工手"。此外,甲根皱襞可见不规则增厚,毛细血管扩张性红斑,其上常见淤点。本病皮疹通常无瘙痒及疼痛,缓解期皮疹可完全消失或遗留皮肤萎缩、色素沉着或脱失、毛细血管扩张或皮下钙化,皮疹多为暂时性,可反复发作。

（三）其他

可出现肺脏受累如间质性肺炎、肺纤维化、吸入性肺炎等,表现为胸闷气短、咳嗽、咳痰和呼吸困难等。肺部受累是 PM/DM 预后差的重要因素之一。累及心脏可出现无症状性心电图改变,心律失常,甚至继发于心肌炎的心力衰竭。少数可累及肾脏,出现蛋白尿、血尿甚至肾衰竭等。约 8% PM/DM 伴发恶性肿瘤,PM/DM 可先于恶性肿瘤 1～2 年出现,也可同时或晚于肿瘤发生。发病年龄越高,伴发肿瘤机会越大,尤其是 DM,常见肿瘤是肺癌、卵巢癌、乳腺癌、胃肠道癌和淋巴瘤。

【辅助检查】

（一）一般检查

血常规可见白细胞增高,可有血沉增快,血肌酸增高,血肌酐下降,血清肌红蛋白增高,尿肌酸排泄增多。

（二）血清肌酶谱

肌酸激酶(creatine kinase,CK)、醛缩酶、天冬氨酸氨基转移酶、丙氨酸氨基转移酶、乳酸脱氢酶增高,尤以 CK 升高最敏感。CK 可以用来判断病情和治疗效果,但是与肌无力并不完全平行。这些酶也广泛存在于肝脏、心脏、肾脏等脏器中。慢性病程伴肌萎缩或治疗后的肌炎患者可 CK 正常。

(三) 自身抗体

部分患者抗核抗体阳性。近年发现了一类 MSA：①抗氨酰 tRNA 合成酶抗体（抗 Jo-1、EJ、PL-12 和 PL-7 抗体等），其中抗 Jo-1 抗体检出率较高。此类抗体阳性者常表现为发热、肺间质病变、关节炎、"技工手"和雷诺现象，称之为"抗合成酶综合征"。②抗 SRP 抗体：此抗体阳性患者常表现为急性发作的严重肌炎，且常伴有心脏受累，无皮肤症状，肺间质病变少见，关节炎与雷诺现象极少见，对激素反应不佳。③抗 Mi-2 抗体：DM 特异的抗体，此抗体阳性者95% 可见皮疹，但少见肺间质病变，预后较好。④抗黑色素瘤分化相关基因（MDA5）抗体：该抗体与临床无肌病性皮肌炎（CADM）伴急进性肺间质病变（RP-ILD）和血管炎皮疹病变相关。

(四) 肌电图

约90% 病例出现肌电图异常，典型肌电图呈肌源性损害，表现为低波幅，短程多相波；插入（电极）性激惹增强，表现为正锐波，自发性纤颤波；异常高频放电。

(五) 肌活检

肌活检病理在 IIM 诊断和鉴别诊断中占重要地位。详见表 8-6-1、表 8-6-2。

【诊断和鉴别诊断】

(一) 诊断

目前诊断 PM/DM 大多采用 1975 年 Bohan/Peter 的分类标准（表 8-6-1），然而由于 Bohan/Peter 的分类标准不能将 PM 与 IBM 等其他炎性肌病相鉴别，会导致对 PM 的过度诊断，所以2004 年欧洲神经肌肉疾病中心（ENMC）和美国肌病研究协作组提出了另一种包括 PM/DM 在内的新的 IIM 分类诊断标准（表 8-6-2）。

表 8-6-1　1975 年 Bohan/Peter 的 PM/DM 分类标准

1. 对称性近端肌无力表现　肩胛带肌和颈前屈肌对称性无力，持续数周至数月，伴或不伴食道或呼吸道肌肉受累
2. 肌肉活检异常　肌纤维变性、坏死、细胞吞噬、再生、嗜碱变性，核膜变大，核仁明显，筋膜周围结构萎缩，纤维大小不一，伴炎性渗出
3. 血清肌酶谱升高　如 CK、醛缩酶、ALT、AST 和 LDH
4. 肌电图示肌源性损害　即时限短、小型的多相运动电位；纤颤电位；正弦波；插入性激惹和异常的高频放电
5. 典型的皮肤损害　①眶周皮疹：眼睑呈淡紫色，眶周水肿；②Gottron 征：掌指及近端指间关节背面的红斑性鳞屑疹；③膝、肘、踝关节、面部、颈部和上半身出现的红斑性皮疹

具备上述第 5 条加前 4 条中 3 条为确诊 DM。仅具备前 4 条为确诊 PM。前 4 条具备 2 条加第 5 条为"很可能 DM"。具备前 4 条中 3 条为"很可能 PM"。前 4 条中 1 条加第 5 条为"可能 DM"。仅具备前 4 条中 2 条者为"可能 PM"。

表 8-6-2　2004 年国际肌病协作组建议的 IIM 分类诊断标准

诊 断 要 求	诊 断 标 准
1. 临床标准 包含标准： A. 常大于 18 岁发作，非特异性肌炎及 DM 可在儿童期发作 B. 亚急性或隐匿性发作 C. 肌无力：对称性近端>远端，颈屈肌>颈伸肌 D. DM 典型的皮疹：眶周水肿性紫色皮疹、Gottron 征、颈部　V 型征、披肩征	多发性肌炎（PM） 确诊 PM： 1. 符合所有临床标准，除外皮疹 2. 血清 CK 升高 3. 肌活检包括 A，除外 C、D、H、I 拟诊 PM（probable PM）： 1. 符合所有临床标准，除外皮疹

续表

诊 断 要 求	诊 断 标 准
排除标准： A. IBM 的临床表现：非对称性肌无力，腕/手屈肌与三角肌同样无力或更差，伸膝和（或）踝背屈与屈髋同样无力或更差 B. 眼肌无力，特发性发音困难，颈伸肌>颈屈肌无力 C. 药物中毒性肌病，内分泌疾病（甲状腺功能亢进症，甲状旁腺功能亢进症，甲状腺功能低下），淀粉样变，家族性肌营养不良病或近端运动神经病 2. 血清 CK 水平升高 3. 其他实验室标准 A. 肌电图检查 包含标准：①纤颤电位的插入性和自发性活动增加，正相波或复合的重复放电；②形态测定分析显示存在短时限、小幅多相性运动单位动作电位（MUAPs） 排除标准：①肌强直性放电提示近端肌强直性营养不良或其他传导通道性病变；②形态分析显示为长时限，大幅多相性 MUAPs；③用力收缩所募集的 MUAP 类型减少 B. 磁共振成像（MRI） STIR 显示肌组织内弥漫或片状信号增强（水肿） C. 肌炎特异性抗体 4. 肌活检标准 A. 炎性细胞（T 细胞）包绕和浸润至非坏死肌内膜 B. CD8$^+$T 细胞包绕非坏死肌内膜但浸润至非坏死肌内膜不确定，或明显的 MHC-I 分子表达 C. 束周萎缩 D. 小血管膜攻击复合物（MAC）沉积、或毛细血管密度降低、或光镜见内皮细胞中有管状包涵体、或束周纤维 MHC-I 表达 E. 血管周围、肌束膜有炎性细胞浸润 F. 肌内膜散在的 CD8+T 细胞浸润，但是否包绕或浸润至肌纤维不肯定 G. 大量的肌纤维坏死为突出表现，炎性细胞不明显或只有少量散布在血管周，肌束膜浸润不明显 H. MAC 沉积于小血管或 EM 见烟斗柄状毛细管，但内皮细胞中是否有管状包涵体不确定 I. 可能是 IBM 表现：镶边空泡，碎片性红纤维，细胞色素过氧化物酶染色阴性 J. MAC 沉积于非坏死肌纤维内膜及其他提示免疫病理有关的肌营养不良	2. 血清 CK 升高 3. 其他实验室标准中的 1/3 条 4. 肌活检标准包括 B，除外 C、D、H、I 皮肌炎（DM） 确诊 DM： 1. 符合所有临床标准 2. 肌活检包括 C 拟诊 DM： 1. 符合所有临床标准 2. 肌活检标准包括 D 或 E，或 CK 升高，或其他实验室指标的 1/3 条 无肌病性皮肌炎： 1. DM 典型的皮疹：眶周皮疹或水肿、Gottron 征、V 型征、披肩征 2. 皮肤活检证明毛细血管密度降低，沿真皮-表皮交界处 MAC 沉积，MAC 周围大量角化细胞 3. 没有客观的肌无力 4. CK 正常 5. EMG 正常 6. 如果做肌活检，无典型的 DM 出现 可疑无皮炎性皮肌炎（possible DM sine dermatitis）： 1. 符合所有临床标准，除外皮疹 2. 血清 CK 升高 3. 其他实验室指标的 1/3 条 4. 肌活检标准中符合 C 或 D 非特异性肌炎： 1. 符合所有临床标准，除外皮疹 2. 血清 CK 升高 3. 其他实验室指标的 1/3 条 4. 肌活检包括 E 或 F，并除外所有其他表现 免疫介导的坏死性肌病： 1. 符合所有临床标准，除外皮疹 2. 血清 CK 升高 3. 其他实验室指标的 1/3 条 4. 肌活检标准包括 G，除外所有其他表现

　　在诊断前须排除肌营养不良、感染、横纹肌溶解、代谢性肌病、内分泌疾病、重症肌无力、药物和毒物诱导的肌病症状等。

　　如临床及活组织检查证实只有皮肤改变，但临床及实验室检查无肌炎证据，即无肌无力的客观体征，并且相关检查包括肌酶谱、肌电图和肌活检均无异常或只有轻微异常，称为无肌病性皮肌炎（amyophathic dermatomyositis，ADM）。它可能是疾病早期，或"只有皮肤改变阶段"，或是一种亚临床类型皮肌炎。

(二) 鉴别诊断

临床上 DM/PM 应与进行性肌营养不良、肌萎缩侧索硬化、重症肌无力、感染相关性肌病、IBM、线粒体肌病、甲状腺相关性肌病、药物性肌病、肉芽肿性肌炎以及肿瘤相关性肌病等相鉴别。

IBM 多见于中老年人,起病隐袭,进展缓慢,四肢远、近端肌肉均可累及,多为无痛性,可表现为局限性、远端、非对称性肌无力,通常腱反射减弱或消失,可有心血管受累,以高血压病最为常见。20% 患者出现吞咽困难,随着肌无力的加重,常伴有肌萎缩,肌电图呈神经或神经肌肉混合改变。特征性病理改变是肌细胞浆和(或)核内嗜碱性包涵体和镶边空泡纤维,电镜下显示肌纤维内有管状细丝或淀粉样细丝包涵体。

【治疗】 治疗应遵循个体化原则,治疗开始前应对患者进行全面评估。重症患者应卧床休息,但应早期进行被动运动和功能训练。随着肌炎好转,应逐渐增加运动量,以促进肌力恢复。用药首选糖皮质激素,一般可口服泼尼松(龙)1～2mg/(kg·d),缓慢减量,常需一年以上,约 90% 病例病情明显改善,部分患者可完全缓解,但易复发。对重症者可用甲泼尼龙静滴,对糖皮质激素反应不佳者可加用甲氨蝶呤每周 5～25mg,口服、肌注或静注,或硫唑嘌呤 2～3mg/(kg·d)。环磷酰胺对肺间质病变可能有一定作用,但远期疗效不肯定。近年来亦有病例报道霉酚酸酯、他克莫司等对 PM/DM 有效。重症患者也可以联合应用免疫抑制剂。对危重症可用大剂量丙种球蛋白静脉治疗。近年来,生物制剂如利妥昔单抗等应用于少数病例并取得较好疗效,但还需要进一步临床验证。

有心脏、肺脏受累者预后较差,应给予早期积极治疗。

(张志毅)

■ 推荐阅读文献

1. Gary S. Firestein, Ralph C. Budd, Sherine E. Gabriel, et al. Kelley's Textbook of Rheumatology, 9th Ed. Philadelphia: Elsevier Saunders, October 5, 2012
2. Goldman L, Schafer AI. Goldman's Cecil Medicine, 24th Ed. New York: Elsevier Saunders, 2012
3. Longo DL, Fauci AS, Kasper DL, et al. Harrison's Principles of Internal Medicine. 18th Ed, New York: McGraw-Hill, 2012

Notes

第七章 干燥综合征

要点：

1. 干燥综合征是一种以侵犯外分泌腺体为主要特征的多系统受累的弥漫性结缔组织病。90%的患者为女性。

2. 干燥综合征的发病率和患病率呈上升趋势。干燥综合征患者淋巴瘤的发生率约为正常人群的20~44倍。

3. 干燥综合征的诊断须以血中抗SSA和(或)抗SSB抗体以及典型的外分泌腺的灶性淋巴细胞浸润为依据。

4. 干燥综合征的治疗主要是替代和对症治疗，但出现内脏损伤应积极免疫抑制治疗。

干燥综合征(Sjögren's syndrome, SS)是一种以主要累及外分泌腺体、高度淋巴细胞浸润为特征的慢性炎症性自身免疫病。临床除有唾液腺和泪腺功能受损而出现口眼干燥外，尚有其他外分泌腺及腺体外器官的受累。血中有多种自身抗体和高免疫球蛋白血症。本病分为原发性和继发性两类，前者指不具另一诊断明确的结缔组织病(CTD)的SS，后者是指发生于另一诊断明确的CTD如系统性红斑狼疮、类风湿关节炎等的SS。本章主要叙述原发性干燥综合征(primary Sjögren's syndrome, pSS)。pSS属全球性疾病，在我国人群的患病率为0.3%~0.7%，在老年人群中患病率为3%~4%。本病女性多见，男女比为1:(9~20)。发病年龄多在40~50岁，也见于儿童。随着临床医生对本病认识的提高以及我国人口的老龄化，其发病率和患病率均呈上升趋势。

【病因与发病机制】

（一）病因

本病病因不清，一般认为是感染因素、遗传背景、内分泌因素等多种因素相互作用的结果。某些病毒如EB病毒、反转录病毒、柯萨奇病毒、丙型肝炎病毒和HIV等可能与本病的发生和延续有关。感染过程中病毒通过分子交叉模拟，使易感人群或其组织隐蔽抗原暴露而成为自身抗原，诱发自身免疫反应。流行病学调查显示本病具有明显的家族聚集倾向，但在基因检测调查中尚未发现公认的HLA易感基因。

（二）发病机制

还不十分清楚。免疫功能紊乱可能为其发病及病变延续的主要基础。唾液腺组织的导管上皮细胞作为抗原提呈细胞，通过细胞因子促使T、B淋巴细胞增殖，使后者分化为浆细胞，产生大量免疫球蛋白及自身抗体，同时NK细胞功能下降，导致机体细胞免疫和体液免疫的异常反应，进一步通过各种细胞因子和炎症介质造成组织损伤。

【病理】 本病主要累及由柱状上皮细胞构成的外分泌腺体。以唾液腺和泪腺的病变为代表，表现为腺体间质有大量淋巴细胞浸润、腺体导管管腔扩张和狭窄等，小唾液腺的上皮细胞则有破坏和萎缩，功能受到严重损害。其他外分泌腺体有类似病变，如皮肤、呼吸道黏膜、胃肠道黏膜、阴道黏膜以及内脏器官具外分泌腺体结构的组织，包括肾小管、胆小管、胰腺管等。血管受损也是本病的一个基本病变,包括小血管壁或血管周炎症细胞浸润,有时管腔出现栓塞、局部组织供血不足。上述两种病变尤其是外分泌腺体炎症是造成本病特殊临床表现的基础。pSS 患者唇腺生发中心样结构的出现高度预示淋巴瘤形成。

【临床表现】　本病大多起病隐匿,临床表现多样,主要与外分泌腺体功能受损有关。

(一) 局部表现

1. 口干燥症　因唾液腺病变,引起下述常见症状:①有70%～80%患者诉有口干,但不一定都是首发症状,严重者因口腔黏膜、牙齿和舌发黏以致在讲话时需频频饮水,进固体食物时必须伴水或流食送下,有时夜间需起床饮水。②"猖獗性"龋齿(rampant caries)是本病的特征之一。约50%的患者出现多个难以控制的龋齿,表现为牙齿逐渐变黑,继而小片脱落,最终只留残根。③成人腮腺炎,50%患者表现有间歇性交替性腮腺肿痛,累及单侧或双侧。大部分在10天左右可以自行消退。少数有颌下腺肿大,舌下腺肿大较少。有的伴有发热。对部分有腮腺持续性肿大者应警惕淋巴瘤的可能。④舌部表现为舌痛、舌面干裂、舌乳头萎缩而光滑。⑤口腔黏膜出现溃疡或继发感染。

2. 干燥性角结膜炎　因泪腺分泌的黏蛋白减少而出现眼干涩、异物感、泪少等症状,严重者哭时无泪。部分患者有眼睑缘反复化脓性感染、结膜炎和角膜炎等。

3. 其他浅表部位如鼻、硬腭、气管及其分支、消化道黏膜、阴道黏膜的外分泌腺体均可受累,使其分泌较少而出现相应症状。

(二) 系统表现

患者可出现全身症状如乏力、低热等。约有 2/3 的患者出现外分泌腺外的系统损害。

1. 皮肤　可出现:①紫癜样皮疹:多见于下肢,为米粒大小边界清楚的红丘疹,压之不褪色,分批出现。每批持续时间约为10天,可自行消退而遗有褐色色素沉着。②结节红斑较为少见。③雷诺现象多不严重,不引起指端溃疡或相应组织萎缩。

2. 骨骼肌肉　关节痛较为常见。仅小部分表现有关节肿胀但多不严重,且呈一过性。一般不出现关节结构的破坏。肌炎见于约5%的患者。

3. 肾脏　国内报道约有30%～50%患者有肾损害,主要累及远端肾小管,表现为因 I 型肾小管酸中毒而引起的低血钾性肌肉麻痹,严重者出现肾钙化、肾结石及软骨病。表现为多饮、多尿的肾性尿崩亦常出现于肾小管酸中毒患者。通过氯化铵负荷试验可以看到约50%患者有亚临床型肾小管酸中毒。近端肾小管损害较少见。小部分患者出现较明显的肾小球损害,临床表现为大量蛋白尿、低白蛋白血症甚至肾功能不全。

4. 肺脏　大部分患者无呼吸道症状。轻度受累者出现干咳,重者出现气短。肺部的主要病变为间质性病变,部分出现弥漫性肺间质纤维化,少数人可因此导致呼吸功能衰竭而死亡。早期肺间质病变在肺 X 线片上并不明显,只有高分辨肺 CT 和肺功能检查方能发现。另有小部分患者出现肺动脉高压。有肺纤维化及重度肺动脉高压者预后不佳。

5. 消化系统　胃肠道可因其黏膜层的外分泌腺体病变而出现萎缩性胃炎、胃酸减少、消化不良等非特异性症状。约20%患者有肝脏损害,出现氨基转移酶升高,可以无临床症状或出现黄疸。肝脏病理呈多样,以肝内小胆管壁及其周围淋巴细胞浸润,界板破坏等为主要改变。慢性胰腺炎亦非罕见。

6. 神经系统　累及神经系统的发生率约为5%。周围神经损害多见,不论是中枢或周围神经损害均与血管炎有关。

7. 血液系统　可出现轻度贫血、白细胞减少和(或)血小板减少,严重者可出现出血现象。本病淋巴瘤的发生率约为正常人群的 20～44 倍。

【辅助检查】

(一) 血液学检查

1. 一般检查　20% 患者出现贫血,多为正细胞正色素性,16% 出现白细胞减少,13% 出现血小板减少。60%～70%患者血沉增快。

2. **自身抗体**　本病可出现多种自身抗体。45.7%的患者抗核抗体滴度升高,抗SSA、抗SSB抗体的阳性率分别为70%和40%,还可以出现类风湿因子、抗U1RNP抗体、抗着丝点抗体、抗心磷脂抗体、抗a胞衬蛋白抗体、抗毒蕈碱受体3抗体等。抗SSA及抗SSB抗体对本病诊断有重要意义,前者对本病的诊断敏感性较高,后者则诊断特异性较强,尤其在有系统性损害的患者,两者阳性率更高。

3. **免疫球蛋白**　90%以上的患者有高免疫球蛋白血症,其特点是多克隆性,可导致皮肤紫癜、血沉快。少数患者出现巨球蛋白血症或单克隆性高免疫球蛋白血症,出现这些情况需警惕淋巴瘤的可能。

(二) 口腔科检查

1. **唾液流量测定**　作为评价口干燥症的敏感指标之一,是指在一定时间内受检者舌下口底非刺激唾液积聚的总量(unstimulatory whole saliva,UWS)。SS的阳性标准为UWS≤1ml/10min。

2. **腮腺造影或核素显像**　自腮腺导管注入40%碘油2～3ml,再进行X线片摄影。如出现主导管扩张,边缘不整,碘油淤积于腺体末端似葡萄状或棉团样,提示腮腺功能异常。腮腺核素显像是静脉注射放射性核素锝(^{99m}Tc)后,观察腮腺、颌下腺显影。SS患者常出现摄取和排泌功能异常。

3. **唇腺活检**　唾液腺病理用于诊断SS具有较高的敏感性和特异性,其灶性淋巴细胞浸润是目前诊断SS的必备条件之一。唇腺活检操作简易,损伤性小,临床上通常以此反映主要唾液腺的病理情况。SS患者可见成簇的淋巴细胞、浆细胞浸润,腺泡组织内淋巴细胞聚集数在50个以上记为一个病灶,若在4mm^{2}唇黏膜组织内能见到1个以上的病灶即为阳性。

(三) 眼科检查

1. **泪液流率(Schirmer试验)**　通常以此反映泪腺分泌泪液的能力。用长35mm,宽5mm的普通滤纸条,在一端5mm处折叠成直角,将折叠端挂置在患者下眼睑中外1/3交界处的结膜囊内,令患者轻轻闭合双眼,5min后测定滤纸折线以远被泪液浸湿的长度,小于5mm/5min提示干燥性角结膜炎。

2. **泪膜破碎时间(tear break-up time,BUT)**　指不眨眼情况下泪膜发生破裂的时间,临床上通常以此来反映泪膜的不稳定性。SS患者泪膜容易破裂,泪膜破碎时间明显缩短,阳性标准为BUT≤10秒。

3. **角结膜染色**　即眼表染色,是指由于泪液质或量发生异常,角膜和结膜会发生损伤,而通过某些染色剂能够进行检测。目前观察角膜损伤用荧光素钠,观察结膜损伤用孟加拉红或丽丝胺绿。眼表染色达到一定严重程度时可提示SS的诊断。

(四) 其他检查

目前对于唾液腺形态和功能的评价还有超声、计算机断层扫描(CT)、磁共振等影像学检查。大多数pSS患者通过超声检测可发现唾液腺存在异常。对腺体外的内脏器官损害选用相应的检查方法。

【诊断与鉴别诊断】

(一) 诊断标准

SS的诊断需要风湿免疫科、眼科和口腔科的多科协作,诊断有赖于口干燥症及干燥性角结膜炎的检测、抗SSA和(或)抗SSB抗体、唇腺的灶性淋巴细胞浸润,后两项检查特异性较强。多应用2002年的pSS国际分类(诊断)标准(表8-7-1)。其敏感性为88.3%～89.5%,特异性为95.2%～97.8%。2012年ACR又提出新的分类标准(表8-7-2),用客观检查更加严格的限定了本病的分类。

表 8-7-1　2002 年原发性干燥综合征国际分类(诊断)标准

Ⅰ. 口腔症状:3 项中有 1 项或 1 项以上	1. 每日感到口干持续 3 个月以上 2. 成年后腮腺反复或持续肿大 3. 吞咽干性食物时需用水帮助
Ⅱ. 眼部症状:3 项中有 1 项或 1 项以上	1. 每日感到不能忍受的眼干,持续 3 个月以上 2. 有反复的沙子进眼或沙磨感觉 3. 每日需用人工泪液 3 次或 3 次以上
Ⅲ. 眼部体征:下述检查任 1 项或 1 项以上阳性	1. Schirmer 试验(+)(≤5mm/5min) 2. 角膜染色(+)(≥4van Bijsterveld 计分法)
Ⅳ. 组织学检查	下唇腺病理示淋巴细胞灶≥1
Ⅴ. 唾液腺受损:下述检查任 1 项或 1 项以上阳性	1. 唾液流率(+)(≤1.5ml/15min) 2. 腮腺造影(+) 3. 唾液腺放射性核素检查(+)
Ⅵ. 自身抗体:	抗 SSA 或抗 SSB(双扩散法)(+)

诊断条件:

1. 原发性干燥综合征　无任何潜在疾病的情况下,有下述两条之一则可诊断:

a. 符合表中 4 条或 4 条以上,但必须含有条目Ⅳ(组织学检查)和(或)条目Ⅵ(自身抗体)

b. 条目Ⅲ、Ⅳ、Ⅴ、Ⅵ4 条中任 3 条阳性

2. 继发性干燥综合征　患者有潜在的疾病(如任一结缔组织病),而符合表的 Ⅰ 和 Ⅱ 中任 1 条,同时符合条目Ⅲ、Ⅳ、Ⅴ中任 2 条。

3. 必须除外　头颈部放射治疗史,丙型肝炎病毒感染,AIDS,淋巴瘤,结节病,移植物抗宿主病,抗胆碱药的应用等。

表 8-7-2　原发性干燥综合征 2012 年 ACR 分类标准

具有 SS 相关症状/体征的患者,以下 3 项客观检查满足 2 项或 2 项以上,可诊断为 SS
1. 抗 SSA/和(或)抗 SSB 抗体阳性,或 RF 阳性和 ANA≥1:320
2. 唇腺活检显示局灶性淋巴细胞性唾液腺炎,其灶性指数≥1 个淋巴细胞灶/4mm^2
3. 干燥性角膜炎伴眼染色评分≥3 分(患者当前未因青光眼而日常使用滴眼液,且五年内无角膜手术及眼睑整形手术史)
必须除外:头部和颈部放射治疗史,丙型肝炎病毒感染,AIDS,结节病,淀粉样变性,移植物抗宿主病,IgG$_4$相关性疾病

(二)鉴别诊断

由于本病多起病缓慢,表现多样,容易误诊。需要与 RA、SLE、肺纤维化、肾小管酸中毒、过敏性紫癜、IgG4 相关性疾病如米库利兹病、内分泌疾病如糖尿病、甲状腺功能低下、尿崩症,特殊感染如丙型肝炎、AIDS 等多种疾病相鉴别。

【治疗】　目前本病尚无根治方法,主要是替代和对症治疗。治疗目的是预防因长期口、眼干燥造成局部损伤,密切随诊观察病情变化,防治本病系统损害。

(一)一般治疗

1. 人工唾液和人工泪液　减轻口干极为困难,应戒烟戒酒,避免服用引起口干的药物如阿托品等,保持口腔清洁,勤漱口,减少龋齿和口腔继发感染的可能。各种人工替代品如人工泪液、唾液等,可减轻局部症状。

2. 刺激唾液和泪腺的功能　近年来的新方法是口服乙酰胆碱类似物:①毛果芸香碱(pilo-

carpine）：每日剂量为 10～20mg，分 4 次，根据病情可酌情加量，其最常见的副作用是出汗增加和胃肠不耐受，可以通过减少剂量来控制。②西维美林（Cevimeline）可特异性的刺激 M3 受体，促泪腺和唾液腺分泌增加，有效地解决口干和眼干，因此选择性刺激 M3 受体成为治疗 SS 的新选择。但是 SS 造成外分泌腺损伤严重者对此类治疗效果不佳。

3. 其他　对症处理还包括非甾体抗炎药减轻肌肉、关节症状。对于低血钾性周期性麻痹者则应静脉补钾，有的患者需终身口服补钾，以防低血钾再次发生。

（二）激素及免疫抑制剂

对于出现腺体外表现，如关节炎、间质性肺炎、肝功能损伤、肾小管酸中毒、肾小球肾炎、血细胞低下（尤其是血小板减少者）、肌炎等及神经系统损伤的患者，应予糖皮质激素、免疫抑制剂等药物积极治疗。具体用法和用量则应该根据不同情况而定。免疫抑制剂可以选用羟氯喹、甲氨蝶呤、硫唑嘌呤及环磷酰胺等。

（三）生物制剂

近年在类风湿关节炎中普遍使用的生物制剂肿瘤坏死因子 α 拮抗剂对 pSS 似乎无疗效。抗 CD20 单克隆抗体可以抑制 B 细胞生成，一些临床研究证实有效，有一定的治疗前景。

出现有淋巴瘤者宜积极、及时地进行联合化疗。

对于神经病变、长期疲劳、淋巴组织增生及心血管并发症的疗效还不甚满意。

【预后】　病变仅局限于唾液腺、泪腺、皮肤黏膜等外分泌腺体者预后良好。有内脏损害者经恰当治疗后大多可以控制病情。如治疗不及时，病情可恶化甚至危及生命。内脏损害中出现进行性肺纤维化、中枢神经病变、肾功能不全、淋巴瘤者预后较差。

（张志毅）

推荐阅读文献

1. Firestein G，Budd R，Gariel S. Kelley's Textbook of Rheumatology，9th ed. New York：Elsevier Saunders，2012
2. Goldman L，Schafer AI. Goldman's Cecil Medicine，24th Ed. New York：Elsevier Saunders，2012
3. Longo DL，Fauci AS，Kasper DL，et al. Harrison's Principles of Internal Medicine. 18th Ed，New York：McGraw-Hill，2012

第八章　系统性硬化病

要点：

1. 系统性硬化病是结缔组织异常增生的自身免疫性疾病。

2. 雷诺现象几乎出现在所有系统性硬化病患者中,甚至如果没有雷诺现象,就要怀疑本病的诊断。

3. 系统性硬化病可累及全身各个系统,除皮肤外,肺脏、肾脏、消化系统受累也较常见。

4. 应依据系统性硬化病患者受累脏器的情况进行个体化治疗,尤其强调早期筛查、诊断和治疗。

系统性硬化病(systemic sclerosis,SSc)是一种原因不明,临床上以局限性或弥漫性皮肤增厚和纤维化为特征,也可累及血管、肺脏、消化道、肾脏、心脏等内脏器官的弥漫性结缔组织病。女性与男性之比为(3~4):1,儿童相对少见。发病高峰年龄为30~50岁。

根据皮肤受累情况,SSc分为5种亚型:①弥漫型硬皮病(diffuse scleroderma):除面部、肢体远端和近端外,皮肤增厚还累及躯干。②局限型硬皮病(limited scleroderma):皮肤增厚限于面部、颈部和肘(膝)的远端。该型进展慢,CREST综合征(钙质沉着 calcinosis,C;雷诺现象Raynaud's phenomenon,R;食管功能障碍 Esophageal dysmotility,E;指端硬化 Sclerodactyly,S;毛细血管扩张 Telangiectasis,T)是其中的一种亚型。③无皮肤硬化的硬皮病(sine scleroderma):临床无皮肤增厚的表现,但有特征性的内脏表现和血管、血清学异常。④重叠综合征(overlap syndrome):上述三种情况中任一种与诊断明确的 RA、SLE 或 PM/DM 同时出现。⑤未分化结缔组织病(undifferential connective tissue disease):雷诺现象伴系统性硬化病的某些临床和(或)血清学特点,但无系统性硬化病的皮肤增厚。

【病因与发病机制】

（一）病因

病因尚不明确,可能与多种因素有关,包括遗传易感性和环境因素的共同作用。

1. **遗传基础**　一些研究报道了SSc的家族聚集现象,提示遗传因素导致疾病的易感性。家族性SSc发生率约为1.6%~7%。有研究显示SSc可能与HLA-Ⅱ类基因如HLA-DR1、DR3、DR5等相关。

2. **环境因素**　目前已经明确,一些化学物质如长期接触聚氯乙烯、有机溶剂、环氧树脂、L色氨酸、博来霉素等可诱发硬皮样皮肤改变与内脏纤维化。该病在煤矿、金矿和与硅石尘埃相接触的人群中发病率较高,这些都提示SSc的病因中环境因素占有重要地位。

3. **性别**　本病育龄妇女发病率明显高于男性,故雌激素可能与本病发病有关。

（二）发病机制

尚不清楚。目前认为是由于免疫系统功能失调,激活、产生多种自身抗体、细胞因子等引起血管内皮细胞损伤和活化,进而刺激成纤维细胞合成胶原的功能异常,导致血管壁和组织的纤维化。

1. **血管的异常**　血管损伤是 SSc 最早且是很关键的病变。SSc 血管的中心病变是内皮细胞出现肿胀、增生,继以血栓形成造成管腔狭窄,组织缺血。大血管及微血管均可受累。Lekakis 等发现,SSc 患者颈总动脉的内膜与中膜增厚,内皮依赖性及非内皮依赖性血管舒张功能严重受损。病理学发现 SSc 患者早期即有微血管内皮细胞的破坏,内膜增厚,造成管腔狭窄及闭塞,最后导致纤维化。SSc 患者血浆血管内皮细胞生长因子水平增高,且与皮肤硬化的程度及甲襞毛细血管的密度密切相关。

2. **胶原的异常**　本病的特异性改变是胶原产生过多及细胞外基质成分的沉积,提示本病可能与成纤维细胞的异常相关。细胞外基质成分蛋白在调节与免疫反应激活相关的细胞游走和各种基因的表达中起重要作用。SSc 外周血单个核细胞可以在活体内被细胞外基质成分激活,导致促炎细胞因子的生成,增强纤维化。

3. **免疫学异常**　近年来在 SSc 患者的血清中发现大量特异性自身抗体,免疫学检测提示血清 ANA 阳性率在 90% 以上。大部分自身抗体属于 ANA 范畴,包括抗拓扑异构酶 I(Scl-70)抗体、抗着丝点抗体、抗核仁抗体(包括针对不同核仁成分:RNA 多聚酶Ⅲ抗体、U3RNA 蛋白复合体等的抗体)、抗多发性肌炎-硬皮病(PM-Scl)抗体、抗组蛋白抗体等。Scl-70 抗体是 SSc 的血清标志性抗体,与弥漫性皮肤受累有关。抗着丝点抗体在 SSc 患者中的阳性率约为 30%,是 CREST 综合征的特异性抗体。

【病理】　胶原增殖、组织纤维化是 SSc 受损组织中共同而突出的病理改变。皮肤病理表现为表皮层变薄,真皮层增厚,胶原明显增加,皮肤附件萎缩,小动脉玻璃样硬化。血管尤其是微血管的变化明显,微动脉和小动脉有内皮细胞增生,管腔变窄。SSc 肾损害主要表现为肾入球小动脉和叶间动脉内皮细胞增生及血管壁的纤维性坏死,以致肾皮质缺血坏死。血管内膜有成纤维细胞增殖、黏液样变、酸性黏多糖沉积及水肿。血管平滑肌细胞发生透明变性。血管外膜及周围间质均有纤维化。肾小球基膜不规则增厚及劈裂。

【临床表现】

(一) 雷诺现象

本病大多起病隐匿,70% ~ 80% 的患者以雷诺现象为首发症状,可先于本病的其他表现。几乎所有的患者在病程中出现雷诺现象。临床特点为手指(足趾)端遇冷、情绪激动后出现麻木感和颜色的顺序变化,首先是颜色变白,继以变紫,再变红。起初可仅有一个或少数指(趾)受累,以后可逐渐累及更多的指(趾)。早期常为局部小动脉痉挛,继之血管内皮细胞肿胀导致组织缺血而出现指(趾)端溃疡及瘢痕,指(趾)末节坏死或软组织及指骨缺血而被吸收变短。

(二) 皮肤改变

皮肤改变一般呈对称性,为本病的标志性特点。典型皮肤病变包括三个时期:肿胀期、硬化期及萎缩期。肿胀期手指呈腊肠样,手背可有非凹性肿胀。数周或数月后进入硬化期,皮肤呈蜡样光泽,厚而硬,紧贴于皮下,不易捏起。5 ~ 10 年后进入萎缩期,浅表真皮变薄变脆,表皮松弛。皮下软组织钙化是 SSc 晚期并发症,好发于手指端、肘、膝等易受外伤的部位。几乎所有患者皮肤改变首先出现在手指,逐渐向近端扩展,皮肤发亮、紧绷,皱褶消失,汗毛稀疏,病变皮肤与正常皮肤界限不清。患者胸上部和肩部有紧绷感,颈前出现横向厚条纹,仰头时感颈部皮肤紧绷。面部皮肤受累可表现为“面具脸”,口周出现放射性沟纹,口唇变薄,鼻端变尖。受累皮肤可有色素沉着或色素脱失,毛囊处没有色素,形成黑白相间改变,称“椒盐征”。手指、面部、口唇、舌和颊黏膜可于数年后出现小的毛细血管扩张,常见于局限型硬皮病,也可见于病程长的弥漫型硬皮病患者。局限型硬皮病和弥漫型硬皮病的比较见表 8-8-1。

(三) 关节肌肉

多关节痛和肌肉疼痛常为早期症状,也可出现明显的关节炎。约 29% 的患者可有侵蚀性关节炎。由于皮肤增厚且与其下关节紧贴,致使关节挛缩和功能受限。由于腱鞘纤维化,当受累关节主动或被动运动时,特别在腕、踝、膝处,可觉察到皮革样摩擦感。长期慢性指(趾)缺血,可发生指端骨溶解。X线表现关节间隙狭窄和关节面骨硬化。由于废用、肠道吸收不良及血流灌注减少,常有骨质疏松。

表 8-8-1　局限型系统性硬皮病和弥漫型硬皮病的比较

临床特征	局限性硬皮病	弥漫性硬皮病
皮肤硬化	局限于手指、上肢远端、面部,缓慢进展	弥漫性,包含手指、四肢末端、面部、躯干、快速进展,伴肌腱损伤
雷诺现象	先于皮肤损伤出现,与严重缺血相关	常与皮肤表现同时或晚于皮肤损伤出现
肺纤维化	偶尔出现,一般较轻	常见于早期和严重患者
肺动脉高压	常见于晚期、可单独出现	可以出现,常常与肺纤维化相关
肾危象	非常少见	15% 出现,常早期出现
皮肤钙质沉积	常见,为重要表现	不常见
特征性自身抗体	抗着丝点抗体	抗 Scl-70 抗体,抗 RNA 聚合酶Ⅲ抗体

(四) 消化系统

消化道受累为 SSc 的常见表现,仅次于皮肤受累和雷诺现象。消化道的任何部位均可受累,其中食道受累最为常见(90%),肛门、直肠次之(50%～70%),小肠和结肠较少(40% 和 10%～50%)。口腔主要表现为张口受限,舌系带变短,牙周间隙增宽,齿龈萎缩,牙齿脱落,牙槽突骨萎缩。食管下部括约肌功能受损可导致胸骨后灼热感,反酸。长期可引起糜烂性食管炎、出血、下食道狭窄等并发症。下 2/3 食管蠕动减弱可引起吞咽困难、吞咽痛。1/3 硬皮病患者食管可发生 Barrett 化生,这些病人发生狭窄和腺癌等并发症的危险性增高。胃部和肠道可出现毛细血管扩张,引起消化道出血。胃部扩张的黏膜下毛细血管在内镜下呈宽条带,称为"西瓜胃"。小肠受累常可引起轻度腹痛、腹泻、体重下降和营养不良。偶可出现假性肠梗阻,表现为腹痛、腹胀和呕吐。肠壁黏膜肌层变性,空气进入肠壁黏膜下面之后,可发生肠壁囊样积气征。由于肠壁肌肉萎缩,在横结肠、降结肠可有较大开口的特征性肠炎(憩室)。如肛门括约肌受累,可出现直肠脱垂和大便失禁。

(五) 肺脏

70% 的患者出现肺脏受累。病初最常见的症状为活动时气短,活动耐量减低,后期出现干咳。肺间质纤维化和肺动脉血管病变常同时存在,但往往是其中一个病理过程占主导地位。在弥漫型硬皮病伴抗 Scl-70 抗体阳性的患者中,肺间质纤维化常常较重;体检可闻及细小爆裂音,特别是在肺底部。大约有 5%～15% 的系统性硬化病患者会发生肺动脉高压(PAH),而一旦发生 PAH,如未经积极治疗 30% 的患者会在 3 年内死亡。PAH 常症状隐匿,除非到后期严重的右心衰竭表现出现,一般临床不易察觉。无创性的超声心动检查可发现早期肺动脉高压。

(六) 心脏

主要表现为心包炎,伴或不伴有心包积液、心力衰竭和心律失常。病理检查 80% 患者有片状心肌纤维化。临床表现为气短、胸闷、心悸、水肿。临床检查可有室性奔马律,窦性心动过速,充血性心力衰竭,偶可闻及心包摩擦音。超声心动图显示约半数病例有心包肥厚或积液,但临床心肌炎和心包填塞不多见。

(七) 肾脏

硬皮病肾病变临床表现不一,部分病人有多年皮肤及其他内脏受累而无肾损害;有些在病程中出现肾危象,即突然发生严重高血压、急进性肾衰竭,如不及时处理,常于数周内死于心力衰竭及尿毒症。虽然肾危象初期可无症状,但大部分病人感疲乏加重,出现气促、严重头痛、视力模糊、抽搐和神志不清等症状。实验室检查发现肌酐正常或增高、蛋白尿和(或)镜下血尿,可有微血管溶血性贫血和血小板减少。肾危象的预测因素有:①系统性硬化病;②病程小于4年;③疾病进展快;④抗RNA多聚酶Ⅲ抗体阳性;⑤服用大量激素或小剂量环孢素;⑥血清肾素水平突然升高。

(八) 其他

SSc患者常伴有口眼干症状。部分患者可出现甲状腺功能减低,可见甲状腺纤维化,可有三叉神经痛,男性患者可出现勃起功能障碍。

【实验室及辅助检查】

(一) 一般检查

血沉可正常或轻度增快。贫血多为与慢性炎症有关的低增生性贫血,也可由消化道溃疡、吸收不良、肾脏受累所致。可有轻度血白蛋白降低,球蛋白增高,主要是IgG。

(二) 免疫学检查

血清ANA阳性率达90%以上,核型为斑点型和核仁型。抗Scl-70抗体是SSc的特异性标记抗体。约20%~40%系统性硬化病患者,血清抗Scl-70抗体阳性。该抗体阳性的患者多合并有指端凹陷性瘢痕、肺间质纤维化和周围血管病变,皮肤硬化程度更重、范围更广,但与心肾受累无关。约30%病例RF阳性,约50%病例有低滴度的冷球蛋白血症。抗着丝点抗体(ACA)主要与局限型SSc相关,与CREST综合征有强相关。

(三) 病理检查

硬化皮肤活检见网状真皮致密胶原纤维增多,表皮变薄,表皮突消失,皮肤附属器萎缩。真皮和皮下组织内(也可在广泛纤维化部位)可见T淋巴细胞大量聚集。

(四) 甲襞微循环检查

甲襞毛细血管显微镜(nailfold videocapillaroscopy,NVC)检查作为一种非创伤性的微血管检查方法已越来越广泛的应用于SSc患者的微血管病变评估、病情监测和疗效评估,并纳入新SSc分类标准。SSc甲襞微循环改变的特点包括:管襻模糊,输入枝、输出枝和襻顶口径明显扩张,管长变短,呈巨襻、花簇状、环状扩张,排列严重紊乱,另外可见管襻脱落;流速以粒缓流、摆流及全停为主,红细胞聚集由轻到重均可见;襻周有明显渗出、出血,乳头为浅波纹或平坦,可见新生毛细血管等。NVC无创、直观、量化、便于随访,在SSc早期诊断中发挥重要作用,可预测SSc血管病变、指端溃疡和脏器受累。

(五) 影像学检查及肺功能检查

食管受累者钡餐透视可见食管蠕动减弱、消失,以致整个食管扩张或僵硬。双手正位片可见双手指端骨质吸收,软组织内可有钙沉积。胸片示肺间质纹理增粗,严重时呈网状结节样改变,在基底部最为显著。在肺泡炎期,高分辨CT可显示肺部呈磨玻璃样改变。肺功能检查示限制性通气障碍,肺活量减低,肺顺应性降低,气体弥散量减低。

(六) 超声心动图和右心漂浮导管检查

超声心动图作为无创检查方法,是早期发现肺动脉高压的首选检查,但其敏感性和特异性较差。右心漂浮导管仍是诊断肺动脉高压的金标准,可以测定肺血管阻力、心排出量,同时进行急性血管扩张试验和选择性肺动脉造影。

【诊断与鉴别诊断】

(一) 诊断标准

目前多应用1980年ACR提出的SSc分类标准(表8-8-2)。2013年ACR/EULAR联合提出了SSc的新的分类标准(表8-8-3),此标准是1980年ACR发布SSc分类标准以来的首次修订。在新的分类标准中,增加了甲襞微血管异常、自身抗体、雷诺现象等新内容;双手指皮肤增厚并渐近至掌指关节已足以诊断硬皮病,若无上述表现,根据次要条目的权重进行计分,总得分为各项最高评分的总和。总得分>9 分即可归类为 SSc。此分类标准的敏感性和特异性均优于 1980 年 ACR 标准,且适于发现早期硬皮病患者。

表 8-8-2　1980 年 ACR 系统性硬化症分类标准

A. 主要条件

　　近端硬皮病:手指及掌指(跖趾)关节近端皮肤增厚、紧绷、肿胀。这种改变可累及整个肢体、面部、颈部和躯干

B. 次要条件

　　1. 指硬化　上述皮肤改变仅限手指

　　2. 指尖凹陷性疤痕或指垫消失　由于缺血导致指尖凹陷性疤痕,或指垫消失

　　3. 双肺基底部纤维化　在立位胸片上,可见条状或结节状致密影,以双肺底为著,也可呈弥漫斑点或蜂窝状肺。要除外原发性肺病所引起的这种改变

具有主要条件或两个以上次要条件者,可诊为硬皮病。

此外雷诺现象、多发性关节炎或关节痛、食管蠕动异常、皮肤活检示胶原纤维肿胀和纤维化、血清有 ANA、抗 Scl-70 抗体和着丝点抗体均有助于诊断。

表 8-8-3　2013 年 ACR/EULAR 系统性硬化症分类标准

条　目	亚　条　目	权重/得分
双手手指皮肤增厚并延伸至掌指关节	—	9
手指皮肤硬化(仅计最高分)	手指肿胀	2
	指硬皮病(远指关节延伸至掌指关节,接近指关节)	4
指端损伤	指尖溃疡	2
	指尖凹陷性疤痕	3
毛细血管扩张	—	2
甲襞微血管异常	—	2
肺动脉高压和(或)间质性肺病	肺动脉高压	2
	间质性肺病	2
雷诺现象	—	3
SSc 相关自身抗体	抗着丝点抗体	3
	抗拓扑异构酶 I 抗体(抗 Scl-70 抗体)	3
	抗 RNA 聚合酶 III 抗体	3

（二）鉴别诊断

本病应与硬肿病(scleredema)、嗜酸性筋膜炎(eosinophilic fasciitis)及硬化性黏液水肿(scleromyedema)及肾源性系统性纤维化相鉴别。

【治疗】　本病尚无特效药物,目前还没有药物有改变疾病进程的作用。早期治疗的目的在于阻止新的皮肤和脏器受累,而晚期的治疗目的在于改善症状。

（一）一般治疗

戒烟,加强营养,手足保暖,避免精神刺激。

（二）糖皮质激素和免疫抑制剂

糖皮质激素对水肿期皮肤损害、关节痛、肌痛有效。对炎性肌病、间质性肺病的炎症期有

一定疗效,剂量为泼尼松 30~40mg/d,连用数周,渐减至维持量 10~15mg/d。对晚期特别是有氮质血症患者,糖皮质激素能促进肾血管闭塞性改变,故禁用。免疫抑制剂疗效不肯定。常用的有环孢素、环磷酰胺、硫唑嘌呤、甲氨蝶呤等,有报道对皮肤关节和肾脏病变有一定疗效。

(三) 血管病变的治疗

1. SSc 相关的指端血管病变(雷诺现象和指端溃疡)钙离子拮抗剂硝苯地平为治疗雷诺现象的一线用药,也可应用地尔硫䓬。静脉给予前列腺素 E1 可缓解雷诺现象,治疗指端溃疡。潘生丁和小剂量阿司匹林均有抑制血小板聚集作用。手指坏疽部位可外用硝酸甘油贴膜。

2. SSc 相关的肺动脉高压　一般治疗包括氧疗、利尿、强心及抗凝治疗。

目前临床上应用的血管扩张剂有钙离子拮抗剂和靶向治疗药物,包括前列环素类似物、内皮素-1 受体拮抗剂(endothelin-1 antagonists)和 5 型磷酸二酯酶(phosphodiesterase 5,PDE-5)抑制剂。

只有急性血管扩张试验结果阳性的患者才能应用钙离子拮抗剂治疗。多选用地尔硫䓬,从小剂量开始,逐渐递增,争取数周内达到最大耐受剂量,然后维持应用。应用每 3~6 个月还应评价患者是否持续敏感,只有长期敏感者才能继续应用。前列环素类似物包括静脉依前列醇,吸入性伊洛前列素和可吸入、静脉或皮下给药的曲前列环素、贝前列素等。对于严重的肺动脉高压患者可使用依前列醇静脉注射。前列环素类似物的副作用包括面部潮红、头痛、皮疹、血小板减少、感染和胃肠道反应。内皮素受体拮抗剂包括波生坦、西他生坦和安贝生坦,均为口服药,可改善患者的运动能力、功能分级和某些血流动力学指标,副作用包括肝功能异常、头痛、鼻塞和水肿。PDE-5 抑制剂包括西地那非和他达拉非,两者也均为口服药,其副作用类似于内皮素-1 受体拮抗剂,另外还有肌痛、腹泻、消化不良和鼻出血。

侵入性治疗包括房间隔造口术,心肺联合移植和肺移植,肺血栓动脉内膜切除术,右心室辅助装置等。

(四) SSc 相关的间质性肺病

环磷酰胺可用于间质性肺病的治疗,抗胸腺细胞抗体和霉酚酸酯对间质性肺病可能有效。N 乙酰半胱氨酸可能对 SSc 的肺部病变有效。

(五) SSc 相关的肾脏受累

对弥漫型 SSc 的患者,在疾病早期,应积极监测血压。血管紧张素转换酶抑制剂(ACEI)是治疗急性肾危象的一线用药。即使患者已经开始透析治疗,仍应继续使用 ACEI。激素与硬皮病肾危象风险增加相关,故对使用激素者,应严密监测患者的血压和肾脏功能。

(六) SSc 的胃肠道受累

可应用质子泵抑制剂预防胃肠道反流、食管溃疡和狭窄。促动力药如胃复安和多潘立酮可用于胃肠道的运动障碍如吞咽困难、胃食道反流性疾病、早期饱胀、胃胀气等,皮下注射奥曲肽可用于假性肠梗阻。因细菌生长旺盛导致的肠吸收不良,抗生素交替使用可能对患者有益。

(七) SSc 相关的皮肤受累和关节受累

部分患者可出现自发性皮肤软化,甲氨蝶呤可改善早期的皮肤硬化。其他药物如 D-青霉胺、环孢素、他克莫司、秋水仙碱、二甲亚砜可能有效。皮下钙沉积无特效药物。

【预后】　SSc 的自然病程和预后差别较大,与内脏受累的程度密切相关。弥漫型硬皮病较局限型硬皮病的预后差。CREST 综合征患者,可长期局限而不发展,预后良好。肾衰竭、心功能衰竭、肺部感染是最常见的致死原因。

(张志毅)

推荐阅读文献

1. Firestein G, Budd R, Gariel S. Kelley's Textbook of Rheumatology, 9th ed. New York: Elsevier Saunders, 2012
2. Goldman L, Schafer AI. Goldman's Cecil Medicine, 24th Ed. New York: Elsevier Saunders, 2012
3. Longo DL, Fauci AS, Kasper DL, et al. Harrison's Principles of Internal Medicine. 18th Ed, New York: McGraw-Hill, 2012

Notes

第九章 痛 风

要点:

1. 痛风是嘌呤代谢紊乱和(或)尿酸排泄障碍所致的一组异质性疾病,高尿酸血症是痛风最重要的生化基础。

2. 诊断依据包括血尿酸增高、典型临床表现、关节液或痛风石中发现尿酸盐结晶。

3. 痛风最佳治疗方案由非药物治疗和(或)药物治疗组成。

4. 急性痛风性关节炎发作一线治疗药物是秋水仙碱、非甾类抗炎药及糖皮质激素。

5. 降尿酸治疗依据个体化原则,选择抑制尿酸合成药物和(或)促进尿酸排泄药物并坚持长期治疗。

痛风(gout)是嘌呤代谢紊乱和(或)尿酸排泄障碍所致的一组异质性疾病,其临床特征为血清尿酸(uric acid)升高、反复发作性急性关节炎、痛风石及关节畸形、尿酸性肾结石、肾小球、肾小管、肾间质及血管性肾脏病变等。

痛风分为原发性、继发性和特发性 3 类,原发性痛风占绝大多数。本病见于世界各地,由于受地域、民族、饮食习惯的影响,痛风患病率差异较大,痛风患病率为 1.0% ~ 15.3% ,并随年龄及血清尿酸浓度升高和持续时间而增加。

【病因和发病机制】 痛风的病因和发病机制不十分清楚,但高尿酸血症是痛风最重要的生化基础。高尿酸血症的理化含义指血清尿酸浓度超过了饱和浓度(37℃ 时为 $400\mu mol/L$,即 6.8mg/dl)。关于高尿酸血症详见本书相关章节。

绝大部分原发性痛风和高尿酸血症与尿酸排泄障碍有关,如肾小管分泌减少、重吸收增多、肾小球滤过减少;仅约 10% 患者为尿酸生成增多,遗传因素有重要的影响。其他还有嘌呤代谢相关酶缺陷的影响,如磷酸核糖焦磷酸合成酶活性增加、次黄嘌呤磷酸核糖转移酶缺乏等,属于 X 伴性连锁遗传。

继发性痛风和高尿酸血症的主要病因有:①某些遗传性疾病,如 Lesch-Nyhan 综合征、Ⅰ型糖原累积病等;②血液病及恶性肿瘤化疗或放疗后,因尿酸生成过多致高尿酸血症;③慢性肾病,因肾小管分泌尿酸减少而使尿酸增高;④药物如呋塞米、吡嗪酰胺、阿司匹林等抑制尿酸排泄而导致高尿酸血症。

特发性痛风原因不明。

不是所有的高尿酸血症患者最终均出现痛风,血尿酸升高的水平与痛风表现没有绝对的关系,只是少数高尿酸血症患者可出现痛风表现。

当尿酸盐结晶沉积于关节和肾脏等组织可引起炎症反应,其中肥大细胞、单核细胞、组胺、细胞因子、NALP3 炎症体、酶等促炎物质以及天然免疫途径在急性痛风早期炎症中发挥关键作用。长期尿酸盐结晶沉积招致单核细胞、上皮细胞和多核巨细胞浸润,可形成痛风石。尿酸盐结晶沉积于肾髓质和乳头间质,周围有白细胞和巨噬细胞浸润,形成痛风性肾病。尿酸盐结晶沉积于肾小管和肾间质,可导致肾结石以致急性梗阻性肾病。

【病理】　痛风特征性病理改变为痛风石,是巨噬细胞、上皮细胞围绕尿酸盐针状结晶沉积形成的多核肉芽肿。偏振光显微镜检查关节液中可见具有双折光性的针状尿酸盐结晶。

【临床表现】　原发性痛风多见于中、老年人,男性占95%,女性多于绝经期后发病,近年发病有明显年轻化趋势,常有家族遗传史。表现为高尿酸血症、反复发作急性关节炎、痛风石及慢性关节炎、尿酸性肾结石、痛风性肾病、急性肾衰竭。常伴有肥胖、高脂血症、高血压、糖耐量异常或2型糖尿病、动脉硬化和冠心病等。痛风自然病程分为3个阶段:①无症状性高尿酸血症;②急性痛风性关节炎反复发作及间歇期;③痛风石及慢性痛风性关节炎。

（一）无症状性高尿酸血症

仅有波动性或持续性高尿酸血症,但尚未发生痛风(表现为关节炎、痛风石及尿酸性肾结石)。从血尿酸增高至出现症状可达数年至数十年,有些可终身不出现症状。

（二）急性痛风性关节炎及间歇期

急性痛风性关节炎是原发性痛风最常见的首发症状。85%~90%的首次发作累及单一关节,以第1跖趾关节最常见,多于夜间突然起病,关节剧痛难忍,症状在数小时内达到高峰,受累关节红、肿、热、痛和功能障碍。其他常见受累部位为足背、踝、足跟、膝、腕、指、趾和肘关节。可伴有发热等。常见诱因有受寒、劳累、饮酒、进食高蛋白高嘌呤食物、外伤、手术、感染等。发作常呈自限性,多于数天或2周内自行缓解,红肿消退后受累关节处皮肤脱屑。症状消失后进入痛风间歇期,间歇期是指两次痛风发作之间的无症状时期。大多数患者在6个月到2年内出现第2次发作。

（三）痛风石及慢性痛风性关节炎

痛风石(tophi)(图8-9-1/文末彩图8-9-1)是痛风的特征性临床表现,常见于耳郭、跖趾、指间、掌指、肘等关节、跟腱、髌骨滑囊等处。外观为隆起的大小不一规则的黄白色赘生物,表面菲薄,破溃后排出白色粉状或糊状尿酸盐结晶物,经久不愈,但较少继发感染。

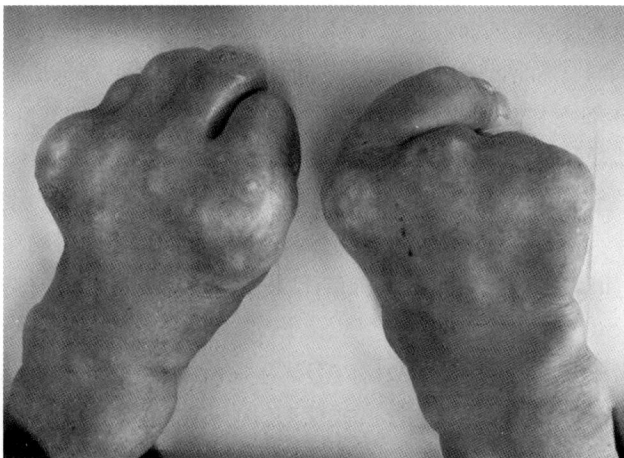

图 8-9-1　痛风石

慢性关节炎多见于未规范治疗的患者,其病理基础是痛风石在关节周围组织引起慢性炎症性病变。受累关节非对称性不规则肿胀、疼痛、随着病程延长,关节炎发作频率增加、发作时间延长、发作程度加重、间歇期缩短,最终,关节广泛破坏及巨大的痛风石可导致患者出现多种畸形,尤其在手和足,并可造成进行性残疾。

（四）肾脏病变

病程较长的痛风患者可有肾脏损害,主要表现以下3方面:

1. 痛风性肾病　起病隐匿,早期可仅有间歇性蛋白尿和镜下血尿;随着病程进展,蛋白尿逐渐转为持续性,肾脏浓缩功能受损,出现夜尿增多、等渗尿等;晚期发展为慢性肾功能不全。少部分痛风患者以痛风性肾病起病,而关节症状不明显,需与肾小球肾炎和原发性高血压性肾损害相鉴别。

2. 尿酸性肾石病　约10%~25%痛风患者有尿酸性肾结石。较小者呈沙砾状随尿排出,可无明显症状;较大者引起肾绞痛、血尿、排尿困难、肾积水、肾盂肾炎或肾周围炎等。纯尿酸结石能被X线透过而不显影,所以对X线阴性而彩超阳性的肾结石患者应常规检查血尿酸并分析结石性质。

3. 急性肾衰竭　由于大量尿酸盐结晶堵塞肾小管、肾盂甚至输尿管,患者突然出现少尿甚至无尿,如不及时处理可迅速发展为急性肾衰竭。

继发性痛风临床表现常较原发性者严重,肾石病多见,但关节症状多不典型,病程不长,常被其原发病症状所掩盖而不易发觉。

【实验室及影像学检查】

(一) 血尿酸测定

成年男性血尿酸值约为208~416μmol/L(3.5~7.0mg/dl),女性约为149~358μmol/L(2.5~6.0mg/dl),绝经后接近男性。血尿酸存在较大波动,应反复监测。

(二) 尿尿酸测定

限制嘌呤饮食5天后,每日尿酸排出量超过3.57mmol(600mg),可认为尿酸生成增多。

(三) 关节液或痛风石内容物检查

偏振光显微镜下可见双折光的针形尿酸盐结晶,是确诊本病的依据。

(四) X线检查

急性关节炎期可见非特征性软组织肿胀;慢性期或反复发作后可见软骨缘破坏,关节面不规则,特征性改变为穿凿样、虫蚀样圆形或弧形骨质透亮缺损。

(五) 电子计算机X线体层显像(CT)与磁共振显像(MRI)检查

CT检查于受累部位可见关节面破坏硬化,边缘增生,关节周围见不均匀的斑点状结节影及点状钙化;MRI检查T_1和T_2加权像呈斑点状低信号。

(六) 超声检查

关节超声检查可见双轨征或不均匀低回声与高回声混杂团块影,是痛风比较特异的表现。

【诊断与鉴别诊断】

(一) 诊断

男性和绝经后女性血尿酸>420μmol/L(7.0mg/dl)、绝经前女性>358μmol/L(6.0mg/dl)可诊断为高尿酸血症。如出现特征性关节炎表现、尿路结石或肾绞痛发作,伴有高尿酸血症应考虑痛风,关节液穿刺或痛风石活检发现尿酸盐结晶可确诊痛风。

急性痛风关节炎诊断多采用1977年美国风湿病学会(ACR)的分类标准,见表8-9-1。

表8-9-1　1977年ACR急性痛风关节炎分类标准

1. 关节液中有特异性尿酸盐结晶,或
2. 用化学方法或偏振光显微镜证实痛风石中含尿酸盐结晶,或
3. 具备以下12项(临床、实验室、X线表现)中6项
(1) 急性关节炎发作>1次
(2) 炎症反应在1天内达高峰
(3) 单关节炎发作
(4) 可见关节发红
(5) 第一跖趾关节疼痛或肿胀
(6) 单侧第一跖趾关节受累
(7) 单侧跗骨关节受累
(8) 可疑痛风石
(9) 高尿酸血症
(10) 不对称关节内肿胀(X线证实)
(11) 无骨侵蚀的骨皮质下囊肿(X线证实)
(12) 关节炎发作时关节液微生物培养阴性

（二）鉴别诊断

急性痛风性关节炎需与风湿热关节炎表现、类风湿关节炎、化脓关节炎、创伤关节炎等鉴别。慢性痛风性关节炎需与类风湿关节炎及假性痛风等鉴别。

【治疗】 痛风治疗目标是控制急性关节炎发作及复发、预防尿酸盐沉积、促进痛风石吸收、防止慢性关节炎进展、防止尿酸性肾结石、痛风性肾病及肾功能损害。

（一）非药物治疗

患者教育、适当的生活方式和饮食习惯是痛风长期治疗的基础。要适当运动，避免高嘌呤、高糖饮食，控制海鲜和肉类摄入，保持理想体重，避免诱发因素。每日饮水应在 2000ml 以上，如尿 pH 在 6.0 以下，可碱化尿液，如口服碳酸氢钠，使尿 pH 维持在 6.2 ~ 6.5。慎用抑制尿酸排泄的药物。

（二）急性痛风性关节炎治疗

秋水仙碱、非甾体抗炎药（NSAIDs）和糖皮质激素是急性痛风性关节炎治疗的一线药物。急性发作期不进行降尿酸治疗，但已服用降尿酸药物者不需停用，以免引起血尿酸波动，导致发作时间延长或再次发作。

1. 秋水仙碱（colchicine） 是治疗急性痛风性关节炎的传统药物，应用小剂量秋水仙碱有效，且不良反应少。首次剂量 1mg，1 小时后再给 0.5mg，24 小时不超过 1.5mg，小剂量持续应用至关节红肿消退。不推荐使用大剂量秋水仙碱。秋水仙碱不良反应较多，主要是严重的胃肠道反应，如恶心、呕吐、腹泻、腹痛等，也可引起骨髓抑制、肝细胞损害、过敏、神经毒性等，肾功能不全者减量使用。

2. 非甾体抗炎药（NSAIDs） 可有效缓解急性痛风关节炎症状。常用药物有吲哚美辛（indomethacin），每次 50mg，每天 3 ~ 4 次；双氯芬酸，每次 50mg，每天 2 ~ 3 次；依托考昔（etoricoxib）120mg，每天 1 次。常见不良反应包括胃肠道溃疡及出血，心血管系统毒性反应。活动性消化性溃疡禁用，伴肾功能不全者慎用。

3. 糖皮质激素 对急性痛风关节炎有明显疗效，可口服中剂量糖皮质激素或关节腔注射。但停药后易复发。仅用于 NSAIDs、秋水仙碱治疗无效或禁忌、肾功能不全者。

（三）间歇期和慢性痛风性关节炎治疗

采用降尿酸药物治疗，目标是血尿酸浓度低于 6mg/dl，以减少或清除体内沉积的尿酸盐结晶。使用降尿酸药物指征是：急性痛风复发、多关节受累、出现痛风石、慢性痛风性关节炎、受累关节出现影像学改变以及并发尿酸性肾石病等。降尿酸药物应在急性发作缓解后从小剂量开始，逐渐加量，并根据血尿酸调整至最小有效剂量长期甚至终身维持。

1. 抑制尿酸合成药物 通过抑制黄嘌呤氧化酶，阻断次黄嘌呤、黄嘌呤转化为尿酸，从而降低血尿酸水平。广泛用于原发性及继发性高尿酸血症，尤其是尿酸产生过多型，以及不宜使用促尿酸排泄药者。

别嘌醇（allopurinol）通过抑制黄嘌呤氧化酶使尿酸生成减少。从 50mg ~ 100mg/d 开始，最大剂量 600mg/d。不良反应包括胃肠道症状、皮疹、药物热、肝酶升高、骨髓抑制等。已知别嘌醇相关的严重超敏反应与 HLA-B * 5801 密切相关，亚裔人阳性率比白人高，因此，亚裔人群用药前推荐进行 HLA-B * 5801 检测。

非布司他（febuxostat）是一种分子结构与别嘌醇完全不同的选择性黄嘌呤氧化酶抑制剂，疗效优于别嘌醇。此外，非布司他不完全依赖肾脏排泄，可用于轻中度肾功能不全者。从 20mg ~ 40mg/d 开始，最大剂量 80mg/d。不良反应主要有肝功异常、腹泻、头痛、肌肉骨骼系统症状。

2. 促进尿酸排泄的药物 主要通过抑制肾小管重吸收，增加尿酸排泄，从而降低血尿酸。主要用于尿酸排泄减少型，以及对别嘌醇过敏或疗效不佳者；已有尿酸性结石者不宜使用。用药期间应碱化尿液并保持尿量。

（1）丙磺舒（probenecid）：初始剂量0.5g/d，逐渐增加，最大剂量2g/d。主要不良反应有胃肠道症状、皮疹、药物热、一过性肝酶升高及粒细胞减少。对磺胺过敏者禁用。

（2）苯溴马隆（benzbromarone）：初始剂量25mg/d，逐渐增加，最大剂量100mg/d。不良反应包括胃肠道症状、皮疹、肾绞痛、粒细胞减少等，罕见严重的肝毒性。

3. 尿酸酶（uricase）　尿酸酶可催化尿酸氧化为更易溶解的尿囊素，具有快速、强力降低血尿酸的疗效。主要有重组黄曲霉菌尿酸氧化酶（Rasburicase）和聚乙二醇化重组尿酸氧化酶（PEG,uricase）。主要用于肿瘤溶解综合征和难治性痛风患者。

在开始降尿酸治疗时，推荐同时服用秋水仙碱0.5～1mg/d或小剂量NSAIDs 1～12个月，以预防急性痛风发作。

（四）痛风肾脏病变治疗

痛风相关的肾脏病变是降尿酸药物治疗的指征，应选用抑制尿酸合成药物，同时碱化尿液，保持尿量。其他处理同慢性肾炎，如果出现肾功能不全，可行透析治疗，必要时可做肾移植。对于急性尿酸性肾石病这一急危重症，除别嘌醇外，使用尿酸氧化酶是正确选择。其他处理同急性肾衰竭。

（五）伴发疾病的治疗

痛风常伴发代谢综合征，如高血压、高脂血症、肥胖症、2型糖尿病等，应积极治疗上述伴发疾病。在治疗这些疾病的药物中有些兼具弱降血尿酸作用，值得选用，如降脂药中非诺贝特、阿托伐他汀等，降压药中氯沙坦及氨氯地平等，但不主张单独用于痛风的治疗。

（六）无症状高尿酸血症处理原则

尽管高尿酸血症与痛风急慢性关节炎、肾脏病变密切相关，与代谢综合征也可能存在某些关联，但尚无直接证据表明血液中溶解的尿酸对人体有害，除非特别严重的或急性血尿酸升高。因此无症状高尿酸血症应以非药物治疗为主，一般不推荐使用降尿酸药物。如经过饮食控制血尿酸仍高于9mg/dl或血尿酸高于8mg/dl并有家族史或伴发相关疾病的患者，可考虑降尿酸治疗。

（七）手术治疗

必要时可选择剔除痛风石、对残毁关节进行矫形等手术治疗。

【预后】　痛风是一种终身性疾病，如果及早诊断进行规范治疗，大多数痛风患者可正常工作生活。慢性期病变可致关节残毁，但具有一定的可逆性。伴发高血压、糖尿病或其他肾病者，肾功能不全者的风险增加，并可危及生命。

（郑　毅）

推荐阅读文献

1. Wallace SL,Robinson H,Masi AT,et al. Preliminary criteria for the classification of the acute arthritis of primary gout. Arthritis Rheum,1977,20:895-900

2. Khanna D,Fitzgerald JD,Khanna PP,et al. 2012 American College of Rheumatology guidelines for management of gout. Part 1:systematic nonpharmacologic and pharmacologic therapeutic approaches to hyperuricemia. Arthritis Care Res,2012,64:1431-1446

3. Khanna D,Khanna PP,Fitzgerald JD,et al. 2012 American College of Rheumatology guidelines for management of gout. Part 2:therapy and anti-inflammatory prophylaxis of acute gouty arthritis. Arthritis Care Res,2012,64:1447-1461

第十章　骨关节炎

> **要点：**
>   1. 骨关节炎是一种最常见的关节炎，多见于中老年人。是中年以上人群丧失劳动能力、生活不能自理的主要原因。
>   2. 骨关节炎以关节软骨损害为主，并累及整个关节，包括软骨下骨、韧带、关节囊、滑膜和关节周围肌肉。
>   3. 治疗目的在于缓解疼痛、阻止和延缓疾病的进展、保护关节功能、改善生活质量。

骨关节炎（osteoarthritis，OA）是一种最常见的关节炎，多见于中老年人。病变以关节软骨损害、骨边缘增生为主，并可累及滑膜及关节各组织，导致关节及关节腔内一系列生化和形态学改变。表现为关节疼痛、僵硬、肥大及活动受限。

【分类】　依据病因，可分为特发性和继发性 OA；依据分布，可分为全身性 OA、手 OA、膝 OA、髋 OA 等；依据症状，可分为症状性和无症状性（放射学）OA。本章主要讨论特发性症状性 OA。

【流行病学】　患病率和年龄、性别、民族以及地理因素有关。我国"十五"攻关计划课题研究表明：中国 40 岁以上人群原发性 OA 患病率为 46.3%，男性为 41.6%，女性为 50.4%，60 岁人群 OA 患病率高于 40 岁人群一倍，髋 OA 患病率低于西方人。手 OA 女性多见，黑人 OA 较白人多见。

【病因和发病机制】

（一）病因

可能与易感因素以及机械因素有关。易感因素包括高龄、遗传、肥胖、性激素、骨密度、过度运动、吸烟以及存在其他疾病等。机械因素如创伤、关节形态异常、长期从事反复使用某些关节的职业或剧烈的文体活动等导致特殊关节或部位生物力学异常。

（二）发病机制

OA 发病是外界多种因素对易感个体作用的结果，生物机械学、生物化学、炎症基因突变及免疫学因素参与了 OA 的发病过程，促炎因子 IL-1β 和 TNF-α 在 OA 的发生发展中有重要作用。上述因素引发级联退行性反应，最终导致关节软骨的特征性改变，并影响到所有关节结构。可以说 OA 是一组由不同病因和多种因素重叠引发的疾病。

【病理】　以关节软骨损害为主，并累及整个关节，包括软骨下骨、韧带、关节囊、滑膜和关节周围肌肉，最终发生关节软骨退变、纤维化、断裂、溃疡及整个关节面的损害。

（一）关节软骨

软骨变性是 OA 最基本的病理改变。初起表现局灶性软化，失去正常弹性，继而出现微小裂隙、粗糙、糜烂、溃疡，软骨大片脱落及软骨下骨板裸露。镜检可见关节软骨渐进性结构紊乱和变性，软骨细胞减少，基质黏液样变，软骨撕裂或微纤维化，溃疡面可被结缔组织或纤维软骨覆盖及新生血管侵入，最终全层软骨消失。

（二）骨质改变

软骨下骨的增厚和硬化；关节边缘骨赘（osteophyte）形成；关节附近骨囊肿。

（三）滑膜改变

滑膜炎一般为继发性，滑膜充血，血管增生，炎细胞浸润和广泛的纤维化，滑膜绒毛增厚，其内可有破碎的软骨和骨质，并可引起异物巨细胞反应。

【临床表现】 一般起病隐匿，进展缓慢。主要表现为关节及其周围疼痛、僵硬、关节骨性肥大和功能障碍。

（一）症状

1. 疼痛 关节及其周围组织疼痛、酸胀不适是本病的主要症状，负重时及活动后加重，休息可缓解，后期疼痛呈持续性。关节活动受限，致使持物、行走和下蹲困难。

2. 晨僵和关节胶化 OA 晨僵时间较短，一般不超过 30 分钟。于晨起或久坐后起身站立时感觉关节不稳，需站立片刻并缓慢活动后才能迈步称为关节胶化（articular gelling）。

3. 其他症状 可出现行走时失平衡，下蹲、下楼无力，不能持重、打软，活动受限、关节挛曲等。

（二）体征

1. 关节肿胀及畸形 因局部骨性肥大或滑膜炎引起，可伴局部温度增高、积液和滑膜肥厚，严重见关节畸形、半脱位等。

2. 压痛和被动痛 受累关节局部压痛，或被动运动时疼痛。

3. 关节摩擦感 关节活动时触及粗糙的摩擦感，以膝关节多见。

4. 活动受限 由于骨赘、软骨丧失、关节周围肌肉痉挛以及关节破坏所致。还可出现关节活动时"绞锁现象"。

（三）好发部位

1. 手 手 OA 多见于中、老年女性，以疼痛、压痛、骨性隆起或肥大，关节肿胀、晨僵、功能障碍或畸形为特点。远端指间关节最常累及，也可见于近端指间关节和第一腕掌关节。特征性表现为指间关节伸面内、外侧骨样肿大结节，位于远端指间关节者称 Heberden 结节（图 8-10-1／文末彩图 8-10-1），位于近端指间关节者称 Bouchard 结节。具遗传倾向。近端及远端指间关节水平样弯曲形成蛇样畸形。部分患者可出现屈曲或侧偏畸形。第一腕掌关节因骨质增生可出现"方形手"。

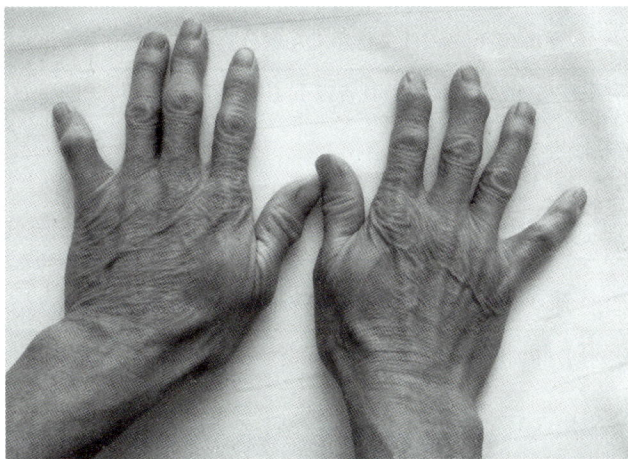

图 8-10-1 Heberden 结节

2. 膝 膝 OA 早期以疼痛和僵硬为主，单侧或双侧交替，多发生于上下楼时。体格检查可见关节肿胀、压痛、骨摩擦感及膝内翻畸形等。少数患者关节周围肌肉萎缩，多为失用性。

3. 髋 髋 OA 多见于年长及男性患者。主要症状为隐匿发生的疼痛，可放射至臀外侧、腹股沟、大腿内侧。体格检查可见不同程度的活动受限和跛行。

4. 足   足 OA 以第一跖趾关节最常见。症状可因穿过紧的鞋子而加重。跗骨关节也可累及。部分可出现关节红、肿、热、痛,类似痛风表现,但疼痛程度较痛风为轻。体征可见骨性肥大和外翻。

5. 脊柱   脊柱 OA 以颈、腰段多见。表现为局部疼痛、僵硬,脊神经根受压可出现上臂放射痛,脊髓受压可引起肢体无力和麻痹,椎动脉受压可致眩晕、耳鸣以至复视、构音和吞咽障碍。腰椎受累疼痛、僵硬,久坐或久站后加重,疼痛可向臀部或下肢放射。压迫脊髓可引起截瘫。

6. 其他部位   肩锁关节、颞下颌关节、肘关节也可累及。

(四) OA 的特殊类型

1. 全身性 OA   多见于中老年女性,有明显家族聚集倾向。典型表现累及多个指间关节,有 Heberden 结节和 Bouchard 结节,还同时存在上述至少三个部位如膝、髋、脊柱的累及,关节功能预后良好。此型 OA 与 HLA-A1、B8 等遗传基因相关。

2. 侵蚀性炎症性 OA   主要累及指间关节,疼痛和压痛,可发生冻胶样囊肿,有明显的炎症表现。放射学检查可见明显的骨侵蚀。

3. 弥漫性特发性骨肥厚(diffuse idiopathic skeletal hyperostosis,DISH)   以脊椎边缘骨桥形成及外周关节骨赘形成为特征,多见于老年人。与 HLA-B27 无相关。

4. 急进性 OA   多见于髋关节,疼痛剧烈。学者认为 6 个月内关节间隙减少 2mm 或以上者即可诊断。

【实验室与影像学检查】   无特异性实验室指标。

血沉、C 反应蛋白大多正常或轻度升高,类风湿因子和自身抗体阴性。关节液黄色,黏度正常,凝固试验阳性,白细胞数低于 2×10^6/L。

放射学检查对本病诊断十分重要,典型 X 线表现为受累关节软骨下骨质硬化、囊变,关节边缘骨赘形成,受累关节间隙狭窄。磁共振显像能显示早期软骨病变,半月板、韧带等关节结构的异常,有利于早期诊断。

【诊断和鉴别诊断】

(一) 诊断

OA 一般依据临床表现和 X 线检查,并排除其他炎症性关节疾病而诊断。美国风湿病学会(ACR)关于手 OA(表 8-10-1)、膝 OA(表 8-10-2)和髋 OA(表 8-10-3)的分类标准如下。

表 8-10-1   ACR 关于手 OA 的分类标准(1990 年)

临床标准:具有手疼痛、酸痛和晨僵并具备以下 4 项中至少 3 项可诊断手 OA
10 个指定关节中硬性组织肥大≥2 个
远端指间关节硬性组织肥大≥2 个
掌指关节肿胀少于 3 个
以上 10 个指定的指关节中关节畸形≥1 个
(10 个指定关节是指双侧第 2、3 指远端和近端指间关节及第 1 腕掌关节)

表 8-10-2   ACR 关于膝 OA 的分类标准(1986 年)

(1) 临床标准:具有膝痛并具备以下 6 项中至少 3 项可诊断膝 OA
年龄≥50 岁
晨僵<30 分钟
骨摩擦感
骨压痛
骨性肥大
膝触之不热
(2)临床加放射学标准:具有膝痛和骨赘并具备以下 3 项中至少 1 项可诊断膝 OA
年龄≥40 岁
晨僵<30 分钟
骨摩擦感

表 8-10-3　ACR 关于髋 OA 的分类标准(1991 年)

临床加放射学标准:具有髋痛并具备以下 3 项中至少 2 项可诊断髋 OA

血沉≤20mm/h

X 线示股骨头和/或髋臼骨赘

X 线示髋关节间隙狭窄[上部、轴向和(或)内侧]

(二) 鉴别诊断

手和膝 OA 应与类风湿关节炎、银屑病关节炎、假性痛风等鉴别;髋 OA 应与髋关节结核、股骨头无菌性坏死鉴别。脊柱 OA 应与脊柱关节病鉴别。

【治疗】　OA 治疗目的在于缓解疼痛、阻止和延缓疾病的进展、保护关节功能、改善生活质量。治疗方案应个体化。

(一) 非药物治疗

非药物治疗包括患者教育和自我调理,如正确的生活方式和饮食习惯,适当的医疗锻炼、减肥、理疗、应用矫形支具、针灸等。

(二) 药物治疗

药物治疗包括缓解 OA 症状的药物,如外用药物、全身用药物(非阿片类药物、NSAIDs、阿片类药物)、关节内注射药物(糖皮质激素、透明质酸衍生物)、营养药物(氨基葡萄糖、硫酸软骨素等)。

考虑到对长期口服 NSAIDs 安全性的顾虑,全球广泛应用外用 NSAIDs 制剂缓解 OA 症状。包括局部外用 NSAIDs 制剂和(或)辣椒碱乳剂,可减轻关节疼痛,不良反应小。

NSAIDs 是最常用的治疗 OA 药物,包括布洛芬、双氯芬酸、美洛昔康、塞来昔布等。小剂量镇痛,较大剂量具有抗炎镇痛作用。其主要不良反应有胃肠道、肝肾损害及可增加心血管不良事件的风险。由于副作用与剂量有关,应使用最低有效剂量,短疗程。具体药物应用参见本篇第二章(RA)。对乙酰氨基酚可缓解疼痛,但作用有限,在改善晨僵及功能方面作用不明显。如上述疗效不佳、不耐受或有禁忌时,可考虑用弱阿片类药物,如曲马朵等。

对于剧烈疼痛特别是伴关节积液的 OA 患者,可局部关节内注射糖皮质激素,能迅速缓解症状。但在同一关节不应反复注射,注射间隔时间不应短于 3 个月。关于透明质酸(hyaluronic acid)衍生物关节内注射,疗效有限,近期国际上不建议用于症状性膝 OA 的治疗。

体外研究发现硫酸氨基葡萄糖(glucosamine sulfate)能刺激软骨氨基葡萄糖和蛋白多糖的合成,抑制 IL-1β 和 TNF-α 诱导的一氧化氮的产生。已尝试补充氨基葡萄糖治疗 OA。关于氨基葡萄糖治疗 OA 有效的临床数据均来自于硫酸氨基葡萄糖。硫酸软骨素 A(chondroitin sulfate A)也有一定疗效。但也有研究认为氨基葡萄糖与硫酸软骨素的疗效与安慰剂相似,故在本病治疗中的地位尚需进一步认识。

其他可能有希望改善结构或延缓病程的治疗包括金属蛋白酶或胶原酶抑制剂、双醋瑞因、IL-1 受体拮抗剂、鳄梨大豆未皂化物、雷奈酸锶、双磷酸盐、降钙素以及维生素等,但需进一步临床研究证实。双醋瑞因是白细胞介素-1 抑制剂,能改善 OA 症状,改善关节功能。

(三) 手术治疗

手术治疗主要用于功能严重障碍者。

【预后】　该病致残率高达 53%。在美国,OA 是导致 50 岁以上男性工作能力丧失的第二位原因(仅次于缺血性心脏病),也是中年以上人群丧失劳动能力、生活不能自理的主要原因。我国尚无大规模的流行病学调查数据。

(郑　毅)

推荐阅读文献

1. Altman R, Alarcón G, Appelrouth D, et al. The American College of Rheumatology criteria for the classification and reporting of osteoarthritis of the hand. Arthritis Rheum, 1990, 33: 1601-1610

2. Altman R, Asch E, Bloch D, et al. Development of criteria for the classification and reporting of osteoarthritis. Classification of osteoarthritis of the knee. Diagnostic and Therapeutic Criteria Committee of the American Rheumatism Association. Arthritis Rheum, 1986, 29: 1039-1049

3. Altman R, Alarcón G, Appelrouth D, et al. The American College of Rheumatology criteria for the classification and reporting of osteoarthritis of the hip. Arthritis Rheum, 1991, 34: 505-514

4. Hochberg MC, Altman RD, April KT, et al. American College of Rheumatology 2012 recommendations for the use of nonpharmacologic and pharmacologic therapies in osteoarthritis of the hand, hip, and knee. Arthritis Care Res (Hoboken), 2012, 64: 465-474

5. Fernandes L, Hagen KB, Bijlsma JW, et al. EULAR recommendations for the non-pharmacological core management of hip and knee osteoarthritis. Ann Rheum Dis, 2013, 72: 1125-1135

Notes

第十一章　抗磷脂综合征

> **要点：**
>
> 　　1. 血管性血栓形成是 APS 的主要临床表现，动脉、静脉均可受累，最常见部位是下肢深静脉血栓。
>
> 　　2. 本病的诊断需要同时依靠临床表现和实验室检查两方面。
>
> 　　3. 本病治疗目的是预防血栓和避免妊娠失败，治疗应做到个体化，充分抗凝是治疗的关键。

　　抗磷脂综合征（antiphospholipid syndrome，APS）是一种以反复血管性血栓事件、自发性流产、血小板减少等为主要临床表现，伴有抗磷脂抗体中度或高度阳性的等非炎症性自身免疫性疾病。分为原发性 APS 和继发性 APS，后者多继发于系统性红斑狼疮、干燥综合征等结缔组织病。APS 临床表现复杂多样，全身各个系统均可以受累，最突出表现为血管性血栓形成。本病病因未明，病理特点为非炎性、节段性、阻塞性血管病变。

　　抗磷脂综合征以女性多见，女∶男为9∶1；好发于中青年；原发性 APS 相对年轻，动脉栓塞更常见；继发于结缔组织病的 APS 发病年龄略大，静脉血栓、血液学改变、皮肤病变更多见。

　　【发病机制】　　抗磷脂综合征的确切发病机制尚未完全明确，抗磷脂抗体（aPL）是 APS 发生的决定因素，其结合的主要靶抗原为 β2 糖蛋白1（β2GP1）。aPL 通过多个途径导致血栓形成：aPL 与血管内皮细胞细胞膜上的磷脂结合，使得内皮细胞功能受损，导致前列环素 PGI2 合成和释放减少；aPL 与血小板磷脂结合，释放血栓素 A2，使得血小板聚集，促进血小板黏附功能激活；APL 与抗凝血酶Ⅲ、蛋白 C、蛋白 S、凝血酶调节蛋白等直接结合，从而启动内源性、外源性凝血机制并使蛋白 C 系统抑制引起血栓形成。

　　【临床表现】

（一）血栓形成

　　APS 血管性血栓形成的临床表现，取决于受累血管的种类、部位和大小，可以表现为单一血管或者多血管受累（表 8-11-1）。静脉栓塞在 APS 中更常见。最常见部位为下肢深静脉血栓，亦可累及肾、肝、锁骨下、视网膜、上、下腔静脉，以及颅内静脉窦等。动脉栓塞最常见的部位为颅内血管，亦可累及冠脉、肾动脉、肠系膜动脉等。

　　APS 的血栓性病变常呈间歇性发作难以预测。少数患者可在一周内出现进行性多个（3 个或者 3 个以上）器官的血栓形成，累及脑、肾、肝或心脏等重要脏器造成功能衰竭和死亡，并有病理证实小血管内血栓形成，称为灾难性抗磷脂综合征（catastrophic APS，CAPS）。

（二）病态妊娠

　　APS 患者妊娠丢失往往发生在孕 10 周以后，称为胎儿死亡，亦可发生在更早期，表现为多次胚胎丢失，但此时需要与染色体异常或者基因缺陷所致相鉴别。APS 在妊娠中期多表现为胎儿发育迟缓、羊水过少或者胎死宫内，亦可发展为严重的子痫或者先兆子痫导致新生儿早产，或者 HELLP 综合征（溶血、肝酶升高、血小板减少）。

表 8-11-1　APS 血栓形成的临床表现

	累 及 静 脉	累 及 动 脉
肺脏	肺栓塞、肺毛细血管炎、肺出血、肺动脉高压	
肾脏	肾静脉血栓	肾动脉血栓、肾梗死、肾血栓性微血管病变
中枢神经系统	静脉窦血栓	卒中、短暂性脑缺血发作、急性缺血性脑病、多发性脑梗死性痴呆、Sneddon 综合征、癫痫
心脏		急性心肌梗死、静脉搭桥术后再梗死、心肌肥厚、缺血性心肌病、心律失常、心腔内血栓形成、瓣膜结节或赘生物
皮肤	网状青斑、葡萄状青斑、痛性皮下结节	指端坏疽、慢性下肢溃疡、类血管炎样斑
肢体	深静脉血栓形成、血栓性静脉炎	缺血、坏疽
肝脏	Budd-Chiari 综合征 肝小静脉闭塞症	肝梗死
胃肠道	肠系膜静脉血栓、肠坏死、肠穿孔	肠系膜动脉血栓
肾上腺	中央静脉血栓、出血、梗死	
大血管	上腔/下腔静脉综合征	主动脉弓综合征、间歇性跛行
眼	视网膜静脉血栓	视网膜动脉和小动脉血栓

（三）血液系统表现

血液系统主要表现包括血小板减少、微血管性溶血，极少部分患者表现为出血。其中，血小板减少是最常见的临床表现，通常血小板计数在 $50\times10^9/L$ 至 $100\times10^9/L$ 之间。部分 APS 患者（10%）仅表现为溶血。APS 患者临床上出现血栓性微血管病变时需要警惕血栓性血小板减少性紫癜、灾难性抗磷脂综合征、弥散性血管内凝血以及 HELLP 综合征等。

【实验室和辅助检查】

1. 抗磷脂抗体（APL）检测　抗磷脂抗体包括抗心磷脂抗体（aCL）、抗 β2GP1 抗体和狼疮抗凝物。约有 10% 的正常人群出现低滴度，通常为一过性抗心磷脂抗体阳性，而中至高效价的抗心磷脂抗体或者狼疮抗凝物阳性比率小于 1%。约 10% ~40% 的系统性红斑狼疮患者，约 20% 的类风湿关节炎患者抗磷脂抗体阳性。年龄小于 45 岁的不明原因卒中患者中 25% 出现 APL 阳性。三次或者三次以上妊娠丢失的女性患者中 20% APL 阳性。反复静脉血栓事件患者中 14% 出现 APL 阳性。

狼疮抗凝物的测定是一种改良 Russell 蝰蛇毒稀释试验。包括 Lupo 试验Ⅱ和 Lucor 试验，两者正常比值为 1.0 ~1.2，当比值升高提示存在狼疮抗凝物质。与抗心磷脂抗体、抗 β2GP1 抗体相比较，狼疮抗凝物与血栓形成、病态妊娠之间存在更强的相关性。

2. 检测遗传性或者获得性易栓症　对于血栓形成患者寻找诱因时需考虑筛查遗传性或者获得性易栓症，包括抗凝血酶、蛋白 C、蛋白 S、V Leiden 因子检测和活化蛋白 C 抵抗试验，以及外周血同型半胱氨酸水平。

3. 影像学检查　血管彩色多普勒超声能够准确发现动、静脉血栓以及胎盘内血肿。核素肺通气/灌注扫描，CT 肺血管造影能够诊断肺血栓栓塞症。MRI 可以及早发现颅内微小梗死灶。

【诊断及鉴别诊断】

（一）诊断

抗磷脂综合征的诊断需要同时依靠临床表现和实验室检查两方面。根据 2006 年修订的 Sapporo 国际 APS 分类标准,至少满足一条临床标准和一条实验室标准方可诊断 APS(表 8-11-2)。

表 8-11-2　2006 年修订的 Sapporo 国际抗磷脂综合征分类标准

临床标准:

1. 血栓形成

任何器官/组织发生的 1 次或 1 次以上动、静脉或者小血管血栓形成(浅表静脉血栓不做诊断指标),必须有客观证据(如影像学、组织病理学等),组织病理学如有血栓形成,必须是血栓部位的血管壁无血管炎表现

2. 病态妊娠

1) 1 次或多次无法解释的形态学正常的胎龄≥10 周胎儿死亡,必须经超声检查或对胎儿直接体检表明胎儿形态学正常

2) 在妊娠 34 周以前因重度子痫或者重度先兆子痫或者严重的胎盘功能不全所致一次或多次形态正常的新生儿早产

3) 连续 3 次或 3 次以上无法解释的胎龄<10 周的自然流产,需除外母亲生殖系统解剖异常、或激素水平异常,或因母亲或父亲染色体异常等因素所致

实验室标准:

1. 血浆中 LA 阳性:需按照国际 LAS/磷脂依赖性抗体研究组制定的血栓和止血指南进行检测

2. 采用标准化的 ELISA 法检测血清或者血浆中抗心磷脂抗体(aCL):IgG/IgM 型中高效价阳性抗体(>40IgG 磷脂单位或 IgM 磷脂单位,或>99 百分位数)

3. 采用标准化的 ELISA 法检测血清或者血浆抗 β2GP1 抗体:IgG/IgM 型阳性(效价大于正常人效价分布的第 99 百分位数)

注:上述检测均要求间隔 12 周以上,至少 2 次或者 2 次以上阳性,如果 aPL 结果阳性与临床表现之间间隔<12 周,或者间隔超过 5 年,则不能诊断

(二) 鉴别诊断

APS 的鉴别诊断主要依据不同的临床表现加以鉴别。多种获得性或者遗传因素亦可导致妊娠丢失,和(或)血栓栓塞性疾病。静脉栓塞需要与遗传性或者获得性凝血功能异常(如蛋白 C、蛋白 S、V Leiden 因子缺乏)、抗凝血酶缺陷症、恶性肿瘤和骨髓增殖性疾病、肾病综合征等鉴别。动脉栓塞需要与动脉粥样硬化、栓塞事件、心房纤颤、心房黏液瘤、感染性心内膜炎、脂肪栓塞、血栓性血小板减少性紫癜以及系统性血管炎等鉴别。同时或者先后出现动脉和静脉栓塞时需要与肝素诱导性血小板减少症、低纤维蛋白原血症或者纤维蛋白原活化因子缺乏症、同型半胱氨酸血症、骨髓增殖性疾病、真性红细胞增多症、阵发性睡眠性血红蛋白尿、华氏巨球蛋白血症、镰状细胞病、系统性血管炎以及反常栓塞等疾病鉴别。

【治疗和预防】

(一) 治疗目的和原则

抗磷脂综合征的治疗目的主要包括预防血栓和避免妊娠失败。治疗应做到个体化,根据不同患者的不同临床表现、病情严重程度和对治疗药物的反应等制定恰当的治疗方案。

抗磷脂综合征的治疗方法包括:抗凝治疗、糖皮质激素、免疫抑制剂治疗及对症支持治疗。充分抗凝是治疗 APS 的关键。一般情况下激素和免疫抑制剂在 APS 患者无需使用,但当合并严重血小板减少、溶血性贫血或发生灾难性抗磷脂综合征或有严重神经系统损害时可以应用。

(二) 血栓预防

主要应用抗凝和抗血小板药物来预防 APS 患者血栓形成。肝素通过增强抗凝血酶Ⅲ与凝血酶的亲和力,加速凝血酶失活,增强蛋白 C 的活性,刺激血管内皮细胞释放抗凝物质和纤溶物质,抑制血小板黏附聚集等途径来发挥抗凝作用。华法林是长期抗凝治疗时应用最广泛的药物,是治疗 aPL 导致血栓形成的基石药物,主要通过抑制维生素 K 和减少依赖维生素 K 的凝血因子生成来发挥抗凝作用。阿司匹林可抑制血小板聚集,阻止血栓形成,但小剂量阿司匹林不能有效预防血栓再发。抗凝和抗血小板药物并不是针对导致 APS 临床病变的 aPL,而主要是通

过减少血栓形成来发挥其药理作用。

对于血清中存在持续阳性的 aPL,但未发生血栓事件的 APS 患者避免导致高凝的因素,如口服避孕药等,可考虑口服小剂量阿司匹林。对于无症状的 aPL 阳性的 SLE 患者,除小剂量阿司匹林外,可加用羟氯喹预防血栓形成。

对于已经发生血栓的患者应给予正规抗凝治疗,并预防再次血栓形成。由于 APS 血栓复发率高,部分患者需要终身抗凝。标准抗凝的强度是国际标准化比值(INR)在 2.0~3.0 之间,复发性顽固性血栓者可能需要高强度抗凝,即 INR>3.0。对于合并血小板减少患者,血栓风险并不减少,而抗凝出血风险增大,建议血小板 $>50×10^9/L$ 方开始抗凝,INR 达 2.0 即可。

（三）妊娠处理

根据临床情况的轻重和既往有无血栓和病态妊娠史,选用小剂量阿司匹林、普通肝素或者低分子肝素,或者阿司匹林联合肝素治疗,上述方案仍失败者,再次妊娠时可加用静脉输注丙种免疫球蛋白。所有患者在产后 6 周内均需继续使用阿司匹林和低分子肝素,有血栓病史者产后需重新恢复华法林抗凝治疗。通过合理的治疗,超过 70% 的 APS 妊娠妇女可以顺利分娩。

（四）灾难性抗磷脂综合征

灾难性抗磷脂综合征是 APS 的急性严重类型,以广泛小血管及微血管血栓形成为特点,短期内发生多脏器功能衰竭,病情危重。治疗方面以肝素抗凝为主,同时可使用大剂量糖皮质激素及血浆置换,或者静脉应用丙种球蛋白治疗。病情趋于稳定时使用环磷酰胺,但需警惕骨髓抑制和感染风险。亦有应用利妥昔单抗清除 B 细胞治疗方案报道,但缺乏大型对照研究,疗效有待证实。

（曾小峰）

推荐阅读文献

1. Miyakis S, Lockshin MD, Atsumi T, et al. International consensus statement on an update of the classification criteria for definite antiphospholipid syndrome(APS). J Thromb Haemost, 2006, 4(2):295-306
2. Erkan D, Aguiar CL, Andrade D, et al. 14th International Congress on Antiphospholipid Antibodies: task force report on antiphospholipid syndrome treatment trends. Autoimmun Rev, 2014, 13(6):685-696

第九篇　理化因素引起的疾病

第一章　化学因素引起的疾病

第一节　中毒概论

【概述】　中毒(poisoning)是指化学物质进入体内,在效应部位蓄积到一定量,引起损害的全身疾病。能引起中毒的化学物质称毒物。根据毒物来源和用途分为:工业毒物、药物、农药和有毒动植物。通常,根据所接触毒物的毒性、量和时间,将中毒分为:①急性中毒(acute poisoning):短时间内大量毒物进入体内引起,发病急、病情重、变化快,处理不及时危及生命;②慢性中毒(chronic poisoning):小量毒物持续缓慢或多次进入体内蓄积引起,起病慢、病程长,临床表现缺乏特异性,易误诊和漏诊。

世界上约有1300万种以上天然和合成的化学物质,引起中毒的化学物质不足3000种。学习中毒疾病知识,正确识别和了解毒物,达到预防、早期诊断和治疗目的。

【病因和发病机制】

（一）病因

在美国,99%急性中毒毒物为药物。我国急性中毒的毒物依次为镇静催眠药、抗精神病药、一氧化碳、腐败变质食物、酒精等。城市人口急性中毒毒物常为镇静催眠药,农村多为有机磷杀虫药(organophosphorous insecticides,OPI),百草枯中毒亦不少见。

1. **职业性中毒(occupational poisoning)**　常为慢性中毒。主要在农药、化肥、药物、化学试剂或工业原料等生产过程中接触有毒原料、中间产物或成品所致。在对有毒物品保管、运输、发放和使用过程中违反安全防护制度,极易发生中毒。

2. **非职业性中毒(non occupational poisoning)或生活中毒**　多为急性中毒。常见原因有:①意外中毒(accidental poisoning):过量或误服;②蓄意中毒(deliberate self-poisoning)或自杀(suicide);③非蓄意中毒(non-deliberate self-poisoning):滥用(abuse)或成瘾(addiction);④谋害(homicidal poisoning)。

（二）毒物吸收、代谢和排出

中毒途径为口服、吸入、皮肤或黏膜吸收(absorption)、肌注或静注,或经直肠、尿道、阴道、膀胱、腹膜、耳道或眼入体,动物毒液也可经叮咬入体。

毒物吸收后随血液循环分布(distribution)全身,经肝脏氧化、还原、水解或结合等作用进行代谢(metabolism)。多数毒物代谢后毒性降低,此为解毒过程(detoxicate process);有的代谢后毒性增强,如对硫磷氧化为对氧磷。

气体或易挥发毒物经呼吸道吸入,由肺泡吸收入血中毒,部分以原形由呼吸道排出(excretion),其余由肾脏排出;重金属(如铅、汞、锰等)毒物及生物碱由消化道或乳汁排出;毒物经皮肤排出可引起皮炎。排出缓慢的毒物蓄积体内引起慢性中毒。

（三）中毒机制

毒物不同,毒性作用(toxic effect)和中毒机制也不同。

1. **局部作用**　强酸、强碱引起接触处皮肤红肿、水疱、糜烂或变性坏死。

2. **缺氧**　一氧化碳、硫化氢和氢氰酸中毒后,妨碍氧吸收、运输或利用,引起组织缺氧(anoxia)。氢氰酸中毒引起闪电式昏迷和死亡。

3. **麻醉作用**　麻醉药亲脂性强,易通过血脑屏障(blood brain barrier),对大脑有麻醉作用。

4. **抑制酶活力**　OPI抑制胆碱酯酶,氰化物抑制细胞色素氧化酶,重金属抑制含巯基酶活力等。

5. **干扰细胞功能**　百草枯(paraquat)在细胞内形成大量活性氧自由基引起细胞膜脂质过氧化导致多器官系统损害。酚类(如二硝基酚、五氯酚和棉酚等)使线粒体内氧化磷酸化作用解耦联(uncoupling),阻碍三磷酸腺苷形成和贮存。

6. **竞争受体**　过量阿托品竞争阻断毒蕈碱受体(muscarine receptor)产生毒性。

(四) 影响毒物作用因素

1. **理化性质**　毒物毒性与其理化特性密切相关,如气体毒物微粒越小、越易吸入,毒性越大;强酸或强碱腐蚀作用更大。

2. **个体易感性**　患者对毒物敏感性与性别、年龄、营养及健康状态等有关。

3. **入体途径和量**　经血入体毒物作用快,入体量越大毒性越强。

【诊断】　中毒症状和体征多无特异性。疑为中毒时,综合病史、查体、毒物分析及解毒药疗效进行判断,并与症状相似疾病鉴别诊断。

(一) 病史

询问毒物暴露量、时间、途径和中毒环境,推测与症状或体征的关系。蓄意中毒者常隐瞒病史。老年或昏迷、慢性中毒、自杀等患者不易了解病史,应询问其亲属、同事或目击者,了解病前精神状态、用药、嗜好、经济情况和社会关系等有助判断。仔细检查发病现场,如卧室有无剩余毒物、容器和文字记录等。怀疑食物中毒(food poisoning)时,应调查同餐者有无类似发病者。

(二) 症状和体征

急性中毒者常于进食或服毒数分钟至1小时左右出现症状,病情逐渐加重。有毒物接触史者,要分析症状特点、出现时间顺序是否符合相关毒物中毒发病规律。检查意识状态、呼吸、脉搏、血压、瞳孔、皮肤和黏膜情况。不同毒物中毒可有相似表现。常见急性中毒综合征(toxidromes)表现见表9-1-1。

临床上将中毒程度分为四级(表9-1-2)。

表 9-1-1　急性中毒综合征

毒　物	中毒综合征	症状和体征
阿托品、东莨菪碱、抗组胺药、抗帕金森药、金刚烷胺、抗精神病药、抗抑郁药、抗痉挛药、扩瞳药、骨骼肌松弛药或有毒植物	抗胆碱能综合征	高热、谵妄、言语不清、皮肤干燥及发红、瞳孔扩大、血压升高、心率增快、肠鸣音减少和尿潴留
可卡因、苯丙胺、甲基苯丙胺及其衍生物、苯丙醇胺或麻黄素	拟交感综合征	高热、出汗、偏执、妄想、瞳孔扩大、血压升高、心率增快和腱反射亢进
镇痛药、巴比妥类、苯二氮䓬类、乙氯维诺、格鲁米特、甲乙哌酮、甲喹酮、眠尔酮或乙醇	阿片、镇静药或乙醇中毒综合征	体温和血压降低、昏迷、瞳孔缩小、心率减慢、呼吸抑制、肺水肿、肠鸣音减少和腱反射减低
有机磷或氨基甲酸酯杀虫药、毒扁豆碱、滕喜龙或毒蕈碱	胆碱能综合征	出汗、流泪、流涎、痰多、惊厥、意识状态改变、瞳孔缩小、腹痛、呕吐、二便失禁、心律失常、肺水肿、肌无力或震颤
阿司匹林、冬青油	水杨酸中毒综合征	意识状态改变、呼碱和代酸、耳鸣、呼吸深快、心率快、恶心、呕吐和出汗
磺脲类、胰岛素	低血糖综合征	意识改变、出汗、心率快、血压升高
哌替啶	血清素综合征	高热、意识改变、肌张力增高和腱反射增强
抗凝血类杀鼠药	凝血障碍综合征	血尿、鼻出血、牙龈出血、皮下出血、咯血等广泛性出血

Notes

表9-1-2   中毒程度分级

中毒程度	症状和体征	
	兴奋药中毒	抑制药中毒
1级	焦虑、激动、瞳孔扩大、震颤和腱反射亢进	意识模糊、昏睡、共济失调、能执行口头指令
2级	体温和血压升高、精神错乱、躁动、心率快和呼吸急促	浅昏迷(有疼痛反应)、脑干和深部腱反射存在
3级	高热、谵妄、幻觉和快速心律失常	中度昏迷(无疼痛反应、呼吸抑制)和部分反射消失
4级	惊厥、昏迷和循环衰竭	深昏迷,呼吸、循环衰竭和反射消失

（三）实验室和辅助检查

1. 尿液　摄入利福平或苯茚二酮(phenindione)尿呈红色;血尿提示引起止凝血功能障碍的毒物中毒;亚甲蓝(methylene blue)中毒尿呈蓝绿色;酚(phenol)或甲酚(cresol)中毒尿呈灰色;肾毒物呈现血尿或蛋白尿;扑痫酮(primidone)或磺胺(sulphonamides)易出现结晶尿(crystalluria)。

2. 血液　氨苯砜(dapsone)所致高铁血红蛋白血患者静脉血呈褐色;粉红色血浆提示致溶血毒物中毒。

1）血液生化:低钾血见于 α 受体兴奋药、β_2 受体阻断药或氟化物中毒;低糖血提示降糖药、乙醇或水杨酸类中毒;高血糖见于丙酮、β 受体兴奋药、钙通道阻滞药和茶碱类中毒;血转氨酶、胆红素升高见于对乙酰氨基酚、乙醇和毒蕈碱等中毒;血肌酐和尿素氮升高见于乙二醇、砷化物、萘和甲苯等中毒。

2）动脉血气分析:窒息性毒物中毒出现低氧血;水杨酸类中毒出现呼吸性碱中毒;乙醇、乙二醇和阿司匹林中毒可出现代谢性酸中毒。

3. 心电图　Ⅰ或Ⅲ类抗心律失常药、金刚烷胺、氟化物、钾镁盐、去甲哌替啶、抗精神病药和抗疟药中毒易引起折返性心动过速;β 受体阻断药、钙通道阻滞药、地高辛、OPI 和 α 受体兴奋药过量或中毒出现缓慢性心律失常。

4. X线检查　摄入钙或其他含砷、铁、铅、汞、铊元素的盐和碘化物时,腹部 X 线检查有助诊断。吸入含氨气、氯气、硫化氢、一氧化氮、光气、二氧化硫有毒气体或含浓酸、醛、烃、异氰酸盐、汞蒸汽时,胸片示弥散或斑片状影。

5. 特殊检查　对血、尿、胃液和剩余毒物标本进行毒物分析特异性强,敏感性低,有诊断价值。血液标本能检测的毒物有对乙酰氨基酚、水杨酸类、甲醇、乙二醇、锂或铁元素、百草枯、地高辛、茶碱类、氰化物、亚硝酸盐、一氧化碳和OPI;巴比妥类、苯二氮䓬类、镇静催眠药、三环类抗抑郁药、抗组胺药和吩噻嗪中毒时血浓度低,可行尿液毒物测定。毒物分析不能完全代替医生临床思维和判断。

【治疗】

（一）治疗原则

治疗原则包括终止毒物接触、胃肠道去污染(gastrointestinal decontamination)、促进吸收毒物排出、解毒药(antidotes)、复苏和重症监护支持治疗。

（二）治疗措施

1. 终止毒物接触　撤离污染环境;脱去污染衣服,用清水反复冲洗污染皮肤;清洁口腔;用生理盐水反复冲洗污染的眼部15～20分钟。

2. 胃肠道去污染　患者生命体征稳定后,给予催吐(emetic)、洗胃(gastric lavage)、活性炭(activated charcol)吸附、导泻(catharsis)或全肠道灌洗(whole bowel irrigation),以清除胃肠道内未吸收的毒物。

(1) 催吐:合作者采用催吐法,昏迷、惊厥、无呕吐反射、休克状态或摄入腐蚀性毒物患者禁用。催吐易引起误吸和延迟活性炭使用,目前不常规应用。

1) 反射刺激催吐:用手指、筷子或压舌板刺激咽后壁或舌根处诱发呕吐。毒物不易呕出时,饮温水200~300ml催吐,如此反复,直至呕出清亮胃液为止。

2) 药物催吐:吐根糖浆(syrup of ipecac)30ml加水240ml。口服20分钟后无呕吐时,重复上述剂量。

(2) 洗胃

1) 适应证:①口服致命量毒物1小时内;②吸收缓慢、胃肠蠕动功能减弱者,服毒4~6小时后仍可洗胃;③无解毒药的毒物;④摄入毒物不被活性炭吸附者;⑤神志丧失患者胃排空延迟,在有效气道安全保护措施(如气管内插管)情况下仍可洗胃。

2) 禁忌证:①摄入腐蚀性较强毒物;②有消化道出血或穿孔危险;③严重食管静脉曲张;④休克状态;⑤昏迷患者不能进行气道有效安全保护措施者。

3) 方法:患者取左侧头低脚高卧位。选用粗大胃管,胃管涂液状石蜡润滑,经口或鼻腔插进约50cm进入胃内,抽净胃液,取部分胃液行毒物分析。然后每次注入37~38℃生理盐水或水200ml,反复灌洗,至胃液清亮无味时为止,洗胃用液量可达2~10L。洗胃结束后,将胃管尾部夹住,然后拔除胃管。

4) 选择洗胃液或注入物:①胃黏膜保护剂:如牛奶、蛋清或米汤等用于吞服腐蚀性毒物者;②溶剂:脂溶性毒物(如汽油或煤油等),向胃内注入液体石蜡150~200ml,然后洗胃;③解毒药:解毒药与胃内毒物起中和、氧化或沉淀发挥解毒作用。1:5000高锰酸钾液能使生物碱、毒蕈碱类毒物氧化解毒;④中和剂:吞服强酸时用弱碱(如镁乳、氢氧化铝凝胶等)中和,勿用碳酸氢钠,因遇酸易生成过多二氧化碳;吞服强碱时用弱酸(如稀醋、果汁等);⑤沉淀剂:如乳酸钙与氟化物作用生成氟化钙沉淀,2%~5%硫酸钠与钡盐生成硫酸钡;生理盐水与硝酸银生成氯化银。1%~5%鞣酸能沉淀阿扑吗啡、辛可芬、铅和银盐等。

(3) 活性炭吸附:活性炭是有效口服肠道强力吸附剂,能吸附多种毒物,增强洗胃效果。活性炭疗效有时间依赖性,摄毒60分钟内给予疗效较好。用于治疗胃肠道不易吸收或已吸收需经胆肠循环或内脏循环(splanchnic circulation)排出的毒物中毒患者。对摄入量小、毒性强的毒物最有效。服毒1小时内给予能获得最大疗效。由于活性炭吸附毒物是一种饱和过程,要达到充分吸附毒物的作用,需要应用超过毒物量的足量活性炭。在催吐或洗胃后,首次活性炭1~2g/kg加水200ml制成活性炭混悬液经胃管注入。严重中毒者,2~4小时重复应用0.5~1g/kg,直到症状改善。多次活性炭疗法:20~30g/次,每2~4小时经口或胃管给予,有助于毒物吸附排出,有人称之为活性炭"肠透析(gut dialysis)"。该法适用于茶碱、苯妥英钠、水杨酸类、卡马西平或苯巴比妥中毒患者。活性炭不能吸附酒精、甲醇、硼酸、氰化物、锂、铁、铅、马拉硫磷、烃类和腐蚀性物质(如强酸和强碱)。

(4) 导泻:导泻能减少肠道毒物停留和吸收,消除活性炭便秘作用,但未能降低病死率。导泻药有枸橼酸镁、硫酸镁、硫酸钠或山梨醇。10%枸橼酸镁或硫酸镁150~250ml,口服或经胃管注入。昏迷或肾衰竭者不宜用含镁泻药。山梨醇(1g/kg)较盐类导泻药效果好,与活性炭同用能改变活性炭口感。OPI中毒患者大剂量阿托品能对抗导泻药作用。

(5) 全肠道灌洗:是快速有效肠道毒物去污染法,能在4~6小时内清空肠道。用高分子聚乙二醇(polyethylene glycol)等渗电解质溶液(PEG-ELS)灌洗,灌注速度每小时2L能加速肠道毒物排出。此法用于严重、中毒6小时以上、吸收缓慢、活性炭不易吸附或含金属(锂、钾等)毒物中毒者。

3. 促进吸收毒物排出

(1) 强化利尿(forced diuresis):用于以原形从肾脏排出的毒物中毒。方法为:①快速大量静脉补液和利尿:根据血电解质和渗透压情况补充液体。无心力衰竭和肺水肿、脑水肿时,每小时静脉补液 500~1000ml,呋塞米 20~80mg;②碱化尿液:弱酸性化合物(如水杨酸、苯巴比妥等)中毒时静脉输注碳酸氢钠,尿液 pH 8.0 能加速排毒;③酸化尿液:弱碱性毒物(苯丙胺、士的宁、苯环己哌啶)中毒时,静脉输注维生素 C 或氯化铵使尿液 pH <5.0。急性肾衰竭者禁用。

(2) 血液净化(blood purification):是治疗急性中毒有效疗法。包括血液透析(hemodialysis,HD)、腹膜透析(peritoneal dialysis,PD)、血液滤过(hemofiltration,HF)、血液灌流(hemoperfusion,HP)或血浆置换疗法(plasma exchange therapy,PE)等。

1) 血液透析和腹膜透析:用于分子量小(<500 道尔顿)、水溶性强、血浆蛋白结合率低、半衰期长、中毒严重或伴急性肾衰竭时、昏迷时间长、常规治疗无效者。HD 用于氯酸盐、重铬酸盐等中毒致急性肾衰竭时;PD 用于苯巴比妥、水杨酸类、甲醇、乙二醇、茶碱和锂等中毒患者。中毒 12 小时内透析效果较好。脂溶性强的毒物(如短效巴比妥类、格鲁米特和 OPI)疗效不好。

2) 血液灌流:其指征与透析法相同,尚可用于脂溶性或血浆蛋白结合率高的毒物中毒。如镇静催眠药、解热镇痛药、OPI 中毒者用活性炭罐进行 HP;洋地黄、镇静药(如格鲁米特、甲喹酮)、水杨酸类解热镇痛药和对乙酰氨基酚中毒者用大孔树脂罐进行 HP。HP 可引起血小板、白细胞、凝血因子、二价阳离子等减少和低血糖,应予监测和补充。HP 不能纠正电解质和酸碱平衡失常。

3) 血液透析/血液灌流:用于不明毒物或药物中毒者治疗。HD/HP 联合应用明显提高毒物或药物清除率,尚能消除 HP 的寒战症状。

4) 血浆置换:用于小、中、大分子或与蛋白结合的毒物中毒。缺点是只能清除血管内的毒物,而且废弃的血浆量大。

4. 解毒药   相关毒物解毒药见表 9-1-3。未明确诊断或中毒超过限定时间者,不宜应用。

表 9-1-3   解毒药

毒　　物	解毒药
有机磷杀虫药	解磷定、阿托品
苯二氮䓬类	氟马西尼
β 受体阻断药	高血糖素
钙通道阻滞药	钙
抗胆碱药	毒扁豆碱
镇痛药	纳洛酮
对乙酰氨基酚	乙酰半胱氨酸
异烟肼	维生素 B_6
甲醇、乙二醇	乙醇、叶酸或 4-甲基吡唑
硫化氢	亚硝酸钠
氰化物	亚硝酸钠、亚硝酸异戊酯或硫代硫酸钠
重金属	螯合剂
亚硝酸盐	亚甲蓝

5. 复苏

（1）呼吸支持：呼吸衰竭者，保证气道通畅，经鼻导管或面罩给氧（5～10L/min），据情行气管内插管和呼吸机治疗。毒物排出前不宜应用呼吸兴奋药（如尼可刹米或多沙普仑），易诱发惊厥或心律失常。

（2）循环支持：循环衰竭者，静脉输注晶体液、血浆或其代用品。无效时，加用多巴胺或多巴酚丁胺。

（3）昏迷和惊厥治疗

1）昏迷：低血糖昏迷者静注葡萄糖；地西泮中毒昏迷者静注氟马西尼（flumazenil）；急性乙醇中毒昏迷者静注纳洛酮（naloxone）；昏迷伴颅内压增高者静脉输注地塞米松和甘露醇。

2）惊厥：静注地西泮 5～10mg（或 0.1～0.2mg/kg）。无效时，苯妥英钠 15～18mg/kg（50mg/min）静脉输注，或苯巴比妥 100～200mg 肌注或静注。

6. 重症监护支持治疗　大多数毒物中毒无特效解毒药，多采用重症监护支持对症治疗。注意患者保暖，保证热量供应，维持循环容量，纠正电解质和酸碱平衡失常，严密监测生命体征。有感染或心力衰竭、肾衰竭时采取相应措施。

第二节　有机磷杀虫药中毒

要点：

1. OPI 主要抑制 ChE 活性，使体内 ACh 蓄积产生中毒症状。

2. OPI 中毒后 M 样症状主要由副交感神经末梢兴奋引起平滑肌痉挛、外分泌腺分泌增强所致；N 样症状是因横纹肌-肌肉接头处 ACh 蓄积所致；中枢神经系统症状为中枢神经 ACh 蓄积所致。

3. 轻度 OPI 中毒者表现 M 样症状，中度表现 M 和 N 样症状，重度同时出现 M、N 样和中枢神经系统症状。

4. 血液 ChE 活性测定是诊断 OPI 中毒的特异性指标，能提示中毒程度、观察疗效和判断预后。

5. OPI 中毒恢复后，应注意防治中间综合征和迟发性多神经病两种并发症。

6. OPI 中毒治疗原则为紧急复苏、清除毒物、应用解毒药和支持对症治疗。

7. 解毒药应用原则是在清除毒物过程中同时给予解毒药，早期、足量、联合和重复应用。

8. OPI 中毒解毒药包括 ChE 复能药、胆碱受体阻断药。

农业杀虫药（farm insecticides）主要用于杀灭害虫，对人畜也有毒性和致死作用。20 世纪 60 年代世界各地普遍生产使用 OPI。70 年代后生产出氨基甲酸酯类、拟除虫菊酯类和杀虫脒等杀虫药。由于杀虫药缺乏严格保管制度，用杀虫药自杀者约占全球所有自杀者的三分之一。发展中国家每年杀虫药急性中毒患者约有 290 万，死亡约 22 万。约 60% 农村自杀者是杀虫药中毒。有机磷杀虫药中毒（organophosphorus insecticides poisoning）是指 OPI 进入体内后抑制胆碱酯酶（cholinesterase，CHE）活性，出现毒蕈碱样、烟碱样和中枢神经系统中毒症状和体征，严重者常因呼吸衰竭而死亡。每年亚太地区死于 OPI 中毒者约有 20 万，病死率 10%～20%。我国每年约有 10 万以上杀虫药中毒患者，OPI 中毒占 80% 以上。

OPI 大都为油状或结晶状，呈淡黄或棕色，稍有挥发性，有蒜味。除美曲膦酯外，一般难溶于水和多种有机溶剂，在碱性溶液中分解失效。常用剂型有乳剂、油剂和粉剂等。OPI 毒性与其结

构有关。按大鼠急性经口半数致死量(half lethal dose,LD_{50})将 OPI 分为以下四类:

（一）剧毒类

$LD_{50} < 10mg/kg$,如甲拌磷(thimet,3911)、内吸磷(demeton,1059)和对硫磷(parathion,1605)、速灭磷(mevinphos)和特普(tetraethylpyrophosphate,TEPP)等。

（二）高毒类

LD_{50} 10 ~ 100mg/kg,如甲基对硫磷(methylparathion)、甲胺磷(methamidophos)、氧乐果(omethoate)、敌敌畏(dichlorvos;2,2-二氯乙烯基二甲基磷酸酯,2,2-Dichlorovinyl dimethyl phosphate,DDVP)、磷胺(phosphamidon)、久效磷(monocrotophos)、水胺硫磷(isocarbophos),杀扑磷(methidathion)和亚砜磷(methyloxydemeton)等。

（三）中毒类

LD_{50} 100 ~ 1000mg/kg,如乐果(dimethoate,rogor)、倍硫磷(fenthion)、除线磷(dichlofenthion)、碘依可酯(1240)、美曲膦酯(metrifonate)、乙酰甲胺磷(acephate)、敌匹硫磷(dimpylate)、二嗪农(diazinon)和亚胺硫磷(phosmet)等。

（四）低毒类

LD_{50} 1000 ~ 5000mg/kg,如马拉硫磷(malathion,4049)、肟硫磷(辛硫磷,phoxim)、甲基乙酯磷(methylacetophos)、碘硫磷(iodofenphos)、溴硫磷(bromophos)等。

【病因和发病机制】

（一）病因

OPI 经口服、吸入和皮肤进入体内中毒。职业中毒见于生产、包装、保管、运输或使用过程中防护不当引起;生活中毒常因水源、食物和蔬菜污染,灭蚤灭虱时皮肤接触或误服、自杀引起。

（二）发病机制

1. 毒物代谢　OPI 吸收后迅速分布于全身器官,肝脏组织含量最高,肾、肺和脾脏组织次之,肌肉和脑组织含量最少,也可通过母体胎盘屏障进入胎体。OPI 经肝细胞微粒体氧化酶系统进行氧化和水解,也可经脱胺、脱烷基、还原和侧链结构等变化代谢。有的 OPI 氧化代谢产物毒性增强,例如对硫磷氧化成对氧磷后抑制 ChE 作用较前者强 300 倍;内吸磷氧化成亚砜后抑制 ChE 作用增强 5 倍。OPI 水解后毒性降低,代谢物经尿液排出,小量经肺脏代谢,体内无蓄积。

2. 中毒机制　体内 ChE 分真性 ChE(true cholinesterase,又称乙酰 ChE)和假性 ChE(pesudocholinesterase,又称血清或丁酰 ChE)。前者主要存在于脑灰质、红细胞、交感神经节和运动终板中,对乙酰胆碱(acetylcholine,ACh)水解作用强,特异性高;后者存在于神经胶质细胞、血浆、肝、肾、肠黏膜下层和一些腺体中,能水解丁酰胆碱等,对 ACh 特异性低。OPI 入血后与 ChE 酯解部位丝氨酸羟基结合,形成难以水解的磷酰化 ChE(organophosphate-cholinesterase),丧失分解 Ach 的功能,体内 ACh 大量蓄积产生中毒症状。磷酰化 ChE 转归有三种:自活化、老化和重活化。OPI 和 ChE 结合 24 ~ 48 小时后呈不可逆状态,称"ChE 老化",ChE 复能药无效。OPI 抑制 ChE 后,神经末梢 ChE 功能 48 小时后部分恢复。红细胞 ChE 抑制后不能恢复,新生红细胞 ChE 才有活力。假性 ChE 抑制后恢复较快。OPI 可直接作用 ACh 受体出现症状。

【临床表现】

（一）急性中毒

临床表现与 OPI 种类、毒物量及中毒途径和胃肠功能状态有关。口服中毒者 10 分钟至 2 小时内发病;吸入者 30 分钟发病;经皮肤吸收者 2 ~ 6 小时发病。倍硫磷、除线磷和对硫磷等脂溶性杀虫药症状出现较晚。对硫磷经肝脏代谢成毒性更强的对氧磷,中毒后起病较慢,中毒症状持续时间延长。

1. 毒蕈碱(muscarine,M)样症状　副交感神经末梢兴奋引起平滑肌痉挛、外分泌腺分泌增强。中毒后症状出现最早,表现多汗、流涎、口吐白沫;恶心、呕吐、腹痛、腹泻、二便失禁;流泪、流涕、视物模糊、瞳孔缩小；心率减慢；咳嗽、气急、呼吸道分泌物增多,两肺干、湿性啰音或肺水肿。有时 Oddi 括约肌痉挛促发急性胰腺炎。

2. 烟碱(nicotine,N)样症状　面、眼、舌、四肢或全身肌纤维颤动或强直性痉挛,呼吸肌瘫痪致呼吸衰竭。心率增快、血压升高或降低。

3. 中枢神经系统　头晕、头痛、烦躁不安、谵妄、共济失调、惊厥或昏迷。

4. 心肌损害　急性有机磷中毒患者可出现心律失常、ST-T 改变。

急性中毒分为轻、中和重度(表9-1-4)。

表 9-1-4　急性中毒分类

	轻　度	中　度	重　度
症状	头晕、头痛、疲乏、无力、视物模糊、胸闷、恶心、呕吐、多汗、瞳孔可缩小	神清或模糊、肌束纤颤、瞳孔缩小、流涎、腹痛、腹泻、呼吸困难	惊厥、昏迷、肺水肿、呼吸衰竭
ChE 活性	50%~70%	30%~50%	<30%

（二）中间综合征(intermediate syndrome)

首先由印度和斯里兰卡报道。多发生在重度甲胺磷、敌敌畏、乐果、久效磷中毒及复能药用量不足患者。5%~10% 患者在恢复后 24~96 小时发病,突然出现屈颈肌、四肢近端肌无力和第Ⅲ、Ⅶ、Ⅸ、Ⅹ 对脑神经支配的肌肉无力,眼睑下垂、眼外展障碍、面瘫、呼吸肌麻痹和呼吸衰竭。尽早给予足量解毒药和支持治疗可防止发生。

（三）迟发性多神经病(delayed polyneuropathy)

重度和中度急性 OPI 中毒患者症状消失 2~3 周发病,发生率近 5%。主因 OPI 抑制神经靶酯酶(neuropathy target esterase 或 neurotoxic target esterase)、破坏能量代谢过程和损害轴索结构引起脱髓鞘,而非 ChE 受抑制。此病变为沃勒变性(Wallerian degeneration),也称继发变性或继发性长神经脱髓鞘(demyelination)。表现运动功能障碍(motor dysfunction)和/或感觉功能障碍(sensory dysfunction),下肢肌肉弛缓性瘫痪(flaccid paralysis)和四肢肌肉萎缩,也可出现迟发双侧再发性喉神经瘫痪(delayed bilatered recurrent laryngeal nerve paralysis)。血 ChE 活性正常；神经-肌电图检查提示神经源性损害。典型者分为三期：

1. 进展期　双下肢及足部烧灼、紧束、疼痛或麻木感,腓肠肌萎缩和足下垂。约 1 周后,双上肢呈手套样感觉障碍和本体感觉丧失,下肢深部腱反射消失,重者发生弛缓性瘫痪。

2. 稳定期　感觉障碍 3~12 个月逐渐恢复,常遗留有轻瘫。

3. 缓解期　中毒后 6~18 个月运动功能部分或完全恢复,上肢运动功能恢复先于下肢。此期可出现惊厥和运动功能障碍。

【实验室和其他辅助检查】

1. 血胆碱酯酶活性测定　是诊断 OPI 中毒的特异性指标,能帮助判断中毒程度、疗效及预后。

2. 有机磷化合物鉴定　从血液、呕吐物、洗胃液、呼出气中检测出有机磷成分可确定诊断。

3. 尿中有机磷杀虫药代谢物测定　对硫磷和甲基对硫磷在体内氧化分解为对硝基酚,美曲膦酯代谢为三氯乙醇。尿液检出对硝基酚或三氯乙醇有助于诊断。

4. 其他检查　胸部 X 线可显示肺水肿影像。心电图可见室性心律失常、尖端扭转型室性心动过速、心脏阻滞和 QT 间期延长。血心肌酶和肌钙蛋白(cTnI)可升高。

【诊断和鉴别诊断】

（一）诊断

根据毒物暴露史、呼出气味和瞳孔改变不难诊断。血 ChE 活力降低、体液中检测出有机磷成分及其代谢产物、阿托品治疗 M 样症状缓解能证实诊断。

（二）鉴别诊断

应与中暑、脑炎或毒蕈碱、河豚毒素（tetrodotoxin）、拟除虫菊酯类及甲脒类中毒等鉴别。

（三）诊断分级

1. 轻度中毒   仅以 M 样症状为主。

2. 中度中毒   M 样症状加重，出现 N 样症状。

3. 重度中毒   同时出现 M、N 样和中枢神经系统症状。

【治疗】

（一）紧急复苏

呼吸抑制者气管内插管、清除气道内分泌物、保持气道通畅和机械辅助通气；肺水肿者，静注阿托品，不能应用氨茶碱和吗啡；心搏、呼吸停止时，行 CPR。

（二）清除毒物

脱离现场，脱去污染衣服。用肥皂水（美曲膦酯中毒禁用）清洗污染皮肤和头发，终止毒物吸收。口服 1 小时内者用清水、2% 碳酸氢钠（禁用于美曲膦酯中毒）或 1∶5000 高锰酸钾溶液（对硫磷中毒禁用）反复洗胃，直至胃液清亮为止。

（三）解毒药

1. 用药原则   清除毒物过程中应同时给予解毒药。早期、足量、联合和重复应用才能取得较好疗效和减少并发症。

2. 胆碱酯酶复能药（cholinesterase reactivator）   肟类化合物能使被抑制的 ChE 恢复功能。ChE 复能药能对抗外周 N 胆碱受体活性，解除烟碱样毒性作用，对 M 样症状和中枢性呼吸抑制无明显作用。ChE 复能药对甲拌磷、内吸磷、对硫磷、甲胺磷、碘依可酯和辛硫磷等中毒疗效好，对敌敌畏、美曲膦酯中毒疗效差，对乐果和马拉硫磷中毒疗效不明显。因乐果乳剂含有苯，乐果中毒应同时注意苯中毒。中毒 24~48 小时者，有机磷-ChE 复合物老化，ChE 复能药无效。对 ChE 复能药疗效不佳者，加用胆碱受体阻断药（cholinoceptor blocking drugs）（表 9-1-5）。

表 9-1-5   解毒药用量

药　　名	轻度中毒	中度中毒	重度中毒
ChE 复能药			
氯解磷定（g）	0.5~0.75	0.75~1.5	1.5~2.0
碘解磷定（g）	0.4	0.8~1.2	1.0~1.6
双复磷（g）	0.125~0.25	0.5	0.5~0.75
胆碱受体阻断药			
阿托品（mg）	2~4	5~10	10~20

（1）氯解磷定（pyraloxime methylchloride，PAM-CI）：为首选药。其作用强，水溶性大，毒性小，可静脉或肌肉注射。

轻度患者无需重复给药；中度患者首次量给药要足，重复 1~2 次；重度患者首次给药 30~60 分钟后据情重复给药。乐果严重中毒、昏迷时间长、ChE 复能药疗效差及血 ChE 活性低者，维持剂量要大，时间 5~7 天。肌颤消失、血液 ChE 活性恢复 50%~60% 以上停药。

（2）碘解磷定（pralidoxime methoiodide，PAM-I，解磷定）：复能作用较差，水溶性小，毒性小，能静脉注射，为次选药。该药对内吸磷、马拉硫磷和对硫磷中毒疗效较好，对美曲膦酯和敌敌畏中毒疗效差，对乐果中毒无效。

（3）双复磷（obidoxime，DMO₄）：重活化作用强，水溶性大，毒性较大，肌肉或静脉注射。双复磷对敌敌畏及美曲膦酯中毒疗效较碘解磷定好。

注意 ChE 复能药不良反应,用量过大能引起癫痫样发作和抑制 ChE 活性。碘解磷定剂量较大或速度过快时可致暂时性呼吸抑制。

3. 胆碱受体阻断药　OPI 中毒时,积聚的 ACh 首先兴奋中枢 N 受体,使 N 受体迅速发生脱敏反应,脱敏的 N 受体还能改变 M 受体构型,使 M 受体对 ACh 更加敏感,对 M 受体阻断药(如阿托品)疗效降低。外周性与中枢性抗胆碱能药合用有协同作用。

(1) M 胆碱受体阻断药:又称外周性抗胆碱能药。代表药阿托品和山莨菪碱主要作用于外周 M 受体,对 N 受体无明显作用。根据病情,阿托品每 10 ~ 30 分钟或 1 ~ 2 小时给药一次,直到患者 M 样症状消失或"阿托品化(atropinization)",出现口干、皮肤干燥、心率增快(90 ~ 100 次/分)和肺湿啰音消失。此时,减少阿托品剂量或停用。出现瞳孔明显扩大、神志模糊、烦躁不安、抽搐、昏迷和尿潴留为阿托品中毒(atropine poisoning)。

(2) N 胆碱受体阻断药:又称中枢性抗胆碱能药。代表药有东莨菪碱、苯那辛、苯扎托品(苄托品)或丙环定等。对中枢 M 受体和 N 受体作用强,对外周 M 受体作用弱。盐酸戊乙奎醚(penehyclidine,长托宁)对外周 M 受体和中枢 M、N 受体均有作用,但选择性作用于 M_1、M_3 受体亚型,对 M_2 受体作用极弱,对心率无明显影响。较阿托品作用强,有效剂量小,作用时间(半衰期约 6 ~ 8 小时)长,不良反应少。首次用药需与氯解磷定合用。

轻度中毒单用 ChE 复能药。中或重度中毒者,联合用 ChE 复能药与胆碱受体阻断药时应减少胆碱受体阻断药用量。重度中毒者经治疗恢复后,至少观察 3 ~ 7 天。

4. 地西泮　地西泮(diazepam)是治疗 OPI 中毒的有效抗惊厥药,能预防惊厥引起的中枢神经迟发损害。出现惊厥时,静注地西泮,与阿托品合用能明显降低病死率。

(四) 对症治疗

重度 OPI 中毒患者常伴有多种并发症,如酸中毒、低钾血症、严重心律失常、脑水肿、中间型综合征和迟发性多神经病等。特别是合并严重呼吸和循环衰竭者,处理不及时,解毒药尚未发挥作用患者即已死亡。

【预防】　严格执行 OPI 管理制度,加强安全生产、运输和保管,进行安全常识教育和采取劳动保护措施,普及 OPI 急性中毒防治知识。对于慢性接触者,定期体检和测定全血 ChE 活力。

第三节　急性百草枯中毒

要点:

1. 百草枯为吡啶杂环化合物,是常用的农业除草剂,对人畜毒性很强,中毒病死率高达 90% ~ 100%。

2. 百草枯中毒后在细胞内形成大量活性氧自由基及过氧化氢,引起组织细胞膜脂质过氧化可能是产生中毒作用的基础。

3. 百草枯中毒无特效解毒药,尽早采取综合治疗措施。

百草枯(paraquat)又名克芜踪(gramoxone),属联吡啶杂环化合物,有二氯化物和二硫酸甲酯盐两种,白色结晶,易溶于水,稍溶于乙醇和丙酮,在酸或中性溶液中稳定,碱性溶液中易水解。百草枯于 1882 年合成,最初用作氧化还原指示剂,1962 年用作农业除草剂,对人畜毒性很强。急性百草枯中毒(acute poison of paraquat)是指百草枯入体后出现以急性肺损伤、进行性弥散性肺纤维化和呼吸衰竭为突出表现的多器官损害,患者最终多死于呼吸衰竭。其病死率高达90%～100%。

【病因和发病机制】　常为口服自杀或误服中毒,成年人口服致死量20%的溶液5～15ml(20～40mg/kg),经皮肤、呼吸道或静脉注射都可造成急性中毒,但较罕见。

百草枯口服吸收后迅速分布到全身组织器官,0.5～4小时血浆毒物浓度达高峰,肺组织含量为血液的十倍或数十倍。进入体内的毒物很少降解,24小时经肾脏排出50%～70%,约30%随粪排出,少量经乳汁排出。动物实验发现,静注百草枯6小时肾排出80%～90%,24小时近乎完全排出。目前中毒机制尚未完全清楚。通常认为百草枯是电子受体,进入体内后,可能作用于细胞内氧化还原反应,在细胞内形成大量活性氧自由基及过氧化物离子,引起组织细胞膜脂质过氧化,导致多器官(如肺、肝、肾、心肌、胃肠道和脑等)系统损害。由于肺泡细胞对百草枯的主动摄取和蓄积特性,使生成的过氧化物离子损伤Ⅰ型和Ⅱ型肺泡上皮细胞,引起肺泡细胞肿胀、变性和坏死,抑制肺表面活性物质产生。因此,肺损害最严重,有人称为百草枯肺(paraquet lung)。百草枯对皮肤黏膜也有刺激和腐蚀作用。

【病理】　肺的基本病变为增殖性细支气管炎和肺泡炎。患者存活期长短与组织病理学变化有关。1周内死亡者,肺脏重量增加,肺水肿、透明膜形成、充血、出血;生存1周以上者,肺间质细胞增生和间质增厚、肺纤维化。此外,尚见肾小管、肝中央小叶细胞坏死、心肌炎性变及肾上腺皮质坏死等。

【临床表现】　临床表现取决于毒物摄入量、途径、速度和发病前身体健康状况。

（一）局部损害

皮肤污染者迟发出现红斑、水疱、溃疡和坏死等。口服者出现口腔和食管黏膜灼伤、溃烂。眼污染者常发生结膜或角膜灼伤。吸入者可出现鼻出血。

（二）系统损害

1. 呼吸系统　肺是主要受损器官,呼吸系统症状呈进行性恶化,表现咳嗽、咳痰、咯血、急性呼吸窘迫和肺水肿。出现肺部损害者,预后不良,多于2～3周死于弥散性肺纤维化所致的呼吸衰竭。

2. 消化系统　口服中毒后出现胸骨后烧灼感,恶心、呕吐、腹痛、腹泻、胃肠道出血和肠麻痹。1～3天出现肝损伤和急性肝坏死。

3. 其他　可有心悸、胸闷、气短;血尿、蛋白尿或急性肾衰竭;头晕、头痛、抽搐、昏迷;发生MODS时于数天内死亡。

【实验室及其他辅助检查】

1. 毒物测定　对可疑百草枯中毒者,应进行胃液或血液百草枯浓度定量测定;服毒6小时后,可行尿液百草枯测定。血百草枯浓度≥30mg/L,预后不良。

2. 其他实验室检查　外周血白细胞计数增多、肝肾功能损害。血气分析见低氧血,呼吸性碱中毒、呼吸性酸中毒。

3. 影像学检查　肺部X线或CT检查可协助诊断。早期呈下肺野散在细斑点状阴影,可迅速发展呈肺水肿样改变。

4. 心电图　心肌缺血性损伤、坏死。

【诊断】　根据暴露史和以肺损害为突出表现的多器官系统功能障碍可考虑诊断,结合毒物测定确定诊断。

【治疗】　百草枯中毒无特效解毒药。

（一）减少毒物吸收

1. 催吐和洗胃　口服者立即刺激咽喉部催吐,洗胃液首选清水,也可用碱性液体(如肥皂水或1%～2%碳酸氢钠)充分洗胃。百草枯有腐蚀性,洗胃时要慎重;服毒1小时内用白陶土或活性炭吸附。通常,洗胃后立即经胃管注入15%的白陶土溶液(成人1000ml,儿童15ml/kg)或活性炭 50 ~ 100g(儿童 2g/kg)。

2. **清除毒物污染** 脱去毒物污染衣物,肥皂水清洗污染皮肤;服毒者用复方硼砂漱口液或氯己定(洗必泰)漱口;眼污染用 2% ~4% 碳酸氢钠溶液冲洗 15 分钟,后用生理盐水冲洗。

3. **导泻** 番泻叶(10 ~ 15g 加 200ml 开水浸泡后凉服)或硫酸镁、甘露醇、大黄等导泻。

(二) 促进毒物排出

积极静脉补液,维持循环容量,应用呋塞米利尿促使毒物排泄。血液灌流对百草枯清除率是血液透析的 5 ~ 7 倍,尽早进行血液灌流能有效降低病死率。

(三) 对症支持治疗

1. **器官功能支持** 监测重要器官功能。上消化道出血应用质子泵抑制药;肾衰竭时行血液透析;呼吸衰竭时呼吸机通气支持。肺纤维化致呼吸衰竭者行肺移植。

2. **吸氧问题** 吸入高浓度氧会加速氧自由基形成,增强百草枯毒性。对急性百草枯中毒者避免常规给氧,当 PaO_2 <40mmHg 或 ARDS 时,可吸入 21% 以上浓度氧气,维持 $PaO_2 \geqslant 70$mmHg。

3. **药物** ①抗自由基药:如过氧化物歧化酶(superoxidedismutase,SOD)、百草枯单克隆抗体、大剂量维生素 C 和 E 等;②免疫抑制药:早期大剂量应用糖皮质激素、环磷酰胺或硫唑嘌呤减轻症状,但不能改善病理损害;③普萘洛尔:30mg/d,能促使与肺组织结合毒物释放;④左旋多巴:小剂量左旋多巴竞争性抑制百草枯通过血脑屏障。⑤蛋白酶抑制剂乌司他丁:抑制过度炎症反应、保护细胞膜。

(四) 中药治疗

中药治疗百草枯中毒有一定价值,值得研究。当归、川芎提取物能增加 NO 合成,降低肺动脉压,减轻肺组织损伤。贯叶连翘提取物减轻脂质过氧化作用减轻组织损伤。中药注射液血必净通过抗氧化、调理炎症反应,减轻器官损伤。

【**预防**】 百草枯中毒无特效治疗,积极预防甚为重要。严格执行百草枯使用管理规定,严禁个人私存百草枯,百草枯应集中管理使用;使用百草枯前应进行安全防护教育,不宜逆风向喷洒和暴露皮肤,需穿长衣长裤,戴防护眼镜;在盛装百草枯药液器皿上应有警告标志,以防误服。

第四节　镇静催眠药中毒

> **要点:**
> 1. 镇静催眠药包括苯二氮䓬类(BZD)、巴比妥类和非巴比妥非苯二氮䓬类(NBNB)。
> 2. 长期应用镇静催眠药突然停药或减量可引起戒断综合征。
> 3. 一次大量吞服镇静催眠药可引起急性中毒,血或尿液毒物定性测定有助诊断,但是尿或分泌物中药物浓度与病情严重程度和预后无关。
> 4. 镇静催眠药中毒患者常死于呼吸或循环衰竭。
> 5. BZD 中毒症状较轻,出现深昏迷、严重低血压和呼吸抑制时应除外酒精、阿片类或三环抗抑郁药等中毒。
> 6. 氟马西尼为 BZD 受体相对特异的竞争性拮抗药,数分钟内即能逆转 BZD 中毒昏迷,可作为 BZD 中毒昏迷治疗和鉴别用药。

镇静催眠药(sedatives-hypnotics)为中枢神经系统抑制药,具有镇静、消除躁动情绪和促进生理睡眠作用,剂量过大可麻醉全身,包括延髓。镇静催眠药包括苯二氮䓬类(benzodiazepines,BZD)、巴比妥类(barbiturates)和非巴比妥非苯二氮䓬(nonbenzodiazepines and nonbarbiturates,

NBNB）。一次大量吞服可引起急性镇静催眠药中毒（acute sedatives-hypnotics poisoning）。长期滥用可产生耐药性和依赖性，致慢性镇静催眠药中毒（chronic sedatives-hypnotics poisoning）。长期用药者突然停用或减量可引起戒断综合征（withdrawal syndrome）。我国镇静催眠药中毒以 BZD 常见。国外药物中毒 BZD 类居首位，高达 63%，但病死率较低。巴比妥类中毒相对少见，但病死率较高。

（一）病因

镇静催眠药中毒见于药物过量或自杀。

1. 巴比妥类　20 世纪初期为主要镇静催眠药，渐被 BZD 替代。

（1）超短效类：常用于麻醉诱导，静脉注射约 10 秒起效，包括甲己炔巴比妥、硫戊巴比妥和硫喷妥钠；

（2）短效类：口服 10～15 分钟起效，作用 3～4 小时。有司可巴比妥、戊巴比妥和他布比妥；

（3）中效类：口服 45～60 分钟起效，持续 6～8 小时。有异戊巴比妥、布他比妥、阿普比妥和仲丁比妥；

（4）长效类：口服 1 小时起效，持续 10～12 小时。如巴比妥、苯巴比妥、甲苯巴比妥和扑痫酮。巴比妥类随剂量增加，渐出现镇静催眠、抗惊厥和麻醉作用。

2. 苯二氮䓬类　1960 年始用于临床，治疗焦虑、抑郁、失眠、惊厥、酒精戒断或用作麻醉辅助药。呼吸抑制作用小，长期应用耐受性和成瘾性轻。

（1）短效类：$t_{1/2}$<6 小时，如咪达唑仑（midazolam）、三唑仑（triazolum）和溴替唑仑（brotizolam）；

（2）中效类：$t_{1/2}$6～30 小时，包括阿普唑仑（alprazolam, anax）、劳拉西泮、奥沙西泮（oxazepam）、替马西泮（temazepam）、溴西泮、氟硝西泮（氟硝基安定）和艾司唑仑；

（3）长效类：$t_{1/2}$>30h，包括氯氮䓬（chlordiazepoxide）、氯硝西泮、地西泮（diazepam）、氟西泮（flurazepam）、夸西泮、氯巴占、哈拉西泮和普拉西泮。

3. 非巴比妥非苯二氮䓬类　是 20 世纪 50～60 年代常用镇静催眠药，随后发现毒性反应大，后渐被 BZD 取代。包括水合氯醛（chloral hydrate）、格鲁米特（glutethimide）、甲丙氨酯（meprobamate，眠尔通）、甲喹酮（methaqualone）、乙氯维诺（ethchlorvynol）和甲乙哌酮（methyprylon）等。

（二）发病机制

1. 药物代谢　镇静催眠药为脂溶性，易在消化道吸收。脂溶性强者易通过血脑屏障，起效快，药效短。多数镇静催眠药及其代谢物能通过胎盘屏障，也可经乳汁排泄。

（1）巴比妥类：分布容积大，脑、肝、肾和脂肪组织中浓度较高，作用时间与药物吸收、体内分布和再分布有关，口服清除半衰期在 24 小时以上。短效和中效类脂溶性强，易通过血脑屏障，起效快，作用时间短。脂溶性高者主要在肝脏微粒体酶代谢失活，与葡萄糖醛酸结合后经肾脏排出；脂溶性低者主要经肾脏排出，经肾小管再吸收后排泄慢，作用时间长。中短效类血药浓度>30mg/L 和长效类血药浓度 80～100mg/L 时出现毒性作用。甲苯巴比妥和美沙比妥进入体内后分别代谢为活性苯巴比妥和巴比妥。扑痫酮结构类似苯巴比妥，25% 代谢成苯巴比妥，75% 代谢成苯乙基丙二酰胺。

（2）苯二氮䓬类：口服吸收快，约 1 小时达血药峰浓度，平均 3 小时达作用高峰。三唑仑吸收最快，奥沙西泮和氯氮䓬吸收较慢。此类药血浆蛋白结合率（85%～99%）高，分布容积变化大（如氯氮䓬分布容积为 0.26～0.58L/kg，地西泮 0.95～2L/kg）。脂溶性高者迅速分布于血液和中枢神经系统，蓄积于脂肪组织，作用时间短，抑制中枢神经系统作用低。在肝脏微粒体氧化系统经羟化、去甲基和葡萄糖醛酸结合失活，肾脏排泄。BZD 连续应用可引起药物依赖，与其他镇静催眠药合用有协同作用。

（3）非巴比妥非苯二氮䓬类：大多经肝细胞微粒体氧化酶系统代谢。水合氯醛经肝脏乙醇脱氢酶降解成三氯乙醇，再氧化成三氯醋酸；乙氯维诺脂溶性高，主要分布于脂肪和脑组织，90%在肝脏代谢，其余由肾脏排出；格鲁米特脂溶性高，能迅速进入脑组织；甲丙氨酯口服吸收完全，约10%～15%以原形由尿排出，50%～60%在体内转变为羟基甲基衍生物随尿液排泄，15%～20%与血浆蛋白结合，能透过胎盘，乳汁浓度为血浆的2～4倍，在肝脏转化成无活性代谢物；甲喹酮脂溶性低，呈碱性，分布容积大，70%～90%与血浆蛋白结合，代谢物由尿排出，小部分由胆道和粪排出。

2. 中毒机制　镇静催眠药主要通过刺激 γ-氨基丁酸（gamma-aminobutyric acid，GABA）产生中枢抑制作用。

（1）巴比妥类：对脑皮质、延髓呼吸和血管运动中枢有明显抑制作用。血巴比妥类浓度升高直接开放氯离子通道，出现拟 GABA 作用。大剂量巴比妥类尚可抑制自主神经节冲动传递和神经效应器及骨骼肌神经肌肉连接处对乙酰胆碱的反应。巴比妥类中毒程度与剂量相关。短效类中毒致死量（lethal dose）3g 或血清浓度超过 3.5mg/dL；长效类中毒致死量为 5～10g 或血清浓度超过 8mg/dL。摄入常用量 10 倍以上可抑制呼吸致死。

（2）苯二氮䓬类：中枢神经系统 BZD 受体有三个亚型：ω_1 主要分布于感觉运动区（有镇静催眠作用），ω_2 边缘系统（有抗焦虑和抗惊厥作用），ω_3 作用尚不清楚。BZD 与其特异性受体结合发挥作用，易化 GABA 与其相应受体结合，导致氯离子通道开放，促进氯离子内流和细胞膜超极化，增强中枢神经抑制性递质 GABA 作用。阿普唑仑较其他 BZD 毒性大。

（3）非巴比妥非苯二氮䓬类：对中枢神经系统作用与巴比妥类相似。水合氯醛中毒易引起心律失常、肝肾损害，致死量约 10g；格鲁米特血清浓度超过 3mg/dL 出现周期性意识障碍及瞳孔散大；成年人顿服甲丙氨酯 20～40g 致严重中毒，血清浓度 6～20mg/dL 出现低血压、昏迷，超过 20mg/dL 可致死；甲喹酮中毒（methaqualone poisoning）时血清浓度超过 8mg/L 出现肌张力增强、腱反射亢进、抽搐和呼吸抑制致死；乙氯维诺摄入超过 100mg/kg 或血清浓度超过 10mg/dL 需行炭血灌流（charcoal hemoperfusion）；甲乙哌酮血清浓度超过 3mg/dL 致严重中毒，6mg/dL 以上致死。

【临床表现】

（一）急性中毒

1. 巴比妥类中毒

（1）轻或中度中毒：注意力、记忆力和判断力减退，欣快感、情绪不稳、言语不清、辨距障碍、眼球震颤、共济失调和嗜睡。

（2）重度中毒：昏迷、瞳孔缩小或正常，脑干、角膜、眼心及眼前庭反射（oculovestibular reflex）对称性减低或消失，去皮层强直（decorticate rigidity），继而肌肉弛缓和腱反射消失、肠梗阻，常死于呼吸或循环衰竭。

2. 苯二氮䓬类中毒　常见嗜睡、头晕、言语含糊不清、意识模糊、共济失调，罕见深昏迷和呼吸抑制，否则应考虑其他镇静催眠药中毒。

3. 非巴比妥非苯二氮䓬类中毒

（1）水合氯醛：顿服 10g 以上可引起严重中毒。轻、中度出现嗜睡和共济失调；重度出现昏迷和呼吸、循环、肝、肾衰竭。

（2）格鲁米特：轻、中度中毒表现动作失调和嗜睡；重度者昏迷持续 36～100 小时，呼吸抑制、低血压、休克和抗胆碱能综合征。

（3）甲丙氨酯：轻度中毒不易与其他镇静催眠药中毒鉴别。重度者出现昏迷、癫痫发作、低血压、心律不齐和呼吸抑制等。甲丙氨酯耐受者，血药浓度不能完全反映临床状态。

（4）甲喹酮：中毒时出现锥体系征，如肌张力增强、腱反射亢进、肌阵挛和抽搐等。甲喹酮中毒时对呼吸和心血管抑制作用较轻。

（二）慢性中毒

除有轻度中毒症状外，常伴有精神症状。

1. 意识障碍和轻躁狂状态　出现一过性躁动不安或意识蒙眬状态。言语兴奋、欣快、易疲乏，伴有震颤、咬字不清、步态不稳等。

2. 智能障碍　记忆力、计算力、理解力明显下降，工作学习能力减退。

3. 人格变化　患者丧失进取心，失去对家庭和社会责任感。

（三）戒断综合征

患者出现自主神经兴奋性增高和神经精神症状。滥用巴比妥类药者停药后发病较多、较早，且症状较重，出现癫痫发作及轻躁狂状态者较多。滥用 BZD 者停药后发病较晚，症状轻，以焦虑、失眠为主，可能与中间代谢产物排出缓慢有关。

1. 轻症　停药后 1 天或数天内出现焦虑、易激动、失眠、头痛、厌食、无力、震颤。2~3 天后达到高峰，恶心、呕吐、肌肉痉挛。

2. 重症　用量多为治疗量 5 倍以上，时间超过 1 个月。突然停药后 1~2 天或 7~8 天后癫痫样发作，幻觉、妄想、定向力丧失、高热、谵妄。

【实验室和其他检查】

（一）药物浓度测定

血、尿液药物定性测定有助于诊断。尿或分泌物中药物浓度与病情严重程度和预后无关。

（二）其他检查

严重中毒者应行动脉血气、血糖、电解质和肝、肾功能等测定。摄入水合氯醛后，立位腹部平片呈现高密度影。

【诊断和鉴别诊断】

（一）诊断

根据服药史、症状、体征和血、尿液毒（药）物分析诊断。

（二）鉴别诊断

BZD 中毒症状轻，出现深昏迷、严重低血压和呼吸抑制时应除外酒精、阿片类或三环抗抑郁药等中毒。

【处理】

（一）紧急处理

昏迷患者，首先静注葡萄糖溶液和纳洛酮进行治疗性诊断。呼吸衰竭者，气管内插管保持气道通畅，吸氧，机械通气。低血压或休克者静脉输注生理盐水 1~2L 无效时，加用多巴胺 10~20μg/（kg·min）或去甲肾上腺素（2μg/min），维持收缩压在 90mmHg 以上。

（二）促进毒物排出

1. 洗胃　巴比妥类中毒 1 小时内者，应积极洗胃。胃排空延迟者，中毒数小时后仍可洗胃。

2. 活性炭　用于巴比妥类，格鲁米特及甲丙氨酯等中毒。首次 1~2g/kg，2~4 小时重复给予 0.5~1g/kg，至症状改善；或 20~50g，每 4 小时一次。

3. 强化利尿　碱化尿液可促使长效巴比妥类离子化，减少肾小管重吸收，促使排泄。对短、中效巴比妥类中毒无效。强化利尿应在容量恢复后进行。碳酸氢钠 1~2mmol/kg 静脉输注，继而 5% 葡萄糖溶液 1000ml 加入 5% 碳酸氢钠 100~150ml，以 200~300ml/h 速度输注，在短时间内维持尿量 1~2ml/（kg·min）、尿液 pH7~8 或血液 pH7.5~7.55。

4. 血液净化　长效巴比妥类中毒者 HD 效果好。非水溶性、血浆蛋白结合率高的巴比妥类或其他镇静药中毒 HP 疗效好。HD 和 HP 能明显缩短昏迷时间和改善心血管功能，血流动力学不稳定和常规疗效不佳者行 HD 或 HP。HD 对 BZD 中毒无效。

（三）解毒药

巴比妥类中毒无特效解毒药。

1. 氟马西尼（flumazenil）　为 BZD 受体相对特异的竞争性拮抗药（antagonist），作用于脑内 BZD 受体，但不出现 BZD 药的作用，半衰期约 57 分钟，数分钟内即能逆转 BZD 中毒昏迷，可作为 BZD 中毒昏迷治疗和鉴别用药。①单纯 BZD 中毒：0.2mg 静注 30 秒以上，每分钟重复应用 0.3～0.5mg，有效治疗量为 0.6～2.5mg，缓解后又出现困倦或嗜睡时，以 0.1～0.2mg/h 速度持续静滴；②鉴别用药：疑为中毒昏迷者，氟马西尼总量达 5mg 无效时可排除 BZD 中毒，应考虑混合药物中毒和/或器质性脑病（organic brain disorders）。三环抗抑郁药过量、应用 BZD 控制癫痫、颅内压增高及 BZD 过敏者禁用氟马西尼。

2. 纳洛酮　有对抗镇静催眠药中毒的呼吸和循环抑制作用。轻度中毒患者 0.4～0.8mg/h，中度 0.8～1.2mg/h，重度 1.2～1.4mg/h，静脉滴注。

（四）并发症处理

1. 肺炎　昏迷合并肺炎时，翻身拍背，吸痰；合理使用抗生素。

2. 心律失常　心电监测，抗心律失常治疗。

3. 急性肾衰竭　纠正水、电解质和酸碱平衡失常，需要时行 HD。

【预后】　美国毒物控制中心报道，镇静催眠药中毒患者中严重中毒占 3.2%，病死率 0.1%。巴比妥类中毒病死率高，BZD 中毒罕见死亡者。吞服大量或复合毒物自杀者预后不良。

【预防】

1. 严格镇静催眠药处方管理，掌握应用指征，防止药物依赖性。

2. 对情绪不稳定和精神不正常患者由专人负责监督使用。

3. 长期大量服用者，不能突然停药，可逐渐减量停药，预防戒断综合征。

第五节　急性乙醇中毒

要点：

1. 急性乙醇中毒常因短时间内摄入大量饮乙醇或含乙醇饮料出现神经精神（先兴奋后抑制）症状。

2. 识别急性乙醇中毒临床分期有助于判断病情和指导治疗。

3. 急性乙醇中毒应与镇静催眠药、一氧化碳中毒和低血糖、肝性脑病、脑血管意外等鉴别。

4. 纳洛酮为阿片受体拮抗药，能降低急性乙醇中毒患者血乙醇浓度、促醒和减少病死率。

乙醇（ethanol）又称酒精（alcohol），是一种烃类羟基衍生物，无色、易挥发和易燃液体，能与大多数有机溶剂混溶，易溶于水，具有醇香味。分子量 46.07，沸点 78.5℃。短时间摄入大量乙醇或含乙醇饮料后出现神经精神（兴奋或抑制）症状称急性乙醇中毒（acute ethanol intoxication）。以行为异常和意识障碍为主要表现，严重者，损害器官功能，导致呼吸循环衰竭，救治不及时可危及生命。酒作为饮料历史悠久。西方国家成年人 70% 有饮酒史。美国成年人 14% 有乙醇依赖（alcohol dependence）。在我国，乙醇中毒位居急性中毒病因之首。

【病因】　酒是发酵微生物对制作原料中糖类发酵而成。根据制作方法分为蒸馏酒（如白酒、烧酒、大曲酒、白兰地和威士忌)、发酵酒(包括果酒、啤酒和黄酒)和配制酒(竹叶青酒、青梅酒、玫瑰酒等)。蒸馏酒含乙醇40%~60%,发酵酒不足20%(如啤酒含乙醇3%~5%),配制酒更低。非嗜酒成年人,一次摄入纯乙醇最低致死量约为250~500g或LD_{50}为5~8g/kg。

急性乙醇中毒常发生于节假日、庆典时,多集中在晚上9点至凌晨2点,以20~40岁男性多见,可与食物中毒同时发生。乙醇广泛用于工业、医药、日常化学制品,许多产品乙醇含量达50%~99%,误服误用也可引起中毒。

【发病机制】

(一)乙醇代谢

饮入乙醇0.5~3小时,25%由胃、75%由小肠完全吸收入血。乙醇吸收速度受含乙醇饮料类型、乙醇浓度、饮用速度和胃排空状态影响,进食延迟乙醇吸收。含20%乙醇酒类吸收最快。胃内乙醇浓度过高能引起幽门痉挛,乙醇排空减慢,延缓肠吸收。空腹饮酒5分钟后血中即出现乙醇,30~60分钟吸收达高峰。长期饮酒者,吸收更快。摄入乙醇1g/kg时,2小时后血浓度可达1000mg/L。摄入同样量乙醇,女性较男性血乙醇水平高,可能与女性乙醇分布容积(0.6L/kg)较男性(0.7L/kg)小、肝脏首过代谢效应(first-pass metabolism)和胃黏膜乙醇脱氢酶(alcohol dehydrogenase)活性低有关。

摄入的乙醇90%~98%经门静脉进入肝脏,由乙醇脱氢酶氧化为乙醛(acetaldehyde)。乙醛再由胞浆或线粒体乙醛脱氢酶(acetaldehyde dehydrogenase,ALDH)氧化成乙酸(acetic acid)。乙酸转化为乙酰辅酶A进入三羧酸循环(Krebs cycle)生成水和二氧化碳。约10%乙醇由微粒体乙醇氧化系统(microsomal ethanol oxidizing system)氧化,小部分由过氧化氢酶氧化。长期大量饮酒者微粒体乙醇氧化系统活性增强,乙醇代谢加速。约3%由尿液排出,8小时后尿液中即无乙醇,余由肺和皮肤排出。

乙醇代谢速率分成两种:低浓度时为零级速率(zero-order kinetics);高浓度时为一级速率(first-order kinetics)。性别、年龄、体重、嗜酒性、营养、饮食、胃肠及肝脏功能状态影响乙醇代谢。不同个体乙醇代谢速度也有差异,非嗜酒者为100~200mg/(L·h),嗜酒者为360mg/(L·h)。通常,非嗜酒者一次摄入乙醇70~80g出现中毒症状,250~500g致死,致死血乙醇浓度5000mg/L;嗜酒者,血乙醇浓度3000~4000mg/L也无明显镇静作用。

(二)发病机制

1. 中枢神经系统抑制作用   乙醇具有脂溶性,吸收入血后,迅速作用神经细胞膜,抑制大脑皮质功能。轻度中毒的兴奋作用可能与乙醇抑制GABA有关。同时,乙醇代谢物乙醛能升高中枢神经内腺苷水平,增强GABA介导的氯离子内流,产生与苯二氮䓬类和巴比妥类相似作用。随着血乙醇浓度增高,其毒性程度增加。血乙醇浓度达2000mg/L以上时影响网状结构,出现昏睡或昏迷;超过3000mg/L时抑制延髓中枢,发生呼吸/循环衰竭。乙醇代谢物乙醛与多巴胺形成内源性阿片肽,加重中枢神经系统抑制作用。

2. 心脏作用   急性乙醇中毒引起心排血量增加、心肌耗氧量增加。心肌损害严重时,左室收缩功能下降。嗜酒者,急性乙醇中毒时心肌抑制作用更明显;冠心病患者,血乙醇浓度500mg/L即可引起心排血量和血压下降;心力衰竭者,常见心房颤动或室性心律失常。

3. 代谢异常   血乙醇浓度过高时,NADH:NAD比值增加,影响NAD依赖的代谢反应,抑制糖原异生,肝糖原明显减少,发生低血糖;血乳酸浓度增高和酮体蓄积,引起代谢性酸中毒。

4. 消化道损害   大量高浓度乙醇损伤胃肠黏膜,重症患者应激性溃疡引起上消化道出血。酒精中毒还可造成肝损伤。

【临床表现】   临床表现与患者饮酒量、耐受性和血乙醇浓度有关(表9-1-6)。根据中毒程度不同,临床上分为三期:

1. 兴奋期   呼出气酒味较浓,头痛、欣快感、健谈、情绪不稳定、易激怒,心率加快、收缩压升高和脉压加大。易发生车祸和创伤。

2. **共济失调期**　言语不清、语无伦次，视物模糊、动作不协调、步态不稳和共济失调。

3. **昏迷期**　昏迷、瞳孔散大、体温降低、因呼吸和循环衰竭死亡。

表 9-1-6　血乙醇浓度与临床表现

血乙醇浓度	临床表现	
（mg/L）	非嗜酒者	嗜酒者
200～500	精细运动失调	
500～1000	欣快感、共济失调、情绪不定	无或轻度症状
1000～2000	言语不清、共济失调、嗜睡、恶心	清醒、欣快感、共济失调
2000～3000	昏睡、恍惚、语无伦次	情绪不稳和运动障碍
3000～4000	昏迷	嗜睡
≥5000	呼吸、循环衰竭死亡	昏睡或昏迷

【实验室和其他辅助检查】

1. **血乙醇浓度测定**　血乙醇浓度能判断病情和预后，但是嗜酒和非嗜酒者血乙醇浓度与中毒表现差异较大。

2. **血清 β-内啡肽水平**　血清 β-内啡肽水平常明显增高。

3. **生化检查**　昏迷者常见低血糖和肝功能异常。

4. **动脉血气**　通常急性乙醇中毒可出现轻度代谢性酸中毒，但不引起阴离子间隙（anion gap）增大。出现阴离子间隙增大或严重代谢性酸中毒时应注意甲醇（methyl alcohol）或乙二醇（ethylene，或称甘醇，glycol）中毒。

5. **心电图**　重症者可出现心律失常和心肌损害心电图改变。

6. **头颅 CT**　乙醇中毒者常易发生创伤。昏迷者应进行头颅 CT 检查，以除外颅脑创伤或病变。

【诊断和鉴别诊断】

（一）诊断

根据饮酒史、呼出气味、神志障碍程度和血乙醇浓度测定可诊断。

（二）鉴别诊断

急性乙醇中毒昏迷者应与镇静催眠药中毒、一氧化碳中毒、低血糖、肝性脑病或脑血管意外等鉴别。

【处理】

（一）一般处理

轻度中毒者，迅速催吐，饮用浓茶或咖啡有助恢复；共济失调者，严格限制活动，专人陪护，以免发生外伤；昏迷者保持气道通畅，侧卧位，以防误吸呕吐物；重症患者注意保暖和给予足够热量，预防肝脏损害；乙醇摄入后吸收很快，洗胃和导泻无效。

（二）对症支持治疗

1. **呕吐**　甲氧氯普胺（胃复安）10mg，肌注或静注。

2. **烦躁不安**　地西泮（安定）5～10mg 肌注，或水合氯醛 6～8ml 灌肠。

3. **上消化道出血**　鼻饲硫糖铝 1g，3 次/天；西咪替丁 800mg，1 次/天，或 400mg 加入 100ml 生理盐水静脉输注，4～6 小时一次。出血严重者，应用质子泵抑制药，如奥美拉唑、泮托拉唑等。

4. **呼吸和循环衰竭**　呼吸衰竭者，气管内插管和呼吸机辅助通气。循环衰竭时积极复苏和监测。

（三）加速乙醇代谢

1. **维生素**　给予重症患者维生素 B_1、维生素 B_6 及烟酸能加速体内乙醇氧化。

2. **美他多辛**（Metadoxine，欣立得）　是由吡哆辛和吡咯烷酮组成的离子化合物，口服易吸收。为乙醛脱氢酶激活剂。并能拮抗乙醇对色氨酸吡咯酶抑制作用，加速体内乙醇和及其代谢产物乙醛的代谢及排出，增加中枢神经系统释放 GABA 和 ACh，改善酒精引起的抑制和兴奋症状。还能增加肝脏 ATP 浓度及细胞内氨基酸转运，对抗乙醇中毒所致 ATP 及细胞谷胱甘肽水平下降。美他多辛 500mg，2 次/天。

3. **血液灌流**　血乙醇浓度超过 4000～5000mg/l 或昏迷时间较长时，可考虑血液灌流或血液透析，能有效降低血乙醇浓度。

（四）解毒药

纳洛酮为阿片受体拮抗药，有特异性拮抗内源性吗啡样物质 β-内啡肽作用，能降低中毒患者血乙醇浓度、促醒和减少病死率。兴奋期，静注 0.4mg；共济失调期，0.4～0.8mg；昏迷期，0.8～1.2mg。将纳洛酮加入 10% 葡萄糖液 250～500ml 静滴，每 30 分钟静脉注射 0.4～0.8mg，多数患者 45 分钟内苏醒。

第六节　毒　品　中　毒

要点：

1. 毒品是指国家规定管制的能使人产生药物依赖的麻醉镇痛药品和精神药品的统称，具有危害性和非法性。

2. 毒品是一个相对概念，用作治疗目的即为药品，滥用即为毒品。

3. 绝大多数毒品中毒为滥用，多为青少年。

4. 阿片类中毒的典型"三联征"即针样瞳孔、呼吸抑制和昏迷。

5. MDMA 中毒无特效拮抗药，主要是对症支持治疗。

6. 纳洛酮治疗剂量应个体化，治疗有效有助于阿片类中毒诊断。

毒品（narcotics）是指国家规定管制的能使人产生药物依赖（drug dependence，原称成瘾，addiction）的麻醉镇痛药品（narcotic analgesics）和精神药品（psychotropic drugs）统称，具有危害性和非法性。毒品是一个相对概念，用作治疗目的即为药品，滥用即为毒品。短时间内摄入过量或滥用过多超过个体耐受（tolerance）量产生相应临床表现时称为急性毒品中毒（acute narcotics intoxication）。国际上通称的药物滥用（drug abuse）也即我国俗称的吸毒。目前，我国所指的毒品不包括烟草、酒类和镇静催眠药。

20 世纪 80 年代随着国际毒品滥用，全球 200 多个国家和地区有毒品滥用。根据《2014 年世界毒品报告》，2012 年全球范围内 15～64 岁人口中 3.5%～7.7%（1.62 亿～3.24 亿）一年内至少有一次使用毒品，常规吸毒、吸毒致病或成瘾者在 1600 万～3900 万，毒品相关死亡约 183 000 人。阿片剂（鸦片、吗啡和海洛因等）和类阿片是引起疾病负担最重、致死最多的毒品。可卡因滥用主要集中在美洲、大洋洲和欧洲，美国是大麻使用的最大市场。近年来，新型合成毒品如苯丙胺类兴奋剂等使用有迅速蔓延之势。

吸毒人群日渐年轻化，女性吸毒者急剧增加。我国吸毒者主要吸食二乙酰吗啡或二醋吗啡（海洛因，俗称"白粉"）和苯丙胺类毒品。近年来，吸食新型毒品人数以每年约 30% 的速度增长，86% 为青少年。2013 年底，我国累计登记吸毒人员 247.5 万名，其中滥用海洛因 132.6 万人，滥用冰毒人员 84.7 万名。在许多国家,毒品中毒已成为继心脑血管疾病和恶性肿瘤后第三位致死原因。毒品犯罪已成为世界性问题。为号召全球人民共同抵御毒品危害,1987 年 6 月联合国将每年 6 月 26 日定为"国际禁毒日(International Day Against Drug Abuse and Illicit Trafficking)"。

【毒品分类】　毒品从来源上分为天然药(毒)品、半合成药(毒)品和合成药(毒)品三大类(表 9-1-7)。

表 9-1-7　毒品分类

天然毒品	半合成毒品	合成毒品
吗啡(morphine)	海洛因(heroin)	美沙酮(methadone)
可待因(codeine)	羟考酮(oxycodone)	哌替啶(pethidine)
蒂巴因(thebaine)	氢可酮(hydrocodone)	芬太尼(fentanyl)
	二氢可待因(dihydrocodine)	阿芬太尼(alfentanil)
	氢吗啡酮(hydromorphone)	舒芬太尼(sufentanil)
	羟吗啡酮(oxymorphone)	雷米芬太尼(remifentanil)
	丁丙诺啡(buprenorphine)	卡芬太尼(carfentanil)
	埃托啡(etorphine)	喷他佐辛(pentazocine)
	烟酰吗啡(nicomorphine)	非那左辛(phenazocine)
		曲马朵(tramadol)
		洛哌丁胺(loperamide)
		罗通定(rotundine)
		布桂嗪(bucinnazine)
		二氢埃托啡(dihydroetorphine)
		阿法罗定(alphaprodine)
		丙氧芬(propoxyphene)

我国将毒品分为麻醉镇痛药(毒)品和精神药(毒)品两种。

(一)麻醉镇痛药(narcotic analgesics)

1. 阿片(opium,鸦片)类　分为天然阿片(natural opiates)、半合成及人工合成的阿片制剂。

2. 可卡因类　包括可卡因(甲苯酰甲基芽子碱,benzoylmethylecgonine)、古柯叶和古柯膏等。

3. 大麻类(cannabis)　包括大麻叶、大麻树脂和大麻油等。滥用最多的是印度大麻,主要含有精神活性物质,依次是△⁹-四氢大麻酚(delta-9-tetrahydrocannabinol,△⁹-THC)、大麻二酚、大麻酚及其相应的酸。

(二)精神药

1. 中枢抑制药　镇静催眠药和抗焦虑药(antianxiety drugs)。

2. 中枢兴奋药(central stimulants)　常滥用的有苯丙胺(amphetamine,AA)及其衍生物,如甲基苯丙胺(methamphetamine,MA,俗称冰毒)、3,4-亚甲二氧基苯丙胺(3,4-methylene-dioxy-amphetamine,MDA)和 3,4-亚甲二氧基甲基苯丙胺(3,4-methylene-dioxy methamphetamine,MDMA,俗称摇头丸)等。

3. 致幻药(hallucinogens)　包括麦角二乙胺(lysergide)、苯环己哌啶(phencyclidine,PCP)、西洛西宾和麦司卡林等。氯胺酮(ketamine,俗称 K 粉)是 PCP 衍生物。

【中毒原因】　用药过量或频繁用药;成瘾者静注;误食、误用或自杀。绝大多数中毒为滥用

Notes

所致。滥用方式有口服、吸入(鼻吸、烟吸或烫吸)、注射(皮下、肌肉、静脉或动脉)或黏膜摩擦(如口腔、鼻腔或直肠)。下述情况时易发生中毒:①严重肝、肾疾病及贫血;②严重肺气肿、支气管哮喘;③胃排空延迟;④严重甲状腺或肾上腺皮质功能减低;⑤阿片与酒精或镇静催眠药同服;⑥年老体弱。

【中毒机制】

(一)麻醉镇痛药

1. 阿片类药

(1)代谢:毒品作用时间取决于:①入体途径:静注10分钟,鼻黏膜吸入10~15分钟,肌注30分钟,皮下注射90分钟,口服1~2小时;②肝脏代谢速度:吗啡在肝内与葡萄糖醛酸结合,或脱甲基形成去甲基吗啡由尿排出,少量以原形由尿液或胆汁排出。海洛因较吗啡脂溶性强,易通过血脑屏障,在脑内分解为吗啡。哌替啶活性代谢物去甲哌替啶为神经毒,易致抽搐。脂溶性阿片类药(如海洛因、丙氧芬、芬太尼和丁丙诺啡)入血后很快分布于脂肪(包括胎盘)组织。非脂溶性阿片类药不能存贮于体内。

(2)中毒机制:中枢神经内阿片受体有 μ(μ_1、μ_2)、κ 和 δ,介导阿片类药药理效应。阿片类药分阿片受体激动药(agonists,如吗啡、哌替啶、美沙酮、芬太尼、可待因、左啡诺、氢吗啡酮和羟考酮等)和部分激动药(如喷他佐辛、丁丙诺啡、布托啡诺、丁哌卡因和纳布啡等)。前者主要激动 μ 受体,产生麻醉、镇痛、镇静、催眠、止咳、止泻、致幻或欣快(euphoria)等作用;后者主要激动 κ 受体,对 μ 受体有拮抗作用。阿片类药长期应用易出现药物依赖。药物依赖和戒断综合征(withdrawal symptoms)可能是阿片类药与阿片受体结合抑制内源性阿片样物质(内啡肽)生成的结果,停药后,内啡肽不能很快生成补充,出现药物依赖或戒断综合征。

肌注吗啡30~60mg 即可中毒,致死量200~500mg,药物依赖者24 小时静注硫酸吗啡5g 也不出现中毒。可待因毒性为吗啡的1/4,中毒量200mg,致死量800mg;海洛因毒性为吗啡的5~10 倍,中毒量50~100mg,致死量750~1200mg;哌替啶致死量为1.0g。

2. 可卡因　易通过血脑屏障,有明显中枢兴奋作用。药物依赖较吗啡和海洛因小,断药后出现戒断症状。急性中毒量和致死量个体差异较大,分别为20mg 和1200mg。致死原因为呼吸抑制和心搏停止。

3. 大麻　中毒机制尚不清。长期应用产生精神依赖,而非身体依赖。急性中毒时出现神经、精神、呼吸和循环系统损害。

(二)精神药

1. 苯丙胺类　苯丙胺类药包括苯丙胺、麻黄碱(ephedrine)、苯丙醇胺(phenylpropanolamine)、甲基苯丙胺(去氧麻黄碱,甲基安非他明)、亚甲二氧甲基苯丙胺、芬氟拉明(enfluramine)和安非拉酮(amfepramone)。苯丙胺类分子量小,易通过血脑屏障,促进脑内儿茶酚胺递质(多巴胺和去甲肾上腺素)释放,减少抑制性递质5-羟色胺含量,出现兴奋和欣快感。成年人中毒量差异很大:①苯丙胺口服中毒量30mg 以上,致死量20~25mg/kg;②甲基苯丙胺毒性为苯丙胺的2 倍。静注2~10mg 出现急性中毒,1.5mg/kg 致死。吸毒者静注30~50mg 及耐药者1000mg 以上致中毒。

2. 氯胺酮　为中枢兴奋性递质甲基-天冬氨酸(N-methyl-D-aspartate,NMDA)受体阻断药,对 μ、κ 受体有拮抗作用,对脑干及边缘系统有兴奋作用,能产生麻醉、镇痛和意识与感觉分离。大剂量抑制呼吸。在肝内代谢为去甲氯胺酮和脱氢去甲氯胺酮等,其代谢物和小量原形经肾脏排泄。

【临床表现】

(一)急性中毒

1. 麻醉药

(1)阿片类药中毒:以吗啡中毒为代表。典型表现"三联征",即瞳孔缩小(miosis)、呼吸抑制和昏迷,常死于呼吸衰竭。哌替啶中毒表现血压降低或升高、谵妄、抽搐、瞳孔散大、呼吸抑制和昏迷等,常发生肾功能障碍,严重者死亡。海洛因中毒还可出现肺水肿。

(2) 可卡因中毒:体温和血压升高、心律失常或心肌梗死,剧烈胸痛和呼吸困难,脑血管意外和癫痫等。

(3) 大麻中毒:严重意识障碍、躁动,惊恐、不安和抑郁、绝望及自杀心理。

2. 精神药

(1) 苯丙胺类中毒:轻者出汗、瞳孔散大、血压升高和心率增快等;严重者常因严重心律失常和 DIC 致死。MA 中毒主要表现失眠、多语、惊恐或焦虑,高热、心率增快、肌肉痉挛或抽搐等。不同程度 MDMA 中毒情绪改变(兴奋或郁闷)、焦虑、激动,眼球震颤、高血压危象、高热惊厥和肾衰竭,甚至死亡。

(2) 氯胺酮中毒:表现与吸食量有密切关系。常见为头昏、血压升高、心率加快,恶心、呕吐,精神错乱、言语不清、动作失调,严重者发生窒息、呼吸抑制和死亡。血、尿液检测出原形或其代谢物有助诊断。

(二) 戒断综合征

兴奋性增强、瞳孔扩大(mydriasis)、血压升高、发热、出汗、厌食、恶心、呕吐、腹泻、肌痛、震颤和抽搐等。海洛因依赖者停用 4 ~ 6 小时后出现症状,36 ~ 72 小时达高峰,呼吸加快(>16 次/分)、哈欠频频、流泪和流涕。美沙酮滥用者戒断症状较轻。苯丙胺类戒断导致严重精神抑郁、疲乏、嗜睡及强烈求药行为。

【诊断和鉴别诊断】　根据滥用史、相关表现、血或尿液毒物或代谢物分析、解毒药疗效可诊断。阿片类药中毒应与镇静催眠药、吩噻嗪、一氧化碳、可乐定(clonidine)中毒或脑桥出血鉴别。

【治疗】

(一) 中毒治疗

1. 洗胃和催吐　阿片类摄入致命量时 1 小时内洗胃,但不应常规。用阿扑吗啡催吐加重呼吸抑制,吐根糖浆催吐易发生误吸。

2. 活性炭吸附　口服 50g,继而用泻药(cathartic),如山梨醇 0.5 ~ 1.0g。地芬诺酯(diphenoxylate)和丙氧芬中毒时,由于肠肝循环(entrohepatic circulation),多次给予活性炭疗效好。

3. 对症支持治疗　毒品中毒无特效解毒药时予对症支持治疗。呼吸衰竭者行气管内插管和呼吸机支持;肺水肿者,给予吸氧、血管扩张药和袢利尿药治疗,禁用氨茶碱;低血压者取头低脚高位,静脉补液,用升压药。

4. 解毒药

(1) 纳洛酮(naloxone):为阿片受体完全拮抗药。可静脉、气管内、肌肉或皮下给药,剂量应个体化。阿片类中毒伴呼吸衰竭者,立即静注 2mg;药物依赖中毒者 3 ~ 10 分钟重复;非药物依赖中毒者 2 ~ 3 分钟重复,总剂量达 20mg。无效时,应考虑:①非阿片类药中毒或其他药中毒;②头部外伤;③颅内病变;④脑缺氧损害严重。长效阿片类药(如可卡因、美沙酮或地芬诺酯等)中毒时宜增加静脉用量。纳洛酮对于海洛因、美沙酮中毒肺水肿和哌替啶中毒癫痫发作无效。

(2) 纳美芬(nalmefene):对吗啡中毒的疗效优于纳洛酮,给药途径多,作用时间长,不良反应少。0.1 ~ 0.5mg,静注,2 ~ 3 分钟渐增剂量,最大剂量 1.6mg/次。

(二) 戒断综合征治疗

主要是心理治疗,症状严重者选用:①可乐定 0.2 ~ 0.4mg/次,2 ~ 3 次/天;②美沙酮 10 ~ 20mg,口服或肌注。用药时,第一天予足量替代品,以后每天递减首次量的 10% ~ 20%,至停用。

【预防】　2008 年 6 月 1 日《中华人民共和国禁毒法》实施和惩治毒品违法犯罪行为是预防毒品中毒的有力武器。

1. 麻醉性镇痛药管理应做到专人管理,专橱加锁,麻醉药编号,专用处方和专册登记等。

2. 严格掌握适应证、控制用量和使用时间,一般患者不应超过 2 天,防止成瘾。晚期癌症患者用药必须按处方登记,记录地址,防止药品转用。

3. 本类药品不宜用于初起痢疾或咳嗽者,据情可用于顽固性咳嗽或腹泻患者。

第七节 毒蛇咬伤中毒

要点:

1. 我国毒蛇近 50 种,主要隶属于蝰科、响尾蛇科、眼镜蛇科和海蛇科。蝰科分布在广东、广西、福建和台湾;响尾蛇科在长江流域和东南沿海地区,蝮蛇除青藏高原外遍布全国各地;眼镜蛇科主要在长江以南;海蛇科在沿海地区。

2. 蛇毒分为神经毒、血液毒、心脏毒和肌毒。

3. 毒蛇咬伤处常有两个齿痕,伴有局部和全身表现;无毒蛇咬伤处有多个小齿痕,局部伤口症状轻,无全身中毒表现。特异蛇毒免疫测定有诊断价值。

4. 毒蛇咬伤治疗旨在中和蛇毒、全身支持和修复损伤组织。

蛇(snakes)出现于白垩纪晚期(late Cretaceous period),约 5000 万年后第三纪中新世时代(Miocene epoch)出现毒蛇(venomous snakes)。除南北极圈、冰岛、爱尔兰、新西兰、马达加斯加和少数小岛外,蛇遍布于世界各地。世界上的蛇近 3500 种,毒蛇不足 10%。蛇共分 14 科,毒蛇归属于 5 个科(表 9-1-8)。我国有毒蛇近 50 种,主要隶属于蝰科、响尾蛇科、眼镜蛇科和海蛇科。蝰科分布在广东、广西、福建和台湾;响尾蛇科在长江流域和东南沿海地区,其中蝮蛇除青藏高原外遍布于全国各地;眼镜蛇科主要分布在长江以南地区;海蛇科分布在沿海地区。

表 9-1-8 世界上毒蛇分科

分 科	代表类型	地理分布
蝰科(viperidae)	真蝰蛇(鲁塞尔蝰蛇)、鼓腹巨蝰	除美洲外世界各地
响尾蛇科*(crotalidae 或 pit vipers)	响尾蛇属、侏响尾蛇属(五步蛇▲、竹叶青)	美洲和亚洲
眼镜蛇科(elapidae)	眼镜蛇、眼镜王蛇、金或银环蛇、珊瑚蛇	除欧洲外世界各地
海蛇科(hydrophidae)	海蛇	印度洋和太平洋
游蛇科(colubridae)	南非树蛇、鸟蛇	非洲大陆

*有分类学者将响尾蛇科(也称蝮蛇科)归属于蝰科的蝮蛇亚科。▲五步蛇又称尖吻蝮。

全世界每年蛇咬伤约 50 万人,毒蛇咬伤(venomous snake bites)致死者约 30 000~40 000 人。发达国家蛇咬伤病死率较低,不发达国家和地区较高。我国广东、广西是毒蛇分布密集的地方,每年约有 20 万人被毒蛇咬伤,致死者近万人。蛇咬伤者 75%~90% 为男性,年轻人、农民、渔民、野外工作者及毒蛇饲养或研究人员多见。蛇是变温动物,蛇咬伤常发生在夏、秋两季。咬伤部位 90% 以上为四肢,上肢占 60%。

【病因和发病机制】 毒蛇口内有两个毒腺,分别位于头两侧、眼后及上颌骨上方。毒腺有肌肉和神经分布,便于控制蛇毒(snake venom)排出量。约 20% 毒蛇(如响尾蛇、眼镜蛇及海蛇)咬伤后不排蛇毒,称干咬(dry bites);约 80% 毒蛇咬伤后蛇毒经毒牙导管或纵沟注入伤者体内。蛇毒入体后可分布体内各组织,肾组织最多,脑组织最少。体内蛇毒作用持续数天,在肝内分解代谢,由肾脏排泄,72小时后体内蛇毒含量已很少。

不同科、同一科不同种类或同一条毒蛇每次咬伤时射出蛇毒成分也不尽相同。蛇毒呈淡黄色、琥珀色、白色或无色,主要由酶、多肽、糖蛋白和金属离子等组成,是成分最复杂的毒素,也是毒蛇咬伤的致病因素,其中蛇毒蛋白质起主要作用,致命成分可能是小分子多肽类。蛇毒不易受温度变化、干燥和药物影响。根据蛇毒作用,分为神经毒、血液毒、心脏毒和肌毒。

(一) 局部作用

蝰蛇科、响尾蛇科(除 Mojave 响尾蛇毒液外)和游蛇科蛇毒主要为局部作用,由蛇毒中蛋白水解酶和小分子多肽引起。表现咬伤部位血管壁损伤、坏死、水肿和出血。蝰蛇蛇毒70%蛋白质为磷脂酶 A_2。响尾蛇科、眼镜蛇科和海蛇科蛇毒均含有磷脂酶 A_2。磷脂酶 A_2 能水解卵磷脂(lecithin)的酯键,释放溶血卵磷脂(lysolecithin),损伤组织释放组胺、5-羟色胺和缓激肽,引起伤口局部组织水肿、炎症反应和疼痛。透明质酸酶(hyaluronidase)能裂断酸性黏多糖,使结缔组织密度降低,易于蛇毒播散,便于炎症扩展。蛇毒含有金属蛋白酶(metalloproteinases)能破坏小血管、毛细血管内皮细胞外基质和基底膜,咬伤部位发生组织损伤。

(二) 全身作用

1. **神经毒素作用** 眼镜蛇科和海蛇科蛇毒含有神经毒素和数种酶,为碱性蛋白和多肽,能阻断突触前和(或)突触后神经肌肉传导,引起肌肉弛缓性瘫痪,导致呼吸衰竭。α-银环蛇毒(α-bungarotoxin)和眼镜蛇毒(cobrotoxin)是突触后 α 神经毒,可与运动终板乙酰胆碱受体结合,使乙酰胆碱作用消失。β-银环蛇毒(β-bungarotoxin)或响尾蛇毒等是突触前 β 神经毒,能抑制乙酰胆碱释放。α-银环蛇毒突触后作用较 β-银环蛇毒的突触前作用症状出现早,抗蛇毒血清(antivenin)治疗更为有效。有时突触前神经毒较突触后神经毒毒性更强。南美洲响尾蛇蛇毒含有箭毒样酸性蛋白,阻断神经肌肉传导。巴勒斯坦蝰蛇蛇毒可阻断周围神经传导。磷脂酶 A_2 抑制细胞色素 C 水平电子传递,引起线粒体结合酶溶解,水解神经轴突的磷脂,破坏神经肌肉接头处乙酰胆碱囊泡。

2. **血液毒作用** 蛇毒中含有凝血毒素、出血毒素、抗凝血毒素和纤维蛋白溶解毒素,能引起止凝血功能障碍。蝰蛇蛇毒液含有的出血毒素和凝血毒素引起血管内皮损伤、血小板聚集和激活血浆 X 因子,触发或加重 DIC。响尾蛇科蛇毒中具有凝血酶(thrombin)或纤维蛋白酶样作用,使血液纤维蛋白原转变为纤维蛋白,促使凝血。蛋白水解酶也能影响凝血过程。蝰蛇和眼镜蛇蛇毒中磷脂酶 A_2 能破坏红细胞,引起溶血。神经毒素也可影响凝血作用。

3. **心脏毒素作用** 眼镜蛇心脏毒素是一种碱性多肽,有激肽释放酶活性,能激活激肽系统,引起内源性组织胺及血清素释放,毛细血管通透性增加,体液或血液丢失,发生低血容量性休克。此外,还能引起心肌变性、坏死,使心肌细胞膜去极化,导致心律失常或心搏骤停。

4. **肌毒作用** 海蛇蛇毒中的肌毒远较神经毒损害严重。海蛇咬伤后出现肌痛。发生大量肌坏死(myonecrosis),释放肌球蛋白堵塞肾小管易发生急性肾衰竭,血钾升高易引起心律失常。

5. **过敏反应** 大多数蝰蛇和蝮蛇蛇毒的舒缓激肽原(bradykininogen)释放缓激肽(bradykinin)。许多蛇毒的酶刺激人体细胞释放缓激肽、组胺和5-羟色胺,引起致命性过敏反应。

胶原酶(collagenase)、核酸酶(nuclease)和精氨酸水解酶(arginine hydrolase)在毒蛇咬伤发病中的作用还未很好了解。

【临床表现】 毒蛇常在受到惊吓和威胁时咬人。咬伤后症状严重性取决于:①毒蛇类型、年龄、大小和状态:不同类型毒蛇注入体内的蛇毒量与症状密切相关。较大响尾蛇能射出6倍于成人致死量(1000mg 以上)的毒液。受伤的暴怒毒蛇射出蛇毒量更大;②咬伤部位:咬伤四肢或脂肪组织时症状较轻,咬伤躯干和头面部危险性较四肢大3倍,蛇毒经血管入血迅速致伤者死亡;③受伤者情况:身体衰竭者中毒症状严重。受伤肢体活动能促使毒素吸收,出现症状快且严重;④有无合并细菌感染;⑤是否及时应用抗蛇毒血清治疗。

Notes

（一）局部表现

毒蛇咬伤后,局部可见牙痕和出血,并感剧痛、麻木、肿胀。响尾蛇科毒蛇咬伤有两个牙痕,数分钟至数小时内出现上述症状和体征,随着水肿加重,伤口渗出血清样液体,12 小时,皮肤肿胀明显、黑变和组织坏死;眼镜蛇咬伤后,局部反应较轻,仅有轻度麻木、疼痛伴出血;珊瑚蛇咬伤后,呈抓痕状,10 ~ 15 分钟后伤口处麻木、轻度水肿,但无明显疼痛;海蛇咬伤后即刻症状不明显。

（二）全身表现

不同毒蛇咬伤,全身中毒表现不同。眼镜蛇和海蛇科蛇毒分子小,咬伤后毒素迅速入血引起全身症状。

1. **神经肌肉表现**　眼镜蛇咬伤后 1 ~ 7 小时出现神经和肌毒症状,表现为无力、共济失调、上眼睑下垂、瞳孔扩大、咽腭部肌肉瘫痪、口齿不清、流涎、昏迷、惊厥和呼吸肌瘫痪致死。海蛇咬伤 15 分钟 ~ 8 小时,肌痛和肌坏死,进行性无力或瘫痪,出现急性肾衰竭和高钾血。

2. **血液系统表现**　亚洲蝰蛇、五步蛇和竹叶青咬伤后约 0.5 ~ 3 小时出现广泛性出血和严重溶血,皮肤黏膜黄疸、淤点或淤斑、便血和血尿。尚可发生严重贫血。

3. **心脏毒表现**　多数蛇毒中含有心脏毒素,引起心肌细胞变性坏死、心排血量下降和血压降低、心律失常和循环衰竭。

【实验室检查】

1. **蛇毒抗原测定**　应用酶联免疫吸附试验(ELISA)能迅速检测患者尿、血或组织中特异蛇毒抗原。

2. **血液检查**　严重病例血红蛋白降低,中性粒细胞增多达 $(20 ~ 30) \times 10^9 / L$,血小板计数减少。凝血酶原时间(PT)和部分凝血活酶时间(APTT)延长、血纤维蛋白及纤维蛋白原减少、血纤维蛋白降解产物(FDP)增多。

【诊断】　首先确定是否为毒蛇咬伤,判断有无中毒发生。已捕获咬人蛇时不难鉴别,未捕获时应根据患者描述的咬人蛇特征鉴别。毒蛇咬伤处常有两个齿痕,并伴有局部和(或)全身表现。无毒蛇咬伤处呈现多个小齿痕,伤口局部症状轻,无全身中毒表现。特异蛇毒免疫测定有诊断价值,毒蛇咬伤 24 小时后常呈阴性。

【治疗】　治疗原则:①识别毒蛇种类;②估计从咬伤到治疗时间,确定相应急救措施;③阻止蛇毒扩散;④不能确定是否为毒蛇咬伤时,应按毒蛇咬伤处理;⑤重症患者收住 ICU。治疗目的:①中和蛇毒;②全身支持;③修复损伤组织。

（一）一般处理

1. 迅速将伤者移离现场,受伤激怒的毒蛇可反复咬人。杀死咬人蛇时,不能损害其头部标志,留作鉴别用。

2. 保持患者安静卧位,限制伤肢活动,伤口低于心脏平面,延缓蛇毒吸收。

3. 禁止伤者进食水和饮酒,以防蛇毒扩散。

4. 重症患者及时转到有条件医院,转运途中严密监护,做好复苏准备。

（二）伤口处理

1. **排毒和清创**　蛇咬伤 15 分钟内,用吸引器从伤口处持续吸引 1 小时,能吸出 30% ~ 50% 毒液。避免口吸污染伤口。用无菌水或肥皂水清洁伤口,覆盖无菌敷料。伤口切开会加重出血、损伤神经或肌腱,引起感染和延迟伤口愈合。

2. **绷扎**　在伤口近心端 5 ~ 10cm 应用宽 2.5cm 绷带压迫,以防蛇毒吸收。蛇咬伤后绷带压迫 2 小时内可不出现症状,松开后很快发生中毒。伤口经手术处理或应用抗蛇毒血清后可将绷带松开。

3. **其他方法**　根据伤口局部反应情况,可用胰蛋白酶 2000 ~ 5000u 加 0.25% ~ 0.5% 普鲁卡因或蒸馏水进行环形封闭。伤口局部应用冰袋有助于缓解疼痛,但不能延缓蛇毒扩散,尚可加重组织损伤或坏死。目前不主张伤口局部放置冰袋或应用化学降温袋。

(三) 抗蛇毒血清

早期静脉足量抗蛇毒血清能明显降低病死率。

1. 应用抗蛇毒血清(antivenin)指征　毒蛇咬伤后 2 小时内出现低血压、心律失常、肢体严重水肿或白细胞计数≥$20×10^9$/L;伤口局部或全身反应严重者于发病 4 小时内给予抗蛇毒血清。

2. 应用方法　已知毒蛇种类时,应用单价血清。不能确定毒蛇种类时,用多价血清。单价抗蛇毒血清较多价血清疗效好。根据毒蛇种类、咬伤程度、患者年龄和体重决定应用抗蛇毒血清剂量。

治疗前必须应用抗蛇毒血清进行皮肤过敏试验。皮肤过敏试验阴性者,将抗蛇毒血清溶于葡萄糖盐水中缓慢静注或滴注。皮肤过敏试验阳性者,给药前应权衡利弊。

蛇毒半衰期为 26～95 小时,抗蛇毒血清需应用 3～4 天。

抗蛇毒血清治疗后约 25% 患者发生即刻过敏反应,10% 以上患者出现延迟性血清反应(delayed serum reactions)。对过敏反应者停用抗蛇毒血清,立即给予 1∶1000 肾上腺素 1mg,静脉弹丸注射 0.1mg,余用生理盐水 10ml 稀释后静注 10 分钟以上。同时应用氢化可的松琥珀酸钠 200～300mg 或地塞米松 10～20mg 加入 5% 葡萄糖或生理盐水 500ml 中静滴。

(四) 中药治疗

治疗毒蛇咬伤可口服或局部外敷中药。应用中草药制成的蛇药有上海蛇药和南通蛇药(季德胜蛇药)等。

(五) 对症支持治疗

1. 抗生素　毒蛇口腔内或机体被咬伤部位皮肤常存在梭状芽孢杆菌和其他厌氧菌,引起伤口坏死组织感染。对中或重度蛇咬伤、伤口感染或疑有污染者,经验应用或根据培养结果选用抗生素。

2. 破伤风抗毒素(tetannus antitoxin)　毒蛇口腔内常污染破伤风杆菌,咬伤后应预防注射破伤风抗毒素。无毒蛇咬伤也应给予破伤风抗毒素。

3. 液体治疗　蛇咬伤 1 小时后发生低血压或休克时,应迅速输注复方氯化钠或葡萄糖生理盐水溶液,补充量至少为丢失量的 6 倍。胶体溶液能有效恢复血容量,必要时可输注白蛋白或血浆制品。治疗期间监测中心静脉压和尿量,维持尿量在 1.5ml/(kg·h)。

4. 血液制品　严重溶血性贫血患者可输注盐水洗涤的红细胞;止凝血功能障碍常为自限性,很少需要输入纤维蛋白原、新鲜冰冻血浆或血小板。

5. 高压氧治疗　伤口组织严重坏死时,可进行高压氧治疗。

(六) 外科处理

高压氧治疗 3～5 天后,应清除表浅坏死组织。怀疑发生腔隙综合征(compartment syndrome)时,应监测腔内压力,腔内压力超过 30mmHg 时抬高患肢,重复注射抗蛇毒血清是降低腔隙内压力最有效疗法,压力持续增高行手术减压。如无禁忌证应静脉输注甘露醇 1～2g/kg,30 分钟输入。

【预后】　毒蛇咬伤致死者,约 38% 发生于咬伤后 12 小时内,90% 在 48 小时内。响尾蛇咬伤后如不及时治疗几乎全部死亡,约 4% 患者 1 小时内死亡,17% 发生在 6 小时内,64% 发生在 6～48 小时。抗蛇毒血清治疗明显降低患者病死率。颊窝蝰蛇咬伤预后不良主要原因有:症状出现延迟、液体复苏及升压药应用不当、抗蛇毒血清应用较晚或剂量不足。

【预防】　掌握毒蛇出没及活动规律进行捕杀;远离毒蛇穴居处;不要在蛇经常出没的水域中游泳;不要黄昏后独自通过毒蛇活动区,必须通过时应穿高筒靴袜和防护衣裤;断头 1 小时内的毒蛇仍可发生蛇咬中毒。

第八节 急性一氧化碳中毒

要点：

1. 急性 CO 中毒主要机制是吸入 CO 与血红蛋白结合形成碳氧血红蛋白，引起机体严重缺氧。

2. 急性 CO 中毒的临床表现与血液碳氧血红蛋白浓度明显相关。

3. 氧疗是治疗 CO 中毒最佳方法，对于中、重度 CO 中毒患者首选高压氧治疗，及时应用能降低迟发脑病发病率。

一氧化碳（carbon monoxide，CO）由含碳物质（煤炭、汽油、煤油和天然气等）不完全燃烧产生，分子量 28.01，比重 0.967，不溶于水，是一种无色、无味和无刺激性气体。空气中 CO 最高容许浓度为 0.05% 或 30mg/m³。人体吸入过量 CO 后使血液碳氧血红蛋白（carboxyhemoglobin，HbCO）浓度升高出现组织不同程度缺氧表现称为急性一氧化碳中毒（acute carbon monoxide poisoning）。是我国北方有毒气体中毒致死的主要原因。

【病因】 急性 CO 中毒原因包括生活、职业或意外情况中毒。工业生产或生活燃料燃烧不完全、废气泄漏、环境通风不良或防护不当，空气 CO 浓度超过安全范围可发生吸入中毒。

（一）生活中毒

我国北方冬季室内燃煤取暖、使用煤气燃气热水器释放大量 CO，烟道堵塞或通风不良时引起中毒。近十几年来 CO 中毒病例已由以前的城市多发转向城乡结合部和农村。

（二）职业中毒

工业上，高炉煤气和发生炉 CO 含量 30%~35%；水煤气 CO 含量 30%~40%。炼钢、炼焦、烧窑煤炭或石油燃料燃烧不完全及化学工业合成氨、甲醇、丙酮等过程中都有大量 CO 产生，防护不当易中毒。

（三）意外中毒

天然瓦斯爆炸或煤气泄漏、失火时，吸入大量含 CO 烟雾引起人员中毒；汽车发动机废气 CO 含量 4%~7%，在汽车内开空调睡觉等均可导致中毒。

【中毒机制】 1865 年，Bernard 首先阐述 CO 中毒机制。CO 与血红蛋白亲和力约为氧的 230~260 倍，HbCO 解离速度是氧合血红蛋白（oxyhemoglobin，HbO_2）的 1/3600。吸入 CO 取代氧与血红蛋白结合形成 HbCO，较低浓度 CO 即可产生大量 HbCO，HbCO 不能携氧。CO 中毒后，血液携氧能力降低，妨碍 HbO_2 氧释放，氧解离曲线左移，引起和加重组织细胞缺氧。此外，CO 还可与肌球蛋白和线粒体还原型细胞色素氧化酶二价铁结合，抑制细胞呼吸，影响氧利用，直接引起细胞缺氧。

正常人血液 HbCO 浓度为 1%~2%。吸烟者血 HbCO 浓度达 10%~15% 也可无症状；不吸烟者血 HbCO 浓度达 10% 即出现头晕或头痛；HbCO 达 15%~40% 有不同程度中枢神经系统功能障碍；浓度达 40%~60% 时，反应迟钝或昏迷；浓度超过 60%~70% 时，心搏、呼吸停止，脑电活动消失。

慢性阻塞性肺疾病和冠心病患者对血 HbCO 浓度升高敏感性增强，更易发生中毒。脑和心肌组织对缺氧敏感，首先出现缺氧损害。急性 CO 中毒后迟发脑病（delayed encephalopathy）除与缺氧有关外，再灌注损伤、脂质过氧化反应和有害神经递质释放也起重要作用。近来研究认为，其发病也与免疫因素有关。

【临床表现】 急性 CO 中毒的临床表现主要是组织缺氧和直接细胞毒引起。1919 年,Haldane 首先描述 CO 中毒症状。

(一) 急性中毒

病情严重程度与吸入 CO 浓度和暴露时间密切相关。及时获取血 HbCO 浓度有助于了解病情。急性 CO 中毒分轻、中、重度三种类型:

1. 轻度中毒 血 HbCO 浓度 10% ~20%。头痛、头昏、心悸和恶心、呕吐。

2. 中度中毒 血 HbCO 浓度 20% ~30%。出现运动失调、幻觉、视力减退、判断力减低、意识障碍或浅昏迷。皮肤、黏膜罕见"樱桃红色(cherry-red color)"。

3. 重度中毒 血 HbCO 浓度 30% ~50%。抽搐,昏迷,呼吸衰竭,呕吐物误吸发生吸入性肺炎。低血压、心律失常或心搏停止。脑缺氧严重者可发生去皮质综合征(decortical syndrome)或植物状态(vegetative state)。

(二) 迟发脑病

约 3% ~10% 重度患者经过 2 ~60 天"假愈期"发生迟发脑病(delayed encephalopathy),出现精神症状(如人格改变等)、锥体系(如单侧或双侧瘫痪等)或锥体外系(如 Parkinson 综合征)神经损害和癫痫发作等。40 岁以上、脑力劳动、原发性高血压史、暴露 CO 时间较长或脑 CT 异常者更易发病。

【实验室和其他检查】

1. 血碳氧血红蛋白测定 血 HbCO 浓度是诊断 CO 中毒的特异性指标,能反映 CO 暴露时间长短和中毒严重程度。早期获取血标本测定 HbCO 才能提供与临床之间的准确关系,中毒 8 小时后取血测定意义不大。妊娠妇女急性 CO 中毒后,胎儿血 HbCO 浓度上升速度较孕妇慢,但持续时间长。

2. 动脉血气分析 急性 CO 中毒患者 PaO_2、动脉血氧饱和度(oxygen saturation,SaO_2)降低,$PaCO_2$正常或轻度降低。重度中毒或中毒时间较长者常出现代谢性酸中毒,血 pH 和剩余碱降低。脉搏血氧计(pulse oximeter)监测不能区别 HbO_2 与 HbCO,用于早期 CO 中毒患者 SaO_2 的监测价值不大。

3. 脑电图 脑电图常出现弥散低波幅慢波,其出现晚于临床症状,与病情严重程度不一定呈平行关系。

4. 头部 CT 头部 CT 或磁共振检查能除外合并脑梗死、脑出血或脑水肿等。

【诊断和鉴别诊断】

(一) 诊断

根据 CO 暴露史、临床表现和血 HbCO 浓度测定诊断。

(二) 鉴别诊断

CO 中毒昏迷患者应与其他气体(如氰化物)中毒、镇静催眠药过量或中毒、脑血管意外和糖尿病酮症酸中毒鉴别。

【治疗】 治疗目的是迅速降低血 HbCO 浓度和改善脑缺氧状态,预防迟发脑病。

(一) 撤离中毒环境

发现中毒患者立即撤离中毒现场,转移到空气清新环境。

(二) 氧疗

氧疗是治疗 CO 中毒最佳方法,能加速血 HbCO 解离和 CO 排出。吸入气氧分压与血 HbCO 半衰期成反比。吸入室内空气时,血 HbCO 半衰期为 4 ~5 小时;吸入 40% 氧为 2 小时;吸入 100% 氧为 40 ~60 分钟;在 2.5 ~3 个大气压(atmospheres absolute)下高压氧治疗(hyperbaric oxygen therapy)半衰期为 20 ~30 分钟。

1. **面罩吸氧**　神志清醒患者,应用密闭重复呼吸面罩持续吸入纯氧(氧流量 10L/min)。症状消失及血 HbCO 浓度低于 10% 时停止纯氧治疗,血 HbCO 浓度低于 5% 时可停止吸氧。

2. **高压氧治疗**　用于中、重度 CO 中毒,或出现神经精神、心血管症状和血 HbCO 浓度 ≥ 25% 者,老年人或妊娠妇女患者首选高压氧治疗。通常 3 个大气压下氧分压超过 1600mmHg,可使血浆携氧量达 50ml/L。高压氧较正常吸氧治疗使血 HbCO 半衰期缩短快 4 ~ 5 倍,能增加血物理溶解氧,提高总体氧含量,缩短昏迷时间和病程,预防迟发脑病。

目前对高压氧治疗时的压力、每次治疗时间、日治疗次数和治疗天数尚不统一。通常每次 1 ~ 2 小时,每日一次,至脑电图恢复正常为止。

（三）机械通气

对呼吸衰竭或呼吸停止者进行气管内插管和机械通气支持治疗。

（四）脑水肿治疗

重度中毒患者,24 ~ 48 小时脑水肿达高峰。应积极降低颅内压和恢复脑功能。昏迷患者,应松开患者衣领,保持呼吸道通畅;注意保暖;监测意识状态、呼吸、血压和心(率)律。

1. **脱水**　①50% 葡萄糖溶液 50ml 静脉输注;②20% 甘露醇 1 ~ 2g/kg 静脉滴注(10ml/min),6 ~ 8 小时一次,症状缓解后减量;③呋塞米 20 ~ 40mg 静脉注射,8 ~ 12 小时一次。

2. **糖皮质激素**　地塞米松 10 ~ 30mg/d,疗程 3 ~ 5 天。

3. **控制抽搐**　地西泮 10 ~ 20mg,静脉注射。抽搐停止后,给予苯妥英钠 0.5 ~ 1.0g 静滴,据情 4 ~ 6 小时重复应用。

4. **改善脑代谢药**　静脉给予三磷酸腺苷、辅酶 A、细胞色素 C、维生素 C 和 γ-氨酪酸(或 GABA)等。

【预后】　血 HbCO 浓度超过 25% 和碱缺失 2mmol/L 预后差。严重动脉硬化者血 HbCO 浓度为 20% 也可猝死。轻度患者撤离中毒环境后数分钟至数小时症状缓解,血 HbCO 浓度<10% 无症状可以出院;中度患者积极治疗后不留后遗症;严重患者常有神经精神后遗症。及时应用高压氧治疗能减少迟发脑病发生。

【预防】　加强预防 CO 中毒宣教工作。冬季煤炉取暖时,保证烟囱畅通,防止煤气管道泄漏。工业生产中规范操作规程,工作环境应通风良好,室内空气 CO 浓度保持在安全范围,安装 CO 浓度监测和报警装置。进入 CO 浓度较高环境作业时,需携带安全防护面具及急救设备。

（柴艳芬）

推荐阅读文献

1. Roberts DM, Aaron CK. Management of acute organophosphorus pesticide poisoning. *BMJ*, 2007, 334:629-634

2. Malinaa T, Krecsakb L, Korsosc Z, et al. Snakebites in Hungary—Epidemiological and clinical aspectsover the past 36 years. Toxicon, 2008, 51:943-951

3. Marx JA, Hockberger RS, Walls RM. Rosen's Emergency Medicine. 8th ed. Philadelphia. Elsevier. 2014

4. Goldman L, Schafer AI. Goldman's Cecil medicine 24th ed. Philadelphia. Elsevier 2012

5. Fauci AS, Braunwald, Kasper DL, et al. Harrison's Principles of Internal Medicine 18th ed. New York. McGraw-Hill. 2012

第二章 物理因素引起的疾病

第一节 中 暑

> **要点：**
>
> 1. 中暑是在暑热季节、高温和(或)高湿环境下，发生以体温调节中枢功能障碍、汗腺功能衰竭和水电解质丢失过多为特征的疾病。
>
> 2. 中暑发生机制包括身体产热增加、获取热量增多和散热障碍。
>
> 3. 人体散热需要具有正常皮肤结构、汗腺功能和自主神经系统调节。
>
> 4. 夏季、高温和(或)高湿环境出现高热、昏迷、抽搐等临床表现是诊断中暑的关键，非劳力性热射病患者皮肤多干热无汗。
>
> 5. 在1小时内使直肠温度降至37.8~38.9℃有助于改善患者预后。

中暑(heat illness)是在暑热季节、高温和(或)高湿环境下，发生以体温调节中枢功能障碍、汗腺功能衰竭和水电解质丢失过多为特征的疾病。根据发病机制和临床表现将中暑分为：①热痉挛(heat cramp)；②热衰竭(heat exhaustion)；③热(日)射病(heat stroke 或 sun stroke)三种类型。几种类型中暑可先后或同时发生于同一患者。未治疗或治疗无效的热衰竭可发展为热射病。热射病是最严重的中暑类型。

【病因和发病机制】

(一) 正常体温调节

正常情况下，体温具有昼夜节律，清晨6时最低，下午4~6时最高，直肠温度波动于36.9~37.9℃或腋窝温度36~37.4℃。下丘脑体温调节中枢控制产热(heat production)和散热(heat dissipation)，维持体温相对恒定。

1. **产热** 人体产热主要来自体内代谢产热和运动。气温28℃左右时，静息状态下基础代谢产热50~60kcal/(h·m²)，其中躯干及内脏产热量占56%。机体散热机制丧失，基础代谢产生的热量能使体温升高1.1℃/h。步行时产热350kcal/(h·m²)，剧烈运动时产热量增加约10倍，即600~900kcal/(h·m²)。运动时肌肉产热量占人体总产热量的90%。

2. **散热** 人体皮肤通过以下方式散热：①辐射(radiation)：在常温(15~25℃)下是人体静息状态的主要散热方式，约占散热量的60%。散热速度及散热量取决于身体表面与环境间温度差；②蒸发(evaporation)：约占散热量的25%。高温时，皮肤血流量约增加20倍，主要通过大量出汗散热。环境湿度直接影响皮肤蒸发散热量。湿度大于75%时，汗液蒸发减少。湿度达90%~95%时，汗液蒸发停止；③对流(convection)：占散热的12%。散热速度主要取决于空气流速；④传导(conduction)：约占散热的3%。水较空气传导散热强20~30倍，如果人体皮肤直接与水接触，传导散热速度明显加快。在33℃水中时，人体获取产热与散热平衡。

正常散热机制需要具有完整皮肤结构、正常的汗腺功能和自主神经系统调节。上述组织、器官或系统功能障碍都会影响散热，使体温升高，甚至发生中暑。此外，运动产热增加同时，通过对流和传导,较静息状态下散热增加 35% ~ 50%。正常排粪和排尿也可有一定散热作用,但不影响体温调节。

3. 热环境适应(acclimatization to hot environments)　热环境适应是人体妥善处理热应激的过程。未进行热环境适应者,每小时出汗量 1L,散热 580kcal。健康人热环境适应需要 7 ~ 14 天。热环境适应后,对高热环境代偿表现:心排血量和出汗量(2 ~ 3L/h)增加;出汗散热量(1160 ~ 1740kcal/h)为正常的 2 ~ 3 倍;醛固酮分泌增加;汗液钠含量减少(20 ~ 50mmol/L);有氧代谢增加;产热减少。热环境未适应者无上述代偿能力,在炎热环境中长时间进行剧烈活动常会发生热射病。

(二)病因及发病机制

中暑病因及发病机制归纳起来有以下几种情况:

1. **产热增加**　见于强体力劳动、运动和军训的人群,身体产热明显增加。发热、寒战(shivering)、震颤(tremors)、脓毒症(sepsis)、惊厥(convulsions)、甲状腺功能亢进症、拟交感药(如苯丙胺、麦角酰二乙胺)和饮酒也能产热,升高体温,易促发中暑。

2. **获取热量多**　环境温度升高时,在室温高、通风不良环境中的年老体弱多病(精神分裂症、帕金森病、偏瘫、截瘫或意识障碍、慢性酒精中毒)患者,因体温调节功能障碍及随意调节能力减退,不能灵活躲避高温环境和据情改变生活方式导致身体获取热量增多。

3. **散热障碍**　影响散热的因素包括:①出汗减少:大面积皮肤烧伤疤痕形成、硬皮病和先天性汗腺缺乏症及囊性纤维化患者,出汗散热功能障碍或丧失,如果不注意躲避高热环境,极易中暑;②中枢神经系统反应性降低:见于脑或下丘脑功能障碍者、服用镇静催眠药者、老年人、婴幼儿和饮酒者;③心血管储备功能降低:见于老年人、心功能障碍、血容量不足、脱水者和应用 β 受体阻滞药、钙离子阻滞药或利尿药者;④应用影响出汗药物:如抗胆碱能药和抗组胺药等;⑤过度肥胖和衣服透气不良;⑥外源性因素:高温及高湿环境。

(三)高热环境对人体各系统影响

机体对环境温度升高(>32℃)、湿度较大(>60%)未适应时,体内产热超过散热量是发生中暑的主要机制,脱水(dehydration)加速中暑发生。中暑高热(体温>42℃)能引起蛋白质变性,直接损伤细胞,细胞膜稳定性丧失、线粒体功能障碍和有氧代谢途径中断,导致 MODS。

1. **中枢神经系统**　高热能使大脑和脊髓细胞死亡,发生脑水肿、局部出血、颅内压升高和昏迷。小脑 Purkinje 细胞对高热毒性作用极为敏感,中暑后常出现构音障碍、共济失调和辨距不良。脑脊液黄变、蛋白含量增加和淋巴细胞增多。

2. **心血管系统**　中暑早期,由于脱水、血管扩张和外周血管阻力降低,出现低血压。直肠温度每升高 1℃,每分钟心排血量增加 3L。高热引起心肌缺血、坏死,促发心律失常、心功能减退或衰竭,则又影响散热。

3. **呼吸系统**　中暑患者呼吸增快,常出现呼吸性碱中毒(respiratory alkalosis)。热射病损伤肺血管内皮发生 ARDS。

4. **水和电解质代谢**　大量出汗导致水、钠丢失。中暑高热肌细胞严重损伤或溶解,血钾、血磷升高(或降低),血钙降低,代谢性酸中毒。

5. **肾脏**　患者由于脱水、低灌注、横纹肌溶解(rhabdomyolysis)等易发生急性肾小管坏死。

6. **消化系统**　中暑对肠道直接热毒性作用和血液灌注相对减少引起肠缺血性溃疡,肠出血。热射病患者,发病后 2 ~ 3 天会出现肝细胞坏死和胆汁淤积。

7. **血液系统**　中暑时,血儿茶酚胺浓度增高,白细胞计数升高;脱水引起血液浓缩和黏稠度增加,易发生血栓。高热可直接灭活血小板、使凝血因子合成减少、血管内皮损伤和坏死细胞激活凝血连锁反应发生 DIC。DIC 又可加重中枢神经、心、肺、肾脏和胃肠道并发症。

8. **内分泌系统**　劳力性热射病肝衰竭患者可出现低血糖;应激期,血皮质醇和血糖水平升高;重症患者血生长激素和醛固酮水平急剧升高。

9. **肌肉** 年轻患者由于肌肉局部温度增加、缺氧和代谢性酸中毒,常见严重肌肉组织损伤、溶解,血清肌酸激酶(creatine kinase,CK)明显升高。

【病理】 尸检发现:小脑和大脑皮质神经细胞坏死,purkinje 细胞病变较为突出;心脏局灶性心肌细胞溶解、出血、坏死,心外膜、心内膜和瓣膜组织出血;肌肉组织变性和坏死;肝脏细胞坏死和胆汁淤积;肾上腺皮质可见出血。

【临床表现】 发生中暑前 3~5 天,前驱症状有头痛、眩晕和疲劳,出汗量不一定减少。

(一)热痉挛

高温环境下剧烈运动后出现腓肠肌或腹部肌群痛性痉挛,休息后缓解,可能与体钠过多丢失和过度通气有关。

(二)热衰竭

是热痉挛继续和发展。因脱水血容量不足所致。常见于老年人、儿童和慢性疾病患者。出现疲乏、无力、眩晕、恶心、呕吐、头痛、多汗、心动过速、呼吸增快、体温升高、低血压、虚脱或热晕厥(heat syncope)和肌痉挛等。血细胞比容增高、高钠血、氮质血或肝功能异常。

(三)热射病

是一种致命性急症。常有高热(直肠温度≥41℃)、行为异常、神志障碍或昏迷、多器官功能障碍等。热射病分为劳力热射病(exertional heatstroke)和非劳力热射病(nonexertional heatstroke)或称典型(classic heatstroke)热射病两种类型:

1. **劳力性热射病** 多见于健康年轻人,常在重体力劳动、体育运动或军训时发病。高热、抽搐、昏迷、多汗或无汗、心率快(160~180 次/分)、脉压增大。此种患者常死于 MODS 或 MOF。

2. **非劳力性热射病** 多见于年老体弱和慢性病患者。居住环境差,城市居民多见。始出现谵妄、癫痫发作和各种行为异常,继而高热、昏迷,皮肤干热无汗,瞳孔对称缩小,低血压、心律失常、心力衰竭,呼吸急促(呼吸频率 60 次/分)和肺水肿。多在发病后 24 小时左右死亡。热浪期(heat waves)中暑病死率是暑热天气的 2 倍以上。

【实验室和其他检查】 中暑患者血生化检查及动脉血气分析结果见表 9-2-1。重症患者常有明显肝、肾、胰腺和横纹肌损害的实验室参数改变,血清天冬氨酸氨基转移酶(AST)、丙氨酸氨基转移酶(ALT)、乳酸脱氢酶(LDH)和肌酸激酶(CK)水平升高。低血糖提示暴发性肝衰竭(fulminant hepatic failure)。高磷血症(hyperphosphatemia)提示横纹肌溶解,低钙血症(hypocalcemia)见于肌损伤的患者;止凝血功能参数异常;血尿酸、肌酐和尿素氮水平升高提示肾功能障碍或衰竭。怀疑颅内出血或感染时,行脑 CT 和脑脊液检查。

表 9-2-1 两种类型热射病的实验室检查比较

生化参数	非劳力性	劳力性
动脉血气	呼吸性碱中毒	严重代谢性(乳酸)酸中毒
血电解质	20%~80%低磷血	高钾血、低钙血、高磷血或低磷血
血糖	90%患者高血糖	低血糖
CK	中度增高	明显增高
DIC	轻度或中度 DIC	重度 DIC

【诊断和鉴别诊断】
(一)诊断

在夏季热浪期,暴露于阳光的年轻人出现昏迷、抽搐和高热,或在通风不良、湿度较大环境发病的老弱病残者或产妇首先应考虑中暑。发病季节、高温和(或)高湿环境及临床表现(高热、昏迷、抽搐）是中暑诊断的关键,非劳力或典型热射病患者常无汗。

（二）鉴别诊断

应与化脓性脑脊髓膜炎或流行性乙型脑炎、脑血管意外（脑出血或梗死）、震颤性谵妄（delirium tremens）、中毒性细菌性痢疾、甲状腺危象、高渗高血糖非酮症综合征合并感染、破伤风、恶性综合征（neuroleptic malignant syndrome）、可卡因中毒、水杨酸中毒相鉴别。以腹痛为首发症状的热痉挛患者,应注意除外急腹症。

【治疗】　虽然中暑类型和病因不同,但治疗基本相同。

（一）降温治疗

降温速度决定患者预后。初步治疗目标是迅速降低中心体温至39℃。体温下降速率至少为0.2℃/分。当降至39℃时,放缓降温速度,避免低体温或反弹,1小时内使直肠温度降至37.8~38.9℃为宜。

1. **体外降温**　脱去患者衣服,转移到通风良好的阴凉地方,进行皮肤肌肉按摩,促进散热。无循环障碍者,冰水擦浴或将躯体浸入27~30℃水中降温。对循环障碍者,采用蒸发散热降温,用凉水（cool water）反复擦拭皮肤,同时应用电风扇或空调器。有条件者,将患者放置在蒸发降温房间。

2. **体内降温**　体外降温无效者,行胃或直肠冰盐水灌洗（iced saline lavage）,也可用无菌凉生理盐水（cool saline）进行腹膜腔灌洗,或行血液透析或血液滤过降温。

3. **药物降温**　通常药物降温无效。寒战患者,应用苯二氮䓬类（如咪达唑仑2~5mg,静注）或氯丙嗪25~50mg加入500ml溶液,静脉输注1~2小时。用药过程中严密监测血压。

（二）并发症治疗

1. **昏迷**　应进行气管内插管,保持呼吸道通畅,防止胃液误吸。脑水肿和颅内压增高者,甘露醇1~2g/kg,30~60分钟静脉输入。抽搐者,静脉注射地西泮或巴比妥盐。

2. **心力衰竭和代谢性酸中毒**　心力衰竭合并肾衰竭伴有高钾血时,慎用洋地黄。代谢性酸中毒合并高钾血和低钠血者,静脉输注碳酸氢钠。

3. **低血压**　深静脉输注生理盐水或乳酸钠林格液恢复血容量和血压。小分子右旋糖酐有抗凝作用,不应作为扩容药。容量复苏后低血压不恢复时,静脉滴注异丙肾上腺素升高血压。应用血管收缩药影响皮肤散热。

4. **肝肾衰竭者**　为保护肾脏灌注,静脉输注甘露醇。急性肾衰竭时,行血液透析治疗。肝衰竭者行肝脏移植。

5. **DIC**　处理见相关章节。

（三）监测

1. **体温监测**　降温期间应10~15分钟监测体温变化。

2. **尿量监测**　放置Foley导尿管,监测尿量,应保持尿量>30ml/h。

3. **凝血功能监测**　包括凝血酶原时间（PT）、部分凝血活酶时间（APTT）、血小板和纤维蛋白原。

【预后】　影响预后因素与体温升高程度及持续时间、重要器官损伤程度、血乳酸水平、年龄和有无慢性疾病有关。延迟治疗,病死率可达80%,早期诊断及时降温治疗病死率可降至10%。老年中暑患者病死率最高。患者中心体温（core temperature）高于41℃预后不良。最初1小时内降温速度决定预后。有人统计,在1小时内体温降至38.5℃者,病死率为5%;1小时后降至38.5℃者,病死率为18%。乳酸酸中毒（lactic acidosis）是非劳力性热射病患者预后不良指标。文献报道,体温超过46.5℃尚有存活者。

【预防】

1. 暑热季节要加强防暑卫生宣传教育,普及防暑知识。

2. 在炎热季节,改善劳动及工作环境条件;合理安排作息时间;充分供应含钾、镁、钙盐防暑降温饮料;备用防暑降温药品(如清凉油、风油精、人丹或藿香正气水)。

3. 炎热和湿度较大的天气尽量避免在烈日下工作和外出。暑热季节新兵和运动员训练前要有热适应过程,充分供应补充防暑饮料,防止脱水。发现中暑先兆及时治疗。

4. 年老体弱、慢性疾病患者和孕妇、产褥期妇女改善居住环境,炎热天气应穿宽松透气浅色服装,注意合理营养膳食和休息,减少外出。

第二节　淹　溺

要点:

1. 淹溺是人浸没于水或其他液体介质后出现窒息、缺氧、原发性呼吸损害和呼吸和(或)心搏停止(临床死亡)过程。

2. 淡水淹溺灭活肺泡表面活性物质,引起肺损伤,呼吸膜破坏,肺顺应性下降、肺泡萎缩、肺容积急剧减少。

3. 现场急救的关键是保持气道通畅,尽快进行CPR。

淹溺(drowning)是人浸没(immersion)于水或其他液体介质后出现窒息、缺氧、原发性呼吸损害、呼吸和(或)心搏停止(临床死亡)过程。由水中救出有大动脉搏动,经处理至少存活24小时者或浸没后经紧急心肺复苏存活者称近乎淹溺(near drowning)。冰水淹溺(ice water drowning)猝死者称为淹没综合征(immersion syndrome)。淹溺后数分钟到数日死于淹溺并发症ARDS者为继发性淹溺(secondary drowning)。2002年在阿姆斯特丹世界淹溺会议上提出,为减少淹溺概念上的混乱,取消以前有关淹溺的定义和术语,如湿性淹溺(wet drowning)、干性淹溺(dry drowning)、主动或被动淹溺、近乎淹溺、继发淹溺和静息淹溺。鉴于发病机制和治疗上的考虑,本书仍沿用有关概念。

【流行病学】　淹溺是世界上意外死亡(accidental death)的常见原因之一,全球每年淹溺存活者约200万人,溺死者约15万人,20岁以下约占溺死者的50%,其中35%是游泳意外。在美国,每年溺死者8000余人,其中儿童1500人。溺死是美国意外死亡的第三位原因。淹溺多见于5岁以下儿童和15~29岁年轻人,男女比例约3~4:1。亚洲儿童淹溺致死率比美国高30倍,在中国,溺水是1~14岁儿童意外死亡的首位原因,农村高于城市。淹溺夏季多发,约90%发生于淡水。

【病因】　淹溺常见于初学游泳或长时间游泳疲劳者;游泳或盆浴时出现心脑血管事件(如心肌梗死、晕厥等)、低血糖或肌痉挛发作;水上运动、跳水或潜水意外(颈椎、头部损伤或叮咬伤);水上运动前饮酒或滥用影响脑功能药;客车或客船故障或划船、钓鱼意外落水;水灾或投水自杀等。有资料统计,癫痫患者较正常人淹溺危险增加15~19倍。

【发病机制】

(一) 淹溺始发过程

淹溺损伤的主要靶器官是肺,吸入1~3mL/kg液体时明显损害气体交换,超过11mL/kg可引起明显血容量和血液成分异常。溺水后数秒钟是自发性屏气期,可引起潜水反射(diving reflex),表现呼吸暂停、心动过缓和外周血管剧烈收缩,保证心脏和大脑血液供应,继而出现高碳酸血和低氧血,刺激呼吸中枢进入非自发性吸气期。此期分两种情况:①湿性淹溺:约占80%~90%。因喉部肌肉松弛,液体误吸(<4mL/kg)充塞气道和肺泡导致窒息;②干性淹溺:约占

$10\% \sim 20\%$。喉痉挛导致窒息,气道和肺泡内很少或无液体吸入。

潜水或溺水前过度通气可引起低碳酸血,抑制呼吸中枢,增加溺死危险。溺水挣扎会增加耗氧量,加重缺氧性脑损害。

(二) 不同介质淹溺

1. **淡水淹溺(freshwater drowning)** 淡水较血浆或其他体液渗透压低,吸入肺内的淡水灭活肺泡表面活性物质,引起肺损伤,呼吸膜破坏,肺顺应性下降、肺泡萎缩、肺容积急剧减少,通气/血流比例失调,75% 血流通过低通气区。肺损伤严重时,出现肺水肿,引起气体交换障碍,发生低氧血。此外,淡水淹溺后血液稀释,出现溶血、高钾血及血游离血红蛋白升高,高钾血可致心搏停止。过量游离血红蛋白在肾小管内易形成栓子,引起肾小管坏死,发生肾衰竭。

2. **海水淹溺(saltwater drowning)** 海水(钠 509mmol/L,钾 11.3mmol/L,氯 56mmol/L)含钠量是血浆的 3 倍以上。因此,海水淹溺后肺泡内液体停留时间长,冲洗和稀释肺泡表面活性物质,但对其生成及灭活作用影响较小,无明显肺泡塌陷。但是,由于肺泡内海水高渗和对肺泡上皮及肺毛细血管内皮细胞的化学损伤作用,促使血浆液进入肺泡腔,引起肺水肿、肺内分流,影响气体交换,发生低氧血。

淹溺后可出现横纹肌溶解和急性肾小管坏死(acute tubular necrosis)、tako-tsubo 应激性心肌病(stress-induced cardiomyopathy)及副鼻窦、肺和中枢神经系统感染等。溺水吸入污物或泥沙等更能加重肺损伤、缺氧和代谢性酸中毒,促使脑和其他器官系统损害。淹溺常见死亡原因有喉痉挛、肺损伤、缺氧和酸中毒等,多数猝死原因是严重心律失常。

3. **冰水淹溺** 通常,冰水(0～4℃)淹溺者即会发生猝死,原因常为窒息和心搏停止。冷水(水温介于 4～20℃)淹溺时,分钟通气量增加,屏气(breath holding)最大时间缩短,潜水反射作用减低,易发生淹溺。浸于 33℃ 水中时,热生成与热丢失平衡;浸于 25℃ 以下水中易发生低体温(<30℃);水温<20℃ 时,身体代谢需要约为正常的 1/2;浸于冰水约 30 分钟发生低体温,约 60分钟致命。冷水淹溺减慢身体代谢,对重要器官有保护作用,因此冷水淹溺心脏停搏后 60 分钟内不宜轻易放弃复苏。哺乳纲动物持续潜于冷水中尚能生存是因潜水反射机制,面部接触冷水后,感受器受刺激抑制呼吸中枢出现窒息、心动过缓和非重要组织器官部位毛细血管床收缩,保护心脑血供。

【病理】 尸检发现,溺死者气道和肺泡吸水量多、肺重量增加,并伴有不同程度出血、水肿、肺泡壁破裂。约 70% 溺死者肺内误吸呕吐物、泥沙和水生植物。继发性淹溺死亡者有肺泡上皮细胞脱落、出血、透明膜形成和急性炎性渗出,急性肾小管坏死表现。

【临床表现】

1. **症状** 近乎淹溺者可有头痛、视觉障碍、剧烈咳嗽、胸痛、呼吸困难和咯粉红色泡沫样痰。海水淹溺者口渴感明显,最初数小时可有寒战和发热。

2. **体征** 低体温、头或颈部损伤;烦躁不安、抽搐、昏迷;颜面肿胀、球结膜充血、口鼻充满泡沫或泥污;心律失常,心音微弱或消失;呼吸急促或呼吸困难,肺部干湿啰音,有的呼吸停止;腹部膨隆。下垂部位发绀(dependent lividity)和尸僵(rigor mortis)为死亡征象。

近乎淹溺者临床表现个体差异较大,与溺水时间长短、吸入液体量及性质、重要器官损害程度和范围有关。淹溺后即刻出现神志丧失、呼吸停止和(或)大动脉搏动消失为临床死亡状态。

了解淹溺者年龄、溺水处水温、水流及污染情况,溺水时间及溺水前有无服药等对判断病情、预后和处理有重要参考价值。

【实验室和其他辅助检查】

1. **血和尿液检查** 迅速测定血糖、电解质、全血细胞计数、凝血参数和尿液分析。淡水淹溺时,血和尿可见游离血红蛋白,血钾和肌酐升高;海水淹溺时,血红蛋白和血细胞比容升高、高钠血或高氯血,重症者 DIC 参数异常。

2. 心电图检查 出现窦性心动过速、窦性心动过缓、室性心律失常和 ST-T 改变等。

3. 动脉血气分析 几乎所有患者存在不同程度低氧血（hypoxemia），约 75% 患者有严重混合性酸中毒。

4. 影像学检查 约 20% 患者胸片无异常发现。异常者可显示肺部斑片状浸润或典型肺水肿征象，12~24 小时后吸收好转或恶化。疑有颈椎损伤者，行颈椎影像学检查；神志障碍者，行头颅 CT 检查。

【治疗】

（一）院前救护

1. 现场急救 尽快将患者移出水面，迅速清除口鼻腔中异物，保持气道通畅。将患者置于俯卧头低位，拍打背部，促使肺水排出（此项操作不能超过 1 分钟，以免延误复苏），进行 CPR，同时注意呕吐误吸。

2. 转运中复苏 搬运中注意有无头颈部创伤。呼吸停止者行口对口呼吸，有条件时行气管内插管和供氧。转运过程中不应停止心肺复苏。

（二）院内处理

有症状者应收住 ICU 进行 24~48 小时监护，进行生命支持，预防 ARDS。

1. 氧疗 呼吸困难伴氧饱和度降低者，行面罩 CPAP 给氧，不能维持 $PaO_2>60mmHg$ 时，行气管内插管和 PEEP 机械通气。颅内压升高者慎用 PEEP。上述措施无效时，行体外膜氧合（extracorporeal membrane oxygenation, ECMO）有益。连续无创脉搏氧流计（noninvasive pulse oximetry）监测。

2. 复温（rewarming） 体温低于 30℃ 者，采用体外（extracorporeal rewarming）或体内复温（intracorporeal rewarming）。如果体温≥30℃ 不宜复温，以维持中心体温在 30~35℃ 为宜。近来认为，治疗性低温（therapeutic hypothermia）能改善脑缺血区氧供，降低脑代谢率及升高的颅内压，对缺血性脑损伤患者有益。

1）体外复温：鼻导管吸入或经呼吸机吸入加温的氧气。

2）体内复温：用 40℃ 生理盐水持续膀胱灌洗或静脉输注。严重低体温者需应用 40℃ 生理盐水行腹膜腔灌洗。淹溺者体温未恢复到 30℃，不能放弃复苏。低温心脏对药物和电复律无效。

3. 脑复苏 对颅内压升高者，应用呼吸机增加通气，维持 $PaCO_2$ 25~30mmHg。甘露醇静脉输注降低颅内压，缓解脑水肿。

4. 并发症处理 治疗惊厥、心律失常、低血压、肺水肿、ARDS、应激性溃疡合并出血、电解质平衡失常和代谢性酸中毒。

【预后】 80%~90% 近乎淹溺者经院内治疗后存活而无后遗症。由水中救出后，自主呼吸恢复时间越短，预后越好。最初 1 小时治疗神志恢复者预后好。约 20% 淹溺者遗留不同程度脑功能障碍、中枢性四肢瘫痪、锥体外系综合征、外周神经或肌肉损伤。儿童淹溺者，35% 致命，33% 有神经系统损害，11% 有严重神经损害后遗症。培训院前急救人员能明显提高淹溺存活率。

【预防】

1. 对从事水中活动者，严格进行健康检查。

2. 经常进行水上自救、互救知识技能训练，提高对淹溺者的急救水平。

3. 水上运动前不要饮酒和服用损害判断能力及自我保护能力的药物。

4. 避免在浅水区潜泳、跳水。水上游览、运动或作业时，备用救生器材。

5. 有慢性或潜在疾病者，不宜从事水中活动或工作。

Notes

第三节　电　　击

要点：

1. 电流通过人体引起组织损伤、器官功能障碍或猝死称为电击。

2. 电击对人体损伤严重程度与电流(直流和交流电)类型、电压高低、电流强度及频率、组织电阻、电流途径及方向、通电时间和电击环境条件有密切关系,其中电压因素最重要。

3. 电击时热能和电化学作用损伤组织导致器官功能障碍。

4. 电击时急性肾衰竭原因包括直接肾脏损伤、肌组织坏死产生肌球蛋白尿、溶血后血红蛋白尿损伤肾小管和低血容量休克。

5. 电击时急性肾衰竭治疗包括恢复有效循环容量、应用甘露醇、静脉输注碳酸氢钠碱化尿液和血液透析。

电流(electrical current)通过人体引起组织损伤、器官功能障碍或猝死称为电击(electrical injury),俗称触电。电击有低压(≤380V)、高压(>1000V)和超高压(或雷击,10 000 万 V,30 万 A)电击三种类型。大约 300 多年前,即有人工电击报道。1879 年,法国里昂首先记录电击致死者。1881 年,美国首次报道触电致死。

【病因】　常见原因有身体意外接触电源,如缺乏电学知识或违反用电操作规程,风暴、地震或火灾时电线断裂意外触电和雷击(雷雨天气树下避雨或手举铁制品时)都可引起电损伤。此外,也见于家用电器漏电、手拉触电患者和电刑。约 60% 触电致死者发生在工作场所,30% 在家中。遭受电击者常为电工、升降机驾驶员、建筑工、家电安装维修工及 ICU 人员等。

【发病机制】　人体组织具有导电性,接触电流时即成为电路的一部分。电击伤的确切机制尚不很清楚。通常认为,与热损伤(thermal injury)、电化学作用和机械损伤(mechanical injury)有关。热损伤是电击组织损害的主要机制。电能可转化为热量,高压电可使局部组织温度高达 2000~4000℃。闪电电压为 300 万~20 000 万 V,电流在 2000~3000A,瞬间温度极高,可迅速使组织"炭化"。电流经过人体可使器官生物电节律周期发生改变,15~150Hz 低频交流电尤其是 50~60Hz,易落在心肌易损期,引起心室颤动。电流对肌细胞膜除极作用,引起肌肉强烈持续性收缩。中枢神经系统接触电流小于 100mA,即可阻断神经传导,如累及脑干,呼吸、心跳迅速停止。电击入口(entry wounds)和出口(exit wounds)处损伤不能反映电击伤的真正范围,组织损伤也可远离入口处。严重程度与电流(直流和交流电)类型、电压(electric voltages)高低、电流强度及频率、组织电阻(electric resistance)、电流途径及方向、触电时间和电击环境密切相关,其中电压因素最为重要。

(一)电流类型

交流电(alternating current)对机体危害较直流电(direct current)大。人体对交流电敏感性为直流电的 3~4 倍。电压相同,暴露交流电的危害性是直流电的 3 倍。暴露交流电后,出现刺痛、肌肉震颤和收缩。交流电放开(let go)电流为 7~15mA,即手接触此电流后,手能主动放开电源。超过此强度,手部肌肉持续痉挛性收缩,不能放开电源。直流电放开电流约为 75mA。同时,交流电引起心室颤动的电流明显低于直流电。雷击为直流电,常引起心跳和呼吸停止,很少导致皮肤和肌肉损伤。

（二）电压

电压高低不同,对人体损伤不同。40V 能引起组织损伤,220V 能引起心室纤维颤动,1000V 引起呼吸停止。低压电击罕见引起皮肤烧伤,但能引起心室颤动。高压及超高压电产生的电弧温度达 2000 ～ 4000℃,可引起灼伤,使组织迅速炭化(carbonization)。直接肾脏损伤、肌组织坏死产生肌球蛋白尿、溶血后血红蛋白尿损伤肾小管及严重烧伤引起低血容量休克促发急性肾衰竭。

（三）电流强度

电流可转变为热能,尚能使肌细胞膜去极化。电流强度越大,产热和化学效应就越大。1 ～ 2A 以上电流能引起皮肤、深部组织和器官烧伤,血管和神经组织更易受损。2 ～ 4mA 以上电流即可引起肌肉收缩,收缩强度随电流增加而增强。20mA 时出现窒息,30 ～ 40mA 引起心室颤动或猝死。

（四）电流频率

因低频(50 ～ 60Hz)交流电易诱发心室颤动,因此较高频交流电危害大。

（五）组织电阻

身体组织水分、电解质含量和状态不同,电阻也不同。损伤的皮肤和黏膜电阻为 200 ～ 300Ω/cm²;湿润皮肤为 500Ω/cm²;干燥角化皮肤电阻约 20 万 ～ 30 万 Ω/cm²;胼胝手掌或足底皮肤高达 2 百万 ～ 3 百万 Ω/cm²。电阻依次增高的组织为神经、血液、黏膜、肌肉、皮肤、肌腱、脂肪和骨骼。组织电阻越低,通过电流容量越大损害越严重。因此,肌肉、肌腱和脂肪组织较骨骼易致电灼伤。营养血管损伤后,血栓形成,水肿,压迫血管,使远端组织发生缺血、坏死。

（六）电流途径及方向

触电时,电流通过途径及方向和预后明显相关。电击时,电流常见入口途径为手和头部,出口是足部。双手触电时猝死发生率约为电流经手到脚触电时的 3 倍。电流经心导管或起搏电极到心脏,不足 1mA 电流即可引起心室颤动。电流通过心脏或中枢神经系统时,可立即死亡。

（七）触电时间

触电时间不足 25 毫秒,不引起电击伤。触电时间越长,组织损伤越严重。低压电击时,触电时间不足 4 分钟,呼吸停止后易复苏,超过 4 分钟不易复苏。

【病理】　尸检发现:触电处肌肉组织水肿、凝固坏死、炭化成洞,病变的组织解剖结构清楚,血管损伤、血栓形成。即刻死亡者,有局灶性烧伤和全身淤斑样出血。存活数日后死亡者,脑和脊髓充血、水肿、出血和局灶性坏死。

【临床表现】　多见于中青年人。表现取决于上述多种因素的共同作用。轻者仅有瞬间感觉异常、痛性肌肉收缩、惊恐、面色苍白、头晕和心悸;重者昏迷、抽搐或猝死。

（一）心搏和呼吸停止

高压电击或雷击常引起心搏和呼吸骤停,短暂精神障碍,意识丧失或昏迷,存活者,通常在数小时或数天恢复。

（二）烧伤

高压电击时,皮肤烧伤严重,电流输出点伤口较输入点大,衣服点燃出现大面积皮肤烧伤,烧伤坏死组织常继发感染。高压电击常发生前臂腔隙综合征。因肌肉组织损伤、水肿和坏死,肌肉筋膜下组织压力增加,神经血管受压,脉搏减弱、感觉和痛觉消失。雷击很少引起入口与出口部位烧伤。

（三）急性肾衰竭

出现肾衰竭时表现少尿、无尿或棕红色尿和高钾血。

（四）神经系统

电击复苏后存活者数日或数周可出现上升或横断性脊髓炎(transverse myelitis)、多神经炎综合征（polyneuritis syndrome）。电击后即刻发生脊髓病变症状多是暂时的,易恢复。延迟性脊髓损伤多为持久性。运动神经损伤常见。幸存者有的遗留定向力障碍和癫痫。

（五）骨折

触电后,大肌群强直性收缩致脊椎压缩性骨折或肩关节脱位。高处坠地者常发生长骨骨折,应注意有无颈椎骨折。

（六）内部器官

电击后体壁下重要器官常受到损伤。电击后 24~48 小时出现上消化道出血和 DIC 时,预后不良。

（七）其他

雷击时,皮肤呈网状图案。大约半数电击者有单侧或双侧鼓膜破裂;视力障碍,单侧或双侧白内障;孕妇电击后常发生流产或死胎。

【处理】

（一）切断电源

发现触电后,立即切断电源,应用绝缘物迅速使患者与电源断离,避免直接用手搬动患者。

（二）心肺复苏

心搏呼吸停止者,立即进行心肺复苏,气管内插管,高流量供氧。雷击猝死者,不应轻易放弃复苏机会,尽一切可能挽救生命。胸外心脏按压和电除颤无效者,开胸行胸内心脏按压。药物除颤效果差。复苏后昏迷者,应做 CT 或磁共振扫描,排除颅内出血。常规进行心电、动脉血气、肾功能和电解质监测。

（三）液体治疗

组织损伤丢失体液较多和低血压者,静脉补充乳酸钠林格液恢复血容量。

（四）急性肾衰竭治疗

恢复有效循环容量,维持尿量在 50~75ml/h。如尿量无增加,加用甘露醇。肌球蛋白尿患者,维持尿量在 100~150ml/h。同时,静脉输注碳酸氢钠碱化尿液,保持尿液 pH 维持在 7.45 以上。必要时血液透析。

（五）外周神经损伤治疗

轻度电击出现的神经损伤多在数天后恢复。不缓解者,应用环氧酶抑制剂（cyclooxygenase inhibitors）或联合抗氧化剂（antioxidants）治疗。

（六）外科问题处理

局限于皮肤或皮下组织的电击损伤,可外涂磺胺类抗菌药膏。对坏死组织应进行清创术,预防注射破伤风抗毒素。筋膜室腔隙压力超过 30~40mmHg 的腔隙综合征患者行筋膜松解术减压,改善远端血液循环。可用多彩色普勒超声对肢体深部组织损伤情况不明者,应用超声多普勒、动脉血管造影或核素[133]氙洗脱术（[133]Xenon washout studies）或[99m]锝焦磷酸盐肌扫描（[99m]Tc pyrophosphate muscle scanning）检查指导治疗。严格掌握截肢手术指征。

【预防】

1. 普及用电知识,重视安全用电教育。

2. 电器和线路应正确设计、安装和维护。有的电器,应接地线,并应安装断路保护装置线路。

3. 雷雨天气尽量不要外出。有雷电时,不要站在空旷的高地上,更不能手举有导电性能的铁制品。避雨时,不要在大树下或有金属顶棚下站立停留。在汽车内避雨安全。

Notes

第四节　高　原　病

要点：

1. 海拔在 3000m 以上地区为高原或高山。高原空气稀薄，大气压和氧分压低、昼夜温差大、气候干燥、寒冷，紫外线辐射强。

2. 由平原移居或短期逗留高原的人不适应低氧环境均易发生高原病。

3. 人体适应高原环境需 1~3 个月。高原适应后，通气量增加，有轻度呼吸性碱中毒及肾脏碳酸氢盐排出增多。

4. 不适应高原环境引起以缺氧为突出表现的一组疾病称高原病，分为急性、亚急性和慢性高原病三种临床类型。

5. 急性高原病包括急性高原反应、高原肺水肿、高原视网膜出血和高原脑水肿。

6. 预防急性高原病应了解高原环境特点及高原病防治知识、进行高原适应锻炼、坚持阶梯攀登和攀登时避免剧烈运动。

通常将海拔 3000m 以上的地区称为高原或高山。高原约占我国总面积的 1/6。因不适应高原环境引起以缺氧为突出表现的疾病称高原病（diseases of high altitude）或高山病（mountain sickness）。高原低氧环境引起机体缺氧是其病因。有时，急速登上海拔 2000m 以上的地区也可发生高原病。在亚洲、非洲、北美洲和南美洲，近约 3000 万人居住在高原上，是高原病易患人群。随着旅游业发展，高原病发病率与日俱增，它是高原旅行者常见死亡原因。急性高原病（acute mountain sickness）很常见，其发病率随攀登高度增加而增加。慢性高原病（chronic mountain sickness）发病率为 5% ~18% 。

【病因】　高原空气稀薄，大气压和氧分压低、昼夜温差大、气候干燥、寒冷，紫外线辐射强。患者由于吸入气、肺泡氧分压及 SaO_2 降低发生缺氧。海平面（sea level）大气压为 760mmHg，吸入气氧分压为 160mmHg，肺泡氧分压约 100mmHg。随着海拔升高，吸入气氧分压降低。海拔 3000m 时，大气压降至 526mmHg，大气氧分压约为 110mmHg，肺泡氧分压约 62mmHg。海拔 8000m 时大气压 268mmHg，约为海平面的 1/3，吸入气氧分压为 56mmHg，氧供严重障碍。高原病发病快慢、严重程度和发病率与高原攀登速度、海拔高度、停留时间和个体易感性有关。1 天内登上 2700m 高度时，发病率约 20% ；登上 4500m 时发病率 75% 。急速攀登 3000m 以上高原会引起急性高原病和死亡。高原肺水肿（high-altitude pulmonary edema）危险因素与登山速度、上升高度有关。此外，尚与剧烈运动、疲劳、寒冷、饥饿、摄盐过多、服安眠药和既往病史有关。肺动脉高压、急性呼吸道感染、肥胖等为发病诱因。

移居西藏高原的汉族男性慢性高原病发病率为 13% ，女性 1.6% ；世居的藏族男性仅为 1% 。喜马拉雅山藏族人和尼泊尔土著人慢性高原病罕见，南美洲安第斯山人则极为常见，可能与藏族人高原居住时间（>250 000 年）较南美洲人（<30 000 年）长、高原适应能力强有关。

遗传因素也可能参与发病。

【发病机制】　不同海拔高度对人体生理学影响也不同。海拔 1500~3500m 时，运动耐力降低，通气量增加；3500~4000m 时，SaO_2 降低到 90% 以下，注意力减退、精细协调能力下降；5000m 时，SaO_2 降低到 75% ，判断力下降，肌肉运动功能障碍；5500m 以上时，需数周或数月才能适应或完全不能适应，出现严重低氧血和低碳酸血；7000m 时，SaO_2 降低到 60% ，出现意识丧失；到达 8000m 处，可引起死亡。低压性低氧血是急性高原病的主要原因。通常，人体对高原低氧环境生理适应需要1~3个月。适应后表现通气量增加、轻度呼吸性碱中毒和肾脏碳酸氢盐排出增多。大部分旅行者和高原居住者能适应低氧应激，不能适应者可发生急、亚急或慢性高原病。海拔2400~2700m时，SaO_2轻度降低，出现高原反应尚有其他机制。

（一）神经系统

早期缺氧脑血流增加，严重缺氧和过度通气使脑血流减少。血管源性脑水肿是因缺氧使脑血管扩张，脑血流量增加，毛细血管压升高引起血-脑屏障机械性损伤致血管壁通透性增加，血管内液体进入脑间质，发生脑间质性水肿。严重缺氧使脑细胞无氧代谢加强，ATP生成减少，使脑细胞膜钠泵功能障碍，细胞水钠潴留，出现脑细胞毒性水肿（cytotoxic edema）。脑水肿颅内压升高时出现恶心、呕吐、头痛及夜间周期性呼吸等。此外，缺氧时抗利尿激素分泌增多和缓激肽、一氧化氮合酶、血管内皮生长因子等介质释放，加重脑水肿。进入高原最初数日在慢速动眼睡眠期发生严重失眠，入睡后易醒。睡眠中，50%时间出现周期性潮式（Cheyne-Stokes）呼吸，加重脑缺氧。快速动眼睡眠期，呼吸恢复正常。磁共振影像（MRI）检查发现，进入高原的人都有不同程度脑水肿。

（二）呼吸系统

高原缺氧刺激颈动脉体和主动脉体化学感受器使呼吸加深、加快、通气量增加、$PaCO_2$降低和血pH升高，发生呼吸性碱中毒。出现周期性呼吸引起低氧血和低碳酸血。适应后，周期性呼吸消失。

急性缺氧引起交感神经活性增强，肺小动脉收缩，肺血管阻力增加，肺动脉压升高。缺氧性肺血管收缩的不均一性，使肺局部血管床灌注压不同，肺毛细血管内皮损伤和通透性增加，血浆渗入肺间质和肺泡，发生急性肺水肿。血内皮素水平升高与肺动脉高压有关。缺氧时，血内皮素水平升高。氧供改善后，血内皮素水平和肺动脉压下降。登山运动员血内皮素水平较正常人高两倍。慢性高原病患者，呼吸中枢和外周化学感受器对缺氧敏感性降低，出现肺泡通气减低和肺弥散功能障碍。长期缺氧引起肺小动脉平滑肌肥厚及内膜纤维化导致肺动脉高压，发生慢性高原病。对高原适应的世居者，肺容积增大、肺活量增加，而肺动脉压正常。

（三）心血管系统

进入高原后，心率增快、心排血量增加，心搏量无明显变化。缺氧引起冠状动脉和脑血管扩张，代偿性过度通气引起低碳酸血致脑血管收缩。数日后，静息心率降低，心排血量与每分通气量比例恢复正常。多数人脱水，原因包括：①运动、寒冷和低氧引起多尿。多尿是高原有效适应的一种标志；②过度通气不显性丢失增加；③血管内液外移。

缺氧刺激使血液儿茶酚胺、垂体加压素和糖皮质激素水平升高和RAAS活性增强，血压升高。长时间缺氧使心肌损伤、肾上腺皮质功能减退、低血容量，出现收缩压降低和脉压变小。慢性缺氧引起继发性红细胞增多症、血液黏滞度增高，心脏负荷增加。

（四）肾脏

海拔低于3500m时，适应4~7天后，肾脏碳酸氢盐排出增多，血pH恢复正常。此后2~3周，缺氧刺激红细胞生成素（erythropoietin）分泌增多，骨髓红细胞生成增加，血红蛋白水平升高，改善组织缺氧。返回低海拔区后，红细胞生成素生成逐渐恢复正常。

（五）血液系统

进入高原后，血液系统改变包括：①氧与血红蛋白结合减少；②缺氧性红细胞增多及脱水致血液浓缩，使血红蛋白水平暂时升高；③血红蛋白分子构型改变，影响氧与血红蛋白亲和力；④缺氧、低温和呼吸性碱中毒影响氧解离曲线偏移和氧运输；⑤低氧增加红细胞2,3-二磷酸甘油酯（2,3-DPG）生成，氧与血红蛋白亲和力降低，组织氧利用增加。返回海平面3周后，血红蛋白水平恢复正常。

【病理】　高原病基本病理学特征是细胞肿胀，脑、肺及外周血管常发生血小板、纤维蛋白栓子和静脉血栓。

(一) 高原肺水肿(high-altitude pulmonary edema)

两肺重量明显增加、充血和水肿,水肿液近似血浆。小气道和肺泡内有纤维蛋白渗出和透明膜形成,肺泡壁与毛细血管壁细胞膜变性、血管明显扩张和充血,通透性增加。肺毛细血管及肺中、小动脉内散在血栓形成。

(二) 高原脑水肿(high-altitude cerebral edema)

大脑皮质和软脑膜血管扩张、充血及水肿。镜下可见脑组织点状出血、脑细胞及其间质水肿、局部毛细血管损伤、红细胞淤滞和血小板聚集,部分脑细胞变性坏死,有脑疝形成。

(三) 慢性高原病

右心室增大、室壁增厚、室腔扩张、心肌细胞水肿和心肌坏死灶形成、纤维断裂及间质增生。右肺下动脉干扩张,弹力纤维消失;肺小动脉中层肌肉肥厚、结缔组织增生;肺细小动脉硬化。

【临床表现】 高原病分急性、亚急性和慢性高原病三种类型:

(一) 急性高原病

急性高原病是指初入高原时出现的急性缺氧反应。通常见于反复进入高原未适应的年轻人,可从轻度头痛、疲劳、胸闷到严重肺、脑水肿或昏迷。

1. **急性高原反应(acute high-altitude reaction)** 见于25%~40%快速攀登的健康人。进入高原数小时出现症状,轻者表现头痛、夜间或早晨起床时疼痛加重,心悸、胸闷、气短、厌食、恶心、呕吐、乏力、手、足和颜面水肿。如无严重失水,通常呈自限性过程,1~5天后缓解或消失。少数患者可发展为高原肺水肿或高原脑水肿。再次进入相同高原环境,约20%患者再次发病。

2. **高原肺水肿** 又称肺性高山病(pulmonary puna),可致命。25岁以下男性易发病,发病率为0.5%~15%。快速进入高原后1~4天发病,多数于次日夜间出现症状。65%患者在3500~4000m高度发病,35%在4500m以上高度发病。临床分两型:①I型:从低海拔区到高海拔区;②II型:久居高原者到低海拔区居住2~7天后重返原地。进入高原2~4天出现心悸、气短、呼吸困难、干咳,发绀、端坐呼吸、咯白色或粉红色泡沫样痰,双肺湿性啰音,或有发热(<38℃)和昏迷。在较低海拔地区发生或易反复发生高原肺水肿者应注意先天性肺动脉畸形。

3. **高原视网膜出血(high-altitude retinal hemorrhages)** 海拔4200m以上发病率约4%;5100m以上发病率高于50%;6400m时近乎100%发病。出现短暂失明、视力模糊和视野缺损。检眼镜可见视网膜动静脉扩张,点片、火焰状或弥散出血,也可见玻璃体出血、视乳头水肿。返回低海拔区后,多数患者视网膜出血于10~14天恢复,不遗留视力障碍。高原视网膜出血是高原脑水肿的先兆。

4. **高原脑水肿** 又称神经性高山病(nervous puna),罕见,预后严重。进入海拔3600m以上1~3天后多数人发病。高原旅行者发病率不足1%。表现剧烈头痛伴呕吐、精神错乱、步态不稳、共济失调、幻听、幻视、言语及定向力障碍、惊厥、木僵或昏迷。昏迷前有神经病学局限体征。出现症状12小时内昏迷者,病死率60%以上。

(二) 亚急性高原病

常发生于边防战士,在海拔6500m地区驻扎数周或海拔5800m三个月以上即可发病。许多症状与急性高原病相似,表现胸痛、咳嗽、气短、呼吸困难、水肿和红细胞增多症。无慢性高原病发绀和肺泡通气减低。如不尽快转移到海拔较低地区或供氧,常可致死。

(三) 慢性高原病

又称Monge(蒙赫)病,是指进入高原后半年以上发病或急性高原病症状迁延不愈者,主要发生在久居或世居海拔4000m以上高原的人。

1. **慢性高原反应(chronic high altitude reaction)** 急性高原反应持续三个月以上不恢复者

称为慢性高原反应。表现头痛、头晕、失眠、记忆力减退、注意力不集中、疲乏、心悸、气短、食欲缺乏、消化不良、手足麻木、颜面水肿,有时出现心律失常或昏厥。

2. **高原红细胞增多症**　是对高原缺氧的代偿性生理适应反应。表现头晕、头痛、失眠、记忆力减退、发绀和杵状指。血液黏滞性过高者有脑微血栓形成,可出现短暂脑缺血发作(transient ischemic attacks)。

3. **高原血压改变**　久居或世居高原者通常血压偏低。血压低于90/60mmHg时,常伴有头痛、头晕、疲倦和失眠。血压升高者可诊断高原高血压。临床表现与原发性高血压相似,很少引起心和肾脏损害。高原高血压可合并高原心脏病或高原红细胞增多症。少数高原高血压患者也可转变为高原低血压。

4. **高原心脏病**　多见于高原出生的婴幼儿。成年人移居高原6~12个月后发病。患者有心悸、气短、胸闷和咳嗽。右心衰竭者有发绀、水肿、颈静脉怒张、心律失常、肝大和腹水。有的患者间断出现上气道阻塞、睡眠呼吸暂停和打鼾。应与Pickwickian综合征鉴别。

【实验室和其他辅助检查】

(一) 血液学检查

急性患者白细胞轻度增多和血液浓缩;慢性者红细胞计数常超过7.0×10^{12}/L,血红蛋白浓度高于180~250g/L,血细胞比容60%~80%。高原肺水肿患者动脉血气显示低氧血、低碳酸血和呼吸性碱中毒;高原心脏病者显示低氧血和$PaCO_2$增高。

(二) 心电图检查

慢性高原病患者心电图显示电轴右偏、肺型P波、右室肥厚劳损、T波倒置或右束支阻滞。

(三) 胸部X线检查

高原肺水肿时胸部X线显示心脏大小正常,双肺弥散斑片或云絮状影,肺门区明显,右较左侧重。高原心脏病者肺动脉突出、右肺下动脉干横径≥15mm和右心室增大。

(四) 胸部超声

高原肺水肿患者肺部超声可见"彗星尾征(comet-tail sign)"。该征用于高原肺水肿的诊断和随访。慢性高原病者心脏超声检查可见右心增大、右室流出道扩张、肺动脉高压。

【诊断和鉴别诊断】

(一) 诊断

高原病诊断依据:①快速进入高原地区后发病;②症状与攀登的海拔高度、速度及有无适应明显相关;③易地治疗或氧疗明显有效。诊断关键是对治疗的反应。

(二) 鉴别诊断

1. **急性高原病**　急性高原反应应与病毒综合征、急性胃肠炎和原有疾病加重鉴别;高原肺水肿应与肺炎、高原支气管炎、肺栓塞、气胸或心源性肺水肿鉴别;高原脑水肿应与脑血管意外、颅内感染、颅脑创伤或脑瘤鉴别。

2. **慢性高原病**　应与真性红细胞增多症、原发性高血压和高血压性心脏病鉴别。

【治疗】

(一) 一般治疗

1. **休息**　急性高原反应症状未改善前,终止攀登、休息和补充液体。

2. **氧疗**　鼻管或通气面罩吸氧能缓解症状。

3. **药物治疗**　头痛者应用阿司匹林、对乙酰氨基酚或布洛芬;恶心和呕吐者,肌注丙氯拉嗪(甲哌氯丙嗪);严重者,口服地塞米松(4mg,6小时一次)或乙酰唑胺(500mg,午后顿服);或联用乙酰唑胺(500mg,午后顿服)与地塞米松(4mg,12小时一次)。

4. **异地治疗**　必要时返回原地可恢复。

(二) 急性高原病

1. **急性高原反应**　经休息、吸氧和镇静药后多数患者可自行恢复。症状不缓解或恶化者,迅速转往低海拔区治疗。

2. 高原肺水肿　绝对卧床、保暖、吸氧,有条件者可高压氧治疗。舌下含化或口服硝苯地平(10mg,4～6 小时一次)降低肺动脉压,减轻症状;快速心房颤动时,应用洋地黄和血小板抑制药(如阿司匹林、双嘧达莫、噻氯匹定或西洛他唑);烦躁不安者予镇静药;静注氨茶碱(0.25mg 加 50% 葡萄糖 20ml 缓慢静注)缓解支气管痉挛和降低肺动脉压;口服地塞米松(4mg,2 次/日)或泼尼松龙(20mg/d),吸入沙美特罗(salmetero)增加肺泡液清除作用。无效时,立即易地治疗,1～2 天多能恢复。

3. 高原脑水肿　治疗与高原肺水肿基本相同。早期识别是治疗成功关键。

(1) 保持气道通畅和供氧:昏迷者行气管内插管,用通气面罩吸入 40%～50% 氧气,维持血氧饱和度在 90% 以上。

(2) 易地治疗:共济失调者立即转运到低海拔区。不能转运者行便携式高压(Gamow)气囊治疗。

(3) 药物:静脉注射地塞米松(8mg,继之,每 6 小时静注 4mg)、呋塞米(40～80mg)或甘露醇。

(三) 慢性高原病

1. 氧疗　夜间低流量(1～2L/min)吸氧能缓解症状。

2. 药物　应用乙酰唑胺(125mg,2 次/日)或醋酸甲羟孕酮(20mg,3 次/日)能提高氧饱和度。

3. 放血疗法　用于严重红细胞增多症患者。一次静脉放血 300～500ml,放血后输入等量液体(如生理盐水或右旋糖酐等),能临时缓解症状。

4. 易地　转入平原是最有效的治疗方法。

【预防】

1. 进入高原者应具有良好的身体素质和营养状态。高危人群(如儿童及有高原病史者)和有器质性疾病、严重神经衰弱及呼吸道感染者不宜进入高原地区。

2. 了解高原环境特点及高原病防治知识、进行高原适应锻炼、坚持阶梯攀登(staged and graded ascent)和攀登时避免剧烈运动。阶梯攀登时,第一天不超过 3000m,此后每天攀登 300～600m,攀登 2～3 天休息一天。

3. 进入高原后避免饮酒及服用镇静安眠药,忌烟;防冻保暖;摄入低脂肪、高碳水化合物和富含维生素食物,少食多餐;大量饮水,防止脱水。

4. 预防用药　如需急速攀登时,攀登前 24 小时预防用药。

(1) 碳酸酐酶抑制药:乙酰唑胺(acetazolamidex)250mg,每 8 小时 1 次。

(2) 糖皮质激素:地塞米松稳定毛细血管内皮,能预防急性高原肺水肿。

(3) 选择性 5 型磷酸二酯酶抑制药:如他达拉菲(tadalafil)或西地那非(sildenafil)扩张肺血管,降低缺氧性肺动脉高压,也能预防急性高原肺水肿,增强攀登能力,但较糖皮质激素疗效差。

(4) 有高原肺水肿史者应用硝苯地平或吸入选择性长效 β$_2$ 受体激动药沙美特罗有预防复发作用。

(5) 5-脂氧合酶抑制药:齐留通(zileuton)125mg,夜间服能改善睡眠。

【预后】　急性高原病及时诊断治疗预后良好,延误治疗常可致死。高原肺水肿恢复者,再次进入相同高原环境时容易发病。慢性高原病,除高原心脏病外,回到平原后 1～2 个月内多能恢复。

(柴艳芬)

推荐阅读文献

1. Bouchama A, Dehbi M, Carballo EC. Cooling and hemodynamic management in heatstroke:practical recommen-

dations. Critical Care,2007,11:R54

2. David S. Warner MD,Mark A,et al. Drowning Update 2009. Anesthesiology,2009,110:1390-1401

3. Marx JA,Hockberger RS,Walls RM. Rosen's Emergency Medicine. 8th ed. Philadelphia. Elsevier,2014

4. Goldman L,Schafer AI. Goldman's Cecil medicine 24th ed. Philadelphia. Elsevier,2012

5. Fauci AS,Braunwald,Kasper DL,et al. Harrison's Principles of Internal Medicine 18th ed. New York. McGraw-Hill,2012

Notes

中英文名词对照索引

致　谢

　　继承与创新是一本教材不断完善与发展的主旋律。在该版教材付梓之际，我们再次由衷地感谢那些曾经为该书前期的版本作出贡献的作者们，正是他们辛勤的汗水和智慧的结晶为该书的日臻完善奠定了坚实的基础。以下是该书前期的版本及其主要作者：

7 年制规划教材
全国高等医药教材建设研究会规划教材
全国高等医药院校教材·供 7 年制临床医学等专业用

《内科学》(人民卫生出版社,2001)

主　编　王吉耀
副主编　廖二元　胡品津
分篇负责人

呼吸系统疾病	康　健	内分泌和代谢疾病	廖二元
心血管系统疾病	黄德嘉	风湿性疾病	顾越英
消化系统疾病	王吉耀	危重症医学	牛小麟
泌尿系统疾病	钱家麒	理化因素引起的疾病	崔书章
血液和造血系统疾病	邹　萍		

学术秘书　姜林娣　高虹

普通高等教育"十五"国家级规划教材
全国高等医药教材建设研究会·卫生部规划教材
全国高等学校教材·供 8 年制及 7 年制临床医学等专业用

《内科学》(人民卫生出版社,2005)

主　审　陈灏珠
主　编　王吉耀
副主编　廖二元　胡品津
分篇负责人

呼吸系统疾病	康健	内分泌和代谢疾病	廖二元
心血管系统疾病	黄德嘉	风湿性疾病	顾越英
消化系统疾病	王吉耀	危重症医学	牛小麟
泌尿系统疾病	钱家麒	理化因素引起的疾病	崔书章
血液和造血系统疾病	邹萍		

学术秘书　姜林娣　高虹

普通高等教育"十一五"国家级规划教材
全国高等医药教材建设研究会规划教材·卫生部规划教材
全国高等学校教材·供8年制及7年制临床医学等专业用

《内科学》（第2版，人民卫生出版社，2010）
第2版

主　审　樊代明
主　编　王吉耀
副主编　廖二元　黄从新　华　琦
分篇负责人

呼吸系统疾病	康　健	内分泌和代谢疾病	廖二元
心血管系统疾病	黄从新	风湿性疾病	顾越英
消化系统疾病	王吉耀	危重症医学	牛小麟
泌尿系统疾病	丁小强	理化因素引起的疾病	崔书章
血液和造血系统疾病	邹　萍		

学术秘书　姜林娣　高虹

编　者（以姓氏笔画为序）

丁小强	复旦大学附属中山医院	陈香美	中国人民解放军总医院
王吉耀	复旦大学附属中山医院	侯晓华	华中科技大学同济医学院附属协和医院
王江滨	吉林大学中日联谊医院/第三医院	袁　洪	中南大学湘雅三医院
牛小麟	西安交通大学医学院第二附属医院	栗占国	北京大学人民医院
邓华聪	重庆医科大学附属第一医院	顾越英	上海交通大学医学院附属仁济医院
厉有名	浙江大学医学院附属第一医院	钱桂生	第三军医大学新桥医院
宁　光	上海交通大学医学院附属瑞金医院	钱家鸣	中国协和医科大学北京协和医院
华　琦	首都医科大学宣武医院	徐从高	山东大学齐鲁医院
刘文忠	上海交通大学医学院附属仁济医院	徐永健	华中科技大学同济医学院附属同济医院
刘伏友	中南大学湘雅二医院	殷凯生	南京医科大学第一附属医院
李为民	哈尔滨医科大学附属第一医院	黄　峻	南京医科大学第一附属医院
杨杰孚	卫生部北京医院	黄从新	武汉大学人民医院
吴德沛	苏州大学附属第一医院	黄德嘉	四川大学华西医院
邱明才	天津医科大学总医院	崔书章	天津医科大学总医院
何礼贤	复旦大学附属中山医院	康　健	中国医科大学附属第一医院
余学清	中山大学附属第一医院	葛均波	复旦大学附属中山医院
邹　萍	华中科技大学同济医学院附属协和医院	曾小峰	中国协和医科大学北京协和医院
沈志祥	上海交通大学医学院附属瑞金医院	廖二元	中南大学湘雅二医院
张广森	中南大学湘雅二医院	廖玉华	华中科技大学同济医学院附属协和医院
陆菊明	中国人民解放军总医院		

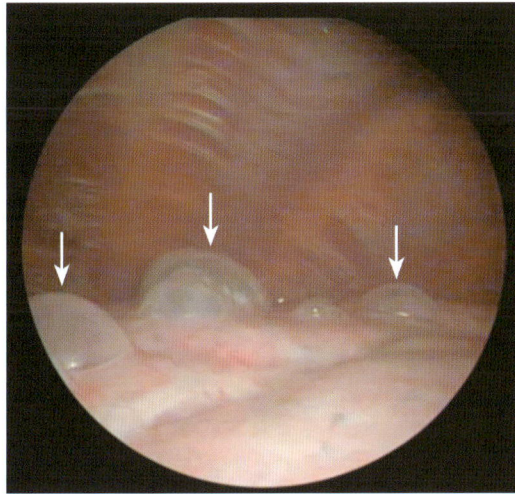

图 2-13-8　胸腔镜见肺表面胸膜下肺大疱

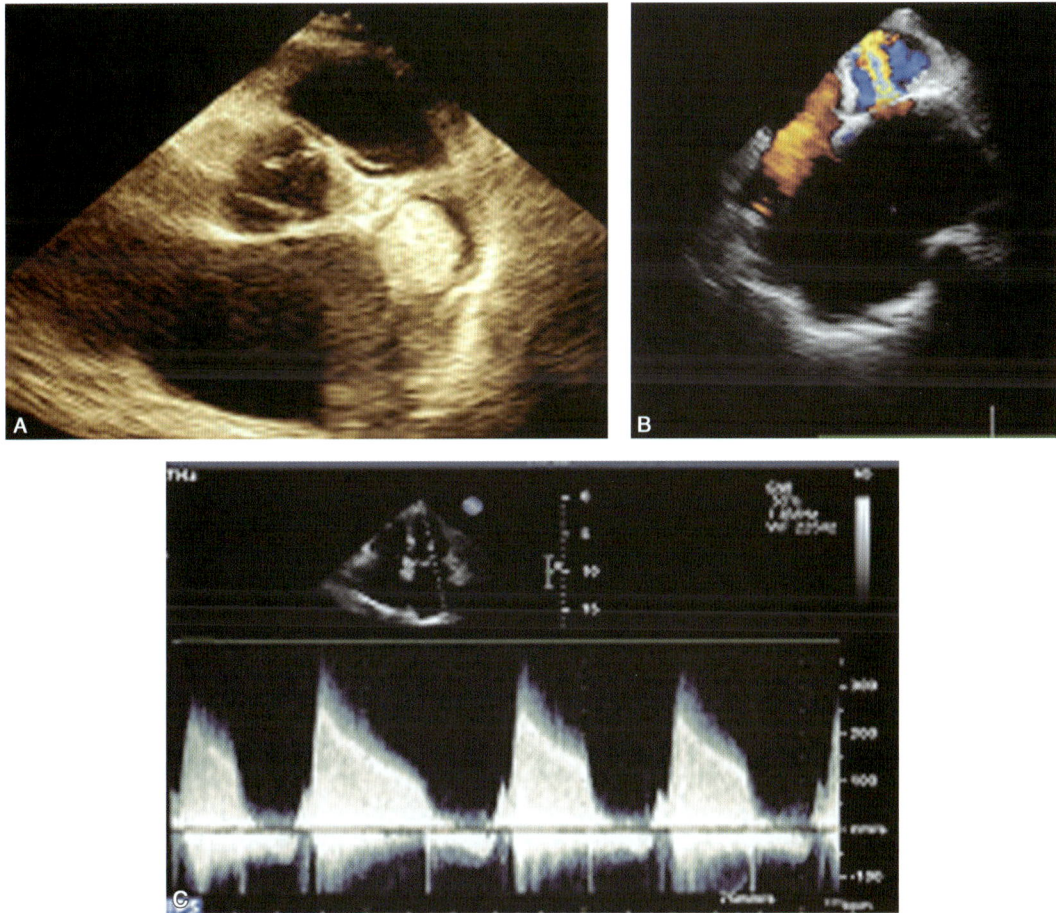

图 3-8-3　风湿性心脏病二尖瓣狭窄超声心动图表现

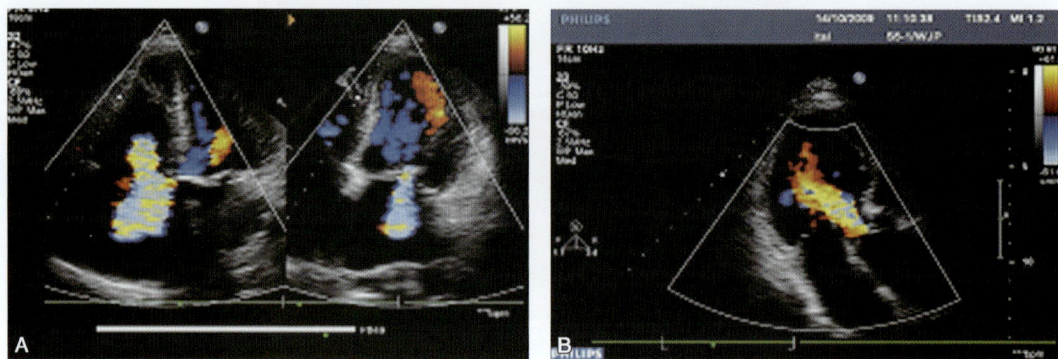

图 3-8-5　二尖瓣关闭不全反流频谱

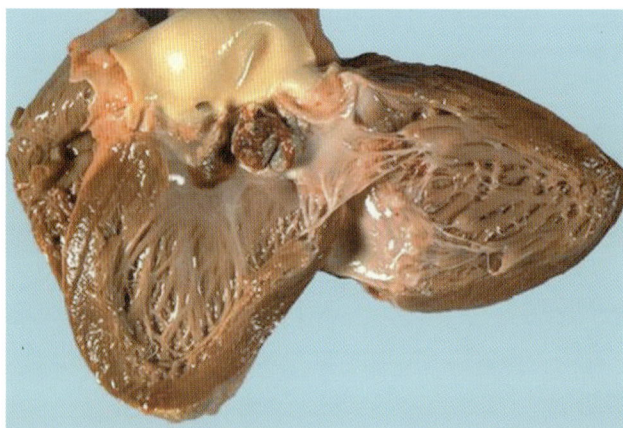

图 3-9-1　二尖瓣赘生物

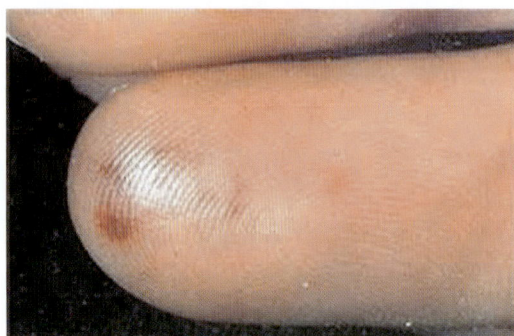

图 3-9-2　皮肤瘀点

感染性心内膜炎患者的手指皮肤瘀点

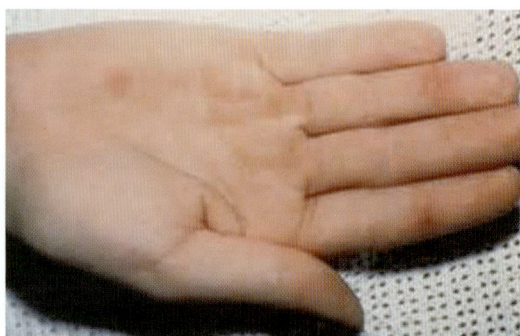

图 3-9-3　Osler 小结

手掌小鱼际肌侧、示指均可见 Osler 小结、
红紫色、微隆起、有压痛

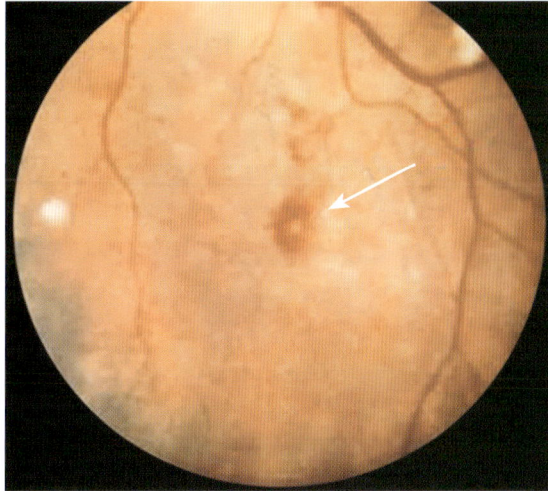

图 3-9-4　Roth 氏斑
Roth 氏斑又称中心白点网膜出血,常见于感染性
心内膜炎的免疫复合物堵塞造成的

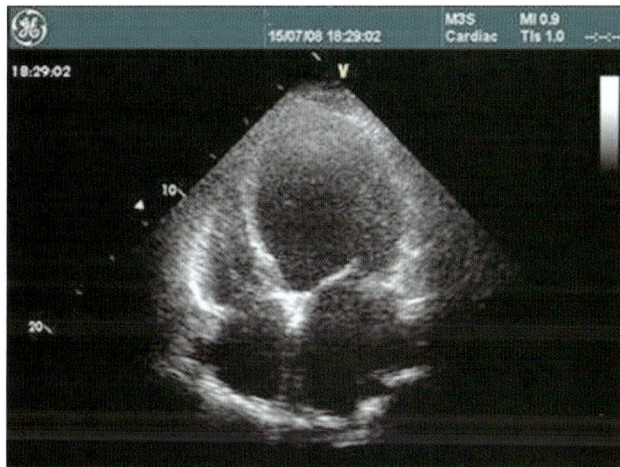

图 3-10-2　扩张型心肌病超声心动图表现
左心室明显扩大,左心房也有所增大

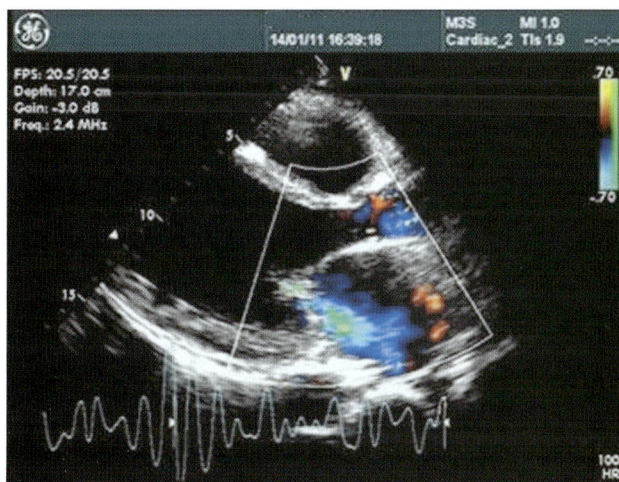

图 3-10-3　扩张型心肌病彩色血流多普勒表现(较大蓝色
反流束为血液反流入左心房)

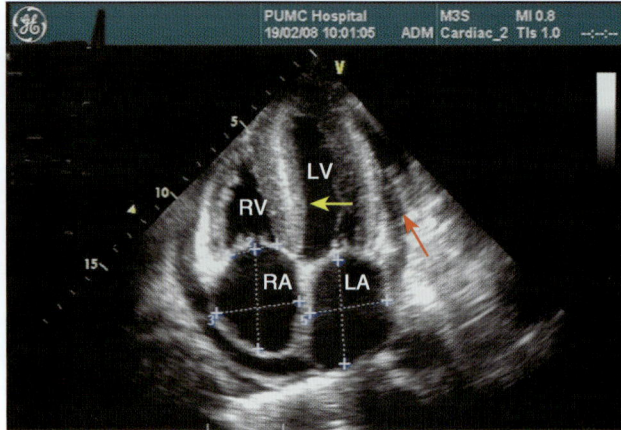

图 3-10-7　心肌淀粉样变的超声心动图表现

心尖四腔心切面,可以看到左室肥厚,特别是室间隔(黄色箭头),呈
毛玻璃样;通常会伴有心包积液(红色箭头指示 LV 旁的液性暗区);
由于导致心肌限制性舒张功能障碍,会有左房或者双房的增大。
LV:左心室;RV:右心室;LA:左心房;RA:右心房

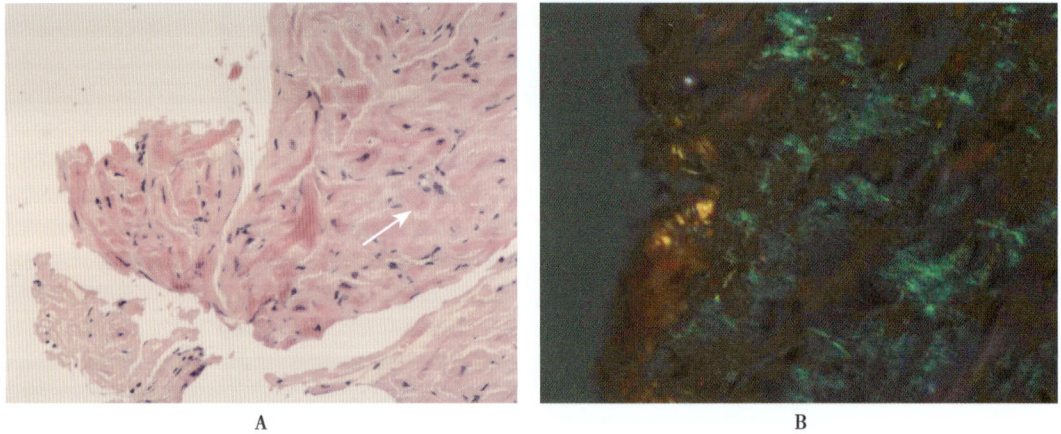

A

B

图 3-10-8　心肌淀粉样变时心内膜心肌活检病理表现

A:刚果红染色光镜下可以看到在心肌细胞的间质内有较多的无定型、均匀、淡染为红色的
物质(箭头),即淀粉样物质;B:这些淀粉样物质在偏光显微镜下呈典型的苹果绿色

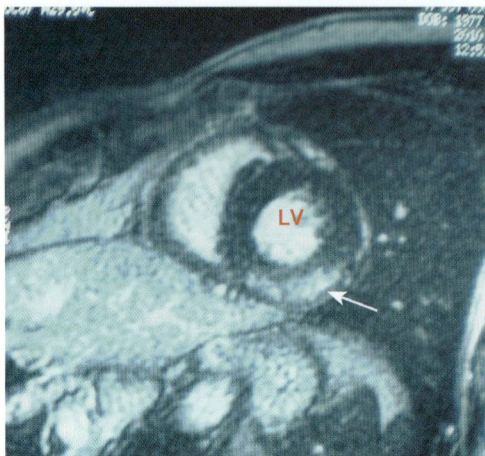

图 3-10-9　心肌炎的核磁表现

左室短轴切面,钆延迟显像(LGE)时
可在侧后壁处心肌内、心外膜下有片
状增强(箭头)。LV:左心室

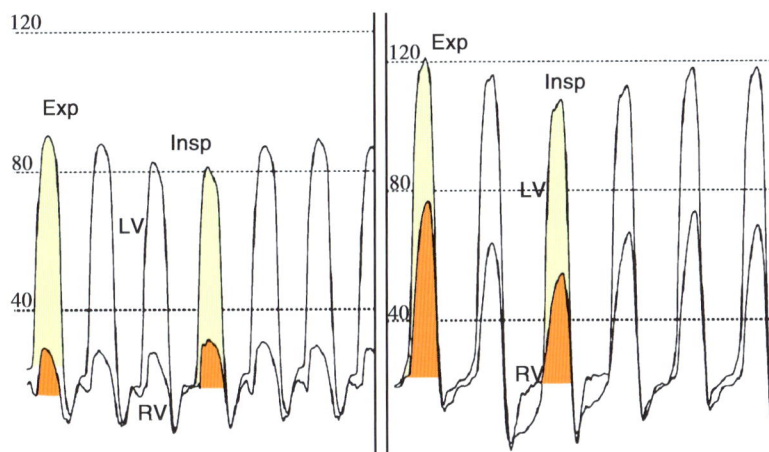

图 3-11-4　心室压力曲线图

左图为缩窄性心包炎心室压力记录。与呼气时（Exp）相比，吸气时（Insp）左室（LV）压力曲线面积下降（灰色部分），而右室（RV）压力曲线面积（橙色部分）增加（矛盾性）。右图为限制型心肌病心室压力记录。吸气时 RV 压力曲线面积下降，而 LV 曲线面积未变（一致性）

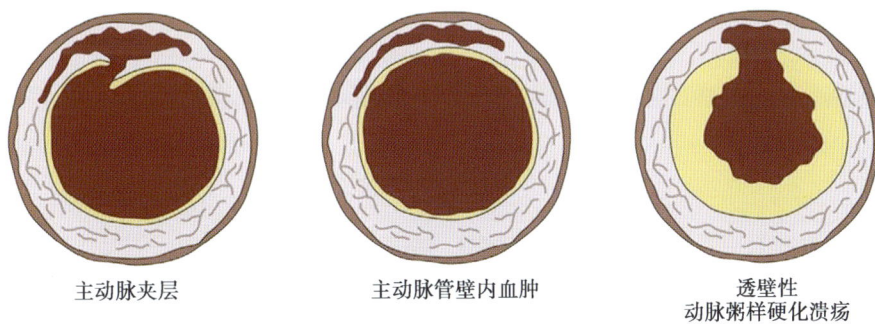

主动脉夹层　　　　主动脉管壁内血肿　　　　透壁性
动脉粥样硬化溃疡

图 3-13-1　急性主动脉综合征分型示意图

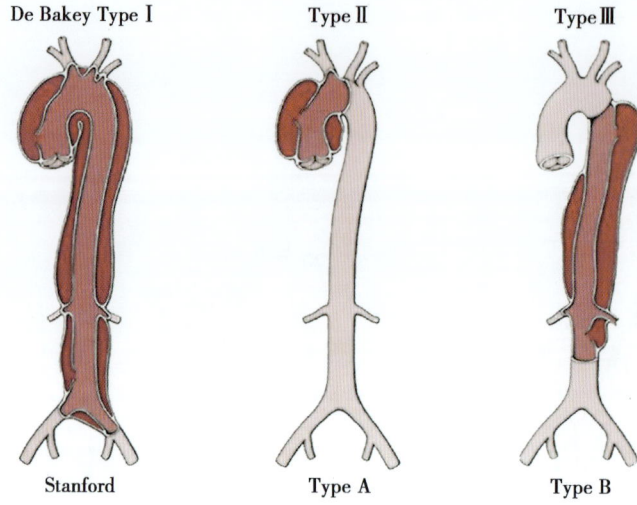

图 3-13-2　主动脉夹层的 DeBakey 分型和 Stanford 分型

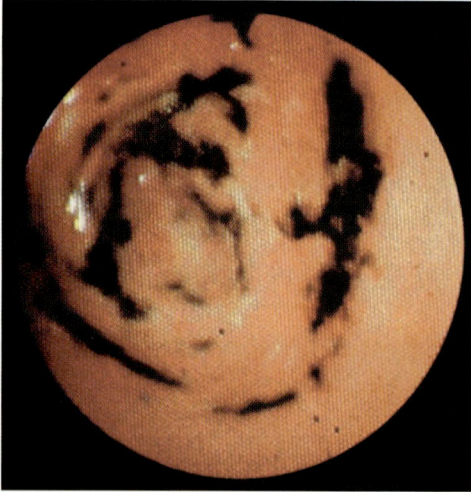

图 4-3-1　急性糜烂出血性胃炎

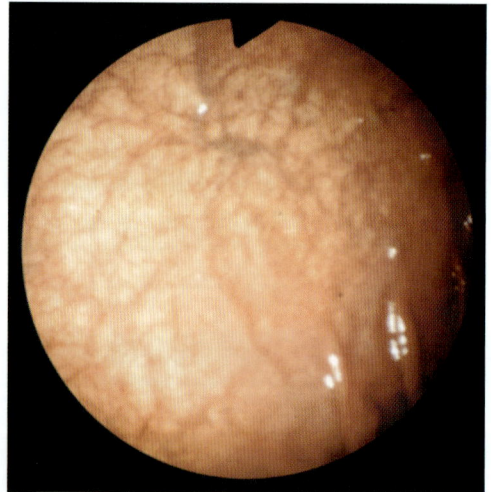

图 4-3-2　慢性萎缩性胃炎

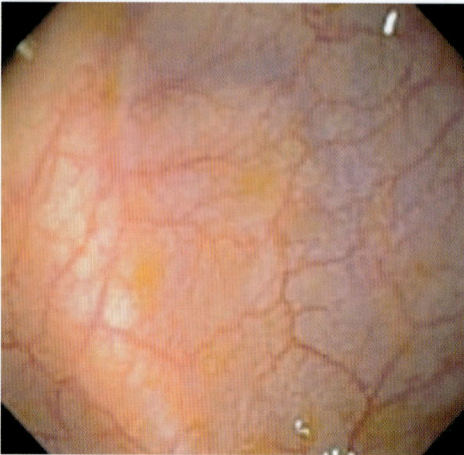

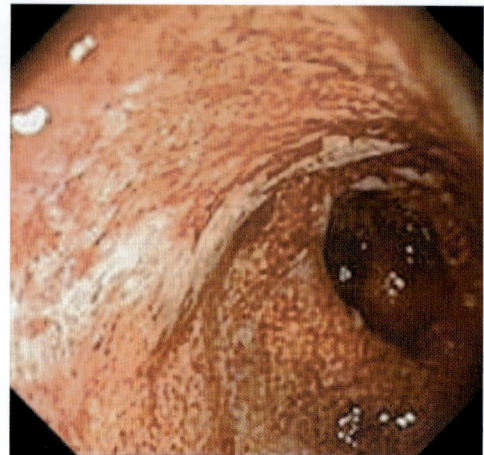

图 4-7-1　炎症性肠病

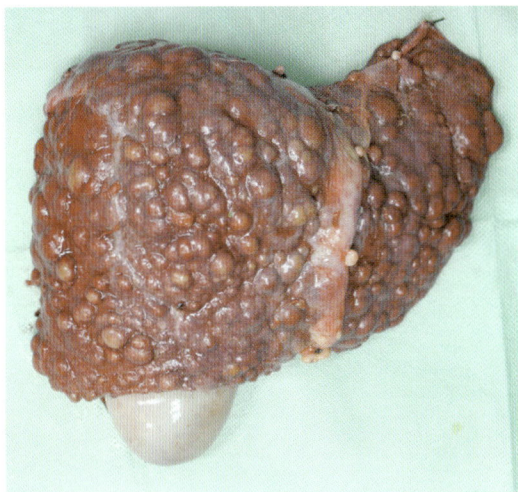

图 4-16-1　大结节性肝硬化(Wilson 病)

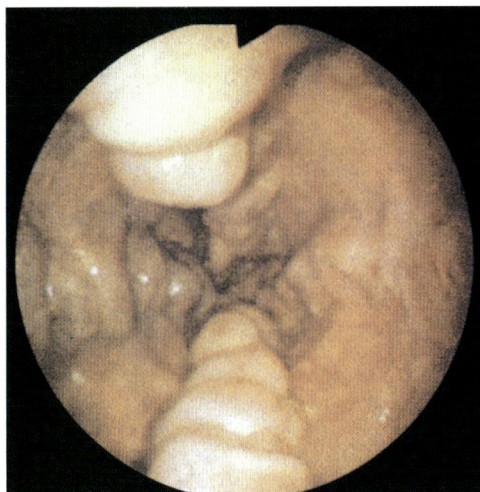

图 4-16-5　食管静脉曲张

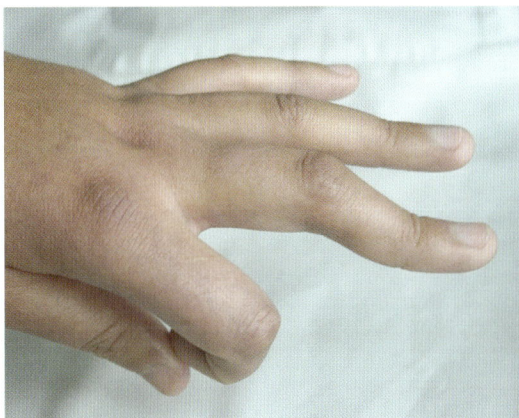

图 8-2-1　类风湿关节炎纽扣花畸形

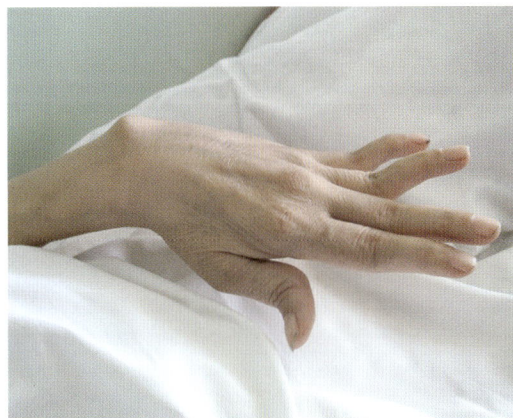

图 8-2-2　类风湿关节炎天鹅颈畸形

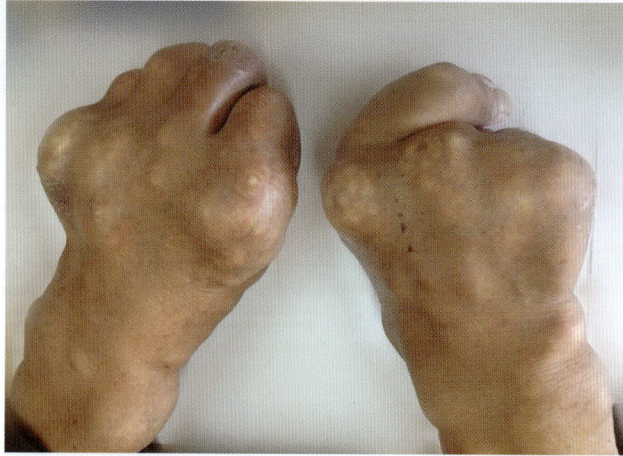

图 8-9-1　痛风石

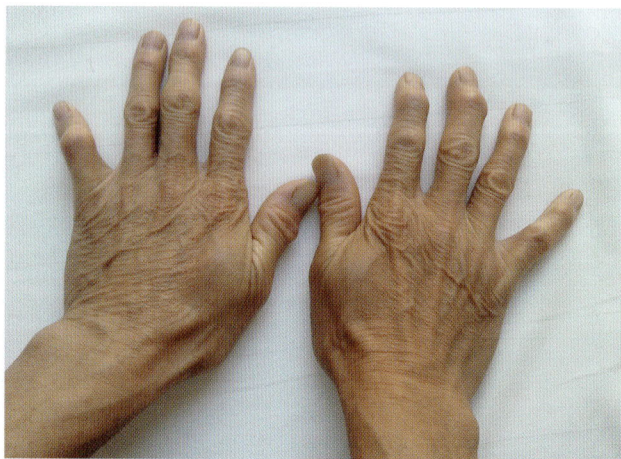

图 8-10-1　Heberden 结节